༄། །བྱང་ཆུབ་སེམས་དཔའི་སྤྱོད་པ་ལ་འཇུག་པའི་རྣམ་པར་བཤད་པ་ཐེག་ཆེན་ཆོས་ཀྱི་རྒྱ་མཚོ་ཟབ་རྒྱས་མཐའ་ཡས་པའི་སྙིང་པོ་ཞེས་བྱ་བ་བཞུགས་སོ། །

སྨད་ཆ།

མཛད་པ་པོ། དཔའ་བོ་གཙུག་ལག་ཕྲེང་བ།

མ་ཧཱ་ཧྲཱི་གསུང་རབ་གླིང་ནས་བསྒྲིགས།

བོད་ལྗོངས་མི་དམངས་དཔེ་སྐྲུན་ཁང་།

图书在版编目（CIP）数据

入行论大疏：藏文 / (明) 巴俄·祖拉昌瓦著；玛哈师利古籍文库整理室整理. -- 拉萨：西藏人民出版社, 2021.8
ISBN 978-7-223-06824-6
(玛哈师利古籍文库)

Ⅰ. ①入… Ⅱ. ①巴…②乃… Ⅲ. ①大乘—佛经—藏语②《入行论》—注释—藏语 Ⅳ. ①B942.1

中国版本图书馆CIP数据核字(2021)第116317号

入行论大疏（上册、下册）

作　　者　巴俄·祖拉昌瓦
搜集整理　玛哈师利古籍文库整理室
责任编辑　巴桑旺庆
责任印制　拉姆曲珍
出版发行　西藏人民出版社（拉萨市林廓北路20号）
印　　刷　成都东江印务有限公司
开　　本　787×1092　1/16
印　　张　70
字　　数　700千
版　　次　2021年8月第1版
印　　次　2021年8月第1次印刷
印　　数　01–2,500
书　　号　ISBN978-7-223-06824-6
定　　价　188.00元(平装) 300.00(精装)

发行部联系电话（传真）：0891-6826115

༥ དཔལ་ལྡན་དཔའ་བོ་གཙུག་ལག་ཕྲེང་བ་ལ་ན་མོ།

ཨོཾ

ཨཱཿ

ཧཱུྃ

༄༅། །དེ་ཡང་གངས་ཅན་ཁ་བའི་ལྗོངས་སུ་སངས་རྒྱས་ཀྱི་བསྟན་པ་དར་ནས་ད་ལྟའི་བར་དུ་མཁས་གྲུབ་རིམ་པར་བྱོན་པ་རྣམས་ཀྱི་མྱོང་བ་དམར་འཁྲིད་དང་། གདམས་ངག་བྱིན་རླབས་ཅན། ཤེས་རབ་ཀྱི་རྩལ་པོ་གཅིག་ཏུ་བསྒྲིལ་བའི་གཞུང་ལུགས་སོགས་གསུང་རབ་རྒྱ་མཚོ་ལྟ་བུ་བཞུགས་པ་རྣམས་ལས་དུ་མ་ཞིག་དུས་དབང་གིས་དཔེ་རྒྱུན་ཤིན་ཏུ་དཀོན་པས་མཇལ་དཀའ་བའི་གནས་སུ་གྱུར་པ་རྣམས་མི་ཉམས་དཔེ་རྒྱུན་སྤེལ་བའི་ཆེད། ཁོ་བོས་མི་ཏོག་ཚུང་ཡང་ལྷ་རྫས་ཀྱི་དཔེ་ལྟར་བསྟན་འགྲོའི་སྤྱི་ཞུ་ལ་གནད་སླེབ་རེ་ཡོང་ངམ་སྙམ་ཏེ་ ༼མ་ཏྲ་ཤྲཱི་གསུང་རབ་གླིང་༽ ཞེས་པ་གསར་བཙུགས་གཉེར་སྐྱོང་གིས་བསྟན་པའི་སྲོག་སྙིང་གསུང་རབ་རིན་ཆེན་རྣམས་སྤར་རྗེས་ཤུལ་འཛིན་དང་། ཕྱི་རྗེས་དར་སྤེལ་གྱི་རྐྱེན་དུ་བསྒོམས་ཏེ། རིས་མེད་ཀྱི་གསུང་རབ་རིམ་པར་དཔར་བསྐྲུན་ཞུས་དང་ཞུ་འཆར་ལགས་པས། འདིས་ཀྱང་བསྟན་པ་ཡུན་རིང་དུ་གནས་པ་དང་། རྩ་བའི་བླ་མའི་ཐུགས་དགོངས་དགེས་པའི་རྒྱུ་རུ་འགྱུར་བའི་སྨོན་ལམ་དང་བཅས།

དཔའ་བོ་སྐྱ་ཕྲེང་བཅུ་གཅིག་པ་གཙུག་ལག་སྨྲ་བའི་སྒྲ་དབྱངས་ཀྱིས།

བསྡུ་སྒྲིག་ལས་མིའི་མཚན་ཐོ།

གཙོ་སྒྲིག་པ། དཔལ་ལྡན་དཔའ་བོ་གཙུག་ལག་སྨྲ་བའི་སྒྲ་དབྱངས།

བསྡུ་སྒྲིག་ལས་མི། སྐལ་བཟང་ཕུར་བུ། རྒྱ་མཚོ། ཀརྨ་ཆོས་སྒྲོན་ལྷ་མོ།
ནོར་སྒྲོན། ཆོས་བསྟན།

དཀར་ཆག །

༄༅། །བྱང་ཆུབ་སེམས་དཔའི་སྤྱོད་པ་ལ་འཇུག་པའི་རྣམ་པར་བཤད་པ་ ཐེག་ཆེན་ཆོས་ཀྱི་རྒྱ་མཚོ་ཟབ་རྒྱས་མཐའ་ཡས་པའི་ སྙིང་པོ་ཞེས་བྱ་བ་བཞུགས་སོ། །

ལེའུ་བདུན་པ། བརྩོན་འགྲུས་བསྟན་པ།

ལེའུ་བརྒྱད་པ། བསམ་གཏན་བསྟན་པ།

ལེའུ་དགུ་པ། ཤེས་རབ་ཀྱི་ཕ་རོལ་ཏུ་ཕྱིན་པ་བསྟན་པ།

ལེའུ་བཅུ་པ། ཡོངས་སུ་བསྔོ་བ་བསྟན་པ།

༄༅། །བྱང་ཆུབ་སེམས་དཔའི་སྤྱོད་པ་ལ་འཇུག་པའི་རྣམ་པར་བཤད་པ་ཐེག་ཆེན་ཆོས་ཀྱི་རྒྱ་མཚོ་ཟབ་རྒྱས་མཐའ་ཡས་པའི་སྙིང་པོ་ཞེས་བྱ་བ་བཞུགས་སོ། །

ལེའུ་བདུན་པ། བརྩོན་འགྲུས་བསྟན་པ།

(བཞི་པ)ད་ནི་བརྩོན་འགྲུས་ཀྱི་ཕ་རོལ་ཏུ་ཕྱིན་པ་བཤད་པར་བྱའོ། །དེ་ལ་ལེའུའི་འབྲེལ་ནི་དེ་ལྟར་བཟོད་པ་དང་ལྡན་ན་བརྩོན་འགྲུས་བརྩམ་པར་ནུས་ཤིང་དོན་ཆེན་པོ་དང་ལྡན་པར་མཐོང་ནས་རྩོམ་པར་ཡང་འགྱུར་བས་བཟོད་པའི་དེ་མ་ཐག་ཏུ་བརྩོན་འགྲུས་ཀྱི་ལེའུ་བཤད་པ་སྟེ།

འགྲེལ་ཆེན་ལས་ཀྱང་། དེ་ལྟར་བཟོད་པས་བརྩོན་འགྲུས་བརྩམ་པ་ནི་གཞན་དུ་ན་སྡུག་བསྔལ་བཟོད་པར་མི་ནུས་པས་བརྩོན་འགྲུས་ཞན་པར་འགྱུར་བས་སོ་ཞེས་སོ། །**དགེ་བའི་ལྷས་ནི།** དེ་ལྟར་བཟོད་ལྡན་བརྩོན་འགྲུས་བརྩམ། །ཞེས་བརྗོད་ནས་ལེའུའི་འབྲེལ་དུ་འཆད་དོ། །

འབྲེལ་པ་དེ་ལྡན་གྱི་བརྩོན་འགྲུས་ཀྱི་ལེའུ་འདི་ལ་ལྔ། བརྩོན་འགྲུས་ལ་སྤྲོ་བ་བསྐྱེད་པ། བརྩོན་འགྲུས་ཀྱི་ངོ་བོ། མི་མཐུན་ཕྱོགས་སྤང་བ། བརྩོན་འགྲུས་བརྩམ་ཚུལ་དངོས། བརྩོན་འགྲུས་སྤེལ་བའི་ཚུལ་ལོ། །

དང་པོ་(བརྩོན་འགྲུས་ལ་སྤྲོ་བ་བསྐྱེད་པ་)ནི།

དེ་ལྟར་བཟོད་པས་བརྩོན་འགྲུས་བརྩམ། །
འདི་ལྟར་བརྩོན་ལ་བྱང་ཆུབ་གནས། །

རླུང་མེད་གཡོ་བ་མེད་པ་བཞིན། །
བསོད་ནམས་བརྩོན་འགྲུས་མེད་མི་འབྱུང་། ༡།

ཞེས་གསུངས་ཏེ། དེ་ལྟར་བཟོད་པ་དང་ལྡན་པའི་དགོས་(༢༥༣ན)པ་ནི་བརྩོན་འགྲུས་བརྩམས་པ་སྟེ་གལ་ཏེ་བརྩོན་འགྲུས་དང་བྲལ་ན་བཟོད་པ་ཉིད་ཀྱང་མི་བརྟན་ནོ། །དེས་ན་བྱང་ཆུབ་ལ་སོགས་པ་དགེ་བའི་ཆོས་ཐམས་ཅད་ནི་བརྩོན་འགྲུས་ཁོ་ན་ལ་རག་ལས་ཏེ་དཔེར་ན་གཡོ་བ་ནི་རླུང་ལ་རག་ལས་པ་བཞིན་ནོ། །དེས་ན་བརྩོན་འགྲུས་མེད་ན་བསོད་ནམས་ཀྱི་ལས་གང་ཡང་མི་འབྱུང་སྟེ། **བློ་གྲོས་རྒྱ་མཚོའི་མདོ་ལས།** ལེ་ལོ་ཅན་ལ་ནི་སྦྱིན་པ་ནས་ཤེས་རབ་ཀྱི་བར་དུ་མེད་དོ་ལེ་ལོ་ཅན་ལ་ནི་གཞན་དོན་བྱ་བ་མེད་དོ་ལེ་ལོ་ཅན་ལ་ནི་བྱང་ཆུབ་ཤིན་ཏུ་རིང་ཞིང་རྣམ་པར་རིང་ངོ་ཞེས་སོ། །བརྩོན་འགྲུས་དང་ལྡན་ན་ཡོན་ཏན་ཐམས་ཅད་འཐོབ་སྟེ་བློ་གྲོས་རྒྱ་མཚོ་གང་ན་བརྩོན་འགྲུས་ཡོད་པ་དེ་ན་བྱང་ཆུབ་ཡོད་དོ་ཞེས་སོ། །

གཉིས་པ་ངོ་བོ་ནི།

བརྩོན་གང་དགེ་ལ་སྤྲོ་བའོ། །

ཞེས་གསུངས་ཏེ། མི་དགེ་བ་དང་ལུང་དུ་མ་བསྟན་པའི་ཚོང་སོ་ནམ་སོགས་ལ་འབད་པ་ནི་བརྩོན་འགྲུས་མ་ཡིན་ཏེ་བྱ་བ་ངན་ཞེན་གྱི་ལེ་ལོའམ་དམད་པའི་ལེ་ལོ་ཞེས་བྱའོ། །དེས་ན་དགེ་བ་ལ་སྤྲོ་བས་འཇུག་པ་ནི་བརྩོན་འགྲུས་ཡིན་ཏེ། **མདོ་ལས།** བརྩོན་འགྲུས་གང་ཞེ་ན་དགེ་བ་ལ་སྤྲོ་བའོ་ཞེས་དང་། **རྒྱན་གྱི་འགྲེལ་པར།** དགེ་ལ་ཡང་དག་སྤྲོ་བ་དང་ཞེས་བྱ་བ་ནི་ངོ་བོ་ཉིད་དེ་ཞེས་སོ། **།འགྲེལ་ཆེན་ལས་ཀྱང་།** བརྩོན་འགྲུས་གང་ཞེ་ན་དགེ་བའི་ལས་སྦྱིན་པ་ལ་སོགས་པ་དང་ཐོས་པ་ལ་སོགས་པ་ལ་སྤྲོ་བ་དེ་ལ་བརྩོན་འགྲུས་ཞེས་བརྗོད་དེ། མི་དགེ་བ་ལ་སྤྲོ་བ་ནི་ལེ་ལོ་ཉིད་དོ་ཞེས་སོ། །

གསུམ་པ་(མི་མཐུན་ཕྱོགས་སྤང་བ་)ལ་ལྔ། མདོར་བསྟན་པ། ལེ་ལོ་སྐྱེ་བའི་རྒྱུ་བཤད་པ། སྙོམས་ལས་ཀྱི་ལེ་ལོ། བྱ་བ་ངན་ཞེན་གྱི་ལེ་ལོ། སྒྱིད་ལུག་པའི་ལེ་ལོ་སྟེ་གསུམ་པོ་རིམ་པས་སྤང་ཚུལ་ལོ། །

དང་པོ་(མདོར་བསྟན་པ་)ནི།

དེ་ཡི་མི་མཐུན་ཕྱོགས་བཤད་བྱ། །

ལེ་ལོ་ངན་ལ་ཞེན་པ་དང་། །

སྒྱིད་ལུག་བདག་ལ་བརྙས་པའོ།[༢] །

ཞེས་གསུངས་ཏེ། འདི་ལྟར་བརྩོན་འགྲུས་ཀྱི་མི་མཐུན་ཕྱོགས་ནི་བྱ་བར་འོས་པ་དུས་(༢༥༣བ)ལས་ཡོལ་བར་བྱེད་པའི་ཕྱིར་ལེ་ལོ་ཞེས་བྱ་སྟེ་དེ་ནི་སྙོམས་ལས་ཀྱིས་བག་མེད་དུ་གནས་པ་དང་། བྱ་བ་ངན་པ་མཁས་པས་དམད་པའི་གནས་ལ་ཞེན་པ་དང་བདག་ཉིད་ལ་བརྙས་པས་ཞུམ་ཞིང་སྒྱིད་ལུག་པ་སྟེ་སྤང་བར་བྱ་བའི་ལེ་ལོ་ནི་རྣམ་པ་གསུམ་མོ། །

གཉིས་པ་(ལེ་ལོ་སྐྱེ་བའི་རྒྱུ་བཤད་པ་)ནི།

སྙོམས་ལས་བདེ་བའི་རོ་མྱང་དང་། །

གཉིད་ལ་བརྟེན་པའི་སྲིད་པ་ཡིས། །

འཁོར་བའི་སྡུག་བསྔལ་མི་སྐྱོ་ལས། །

ལེ་ལོ་ཉེ་བར་སྐྱེ་བར་འགྱུར།[༣] །

ཞེས་གསུངས་ཏེ། སོས་དལ་དུ་སྡོད་པ་ཙམ་ལ་དགའ་བའི་སྙོམས་ལས་ལ་བདེ་བར་འདུ་ཤེས་པས་དེའི་རོ་མྱང་བ་དང་ཉལ་བ་དང་བརྙེས་པ་དང་གཉིད་ལ་དགའ་བས་གང་ནས་གང་དུ་དེའི་ཞེན་པ་འཕེལ་ཞིང་དེ་ལ་སྐྱོན་དུ་མི་ལྟ་བ་ནི་ལེ་ལོ་སྐྱེ་བའི་རྒྱུ་སྟེ་དེས་འཁོར་བ་ལ་སྐྱོ་བར་མི་འགྱུར་ལ་འཁོར་བ་ལས་མི་སྐྱོ་བ་དང་མི་འཆི་བའི་འདུ་ཤེས་ཀྱིས་ཀྱང་ལེ་ལོ་གོང་དུ་སྐྱེ་བར་འགྱུར་ཏེ། དཀའ་

འགྲེལ་ཆུང་དུ་ལས་ཀྱང་། རྒྱུ་གང་ལས་ཞི་ན་འཁོར་བའི་སྡུག་བསྔལ་ལས་མི་སྐྱོ་བ་ལས་སོ་ཞེས་སོ། །

གསུམ་པ་སྨོན་ལས་ཀྱི་ལེ་ལོ་སྤང་བ་ལ་གཉིས། འཆི་བའི་འཇིགས་པ་བསམས་ཏེ་རྒྱུད་བསྐུལ་བ་དང་། ཕྱི་མར་ངན་སོང་ལ་འཇིགས་པས་བསྐུལ་བའོ། །

དང་པོ་(འཆི་བའི་འཇིགས་པ་བསམས་ཏེ་རྒྱུད་བསྐུལ་བ་)ནི།

ཉོན་མོངས་ཉ་པས་བཟུང་ནས་ནི། །
སྐྱེ་བའི་རྒྱར་ནི་ཚུད་གྱུར་ནས། །
འཆི་བདག་ཁར་ནི་སོང་གྱུར་པ། །
ཅི་སྟེ་ད་དུང་མི་ཤེས་སམ། ༤ །
རང་སྡེ་རིམ་གྱིས་གསོད་པ་ཡང་། །
ཁྱོད་ཀྱིས་མཐོང་བར་མ་གྱུར་ཏམ། །
འོན་ཀྱང་གཉིད་ལ་བརྟེན་པ་གང་། །
གདོལ་པ་དང་ནི་མ་ཧེ་བཞིན། ༥ །
ལམ་ནི་ཀུན་ནས་བཀག་ནས་སུ། །
འཆི་བདག་གིས་ནི་བལྟས་བཞིན་དུ། །
ཇི་ལྟར་ཁྱོད་ནི་ཟ་དགའ་ཞིང་། །
འདི་ལྟར་གཉིད་ལོག་ཇི་ལྟར་དགའ། ༦ །
མྱུར་བ་ཉིད་དུ་འཆི་འགྱུར་བས། །
དེ་སྲིད་དུ་ནི་ཚོགས་བསོག་བྱ། །
དེ་ཚེ་ལེ་ལོ་སྤངས་ཀྱང་ནི། །
དུས་མ་ཡིན་པས་ཅི་ཞིག་བྱ། ༧ །
འདི་ནི་མ་བྱས་བརྩམས་པ་དང་། །(༢༩༩ན)

འདི་ཕྱེད་བྱས་པར་གནས་པ་ལ། །
བློ་བུར་འཆི་བདག་འོངས་ནས་ནི། །
ཀྱེ་ཧུད་བཅོམ་ཞེས་སེམས་པར་འགྱུར། [8] །
སྨྱུ་ངན་ཤུགས་ཀྱིས་སྐྲངས་པ་ཡི། །
མིག་དམར་གདོང་ལ་མཆི་མ་འཛག །
ཉེ་དུ་རེ་ཐག་ཆད་པ་དང་། །
གཤིན་རྗེའི་ཕོ་ཉའི་བཞིན་ལ་ལྟ། [9] །
རང་སྡིག་དྲན་པས་གདུངས་པ་དང་། །
དམྱལ་བའི་སྒྲ་ནི་ཐོས་པ་ཡིས། །
སྐྲག་པས་མི་གཙང་ལུས་གོས་ཤིང་། །
སྨྱོས་པར་གྱུར་ཚེ་ཅི་ཞིག་བྱ། [10] །

ཞེས་གསུངས་ཏེ། དེ་ཡང་དང་པོས་སྐྱེས་པའི་ཕྱིར་འཆི་ངེས་པར་བསྟན། གཉིས་པས་རང་གཞན་ཀུན་ཀྱང་རིམ་གྱིས་འཆི་བར་བསྟན། གསུམ་པས་འཆི་བ་ལས་མི་ཐར་བར་བསྟན། བཞི་པས་མྱུར་དུ་འཆི་བ་དང་། ལྔ་པས་བློ་བུར་དུ་འཆི་བ་དང་། དེ་ནས་གཉིས་ཀྱིས་དེའི་ཚེ་ཅིས་ཀྱང་མི་ཕན་པར་བསྟན་པའོ། །

དེ་ཡང་ཧོན་མོངས་པ་ཉ་པ་ལྟ་བུས་འདུས་བྱས་པའི་སྐྱེ་གནས་རྣམ་པ་བཞིའི་རྒྱུར་བདག་ཆུད་ཟིན་ན་ལྕགས་ཀྱུས་ཟིན་པའི་ཉ་ད་ལྟ་ཆུ་ནང་ན་འཕྱོ་ཡང་སྐམ་སར་ཐོན་ཟིན་པ་དང་འདྲ་བ་ལྟར་བདག་ཀྱང་འཆི་བདག་གི་ཁར་སོང་ཟིན་པ་དང་མཚུངས་པ་སྟེ་ཅིས་ཀྱང་འཆི་དགོས་སོ། །

འོན་ཏེ་ཡིད་མི་ཆེས་ན་རང་དང་སྐྱེ་གནས་གཅིག་པའི་སྡེ་ཚན་ཡུལ་མི་ལ་སོགས་པ་མཆོག་དམན་ཐམས་ཅད་རིམ་གྱིས་འཆི་བ་འདི་ཅིས་མ་མཐོང་། གལ་ཏེ་འདི་མཐོང་བཞིན་དུ་ཡང་གཉིད་དང་སྙོམས་ལས་ལ་ཞེན་ན་ལུག་དང་མ་ཧེ་

སོགས་ར་བར་བཙུག་སྟེ་གདོལ་པས་རིམ་གྱིས་གསོད་པ་མཐོང་བ་ན་ཕྱི་མ་དེ་དག་སྐྲག་ཆེས་པས་གདོལ་པའི་གྲི་སྟྲས་ཏེ་སས་འགེབས་པ་དང་དུ་ཞིང་འཕྱོང་བ་དང་ཁ་ཅིག་རང་བཞིན་གྱིས་སྙིང་གས་ཏེ་འཆིའོ་ཞེས་ཐོས་ན་ཕྱོད་ནི་དེ་བས་ཀྱང་བླུན་པར་ཟད་དེ་རང་སྟེ་རིམ་གྱིས་གསོད་པ་མཐོང་ཡང་སེམས་ཅུང་ཟད་ཀྱང་མི་སྐྲག་པས་སོ། །

དེས་ན། གང་དུ་ཕྱིན་ཡང་འཆི་བས་མི་ཚུགས་པའི། །ས་ཕྱོགས་དེ་ནི་གང་ནའང་ཡོད་(༢༥༥བ)མ་ཡིན། །ནམ་མཁའ་ལ་མེད་རྒྱ་མཚོའི་གཏིང་ནའང་མེད། །རི་བོ་ཀུན་གྱི་ཕུག་ཏུ་ཞུགས་ཀྱང་མེད། །ཅེས་དང་། **རྒྱལ་པོ་གཟུགས་ཅན་སྙིང་པོ་ལ་གདམས་པའི་མདོ་ལས།** རྒྱལ་པོ་ཆེན་པོ། དཔེར་ན་ཕྱོགས་བཞི་ནས་རི་ཆེན་པོ་སྲ་བ་བརྟན་པ་མ་གས་པ་འཕན་པ་མེད་པ་བཞི་མཁའ་ལ་རེག་ཅིང་ས་རློག་སྟེ་རྩ་ཤིང་དང་སྲོག་ཆགས་ཐམས་ཅད་ཕྱེ་མར་འཐག་ཅིང་འོང་བ་དེ་དག་ལ་མགྱོགས་པས་འབྲོས་པའམ་སྟོབས་ཀྱིས་ཟློག་པའམ་ནོར་གྱིས་ཟློག་པར་སླ་བ་མ་ཡིན་ནོ། །དེ་བཞིན་དུ་འཇིགས་པ་ཆེན་པོ་འདི་དག་འབྱུང་སྟེ་བཞི་གང་ཞེ་ན་རྒ་བས་ནི་དར་ལ་བབ་པ་འཇོམས་ཤིང་འོང་། ནད་ཀྱིས་ནི་ནད་མེད་པ་འཇོམས། ཉུད་པས་ནི་ཕུན་སུམ་ཚོགས་པ་འཇོམས། འཆི་བས་ནི་སྲོག་འཇོམས་ཤིང་འོང་སྟེ་དེ་ལ་མགྱོགས་པས་འབྲོས་པ་ལ་སོགས་པར་སླ་བ་མ་ཡིན་ནོ། །ཞེས་པ་ལྟར་བདག་ལ་འབྲོས་པའི་ལམ་ནི་མེད་ལ་འཆི་བདག་གིས་ནི་བདག་ལ་སྐད་ཅིག་ཀྱང་མི་གཡེལ་བར་ལྟ་བ་འདི་ཤེས་བཞིན་དུ་འང་བདག་གཉིད་དང་ཟས་སྐོམ་ལ་ཆགས་པར་རིགས་སམ་སོམས་ཤིག་པའོ། །

དེ་ལྟ་མོད་ཀྱི་ཚེ་ལ་ལོང་མེད་པའི་ཕྱིར་མྱུར་དུ་འཆི་ཞིང་བྱ་བ་ཁ་ཅིག་ནི་མགོ་བརྩམས་ཁ་ཅིག་ན་ཕྱེད་ཟིན་པ་སོགས་བདག་གི་བྱ་བ་ཚར་མ་ཚར་ལ་མ་ལྟོས་པར་འཆི་བདག་གིས་གློ་བུར་དུ་བསད་དེ་ཀྱི་མ་བདག་ནི་བཅོམ་གྱིས་མེད་དོ་ཞེས་

འགྱོད་ཅིང་འཇིགས་པ་དང་བཅས་ཏེ་འཆི་བར་འགྱུར་ལ་དེའི་ཚེ་མཛའ་བཤེས་དང་འབྲལ་བར་ཤེས་ཏེ་རེ་ཐག་ཆད་པས་མྱ་ངན་གྱིས་ཅི་བྱ་གཏོལ་མེད་པའི་ཉེ་དུ་རྣམས་མིག་ཁྲག་ལྟར་དམར་ཞིང་གདོང་ཆེས་སྐྲངས་པར་ངུ་བས་མཐའ་བསྐོར་ཡང་འཆི་བ་པོ་ཉིད་ནི་རིས་མནན་པ་དང་ཆུ་བོར་སྤུབས་པ་སོགས་ཀྱི་འཁྲུལ་སྣང་འཆར་ཞིང་དབུགས་རིང་ཐུང་ངུ་རྩེག་ལ་གཤིན་རྗེའི་ཕོ་ཉ་ཡང་ཡུད་དུ་མཐོང་བའི་བཞིན་ལ་འཇིགས་ཤིང་སྐྲག་པས་ལྟ་བ་དང་རང་གི་སྡིག་པས་འགྱོད་ཅིང་དམྱལ་བའི་སྣང་བ་ཤར་ཏེ་ངུ་འབོད་དང་འཚེད་པ་(༢༥༥ན)དང་འཚོར་བའི་སྒྲ་འཇིགས་སུ་རུང་བ་རྣམས་ཐོས་པས་སྐྲག་ཆེས་པས་འཆི་ཀ་མའི་ལུས་དེ་ལས་བཤང་གཅི་དང་རྩོལ་འཛག་ཅིང་མགོན་སྐྱབས་མེད་པར་ཕ་རོལ་ཏུ་འགྲོ་བ་དེའི་ཚེ་ལེ་ལོ་སྤངས་ཏུ་ཟིན་ཡང་ཅི་ཡང་མི་ནུས་ཀྱི་དེ་བས་བདག་ཀྱང་འདི་ལྟ་བུ་ཁོ་ནའི་ཆོས་ཅན་དུ་གོ་བར་གྱིས་ལ་ད་ལྟ་ལེ་ལོ་སྤངས་ཏེ་དགེ་བའི་ཚོགས་ལ་འབད་པ་བྱོས་ཤིག་པའོ། །འདིར་བི་ཧུ་རིས་ཉེ་དུ་དང་གཤིན་རྗེའི་གདོང་ལ་ལྟ་དགོས་ན་ཞེས་དང་ཡིག་བརྩུ་བའི་སྒྲར་འབྲུ་གཉེར། དགེ་ལྷས་ཉེ་དུ་དེ་དག་ཁྱོད་འཚོ་བའི་རེ་ཐག་ཆད་པར་མཐོང་བ་དང་ཁྱོད་ཉིད་གཤིན་རྗེའི་གདོང་ལ་ལྟ་བ་ཞེས་པའི་དོན་ཅན་གྱིས་དང་ཡིག་འཕྱིད་པའི་སྒྲར་འབྲུ་གཉེར་རོ། །

གཉིས་པ་(ཕྱི་མར་ངན་སོང་ལ་འཇིགས་པས་བསྐུལ་བ་)ནི།

ཁྱོད་ནི་ཉ་གསོན་འགྲེ་བ་ལྟའི། །
ཚེ་འདིར་འཇིགས་དང་ལྡན་གྱུར་ན། །
སྡིག་བྱས་དམྱལ་བ་མི་བཟད་པའི། །
སྡུག་བསྔལ་རྣམས་ནི་སྨོས་ཅི་དགོས། ” །
ཆུ་ཚན་གྱིས་ནི་རེག་པ་ན། །
གཞོན་ཤ་ཅན་ལ་རབ་ཚ་བའི། །

དམྱལ་བ་ཡི་ནི་ལས་བྱས་ནས། །
ཅི་ཕྱིར་འདི་ལྟར་བདེ་བར་གནས། ༧༢ །
བཙོན་མེད་འབྲས་བུ་འདོད་པ་དང་། །
གཟེ་རིག་ཅན་ལ་གནོད་མང་ཞིང་། །
འཆི་བས་བཟུང་བཞིན་ལྷ་ལྟར་སྤྱོད། །
ཀྱེ་ཧུད་སྡུག་བསྔལ་དག་གིས་བཅོམ། ༧༣ །
མི་ཡི་གྲུ་ལ་བརྟེན་ནས་ནི། །
སྡུག་བསྔལ་ཆུ་བོ་ཆེ་ལས་གྲོལ། །
གྲུ་འདི་ཕྱི་ནས་རྙེད་དཀའ་བས། །
རྨོངས་པ་དུས་སུ་གཉིད་མ་ལོག ༧༤ །

ཅེས་གསུངས་ཏེ། དང་པོས་དམྱལ་བའི་སྡུག་བསྔལ་ཚད་མེད་པར་བསྟན། གཉིས་པས་ད་ལྟ་བཏང་སྙོམས་སུ་སྡོད་མི་རིགས་པ་བསྟན། གསུམ་པས་བདག་གི་སྤྱོད་པ་ལ་ཡི་ཆད་པར་བསྟན། ཐ་མས་ད་ལྟ་འབད་དེ་སྒྲུབ་དགོས་པར་བསྟན་པའོ། །

དེ་ཡང་ཁྱོད་ནི་འཆི་བ་ན་ཡང་གནད་གཅོད་ཀྱི་སྡུག་བསྔལ་ཉ་གསོན་པོར་བྱེ་ཚན་ལ་འགྲེ་ལྡོག་བྱེད་པ་ལྟ་བུ་སྐར་བཤད་པ་དེ་ལྟ་ཡིན་མོད་ཀྱང་དེས་ཁྱོད་ཀྱི་སྡིག་པའི་འབྲས་བུ་ཕྱོགས་(༢༥༥བ)ཙམ་ཡང་ཟད་པ་མ་ཡིན་ཏེ་འདི་ནི་སྨྲ་གུ་ཙམ་དུ་ཟད་ལ་སྔོན་བུ་དང་མེ་ཏོག་དང་འབྲས་བུ་ལྟ་བུའི་དམྱལ་བའི་སྡུག་བསྔལ་འཇིགས་སུ་རུང་བ་ནི་ད་གདོད་འོང་སྟེ་དེ་དག་ནི་ཉན་པ་ཙམ་ཡང་བཟོད་པར་དཀའ་སྟེ་མཐར་མེད་པའི་དམྱལ་བའི་སྡུག་བསྔལ་ཇི་ལྟ་བར་ཐོས་ན་མི་རྣམས་ཁྲག་དྲོན་མོ་བསྐྱུགས་ཏེ་འཆི་བར་འགྱུར་བས་ན་མ་གསུངས་པར་བཤད་ལ་སུམ་ཙུ་ཙ་གསུམ་གྱི་ཤིང་ཤྲི་ཤི་ཁའི་གཞལ་མེད་ཁང་སྟོང་པ་གཅིག་ཐོས་ན་སངས་

རྒྱས་འཁོར་བ་འཇིག་གིས་བྱིན་གྱིས་བརླབས་པའི་རིགས་དྲུག་གི་དུས་གསུམ་གྱི་གཟུགས་བརྙན་ཞལ་བ་ལ་འཆར་བ་ཡོད་པར་ཡང་ལྷ་རྣམས་དེ་མཐོང་ན་ཁྲག་ཐྲོན་མོ་བསྐྱུགས་ཏེ་འཆི་བས་ན་མཐར་མེད་ཀྱི་རྣམ་པ་མ་བསྟན་པ་ལྟ་བུ་ཡིན་ལ། དམྱལ་བ་གཞན་བདུན་པོ་དག་ཀུང་བྲིས་པ་མཐོང་ན་ཡང་ལྟར་མི་བཟོད་དེ། **བཤེས་སྤྲིང་ལས།** དམྱལ་བ་བྲིས་པ་མཐོང་དང་ཐོས་པ་དང་། །དྲན་དང་བཀླགས་དང་གཟུགས་སུ་བགྱིས་རྣམས་ཀྱང་། །འཇིགས་པ་སྐྱེད་པར་བགྱིད་ན་མི་བཟད་པའི། །རྣམ་སྨིན་ཉམས་སུ་མྱོང་རྣམས་སྨོས་ཅི་དགོས། །ཞེས་སོ། །**པི་ཏྲ་ཏིས**ཉ་གསོན་པོ་མིས་གསོད་པའི་དོན་དུ་བུམ་པ་ལ་སོགས་པར་བཅུག་སྟེ་ནམ་འདོད་གསོད་པ་ལྟར་ཞེས་འབྲུ་གཉེར་བ་ལྟར་ན། ཁྱོད་ནི་ཉ་གསོན་འདྲ་བ་ལྟར། །ཞེས་གཞུང་འདོན་པར་སྣང་ཡང་། ཚེ་འདིར་འཇིགས་དང་ལྡན་གྱུར་ན། །ཞེས་པ། སྐྲག་པས་མི་གཙང་ལུས་གོས་ཤེང་། །སོགས་ཀྱི་གནད་གཅོད་ཀྱི་སྡུག་བསྔལ་ལ་སྐྲག་པར་སྣང་བས་འབྲུ་སྤ་མ་ཉིད་ལེགས་ཏེ་ཉ་གསོན་པོ་བུམ་པར་བཅུག་སྟེ་ཟས་བཟང་པོས་བསོས་ན་དེས་ནི་བདག་ཉིད་བདེ་བར་ཤེས་ཀྱི་གསོད་པར་མི་ཤེས་སོ། །

མཐོ་རིས་སུ་བསོད་ནམས་ཀྱི་ལས་ཀྱིས་ལུས་གཞོན་ཤ་ཅན་དུ་འགྱུར་ལ་དེ་ནི་འཇམ་ཞིང་ཁ་དོག་བཟང་བ་ལྟ་ན་མཛེས་པས་བདག་ཉིད་བདེ་བར་བྱེད་པའོ། །ངན་སོང་དུ་ནི་སྡིག་པའི་ལས་ཀྱིས་(༢༥༨ན)ལུས་གཞོན་ཤ་ཅན་ཤིན་ཏུ་རྙི་བར་འགྱུར་ཡང་མི་དགེ་བའི་ལས་ཀྱིས་བསྐྱེད་པའི་ཕྱིར་གཞན་སྐྱུག་བྲོ་བ་དང་མི་མཛེས་པ་དང་འཇིགས་སུ་རུང་བ་བསྐྱེད་ཅིང་རྟའི་སྤྱུ་གུས་ཀྱང་ལུས་ལ་ཚེར་མ་ལྟར་འཛུགས་པའི་ཟུག་རྔུ་བསྐྱེད་པས་གཟི་རིག་ཆེ་ཞིང་བདག་ཉིད་སྡུག་བསྔལ་བར་བྱེད་པ་སྟེ་སྤལ་པ་དང་ན་བུན་གྱི་འབུའི་ལུས་ལྟ་བུ་ཡིན་ལ། དམྱལ་བར་ནི་དེ་བས་འབུམ་འགྱུར་གྱིས་ཡང་སོས་ཀྱི་ལུས་རྙི་བ་ནས་མཐར་མེད་ཀྱི་བར་དུ་བདུན་འགྱུར་གྱིས་རིམ་པས་རྙི་ཞིང་མི་སྡུག་པར་འགྱུར་ལ་དེ་ལྟར་དམྱལ་བ་པའི་

ལུས་ལས་ངན་གྱིས་བསྐྱེད་པའི་རྣེ་ཞིང་གཞོན་ལ་མི་སྡུག་པ་ལ་ཟྭངས་ཞུན་ཁོལ་མས་སྲེག་ལ་ཡང་སྐད་ཅིག་དེ་ཉིད་དུ་དེ་བས་ཀྱང་རྣེ་བའི་ལུས་སུ་འགྱུར་ཞིང་ཡང་སྲེག་པ་སོགས་ལོ་གྲངས་མཐའ་ཡས་པར་དེ་ལྟར་སྨྱོང་ངེས་ཀྱི་ལས་བསགས་ནས་ད་ལྟ་རློམ་སེམས་དང་བཅས་ཏེ་བདེ་བའི་ང་རྒྱལ་གྱིས་སྡོད་ནུས་པ་འདི་ཅི་ལྟ་ཞིག་ཏུ་ཙུང་། དེས་ན། བརྩོན་འགྲུས་མི་རྩོམ་འབྲས་བུ་འདོད། །གཟེ་རེག་ཆེ་ཡང་གནོད་པ་མང་། །འཆི་བས་བཟུང་ཡང་ལྷ་ལྟར་བསམས། །ཀྱེ་དུད་སྡུག་བསྔལ་གྱིས་བཅོམ་ཁྱོད། །ཅེས་རང་ལ་ཁྲེལ་གདའ་བ་སྟེ་འདི་ལྟར་འབྲས་བུ་འདོད་ལ་བརྩོན་འགྲུས་མི་རྩོམ་པ་ནི་འགལ་ལོ་ཞེས་སོགས་ཀྱི་དོན་ཅན་ནོ། །

དེས་ན་དལ་འབྱོར་གྱི་གྲུ་དང་དགེ་བའི་བཤེས་གཉེན་གྱི་མཉན་པ་འཛོམ་པའི་དུས་འདིར་སེམས་ཁྱོད་སྡུག་བསྔལ་གྱི་ཆུ་བོ་འདི་ལས་རྐོལ་ཞིག་སྐྱེ་གྲུ་དང་མཉན་པ་འདི་ལྟ་བུ་ཕྱིས་མི་རྙེད་པས་ད་ལྟ་ཁོ་ན་ཆུ་བོ་ལས་བརྒལ་དགོས་ཏེ་ཙུང་ཟད་ཀྱང་ལེ་ལོ་བྱ་བའི་དུས་ནི་འདི་མ་ཡིན་ནོ། །

བཞི་པ་ངན་ཞེན་གྱི་ལེ་ལོ་སྤང་བ་ནི།

དགའ་བའི་རྒྱུ་ནི་མཐའ་ཡས་པའི། །
དམ་ཆོས་དགའ་བའི་མཆོག་སྤངས་ནས། །
སྡུག་བསྔལ་རྒྱུ་ཡི་གཡེང་བ་དང་། །
རྐོད་སོགས་ལ་ཁྱོད་ཅི་ཕྱིར་དགའ། [༧༥]།

ཞེས་གསུངས་ཏེ། དུས་སྟོན་དང་སླུ་གར་དང་མགྲོན་དུ་བོད་(༢༩༨བ)པ་སོགས་ནི་དགའ་བའི་གནས་ཡིན་པས་དེ་ལ་ཆགས་པར་རིགས་སོ་ཞེ་ན་གནས་སྐབས་དང་མཐར་ཐུག་གི་དགའ་བ་ཐམས་ཅད་ཀྱི་རྒྱུ་དམ་པའི་ཆོས་ཀྱི་དགའ་བ་སྤངས་ནས་སྡུག་བསྔལ་ཁོ་ནའི་རྒྱུར་གྱུར་པ་དེ་དག་ལ་ཅིའི་ཕྱིར་དགའ་སྟེ་སླུ་གར་ནི་རང་ཉིད་ལུས་ངལ་ཞིང་དུབ་པར་འགྱུར་ལ་དཔྱོད་ལྡན་གྱི་ངོ་ཚ་དང་སྙིང་རྗེའི་གནས་

ཡིན་ཞིང་དུས་སྟོན་སོགས་ཀྱང་འབྲས་བུ་མེད་པར་མ་ཟད་ཡམས་ནད་དང་རྒྱལ་པོའི་ཆད་པ་དང་ཆོམ་རྐུན་སོགས་འཇིགས་པ་དུ་མའི་གནས་ཡིན་པའི་ཕྱིར་ན་རྒོད་ཅིང་རྩེ་བ་སོགས་བྱེས་པའི་སྤྱོད་པ་དེ་དག་ལ་ངོ་ཚ་ཞིང་སྐྱོ་བར་རིགས་ཀྱི་དགའ་བར་མི་རིགས་སོ། །དེས་ན་རྒྱལ་བུ་ལྷུགས་ཁྱིམ་སྐྱེས་ཀྱིས་ཀུ་མུ་དའི་དུས་སྟོན་མཐོང་བ་ན་འདི་ལྟ་བུ་ཡང་རིང་པོར་མི་གནས་སོ་སྙམ་པ་དང་མི་འདི་ཐམས་ཅད་འཆི་བའི་ཆོས་ཅན་ནོ་ཞེས་སྐྱོ་བར་གྱུར་པ་དེ་ལྟ་བུའི་འདུ་ཤེས་གོམས་པར་བྱའོ། །

ལྔ་པ་སྙིང་ལྷུག་གི་ལེ་ལོ་སྤང་བ་ལ་གསུམ། བསྒྲུབ་བྱ་མཐའ་དག་མདོར་བསྟན་པ། འབྲས་བུ་བྱང་ཆུབ་ལ་སྙིང་ལྷུག་སྤང་བ། རྒྱུ་སྦྱིན་སོགས་ལ་སྙིང་ལྷུག་སྤང་བའོ། །

དང་པོ་(བསྒྲུབ་བྱ་མཐའ་དག་མདོར་བསྟན་པ་)ནི།

སྙིང་ལྷུག་མེད་དང་དཔུང་ཚོགས་དང་། །
ལྷུར་བླང་བདག་ཉིད་དབང་བྱ་དང་། །
བདག་དང་གཞན་དུ་མཉམ་པ་དང་། །
གཞན་དང་བདག་ཏུ་བརྗེ་བར་བྱིས། ༧༨ །

ཞེས་གསུངས་ཏེ། སྙིང་ལྷུག་མེད་དང་ཞེས་པས་སྙིང་ལྷུག་པའི་གཉེན་པོ་དངོས་བསྟན་ཏོ། །དཔུང་ཚོགས་དང་ཞེས་པས་མོས་པ་དང་བརྟན་པ་དང་དགའ་བ་དང་དོར་བའི་དཔུང་ཚོགས་བཞི་འཆད་ལ། ལྷུར་བླང་བ་དང་བདག་ཉིད་དབང་དུ་བྱ་བ་དང་བཅས་ཏེ་བརྩོན་འགྲུས་བརྩམ་པ་དང་སྤེལ་བ་ཡང་མདོར་བསྟན་ཏོ། །བདག་གཞན་མཉམ་པ་དང་བདག་གཞན་བརྗེ་བར་བྱིས་ཞིག་པས་ནི་བྱང་ཆུབ་སེམས་དཔའི་སྤྱོད་པ་མཐའ་དག་ཀྱང་བསྟན་ཏེ་ཚིགས་སུ་བཅད་པ་འདི་ནི་དོན་ཟབ་ཅིང་རྒྱ་ཆེ་བ་ཡིན་ནོ། །

འདིར་བི་ཧྲུ་ཏིས། ཚིགས་བཅད་(༢༧ན)འདི་གཞན་གྱིས་བཙུག་པ་ཡིན་གྱི་སློབ་

དཔོན་གྱི་མ་ཡིན་ལ་གལ་ཏེ་སྔོམ་ཚིག་ཡིན་ནོ་ཞེ་ན་འོ་ན་ལེ་ལོའི་གཉེན་པོ་དང་ངན་ལ་ཆགས་པ་དང་བདག་ཉིད་བརྙས་པའི་གཉེན་པོ་སྐབས་སུ་བབ་པ་ཅི་སྟེ་མི་འཆད། བདག་གཞན་མཉམ་པ་དང་བརྗེ་བ་ནི་འདིར་སྐབས་སུ་མ་བབ་སྟེ་བསམ་གཏན་གྱི་ལེའུ་ཁོ་ནར་བརྗོད་དགོས་སོ་ཞེས་ཟེར་མོད་ཀྱི། དེ་ལྟ་མ་ཡིན་ཏེ་རྒྱ་འགྲེལ་གཞན་རྣམས་ལས་འདི་གཞུང་ཉིད་དུ་འདོན་པའི་ཕྱིར་དང་། གསེར་གླིང་པས་གཙོ་བོའི་དོན་བཅུ་གཅིག་ཏུ་བསྡུས་པར་ཡང་ཚིགས་བཅད་འདི་སྣང་བའི་ཕྱིར་དང་འོག་གི་དཔུང་ཚོགས་སོགས་ཀྱི་བཤད་གཞི་འདི་ཡིན་པའི་ཕྱིར། སྐྱོན་དེ་དག་ཀྱང་མི་འཇུག་སྟེ་ལེ་ལོའི་གཉེན་པོ་ཞེས་པ་ལེ་ལོ་སྤྱིར་བཏང་གི་གཉེན་པོ་ལ་ཟེར་ན་བརྩོན་ལེ་ཚང་བ་ཉིད་དེ་ཡིན་པའི་ཕྱིར་དང་སྙོམས་ལས་ཀྱི་ལེ་ལོའི་གཉེན་པོ་ལ་ཟེར་ན་གོང་དུ་བཤད་ཟིན་པའི་ཕྱིར། ངན་ཞེན་གྱི་གཉེན་པོའང་དེ་མ་ཐག་ཏུ་བཤད་ཟིན་ལ་བདག་ཉིད་བརྙས་པའི་གཉེན་པོ་ནི་མ་བཤད་པ་ག་ལ་ཡིན་ཏེ། སྐྱིད་ལུག་མེད་དང་ཞེས་པས་མདོར་བསྟན་ནས་འོག་ཏུ་ཚིགས་བཅད་བཅོ་ལྔས་རྒྱས་པར་འཆད་པའི་ཕྱིར། བདག་གཞན་མཉམ་པ་དང་བརྗེ་བ་བསམ་གཏན་གྱི་ལེའུར་འཆད་མོད་ཀྱང་ལེའུ་སྔ་མ་ལ་ཕྱི་མའི་ས་བོན་དགོས་པ་དང་ཤིན་ཏུ་དོ་གལ་ཆེ་བ་དག་ནི་བཟློས་ནས་ངེས་པར་ཡང་བརྗོད་དགོས་པའི་ཕྱིར། དེས་ན་འདི་སློབ་དཔོན་གྱི་གསུང་ཉིད་དུ་བཟུང་ངོ་། །

གཉིས་པ་(འབྲས་བུ་བྱང་ཆུབ་ལ་སྐྱིད་ལུག་སྤང་བ་)ནི།

བདག་གིས་བྱང་ཆུབ་ག་ལ་ཞེས། །
སྐྱིད་ལུག་པར་ནི་མི་བྱ་སྟེ། །
འདི་ལྟར་དེ་བཞིན་གཤེགས་པ་ནི། །
བདེན་པ་གསུང་བས་བདེན་འདི་གསུངས།[༡༧] །
སྦྲང་བུ་ཤ་སྦྲང་བུང་བ་དང་། །

དེ་བཞིན་སྲིན་བུར་གང་གྱུར་པ། །
དེས་ཀྱང་བརྩོན་པའི་སྟོབས་བསྐྱེད་ན། །
བྱང་ཆུབ་འཐོབ་དཀའ་བླ་མེད་འཐོབ། ༧༤ །
བདག་ལྟ་རིགས་ཀྱི་མིར་སྐྱེས་ལ། །
ཕན་དང་གནོད་པ་ངོ་ཤེས་ནས། །(༢༧བ)
བྱང་ཆུབ་སྤྱོད་པ་མ་བཏང་ན། །
བདག་གིས་བྱང་ཆུབ་ཅིས་མི་འཐོབ། ༧༥ །

ཅེས་གསུངས་ཏེ། བྱང་ཆུབ་ནི་བསོད་ནམས་ཅན་རྣམས་ཀྱིས་འཐོབ་ཀྱི་བདག་འདྲ་བས་མི་འཐོབ་བོ་སྙམ་དུ་སེམས་ཞུམ་པ་དང་སྙིང་ལུག་པར་མི་བྱ་སྟེ། བདེན་པར་གསུངས་བ་དེ་བཞིན་གཤེགས་པ་ཉིད་ཀྱིས་**མདོ་ལས།** ལག་བཟང་གཞན་ཡང་བྱང་ཆུབ་སེམས་དཔའ་འདི་ལྟར་ཡང་དག་པར་སློབ་སྟེ་གང་དག་སེང་གེ་དང་སྟག་དང་ཁྱི་དང་ཅེ་སྤྱང་ནས་སྦྲང་བུ་དང་ཤ་སྦྲང་དུ་གྱུར་པ་དེ་དག་གིས་ཀྱང་མངོན་པར་རྫོགས་པར་འཚང་རྒྱ་བར་འགྱུར་ན་བདག་མིར་གྱུར་བཞིན་དུ་སྲོག་གི་ཕྱིར་ཡང་ཅིའི་ཕྱིར་ཡང་དག་པར་རྫོགས་པའི་བྱང་ཆུབ་འཐོབ་པར་འགྱུར་བའི་བརྩོན་འགྲུས་ཉམས་པར་བྱ་སྟེ། ཞེས་སྲོག་གི་ཕྱིར་ཡང་མི་འདོར་བར་གསུངས་པ་དང་། **རྒྱན་ལས་ཀྱང་།** གང་ཕྱིར་སེམས་ཅན་མིར་གྱུར་པ། །ཚད་མེད་སྐད་ཅིག་རེ་རེ་ལ། །རྫོགས་པའི་བྱང་ཆུབ་ཐོབ་དེའི་ཕྱིར། །ཞུམ་པ་དང་དུ་བླང་མི་བྱ། །ཞེས་སོགས་གསུངས་པའི་ཕྱིར། དེས་ན་སྦྲང་བུ་སོགས་ཀྱིས་ཀྱང་སེམས་བསྐྱེད་པ་ཡོད་ན་ངེས་པར་འགྲུབ་ལ་འདས་པ་དང་ད་ལྟ་བའི་སངས་རྒྱས་རྣམས་ཀྱང་སྔོན་སེམས་ཅན་དུ་གྱུར་པ་བདག་ཅག་ལྟ་བུ་ལས་བརྩོན་འགྲུས་ཀྱི་ཁྱད་པར་གྱིས་སྔོན་དུ་སངས་རྒྱས་པ་པོ་ན་ཡིན་པའི་ཕྱིར་རོ། །དེས་ན་བདག་ད་ལྟ་དལ་འབྱོར་གྱི་ལུས་ཐོབ་ལ་ཕན་གནོད་ཀྱི་གནས་ཆོས་དང་ཆོས་མ་ཡིན་པ་ཁ་ཅིག་ཤེས། མི་

ཞེས་པ་དག་ཀྱང་དགེ་བའི་བཤེས་གཉེན་ལ་དྲིར་ཡོད་པའི་དུས་འདིར་བདག་ཉིད་ཀྱིས་བརྩོན་འགྲུས་བརྩམས་ན་བྱང་ཆུབ་ཅིས་མི་འཐོབ་སྙེ་ད་ནི་ཤིན་ཏུ་འབད་པའི་དུས་ཡིན་གྱིས་ཞུམ་པའི་དུས་མ་ཡིན་ནོ། །**ལེགས་བཤད་བསྡུས་པར་ནི།** བདག་ལྟ་རིགས་ཀྱི་མིར་སྐྱེས་ལ། །ཞེས་པའི་རིགས་ལ་རང་བཞིན་གནས་རིགས་དང་རྒྱས་འགྱུར་གྱི་རིགས་གཉིས་ཀྱི་བཤད་པ་བྱེད་པར་སྣང་ངོ་། །

གསུམ་པ་(རྒྱུ་སྦྱིན་སོགས་ལ་སྤྲིད་ལུག་སྤང་བ་)(༢༥༨ན)ལ་གསུམ། སྦྱིན་སོགས་ཀྱི་སྡུག་བསྔལ་ནི་སྡུག་བསྔལ་ཆུང་ངུར་བསྟན་པ། གོམས་ན་མི་དཀའ་བར་བསྟན་པ། དེ་ཉིད་བདེ་བའི་མཆོག་ཏུ་བསྟན་པའོ། །

དང་པོ་(སྦྱིན་སོགས་ཀྱི་སྡུག་བསྔལ་ནི་སྡུག་བསྔལ་ཆུང་ངུར་བསྟན་པ་)ནི།

འོན་ཏེ་རྐང་ལག་ལ་སོགས་པ། །
བཏང་དགོས་བདག་ནི་འཇིགས་ཤེ་ན། །
ལྕི་དང་ཡང་བ་མ་དཔྱད་པར། །
རྨོངས་པས་བདག་ནི་འཇིགས་པར་ཟད། ༢༠ །
བསྐལ་པ་བྱེ་བ་གྲངས་མེད་དུ། །
ལན་གྲངས་དུ་མར་གཅོད་པ་དང་། །
དབུག་དང་སྲེག་དང་གཤེག་འགྱུར་གྱི། །
བྱང་ཆུབ་འཐོབ་པར་མི་འགྱུར་རོ། ༢༡ །
བདག་གིས་བྱང་ཆུབ་སྒྲུབ་པ་ཡི། །
སྡུག་བསྔལ་འདི་ནི་ཚོད་ཡོད་དེ། །
ཟུག་རྔུ་ཁོང་བརླག་གནོད་བསལ་ཕྱིར། །
ལུས་ལ་གཏོད་པའི་སྡུག་བསྔལ་བཞིན། ༢༢ །
སྨན་པ་ཀུན་ཡང་གསོ་དཔྱད་ཀྱི། །

མི་བདེ་བ་ཡིས་ནད་མེད་བྱེད། །
དེ་བས་སྡུག་བསྔལ་མང་པོ་དག །
གཞོམ་ཕྱིར་མི་བདེ་ཆུང་བཟོད་བྱ། ༢༣ །
གསོ་དཔྱད་ཕལ་པ་འདི་འདྲ་བའང་། །
སྨན་པའི་མཆོག་གིས་མ་མཛད་དེ། །
ཆོ་ག་ཤིན་ཏུ་འཇམ་པོ་ཡིས། །
ནད་ཆེན་དཔག་མེད་གསོ་བར་མཛད། ༢༤ །ཅེས་པ་དང་།

གཉིས་པ་(གོམས་ན་མི་དཀའ་བར་བསྟན་པ་)ནི།

ཚོད་མ་ལ་སོགས་སྦྱིན་པ་ལའང་། །
འདྲེན་པས་ཐོག་མར་སྦྱོར་བར་མཛད། །
དེ་ལ་གོམས་ནས་ཕྱིས་ནས་ནི། །
རིམ་གྱིས་རང་གི་ཤ་ཡང་གཏོང་། ༢༥ །
གང་ཚེ་རང་གི་ལུས་ལ་ནི། །
ཚོད་སོགས་ལྟ་བུའི་བློ་སྐྱེས་པ། །
དེ་ཚེ་ཤ་ལ་སོགས་གཏོང་བ། །
དེ་ལ་དཀའ་བ་ཅི་ཞིག་ཡོད། ༢༦ །ཅེས་པ་དང་།

གསུམ་པ་(དེ་ཉིད་བདེ་བའི་མཆོག་ཏུ་བསྟན་པ་)ནི།

སྡིག་པ་སྤངས་ཕྱིར་སྡུག་བསྔལ་མེད། །
མཁས་པའི་ཕྱིར་ན་མི་དགའ་མེད། །
འདི་ལྟར་ལོག་པར་རྟོག་པ་དང་། །
སྡིག་པས་སེམས་དང་ལུས་ལ་གནོད། ༢༧ །
བསོད་ནམས་ཀྱིས་ནི་ལུས་བདེ་ལ། །

མཁས་པ་ཡིས་ནི་སེམས་བདེ་ན། །
གཞན་དོན་འཁོར་བར་གནས་ཀྱང་ནི། །
སྙིང་རྗེ་ཅན་དག་ཅི་སྟེ་སྐྱོ། ༢༨ །
འདི་ནི་བྱང་ཆུབ་སེམས་སྟོབས་ཀྱིས། །
སྔོན་གྱི་སྡིག་པ་ཟད་བྱེད་ཅིང་། །(༢༥༨བ)
བསོད་ནམས་རྒྱ་མཚོ་སྡུད་བྱེད་ཕྱིར། །
ཉན་ཐོས་རྣམས་ལས་མཆོག་ཏུ་བཤད། ༢༩ །
དེ་བས་སྐྱོ་ངལ་ཀུན་སེལ་བའི། །
བྱང་ཆུབ་སེམས་ཀྱི་རྟ་ཞོན་ནས། །
བདེ་ནས་བདེ་བར་འགྲོ་བ་ལ། །
སེམས་ཤེས་སུ་ཞིག་སྒྱིད་ལུག་འགྱུར། ༣༠ །

ཞེས་པས་བསྟན་ཏེ། དང་པོ་ལ་ཡང་ཚིགས་བཅད་དང་པོས་མཚམས་སྦྱར། གཉིས་པས་སྡུག་བསྔལ་ཆུང་ངུ་འདི་མ་སྐྱིད་ན་སྡུག་བསྔལ་གཞན་ཚད་མེད་མྱོང་དགོས་པར་བསྟན། གཉིས་ཀྱིས་དེའི་དཔེ་བཤད། ཐ་མས་དཔེ་ལས་ལྷག་པར་བསྟན་ཏོ། །གཉིས་པ་ལ་ཡང་ཚིགས་བཅད་སྔ་མས་གོམས་སུ་གཞུག་ཚུལ་དང་། ཕྱི་མས་གོམས་ན་སླ་བར་བསྟན་ཏོ། །གསུམ་པ་ལ་ཡང་དང་པོས་འཁོར་བའི་རང་བཞིན་ཤེས་པས་འཇིགས་པ་མེད་པར་བསྟན། གཉིས་པས་འཁོར་བས་མི་སྐྱོ་བར་བསྟན། གསུམ་པས་དེའི་ཕྱིར་ཉན་རང་ལས་ལྷག་པར་བསྟན། ཐ་མས་དོན་བསྡུས་པའོ། །

དེ་ཡང་བྱང་ཆུབ་སྒྲུབ་པ་ནི་མགོ་དང་རྐང་ལག་ལ་སོགས་ཀྱང་གཏོང་དགོས་སྐད་ན་དེ་ལྟ་བུ་མི་ནུས་སོ་ཞེ་ན་དེ་ནི་ཆུའི་སྦྲ་ཐོས་པ་ཙམ་གྱིས་ལྟམ་འབུད་པ་ལྟར་མ་བརྟགས་པར་གྱ་ཚོམས་སུ་སྐྲག་པར་ཟད་དེ་ཐབས་མཁས་པས་མགོ་ལ་སོགས་

པ་གཏོང་བ་མེད་པར་བདེ་བས་ལམ་བགྲོད་པ་ཡང་ཡོད་ལ། མགོ་ལ་སོགས་གཏོང་བ་དེའི་ཚེ་ཡང་བྱང་ཆུབ་ཀྱི་ཆེད་དུ་བྱ་དཀའ་སྤྱོད་པ་འདི་ལྟེའམ། འོན་ཏེ་འཁོར་བའི་སྡུག་བསྔལ་གཞན་ལྟེ་ཞེས་ལྟེ་ཡང་གི་ཁྱད་པར་བརྟགས་ན་འདི་ནི་ཡུད་ཙམ་ཞིག་སྡུག་བསྔལ་བར་སྣང་བ་འདི་བཟོད་པར་བྱས་པ་ཁོ་ནས་སྡུག་བསྔལ་གྱི་རྒྱ་མཚོ་འདི་བ་ལང་གི་རྨང་རྗེས་ཀྱི་ཆུ་ཙམ་དུ་བྱེད་ལ། ཚོགས་གཉིས་ཀྱི་ཁྱད་པར་མཐའ་ཡས་པ་འཐོབ་པས་བཤང་གཅིའི་བུམ་པ་བཙོངས་ཏེ་གྲུབ་པའི་བུམ་པ་བཟང་པོ་ཐོབ་པ་ལྟ་བུ་ཡིན་པས་སྡུག་བསྔལ་འདི་ནི་ཆེས་ཡང་བར་མཐོང་ལ། འདི་ལྟར་མ་སྤྱད་ན་འཁོར་བ་མཐའ་མེད་དུ་འཁྱམ་ཞིང་དེར་མི་འདོད་མི་(༢༥༡ན)བཟོད་བཞིན་དུ་དམྱལ་བ་ལ་སོགས་པར་འབྲས་ལྟར་འཚེད་པ་དང་ཡུངས་ཀར་ལྟར་འཚིར་བ་དང་གཏུབ་པ་ཊ་ཙམ་དུ་བཏུབ་པ་སོགས་གྲངས་མེད་པ་བསྐལ་པ་ཐམས་ཅད་གཏུགས་པར་སྨྱོང་དགོས་ལ་དེས་རང་གཞན་གང་ལའང་ཙུང་ཟད་ཀྱང་མི་ཕན་ནོ། །

དེ་ལྟར་ལྟེ་ཡང་ལ་དཔྱད་ན་བྱང་ཆུབ་སྒྲུབ་པའི་སྡུག་བསྔལ་འདི་ནི་ཤིན་ཏུ་སྡུག་བསྔལ་ཆུང་ངུ་སྡུག་བསྔལ་ལྟར་སྣང་ཙམ་དུ་ཟད་དེ་ཚེ་འདི་ཁོ་ནའི་ནད་མདེའུ་དུག་ཅན་འདོན་པ་དང་སྙིང་ཆུ་དང་གློ་རྣག་དང་རྩ་སྦྲུབས་ཀྱི་ནད་འབྱིན་པའི་ཕྱིར་སྨན་པས་རྨ་གཏོད་པ་ལྟ་བུ་སྟེ་དཔྱད་རྩུབ་མོ་དེ་དག་གིས་ཀྱང་ནད་ཆུང་ངུ་འབྱིན་པར་བྱེད་ན་སྐྱེ་བ་གདན་དུ་སྡུག་བསྔལ་ཐམས་ཅད་ཀྱི་རྒྱུར་གྱུར་པའི་ནད་ཆེན་པོ་དབྲལ་བར་དཀའ་བ་བདག་ཏུ་འཛིན་པ་གཞོམ་པའི་ཆེད་དུ་སྡུག་བསྔལ་ཆུང་ངུ་དེ་ཅིའི་ཕྱིར་མི་བཟོད། དེ་ལྟ་མོད་ཀྱིས་རྫོགས་པའི་སངས་རྒྱས་ཀྱིས་ནི་གཏར་སྲེག་ཙམ་གྱི་དཔྱད་རྩུབ་མོའང་མ་གསུངས་ཏེ་སེམས་ལ་གྲོས་གདབ་པའི་ཆོ་ག་འཇམ་པོ་ཁོ་ནས་སྡོ་གསུམ་གྱི་ནད་ཐམས་ཅད་ཅིག་ཆར་ཞི་བར་མཛད་པའི་ཕྱིར་དང་། ཉན་ཐོས་ཀྱི་སྐབས་སུ་ཡོ་བྱད་བསྟུངས་པ་བསྔགས་པའི་ཚོའང་དཔལ་

ཞིང་དུབ་པའི་མཐའ་སྤང་བར་གསུངས་པའི་ཕྱིར་རོ། །

ངེས་པར་མགོ་ལ་སོགས་པ་གཏོང་དགོས་སོ་ཞེས་ཁྱབ་འཇུག་གི་ཚིག་ལྟ་བུས་ཁྲིམས་བཅས་པ་ཡང་མ་ཡིན་ཏེ་དང་པོར་སེམས་ཞེན་པ་ལས་ལྡོག་པ་དང་རང་གཞན་གྱི་བདེ་བའི་ཆེད་དུ་དང་པོར་ཚོད་མ་ངན་ངོན་དང་ཁ་ཟས་ཀྱི་ལྷག་མ་རང་བཞིན་གྱིས་དོར་བྱ་དང་ཆུ་ཙམ་གྱི་སྦྱིན་པ་བྱོས་ཤིག་ཅེས་བསྟན་ཏེ་དེ་གོམས་པ་ན་དངོས་པོ་ཆེན་པོའང་མི་འཕངས་པར་གཏོང་བར་ནུས་ཤིང་མཐར་ལུས་དང་ཚོད་མའང་མཉམ་པར་མཐོང་སྟེ་གཉི་ག་ལ་སེམས་པ་མེད་པ་དང་སུའི་ཡང་མ་ཡིན་པར་མཐོང་བས་ལུས་ལ་གཅེས་སྤྲས་དང་བདག་གིར་འཛིན་པ་ལས་ལོག་སྟེ་ཆགས་པ་མེད་ཅིང་སྙིང་རྗེའི་གཞན་དབང་དུ་གྱུར་པས་བདག་ཉིད་ཀྱིས་དགའ་བཞིན་དུ་(༢༥་ཁ)གཏོང་བ་བུ་གཅེས་པ་ལ་ཟས་བཟང་པོ་སྟེར་བ་ལྟ་བུའི་བློ་འབྱུང་བ་ཡིན་ཏེ། སྡུག་དང་མི་སྡུག་ཀུན་ལ་ལྟ་བ་མེད་པ་ཡིན། །མགོ་དང་རྐང་ལག་གཏོང་ཞིང་ཞུམ་པའི་སེམས་ཀྱང་མེད། །བདོག་པ་ཐམས་ཅད་གཏོང་ཞིང་རྟག་ཏུ་ཞེན་པ་མེད། །ཆོས་རྣམས་རང་བཞིན་བདག་མེད་ཡ་མ་བརྙར་ཤེས་ནས། །བདག་གི་ཤ་ཡང་གཏོང་ལ་ཞུམ་པའི་སེམས་མེད་ན། །དེ་ཚེ་ཕྱི་རོལ་དངོས་པོ་གཏོང་ལ་སྨོས་ཅི་དགོས། །ཞེས་གསུངས་པ་ཡིན་གྱི་དུས་མིན་དུ་ལྷེབ་དགོས་པར་བསྟན་པ་མིན་ལ་དེ་ལྟར་དུས་སུ་གཏོང་བ་དེ་ནི་ཟློག་པར་ཡང་མི་མཛད་དེ་འདུལ་བར་ཡང་ཁྲིམ་བདག་མོས་རང་གི་ཤ་ཁྲག་གིས་དགེ་སློང་ཞིག་གི་སྨན་བྱས་པ་ན་ཁྲིམ་བདག་མོ་དགེ་བའི་བསམ་པ་ཅན་དེ་བོས་ཤིག་ཅེས་དང་། ཅི་འདི་བྱང་ཆུབ་སེམས་དཔའི་དཔུང་ཉམས་སུ་སྔོང་བར་བྱེད་དམ་ཞེས་ཟུར་གྱིས་བྱང་ཆུབ་སེམས་དཔར་བསྟན་གྱི་ཟློག་པར་མ་མཛད་ལ། དགེ་སློང་རྣམས་ལ་ནི་མིའི་ཤ་ཟ་བར་མི་བྱའོ་ཞེས་བཅས་པ་མཛད་པ་དང་། ཤཱ་རིའི་བུས་མྱ་ངན་ལས་འདའ་བར་ཞུས་པས་མྱ་ངན་ལས་འདའ་བའི་ཕྱིར་སྐབས་ཞེས་ལན་གསུམ་དུ་གསུངས་ནས་ཐ་མ་ལ་

འདི་ནི་འདུས་བྱས་ཀྱི་ཆོས་ཉིད་ཡིན་ན་ངས་སྨྲར་ཅི་ཡོད་ཅེས་ཆོས་ཉིད་ཡིན་པར་གསུངས་ནས་གནང་བཀག་མི་དགོས་པར་བསྟན་པ་ལྟར་བྱང་ཆུབ་སེམས་དཔའ་དེ་ལྟ་བུའི་ཆེ་ལུས་གཏོང་བ་ནི་སྐབས་དེའི་ཆོས་ཉིད་ཡིན་པས་ཟློག་པར་ཡང་མི་མཛད་པ་ཡིན་ནོ། །དེས་ན་ཁྱིམ་བདག་ཤིན་ཏུ་སེར་སྣ་ཅན་ཞིག་ལ་པོ་རང་གི་ལག་པ་གཡས་པས་གཡོན་པ་ལ་སྦྱིར་བ་བསླབས་པས་ཕྱིས་བདོག་པ་ཐམས་ཅད་ཆགས་མེད་དུ་གཏོང་བ་ཞིག་བྱུང་བར་བཤད་པ་ལྟར་སྦྱོད་པ་ཐམས་ཅད་ཀྱང་གོམས་པའི་རྒྱ་བ་ཅན་ཡིན་ནོ། །

ཁ་ཅིག་བྱང་ཆུབ་སེམས་དཔའ་ནི་འཁོར་བར་བསྐལ་པ་མཐའ་ཡས་པར་གནས་དགོས་སོ་ཞེས་ཐོས་ནས་འཁོར་བ་ནི་སྐྱི་གཡའ་ཞིང་འཇིགས་སུ(༢༥༠ན)རུང་བ་གཤིན་རྗེའི་ཧྲོང་ལྟ་བུ་ཡིན་པས་དེ་ཙམ་དུ་གནས་པའི་སྡུག་བསྔལ་ཇི་ལྟར་བཟོད། དེས་ན་སྲིད་པ་ལས་མྱུར་དུ་ཐར་བར་བྱེད་པའི་ཉན་རང་གི་བྱང་ཆུབ་སྒྲུབ་པོ་ཞེ་ན་འདི་ཡང་གང་ལྟི་བ་དང་གང་ཡང་བ་མ་དཔྱད་པས་སྨྲག་པ་ཉིད་ཡིན་ཏེ་མི་སྐྱེ་བའི་ཆོས་ལ་བཟོད་པ་ཆུང་ངུ་ཐོབ་པ་ཡང་འདོད་ན་ཞག་བདུན་གྱིས་ཡང་དག་པའི་མཐའ་མངོན་དུ་བྱེད་པར་ནུས་མོད་ཀྱང་སྙིང་རྗེ་ཆེན་པོས་སེམས་ཅན་ལ་བརྩེ་བ་འབབ་ཞིག་གི་ཕྱིར་དང་། འཁོར་བ་དང་མྱ་ངན་ལས་འདས་པ་ནི་རང་བཞིན་གྱིས་མཉམ་པ་ཉིད་དུ་གཟིགས་པས་རེ་དོགས་ཀྱི་བློ་མི་མངའ་བ་དང་། བདེ་བ་དང་སྡུག་བསྔལ་ནི་སྒྲོ་བཏགས་གོམས་པ་པོ་ནར་ཟད་ཀྱི་ངོ་བོ་ཉིད་ཀྱིས་མ་ཡིན་པར་གཟིགས་པས་བླང་དོར་གྱི་དམིགས་པ་མི་མངའ་བའི་ཕྱིར་ཡང་དག་པའི་མཐའ་ལག་མཐིལ་དུ་འོངས་ཀྱང་དུས་མིན་དུ་མངོན་དུ་མི་བྱེད་པར་སྙིང་རྗེའི་ཆུས་བསྐྱུན་པ་བསམ་གྱིས་མི་ཁྱབ་པའི་འཆི་འཕོ་ཡོངས་སུ་སྟོན་པས་འདམ་ན་པདྨ་ལྟར་འཁོར་བར་སྤྱོད་ཀྱང་དེས་མ་གོས་པར་གནས་ཤིང་བསྐལ་པ་མཐའ་ཡས་པ་དང་སྐད་ཅིག་མ་གཅིག་ཀྱང་ཡང་དག་པར་རིང་ཐུང་གི་མཚན་མ་མི་མངའ་བར་

གཟིགས་པས་དུས་རིང་ངོ་ཞེའམ་ཐུང་ངོ་ཞེས་མི་རྟོག་པའི་ཕྱིར་སྐྱོ་བ་མེད་པར་རྒྱལ་པོ་སྐྱིད་ཚལ་ན་སྤྱོད་པ་ལྟར་བསམས་བཞིན་དུ་དགའ་བས་བཞུགས་པར་ཟད་ཀྱི་སྡུག་བསྔལ་ཞིང་དབང་མེད་དུ་འཁོར་བར་གནས་པ་ག་ལ་ཡིན་ཏེ། ཡུལ་ཡུལ་ཅན་ལ་མཚན་མར་ཞེན་པའི་ལོག་རྟོག་གིས་ནི་ཡིད་མི་བདེ་དང་དེས་སེམས་ཀྱི་སྡུག་བསྔལ་སྐྱེད་ལ་སྡིག་པའི་རྣམ་སྨིན་གྱིས་ལུས་ལ་ནད་མཚོན་གྱིས་གནོད་པར་འགྱུར་བ་ཡིན་ལ། བྱང་ཆུབ་སེམས་དཔའ་དེ་ནི་ལས་ཀྱི་སྒྲིབ་པ་མི་དགེ་བ་བཅུ་ཀུན་ཏུ་སངས་པའི་ཕྱིར་འབྲས་བུ་སྡུག་བསྔལ་མེད་ལ་ཆོས་ཐམས་ཅད་རང་བཞིན་མེད་པའི་མཐོང་བ་ལ་མཁས་པའི་ཕྱིར་ཡིད་མི་བདེ་དང་དེས་ཀུན་ནས་བསླང་བའི་ཉོན་མོངས་(༢༥༠བ)རྣམས་མེད་པའི་ཕྱིར་རོ། །

དེས་ན་བསོད་ནམས་གཞལ་དུ་མེད་པ་སྐད་ཅིག་རེ་རེ་ལ་ཡང་གོང་ནས་གོང་དུ་འཕེལ་ཞིང་ཆོས་ཐམས་ཅད་ཀྱི་རང་བཞིན་ངོ་བོ་ཉིད་མེད་པ་མཉམ་པ་ཉིད་ལས་མི་གཡོ་བ་ལ་སངས་རྒྱས་དང་མཚུངས་པའི་གཟིགས་པ་ཐོབ་པ་དེ་ནི་བདེ་བར་འགྲོ་བའི་ཏིང་ངེ་འཛིན་གྱིས་དུས་འདའ་ཞིང་ཟག་མེད་ཀྱི་བསོད་ནམས་ཆེན་པོས་བསྒྲུབས་པའི་འཕགས་པའི་ལོངས་སྤྱོད་ཚུར་མཐོང་གི་ཡུལ་མ་ཡིན་པ་རྣམས་ཀྱིས་རྟག་ཏུ་དགྱེས་པར་རྩེན་པའི་ཕྱིར་སྙིང་རྗེའི་མཐུ་ཅན་འདི་དག་ཇི་ལྟར་འཁོར་བས་སྐྱོ་སྟེ་ལུས་སེམས་ཀྱི་བདེ་བ་འདི་ནི་བརྒྱ་བྱིན་དགའ་ཚལ་ན་མི་སྐྱོ་བ་ལྟ་བུས་དཔེ་དང་ཆ་དང་རྒྱུར་ཡང་མི་བཟོད་དོ། །

འདི་ལྟར་བྱང་ཆུབ་སེམས་དཔའ་གཅིག་པོ་ནས་ཆོས་ཐམས་ཅད་གཟོད་ནས་དག་པར་མཐོང་བའི་ཉི་མའི་དཀྱིལ་འཁོར་དམིགས་པ་མེད་པའི་སྙིང་རྗེ་ཆེན་པོའི་འོད་ཟེར་མཐའ་ཡས་པ་ཅན་གྱིས་སྒྲིབ་པའི་མུན་པ་དྲུངས་འབྱིན་ཞིང་བསོད་ནམས་ཀྱི་ཆུ་བོ་ཇི་སྙེད་པ་སེམས་ཀྱི་རྒྱ་མཚོར་རྒྱུན་མི་འཆད་པར་སྡུད་པ་འདི་ལྟ་བུ་ཉན་ཐོས་དང་རང་སངས་རྒྱས་བྱེ་བ་ཕྲག་དུ་མ་ལ་ཡང་ག་ལ་ཡོད་དེ་དེའི་

ཕྱིར་བྱང་ཆུབ་སེམས་དཔའ་བུད་མེད་འགྱུར་བའི་སྤོབས་པས་འཕགས་པ་རབ་འབྱོར་ཟིལ་གྱིས་མནན་པ་དང་བུ་མོ་ཟླ་མཆོག་གི་སྤོབས་པས་མཽདྒལ་གྱི་བུ་ཟིལ་གྱིས་མནན་ཞིང་ཕྱིས་དགྲ་བཅོམ་པ་དེ་དག་གིས་ཕྱག་བྱས་པ་ན་འཕགས་པ་ཤཱ་རིའི་བུའི་སྤོབས་པ་ཡང་ཟིལ་གྱིས་ནོན་ཏེ་འདི་དག་ནི་ལྷ་དང་བཅས་པའི་འཇིག་རྟེན་ཐམས་ཅད་ཀྱི་ཕྱག་གི་ཡུལ་ཡིན་ན་ཚེ་དང་ལྡན་པ་རབ་འབྱོར་དང་མཽདྒལ་གྱི་བུས་ལྟ་ཅི་སྨོས་ཞེས་སྨྲས་པ་ལྟ་བུའི་ཕྱིར། དེ་ལྟ་མོད་ཀྱི་བྱང་ཆུབ་སེམས་དཔའ་ཆེན་པོ་དེ་དག་ལྟ་ཞོག་སྔོན་འཇུག་གི་སེམས་དང་པོ་བསྐྱེད་པའི་བྱང་ཆུབ་སེམས་དཔའ་ཡང་ཉན་རང་ལས་ཆེས་ཁྱད་དུ་བྱུང་སྟེ་འཁོར་ལོས་བསྒྱུར་བའི་རྒྱལ་པོར་འགྱུར་རྒྱུ་ནུར་ནུར་པོ་ལ་གནས་པ་ཡང་མངོན་པར་ཤེས་པ་ཅན་གྱི་མཐོང་བར་རྒྱལ་པོ་དང་(༢༥༧ན)རྒྱལ་ཕྲན་ཇི་སྙེད་པ་དང་མི་མཉམ་པར་མཐོང་བ་ལྟ་བུའི་ཕྱིར་དང་། ཀ་ལ་པིངྐའི་ཕྲུ་གུ་སྒོ་ང་ནས་མ་བྱུང་བའི་སྐད་ཀྱིས་བྱ་གཞན་ཐམས་ཅད་ཟིལ་གྱིས་གནོན་པ་དང་སེང་གེའི་ཕྲུ་གུ་བཙས་མ་ཐག་པ་ཡང་སེང་གེའི་ང་རོ་ཐོས་ན་མི་སྐྲག་ཅིང་དགའ་བ་འཕེལ་ལ་བཙས་མ་ཐག་པ་དེའི་ང་རོ་ཡང་དུད་འགྲོ་གཞན་གྱིས་མི་བཟོད་པ་ལྟར་ཐེག་ཆེན་གྱི་རིགས་ཅན་ལས་དང་པོ་པ་ཡང་སྟོང་པ་ཉིད་ལ་སོགས་པ་ཟབ་མོའི་སྒྲར་འཕྲིན་ཞིང་ཟབ་རྒྱས་ཀྱི་སྡེ་སྣོད་ཐོས་ན་མི་སྐྲག་པར་མོས་ཤིང་དེའི་སྟོང་པ་ཉིད་ལ་སོགས་པའི་སྒྲ་བ་ཙམ་ཡང་དམིགས་པ་ཅན་ཐམས་ཅད་ཀྱིས་བཟོད་པར་མི་ནུས་པར་སྟོང་རྒྱན་ལས་གསུངས་པ་ལྟར་དང་། སྔོན་ཁྱིའུ་གསུམ་དུ་གྱུར་པ་ན་དབུས་མས་སངས་རྒྱས་དང་གཉིས་ཀྱིས་ཉན་ཐོས་སུ་སེམས་བསྐྱེད་པ་ལས་བརྩམས་ནས་ཤཱ་རིའི་བུ་དང་མཽདྒལ་གྱི་བུ་འདི་གཉིས་དེའི་ཚེ་འཁོར་བས་སྐྲག་སྟེ་མྱུར་དུ་ཐར་བར་འདོད་པས་ཉན་ཐོས་སུ་སེམས་བསྐྱེད་པ་ཡིན་ཡང་ང་འཚང་མ་རྒྱས་ཀྱི་བར་དུ་འདི་གཉིས་ཐར་བར་མ་ནུས་ལ་ང་སངས་རྒྱས་ནས་འདི་གཉིས་ངས་བཏུལ་བ་ཡིན་ནོ། །

དེས་ན་མྱུར་དུ་འཁོར་བ་ལས་ཐར་བར་འདོད་པས་ཀྱང་རྫོགས་པའི་བྱང་ཆུབ་ཏུ་སེམས་བསྐྱེད་པར་བྱའོ་ཞེས་གསུངས་པ་ཡིན་ནོ། །དེས་ན་སྐྱོ་འཇིགས་ཐམས་ཅད་ལས་རྣམ་པར་རྒྱལ་བའི་བྱང་ཆུབ་ཀྱི་སེམས་ཀྱི་ཐེག་པ་ལྷའི་གཞལ་མེད་ཁང་བྱེ་བར་ལྡན་པའི་རིན་པོ་ཆེའི་ཤིང་རྟ་ནམ་མཁའ་ལྡིང་འབུམ་གྱིས་དྲངས་པ་ལྟ་བུའི་ཐེག་པ་ལ་ཞོན་ནས་བདེ་བ་ནས་བདེ་བ་དང་དེ་བཞིན་ཉིད་ནས་དེ་བཞིན་ཉིད་དུ་འགྲོ་བ་ལ་སུ་ཞིག་ངལ་ཏེ་དེའི་ཕྱིར། ཐེག་པ་འདི་ནི་མཁའ་འདྲ་གཞལ་མེད་ཁང་ཆེན་ཏེ། །དགའ་སྐྱིད་བདེ་བ་མངོན་པར་འཐོབ་བྱེད་ཐེག་པའི་མཆོག །ཅེས་གསུངས་པ་ཡིན་ནོ། །འདི་དག་ཏུ་**དགེ་བའི་ལྷས།** ཀྱི་དང་ཡང་བ་མ་དཔྱད་པས། །ཞེས་པ་ལ། གཅེས་དང་མི་གཅེས་མ་དཔྱད་པར། །ཞེས་གཞུང་(༢༥༧བ)འདོན་ཞིང་འོག་ཏུ་ཉན་ཐོས་དག་ལས་བྱང་ཆུབ་སེམས་དཔའ་ཐ་ནའང་བསྐལ་པ་གྲངས་མེད་པ་བཞི་བཅུས་མྱུར་བར་འགྱུར་རོ་ཞེས་བྲིས་ལ། ཡང་དེར་ནད་བཞི་བརྒྱ་རྩ་བཞིས་ཟིན་པ་ལ་ཇི་ལྟར་དཔྱོད་པ་འཛམ་པོས་གསོ་བར་མཛད་པ་ཞེས་སྨྲང་ཡང་ནད་ཆེན་དཔག་མེད་ཅེས་པ་ནད་བཞི་བརྒྱ་རྩ་བཞི་ལས་ཆེས་འཇིགས་པའི་ཉོན་མོངས་ཀྱི་ནད་མཐའ་དག་ཡིན་གྱི་མིའི་ནད་བཞི་བརྒྱ་རྩ་བཞི་ཙམ་ཉིད་ལ་འབྲུ་གཉེར་བྱ་མ་ཡིན་ནོ། །

དེ་ལྟར་མི་མཐུན་པའི་ཕྱོགས་ལེ་ལོ་བཤད་ནས། བཞི་པ་བརྩོན་འགྲུས་བརྩམ་ཚུལ་དངོས་ལ་བསྟན་བཤད་གཉིས་ལས།

དང་པོ་(མདོར་བསྟན་པ་)ནི།

སེམས་ཅན་དོན་གྲུབ་བྱ་ཕྱིར་དཔུང་། །
མོས་བརྟན་དགའ་དང་དོར་བ་ཡིན། །
མོས་པ་སྡུག་བསྔལ་འཇིགས་པ་དང་། །
དེ་ཡི་ཕན་ཡོན་བསམས་པས་སྐྱེ། ༣༡ །

དེ་ལྟར་མི་མཐུན་ཕྱོགས་སྤངས་ཏེ། །
མོས་དང་ང་རྒྱལ་དགའ་དང་དོར། །
ལྷུར་བླང་དབང་བསྒྱུར་སྟོབས་ཀྱིས་ནི། །
བརྩོན་འགྲུས་སྤེལ་ཕྱིར་འབད་པར་བྱ། ༣༢།

ཞེས་གསུངས་ཏེ། རྒྱལ་པོ་ཆེན་པོ་རྣམས་དཔུང་ཚོགས་ཡན་ལག་བཞིས་ཕས་རྒོལ་འཇོམས་ཤིང་བཀར་བཏགས་པའི་ཁྲིམས་ཀྱིས་བྱ་བ་སྒྲུབ་པ་ལྟར་བྱང་ཆུབ་སེམས་དཔས་ཀྱང་དགེ་བ་ལ་མོས་ཤིང་འདུན་པས་ཁ་ལོ་བསྒྱུར་སླ་བ་ཤིང་རྟ་པའི་ཚོགས་ལྟ་བུ་དང་། བརྟན་ཞིང་མི་ཟློག་པ་གླང་པོ་ཆེ་པའི་ཚོགས་ལྟ་བུ་དང་། དགའ་ཞིང་སྤྲོ་བས་འཇུག་པས་ཟོར་ཡང་བ་རྟ་པའི་ཚོགས་ལྟ་བུ་དང་། མི་ནུས་ན་རེ་ཞིག་དོར་བ་བསྐྱིལ་བར་སླ་བ་རྐང་ཐང་གི་ཚོགས་ལྟ་བུ་སྟེ་གཉེན་པོའི་དཔུང་ཚོགས་ཡན་ལག་བཞིས་ལེ་ལོ་ལས་རྒྱལ་བར་བྱ་ལ། དེ་ལ་བརྟེན་ནས་བརྩོན་འགྲུས་སྤེལ་བའི་ཕྱིར་ལྷུར་བླང་བ་དང་དབང་དུ་བྱ་བ་བཀར་བཏགས་པའི་ཁྲིམས་ལྟ་བུས་བརྩོན་འགྲུས་ཀྱི་ཕ་རོལ་ཏུ་ཕྱིན་པ་ལ་རང་དབང་ཐོབ་པར་བྱའོ། །

དེ་དག་གི་རྒྱུ་ཡང་སྡུག་བསྔལ་ལ་འཇིགས་པ་དང་བརྩོན་འགྲུས་ཀྱི་ཕན་ཡོན་བསམས་(༣༥༢ན)པས་ནི་མོས་འདུན་ཉིད་སྐྱེ་ལ། དེ་གོམས་པས་དེ་ཉིད་བརྟན་པ་སྟེ་སྤང་བྱ་འཇོམས་པ་ལ་དཔའ་བའི་ང་རྒྱལ་དང་། དེ་ལས་གོང་ནས་གོང་དུ་བརྩོན་འགྲུས་རྩོམ་པར་དགའ་བ་སྐྱེ་ལ། དོར་བ་ནི་ཅུང་ཟད་ངལ་གསོ་བ་ཡིན་པས་ཆེད་དུ་སྐྱེ་མི་དགོས་ཀྱང་དུས་ཤེས་པས་འགྲུབ་པར་འགྱུར་ལ་དེ་བཞིའི་འབྲས་བུ་ནི་བརྩོན་འགྲུས་ལྷུར་ལོངས་པ་ཉིད་དང་བདག་ཉིད་དབང་དུ་གྱུར་པ་ཡིན་ནོ། **།དཀའ་འགྲེལ་ཆུང་ངུ་ལས་ཀྱང་།** སེམས་ཅན་དོན་སྒྲུབ་བྱ་ཕྱིར་དཔུང་། །མོས་བརྟན་དགའ་དང་དོར་བ་ཡིན། །ཞེས་བྱ་བས་དཔུང་ཚོགས་ཀྱི་ངོ་བོ་ཉིད་མདོར་བསྟན་ཏོ། །མོས་པ་སྡུག་བསྔལ་འཇིགས་པ་དང་། །དེ་ཡི་ཕན་ཡོན་བསམས་པས་

སྐྱེ། །ཞེས་བྱ་བས་ནི་རྒྱུ་མདོར་བསྟན་ཏོ། །མོས་པའི་རྒྱུ་དངོས་སུ་བསྟན་པ་འདིས་ནི་གཞན་གྱི་ཡང་བརྒྱུད་པའི་རྒྱུ་ཡིན་ཏེ་མོས་པ་ལས་བརྟན་པ་དེ་ལས་དགའ་བ་དང་དོར་བ་སྐྱེ་བའི་ཕྱིར་རོ། །ཚིགས་བཅད་གཅིག་གིས་ནི་དཔུང་ཚོགས་ཀྱི་འབྲས་བུ་མདོར་བསྟན་ཏོ། །འདིའི་དོན་ནི་ལེ་ལོ་གསུམ་སྤངས་ཏེ་དེ་ལྟར་མོས་བརྟན་དགའ་དོར་ལྷུར་ལེན་དབང་སྒྱུར་ཏེ་རྣམ་པ་ལྔའི་སྟོབས་ཀྱིས་འབད་པར་བྱའོ། །ཅིའི་དོན་དུ་ཞེ་ན་བརྩོན་འགྲུས་གོང་ནས་གོང་དུ་སྤེལ་བའི་ཕྱིར་ཏེ་དེའི་དོན་དུའོ་འདིས་ནི་མོས་པ་ལ་སོགས་པ་རྒྱུན་ཕྱི་མ་འཕེལ་བས་སམ་ཡང་ན་མོས་པ་དེ་ལས་བརྟན་པ་དེ་ལས་དགའ་དོར་དེ་ལས་ལྷུར་ལེན་དང་དབང་དུ་སྒྱུར་པ་འཕེལ་བ་ནི་འབྲས་བུར་བསྟན་ཏོ་ཞེས་སོ། །

སྐབས་འདིར་ཡང་**བི་བྷུ་ཏིས**་གོང་གི་སྙིང་ལྗུག་མེད་དང་སོགས་ཀྱི་ཚིགས་བཅད་ལ་མི་མཐུན་ཕྱོགས་བསྒྲུས་པ་དང་སྟོབས་དང་ལྡན་པ་ཡང་མེད་ལ་རྒྱས་བཤད་ཀྱང་མེད་པས་གཞན་གྱིས་བཅུག་པ་ཡིན་གྱི་མདོར་བསྟན་མ་ཡིན་ནོ་ཞེས་བཀག་མོད་ཀྱང་དགག་བྱ་གཅིག་པོ་དེ་ཉིད་སྔ་ཕྱིར་ལན་གཉིས་སུ་འགོག་པ་མཁས་པའི་སྟོམ་ཚུལ་མ་ཡིན་ལ་ལན་དེ་དག་ཀྱང་གོང་གི་ཞར་(༢༥༢བ)ལ་ཤེས་པར་འགྱུར་ཞིང་སྤྱིར་བི་བྷུ་ཏིའི་གཞུང་དངོས་ལ་ལྷད་ཞུགས་པ་ཞིག་ཡིན་པར་ཡང་དོགས་སོ། །

གཉིས་པ་རྒྱས་བཤད་ལ་བཞི། མོས་པ། བརྟན་པ། དགའ་བ། དོར་བ་སྟེ་བཞི་པོ་རེ་རེ་ཞིང་བཤད་པའོ། །དང་པོ་(མོས་པ་)ལ་ཡང་བཞི། གང་ལ་མོས་པའི་ཡུལ། མོས་པའི་འབྲས་བུ། མོས་པ་སྐྱེ་བའི་རྒྱུ། མཇུག་བསྡུ་བའོ། །

དང་པོ་(གང་ལ་མོས་པའི་ཡུལ་)ནི།

བདག་དང་གཞན་གྱི་ཉེས་པ་ནི། །
དཔག་མེད་བདག་གིས་གཞོམ་བྱ་སྟེ། །

གང་དུ་ཉེས་པ་རེ་རེ་ལའང་། །
བསྐལ་པ་རྒྱ་མཚོར་ཟད་འགྱུར་པ། ༣༣ །
ཉེས་ཟད་རྩོམ་པ་དེ་ཡི་ནི། །
ཆ་ཡང་བདག་ལ་མ་མཐོང་ན། །
སྡུག་བསྔལ་དཔག་ཏུ་མེད་པའི་སྣོད། །
བདག་ཀྱི་ཅི་སྟེ་སྙིང་མ་གས། ༣༤ །
བདག་དང་གཞན་གྱི་ཡོན་ཏན་ནི། །
མང་པོ་བདག་གིས་བསྒྲུབ་བྱ་སྟེ། །
དེ་ལ་ཡོན་ཏན་རེ་རེ་ལའང་། །
བསྐལ་པ་རྒྱ་མཚོས་གོམས་འགྱུར་ན། ༣༥ །
བདག་ནི་ཡོན་ཏན་ཆ་ལ་ཡང་། །
གོམས་པ་ནམ་ཡང་མ་སྐྱེས་ཏེ། །
ཅི་ཞིག་ལྷུར་རྙེད་སྐྱེ་བ་ནི། །
བདག་གིས་དོན་མེད་བྱས་པ་མཚར། ༣༦ །
བདག་གིས་བཅོམ་ལྡན་མ་མཆོད་ཅིང་། །
དགའ་སྟོན་ཆེན་པོའི་བདེ་མ་བྱིན། །
བསྟན་ལ་བྱ་བ་མ་བྱས་དང་། །
དབུལ་པོའི་བསམ་པ་རྫོགས་མ་བྱས། ༣༧ །
འཇིགས་ལ་མི་འཇིགས་མ་བྱིན་དང་། །
ཉམ་ཐག་བདེ་མ་བྱིན་ན་བདག །
མ་ཡི་མངལ་གྱི་ཟུག་རྔུ་དང་། །
སྡུག་བསྔལ་འབའ་ཞིག་སྐྱེད་པར་ཟད། ༣༨ །

ཅེས་གསུངས་ཏེ། དེ་ཡང་ཚིགས་བཅད་དང་པོ་གཉིས་ཀྱིས་ཉེས་པ་འདོར་བ་དང་། གཉིས་ཀྱིས་ཡོན་ཏན་སྒྲུབ་པ་དང་། ཐ་མ་གཉིས་ཀྱིས་བྱ་བའི་རྣམ་གྲངས་བསྟན་ཏོ། །

གཉིས་པ་(མོས་པའི་འབྲས་བུ་)ནི།

བདག་ནི་སྔོན་དང་ད་ལྟར་ཡང་། །
ཆོས་ལ་མོས་དང་བྲལ་བ་ཡིས། །
ཕོངས་པ་འདི་འདྲ་བྱུང་གྱུར་ན། །
སུ་ཞིག་ཆོས་ལ་མོས་པ་གཏོང་། ༣༤ །
དགེ་བའི་ཕྱོགས་ནི་ཐམས་ཅད་ཀྱི། །
རྩ་བ་མོས་པར་ཐུབ་པས་གསུངས། །

ཞེས་གསུངས་ཏེ། རྐང་པ་དང་པོ་གསུམ་གྱིས་(༢༥༣ན)མོས་པ་དང་བྲལ་བའི་ཉེས་དམིགས་དང་། ཕྱི་མ་གསུམ་གྱིས་མོས་པའི་ཕན་ཡོན་བསྟན་ཏོ། །

གསུམ་པ་(མོས་པ་སྐྱེ་བའི་རྒྱུ་)ནི།

དེ་ཡི་རྩ་བ་རྟག་ཏུ་ནི། །
རྣམ་སྨིན་འབྲས་བུ་བསྒོམས་པས་སོ། ༡༠ །
སྡུག་བསྔལ་ཡིད་མི་བདེ་བ་དང་། །
འཇིགས་པ་རྣམ་པ་སྣ་ཚོགས་དང་། །
འདོད་པ་རྣམས་དང་བྲལ་བ་ནི། །
སྡིག་པ་སྤྱོད་ལས་འབྱུང་བར་འགྱུར། ༧ །
ཡིད་ལ་བསམས་པའི་དགེ་བྱས་པས། །
གང་དང་གང་དུ་འགྲོ་འགྱུར་པ། །
དེ་དང་དེར་ནི་བསོད་ནམས་དེས། །

འབྲས་བུ་ཡོན་གྱིས་མངོན་མཆོད་འགྱུར། ༡ །

སྡིག་པ་བྱེད་པ་བདེ་འདོད་ཀྱང་། །

གང་དང་གང་དུ་འགྲོ་འགྱུར་བ། །

དེ་དང་དེར་ནི་སྡིག་པ་དེས། །

སྡུག་བསྔལ་མཚོན་གྱིས་རྣམ་པར་འཇོམས། ༢ །

རྒྱ་ཆེ་དྲི་བཟང་གསིལ་བའི་པདྨའི་སྙིང་པོར་གནས། །

རྒྱལ་བའི་གསུངས་སྙན་ཟས་ཀྱིས་གཟི་བརྗིད་བསྐྱེད་བྱས་པ། །

ཐུབ་འོད་ཀྱིས་རྒྱས་པདྨ་ལས་བྱུང་ལུས་མཆོག་ཅན། །

རྒྱལ་བའི་མདུན་གནས་བདེ་གཤེགས་སྲས་སུ་དགེ་བས་འགྱུར། ༣ །

གཤིན་རྗེའི་སྐྱེས་བུས་པགས་པ་མ་ལུས་བཤུས་པས་རབ་ཏུ་ཉམ་ཐག་ཅིང་། །

རབ་ཏུ་ཚ་བའི་མེ་ཡིས་བཞུས་པའི་ཟངས་ཞུན་ལུས་ལ་བླུགས་སྦྱར་པ། །

འབར་བའི་རལ་གྲི་མདུང་ཐུང་གིས་བསྣུན་ཤ་ཡི་དུམ་བུ་བརྒྱར་ལྷགས་ཤིང་། །

ཤིན་ཏུ་འབར་བའི་ལྕགས་ཀྱི་ས་གཞིར་ལྷུང་བ་མི་དགེ་མང་པོས་འགྱུར། ༤ །

ཞེས་གསུངས་ཏེ། ཚང་པ་དང་པོ་གཉིས་ཀྱིས་ལས་རྒྱུ་འབྲས་བསམ་པ་སོགས་པའི་རྒྱུའི་གཙོ་བོར་བསྟན། དེ་ནས་ཚིགས་བཅད་གསུམ་གྱིས་དཀར་ནག་གི་ལས་འབྲས་སྤྱིར་བསྟན། གཅིག་གིས་གཅིག་ཏུ་དཀར་བའི་ལས་ཀྱི་འབྲས་བུ་དང་། གཅིག་གིས་གཅིག་ཏུ་གནག་པའི་ལས་ཀྱི་འབྲས་བུ་བསྟན་ཏོ། །

བཞི་པ་(མཇུག་བསྡུ་བ་)ནི།

དེ་བས་དགེ་ལ་སོགས་བྱ་ཞིང་། །

གུས་པ་ཉིད་དུ་བསྒོམ་པར་བྱ། །

ཞེས་ཚང་པ་གཉིས་ཀྱིས་དེ་ཐམས་ཅད་ཀྱི་དོན་བསྡུས་ཏེ་བསྟན་ཏོ། །(༢༥༣བ)དེ་ཡང་གང་ལ་ཡིད་སོགས་པར་བྱ་ཞེ་ན་བདག་གིས་བྱང་ཆུབ་ཏུ་སེམས་བསྐྱེད་ནས་

བདག་གཞན་ཐམས་ཅད་ཀྱི་ཉེས་པ་ཐམས་ཅད་འཇོམས་ཤིང་ཡོན་ཏན་ཐམས་ཅད་སྐྱབ་པར་དམ་བཅས་ཟིན་པའི་ཕྱིར་བླང་དོར་དེ་གཉིས་ལ་མོས་པས་རྩེ་གཅིག་ཏུ་སྒྲུབ་དགོས་མོད་ཀྱང་ཉེས་པ་དང་ཡོན་ཏན་ཐམས་ཅད་ལྟ་ཞོག་བདག་འཛིན་ལྟ་བུའི་ཉེས་པ་རེ་རེ་འཇོམས་པ་དང་མི་སྐྱེ་བའི་བཟོད་པ་ལྟ་བུའི་ཡོན་ཏན་རེ་རེ་སྒྲུབ་པ་ལ་ཡང་བསྐལ་པ་ཚད་མེད་པར་བརྩོན་འགྲུས་བརྩམ་དགོས་ལ་ད་ལྟར་བདག་ལ་དེ་ལྟ་བུའི་བརྩོན་འགྲུས་ཀྱི་ཆ་ཙམ་ཡང་མ་མཐོང་བས་རང་གིས་རང་ལ་ཀྭ་ཞེས་བོས་ཏེ་འདི་ལྟ་བུ་ལ་སྙིང་འགས་པ་ལྟ་བུའི་མི་བཟོད་པ་སྐྱེ་བར་རིགས་ཀྱི་ལེ་ལོར་སྡོད་པོམ་མམ། གལ་ཏེ་རང་རྒྱུད་ལ་ཉོན་མོངས་པ་བཅོམ་པ་སོགས་ཀྱི་ཡོན་ཏན་འགའ་ཡང་མ་སྐྱེས་ཤིང་བསྟན་པ་དང་འགྲོ་བ་ལ་ཕན་པར་ཡང་མ་གྱུར་ཅིང་ཐ་ན་སྦྱིན་པ་གསུམ་གྱིས་ཙུང་ཟད་ཕན་གདགས་པ་ཙམ་ཡང་མ་བྱས་པ་འདིའི་ངང་དུ་བདག་ཤུལ་པར་གྱུར་ན་ནི་མི་ལུས་ཐོབ་པ་འདིས་དོན་ཅི་ཡང་མ་གྲུབ་ཀྱི་སྙིང་དུ་མ་ལ་ཆོར་བའི་སྡུག་བསྔལ་བསྐྱེད་པ་འདི་པོ་ན་འབྲས་བུར་ཟད་དོ་ཞེས་རང་ཉིད་ལ་ནན་གྱིས་འདོམས་པའོ། །

དགེ་བའི་ཕྱོགས་ཐམས་ཅད་ཀྱི་རྩ་བ་ནི་མོས་པ་པོ་ན་ཏེ། **འཇམ་དཔལ་གྱི་ཞིང་གི་ཡོན་ཏན་བཀོད་པར།** ཆོས་རྣམས་ཐམས་ཅད་རྐྱེན་བཞིན་ཏེ། །འདུན་པའི་རྩ་ལ་རབ་ཏུ་གནས། །ཞེས་གསུངས་ཤིང་མོས་པ་ནི་དད་པ་ཉིད་ཡིན་ལ་དད་པ་ནི་ཐར་པའི་རྒྱུ་གཅིག་པོ་སྟེ་ཀུན་དགའ་བོ་དད་པ་ལ་སྦྱོར་བར་གྱིས་ཤིག་འདི་ནི་དེ་བཞིན་གཤེགས་པས་གསོལ་བ་འདེབས་པ་ཡིན་ནོ་ཞེས་གསུངས་པའི་ཕྱིར་རོ། །

དད་པའི་རྒྱུ་ནི་དཀར་ནག་གི་ལས་འབྲས་བསམ་པ་པོ་ན་ཡིན་ཏེ་དེས་ལས་འབྲས་ལ་ཡིད་ཆེས་པ་སྐྱེ་ལ་དེའི་ཚེ་སྲོག་ལ་བབ་ཀྱང་དཀར་ནག་གི་བླང་དོར་མི་གཏོང་བ་འདི་ནི་དད་པ་རྒྱུད་ལ་སྐྱེས་པ་ཞེས་བྱ་སྟེ་དེའི་ཕྱིར་**ཐར་རྒྱུན་དུའང་**འདོད་ཆགས་དང་ཞེ་སྡང་དང་གཏི་མུག་དང་(༢༥༨ན)འཇིག་པ་སྟེ་བཞིའི་ཕྱིར་ཆོས་

མི་གཙང་ན་དད་པ་ཅན་དུ་བཤད་པ་ཡིན་ནོ། །དེས་ན་མི་འདོད་པ་སྤྱོད་པ་ཐམས་ཅད་ནི་རང་བྱས་ཀྱི་སྡིག་པའི་འབྲས་བུ་སྨིན་པ་ཡིན་ལ་བདེ་བ་སྤྱོད་པ་ཐམས་ཅད་ནི་རང་བྱས་ཀྱི་དགེ་བ་རྣམ་པར་སྨིན་པ་ཡིན་ཏེ། ས་བོན་ཚ་བ་རྣམས་ལས་ནི། །སྨྱུ་གུ་ཚ་བ་སྐྱེ་བར་འགྱུར། །ས་བོན་མངར་བ་རྣམས་ལས་ནི། །འབྲས་བུ་མངར་བ་སྨིན་པར་འགྱུར། །དཀར་པོའི་རྣམ་སྨིན་མངར་བ་དང་། །སྡིག་པའི་རྣམ་སྨིན་ཚ་བ་ཉིད། །ཅེས་སོ། །

ཆོས་རྫེ་ས་སྐྱ་པས། ལས་དཀར་རྣམ་སྨིན་གནག་པ་སོགས་མུ་བཞིར་བཞེད་པ་ནི་ལས་དཀར་བ་ལྟར་སྣང་ཡང་རྣམ་སྨིན་གནག་པ་ཞེས་པ་ལྟ་བུའི་དོན་ཅན་ལ་ཐུགས་རྩེ་བཏང་ན་ནི་དེར་ཟད་མོད། གཞན་དུ་སངས་རྒྱས་ཀྱི་བསྟན་པ་ལས་ཕྱིན་ཅི་ལོག་ཏུ་གྱུར་པའི་རྣམ་གཞག་གསར་པ་ཡིན་ཏེ་ས་བོན་ཚ་ལ་སྨྱུ་གུ་མངར་བ་སོགས་མུ་བཞིར་བཤད་པར་སོང་བའི་ཕྱིར་དང་། སྟོབས་བཅུའི་དང་པོ་གནས་དང་གནས་མ་ཡིན་པ་མཁྱེན་པའི་སྟོབས་འཆད་པའི་ཚེ་རྒྱུ་དགེ་བ་ལས་འབྲས་བུ་བདེ་བ་འབྱུང་བ་འདི་ནི་གནས་སོ། །རྒྱུ་དགེ་བ་ལས་འབྲས་བུ་སྡུག་བསྔལ་འབྱུང་བ་འདི་ནི་གནས་མ་ཡིན་ནོ་ཞེས་སོགས་མི་དགེ་བ་ལ་ཡང་སྦྱར་ཏེ་གསུངས་ལ། གང་གནས་སུ་གསུངས་པ་ནི་གནས་མིན་དུ་འགྱུར་མི་སྲིད་པ་དང་གནས་མིན་དུ་གསུངས་པ་ནི་གནས་སུ་འགྱུར་མི་སྲིད་པར་བཤད་པའི་ཕྱིར་ན་རྒྱུ་དགེ་བ་ལས་འབྲས་བུ་སྡུག་བསྔལ་བ་སོགས་ནི་སངས་རྒྱས་ཤཱཀྱ་ཐུབ་པའི་བསྟན་པ་ལ་ཞུགས་པ་ཡིན་ན་ཁས་བླང་བར་མི་བྱའོ་ཞེས་པ་ནི་ཞར་ལ་དཔྱད་པའོ། །

དེས་ན་དགེ་བ་བྱེད་པ་ནི་གང་དུ་ཕྱིན་ཡང་བདེ་བ་འཐོབ་པ་སྟོན་རྒྱལ་བུ་གཟུགས་སྟོབས་དང་། གཟོ་སྟོབས་དང་། བརྩོན་འགྲུས་སྟོབས་དང་། ཤེས་རབ་སྟོབས་དང་བྱང་ཆུབ་སེམས་དཔའ་ཉིད་ལྔ་པ་བསོད་ནམས་སྟོབས་སུ་གྱུར་ཏེ་རང་རང་གི་ཡོན་ཏན་གྱི་མཐུ་བརྟག་པའི་ཕྱིར་སོ་སོར་ཡུལ་གཞན་དུ་(༢༥༨བ)ཞུགས་

པ་ན་བསོད་ནམས་སྟོབས་དཔལ་པོའི་ཁྲིམ་དུ་ཞུགས་མ་ཐག་དེ་ཡོངས་སྤྱོད་ཐམས་ཅད་ཀྱིས་གང་བ་སོགས་སྐྱེ་བོ་ཐམས་ཅད་ཀྱིས་བཀུར་བ་ལྟ་བུའོ། །གང་ཞིག་པ་མི་བཟད་པ་བྱས་པ་ནི་གང་དུ་ཕྱིན་ཡང་སྡུག་བསྔལ་བ་ཉིད་མྱོང་བ་སྟེ། རྒྱལ་པོ་སྐམ་པོ་ཞེས་བྱ་བ་སྟོན་དགྲ་བཅོམ་པ་མང་པོ་བཀྲོངས་པ་ཞིག་དམྱལ་བ་ན་སྡུག་བསྔལ་མྱོང་བ་དེ་སྟོན་པས་བཀུག་སྟེ་མི་རྣམས་ལ་བསྟན་པ་ན་དེ་ལྡགས་ཀྱི་འཕོར་ལོ་ཆར་པ་ལྟར་བབས་པས་ལུས་གཅོད་པ་དང་། གཤིན་རྗེའི་ཚོགས་ཀྱིས་མི་བཟད་པར་མནར་བས་འབྲོས་པར་རྩོམ་སྟེ་ནམ་མཁའ་ལ་སོང་བ་ན་ལྡགས་ཀྱི་བྱ་རྒོད་བྱེ་བ་མང་པོས་སྐད་པ་འབྱུ་བ་དང་། བར་སྣང་ལ་སོང་ན་ལྡགས་ཀྱི་ཁྭ་རྣམས་ཀྱིས་མིག་འབྱིན་པ་དང་། ཆུ་བོར་ཞུགས་ན་ཆུ་བོ་མེར་འབར་ཞིང་ལྕགས་སྲིག་གི་ཉ་བོ་ཆེ་དང་སྲིན་བུས་འཐྲད་ཅིང་གཤིན་རྗེའི་སྐྱེས་བུས་མཐའ་ནས་ལྕགས་སྲིག་གི་རྒྱས་བཤོར་བ་དང་། ཐང་ལ་སོང་ན་ལྕགས་ཀྱི་འཕོར་ལོས་རྐང་པ་གཅོད་པ་དང་གཤིན་རྗེ་ལྔ་བརྒྱས་མདས་བསྣུན་པ་སོགས་ཁོ་ན་མྱོང་ཞིང་། ད་དུང་བསྐལ་བཟང་གི་སངས་རྒྱས་དགུ་བརྒྱ་དགུ་བཅུ་རྩ་ལྔ་པོའི་བར་སྡུག་བསྔལ་དེ་ཁོ་ན་མྱོང་ལ་མཐར་དེ་བཞིན་གཤེགས་པ་མོས་པའི་དུས་ངན་སོང་ལས་ཐར་བར་གསུངས་པ་ལྟ་བུ་སྟེ། སྡིག་ངན་སོང་པ་ཐམས་ཅད་གང་དུ་ཕྱིན་ཡང་སྡུག་བསྔལ་བ་འདི་ལྟ་བུའི་ཆོས་ཅན་ཏེ་དཔེར་ན་རྟ་དང་བོང་བུ་དང་དྲེའུ་ལ་སོགས་པ་གང་དུ་སོང་ཡང་ཁྲན་དུ་བཀོལ་བ་དང་ལུག་ལ་སོགས་པ་གང་དུ་ཕྱིན་ཡང་གསོད་པར་འགྱུར་བ་ལྟ་བུ་བདག་ཅག་གིས་ཀྱང་མངོན་སུམ་དུ་མཐོང་བའི་ཕྱིར་རོ། །དེ་ལྟར་བསོད་ནམས་ཀྱི་ལས་ཀྱི་འབྲས་བུ་ཤིན་ཏུ་དཀར་བ་དང་བསོད་ནམས་མ་ཡིན་པའི་ལས་འབྲས་ཤིན་ཏུ་གནག་པ་ལ་ཐུགས་ཆེས་པས་མཆོག་ཏུ་ངོ་མཚར་ཏེ་སློབ་དཔོན་ཉིད་ཀྱིས་ཚིགས་སུ་བཅད་པ་རེ་རེས་ཆེད་དུ་བརྗོད་པར་མཛད་དོ། །

བསོད་ནམས་ཀྱི་ལས་ཀྱིས་བདེ་བ་ཅན་ལ་སོགས་པ་དག་པའི་ཞིང་དུ་རིན་པོ་

ཚེའི་པདྨའི་(༢༥༥ན)ནང་དུ་བལྟ་བས་མི་ངོམས་པའི་ལུས་སུ་བརྫུས་ཏེ་སྐྱེ་ཞིང་སངས་རྒྱས་ཀྱི་གསུང་ཆོས་ཀྱི་བདུད་རྩི་ཐོས་པས་ཟས་སྐོམ་གྱི་བྱ་བ་དང་། སྟོན་པའི་འོད་ཟེར་གྱིས་ཉི་མའི་བྱ་བ་བྱས་ཏེ་པདྨའི་ཁ་བྱེ་ནས་སྟོན་པའི་ཞལ་ལ་བལྟ་བའི་བདེ་བ་ཁྱད་པར་ཅན་དེ་ལྟ་བུ་སྤྱོད་པའི་ཕྱིར་དང་། མི་དགེ་བའི་ལས་ཀྱིས་དམྱལ་བར་གཤིན་རྗེའི་ཚོགས་ཀྱིས་པགས་པ་བཤུས་པ་ལ་སླར་ཟངས་ཞུན་གྱིས་ཤ་བཙིལ་བ་དང་མཚོན་ཆ་ཐམས་ཅད་ཀྱིས་བསྣུན་ཞིང་ལྕགས་བསྲེགས་ཀྱི་གཞིར་བསྐལ་པར་བསྲེགས་ཀྱང་འཆི་བར་ཡང་མི་ནུས་པའི་སྡུག་བསྔལ་སྤྱོད་པའི་ཕྱིར་རོ། །

དེས་ན་ལུས་སྲོག་ཙམ་ནི་འཁོར་བ་གང་དུ་སྐྱེས་ཀྱང་རྟག་པར་རྙེད་ལ་དགེ་བའི་བློ་ནི་དེ་ལྟ་མ་ཡིན་པས་ད་ནི་སྲོག་ལ་ལན་སྟོང་དུ་བབ་ཀྱང་དད་པ་མི་གཏོང་བའི་ཡི་དམ་བརྟན་པོ་བཅས་ཏེ་སྐད་ཅིག་ཀྱང་དོན་མེད་དུ་མི་འཛོག་པར་དགེ་བ་ལ་བསྐུལ་བར་བྱའོ། **།ལེགས་བཤད་བསྡུས་པར་ནི།** བསྐལ་པ་རྒྱ་མཚོས་གོམས་གྱུར་ན། །ཞེས་སོགས་ལ་ཞིང་ཁམས་བཅུའི་འཇིག་རྟེན་པ་དང་ཉན་རང་ཀུན་གྱི་དགེ་བ་ཇི་སྙེད་པ་བཅུར་བསྒྱུར་བས་སངས་རྒྱས་ཀྱི་བ་སྤུ་གཅིག་འགྲུབ་ལ་ཚུལ་དེས་བ་སྤུ་ཐམས་ཅད་ཀྱི་རྒྱུའི་དགེ་བ་བརྒྱར་བསྒྱུར་བས་དཔེ་བྱད་བཟང་པོ་གཅིག་དང་དཔེ་བྱད་བརྒྱད་ཅུའི་རྒྱུའི་དགེ་བ་སྟོང་དུ་བསྒྱུར་བས་མཚན་སུམ་ཅུ་ལས་གཅིག་དང་མཚན་སུམ་ཅུའི་རྒྱུའི་དགེ་བ་སྟོང་འགྱུར་གྱིས་སྨིན་མཚམས་ཀྱི་མཛོད་སྤུ་དང་དེའི་རྒྱུ་འབུམ་འགྱུར་གྱིས་དབུའི་གཙུག་ཏོར་ལྟར་མི་མངོན་པ་དང་དེའི་རྒྱུ་འབུམ་ཕྲག་བཅུར་བསྒྱུར་བས་གསུང་ཆོས་ཀྱི་དུང་འགྲུབ་ཅིང་དེ་བཞིན་དུ་གསུང་དབྱངས་དྲུག་ཅུ་དང་ཐུགས་ཀྱི་ཡོན་ཏན་སྟོབས་བཅུ་སོགས་རེ་རེ་ཡང་རྒྱ་མཐའ་ཡས་པས་སྒྲུབ་དགོས་པའོ། །

འོ་ན་དེ་ཙམ་དུ་མང་བ་སྒྲུབ་པར་མི་ནུས་སམ་སྙམ་ན་བྱང་ཆུབ་སེམས་དཔས་སྐད་ཅིག་མ་གཅིག་གི་བསོད་ནམས་ཀྱང་མཐའ་ཡས་པས་(༢༥༥བ)ན་མྱུར་

དུ་འགྲུབ་སྟེ། **དཀོན་བརྩེགས་གསང་བ་བསམ་གྱིས་མི་ཁྱབ་པ་ལས།** སེམས་ཅན་ཀུན་གྱི་བསོད་ནམས་ཀྱི། །ཕུང་པོ་ཇི་སྙེད་ཡོངས་བཟུང་བ། །དེ་སྙེད་བྱང་ཆུབ་སེམས་དཔའ་ཡིས། །བྱང་ཆུབ་སེམས་ལས་རབ་ཏུ་འབྱུང་། །ཞེས་དང་། **རིན་ཆེན་ཕྲེང་བར།** སེམས་ཅན་མཐའ་ཡས་དེ་དག་ནི། །བྱང་ཆུབ་སེམས་དཔས་སྙིང་རྗེ་བས། །སྡུག་བསྔལ་ཀུན་ལས་དྲངས་བྱས་ཏེ། །སངས་རྒྱས་ཉིད་ལ་འགོད་པར་ངེས། །དེ་ལྟར་བརྟན་པར་གནས་དེ་ནི། །མི་ཉལ་བའམ་ཉལ་ཡང་རུང་། །ཡང་དག་བླངས་པ་ནས་བཟུང་སྟེ། །བག་མེད་གྱུར་ཀྱང་སེམས་ཅན་རྣམས། །མཐའ་ཡས་ཕྱིར་ན་སེམས་ཅན་བཞིན། །བསོད་ནམས་མཐའ་ཡས་སོགས་པར་འགྱུར། །མཐའ་ཡས་དེས་ན་སངས་རྒྱས་ཉིད། །བསམ་ཡས་ཐོབ་མི་བཀར་ཤེས་བྱ། །ཞེས་དང་། གང་ཞིག་དཔག་མེད་དུས་གནས་ཏེ། །ལུས་ཅན་དཔག་ཏུ་མེད་དོན་དུ། །བྱང་ཆུབ་དཔག་ཏུ་མེད་འདོད་ཅིང་། །དགེ་བ་དཔག་ཏུ་མེད་བྱེད་པ། །དེས་ཀོ་བྱང་ཆུབ་དཔག་མེད་ཀྱང་། །དཔག་ཏུ་མེད་པ་རྣམ་བཞི་ཡི། །ཚོགས་ཀྱིས་རིང་པོར་མི་ཐོགས་པར། །ཇི་ལྟ་བུར་ན་འཐོབ་མི་འགྱུར། །ཞེས་དང་། གོམ་པ་བདུན་པའི་དུས་སུ་ཡང་། །བདོག་པ་ཀུན་གཏང་སེམས་འཆང་བའི། །བྱང་ཆུབ་སེམས་དཔའ་རྣམས་ལ་ནི། །བསོད་ནམས་མཁའ་འདྲ་དཔག་མེད་སྐྱེ། །ཞེས་གསུངས་པས་སོ་ཞེས་ཚིག་ཟུར་གྱི་ནུས་པ་ལ་རྒྱས་བཤད་བྱས་སྣང་ལ་མཚན་དཔེ་སོགས་ཀྱི་རྒྱུ་འགྲུབ་ཚུལ་འདི་ལ་ནི་མདོ་རྣམས་ན་གྲངས་མང་ཉུང་མི་འདྲ་བ་མང་དུ་གསུངས་ལ་འདི་ནི་ཐུན་མོང་གི་མདོ་ཞིག་གི་ལུགས་ཡིན་པ་སྙམ་ཞིང་། གང་དང་གང་དུ་འགྲོ་འགྱུར་བ། །ཞེས་པ་ལ། དུས་ཀྱིས་བསྐོར་ནས་རྒྱལ་པོ་འགྲོངས་འགྱུར་ཏེ། །ལོངས་སྤྱོད་མཛའ་དང་གཉེན་བཤེས་རྗེས་མི་འབྲང་། །སྐྱེས་བུ་དག་ནི་གང་དང་གར་འགྲོ་(༢༥༨ན)ཡང་། །ལས་ནི་གྲིབ་མ་བཞིན་དུ་རྗེས་སུ་འབྲང་། །ཞེས་པ་དྲངས་སྣང་ངོ་། །

ཐུབ་འོད་ཀྱིས་རྒྱས་ཞེས་པ་ལ་དགེ་བའི་ལྷས་ཐུབ་པ་སྟེ་སངས་རྒྱས་སྣང་བ

མཐའ་ཡས་ཀྱི་ཕྱག་གི་པདྨ་རྒྱས་པ་སྟེ་ཆུ་སྐྱེས་ཁ་བྱེ་བ་ལས་སོ་ཞེས་བྲིས་པ་ནི་ལེགས་པར་མ་མཐོང་སྟེ་པདྨ་ཁ་མ་བྱེ་བ་དེ་སངས་རྒྱས་དེའི་ཕྱག་སོར་གྱིས་ཁ་ཕྱེ་བར་འཆད་ན་ཡང་ཐུབ་འོད་ཀྱིས་རྒྱས་ཞེས་འོད་ཀྱིས་ཕྱེ་བར་དངོས་སུ་བཤད་པ་དང་འགལ་ཞིང་། ཕྱག་པདྨའི་གཟུགས་སུ་བཀོད་པའི་གཟུགས་ཅན་གྱི་རྒྱན་ནམ་ཕྱག་གིས་པདྨ་འཛིན་པ་གང་དུའང་འབྱུ་གཉེར་མི་ནུས་ཏེ་བྱང་ཆུབ་སེམས་དཔའ་དེ་སངས་རྒྱས་ཀྱི་ཕྱག་མཐིལ་དུ་སྐྱེ་བའམ་ཕྱག་མཚན་གྱི་པདྨའི་ནང་དུ་སྐྱེ་བ་གང་ཡང་མི་འོས་ལ། ལྷ་རྣམས་ལ་ཕ་མའི་པང་པར་སྐྱེ་བ་ལ་བུའི་འདུ་ཤེས་བྱེད་པ་ཡོད་མོད་ཀྱང་སངས་རྒྱས་ལ་དེ་ལྟ་བུ་མི་རིགས་པའི་ཕྱིར་དང་། རྒྱལ་བའི་མདུན་གནས་ཞེས་དངོས་སུ་བཤད་ཀྱི་ཕྱག་ན་གནས་པར་མ་བཤད་པའི་ཕྱིར་རོ། །

ཡང་སློབ་དཔོན་གསེར་གླིང་ཆོས་སྐྱོང་གིས་སྤྱོད་འཇུག་གི་དོན་སོ་དྲུག་ཏུ་བསྡུས་པ་ལས་ནི། ཉེས་པ་རེ་རེ་ཙམ་ལ་ཡང་། །གང་དུ་བསྐལ་པ་རྒྱ་མཚོར་ཟད། །ཉེས་ཟད་རྩོམ་པ་དེ་ལ་ནི། །བདག་གིས་ཙུང་ཟད་ཙམ་མི་ལྷ། །བདག་དང་གཞན་གྱི་ཡོན་ཏན་ནི། །མང་པོ་བདག་གིས་བསྒྲུབ་བྱ་སྟེ། །གང་དུ་ཡོན་ཏན་རེ་རེ་ཞིག །བསྐལ་པ་རྒྱ་མཚོས་ཡོངས་ནའང་ཉུང་། །རྡོ་རྗེ་རྒྱལ་མཚན་ཚེ་ག་ཡིས། །བརྟན་པར་བརྩམས་ཤིང་བསྒོམ་པར་བྱ། །ཞེས་གཞུང་འདོན་ཞིང་ཉེས་པ་སྣ་རེ་འཛོམས་པ་དང་ཡོན་ཏན་སྣ་རེ་སྒྲུབ་པ་ལ་བསྐལ་པ་རྒྱ་མཚོ་འགོར་དུ་ཟིན་ཡང་དེ་ཙམ་གྱིས་ཅིར་ཡང་མི་སེམས་པར་རྡོ་རྗེ་རྒྱལ་མཚན་གྱི་ཚེ་གས་ང་རྒྱལ་བསྐྱེད་དེ་བསྒྲུབ་པར་བྱའོ་ཞེས་པའི་དོན་ཅན་དུ་འཆད་ལ། བསྐལ་པ་རྒྱ་མཚོས་ཡོངས་ཀྱང་ཉུང་། །ཞེས་པའི་དོན་ཅན་དུ་འགྲེལ་ཆེན་ལས་ཀྱང་བཤད་དོ། །

གཉིས་པ་བརྟན་པའི་དཔུང་ཚོགས་རྒྱས་བཤད་(༢༥༨བ)ལ་ཡང་རྩོམ་པ་ལ་བརྟན་པ་དང་། ཞུགས་པ་ལ་བརྟན་པ་གཉིས་ལས།

དང་པོ་(རྩོམ་པ་ལ་བརྟན་པ་)ལ་ཡང་།

རྡོ་རྗེ་རྒྱལ་མཚན་ཚོ་ག་ཡིས། །
བསྔམས་ནས་ང་རྒྱལ་བསྒོམ་པར་བྱ། ༦ །
དང་པོར་འབྱོར་པ་བརྟགས་ནས་ནི། །
རྩམ་མམ་ཡང་ན་མི་བརྩམ་བྱ། །
མ་བརྩམ་པ་ནི་མཆོག་ཡིན་གྱི། །
བརྩམས་ནས་ལྡོག་པར་མི་བྱའོ། ༧ །

ཞེས་པས་དངོས་དང་།

སྐྱེ་བ་གཞན་དུའང་དེ་གོམས་ནས། །
སྡིག་དང་སྡུག་བསྔལ་འཕེལ་འགྱུར་ཏེ། །
གཞན་དུ་འབྲས་བུའི་དུས་ཀྱང་ནི། །
དམན་འགྱུར་དེ་ཡང་འགྲུབ་མི་འགྱུར། ༨ །

ཞེས་པས་རྩོམ་པ་བརྟན་པའི་ཕན་ཡོན་དང་མི་བརྟན་པའི་ཉེས་དམིགས་བཤད་དོ། །

(གཉིས་པ་)ཞུགས་པ་ལ་བརྟན་པ་ལ་ཡང་།

ལས་དང་ཉོན་མོངས་ནུས་པ་སྟེ། །
གསུམ་པོ་དག་ལ་ང་རྒྱལ་བྱ། །ཞེས་མདོར་བསྟན་ནས།

རྒྱས་བཤད་ལ་ཡང་།

བདག་ཉིད་གཅིག་པུས་བྱའོ་ཞེས། །
འདི་ནི་ལས་ཀྱི་ང་རྒྱལ་ཉིད། ༩ །
ཉོན་མོངས་དབང་མེད་འཇིག་རྟེན་འདིས། །
རང་དོན་སྒྲུབ་པར་མི་ནུས་པས། །
འགྲོ་བས་བདག་ལྟར་མི་ནུས་ཏེ། །

དེ་བས་བདག་གིས་འདི་བྱའོ། ༥༠ །
གཞན་ཡང་དམན་པའི་ལས་བྱེད་ན། །
བདག་ཉིད་ཀྱང་ནི་ཇི་ལྟར་འདུག །
ང་རྒྱལ་གྱིས་འདི་མི་བྱེད་དེ། །
བདག་ལ་ང་རྒྱལ་མེད་པ་མཆོག ༥༡ །

ཞེས་པས་ལས་ཀྱི་ང་རྒྱལ་དང་།

ཤི་བའི་སྦྲུལ་དང་ཕྲད་གྱུར་ན། །
ཁྭ་ཡང་མཁའ་ལྡིང་ལྟ་བུར་སྤྱོད། །
གལ་ཏེ་བདག་ཉིད་ཉམ་ཆུང་ན། །
ལྟུང་བ་ཆུང་ངུས་ཀྱང་གནོད་བྱེད། ༥༢ །
ཞུམ་བཅས་རྩོལ་བ་དོར་བ་ལ། །
ཕོངས་ལས་ཐར་པ་ཡོད་དམ་ཅི། །
ང་རྒྱལ་རྩོལ་བ་བསྐྱེད་པས་ནི། །
ཆེན་པོ་ཡིས་ཀྱང་ཐུབ་པར་དཀའ། ༥༣ །
དེ་བས་སེམས་ནི་བརྟན་པ་ཡིས། །
ལྟུང་བ་རྣམས་ནི་གཞོམ་བྱ་སྟེ། །
བདག་ནི་ལྟུང་བས་ཕམ་བྱས་ན། །
ཁམས་གསུམ་རྒྱལ་འདོད་བཞད་གད་འགྱུར། ༥༤ །
བདག་གིས་ཀུན་ལས་རྒྱལ་བྱ་སྟེ། །
བདག་ལས་སུ་ཡང་རྒྱལ་མི་བྱ། །(༢༥༧ན)
རྒྱལ་བ་སེང་གེའི་སྲས་དག་གིས། །
ང་རྒྱལ་འདི་ལ་གནས་པར་བྱ། ༥༥ །

འགྲོ་གང་ང་རྒྱལ་གྱིས་བཅོམ་དེ། །
ཉོན་མོངས་ང་རྒྱལ་ཅན་མ་ཡིན། །
ང་རྒྱལ་ཅན་དགྲའི་དབང་མི་འགྲོ། །
དེ་དག་ང་རྒྱལ་དགྲ་དབང་འགྱུར། ༥༦ །
ཉོན་མོངས་ང་རྒྱལ་གྱིས་ཁེངས་ན། །
ངན་འགྲོར་ང་རྒྱལ་གྱིས་འཁྲིད་ཅིང་། །
མི་ཡི་དགའ་སྟོན་བཅོམ་པ་དང་། །
གཞན་གྱི་ཟས་ཟའི་བྲན་དང་ནི། །
གླེན་པ་མི་སྡུག་ཉམ་ཆུང་དང་། ༥༧ །
ཐམས་ཅད་དུ་ནི་བརྙས་པར་འགྱུར། །
ང་རྒྱལ་གྱིས་ཁེངས་དཀའ་ཐུབ་ཅན། །
དེ་ཡང་ང་རྒྱལ་ཅན་གཏོགས་ན། །
དམན་པ་ཅི་འདྲ་ཡིན་པ་སྨོས། ༥༨ །
གང་ཞིག་ང་རྒྱལ་དགྲ་ལས་རྒྱལ་ཕྱིར་ང་རྒྱལ་འཆང་། །
དེ་ནི་ང་རྒྱལ་ཅན་དང་རྣམ་རྒྱལ་དཔའ་དེ་ཉིད། །
གང་ཞིག་ང་རྒྱལ་དགྲ་བདོ་བ་ཡང་ངེས་བཅོམ་སྟེ། །
འགྲོ་ལ་འདོད་བཞིན་རྒྱལ་བའི་འབྲས་བུ་རྫོགས་པར་བྱེད། ༥༩ །
ཅེས་པས་ནུས་པའི་ང་རྒྱལ་དང་།
ཉོན་མོངས་ཚོགས་ཀྱི་ཁྲོད་གནས་ན། །
རྣམ་པ་སྟོང་དུ་སྲན་གཟུགས་ཏེ། །
ཝ་ལ་སོགས་པས་སེང་གེ་བཞིན། །
ཉོན་མོངས་ཚོགས་ཀྱིས་མི་ཚུགས་བྱ། ༦༠ །

ཉམ་ང་ཆེ་ཐང་བྱུང་གྱུར་ཀྱང་། །
མི་ཡིས་མིག་ནི་སྲུང་བ་ལྟར། །
དེ་བཞིན་ཉམ་ང་བྱུང་གྱུར་ཀྱང་། །
ཉོན་མོངས་དབང་དུ་མི་འགྱུར་བྱ། ༤༧ །
བདག་ནི་བསྲེགས་ཏེ་གསོད་པ་འམ། །
མགོ་བོ་ལྷུང་བར་བྱས་ཀྱང་གི། །
ཉོན་མོངས་དགྲ་ལ་ཐམས་ཅད་དུ། །
འདུད་པ་ཉིད་དུ་མི་བྱའོ། ༤༨ །
དེ་བཞིན་གནས་སྐབས་ཐམས་ཅད་དུ། །
རིགས་པ་ལས་ནི་གཞན་མི་སྤྱད། །

ཅེས་པས་ཉོན་མོངས་འཛོམས་པའི་ང་རྒྱལ་རྒྱས་པར་བཤད་དོ། །

དེ་ཡང་སངས་རྒྱས་ཕལ་པོ་ཆེའི་རྡོ་རྗེ་རྒྱལ་མཚན་གྱི་བསྔོ་བ་རྣམ་པ་བཅུ་ལས་བསྔོ་བ་དང་པོའི་སྐབས་སུ་དཔེར་ན་ལྷའི་བུ་ཉི་མ་ཤར་བ་ནི་དམུས་ལོང་གི་ཉེས་པས་མི་ལྡོག་གོ་སའི་རྡུལ་དང་དུ་བ་དང་གྲིབ་མ་ཐ་དད་པ་དང་རི་མི་མཉམ་པའི་ཉེས་པས་(༢༥༧བ)མི་ལྡོག་གོ། །དེ་བཞིན་དུ་བྱང་ཆུབ་སེམས་དཔའ་སེམས་དཔའ་ཆེན་པོ་སེམས་ཟབ་ཅིང་རྒྱ་ཆེ་བ་བརྣག་པ་མ་ཞུམ་པ་ནི་སེམས་ཅན་འཕྱུ་བའི་ངང་ཚུལ་ཅན་གྱི་ཉེས་པས་མི་ལྡོག་གོ། །དམུ་རྒོད་ཀྱི་ཉེས་པས་མི་ལྡོག་གོ་སེམས་ཅན་མ་རུངས་པས་བྱང་ཆུབ་ཀྱི་གོ་ཆ་རྒྱུན་མི་གཅོད་དོ། །སེམས་ཅན་གྱི་ཐ་བའི་རྙོག་པ་ཐམས་ཅད་ཀྱིས་འགྲོ་བ་ཐམས་ཅད་ཡོངས་སུ་སྨིན་པའི་སྨོན་ལམ་རྒྱུན་གཅོད་པར་མི་བྱེད་དོ། །བྱིས་པའི་སྐྱེ་བོ་དང་འཁྲུགས་པ་དང་སེམས་ཅན་གཞན་གྱི་ཉེས་པ་རྣམས་ཀྱིས་སྐྱོ་བར་མི་བྱེད་དོ། །ཞེས་སོགས་དང་། སེམས་ཅན་གྱི་དོན་དུ་བདག་གིས་སྡུག་བསྔལ་གྱི་ཕུང་པོ་ཆེན་པོ་བླང་བར་བྱའོ། །བརྩོན་པར་བྱའོ། །སྤྲོ་བ་དང་།

མི་ལྡོག་པ་དང་། མི་སྐྲག་པ་དང་། མི་འཇིགས་པར་བྱའོ། །ཞེས་གསུངས་པ་རྣམས་ཀྱིས་གོ་ཆ་ཆེན་པོ་བསྒོས་ཏེ་གང་བརྩམས་པ་དེ་ཉིད་རྐྱེན་ཅིས་ཀྱང་ལྡོག་པར་མི་ནུས་པའི་ང་རྒྱལ་བརྟན་པོས་བསྒྲུབ་པར་བྱའོ། །

དེ་ལ་ཡང་བྱ་བ་གང་རྩོམ་ཡང་རུང་སྟེ་ཡུལ་དུས་དང་བདག་ཉིད་ཀྱི་འཁོར་པ་སོགས་ལ་ཞིབ་མོར་བརྟགས་ཏེ་ཅི་བྱ་བ་འདི་བདག་གིས་སྒྲུབ་པར་ནུས་སམ་མི་ནུས་ཞེས་ཞིབ་མོར་བསམ་ཞིང་བྱ་བ་ཆེན་པོ་དག་ལ་ནི་འགྲུབ་མི་འགྲུབ་སོགས་དཀོན་མཆོག་ལ་གསོལ་བ་བཏབ་པས་མ་བཀག་པར་མཐོང་ཞིང་འགྲུབ་པར་ཤེས་ན་བསྒྲུབ་པར་བྱའི། མ་བརྟགས་པར་ཚམ་ཚོམ་གྱིས་འཇུག་པར་མི་བྱ་བའི་ཕྱིར། དང་པོར་འཁོར་པ་བརྟགས་ནས་ནི། །རྩོམ་མམ་ཡང་ན་མི་རྩོམ་བྱ། །ཞེས་སོ། །**དེས་ན་དཔའ་བྱིན་གྱི་མདོ་ལས་ཀྱང་།** གལ་ཏེ་བསླབ་པའི་གཞི་ལྔ་ལ་བསླབ་པར་མི་ནུས་ན་བཞིའམ་གསུམ་མམ་གཉིས་སམ་ཐ་ན་གཅིག་ཙམ་ལ་ཡང་བསླབ་པར་བྱའོ་ཞེས་དགེ་བ་རང་གི་ཉམ་དང་སྦྱར་ཏེ་བསྒྲུབ་པར་བྱ་བར་གསུངས་པ་ཡིན་ནོ། །

དེ་ལ་བྱ་བ་གང་ཡང་མ་བརྩམས་པ་ནི་མཆོག་ཡིན་མོད་ཀྱང་གང་ཞིག་ཕན་ཡོན་ཁྱད་པར་ཅན་མཐོང་ནས་བྱ་བར་བརྩམས་(༢༥༨ན)པ་དེ་ནི་རྐྱེན་ཅིས་ཀྱང་མི་ལྡོག་པར་བསྒྲུབ་པར་བྱ་སྟེ་དེའི་གོམས་པས་སྐྱེ་བ་འདི་དང་གཞན་དུ་ཡང་རུང་སྟེ་ལེགས་པའི་དོན་ཐམས་ཅད་བདེ་བླག་ཏུ་འགྲུབ་པར་འགྱུར་རོ། །གལ་ཏེ་ཐོག་མར་བྱ་བར་བརྩམས་ལ་དེ་ནས་མ་བསྒྲུབས་པར་དོར་ན་ནི་སྐྱེ་བ་ཕྱི་མ་རྣམས་ལའང་བརྩམས་ནས་ལྡོག་པ་དེ་ཉིད་གོམས་པའི་བྱེད་པ་དང་སྦྱོང་བའི་རྒྱུ་མཐུན་གྱི་འབྲས་བུས་བྱ་བ་གང་ཡང་ཚར་མི་ཕྱིན་ཞིང་འབྲས་བུ་དབེན་པ་དང་འབྲས་བུ་ཐོབ་ནའང་ཕྱི་ནུད་དུ་ནུར་བ་དང་སྔ་མ་དོར་ཏེ་ཕྱི་མ་སྒྲུབ་པར་བརྩམས་པ་དེ་ཡང་གྲུབ་པར་དཀའ་བ་ཉིད་དུ་འགྱུར་རོ། །**འདིར་དཀའ་འགྲེལ་ཆུང་ངུར།** མི་

བརྟན་པ་གོམས་པས་ཚེ་རབས་གཞན་དུ་འང་མི་བརྟན་པ་ཉིད་དུ་འགྱུར་བ་དང་། དམ་བཅས་པ་ལས་ཉམས་པའི་སྡིག་པས་ངན་སོང་དུ་འཕེན་པའི་ཕྱིར་སྡིག་སྡུག་འཕེལ་བ་དང་། བྱ་བ་དེ་རྩོམ་རིང་དགེ་བ་གཞན་རྒྱུན་འཆད་པས་དགེ་བ་གཞན་གྱི་གེགས་སུ་འགྱུར་བ་དང་། རྩོམ་པ་དེ་ཚར་མ་ཕྱིན་པས་རྒྱུ་དགེ་བ་དེ་དང་། དེའི་འབྲས་བུ་གཉིས་ཀ་མ་ཐོབ་པ་སྟེ་མི་བརྟན་པའི་ཉེས་པ་ལྔར་བཤད་དོ། །

དེ་ལྟར་ལེགས་པར་བརྟགས་ཏེ་འཇུག་པ་ནི་རྩོམ་པ་ལ་བརྟན་པ་ཡིན་ལ་དེ་ནས་སྒྲིག་ལ་བབ་ཀྱང་མི་འདོར་བ་ནི་ཞུགས་པ་ལ་བརྟན་པ་ཞེས་བྱའོ། །ཞུགས་པ་ལ་བརྟན་པ་དེ་ཡང་གཉེན་པོའི་ང་རྒྱལ་གསུམ་གྱིས་སྒྲུབ་སྟེ་ལས་འདི་ཐམས་ཅད་གཞན་དྲིང་ལ་མི་འཇོག་པར་བདག་ཉིད་པོ་ནས་སྒྲུབ་པར་ནུས་སོ་ཞེས་སྙིང་སྟོབས་བསྐྱེད་པ་ལས་ཀྱི་ང་རྒྱལ་ལོ། །བདུད་ཀྱི་སྡེ་འཇོམས་པ་དང་ཕོངས་པ་ཐམས་ཅད་སེལ་བ་དང་བླ་ན་མེད་པའི་བྱང་ཆུབ་ཀྱི་ཡོན་ཏན་ཐམས་ཅད་བདག་གིས་སྒྲུབ་པར་ནུས་སོ་ཞེས་སྙིང་སྟོབས་བསྐྱེད་པ་ནུས་པའི་ང་རྒྱལ་ལོ། །ཉོན་མོངས་རྣམས་ཀྱིས་བདག་མི་ཐུབ་ལ་བདག་གིས་ཉོན་མོངས་ཐམས་ཅད་འཇོམས་པར་བྱའོ་ཞེས་སྲན་ཚུགས་པ་ཉོན་མོངས་འཇོམས་པའི་ང་རྒྱལ་ལམ་ཉོན་མོངས་ལྟར་སྣང་བའི་ང་རྒྱལ་ལོ། །

དེ་ཡང་ཉོན་(༢༥༨བ)མོངས་པས་བྲན་དུ་བཀོལ་བའི་སེམས་ཅན་འདི་རྣམས་ཀྱིས་ནི་རང་རང་གི་ཚེ་འདིའི་དོན་བདེ་བ་ལྟར་སྣང་སྤུ་རྩེ་གཅིག་ལུས་སེམས་བདེ་བར་འདུག་པ་ཙམ་རེ་ཡང་སྒྲུབ་པར་མི་ནུས་ཏེ་རང་རྒྱུད་ཀྱི་བུད་ཤིང་ལ་ཉོན་མོངས་ཀྱི་མེ་འབར་བ་ལ་བདག་དང་བདག་གིར་འདུ་ཤེས་པས་དུས་འདའ་བར་ཟད་ན་བྱང་ཆུབ་སེམས་དཔའ་བདག་ཅག་རྣམས་ལྟ་བུར་སེམས་ཅན་ཐམས་ཅད་བདེ་བ་ལ་འགོད་པ་ལྟ་ག་ལ་ནུས། དེ་བས་ན་འདི་རྣམས་ཀྱིས་བསྒོ་བར་མི་ནུས་པའི་བཟོད་པའི་གོ་བསྒོ་ཞིང་ཐོགས་པར་མི་ནུས་པའི་ཤེས་རབ་ཀྱི་མཚོན་བཟུང་ལ་བརྟག་

པར་མི་ནུས་པའི་བྱང་ཆུབ་ཀྱི་སེམས་གཅིག་ཏུ་བརྟན་པས་བདག་གིས་སེམས་ཅན་ཐམས་ཅད་ཀྱི་སྡུག་བསྔལ་གྱི་རྒྱ་མཚོ་གཞོམ་པར་བྱ་ལ།

སེམས་ཅན་ཉོན་མོངས་པའི་ང་རྒྱལ་ཅན་འདི་དག་ཀུང་འཚོ་བ་ལ་སོགས་པ་མ་ཉེད་པ་ན་ང་རྒྱལ་བསྐྱུངས་ཏེ་ཕྱུགས་བདར་པ་དང་བྲན་དུ་ཁས་བླངས་པས་ཀུང་འཚོ་བ་སྒྲུབ་ན་བདག་བྱང་ཆུབ་སེམས་དཔས་བླ་ན་མེད་པའི་བྱང་ཆུབ་སྒྲུབ་པ་ལ་ལྟ་ཅི་སྨོས་ཏེ། བདག་ནི་རིགས་རུས་ཆེ་བས་དབུལ་པོ་ལ་ལག་གིས་སྦྱིན་པར་མི་འོས་སོ་ཞེས་བསམྙེམས་པ་དང་། བསླབ་པས་ཆུན་པ་སོགས་ཕྱུག་གི་གནས་ལ་བདག་རིགས་རུས་ཀྱིས་ལྷག་གོ་ཞེས་ཕྱག་མི་བྱེད་པ་ལ་སོགས་པ་ཉོན་མོངས་པ་ཅན་གྱི་མངོན་པའི་ང་རྒྱལ་བཅོམ་སྟེ་སེམས་ཅན་ཐམས་ཅད་ཀྱི་བྲན་དུ་ཁས་ལེན་པས་ཕ་རོལ་ཏུ་ཕྱིན་པ་རྣམས་བསྒྲུབ་པར་བྱ་སྟེ་བདག་ལ་མངོན་པའི་ང་རྒྱལ་མེད་པ་འདི་ནི་མཆོག་ཡིན་ཏེ་གལ་ཏེ་མངོན་པའི་ང་རྒྱལ་ཡོད་ན་དེས་གཉེན་པོའི་ང་རྒྱལ་གསུམ་སྒྲུབ་པར་མི་ནུས་སོ། །དེའི་ཕྱིར། གཞན་ཡང་དམན་པའི་ལས་བྱེད་ན། །བདག་ཉིད་ཀུང་ནི་ཇི་ལྟར་འདུག །ང་རྒྱལ་གྱིས་འདི་མི་བྱེད་དེ། །བདག་ལ་ང་རྒྱལ་མེད་པ་མཆོག །ཅེས་སྨོས་སོ། །

ནུས་པའི་ང་རྒྱལ་སྒོམ་ཚུལ་ཡང་དཔེར་ན་བྱ་ཁྭ་རྣམས་སྦྲུལ་མཐོང་ན་སྒྲ་འབྱིན་ཞིང་འཁྲོས་(༢༥༧་ན)ཀུང་སྦྲུལ་གྱི་རོ་མཐོང་ན་ཉམ་ང་མེད་པར་མཁའ་ལྡིང་ལྟར་ཟ་བར་བྱེད་པ་ལྟར་བདག་ཉིད་གཉེན་པོའི་ཉམ་ཆུང་བའི་ཚེ་ལྟུང་བ་ཆུང་ངུ་ཡང་སྤྱོང་མི་ནུས་པས་སེམས་ལ་གནོད་པར་འགྱུར་ལ། གཉེན་པོའི་ཉམ་སྟོབས་རྒྱས་པའི་ཚེ་ནི་ཐམས་ཅད་ཀུང་བྱང་ཆུབ་ཀྱི་སེམས་ཀྱི་གྲོགས་སུ་འགྱུར་གྱི་ཅིས་ཀུང་གནོད་པར་མི་ནུས་སོ། །དེས་ན་བདག་འདྲ་བས་མི་ནུས་སོ་ཞེས་ཞུམ་ཞིང་སྙིང་ལུག་པས་གནས་པས་ནི་ཅི་ཡང་ཐོབ་པར་མི་ནུས་ལ་ང་རྒྱལ་གྱི་སྒྲས་བསྟན་པ་སྙིང་སྟོབས་དང་རྩོལ་བ་ཆེར་བསྐྱེད་ན་མི་འགྲུབ་པ་ཅི་ཡང་མེད་ལ་གཞོམ་དཀའ་

བའི་ཉེས་པ་ཆེན་པོས་ཀྱང་བདག་མི་ཐུབ་སྙེ་བདེ་བླག་ཏུ་འཇོམས་སོ། །

དེས་ན་སེམས་བརྟན་ཞིང་མི་གཡོ་བས་རང་རྒྱུད་ཀྱི་ཉེས་པ་ཕྲ་ངེ་ཙམ་ཡང་མ་ཐུབ་ན་ཁམས་གསུམ་ལས་རྒྱལ་བའི་སངས་རྒྱས་ཇི་ལྟར་འགྲུབ། ཆོས་ཐམས་ཅད་ནི་རང་གི་རྣམ་རྟོག་ཙམ་དུ་ཟད་པས་རྣམ་རྟོག་དེ་ཐམས་ཅད་རང་གི་ངོ་བོ་ཇི་ལྟ་བར་རྟོགས་པའི་ཤེས་རབ་ཀྱིས་ཚར་བཅད་ནས་དབང་དུ་བསྡུས་ཏེ་ཕྱོགས་ཐམས་ཅད་ལས་རྣམ་པར་རྒྱལ་བར་བྱ་ཡི་རྣམ་རྟོག་གང་གིའང་དབང་དུ་བདག་མི་འགྲོ་བའི་ཕྱིར་རྣམ་རྟོག་སུ་ཡང་བདག་ལས་རྒྱལ་དུ་མི་གཞུག་གོ་ཞེས་དེ་བཞིན་གཤེགས་པ་མིའི་སེང་གེའི་སྲས་རྣམས་ཀྱིས་ང་རྒྱལ་འདི་ལྟ་བུ་བཙམ་པར་བྱ་ཡི་སྨད་བྱའི་ང་རྒྱལ་ནི་གཞོམ་པར་བྱ་དགོས་ཏེ། སེམས་ཅན་ཐམས་ཅད་ཀྱང་ང་རྒྱལ་གྱིས་ཀུན་ནས་བསླང་བའི་ལས་ཀྱིས་ངན་སོང་དུ་འཕེན་པ་དང་མཐོ་རིས་ཀྱིས་¦བཀལ་¦(བསྐལ་)བ་དང་མིར་སྐྱེས་སྲིད་ཀྱང་བྲན་དང་གླེན་པ་དང་ཉམ་ཆུང་བ་སོགས་སྐྱེ་བོས་བརྙས་ཤིང་བཞད་གད་དུ་བྱེད་པ་རྣམས་སུ་སྐྱེ་བའི་ཕྱིར་ཏེ། **ཡུལ་འཁོར་སྐྱོང་ཞུས་ཀྱི་མདོར།** སྔོངས་པ་དེ་དག་ང་རྒྱལ་དབང་གིས་ནི། །ངན་སོང་ས་དང་མི་(༢༥༥བ)ཁོམ་སྐྱེ་བ་དང་། །དབུལ་དང་དམན་པའི་རིགས་སུ་སྐྱེ་བ་དང་། །དམུས་ལོང་མདོག་ངན་མཐུ་ཆུང་རྣམས་སུ་སྐྱེ། །ཞེས་སོ། །

ཉོན་མོངས་ཀྱི་ང་རྒྱལ་དེ་གང་ཞེ་ན་བདག་ཏུ་ཞེན་པ་ལས་སྐར་བདག་ཉིད་མཆོག་ཏུ་འཛིན་པ་ཕྱིན་ཅི་ལོག་གི་སྔོངས་པ་ཡིན་ལ་དེ་ཡང་རྣམ་པ་བདུན་དུ་མདོ་དང་བསྟན་བཅོས་ལས་བཤད་དེ། བདག་ཏུ་ལྟ་བ་ངའོ་སྙམ་པའི་ང་རྒྱལ་དང་། ང་རྒྱལ་ཙམ་པོ་བ་དང་། ཆེ་བའི་ང་རྒྱལ་དང་། ཆེར་བསྙེམས་པ་ང་རྒྱལ་ལས་ཀྱང་ང་རྒྱལ་དང་། ཐོས་པ་ལ་སོགས་པས་བསྙེམས་པ་མངོན་པའི་ང་རྒྱལ་

དང་། ཅུང་ཟད་སྙམ་པའི་ང་རྒྱལ་དང་། ཀུན་བཏགས་ཀྱིས་བདག་ཏུ་ཞེན་པ་ལོག་པའི་ང་རྒྱལ་ཏེ་བདུན་ནོ། །

དེ་ལྟར་མི་གཙང་བ་ལ་གཙང་བར་འཁྲུལ་པ་ལྟ་བུའི་ཉོན་མོངས་པའི་ང་རྒྱལ་དེ་ནི་རྨོངས་པ་ཕྱིན་ཅི་ལོག་འབའ་ཞིག་ཏུ་ཟད་པ་ལྦུ་བ་ལ་ཤེལ་འཛིན་གྱི་བློ་ལྟ་བུར་མཐོང་བའི་ཕྱིར་ན། ཡང་དག་པར་དེ་ནི་ང་རྒྱལ་མ་ཡིན་ཏེ་རྣམ་པ་ཐམས་ཅད་དུ་དགྲར་གྱུར་པའི་ཉོན་མོངས་པའི་དབང་དུ་དེ་མ་ཐག་འགྲོ་བའི་ཕྱིར་དང་། གང་ང་རྒྱལ་ཅན་ཡིན་ན་དགྲ་འཇོམས་པར་རིགས་ཀྱི་དགྲའི་དབང་དུ་འགྲོ་བར་མི་རིགས་པའི་ཕྱིར། དེས་ན་དགྲ་ཆུང་ངུས་ཀྱང་བྲན་དུ་བྱེད་ནུས་པ་དེ་ང་རྒྱལ་ཅན་ཡིན་ན་སུ་ཞིག་ཉམ་ཆུང་ཡིན། དེས་ན་ལས་ཉོན་གྱིས་མི་ཚུགས་ཤིང་ལས་ཉོན་ལས་ཀུན་ཏུ་རྒྱལ་བ་དེ་ནི་ཡང་དག་པའི་ང་རྒྱལ་ཅན་དང་ཕྱོགས་ལས་རྣམ་པར་རྒྱལ་བའི་དཔའ་བོ་ཡིན་ཏེ། ང་རྒྱལ་ལ་སོགས་པ་རང་གཞན་གྱི་རྒྱུད་ཀྱི་དགྲ་བོ་ཉོན་མོངས་པ་ཐམས་ཅད་ཚར་བཅད་དེ་ཡིད་བཞིན་གྱི་སྐུ་ཅན་རྫོགས་པའི་སངས་རྒྱས་འཐོབ་པའི་ཕྱིར་རོ། །

འོ་ན་ཉོན་མོངས་པ་འཇོམས་པའི་ང་རྒྱལ་ཇི་ལྟར་སྐྱེད་ཅེ་ན། བདག་གི་རྒྱུད་འདི་ནི་ཉོན་མོངས་པའི་རྣམ་པ་མཆིས་སོ་འཚལ་གྱི་ས་བོན་དང་ཀུན་ལྡང་དང་རྣམ་སྨིན་ཐམས་ཅད་པ་ཡིན་ཏེ་ས་ཆེན་པོ་འདི་ས་བོན་དང་མྱུ་གུ་དང་སྡོང་བུ་ཐམས་ཅད་པ་ཡིན་པ་བཞིན་ནོ། །ཇི་ལྟར་ས་བོན(༢༥༠ན)ཐམས་ཅད་ཀྱི་རྩ་བའང་ས་ཆེན་པོ་འདིའི་གཏིང་ཇི་སྲིད་པར་སོན་ལ་དབྱེར་མི་ནུས་པ་ནི་འགའ་ཡང་མེད་དེ་རིམ་པ་དང་པོ་མན་ཏུ་ཕལ་ཆེར་འདའ་བ་མེད་པ་ལྟར་ཉོན་མོངས་དེ་ཡང་སེམས་ཀྱི་ཁ་རིམ་ལྟ་བུའི་རྣམ་པར་རྟོག་པར་ཟད་ཀྱི་ངོ་བོར་དབྱེར་མེད་དུ་ཞུགས་པ་ནི་མ་ཡིན་པས་སྤྲུང་བར་ཆེས་སླའོ། །

དེས་ན་ས་གཞི་ལ་ས་བོན་མེད་ན་ཆུ་ལུད་པོ་ནས་ཅི་ཡང་སྐྱེ་མི་ནུས་པ་ལྟར་

བདག་རྒྱུད་ལ་ཉོན་མོངས་ཀྱི་ས་བོན་གནས་པ་དེ་ཕ་རོལ་གྱི་གནོད་པ་ལ་སོགས་པ་ཚ་ལུད་དང་འདྲ་བས་སྐྱེད་པར་སྣང་བར་ཟད་ཀྱི་ས་བོན་མེད་ན་ཅི་ཡང་སྐྱེད་མི་ནུས་པས་ན་རང་ཅག་སོ་སྐྱེ་རྣམས་ནི་རང་རྒྱུད་ཀྱི་ཉོན་མོངས་པ་ཐམས་ཅད་ཀྱི་ཁྲིད་ན་རྟག་པར་གནས་པའི་ཕྱིར། ཉོན་མོངས་ཚོགས་ཀྱི་ཁྲིད་གནས་ན། །ཞེས་བྱའོ། །འདིའི་རིང་ནི་བདག་ཉིད་ཀྱིས་རྣམ་པ་སྟོང་དང་འབུམ་དང་བྱེ་བར་ཡང་དེའི་དབང་དུ་མི་འགྲོ་བར་སྲན་ཚུགས་པར་བྱ་སྟེ། དང་པོར་གོ་ཆའི་བརྩོན་འགྲུས་ཀྱིས་མི་རྣམས་ཉམ་ང་བ་ཅི་བྱུང་ཡང་ཐོག་མར་རང་གི་མིག་སྲུང་བ་ལྟར་བདག་གིས་ཀྱང་ལུས་བདག་མེར་བསྲེགས་སམ་ཆུར་དོར་རམ་མགོ་བོ་བཅད་ཀྱང་དེའི་ཚེ་བདག་གིས་ཞེ་སྡང་གི་དགྲའི་དབང་དུ་མི་གཏོང་བར་བྱའོ་ཞེས་འཕེན་པས་དམ་བཅའ་བ་སྔོན་དུ་བཏང་སྟེ། དེ་ནས་སྦྱོར་བའི་བརྩོན་འགྲུས་ཀྱིས་དྲན་ཤེས་ཀྱིས་སྒྲིམ་ཞིང་ཅིས་ཀྱང་མི་ལྡོག་པའི་བརྩོན་འགྲུས་བསྐྱེད་དེ་ཝ་ལ་སོགས་པ་རི་དྭགས་ཐམས་ཅད་ཀྱིས་སེང་གེ་ལ་གདོང་མི་ཚུགས་ཤིང་སེང་གེའི་དྲི་ཚོར་བ་ཙམ་གྱིས་ཀྱང་རི་དྭགས་ཐམས་ཅད་ཅི་བྱ་གཏོལ་མེད་པར་འབྲོས་པ་ལྟ་བུར་སྡང་བྱས་མི་ཚུགས་པའི་བརྩོན་འགྲུས་བསྐྱེད་པར་བྱའོ། །

ཞེ་སྡང་ལ་བཤད་པ་དེ་བཞིན་དུ་འདོད་ཆགས་དང་ང་རྒྱལ་དང་ཕྲག་དོག་སྐྱེ་བའི་ཡུལ་ཉེ་བ་སོགས་ཀྱི་གནས་སྐབས་ཐམས་ཅད་དུའང་དེ་ཁོ་ན་ལྟར་ཤིན་ཏུ་བྱ་བར་རིགས་པའི་བརྩོན་པ་ཁོ་ན་བསྐྱེད་ཀྱི་དེ་ལས་སྡང་བྱའི་དབང་དུ་འགྱུར་བ་ནི་སྲིད་པར་མི་བྱའོ་(༢༨༠བ)ཞེས་གདམས་པ་ཡིན་ནོ། །མི་ཡིས་མིག་ནི་སོགས་ལ་**འགྲེལ་ཆེན་དུ**་མིག་ནི་གཟུགས་ལ་འཇུག་གི་སྒྲ་ལ་མི་འཇུག་པ་ལ་སྲུང་བའི་ཐ་སྙད་དུ་བྱས་ཏེ་དེ་བཞིན་དུ་ཉམ་ང་ཅི་བྱུང་ཡང་གཉེན་པོ་ལ་འཇུག་གི་སྡང་བྱ་ལ་མི་འཇུག་པར་བྱའོ་ཞེས་པའི་དོན་དུ་འབྲུ་གཉེར་ཞིང་། **དགེ་ལྷས་ཀྱང་།** ཉམ་ང་ཆེ་ཐང་བྱུང་གྱུར་ཀྱང་། །རོ་ལ་མིག་ནི་མི་ལྟ་ལྟར། །ཞེས་གཞུང་བཏོན་ནས་མིག་ནི་

གཟུགས་ལ་འཇུག་གི་ལྔའི་ཡུལ་གྱི་རོ་ལ་མི་འཇུག་པ་ལྟར། ཞེས་སྔ་མ་ལྟར་དང་བི་ཧྲུ་ཏིས་ཀྱང་དེ་ལྟར་འབྲུ་གཉེར་ཏོ། །

འདི་ལ་དཀྲུས་ལྟར་འབྲུ་གཉེར་བའི་ཚེ་མི་ཡིས་མིག་ནི་ཞེས་གསུམ་པ་བྱེད་པ་པོའི་རྣམ་དབྱེ་ཡིན་ལ། འགྲེལ་ཆེན་ལྟར་འབྲུ་གཉེར་ན་མི་ཡི་མིག་ནི་ཞེས་དྲུག་པ་འབྲེལ་བའི་རྣམ་དབྱེ་ཅན་དུ་འགྱུར་རོ། **།ས་བཟང་པས།** དེ་བཞིན་གནས་སྐབས་ཐམས་ཅད་དུ། །རིགས་པ་ལས་ནི་གཞན་མི་སྤྱད། །ཅེས་པ་འདི་རྒྱ་དཔེ་དང་འགྲེལ་པ་དག་ན་མི་སྣང་ངོ་ཟེར་ཡང་རྒྱ་དཔེ་ཐམས་ཅད་ཀྱང་མཚུངས་པར་མ་ངེས་པས་གཅིག་ཁོ་ན་ཚད་མཐའ་མིན་ལ་རྒྱ་འགྲེལ་ཕལ་ཆེར་དུ་དོན་གྱི་འབྲུ་རགས་པ་ཙམ་ལས་མ་བྱས་སྣང་ཡང་། **དཀའ་འགྲེལ་ཆུང་ངུར།** ཉོན་མོངས་པ་ལ་ང་རྒྱལ་བྱེད་པ་སྟོན་པ་ནི་ཚིགས་སུ་བཅད་པ་ཕྱེད་དང་བཞི་སྟེ། ཉོན་མོངས་ཚོགས་ཀྱི་ཁྲོད་གནས་ན། །ཞེས་བྱ་བ་ལ་སོགས་པའོ་ཞེས་བྱུང་བས་འདི་གཉིས་མེད་ན་ཚིགས་བཅད་ཕྱེད་དང་བཞིར་མི་ལོངས་བས་གཞུང་ཡིན་པར་བཟུང་ངོ་། །

གསུམ་པ་དཀའ་བའི་དཔུང་ནི།

ཙེད་མོའི་བདེ་འབྲས་འདོད་པ་ལྟར། །
འདི་ཡིས་བྱ་བའི་ལས་གང་ཡིན། །
ལས་དེ་ལ་ནི་ཞེན་བྱ་ཞིང་། །
ལས་དེས་མི་ངོམས་དགའ་བར་བྱ། ༥༣ །
བདེ་བའི་དོན་དུ་ལས་བྱས་ཀྱང་། །
བདེ་འགྱུར་མི་འགྱུར་གཏོལ་མེད་ཀྱི། །
གང་གི་ལས་ཉིད་བདེར་གྱུར་པ། །
དེའི་ལས་མི་བྱེད་ཇི་ལྟར་བདེ། ༥༤ །
སྤུ་གྲིའི་སོར་ཆགས་སྦྲང་རྩི་ལྟའི། །

འདོད་པ་རྣམས་ཀྱིས་མི་(༢༨༧ན)ངོམས་ན། །
རྣམ་སྨིན་བདེ་ལ་ཞི་བ་ཡི། །
བསོད་ནམས་ཀྱིས་ལྷ་ཅིས་ཏེ་ངོམས། ༨༥ །
དེ་ལྟས་ལས་ཚར་ཕྱིན་བྱའི་ཕྱིར། །
ཉི་མ་ཕྱེད་དུས་གདུངས་པ་ཡི། །
གླང་ཆེན་མཚོ་ཕྲད་མཚོར་འཇུག་ལྟར། །
ལས་དེ་ལ་ཡང་འཇུག་པར་བྱ། ༨༨ །

ཞེས་གསུངས་ཏེ། ཇི་ལྟར་ལྷ་རྣམས་ཀྱང་སྐྱིད་སོས་ཚལ་དུ་འཇུག་ཅིང་འདོད་ཡོན་སྣ་ཚོགས་ཀྱིས་བག་མེད་པར་རྩེ་ཞིང་དགའ་མགུར་སྤྱོད་པ་དང་། མི་རྣམས་ཀྱང་དུས་སྟོན་དང་བྲོ་གར་དང་བཟང་སྟེའི་འདུས་པ་སོགས་ལ་ཤིན་ཏུ་དགའ་བས་འཇུག་པ་ལྟར་བྱང་ཆུབ་སེམས་དཔས་ཀྱང་དགེ་བའི་ལས་ལམ་གང་ཡིན་པ་དེ་ལ་མི་ངོམས་པའི་དགའ་བ་ཚད་མེད་པས་འཇུག་པར་རིགས་ཏེ། མི་རྣམས་ཀྱི་གླུ་གར་གྱི་ཁྲོམ་དུ་འཇུག་པ་སོགས་ནི་བདེ་བར་འདུ་ཤེས་ཤིང་བདེ་བའི་རྒྱུར་རློམ་སོད་ཀྱི་དེ་ནི་བདེ་བ་ལྟར་སྣང་ཙམ་དེར་ཡང་འགྱུར་མི་འགྱུར་གཏོལ་མེད་དེ། གླུ་གར་གྱི་རྐྱེན་ལས་ཤི་བའམ་ཁྲོམ་དེར་རྒྱལ་པོའི་ཆད་པའམ་འཐབ་མོ་ལ་སོགས་པས་ཤི་བ་དང་ནད་ཀྱི་སྡུག་བསྔལ་ཆེར་བསྐྱེད་པའང་ཡོད་པའི་ཕྱིར། དགེ་བ་ནི་འབྲས་བུའི་དུས་ནའང་བདེ་བར་འགྲུབ་མི་འགྲུབ་མ་ངེས་པ་དེ་འདྲ་ཡང་མིན་ལ་བྱེད་པའི་དུས་ཉིད་ནའང་ལུས་སེམས་དྭངས་ཤིང་འགྱོད་པ་མེད་པ་དགའ་བའི་བདག་ཉིད་ཅན་དུ་གདོན་མི་ཟ་བས་འབྲས་བུ་ལྷ་ཚོགས་རྒྱུའི་དུས་ཉིད་ནའང་བདེ་བ་ཡིན་ན་དེ་ཀོ་སུ་ཞིག་མི་སྒྲུབ་ཅེས་པའི་ཐ་ཚིག་གོ། །

སྒྲུབ་པ་ཙམ་ལྟ་སྨོས་ཀྱང་ཅི་དགོས་དགེ་བའི་ལས་དེས་ངོམས་ཤིང་ཚོག་པར་ཡང་མི་རུང་སྟེ། འཇིག་རྟེན་པ་རྣམས་ཉེས་དམིགས་མང་ལ་མནོག་ཆུང་བ་སྲུ་

གྲིའི་སོར་ཆགས་པའི་སྤྲང་རྩི་ཕྱེས་བལྟག་པ་ལྟ་བུའི་འཁྲིག་པ་ལ་སོགས་པ་འདོད་པའི་ཡོན་ཏན་རྣམས་ཀྱིས་མི་ངོམས་པར་མཐོང་ན་རྒྱུ་དང་འབྲས་བུ་གཉིས་ཀའི་དུས་བདེ་བ་ཕུན་སུམ་ཚོགས་པ་ཤིན་ཏུ་ཞི་བའི་གནས་འཐོབ་པའི་བསོད་ནམས་ཀྱི་ལས་ཀྱིས་སུ་ཞིག་ངོམས། དེ་ལྟ་བས་ན་བརྩམས་པའི་ལས་གང་ཡིན་པ་དེ་ཚར་(༢༥༧བ)ཕྱིན་པར་བདེ་བླག་ཏུ་བྱ་བའི་ཕྱིར། སོས་ཀའི་དུས་ཉི་མའི་གུང་ལ་ཚད་པས་ཆེས་གདུངས་ལ་སྦྱིར་གླང་པོ་ཆེ་རང་བཞིན་གྱིས་སྤུ་ཚུགས་ཞིང་སྲབ་པས་མིའི་བ་སྤུ་ལྟ་བུར་སྣང་ལ་ལུས་ཆེ་བས་གསིལ་གྲིབ་ཀྱི་གནས་མི་རྙེད་ཅིང་ལུས་ལྕི་བ་ལས་སླར་ཉི་མས་ཤིན་ཏུ་ཚིག་པ་དེ་མཚོ་དང་ཕྲད་ན་ལུས་ཆེ་བའི་ཕྱིར་གཏིང་གི་ཚོད་ལོངས་ཤིང་གསིལ་བར་འདོད་པས་ཚམ་ཚོམ་མེད་པར་མཆོང་འཇུག་ཅིང་ཉལ་བ་དང་བརྒྱལ་བ་སོགས་བྱེད་པ་ལྟར་ཆོས་ཐམས་ཅད་ཀྱི་རང་བཞིན་ཤེས་པས་གང་ལའང་མི་སྐྲག་ཅིང་རློམ་སེམས་མེད་ལ་གཞན་སྐྱབས་པར་འདོད་པའི་བློ་འབབ་ཞིག་གིས་དགེ་བའི་ལས་དེ་ཐམས་ཅད་ལ་ཚམ་ཚོམ་མེད་པར་འཇུག་པར་བྱོས་ཤིག་པའོ། །

བཞི་པ་དོར་བའི་དཔྱད་ནི།

སྟོབས་ཉམས་པ་དང་རྗེས་འབྲེལ་ན། །
སླར་བྱའི་དོན་དུ་དོར་བར་བྱ། །
ལེགས་པར་ཟིན་ནས་ཕྱི་མ་དང་། །
ཕྱི་མ་འདོད་པས་དེ་སྤང་བྱ།[༤༧] །

ཞེས་གསུངས་ཏེ། གལ་ཏེ་ཏ་ཅང་ནན་ཏན་གྱིས་འབད་པས་ལུས་སེམས་ཀྱི་སྟོབས་ཉམས་ཏེ་དུབ་ཆེས་པ་ན་ནི་སླར་ཕྱི་ནས་བྱ་བའི་ཕྱིར་རེ་ཞིག་དོར་བས་ངལ་གསོ་བར་བྱ་སྟེ་ཐོས་བསམ་དང་ལས་ཀྱི་འཕོར་ལོས་དུབ་པ་ལ་ནི་ཏིང་ངེ་འཛིན་དུ་བཞག་པས་ངལ་གསོ་བ་དང་། འཁོར་གསུམ་གྱི་རྟོག་པའི་སྤྲོས་པས་དུབ་ན་ཅིར་ཡང་མི་དམིགས་པའི་ཤེས་རབ་ཟབ་མོར་ངལ་གསོ་བ་དང་། ཏིང་ངེ་འཛིན་སྐྱི་

བའི་ཕྱིར་བསྒོམས་པས་སེམས་རྩེ་གཅིག་པ་མ་ཐོབ་པར་དུབ་ན་ཁ་ཐོན་ལ་སོགས་པས་ངལ་གསོ་བ་དང་། རེས་དགའ་སྒོ་གསུམ་བཏང་སྙོམས་སུ་གནས་པས་ཀྱང་ཅུང་ཟད་ངལ་གསོར་ཙུང་སྟེ་སྤྱིར་སྤྱན་རས་གཟིགས་དབང་ཕྱུག་གིས་སེམས་ཅན་མཐའ་ཡས་པ་བྲངས་པས་དུབ་པ་ལྟར་མཛད་དེ་སེམས་ཉིད་ངལ་གསོའི་ཏིང་ངེ་འཛིན་མཛད་པ་ལྟ་བུ་ཡིན་ལ། དེ་བཞིན་དུ་སྤྲོས་པ་དང་མཚན་མས་དུབ་པ་ན་འགོག་པ་ལ་སྙོམས་པར་ཞུགས་པས་ཀྱང་ངལ་གསོ་སྟེ་འོན་ཀྱང་ཡང་དག་མཐའ་དུས་མིན་དུ་དོན་དུ་བྱས་དོགས་(༢༨༢ན)པས་བྱང་ཆུབ་སེམས་དཔས་ཞག་བདུན་ལས་འགོག་པ་ལ་སྙོམས་པར་མི་འཇུག་པར་སྟོན་པས་བཅའ་བ་མཛད་པ་ཡིན་ནོ། །ལེགས་པར་ཟིན་ནས་ཕྱི་མ་དང་། །ཕྱི་མ་འདོད་པས་དེ་སྤང་བྱ། །ཞེས་པ་ལ་འགྲེ་གཉིས་སུ་འགྱུར་ཏེ་དོར་བའི་དཔུང་ཉིད་དུ་བཤད་ན་ངལ་གསོ་བའི་ཕྱིར་རེ་ཞིག་དོར་བ་དེ་ལེགས་པར་ཟིན་པ་ཡིན་ལ་དེ་ལ་ཡུན་རིང་དུ་ཆགས་པར་མི་བྱ་སྟེ་དགེ་བའི་བར་ཆད་དུ་འགྱུར་བའི་ཕྱིར། དེ་ནས་ངལ་སོས་ནས་སླར་དགེ་བ་ཕྱི་མ་དང་དེའི་ཕྱི་མ་གཞན་སྒྲུབ་པའི་ཆེད་དུ་སླར་ཡང་འབད་པར་བྱའོ་ཞེས་པར་འགྱུར་ལ། གལ་ཏེ་དཔུང་ཚོགས་བཞི་ཀའི་དོན་བསྡུ་ལྟ་བུར་འཆད་ན་ནི་དགེ་བ་དེ་དག་ཟིན་ནས་དེ་ཉིད་ལ་མི་ཞེན་པར་སླར་ཕྱི་མ་གཞན་དང་གཞན་སྒྲུབ་དགོས་སོ་ཞེས་པར་འགྱུར་རོ། །

འདིར་**གསེར་གླིང་པས**་དོན་བཅུ་གཅིག་ཏུ་བསྡུས་པར་ནི། རྗེས་སུ་མི་བདེར་འགྱུར་བའི་ལས། །རིག་གྲུར་དེ་མ་ཐག་ཏུ་བཏང་། །དེ་ནི་ཤིན་ཏུ་རྫོགས་ནས་ཡང་། །ཕྱི་ཕྱིར་བྱེད་འདོད་སྤང་བར་བྱ། །ཞེས་གཞུང་བཏོན་ནས་དགེ་བ་ཡིན་ཡང་ཕྱིས་གཞན་ལ་གནོད་པའི་རྒྱུར་འགྱུར་བ་ལྟ་བུ་དོར་བྱར་བཤད་ཀྱི་ངལ་གསོར་མ་བཤད་ལ་དགེ་བའི་ལྷས་ཀྱང་དེ་ལྟར་འཆད་དོ། །**པི་རྦུ་ཏིས་ནི།** དོར་བའི་སྟོབས་འཆད་དེ་བསམ་གཏན་ལ་སྐྱོ་ན་བཙན་ཐབས་སུ་སེམས་དེ་ཉིད་དུ་འཇུག་པ་མ་

ཡིན་ཏེ་འོན་ཀྱང་བསམ་གཏན་དར་ཅིག་འདོར་རོ། །སླར་བསམ་གཏན་ལ་འཇུག་པའི་ཕྱིར་ཤིན་ཏུ་ཇོགས་པའི་ཚེའང་གཏོང་སྟེ་ཕྱི་མ་ཕྱི་མ་ལ་སྲིད་པས་སོ། །ཞེས་བཤད་མོད། བསམ་གཏན་དངོས་ལ་ནི་སྐྱོ་བར་མི་འགྱུར་ཏེ་བསམ་གཏན་གྱི་བདེ་བ་ནི་དཔེ་མེད་པར་བཤད་པའི་ཕྱིར་དང་ངལ་གསོ་ཐམས་ཅད་ཀྱི་མཆོག་འདི་ཡིན་པའི་ཕྱིར། བསམ་གཏན་སྒོམ་པར་འདོད་ཀྱང་བསམ་གཏན་མ་སྐྱེས་པས་སྐྱོ་བ་ལ་དེ་ལྟར་མི་འགལ་ལོ། །

ལྔ་པ་བརྩོན་འགྲུས་སྤེལ་བ་ལ་གཉིས། ལྷུར་བླང་བ་དང་། བདག་ཉིད་དབང་དུ་བྱ་བའོ། །

དང་པོ་(ལྷུར་བླང་བ་)ནི།

འཐབ་རྙིང་དགྲ་དང་ལྷན་ཅིག་ཏུ། །(༢༦༢བ)

གཡུལ་ངོར་རལ་ཁ་ལྡགས་པ་བཞིན། །

ཉོན་མོངས་མཚོན་ལས་བཟླུར་བྱ་ཞིང་། །

ཉོན་མོངས་དགྲ་རྣམས་འཇིབས་པར་བཏག ༦༨།

གཡུལ་དུ་རལ་གྲི་ལྷུང་གྱུར་ན། །

འཇིགས་པས་མྱུར་དུ་ལེན་པ་ལྟར། །

དེ་བཞིན་དྲན་པའི་མཚོན་ཤོར་ན། །

དམྱལ་བའི་འཇིགས་དྲན་མྱུར་དུ་བླང་། ༦༩།

ཇི་ལྟར་ཁྲག་ལ་བརྟེན་བཅས་ནས། །

དུག་ནི་ལུས་ལ་ཁྱབ་འགྱུར་བ། །

དེ་བཞིན་གླགས་ནི་རྙེད་གྱུར་ན། །

ཉེས་པས་སེམས་ལ་ཁྱབ་པར་འགྱུར། ༧༠ །

ཡུངས་མར་བཀང་བའི་སྣོད་བསྣུར་ལ། །

རལ་གྱི་ཐོགས་པས་དྲུང་བསྡད་དེ། །
ཐོ་ན་གསོད་བསྡིགས་འཛིགས་པ་ལྟར། །
བརྟུལ་ཞུགས་ཅན་གྱིས་དེ་བཞིན་སྲིམ། ༥༡ །
དེ་བས་པང་དུ་སྦྲུལ་འོངས་ན། །
ཇི་ལྟར་རིངས་སུ་ལྡང་བ་ལྟར། །
དེ་བཞིན་གཉིད་དང་སྙོམ་འོངས་ན། །
མྱུར་དུ་དེ་དག་བཟློག་པར་བྱ། ༥༢ །
ཉེས་པ་བྱུང་བ་རེ་རེ་ཞིང་། །
བདག་ལ་སྨད་ནས་ཅི་ནས་ཀྱང་། །
བདག་ལ་ཕྱིས་འདི་མི་འབྱུང་བ། །
དེ་ལྟར་བྱ་ཞེས་ཡུན་རིང་བསམ། ༥༣ །
ཇི་ལྟར་གནས་སྐབས་འདི་དག་ལ། །
དྲན་པ་གོམས་པ་ཉིད་འགྱུར་ཞེས། །
རྒྱུ་འདི་ཡིས་ནི་ཕྲད་པའམ། །
རིགས་པའི་ལས་ནི་འདོད་པར་བྱ། ༥༤ །

ཞེས་གསུངས་ཏེ། དེ་ཡང་ཚིགས་བཅད་དང་པོས་བག་ཡོད་ལྟར་བྱ་བ་དང་། གཉིས་པས་དྲན་ཤེས་ལྟར་བྱ་བ་དང་། དེ་ནས་གཉིས་ཀྱིས་རྒྱུད་ལ་ཉེས་པའི་སྐབས་མི་དབྱེ་བ་དང་། དེ་ནས་གཉིས་ཀྱིས་ཉེས་པ་བྱུང་ན་དེ་མ་ཐག་ཟློག་པ་དང་། མདོར་ན་བྱ་བ་སྒྲུབ་པ་ལྟར་བླང་བ་ནི་ཚིགས་བཅད་ཐ་མས་བསྟན་ཏོ། །

དེ་ཡང་དམག་གི་སྐྱེས་བུ་གཡུལ་དུ་ཞེན་ཏུ་གོམས་ཤིང་རང་སྲུང་བ་དང་གཞན་འཇོམས་པའི་སྦྱོར་བ་ལ་མཁས་པ་ཞིག་གཡུལ་ཆེན་པོར་དགྲ་བོ་གཞན་དང་རལ་གྲིའི་སྟབས་དང་འཕོང་གི་སྟབས་དང་ཕྱིར་བསྒྱུར་བ་དང་མདུན་དུ་

བསྒྱུར་བ་ལ་སོགས་པ་མཚོན་ཆའི་སྐབས་འགྱེད་དུ་ལྷགས་པ་ན་རང་(༢༥༣ན)ཉིད་ཕ་རོལ་གྱི་མཚོན་ལས་བཟུར་ཏེ་དགྲ་ཐམས་ཅད་ལྷག་མ་མེད་པར་འཇིབས་པར་ཁ་བཏགས་པ་དེ་བཞིན་དུ་གོ་ཆའི་བརྩོན་འགྲུས་ཀྱིས་ཉོན་མོངས་ཀྱིས་མི་གནོད་པར་བྱས་ཏེ་སྦྱོར་བ་དང་མི་ལྡོག་པའི་བརྩོན་འགྲུས་ཀྱིས་ཉོན་མོངས་ལྷང་མི་སྲིད་པར་ཚར་བཅད་པར་བྱའོ། །

གཡུལ་དུ་རྩོད་པའི་ཚེ་རང་གི་རལ་གྲི་སར་བྲུལ་ན་མྱུར་དུ་ལེན་པ་ལྟར་གོ་ཆའི་བརྩོན་འགྲུས་དྲན་པ་དང་ཤེས་བཞིན་ནི་ཅུང་ཟད་བརྗེད་ནའང་ངན་སོང་གི་འཇིགས་པ་དྲན་པས་དེ་མ་ཐག་མི་བརྗེད་པར་བླང་དགོས་ཏེ། ཉོན་མོངས་པ་ནི་སྐྱེ་བར་སླ་ལ་འཇོམས་པར་དཀའ་བ་དཔེར་ན་ཟས་སྐོམ་ལྡན་ལྡིན་རྣམས་མེ་ཏོག་གིས་དངས་རྙིགས་ཕྱེ་ནས་དྭངས་མ་ཁྲག་ཏུ་གྱུར་པས་རྩ་ཁམས་ཐམས་ཅད་དུ་སོང་སྟེ། ཤ་ལ་སོགས་པ་རིམ་པས་སྐྱེད་ལ་གལ་ཏེ་དུག་ཁོང་དུ་སོང་ན་དེ་ལུས་ཟུངས་ཀྱི་ཁྲག་དེ་ལ་བརྟེན་ནས་རྩ་གནས་སུ་འགྲོ་བས་ཉེས་པ་སྐྱེད་ཅིང་སྦྱིར་དུག་གི་རྟེན་ཁྲག་ཡིན་པས་སྨན་པ་དག་དུག་ཁོང་དུ་སོང་མ་ཐག་ལ་གསོན་པོའི་ཁྲག་གླུད་པ་ལ་དུག་འདུར་བཙུག་ནས་སླར་སྨན་རྟོན་པོས་སྦྱོང་བར་བྱེད་དོ། །

དེས་ན་དྲན་ཤེས་ཀྱིས་མ་ཟིན་པའི་གནས་སྐབས་ཁྲག་ལྟ་བུ་ལ་བརྟེན་ནས་ཉེས་པས་སེམས་རྒྱུད་འཇའ་བར་བྱེད་པའི་ཚུལ་ཤེས་ནས་སྔོན་འཕགས་པ་ཀ་ཏྱ་ན་ལ་རྒྱལ་པོ་རབ་སྟང་གིས་མཆོད་པའི་ཕྱིར་གླུ་གར་བྱས་ཏེ་འཕགས་པ་གླུ་སྐྱན་ནམ་གར་བཟང་ངམ་ཞེས་དྲིས་པ་ན་སུ་མཐོང་བ་དང་ཐོས་པ་ལ་དྲིས་ཤིག །རྒྱལ་པོས་སྨྲས་པ། དབང་པོ་ནང་དུ་བསྡུས་པ་རྣམས་ཀྱིས་མ་མཐོང་བ་ནི་སྲིད་ན་མ་ཐོས་པ་ལྟ་ག་ལ་རིགས། འཕགས་པས་སྨྲས་པ། རྒྱལ་པོ་ཁྱོད་ཀྱི་འོག་ན་མི་གསོད་པའི་ཆད་པ་ལ་ཐུག་པ་འགའ་ཡོད་དམ། ཡོད་དོ། །འོ་ན་དེ་ལ་ཡུངས་མར་གྱིས་ཁད་ཆད་

དུ་བཀང་བའི་སྙོད་ལག་ཏུ་བསྐུར་ལ་དེའི་ཕྱི་བཞིན་དུ་གཞིད་མ་རལ་གྱི་ཤུབས་ནས་ཕྱུང་སྟེ་ཕྱུར་བ་ཕོངས་ལ་འདི་ལས་ཐིགས་པ་གཅིག་བོ་ན་དེའི་མོད་ལ་རལ་གྲིས་རྐེ་བཅད་(༢༨༣བ)དོ། །གལ་ཏེ་གཏན་མ་བོ་ན་ཆད་པ་ལས་ཐར་རོ་ཞེས་གྱིས་ལ་དེའི་མདུན་དུ་སླུ་གར་བྱེད་བཞིན་པས་གྲོང་ཁྱེར་བསྐོར་ཅིག་གསུངས་ཏེ་དེ་ལྟར་བྱས་ནས་དེའི་འོག་ཏུ་མི་དེ་ལ་གླུ་སྙན་ནམ་གར་བཟང་ངམ་དྲིས་པས་བདག་གིས་མ་མཐོང་མ་ཐོས་ཏེ་བདག་སྲོག་གིས་འཇིགས་སྐྲག་པས་ཉེན་ན་ལྟ་བ་དང་ཉན་པ་ལྟ་ཅི་སྨོས་ཞེས་ཟེར་བ་ན། འཕགས་པས་རྒྱལ་པོ་ཆེན་པོ་མི་འདི་ཚེ་འདི་གཅིག་པུའི་སྲོག་གི་ཆེད་དུ་འདི་ལྟར་དབང་པོ་ནང་དུ་སྡུད་ན་བདག་ཅག་རྣམས་འཁོར་བའི་མཐའ་ཇི་སྲིད་པའི་སྡུག་བསྔལ་གཞོམ་པའི་སླད་དུ་ཅིས་མི་སྡུད་ཅེས་གསུངས་པས་རྒྱལ་པོ་དད་པར་གྱུར་པ་ལྟ་བུ་སྟེ་དེ་ལྟར་ཤེས་བཞིན་གྱིས་སྲིམ་མོ། །

དེ་ལྟར་དྲན་ཤེས་ཀྱིས་རྟག་པར་ཟིན་པ་ན་ཉོན་མོངས་པ་རྣམས་རྒྱུད་ལ་མི་འབྱུང་ལ་གལ་ཏེ་གཉིད་དང་སྙོམས་ལས་ལྟ་བུ་ལུང་དུ་མ་བསྟན་པའི་རྣམ་པ་ཅན་ཙུང་ཟད་བྱུང་ནའང་དེ་མ་ཐག་ཏུ་ཆོར་བར་འགྱུར་བས་དང་དུ་མི་བླང་བ་པང་བར་སྤྱུལ་ཞུགས་པ་འདོར་བ་ལྟ་བུའི་བརྩོན་པ་བསྐྱེད་དེ་ཉེས་པས་མ་གོས་པར་བྱ་ཞིང་། འདོད་ཁམས་པ་ལ་ཟས་སུ་འགྱུར་བའི་དུས་ཀྱི་གཉིད་མཚན་མོའི་དྲུག་ཆའམ་བཞི་ཆ་གཅིག་གུང་ལ་ཉལ་བ་ཙམ་ནི་མ་གཏོགས་ཏེ་དེ་ནི་ཐར་བསྟན་པ་ལྟར་དགེ་བའི་གཉིད་དུ་བྱ་སྟེ་དུས་མིན་གྱི་གཉིད་སྙོམས་སོགས་ཉེས་པ་བྱུང་ངོ་ཅོག་སྐད་ཅིག་གིས་ཆོར་ནས་དང་དུ་མི་བླང་ཞིང་སྔ་མ་ཚར་བཅད་པ་དང་ཕྱི་མ་མི་སྐྱེ་བའི་ཕྱིར་འབད་པར་བྱ་སྟེ། མདོར་ན་གནས་སྐབས་དེ་ཐམས་ཅད་དུ་དགེ་བའི་དྲན་པ་གོམས་པ་ལྷུར་བྱ་ཞིང་དེ་ལས་ཤེས་བཞིན་གྱིས་རིགས་པའི་ལས་ལ་རྩེ་གཅིག་ཏུ་འབད་པར་བྱ་བ་ཁོ་ནའོ། །

འདི་ལ་**དགའ་འགྲེལ་ཆུང་ངུ་ལས་ནི**་ལྷུར་བླང་བ་ཞེས་བྱ་བ་ནི་ཉོན་མོངས་པ་དང་དེས་བྱས་པའི་ཉེས་སྤྱོད་སྤོང་བ་ལ་རབ་ཏུ་སྦྱོར་བའོ་དེ་ལ་བག་བྱེད་པ་ནི་སྦྱོར་བ་ལ་མཁས་པ་སྟེ་དེ་ཉམས་སུ་ལེན་པ་ནི་ཚིགས་བཅད་དང་པོ་འདིས་བསྟན་ཏོ་ཞེས་དང་། དེ་བས་པང་དུ་སྨྲུལ་འོངས་ན། །ཞེས་སོགས་(༢༧༨ན)ཀྱི་ཚིགས་བཅད་གཉིས་ལ་སྔ་མས་ནི་ཉོན་མོངས་པ་བྱུང་བ་ཟློག་པ་དང་གཉིས་པས་ནི་དེས་བསྐྱེད་པའི་གནས་ངན་ལེན་བྱུང་བ་ཟློག་པར་བསྟན་ཏེ། གནས་ངན་ལེན་ཞེས་བྱ་བ་ནི་ཉོན་མོངས་པའི་འབྲས་བུ་ཉེས་སྤྱོད་ལ་འདོད་དོ་ཞེས་དང་། ཐ་མ་འདིས་ནི་བག་ཡོད་པ་དང་དྲན་པ་དང་ཤེས་བཞིན་དང་ཉེས་པ་འབྱུང་བའི་སྐབས་མི་དབྱེ་བ་དང་བྱུང་བ་ཟློག་པའི་གནས་སྐབས་སམ་མཚན་ཉིད་འདི་དག་ལ་དྲན་པ་གོམས་པར་བྱ་བའི་ཕྱིར་བླ་མ་དང་ཚངས་པ་མཚུངས་པར་སྤྱོད་པ་དང་ཐྲད་པའི་བྱ་བ་ཉམས་སུ་བླངས་པའམ་དེས་བསྒོ་བའི་ལས་སམ་ཐོས་པ་དང་བསམ་པ་དང་སྒོམ་པ་ལ་སོགས་ལ་འདོད་པར་བྱ་སྟེ་ལས་དེ་འདྲ་བ་ལྷུར་བླང་ངོ་ཞེས་བཤད་ལ།

པི་ཏྲུ་ཀིས་ཉོན་མོངས་དགྲ་རྣམས་འཇིབས་པར་བཏག་པ་ནི་ཉོན་མོངས་པ་ནི་རྟོག་པའི་རང་བཞིན་ཡིན་ལ་དེ་དང་དེའི་དམིགས་པ་སྟོང་པར་བསྒོམས་ཏེ་རྟོག་མེད་ཀྱི་ཏིང་ངེ་འཛིན་ལ་འཇུག་པ་ན་དེ་དག་མེད་པར་འགྱུར་རོ་ཞེས་དང་། རལ་གྲི་ལྷུང་གྱུར་ན་སོགས་ལ་དྲན་པ་ཁོ་ན་རལ་གྲི་སྟེ་ཞེས་དང་། གཉིད་དང་ལེ་ལོ་བྱུང་ན་དེ་མ་ཐག་ལངས་ཏེ་ཆོས་བཤད་པ་དང་འདོན་པ་དང་བཟླ་བཏུང་ལ་སོགས་པ་བྱའོ་ཞེས་དང་། ཅི་ནས་ཀྱང་བདག་ལ་ཕྱིས་འདི་ཞེས་སོགས་ལ་རང་གིས་མི་ཤེས་ན་མཁན་པོའམ་སློབ་དཔོན་ལ་བསྟེན་ཏེ་མན་ངག་ནོད་དོ་ཞེས་བཤད་ལ། འདིའི་ཡང་གཉིད་རྒྱུགས་བཟླ་བཏུང་གིས་སེལ་བ་ནི་ངོ་མཚར་བའི་བཤད་པར་སྣང་ངོ། །

འགྲེལ་པ་ཐལ་ཆེར་ན། ཇི་ལྟར་ཁྲག་ལ་བསྙེན་ནས་ནི། །སོགས་ལ་དུག་མདའ་བསྣུན་པ་རྨ་བྱུང་བ་ཁྲག་ལ་བསྙེན་ནས་ཁྱབ་པ་ལྟར་ཞེས་བཤད་པ་ཕོ་ན་སྣང་ཡང་སྤྱིར་ཞར་བྱུང་གི་དཔེ་ཙམ་དོན་དོ་གལ་མི་ཆེ་བས་དེ་ལྟར་ཡང་བཤད་རུང་མོད་ཀྱི་འོན་ཀྱང་དུག་ཁྲག་ལ་རྟེན་འཆའ་བ་ནི་གསོ་དཔྱད་རིག་པ་རྣམས་ཁྲག་ཙམ་ལ་འཆད་པ་ཡིན་གྱི་རྨའི་ཁྲག་ཕོ་ན་(༢༨༥བ)ལ་འཆད་པ་མ་ཡིན་ནོ། །

གཉིས་པ་བདག་ཉིད་དབང་དུ་བྱ་བ་ནི།

ཅི་ནས་ལས་བྱེད་སྟོན་རོལ་ནས། །

ཐམས་ཅད་ལ་ནི་མཐུ་ཡོད་པ། །

དེ་ལྟར་བག་ཡོད་གཏམ་དྲན་ཏེ། །

བདག་ཉིད་ལྷང་བ་ཡང་བར་བྱ། ༧༥།

ཇི་ལྟར་རླུང་ནི་འགྲོ་བ་དང་། །

འོང་བས་ཤིང་བལ་དབང་བསྒྱུར་བ། །

དེ་བཞིན་སྤྲོ་བས་དབང་བསྒྱུར་བྱ། །

དེ་ལྟ་ན་ནི་འགྲུབ་པར་འགྱུར། ༧༦ །

ཞེས་གསུངས་ཏེ། དང་པོས་ལུས་དབང་དུ་བྱ་བ་དང་། ཕྱི་མས་སེམས་དབང་དུ་བྱ་བ་བསྟན་པའམ། ཡང་ན་སྤྱི་དང་དཔེར་ཡང་བཤད་དོ། །

དེ་ཡང་ལས་རྣམས་ཀྱི་སྔོན་རོལ་དུ་རྩོམ་པ་ལ་བརྟན་པས་གྱ་ཚོམས་མ་ཡིན་པར་འཇུག་ཅིང་དེ་སྒྲུབ་པའི་མཐུ་ཡོད་པར་བྱ་བའི་ཕྱིར་བག་ཡོད་ཀྱི་ལེའུ་དང་དེ་མ་ཐག་ཏུའང་བཤད་པའི་རྗེས་སུ་བསྟན་པའི་གཏམ་རྣམས་མི་བརྗེད་པར་དྲན་པས་བདག་གི་སྒོ་གསུམ་འཇུག་ལྷང་ཡང་ཞིང་ཀ་ལོ་བདེ་བར་བྱ་སྟེ་ཇི་ལྟར་ཤིང་བལ་ཆུང་ངུ་ནི་རླུང་ཆུང་ངུས་ཀྱང་དབང་བསྒྱུར་ཞིང་འགྲོ་འོང་སྟོན་པ་ལྟར་སེམས་ཀྱི་ཤིང་བལ་ཡང་སྤྲོ་བ་དང་གཉེན་པོའི་རླུང་གིས་རང་དབང་དུ་འགྱུར་བར་བྱ་སྟེ་

རང་གི་སེམས་དུལ་བ་འདི་ནི་ཆོས་ཀྱི་དོན་པོ་ཡིན་ལ་འདི་དང་ལྡན་ན་དགེ་བ་ཐམས་ཅད་འགྲུབ་པ་ཡིན་ལ་འདིས་ནི་བརྩོན་འགྲུས་ཀྱི་འབྲས་བུ་ཕུན་སུམ་ཚོགས་པ་ཡང་བསྟན་པ་ཡིན་ནོ། །

བྱང་ཆུབ་སེམས་དཔའི་སྤྱོད་པ་ལ་འཇུག་པ་ལས་བརྩོན་འགྲུས་ཀྱི་ལེའུ་རྣམ་པར་ཕྱེ་བ་སྟེ་བདུན་པའོ།། །།

ལེའུ་བརྒྱད་པ། བསམ་གཏན་བསྟན་པ།

དེ་ལྟར་བརྩོན་འགྲུས་བརྩམས་པའི་དངོས་འབྲས་ནི་དགེ་བ་ལ་སེམས་རྩེ་གཅིག་པ་ཐོབ་པ་ཉིད་ཡིན་པའི་ཕྱིར་བརྩོན་འགྲུས་ཀྱི་དེ་མ་ཐག་ཏུ་དེའི་འབྲས་བུ་བསམ་གཏན་གྱི་ལེའུ་འཆད་པར་འབྲེལ་ཏོ། །

འདི་ལ་**འགྲེལ་ཆེན་དང་བི་ཕྲུ་ཏིས་ནི།** བཟོད་བྱ་ཐོས་པ་བཙལ་བར་བྱ། །དེ་ནས་ནགས་སུ་གནས་པ་ཡིས། །མཉམ་པར་བཞག་ལ་བརྩོན་(༢༧༥ན)བྱ་ཞིང་། །མི་སྡུག་ལ་སོགས་བསྒོམ་པར་བྱ། །ཞེས་བྱ་བའི་རིམ་པས་ཚིག་རྐང་དང་པོ་གཉིས་ཉིད་ལེའུའི་འབྲེལ་དུ་འཆད་ལ་དཀའ་འགྲེལ་དང་དགེ་བའི་ལྷས་མདོར་བསྟན་དུ་འཆད་ཀྱང་གཉི་གར་དུ་མི་འགལ་ལོ། །

གཞུང་དངོས་ལ་གསུམ། མི་མཐུན་པའི་ཕྱོགས་རྣམ་གཡེང་སྤང་བ་དང་། ཞི་གནས་ཀྱི་དམིགས་པ་བྱང་ཆུབ་ཀྱི་སེམས་སྒོམ་པ། དོན་བསྡུ་བའོ། །དང་པོ་(མི་མཐུན་པའི་ཕྱོགས་རྣམ་གཡེང་སྤང་བ་)ལ་གསུམ། སྤང་བའི་གནས་མདོར་བསྟན་པ། འཇིག་རྟེན་སྤོང་བ་རྒྱས་བཤད་དང་། རྣམ་རྟོག་སྤོང་བ་རྒྱས་བཤད་དོ། །

དང་པོ་(སྤང་བའི་གནས་མདོར་བསྟན་པ་)ནི།

དེ་ལྟར་བརྩོན་འགྲུས་བསྐྱེད་ནས་ནི། །
ཡིད་ནི་ཏིང་ངེ་འཛིན་ལ་བཞག །
སེམས་ནི་རྣམ་པར་གཡེངས་པའི་མི། །
ཉོན་མོངས་མཆེ་བའི་ཕྲག་ན་གནས། །
ལུས་དང་སེམས་ནི་དབེན་པ་ཡིས། །

རྣམ་པར་གཡེང་བ་མི་འབྱུང་ངོ་། །

དེ་བས་འཇིག་རྟེན་སྤང་བྱ་ཞིང་། །

རྣམ་པར་རྟོག་པའང་ཡོངས་སུ་དོར།[1] །

ཞེས་གསུངས་ཏེ། སེམས་རྣམ་པར་གཡེངས་ན་ཉོན་མོངས་པའི་དབང་དུ་འགྱུར་ལ་དེ་ལྟར་ན་སྦྱིན་སོགས་བཞི་པོ་དེ་ཡང་མི་འགྲུབ་པའི་ཕྱིར་སེམས་རྣམ་གཡེང་ལས་ལྡོག་དགོས་ལ། དེའི་རྒྱུ་ནི་ལུས་ངག་འདུ་འཛིས་དབེན་པ་དང་སེམས་རྣམ་རྟོག་གིས་དབེན་པ་གཉིས་ཡིན་ལ། སྤང་བར་བྱ་བའི་རྣམ་གཡེང་དེ་ནི་མདོར་བསྡུ་ན་སྐབས་འདིར་འཇིག་རྟེན་སྤང་བ་དང་རྣམ་རྟོག་སྤང་བ་གཉིས་ཡིན་ནོ། །

དཀའ་འགྲེལ་ཆུང་ངུ་ལས་ནི། ཏིང་ངེ་འཛིན་ལ་ཇི་ལྟར་བཞག་ན་རྣམ་གཡེང་སྤོང་བས་སོ། །རྣམ་གཡེང་གི་ཉེས་པ་ཅི་ཞེ་ན། ཉོན་མོངས་མཆེ་བའི་ཕྲག་ན་གནས་སོ། །ཇི་ལྟར་སྤོང་ན་ལུས་དང་སེམས་ནི་དབེན་པ་ཡིས་སོ། །འཇིག་རྟེན་སྤང་བ་དང་རྣམ་རྟོག་དོར་བ་ནི་དབེན་པའི་མཚན་ཉིད་ཅན་ཡིན་པས་དེ་དག་དོར་རོ། །ཞེས་སོ། **།དགེ་བའི་ལྷས་ནི།** ཏིང་ངེ་འཛིན་ནི་སེམས་རྩེ་གཅིག་པ་ཉིད་ཡིན་ཏེ། དེ་ལའང་ནང་དུ་ཡང་དག་འཛོག་དང་། ཀུན་ནས་འཛོག་དང་། (༢༧༥བ)ནན་ཏན་གྱིས་འཛོག་སྟེ་གསུམ་ཡིན་ལ། དེ་ཐམས་ཅད་ལ་འདིར་གཡེང་བ་མེད་པའི་ཏིང་ངེ་འཛིན། ཞེས་བྱའོ། །དེ་ལ་ནང་དུ་ཡང་དག་འཛོག་གི་དབང་དུ་བྱས་ནས་ལུས་དང་སོགས་ཏེ་ལུས་དབེན་པས་འདོད་པའི་རྣམ་རྟོག་ཡོངས་སུ་སྤོང་ལ། སེམས་དབེན་པས་ནི་འདོད་སེམས་ནས་བསམ་གཏན་བཞི་པའི་བར་འགྲུབ་པ་ཡིན་ལ། གཟུགས་མེད་དང་འགོག་པའི་བར་དུ་ཡང་རྫོགས་པར་བྱའོ། །ཞེས་བཤད་དོ། །

གཉིས་པ་ལ་འཇིག་རྟེན་སྤོང་ཚུལ་ལ་ལྔ། གང་གིས་མི་སྤོང་བའི་རྒྱུ། གང་གིས་སྤོང་བའི་རྒྱུ། གཉེན་པོ་ཇི་ལྟར་སྒྲུབ་ཚུལ། འདུ་འཛིའི་ཉེས་པ། དབེན་པའི་ཕན་ཡོན་བསྔགས་པའོ། །

དང་པོ་(གང་གིས་མི་སྤོང་བའི་རྒྱུ་)ནི།

ཆགས་པའི་ཕྱིར་དང་སྲེད་སོགས་ལ། །
སྲིད་པས་འཇིག་རྟེན་མི་སྤོང་སྟེ། །
དེ་བས་འདི་དག་ཡོངས་སྤོང་ལ། །
མཁས་པས་འདི་ལྟར་སྤྱད་པར་བྱ།[༣] །

ཞེས་གསུངས་ཏེ། སྐྱེས་པ་དང་བུད་མེད་ལ་སོགས་པ་ནང་སེམས་ཅན་ལ་ཆགས་པ་དང་ཕྱིའི་རྙེད་བཀུར་སོགས་ལ་ཞེན་པ་ནི་འཇིག་རྟེན་མི་སྤོང་བའི་རྒྱུ་སྟེ་དེས་ཁྱིམ་དུ་བུ་སྨད་དང་བཅས་པར་འཆིང་ལ་རྒྱུ་དེས་བདག་གི་མི་ལུས་ཐོབ་པ་དོན་མེད་པར་བྱེད་དོ། །དེས་ན་ཆགས་ཡུལ་དེ་དག་ལ་སྙིང་པོ་མེད་པའི་ཚུལ་འཆད་པར་འགྱུར་བ་འདི་དག་སེམས་པས་ཞེན་པ་སྤོངས་ལ་འདི་ལྟར་གྱིས་ཤིག་པའོ། །

གཉིས་པ་(གང་གིས་སྤོང་བའི་རྒྱུ་)ནི།

ལྷག་མཐོང་རབ་ཏུ་ལྡན་པའི་ཞི་གནས་ཀྱིས། །
ཉོན་མོངས་རྣམ་པར་འཇོམས་པར་ཤེས་བྱས་ནས། །
ཐོག་མར་ཞི་གནས་བཙལ་བྱ་དེ་ཡང་ནི། །
འཇིག་རྟེན་ཆགས་པ་མེད་ལ་མངོན་དགས་འགྲུབ།[༤] །

ཅེས་གསུངས་ཏེ། དེ་ཁོ་ན་ཉིད་ཤེས་པ་ནི་ལྷག་མཐོང་ངོ་། །དེ་ལ་རྩེ་གཅིག་ཏུ་གནས་པ་ནི་སྐབས་དེའི་ཞི་གནས་ཏེ། རབ་ཏུ་ལྡན་པའི་སྟོབས་ཞི་ལྷག་དབྱེར་མེད་པར་ཟུང་དུ་ཆུད་པ་འདིས་ཉོན་མོངས་པ་ཐམས་ཅད་རྣམ་པར་འཇོམས་ཏེ་ཞི་གནས་ཀྱིས་མངོན་གྱུར་བ་མགོ་གནོན་ཞིང་ལྷག་མཐོང་གིས་ས་བོན་(༢༨༨ན)སྐྱེ་འགྱུར་གྱི་ཆ་འཇོམས་པའི་ཕྱིར་རོ། །དེ་ཡང་དང་པོར་སྤྱབ་སླ་བ་དང་ཕ་རོལ་ཏུ་ཕྱིན་པ་དྲུག་རིམ་འཇུག་གི་དབང་དུ་བྱས་ནས་ཐོག་མར་ཞི་གནས་བཙལ་བར་

བྱ་ལ། དེ་ནི་འཇིག་རྟེན་ཐམས་ཅད་ཀྱི་ཉེས་དམིགས་རིག་པས་གང་ལའང་ཆགས་པ་མེད་པར་སྐྱོ་ཞིང་ཡིད་འབྱུང་ལ། དཔེན་ཞིང་ཞི་བ་ལ་གཅིག་ཏུ་མངོན་པར་དགའ་བས་སེམས་ནང་དུ་སྡུད་པ་འདིས་འགྲུབ་སྟེ། **ཇོ་བོ་རྗེས།** འཇིག་རྟེན་བྱ་བ་དག་ལ་ཕར་བལྟས་པས། །བྱས་པ་ཐམས་ཅད་དོན་མེད་སྡུག་བསྔལ་རྒྱུ། །ཅི་ལ་བསམས་ཀྱང་ཕན་པར་མི་འགྱུར་བས། །རང་གི་སེམས་ལ་ལྟ་བ་གོམས་པར་གྱིས། །ཞེས་གསུངས་པ་ལྟར་འཇིག་རྟེན་སྤང་བ་དང་། **རྣམ་སྣང་མངོན་བྱང་གི་རྒྱུད་ལས།** རྣམ་རྟོག་མ་རིག་ཆེན་པོ་སྟེ། །འཁོར་བའི་རྒྱ་མཚོར་ལྟུང་བྱེད་ཡིན། །མི་རྟོག་ཏིང་འཛིན་ལ་གནས་ན། །མཁའ་བཞིན་དྲི་མ་མེད་པར་འགྱུར། །ཞེས་པ་ལྟར་རྟོག་པ་སྤང་བ་སྟེ་གཉིས་ཀྱིས་འགྲུབ་བོ། །

འདིར་**ལེགས་བཤད་བསྡུས་པར་ནི**ལྷག་མཐོང་ནི་སྒོམ་ལམ་ཟག་མེད་ཀྱི་ཤེས་རབ་དང་། མཐོང་ལམ་དང་། སྦྱོར་ལམ་ཆོས་མཆོག་གི་ཡེ་ཤེས་དང་། ཐོས་བསམ་གྱིས་བདག་མེད་རྟོགས་པའི་ཤེས་རབ་སྟེ་བཞི་ཡིན་ལ། དང་པོས་ལྷན་སྐྱེས་དང་། གཉིས་པས་ཀུན་བཏགས་ཀྱི་ཉོན་མོངས་པ། གསུམ་པས་ཉོན་མོངས་ སྣ་ཕྱི་མཚམས་སྦྱོར་གྱི་ནུས་པ། བཞི་པས་བདག་འཛིན་ལས་གྱུར་པའི་ཉོན་མོངས་མངོན་གྱུར་ཙམ་སྤོང་ལ། དེ་ཐམས་ཅད་ལ་རང་སའི་ཞི་གནས་གྲོགས་སུ་དགོས་སོ། །ཞེས་འཆད་པར་མཐོང་ངོ་། །

གསུམ་པ་གཉེན་པོ་སྒྲུབ་པ་ལ་གཉིས། སེམས་ཅན་ལ་མ་ཆགས་པ་སྒྲུབ་པ་དང་། རྙེད་སོགས་ལ་མ་ཆགས་པ་སྒྲུབ་པའོ། །དང་པོ་(སེམས་ཅན་ལ་མ་ཆགས་པ་སྒྲུབ་པ་)ལ་ཡང་ཆགས་པའི་ཉེས་པ་བསྟན་པ་དང་། བྱིས་པ་ནི་འགྲོགས་བྱ་མ་ཡིན་པར་བསྟན་པའོ། །

དང་པོ་(ཆགས་པའི་ཉེས་པ་བསྟན་པ་)ནི།

མི་རྟག་སུ་ཞིག་མི་རྟག་ལ། །

ཡང་དག་ཆགས་(༢༨༨བ)པར་བྱེད་པ་ཡོད། །
དེས་ནི་ཚེ་རབས་སྟོང་ཕྲག་ཏུ། །
སྡུག་པ་མཐོང་བར་ཡོང་མི་འགྱུར། ༥ །
མ་མཐོང་ན་ནི་དགར་མི་འགྱུར། །
ཡིད་ཀྱང་མཉམ་འཇོག་མི་འགྱུར་ལ། །
མཐོང་ཡང་ངོམས་པར་མི་འགྱུར་བས། །
སྔར་བཞིན་སྲེད་པས་གདུང་བར་འགྱུར། ༦ །
སེམས་ཅན་རྣམས་ལ་ཆགས་བྱས་ན། །
ཡང་དག་ཉིད་ལ་ཀུན་ནས་སྒྲིབ། །
སྐྱོ་བའི་སེམས་ཀྱང་འཇིག་པར་བྱེད། །
ཐ་མར་མྱ་ངན་གདུང་བར་འགྱུར། ༧ །
དེ་ལ་སེམས་པ་འབའ་ཞིག་གིས། །
ཚེ་འདི་དོན་མེད་འདའ་བར་འགྱུར། །
རྟག་པ་མེད་པའི་མཛའ་བཤེས་ཀྱིས། །
གཡུང་དྲུང་ཆོས་ཀྱང་འཇིག་པར་འགྱུར། ༨ །

ཞེས་གསུངས་ཏེ། དེ་ཡང་ཚིགས་བཅད་དང་པོས་སྤྱིར་བསྟན། གཉིས་པས་མཐོང་ཆོས་ལ་སྡུག་བསྔལ་བསྐྱེད་པ་དང་། གསུམ་པས་ཐར་པའི་གེགས་བྱེད་པ་དང་། རྐང་པ་གཉིས་ཀྱིས་ཡོན་ཏན་སྔར་མེད་མི་སྐྱེ་བ་དང་། རྐང་པ་གཉིས་ཀྱིས་ཡོན་ཏན་སྔར་ཡོད་འགག་པར་བསྟན་ཏོ། །

གཉིས་པ་(བྱིས་པ་ནི་འགྲོགས་བྱ་མ་ཡིན་པར་བསྟན་པ་)ནི།

བྱིས་དང་སྐལ་བ་མཉམ་སྤྱོད་ན། །
ངེས་པར་ངན་འགྲོར་འགྲོ་བར་འགྱུར། །

སྐལ་མི་མཉམ་པར་འཕྲིད་བྱེད་ན། །
བྱིས་པ་བསྟེན་པས་ཅི་ཞིག་བྱ། ༩།
སྐད་ཅིག་གཅིག་གིས་མཛའ་འགྱུར་ལ། །
ཡུད་ཙམ་གཅིག་གིས་དགྲར་ཡང་འགྱུར། །
དགའ་བའི་གནས་ལའང་ཁྲོ་བྱེད་པས། །
སོ་སོའི་སྐྱེ་བོ་མགུ་བར་དཀའ། ༡༠།
ཕན་པ་སྨྲས་ན་ཁྲོ་བར་བྱེད། །
བདག་ཀྱང་ཕན་ལས་ཟློག་པར་བྱེད། །
དེ་དག་དག་ནི་མ་མཉན་ན། །
ཁྲོས་པས་ངན་འགྲོར་འགྲོ་བར་འགྱུར། ༡༡།
མཐོ་ལ་ཕྲག་དོག་མཉམ་དང་འགྲན། །
དམའ་ལ་ང་རྒྱལ་བསྟོད་ན་དྲེགས། །
མི་སྙན་བརྗོད་ན་ཁོང་ཁྲོ་སྐྱེ། །
ནམ་ཞིག་བྱིས་ལས་ཕན་པ་འཐོབ། ༡༢།
བྱིས་དང་འགྲོགས་ན་བྱིས་པ་ལས། །
བདག་བསྟོད་གཞན་ལ་སྨོད་པ་དང་། །
འཁོར་བར་དགའ་བའི་གཏམ་ལ་སོགས། །
མི་དགེ་ཅིས་ཀྱང་ངེས་པར་འབྱུང་། ༡༣།
དེ་འདྲ་བདག་དང་གཞན་བརྟེན་(༢༤༧ན)པ། །
དེ་ནི་ཕུང་བར་འགྱུར་བར་ཟད། །
དེས་ཀྱང་བདག་དོན་མ་བྱས་ལ། །
བདག་ཀྱང་དེ་དོན་མི་འགྱུར་བས། ༡༤།

ཁྱིམ་ལས་ཐག་རིང་ཕྱོལ་བར་བྱ། །
ཕྲད་ན་དགའ་བས་མགུ་བྱ་སྟེ། །
འདྲིས་ཆེན་ཉིད་དུ་མི་འགྱུར་བར། །
ཐ་མལ་པ་ཙམ་ལེགས་པར་བྱ།[༧༥] །
བུང་བས་མེ་ཏོག་སྦྲང་རྩི་བཞིན། །
ཆོས་ཀྱི་དོན་ཙམ་བླངས་ནས་ནི། །
ཀུན་ལ་སྔོན་ཆད་མ་མཐོང་བཞིན། །
འདྲིས་པ་མེད་པར་གནས་པར་བྱ།[༧༦] །

ཞེས་གསུངས་ཏེ། དང་པོས་ངན་འགྲོར་འཁྲིད་པ་དང་། ཚིགས་བཅད་གསུམ་གྱིས་བྱིས་པའི་ངང་ཚུལ་བསྟན་པ་དང་། དེ་ནས་ཚིགས་བཅད་ཕྱེད་དང་གཉིས་ཀྱིས་བསྟེན་པའི་ཉེས་དམིགས་དང་། དེ་ནས་རྐང་པ་གསུམ་གྱིས་སྤང་དགོས་པར་བསྟན་པ་དང་། རྐང་པ་གསུམ་གྱིས་བསྟེན་དགོས་ནའང་གཉི་ག་ལ་མི་གནོད་པ་བར་མའི་བརྟུལ་ཞུགས་ཀྱིས་གནས་དགོས་པ་དང་། ཚིགས་བཅད་ཐ་མས་སེམས་རྩེ་གཅིག་ཏུ་བསྡུས་ཏེ་གནས་དགོས་པར་བསྟན་ཏོ། །

དེ་ཡང་ཆགས་པ་པོ་རང་ཉིད་མི་རྟག་ཅིང་མྱུར་དུ་འཆི་ལ་མི་སྡུག་པ་མི་གཙང་བ་འདུས་པའི་ལུས་རུས་པའི་འཁྲུལ་འཁོར་ཙན་ཡིན་ལ་ཆགས་ཡུལ་བུད་མེད་སོགས་ཀྱང་དེ་ཁོ་ན་ཡིན་པ་ལ་དེ་ལྟར་མི་ཤེས་ཀྱི་སྟེང་དུ་མི་གཙང་བའི་འདུས་པ་གཅིག་གིས་གཅིག་ལ་གཙང་བར་འཛིན་པ་དང་བརྟགས་ན་རོ་ལངས་ལྟར་འཛིགས་སུ་རུང་བའི་གནས་གཅིག་གིས་གཅིག་ལ་མཛེས་པ་དང་ཆགས་པར་འཛིན་པ་ནི་ཤིན་ཏུ་འཁྲུལ་བའི་ཕྱིར་འདི་ལྟ་བུ་བྱེད་པ་སུ་ཡོད་ཅེས་ཁྲེལ་ཞིང་དམད་པ་ཡིན་ལ། བུ་མོ་ཟླ་མཆོག་བུད་མེད་རིན་པོ་ཆེར་བཀུར་བ་མི་ལས་འདས་ཤིང་ལྷའི་ལུས་མ་ཐོབ་པ་དེ་ལ་རྒྱལ་བུ་དང་ཁྱིམ་བདག་གི་བུ་མཆོག་ཏུ་བཀུར་

བ་ཐམས་ཅད་ཀྱིས་སློངས་ཀྱང་མ་བྱིན་ནས་ང་རང་གིས་ཁྱིམ་ཐབ་འདམ་མོ་ཞེས་
དྲིལ་བསྒྲགས་པས་སྐྱེ་བོ་རྣམས་རང་རང་གི་གཟུགས་ལ་སོགས་པས་དྲེགས་ཤིང་
འདམ་དུ་རེ་བས་ཕྱིས་བདར་དང་རྒྱན་ཐམས་ཅད་ཀྱིས་བརྒྱན་ཏེ་འདུས་པ་(༢༤༧བ)
ན་བུ་མོ་དེ་ནམ་མཁའ་ལ་འཕགས་ནས་བདག་གི་ལུས་མཆོག་འདི་ནི་ཚུལ་ཁྲིམས་
དང་བཟོད་པས་ཐོབ་པ་ཡིན་གྱི་འདོད་པས་ཐོབ་པ་མ་ཡིན་ལ། འདོད་པ་ལ་ཞེན་
པ་དག་གིས་འདི་ལྟ་བུ་འཐོབ་པའི་གནས་མེད་དོ་ཞེས་པའི་དོན་ཅན་གྱི་ཆོས་རྒྱ་
ཆེར་བསྟན་ནས་སྔོན་པའི་སྨྱུན་སྤར་སོང་བ་ལྟར་གཟུགས་སྡུག་པ་ལ་ཞེན་པ་དེས་
ནི་ཚེ་རབས་མཐའ་ཡས་པར་ཡང་ཤིན་ཏུ་མི་སྡུག་པའི་ལུས་འཐོབ་ཅིང་མི་སྡུག་
པའི་གྲོགས་འཐོབ་ལ་ཚུལ་ཁྲིམས་དང་བཟོད་པ་ལ་གནས་པས་ནི་ལུས་སྡུག་པ་
འཐོབ་ཅིང་སྡུག་ཅིང་ཡིད་དུ་འོང་བའི་གྲོགས་འཐོབ་པར་འགྱུར་རོ། །

དེ་ལྟ་མོད་ཀྱི་འདོད་པའི་ཡོན་ཏན་ལ་ཞེན་པ་ནི་ལན་ཚྭའི་ཆུ་ཇི་ཙམ་འཐུངས་
པ་ཙམ་དུ་སྐོམ་པ་འཕེལ་བ་ལྟར་ཇི་ཙམ་སྤྱད་པ་དེ་ཙམ་དུ་ཞེན་ཞིང་སྲེད་པར་
འགྱུར་གྱི་ངོམས་པ་མེད་ལ། མ་མཐོང་ན་སྙིང་ཕྱུང་བ་ལྟར་སྡུག་བསྔལ་ཞིང་
ཤུགས་རིང་གིས་འདེབས་ལ་ནང་གི་མྱ་ངན་མི་བཟད་པ་འཕེལ་བར་ཟད་ལ་དེས་
ནི་མི་རྟག་པའི་འདུ་ཤེས་ཙམ་སྐྱེ་བ་ལ་ཡང་གེགས་བྱེད་ན་ཆོས་ཉིད་མཐོང་བ་
ལ་ལྟ་ཅི་སྨོས། ཕྱིན་ཅི་ལོག་གི་འདུ་ཤེས་ལ་གཅིག་ཏུ་ཞེན་པ་དེས་འཁོར་བའི་ཉེས་
དམིགས་མཐོང་བར་མི་འགྱུར་བའི་ཕྱིར་ཐར་པའི་རྩ་བ་འདུས་བྱས་ཀྱིས་སྐྱོ་ཞིང་
ཡིད་འབྱུང་བ་ཡིན་ན་དེ་ཇི་ལྟར་སྐྱེ། ཉིན་མཚན་རྟག་ཏུ་ཡང་འདོད་པའི་ཡུལ་
སེམས་པ་དེས་དུས་འདའ་བས་དགེ་བའི་རྩ་བ་ལྟ་ཞོག་ཐ་ན་སོ་ནམ་དང་གཟོ་ལ་
སོགས་པ་ལུང་དུ་མ་བསྟན་པའི་ལས་ལམ་རྣམས་ཀྱང་མི་འགྲུབ་ན་དམ་པའི་ཆོས་
ལྟ་སྨོས་ཀྱང་ཅི་དགོས། འདུས་བྱས་ལ་ནི་འབྲལ་བ་ལས་གཞན་པའི་ཆོས་ཉིད་མེད་
པའི་ཕྱིར་སྡུག་པའི་ཡུལ་དེ་ཉེད་དུ་ཟིན་ཡང་ཤི་བའམ་གསོན་པ་གང་རུང་གིས་

ངེས་པར་འབྲལ་ལ་དེའི་ཚེ་སྡུག་པ་དང་བྲལ་བའི་སྡུག་བསྔལ་གྱིས་མནར་བར་འགྱུར་ལ་དེ་ལྟར་མི་རྟག་པའི་མཛའ་བཤེས་ལ་ཆགས་ན་རྟག་པ་དང་ཞི་བ་དང་གཡུང་དྲུང་གི་བདག་ཉིད་བདེ་བ་ཐམས་ཅད་(༢༥༤ན)ཀྱི་འབྱུང་གནས་དམ་པའི་ཆོས་ལས་ཉམས་པར་འགྱུར་རོ། །

དེས་ན་མེ་ལས་རྒྱང་རིང་དུ་བྱོལ་ན་འཚིག་པའི་སྡུག་བསྔལ་མི་འབྱུང་བ་ལྟར་འདོད་པའི་ཉེས་དམིགས་རིག་པས་སྐྱེས་པ་དང་བུད་མེད་དང་མཛའ་བཤེས་དང་ཉེ་དུ་སོགས་ལ་སྙིང་པོ་མེད་པར་ཤེས་ཏེ་ཆགས་པའི་བློ་དོར་བ་ཙམ་གྱིས་སྡུག་བསྔལ་དེ་ཐམས་ཅད་མི་འབྱུང་ལ་དེ་ཙམ་གྱིས་སེམས་དུལ་ཞིང་དེས་ལ་ལས་སུ་རུང་སྟེ་ཏིང་ངེ་འཛིན་དེ་མ་ཐག་སྐྱེ་བར་འགྱུར་རོ། །དེའི་ཕྱིར། ཞི་གནས་རྒྱུ་ནི་ཚུལ་ཁྲིམས་ལས་གཞན་མེད། །ཅེས་གསུངས་པ་ཡིན་ལ་ཚུལ་ཁྲིམས་དེ་ཡང་སེམས་ཀུན་ནས་སྡོམ་པ་འདི་ལྟ་བུ་ཞིག་ཡིན་གྱི་དེང་སང་ངེས་འབྱུང་ལ་སོགས་པའི་བསམ་པ་ཅི་ཡང་མེད་པར་ཁྱིམ་པའི་དུས་ཀྱི་བསམ་པ་འཛིག་རྟེན་པའི་བློ་དེ་ཉིད་ལས་མ་གཡོས་པ་ལ་རྟགས་དང་ཆ་ག་ཙམ་རེ་བྱིན་པ་ལ་ཚུལ་ཁྲིམས་སུ་འདོགས་པ་འདིས་ནི་ཏིང་ངེ་འཛིན་མི་སྐྱེ་བར་མངོན་སུམ་དུ་མཐོང་ངོ་། །

དེས་ན་སེམས་ཅན་རྣམས་སེམས་རྒྱུད་རེ་རེ་བ་ཐ་དད་ཅིང་ལས་ཐ་དད་པ་རྣམས་འཁོར་བའི་མཐོ་དམན་ཐམས་ཅད་དུ་སྐྱེ་གནས་གྲངས་མེད་པ་རྒྱུན་མི་འཆད་པར་འཛིན་པ་ལས་ད་ལྟ་མིའི་ལུས་རིས་མཐུན་པར་སྨོགས་ཕོ་སྐབས་ཉེ་བར་སྐྱེ་བ་ལན་གཅིག་ཚོགས་པ་ཙམ་འདི་ལ་མཛའ་བཤེས་དང་དགྲ་གཉེན་སོགས་སུ་བཟུང་ནས་ཐོག་མ་ནས་ཐ་མའི་བར་དུ་འདི་ཕོ་ན་བདེན་པར་ལྟ་བ་འདི་ནི་ནང་གི་མུན་ནག་ཆེན་པོ་མི་བཟད་པ་ཡིན་ལ། ཁྱིམ་པ་རྣམས་ཀྱིས་དེ་ལྟར་མི་གོ་བ་བདེན་མོད་ཀྱང་ཆོས་སྒོར་ཞུགས་ཤིང་དམ་པའི་ཆོས་ལ་ཐོས་བསམ་སྒོམ་པར་རློམ་པ་དང་མཁས་པ་དང་བཙུན་པ་དང་བཟང་པོར་རློམ་པ་རྣམས་ཀྱང་དགྲ་

གཉེན་མཛའ་བཤེས་ཉེ་དུ་ལ་སོགས་པའི་ཞེན་པ་སྤར་ཁྱིམ་པའི་དུས་ལས་ཀྱང་ཆེས་འཕེལ་བ་ཞིག་དེང་སང་སྣང་བ་འདི་ནི་འཇིགས་པ་དང་ཡ་ང་བ་དང་བག་ཚ་བ་དང་མུ་སྟེགས་པ་རྣམས་དང་འཇིག་རྟེན་པ་རྣམས་ལ་ཡང་ངོ་ཚ་བར་(༢༧༨བ)སྣང་ངོ། །

དེ་ལྟ་མོད་ཀྱི་ཁྱིམ་པའི་གྲོགས་སམ་འཁོར་ཙམ་ཡང་ཐག་སྲིང་བར་བྱའི་བསྟེན་པར་བྱ་བ་མ་ཡིན་ཏེ་འཇིག་རྟེན་ན་ཡང་བུས་པ་བཞོན་ནུ་ཤེད་མ་བྱེ་བ་དག་ལ་བྱིས་པར་སྨྲོག་ཅིང་དེ་ནི་ནད་འཇོམས་པའི་སྨན་ཅུང་ཟད་ཁ་བ་བྱིན་ན་མི་འཐུང་ཞིང་ལྡེ་ལ་རེག་མ་ཐག་ཏུ་ཞིང་ལྡེ་སྤྲར་མོས་འཁྲིད་པར་བྱེད་ལ། འདིས་ཁྱོད་ཀྱི་ནད་ཞིའོ་ཞེས་སྨྲས་ཀྱང་ཡུས་པས་ཏུ་བར་བྱེད་ཀྱི་སྨན་མི་འཐུང་ལ་བཙན་དུག་གི་དུམ་བུ་ལྡེ་ལ་རེག་ན་མངར་བར་མཐོང་བས་འདིས་འཆི་ཡིས་བཟར་མི་ཏུང་ངོ་ཞེས་སྨྲས་ཀྱང་བརྐུས་ནས་ཀྱང་ཟ་བར་བྱེད་པ་ལྟར་སེམས་ཅན་འདི་རྣམས་ཀྱང་དགེ་བའི་བསམ་པའི་ཤེད་མ་བྱེ་ཕན་གནོད་ཀྱི་མིག་རྒྱང་ཐུང་བས་དགེ་བའི་རྩ་བ་སྨན་ཁ་བ་ལྟ་བུ་ལ་བཙུག་ན་ལྡོག་ཅིང་འདོར་ལ། མི་དགེ་བ་བཙན་དུག་ལྟ་བུ་རོ་མངར་བ་དང་འདྲ་བའི་འཕྲུལ་གྱི་རྙེད་བཀུར་རམ་མིང་དང་གྲགས་པ་སྙ་རེའི་ཆེད་དུ་གཞན་གྱིས་བསྲུངས་ཀྱང་མི་ཐུབ་པར་ནན་གྱིས་འཇུག་ལ། ངན་སོང་གི་འཇིགས་པ་སོགས་བསྟན་ཡང་ཅིར་ཡང་མི་སེམས་པ་བ་ལང་གི་མདུན་དུ་རིག་བྱེད་བཏོན་པ་ལྟ་བུར་སྣང་བ་འདི་དག་ནི་བྱིས་པ་ཉིད་ཡིན་གྱིས་བུས་པ་ལུས་ཆུང་ངུ་དེ་དག་ནི་ལོ་འགའ་ཟུང་ཁོ་ནར་ལུས་ཟོགས་ཤེད་སྨན་དང་དུག་ཤེས་པ་ཙམ་གྱིས་ཤེད་མྱུར་དུ་བྱེ་བར་འགྱུར་ཡང་སེམས་ཅན་འདི་རྣམས་ལ་ནི་སྐྱེ་བ་མཐའ་ཡས་པ་དང་བསྐལ་པ་བསམ་གྱིས་མི་ཁྱབ་པས་ཀྱང་བླང་དོར་ཇི་ལྟ་བ་ཤེས་པའི་ཤེད་བྱེ་བའི་དུས་མི་སྣང་བའི་ཕྱིར་རོ། །

དེས་ན་བྱིས་པ་དང་སྤྱོད་པའམ་སྐལ་པ་མཚུངས་པར་སྤྱོད་ན་ནི་བྱིས་པ་གང་

དུ་འགྲོ་བའི་གནས་ངན་འགྲོ་དེར་བདག་ཀྱང་འགྲོ་བར་འགྱུར་བས་ད་ལྟའི་མི་ལུས་འདི་དང་སྐལ་བ་མི་མཉམ་ཞིང་ངན་པའི་ངན་སོང་དུ་འཁྲིད་པའི་གྲོགས་དེས་བདག་ལ་ཅི་ཞིག་བྱ། དེ་ལྟ་མོད་ཀྱི་བྱིས་པའི་རྣམ་པར་ཐར་པ་ནི་འདི་དག་ཡིན་ཏེ། ཕྲད་པ་ཙམ་གྱིས་ཀྱང་རྒྱུ་རྐྱེན་གཞན་མེད་ཀྱང་ཙ་ཙོ་དང་ག་ཞར་བྱེད་ཅིང་བདག་ཅག་མཛའ་བོ་ཡིན་ནོ་ཞེས་འབྲལ་མི་ཕོད་པ་ཙམ་གྱི་མཛའ་(༢༨ན)བར་ཡང་བྱེད་ལ། དེ་མ་ཐག་ཚིག་བརྗོད་ལེགས་ཉེས་ཙུང་ཟད་ཀྱིས་ཁྲོས་འཁྲུགས་ཏེ་དབྱུག་པ་དང་ཁུ་ཚུར་དང་མཚོན་ཆས་འགྱེད་ཅིང་ཚིག་གི་རྣ་འབྱིན་ལ། གསོད་པའི་བར་དུ་ཡང་བྱེད་པས་རྒྱུ་མེད་དུ་མཛའ་ལ་རྒྱུ་མེད་དུ་ཁྲོ་བར་ཡང་བྱེད་དོ། །དོན་ཉམས་པར་བྱེད་པའི་བྱ་བ་མ་ཡིན་པ་ལས་ལྡོག་ཅིང་བྱ་བར་འོས་པའི་ལས་ཀྱི་གྲོས་ལེགས་པར་བཏབ་ན་དེ་ལ་ཁྲོ་ཞིང་བདག་ཉམས་ཀྱང་ཁྱོད་ལ་ཅི་ཏོ་ཞེས་སོགས་འཕོན་ཆེན་པོར་འཛིན་ལ་མི་འོས་པར་བསྟོད་པ་སོགས་ཁ་གསག་གིས་བསླུས་ན་ཤིན་ཏུ་དགའ་བར་བྱེད་ལ། ཕན་པ་ལ་སྦྱར་ན་ཁྲོ་ཞིང་མི་སྒྲུབ་པར་མ་ཟད་སྦྱོར་བ་པོ་བདག་ཉིད་ཀྱང་ཕན་པ་ལས་ལྡོག་པར་བྱེད་དེ། དཔེར་ན། རྗོན་པའི་ལས་མ་བྱེད་ཅིག་ཅེས་བསྒོ་ན་འདི་ནི་རིན་མི་དགོས་པར་ཟས་ཞིམ་པོ་འབྱུང་བས་ཁེ་སྤོགས་ཀྱི་མཆོག་ཡིན་གྱི་ཁྱོད་ཉིད་ཀྱང་འདོང་ངོ་ཞེས་དགེ་བ་ལྟ་བུ་གཞན་དག་ཀྱང་བྱ་བ་མ་ཡིན་པ་ལ་སྦྱོར་བར་བྱེད་ལ། དེའི་ངག་མ་མཉན་ན་ཁྲོས་པས་ཚིག་རྩུབ་མོ་སྨྲ་ཞིང་ཞེ་འཁོན་དུ་དམ་པོར་འཛིན་ཏེ་རྒྱུ་དེ་ལས་ཀྱང་དེ་ངན་འཁོར་འདོང་བར་འགྱུར་ལ། དཔེར་ན། རྒྱལ་པོ་ངན་པ་ལྟ་བུ་ལ་ཡ་རབས་ཀྱི་ཆོས་ལུགས་ཀྱི་གྲོས་བཏབ་ན་ཤིན་ཏུ་ཁྲོས་པས་ཆད་པ་བྱེད་པ་དང་གྲོས་འདེབས་པ་པོ་དེ་དུས་མིན་གྱི་དཔྱ་ཁྲལ་དང་གནས་མིན་གྱི་རྩུབ་ཁྲིམས་བྱེད་པ་པོར་བསྔོ་ཞིང་སྲུན་འབྱིན་པ་དང་བློན་པོ་ལས་འབྱིན་པ་སོགས་བྱེད་ལ། གཡོ་སྒྱུའི་གཅིག་སག་སླས་ན་མགུ་ཞིང་རངས་པས་བློན་པོའི་དམ་པར་བཀུར་བ་རྒྱལ་པོ་ཨུ་ཏྲ་ཡ་ནའི་བུ་

གཙུག་ཕུད་ཅན་གྱིས་ཆོས་བཞིན་གྱི་བློན་པོ་ཧེ་རུ་ཀ་དང་ཧྲི་རུ་ཀ་གཉིས་ལེགས་པའི་གྲོས་བཏབ་པས་བློན་པོ་ལས་ཕྱུང་ཞིང་སྡིག་བློན་དབྱུག་པ་དང་ཐོ་བ་གཉིས་ཀྱིས་རྒྱལ་པོའི་བསམ་པ་ལྟར་སྙན་པར་སྨྲས་པས་བློན་པོའི་དམ་པར་བཙུག་པ་ལས་དེ་གཉིས་ཀྱིས་རྒྱལ་པོ་ཕ་དགྲ་བཅོམ་པ་གསོད་དུ་བཅུག །འཕགས་པ་ཀ་ཏྱ་ན་ཕྱུག་བདར་གྱི་ཕུང་པོས་གཡོགས་པས་(༢༧༩ཁ)སའི་ཆར་གྱིས་གྲོང་ཁྱེར་སྒྲ་སྒྲོགས་མི་མངོན་པར་མནན་ཏེ་ཡུལ་འདིས་དམྱལ་བར་ལྷུང་བ་བཞིན་ནོ། །

གཞན་ཡང་མཐོ་བ་དང་དམའ་བ་དང་བར་མར་རྟོག་པ་ནི་ནམ་མཁའ་ལ་མཐོ་དམན་དུ་རྟོག་པ་ལྟར་ཤིན་ཏུ་སྒྲོ་བཏགས་པ་འབའ་ཞིག་གིས་ཡིན་གྱི་སྒྲོ་བཏགས་དུས་ན་ཡང་དེ་ལྟར་མི་བདེན་ལ། སྒྲོ་བཏགས་གོམས་པས་མཐོ་དམའ་བར་མར་འཛིན་ཙམ་པ་དེ་ཉིད་ཀྱང་མི་རྟག་པས་གནས་སྐབས་གཞན་དུ་འགྱུར་བ་ལ་ཚོགས་མེད་མོད་ཀྱི་དེ་ལྟ་བུ་མི་ཤེས་ཀྱི་སྟེང་དུ་སུ་ཞིག་ནི་བདག་ལས་ཉེད་པའམ་བཀུར་སྟིའམ་ཐོས་པ་ལ་སོགས་པའི་ཡོན་ཏན་གྱིས་ལྷག་གོ་ཞེས་ཐོས་ན་དེ་ལ་ཕྲག་དོག་གི་ཚེར་མས་རང་གི་སེམས་རྨུབ་པར་གྱུར་ཏེ། བཞིན་གྱི་མདངས་ཉམས། མིག་རིག་རིག་པོར་འགྱུར། ལག་པ་འདྲིལ། ངག་གིས་དེ་ལ་མི་སྙན་པ་སྣ་ཚོགས་བརྗོད་པར་བྱེད་དོ། །

ཁ་ཅིག་བདག་དང་མཉམ་པར་ཐོས་ན་བུས་པ་ལུས་བོངས་འགྲན་པ་ན་རྐང་འོག་ཏུ་རྫེའུ་བཙུག་པ་དང་ལུས་བསྙེངས་བས་ཀྱང་མཐོར་རེ་བ་ལྟར་རྣམ་པ་སྣ་ཚོགས་པའི་སྒོ་ནས་དེ་ལས་ལྷག་པར་སྒྲུབ་པར་བྱེད་དོ། །ཆེ་གེ་ཞིག་བདག་ལས་དམན་པར་ཐོས་སམ་མཐོང་ན་དེ་ལ་བརྙས་ཤིང་ཁྱད་དུ་གསོད་པས་སྤྲེའུ་མིའི་ལག་ཏུ་ཚུད་པ་ལྟར་བཞད་གད་ཀྱི་གནས་སུ་བྱེད་ལ། རང་ཉིད་ནི་ཐྭ་གློས་སྟག་སོད་པ་ལྟ་བུའི་ང་རྒྱལ་གྱིས་འཁྱིད་ཞིང་བཞིན་གྱི་རྣམ་འགྱུར་ཀྱང་སེམས་རང་བཞིན་དུ་གནས་པས་མཐོང་ན་ངོ་ཚ་བའི་གནས་སུ་བྱེད་དོ། །གལ་ཏེ་ཡོན་ཏན་

གྱི་ཆ་ཙུང་ཟད་ཙམ་ཡོད་པ་ལ་སྒྲོ་བཏགས་པས་བསྟོད་ཀྱང་རུང་ཡོན་ཏན་གཏན་མེད་པ་ལ་སྒྲོ་བཏགས་པ་ཁོ་ནས་བསྟོད་ཀྱང་རུང་སྐྱེ་ཁ་ཅིག་གིས་བདག་ལ་བསྟོད་པར་གྱུར་ན་ནི་ཅི་བདག་ལ་ཡོན་ཏན་འདི་ལྡན་ནམ་མི་ལྡན་ཞེས་རྟོག་པ་ཡང་མེད་དེ་ང་རྒྱལ་ཞིང་སེམས་ཤིན་ཏུ་མཐོ་བས་རློམ་སེམས་སུ་བྱེད་དོ། །གལ་ཏེ་བདག་ལ་ཡོད་པའི་སྐྱོན་ནས་བརྗོད་པའམ་མེད་པའི་སྐྱོན་ནས་བརྗོད་ནའང་རུང་སྐྱེ་བདག་ཉིད་ལ་(༢༧༠ན)མི་སྙན་པའམ་སྐྱོན་ཞིག་བརྗོད་ན་ནི་བདག་ཉིད་ལ་སྐྱོན་དེ་འདུག་ན་སྨན་པས་ནད་ངོས་བཟུང་བ་ལྟ་བུ་ཡིན་པས་འདོར་ཞིང་མི་འདུག་ན་དེ་ཉིད་ཀྱིས་ཚིག་མོད་ཀྱང་དེ་ལྟར་མི་ཤེས་པར་ཐོས་པ་ཙམ་གྱིས་ཁྲོས་འཁྲུགས་ཇམ་པར་བྱེད་དོ། །

དེ་ལྟར་ན་ཅིས་ཀྱང་མགུ་བར་མི་ནུས་ཤིང་རེས་འགའ་རྒྱུ་མེད་དང་རྒྱུ་ཕྱིན་ཅི་ལོག་གིས་ཀྱང་མགུ་བར་བྱེད་ལ་མགུ་བ་དང་ཁྲོ་བ་གང་སྣང་ཡང་ཆུ་ཚོད་གཅིག་ཙམ་དུ་ཡང་ཡིད་བརྟན་པར་མི་ནུས་པ་ཕན་བཏགས་པ་ལ་དགྲར་འཛིན་ཞིང་ཕན་གནོད་ཀྱི་བྱེ་བྲག་མི་ཤེས་པ་འདི་རྣམས་ལ་ད་ལྟ་བདག་གིས་ཕན་གདགས་པར་མི་ནུས་ཏེ་འདི་དག་དང་འགྲོགས་ན་གནག་རྫི་ལས་གནག་གི་གཏམ་དང་། ཚོང་པ་ལས་ཚོང་གི་གཏམ་ལས་གཞན་མི་འབྱུང་བ་ལྟར་བྱིས་པ་ལས་ནི་བདག་བསྟོད་གཞན་སྨོད་ཆགས་སྡང་རྫོངས་གསུམ། ང་རྒྱལ་ཕྲག་དོག་ཚོང་སོ་ནམ་དམག་བུད་མེད་ལ་སོགས་པ་ངག་གི་རྣམ་པ་བཞི་གང་ཡང་རུང་བ་ཁོ་ནའི་གཏམ་ལས་གཞན་མི་འབྱུང་ལ། དེ་དག་གི་ངོ་སྲུང་བའི་ཕྱིར་བདག་ཀྱང་གཏམ་དེ་ལྟ་བུ་ལ་འཇུག་དགོས་ཤིང་། དེའི་རིང་སེམས་ཀྱི་དགེ་བ་དང་ངག་གི་དགེ་བ་རྣམ་པར་ཉམས་པར་འགྱུར་བས་བྱིས་པའི་གྲོགས་བསྟེན་པ་ནི་འདི་ཕྱིར་ཕུང་བར་ཟད་ལ། བདག་ཀྱང་ད་ལྟ་ཡོན་ཏན་གྱི་མཐུ་མ་རྫོགས་ཏེ་མར་མེ་ཆུང་ནང་ན་གནས་པ་ལྟར་མཐོང་ནས་བྱིས་པ་དེ་རྣམས་ལ་ད་ལྟ་བདག་གིས་ཕན་མི་ཐོགས་པར་

ཡང་ཤེས། དེ་ལ་ཁྲི་བའི་ཡུལ་དུ་ཡང་མི་བྱེད་བྱིས་པའི་ངང་ཚུལ་ཤེས་པས་བུས་པ་ལ་རྣན་པོས་སྙིང་བརྩེ་བ་ལྟར་སྙིང་བརྩེའི་འདུ་ཤེས་ཉེ་བར་བཞག་སྟེ། རེ་ཞིག་བྱིས་པའི་གྲོགས་ལས་གྲོལ་ནས་ལུས་འདུ་འཛིས་དབེན་པ་དང་སེམས་རྣམ་གཡེང་གིས་དབེན་པས་སྒྱུ་མ་ལྟ་བུ་དང་དཔའ་བར་འགྲོ་བ་ལ་སོགས་པའི་ཏིང་ངེ་འཛིན་དང་དེས་བསྐྱེད་པའི་ཆོ་འཕྲུལ་རྣམ་པ་གསུམ་བསྒྲུབས་ཏེ་ནུས་པ་ཐོབ་པ་ན་འདི་ཐམས་ཅད་བྱང་ཆུབ་ལ་གདོད་ཀྱིས་(༢༧༠བ)དགོད་པར་བྱ་ལ། ད་ལྟ་ནི་འདི་དག་གིས་ཀྱང་བདག་གི་དོན་མི་བྱེད་ལ་བདག་གིས་ཀྱང་འདི་དག་ལ་ཕན་པར་མི་ནུས་སོ་ཞེས་ཤེས་པས་གཅིག་པུར་བསམ་གཏན་བསྒྲུབ་པར་བྱའོ། །བོད་ཡུལ་འདི་ན་ནི་བྱིས་པའི་མཚན་ཉིད་འདི་དག་ལས་ཀུན་ནམ། ཕལ་ཆེར་དང་ལྡན་པའི་མཁས་པ་དང་གྲུབ་ཐོབ་དང་ཞིག་པོ་དང་དམ་པར་ཁས་འཆེ་ཞིང་གྲགས་པ་ཡང་ཡོད་པར་དོགས་སོ། །

གལ་ཏེ་བྱིས་པ་འགའ་ཞིག་སྟེས་དབང་གིས་འགྲོགས་དགོས་བྱུང་བའམ་དབེན་པར་བདག་གི་གནས་དུ་འོངས་པ་ན་དེ་ལ་གཏམ་བདེན་པ་དང་གསོང་པོ་ཡིན་ལ། དེའི་ཡིད་དང་ཡང་མི་འགལ་བ་ཁ་གསག་དང་གཅམ་བུ་ཡང་མ་ཡིན་པ་ཕ་ཅང་མི་མང་བ་ཙམ་གྱིས་མགུ་བར་བྱས་ཏེ་མ་འདྲིས་ཆེས་པས་དེ་བདག་ལ་བརྙས་སོ་ཞེས་ཁྲི་བར་ཡང་མི་འགྱུར་ལ། འདྲིས་ཆེས་པས་བདག་གི་ཚོད་ལོངས་པར་རློམ་སྟེ་བདག་གི་དགེ་བ་ལ་བར་དུ་གཅོད་པ་ཡང་མ་ཡིན་པ་ཐ་མལ་པ་བར་མ་ཙམ་ལ་གནས་པར་བྱའི་ཕ་ཅང་མ་བསྟེན་པས་མ་འདྲིས་ཆེས་པ་དང་ཕ་ཅང་བསྟེན་པས་འདྲིས་ཆེས་པ་དང་ཅི་འདོད་ལོང་ཞིག་ཅེས་ཟེར་བ་ན་ཕ་ཅང་བསླངས་པ་དང་དང་པོར་བསྟེན་ཆེས་ལ་ཕྱིས་མ་བསྟེན་ཆེས་པ་སོགས་ནི་འཇིག་རྟེན་ན་ཤེན་ཏུ་འཕོན་གྱི་རྒྱུ་ཡིན་པས་སྤང་བར་བྱ་ལ། སོ་སྐྱེའི་སྤྱོད་པ་ཅན་གྱི་པཎྜི་ཏ་ལ་སོགས་ལས་ཆོས་ཀྱི་ཚིག་དོན་ལེན་དགོས་པའམ་གྲོང་ན་ཆོས་ཀྱི་དོན་དུ་བསོད་སྙོམས་

ཙམ་ལེན་པ་ན་ཡང་བྱུང་བ་ནི་མི་རྟོག་ལ་ཡང་མ་གནོད་ཡུན་རིང་ཆེས་པ་ཡང་མ་ཡིན་པར་སྒྲུང་རྒྱེ་ཚོམ་པར་བླངས་ཏེ་ཆགས་པ་མེད་པར་འཕུར་ཏེ་འགྲོ་བ་ལྟར་ཕ་རོལ་ལ་མི་གནོད་ཅིང་བདག་གི་དོན་གྲུབ་པ་དུས་རིང་པོ་ཡང་མ་ཡིན་ལ་ཞེན་པ་མེད་པར་འཇུག་པར་བྱ་ཞིང་། ཇོ་བོའི་སློབ་མ་རྣལ་འབྱོར་པ་ཕྱག་ཁྲི་མཆོག་ཁོ་བོ་མཚམས་ཆེན་པོ་བགྱི་གསུངས་ནས་སུ་ལ་ཡང་ངོ་མཁྱེན་པའི་ཚུལ་མི་མཛད་པར་བཞུགས་པ་ལྟར་འདྲིས་མ་འདྲིས་དང་བར་མར་འཛིན་པའི་རྟོག(༢༧༡ན)པ་ཐམས་ཅད་ཚར་བཅད་དེ་སེམས་རྩེ་གཅིག་ཏུ་བསྒྲུ་བ་ཁོ་ནས་དུས་འདའ་བར་བྱའོ། །

ཡང་དག་པར་ན་གང་མཐོང་བ་ཐམས་ཅད་ཀྱང་སྟོན་མ་མཐོང་བ་མཐོང་བ་ཁོ་ན་ཡིན་ཏེ། ལི་ཙྪ་ཝི་དྲི་མ་མེད་པར་གྲགས་པས་འཇམ་དཔལ་ལ་འོངས་པ་ལེགས་སོ། །སྔོན་མ་མཐོང་བ་མཐོང་ངོ་། །འཇམ་དཔལ་གྱིས་སྨྲས་པ། ཁྱིམ་བདག །དེ་དེ་བཞིན་ཏེ། སྔོན་མཐོང་བ་ཐམས་ཅད་ནི་ཕྱིས་མི་མཐོང་ངོ་། །གང་མཐོང་བ་ཐམས་ཅད་ནི་སྔོན་མ་མཐོང་བ་མཐོང་བའོ། །ཞེས་བཤད་པ་ལྟར་ཆོས་ཐམས་ཅད་ནི་སྐད་ཅིག་མ་ཁོ་ནར་ཟད་ལ། སྔ་མ་ཡང་གཞན་ཕྱི་མ་ཡང་གཞན་ལ་སྔ་མ་མཐོང་བའི་ཤེས་པ་ཡང་གཞན་ཕྱི་མ་མཐོང་བའི་ཤེས་པ་ཡང་གཞན་ཏེ། ཆོས་ཐམས་ཅད་སོ་མར་ཤེས་ན་སྔར་འདྲིས་པ་ལ་སོགས་པ་འདས་པ་ལ་ཞེན་པ་ཐམས་ཅད་འཇིག་པར་འགྱུར་རོ། །འདིར། བུང་བས་མེ་ཏོག་སྒྲུང་རྒྱེ་བཞིན། །སོགས་ལ་**དགེ་བའི་ལྷས**་ཐམས་ཅད་དུ་སྦྲང་མ་སྤྱོད་པ་བཞིན་དུ་ཆོས་དང་དོན་ནི་ཆོས་ཀྱི་དོན་ཏེ་ལུང་གི་ཆོས་ལེགས་པར་བཤད་པའི་དོན་ཙམ་བླངས་ནས་ཞེས་འབྲུ་གཉེར་ལ། **བི་བྷུ་ཏིས།** སྐལ་མི་མཉམ་པར་དེ་མི་འདོད། །ཅེས་གཞུང་བཏོན་ནས། གལ་ཏེ་འཕགས་པའི་རྗེས་སུ་འབྲངས་ན་དེའི་ཚེ་ཁྱིམ་པ་དེ་མི་འདོད་དེ་སྤྱོད་པ་མི་མཐུན་པས་སོ་ཞེས་དང་། བུང་བས་མེ་ཏོག་སོགས་ལ་གྲོང་དུ་རྒྱུ་ན་ཆོས་ཀྱི་དོན་ཙམ་

ཏུ་ཆོས་གོས་དང་བསོད་སྙོམས་བླངས་ཏེ་ཞེས་འབྲུ་གཉེར་ཏོ། **།ས་བཟང་པས་ནི།** དེས་ཀྱང་བདག་དོན་མ་བྱས་ལ། །བདག་ཀྱང་དེ་དོན་མི་འགྱུར་བས། །ཞེས་པ་རྒྱ་དཔེ་དང་འགྲེལ་པ་ན་མེད་ལ་དེའི་ཚབ་ཏུ། བདེ་ཞིང་ཉོན་མོངས་མེད་ཡིད་ཀྱིས། །གཅིག་པུ་དབེན་པར་གནས་པར་བྱ། །ཞེས་པ་ཡོད་དོ་ཟེར་ཡང་རྒྱ་འགྲེལ་དག་ན་དེ་གཉི་གའི་འབྲུ་མི་སྣང་ལ་སྤྱོད་འཇུག་འགྱུར་རྙིང་ཀུན་ན་སྔ་མ་ཉིད་སྣང་བའི་ཕྱིར་རྒྱ་དཔེ་ཐ་དད་པར་ངེས་སོ། །

གཉིས་པ་(ཉེད་སོགས་ལ་མ་ཆགས་པར་སླུབ་པ་)ནི།

བདག་ནི་(༢༧༡བ)ཉེད་མང་བཀུར་སྟི་བྱས། །
བདག་ལ་མང་པོ་དགའ་བོ་ཞེས། །
དེ་འདྲའི་བསྙེམས་པ་འཆང་གྱུར་ན། །
ཤི་བའི་འོག་ཏུ་འཇིགས་པ་སྐྱེ། ༡༧ །
དེ་བས་རྣམ་པར་རྨོངས་པའི་ཡིད། །
གང་དང་གང་ལ་ཆགས་གྱུར་པ། །
དེ་དང་དེ་བསྡོངས་སྟོང་འགྱུར་དུ། །
སྡུག་བསྔལ་ཉིད་དུ་གྱུར་ཞིང་ལྡང་། ༡༨ །
དེ་བས་མཁས་པས་ཆགས་མི་བྱ། །
ཆགས་པ་ལས་ནི་འཇིགས་པ་སྐྱེ། །
འདི་དག་རང་བཞིན་འདོར་འགྱུར་བར། །
བརྟན་པར་གྱིས་ཏེ་རབ་ཏུ་རྟོགས། ༡༩ །
ཉེད་པ་དག་ནི་མང་བྱུང་ཞིང་། །
གྲགས་དང་སྙན་པ་བྱུང་གྱུར་ཀྱང་། །
ཉེད་དང་གྲགས་པའི་ཚོགས་བཅས་ཏེ། །

གང་དུ་འདོད་བའི་གཏོལ་མེད་དོ། ༢༠།

བདག་ལ་སྨོད་པ་གཞན་ཡོད་ན། །

བསྟོད་པས་བདག་དགར་ཅི་ཞིག་ཡོད། །

བདག་ལ་བསྟོད་པ་གཞན་ཡོད་ན། །

སྨད་པས་མི་དགར་ཅི་ཞིག་ཡོད། ༢༡།

ཅེས་གསུངས་ཏེ། ཚིགས་བཅད་དང་པོས་རྙེད་སོགས་ཀྱིས་ཕྱི་མར་སྡུག་བསྔལ་སྐྱེད་པར་བསྟན། གཉིས་པས་རྙེད་ཀྱང་ངོམས་པ་མེད་པར་བསྟན། གསུམ་པས་རྙེད་སོགས་མི་རྟག་པར་བསྟན། བཞི་པས་རྙེད་སོགས་བདག་གི་རྗེས་སུ་མི་འབྲང་བར་བསྟན། ལྔ་པས་བསྟོད་སྨད་ལ་སྙིང་པོ་མེད་པར་བསྟན་པའོ། །

དེ་ཡང་འཇིག་རྟེན་ན་ཀུན་ནས་ཞེན་པའི་གནས་ནི་ཆོས་བརྒྱད་དེ། ཟས་ནོར་དང་ལོངས་སྤྱོད་གསར་དུ་ཐོབ་པ་ནི་རྙེད་པའོ། །མ་ཐོབ་པ་ནི་མ་རྙེད་པའོ། །བདག་གི་ཡོན་ཏན་གྱི་ཁྱད་པར་བདེན་པའམ་རྫུན་པ་ཡང་རུང་སྙེ་སྐྱེ་བོ་གཞན་གྱིས་སྒྲོག་ཅིང་དེ་གཅིག་ནས་གཅིག་ཏུ་བརྒྱུད་པས་མང་པོས་སྒྲོག་པ་ནི་གྲགས་པ་ཡིན་ལ། དེ་མེད་པའམ་ཡང་ན་བདེན་མི་བདེན་གང་རུང་གི་སྐྱོན་གྱི་རྣམ་པ་གཅིག་ནས་གཅིག་ཏུ་གླེང་བ་ནི་མ་གྲགས་པའམ་གྲགས་པ་མ་ཡིན་པའོ། །ལུས་སེམས་སིམ་པར་ཉམས་སུ་མྱོང་བ་དང་འདོད་པའི་དོན་གྲུབ་པ་ནི་བདེ་བའོ། །གདུང་བར་ཉམས་སུ་མྱོང་བ་དང་འདོད་པའི་དོན་མ་གྲུབ་པ་ནི་སྡུག་བསྔལ་ལོ། །བདག་(༢༧༢ན)ཉིད་ལ་ཡོད་པའམ་མེད་པའི་ཡོན་ཏན་བདག་ལ་ལྷན་པར་གཞན་གྱིས་བརྗོད་པ་ནི་བསྟོད་པའོ། །བདེན་པའམ་མི་བདེན་པའི་སྐྱོན་ནས་བརྗོད་པ་ནི་སྨད་པ་སྟེ། ཆོས་བརྒྱད་པོ་དེ་ལས་རྙེད་པ་དང་། གྲགས་པ་དང་། བདེ་བ་དང་། བསྟོད་པ་བཞི་ནི་བདག་ཉིད་དང་བདག་ཉིད་ཀྱི་ཕྱོགས་ལ་བྱུང་ན་དགའ་ཞིང་ཞེན་ལ་དེ་ལྟ་བུ་བྱུང་ན་ཅི་མ་རུང་སྙམ་དུ་སྨོན་པར་བྱེད་དོ། །མ་རྙེད་པ་དང་། གྲགས་པ་མ་ཡིན་པ་དང་།

སྡུག་བསྔལ་དང་། སྨད་པ་སྟེ་བཞི་ནི་བདག་ཉིད་དང་བདག་ཉིད་ཀྱི་ཕྱོགས་ལ་མི་འདོད་ཅིང་བྱུང་ན་ཡང་ཞེ་སྡང་ཞིང་འཁྲུག་པར་བྱེད་དོ། །

དེ་ལྟར་འདོད་པའི་ཆོས་བརྒྱད་ལ་བླང་དོར་དུ་ཀུན་ནས་ཞེན་པ་འདིས་ནི་སྡུག་བསྔལ་དང་ཉེས་པ་ཐམས་ཅད་སྐྱེ་བར་བྱེད་དོ། །དེའི་ཕྱིར་བདག་ཉིད་རྣམ་ཐོས་ཀྱི་བུའི་ལོངས་སྤྱོད་ལྟ་བུའི་རྙེད་པ་ཐོབ་ཅིང་འཁོར་ལ་སྐྱེ་བོ་ཐམས་ཅད་ཀྱིས་ཚངས་པ་དང་བརྒྱ་བྱིན་ལྟར་བལྟ་བས་ཕྱག་དང་ལྡང་བ་དང་སྟན་མཐོན་པོ་སྟོབ་པའི་བཀུར་སྟི་བྱེད་ལ། སྙན་པར་བསྟོད་པ་དང་དེ་འཛམ་གླིང་ཐམས་ཅད་དུ་རྒྱ་ཆེར་གྲགས་སུ་ཟིན་ཡང་དེ་རྣམས་ཀྱིས་བདག་ལ་ཅི་བྱ་སྟེ། དེའི་ཚེ་བདག་མཆོག་ཏུ་འཛིན་པའི་ང་རྒྱལ་དང་རྒྱུ་དེས་གཞན་ཁྱད་དུ་གསོད་པར་འགྱུར་ལ། དེས་སྐྱེ་བ་ཕྱི་མར་ངན་སོང་དང་དབུལ་པོ་དང་བྲན་གྱི་ཁྱིམ་སོགས་སྨད་པའི་གནས་སུ་ང་རྒྱལ་གྱི་མཐུས་སྐྱེ་ཞིང་གཞན་ཁྱད་དུ་བསད་པའི་རྒྱུ་ལས་སྐྱེ་བོ་ཐམས་ཅད་ཀྱིས་བརྙས་ཤིང་དམད་པ་དང་ག་ཞའི་གནས་སུ་བྱེད་པར་འགྱུར་བའི་ཕྱིར་དང་། ཆོས་ཉིད་ཀྱིས་འདོད་པའི་ཡོན་ཏན་གྱིས་ནི་ལན་ཚྭའི་ཆུ་ལྟར་ངོམས་པ་མེད་དེ། རྒྱལ་པོ་ང་ལས་ནུ་གླིང་བཞི་དང་། རྒྱལ་ཆེན་རིས་བཞི་པ་དང་། བརྒྱ་བྱིན་གྱི་སྟན་ཕྱེད་ཀྱིས་ཀྱང་མ་ངོམས་པ་དང་། རི་བོ་གསེར་དུ་གྱུར་ན་ཡང་། །གཅིག་གི་ནོར་དུའང་མི་ཚོག་སྟེ། །ཞེས་པ་ལྟར། རྙེད་བཀུར་ཇི་ཙམ་འཕེལ་བ་དེ་ཙམ་བརྒྱ་སྟོང་དུ་བསྒྱུར་བའི་སྲིད་ཞེན་དང་དེས་འབྲས་བུ་སྡུག་བསྔལ་བོ་(༢༧༢བ)ན་འཕེལ་བ་སྟེ། སྔོན་ཕ་སྐྱེས་གཅིག་གིས་གླང་པོ་ཆེའི་རོ་དང་། མི་སྟོང་གི་རོ་རྙེད་པ་ན་ད་ལྟ་གཞོན་པའི་དུས་སུ་བ་ནས་ཟ་ལ་རྒྱས་ནས་རྙེ་བ་རྣམས་བཟའ་བར་སེམས་ཏེ་གཞུ་རྒྱུད་ཟོས་པས་ཚད་དེ་གཞུ་སྣ་ལ་ཐོག་ནས་ཤི་ཞིང་། ལྷ་རྣམས་ཀྱིས་ཚིགས་བཅད་སྨྲས་པར་ལུང་ལས་བཤད་པའི་ཕྱིར། རྙེད་བཀུར་དེ་ལྟ་བུ་ཐོབ་ཀྱང་རྟག་པ་མ་ཡིན་ཏེ་རིང་པོར་མི་ཐོགས་པར་དེ་དག་དོར་ཏེ་བདག་གི་རྣམ་པར་ཤེས་པ་གཅིག་པུར་ཕ་རོལ་

ཏུ་འགྲོ་དགོས་པའི་ཕྱིར་དང་། དེའི་ཚེ་བདག་གི་རྙེད་བཀུར་དང་བསྟོད་གྲགས་དེ་དག་རྨི་ལམ་ན་ནོར་བུ་རྙེད་པ་ལས་སད་པ་ལྟར་ཡིད་ཀྱི་དྲན་ཡུལ་དུ་གསལ་ཞིང་ད་ལྟ་མེད་པས་ཀྱེ་མ་ཞེས་སྡུག་བསྔལ་བསྐྱེད་ཀྱི་རྙེད་གྲགས་དེ་དག་གང་དུ་སོང་ཡང་མི་ཤེས་ན་བདག་ཉིད་ཀྱིས་དབང་བྱར་ག་ལ་ཡོད་པའི་ཕྱིར་རོ། །

ཁྱད་པར་བསྟོད་སྨད་ནི་སྒྲ་ཙམ་དང་མིང་ཚིག་དང་ཡི་གེའི་ཚོགས་པ་ཙམ་ཡིན་ལ་དེ་དག་གི་འབྲེལ་བ་དང་བརྗོད་བྱ་རྗོད་བྱེད་ཀྱང་རང་བློས་སྒྲོ་བཏགས་པ་ཁོ་ནར་ཟད་པས་ཡང་དག་པར་ཆུ་སྒྲ་དང་རླུང་གི་སྒྲ་སོགས་ལ་བསྟོད་སྨད་དུ་བཟུང་བ་ལྟ་བུ་ཁོ་ནའི་ཕྱིར་དང་། ཕྱིར་འཇིག་རྟེན་ནི་མཛའ་བ་དང་མི་མཛའ་བ་དང་བར་མར་གནས་ལ་སྐྱེ་བོ་ཐམས་ཅད་ཀྱིས་མགྲིན་གཅིག་ཏུ་གཅིག་ཆར་བསྟོད་པའམ་སྨད་པ་ནི་མི་སྲིད་ལ། མཛའ་བ་ཁ་ཅིག་གིས་བསྟོད་པ་དང་མི་མཛའ་བ་ཁ་ཅིག་གིས་སྨད་པ་ཙམ་ལ་དགའ་བ་དང་མི་དགའ་བ་ཅི་ཡང་བྱར་ཅི་ཡོད་དེ། བདག་གི་ཕུང་པོ་ལྔ་དང་ཕ་རོལ་གྱི་བསྟོད་སྨད་ཀྱི་སྒྲ་ཙམ་དེ་ལ་འབྲེལ་བ་ཅི་ཡང་མེད་པའི་ཕྱིར་དང་། མཛའ་མི་མཛའ་བར་མ་གསུམ་ཡང་རྐྱེན་ཙུང་ཟད་རེ་ལས་གནས་སྐབས་གཞན་དུ་འགྱུར་བའི་ཕྱིར་དང་། སྐྱེས་བུ་ཞིག་ན་བ་ན་ཁྱོད་ཀྱི་ནད་མེད་དོ་ཞེས་བསྟོད་པ་དང་ཁྱོད་ཀྱི་ནད་ལྕིའོ་ཞེས་སྨད་པ་གཉིས་ཀས་ཀྱང་ནད་འཕེལ་འགྲིབ་གང་ཡང་མེད་པ་ལྟར་བསྟོད་སྨད་ཀྱིས་བདག་ལ་ཕན་གནོད་ཅི་ཡང་མེད་པའི་ཕྱིར་དང་། གཅིག་གིས་བདག་ལ་བསྟོད་པའི་ཚེ་(༢༧༣ན)དགའ་བར་བྱེད་ན་དེའི་དུས་ཁོ་ན་ན་གཞན་བདག་ལ་སྨད་པ་དུ་མ་ཡོད་པས་དེ་དག་ལ་མི་དགའ་བ་སྐྱེད་པར་ཡང་རིགས་ཤིང་། གཅིག་གིས་སྨད་པའི་ཚེ་མི་དགའ་བ་སྐྱེ་ན་དེའི་དུས་ཁོ་ན་ན་བདག་ལ་བསྟོད་མཁན་ཡང་དུ་མ་ཡོད་པས་དེ་དག་ལ་དགའ་བར་ཡང་རིགས་ལ། དེ་ལྟར་ན་དགའ་མི་དགའ་གཉི་ག་ཅིག་ཆར་དུས་མཉམ་དུ་སྐྱེད་དགོས་པས་དེའི་ཚེ་སེམས་ཁྱོད་ཇི་ལྟར་བྱ་ཞེས་རྣམ་པར་བརྟགས་པའོ། །

བཞི་པ་འདུ་འཛིའི་ཉེས་པ་ནི།

སེམས་ཅན་མོས་པ་སྣ་ཚོགས་པ། །
རྒྱལ་བས་ཀྱང་ནི་མ་མགུ་ན། །
བདག་འདྲ་ངན་པས་སྨོས་ཅི་དགོས། །
དེ་བས་འཇིག་རྟེན་བསམ་པ་གཏོང་། །༢༢།
སེམས་ཅན་ཉེད་པ་མེད་ལ་སྨོད། །
ཉེད་པ་ཅན་ལའང་མི་སྙན་བརྗོད། །
རང་བཞིན་འགྲོགས་དཀའ་དེ་དག་གིས། །
དགའ་བ་ཇི་ལྟར་སྐྱེ་བར་འགྱུར། ༢༣ །
གང་ཕྱིར་བྱིས་པ་རང་དོན་ནི། །
མེད་པར་དགའ་བ་མི་འབྱུང་བས། །
བྱིས་དང་བཤེས་ལ་དགའ་མེད་ཅེས། །
དེ་བཞིན་གཤེགས་པ་རྣམས་ཀྱིས་གསུངས། ༢༤ །

ཞེས་གསུངས་ཏེ། དང་པོས་སེམས་ཅན་མགུ་མི་ནུས་པར་བསྟན། གཉིས་པས་དེའི་རྒྱུ་མཚན་བརྗོད། གསུམ་པས་ལུང་དང་སྦྱར་བའོ། །

དེ་ཡང་སེམས་ཅན་རྣམས་ནི་བསམ་པ་སྣ་ཚོགས་པས་མོས་པ་ཐ་དད་པ་བསམ་གྱིས་མི་ལང་བ་ཞིག་སྟེ། སྦྱར་བའི་དུག་ནི་སྐྱེ་བོ་ཀུན་འཇིགས་པའི་གནས་ཡིན་མོད་ཀྱང་སླ་སློའི་ཡུལ་དག་ན་སྦྱར་བའི་དུག་འཚོས་ཤིང་འཚོང་ལ་བྱིན་པས་འཚོ་བར་བྱེད་པ་མང་དུ་ཡོད་ལ། དེ་དག་ཉིད་ནི་དུག་ཇི་ཙམ་དུ་རྣོ་བ་ལ་ཡོན་ཏན་གྱི་མཆོག་ཏུ་ལྟ་བར་བྱེད་པ་དང་། སྤྱིར་ཕ་མ་ལ་གུས་པ་འཇིག་རྟེན་ན་ཡ་རབས་ཀྱི་ཆོས་ལུགས་ཀྱི་གཙོ་བོ་ཡིན་ཡང་སྟག་གཟིག་གི་ཡུལ་ན་བུས་མ་བག་མར་ལེན་པ་དང་ཡང་བག་མ་གཞན་ལེན་ན་མ་བསད་པའི་མགོ་བུའི་མདུན་དུ

འདྲེན་ཞིང་ཤ་ཁྲག་གཞན་དེའི་ཚེ་འདུས་པ་རྣམས་ཀྱི་བྱ་ནར་[1]བྱེད་པ་སོགས་ལ་རིགས་ཀྱི་ཆོས་ལུགས་(༢༧༣བ)སུ་ཞེན་པ་སོགས་འཇིག་རྟེན་འདི་ན་མི་སྲིད་པ་འགའ་ཡང་མེད་ཅིང་། དེ་བཞིན་གཤེགས་པ་ཉི་མའི་དཀྱིལ་འཁོར་ལྟ་བུའི་མདུན་རོལ་དུ་ཡང་སོལ་བའི་དུམ་བུ་ལྟ་བུའི་མུ་སྟེགས་ཀྱི་སྟོན་པ་དྲུག་མཆོད་ཅིང་བཀུར་བ་དང་སྟོན་པ་དྲུག་ལ་སོགས་པས་དགེ་སློང་གཽ་ཏ་མ་ནི་བྱས་པ་མི་གཟོ་བ་སྟེ་རབ་ཏུ་བྱུང་བས་རྒྱལ་པོ་ཟས་གཙང་མ་སྡུག་བསྔལ་བར་བྱས་སོ། །ཞེས་དང་། འདི་ནི་སྒྱུ་མ་སྟེ་བདེན་པའི་དངོས་པོ་མེད་དོ། །ཞེས་དང་། འདིའི་སྒྱུ་མས་འཇིག་རྟེན་སླུས་སོ། །ཞེས་སོགས་ཀྱང་སྨྲོག་པར་བྱེད་ན་བདག་ཅག་བྱིས་པའི་སྐྱེ་བོས་འདི་ཐམས་ཅད་ཅིག་ཆར་མགུ་བ་ལྟ་ག་ལ་ནུས། ཅུང་ཟད་མགུ་ནའང་ཡིད་བརྟན་དུ་མི་རུང་སྟེ་ཡང་དེ་མ་ཐག་ཁྲོ་བར་ཡང་འགྱུར་བའི་ཕྱིར། མགུ་བ་ཙམ་དེ་ཡུན་རིང་དུ་རྟག་སྲིད་ཀྱང་སྙིང་པོ་འགའ་ཡང་མེད་དེ་ལྷའི་བུ་དང་བུ་མོའི་ཚོགས་པ་བཞིན་ནོ། །

ཡང་སྙེད་བཀུར་དང་མི་ལྡན་པ་ལ་ནི་སེམས་ཅན་རྣམས་བརྙས་པར་བྱེད་དེ་བསོད་ནམས་མ་བསགས་པ་དང་མུ་ཏོ་བའོ། །ཞེས་སོགས་ཀྱིས་བརྙས་ཤིང་སྨད་པ་དང་ལྷུར་མི་འདོད་པར་བྱེད་ལ། སྙེད་བཀུར་གྱིས་འཁོར་བ་དག་ལ་ཡང་མིག་ཕྲ་བོ་ཞེས་སོགས་ཀྱིས་སྨོད་དེ། བོད་ཀྱི་ཞ་ལུ་པཎྜི་ཏས། ཐམས་ཅད་མགུ་བའི་སྤྱོད་པ་ངས་མ་ཤེས། །བདག་གི་སྤྱོད་ལམ་ཇི་ལྟར་བྱས་ན་ཡང་། །ངན་པའི་སྐད་མ་བཏགས་པ་མ་བྱུང་ངོ་། །ཞེས་པ་ལྟ་བུ་ཡོ་ན་ཡིན་ཏེ། དཔེར་ན། ཚེར་མ་དང་ཟྭ་ཚོད་ནི་རང་བཞིན་གྱིས་འགྲོགས་པར་དཀའ་ཞིང་ཤིན་ཏུ་ཉེ་ན་འཛུག་པར་གནོད་མི་ཟ་བ་བཞིན་དུ་བྱིས་པའི་གྲོགས་ཀྱང་དེ་ལྟ་བུ་ཡིན་ལ། བྱིས་པ་དེ་དག་གིས་བདག་ཉིད་ཀྱི་དོན་གྱི་མཆོག་ཚད་མེད་པ་ཡིན་ཡང་གནས་སྐབས་དོན་ཆུང་ངུར་མཐོང་པ་བྱང་ཆུབ་ཏུ་སེམས་བསྐྱེད་པ་ལྟ་བུ་དང་། རང་ཉིད་ལ་གནོད་པ་

1 བྱ་ན། ཟས་ཀྱི་སྤྱོད་ཡའམ་ཚོད་མའི་མིང་།

ཆེན་པོའི་རྒྱུ་ཡིན་ཡང་འཕྲལ་ཡིད་དུ་འོང་བར་སྣང་བ་དཀོན་པའི་ཟས་ལ་དུག་སྦྱར་བ་ལྟ་བུ་སྡིག་པའི་ལས་སོགས་རང་དོན་དུ་འགྱུར་བ་དང་མི་འགྱུར་བའི་དབྱེ་(༢༧༨ན)བའང་མི་ཤེས་པས་རང་ཕྱུག་པར་འདོད་ནས་གཞན་ནོར་རྐུ་འཕྲོག་བྱེད་པ་དང་། རང་ཚེ་རིང་བར་འདོད་ནས་རིམ་གྲོར་གཞན་གསོད་པ་སོགས་འབྲས་བུ་བདེ་བ་འདོད་ལ་དེའི་རྒྱུ་ཕྱིན་ཅི་ལོག་འབའ་ཞིག་སྒྲུབ་ཅིང་། དོན་ཆེན་པོ་རྣམས་ལ་ནི་ཤིན་ཏུ་བརྙས་པས་འདོར་ཏེ་རྒྱུ་ཕྱིན་ཅི་ལོག་གྲུབ་པ་ལ་རང་དོན་དུ་ཞེན་ནས་དེའི་གྲོགས་སུ་གྱུར་ན་དགའ་བར་བྱེད་ཀྱི་དེའི་གྲོགས་སུ་མ་གྱུར་ན་ཁྲོ་ཞིང་སྡང་བར་བྱེད་པས་ན་བྱིས་པ་དང་བཤེས་པ་ལ་ནི་སྙིང་པོ་འགའ་ཡང་མེད་དེ། སྤྱང་ཀི་དང་སྟག་གཟིག་དང་བ་ལང་དང་ར་ལུག་སོགས་མི་མཐུན་པའི་སྲོག་ཆགས་རྣམས་བསགས་ནས་མཛའ་བོར་བཟུང་སྟེ། བདག་ཉིད་དང་གནས་ཁང་གཅིག་ཏུ་རྟག་པར་འདུག་ན་དེ་དག་གཅིག་ལ་གཅིག་འཚེ་བ་དང་བདག་ཉིད་ལ་ཡང་འཚེ་བས་བདེ་བའི་སྐབས་མི་རྙེད་པ་བཞིན་ཏེ། **ཟླ་བ་སྒྲོན་མར།** སོ་སོའི་སྐྱེ་བོ་རྣམས་ལ་མཛའ་བ་མེད། །ཚུལ་དང་མཐུན་པའི་ཚིག་གིས་སྨྲས་གྱུར་ཀྱང་། །ཁྲོ་དང་ཞེ་སྡང་ཡིད་མི་ཆེས་པ་དག །རབ་ཏུ་སྨྲ་སྟེ་འདི་ནི་བྱིས་པའི་ཆོས། །དོན་དེ་རྣམ་པར་རིག་ནས་ཡིད་མི་རྟོན། །ཞེས་དང་། བྱིས་པ་ཇི་ལྟར་ཡུན་རིང་ལེགས་བསྟེན་ཡང་། །དེ་དག་ཕྱིར་ཞིང་མི་མཛའ་དགྲར་འགྱུར་ཞེས། །བྱིས་པའི་ངོ་བོ་ཉིད་ཀྱི་རྒྱུས་ཤེས་ནས། །མཁས་པ་བྱིས་པ་དག་དང་བསྟེན་མི་བྱེད། །ཅེས་དང་། འདི་དག་བདག་ལ་གནོད་སེམས་ལྡན་པའོ་ཞེས། །མཁས་པ་བྱིས་པ་རྣམས་དང་ཇོད་མི་བྱེད། །བསྟི་བསྟང་བྱས་ཏེ་བྱིས་པ་ཡོངས་སུ་སྤོང་། །ཞེས་སོགས་རྒྱ་ཆེར་གསུངས་པའི་ཕྱིར་རོ། །

འདིར་དོགས་པ་འདི་ཡོད་དེ། བྱིས་པ་རང་དོན་མེད་པར་ནི། །ཞེས་འཆད་ན་བྱིས་པས་རང་དོན་གང་ཡིན་པ་ཤེས་སམ་ཞེས་པ་དང་། ཡང་སྟོན་དུ། སེམས་ཅན་

མགུ་བྱ་མ་གཏོགས་པ། །སོགས་ཀྱིས་སེམས་ཅན་མགུ་བ་པོ་ན་བསྒྲུབ་བྱར་བསྟན་པ་དང་འདིར་སེམས་ཅན་མགུ་མི་ནུས་པར་(༢༧༥བ)བསྟན་པ་འགལ་ལོ་སྙམ་པའོ། །སྐྱོན་དེ་དག་ནི་མེད་དེ། ཕྱིས་པས་རང་དོན་ཡང་དག་པ་མི་ཤེས་ཀྱང་དོན་མ་ཡིན་པ་ལ་ཕྱིས་པ་ཉིད་རང་དོན་དུ་འཛིན་པའི་ཚ་ནས་དེ་སྐད་བརྗོད་ལ། འཕྲལ་དུ་སེམས་ཅན་དེ་ཉིད་མགུའམ་མ་མགུའམ་ཕན་གནོད་གང་དུ་འཛིན་ཡང་རུང་སྟེ། ཡུལ་དེ་ལ་ཕན་བདེ་པོ་ན་སྒྲུབ་ལ་ནམ་ཞིག་ན་ནི་ཡུལ་དེས་ཀྱང་ཕན་པར་གོ་བར་འགྱུར་ལ། དེས་མ་གོ་ཡང་གཞན་ལ་ཕན་བདེར་གྱུར་པ་པོ་ནས་བྱང་ཆུབ་སེམས་དཔའ་ལ་ཚོག་པའི་ཕྱིར་ཕན་བདེ་སྒྲུབ་པ་ལ་གཞན་མགུ་བར་བྱ་དགོས་པའི་མིང་གིས་བསྟན་པ་ཡིན་ལ། འདིར་ནི་ཕན་བདེར་མི་འགྱུར་བར་སྤྱོད་པ་མཚུངས་པར་འགྲོགས་པ་ལ་སྙིང་པོ་མེད་པས་དེ་སྤང་དགོས་པར་བསྟན་པ་སྟེ། དཔེར་ན། གདོལ་པ་ཞིག་གསོད་པའི་བྱ་བ་ལས་ལྡོག་ནུས་པར་ཤེས་ན་དེ་དང་མཛའ་བོར་བྱས་ཏེ་བག་ཕབ་ནས་ཁད་ཀྱིས་སྲོག་གཅོད་སྤོང་བར་འགོད་མོད་ཀྱང་། དེ་དགེ་བ་ལ་སྦྱོར་མི་ནུས་པར་ཤེས་ན་དེ་དང་མཛའ་བོར་བྱས་པ་ལ་སྙིང་པོ་མེད་པས་དེ་དང་འགྲོགས་པ་སྤོང་བ་བཞིན་ནོ། །

ལྔ་པ་དབེན་པའི་ཡོན་ཏན་ནི།

ནགས་ན་རི་དྭགས་བྱ་རྣམས་དང་། །
ཤིང་རྣམས་མི་སྙན་བརྗོད་མི་བྱེད། །
འགྲོགས་ན་བདེ་བ་དེ་དག་དང་། །
ནམ་ཞིག་ལྷན་ཅིག་བདག་གནས་འགྱུར། ༢༨ །
ཕུག་གམ་ལྷ་ཁང་སྟོང་པའམ། །
ལྗོན་ཤིང་དྲུང་དུ་གནས་བཅས་ཏེ། །
ནམ་ཞིག་རྒྱབ་ཏུ་མི་ལྟ་ཞིང་། །

ཆགས་པ་མེད་པར་འགྱུར་ཞིག་གུ། ༢༧ །
ས་ཕྱོགས་བདག་གིར་བཟུང་མེད་པ། །
རང་བཞིན་གྱིས་ནི་ཡངས་རྣམས་སུ། །
རང་དབང་སྤྱོད་ཅིང་ཆགས་མེད་པར། །
ནམ་ཞིག་བདག་ནི་གནས་པར་འགྱུར། ༢༨ །
ལྷུང་བཟེད་ལ་སོགས་ཉེ་ཚེ་དང་། །
ཀུན་ལ་མི་མཁོའི་གོས་འཆང་ཞིང་། །
ལུས་འདི་སྦ་བ་མ་བྱས་ཀྱང་། །
འཇིགས་མེད་གནས་པར་ནམ་ཞིག་འགྱུར། ༢༩ །
དུར་ཁྲོད་སོང་ནས་གཞན་དག་གི། །
རུས་གོང་དག་དང་བདག་གི་ལུས། །
འཇིག་པའི་ཆོས་ཅན་དག་ཏུ་ནི། །
ནམ་ཞིག་མགོ་(༢༧༥ན)སྙོམ་བྱེད་པར་འགྱུར། ༣༠ །
བདག་གི་ལུས་ནི་འདི་ཉིད་ཀྱང་། །
གང་གི་དྲི་ཡིས་ཝ་དག་ཀྱང་། །
དྲུང་དུ་ཉེར་འགྲོ་མི་འགྱུར་བ། །
དེ་ལྟ་བུར་ནི་འགྱུར་བར་འོང་། ༣༡ །
ལུས་འདི་གཅིག་པུ་བྱུང་བ་ཡང་། །
ལྷན་ཅིག་སྐྱེས་པའི་ཤ་རུས་དག །
ཞིག་སྟེ་སོ་སོར་འགྱེས་འགྱུར་ན། །
མཛའ་བ་གཞན་ལྟ་ཅི་ཞིག་སྨོས། ༣༢ །
སྐྱེ་ན་འང་གཅིག་པུ་སྐྱེ་འགྱུར་ཞིང་། །

འཆི་ནའང་དེ་ཉིད་གཅིག་འཆི་སྟེ། །
སྡུག་བསྔལ་སྐལ་གཞན་མི་ལེན་ན། །
གེགས་བྱེད་མཛའ་བོས་ཅི་ཞིག་བྱ། ༣༣ །
ལམ་དག་ཏུ་ནི་ཞུགས་པ་རྣམས། །
ཇི་ལྟར་གནས་ནི་འཛིན་བྱེད་ལྟར། །
དེ་བཞིན་སྲིད་པའི་ལམ་ཞུགས་པ། །
སྐྱེ་བའི་གནས་ནི་ཡོངས་སུ་འཛིན། ༣༤ །
འཇིག་རྟེན་ཀུན་ནས་གདུང་བཞིན་དུ། །
ཇི་སྲིད་སྐྱེས་བུ་བཞི་ཡིས་ནི། །
དེ་ལས་དེ་ནི་མ་བཏེག་པ། །
དེ་སྲིད་དུ་ནི་ནགས་སུ་སོང་། ༣༥ །
བཤེས་མེད་འཁོན་པའང་མེད་བྱས་ནས། །
ལུས་འདི་གཅིག་པུ་དབེན་གནས་ཏེ། །
སྔ་ནས་ཤི་དང་འདྲར་བརྩིས་ན། །
ཤི་ཡང་མྱ་ངན་བྱེད་པ་མེད། ༣༦ །
དྲུང་ན་འཁོད་པ་སུ་དག་ཀྱང་། །
མྱ་ངན་གནོད་པ་བྱེད་མེད་པས། །
འདི་ཡི་སངས་རྒྱས་རྗེས་དྲན་སོགས། །
སུས་ཀྱང་གཡེངས་པར་འགྱུར་བ་མེད། ༣༧ །
དེ་བས་ཤིན་ཏུ་མདངས་དགའ་བའི། །
ནགས་ཚལ་ཚེགས་ཆུང་བདེ་སྐྱིད་ཅིང་། །
གཡེང་བ་ཐམས་ཅད་ཞི་བྱེད་པར། །

བདག་ཉིད་གཅིག་པུར་གནས་པར་བྱ། ༢༡།

ཞེས་གསུངས་ཏེ། དང་པོས་གྲོགས་འགྲོགས་བདེ་བ་དང་། དེ་ནས་གཉིས་ཀྱིས་གནས་རང་དབང་ཐོབ་པ་དང་། གཅིག་གིས་ཡོ་བྱེད་ཉེད་སྲུང་སླ་བ་དང་། ཏུར་ཁྲོད་སོགས་ཚོགས་བཅད་ལྔས་རྒྱན་གྱིས་བརྟོན་འགྲུས་འཕྲལ་དུ་སྐྱེ་བ་དང་། འཇིག་རྟེན་སོགས་ཚིགས་བཅད་བཞིས་མ་ཆགས་ཤིང་གཡེང་བ་མེད་པར་བསྟན་ཏོ། །

དེ་ཡང་གང་ན་ལྡོན་ཤིང་གི་ཚོགས་པ་ཡོད་པ་ལ་ནགས་ཚལ་ཞེས་བྱ་མོད་ཀྱང་། རྒྱ་གར་ན་དགོན་པའི་(༢༧༥བ)གནས་རྣམས་ནགས་ཀྱིས་ཁྱབ་པ་ཤས་ཆེ་ཞིང་བཙོས་པ་དང་རང་བཞིན་གྱིས་གྲུབ་པའི་རི་ཆུང་དུ་རེ་རེ་ཙམ་མ་གཏོགས་རི་བོ་ཆེན་པོ་དག་ཉུང་བའི་ཕྱིར་ནགས་ཞེས་གཙོ་ཆེ་བ་སྨོས་པར་ཟད་ཀྱི་ཤིང་ནགས་ཁོ་ན་ལ་ནི་མི་བཟུང་སྟེ། བོད་ལ་སོགས་པ་མཐའ་འཁོབ་ཀྱི་ཡུལ་གྲུ་རྣམས་ན་རི་བོ་ཆེ་ཞིང་ལྷུན་སྟུག་པ་གངས་རི་དང་བྲག་དང་གཡའ་དང་རྫ་དང་སྤང་སོགས་ཤིང་དང་བཅས་པ་དང་མ་བཅས་པ་ཆེས་མང་བས་དེ་ལྟ་བུའི་དགོན་པའི་གནས་ཐམས་ཅད་བསྡུ་བའོ། །

དེ་དག་ན་ནི་སྐྱེ་བོའི་རྒྱུན་ལུགས་ཀྱིས་དབེན་པས་བྱ་དང་རི་དྭགས་དང་ལྡོན་ཤིང་ལ་སོགས་པ་གྲོགས་སུ་ཟད་ལ། དེ་དག་ནི་ངོ་སྲུང་བ་མི་དགོས་ཤིང་སྨོད་པར་མི་བྱེད་པས་འགྲོགས་ན་བདེ་བའོ། །ཅི་དེ་དག་ན་གཅན་གཟན་གདུག་པ་དག་ཡོད་པས་དེ་དག་ནི་འགྲོགས་ན་བདེ་བ་མ་ཡིན་ནོ་སྙམ་ན། དེ་ལྟ་བུའང་རེས་འགའ་ན་སྲིད་མོད་ཀྱི་རྣམ་པ་ཀུན་ཏུ་མ་ཡིན་པ་དང་བྱང་ཆུབ་སེམས་དཔའ་ནི་ལུས་སྲོག་ལ་ཆགས་པ་མེད་ཅིང་སེམས་ཅན་ཐམས་ཅད་ཕ་མར་འདུ་ཤེས་པས་དེའི་དོན་དུ་དབེན་པར་འགྲོ་བའི་ཕྱིར་ཆགས་པ་དང་འཇིགས་པ་མེད་ལ། སེམས་གཡོ་བར་མི་བྱེད་ན་ལུས་ཀྱིས་གནས་སྐབས་ཅི་ཐོབ་ཀྱང་སྡུག་བསྔལ་མ་ཡིན་ཏེ། སྡུག་བསྔལ་ནི་ཚོར་བ་ཡིན་ལ། དེ་ནི་ཤེས་པའི་ཆོས་ཡིན་གྱི་བེམ་པོ་ལ་མེད་དོ། །དེ་དག་ཏུ

བྲག་གི་ཕུག་གམ་བྱ་སྐྱིབས་སོགས་དང་སྟོན་ཚངས་པ་ལ་སོགས་པའི་གཟུགས་བརྙན་བྱས་ཏེ་མཆོད་པ་འཇིག་རྟེན་པའི་ལྷ་ཁང་ཡིན་པ་ལས་ཕྱིས་ཕྱོགས་དེ་སྐྱེ་བོས་དབེན་པས་སྟོང་པར་གྱུར་པའམ། སྟོན་ཤིང་ཆེན་པོ་ཡོ་མའི་སྐྱིབས་ཆེ་ཞིང་གཡུར་ཟ་བས་ཆར་དང་ཉི་མའི་གདུང་བ་དང་རླུང་ལས་སྐྱོབ་པས་ཁང་བཟང་གི་མཆོག་ལྟ་བུ་ལ་སོགས་པ་རྙེད་པར་སླ་ཞིང་འཚོས་པའི་སྡུག་བསྔལ་མེད་པ་སུས་ཀྱང་བདག་གིར་མ་བཟུང་བས་རྩོད་པ་མེད་པ་རྣམས་སུ་ཅི་ལྟར་བདེ་བས་གནས་ཏེ་གཞན་དབང་གི་ཁོལ་པོ་མ་ཡིན་པས་རང་དབང་དུ་སྤྱོད་ལ། རྒྱབ་ལྟ་བུ་(༢༧༨ན)འདས་པ་དང་དེས་མཚོན་པ་མདུན་ལྟ་བུ་མ་འོངས་པ་སྟེ་ཚེ་འདིའི་བསམ་པ་ཅི་ལ་ཡང་མི་ལྟ་ཞིང་མི་སེམས་པའོ། །

ནང་པའི་རབ་བྱུང་ལ་ལྷུང་བཟེད་དང་དཀའ་ཐུབ་པ་གཞན་ལ་སློང་ཕོར་ལ་སོགས་པར་བརྗོད་པའི་སྣོད་ངན་ངོན་དང་། སྐྱེ་བོ་རྣམས་ཆོས་གོས་ངན་པ་ལ་ངོ་ཚ་བར་བྱེད་པས་དེ་དག་ལ་མི་མཐོ་བའི་ཕྱིར་འཕྲོག་པར་མི་བྱེད་པའི་ཆོས་གོས་སམ། ཇི་ལྟར་རྙེད་པ་ལ་སོགས་པ་གོས་ངན་ངོན་ཙམ་དང་རྩྭ་དང་ཤིང་འདམ་པོ་ལ་སོགས་པའི་སྐྱན་གྱིས་ཚོག་ཤེས་ཤིང་ཉེ་བའི་གྲོང་དག་ནས་བསོད་སྙོམས་ཙམ་བླངས་པས་འཚོ་བའམ། ཡང་ན་རྙེད་པར་སླ་ལ་གཞན་ལ་རག་མ་ལུས་པའི་མེ་ཏོག་དང་འབྲས་བུ་དང་རྩ་བ་དང་ལོ་མ་དང་ས་རྗེ་བཞུན་པ་དང་ཆུ་གཙང་མ་སོགས་ཀྱིས་འཚོ་བ་སྟེ། **སྐྱེས་རབས་ལས།** ཚོག་ཤེས་དེས་པའི་བདག་ཉིད་ཅན། །འཚོ་བ་གང་ནའང་བཙལ་མི་དཀའ། །རྩྭ་དང་ལོ་མ་ཆུ་ནི་གནས། །གང་ནའང་མེད་པ་མ་ཡིན་ནོ། །ཞེས་གསུངས་པ་ལྟར་སྤྱོད་ཅིང་། སྤྱིར་དུ་བསམ་གཏན་གྱི་སེམས་ཐོབ་པ་ན་ཁམས་ཀྱི་ཟས་སྐོམ་ལ་སྲེད་པ་འགག་ཅིང་ཏིང་ངེ་འཛིན་གྱི་དགའ་བ་དེ་ཉིད་ཟས་སུ་འགྱུར་བ་སྟེ། འཇིག་རྟེན་ན་ཁམས་ཀྱི་ཟས་དང་། ལས་ཀྱི་ཟས་དང་། བསམ་པའི་ཟས་དང་། ཏིང་ངེ་འཛིན་གྱི་ཟས་ཏེ་རྣམ་པ་བཞི་ལས་ཏིང་ངེ་འཛིན་གྱི་ཟས

ཕོ་ན་མཆོག་ཡིན་ལ། འཁོར་བ་པ་ཁམས་གོང་གི་ལྷ་ཐམས་ཅད་ཀྱི་ཟས་ཀྱང་འདིར་ཟད་ན་འཇིག་རྟེན་ལས་འདས་པའི་ཡེ་ཤེས་ཐོབ་པ་བསམ་གཏན་གྱི་ཕ་རོལ་ཏུ་ཕྱིན་པ་ལ་སྦྱོད་པའི་བྱང་ཆུབ་སེམས་དཔའ་ལྟ་ཅི་སྨོས་པའི་ཕྱིར། ནང་པའི་རབ་བྱུང་གི་ལྟུང་བཟེད་དང་ཆོས་གོས་ཀྱང་གཞན་གྱིས་འཕྲོག་བྱ་མིན་ཏེ། ཕྱིར་ཆོས་བཞིན་དུ་ཞེན་པ་མེད་ན་གོས་ཀཱ་པ་ཊ་འབུམ་ཕྲག་རི་བ་དང་། ཁ་ཟས་རོ་བརྒྱ་པ་དང་ཁང་པ་བརྩེགས་པ་མིག་ལྔ་བརྒྱ་པ་སོགས་ཀྱང་གནང་བའི་ཕྱིར་ལྟུང་བཟེད་དང་ཆོས་གོས་ལ་ངན་ངོན་གྱིས་མ་ཁྱབ་མོད་ཀྱང་དེ་དག་ནི་གཙུག་(༢༧༨བ)ལག་ཁང་ཆེན་པོ་སོགས་སུ་གནས་ཤིང་རྒྱལ་པོས་བླ་མར་བྱེད་པ་སོགས་ཀྱི་གནས་བརྟན་ཆེན་པོ་ལ་འབྱུང་བར་ཟད་ལ། འདིར་ནི་དགོན་པ་བ་དང་སྦྱངས་པའི་ཡོན་ཏན་ཅན་གྱི་དབང་དུ་གཙོ་བོར་མཛད་ལ། ཕྱིར་ཉན་ཐོས་ཀྱི་ལྟུང་བཟེད་ཀྱང་རིན་པོ་ཆེ་ལས་བྱས་པ་བཀག་ནས་ས་དང་ལྕགས་ཕོ་ན་ལས་བྱེད་ལ། རྒྱ་གར་ན་དེ་གཉིས་རྒྱུ་ངན་པར་ལྟ་བའི་ཕྱིར་དང་། གོས་དུར་ཁྲིག་ཀྱང་རྒྱ་གར་ན་ཁ་དོག་གི་ཐ་ཆད་དུ་ལྟ་ཞིང་བོར་བ་ཕྱུག་བདར་ཁྲིད་པ་ནི་རོ་རས་ཡིན་པས་སྨྱུག་བྲོ་བས་མི་ལེན་ལ། དམན་པ་ཕྱུག་བདར་ཁྲིད་པ་ཡང་གཞན་གྱིས་བླ་བ་བཞིར་ལོངས་སྤྱད་པའི་གོས་ཡིན་པས་རྒྱ་གར་ན་མི་གྲ་མ་རྣམས་ཉིང་པ་དེ་ལྟ་བུ་མི་ལེན་ཞིང་། ཉེན་རེ་བཞིན་ཡང་རས་གསར་པ་ལ་ལོངས་སྤྱོད་པའི་ཕྱིར་དང་། ཕྱིར་ཐེག་ཆེན་གྱི་འདུལ་བ་ལ་ཕྱི་རོལ་ཕྱུག་བདར་གྱི་ཕུང་པོ་དོར་བའི་ལྟན་ཚལ་སྣ་ཚོགས་པ་བསྒྲིགས་པ་ལ་ཕྱུག་བདར་ཁྲིད་པར་བཤད་པས་དེ་ལྟ་བུ་སྐྱེ་བོ་རྣམས་ལ་ཕལ་ཆེར་མི་འཁོ་བའི་ཕྱིར་རོ། །དེ་ལྟ་མོད་ཀྱི་དེང་སང་བོད་ཡུལ་ན་ནི་མི་རྣམས་འཚོར་བ་ཉམས་ཤིང་དབུལ་བས་དེ་ལྟ་བུའི་གནས་སྐབས་ལས་ཀྱང་འདས་པར་མཐོང་མོད་ཀྱང་རེ་ཞིག་འདིར་གཙོ་ཆེ་བའི་ཆ་ནས་བསྟགས་པར་མཛད་ཀྱི་ངེས་བཟུང་དུ་ཁྱབ་མཐའ་བཅས་པ་ནི་མ་ཡིན་ནོ། །

དབེན་པའི་གནས་དེ་ལྟ་བུ་ན་ནི་རང་ཉིད་གཅིག་པུར་ཟད་པའི་ཕྱིར་གང་ལ་འཛིགས་པ་དང་ངོ་ཚ་བའི་ཡུལ་གཞན་མེད་པས་འཛིགས་པའམ་ངོ་ཚའི་གནས་སྲུང་བའི་ཕྱིར་ལུས་སྦ་བའི་སྤྱོད་ལམ་གྱོང་དུ་འཚོས་པ་ལྟ་བུ་ཡང་དགོས་པ་མ་ཡིན་ནོ། །དེ་ལྟར་གནས་སུའི་ཡང་མ་ཡིན་པ་རྣམས་སུ་ཟས་གོས་གང་བྱུང་གིས་ཆོག་ཤེས་པས་གཡེང་བ་མེད་པར་གཅིག་པུར་སེམས་རྣལ་དུ་ཕེབས་པས་རང་དབང་དུ་གནས་པ་ནི་བདེ་བའི་མཆོག་སྟེ་སྟོན་པ་ཉིད་ཀྱིས་ཀྱང་། རང་དབང་ཐམས་ཅད་བདེ་བ་སྟེ། །གཞན་དབང་ཐམས་ཅད་སྡུག་བསྔལ་ཡིན། །ཞེས་བཀའ་(༢༧༧ན)སྩལ་བ་ལྟར། བདག་ལ་ཡང་གནས་དེ་ལྟ་བུར་ནམ་ཞིག་ན་སྤྱོད་པ་དེས་གནས་པར་འགྱུར་ཞིག་གུ་ཞེས་ཤིན་ཏུ་སྨོན་པའི་ཚིག་སྟེ་སྐབས་སོ་སོར་སྦྱར་རོ། །

དགོན་པའི་གནས་དེ་དག་ནི་དུར་ཁྲོད་དང་ཡང་མི་རིང་བ་ཡིན་ལ་གང་དུ་མི་རྣམས་ཀྱི་རོ་འདོར་བའི་གནས་ནི་དུར་ཁྲོད་དུ་གྲགས་ལ། **འདུལ་བ་ལས་ཀྱང་།** དགེ་སློང་གིས་དུར་ཁྲོད་དུ་ཡང་ཡང་འགྲོ་ཞིང་སྒོམ་པར་གསུངས་ལ། དེར་སྐྱེས་པ་དང་བུད་མེད་དང་མཆོག་དམན་དུ་མ་ཤི་བའི་རོ་འཕྲལ་འཕྲལ་དུ་འབྱུང་བའི་ཕྱིར་དེ་མཐོང་བས་མི་རྟག་པའི་འདུ་ཤེས་དང་། ལུས་མཛེས་ཤིང་ཕྱི་དོར་བྱས་པ་རྣམས་ཀྱང་གཅེར་བུར་ཕྱུང་བ་ན་འཛིགས་སུ་རུང་བ་དང་། མི་གཙང་བ་དང་། བམ་པ་དང་། སྔོས་པ་དང་། རུལ་ཞིང་རྨུགས་པ་དང་། རུས་གོང་གི་བར་དུ་མཐོང་བས་མི་སྡུག་པའི་འདུ་ཤེས་དང་། འདི་ལྟར་ལྷན་ཅིག་ཏུ་བྱུང་བའི་ཤ་རུས་ཀྱང་འགྱེས་ཅིང་རུས་ཚིགས་རེ་ཡང་རྫུལ་ཕྲ་རབ་ཏུ་འཐོར་བ་འདི་ལྟ་ན་གྲོགས་ཙམ་གྱི་མཛའ་བ་ལྟ་ག་ལ་རྟག་ཅེས་འབྲལ་བའི་འདུ་ཤེས་དང་། རོའི་རྗེས་སུ་འབྲེང་བའི་བུ་ལ་སོགས་པ་དག་མྱ་ངན་དང་ངུད་མོ་ཆེར་བྱེད་ཀྱང་ཤི་བ་པོའི་སེམས་དེ་ནི་སུས་ཀྱང་མ་དམིགས་ལུས་དེ་ནི་དེ་ལྟར་དོར་བ་ན་མྱ་ངན་དེས་སུ་ལའང་མ་ཕན་ཏེ། སྟོན་ཡང་རང་གཅིག་པུར་སྐྱེས་ཤིང་ཤིས་ཀྱང་རང་ཉིད་གཅིག་པུར་ཤི

སྡེ་བདེ་སྡུག་ཐམས་ཅད་རང་ཉིད་གཅིག་པུས་སྤྱོང་གི་སུས་ཀྱང་སྐལ་བའི་ཤས་མི་ལེན་ཞིང་བགོ་བཤའ་བྱར་མེད་པར་ཤེས་པས་གྲོགས་ལ་མ་ཆགས་པའི་འདུ་ཤེས་དང་། མགྲོན་པོ་རྣམས་ལམ་དུ་ཞུགས་པ་ན་ཞག་སའི་གནས་སྔ་མ་སྔ་མ་འདོར་ཞིང་ཕྱི་མ་ཕྱི་མ་འཛིན་པ་ལྟར་ཁམས་གསུམ་ཐམས་ཅད་དུ་རྒྱུ་བའི་སེམས་ཅན་རྣམས་ཀྱང་སྐྱེ་བའི་གནས་ཡང་ཡང་དུ་འཛིན་པས་བདག་གཞན་ཐམས་ཅད་ཀྱང་མགྲོན་པོ་ཙམ་དང་སྐྱེ་གནས་ཐམས་ཅད་ཀྱང་ཞག་མལ་ཙམ་དུ་འདུ་ཤེས་པ་རྣམས་ངང་གིས་སྐྱོའོ། །

དེས་ན་ལུས་སྙིང་པོ་མེད་པ་དང་ཚེ་(༢༧༧བ)ངེས་པ་མེད་པ་དང་འཆི་བའི་རྐྱེན་མང་བ་བསམས་ན་སྔོན་མ་ཤི་བ་ཁ་རྗེ་ཆེ་ལ། ད་ལྟ་མི་འཆི་བའི་ངེས་པའང་མེད་ན་རྣམ་པར་གཡེང་བ་གཞན་བྱར་ཅི་ཁོམ་སྙེ། ད་ནི་ཕྱི་མའི་དོན་སྒྲུབ་པར་རན་པས་མི་ཚོག་འཕྲིས་པར་ཡང་ཟད་པས་བརྩོན་པ་ཆེན་པོ་སྐྱེད་པའི་དུས་ཡིན་གྱི་བདག་མི་འདོད་བཞིན་གློ་བུར་དུ་ཤི་ནས་ཤུལ་ན་གནས་པ་དག་གིས་བདག་གི་རོ་ཁྱོགས་ཀྱིས་དུར་ཁྲོད་དུ་མ་ཁྱེར་བ་དེའི་སྔ་རོལ་དུ་ད་ལྟ་ནས་བདག་ཉིད་ཀྱིས་དཀའ་ཐུབ་ཀྱི་ནགས་སུ་ཕྱིན་ནས་བརྩོན་པ་ཆེན་པོ་བརྩམ་དགོས་སོ་ཞེས་རང་གིས་རང་ལ་ནན་ཏན་གྱིས་འདོམས་པའོ། །

ཅི་ནགས་སུ་འཆི་བ་དེ་མི་འབྱུང་ངམ་ཞེ་ན། གང་དུ་ཕྱིན་ཡང་འཆི་བས་མི་ཚུགས་པའི། །ས་ཕྱོགས་དེ་ནི་གང་ནའང་ཡོད་མིན་ཏེ། །ནམ་མཁའ་ལ་མེད་རྒྱ་མཚོའི་གཏིང་ནའང་མེད། །རི་བོ་དག་གི་ཕུག་ཏུ་ཞུགས་ནའང་མེད། །ཅེས་གསུངས་པ་ལྟར་འཆི་བ་ནི་གར་ཡང་འབྱུང་སྲིད་ཀྱང་འཆི་ཚུལ་ལ་ཁྱད་པར་ཆེ་སྟེ་གྲོང་ལ་སོགས་པར་ཤི་ན་གཉེན་གྱིས་མྱ་ངན་བྱེད་དགྲ་རྣམས་དགའ་བའི་ཅ་ཅོ་འདོན་འཆི་བ་པོ་ཡང་ཉེ་དུ་མྱ་ངན་ཅན་མཐོང་བས་ཆགས་ཤིང་སྡུག་བསྔལ། དགེ་བའི་དམིགས་པ་བརྗེད་ཅིང་མི་དྲན་སྡུག་བསྔལ་དང་མྱ་ངན་གྱི་ངང་དུ་འཆི་ལ་རྒྱུ

དེས་ངན་སོང་གི་གནས་སུ་ཉིང་མཚམས་སྦྱོར་རོ། །དབེན་པར་ཤི་བ་ནི་དེ་ལྟ་བུ་མ་ཡིན་ཏེ་དགྲ་གཉེན་སུ་ཡང་མེད་པས་ཆགས་སྡང་གི་ཡུལ་མེད། གཙུག་ཕུད་འདོར་བ་ནི་རྒྱ་གར་ན་ཉེ་དུའི་གྲལ་ནས་ཕྱུང་བའི་ཐ་ཚིག་ཡིན་ལ་ཤི་བ་དང་རབ་ཏུ་བྱུང་བ་ནི་ཁྱད་པར་འགའ་ཡང་མེད་དོ་ཞེས་ཡང་ཡང་བྱུང་བའི་ཕྱིར་རབ་ཏུ་བྱུང་བ་ཉིད་ཀྱིས་ཉེ་དུའི་གྲལ་ནས་ཕྱུང་སྟེ་ཤི་བ་དང་འདྲ་བར་བརྩིས་ཟིན་པས་ན་མྱ་ངན་བྱེད་པ་མེད་ཅིང་རྗེས་སུ་དྲན་པ་དྲུག་ལ་སོགས་པ་དགེ་བའི་དམིགས་པ་ལ་གཡེང་བ་མེད་པར་བརྟན་ཞིང་རྩེ་གཅིག་པའི་ངང་ནས་འཆི་བར་འགྱུར་ལ། རྒྱུ་དེས་སངས་རྒྱས་ཀྱི་ཞིང་དག་པ་རྣམས་སུ་པདྨའི་(༢༧༤ན)སྦུབས་ལས་སྐྱེ་བའི་ལུས་ཁྱད་པར་ཅན་ཐོབ་ནས་སངས་རྒྱས་ལས་དངོས་སུ་ཆོས་ཉན་པ་འཐོབ་ཅིང་ཐ་ནའང་མཐོ་རིས་ནས་མཐོ་རིས་སུ་འགྲོ་བར་བྱེད་པའི་ཕྱིར་རོ། །

དེས་ན་རྣམ་པར་གཡེང་བ་ཐམས་ཅད་དོར་ཏེ་སྐྱོ་བའི་རྒྱུན་ལུགས་ཀྱིས་དབེན་པར་ཚོག་ཤེས་ཤིང་། རྩེ་གཅིག་པས་དུས་འདའ་བ་བོད་ཀྱི་ཡུལ་གྲུ་འདིར་ཡང་སྐབས་ནམ་མཁའི་སྙིང་པོ་དང་། ཙ་ཡེ་ཤེས་དབང་པོ་དང་། རྣལ་འབྱོར་གྱི་དབང་ཕྱུག་མི་ལ་དང་། རྒོག་ཚུལ་པ་དང་། སྐྱེར་སྒང་པ་ལ་སོགས་པ་བསམ་གཏན་གྱི་དེད་དཔོན་ཆེན་པོ་རྣམས་ཀྱིས་ཇི་ལྟར་བསྒྲུབས་པ་ལྟར་རྣལ་འབྱོར་དུ་བྱ་ལ། གཙོ་བོར་གནས་ལོངས་སྤྱོད་སོགས་གང་བྱུང་གིས་ཚོག་ཤེས་པ་ཁོ་ན་མཆོག་ཡིན་ཏེ། **སྐྱེས་རབས་ལས།** མང་དུ་ཐོས་ལ་ང་རྒྱལ་མེད། །དགའ་ཐུབ་ཅན་ལ་གནོད་བར་ལྡན། །དབེན་པར་གནས་ལ་ཚོག་ཤེས་པ། །འདི་རྣམས་རྒྱན་གྱི་རྒྱན་ཡིན་ནོ། །ཞེས་དང་། **བཤེས་སྤྲིང་ལས།** ནོར་རྣམས་ཀུན་གྱི་ནང་ན་ཚོག་ཤེས་པ། །རབ་མཆོག་ལགས་པར་ལྷ་མིའི་སྟོན་པས་གསུངས། །ཀུན་ཏུ་ཚོག་ཤེས་མཛོད་ཅིག་ཚོག་ཤེས་ན། །ནོར་མི་བདོག་ཀྱང་ཡང་དག་འབྱོར་བ་ལགས། །ཞེས་དང་། ཚོག་ཤེས་བདེ་སྦྱོད་གང་ཡིན་པ། །དབང་པོས་ཀྱང་ནི་དེ་ཉིད་དཀའ། །ཞེས་

འཆད་པར་འགྱུར་བའི་ཕྱིར་རོ། །

འདིར་དོགས་པའི་གནས་འདི་ཡོད་དེ། **ཤེར་ཕྱིན་གྱི་མདོ་ལས།** སེམས་དབེན་པ་གཙོ་བོར་གསུངས་པ་མ་ཡིན་ནམ། འདི་ནི་ལུས་ངག་གི་དབེན་པར་ཟད་དོ་ཞེ་ན། དེ་ནི་ཉན་རང་ལུས་ངག་གི་དབེན་པ་ལ་དགའ་བས་ཐེག་ཆེན་གྱི་ལས་དང་པོ་པ་རྣམས་དེ་ལས་ལྡོག་པའི་ཕྱིར་སེམས་རང་དོན་ཡིད་བྱེད་ཀྱི་སློས་དབེན་ན་གར་བསྡད་ཀྱང་དབེན་པ་ཡིན་གྱི་དེ་མེད་པར་ལུས་ངག་དབེན་པ་ཙམ་ལ་ནི་སྙིང་པོ་མེད་དོ་ཞེས་སྟོན་པའི་ཕྱིར། གང་ཞིག་དཔག་ཚད་ལྔ་བརྒྱ་ཡོད་པའི་རི་ཡི་སུལ། །སྦྲུལ་གྱིས་གང་བར་ལོ་མང་བྱེ་བར་(༢༧ཁ)གནས་བྱེད་ཀྱང་། །དབེན་པ་འདི་མི་ཤེས་པའི་བྱང་ཆུབ་སེམས་དཔའ་དེ། །ལྷག་པའི་ང་རྒྱལ་སྙེད་ནས་འདྲེ་བར་གནས་པ་ཡིན། །ཞེས་དང་། གང་ཞིག་གྲོང་ངམ་འོན་ཏེ་དགོན་པར་གནས་ཀྱང་རུང་། །ཐེག་པ་གཉིས་ཀྱི་སེམས་བྲལ་བྱང་ཆུབ་མཆོག་ངེས་ན། །འདི་ནི་འགྲོ་དོན་ཞུགས་པ་རྣམས་ཀྱི་དབེན་པ་སྟེ། །ཞེས་དང་། རྟག་ཏུ་གྲོང་དང་ཡུལ་འཁོར་གྲོང་རྡལ་གནས་བྱེད་ཅིང་། །སེམས་ཅན་སྨིན་བྱེད་བྱང་ཆུབ་བརྩོན་པ་མ་གཏོགས་པར། །འདི་ན་དགྲ་བཅོམ་རང་རྒྱལ་འདོད་པ་གཞན་མི་སྐྱེད། །འདི་ནི་བདེ་བར་གཤེགས་པའི་སྲས་ཀྱི་དབེན་པར་གསུངས། །ཞེས་བྱང་ཆུབ་ཀྱི་སེམས་དང་མ་བྲལ་བ་ལ་སེམས་ཀྱི་དབེན་པར་གསུངས་ནས་དེ་བསྔགས་པའི་སྐབས་ཡིན་ལ། འདི་ནི་སེམས་ཀྱི་དབེན་པ་དེ་དང་ལྡན་པས་དེ་བརྟན་ཞིང་འཕེལ་བའི་ཕྱིར་གཞན་དོན་ཁོ་ནའི་ཆེད་དུ་གཞན་དོན་གྱི་ནུས་པ་སྒྲུབ་པའི་ཕྱིར་ལུས་ངག་གི་དབེན་པ་བསྟེན་པ་མཉན་པ་གྲུ་འཚོས་པ་ལྟ་བུ་ཡིན་ཏེ། **ཟླ་བ་སྒྲོན་མར།** གྲོང་དང་གྲོང་ཁྱེར་དག་ལ་དགའ་སྤྱོངས་ལ། །རྟག་ཏུ་དབེན་པའི་ནགས་ཁྲོད་བསྟེན་པར་གྱིས། །བསེ་རུ་ལྟ་བུར་རྟག་ཏུ་གཅིག་པུར་གྱུར། །རིང་པོར་མི་ཐོགས་ཏིང་འཛིན་མཆོག་འཐོབ་འགྱུར། །ཞེས་གསུངས་ཤིང་། **ཤེར་ཕྱིན་ཉིད་ལས་ཀྱང་།** ཤེས་

རབ་ཀྱི་ཕ་རོལ་ཏུ་ཕྱིན་པ་སྒོམ་པར་འདོད་པས་དགོན་པར་གནས་པར་བྱ་བས་མཐའི་གནས་ལ་བསྟེན་པར་བྱའོ། །ཞེས་གསུངས་པ་ལྟ་བུ་བཞིན་ནོ། །

དེ་ལྟར་འཇིག་རྟེན་སྤོང་བ་བཤད་ནས། གཉིས་པ་[1]རྣམ་རྟོག་སྤང་ཚུལ་ལ་གཉིས། འདོད་པ་ལ་སྐྱོ་བ་བསྐྱེད་པ་དང་། དབེན་པ་ལ་དགའ་བ་བསྐྱེད་པའོ། །དང་པོ་(འདོད་པ་ལ་སྐྱོ་བ་བསྐྱེད་པ་)ལ་གསུམ། འབྲས་བུ་འཇིགས་སུ་རུང་བར་བསྟན་པ། རང་བཞིན་མི་གཙང་བར་བསྟན་པ། སྒྲུབ་པའི་རྒྱུ་སྡུག་བསྔལ་ཆེ་བར་བསྟན་པ་སྟེ་གསུམ་གྱིས་ནང་སེམས་ཅན་ལ་ཆགས་པ་སྤང་བ་དང་། ཚོགས་ཆེན་པོས་སྒྲུབ་དགོས་པ་(༢༧(ན)དང་། སྡུག་བསྔལ་གྱི་འབྱུང་ཁུངས་སུ་བསྟན་པ་སྟེ་གཉིས་ཀྱིས་ཕྱི་ཡོ་བྱད་ལ་ཆགས་པ་སྤང་བ་དང་། གཉི་གའི་ཉེས་དམིགས་ཐུན་མོང་དུ་བསྟན་པའོ། །

དང་པོ་(འབྲས་བུ་འཇིགས་སུ་རུང་བར་བསྟན་པ་)ནི།

བསམ་པ་གཞན་ནི་ཀུན་བཏང་སྟེ། །
བདག་ལ་སེམས་པ་གཅིག་པུ་ཡིས། །
སེམས་ནི་མཉམ་པར་གཞག་ཕྱིར་དང་། །
དུལ་བར་བྱ་ཕྱིར་བརྩོན་པར་བྱ། ༥ །
འཇིག་རྟེན་འདི་དང་ཕ་རོལ་ཏུའང་། །
འདོད་པ་རྣམས་ནི་ཕུང་ཁྲོལ་སྐྱེད། །
འདིར་ནི་བསད་དང་བཅིང་དང་གཅོད། །
ཕ་རོལ་ཏུ་ནི་དམྱལ་སོགས་འགྲུབ། ༦ །ཅེས་པ་དང་།

གཉིས་པ་རང་བཞིན་མི་གཙང་བར་བསྟན་པ་ལ་ཡང་། དུར་ཁྲོད་ཀྱི་ཆོས་ཀྱིས་མི་གཙང་བར་བསྟན་པ་དང་། གསོན་པ་ཉིད་ནའང་མི་གཙང་བར་བསྟན་

1 འདིར་གཉིས་པ་རྣམ་རྟོག་སྤོང་ཚུལ་ལ་ཞེས་པའི་ས་བཅད་འདི། གོང་དུ་གཞུང་དངོས་ཀྱི་ས་བཅད་དང་པོ་མི་མཐུན་པའི་ཕྱོགས་རྣམ་གཡེང་སྤང་བ་ལ། ས་བཅད་གསུམ་བཤད་པའི་གསུམ་པ་ཡིན་འདུག །

པའོ། །དང་པོ་(དུར་ཁྲོད་ཀྱི་ཆོས་ཀྱིས་མི་གཙང་བར་བསྟན་པ་)ལ་འདང་གསུམ་ལས།

(དང་པོ་)ཀེང་རུས་སུ་ལྟ་བ་ནི།

ཕོ་ཉ་ཕོ་ཉ་མོ་ལས་སློན། །
གང་ཕྱིར་དུ་མར་གསོལ་བཏབ་ཅིང་། །
སྡིག་པ་རྣམས་སམ་གྲགས་མིན་ལའང་། །
གང་གི་དོན་དུ་མ་འཛེམས་པར། ༧།
འཇིག་པ་ལ་ཡང་བདག་ཞུགས་ཤིང་། །
ཟས་ཀྱང་ཟད་པར་བྱས་གྱུར་ཏེ། །
གང་ལ་ཡོངས་སུ་འཁྱུད་པ་ན། །
མཆོག་ཏུ་དགའ་གྱུར་དེ་དག་ཉིད། ༨།
ཀེང་རུས་ཉིད་ཡིན་གཞན་མིན་ན། །
རང་དབང་དང་ནི་བདག་མིན་ལ། །
རབ་ཏུ་འདོད་ཅིང་ཡོངས་ཞེན་ནས། །
ཅི་ཕྱིར་མྱ་ངན་འདས་མི་འགྲོ། ༩། །ཞེས་པ་དང་།

(གཉིས་པ་)བྱ་གཙན་གྱི་ཁ་ཟས་སུ་ལྟ་བ་ནི།

གང་ཞིག་དང་པོ་འབད་དེ་བཏེག།
དྲངས་ཀྱང་ངོ་ཚས་འོག་ཏུ་བལྟ། །
སྔོན་ནི་མཐོང་ངམ་མ་མཐོང་ཡང་། །
གོས་ཀྱིས་གདོང་ནི་གཡོགས་པར་གྱུར། ༡༠།
ཁྱོད་ཉོན་མོངས་པའི་གདོང་དེ་ནི། །
ད་ལྟ་མངོན་སུམ་གྱུར་པ་བཞིན། །
བྱ་རྒོད་ཀྱིས་བསལ་བྱས་མཐོང་ནས། །

ད་ལྟ་ཅི་ཕྱིར་འཁྲེར་བར་བྱེད། [༥]།
གཞན་རྣམས་མིག་གིས་ལྟ་ན་ཡང་། །
གང་ཞིག་ཡོངས་སུ་བསྲུངས་གྱུར་པ། །
ཇི་སྲིད་དེ་ནི་དེ་ཟ་ན། །
སེར་སྣ་ཅན་ཁྱོད་ཅིས་མི་སྲུང་། [༦]།
ཤ་ཡི་ཕུང་པོ་འདི་མཐོང་ནས། །
བྱ་རྒོད་དང་ནི་གཞན་ཟ་བྱེད་ན། །(༢༧(ཁ)
གཞན་གྱི་ཟས་ལ་མེ་ཏོག་གི། །
ཕྲེང་བ་ཙནྡན་རྒྱན་གྱིས་མཆོད། [༧]།ཅེས་པ་དང་།

(གསུམ་པ་)རོ་ལངས་ལྟ་བུར་ལྟ་བ་ནི།

རུས་གོང་ཉིད་དུ་མཐོང་ནས་ནི། །
མི་འགུལ་ཡང་ནི་ཁྱོད་སྐྲག་ན། །
རོ་ལངས་བཞིན་དུ་འགའ་ཡིས་ཀྱང་། །
བསྐྱོད་པར་གྱུར་ན་ཅིས་མི་འཇིགས། [༨]།
གང་ལ་གཡོགས་ཀྱང་འདི་ཆགས་ན། །
དེ་མ་གཡོགས་ཚེ་ཅིས་མི་འདོད། །
དེ་ལ་དགོས་པ་མེད་ན་ནི། །
གཡོགས་པ་ལ་ནི་ཅི་ཕྱིར་འབྱུད། [༩]།ཅེས་པ་དང་།

གསོན་པ་ཉིད་ན་མི་གཙང་བར་བསྟན་པ་ལ་ཡང་གསུམ་ལས། དང་པོ་མི་གཙང་བ་ཐམས་ཅད་ཀྱི་འབྱུང་གནས་ལུས་ཡིན་པར་བསྟན་པ་ནི།

ཟས་ནི་གཅིག་པུ་ཉིད་ལས་ནི། །
བཤང་དང་ཁ་ཆུ་བྱུང་གྱུར་ན། །

དེ་ལས་བཤང་ལ་མི་དགའ་ཞིང་། །
ཁ་ཆུ་ལ་ཁྱོད་ཅི་ཕྱིར་དགའ། ༥༠ །
ཤིང་བལ་རེག་ན་འཇམ་པ་ཡི། །
སྔས་ལའང་དགའ་བར་མི་བྱེད་པར། །
དྲི་ང་འཛག་པ་མ་ཡིན་ཞེས། །
འདོད་ལྡན་མི་གཙང་བ་ལ་རྨོངས། ༥༡ །
འདོད་ལྡན་ངན་པ་རྨོངས་པ་རྣམས། །
ཤིང་བལ་རེག་ན་འཇམ་པ་ལའང་། །
ཉལ་པོ་བྱ་བར་མི་នུས་ཞེས། །
དེ་ལ་ཁྲོ་བ་དག་ཏུ་བྱེད། ༥༢ །
གལ་ཏེ་མི་གཙང་ཆགས་མེད་ན། །
རུས་གཟེབ་རྒྱུས་པས་སྦྲེལ་བ་ལ། །
ཤ་ཡིས་འདམ་གྱིས་ཞལ་ཞལ་བྱས། །
གཞན་ཁྱོད་ཅི་ཕྱིར་པང་དུ་འཁྱུད། ༥༣ །
ཁྱོད་ཉིད་མི་གཙང་མང་ཡོད་པ། །
དེ་ཉིད་ལ་ཁྱོད་བརྟན་སྤྱོད་ཅིང་། །
མི་གཙང་རྐྱལ་པ་གཞན་དག་ལའང་། །
མི་གཙང་བཀམ་པས་འདོད་པར་བྱེད། ༥༤ །
བདག་ནི་ཤ་འདི་ལ་དགའ་ཞེས། །
རེག་དང་ལྟ་བར་འདོད་ན་ཀོ། །
སེམས་མེད་པ་ཡི་རང་བཞིན་གྱི། །
ཤ་ནི་ཁྱོད་ཀོ་ཅིས་མི་འདོད། ༥༥ །

འདོད་པའི་སེམས་གང་ཡིན་པ་དེ། །
རེག་དང་བལྟ་བར་མི་ནུས་ལ། །
གང་ཞིག་ནུས་དེ་ཤེས་པ་མིན། །
དོན་མེད་འབྱུད་དེས་ཅི་ཞིག་བྱ། ༥༦ །
མི་གཙང་རང་བཞིན་གཞན་གྱི་ལུས། །
མི་རྟོགས་ངོ་མཚར་མི་ཆེ་ཡི། །
རང་ཉིད་མི་གཙང་ཉིད་ཡིན་པར། །
རྟོགས་པར་(༢༨༠ན)མི་འགྱུར་ངོ་མཚར་ཆེ། ༥༧ །ཞེས་པ་དང་།

དེ་རིགས་པས་སྒྲུབ་པ་ནི།

སྲིན་བྲལ་ཉི་ཟེར་གྱིས་ཕྱེ་བའི། །
པདྨ་གཞོན་ནུ་སྤངས་ནས་ནི། །
མི་གཙང་ཞེན་པའི་སེམས་ཀྱིས་ནི། །
མི་གཙང་གཟེབ་ལ་ཅིའི་ཕྱིར་དགའ། ༥༨ །
ས་ཕྱོགས་མི་གཙང་གིས་གོས་པ། །
གལ་ཏེ་རེག་པར་མི་འདོད་ན། །
གང་ལས་དེ་ནི་བྱུང་བ་ཡི། །
ལུས་ལ་ཇི་ལྟར་ཁྱོད་རེག་འདོད། ༥༩ །
གལ་ཏེ་མི་གཙང་ཆགས་མེད་ན། །
གཞན་ཁྱོད་ཅི་ཕྱིར་པང་དུ་འཁྱུད། །
མི་གཙང་ལས་བྱུང་མི་གཙང་སྲིན། །
ཚུང་དུའང་ཁྱོད་འདོད་མི་བྱེད་ན། ༦༠ །
མི་གཙང་ཞིང་ལས་བྱུང་གྱུར་ཅིང་། །

དེ་ཡི་ས་བོན་དེས་བསྐྱེད་པ། །
མི་གཙང་མང་གི་རང་བཞིན་ལུས། །
མི་གཙང་སྐྱེས་པའང་འདོད་པར་བྱེད། ༨༡ །
ཁྱོད་ནི་རང་གི་མི་གཙང་ལ། །
སྨོད་མི་བྱེད་པར་མ་ཟད་ཀྱི། །
མི་གཙང་རྐྱལ་པ་མི་གཙང་ལ། །
བརྐམ་པས་གཞན་ཡང་འདོད་པར་བྱེད། ༨༢ །
ག་བུར་ལ་སོགས་ཡིད་འོང་དང་། །
འབྲས་ཆན་དག་གམ་ཚོད་མའང་རུང་། །
ཁར་བཅུག་ཕྱིར་ཕྱུང་བོར་བ་ཡི། །
ས་ཡང་མི་གཙང་གཙོག་པར་འགྱུར། ༨༣ །
གལ་ཏེ་མི་གཙང་འདི་འདྲ་བ། །
མངོན་སུམ་གྱུར་ཀྱང་ཐེ་ཚོམ་ན། །
དུར་ཁྲོད་དག་ཏུ་བོར་བའི་ལུས། །
མི་གཙང་གཞན་ཡང་ལྟ་བར་གྱིས། ༨༤ །
གང་ཞིག་པགས་པའི་ཁ་ཕྱེ་ན། །
འཇིགས་པ་ཆེན་པོ་སྐྱེ་འགྱུར་བ། །
ཤེས་ཀྱང་ཇི་ལྟར་དེ་ཉིད་ལ། །
ཕྱིར་ཞིང་དགའ་བ་སྐྱེ་བར་འགྱུར། ༨༥ །ཞེས་པ་དང་།

གཞན་གྱི་རྒྱུས་གཞན་ལ་ཆགས་པར་མི་རིགས་པ་ནི།

ལུས་ལ་བསྐུས་པའི་དྲི་དེ་ཡང་། །
ཙནྡན་སོགས་ཡིན་གཞན་མིན་ན། །

གཞན་གྱི་དྲི་དེས་གཞན་དག་ལ། །

ཅི་ཡི་ཕྱིར་ན་ཆགས་པར་བྱེད། ༦༦ །

གལ་ཏེ་རང་བཞིན་དྲི་ང་བས། །

འདི་ལ་མ་ཆགས་ལེགས་མིན་ནམ། །

འཇིག་རྟེན་དོན་མེད་སྲེད་པ་དག །

ཅི་སྟེ་དེ་ལ་དྲི་ཞིམ་སྐུད། ༦༧ །

འོན་ཏེ་དྲི་ཞིམ་ཙནྡན་ནི། །

ལུས་ལས་འདིར་ནི་ཅི་ཞིག་འབྱུང་། །

གཞན་གྱི(༢༨༠བ)དྲི་ཡིས་གཞན་དག་ལ། །

ཅི་ཡི་ཕྱིར་ན་ཆགས་པར་བྱེད། ༦༨ །

གལ་ཏེ་སྐྲ་སེན་རིང་བ་དང་། །

སོ་སྐྱ་དྲི་མར་བཅས་པ་དང་། །

འདམ་གྱི་དྲིས་བསྒོས་གཅེར་བུ་སྟེ། །

ལུས་ཀྱི་རང་བཞིན་འཇིགས་བཅས་ན། ༦༩ །

རང་ལ་གནོད་པའི་མཚོན་འདྲ་བ། །

དེ་འབད་ཅི་ཕྱིར་ཕྱི་དོར་བྱེད། །

བདག་ལ་རྨོངས་པའི་འབད་པ་ཡིས། །

སྨྱོས་པས་ས་འདི་ཀུན་ཏུ་འཁྲུགས། ༧༠ །

རུས་གོང་འབའ་ཞིག་མཐོང་ནས་ནི། །

དུར་ཁྲོད་དུ་ནི་ཡིད་བྱུང་ན། །

གཡོ་བའི་རུས་གོང་གིས་ཁྱབ་པའི། །

གྲོང་གི་དུར་ཁྲོད་ལ་དགའ་འམ། ༧༡ །ཞེས་པ་དང་།

གསུམ་པ་སྒྲུབ་པའི་རྒྱུ་སྡུག་བསྔལ་ཆེ་བར་བསྟན་པ་ནི།

དེ་ལྟར་མི་གཙང་གྱུར་པ་དེའང་། །
རིན་མེད་པར་ནི་མི་རྙེད་དོ། །
དེ་དོན་སྒྲུབ་པས་ཤ་ཐང་དང་། །
དམྱལ་ལ་སོགས་པའི་གནོད་པར་འགྱུར། ༧༢ །ཞེས་པ་དང་།

ཁྱི་ཡོ་བྱད་ལ་ཆགས་པ་སྤང་བ་ལ་ཡང་།

༡ ཚོགས་ཆེན་པོས་སྒྲུབ་དགོས་པ་ནི།

བྱིས་པ་ནོར་སྤེལ་མི་ནུས་པས། །
དར་ལ་བབ་ན་འདི་ཅིས་བདེ། །
ནོར་གསོག་པ་ཡིས་ཚེ་གདུགས་ནས། །
རྒས་ནས་འདོད་པས་ཅི་ཞིག་བྱ། ༧༣ །
འདོད་ལྡན་ངན་པ་ཁ་ཅིག་ནི། །
ཉིན་རངས་ལས་ཀྱིས་ཡོངས་དུབ་སྟེ། །
ཁྱིམ་དུ་འོངས་ནས་ཆད་པའི་ལུས། །
རོ་དང་འདྲ་བར་ཉལ་བར་བྱེད། ༧༤ །
ཁ་ཅིག་བྱེས་བགྲོད་ཉོན་མོངས་དང་། །
རིང་དུ་སོང་བའི་སྡུག་བསྔལ་ཅན། །
བུ་སྨད་འདོད་བཞིན་བུ་སྨད་རྣམས། །
ཁྱུད་ཁོར་ལོས་ཀྱང་མཐོང་མི་འགྱུར། ༧༥ །
བདག་ལ་ཕན་འདོད་རྣམ་རྨོངས་པས། །
རང་དོན་ཉིད་དུ་བཙོངས་པ་ཡང་། །
དེ་མ་ཐོབ་པར་དོན་མེད་པའི། །

གཞན་གྱི་ལས་ཀྱི་རླུང་གིས་བདས། [༧༦] །
ལ་ལ་རང་གི་ལུས་བཙོངས་ཤིང་། །
དབང་མེད་གཞན་གྱིས་བཀོལ་གྱུར་ཏེ། །
ཚུང་མ་དག་ཀྱང་བུ་བྱུང་ན། །
ཤིང་དྲུང་དགོན་པར་བབ་བབ་འབྱུང་། [༧༧] །
འདོད་པས་བསླུས་པའི་གླེན་པ་དག །
འཚོ་འདོད་འཚོ་བར་བྱའོ་ཞེས། །
སྲོག་སྟོར་དོགས་བཞིན་(༢༧ན)གཡུལ་དུ་འཇུག །
ཁེ་ཕྱིར་བྲན་དུ་འགྲོ་བར་བྱེད། [༧༨] །
འདོད་ལྡན་ལ་ལ་ལུས་ཀྱང་བཅད། །
ཁ་ཅིག་གསལ་ཤིང་རྩེ་ལ་བཙུགས། །
ཁ་ཅིག་མདུང་ཐུང་དག་གིས་བསྣུན། །
ཁ་ཅིག་བསྲེགས་པ་དག་ཀྱང་སྣང་། [༧༩] །ཞེས་པ་དང་།

༢ སྡུག་བསྔལ་གྱི་འབྱུང་གནས་སུ་བསྟན་པ་ནི།

གསག་དང་སྲུང་དང་བརླག་པའི་གདུང་བ་ཡིས། །
ནོར་ནི་ཕུང་ཁྲོལ་མཐའ་ཡས་ཤེས་པར་བྱ། །
ནོར་ལ་ཆགས་པས་གཡེངས་པར་གྱུར་པ་རྣམས། །
སྲིད་པའི་སྡུག་བསྔལ་ལས་གྲོལ་སྐབས་མེད་དོ། [༨༠] །ཞེས་པ་དང་།

གསུམ་པ་གཉེ་གའི་ཉེས་དམིགས་ཐུན་མོང་དུ་བསྟན་པ་ནི།

འདོད་ལྡན་རྣམས་ལ་དེ་ལ་སོགས། །
ཉེས་དམིགས་མང་ལ་མནོག་ཆུང་སྟེ། །
ཤིང་རྟ་འདྲེན་པའི་ཕྱུགས་དག་གིས། །

ཟླ་ནི་ཁམ་འགའ་ཟོས་པ་བཞིན། ༡༡ །
ཕྱུགས་ཀྱིས་སྐྱབ་ནའང་མི་དགོན་པའི། །
མཆོག་ཆུང་གང་ཡིན་དེ་དོན་དུ། །
དལ་འབྱོར་ཕུན་སུམ་རྙེད་དཀའ་འདི། །
ལས་ཀྱིས་མནར་བ་རྣམས་ཀྱིས་བཅོམ། ༡༢ །
འདོད་པས་ངེས་པར་འཇིགས་འགྱུར་ཞིང་། །
དམྱལ་ལ་སོགས་པར་ལྟུང་བྱེད་པ། །
ཆེན་པོ་མིན་ཕྱིར་དུས་ཀུན་ཏུ། །
དུབ་པའི་ཚོགས་བྱུང་གང་ཡིན་པ། ༡༣ །
དེ་ཡི་བྱེ་བའི་ཆ་ཙམ་གྱི། །
ཚོགས་ཀྱིས་སངས་རྒྱས་ཉིད་འགྲུབ་ན། །
འདོད་ལྡན་བྱང་ཆུབ་སྤྱོད་པ་བས། །
སྡུག་བསྔལ་ཆེ་ལ་བྱང་ཆུབ་མེད། ༡༤ །
དམྱལ་སོགས་སྡུག་བསྔལ་བསམས་བྱས་ན། །
འདོད་པ་རྣམས་ལ་མཚོན་དང་ནི། །
དུག་དང་མེ་དང་གཡང་ས་དང་། །
དགྲ་རྣམས་ཀྱིས་ཀྱང་དཔེར་མི་ཕོད། ༡༥ །ཅེས་པ་དང་།

གཉིས་པ་དབེན་པ་ལ་དགའ་བ་བསྐྱེད་པ་ལ་ཡང་།

དེ་ལྟར་འདོད་ལ་སྐྱོ་བྱས་ཏེ། །
དབེན་པ་ལ་ནི་དགའ་བ་བསྐྱེད། །

ཅེས་པས་མདོར་བསྟན།

རྩོད་དང་ཉོན་མོངས་ཀྱིས་སྟོང་བ། །

ཞི་བའི་ནགས་ཀྱི་ནང་དག་ཏུ། ༤ །

སྐལ་ལྡན་ཟླ་འོད་ཙནྡན་གྱིས་གསིལ་བའི། །

ཡངས་པའི་རྫོ་ལེབ་ཁང་བཟང་ཉམས་དགའ་(༡༦བ)བར། །

སྒྲ་མེད་ཞི་བའི་ནགས་རླུང་གཡོབ་པ་ཡིས། །

གཞན་ལ་ཕན་དོན་སེམས་ཤིང་འཆག་པར་བྱེད། ༥ །

ཅེས་པས་རྒྱལ་པོ་ལས་བདེ་བ་ལྷག་པ་དང་།

ཁང་སྟོང་ཤིང་དྲུང་ཕུག་དག་ཏུ། །

གང་དུ་ཇི་སྲིད་འདོད་གནས་ཤིང་། །

ཡོངས་འཛིན་སྲུང་བའི་སྡུག་བསྔལ་སྤངས། །

ལྟོས་པ་མེད་པར་བག་ཡངས་སྤྱོད། ༦ །

རང་དབང་སྤྱོད་ཅིང་ཆགས་མེད་ལ། །

གང་དང་ཡང་ནི་འབྲེལ་མེད་པའི། །

ཆོག་ཤེས་བདེ་སྤྱོད་གང་ཡིན་པ། །

དབང་པོས་ཀྱང་ནི་དེ་རྙེད་དཀའ། ༧ །

ཞེས་པས་བརྒྱ་བྱིན་ལས་བདེ་བ་ལྷག་པར་བསྟན་པའོ། །

དེ་ཡང་དབེན་པའི་ཡོན་ཏན་དེ་ལྟ་བུ་རིག་ནས་འཇིག་རྟེན་པའི་བསམ་པ་ཐམས་ཅད་ལས་ལྡོག་སྟེ། བྱང་ཆུབ་སེམས་དཔའ་བདག་ཉིད་ཀྱིས་སྔོན་ནས་བརྟགས་པའི་དོན་གཅིག་པུ་སེམས་ཅན་ཐམས་ཅད་སྡུག་བསྔལ་ལས་སྒྲོལ་བའི་ཕྱིར། དེ་ནུས་པའི་རྫོགས་པའི་སངས་རྒྱས་སྒྲུབ་པ་པོ་ནའི་ཆེད་དུ་ཆོས་ཐམས་ཅད་ཀྱི་རང་བཞིན་ཡོངས་སུ་ཤེས་པའི་ཏིང་ངེ་འཛིན་ལ་རྩེ་གཅིག་ཏུ་མཉམ་པར་བཞག་སྟེ། ཉོན་མོངས་པ་མངོན་གྱུར་དང་ས་བོན་བག་ཉལ་དང་བཅས་པ་ལྷག་བ་མེད་པར་དུལ་ཞིང་གཞོམ་པའི་ཕྱིར་རྩེ་གཅིག་ཏུ་བསྒོམ་པར་བྱའོ། །ཅི། བསམ་

པ་གཞན་ནི་ཀུན་བཏང་སྟེ། །ཞེས་འཇིག་རྟེན་པའི་བསམ་པ་བཏང་དགོས་རྒྱུ་དེ་གང་ཞེ་ན། སྤྱིར་ཚེ་འདི་ལ་ཞེན་པ་སོགས་མཐའ་དག་ཡིན་མོད་ཀྱང་ཁྲོ་བ་དང་རྣམ་པར་འཚེ་བ་སོགས་ནི་བཟོད་པའི་སྐབས་སུ་གཙོ་བོར་ལྡོག་ཟིན་ཅིང་ལེ་ལོ་རྣམས་ཀྱང་བརྩོན་འགྲུས་ཀྱི་སྐབས་སུ་ལྡོག་ཟིན་ལ། གཙོ་བོར་ཁྲོ་བ་དང་རྣམ་འཚེ་དང་ང་རྒྱལ་དང་ཕྲག་དོག་གི་གཉེན་པོ་ནི་འཆད་པར་འགྱུར་བའི་བདག་གཞན་མཉམ་པ་དང་བདག་གཞན་བརྗེ་བའི་བྱང་ཆུབ་ཀྱི་སེམས་ཁོ་ན་ཡིན་པས་དེ་དག་ལྡོག་པ་ནི་སྐབས་འདིར་གཙོ་བོར་མི་འཆད་ལ། ནང་སེམས་ཅན་དང་ཕྱི་ཡོ་བྱད་ཀྱི་འདོད་པ་ལ་སྲེད་པ་ནི་འདོད་ཁམས་སུ་འབྱུང་ཉེ་ཞིང་སྤང་དཀའ་བས་སྐབས་འདིར་ཀུན་ནས་བཏང་(༡༡༢ན)བྱའི་བསམ་པའི་གཙོ་བོ་ནི་འདི་ཡིན་ནོ། །

འོ་ན་ནང་སེམས་ཅན་ལ་ཆགས་པ་ཚུལ་ཁྲིམས་ཀྱི་སྐབས་དང་ཕྱི་ཡོ་བྱད་ལ་ཆགས་པ་སྦྱིན་པའི་སྐབས་སུ་སྤར་ཟློག་ཟིན་པ་མ་ཡིན་ནམ་ཞེ་ན། སྤྱི་ཙམ་དུ་ཡིན་མོད་ཀྱང་བྱེ་བྲག་ཏུ་ཚངས་སྤྱོད་ལ་གནས་ཀྱང་བུད་མེད་ལ་སོགས་པའི་གཟུགས་སྡུག་པའི་མཚན་མ་དང་སྒླུ་དང་རོལ་མོ་ལ་སོགས་པའི་སྒྲའི་མཚན་མ་དང་སྟོན་མྱོང་བ་ལ་སོགས་པའི་རེག་པའི་མཚན་མ་ཅུང་ཟད་ཡིད་ལ་བྱེད་པ་ཡང་མ་དག་པའི་ཚངས་སྤྱོད་དུ་གསུངས་པས་ཡིད་བྱེད་དེ་དག་ནི་ཚུལ་ཁྲིམས་ཙམ་པོས་ལྡོག་མི་ནུས་ཀྱི་རྩེ་གཅིག་པའི་བསམ་གཏན་གྱིས་ལྡོག་དགོས་ལ། སྦྱིན་པའི་ཆེད་དུ་ཡོངས་སྤྱོད་འཛིན་པ་ཡང་བསམ་གཏན་གྱི་སྐབས་སུ་གཡེང་བ་ཡིན་ལ། དེ་ནི་བསམ་གཏན་གྱི་མི་མཐུན་པའི་ཕྱོགས་ཡིན་ལ་སྐབས་འདིར་ནི་ཟང་ཟིང་གི་གཏན་པ་མེད་པའི་མཆོད་སྦྱིན་ཆེས་མང་པོ་ལས་ཀྱང་སྙིང་རྗེ་ཆེན་པོས་ཀུན་ནས་བསླང་སྟེ། ཤེས་རབ་ཀྱི་ཕ་རོལ་ཏུ་ཕྱིན་པའི་ངོ་བོ་ཉིད་ལ་མིག་འཛུམས་ཙམ་མཉམ་པར་བཞག་པ་ཡང་ཆེས་ཁྱད་ཏུ་བྱུང་སྟེ། འདིའི་ཕན་ཡོན་ནི་སངས་རྒྱས་ཁོ་ནས་མཁྱེན་པར་ཟད་ལ། གཏན་པ་མེད་པའི་མཆོད་སྦྱིན་གཅིག་གིས་འདོད་

པའི་རྒྱལ་པོ་སྡིག་ཏོ་ཅན་དང་། མཚོད་སྦྱིན་བརྒྱུས་བརྒྱ་བྱིན་གྱི་གོ་འཕང་དུ་ཟད་ལ་དེ་གཉིས་ཀྱང་སྙིང་པོ་མེད་པའི་ཕྱིར་རོ། **།འདིར་དཀའ་འགྲེལ་ཆུང་ངུ་ལས་ནི།** འདོད་པའི་རྣམ་རྟོག་སྤང་དཀའ་བས་དེ་སྤོང་བ་དངོས་སུ་སྟོན་ལ། དེ་སྤངས་ན་ཁྲོ་བ་དང་རྣམ་པར་འཚེ་བའི་རྟོག་པ་ཚེགས་མེད་པར་ལྡོག་པར་དགོངས་ནས་དེ་གཉིས་སྤོང་བ་དངོས་སུ་མ་བརྗོད་དོ་ཞེས་སྣང་ངོ་། །

བདག་ལ་སེམས་པ་གཅིག་པུ་ཡིས། །ཞེས་པ་ཡང་རང་དོན་ཡིད་བྱེད་ཀྱི་བློ་སྐྱེད་པར་འཕྲུལ་བར་མི་བྱ་ལ། རྒྱ་བོད་ཀྱི་འགྲེལ་པ་ཕལ་ཆེར་དུ་ཞི་གནས་ལ་མཉམ་པར་བཞག་ཅིང་ལྷག་མཐོང་གིས་ཉོན་མོངས་དུལ་བར་བྱ་ཞེས་སྣང་ཡང་གང་ལ་མཉམ་(༡༡༡བ)པར་བཞག་བྱ་ནི་ལྷག་མཐོང་དེ་ཡིན་ལ། དེ་ལས་མི་གཡོ་བར་གནས་པ་ལ་ཞི་གནས་སུ་བརྗོད་ཀྱི་སྔོན་དུ་ལྷག་མཐོང་དང་མ་འབྲེལ་བའི་ཞི་གནས་ལ་བཞག་པས་ཕྱིས་ལྷག་མཐོང་སྐྱེ་བ་མ་ཡིན་ཏེ། དེ་ལྟ་ན་འཇིག་རྟེན་པའི་སྙོམས་འཇུག་ཁོ་ན་བསྒོམས་པས་ལྷག་མཐོང་ཁྱད་པར་ཅན་སྐྱེ་བར་ཐལ་བའི་ཕྱིར་རོ་ཞེས་པ་ནི་ཞར་བྱུང་གི་དཔྱད་པའོ། །

ཅིའི་ཕྱིར་འདོད་པ་ལས་བློ་ལྡོག་ཅེ་ན། ནང་སེམས་ཅན་དང་ཕྱི་ཡོ་བྱད་ལ་ཞེན་པའི་བློ་འདིས་ནི་ཚེ་འདིར་ཡང་དེའི་དོན་དུ་ཕན་ཚུན་གཅིག་གིས་གཅིག་གསོད་པ་དང་བཙོན་དུ་འཆིང་བ་དང་ལུས་མཚོན་གྱིས་གཅོད་ཅིང་རྣ་འབྲིན་པ་སོགས་ཕུང་ཁྲོལ་མཐའ་ཡས་པ་སྐྱེད་ལ། འཇིག་རྟེན་ཕ་རོལ་ཏུ་ནི་དེའི་རྣམ་སྨིན་གྱི་འབྲས་བུ་དམྱལ་བ་ཆེན་པོ་རྣམས་དང་ངན་འགྲོ་གཞན་དུ་ཡང་རྒྱུ་མཐུན་པའི་འབྲས་བུ་མི་བཟད་པ་སྨྱོང་བའི་ཕྱིར་རོ། །ཅི་འདོད་པའི་ཁམས་ཀྱི་བདེ་བའི་མཆོག་ནི་ཡུལ་ཡིད་དུ་འོང་བ་ལས་བྱུང་བའི་རེག་པའི་བདེ་བ་མ་ཡིན་ནམ་ཞེ་ན། དེ་ནི་མི་གཙང་བ་ལ་གཙང་བར་འཛིན་པ་ཕྱིན་ཅི་ལོག་གི་བློ་གོམས་པར་ཟད་ཀྱི་སྙིང་པོ་དང་བྲལ་བ་མེད་ཀྱི་ཡུལ་དེ་དག་ནི་མི་གཙང་བ་ཐམས་ཅད་འདུས་པའི་ཕུང་པོ་དང་ཀེང་རུས་

ཀྱི་འབྲུལ་འཁོར་ཁོ་ན་ཡིན་པའི་ཕྱིར། གཉེན་ནམ་མཛའ་ན་མོར་བྱ་བའི་ཕྱིར་ཕོ་ཉའམ་ཕོ་ཉ་མོ་ལས་བརྒྱུད་དེ་དེ་དང་ཕྲད་པའི་དོན་དུ་དཀའ་བ་དུ་མ་བྱས་ཤིང་ཡོ་བྱད་ཀྱང་དེའི་ཆེད་དུ་ཟད་པར་བྱས་ནས་སྡིག་པ་དང་མི་སྙན་པ་གཉི་ག་ལ་མ་འཛེམས་པར་ཕྲད་ཅིང་ཞུགས་པས་དགའ་བ་ཆེར་ཐོབ་པ་དེ་ཉིད་ཇི་ལྟར་སྒྱུ་མ་མཁན་གྱིས་ཀེང་རུས་ལས་བུད་མེད་དུ་སྤྲུལ་ཏེ་དེ་ལ་གཞན་ཞིག་གིས་འཁྲུད་ཅིང་དགའ་བར་བཟུང་བ་ལས་མོད་ལ་སྒྱུ་མ་བཤིག་པ་ན་འཇིགས་སུ་རུང་བའི་ཀེང་རུས་ལ་འཁྲུད་པར་མཐོང་ནས་ལ་གོར་དུ་ལངས་ཏེ་འབྲོས་པ་ལྟར་ཟད་དེ། སྒྱུ་མ་ཞིག་པ་ལྟར་སྐྱེས་པའམ་བུད་མེད་དེ་ཤི་བའི་ཚེ་ལུས་དུར་ཁྲོད་དུ་བོར་བ་དེ་ལྟོས་ཤིག་(༢༢༣ན)དང་ཁྱོད་ཉིད་ཀྱིས་ཤེས་པར་འགྱུར་རོ། །སེམས་ཅན་འདི་དག་བདག་གམ་བདག་གི་བ་ལ་ཞེན་ཞིང་ཆགས་པར་ནི་མཐོང་མོད་ཀྱང་གང་ལ་ཆགས་པའི་ཡུལ་བུད་མེད་ལྟ་བུ་འདི་ནི་བདག་ཀྱང་མ་ཡིན་ལ། བདག་ཉིད་དབང་བ་ཡང་མ་ཡིན་ན་དེ་ལ་འདོད་ཅིང་ཞེན་ནས་ཐར་པ་མི་སྒྲུབ་པར་སྡོད་པ་འདི་ཅིའི་ཐ་ཚིག་ཅེས་སྣང་བའོ། །

དེ་ལྟ་མོད་ཀྱི་ཆགས་པས་གཟིར་བའི་སྐྱེས་པ་དག་ཆགས་ཡུལ་དེའི་གདོང་ལྟ་བར་འདོད་པས་སྙིང་དུ་བརྟེག་ཅིང་དྲངས་ཀྱང་དེ་ངོ་ཚ་བའམ་གཡོ་སྒྱུའི་ཕྱི་གྲག་གིས་དེ་ཙམ་གྱིས་འོག་ཏུ་ལྟ་ཞིང་འཁྱོལ་བ་ལྟར་བྱེད་པ་དང་། རྒྱ་གར་ན་ཡུལ་བཙོམ་བརླག་པ་རྣམས་རིགས་ཀྱི་བུད་མེད་ཀྱི་གདོང་རྟག་ཏུ་སེང་རས་ཀྱིས་འགེབས་ཤིང་ཡུལ་དབུས་ན་རྟག་ཏུ་ནྭ་བས་འགེབས་པས་སྐྱེས་པས་བུད་མེད་ཀྱི་བཞིན་གསལ་བར་མི་མཐོང་བ་དེ་དག་གི་དབང་དུ་བྱས་ནས་ཁྱོད་སྡོན་ནི་བུད་མེད་ཀྱི་གདོང་ལྟ་བར་འདོད་ཀྱང་གཡོགས་པ་ལས་གཞན་དུ་ཆེམ་པར་མ་མཐོང་ལ། དེ་ཙམ་གྱིས་འདོད་པ་དག་ནི་ཚྭ་ཆུ་འཕྱུངས་པ་འདྲ་བའི་ཕྱིར་མཐོང་བར་འདོད་པ་འཕེལ་བ་ཡིན་ན་ད་ལྟ་བུད་མེད་དེའི་ལུས་དུར་ཁྲོད་དུ་བོར་བའི་ཚེ་

བཞིན་ལ་གཡོགས་པ་མེད་པས་ཤིན་ཏུ་གསལ་བའི་སྐབས་འདི་དང་དེ་བས་ཀྱང་བྱ་རྒོད་ཀྱིས་པགས་པ་དང་ཤས་གཡོགས་པ་ཡང་བཤུས་ཏེ་རུས་པ་འབའ་ཞིག་ཏུ་སྒྲིན་མོར་བྱས་པ་འདི་ལྟ་བར་རིགས་ཀྱི་འཇིགས་པས་འཁྲོས་པར་མི་རིགས་ཏེ་ཁྱོད་ཉིད་ཆེས་ཆགས་པའི་ལུས་དེ་འདི་པོ་ན་ཡིན་པའི་ཕྱིར་དང་། སྔོན་གཡོགས་པའི་ཚེ་དེ་ཙམ་དུ་ཆགས་ན་ཕྱིས་མ་གཡོགས་པའི་སྐབས་འདིར་དེ་བས་ཆེས་ཆགས་པར་རིགས་ལ། མ་གཡོགས་པའི་ལུས་འདི་ལ་མི་ཆགས་ན་ནི་སྔོན་གཡོགས་པའི་སྐབས་ལའང་ཆགས་པར་མི་རིགས་ཏེ་གང་ལ་གཡོགས་པའི་ལུས་ནི་འདི་པོ་ན་ཡིན་ལ། གཡོགས་པའི་གོས་དེ་ཡང་ཆགས་བྱའི་ཡུལ་མ་ཡིན་པའི་ཕྱིར་རོ། །(༢༢༣བ)སྔོན་ནི་སྐྱེས་པ་གཞན་གྱིས་མིག་ཟུར་ཙམ་ལྟ་བ་ལ་ཡང་མིག་སེར་གྱིས་ཁྲོ་ཞིང་ནན་གྱིས་བསྲུངས་པ་ཡིན་ལ། ད་ནི་བྱ་རྒོད་དང་གཅན་གཟན་རྣམས་ཀྱིས་དེའི་མིག་འབྲུ་ཞིང་ལྟེ་འཐེན་ལ། རྒྱུ་ལྟོ་དང་ནང་རོལ་ཐམས་ཅད་གཞིབ་ཅིང་རུས་པའི་བར་དུ་ཧབ་ཐོབ་ཏུ་ཟ་ན་སེར་སྣ་ཅན་ཁྱོད་ཅིའི་ཕྱིར་འདི་མི་སྲུང་།

གལ་ཏེ་ཤི་བའི་རོ་ནི་བྱ་གཅན་གྱིས་ཟ་བ་འཇིག་རྟེན་ན་ཆོས་ཉིད་ཡིན་པས་མི་སྲུང་ངོ་ཞེ་ན། འོ་ན་སྔོན་ནི་ཁྱོད་ཀྱིས་འདི་ལ་ཙནྡན་གྱི་ཐུག་པས་བསྐུ་ཞིང་མིག་སྨན་དང་སྨུག་རྩིའི་ཐིག་ལེ་འབྲི་ལ། མེ་ཏོག་དང་རིན་པོ་ཆེ་ལ་སོགས་པའི་ཕྲེང་བས་བརྒྱན་ཞིང་གོས་སྲབ་མོ་ཁ་དོག་སྣ་ཚོགས་ཀྱིས་གཡོགས་པས་མཆོད་པ་ཡིན་ལ། ད་ལྟ་ནི་འདི་བྱ་གཅན་གྱི་ཟས་སུ་སྣང་ན་ཅི་ཁྱོད་གཞན་གྱི་ཁ་ཟས་ལ་དེ་ལྟར་དུ་མཆོད་པ་བྱེད་པའི་རྒྱུ་མཚན་ཅི་ཞེས་པའོ། །

སྔོན་ཆགས་པའི་གནས་ཡིན་ཡང་རོའི་གནས་སྐབས་སུ་འཇིགས་པར་ལྟ་བ་འཇིག་རྟེན་གྱི་ལུགས་སོ་ཞེ་ན། འོ་ན་འཇིག་རྟེན་ན་རོ་ལ་ཅུང་ཟད་སྐྲག་ཅིང་རོ་ལངས་ལ་ཤིན་ཏུ་སྐྲག་པ་ལྟར་འདི་སྔོན་གཡོ་ཞིང་བསྐྱོད་པ་དེའི་ཚེ་ཤིན་ཏུ་སྐྲག་པར་རིགས་ཏེ་རོ་ལངས་ནི་འཁྲུལ་འཁོར་གྱི་སྐྱེས་བུ་ལྟར་གདོན་གྱི་མཐུས་བསྐྱོད་པ

ཙམ་དུ་ཟད་ཀྱི་གཡོ་སྒྱུ་ལ་སོགས་པ་ཅན་མ་ཡིན་ལ། འདི་སྟོན་བསྐྱོད་པ་དེ་ཡི་ཚེ་ན་ཉོན་མོངས་པ་མཐའ་ཡས་པའི་མཛོད་ཡིན་ཞིང་། གཡོ་སྒྱུ་དང་ཕྲ་མ་དང་རྫུན་དང་ཚིག་རྩུབ་ཐམས་ཅད་ཀྱི་འབྱུང་གནས་ཡིན་པའི་ཕྱིར། རོ་ལངས་འབུམ་ལས་ཀྱང་འདི་འཇིགས་སུ་རུང་བ་ཡིན་ནོ། །དེ་ལྟ་མོད་ཀྱི་ཆགས་པས་ཤིན་ཏུ་རྨོངས་པ་ཁྱོད་ནི་ཆགས་ཡུལ་སྐྱེས་པའམ་བུད་མེད་དེའི་བཤང་ལམ་འཛིབ་པ་དང་བཤང་གཅི་ལ་ཤིན་ཏུ་ལྷེས་གཞིབ་པར་རིགས་ཏེ། དེའི་ཁ་དང་བཤང་ལམ་དག་ནི་ལུས་གཅིག་གི་ཆ་ཤས་སུ་ཁྱད་མེད་ཅིང་བཤང་གཅི་དང་ཁ་ཆུ་ཡང་ཟས་གཅིག་ལས་མངོན་པར་སྐྱེད་པར་ཁྱད་མེད་ལ། ཁ་དང་མཆུ་དང་ཁ་ཆུ་ལ་ཁྱོད་(༢༢༩ན)དེ་ཙམ་དུ་རོ་མྱང་བར་བྱེད་པའི་ཕྱིར།

གལ་ཏེ་བཤང་གཅི་ནི་མི་གཙང་ཞིང་དྲི་ང་བས་མི་འདོད་དོ་ཞེ་ན། སོ་ཡང་བཙོག་པའི་དྲི་མ་དང་ལྡན་ཞིང་ལྕེ་ནི་བད་ཀན་གྱི་ལྷན་ལྷིན་དྲི་ང་བས་རྟག་ཏུ་གཡོགས་པས་མི་གཙང་བ་ཡིན་ན། དེ་ཅིའི་ཕྱིར་འདོད་དེ། ཁྱོད་མི་གཙང་བ་མི་འདོད་པ་གལ་ཏེ་བདེན་ན་ལྷ་བ་སོབ་སོབ་པོ་རྣམས་ཁྲག་གིས་གང་ཞིང་རྐང་གི་ནང་ན་རྐང་མར་དང་ཕྲུབས་ལྷན་ལྷིན་གྱིས་གང་བ་དེ་ལྟ་བུའི་རུས་པ་དབྱུག་པ་ལྟ་བུ་དང་ཟླུམ་པོ་དང་ལེབ་མོ་དང་སྲབ་མོ་དང་སྟུག་པོ་དང་ཆེ་བ་དང་ཆུང་བ་སྣ་ཚོགས་པའི་དུམ་བུ་སུམ་བརྒྱ་དང་དྲུག་ཅུ་མིའི་དབྱིབས་སུ་བསྒྲིགས་པ་ལ་རྩ་རྒྱུས་ཀྱི་སྲད་བུས་སྦྲེལ་ཕྱི་རོལ་ཤ་སྣག་མའི་འདམ་གྱིས་ཞལ་བ་ལྟར་བྱུགས་ཤིང་མགོ་བོར་ཀླད་པ། རྒྱབ་ཏུ་གཞུངས་པ། ཁྲུང་ཁྲུང་གི་ནང་དུ་སྣབས། རོ་སྟོད་དུ་ཁྲག་བར་དུ་མཁྲིས་པ་དང་བད་ཀན་གྱི་ལྷན་ལྷིན། སྨད་དུ་བཤང་གཅི་བླུགས་ཤིང་གནས་ཐམས་ཅད་དུ་སྲིན་བུའི་རིགས་བརྒྱད་ཁྲིས་མི་གཙང་བ་འབྱུས་གཞིགས་པ་ལྟར་ཡོང་ཡོང་པོར་བྱས་ཤིང་ཁྲག་དང་ཆུ་སེར་དང་རྣག་དང་ཞག་དང་རྫུལ་གྱིས་ཀུན་ནས་ཁྱབ་པའི་ཕྱི་པགས་པའི་སྐྱི་ཤུན་གྱིས་བཏུམས། བུ་ག་རགས་པ་དགུ་

དང་ཕྲ་བ་བ་སྤུའི་སྣོ་ཇི་སྙེད་པ་གཏོད་པ་ཐམས་ཅད་ནས་ནང་གི་མི་གཙང་བའི་དྲི་ངད་ལྡན་པའི་རླུང་དང་རླངས་པ་ཀུན་ནས་རྒྱུན་མི་འཆད་པར་འབྱུང་ཞིང་སྒོ་དགུ་པོ་ལས་རང་རང་གི་དྲི་མ་རྟག་ཏུ་འཛག་ཅིང་བ་སྤུ་ཐམས་ཅད་ལས་རྔུལ་འབྱུང་བ། མགོ་ལ་སོགས་པའི་གནས་ཁ་ཅིག་ཏུ་ཕྱུགས་ཀྱི་སྤུ་ལྟ་བུ་ཁ་ཅིག་ཏུ་རིང་པོ་དང་ཁ་ཅིག་ཏུ་ཐུང་ངུར་སྐྱེས་ཤིང་ཐམས་ཅད་ཀྱང་སྤྲིན་བུའི་སྤུ་ལྟ་བུའི་བ་སྤུས་ཁྱབ་པ། སྐྲིན་མོར་འགྲོ་ཞིང་འཕྲུན་པ་མཐོང་ན་འཇིགས་སུ་རུང་བའི་བློ་སྐྱེ་བ་འདི་ལྟ་བུ་དག་ཅིའི་ཕྱིར་པང་དུ་འཁྱུད། ཁྱོད་ཉིད་ཀྱི་ལུས་ཀྱང་འདི་ཕོ་ན་ཧེ་མི་གཙང་བ་ཐམས་ཅད་ཀྱི་འབྱུང་གནས་སུ་རང་གིས་མངོན་སུམ་དུ་མཐོང་(༢༢༨བ)ཡང་དེས་མི་སྐྱོ་བར་སླར་མི་གཙང་བ་ཐམས་ཅད་གཅིག་ཏུ་བསྡུས་པའི་རྒྱལ་པ་གཞན་ལ་བརྐམ་ཞིང་ཆགས་པས་འདོད་པ་འདི་ཅིའི་ཐ་ཚིག་ཅེས་དམད་པའོ། །

གལ་ཏེ་རེག་བྱ་འཇམ་པ་དང་རྩི་བ་ཙམ་འདི་ལ་དགའ་འོ་ཞེ་ན། འོ་ན་ཨརྒྱུན་ལ་སོགས་པའི་ཤིང་བལ་འཇམ་ཞིང་འབོལ་བ་ལྷུ་ལས་ཆགས་སུ་བཅགས་པའི་སྟེས་དང་། སྔན་འཇམ་པོས་དགའ་བར་རིགས་ཀྱང་འདི་ནི་འཇམ་མོད་ཀྱི་འདིས་ཉལ་པོ་བྱ་མི་ནུས་སོ་ཞེས་ཁྲོ་བར་བྱེད་པས་ཁྱོད་ནི་བཤང་གཅིའི་ཕུང་པོ་འདི་ཕོ་ན་ལ་ཆགས་པར་ཟད་དོ། །

ཡང་ཤའི་རེག་བྱ་འཇམ་པ་འདོད་ཀྱི་ཤིང་བལ་གྱི་འཇམ་པོ་མི་འདོད་དོ་ཞེ་ན། དེ་ལྟ་ན་ཤི་བའི་རོ་བསྔོ་བ་དང་། བརྔགས་པ་དང་བམ་པ་རྣམས་ཀྱི་རེག་བྱ་ཡང་ཅིས་མི་འདོད་དེ་ཁྱོད་ནི་ཤའི་རེག་པ་འདོད་ན་ཤི་མ་ཤི་གང་གི་ཚེ་ཡང་ཤ་ནི་སེམས་དང་བཅས་པ་མ་ཡིན་པར་སྔ་ཕྱི་མཚུངས་པའི་ཕྱིར།

ཡང་སེམས་དང་བཅས་པའི་ཤ་ལ་རེག་པར་འདོད་ཀྱི་སེམས་མེད་པའི་ཤ་ལ་མ་ཡིན་ནོ་ཞེ་ན། ཤ་ལ་ནི་ནམ་ཡང་སེམས་ཡོད་པ་མི་སྲིད་ལ་ཕ་རོལ་གྱི་སེམས་དེ་ནི་ནམ་ཡང་ཁྱོད་ཀྱིས་བལྟ་བ་དང་རེག་པར་མི་ནུས་ལ་གང་མིག་གིས་མཐོང་

ཞིང་ལུས་ཀྱིས་རེག་ཏུ་ཡོད་པ་དེ་ནི་ཕ་རོལ་པོའི་སེམས་དེ་མ་ཡིན་ན། ཁྱོད་ཀྱི་རེག་པའི་ཡུལ་དེ་སུ་ཞིག་ཅེས་བརྟག་པའོ། །

དེ་ལྟ་མོད་ཀྱི་གཞན་གྱི་ལུས་ཀྱི་མི་གཙང་བ་མི་ཤེས་པ་སྲིད་མོད་ཀྱང་རང་གི་ལུས་སྐབས་དང། ངར་སྐབས་དང་། སྐྱུགས་པ་དང་། བླུགས་པ་དང་། བཤང་གཅི་སོགས་ཡང་ཡང་དུ་རང་རང་གིས་མཐོང་བཞིན་པར་འགྱུར་བའི་གནས་འདི་མི་གཙང་བར་མི་ཤེས་པ་ནི་ཤིན་ཏུ་དམད་པའི་གནས་ཏེ་ཨ་ཧོ་ཞེས་པ་ངོ་མཚར་གྱི་སྒྲ་ཡ་མཚན་པའི་རྣད་དུ་བྱུང་བ་དང་ཤིན་ཏུ་དམད་པའི་གནས་ལ་ཁྲེལ་བ་སོགས་དུ་མ་ལ་འཇུག་པ་ལས་འདིར་ཁྲེལ་བའི་དོན་ཏོ། །

དེས་ན་ཉི་ཟེར་དྭངས་པས་ཕྱེ་བའི་པདྨ་གཞོན་ནུ་ཁ་དོག་རྒྱས་ཤིང་དྲི་བཟང་(༢༥༥ན)བ་སྤངས་ནས་གཞན་གྱི་ལུས་མི་གཙང་བའི་ཕུང་པོ་ལ་ཇི་ལྟར་དགའ། བཤང་གཅི་དང་ངར་སྐབས་སོགས་ཅུང་ཟད་ལྷུང་བའི་ས་ཕྱོགས་ཀྱང་ཅོག་གོ་ཞེས་སྐྱུག་བྲོ་ཞིང་སྣ་གོས་ཀྱིས་འགེབས་པར་བྱེད་ལ་གང་ལས་མི་གཙང་བ་དེ་འབྱུང་བའི་ལུས་ལ་རེག་ཅིང་ཞེན་པར་བྱེད་པ་འདི་ལྟ་བུ་ཅི་ཞིག །ས་ཕྱོགས་མི་གཙང་བས་ཅུང་ཟད་གོས་པ་འདོར་བ་འདི་དང་མི་གཙང་བའི་ཁྲོད་ཀྱི་སྲིན་བུ་ཆུང་དུ་ལ་ཡང་ཁྱོད་སྐྱུག་བྲོ་བས་ལྟ་བར་མི་འདོད་པ་འདི་ལྟ་ན་གཞན་གྱི་ལུས་མི་གཙང་བའི་ཞིང་མའི་མངལ་བསྐྱོག་པ་ནས་སྐྱེས་ཤིང་། ས་བོན་མི་གཙང་བ་ཁུ་ཁྲག་གི་ཐིགས་པ་ལས་བྱུང་ཞིང་མའི་ལྟོན་ལྟིན་མི་གཙང་བས་བསྐྱེད་པ་ད་ལྟ་མི་གཙང་བ་འབབ་ཞིག་འདུས་པའི་ལུས་མངོན་སུམ་དུའང་མི་གཙང་བ་འབྱུང་བཞིན་པ་འདི་ལ་འདོད་ཅིང་ཞེན་པར་མི་རིགས་སོ་ཞེས་བསྟན་པ་སྟེ། དེ་ཡི་ས་བོན་དེས་བསྐྱེད་པ། །མི་གཙང་ལས་སྐྱེས་མི་གཙང་སྲིན། །ཞེས་སོགས་སུ་གཞུང་བཏོན་ན་མི་གཙང་ཞིང་ལས་སོགས་ཀྱི་གཞུང་གི་ནུས་པ་ཉམས་པར་འགྱུར་བས་ན། གལ་ཏེ་མི་གཙང་ཆགས་མེད་ན། །གཞན་ཁྱོད་ཇི་ལྟར་པང་དུ་འཁྱུད། །མི་གཙང་ལས་བྱུང་

མི་གཙང་སྲིན། །ཚུར་དུའང་ཁྱོད་འདོད་མི་བྱེད་ན། །མི་གཙང་ཞིང་ལས་བྱུང་གྱུར་ཅིང་། །དེ་ཡི་ས་བོན་དེས་བསྐྱེད་པ། །མི་གཙང་མང་གི་རང་བཞིན་ལུས། །མི་གཙང་སྐྱེད་པའང་ཅི་ཕྱིར་འདོད། །ཅེས་གསུང་འདོན་པར་བྱའོ། །

རིགས་པ་གཞན་ཡང་ག་པུར་དང་ཙནྡན་ལ་སོགས་པ་དྲི་ཞིམ་པ་དང་འབྲས་ཆེན་སོགས་ཟ་བཟང་པོ་དག་ཀྱང་ཁར་བཅུག་ནས་བོར་ན་སྐྱུག་བྲོ་བས་དེའི་ས་ཡང་བཙོག་པར་ལྟ་ན་ལུས་མི་གཙང་བའི་འབྱུང་གནས་ལ་ཅིའི་ཕྱིར་ཆགས། འོན་ཏེ་ད་དུང་ཡིད་མི་ཆེས་ན་དུར་ཁྲོད་དུ་སོང་ལ་སྐྱེས་པ་དང་བུད་མེད་ཀྱི་ཚོགས་ཤི་བའི་རོ་ལ་ལྟོས་ཤིག་དང་། དང་པོར་པགས་པའི་ཁ་(༢༥༥བ)ཕྱི་སྟེ་དབྲལ་བ་ཙམ་གྱིས་ཀྱང་དམར་བ་དང་ཁྲག་དང་ཆུ་སེར་འཛག་པ་སོགས་མཐོང་བས་འཇིགས་པ་སྐྱེ་ཞིང་། དེ་ནས་ལུས་ཀྱི་གནས་ཐམས་ཅད་ཀྱང་ལྟོས་ཤིག་དང་ལུས་ཀྱི་རང་བཞིན་བདག་ཉིད་ཀྱིས་ཤེས་པར་འགྱུར་རོ། །

གལ་ཏེ་དྲི་བྱུགས་ཤིང་རྒྱན་གྱིས་བརྒྱན་པ་ལ་ཆགས་སོ་ཞེ་ན། དྲི་དེ་ནི་ཙནྡན་དང་ག་པུར་དང་ཨ་ལ་ལ་སོགས་པའི་ཡིན་གྱི་ལུས་དེའི་དྲི་མ་ཡིན་ལ་གཞན་ཙནྡན་དང་ག་པུར་སོགས་དྲི་ཞིམ་པ་རྒྱུ་མཚན་དུ་བྱས་ནས་གཞན་གྱི་ལུས་དྲི་ང་བ་དེ་ལ་ཆགས་པར་རིགས་ན་མི་གཙང་བའི་ཕུང་པོ་ལ་ཡང་ག་པུར་གྱི་ཆུས་གཏོར་ཏེ་ཆགས་པར་ཡང་རིགས་ལ། གཡས་སུ་ག་པུར་གྱི་གོང་བུ་བཞག་པ་དྲི་ཞིམ་པའི་རྒྱུ་མཚན་ལས་གཡོན་དུ་ཁྱིའི་རོ་རུལ་པ་བཞག་པ་ལ་ཡང་ཆགས་པར་རིགས་སོ། །དེས་ན་ནང་བཤང་གཅིའི་གོང་བུ་ལ་ཕྱི་དྲི་ཞིམ་པོས་བསྐུས་ཀྱང་དྲི་ཆུང་ཟོས་པར་ཟད་ཀྱི་བཤང་གཅིའི་རང་བཞིན་གཞན་དུ་མི་འགྱུར་བས་དྲི་ལས་ཀྱང་ཆགས་པར་མི་རིགས་སོ། །དེ་བཞིན་དུ། ལུས་ལ་བརྒྱན་པའི་རྒྱན་དེ་ཡང་། །རིན་ཆེན་སོགས་ཡིན་གཞན་མིན་ན། །གཞན་གྱི་མདོག་གིས་གཞན་དག་ལ། །ཅི་ཡི་ཕྱིར་ན་ཆགས་པར་བྱེད། །ཅེས་ཀྱང་དགོངས་པ་སྟེ་གསེར་དང་བཻཌཱུརྻ་དང་མུ་ཏིག་ལ

སོགས་པའི་རིན་པོ་ཆེའི་རྒྱན་དང་མེ་ཏོག་གི་ཕྲེང་བ་སོགས་ཀྱིས་བརྒྱན་པའང་ཆགས་བྱའི་གནས་མ་ཡིན་ཏེ། རིན་པོ་ཆེ་དེ་དག་ཁ་དོག་གསལ་བ་དང་མདངས་བཟང་བའི་རྒྱུ་མཚན་གྱིས་ལུས་ལ་ཆགས་རིགས་ན་པདྨ་ཁ་དོག་ལེགས་པས་དེའི་འདམ་ལ་ཆགས་པར་བྱ་རིགས་པ་དང་། སོལ་བའི་ཕུང་པོ་དང་མུ་ཏིག་གི་ཕྲེང་བ་ཁད་ཉེ་བར་བཞག་པ་ན་སོལ་བའི་ཕུང་པོ་དེ་ཆགས་པའི་གནས་སུ་འགྱུར་བར་ཐལ་བའི་ཕྱིར་རོ། །དེ་ལྟར་ཁྲུས་དང་གོས་དང་དྲི་དང་རྒྱན་དང་བཅས་པའི་ཚེ་ཡང་དེ་ཙམ་དུ་ཟད་ལ་དེ་དག་མེད་པའི་ཚེ་ནི་སྐྲ་མ་བགྲུས་པས་ཟིང་ཟིང་པོ་དང་། སེན་མོ་རིང་ཞིང་མདོག་མི་ལེགས་པ་དང་། སོ་དྲི་མ་(༢༥༨ན)སེར་སྔོན་གྱིས་གཡོགས་པ་དང་། ལུས་ཐམས་ཅད་ནག་ཅིང་མི་མཛེས་པའི་དྲི་མ་སྣུག་པོས་ཁྱབ་ལ་འདམ་རྫབ་ཀྱི་དྲི་དང་ལྡན་པ་དེ་ལྟ་བུ་སྨྲིན་མོར་གར་བྱེད་པ་དང་། རྒྱུག་པ་དང་། འཁྱོང་བ་མཐོང་ན་འཇིགས་སུ་རུང་བ་དང་། སྙིར་མཆོན་ཆ་འབུམ་ཕྲག་ལས་ཀྱང་ཆེ་བའི་གནོད་པས་བདག་འདི་ཕྱི་ཐམས་ཅད་དུ་ཕུང་བར་བྱེད་པ་ཡིན་ཡང་དེ་ལྟར་གནོད་པ་དང་རང་བཞིན་མི་ཤེས་པ་འདི་ལྟ་བུ་ལ་གཙང་མཛེས་དང་ཕན་པར་འཁྲུལ་བའི་སེམས་ཅན་འདི་རྣམས་ཅིའི་ཐ་ཚིག་ཅེས་བརྩེ་བ་ཆེན་པོ་སྐྱེས་པའོ། །

དེ་ལྟར་དུར་ཁྲོད་དུ་ཕྱིན་པས་རུས་གོང་གི་ཚོགས་ཀྱིས་སྐྱོ་ཞིང་ཡིད་མི་ཆགས་ན། དུར་ཁྲོད་ནི་མི་གཡོ་བའི་རུས་གོང་གནོད་པ་མི་བྱེད་པས་ཁྱབ་པར་ཟད་ལ། གྲོང་ན་ནི་གཡོ་བའི་རུས་གོང་གཡོ་སྒྱུས་འཁྲིད་རྫུན་གྱིས་སླུ་ཁྲ་མས་འབྱེད་ཆོས་ལས་འབེབས་ཚུལ་ཁྲིམས་འཁྲོག་དགེ་བའི་བར་ཆད་བྱེད་པའི་ཚོགས་ཀྱིས་ཟིང་ཟིང་པོར་ཁྱབ་པའི་ཕྱིར། དེ་བས་ཀྱང་གྲོང་ལ་སྐྱོ་ཞིང་ཡིད་མི་ཆགས་པར་རིགས་སོ། །

དེ་ལྟར་བརྟགས་ན་འཇིགས་སུ་རུང་བ་དང་མི་གཙང་བའི་བུད་མེད་དེ་ཡང་

འཇིག་རྟེན་ན་རིན་མེད་པར་མི་རྙེད་དེ། ཁྱིམ་བདག་མགོན་མེད་ཟས་སྦྱིན་གྱི་བུ་ཐ་ཆུང་གི་ཆུང་མ་རྒྱལ་པོའི་ཁབ་ནས་དགུག་པ་ན་རིན་དུ་གདངས་ཀྱི་སྣང་པོ་ཆེ་བརྒྱ་དང་། ཀ་ཤིའི་བུ་མོ་བརྒྱ་ལ་སོགས་པ་ཕབ་པ་ལྟ་བུའི་ཕྱིར་དང་། དེའི་ཆེད་དུ་ལུས་ངག་གི་ངལ་བ་དུ་མ་སྒྲུབ་དགོས་ཤིང་ཕྱི་མར་ངན་སོང་གི་སྡུག་བསྔལ་བསྐྱེད་པའི་ཕྱིར་ནང་སེམས་ཅན་ལ་ཆགས་པ་ནི་ཉེས་དམིགས་ཐམས་ཅད་ཀྱི་འབྱུང་ཁུངས་ཡིན་པས་འབད་པ་ཐམས་ཅད་ཀྱིས་ལྡོག་པར་བྱའོ། །

དེ་བཞིན་དུ་ལོངས་སྤྱོད་ཀྱང་དེ་འདྲ་སྟེ་ལོངས་སྤྱོད་མེད་ན་དབུལ་པོ་ཞེས་མི་རྣམས་ཀྱིས་བརྙས་པར་བྱེད་དེ། མི་རྣམས་བདེ་བའང་ལོངས་སྤྱོད་མེད་མིན་ལ། །ཞེས་པ་ལྟར་རོ། །ལོངས་སྤྱོད་ཡོད་ཀྱང་བྱིས་པའི་ཚེ་ན་(༢༢༨བ)ནི་ཤེད་མ་བྱེ་བས་བསོགས་པ་དང་སྲུང་བ་སོགས་ལྟ་ཅི་སྨོས་ཐ་ན་མེད་དུ་མི་ཐུང་བའི་ཟས་གོས་ཙམ་ལ་ཡང་བཀྲེས་སམ་འཁྱགས་ན་ངུ་བར་བྱེད་ཀྱང་འདི་བདག་ལ་དགོས་སོ་ཞེས་མི་ཤེས་ན་ལོངས་སྤྱོད་གོང་དུ་སྤེལ་ནུས་པ་ལྟ་ག་ལ་ཞིག །ཕྱིས་འཇིག་རྟེན་པའི་ཤེད་བྱེ་ཞིང་དར་ལ་བབ་པ་ན་ནི་ལོངས་སྤྱོད་དགོས་པར་གོ་ནས་ཡོད་པ་སྲུང་བ་དང་ཚོང་དང་སོ་ནམ་ལ་སོགས་པས་སྤེལ་བ་དང་མེད་པ་ཚོལ་བས་སྡུག་བསྔལ་ཞིང་ཤ་ཐང་ཆད་དེ། ཇི་ལྟར་ཁྱིམ་བདག་འཁོར་པའི་བུ། འཁོར་དགའ། འཁོར་སྐྱོབ། འཁོར་ལེན་གསུམ་སྐྱེས་པ་མེད་པར་རོལ་མོ་ཁོ་ནས་སྟེང་ཁང་ན་རྩེ་ཞིང་གང་པོས་མཛོད་པ་བྱེད་ཅིང་། ཁྱིམ་བདག་རང་ཉིད་སྐད་ཅིག་ཡང་མི་དལ་བར་ནོར་སྤེལ་བའི་ཚེ་བུ་སྤྱ་མ་གསུམ་གྱིས་ཡབ་འདི་ལྟ་བུར་འོ་བརྒྱལ་བ་ཅི་མཛད་ཅེས་དྲིས་པས་དེས་བདག་གིས་ཀྱང་ཁྱེད་རྣམས་ལྟར་རྩེ་བས་དུས་འདའ་བར་བྱས་ན་བདག་ཅག་ཐམས་ཅད་ལ་བཟའ་བ་དང་བསྔོ་བ་ཅི་ཡང་མི་འབྱུང་ངོ་ཞེས་སྨྲས་པས་དེ་གསུམ་གནད་དུ་ཕོག་པ་ལྟར་གྱུར་ཏེ། དོན་གྱིས་ཕས་བདག་ཅག་ལ་བསྐུལ་ལོ་སྙམ་ནས་སོ་སོར་བདག་ཅག་གསེར་སྲང་འབུམ་རེ་མ་རྙེད་ཀྱི་བར་དུ་རིན་པོ་ཆེའི་རྣ་ཆ་མི་

འདོགས་སོ་ཞེས་དམ་བཅས་ནས་རེ་རེ་ཞིང་ཤིང་དང་། རྒྱ་སྐྱེགས་དང་། ཞ་ཉེའི་ཟ་ཆ་བྱས་ཏེ་ཡུལ་གཞན་དུ་ཚོང་ལ་སོང་བས་ཟ་ཆའི་མིང་གིས་ཐོགས་ཤིང་གང་པོས་ཀྱང་གཞིར་ཚོང་བྱས་ཏེ་རེ་རེ་ཞིང་གསེར་འབུམ་རེ་རྙེད་པ་ལྟ་བུ་སྟེ། དེ་ལྟར་ཚོང་དང་སོ་ནམ་ལ་སོགས་པ་དལ་བ་མེད་པས་ནོར་སྤེལ་དགོས་ལ། དེས་ཀྱང་ནོར་འགྲུབ་པར་ཡང་མ་ངེས་ལ་གྲུབ་ཀྱང་རྐུན་པོ་དང་། རྒྱལ་པོ་ལ་སོགས་པས་དབྲོག་པ་དང་། མེ་ཆུས་ཆུད་འཛའ་བ་སོགས་ཀྱིས་ལོངས་སྤྱོད་དུ་འབྱུང་བར་མ་ངེས་ཤིང་འཕེལ་ཞིང་ཆུད་མ་ཟོས་པར་བདོག་ཀྱང་སེར་སྣས་སྤྱད་པར་ཡང་མི་ནུས་ལ་དེའི་ངང་དུ་ཚེ་གཏུགས་ཏེ་རྒན་པོར་གྱུར་པ་ན་ནི་ལོངས་སྤྱོད་དེ་དག་བུ་དང་མནའ་མས་བདག་གིར་བྱས་ཏེ་ཅི(༡༡༧ན)ཡང་མི་དབང་བས་སྡུག་བསྔལ་ཆེ་ལ་རང་གིས་ལོངས་སྤྱོད་དུ་ཡོད་ཀྱང་མིག་གིས་དེ་དག་གི་གཟུགས་མི་མཐོང་། སོས་མི་ཕེད། ཕོ་བར་མི་འཇུ། ལྕེའི་དབང་པོ་ཉམས་པས་རོ་ཡང་སྔར་ལྟར་མི་མྱོང་སྟེ། དེའི་ཚེ་སྔར་འབད་པས་བསགས་པ་རྣམས་ཀྱང་སྙིང་པོ་མེད་པར་རང་གིས་ཀྱང་གོ་བར་འགྱུར་ལ།

དེ་བཞིན་དུ་མེད་པ་ཚོལ་བའི་ཕྱིར་གཞན་གྱི་སླ་མི་བྱས་ཏེ་དུབ་པར་ལས་བྱེད་ཅིང་། ཉིན་རེས་ཀ་ཀ་ནི་རེ་ཙམ་རྙེད་པ་ལ་ངོ་མཚར་དུ་བྱེད་པ་དང་། ཁ་ཅིག་ཚོང་དང་ནོར་བུ་ལེན་པའི་ཕྱིར་རྒྱ་མཚོར་འཇུག་པ་སོགས་ཀྱིས་ཤི་བ་དང་། མ་ཤི་ཡང་བྱིས་སུ་བགྲོད་པས་བུ་སྨད་དང་ལོ་ཆེས་མང་པོར་མི་འཕྲད་དེ་ཤ་ནའི་གོས་ཅན་སྟོན་པ་བཞུགས་དུས་ལོ་ལྔ་པའི་དུས་སྟོན་བྱེད་འདོད་པས་རྒྱ་མཚོར་ཞུགས་ཀྱང་སྟོན་པ་མྱ་ངན་ལས་འདས། འོད་སྲུང་ཆེན་པོའང་འདས་ནས་འཕགས་པ་ཀུན་དགའ་བོ་བསྟན་པའི་བདག་པོ་མཛད་པའི་ཚེ་འཁོར་བ་ལྟ་བུ་དང་། གཞོན་ནུ་གསེར་མདོག་གི་ཕ་སྟོན་པ་རྒྱལ་པོའི་ཁབ་ཏུ་ཐ་མ་ཕེབས་དུས་ཁྱིམ་བདག་ཆེན་པོ་རྣམས་ཀྱིས་མཆོད་པ་མཐོང་བས་འགྲན་པའི་བློས་རྒྱ་མཚོར་ཞུགས་པ་ཤ་ནའི་

གོས་ཅན་རབ་ཏུ་བྱུང་བའི་འོག་རོལ་ཏུ་ཕྱིར་འཁོར་བ་ལྷ་བུ་ལོ་ཉི་ཤུ་དང་སུམ་ཅུ་ལ་སོགས་པར་ཡུལ་གཞན་དུ་འཁྱམ་པས་ལོངས་སྤྱོད་ཚོལ་བ་དང་། བྲན་ཁ་ཅིག་རང་གི་ལུས་བཙོངས་པས་འཚོ་བར་བྱེད་ཅིང་དེས་བདེ་བར་རེ་ཡང་སླར་བྲན་གྱི་སྡུག་བསྔལ་ཕྲུག་བདར་ཁྲུང་ལ་སོགས་པར་ཉལ། བཙའ་བ་ན་ཡང་ཕྱི་རོལ་གྱི་གནས་དམན་པ་དག་ཏུ་འཕྱིན། ཟས་གོས་ཐམས་ཅད་ཀྱི་ཐ་ཆད་ཚོགས་ཆེན་པོས་ཉེད་ཅིང་ཚིག་རྩུབ་དང་རྫིག་ཐབས་ཀྱིས་སྐྱེར་བ་ཙམ་གྱིས་འཚོ་ལ། ཁ་ཅིག་གིས་རྒྱལ་པོའི་ངོ་སྲུང་ཞིང་དེས་འཚོ་བ་ཐོབ་པར་འདོད་པས་ཤི་བར་དོགས་བཞིན་དུ་གཡུལ་ངོར་འཇུག་ཅིང་དེར་ཡང་རྒྱལ་བ་ཐོབ་པ་ནི་ཁ་ཅིག་ཙམ་ཡིན་ལ། དེ་བཞིན་དུ་ནོར་གྱི་ཕྱིར་ཚོམ་རྐུན་(༡༡༧བ)སོགས་བྱས་པས་ཆད་པས་བཅད་དེ་ལུས་གཙོད་པ་དང་འབིགས་པ་དང་གསལ་ཤིང་ལ་འཇུགས་པ་དང་མེར་སྲེག་པ་དང་ཆུར་འཕེན་པ་སོགས་སྣ་ཚོགས་པ་མྱོང་སྟེ།

མདོར་ན་ལོངས་སྤྱོད་རྣམས་ནི་མཐོང་བའི་ཆོས་འདི་ལ་ཡང་དང་པོར་བསགས་པས་སྡུག་བསྔལ། བར་དུ་སྲུང་བས་སྡུག་བསྔལ། ཐ་མར་བརླག་པས་སྡུག་བསྔལ་ལ། ཕྱི་མར་ནི་དེའི་ཆེད་དུ་བསགས་པའི་སྡིག་པ་རེ་རེས་ཀྱང་ངན་འགྲོ་མཐའ་མེད་དུ་འཕེན་ན་མང་པོས་ལྟ་སྨོས་ཀྱང་ཅི་དགོས་ཏེ་ངན་འགྲོ་ལས་ཐར་བ་མེད་པ་དེ་ལ་སྲིད་པ་ཐམས་ཅད་ལས་གྲོལ་བའི་མྱ་ངན་ལས་འདས་པ་ལྟ་ག་ལ་ཡོད།

དེས་ན་ཕྱི་ནང་གི་འདོད་པ་རྣམས་ལ་ནི་དེ་དག་ལ་སོགས་པའི་ཉེས་དམིགས་མང་བས་བརྗོད་ཀྱིས་མི་ལང་སྟེ། འདོད་པ་སྐད་ཅིག་ཙམ་ལ་ཞེན་པས་བདེ་བ་ཆེན་པོ་ལས་ཉམས་ཤིང་སྡུག་བསྔལ་དུ་མ་སྨྱོང་བ་ཇི་ལྟར་བ་ལང་དུ་མས་ཤིང་རྟ་འདྲེན་པ་ན་དེ་ལས་བ་ལང་གཅིག་གིས་རྩྭ་ཁམ་གཉིས་སམ་གསུམ་བཟའ་བའི་ཕྱིར་གོམ་པ་སྲིས་ན་ཤིང་རྟའི་འཁོར་ལོས་ལུས་སྨད་བཅོམ་སྟེ་སྡུག་བསྔལ་བའམ།

ཡང་ན་ཤིང་རྟའི་མགོ་ལོགས་ན་གནས་པའི་ཁ་ལོ་བས་ལྕག་གིས་དྲག་པོར་བཞུས་ཏེ་སྡུག་བསྔལ་ཆེར་མྱོང་བ་ལྟ་བུ་དང་། བྲམ་ཟེ་རྣམས་ལ་ཟླ་བ་བཞིར་ཁ་ཟས་རོ་བརྒྱ་པའི་མཆོད་སྦྱིན་ཡོན་དང་བཅས་པ་བྱུང་བའི་ཚེ། ཐོག་མའི་ཉིན་གང་འོངས་པ་ལ་ལག་པ་ལ་སྣྲང་རྩི་སོགས་སྦྱར་བའི་རྒྱས་བཏབ་སྟེ། གང་ལ་རྒྱ་མཐོང་བ་དེ་ལ་ཕྱིས་སྟེར་བ་ལས་བྲམ་ཟེ་བརྐམ་པ་ཞིག་གིས་རྒྱའི་མདངར་བ་དེ་ལ་ལྟེས་བལྟགས་པས་ཟླ་བ་བཞིའི་འཚོ་བ་དང་རྙེད་པ་ལས་ཉམས་པ་ལ་སོགས་པའི་ཕྱིར་ཏེ།

རྙེད་པ་དང་བཀུར་སྟི་དང་ཟས་གོས་གནས་མལ་འཁྲིག་པ་སོགས་ནི་ངན་འགྲོ་པ་རྣམས་ལ་ཡང་ཆེས་བཟང་བར་ཡོད་དེ། གྲུབ་པའི་དངུལ་ཆུ་ལ་སོགས་བཅུད་ཀྱི་ལེན་ཁྱད་པར་ཅན་ཚེ་བསྐལ་པར་འཚོ་ནུས་པ་དང་། ཤི་བ་ལས་སློང་བའི་བདུད་རྩི་སོགས་ནི་(༡༡༨ན)གནོད་སྦྱིན་དང་། སྲིན་པོ་དང་། མིའམ་ཅི་དང་། ཡི་དྭགས་མཐུ་བོ་ཆེ་སོགས་ཀྱི་ལག་ན་ཡོད་ལ། རིན་པོ་ཆེ་མཆོག་རྣམས་ཀྱང་ཀླུའི་རྒྱལ་པོ་རྣམས་ལ་ཡོད་ཅིང་། ཀླུའི་རྒྱལ་པོ་སངས་རྒྱས་བཅོམ་ལྡན་འདས་ཞེས་བྱ་བས་སྟོང་གསུམ་ལ་དབང་བྱེད་ཅིང་། རྒྱ་མཚོས་ཁོར་ཡུག་ཆུང་ངུའི་བར་དང་། མ་དྲོས་པས་འཛམ་གླིང་དང་། དགའ་བོ་དང་ཉེར་དགས་རི་རབ་སོགས་དབང་བྱེད་པས་དེ་དག་གི་འཁོར་ཚོགས་ལ་བལྟོས་ན་འཁོར་ལོས་བསྒྱུར་བའི་རྒྱལ་པོའི་འཁོར་ནི་ཤིན་ཏུ་ཉུང་ངུར་ཟད་པའི་ཕྱིར་དང་། ཀླུའི་རྒྱལ་པོ་དང་མི་འམ་ཅིའི་རྒྱལ་པོ་རྣམས་ལ་ཆུང་མའི་འཁོར་ཡང་ལྷ་དང་ཀླུ་དང་མིའམ་ཅིའི་བུ་མོ་བྱེ་བ་ཕྲག་མང་པོ་དང་ལྡན་ཞིང་དེ་དག་གི་མཛེས་པ་ལ་བལྟོས་ན་མིའི་བུད་མེད་བཙུན་མོ་རིན་པོ་ཆེ་ཡང་བདུད་རྩིའི་མདུན་དུ་མི་གཙང་བ་བཞག་པ་ལྟར་ཟད་པའི་ཕྱིར་དང་། ཉི་ཚེ་བའི་དམྱལ་བ་ཁ་ཅིག་ཡང་ལྷའི་བདེ་བ་ཕལ་ཆེར་སྤྱོད་ཅིང་སྐབས་འགར་དམྱལ་བའི་སྡུག་བསྔལ་མྱོང་བར་གསུངས་པའི་ཕྱིར། དེ་ལྟར་མནོག་ཆུང་ལ་སྙིང་པོ་མེད་པའི་འདོད་པ་སྣ་རེའི་དོན་དུ་ཤ་ཐང་དུ་འབད་འབད་པས་དལ་འབྱོར་རིན་པོ་ཆེ་

རྙེད་པར་དཀའ་ཞིང་ཕན་ཡོན་ཆེ་བ་འདི་ལྟ་བུ་དོན་མེད་དུ་ཕྱུས་པར་མ་ཟད་སྔར་འདི་ལ་བརྟེན་ནས་ངན་འགྲོའི་རྒྱུ་མཐའ་ཡས་པ་བསྒྲུབས་ཏེ་ཐར་པ་མེད་པའི་དོང་ཆེན་པོར་རང་ཉིད་ཀྱིས་འཕྱོང་བ་འདི་ལྟ་བུ་ཀྱེ་མ་ཀྱི་ཧུད་ཅེས་སྙིང་རྗེའི་ཐུགས་ཀྱིས་མ་བཟོད་པའོ། །

དེས་ན་མིའི་རྟེན་ལ་སྒྲུབ་པར་ནུས་ཤིང་ལྷ་དང་ཀླུ་དང་གནོད་སྦྱིན་དང་ཡི་དྭགས་དང་དུད་འགྲོ་དང་དམྱལ་བ་སོགས་འགྲོ་བ་གཞན་གྱིས་སྒྲུབ་པར་མི་ནུས་པ་ནི་དམ་པའི་ཆོས་རིན་པོ་ཆེ་ཁོ་ན་ཏེ། **སློབ་སྤྲིང་ལས།** སེམས་ཀྱི་སྟོབས་ཆེན་མི་ཡིས་རྙེད་པ་གང་ཡིན་པའི། །ལམ་འདི་ལྷ་དང་ཀླུ་ཡིས་མི་རྙེད་ལྷ་མིན་དང་། །མཁའ་ལྡིང་རིག་འཛིན་མིའམ་ཅི་དང་ལྟོས་འཕྱེས་མིན། །ཞེས་གསུངས་ཤིང་། ལྷ་བས་ལྷག་པའི་ལུས་ཐོབ་ནས། །(༡༡༡༨)ཞེས་འཆད་པར་འགྱུར་བའི་ཕྱིར་རོ། །དེ་ལྟར་གནས་སྐབས་སུ་སྡུག་བསྔལ་ཞིང་འབྲས་བུ་འཇིགས་སུ་རུང་བའི་ནོར་དང་བུད་མེད་སོགས་འདོད་པ་སྣ་རེའི་དོན་དུ་དུབ་པར་འབད་པའི་དཀའ་བ་གཅིག་པོ་ནའི་བྱེ་བའི་ཆ་གཅིག་ཆོས་ཀྱི་ཕྱིར་སྤྱད་ན་དེ་ཙམ་གྱིས་འཚང་རྒྱ་བའམ་མཐོང་བའི་ལམ་མངོན་དུ་བྱེད་པ་ལ་སོགས་པར་ནུས་མོད་ཀྱང་སྡུག་བསྔལ་ཆེ་ལ་དོན་མེད་པ་འདི་ལྟ་བུ་སྤྱོད་པ་རེ་སྙིང་རྗེ་ཞེས་དགོངས་པའོ། །

འཆི་བ་དང་ལུས་འཇིག་པའི་སྡུག་བསྔལ་སྐྱེད་པ་ལ་བསམས་ན་འཕྲལ་དུ་དུག་ཆུང་དུ་སྨན་མའི་འབྲུ་ཙམ་པ་དེ་ཡང་འཇིགས་སུ་རུང་བའི་གནས་ཡིན་པ་ལྟར་མཐོང་ཆོས་ལ་སྡུག་བསྔལ་བསྐྱེད་པ་དང་རྣམ་སྨིན་ངན་འགྲོའི་སྡུག་བསྔལ་བསྐྱེད་པ་ལ་བསམས་ན་ནོར་དང་བུད་མེད་སོགས་ཀྱི་འདོད་པ་འདི་ནི་ཤིན་ཏུ་རབ་ཏུ་ཀུན་ཏུ་འཇིགས་སུ་རུང་བའི་གནས་ཡིན་ཏེ། དུག་དང་། མེ་ཆུ་དང་། དགྲ་དང་། མཚོན་ཆ་སོགས་ཀྱིས་ནི་འཆི་བར་བྱེད་པ་ཙམ་ཡིན་གྱི་དེ་ཕན་ཆད་དུ་གནོད་པར་མི་ནུས་ལ་འདི་ལས་བྱུང་བའི་མི་དགེ་བའི་ལས་ལམ་ནི་སྐྱེ་བ་མཐའ་ཡས་པར

རྗེས་སུ་འབྲང་བས་གནོད་པ་བྱེད་པའི་ཕྱིར་ཏེ། སྟོན་པ་གཤེགས་པའི་བཤུལ་ཀར་འོད་པས་ས་བསྐྱིལ་བའི་གསེབ་ནས་གསེར་གྱི་ཕུང་པོ་འོད་འཕྲོ་བ་ཡོད་པ་ལ། ཀུན་དགའ་བོས། བཅོམ་ལྡན་འདས་སྦྲུལ་དུག་མྱུར་དུ་ཁྱབ་པར་བྱེད་པ་ལགས་སོ། །ཞེས་ལན་གཉིས་གསོལ་བ་ན། སྟོན་པས་འདི་ནི་སྦྲུལ་གདུག་དྲག་པོའོ་ཞེས་ལན་གཉིས་སུ་བཀའ་སྩལ་བ། མི་ཞིག་གིས་ཐོས་ནས་སྦྲུལ་གདུག་དྲག་པོ་ནི་སྟོན་མ་མཐོང་མ་ཐོས་སོ་སྙམ་ནས་བལྟས་པ་ན། གཏེར་མཐོང་ནས་བླང་བར་བརྩམས་ཤིང་ཡང་རང་གི་ཆུང་མས་གསང་བར་ནུས་མི་ནུས་བརྟག་པའི་ཕྱིར་བདག་གི་མཚན་འོག་ནས་བྱ་རོག་དཀར་པོ་ཞིག་འཕུར་ཏེ་སོང་བས་ཁྱོད་ཀྱིས་སུ་ལ་ཡང་མ་བཤད་ཅིག །བཤད་ན་བདག་འཆིའོ་ཞེས་སྨྲས་པ་དེས་གཅིག་ནས་གཅིག་ཏུ་བརྒྱུད་དེ་བྱ་རོག་སྟོང་འཕུར་རོ་ཞེས་ཐམས་ཅད་(༢༤༥ན)ཀྱིས་གྲགས་པའི་ཚེ། རྒྱལ་པོ་མ་སྐྱེས་དགྲས་ཐོས་ནས་མི་དེ་ལ་གཞན་ལ་བཟླར་མི་རུང་བའི་གཏམ་ཡོད་པར་འདུག་པས་ཟུང་ཞིག་ཅེས་བཟུང་ནས་ཆག་སྤྲལ་དུ་བཅུག་སྟེ་དྲིས་པ་ན། མ་སྨྲས་པས་དེའི་ཉེ་འཁོར་ཐམས་ཅད་ཀྱང་བཟུང་ནས་བཅིངས་པ་ན་དེ་སྡུག་བསྔལ་བས་སྟོན་པ་གཙོ་འཁོར་གྱི་ཞུ་ལན་གྱི་ཚིག་དེ་དག་ལན་གཉིས་སུ་བཟླས་པས་རྒྱལ་པོས་དེའི་རྒྱུ་དྲིས། དེས་མི་འཇིགས་པ་སྟེར་ན་སྨྲ་བར་བྱས་ཏེ་མི་འཇིགས་པ་བྱིན། དེ་ནས་དོན་དེ་སྨྲས་ཏེ་སྦྲུལ་དུག་མྱུར་དུ་ཁྱབ་པར་བྱེད་པས་ཟིན་ན་བདག་གཅིག་པུ་འཆི་བར་ཟད་ཀྱང་སྦྲུལ་གདུག་དྲག་པོས་ཟིན་པས་བདག་གཉེན་གོར་དང་བཅས་པ་འདི་ལྟར་སྡུག་བསྔལ་བས་བཅོམ་ལྡན་འདས་གཏེར་ལ་སྦྲུལ་གདུག་དྲག་པོར་བཀའ་སྩལ་བ་བདེན་ནོ། །ཞེས་བརྗོད་པར་བཤད་པ་ལྟ་བུའི་ཕྱིར་རོ། །

དེས་ན་འདོད་པ་ལ་སྐྱོ་ཞིང་ཞེན་པ་ལོག་པ་པོ་ནས་ཀྱང་བསམ་གཏན་ཁྱད་པར་ཅན་སྐྱེ་བར་འགྱུར་ཏེ། རྒྱ་གར་གྱི་སློབ་དཔོན་ཨ་ཤྭ་ཧོ་ཏི་པ་སངས་རྒྱས་ཡེ་ཤེས་ཀྱི་**བསམ་གཏན་གྱི་ཆོས་དྲུག་ཅུང་གསལ་ལས།** སེར་སྐྱ་མོ་དང་ཆུ་སྐྱར་

སྤྲུལ། །ནགས་ན་རི་དྭགས་ཚོལ་བ་དང་། །མདའ་མཁན་དང་ནི་གཞོན་ནུ་མ། །འདི་དྲུག་ང་ཡི་སློབ་དཔོན་ཡིན། །རི་བ་ཟང་ཟིང་ཁྱིམ་སྤྱོང་དང་། །དབེན་པའི་ནགས་སུ་གོམས་པ་དང་། །དམིགས་པ་བརྟན་དང་གཅིག་པུ་ཉིད། །བདག་གིས་བླ་མ་ལས་འདི་རྙེད། །ཅེས་བུད་མེད་སེར་སྐྱ་མོ་ཞེས་བྱ་བ་ཞིག་ནམ་སྟོད་ལ་སྐྱེས་པ་འོང་དུ་རེ་བ་སྡུག་བསྔལ་ལ། ནམ་སྨད་ལ་མི་འོང་བར་ཤེས་པས་ཕོ་ཐག་ཆོད་དེ་བདེ་བར་གཉིད་ལོག་པ་ལྟར། འདོད་པ་ལ་རེ་བ་ནི་སྡུག་བསྔལ་གྱི་རྩ་བ་ཡིན་ལ་རེ་བ་མེད་པ་ནི་བདེ་བའི་དམ་པའོ། །

ཆུ་སྐྱུར་ཞིག་གིས་ཉ་ཆེན་པོ་མགུལ་པར་མི་ཆུད་པ་ཞིག་ཁྱེར་བས་ཆུ་སྐྱུར་གཞན་ཐམས་ཅད་ཀྱིས་དེད་པས་དེས་མ་ཐར་ནས་ཉ་བོར་བས་འདེད་མཁན་མེད་(༢༥༩བ)ལ་ཆུ་སྐྱུར་གཞན་ཞིག་གིས་ཉ་དེ་བླངས་པས་དེ་ཐམས་ཅད་ཀྱིས་དེད་པ་ལྟ་བུ་ཕོ་ན་རིམ་པར་བྱུང་བ་ལྟར། ཟང་ཟིང་སུས་བཟུང་བ་དེ་ལ་རྩོད་པ་འབྱུང་གི་ཟང་ཟིང་སྤངས་ན་རྩོད་པའི་གཞི་མེད།

སྤྲུལ་ཞིག་ཚང་དུ་ཉལ་བ་རང་གི་ཕྲུ་གུ་མང་པོས་གཙེས་པས་ཚང་ནས་བྱུང་སྟེ། ཁུང་གཞན་དུ་གཅིག་པུར་ཉལ་བས་བདེ་བ་ལྟར། ཁྱིམ་དུ་བུ་སྨད་ཀྱིས་སྡུག་བསྔལ་ལ་གཅིག་པུར་བསྡད་པ་ལ་དེའི་སྡུག་བསྔལ་མེད།

རྫོན་པ་ཞིག་རྟག་ཏུ་རྫོན་གྱི་ཕྱིར་ནགས་སུ་འགྲོ་བ་ལས་བསམ་གཏན་པ་དག་མཐོང་ཞིང་རང་ཉིད་ཀྱང་ནགས་སུ་གོམས་པས་བསམ་གཏན་པར་གྱུར་པ་ལྟར། དབེན་པར་གོམས་སུ་གཞུག །

མདའ་མཁན་མདའ་བྱེད་པའི་མདུན་དུ་རྒྱལ་པོ་དཔུང་བཅས་འགྲོ་བ་མ་མཐོང་བ་ལྟར། རྩེ་གཅིག་ཏུ་མ་ཡེངས་པར་འབད།

གཞོན་ནུ་མ་སྤྱོས་བདར་བ་ན་གདུབ་བུ་མང་པོ་འཁྲོལ་བས་མ་བདེ་ནས་རིམ་གྱིས་ཕུད་མཐར་གཉིས་ཀྱང་འཁྲོལ་བ་ན་གཅིག་ཤོས་ཀྱང་ཕུད་པས་མི་འཁྲོལ་བར་

བདེ་བ་ལྟར། གྲོགས་སྤུངས་ནས་གཅིག་པུ་ལ་བསླབ་པ་སྟེ། དཔེ་འདི་དྲུག་མཐོང་བས་སློབ་དཔོན་དེ་ལ་ཏིང་ངེ་འཛིན་ཁྱད་པར་ཅན་སྐྱེས་པ་ཡིན་ལ། **ལུང་ལས་ཀྱང་།** རྒྱལ་པོ་ཞིག་གཡུལ་ལས་ཐྲོས་པས་ཚུ་སྐྱར་གྱི་དཔེ་དེ་མཐོང་སྟེ་བདག་ཀྱང་རྒྱལ་སྲིད་སྤུངས་ན་རྩོད་པ་མེད་དོ་སྙམ་ནས་ནགས་སུ་རང་རྒྱལ་ཐོབ་པ་དང་། རྒྱལ་པོ་གཅིག་གིས་གཞོན་ནུ་མའི་གདུབ་བུའི་དཔེ་དེ་མཐོང་བས་འདི་ལྟར་བདག་ཀྱང་གཅིག་པུ་བདེའོ་སྙམ་ནས་ནགས་སུ་རང་རྒྱལ་ཐོབ་པར་བཤད་དོ། །

དེས་ན་རྒྱ་ཆེ་རོལ་པ་ལས། འདོད་པའི་སྐྱོན་རྣམ་མཐའ་ཡས་བདག་གིས་རིག །འཐབ་མོ་འཁོན་བཅས་མྱ་ངན་སྡུག་བསྔལ་རྩ། །འཇིགས་བྱེད་དུག་གི་ལོ་མ་འདྲ་བ་སྟེ། །མེ་དང་འདྲ་ཞིང་རལ་གྲིའི་སོ་དང་འདྲ། །ཞེས་དང་། འདོད་པའི་ཁོལ་པོ་རྣམས་ནི་གཉེག་ཅིང་གཏུབ། །མགོ་དང་མིག་དང་རྐང་ལག་གཅོད་པར་འགྱུར། །(༢༧༠ན)འདོད་ཆགས་ཀྱིས་ནི་སེམས་ཅན་དམྱལ་བར་ལྟུང་། །འདོད་ཆགས་ཀྱིས་ནི་ཡི་དྭགས་དུད་འགྲོར་འགྲོ། །ཞེས་གསུངས་པ་ལྟར་འདོད་པའི་ཉེས་དམིགས་ཁོང་དུ་ཆུད། སེམས་དང་འདྲེས། ཤིན་ཏུ་སྐྱོ། བརྒྱ་བྱིན་གྱི་བདེ་བ་ཡང་གཙོན་ར་ལྟར་ཤེས་པས་དབེན་པ་ཁོ་ན་ལ་དགའ་བ་བསྐྱེད་པར་བྱ་སྟེ། ཆགས་སྡང་གི་ཡུལ་མེད་ལ་དེར་སླེབས་པས་ཀྱང་སེམས་ཞི་ཞིང་དང་བར་འགྱུར་བའི་དགའ་ཐུབ་ཀྱི་ནགས་བསྟེན་པར་བྱའོ། །

འདི་ལྟར་གནས་པ་ནི་རྒྱལ་པོ་རྒྱལ་སྲིད་ལ་སྤྱོད་པའི་བདེ་བ་ལས་ཆེས་ལྷག་པ་ཡིན་ཏེ། རྒྱལ་པོ་རྣམས་ནི་ཁང་བཟང་དང་ཁ་ཟས་སོགས་བཟང་མོད་ཀྱང་བྱ་རོག་ལྟར་ཁུ་འཕྲིག་ཟ་བས་སུ་ལའང་བག་རྗེན་མི་ནུས་པ་དང་། དགྲ་བོ་ལ་འཇིགས་པ་དང་ཁ་ཟས་ལའང་དུག་ཅན་དུ་དོགས་པ་སོགས་ཀྱིས་དུས་འདའ་ལ། དབེན་པར་སྤྱོད་པ་འདི་ལ་ནི་དེ་ལྟ་བུའི་འཇིགས་པ་ཅི་ཡང་མེད་ཅིང་དབེན་པ

དང་ཞི་བའི་བདེ་བས་སེམས་དང་ཞིང་གསལ་ལ་ལས་སུ་རུང་བར་རྣལ་དུ་ཕེབས་ཤིང་། ག་བུར་གྱི་ཐུག་པ་དང་། ཛ་ཡབ་ཀྱིས་གཡབས་པའི་སེར་བུ་ལས་ཆེས་གསིལ་བ་མཚན་མོ་ཟླ་བའི་འོད་དང་། རླུང་སེར་བུ་དྲི་ཞིམ་པོ་ལྡང་བ་ཙནྡནའི་ངད་ལྡ་བུས་ཚ་གདུང་དང་སྦྲང་བུ་ལས་སྐྱོབ་པ་དང་། རང་བཞིན་གྱིས་གྲུབ་པའི་བྲག་ཕུག་གམ། རྗོ་ལེབ་ཀྱིས་གཡོགས་པའི་ཁྱིལ་བུ་འཚམ་ཞིང་རན་པས་རྒྱལ་པོའི་ཁང་བཟང་ལས་བདེ་བ་དང་། མེ་ཏོག་དང་འབྲས་བུ་དང་ལོ་འདབ་ཏུ་ལྡན་པའི་ཤིང་སྡུག་པོའི་ཚལ་དང་མེ་ཏོག་དང་སྔོན་དང་རྩྭ་དང་ལྗུམ་བུ་ཡིད་དུ་འོང་བས་ཁེབས་ཤིང་། དེ་དག་སྒྲ་མེད་པའི་རླུང་འཇམ་པོས་བསྐྱོད་པ་ན་ཐྲོ་གར་ལས་ཆེས་ལྷ་ན་མཛེས་པ་དང་།

གཞན་ཡང་ཆུ་སྒྲ་སྙན་པ་ལྷུང་ལྷུང་པོར་སྒྲོག་པ་དང་བྱ་སྐྱ་མདོག་སྡུག་ཅིང་སྒྲ་སྙན་པ་དག་སྐད་དུ་མར་བསྒྱུར་བས་གླུ་དང་རོལ་མོ་ཟིལ་གྱིས་གནོན་པ་སྟེ། རྒྱལ་པོའི་སྐྱིད་ཚལ་ལས་ཆེས་རྨད་དུ་བྱུང་བའི་(༡༥༠བ)ནགས་ཚལ་དག་ན་སྙིང་རྗེ་དང་བྱང་ཆུབ་ཀྱི་སེམས་འབའ་ཞིག་ཡིད་ལ་བྱེད་པས་འཆག་པ་དང་། སྐྱིལ་མོ་ཀྲུང་དུ་བྱེད་པས་དུས་འདའ་ཞིང་གང་ཡང་ཡོངས་སུ་མ་བཟུང་བས་སྲུང་བའི་སྡུག་བསྔལ་མེད་ལ། གང་ལ་ཡང་རེ་བ་དང་ལྟོས་པ་མེད་ཅིང་གནས་དེ་དག་ལ་ཡང་ཆགས་པ་མེད་པར་གང་དུ་འདོད་པར་འགྲོ་ཞིང་། ཇི་ཙམ་འདོད་པར་གནས་པས་བག་ཡངས་སུ་སྤྱོད་པའི་ཕྱིར་རྒྱལ་པོའི་བདེ་བ་ཟིལ་གྱིས་གནོན་པ་ཡིན་ཏེ། སྔོན་རྒྱལ་པོ་ཞིག་གིས་གྲུའི་སྐྱིད་ཚལ་དུ་སྤྱོད་པའི་ཚེ་ཆུ་དེའི་རྒྱུན་གྱི་མགོ་ན་ནྱ་གྲོ་དྷའི་སྡོང་པོ་འབྲས་བུ་ཕུན་སུམ་ཚོགས་པ་ཡོད་པ་ལས་ངན་ཤོས་གཅིག་ཆུས་ཁྱེར་བ་དེའི་དྲིས་ཐུག་པའི་དྲི་ཐམས་ཅད་ཟིལ་གྱིས་མནན་ཞིང་ཁ་དོག་བཟང་ལ་འཇམ་པ་དེ་རྒྱལ་པོས་ཟོས་པས་རང་གི་ཁ་ཟས་ཐམས་ཅད་ལ་ཡིད་བྱུང་སྟེ། རྒྱལ་སྲིད་སྤྱོད་པའི་སྡུག་བསྔལ་ཡོང་མེད་པར། །འདི་འདྲ་ཟ་བ་གང་དེ་རྒྱལ་པོ་ཡིན། །ཞེས་སྨྲས་པ་ལྷ་བུའི་

ཕྱིར་རོ། །

མིའི་རྒྱལ་པོ་ལྷ་ཞིག་བརྒྱ་བྱིན་གྱི་བདེ་བ་ལས་ཀྱང་ཆེས་རྨད་དུ་བྱུང་བ་ཡིན་ཏེ། བརྒྱ་བྱིན་ནི་ལྷ་མ་ཡིན་ཐགས་བཟང་རིས་གཡུལ་དུ་ཞུགས་ན་བདག་ཉིད་ངེས་པར་གཡུལ་དུ་འཇུག་དགོས་པ་ལྟ་བུས་རང་དབང་ཅན་མ་ཡིན་པ་དང་། རྒྱལ་པོ་མ་སྐྱེས་དགྲ་ལྟས་བྱིན་གྱིས་བསླུས་པའི་ཚེ་དཀོན་མཆོག་མི་མཆོད་པའི་ཁྲིམས་བཅས་པ་ལས། བཙུན་མོའི་འཁོར་ཞིག་གིས་སྟོན་པའི་དབུ་སྐྲ་དང་སེན་མོའི་མཆོད་རྟེན་ལ་མར་མེ་ཕུལ་བས་སྲུ་རོལ་བྱེད་བཞིན་པ་ལ། མ་སྐྱེས་དགྲས་འཁོར་ལོ་འཕངས་ཏེ་བསད་པ་ན་མིའི་རོལ་མོའི་སྒྲ་མ་ཞི་བར་ལྷའི་རོལ་མོའི་སྒྲ་བྱུང་སྟེ། སུམ་ཅུ་རྩ་གསུམ་དུ་ལྷ་མོ་དཔེ་མེད་པར་མཛེས་པ་ཞིག་ཏུ་སྐྱེས་པ་ན། འཇིག་རྟེན་སྐྱོང་བ་བཞི་དང་བརྒྱ་བྱིན་དང་ལྷ་ཀ་དེ་ལ་ཆགས་པས་ཡ་ཡ་བོར་གྱུར་ཏེ། སུ་འདོད་པའི་ཚིགས་བཅད་ངོ་ཚ་མེད་པ་སྨྲ་བར་ནུས་པ་དེས་བདག་གིར་བྱེད་པར་བྱས་ནས། སོ་སོས་གཡུལ་གྱི་ཐ་སྙད་ཀྱང་སེམས་ལ་(༢༩༧ན)ཆགས་པ་སྐྱེ་བ་དེ་ལྟ་བུར་བདག་འདོད་དོ་ཞེས་སོགས་རེ་རེ་སྨྲས་ཤིང་བརྒྱ་བྱིན་གྱིས། ཁྱེད་ཅག་ཚིགས་བཅད་སྨྲ་བས་ན། །ཁྱེད་ཅག་རབ་ཏུ་བདེ་བ་ཡིན། །བདག་ཉིད་ཏ་ཅང་འདོད་ཆེས་པས། །ཤི་འམ་གསོན་པའི་གཏོལ་མེད་དོ། །ཞེས་སྨྲས་པས་བརྒྱ་བྱིན་ལ་བྱིན་པ་ལྟ་བུ་ཆགས་པས་སེམས་ཚོག་མི་ཤེས་པ་དང་རང་དབང་མེད་པ་དེ་ལྟ་བུ་དང་ལྡན་ལ། བསམ་གཏན་པ་ནི་རང་གི་སེམས་རང་དབང་དུ་གྱུར་པ་དང་སུ་དང་ཡང་རྩོད་པ་མེད་པ་དང་། ཉེ་དུ་དང་འཁོར་ལ་སོགས་པ་གང་དང་ཡང་སེམས་ཀྱི་འབྲེལ་ཐག་ཆོད་པས་གང་ལ་ཡང་ལྟོས་པ་མེད་པ་དང་། གང་བྱུང་དེས་ཚོག་ཤེས་པས་ཅི་ལ་ཡང་རེ་བ་མེད་པ་སྟེ་བརྒྱ་བྱིན་ལས་ལྷག་པའི་བདེ་བ་དེ་ལྟ་བུ་ཡོད་པའི་ཕྱིར་རོ། །

འདིར་སྨྲས་པ། གང་གིས་སེམས་ཀྱི་ནུག་ཛུ་ཐམས་ཅད་བཅོམ། །རྣམ་པར་རྟོག

པའི་དབང་དུ་མ་གྱུར་ཏེ། །རང་རྒྱུད་རང་གིས་ལེགས་པར་བཏུལ་བྱས་པས། །རང་སེམས་རང་དབང་གྱུར་དེ་བདེ་བའི་མཆོག །ཚིག་ཤེས་རྫེད་སླའི་འཚོ་བ་ཙམ་གྱིས་འཚོ། །མ་ལ་ཡ་འདྲའི་ནགས་ཚལ་དབེན་པར་གནས། །འདྲིས་དང་འཁོན་མེད་གྱུ་གྱུར་སྤྱོད་དང་བྲལ། །བག་ཡོད་སྤྱོད་འདི་བདེ་བའི་ནང་ན་མཆོག །སྐྱེ་བོའི་རྒྱུན་ལུགས་མེད་ཅིང་ཆུ་གཙང་གསིལ། །བྱ་དང་རི་དྭགས་གནོད་མེད་བག་ཕེབས་རྒྱུ། །བྲག་སྐྱིབས་ཤིང་དྲུང་ཡིད་ཀྱིས་བཀོད་འདྲ་བ། །བདག་གིར་མ་བཟུང་འདི་ནི་གནས་ཀྱི་མཆོག །ཁམས་གསུམ་ཀུན་ཡང་གཟོད་ནས་དབེན་པར་མཁྱེན། །བདག་དང་གཞན་དུ་འཛིན་པའི་གཉིད་རབ་སད། །གཡེང་དང་མི་གཡེང་མཚན་མ་མི་དམིགས་བཞིན། །དབེན་པར་ཏིང་འཛིན་མཛད་རྣམས་ཆེས་བསྔགས་འོས། །བར་སྐབས་ཀྱི་ཚིགས་བཅད་དོ། །

འདི་རྣམས་སུ་**དགེ་བའི་ལྷས།** བསམ་པ་གཞན་ནི་ཀུན་བཏང་སྟེ། །ཞེས་པ་ཕ་རོལ་པོ་ལ་སེམས་(༥༧བ)པ་སྟེ། གཞན་གྱིས་བྱས་དང་མ་བྱས་ལ། །བརྟག་པར་མི་བྱ་བདག་ཉིད་ཀྱི། །མཉམ་དང་མི་མཉམ་ཡང་དག་ལྟ། །ཞེས་བཤད་པ་ལྟར་རོ། །བདག་ལ་སེམས་པ་ནི་བྱང་ཆུབ་ཀྱི་སེམས་ལ་སེམས་པ་ཡིན་ལ། གཅིག་པུ་ནི་དམིགས་པ་ལ་རྩེ་གཅིག་པའོ་ཞེས་དང་། དབེན་པར་གནས་པ་མེད་པར་ལས་དང་པོ་པའི་སེམས་ལས་ཏུང་དུ་མི་འགྱུར་ཏེ། བསླབ་པ་འདོད་པའི་དགེ་སློང་རྣམས། །དབེན་པ་དག་ཀྱང་འཐོབ་པར་ཤོག །ཅེས་སོགས་འཆད་པའི་ཕྱིར་རོ་ཞེས་དང་། **བི་ཧྲུ་ཏིས།** མི་གཙང་བ་ལས་བྱུང་བ་འདོད་ན་མི་གཙང་བའི་སྲིན་བུ་ཅིས་མི་འདོད་དེ། བུད་མེད་ཀྱི་ལུས་དང་དེ་གཉིས་མི་གཙང་བ་ལས་བྱུང་བ་དང་སྲོག་ཆགས་སུ་མཚུངས་པའི་ཕྱིར་རོ་ཞེས་དང་། དར་ལ་བབ་ཚེ་འདི་ཅི་བདེ། །ཞེས་པ་ལ་གང་ཕ་དང་མེས་པོས་སྤྱིལ་བའི་ནོར་གྱིས་དར་ལ་བབ་པའི་དུས་སུ་བདེ་བ་དེ་ཡང་ཉུང་སྟེ་སྐལ་བ་མི་ལྡན་ན་ཉམས་པའི་ཕྱིར་ཞེས་དང་། སྡུག་བསྔལ་ཆེ་ལ་བྱང

ཆུབ་མེད། །སོགས་ལ་བྱང་ཆུབ་ཀྱི་སྤྱོད་པ་ལ་ཡང་སྡུག་བསྔལ་མཐའ་ཡས་པ་ཡོད་དོ་ཞེ་ན་དེ་ལས་འདོད་པ་ཅན་གྱིས་སྡུག་བསྔལ་ཆེ་སྟེ་མི་འདོད་ཀྱང་རྣམ་པ་དུ་མ་འབྱུང་ངོ་། །བྱང་ཆུབ་སེམས་དཔའ་ནི་འདོད་བཞིན་དུ་དུས་ངེས་པ་ཅན་གཞན་དོན་དུ་སྡུག་བསྔལ་བ་ཡིན་ནོ་ཞེས་འཆད་ལ། **ས་བཟང་པས།** འདོད་ལྡན་ངན་པ་རྒྱ་རྣམས། །སོགས་ཀྱི་ཤློ་ཀ་གཅིག་པོ་རྒྱ་དཔེ་ལ་མེད་དོ་ཟེར་རོ། །དེ་ལྟར་མི་མཐུན་པའི་ཕྱོགས་སྤོང་བ་རྒྱས་པར་བཤད་ནས།

གཉིས་པ་བྱང་ཆུབ་ཀྱི་སེམས་སྒོམ་པར་བསྟན་པ་ལ་གསུམ། བདག་གཞན་མཉམ་པ་སྒོམ་པ། བདག་གཞན་བརྗེ་བ་སྒོམ་པ། བསམ་གཏན་གྱི་སྦྱིབ་པ་བསལ་བའོ། །དང་པོ་ལ་མདོར་བསྟན་པ། སྒོམ་ཚུལ་རྒྱས་བཤད། དེ་བསྒོམས་པའི་ཕན་ཡོན་བསྟན་པའོ། །

དང་པོ་(མདོར་བསྟན་པ་)ནི།

དེ་ལ་སོགས་(ཞ་ཞན)པའི་རྣམ་པ་ཡིས། །

དབེན་པའི་ཡོན་ཏན་བསམས་བྱས་ནས། །

རྣམ་རྟོག་ཉེ་བར་ཞི་བ་དང་། །

བྱང་ཆུབ་སེམས་ནི་བསྒོམ་པར་བྱ། ༡༠ །

བདག་དང་གཞན་དུ་མཉམ་པ་ནི། །

དང་པོ་ཉིད་དུ་འབད་དེ་སྒོམ། །

བདེ་དང་སྡུག་བསྔལ་མཉམ་པས་ན། །

ཐམས་ཅད་བདག་བཞིན་བསྲུང་བར་བྱ། ༡༧ །ཞེས་སོ། །

གཉིས་པ་(སྒོམ་ཚུལ་རྒྱས་བཤད་)ལ་གསུམ། བདག་གཞན་མཉམ་པར་སྒོམ་རིགས་པའི་རྒྱུ་མཚན། སྒོམ་ཚུལ་དངོས། དེ་ལ་རྩོད་པ་སྤང་བའོ། །

དང་པོ་(བདག་གཞན་མཉམ་པར་སྒོམ་རིགས་པའི་རྒྱུ་མཚན་)ནི།

ལག་པ་ལ་སོགས་དབྱེ་བ་རྣམ་མང་ཡང་། །
ཡོངས་སུ་བསྲུང་བྱའི་ལུས་སུ་གཅིག་པ་ལྟར། །
དེ་བཞིན་འགྲོ་བའི་སྡུག་བསྔལ་ཐ་དད་ཀྱང་། །
ཐམས་ཅད་བདག་བཞིན་བདེ་བ་འདོད་མཉམ་གཅིག ༩༢ །

གལ་ཏེ་བདག་གི་སྡུག་བསྔལ་གྱིས། །
གཞན་གྱི་ལུས་ལ་མི་གནོད་པ། །
དེ་ལྟའང་དེ་བདག་སྡུག་བསྔལ་ཏེ། །
བདག་ཏུ་ཞེན་པས་མི་བཟོད་ཉིད། ༩༣ །

དེ་བཞིན་གཞན་གྱི་སྡུག་བསྔལ་དག །
བདག་ལ་འབབ་པར་མི་འགྱུར་ཡང་། །
དེ་ལྟའང་དེ་ཡི་སྡུག་བསྔལ་དེ། །
བདག་ཏུ་ཞེན་པས་བཟོད་པར་དཀའ། ༩༤ །

ཞེས་གསུངས་ཏེ། དང་པོས་བདག་གཞན་བདེ་འདོད་དུ་མཉམ་པར་བསྟན། གཉིས་ཀྱིས་སྡུག་བསྔལ་མི་བཟོད་པར་མཚུངས་པར་བསྟན་ཏོ། །

གཉིས་པ་(སྒོམ་ཚུལ་དངོས་)ནི།

བདག་གིས་གཞན་གྱི་སྡུག་བསྔལ་བསལ། །
སྡུག་བསྔལ་ཡིན་ཕྱིར་བདག་སྡུག་བཞིན། །
བདག་གིས་གཞན་ལ་ཕན་པར་བྱ། །
སེམས་ཅན་ཡིན་ཕྱིར་བདག་ལུས་བཞིན། ༩༥ །

གང་ཚེ་བདག་དང་གཞན་གཉིས་ཀ། །
བདེ་བ་འདོད་དུ་མཚུངས་པ་ལ། །
བདག་དང་ཁྱད་པར་ཅི་ཡོད་ན། །

གང་ཕྱིར་བདག་གཅིག་བདེ་བར་བརྩོན། ༩༦ །

གང་ཚེ་བདག་དང་གཞན་གཉིས་ཀ། །

སྡུག་བསྔལ་མི་འདོད་མཚུངས་པ་ལ། །

བདག་དང་ཁྱད་པར་ཅི་ཡོད་ན། །

གང་ཕྱིར་གཞན་མིན་བདག་སྲུང་བྱེད། ༩༧ །

གལ་ཏེ་དེ་ལ་སྡུག་བསྔལ་བས། །

བདག་ལ་མི་(༥༢བ)གནོད་ཕྱིར་མི་བསྲུང་། །

མ་འོངས་པ་ཡི་སྡུག་བསྔལ་ཡང་། །

གནོད་མི་བྱེད་ན་དེ་ཅིས་བསྲུང་། ༩༨ །

བདག་གིས་དེ་ནི་མྱོང་སྙམ་པའི། །

རྣམ་པར་རྟོག་དེ་ལོག་པ་སྟེ། །

འདི་ལྟར་ཤི་བ་གཞན་ཉིད་ལ། །

སྐྱེ་བ་ཡང་ནི་གཞན་ཉིད་ཡིན། ༩༩ །

གང་ཚེ་གང་གི་སྡུག་བསྔལ་གང་། །

དེ་ནི་དེ་ཉིད་ཀྱིས་བསྲུང་ན། །

རྐང་པའི་སྡུག་བསྔལ་ལག་པས་མིན། །

ཅི་ཕྱིར་དེས་ནི་དེ་བསྲུང་བྱ། ༡༠༠ །

གལ་ཏེ་རིགས་པ་མིན་ཡང་འདིར། །

བདག་ཏུ་འཛིན་ལས་འཇུག་ཅེ་ན། །

བདག་གཞན་མི་རིགས་གང་ཡིན་དེ། །

ཅི་ནུས་པར་ནི་སྤང་བྱ་ཉིད། ༡༠༡ །

རྒྱུད་དང་ཚོགས་ཞེས་བྱ་བ་ནི། །

ཕྲེང་བ་དམག་ལ་སོགས་བཞིན་རྫུན། །
སྡུག་བསྔལ་ཅན་གང་དེ་མེད་པ། །
དེ་འདིར་སུ་ཞིག་དབང་བར་འགྱུར། ༡༠༢ །
སྡུག་བསྔལ་བདག་པོ་མེད་པར་ནི། །
ཐམས་ཅད་བྱེ་བྲག་མེད་པ་ཉིད། །
སྡུག་བསྔལ་ཡིན་ཕྱིར་དེ་བསལ་བྱ། །
ངེས་པས་དེར་ནི་ཅི་ཞིག་བྱ། ༡༠༣ །

ཞེས་གསུངས་ཏེ། དང་པོས་ཇི་ལྟར་སྒོམ་པ་བཤད། དེ་ནས་གཉིས་ཀྱིས་དེའི་རྒྱུ་མཚན་བསྟན། བཞི་པས་གཞན་གྱི་སྡུག་བསྔལ་གྱིས་བདག་ལ་མི་གནོད་པས་སེལ་མི་དགོས་པ་བཀག །ལྔ་པས་དེའི་ལན་གྱི་བདག་མེད་པར་བསྟན། དྲུག་པས་གཞན་གྱི་སྡུག་བསྔལ་གཞན་གྱིས་སེལ་མི་རིགས་པ་བཀག །བདུན་པས་བདག་འཛིན་སྤང་བྱར་བསྟན། བརྒྱད་པས་རྒྱུན་དང་ཚོགས་པ་རྫུན་པར་བསྟན། དགུ་པས་དེ་དག་གི་དོན་བསྡུས་ཏེ་བསྟན་ཏོ། །

གསུམ་པ་རྩོད་པ་སྤང་བ་ནི།

ཅི་ཕྱིར་ཀུན་གྱི་སྡུག་བསྔལ་ནི། །
བཟློག་པར་བྱ་ཞེས་བརྩད་དུ་མེད། །
གལ་ཏེ་ཟློག་ནའང་ཐམས་ཅད་ཟློག །
དེ་མིན་བདག་ཀྱང་སེམས་ཅན་བཞིན། ༡༠༤ །
སྙིང་རྗེ་སྡུག་བསྔལ་མང་འགྱུར་པས། །
ཅི་ཕྱིར་ནན་གྱིས་བསྐྱེད་ཅེ་ན། །
འགྲོ་བའི་སྡུག་བསྔལ་བསམས་བྱས་ན། །
ཇི་ལྟར་སྙིང་རྗེ་སྡུག་བསྔལ་མང་། ༡༠༥ །

གལ་ཏེ་སྡུག་བསྔལ་གཅིག་གིས་ནི། །
སྡུག་བསྔལ་མང་པོ་མེད་འགྱུར་ན། །
བརྩེ་དང་ལྡན་(ལ་ལྡན)པས་སྡུག་བསྔལ་དེ། །
རང་དང་གཞན་ལ་བསྐྱེད་བྱ་ཉིད། ༡༠༦ །
དེས་ན་མེ་ཏོག་ཟླ་མཛེས་ཀྱིས། །
རྒྱལ་པོའི་གནོད་པ་ཤེས་ཀྱང་ནི། །
བདག་གི་སྡུག་བསྔལ་མ་བསལ་ཏེ། །
མང་པོའི་སྡུག་བསྔལ་ཟད་འགྱུར་ཕྱིར། ༡༠༧ །

ཞེས་གསུངས་ཏེ། དང་པོས་ཐམས་ཅད་ཀྱི་སྡུག་བསྔལ་ཟློག་མི་དགོས་པའི་རྩོད་པ་སྤངས། གཉིས་པས་སྙིང་རྗེ་སྡུག་བསྔལ་ཡིན་པས་སྒོམ་མི་རིགས་པའི་རྩོད་པ་སྤངས། ཚིགས་བཅད་གཉིས་ཀྱིས་སྡུག་བསྔལ་ཡིན་ཡང་རང་གཞན་ལ་ཕན་ན་བསྐྱེན་རིགས་པར་བསྟན་ཏོ། །

གསུམ་པ་ཕན་ཡོན་ནི།

དེ་ལྟར་རྒྱུད་ནི་གོམས་གྱུར་ན། །
གཞན་གྱི་སྡུག་བསྔལ་ཞི་དགའ་བས། །
པདྨའི་མཚོ་ལ་ངང་པ་ལྟར། །
མནར་མེད་པར་ཡང་འཇུག་པར་འགྱུར། ༡༠༨ །
སེམས་ཅན་རྣམས་ནི་གྲོལ་བ་ན། །
དགའ་བའི་རྒྱ་མཚོ་གང་ཡིན་པ། །
དེ་ཉིད་ཀྱིས་ནི་ཆོག་མིན་ནམ། །
ཐར་པ་འདོད་པས་ཅི་ཞིག་བྱ། ༡༠༩ །
དེ་ལྟར་གཞན་གྱི་དོན་བྱས་ཀྱང་། །

ཐྲོམ་སེམས་དང་ནི་ངོ་མཚར་མེད། །
གཅིག་ཏུ་གཞན་དོན་ལ་དགའ་བས། །
རྣམ་སྨིན་འབྲས་བུར་རེ་བ་མེད། ༡༡༠ །
དེ་བས་ཇི་ལྟར་ཆུང་ངུ་ན། །
མི་སྙན་ལས་ཀྱང་བདག་སྲུང་བ། །
དེ་བཞིན་གཞན་ལ་འང་སྲུང་སེམས་དང་། །
སྙིང་རྗེའི་སེམས་ནི་དེ་ལྟར་བྱ། ༡༡༡ །

ཞེས་གསུངས་ཏེ། དང་པོས་གཞན་གྲོལ་བར་བྱེད་པའི་ཕན་ཡོན་དངོས་བཤད། གཉིས་པས་རང་དོན་འབའ་ཞིག་པའི་ཐར་པ་ལ་སྨད། གསུམ་པས་ཐྲོམ་སེམས་དང་རེ་བ་མེད་པར་བསྟན། བཞི་པས་དེའི་ཕྱིར་བདག་གཞན་མཉམ་པའི་སེམས་སྒོམ་པར་གདམས་པ་ཡིན་ནོ། །

དེ་ཡང་དཔེར་ན་པའི་ཕན་ཡོན་དང་གཡེང་བའི་ཉེས་དམིགས་ཇི་ལྟར་བསྟན་ཟིན་པ་དེ་དག་དང་དེ་ཁོ་ནར་ཟད་པ་ཡང་མ་ཡིན་ཏེ། ཏིང་ངེ་འཛིན་རྒྱལ་པོའི་མདོ་ལ་སོགས་པ་དང་སྐྱེས་པའི་རབས་ལ་སོགས་པར་དེ་ལྟ་བུ་རྒྱ་ཆེར་བཤད་པ་རྣམས་དང་། བསམ་གཏན་ལ་གཙོ་བོར་གཞོལ་བའི་(༢༩༣བ)དམ་པ་རྣམས་ཀྱི་ངོ་མཚར་གྱི་སྙིང་སྟོབས་ལས་བྱུང་བ་རྣམས་རྒྱ་ཆེར་ཐོས་ཤིང་བསམས་ཏེ། སྐྱོ་བོའི་རྒྱུན་ལུགས་མེད་པའི་དཔེན་པ་དེ་དག་ཏུ་རྣམ་གཡེང་ཐམས་ཅད་སྤངས་ཏེ་སེམས་རབ་ཏུ་དབེན་པས་བྱང་ཆུབ་ཀྱི་སེམས་ཁོ་ན་བསྒོམ་པར་བྱའོ། །

ཅི་ཞི་གནས་དང་ལྷག་མཐོང་བསྒོམ་བྱར་སྟོན་དུ་བསྟན་པ་མ་ཡིན་ནམ་ད་ནི་བསྒོམ་བྱ་བྱང་ཆུབ་ཀྱི་སེམས་ཡིན་པར་ཇི་ལྟར་འཆད་ཅེ་ན། སྤྱིར་ཞི་ལྷག་གི་སྒྲ་ཙམ་ནི་རྒྱ་ཆེ་སྟེ་འཛིག་རྟེན་པའི་འདོད་སེམས་རྩེ་གཅིག་པའི་ཞི་གནས་དང་། ཁམས་གོང་གི་རྒྱུ་དང་འབྲས་བུའི་བསམ་གཏན་དང་ཞི་རགས་སུ་ལྟ་བའི

ལྷག་མཐོང་ནི་ཕྱི་རོལ་པའི་དྲང་སྲོང་དག་གིས་ཀྱང་འགྲུབ་ཅིང་སྲིད་རྩེའི་བར་དུ་འགྲོ་མོད་ཀྱི་སྙིང་པོས་དབེན་ཏེ། ཁྱོད་ཀྱི་བསྟན་ལས་ཕྱིར་ཕྱོགས་པའི། །སྐྱེ་བོ་མ་རིག་གིས་ལྡོངས་པ། །སྲིད་རྩེའི་བར་དུ་སོང་ནས་ཀྱང་། །སྡུག་བསྔལ་ཡང་འབྱུང་སྲིད་པ་གྲུབ། །ཅེས་པ་ལྟར་རོ། །སྲིད་པ་ལས་ཡིད་ངེས་པར་འབྱུང་ཞིང་ཞི་བ་ལ་མོས་པའི་བློས་བསྒྲུབས་པའི་མཐར་གནས་སློམས་འཇུག་དགུ་ཡི་ཞི་གནས་དང་། གང་ཟག་དང་གཟུང་བའི་བདག་མེད་པའི་ལྷག་མཐོང་ནི་ཉན་རང་གི་ལམ་སྟེ་ཐེག་ཆེན་པའི་བསྒོམ་བྱ་མ་ཡིན་នོ། །

དེས་ན་ཐེག་ཆེན་གྱི་ལམ་ནི་བྱང་ཆུབ་ཀྱི་སེམས་ཁོ་ནར་ཟད་ལ་དེའི་ཡང་ལྷག་མཐོང་དོན་དམ་པའི་བྱང་ཆུབ་ཀྱི་སེམས་ནི་གཙོ་བོར་ཤེས་རབ་ལེའུར་འཆད་ལ་འདིར་ནི་ཀུན་རྫོབ་བྱང་ཆུབ་ཀྱི་སེམས་དེ་གཙོ་བོར་སྒོམ་པ་སྟོན་ལ། སྤྱིར་མི་རྟག་པ་དང་མི་སྡུག་པ་དང་འདུས་བྱས་ལས་ཡིད་འབྱུང་བ་ལྟ་བུའི་དམིགས་པ་ལ་རྩེ་གཅིག་པ་ནི་ཕན་ཡོན་རྒྱ་ཆེན་པོ་མ་ཡིན་ལ་བདག་གཞན་མཉམ་པའམ་བརྗེ་བའི་བྱང་ཆུབ་ཀྱི་སེམས་ལ་རྩེ་གཅིག་པ་ནི་ཕན་ཡོན་གཞལ་དུ་མེད་དེ། །བྱང་ཆུབ་སེམས་ཀྱི་བསོད་ནམས་གང་། །ཞེས་སོགས་བསྟན་ཟིན་པའི་ཕྱིར་དང་བྱང་ཆུབ་ཀྱི་སེམས་བསྒོམས་པས་བསམ་(༢༧༤ན)གཟུགས་ཙམ་ལྟ་ཞོག་གཟུངས་དང་སྤོབས་པ་དང་ཏིང་ངེ་འཛིན་གྱི་སྒོ་བརྒྱད་ཁྲི་བཞི་སྟོང་ལ་སོགས་པ་ཇི་སྙེད་པ་ཐམས་ཅད་སྐྱེ་ཞིང་སངས་རྒྱས་ཉིད་འགྲུབ་པའི་ཕྱིར་རོ། །

ཅི་བྱང་ཆུབ་ཀྱི་སེམས་ཉིད་ཞི་ལྷག་ཡིན་ནམ་ཞེ་ན་དོན་དམ་པའི་བྱང་ཆུབ་ཀྱི་སེམས་ནི་ལྷག་མཐོང་གི་རབ་དང་མཆོག་དང་གཙོ་བོ་ཡིན་ལ། ཀུན་རྫོབ་བྱང་ཆུབ་ཀྱི་སེམས་སེམས་ཅན་ཐམས་ཅད་ཀྱི་སྡུག་བསྔལ་བསལ་བར་འདོད་ཅིང་འཁོར་བར་མ་ཆགས་ལ་འཁོར་བས་མི་སྐྱོ་བ་འདི་ཡང་ཉན་ཐོས་པའི་མི་རྟག་སྡུག་བསྔལ་སྟོང་བདག་མེད་ཀྱི་རྣམ་པར་མཐོང་བའི་ལྷག་མཐོང་ལས་ནི་ཆེས་ཆད་དུ་བྱུང་སྟེ

ཐླ་ན་མེད་པའི་བྱང་ཆུབ་ཀྱི་རྒྱུ་དང་ཉེ་ཚེ་བའི་བྱང་ཆུབ་ཀྱི་རྒྱུའི་ཁྱད་པར་ཡོད་པའི་ཕྱིར། དེས་ན་ཀུན་རྫོབ་བྱང་ཆུབ་ཀྱི་སེམས་ཀྱང་ལྷག་མཐོང་དུ་འཇོག་པ་མི་འགལ་ཏེ་སངས་རྒྱས་ལ་དམིགས་པའི་བློ་ཡིན་པའི་ཕྱིར། སྟོང་པའམ་སྤྲོས་བྲལ་གྱི་རྣམ་པ་ལ་དམིགས་པ་ཙམ་ལྷག་མཐོང་ཡིན་ན་སྟོང་པའི་མཆོག་དང་སྤྲོས་བྲལ་གྱི་མཐར་ཐུག་པ་ནི་སངས་རྒྱས་ཡིན་ན་དེ་ལ་དམིགས་པ་ཅིའི་ཕྱིར་ལྷག་མཐོང་དུ་མི་འགྱུར། །འོན་ཀྱང་སྐབས་འདིར་དོན་དམ་བྱང་ཆུབ་ཀྱི་སེམས་ལ་དམིགས་པ་ལྷག་མཐོང་དང་། ཀུན་རྫོབ་བྱང་ཆུབ་ཀྱི་སེམས་ལ་དམིགས་པ་ཐེག་ཆེན་གྱི་ཞི་གནས་སུ་བཞེད་ལ་སྤྱིར་གཉིས་ག་ལ་ཡང་དེ་ལ་དམིགས་པའི་ཆ་ལྷག་མཐོང་དང་དེར་རྩེ་གཅིག་པར་གནས་པའི་ཆ་ཞི་གནས་སུ་ཡང་འཐོབ་བོ། །

དེས་ན་བྱང་ཆུབ་ཀྱི་སེམས་ཁོ་ན་བསྒོམ་པར་བྱ་ལ་དེའི་ཡང་དང་པོར་སྐྱེ་དཀའ་སླའི་གོ་རིམ་གྱིས་ཀུན་རྫོབ་བྱང་སེམས་དང་། དེ་ལས་ཀྱང་བདག་གཞན་མཉམ་པའི་བྱང་ཆུབ་ཀྱི་སེམས་ཐོག་མར་བསྒོམ་པར་བྱའོ། །

ཇི་ལྟར་སྒོམ་ན་བདག་ཉིད་བདེ་བ་འདོད་ཅིང་སྡུག་བསྔལ་མི་འདོད་པ་ལྟར་སེམས་ཅན་ཐམས་ཅད་རེ་རེ་ཞིང་ཡང་བདེ་བ་འདོད་ཅིང་སྡུག་བསྔལ་མི་འདོད་པར་མཚུངས་པའི་རྒྱུ་མཚན་ལེགས་པར་བསམས་ནས་(༢༡༨བ)བདག་འདོད་པའི་བདེ་བ་སེམས་ཅན་ལ་བསྒྲུབ་པར་བྱ་ཞིང་། བདག་ཉིད་མི་འདོད་པའི་སྡུག་བསྔལ་ནི་སེམས་ཅན་སུ་ལ་འདུག་ཀྱང་བསལ་བར་བྱའོ་སྙམ་པའི་བློ་རྩེ་གཅིག་ཏུ་གོམས་པར་བྱ་ཞིང་དེ་བཙོས་མིན་དུ་སེམས་ཀྱི་ཁོང་ནས་བཟོད་མེད་དུ་སྐྱེས་པ་ནི་བདག་གཞན་མཉམ་པའི་བྱང་ཆུབ་ཀྱི་སེམས་སྐྱེས་པ་ཡིན་ལ་རྐྱེན་ཅིས་ཀྱང་མི་འཕྲོགས་ཤིང་ཡིངས་ཀྱང་ཐུབ་ན་འབྱོངས་པ་ཉིད་དོ། །

ཅིའི་ཕྱིར་བདེ་བ་འདོད་པ་དང་སྡུག་བསྔལ་མི་འདོད་པར་བདག་གཞན་མཚུངས་ཤེ་ན། འདི་ནི་ཕལ་ཆེར་མངོན་སུམ་གྱིས་གྲུབ་པ་ཡིན་ཏེ། རང་དང་

སྤྱོད་ཡུལ་མཚུངས་པས་མཐོང་བའི་མི་ནས་སྲིན་བུའི་བར་འདི་དག་བདེ་བ་ལ་སྲེད་ཅིང་སྡུག་བསྔལ་ལ་འཇིགས་པར་མཐོང་བའི་ཕྱིར་དང་། འདིའི་རིགས་པས་སེམས་ཅན་ཐམས་ཅད་དེ་ལྟ་བུར་ངེས་པའི་ཕྱིར་རོ་ཞེས་དགོངས་ཤིང་། དཔེར་ན། བདག་གི་ལུས་ལ་རྐང་ལག་དང་སོར་མོ་ལ་སོགས་པའི་དབྱེ་བ་མང་མོད་ཀྱི་དེ་ཐམས་ཅད་བདག་ཉིད་ཀྱིས་བསྲུང་བྱར་གཅིག་ཅིང་སྲུང་དགོས་ལ། དེ་ལས་གང་ལ་གནོད་པ་བྱུང་ཡང་བདག་ཉིད་སྡུག་བསྔལ་བ་ལྟར་སེམས་ཅན་སེམས་རྒྱུད་ཐ་དད་པ་འདི་རྣམས་ཀྱང་རང་རང་བདེ་བ་འདོད་པར་གཅིག་ལ་སྡུག་བསྔལ་བྱུང་ན་སོ་སོར་མི་འདོད་པའི་ཕྱིར་རོ། །

གལ་ཏེ་གཞན་སྡུག་བསྔལ་ན་བསྔལ་དུ་ཟད་མོད་དེས་བདག་ལ་མི་གནོད་དོ་སྙམ་ན། བདག་སྡུག་བསྔལ་བས་གཞན་ལ་མི་གནོད་མོད་ཀྱང་རང་ཉིད་ཀྱིས་མི་བཟོད་པར་མངོན་སུམ་དུ་མཐོང་ལ། སྡུག་བསྔལ་དེ་མ་བཅོལ་བར་གཞན་གྱིས་སེལ་མཁན་བྱུང་ན་རང་དགའ་བ་མཐའ་ཡས་པ་འཐོབ་པ་ལྟར་གཞན་གྱི་སྡུག་བསྔལ་འདི་བདག་ལ་མི་འབབ་མོད་ཀྱང་། སེམས་ཅན་དེ་ཉིད་ཀྱིས་ནི་མི་བཟོད་པར་ཡོད་ལ་དེས་བདག་ལ་སེལ་བར་མ་བཅོལ་ཡང་བདག་གིས་དེའི་སྡུག་(༢༡༥ན)བསྔལ་བསལ་ན་དེ་དགའ་བ་མཐའ་ཡས་པ་འཐོབ་ཅིང་རྒྱུ་དེས་དགེ་བ་ཆེར་སྐྱེད་པར་གདོན་མི་ཟ་བའི་ཕྱིར།

དེས་ན་གཞན་མི་བཟོད་པའི་སྡུག་བསྔལ་ཅན་དེ་སྙིང་རྗེའི་གནས་ཡིན་པས་དེའི་སྡུག་བསྔལ་སེལ་བར་རིགས་སོ། །

དེ་རིགས་པས་སྒྲུབ་པའི་ཕྱིར། གཞན་གྱི་ན་བའི་སྡུག་བསྔལ་ལྟ་བུ་ཆོས་ཅན། བདག་གིས་བསལ་བར་བྱ་བ་ཡིན་ཏེ། རང་གཞན་ལ་མི་ཕན་པའི་སྡུག་བསྔལ་ཡིན་པའི་ཕྱིར། དཔེར་ན། བདག་གི་ཚེར་མ་ཟུག་པའི་སྡུག་བསྔལ་བཞིན་ནོ། །

ཡང་སེམས་ཅན་གཞན་ཆོས་ཅན། བདག་གིས་ཕན་བདེ་སྒྲུབ་པར་བྱ་བ་ཡིན་ཏེ། སེམས་ཅན་ཡིན་པའི་ཕྱིར། དཔེར་ན། བདག་ལུས་ལ་ཕན་བདེ་སྒྲུབ་པ་བཞིན་ནོ་ཞེས་སྒྲུབ་ངག་ཡང་དག་བཀོད་ནས་དེའི་ཁྱབ་པ་སྒྲུབ་པའི་ཕྱིར།

ཐམས་ཅད་རང་ལ་བདེ་བ་འདོད་ཅིང་སྡུག་བསྔལ་མི་འདོད་པར་མཚུངས་པར་ནི་ངེས་སྙམ་ན། དེ་ལྟ་ན་བདག་གཞན་བདེ་འདོད་དུ་མཚུངས་པར་ཤེས་ནས་གཞན་ལ་བདེ་བ་མི་སྒྲུབ་པ་འགལ་ཞིང་སྡུག་བསྔལ་མི་འདོད་པར་མཚུངས་པར་ཤེས་ནས་གཞན་གྱི་སྡུག་བསྔལ་མི་སེལ་བ་འགལ་ལོ། །གལ་ཏེ་གཞན་གྱི་སྡུག་བསྔལ་སེལ་མི་དགོས་ཏེ་བདག་ལ་ད་ལྟ་མི་གནོད་པའི་ཕྱིར་སྙམ་ན། འོ་ན་བདག་གི་མ་འོངས་པའི་ངན་སོང་གི་སྡུག་བསྔལ་སྲུང་བའི་ཕྱིར་སྡིག་པ་སྤོང་བ་ཡང་མི་རིགས་པར་ཐལ་ཏེ། དེས་བདག་ལ་ད་ལྟར་མི་གནོད་པའི་ཕྱིར་རོ། །

གལ་ཏེ་མ་འོངས་པའི་སྡུག་བསྔལ་དེས་བདག་ལ་ད་ལྟར་མི་གནོད་ཀྱང་མ་འོངས་པ་ན་བདག་ཉིད་ཀྱིས་མྱོང་བས་སྲུང་རིགས་སོ་སྙམ་ན། བདག་ནི་འདས་མ་འོངས་ད་ལྟར་ཐམས་ཅད་ན་གཅིག་ཏུ་བདེན་ནོ་སྙམ་པ་འདི་ནི་ཕྱིན་ཅི་ལོག་གི་རྣམ་རྟོག་ཆེན་པོ་ཡིན་ཏེ། འདི་ལྟར་བདག་ནི་སྐྱེའོ་ཞེས་འཛིན་པ་སྐྱེ་བའི་དུས་ཀྱི་བདག་འཛིན་དེ་སྐད་ཅིག་དེ་ཉིད་དུ་འགག་ལ་དེ་ནས་རིང་ཞིག་ན་བདག་ནི་དར་ལ་བབ་པའོ་ཞེས་དང་། དེ་ཡང་འགགས་ནས་བདག་ནི་རྒས་པའོ་ཞེས་དང་། དེ་འགགས་ནས་བདག་ནི་འཆིའོ་སྙམ་པ་དག་རིམ་པར་སྐྱེ་མོད་ཀྱི་བདག་འཛིན་དེ་དག་སྔ་མ་སྔ་མ་འགགས་ནས་ཕྱི་མ་ཕྱི་མ་སྐྱེ་བར་མཐོང་(༢༨༥བ)བས་བདག་འཛིན་གཅིག་མ་ཡིན་པར་མངོན་སུམ་གྱིས་མྱོང་བའི་ཕྱིར་དང་། བདག་ཏུ་བཟུང་བྱའི་ལུས་སེམས་ཀྱང་སྐྱེས་མ་ཐག་པ་ན་སེམས་མི་གསལ་ལུས་ཉམ་ཆུང་། དར་ལ་བབ་པ་ན་སེམས་གསལ་ཞིང་ལུས་མཁྲེགས། རྒན་པོའི་ཚེ་གཉི་ག་མཐུ་ཆུང་། འཆི་བའི་ཚེ་གཉི་གའི་སྟོབས་ཉམས་པས་ཕྱི་མའི་ཚེ་སྔ་མའི་གནས་སྐབས་འགག་པར་མངོན་

སུམ་གྱིས་སྤྱོད་བས་ལུས་སེམས་མི་རྟག་པར་རང་གིས་མངོན་སུམ་གྱིས་ངེས་པའི་ཕྱིར་རོ། །

གཞན་ཡང་རང་གིས་རང་གི་སྡུག་བསྔལ་སེལ་རིགས་ཀྱི་གཞན་གྱི་སྡུག་བསྔལ་སེལ་མི་དགོས་སོ་སྙམ་ན། འོ་ན་མིག་ཏུ་རྟུལ་སོང་བའི་རྟུལ་ལག་པས་སེལ་མི་རིགས་པའམ་རྐང་པ་ལ་ཚེར་མ་ཟུག་པ་ན་རྐང་པ་ཉིད་ཀྱིས་འཕྱིན་པར་རིགས་ཀྱི་ལག་པས་འཕྱིན་མི་རིགས་པ་དང་། བུའི་སྡུག་བསྔལ་བུ་ཉིད་ཀྱིས་སེལ་བ་ལས་མས་སེལ་མི་རིགས་པ་ལྟ་བུ་མཐའ་ཡས་པར་ཐལ་ལོ། །

གལ་ཏེ་དེ་དག་དཔྱད་ན་མི་རིགས་ཀྱང་བདག་དང་བདག་གིར་འཛིན་པ་གོམས་པ་ལས་བྱུང་བའི་ཕྱིར་གནས་སྐབས་སུ་མི་འགལ་ལོ་སྙམ་ན། བདག་ནི་ཀུན་རྫོབ་ཉིད་དུའང་གང་ནའང་ཡོད་པ་མིན་པས་བདག་དང་བདག་གིར་འཛིན་པ་དེ་ཉིད་མི་རིགས་ཏེ་སྤང་དགོས་སོ། །གལ་ཏེ་བདག་ལུས་སོ་སོ་བ་སོགས་ལ་དཔྱད་ན་མེད་ཀྱང་ལུས་ཀྱི་ཚོགས་པ་དང་རྒྱུན་ཅམ་བདག་ཡིན་ནོ་སྙམ་ན། རྒྱུན་ཉིད་མི་འགྲུབ་སྟེ་ཕྲེང་བ་དང་ཕྲེང་བ་བཏགས་ཀྱང་དེ་རྣམས་གྲོག་མའི་རྒྱུན་གཅིག་མ་ཡིན་པའི་ཕྱིར་དང་། གློག་ཡང་ཡང་འབྱུང་བ་ལ་གློག་གི་རྒྱུན་དང་ཕྲེང་བར་བཏགས་ཀྱང་དེ་ནི་བར་མུན་ནག་གིས་ཆོད་ཅིང་ཕྱི་མ་སྐྱེ་བའི་ཕྱིར་རྒྱུན་དུ་གནས་པ་མེད་ལ། འདུས་བྱས་གཞན་ལ་རྒྱུན་དུ་རྟོག་པ་ཡང་སྔ་ཕྱི་མཚམས་མ་ཕྱེད་འཇུག་པ་མྱུར་བས་འབྲེལ་བར་འཁྲུལ་བ་ཕོ་ན་ཡིན་གྱི་ཆོས་འདི་རྣམས་ནི་སྐད་ཅིག་སྐད་ཅིག་ཏུ་ཟད་དེ་སྔ་ཕྱི་རེག་ཅིང་འབྲེལ་བ་མེད་ལ་སྐད་ཅིག་དེ་ཉིད་ཀྱང་(༥༨ན)གང་དུ་ཡང་གནས་པ་མེད་དོ། །

ཚོགས་པ་ཡང་བརྫུན་པ་ཕོ་ན་ཏེ་གོ་སྐབས་ཉེ་བ་ལས་བཏགས་པར་ཟད་ཀྱི་རེ་རེ་ཞིང་དཔྱད་ན་རྟུལ་ཕྲ་རབ་དང་། དེ་ཡང་ཕྱོགས་ཆས་དཔྱད་ན་རྟུལ་དུ་ཡང་མི་གནས་པའི་ཕྱིར་རོ། །དེས་ན་བདག་སུ་ཡང་མེད་ན་འདིར་སུ་ཞིག་མ་འོངས་པ

ན་སྡུག་བསྔལ་བར་འགྱུར། དེས་ན་ཡང་དག་པར་ན་བདག་མི་དམིགས་པས་ལྟོས་ཟླ་གཞན་ཡང་མི་དམིགས་ཤིང་སྲོས་མཚན་ངོ་བོ་ཉིད་ཀྱིས་ཞི་བར་ཆོས་ཐམས་ཅད་བྱེ་བྲག་མེད་པས་ཁྱད་གཞི་བདག་གཞན་དང་ཁྱད་ཆོས་བདེ་སྡུག་ཉིད་ཀྱང་དམིགས་སུ་མེད་ལ། དེ་ལྟར་ཤེས་པ་ན་དེ་མ་ཤེས་པའི་སེམས་ཅན་དུ་སྣང་ཙམ་པ་འདི་ལ་སྙིང་རྗེ་ཁྱད་པར་དུ་འཇུག་པས་དེ་ཉིད་གང་ལ་ཞེན་པའི་བདེ་བ་སྒྲུབ་པ་དང་། སྡུག་བསྔལ་སེལ་བ་ལ་ཆེས་བརྩོན་པར་འགྱུར་བས་བདག་གི་སྡུག་བསྔལ་སེལ་ལ་གཞན་གྱི་མི་སེལ་ལོ་སྙམ་པའི་གཏི་མུག་ནི་དེར་འཛིག་གོ། །

གལ་ཏེ་བདག་གཞན་ཡང་དག་པར་མེད་ན་སྔར་སྨྲས་ངག་བཀོད་པའི་དཔེ་མ་གྲུབ་པར་ཐལ་ལོ་སྙམ་ན། དེ་ནི་ཀུན་རྫོབ་མ་དཔྱད་པའི་སྐབས་མྱུ་གུ་ལྟ་བུའི་དབང་དུ་བྱས་ལ། འདིར་ནི་དོན་དམ་པའི་རིགས་པས་དཔྱོད་པའི་སྐབས་སྒྲ་ལུ་སྨིན་པ་ལྟ་བུའི་སྐབས་ཏེ་འབྲས་ཀྱི་མྱུ་གུ་སྐྱེད་པ་འགལ་ཏེ་སྒྲ་ལུ་སྨིན་པ་དང་མི་མཚུངས་པའི་ཕྱིར་རོ་ཞེས་རྟོག་པར་མི་བྱའོ། །

དེས་ན་སེམས་ཅན་ཐམས་ཅད་ཀྱི་སྡུག་བསྔལ་ཟློག་མི་རིགས་སོ་ཞེས་བརྩད་པར་བྱར་མེད་དེ། བདག་གི་སྡུག་བསྔལ་ཟློག་པར་བྱེད་ན་ཐམས་ཅད་ཀྱི་སྡུག་བསྔལ་ཟློག་རིགས་ལ་གཞན་གྱི་མི་ཟློག་ན་བདག་གི་ཡང་མི་ཟློག་པར་རིགས་སོ། །

གལ་ཏེ་བདག་གི་སྡུག་བསྔལ་ཟློག་ན་སྙིང་རྗེ་སྒོམ་མི་རིགས་ཏེ་སྙིང་རྗེ་ནི་སྡུག་བསྔལ་ཡིན་པའི་ཕྱིར་ཞེ་ན། སེམས་ཅན་གྱི་སྡུག་བསྔལ་ཕ་མཐའ་ཡས་པ་ལ་བསམས་ན་ཇི་ལྟར་སྙིང་རྗེ་སྡུག་བསྔལ་མང་སྟེ་སྙིང་རྗེ་སྡུག་བསྔལ་ག་ལ་ཡིན་ཏེ་བདེ་བར་ཡང་རིགས་ལ། ཕྱིར་སྡུག་བསྔལ་(༧༨བ)ཡིན་ཡང་རང་གི་ད་ལྟའི་སྡུག་བསྔལ་ཙམ་ཞིག་གིས་མ་འོངས་པའི་སྡུག་བསྔལ་མང་པོ་མེད་པར་འགྱུར་བའམ་རང་གི་སྡུག་བསྔལ་གྱིས་གཞན་མང་པོའི་སྡུག་བསྔལ་ཟད་པར་འགྱུར་ན་སྡུག་བསྔལ་དེ་ངེས་པར་སྒྲུབ་དགོས་ལ། གཞན་གྱི་ད་ལྟའི་སྡུག་བསྔལ་ཆུང་ངུས་མ་

འོངས་པའི་སྡུག་བསྔལ་ཆེན་པོ་སེལ་ནུས་ན་སྡུག་བསྔལ་དེ་གཞན་ལ་ཡང་ངེས་པར་སྐྱེད་དགོས་ཏེ། སྨན་དཔྱད་ཀྱི་དཔེས་སྡུག་བསྔལ་དང་ལེན་གྱི་བཟོད་པར་བཤད་པ་བཞིན་ནོ། །

དེས་ན་སྟོན་དེ་བཞིན་གཤེགས་པ་རིན་ཆེན་པད་ཟླ་མདོག་པར་འཕགས་པའི་བསྟན་པའི་སྙིགས་མ་ལ་དམིགས་པར་ལྟ་བའི་དགེ་སློང་དང་བྲམ་ཟེས་གང་སྟེ། བྱང་ཆུབ་སེམས་དཔའ་བདུན་སྟོང་རྒྱལ་པོའི་ཕོ་བྲང་འཁོར་ནས་བསྐྲད་དེ་ནགས་ཚལ་ཀུན་ཏུ་བཟང་པོར་གནས་ཤིང་དེ་དག་གི་བླ་མ་ཆོས་སྨྲ་བ་དགེ་སློང་མེ་ཏོག་ཟླ་མཛེས་ལས་དམ་པའི་ཆོས་ཉན་ཏོ། །དེའི་ལྷའི་མིག་གིས་བལྟས་ན་སངས་རྒྱས་ཀྱི་ཞིང་སྣ་ཚོགས་ནས་སེམས་ཅན་དགེ་རྩ་བསགས་པ་ཁྲག་ཁྲིག་མང་པོ་རྒྱལ་པོ་དཔའ་བས་བྱིན་གྱི་ཕོ་བྲང་འཁོར་དུ་མིར་སྐྱེས་ཏེ། དེ་དག་རང་ལས་ཆོས་ཉན་པ་ཉིད་ན་ཕྱིར་མི་ལྡོག་པ་འཐོབ་ལ། མ་ཉིད་ན་ལྡོག་པར་མཐོང་ཞིང་དེར་ཕྱིན་ན་རང་གི་སྲོག་གི་བར་ཆད་དུ་ཡང་འགྱུར་ལ། རྒྱལ་པོ་ཡང་དམྱལ་བར་ལྟུང་བར་ཤེས་མོད་ཀྱི་དེ་ལ་མ་བལྟས་པར་སྙིང་རྗེས་དེར་ཞུགས་ཏེ། ཉིན་དྲུག་གི་བར་དུ་གྲོང་དང་ལྗོངས་དང་ཕོ་བྲང་འཁོར་དུ་ཆོས་བསྟན་པས་སྲོག་ཆགས་མཐའ་ཡས་པ་ཕྱིར་མི་ལྡོག་པར་བཀོད་ཅིང་། ཟས་ཀྱི་བྱ་བ་མེད་པར་མཚན་མོ་ནི་དབུ་སྐྲ་དང་སེན་མོའི་མཆོད་རྟེན་གྱི་དྲུང་དུ་འགྲེང་བས་དུས་འདའོ། །ཉིན་བདུན་པ་ལ་རྒྱལ་པོ་དེ་བུ་དང་བུ་མོ་ལྔ་བརྒྱ་རེ་དང་བཙུན་མོའི་འཁོར་དང་དཔུང་ཚོགས་སུ་བཅས་ཏེ་སྐྱེད་ཚལ་དུ་འགྲོ་བ་ན་རྒྱལ་པོའི་འཁོར་རྣམས་ཀྱིས་བྱང་ཆུབ་སེམས་དཔའ་ཤིང་དྲུང་དུ་འཁོད་པ་ལ་སྐྱེ་བོའི་ཚོགས་ཆོས་ཉན་པ་མཐོང་མ་ཐག་དང་པའི་(༥༠༧ན)དབང་པོ་བརྟས་ཤིང་ཕལ་ཆེར་ཕྱིར་མི་ལྡོག་པར་ཡང་གྱུར་ཏེ། གཞོན་པ་ལས་བབས་ནས་ཆོས་ཉན་པ་མཐོང་བས་རྒྱལ་པོས་དེ་ཤིན་ཏུ་གཟུགས་མཛེས་པ་དང་། བདག་ཉིད་ལས་གཞན་པའི་སྲོག་ཆགས་ཐམས་ཅད་ཀྱིས་བླ་མར་

བྱས་པ་མཐོང་བས་འདིས་བདག་གི་རྒྱལ་སྲིད་འཕྲོག་གོ་སྙམ་ནས་གསོད་པར་བསྒོས་པ་རང་གི་བུ་དག་གིས་ཐློག་པས་དེ་བས་ཀྱང་ཁྲོ་འཕྲིག་ཐེས་ཏེ་གཤེད་མ་དགའ་བྱེད་ལ་བསྒོས་ཏེ་དེས་ཡན་ལག་དང་ཉིང་ལག་བཏུབས་པ་ན་འོ་མའི་རྒྱུན་བབས། བཅད་མཚམས་ནས་འོད་ཟེར་མཐའ་ཡས་པས་འཇིག་རྟེན་སྣང་བར་བྱས་ཏེ་སླར་དེ་ཉིད་དུ་ནུབ། རྒྱལ་པོ་ཞག་བདུན་སྲིད་ཚལ་དུ་གནས་ཀྱང་སྡིག་པའི་ལས་བྱས་པའི་ཕྱིར་དགའ་བ་མ་ཐོབ་ནས་སླར་ལོག་པ་ན་དེའི་ས་གཞི་མེ་ཏོག་གི་ཆར་གྱིས་གཡོགས་ཤིང་ལུས་གསེར་གྱི་ཁ་དོག་མ་ཉམས་ལ། སྐྱེས་བུ་ཆེན་པོའི་མཚན་སྣང་བ་མཐོང་བས་འདི་ནི་ཕྱིར་མི་ལྡོག་པར་ངེས་ཏེ་བདག་གིས་མི་བཟད་པའི་ལས་བྱས་སོ་སྙམ་པའི་མོད་ལ་ལྷ་རྣམས་ཀྱིས་དེ་དེ་བཞིན་ནོ་ཞེས་བརྗོད་ཅིང་། བྱང་ཆུབ་སེམས་དཔའ་བདུན་སྟོང་པོ་ཡང་ལྷགས་ཏེ་དེའི་ཡོན་ཏན་བརྗོད་པས་རྒྱལ་པོ་མི་བཟད་པར་འགྱོད་དེ་ཙནྡནའི་མེས་གདུང་སྦྱངས། རིན་པོ་ཆེའི་མཆོད་རྟེན་བྱས་ཏེ་མཆོད་པ་ཆེར་བྱས་ཉིན་རེ་དུས་གསུམ་དུ་བཤགས་པ་བྱས་ཀྱང་ཤི་ནས་ངན་སོང་དུ་སོང་ལ། རྒྱལ་པོ་དེ་སྟོན་པ་ཉིད་དང་ཆོས་སྨྲ་བ་དེ་ཟླ་འོད་གཞོན་ནུར་གྱུར་པ་ཡིན་པར་ཟླ་བ་སྒྲོན་མར་གསུངས་སོ། །

དེས་ན་ཆོས་སྨྲ་བ་དེས་གཞན་མང་པོའི་སྡུག་བསྔལ་ཟད་པར་བྱ་བའི་ཕྱིར། རང་དུས་མིན་དུ་འཆི་བའི་སྡུག་བསྔལ་ལ་མ་འཛེམས་པ་ལྟར་དོན་ཆེན་པོ་མཐོང་ན་དེ་ལྟ་བུར་བསྒྲུབ་པར་བྱ་དགོས་སོ། །དེ་ལྟར་ཀུན་རྫོབ་ཏུ་བདག་གཞན་མཉམ་པ་དང་། དོན་དམ་དུ་བདག་གཞན་མི་དམིགས་པ་འདི་གོམས་ན་རང་གི་སྡུག་བསྔལ་ལ་ཧ་ཅི་མི་སྙམ་པར་(༥༩༧བ)སྙིང་རྗེས་གཞན་གྱི་སྡུག་བསྔལ་སེལ་བའི་ཆེད་དུ་མནར་མེད་པར་ཡང་དགའ་བས་འཇུག་ལ། གཞན་གྲོལ་བ་དང་བདེ་བ་དེའི་དགའ་བས་བདག་ཉིད་ཚིམ་སྟེ་དེ་ཁོ་ན་སྨྲུབ་ཀྱི་ཉན་རང་གི་ཐར་པ་ལག་མཐིལ་དུ་འོངས་ཀྱང་ཐོབ་པར་མི་བྱེད་དོ། །དེ་ལྟར་ཤིན་ཏུ་ཡང་རིགས་ཏེ་སུ་ཡང་སྒྲོལ་བར་

མི་བྱེད་པའི་གྲུ་ལ་སྙིང་པོ་མེད་པ་ལྟར་རང་ཉིད་གཅིག་པུའི་ཐར་པ་ནི་སྙིང་རྗེ་ཅན་གྱི་མདུན་ན་ངོ་ཚ་བའི་གནས་ཡིན་པའི་ཕྱིར་རོ། །

དེ་ལྟར་ཉིན་རེས་ཀྱང་སེམས་ཅན་མཐའ་ཡས་པ་སྒྲོལ་བར་བྱེད་ཀྱང་གཞན་དོན་ལ་དགའ་བ་དང་གོམས་པས་འཇུག་པར་ཟད་ཀྱི་བདག་གིས་བྱའོ་ཞེའམ་བྱས་སོ་ཞེས་རློམ་སེམས་དང་། ངོ་མཚར་དུ་འཛིན་པ་མེད་ལ་དེ་དག་ལས་ལན་དང་སྨིན་ཚོག་མི་འདོད་ཅིང་ཐ་ན་འབྲས་བུ་བྱང་ཆུབ་ལ་ཡང་རེ་བ་མེད་དེ། ཆོས་ཐམས་ཅད་བྱང་ཆུབ་ལས་མི་གཡོ་བར་ཤེས་པའི་ཕྱིར་རོ། །དེས་ན་བདག་ཉིད་མི་སྙན་པའི་ཚིག་ཆུང་ངུ་ལས་ཀྱང་སྲུང་བ་ལྟར་སེམས་ཅན་ཐམས་ཅད་ཀྱང་བདག་བཞིན་དུ་སྡུག་བསྔལ་ལས་སྲུང་ཞིང་ཕན་བདེ་བསྒྲུབ་པར་བྱའོ། །

འདིར་**ཕྱི་རྒྱུ་ཏིས།** སྡུག་བསྔལ་ཡིན་པའི་ཕྱིར། གཞོམ་བྱ་ཡིན་ཏེ། བདག་གི་སྡུག་བསྔལ་བཞིན། གཞན་རྒྱུད་ལ་བྱུང་བའང་སྡུག་བསྔལ་ཡིན་ནོ། །ཞེས་པ་རང་བཞིན་གྱི་རྟགས་བཀོད། ཁྱབ་སྟེ། སྡུག་བསྔལ་དུ་གྲུབ་པའི་ཕྱིར། རྟགས་མ་ངེས་པ་མ་ཡིན་ཏེ། རང་གི་སྡུག་བསྔལ་ཡང་གཞོམ་བྱ་མ་ཡིན་པར་ཐལ་བའི་ཕྱིར། སེམས་ཅན་ཡིན་པའི་ཕྱིར། རྗེས་སུ་བཟུང་བྱ་ཡིན་ཏེ། བདག་ཉིད་བཞིན། གཞན་དག་ཀྱང་སེམས་ཅན་ཡིན་ནོ། །ཞེས་ཁྱབ་རྟགས་སྔ་མ་ལྟར་བསྒྲུབས་སོ། །

འདི་ལྟར་སྐྱེ་བའང་གཞན་ཡིན་ཏེ། སོགས་ལ་**ཀླུའི་ཞབས་ཀྱི།** ཁ་དོན་མར་མེ་མེ་ལོང་རྒྱ། །མེ་ཤེལ་སྐྱུར་དང་བྲག་ཆ་དག །དེ་ལ་བརྟེན་བྱུང་འཕོས་པ་ཡིན། །ཞེས་དྲངས་ཤིང་། ཕྲེང་བ་དམག་ལ་སོགས་བཞིན་རྫུན། །ཞེས་པ་ལ། ཀྲོག་མ་ལ་སོགས་པ་སྤུ་ཕྱི་ཁོ་ན་(༢༥༨ན)ཡོད་ཀྱི་དེ་ལས་གཞན་ཕྲེང་བ་མེད་ལ། རྟ་དང་གླང་པོ་ལ་སོགས་པ་ཁོ་ན་ཡོད་ཀྱི་དེ་ལས་གཞན་དམག་མེད་དོ། །དེ་བས་ན་རྒྱུན་ཡིན་པ་དེ་ལྟར་མེད་དེ་བདག་ལ་སོགས་པ་མེད་པས་སྡུག་བསྔལ་གང་གི་ཡིན་པ་དེ་མེད་དོ་ཞེས་སྨྲར་རོ། །**དགའ་འགྲེལ་ཆུང་ངུ་ལས་ནི།** བདག་ཏུ་འཛིན་པས་འཇུག་ཅེ་

ན། །སོགས་ལ་ཉན་ཐོས་པ་དག་འདི་སྙམ་དུ་དོན་དམ་པར་བདག་མེད་པས་ལག་པའི་སྡུག་བསྔལ་ཡང་ལག་པ་ཉིད་ཀྱིས་བསལ་བྱ་མིན་ན་རྐང་པའི་སྡུག་བསྔལ་ལག་པས་སེལ་བ་ལྟ་ག་ལ་རིགས། དེས་ན་དཔེ་མ་གྲུབ་བོ་སྙམ་ན། བདག་གཞན་མི་རིགས་གང་ཡིན་དེ། །ཅི་ནུས་པར་ནི་སྤང་བྱ་ཉིད། །ཅེས་བདག་འཛིན་མི་རིགས་ན་རང་གི་བདག་འཛིན་སྤོང་བ་ལྟར་གཞན་རྒྱུད་ཀྱི་བདག་འཛིན་ཡང་སྤང་དགོས་ཏེ། ང་དང་གཞན་གྱི་རྣམ་པར་མ་ཆད་ཀྱང་མི་རིགས་པ་ཙམ་གྱིས་སྤང་བྱ་ཡིན་པའི་ཕྱིར་རོ་ཞེས་སྨྲར་རོ། **།ས་བཟང་པས།** བདག་གིས་གཞན་གྱི་སྡུག་བསྔལ་བསལ། །སོགས་ཤློ་ཀ་གཅིག་གིས་རྟགས་བཀོད། གང་ཚེ་བདག་དང་གཞན་གཉིག །ཞེས་པའི་ཤློ་ཀས་རྟགས་གཉིས་པའི་ཁྱབ་པ་བསྒྲུབས། ལྷག་མས་རྟགས་དང་པོའི་ཁྱབ་པ་བསྒྲུབས་པར་སྨྲར་རོ། །

གཉིས་པ་བདག་གཞན་བརྗེ་བ་སྒོམ་པ་ལ་གསུམ། བརྗེ་ནུས་པར་བསྟན་པ། སྒོམ་ཚུལ་མདོར་བསྟན། དེ་རྒྱས་བཤད་དོ། །

དང་པོ་(བརྗེ་ནུས་པར་བསྟན་པ་)ནི།

གོམས་པ་ཡིས་ནི་གཞན་དག་གི། །
ཁུ་བ་ཁྲག་གི་ཐིགས་པ་ལ། །
དངོས་པོ་མེད་པར་གྱུར་ཡང་ནི། །
བདག་གོ་ཞེས་ནི་ཤེས་པ་ལྟར། ༡༡༢ །
དེ་བཞིན་གཞན་གྱི་ལུས་ལ་ཡང་། །
བདག་ཅེས་ཅི་ཡི་ཕྱིར་མི་བཟུང་། །
བདག་གི་ལུས་ནི་གཞན་དག་ཏུའང་། །
བཞག་པ་དེ་ལྟར་དཀའ་བ་མེད། ༡༡༣ །

ཅེས་གསུངས་ཏེ། རྒྱ་བོད་ཀྱི་འགྲེལ་པ་ཐམས་ཅད་དུ་འདི་བདག་གཞན་མཉམ་

པའི་དོན་བསྡུར་སྦྱར་མོད་ཀྱང་འདི་གཙོ་བོར་བཟོ་ནུས་པའི་རྒྱུ་མཚན་སྟོན་ལ། དེ་བཞིན་གཞན་(༥་༤བ)གྱི་ལུས་ལ་ཡང་། །བདག་ཅེས་ཅི་ཡི་ཕྱིར་མི་བཟུང་། །ཞེས་པ་འདིས་བདག་གཞན་བརྗེ་བར་དངོས་སུ་བསྟན་ཞིང་། བདག་གི་ལུས་འདི་གཞན་དག་ཏུའང་། །བཞག་པ་དེ་ལྟར་དཀའ་བ་མེད། །ཅེས་པ་འདི་ནི་འཆད་པར་འགྱུར་བའི། དམན་སོགས་བདག་ཏུ་བྱས་པ་དང་། །གཞན་ཉིད་དུ་ནི་བདག་བྱས་ནས། །ཞེས་གཉེན་པོའི་འགྲན་སེམས་ང་རྒྱལ་ཕྲག་དོག་སྒོམ་པ་རྣམས་ཀྱི་ས་བོན་དུ་གནས་པའི་ཕྱིར་བདག་གིས་འདི་ལྟར་སྦྱར་བ་ཡིན་ནོ། །

གཉིས་པ་སྒོམ་ཚུལ་མདོར་བསྟན་ནི།

བདག་ཉིད་སྐྱོན་བཅས་གཞན་ལ་ཡང་། །
ཡོན་ཏན་རྒྱ་མཚོར་ཤེས་བྱས་ནས། །
བདག་འཛིན་ཡོངས་སུ་དོར་བ་དང་། །
གཞན་བླང་པ་ནི་བསྒོམ་པར་བྱ། ༡༡༤ །ཞེས་སོ། །

གསུམ་པ་རྒྱས་བཤད་ལ་བཞི། བརྗེ་རིགས་པའི་འཐད་པ། བདག་དོར་ཞིང་གཞན་བླང་བའི་སྒོ་ནས་བསམ་པས་བརྗེ་ཚུལ། བརྗེས་པའི་ཕན་ཡོན་དང་མ་བརྗེས་པའི་ཉེས་དམིགས། བརྗེ་ཚུལ་དངོས་རྒྱས་པར་བཤད་པའོ། །

དང་པོ་(བརྗེ་རིགས་པའི་འཐད་པ་)ནི།

ཇི་ལྟར་ལག་པ་ལ་སོགས་པ། །
ལུས་ཀྱི་ཡན་ལག་ཡིན་འདོད་ལྟར། །
དེ་བཞིན་འགྲོ་བའི་ཡན་ལག་ཏུ། །
ཅི་ཕྱིར་ལུས་ཅན་རྣམས་མི་འདོད། ༡༡༥ །
ཇི་ལྟར་བདག་མེད་ལུས་འདི་ལ། །
གོམས་པས་བདག་གི་བློ་འབྱུང་བ། །

དེ་བཞིན་སེམས་ཅན་གཞན་ལ་ཡང་། །
གོམས་པས་བདག་བློ་ཅིས་མི་སྐྱེ། ༡༡༦ །
དེ་ལྟ་ན་ནི་གཞན་གྱི་དོན། །
བྱས་ཀྱང་ངོ་མཚར་སྙོམ་མི་འབྱུང་། །
བདག་ཉིད་ཀྱི་ནི་ཟན་ཟོས་ནས། །
ལན་ལ་རེ་བ་མི་འབྱུང་བཞིན། ༡༡༧ །
དེ་བས་ཇི་ལྟར་ཆུང་ངུ་ན། །
མི་སྙན་ལས་ཀྱང་བདག་སྲུང་བ། །
དེ་བཞིན་འགྲོ་ལ་སྲུང་སེམས་དང་། །
སྙིང་རྗེའི་སེམས་ནི་གོམས་པར་བྱ། ༡༡༨ །
དེ་བས་མགོན་པོ་སྤྱན་རས་གཟིགས། །
ཐུགས་རྗེ་ཆེན་པོས་འགྲོ་བ་ཡི། །
འཁོར་གྱི་འཇིགས་པའང་བསལ་བའི་ཕྱིར། །
རང་གི་མཚན་ཡང་བྱིན་གྱིས་བརླབས། ༡༡༩ །
དཀའ་ལས་ཕྱིར་ལྡོག་མི་(༤༡༡ན)བྱ་སྟེ། །
གང་གིས་མིང་ཐོས་འཇིགས་པ་ཡང་། །
འདི་ལྟར་གོམས་པའི་མཐུ་ཡིས་ནི། །
དེ་ཉིད་མེད་ན་མི་དགར་འགྱུར། ༡༢༠ །
གང་ཞིག་བདག་དང་གཞན་རྣམས་ནི། །
མྱུར་དུ་བསྐྱབ་པར་འདོད་པ་དེས། །
བདག་དང་གཞན་དུ་བརྗེ་བྱ་བ། །
གསང་བའི་དམ་པ་སྤྱད་པར་བྱ། ༡༢༡ །

ཞེས་གསུངས་ཏེ། དང་པོ་གཉིས་ཀྱིས་གོམས་ན་གཞན་ལ་ཡང་བདག་གི་བློ་སྐྱེ་ནུས་པར་བསྟན། གསུམ་པས་དེའི་ཕན་ཡོན་བསྟན། བཞི་པས་གོམས་སུ་གཞུག་ཚུལ་བཤད། ལྔ་པས་དེའི་དཔེ་བསྟན། དྲུག་པས་གོམས་ན་སླ་བས་འཇིགས་མི་དགོས་པར་བསྟན། བདུན་པས་དེས་ན་བདག་གཞན་བརྗེ་བ་སྒོམ་པར་གདམས་སོ། །

གཉིས་པ་(བདག་དོར་ཞིང་གཞན་བླང་བའི་སྒོ་ནས་བསམ་པས་བརྗེ་ཚུལ་)ནི།

བདག་ལུས་གང་ལ་ཆགས་པ་ཡིས། །
འཇིགས་གནས་ཆུང་ལའང་འཇིགས་སྐྱེ་བ། །
འཇིགས་པ་སྐྱེ་བའི་ལུས་དེ་ལ། །
སུ་ཞིག་དགྲ་བཞིན་སྡང་མི་བྱེད། ༡༢༢ །
ལུས་གང་བཀྲེས་དང་སྐོམ་སོགས་ནད། །
གསོ་བའི་ཆོ་ག་བྱེད་འདོད་པས། །
བྱ་དང་ཉ་དང་རི་དྭགས་དག །
གསོད་པར་བྱེད་ཅིང་ལམ་སྡུགས་བྱེད། ༡༢༣ །
གང་ཞིག་ཁེ་དང་རིམ་གྲོའི་ཕྱིར། །
ཕ་དང་མ་ཡང་གསོད་བྱེད་ཅིང་། །
དཀོན་མཆོག་གསུམ་གྱི་དཀོར་བརྐུས་ནས། །
དེས་ན་མནར་མེད་སྲེག་འགྱུར་ན། ༡༢༤ །
མཁས་པ་སུ་ཞིག་ལུས་དེ་ལ། །
འདོད་ཅིང་སྲུང་དང་མཆོད་བྱེད་ཀྱི། །
འདི་ལ་སུ་ཞིག་དགྲ་བཞིན་དུ། །
ལྟ་བར་མི་བྱེད་བརྙས་མི་བྱེད། ༡༢༥ །

གལ་ཏེ་བྱིན་ན་ཅི་སྤྱད་ཅེས། །
བདག་དོན་སེམས་པ་འདྲེ་ཡི་ཚུལ། །
གལ་ཏེ་སྤྱད་ན་ཅི་སྦྱིན་ཞེས། །
གཞན་དོན་སེམས་པ་ལྷ་ཡི་ཆོས། ༡༢༦ །

ཞེས་གསུངས་ཏེ། དང་པོས་ལུས་ཆགས་བྱ་མིན་པར་བསྟན། གསུམ་གྱིས་ལུས་ལ་ཆགས་པའི་ཉེས་པ་བསྟན། །ཐ་མས་སྤྱད་པ་སྐྱོན་དང་བྱིན་པ་ཡོན་ཏན་དུ་བསྟན་ཏོ། །

གསུམ་པ་(བརྗེས་པའི་ཕན་ཡོན་དང་མ་བརྗེས་པའི་ཉེས་དམིགས་)ནི།

བདག་ཕྱིར་གཞན་ལ་གནོད་བྱས་ན། །
དམྱལ་ལ་སོགས་(༥༡(ཁ))པར་གདུང་བར་འགྱུར། །
གཞན་ཕྱིར་བདག་ལ་གནོད་བྱས་ན། །
ཕུན་སུམ་ཚོགས་པ་ཐམས་ཅད་འཐོབ། ༡༢༧ །
བདག་ཉིད་མཐོ་བར་འདོད་པ་དེས། །
ངན་འགྲོར་ངན་དང་གླེན་པར་འགྱུར། །
དེ་ཉིད་གཞན་ལ་སྤོ་བྱས་ན། །
བདེ་འགྲོར་རིམ་གྲོ་འཐོབ་པར་འགྱུར། ༡༢༨ །
བདག་གི་དོན་ལ་གཞན་བཀོལ་ན། །
བྲན་ལ་སོགས་པ་མྱོང་བར་འགྱུར། །
གཞན་གྱི་དོན་དུ་བདག་སྤྱད་ན། །
རྗེ་དཔོན་ཉིད་སོགས་མྱོང་བར་འགྱུར། ༡༢༩ །
འཇིག་རྟེན་བདེ་བ་ཇི་སྙེད་པ། །
དེ་ཀུན་གཞན་བདེ་འདོད་ལས་བྱུང་། །

འཇིག་རྟེན་སྡུག་བསྔལ་ཇི་སྙེད་པ། །
དེ་ཀུན་རང་བདེ་འདོད་ལས་བྱུང་། ༡༣༠ །
མང་དུ་བཤད་ལྟ་ཅི་ཞིག་དགོས། །
བྱིས་པས་རང་གི་དོན་བྱས་དང་། །
ཐུབ་པས་གཞན་གྱི་དོན་མཛད་པ། །
འདི་གཉིས་ཀྱི་ནི་ཁྱད་པར་ལྟོས། ༡༣༡ །
བདག་བདེ་གཞན་གྱི་སྡུག་བསྔལ་དག །
ཡང་དག་བརྗེ་བར་མ་བྱས་ན། །
སངས་རྒྱས་ཉིད་དུ་མི་འགྲུབ་ཅིང་། །
འཁོར་བ་ན་ཡང་བདེ་བ་མེད། ༡༣༢ །
འཇིག་རྟེན་ཕ་རོལ་ཕར་ཞོག་གི། །
བྲན་གཡོག་ལས་མི་བྱེད་པ་དང་། །
རྗེ་དཔོན་ཟན་པ་མི་སྟེར་བའི། །
ཚེ་འདིའི་དོན་ཡང་འགྲུབ་མི་འགྱུར། ༡༣༣ །
མཐོང་དང་མ་མཐོང་བདེ་འགྲུབ་པའི། །
ཕུན་སུམ་བདེ་སྐྱིད་ཡོངས་བོར་ཞིང་། །
གཞན་ལ་སྡུག་བསྔལ་བྱས་པའི་རྒྱུས། །
རྨོངས་རྣམས་སྡུག་བསྔལ་མི་བཟད་ལེན། ༡༣༤ །
འཇིག་རྟེན་དག་ན་འཚེ་བ་གང་ཡོད་དང་། །
འཇིགས་དང་སྡུག་བསྔལ་ཇི་སྙེད་ཡོད་གྱུར་པ། །
དེ་ཀུན་བདག་ཏུ་འཛིན་པ་ལས་གྱུར་ན། །
འདྲེ་ཆེན་དེས་ཀོ་བདག་ལ་ཅི་ཞིག་བྱ། ༡༣༥ །

བདག་ཉིད་ཡོངས་སུ་མ་བཏང་ན། །
སྡུག་བསྔལ་སྤོང་བར་མི་ནུས་ཏེ། །
ཇི་ལྟར་མེ་ནི་མ་བཏང་ན། །
སྲེག་པ་སྤོང་བར་མི་ནུས་བཞིན། ༡༣༦ །

ཞེས་གསུངས་ཏེ། དང་པོ་ལྷས་བདག་གཞན་མ་བརྗེས་པའི་སྐྱོན་དང་བརྗེས་པའི་ཡོན་ཏན་སྟེལ་ཞིར་བཤད། དྲུག་པས་མ་བརྗེས་ན་སངས་རྒྱས་མི་འགྲུབ་(༣༠༠ན)པར་བསྟན། བདུན་པས་རྣམ་གསལ་གྱི་དཔེ་བཤད། བརྒྱད་པས་གཞན་ལ་གནོད་པའི་འབྲས་བུ་བསྟན། ཐ་མ་གཉིས་ཀྱིས་རྩ་བ་བདག་འཛིན་དོར་བྱར་བསྟན་ཏོ། །

བཞི་པ་བརྗེ་ཚུལ་དངོས་ལ། བསྟན་བཤད་གཉིས།

དང་པོ་(མདོར་བསྟན་པ་)ནི།

དེ་ལྟས་བདག་གནོད་ཞི་བ་དང་། །
གཞན་གྱི་སྡུག་བསྔལ་ཞི་བྱའི་ཕྱིར། །
བདག་ཉིད་གཞན་ལ་བཏང་བྱ་དང་། །
གཞན་རྣམས་བདག་ཏུ་བཟུང་བར་བྱ། ༡༣༧ །
བདག་ནི་གཞན་གྱི་དབང་གྱུར་ཞེས། །
ཡིད་ཁྱོད་ངེས་པར་ཤེས་གྱིས་ལ། །
སེམས་ཅན་དོན་དུ་མ་གཏོགས་པ། །
ད་ནི་ཁྱོད་ཀྱིས་གཞན་མི་བསམ། ༡༣༨ །
གཞན་དབང་མིག་ལ་སོགས་པ་ཡིས། །
རང་དོན་སྒྲུབ་པ་རིགས་མ་ཡིན། །
དེ་ཡི་མིག་ལ་སོགས་པ་ཡིས། །
དེ་ལ་ལོག་པར་བྱ་མི་རིགས། ༡༣༩ །

དེས་ན་སེམས་ཅན་གཙོར་བྱས་ཏེ། །
བདག་གི་ལུས་ལ་ཅི་མཐོང་བ། །
དེ་དང་དེ་ནི་ཕྲོགས་ནས་ཀྱང་། །
གཞན་དག་ལ་ནི་ཕན་པར་སྤྱོད། ༡༤༠ །

ཅེས་གསུངས་ཏེ། དང་པོས་སྤྱིར་བསྟན། གཉིས་པས་བྱེ་བྲག་ཏུ་བསམ་པས་བརྗེ་ཚུལ་དང་། གཉིས་ཀྱིས་སྦྱོར་བས་སྒྲུབ་ཚུལ་མདོར་བསྟན་པའོ། །

གཉིས་པ་རྒྱས་བཤད་ལ་བཞི། སེམས་ཅན་གཞན་བདག་ཏུ་བྱས་ནས་ལུས་སེམས་ལ་ཕྲག་དོག་དང་འགྲན་སེམས་དང་ང་རྒྱལ་སྒོམ་པ། བདག་འཛིན་རང་སོར་བཞག་ནས་བདག་གཞན་བརྗེ་བ། གཉེན་པོ་ལ་བདག་ཏུ་བྱས་ནས་སེམས་ཚར་བཅད་པ། ལུས་ལ་ཆགས་པ་ཉེས་པའི་འབྱུང་གནས་སུ་བསྟན་པའོ། །

དང་པོ་(སེམས་ཅན་གཞན་བདག་ཏུ་བྱས་ནས་ལུས་སེམས་ལ་ཕྲག་དོག་དང་འགྲན་སེམས་དང་ང་རྒྱལ་སྒོམ་པ་)ལ་ཡང་། བསྟན་བཤད་གཉིས་ཀྱི།

དང་པོ་(མདོར་བསྟན་པ་)ནི།

དམན་སོགས་བདག་ཏུ་བྱས་པ་དང་། །
གཞན་ཉིད་དུ་ནི་བདག་བྱས་ནས། །
རྣམ་རྟོག་མེད་པའི་སེམས་ཀྱིས་སུ། །
ཕྲག་དོག་དང་ནི་ང་རྒྱལ་སྒོམ། ༡༤༡ །ཞེས་སོ། །

གཉིས་པ་རྒྱས་བཤད་ལ་གསུམ། སེམས་ཅན་རྣམས་བདག་ཏུ་བྱས་ནས་གཞན་ལུས་སེམས་ལ་ཕྲག་དོག་སྒོམ་པ། (༣༠༠བ)སེམས་ཅན་རྣམས་བདག་ཏུ་བྱས་ནས་གཞན་ལུས་སེམས་ལ་འགྲན་སེམས་སྒོམ་པ། སེམས་ཅན་རྣམས་བདག་ཏུ་བྱས་ནས་གཞན་ལུས་སེམས་ལ་ང་རྒྱལ་སྒོམ་པའོ། །

དང་པོ་(སེམས་ཅན་རྣམས་བདག་ཏུ་བྱས་ནས་གཞན་ལུས་སེམས་ལ་ཕྲག་དོག་སྒོམ་པ་)ནི།

འདི་ནི་བཀུར་བྱས་བདག་ནི་མིན། །
འདི་བཞིན་བདག་གིས་མ་རྙེད་ཅིང་། །
འདི་ནི་བསྟོད་བྱས་བདག་ལ་སྨོད། །
འདི་བདེ་བདག་ནི་སྡུག་བསྔལ་ལ། ༡༥༢ །
བདག་ནི་ལས་རྣམས་བྱེད་པ་དང་། །
འདི་ནི་བདེ་བ་ཉིད་དུ་གནས། །
འདི་ནི་འཇིག་རྟེན་ལ་ཆེ་དང་། །
བདག་དམན་ཡོན་ཏན་མེད་པར་གྲགས། ༡༥༣ །
ཡོན་ཏན་མེད་པས་ཅི་ཞིག་བྱ། །
བདག་ཀུན་ཡོན་ཏན་ལྡན་པ་ཉིད། །
གང་བས་དེ་དམན་དེ་ཡོད་ཅིང་། །
གང་བས་བདག་མཆོག་དེ་ཡང་ཡོད། ༡༥༤ །
ཚུལ་ཁྲིམས་ལྟ་བས་རྒུད་སོགས་ནི། །
ཉོན་མོངས་སྟོབས་ཀྱིས་བདག་དབང་མིན། །
ཅི་ནུས་བདག་གིས་གསོ་དགོས་ཏེ། །
གནོད་པའང་བདག་གིས་དང་དུ་བླང་། ༡༥༥ །
འོན་ཏེ་བདག་འདིའི་གསོ་བྱ་མིན། །
ཅི་ཕྱིར་བདག་ལ་བརྙས་པ་བྱེད། །
བདག་ལ་དེ་ཡི་ཡོན་ཏན་གྱིས། །
ཅི་བྱ་འདི་བདག་ཡོན་ཏན་ཅན། ༡༥༦ །
ངན་འགྲོ་གདུག་པའི་ཁར་གནས་པའི། །
འགྲོ་ལ་སྙིང་རྗེ་མེད་པར་འདི། །

ཕྱིར་ལ་ཡོན་ཏན་རློམ་པ་ཡིས། །
མཁས་པ་དག་ལ་བསྒོ་བར་འདོད། ༡༤༧ །

ཅེས་གསུངས་ཏེ། བདག་ཀུན་ཡོན་ཏན་ལྡན་པ་ཉིད། །ཅེས་པ་ཡན་གྱིས་ལུས་སེམས་ལ་རྙེད་བཀུར་དང་། གྲགས་པ་བྱུང་བ་ལ་བདག་སེམས་ཅན་གྱིས་མི་བཟོད་པ་སྒོམ་པ་དང་། ཅི་ཕྱིར་བདག་ལ་བརྙས་པ་བྱེད། །ཀྱི་བར་གྱིས་ལུས་སེམས་ཀྱིས་བརྙས་པ་བྱས་པ་བདག་སེམས་ཅན་གྱིས་མི་བཟོད་པ་དང་། ལྷག་མས་ལུས་སེམས་ཀྱིས་བསྒོ་བ་བདག་སེམས་ཅན་གྱིས་མི་བཟོད་པ་སྒོམ་པའོ། །

གཉིས་པ་(སེམས་ཅན་རྣམས་བདག་ཏུ་བྱས་ནས་གཞན་ལུས་སེམས་ལ་འགྲན་སེམས་སྒོམ་པ་)ནི།

བདག་དང་མཉམ་གཞན་ལ་བལྟས་ནས། །
གང་གིས་རང་ནི་ལྷག་བྱའི་ཕྱིར། །
བདག་གི་རྙེད་དང་བཀུར་སྟི་ནི། །
རྩོད་པ་ཡིས་ཀྱང་ངེས་པར་སྒྲུབ། ༡༤༨ །
ཅི་ནས་བདག་(༣༠༡ན)གི་ཡོན་ཏན་ནི། །
འཇིག་རྟེན་ཀུན་ལ་གྲགས་པ་དང་། །
གཞན་ཡང་འདི་ཡི་ཡོན་ཏན་གང་། །
སུས་ཀྱང་ཐོས་པར་མི་འགྱུར་བྱ། ༡༤༩ །
བདག་གི་སྐྱོན་ཡང་སྦ་བྱ་ཞིང་། །
བདག་ནི་མཆོད་འགྱུར་འདི་ལ་མིན། །
བདག་དེང་རྙེད་པ་ལེགས་རྙེད་ཅིང་། །
བདག་ནི་བཀུར་འགྱུར་འདི་ལ་མིན། ༡༥༠ །
འདི་ནི་མ་རུངས་བྱས་པ་ལ། །
ཡུན་རིང་བདག་ནི་དགའ་བས་ལྟ། །

འགྲོ་བ་ཀུན་གྱིས་བཞད་གད་དང་། །
ཕན་ཚུན་སྨོད་པ་དག་ཏུ་བྱ། ༡༥༡ །

ཞེས་གསུངས་ཏེ། དང་པོས་ལུས་སེམས་ལ་རྙེད་བཀུར་འདུག་ན་ཕྲོགས་ཏེ་བདག་སེམས་ཅན་གྱིས་སྤྱོད་པ་དང་། གཉིས་པས་ལུས་སེམས་ནི་གྲགས་སུ་མི་གཞུག་ཅིང་བདག་སེམས་ཅན་གྱི་གྲགས་པ་སྤེལ་བ་དང་། གཉིས་ཀྱིས་ཉེས་པ་ཐམས་ཅད་གཞན་ལུས་སེམས་འདི་ལ་བསྒྲུར་ཞིང་ལེགས་པ་ཐམས་ཅད་བདག་སེམས་ཅན་གྱིས་སྤྱོད་པར་བསྟན་ཏོ། །

གསུམ་པ་(སེམས་ཅན་རྣམས་བདག་ཏུ་བྱས་ནས་གཞན་ལུས་སེམས་ལ་ང་རྒྱལ་སྒོམ་པ་)ནི།

ཉོན་མོངས་འདི་ཡང་བདག་དང་ནི། །
ལྷན་ཅིག་ཏུ་ནི་འགྲན་ཞེས་གྲག །
འདི་བདག་ཐོས་དང་ཤེས་རབ་བམ། །
གཟུགས་རིགས་ནོར་གྱིས་མཉམ་མམ་ཅི། ༡༥༢ །
དེ་ལྟར་ཀུན་ལ་གྲགས་པ་ཡི། །
བདག་གི་ཡོན་ཏན་ཐོས་ནས་ནི། །
སྤུ་ལྡང་དགའ་བ་སྐྱེ་འགྱུར་བའི། །
བདེ་སྐྱིད་ལ་ནི་ལོངས་སུ་སྤྱོད། ༡༥༣ །
ཅི་སྟེ་འདི་ལ་རྙེད་ཡོད་ཀྱང་། །
གལ་ཏེ་ང་ཡིས་ལས་བྱེད་ན། །
འདི་ལ་འཚོ་བ་ཙམ་བྱིན་ནས། །
བདག་གི་སྟོབས་ཀྱིས་དེ་བླང་བྱ། ༡༥༤ །
འདི་ནི་བདེ་ལས་ཉམས་བྱ་ཞིང་། །
བདག་གི་སྡོད་དང་རྟག་སྦྱར་བྱ། །

ཞེས་གསུངས་ཏེ། གཉིས་ཀྱིས་ལུས་སེམས་ལས་བདག་སེམས་ཅན་ལྷག་པར་བསྟན། ཚོགས་བཅད་ཕྱེད་དང་གཉིས་ཀྱིས་དེ་བདག་གི་ཕྲན་དུ་བཀོལ་བར་བསྟན་ནོ། །

གཉིས་པ་བདག་འཛིན་རང་སར་བཞག་ནས་བདག་གཞན་བརྗེ་བ་ནི།

འདི་ཡིས་བརྒྱ་ཕྲག་ཐམས་ཅད་དུ། །
འཁོར་བར་བདག་ལ་གནོད་པ་བྱས། ༧༥༥ །(༣༠༧བ)
ཡིད་ཁྱོད་རང་དོན་བྱེད་འདོད་པས། །
བསྐལ་པ་གྲངས་མེད་འདས་གྱུར་ཀྱང་། །
ངལ་བ་ཆེན་པོ་དེ་ལྟ་བུས། །
ཁྱོད་ཀྱིས་སྡུག་བསྔལ་འབའ་ཞིག་བསྒྲུབས། ༧༥༦ །
དེ་ལྟར་ངེས་པར་གཞན་དག་གི། །
དོན་ལ་རབ་ཏུ་འཇུག་གྱིས་དང་། །
ཐུབ་པའི་བཀའ་ནི་མི་སླུ་བས། །
དེ་ཡི་ཡོན་ཏན་ཕྱིས་མཐོང་འགྱུར། ༧༥༧ །
གལ་ཏེ་ཁྱོད་ཀྱིས་སྔ་དུས་སུ། །
ལས་འདི་བྱས་པར་གྱུར་ན་ནི། །
སངས་རྒྱས་ཕུན་སུམ་བདེ་མིན་པ། །
འདི་འདྲའི་གནས་སྐབས་སྲིད་མི་འགྱུར། ༧༥༨ །
དེ་བས་འདི་ལྟར་གཞན་དག་གི། །
ཁུ་བ་ཁྲག་གི་ཐིགས་པ་ལ། །
ཁྱོད་ཀྱིས་བདག་འཛིན་བྱས་པ་ལྟར། །
དེ་བཞིན་གཞན་ལའང་གོམས་པར་གྱིས། ༧༥༩ །

གཞན་གྱི་རྫོག་ཆེན་བྱས་ནས་ནི། །
བདག་གི་ལུས་ལ་ཅི་སྣང་བ། །
དེ་དང་དེ་ཉིད་ཕྲོགས་བྱས་ནས། །
ཁྱོད་ཀྱིས་གཞན་ལ་ཕན་པར་སྤྱོར། ༧༥༠ །
བདག་སྐྱིད་གཞན་ནི་མི་སྐྱིད་ལ། །
བདག་མཐོ་གཞན་ནི་དམའ་བ་དང་། །
བདག་ནི་ཕན་བྱེད་གཞན་མིན་ཞེས། །
བདག་ལ་ཕྲག་དོག་ཅིས་མི་བྱེད། ༧༥༡ །
བདག་ནི་བདེ་དང་དབྲལ་གྱིས་ཏེ། །
གཞན་གྱི་སྡུག་བསྔལ་བདག་ལ་སྦྱོར། །
གང་ཚེ་འདི་ནི་ཅི་བྱེད་ཅེས། །
བདག་གི་སྐྱོན་ལ་བརྟག་པར་གྱིས། ༧༥༢ །
གཞན་གྱིས་ཉེས་པ་བྱས་པ་ཡང་། །
རང་གི་སྐྱོན་དུ་བསྒྱུར་ཕྱོས་ལ། །
བདག་གིས་ཉེས་པ་ཆུང་བྱས་ཀྱང་། །
སྐྱེ་བོ་མང་ལ་རབ་ཏུ་ཐོགས། ༧༥༣ །
གཞན་གྱི་གྲགས་པ་ལྷག་བརྗོད་པས། །
རང་གི་གྲགས་པ་ཟིལ་གྱིས་གནོན། །
བདག་ནི་བྲན་གྱི་ཐ་མ་ལྟར། །
དོན་རྣམས་ཀུན་ལ་བཀོལ་བར་གྱིས། ༧༥༤ །
འདི་ནི་སྐྱོན་ཅན་རང་བཞིན་ཏེ། །
གློ་བུར་ཡོན་ཏན་ཆས་མི་བསྟོད། །

འདི་ཡི་ཡོན་ཏན་ཅི་ནས་ཀྱང་། །
འགས་ཀྱང་མི་ཤེས་དེ་ལྟར་གྱིས། ༡༥༥ །
མདོར་ན་བདག་གི་དོན་གྱི་ཕྱིར། །
ཁྱོད་ཀྱིས་གཞན་ལ་གནོད་བྱས་གང་། །
གནོད་དེ་སེམས་ཅན་དོན་གྱི་ཕྱིར། །
བདག་ཉིད་ལ་ནི་འབབ་པར་གྱིས། ༡༥༦ །
འདི་ནི་(༣༠༢ན)གཉའ་དྲག་འགྱུར་ཚུལ་དུ། །
ཤེད་སྐྱེད་པར་ནི་མི་བྱ་སྟེ། །
བག་མ་གསར་པའི་ཚུལ་བཞིན་དུ། །
ངོ་ཚས་འཛིགས་དང་བསྡམས་ཏེ་བཞག ༡༥༧ །

ཅེས་གསུངས་ཏེ། ཚིགས་བཅད་ཕྱེད་དང་གཉིས་ཀྱིས་སྔར་རང་དོན་འབའ་ཞིག་བསམས་པས་བསླུས་པར་བསྟན། གཉིས་ཀྱིས་ཕྱིན་ཆད་དེ་ལས་ལྡོག་པར་གདམས། ལྷག་མས་བདེ་དགེ་རྣམས་གཞན་ལ་བྱིན་ལ་སྡུག་བསྔལ་བདག་གིས་ལོང་ཞིག་པར་གདམས་སོ། །

གསུམ་པ་གཉེན་པོ་ལ་བདག་ཏུ་བྱས་ནས་སེམས་ཚར་བཅད་པ་ནི།

དེ་བྱ་དེ་ལྟར་གནས་བྱ་ཞིང་། །
དེ་ལྟར་ཁྱོད་ཀྱིས་མི་བྱ་བ། །
དེ་ལྟར་འདི་ནི་དབང་བྱ་སྟེ། །
དེ་ལས་འདས་ན་ཚར་བཅད་བྱ། ༡༥༨ །
འོན་ཏེ་དེ་ལྟར་གདམས་ཀྱང་ནི། །
སེམས་ཁྱོད་དེ་ལྟར་མི་བྱེད་ན། །
ཁྱོད་ལ་ཉེས་ཀུན་བརྟེན་པས་ན། །

ཁྱོད་ཉིད་ཚར་བཅད་བྱ་བར་ཟད། ༡༦༩ །
ཁྱོད་ཀྱིས་ཕོ་བོ་གར་བཏྣག་པའི། །
སྔོན་གྱི་དུས་དེ་གཞན་ཡིན་ཏེ། །
ངས་མཐོང་ཁྱོད་ད་གང་དུ་འགྲོ། །
ཁྱོད་ཀྱི་དྲེགས་པ་ཀུན་གཞོམ་བྱ། ༡༧༠ །
ད་དུང་བདག་ལ་རང་གི་དོན། །
ཡོད་སྙམ་སེམས་པ་དེ་དོར་ཞིག །
བདག་གིས་གཞན་ལ་ཁྱོད་བཙོངས་ཀྱིས། །
སྐྱོ་བར་མ་སེམས་ཤེ་ཤ་ཕུལ། ༡༧༡ །
གལ་ཏེ་བག་མེད་གྱུར་ནས་ཁྱོད། །
སེམས་ཅན་རྣམས་ལ་མ་བྱིན་ན། །
ཁྱོད་ཀྱིས་ཕོ་བོ་དམྱལ་བ་ཡི། །
སྲུང་མ་རྣམས་ལ་བྱིན་དུ་ངེས། ༡༧༢ །
དེ་ལྟར་ཁྱོད་ཀྱིས་རེ་ལྟ་ཞིག །
ཕོ་བོ་བྱིན་པས་ཡུན་རིང་སྡུག །
ད་ནི་ཕོན་རྣམས་དྲན་བྱས་ཏེ། །
ཁྱོད་ཀྱི་རང་དོན་སེམས་པ་གཞོམ། ༡༧༣ །

ཞེས་གསུངས་ཏེ། དང་པོ་གཉིས་ཀྱིས་སེམས་ཚར་བཅད་བྱར་བསྟན། གསུམ་པ་དང་བཞི་པས་ཕྱིན་ཆད་སེམས་ཀྱི་དབང་དུ་མི་གཏོང་བར་བསྟན། ཐ་མ་གཉིས་ཀྱིས་སེམས་ཀྱི་དབང་དུ་གཏོང་མི་རིགས་པར་བསྟན་པའོ། །

བཞི་པ་ལུས་ལ་ཆགས་པ་ཉེས་པའི་འབྱུང་གནས་སུ་བསྟན་པ་ནི།

དེས་ཏེ་བདག་ནི་དགའ་(༣༠༢བ)འདོད་ན། །

རང་ལ་བདག་གིས་དགར་མི་བྱ། །
དེས་ཏེ་བདག་ནི་སྲུང་འདོད་ན། །
གཞན་དག་རྟག་ཏུ་སྲུང་བར་བྱ། ༡༧༤ །
ཇི་ལྟ་ཇི་ལྟར་ལུས་འདི་ནི། །
ཡོངས་སུ་སྐྱོང་བར་བྱེད་འགྱུར་བ། །
དེ་ལྟ་དེ་ལྟར་ཤིན་ཏུ་ནི། །
གཟེ་རེག་ཅན་དུ་གྱུར་ནས་ལྟུང་། ༡༧༥ །
དེ་ལྟར་ལྟུང་བ་དེ་ཡི་ཡང་། །
འདོད་པ་ས་འདི་ཐམས་ཅད་ཀྱིས། །
རྫོགས་པར་ནུས་པ་ཡོད་མིན་ན། །
དེ་ཡི་འདོད་པ་སུས་བྱེད་ནུས། ༡༧༦ །
ནུས་མེད་འདོད་ལས་ཉོན་མོངས་དང་། །
བསམ་པ་ཉམས་པའང་སྐྱེ་བར་འགྱུར། །
གང་ཞིག་ཀུན་ལ་ལྟོས་མེད་པ། །
དེ་ཡི་ཕུན་ཚོགས་ཟད་མི་ཤེས། ༡༧༧ །
དེ་བས་ལུས་ཀྱི་འདོད་པ་ནི། །
འཕེལ་ཕྱིར་སྐབས་དབྱེ་མི་བྱ་སྟེ། །
གང་ཞིག་ཡིད་འོང་མི་འཛིན་པ། །
དེ་ནི་དངོས་པོ་བཟང་པོ་ཡིན། ༡༧༨ །
ཐ་མར་ཐལ་བའི་མཐས་གཏུགས་ཤིང་། །
མི་གཡོ་གཞན་གྱིས་བསྐྱོད་བྱ་བ། །
མི་གཙང་གཟུགས་ནི་མི་བཟང་བ། །

འདི་ལ་ཅི་ཕྱིར་བདག་ཏུ་འཛིན། ༡༧༩ །
གསོན་ནམ་ཡང་ན་ཤི་ཡང་སླའི། །
བདག་ལ་འཁྲུལ་འཁོར་འདིས་ཅི་བྱ། །
ཐོང་སོགས་འདི་ཁྱད་ཅི་ཡོད་ན། །
ཀྱི་ཧུད་ང་རྒྱལ་སེལ་མི་བྱེད། ༡༨༠ །
ལུས་ཀྱི་ཁ་ཏ་བྱས་པ་ཡིས། །
དོན་མེད་སྡུག་བསྔལ་ཉེར་བསགས་ནས། །
རྗེས་སུ་ཆགས་དང་ཁོང་ཁྲོ་བ། །
ཤིང་མཚུངས་འདི་ལ་ཅི་ཞིག་བྱ། ༡༨༡ །
བདག་གིས་འདི་ལྟར་བསྐྱངས་པ་འམ། །
བྱ་རྗོད་སོགས་ཀྱིས་ཟོས་ཀྱང་རུང་། །
ཆགས་མེད་ཞེ་སྡང་ཡོད་མིན་ན། །
ཅི་སྟེ་དེ་ལ་ཆགས་པར་བྱེད། ༡༨༢ །
གང་ཞིག་སྨོད་པས་ཁྲོ་བ་དང་། །
གང་ཞིག་བསྟོད་པས་མགུ་གྱུར་པ། །
གལ་ཏེ་དེ་ཉིད་ཤེས་མེད་ན། །
བདག་གིས་གང་གི་ངལ་བ་བྱས། ༡༨༣ །
གང་ཞིག་ལུས་འདི་འདོད་གྱུར་པ། །
དེ་དང་བདག་བཤེས་ཡིན་ཞེ་ན། །
ཐམས་ཅད་རང་གི་ལུས་འདོད་པས། །
དེ་ལ་བདག་ཀོ་ཅིས་མི་དགའ། ༡༨༤ །
དེ་བས་བདག་གིས་ཆགས་མེད་པར། །

འགྲོ་ལ་ཕན་ཕྱིར་ལུས་བཏང་བྱ། །

དེས་ན་འདི་ལ་ཉེས་མང་ཡང་། །(༣༠༣ན)

ལས་ཀྱིས་སྤྱད་བཞིན་བཟུང་བར་བྱ། [༡༤༥] །

ཞེས་གསུངས་ཏེ། དང་པོས་མདོར་བསྟན། གསུམ་གྱིས་བསྐྱངས་ན་གཟི་རིག་འཕེལ་བ་དང་། ལྔ་པ་དང་དྲུག་པས་བདག་ཏུ་བཟུང་བྱ་མ་ཡིན་པ་དང་། དེ་ནས་གསུམ་གྱིས་ལུས་ལ་སྙིང་པོ་མེད་པ་དང་། གཉིས་ཀྱིས་ལུས་ལ་བསྟོད་དམད་བྱས་པ་ལ་ཆགས་སྡང་སྐྱེད་མི་རིགས་པ་དང་། ཐ་མས་ལུས་སྙིང་པོ་མེད་ཀྱང་དུས་མིན་དུ་མི་དོར་ཞིང་དུས་སུ་ཕྱིན་ན་བཏང་བྱར་བསྟན་པ་ཡིན་ནོ། །

དེ་ཡང་བདག་མེད་སྒོམ་པ་ནི་ཆོས་ཀྱི་མཆོག་ཡིན་ལ་བདག་གཞན་བརྗེ་བ་ནི་དེ་ལྟ་མ་ཡིན་ནོ་སྙམ་ན། སྤྱིར་གང་ཟག་གི་བདག་རྗོག་དང་། གཟུང་བའི་བདག་རྟོག་ཙམ་གཙོ་བོར་ཟློག་པ་ནི་ཉན་རང་གི་ལམ་སྟེ་འབྲས་བུ་ཉི་ཚེ་བར་ཟད་ལ། ཇི་ལྟར་རྗེ་གཙང་མའི་སྟེང་དུ་ས་བོན་མི་སྐྱེ་ལ། ས་གཞི་ལྗན་ལྗིན་དང་བསྡོག་པས་ཁེབས་པ་ལ་ནི་ལོ་ཐོག་ལེགས་པར་སྐྱེ་བ་ལྟར་ཉན་རང་སྲིད་པ་དང་བྲལ་བ་ལ་ནི་དེ་ལྟ་མིན་ལ། སོ་སྐྱེ་ཉོན་མོངས་ཀྱི་འཆིང་བ་ཐམས་ཅད་པ་ལ་ནི་བྱང་ཆུབ་ཀྱི་སེམས་ཡོན་ཏན་ཐམས་ཅད་པ་སྐྱེ་སྟེ། དེའི་ཕྱིར་བདག་ཏུ་འཛིན་པ་ནི་དེ་བཞིན་གཤེགས་པའི་གདུང་ངོ་མ་རིག་པ་དང་འདོད་ཆགས་དང་ཞེ་སྡང་དང་གཏི་མུག་ནི་དེ་བཞིན་གཤེགས་པའི་གདུང་ངོ་ཞེས་དང་། ཇི་ལྟར་གྲོང་ཁྱེར་སྐྱེ་བོའི་མི་གཙང་ལུད། །དེ་ནི་བུ་རམ་ཤིང་པའི་ཞིང་ལ་ཕན། །དེ་བཞིན་བྱང་ཆུབ་སེམས་དཔའི་ཉོན་མོངས་ལུད། །དེ་ནི་སངས་རྒྱས་ཆོས་རྣམས་སྐྱེད་ལ་ཕན། །ཞེས་གསུངས་པ་ཡིན་ནོ། །

ཁ་ཅིག་འདི་ནི་སྙིང་རྗེ་ལ་ཉོན་མོངས་ཀྱི་སྒྲས་བསྟན་པ་སྟེ་ཉོན་མོངས་ཀྱིས་འཁོར་བར་སྐྱེ་བ་ལྟར་སྙིང་རྗེས་ཀྱང་བྱང་སེམས་གཞན་དོན་དུ་སྲིད་པ་འཛིན་པའི་

རྒྱུ་བྱེད་པས་སོ་ཟེར་ཡང་། དེ་ནི་ཐབས་མཁས་པའི་ལམ་ལ་སྐྱི་གཡའ་བས་འཁྲིག་འགྲོས་སུ་སླུ་བར་ཟད་དེ། ཉོན་མོངས་ཉིད་ཀྱིས་ཉོན་མོངས་དགྲོལ་བ་རྡོ་རྗེ་ཐེག་པའི་གདམ་རྣམས་ཆོས་མ་ཡིན་པར་སྒྲོག་འདོད་པའི་གདམ་(༡༠༣བ)ཡིན་གྱི་དེས་འདུལ་གྱི་གདུལ་བྱ་ལ་སྟོན་ན་དེར་ཟད་གཞན་དུ་ན་དེར་ཞེན་པར་མི་བྱའོ། །

དེས་ན་བདག་ནི་གཟུང་བ་ཙམ་ལས་རང་བཞིན་མི་དམིགས་པར་ཤེས་ནས་བྱ་ནམ་མཁའ་ལ་འཕུར་རྩལ་སྦྱོང་བ་ལྟར། རེས་གཞན་བདག་ཏུ་བྱས་ཤིང་བདག་ཉིད་གཞན་དུ་བཞག་པ་དང་། རེས་གཉེན་པོའི་སེམས་བདག་ཏུ་བྱས་ཤིང་བདག་འཛིན་གཞན་དུ་བཞག་པ་སོགས་རྣམ་པ་དུ་མས་རྒྱུད་སྦྱངས་ཏེ། ཕ་རོལ་ཏུ་ཕྱིན་པ་རྣམས་རྫོགས་པར་བྱེད་པས་བདག་འཛིན་དང་བདག་མེད་སོགས་ནི་ཀྲན་པོའི་མདུན་ན་བྱིས་པའི་རྩེད་མོ་ལྟར་མཐོང་བར་འགྱུར་ལ། ལས་དང་པོ་པ་གང་ཟག་གི་བདག་འཛིན་སྟུག་པོ་ཅན་ཡང་འདི་ལྟར་སྦྱངས་པ་ན་བདག་འགོག་གི་རིགས་པ་ལ་མ་ལྟོས་པར་བདག་ཏུ་འཛིན་པ་ཐམས་ཅད་ཀྱང་རྣམ་པར་གྲོལ་བར་འགྱུར་ན་གང་ཟག་གི་བདག་འཛིན་ཁོ་ན་ཞིག་ལྟ་སྨོས་ཀྱང་ཅི་དགོས། གང་ཟག་གི་བདག་མེད་དོ་ཞེས་ཁ་ཏོན་དུ་བྱེད་པ་ནི་བདག་མེད་སྒོམ་པ་མིན་ལ། གང་ཟག་གི་བདག་མེད་པར་ངེས་པ་རྒྱུད་ལ་མ་སྐྱེས་པར་མེད་དོ་ཞེས་འཛིན་པ་ནི་བདག་མེད་ཤེས་པ་མ་ཡིན་ཏེ། ཁ་ཟས་ཁ་ཟས་ཞེས་ཁ་ཏོན་བྱེད་པ་ནི་ཁ་ཟས་སྦྱུབ་པ་མ་ཡིན་ལ། ཁ་ཟས་ཡོད་དོ་སྙམ་དུ་འཛིན་པ་ནི་ཁ་ཟས་ལ་ལོངས་སྤྱོད་པ་མ་ཡིན་པ་བཞིན་ནོ་ཞེས་འདིར་ཡང་ཤེས་པར་བྱའོ། །

ཡང་བདག་གཞན་བརྗེ་བ་ཞེས་བྱ་བ་དེ་ཅི། ཇི་ལྟར་བ་ལང་དང་བདག་ཉིད་བདག་གཞན་བརྗེ་བའི་ཚེ་ན་བདག་བ་ལང་དུ་འགྱུར་ལ་བ་ལང་བདག་ཉིད་དུ་འགྱུར་བ་ཞིག་ཡིན་ནམ། དེ་ལྟ་ན་སེམས་ཅན་གཅིག་གི་སེམས་རྒྱུད་དེ་གཅིག་ཤོས་ཀྱི་སེམས་རྒྱུད་དུ་ཕན་ཚུན་འགྱུར་དགོས་ལ་དེ་ལྟ་བུ་ནི་གནས་མ་ཡིན་ནོ། །

གལ་ཏེ་མི་འགྱུར་ན་ནི་བདག་གཞན་ཇི་ལྟར་བརྗེ་ཞེ་ན། འདི་ལ་**མཚོ་སྐྱ་པས།** ཅི་བདག་གཞན་བརྗེ་བ་དེ་བདག་གཞན་གྱི་ལུས་སེམས་གང་རུང་ཞིག་བརྗེའམ་གཉིས་ཀ་བརྗེ། དང་པོ་ལྟར་ན་གཞན་གྱི་(༢༠༥ན)ལུས་སེམས་གང་རུང་ཞིག་སྡུག་བསྔལ་ལས་སྲུང་མི་དགོས་པར་འགྱུར། གཉིས་པ་ལྟར་ན་གཞན་ལུས་ཀྱིས་གཞན་སེམས་བསྲུངས་པ་ལ་མི་རིགས་པ་མེད་པ་ལ། གཞན་དབང་མིག་ལ་སོགས་པ་ཡིས། །རང་དོན་སྒྲུབ་པ་རིགས་མ་ཡིན། །ཞེས་པ་མི་འཐད་དོ་ཞེ་ན། བདག་ལ་བསྲུང་བྱའི་ཆ་དང་སྲུང་བྱེད་ཀྱི་ཆ་གཉིས་ལས་བསྲུང་བྱའི་ཆ་ནས་བདག་གཞན་བརྗེ་བ་ཡིན་ནོ། །དེ་ལ་རེས་འགའ་ནི་བདག་གཞན་མིང་དོན་གཉིས་ཀ་བརྗེས་པ་དང་རེས་འགའ་མིང་འབའ་ཞིག་བརྗེས་པ་དང་རེས་འགའ་བདག་གི་ལུས་གཞན་ལ་བྱིན་པའི་ཚུལ་གྱིས་འཆད་དོ་ཞེས་བཤད་ཀྱང་དཔྱད་པའི་གཞི་སྟེ། ལུས་སེམས་གང་རུང་བརྗེའམ། གཉིས་ཀ་བརྗེ་ཞེས་རང་གིས་དོགས་པ་བཀོད་ནས་བསྲུང་བྱ་དང་སྲུང་བྱེད་གཉིས་ལས་བསྲུང་བྱའི་ཆ་བརྗེ་ཞེས་རང་གིས་ལན་འདེབས་པ་ནི་བདག་བུ་རམ་དང་གཞན་གྱི་སྦྲང་བརྗེ་བ་ན་སྙོད་བཅུད་གཉིས་ཀ་བརྗེའམ་གང་རུང་བརྗེ་ཞེས་དོགས་པ་བཀོད་ནས་བུ་རམ་ལ་ཤིང་དང་ཁུ་བ་གཉིས་ལས་ཁུ་བའི་ཆ་བརྗེའོ་ཞེས་ལན་བཏབ་པ་ལྟ་བུ་སྟེ་སྙིང་པོ་མ་མཐོང་ལ། རེས་འགའ་མིང་དོན་གཉིས་ཀ་བརྗེའོ་ཞེས་སོགས་ཀྱང་ལུས་སེམས་གཉིས་ཀའི་འམ་རེ་རེའི་ཡིན་ཞེས་སྨྲར་དྲི་དགོས་སོ། །བདག་ལ་བསྲུང་བྱའི་ཆ་དང་སྲུང་བྱེད་ཀྱི་ཆ་གཉིས་ཞེས་པའང་སྤྱིར་རང་རྒྱུད་ཀྱིས་ཟིན་པའི་ཕུང་པོ་ལྔ་ལ་བདག་གི་འདུ་ཤེས་འཇུག་པ་ཡིན་ལ། དེ་ལ་དེའི་ལུས་སུ་སྣང་བ་གཟུགས་ཕུང་བསྲུང་བྱ་དང་གཞན་བཞི་པོ་སྲུང་བྱེད་དུ་འདོད་རྒྱུ་ཡིན་ནམ། བདག་འཛིན་ནི་འདུ་ཤེས་ཡིན་པས་འདུ་ཤེས་ཕོ་ནའི་སྟེང་ནས་བདག་སྡུག་བསྔལ་ལོ་སྙམ་པ་བསྲུང་བྱ་དང་བདག་གི་སྡུག་བསྔལ་ཞི་བར་བྱའོ་སྙམ་པ་ལྟ་བུ་སྲུང་བྱེད་དུ་འདོད་དམ། བདག་འཛིན་ལ་མ་ལྟོས་པའི་བསྲུང་

བྱ་དང་སྒྲུང་བྱེད་ཀྱི་བདག་ཁས་ལེན་ནམ་ཅེ། རེ་རེ་ཞིང་ཡང་མི་རིགས་ཏེ་བདག་འཛིན་ནི་མ་བརྟགས་པར་(༣༠༥བ)འཁྲུལ་པ་པོ་ན་ཡིན་པའི་ཕྱིར། ཡུལ་རེ་རེ་ལ་ཡང་རེས་བསྲུང་བྱ་དང་རེས་སྲུང་བྱེད་དུ་རྟོག་པས་རྐྱེ་ལམ་ལྟར་ཉིད་འཁྲུལ་བ་པོ་ན་ཡིན་ཏེ། རེས་ལུས་སེམས་ཚོགས་པ་ལ་བདག་འགྲོའོ་བཟའོ་ཞེས་སོགས་བདག་ཏུ་ལྟ་ཞིང་། རེས་བདག་གི་ལུས་ཞེས་ལུས་ལ་བདག་གི་བའི་འདུ་ཤེས་སྐྱེ་ཞིང་སེམས་ལ་བདག་ཏུ་རྟོག་ལ། རེས་བདག་གི་སེམས་ཞེས་སེམས་ལ་ཡང་བདག་གི་བའི་འདུ་ཤེས་འཇུག་པས་བདག་ནི་དེ་ལས་གཞན་པར་ལྟ་བའི་ཕྱིར་བསྲུང་བྱ་དང་སྲུང་བྱེད་ཀྱི་བདག་ཐ་དད་པ་ཅེ་ཡང་མེད་དེ་ཁྱད་གཞི་བདག་དཔྱད་ན་མི་རྙེད་པའི་ཕྱིར་རོ། །

བདག་མེད་ན་བདག་གཞན་ཇི་ལྟར་བརྗེ་ཞེ་ན། བདག་གཞན་གཉིས་ཀ་ཡོད་ནས་བརྗེ་བ་མ་ཡིན་མོད་ཀྱང་འཁོར་བ་ཐོག་མ་མེད་པའི་བག་ཆགས་ཀྱིས་སེམས་ཅན་རྣམས་བདག་གཞན་དུ་རྟོག་ཅིང་ཀུན་ནས་ཞེན་ལ། བདག་ཉིད་ལ་གཅེས་སྤྲས་སུ་ལྟ་བ་བཟློག་པའི་ཕྱིར། ཤིང་འཕྲུག་པོ་སྦྲོང་བ་ལྟ་བུའི་ཚུལ་གྱིས་བདག་བས་གཞན་གཅེས་པར་ལྟ་བ་ཡིན་ལ། བདག་མེད་རྟོགས་ནའང་བདག་གཞན་བརྗེ་བ་ནི་མི་འགལ་ཏེ། ས་ཐོབ་པའི་སྐྱེས་རབས་རྣམས་སུ་ཉ་རོ་ཧི་ཀ་དང་རྒྱལ་པོ་དཔལ་གྱི་སྡེ་ལ་སོགས་པས་གཞན་གྱི་བདེ་བའི་ཆེད་དུ་བདག་གི་སྡུག་བསྔལ་དང་དུ་བླངས་པ་མཐའ་ཡས་པའི་ཕྱིར་དང་། སོ་སྐྱེ་ནི་བདག་གཞན་བརྗེ་བ་བསམ་པས་སྒོམ་པར་ཟད་ལ། འཕགས་ཆེན་རྣམས་སྦྱོར་བས་དངོས་སུ་སྒྲུབ་པའི་ཕྱིར། བདག་མེད་རྟོགས་ཀྱང་རྗེས་ཐོབ་ཏུ་བདག་གི་ཐ་སྙད་ཙམ་རང་སོར་འཇོག་སྟེ། དགྲ་བཅོམ་པ་རྣམས་ཀྱང་བདག་བསོད་སྙོམས་ལ་འཇུག་གོ་ཞེའམ་བདག་ནང་དུ་ཡང་དག་འཇོག་གོ་ཞེའམ་བདག་གི་ཕྱག་བདར་ཁྲིད་པའི་རྣམ་སྒྲུར་ཞེས་སོགས་སྨྲ་ཞིང་། དེ་བཞིན་གཤེགས་པ་ཡང་འཇིག་རྟེན་དང་མཐུན་པར་འཇུག་པས་

ང་མངོན་པར་རྫོགས་པར་སངས་རྒྱས་སོ་ཞེས་སོགས་གསུངས་པའི་ཕྱིར་དང་། བདག་གཞན་དུ་གདགས་པ་ཙམ་མ་བཞག་ན་འཇིག་(༣༠༥ན)རྟེན་གྱི་ཐ་སྙད་ཐམས་ཅད་མི་རུང་བའི་ཕྱིར་རོ། །

དེས་ན་བདག་འཛིན་ནི་སེམས་ཀྱིས་ཡུལ་གང་ལ་ངའམ་ངའི་འོ་ཞེས་རློམ་པ་དེ་གོམས་པ་ཁོ་ན་ཡིན་ལ། གང་གོམས་དེ་ལ་བདག་དང་བདག་གི་བའི་འདུ་ཤེས་འཇུག་སྟེ་དེ་རིང་གཞན་གྱིས་བདག་ལ་གླང་པོ་ཆེ་ཞིག་བྱིན་ན་ཁ་སང་ཕན་དེ་ལ་བདག་གི་བའི་འདུ་ཤེས་མེད་ཀྱང་དེ་རིང་ནས་བདག་གི་གླང་པོ་ཆེ་ཞེས་རྟོག་ལ། ཤིང་གི་ལྷ་ཁ་ཅིག་ཤིང་ལ་བདག་གི་འདུ་ཤེས་སྐྱེ་བ་དང་། སའི་ལྷ་ཁ་ཅིག་ས་ལ་བདག་གོ་ཞེས་འདུ་ཤེས་པ་ཡང་ཡོད་པས་ས་ལྷ་ལ་ས་དང་། མེ་ལྷ་ལ་མེ་དང་། གཏྲའི་ལྷ་མོ་ལ་གཏྲར་བརྗོད་པ་ལྟ་བུ་སྟེ། ཕྱི་རོལ་པ་དག་གཏྲ་ཆུར་ཡང་འདོད་ཅིང་བུད་མེད་ཀྱང་ཡིན་པར་སྒྲོག་པ་ལྟ་བུ་ཡིན་ལ། དེ་གང་གི་ཚེ་ཡང་སེམས་ཀྱི་འཛིན་སྟངས་སུ་ཟད་ཀྱི་ཇི་ལྟར་བཟུང་བའི་བདག་དེ་ནི་ཤེས་བྱ་ལ་སྲིད་པ་མ་ཡིན་ནོ། །

དེས་ན་བདག་མེད་པའི་ཕྱིར་དེའི་ལྟོས་ཟླ་གཞན་ཡང་མེད་པས་བདག་གཞན་ཉིད་ངོ་བོ་ཉིད་ཀྱིས་མེད་ལ། གང་རྒྱུ་རྐྱེན་གྱི་རྟེན་འབྲེལ་ལས་སྣང་ཙམ་པ་བདག་གཞན་དུ་སྒྲོ་མ་བཏགས་པའི་མངོན་སུམ་པ་ཙམ་འདི་ཡང་སྐད་ཅིག་མའི་ཕྲེང་བ་ཡིན་ལ། དེ་ལས་འདས་པ་ནི་འགགས་པས་བརྩེར་མེད། མ་འོངས་པ་མ་སྐྱེས་པས་བརྩེར་མེད། ད་ལྟར་བ་ལ་གཅིག་ཐ་དད་མི་དམིགས་པས་བརྩེར་མེད་པས་ཆོས་གང་ཞིག་གང་ནས་གང་དུ་སྤོ་བ་དང་གང་ནས་གང་དུ་བརྩེ་བར་བྱ་བ་རྡུལ་ཙམ་ཡང་མེད་མོད་ཀྱི་དེ་ལྟར་ཤེས་པ་ཉིད་ཀྱིས་བདག་གཞན་ལ་སོགས་པའི་འཛིན་སྟངས་སྣ་ཚོགས་པ་གོམས་པའི་དབང་གིས་སྐྱེ་བར་སྣང་ཙམ་པ་འདི་ལ་བཞད་གད་ཀྱི་གནས་སུ་མཐོང་སྟེ་སྦྲུལ་སྔགས་མཁན་དུག་སྦྲུལ་ལ་རྩེད་མོར་བྱེད་

པ་དང་། བྱ་ནམ་མཁའ་ལ་རྩེ་བ་དང་ཉ་ཆུ་ནང་ན་རྩེ་བ་ལྟར་རང་བཞིན་ཤེས་པས་བདག་འཛིན་ལ་འཇིགས་པ་མེད་པར་རྩེད་མོ་ལྟར་བྱེད་ཅིང་བླ་ན་མེད་པའི་ལམ་སྤྱོད་པ་ཡིན་ནོ། །

དེས་ན་བདག་གཞན་(༣༠༥བ)ལ་བརྗེ་རྒྱུ་མེད་ཀྱང་འདུ་ཤེས་ཀྱི་འཛིན་སྟངས་བསྒྱུར་ནས་སྔར་བདག་ཉིད་གཅེས་པར་འཛིན་པ་དེ་ཕྱིས་གཞན་གཅེས་འཛིན་དུ་བསྒྱུར་བ་དང་། སྔར་བདག་ཏུ་བཟུང་བ་དེ་གཞན་དུ་བཞག་ནས་སྔར་གཞན་དུ་བཟུང་བ་དེ་ཕྱིས་བདག་ཏུ་འདུ་ཤེས་བསྒྱུར་ནས་འཛིན་པ་ལ་སོགས་ཚུལ་སྣ་ཚོགས་པས་ཞི་བདེ་དོན་གཉེར་གྱི་རྟོག་པ་རྨི་ལམ་ནའང་མེད་པར་བདེ་དགེ་ཐམས་ཅད་སེམས་ཅན་ལ་གཏོང་བ་ནི་བདག་གཞན་བརྗེ་བའི་བྱང་ཆུབ་ཀྱི་སེམས་སྒོམ་པ་ཞེས་འདོགས་པ་ཡིན་ནོ་ཞེས་པ་ནི་ཞར་ལ་དོགས་པ་དཔྱད་པའོ། །

ད་ནི་གཞུང་དོན་དངོས་ལ་འཇུག་པར་བྱ་སྟེ། དེ་ཡང་གཞན་ཕའི་ཁུ་བ་དང་མའི་ཁྲག་གི་ཐིགས་པ་འདྲེས་པའི་གོང་བུ་སྨིན་ནས་ཡན་ལག་དང་། ཉིང་ལག་དང་། དབང་པོ་དང་བཅས་པར་སྣང་བ་འདི་ལ་བདག་གམ་གཞན་ཞེས་བྱ་བ་ཅི་ཡང་མེད་ཀྱང་། སེམས་ཀྱིས་བདག་གོ་ཞེས་འདུ་ཤེས་གོམས་པ་འདི་ལྟར་དུ་སེམས་ཁྱོད་ཀྱིས་སེམས་ཅན་གཞན་འདི་རྣམས་ལ་ཡང་བདག་ཏུ་ཅིས་མི་བཟུང་སྟེ། བཟུང་བྱའི་བདག་མེད་པར་ཡང་མཚུངས་ཤིང་བློས་འཛིན་ན་གང་ལ་ཡང་བཟུང་ཆོག་པའི་ཕྱིར། དེ་ལྟར་གོམས་ན་གཞན་ལུས་ལ་བདག་གི་འདུ་ཤེས་སྐྱེ་ཞིང་བདག་ལུས་ལ་གཞན་གྱི་འདུ་ཤེས་སྐྱེ་བ་ལ་ཡང་དཀའ་བ་ཅི་ཡང་མེད་དོ། །

དེས་ན་བདག་འབའ་ཞིག་སྐྱོན་གྱི་ཕུང་པོ་དང་གཞན་ཡོན་ཏན་གྱི་རྒྱ་མཚོར་ཤེས་པས་བདག་གཅེས་པར་འཛིན་པ་དོར་ཏེ་ད་ནི་གཞན་ཁོ་ན་གཅེས་པར་བཟུང་བར་བྱའོ། །གལ་ཏེ་གཞན་མང་པོ་ཡིན་ན་དེ་དང་བདག་གཅིག་པུ་བརྗེ་བར་ག་ལ་ནུས་སྙམ་ན། ལུས་འདི་ཡང་ཕྱི་ན་རུས་ཚིགས་སུམ་བརྒྱ་དྲུག་ཅུ། སྐྲ་ཉི་ཁྲི་ཆིག་

སྟོང་། ཙ་སྟོང་ཕྲག་དོན་གཉིས། བ་སྤུ་བྱེ་བ་ཕྲག་མང་པོ། དོན་ལྔ། སྣོད་དྲུག་སོགས་ཡན་ལག་མང་པོ་ཡིན་ཡང་སེམས་ཀྱིས་བདག་ལུས་གཅིག་ཏུ་འཛིན་པ་ལྟར་སེམས་ཅན་མང་པོ་འདི་རྣམས་ཀྱང་རེ་རེ་ཞིང་སྐྱེ་འགྲོའི་བྱེ་བྲག་ཡིན་ལ། སེམས་ཅན་དེ་ཐམས་(༣༠༨ན)ཅད་ལ་གཞན་གཅིག་གི་འདུ་ཤེས་སྐྱེ་བར་ནུས་སོ། །དཔེ་འདི་གོང་དུ། ལག་པ་ལ་སོགས་དབྱེ་བ་རྣམ་མང་ཡང་། །ཞེས་པ་དང་བཟློས་སོ་ཞེ་ན་མི་བཟློས་ཏེ། སྔ་མ་བསྡུང་བྱར་གཅིག་པ་དང་འདི་ལུས་སུ་གཅིག་པའི་དོན་དུ་འཆད་པའི་ཕྱིར་རོ། །དེ་ལན་གཅིག་སྐྱེས་པས་ཚོག་གམ་སྙམ་ན་ཡང་ཡང་གོམས་པར་བྱ་དགོས་ཏེ། གོམས་པ་ན་བདག་མེད་ཀྱི་ལུས་ལ་བདག་གི་བློ་སྐྱེ་བ་ལྟར་གཞན་ལ་བདག་འཛིན་གོམས་ནའང་དེ་ལ་བདག་གི་འདུ་ཤེས་སྐྱེའོ། །

དེ་ལྟར་ཐར་གཞན་དུ་བཟུང་བ་དེ་ཕོ་ན་ལ་གཅེས་པར་འཛིན་པ་སྐྱེས་ཏེ་རྣམ་པ་སྣ་ཚོགས་པས་དེའི་དོན་སྒྲུབ་པར་འགྱུར་ལ། དེའི་ཚེ་ཡང་དོན་སྒྲུབ་ཡུལ་དེ་ལས་ཕན་བཏགས་པའི་ལན་འདོད་པ་དང་ཚོག་གི་བཏང་རག་རེ་བའམ་འདིའི་དོན་བྱས་སོ་ཞེས་པའི་རློམ་སེམས་གང་ཡང་འབྱུང་བའི་གནས་མེད་དེ། དཔེར་ན། འཇིག་རྟེན་པ་དག་རང་གི་ཟས་ཟོས་ནས་རང་ལ་ལན་མི་རེ་བ་བཞིན་ནོ། །གོམས་པ་དེ་ཡང་དང་པོར་མི་ཆུང་དུ་ནས་གསོ་བ་ལྟར་ཆུང་དུ་ནས་གོམས་པར་བྱ་སྟེ། ཇི་ལྟར་བདག་ཉིད་མི་འདོད་པ་ཆུང་དུ་ལས་ཀྱང་སྲུང་བ་དེ་ལྟར་སེམས་ཅན་གང་ཡང་རུང་བ་ཞིག་ལ་ཐ་ན་ཀུ་རེ་དང་ཀྱལ་ཀ་ཙམ་དུ་ཡང་མི་འདོད་པ་དང་མི་སྙན་པ་ཆུང་དུ་ཙམ་འདུག་པའང་བསལ་ཞིང་སྲུང་བར་བྱ་ལ་རྟག་ཏུ་གཞན་ཕན་དང་སྙིང་རྗེའི་སེམས་རྒྱུན་མི་འཆད་པར་གོམས་ཤིང་ལག་ལེན་དུ་གདབ་པར་བྱའོ། །**འགྲེལ་ཆེན་དུ།** ཇི་ལྟར་སྦུ་དན་གདུང་སོགས་ལས། །བདག་སྲུང་འདོད་པ་དེ་བཞིན་དུ། །འགྲོ་བ་རྣམས་ལ་སྲུང་སེམས་དང་། །སྙིང་རྗེའི་སེམས་ནི་གོམས་པར་བྱ། །ཞེས་འབྲུ་གཉེར་ཏོ། །

འགྲོ་བའི་སྡུག་བསྔལ་ཆུང་ངུ་ནས་བསལ་དགོས་ཤིང་སེལ་ནུས་ཏེ། ཇི་ལྟར་མགོན་པོ་སྤྱན་རས་གཟིགས་འཁོར་ལོས་བསྒྱུར་བ་རྩེ་བས་ཀྱི་མུ་ཁྱུད་ཀྱི་སྲས་ཀྱི་ཐུ་བོ་མིག་མི་འཛུམས་པར་གྱུར་པའི་ཚེ་བདག་(༣༠༨བ)གིས་སེམས་ཅན་གྱི་ཁམས་ཐམས་ཅད་ལ་རྣམ་པར་བལྟས་ན་སྡུག་བསྔལ་མཐའ་ཡས་པར་མཐོང་ལ་སྡུག་བསྔལ་དེ་ཐམས་ཅད་ལས་བསྐྱབ་པའི་ཕྱིར། བདག་གིས་བྱང་ཆུབ་སེམས་དཔའི་དུས་ཉིད་ནས་སངས་རྒྱས་ཀྱི་བྱ་བ་བྱ་སྟེ་བདག་གིས་མིང་བྱིན་གྱིས་བརླབ་པར་བྱའོ། །བདག་གི་མིང་གང་གིས་ཐོས་པ་ལ་ངན་འགྲོའི་འཇིགས་པ་མེད་པ་དང་། མི་ཁོམ་པར་མི་ལྟུང་བ་དང་། བདེ་བ་ཅན་དུ་སྐྱེ་བར་གྱུར་ཅིག་ཅེས་སོགས་རྒྱ་ཆེར་སྨོན་པ་ན། དེ་བཞིན་གཤེགས་པ་རིན་ཆེན་སྙིང་པོས་ལེགས་སོ་བྱིན་ཏེ། ཁྱོད་ཀྱིས་སེམས་ཅན་གྱི་ཁམས་ཐམས་ཅད་ལ་རྣམ་པར་བལྟས་པའི་ཕྱིར་ཁྱོད་ཀྱི་མིང་ནི་སྤྱན་རས་གཟིགས་དབང་ཕྱུག་ཅེས་བྱའོ་ཞེས་མཚན་བཏགས་ཤིང་། **སྙིང་པོ་བཀོད་པར།** བདག་གི་མིང་ལན་གསུམ་དྲན་པས་འཁོར་གྱི་ནང་དུ་བག་ཚ་བའི་འཇིགས་པ་མེད་པར་གྱུར་ཅིག་ཅེས་དང་། སེམས་ཅན་འགའ་ཞིག་སེམས་སྨྲོས་པས་ཀྱང་བདག་གི་མིང་ཙམ་འཛིན་པར་བྱེད་ན། དེ་ལ་སྡུག་བསྔལ་ཐམས་ཅད་རྣམ་པ་ཐམས་ཅད་དུ་འབྱུང་བར་མི་འགྱུར་ལ། ཐ་ན་འཁོར་གྱིས་འཇིགས་ཤིང་སྐྲག་པ་ཙམ་ཡང་མི་འབྱུང་བར་ངས་བྱིན་གྱིས་བརླབས་སོ་ཞེས་གསུངས་ཤིང་། གཞན་ཡང་བཙོན་དུ་བཅིངས་པས་དེའི་མཚན་དྲན་ན་སྒྲོག་དང་ཇོས་ལ་སོགས་པའི་འཆིང་བ་ཐམས་ཅད་ཆད་ཅིང་བདེ་བར་འཐར་བ་དང་། གཡུལ་ངོར་དྲན་ན་མཚོན་གྱིས་མི་འཛུག་ཅིང་རྒྱལ་བ་འཐོབ་པ་སོགས་རྒྱ་ཆེར་བཤད་དོ། །དེས་ན་འཁོར་གྱིས་བག་ཚ་བའི་འཇིགས་པ་ཙམ་ལས་ཀྱང་སྐྱོབ་པར་སྨོན་ལམ་མཛད་ཅིང་དེའི་མཚན་དྲན་པས་ཀྱང་སྐྱོབ་ནུས་པ་ལྟར་བདག་ཅག་གིས་ཀྱང་སྨོན་ལམ་དང་ཐབས་མཁས་པའི་མཐུས་སྐྱོབ་པར་ནུས་ཤིང་བསྐྱབ་པ་ལ་བརྩོན་པར་བྱའོ། །

གཞན་ལ་གཅེས་པར་འཛིན་པ་ནི་དཀའ་སྙམ་ན་མི་དཀའ་སྟེ། སྤྱིར་ཕ་མ་དག་ཀྱང་རང་གི་བུའོ་སྙམ་དུ་འདུ་ཤེས་པ་དེ་ལ་རང་ལས་གཅེས་པར་འཛིན་པ་དང་། ཁྲ་དང་(༣༠༧ན)སྤྱང་ཀི་ཡང་རང་གི་ཕྲུ་གུ་ལ་གཅེས་པར་བལྟ་བ་སོགས་སེམས་ཅན་འདི་རྣམས་ཀྱི་འཇིག་རྟེན་པའི་བདག་བས་གཞན་གཅེས་ཀྱི་བློ་འབྱུང་བ་དུ་མ་ཡོད་པ་ཡང་བདག་བས་གཞན་གཅེས་ཀྱི་རིགས་ཡིན་པས་སེམས་ཅན་ཐམས་ཅད་ལ་ཡང་འདིའི་རིགས་དང་ས་བོན་ཙམ་ཡོད་དེ། མ་བུ་ལ་བྱམས་པ་སོགས་བྱམས་པ་དང་སྙིང་རྗེའི་རིགས་ཡིན་པ་བཞིན་ནོ། །

དེས་ན་རིགས་དེ་གསལ་གདབ་པར་ནུས་པའི་ཕྱིར་དང་། ཆོས་ཐམས་ཅད་ནི་གོམས་པའི་རྗེས་བ་ཅན་ཏེ། དཔེར་ན། རྒྱལ་པོ་གཉིས་དགྲར་གྱུར་ཏེ་གཅིག་ལ་གཅིག་ཐོས་སུ་མི་བཟོད་པའི་ཞེ་སྡང་ཡོད་པ་ལས་ཅི་ཞིག་ན་མཛའ་བོར་བྱས་པ་ན་ཆེས་ཕན་ཚུན་བྱམས་པས་སྐད་ཅིག་ཙམ་བྲལ་ན་ཡང་མི་དགའ་ཞིང་སྐྱོ་བར་འགྱུར་བས་འབྲལ་མི་ཕོད་པའི་མཛའ་བོར་འགྱུར་བ་བཞིན་ནོ། །དེས་ན་བདག་ཉིད་སྐྱབ་པར་འདོད་པ་རྣམས་ཀྱིས་ཀྱང་བདག་དོན་དོར་ནས་གཞན་ཕན་ཁོ་ན་ལྷུར་བྱ་སྟེ། བྱིས་པས་རང་དོན་བྱས་པ་དང་། །ཐུབ་པས་གཞན་དོན་མཛད་པ་སྟེ། །འདི་གཉིས་ཀྱི་ནི་ཁྱད་པར་ལྟོས། །ཞེས་འཆད་པར་འགྱུར་རོ། །

སྙིང་རྗེའི་བློ་ཅན་སེམས་ཅན་ཐམས་ཅད་བསྐྱབ་པར་འདོད་པ་དེས་ཀྱང་འདི་ཁོ་ན་ལ་བསླབ་པར་བྱ་སྟེ། **ཀླུའི་ཞབས་ཀྱིས།** བདག་ལ་དེ་དག་སྡིག་སྨིན་ཞིང་། །བདག་དགེ་མ་ལུས་དེར་སྨིན་ཤོག །ཅེས་གསུངས་ཤིང་སྐྱེས་པའི་རབས་རྒྱ་མཚོ་ལྟ་བུ་རྣམས་ཀྱང་བདག་གི་བདེ་དགེ་དང་། གཞན་གྱི་སྡུག་བསྔལ་བརྗེ་བ་ཕྲུག་བཞེས་སུ་བཏབ་པ་ཁོ་ན་ཡིན་པའི་ཕྱིར། བདག་གཞན་བརྗེ་བའི་བྱང་ཆུབ་ཀྱི་སེམས་སྒོམ་པ་འདི་ནི་བྱང་ཆུབ་སེམས་དཔའ་རྣམས་ཀྱི་གསང་བའི་ལམ་སྟེ། ཕྱི་རོལ་པ་ལྟ་ཝོག་ཉན་ཐོས་དང་རང་སངས་རྒྱས་ཐམས་ཅད་ལ་ཡང་རྨི་ལམ་

དུ་ཡང་མ་གྲགས་པ་ཞིག་སྟེ། མདོ་ཆེན་པོ་རྣམས་ལས་ཀྱང་བདག་ཏུ་ལྟ་བ་ནི་དེ་བཞིན་གཤེགས་པའི་གདུང་ངོ་ཞེས་སོགས་ཀྱིས་(༣༠༧བ)ས་བོན་ཙམ་རྗོ་རྗེའི་ཚིག་ཏུ་བསྟན་ཞིང་། འཕགས་པ་འཇམ་དཔལ་གྱིས་དཔལ་མགོན་ཀླུའི་ཞབས་དང་། བཅོམ་ལྡན་འདས་བྱམས་པས་འཕགས་པ་ཐོགས་མེད་རྗེས་སུ་བཟུང་ནས་མདོའི་དོན་མན་ངག་ཏུ་གསལ་བར་མཛད་པ་ཡིན་ནོ། །

བློ་ཆུང་དུ་ཁ་ཅིག་བདག་གི་ལུས་ནི་ཤིན་ཏུ་གཅེས་པས་བརྗེ་བར་མི་ནུས་སོ་སྙམ་ན། སྔར་ཡང་ལུས་ལ་ཆགས་པ་ཁོ་ནས་སྡུག་བསྔལ་ཐམས་ཅད་སྐྱེད་པ་ཡིན་ཏེ། འཇིགས་པའི་གནས་ཆུང་དུ་སྡོམ་དང་སྡིགས་པ་དང་ཤ་སྦྲང་ཙམ་ལ་ཡང་སྐྲག་པ་དང་འཇིགས་པར་ལྟ་བ་ནི་དེས་ལུས་ལ་གནོད་ཀྱིས་དོགས་པ་གོམས་པ་ལས་བྱུང་བ་ཡིན་ལ། དེས་ན་ལུས་འདི་ལ་ཆགས་ན་ནི་འཇིགས་པའི་གནས་སུ་མི་མཐོང་བ་འགའ་ཡང་མེད་དེ། གྲིབ་མ་ལ་འདྲེར་མཐོང་བ་དང་མཚན་མོ་བྱུང་བ་ན་འདྲེས་འཇིགས་པ་དང་མུན་པ་ར་རིའི་ཚེ་ཤིང་ཕུང་ལྟ་བུ་ནག་ཡོར་བ་ཙམ་མཐོང་བས་ཀྱང་སྐྲག་པ་སོགས་སྐྱེ་བའི་ཕྱིར། སེམས་ལ་སུས་ཀྱང་གནོད་པར་མི་ནུས་ཤིང་ལུས་ཉིད་ནི་ཅིར་ཡང་མི་རྟོག་མོད་ཀྱང་། ལུས་ལྷུ་བ་ལྟ་བུ་འདི་ལ་སེམས་ཀླུང་ལྟ་བུ་འདིས་བདག་གིར་བཟུང་བས་བདུད་སྡིག་ཅན་གྱི་མགུལ་པར་ཁྱི་རོ་རུལ་པ་ཐོགས་པ་ལྟ་བུར་སྡུག་བསྔལ་སྤྱོང་བ་ཡིན་ན་ཁྱི་རོ་ལྟ་བུའི་ལུས་དེ་ལ་སུ་ཞིག་ཆགས་པར་བྱེད། ལུས་གསོ་བའི་ལྟོ་གོས་ཙམ་གྱི་ཕྱིར་སྡིག་པའི་ལས་མི་བྱེད་པ་ཅི་ཡང་མེད་དེ། བྱ་པ་དང་རྔོན་པ་དང་ཉ་པའི་ལས་བྱེད་ཅིང་མཚམས་མེད་པ་ལྔ་བྱེད་པ་དང་། དཀོན་མཆོག་གི་དཀོར་རྐུ་ཞིང་འཕྲོག་པ་སོགས་ལྕི་བའི་སྡིག་པ་བྱེད་ལ་གང་གི་དོན་དུ་བྱས་པའི་ལུས་དེ་ནི་ཤུལ་དུ་ཞིག་པར་འགྱུར་ཡང་། བྱེད་པ་པོའི་སེམས་རྒྱུན་དེས་ནི་དམྱལ་བ་མནར་མེད་པ་ལ་སོགས་པར་སྡུག་བསྔལ་མི་བཟད་པ་སྤྱོང་བར་འགྱུར་ལ། འདི་ལྟར་ལུས་ལ་ཆགས་པ་ལྟ་བུའི་གནོད་པ་ནི

དགྲས་ཀྱང་བྱེད་པར་མི་ནུས་ཏེ། དགྲས་ནི་གསོད་པ་དང་ནོར་འཕྲོག་པ་ཙམ་དུ་ཟད་ཀྱི་དམྱལ་(༣༠༨ན)བར་སྐྱུར་མི་ནུས་པའི་ཕྱིར་རོ། །

དེས་ན་སྔར་བསྟན་པ་ལྟར་ལུས་འདི་ནི་ཤ་ཐང་ཆད་ཆད་དུ་དགེ་བ་ལ་བཀོལ་བར་རིགས་ཀྱི་ཞེན་ཞིང་ཆགས་པས་འདི་ཁོ་ན་མཆོག་བཟང་བར་བྱེད་མི་རིགས་སོ། །དེའི་ཕྱིར་འདི་གཞན་ལ་བྱིན་ན་དེའི་འོག་ཏུ་བདག་ཅི་ཟ་ཞེས་དང་། འདི་གཞན་ལ་བྱིན་ན་བདག་ཅི་ལོངས་སྤྱོད་སྙམ་པ་དེ་ནི་ངན་པ་འདྲེ་ལྟ་བུའི་རྟོག་པ་སྟེ། དབུལ་བའི་རྒྱུ་ཡང་སེར་སྣ་ཁོ་ན་ཡིན་པའི་ཕྱིར་རོ། །གལ་ཏེ་འདི་བདག་ཉིད་ཀྱིས་ལོངས་སྤྱད་ན་གཞན་ལ་ཅི་ཞིག་སྦྱིན་ཞེས་སེམས་པས་རྒྱལ་པོ་གསེར་མདོག་གིས་རང་གི་བཟའ་བ་འབྲས་བྲེའུ་ཆུང་གང་ཁོ་ན་བདོག་པའི་ཚེ་འདི་ནི་བཟོས་སམ་མ་བཟོས་ཀྱང་འཆི་ཡི་དྲང་སྲོང་འདི་བདག་ལས་བསོད་སྙོམས་མ་ཐོབ་པར་བྱོན་ན་མི་རུང་ངོ་སྙམ་ནས་དེ་རང་རྒྱལ་ལ་བྱིན་པ་ལྟ་བུ་ནི་ལྷའི་ཚུལ་རྣད་དུ་བྱུང་བའི་རྒྱུ་ཡིན་ལ། སྦྱིར་དེ་བཞིན་གཤེགས་པས་ངས་སྦྱིན་པའི་ཕན་ཡོན་མངོན་སུམ་དུ་མཐོང་བ་ལྟ་བུར་སེམས་ཅན་འདི་དག་གིས་ཀྱང་མཐོང་ན་ཁམ་གྱི་ཕྱེད་ཀྱང་སྦྱིན་པར་བྱེད་ཀྱི་ཟ་བར་མི་སྤྲོའོ་ཞེས་གསུངས་ལ། ཡང་ན་སེར་སྣ་ནི་ཡི་དྭགས་ཀྱི་རྒྱུ་དང་སྦྱིན་པ་ནི་ལྷར་སྐྱེ་བའི་རྒྱུའོ་ཞེས་ཀྱང་བཤད་རུང་ངོ་། །

མདོར་ན་བདག་ཉིད་གཅེས་པར་བཟུང་བ་ཁོ་ནས་མཐོང་བ་དང་མ་མཐོང་བའི་སྡུག་བསྔལ་ཐམས་ཅད་བསྐྱེད་པ་ཡིན་ཏེ་ངན་སོང་གསུམ་ཡང་། གཞན་ལ་གནོད་པ་བྱས་པའི་རྣམ་སྨིན་གྱི་འབྲས་བུ་ཁོ་ན་ཡིན་ལ། དེ་ཡང་བདག་གམ་བདག་གི་བའི་ཆེད་ཁོ་ནར་བྱེད་པའི་ཕྱིར། གཞན་ཕྱིར་བདག་ལ་གནོད་བྱས་ན་ཕུན་སུམ་ཚོགས་པ་ཐམས་ཅད་འཐོབ་སྟེ་མགོ་ལ་སོགས་པ་བཏང་དཀའ་བ་གཞན་གྱི་བསམ་པ་རྫོགས་པའི་ཕྱིར་གཏོང་བ་དང་། ཡན་ལག་དང་ཉིང་ལག་བཅད་ཀྱང་མི་འཁྲུགས་པའི་བཟོད་པ་སོགས་ཀྱིས་རྫོགས་པའི་སངས་རྒྱས་འགྲུབ་ཅིང་གནས་

སྐབས་སུ་ལྷ་མིའི་མཆོག་ཟད་མི་ཤེས་པ་འཐོབ་པའི་(༩༠༨བ)ཕྱིར། བདག་ཉིད་ང་རྒྱལ་གྱིས་མཐོ་བར་བསྙེམས་པ་དང་། བདག་པོ་ན་མཐོ་ལ་གཞན་ཐམས་ཅད་དམའ་བར་བྱ་འདོད་པ་དང་། བདག་གི་དོན་དུ་གཞན་བྲན་དུ་བཀོལ་བ་སོགས་ནི་ད་ལྟ་མཐོ་བ་ཐོབ་པ་དེ་སྟོན་གཞན་ལ་བཀུར་སྟི་བྱས་ཤིང་ཁྱད་དུ་མ་བསད་པའི་སྤྱོད་བ་རྒྱུ་མཐུན་གྱི་འབྲས་བུ་ཡིན་ཡང་། ད་ལྟ་ང་རྒྱལ་གྱི་རྒྱུ་དེས་ཕྱི་མར་རྣམ་འབྲས་ངན་སོང་གི་སྐྱེ་བ་མང་པོ་དང་། སྤྱོད་འབྲས་མཐོ་རིས་སུ་ཐམས་ཅད་ཀྱིས་བརྙས་པའི་གནས་དང་། བྲན་གྱི་ཐ་ཚད་དུ་བཀོལ་བ་སྤྱོད་བར་འགྱུར་ལ། དེ་ལས་ལྡོག་སྟེ་བདག་ལ་དམན་པའི་འདུ་ཤེས་འཇོག་ཅིང་གཞན་ཐམས་ཅད་ལ་མཆོག་ཏུ་བཀུར་ལ། ང་རྒྱལ་སྤངས་ཏེ་གཞན་དོན་དུ་བདག་ལུས་བཀོལ་བ་དེ་ནི་ལྷ་མིའི་མཆོག་འཁོར་བསྒྱུར་དང་། བརྒྱ་བྱིན་སོགས་འཐོབ་ཅིང་ཐམས་ཅད་ཀྱིས་བལྟ་བར་བྱ་བ་དང་འདུད་པར་བྱ་བའི་གནས་སུ་འགྱུར་རོ། །

འདི་ནི་མཐོང་ཆོས་ལ་ཡང་འབྱུང་བ་ཡོད་དེ། ཞིང་དཔོན་མང་བཀུར་གྱི་རྒྱལ་པོས་རང་ཉིད་ལ་མ་བསམས་པར་ཞིང་ཐམས་ཅད་གཞན་ལ་ཆ་མཉམ་དུ་བགོས། ཉིན་མཚན་གཡེལ་མེད་དུ་ཞིང་རྣམས་བསྲུངས་པས་ཐམས་ཅད་ཀྱིས་རྟག་ཆའི་དཔྱ་ཁྲལ་ཕྱིན་ཞིང་འདིས་བདག་ཅག་བདེ་བར་བསྐྱངས་སོ་ཞེས་དཔོན་དུ་བཀུར་བས་གླིང་འདིར་མིའི་རྒྱལ་པོའི་ཐོག་མར་གྱུར་པ་ལྟ་བུའོ། །

མདོར་ན་འཇིག་རྟེན་ན་བདེ་བ་ཇི་སྙེད་པ་ནི་གཞན་བདེ་བར་འདོད་པ་ལས་བྱུང་སྟེ། གྲོང་ཁྱེར་གཅིག་ན་མི་གཅིག་གིས་གྲོང་གི་སྐྱེ་བོ་རྣམས་བདེ་བའི་ཕྱིར་འབད་ན་དེ་སྤྱི་ཆོས་ཆེ་ཞེས་ཐམས་ཅད་ཀྱིས་བཀུར་བར་མཐོང་ལ། ཕྱི་མར་ཡང་རྒྱུ་དེས་མཐོ་རིས་སུ་འགྲོ་ལ་གཞན་བདེ་བར་འདོད་པ་ནི་བྱང་ཆུབ་ཀྱི་སེམས་ཀྱི་རྒྱས་འགྱུར་གྱི་རིགས་ཀྱང་ཡིན་ལ། འདི་སྐྱེས་པ་ན་ཐེག་ཆེན་གྱི་རྒྱས་འགྱུར་གྱི་རིགས་སད་པར་ཉེ་བའི་རྟགས་ཏུ་བའི་སྟོན་དུ་དྲོ་བ་འབྱུང་བ་ལྟ་བུ་ཡིན་པའི་ཕྱིར། འཇིག

ཧེན་ན་སྡུག་བསྔལ་ཇི་སྙེད་(༣༠/ན)པ་ནི་རང་ཉིད་ཁོ་ན་བདེ་བར་འདོད་པ་ལས་བྱུང་སྟེ། རང་ཉིད་ཁོ་ནས་རྙེད་ཅིང་གྲགས་ལ་བདེ་ཞིང་བསྟོད་པ་ཞིག་འདོད་ན་རང་ལས་གཞན་པ་རྣམས་ལ་དེ་ལས་ཟློག་པར་འདོད་པར་གདོན་མི་ཟ་ལ། དེའི་ཚེ་གཞན་ལ་དེ་དག་མི་འབྱུང་བའི་ཕྱིར་དང་། རང་དང་མཉམ་པ་གཞན་མཐོང་ན་ཕྲག་དོག་གིས་སྡིག་པའི་ལས་མི་བྱེད་པ་ཅི་ཡང་མེད་པས་སོ། །

མདོར་ན་མང་དུ་བཤད་ཅི་དགོས་ཏེ། བྱིས་པ་རྣམས་རང་དོན་ཁོ་ན་བྱས་པས་འཁོར་བར་འཁྱམས་པ་དང་། ཐུབ་པས་གཞན་དོན་འབའ་ཞིག་མཛད་པས་བླ་ན་མེད་པའི་གོ་འཕང་ཇི་ལྟར་བརྙེས་པ་འདིའི་ཁྱད་པར་ལྟོས་ཤིག་དང་འདི་ཁོ་ནས་ཤེས་པར་ནུས་སོ། །འདིར་གལ་ཏེ། འཇིག་ཧེན་སྡུག་བསྔལ་ཇི་སྙེད་པ། །དེ་ཀུན་རང་བདེ་འདོད་ལས་བྱུང་། །ཞེས་འཆད་ན་འོ་ན་ཉན་རང་གི་རིགས་ཅན་རང་བདེ་འདོད་པ་དེ་སྡུག་བསྔལ་སྤྱོད་པར་རིགས་ཀྱི་དགྲ་བཅོམ་འཐོབ་མི་རིགས་པར་འགྱུར་རོ་ཞེ་ན། དེ་ནི་འཁོར་བས་འཇིགས་ཤིང་སྐྲག་པས་རང་ཉིད་དེ་ལས་ཐར་བར་འདོད་པ་ཡིན་གྱི་འཁོར་བར་རང་ཉིད་བདེ་ཞིང་གཞན་སྡུག་བསྔལ་བར་འདོད་པ་མ་ཡིན་ལ་འདིར་ནི་བློ་དེ་ལ་དགོངས་པ་ཡིན་པས་སྐྱོན་དེ་མེད་དོ། །

དེས་ན་བདག་གི་བདེ་བ་གཞན་ལ་གཏོང་ཞིང་གཞན་གྱི་སྡུག་བསྔལ་བདག་ལ་ལེན་པས་བདག་གཞན་བརྗེ་བ་འདི་ལྟ་བུ་མ་བྱས་ན་སངས་རྒྱས་མི་འཐོབ་ཅིང་འཁོར་བར་འཁོར་ཕན་ཆད་སྡུག་བསྔལ་རྣམ་པ་གསུམ་པོ་ཁོ་ན་ལས་མི་འདའོ། །

སངས་རྒྱས་མ་ཐོབ་ཀྱང་ཉན་རང་གི་ཐར་པ་ཡོད་དོ་སྙམ་ན། གནས་སྐབས་ཐེག་གསུམ་དུ་འཛོག་པའི་ཚེ་ནི་དགྲ་བཅོམ་པ་རྣམས་ཀྱང་བྱང་ཆུབ་སེམས་དཔའ་ཆེན་པོ་རྣམས་ཀྱི་ཆོ་འཕྲུལ་དང་། ཡོན་ཏན་མཐོང་བ་ན་བདག་ཉིད་ཐེག་དམན་དུ་ཞུགས་པ་ལ་འགྱོད་ཅིང་གདུང་བའི་མྱ་ངན་སྐྱེད་དེ། སྟོན་པས་ཐེག་ཆེན་གྱི་ཆོས་འདི་སྟོན་དུ་གསུངས་ན་བདག་ཅག་ཐེག་དམན་དུ་མི་འཇུག་པ་ཞིག་ན་(༣༠/བ)ད་ནི་

ཤིང་ཆོག་པ་བཞིན་དུ་ཅི་བྱར་ཡང་མེད་དོ་ཞེས་སྨྲ་བ་དང་། འོད་སྲུང་ཆེན་པོས་ལི་ཙྪ་ཝི་དྲི་མ་མེད་པར་གྲགས་པའི་ཡོན་ཏན་བརྗོད་ནས་བདག་གིས་དེ་ཕྱིན་ཆད་སེམས་ཅན་སུ་ཡང་ཐེག་དམན་ལ་མ་བཙུད་དོ་ཞེས་ཞུས་པའི་ཕྱིར་འབྲས་བུ་ཐོབ་ཀྱང་ཕྱིས་འཁྱོད་གནས་སུ་འགྱུར་བ་ཡིན་ལ།

མཐར་ཐུག་ཐེག་པ་གཅིག་ཏུ་འཇོག་པའི་ཚེ་ནི་དམན་མོས་ཁ་དྲང་བའི་ཆེད་དུ་གསུངས་ཀྱང་། ཐེག་པ་ཐ་དད་མེད་པས་སངས་རྒྱས་མ་ཐོབ་ཀྱི་བར་དགྲ་བཅོམ་པ་མི་འཐོབ་པའི་ཕྱིར་སྐྱོན་མེད་དོ། །དེ་ལྟ་མོད་ཀྱི་འཇིག་རྟེན་ཕ་རོལ་ལྟ་ཞོག་མཐོང་ཆོས་ལ་ཡང་ལུས་ལ་འཕངས་པས་ལས་མི་ནུས་པའི་བྲན་གཡོག་གིས་ཟས་གོས་མི་སྦྱོང་བ་དང་། ནོར་ལ་འཕངས་པས་ཇན་པ་མི་སྟེར་བའི་རྗེ་དཔོན་གྱིས་གཡུལ་ལས་རྒྱལ་བ་མི་འཐོབ་པ་སོགས་མངོན་སུམ་གྱིས་མཐོང་བའི་ཕྱིར་རོ། །

དེས་ན་བདག་བདེ་ཞིང་གཞན་སྡུག་བསྔལ་བར་འདོད་པ་འདིས་ནི་འདི་ཕྱིའི་བདེ་སྐྱིད་ཐམས་ཅད་དང་བྲལ་ཏེ་སྡུག་བསྔལ་ཐམས་ཅད་ལེན་པར་བྱེད་པ་ཡིན་ནོ། །དེས་ན་ཉེས་སྐྱོན་ཐམས་ཅད་ནི་བདག་གཅེས་འཛིན་ལས་བྱུང་ལ་དེ་ཡང་བདག་ཏུ་འཛིན་པ་ལས་བྱུང་བས་ན། འདྲེ་ཆེན་པོ་བདག་ཏུ་འཛིན་པ་དེས་ལུས་སེམས་འདི་ལ་ཅི་ཞིག་བྱ་སྟེ་དགོས་པ་མེད་དོ་ཀོ་ཞེས་སེམས་ལ་བོས་ཏེ་བདག་ཉིད་ལ་བདག་ཉིད་ཀྱིས་གདམས་པའོ། །བདག་བདེ་བར་འདོད་ན་ཡང་བདག་ཉིད་གཞན་ལ་བཏང་དགོས་ཏེ། དེ་མ་བཏང་ན་སྡུག་བསྔལ་སྤོང་མི་ནུས་པ་མེ་མ་དོར་ན་སྲེག་པ་འདོར་མི་ནུས་པ་བཞིན་ནོ། །

དེ་ལྟ་བས་ན་བདག་གཞན་ཐམས་ཅད་ཀྱི་ཉེས་པ་དང་སྡུག་བསྔལ་ཐམས་ཅད་ཞི་བར་བྱ་བའི་ཕྱིར། སྔར་བདག་ཏུ་བཟུང་བ་འདི་གཞན་ལ་བཏང་ནས་ཕྱིན་ཆད་གཅེས་སྤྲས་མི་བྱ་ཞིང་། སྔར་གཞན་དུ་བཟུང་བའི་སེམས་ཅན་འདི་རྣམས་ཕྱིན་ཆད་བདག་ཉིད་དུ་བཟུང་སྟེ་གཅེས་སྤྲས་དང་བཀུར་སྟི་ཐམས་ཅད་འདི་ལ་(༣༧༠ན)

བྱའོ་ཞེས་རང་དམ་རང་གིས་འཆའོ། །སེམས་ཁྱོད་དེ་ནི་སེམས་ཅན་ཐམས་ཅད་ལ་བྱིན་ཟིན་གྱིས་ཕྱིན་ཆད་བདག་ནི་གཞན་དབང་དུ་གྱུར་པ་ཡིན་ནོ་ཞེས་ཤེས་པར་གྱིས་ལ། སུ་ལ་བྱིན་པའི་སེམས་ཅན་ཐམས་ཅད་ཀྱི་དོན་ལས་གཞན་ཅི་ཡང་མ་སེམས་ཤིག །གལ་ཏེ་སྔར་གྱི་བདག་འཛིན་ངན་པ་གོམས་པས་སེམས་བདག་ཉིད་བདེ་བར་བྱའོ་སྙམ་ན། གཞན་སེམས་ཅན་དབང་བའི་མིག་སོགས་སྐྱེ་མཆེད་དྲུག་གིས་མི་དབང་བའི་སེམས་ཀྱི་བདེ་བ་སྒྲུབ་པར་མི་རིགས་ལ། སེམས་ཅན་དེའི་དོན་དུ་བསྔོས་ཤིང་བྱིན་ལ་དེ་དབང་བའི་མིག་གིས་སེམས་ཅན་དེ་ཉིད་ལ་སྡང་མིག་ཏུ་ལྟ་བ་དང་། དེ་དབང་བའི་ངག་དང་ལྕེས་དེ་ཉིད་ལ་སྨོད་པ་དང་། དེ་དབང་བའི་སེམས་ཀྱིས་དེ་ཉིད་ལ་གནོད་སེམས་སུ་ལྟ་བ་སོགས་ལོག་པར་བྱེད་མི་རིགས་སོ་ཞེས་ཤེས་པར་གྱིས་ཤིག་པའོ། །

དེས་ན་སྔར་བདག་ཏུ་བཟུང་བའི་ལུས་སེམས་གང་ལ་བྱིན་པའི་སེམས་ཅན་དེ་ཉིད་ཁོ་ན་གཙོ་བོར་གྱིས་ལ། ལུས་སེམས་ལ་ཡོན་ཏན་དང་བདེ་བ་དང་ཟས་ནོར་སོགས་ཅི་མཐོང་ཡང་བདོག་པ་དེ་ཐམས་ཅད་ལུས་སེམས་ཉིད་ལོངས་སྤྱོད་དུ་མ་གཞུག་པར་ཕྲོགས་ལ། སྔར་གཞན་དུ་བཟུང་ཞིང་ཕྱིས་བདག་དང་རྗེ་བོར་བཟུང་བའི་སེམས་ཅན་རྣམས་ལ་བྱིན་ལ་དེ་རྣམས་ལ་ཕན་པ་དང་བདེ་བར་གྱིས་ཤིག་གོ། །

ད་ནི་དེ་ལག་ཏུ་བླང་བའི་ཕྱིར་སྔར་ཐོག་མེད་ནས་བདག་ཏུ་བཟུང་བ་དེ་ལ་ཕྲག་དོག་དང་ང་རྒྱལ་དང་འགྲན་སེམས་སྒོམ་པ་བཤད་པར་བྱ་སྟེ། ཆོས་ཐམས་ཅད་གོམས་པ་ལ་རག་ལས་པ་ཁོ་ན་ཡིན་པས་སྔར་གྱི་ལུས་སེམས་བདག་དང་བདག་གི་གང་ཡང་མ་ཡིན་པ་དེ་ལ་བདག་དང་བདག་གིར་བཟུང་བ་ལས་ལྡོག་སྟེ། ད་ནི་སེམས་ཅན་དམན་འབྲིང་མཐོ་གསུམ་ཐམས་ཅད་བདག་ཏུ་བྱས་ཏེ། སྔར་བདག་ཏུ་བཟུང་བའི་ལུས་སེམས་དེ་གཞན་དུ་བཟུང་ནས་བདག་སེམས་ཅན་

རྙེད་གྲགས་སོགས་མེད་པས་དམའ་ལ་གཞན་ལུས་སེམས་(༣༧༠བ)དེ་དེས་མཐོ་ན་དེ་བདག་སེམས་ཅན་གྱིས་མི་བཟོད་པའི་ཕྲག་དོག་སྒོམ་པ་དང་། བདག་སེམས་ཅན་ནི་རང་བཞིན་གྱིས་དག་པས་མཆོག་ཡིན་གྱི་ལུས་སེམས་ཙམ་ལ་ཕྱིན་ཅི་ལོག་ཏུ་ངར་བཟུང་བ་དཔྱད་མ་བཟོད་པ་འདི་ནི་དམད་པའི་གནས་སོ་ཞེས་ང་རྒྱལ་སྒོམ་པ་དང་། ལུས་སེམས་ཙམ་ལ་ཀུན་ཏུ་ཞེན་པར་ཟད་ཀྱི་སྙིང་པོ་མེད་པ་འདི་ནི་བདག་སེམས་ཅན་ལས་ལྷག་ཏུ་མི་གཞུག་གོ་ཞེས་འགྲན་སེམས་སྒོམ་པ་སྟེ། བདག་འཛིན་ལྟར་བཅོས་པའི་གཉེན་པོས་སྲུང་བྱའི་བདག་འཛིན་འཇོམས་པ་དང་། ཉོན་མོངས་ལྟར་བཅོས་པའི་གཉེན་པོས་ཉོན་མོངས་དངོས་འཇོམས་པ་ཇི་ལྟར་མེས་ཚིག་པའི་རྨ་མེས་གདུངས་པས་ཞི་བར་བྱེད་པ་ལྟ་བུ་གཉེན་པོའི་དམ་པ་གསང་བའི་ཐེག་པ་འདི་ཐེ་ཚོམ་དང་སོམ་ཉིའི་རྣམ་རྟོག་མེད་པར་བསྒོམ་པར་བྱའོ། །

དེ་ཡང་ནམ་ལུས་སེམས་ཙམ་དེ་ལ་རྙེད་པ་དང་བཀུར་སྟི་སོགས་བྱུང་ཞིང་བདེ་བར་སྣང་བ་དང་། ཚུལ་ཁྲིམས་དང་ཐོས་སོགས་ཀྱི་ཡོན་ཏན་དང་ལྡན་པར་སྣང་ལ། སེམས་ཅན་གཞན་དག་དེ་ལས་དམན་ཞིང་སྡུག་བསྔལ་བར་མཐོང་ནས་དམན་པ་ལ་བརྙས་སེམས་དང་། བདག་ལ་ང་རྒྱལ་སྐྱེས་པ་ན་སེམས་ཅན་དམན་པ་རེ་སྣང་བ་དེ་ལ་བདག་གི་འདུ་ཤེས་བཞག་སྟེ། ལུས་སེམས་ཙམ་འདི་ནི་འཇིག་རྟེན་གྱིས་བཀུར་སྟི་བྱས་ལ། བདག་སེམས་ཅན་ལ་ནི་བཀུར་སྟི་མི་བྱེད་དོ། །འདིས་ལོངས་སྤྱོད་རྙེད་པ་ལྟར་བདག་སེམས་ཅན་གྱིས་མ་རྙེད་དོ། །འདི་ནི་གཞན་གྱིས་ཡོན་ཏན་གྱིས་བསྟོད་ལ་བདག་སེམས་ཅན་ལ་ནི་དམད་པར་བྱེད་དོ། །འདི་ནི་བདེ་ཞིང་སྐྱིད་པར་གནས་ལ་བདག་སེམས་ཅན་ནི་སྡུག་བསྔལ་ལ་ཉམ་ཆུང་ངོ་། །འདི་ནི་སྐྱིད་པར་སོས་དལ་དུ་གནས་ལ་བདག་སེམས་ཅན་ནི་ལས་རྣམས་བྱེད་པས་ངལ་ཞིང་དུབ་པའོ། །འདི་ནི་འཇིག་རྟེན་ལ་ཆེ་བར་གྲགས་ཤིང་བདག་སེམས་ཅན་ནི་ཡོན་ཏན་མེད་པར་གྲགས་ན་ཡོན་ཏན་མེད་པར་གྲགས་(༣༧༡ན)པ་དེས་བདག

སེམས་ཅན་ལ་ཅི་བྱ་སྟེ་དམད་པ་ནི་མི་མཁོ་ལ་བདག་སེམས་ཅན་ཀུན་ནི་དམད་པར་བྱ་བ་ཡིན་ཏེ། རང་བཞིན་གྱིས་རྣམ་པར་དག་པ་སྟོབས་སོགས་ཀྱི་ཡོན་ཏན་གྱིས་ཕྱུག་པའི་སྙིང་པོ་ཅན་ཚངས་པ་དང་བརྒྱ་བྱིན་དང་འཁོར་བསྒྱུར་ལ་སོགས་པ་བྱེ་བ་མང་པོས་བསྒྲུབ་ཏུ་མེད་པའི་སངས་རྒྱས་ཀྱི་གདུང་རིགས་ཆེན་པོ་ཡིན་པའི་ཕྱིར། ལུས་སེམས་ཙམ་ལ་བྱང་ཆུབ་སེམས་དཔའ་ཞེས་བྱ་བ་ལ་སོགས་པའི་མིང་གིས་བཏགས་ནས་ཁོ་རང་ཆེན་པོར་སྙོམ་པ་འདིས་བདག་སེམས་ཅན་ལ་བརྙས་པར་མི་རིགས་ཏེ། མཐོ་དམན་ནི་རེས་འགའ་བ་ཙམ་ཡིན་ཞིང་མི་ལ་བལྟོས་ན་བརྒྱ་བྱིན་མཆོག་ཡིན་ཡང་ཚངས་པ་ལ་བལྟོས་ན་བརྒྱ་བྱིན་དམན་པ་ཡིན་པ་ལྟར་བལྟོས་ནས་བཞག་པར་ཟད་ལ། གང་ཟག་གཅིག་ཉིད་ཀྱང་ཡུལ་ལ་ལར་བཀུར་བ་ལྟར་ཐམས་ཅད་དུ་བཀུར་བར་མ་ངེས་ཤིང་། ཡུལ་ལ་ལར་བརྙས་པ་ལྟར་ཐམས་ཅད་དུ་བརྙས་པར་ཡང་མ་ངེས་ལ། ཚེ་གཅིག་ལ་བརྒྱ་བྱིན་ལྟ་བུའི་བཀུར་སྟི་སྦྱོང་ཡང་དེའི་ཕྱི་མ་ལ་བྲན་གཡོལ་གྱི་ཐ་ཆད་དུ་སྐྱེ་བ་ཡང་ཡོད་པས་རྙེད་སོགས་མི་རྟག་པའི་ཕྱིར། སྐབས་རེ་འགའ་ན་གང་བས་ཏེ་སུ་ལས་ཀྱང་ལུས་སེམས་ལ་བྱང་ཆུབ་སེམས་དཔར་བཏགས་པ་འདི་དམན་པའི་སྐབས་ཀྱང་ཡོད་ཅིང་། རེས་འགའ་ན་སུ་ལས་ཀྱང་སེམས་ཅན་བདག་མཆོག་ཏུ་བཀུར་བའི་སྐབས་དེ་ཡང་ཡོད་དོ། །

འོན་ཀྱང་ད་ལྟ་ལུས་སེམས་ཙམ་ལ་བྱང་ཆུབ་སེམས་དཔར་བཏགས་པ་འདི་ལ་ཚུལ་ཁྲིམས་སོགས་ཅུང་ཟད་སྣང་ཞིང་། བདག་སེམས་ཅན་ལ་དེ་དག་མི་སྣང་མོད་ཀྱི་འདི་ཡང་བདག་སེམས་ཅན་གྱི་ཉོན་མོངས་པའི་སྟོབས་ཀྱིས་མི་སྣང་བར་ཟད་ཀྱི། ཉོན་མོངས་པ་འདི་ཡང་གནས་སྐབས་རེས་འགའ་བ་ཡིན་གྱི་བདག་གི་ཆོས་ཉིད་ཀྱིས་རང་དབང་དུ་ཞུགས་པ་མིན་པས་འདིའི་ཚུལ་ཁྲིམས་དང་ལྟ་བ་སོགས་ཡོན་ཏན་ཕྲ་མོ་འདི་ཙམ་(༣༧༧བ)ནི་བདག་སེམས་ཅན་གྱིས་སྒྲུབ་པ་ལ་དཀའ་བ་མེད་དོ། །

གལ་ཏེ་འདི་བྱང་ཆུབ་སེམས་དཔར་ཁས་འཆེ་ཞིང་བཟང་པོར་རློམ་ན་ནི། འདིས་བྱང་ཆུབ་སེམས་དཔའི་བྱ་བ་དང་བཟང་པོའི་བྱ་བ་བྱེད་དགོས་ལ། དེ་ལྟ་ན་བདག་སེམས་ཅན་དམན་པ་ལ་བརྙས་པ་མི་བྱེད་ཀྱི་སྙིང་དུ་ཅི་ནུས་པས་ཁོ་རང་གིས་བདག་ཅག་གསོ་ཞིང་བསྐྱང་བར་ཡང་བྱེད་པར་རིགས་ཏེ། དཔེར་ན། སྨན་པ་མཁས་པར་ཁས་ལེན་ན་ནད་པ་དག་ལ་ཁྲེལ་གད་ཀྱིས་འདེབས་ཤིང་། བརྙས་པས་འདོར་བ་དེ་ལྟ་བུ་མི་བྱེད་པར་ནད་དེ་ཞི་བའི་བདེ་བ་ལ་འགོད་དགོས་པ་ལྟ་བུ་ཡིན་མོད། འདིས་ཀྱང་འདི་ལྟར་བྱེད་ན་བརྙས་པའམ་གནོད་པ་ཙུང་ཟད་ཀྱང་ནད་པས་སྨན་པའི་སྦྱོ་བ་བཟོད་པ་ལྟར་བདག་སེམས་ཅན་གྱིས་ཀྱང་དང་དུ་བླང་ཞིང་བཟོད་པར་རིགས་མོད་ཀྱང་། འོན་ཏེ་བྱང་ཆུབ་སེམས་དཔར་ཁས་བླངས་པ་འདིས་སེམས་ཅན་བདག་གསོ་ཞིང་སྐྱོང་བར་ཡང་མི་བྱེད་ཀྱི་སྙིང་དུ་ཅིའི་ཕྱིར་བརྙས་པར་བྱེད། འདིའི་ཡོན་ཏན་ཆུང་ངུ་འདི་ལ་བདག་སེམས་ཅན་སྨོན་པར་ཡང་མི་བྱེད་དེ། དེ་ཙམ་གྱིས་ཅི་ཞིག་བྱ་སྟེ་སེམས་ཅན་བདག་ཉིད་ཡོན་ཏན་ཐམས་ཅད་ཀྱི་ས་བོན་ཅན་ཡིན་པའི་ཕྱིར།

དེས་ན་མི་དགེ་བའི་ལས་སྤྱོད་པས་ངན་འགྲོའི་གཡང་ཁར། སང་ལྷུང་གནངས་ལྷུང་དུ་གནས་པའི་འགྲོ་བ་རྣམས་ལ་སྙིང་རྗེ་མེད་ཀྱི་སྙིང་དུ་ཁོ་རང་ཡོན་ཏན་གྱི་རློམ་པ་ཆེན་པོས་ང་རྒྱལ་ནས་དམན་པ་ལ་བརྙས་ཤིང་མཆོག་རྣམས་ལ་བསྡོ་བར་འདོད་པ་འདི་ནི་མི་རིགས་སོ་ཞེས་སྒོམ་པ་སྟེ། དཔེར་ན། བདག་གཙུག་ལག་ཁྲིད་བ་ལྟ་བུས་སེམས་ཅན་དམུལ་བ་པ་ལ་དམན་པ་དང་། བརྙས་པའི་འདུ་ཤེས་ཞུགས་པའི་ཚེ་དམན་འཛིན་དང་བརྙས་རྟོག་དེ་སེལ་བའི་ཕྱིར་འདི་ལྟར་དམྱལ་བ་པ་བདག་ཏུ་བྱས་ཤིང་། གཙུག་ལག་ཁྲིད་བ་གཞན་དུ་བཞག་ནས་སྒོམ་སྟེ། གཙུག་ལག་ཁྲིད་བ་འདི་ནི་གཞན་གྱིས་བཀུར་སྟི་བྱས་ལ། བདག་དམྱལ་(༧༢ན)བ་པ་ལ་མ་བྱས་སོ་ཞེས་པ་ནས་གཙུག་ལག་ཁྲིད་བ་འདི་བདག་དམྱལ་བ་པ་ལྟ་བུ་སོགས་ལ་

སྙིང་རྗེ་མེད་ཀྱི་སྙིང་དུ་བརྟས་ཤིང་དམན་པར་འཛིན་ལ། ཕ་རང་ཡོན་ཏན་གྱིས་རློམ་པས་ཕ་རང་གི་འགྲན་ཟླར་འཛིན་པའི་ཆོས་སྨྲ་བ་ལ་སོགས་པ་གཞན་ལ་བསྒོ་བར་འདོད་པ་འདི་ནི་མི་རིགས་སོ་ཞེས་པའི་བར་གྱིས་སྐྱོན་མཐོང་བྱས་ཏེ་སེམས་གཙང་བར་བྱེད་པ་སྟེ། དོན་ལ་བདག་ཉིད་བརྟས་པ་དང་དམད་བྱ་ཡིན་གྱི་གཞན་བརྟས་པ་དང་དམད་པར་བྱ་བ་མ་ཡིན་པར་སྟོན་ཏོ། །

ཕྲག་དོག་ཇི་ལྟར་སྒོམ་པ་བཤད་ནས་ད་ནི་འགྲན་སེམས་སྒོམ་ཚུལ་བཤད་པར་བྱ་སྟེ། དེ་ཡང་བྱང་ཆུབ་སེམས་དཔས་སེམས་ཅན་གང་ཡང་རུང་བ་ཞིག་ལ་བདག་དང་མཉམ་པར་བཟུང་ནས་འགྲན་སེམས་སྐྱེས་པ་དང་། དེ་བདག་ལས་ལྷག་པར་དོགས་པ་སྐྱེས་པ་ན་མཉམ་འཛིན་དང་གཞན་མཐོ་བ་མི་བཟོད་པ་གཞོམ་པའི་ཕྱིར། གཉེན་པོའི་འགྲན་སེམས་འདི་ལྟར་སྒོམ་སྟེ། བྱང་ཆུབ་སེམས་དཔའ་ཉིད་གཞན་དུ་བྱས་ཤིང་། འགྲན་ཟླ་སེམས་ཅན་ལ་བདག་གི་འདུ་ཤེས་བཞག་ནས་གང་ཉིད་བཀུར་དང་གྲགས་པ་ལ་སོགས་པས་ལུས་སེམས་ཙམ་ལ་བྱང་ཆུབ་སེམས་དཔར་བཏགས་པའི་སྐྱེས་བུ་འདི་ལས་སེམས་ཅན་རང་ཉིད་ཕོ་ན་ཆེས་ལྷག་པར་བྱ་བའི་ཕྱིར་རྩོད་པ་སྟེ་འཐབ་མོ་དགོས་ཀྱང་བྱས་ནས་རྙེད་བཀུར་ལྷག་པར་སྒྲུབ་ལ། ཅི་ནས་བདག་སེམས་ཅན་གྱི་ཡོན་ཏན་ནི་འཇིག་རྟེན་ཀུན་ལ་གྲགས་པར་བྱ་ལ། གཞན་ལུས་སེམས་ཙམ་འདིའི་ཡོན་ཏན་ནི་སུས་ཀྱང་མི་ཐོས་པར་བྱའོ། །བདག་སེམས་ཅན་གྱི་སྐྱོན་ནི་ཤིན་ཏུ་ཆེ་ན་ཡང་རུང་ཆུང་ན་ཡང་རུང་སྟེ་གསང་ཞིང་སྦ་ལ། ལུས་སེམས་ཙམ་འདིའི་སྐྱོན་ནི་ཤིན་ཏུ་ཆུང་ངུ་ཡང་འཇིག་རྟེན་ལ་བསྒྲག་པ་དང་། བདག་སེམས་ཅན་ནི་ཀུན་གྱིས་མཆོད་པ་དང་འདི་ལ་སུས་ཀྱང་ཅིར་ཡང་མི་རྩི་བ་དེ་ལྟར་བྱའོ། །བདག་སེམས་ཅན་ནི་དེང་དུས་དང་ཕྱིས་ནས་ཀྱང་རྙེད་པ་རྙེད་ཅིང་ཐམས་(༣༧༢བ)ཅད་ཀྱིས་བཀུར་སྟི་བྱེད་པ་དང་འདིས་ནི་ཅི་ཡང་མི་རྙེད་ཅིང་སུས་ཀྱང་མི་བཀུར་བ་དེ་ལྟར་བྱའོ། །

ལུས་སེམས་ཙམ་ལ་ཐོག་མ་མེད་པ་ནས་ངར་གཅེས་པས་ཞེན་པ་འདི་ནི་ཤིན་ཏུ་མི་རུང་བ་སྟེ་ཉམ་ང་བ་དང་སྡུག་བསྔལ་བར་བྱས་ཏེ། དེ་ལ་བདག་སེམས་ཅན་ནི་ཡུན་ཤིན་ཏུ་རིང་བས་དགའ་བས་བལྟ་ཞིང་ཁྲིལ་གད་ཀྱིས་གདབ་པར་བྱ་ལ། སེམས་ཅན་བདག་གཅིག་པུར་མ་ཟད་སེམས་ཅན་ཐམས་ཅད་ཀྱིས་ཀྱང་འདི་ཉམ་ཉེས་པ་ལ་བལྟས་ནས་བཞད་གད་དང་སྨོད་པར་བྱེད་པ་ཞིག་བྱའོ་ཞེས་སེམས་པའོ། །

ང་རྒྱལ་སྒོམ་པ་ནི། དེ་ཙམ་དུ་འཕོན་དུ་འཛིན་པའི་རྒྱུ་མཚན་ཅི་ཞེ་ན། ལུས་སེམས་ཀྱི་ཚོགས་པ་ཙམ་ལ་ངར་ཞེན་པ་འདི་ནི། ཁོ་རང་ཉོན་མོངས་ཤིང་སྡུག་བསྔལ་བ་ཡིན་དུ་ཟིན་ཡང་། སླར་བདག་སེམས་ཅན་དང་ལྷན་ཅིག་ཏུ་འགྲན་སྐད་ན་ཉམ་ཆུང་དུ་འདི་དང་བདག་སེམས་ཅན་ཇི་ལྟར་མཉམ། ཅི་ཐོས་པ་དང་ཤེས་རབ་དང་གཟུགས་དང་རིགས་དང་ལོངས་སྤྱོད་གང་གིས་ན་འདི་དང་བདག་མཉམ་མམ། ཅི་སྟེ་དེ་དག་ཅི་ཡང་མེད་པ་འདིས་བདག་སེམས་ཅན་ཐོས་སོགས་ཐམས་ཅད་དང་ལྡན་པ་འདི་ལ་འགྲན་པར་མི་འོས་པས་སོ། །དེ་ལྟར་བདག་སེམས་ཅན་གྱི་ཡོན་ཏན་ཆེན་པོ་འདི་ནི་འཇིག་རྟེན་ཀུན་ལ་ཡོངས་སུ་གྲགས་པ་སྟེ། ལུས་སེམས་ཁྱོད་ཀྱིས་ཀྱང་མི་འདོད་བཞིན་དུ་འདི་ཐོས་པས་ཁྱོད་བ་སྤུ་ལྡང་བའི་དགའ་བ་སྐྱེས་སམ་ཞེས་ཁྱོད་ལ་ཅི་འདྲས་བྱུང་ཞེས་པའི་ཚུལ་གྱིས་བསྙིང་ཚིག་ཏུ་འདྲི་བའོ། །

དེ་བས་ན་ཅི་སྟེ་ལུས་སེམས་ཁྱོད་ལ་རྙེད་པ་དང་ལོངས་སྤྱོད་མང་དུ་ཡོད་ཀྱང་ཐམས་ཅད་ཁྱོད་ལོངས་སྤྱད་པར་མི་དབང་སྟེ། ལུས་སེམས་ཁྱོད་ནི་ངེད་སེམས་ཅན་ལ་སྔོན་ནས་བྱིན་ཟིན་པའི་ཕྱིར། གལ་ཏེ་ལུས་སེམས་ཁྱོད་ངེད་སེམས་ཅན་གྱི་ལས་གཞན་དོན་བྱེད་ན་ཁྱོད་ལ་ཟས་གོས་འཚོ་ཙམ་རེ་བྱིན་ནས་ཁྱོད་ལ་མཐུ་རྩལ་ཅི་ཡོད་པ་ཐམས་ཅད་བདག་(༣༧༣ན)སེམས་ཅན་གྱི་སྟོབས་ཀྱིས་བླང་བར་བྱ་ལ། ལུས་

སེམས་འདི་ནི་བདེ་བ་ལས་ཉམས་པར་བྱེ་ཞིང་བདག་སེམས་ཅན་གྱི་སྐྱོད་དང་སྦྱར་ཏེ་ཅི་དགོས་པར་བྲན་དུ་བཀོལ་བར་བྱའོ་ཞེས་བསམ་པ་སྟེ། དཔེར་ན། བདག་གཙུག་ལག་ཁྲིང་བ་སྐྱེས་བུ་མཆོད་སྦྱིན་ལ་འགྲན་སེམས་སྐྱེས་པའི་ཚེ་འགྲན་སེམས་དེ་གཞོམ་པའི་ཕྱིར། མཆོད་སྦྱིན་ལ་བདག་ཏུ་འདུ་ཤེས་བཞག་ནས་གང་གིས་ཕོ་གཙུག་ལག་ཁྲིང་བ་ལས་བདག་མཆོད་སྦྱིན་རང་ནི་ལྷག་པར་བྱ་བའི་ཕྱིར། བདག་གི་ཉེད་དང་བཀུར་སྟི་ནི་ཇོད་པས་ཀྱང་ངེས་པར་སྒྲུབ་པ་ནས་གཙུག་ལག་ཁྲིང་བ་འདི་ནི་བདག་མཆོད་སྦྱིན་གྱི་སྐྱོད་དམ། གནས་སྐབས་གང་དགོས་དང་སྦྱར་ནས་བཀོལ་ལོ་ཞེས་པའི་བར་སྒོམ་པ་ལྟ་བུ་སྟེ། མདོར་ན་སེམས་ཅན་འགྲན་ཟླ་མ་ཡིན་གྱི་བདག་འཛིན་འགྲན་ཟླ་ཡིན་ནོ་ཞེས་སྟོན་པའོ། །

འདི་རྣམས་སུ་**བི་རྒྱ་ཏིས།** བདག་འཛིན་ནི་ཕྱུགས་ལ་ཡང་ཡོད་དེ་མདའ་རྫོ་འཕེན་པ་མཐོང་ན་འབྲོས་པའི་ཕྱིར། དེས་ན་བདག་འཛིན་ཤེས་པ་ཡིན་པས་དེའི་ཤེས་བྱ་ནི་བདག་པོ་ནའོ་ཞེ་ན། དེ་ལ་བརྗོད་པ་ཤེས་པ་ནི་རྣམ་པ་གཉིས་ཏེ་རྟོག་བཅས་དང་རྟོག་མེད་དོ། །དེ་ལ་རྟོག་མེད་ནི་ཤེས་བྱ་ལ་དམིགས་ནས་སྐྱེ་བའི་ཕྱིར་དེ་མེད་ན་མི་འབྱུང་ངོ་། །བདག་འཛིན་ནི་རྟོག་བཅས་ཡིན་པས་ཡུལ་མེད་ཀྱང་སྐྱེ་སྟེ། གཞན་དུ་ན་བདག་རྒྱལ་པོ་ཡིན་ནོ་ཞེས་བརྟགས་པས་རྒྱལ་པོར་འགྱུར་དགོས་སོ་ཞེས་བཤད་ལ། འདི་ལ་ཡང་རྟོག་མེད་ལ་ཡུལ་ངེས་པར་དགོས་པར་མ་ངེས་ཏེ། འདུ་ཤེས་མེད་པ་པའི་སྙོམས་འཇུག་ལ་ཡུལ་མེད་པའི་ཕྱིར་དང་། སྤྱིར་ཡུལ་ཡུལ་ཅན་ནི་སྤྲོ་བཏགས་པས་ཡིན་གྱི་རང་གི་ངོ་བོ་ཉིད་ཀྱིས་མ་ཡིན་པའི་ཕྱིར་དང་། བདག་མེད་རྟོགས་པའི་ཤེས་རབ་ལ་ཡང་ཡུལ་ཡོད་པ་མ་ཡིན་ཏེ། རང་ཉིད་རང་གི་ཡུལ་དུ་མི་རུང་ལ་བདག་ནི་མེད་པས་ཡུལ་མ་ཡིན་བདག་མེད་དུ་ཡང་གྲུབ་པ་མེད་པས་བདག་མེད་ཀྱང་ཡུལ་(༣༧༣བ)མ་ཡིན་དེ་དག་ལས་གཞན་པའི་ཡུལ་ཡང་མེད་པའི་ཕྱིར་རོ། །**དཀའ་འགྲེལ་ཆུང་ངུ་ལས་ནི།** བྱང་ཆུབ་སེམས་དཔའི་ཡོན་ཏན་

ལ་ང་རྒྱལ་མེད་པར་བྱ་བའི་དོན་དུ་བརྗོད་པ་ནི། གང་བས་དེ་དམན་འདི་ཡོད་ཅེང་། །ཞེས་བྱ་བའོ། །སེམས་ཅན་དམན་པ་ཡང་གཞན་ལ་བལྟོས་ནས་ཡོན་ཏན་ཅན་དང་མཆོག་ཏུ་བརྟག་པ་ནི། གང་བས་བདག་མཆོག་དེ་ཡང་ཡོད། །ཅེས་བྱའོ། །སེམས་ཅན་ངན་པ་ལ་ཁྱད་དུ་མི་གསད་པར་བསྟན་པ་ནི། ཚུལ་ཁྲིམས་ལྟ་བས་རྒྱུད་སོགས་ནི། །ཞེས་སོགས་སོ། །སེམས་ཅན་ངན་པའི་ཉེས་པ་སེལ་བ་དང་དགེ་བ་ལ་འཇུག་པའི་སྡུག་བསྔལ་དང་དཀའ་བ་མི་བཟོད་པར་མི་བྱ་བ་ནི། ཅི་ནུས་བདག་གིས་གསོ་དགོས་ཏེ། །གནོད་པ་བདག་གིས་དང་དུ་བླང་། །ཞེས་བྱའོ། །སེམས་ཅན་དམན་པ་ལ་མི་ཕན་པའི་བྱང་ཆུབ་སེམས་དཔའི་ཡོན་ཏན་ལ་ཡོན་ཏན་དུ་མི་ལྟ་བ་ནི། འོན་ཏེ། ཞེས་སོགས་སོ། །ཡོན་ཏན་གྱིས་རློམ་ན་དེ་ཉེས་པ་ཡིན་གྱིས་ཡོན་ཏན་མ་ཡིན་པར་བསྟན་པ་ནི། ངན་འགྲོ་གདུག་པའི། སོགས་སོ་ཞེས་བཀྲལ་ལ། མང་ཞིག་བདག་གི་སྡུག་བསྔལ་གྱི་གནོད་པ་དང་སྦྱར་བར་བྱ་ཞེས་འདོན་ཏོ། །

སྤྱིར་རྒྱ་བོད་ཀྱི་འགྲེལ་པ་ཀུན་ན་བདག་འཛིན་ལ་བདག་ཉིད་པ་དང་། སེམས་ཅན་ལ་བདག་གསར་པ་ཞེས་བཏགས་ནས་བཤད་སྣང་ཡང་། དེ་ལྟ་ན་གཉིས་ག་བདག་ཏུ་མཚུངས་པས་གཞན་མ་ཡིན་པར་འགྱུར་བས་བདག་དང་བདག་བརྗེ་བ་ཞེས་འདོན་རིགས་ཀྱི་བདག་གཞན་བརྗེ་བ་ཞེས་བརྗོད་མི་རིགས་པར་འགྱུར་ལ། སྤྱིར་བདག་ནི་རྟོག་པ་ཡིན་པས་སྐད་ཅིག་གི་ཕྲེང་བ་ཡིན་གྱིས་ཕྱི་མར་གནས་པ་མེད་པས་འདི་ལ་ནི་ཉིད་པ་རྒན་པོ་ཞིག་གང་ནའང་མེད་དོ། །

དེ་ལྟར་སེམས་ཅན་ལ་བདག་ཏུ་བཟུང་ནས་བདག་གཞན་བརྗེ་བ་བསྟན་ཟིན་ནས། ད་ནི་བདག་འཛིན་རང་སོར་བཞག་སྟེ་བདག་གཞན་བརྗེ་བ་སྟོན་ཏོ། །(༣༧༢ན)དེ་ལ། འདི་ཡིས་བརྒྱ་ཕྲག་ཐམས་ཅད་དུ། །འཁོར་བར་བདག་ལ་གནོད་པ་བྱས། །ཞེས་པ་འདི་སེམས་ཅན་བདག་ཏུ་བྱས་པའི་མཐུག་སྟུད་དུ་ཕལ་ཆེར་གྱིས

བཤད་འདུག་ཀྱང་། དེ་ལྟ་ན་བདག་སེམས་ཅན་ལ་གནོད་པ་བྱས་ཞེས་འཆད་དགོས་པས་བཤད་ཏུང་ཙམ་ཡིན་ཡང་ཧ་ཅང་འབྲེལ་མི་ཆེའོ། །

དེས་ན་བདག་འཛིན་འདི་ཡིས་འཁོར་བ་ཐོག་མ་མེད་པ་ནས་བདག་ཏུ་བཟུང་ཡུལ་གྱི་སེམས་འདི་ཉིད་ལ་གནོད་པ་ཁོ་ན་བྱས་ཏེ། སེམས་ཁྱོད་ཉིད་ཐོག་མ་མེད་པ་ནས་རང་དོན་ཁོ་ན་བྱེད་པར་འདོད་པ་འདིས་དུས་འདས་ཀྱང་སྡུག་བསྔལ་འབའ་ཞིག་སྨྱོང་བར་ཟད་ལ། ད་ནི་བདག་གཅེས་འཛིན་དེ་ཐོང་ལ་གཞན་དོན་ལ་རབ་ཏུ་འཇུག་པར་གྱིས་དང་། རང་དོན་གྱི་མཆོག་ནི་གཞན་དོན་ཡིན་པར་སངས་རྒྱས་ཀྱིས་གསུངས་པ་མི་སླུ་བས་འདིའི་ཕན་ཡོན་མཐའ་ཡས་པ་མཐོང་ནས་ཡིད་ཆེས་པར་འགྱུར་རོ། །སྔོན་ནས་སེམས་ཁྱོད་ཀྱིས་འདི་ལྟར་བྱས་ན་སངས་རྒྱས་ཀྱི་བདེ་བ་འཐོབ་ཀྱི་འཁོར་བའི་སྡུག་བསྔལ་ཟད་མི་ཤེས་པ་འདི་ལྟ་བུ་སྨྱོང་མི་དགོས་པ་ཞིག་ན་གཞན་ཕ་མའི་ཁུ་ཁྲག་གི་ཐིགས་པ་ཙམ་ལ་ང་དང་ང་ཡིར་བཟུང་ནས་གཅེས་སྤྲས་བྱས་པས་སྲིད་པའི་སྡུག་བསྔལ་འདི་སྨྱོང་ངོ་། །ད་ནི་སྔར་ཁུ་ཁྲག་ལ་བདག་ཏུ་བཟུང་བ་དེ་ལྟར་ཁྱོད་ཀྱིས་གཞན་སེམས་ཅན་ལ་ཡང་བདག་འཛིན་གོམས་པར་གྱིས་ཤིག །

དེ་བཞིན་དུ་ད་ནི་གཞན་ཁོ་ན་གཅེས་པར་བཟུང་ནས་གཞན་གྱི་རྟོག་ཆེན་པ་སྟེ་མཚང་ལེན་པའི་བྱ་ར་བ་གྱིས་ལ་བདག་ལ་བདོག་པ་ཅི་མཐོང་ཡང་དེ་ཕྲོགས་ནས་གཞན་སེམས་ཅན་ལ་བྱིན་ལ་ཕན་བདེར་གྱིས་ཤིག །འཁོར་བ་ཐོག་མེད་ནས་བདག་འཛིན་འདིས་གནོད་པ་བྱས་པས་ད་ནི་བདག་ཉིད་བདེ་བ་སོགས་ལ་ཕྲག་དོག་པར་རིགས་ཀྱི་གཞན་བདེ་བ་ལ་ཕྲག་དོག་པར་མི་རིགས་སོ། །དེའི་ཕྱིར་བདག་གི་བདེ་(༣༧༨བ)དགེ་གཞན་སེམས་ཅན་ལ་ཐོངས་ལ་གཞན་སེམས་ཅན་གྱི་སྡིག་སྡུག་བདག་ཉིད་ལ་ལོངས་ཤིག །

ད་ནི་གཞན་སྐྱོན་ལ་བརྟག་པའི་དུས་མ་ཡིན་གྱི་རྣམ་པ་ཀུན་ཏུ་བདག་ཉིད་

ཀྱི་སྐྱོན་ལ་བརྟག་པ་དང་། བཟོད་སླའི་སྐྱེས་རབས་སུ་རྒྱལ་པོས་ཉེས་མེད་དུ་ཡན་ལག་གཏུབས་ཀྱང་ཀྱེ་མ་བདག་བཟོད་པའི་སྟོབས་ཆུང་བས་རྒྱལ་པོ་འདིའི་ཁྲོ་བ་གཞིལ་མ་ནུས་སོ་ཞེས་རང་ཉིད་ཀྱི་སྐྱོན་དུ་རྟོག་པ་ལྟར་གཞན་ལ་སྐྱོན་མཐོང་ནའང་དེ་ལྟར་རྟོག་པ་རང་ཉིད་ཀྱི་སྐྱོན་དུ་ངོས་འཛིན་པ་དང་། གཞན་གྱིས་གནོད་པ་བྱས་ཀྱང་བདག་གི་ལས་ཀྱིས་ཉེས་སོ་ཞེས་རང་ཉིད་ཀྱི་སྐྱོན་དུ་ཤེས་པར་བྱ་ལ། རང་གིས་ཉེས་པ་ཆུང་ངུ་ཙམ་བྱུང་ནའང་མང་པོའི་མདུན་དུ་མཐོལ་ཞིང་བཤགས་ཏེ་ས་བོན་ཙམ་ཡང་རྒྱུད་ལ་མ་ལུས་པར་ཐོས་ཤིག །

དེ་བཞིན་དུ་བདག་གི་ཡོན་ཏན་སུས་ཀྱང་མི་ཤེས་པར་སྦ་ཞིང་། གཞན་གྱི་ཡོན་ཏན་དང་གྲགས་པ་སྒྲོག་ཅིང་གཞན་རྣམས་ལ་རྗེ་བོའི་འདུ་ཤེས་བཞག་སྟེ་རང་ཉིད་བྲན་ལྟར་བཀོལ་བར་བྱ་ལ། ཁྱིས་པ་སྐྱོན་གྱི་རང་བཞིན་ཡིན་པའི་ཕྱིར་རང་ཉིད་སྐྱོན་གྱི་འབྱུང་གནས་སུ་ཤེས་པར་བྱ་ལ། གལ་ཏེ་ཡོན་ཏན་ཅུང་ཟད་མཐོང་ནའང་སོ་སྐྱེའི་ཡོན་ཏན་རྣམས་ནི་གློག་ལྟར་སྐད་ཅིག་ཙམ་དུ་ཟད་པས་ཚྭ་བུར་གྱི་ཆོས་དེས་བསྒྲིམས་ཤིང་རང་བསྟོད་པར་མི་བྱའོ། །

མདོར་ན་སྟོན་ཆད་བདག་དོན་དུ་བསམས་ནས་གཞན་ལ་གནོད་པ་བྱས་པ་དེ་ཐམས་ཅད་ད་ནི་སེམས་ཅན་ཐམས་ཅད་ཀྱི་བྱང་ཆུབ་ཀྱི་རྒྱུར་བདག་ཉིད་ཁོ་ན་ལ་འབབ་པར་གྱིས་ཤིག །དེ་ལྟར་རྣམ་པ་དུ་མར་བརྟགས་ཏེ་བདག་འཛིན་འདི་ནི་གཉའ་དྲག་ཅེས་པ་བརྗ་རྙིང་སྟེ་ཆེར་དྲེགས་པར་འགྱུར་བར་ཤེད་སྐྱེད་པར་མི་བྱ་སྟེ། ཅི་ནས་ཀྱང་བག་ཞུམ་ཞིང་གདོང་དམའ་ལ་རབ་ཏུ་ངོ་ཚ་བ་བག་སར་ལྟ་བུ་དང་འཇིགས་ཤིང་སྐྲག་པ་གཤེད་མས་ཟིན་པའི་མི་ལྟ་བུ་དང་། སྒོ་གསུམ་ཀུན་ནས་བསྡམས་པ་དུལ་(༡༧༥ན)བའི་དགེ་སློང་ལྟ་བུར་ཐུལ་བར་གྱིས་ཤིག་པའོ། །འདིར་**བི་ཧྥུ་ཏིས།** ངོ་ཚ་བ་ནི་བྱ་བ་མ་ཡིན་པ་ལས་སོ། །འཇིགས་པ་ནི་དམྱལ་བ་ལས་སོ། །བསྡམས་པ་ནི་དབང་པོ་རྣམས་སོ། །ཞེས་དང་། དེ་ལྟར་ལུས་ཚར་བཅད་

ནས་འདི་མན་སེམས་ཚར་གཅོད་པར་འཆད་ཅིང་། **དཀའ་འགྲེལ་ཆུང་ངུ་ལས་ནི།** ཕྲག་དོག་སོགས་བསྒོམས་པའི་འབྲས་བུ་ནི་ཡིད་ཁྲོད་སོགས་དང་། དེ་རྣམས་ཀྱིས་བསམ་པ་རྗེས་སུ་སྐྱབ་པ་བཤད་ནས། སྦྱོར་བ་ལ་རྗེས་སུ་སྐྱབ་པ་དང་སེམས་དབང་དུ་བྱ་བ་གཉིས་ཀྱི་དང་པོ་གཞན་གྱི་རྟོག་ཆེན་སོགས་དང་། ཕྱི་མ་འཆད་འགྱུར་གྱི། དེ་བྱ་དེ་ལྟར་གནས་བྱ་ཞིང་། །སོགས་ཚར་ཕྱིན་པའི་བར་དུ་བཤད་དོ། །རྟོག་ཆེན་པ་ནི་ཉན་སྣ་པའི་མིང་ཡིན་པས་ས་བཟང་པས་རྟོག་དཔྱོད་ཆེན་པོ་གྱིས་ལ་ཞེས་འབྲུ་གཉེར་བའང་སླིང་པོ་མི་ཆེའོ། །

ད་ནི་གཉེན་པོའི་ཤེས་པ་ལ་བདག་ཏུ་བཟུང་སྟེ་ལེགས་པར་འདོམས་པ་འཆད་དེ། དེ་ལྟར་གཞན་ཕན་འབའ་ཞིག་བྱ་ཞིང་སྒོ་གསུམ་སྐད་ཅིག་ཀྱང་དོན་མེད་དུ་མི་གནས་པར་གཞན་དོན་དུ་འགྱུར་བ་དེ་ལྟ་བུ་ཁོ་ནས་གནས་པར་བྱ་ཡི་སྟར་ཕུང་པོ་ལ་བདག་ཏུ་བཟུང་ནས་བདག་ཉིད་གཅེས་འཛིན་ཁོ་ན་བྱས་པ་དེ་ལྟར་ནི་སེམས་ཁྱོད་ཀྱིས་ད་ཕྱིན་ཆད་སྐད་ཅིག་ཀྱང་མི་བྱ་སྟེ། དེ་ལྟ་བུའི་ཚུལ་ལ་རང་གི་སེམས་འདི་ནི་རང་གི་དབང་དུ་འདུས་ཤིང་དཀའ་མགུར་བྱར་ཡོད་པ་ཧ་ཅང་ཤེས་དུལ་བ་ལྟ་བུར་གྱུས་ཤིག །

གལ་ཏེ་བླང་དོར་དེ་ལས་འདས་ནས་ད་དུང་ཕྱིན་ཅི་ལོག་ཏུ་སྤྱོད་ན་ནི་སེམས་ཁྱོད་ཚར་བཅད་པར་བྱའོ། །ཞེས་ཅུང་ཟད་བསྡིགས་པ་དང་། དེ་ལྟར་གདམས་པས་ཀྱང་སེམས་ཁྱོད་མ་དུལ་བའི་ངན་ལང་བྱེད་ན་ནི་འཁོར་བ་ཐོག་མེད་ནས་ཀྱི་སྐྱོན་དང་ཉེས་རྒྱ་ཐམས་ཅད་ཕུང་པོ་ལ་བདག་འཛིན་ཅན་གྱི་སེམས་ཁྱོད་ཁོ་ན་ལ་བརྟེན་པར་ཟད་པས་ཁྱོད་ཤིན་ཏུ་གཅེས་སྤྲས་སུ་བྱེད་པའི་ལུས་ལ་(༣༧༥བ)ཟས་གོས་མི་སྦྱིན་པར་བཀོལ་བ་དང་། སོ་སོར་རྟོག་པའི་ཤེས་རབ་ཀྱི་སྟོ་དུ་མ་དང་སོ་སོ་རང་རིག་པའི་ཡེ་ཤེས་ཀྱིས་ཕུང་པོ་ལ་བདག་ཏུ་འཛིན་པ་ཅན་གྱི་སེམས་ཁྱོད་ལྷང་བ་མེད་པར་ཚར་བཅད་པར་བྱའོ། །ཞེས་ཆེར་བསྡིགས་པ་དང་། འཁོར་བ་

ཐོག་མེད་ནས་ཕུང་པོ་ལ་བདག་འཛིན་ཁྱོད་ཀྱིས་སེམས་རྒྱུན་ཙམ་ཕོ་བོ་བརླག་པ་ཕོ་ནར་བྱས་མོད་ཀྱང་སྟོན་ཕོ་བོས་ཁྱོད་ཀྱི་སྐྱོན་མ་ཤེས་ཤིང་གཉེན་པོའི་ལུས་སྟོབས་མ་རྫོགས་པའི་དུས་དེ་གཞན་ཡིན་ལ། ད་ནི་ཉེས་རྩ་ཐམས་ཅད་ཁྱོད་ལ་བརྟེན་པ་འདི་ཡང་ངས་མཐོང་ཞིང་ཁྱོད་ནི་ཕྱིན་ཅི་ལོག་གི་འཛིན་སྟངས་གོམས་པ་ཙམ་མ་གཏོགས་ཡུངས་འབྲུ་ཙམ་དུ་ཡང་མི་བདེན་པ་འདི་ཡང་མཐོང་གི་ད་ནི་ཁྱོད་གར་འགྲོས་ཏེ་སེང་གེས་རི་དྭགས་བཟུང་བ་ལྟར་ཁྱོད་ཀྱི་དྲེགས་པ་ཐམས་ཅད་ངས་གཞོམ་པར་བྱའོ། །

ད་ཕྱིན་ཆད་ཕུང་པོ་ལ་བདག་དང་གཅེས་པར་བཟུང་ནས་བདག་བདེ་བར་བྱའོ་སྙམ་པའི་བློ་སྟོན་ནས་ཡོད་པ་དེ་དོར་ཞིག །ལུས་སེམས་ཙམ་ཁྱོད་ནི་གཉེན་པོའི་ཤེས་པ་མཐུ་བརྟས་པ་ང་ཡིས་སེམས་ཅན་ཐམས་ཅད་ལ་བྱང་ཆུབ་ཀྱི་སེམས་ཉོ་བའི་རིན་དུ་བཙོངས་ཟིན་གྱིས་སེམས་ཅན་ཐམས་ཅད་ཀྱི་བྲན་དུ་གྱུར་པ་ཁྱོད་སྐྱོ་ངལ་དུ་མ་སེམས་པར་རྗེ་བོ་སེམས་ཅན་རྣམས་ལ་རང་གི་ནུས་པ་ཅི་ཡོད་ཀྱིས་ཞོ་ཤ་སྟེ་མགོ་བདེ་གང་ཡོད་ཕུལ་ཞིག །རྣམ་པ་ཀུན་ཏུ་བག་མེད་པར་གྱུར་པ་གདོལ་པ་ལྟ་བུའི་སེམས་བདག་འཛིན་ཅན་ཁྱོད་གལ་ཏེ་སེམས་ཅན་ལ་མ་བྱིན་པར་མཐོ་ཞིང་གཅེས་པར་བཟུང་ན་ཁྱོད་ཀྱིས་གཉེན་པོའི་ཤེས་པ་ཅན་གྱི་སེམས་རྒྱུན་ཕོ་བོ་དམྱལ་སྲུང་འཇིགས་སུ་རུང་བ་རྣམས་ལ་སྟེར་བར་གདོན་མི་ཟ་ལ། སྔར་ཡང་ཐོག་མ་མེད་པ་ནས་ཕུང་པོ་ལ་བདག་འཛིན་ཁྱོད་ལ་གཅེས་སྤྲས་སུ་བྱས་པས་ཁྱོད་ཀྱིས་སེམས་ཕོ་བོ་རེས་འགའ་དམྱལ་སྲུང་རྣམས་ལ་བྱིན་ཏེ་སྲན་མ་ལྟར་བརྩོས། ཡུངས་ཀར་ལྟར་བཙིར། ཤིང་ལྟར་བཤགས། (༣༡༨ན)སྡུག་བསྔལ་ལ་མ་སྙོང་བ་མེད་པ་ལ་བཏད། རེས་འགའ་ཡི་དྭགས་སུ་འཕངས་ཏེ་བཀྲེས་སྐོམ་གྱིས་མནར། རེས་འགའ་དུད་འགྲོར་འཕངས་ཏེ་སྡུག་བསྔལ་ལས་ཐར་དུས་མེད། དེ་ལྟར་སངས་རྒྱས་ཀྱིས་ཀྱང་བགྲང་གིས་མི་ལང་བ་དེ་ཐམས་ཅད་ཁྱོད་ཕོ་ནས་བཙལ་

བ་ཡིན་ལ། ད་ནི་ཁྱོད་ཀྱི་འཁོན་རྣམས་ཁོ་བོས་ཀྱང་དྲན་ཏེ་ཕྱིན་ཆད་ཕུང་པོ་ལ་བདག་ཏུ་བཟུང་ནས་དེ་བདེ་བར་འདོད་པའི་སེམས་ཁྱོད་རྨི་ལམ་ན་ཡང་མི་རྒྱུ་བ་དེ་ལྟར་གཞོམ་པར་བྱ་ཞིང་རྩད་ནས་དབྱུང་བར་བྱའོ། །

དེ་ལྟར་གཉེན་པོའི་ཤེས་པ་ལ་བདག་ཏུ་བྱས་ཤིང་ཕུང་པོ་ངར་འཛིན་ལ་གཞན་དུ་བཞག་ནས་ཚར་བཅད་པ་བསྟན་ཟིན་ནས། ད་ནི་བདག་གཞན་གྱི་ཐ་སྙད་འཇིག་རྟེན་གྱི་གྲགས་པ་ལྟར་སོར་བཞག་སྟེ་བདག་གཞན་བརྗེ་བ་དང་ལུས་ལ་ཆགས་བྱ་མ་ཡིན་པར་སྟོན་ཏེ། རྒྱུ་མཚན་དེ་རྣམས་ཀྱི་ཕྱིར་ན་སུ་ཞིག་བདག་ཉིད་བདེ་བར་འདོད་ན་བདག་གཅེས་འཛིན་འདོར་བར་བྱ་སྟེ། བདག་ཏུ་ལྟ་བ་དང་གཅེས་པར་འཛིན་པ་མེད་ན་སྡུག་བསྔལ་ཞེས་བྱ་བ་ཤེས་བྱ་ལ་མི་མཐོང་སྟེ་ཇི་ལྟར་བེམ་པོ་རྣམས་ལ་སྡུག་བསྔལ་མེད་པ་བཞིན་ནོ། །བདག་ཉིད་སྲུང་བར་འདོད་པ་དེས་ཀྱང་གཞན་ཐམས་ཅད་སྲུང་བར་བྱ་སྟེ་ཐམས་ཅད་ཀྱི་ནང་དུ་བདག་ཉིད་ཀྱང་ཞར་ལ་འདུ་བའི་ཕྱིར་དང་། ཇི་ལྟར་ཡུལ་ཁམས་དེ་བསྲུངས་ན་རང་ཁྱིམ་ཞར་ལ་བསྲུངས་བར་འགྱུར་བ་བཞིན་ནོ། །དེས་ན་བདག་ལ་ཆགས་པར་མི་བྱ་སྟེ་སེམས་ནི་ངོ་བོ་ཉིད་ཀྱིས་སྟོང་ཞིང་རང་བཞིན་གྱིས་འོད་གསལ་བ་ཡིན་པས་ངོ་བོ་ཉིད་དེ་ལ་ནི་དམིགས་པ་ཙམ་དུ་ཡང་བྱར་མེད་པ་ཡིན་པས་བདག་གཞན་གང་ཡང་མ་ཡིན་ཞིང་ཆགས་པར་མི་ནུས་ལ། ལུས་འདི་ནི་ཆུ་བུར་ཙམ་སྟེ་བདག་གཞན་གང་ཡང་མ་ཡིན་ལ་སུའི་ཡང་མ་ཡིན་པའི་ཕྱིར་དང་། ལུས་འདི་ནི་ཅི་ཙམ་བསྐྱངས་པ་དེ་ཙམ་དུ་གཟེ་རེག་འཕེལ་བ་ཡིན་ལ། སེམས་ཅན་གཅིག་གི་འདོད་པ་ལ་བརྟན་སེམས་པ་དེའི་བསམ་པ་ནི་ས་འདི་ཐམས་ཅད་གསེར་དུ་གྱུར་ཀྱང་མི་རྫོགས་ཤིང་མི་ཚིམ་སྟེ་ད་དུང་འདི་ཐམས་ཅད་བཻཌཱུར་གྱུར་ཅིང་། འཇིག་རྟེན་གྱི་ཁམས་གཞན་དག་ཀྱང་(༣༧༨བ)གསེར་དུ་གྱུར་ནས་བདག་ལ་ཡོད་ན་ཅི་མ་རུང་སྙམ་པ་སོགས་ཐུག་མཐའ་མེད་པའི་ཕྱིར་དང་། ཡོངས་སྤྱོད་དང་བདེ་བ་ཅི་ཐོབ་ཀྱང་

ཚོམ་པ་མེད་ཀྱི་སྟེང་དུ་སླར་ཡང་ཚོག་མི་ཤེས་པའི་འདོད་སྲེད་དང་། སྒྲུབ་པའི་
སྡུག་བསྔལ་ལུས་སེམས་ཉོན་མོངས་པར་བྱེད་པ་དང་། དེའི་ཕྱིར་གཞན་ལ་བསམ་
ངན་སོགས་བསམ་པ་ཉམས་པ་སྐྱེ་ཞིང་དེ་ལག་ཏུ་ལེན་པའི་སྦྱོར་ངན་ལ་འཇུག་
ཅིང་བསམ་པའི་ཆ་ཙམ་ཡང་མ་རྫོགས་པར་ཤི་ནས་ཕྱི་མར་མི་བཟད་པའི་སྡུག་
བསྔལ་མཐའ་མེད་དུ་མྱོང་བར་འགྱུར་རོ། །

དེས་ན་སུ་ཞིག་གང་ལ་ཡང་བལྟོས་པ་དང་རེ་བ་དང་ཆགས་པ་མེད་པ་དེ་ལ་
ནི་གནས་སྐབས་དང་མཐར་ཐུག་གི་ཕུན་ཚོགས་ཐམས་ཅད་ཟད་མི་ཤེས་པར་འདུ
བ་རྒྱ་མཚོར་ཆུ་བོ་བཞིན་དུ་འཇུག་སྟེ་ནམ་མཁའི་མཛོད་དང་། ལག་ན་རིན་པོ་ཆེ་
ལ་སོགས་པའི་རྒྱལ་སྲས་ཆེན་པོ་རྣམས་དང་། རྫོགས་པའི་སངས་རྒྱས་བཞིན་ནོ། །

དེ་བས་ན་ལུས་ལ་ཆགས་ཤིང་ཞེན་པའི་སེམས་སྐྱེ་བའི་སྐབས་དབྱེ་བར་མི་
བྱ་ལ་གང་ཞིག་ཕྱི་ནང་གི་དངོས་པོ་གང་རུང་ལ་ཡིད་དུ་འོང་བའོ་ཞེས་མི་འཛིན་
ཞིང་། དེ་ལྟ་བུ་ལ་ཞེན་པར་མི་བྱེད་པ་དེ་ནི་སེམས་ཀྱི་དངོས་པོའི་ནང་ན་ཤིན་ཏུ་
མཆོག་ཡིན་ནོ། །

དེས་ན་ཤི་བའི་མཐར་ཤ་རུས་སོ་སོར་འབྲལ་ཞིང་རུས་ཚོགས་སུམ་བརྒྱ་དྲུག་
ཅུ་པོ་ཡང་ཐ་དད་དུ་བྱེ་ལ་ཚོགས་རེ་ཡང་དུམ་བུ་མང་པོར་འཐོར་ཞིང་དུམ་བུ་རེ་
ཡང་ཕྱི་མར་ཞིགས་ཏེ་མཐར་ཐལ་བར་འགྱུར་ཞིང་ཐལ་བ་དེ་ཉིད་ཀྱང་གར་སོང་
མི་མངོན་པར་འགྱུར་ལ། ད་ལྟ་གསོན་པར་བཟུང་བའི་དུས་འདི་ཉིད་ནའང་ལུས
ཁོ་རང་ནི་བེམ་པོ་ཡིན་པས་མི་གཡོ་བ་སེང་གེའི་གསོབ་ལྟ་བུ་ཡིན་ལ་སེང་གེའི་
གསོབ་དེའི་ནང་དུ་མིས་ཞུགས་ཏེ་འགྲོ་བ་དང་འཕྱམ་པ་ལྟར་ལུས་ལས་གཞན་ཐ་
དད་པའི་སེམས་མི་ལྟ་བུས་ནང་ནས་བསྐྱོད་པ་ན་འགྲོ་བ་དང་། སྨྲ་བ་ལ་སོགས་
པར་སྣང་བ་ངོ་བོ་མི་གཙང་བ་འདུས་པའི་ཕུང་པོ་བརྟགས་ན་(༣༡༧ན)འཇིགས་སུ་
རུང་བ་སྐྱེ་བས་མི་བཟད་པ་འདི་ལྟ་བུའི་ལུས་གཟུགས་ལ་བདག་གོ་ཞེའམ་བདག་

གི་ཞེས་ཅིའི་ཕྱིར་འཛིན།

དེས་ན་གསོན་པའམ་ཤི་བ་གང་གི་ཚེ་ཡང་སེམས་སྟོང་པ་ཁྱོད་ལ་ལུས་རྗེས་བཅས་རོ་ཁུར་བ་ལྟ་བུས་ཅི་ཞིག་བྱ། ཕྱི་རོལ་གྱི་ས་དང་རྡོ་དང་ཐོང་བ་སོགས་དང་འདི་ལ་བེམ་པོ་ཡིན་པ་དང་། སྙིང་པོ་མེད་པ་དང་། འཇིག་པའི་ཆོས་ཅན་ཡིན་པའི་ཆ་ནས་ཁྱད་པར་ཅི་ཞིག་ཡོད་ན། ཐོང་སོགས་ལ་བདག་གམ་བདག་གི་ཞེས་མི་འཛིན་ལ་ལུས་འདི་ལ་བདག་གམ་བདག་གི་ཞེས་འཛིན་པའི་རྒྱུ་མཚན་ཅི་ཡོད་ནས་བདག་ལྟའི་ང་རྒྱལ་སེལ་བར་མི་བྱེད་དེ། ཀྱི་ཧུད་ཅེས་བདག་ལྟའི་འདུ་ཤེས་ལ་དམད་པ་དང་། དེས་སྐྱོ་བའི་ཚིག་སྟེ་**འཇམ་དཔལ་རྣམ་རོལ་གྱི་མདོར་**དེ་བཞིན་གཤེགས་པས་ཚོང་དཔོན་གྱི་བུ་འཇིགས་བྱིན་ལ་སྨད་ཚོང་གི་བུ་མོ་གསེར་མཆོག་འོད་དཔལ་བསྟན་ཏེ། ཁྱོད་ཀྱིས་འདི་ཅིར་མཐོང་དྲིས་པ་ན། འདི་ལུས་རྩ་དང་རྒྱུག་པ་འདྲ། །སེམས་ནི་བསྟན་དུ་མ་མཆིས་ཏེ། །ཞེས་སོགས་ཀྱིས་ལན་བཏབ་པ་བཞིན་ནོ། །དེས་ན་སྔོན་ཆད་ལུས་འདིའི་འཚོ་ཆས་ཀྱི་ཁ་ཏ་ཕོ་ན་བྱས་ཏེ་ཟས་གོས་སོགས་ཀྱི་ཕྱིར་སྡིག་པ་མང་དུ་བསགས་ཤིང་། གསོག་ཉུམ་དང་སྲུང་ཚོལ་ལས་བྱུང་བའི་སྡུག་བསྔལ་ཡང་མཐའ་ཡས་པར་མྱོང་ཡང་། སྙིང་པོ་མེད་ཀྱི་སྟེང་དུ་ངན་འགྲོའི་རྒྱུ་མཐའ་ཡས་པ་བསྒྲུབས་མོད་ཀྱང་། ལུས་འདི་ནི་ཤིང་སྟོང་ལ་རྩིག་པས་བསྐོར་ཞིང་ཚུས་བྲན་ཡང་དགའ་བ་དང་ཆགས་པ་མེད་ལ། སྔ་རེས་བཅད་ཅིང་དུམ་བུར་བྱས་ཀྱང་ཁོང་ཁྲོ་བ་མེད་པ་ལྟར་ལུས་འདི་ཡང་དེ་ལྟར་ཟད་ན། ཕན་གནོད་ཅི་ཡང་བྱས་པར་མི་ཤེས་པ་དེ་ཅིའི་ཕྱིར་སྐྱོང་། སེམས་བདག་གིས་བསྐྱངས་པ་དང་ཕྱིས་བྱ་རྒོད་ཀྱིས་ཟོས་པ་གཉིས་གའི་ཚེ་ཡང་སྐྱོང་བ་པོ་ལ་དགའ་བ་དང་། ཟ་བ་པོ་ལ་སྡང་བ་མི་འདུག་ན་འདི་ལ་སེམས་བདག་ཅིའི་ཕྱིར་ཆགས། བསྟོད་(༣༡༧བ)དམ་དམད་ཀྱང་བདག་ལ་བསྟོད་དོ་ཞེའམ་དམད་དོ་ཞེས་ཕོ་རང་གིས་དེ་ཉིད་ཤེས་པ་མེད་པ་ལ། ལུས་ལ་བསྟོད་དམད་བྱུང་བ་ལ་སེམས་བདག་གིས་ཆགས་སྡང་བྱེད་པ་

འདི་ནི་ཕོང་བ་ལ་བསྟོད་དམད་བྱུང་བ་ན་ནམ་མཁའས་ཆགས་སྡང་བྱེད་པ་ལྟ་བུར་ཤིན་ཏུ་མི་རིགས་པའོ། །

ཡང་ལུས་འདི་ལ་ཕན་པར་འདོད་པ་དེ་སེམས་བདག་གི་བཤེས་སམ་མཛའ་བོ་ཡིན་ནོ་ཞེ་ན། སེམས་ཅན་ཐམས་ཅད་ཀྱང་རང་རང་གི་ལུས་ལ་ཕན་པར་འདོད་པས་དེ་ཐམས་ཅད་ལ་ཅིའི་ཕྱིར་མི་དགའ། དེ་རྣམས་ལ་སོགས་པའི་རྒྱུ་མཚན་མཐའ་ཡས་པས་ན་སེམས་བདག་གིས་ལུས་འདི་ལ་ཆགས་ཤིང་ཞེན་པར་མི་བྱ་བར་སེམས་ཅན་ཐམས་ཅད་ཀྱི་དོན་དུ་ལུས་འདི་དཀོན་མཆོག་ལ་དབུལ་ཞིང་བསམ་པས་སེམས་ཅན་ཐམས་ཅད་ལ་རྟག་ཏུ་བཏང་བར་བྱ་ལ། སྦྱོར་བས་ནི་ཚེ་དེ་ལ་ལུས་ཀྱིས་ལེགས་པར་བྱ་བ་རྣམས་ཟིན་ཞིང་ཕ་རོལ་ལ་ཕན་བདེ་ཆེན་པོར་འགྱུར་བའི་སྐབས་མཐོང་ན་ལུས་དེ་དོན་མེད་དུ་ཞིག་མི་འཇུག་པར་སྙིང་པོ་བླང་བའི་ཕྱིར་དངོས་སུ་ཡང་བཏང་བར་བྱ་སྟེ་རྒྱལ་པོ་ཟླ་འོད་ཀྱི་སྐྱེས་རབས་ལ་སོགས་པ་བཞིན་ནོ། །འོ་ན་ཉན་ཐོས་མི་སྡུག་པ་གོམས་པ་དག་ལྕེབ་པ་དང་གསོད་དུ་འཇུག་པར་བརྩོན་པ་ལྟར་ལུས་འདོར་རམ་ཞེ་ན། ལུས་འདི་ཉེས་པ་མང་པོ་ཅན་ཡིན་མོད་ཀྱང་དུས་མིན་དུ་མི་འདོར་ཏེ། རང་གི་ལས་ཀྱིས་ཇི་ལྟར་འཕངས་པའི་ཚེ་ཚད་དང་བདེ་སྡུག་སོགས་འབད་རྩོལ་མ་བྱས་པར་ཇི་ལྟར་བྱུང་བ་དེ་ཙམ་ཞིག་སྤྱད་པར་བྱ་བ་ཁོ་ནའོ། །

དེས་ན་ལུས་ལ་ཆགས་པའི་བློ་སྤོང་བར་བསྟན་གྱི་ལུས་ཉིད་སྤོང་བར་བསྟན་པ་མ་ཡིན་པས་ལུས་སྲུང་བར་བཤད་པ་དང་ཡང་འགལ་བ་མེད་དོ། །ཅི་སྟོན་དུའང་། ཤུ་བ་མི་ཡི་གཟུགས་འདྲ་བ། །ཞེས་སོགས་ལན་དུ་མར་ལུས་ཀྱི་སྐྱོན་བསྟན་པ་མ་ཡིན་ནམ་བཟློས་པའི་སྐྱོན་དུ་(༣༧༨ན)འགྱུར་རོ་ཞེ་ན། དེ་དག་ནི་རེས་འགའ་ལུས་མི་རྟག་པ་དང་། རེས་འགའ་ལུས་བཟུང་བས་གནོད་པ་བྱུང་བ་དང་། རེས་འགའ་བདག་མེད་པར་སྟོན་པས་དགོས་པ་ཐ་དད་ཅིང་འདིར་ནི་ཆགས་བྱ་མ་

ཡིན་པར་བསྟན་པས་ཟློས་པའི་སྐྱོན་མེད་དོ། །

གསུམ་པ་བསམ་གཏན་གྱི་སྒྲིབ་པ་བསལ་བ་ནི།

དེ་བས་བྱིས་པའི་སྤྱོད་པས་ཚོག །
བདག་གིས་མཁས་པའི་རྗེས་སློག་སྟེ། །
བག་ཡོད་གཏམ་ནི་དྲན་བྱས་ནས། །
གཉིད་དང་རྨུགས་པ་བཟློག་པར་བྱ། ༧༨ །
རྒྱལ་སྲས་ཐུགས་རྗེ་ཆེ་རྣམས་ལྟར། །
རིགས་པའི་སྲན་ནི་གཟུགས་བྱས་ཏེ། །
ཉིན་མཚན་ཕྱེད་པར་མ་འབད་ན། །
བདག་གིས་སྡུག་བསྔལ་ནམ་མཐར་ཕྱིན། ༧༩ །

ཞེས་གསུངས་ཏེ། དང་པོས་བསམ་གཏན་གྱི་སྒྲིབ་པ་ལྷུ་སེལ་བ་བསྟན། གཉིས་པས་རྩེ་གཅིག་ཏུ་འབད་དགོས་པར་བསྟན་ཏོ། །

དེ་ཡང་འདུ་འཛི་ལ་དགའ་བ་དང་། ཕྱི་ཡོ་བྱད་དང་ནང་སེམས་ཅན་ལ་ཆགས་པ་སོགས་འདོད་པའི་རྣམ་པར་རྟོག་པ་དང་། ལུས་སེམས་ལ་བདག་དང་བདག་གིར་ལྟ་བས་ཞེན་ཞིང་། དེའི་དོན་དུ་ཤ་ཐང་དུ་འབད་པ་སོགས་དེ་རྣམས་ནི་བྱིས་པ་མ་རབས་ཀྱི་སྤྱོད་པ་ཁོ་ན་སྟེ། འཁོར་བ་ཐོག་མ་མེད་པ་ནས་དེ་ལྟ་བུ་ཁོ་ན་ལ་ལོངས་སྤྱད་པ་དེས་ཚོག་ཤེས་ཀྱི་ད་ནི་བྱིས་པའི་སྤྱོད་པ་དེས་སྐྱོ་ཞིང་སྔར་སྤྱད་པ་དེ་ཡང་མཁས་པའི་མདུན་ན་ངོ་ཚ་ཞིང་འགྱོད་ལ། ད་ནི་ནམ་དུ་ཡང་དེ་དག་ལས་བཟློག་སྟེ་མཁས་པ་སངས་རྒྱས་དང་བྱང་ཆུབ་སེམས་དཔའ་རྣམས་ཀྱི་སྤྱོད་པའི་རྗེས་སུ་འཇུག་ཅིང་བཟང་པོར་སྤྱོད་པ་ཁོ་ན་རྗེས་སུ་བསླབ་པར་བྱའོ། །ཞེས་རང་གིས་དམ་བཅས་ཏེ་བག་ཡོད་ཀྱི་ལེའུར་བཤད་པའི་གཏམ་རྣམས་དྲན་པར་བྱས་ལ་བསམ་གཏན་གྱི་སྒྲིབ་པ་རྣམས་ཟློག་ཅིང་རྩེ་གཅིག་པས་རྣལ་འབྱོར་དུ་བྱའོ། །

དེ་ལ་སྒྲིབ་པ་ནི་ལྔ་སྟེ། **བཤེས་སྤྲིང་ལས།** རྒོད་ཅིང་འགྱོད་དང་གནོད་སེམས་རྨུགས་པ་དང་། །གཉིད་(༣༧༨བ)དང་འདོད་ལ་འདུན་དང་ཐེ་ཚོམ་སྟེ། །ལྔ་པོ་འདི་དག་བསམ་གཏན་དགེ་བའི་ནོར། །འཕྲོག་པའི་ཆོམ་རྐུན་ལགས་པར་ཐུབ་པས་གསུངས། །ཞེས་པ་ལྟར་རྒོད་འགྱོད་དང་། གནོད་སེམས་དང་། གཉིད་རྨུགས་དང་། འདོད་འདུན་དང་། ཐེ་ཚོམ་སྟེ་ལྔའོ། །དེ་ལ་ཡུལ་སྣ་ཚོགས་དྲན་ཞིང་འཕྲོ་བ་ནི་རྒོད་པ་དང་། མི་བྱ་བ་བྱས་པ་སོགས་ལ་འགྱོད་སེམས་ནི་འགྱོད་པ་སྟེ་ཞི་བར་གནས་པའི་གེགས་བྱེད་དོ། །གཞན་ལ་གནོད་སེམས་ནི་ཡིད་མི་བདེ་དང་མཚུངས་པར་ལྡན་པ་ཞེ་སྡང་གི་ཆ་དང་མཐུན་པ་སྟེ་བདེ་བར་གནས་པ་ལ་གེགས་བྱེད་དོ། །བྱིང་ཞིང་འཐིབས་པ་དང་དེ་བས་ཀྱང་ཆེར་བྱིང་བ་རྨུགས་པ་དང་། གཉིད་ཀྱིས་ནོན་པ་ནི་གཉིད་རྨུགས་ཏེ་གསལ་བར་གནས་པ་ལ་གེགས་བྱེད་དོ། །ཕྱི་ཡི་བྱད་དང་ནང་སེམས་ཅན་ལ་ཆགས་པའི་རྣམ་རྟོག་ནི་འདོད་པ་ལ་འདུན་པ་སྟེ་ལས་རུང་དུ་གནས་པ་ལ་གེགས་བྱེད་དོ། །འདི་ཏིང་ངེ་འཛིན་དུ་མི་འགྱུར་རམ་སྙམ་པ་སོགས་དོན་མི་འགྱུར་གྱི་སོམ་ཉི་སྐྱེ་བ་ནི་ཐེ་ཚོམ་སྟེ་རྩེ་གཅིག་པར་གནས་པ་ལ་གེགས་བྱེད་དོ། །འདིར་དོན་འགྱུར་གྱི་ཐེ་ཚོམ་ཕུང་པོ་འདི་བདག་ཡིན་ནམ་མ་ཡིན་སྙམ་པ་ལས་དཔྱད་པས་མ་ཡིན་པར་མཐོང་ནས་བདག་ཏུ་མི་དམིགས་པར་གནས་པ་ལྟ་བུ་དོན་འགྱུར་གྱི་ཐེ་ཚོམ་ཁ་ཅིག་གིས་ནི་ཞི་ལྷག་གཉིས་ཀའི་སྣ་འདྲེན་པ་ཡང་ཡོད་ལ། རི་ལ་སོགས་པ་རྟག་ཅིང་འདུག་པས་འདུས་བྱས་མི་རྟག་པར་བཤད་པ་འདི་མི་བདེན་ནམ་སྙམ་པ་ལྟ་བུ་དོན་མི་འགྱུར་གྱི་ཐེ་ཚོམ་གྱིས་ནི་ཡོག་ལྟ་འདྲེན་ཞིང་ཞི་ལྷག་གཉིས་ཀ་ལ་གེགས་བྱེད་དོ། །

དེས་ན་དོན་འགྱུར་གྱི་ཐེ་ཚོམ་ཁ་ཅིག་བསམ་གཏན་གྱི་ཉེར་བསྡོགས་སུ་འགྱུར་བ་ཡོད་ཀྱང་ཐེ་ཚོམ་དང་དངོས་གཞི་ལྷན་ཅིག་ཏུ་མི་གནས་པས་ཐེ་ཚོམ་ཙམ་སྒྲིབ་པར་བཤད་པ་ཡིན་ནོ། །དེ་དག་ཕལ་ཆེར་ཡང་འཆི་བའི་འདུ་ཤེས་བསྒོམས་(༣༧༩ན)

པས་སེལ་ལ་ཁྱད་པར་བྱེད་རྐྱེན་ནི་གནས་ཏ་ཙང་གྲང་བ་དང་མཐོ་བ། དུས་དགུན། ཟས་ཉུང་ཞིང་མི་བཅུད་པ། གྲོགས་རླུང་ཁམས་པ་སྨྲ་བ་མང་པོ་ཅན་དང་། ཡུལ་ལ་རྟག་ཏུ་སེམས་པ་སོགས་རྐྱེན་པའི་རྒྱུ་དང་། དེ་ལས་ལྡོག་སྟེ་གནས་དྲོ་ཆེས་པ་སོགས་བྱེད་པའི་རྒྱུ་སྟེ་རྒྱུ་དེ་དག་སྤངས་པས་སེལ་ལ། ཏ་ཙང་རྩོལ་ཆེས་པས་བྱུང་བའི་བྱེད་རྐྱེན་ནི་བཏང་སྙོམས་སུ་བྱ་བ་སྒྲིད་པའི་མན་ངག་གིས་སེལ་ལོ། །གནོད་སེམས་ཀྱི་གཉེན་པོར་བྱམས་པ་དང་། འདོད་འདུན་གྱི་གཉེན་པོར་མི་རྟག་པ་དང་མི་སྡུག་པ་སྒོམ་ལ། འགྱོད་པ་དང་ཐེ་ཚོམ་ནི་དང་དུ་མི་ལེན་ཞིང་རྗེས་སུ་མི་འབྲང་བས་སེལ་ལ། སྤྱིར་དགེ་བའི་བཤེས་གཉེན་གྱི་དུས་སུ་ཐབས་མཁས་པས་བསལ་དགོས་ཏེ། **མདོ་ལས།** དགེ་སློང་མང་ཞིག་སྟོན་བྱས་པའི་སྡིག་པས་འགྱོད་དེ་རྩེ་གཅིག་པར་མ་གྱུར་པའི་ཚེ། འཇམ་དཔལ་གྱིས་རལ་གྲི་ཐོགས་ཏེ། སྟོན་པའི་སྟེང་དུ་བརྒྱུགས་པས། སྟོན་པས་ང་ནི་བསད་ཟིན་གྱིས་ཐོངས་ཤིག་ཅེས་བཀའ་སྩལ་བ་ན། དེ་རྣམས་འཇམ་དཔལ་ཡང་འདི་ལྟར་བྱེད་པ་ལས་ན་ལས་འབྲས་རང་བཞིན་མེད་པ་ལྟ་ཞིག་ཅེས་འགྱོད་པ་དང་བྲལ་ཏེ། ཆོས་ཉིད་མཐོང་བར་གསུངས་ལ་འདི་ལ་མཚོན་ཆ་ཐོགས་པའི་ཆོས་ཀྱི་རྣམ་གྲངས་ཞེས་གསུངས་པ་ལྟ་བུ་སྟེ། སྤྱིར་ཐེག་ཆེན་ནི་དགེ་བའི་བཤེས་གཉེན་ལ་རག་ལས་སོ། །

དེས་ན་འདོད་འདུན་ནི་གོང་དུ་རྒྱས་པར་ཟློག་ཟིན་ཞིང་འདིར་གཉིད་རྨུགས་ཀྱིས་མཚོན་ནས་སྒྲིབ་པ་ལྔ་ཟློག་བྱར་བསྟན་ལ་སྤྱིར་ཐེ་ཚོམ་ནི་གཙོ་བོར་ཤེས་རབ་ཀྱིས་སེལ་ལོ། །དེས་ན་མཁས་པ་རྒྱལ་བའི་སྲས་ཐུགས་རྗེའི་དབང་ཕྱུག་ཆེན་པོ་དེ་རྣམས་ལུས་སྲོག་དང་། རང་གི་ཞི་བ་ལ་མི་གཟིགས་པར་བྱང་ཆུབ་སེམས་དཔའི་སྤྱོད་པ་སྤྱོད་པ་ལྟར་བདག་གིས་ཀྱང་། རང་གིས་རང་ལ་རིགས་པའི་སྲན་བཙུགས་ཏེ་ཉིན་མཚན་ཕྱེད་པར་མ་འབད་ན་སྡུག་བསྔལ་གྱི་(༣༧(ཁ)མཚོ་ལས་རང་གཞན་སྒྲོལ་མི་ནུས་པས་ད་ནི་རྩེ་གཅིག་ཏུ་འབད་དོ་ཞེས་ཡི་དམ་བཅའ་བའོ། །

གསུམ་པ་དོན་བསྡུ་བ་ནི།

དེ་བས་སྒྲིབ་པ་བསལ་བའི་ཕྱིར།
ཡོག་པའི་ལམ་ལས་སེམས་བསླན་ཏེ། །
ཡང་དག་དམིགས་ལ་རྟག་པར་ཡང་། །
བདག་གིས་མཉམ་པར་བཞག་པར་བྱ།[༡༤༤] །

ཞེས་གསུངས་ཏེ། དེ་ལྟར་རྒྱས་པར་བཤད་ནས་ད་ནི་ལེའུ་འདི་མཐའ་དག་གི་དོན་བསྡུ་བར་བྱ་སྟེ། བྱང་ཆུབ་སེམས་དཔའ་བརྩོན་འགྲུས་དང་ལྡན་པ་དེས་འདུ་འཛི་དང་རྣམ་གཡེང་གི་ཉེས་པ་མཐོང་ནས་དབེན་པར་སོང་སྟེ། འདོད་པའི་རྣམ་རྟོག་ཐམས་ཅད་ལས་རིང་དུ་ཕྱོགས་ནས་སྐྱིལ་མོ་ཀྲུང་གིས་འདུག་སྟེ། བདག་གཞན་མཉམ་པ་དང་བརྗེ་བའི་བྱང་ཆུབ་ཀྱི་སེམས་དང་། ཆོས་ཐམས་ཅད་བཟོད་ནས་དག་པའི་ཤེས་རབ་དྲི་མ་མེད་པ་ལ་དམིགས་ནས་སེམས་ཅན་ཐམས་ཅད་ཀྱི་དོན་དུ་བྱང་ཆུབ་འཐོབ་པའི་ཕྱིར་སྐད་ཅིག་ཡང་མི་གཡེང་བར་མཉམ་པར་བཞག་པར་བྱ་ཞིང་། བསམ་གཏན་གྱི་སྒྲིབ་པ་དག་བྱུང་ན་ཟློག་ཅིང་རྩེ་གཅིག་ཏུ་བཞག་པས་དང་པོར་དམིགས་པ་ལ་རྩེ་གཅིག་པ་འདོད་པའི་ཞི་གནས་སྐྱེ་ལ། སླར་གོང་ནས་གོང་དུ་ཏིང་ངེ་འཛིན་གྱི་རོ་མི་མྱང་ཞིང་ཆགས་མི་ཤེས་ལ་མཚན་མར་མི་འཛིན་པར་བཞག་པས་བྱང་ཆུབ་ཀྱི་སེམས་ཀུན་རྫོབ་བམ་དོན་དམ་པའི་རྣམ་པ་གང་ལ་དམིགས་པ་དེ་ཉིད་ལ་ཡན་ལག་ལྔ་དང་ལྡན་པས་རྩེ་གཅིག་ཏུ་གནས་པ་བསམ་གཏན་གྱི་དངོས་གཞི་ཁྱད་པར་ཅན་སྐྱེ་བར་འགྱུར་ལ། དེ་ཡང་གོང་ལྟར་བསྐྱངས་པས་རྟོག་དཔྱོད་དགའ་བདེ་འདུ་བྱེད་ཀྱི་མཚན་རྟོག་ནུབ་ནས་བཞི་པའི་དངོས་གཞི་ཁྱད་པར་ཅན་འཐོབ་ཅིང་། དེ་ལས་གཞན་གྱི་སེམས་ལ་དམིགས་ཏེ་བཞག་པས་གཞན་སེམས་ཤེས་པའི་མངོན་ཤེས་དང་། སྔོན་དང་ཕྱི་མའི་གནས་ལ་དམིགས་ཏེ་བཞག་པས་སྔོན་གནས་རྗེས་དྲན་གྱི་མངོན་ཤེས་སོགས་མངོན་ཤེས་

ལྷུ་(༣༢༠ན)སྐྱེ་ལ། དེའི་ཚེ་གཞན་དོན་གྱི་ནུས་པ་གྲུབ་པས་གང་ཟག་འཕྲུལ་གྱིས་འདུལ་བ་དང་། ཆོས་བསྟན་པས་འདུལ་བ་དང་། ཚར་བཅད་པས་འདུལ་བ་དང་། སྦྱོ་བས་འདུལ་བ་དང་། སྦྲོ་བས་འདུལ་བ་དང་། དོར་བས་འདུལ་བ་སོགས་གདུལ་བྱའི་ཁམས་དང་འདུལ་བྱེད་ཀྱི་ཐབས་ཤེས་པས་དུས་ཇི་ལྟ་བ་བཞིན་འཇུག་པས་སྦྱོར་བའི་གཞན་དོན་མཚན་ཉིད་པ་འགྲུབ་པ་ཡིན་ནོ། །

དེས་ན། དེ་བས་སྒྲིབ་པ་བསལ་བའི་ཕྱིར། །ལོག་པའི་ལམ་ལས་སེམས་བསླན་ཏེ། །ཞེས་པས་མི་མཐུན་ཕྱོགས་སྤྱོང་བ་ཐམས་ཅད་བསྡུས་ཤིང་། ཡང་དག་དམིགས་ལ། ཞེས་པས་ཡུལ་ལྷག་མཐོང་སྟེ་ཀུན་རྫོབ་དང་དོན་དམ་པའི་བྱང་ཆུབ་ཀྱི་སེམས་དང་། རྟག་པར་ཡང་། བདག་གིས་མཉམ་པར་བཞག་པར་བྱ། །ཞེས་པས་ཞི་གནས་ལ་ཇི་ལྟར་བཞག་པ་རྣམས་ལེགས་པར་བསྡུས་པ་ཡིན་ནོ། །གཙོ་བོའི་དོན་སོ་དྲུག་དང་བཅུ་གཅིག་ཏུ་བསྡུས་པའི་ཚེ་ཡང་ལེའུ་འདིའི་སྙིང་པོ་བདག་གཞན་མཉམ་བརྗེའི་བྱང་སེམས་དང་མཚན་ཉིད་འདི་ཁོ་ནར་བཤད་དོ། །འདི་རྣམས་སུ་**འགྲེལ་ཆེན་ལས་ནི།** འདི་ལྟར་ཚུལ་ཁྲིམས་ལ་སོགས་པ་ཞི་གནས་ཀྱི་ཚོགས་པ་རྣམས་ལ་གནས་ནས་ཡིད་དང་རྗེས་སུ་མཐུན་པའི་གནས་རྣམས་སུ་སངས་རྒྱས་དང་བྱང་ཆུབ་སེམས་དཔའ་རྣམས་ལ་ཕྱག་འཚལ་བ་སོགས་བྱས་ཏེ། འགྲོ་བ་མཐའ་དག་གདོན་པའི་བསམ་པས་སྙིང་རྗེ་ཆེན་པོ་ཉིད་མངོན་དུ་བྱས་ཏེ། བདེ་བའི་སྟན་ལ་འདུག་ནས་ལུས་དྲང་པོར་སྲང་སྐྱིལ་མོ་ཀྲུང་བྱས་ནས་ཏིང་ངེ་འཛིན་བསྐྱེད་པར་བྱའོ། །དེ་ལ་དང་པོར་རེ་ཞིག་གང་དངོས་པོ་འདི་ལ་དཔྱད་པར་བྱ་སྟེ། ཇི་སྲིད་དུ་རྣམ་པ་གང་གིས་དངོས་པོ་མཐའ་དག་བསྡུས་པར་གྱུར་པ་དེ་ལ་སེམས་བརྟན་པར་བྱའོ། །ཞེས་སོགས་ཀ་མ་ལ་ཤཱི་ལའི་སྒོམ་རིམ་དྲངས་ནས་བཤད་དོ། །

དགེ་བའི་ལྷས། རྨུགས་པ་ནི་སེམས་སློང་བ་སྟེ་ཞེས་(༣༢༠བ)སྣང་ཡང་སེམས་སློང་སློང་པོ་ནི་རྒོད་པ་ཡིན་གྱི་རྨུགས་པ་མ་ཡིན་ནོ། །སྤྱིར་སྒྲིབ་གཉིས་བསལ་བའི་

ཕྱིར་ཚུལ་བཞིན་ཡིད་བྱེད་ཀྱི་ཞགས་པས་དྲངས་ཤིང་དྲན་པའི་ཐག་པས་དམ་པོར་བཏགས་ལ་ཡང་དག་དམིགས་པ་ལ་རྒྱུན་མི་འཆད་པར་བཞག་གོ་ཞེས་འབྲུ་གཉེར་ཏོ། །**ས་བཟང་པས་ནི།** དེ་བས་བྱིས་པའི་སྤྱོད་པས་ཆོག །ཅེས་པ་མན་ཆད་ལ་དོན་དམ་བྱང་སེམས་སྒོམ་པ་ཞེས་དང་། དོན་བསྡུ་ལ་མཉམ་བཞག་ཟབ་མོ་སྒོམ་ཚུལ་ཞེས་ས་གཅོད་ལ། རྒྱལ་སྲས་སོགས་ཀྱི་ཀློ་ཀ་རྒྱ་དཔེ་ལ་མེད་དོ་ཞེས་བྲིས་སོ། །

བྱང་ཆུབ་སེམས་དཔའི་སྤྱོད་པ་ལ་འཇུག་པ་ལས་བསམ་གཏན་བསྟན་པ་ཞེས་བྱ་བ་སྟེ་ལེའུ་བརྒྱད་པ་རྣམ་པར་བཤད་ཟིན་ཏོ།། །།(༣༢༧ན)

ལེའུ་དགུ་པ། ཤེས་རབ་ཀྱི་ཕ་རོལ་ཏུ་ཕྱིན་པ་བསྟན་པ།

ཇོག་དང་བརྟག་པ་རྣམ་བྲལ་བ། །
བློ་ཡི་ཡུལ་མིན་དེ་བཞིན་ཉིད། །
ཤེས་རབ་ཕ་རོལ་ཕྱིན་མ་ལ། །
དེ་ལྟར་རྟོགས་པའི་ཕྱག་འཚལ་ནས། །
གང་ལ་ཐེ་ཚོམ་སྐྱེས་པས་ཀྱང་། །
སྲིད་པ་རྒྱལ་པོར་བྱེད་ནུས་པ། །
བསམ་གྱིས་མི་ཁྱབ་དེ་ཁོ་ན། །
གསལ་བྱེད་ཤེས་རབ་ལེའུ་དགྲོལ། །

དེ་ལྟར་ཡང་དག་པའི་བསམ་གཏན་ལ་འབད་པས་ཟད་པ་དང་མི་སྐྱེ་བ་ཤེས་པའི་བར་གྱི་ཤེས་རབ་མངོན་དུ་བྱེད་པའི་ཕྱིར་བསམ་གཏན་གྱི་དེ་མ་ཐག་ཏུ་ཤེས་རབ་ཀྱི་ཕ་རོལ་ཏུ་ཕྱིན་པ་བཤད་པར་འབྲེལ་ཏོ། །

འདིར་བི་ཧུ་ཏིས། ཤེས་རབ་བསམ་གཏན་མེད་མི་འབྱུང་། །ཞི་གནས་མེད་ན་དེ་ཡང་མེད། །ཅེས་པའི་དང་པོས་འབྲེལ་བཅལ་ལ་**དགེ་ལྷས།** མཉམ་པར་བཞག་པ་ལས་དེ་ཁོ་ན་ཉིད་ཀྱི་བློ་སྐྱེ་བར་འགྱུར་བས་ཞེས་དང་། **དགའ་འགྲེལ་ཆེན་མོར།** ལྷག་མཐོང་གི་མིང་ཅན་ཤེས་རབ་ཀྱི་ཕ་རོལ་ཏུ་ཕྱིན་པ་བསྟན་པའི་ཕྱིར་ཞེས་དང་། **ཤེར་ལེ་ཁོ་ནའི་དགའ་འགྲེལ་ཆུང་ངུར།** བསོད་ནམས་ཀྱི་ཚོགས་ཀྱི་རྒྱུ་སྦྱིན་སོགས་དང་ཡེ་ཤེས་ཀྱི་ཚོགས་ཀྱི་རྒྱུ་ཞི་གནས་ཀྱི་མཚན་ཉིད་བསམ་གཏན་བཤད་ནས་ལྷག་མཐོང་བསྟན་པའི་ཕྱིར་ཞེས་འབྲེལ་བཅལ་ཏོ། །གལ་ཏེ། ལྷག་

མཐོང་མེད་པར་ཡང་ནི་ཞི་གནས་མེད། །ཅེས་གསུངས་ལ། ལྷག་མཐོང་ནི་ལེའུ་འདིས་བསྟན་པར་བྱ་བ་ཡིན་ན་ཤེས་རབ་ལས་བསམ་གཏན་སྐྱེ་དགོས་པས་ལེའུ་སྔ་ཕྱི་གོ་ཟློག་དགོས་པའམ། ཡང་ན་ཞི་གནས་ལ་མ་བརྟེན་པར་ལྷག་མཐོང་མི་སྐྱེ་ལ། ལྷག་མཐོང་ལ་མ་བརྟེན་པར་ཡང་ཞི་གནས་མི་སྐྱེ་བའི་ཕྱིར་ཕན་ཚུན་རྟོག་པ་བརྟེན་པའི་སྐྱོན་དུ་ཐལ་བར་འགྱུར་རོ་ཞེ་ན། དབང་རྟོན་ལ་ལྷག་མཐོང་མཚན་ཉིད་པ་དང་པོར་སྐྱེས་ཤིང་། དེ་ལ་རྩེ་གཅིག་ཏུ་མཉམ་པར་བཞག་པས་དོན་གྲུབ་པ་ཡང་ཡོད་ཅིང་། དབང་བརྟུལ་རྣམས་ཀྱང་ལྷག་མཐོང་(༡༡༧བ)གི་ཆ་ཤས་ཙམ་ལ་དམིགས་ནས་བཞག་པས་ཞི་གནས་སྐྱེ་ལ། དེས་སྒོམ་བྱུང་གི་ཤེས་རབ་ལྷག་མཐོང་གོང་དུ་འཕེལ་ཞིང་དེ་ལས་ཀྱང་ཞི་གནས་བརྟན་པ་བྱ་གཤོག་པ་གཡབ་པའི་ཚུལ་དུ་འབྱུང་ལ། དེ་ལྟར་རང་སའི་ཞི་ལྷག་ཟུང་དུ་ཆུབ་པ་ཆེར་བརྟན་པས་ངེས་འབྱེད་ཆ་མཐུན་གྱི་ལམ་བགྲོད་དེ་སྐད་ཅིག་གཅིག་གི་ཤེས་རབ་ཀྱིས་ཆོས་ཉིད་མཐོང་བ་མཐོང་བའི་ལམ་སྐྱེས་པ་ནི་ལྷག་མཐོང་མཚན་ཉིད་པ་ཡིན་ལ། དེ་ཉིད་སྒོམ་ལམ་དུ་ཞི་ལྷག་ཟུང་དུ་ཆུད་པར་གོང་ནས་གོང་དུ་བརྟན་པས་ས་བདུན་པའི་མཐར་མཉམ་རྗེས་ཀྱི་དམིགས་པ་དག་པའི་ལྷག་མཐོང་སྐྱེ་ཞིང་། དེ་གོང་དུ་བརྟན་པས་ཏིང་ངེ་འཛིན་ཐམས་ཅད་རྫོགས་ཏེ་ས་བཅུ་རྒྱུན་གྱི་ཐ་མར་རྩེ་གཅིག་པའི་ཏིང་ངེ་འཛིན་དང་། ཟད་མི་སྐྱེ་ཤེས་པ་ཟག་པ་ཟད་པའི་ཐབས་ཤེས་པའི་ཤེས་རབ་དབྱེར་མེད་པ་རྡོ་རྗེ་ལྟ་བུའི་ཏིང་ངེ་འཛིན་དེས་དྲི་མ་ཐམས་ཅད་ལྷང་བ་མེད་པར་བཅོམ་སྟེ་སྐད་ཅིག་གཅིག་གི་ཤེས་རབ་ཀྱིས་ཆོས་ཐམས་ཅད་མངོན་པར་རྫོགས་པར་སངས་རྒྱས་པ་ཡིན་ལ། དེ་ནི་འགོག་པ་ཆེན་པོ་ལས་ལྷང་བ་མེད་པ་ཞི་གནས་ཀྱི་མཐར་ཐུག་པ་དང་། ཇི་ལྟ་ཇི་སྙེད་མཁྱེན་པ་ལྷག་མཐོང་གི་མཐར་ཐུག་པ་དབྱེར་མེད་པ་བརྙེས་པ་ལས་ཉམས་པ་མེད་པ་ཡིན་ནོ། །དེའི་ཕྱིར་ཞི་ལྷག་རེ་རེའང་ལས་དང་པོ་པ་ཤིན་ཏུ་དབང་བརྟུལ་ནས་བཟུང་སྟེ་སངས་རྒྱས་

ཀྱི་སའི་བར་དུ་རེ་རེའང་དབྱེ་བ་མཐའ་ཡས་པ་དང་བཅས་ཏེ་འགྲོ་བས་བྱེ་བྲག་ཏུ་གང་ཟག་སོ་སོ་ལ་ཞི་ལྷག་སྐྱེད་པ་ནི་དགེ་བའི་བཤེས་གཉེན་གྱིས་དེའི་ཁམས་དང་དབང་པོ་བཞིན་བཀྲི་བར་བྱ་བ་ཡིན་ལ། དེའི་ཚུལ་མཐའ་དག་ནི་སུས་ཀྱང་བྲིར་མི་ནུས་ལ་འདི་དག་ཏུ་ནི་གཙོ་ཆེ་བའི་དབང་དུ་བྱས་པ་སྤྱི་འགྲོའི་ཚུལ་ཙམ་སྟོན་པ་ཡིན་ལ། དེའི་ཕྱིར་རྗེས་མཐུན་གྱི་ལྷག་མཐོང་ལ་དམིགས་པའི་ཏིང་ངེ་འཛིན་ལ་བསམ་གཏན་དང་། དེས་བསྐྱེད་པ་དེ་ཁོ་ན་ཉིད་(༣༢༢ན)མཐོང་བའི་ཤེས་རབ་དངོས་ལ་ལྷག་མཐོང་དུ་བྱས་ཏེ་རྒྱུ་འབྲས་ཀྱི་ཚུལ་གྱིས་བསྟན་པ་ཡིན་ནོ། །

གཞུང་དངོས་ལ་ལྔ། ཤེས་རབ་ཀྱི་ཕན་ཡོན། ཤེས་རབ་ངོས་བཟུང་བ། སྟོང་ཉིད་སྒོམ་ཚུལ། དངོས་འཛིན་དགག་པ། སྟོང་ཉིད་བསྒོམས་པའི་འབྲས་བུ་བསྟན་པའོ། །

དང་པོ་(ཤེས་རབ་ཀྱི་ཕན་ཡོན་)ནི།

ཡན་ལག་འདི་དག་ཐམས་ཅད་ནི། །
ཐུབ་པས་ཤེས་རབ་དོན་དུ་གསུངས། །
དེ་ཡི་ཕྱིར་ན་སྡུག་བསྔལ་དག །
ཞི་བར་འདོད་པས་ཤེས་རབ་བསྐྱེད།”།

ཅེས་གསུངས་ཏེ། སྦྱིན་པ་ལ་སོགས་པ་ཡན་ལག་ལྔ་པོ་འདི་དག་ཐམས་ཅད་ནི་ཐུབ་པ་བཅོམ་ལྡན་འདས་ཀྱིས་ལུས་སམ། འབྲས་བུ་ཤེས་རབ་སྐྱེད་པའི་དོན་དུ་གསུངས་པ་ཁོ་ན་སྟེ། རྒྱུ་བསོད་ནམས་ཀྱི་ཚོགས་སྦྱིན་སོགས་ལྔ་ལས་འབྲས་བུ་ཡེ་ཤེས་ཀྱི་ཚོགས་ཤེས་རབ་སྐྱེ་བའི་ཕྱིར་ཏེ། **ཡུམ་ལས།** བསོད་ནམས་ཀྱི་ཚོགས་མ་བསགས་པར་ཤེས་རབ་ཀྱི་ཕ་རོལ་ཏུ་ཕྱིན་པ་རྨ་ལམ་དུ་ཡང་གྲག་པར་མི་འགྱུར་རོ་ཞེས་སོ། །དེ་ཡི་ཕྱིར་ན་སྦྱིན་སོགས་ལྔ་པོ་ཙམ་གྱིས་ཆོག་ཤེས་པར་མི་བྱ་བར་སྣར་རང་གཞན་གྱི་སྡུག་བསྔལ་ཐམས་ཅད་དག་ཞི་བར་འདོད་པ་རྣམས་

ཀྱིས་ཤེས་རབ་སྐྱེད་པ་པོ་ན་ལ་ནན་ཏན་དུ་བྱའོ། །གལ་ཏེ། སྦྱིན་པ་སྦྱིན་པའི་སྟོན་དུ་འགྲོ་བ་ཤེས་རབ་སྟེ། །ཚུལ་ཁྲིམས་བཟོད་དང་བརྩོན་འགྲུས་བསམ་གཏན་དེ་བཞིན་ནོ། །ཞེས་སྦྱིན་སོགས་ལྔའི་སྟོན་དུ་ཤེས་རབ་དགོས་པར་བཤད་པ་དང་འགལ་ལོ་ཞེ་ན། དེ་ནི་སྦྱིན་སོགས་ཙམ་ལྔ་པོ་དམུས་ལོང་ལྟ་བུ་ཡིན་ལ། ཤེས་རབ་ཀྱི་དམིགས་བུས་ཁྲིད་ན་དེ་རྣམས་ཀྱང་ཕ་རོལ་ཏུ་ཕྱིན་པར་འགྱུར་བའི་ཕྱིར། ཕ་རོལ་ཏུ་ཕྱིན་པར་འཇོག་པ་ལ་ཤེས་རབ་དགོས་པར་བསྟན་པ་ཡིན་ལ། ཤེས་རབ་དེ་ཡང་བསོད་ནམས་མ་བསགས་པར་མི་སྐྱེ་བའི་ཕྱིར་འདིར་ནི་སྦྱིན་སོགས་ལྔ་ཙམ་པོ་བ་ལ་དགོངས་པ་ཡིན་ཏེ། **རིན་ཆེན་ཕྲེང་བར།** བསོད་(༣༢༢བ)ནམས་ཆུང་བས་ཆོས་འདི་ལ། །ཐེ་ཚོམ་ཙམ་ཡང་མི་སྐྱེ་སྟེ། །འདི་ལ་ཐེ་ཚོམ་སྐྱེས་པས་ཀྱང་། །སྲིད་པ་ཧྲུལ་པོར་བྱེད་པར་འགྱུར། །ཞེས་གསུངས་པ་བཞིན་ནོ། །

གཉིས་པ་(ཤེས་རབ་ངོས་བཟུང་བ་)ལ་གཉིས། ཤེས་བྱ་བདེན་པ་གཉིས་སྟོང་ཉིད་དུ་སྒྲུབ་པ་དང་། དེ་ཤེས་པ་ལམ་དུ་སྒྲུབ་པའོ། །དང་པོ་(ཤེས་བྱ་བདེན་པ་གཉིས་སྟོང་ཉིད་དུ་སྒྲུབ་པ་)ལ་བཞི། བདེན་གཉིས་ཀྱི་དབྱེ་བ། མཚན་ཉིད། དེ་སྒྲུབ་པ། དེ་ལ་རྩོད་པ་སྤོང་བའོ། །

དང་པོ་(བདེན་གཉིས་ཀྱི་དབྱེ་བ་)ནི།

ཀུན་རྫོབ་དང་ནི་དོན་དམ་སྟེ། །
འདི་ནི་བདེན་པ་གཉིས་སུ་འདོད། །

ཅེས་གསུངས་ཏེ། འདི་དག་གི་རང་བཞིན་རྒྱས་པར་ལེའུ་བཞི་པའི་སྤྱི་དོན་དུ་བསྟན་ཟིན་ལ། འདིར་ནི་མདོར་བསྡུ་ན་གང་ཤེས་པར་བྱ་བ་ནི། ཀུན་རྫོབ་ཀྱི་བདེན་པ་དང་། དོན་དམ་པའི་བདེན་པ་སྟེ། རེ་ཞིག་ཤེས་བྱ་འདི་ནི་བདེན་པ་གཉིས་སུ་ངེས་པར་བདག་ཉིད་ཆེན་པོ་ཞི་བའི་ལྷ་ཉིད་འདོད་དོ། །ཞེས་ཞལ་གྱིས་འཆེས་པའོ། །དེ་ལ་ཀུན་ནི་མང་པོའི་སྒྲ་སྟེ་རྣམ་པ་སྣ་ཚོགས་པར་སྣང་བའི་དོན་

ཏོ། །ཛོབ་ནི་རྫུན་པའི་དོན་ཏེ་ཇི་ལྟར་སྣང་བ་དེར་མི་བདེན་པས་གསོབ་དང་གསོག་དང་ཡ་མ་བརྫུ་ཙམ་དུ་ཟད་པའི་དོན་ཏོ། །

འོ་ན་ཅིའི་ཕྱིར་ཀུན་རྫོབ་དེ་བདེན་པར་བཞག་ཅེ་ན། རེ་ཞིག་འཇིག་རྟེན་གཞུག་པའི་ཐ་སྙད་ཀྱི་དོན་དུ་སྟེ་འཇིག་རྟེན་པ་རྣམས་ཇི་ལྟར་སྣང་བ་དེར་བདེན་པར་ཞེན་པའི་ཕྱིར་དང་། གནས་སྐབས་པའི་རིགས་ངོར་ཡང་རྒྱུ་འབྲས་མི་འབྲུལ་པར་དོན་བྱེད་ནུས་པར་སྣང་བའི་ཕྱིར་རེ་ཞིག་པའི་བདེན་པར་བཞག་གོ། །འདི་ཡང་གཏན་དུ་བའི་བདེན་པ་ནི་མ་ཡིན་ཏེ་དཔྱད་མི་བཟོད་པའི་ཕྱིར་དང་འཕགས་པ་རྣམས་ཀྱི་མཉམ་བཞག་གི་ཡུལ་དུ་མི་སྣང་བའི་ཕྱིར་རོ། །ཀུན་རྫོབ་ལ་བལྟོས་ན་དངོས་པོའི་གནས་ཚུལ་དུ་ཞུགས་པའི་ཕྱིར་དང་དོན་དུ་གཉེར་བྱ་ཡིན་པའི་ཕྱིར་དོན་ཞེས་བྱ་ལ་ཐར་འདོད་ལ་ཉེ་བར་མཁོ་ཞིང་འབྲས་བུ་སངས་རྒྱས་ལ་མི་སླུ་བའི་ཕྱིར་དམ་པ་སྟེ་གཞི་མཐུན་པའི་སྒྲའོ། །འདིས་ནི་དོན་དམ་(༢༢༢ན)པར་བདེན་པ་ཞེས་ཁྱད་གཞི་དང་ཁྱད་ཆོས་ཀྱི་སྒྲར་འདོད་པ་ཡང་བསལ་བ་ཡིན་ནོ། །འདི་ནི་ཆོས་ཐམས་ཅད་ཀྱི་རང་བཞིན་གཤུག་མར་གནས་པ་ཡིན་ཞིང་འཕགས་པ་རྣམས་ཀྱི་མཉམ་བཞག་ཟབ་མོའི་ཡུལ་ཡིན་པའི་ཕྱིར་ཀུན་རྫོབ་ལ་བལྟོས་ཏེ་གཏན་དུ་བའི་བདེན་པར་བཞག་གོ། །མ་ལྟོས་པར་ངོ་བོ་ཉིད་ཀྱིས་ནི་མ་ཡིན་ཏེ་སངས་རྒྱས་ཉིད་ཀྱིས་བདེན་པའམ་རྫུན་པའི་ཆོས་མ་གཟིགས་པའི་ཕྱིར་རོ། །དང་ཡིག་ནི་ཀུན་རྫོབ་དང་དེ་ལས་གཞན་པའི་དོན་དམ་ཞེས་འབྱེད་པའི་སྒྲ་ཡང་ཡིན་ལ་འདི་གཉིས་ཁོ་ན་བདེན་པ་ཙམ་དུ་མཚུངས་སོ་ཞེས་བསྡུ་བའི་སྒྲ་ཡང་ཡིན་ནོ། །

གཉིས་པ་(མཚན་ཉིད་)ནི།

དོན་དམ་བློ་ཡི་སྤྱོད་ཡུལ་མིན། །
བློ་ནི་ཀུན་རྫོབ་ཡིན་པར་བརྗོད། ༢ །

ཅེས་གསུངས་ཏེ། འོ་ན་འདིར་བདེན་གཉིས་ཀྱི་ཐུས་ཕྱེ་བའི་དོན་དམ་པའི་

བདེན་པ་དེ་གང་ཀུན་རྫོབ་ཀྱི་བདེན་པ་དེ་གང་ཞེ་ན། གང་སངས་རྒྱས་རྣམས་བྱོན་ཡང་རུང་མ་བྱོན་ཡང་རུང་སྟེ་སངས་རྒྱས་ཀྱིས་ཀྱང་བཅོས་སུ་མེད་པ། ངས་ཀྱང་མ་གཟིགས་མི་གཟིགས་གཟིགས་པར་མི་འགྱུར་རོ། །ཞེས་སྟོན་པ་ཆོས་ཐམས་ཅད་ཀྱི་རང་བཞིན་རྣལ་མ་རྟོག་བཅས། རྟོག་མེད། མངོན་སུམ། རྗེས་དཔག་སོགས་སྐྱེ་འཕགས་དང་སློབ་མི་སློབ་གང་གི་ཡང་ཤེས་པའི་སྤྱོད་ཡུལ་དུ་མ་གྱུར། མི་འགྱུར། འགྱུར་མི་སྲིད་པའི་ཆོས་ཀྱི་དབྱིངས་ཇི་བཞིན་པ་ཉིད་འདི་ནི་དོན་དམ་པའི་བདེན་པ་ཞེས་ཐ་སྙད་དུ་བྱས་སོ། །ཅི་ཤེས་པ་གང་གི་ཡང་ཡུལ་མ་ཡིན་ན་དེ་ལ་དམིགས་པར་ཡང་མི་ནུས་པས་དེ་དོན་དམ་པར་ཡང་ཇི་ལྟར་བཞག་ཅེ་ན། སྤྱིར་ཐ་སྙད་རྣམ་པར་འདོགས་པ་འདི་ཐམས་ཅད་ཀྱང་ཆོས་དེ་མངོན་སུམ་པར་དམིགས་ནས་འདོགས་པ་ནི་མ་ཡིན་ཏེ། ཨུཏྤལ་སྔོན་པོ་ཞེས་ཐ་སྙད་འདོགས་པའི་ཚེ་དེ་དམིགས་པ་པོ་ནི་དབང་ཤེས་དེ་ཡིན་ཡང་དེ་ནི་ཨུཏྤ་ལའི་མིང་གི་ཁྱད་པར་དང་། སྔོན་པོའི་ཁ་དོག་གི་ཁྱད་པར་རྟོག་པར་མི་བྱེད་(༡༢༣བ)དེ། མངོན་སུམ་རྟོག་མེད་དུ་ཉམས་སུ་མྱོང་བ་ཙམ་དུ་ཟད་པའི་ཕྱིར། ཐ་སྙད་འདོགས་པ་པོ་ནི་དེའི་རྗེས་སུ་འབྲེང་བའི་འཛིན་རྟོག་སྟེ་དེས་སྔར་མྱོང་གི་དབང་ཤེས་རྟོག་མེད་དེ་འཛིན་རྟོག་རང་ཉིད་ཡིན་པར་སྙམ་ཞིང་ཡུལ་ཨུཏྤལ་ཙམ་དེ་གཞན་དུ་བཟུང་ནས་མིང་དང་ཁ་དོག་ཏུ་རྟོག་ལ། འདི་ནི་བདག་གིས་མཐོང་ངོ་ཞེས་སྙམ་པ་སྟེ། ཇ་མཁན་གྱིས་བྱས་པའི་ཇ་ལ་ཤིང་མཁན་གྱིས་བདག་གིས་བྱས་སོ་ཞེས་སྙམ་པ་བཞིན་ནོ། །ཀུན་རྫོབ་ཏུ་རྒྱུན་ལ་རྣམ་པར་དཔྱད་པའི་ཚེ་ཡང་མཐོང་དུས་ཀྱི་ཨུཏྤལ་དེ་ཡང་གཞན། འཛིན་དུས་ཀྱི་ཨུཏྤལ་དེ་ཡང་གཞན་ཡིན་ལ། དེ་ཉམས་སུ་མྱོང་བའི་དབང་ཤེས་དེ་ཡང་གཞན་འཛིན་རྟོག་དེ་ཡང་གཞན་ཡིན་པ་ཆུའི་རྒྱུན་ལྟ་བུར་ཟད་ལ་མངོན་སུམ་དེས་རྟོག་པར་མི་བྱེད། རྟོག་པ་དེས་ཡུལ་མ་མྱོང་ན་འདིར་ཨུཏྤལ་ཇི་ལྟ་བུ་ཞིག་ལ་ཤེས་པ་སུ་ཞིག་གིས་དམིགས་ཏེ་དཔྱད་ན་འཁྲུལ་པ་འབའ་ཞིག་ཏུ་མཐོང་

བར་ཟད་པའི་ཕྱིར། དཔེར་ན། ཚངས་པའི་འཇིག་རྟེན་ལ་དཔྱོད་པའི་ཚེ་ཚངས་པའི་འཇིག་རྟེན་ནི་འདི་ལྟ་བུ་ཞིག་གོ་སྙམ་དུ་བརྟགས་པའི་རང་གི་བློ་དོན་སྤྱིའི་རྣམ་པ་ཅན་དེ་ལ། ཚངས་པའི་འཇིག་རྟེན་དུ་ཞེན་ནས་དཔྱོད་པར་ཟད་ཀྱི་དེའི་ཚེ་ཡང་ཚངས་པའི་འཇིག་རྟེན་འདིར་མི་འོང་དཔྱོད་པ་པོ་ཚངས་པའི་འཇིག་རྟེན་དུ་མི་འགྲོ་བས་རང་བློ་ལ་རང་བློས་དཔྱད་པ་ལ་བདག་གིས་ཚངས་པའི་འཇིག་རྟེན་ལ་དཔྱད་པར་འབྲུལ་བ་ཡིན་ནོ། །

དེས་ན་དོན་དམ་ལ་དམིགས་པའང་འདི་ལྟ་བུར་ཟད་ལ། དེའི་ཕྱིར་ཡང་དོན་དམ་བློ་ཡི་སྤྱོད་ཡུལ་མིན་པ་ཉིད་དོ། །འོ་ན་ཀུན་རྫོབ་ཀྱང་དེ་ལྟར་ཟད་པས་བློའི་སྤྱོད་ཡུལ་མ་ཡིན་ནོ་ཞེ་ན། ཤིན་ཏུ་བདེན་ཏེ་དེའི་ཕྱིར་ཆོས་ཐམས་ཅད་བདེན་པ་གཅིག་ཏུ་ཡང་གསུངས་ལ། བདེན་རྫུན་ཞེས་བྱ་བ་ཉིད་མི་དམིགས་པར་ཡང་གསུངས་མོད་ཀྱི་འོན་ཀྱང་བྱིས་པ་རྣམས་སྐྲག་པ་སྤང་བའི་ཕྱིར། རེ་ཞིག་ཡུལ་ཡུལ་ཅན་གྱི་རྣམ་(༣༢༥ན)འཇོག་འཇིག་རྟེན་ལ་གྲགས་པ་ཙམ་རང་སོར་བཞག་སྟེ་ཀུན་རྫོབ་ཀྱི་བདེན་པ་ཞེས་ཐ་སྙད་བྱས་ནས་བྱིས་པ་རྣམས་བཀྲི་བར་བྱེད་པ་ཡིན་ནོ། །ཅིའི་ཕྱིར་དོན་དམ་བློ་ཡི་སྤྱོད་ཡུལ་མིན་ཞེ་ན། བློའམ་ཤེས་པ་ནི་ཀུན་རྫོབ་ཉིད་ཡིན་པར་འདོད་ལ། ཀུན་རྫོབ་ཀྱིས་དོན་དམ་ཡུལ་དུ་བྱེད་མི་སྲིད་པའི་ཕྱིར་རོ། །དོན་དམ་བློ་ཡི་ཡུལ་མིན་པར་གང་གིས་ངེས་ན་འདི་ནི་བསམ་གྱིས་མི་ཁྱབ་པ་ཆོས་ཉིད་ཀྱི་རིགས་པས་ངེས་ཏེ། འཕགས་ཆེན་རྣམས་ཀྱིས་ཆོས་ཀྱི་དབྱིངས་ལ་མཉམ་པར་བཞག་པ་ན་ཡང་ཇི་ཙམ་དུ་བཞག་པ་དེ་ཙམ་གྱིས་མྲ་ཞིང་བསམ་གྱིས་མི་ཁྱབ་པར་གྱུར་ཏེ། མཉམ་པར་བཞག་བྱ་འཇོག་བྱེད་ཉིད་ཞི་བར་འགྱུར་གྱི་ཆོས་དབྱིངས་ཀྱི་མཐའ་རྟོགས་པར་མི་ནུས་པའི་ཕྱིར་དང་། དེ་བཞིན་གཤེགས་པ་ཡང་ཆོས་དབྱིངས་ཀྱི་ཚད་གསུང་བར་མི་མཛད་པའི་ཕྱིར་རོ། །དེ་ལྟར་ཆོས་ཀྱི་དབྱིངས་སྨྲ་བསམ་བརྗོད་པའི་ཡུལ་མ་ཡིན་པར་གཟིགས་པ་དེ་ཉིད་ལ་ཆོས་ཉིད་

ཁོང་དུ་ཆུད་ཅེས་དང་། དོན་དམ་པའི་བདེན་པ་གཟིགས་ཞེས་ཐ་སྙད་དུ་བྱས་ཤིང་ཡུལ་དང་ཡུལ་ཅན་གྱི་སྤྲོས་མཚན་མ་དམིགས་པའི་ཤེས་པ་དེ་ཉིད་ལ་སོ་སོ་རང་རིག་པའི་ཡེ་ཤེས་ཀྱི་ཐ་སྙད་དུ་མཛད་ནས་ཡུལ་ཡུལ་ཅན་དུ་འཛིན་པས་ནི་ཆོས་ཉིད་མི་མཐོང་ལ། ཡུལ་ཡུལ་ཅན་མི་དམིགས་པར་ཤེས་ན་ཆོས་ཉིད་ལ་འཇུག་པའི་ཕྱིར། སོ་སོ་རང་རིག་པའི་ཡེ་ཤེས་ཀྱིས་ཆོས་ཉིད་རྟོགས་ཞེས་གཞན་ལས་ཐ་སྙད་དུ་མཛད་པ་ཡིན་གྱི་བློས་ཇི་ལྟར་བཏགས་པའི་ཡུལ་ཡུལ་ཅན་དང་། རྟོགས་བྱ་རྟོགས་བྱེད་ལྟར་ནི་རྣམ་པ་ཐམས་ཅད་དུ་གནས་པ་མ་ཡིན་ལ། ཡུལ་ཡུལ་ཅན་དང་རྟོགས་བྱ་རྟོགས་བྱེད་ཀྱང་སྒྲོ་བཏགས་པ་ཁོ་ན་ལས་ཡིན་གྱི་རང་གི་ངོ་བོ་ཉིད་ཀྱིས་ནི་ནམ་དུ་ཡང་དེ་ལྟར་ཡོད་པ་མིན་ནོ། །

གསུམ་པ་(དེ་སྒྲུབ་པ་)ནི།

དེ་ལ་འཇིག་རྟེན་རྣམ་གཉིས་མཐོང་། །
རྣལ་འབྱོར་པ་དང་ཕལ་པའོ། །(༣༢༨བ)
དེ་ལ་འཇིག་རྟེན་ཕལ་པ་ནི། །
རྣལ་འབྱོར་འཇིག་རྟེན་གྱིས་གནོད་ཅིང་། ༣།
རྣལ་འབྱོར་པ་ཡང་བློ་ཁྱད་ཀྱིས། །
གོང་མ་གོང་མ་རྣམས་ཀྱིས་གནོད། །

ཅེས་གསུངས་ཏེ། གལ་ཏེ་སོ་སྐྱེའི་མཐོང་བ་དོན་དམ་མ་ཡིན་མོད་ཀྱང་དོན་དམ་པ་འཕགས་པ་རྣམས་ཀྱི་དངོས་ཡུལ་ཡིན་པས་འཕགས་པའི་གཟིགས་པ་དོན་དམ་དུ་རིགས་སོ་ཞེ་ན།

དེའི་ལན་བསྟན་པའི་ཕྱིར་དུ། དེ་ལ་འཇིག་རྟེན་ན་ཀུན་རྫོབ་ནི་རྣམ་པ་གཉིས་སུ་མཐོང་སྟེ། ཕལ་པ་འཇིག་རྟེན་པ་རྣམས་ཀྱི་མཐོང་བ་དང་ལམ་ལ་ཞུགས་པའི་རྣལ་འབྱོར་པ་རྣམས་ཀྱི་མཐོང་བའོ། །དེ་ལ་འཇིག་རྟེན་ཕལ་པ་ནི་གཉིས་ཏེ་ཤུབ་

མཐའ་ལ་མ་ཞུགས་པ་སྐྱེ་བོ་སྤྱི་དང་གྲུབ་མཐའ་ལ་ཞུགས་པ་ཕྱི་རོལ་པའོ། །རྣལ་འབྱོར་པ་ཡང་གྲུབ་མཐའ་བཞི་སྨྲ་བ་དང་། ལམ་ལྔ་དང་། མཐོང་སྒོམ་ལ་ས་བཅུར་ཕྱེ་བས་རྣམ་པ་དུ་མ་སྟེ། དེ་རྣམས་ཀྱང་སྔ་མ་སྔ་མའི་མཐོང་བ་ལ་ཕྱི་མ་ཕྱི་མའི་རིགས་པས་གནོད་པ་སྟེ་གྲུབ་མཐའ་ལ་མ་ཞུགས་པའི་སྐྱེ་བོ་རྣམས་ཀྱི་འདོད་པ་ལ། གྲུབ་མཐའ་ལ་ཞུགས་པའི་ཕྱི་རོལ་པའི་རིགས་པས་གནོད་དེ། ཕྱི་རོལ་པ་སྒྲ་ཚད་ལ་བྱང་བ་རྣམས་ཀྱིས་དེ་རྣམས་ལ་བ་ལང་ཙམ་དུ་འཛིན་ཞིང་། འདོད་པ་ལ་ཞེན་པ་རྣམས་ལ་དྲང་སྲོང་རྣམས་ཀྱིས་སྙིང་རྗེའི་ཡུལ་དུ་བྱེད་པའི་ཕྱིར། དེ་ལ་གྲུབ་མཐའ་ལ་ཞུགས་མ་ཞུགས་ཀྱི་འཇིག་རྟེན་པལ་པ་དེ་གཉིས་ཀ་ཕུང་པོ་ལྔ་ལ་གཙང་བདག་བདེ་རྟག་ཏུ་ཞེན་པ་ལ་ནི། ནང་པའི་རྣལ་འབྱོར་པ་བྱེ་བྲག་ཏུ་སྨྲ་བའི་འཇིག་རྟེན་ཀུན་རྫོབ་ཀྱི་རིགས་པ་མི་གཙང་། བདག་མེད། སྡུག་བསྔལ། མི་རྟག་པར་སྟོན་པས་གནོད་ཅིང་། རྣལ་འབྱོར་པ་རྣམས་ཉིད་ཀྱང་རྒྱུད་སྦྱངས་མ་སྦྱངས་དང་། དབང་པོ་རྣོ་བརྟུལ་ལ་སོགས་པ་བློའི་ཁྱད་པར་མཆོག་དམན་ཆེར་ཡོད་པ་ཉིད་ཀྱིས་ན། འོག་མ་འོག་མ་རྣམས་ཀྱི་འདོད་པ་ལ་གོང་མ་གོང་མ་རྣམས་ཀྱི་རིགས་པའི་གནོད་བྱེད་འབབ་ཅིང་ཆོས་(༣༢༥ན)བཞིན་གྱི་ལན་ཐོན་པར་མི་ནུས་པ་སྟེ། བྱེ་སྨྲའི་དོན་ཤེས་ཐུག་ཕྲད་དུ་འདོད་པ་ལ་མདོ་སྡེ་པའི་རྣམ་མེད་འགོག་བྱེད་ཀྱི་རིགས་པས་གནོད་ཅིང་། བྱེ་མདོ་གཉིས་གའི་དོན་ཤེས་ཀྱི་རང་མཚན་རྫས་གྲུབ་ཏུ་འདོད་པ་ལ་སེམས་ཙམ་པའི་ཕྱི་དོན་འགོག་བྱེད་ཀྱི་རིགས་པས་གནོད་ལ། སེམས་ཙམ་པའི་སེམས་བདེན་པར་འདོད་པ་ལ་དབུ་མ་པའི་གཅིག་དུ་བྲལ་དང་མུ་བཞི་སྐྱེ་འགོག་གིས་གནོད་ལ། དབུ་མ་པའི་སྟོང་ཉིད་ལ་རིགས་པའི་གནོད་པ་ཆེད་དུ་མི་འབབ་མོད་ཀྱང་དེ་ལ་མོས་པས་སྤྱོད་པ་དྲོད་རྩེ་བཟོད་མཆོག་གི་སྐབས་དང་། མངོན་སུམ་དུ་སྤྱོད་པ་ས་བཅུ་རྣམས་སུ་སྔ་མའི་མཐོང་བ་ཡང་དག་ཏུ་རློམ་པ་རྣམས་ཕྱི་མ་ཕྱི་མ་ཐོབ་པའི་ཚེ་བུས་པའི་རྩེ་མོ་ལྟར་འགྱུར་

ལ། ས་བཅུ་པ་པས་ཇི་ལྟར་གཟིགས་པ་དེ་ཡང་སངས་རྒྱས་ཀྱི་སར་མི་གནས་པའི་ཕྱིར་ཉན་རང་དང་བྱང་སེམས་རྣམས་ཀྱི་བློའི་ཡུལ་མིན་ལ། དེ་བཞིན་གཤེགས་པ་ནི་ཕུང་པོ་ལྔ་གནས་ཡོངས་སུ་གྱུར་པས་འདུ་ཤེས་ཀྱི་རྒྱུ་བ་མི་མངའ་བའི་ཕྱིར་སངས་རྒྱས་ཀྱི་བློའི་ཡུལ་ཡང་མིན་ཏེ་དེ་ལ་བློ་མི་མངའ་བའི་ཕྱིར་རོ། །

གལ་ཏེ་མཁྱེན་པའི་ཡུལ་ཡིན་ནོ་ཞེ་ན། ཆོས་ཐམས་ཅད་རྣམ་པ་ཐམས་ཅད་དུ་མངོན་པར་རྫོགས་པར་སངས་རྒྱས་པ་བརྙེས་པའི་ཕྱིར་ཡུལ་གཞན་མཁྱེན་བྱ་ཞིག་ཤུལ་དུ་མ་ལུས་ལ། མཁྱེན་བྱ་མེད་པའི་མཁྱེན་པའང་མི་འཐད་པས་ཡང་དག་པར་ན་སངས་རྒྱས་ལ་མཁྱེན་པ་དང་མ་མཁྱེན་པ་ཞེས་བྱ་བ་ཅི་ཡང་མི་མངའོ། །

བཞི་པ་སྟོང་སྣང་ལ། བསྟན་བཤད་གཉིས་ལས།

དང་པོ་(མདོར་བསྟན་)ནི།

གཉིས་ཀ་ཡང་ནི་འདོད་པའི་དཔེས། །
འབྲས་བུའི་དོན་དུ་མ་དཔྱད་ཕྱིར།[༤] །
འཇིག་རྟེན་པ་ཡིས་དངོས་མཐོང་བཞིན། །
ཡང་དག་ཉིད་དུ་རྟོག་བྱེད་ཀྱི། །
སྒྱུ་མ་ལྟ་བུ་མིན་པས་འདིར། །
རྣལ་འབྱོར་པ་དང་འཇིག་རྟེན་སྟོང་།[༥] །

ཅེས་གསུངས་(༢༢༥བ)ཏེ། འོ་ན་བློ་ཐམས་ཅད་འཁྲུལ་པ་ཡིན་ན་འཁྲུལ་པ་ནི་མེད་པ་ཉིད་ཡིན་པས་གཟུགས་སོགས་འཛིན་པའི་ཤེས་པ་གཏན་མེད་པར་འགྱུར་ཞིང་། དེ་ལྟར་ན་གཟུགས་སྒྲ་སོགས་སྣང་མི་སྲིད་པར་འགྱུར་རོ་ཞེ་ན།

གཟུགས་སྒྲ་སོགས་དང་དེ་འཛིན་པའི་བློར་བཅས་པ་ཡོད་ནས་སྣང་བ་མ་ཡིན་ཡང་རྟེན་འབྲེལ་ཚོགས་པའི་རྫུན་སྣང་གིས་མེད་བཞིན་དུ་སྣང་བ་ཕོ་ན་ཡིན་ཏེ། ཕལ་པ་དང་རྣལ་འབྱོར་པ་གཉི་གའམ། རྩོལ་བ་སྔ་ཕྱི་གཉིས་ཀ་ཡང་ནི་མཐུན་པར་

མེད་བཞིན་དུ་སྣང་བར་འདོད་པའི་དཔེ་སྒྱུ་མ་དང་རྨི་ལམ་ལ་སོགས་པས་མཚོན་ནུས་པའི་ཕྱིར།

ཡང་བློ་ཐམས་ཅད་འཁྲུལ་པ་ཡིན་ན་སྦྱིན་གཏོང་གི་བློ་ལ་སོགས་པ་ཕར་ཕྱིན་ལྔ་པོ་རྣམས་ཀྱང་ལམ་མ་ཡིན་པར་འགྱུར་རོ་ཞེ་ན། དེ་དག་ནི་རྒྱུ་བསོད་ནམས་ཀྱི་ཚོགས་ལས་འབྲས་བུ་ཡེ་ཤེས་ཀྱི་ཚོགས་སྐྱེ་ལ། དེ་ལས་སངས་རྒྱས་འཐོབ་པས་ན་གོ་འཕང་དེ་འཐོབ་པའི་དོན་དུ་རེ་ཞིག་བདེན་བཟུང་དང་ཡོད་མེད་སོགས་མ་དཔྱད་པ་ཡང་དག་ཀུན་རྫོབ་ཙམ་གྱིས་འཇུག་པའི་ཕྱིར་སྐྱོན་མེད་དོ། །

མདོར་ན་གྲུབ་མཐའ་ལ་མ་ཞུགས་པ་དང་ཞུགས་པའི་འཇིག་རྟེན་པ་ཡིས་ནི་གཟུགས་སོགས་དངོས་པོ་རྣམས་ཇི་ལྟར་མཐོང་བ་འདི་བཞིན་དུ་བདེན་ནོ་སྙམ་ནས། སྣང་སྲིད་ཙམ་ལ་ཡང་དག་པ་ཉིད་དུ་རྟོག་པར་བྱེད་ཀྱི་དཔྱད་མི་བཟོད་ཅིང་། སྣང་ལ་རང་བཞིན་མེད་པ་སྒྱུ་མ་ལྟ་བུར་ཤེས་པ་མིན་པས་ན་སྒྱུ་མ་ལྟར་འཆད་པའི་སྐབས་འདིར་ནི་རྣལ་འབྱོར་པ་དང་འཇིག་རྟེན་པ་རྩོད་པ་འབྱུང་བ་ཡིན་ཏེ། སེམས་ཅན་རྣམས་ནི་གནས་ལ་དགའ་ཞིང་ཡུལ་རྣམས་འདོད། །འཛིན་ལ་གནས་ཤིང་མི་མཁས་ལྷུན་ཚོངས་མུན་པ་བཞིན། །ཐོབ་པར་བྱ་བའི་ཆོས་ནི་གནས་མེད་འཛིན་མེད་དེ། །དེས་ན་འཇིག་རྟེན་དག་ན་རྩོད་པ་འབྱུང་བ་ཡིན། །ཞེས་དང་། འཇིག་རྟེན་ནི་ང་དང་རྩོད་པར་བྱེད་ཀྱི་ང་ནི་འཇིག་(༣༢༨ན)རྟེན་དང་རྩོད་པར་མི་བྱེད་དོ། །ཞེས་གསུངས་པ་ལྟར་རོ། །

གཉིས་པ་རྒྱས་བཤད་ལ་བརྒྱད། ཚད་མ་དང་འགལ་བ་སྤང་བ། ལུང་དང་འགལ་བ་སྤང་བ། སངས་རྒྱས་མཆོད་པས་བསོད་ནམས་མི་འབྱུང་བར་ཐལ་བ་སྤང་བ། སེམས་ཅན་ཤི་ནས་མི་སྐྱེ་བར་ཐལ་བ་སྤང་བ། བསད་པས་སྡིག་པ་མི་འབྱུང་བར་ཐལ་བ་སྤང་བ། སངས་རྒྱས་ཀྱང་སླར་འཁོར་བར་ཐལ་བ་སྤང་བ་སྟེ་ཀུན་རྫོབ་ལ་རྩོད་སྤང་དྲུག་དང་། སྒྱུ་མ་ཀུན་རྫོབ་ཏུའང་མེད་པར་ཐལ་བ་སྤང་

བ་དང་། སྣྲ་བའི་རྟེན་མེད་པར་ཐལ་བ་སྤང་བ་སྟེ་དོན་དམ་གྱི་རྩོད་སྤང་གཉིས་བསྟན་པའོ། །

དང་པོ་(ཚད་མ་དང་འགལ་བ་སྤང་བ་)ནི།

གཟུགས་སོགས་མངོན་སུམ་ཉིད་ཀྱང་ནི། །
གྲགས་པས་ཡིན་གྱི་ཚད་མས་མིན། །
དེ་ནི་མི་གཙང་ལ་སོགས་ལ། །
གཙང་སོགས་གྲགས་པ་བཞིན་དུ་རྫུན། [༩]།

ཞེས་གསུངས་ཏེ། གཟུགས་སྒྲ་སོགས་ཡང་དག་པར་ཡོད་དེ་མངོན་སུམ་དུ་སྣང་བའི་ཕྱིར་སྙམ་ན། གཟུགས་མངོན་སུམ་དུ་མཐོང་བ་སོགས་ཉིད་ཀྱང་ནི་འཇིག་རྟེན་ན་གྲགས་པ་ཙམ་གཅིག་ནས་གཅིག་ཏུ་བརྒྱུད་པ་ལ་ཞེན་ནས་གོམས་པས་དེའི་བློ་སྐྱེ་བར་ཟད་ཀྱི་ཚད་མས་གྲུབ་པ་མིན་ཏེ། ཆུར་འཛིན་གྱི་བག་ཆགས་གོམས་པས་སྨིག་རྒྱུ་མཐོང་བ་ན་ཡང་ཆུར་ཞེན་སྐྱེ་བ་བཞིན་ནོ། **།ཏིང་རྒྱལ་ལས་ཀྱང་།** མིག་དང་རྣ་བ་སྣ་ཡང་ཚད་མ་མིན། །ལྕེ་དང་ལུས་དང་ཡིད་ཀྱང་ཚད་མ་མིན། །གལ་ཏེ་དབང་པོ་འདི་དག་ཚད་ཡིན་ན། །སུ་ལ་འཕགས་པའི་ལམ་གྱིས་ཅི་ཞིག་བྱ། །ཞེས་གསུངས་ཤིང་། གང་ཞིག་དབང་པོ་ལ་དམིགས་པ། །དེ་ཉིད་གལ་ཏེ་དོན་དམ་ན། །དེ་ཉིད་བྱིས་པས་རིག་པས་ན། །དོན་དམ་ཤེས་པས་ད་ཅི་བྱ། །ཞེས་འགྲེལ་ཆེན་དུ་དྲངས་སོ། །དེས་ན་མེད་བཞིན་དུ་སྣང་བ་ལ་མངོན་སུམ་དུ་(༣༢༨བ)མཐོང་བར་འཛིན་པ་དེ་ནི་མི་གཙང་བའི་དངོས་པོ་བཤང་གཅིའི་འབྱུང་གནས་ཀྱི་ལུས་ལ་གཙང་བ་དང་། སོགས་ཀྱི་སྒྲས་མི་རྟག་པའི་དངོས་པོ་ཆུ་དྲག་ཏུ་འབབ་པ་ལ་ཆུའི་རྒྱུན་རྟག་པར་གྲགས་པ་ལྟ་བུ་བཞིན་ཏེ་མི་བདེན་པ་རྫུན་གྱི་རང་བཞིན་ནོ། །

གཉིས་པ་(ལུང་དང་འགལ་བ་སྤང་བ་)ནི།

འཇིག་རྟེན་གཞུག་པའི་དོན་དུ་ནི། །
མགོན་པོས་དངོས་བསྟན་དེ་ཉིད་དུ། །
དེ་དག་སྐད་ཅིག་མ་ཉིད་མིན། །
ཀུན་རྫོབ་ཏུ་ཡང་འགལ་ཞེ་ན། [༧] །
རྣལ་འབྱོར་ཀུན་རྫོབ་ཉེས་མེད་དེ། །
འཇིག་རྟེན་ལ་བལྟོས་དེ་ཉིད་མཐོང་། །
གཞན་དུ་བུད་མེད་མི་གཙང་བར། །
ངེས་རྟོག་འཇིག་རྟེན་གྱིས་གནོད་འགྱུར། [༨] །

ཞེས་གསུངས་ཏེ། རང་སྡེ་བྱེ་མདོ་དག་ན་རེ། གཟུགས་སོགས་མེད་ན་འདུས་བྱས་སྐད་ཅིག་མར་གསུངས་པ་དང་འགལ་ལོ་ཞེ་ན།

འཇིག་རྟེན་པ་རྣམས་དེ་ཁོ་ན་ཉིད་ལ་གཞུག་པའི་དོན་དུ་ནི་མགོན་པོས་རགས་པའི་བདེན་རྟོག་ཟློག་པའི་ཕྱིར་འདུས་བྱས་ཐམས་ཅད་ནི་སྐད་ཅིག་མ་ཡིན་གྱི་ཡོད་བརྟན་པར་མི་བྱའོ། །ཞེས་དངོས་སུ་བསྟན་པ་ཙམ་ཡིན་གྱི་སྐད་ཅིག་མར་གྲུབ་པར་གསུངས་པ་ནི་མ་ཡིན་ཏེ། དཔེར་ན། འདི་ནི་སྒྱུ་མའི་ཚུལ། །ཞེས་བརྗོད་པ་ན་སྒྱུ་མར་སྟོན་པ་ཡིན་གྱི་ཚུར་གྲུབ་པར་སྟོན་པ་མ་ཡིན་པ་བཞིན་ཏེ། **རིགས་པ་དྲུག་ཅུ་པར།** དགོས་པའི་དབང་གིས་རྒྱལ་བ་རྣམས། །ང་དང་ང་ཡི་ཞེས་གསུང་ལྟར། །ཕུང་པོ་ཁམས་དང་སྐྱེ་མཆེད་རྣམས། །དེ་བཞིན་དགོས་པའི་དབང་གིས་གསུངས། །ཞེས་སོ། །དེས་ན་སྐད་ཅིག་མ་དེ་ཉིད་དུ་དེ་དག་ཞེན་པར་བྱ་བ་ནི་མ་ཡིན་ཏེ་དཔྱད་ན་སྐད་ཅིག་མ་ཉིད་དུ་ཡང་གྲུབ་པ་མིན་པའི་ཕྱིར།

འོ་ན་སྐད་ཅིག་མ་དོན་དམ་མིན་ན། ཀུན་རྫོབ་ནི་འཇིག་རྟེན་ལ་ཇི་ལྟར་སྣང་བ་ཙམ་ཡིན་ལ། སྐད་ཅིག་མ་འཇིག་རྟེན་ལ་མི་སྣང་བའི་ཕྱིར། ཀུན་རྫོབ་ཏུ་འཇོག་པར་དེ་བས་ཀྱང་འགལ་བས། ཡང་ན་བདེན་གཉིས་ཀྱིས་(༣༢༧ན)མ་བསྡུས་པའམ་

ཡང་ན་བདེན་པ་གསུམ་པར་ཐལ་ལོ་ཞེ་ན།

སྐད་ཅིག་མ་དེ་འཇིག་རྟེན་པའི་ཀུན་རྫོབ་མ་ཡིན་ཡང་རྣལ་འབྱོར་པའི་ཀུན་རྫོབ་ཡིན་པས་ཉེས་པ་དེ་མེད་དོ། །འོ་ན་སྐད་ཅིག་མ་མཐོང་བ་དེ་བདེན་པ་མཐོང་བ་ཡིན་པར་གསུངས་པ་དང་འགལ་ལོ་ཞེ་ན། མི་འགལ་ཏེ་འཇིག་རྟེན་པའི་ཀུན་རྫོབ་ལ་བལྟོས་ནས་དེ་ལོ་ན་ཉིད་མཐོང་བར་བརྗོད་པའི་ཕྱིར། གལ་ཏེ་རྣལ་འབྱོར་པའི་ཀུན་རྫོབ་འཛོག་པ་མི་འཐད་དོ་ཞེ་ན། འཐད་དེ་དེ་མ་བཞག་ན་མི་སྡུག་པ་གོམས་པའི་རྣལ་འབྱོར་པས་བུད་མེད་ལ་ཀེང་རུས་དང་མི་གཙང་བར་ངེས་པར་རྟོགས་ཤིང་མཐོང་བ་དེ་འཇིག་རྟེན་པའི་ཀུན་རྫོབ་ཏུ་འཛོག་དགོས་པར་འགྱུར་ལ། དེ་ལྟ་ན་འཇིག་རྟེན་གྱི་གྲགས་པས་གནོད་པར་འགྱུར་ཏེ་འཇིག་རྟེན་ནི་བུད་མེད་ཁྲུས་བྱས་པ་ལ་གཙང་མཛེས་སུ་འཛིན་པའི་ཕྱིར་རོ། །

གསུམ་པ་(སངས་རྒྱས་མཆོད་པས་བསོད་ནམས་མི་འབྱུང་བར་ཐལ་བ་སྤང་བ་)ནི།

སྒྱུ་འདྲའི་རྒྱལ་ལས་བསོད་ནམས་ནི། །
ཇི་ལྟར་དངོས་ཡོད་ལ་ཇི་བཞིན། །

ཞེས་གསུངས་ཏེ། འོ་ན་སངས་རྒྱས་མཆོད་པས་བསོད་ནམས་སུ་མི་འགྱུར་བར་ཐལ་ཏེ་སངས་རྒྱས་སྒྱུ་མ་ལྟ་བུ་ཡིན་པའི་ཕྱིར་ཞེ་ན། སྒྱུ་མ་དང་འདྲ་བའི་རྒྱལ་བ་ལ་མཆོད་པ་བྱས་པས་སྒྱུ་མ་ལྟ་བུའི་བསོད་ནམས་འཐོབ་སྟེ། ཇི་ལྟར་ཁྱེད་དོན་སྨྲ་བ་རྣམས་དངོས་པོར་བདེན་པའི་སངས་རྒྱས་ལ་བསོད་ནམས་བསགས་པས་དངོས་པོར་བདེན་པའི་བསོད་ནམས་འཐོབ་པར་འདོད་པ་དེ་བཞིན་នོ། །

བཞི་པ་(སེམས་ཅན་ཤི་ནས་མི་སྐྱེ་བར་ཐལ་བ་སྤང་བ་)ནི།

གལ་ཏེ་སེམས་ཅན་སྒྱུ་འདྲ་ན། །
ཤི་ནས་ཇི་ལྟར་སྐྱེ་ཞེ་ན། །
ཇི་སྲིད་རྐྱེན་རྣམས་ཚོགས་གྱུར་པ། །

དེ་ སྲིད་ སྒྱུ་ མའང་ འབྱུང་ བར་ འགྱུར། །
ཡུན་ རིང་ ཙམ་ གྱིས་ ཇི་ ལྟར་ ན། །
སེམས་ ཅན་ བདེན་ པར་ ཡོད་ མ་ ཡིན། ༡༠ །

ཞེས་ གསུངས་ ཏེ། གལ་ ཏེ་ སེམས་ ཅན་ ཡང་ སྒྱུ་ མ་ འདྲ་ བ་ ཡིན་ ན་ དེ་ ཤི་ ནས་ ཇི་ ལྟར་ སྐྱེ་ ཞེ་ ན། རྐྱེན་ མེད་ དེ་ ཇི་ སྲིད་ (༡༡༧བ)དུ་ སྒྱུ་ མའི་ རྐྱེན་ སྔགས་ དང་ སྦྱོར་ བ་ རྣམས་ ཚོགས་ པར་ གྱུར་ པ་ དེ་ སྲིད་ དུ་ ནི་ སྒྱུ་ མའང་ འབྱུང་ བར་ འགྱུར་ བ་ ལྟར་ མ་ རིག་ པ་ ལ་ སོགས་ པའི་ རྒྱུ་ རྐྱེན་ ཚོགས་ པ་ དེ་ སྲིད་ དུ་ སེམས་ ཅན་ སྒྱུ་ མ་ ལྟ་ བུའང་ འབྱུང་ བར་ འགྱུར་ རོ། །གལ་ ཏེ་ སྒྱུ་ མ་ ནི་ བློ་ བུར་ བ་ ཡིན་ པས་ མི་ བདེན་ ལ་ སེམས་ ཅན་ ནི་ ཐོག་ མ་ མེད་ པ་ ནས་ འོངས་ པས་ བདེན་ ནོ་ སྙམ་ ན། ཡུན་ རིང་ བར་ སྣང་ བ་ ཙམ་ གྱིས་ སེམས་ ཅན་ བདེན་ པར་ ཡོད་ པ་ ག་ ལ་ ཡིན་ ཏེ། སྒྱུ་ མ་ དང་ རྨི་ ལམ་ གྱི་ ཡུན་ བསྐལ་ པ་ བརྒྱད་ ཁྲི་ སོགས་ སྣང་ བ་ དང་ སྐད་ ཅིག་ མ་ གཅིག་ ཏུ་ སྣང་ བ་ ལ་ བདེན་ བརྫུན་ གྱི་ ཁྱད་ པར་ མེད་ པའི་ ཕྱིར་ རོ། །

ལྔ་ པ་ (བསད་ པའི་ སྡིག་ པ་ མི་ འབྱུང་ བར་ ཐལ་ བ་ སྤང་ བ་)ནི།

སྒྱུ་ མའི་ སྐྱེས་ བུ་ བསད་ སོགས་ ལ། །
སེམས་ མེད་ ཕྱིར་ ན་ སྡིག་ མེད་ དེ། །
སྒྱུ་ མའི་ སེམས་ དང་ ལྡན་ པ་ ལ། །
བསོད་ ནམས་ དང་ ནི་ སྡིག་ པ་ འབྱུང་། ༡༡ །
སྔགས་ སོགས་ རྣམས་ ལ་ ནུས་ མེད་ ཕྱིར། །
སྒྱུ་ མའི་ སེམས་ ནི་ འབྱུང་ བ་ མེད། །
སྣ་ ཚོགས་ རྐྱེན་ ལས་ བྱུང་ བ་ ཡི། །
སྒྱུ་ མ་ དེ་ ཡང་ སྣ་ ཚོགས་ ཉིད། །
རྐྱེན་ གཅིག་ གིས་ ནི་ ཀུན་ ནུས་ པ། །

གང་ན་ཡང་ནི་ཡོད་མ་ཡིན། ༧༢ །

ཞེས་གསུངས་ཏེ། འོ་ན་སེམས་ཅན་བསད་ཀྱང་སྡིག་པར་མི་འགྱུར་བར་ཐལ་ཏེ། སེམས་ཅན་སྒྱུ་མ་ལྟ་བུ་ཡིན་ལ་སྒྱུ་མའི་སྐྱེས་བུ་བསད་པ་ལ་སྡིག་པ་མེད་པའི་ཕྱིར་ཞེ་ན། སྐྱོན་མེད་དེ། སྒྱུ་མའི་སྐྱེས་བུ་བསད་པ་དང་། སོགས་ཀྱི་སྦྲུས་འཕྲུལ་འཁོར་གྱི་སྐྱེས་བུ་དང་སྤྲུལ་པ་བསད་པ་སོགས་ལ། དེ་དག་ལ་སེམས་མེད་པའི་ཕྱིར་བསད་ཀྱང་སྡིག་པར་འགྱུར་བ་མེད་མོད་སེམས་ཅན་ལ་ནི་དེ་ལྟ་མ་ཡིན་ཏེ་སྒྱུ་མའི་སེམས་དང་ལྡན་པའི་སྒྱུ་མའི་སྐྱེས་བུ་ཡིན་པའི་ཕྱིར། དེས་ན་སྒྱུ་མའི་སེམས་དང་བཅས་པ་དེ་ལ་ཕན་བཏགས་པ་ལས་ནི་བསོད་ནམས་དང་གནོད་པ་བྱས་པ་ལས་ནི་སྡིག་པ་འབྱུང་བ་ཡིན་ནོ། །འོ་ན་སྒྱུ་མའི་སྐྱེས་བུ་ལ་སྒྱུ་མའི་སེམས་མི་འབྱུང་བའི་རྒྱུ་མཚན་ཅི་ཞེ་ན། སྒྱུ་མའི་སྔགས་སོགས་དེ་རྣམས་(༣༢༨ན)ལ་ཏ་གླང་སོགས་ཀྱི་སྒྱུ་མའི་དབྱིབས་སྐྱེད་པའི་ནུས་པ་ཡོད་ཀྱི་སྒྱུ་མའི་སེམས་སྐྱེད་པའི་ནུས་པ་མེད་པའི་ཕྱིར་དེ་དག་ལ་སྒྱུ་མའི་སེམས་ནི་འབྱུང་བ་མེད་དོ། །སྒྱུ་མའི་མི་སྤྲུལ་ནུས་ན་དེའི་སེམས་ཀྱང་སྤྲུལ་ནུས་སོ་ཞེ་ན། སྣ་ཚོགས་པའི་རྐྱེན་སོ་སོ་ལས་བྱུང་བའི་སྒྱུ་མ་དེ་ཡང་སྣ་ཚོགས་པ་སོ་སོ་ཡིན་ཏེ། ཏ་གླང་སྐྱེད་པའི་རྐྱེན་གྱིས་ཁང་བཟང་སོགས་མ་ཡིན་ལ། ཁང་བཟང་སྐྱེད་པའི་རྐྱེན་གྱིས་ཏ་གླང་མ་ཡིན་པ་ལྟར་རོ། །དེས་ན་རྐྱེན་གཅིག་གིས་དངོས་པོ་ཀུན་སྐྱེད་པར་ནུས་པ་དེ་འདྲ་བ་ནི་གང་ན་ཡང་ནམ་དུའང་ཡོད་པ་མིན་ནོ། །

དྲུག་པ་(སངས་རྒྱས་ཀྱང་སྐར་འཁོར་བར་ཐལ་བ་སྤང་བ་)ནི།

གལ་ཏེ་དོན་དམ་མྱ་ངན་འདས། །

འཁོར་བ་ཀུན་རྫོབ་དེ་ལྟ་ན། །

སངས་རྒྱས་ཀྱང་ནི་འཁོར་འགྱུར་བས། །

བྱང་ཆུབ་སྤྱོད་པས་ཅི་ཞིག་བྱ། ༧༣ །

རྐྱེན་རྣམས་རྒྱུན་ནི་མ་ཆད་ན། །
སྒྱུ་མའང་ལྡོག་པར་མི་འགྱུར་གྱི། །
རྐྱེན་རྣམས་རྒྱུན་ནི་ཆད་པ་ན། །
ཀུན་རྫོབ་ཏུ་ཡང་མི་འབྱུང་ངོ་། ༧༤།

ཞེས་གསུངས་ཏེ། འོ་ན་སྲིབ་པ་རང་བཞིན་གྱིས་མེད་ན་གཟོད་ནས་སངས་རྒྱས་པར་འགྱུར་ལ། དེ་ལྟ་ན་འཁོར་བ་མི་སྲིད་པར་འགྱུར་རོ་ཞེ་ན། གཟོད་ནས་དག་པ་ཡིན་ཡང་དེ་ལྟར་མ་རྟོགས་པའི་དབང་གིས་ཀུན་རྫོབ་ཏུ་འཁོར་བར་སྣང་བ་མི་འགལ་ལོ་ཞེས་སྨྲས་པ་ན། དོན་སྨྲ་བ་ན་རེ། གལ་ཏེ་དོན་དམ་པར་མྱ་ངན་ལས་འདས་པ་ཡིན་ཡང་འཁོར་བར་ཀུན་རྫོབ་ཏུ་སྣང་བ་མི་འགལ་བ་དེ་ལྟ་ན་སངས་རྒྱས་ནས་ཀྱང་ནི་རིགས་པ་དེ་ཉིད་མཚུངས་པས་སླར་འཁོར་བར་འཁོར་དགོས་པར་འགྱུར་བས་བྱང་ཆུབ་སྤྱོད་པས་ཅི་ཞིག་བྱ་ཞེས་ཟེར་རོ། །དེ་ལ་སྨྲས་པ། རང་བཞིན་གྱིས་དག་པར་སངས་རྒྱས་དང་སེམས་ཅན་ཁྱད་མེད་ཀྱང་ཀུན་རྫོབ་ཏུ་འཁོར་བར་འཁོར་མི་འཁོར་གྱི་ཁྱད་པར་ཡོད་དེ། སངས་རྒྱས་ལ་འཁོར་བའི་རྐྱེན་མ་རིག་པ་དང་སྲེད་ལེན་སོགས་རྒྱུན་ཆད་ཟིན་པའི་ཕྱིར་དང་། སེམས་ཅན་ལ་(༡༢༨བ)དེ་རྣམས་རྒྱུན་མ་ཆད་པའི་ཕྱིར། དེས་ན་རྐྱེན་རྣམས་རྒྱུན་ནི་མ་ཆད་ན་སྒྱུ་མའང་ལྡོག་པར་མི་འགྱུར་གྱི་ནམ་སྒྱུ་མའི་རྐྱེན་རྣམས་རྒྱུན་ནི་ཆད་པ་ན་ཀུན་རྫོབ་ཏུ་ཡང་སྒྱུ་མ་དེ་མི་འབྱུང་བ་ལྟར་རོ། །

བདུན་པ་(སྒྱུ་མ་ཀུན་རྫོབ་ཏུའང་མེད་པར་ཐལ་བ་སྤང་བ་)ནི།

གང་ཚེ་འཁྲུལ་པའང་ཡོད་མིན་ན། །
སྒྱུ་མ་གང་གིས་དམིགས་པར་འགྱུར། ༧༥།
གང་ཚེ་ཁྱོད་ལ་སྒྱུ་མ་ཉིད། །
མེད་ན་དེ་ཚེ་ཅི་ཞིག་དམིགས། །

གལ་ཏེ་དེ་ཉིད་དུ་གཞན་ཡོད། །
རྨམ་པ་དེ་ནི་སེམས་ཉིད་ཡིན། ༡༦ །
གང་ཚེ་སེམས་ཉིད་སྒྱུ་མ་ན། །
དེ་ཚེ་གང་ཞིག་གང་གིས་མཐོང་། །
འཇིག་རྟེན་གྱི་ནི་མགོན་པོས་ཀྱང་། །
སེམས་ཀྱིས་སེམས་མི་མཐོང་ཞེས་གསུངས། །
རལ་གྲིའི་སོ་ནི་རང་ལ་རང་། །
ཇི་ལྟར་མི་གཅོད་དེ་བཞིན་ཡིད། ༡༧ །
ཇི་ལྟར་མར་མེ་རང་གི་དངོས། །
ཡང་དག་གསལ་བར་བྱེད་བཞིན་ན། །
མར་མེ་གསལ་བར་བྱ་མིན་ཏེ། །
གང་ཕྱིར་མུན་གྱིས་བསྒྲིབས་པ་མེད། ༡༨ །
ཤེལ་བཞིན་སྔོན་པོ་སྔོ་ཉིད་ལ། །
གཞན་ལ་བལྟོས་པ་ཡོད་མ་ཡིན། །
དེ་བཞིན་འགའ་ཞིག་གཞན་ལ་ནི། །
བལྟོས་དང་ལྟོས་མེད་པ་ཡང་མཐོང་། ༡༩ །
སྔོ་ཉིད་མིན་ལ་སྔོན་པོར་དེ། །
བདག་གིས་བདག་ཉིད་བྱས་པ་མེད། ༢༠ །
མར་མེ་གསལ་པ་ཉིད་དོ་ཞེས། །
ཤེས་པས་ཤེས་ཏེ་བརྗོད་ཅེ་ན། །
བློ་ནི་གསལ་བ་ཉིད་ཡིན་ཞེས། །
གང་གིས་ཤེས་ནས་དེ་སྐད་བརྗོད། ༢༢ །

གང་ཚེ་འགགས་ཀྱང་མཐོང་མིན་ན། །
གསལ་བ་འམ་ནི་མི་གསལ་བ། །
མོ་གཤམ་བུ་ཡི་འཁྲིག་པག་བཞིན། །
དེ་ནི་བརྗོད་ཀྱང་དོན་མེད་དོ། ༢༣ །
གལ་ཏེ་རང་རིག་ཡོད་མིན་ན། །
རྣམ་ཤེས་དྲན་པར་ཇི་ལྟར་འགྱུར། །
གཞན་མྱོང་བ་དང་འབྲེལ་བ་ལས། །
དྲན་འགྱུར་བྱི་བའི་དུག་བཞིན་ནོ། ༢༤ །
རྐྱེན་གཞན་དག་དང་ལྡན་པ་ན། །
མཐོང་ཕྱིར་རང་ཉིད་རང་གསལ་ན། །
གྲུབ་པའི་མིག་སྨན་སྦྱོར་བ་ལས། །(༣༢༥ན)
བུམ་མཐོང་མིག་སྨན་ཉིད་འགྱུར་མིན། ༢༥ །
ཇི་ལྟར་མཐོང་ཐོས་ཤེས་པ་དག །
འདིར་ནི་དགག་པར་བྱ་མིན་ཏེ། །
འདིར་ནི་སྡུག་བསྔལ་རྒྱུར་གྱུར་པ། །
བདེན་པར་རྟོག་པ་བཟློག་བྱ་ཡིན། ༢༦ །
སེམས་ལས་སྒྱུ་མ་གཞན་མིན་ཞིང་། །
གཞན་མིན་པར་ཡང་མི་བརྟག་ན། །
དངོས་ན་ཇི་ལྟར་དེ་གཞན་མིན། །
གཞན་མིན་ཞེ་ན་དངོས་པོར་མེད། ༢༧ །
ཇི་ལྟར་སྒྱུ་མ་བདེན་མིན་ཡང་། །
བལྟ་བྱ་དེ་བཞིན་ལྟ་བྱེད་ཡིན། །

ཅེས་གསུངས་ཏེ། དེ་ཡང་གང་ཚེ་སོགས་རྐང་པ་དང་པོ་གཉིས་ཀྱིས་འཁྲུལ་པ་མེད་ན་སྒྱུ་མ་མི་དམིགས་པར་ཐལ་བའི་རྩོད་པ་བཀོད། གང་ཚེ་ཁྱོད་ལ་སོགས་རྐང་པ་གཉིས་ཀྱིས་དེ་ལ་མཚུངས་པ་བརྗོད། གལ་ཏེ་སོགས་རྐང་པ་གཉིས་ཀྱིས་རྣམ་བདེན་པའི་འདོད་པ་བཀོད། གང་ཚེ་སོགས་ཚིགས་བཅད་ཕྱེད་དང་གཉིས་ཀྱིས་རང་རིག་སྤྱིར་བཀག །ཇི་ལྟར་སོགས་ཚིགས་བཅད་ཕྱེད་དང་ལྔས་རང་གསལ་དུ་འདོད་པ་བཀག །གལ་ཏེ་སོགས་ཚིགས་བཅད་གཉིས་ཀྱིས་རང་རིག་གི་སྒྲུབ་བྱེད་བཀག །ཇི་ལྟར་སོགས་ཚིགས་བཅད་གཅིག་གིས་བདེན་འཛིན་ཁོ་ན་དགག་བྱར་བསྟན། སེམས་ལས་སོགས་ཚིགས་བཅད་ཕྱེད་དང་གཉིས་ཀྱིས་རྣམ་མེད་པའི་འདོད་པ་བཀག་པ་ཡིན་ནོ། །

དེ་ཡང་རྣམ་རིག་སྨྲ་བ་རྣམས་ན་རེ། །ཕྱི་རོལ་གྱི་དོན་རང་བཞིན་མེད་པ་བདེན་མོད་ཀྱང་དབུ་མ་པ་ཁྱོད་ཀྱིས་སྒྱུ་མ་སོགས་རྫོལ་བ་གཉིས་ཀ་ལ་གྲགས་པའི་དཔེར་བཤད་པ་འདི་ཁྱོད་ཉིད་ལ་མ་གྲུབ་སྟེ། གང་གི་ཚེ་འཁྲུལ་པའང་ཡོད་པ་མིན་པར་ཁས་བླངས་ན་སྒྱུ་མ་ཉིད་གང་གིས་དམིགས་པར་འགྱུར་ཏེ་འཁྲུལ་པ་མེད་ན་སྒྱུ་མ་ལྟ་ག་ལ་ཡོད་པའི་དོན་ཏོ། །དེ་ལ་སྨྲས་པ། སེམས་ཙམ་པ་ཁྱོད་ཉིད་ཕྱི་རོལ་གྱི་དོན་མེད་པར་འདོད་པའི་ཕྱིར། གང་གི་ཚེ་ཁྱོད་ལ་སྒྱུ་མ་ཉིད་ཀྱང་མེད་ན་སྒྱུ་མའི་དཔེ་ཅི་ཞིག་དམིགས་ཞེས་ཁྱབ་པ་ལ་(༢༥༥བ)མཚུངས་པ་བསྒྲིས་སོ། །

དེ་ལ་གལ་ཏེ་རྣམ་བདེན་པ་ན་རེ། སྒྱུ་མ་སོགས་ཕྱི་རོལ་གྱི་དོན་དུ་མེད་ཀྱང་སྒྱུ་མ་ལ་སོགས་པའི་དཔེའི་དེ་ཉིད་ཙམ་དུ་ནི་དེར་སྣང་བའི་རྣམ་པ་གཞན་ཡོད་དེ་རྣམ་པ་དེ་ནི་སྣང་བ་པོའི་སེམས་དེ་ཉིད་དུ་བདེན་པ་ཡིན་ནོ་ཞེ་ན། ཕྱི་རོལ་གྱི་དོན་མེད་ན་ཕྱི་རོལ་དོན་གྱི་རྣམ་པ་ཡོད་པར་འགལ་ཏེ། རི་བོང་གི་རྭ་མེད་ལ་དེའི་རྣམ་པ་ཡོད་པའི་ཁྱད་པར་མི་འཐད་པ་བཞིན་ནོ། །དེ་ལྟ་མོད་ཀྱིས་སེམས་དེ་ཉིད་ཀྱང་བསྟོས་པ་དང་བཅས་པ་དཔྱད་མི་བཟོད་པ་སྒྱུ་མ་ལྟ་བུ་ཡིན་ཏེ། གཟུགས་ནས་

རྣམ་མཁྱེན་གྱི་བར་དང་མྱ་ངན་ལས་འདས་པ་ལས་ཆེས་ལྷག་པའི་ཆོས་ཡོད་ན་དེ་ཡང་སྒྱུ་མ་ལྟ་བུར་གསུངས་པའི་ཕྱིར། དེས་ན་གང་གི་ཚེ་སེམས་དེ་ཉིད་ཀྱང་སྒྱུ་མ་ལྟ་བུ་ཡིན་ན་དེའི་ཚེ་མཐོང་བྱ་གང་ཞིག་མཐོང་བྱེད་གང་གིས་མཐོང་སྟེ་སེམས་ལས་གཞན་པའི་མཐོང་རྒྱུ་མེད་ལ་སེམས་རང་གིས་རང་མི་མཐོང་བའི་ཕྱིར། འདི་ནི་རིགས་པས་ཀྱང་གྲུབ་སྟེ་རང་ཉིད་རང་ལ་བྱ་བྱེད་འགལ་བའི་ཕྱིར་དང་། རྒྱལ་འབྱོར་ཅན་གྱིས་རང་གི་སེམས་ལ་ནང་དུ་བརྟགས་པ་ན་མཐོང་བྱ་དང་མཐོང་བ་པོ་དུས་མཉམ་དུ་གཞི་གཅིག་ལ་མི་འདུ་ཞིང་ཇི་ཙམ་བརྟགས་པ་དེ་ཙམ་གྱིས་ཟབ་ཅིང་ཕྲ་ལ་མཐར་མཐོང་བྱ་མཐོང་བྱེད་ཀྱི་སྤྲོས་པ་ཉིད་ཞི་བ། སྲིད་བུས་མར་མེའི་ཞིང་དང་སྤྲོམས་ཀྱི་ཚད་གཞལ་བ་ན་ཚད་མ་ཡོངས་པར་སྲིད་བུ་ཉིད་འཚོག་པ་ལྟར་འགྱུར་བའི་ཕྱིར། ལུང་གིས་ཀྱང་གྲུབ་སྟེ་འཇིག་རྟེན་གྱི་ནི་མགོན་པོས་ཀྱང་སེམས་ཀྱིས་སེམས་མི་མཐོང་ཞེས་གཙུག་ན་རིན་ཆེན་གྱི་མདོ་ལས་གསུངས་ལ། རལ་གྲིའི་སོ་ནི་རང་ལ་རང་ཇི་ལྟར་མི་གཅོད་པ་དེ་བཞིན་དུ་ཡིད་ཀྱང་རང་ཉིད་གཅིག་པུ་མཐོང་ཡུལ་མཐོང་མཁན་མཐོང་བ་གསུམ་གར་དུ་ཅིག་ཆར་འགྱུར་བ་ནི་གནས་མ་ཡིན་པར་གསུངས་པའི་ཕྱིར་ཏེ། **ལང་གཤེགས་ལས།** ཇི་ལྟར་རལ་གྲིས་རང་སོ་དང་། །(༣༣༠ན)ཇི་ལྟར་སོར་མོ་རང་རྩེ་ལ། །མི་གཅོད་རེག་པར་མི་བྱེད་པ། །དེ་བཞིན་སེམས་ཀྱིས་སེམས་མི་མཐོང་། །ཞེས་གསུངས་པའི་ཕྱིར། དེ་ལ་རྣམ་རིག་པ་ན་རེ། ཇི་ལྟར་མར་མེ་རང་གིས་མར་མེའི་དངོས་པོ་ཡང་དག་པར་གསལ་བར་བྱེད་པས་རང་གསལ་ཡིན་པ་བཞིན་དུ་སེམས་ཀྱང་རང་གསལ་བ་ཡིན་ནོ་ཞེ་ན། དེ་ལ་བཤད་པ། དེ་ནི་དཔེ་མ་གྲུབ་སྟེ་གསལ་བ་ནི་མུན་པ་བཀག་ནས་གཟུགས་གསལ་བར་བྱས་པ་ལ་མར་མེས་གསལ་བར་བྱས་པའི་ཐ་སྙད་དུ་འཇོག་པ་ཡིན་ལ། མར་མེ་རང་ཉིད་ནི་གསལ་བར་བྱ་དགོས་པ་མིན་ཏེ། གང་གི་ཕྱིར་མར་མེ་མུན་གྱིས་བསྒྲིབས་པ་མེད་པའི་ཕྱིར་ཏེ། **དབུ་མ་རྩ་བར།** མར་མེ་དང་ནི་གང་

དག་ན། །དེ་འདྲ་ག་པ་ན་མུན་པ་མེད། །མར་མེས་ཅི་ཞིག་སྣང་བར་བྱེད། །མུན་པ་སེལ་བས་སྣང་བྱེད་ཡིན། །ཞེས་སོ། །ཡང་མར་མེ་རང་གསལ་ཡང་ཡིན་ན་གཞན་ཡང་སྣང་བར་བྱེད་པར་འདོད་དགོས་ལ། དེ་ལྟ་ན་མུན་པས་རང་གཞན་གཉི་ག་སྒྲིབ་པར་འགྱུར་ཏེ། མར་མེ་རང་དང་གཞན་གྱི་དངོས། །གལ་ཏེ་སྣང་བར་བྱེད་འགྱུར་ན། །མུན་པའང་རང་དང་གཞན་གྱི་དངོས། །སྒྲིབ་པར་འགྱུར་བར་ཐེ་ཚོམ་མེད། །ཅེས་སོ། **།རྣམ་རིག་པ་ན་རེ།** སྔོན་དེ་མེད་དེ་ཤེལ་དྭངས་པ་སྔོན་པོ་མ་ཡིན་ཡང་དར་སྔོན་པོ་དང་ཉེ་བའི་རྐྱེན་གྱིས་སྔོན་པོར་སྣང་བ་བཞིན་དུ་རྐྱེན་གཞན་ལ་བལྟོས་པའི་གསལ་བ་དང་། ཨུཏྤལ་སྔོན་པོ་ཉིད་སོགས་ལ་ནི་རྐྱེན་གཞན་ལ་བལྟོས་པ་ཡོད་པ་མ་ཡིན་པར་རང་བཞིན་གྱིས་སྔོན་པོར་གནས་པ་དེ་བཞིན་དུ་ཆོས་འགའ་ཞིག་རྐྱེན་གཞན་ལ་ནི་བལྟོས་པ་དང་། འགའ་ཞིག་བལྟོས་པ་མེད་པར་ངོ་བོ་ཉིད་ཀྱིས་དེ་ལྟར་ཡིན་པ་ཡང་མཐོང་བས་ན་ཤེས་པ་ནི་རྐྱེན་གཞན་ལ་མ་བལྟོས་པར་ངོ་བོ་ཉིད་ཀྱིས་རང་གསལ་བ་ཡིན་ནོ་ཞེ་ན།

དེ་དགག་པ་ནི་སྔོན་པོ་དང་རང་རིག་དཔེ་མི་མཚུངས་ཏེ་(༣༣༠བ)ཨུཏྤལའི་སྔོན་པོ་ནི་ངོ་བོ་ཉིད་ཀྱིས་གཟོད་ནས་སྔོན་པོར་ཡོད་པ་མ་ཡིན་མོད་ཀྱང་འབྱུང་བའི་དྭངས་མའི་རྒྱུ་རྐྱེན་གཞན་གྱིས་སྔོན་པོར་བསྐྱེད་ཟིན་པ་ཡིན་ལ། རང་རིག་རང་གསལ་དུ་ནི་རྒྱུ་རྐྱེན་གྱིས་སྐྱེད་མ་ཟིན་ཞིང་རིག་པ་ནི་རིག་བྱ་དང་རིག་བྱེད་ལ་བལྟོས་ཤིང་། གསལ་བ་ནི་མི་གསལ་བའི་གནས་སྐབས་ལ་བལྟོས་པས་བལྟོས་ཟླ་ཡོད་པ་ན་རྟོག་པ་ཕན་ཚུན་བརྟེན་པའི་སྐྱོན་གྱིས་རང་རིག་རང་གསལ་མི་འགྲུབ་ལ་བལྟོས་ཟླ་མེད་ན་དེ་བས་ཀྱང་མི་འགྲུབ་པའི་ཕྱིར། ཤེལ་དར་དང་འཆིང་བུའི་སྣོད་ལ་སོགས་པའི་རྐྱེན་གྱིས་སྔོན་པོར་སྣང་མོད་ཀྱང་། དེ་ནི་ཤེལ་དྭངས་པའི་ཕྱིར་མ་བསྒྲིབས་པར་དར་རམ་འཆིང་བུའི་སྣོད་དེའི་ཁ་དོག་མཐོང་བར་ཟད་ཀྱི་ཤེལ་སྔོན་པོར་གྱུར་པ་མ་ཡིན་པའི་ཕྱིར། ཤེལ་སྔོན་པོ་ཉིད་མིན་པ་ལ་རྐྱེན་དེས་

ཀྱང་སྟོན་པོར་ཞལ་དེ་བྱས་པ་མེད་ལ། ཞལ་བདག་ཉིད་ཀྱིས་བདག་ཉིད་སྟོན་པོར་བྱས་པ་ཡང་མེད་པའི་ཕྱིར་རོ། །དེ་ལྟ་མོད་ཀྱིས་མར་མེ་རང་གསལ་བར་བྱེད་དོ་ཞེས་སུས་ཤེས་ཏེ་བརྗོད་ཅེས་འདྲིའོ། །

རྣམ་རིག་པ་ན་རེ། དེ་ནི་ཤེས་པས་ཤེས་ཏེ་བརྗོད་དོ་ཞེ་ན། འོ་ན་བློ་ནི་རང་གསལ་བ་ཉིད་ཡིན་ནོ་ཞེས་གང་གིས་ཤེས་ནས་དེ་སྐད་བརྗོད། རང་རིག་གིས་སོ་ཞེ་ན། སྒྲུབ་བྱེད་བསྒྲུབ་བྱ་དང་མཚུངས་ཏེ་རང་རིག་ཉིད་སྒྲུབས་ཤིག །

རྣམ་རིག་པ་ན་རེ། གལ་ཏེ་རང་རིག་ཡོད་མིན་ན་སྔོན་སྤྱོད་པའི་རྣམ་ཤེས་ཕྱིས་དྲན་པར་ཇི་ལྟར་འགྱུར་ཞེ་ན། དབུ་མ་པས་སྨྲས་པ། དེ་ནི་རང་རིག་ཡོད་པས་དྲན་པ་མ་ཡིན་ཏེ། དེ་ཉིད་ཀྱི་ཚེ་རྒྱུ་རྐྱེན་གཞན་ཉམས་སུ་སྤྱོང་བ་དང་འབྲེལ་བའི་དབང་ལས། སྔོན་གྱི་གནས་སྐབས་ལ་དམིགས་པའི་དྲན་པ་སྐྱེ་བར་འགྱུར་ཡང་ད་ལྟ་བའི་སྤྱོང་བ་དེ་ལ་སྔོན་གནས་དྲན་པར་འཁྲུལ་བར་ཟད་ཀྱི་སྔོན་གནས་དེ་ཉིད་ནི་མ་ཡིན་ཏེ་འགགས་ཟིན་པའི་ཕྱིར། འགགས་པ་སླར་སྐྱེ་བ་ནི་གང་དུ་ཡང་མི་སྲིད་དོ། །

དེས་ན་སྔོན་(༢༢༧ན)སྦྲུལ་གྱིས་བདག་ནི་དུག་དྲག་པས་མི་རྣམས་ལ་འཛིན་ཞིང་དེས་མི་རྣམས་འཇིགས་པར་བྱེད་ཀྱི་ཁྱོད་འདྲ་བ་ལ་སུ་ཡང་མི་འཇིགས་སོ་ཞེས་ང་རྒྱལ་གྱིས་སྨྲས་པ་ན། བྱི་བ་ན་རེ། འདི་ནི་ཁྱོད་ཀྱི་དུག་མ་ཡིན་གྱི་པོ་རང་གི་རྣམ་རྟོག་ཏུ་ཟད་དོ། །གལ་ཏེ་ཡིད་མི་ཆེས་ན་མངོན་སུམ་དུ་བྱའོ་ཞེས་གཉིས་ཀར་ལམ་དུ་འདུག་སྟེ་མི་ཞིག་འོངས་པ་ན་བྱི་བས་མི་མངོན་པར་རྐང་པ་ལ་སོ་བཏབ་སྟེ། སྦྲུལ་གྱིས་དེ་དང་ཉེ་བར་ལུས་སྟོང་བར་བྱས་པས་མི་དེ་བདག་ལ་སྦྲུལ་གྱི་དུག་གིས་ཟིན་ཏེ་རྨ་བྱུང་ངོ་ཞེས་བརྒྱལ་ཞིང་ལྡོས་འཁྱེ་བར་བྱེད་ལ། ཡང་མི་ཞིག་འོངས་པ་ན་སྦྲུལ་གྱིས་ལུས་མི་མངོན་པར་རྨུགས་ཏེ་བྱི་བས་རྨུག་པ་པོ་ཡིན་པ་ལྟར་བཅོས་པ་ན། མི་དེ་ན་རེ། བྱི་བས་རྨུགས་པ་ལྟ་ལ་འཇིགས་པ་ཅི་ཡོད་ཟེར་ནས། ཅི་ཡང་

མ་ཉེས་པར་སོང་བ་ལྟ་བུ་ཞེས་བསམ་གཏན་པ་ཡང་མང་པོ་ལ་གྲགས་པ་སྟེ། རང་ཉིད་དུག་ཏུ་དོགས་པའི་དྲན་པ་སྐྱེས་པར་གྱུར་པ་ན་བྱི་བས་རྨུགས་པ་ལ་སྦྲུལ་གྱི་དུག་ཏུ་འདུ་ཤེས་པས་གནོད་པ་ཆེར་སྐྱེད་ཅིང་། སྦྲུལ་གྱིས་ཟིན་པ་ལ་ཡང་བྱི་བའི་དུག་ཏུ་འདུ་ཤེས་པ་ན་གནོད་པ་མེད་པ་བཞིན་ཏེ། དཔེར་ན་དོགས་པའི་འདུ་ཤེས་ཀྱིས་ནི་དུག་འདས་པ། །དུག་དེ་ཕོང་དུ་སོང་བ་མེད་ཀྱང་བརྒྱལ་བར་འགྱུར། །ཞེས་གསུངས་པ་དང་ཡང་ཤིན་ཏུ་འགྲོར་རོ། །འདི་ལ་**དགེ་བའི་ལྷས་ཀྱང་།** བྱི་བའི་དུག་ཇི་ལྟར་དྲན་པར་འགྱུར་ཞེས་དྲི་བར་བྱ་སྟེ། དེ་ཡང་དབྱར་གྱི་ཚེ་ན་བྱི་བ་དུག་དང་བཅས་པར་འགྱུར་ལ། དེ་ཡོད་པར་དོགས་པ་ན་སྦྲུལ་གྱི་མཆེ་བས་ཟིན་པའི་རྗེས་ཐོགས་ལ་སྦྲུལ་ནི་མ་མཐོང་ལ། ལུས་ལ་གནོད་པའི་འགྱུར་བ་མཐོང་བས་བྱི་བའི་དུག་མེད་ཀྱང་དེའི་དུག་གིས་ཟིན་པའི་དྲན་པ་འབྱུང་མོད་ཀྱི་སྦྲུལ་གྱི་དུག་ནི་དེ་བས་གཞན་པ་ཉིད་ཡིན་ནོ། །དེ་བཞིན་དུ་རྨའམ་ལུས་ཀྱི་ནད་གཞན་ལ་བྱི་བའི་དུག་མེད་ཀྱང་། དེའི་ཤེས་པ་འབྱུང་བ་ལྟར་རང་རིག་མེད་པ་(༢༩༧བ)ཉིད་དུ་ཡང་རྣམ་པར་ཤེས་པའི་དྲན་པ་འབྱུང་ངོ་ཞེས་དཔེ་དོན་འདི་ལྟར་དུ་བཤད་དོ། །

དེ་ལ་རྣམ་རིག་པ་ན་རེ། ཏིང་ངེ་འཛིན་ལ་སོགས་པའི་རྐྱེན་གཞན་དག་དང་ལྡན་པ་ན་གཞན་གྱི་སེམས་ཤེས་པ་དང་རང་གཞན་གྱི་སྔོན་གནས་རྗེས་སུ་དྲན་པ་མཐོང་བའི་ཕྱིར་རང་རིག་རང་གསལ་བ་ཡོད་དོ་ཞེ་ན། གཞན་སེམས་སོགས་ཤེས་ཀྱང་དེས་སེམས་རང་ཉིད་མཐོང་བ་མ་ཡིན་ཏེ། མིག་གིས་གཟུགས་མཐོང་གིས་མིག་ཉིད་མི་མཐོང་བའི་ཕྱིར་དང་། གྲུབ་པའི་མིག་སྨན་གྱི་ཞང་ལ་སོགས་པ་སྦྱར་བ་གྲུབ་སྟེ། ཇོ་བ་དང་དུ་བ་དང་འབར་བར་སྣང་བ་དག་མིག་ལ་བྱུགས་པས་ས་འོག་སོགས་ཐག་རིང་ན་ཡོད་པའི་བུམ་པ་བཟང་པོ་དང་ནོར་བུ་སོགས་མཐོང་ནས་ལེན་པར་བྱེད་ཀྱང་། མིག་ལ་བྱུགས་པའི་མིག་སྨན་དེ་ཉིད་དམ་མིག་ཉིད་མཐོང་བ་མིན་པ་བཞིན་ནོ། །

གལ་ཏེ་སྔོན་གནས་སོགས་དྲན་པའི་ཤེས་པ་དེ་ཉིད་རང་གསལ་ཡིན་ཏེ་ཏིང་ངེ་འཛིན་གྱི་རྐྱེན་ལས་གསལ་བའི་རང་བཞིན་དུ་སྐྱེས་པའི་ཕྱིར་ཞེ་ན། འོ་ན་བུམ་པ་དེ་ཡང་མིག་སྨན་དང་ལྡན་པའི་མིག་ཏུ་ཐལ་ཏེ་མིག་གི་རྐྱེན་ལས་གསལ་བའི་རང་བཞིན་དུ་སྐྱེས་པའི་ཕྱིར་རོ། །དེས་ན་རིག་བྱ་རང་དང་རིག་བྱེད་ཤེས་པ་དང་རིག་ཚུལ་གསལ་བར་འཛིན་པ་ནི་སྒྲོ་བཏགས་པ་ཉིད་ཡིན་གྱི་ཤེས་པ་དེ་ཉིད་ཅིག་ཆར་དེ་གསུམ་གར་དུ་ལྡང་བའི་གནས་མེད་དོ། །

འོ་ན་རང་རིག་མེད་པ་དེའི་ཚེ་གཞན་རིག་ཀྱང་མི་འཐད་པས་ཤེས་པ་ཉམས་སུ་མྱོང་བ་དང་གཟུགས་སྒྲ་སོགས་ཉམས་སུ་མྱོང་བ་ཐམས་ཅད་མི་འཐད་པར་འགྱུར་རོ་ཞེ་ན། ཇི་ལྟར་ན་གཟུགས་མཐོང་བ་དང་སྒྲ་ཐོས་པ་ལ་སོགས་པ་ཉམས་སུ་མྱོང་བའི་ཤེས་པ་དག་དེ་ཁོ་ན་ཉིད་ལ་དཔྱོད་པའི་སྐབས་འདིར་ནི་དགག་པར་བྱ་བ་མིན་ཏེ། འཁོར་བའི་སྡུག་བསྔལ་གྱི་རྒྱུར་གྱུར་པ་མཐོང་ཐོས་ཀྱི་ཤེས་སོགས་དེ་དག་ལ་བདེན་པར་ཞེན་པ་ཁོ་ན་ལྡོག་པར་(༡༡༢༨)བྱ་བ་ཡིན་ཏེ། སེམས་ཙམ་པས་དོན་སྨྲ་བའི་ཕྱི་དོན་འགོག་པར་བྱེད་པའི་ཚེ་ཡང་ཡོང་བ་དང་འོན་པ་ལྟར་གཟུགས་མི་མཐོང་སྒྲ་མི་ཐོས་པ་ཞིག་སྒྲུབ་པར་མི་བྱེད་ཀྱི་གཟུགས་སྒྲ་ལ་བདེན་འཛིན་འགོག་པ་ཁོ་ན་དང་མཚུངས་ཏེ། འདིར་ཡང་ཤེས་པ་གསལ་མྱོང་ཙམ་འགོག་པར་མི་བྱེད་ཀྱང་གསལ་མྱོང་དུ་གྲུབ་འཛིན་གྱི་ཞེན་པ་དེ་འགོག་པ་ཡིན་ནོ། །དེས་ན་ཁོ་བོ་ཅག་ལ་དེས་བཀལ་དུ་མེད་ཀྱང་རྣམ་རིག་པ་ཁྱོད་ཉིད་ལ་གཞན་རིག་མེད་པ་དེའི་ཚེ་རང་རིག་ཀྱང་མེད་པར་འགྱུར་རོ་ཞེས་ལྡོག་སྟེ་བརྗོད་ན་ལན་གྱིས་དབེན་ནོ། །

ཡང་རྣམ་མེད་སྨྲ་བ་ན་རེ། རྣམ་པ་བདེན་པར་འདོད་པ་ལ་སྐྱོན་དེ་དག་འཇུག་མོད་ཀྱང་ཁོ་བོ་ཅག་ནི། རྣམ་པ་དེ་ཡང་སྒྱུ་མ་ལྟར་རྫུན་ལ་སེམས་དང་དེ་ཉིད་དང་གཞན་དུ་ཡང་བརྗོད་དུ་མེད་པར་འདོད་པས་སྐྱོན་མེད་དོ་ཞེས་ཟེར་

རོ། །དེ་ལ་བརྒལ་བ། ཁྱོད་སེམས་ལས་སྒྱུ་མ་གཞན་མིན་པར་འདོད་ཅིང་དེ་ལས་གཞན་གཅིག་པ་ཡང་མིན་པར་འདོད་དེ། དེ་ཉིད་དང་གཞན་དུ་བརྗོད་དུ་མེད་པར་འདོད་ན་གང་ཆེ་འཕྲུལ་པའང་ཡོད་མིན་ན་སོགས་ཀྱིས་ངེད་ལ་བརྒལ་དུ་ཅི་ཡོད་དེ་ཁྱོད་ཉིད་ཀྱིས་སྒྱུ་མ་མེད་པར་ཁས་བླངས་པའི་ཕྱིར། བདག་གིས་ཁས་མ་བླངས་ཀྱང་གཞན་གྱིས་ཁས་བླངས་པས་འདིར་འགྱུར་རོ་ཞེ་ན། ཆོས་ཐམས་ཅད་ངོ་བོ་ཉིད་མེད་པར་ཡང་ཁྱོད་ཀྱིས་ཁས་བླངས་པར་འགྱུར་ཏེ་གཞན་གྱིས་ཁས་བླངས་པའི་ཕྱིར། འོན་ཏེ་སྒྱུ་མ་དེ་དངོས་པོར་འདོད་ན་ནི་ཇི་ལྟར་སེམས་ལས་གཞན་མིན་ཏེ་སེམས་ལས་གཞན་ཡིན་དགོས་སོ། །ཅིའི་ཕྱིར་ན་སྒྱུ་མ་ནི་སྒྱུ་མ་མཁན་གྱིས་རྫས་སྔགས་ཀྱིས་སྤྲུལ་བ་ལ་རག་ལས་ལ་ཤེས་པ་ནི་སྒྱུ་མ་མཁན་ལ་རག་མ་ལས་པའི་ཕྱིར་རོ། །སྒྱུ་མ་དེ་སེམས་ལས་གཞན་མིན་པར་འདོད་ན་ནི་དེ་གཉིས་ཐ་མི་དད་པས་སེམས་དངོས་པོར་མེད་དེ། སྒྱུ་མ་(༣༣༢བ)དངོས་པོར་མེད་པའི་ཕྱིར་རོ། །དེའི་རྩོད་པ་སྤོང་བར་འདོད་ནས་ཇི་ལྟར་ན་སྒྱུ་མ་བདེན་པ་མིན་ཡང་འཛིག་རྟེན་གྱི་བལྟ་བྱ་ཙམ་དུ་གྲགས་པའོ་ཞེ་ན། འོ་ན་ལེགས་ཏེ་ལྟ་བྱེད་ཀྱི་ཡིད་ཀྱང་རང་རིག་སོགས་གང་དུ་ཡང་མི་བདེན་པ་ལྟ་བྱེད་དུ་གྲགས་པ་ཙམ་དུ་ཤེས་པར་གྱིས་ཤིག །

བརྒྱད་པ་རྟེན་མེད་པར་ཐལ་བ་སྤང་པ་ནི།

གལ་ཏེ་འཁོར་བ་དངོས་རྟེན་ཅན། །
གཞན་དུ་དེ་ནི་མཁའ་འདྲར་འགྱུར། ༤༨ །
དངོས་མེད་དངོས་ལ་བརྟེན་པ་ནའང་། །
བྱེད་དང་ལྡན་པར་ཇི་ལྟར་འགྱུར། །
ཁྱོད་ཀྱི་སེམས་ནི་གྲོགས་མེད་པར། །
གཅིག་པུ་ཉིད་དུ་འགྱུར་བ་ཡིན། ༤༩ །

གང་ཚེ་སེམས་ནི་གཟུང་གྲོལ་བ། །
དེ་ཚེ་ཐམས་ཅད་དེ་བཞིན་གཤེགས། །
དེ་ལྟ་ན་ཡང་སེམས་ཙམ་དུ། །
བརྟགས་ལ་ཡོན་ཏན་ཅི་ཞིག་ཡོད། [༣༠] །

ཅེས་གསུངས་ཏེ། རྐང་པ་དང་པོ་གཉིས་ཀྱིས་རྩོད་པ་བཀོད། ལྷག་མས་དེ་བཀག་པའོ། །

གལ་ཏེ་རྣམ་རིག་པ་ན་རེ། ཕྱི་དོན་མེད་པའི་ཕྱིར་འཁོར་བ་འདི་དངོས་མེད་ཡིན་མོད་ཀྱང་རང་རིག་པའི་དངོས་པོ་ལ་བརྟེན་པ་ཅན་ཡིན་པས་ན་སྣང་གི་དེ་ནི་གཞན་དུ་དེ་ལྟ་མིན་ན་ནམ་མཁའ་འདྲ་བར་སྣང་མེད་དུ་འགྱུར་རོ་ཞེ་ན། །སྨྲས་པ། དངོས་མེད་ནི་དངོས་པོ་ལ་བརྟེན་པ་ན་ཡང་བྱེད་ལས་དང་ལྡན་པར་ཇི་ལྟར་འགྱུར་ཏེ། རི་བོང་གི་རྭ་ཅི་ལ་བརྟེན་ཡང་འབིགས་པར་མི་ནུས་པ་བཞིན་ནོ། །དེ་འདོད་ན། རྣམ་རིག་པ་ཁྱོད་ཀྱི་སེམས་ནི་འཁོར་བའི་གྲོགས་མེད་པར་མྱ་ངན་ལས་འདས་པའི་དོན་དམ་པ་གཅིག་པུ་ཉིད་དུ་ཐལ་བར་འགྱུར་བ་ཡིན་ལ། དེ་འདོད་ན། རང་རིག་དོན་དམ་འཁོར་བའི་རྟེན་གྱི་ཕྱིར་ཁས་བླངས་པ་ལ་དགོས་པ་མེད་པར་འགྱུར་རོ། །དེས་ན་གང་གི་ཚེ་སེམས་ནི་གང་ལ་ཞེན་པའི་དམིགས་པའམ་གཟུང་བ་ཐམས་ཅད་དང་བྲལ་བ་དེའི་ཚེ་ཆོས་ཐམས་ཅད་ཀྱང་དེ་བཞིན་གཤེགས་པའི་རང་བཞིན་ཉིད་ལས་ཐ་མི་དད་པར་མཐོང་ཞིང་གང་མཐོང་བ་དེ་ཉིད་ཀྱང་མཐོང་བ་མེད་པ་ཁོ་ནར་རྟོགས་(༢༢༢ན)པར་འགྱུར་རོ། །དེ་ལྟ་ཡིན་མོད་ཅེ་ན། དེ་ལྟ་ན་ཡང་ཁྱོད་ཀྱིས་སེམས་ཙམ་དང་དེ་ཡང་རང་རིག་ཏུ་ནན་གྱིས་བཏགས་པ་ལ་དགོས་པ་ཅི་ཞིག་ཡོད་དེ། ནམ་མཁའ་མཐའ་མེད་པར་གོ་ཡང་ནམ་མཁའ་ལ་ཞེན་པས་ཚད་འཛལ་བ་ལ་དགོས་པ་མེད་པ་བཞིན་ནོ། །འདི་རྣམས་སུ་**གསེར་ཕྲེང་པས**་གཙོ་བོའི་དོན་སོ་དྲུག་དང་། བཅུ་གཅིག་ཏུ་བསྡུས་པ་གཉིས་གར་དུ། དེ་ལྟར་

དེ་དག་ཐམས་ཅད་ཀྱང་། །ཐུབ་པས་ཤེས་རབ་དོན་དུ་གསུངས། །དེ་བས་མྱ་ངན་འདས་པ་དང་། །བདེ་བ་འདོད་པས་ཤེས་རབ་སྐྱེད། །དོན་དམ་དང་ནི་ཀུན་རྫོབ་སྟེ། །དེ་ནི་བདེན་པ་གཉིས་སུ་འདོད། །དོན་དམ་བློ་ཡི་སྤྱོད་ཡུལ་མིན། །བློ་དང་སྒྲ་ནི་ཀུན་རྫོབ་ཡིན། །དེ་ལ་འཇིག་རྟེན་རྣམ་གཉིས་མཐོང་། །རྣལ་འབྱོར་པ་དང་དེ་བཞིན་ཕལ། །དེ་ལ་རྣལ་འབྱོར་འཇིག་རྟེན་གྱིས། །འཇིག་རྟེན་ཕལ་པ་སུན་ཡང་འབྱིན། །གོང་མ་གོང་མའི་ཁྱད་པར་གྱིས། །རྣལ་འབྱོར་པ་ཡང་སུན་འབྱིན་ཏོ། །ཞེས་ཚིགས་བཅད་ཕྱེད་དང་བཞི་པོ་འདིར་ཤེར་ལེ་ཐམས་ཅད་བསྡུས་ཏེ་བསྟན་ཏོ། །

དཀའ་འགྲེལ་ཆེན་མོ་ལས་ནི། དེ་ལྟར་ན་རང་བཞིན་མེད་པ་ཉིད་དངོས་པོ་རྣམས་ཀྱི་གནུག་མ་ཡིན་ཏེ། དོན་དམ་པའི་རང་བཞིན་གྱིས་གནས་པ་ཡིན་ནོ། །དེ་ཉིད་ལ་སྐྱེས་བུའི་དགོས་པའི་མཆོག་དང་ཁྱད་པར་དུ་འཕགས་པར་བརྗོད་དོ། །འདི་ལ་ཡང་མངོན་པར་ཞེན་པར་མི་བྱའོ། །གཞན་དུ་ན་དངོས་པོ་ལ་མངོན་པར་ཞེན་པ་དང་། སྟོང་པ་ཉིད་ལ་མངོན་པར་ཞེན་པ་ལ་ཁྱད་པར་ཅུང་ཟད་ཀྱང་ཡོད་པ་མ་ཡིན་ཏེ། གཉི་ག་ཡང་བཏགས་པའི་བདག་ཉིད་ཀྱི་སྒྲིབ་པའི་ཕྱིར་རོ། །མེད་པར་བཏགས་པའི་རང་བཞིན་གྱི་རང་གི་ངོ་བོ་ཅུང་ཟད་ཀྱང་ཡོད་པ་མ་ཡིན་ལ། དངོས་པོ་ལོག་པ་ཡང་དངོས་པོ་མེད་པ་མ་ཡིན་ཏེ། ལོག་པ་རང་བཞིན་མེད་པ་ཡིན་པའི་ཕྱིར་རོ་ཞེས་དང་། དེའི་ཕྱིར་དངོས་པོ་ལོག་པའི་ངོ་བོ་དངོས་མེད་(༣༣༣བ)ཅེས་བྱ་བ་ཅུང་ཟད་ཀྱང་ཡོད་པ་མ་ཡིན་ནོ། །དངོས་པོ་དང་དངོས་པོ་མེད་པ་དག་བརྗོད་པའི་རིམ་པས་མེད་པར་བསྟན་པ་ཡིན་ཏེ། དེ་གཉིས་འདྲེས་པའི་བདག་ཉིད་དམ་གཉི་ག་བཀག་པའི་རང་བཞིན་ཉིད་ནི་ཡོད་པ་མ་ཡིན་ཏེ། དངོས་པོའི་རྣམ་པར་རྟོག་པ་ཉིད་རྣམ་པར་རྟོག་པ་མཐའ་དག་གི་རྒྱུ་ཡིན་པའི་ཕྱིར། དེ་བཀག་པས་འདི་རྣམ་པ་ཐམས་ཅད་ཉིད་དགག་པ་གཅིག་གིས་བསལ་བ་ཡིན་ནོ། །དེའི་ཕྱིར་ཡོད་པ་དང་། ཡོད་པ་མ་ཡིན་པ་དང་། ཡོད་མེད་གཉི་ག

དང་། གཉི་གའི་བདག་ཉིད་ཀྱང་མ་ཡིན་པ་ལ་ཅུང་ཟད་ཀྱང་མངོན་པར་ཞེན་པའི་ཡུལ་དུ་བརྟག་པར་མི་བྱའོ། །ཇི་སྐད་དུ། **ཤེར་ཕྱིན་ལས།** ཚེ་དང་ལྡན་པ་ཤཱ་རིའི་བུ་འདི་ལ་བྱང་ཆུབ་སེམས་དཔའི་ཐེག་པ་པའི་རིགས་ཀྱི་བུའམ་རིགས་ཀྱི་བུ་མོ་ཐབས་མི་མཁས་པས་གཟུགས་སྟོང་པའོ། །ཞེས་ཡང་དག་པར་ཤེས་པ་ནི་ཞེན་པའོ། །སོགས་ཆོས་ཀྱི་བར་དུ་སྦྱར་བ་དང་། ཀུན་རྟོག་ཐམས་ཅད་སྤང་བའི་ཕྱིར། །སྟོང་ཉིད་བདུད་རྩི་སྟོན་མཛད་ལ། །གང་ཞིག་དེ་ལ་ཞེན་གྱུར་ན། །དེ་ཉིད་ཁྱོད་ཀྱིས་ཤིན་ཏུ་དམད། །ཅེས་དང་། ཡོད་མིན་མེད་མིན་ཡོད་མེད་མིན། །སོགས་ཀྱང་དྲངས་ཏེ་ཤེས་རབ་ཀྱི་རང་བཞིན་གཏན་ལ་ཕབ་བོ། །བདེན་གཉིས་རྣམ་འཇོག་ལ་ནི། འདི་སྐད་དུ། དེ་ལ་ཀུན་རྫོབ་ཀྱི་བདེན་པ་ནི་འཇིག་རྟེན་པའི་ཕྱིན་ཅི་མ་ལོག་པའི་ངོ་བོ་ཡིན་ལ། དོན་དམ་པའི་བདེན་པ་ལ་ཡང་བདེན་པ་ནི་བསླུ་བར་མི་བྱེད་པ་ཡིན་ནོ། །དེ་ཁོ་ན་ཉིད་ནི་འཕགས་པ་རྣམས་ཀྱིའོ་ཞེས་པ་ནི་ཁྱད་པར་རོ། །ཞེས་དང་། དངོས་པོ་འདི་ཐམས་ཅད་རང་བཞིན་གཉིས་འཛིན་པས་ཡང་དག་པར་སྐྱེ་བར་འགྱུར་ཏེ་ཀུན་རྫོབ་དང་དོན་དམ་པའོ། །དེ་ལ་གཅིག་ནི་མ་རིག་པའི་རབ་རིབ་ཀྱིས་བསྒྲིབས་པའི་མིག་ཅན་ཡང་དག་པ་མ་ཡིན་པའི་བདག་ཉིད་མཐོང་བ་སོ་སོའི་སྐྱེ་བོ་རྣམས་ཀྱི་ཡུལ་རྫུན་པ་མཐོང་བ་ཉིད་ན་ཡང་དག་པར་ཞེན་ཏོ། །གཞན་ནི་རྣམ་པར་འབྱེད་པའི་མིག་སྨན་གྱི་ཐུར་(༣༣༨ན)མས་མ་རིག་པའི་ལིང་ཏོག་བསལ་བས་ཡང་དག་པའི་ཤེས་པའི་མིག་ཅན་དེ་ཁོ་ན་ཉིད་རིག་པའི་འཕགས་པ་རྣམས་ཀྱི་ཡང་དག་པའི་ཤེས་པའི་ཡུལ་དུ་གྱུར་པས་རང་བཞིན་རྣམ་པར་གཞག་པ་ཡིན་ནོ། །ཞེས་བྱིས་པའི་མཐོང་བ་ཀུན་རྫོབ་དང་འཕགས་པའི་གཟིགས་པ་དོན་དམ་དུ་བཤད་ཅིང་། དེ་ལྟར་གྱུར་ན་ཡང་ཀུན་རྫོབ་ནི་མ་རིག་པས་ཉེ་བར་བསྟན་པ་ཡང་དག་པ་མ་ཡིན་པ་སྒྲོ་བཏགས་པའི་རང་བཞིན་ཡིན་པའི་ཕྱིར། རྣམ་པར་དཔྱད་པ་ལས་ལན་བརྒྱ་ཕྲག་ཏུ་ཉམས་པར་འགྱུར་ན་འདི

ཇི་ལྟར་བདེན་པ་ཡིན་ཞེ་ན། བདེན་མོད་ཀྱི་འོན་ཀྱང་འཇིག་རྟེན་པའི་ཞེན་པ་ལ་ཀུན་རྫོབ་ཀྱི་བདེན་པ་ཞེས་བརྗོད་ཅིང་འཇིག་རྟེན་པ་ཉིད་ཀུན་རྫོབ་ཀྱི་བདེན་པ་ཞེས་འདོད་པ་དེའི་རྗེས་སུ་འབྲངས་ནས་བཅོམ་ལྡན་འདས་ཀྱིས་དོན་དེ་ཉིད་བཏང་སྙོམས་སུ་བཞག་པས་ཀུན་རྫོབ་ཀྱི་བདེན་པ་ཞེས་གསུངས་ཏེ། དེའི་ཕྱིར་སློབ་དཔོན་གྱིས་འཇིག་རྟེན་ཀུན་རྫོབ་བདེན་པ་དང་ཞེས་ཁྱད་པར་དང་བཅས་ནས་གསུངས་སོ། །དངོས་པོ་ལ་ནི་དོན་དམ་པའི་བདེན་པ་གཅིག་པུ་ཁོ་ན་ཡིན་ཏེ། དེ་བས་ན་ཅུང་ཟད་ཉམས་པ་མེད་དོ། **།མདོ་ལས།** དགེ་སློང་དག་འདི་ནི་གཅིག་པུ་སྟེ། དོན་དམ་པའི་བདེན་པ་འདི་ལྟ་སྟེ། མི་སླུ་བ་མྱ་ངན་ལས་འདས་པའི་ཆོས་ཡིན་ལ། འདུས་བྱས་ཐམས་ཅད་ནི་རྫུན་པ་སླུ་བའི་ཆོས་སོ། །ཞེས་དྲངས་ཏེ་ཡང་དག་པར་དོན་དམ་བདེན་གཅིག་ཏུ་བསྟན་ཏོ། །

བློའི་ཡུལ་མིན་ཚུལ་ཡང་། ཇི་སྐད་དུ། བློ་ནི་ཤེས་པ་ཐམས་ཅད་ཡིན་ཏེ་ཤེས་པ་ཐམས་ཅད་ཀྱི་ཡུལ་ལས་འདས་པའི་ཕྱིར་སྤྱོད་ཡུལ་མ་ཡིན་པ་སྟེ། བློ་དེ་ཐམས་ཅད་ཀྱི་རྣམ་པ་གང་གིས་ཀྱང་ཡུལ་དུ་བྱ་བར་མི་ནུས་པ་ཡིན་ནོ། །ཞེས་པའི་ཐ་ཚིག་སྟེ་ཇི་ལྟར་དེའི་རང་བཞིན་བསྟན་པར་ནུས། འདི་ལྟར་ཡང་སྤྲོས་པ་ཐམས་ཅད་ལས་རྣམ་པར་གྲོལ་བའི་རང་བཞིན་དེ་བཞིན་ཉིད་དོན་དམ་པའི་བདེན་པ་དེ་ཁོ་ན་ཉིད་ཡིན་པ་དེའི་ཕྱིར་ཅི་ལྟར་ཡང་རྣམ་པར་རྟོག་པས་(༣༣༨བ)མཐོང་བ་མ་ཡིན་ཏེ་ཁྱད་པར་ཐམས་ཅད་དང་བྲལ་བའི་ཕྱིར་རོ། །ཞེས་གཙོ་བོར་རྟོག་ཡུལ་མ་ཡིན་པ་ལ་བཤད་ཅིང་། ཡང་གྲགས་པས་ཡིན་གྱི་ཚད་མས་མིན་སོགས་ལ་རབ་རིབ་ཅན་གྱི་མཐོང་བའི་ངོར་དགག་པ་ལྟར་བྱེད་པ་ཉིད་ཀྱིས་ཚིག་འདི་སྨྲས་པ་ཡིན་ཏེ། དེ་སྐད་སྨྲས་པ་ན་ཡང་བཀག་པའམ་བསྒྲུབ་པ་བྱས་པ་ནི་ཡོད་པ་མ་ཡིན་ནོ། །དེ་ལྟར་དོན་དམ་པ་བརྗོད་པར་བྱ་བ་མ་ཡིན་ཡང་དོན་དམ་པའི་དེ་ཁོ་ན་ཉིད་གཟིགས་པའི་སྒོ་ནས་ཉེ་བར་བརྟག་པ་བཟུང་སྟེ་ཀུན་རྫོབ་བསྟན་པ་ཡིན་ལ། ཀུན་རྫོབ་ཀྱི་

ཐ་སྙད་མ་ལུས་པ་སྤྲངས་པ་དེས་དངོས་པོའི་རང་བཞིན་སྨྲ་བར་ནུས་པ་མ་ཡིན་ཏེ། **ཇི་སྐད་དུ།** ཡི་གེ་མེད་པའི་ཆོས་རྣམས་ལ། །ཉན་པ་པོ་གང་སྟོན་པ་གང་། །ཆོས་གང་ཉན་ཞིང་སྟོན་བྱེད་པ། །སྒྲོ་བཏགས་པས་ན་ཡི་གེ་མེད། །ཅེས་སོ། །དེ་ལྟ་བས་ན་ཐ་སྙད་པའི་བདེན་པ་གཉིས་ལ་བསྟེན་ནས་དོན་དམ་པ་སྟོན་པ་ཡིན་ཏེ། དོན་དམ་པ་བསྟན་པ་རྟོགས་པས་ཀྱང་དོན་དམ་པ་མངོན་དུ་བྱེད་པ་ཡིན་ཏེ། དེ་ཉིད་དེའི་ཐབས་ཡིན་པའི་ཕྱིར་རོ། །ཞེས་སོགས་དང་། ལྷའི་བུ་གལ་ཏེ་དོན་དམ་པར་དོན་དམ་པའི་བདེན་པ་ལུས་དང་ངག་དང་ཡིད་ཀྱི་སྤྱོད་ཡུལ་དུ་གྱུར་ན་ཞེས་སོགས་བདེན་གཉིས་ལ་འཇུག་པའི་མདོ་དྲངས་ཤིང་། དེ་ཉིད་ཀྱི་ཕྱིར་རྣམ་པར་རྟོག་པ་རྣམས་ཀྱི་ཡུལ་མ་ཡིན་ཏེ། གང་དངོས་པོ་དང་དངོས་པོ་མེད་པ་དང་། རང་དང་གཞན་གྱི་དངོས་པོ་དང་། བདེན་པ་དང་བདེན་པ་མ་ཡིན་པ་དང་། རྟག་པ་དང་ཆད་པ་དང་། རྟག་པ་དང་མི་རྟག་པ་དང་། བདེ་བ་དང་སྡུག་བསྔལ་བ་དང་། གཙང་བ་དང་མི་གཙང་བ་དང་། བདག་དང་བདག་མེད་པ་དང་། སྟོང་པ་དང་སྟོང་པ་མ་ཡིན་པ་དང་། གཅིག་དང་དུ་མ་དང་། སྐྱེ་བ་དང་འགག་པ་ལ་སོགས་པའི་ཁྱད་པར་རྣམས་དེ་ཁོ་ན་ཉིད་ཀྱིས་སྲིད་པ་མ་ཡིན་ཏེ། འདི་རྣམས་ནི་ཀུན་རྫོབ་ཀྱི་ཆོས་ཡིན་པའི་ཕྱིར་རོ། །ཞེས་རྒྱས་པར་བཀྲལ་ཏེ་འདི་དག་ནི་ཕྱུག་བྱ་བའི་གནས་སུ་མཐོང་ངོ་། །བྱི་བའི་དུག་སོགས་ལ་**འགྲེལ་ཆེན་དུ།** བྱི་བའི་དུག་ནི་སྐད་ཅིག་གིས་ལུས་ལ་ཕོག་ནས་ཕྱིས་འབྲུག་སྒྲའི་རྐྱེན་གྱིས་(༡༡༥ན)ལྡང་བ་ལྟར་རོ། །དེའི་ཕྱིར་རང་རིག་པའི་ཤེས་པ་ཙམ་ཟད་ཀྱང་རིག་པ་མ་ཡིན་ཏེ། རྟོགས་བྱ་རྟོགས་བྱེད་རྣམ་པའི་སེམས། །དེ་བཞིན་གཤེགས་པས་གཟིགས་པ་མེད། །གང་དུ་རྟོགས་དང་རྟོགས་བྱེད་པ། །དེ་ལ་བྱང་ཆུབ་སེམས་ཡོད་མིན། །ཞེས་སོ། །

དེ་ལྟར་རྣམ་པར་རྟོག་པ་ཐམས་ཅད་ནུབ་པའི་ཕྱིར་སྤྲིབ་པ་མཐའ་དག་ལས་གྲོལ་བ་སྐྱེའོ་ཞེས་བྱུང་ངོ་། །**པི་ཧྲུ་ཏིས།** དོན་དམ་པ་ནི་རྣམ་པ་ཐམས་ཅད་མཁྱེན་

པའི་ཡེ་ཤེས་ཀྱིའང་སྤྱོད་ཡུལ་མིན་ཏེ། རང་བཞིན་དང་བློ་བུར་གྱི་དྲི་མས་དག་པ་དོན་དམ་པ་ལ་དམིགས་པའི་རྡོ་རྗེ་ལྟ་བུའི་ཏིང་ངེ་འཛིན་སངས་རྒྱས་ཡིན་ལ། དེ་ལ་རྣམ་པའི་ཤས་ཀྱང་མེད་དོ། །ཞེས་སྣང་མོད་ཀྱང་རྡོ་རྗེ་ལྟ་བུའི་ཏིང་ངེ་འཛིན་སངས་རྒྱས་མ་ཡིན་ཏེ། འདིས་ས་བཅུ་པའི་རྒྱུད་ཀྱི་སྒྲིབ་པ་བཅོམ་པ་ཕྱིན་སངས་རྒྱས་སུ་འཇོག་པའི་ཕྱིར། ཆོས་ཐམས་ཅད་སངས་རྒྱས་ཀྱི་ངོ་བོར་འཇོག་པའི་གནས་སྐབས་ཀྱང་འདི་མ་ཡིན་ནོ། །ཡང་ཇི་ལྟར་སྤྲུལ་པའི་གླང་པོ་ལ་སོགས་པའི་ཚུལ་ཁོ་ན་སྐྱེ་བོས་མཐོང་ལ། སྤྲུལ་མཁན་གྱིས་ཤིང་ལ་སོགས་པ་ཉིད་དུའོ། །ཞེས་པའང་མི་ལེགས་ཏེ། སྤྲུལ་མཁན་གྱིས་ཤིང་དུ་མཐོང་ན། ཇི་ལྟར་སྒྱུ་མའི་བུད་མེད་ལ། །དེ་བྱེད་ཉིད་ཀྱང་ཆགས་སྐྱེ་འགྱུར། །ཞེས་པའི་རྩོད་ལན་དོན་མེད་དུ་འགྱུར་བའི་ཕྱིར། ཡང་སྒྱུ་མའི་མི་བསད་པ་ལ་སྲོག་གཅོད་པའི་དངོས་གཞི་མི་འབྱུང་སྟེ་སྲོག་མེད་པའི་ཕྱིར། བརྟེགས་པས་སྦྱོར་བའི་སྡིག་པ་ནི་འབྱུང་བའང་ཡོད་དོ་ཞེས་པའང་མི་མཛེས་ཏེ། བསད་པས་སྡིག་པར་མི་འགྱུར་ལ་བརྟེགས་པས་སྡིག་པར་འགྱུར་བ་བཞད་གད་ཀྱི་གནས་ཡིན་པའི་ཕྱིར། བརྟེག་འདོད་ལས་སོ་ཞེ་ན། འོ་ན་གསོད་འདོད་ཀྱིས་སྡིག་པ་ཅིས་མི་སྐྱེད། དེས་ན་སྒྱུ་མ་ལ་སྒྱུ་མར་ཤེས་པས་བསད་ན་གསོད་འདོད་ཀྱི་ཀུན་སློང་མཚན་ཉིད་པ་མེད་པས་སྡིག་པར་མི་འགྱུར་བ་ཡིན་ལ། རང་རྒྱུད་པར་ཞེན་ནས་བརྟེགས་སམ་བསད་ན་སུ་ལ་ཡང་བརྟེགས་པ་དང་བསད་པ་གང་ཡང་མེད་མོད་ཀྱང་གསོད་སེམས་དང་རྗེག་སེམས་ཀྱིས་ཞེ་སྡང་ལས་གྱུར་པའི་སྡིག་པ་སྐྱེད་དེ་རྨི་ལམ་དུ་བསད་(༣༣༥བ)པ་ལ་སད་ནས་ཡི་རང་བར་བྱེད་ན་སྡིག་པ་སྐྱེད་པར་གསུངས་པ་དང་མཚུངས་པའི་ཕྱིར། དེས་ན། སྒྱུ་མའི་སྐྱེས་བུ་བསད་སོགས་ལ། །ཞེས་པ་ནི་སྒྱུ་མར་ཤེས་པ་ལ་དགོངས་པ་ཡིན་ནོ། །དྲན་འགྱུར་སོགས་ལ། བྱི་བ་ནི་འདིར་བབ་ལ་བྱུག་པ་སྟེ་དེའི་དུག་དེས་རྨུགས་པའི་རྨས་ལུས་ལ་སྣར་བཀྲམ་པ་ཕྱིས་འབྲུག་སྒྲ་གྲག་པའི་དུས་ན་ལྡང་བར་འགྱུར་ཏེ། ཇི་ལྟར་

རྒྱུགས་པའི་དུས་སུ་དུག་མ་ལངས་ཀྱང་དུས་གཞན་དུ་ལྡང་བ་ལྟར་ཡུལ་སྤྱོད་བའི་དུས་སུ་རྣམ་ཤེས་མ་སྤྱོད་ཡང་དུས་གཞན་དུ་དྲན་ཏེ་ཞེས་དང་། ཇི་ལྟར་མཐོང་ཐོས་སོགས་ལ། མཐོང་ཐོས་དོན་དམ་པར་མེད་པར་འགྱུར་ཟེར་རམ་ཀུན་རྫོབ་ཏུ་མེད་པར་འགྱུར་ཟེར་ཞེས་དྲིའོ། །དང་པོ་ལྟར་ན་འདོད་པ་སྟེ་ཀུན་རྫོབ་པ་ཀུན་དེ་ལ་མེད་པའི་ཕྱིར་རོ། །ཕྱི་མ་ལྟར་ན་མ་གྲུབ་སྟེ་མཐོང་ཐོས་ཤེས་པ་དགག་པ་མ་ཡིན་གྱིས་མ་དཔྱད་པར་ཞོག་ཅིག་དོན་དམ་པར་ནི་མ་ཡིན་ཏེ། མཐོང་དང་ཐོས་སོགས་ཐུབ་པ་ཡིས། །བདེན་དང་རྫུན་པར་མ་གསུངས་སོ། །ཕྱོགས་ལ་ལྟོག་ཕྱོགས་ཡོད་པའི་ཕྱིར། །དེ་གཉིས་དོན་ལ་མེད་པའོ། །ཞེས་དྲངས་སོ། །སེམས་ལས་སྒྱུ་མ་སོགས་ལ་སེམས་ལས་སྒྱུ་མ་གཞན་ནམ་གཞན་མ་ཡིན་པའམ་གཉི་གའམ་གཉི་ག་མ་ཡིན་པ་སྟེ་མུ་བཞི་གང་ཡིན་ཞེས་དྲིས་ནས། སེམས་ལས་གཞན་མ་ཡིན་ཏེ་སེམས་ཙམ་དུ་གྲུབ་པར་འདོད་པའི་ཕྱིར། གཞན་ཡིན་ན་སེམས་ལས་མ་གཏོགས་པའི་ཆོས་མེད་པར་འདོད་པའི་ཕྱིར་སྒྱུ་མ་དེ་མེད་པར་འགྱུར་རོ། །གཉི་ག་མ་ཡིན་ཏེ་འགལ་བ་འདུ་བས་སོ། །གཉི་ག་མ་ཡིན་པའོ་ཞེ་ན། གཞན་ཡིན་མིན་གཉིས་གཅིག་མ་ཞུགས་ན་གཅིག་མི་ལྡོག་པས་མུ་བཞི་པ་འདི་ཡིན་པ་མི་སྲིད་དོ་ཞེས་དང་། གལ་ཏེ་འཁོར་བ་སོགས་ལ། འཁོར་བ་སེམས་ཡིན་ན་སེམས་རང་བཞིན་གྱིས་འོད་གསལ་བ་ཡིན་པས་རྣམ་བྱང་དུ་ཐལ་ཞིང་། སེམས་མིན་ན་སེམས་མིན་པའི་དངོས་པོ་ཁས་བླངས་པས་རང་གི་གྲུབ་མཐའ་ཞིག་ལ། འཁོར་བ་དངོས་མེད་ཡིན་ན་དོན་བྱེད་མི་ནུས་པར་འགྱུར་བ་དང་། ཡང་ན་(༣༣༨ན)རང་བཞིན་མེད་པས་དབུ་མ་པའི་གྲུབ་པ་ལ་ཞུགས་པར་འགྱུར་རོ་ཞེས་དང་། སེམས་གཅིག་པུ་དོན་དམ་པར་སྨྲ་ན་དེ་གཟུང་འཛིན་དང་བྲལ་བར་འདོད་དགོས་ཤིང་དེ་ལྟ་ན་སེམས་ཅན་ཐམས་ཅད་སངས་རྒྱས་སུ་ཐལ་ལོ་ཞེས་བཀྲལ་ཏོ། །

དཀའ་འགྲེལ་ཆུང་ངུ་ལས་ནི། བློའི་སྤྱོད་ཡུལ་མ་ཡིན་པ་ནི་མཚན་ཉིད་ཐམས་

ཅད་དང་བྲལ་བ་ལ་བརྗོད་དེ། མཚན་ཉིད་འགའ་ཞིག་ཡོད་ན་ཐམས་ཅད་མཁྱེན་པའི་བློའི་སྤྱོད་ཡུལ་ཡིན་པས་ཁྱབ་པའི་ཕྱིར་ཏེ། ཡོད་མེད་དངོས་པོ་མཁྱེན་པ་པོ། །ཀུན་མཁྱེན་པས་ཀྱང་གང་མ་གཟིགས། །དེ་ཡི་དངོས་པོ་ཇི་འདྲ་ཞིག །ཤིན་ཏུ་ཞི་བའི་ལྟ་བས་དཔྱོད། །ཅེས་སོ། །དེས་ན་དོན་དམ་པའི་མཚན་ཉིད་ནི་ངོ་བོ་ཉིད་ཐམས་ཅད་དང་བྲལ་བ་ཡིན་ཏེ་མཚན་ཉིད་མེད་པ་ཉིད་དུ་བརྗོད་པའི་ཕྱིར། དཔེར་ན། ཆོས་དང་བྲལ་བ་ཉིད་དེའི་ཆོས་མ་ཡིན་ནམ་ཞེས་པ་ལྟ་བུའོ་ཞེས་དང་། བློའི་ཡུལ་ཐམས་ཅད་ནི་ཀུན་རྫོབ་ཀྱི་བདེན་པའི་མཚན་ཉིད་དུ་བརྗོད་པར་ལྟའོ་ཞེས་དང་། རྣལ་འབྱོར་པ་ནི་རྒྱུན་ཞུགས་སོགས་ནས་རང་རྒྱལ་དང་ས་བཅུའི་བྱང་སེམས་དང་སངས་རྒྱས་སོ། །ཕལ་པ་ནི་སེར་སྐྱ་པ་དང་རྐང་མིག་པ་ལ་སོགས་པའོ་ཞེས་དང་། སྐད་ཅིག་མ་དང་བདག་མེད་ལ་སོགས་པ་དོན་དམ་དུ་གསུངས་པ་དང་འགལ་ལོ་ཞེ་ན། འཇིག་རྟེན་གཞུག་པའི་དོན་དུ་ནི་ཞེས་དང་། རྣལ་འབྱོར་པ་ཞེས་བྱ་བ་དེ་ཁོ་ན་མཐོང་བ་ལ་འདོད་པ་མ་ཡིན་ནམ་དེས་མཐོང་བའི་སྐད་ཅིག་མ་སོགས་ཀུན་རྫོབ་ཇི་ལྟར་ཡིན་ཏེ་དེ་ཁོ་ན་མ་མཐོང་བར་ཐལ་ལོ་ཞེ་ན། འཇིག་རྟེན་ལ་བལྟོས་དེ་ཉིད་མཐོང་སྟེ་ཐ་མལ་པ་ལས་ལྷག་པ་ལ་རྣལ་འབྱོར་པའི་གྲངས་སུ་འགྲོའོ་ཞེས་དང་། སངས་རྒྱས་ཀྱང་འཁོར་སྲིད་པར་ཐལ་ཏེ། རང་བཞིན་གྱིས་དག་པ་དང་བློ་བུར་གྱི་སྒྲིབ་པ་ཡོད་པ་མི་འགལ་བའི་ཕྱིར་ཏེ། མ་དག་པའི་གནས་སྐབས་བཞིན་ནོ་ཞེ་ན། རང་བཞིན་གྱིས་དག་པར་སངས་རྒྱས་དང་སེམས་ཅན་ཁྱད་མེད་ཀྱང་ཀུན་རྫོབ་ཏུ་འཁོར་བའི་རྒྱུ་ཡོད་མེད་ཀྱི་ཁྱད་པར་ལས་སོ་ཞེས་དང་། ཕྱི་དུག་ལུས་ལ་ཞུགས་པ་ལྟ་མ་ཆོར་ཡང་དེའི་འབྲས་བུ་མཐོང་བ་ལས་ཕྱི་དུག་ཞུགས་སོ་(༣༣༨བ)ཞེས་དྲན་པ་ལྟར་ཤེས་པ་ཉིད་མ་མྱོང་ཡང་དེ་དང་འབྲེལ་པའི་ཡུལ་མཐོང་བས་བདག་ལ་ཤེས་པ་སྐྱེས་སོ་ཞེས་དྲན་པར་འགྱུར་རོ་ཞེས་དང་། ཐག་རིང་གི་སྐྱེ་བོའི་སེམས་ཤེས་ན་ཉེ་བ་རང་གི་སེམས་ཅིས་མི་རིག་སྙམ་ཐག

རིང་གི་ཁབ་མཐོང་ན་ཉེ་བའི་བུམ་པ་ཅིས་མི་མཐོང་ཞེ་ན། མིག་སྨན་བྱུགས་པས་གཏེར་གྱི་བུམ་པ་མཐོང་ན་མིག་སྨན་ཉིད་ཅིས་མི་མཐོང་ཞེས་དང་། རི་བོང་གི་རྭ་བུམ་པ་ལ་བརྟེན་ནས་འབིགས་པ་སྲུབ་མི་ནུས་པ་བཞིན་ནོ་ཞེས་དང་། འཁོར་བ་ཀུན་རྫོབ་ཀྱི་བླ་དང་བྲལ་བས་མྱང་འདས་དོན་དམ་གཅིག་པུར་འགྱུར་ལ། དེ་ལྟ་ན་འབད་མེད་དུ་ཐར་པ་འཐོབ་པར་ཐལ་ལོ། །དེ་ལྟར་འགྱུར་ན་རང་རིག་འཁོར་བའི་རྟེན་དུ་ཁས་བླངས་ཀྱང་འཁོར་བ་བྱེད་མ་ནུས་པས་རང་རིག་དོན་དམ་ཁས་བླངས་པ་དགོས་མེད་དུ་འགྱུར་རོ་ཞེས་བཀྲལ་ཏོ། **།ཤེར་ལེའི་དཀའ་འགྲེལ་ཆུང་ངུར།** བྱི་བའི་དུག་གང་དུས་གཅིག་གི་ཚེ་ཞུགས་ཀྱང་དུས་གཞན་དུ་ནུས་པ་སད་པ་དེ་ལ་རང་རིག་པ་ནི་ཙུང་ཟད་ཀྱང་ཡོད་པ་མ་ཡིན་ནོ་ཞེས་བྱུང་ངོ་། །

ལེགས་བཤད་བསྡུས་པ་ལས་ནི། རྟེན་གྱི་སྒོ་ནས་ལུས་སེམས་ཀྱི་སྡུག་བསྔལ་གཉིས། ངོ་བོའི་སྒོ་ནས་སྡུག་བསྔལ་གྱི་སྡུག་བསྔལ་དང་འགྱུར་བ་དང་འདུ་བྱེད་ཀྱི་སྡུག་བསྔལ་ཏེ་གསུམ། དུས་ཀྱི་སྒོ་ནས་མཐོང་ཆོས་དང་ཕྱི་མ་དང་གཏན་གྱི་སྡུག་བསྔལ་དང་གསུམ་སྟེ། སྤང་བྱ་སྡུག་བསྔལ་ངོས་བཟུང་ནས་ཚེ་འདིའི་ཉེར་འཚེ་དང་ངན་སོང་ནི་ལས་འབྲས་ཤེས་པའི་ཤེས་རབ་ཀྱིས་སེལ་ལ། འདུ་བྱེད་ཀྱི་སྡུག་བསྔལ་ནི་དོན་དམ་རྟོགས་པའི་ཤེས་རབ་ཀྱིས་སྤོང་སྟེ། ཟག་བཅས་ཀྱི་ལས་ཉོན་མོངས་ལས་སྐྱེ་ཞིང་དེ་དངོས་འཛིན་ལས་སྐྱེ་ལ། རང་བཞིན་མེད་པར་རྟོགས་པའི་ཤེས་རབ་ཀྱིས་དེ་རྩ་བ་ནས་འཇོམས་པའི་ཕྱིར་ཏེ། **རིགས་པ་དྲུག་ཅུ་པར།** དངོས་པོར་ཁས་ལེན་ཡོད་ན་ནི། །འདོད་ཆགས་ཞེ་སྡང་འབྱུང་བ་ཡི། །ལྟ་བ་མི་བཟད་མ་རུངས་འཛིན། །དེ་ལས་བྱུང་བའི་རྩོད་པར་འགྱུར། །ཞེས་དང་། གང་ཡང་རུང་བའི་གནས་རྙེད་ནས། །ཉོན་མོངས་སྦྲུལ་གདུག་གཡོན་ཅན་གྱིས། །ཟིན་པར་འགྱུར་རོ་གང་གི་སེམས། །(༡༡༧ན)གནས་མེད་དེ་དག་ཟིན་མི་འགྱུར། །ཞེས་དྲངས་ཤིང་། སྦྱོར་བའི་དུས་སུ་གཅིག་དུ་བྲལ་ལ་སོགས་པའི་རིགས་པས་དཔྱད་ཅིང་སོ་

སོར་རྟོག་པའི་ཤེས་རབ་ཀྱིས་སྟོང་ཉིད་དུ་ངེས་པར་བྱས་ཏེ་མཉམ་བཞག་གི་དུས་སུ་ཡུལ་འགའ་ཡང་མ་མཐོང་བའི་བློས་ཅིར་ཡང་མི་རྟོག་པའི་བསམ་གཏན་སྒོམ་པ་སྟེ་ཞེས་དང་། དེ་ལས་ལངས་ནས་སྣང་བ་རང་བཞིན་མེད་པ་ཉིད་དྲན་པས་རྫི་ལམ་ལྟར་ཤེས་པས་ཆོས་བརྒྱད་ལ་ཆགས་སྡང་མེད་པར་བྱའོ་ཞེས་དང་། དོན་དམ་བསྒོམ་བྱ་མ་ཡིན་པར་ཐལ། རང་བཞིན་མ་གྲུབ་པའི་ཕྱིར་ཞེ་ན། དོན་དམ་དུ་འདོད་ལ་ཀུན་རྫོབ་ཏུ་ཁྱབ་པ་མ་གྲུབ་བོ་ཞེས་དང་། དོན་དམ་མེད་དགག་ཡང་དངོས་འཛིན་གྱི་གཉེན་པོར་འགྱུར་ཞིང་མ་ཡིན་དགག་ཡང་སྤྲོས་པའི་གཉེན་པོ་བྱེད་པས་ན་བསྒོམ་བྱ་མ་ཡིན་པར་མི་འགལ་བ་དང་། རྫི་ལམ་གྱི་བུ་ཤི་བ་ལོག་ཤེས་ཡིན་ཡང་བུ་ཡོད་འཛིན་སྒྲོ་འདོགས་ཀྱི་གཉེན་པོར་འགྱུར་བ་ལྟར་ཀུན་རྫོབ་སྒྱུ་མ་ལྟ་བུ་ལོག་ཤེས་ཡིན་ཡང་སྤྱང་བྱ་འགའ་ཞིག་གི་གཉེན་པོར་འགྱུར་བས་སྒོམ་རིགས་པ་དང་། འབྲས་བུ་གནས་སྐབས་རང་གི་ཉོན་མོངས་སྤོང་ཞིང་སྙིང་རྗེས་གཞན་དོན་དུ་རྣམ་དག་གི་འཁོར་བ་འཛིན་པ་དང་། མཐར་ཐུག་རང་བཞིན་མེད་པ་གོམས་པས་འབྲུལ་པ་ཐམས་ཅད་ཟད་པའི་ཆོས་སྐུ་ཐོབ་ཅིང་སྙིང་རྗེ་དང་སྨོན་ལམ་གྱི་དབང་གིས་གཞན་དོན་དུ་གཟུགས་སྐུ་ཐོབ་པའོ་ཞེས་དང་། དོན་དམ་རྣམ་བཅད་དུ་ཤེས་བྱ་ཡིན་ཡང་ཡོངས་དཔྱོད་དུ་ཤེས་བྱ་མ་ཡིན་པའོ་ཞེས་དང་། རྣལ་འབྱོར་པ་ཡང་བློ་ཁྱད་ཀྱིས། །ཞེས་པ་འདིར་བདག་མེད་གཉིས་དང་སྤྲོས་མེད་དང་མཚན་མེད་དེ་རྣལ་འབྱོར་ས་བཞིའམ། བདག་མེད་དང་དངོས་མེད་དང་ཡིད་ལ་མི་བྱེད་པའི་རྣལ་འབྱོར་ཏེ་རྣལ་འབྱོར་ས་གསུམ་མམ། ཡོད་མེད་ལ་དམིགས་པའི་རྣལ་འབྱོར་དང་དམིགས་པ་མེད་པའི་རྣལ་འབྱོར་ཏེ་རྣལ་འབྱོར་(༣༣༧བ)ས་གཉིས་བསྟན་ཏོ་ཞེས་འཆད་དོ། །

གཉིས་པ་དེ་ཤེས་པ་ལམ་དུ་སྒྲུབ་པ་ལ་གསུམ། སྒྱུ་མར་མཐོང་བ་ལམ་དུ་སྒྲུབ་པ་དང་། སྟོང་ཉིད་དུ་མཐོང་བ་ལམ་དུ་སྒྲུབ་པ། དེ་གཉི་གའི་བྱེད་པ་བསྡུ་

བའོ། །དང་པོ་(སྒྱུ་མར་མཐོང་བ་ལམ་དུ་སློབ་པ་)ལ་དྲུག །རྩོད་པ་སྤང་བ། དངོས་འཛིན་གྱི་གཉེན་པོ་སྟོང་ཉིད་དུ་བསྟན་པ། མཐར་འཛིན་དང་བྲལ་བས་རང་དོན་ཆོས་སྐུ་ཐོབ་པ། དེ་ལས་འབད་མེད་དུ་གཟུགས་སྐུ་འབྱུང་ཚུལ། སྨོན་ལམ་གྱི་དབང་གིས་ཕྲིན་ལས་རྒྱུན་མི་འཆད་པའི་ཚུལ། སེམས་ལྡན་མིན་ཡང་མཆོད་པས་བསོད་ནམས་འཐོབ་པའོ། །

དང་པོ་(རྩོད་པ་སྤང་བ་)ནི།

སྒྱུ་མ་ལྟ་བུར་ཤེས་ན་ཡང་། །
ཇི་ལྟར་ཉོན་མོངས་ལྡོག་འགྱུར་ཏེ། །
གང་ཚེ་སྒྱུ་མའི་བུད་མེད་ལ། །
དེ་བྱེད་ཉིད་ཀྱང་ཆགས་སྐྱེ་འགྱུར། ༣༡ །
དེ་བྱེད་པ་ནི་ཤེས་བྱ་ལ། །
ཉོན་མོངས་བག་ཆགས་མ་སྤངས་པས། །
སྟོང་ཉིད་བག་ཆགས་ཉམ་ཆུང་ཉིད། །
དེས་ན་དེ་མཐོང་བ་ན་དེ། ༣༢ །

ཞེས་གསུངས་ཏེ། རྣམ་རིག་པ་ན་རེ། དབུ་མ་པ་ཁྱོད་ཀྱིས་ཆོས་ཐམས་ཅད་སྒྱུ་མ་ལྟ་བུར་ཤེས་ན་ཡང་ཇི་ལྟར་ཉོན་མོངས་ལྡོག་འགྱུར་ཏེ་གང་ཚེ་སྒྱུ་མའི་བུད་མེད་ལ་དེ་བྱེད་པ་པོ་སྒྱུ་མ་མཁན་ཉིད་ཀྱང་ཆགས་པ་སྐྱེ་བར་འགྱུར་བའི་ཕྱིར་ཞེ་ན། དེ་བྱེད་པ་པོ་སྒྱུ་མ་མཁན་ནི་སྒྱུ་མའི་སྟགས་བསྒྲུབས་པར་ཟད་ཀྱི་ཤེས་བྱ་ལ་ཉོན་མོངས་པ་མགོ་མ་མནན་ཞིང་བག་ཆགས་མ་སྤངས་པ་དེས་ན་སྒྱུ་མའི་བུད་མེད་དེ་མཐོང་བ་ན་དེ་སྟོང་ཉིད་ཀྱི་བག་ཆགས་ཉམ་ཆུང་བའི་ཕྱིར་ཆགས་པ་སྐྱེ་བར་ཟད་དོ། །

གཉིས་པ་(དངོས་འཛིན་གྱི་གཉེན་པོ་སྟོང་ཉིད་དུ་བསྟན་པ་)ནི།

སྟོང་ཉིད་བག་ཆགས་གོམས་པས་ན། །
དངོས་པོའི་བག་ཆགས་སྤོང་འགྱུར་ཞིང་། །
ཅི་ཡང་མེད་ཅེས་གོམས་པས་ནི། །
དེ་ཡང་ཕྱི་ནས་སྤོང་བར་འགྱུར། ༣༣།
གང་ཚེ་གང་ཞིག་མེད་དོ་ཞེས། །
བརྟག་བྱའི་དངོས་པོ་མི་དམིགས་པ། །
དེ་ཚེ་དངོས་མེད་རྟེན་བྲལ་བ། །
བློ་ཡི་མདུན་(༢༢༡ན)དུ་ཇི་ལྟར་གནས། ༣༤ །

ཞེས་གསུངས་ཏེ། དེ་ཡང་ཆོས་ཐམས་ཅད་ལ་སྒྱུ་མ་ལྟ་བུའི་འདུ་ཤེས་བསྒོམ་པར་བྱ་སྟེ། དེ་གོམས་པ་ན་སྒྱུ་མ་ཙམ་དུ་ཡང་མི་དམིགས་པ་སྟོང་པའི་རྣམ་པར་མཐོང་བར་འགྱུར་ལ། སྟོང་ཉིད་དེའི་བག་ཆགས་གོམས་པས་ནི་གཅིག་ཐ་དད་སོགས་སྣ་ཚོགས་པར་འཛིན་པའི་དངོས་པོའི་བག་ཆགས་སྤོང་བར་འགྱུར་ཏེ། ཆོས་ཐམས་ཅད་ལ་ཅི་ཡང་མེད་པར་མཐོང་བར་འགྱུར་རོ། །ཅི་ཡང་མེད་པ་འདི་ཉིད་དོན་དམ་ཡིན་ནམ་ཞེ་ན། འདི་ཡང་འདུ་ཤེས་ཀྱི་རྣམ་པ་གཉེན་པོའི་གོ་རིམ་དུ་ཟད་ཀྱི་ཡང་དག་པ་ཉིད་ནི་མ་ཡིན་ཏེ། ཅི་ཡང་མེད་པ་ཉིད་དུ་ཡང་མི་གནས་པའི་ཕྱིར་ཏེ། **ཀླུའི་ཞབས་ཀྱིས་འཇིག་རྟེན་ལས་འདས་པར་བསྟོད་པར།** ཀུན་རྟོག་ཐམས་ཅད་སྤང་བའི་ཕྱིར། །སྟོང་ཉིད་བདུད་རྩི་སྟོན་མཛད་དེ། །གང་ཞིག་དེ་ལ་ཞེན་གྱུར་པ། །དེ་ཡང་ཁྱོད་ཀྱིས་སྨད་པ་ལགས། །ཞེས་སོ། །འོན་ཡང་སྨྲས་པ་འབའ་ཞིག་གིས་ཕུང་པའི་སེམས་ཅན་རྣམས་ཀྱི་སྨྲས་འཛིན་གྱི་ནད་ཀྱི་གཉེན་པོར་ཅི་ཡང་མེད་པར་མཐོང་བའི་བཀྲ་སྨན་འདི་འཇུག་སྟེ་འདི་ནི་གང་ཡང་ཐོབ་པ་དང་མ་ཐོབ་པ་དང་བཅིངས་པ་དང་གྲོལ་བ་དང་མཐོང་བ་དང་མ་མཐོང་བ་སོགས་ཅི་ཡང་མེད་དོ་ཞེས་སྨྲས་པ་ཀུན་ཟད་ཀྱི་རྣམ་པར་མཐོང་བ་འདི་ཉིད་གོང་

དུ་འདྲིས་ཤིང་གོམས་པས་ནི་ཅི་ཡང་མེད་པར་འཛིན་པའི་བློ་དེ་ཡང་ཕྱི་ནས་སྤོང་བར་འགྱུར་ཏེ་གང་གི་ཚེ་ཆོས་ཐམས་ཅད་སྒྱུ་མ་ལྟར་མཐོང་བས་བདེན་རྟོག་གི་དངོས་འཛིན་ལོག་ཅིང་གང་ཞིག་ཅི་ཡང་མེད་དོ་ཞེས་བརྟག་པར་བྱ་བའི་དངོས་པོ་མེད་པ་ཉིད་ཀྱང་མི་དམིགས་པ་དེའི་ཚེ་ཆོས་ཐམས་ཅད་ཡོད་མེད་ལ་སོགས་པའི་དངོས་པོ་གང་དུ་ཡང་མེད་པ་རྟེན་དང་བརྟེན་པ་ལ་སོགས་པའི་འདུ་ཤེས་ཀྱི་རྒྱུ་བ་ཐམས་ཅད་དང་བྲལ་བ་ཡིན་ཡང་དངོས་མེད་རྟེན་བྲལ་ཙམ་གྱི་བུད་ཤིང་གི་དངོས་པོ་དེ་ཡང་དེ་ཁོ་ན་ཉིད་ཀྱི་ཤེས་རབ་དྲི་མ་མེད་པ་དུས་མཐའི་(༢༢༨བ)མེ་ལྟེ་ལྟ་བུའི་བློ་ཡི་མདུན་ན་ཇི་ལྟར་གནས་ལ། བུད་ཤིང་ཟད་པ་ན་མེ་ཡང་རང་ཞི་བ་ལྟར་ཤེས་རབ་དྲི་མ་མེད་པའི་བློ་དེ་ཉིད་ཀྱང་གཟོད་མ་ནས་མ་སྐྱེས་མ་འགགས་པའི་ངོ་བོ་ཉིད་དུ་རྟག་ཏུ་ཞི་བ་ཡིན་པ་དེ་ཁོ་ནའི་དབྱིངས་སུ་དེ་ལྟར་ཞི་བ་ཡིན་ནོ། །

གསུམ་པ་(མཐར་འཛིན་དང་བྲལ་བས་རང་དོན་ཆོས་སྐུ་ཐོབ་པ་)ནི།

གང་ཚེ་དངོས་དང་དངོས་མེད་དག །
བློ་ཡི་མདུན་ན་མི་གནས་པ། །
དེ་ཚེ་རྣམ་པ་གཞན་མེད་པ། །
དམིགས་པ་མེད་པར་རབ་ཏུ་ཞི། [༣༥] །ཞེས་པ་དང་།

བཞི་པ་(དེ་ལས་འབད་མེད་དུ་གཟུགས་སྐུ་འབྱུང་ཚུལ་)ནི།

ཡིད་བཞིན་ནོར་བུ་དཔག་བསམ་ཤིང་། །
ཇི་ལྟར་རེ་བ་ཡོངས་སྐོང་བ། །
དེ་བཞིན་གདུལ་བྱར་སྨོན་ལམ་གྱི། །
དབང་གིས་རྒྱལ་བའི་སྐུར་སྣང་ངོ་། [༣༦] །ཞེས་པ་དང་།

ལྔ་པ་(སྨོན་ལམ་གྱི་དབང་གིས་ཕྲིན་ལས་རྒྱུན་མི་འཆད་པའི་ཚུལ་)ནི།

དཔེར་ན་ནམ་མཁའ་ལྡིང་གི་ནི། །
མཆོད་སྡོང་བསྒྲུབས་ནས་འདས་གྱུར་པ། །
དེ་འདས་ཡུན་རིང་ལོན་ཡང་དེས། །
དུག་ལ་སོགས་པ་ཞི་བྱེད་བཞིན། ༣༧ །
བྱང་ཆུབ་སྤྱོད་དང་རྗེས་མཐུན་པར། །
རྒྱལ་བའི་མཆོད་སྡོང་བསྒྲུབས་པ་ཡང་། །
བྱང་ཆུབ་སེམས་དཔའ་མྱ་ངན་ལས། །
འདས་ཀྱང་དོན་རྣམས་ཐམས་ཅད་མཛད། ༣༨ །ཅེས་པ་དང་།

དྲུག་པ་(སེམས་ལྡན་མིན་ཡང་མཆོད་པས་བསོད་ནམས་ཐོབ་པ་)ནི།

སེམས་མེད་པ་ལ་མཆོད་བྱས་པས། །
ཇི་ལྟར་འབྲས་བུ་ལྡན་པར་འགྱུར། །
གང་ཕྱིར་བཞུགས་པའམ་མྱ་ངན་འདས། །
མཚུངས་པ་ཕོ་ནར་བཤད་ཕྱིར་རོ། ༣༩ །
ཀུན་རྫོབ་བམ་ནི་དེ་ཉིད་དུའང་། །
ཅང་སྟེ་དེ་འབྲས་ལུང་ལས་ཡིན། །
དཔེར་ན་བདེན་པའི་སངས་རྒྱས་ལ། །
ཇི་ལྟར་འབྲས་བུ་བཅས་པ་བཞིན། ༤༠ །

ཞེས་པས་བསྟན་ཏོ། །(༢༢༥/ན)

དེ་ཡང་ཐོག་མར་དེ་བཞིན་གཤེགས་པའི་རང་བཞིན་ཅུང་ཟད་བཤད་པར་བྱ་བ་ནི། དེ་ལ་ཉན་ཐོས་སྡེ་པ་རྣམས། །ཟད་དང་མི་སྐྱེ་ཤེས་བྱང་ཆུབ། །མི་སློབ་ཕུང་པོ་ལྷ་འཁོར་བཅས། །རྫོགས་སངས་རྒྱས་སུ་འཇོག་ཆོས་ཏེ། །དེ་ལྟན་གང་

ཟག་སངས་རྒྱས་འདོད། །གྲངས་མེད་གསུམ་བསྐལ་ཚོགས་བསགས་པས། །སྦྱོར་ལམ་སྟན་གཅིག་པ་ཐོབ་པའི། །བྱང་སེམས་སྲིད་ཐ་པ་དེ་ཡིས། །བྱང་ཆུབ་ཤིང་དྲུང་ལམ་ལྷག་མ། སྐད་ཅིག་གིས་ཐོབ་འཚང་རྒྱ་སྟེ། །མྱ་ངན་འདས་ནས་མར་མེ་ནི། །འགགས་ལྟར་དེ་རྒྱུན་ཆད་པར་འདོད། །ཀུན་ཡང་ཚོགས་དང་ཆོས་སྐུ་དང་། །ཕྲིན་ལས་ཀྱིས་མཉམ་གཞན་གྱིས་མིན། །

ཐེག་པ་ཆེན་པོའི་སྡེ་སྣོད་དུ། །ཕུན་སུམ་ཚོགས་པའི་སྤྱངས་རྟོགས་ཀྱི། །མཐར་ཐུག་བརྙེས་པ་རྫོགས་སངས་རྒྱས། །ཆོས་ཀྱི་སྐུ་ཞེས་བྱ་བར་བརྗོད། །དབྱེ་ན་སྐུ་གཉིས་སྐུ་གསུམ་སོགས། །བགྲང་ཡས་རྣམ་དབྱེ་འཇུག་སྲིད་ཀྱང་། །མཁའ་བཞིན་ངོ་བོ་དབྱེར་མི་ནུས། །གཅིག་དང་ཐ་དད་འདིར་མི་དམིགས། །འདི་ནི་སུས་ཀྱང་བསམ་མི་ཁྱབ། །ས་བཅུའི་བྱང་སེམས་མན་ཆད་ཀྱི། །ཤེས་པ་ཐམས་ཅད་གཅིག་བསྡོམས་ཀྱང་། །འདི་ཡི་ཆ་ཡང་མི་དཔོགས་མོད། །འོན་ཀྱང་འདི་ལ་དད་ཙམ་གྱི། །ཕན་ཡོན་ཡང་ནི་ཚད་ཡོད་མིན། །

འདི་ལ་ཟབ་མོ་ལྟ་རྒྱུད་ཀྱི། །མཁས་རྣམས་ཤེས་བྱའི་བུད་ཤིང་ཀུན། །ཡེ་ཤེས་མེ་ཡིས་རྣམ་བསྲེགས་ནས། །སྲེག་བྱེད་ཉིད་ཀྱང་ཞི་བ་ཡི། །ཆོས་དབྱིངས་ཐ་མི་དད་གྱུར་པ། །ཆོས་ཀྱི་སྐུ་སྟེ་སློན་ལམ་དང་། །ཐུགས་རྗེས་འབད་མེད་གཞན་དོན་འབྱུང་། །

རྒྱ་ཆེན་སྤྱོད་གཞུང་མཁས་རྣམས་ནི། །ཚོགས་བརྒྱུད་གནས་ཡོངས་གྱུར་པ་ཡིས། །སྐུ་གསུམ་ཡེ་ཤེས་བཞི་བརྙེས་ཏེ། །ཆོས་དབྱིངས་དག་པ་འཐོབ་པར་བཞེད། །

ཆོས་སྐུ་རྣམ་གཉིས་ཤེས[༣༣ཁ]བྱ་སྟེ། །རང་དོན་དོན་དམ་པ་ཡི་སྐུ། །འདི་ལ་ངོ་བོ་ཉིད་སྐུར་བརྗོད། །གཞན་དོན་ཀུན་རྫོབ་བརྡ་ཡི་སྐུ། །འདི་ལ་ཟབ་པ་ལོངས་སྐུ་དང་། །རྒྱ་ཆེ་སྤྲུལ་པའི་སྐུ་ཡིས་གཉིས། །ཡང་ན་སྤྱངས་པ་གྲོལ་བའི་སྐུ། །རྟོགས་པ་ཆོས་ཀྱི་སྐུར་ཡང་བརྗོད། །

དེ་ལ་ངོ་བོ་ཉིད་སྐུ་ནི། །ཟག་མེད་ཆོས་ཀུན་དག་ཐོབ་པ། །རང་བཞིན་དབྱེར་མེད་མཚན་ཉིད་ཅན། །ཡང་ན་ཁྱད་པར་ལྷུ་ལྷུན་ཏེ། །འདུས་མ་བྱས་ཤིང་རྣམ་དབྱེར་མེད། །དྲི་མེད་རྟོག་མེད་ཆོས་དབྱིངས་སོ། །

གནས་དང་དུས་ཆོས་འཁོར་སྐུ་སྟེ། །ངེས་པ་ལྷུ་ལྷུན་ལོངས་སྐུ་ཡིན། །འགྲོ་བ་ཀུན་དང་མི་མཉམ་སྐུས། །བསྟན་པའི་བདག་པོར་བསྟན་ནས་ནི། །སྟོན་མེད་ཆོས་འཁོར་བསྐོར་བ་དང་། །བསླབ་པ་བཅའ་མཛད་མཆོག་སྤྲུལ་ཏེ། །སྲིད་པ་ཇི་སྲིད་གནས་ཀུན་ཏུ། །འདི་ཡི་རོལ་པ་དཔག་ལས་འདས། །

སྐུ་གསུམ་གཅིག་དང་ཐ་དད་སོགས། །གང་དུའང་གནས་པ་མ་ཡིན་ཏེ། །སྤྲོས་པ་ཀུན་ལས་གྲོལ་ཕྱིར་དང་། །མཚོ་ནི་བརླན་གཤེར་ལས་མི་གཡོ། །རླུང་གིས་རྦ་རླབས་འབྱུང་བ་ལྟར། །ཆོས་དབྱིངས་ཉིད་ལས་མི་གཡོ་བར། །གཟུགས་སྐུའི་རྣམ་རོལ་སྣང་ཕྱིར་རོ། །

སེམས་ཀྱི་རང་བཞིན་དེ་ཉིད་དང་། །རྣམ་དབྱེར་མེད་པའི་ཆོས་དབྱིངས་ལ། །རང་རྒྱུད་ཀྱིས་བསྡུས་ལས་དང་ནི། །ཉོན་མོངས་ཤེས་བྱའི་སྒྲིབ་པ་གསུམ། །དག་པའི་རིམ་པས་སྤྲུལ་སྐུ་དང་། །ལོངས་སྐུ་ཆོས་སྐུར་རིམ་པས་སྣང་། །ཆོས་ཀྱི་དབྱིངས་ལ་འཕོ་འགྱུར་མེད། །གཟུགས་ལ་སྣ་ཕྱི་མེད་ན་ཡང་། །རབ་རིབ་ཅུང་ཟད་དག་པ་དང་། །ཕལ་ཆེར་དག་དང་ཡོངས་དག་པའི། །དབང་ལས་གཟུགས་མཐོང་ཇི་བཞིན་ནོ། །འོན་ཀྱང་སྟོན་གྱི་སྨོན་ལམ་དང་། །གདུལ་བྱའི་རྒྱུད་དག་ཆོས་སྐུ་ཡི། །བྱིན་རླབས་གསུམ་ལས་སྣང་བའི་ཕྱིར། །

གཟུགས་སྐུ་རྟེན་འབྲེལ་སྐུ་ཞེས་བརྗོད། །(༣༥༠ན)དོན་དམ་ངོ་བོ་ཉིད་ཀྱི་སྐུ། །རྟེན་འབྲེལ་ལས་ཀྱང་རབ་ཏུ་འདས། །མི་རྟེན་མི་འབྱུང་སྐུ་ཡིན་ནོ། །ཉི་མས་འོད་ཟེར་ཀུན་སྤྲས་ཏེ། །མེ་ཁྱེར་ཙམ་དུ་བསྟན་པ་ལྟར། །མཐའ་ཡས་ཡོན་ཏན་སྤྲས་མཛད་དེ། །རྩ་མཆོག་གྲུ་ག་ཙམ་བསྟན་པ། །མཆོག་གི་སྤྲུལ་སྐུའི་དབང་བྱས་པའི། །སྤུ་ཁུང་

གཅིག་གི་ཡོན་ཏན་དང་། །རྒྱ་ཡང་བསམ་གྱིས་ཁྱབ་མིན་ཏེ། །དེ་ལྟར་སྐུ་གསུང་ཐུགས་ཀྱི་ནི། །ཡོན་ཏན་གཟུགས་སུ་གྲུབ་སྲིད་ན། །དེ་ཡི་བརྗོད་མེད་བརྗོད་མེད་ཀྱི། །གཅིག་གི་བྱེ་བའི་ཆ་ཙམ་གྱིས། །ནམ་མཁའི་ཁམས་ནི་ཀུན་བཀང་ནས། །དེ་ནི་དེ་ལས་ལྷག་པར་འགྱུར། །

བརྒྱ་བྱིན་ཛ་སྦྱིན་ཚངས་ཉི་མ། །ནོར་བུ་སྒྲ་བརྙན་ནམ་མཁའ་དང་། །ས་བཞིན་འབད་མེད་རྟོག་བྲལ་བས། །འགྲོ་ཀུན་ཕན་བདེར་བྱེད་པ་ཡི། །ཕྲིན་ལས་ནམ་ཡང་རྒྱུན་མི་འཆད། །ཆོས་ཀྱི་དབྱིངས་ཀུན་འགེངས་པ་ནི། །སྟོན་གྱི་ཕྲིན་ལས་ཀུན་ལས་ཀྱང་། །བྱེ་བ་བརྒྱ་སྟོང་སོགས་བསྒྱུར་བས། །སྐད་ཅིག་རེ་རེ་བཞིན་དུ་ཡང་། །གོང་ནས་གོང་དུ་རྣམ་པར་འཕེལ། །མཚན་ཙམ་ཡང་ནི་རྙེད་དཀའ་ཞིང་། །ཡོན་ཏན་གཞལ་གྱིས་མི་དཔོགས་པ། །འགྲོ་བ་ཀུན་གྱི་མ་འདྲིས་བཤེས། །རྫོགས་པའི་སངས་རྒྱས་མཆོག་དེ་ལ། །བདག་དང་འགྲོ་བ་མ་ལུས་པ། །དངོས་པོ་ཀུན་གྱིས་འདུད་བྱས་ཏེ། །འདི་ནས་རྣམ་པ་ཐམས་ཅད་དུ། །གཉིས་སུ་མེད་པར་ཕྱག་འཚལ་ལོ། །ཞེས་བྱ་སྟེ།

དེ་ཡང་བྱེ་མདོ་རྣམས་ནི་སྲིད་ཟད་མི་སྐྱེ་ཤེས་པ་ནི་བྱང་ཆུབ་ཡིན་ཏེ། **མཛོད་ལས།** ཟད་དང་མི་སྐྱེ་ཤེས་པ་ནི། །བྱང་ཆུབ། ཅེས་དང་དེ་ལ་ཐེག་པ་གསུམ་གྱི་བྱང་ཆུབ་གསུམ་དུ་གསུངས་སོ། །ཁྱད་པར་དུ་སངས་རྒྱས་ནི་མི་སློབ་པའི་ཟག་མེད་ཀྱི་ཕུང་པོ་ལྔ་འཁོར་བཅས་ནི་སངས་རྒྱས་སུ་བྱེད་པའི་ཆོས་སམ་འཇོག་ཆོས་ཡིན་ལ་བྱེ་སྨྲས་དེ་ཉིད་དང་། (༣༩༠བ)མདོ་སྡེ་པས་དེ་དང་ལྡན་པའི་གང་ཟག་ནི་སངས་རྒྱས་སུ་བརྗོད་དེ་སྐྱབས་ཡུལ་གྱི་སྐབས་སུ། སངས་རྒྱས་དགེ་འདུན་བྱེད་པའི་ཆོས། །མི་སློབ་པ་དང་གཉི་ག་དང་། །མྱ་ངན་འདས་ལ་སྐྱབས་སུ་འགྲོ། །ཞེས་པའི་རང་འགྲེལ་དུ། གང་ཞིག་སངས་རྒྱས་ལ་སྐྱབས་སུ་འགྲོ་བ་དེ་ནི་སངས་རྒྱས་སུ་བྱེད་པའི་ཆོས་མི་སློབ་པ་ལ་སྐྱབས་སུ་འགྲོ་བ་ཡིན་ཏེ། གང་དག་གཙོ་བོར་གྱུར་

པས་སྐུ་དེ་སངས་རྒྱས་ཞེས་བརྗོད་པའམ་ཡང་ན་གང་དག་ཉིད་པས་ཐམས་ཅད་ཐུགས་སུ་ཆུད་པར་བརྗོད་པའི་ཕྱིར་སངས་རྒྱས་ཡིན་པའོ། །དེ་དག་ཀྱང་གང་ཞེ་ན། ཟད་པ་ཤེས་པ་ལ་སོགས་པ་འཁོར་དང་བཅས་པའོ། །གཟུགས་ཀྱི་སྐུ་ནི་སྔ་མ་དང་ཕྱི་མ་ཡང་བྱེ་བྲག་མེད་པའི་ཕྱིར་རོ། །ཞེས་སངས་མ་རྒྱས་པ་བྱང་ཆུབ་ཀྱི་སྙིང་པོར་གཤེགས་པ་ལ་སོགས་པའི་ཚེ་ཡང་གཟུགས་སྐུ་དང་ལྡན་པར་སྔ་ཕྱི་འདྲ་བས་གཟུགས་སྐུའི་ཆ་ནས་སངས་རྒྱས་སུ་བརྗོད་པ་མ་ཡིན་གྱི་གང་ཤེས་པས་མི་སློབ་པའམ་ཐམས་ཅད་མཁྱེན་པར་འགྱུར་བའི་ཟད་མི་སྐྱེ་ཤེས་པ་འཁོར་བཅས་སམ་ཚུལ་ཁྲིམས་དང་། ཏིང་འཛིན་དང་། ཤེས་རབ་དང་། རྣམ་པར་གྲོལ་བ་དང་། རྣམ་པར་གྲོལ་བའི་ཡེ་ཤེས་གཟིགས་པའི་ཕུང་པོ་སྟེ། བླ་ན་མེད་པའི་ཟག་མེད་ཀྱི་ཕུང་པོ་ལྔ་དང་། དེའི་འཁོར་ནི། སངས་རྒྱས་ཆོས་ནི་མ་འདྲེས་པ། །སྟོབས་ལ་སོགས་པ་བཅོ་བརྒྱད་དོ། །ཞེས་དང་། **དེའི་རང་འགྲེལ་དུ།** གང་དག་སངས་རྒྱས་ཁོ་ནས་ཟད་པ་མཁྱེན་པའི་ཚེ་བརྙེས་པར་འགྱུར་གྱི་གཞན་གྱིས་མ་ཡིན་ནོ། །བཅོ་བརྒྱད་གང་ཞེ་ན། སྟོབས་བཅུ་དང་། མི་འཇིགས་པ་བཞི་དང་། དྲན་པ་ཉེ་བར་བཞག་པ་གསུམ་དང་། ཐུགས་རྗེ་ཆེན་པོའོ། །ཞེས་བཀྲལ་བའི་སངས་རྒྱས་ཀྱི་མི་སློབ་པའི་ཆོས་དེ་རྣམས་ནི་སངས་རྒྱས་སུ་བྱེད་པའི་ཆོས་ཡིན་ཏེ་དེ་ཐོབ་པ་ཕྱིན་སངས་རྒྱས་སུ་འཇོག་པའི་ཕྱིར་རོ། །དེ་ཡང་ཉོན་མོངས་པ་སྐད་ཅིག་ཐ་མའི་སྤྲ་མས་བཞག་པའི་ས་བོན་དེ་(༣༨༧ན)ཡང་སྤངས་པའི་ཕྱིར་ཟད་པ་དང་། ས་བོན་མེད་པས་སླར་ཉོན་མོངས་སྐྱེ་མི་སྲིད་པའི་ཕྱིར་མི་སྐྱེ་བ་ཤེས་པ་ཡིན་གྱི་གཞན་དུ་ན་འགགས་པ་དང་མ་སྐྱེས་པ་ལ་ཟད་མི་སྐྱེར་བཤད་ན་དེ་གཉིས་ནི་མེད་པ་ཡིན་པས་བཤད་པ་དོན་མེད་པར་འགྱུར་ཏེ། **རང་འགྲེལ་ལས།** ཉོན་མོངས་པ་གཉིས་པོ་དེས་ཀྱང་མ་འོངས་པ་སྐྱེད་པའི་ཕྱིར་རྒྱུད་འདི་ལ་ས་བོན་གྱི་དངོས་པོ་བཞག་པ་དེ་ཡང་སྤྱང་པ་ཡིན་ཏེ་ཞེས་དང་། མ་འོངས་པའི་སྡུག་བསྔལ་ལམ་ཉོན་མོངས་པ་ནི་ས་བོན

མེད་པའི་ཕྱིར་གཏན་དུ་མི་སྐྱེ་བས་སྤྱངས་པ་ཡིན་ནོ་ཞེས་སོགས་བཤད་དོ། །བྱང་ཆུབ་སེམས་དཔའ་བསྐལ་ཆེན་གྲངས་མེད་པ་གསུམ་དུ་ཚོགས་བསགས་པས་སྦྱོར་བའི་ལམ་སྟན་གཅིག་པ་ཐོབ་པ་དེས་བྱང་ཆུབ་ཀྱི་སྙིང་པོར་འདུག་ནས་མཐོང་སྒོམ་གྱིས་སྤྲིབ་པ་ཐམས་ཅད་ཅིག་ཆར་སྤྱངས་ཏེ་སངས་རྒྱས་ཀྱི་ཆོས་མངོན་དུ་བྱེད་ལ། སངས་རྒྱས་ཐམས་ཅད་རྒྱུའི་ཚོགས་དང༌། ཆོས་སྐུ་དང༌། ཕྲིན་ལས་ཀྱིས་མཚུངས་ཤིང་མཉམ་ལ། རིགས་དང༌། སྐུ་བོངས་དང༌། སྐུ་ཚེའི་ཚད་ཀྱིས་ནི་ཐ་དད་ཅིང་མྱ་ངན་ལས་འདས་ནས་མར་མེ་ཤི་བ་ལྟར་རྒྱུན་ཆད་པར་འདོད་དེ། **མཛོད་འགྲེལ་ལས།** མར་མེ་ཤི་བར་གྱུར་པ་ལྟར། །དེ་ཡི་སེམས་ནི་རྣམ་པར་ཐར། །ཞེས་གསུངས་པའི་དཔེ་འདི་ཡང་ལེགས་པར་དྲན་པ་ཡིན་ཏེ། ཇི་ལྟར་མར་མེ་ཤི་བ་ནི་མེད་པ་ལྟར་བཅོམ་ལྡན་འདས་ཀྱི་སེམས་ཀྱི་རྣམ་པར་ཐར་པ་ཡང་དེ་དང་འདྲའོ་ཞེས་སོ། །

འདིར་བོད་ཁ་ཅིག་མི་སློབ་པའི་ཆོས་ཕོ་ན་སངས་རྒྱས་ཡིན་གྱི་གཟུགས་སྐུ་སངས་རྒྱས་མིན་པ་མཛོད་མཛད་པོའི་དགོངས་པར་སྨྲ་ཞིང་ཤེས་བྱེད་དུ། གལ་ཏེ་མི་སློབ་པའི་ཆོས་ཕོ་ན་སངས་རྒྱས་ཡིན་ན་ཇི་ལྟར་དེ་བཞིན་གཤེགས་པ་ལ་ངན་སེམས་ཀྱིས་ཁྲག་ཕྱུང་བས་མཚམས་མེད་པར་འགྱུར།

བྱེ་བྲག་ཏུ་སྨྲ་བ་རྣམས་ན་རེ། རྟེན་ལ་གནོད་པ་བྱས་པས་དེ་དག་ལ་(༣༧བ) ཡང་གནོད་པ་བྱས་པ་ཡིན་ནོ། །ཞེས་ཟེར་རོ་ཞེས་འོག་ཏུ་བརྒྱལ་ལན་བཀོད་པ་འདི་འདྲེན་མོད་ཀྱི་དེ་ནི་ལུང་གི་དོན་ཤིན་ཏུ་མ་གོ་བ་ཡིན་ཏེ། མི་སློབ་པའི་ཆོས་ཕོ་ན་སངས་རྒྱས་ཡིན་པར་བྱེ་སྨྲ་ཁ་ཅིག་འདོད་མོད་ཀྱང་དེ་ལྟ་མ་ཡིན་ཏེ། མངོན་པའི་མདོ་ལས་མ་བཤད་པའི་ཕྱིར་དང༌། སངས་རྒྱས་སུ་བྱེད་པའི་ཆོས་ཞེས་བཤད་པས་རྟེན་སངས་རྒྱས་ཡིན་པ་མ་བཀག་པའི་ཕྱིར་དང༌། གཞན་དུ་ན་སངས་རྒྱས་འཇིག་རྟེན་པའི་སེམས་ལ་གནས་པའི་ཚེ་སངས་རྒྱས་དང་དགྲ་བཅོམ་མ་

ཡིན་པར་ཐལ་བས་གནོད་ཅིང་། དགེ་སློང་དུ་འཛོག་ཆོས་ཀྱང་དགེ་སློང་གི་ཚུལ་ཁྲིམས་ཡིན་པས་ན་རྟེན་གྱི་གང་ཟག་དེ་ཡང་དགེ་སློང་མ་ཡིན་པར་ཐལ་བའི་ཕྱིར་ཏེ། **མཛོད་འགྲེལ**་གྱི་དེ་མ་ཐག་ཏུ། བསྟན་བཅོས་ལས་ནི་མི་སློབ་པའི་ཆོས་ཁོ་ན་སངས་རྒྱས་ཡིན་ནོ། །ཞེས་དེ་སྐད་དུ་མི་འབྱུང་ངོ་། །འོ་ན་ཇི་སྐད་དུ་འབྱུང་ཞེ་ན། སངས་རྒྱས་སུ་བྱེད་པའི་ཆོས་ཞེས་འབྱུང་སྟེ་དེའི་ཕྱིར་རྟེན་སངས་རྒྱས་ཉིད་དུ་མ་བཀག་པས་དེ་ནི་ཚན་ཀར་མི་རུང་བ་ཉིད་དོ། །དེ་ལྟ་མ་ཡིན་ན་འཇིག་རྟེན་པའི་སེམས་ལ་གནས་པ་སངས་རྒྱས་མ་ཡིན་པར་འགྱུར་ལ། དགྲ་བཅོམ་ཡང་མ་ཡིན་པར་འགྱུར་ཞིང་དགེ་སློང་དུ་བྱེད་པའི་ཚུལ་ཁྲིམས་ཁོ་ན་ཡང་དགེ་སློང་དུ་འགྱུར་རོ། །ཇི་ལྟར་གང་ཞིག་དགེ་སློང་མཆོད་པར་བྱེད་པ་དེས་ནི་དགེ་སློང་དུ་བྱེད་པའི་ཚུལ་ཁྲིམས་མཆོད་པར་འགྱུར་བ་བཞིན་དུ་གང་ཞིག་སངས་རྒྱས་ལ་སྐྱབས་སུ་འགྲོ་བ་དེ་ཡང་མི་སློབ་པ་སངས་རྒྱས་སུ་བྱེད་པའི་ཆོས་དག་ལ་སྐྱབས་སུ་འགྲོ་བ་ཡིན་ནོ། །ཞེས་གསུངས་པའི་ཕྱིར། དེས་ན་བྱེ་སྨྲའི་འདོད་པ་དེ་སློབ་དཔོན་གྱིས་བཀག་ནས་སློབ་དཔོན་ཉིད་ནི་མི་སློབ་པའི་ཆོས་དང་ལྡན་པའི་སྐུ་དེ་སངས་རྒྱས་སུ་བཞེད་པ་ཡིན་ནོ། །

དེས་ན་དཔྱད་པའི་ཚེ་མིའི་ལུས་མི་ཡིན་པའམ་སེམས་མི་ཡིན་པ་མི་འགྲུབ་ཀྱང་མ་དཔྱད་པའི་ལུས་སེམས་ཀྱི་ཚོགས་པ་ཙམ་ལ་མིར་འཛོག་(༣༧༢ན)པ་ལྟར་མཚན་དཔེས་བརྒྱན་པའི་སྐུ་དང་མི་སློབ་པའི་ཆོས་ཀྱི་ཚོགས་པ་ཙམ་ལ་སངས་རྒྱས་སམ་དེ་བཞིན་གཤེགས་པ་ཞེས་འཛོག་སྟེ། སྟོན་པ་ལ་ལྷུང་བཟེད་དང་། ཆོས་གོས་དང་། དྲི་གཙང་ཁང་ཞུལ་བ་དང་། གདུགས་ཆོད་དྲངས་པ་སོགས་བཤད་ལ་མི་སློབ་པའི་ཆོས་ཁོ་ན་ལ་དེ་དག་གིས་ཅི་ཞིག་བྱ། མི་སློབ་པའི་ཆོས་ཁོ་ན་ལ་ནི་རིགས་དང་། སྐུ་བོངས་དང་། ཚེ་ཚད་ཀྱིས་མཉམ་མི་མཉམ་བཤད་ག་ལ་དགོས། འདོད་པ་འདི་ལྟ་ན་སྨན་གྱི་བསྟན་བཅོས་ཉིད་སྨན་པ་ཡིན་པ་དང་། སྔིག

པ་ཉིད་སྲིད་ཅན་ཡིན་པ་སོགས་སྨྲ་དགོས་ཏེ་བྱས་པ་དག་ཀུང་ཧ་གད་དུ་རྒོད་པར་འགྱུར་རོ། །

ད་ནི་ཐེག་ཆེན་གྱི་ལུགས་འཆད་དེ། དེ་ཡང་**ཐར་རྒྱན་ལས།**

རང་བཞིན་སྐྲ་དོན་དབྱེ་བ་དང་། །
རྣམ་གཞག་གྲངས་ངེས་མཚན་ཉིད་དང་། །
ཁྱད་པར་དང་ནི་དོན་བདུན་གྱིས། །
རྫོགས་སངས་རྒྱས་ཀྱི་སྐུ་རྣམས་བསྡུས། །

ཞེས་སྔོམ་ཚིག་ཏུ་གསུངས་པ་ལྟར་བཤད་པར་བྱ་སྟེ། དེ་ལ་སངས་རྒྱས་ཀྱི་རང་བཞིན་ནི། སྒྲིབ་གཉིས་བག་ཆགས་དང་བཅས་པ་སྤངས་ཤིང་ཡེ་ཤེས་བཞི་ལ་དབང་འབྱོར་བས་ཆོས་ཀྱི་དབྱིངས་དང་ཐ་མི་དད་པའི་སྐུ་ནི་རྫོགས་པའི་སངས་རྒྱས་ཏེ། སྒྲིབ་གཉིས་བག་ཉལ་དང་བཅས་པ་མ་སྤངས་ན་སངས་རྒྱས་སུ་མི་འགྲུབ་པའི་ཕྱིར་དང་། ཡེ་ཤེས་བཞི་ནི་སྐུ་གསུམ་གྱི་ངོ་བོ་ཉིད་ཡིན་པའི་ཕྱིར་དང་། གཟོད་མ་ནས་ཆོས་ཀྱི་དབྱིངས་ཀྱི་ངོ་བོར་གནས་པ་ཉིད་བྱམས་པ་ཞིག་པ་ན་བུམ་ནང་གི་ནམ་མཁའ་དང་ཕྱིའི་ནམ་མཁའ་ཐ་མི་དད་པ་ལྟར་ཆོས་ཀྱི་དབྱིངས་ཇི་ལྟ་བར་མངོན་པར་བྱང་ཆུབ་པའི་ཕྱིར་ཏེ། **རྒྱུད་བླར།** སངས་རྒྱས་ཉིད་ནི་དབྱེར་མེད་པ། །དག་པའི་ཆོས་ཀྱིས་རབ་ཕྱེ་བ། །ཉི་མཁའ་བཞིན་ཏེ་སྤངས་པ་དང་། །ཡེ་ཤེས་གཉིས་ཀྱི་མཚན་ཉིད་དོ། །ཞེས་གསུངས་ཤིང་། ཟབ་མོ་ལྟ་རྒྱུད་དུ་ཡང་སངས་པ་དང་རྒྱས་པ་(༡༤༢བ)གཉི་གར་འཛོག་པའི་ཕྱིར་རོ། །དེ་ལ་སྤངས་པ་ནི་ཉོན་མོངས་པའི་སྒྲིབ་པ་དང་ཤེས་བྱའི་སྒྲིབ་པ་སྤངས་པ་སྟེ། **རྒྱ་ཆེན་སྤྱོད་གཞུང་དུ།** སེར་སྣ་ལ་སོགས་རྣམ་རྟོག་གང་། །དེ་ནི་ཉོན་མོངས་སྒྲིབ་པར་འདོད། །འཁོར་གསུམ་རྣམ་པར་རྟོག་པ་གང་། །དེ་ནི་ཤེས་བྱའི་སྒྲིབ་པར་འདོད། །ཅེས་བཞེད་ལ། ཟབ་མོ་ལྟ་བའི་གཞུང་དུ་ཤེས་བྱ་ལ་རྨོངས་པའི་ཆ་ཤེས་སྒྲིབ་ཏུ་འཆད་ཅིང་། ཏིང་ངེ་འཛིན་

དེ་དང་དེ་ལ་གེགས་བྱེད་པ་སྙོམས་འཇུག་གི་སྒྲིབ་པ་ནི་སྒྲིབ་གཉིས་ཅི་རིགས་པར་འདུ་ལ། དེ་དག་མངོན་གྱུར་བ་ས་ལམ་རྣམས་སུ་སྤངས་ཤིང་མཐར་རྡོར་ཏིང་གིས་བག་ཉལ་ཕྲ་མོ་དྲུངས་ཕྱུང་སྟེ་ལྡང་བ་མེད་པ་ནི་སྤངས་པ་ཕུན་སུམ་ཚོགས་པའོ། །

དེ་ལྟར་སྤང་བྱ་ཐམས་ཅད་སྤངས་པ་རབ་ཀྱི་མཐར་སོན་པ་ན་རྟོགས་བྱ་ཐམས་ཅད་ཡོངས་སུ་ཆུད་པ་ནི་ཆོས་ཉིད་དེ་འཇིག་རྟེན་ན་ཡང་མི་ཤེས་པ་ལས་ལོག་པ་ལ་ཤེས་པར་གྲགས་པའི་ཕྱིར། དེས་ན་ཇི་ལྟ་བ་དོན་དམ་དང་ཇི་སྙེད་པ་ཀུན་རྫོབ་ཀྱི་ཆོས་ཐམས་ཅད་ཕྱིན་ཅི་མ་ལོག་པར་མཁྱེན་པ་རབ་ཀྱི་མཐར་སོན་པ་ནི་རྟོགས་པ་ཕུན་སུམ་ཚོགས་པ་སྟེ་ཡེ་ཤེས་རྣམ་པ་བཞིའི་བདག་ཉིད་དོ། །དེ་ལྟར་སྤངས་པ་དང་རྟོགས་པ་གཉིས་གའང་ཆོས་ཀྱི་དབྱིངས་ཉིད་ཀྱི་ངོ་བོར་དབྱེར་མི་ཕྱེད་པས་སྨྲ་བསམ་ཤེས་བརྗོད་ཀྱི་ཡུལ་ལས་འདས་ཏེ། དེ་བཞིན་གཤེགས་པ་ཉིད་ཀྱི་གཟིགས་པའི་ཡུལ་དུ་ཡང་མ་གྱུར་མོད་ཀྱང་འབད་མེད་ཀྱི་སྐུ་དང་གསུང་གི་ཕྲིན་ལས་ནམ་མཁའ་དང་མཉམ་པ་རྒྱུན་མི་འཆད་པས་འགྲོ་བ་ཐམས་ཅད་ལ་ཕན་བདེར་འགྱུར་བའི་བྱེད་ལས་དང་ལྡན་པ་འདི་ལ་རྫོགས་པའི་སངས་རྒྱས་ཞེས་ཐ་སྙད་དུ་མཛད་པ་སྟེ། ཇི་ལྟར་ནོར་བུ་རྫོའི་ཤུན་པས་གཡོགས་པ་ན་ཡང་ནོར་བུ་ལ་ཤུན་པ་འདྲེ་བ་མེད་ཅིང་ཡོན་ཏན་ཀུན་འབྱུང་དུ་ཡོད་ཀྱང་ཤུན་པ་མ་སྦྱངས་ཀྱི་བར་འོད་དང་ཡོན་ཏན་མི་གསལ་ལ། ཤུན་པ་སྦྱངས་པ་ན་འོད་ཀྱིས་མུན་པ་སེལ་ཞིང་དགོས་འདོད་(༣༤༣ན)ཐམས་ཅད་འབྱུང་བ་ལྟར། སེམས་ཉིད་ཀྱི་ནོར་བུ་སྒྲིབ་པའི་ཤུན་པ་དང་བཅས་པར་སྣང་བའི་དུས་ཉིད་ནའང་ངོ་བོ་སྒྲིབ་པས་མ་གོས་པའི་ཆ་ནི་སྤངས་པ་རང་བཞིན་གྱིས་གནས་པའི་རིགས་དང་། ས་བོན་འབྲུ་གཅིག་ལའང་འབྲས་བུ་གྲངས་མེད་འབྱུང་བའི་ནུས་པ་ཡོད་པ་ལྟར། སྟོབས་སོགས་ཡོན་ཏན་ཐམས་ཅད་འབྱུང་རུང་གི་ནུས་པ་ནོར་བུའི་ཡོན་ཏན་ལྟར་ལྷུན་གྲུབ་ཏུ་གཟོད་ནས་གནས་པའི་ཆ་རྟོགས་པ་རྒྱས་པར་འགྱུར་བའི་རིགས་ཏེ། རིགས་གཉིས་དབྱེར་

མེད་དུ་གནས་པ་ཉིད་བཀྲུ་བ་གསུམ་དང་ཕྱི་བ་གསུམ་ལྟ་བུའི་ལམ་གྱིས་སྦྱངས་པས་སྤྱངས་རྟོགས་རབ་ཀྱི་མཐར་སོན་པ་ཉིད་མངོན་དུ་མཛད་པ་ཡིན་ལ། ཆོས་ཐམས་ཅད་ནི་རྟག་ཏུ་ཆོས་ཀྱི་དབྱིངས་ནམ་མཁའ་ལྟར་འདུ་མ་བྱས་པ་ཕོ་ན་ཉིད་དུ་གནས་པ་ནི་བུམ་པ་མ་ཞིག་པ་ན་ཡང་བུམ་ནང་གི་ནམ་མཁའ་དང་ཕྱིའི་ནམ་མཁའ་ཐ་དད་མེད་པ་ལྟ་བུ་ཡིན་ལ། བུམ་པ་ཞིག་པ་ན་ཕྱི་ནང་གི་ནམ་མཁའ་དབྱེར་མེད་པ་དབྱེར་མེད་པ་ཉིད་དུ་མངོན་དུ་འགྱུར་བ་ལྟར་སེམས་ཀྱི་རང་བཞིན་གཟོད་མ་ནས་ཆོས་ཀྱི་དབྱིངས་སུ་གནས་པ་བུམ་ནང་གི་ནམ་མཁའ་ལྟ་བུ་ཡིན་ལ། བུམ་པ་ཞིག་པ་ན་ཕྱི་ནང་གི་ནམ་མཁའ་དབྱེར་མེད་པ་ལྟར་འདུ་བྱེད་ཀྱི་རྣམ་པར་རྟོག་པ་དང་སེམས་ཀྱི་རྒྱུན་བུམ་པ་ལྟ་བུ་རྣམ་པར་ལོག་པ་ན་ཆོས་ཀྱི་དབྱིངས་ཐ་མི་དད་པ་མངོན་དུ་བྱས་པ་ཡིན་ལ། ནམ་མཁའི་ཚད་སུས་ཀྱང་མི་ཟིན་པ་ལྟར་དེ་བཞིན་གཤེགས་པའི་རང་བཞིན་ནི་སུས་ཀྱང་བསམ་པར་བྱ་བ་མ་ཡིན་ལ། ནམ་མཁའ་ནི་དངོས་པོ་ཐམས་ཅད་ཀྱི་གོ་འབྱེད་པ་ལྟར་སེམས་ཅན་ཐམས་ཅད་ཀྱི་རྟེན་དུ་གྱུར་པ་དང་། སྟོང་གསུམ་ནས་ཡུངས་འབྲུའི་ཤུན་པའི་བར་དུ་ཡང་རང་རང་གི་ཚད་དུ་ནམ་མཁའ་སྣང་བ་ལྟར་གདུལ་བྱ་ཐམས་ཅད་ལ་གང་འདུལ་གྱི་སྐུར་འཆར་ལ་ནམ་མཁའ་དེ་ཐམས་ཅད་གཅིག་དང་ཐ་དད་པར་གདགས་པར་མི་ནུས་པ་ལྟར་སངས་རྒྱས་ཀྱི་སྐུ་ཐམས་ཅད་(༢༤༢བ)ཀྱང་གཅིག་པ་དང་ཐ་དད་པར་གདགས་པར་མི་ནུས་པ་དང་། དེ་བཞིན་གཤེགས་པའི་རྫུ་འཕྲུལ་གྱི་བཀོད་པ་དང་ལྡན་པའི་སྐྱེས་བུ་ཞིག་གིས་ཤར་ཕྱོགས་ཕོ་ནར་བསྐལ་པ་ཞིང་ཐམས་ཅད་ཀྱི་རྡུལ་སྙེད་པར་སོང་ཡང་ད་དུང་ཤར་ཕྱོགས་ཕོ་ནའི་ནམ་མཁའ་ལས་ཆ་ཤས་འདི་སྙེད་ཅིག་བགྲོད་ལ་ལྷག་མ་འདི་སྙེད་ཅིག་ལུས་སོ་ཞེས་བརྗོད་དུ་མེད་པ་ལྟར། དེ་བཞིན་གཤེགས་པའི་ཡོན་ཏན་ཆ་ཤས་རེ་རེ་ཡང་མཐའ་ནམ་མཁའ་ལྟར་ཡངས་པའོ། །ཕྲིབ་པའི་ཤུན་པ་དེ་ཡང་རབ་རིབ་ཅན་ལ་སྐྲ་ཤད་དུ་སྣང་བ་ལྟར་ངོ་བོ་

ཉིད་ཀྱིས་ནམ་དུ་ཡང་ཡོད་པ་མིན་ཡང་འཁྲུལ་ངོར་སྣང་བར་ཟད་དེ། སྣར་ཡོད་ཕྱིས་འགགས་དང་སྔར་མེད་ཕྱིས་སྐྱེ་སོགས་ནི་རྟག་ཆད་ཀྱི་ལྟ་བར་གསུངས་པའི་ཕྱིར་རོ། །

དེས་ན་ཆོས་ཐམས་ཅད་ནི་ཡོད་མེད་ལ་སོགས་པ་སྤྲོ་བཏགས་པ་དང་སྐུར་བ་བཏབ་པའི་རྣམ་པ་གང་དུ་ཡང་མི་གནས་པ་སྲུས་ཀྱང་བཅོས་སུ་མེད་པ་ཉིད་དུ་སངས་རྒྱས་མ་རྒྱས་གང་གི་ཚེ་ན་ཡང་ཁྱད་པར་མེད་ཀྱང་། དེ་ལྟར་མ་རྟོགས་པས་སྒྲོ་སྐུར་དུ་བྱེད་པ་ནི་འཁོར་བའི་གནས་སྐབས་དང་། དེ་ལྟར་ཡིན་ལ་ཡིན་བཞིན་དུ་ཤེས་པ་ནི་སངས་རྒྱས་ཐོབ་པ་ཞེས་ཐ་སྙད་དུ་བཏགས་མོད་ཀྱི། འདི་ལ་གང་ཐོབ་པའི་རྫས་སམ་དངོས་པོ་འདུས་བྱས་སམ་འདུས་མ་བྱས་སུ་བདེན་པའམ་ཐོབ་པ་པོ་གང་སུ་ཡིན་པ་སོགས་ནི་ཡོད་པ་མིན་ཏེ་དེའི་ཕྱིར་ནོར་བ་ཟད་པ་ཙམ་ལ་ཐར་པར་གསུངས་པ་ཡིན་ལ། **མདོ་ལས།** ནམ་མཁའ་ཆོལ་བའམ་ནམ་མཁའ་ལས་ཐར་བར་འདོད་ན་སྐྱེས་བུ་དེས་ནམ་མཁའ་མི་རྙེད་ཅིང་མི་ཐར་བར་གསུངས་པ་ལྟར། ཆོས་ཐམས་ཅད་ཆོས་དབྱིངས་ལས་གཞན་མ་ཡིན་པ་ཡང་དེ་ལྟ་བུའོ། །དེའི་ཕྱིར་སངས་རྒྱས་ཐོབ་པ་ནི་ཅི་ཡང་མ་ཐོབ་པ་ཞེས་ཀྱང་བྱ་ལ་གོ་འཕང་གི་དམ་པ་ཐོབ་པ་ཞེས་ཀྱང་བྱ། ཆོས་ཐམས་ཅད་རྣམ་པ་ཐམས་ཅད་དུ་མངོན་པར་རྫོགས་པར་སངས་རྒྱས་པ་ཞེས་ཀྱང་བྱ་ལ་(༣༥༥ན)སངས་རྒྱས་ནི་མིང་ཙམ་སྟེ་ཆོས་གང་ཡང་སངས་མ་རྒྱས་མི་རྒྱ་རྒྱ་བར་མི་འགྱུར་བ་ཞེས་ཀྱང་བྱ། ཆོས་ཐམས་ཅད་ལས་མངོན་པར་འདས་པ་ཞེས་ཀྱང་བྱ་ཞིང་ཆོས་གང་ལས་ཀྱང་ཅུང་ཟད་ཀྱང་མ་གཡོས་པ་ཞེས་ཀྱང་བྱ། ཅིར་ཡང་མ་གྲུབ་པའི་སྟོང་པ་ཞེས་ཀྱང་བྱ་ལ། རྟག་པ་བརྟན་པ་ཐེར་ཟུག་པ་གཡུང་དྲུང་གི་སྐུ་ཞེས་ཀྱང་བྱ། ཆོས་གང་ཡང་ཅིར་ཡང་ནམ་དུ་ཡང་མ་གཟིགས་པ་ཞེས་ཀྱང་བྱ་ལ། རྣམ་པ་ཐམས་ཅད་མཁྱེན་ཞིང་གཟིགས་པ་ཞེས་ཀྱང་བྱ་སྟེ། **ཡེ་ཤེས་སྣང་བ་རྒྱན་གྱི་མདོ་ལས།** སྐྱེ་བ་མ་མཆིས་པ་དང་འགག་

པ་མ་མཆིས་པ་ནི་དེ་བཞིན་གཤེགས་པའི་ཚིག་བླ་དགས་ཏེ། ཞེས་དང་། དེ་བཞིན་གཤེགས་པ་རྟག་ཏུ་སྐྱེ་མེད་ཆོས། །ཆོས་རྣམས་ཀུན་ཡང་བདེ་བར་གཤེགས་དང་འདྲ། །བྱིས་པའི་བློ་ཅན་མཚན་མར་འཛིན་པ་རྣམས། །འཇིག་རྟེན་དག་ན་མེད་པའི་ཆོས་ལ་སྤྱོད། །དེ་བཞིན་གཤེགས་པ་ཟག་མེད་དགེ་བ་ཡི། །ཆོས་ཀྱི་གཟུགས་བརྙན་ཡིན་ཏེ་འདི་ལ་ནི། །དེ་བཞིན་ཉིད་མེད་དེ་བཞིན་གཤེགས་པའང་མེད། །འཇིག་རྟེན་ཀུན་ཏུ་གཟུགས་བརྙན་ཀུན་ཏུ་སྣང་། །ཞེས་དང་། འཇམ་དཔལ་དེ་ལྟར་ན་ནམ་མཁའ་ཇི་ལྟ་བར་བྱང་ཆུབ་ཀྱང་དེ་བཞིན་ནོ། །བྱང་ཆུབ་ཇི་ལྟ་བར་ཆོས་རྣམས་དང་སེམས་ཅན་རྣམས་དང་ཞིང་རྣམས་དང་མྱ་ངན་ལས་འདས་པའང་དེ་བཞིན་ནོ། །དེའི་ཕྱིར་ཆོས་ཐམས་ཅད་ནི་མྱ་ངན་ལས་འདས་པ་དང་མཉམ་པ་ཞེས་བྱ་སྟེ། གཉེན་པོ་མེད་པ་ཡིན་ལ། གཉེན་པོ་མེད་པའི་ཕྱིར་གཟོད་མ་ནས་དག་པ་དང་དྲི་མ་མེད་པ་དང་གཟོད་མ་ནས་ཉོན་མོངས་པ་མེད་པ་ཡིན་ནོ། །ཞེས་དང་། **རྒྱན་སྟུག་པོ་བཀོད་པར།** སངས་རྒྱས་དངོས་པོར་ཡོད་པ་མིན། །སངས་རྒྱས་མེད་པའང་མ་ཡིན་ཏེ། །རྣལ་འབྱོར་ཅན་རྣམས་སངས་རྒྱས་མཐོང་། །ཞེས་དང་། ཡོད་དང་མེད་ཀྱི་ཕྱོགས་དང་བྲལ། །སངས་རྒྱས་ཕྱོགས་ནི་དྲི་མ་མེད། །བློ་དང་ཤེས་(༣༥༥བ)བྱ་བྲལ་བ་སྟེ། །ཚད་དང་དབང་པོ་སྤངས་པ་ཡིན། །སེམས་ཤེས་རྣམས་ཀྱི་ཡུལ་མ་ཡིན། །དེ་ནི་གྲོལ་བ་རྣམ་ཀྱི་ཡུལ། །ཞེས་དང་། **ལང་གཤེགས་ལས།** མ་སྐྱེས་སྟོང་པ་མཆོག་ཡིན་ཏེ། །སྐྱེས་པའི་སྟོང་པ་འཇིག་པར་འགྱུར། །སྟོང་པ་དེ་བཞིན་ཉིད་དང་མཐའ། །མྱ་ངན་འདས་དང་ཆོས་ཀྱི་དབྱིངས། །ཡིད་ཀྱི་ལུས་ནི་སྣ་ཚོགས་པ། །རྣམ་གྲངས་དག་གིས་ངས་བཤད་དོ། །ཞེས་དང་། **ཏིང་རྒྱལ་ལས།** སངས་རྒྱས་སྐུ་ནི་དག་པ་སྟེ། །བསོད་ནམས་བརྒྱ་སྐྱེས་འོད་ཀྱང་གསལ། །དེ་ནི་བར་སྣང་མཚུངས་པ་སྟེ། །དེ་ལ་ཐ་དད་བྱ་བ་མེད། །ཅེས་དང་། ཇི་ལྟར་ནམ་མཁའ་དེ་བཞིན་དུ། །ང་ཡི་སྐུ་ཡང་བརྗོད་མེད་ཅིང་། །ཤེས་པར་དཀའ་བར་རབ་

ཏུ་བསྟན། །དཔའ་བོ་ཆེན་པོ་ཆོས་ཀྱི་སྐུ། །སྐུ་ནི་ཆོས་ལས་སྐྱེས་པ་སྟེ། །གཟུགས་ཀྱི་སྐུར་ནི་ནམ་དུ་ཡང་། །རྒྱལ་བ་གདགས་པར་ཡོད་མི་ནུས། །ཞེས་དང་། ཆོས་འདི་ལུས་གཟུགས་མེད་པ་སྟེ། །འདི་ལ་ལུས་གཟུགས་གང་ཡང་མེད། །ཆོས་གང་ལུས་གཟུགས་མེད་པ་ནི། །དེ་ནི་སངས་རྒྱས་སྐུ་ལུས་སོ། །ཞེས་དང་།

ཡེ་ཤེས་ཀྱི་ཕྱག་རྒྱའི་ཏིང་ངེ་འཛིན་གྱི་མདོར། ཤ་ར་དྭ་ཏིའི་བུ། དེ་བཞིན་གཤེགས་པའི་སྐུ་ཡང་དག་པ་འདི་ནི་མིག་ཐམས་ཅད་ཀྱི་ལམ་ལས་ཡང་དག་པར་འདས་པ་ནམ་མཁའ་དང་མཚུངས་པ་སྟེ། དེ་ནི་ལུས་མེད་པ། མ་བྱས་པ། མ་སྐྱེས་པ། མ་འགགས་པ་སོགས་ནས་མཚན་ཉིད་མེད་པ། མཚན་ཉིད་མེད་པ་མ་ཡིན་པ། མྱ་ངན་ལས་འདའ་བ་མེད་པ། ཡོངས་སུ་མྱ་ངན་ལས་འདས་པ། གནས་པ་མེད་པ། གནས་པ་མེད་པ་མ་ཡིན་པ་སྟེ། དེ་བཞིན་གཤེགས་པའི་སྐུ་ནི་མཚན་མ་དང་། མཚན་མ་མེད་པ་ཐམས་ཅད་དང་བྲལ་བའོ། །ཞེས་དང་། ལུས་དེ་ལུས་མ་ཡིན་ཞིང་ལུས་ལས་ཡོངས་སུ་གྲོལ། །སུས་ཀྱང་མ་བྱས་མ་བཤིག་རྙེད་པར་འགྱུར་པའང་མེད། །ཆོས་རྣམས་(༡༥༥ན)གང་ཡང་ཀུན་ཏུ་ལྡན་མེད་མི་ལྡན་མེད། །བདེ་བར་གཤེགས་པ་རྣམས་ཀྱི་སྐུ་དེ་དེ་ལྟར་གདགས། །ཞེས་དང་། གཟུགས་མེད་སེམས་མེད་གཉིས་མ་ཡིན་ཞིང་གཅིག་ཀྱང་མིན། །དངོས་མེད་དངོས་མེད་མ་ཡིན་མ་བྱུང་མེད་པ་སྟེ། །ཡང་དག་ཉིད་དུ་རྒྱལ་བའི་སྐུ་དེ་དེ་འདྲའོ། །སྙིང་པོ་དེ་མེད་ཉམ་ཆུང་མ་ཡིན་བཅད་པའང་མེད། །མ་བཅད་མ་བྱུང་ཀུན་ཏུ་མ་བྱུང་ཞིག་པའང་མེད། །ཐོབ་པ་མེད་ཅིང་རྡུལ་ཙམ་དག་ཀྱང་བཤིག་མེད་དེ། །རྡུལ་མེད་རྣམས་ཀྱི་སྐུ་དེ་དེ་འདྲར་ཤེས་པར་བྱ། །ཞེས་སོགས་དང་། ཞི་མེད་རབ་ཞི་མ་ཡིན་ཞི་བྲལ་སྤྲོར་བའང་མེད། །ཆགས་མེད་རེག་མེད་འདི་ན་ཆད་པ་སྟོང་པ་བཞིན། །ཡང་ན་ངོ་བོ་ཉིད་ཀྱིས་ནམ་མཁའ་ལྟ་བུ་སྟེ། །དེ་ལྟར་མཐོང་ན་ཉིན་མཚན་སངས་རྒྱས་མཆོད་པ་ཡིན། །ཞེས་དང་། རྒྱལ་བ་ལ་ནི་གཟུགས་དང་མཚན་མར་མ་ལྟ་ཞིག །བྱིས་

པ་ལྟ་བུས་བདེ་བར་གཤེགས་ལ་སེམས་མ་ལྟ། །གང་གིས་རབ་འབྱོར་ལྟ་བུར་ང་ནི་མཐོང་གྱུར་པ། །དེས་ནི་སྟོང་གསུམ་ཀུན་གྱི་སྦྱིན་པ་ཐམས་ཅད་སྦྱངས། །ཞེས་དང་། **ཏོག་ལས།** བཅོམ་ལྡན་འདས་བརྗོད་དུ་མེད་པ་དེ་མངོན་པར་རྫོགས་པར་འཚང་རྒྱ་བར་ནུས་ལགས་སམ། བཀའ་སྩལ་པ། གང་བརྗོད་དུ་མེད་པར་ཤེས་པ་དེ་ཉིད་མངོན་པར་རྫོགས་པར་འཚང་རྒྱའོ། །དེའི་ཕྱིར་རིགས་ཀྱི་བུ་ཁྱོད་ཉིད་ལ་དྲི་ཡིས་ཇི་ལྟར་བཟོད་པ་བཞིན་དུ་ལན་ཐོབ་ཅིག་གང་ཐམས་ཅད་མཁྱེན་པའི་མིང་འཐོབ་པར་འགྱུར་བའི་རྫས་ཀྱི་མཚན་ཉིད་ཀྱི་དངོས་པོ་གང་ཡང་ཡོད་དམ། གསོལ་པ། གལ་ཏེ་མཆིས་ཞེས་བགྱིས་ན་ནི་རྟག་པར་འགྱུར། མ་མཆིས་ཞེས་བགྱིས་ན་ནི་ཆད་པར་འགྱུར། དབུ་མའི་ལམ་ན་དམིགས་སུ་མ་མཆིས་ཏེ། དེ་ནི་མཆིས་པ་ཡང་མ་ལགས། མ་མཆིས་པ་ཡང་མ་ལགས་སོ། །ཞེས་དང་། **མྱང་འདས་ཆེན་པོ་ལས།** ཕ་རོལ་ཏུ་ཕྱིན་པ་(༣༥༤བ)དྲུག་ཀྱང་སྟོང་། གཟུགས་ནས་རྣམ་མཁྱེན་གྱི་བར་དུ་ཡང་སྟོང་། དེ་བཞིན་གཤེགས་པ་ཡང་སྟོང་། ཡོངས་སུ་མྱ་ངན་ལས་འདས་པ་ཡང་སྟོང་སྟེ། ཞེས་དང་། ནམ་མཁའ་མཛོད། སྙིང་རྗེ་ཆེན་པོ་ངེས་བསྟན། བློ་གྲོས་རྒྱ་མཚོའི་མདོ་རྣམས་ཀྱི་སྐབས་གཞིར། བཅོམ་ལྡན་འདས་ཆོས་ཐམས་ཅད་རྣམ་པ་ཐམས་ཅད་དུ་མངོན་པར་རྫོགས་པར་སངས་རྒྱས་པ། ཞེས་དང་། **བློ་གྲོས་རྒྱ་མཚོའི་མདོར།** རིགས་ཀྱི་བུ་སངས་རྒྱས་ཀྱི་ཆོས་གང་ཡང་མེད་དམ། བློ་གྲོས་རྒྱ་མཚོས་སྨྲས་པ། ཚངས་པ་ཆོས་གང་ཡོངས་སུ་མ་གྲུབ་པ་དེ་ལ་ཡོད་པའམ་མེད་པར་ཁས་བླང་དུ་མེད་དོ། །ཆོས་གང་ཡོད་པའམ་མེད་པར་ཁས་བླང་དུ་མེད་པ་དེ་ལ་མངོན་སུམ་དུ་འགྱུར་བ་གང་ཡང་མེད་དོ། །སྨྲས་པ། འོ་ན་དེ་ཇི་ལྟར་སངས་རྒྱས་ཀྱི་ཆོས་ཞེས་བསྟན། སྨྲས་པ། ཚངས་པ་འདི་ལྟ་སྟེ། དཔེར་ན། ནམ་མཁའ་ལ་ནམ་མཁའ་ཞེས་བསྟན་ཡང་ནམ་མཁའ་ལ་ཡང་དག་པར་ཡོངས་སུ་གྲུབ་པ་མེད་དོ། །དེ་བཞིན་དུ་སངས་རྒྱས་ཀྱི་ཆོས་རྣམས་ལ་སངས་རྒྱས་ཀྱི་ཆོས་རྣམས་ཞེས་བསྟན་

ཡང་སངས་རྒྱས་ཀྱི་ཆོས་རྣམས་ལ་ནི་ཡང་དག་པར་ཡོངས་སུ་གྲུབ་པ་གང་ཡང་མེད་དོ། །ཞེས་དང་། **མ་དྲོས་པའི་མདོར།** དེ་ལ་ཡོད་དང་མེད་པ་མཉམ། །དེ་བཞིན་ཉིད་ལ་དེ་བཞིན་ཤེས། །ཆོས་རྣམས་ཀུན་ནི་དེ་བཞིན་ཉིད། །ངས་ནི་དེ་ལྟར་སངས་རྒྱས་ཏེ། །ཞེས་དང་། **ཚངས་པ་ཁྱད་པར་སེམས་ཀྱི་མདོར།** ཕུང་པོ་དག་དང་ཁམས་རྣམས་དང་། །སྐྱེ་མཆེད་དག་ལ་བྱང་ཆུབ་འཚོལ། །བྱང་ཆུབ་དེ་ཡི་རང་བཞིན་ཏེ། །དེ་ལས་གུད་ན་བྱང་ཆུབ་མེད། །ཅེས་དང་། **དྲི་མེད་གྲགས་པའི་མདོར།** བྱང་ཆུབ་ལ་ནི་སུ་ཡང་མི་གནས་མི་ལྡོག་གིས་བྱམས་པ་ལྷའི་བུ་འདི་དག་བྱང་ཆུབ་ལ་ཀུན་ཏུ་རྟོག་པར་ལྟ་བ་དེ་འདོར་དུ་ཆུག་ཅིག་བྱང་ཆུབ་ནི་ལུས་ཀྱིས་མངོན་པར་རྫོགས་པར་འཚང་རྒྱ་བ་མ་ཡིན། སེམས་ཀྱིས་(༢༥༨ན)ཀྱང་མ་ཡིན་ཏེ། མཚན་མ་ཐམས་ཅད་ཞི་བའོ། །ཞེས་དང་། བྱང་ཆུབ་ནི་མིང་ཙམ་སྟེ་མིང་དེ་ཡང་གཡོ་བ་མེད་པའོ། །ཞེས་དང་། བྱང་ཆུབ་ནི་ལྟ་བར་གྱུར་པ་ཐམས་ཅད་ཆད་པའོ། །ཞེས་དང་། གང་གི་ཚེ་བདག་དེ་བཞིན་གཤེགས་པ་ལྟ་འདོད་པ་དེའི་ཚེ་དེ་བཞིན་གཤེགས་པ་མི་མཐོང་བས་ལྟ་ལགས་སོ། །ཞེས་དང་། **ཆོས་ཐམས་ཅད་འབྱུང་བ་མེད་པར་བསྟན་པའི་མདོར།** སངས་རྒྱས་ཆོས་ནི་ནམ་མཁའ་མཚུངས་པ་སྟེ། །སྣང་དང་དོར་བའི་སྒྲ་ནི་དེ་ལ་མེད། །རྒྱལ་བ་ནམ་ཡང་བྱང་ཆུབ་སངས་མ་རྒྱས། །དེས་ནི་ནམ་ཡང་སེམས་ཅན་བསྒྲལ་བ་མེད། །ཅི་ཡང་མ་ཡིན་ཆོས་འདི་སུས་ཤེས་པ། །ནམ་ཡང་དེ་ནི་ཆོས་ཀུན་ཆགས་མི་འགྱུར། །ཞེས་དང་། **ཟླ་མཆོག་གི་མདོར།** བཙུན་པ་ཤཱ་ར་དྭ་ཏིའི་བུ། བྱང་ཆུབ་ཅེས་བགྱི་བ་དེ་ཡང་སྤྲོས་པ་ལགས་སོ། །མངོན་པར་རྫོགས་པར་འཚང་རྒྱའོ། །ཞེས་བགྱི་བ་དེ་ཡང་སྤྲོས་པ་ལགས་སོ། །ཞེས་དང་། **མ་སྐྱེས་དགྲའི་འགྱོད་བསལ་གྱི་མདོར།** རྒྱལ་པོ་ཆེན་པོ་ཆོས་ཐམས་ཅད་ཤིན་ཏུ་མྱ་ངན་ལས་འདས་པ་ལ་མྱ་ངན་ལས་འདས་པར་རྟོག་པ་དེ་ཉིད་ཁྱོད་ཀྱི་དམིགས་པ་ཆེན་པོ་ཡིན་ནོ། །ཞེས་དང་། **སུམ་ཅུ་རྩ་གསུམ་**

པའི་མདོར། ཆོས་ཉིད་མ་གཏོགས་སེམས་གཞན་ནམ། །བྱང་ཆུབ་དག་ཀྱང་མཐོང་བ་མེད། །དེས་ན་སེམས་དང་བྱང་ཆུབ་ཀྱང་། །རྣམ་པ་གཉིས་སུ་མི་མཐོང་སྟེ། །བྱང་ཆུབ་དེ་ཡི་མཚན་ཉིད་གང་། །སེམས་ཀྱང་དེ་ཡི་མཚན་ཉིད་ཡིན། །ཞེས་དང་། སུ་ཡང་དག་པར་མཐོང་བ་དེས་ནི་ཅི་ཡང་མི་མཐོང་ངོ་། །སུ་ཅི་ཡང་མི་མཐོང་བ་དེས་ནི་མཉམ་པར་མཐོང་སྟེ་མི་མཉམ་པར་མི་མཐོང་ངོ་། །ཀཱཽ་ཤི་ཀ །དེ་ལྟར་གཟིགས་པ་དེ་ལ་ནི་ཐམས་ཅད་གཟིགས་པ་ཞེས་བྱའོ། །ཞེས་དང་། **སྤྲིན་ཆེན་པོ་ལས།** དེ་བཞིན་གཤེགས་པ་རྟག་པའི་སྐུ། །རྟག་པའི་མཚན་རྣམས་ཕུན་སུམ་ཚོགས། །(༣༥༨བ)ཞེས་དང་། གནས་རྟག་ཡེ་ཤེས་རྟག་པ་སྟེ། །ཞིང་རྟག་རྟག་པའི་རྣམ་པ་ལགས། །མི་རྟག་ཚོགས་ཀྱི་མུན་སེལ་བ། །མི་རྟག་ཚོགས་ནི་ཟད་པར་མཛད། །ཅེས་དང་། བཅོམ་ལྡན་སངས་རྒྱས་ཆོས་ཀྱི་སྐུ། །དེ་བཞིན་གཤེགས་པ་ཆོས་ཀྱི་དབྱིངས། །ཞེས་དང་། **རྒྱན་ལས།** སངས་རྒྱས་ཉིད་ནི་ཆོས་ཀུན་ལྡན་པའམ་ཡང་ན་ཆོས་ཀུན་བྲལ་བ་སྟེ། ཞེས་དང་། ཇི་ལྟར་ནམ་མཁའ་རྟག་ཏུ་ཀུན་སོང་འདོད། །དེ་བཞིན་དེ་ཡང་རྟག་ཏུ་ཀུན་སོང་འདོད། །ཇི་ལྟར་ནམ་མཁའ་གཟུགས་སྒྱུར་ཀུན་ཏུ་སོང་། །དེ་བཞིན་དེ་ཡང་སེམས་ཅན་ཚོགས་ཀུན་སོང་། །ཞེས་དང་། སྔ་མ་ཕྱི་མར་ཁྱད་མེད་ཀྱང་། །སྒྲིབ་པ་ཀུན་གྱི་དྲི་མེད་པ། །དེ་བཞིན་ཉིད་ནི་སངས་རྒྱས་འདོད། །ཅེས་དང་། དེ་ཕྱིར་སངས་རྒྱས་ཡོད་མིན་ཞིང་། །མེད་པར་ཡང་ནི་མི་བརྗོད་དོ། །དེ་ལྟས་སངས་རྒྱས་དེ་སྐད་འདྲི། །ལུང་མ་བསྟན་པའི་ཚུལ་དུ་འདོད། །ཅེས་དང་། ཐོབ་པར་ལྟ་བ་མེད་རྣམས་ཀྱི། །ཐོབ་པ་ཡང་ནི་དམ་པར་འདོད། །ཅེས་སོགས་མདོ་བསྟན་བཅོས་མཐའ་དག་ལས་རྒྱ་ཆེར་བཤད་དོ། །

གཞན་ཡང་**བྱང་ས་ལས།** སྤངས་པ་རྣམ་པ་གཉིས་དང་ཡེ་ཤེས་རྣམ་པ་གཉིས་ལ་བྱང་ཆུབ་ཏུ་བཤད་པ་དང་། དག་པའི་ཡེ་ཤེས་དང་ཐམས་ཅད་མཁྱེན་པ་དང་ཆགས་པ་མེད་པའི་ཡེ་ཤེས་དང་ཉོན་མོངས་བཅོམ་པ་དང་ཉོན་མོངས་ཅན་མ་

ཡིན་པའི་མ་རིག་པ་སྤངས་པ་ལ་བྱང་ཆུབ་ཏུ་བཤད་པ་དང་། སངས་རྒྱས་ཀྱི་ཆོས་མ་འདྲེས་པ་བཅྭ་བཞི་བཅུ་དང་ཉོན་མོངས་མེད་དང་སྨོན་གནས་མཁྱེན་དང་སོ་སོ་ཡང་དག་པར་རིག་པ་མངའ་བ་ལ་བྱང་ཆུབ་ཏུ་བཤད་པ་དང་། སྐུ་དང་སྤྲུལ་པ་དང་ཕུན་ཚོགས་དང་ཡེ་ཤེས་དང་མཐུ་དང་སྤངས་པ་དང་གནས་པ་དམ་པ་སྟེ་དམ་པ་བདུན་ལྡན་ལ་བྱང་ཆུབ་ཏུ་བཤད་པ་སྟེ་བཤད་ལུགས་ལྔ་དང་། རྒྱུན་གྱི་འཁྲིལ་པར་གནས་གྱུར་གསུམ་ཐོབ་པ་ལ་བྱང་ཆུབ་ཏུ་(༣༧ན)བཤད་པ་དང་། སངས་རྒྱས་ཀྱི་སའི་མདོའི་རྗེས་སུ་འབྲངས་ཏེ་དབྱིངས་དང་ཡེ་ཤེས་དབྱེར་མེད་པ་ལ་བྱང་ཆུབ་ཏུ་བཤད་པ་སོགས་མང་དུ་ཡོད་ལ་འདི་དག་ནི་སངས་རྒྱས་ཀྱི་གོ་འཕང་ཁོ་ན་ལ་བྱང་ཆུབ་ཀྱི་སྒྲར་བརྗོད་པ་ཡིན་ནོ། །

སྒྲ་དོན་ནི། སྤངས་པ་ཕུན་ཚོགས་ཀྱི་ཕྱིར་སངས་པ་དང་རྟོགས་པ་ཕུན་ཚོགས་ཀྱི་ཕྱིར་རྒྱས་པ་ཡིན་ལ། བུདྡྷའི་སྒྲ་ཡང་ན་སངས་པ་དང་ཡང་ན་རྒྱས་པ་ལ་འཇུག་ཀྱང་བོད་དུ་ཐོག་མའི་ལོ་པཎ་རྣམས་ཀྱིས་མུན་པ་སངས་པའམ་པདྨ་ཁ་རྒྱས་པ་ལྟ་བུ་ལ་བུདྡྷའི་སྒྲ་བྱུང་ཚེ་སྐབས་ཐོབ་དེ་ཉིད་དུ་སངས་པའམ་རྒྱས་པ་ཞེས་སོ་སོར་བསྒྱུར་ལ། སངས་རྒྱས་ལ་སྒྲ་འདི་བྱུང་ཚེ་དེ་རྣམས་སུ་མི་འགྲུབ་པའི་ཕྱིར་གཉིས་གར་དུ་ཅིག་ཆར་བསྒྱུར་ནས་སངས་རྒྱས་ཞེས་བརྗོད་དགོས་པར་བཅས་སྒྲོར་བམ་གཉིས་མ་སོགས་ལས་བཤད་པ་སྟེ་འདི་ལྟ་བུའི་དོན་ཅན་ཆེས་མང་ངོ་། །དེས་ན། བཅོམ་ལྡན་འདས་ཀྱི་བཤད་པ་ལ། །བཞི་བཅོམ་དྲུག་ལྡན་འཆད་པ་དང་། །ཞེས་སོགས་ཚིག་སྐྱོན་དུ་འཆད་པའང་སྙིང་པོ་མི་ཆེ་སྟེ། བདུད་བཞི་བཅོམ་པ་བཅོམ་པའི་དོན་དང་། དབང་ཕྱུག་གི་ཡོན་ཏན་དྲུག་དང་ལྡན་པ་ལྡན་པའི་དོན་དུ་བཤད་མི་རུང་ན། **རྒྱུད་བརྟག་གཉིས་ལས།** དབང་ཕྱུག་ལ་སོགས་ཡོན་ཏན་དང་། །ལྡན་ཕྱིར་བཅོམ་ལྡན་འདས་ཞེས་བྱ། །ཡང་ན་ཉོན་མོངས་ལ་སོགས་བདུད། །བཅོམ་ཕྱིར་བཅོམ་ལྡན་འདས་ཞེས་བརྗོད། །ཅེས་བཤད་པ་ལ་ཡང་བཟླལ་དགོས་ལ། གལ་ཏེ་

རྒྱ་གར་ཕན་ཀྱི་སྒྲ་བཅོམ་པའམ་ལྡན་པ་གང་རུང་ལ་འཇུག་པས་གཉི་གར་དུ་ཅིག་ཆར་འབྲུ་གཉེར་མི་རིགས་སོ་སྙམ་ན། འོ་ན་བཅོམ་པ་ཞེའམ་ལྡན་པ་ཞེས་གང་རུང་དུ་བརྗོད་དགོས་ཀྱི་གཉི་གར་ཅིག་ཆར་བརྗོད་པའང་མི་རིགས་པར་འགྱུར་བས་བཀས་བཅད་བྱེད་པོའི་ལོ་པཎ་རྣམས་ལ་ཐོག་མར་བཀྲལ་བར་བྱོས་ཤིག་དང་ཕྱིས་ཁོ་བོ་ཅག་(༣༥༧བ)གིས་བརྟག་པར་བྱའོ། །དེས་ན་རྒྱ་གར་ཕན་ཀྱི་སྒྲ་ཡང་སོ་སོར་དགོས་ཚེ་བཅོམ་པ་སོགས་རེ་རེ་བར་བསྒྱུར་ལ། གཉི་གའི་དོན་ཅན་སངས་རྒྱས་ལ་སྒྲ་འདི་བྱུང་ཚེ་བཅོམ་ལྡན་ཞེས་སྒྲ་གཉིས་ཚོགས་དང་ཕྱི་རོལ་པ་རྣམས་ཀྱང་ཚངས་སོགས་ལ་སྒྲ་འདི་སྦྱོར་བས་དེའི་ཚེ་ལེགས་ལྡན་དུ་བསྒྱུར་ཅིང་ལེགས་ལྡན་དེ་ལས་ལྷག་པར་སྟོན་པའི་ཕྱིར་འདས་སྒྲའི་སྐད་དོད་མེད་ཀྱང་ལྷག་པོར་བོད་སྐད་ལ་བསྣན་ནས་སངས་རྒྱས་ལ་བཅོམ་ལྡན་འདས་ཞེས་བརྗོད་པ་ཡིན་ལ། དེ་བཞིན་དུ་བུདྡྷའི་སྒྲ་སངས་པའམ་རྒྱས་པ་རེ་རེ་བ་ཡིན་ཡང་བོད་སྐད་ལ་མ་རིག་པ་སངས་ཤིང་ཡེ་ཤེས་རྒྱས་པ་ཞེས་འབྲུ་གཉེར་བ་ལ་སྐྱོན་མེད་དེ། འཕགས་ཡུལ་ཉིད་དུའང་། མ་རིག་གཉིད་ལས་སངས་ཕྱིར་དང་། །བློ་རྒྱས་གཉིས་ཕྱིར་སངས་རྒྱས་ཡིན། །ཞེས་འབྲུ་གཉེར་ན་བོད་སྐད་ལ་སྒྲ་གཉིས་ལྡན་དུ་བརྗོད་པའི་ཚེ་ལྟ་ཅི་སྨོས། དེ་བཞིན་དུ་བྱང་ཆུབ་དང་སྤྱངས་རྟོགས་སོགས་ཀྱང་སྒྲ་དོན་འདི་ལྟ་བུ་ཡིན་ནོ། །

དབྱེ་བ་ནི། དཔེར་ན་ནམ་མཁའ་ནི་ཐམས་ཅད་དུ་ཀུན་ཏུ་སོང་ཞིང་ཁྱད་པར་མེད་པས་ནམ་མཁའ་གཅིག་པུ་ཞེས་བྱ་སྟེ། དབྱེར་མེད་པ་ལྟར་རྫོགས་པའི་སངས་རྒྱས་ཀྱང་ཆོས་ཐམས་ཅད་ལས་འདས་པའམ་ཡང་ན་ཆོས་ཐམས་ཅད་ལས་མ་གཡོས་པའམ་ཡང་ན་ཆོས་ཐམས་ཅད་ཀྱི་ངོ་བོ་ཉིད་དུ་རྟག་པར་ཞུགས་ལ་ཅིར་ཡང་དམིགས་སུ་མེད་པའི་ཕྱིར་རྫོགས་པའི་སངས་རྒྱས་ནི་གཅིག་པུ་ཉིད་དེ། གང་དུ་ཡང་རྣམ་པར་དབྱེར་མེད་པ་ཞེས་ཀྱང་བྱ་སྟེ། དབྱེ་བ་ནི་བློ་ལ་བལྟོས་ལ་སངས་

རྒྱས་ནི་སྤྲུའི་ཡང་བློའི་ཡུལ་མ་ཡིན་པའི་ཕྱིར། འདི་ནི་ངེས་པའི་དོན་གྱི་རྣམ་གྲངས་གཅིག་སྟེ། **འཇུག་པ་ལས།** ཇི་ལྟར་སྣོད་ཀྱི་དབྱེ་བས་མཁའ་ལ་དབྱེ་བ་མེད་དེ་ལྟར། །དངོས་བྱས་དབྱེ་བ་འགའ་ཡང་དེ་ཉིད་ལ་མེད་དེ་ཡི་ཕྱིར། །རོ་མཉམ་ཉིད་དུ་ཡང་དག་ཐུགས་སུ་ཆུད་པར་མཛད་(༣༤༨ན)གྱུར་ནས། །མཁྱེན་བཟང་ཁྱོད་ཀྱིས་སྐད་ཅིག་གིས་ནི་ཤེས་བྱ་ཐུགས་སུ་ཆུད། །ཅེས་དང་། **ཐུང་ས་ལས།** གཞན་ཡང་རྟོག་པའི་ལམ་ཐམས་ཅད་ལས་ཡང་དག་པར་འདས་པའི་ཕྱིར་བསམ་གྱིས་མི་ཁྱབ་པ་ཉིད་དུ་རིག་པར་བྱའོ། །ཞེས་དང་། **རྒྱན་ལས།** ཆོས་རྣམས་ཐམས་ཅད་སངས་རྒྱས་ཉིད། །ཆོས་ནི་གང་ཡང་ཡོད་མ་ཡིན། །དེ་ནི་ཆོས་དཀར་རང་བཞིན་ཡང་། །དེ་ཡིས་དེ་ནི་བརྗོད་མ་ཡིན། །ཞེས་སོ། །འོན་ཀྱང་ནམ་མཁའ་ལ་ཤར་ཕྱོགས་ཀྱི་ནམ་མཁའ་ཞེས་སོགས་རྣམ་པར་རྟོག་པས་དབྱེ་ཞིང་སྒྲོ་འདོགས་པ་ལྟར་སངས་རྒྱས་ལ་དམིགས་ནས་ཀྱང་རྣམ་པར་དབྱེ་བར་བྱེད་དེ་སྐུ་གཉིས་དང་གསུམ་དང་བཞི་དང་ལྔ་ནས་མཐའ་ཡས་པའི་བར་དུ་ཡང་དབྱེ་བར་བྱེད་དོ། །

དེས་ན་རང་དོན་དོན་དམ་པའི་སྐུ་དང་། དེ་ལ་བརྟེན་པ་གཞན་དོན་ཀུན་རྫོབ་པ་བརྡའི་སྐུ་གཉིས་ཏེ། **རྒྱུད་བླར།** རང་དོན་གཞན་དོན་དོན་དམ་སྐུ་དང་ནི། །དེ་ལ་བརྟེན་པ་ཀུན་རྫོབ་སྐུ་ཉིད་དེ། །ཞེས་སོ། །ཡང་ན་རང་དོན་ཕུན་སུམ་ཚོགས་པའི་ཆོས་སྐུ་དང་དེ་དང་རྒྱུ་མཐུན་པ་གཞན་དོན་གྱི་ཆོས་སྐུ་གཉིས་ཏེ། ཆོས་སྐུ་རྣམ་གཉིས་ཤེས་བྱ་སྟེ། །ཞེས་སོ། །ཡང་ན་རང་དོན་སྤངས་པ་ཕུན་ཚོགས་རྣམ་པར་གྲོལ་བའི་སྐུ་དང་། གཞན་དོན་རྟོགས་པ་ཕུན་ཚོགས་ཆོས་ཀྱི་སྐུ་གཉིས་ཏེ། མདོར་ན་ཡེ་ཤེས་གཉིས་པོ་ཡི། །ལས་སུ་འདི་ནི་ཤེས་བྱ་སྟེ། །གྲོལ་བའི་སྐུ་ནི་རྫོགས་པ་དང་། །ཆོས་ཀྱི་སྐུ་ནི་སྦྱོང་བའོ། །ཞེས་དང་། རྣམ་གྲོལ་ཆོས་ཀྱི་སྐུ་དག་གིས། །རང་དང་གཞན་གྱི་དོན་བསྟན་ཏེ། །ཞེས་སོ། །

ཡང་ན་སྐུ་རྣམ་པ་གསུམ་སྟེ། **གསེར་འོད་དམ་པ་ལས།** དེ་བཞིན་གཤེགས་པ་

ཐམས་ཅད་ལ་སྐུ་གསུམ་མངའ་སྟེ་ཆོས་ཀྱི་སྐུ་དང་ལོངས་སྤྱོད་རྫོགས་པའི་སྐུ་དང་སྤྲུལ་པའི་སྐུའོ་ཞེས་དང་། **སྐུ་གསུམ་གྱི་མདོར།** སའི་སྙིང་པོས་གསོལ་པ། (༣༤༨བ) བཅོམ་ལྡན་འདས་ལ་སྐུ་དུ་མངའ། བཀའ་སྩལ་པ། དེ་བཞིན་གཤེགས་པ་ལ་ནི་སྐུ་གསུམ་མངའ་སྟེ་ཆོས་ཀྱི་སྐུ་དང་ལོངས་སྤྱོད་རྫོགས་པའི་སྐུ་དང་སྤྲུལ་པའི་སྐུའོ། །ཞེས་སོ། །

ཡང་ན་ངོ་བོ་ཉིད་ཀྱི་སྐུའམ་རང་བཞིན་གྱི་སྐུ་ལོངས་སྤྲུལ་དང་བཅས་པས་གསུམ་སྟེ། **རྒྱན་ལས།** སངས་རྒྱས་རྣམས་ཀྱི་སྐུ་དབྱེ་བ། །རང་བཞིན་ལོངས་སྤྱོད་རྫོགས་པ་དང་། །གཞན་ནི་སྤྲུལ་པའི་སྐུ་ཡིན་ཏེ། །དང་པོ་གཉིས་པོའི་རྟེན་ཡིན་ནོ། །ཞེས་དང་། སྐུ་གསུམ་དག་གིས་སངས་རྒྱས་ཀྱི། །སྐུ་བསྡུས་པར་ནི་ཤེས་པར་བྱ། །ཞེས་སོ། །

ཡང་ན་ཆོས་སྐུ་དབྱེ་གཞིར་བྱས་ཏེ། དབྱེ་ན་ངོ་བོ་ཉིད་ཀྱི་སྐུ་དང་ལོངས་སྤྲུལ་གཉིས་ཀྱིས་སྐུ་གསུམ་སྟེ། **མངོན་རྟོགས་རྒྱན་ལས།** མདོར་བསྟན་དུ། ཆོས་ཀྱི་སྐུ་དང་དེ་རྣམ་བརྒྱད། །ཅེས་སྐུ་ཐམས་ཅད་ཆོས་སྐུར་བསྡུས་ཤིང་ཕྱིས། ངོ་བོ་ཉིད་ལོངས་རྫོགས་བཅས་དང་། །དེ་བཞིན་གཞན་པ་སྤྲུལ་པ་ནི། །ཞེས་བསྟན་ལ་འདི་ལ་**ཤཱནྟི་པའི་དག་ལྡན་ལས་ཀྱང་།** ངོ་བོ་ཉིད་ལོངས་རྫོགས་བཅས་དང་། །སྤྲུལ་པ་ཞེས་བྱ་རྣམ་གསུམ་ནི། །ཆོས་སྐུ་མཛད་པ་དང་བཅས་པ། །རྣམ་པ་བཞིར་ནི་ཡང་དག་བརྗོད། །ཅེས་གཞུང་བཏོན་ནས་རྣམ་པ་གསུམ་མཛད་པ་དང་བཅས་པ་ནི་ཆོས་ཀྱི་སྐུ་སྟེ་ཞེས་སྐུ་གསུམ་དུ་འགྲེལ་བ་ནི་ཚུལ་འདི་ལ་བཤད་པའི་རྣམ་གྲངས་གཅིག་གོ །

ཡང་ན་ཟབ་པ་རང་བཞིན་གྱི་སྐུ་དང་། རྒྱ་ཆེ་བ་ལོངས་སྐུ་དང་། བདག་ཉིད་ཆེ་བ་སྤྲུལ་སྐུ་དང་གསུམ་སྟེ། **རྒྱུད་བླ་ར།** དེ་དབྱེ་ཟབ་དང་རྒྱ་ཆེ་དང་། །བདག་ཉིད་ཆེན་པོ་ཡོན་ཏན་གྱི། །ཆོས་ཀྱིས་རབ་ཕྱེ་རང་བཞིན་ལ། །སོགས་པའི་སྐུ་གསུམ་དག

གིས་འཇུག །ཅེས་སོ། །ཡང་ན་ཆོས་དབྱིངས་ཤིན་ཏུ་དྲི་མེད་རང་བཞིན་གྱི་ཆོས་སྐུ་དང་དེའི་རྒྱུ་མཐུན་གྱི་ཆོས་སྐུ་གཉིས་ཏེ། ཆོས་སྐུ་རྣམ་གཉིས་ཤེས་བྱ་སྟེ། །ཆོས་(༣༥༡ན)དབྱིངས་ཤིན་ཏུ་དྲི་མེད་དང་། །དེ་ཡི་རྒྱུ་མཐུན་ཟབ་པ་དང་། །སྣ་ཚོགས་ཚུལ་ནི་སྟོན་པའོ། །ཞེས་སོ། །རྒྱུ་མཐུན་གྱི་ཆོས་སྐུ་ལ་དབྱེ་ན་གཉིས་ཏེ། ཟབ་པའི་ཆོས་སྐུ་ལོངས་སྤྱོད་རྫོགས་པའི་སྐུ་དང་། སྣ་ཚོགས་པའི་ཚུལ་སྟོན་པའི་ཆོས་སྐུ་སྤྲུལ་པའི་སྐུ་སྟེ་མདོར་ན་རྒྱུ་མཐུན་གྱི་ཆོས་སྐུ་གཉིས་རང་བཞིན་གྱི་ཆོས་སྐུ་དང་གསུམ་མོ། །

ཡང་ན་སྐུ་བཞི་སྟེ། ངོ་བོ་ཉིད་སྐུ་སོགས་གསུམ་གྱི་སྟེང་དུ་ཆོས་ཀྱི་སྐུ་མཛད་པ་དང་བཅས་པ་བསྟན་པ་སྟེ། ངོ་བོ་ཉིད་ལོངས་རྫོགས་བཅས་དང་། །ཞེས་སོགས་ཀྱི་དགོངས་པར་སློབ་དཔོན་སེང་བཟང་སོགས་བཞེད་ལ།

སངས་རྒྱས་ཀྱི་སའི་མདོ་ལས། རང་བཞིན་ཆོས་རྫོགས་ལོངས་སྤྱོད་དང་། །སྤྲུལ་པ་ཐ་དད་འཇུག་པ་ཅན། །སངས་རྒྱས་རྣམས་ཀྱི་ཆོས་ཀྱི་དབྱིངས། །རྣམ་དག་འདི་ནི་ཡང་དག་བརྗོད། །ཅེས་དངོས་སུ་ཡེ་ཤེས་བཞི་སྐུ་བཞིར་བསྟན་ནས་དེ་ཐམས་ཅད་ཆོས་ཀྱི་དབྱིངས་ཀྱི་ཡེ་ཤེས་དང་དབྱེར་མེད་པར་བཤད་ལ། འདིའི་མདོར་བསྟན་དུ། སངས་རྒྱས་ཀྱི་ས་ནི་ཆོས་ལྔས་བསྡུས་ཏེ་ཆོས་ཀྱི་དབྱིངས་ཀྱི་ཡེ་ཤེས་དང་ཞེས་སོགས་ཡེ་ཤེས་ལྔར་བཤད་པས་དོན་གྱིས་ཆོས་ཀྱི་དབྱིངས་ཀྱི་སྐུ་སྟེ་སྐུ་ལྔར་ཡང་ཤུགས་ཀྱིས་བསྟན་ཏོ། །མདོར་ན། **ཏིང་རྒྱལ་ལས།** སངས་རྒྱས་སྐུ་ནི་འདི་ཙམ་ཞེས། །གལ་ཏེ་ཚད་ནི་ཉེད་གྱུར་ན། །ལྷ་དག་དང་ནི་མི་རྣམས་དང་། །སྟོན་པ་ཕྱི་བྲག་མེད་པར་འགྱུར། །ཞེས་སངས་རྒྱས་ཀྱི་གཟུགས་སྐུ་ལ་བོངས་ཚོད་ལ་སོགས་པའི་ཚད་བཟུང་མི་ནུས་པར་བཤད་པ་ལྟར་སངས་རྒྱས་ཀྱི་སྐུའི་གྲངས་ཀྱང་གདུལ་བྱའི་རྟོག་པ་ཇི་སྙེད་པར་སྣང་ཞིང་། འོན་ཀྱང་ནམ་མཁའ་ལ་དབྱེ་བ་ཅི་ཡང་ཙམ་མེད་ཀྱི་ནམ་མཁའི་ཚད་གསུས་ཀྱང་མི་རྙེད་པ་ལྟར་སངས་རྒྱས་ཀྱི་སྐུ་ནི་བསམ་གྱིས་མི་ཁྱབ་པ་ཉིད་ཡིན་ན་ཏེ། **ཏིང་རྒྱལ་ལས།** ཇི་ལྟར་ནམ་མཁའ་དེ་བཞིན་དུ། །(༣༥༡བ)

ང་ཡི་སྐུ་ཡང་བརྗོད་མེད་ཅིང་། །ཤེས་པར་དཀའ་བར་རབ་ཏུ་བསྟན། །ཞེས་དང་། **ཡེ་ཤེས་ཀྱི་ཕྱག་རྒྱར།** ཡང་ན་ངོ་བོ་ཉིད་ཀྱིས་ནམ་མཁའ་ལྟ་བུ་སྟེ། ཞེས་གསུངས་ཤིང་། བསམ་གྱིས་མི་ཁྱབ་པའི་ཚུལ་རྒྱས་པར་སྣང་གྱིས་འཆད་པ་དེའི་ཕྱིར་རོ། **།རྒྱུད་བླར།** ཆོས་སྐུ་རྣམ་གཉིས་ཤེས་བྱ་སྟེ། །ཞེས་སོགས་འདིའི་དོན་ལ་བོད་པལ་ཆེར་གྱིས་རྟོགས་པ་ཆོས་སྐུ་ཆོས་སྐུ་དངོས་དང་། ཐེག་ཆེན་གྱི་ཆོས་ཟབ་པ་དང་ཐེག་པ་སྣ་ཚོགས་པའི་ཆོས་རྒྱ་ཆེ་བའི་ཆོས་སྐུ་སྟེ། མདོར་ན་སངས་རྒྱས་ཀྱིས་གསུངས་པའི་ཆོས་ལ་བསྟན་པ་ཆོས་སྐུར་བྱེད་མོད་ཀྱང་དེ་ནི་རྒྱུད་བླའི་དགོངས་པ་མ་ཡིན་ཏེ། རྫོགས་སངས་སྐུ་ནི་འཕྲོ་ཕྱིར་དང་། །ཞེས་པས་ཆོས་སྐུ་དང་། དེ་བཞིན་ཉིད་དབྱེར་མེད་ཕྱིར་དང་། །ཞེས་པས་དེ་བཞིན་ཉིད་དང་། རིགས་ཡོད་ཕྱིར་ན། ཞེས་པས་རིགས་ཏེ་གསུམ་བསྟན་ལ། འདི་གསུམ་དབྱེར་མེད་པ་ནི་བདེ་གཤེགས་སྙིང་པོ་སྟེ། འདི་ཡི་རང་བཞིན་ཆོས་སྐུ་དང་། །དེ་བཞིན་ཉིད་དང་རིགས་ཀྱང་སྟེ། །ཞེས་སོ། །དེ་ལ་སངས་རྒྱས་དང་སྤྲང་རྩི་དང་སྙིང་པོ་སྟེ་དཔེ་དང་པོ་གསུམ་གྱིས་ཆོས་ཀྱི་སྐུ་བསྟན་པ་སྟེ། དེ་ནི་དཔེ་གསུམ་གཅིག་དང་ནི། །ལྔ་རྣམས་ཀྱིས་ནི་ཤེས་པར་བྱ། །ཞེས་སོ། །ཆོས་སྐུ་དེ་ལ་ཡང་རང་བཞིན་རྣམ་དག་གི་ཆོས་སྐུ་ཉིད་དང་། དེ་དང་རྒྱུ་མཐུན་པའི་ཆོས་སྐུ་གཉིས་ཏེ། ཆོས་སྐུ་རྣམ་གཉིས་ཤེས་བྱ་སྟེ། །ཆོས་དབྱིངས་ཤིན་ཏུ་དྲི་མེད་དང་། །དེ་ཡི་རྒྱུ་མཐུན། ཞེས་སོ། །རྒྱུ་མཐུན་ལ། ཡོངས་སྐུ་ཟབ་པའི་ཆོས་སྐུ་དང་། སྤྲུལ་སྐུ་སྣ་ཚོགས་པའི་ཚུལ་སྟོན་པའི་ཆོས་སྐུ་གཉིས་ཏེ། ཟབ་པ་དང་། སྣ་ཚོགས་ཚུལ་ནི་སྟོན་པའོ། །ཞེས་སོ། །དེ་ལ་ཆོས་དབྱིངས་ཤིན་ཏུ་དྲི་མ་མེད་པ་ལ་ནི་དཔེ་གཞན་མི་སྙེད་ལ་སངས་རྒྱས་ཉིད་ལའང་དཔེ་གཞན་མི་སྙེད་པས་དེ་གཉིས་མཚུངས་པར་སྦྱར་བ་སྟེ། འཇིག་རྟེན་འདས་ཕྱིར་འཇིག་(༢༥༠ན)རྟེན་ན། །དེ་ལ་དཔེ་ནི་མི་དམིགས་པས། །དེ་བཞིན་གཤེགས་པ་ཉིད་དང་ཁམས། །འདྲ་བ་ཉིད་དུ་བསྟན་པ་ཡིན། །ཞེས་སོ། །ངེས་པ་ལྔ་དང་ལྡན་

ལ་བྱུང་འཕགས་ལས་གཞན་གྱི་སྤྱོད་ཡུལ་མ་ཡིན་པས་ཟབ་ཅིང་ཕྲ་བ་ལོངས་སྐུ་ནི་སྤྲང་རྩི་བཞིན་ཏེ་སྤྲང་རྩི་ཐམས་ཅད་མངར་བར་རོ་གཅིག་པ་ལྟར་དེས་བསྟན་པའི་ཆོས་ཐམས་ཅད་ཐེག་པ་ཆེན་པོ་བསམ་གྱིས་མི་ཁྱབ་པ་ཉིད་དུ་རོ་གཅིག་པའི་ཕྱིར་ཏེ། ཕྲ་མོ་ཟབ་མོའི་ཚུལ་བསྟན་ནི། །སྤྲང་རྩི་རོ་གཅིག་པ་བཞིན་ཏེ། །ཞེས་སོ། །རྣམ་པ་སྣ་ཚོགས་པ་གང་ལ་གང་འདུལ་གྱི་ཆོས་སྟོན་པ་སྤྲུལ་པའི་སྐུ་ནི་སྙིང་པོ་བཞིན་ཏེ་ས་བོན་སྣ་ཚོགས་པའི་སྤུབས་ན་སྙིང་པོ་སྣ་ཚོགས་པ་ཡོད་པ་ལྟར་དེས་བསྟན་པའི་ཆོས་ཀྱང་གདུལ་བྱའི་དབང་གིས་སྣ་ཚོགས་པར་སྟོན་པའི་ཕྱིར་ཏེ། རྣམ་པ་སྣ་ཚོགས་ཚུལ་སྟོན་ནི། །སྣ་ཚོགས་སྤུབས་སྙིང་བཞིན་ཤེས་བྱ། །ཞེས་སོ། །རྒྱུ་རང་བཞིན་གནས་རིགས་དག་པས་ཆོས་སྐུ་དང་པོ་དང་། རྒྱས་འགྱུར་གྱི་རིགས་དག་པས་ཆོས་སྐུ་ཕྱི་མ་གཉིས་འཐོབ་པ་སྟེ། རིགས་འདི་གཉིས་ལས་སངས་རྒྱས་ཀྱི། །སྐུ་གསུམ་འཐོབ་པར་འདོད་པ་སྟེ། །དང་པོས་སྐུ་ནི་དང་པོ་སྟེ། །གཉིས་པ་ཡིས་ནི་ཕྱི་མ་གཉིས། །ཞེས་སོ། །འོ་ན་དཔེ་དང་པོ་གསུམ་གྱིས་ཀྱང་སྐུ་གསུམ་བསྟན་ལ་ཐ་མ་གསུམ་གྱིས་ཀྱང་། ངོ་བོ་ཉིད་སྐུ་མཚོན་པ་ནི། །རིན་ཆེན་སྐུ་འདྲར་ཤེས་བྱ་སྟེ། །ཞེས་དང་། ཆོས་ཆེན་རྒྱལ་སྲིད་ཆེ་ལྡན་ཕྱིར། །རྫོགས་ལོངས་འཁོར་ལོས་བསྒྱུར་བཞིན་ནོ། །ཞེས་དང་། གཟུགས་བརྙན་གྱི་ནི་རང་བཞིན་ཕྱིར། །སྤྲུལ་པ་གསེར་གྱི་གཟུགས་ལྟ་བུ། །ཞེས་སྐུ་གསུམ་བསྟན་པས་བཟློས་པར་ཐལ་ལོ་ཞེ་ན། འོ་ན་དཔེ་དགུ་གས་བདེ་གཤེགས་སྙིང་པོ་གཅིག་བསྟན་ཞིང་དཔེ་ཐ་མ་གསུམ་གས་སངས་རྒྱས་ཁོ་ན་བསྟན་པས་དེ་དག་ཀྱང་བཟློས་(༢༥༠བ)པར་ཐལ་ལོ། །དེ་དག་དགོས་པ་ཐ་དད་པས་མི་བཟློས་སོ་ཞེ་ན། འདིར་ཡང་དེ་བཞིན་ཏེ། དཔེ་དང་པོ་གསུམ་པོ་རང་བཞིན་གྱི་ཆོས་སྐུ་དཔེ་དང་བྲལ་བ་དང་ཟབ་པའི་ཆོས་སྐུས་རོ་གཅིག་པའི་ཆོས་སྟོན་པ་དང་རྒྱ་ཆེ་བའི་ཆོས་སྐུས་སྣ་ཚོགས་པའི་ཆོས་སྟོན་པའི་བྱེད་ལས་ཤེས་པའི་ཕྱིར་བསྟན་ལ། ཐ་མ་གསུམ་སྐུ་རང་གི་རང་བཞིན་རྟོགས་པའི་ཕྱིར་བཞག་པའི་ཕྱིར་རོ། །གལ་

ཏེ་དེ་ལྟ་མིན་ན་དཔེ་དགུ་ནི་བདེ་གཤེགས་སྙིང་པོ་འཆད་བྱེད་ཡིན་པས་ཐེག་ཆེན་གྱི་ཆོས་དང་སྣ་ཚོགས་པའི་ཆོས་གཉིས་བདེ་སྙིང་དུ་ཐལ་བ་དང་། རིག་ཁམས་སྤྲང་རྫི་དང་འདྲ་འདི་གཟིགས་ནས། ཞེས་དང་། ཟག་པ་མེད་པའི་ཤེས་པ་སྤྲང་མའི་རྫི་དང་འདྲ། །ཞེས་སྤྲང་རྫི་ཁམས་ཉིད་དང་སྤྲང་མ་ཞེ་སྡང་གི་བག་ཉལ་དུ་བཤད་པ་དང་། དེ་བཞིན། སེམས་ཅན་ལ་ཡོད་ཆོས་ཀྱི་དབང་ཕྱུག་ཉོན་མོངས་སྦྲུན་ལས་མ་གྲོལ་ལུས། །ཞེས་སྙིང་པོ་སྒྲིབ་བཅས་ཀྱི་ཆོས་སྐུ་དང་ཤུན་པ་གཏི་མུག་གི་བག་ཉལ་དུ་བཤད་པ་གཉི་ག་དང་འགལ་བར་འགྱུར་ཞིང་། ཐེག་ཆེན་གྱི་ཆོས་དང་སྣ་ཚོགས་པའི་ཆོས་གཉིས་ནི་དྲི་མས་བསྒྲིབས་པ་མི་སྲིད་པའི་ཕྱིར་རོ། །དེས་ན་**རོང་སྟོན་ཤེས་བྱ་ཀུན་རིག་གིས།** ཟབ་མོ་སྟོན་པའི་གསུང་རབ་ཆོས་ཅན། སྤྲང་རྫི་དང་ཆོས་མཚུངས་ཏེ། གཞན་ལ་དམ་ཆོས་ཟབ་མོའི་རོ་སྦྱིན་པའི་ཕྱིར། རྒྱ་ཆེན་པོ་སྟོན་པའི་གསུང་རབ་ཆོས་ཅན། སྙིང་པོ་དང་ཆོས་མཚུངས་ཏེ། ཐོགས་པའི་སྒྲིབ་པའི་ཤུན་པ་དང་བྲལ་བའི་ཕྱིར་ཞེས་གསུངས་པའང་སྙིང་པོར་མི་ཆེ་སྟེ། སྤྲང་རྫི་རོ་གཅིག་པ་བཞིན་ཏེ། ཞེས་བཞེད་ཀྱི་གཞན་ལ་རོ་སྦྱིན་པའི་དོན་ཡང་མིན་ལ། གསུང་རབ་ཐོགས་པའི་སྒྲིབ་པའི་ཤུན་པ་དང་བྲལ་བ་ནི་ག་ལ་སྲིད་དེ་སྒྲིབ་པ་ནི་སེམས་དང་བཅས་པ་ལ་འབྱུང་གི་གསུང་རབ་སེམས་བཅས་སུ་ཁས་ལེན་པ་ནི་ངོ་མཚར་བའི་དམ་བཅར་འགྱུར་བའི་(༤༥༧ན)ཕྱིར་རོ། །

དེས་ན་ཆོས་སྐུ་དབྱེ་གཞིར་བྱས་ཏེ། དབྱེ་ན་ངོ་བོ་ཉིད་སྐུ་ལ་སོགས་པ་གསུམ་དུ་འགྱུར་བ་མངོན་རྟོགས་རྒྱན་གྱི་བཤད་ལུགས་གཅིག་དང་། ཆོས་སྐུ་དབྱེ་ངོར་བྱས་པའི་སྐུ་གསུམ་དུ་འཇོག་པ་སྐུ་གསུམ་གྱི་མདོ་ལ་སོགས་པའི་བཞེད་པ་དང་། ཆོས་སྐུ་དབྱེ་ངོར་བྱས་པའི་སྐུ་བཞིར་འཇོག་པ་སངས་རྒྱས་ཀྱི་སའི་མདོ་ལས་བཤད་པ་དང་། ཆོས་སྐུ་ཉིད་གསུམ་དུ་འཇོག་པ་རྒྱུད་བླའི་སྐབས་གཅིག་དང་། གཟུགས་སྐུ་ཁོ་ན་ལ་ཆོས་སྐུར་འཇོག་པ་རྒྱུད་བླའི། ཆོས་ཀྱི་སྐུ་ནི་སྤྱོད་

པའོ། །ཞེས་སོགས་ཀྱི་སྐབས་ཏེ་ཐ་དད་པ་དུ་མར་ཡོད་པས་དེང་སང་གི་ཀློག་པ་བ་ཕར་ཕྱིན་སྨྲ་བར་རློམ་པ་རྣམས་ཀྱི་འདོད་པས་སྐུའི་རྣམ་གཞག་འཛོག་པ་ནི་རྒྱ་མཚོ་ལས་ཆུ་ཐིགས་བླངས་ཏེ་རྒྱ་མཚོ་ནི་འདི་ཁོ་ནའོ་ཞེས་སོ་སོར་སྒྲོག་པ་ལྟར་སྣང་ངོ་། །

ད་ནི་སྐུ་དེ་རྣམས་ཀྱི་རང་བཞིན་རྣམ་པར་གཞག་པར་བྱ་སྟེ། དེ་ལ་སྐུ་རྣམ་པར་གཞག་པ་དང་། ཡེ་ཤེས་རྣམ་པར་གཞག་པ་དང་། ཕྲིན་ལས་རྣམ་པར་གཞག་པ་སྟེ་གསུམ་ལས། དང་པོ་ནི། དེ་ཡང་སྤྱིར་སངས་རྒྱས་དངོས་ནི་ཆོས་ཀྱི་སྐུ་ཁོ་ན་ཏེ། ཅི་ཙ་བསགས་པ་ལའོ་ཞེས་པའི་བྱིངས་ལས་བསྒྱུབས་པ་ཧྨ་ཏྭ་ཀཱ་ཡ་ཞེས་ཆོས་ཉིད་ཀྱི་ལུས་ཞེས་པའི་སྒྲ་ལས་དངོས་པོའི་རྐྱེན་བོད་སྐད་ལ་ཉིད་སྒྲའམ། སཾ་སྐྲི་ཏ་ལ་ཏྭ་ཡིག་ཕྱིས་པས་ཧྨ་ཀཱ་ཡ་ཞེས་སམ་ཆོས་ལུས་ཞེས་བརྗོད་ལ། དེ་ལ་ཞེས་སའི་སྒྲ་སྒྱུར་བས་ཆོས་ཀྱི་སྐུ་སྟེ། དཔེར་ན་ཡན་ལག་མ་ཚང་བ་མེད་པའི་ཚོགས་པ་ལ་ལུས་སུ་བརྗོད་པ་ལྟར་ཆོས་ཐམས་ཅད་ཀྱི་ཆོས་ཉིད་དངོས་པོའི་གནས་ལུགས་ཇི་ལྟ་བ་མ་ཚང་བ་མེད་པར་དབྱེར་མེད་དུ་ཡོངས་སུ་རྫོགས་པ་མངོན་དུ་བྱས་པ་ནི་ཆོས་ཀྱི་སྐུ་སྟེ། བདེན་གཉིས་ཀྱི་འགྲེལ་པར་**སློབ་དཔོན་ཞི་བ་འཚོས།** ཆོས་རྣམས་(༢༥༧བ)ཀུན་གྱི་ལུས་ཡིན་ཕྱིར། །ཞེས་སོགས་འགྲེལ་བ་ན། ཅིའི་ཕྱིར་ཆོས་ཐམས་ཅད་ཀྱི་ལུས་ཞེས་བྱ་སྙམ་པ་ལ་འགྲོ་བ་ཐམས་ཅད་ཅེས་བྱ་བ་ལ་སོགས་སྨོས་སོ། །དེ་བས་ན་རྣམ་པ་འདི་ལ་ནི་སྐུ་ཞེས་བྱ་བའི་སྒྲ་ནི་ལུས་སུ་བརྗོད་པར་བྱའོ། །ལུས་ནི་ཚོགས་ཡིན་པའི་ཕྱིར་ཆོས་ཀྱི་སྐུ་ནི་ཆོས་རྣམས་ཀྱི་ཚོགས་ཞེས་བྱ་སྟེ་རྒྱུ་དང་འབྲས་བུས་ཉེ་བར་བཏགས་པའི་ཕྱིར་རོ། །ཅིའི་ཕྱིར་རྒྱུ་ཉིད་ཡིན་སྙམ་པ་ལ་བཤད་པ། འཇིག་རྟེན་པ་དང་འཇིག་རྟེན་ལས་འདས་པའི་ཡོན་ཏན་ཐམས་ཅད་ཀྱི་རྟེན་ཡིན་པའི་ཕྱིར་རོ། །ཡང་ན་འདིར་འཇིག་རྟེན་ལས་འདས་པའི་ཆོས་རྣམས་བསྡོགས་ཤིང་བརྗོད་པའི་ཕྱིར་ཆོས་ཀྱི་སྐུ་ཡིན་ནོ། །ཆོས་ཀྱི་དབྱིངས་རྟོགས་ན་འཇིག་རྟེན་དང་

འཇིག་རྟེན་ལས་འདས་པའི་ཆོས་ཐམས་ཅད་པོས་པ་བཞིན་དུ་འདུ་སྟེ། ཟད་པ་ཤེས་ལ་ཟག་བཅས་ཀྱང་། །ཞེས་འབྱུང་བའི་ཕྱིར་རོ། །ཞེས་སོགས་ཀྱིས་ཆོས་ཐམས་ཅད་ཡོངས་སུ་རྫོགས་པའི་ལུས་ཡིན་པ་དང་། ཡོན་ཏན་ཐམས་ཅད་ཀྱི་རྟེན་ཡིན་པ་དང་། ཆོས་ཐམས་ཅད་ཀྱི་ངོ་བོ་ཉིད་དུ་གནས་པ་སྟེ་དོན་གསུམ་གྱིས་ཆོས་ཀྱི་སྐུར་བཤད་ཅིང་། **རྒྱན་ལས།** ཆོས་རྣམས་ཀུན་གྱི་དེ་བཞིན་ཉིད། །སྒྲིབ་གཉིས་དག་པའི་མཚན་ཉིད་དེ། །དངོས་དང་། ཞེས་ཆོས་ཐམས་ཅད་ཀྱི་དེ་བཞིན་ཉིད་སྒྲིབ་གཉིས་ཀྱིས་དག་པ་ཐོབ་པ་ནི་བྱང་ཆུབ་དངོས་སུ་བཤད་པའི་ཕྱིར་རོ། །དེ་ལྟར་བཤད་པའི་ཆོས་ཀྱི་སྐུ་འདི་ནི་གང་ལ་སངས་རྒྱས་སུ་བརྗོད་པའི་སངས་རྒྱས་ཉིད་ཇི་ལྟ་བ་ཡིན་ཏེ། **བརྒྱད་སྟོང་པ་ལས།** དེ་བཞིན་གཤེགས་པ་ནི་གཟུགས་ཀྱི་སྐུར་མི་ལྟ་སྟེ་དེ་བཞིན་གཤེགས་པ་ནི་ཆོས་ཀྱི་སྐུའོ། །ཞེས་དང་། **ཏིང་རྒྱལ་ལས།** དཔའ་བོ་ཆེན་པོ་ཆོས་ཀྱི་སྐུ། །སྐུ་ནི་ཆོས་ལས་སྐྱེས་པ་སྟེ། །ཞེས་དང་། རྒྱལ་བའི་དབང་པོ་གཟུགས་ཀྱི་སྐུར་མི་ལྟ། །ཞེས་སོ། །ཆོས་(༣༥༢ན)ཐམས་ཅད་ཀྱི་རང་བཞིན་ནི་དེ་ཁོ་ནར་གནས་མོད་ཀྱང་དེ་ལྟར་གང་གིས་མངོན་དུ་བྱས་པ་དེ་ཉིད་ལ་ཆོས་ཀྱི་སྐུར་མངོན་པར་རྫོགས་པར་སངས་རྒྱས་པ་ཞེས་བྱ་སྟེ་སངས་རྒྱས་གཅིག་པུ་ཉིད་དུ་བཤད་པའི་སྐབས་སོ། །ཆོས་ཀྱི་སྐུ་དེ་ནི་གོ་འཕང་དེ་ལས་ཉམས་མི་སྲིད་པའི་ཕྱིར་རང་དོན་དོན་དམ་པའི་སྐུ་ཞེས་བྱ་ལ། དེ་ཉིད་སེམས་ཅན་གྱི་ཁམས་རྒྱུད་དང་དབྱེར་མེད་དུ་རྟག་པར་གནས་པ་ལས་སེམས་ཅན་གང་གི་རྒྱུད་ཅུང་ཟད་སྦྱངས་པ་རྣམས་ཀྱིས་དེའི་རང་བཞིན་རྣམ་པ་དང་བྲལ་བ་ཇི་ལྟ་བར་ནི་མ་མཐོང་ཡང་སྒྲིབ་པའི་རབ་རིབ་ཅུང་ཟད་དག་པའི་རྒྱུས་རྣམ་པ་དང་བཅས་པ་གཟུགས་སྐུའི་རྣམ་པར་སྣང་ཞིང་རང་རྒྱུད་དང་ཐ་དད་མེད་ནའང་དངོས་པོའི་བག་ཆགས་ཀྱི་དབང་གིས་རང་ལས་རྒྱུད་ཐ་དད་པ་ཕྱི་རོལ་ལྟར་སྣང་བ་ནི་གཟུགས་ཀྱི་སྐུ་སྟེ་ཆོས་སྐུ་ཇི་ལྟ་བ་མཐོང་བའི་ཚེ་གཟུགས་སྐུའི་རྣམ་པར་མི་སྣང་བའི་ཕྱིར་ཀུན་རྫོབ་

བརྗའི་སྐུ་ཞེས་རྣམ་པར་འཇོག་སྟེ་སྐུ་གཉིས་ཀྱི་རྣམ་གྲངས་གཅིག་གོ། །

དེས་ན་གཟུགས་སྐུ་གདུལ་བྱའི་མིག་ཤེས་ཡིན་གྱི་སངས་རྒྱས་མ་ཡིན་ནོ་ཟེར་བ་དག་ཀྱང་། སངས་རྒྱས་ནི་ཆོས་ཀྱི་སྐུའོ་ཞེས་པའང་ཐོས་ཤིང་སྣང་བ་སེམས་སུ་བཤད་པས་སེམས་ལས་དོན་གཞན་པའི་དངོས་པོ་མེད་པའང་ཙུང་ཟད་ཕོང་དུ་ཚུད་པས། དེ་ལྟ་ན་གཟུགས་སྐུ་ནི་ཆོས་སྐུ་མ་ཡིན་པས་སངས་རྒྱས་མ་ཡིན་པར་སྣང་ངོ་སྙམ་པ་དང་། སྣང་བ་སེམས་ཡིན་ན་གཟུགས་སུ་སྣང་བ་རྣམས་མིག་ཤེས་དང་སྒྲར་སྣང་བ་རྣམས་ཉན་ཤེས་སོགས་ཡིན་པར་རིགས་པས་དེ་ལྟ་ན་གཟུགས་སྐུ་ནི་དེའི་མིག་ཤེས་སོ་སྙམ་པ་ཞིག་ཤར་བ་སྟེ་བཤད་པའི་རྣམ་གྲངས་འདི་ཙུང་ཟད་གོ་ཡང་དཔྱིས་ཕྱིན་པར་སྨྲ་མ་ནུས་པས་ཡོན་པོའི་གཏམ་ཞིག་བྱུང་བར་ཟད་ལ། དེས་ན་འདི་སྐབས་སུ་གཟུགས་སྐུ་མཐོང་བ་ཡང་སེམས་ཅན་གྱི་ཁམས་རྒྱུད་ལ་བུམ་པ་ལ་ནམ་མཁའ་ལྟར་དབྱེར་མེད་དུ་(༣༥༢༢བ)གནས་པའི་ཆོས་སྐུ་དེ་ཉིད་ཙུང་ཟད་མཐོང་བ་ཡིན་པ་ལ་དགོངས་ནས། **རྒྱུད་བླར།** ཐེག་པ་འདི་ལ་གནས་པ་རྣམས། །ནང་གི་དམ་པ་ཆོས་སྐུ་ནི། །ཡེ་ཤེས་མིག་གིས་མཐོང་བར་འགྱུར། །ཞེས་དང་། འདི་ནི་རང་སེམས་སྣང་བ་ཞེས། །སོ་སོ་སྐྱེ་བོས་མི་ཤེས་མོད། །ཅེས་གསུངས་པ་སྟེ་དེའི་ཕྱིར་ཆོས་གཟུགས་ཀྱི་སྐུ་གཉིས་ཀ་རང་རྒྱུད་ལས་གཅིག་པ་དང་ཐ་དད་པ་གང་ཡང་མ་ཡིན་ནོ། །སངས་རྒྱས་ཆོས་སྐུ་ཉིད་དུ་བཤད་པས་གཟུགས་སྐུ་སངས་རྒྱས་ཀྱི་སྐུ་མ་ཡིན་པར་སྟོན་པ་ཡང་མ་ཡིན་ཏེ། དཔེར་ན། རིང་སྲོལ་ཅན་གྱི་མཆོད་རྟེན་ཞིག་ལ་སྐྱེ་བོ་མིག་ལྡན་གྱིས་ལྟ་བ་ན་སྐྱ་རེངས་དང་པོའི་དུས་སུ་ར་རི་ཙམ་མཐོང་ཞིང་ནམ་ནངས་ཀར་དེ་བས་ཆེས་གསལ་བ་དང་ཉི་མའི་དཀྱིལ་འཁོར་ཤར་བ་ན་ཇི་ལྟ་བར་མཐོང་བ་ལྟར་ལས་ཀྱི་སྒྲིབ་པ་དག་པ་སྐྱ་རེངས་དང་པོ་ལྟ་བུའི་ཚེ་མཆོད་རྟེན་ལྟ་བུའི་ཆོས་སྐུ་དེ་ཉིད་ལ་མཆོག་གི་སྤྲུལ་སྐུར་སྣང་བ་དང་། ཉོན་སྒྲིབ་དག་པ་ནམ་ནངས་ཀ་ལྟ་བུའི་ཚེ་ལོངས་སྐུར་སྣང་བ་དང་། ཤེས

སྒྲིབ་དག་པ་ཉི་མའི་དཀྱིལ་འཁོར་ཤར་བ་ལྟ་བུའི་ཚེ་ཆོས་སྐུ་ཇི་ལྟ་བ་ཉིད་མཐོང་བ་མེད་པའི་ཚུལ་དུ་མཐོང་བ་སྟེ། **སྐུ་གསུམ་གྱི་མདོར།** ཆོས་ཀྱི་སྐུ་ནི་དེ་བཞིན་གཤེགས་པའི་ངོ་གང་ལ་ལྟ་བར་བྱའོ། །ལོངས་སྤྱོད་རྫོགས་པའི་སྐུ་ནི་བྱང་ཆུབ་སེམས་དཔའི་ངོ་གང་ལ་ལྟ་བར་བྱའོ། །སྤྲུལ་པའི་སྐུ་ནི་མོས་པས་སྤྱོད་པའི་སོ་སོ་སྐྱེ་བོའི་ངོ་གང་ལ་ལྟ་བར་བྱའོ་ཞེས་སོ། །ཅི་སྟང་ཚུལ་གྱི་སྐུ་གདུལ་བྱའི་མིག་ཤེས་སུ་བཤད་པ་འདི་རྗེ་བཙུན་ངལ་གསོར་ཡང་བཞེད་པ་མ་ཡིན་ནམ་ཞེ་ན། དེ་ནི་རྗེ་ཉིད་ཀྱི་མཁན་པོ་དཔལ་ཆོས་གྲུབ་སེང་གེའི་བཀས་གཞན་སྟོང་གི་གྲུབ་པ་ཟུངས་ཤིག་ཅེས་བཀའ་སྩལ་པ་སྒྲུབ་ཕྱིར་ཡུམ་དོན་རྫོ་ཟེའི་ལུགས་སུ་བཀྲལ་བ་ཡིན་གྱི་ངེས་པའི་དོན་མ་ཡིན་ནོ། །ཞེས་ཡང་ཡང་བཀའ་སྩལ་(༣༥༣ན)ཞིང་ཞིབ་མོར་ཕྱེ་ན་རྗེ་བཙུན་གྱི་རྩ་བ་གཞན་སྟོང་དང་སློབ་དཔོན་གྱི་འགྲེལ་པ་རང་སྟོང་དུ་འགྲེལ་བར་མཛད་པས་དོན་གྱིས་ན་གཉི་ག་ལ་ཞེན་བྱ་མིན་པར་བསྟན་པ་ཡིན་ནོ། །

ཡང་ན་སྤངས་པ་ཕུན་སུམ་ཚོགས་པ་ནི་རང་དོན་རྣམ་པར་གྲོལ་བའི་སྐུ་དང་རྟོགས་པ་ཕུན་སུམ་ཚོགས་པ་ནི་གཞན་དོན་ཆོས་ཀྱི་སྐུ་ཡིན་ལ་དེ་གཉིས་ཀྱང་ཡང་དག་པར་གཉིས་སུ་མེད་པའི་རྣམ་པ་གཅིག་པོ་ན་ཏེ། **རྒྱུད་བླར།** རྣམ་གྲོལ་ཆོས་ཀྱི་སྐུ་དག་ནི། །རྣམ་གཉིས་རྣམ་གཅིག་ཤེས་བྱ་སྟེ། །ཞེས་སོ། །འདི་ནི་ཉོན་མོངས་བག་ཆགས་དང་བཅས་པས་གཟོད་ནས་མ་གོས་པ་ཉིད་ལ་མ་གོས་པ་ཉིད་དུ་འགགས་པའི་ཕྱིར་ཟག་པ་མེད་པས་བརྟན་པའི་ཡོན་ཏན་དང་། དུས་གསུམ་གྱི་ཡུལ་ལ་ཆགས་ཐོགས་མེད་པའི་ཡེ་ཤེས་འཇུག་པས་ཁྱབ་པ་ཞི་བའི་ཡོན་ཏན་དང་། ནམ་ཡང་མི་འཇིག་པའི་རང་བཞིན་ཡིན་པས་ན་འདུས་མ་བྱས་པ་རྟག་པའི་ཡོན་ཏན་དང་། འཇིག་པ་མེད་པ་ཉིད་མི་འགྱུར་བ་རྟག་པའི་གནས་འཕོ་བ་མེད་པའི་ཡོན་ཏན་ཏེ་བཞི་དང་ལྡན་པ་སྟེ། ཉོན་མོངས་རྣམས་ནི་བག་ཆགས་དང་། །བཅས་པ་འགགས་ཕྱིར་ཟག་མེད་དེ། །ཆགས་མེད་ཐོགས་པ་མེད་པའི་

ཕྱིར། །ཡེ་ཤེས་ཁྱབ་པ་ཉིད་དུ་འདོད། །གཏན་དུ་འཇིག་པ་མེད་པ་ཡི། །རང་བཞིན་ཡིན་ཕྱིར་འདུས་མ་བྱས། །འཇིག་མེད་ཉིད་ནི་བརྟན་པ་སྟེ། །བརྟན་སོགས་རྣམས་ཀྱིས་དེ་བཤད་དོ། །ཞེས་ཏེ་སྐུ་གཉིས་ཀྱི་རྣམ་གྲངས་གཅིག་གོ། །འདི་ལ་ཀུན་མཁྱེན་རོང་སྟོན་གྱིས་**ནི་**ཉོན་སྒྲིབ་སྤངས་པ་རྣམ་གྲོལ་གྱི་སྐུ་དང་། ཤེས་སྒྲིབ་སྤངས་པ་ཆོས་ཀྱི་སྐུ་སྟེ་རྣམ་གྲོལ་གྱི་སྐུས་ནི་ཉན་རང་དང་མཚུངས་ལ་ཆོས་ཀྱི་སྐུས་ཁྱད་པར་དུ་བྱས་སོ་ཞེས་པའི་དགོངས་པ་ངེས་འགྲེལ་གྱི་ལུང་འདྲེན་པར་མཛད་མོད་ཀྱང་ཅུང་ཟད་མི་མཚུངས་ཏེ། དགོངས་འགྲེལ་གྱི་ཆོས་(༣༥༩བ)སྐུ་ནི་གནས་གྱུར་ཐོབ་པ་ལ་གསུངས་པའི་ཕྱིར་རོ། །

སྐུ་གསུམ་གྱི་རྣམ་པར་གཞག་པ་ལ། ཆོས་སྐུ་དབྱེ་གཞིར་བྱས་པ། དབྱེ་ངོར་བྱས་པ། ཆོས་སྐུ་གསུམ་དུ་འཇོག་པ་སྟེ་གསུམ་ལས། དང་པོ་ལྟར་ན། ཆོས་ཀྱི་སྐུ་ནི་སྔར་བསྟན་པ་རྫོགས་པའི་སངས་རྒྱས་དངོས་དེ་ཉིད་ཡིན་ལ། དེ་ལ་དབྱེ་ན། ངོ་བོ་ཉིད་ཀྱི་སྐུ་དང་། ལོངས་སྤྱོད་རྫོགས་པའི་སྐུ་དང་། སྤྲུལ་པའི་སྐུའོ། །

དེ་ལ་ངོ་བོ་ཉིད་ཀྱི་སྐུ་ནི། ཟག་པ་མེད་པའི་ཆོས་རྣམས་རྣམ་པ་ཐམས་ཅད་དུ་ཤིན་ཏུ་རྣམ་པར་དག་པ་ཐོབ་པ་སྟེ། **མངོན་རྟོགས་རྒྱན་ལས།** ཐུབ་པའི་ངོ་བོ་ཉིད་སྐུ་ནི། །ཟག་པ་མེད་པའི་ཆོས་གང་དག །ཐོབ་གྱུར་རྣམ་ཀུན་རྣམ་དག་པ། །དེ་དག་རང་བཞིན་མཚན་ཉིད་ཅན། །ཞེས་གསུངས་ལ། ཟག་མེད་ཀྱི་ཆོས་གང་ཞེ་ན། བྱང་ཕྱོགས་སོ་བདུན་དང་། ཚད་མེད་བཞི་དང་། རྣམ་ཐར་བརྒྱད་དང་། མཐར་གནས་སྙོམས་འཇུག་དགུ་དང་། ཟད་པར་བཅུ་དང་། ཟིལ་གནོན་བརྒྱད་དང་། ཉོན་མོངས་མེད་པའི་ཏིང་ངེ་འཛིན་དང་། སྨོན་གནས་མཁྱེན་པ་དང་། མངོན་ཤེས་དྲུག་དང་། སོ་སོ་ཡང་དག་པར་རིག་པ་བཞི་དང་། རྣམ་ཀུན་ཡོངས་སུ་དག་པ་བཞི་དང་། དབང་བཅུ་དང་། སྟོབས་བཅུ་དང་། མི་འཇིགས་པ་བཞི་དང་། སྲུང་བ་མེད་པ་གསུམ་དང་། དྲན་ཉེ་གསུམ་དང་། བསྙེལ་བ་མི་མངའ་བའི་ཆོས་ཉིད་

དང་། བག་ཆགས་བཅོམ་པ་དང་། ཐུགས་རྗེ་ཆེན་པོ་དང་། མ་འདྲེས་པའི་ཆོས་བཅོ་བརྒྱད་དང་། རྣམ་མཁྱེན་ཉིད་དང་། རང་བཞིན་རྣམ་པར་དག་པ་ཆོས་ཀྱི་སྐུ་ཉིད་དེ་དེ་རྣམས་སྒྲིབ་བྲལ་དུ་མངོན་སུམ་དུ་བྱས་པ་སྟེ། བྱང་ཆུབ་ཕྱོགས་མཐུན་ཚད་མེད་དང་། །སོགས་ནས། རྣམ་པ་ཐམས་ཅད་མཁྱེན་ཉིད་དང་། །ཆོས་ཀྱི་སྐུ་ཞེས་བརྗོད་པ་ཡིན། །ཞེས་སོ། །ཡང་ན་མཚན་ཉིད་ལྔའམ་ཡོན་ཏན་ལྔ་ལྡན་ནི་ངོ་བོ་ཉིད་ཀྱི་སྐུ་སྟེ། **རྒྱུད་བླར།** དེ་ལ་སངས་རྒྱས་རྣམས་ཀྱི་ནི། །ངོ་བོ་ཉིད་སྐུ་མཚན་ཉིད་ལྔ། །མདོར་(༣༥༨ན)ན་ཡོན་ཏན་ལྔ་དང་ནི། །ལྡན་པ་ཉིད་དུ་རིག་པར་བྱ། །ཞེས་སོ། །དེ་ཡང་། འདུས་མ་བྱས་པ་དང་། རྣམ་དབྱེར་མེད་པ་དང་། སྒྲོ་སྐུར་གྱི་མཐའ་གཉིས་སྤངས་པ་དང་། སྒྲིབ་གསུམ་ལས་གྲོལ་བ་དང་། འོད་གསལ་བ་སྟེ་མཚན་ཉིད་ལྔའོ། །ཅིའི་ཕྱིར་འོད་གསལ་ཞེ་ན། དྲི་མ་མེད་ཅིང་རྟོག་པ་མེད་པ་དང་། སོ་སོ་རང་རིག་གི་ཤེས་པའི་ཡུལ་ཡིན་པ་དང་། ཆོས་ཀྱི་དབྱིངས་ངོ་བོ་ཉིད་ཀྱིས་དག་པའི་ཕྱིར་འོད་གསལ་བ་སྟེ། འདུས་མ་བྱས་ཤིང་རྣམ་དབྱེར་མེད། །མཐའ་གཉིས་དག་ནི་རྣམ་པར་སྤངས། །ཉོན་མོངས་ཤེས་བྱ་སྙོམས་འཇུག་གི། །སྒྲིབ་གསུམ་ལས་ནི་ངེས་གྲོལ་ཏེ། །དྲི་མེད་རྣམ་པར་རྟོག་མེད་དེ། །རྣལ་འབྱོར་རྣམས་ཀྱི་ཡུལ་ཡིན་ཕྱིར། །ཆོས་དབྱིངས་ངོ་བོ་ཉིད་ཀྱིས་ནི། །དག་པའི་ཕྱིར་ན་འོད་གསལ་བ། །ཞེས་སོ། །ཡང་ན་ཚད་མེད་པས་རྒྱ་ཆེ་བའི་ཕྱིར་གཞལ་དུ་མེད་པ་དང་། མཐའ་ཡས་པས་གྲངས་མེད་པ་དང་། རྟོག་གེའི་ཡུལ་མིན་ཕྱིར་བསམ་དུ་མེད་པ་དང་། སངས་རྒྱས་ཉིད་གཅིག་པུ་འབའ་ཞིག་པར་ཟད་ཀྱི་སུ་དང་ཡང་མི་མཚུངས་པས་མཉམ་པ་མེད་པ་དང་། བག་ཆགས་དང་བཅས་པའི་དྲི་མ་སྤངས་པའི་ཕྱིར་མཐར་ཐུག་པའི་ཡོན་ཏན་དང་ལྡར་ལྡན་པ་སྟེ། གཞལ་མེད་གྲངས་མེད་བསམ་མེད་པ། །མཉམ་མེད་དག་པའི་མཐར་ཐུག་པའི། །ཡོན་ཏན་རྣམས་དང་ཡང་དག་པར། །ངོ་བོ་ཉིད་ཀྱི་སྐུ་ལྡན་ཏེ། །རྒྱ་ཆེའི་ཕྱིར་དང་གྲངས་མེད་ཕྱིར། །རྟོག་གེའི་ཡུལ་ནི་མིན་

ཕྱིར་དང་། །འབའ་ཞིག་བག་ཆགས་བཅས་སྤངས་ཕྱིར། །གཞལ་མེད་ལ་སོགས་ཏོ་རིམ་བཞིན། །ཞེས་སོ། །ཡང་ན་མཚན་ཉིད་གསུམ་ལྡན་ཏེ། **རྒྱན་ལས།** རང་བཞིན་སྐུ་ནི་མཉམ་པ་དང་། །ཕྲ་ཞིང་དེ་དང་འབྲེལ་བ་དང་། །ཞེས་པ་སྟེ། སྤྲོས་པ་ཉེ་བར་ཞི་བའི་མཉམ་པས་ནི་གཟུགས་སྐུ་ལས་ཁྱད་པར་དུ་བྱས་པ་(༢༥༨བ)ཕྲ་བའི་ཕྱིར་འདུས་མ་བྱས་ཀྱིས་མ་བསྡུས་པ་དང་། ལོངས་སྐུ་དང་འབྲེལ་བས་མ་དག་པ་དང་། ཙུང་ཟད་དག་པའི་དེ་བཞིན་ཉིད་ལས་ཁྱད་པར་དུ་གྱུར་པའོ། །ངོ་བོ་ཉིད་སྐུ་འདི་ནི་ལོངས་སྤྱོད་རྫོགས་སྐུ་སྣང་བའི་རྒྱུ་སྟེ། དགྱེས་གུར་ལོངས་སྤྱོད་བསྟན་པ་ལ། །ལོངས་སྤྱོད་རྫོགས་འཁོར་རྒྱུར་འདོད་དོ། །ཞེས་སོ། །ཆོས་སྐུ་དབྱེ་ངོར་བྱས་པའི་སྐུ་གསུམ་གྱི་ཚེ་ངོ་བོ་ཉིད་སྐུ་འདི་ཉིད་ལ་ཆོས་ཀྱི་སྐུར་བརྗོད་པ་སྟེ། **སྐུ་གསུམ་གྱི་མདོ་ལས།** རིགས་ཀྱི་བུ་དེ་བཞིན་གཤེགས་པའི་སྐུ་གསུམ་ནི་རང་བཞིན་རྣམ་པར་དག་པ་ནི་ཆོས་ཀྱི་སྐུའོ། །ཞེས་དང་། རིགས་ཀྱི་བུ་དེ་བཞིན་གཤེགས་པའི་ཆོས་ཀྱི་སྐུ་ནི་ནམ་མཁའ་ལྟར་རང་བཞིན་མེད་པའི་དོན་ནོ། །ཞེས་སོ། །

ཆོས་སྐུ་དང་ངོ་བོ་ཉིད་སྐུ་ཐ་དད་དུ་དབྱེ་ངོར་བྱས་ཏེ་སྐུ་བཞིར་འཇོག་པའི་ཚེ་ནི་སྤངས་པ་ཕུན་ཚོགས་ངོ་བོ་ཉིད་ཀྱི་སྐུ་དང་རྟོགས་པ་ཕུན་ཚོགས་ཆོས་ཀྱི་སྐུར་འཇོག་ལ། ཡང་ན་ཆོས་ཀྱི་དབྱིངས་ཇི་ལྟ་བ་མངོན་དུ་བྱས་པ་ངོ་བོ་ཉིད་སྐུ་དང་། སྤངས་པ་ཕུན་ཚོགས་ཆོས་ཀྱི་སྐུ་དང་རྟོགས་པ་ཕུན་ཚོགས་གཟུགས་ཀྱི་སྐུར་ཡང་བཤད་ལ། ཆོས་སྐུ་གསུམ་དུ་འཇོག་ཚུལ་ནི་བཤད་ཟིན་ཏོ། །

སྐུ་ལྔར་རྣམ་པར་འཇོག་པའི་ཚེ་ནི་ཆོས་དབྱིངས་རང་བཞིན་རྣམ་དག་མངོན་དུ་བྱས་པའི་ཆ་ལ་ཆོས་དབྱིངས་ཀྱི་སྐུ་དང་། རེས་འགའ་ཆོས་ཀྱི་དབྱིངས་ཀྱི་ཡེ་ཤེས་སུ་འང་བཤད་ཅིང་སྤངས་པ་ངོ་བོ་ཉིད་ཀྱི་སྐུ་དང་། རྟོགས་པ་ཆོས་ཀྱི་སྐུ་དང་། གཞན་དོན་བྱེད་ཚུལ་གྱི་ཆ་ནས་གཟུགས་སྐུ་གཉིས་ཏེ་ལྔར་འཇོག་གོ། །

ཐར་རྒྱན་ལས་ནི། ཆོས་སྐུ་ནི་སྟོང་ཉིད་རྟོགས་པས་ནོར་བ་ཟད་དེ་འབྲུལ་པ་

ཡོག་པ་ཙམ་ལ་མིང་བཏགས་པ་ལས་མཚན་ཉིད་དང་མཚན་གཞིར་གྲུབ་པ་གང་ཡང་མི་མངའ་ལ། དེ་ཐོབ་པས་སྟོབས་སོགས་ཡོན་ཏན་ཐམས་ཅད་འདུ་བའི་ཕྱིར་རང་དོན་གྱི་སྐུའམ་སངས་རྒྱས་དངོས་ཡིན་ལ་དེ་ཐོབ་པ་ལྟ་ཞོག་དེ་ལ་མོས་པ་བྱས་པ་དང་ཙུང་(༢༥༥ན)ཟད་རྟོགས་པ་དང་ཕྱོགས་གཅིག་རྟོགས་པ་དང་ཕལ་ཆེར་རྟོགས་པ་རྣམས་ཀྱང་ཡོན་ཏན་རིམ་པ་ལྟར་ཙུང་ཟད་དང་མང་པོ་དང་དཔག་མེད་དང་ལྡན་ཏེ་སྦྱོར་ལམ་པ་དང་ཉན་རང་དང་ཕྱིར་མི་ལྡོག་པའི་བྱང་སེམས་རྣམས་ཀྱི་ཡོན་ཏན་རྣམས་རིམ་པས་ཡིན་ལ། ལྡོག་པའི་ཆ་ནས་བཅལ་ན། སངས་རྒྱས་ཐམས་ཅད་ཀྱི་ཆོས་སྐུ་མཚུངས་པས་མཉམ་པ་དང་། སྤྲོས་པ་དང་བྲལ་བས་ཟབ་པ་དང་། འདུས་མ་བྱས་པས་རྟག་པ་དང་། དབྱིངས་དང་ཡེ་ཤེས་ཐ་མི་དད་པས་དབྱེར་མེད་པ་དང་། ཡང་དག་པས་ཕྱིན་ཅི་མ་ལོག་པ་དང་། དྲི་མ་མེད་པས་གཙང་བ་དང་། རྣམ་པར་མི་རྟོག་པས་འོད་གསལ་བ་དང་། ལོངས་སྤྱོད་རྫོགས་སྐུའི་རྟེན་དུ་གྱུར་པ་སྟེ་ཡོན་ཏན་བརྒྱད་དང་ལྡན་པ་སྟེ། རྒྱུད་བླའི། ཐོག་མ་དབུས་མཐའ་མེད་ཅིང་རྣམས་དབྱེར་མེད། །སོགས་འདྲེན་པར་མཛད་དོ། །

དེ་ལྟ་བུའི་རྫོགས་པའི་སངས་རྒྱས་དེ་ཉིད་གདུལ་བྱ་ལ་ཇི་ལྟར་སྣང་བའི་ཚུལ་ནི། སངས་རྒྱས་ཉིད་ནི་གཟུགས་སྐུར་སྣང་བ་དང་མི་སྣང་བ་གང་གི་དུས་ནའང་ཁྱད་པར་ཙུང་ཟད་ཀྱང་མེད་པར་ཆོས་ཉིད་རང་གི་ངོ་བོ་ལས་གཡོ་བ་མི་མངའ་མོད་ཀྱང་ནམ་གདུལ་བྱའི་རྒྱུད་དག་པ་དེའི་ཚེ་གཟུགས་སྐུའི་སྣང་བ་འབྱུང་བ་སྟེ། **ཡུམ་གྱི་རྒྱན་ལས།** རྒྱུ་ནི་ཡོངས་སུ་སྨིན་གྱུར་ནས། །གང་དང་གང་ལ་གང་དང་ནི། །གང་ཚེ་བྱ་བ་ཕན་གྱུར་པ། །དེ་དང་དེ་ལ་དེ་སྣང་ངོ་། །ཞེས་སོ། །དེ་ལ་ལོངས་སྤྱོད་རྫོགས་པའི་སྐུ་ནི། སམ་བྷོ་ག་ཀཱ་ཡ་ཞེས་ཐེག་པ་ཆེན་པོ་འབའ་ཞིག་ལ་རྫོགས་པར་ལོངས་སྤྱོད་པའི་ཕྱིར་ལོངས་སྤྱོད་རྫོགས་སྐུ་ཞེས་བྱ་སྟེ། ཐེག་ཆེན་ཉེ་བར་ལོངས་སྤྱོད་ཕྱིར། །ཞེས་པ་ཉིད་དོ། །

མཚན་ཉིད་ནི། མངོན་རྟོགས་རྒྱན་ལྟར་ན། སྐུ་མཚན་དཔེ་དང་ལྡན་ཞིང་ཐེག་ཆེན་འབའ་ཞིག་གསུངས་པ་ནམ་ཡང་མྱ་ངན་ལས་མི་འདའ་བ་སྟེ། མཚན་ནི་སུམ་ཅུ་རྩ་(༣༥༥བ)གཉིས་དང་། །དཔེ་བྱད་བརྒྱད་ཅུའི་བདག་ཉིད་འདི། །ཐེག་ཆེན་ཉེ་བར་ལོངས་སྤྱོད་ཕྱིར། །ཐུབ་པའི་ལོངས་སྤྱོད་རྫོགས་སྐུར་བཞེད། །ཅེས་སོ། །ནམ་ཡང་མྱ་ངན་ལས་མི་འདའ་བ་ནི་དེང་སང་གི་སྟོད་ངོར་བསྟན་པ་སྟེ་ཐེག་གཅིག་སྟོན་པའི་མཆོག་གི་སྤྲུལ་སྐུས་མ་ངེས་པ་སྤངས་པའི་ཕྱིར་རོ། །

ཡང་ན་མཚན་ཉིད་ལྔ་ལྡན་གྱི་སྐུ་སྟེ། ཐེག་ཆེན་གྱི་ཆོས་མཐའ་ཡས་པ་ལ་རྫོགས་པར་ལོངས་སྤྱོད་པ་དང་། རང་བཞིན་གྱི་སྐུ་མཚན་དཔེ་དང་ལྡན་པ་བྱང་འཕགས་ལ་རྟག་ཏུ་སྣང་བ་དང་། འགྲོ་དོན་རྒྱུན་མི་འཆད་པ་དང་། འབད་མེད་དུ་གདུལ་བྱའི་འདོད་པ་སྐོང་བ་དང་། ནོར་བུ་ཚོན་དང་ཉེ་བ་ལྟར་དེའི་ངོ་བོ་མིན་པའི་ཚེ་འཕྲུལ་སྣ་ཚོགས་པ་སྟོན་པ་སྟེ་ལྔ་དང་ལྡན་པའོ། །ཇི་སྐད་དུ་**རྒྱུད་བླར།** སྣ་ཚོགས་ཆོས་ལ་རྫོགས་ལོངས་སྤྱོད། །རང་བཞིན་ཆོས་འདི་སྣང་ཕྱིར་དང་། །ཐུགས་རྗེས་དག་པའི་རྒྱུ་མཐུན་པ། །འགྲོ་དོན་རྒྱུན་མི་འཆད་ཕྱིར་དང་། །རྣམ་པར་རྟོག་མེད་ལྷུན་གྲུབ་པར། །འདོད་པ་ཇི་བཞིན་ཡོངས་སྐོང་ཕྱིར། །ཡིད་བཞིན་ནོར་བུའི་རྫུ་འཕྲུལ་གྱིས། །རྫོགས་པར་ལོངས་སྤྱོད་རྣམ་པར་གནས། །ཞེས་གསུངས་ཤིང་། དེའི་དོན་བསྡུ་བའི་ཕྱིར། བརྗོད་དོན་མཛད་རྒྱུན་མི་འཆད་དང་། །མངོན་པར་འདུ་བྱེད་མེད་པ་དང་། །དེ་ཡི་ངོ་བོ་མིན་སྟོན་ལ། །འདིར་ནི་སྣ་ཚོགས་རྣམ་ལྔར་བརྗོད། །ཅེས་སོ། །འདིར། སྣ་ཚོགས་ཆོས་ལ་རྫོགས་ལོངས་སྤྱོད། །ཅེས་སྣ་ཚོགས་སུ་བསྒྱུར་མོད་ཀྱང་སྣ་ཚོགས་པའམ་བི་ཤྭ་དོན་ཤིན་ཏུ་མང་པོ་ལ་ཡང་འཇུག་ཅིང་ཤིན་ཏུ་མང་པོ་ནི་གྲངས་མཐའ་ཡས་པའི་དོན་ཡིན་པས་ཐེག་ཆེན་གྱི་ཆོས་མཐའ་ཡས་པ་ལ་ལོངས་སྤྱོད་པའི་དོན་ཅན་ཡིན་ལ། བརྗོད་བྱ་ནི་དེ་ཁོ་ན་ཉིད་དུ་གཅིག་པས་སྤྲུལ་སྐུ་ལྟར་ཆོས་སྣ་ཚོགས་སྟོན་པ་ལ་ཁོ་བར་མི་བྱ་ལ། དེས་

ན། མཐའ་ཡས་ཆོས་རྫོགས་ལོངས་(༣༥༨ན)སྤྱོད་དང་། །ཞེས་བསྒྱུར་ན་བཟང་བར་སྣང་ངོ་། །

ཡང་ན་རང་བཞིན་གྱི་སྐུ་དང་སྤྲུལ་པའི་སྐུ་ལས་རྣམ་པ་དྲུག་གིས་ཐ་དད་པའི་སྐུ་སྟེ། ལོངས་སྤྱོད་རྫོགས་པ་ཁམས་ཀུན་ཏུ། །འཁོར་ཡོངས་སྟུད་དང་ཞིང་དང་མཚན། །སྐུ་དང་ཆོས་རྫོགས་ལོངས་སྤྱོད་དང་། །མཛད་པ་དག་གིས་ཐ་དད་དོ། །ཞེས་པ་ལ་**དབྱིག་གི་ཞབས་ཀྱི་འགྲེལ་པར།** འཁོར་སྟུད་པ་ཐ་དད་དེ། ལོངས་སྐུའི་འཁོར་མ་འདྲེས་པའོ། །ཞིང་ཐ་དད་དེ། གསེར་དང་དངུལ་དང་བཻཌཱུརྱ་ལ་སོགས་པའི་རང་བཞིན་གྱིས་ཐ་དད་དོ། །མཚན་ཐ་དད་དེ། རྣམ་སྣང་དང་འོད་དཔག་ཏུ་མེད་པ་ལ་སོགས་པའོ། །སྐུ་ཐ་དད་དེ། སྐུའི་ཁ་དོག་དང་ཚད་ལ་སོགས་པའོ། །ཆོས་ལ་རྫོགས་པར་ལོངས་སྤྱོད་པ་ཐ་དད་དེ། ཁ་ཅིག་མདོ་པདྨ་དཀར་པོ་དང་ཁ་ཅིག་ས་བཅུ་པ་སོགས་གསུང་བའོ། །མཛད་པ་ཐ་དད་དེ། སོ་སོའི་འཁོར་ཐ་དད་དུ་སྨིན་པར་མཛད་པའོ། །ཞེས་པའི་དོན་དུ་བཀྲལ་ལ་འདིར་ཐ་དད་པ་དྲུག་གིས་ཆོས་སྐུ་མཉམ་པ་ལས་ཁྱད་པར་འབྱེད་ཅིང་མཛད་པ་ཐ་དད་པས་སྤྲུལ་སྐུ་ལས་བྱེ་བྲག་ཏུ་འབྱེད་པ་སྟེ་སྤྲུལ་སྐུ་ནི་མཛད་པ་མཚུངས་པར་འཆད་པའི་ཕྱིར་རོ། །

གལ་ཏེ་ལོངས་སྐུ་རྣམས་ཞིང་ཐ་དད་ན་ཞིང་ངེས་པ་འོག་མིན་དུ་བཤད་པ་དང་འགལ་ཞིང་སྐུ་ཐ་དད་ན་སྐུ་ངེས་པར་བཤད་པ་དང་འགལ་ལོ་ཞེ་ན། སྤྱིར་ངེས་པ་ལྔ་ནི་ལོངས་སྐུ་རེ་རེའི་དབང་དུ་བྱས་ནས་གསུངས་ལ། ཐ་དད་པ་དྲུག་ནི་ལོངས་སྐུ་ཐམས་ཅད་ཀྱི་དབང་དུ་བྱས་ནས་གསུངས་ཤིང་། ཞིང་ཐ་དད་ཀྱང་དེ་ཐམས་ཅད་འོག་མིན་དུ་མཚུངས་ལ་འོག་མིན་དེ་ཡང་བསམ་གྱིས་མི་ཁྱབ་པ་ཆོས་ཀྱི་དབྱིངས་སུ་མཚུངས་པས་གནས་ངེས་པ་དང་ཡང་མི་འགལ་ལོ། །སྐུ་ནི་མཚན་དཔེ་ཅན་དུ་མཚུངས་ལ་འོད་དང་ཁ་དོག་དང་སྐུའི་ཚད་ལ་སོགས་པས་ཐ་དད་

པའོ། །འོ་ན་སྤྲུལ་(༣༥༨བ)སྐུ་དང་ཁྱད་མེད་དུ་འགྱུར་རོ་ཞེ་ན། ཡབ་ཡུམ་དང་གདུང་དང་བསོད་སྙོམས་ལ་གཤེགས་པ་དང་མྱ་ངན་ལས་འདའ་བ་སོགས་སྟོན་མི་སྟོན་གྱི་ཁྱད་པར་ཡོད་དོ། །

དེས་ན་གནས་ངེས་པ་འོག་མིན་དང་། སྐུ་ངེས་པ་ལོངས་སྐུའི་མཚན་དཔེ་ཅན་དང་། ཆོས་ངེས་པ་ཐེག་ཆེན་ཁོ་ན་གསུངས་ཤིང་། དུས་ངེས་པ་སྲིད་པ་ཇི་སྲིད་པར་གནས་པ་ཡིན་ལ། འཁོར་ངེས་པ་སྤྱིར་ས་བཅུའི་བྱང་ཆུབ་སེམས་དཔའ་ལ་སྣང་ཞིང་། བྱེ་བྲག་ཏུ་སློབ་དཔོན་ཆོས་བཤེས་ཀྱིས་ས་བཅུ་པ་བ་ཁོ་ན་ལ་སྣང་བ་ལོངས་སྐུ་གཙོ་བོ་དང་ས་དང་པོ་པ་ཡན་ལ་སྣང་བ་ཕལ་པ་སྟེ་གཙོ་ཕལ་གྱི་རྣམ་གཞག་བྱས་ཤིང་། བདེན་གཉིས་ནས་ཞིང་ཁམས་ཡོངས་སུ་དག་པ་ས་བརྒྱད་པ་ན་ཡོད་པས་དེ་ཡན་ལ་སྣང་བ་དང་། **སྐུ་གསུམ་ལ་འཇུག་པའི་མདོ་འགྲེལ་ལས།** མཐོང་ལམ་གྱི་སྟེ་ཡོགས་ཆོས་མཆོག་ནས་སྣང་བར་ཡང་བཤད་མོད་ཀྱི་གཙོ་བོར་ས་ཐོབ་པ་ལ་སྣང་བ་ཉིད་བཟུང་ངོ་། **།ཐར་རྒྱན་ལས་ནི།** འཁོར་ཞིང་སྐུ་མཚན་མཛད་པ་ཆོས། །ལྷུན་གྱིས་གྲུབ་དང་རང་བཞིན་མེད། །དེ་ལྟར་མཚན་ཉིད་བརྒྱད་ལྡན་དུ། །བཞེད་དོ། །

དེ་ལ་སྤྲུལ་སྐུ་ཙམ་གྱི་མཚན་ཉིད་ནི། ལོངས་སྐུའི་དངོས་ཀྱི་གདུལ་བྱར་མ་གྱུར་པའི་འགྲོ་བ་རྣམས་སྲིད་པ་ཇི་སྲིད་པར་གང་ལ་གང་འདུལ་གྱིས་འདུལ་བའི་སྐུ་ནི་སྤྲུལ་པའི་སྐུ་སྟེ། **ཡུམ་རྒྱན་ལས།** གང་གིས་སྲིད་པ་ཇི་སྲིད་པར། །འགྲོ་ལ་ཕན་པ་སྣ་ཚོགས་དག །མཉམ་དུ་མཛད་པའི་སྐུ་དེ་ནི། །ཐུབ་པའི་སྤྲུལ་སྐུ་རྒྱུན་མི་འཆད། ཅེས་དང་། **རྒྱན་ལས།** སངས་རྒྱས་སྤྲུལ་པ་དཔག་མེད་པ། །སྤྲུལ་པའི་སྐུར་ནི་འདོད་པ་སྟེ། །ཞེས་སོ། །དབྱེ་ན་**རྒྱན་ལས།** བཟོ་དང་སྐྱེ་དང་བྱང་ཆུབ་ཆེ། །མྱ་ངན་འདས་པ་རྟག་སྟོན་པས། །སངས་རྒྱས་སྤྲུལ་པའི་སྐུ་འདི་ལ། །རྣམ་པར་གྲོལ་བའི་ཐབས་(༣༥༩ན)ཆེན་པོ། །ཞེས་པ་ལྟར་གསུམ་ལས། བྱང་ཆུབ་ཆེན་པོ་

སྟོན་པ་མཆོག་གི་སྤྲུལ་པའི་སྐུའི་མཚན་ཉིད་ནི། གདུལ་བྱ་སྨིན་པ་ལ་སྤྲུལ་སྐུར་མཚང་རྒྱ་བའི་མཛད་པ་སྟོན་ཞིང་བསླབ་པ་བཅའ་བ་དང་། ཆོས་འཁོར་བསྐོར་བས་བསྟན་པའི་བདག་པོའི་ཕྲིན་ལས་མཛད་པ་སྟེ། ཐུགས་རྗེ་ཆེན་པོས་འཇིག་རྟེན་མཁྱེན། །འཇིག་རྟེན་ཀུན་ལ་གཟིགས་ནས་ནི། །ཆོས་ཀྱི་སྐུ་ལས་མ་གཡོས་པར། །སྤྲུལ་པའི་རང་བཞིན་སྣ་ཚོགས་ཀྱིས། །སྐྱེ་བ་མངོན་པར་སྐྱེ་བ་དང་། །དགའ་ལྡན་གནས་ནས་འཕོ་བ་དང་། །ལྷུམས་སུ་འཇུག་དང་བལྟམས་པ་དང་། །གཟོ་ཡི་གནས་ལ་སྦྱོང་བ་དང་། །བཙུན་མོའི་འཁོར་དགྱེས་རོལ་བ་དང་། །ངེས་འབྱུང་དཀའ་བ་སྤྱོད་པ་དང། །བྱང་ཆུབ་སྙིང་པོར་གཤེགས་པ་དང་། །བདུད་སྡེ་འཇོམས་དང་རྫོགས་པར་ནི། །བྱང་ཆུབ་ཆོས་ཀྱི་འཁོར་ལོ་དང་། །མྱ་ངན་འདའ་བར་གཤེགས་མཛད་རྣམས། །ཡོངས་སུ་མ་དག་ཞིང་རྣམས་སུ། །སྲིད་པ་ཇི་སྲིད་གནས་པར་སྟོན། །ཞེས་སོ། །འདུལ་བ་ལ་བསླབ་པའི་གཞི་བཅའ་བ་ནི་སྟོན་པ་ལས་གཞན་གྱིས་ཀྱང་མི་ནུས་པས་ཐེག་པ་རྣམས་ཀྱི་འདུལ་བ་དང་སྦྱར་ཏེ་མཚན་ཉིད་དུ་སྨོས་སོ། །འདི་རྣམས་ཀྱང་གཙོ་ཆེ་བའི་དབང་དུ་བྱས་ཀྱི་མཆོག་གི་སྤྲུལ་སྐུ་མ་ལུས་པ་ནི་འདི་ལྟར་མི་ལྟ་སྟེ། དག་པའི་ཞིང་ཁ་ཅིག་ན་བྱང་ཆུབ་སེམས་དཔའ་པདྨ་ལས་བརྫུས་ཏེ་སྐྱེ་ཞིང་དེ་མ་ཐག་ཏུ་བྱང་ཆུབ་ཀྱི་ཤིང་དྲུང་དུ་འཚང་རྒྱ་བས་བཟོ་དང་རོལ་རྩེད་སོགས་མི་སྟོན་པ་དང་། བྱང་ཆུབ་སེམས་དཔའ་བྱམས་པ་དཀའ་བ་སྤྱོད་པ་དང་བདུད་འདུལ་བ་མེད་པར་འཚང་རྒྱ་བ་དང་། སངས་རྒྱས་ཁ་ཅིག་འོད་དང་བྱིན་རླབས་ཙམ་གྱིས་འདུལ་བས་ངག་ཚིག་གིས་ཆོས་མི་སྟོན་པ་ཡོད་ཅིང་དག་པའི་ཞིང་རྣམས་ན་ནི་བསླབ་པ་བཅའ་(༣༥༧བ)བའང་མེད་མོད་ཀྱི་འོན་ཀྱང་སྤང་བླང་སོགས་འོད་དང་བྱིན་རླབས་ལས་རིག་པར་འགྱུར་བས་བསླབ་པ་བཅའ་བ་དང་ཆོས་འཁོར་བསྐོར་བའི་དོན་དང་དགོས་པ་ནི་གྲུབ་པར་འགྱུར་རོ། །དེས་ན། ཡོངས་སུ་དག་པ་དང་། ཡོངས་སུ་མ་དག་ཞིང་རྣམས་སུ། །ཞེས་པའང་ཡོངས་

སྐུའི་ཞིང་ལ་བལྟོས་ན་སྤྲུལ་སྐུའི་ཞིང་ནི་རགས་པ་ཐོགས་བཅས་སུ་སྣང་ཞིང་སྐྱེ་འཇིག་བྱེད་པ་སོགས་ཀྱིས་མ་དག་པ་ཡིན་པར་དགོངས་པ་སྟེ། སྤྱིར་སྤྲུལ་སྐུའི་ཞིང་ཉིད་ལ་ནི་ཡོངས་སུ་མ་དག་པ་དང་ཡོངས་སུ་དག་ལ་ཀུན་ནས་ཉོན་མོངས་པ་དང་ཀུན་ནས་ཉོན་མོངས་ལ་ཡོངས་སུ་དག་པ་དང་སྣ་ཚོགས་ཞི་དང་སྤྱིའུ་ཚུགས་ཀྱི་ཞིང་སོགས་དུ་མར་གསུངས་སོ། །

དེ་ལ་བཟོ་སྤྲུལ་པའི་སྐུ་ནི་ལྷའི་བུ་ལས་ཐམས་ཅད་པ་སོགས་དང་།

སྐྱེ་བ་སྤྲུལ་པའི་སྐུ་ནི་གང་ལ་གང་གིས་འདུལ་བ་ངན་སོང་གི་རྣམ་པའི་བར་དང་དེ་བཞིན་དུ་གཟིངས་དང་ཟམ་པ་སོགས་བེམ་པོའི་རྣམ་པ་སོགས་ཚད་མེད་པར་སྣང་བས་འགྲོ་བའི་དོན་བྱེད་པ་ཡིན་ཏེ། **ཕལ་ཆེན་ལས།** ས་དང་ཆུ་དང་མེ་དང་རླུང་གིས་ཀྱང་སངས་རྒྱས་བཅོམ་ལྡན་འདས་རྣམས་སེམས་ཅན་ལ་ཕྲིན་ལས་སྒྲུབ་བོ་ཞེས་དང་། སངས་རྒྱས་བཅོམ་ལྡན་འདས་ཀྱི་སྤྱན་གྱི་སྐྱེ་མཆེད་ཀྱིས་སངས་རྒྱས་ཀྱི་ཕྲིན་ལས་གང་སྒྲུབ་པ་དེ་སྙན་གྱི་སྐྱེ་མཆེད་ཀྱིས་ཀྱང་སྒྲུབ་པར་མཛད་དོ། །དེ་བཞིན་དུ་ཤངས་ལྗགས་སྐུ་ཐུགས་རྣམས་ལ་སྦྱར་ནས་ཐུགས་ཀྱི་སྐྱེ་མཆེད་ཀྱིས་ཕྲིན་ལས་གང་སྒྲུབ་པ་དེ་འཇིག་རྟེན་གྱི་ཁམས་མ་ལུས་པ་ཐམས་ཅད་ཀྱི་དམིགས་པ་དང་འཇིག་རྟེན་དང་འཇིག་རྟེན་ལས་འདས་པ་སྣ་ཚོགས་རྣམ་པར་ཕྱེ་བ་ཐམས་ཅད་ཀྱིས་སྒྲུབ་པར་མཛད་དོ། །ཞེས་སོ། །སྐྱེ་བ་སྤྲུལ་པའི་སྐུ་ཞེས་པའང་གཞན་ངོར་སྐྱེ་བ་ལ་སོགས་པར་སྣང་བས་དེར་བརྗོད་པ་སྟེ། སངས་རྒྱས་ཉིད་དེར་སྐྱེ་བ་ནི་མ་ཡིན་ཏེ་ཡང་སྲིད་པ་སྤངས་པའི་ཕྱིར་རོ། །(༣༥༨ན)

མཆོག་གི་སྤྲུལ་སྐུའི་དབང་དུ་མཛད་ནས། **བྱང་ས་ལས།** རྣམ་པ་བཅུས་དེ་བཞིན་གཤེགས་པ་དེ་དག་གི་ཡོན་ཏན་བརྗོད་པ་དང་རྗེས་སུ་དྲན་པ་ཡིན་ཏེ། བཅུ་པོ་གང་ཞེ་ན། འདི་ལྟར་བཅོམ་ལྡན་འདས་དེ་ནི། དེ་བཞིན་གཤེགས་པ། དགྲ་བཅོམ་པ། ཡང་དག་པར་རྫོགས་པའི་སངས་རྒྱས། རིག་པ་དང་། ཞབས་སུ་

ལྡན་པ། བདེ་བར་གཤེགས་པ། འཇིག་རྟེན་མཁྱེན་པ། སྐྱེས་བུ་འདུལ་བའི་ཁ་ལོ་བསྒྱུར་བ་བླ་ན་མེད་པ། ལྷ་དང་མི་རྣམས་ཀྱི་སྟོན་པ། སངས་རྒྱས། བཅོམ་ལྡན་འདས་ཞེས་བྱ་སྟེ།

དེ་ལ་ཕྱིན་ཅི་མ་ལོག་པ་གསུང་བས་ན་དེ་བཞིན་གཤེགས་པའོ། །ཞེས་སོགས་གསུངས་ཏེ། མཆོད་པར་འོས་པས་ན་དགྲ་བཅོམ་པ། ཇི་ལྟ་བ་བཞིན་ཐུགས་སུ་ཆུད་པས་ཡང་དག་པར་རྫོགས་པའི་སངས་རྒྱས། རིག་པ་གསུམ་དང་ཞབས་ནི་ལྷག་གཉིས་དང་གཉི་གའི་ཕྱོགས་དང་ལྡན་པས་རིག་པ་དང་ཞབས་སུ་ལྡན་པ། མཆོག་ཏུ་ཁྱད་ཞུགས་པ་དང་མི་ལྡོག་པར་གཤེགས་པས་བདེ་བར་གཤེགས་པ། སེམས་ཅན་དང་འཇིག་རྟེན་གྱི་ཁམས་ཀྱི་ཀུན་ཉོན་དང་རྣམ་བྱང་གི་རྣམ་པ་ཐམས་ཅད་མཁྱེན་པས་འཇིག་རྟེན་མཁྱེན་པ། སེམས་འདུལ་བའི་ཐབས་དམ་པ་མཁྱེན་ཞིང་འཇིག་རྟེན་ན་སྐྱེས་བུ་གཅིག་པུར་གྱུར་པས་སྐྱེས་བུ་འདུལ་བའི་ཁ་ལོ་བསྒྱུར་བ་བླ་ན་མེད་པ། མིག་དང་ཡེ་ཤེས་དང་དོན་དང་ཆོས་སུ་གྱུར་པའི་ཕྱིར་དོན་གསལ་བ་གཏན་ལ་འབེབས་པ་དང་དོན་ཐམས་ཅད་སྟོན་ཞིང་མི་རྟོགས་པ་རྟོགས་པར་མཛད་པ་དང་ཐེ་ཚོམ་གཅོད་ཅིང་ཟབ་མོའི་གནས་རྣམ་པར་འགྲེལ་ལ་ཡོངས་སུ་བྱང་བར་མཛད་པ་དང་ཆོས་ཐམས་ཅད་ཀྱི་རྩ་བ་ཡིན་པ་དང་དེས་འདྲེན་ཞིང་ལྷ་མི་ཐམས་ཅད་ལ་སྡུག་བསྔལ་ལས་འབྱུང་ཐབས་སྟོན་པས་ན་ལྷ་དང་མི་ཐམས་ཅད་ཀྱི་སྟོན་པ། དོན་དང་ལྡན་པ་དང་མི་ལྡན་པ་དང་གཉི་ག་མ་ཡིན་(༣༥༤བ)པའི་ཆོས་ཀྱི་ཚོགས་རྣམ་པ་ཐམས་ཅད་དུ་མངོན་པར་རྫོགས་པར་ཐུགས་སུ་ཆུད་པས་ན་སངས་རྒྱས། བདུད་དཔུང་བཅས་ཐམས་ཅད་ཀྱི་གཡུལ་ཆེན་པོ་བཅོམ་པའི་ཕྱིར་བཅོམ་ལྡན་འདས་ཞེས་བྱ་བར་བཤད་དོ། །

དེ་ལ་སྐུ་རྣམས་ཀྱི་འབྱུང་བ་ནི། ཆོས་ཀྱི་སྐུ་ནི། འབྱུང་བ་དང་མི་འབྱུང་བའི་སྤྲོས་པ་ཉེ་བར་ཞི་བ་ཡིན་ལ། ལོངས་སྤྱོད་རྫོགས་པའི་སྐུ་ནི། ནམ་མཁའ་ཇི་སྲིད་པ

ཐམས་ཅད་དུ་རྟག་པར་སྣང་བ་ཞེས་བྱ་སྟེ། འོན་ཀྱང་སྣང་བ་པོའི་སེམས་དཔའ་དེ་
སངས་རྒྱས་པ་ཕྱིན་ཆོས་སྐུ་ཇི་ལྟ་བ་ཉིད་ལས་དེའི་ངོར་གཟུགས་སྐུར་མི་སྣང་མོད་
ཀྱང་ཆོས་སྐུ་དེ་ཉིད་ལ་བྱང་སེམས་གཞན་གྱིས་ལོངས་སྐུར་སྣང་བ་རྒྱུན་མི་འཆད་
པའི་ཕྱིར་དེ་སྐད་དུ་བརྗོད་དོ། །

མཆོག་གི་སྤྲུལ་སྐུ་ནི། མུན་པའི་བསྐལ་པ་ཐམས་ཅད་ལ་མི་འབྱུང་ཞིང་མུན་
བསྐལ་མང་པོ་སོང་བའི་མཚམས་ཀྱི་སྒྲོན་མེའི་བསྐལ་པ་རྣམས་ལ་འབྱུང་སྟེ།
བསྐལ་པ་གཅིག་ལ་སངས་རྒྱས་གཅིག་པོ་ན་འབྱུང་བ་དེའི་སྐུ་ཚེ་དང་བསྟན་
པས་བསྐལ་པ་དེ་འཁྱོངས་པ་ནས་བསྐལ་པ་གཅིག་ལ་སངས་རྒྱས་གངྒཱ་ཀླུང་གི་བྱེ་
མ་སྙེད་མང་པོ་འབྱུང་བའི་བར་ཡང་ཡོད་ལ། རྐྱེན་གྱི་གཙོ་བོ་ཡིན་ལ་བློ་གསལ་
བའི་ཕྱིར་མི་རྣམས་ཀྱི་ནང་དང་སྐྱེས་པའི་རྐྱེན་གྱིས་འཚང་རྒྱ་བར་མཛད་ཀྱི་འགྲོ་
བ་གཞན་དང་བུད་མེད་ཀྱི་རྐྱེན་གྱིས་ཀྱང་མ་ཡིན་ནོ། །བྱང་ཆུབ་སེམས་དཔའ་
མང་དུ་སངས་རྒྱས་པ་རྣམས་སངས་རྒྱས་པའི་ཚེ་གཅིག་གམ་ཐ་དད་ཅེ་ན། གང་
ཡང་མིན་ཏེ། **རྒྱན་ལས།** ཆོས་ཀྱི་དབྱིངས་ན་སངས་རྒྱས་རྣམས། །གཅིག་མིན་མང་
པོ་ཡང་མ་ཡིན། །སྔོན་གྱི་ལུས་རྗེས་འབྲང་ཕྱིར་དང་། །མཁའ་ལྟར་ལུས་ནི་མེད་
ཕྱིར་རོ། །ཞེས་དང་། རིགས་ཐ་དད་ཕྱིར་དོན་ཡོད་ཕྱིར། །རྫོགས་ཕྱིར་ཐོག་མ་
མེད་པའི་ཕྱིར། །སངས་རྒྱས་གཅིག་མིན་དྲི་མེད་གནས། །ཐ་དད་མེད་ཕྱིར་མང་
པོའང་མིན། །(༣༥༥་ན)ཞེས་སོ། །ཞིང་གཅིག་ཏུ་སངས་རྒྱས་གཅིག་པོ་ན་འབྱུང་སྟེ་
བདག་འཛིན་རྐྱེན་འདྲེན་པ་མེད་པའི་ནང་དུ་བདག་འཛིན་རྐྱེན་གྱི་འདྲེན་པར་
གྱུར་ཅིག་ཅེས་སྨོན་ལམ་བཏབ་པ་གྲུབ་པའི་ཕྱིར་དང་། སངས་རྒྱས་གཅིག་གིས་
སྟོང་གསུམ་གྱི་ཞིང་དུ་སངས་རྒྱས་ཀྱི་ཕྲིན་ལས་ཐམས་ཅད་མཛད་པར་སྤྱོད་པས་
གཉིས་པ་འབྱུང་བ་དོན་མེད་པ་དང་། སངས་རྒྱས་གཅིག་པུ་ཉིད་མཐོང་ན་དཀོན་
པའི་འདུ་ཤེས་ཀྱིས་ཆོས་མཉན་པར་འདུན་པ་སྐྱེ་ལ་མང་པོ་མཐོང་ན་དེ་ཙམ་དུ་

བཟློག་པར་མི་འགྱུར་བའི་ཕྱིར་དང་། ཟླ་མེད་པའི་ཚོགས་གཉིས་བསགས་པའི་ཕྱིར་རོ། །ཕྱོགས་བཅུའི་ཞིང་མཐའ་ཡས་པ་རྣམས་སུ་ནི་དུས་མཉམ་པར་དགའ་ལྡན་ནས་འཕོ་བ་ནས་མྱ་ངན་ལས་འདའ་བ་བསྟན་པ་གནས་པ་སོགས་དུས་མཚུངས་ཤིང་མཚན་གཅིག་པ་ཁོ་ནའང་གཞལ་དུ་མེད་པ་འབྱུང་སྟེ། སྔོན་བྱང་ཆུབ་སེམས་དཔའ་དཔག་ཏུ་མེད་པ་རྣམས་དུས་མཉམ་པར་ཅིག་ཆར་སེམས་བསྐྱེད་ཅིང་སྨོན་ལམ་མཚུངས་པ་རྣམས་ཞིང་ཐ་དད་པར་དུས་གཅིག་ཏུ་འབྱུང་བའི་ཕྱིར་རོ། །

དེ་བཞིན་དུ་དུས་མི་མཚུངས་པར་སྟོན་པ་ནི་དེ་བས་ཀྱང་ཆེས་གཞལ་དུ་མེད་ལ་སངས་རྒྱས་ཐམས་ཅད་ནི་གནས་བཞིས་ཐ་དད་དེ། ཁ་ཅིག་ནི་སྐུ་ཚེ་ཉིན་གཅིག་པ་སོགས་ཀྱང་སྟོན་ལ། ཁ་ཅིག་ནི་སྐུ་ཚེ་བསྐལ་པ་གྲངས་མེད་ཀྱི་བྱེ་སྙེད་ལས་ཀྱང་ཆེས་ལྷག་པར་བཞུགས་སོ། །དེ་བཞིན་དུ་སངས་རྒྱས་འོད་སྲུང་དང་། སངས་རྒྱས་ཤཱཀྱ་ཐུབ་པ་ཞེས་བྱ་བ་ལ་སོགས་པ་མཚན་ཐ་དད་དོ། །ཁ་ཅིག་ནི་རྒྱལ་རིགས་དང་། ཁ་ཅིག་ནི་བྲམ་ཟེའི་རིགས་སུ་འབྱུང་ཞིང་རིགས་དེ་གཉིས་ལས་གཞན་ལ་ནི་མི་འབྱུང་སྟེ་རྗེ་རིགས་སོགས་འཇིག་རྟེན་ན་བཀུར་བའི་རིགས་མ་ཡིན་ལ། རིགས་གཉིས་པོ་དེ་ལས་རེས་བྲམ་ཟེའི་རིགས་མཆོག་ཏུ་འཛིན་རེས་རྒྱལ་རིགས་མཆོག་ཏུ་འཛིན་པས་གང་མཆོག་ཏུ་བཀུར་བའི་ཚེ་(༢༥༥ བ)རིགས་དེ་ཉིད་འཛིན་པ་སྟེ་ས་བཅུ་པ་དེས། རིགས་དང་རུས་དང་ཚེ་འཕྲང་དང་། །འཁོར་དང་སྐྱེ་བ་དག་དང་ནི། །ངེས་འབྱུང་བྱང་ཆུབ་ཤིང་རྣམས་ཀྱི། །ཡོན་ཏན་ཕུན་སུམ་ཚོགས་པ་ཡིན། །ཞེས་པའི་ཡོངས་སྦྱོང་བསྒྲུབས་པའི་ཕྱིར་དང་། འཇིག་རྟེན་གྱི་བརྙས་པ་སྤང་བའི་ཕྱིར་རིགས་རུས་ལ་སོགས་པའི་མཆོག་འཛིན་པའོ། །རྒྱལ་རིགས་ལ་ཡང་། ཉི་མའི་རིགས་དང་། ཟླ་བའི་རིགས་སོགས་ཐ་དད་དང་། བྲམ་ཟེ་ལ་འོད་སྲུང་དང་། བ་ར་དྭ་ཛ་དང་། ཀ་ཏྱ་ན་སོགས་ཏེ་གདུང་ཐ་དད་དོ། །ཁ་ཅིག་ནི་སྐུ་བོངས་ཐེ་བོང་གི་ཚད་ལ་སོགས་པར་སྟོན་ལ། ཁ་ཅིག་ནི་རི་རབ་གྲངས་མེད་ཀྱི་བྱེ་

མ་ལས་ལྷག་པའི་སྐུར་ཡང་སྟོན་པས་སྐུ་བོངས་ཐ་དད་དོ། །དེ་བཞི་ལས་གཞན་པ་ཐམས་ཅད་ཀྱིས་མཆོག་གི་སྤྲུལ་སྐུ་ཐམས་ཅད་མཚུངས་ཤིང་མཉམ་སྟེ་ཁྱད་པར་ཅུང་ཟད་ཀྱང་མེད་དོ། །དེས་ན་སྒྲ་པ་སཱཀྱ་ཤྲིས། པགས་པ་གསེར་མདོག་པགས་པ་སྲབ་པ་དང་། །ཞེས་པ་འགྱུར་ཉེས་ཏེ། པགས་པ་མདོག་བཟང་ཞེས་བསྒྱུར་དགོས་ཏེ། སྐུ་མདོག་སྣ་ཚོགས་པ་ཡོད་པའི་ཕྱིར་ཞེས་དང་། ཇོ་བོ་རྗེས་སངས་རྒྱས་ཐམས་ཅད་ཀྱི་རང་མདོག་ཛམྦུའི་གསེར་མདོག་ཏུ་འདུག་གསུངས་ནས་རིགས་ལྔ་སེར་འཇམ་མཛད་པ་འགོག་པའི་ཕྱིར་དུ་གཞན་དག་གིས། སངས་རྒྱས་གསེར་མདོག་ཅེས་བྱ་བ། །སངས་རྒྱས་ཕལ་ལ་དགོངས་པ་ཡིན། །གཞན་དུ་སྔོན་པོ་ནམ་མཁའི་མདོག །སྔོན་པོ་ཉིད་དུ་མདོ་ལས་བཤད། །ཅེས་འཆད་པའང་སླེང་པོར་མི་ཆེ་སྟེ། སྤྱིར་གསེར་ལ་སེར་པོས་མ་ཁྱབ་སྟེ་གསེར་དམར་པོ་དང་སྔོན་པོ་སོགས་བཤད་ཅིང་གསེར་དམར་པོ་དངོས་སུ་མཐོང་བའི་ཕྱིར། འདིས་ནི་ནོར་ཉམས་ཙམ་ཡང་ཆུང་བར་བསྟན་ཏོ། །ནམ་མཁའི་མདོག་སྔོན་པོར་འདོད་པ་ནི་འཇིག་རྟེན་མི་ནག་པའི་གཏམ་དུ་ཟད་དེ། གཞུང་ལུགས་(༣༥༠ན)པས་ནམ་མཁའ་དངོས་མེད་དུ་འདོད་ལ་ཁ་དོག་ནི་བེམ་པོའི་བྱེ་བྲག་ཁ་དོག་གི་གཟུགས་ཡིན་པས་དངོས་མེད་བེམ་པོར་འདོད་པ་ནི་གྲུབ་མཐའ་སྨྲ་བ་བཞིའི་ནང་ན་མེད་དོ། །ལྷོ་གླིང་གི་ནམ་མཁའ་སྔོན་པོ་སོགས་བཤད་དོ་སྙམ་ན། དེ་ནི་རི་རབ་ཀྱི་ལྷོ་བཻཌཱུཪྻའི་རང་བཞིན་དྭངས་པ་ལ་རྒྱ་མཚོའི་མདངས་ཕོག་པས་སྔོན་པོར་སྣང་བའི་འོད་ཀྱིས་བར་སྣང་གང་བའི་མདོག་ཏུ་བཤད་པ་ཡིན་གྱི་ནམ་མཁའ་ཉིད་སྔོན་པོར་གནས་པར་འཆད་པ་མ་ཡིན་ནོ། །དེ་ལྟ་མོད་ཀྱི་བཻཌཱུཪྻ་སྔོན་པོའི་སྐྱམ་པའང་རིན་པོ་ཆེའི་བརྟག་པ་ལ་མི་མཁས་པར་ཟད་དེ་བཻཌཱུཪྻ་དཀར་པོ་སོགས་དུ་མ་བཤད་པའི་ཕྱིར་དང་། སྤྱིར་བཻཌཱུཪྻ་ནི་ནམ་མཁའི་མིང་གི་རྣམ་གྲངས་ཡིན་པས་བཻཌཱུཪྻ་མཆོག་རྣམས་ནི་ཁ་དོག་གང་ཡང་མ་ཡིན་པ་ཁ་དོག་མེད་པའི་ཁ་དོག་ཅན་ཞེས་བཤད་པ་ཆུ་དྭངས་པའི་ཁ་

དོག་ལྟ་བུ་ཡིན་ལ་ཅུང་ཟད་སྙིགས་མ་རྣམས་ལ་ནི་ཁ་དོག་ཐ་དད་པ་དུ་མར་སྣང་བ་ཡོད་དོ། །སྨན་བླ་སྔོན་པོར་བཤད་པའི་མདོ་བོད་ན་མི་སྣང་སྟེ་སྨན་མདོ་གཉིས་ལས་ནི་བཻཌཱུརྻ་འོད་ཀྱི་རྒྱལ་པོ་ཞེས་པ་ནི་མཚན་དུ་བཤད་ཀྱི་སྐུ་མདོག་འཆད་བྱེད་མ་ཡིན་ལ་དེ་ལས་གཞན་ཡང་མི་སྣང་བའི་ཕྱིར། ངན་སོང་སྦྱོང་རྒྱུད་ཀྱི་རས་རིས་ལ་སྨན་གྱི་བླ་སྔོན་པོ་གཡས་མཆོག་སྦྱིན་གྱིས་ཨ་རུ་ར་འཛིན་པ་བྲི་བར་བྱའོ། །ཞེས་གསུངས་པ་ནི་མདོ་སྔགས་ཕྱི་བའི་སྔགས་ཡིན་གྱི་མདོ་མ་ཡིན་ནོ། །དེས་ན་སངས་རྒྱས་ཁ་དོག་ལྔ་དང་ས་གཞོན་ལ་སོགས་པ་ལྔའི་ཕྱག་གི་སྐབས་སུ་བསྡུས་པ་ནི་གསང་སྔགས་ནས་སངས་རྒྱས་རྣམས་རིགས་ལྔར་བསྡུས་པའི་རིགས་སོ་སོའི་སྐུ་མདོག་དང་ཕྱག་རྒྱ་ཐ་དད་དུ་སྦྱར་བ་ཡིན་གྱི་མདོའི་ལུགས་མ་ཡིན་ཏེ། མདོ་ལས་རིགས་ལྔའི་རྣམ་གཞག་གསུངས་པ་མ་མཐོང་བའི་ཕྱིར། སྔགས་ནས་གསུངས་པའི་སྤྲུལ་སྐུ་མདོའི་སངས་རྒྱས་ལ་སྦྱོར་(༤༨༠བ)ན་ནི་སྐུ་མདོག་ནག་པོ་ཞལ་བརྒྱད་ཕྱག་བཅུ་དྲུག་པ་སོགས་ཀྱང་འཆད་དགོས་པར་འགྱུར་རོ། །

དེས་ན་མདོའི་ལུགས་ཀྱིས་མཆོག་གི་སྤྲུལ་སྐུ་རྣམས་ཛམྦུ་ཆུ་བོའི་གསེར་གྱི་ཁ་དོག་ལྟར་དཀར་སེར་དམར་གསུམ་གའི་མདངས་དང་ལྡན་པར་མཚུངས་པ་ཡིན་ཏེ། **བྱང་ས་ལས།** དེ་ལ་སངས་རྒྱས་ཐམས་ཅད་ནི་གནས་བཞི་པོ་སྐུ་ཚེ་དང་མཚན་དང་གདུང་དང་སྐུ་མ་གཏོགས་པ་ཐམས་ཅད་མཚུངས་མཉམ་སྟེ་ཁྱད་པར་མེད་དོ། །ཞེས་གསུངས་ལ། གལ་ཏེ་སྐུ་མདོག་ཐ་དད་ཡོད་ན་ཐ་དད་རྣམ་པ་ལྔ་འཆད་རིགས་པ་ལས་མ་བཤད་པའི་ཕྱིར་རོ། **།མཛོད་ལས་ཀྱང་།** སངས་རྒྱས་ཐམས་ཅད་ཚོགས་དང་ནི། །ཆོས་སྐུ་འགྲོ་བའི་དོན་སྤྱོད་པས། །མཉམ་པ་ཉིད་དེ་སྐུ་ཚེ་དང་། །རིགས་དང་སྐུ་བོངས་ཚོད་ཀྱིས་མིན། །ཞེས་དང་། **དེའི་འགྲེལ་པར།** སྐུ་ཚེ་དང་རིགས་དང་གདུང་དང་སྐུ་བོངས་ཚོད་དུ་བཅས་པ་ལ་ནི་བྱེ་བྲག་ཡོད་དེ་ཞེས་བཤད་ཀྱི་ཁ་དོག་ཐ་དད་པར་མ་བཤད་ལ། སྐུ་ཞེས་པའང་སྐུ་ཚད་ཡིན་གྱི་

ངེས་ཁ་དོག་ཐོན་པ་མ་ཡིན་ནོ། །མཆོག་གི་སྤྲུལ་སྐུས་སྤྲུལ་པའི་སངས་རྒྱས་ལ་ནི་ཁ་དོག་ཐ་དད་སྣ་ཚོགས་ཀྱང་བཤད་ཅིང་གདུལ་བྱའི་དབང་གིས་དང་བྱིན་གྱིས་བརླབས་པའི་དབང་གིས་རྣམ་པ་གཞན་དུ་སྣང་བ་ནི་ཡོད་དོ། །

དེ་ཡང་འཇིག་རྟེན་ཐམས་ཅད་ལས་ཁྱད་པར་དུ་འཕགས་པའི་ཕྱིར་སྐུའི་ཁྱད་པར། སྟོབས་ཀྱི་ཁྱད་པར། འོད་ཀྱི་ཁྱད་པར། ཆོ་འཕྲུལ་གྱི་ཁྱད་པར། གསུང་གི་ཁྱད་པར། མ་འདྲེས་པའི་ཆོས་ཀྱི་ཁྱད་པར་ཏེ་རྣམ་པ་དྲུ་མ་དང་ལྡན་ནོ། །

དེ་ལ་སྐུ་ནི། མཚན་སོ་གཉིས་དང་། དཔེ་བྱད་བརྒྱད་ཅུ་དང་། རི་མོའི་རྗེས་བརྒྱད་ཅུར་ལྡན་པ་གསེར་བཙོ་མ་སྦྱངས་པ་ལྟ་བུ་ལྟ་བས་ཆོག་མི་ཤེས་པ་མཐོང་ན་མི་མཐུན་པ་མེད་པའོ། །དེ་ལ་མཚན་སོ་གཉིས་ནི། **ཡུམ་རྒྱན་ལས།** (༢༦༧ན)ཕྱག་ཞབས་འཁོར་ལོའི་མཚན་དང་རུས་སྦལ་ཞབས། །ཞེས་སོགས་ཚིགས་བཅད་ལྔ་དང་། **རྒྱུད་བླར།** ལེགས་གནས་འཁོར་ལོས་མཚན་པ་དང་། །སོགས་ཚིགས་བཅད་དགུས་གསུངས་ཏེ། ཕྱག་ཞབས་ཀྱི་མཐིལ་ཡོན་ཏན་ཡོངས་སུ་རྫུད་པའི་འཁོར་ལོ་རྩིབས་སྟོང་སོགས་བཀྲ་བ་ༀ་ཁྱུད་ཅན་གྱིས་སྤྲས་པ་སྟེ་འཁོར་ལོས་བསྒྱུར་རྒྱལ་ལ་ནི་མུ་ཁྱུད་མེད་པ་མཚོན་ཆའི་འཁོར་ལོ་འབྱུང་བ་ལས་ཁྱད་པར་དུ་བྱེད་དོ། །༡ ཞབས་མཐིལ་མེ་ལོང་ལྟར་མཉམ་པར་ས་ལ་འབབ་པ་དང་།༢ སོར་མོ་རྣམས་དྲ་བས་འབྲེལ་བས་སྣོད་ཆེན་པོ་ལྟར་གནས་པ་དང་།༣ ཕྱག་ཞབས་པདྨའི་ལོ་མ་ལྟར་འཇམ་ཞིང་གཞོན་པ་དང་།༤ ཕྱག་ཞབས་ཀྱི་མཐེབ་ཆེན་གྱི་རྩ་བའི་སྐྱིང་བཞི། སྒྲིག་རུས་ཀྱི་སྐྱིང་གཉིས། ལྟག་པའི་སྐྱིང་སྟེ་བདུན་པོ་མི་མངོན་པར་ཤས་གང་བས་བདུན་མཐོ་བ་དང་།༥ སོར་མོ་རིང་བ་དང་།༦ རྟིང་པ་ཡངས་པས་ཞབས་སྟོད་སྨད་ཞིང་མཉམ་པ་དང་།༧ སྐུ་ཆེ་བས་འཁོར་གཞན་ལས་བཞི་འགྱུར་གྱིས་འཕགས་ཤིང་དྲང་ལ་བརྟན་པ་དང་།༨ ཞབས་ཀྱི་ལོང་བུ་དང་པུས་མོའི་ལྷ་ང་དང་ཕྱག་ངར་གྱི་རུས་འབུར་རྣམས་མི་མངོན་པར་མཉམ་པ་དང་།༩ བ་སྤུའི་ཁུང་བུ་ཐམས་ཅད་

རིན་པོ་ཆེ་འབར་བ་ལྟ་བུའི་བུ་ག་གྱེན་དུ་ཕྱོགས་པ་སྟེ་བཅུ་ཚན་གཅིག་གོ །༧༠

ཕྱིན་པ་རི་དྭགས་ཨེ་ཎའི་ལྟ་བུར་ཟླུམ་ཞིང་ཕྱིན་གྱིས་གཞོལ་བ་དང་།༧༡ ཕྱག་དེ་དང་འདྲ་བར་རིང་ཞིང་མཛེས་པ་མ་བཏུད་པར་པུས་མོར་སླེབས་པ་དང་།༧༢ འདོམས་ཀྱི་ལྦ་བ་སྦུབས་སུ་ནུབ་སྟེ་མི་སྣང་བ་དང་།༧༣ པགས་པ་ཇམྦུ་ཆུ་བོའི་གསེར་བཙོ་མའི་ཁ་དོག་ཏུ་འབར་བ་དྲི་མས་གོས་མི་སྲིད་པ་དང་།༧༤ པགས་པ་སྲབ་ཅིང་གཞོན་པ་དཔེ་མེད་པར་འཇམ་ལ་གཉེར་མ་དང་ལྷོད་འཁྱུམས་མེད་པ་དང་།༧༥ བ་སྤུ་རྣམས་བཻཌཱུཪྻ་སྔོན་པོའི་མདོག་ཅན་ཕྲ་ཞིང་འོད་འཚེར་བ་རེ་རེ་(༣༤༧བ)ཞིང་གཡས་སུ་འཁྱིལ་བ་དང་།༧༦ སྨིན་མཚམས་སུ་མཛོད་སྤུ་དཔེ་མེད་པར་དཀར་ཞིང་འོད་འཚེར་ལ་ཕྲ་ཞིང་འཇམ་པའི་སྤུ་སུམ་ཅུ་རྩ་གཉིས་ཚད་བ་འཐེན་ན་རིང་པོར་ཕྱིན་པ་གཡས་སུ་འཁྱིལ་ཏེ་གནས་པ་དང་།༧༧ སྐུ་སྟོད་སེང་གེའི་རྒྱལ་པོ་ལྟར་ཡངས་ཤིང་རྒྱས་ལ་ཕོ་ལག་ཆེ་བ་དང་།༧༨ ཕྲག་མགོ་གཉིས་ཤིན་ཏུ་ལྷུན་ཆེ་ཞིང་ཟླུམ་པ་དང་།༧༩ ཕྲག་པའི་ཐལ་གོང་གཉིས་མི་དམའ་བར་རྒྱས་པ་སྟེ་བཅུ་ཚན་གཉིས་སོ། །༨༠

འཇིག་རྟེན་ན་རོ་མི་ཞིམ་པར་གྲགས་པ་རྣམས་ཀྱང་འདིའི་ལྗགས་ལ་རོ་བྲོ་བའི་མཆོག་ཏུ་སྣང་བ་དང་།༨༡ ཉ་གྲོ་དྷའི་སྡོང་པོ་ལྟར་ཞེང་དུ་ཇི་ཙམ་པ་མཆུར་ཡང་དེ་ཙམ་པས་སྐུ་མཆུ་ཞིང་གབ་པ་དང་།༨༢ དབུའི་གཙུག་ཏོར་རང་གི་སོར་བཞིའི་ཚད་ཀྱིས་དབུས་དྲང་པོར་གྱེན་དུ་འཕགས་ཤིང་། དབུ་སྐྲ་ཚོམ་བུ་ཚོམ་བུར་འཁྱིལ་བའི་ཕྲེང་བས་གཙུག་ཏོར་གྱི་ངོས་དྲུང་གི་འཁྱིལ་ལྟར་རིམ་པ་ཕྲེད་དང་བཅུ་གསུམ་དུ་འཁྱིལ་བའི་རྩེ་མོའི་གཙུག་འཁྱིལ་ནི་ལྷ་མི་སུས་ཀྱང་མཐོང་བར་མི་ནུས་པ་དང་།༨༣ ལྗགས་རིང་ཞིང་མཛེས་པ་བརྐྱང་ན་གདོང་ཁེབས་པ་དང་།༨༤ ཚངས་པའི་དབྱངས་མངའ་བ་དང་།༨༥ ཟ་འགྲམ་སེང་གེ་ལྟར་རྒྱས་པ་དང་།༨༦ ཚེམས་ཤིན་ཏུ་དཀར་བ་དྲི་མ་དང་ཟས་ཀྱིས་གོས་མི་སྲིད་པ་དང་།༨༧ ཚེམས་རིང་ཐུང་དང་ཆེ་ཆུང་མེད་

པར་ཤིན་ཏུ་མཉམ་པ་དང་།༢༨ ཚེམས་ཐགས་བཟང་བས་འགྲུལ་མི་སྒྲིད་ཅིང་ཟས་ཤིན་ཏུ་སྲ་བའང་ལན་གཉིས་པ་བལྡད་མི་དགོས་པ་དང་།༢༩ མཆེ་བ་བཞི་དང་བཅས་པའི་གྲངས་བཞི་བཅུར་ཚང་བ་དང་བཅུ་ཚན་གསུམ་མོ། །༣༠

སྤྱན་དཀར་ནག་འབྱེས་ཤིང་སྤྱན་འབྲས་ཤིན་ཏུ་མཐོན་མཐིང་འོད་དང་ལྡན་པ་དང་།༣༡ ཛེ་མ་བ་མཆོག་གི་ཛེ་མ་ལྟར་གནག་ཅིང་སྟུག་པ་སྟེ་སུམ་ཅུ་རྩ་གཉིས་སོ། །༣༢

འདི་ལ་ཡུམ་རྒྱན་དུ་སྐུ་ཆེ་ཞིང་དྲང་བ་དབྱེ་ངོར་མཛད་དེ། འོད་མི་ཐེ་བའི་སོ་གཉིས་སུ་གསུངས་པ་ནི་ཤེར་ཕྱིན་གྱི་མདོའི་(༢༥༢ན)ལུགས་དང་། **རྒྱུད་བླར།** སྐུ་ཆེ་ཞིང་དྲང་པ་དབྱེ་ངོར་མ་མཛད་པར། འོད་ཀྱི་དཀྱིལ་འཁོར་དང་ལྡན་དང་། །ཞེས་བགྲངས་པ་ནི་བུ་མོ་རིན་ཆེན་གྱི་མདོའི་དགོངས་པའོ། །མཚན་རྣམས་ཀྱི་རྒྱུ་ཡང་། བླ་མ་སྐྱེལ་ལ་སོགས་པ་དང་། །ཞེས་སོགས་ཀྱིས་སྔོན་བླ་མ་ལ་བསུ་ཞིང་སྐྱེལ་བ་སོགས་ཀྱིས་འཁོར་ལོའི་མཚན་ཐོབ་པ་དང་། སྡོམ་པ་བརྟན་པས་ཞབས་མཉམ་པ་སོགས་ཏེ་རྒྱས་པར་མདོར་བལྟའོ། །

དཔེ་བྱད་ཀྱང་། ཐུབ་པའི་སེན་མོ་ཟངས་མདོག་དང་། །ཞེས་སོགས་ཚིགས་བཅད་བཅུ་གཉིས་ཀྱིས་གསུངས་ཏེ། སྐུ་བཅུད་ཀྱིས་རྒྱས་པའི་ཕྱིར་སེན་མོ་ཟངས་མདོག་ལྟར་དམར་བ་དང་། མདོག་སྣུམ་པ་དང་། རིགས་མཐོན་པོར་འབྲུངས་པས་རིང་ཞིང་མཐོ་བ་དང་། སོར་མོ་རྣམས་ཟླུམ་པ་དང་། རྒྱས་པ་དང་། བྱིན་གྱིས་ཕྲ་བ་དང་། སྐུ་ལ་རྩ་མི་མངོན་པ་དང་། རྩ་མདུད་པ་མེད་པ་དང་། ཞབས་ལོང་བུ་མི་མངོན་པ་དང་། ཞབས་མཉམ་པ་སྟེ་བཅུ་ཚན་གཅིག་གོ།། །

སེང་གེ་དང་། གླང་པོ་ཆེ་དང་། ངང་པ་དང་། ཁྱུ་མཆོག་གི་སྟབས་སུ་གཤེགས་པ་དང་། གཡས་ཕྱོགས་སུ་ལྡོག་པ་དང་། མཛེས་པ་དང་། དྲང་པོར་གཤེགས་པ་དང་། སྐུ་འཁྲིལ་བག་ཆགས་པ་དང་། བྱི་དོར་བྱས་མ་ཐག་པ་ལྟ་བུ་དང་། ལྟ་ན་

འཚམ་པ་སྟེ་བཅུ་ཚན་གཉིས་སོ། །

སྐུ་གཙང་བ་དང་། འཇམ་པ་དང་། དག་པ་དང་། མཚན་རྣམས་རྫོགས་པ་དང་། ཁོ་ལག་ཡངས་པ་དང་། གོམ་པ་སྙོམས་པ་དང་། སྤྱན་དག་པ་དང་། གཞོན་ཤ་ཆགས་པ་དང་། སྐུ་ཤ་མ་ཞུམ་པ་དང་། རྒྱས་པ་སྟེ་བཅུ་ཚན་གསུམ་པའོ། །

སྐུ་ཤིན་ཏུ་གྲིམས་པ་དང་། ཡན་ལག་རྣམ་པར་འབྱེས་པ་དང་། རབ་རིབ་མེད་པས་གཟིགས་པ་དག་པ་དང་། ལྟེ་ཟླུམ་པ་དང་། སྐེད་སྐབས་ཕྱེད་པ་དང་། ལྟོ་བ་མ་རྙོངས་པ་དང་། ཕྱལ་ཕྱང་ངེ་བ་དང་། ལྟེ་བའི་ཁུང་བུ་གཏིང་ཟབ་པ་དང་། ནང་གཡས་ཕྱོགས་སུ་འཁྱིལ་བ་དང་། སྐུ་ལྟ་ན་སྡུག་པ་(༣༥༢བ)སྟེ་བཞི་བཅུའོ། །

སྤྱོད་པ་གཙང་བ་དང་། སྐུ་བའི་མཚན་ནི་མེད་པ་དང་། ཕྱག་མཐིལ་འཇམ་པ་དང་། ཕྱག་རིས་མདངས་ཆེ་བ་དང་། གཏིང་ཟབ་པ་དང་། དཀྱུས་རིང་བ་དང་། ཞལ་གདོང་ཧ་ཅང་མི་རིང་བ་དང་། མཆུ་བིམ་པ་ལྟར་དམར་བ་དང་། ལྗགས་མཉེན་པ་དང་། སྲབ་པ་དང་ལྔ་བཅུའོ། །

ལྗགས་དམར་བ་དང་། གསུང་འབྲུག་སྒྲ་ལྟ་བུ་དང་། གསུང་མཉེན་ཞིང་འཇམ་པ་དང་། མཆེ་བ་བཞི་ཟླུམ་པ་དང་། རྣོ་བ་དང་། དཀར་བ་དང་། བཞི་པོ་མཉམ་པ་དང་། བྱིན་གྱིས་ཕྲ་བ་དང་། ཤངས་རྒྱུད་མཐོ་བ་དང་། ཤངས་སྦུབས་གཙང་བ་སྟེ་དྲུག་ཅུ་པའོ། །

སྤྱན་ཡངས་པ་དང་། རྫི་མ་སྟུག་པ་དང་། སྤྱན་པད་འདབ་འདྲ་བ་དང་། སྨིན་ཚུགས་རིང་བ་དང་། སྨིན་མ་འཇམ་པ་དང་། སྣུམ་པ་དང་། སྤུ་མཉམ་པ་དང་། ཕྱག་རིང་ཞིང་རྒྱས་པ་དང་། སྙན་ཤལ་རིང་ཞིང་མཉམ་པ་དང་། གསན་པ་དག་པས་སྙན་མ་ཉམས་པ་སྟེ་བདུན་ཅུ་པའོ། །

དཔྲལ་བ་ལེགས་པར་འབྱེས་པ་དང་། དབྱེས་ཆེ་བ་དང་། དབུ་གདུགས་ལྟར་

རྒྱས་པ་དང་། དགུ་སྒྲ་བྱུང་བ་ལྟར་གནག་པ་དང་། ཚོགས་སྡུག་པ་དང་། འཇམ་ཞིང་ཕྲ་བ་དང་། མ་འཛིངས་པ་དང་། གྱེན་དུ་མི་གཤོར་བ་དང་། དྲི་ཞིམ་ཞིང་ཡིད་འཕྲོག་པ་དང་། ཐུགས་ཀ་དཔལ་གྱི་བེའུ་དང་། ཕྱག་ཞབས་བཀྲ་ཤིས་ཀྱི་རྟགས་ཀྱིས་བརྒྱན་པ་ནི་བརྒྱད་ཅུ་པའོ། །

མཚུ་ནི་བིམ་པ་ལྟར་དམར་དང་། །ཞེས་པ་ལ། **དག་ལྡན་ལས།** ཞལ་གཟུགས་གཟུགས་བརྙན་འབྱུང་བ་དང་། །ཞེས་བཏོན་ནས། ཞལ་ཞེས་བྱ་བ་ནི་ཞལ་གདོང་སྟེ་ཞལ་གདོང་ལ་གཟུགས་ཀྱི་གཟུགས་བརྙན་མངའ་བའོ། །ཞེས་ཞལ་རས་དྭངས་པ་ལ་ཕྱི་རོལ་གྱི་གཟུགས་བརྙན་འཆར་བ་ལ་བཤད་དོ། །ཕྱིར་ཕོང་བུ་མི་མངོན་པ་དང་ཞབས་མཉམ་པ་དང་ཐཻ་མ་སྡུག་པ་སོགས་མཚན་དཔེ་གཉིས་ཀར་བགྲངས་པ་རྣམས་མི་ཟློས་པའི་ཚུལ་མཁས་པ་རྣམས་ཀྱིས་བསམ་པར་རིགས་ལ་རྒྱལ་བའི་གསུང་ལ་(༣༨༣ན)ནི་ངེས་པར་འགལ་ཟློས་མི་སྲིད་དོ། །ཕྱིར་རང་རྒྱལ་རྣམས་ལའང་མཚན་དཔེའི་ཆ་མཐུན་ཙམ་རེ་དང་། གཙུག་ཏོར་ཡོན་པོར་འབྱུང་བར་གྲགས་ཤིང་འཁོར་ལོས་བསྒྱུར་རྒྱལ་ལ་མཚན་དཔེ་ཐམས་ཅད་འབྱུང་ཡང་སངས་རྒྱས་ལས་ཅུང་ཟད་མི་གསལ་ཞིང་མི་ལེགས་པ་དང་། ཁྱད་པར་དུ་མཛོད་སྤུ་ཛོགས་པ་དང་། གཙུག་ཏོར་དྲང་པོར་འཕགས་ཤིང་སྤུ་འཁྱིལ་ལྟར་མི་མངོན་པ་ནི་སངས་རྒྱས་ཁོ་ནའི་ཁྱད་ཆོས་ཏེ་དེའི་ཕྱིར། ཐུབ་མཆན་ཡུལ་ན་གནས་པ་དང་། །གསལ་ལ་ཛོགས་པས་འཕགས་པ་ཡིན། །ཞེས་སོ། །

ཕྱག་ཞབས་ཀྱི་རི་མོའི་མཚན་ནི། འཇམ་དཔལ་གྱིས་ཞུས་པའི་མདོ་ལས་གསུངས་པ་སྟེ། འཛམ་གླིང་གི་མི་ཐམས་ཅད་དགེ་བ་བཅུ་ལ་ཞུགས་པའི་བསོད་ནམས་གཅིག་ཏུ་བསྡོམས་པས་གླིང་བཞི་པའི་འཁོར་ལོས་བསྒྱུར་བ་གཅིག་འགྲུབ་ལ། གླིང་བཞི་པའི་མི་ཐམས་ཅད་འཁོར་བསྒྱུར་དུ་གྱུར་པའི་བསོད་ནམས་ཀྱིས་བརྒྱ་བྱིན་གཅིག །བརྒྱ་བྱིན་དེ་སྙེད་ཀྱི་བསོད་ནམས་སྟོང་འགྱུར་གྱིས་བདུད་འདོད་པའི་

བདག་པོ། བདུད་དེ་སྙེད་ཀྱི་བསོད་ནམས་བརྒྱ་སྟོང་དུ་བསྒྱུར་བས་སྟོང་སྤྱི་ཕུད་ཀྱི་བདག་པོའི་ཚངས་པ། སྟོང་གི་ཚངས་པ་དེ་སྙེད་ཀྱི་བསོད་ནམས་ཀྱིས་སྟོང་གཉིས་བར་མའི་ཚངས་པ། དེ་དེ་སྙེད་ཀྱི་བསོད་ནམས་བརྒྱ་སྟོང་དུ་བསྒྱུར་བས་སྟོང་གསུམ་གྱི་ཚངས་པ་དབང་ཕྱུག་ཆེན་པོའི་མཆོག་གཅིག །སྟོང་གསུམ་གྱི་སེམས་ཅན་ཚངས་པ་དེར་གྱུར་པའི་བསོད་ནམས་བྱེ་བ་ཁྲག་ཁྲིག་བརྒྱ་སྟོང་དུ་མས་རང་རྒྱལ་གཅིག །ཕྱོགས་བཅུའི་སེམས་ཅན་ཐམས་ཅད་རང་རྒྱལ་དུ་གྱུར་པའི་བསོད་ནམས་བྱེ་བ་ཁྲག་ཁྲིག་བརྒྱ་སྟོང་དུ་མས་སྲིད་ཐའི་བྱང་སེམས་གཅིག །ནམ་མཁའི་མཐས་ཀླས་པའི་སེམས་ཅན་ཡོད་དོ་ཅོག་བྱང་ཆུབ་སེམས་དཔའི་སྲིད་ཐ་བར་གྱུར་པའི་བསོད་ནམས་བྱེ་བ་ཁྲག་ཁྲིག་བརྒྱ་སྟོང་དུ་མས་དེ་བཞིན་གཤེགས་(༣༨༣བ)པའི་བ་སྤུའི་ཁུང་བུ་གཅིག །དེ་ལྟར་སྤུ་ཁུང་བརྒྱ་སྟོང་ཕྲག་དགུ་བཅུ་རྩ་དགུ། དེ་ཐམས་ཅད་ཀྱི་བསོད་ནམས་བྱེ་བ་ཁྲག་ཁྲིག་བརྒྱ་སྟོང་དུ་མས་དཔེ་བྱད་བཟང་པོ་གཅིག །དེ་ལྟར་དཔེ་བྱད་བརྒྱད་ཅུ། དེ་ཐམས་ཅད་བྱེ་བ་ཁྲག་ཁྲིག་བརྒྱ་སྟོང་དུ་མར་བསྒྱུར་བས་རྗེས་ཀྱི་རི་མོའི་མཚན་བརྒྱད་ཅུ་པོ་རེ་རེ་སྟེ། སྨོན་ནི། གདུགས་དང་རྒྱལ་མཚན་དཔལ་བེའུ། །ཁྱིམ་བ་ཀྱོ་བ་ཏང་ཅོད་པན། །དབྱུག་ཐོ་བུམ་པ་གླང་ཆེན་ཏྲ། ། སྟག་དང་ཆུ་སྲིན་ཉ་ཏུས་སྦལ། །རྩ་བྱེ་ཀ་པིང་ཤང་ཤང་ཏེའུ། །ཙ་ཤ་ཏུར་པ་ཎེ་ཙོ་དང་། ། ངང་པ་ཐི་བ་ནས་སྨན་མཆོག །འོ་མ་བ་མེན་ཀླུ་ཡི་རྒྱལ། །ར་དང་ཁྱུ་མཆོག་རི་ཡི་དབང་། ། བིལ་བ་ལྗོན་ཤིང་ཀྲིཥྞ་ར། །ནོར་བུ་རལ་གྲི་རྡོ་རྗེ་གཞུ། །མདའ་དང་ཤཀྟི་མདུང་རྩེ་གསུམ། ། གཞོལ་སྟུན་སྣ་རེ་ཞགས་པ་གྲུ། །མུ་ཏིག་རྒྱན་དང་སྤྲིན་ཆེན་དང་། །ཚངས་པ་དབང་པོ་ཡུལ་འཁོར་སྲུང་། ། ཆུ་ལྷ་འཕགས་སྐྱེས་མིག་མི་བཟང་། །ནོར་སྦྱིན་དྲང་སྲོང་ཆེན་པོ་དང་། །དཔལ་དང་ཉི་ཟླ་མེ་དང་རླུང་། ། པདྨ་གཡུང་དྲུང་གྲུ་གསུམ་དང་། །དགེ་བའི་སྣན་དང་ཛ་ཡབ་དང་། །དུར་ཁྲའི་རྩ་དང་པུཎྜ་ཤ །ཁྱིའུ་བུ་མོ་ཛ་བོ་ཆེ། ། དུང་དང་སྲི་

ག་གདུབ་བུ་དང་། །དཔུང་རྒྱན་ རྣ་ཆ་སོར་གདུབ་དང་། །རྣ་ཆ་ཕྲེང་ཕྲུལ་ལྡན་པ་དང་། །མེ་ཏོག་བཟང་པོ་དཔག་བསམ་ཤིང་། །འཁོར་ལོ་དཔུང་གི་སེང་གེ་སྟེ། །༥ རི་མོའི་མཚན་ནི་བརྒྱད་ཅུ་སྟེ། །ཕྲག་ཞབས་རེ་རེའི་མཐིལ་ལའང་ལྡན། །ཞེས་བྱ་སྟེ། འདི་ལ་དངོས་སུ་བརྒྱད་ཅུ་རྩ་གཅིག་སྣང་ཡང་གཙོ་ཆེ་བ་ལ་དགོངས་ནས་བརྒྱད་ཅུ་ཞེས་གསུངས་པའམ་ཡང་ན་རྣ་ཆ་གཉིས་གཅིག་ཏུ་བྱས་པར་སྣང་ལ། སིཧླ་གླིང་ན་སྟོན་པའི་ཞབས་རྗེས་བཞུགས་པའི་ཞལ་བཤུས་པཎྜི་ཏ་ཆུང་ངུ་གཅིག་གིས་ཁྱེར་ནས་རྗེ་གཙྪ་པ་བདུན་པའི་(༢༧༨ན)དྲུང་དུ་ཕུལ་ཞིང་དེའི་དོན་བསྡུས་ཀྱི་བསྟན་བཅོས་ཆུང་ངུ་ཞིག་ཀྱང་ཡོད་པར་སྣང་ཡང་བསྟན་བཅོས་དེ་མ་རྙེད། ཞབས་རྗེས་དེ་ལ་འདི་བས་རི་མོ་མང་བ་བརྒྱ་རྩ་བརྒྱད་ཀྱི་ཚོད་དང་ལྷ་གནས་ཕལ་ཆེར་དང་ཤང་ཤང་ལ་མིའམ་ཅི་ཞེས་དང་བྱ་མགོ་དཀར་ཞིག་ལ་ཤང་ཤང་ཏེའུ་ཞེས་ཡི་གེ་བཏབ་ཅིང་གྲོང་ཁྱེར་མང་པོ་དང་ཞབས་སོར་གྱི་ནེ་ལེའི་ཚབ་ཏུའང་དུང་གི་རིགས་ཐ་དད་པ་དུ་མ་རེ་ཡོད་ཅིང་ཞབས་ཕན་ཚུན་ལ་རི་མོ་མི་གཅིག་པའང་མང་དུ་སྣང་ངོ་། །དེའི་རྒྱུ་བསྒོམས་པ་བྱེ་བ་ཁྲག་ཁྲིག་བརྒྱ་སྟོང་དུ་མས་མཚན་བཟང་པོ་གཅིག །དེ་ལྟར་སོ་གཉིས། རྒྱུ་དེ་རྣམས་གྲངས་མེད་བསམ་གྱིས་མི་ཁྱབ་པར་བསྒྲུབ་ནས་གསུང་ཚོས་ཀྱི་དུང་འཁྲུབ་པར་གསུངས་སོ། །

སྟོབས་ཀྱི་ཁྱད་པར་ནི། ཐུན་མོང་གི་མདོ་ལྟར་ན། མི་དང་། གླང་ཕལ་པ་དང་། ཁྱུ་མཆོག་དང་། བ་གླང་མོ་དང་། གླང་པོ་ཆེ་དང་། སྤོས་ཀྱི་གླང་པོ་ཆེ་དང་། ཚན་པོ་ཆེ་དང་། རབ་གནོན་དང་། སྲེད་མེད་ཀྱི་བུ་རྣམས་རེ་རེ་ཞིང་སྔ་མ་བཅུའི་སྟོབས་ཕྱི་མ་གཅིག་ལ་ཡོད་ལ། དེ་བཞིན་གཤེགས་པའི་ཚིགས་རེ་ལ་སྲེད་མེད་ཀྱི་བུའི་སྟོབས་རེ་མངའ་བར་འཆད་ལ།

ཐེག་ཆེན་ཐུན་མོང་མ་ཡིན་པའི་ལུགས་ཀྱིས། མི་དང་། གླང་དང་། གླང་སྟོན་པོ་དང་། གླང་པོ་ཆེ་ཕལ་པ་དང་། གླང་པོ་ཆེ་འཛིགས་སུ་རུང་བ་དང་། གླང་པོ་

ཆེ་མོ་འདྲ་བ་དང་། དགོན་པའི་སྤྲང་པོ་ཆེ་དང་། རི་འབིགས་བྱེད་ཀྱི་སྤྲང་པོ་ཆེ་དང་། སྤྲང་པོ་ཆེ་མཆོན་ཆའི་སྐྱེར་མོ་ཅན་དང་། སྤྲང་པོ་ཆེ་གཟོལ་མདའ་འཛིན་དང་། སྤྲང་པོ་ཆེ་ཧིང་ཟིལ་མདོག་དང་། སྤྲང་པོ་ཆེ་གེལ་པ་དང་། སྤྲང་པོ་ཆེ་སྔོན་པོ་དང་། སེར་པོ་དང་། དམར་པོ་དང་། སྐྱ་བོ་དང་། ཀུ་མུ་དའི་མདོག་དང་། པདྨ་དཀར་པོའི་མདོག་དང་། སྤོས་ཀྱི་སྤྲང་པོ་ཆེ་དང་། སྤོས་སྤྲང་ཆེན་པོ་དང་། སེང་གེ་རལ་པ་ཅན་ཐབས་ཅན་དང་། ཚན་པོ་ཆེ་དང་། ཚན་པོ་ཆེ་ཆེན་པོ་དང་། དེ་བཞིན་དུ་སྟོབས་མཆོག་རབ་གནོན་དག་(༣༨༥བ)གཉིས་གཉིས་དང་། ས་སླའི་ལྷའི་བུ་དང་། དེ་བཞིན་དུ་གཞལ་མེད་ཁང་པ་དང་། གཟོལ་མདའ་འཛིན་དང་། ཕྲེང་ཐོགས་དང་། རྟག་མྱོས་དང་། རྒྱལ་ཆེན་རིས་བཞི་པའི་ལྷའི་བུ་རྣམས་རེ་རེ་ཞིང་སྟ་མ་བཅུའི་སྟོབས་ཕྱི་མ་རེ་ལ་ཡོད་དོ། །

རིས་བཞི་པའི་ལྷའི་བུ་ཐམས་ཅད་ཀྱི་སྟོབས་ལུས་ངན་གཅིག །དེ་བཅུ་སུམ་ཅུ་རྩ་གསུམ་པའི་ལྷའི་བུ་གཅིག །སུམ་ཅུ་རྩ་གསུམ་པ་གཞན་ཐམས་ཅད་ཀྱི་སྟོབས་བརྒྱ་བྱིན་གཅིག །དེ་བཞིན་དུ་བསྒྲེས་ཏེ་འཐབ་བྲལ་དང་རབ་འཐབ་བྲལ། དགའ་ལྡན་དང་ཡོངས་སུ་དགའ་ལྡན། འཕྲུལ་དགའ་དང་རབ་འཕྲུལ། གཞན་འཕྲུལ་དང་དབང་བསྒྱུར། བདུད་དང་བདུད་ཀྱི་བདག་པོ་རྣམས་སྔ་མ་བཞིན་དང་། དེ་ནས་བདུད་ཀྱི་ལྷའི་བུ་ཐམས་ཅད་བདུད་ཀྱི་བདག་པོར་གྱུར་པའི་སྟོབས་བཅུར་བསྒྱུར་བས་སྲིད་མེད་ཀྱི་བུ་ཕྱེད་ཀྱི་སྟོབས། དེ་ཕྱིན་ཆད་བཅུར་བསྒྱུར་ཏེ་སྲིད་མེད་ཀྱི་བུ་གཅིག་སྲིད་མེད་ཀྱི་བུ་ཆེན་པོ་གཅིག །བྱང་ཆུབ་སེམས་དཔའ་ངེས་པར་བྱུང་ནས་བསྐལ་པ་བརྒྱ་ལོན་པ། སྟོང་། ཁྲི། འབུམ། ས་ཡ། བྱེ་བ། བྱེ་བ་བཅུ། བྱེ་བ་བརྒྱ། བྱེ་བ་སྟོང་། བྱེ་བ་ཁྲི། བྱེ་བ་འབུམ། བྱེ་བ་ས་ཡ་ལོན་པ་རྣམས་རེ་རེ་ཞིང་དང་། དེ་ནས་མི་སྐྱེའི་བཟོད་ཐོབ། ས་བཅུ་པ། སྲིད་པ་ཐ་མ་པ་རྣམས་རིམ་པར་སྔ་མ་བཅུའི་སྟོབས་ཕྱི་མ་རེ་ལ་ཡོད་ཅིང་སྲིད་པ་ཐ་མ་པ་དེ་བཅས་མ་ཐག་ས་ལ་གོམ་པ་བདུན་

འཁོར་བ་དེའི་ཚེ་ཕྱོགས་བཅུའི་སངས་རྒྱས་ཀྱིས་ས་རྡོ་རྗེར་བྱིན་གྱིས་མ་རླབས་ན་ས་ཆེན་པོ་དཔག་ཚད་དྲུག་ཁྲི་ཞེམ་སྟེ་ཆུའི་ཕུང་པོ་ལས་ཤིང་རྟའི་འཕང་ལོ་ཙམ་འཕྱུར་བར་འགྱུར་རོ། །

སྲིད་ཐ་པ་བཅས་མ་ཐག་པ་བཅུའི་སྟོབས་ནི་བྱང་ཆུབ་སེམས་དཔའ་ལང་ཚོའི་མཆོག་ལ་བབ་པ་གཅིག་སྟེ་སྟོབས་དེས་བྱང་ཆུབ་ཀྱི་ཤིང་དྲུང་དུ་འགྲོའོ། །སྟོབས་དེ་འབུམ་གྱིས་བྱང་ཆུབ་ཀྱི་སྙིང་པོར་འདུག་གོ། །(༣༦༥ན)དེ་བས་ཆེས་ཚད་མེད་པའི་སྟོབས་ཀྱིས་འཚང་རྒྱའོ། །སེམས་ཅན་ཐམས་ཅད་སེམས་དཔའ་འཚང་རྒྱ་ཀའི་སྟོབས་ལྡན་དུ་གྱུར་པས་དེ་བཞིན་གཤེགས་པའི་སྟོབས་གཅིག་གི་ཆའི་ཆར་ཡང་མི་བཟོད་དེ། དེ་ལྟ་བུའི་སྟོབས་བཅུ་མངའ་བར་བསོད་ནམས་ཡོངས་སུ་བསྔུས་པའི་ཏིང་ངེ་འཛིན་གྱི་མདོ་ལས་བཤད་ལ། དེ་བཞིན་དུ་མདོ་གཞན་ལས་བ་སྤུའི་ཁུང་བུ་རེར་སྲིད་མེད་ཀྱི་བུའི་སྟོབས་རེ་དང་། བ་སྤུ་ཐམས་ཅད་ཀྱི་སྟོབས་ཚོགས་རེ་དང་། དེ་ཐམས་ཅད་ཀྱི་སྟོབས་དཔེ་བྱད་གཅིག་དང་། དཔེ་བྱད་ཐམས་ཅད་ཀྱི་སྟོབས་མཚན་སུམ་ཅུའི་རེ་རེ་དང་། དེ་ཐམས་ཅད་ཀྱི་སྟོབས་མཛོད་སྤུ་དང་། དེ་བརྒྱར་བསྒྱུར་བའི་སྟོབས་གཙུག་ཏོར་དུ་མངའ་བ་སོགས་རྣམ་གྲངས་དུ་མ་གསུངས་སོ། །

འོད་ཀྱི་ཁྱད་པར་ནི་སྤྱིར། ལུང་སྟོན་པར་བཞེད་པའི་ཚེ་ཞལ་འཛུམ་པ་མཛད་ལ། ཆོས་ཉིད་ཀྱིས་ནམ་འཛུམ་པ་མཛད་པ་ན་ཞལ་ནས་འོད་ཤེལ་དང་གསེར་དང་དངུལ་དང་ཐོན་ཀ་ལ་སོགས་པའི་ཁ་དོག་ཅན་བྱེ་བ་ཕྲག་དུ་མ་བྱུང་སྟེ། འཇིག་རྟེན་སྣང་བར་བྱེད་ཅིང་ངན་སོང་པ་རྣམས་དེས་རེག་མ་ཐག་ཚེ་འཕོས་ཏེ་ལྷ་མིར་སྐྱེ། འོན་ལོང་སོགས་ཀྱི་དབང་པོའི་སྐྱོན་སེལ། འདུ་ཤེས་མེད་པ་པ་སོགས་སད་པར་བྱས་ཏེ་དགེ་བ་ལ་འགོད། སངས་རྒྱས་ཀྱི་ཞིང་མཐའ་ཡས་པར་བྱ་བ་དེ་རྣམས་བྱས་ཏེ་སླར་འདུས་ནས་སྐུ་ལ་ལན་བརྒྱ་སྟོང་དུ་གཡས་སུ་བསྐོར་ཏེ། གལ་ཏེ་འདས་

པའི་ལས་ལུང་སྟོན་པར་བཞེད་ན་སྐུའི་སྣམ་ཡོགས་ཧེ་རྒྱབ་དང་། མ་འོངས་པའི་ལས་ལུང་སྟོན་པར་བཞེད་ན་མདུན་དང་། དེ་བཞིན་དུ་དམྱལ་བ་དང་ཡི་དྭགས་དང་དུད་འགྲོ་དང་ལྷ་མིན་དང་ལྷ་མི་དང་འཁོར་ཡོས་བསྐྱུར་བ་རྣམས་སུ་ལུང་སྟོན་པར་བཞེད་ན་རིམ་པས་ཞབས་མཐིལ་དང་ཞབས་རྗེང་དང་ཡོང་བུ་དང་པུས་མོ་དང་ཕྱག་མཐིལ་དང་ལྟེ་བར་ནུབ་པར་འགྱུར་ལ། ཉན་ཐོས་ལ་ཞལ་དང་རང་རྒྱལ་ལ་སྨིན་མཚམས་(༣༧༥བ)དང་སངས་རྒྱས་ཀྱི་བྱང་ཆུབ་ཏུ་ལུང་སྟོན་པར་བཞེད་ན་གཙུག་ཏོར་དུ་ནུབ་པར་འགྱུར་ལ་རིམ་གྱི་པས་དེའི་རྒྱུ་ཞུས་ཏེ་སོ་སོར་ལུང་སྟོན་པར་མཛད་དོ། །

གཞན་ཡང་ཕལ་པོ་ཆེར་མཚན་རྒྱ་མཚོ་བཤད་པ་ཡང་འོད་ཀྱི་བདག་ཉིད་དུ་བཤད་ལ། ཐེ་བྲག་ཏུ་ཚངས་པ་ཁྱད་པར་སེམས་ཀྱི་མདོར། དེ་བཞིན་གཤེགས་པའི་སྐུ་ལ་ལྟ་ནུས་པ་དང་ཆོས་འདྲི་ནུས་པ་སོགས་དེ་ཐམས་ཅད་འོད་སོ་སོས་རེག་པའི་མཐུ་ཡིན་གྱི་གཞན་དུ་ན་དེ་བཞིན་གཤེགས་པའི་སྐུ་ནི་ཉི་མ་ལྟར་མིག་གིས་མི་བཟོད་ཅིང་མེ་དཔུང་ཆེན་པོ་ལྟར་སྐུ་ལ་སུས་ཀྱང་བསྙེན་མི་ནུས་ན་དྲི་བར་ལྟ་ག་ལ་ནུས་པར་བཤད་དེ། དེ་ཡང་རབ་ཞི་རྣམ་བཀོད་ཀྱི་འོད་ཀྱིས་རེག་པས་སྐུ་ལ་ལྟ་ནུས་ཤིང་མིག་གི་དབང་པོ་མི་ཉམས་པར་བྱེད་དོ། །མི་འཇིགས་པ་སྦྱིན་པའི་འོད་ཀྱིས་དྲི་ལན་བྱེད་ནུས་པར་བྱེད་དོ། །དེ་བཞིན་དུ་དགེ་བ་བསགས་པ་དང་དགེ་བ་རྣམ་བཀོད་དང་བདག་པོ་ཐོབ་པ་དང་ཉོན་མོངས་མེད་དང་རྩེ་གཅིག་དབེན་དང་ཐམས་ཅད་མཁྱེན་པའི་ཡེ་ཤེས་སུ་དབང་བསྐུར་ཐོབ་པ་རྣམས་ཀྱིས་རེག་པས་རིམ་པས་འཁོར་བསྐྱུར་གྱི་ཆེད་དང་ཚངས་པའི་ཕྱིར་དང་ཉན་ཐོས་དང་རང་རྒྱལ་དང་སངས་རྒྱས་ཀྱི་ཐེག་པ་འདྲི་བར་ནུས་སོ། །ཁྱད་པར་དུ་འགྲོ་བའི་འོད་ཀྱིས་བཞུད་པའི་ཚེ་ཞབས་མཐིལ་གྱིས་རེག་པའི་སྲོག་ཆགས་རྣམས་མཐོ་རིས་སུ་སྐྱེའོ། །རྒྱན་ཐམས་ཅད་བཀོད་པ་ནི་གྲོང་དུ་གཤེགས་པའི་ཚེ་འབྱིན་

ཏེ་ཐམས་ཅད་བདེ་བའི་མཆོག་ཏུ་བྱེད་ཅིང་གྲོང་ཀུན་ནས་བརྒྱན་པར་འགྱུར་རོ། །རྣམ་པར་འཁོར་བ་དང་བདེ་བ་སྟོན་པ་དང་བྱམས་པས་འཕགས་དང་རབ་ཏུ་ཆོམ་བྱེད་དང་དྲི་མེད་དང་རྣ་བའི་རྗེས་མཐུན་དང་རྣམ་པར་སྤྱོང་བ་དང་ངོ་ཚ་ཤེས་པ་དང་མེད་པར་འགྱུར་བ་དང་རབ་ཏུ་གཏོང་བ་དང་ཡོངས་སུ་གདུང་མེད་དང་ཕན་ལྡན་དང་འབར་བ་ཅན་དང་རྩེ་གཅིག་པ་དང་ཡེ་ཤེས་དང་རྟོག་མེད་དང་ཀུན་འཛིན་དང་(༣༤༤ན)སྤྱོད་ལྡན་དང་སྐྱོ་བ་དང་དགའ་བ་དང་སྣང་བ་ཅན་དང་ཀུན་ཏུ་འགྲོ་བ་རྣམས་ཀྱིས་རིམ་པ་ལྟར་འཇིག་རྟེན་མཐའ་ཡས་པ་གཡོ་བ་དང་། དམྱལ་བ་དང་བྱོལ་སོང་དང་ཡི་དྭགས་ཞི་བ་དང་། ཡོང་བ་ལ་སོགས་པ་མིག་དང་རྣ་བ་སོགས་དག་པ་དང་། མི་དགེ་བ་བཅུ་སྤྱོད་པ་རྣམས་དེ་ལས་ལྡོག་པ་དང་། སྨྱོས་པ་རྣམས་དྲན་པ་འཐོབ་པ་དང་། ལོག་ལྟ་ཅན་ཡང་དག་པའི་ལྟ་བ་འཐོབ་པ་དང་། སེར་སྣ་ཅན་སོགས་ཕར་ཕྱིན་དྲུག་པོ་ལ་རིམ་པར་འགོད་པ་དང་། མ་དད་པ་རྣམས་དད་པ་འཐོབ་པ་དང་། ཐོས་པ་ཉུང་བ་རྣམས་ཐོས་པ་ཐོབ་པ་དང་། བག་མེད་པ་རྣམས་ངོ་ཚ་ཤེས་པ་དང་། འདོད་ཆགས་དང་ཞེ་སྡང་དང་གཏི་མུག་ལ་སྤྱོད་པ་རྣམས་ཀྱི་དུག་གསུམ་འཇོམས་པ་དང་། དུག་གསུམ་ཆ་མཉམ་པ་ལ་སྤྱོད་པའི་ཆ་མཉམ་པ་སྤྱོང་བའི་བར་བྱེད་ལ། གཟུགས་ཐམས་ཅད་སྟོན་པའི་འོད་ཀྱིས་དེ་བཞིན་གཤེགས་པའི་སྐུ་ཁ་དོག་སྣ་ཚོགས་དང་། ཁ་དོག་ཚད་མེད་པར་མཐོང་བར་བྱེད་དེ་འོད་ཟེར་ལས་བཙམས་ཏེ་བསྐལ་པར་གསུངས་ཀྱང་མི་ཟད་པར་བཤད་དོ། །

ཆོ་འཕྲུལ་གྱི་ཁྱད་པར་ལ་སྦྱིར་ཆོ་འཕྲུལ་གསུམ་ལས། སྐུ་རྫུ་འཕྲུལ་གྱི་ཆོ་འཕྲུལ་ནི། ཕྱོགས་བཞིའི་ནམ་མཁའ་ལ་སྤྱོད་ལམ་བཞི་མཛད་པ་དང་། སྟོད་ནས་མེ་འབར་སྨད་ནས་ཆུ་འབབ་པ་སོགས་ཡ་མ་ཟུང་གི་ཆོ་འཕྲུལ་དང་། ཉི་ཟླ་དང་ཚངས་གནས་ཀྱི་བར་ཕྱག་གིས་ཉུལ་བ་སོགས་ནི་དྲང་སྲོང་ཉན་རང་དང་བཅས་

པའི་ཐུན་མོང་གི་ཆོ་འཕྲུལ་ཡིན་ལ།

ཐུན་མོང་མ་ཡིན་པ་ནི། འཛངས་བླུན་ནས་གསུངས་པའི་ཆོས་གཅིག་ནས་བཅོ་ལྔའི་བར་གྱི་ཆོ་འཕྲུལ་ལྟ་བུ་སྔོ་གཞལ་དུ་མེད་དོ། །ཕྱི་བྲག་ཏུ་དགའ་ལྡན་ནས་འཕོ་བའི་ལོ་བརྒྱའི་སྔོན་དུ་སྐུ་བལྟམས་པའི་གནས་དེ་ལག་མཐིལ་ལྟར་མཉམ་པ་དང་། རྡོ་རྗེའི་ས་གཞིར་འགྱུར་བ་དང་། རིན་པོ་ཆེའི་ཤིང་གིས་ཁྱབ་པ་དང་། སྤོས་ཀྱི་སྤྲིན་(༣༨༨བ)འཁྲུལ་བ་དང་། ལྷ་རྫས་ཀྱི་མཆོད་པས་གང་བ་སོགས་ལྟས་བཅུ་འབྱུང་བ་ནས་གང་གི་གདུགས་ལ་བལྟམས་པའི་ཚེ་སངས་རྒྱས་ཐམས་ཅད་ཀྱི་སྐྱེ་བའི་རྣམ་འཕྲུལ་ཚུལ་དེར་སྣང་བ་སོགས་འཕོ་བ་དང་བལྟམས་པའི་ཆོ་འཕྲུལ་ནས་བཟུང་སྔེ་སྐྱ་གདུང་རིང་སྲེལ་གྱི་ཆོ་འཕྲུལ་གྱི་བར་མཛད་པ་སོ་སོའི་ཆོ་འཕྲུལ་མཐའ་ཡས་པ་དང་། ཆོས་གསུང་བ་ན་ལྷགས་ཀྱིས་འཁོར་གྱི་དཀྱིལ་འཁོར་འགེབས་པ་དང་ཆོས་ཀྱི་དབྱིངས་དགང་བ་སོགས་ལྷགས་ཀྱི་ཆོ་འཕྲུལ་དང་།

གྲོང་ཁྱེར་དུ་གཤེགས་པ་ན་ངམ་གྲོག་དང་ཆེར་མ་སོགས་མེད་ལ་ལག་མཐིལ་ལྟར་མཉམ་ཞིང་རྩ་འཇམ་པོས་ཁེབས་པ་དང་། མདུན་རོལ་དུ་སྤོས་ཆུའི་ཆར་འབབ། སྟེང་དུ་སྤྲིན་གྱི་བླ་རེ་འབྲེ། རྒྱབ་སོགས་སུ་ཉི་འོད་གསལ། གཡས་གཡོན་ནས་ཚངས་པ་དང་བརྒྱ་བྱིན་གྱིས་རྔ་ཡབ་གཡོབ་ཅིང་ལྷ་དང་མིས་བསྐོར་ཏེ་གཤེགས་ཤིང་། གྲོང་ཁྱེར་གང་གི་ཐེམ་པ་ལ་ཞབས་བཞག་མ་ཐག་གྲོང་ཁྱེར་རྣམ་པ་དྲུག་ཏུ་གཡོ་ཞིང་རོལ་མོ་ཐམས་ཅད་མ་བཀྲོལ་བར་སྒྲ་འབྱིན། བཙོན་དུ་བཅིངས་པ་དང་སྒྲོག་ཏུ་བཅུག་པ་ཐམས་ཅད་རང་གྲོལ། ཡོང་བ་རྣམས་མིག་འབྱེ། འོན་པ་རྣམས་རྣ་བ་དག །སྨྱོས་པ་རྣམས་དྲན་པ་རྙེད། གཉིད་ཀྱིས་ལོག་པ་རྣམས་སད་དེ། ཐམས་ཅད་དགེ་བའི་བསམ་པ་རྫོགས་པར་འགྱུར་བ་དང་། ཞབས་ས་ལ་སོར་བཞིས་མི་རེག་ལ། འོན་ཀྱང་ལམ་བར་གྱི་སྲིན་བུ་ཕྲ་མོ་རྣམས་ཀྱི་སྟེང་དུ་འབང་ཞབས་འབབ་ལ། དེས་སྡོན་མ་སྨྱོང་བའི་བདེ་བས་ཞག་བདུན་འདའ་ཞིང་ལྷར་སྐྱེ

བ་སོགས་གྲོང་དུ་གཤེགས་པའི་ཆོ་འཕྲུལ་དང་།

བསོད་སྙོམས་བཞེས་པ་ན་མང་དུ་འབུལ་བར་འདོད་པ་རྣམས་ནི་ཀནྡ་པ་ཙ་བྱེ་བ་མང་པོའི་འབྲས་ཆན་ཡང་ལྷུང་བཟེད་དུ་མི་དོག་པར་ཤོང་ལ། ཉུང་དུ་ལས་མི་འབྱོར་བ་རྣམས་ནི་འབྲས་ཆན་གྱི་ཟེགས་མ་ཙམ་ཕུལ་བས་ཀྱང་ཡོངས་སུ་གང་བར་(༢༤༧ན)མཐོང་ཞིང་བཟའ་བ་དང་བཏུང་བ་དང་ལྷག་པའི་བྱེ་བྲག་བརྒྱ་སྟོང་མང་པོ་ལྷུང་བཟེད་དུ་བླུགས་ཀྱང་ཕན་ཚུན་གཅིག་ལ་གཅིག་མ་རེག་ཅིང་མ་འདྲེས་ལ་གོས་པ་མེད་པ་སྣོད་ཐ་དད་ན་གནས་པ་ལྟར་འགྱུར་ལ། དེ་གང་གི་ཆོའང་ལྷུང་བཟེད་ཀྱི་ཚད་སྔ་མ་ལས་མི་འགྱུར་བ་འདི་ནི་ལྷུང་བཟེད་ཀྱི་ཆོ་འཕྲུལ་ལོ། །

གཞན་ཡང་རིགས་ཆེན་པོ་ལས་རབ་ཏུ་བྱུང་བ་རྣམས་ཀྱི་ང་རྒྱལ་སྤང་བ་དང་།༡ མ་འོངས་པའི་དགེ་འདུན་རྣམས་འཚོ་བས་མི་འཕོངས་བའི་ཆེད་དང་།༢ འདི་དག་གི་སྟོན་པ་ཡང་བསོད་སྙོམས་སྤྱོད་ན་འདི་དག་ལྟ་ཅི་སྨོས་ཞེས་སྐྱེ་བོ་རྣམས་སྦྱིན་པར་སེམས་པ་སྐྱེ་བའི་ཆེད་དང་།༣ སྦྱིན་པ་པོ་རྣམས་ཀྱི་བསོད་ནམས་སྤེལ་བའི་ཆེད་དང་།༤ རབ་བྱུང་རྣམས་འཚོ་བའི་ཆེད་དུ་ཟང་ཟིང་འཛིན་པ་སྤང་པའི་ཆེད་དང་།༥ གྲོང་དུ་གཤེགས་པའི་ཆོ་འཕྲུལ་གྱིས་གདུལ་བ་རྣམས་རྗེས་སུ་བཟུང་བའི་ཆེད་དང་།༦ ཕ་མ་དང་ཁྱོ་ལ་སོགས་པས་བསྲུངས་པའི་རིགས་ཀྱི་བུ་དང་བུ་མོ་གཅེས་པ་རྣམས་ཀྱིས་མཐོང་བ་དོན་ཡོད་པའི་ཆེད་དང་།༧ ལྷ་རྣམས་ཀྱིས་དེ་བཞིན་གཤེགས་པའི་སྐུ་འོད་ཀྱི་གོང་བུ་ལྟ་བུ་ནང་སྤུབས་སྟོང་མི་མངའ་ཞིང་ཡོང་ག་སོགས་མེད་པ་རྗེ་རྗེ་ལྟར་མཁྲིགས་པ་མཐོང་ནས་འདི་ནི་བཀྲེས་སྐོམ་སོགས་མེད་ཅིང་གསོལ་བར་མི་བྱེད་མོད་ཀྱང་སེམས་ཅན་ལ་སྙིང་བརྩེ་བ་པོ་ནས་བསོད་སྙོམས་ལ་རྒྱུའོ་ཞེས་དད་པ་སྐྱེ་བ་དང་།༨ འབུལ་བ་པོ་དག་ནི་སྟོན་པས་བདག་གི་བསོད་སྙོམས་ཡོངས་སྤྱད་དོ་སྙམ་ནས་དགའ་བ་སྐྱེ་ལ། སྟོན་པ་ནི་བཞེས་

པར་མི་མཛད་མོད་ཀྱང་འབུལ་བ་པོ་ལ་བསོད་ནམས་ཚད་མེད་པ་འཐོབ་ཅིང་ཁ་ཟས་དེ་གནས་གཙང་མའི་ལྷའི་བུ་ཞིག་གིས་རིན་པོ་ཆེའི་གཞོང་པར་ཁྱེར་ཏེ་སངས་རྒྱས་མེད་པའི་འཇིག་རྟེན་གྱི་ཁམས་ཐམས་ཅད་དུ་སོང་ནས་སེམས་ཅན་རྣམས་ཚིམ་པར་བྱེད་ཅིང་དེ་ཟོས་སོ་ཅོག་ཕྱིར་མི་ལྡོག་པ་འཐོབ་པར་འགྱུར་བ་དང་། སྟོན་གྱི་(༣༤༧བ)སངས་རྒྱས་རྣམས་ཀྱི་ཚུལ་དང་མཚུངས་པ་སྐྱེ།། དགོས་པ་བཅུ་ལས་བསོད་སྙོམས་ལ་གཤེགས་པར་སྟོན་ལ་འདི་ཡང་ཁྱད་པར་གྱི་ཆོ་འཕྲུལ་གཅིག་གོ། །

དེ་བཞིན་དུ་སྐྱེ་བོ་བྱེ་བ་ཕྲག་མང་པོས་རེ་རེས་ཀྱང་ བླ་གོས་བརྒྱ་སྟོང་སྙེད་སྐུ་ལ་གསོལ་ཡང་ཐུག་པར་ཡང་མི་མངོན། ནང་མ་ཞུགས་ཀྱང་སྐུ་ལ་སོར་བཞིས་མི་རེག་ལ། རྣམ་པར་འཐོར་རླུང་གིས་ཀྱང་གཡོ་མི་ནུས་པ་ན་ཟའི་ཆོ་འཕྲུལ་ཏེ།

དེ་ལ་སོགས་པ་མཐའ་ཡས་པ་རྣམས་ནི་སྐུ་རྫུ་འཕྲུལ་གྱི་ཆོ་འཕྲུལ་ཏེ། དེ་ལ་ཐུན་མོང་དང་ཐུན་མོང་མ་ཡིན་པ་གཉིས་ནི་རྫུ་འཕྲུལ་དངོས་ཏེ། དེས་འདུལ་བ་ན་རྫུ་འཕྲུལ་མཛད་ལ། གཞན་དེ་དག་ནི་ཆེད་དུ་སྤྲུལ་པ་མ་ཡིན་ཏེ་རང་བཞིན་གྱིས་སྟོན་པའི་ཆོས་ཉིད་ཡིན་ཡང་རིགས་མཐུན་བསྡུ་བ་ཙམ་གྱིས་ཆོས་འཕྲུལ་དང་པོར་བསྡུས་པ་ཙམ་མོ། །

བརྗོད་དུ་མེད་ཅིང་གང་གིས་ཀྱང་བརྗོད་པར་མི་ནུས་པའི་ཆོས་རྣམས་ལ་ཆོས་ཀྱི་རྣམ་གྲངས་སྣ་ཚོགས་སུ་བརྗོད་པས་གདུལ་བྱ་རྣམས་བརྗོད་དུ་མེད་པའི་དོན་རྟོགས་པ་ལ་འགོད་པ་ནི་ཆོ་འཕྲུལ་བླ་ན་མེད་པ་སྟེ། **ཚུལ་ཁྲིམས་འཆལ་བ་ཚར་གཅོད་པའི་མདོ་ལས།** ཤཱ་རིའི་བུས་བཅོམ་ལྡན་འདས་ཀྱིས་མིང་དང་མཚན་མ་མེད་པའི་ཆོས་མིང་དང་མཚན་མས་བསྟན་ཅིང་བརྗོད་དུ་མེད་པའི་ཆོས་བརྗོད་པར་མཛད་པ་ནི་ཆེས་ངོ་མཚར་ཏོ། །ཞེས་གསོལ་བས། དེ་དེ་བཞིན་ནོ། །ཞེས་སྨྲར་ནམ་མཁའ་ལ་རི་མོ་གསལ་བ་དང་། རི་རབ་ཟོས་ནས་ཞུ་བ་དང་། མེ་འབར་

བའི་ཁྲིམ་དུ་རྩ་ཁུར་ཆེར་ཐོགས་ཏེ་མ་ཆོག་པར་འབྱུང་འཇུག་བྱེད་པ་དང་། རྡོའི་གཟིངས་ས་གཞི་ཙམ་གྱིས་རྒྱ་མཚོ་བརྒལ་བ་དང་། གླིང་བཞི་པའི་འཇིག་རྟེན་ཁྲིར་ནས་སྣང་མའི་ཉིན་པའི་སྐས་ལས་ཚངས་རིས་སུ་འཛོག་པ་དང་། རླུང་གིས་བསྐྱལ་བའི་སྲད་བུ་ཕྲ་མོས་རི་རབ་བཏགས་ཏེ་ནམ་མཁའ་ལ་འཛིན་པ་དང་། སྟོང་གསུམ་དུ་གནྡྷ་ཙམ་གྱི་ཆར་རྒྱུན་འབབ་པ་ཐིགས་པ་གཅིག་ཀྱང་ས་ལ་མ་ལྷུང་(༣༨༤ན)བར་བཟེད་པ་དང་། སྟོང་གསུམ་དུ་རི་རབ་ཙམ་གྱི་རྡོ་ཆར་བབས་པ་དེ་ལྟར་བཟེད་པ་དང་། མཆིལ་མའི་ཟེར་མ་གཅིག་གིས་སྲིག་བསྐལ་གཞིལ་ཏེ་དབུགས་གཅིག་གིས་འཇིག་རྟེན་སྣར་དགོད་པ་དང་། ལག་མཐིལ་གཅིག་ཏུ་སེམས་ཅན་ཐམས་ཅད་བཀོད་ཅིང་གཅིག་ཤོས་ཀྱིས་སྟོང་གསུམ་གྱིན་དུ་བཏེགས་ནས་སེམས་ཅན་དེ་ཐམས་ཅད་སློ་གཅིག་ཏུ་བྱེད་པ་བས་ཀྱང་མངོན་པར་འདུ་བྱེད་པ་མེད་པ་དང་། འབྱུང་བ་མེད་པ་དང་། མཚན་མ་མེད་པ་དང་། མཚན་ཉིད་མེད་པ་དང་། བསྟན་དུ་མེད་པ་ལ་དེ་བཞིན་གཤེགས་པས་ཆོས་བསྟན་པ་གང་ཡིན་པ་འདི་ནི་ཆེས་ངོ་མཚར་བར་གསུངས་ལ།

དབྱངས་ཀྱི་ཡན་ལག་དྲུག་ཅུ་རྩ་བཞི་དང་ལྡན་པའི་གསུང་མངའ་བ་སྟེ། **དཀོན་མཆོག་བརྩེགས་པར།** རྣམ་པ་དྲུག་ཅུ་རྩ་བཞི་གང་ཞེ་ན། མཉེན་པའི་གསུང་འབྱུང་བ་དང་། ཞེས་སོགས་གསུངས་པ་སྟོམ་ཚིག་ཏུ་སྤྲུར་ན། མཉེན་འཇམ་ཡིད་འོང་ཡིད་འཐད་ངག །དྲི་མེད་འོད་གསལ་འཇེབས་མཉན་འོས། །མི་ཚུགས་༡སྙན་དུལ་མི་རྩུབ་དང་། །མི་བརླང་རབ་དུལ་རྣ་བར་སྙན། །ལུས་སེམས་ཚིམ་བྱེད་སྙིང་དགའ་བྱེད། །དགའ་ཞིང་བདེ་བ་སྐྱེད་པར་བྱེད། ༢།ཡོངས་སུ་མི་གདུང་ཀུན་ཤེས་བྱ། །རྣམ་པར་རིག་བྱ་རྣམ་པར་གསལ། །དགའ་དང་མངོན་པར་དགའ་བར་བྱེད། །ཀུན་ཏུ་ཤེས་བྱེད་རྣམ་རིག་བྱེད། །རིགས་པ་དང་འབྲེལ་ཐློས་སྐྱོན་མེད། ༣ །སེང་གེའི་ང་རོའི་ཤུགས་དང་ལྡན། །གླང་ཆེན་སྒྲ་དང་འབྲུག་གི་དབྱངས། །ཀླུ་དང་དྲི་ཟ་ཀ་པིང་

དབྱངས། །ཚངས་དབྱངས་ཤང་ཤང་ཏེའུའི་དབྱངས། །ལྷ་དབང་དབྱངས་དང་ཟ་ཡི་སྒྲ། ༦ །མ་ཁེངས་པ་དང་མི་དམའ་དང་། །སྒྲ་རྣམས་ཀུན་གྱི་རྗེས་སུ་ཞུགས། །ཚིག་ཟུར་མ་ཆད་ལྷབ་ལྷིབ་མེད། །མ་ཚང་མེད་ཅིང་མ་ཞུམ་དང་། །མི་ཞན་རབ་(༣༧༨བ) དགའ་ཁྱབ་པ་དང་། ༥ །ཚུབ་དང་རྒྱུན་ཆགས་འབྲེལ་བ་དང་། །སྒྲ་རྣམས་ཐམས་ཅད་རྫོགས་པར་བྱེད། །དབང་པོ་ཐམས་ཅད་ཚིམ་བྱེད་དང་། །མ་དམད་མི་འགྱུར་མ་ཏབས་དང་། །འཁོར་གྱི་དཀྱིལ་འཁོར་ཀུན་ཏུ་གྲག །འདོད་ཆགས་ཞི་བྱེད་༨ཞེ་སྡང་འདུལ། །གཏི་མུག་སེལ་བྱེད་བདུད་ཚར་གཅོད། །རྣམ་པ་ཀུན་མཆོག་ལྡན་པའི་གསུང་། །ཡན་ལག་དྲུག་ཅུ་རྩ་བཞི་པོ། །ཞེས་བྱ་ལ།

བུ་སྟོན་རིན་པོ་ཆེས་དྲུག་ཅུ་པོ་ན་ཡིན་གྱི་རྩ་བཞི་མ་དག་གོ་ཞེས་གསུང་ཡང་མདོ་ཉིད་ལས་རེ་བཞིར་བཤད་པས་སྐྱོན་མེད་ལ། **སྙིང་རྗེ་ཆེན་པོ་ངེས་བསྟན་གྱི་མདོ་ལས་ནི།** འབྲས་བུ་ཡོད་པའི་ཆོས་སྟོན་པ་དང་ཞེས་སོགས་དེ་བས་མང་བར་གསུངས་ཏེ།

སྡོམ་ནི། འབྲས་ཡོད་ཆོས་སྟོན་ངེས་ཚིག་སྒྲ། །ཁྱད་པར་ལུང་སྟོན་ཀུན་ཤེས་བྱེད། །རྣམ་པར་ཤེས་བྱེད་མཐོ་དམན་མེད། །ཡ་ཡོ་ལྷབ་ལྷིབ་ཟྭ་ཟུ་མེད། །མི་བརླང་༧མི་རྩུབ་མ་འཚོལ་བ། །འཇམ་མཉེན་ལས་རུང་དར་དར་མིན། །ཕྱུང་རྒྱལ་མ་ཡིན་རབ་ཏུ་བརྟགས། །ཏ་ཅང་སྨྱུར་མིན་ཤིན་ཏུ་ཕྱི། ༢ །ཤིན་ཏུ་ངེས་ཚིག་ཤིན་དགའ་བསྐྱེད། །ཤིན་སྙན་ཤིན་ཏུ་གདངས་ཆེས་སྙན། །ཤིན་གསལ་ཐགས་ཐོགས་མེད་ཅིང་རྫོགས། །སྙན་འབོལ་བསྒྲགས་མཛེས་༣མཆོད་པར་གྱུར། །རྟུལ་མེད་རྟུལ་བྲལ་ཐ་བ་མེད། །དྲི་མེད་དྲི་བྲལ་རྫོངས་པ་མེད། །ཤིན་ཏུ་ཟུར་ཕྱིན་ཆགས་པ་མེད། །རབ་གྲོལ་འོད་གསལ་དྭང་མི་དམན། །མ་འཛིངས་བདེ་སྐྱིད་དེབ་དེབ་མིན། །ལུས་ཚིམ་སེམས་ཀུན་དགའ་བར་བྱེད། །དུག་གསུམ་སྡིག་སེལ་བདུད་ཀུན་འཇོམས། །གྲོལ་འདུལ་རྣམ་པར་ཤེས་པར་བྱེད། །མཁས་པ་དགའ་བྱེད་ཟའི་སྒྲ་ལྡན། །ཀ་པིང་བརྒྱ

བྱིན་ཚངས་པའི་དབྱངས། །རྒྱ་མཚོའི་རླབས་སྒྲ་གནོད་སྦྱིན་སྒྲ། །(༣༦༨(ན)ས་ཡི་སྒྲ་དབྱངས་༦༠ཁྲུང་ཁྲུང་སྒྲ། །ཆ་བྱ་ཁུ་བྱུག་ཤང་ཤང་ཏེའུ། །ངང་རྒྱལ་སེང་གེ་རོལ་མོའི་དབྱངས། །ཀུན་ཤེས་བྱེད་ཅིང་རབ་ཤེས་བྱེད། །ཡིད་འོང་༧༠མཉན་འོས་ཟུར་མིན་ཟབ། །རྣ་བ་བདེ་བྱེད་དགེ་རྩ་སྐྱེད། །ཚིག་ཡིག་མ་ཉམས་ཚིག་ཡིག་ནི། །ཤིན་ཏུ་ངེས་ཚིག་ལྡན་དོན་ལྡན། ༨༠ །ཚེས་ལྡན་དུས་ལྡན་དུས་ཚིགས་ནི། །ཀུན་ལྡན་དུས་ལས་མི་ཡོལ་བ། །མཆོག་དང་མཆོག་མིན་དབང་པོ་སྟོན། །སྦྱིན་པས་བརྒྱན་ཞིང་ཚུལ་ཁྲིམས་ཀྱིས། །རྣམ་དག་བཟོད་པས་ཡང་དག་བསྒྲུབས། །བརྩོན་པས་ཤིན་སྦྱངས་བསམ་གཏན་གྱིས། །ལས་སུ་རུང་བྱས་༩༠ཤེས་རབ་ཀྱིས། །ངེས་པར་བརྟགས་ཤིང་བྱམས་པས་བརྩམས། །སྙིང་རྗེས་མི་སྐྱོ་དགའ་བ་ཡིས། །འོད་གསལ་བཏང་སྙོམས་ཀྱིས་ངེས་བརྟགས། །ཐེག་གསུམ་རྣམ་འཇོག་དཀོན་མཆོག་གི། །རིགས་རྒྱུན་མི་གཅོད་ཕུང་པོ་གསུམ། །རྣམ་འབྱེད་རྣམ་ཐར་གསུམ་གྱིས་སྦྱངས། །བདེན་དང་༡༠༠ཡེ་ཤེས་ཀྱིས་ཡོངས་བསྔོས། །མཁས་པས་མ་སྨད་འཕགས་པས་བསྔགས། །ནམ་མཁའི་ཚད་ཀྱི་རྗེས་སུ་འགྲོ། །རྣམ་པ་ཀུན་གྱི་མཆོག་༡༠༥ལྡན་པ། །དེ་ལྟར་རྒྱལ་བའི་ངག་གི་ལས། །ཀུན་གྱི་སྟོན་ཕྱིར་ཡེ་ཤེས་འགྲོ། །ཞེས་བྱ་སྟེ། རྒྱལ་བའི་གསུང་དབྱངས་ཡན་ལག་དྲུག་ཅུར་ངེས་སོ་སྙམ་པ་དག་སེལ་ཕྱིར་བཀོད་པ་ཡིན་ལ། ཁྱད་པར་ལུང་སྟོན་པ་ནི་མི་སློ་བས་བཟུང་དུ་རུང་བ་དང་འོད་གསལ་བ་ནི་སེམས་དང་བར་བྱེད་པ་དང་། མ་འཛིངས་པ་ནི་སྒྲ་ཟུར་ཟེར་མ་ཡིན་པ་དང་། ཕུང་པོ་གསུམ་རྣམ་པར་འབྱེད་པ་ནི་གང་ཟག་ཡང་དག་པ་ཉིད་དུ་ངེས་པ་དང་། ཡོག་པར་ངེས་པ་དང་། མ་ངེས་པའི་ཕུང་པོ་སྟེ་གསུམ་འབྱེད་པར་རིགས་ལ། ཕར་ཕྱིན་དྲུག་གིས་བསྒྲུབས་པ་སོགས་ནི་ཕར་ཕྱིན་བརྒྱ་ཉེ་ཤུ་རྩ་གཅིག་གི་མཚན་དཔེ་ལ་རྣམ་(༣༦༨(བ)འབྲས་བཤད་པ་དང་རིགས་བསྒྲེས་ན་གསུང་མཐའ་ཡས་པ་སྦྱིན་པའི་འབྲས་བུ་གསུང་དག་པ། ཚུལ་ཁྲིམས་ཀྱི་འབྲས་བུ་གསུང་སྙན་པ། བཟོད་པའི་

འབྲས་བུ་གསུང་མི་ངལ་ཞིང་དབུགས་ཁུག་གིས་བར་དུ་མ་ཆོད་པ། བརྩོན་འགྲུས་ཀྱི་འབྲས་བུ་གསུང་ཐོས་པས་སེམས་རྩེ་གཅིག་པ་འཐོབ་པ། བསམ་གཏན་གྱི་འབྲས་བུ་གང་གིས་ཐོས་པའི་དུག་གསུམ་སེལ་བ། ཤེས་རབ་ཀྱི་འབྲས་བུར་འཐོབ་ལ་འདི་ལ་རགས་པར་བསྡེབས་ན་ཡན་ལག་བརྒྱ་དང་ལྡན་སྣང་ངོ་། །

གཞན་ཡང་གསུང་ཧ་ཅང་ཆེ་བའི་རྣར་གཟན་པ་མ་ཡིན་པ་དང་། ཧ་ཅང་ཆུང་བས་མི་གསལ་བ་མ་ཡིན་པ་དང་། ཞབས་ཀྱི་དྲུང་དང་སྟོང་གསུམ་ཐམས་ཅད་ཀྱི་མཐའི་བར་ཡང་ཁྱད་མེད་པར་ཐོས་པ་དང་། སུས་ཐོས་ཀྱང་རྣ་བ་དག་པར་འགྱུར་བས་འོན་པའི་སྐྱོན་སེལ་བ་དང་། ཀ་ལ་པིངྐ་དང་རྨ་བྱ་དང་ཚངས་དབྱངས་སོགས་གང་ལ་མོས་པ་དེར་ཐོས་པ་དང་། འགྲོ་བ་སོ་སོའི་སྐད་དུ་གོ་བ་དང་། མང་ཉུང་དང་ཚིག་དོན་ཐམས་ཅད་གང་ལ་གང་གིས་འདུལ་བ་དེ་ཙམ་དུ་ཐོས་ཤིང་དེས་གདུལ་བྱ་དེའི་དོན་འགྲུབ་པ་དང་། ངག་ཀུན་ནས་སློང་བའི་བློ་མི་མངའ་བ་དང་། སྔའི་གནས་ཁོག་པ་བརྒྱུད་ལས་བྱུང་བ་མ་ཡིན་པ་སྟེ་དེ་ལྟ་བུ་སོགས་ནི་གསུང་ཀུན་ཏུ་བརྗོད་པའི་ཆོ་འཕྲུལ་ལོ། །

ཐུགས་ཀྱི་ཆོ་འཕྲུལ་ནི་སྟོན་པ་ཟབ་མོ་སྣང་བའི་ཏིང་ངེ་འཛིན་ལ་སྙོམས་པར་ཞུགས་པ་ན་སྤྱན་རས་གཟིགས་དང་ཤཱ་རིའི་བུ་ལ་ལན་དང་དྲི་བའི་སྤོབས་པ་སྐྱེས་ཏེ་ཤེས་རབ་ཀྱི་ཕ་རོལ་ཏུ་ཕྱིན་པའི་སྙིང་པོ་བསྟན་པ་ལྟ་བུ་དང་། **དེ་བཞིན་གཤེགས་པའི་སྤྱོད་ཡུལ་དང་ཡེ་ཤེས་བསམ་གྱིས་མི་ཁྱབ་པའི་མདོར།** འཁོར་འདུས་པ་དེ་ཐམས་ཅད་ལས་ཁ་ཅིག་གིས་དེ་བཞིན་གཤེགས་པ་དགའ་ལྡན་ནས་འཕོ་བ་ནས་རིང་སྲེལ་བགོད་པ་དང་འདས་ནས་བསྐལ་པ་བརྗོད་དུ་མེད་པ་སོང་བའི་བར་ཐ་དད་དུ་སྣང་བ་དང་། གསེར་དང་མུ་ཏིག་ལྷུར་མཐོན་ཀ་ལྟ་བུའི་ཁ་དོག་ཐ་དད་པར་སྣང་བ་དང་། (༣༧༠ན)སྐྲ་མདོམ་གང་བ་ནས་སྤྱིད་རྩེ་ལ་ཐུག་པའི་བར་ཐ་དད་དུ་སྣང་བ་དང་། ཆོས་ཀྱི་སྒོ་ཐ་དད་པ་སྣ་ཚོགས་སྟོན་པར་སྣང་བ

ན། འཇམ་དཔལ་དང་། སྒྲིབ་སེལ་གྱི་དྲིས་ལན་གྱིས་དེ་བཞིན་གཤེགས་པ་རྟོག་པ་དང་འབད་པ་མེད་བཞིན་གང་འདུལ་གྱི་ཁ་དོག་དང་། དབྱིབས་དང་། ཚོས་དང་། དུས་སུ་སྣང་བ་ནི་ཉི་མ་རྟོག་མེད་དུ་རྒྱུ་བ་ལ་ཡུལ་སོ་སོ་ན་ཤར་བ་དང་། ནུབ་པ་དང་། གུང་དུ་རྟོག་པ་དང་། བཻཌཱུརྻ་རས་སོ་སོའི་སྟེང་དུ་བཞག་པས་ཁ་དོག་ཐ་དད་པར་སྣང་བ་སོགས་དཔེ་མང་པོས་གཏན་ལ་ཕབ་པ་ལྟར་དང་། ནམ་མཁའི་མདོག་གིས་འདུལ་བའི་བཟོད་པ་བསྟན་པར། དེ་བཞིན་གཤེགས་པ་སྐར་མདའི་མདོག་གིས་འདུལ་བའི་ཏིང་ངེ་འཛིན་ལ་སྙོམས་པར་ཞུགས་པ་ན། སྟོན་པ་དྲང་སྲོང་ཆེན་པོ་རལ་པ་ཅན་མིའི་སྦྱིན་སྲེག་བྱེད་པའི་མེ་འོད་ཁ་དོག་སྣ་ཚོགས་པས་འཇིག་རྟེན་ཐམས་ཅད་སྣང་བར་བྱས་ཏེ། ཕྱོགས་བཅུའི་སངས་རྒྱས་བྱང་སེམས་ཐམས་ཅད་ཀྱང་དྲང་སྲོང་དུ་གྱུར་པས་བརྟུལ་ཞུགས་ཀྱིས་གྲོལ་བར་སྨྲ་བ་ཐམས་ཅད་ཐེག་གསུམ་དུ་བཏུལ་བ་ལ་སོགས་མདོར་ན་དེ་བཞིན་གཤེགས་པ་ནི་ཆོས་ཉིད་ཇི་ལྟ་བ་ཡོངས་སུ་རྫོགས་པ་འགོག་པ་ཆེན་པོ་ལས་གཡོ་བ་ནམ་ཡང་མེད་བཞིན་དུ་བསོད་ནམས་ཐམས་ཅད་བསྡུས་པ་དང་། དམ་པའི་ཆོས་པདྨ་དཀར་པོ་དང་། ཆོས་ཐམས་ཅད་ཀྱི་ཚུལ་ངེས་པར་སྟོན་པ་དང་། མྱ་ངན་ལས་འདས་པ་ཆེན་པོ་ལ་སོགས་ཏིང་ངེ་འཛིན་གྱི་སྒོ་མཐའ་ཡས་པ་ལ་སྙོམས་པར་འཇུག་ཅིང་ལྡང་བར་ཡང་མཛད་ལ། ཏིང་ངེ་འཛིན་དེའི་མཐུས་བསོད་ནམས་ཐམས་ཅད་བསྡུས་པའི་ཏིང་ངེ་འཛིན་གྱི་མདོ་དང་། དམ་ཆོས་པད་དཀར་གྱི་མདོ་དང་། བསྐལ་པ་བཟང་པོའི་མདོ་དང་། མྱང་འདས་ཀྱི་མདོ་སོགས་ཆོས་ཀྱི་རྣམ་གྲངས་དེ་དང་དེ་སྟོན་པའི་སྣང་བ་གདུལ་བྱ་ལ་འབྱུང་སྟེ་ཐེག་ཆེན་གྱི་མདོ་ཕལ་མོ་ཆེ་རྒྱུ་ཏིང་ངེ་(༣༧༠བ)འཛིན་དེ་ལས་མིང་དུ་བྱས་པ་ཡིན་ལ། དེ་བཞིན་གཤེགས་པ་ནི་ཅི་ཡང་གསུང་བར་མི་མཛད་ཀྱང་གདུལ་བྱ་སོ་སོ་ལ་སྣང་བ་དེ་ལྟ་བུས་འདུལ་བ་ནི་ཐུགས་བསམ་གྱིས་མི་ཁྱབ་པ་ཏིང་ངེ་འཛིན་གྱི་ཆོ་འཕྲུལ་ལོ། །གསུང་གི་ཁྱད་པར་ནི་གསུང་གི་ཆོ་འཕྲུལ་ཉིད་དེ་ཅུང་

ཟད་བསྟན་ཟིན་ཏོ། །

མ་འདྲེས་པའི་ཆོས་ཀྱི་ཁྱད་པར་ནི། ཆོས་གཟུགས་ཀྱི་སྐུ་མ་ཕྱེ་བའི་དབང་དུ་མཛད་ནས། **བྱང་ས་ལས།** མ་འདྲེས་པའི་ཆོས་བརྒྱ་དང་བཞི་བཅུར་བཤད་དེ། ཇི་སྐད་དུ། དེ་ལ་སངས་རྒྱས་ཀྱི་ཆོས་བརྒྱ་བཞི་བཅུ་ནི་འདི་དག་ཡིན་ཏེ། སྐྱེས་བུ་ཆེན་པོའི་མཚན་སོ་གཉིས་དང་། དཔེ་བྱད་བཟང་པོ་བརྒྱད་ཅུ་དང་། རྣམ་པ་ཐམས་ཅད་དུ་ཡོངས་སུ་དག་པ་བཞི་དང་། སྟོབས་བཅུ་དང་། མི་འཇིགས་པ་བཞི་དང་། དྲན་པ་ཉེ་བར་བཞག་པ་གསུམ་དང་། སྲུང་བ་མེད་པ་གསུམ་དང་། སྙིང་རྗེ་ཆེན་པོ་དང་། བསྙེལ་བ་མི་མངའ་བའི་ཆོས་ཉིད་དང་། བག་ཆགས་ཡང་དག་པར་བཅོམ་པ་དང་། རྣམ་པ་ཐམས་ཅད་དང་། མཆོག་མཁྱེན་པའོ། །ཞེས་སོ། །

གཙོ་བོར་ཆོས་ཀྱི་སྐུའི་དབང་དུ་བྱས་ན། སྟོབས་བཅུ་དང་། མི་འཇིགས་པ་བཞི་དང་། མ་འདྲེས་པའི་ཆོས་བཅོ་བརྒྱད་ཀྱིས་བྲལ་བའི་ཡོན་ཏན་སོ་གཉིས་ཏེ། དང་པོའི་སྐུ་ནི་སྟོབས་ལ་སོགས། །བྲལ་བའི་ཡོན་ཏན་རྣམས་དང་ལྡན། །ཞེས་སོ། །དེ་ཡང་རྒྱུ་དགེ་བ་ལས་འབྲས་བུ་བདེ་བ་འབྱུང་བ་ཞེས་བྱ་བ་འདི་ནི་གནས་སོ། །རྒྱུ་མི་དགེ་བ་ལས་འབྲས་བུ་བདེ་བ་འབྱུང་བ་ཞེས་བྱ་བ་འདི་ནི་གནས་མ་ཡིན་པའོ། །སྟོང་ཉིད་ལ་མོས་པས་བཟོད་པ་འཐོབ་པ་ནི་གནས་སོ། །དམིགས་པ་ཅན་གྱིས་བཟོད་པ་འཐོབ་པ་ནི་གནས་མ་ཡིན་པའོ། །ཞེས་པ་ལ་སོགས་པ་གནས་ལ་གནས་དང་གནས་མ་ཡིན་པ་ལ་གནས་མ་ཡིན་པར་མཁྱེན་པ་ནི་སྟོབས་དང་པོ་གནས་དང་གནས་མིན་མཁྱེན་པའི་སྟོབས་ཏེ། **སྙིང་རྗེ་ཆེན་པོ་ངེས་བསྟན་གྱི་མདོ་**(༢༧༡ན)**ལས།** ས་ཀུན་འགྱུར་པར་འགྱུར་ཡང་སྲིད། །ནམ་མཁའ་གཡོ་བར་འགྱུར་ཡང་སྲིད། །སངས་རྒྱས་གནས་མིན་བཤད་པ་ནི། །གནས་སུ་འགྱུར་བ་མི་སྲིད་དོ། །ཞེས་སོ། །

དེས་ན་བོད་ཁ་ཅིག་ལས་དཀར་རྣམ་སྨིན་གནག་པ་སོགས་འདོད་པ་ཡང་

དེ་བཞིན་གཤེགས་པའི་སྟོབས་དང་པོ་ལ་རྒྱལ་བར་ཟད་དོ། ༡ །མཐོང་ཆོས་ལ་སྨིན་པ་དང་ཕྱི་མར་སྨིན་པ་དང་ལན་གྲངས་གཞན་ལ་སྨིན་པ་དང་སྨིན་པར་མ་ངེས་པ་སོགས་མཁྱེན་པ་ནི་ལས་ཀྱི་རྣམ་སྨིན་མཁྱེན་པའི་སྟོབས་སོ། ༢ །གདུལ་བྱ་གང་དབང་པོ་རྣོ་བ་དང་རྟུལ་བ་དང་བར་མ་སོགས་མཁྱེན་པ་ནི་དབང་པོ་མཁྱེན་པའི་སྟོབས་སོ། ༣ །ཁམས་ཐ་དད་པ་མཁྱེན་པ་ནི་ཁམས་མཁྱེན་པའི་སྟོབས་ཏེ།༤ **མདོ་ལས།** འཇིག་རྟེན་གནས་པའི་ཁམས་དང་རབ་ཏུ་གནས་པ་དང་རྗེས་སུ་ཁྲིད་པ་དང་ཐོགས་པ་དང་སྦྱོར་བ་དང་བསམ་པ་དང་ངེས་པར་སེམས་པ་དང་བརྟེན་པའི་ཁམས་ཏེ་བརྒྱད་དུ་བཤད་དོ། །དེ་བཞིན་དུ་མོས་པ་མཁྱེན་པ་དང་།༥ འཁོར་བའི་རྒྱུ་མཁྱེན་པ་ཀུན་འགྲོ་མཁྱེན་པ་དང་།༦ ཐར་པའི་རྒྱུ་མཁྱེན་པ་རྣམ་བྱང་མཁྱེན་པའམ་ཡང་ན་རང་བཞིན་མཁྱེན་པར་བྱས་ཀྱང་མི་འགལ་ཏེ།༧ **མདོ་ལས།** འཁོར་བ་ནི་ཀུན་ནས་ཉོན་མོངས་པའི་མཚན་ཉིད་དུ་མཁྱེན་ཏོ། །རྣམ་བྱང་ནི་རང་བཞིན་གྱིས་འོད་གསལ་བའི་མཚན་ཉིད་དུ་མཁྱེན་ཏོ། །ཞེས་སོ། །སྔོན་དང་ཕྱི་མའི་གནས་མཁྱེན་པ་དང་།༨ ལྷ་ཡི་མིག་མཁྱེན་པ་དང་།༩ ཐར་ལམ་འབྲས་བུ་དང་བཅས་པ་མཁྱེན་པ་ཟག་ཟད་མཁྱེན་པའི་སྟོབས་ཏེ་རྣམ་པ་བཅུའོ། ༡༠ །

དེ་དག་གི་རྒྱུ་ཡང་སྔོན་སེམས་བསྐྱེད་དང་དམ་བཅའ་བརྟན་པ་དང་གཞན་ལ་ལས་འབྲས་བསྟན་པ་དང་དབང་པོ་དང་འཚམ་པར་བསྟན་པ་དང་གཞན་གྱི་ཁམས་དང་མཐུན་པར་ཞུགས་པ་དང་མོས་པ་བཞིན་ཞུགས་པ་དང་། (༣༧༡བ) ཐེག་པ་ཐམས་ཅད་ལ་གོམས་པ་དང་ཏིང་ངེ་འཛིན་ལྷུར་བྱས་པ་དང་དགེ་བ་ཆུང་མ་གསན་པ་དང་སེམས་ཅན་ལ་ལྷག་པའི་བསམ་པས་གནས་པ་དང་ཟག་པ་ཟད་པའི་དོན་དུ་ཆོས་བསྟན་པ་ལས་རེ་རེ་ཞིང་གྲུབ་བོ། །

མི་འཇིགས་པ་བཞི་ནི་འཁོར་གྱི་ནང་དུ་ངས་ཆོས་ཐམས་ཅད་མངོན་པར་རྫོགས་པར་སངས་རྒྱས་སོ་ཞེས་བྱང་ཆུབ་བརྙེས་པ་དང་།༡ ཉོན་མོངས་པ་འདི་

དག་ནི་ཐར་པའི་གེགས་སོ་ཞེས་སྤྲང་བྱ་བསྟན་པ་དང་།[༢] གང་ལ་འཕགས་ལམ་ཡན་ལག་བརྒྱད་སྣང་བ་དེ་ལ་མྱ་ངན་ལས་འདས་པ་ཡོད་དོ་ཞེས་ཐར་པའི་ལམ་བསྟན་པ་དང་།[༣] ངས་སྒྲིབ་པ་བག་ཉལ་དང་བཅས་པ་སྤྲངས་སོ་ཞེས་སེང་གེའི་སྒྲ་བསྒྲགས་པ་ལ་ལྷ་མིར་གྱུར་པ་སུས་ཀྱང་ཆོས་བཞིན་དུ་རྒོལ་བ་མེད་པས་འཁོར་གྱི་ནང་དུ་མི་འཇིགས་པ་བཞིའོ།[༤]།

མ་འདྲེས་པའི་ཆོས་བཅོ་བརྒྱད་ནི། སྐུ་འཁྲུལ་པ་མི་མངའ་བ་དང་། གསུང་ཅ་ཅོ་མི་མངའ་བ་དང་། ཐུགས་དྲན་པ་ཉམས་པ་མི་མངའ་བ་དང་། མཉམ་པར་མ་བཞག་པའི་ཐུགས་མི་མངའ་བ་དང་། འདུ་ཤེས་སྣ་ཚོགས་པ་མི་མངའ་བ་དང་། མ་བརྟགས་པའི་བཏང་སྙོམས་མི་མངའ་བ་སྟེ་སྤྱོད་པ་མ་འདྲེས་པ་དྲུག་དང་། འདུན་པ་དང་། བརྩོན་འགྲུས་དང་། དྲན་པ་དང་། ཤེས་རབ་དང་། རྣམ་པར་གྲོལ་བ་དང་། རྣམ་པར་གྲོལ་བའི་ཡེ་ཤེས་གཟིགས་པ། རྣམས་རེ་རེ་ཞིང་ཉམས་པ་མི་མངའ་བ་སྟེ་རྟོགས་པ་མ་འདྲེས་པ་དྲུག་དང་། སྐུ། གསུང་། ཐུགས་ཀྱི་མཛད་པ་ཐམས་ཅད་ལ་ཡེ་ཤེས་སྔོན་དུ་འགྲོ་ཞིང་ཡེ་ཤེས་རྗེས་སུ་འཇུག་པ་ཕྲིན་ལས་མ་འདྲེས་པ་གསུམ་དང་། འདས་པ་དང་། མ་འོངས་པ་དང་། ད་ལྟར་བ་ཐམས་ཅད་ལ་ཆགས་ཐོགས་ཀྱི་སྒྲིབ་པ་མེད་པར་ཡེ་ཤེས་ཀྱི་གཟིགས་པ་འཇུག་པ་ནི་ཡེ་ཤེས་མ་འདྲེས་པ་གསུམ་སྟེ། དེ་ལྟར་བཅོ་བརྒྱད་དོ། །

གཞན་ཡང་སངས་རྒྱས་ཀྱི་ཟག་མེད་ཀྱི་ཡོན་ཏན་འདི་དག་མདོ་སྡེ་རྒྱན་ལས་སྡེ་ཚན་ཉེར་གཅིག་ཏུ་གསུངས་ཏེ། (༣༧༢ན)སེམས་ཅན་རྣམས་ལ་བརྩེ་བ་ཅན། །སོགས་ཀྱིས་ཚད་མེད་བཞི།[༡] །ཐུབ་པ་སྒྲིབ་ཀུན་ངེས་པར་གྲོལ། །ཞེས་པས་གཟུགས་ཅན་གཟུགས་ལ་ལྟ་བ་དང་། གཟུགས་ཅན་མ་ཡིན་པ་གཟུགས་ལ་ལྟ་བའི་རྣམ་ཐར་གཉིས་ཀྱིས་སྤྲུལ་པའི་སྒྲིབ་པ་ལས་གྲོལ། ཁྱད་པར་སྡུག་པའི་རྣམ་ཐར་གྱིས་སྡུག་མི་སྡུག་སྤྲུལ་པ་ལ་ཆགས་སྡང་གི་སྒྲིབ་པ་ལས་གྲོལ། གཟུགས་མེད་ཀྱི་

རྣམ་ཐར་བཞིས་རོ་མྱང་གི་སྒྲིབ་པ་ལས་གྲོལ། འདུ་ཤེས་དང་ཚོར་བ་འགོག་པའི་རྣམ་ཐར་གྱིས་འགོག་པའི་སྒྲིབ་པ་ལས་གྲོལ་བ་སྟེ་རྣམ་ཐར་བརྒྱད་དོ། [༢] །འཇིག་རྟེན་ཐམས་ཅད་ཟིལ་གྱིས་གནོན། །ཞེས་པས་ཟིལ་གནོན་བརྒྱད་དང་། [༣] ཁྱོད་ཀྱི་མཁྱེན་པས་ཤེས་བྱ་ཁྱབ། །ཐུགས་གྲོལ་ཁྱོད་ལ་ཕྱག་འཚལ་ལོ། [༤] །ཞེས་པས་ཟད་པར་བཅུ་བསྟན་ཏོ། །སེམས་ཅན་དག་ནི་ཐམས་ཅད་ཀྱི། །སོགས་ཀྱིས་ཉོན་མོངས་མེད་པའི་ཏིང་ངེ་འཛིན་དང་། [༥] ལྷུན་གྱིས་གྲུབ་ཅིང་ཆགས་མི་མངའ། །སོགས་ཀྱིས་སྨོན་གནས་མཁྱེན་པ་དང་། [༦] རྟེན་དང་སོགས་ཀྱིས་ཚིག་དང་དོན་དང་ངེས་ཚིག་དང་སྤོབས་པ་སྟེ་སོ་སོ་ཡང་དག་པར་རིག་པ་བཞི། [༧] གཤེགས་ནས་སོགས་ཀྱིས་རྫུ་འཕྲུལ་དང་ལྷའི་རྣ་བ་དང་གཞན་གྱི་སེམས་ཤེས་པ་དང་སྔོན་གནས་རྗེས་སུ་དྲན་པ་དང་ལྷའི་མིག་དང་ཟག་པ་ཟད་པ་སྟེ་མངོན་ཤེས་དྲུག [༨] །ལུས་ཅན་སོགས་ཀྱིས་མཚན་དཔེ། [༩] ལེན་དང་གནས་དང་གཏོང་བ་དང་། །ཞེས་པས་དམིགས་པ་ཡོངས་དག །སྤྲུལ་དང་ཡོངས་སུ་བསྒྱུར་བ་དང་། །ཞེས་པས་རྟེན། ཏིང་ངེ་འཛིན་དང་། ཞེས་པས་ཐུགས། ཡེ་ཤེས་ལ། མངའ་བརྙེས་ཁྱོད་ལ་ཕྱག་འཚལ་ལོ། །ཞེས་པས་ཤེས་རབ་ཡོངས་སུ་དག་པ་སྟེ་ཡོངས་དག་བཞིའོ། [༡༠] །ཐབས་དང་། སོགས་ཀྱིས་སྟོབས་བཅུ། [༡༡] རང་གཞན་(༣༧༢བ)སོགས་ཀྱིས་མི་འཇིགས་པ་བཞི། [༡༢] སྲུང་མེད་ཅེས་པས་སྐུ་གསུང་ཐུགས་སྲུང་བ་མེད་པ་གསུམ། [༡༣] བསྙེལ་བ་མི་མངའ་བ། སོགས་ཀྱིས་སྐུ་གསུང་ཐུགས་དྲན་པ་ཉེ་བར་བཞག་པ་གསུམ། [༡༤] ཀུན་མཁྱེན་སོགས་ཀྱིས་བག་ཆགས་ཡང་དག་བཅོམ་པ། [༡༥] སེམས་ཅན་སོགས་ཀྱིས་བསྙེལ་བ་མི་མངའ་བ། [༡༦] འཇིག་རྟེན་སོགས་ཀྱིས་ཐུགས་རྗེ་ཆེན་པོ། [༡༧] སྤྱོད་པ་སོགས་ཀྱིས་མ་འདྲེས་པ་བཅོ་བརྒྱད། [༡༨] སྐུ་གསུམ་སོགས་ཀྱིས་རྣམ་པ་ཐམས་ཅད་མཁྱེན་པ། [༡༩] འཛིན་པ་མི་མངའ་སོགས་ཀྱིས་ཕ་རོལ་ཏུ་ཕྱིན་པ་དྲུག [༢༠] །དམ་པའི་དོན་ནི་གྲུབ་པ་སྟེ། །ས་ཀུན་ལས་ནི་ངེས་པར་འབྱུང་། །སེམས་ཅན་ཀུན་གྱི་མཆོག་ཏུ་གྱུར། །སེམས་ཅན་ཐམས་ཅད་

རྣམ་གྲོལ་མཛད། །ཡོན་ཏན་མི་ཟད་མཉམ་མེད་ལྡན། །འཇིག་རྟེན་དག་དང་དཀྱིལ་འཁོར་ནའང་། །སྣང་ལ་ལྷ་དང་མི་རྣམས་ཀྱིས། །རྣམ་པ་ཀུན་ཏུ་མི་མཐོང་ངོ་། །དེ་ལྟ་ན་ཡང་དེ་ཡི་མཐུས། །གདུལ་བྱའི་སྐལ་བ་ཇི་བཞིན་དུ། །སྲིད་པ་ཇི་སྲིད་གནས་ཀྱི་བར། །དེ་ཡི་མཛད་པ་རྒྱུན་མི་འཆད། །ཅེས་པས་སངས་རྒྱས་ཉིད་ཀྱི་རང་བཞིན་གསུངས་སོ། ༧ །རྣམ་པ་གཅིག་ཏུ་ན་སངས་རྒྱས་ཀྱི་ཆོས་ཐམས་ཅད་མ་འདྲེས་པ་ཁོ་ནར་སྣང་སྟེ་སྐུ་བལྟམས་མ་ཐག་པ་ན་ཡང་སེམས་ཅན་གྱི་ཁམས་ཐམས་ཅད་ལ་གཟིགས་པས་རང་ལས་ལྷག་པ་ལྟ་ག་ལ་ཞིག་སྟེ་ཙུང་ཟད་མཉམ་པ་ཡང་མ་གཟིགས་པས་འདི་ཐམས་ཅད་དྲང་བར་ནུས་སོ་ཞེས་ཆེར་བཞད་ཅིང་གོམ་པ་བདུན་འབོར་བའི་ཕྱིར་དང་། ཡོན་ཏན་གྱི་རྣམ་པ་རེ་རེའང་སེམས་ཅན་ཐམས་ཅད་ཀྱི་བསོད་ནམས་གཅིག་ཏུ་བསྡུས་པས་གདུ་གླུང་གི་བྱེ་མའི་ཆར་ཡང་གཞལ་དུ་མེད་པའི་དགེ་བའི་རྩ་བས་བསྒྲུབས་པའི་ཕྱིར་རྒྱུ་བསམ་གྱིས་མི་ཁྱབ་པ་དང་། ཉིད་ཀྱིས་སྐབས་ཕྱེ་བ་དང་བྱིན་(༢༧༢ན)གྱིས་བརླབས་པ་མ་གཏོགས་ཉན་རང་ལྟ་ཞོག་སྲིད་ཐ་པའི་བྱང་སེམས་ཀྱིས་ཀྱང་དེའི་གོམ་པ་འདེགས་པ་དང་འདོར་བ་ཙམ་ཡང་ཤེས་པར་མི་ནུས་པའི་ཕྱིར་དང་། ནམ་མཁའ་དང་སེམས་ཅན་དང་ཆོས་དབྱིངས་དང་སངས་རྒྱས་ཀྱི་ཡོན་ཏན་གྱི་ཚད་ནི་དེ་བཞིན་གཤེགས་པ་ཉིད་ཀྱང་གསུང་བར་མི་མཛད་པའི་ཕྱིར་རོ། །དེས་ན་གཟུགས་སྐུ་གཉིས་ཀྱི་ཡོན་ཏན་ནི་ཇི་ལྟར་ཉེ་མའི་དཀྱིལ་འཁོར་གྱིས་རང་གི་འོད་སྣས་ཏེ་སྲིན་བུ་མེ་ཁྱེར་དུ་བསྟན་པ་ཙམ་སྟེ། གཟུགས་སྐུའི་ཡོན་ཏན་དཔེ་ཟླ་མ་མཆིས་མོད་ཀྱང་དེས་ནི་ཡོན་ཏན་གྱི་ཞིང་རྡུལ་སྙེད་ཀྱི་ཆའི་ཆ་གཅིག་ཀྱང་བསྟན་པ་མ་ཡིན་ལ་དེའི་ཕྱིར། གང་དག་ང་ལ་གཟུགས་སུ་མཐོང་། །གང་དག་ང་ལ་སྒྲར་ཤེས་པ། །ལོག་པའི་ལམ་དུ་ཞུགས་པ་ཡི། །སྐྱེ་བོ་དེ་ཡིས་ང་མི་མཐོང་། །ཞེས་དང་། **དགེ་རྩ་ཡོངས་འཛིན་གྱི་མདོ་ལས།** བཟང་སྐྱོང་དེ་དག་ནི་དམིགས་པ་དང་སྤྲོས་པ་དང་མངོན་པར་འདུ་བྱེད་

པ་དང་འཇིག་རྟེན་པའི་ཡང་དག་པའི་ལྟ་བས་ངའི་ལས་དང་བྱེད་པ་ལ་འཇུག་པར་བྱེད་ཅིང་སངས་རྒྱས་ཀྱི་ཡེ་ཤེས་ཙུང་ཟད་ཙམ་བརྗོད་པར་བྱེད་པ་གང་ཡིན་པ་དེ་དང་། དེ་དག་ནི་ངའི་བསྟུགས་པ་མ་ཡིན་པ་སྨྲ་བ་དག་སྟེ་དེ་དག་ངེས་པར་འབྱུང་བ་མ་ཡིན་པར་སྨྲ་བའོ། །ཞེས་ང་སྨྲའོ། །བཟང་སྐྱོང་དེ་བཞིན་གཤེགས་པའི་བསྟུགས་པ་སྨྲ་བ་དང་གསུངས་པ་སྨྲ་བ་དེ་དག་ཀྱང་གང་ཞེ་ན། བཟང་སྐྱོང་ཆོས་ཐམས་ཅད་འཛིན་པ་མེད་པ་དག་དང་སྤྲོས་པ་དང་མངོན་པར་འདུ་བྱེད་པ་དང་དུས་གསུམ་རྗེས་སུ་ཚོལ་བ་དང་ཡི་གེ་དང་འདོར་བའི་བར་མེད་པ་དག་སྟེ། བཟང་སྐྱོང་དེ་དག་ནི་དེ་བཞིན་གཤེགས་པའི་བསྟུགས་པ་སྨྲ་བ་དག་དང་གདགས་པ་མི་བྱེད་པ་དག་དང་སངས་རྒྱས་ཀྱི་སྲས་དག་དང་ཆོས་ལས་སྐྱེས་པ་དག་ཡིན་ནོ། །ཞེས་དང་། གཟུགས་ཀྱི་སྐུར་ནི་ནམ་དུ་(༣༧༣བ)ཡང་། །རྒྱལ་བ་གདགས་པར་ཡོང་མི་ནུས། །ཞེས་དང་། སུ་དག་ཆོས་ཀྱི་སྐུར་ལྟ་བ། །དེ་དག་གིས་ནི་འདྲེན་པ་མཐོང་། །ཞེས་དང་། རྒྱལ་བ་ལ་ནི་གཟུགས་དང་མཚན་མར་མ་ལྟ་ཞིག །བྱིས་པ་ལྟ་བུས་བདེ་བར་གཤེགས་ལ་སེམས་མ་ལྟ། །གང་གིས་རབ་འབྱོར་ལྟ་བུར་ང་ནི་མཐོང་གྱུར་པ། །དེས་ནི་སྟོང་གསུམ་ཀུན་གྱི་སྦྱིན་པ་ཐམས་ཅད་སྦྱངས། །ཞེས་དགེ་སློང་རྣམས་ཉིན་རེ་བཞིན་དུས་གསུམ་དུ་སྟོན་པ་ལྟ་བ་ལས་ཚེ་དང་ལྡན་པ་རབ་འབྱོར་ནི་གསོ་སྦྱོང་གི་ཚེ་ལས་མི་འོང་ནས་དེའི་རྒྱུ་ཞུས་པས་རབ་འབྱོར་གྱིས་ནི་དེ་བཞིན་གཤེགས་པ་ནི་ལྟར་མེད་པར་ཤེས་པས་མི་འོང་སྟེ་དེ་ལྟར་མཐོང་ན་སངས་རྒྱས་ཡང་དག་པ་མཐོང་བ་ཡིན་ནོ། །ཞེས་གསུངས་པ་སྟེ་འདི་དག་གིས་གཟུགས་སྐུ་ཙམ་གྱིས་སངས་རྒྱས་ཡོངས་སུ་རྫོགས་པ་མ་ཡིན་ཏེ། ཇི་ལྟར་ནམ་མཁའ་མཐའ་ཡས་པ་ལས་རྒྱ་མཚོག་གི་བུ་ག་མཐོང་བ་ཙམ་མོ། །ཞེས་སྟོན་པ་ཡིན་གྱི་གཟུགས་ཀྱི་སྐུ་སངས་རྒྱས་ཀྱི་སྐུ་མ་ཡིན་པར་སྟོན་པ་ཡང་མ་ཡིན་ཏེ། སྔོན་ངས་དགེ་བའི་རྩ་བ་འདི་སྤྱད་པས་མཚན་འདི་དང་ལྡན་པར་གྱུར་ཏོ། །ཞེས་སོགས་

ཞལ་གྱིས་བཞེས་པའི་ཕྱིར་དང་། གང་དག་ང་ལ་གཟུགས་སུ་མཐོང་། །ཞེས་གསུང་བ་པོ་ཉིད་སངས་རྒྱས་སུ་ཞལ་གྱིས་བཞེས་པའི་ཕྱིར་དང་། མི་འཇིགས་པ་བཞི་བརྙེས་པས་དེ་ལ་སུས་ཀྱང་འཚང་མ་རྒྱས་སོ་ཞེས་ཆོས་མཐུན་གྱིས་རྒོལ་མི་ནུས་པའི་ཕྱིར་དང་། དགེ་སློང་དག་ངའི་སྐུ་ལ་ལྟོས་ཤིག་དེ་བཞིན་གཤེགས་པའི་སྐུ་ལྟ་བ་ནི་རྙེད་པར་དཀའོ། །ཞེས་གཟུགས་ཀྱི་སྐུ་ཉིད་དེ་བཞིན་གཤེགས་པའི་སྐུར་ཞལ་གྱིས་བཞེས་པའི་ཕྱིར་རོ། །

དེས་ན་ནམ་མཁའ་ལ་རྫུ་མཆོག་གི་བུ་གར་བལྟ་བར་མི་བྱའོ། །ཞེས་བསྟན་པ་ན་རྫུ་མཆོག་གི་སྟོབས་ཀྱི་ནམ་མཁའ་ནམ་མཁའ་མ་ཡིན་ནོ། །ཞེས་སྟོན་(༣༧༨ན)པ་མ་ཡིན་པ་ལྟར་ཤེས་པར་བྱའོ། །གཟུགས་ཀྱི་སྐུ་སངས་རྒྱས་ཀྱི་སྐུ་ཡིན་མོད་ཀྱང་ཆོས་གཟུགས་ཕྱེ་བ་ན་གཟུགས་ཀྱི་ཆ་ཉིད་ནི་སངས་རྒྱས་ཉིད་དུ་རྣམ་པར་མ་བཞག་སྟེ། **དྲིན་ལན་གསབ་པའི་མདོ་ལས།** བཅོམ་ལྡན་འདས་གང་སངས་རྒྱས་ལ་སྐྱབས་སུ་མཆི་བ་དེ་གཟུགས་ཀྱི་སྐུ་ལ་སྐྱབས་སུ་མཆིའམ་ཆོས་ཀྱི་སྐུ་ལ་སྐྱབས་སུ་མཆི། བཀའ་སྩལ་པ། ཆོས་ཀྱི་སྐུ་ལ་སྐྱབས་སུ་འགྲོ་ཡི་གཟུགས་ཀྱི་སྐུ་ལ་སྐྱབས་སུ་འགྲོ་བ་ནི་མ་ཡིན་ཏེ་གཟུགས་སངས་རྒྱས་མ་ཡིན་པའི་ཕྱིར་རོ། །གསོལ་པ། གཟུགས་ཀྱི་སྐུ་སངས་རྒྱས་མ་ལགས་ན་ཅིའི་སླད་དུ་གཟུགས་ཀྱི་སྐུ་ལ་ཁྲག་ཕྱུང་བས་མཚམས་མ་མཆིས་པའི་ལས་བགྱིས་པར་འགྱུར། བཀའ་སྩལ་པ། གཟུགས་ཀྱི་སྐུ་ནི་ཆོས་ཀྱི་སྐུའི་སྣོད་ཡིན་ཏེ་ཆོས་ཀྱི་སྐུའི་གནས་སོ། །དེ་བས་ན་ཆོས་ཀྱི་སྐུ་ལ་གནོད་པ་བྱས་པས་མཚམས་མེད་པའི་ལས་སུ་འགྱུར་གྱི་གཟུགས་ཀྱི་སྐུ་སངས་རྒྱས་ཡིན་ནས་མཚམས་མེད་པའི་ལས་སུ་འགྱུར་བ་ནི་མ་ཡིན་ནོ། །ཞེས་སོ། །འདི་ནི་སངས་རྒྱས་མྱ་ངན་ལས་འདས་པའི་སྐུ་གདུང་སངས་རྒྱས་ཀྱི་སྐུ་གདུང་ཡིན་ཡང་སངས་རྒྱས་སུ་མི་འཇོག་པ་ལྟ་བུ་སྟེ། ཕྱིར་དྲིན་ལན་གསབ་པ་ཐེག་ཆེན་གྱི་མདོ་ཡིན་མོད་ཀྱང་གཟུགས་སྐུ་ཆོས་སྐུའི་རྟེན་དུ་བཤད་པ་འདི་ནི་ཐེག་དམན་དུ་དེ་

བཞིན་གཤེགས་པ་བེམ་ཤེས་གཉིས་ཚོགས་ཀྱི་སྐྱེས་བུར་འཛོག་པ་ལྟར་གསུངས་པ་སྡེ་ཐེག་ཆེན་ཉིད་ཀྱི་ཐུན་མོང་མ་ཡིན་པའི་རྣམ་གཞག་ནི་མ་ཡིན་ནོ། །

ཐེག་ཆེན་ཉིད་ཀྱི་དབང་དུ་བྱས་ན་ཡང་དག་པར་ན་རྫོགས་པའི་སངས་རྒྱས་ནི་ཡིན་མིན་ལས་རྣམ་པར་གྲོལ་བ་ཡིན་ཏེ་ཡིན་མིན་ནི་བློས་བཟུང་བར་ཟད་ལ་སངས་རྒྱས་ཉིད་ལ་བློ་མི་མངའ་ཞིང་སེམས་ཅན་སུའི་བློས་ཀྱང་སངས་རྒྱས་གཞལ་བར་མི་ནུས་པའི་ཕྱིར། འོན་ཀྱང་(༣༧༨བ)ཐ་སྙད་ཙམ་དུ་ནི་ངོ་བོ་ཉིད་ཀྱི་སྐུ་རང་བཞིན་གྱིས་རྣམ་པར་དག་པ་ནམ་མཁའ་ལྟ་བུ་ལས་མི་གཡོ་བར་གཟུགས་སྐུ་གཉིས་ཉེ་བར་སྣང་བའི་ཕྱིར་གཟུགས་སྐུ་ནི་ངོ་བོ་ཉིད་ཀྱི་སྐུ་ལས་གཅིག་པ་དང་ཐ་དད་པ་གང་ཡང་མ་ཡིན་ལ་གཟུགས་སྐུ་གཉིས་པོ་ཡང་ངོ་བོ་ཉིད་སྐུ་ཉིད་ལ་གདུལ་བྱའི་མཐོང་བ་ཐ་དད་པར་ཟད་པའི་ཕྱིར་གཅིག་པ་དང་ཐ་དད་པ་གང་ཡང་མ་ཡིན་ནོ། །འོན་ཀྱང་བེམ་ཤེས་གཉིས་ཚོགས་ལྟར་འདོད་པ་སེལ་བའི་ཆེད་དུ་ངོ་བོ་ཉིད་ཀྱི་སྐུ་ནམ་མཁའ་ལྟར་རྟེན་དང་གཟུགས་སྐུ་ཉི་ཟླ་ལྟར་དེ་ལ་བརྟེན་པའམ། ངོ་བོ་ཉིད་ཀྱི་སྐུ་ནམ་མཁའ་ལྟ་བུ་ཐུགས་རྗེ་ཆེན་པོ་སྤྲིན་ལྟ་བུ་གཟུགས་སྐུ་ཆར་ལྟ་བུར་ཡང་བཤད་དེ། **རྒྱན་ལས།** དང་པོ་གཉིས་པོའི་རྟེན་ཡིན་ནོ། །ཞེས་དང་། **རྫོ་བོའི་སྙིང་པོ་བསྡུས་པར།** སྐུ་གསུམ་འབྱུང་བའི་མཚན་ཉིད་ཀྱང་། །སྟོང་ཉིད་ནམ་མཁའ་ལྟ་བུ་ལས། །རྩོལ་མེད་ཐུགས་རྗེའི་སྤྲིན་འབྱུང་ཞིང་། །སྐུ་གཉིས་བདུད་རྩིའི་ཆར་རྒྱུན་གྱིས། །ཁམས་གསུམ་ཐ་བའི་རྒྱུད་བརླན་ཏེ། །བྱང་ཆུབ་སྙིང་པོའི་ས་བོན་ལས། །དགེ་བའི་ལོ་ཏོག་སྨིན་པར་འགྱུར། །ཞེས་སོ། །དེས་ན་སྤྲིན་དང་ཆར་ནི་ནམ་མཁའ་ལས་གཅིག་ཐ་དད་གང་དུ་ཡང་གདགས་མི་ནུས་པ་ལྟར་ཤེས་པར་བྱའོ། །

ཡང་ན་ཆོས་ཀྱི་སྐུ་ནམ་མཁའ་ལྟ་བུ། ལོངས་སྐུ་སྤྲིན་ལྟ་བུ། སྤྲུལ་སྐུ་ཆར་ལྟ་བུ་ཡང་ཡིན་ཏེ། **སྐུ་གསུམ་གྱི་མདོར།** རིགས་ཀྱི་བུ་དེ་བཞིན་གཤེགས་པའི་ཆོས་ཀྱི་

སྐུ་ནི་ནམ་མཁའ་ལྟར་རང་བཞིན་མེད་པའི་དོན་ནོ། །ལོངས་སྤྱོད་རྫོགས་པའི་སྐུ་ནི་སྤྲིན་ལྟར་འབྱུང་བའི་དོན་ནོ། །སྤྲུལ་པའི་སྐུ་ནི་སངས་རྒྱས་ཐམས་ཅད་ཀྱི་ཕྲིན་ལས་ཏེ་ཆར་པ་ལྟ་བུས་ཐམས་ཅད་བསྟན་པའི་དོན་ནོ། །ཞེས་དང་། རང་བཞིན་རྣམ་པར་དག་པ་ནི་ཆོས་ཀྱི་སྐུའོ། །ཏིང་ངེ་འཛིན་རྣམ་པར་དག་པ་ནི་ལོངས་སྤྱོད་རྫོགས་པའི་སྐུའོ། །སྤྱོད་(༣༧༥ན)པ་རྣམ་པར་དག་པ་ནི་སངས་རྒྱས་ཐམས་ཅད་ཀྱི་སྤྲུལ་པའི་སྐུའོ། །ཞེས་དང་། ཆོས་ཀྱི་སྐུ་ནི་སངས་རྒྱས་ཐམས་ཅད་དང་རང་བཞིན་མཐུན་པར་གནས་སོ། །ལོངས་སྤྱོད་རྫོགས་པའི་སྐུ་ནི་སངས་རྒྱས་ཐམས་ཅད་དང་ཏིང་ངེ་འཛིན་མཐུན་པར་གནས་སོ། །སྤྲུལ་པའི་སྐུ་ནི་སངས་རྒྱས་ཐམས་ཅད་དང་ཕྲིན་ལས་མཐུན་པར་གནས་སོ། །ཞེས་སོ། །དེས་ན་སངས་རྒྱས་ཉིད་ནི་སྤངས་རྟོགས་དང་སྐུ་གསུང་ཐུགས་དང་སྐུ་དང་ཡེ་ཤེས་སོགས་ཐམས་ཅད་ཡོངས་སུ་རྫོགས་པའི་ཆོས་ཀྱི་སྐུ་ལ་འཇོག་ལ། སངས་རྒྱས་ཀྱི་སྐུའི་སྒྲ་ཙམ་ནི་དེ་ལས་སྐུ་ཕྱི་བྲག་ཏུ་ཕྱེ་བ་རེ་རེ་ལ་ཡང་འཇུག་ཅིང་ཡེ་ཤེས་ལ་སྐུར་འཇོག་པ་ཡང་སྣད་ཀྱིས་འཆད་པས་སངས་རྒྱས་ཉིད་དང་སངས་རྒྱས་ཀྱི་སྐུ་ཙམ་ལ་ཀུན་རྫོབ་ཏུ་སྒྲ་རྒྱ་ཆེ་ཆུང་གི་ཁྱད་པར་རྟོད་དོར་འཇོག་རིགས་སོ། །

ཇི་ལྟར་འཚང་རྒྱ་བའི་ཚུལ་ལ། རྒྱུའི་ཐེག་པ་ཕ་རོལ་ཏུ་ཕྱིན་པའི་དབང་དུ་བྱས་ནས་ཀྱང་མདོ་སོ་སོའི་དགོངས་པས་སྐུ་གསུམ་གྱི་འཚང་རྒྱ་ཚུལ་ཐ་དད་པ་གསུམ་དང་། ཤིང་རྟའི་སྲོལ་གཉིས་ཀྱི་བཞེད་པས་ཐ་དད་པ་གཉིས་སོ། །

དེ་ཡང་རང་དོན་ཆོས་ཉིད་ཀྱི་སྐུར་འཚང་རྒྱ་བ་ནི་སྤྱིར་བྱེས་པའི་ཡུལ་མ་ཡིན་མོད། རེས་འགའ་ནི་མི་སྐྱེ་བའི་ཆོས་ལ་བཟོད་པ་ཐོབ་པ་ཉིད་ལ་ཡང་བཤད་དེ། **ཡེ་ཤེས་ཀྱི་ཕྱག་རྒྱའི་མདོ་ལས།** འཇམ་དཔལ་ངས་ཏིང་ངེ་འཛིན་འདི་ལ་གནས་ནས་བཅོམ་ལྡན་འདས་མར་མེ་མཛད་མཐོང་མ་ཐག་ཏུ་བྱང་ཆུབ་ཐོབ་བོ། །གསོལ་པ། འོ་ན་ཅིའི་སླད་དུ་སླར་བསྐལ་པ་གྲངས་མ་མཆིས་པར་འཁོར་བ་ན་

འཁོར། བཀའ་སྩལ་པ། སངས་རྒྱས་ཀྱི་བྱ་བ་བྱེད་ཅིང་སེམས་ཅན་ཡོངས་སུ་སྨིན་པར་བྱ་བ་དང་། སྔོན་གྱི་སྨོན་ལམ་ཕུན་སུམ་ཚོགས་པ་འཐོབ་པར་བྱ་བའི་ཕྱིར། བསྐལ་པ་གྲངས་མེད་པར་འཁོར་བ་ན་འཁོར་མོད་ཀྱི་འོན་ཀྱང་། འཇམ་དཔལ་དེར་ངས་བྱང་ཆུབ་དང་། དེ་ཉིད་དུ་ངས་(༣༧༥བ)ཡོངས་སུ་མྱ་ངན་ལས་འདས་པ་བཟུང་ངོ་། །ཞེས་གསུངས་ཏེ། རང་བཞིན་གྱིས་རྣམ་པར་དག་པའི་ཆོས་ཉིད་ཇི་ལྟ་བ་རྟོགས་པ་ཉིད་ཀྱི་ཕྱིར་ཆོས་སྐུར་སངས་རྒྱས་པར་རྣམ་པར་གཞག་པ་སྟེ། འདི་ལ་དགོངས་ནས། **རྒྱུད་བླའི་ཐོགས་མེད་འགྲེལ་ཆེན་དུ།** ས་བརྒྱད་པར་ཆོས་ཐམས་ཅད་རྣམ་པ་ཐམས་ཅད་དུ་མངོན་པར་རྫོགས་པར་སངས་རྒྱས་པ་བརྙེས་པས་སངས་རྒྱས་དཀོན་མཆོག་གྲུབ་པ་དང་། ས་དགུ་པར་སོ་སོ་ཡང་དག་པར་རིག་པ་བཞི་ཐོབ་པས་ཆོས་དཀོན་མཆོག་གྲུབ་པ་དང་། ས་བཅུ་པར་འཁོར་རྣམས་སྐལ་མཉམ་དུ་སྨིན་པས་དགེ་འདུན་དཀོན་མཆོག་གྲུབ་པར་བཞག་ལ། འདི་ནི་ངོ་བོ་ཉིད་ཀྱི་སྐུ་ལ་ཆོས་སྐུའི་ཐ་སྙད་དུ་སྦྱར་བའི་འཚང་རྒྱ་ཚུལ་གྱི་རྣམ་གྲངས་གཅིག་གོ། །

འོ་ན་ཆོས་སྐུར་སངས་རྒྱས་ནས་སླར་ས་ལྷག་མ་གཉིས་བགྲོད་དགོས་པར་འགྱུར་རོ་ཞེ་ན། འདི་ནི་སྔོན་གྱི་སྨོན་ལམ་རྣམས་རྫོགས་པར་བྱ་བ་དང་། སེམས་ཅན་ཡོངས་སུ་སྨིན་པར་བྱེད་པ་ཞེས་བྱ་བ་གདུལ་བྱ་རྣམས་ཕ་རོལ་ཏུ་ཕྱིན་པ་རྣམས་ལ་སྦྱར་ཏེ་གཟུགས་སྐུ་མཐོང་ཙམ་དུ་སྒྲུབ་པའི་ཕྱིར་གཞན་རྒྱུད་ཀྱི་དྲི་མ་སྦྱོང་བ་དང་། ཇི་ནི་འཛིམ་པ་དང་ཇ་མཁན་ལ་བལྟོས་པ་ལྟར་ཆོས་ཐམས་ཅད་ནི་རྒྱུ་ལ་བལྟོས་པའི་ཕྱིར། སྐུ་ཕུན་སུམ་ཚོགས་པ་མཚན་དཔེ་ལ་སོགས་པ་དང་ཞིང་ཕུན་སུམ་ཚོགས་པ་རྣམས་ཀྱི་རྒྱུ་སྒྲུབ་པའི་ཕྱིར་གདུལ་བྱ་དེས་འདུལ་གྱི་ངོར་འཁོར་བར་སྟོན་པ་སྟེ། དེའི་ཚེ་ན་ཡང་གདུལ་བྱ་སྨིན་ཟིན་གྱི་ངོར་ཞིང་གཞན་དུ་སྤྲུལ་སྐུར་སྟོན་པ་དང་། གདུལ་བྱ་ས་ཐོབ་པའི་ངོར་ལོངས་སྐུར་སྟོན་པ་རྒྱུན་མི་

འཆད་ཅིང་དེ་ཐམས་ཅད་ཀྱི་ཚེ་ནའང་རང་གི་ངོ་བོ་ནི་ཆོས་ཉིད་དེ་བཞིན་ཉིད་ལས་གཡོ་བ་རྡུལ་ཙམ་ཡང་མེད་དོ། །

དེས་ན་དག་པའི་ས་གསུམ་ལ་གནས་པ་ལ་ནི་སངས་རྒྱས་དང་མཚུངས་པའི་བྱང་ཆུབ་སེམས་དཔའ་ཞེས་བྱའོ། །འོ་ན་འདི་དག་སངས་རྒྱས་ཡིན་ནམ་བྱང་ཆུབ་སེམས་དཔའ་ཡིན་ཞེ་(༣༧༨ན)ན། གཞན་ངོར་གང་ལ་གང་གིས་འདུལ་བ་དེར་སྣང་བར་འགྱུར་ལ། རང་ངོ་ནས་གང་ཡང་མ་ཡིན་ཏེ་སངས་རྒྱས་སམ་བྱང་ཆུབ་སེམས་དཔའ་ཞེས་བྱ་བའི་ཆོས་གང་ཡང་མ་གཟིགས་པའི་ཕྱིར་ཏེ། ཅི་ཡང་མངོན་དུ་མ་བྱས་པའི་ཚུལ་གྱིས་ཆོས་ཉིད་ཇི་ལྟ་བ་མངོན་དུ་བྱས་ལ་སངས་རྒྱས་དང་བྱང་ཆུབ་སེམས་དཔའ་ནི་སྒྲོ་བཏགས་པའི་ཐ་སྙད་དུ་ཟད་པའི་ཕྱིར་ཏེ། **བརྒྱད་སྟོང་པར།** བདག་གིས་བྱང་ཆུབ་སེམས་དཔའ་ཞེས་བགྱི་བའི་ཆོས་དེ་ཡང་དག་པར་རྗེས་སུ་མ་མཐོང་། ཤེས་རབ་ཀྱི་ཕ་རོལ་ཏུ་ཕྱིན་པ་ཞེས་བགྱི་བའི་ཆོས་དེ་ཡང་དག་པར་རྗེས་སུ་མ་མཐོང་ན་བྱང་ཆུབ་སེམས་དཔའ་གང་ལ་ཤེས་རབ་ཀྱི་ཕ་རོལ་ཏུ་ཕྱིན་པ་གང་ཞིག་རྗེས་སུ་བསྟན་པར་བགྱི། འོན་ཀྱང་དེ་ལྟར་བསྟན་པ་ལ་མི་སྐྲག་མི་དངངས་ན་བྱང་ཆུབ་སེམས་དཔའ་ཤེས་རབ་ཀྱི་ཕ་རོལ་ཏུ་ཕྱིན་པ་ལ་གནས་པར་རིག་པར་བྱའོ། །ཞེས་བསྟན་པ་ལྟར་རོ། །

དཔའ་བར་འགྲོ་བའི་ཏིང་ངེ་འཛིན་གྱི་མདོ་ལས་ནི། དེ་དག་ཏིང་ངེ་འཛིན་དེའི་མཐུར་བཤད་དེ། ཇི་སྐད་དུ། བློ་གྲོས་བརྟན་པ་ང་ཛམྦུའི་གླིང་འདིར་ད་ལྟ་ན་ཡང་ཆོས་ཀྱི་འཁོར་ལོ་བསྐོར་ལ་ཛམྦུའི་གླིང་གཞན་དག་ཏུ་ནི་ད་དུང་མངོན་པར་རྫོགས་པར་འཚང་མ་རྒྱས་པར་ཡང་ཤེས། ལ་ལར་ནི་ཡོངས་སུ་མྱ་ངན་ལས་འདས་པར་ཡང་ཤེས། ལ་ལར་ནི་སེམས་དང་པོ་བསྐྱེད་པར་ཡང་ཤེས་ཏེ་ཞེས་དང་། འདི་ནས་སྟེང་དུ་སངས་རྒྱས་ཀྱི་ཞིང་གངྒཱ་ཀླུང་ཙམ་ཅུའི་བྱེ་སྙེད་འདས་པ་ན་སྒྲོན་མ་གཅིག་པའི་ཞིང་ཐེག་པ་གཅིག་པ་ཞིང་གི་ཡོན་ཏན་བསྐལ་པར་བཤད་

ཀྱིས་མི་རྫོགས་པ་ན། སངས་རྒྱས་ཡོན་ཏན་གྱི་ཆོས་ཐམས་ཅད་སྟོན་པར་སྣང་བ་རྣམ་འཕྲུལ་རྒྱལ་པོ་དེ་ང་ཉིད་དོ། །ཞེས་དང་། འཇམ་དཔལ་གྱིས་གསོལ་པ། བཅོམ་ལྡན་འདས་སྟོན་བསྐལ་པ་རྣམ་པར་སྣང་བ་ཞེས་བགྱི་བ་ཞིག་བྱུང་སྟེ། དེ་ལ་(༣༢༨བ) བདག་གིས་ལན་བྱེ་བ་ཁྲག་ཁྲིག་བརྒྱ་སྟོང་ཕྲག་སུམ་ཅུ་རྩ་དྲུག་ཏུ་རང་སངས་རྒྱས་ཀྱི་ཐེག་པས་ཡོངས་སུ་མྱ་ངན་ལས་འདས་སོ། །ཞེས་དང་། སྟོན་བསྐལ་པ་བསམ་གྱིས་མི་ཁྱབ་པའི་སྔོན་རོལ་ཏུ། སྟོ་ཕྱོགས་སུ་ཞིང་འདི་ནས་ཞིང་སུམ་སྟོང་འདས་པར་འཇིག་རྟེན་གྱི་ཁམས་མཉམ་པ་ཞེས་བྱ་བ་ཡོངས་སུ་དག་པར། སངས་རྒྱས་ཀླུའི་རིགས་མཆོག་གིས་བྱང་ཆུབ་སེམས་དཔའ་བྱེ་བ་བདུན་ཅུ། ཉན་ཐོས་བྱེ་བ་བརྒྱད་ཅུ། རང་རྒྱལ་བྱེ་བ་བརྒྱ་སྟོང་ཕྲག་གོ་དྲུག་སྨིན་པར་མཛད་ནས་ཕྱིས་ཉན་ཐོས་དཔག་ཏུ་མེད་པར་གྱུར་ཏེ། སྐུ་ཚེ་ལོ་བཞི་ཁྲི་སྐུ་གདུང་རྒྱས་ཏེ་མཆོད་རྟེན་བྱེ་བ་ཕྲག་སོ་དྲུག་དམ་པའི་ཆོས་ལོ་འབུམ་གནས་པ་དེ་འཇམ་དཔལ་འདི་ཉིད་དོ། །ཞེས་དང་།

སུམ་ཅུ་རྩ་གསུམ་པའི་མདོར། ཤར་དུ་གླིང་བཞི་ཁྲི་ཉིས་སྟོང་འདས་པའི་ཞིང་རྟུལ་བྲལ་ན་རྒྱལ་བ་རྟུལ་བྲལ་བློ་གྲོས་ཞེས་ཉན་ཐོས་པ་ལ་ཆོས་སྟོན་པ་འདིའི་སུམ་ཅུ་རྩ་གསུམ་པའི་ལོངས་སྤྱོད་ཅན་དང་། ལྷོར་ཁྲི་བརྒྱད་སྟོང་ན་གླིང་བཞི་རིན་ཆེན་འབྱུང་བ་གསེར་དངུལ་ཤེལ་རྫོ་སྙིང་སྟེ་བཞི་ལས་གྲུབ་པར་རྒྱལ་བ་རིན་ཆེན་ཕུང་པོ་ཞེས་པ་རང་རྒྱལ་གྱི་རིགས་ཅན་འདུལ་བ་དང་། ནུབ་ཏུ་ཁྲི་ཉིས་སྟོང་ན་རིན་ཆེན་སྣ་ཚོགས་ཅན་རིན་ཆེན་བདུན་ལས་གྲུབ་པ་བུད་མེད་མེད་པ་འདིའི་དགའ་ལྡན་གྱི་ལོངས་སྤྱོད་ཅན་བརྫུས་སྐྱེས་སུ་འབྱུང་བ་ན། རྒྱལ་བ་རིན་ཆེན་འབྱུང་ཞེས་བྱང་ཆུབ་སེམས་དཔའི་སྡེ་སྣོད་རྡོ་རྗེའི་ཚིག་འཁོར་གསུམ་ཡོངས་སུ་ཆད་པའི་ཕྱིན་དྲུག་ལས་གཞན་མི་གསུང་བ་དང་། བྱང་སུམ་ཁྲི་དྲུག་སྟོང་ན་ཞིང་འཛིགས་མེད་གསེར་དངུལ་ལས་གྲུབ་པ་སྐྱིགས་མ་དང་མི་ཁོམ་པ་མེད་པར་

འཇིགས་མེད་སྦྱིན་ཞེས་ཐེག་གསུམ་སྟོན་པ་དེས་བྱང་ཆུབ་ཤིང་དྲུང་དུ་འདུག་ཚེ་བདུད་བློ་གྲོས་བཟང་པོ་སོགས་ཁྲག་ཁྲིག་བདུན་ཅུ་རྩ་གཉིས་ལྷགས་པ་(༣༧༧ན)ལ་དེ་སྙིད་ཀྱི་ཤིང་དྲུང་དུ་གནས་པར་སྤྲུལ་པས་གང་ལ་བར་ཆད་བྱ་བ་མ་ཤེས་པ་ལ་ཐམས་ཅད་སྤྲུལ་པ་ལྟར་བསྟན་པས་བདུད་རྣམས་སེམས་བསྐྱེད་པ་དང་། ཤར་ལྷོ་བརྒྱད་ཁྲི་བཞི་སྟོང་ན་ཞིང་ཀུན་ནས་སྣ་ཚོགས་ཅན་རེག་ན་བདེ་བ་མནན་ན་ནེམ་པ་རྫུ་སོར་བཞིས་ཁེབས་པ་མིག་མང་རིས་རིན་པོ་ཆེའི་བྲེ་བས་ཁེབས་པ་དབུས་ན་གྲོང་ཁྱེར་བཟང་མཆོག་ཨཎྜ་དང་ནྲ་ག་ཧྲ་དང་ཀུ་རུའི་སེམས་ཅན་ལས་ཆེས་མང་བ་གནས་པ་ཤིང་སྦྲང་རྩི་འབྱུང་བ་ཞེས་རྟག་ཏུ་ལོ་འདབ་མེ་ཏོག་འབྲས་བུ་ཅན་རོ་བརྒྱ་པ་སུས་འདབ་མ་གཅིག་ཟོས་ཀྱང་བདེ་བས་ཉིན་ཞག་བདུན་འཚོ་བ་དེ་བཞིན་གཤེགས་པ་འཁོར་བཅས་ཀྱི་གདུགས་ཚོད་རན་པ་ན་ཤིང་དེ་དག་མགོ་དུད་དེ་མེ་ཏོག་དང་འབྲས་བུ་ལྷུང་བཞིན་དུ་ལྷུང་བ་སྤྱོད་པ་ན་རྒྱལ་བ་མེ་ཏོག་སྣ་ཚོགས་ཅན་དང་། ལྷོ་ནུབ་བདུན་ཁྲི་ན་ཞིང་རྣམ་ཕྱེའི་བློ་གྲོས་གླིང་རེ་ལ་རྒྱལ་པོ་བརྒྱད་ཁྲི་ཅན་ན་རྒྱལ་བ་འོད་ཟེར་རབ་འཕྲོད་ཐེག་གསུམ་པ་དང་། ནུབ་བྱང་ལྔ་ཁྲི་ལྔ་སྟོང་ན་སྤོས་ལྡན་གྱི་ཞིང་འཛམ་གླིང་འདིས་སྤོས་སྦྲང་གཅིག་གི་རིན་དུ་མི་ཆོག་པའི་སྤྲུལ་སྙིང་ལས་བྱས་པ་གཞན་འཕྲུལ་གྱི་ལྷའི་བཀོད་པ་ཅན་མི་ཐམས་ཅད་མཚན་དཔེ་ཚང་བ་བསམ་གཏན་གྱི་ཟས་ཅན་ན་རྒྱལ་བ་སྤོས་འཕྲོད་འོད་ཟེར་ཅན་ཐེག་གཅིག་པ་དང་། བྱང་ཤར་བཞི་ཁྲི་ཉིས་སྟོང་ན་ཞིང་སྨྲ་ངན་གྱིས་འཇོམས་པ་ཆེས་སྙིགས་མ་གཟུགས་ངན་པ་ས་རྩུབ་ཚེར་ཅན་ཟླ་དྲུག་ཏུ་ཆར་མི་འབབ་པས་འབྲུ་མ་རུང་བ་ཆུ་འབྲུ་མར་གྱི་སྙིགས་མའི་མདོག་དྲི་ཅན་མི་དགེ་བཅུ་སྤྱོད་པ་ན་རྒྱལ་པོ་སྣང་ཆགས་ཞེས་འབངས་ཀྱི་འབྲུ་ནོར་ཐམས་ཅད་མཛོད་དུ་འབྲུབ་པ་ཆད་པས་གཟིར་བ་ཕལ་ཆེར་ངན་འགྲོར་སྐྱེ་བ་ན་རྒྱལ་བ་སྙིང་རྗེའི་སེམས་ཡིད་ལ་བྱེད་པ་ཞེས་བྱ་བ་ལོ་བདུན་བརྒྱར་ཆོས་བསྟན་པས་གཅིག་གིས་ཀྱང་ཆོས་མ་རྟོགས་མོད་

(༣༥༥བ)ཀྱི་སྐྱོ་བ་མེད་པར་གང་དུ་གཤེགས་པར་སྐྱོ་བོ་དེ་དག་གིས་སྤྱོས་བརྒྱད་བགག་སྟོད་གཤུང་ཡང་སྙིང་རྗེས་ཡོངས་སུ་རྒྱུ་བ་ལོ་བདུན་བརྒྱའི་འོག་ཏུ་ཁྲག་ཁྲིག་སུམ་བརྒྱ་སོ་དྲུག་འབྲས་བུ་བཞི་ལ་བགོད་ནས་ལས་ཀྱི་སྒྲིབ་པས་དེར་སྐྱེས་པའི་བྱང་ཆུབ་སེམས་དཔའ་ལྷའི་དོན་དུ་ད་ལྟ་ཡང་བཞུགས་པ་དེ་རྣམས་སྟོན་པ་ཉིད་ཡིན་ཞིང་དེ་བཞིན་དུ་སྟོང་གསུམ་འདི་ཕོ་ན་ནའང་མཛད་པ་སོ་སོ་ལ་གནས་པའི་རྒྱལ་བ་དང་ཚངས་པ་དང་བརྒྱ་བྱིན་སོགས་གཟུགས་སྣ་ཚོགས་པར་ཀུན་ཏུ་སྣང་ལ་དེ་ལྟར་འཇིག་རྟེན་ཐམས་ཅད་དུ་སྣང་བར་གསུངས་པའི་ཕྱིར་རོ། །འདི་ལྟ་བུ་རྣམས་ལ་ནི་མཉམ་པ་ཉིད་གསུམ་ལ་དགོངས་སོ་ཞེས་རྟོག་པར་མི་བྱ་སྟེ་གཅིག་དང་ཐ་དད་གང་དུ་ཡང་གདགས་སུ་མེད་དོ། །འོན་ཀྱང་འཆད་ཚུལ་འདི་ནི་བསམ་གྱིས་མི་ཁྱབ་པའི་ཚུལ་ཡིན་པས་ཆོས་སྤྱོང་བའི་སྐྱེ་བོ་དག་ལ་སྒྲག་པར་མི་བྱ་ཞིང་། གནས་སྐབས་སུ་ས་དང་ལམ་གྱི་རིམ་པ་ཇི་སྐད་བཤད་པ་ཉིད་ཁས་བླང་བར་བྱ་ཞིང་། དེའི་ཕྱིར་དབུ་མ་པ་ཆོས་ཀྱི་བཤེས་གཉེན་གྱིས་ས་དང་པོ་མི་སྐྱེ་བའི་ཆོས་ལ་བཟོད་པ་ཆུང་ངུ་དང་ས་བརྒྱད་པ་འབྲིང་དང་སངས་རྒྱས་ཀྱི་ས་མི་སྐྱེ་བའི་ཆོས་ལ་བཟོད་པ་ཆེན་པོར་ཡང་བཤད་པ་ཡིན་ནོ། །

ཡོངས་སྨྱུར་འཚང་རྒྱ་བའི་ཚུལ་ནི། ས་བཅུ་པའི་མདོ་ལས་བཤད་པ་ལྟར་ཏེ། ས་བཅུ་ཡོངས་སུ་རྫོགས་པའི་བྱང་ཆུབ་སེམས་དཔའ་དེ་ཉིད་སྟོང་གསུམ་འབུམ་ཕྲག་མཐའ་ཡས་པའི་རྟུལ་སྙེད་ཀྱི་ཞིང་གི་ཚད་ཀྱི་རིན་པོ་ཆེ་ཐམས་ཅད་པའི་པདྨ་རྡོ་རྗེའི་ཟེ་བ་ཅན་རྡུལ་དེ་སྙེད་ཀྱི་པདྨའི་འཁོར་ཅན་བྱུང་སྟེ། དེའི་པདྨའི་གཙོ་བོ་ལ་བྱང་ཆུབ་སེམས་དཔའ་མཚན་དཔེ་ཡོངས་སུ་རྫོགས་པ་དེ་དེ་དང་འཚམ་པའི་ལུས་སུ་གྱུར་པས་སྐྱིལ་ཀྲུང་གིས་འདུག་ཅིང་སྐལ་མཉམ་གྱི་འཁོར་རྣམས་ཀྱང་པདྨ་སོ་སོ་ལ་འདུག་ནས་བྱང་ཆུབ་སེམས་དཔའ་དེས་གཙུག་ཏོར་ནས་(༣༥༦ན)དེ་བཞིན་གཤེགས་པ་ཐམས་ཅད་བསྐུལ་བའི་འོད་ཟེར་བཀྱེ་སྟེ། སངས་རྒྱས་ཐམས་ཅད་ལ་

མཆོད་པའི་སྤྲིན་སྤྲོ་བས་མཆོད་ཅིང་བརྒྱ་སྟོང་དུ་བསྐོར་བས་སྐུ་ལ་རེག་པ་ན་བྱང་ཆུབ་སེམས་དཔའ་དེ་མངོན་པར་དབང་བསྐུར་བའི་དུས་ལ་བབ་པར་གཟིགས་ནས། སངས་རྒྱས་ཐམས་ཅད་ཀྱིས་མངོན་པར་དབང་བསྐུར་བའི་འོད་ཟེར་ཆེན་པོ་ཕྱུང་སྟེ། བྱང་ཆུབ་སེམས་དཔའ་དེ་ཀུན་ནས་སྣང་བར་བྱས་ཏེ་དེའི་གཙུག་ཏོར་དུ་ནུབ་པར་གྱུར་པའི་མོད་ལ་མངོན་པར་རྫོགས་པའི་སངས་རྒྱས་ཉིད་མངོན་དུ་བྱས་པ་ཡིན་ནོ། །

སྤྲུལ་སྐུར་འཚང་རྒྱ་བའི་ཚུལ་ནི། རྒྱ་ཆེ་རོལ་པ་སོགས་ལས་བཤད་པ་ལྟར་ཏེ། སྟོན་པས་དགའ་ལྡན་ནས་འཕོ་བ་སོགས་མཛད་པ་སོ་སོ་བསྟན་ནས་བྱང་ཆུབ་ཀྱི་ཤིང་དྲུང་དུ་གཤེགས་ཏེ། ཐུན་མོང་གི་གདུལ་བྱ་ལ་ལྟའི་རྫ་རིག་ན་འཇམ་པའི་གདིང་བ་དང་། རྒྱལ་སྲས་རྣམས་ཀྱི་ངོར་ཞིང་ཚད་མེད་ཅིང་ཡོངས་སུ་དག་པར་བྱང་ཆུབ་ཤིང་གི་ཚད་མཐའ་ཡས་ཤིང་རྒྱན་དཔག་ཏུ་མེད་པའི་དྲུང་དུ་གཞལ་མེད་ཁང་རྒྱན་དང་། བཀོད་པ་བསྐལ་པར་བཤད་ཀྱིས་མི་རྫོགས་པ་གཞལ་མེད་ཁང་གི་འཁོར་མཐའ་ཡས་པ་དང་བཅས་པའི་དབུས་སུ་སེང་གེའི་ཁྲི་བསམ་གྱིས་མི་ཁྱབ་པའི་བཀོད་པ་ཅན་ལ་བཞུགས་ནས་འཚང་རྒྱ་བར་སྣང་ཞིང་། ཐུན་མོང་གི་གདུལ་བྱའི་ངོར་བདུད་བཏུལ་ཏེ་ཐོ་རེངས་སྐད་ཅིག་གཅིག་གི་ཤེས་རབ་ཀྱིས་འཚང་རྒྱ་བར་བསྟན་ཏོ། །

དེ་ལྟར་འཚང་རྒྱ་བ་དང་ལས་དང་པོ་པ་ནས་ངན་སོང་གི་གཟུགས་ཀྱི་བར་གང་འདུལ་དུ་གདུལ་བྱ་ཐམས་ཅད་ལ་རྟག་པར་སྣང་ཡང་། དེ་བཞིན་གཤེགས་པ་ཉིད་ནི་ཆོས་ཉིད་ཇི་ལྟ་བ་ཉིད་ལས་གཡོ་བ་མེད་ལ། གདུལ་བྱ་དང་འདུལ་བྱེད་དུ་མི་རྟོག་ལ་གཟུགས་སྐུར་ལྟང་བར་ཡང་མི་འགྱུར་མོད་ཀྱི་གཟུགས་སྐུའི་རྣམ་པ་དེ་ཐམས་ཅད་ཆོས་ཀྱི་སྐུ་ལས་གཞན་པ་ཡང་མ་ཡིན་ནོ། །དེ་ལ་འཛམ་གླིང་པའི་ཚེ་(༣༧༨བ)ལོ་བརྒྱ་པའི་དུས་སུ་སངས་རྒྱས་པར་བསྟན་པ་འོ་སྐོལ་གྱི་སྟོན་པ་ཉིད་སྐུ

གསེར་གྱི་མདོག་ཅན་ཁྲུ་བཅུ་དྲུག་པ་ཞེས་མི་ལས་བཞི་འགྱུར་གྱིས་ཆེ་བར་ཐུན་མོང་དུ་སྣང་བ་ལྟར། རྒྱལ་ཆེན་བཞི་པ་ནས་འོག་མིན་གྱི་ལྷའི་བར་གྱིས་ཀྱང་སོ་སོ་ལས་བཞི་འགྱུར་གྱིས་སྐུ་ཆེ་བར་སྣང་ཞིང་། དེ་བཞིན་དུ་འཇིག་རྟེན་གྱི་ཁམས་གཞན་གྱི་མི་ལུས་ཚད་རི་རབ་ཞིང་གི་རྟུལ་སྙེད་ལས་ཆེ་བ་རྣམས་ཀྱིས་ཀྱང་རང་ལས་བཞི་འགྱུར་གྱིས་འཕགས་པར་སྣང་བ་ནི་སྤྲུལ་སྐུ་ལ་བལྟོས་པའི་རང་བཞིན་གྱི་སྐུ་ཡིན་ལ། དེ་ལྟར་སྣང་ཡང་སྐུ་དེ་ནི་ནམ་མཁའི་ཁམས་དང་གཉིས་སུ་མེད་ཅིང་ནམ་མཁའ་ཇི་སྲིད་པ་ཁྱབ་པར་གནས་ལ་བ་སྤུའི་སྤུབས་རེ་ལ་ཡང་སངས་རྒྱས་ཀྱི་ཞིང་གཞལ་དུ་མེད་པ་འཆགས་འཇིག་གནས་པར་བྱེད་པ་སྟེ། སྤྱན་རས་གཟིགས་ཀྱི་བ་སྤུའི་ཁུང་བུ་རྣམས་ལ་འཇིག་རྟེན་གྱི་ཁམས་མཐའ་ཡས་པ་གསུངས་པ་དང་། **ཕལ་ཆེན་ལས།** བྱང་ཆུབ་སེམས་དཔའ་ཀུན་སྣང་མཛོད་ཀྱི་སྙིང་པོས་བྱུང་བ་སོགས་བཅུ་འཁོར་མཐའ་ཡས་པས་བསྐོར་བ་ཕྱོགས་བཅུ་ནས་སྟོན་པའི་སྤྱན་སྔར་ལྷགས་པའི་ཚེ། སྟོན་པ་དང་ཀུན་བཟང་མ་གཏོགས་པའི་འོད་ཐམས་ཅད་ཟིལ་གྱིས་མནན་ཀུན་ཏུ་བཟང་པོ་མ་གཏོགས་འཁོར་ཐམས་ཅད་ཏབ་ཏོབ་ཏུ་ལངས། སུས་ཀྱང་བྱང་ཆུབ་སེམས་དཔའ་དེ་དག་ཞིང་ག་ལས་འོངས་མ་ཤེས་པ་ན་སྟོན་པས་ཀུན་བཟང་ལ་དྲིས་ཤིག་གསུང་སྟེ། དྲིས་པས་དད་པས་གསོལ་བ་ཐོབ་ལ་སྟོན་པའི་སྐུ་ལ་ལྟོས་ཤིག་ཟེར་ཏེ། བལྟས་པས་ཞབས་མཐིལ་གྱི་འཁོར་ལོ་གཉིས་ལ་ཆོས་དབྱིངས་འཁོར་ལོའི་ཞིང་ན་སངས་རྒྱས་ཆོས་དབྱིངས་རྒྱན་གྱི་རྒྱལ་པོ་བཞུགས་པ་སོགས་བྱིན་པ་དང་ཕུས་མོ་དང་ལྟ་ཟུར་དང་ལྟེ་བ་དང་ཐུགས་ཀ་དང་ཕྲག་པའི་ལྷུན་དང་ཞལ་དང་སྨིན་མཚམས་དང་གཙུག་ཏོར་ཏེ་བཅུ་ན་ཞིང་ཐ་དད་པ་སངས་རྒྱས་དང་བཅས་པ་མཐོང་སྟེ། ཞིང་རེ་རེའི་ཚད་(༣༧)(ན)ཀྱང་ཆོས་དབྱིངས་ཀྱིས་ཁྱབ་ཤིང་རྒྱན་དང་བཀོད་པ་གཞལ་དུ་མེད་པ་དེ་དག་ནས་སེམས་དཔའ་དེ་རྣམས་འོངས་པར་མཐོང་བ་ལྟ་བུའོ། །

དེ་ལ་ཟབ་མོ་ལྟ་རྒྱུད་ཀྱི་མཁས་པ་རྣམས་ནི། ཤེས་བྱའི་བུད་ཤིང་གི་ཚོགས་ཐམས་ཅད་རང་བཞིན་མེད་པར་སྒོམ་པའི་ལམ་རྣམས་སུ་སྦྱངས་པས་དངོས་འཛིན་གྱི་བརྟན་དང་བྲལ་བ་རབ་ཏུ་སྐམ་པའི་ལྷག་མ་ཙམ་དེ་ཉིད་ཀྱང་། ས་བཅུ་རྒྱུན་གྱི་ཐ་མར་སྐད་ཅིག་གཅིག་དང་ལྡན་པའི་ཤེས་རབ་རྡོ་རྗེ་ལྟ་བུའི་ཏིང་ངེ་འཛིན་གྱི་མེ་ལྕེས་སྐད་ཅིག་གིས་ལྷག་མ་མེད་པར་བསྲེགས་ཏེ། བུད་ཤིང་མེད་ན་མེ་ཡང་མེད་པའི་ཕྱིར་སྲེག་བྱེད་མེ་ལྟ་བུའི་ཡེ་ཤེས་ཉིད་ཀྱང་དབྱིངས་སུ་ཞི་བས་ཆོས་ཀྱི་དབྱིངས་ཇི་ལྟ་བ་མངོན་དུ་བྱས་པ་ནི་ཆོས་ཀྱི་སྐུ་སྟེ། **འཇུག་པར།** ཤེས་བྱའི་བུད་ཤིང་སྐམ་པོ་མ་ལུས་པ། །བསྲེགས་པས་ཞི་དེ་རྒྱལ་རྣམས་ཆོས་སྐུ་སྟེ། །དེ་ཚེ་སྐྱེ་བ་མེད་ཅིང་འགག་པའང་མེད། །སེམས་འགགས་པ་དེ་སྐུ་ཡིས་མངོན་སུམ་མཛད། །ཅེས་སོ། །ཇི་ལྟར་ཟ་མཁན་གྱིས་སྟོན་འབད་པས་བསྐོར་བའི་འཁོར་ལོ་དེ་ནི་ཕྱིས་འབད་པ་མེད་ན་ཡང་འཁོར་ཞིང་། དེ་ལས་ཟ་འགྲུབ་པ་ལྟར་རམ་མཁའ་ལྡིང་གི་མཆོད་སྡོང་སྒྲུབ་པ་པོ་དེ་འདས་ནས་ཡུན་རིང་དུ་ལོན་ཡང་དུག་ཞི་བའི་ནུས་པ་བྱེད་པ་ལྟར། ཆོས་སྐུ་ཉིད་འབད་པ་དང་རྟོག་པ་མེད་ཀྱང་སྔོན་གྱི་སྨོན་ལམ་དང་ཐུགས་རྗེས་གདུལ་བྱ་ལ་ལོངས་སྤྲུལ་སོགས་གང་འདུལ་དུ་སྣང་བ་རྟག་པར་རྒྱུན་མི་འཆད་ཅིང་ཆོས་སྟོན་པར་སྣང་ལ་དེ་ཐོས་པས་འཇིག་རྟེན་གྱི་སྐྱེ་བོས་ཀྱང་དེ་ཁོ་ན་ཉིད་རིག་པར་འགྱུར་བ་ནི་གཟུགས་ཀྱི་སྐུ་སྟེ། དེ་ཡི་ལོངས་སྤྱོད་རྫོགས་སྐུའི་བསོད་ནམས་ཀྱིས། །ཟིན་དང་སྤྲུལ་པ་མཁའ་གཞན་ལས་དེའི་མཐུས། །སྒྲ་གང་ཆོས་ཀྱི་དེ་ཉིད་སྟོན་འབྱུང་བ། །དེ་ལས་འཇིག་རྟེན་གྱིས་ཀྱང་དེ་ཉིད་རིག །ཇི་ལྟར་ཟ་མཁན་སྟོབས་ཆེན་ལྡན་(༣༧)(ཁ)པས་འདིར། །ཡུན་རིང་འབད་པས་ཆེས་བསྐོར་འཁོར་ལོ་ནི། །དེ་རྩོལ་ད་ལྟ་སྐྱེ་བ་མེད་བཞིན་དུའང་། །འཁོར་ཞིང་བུམ་པ་ལ་སོགས་རྒྱུར་མཐོང་ལྟར། །དེ་བཞིན་ད་ལྟ་སྐྱེས་རྩོལ་མེད་བཞིན་དུ། །ཆོས་ཀྱི་བདག་ཅན་སྐུ་ཉིད་ལ་ཞུགས་དེའི། །འཇུག་པ་སྐྱེ་བའི་སྒོ་དང་སྨོན

ལམ་གྱིས། །ཁྱད་པར་གྱིས་འཕགས་ལས་ཆེས་བསམ་མི་ཁྱབ། །ཅེས་དང་། ཞི་སྐུ་དཔག་བསམ་ཤིང་ལྟར་གསལ་གྱུར་ཅིང་། །ཡིད་བཞིན་ནོར་བུ་ཇི་བཞིན་རྣམ་མི་རྟོག །འགྲོ་གྲོལ་བར་དུ་འཇིག་རྟེན་འབྱོར་སླད་རྟག །འདི་ནི་སྤྲོས་དང་བྲལ་ལ་སྣང་བར་འགྱུར། །ཞེས་དང་། དཔེར་ན་ནམ་མཁའ་ལྡིང་གི་ནི། །སོགས་འཆད་པར་འགྱུར་པའི་ཕྱིར། འདིར་མེ་དང་བུད་ཤིང་གཉི་ག་ལོག་པས་ཅི་ཡང་མེད་པ་ལྟར་ཆོས་ཀྱི་སྐུ་ཅང་མེད་དུ་གོ་བར་མི་བྱ་སྟེ། ཡོད་མེད་ཉིད་དངོས་འཛིན་ཡིན་ལ་དེ་ནི་ཡེ་ཤེས་ཀྱི་བུད་ཤིང་ཡིན་པའི་ཕྱིར་དང་བུད་ཤིང་ཟད་པའི་མེ་ལྟར་རྒྱུན་མཐའི་ཏིང་འཛིན་གྱི་ཡེ་ཤེས་དེ་ཉིད་ཀྱང་རང་ཞི་བས་མ་བཅོས་པའི་ཆོས་ཀྱི་དབྱིངས་ཇི་ལྟ་བར་གྱུར་པ་ལ་ཆོས་སྐུ་བརྗེས་པ་ཞེས་བྱ་སྟེ། སེམས་འགགས་པ་དེ་སྐུ་ཡིས་མངོན་སུམ་མཛད། །ཅེས་དང་། འོག་མིན་དུ་ནི་གང་གི་དོན་དུ་འབད་གྱུར་བོ་འཕང་མཆོག་ཞི་བ། །ཡོན་ཏན་མཐའ་དག་མཐར་ཐུག་མཚུངས་པ་མེད་དེ་ཁྱོད་ཀྱིས་བརྙེས། །ཞེས་དང་། མཁྱེན་བཟང་ཁྱོད་ཀྱི་སྐད་ཅིག་གིས་ནི་ཤེས་བྱ་ཐུགས་སུ་ཆུད། །ཅེས་སོ། །འདིས་ནི་ཉན་རང་གི་ལྷག་མེད་མྱང་འདས་ལྟར་དབུ་མའི་ལུགས་ལ་ཡང་སངས་རྒྱས་མར་མེ་ཤི་བ་ལྟར་རྒྱུན་ཆད་པར་འདོད་པ་བསལ་བ་ཡིན་ཏེ། འདོད་པ་དེ་ལྟ་ན། སྐུ་ཡིས་མངོན་སུམ་མཛད། ཅེས་དང་། བོ་འཕང་མཆོག་ཞི་བ། ཞེས་འཐོབ་བྱར་བསྟན་པ་དང་། ཁྱོད་ཀྱིས་བརྙེས། ཞེས་བྱང་ཆུབ་མངོན་སུམ་དུ་མཛད་པར་བཤད་(༣༨༠ན)པ་འདི་རྣམས་དང་དངོས་སུ་འགལ་བའི་ཕྱིར་རོ། །

ཟབ་མོ་ལྟ་བའི་གཞུང་དུ་སངས་རྒྱས་ལ་ཡེ་ཤེས་མི་མངའ་བར་བཤད་པ་ཡང་རྒྱུན་མཐའི་རྗོར་ཏིང་གི་ཡེ་ཤེས་ཉིད་དབྱིངས་སུ་ཞི་བ་དང་། སྤྱིར་ཡུལ་དང་ཡུལ་ཅན་ནི་ཆོས་རྣམས་ཀྱི་རང་བཞིན་ལ་ནམ་དུ་ཡང་ཐ་དད་མེད་ཀྱང་དེ་ལྟར་མ་ཤེས་པས་སྒྲོ་བཏགས་པས་ཐ་དད་དུ་ཞེན་པར་ཟད་ལ། ཡུལ་ཡུལ་ཅན་གཟོད་ནས་

མི་གཉིས་པའི་དབྱིངས་རྟོགས་པའི་ཕྱིར་རྟོགས་བྱའི་ཡུལ་ལ་རྟོགས་བྱེད་ཀྱི་ཡེ་ཤེས་འཇུག་པ་མི་མངའ་བའི་ཕྱིར་དང་། དངོས་པོར་ཞེན་པ་མཐའ་དག་ལྡོག་དགོས་པས་ཡེ་ཤེས་ལ་གྲུབ་ཞེན་སྤང་བའི་ཕྱིར་དང་། ཆོས་ཐམས་ཅད་ཀྱི་རང་བཞིན་ཅིར་ཡང་དམིགས་སུ་མེད་པ་ལྟར་ཡེ་ཤེས་ཀྱི་རང་བཞིན་ཀྱང་དཔྱད་ན་དེ་ལྟར་ཟད་པས་ཡེ་ཤེས་མི་མངའ་བར་འཆད་པ་ཡིན་གྱི། སྤྱིར་ཡེ་ཤེས་བཞི་ལ་སོགས་པ་གཏན་ནས་མེད་པར་རྣམ་པ་ཀུན་ཏུ་འཆད་པ་ནི་མ་ཡིན་ཏེ། དེ་དག་ནི་སྐུའི་མིང་གིས་བཤད་པ་དང་ཡེ་ཤེས་ཀྱི་མིང་གིས་བཤད་པའི་ཁྱད་པར་ལས་མེད་ལ་སྐུ་རྣམ་པ་གསུམ་འདིར་ཡང་ཞལ་གྱིས་བཞེས་པའི་ཕྱིར། མདོར་ན་སྐྱེ་བ་བཀག་ནས་སྐྱེ་མེད་དུ་འདོད་པ་མ་ཡིན་པ་ལྟར། ཡེ་ཤེས་གྲུབ་པར་ཞེན་པ་འགོག་པ་ཡིན་གྱི་མ་གྲུབ་པར་འཛོག་པ་མ་ཡིན་ལ་འདི་ནི་སྐུ་ལ་ཡང་མཚུངས་ཏེ་ཡོད་མེད་ལ་སོགས་པ་ནི་བྱིས་པའི་དངོས་འཛིན་ཁོ་ན་ཡིན་པའི་ཕྱིར་རོ། །

ཁྱད་པར་སློབ་དཔོན་ཆེན་པོ་ཞི་བའི་ལྷ་ཉིད་ནི། ལྟ་བ་དབྱིངས་དང་ཡེ་ཤེས་དབྱེར་མེད་དུ་བཞེད་པར་ཇོ་བོ་རྗེས་བཤད་ལ། སྤྱིར་དབུ་མ་པས་མྱུ་གུའི་སྐྱེ་བ་འགོག་པ་ན་སྐྱེ་བ་ལ་བདེན་པར་ཞེན་པ་དེ་འགོག་པ་ཡིན་གྱི་སྤྱིར་སོ་ནམ་འགོག་པ་མ་ཡིན་པ་ལྟར་འདིར་ཡང་གོ་བར་བྱའོ། །

རྒྱ་ཆེན་སྤྱོད་པའི་གཞུང་གིས་བཤད་པ་ནི། ཡེ་ཤེས་རྣམ་པར་གཞག་པ་དང་ལྡན་ཅིག་བཤད་པར་བྱ་སྟེ། དེ་ཡང་**སྐུ་གསུམ་གྱི་མདོ་ལས།** ཀུན་གཞིའི་(༣༡༠བ)རྣམ་པར་ཤེས་པ་གནས་སུ་དག་པ་ནི་མེ་ལོང་ལྟ་བུའི་ཡེ་ཤེས་ཏེ་ཆོས་ཀྱི་སྐུའོ། །ཉོན་མོངས་པའི་ཡིད་གནས་སུ་དག་པ་ནི་མཉམ་པ་ཉིད་ཀྱི་ཡེ་ཤེས་སོ། །ཡིད་ཀྱི་རྣམ་པར་ཤེས་པ་གནས་སུ་དག་པ་ནི་སོ་སོར་ཀུན་ཏུ་རྟོག་པའི་ཡེ་ཤེས་ཏེ་ལོངས་སྤྱོད་རྫོགས་པའི་སྐུའོ། །སྒོ་ལྔའི་རྣམ་པར་ཤེས་པ་གནས་སུ་དག་པ་ནི་བྱ་བ་སྒྲུབ་པའི་ཡེ་ཤེས་ཏེ་སྤྲུལ་པའི་སྐུའོ། །ཞེས་དང་། **སངས་རྒྱས་ཀྱི་སའི་མདོར།** ཤིན་ཏུ་འདུས་

སངས་རྒྱས་ཀྱི་ས་ནི་ཆོས་ལྔས་བསྡུས་ཏེ། ལྔ་གང་ཞེ་ན། འདི་ལྟ་སྟེ། ཆོས་ཀྱི་དབྱིངས་རྣམ་པར་དག་པ་དང་། མེ་ལོང་ལྟ་བུའི་ཡེ་ཤེས་དང་། མཉམ་པ་ཉིད་ཀྱི་ཡེ་ཤེས་དང་། སོ་སོར་རྟོགས་པའི་ཡེ་ཤེས་དང་། བྱ་བ་སྒྲུབ་པའི་ཡེ་ཤེས་སོ། །ཞེས་སོ། །

ཡེ་ཤེས་དེ་དག་གི་རང་བཞིན་ཡང་མདོ་གཉིས་ཀྱི་དགོངས་པ་བཞིན་བཤད་པར་བྱ་སྟེ། དེ་ལ་ཆོས་ཀྱི་དབྱིངས་རྣམ་པར་དག་པ་ནི་ནམ་མཁའི་དཔེས་བསྟན་ཏེ། ནམ་མཁའ་ནི་གཟུགས་ཐམས་ཅད་ལ་གོ་འབྱེད་ཀྱང་གཟུགས་ཐམས་ཅད་དང་གཅིག་དང་ཐ་དད་གང་ཡང་མ་ཡིན་པ་དང་། གཟུགས་ཀྱིས་མི་གོས་པ་དང་གོ་འབྱེད་པར་མི་རྩོལ་བ་དང་སྐྱེ་འཇིག་གི་གོ་འབྱེད་ཀྱང་སྐྱེ་འཇིག་མེད་པ་དང་། འཕེལ་འགྲིབ་དང་མཐའ་དབུས་དང་འཆགས་འཇིག་ཐམས་ཅད་དེ་ལ་སྣང་ཡང་ནམ་མཁའ་ཉིད་ལ་དེ་དག་མེད་པ་དང་། རྣམ་པར་མི་འགྱུར་བ་དང་གཟུགས་ཀུན་གྱི་མཚན་ཉིད་མ་ཡིན་པ་དང་། ཞིང་ཐམས་ཅད་སྣང་ཡང་མངོན་པར་འདུ་བྱེད་པ་མེད་པ་ལྟར། ཆོས་ཀྱི་དབྱིངས་ཀྱང་འཁོར་འདས་ཐམས་ཅད་ལ་གོ་འབྱེད་ཀྱང་དེ་ཐམས་ཅད་དང་གཅིག་ཐ་དད་གང་ཡང་མ་ཡིན་པ་ནས་མངོན་པར་འདུ་བྱེད་པ་མེད་པའི་བར་དུ་དེ་ཁོ་ན་བཞིན་གནས་ལ། སེམས་ཅན་ཐམས་ཅད་ཀྱི་སེམས་ཀྱི་དབྱིངས་དང་ཐ་དད་མེད་ལ་སེམས་ཅན་གྱི་ཉེས་པས་ཀྱང་མི་གོས་པ་སྟེ། **ཇི་སྐད་དུ།** ནམ་མཁའ་ནི་གཟུགས་ཐམས་ཅད་དང་ཐ་མི་དད་པར་ཞུགས་ཀྱང་གཟུགས་ཀྱི་ཉེས་པ་རྣམས་ཀྱིས་ཀྱང་མི་གོས་སོ། །དེ་བཞིན་དུ་དེ་བཞིན་གཤེགས་(༣༨༧ན)པ་རྣམས་ཀྱི་ཆོས་ཀྱི་དབྱིངས་རྣམ་པར་དག་པ་ཡང་། སེམས་ཅན་ཐམས་ཅད་དང་སེམས་མཉམ་པ་ཉིད་ཀྱི་ས་ཡོངས་སུ་གྲུབ་པར་ཐ་མི་དད་པར་ཞུགས་ཀྱང་སེམས་ཅན་གྱི་ཉེས་པ་རྣམས་ཀྱིས་ཀྱང་མི་གོས་སོ་ཞེས་སོ། །

ཕྱིར་གསང་སྔགས་སུ་ཡེ་ཤེས་ལྔར་བཤད་ཅིང་མཚན་ཉིད་ཐེག་པར་ཆོས་ཀྱི་དབྱིངས་ལ་ཡེ་ཤེས་ཀྱི་ཐ་སྙད་མ་སྦྱར་བར་ཡེ་ཤེས་བཞིར་བཤད་པ་མང་ལ།

སངས་རྒྱས་ཀྱི་སའི་མདོ་འདིར། མདོར་བསྟན་དུ། ཆོས་དབྱིངས་ལ་ཡེ་ཤེས་ཀྱི་ཐ་སྙད་མ་སྦྱར་ཡང་རྒྱས་བཤད་དུ་ཡེ་ཤེས་དང་པོ་ཞེས་ཡེ་ཤེས་ལྔར་བཤད་ལ། གནས་གྱུར་པ་ནི་སྔར་དྲི་བཅས་ཀྱི་གནས་སྐབས་ལས་ཕྱིས་དྲི་མས་དག་པའི་གནས་སྐབས་གཞན་དུ་གྱུར་པའི་དོན་ཡིན་ལ། ཆོས་ཀྱི་དབྱིངས་འདི་ནི་རྣམ་པ་ཀུན་ཏུ་གཟོད་ནས་དག་པའི་ཕྱིར་གནས་གྱུར་པ་ཡང་མེད་དོ། །ཀུན་གཞིའི་རྣམ་པར་ཤེས་པ་དྲི་མས་དག་པ་ནི་མེ་ལོང་ལྟ་བུའི་ཡེ་ཤེས་སམ་ཆོས་ཀྱི་སྐུ་ཞེས་བྱ་སྟེ། མེ་ལོང་དྭངས་པ་ནི་བཞིན་སྣང་བ་དང་སྐྱོན་ཡོན་སྟོན་པ་དང་ལྷང་ངེར་གནས་པ་དང་གཟུགས་བརྙན་གྱི་རྒྱུ་ཡིན་པ་དང་གཟུགས་བརྙན་དེར་མི་གནས་པ་དང་གཟུགས་བརྙན་དེ་དེ་ལ་ལྡན་མི་ལྡན་གང་ཡང་མ་ཡིན་པ་དང་། སྒོ་ཀུན་ནས་སྣང་བ་དང་ཐམས་ཅད་ཀྱང་སྣང་དུ་རུང་བས་ཡོངས་སུ་རྒྱུར་ཆད་པ་མེད་པ་དང་ལོང་བ་དང་བསྐལ་དོན་དུ་གྱུར་པ་རྣམས་ཀྱིས་མི་མཐོང་བ་ལྟར། སྐུ་འདི་ཡང་གཟུགས་སྐུ་སྣང་བ་དང་ཆོས་སྟོན་པ་དང་རང་བཞིན་གྱིས་འོད་གསལ་བ་དང་ཡེ་ཤེས་ཀྱི་གཟུགས་བརྙན་གྱི་རྒྱུ་ཡིན་པ་དང་། སྐུ་དེ་ཉིད་གཟུགས་སྐུ་དེར་མི་གནས་པ་དང་གཟུགས་སྐུ་གཉིས་དེ་ལ་ལྡན་མི་ལྡན་གང་ཡང་མ་ཡིན་པ་དང་སྒོ་ཀུན་ནས་སྣང་བ་དང་གང་འདུལ་དུ་སྣང་བས་རྒྱུར་ཆད་པ་མེད་པ་དང་། སྡོད་མིན་གྱིས་མི་སྣང་བ་དང་ཆོས་ཀྱིས་ཕོངས་པའི་ལས་ཅན་གྱིས་མི་མཐོང་བའི་ཕྱིར་མེ་ལོང་གི་དཔེ་དང་སྦྱར་རོ། །ཆོས་ཀྱི་སྐུ་འདི་ཉིད་མི་གནས་པའི་མྱ་(༣༧བ)ངན་ལས་འདས་པ་དངོས་ཀྱང་ཡིན་ཏེ། **རྒྱན་ལས།** རྟེན་ནི་གཞན་དུ་གྱུར་པ་ན། །སངས་རྒྱས་དྲི་མེད་གནས་ལ་ནི། །མི་གནས་མྱ་ངན་འདས་པ་ཡི། །འཁོར་བ་དམ་པ་འཐོབ་པར་འགྱུར། །ཞེས་རྟེན་ཀུན་གཞི་གནས་གྱུར་པ་མི་གནས་པའི་མྱ་ངན་ལས་འདས་པར་བཤད་པའི་ཕྱིར་རོ། །ཉོན་ཡིད་གནས་གྱུར་པ་ནི་ཆོས་ཐམས་ཅད་མཉམ་པ་ཉིད་དུ་རྟོགས་པའི་ཡེ་ཤེས་ཏེ། འདི་ལ་མཚན་དང་བདག་པོ་དང་དགའ་བ་མཉམ་པ་ཉིད་

ཡོངས་སུ་གྲུབ་པ་དང་། རྟེན་འབྲེལ་ཉམས་སྨྱོང་མཉམ་པ་ཉིད་དང་མཚན་ཉིད་མེད་པ་དང་། བྱམས་པ་ཆེན་པོ་དང་སྙིང་རྗེ་ཆེན་པོ་དང་། གཟུགས་སྐུ་སྟོན་པ་དང་། བཟུང་འཛིན་གྱི་ཚོག་དང་ཉེར་ཞི་དང་རོ་གཅིག་པ་དང་། བདེ་སྡུག་རོ་གཅིག་པ་དང་། ཡོན་ཏན་ཤིན་ཏུ་བསྐྱེད་པ་མཉམ་པ་ཉིད་ཡོངས་སུ་གྲུབ་པ་སྟེ་མཉམ་པ་ཉིད་ཡོངས་སུ་གྲུབ་པ་བཅུར་བཤད་དོ། །དྲུག་པ་ཡིད་ཀྱི་རྣམ་པར་ཤེས་པ་གནས་གྱུར་པ་ནི་ཆོས་ཐམས་ཅད་མ་འདྲེས་པ་སོ་སོར་རྟོ་ལྟ་བ་བཞིན་མཁྱེན་པའི་ཡེ་ཤེས་ཡིན་ལ་འདི་དང་མཉམ་ཉིད་ཡེ་ཤེས་གཉིས་ལ་ནི་ལོངས་སྤྱོད་རྫོགས་པའི་སྐུར་བརྗོད་ཅིང་། ཡང་ན་མཉམ་ཉིད་ཡེ་ཤེས་གཟུགས་སྐུ་གཉིས་ཐུན་མོང་གི་རྒྱུར། སེམས་ཅན་རྣམས་ལ་མོས་པ་བཞིན། །སངས་རྒྱས་སྐུ་ནི་ངེས་པར་སྟོན། །ཞེས་པ་ལྟར་སྤྱར་ནས་འདི་ཉིད་ལོངས་སྐུར་བཞག་གོ། །འདི་ལ་ནི་རྒྱལ་བའི་ཆོས་ཀྱི་གནས་དང་། རྗེ་སྙེད་མཁྱེན་པའི་ཡེ་ཤེས་ཀྱི་རྒྱུ་དང་། ཡོན་ཏན་གྱིས་གང་བ་དང་། ཤིན་ཏུ་རྣམ་པར་ཕྱེ་བ་དང་། འགྲོ་བ་ཀུན་སྣང་བ་དང་། ཁམས་གསུམ་པོ་སྣང་བ་དང་། སྔུང་འདས་ཀྱི་ཆོས་སྣང་བ་དང་། མི་འཕྲུགས་པ་དང་། མ་རྫོགས་པས་བསྐོར་བ་རྣམས་ཀྱིས་འགྲོ་བའི་གནས་མཁྱེན་པ་ནས་ཁོར་ཡུག་ཆེན་པོ་ལ་སོགས་པ་མཁྱེན་པའི་བར་རྒྱ་ཆེར་ཕྱུར་རོ། །

འདི་ལ་ཡུལ་དེ་དག་ངོ་བོ་ཉིད་ཀྱིས་ཡོད་ནས་གཟིགས་པའམ་ཡུལ་ཡུལ་ཅན་གྱི་བག་ཆགས་ཀྱི་དབང་ལས་མཐོང་བར་སྣང་བ་མ་ཡིན་(༣༢༢ན)མོད་ཀྱང་ཆུ་དྭངས་པ་མཐོང་བ་ན་དེ་དང་ཐ་མི་དད་པའི་ཟླ་གཟུགས་དང་ཆུ་གཉེར་སོགས་ཀྱང་མཐོང་བ་ལྟར། ཆོས་ཀྱི་དབྱིངས་མཁྱེན་པ་ན་དེ་དང་ཐ་མི་དད་པའི་ཆོས་ཅན་རྟེན་འབྲེལ་གྱི་ཚོགས་ཀྱང་ལྷག་མ་མ་ལུས་པར་མཁྱེན་པ་སྟེ་འདིའི་དབང་དུ་མཛད་ནས། རྣ་བའི་མདོངས་ནི་གཅིག་པུ་ཡི། །རྒྱུ་ཡི་དབྱེ་བ་ཇི་སྙེད་པ། །ཀུན་མཁྱེན་མིན་པས་ཤེས་བྱ་མིན། །དེ་མཁྱེན་པས་ན་ཀུན་མཁྱེན་ཉིད། །ཅེས་དང་། མཁྱེན་པའི་

སྐད་ཅིག་གཅིག་གིས་ནི། །ཤེས་བྱའི་དཀྱིལ་འཁོར་ཀུན་ཁྱབ་པ། །ཞེས་དང་། མཁྱེན་བཟང་ཁྱོད་ཀྱིས་སྐད་ཅིག་གིས་ནི་ཤེས་བྱ་ཐུགས་སུ་ཆུད། །ཅེས་སོ། །དེ་ལྟར་སྒྲིབ་མེད་དུ་ཐམས་ཅད་མཁྱེན་པའི་ཚ་ནས་ཡུལ་སྣང་བར་བཤད་པ་སྟེ། **ཇི་སྙེད་དུ།** དེ་བཞིན་གཤེགས་པ་རྣམས་ཀྱི་སོ་སོར་རྟོགས་པའི་ཡེ་ཤེས་ལ་ཡང་རྒྱུ་དང་འབྲས་བུར་བཅས་པའི་རྣམ་པ་རབ་ཏུ་དབྱེ་བ་མཐའ་ཡས་པ་དང་ལྡན་པའི་འགྲོ་བ་ལྔ་དག་སྣང་ངོ་ཞེས་སོ། །དེས་ན་ཨུཏྤལ་སྔོན་པོ་ལྟ་བུ་གཅིག་ལ་ཡང་དེའི་ཁ་དོག་དང་ཟེའུ་འབྲུ་ལ་སོགས་པ་རྣམས་ཀྱི་རྒྱུ་རྐྱེན་ཐ་དད་པ་རྣམས་དང་དེའི་ས་བོན་གྱི་ཐོག་མ་ནས་གང་དང་གང་དུ་ཇི་ལྟར་བརྒྱུད་པ་དང་། མ་འོངས་པ་ཕྱི་མཐའི་བར་དུ་དེའི་ས་བོན་གྱི་རྒྱུན་ལས་ཇི་ལྟར་འཕེལ་ཞིང་གང་དུ་འགག་པ་རྣམས་ཇི་ལྟ་བར་མཁྱེན་པ་སྟེ། དཔེར་ན། མི་ཞིག་གིས་སྦྲ་རྩེ་བྱེ་བའི་ཆས་ཆུ་ཐིགས་གཅིག་བླངས་ཏེ་བཅོམ་ལྡན་འདས་ཀྱི་དྲུང་དུ་འོངས་ནས་ཀྱེ་གཽ་ཏ་མ་བདག་གི་ཆུ་འདི་ཁྱོད་ལ་བཅོལ་གྱིས་འདི་སྲོག་ཆགས་ལ་བླུད་པར་མི་བྱ་སྐམ་པར་མི་བྱ་སྟེ་མ་གོད་པར་བཅོལ་ལོ་ཞེས་བཅོལ་ལ། སྟོན་པས་དེ་རྒྱ་མཚོ་ཆེན་པོར་འཕངས་ཏེ་རྒྱ་མཚོ་ཆེན་པོ་དེ་ཡང་རླུང་གིས་བརྡབས་དཀྲུགས་པས་ཆུ་ཐིགས་དེ་ཡང་རྣམ་པ་དུ་མར་འཁྱར་ལ། དེ་ནས་ལོ་དཔག་ཏུ་མེད་པའམ་བསྐལ་པ་མང་པོ་འདས་ནས་མི་དེ་འོངས་ཏེ། ཀྱེ་གཽ་ཏ་མ་བདག་གི་ཆུ་དེ་སླར་བྱིན་ཞིག (༢༤༢བ)ཅེས་ཟེར་ན་ཆུ་དེའི་རྡུལ་ཕྲ་རབ་རྣམས་རྒྱ་མཚོའི་ཕྱོགས་གང་དང་གང་ན་གནས་པ་ལེགས་པར་མཁྱེན་ཏེ་གཅིག་ཏུ་བསྡུས་ནས། དེ་ལས་ཆུའི་རྡུལ་ཕྲ་རབ་གཅིག་ཀྱང་རྒྱ་མཚོར་མ་ལུས་ཤིང་རྒྱ་མཚོའི་ཆུ་ལས་རྡུལ་ཕྲ་རབ་གཅིག་ཀྱང་དེ་ལ་མ་འདྲེས་པར་སླར་མི་དེ་ལ་བྱིན་པར་བྱེད་དོ། །ཞེས་གསུངས་པ་ལྟ་བུའོ། །

དེས་ན་ཆོས་རེ་རེའི་ཡང་རྣམ་པ་མ་ལུས་པ་ཇི་ལྟ་བར་མཁྱེན་ཏེ་སོ་སོར་རྟོགས་པའི་ཡེ་ཤེས་མངའ་བའི་ཕྱིར། དེའི་ཚེ་ཡང་གང་གཟིགས་པའི་ཡུལ་ཡུལ་ཅན་ནས་

མཆོག་དམན་སོགས་སམ་གཅིག་ཐ་དད་ལ་སོགས་པར་གཟིགས་པར་མི་མངའ་སྟེ། མཉམ་པ་ཉིད་ཀྱི་ཡེ་ཤེས་མངའ་བའི་ཕྱིར། མཁྱེན་པ་ལ་འབད་རྩོལ་མི་མངའ་སྟེ། མི་ཡོང་ལྷུ་བུའི་ཡེ་ཤེས་མངའ་བའི་ཕྱིར། དེ་ཐམས་ཅད་གཅིག་ཐ་དད་ལ་སོགས་པར་གདགས་སུ་མེད་ལ་གཟིགས་མ་གཟིགས་གང་ཡང་མ་ཡིན་ཏེ། ཆོས་ཀྱི་དབྱིངས་ལས་ནམ་ཡང་མི་གཡོ་བའི་ཕྱིར། དེས་ན་ཟབ་མོ་ལྟ་བའི་གཞུང་དུ་ཡེ་ཤེས་ཙམ་ཡང་མི་མངའ་བར་བཤད་པ་ནི། རྣམ་རིག་པ་ཡེ་ཤེས་གྲུབ་པར་འཛིན་པ་དེ་གཞིག་པའི་ཕྱིར་བསྟན་གྱི་སངས་རྒྱས་བེམ་པོའམ་ཆད་སྟོང་དུ་སྟོན་པ་མ་ཡིན་ལ། ཕྱིར་རློ་ནའི་སྐབས་སེམས་ཅན་གྱི་ཤེས་པ་བརྗོད་ཚེ་ཤེས་པའམ་རྣམ་ཤེས་དང་སངས་རྒྱས་ཀྱི་ཤེས་པ་བརྗོད་ཚེ་ཡེ་ཤེས་སུ་བསྒྱུར་དགོས་པར་ལོ་པཎ་གྱིས་བཀས་བཅད་པ་ཡིན་གྱི་སྐད་དོད་ཐ་དད་མེད་ལ། རྣམ་ཤེས་དང་ཡེ་ཤེས་འབྱེད་པའི་ཚེ་ཡང་དག་བྱ་གཟུང་འཛིན་གྱི་སེམས་ལ་རྣམ་ཤེས་དང་། རང་བཞིན་གྱིས་འོད་གསལ་བའི་ཆོས་ཉིད་ལ་ཡེ་ཤེས་ཀྱི་སྐབས་བཤད་པ་ཡིན་ཞིང་། འདི་ནི་ཡོད་མེད་ལ་སོགས་པ་སྒྲོ་སྐུར་གྱི་རྣམ་པ་གང་དུ་ཡང་མི་གནས་པའི་ཕྱིར་རོ། །དེས་ན་སངས་རྒྱས་ལ་ཡེ་ཤེས་མངའ་མི་མངའ་རྩོད་པ་ཡང་ཕྱོགས་རེའི་བློ་སྟེ། སོ་སོར་རྟོགས་པའི་ཡེ་ཤེས་ཀྱི་ཆ་ནས་མི་མངའ་བར་གདགས་སུ་མེད་ལ། ཆོས་ཀྱི་(༣༠༣ན)དབྱིངས་ཀྱི་ཆ་ནས་མངའ་བར་གདགས་སུ་མེད་ཅིང་། ཕྱིར་སོ་སྐྱེ་རྣམས་ལ་ད་ལྟར་སྣང་བ་གཟུགས་སོགས་ཀྱི་འཆར་སྒོ་མ་འགགས་ཙམ་འདི་ལ་ཡང་སོ་སོ་རང་རིག་པའི་ཤེས་པས་བརྟགས་ན་སྣང་མི་སྣང་དང་ཡོད་མེད་གང་དུ་ཡང་གདགས་སུ་མེད་པ་འདི་ཤེས་པར་གྱིས་ཤིག་དང་ཡང་དག་པའི་ཚུལ་ལ་ཉེ་བར་འགྱུར་རོ། །གཞན་དུ་ན་སྒྲ་དོན་འདྲེས་འཛིན་གྱི་རྣམ་རྟོག་གཅིག་ཐ་དད་པ་དང་ཡོད་མེད་སོགས་ལ་ཁྲིམ་པ་རྣམས་འདུ་ཤེས་ཇི་ལྟར་འཇུག་པ་ལྟར་ཞེན་ཏེ། དེས་སངས་རྒྱས་ལ་ཡོད་དོ། །མེད་དོ། །ཞེས་སོགས་བརྗོད་པ་འདི་ནི་སངས་རྒྱས་ལ་སྐུར་པ་མི་བཟད་

པ་འདེབས་པ་ཁོ་ནར་སྣང་ངོ་། །དེས་ན་ཡོད་མེད་ལ་སོགས་པ་ནི་རྟོག་པས་སྤྲོ་བཏགས་པ་ཡིན་ལ་སངས་རྒྱས་རྟོག་ཡུལ་མ་ཡིན་པ་གོ་བར་གྱིས་ཤིག །མིག་སོགས་སྒོ་ལྔའི་རྣམ་ཤེས་ཡུལ་ཡུལ་ཅན་ལྟར་སྣང་བ་དང་བཅས་པ་གནས་གྱུར་པ་ནི་སྟོན་ཐོག་མ་མེད་པ་ནས་སེམས་ཅན་ཐམས་ཅད་ཀྱི་དོན་སྒྲུབ་པར་ཐུགས་བསྐྱེད་ཅིང་འབད་པ་མཐར་ཕྱིན་པས་འབད་རྩོལ་དང་། རྟོག་པ་མེད་བཞིན་གཞན་དོན་ནམ་མཁའ་དང་མཉམ་པ་རྒྱུན་མི་འཆད་པར་འབྱུང་བ་བྱ་བ་སྒྲུབ་པའི་ཡེ་ཤེས་སམ་སྤྲུལ་པའི་སྐུ་ཞེས་བྱ་སྟེ། སྐུ་དང་ཡེ་ཤེས་གཞན་ཐམས་ཅད་ཀྱི་བྱེད་ལས་ཡིན་ཏེ། ཇི་སྐད་དུ། བྱ་བ་སྒྲུབ་པའི་ཡེ་ཤེས་ནི་བཟོ་སྤྲུལ་པ་དང་སྐྱེ་བ་སྤྲུལ་པ་དང་གསུང་གི་འདུ་བྱེད་དང་བསླབ་པ་འཆའ་བ་དང་ཐེ་ཚོམ་སེལ་བ་དང་སེམས་ཤེས་པ་དང་ཡང་དག་པར་འགོད་པ་དང་མཚན་མ་བརྗོད་པ་དང་ལན་གདབ་པ་སོགས་ནི་དེའི་ལས་སོ་ཞེས་སོ། །

མདོ་སྡེའི་རྒྱན་ལས་ནི། གནས་གྱུར་པ་དང་ཡེ་ཤེས་བཞི་སོ་སོར་འཆད་དེ། དབང་པོ་ལྔ་རྣམས་གཞན་གྱུར་ན། །དོན་ཀུན་འཇུག་དང་ཐམས་ཅད་ཀྱི། །ཡོན་ཏན་བརྒྱ་ཕྲག་བཅུ་གཉིས་འབྱུང་། །འབྱོར་པ་དམ་པ་ཐོབ་པར་འགྱུར། །ཞེས་གཟུགས་(༣༤༣བ)ཕུང་གནས་གྱུར་པ་དང་། རྣམ་ཤེས་ཀྱི་ཕུང་པོ་ལ། ཉོན་ཡིད། དབང་ཤེས། རྣམ་རྟོག །ཀུན་གཞི་སྟེ་བཞི་ནི། ཡིད་ནི་གཞན་དུ་གྱུར་པ་ན། །འབྱོར་དང་མཐུན་སྤྱོད་མི་རྟོག་པའི། །ཡེ་ཤེས་ཤིན་ཏུ་དྲི་མེད་ལ། །འབྱོར་པ་དམ་པ་འཐོབ་པར་འགྱུར། །དོན་བཅས་འཛིན་པ་གཞན་གྱུར་ན། །ཇི་ལྟར་འདོད་བཞིན་ཡོངས་སྤྱོད་དག །བསྟན་ཕྱིར་ཞིང་ནི་དག་པ་ལ། །འབྱོར་པ་དམ་པ་ཐོབ་པར་འགྱུར། །རྣམ་རྟོག་གཞན་དུ་གྱུར་པ་ན། །དུས་རྣམས་རྟག་ཏུ་ཡེ་ཤེས་དང་། །ལས་རྣམས་ཀུན་ལ་ཐོགས་མེད་ལ། །འབྱོར་པ་དམ་པ་ཐོབ་པར་འགྱུར། །རྟེན་ནི་གཞན་དུ་གྱུར་པ་ན། །སངས་རྒྱས་དྲི་མེད་གནས་ལ་ནི། །མི་གནས་མྱ་ངན་འདས་པ་ཡི། །འབྱོར་

པ་དམ་པ་ཐོབ་པར་འགྱུར། །ཞེས་ཚིགས་བཅད་རེ་རེས་བསྟན་ལ། ཚོར་བ་གནས་གྱུར་ནི། འཁྲིག་པ་གཞན་དུ་གྱུར་པ་ན། །སངས་རྒྱས་བདེ་བར་གནས་པ་དང་། །མོ་མཐོང་ཉོན་མོངས་མེད་པ་ལ། །འགྱུར་པ་དམ་པ་ཐོབ་པར་འགྱུར། །འདུ་ཤེས་གནས་གྱུར་ནི། ནམ་མཁའི་འདུ་ཤེས་གཞན་གྱུར་ན། །བསམས་པའི་དོན་ནི་འགྱུར་བ་དང་། །འགྲོ་གཟུགས་རྣམ་པར་འཕྲེད་པ་ལ། །འགྱུར་པ་དམ་པ་ཐོབ་པར་འགྱུར། །ཞེས་དངོས་སུ་བཅུ་གཅིག་དང་། དེ་ལྟར་སངས་རྒྱས་དྲི་མེད་པའི། །གནས་ན་གཞན་གྱུར་དཔག་མེད་ལ། །བསམ་ཡས་བྱ་བ་སྒྲུབ་པ་ཡི། །འགྱུར་པ་དམ་པ་ཐོབ་པར་འགྱུར། །ཞེས་གནས་འགྱུར་ཚད་མེད་པར་བཤད་ལ། མེ་ལོང་ཡེ་ཤེས་ནི་ཡེ་ཤེས་གཞན་གསུམ་གྱི་རྟེན་ཏེ། མེ་ལོང་ཡེ་ཤེས་མི་གཡོ་བ། །ཡེ་ཤེས་གསུམ་ནི་དེ་ལ་བརྟེན། །མཉམ་པ་ཉིད་དང་སོ་སོར་རྟོགས། །བྱ་བ་སྒྲུབ་པ་ཁོ་ནའོ། །ཞེས་སོ། །

མེ་ལོང་ཡེ་ཤེས་དེ་ཡང་མཚན་ཉིད་བརྒྱད་ལྡན་ཏེ། མེ་ལོང་ཡེ་ཤེས་ང་ཡི་མེད། །ཡོངས་སུ་མ་ཆད་རྟག་ཏུ་(༣༡༨ན)ལྡན། །ཤེས་བྱ་ཀུན་ལ་མ་རྨོངས་ལ། །རྟག་ཏུ་དེ་ལ་མངོན་ཕྱོགས་མིན། །ཡེ་ཤེས་ཀུན་གྱི་རྒྱུ་མཚན་ཕྱིར། །ཡེ་ཤེས་འབྱུང་གནས་ཆེན་པོ་འདྲ། །ལོངས་སྤྱོད་རྫོགས་པའི་སངས་རྒྱས་ཉིད། །ཡེ་ཤེས་གཟུགས་བརྙན་འབྱུང་བའི་ཕྱིར། །ཞེས་པ་སྟེ་ང་ཡི་བ་མེད་དེ་བདག་འཛིན་ལོག་པའི་ཕྱིར། ཡུལ་རྒྱར་ཆད་པ་མེད་པར་ཡོངས་སུ་འཇུག་སྟེ་ཆོས་དབྱིངས་ལ་ཆོས་དབྱིངས་ལྟར་འཇུག་པའི་ཕྱིར་དང་དབྱིངས་དང་གཉིས་སུ་མེད་པའི་ཕྱིར། དུས་རྟག་ཏུ་ལྡན་པར་བརྗོད་དེ་ནམ་ཡང་ཉམས་པ་མེད་པའི་ཕྱིར། ཤེས་བྱ་ཀུན་ལ་མ་རྨོངས་ཏེ་ཤེས་བྱའི་སྒྲིབ་པ་སྤངས་པའི་ཕྱིར། ཡུལ་ཤེས་བྱ་ལ་ནམ་ཡང་མངོན་པར་ཕྱོགས་པ་མིན་ཏེ་གཅིག་དང་ཐ་དད་ཀྱི་འདུ་ཤེས་མི་མངའ་བའི་ཕྱིར། འདི་ལས་ཡེ་ཤེས་གཞན་གསུམ་འབྱུང་བའི་ཕྱིར་རིན་པོ་ཆེའི་འབྱུང་གནས་ལྟ་བུ་སྟེ། **སངས་རྒྱས་སྐྱེ་བ་འབྱུང་བའི་མདོ་ལས།** སངས་རྒྱས་བཅོམ་ལྡན་འདས་ནི་རྣམ་པ་ཐམས་ཅད་མཁྱེན་

པའི་རྟེན་གྱི་ཡེ་ཤེས་དང་ལྡན་པའི་ཕྱིར་ཡེ་ཤེས་དེ་ནི་རིན་པོ་ཆེའི་འབྱུང་གནས་ཆེན་པོ་ལྟ་བུའོ། །ཞེས་སོ། །ཡེ་ཤེས་འདིའི་རང་བཞིན་ཆོས་ཀྱི་སྐུ་ཡིན་མོད་ཀྱང་འདི་ལས་ལོངས་སྐུ་སྣང་བའི་ཕྱིར། ལོངས་སྤྱོད་རྫོགས་པའི་སངས་རྒྱས་ཉིད། །ཅེས་རྟེན་གྱི་ཆ་ནས་བཤད་པའམ་ཡང་ན་རང་བཞིན་ཐ་མི་དད་པའི་ཆ་ནས་བཞག་གོ། །མདོར་ན་ཡེ་ཤེས་གཞན་གསུམ་མམ་གཟུགས་སྐུ་གཉིས་གཟུགས་བརྙན་ལྟ་བུ་འབྱུང་བའི་རྒྱུ་ཡིན་པའི་ཕྱིར་མེ་ལོང་ལྟ་བུའི་ཡེ་ཤེས་ཞེས་བྱའོ། །

མཉམ་ཉིད་ཡེ་ཤེས་ནི་ཡོན་ཏན་དྲུག་ལྡན་ཏེ། མཉམ་ཉིད་ཡེ་ཤེས་སེམས་ཅན་ལ། །སྒོམ་པ་དག་པ་ལས་འདོད་དོ། །མི་གནས་ཞི་བར་ཞུགས་པ་ནི། །མཉམ་ཉིད་ཡེ་ཤེས་ཡིན་པར་འདོད། །དུས་རྣམས་ཀུན་ཏུ་བྱམས་པ་དང་། །ཐུགས་རྗེ་ཆེན་(༣༤༨བ)པོ་དག་དང་ལྡན། །སེམས་ཅན་རྣམས་ལ་མོས་པ་བཞིན། །སངས་རྒྱས་སྐུ་ནི་ངེས་པར་སྟོན། །ཞེས་པ་སྟེ། རྒྱུ་ནི་ཚོགས་སྦྱོར་དུ་བདག་གཞན་མཉམ་པའི་སེམས་བསྒོམས་ཤིང་དེ་འཕགས་ལམ་དུ་ཤིན་ཏུ་དག་པ་ལས་ཐོབ་པའོ། །ཡུལ་ནི་སེམས་ཅན་ཐམས་ཅད་ལ་དམིགས་པའོ། །ངོ་བོ་ནི་གང་ལ་ཡང་མི་གནས་པའི་ཞི་བར་རྟག་ཏུ་ཞུགས་པས་མི་མཉམ་པའི་ཆོས་མ་གཟིགས་པའོ། །གྲོགས་བྱམས་པ་དང་ཐུགས་རྗེ་ཆེན་པོ་རྟག་ཏུ་མངའ་བ་སྟེ། སངས་རྒྱས་བཅོམ་ལྡན་འདས་མཐོང་ན་སེམས་ཅན་ཐམས་ཅད་རྟག་ཏུ་དགའ་བར་བྱེད་པའི་ཕྱིར་ཡེ་ཤེས་ཟླ་བ་ཆེན་པོ་ལྟ་བུ་ཞེས་སོ། །སེམས་ཅན་གྱི་མོས་པ་བཞིན་གཟུགས་ཀྱི་སྐུ་སྣང་བའི་རྟེན་བྱེད་པའོ། །

སོར་རྟོགས་ཡེ་ཤེས་ནི་མཚན་ཉིད་བཞི་ལྡན་ཏེ། སོ་སོར་རྟོགས་པའི་ཡེ་ཤེས་ནི། །ཤེས་བྱ་ཀུན་ལ་རྟག་མི་ཐོགས། །ཏིང་ངེ་འཛིན་དང་གཟུངས་རྣམས་ཀྱི། །གཏེར་དང་འདྲ་བ་ཁོ་ན་ཡིན། །འཁོར་གྱི་དཀྱིལ་འཁོར་རྣམས་སུ་ནི། །འབྱོར་བ་ཐམས་ཅད་སྟོན་མཛད་པ། །ཐེ་ཚོམ་ཐམས་ཅད་གཅོད་པ་ཡི། །ཆོས་ཆེན་ཆར་ནི་རབ་ཏུ་འབེབས། །ཞེས་པ་སྟེ། ཐམས་ཅད་མཁྱེན་པ་དང་། གཟུངས་ཏིང་ཐམས་ཅད་ཀྱི་

གཏེར་དང་། བྱང་འཕགས་ལ་ལོངས་སྐུ་སྟོན་པ་དང་། ཆོས་སྟོན་པ་རྒྱུན་མི་འཆད་པའོ། །

སྤྲུལ་པའི་སྐུ་སྟོན་པ་ནི་བྱ་བ་སྒྲུབ་པའི་ཡེ་ཤེས་ཏེ། ཁམས་རྣམས་ཀུན་ཏུ་སྣ་ཚོགས་ཤིང་། །དཔག་མེད་བསམ་ཡས་སྤྲུལ་པ་ཡིས། །སེམས་ཅན་ཀུན་གྱི་དོན་སྒྲུབ་པའོ། །ཞེས་སོ། །ཅིའི་ཕྱིར་ཡེ་ཤེས་བཞིར་བཞག་པ་ཡང་། འཛིན་པའི་ཕྱིར་དང་སེམས་མཉམ་ཕྱིར། །ཡང་དག་ཆོས་རབ་སྟོན་ཕྱིར་དང་། །བྱ་བ་སྒྲུབ་པ་ཉིད་ཀྱི་ཕྱིར། །ཡེ་ཤེས་བཞི་པོ་ཡང་དག་འབྱུང་། །ཞེས་སོ། །དེ་ལྟར་མདོ་དང་རྒྱན་ལས་ཡེ་ཤེས་བཞི་ཉིད་སྐུ་གསུམ་དུ་བསྟན་ལ། འགྲེལ་བྱེད་རྣམས་ཀྱིས་ཡེ་(༣༥༥ན)ཤེས་རྟེན་དང་སྐུ་བརྟེན་པར་བཀྲལ་མོད་ཅི་ལྟར་ཡང་མི་འགལ་ལོ། །

དེ་ལ་ཕྲིན་ལས་ཀྱི་རྣམ་པར་བཞག་པ་ལ། ཡུམ་རྒྱན་ལྟར་ན་ཕྲིན་ལས་ཀྱི་ངོ་བོ་ནི། འཁོར་བ་ཇི་སྲིད་པར་གདུལ་བྱ་འདུལ་བའི་ཕྲིན་ལས་ཉེར་བདུན་པོ་འབད་མེད་དུ་རྒྱུན་མི་འཆད་པ་སྟེ། དེ་བཞིན་འཁོར་བ་ཇི་སྲིད་འདིའི། །ལས་ནི་རྒྱུན་མི་འཆད་པར་འདོད། །འགྲོ་རྣམས་ཞི་བའི་ལམ་དང་ནི། [༡] །བསྡུ་རྣམ་བཞི་ལ་དགོད་པ་དང་། [༢] །ཀུན་ནས་ཉོན་མོངས་བཅས་པ་ཡི། །རྣམ་པར་བྱང་བ་རྟོགས་པ་དང་། [༣] །སེམས་ཅན་རྣམས་དོན་ཇི་བཞིན་གྱི། །དོན་དང་[༤]ཕ་རོལ་ཕྱིན་དྲུག་དང་། [༥] །སངས་རྒྱས་ལམ་དང་[༦]རང་བཞིན་གྱིས། །སྟོང་པ་ཉིད་དང་[༧]གཉིས་ཟད་དང་། [༨] །བརྡ་དང་[༩]དམིགས་པ་མེད་པ་དང་། [༡༠] །ལུས་ཅན་རྣམས་ནི་ཡོངས་སྨིན་དང་། [༡༡] །བྱང་ཆུབ་སེམས་དཔའི་ལམ་དང་ནི། [༡༢] །མངོན་པར་ཞེན་པ་བཟློག་པ་དང་། [༡༣] །བྱང་ཆུབ་འཐོབ་དང་[༡༤]སངས་རྒྱས་ཞིང་། །རྣམ་པར་དག་དང་[༡༥] ངེས་པ་དང་། [༡༦] །སེམས་ཅན་དོན་ནི་ཚད་མེད་དང་། [༡༧] །སངས་རྒྱས་བསྟེན་སོགས་ཡོན་ཏན་དང་། [༡༨] །བྱང་ཆུབ་ཡན་ལག་[༡༩]ལས་རྣམས་ནི། །ཆུད་མི་ཟ་དང་[༢༠]བདེན་མཐོང་དང་། [༢༡] །ཕྱིན་ཅི་ལོག་ནི་སྤངས་པ་དང་། [༢༢] །དེ་གཞི་མེད་པའི་ཚུལ་དང་

ནི། ༢༣ །རྣམ་པར་བྱང་དང་༢༤ཚོགས་དང་ནི། ༢༥ །འདུས་བྱས་འདུས་མ་བྱས་པ་ལ། །ཐ་དད་ཡོངས་སུ་མི་ཤེས་དང་། ༢༦ །མྱ་ངན་འདས་ལ་འགོད་པ་སྟེ། ༢༧ །ཆོས་ཀྱི་སྐུ་ཡི་ཕྲིན་ལས་ནི། །རྣམ་པ་ཉི་ཤུ་བདུན་དུ་བཞེད། །ཅེས་པ་སྟེ་མི་ཕྱོམ་པ་ཞི་བར་བྱས་ནས་དལ་འབྱོར་ལ་དགོད་པ་ནས་མི་གནས་པའི་མྱ་ངན་ལས་འདས་པ་ཉིད་ལ་དགོད་པའི་བར་ཏེ་གྲངས་སུ་ཆད་པར་བརྗོད་པའོ། །

གྲངས་སུ་མ་ཆད་པ་ནི་མཐའ་ཡས་ཏེ་བདུད་ཀྱི་ལས་ཀྱང་སངས་རྒྱས་ཀྱི་ཕྲིན་ལས་སུ་འགྱུར་བའི་ཕྱིར་ཏེ། **བློ་གྲོས་རྒྱ་མཚོའི་མདོ་ལས།** ལྷག་པའི་བསམ་པ་ལ་ཡང་དག་པར་ཞུགས་པའི་བྱང་ཆུབ་སེམས་དཔའ་རྣམས་ལ་(༣༥༥བ)ཇི་ལྟར་བདུད་ཀྱི་ལས་བྱེད་པ་དེ་ལྟ་དེ་ལྟར་བྱང་ཆུབ་སེམས་དཔའ་རྣམས་ཆེས་སྟོབས་དང་ལྡན་པའི་བརྩོན་འགྲུས་རྩོམ་མོ། །བཙུན་པ་ཤ་ར་དྭ་ཏིའི་བུ་ཁྱོད་ཀྱིས་རྣམ་གྲངས་འདིས་ཀྱང་གང་གིས་བྱང་ཆུབ་སེམས་དཔའ་རྣམས་ལ་བདུད་ཀྱི་ལས་བྱེད་པ་དེ་ཉིད་སངས་རྒྱས་ཀྱི་ཕྲིན་ལས་སུ་བརྗོད་ཀྱི་བདུད་ཀྱི་ལས་ནི་མིན་པ་དེ་ལྟར་རིག་པར་བྱའོ། །ཞེས་གསུངས་ཤིང་། སངས་རྒྱས་ཀྱི་ཕྲིན་ལས་སུ་མི་འགྱུར་བའི་ཆོས་འགའ་ཡང་མེད་པར་གསུངས་པའི་ཕྱིར་རོ། །

རྒྱུད་བླ་ལྟར་ན། ལྷུན་གྲུབ་དང་། རྒྱུན་མི་འཆད་གཉིས་ལྡན་གྱི་གཞན་དོན་ཚད་མེད་པ་སྟེ། གདུལ་བྱའི་ཁམས་དང་གདུལ་བའི་ཐབས་དང་ནི། །གདུལ་བྱའི་ཁམས་ཀྱི་གདུལ་བའི་བྱ་བ་དང་། །དེ་ཡི་ཡུལ་དང་དུས་སུ་གཤེགས་པ་ལ། །ཁྱབ་བདག་རྟག་ཏུ་ལྷུན་གྱིས་གྲུབ་པ་འཇུག །ཅེས་སོ། །དེ་བཞིན་དུ་ཁྱབ་པ་དང་རྟག་པ་གཉིས་ལྡན་ནམ། ཟབ་པ་དང་རྒྱ་ཆེ་བ་གཉིས་ལྡན་དུ་ཡང་རུང་སྟེ། **འཇུག་པར།** ཟབ་མོ་སྟོང་པ་ཉིད་ཡིན་ཏེ། །ཡོན་ཏན་གཞན་རྣམས་རྒྱ་ཆེ་བའོ། །ཞེས་པའི་ཞར་ལས་འབྱུང་ངོ་། །བོད་གཞན་དག་བྱ་བ་ཡུལ་ལ་ཡོད་པའི་ཕྲིན་ལས་དང་། བྱེད་པ་པོ་ལ་ཡོད་པའི་ཕྲིན་ལས་ཞེས་འདོན་ཡང་ཕྲིན་ལས་དེ་གདུལ་བྱ་ལ་ལྡན་པ

མ་ཡིན་ཏེ། དཔེར་ན། ཉི་མའི་འོད་ཟེར་ནི་ཉི་མ་ཉིད་ལ་ལྡན་གྱི་ཉི་མ་ལ་ལྡན་པ་དང་པདྨ་ལ་ལྡན་པ་གཉིས་སུ་འཇོག་མི་རིགས་པ་བཞིན་ནོ། །

ཕྲིན་ལས་ཇི་ལྟར་མཛད་པའི་ཚུལ་ནི། འབད་པ་དང་རྩོལ་བ་མེད་པར་ལྷུན་གྱིས་གྲུབ་ཅིང་རྒྱུན་མི་འཆད་པར་འཇུག་པ་སྟེ། ཡེ་ཤེས་སྣང་བ་རྒྱན་གྱི་མདོ་ལས་གསུངས་པའི་དོན་བསྡུས་ནས་དཔེ་དགུས་རྒྱུད་བླར་བསྟན་པ་སྟེ། དེ་ཡང་སངས་རྒྱས་ཀྱི་ཕྲིན་ལས་ཆོས་ཅན། འབད་རྩོལ་མེད་པར་ལྷུན་གྲུབ་ཏུ་འཇུག་པར་དམ་བཅའ། ཐུགས་རྟོག་པ་མེད་པའི་དབྱིངས་དང་ཡེ་ཤེས་མངའ་བའི་ཕྱིར། ཞེས་པ་ནི་(༣༥༨ན)གཏན་ཚིགས་ཏེ། དཔེ་ནི་བརྒྱ་བྱིན་གྱི་གཟུགས་སོགས་དགུ་བཞིན་ནོ། །ཞེས་སྦྱོར་བ་དགོད་པར་བྱ་སྟེ། འབད་རྩོལ་བྲལ་བ་དམ་བཅའ་སྟེ། །རྟོག་མེད་ཐུགས་ནི་གཏན་ཚིགས་སོ། །རང་བཞིན་དོན་ནི་སྒྲུབ་དོན་དུ། །དཔེ་ནི་བརྒྱ་བྱིན་གཟུགས་སོགས་བཞིན། །ཞེས་སོ། །

དེ་ལ་དཔེ་དང་པོ་སྐུ་རྟོག་མེད་དུ་འགྲོ་དོན་མཛད་པ་ནི། བརྒྱ་བྱིན་གྱི་གཟུགས་ཀྱི་དཔེས་བསྟན་ཏེ། ལྷ་ཡུལ་གྱི་ས་གཞི་བཻཌཱུཪྻ་དག་པར་གྱུར་པ་ལ་ལྷའི་དབང་པོ་བརྒྱ་བྱིན་རྣམ་པར་རྒྱལ་བའི་ཁང་བཟང་ན་བདེ་བར་སྤྱོད་པའི་གཟུགས་བརྙན་ས་གཞི་དེ་ལ་སྒྲིབ་མེད་དུ་མཐོང་བའི་མི་རྣམས་བརྒྱ་བྱིན་དེ་འཐོབ་པའི་ཆེད་དུ་དགེ་བ་བྱེད་ཅིང་སྨོན་ལམ་བཏབ་པས་བརྒྱ་བྱིན་དུ་སྐྱེ་ལ། གཟུགས་བརྙན་དེ་ལ་རྟོག་པ་དང་གཡོ་བ་མེད་པ་ལྟར་དེ་བཞིན་གཤེགས་པ་ཆོས་ཀྱི་དབྱིངས་ན་ཟག་མེད་ཀྱི་བདེ་བ་ལ་སྤྱོད་པའི་གཟུགས་བརྙན་གདུལ་བྱའི་རྒྱུད་དག་པའི་བཻཌཱུར་གྱི་ས་གཞི་ལ་སྣང་བ་ན་དེ་འཐོབ་པའི་ཆེད་དུ་ཚོགས་བསགས་ཤིང་སྨོན་ལམ་བཏབ་པས་སངས་རྒྱས་འཐོབ་པར་འགྱུར་བ་ནི་སྐུ་འབད་རྟོག་མེད་པར་སྣང་བས་དོན་མཛད་པ་བརྒྱ་བྱིན་གྱི་དཔེ་དང་པོ་སྟེ། ཇི་ལྟར་བཻཌཱུར་དག་པ་ཡི། །རང་བཞིན་ས་སྟེང་འདི་གྱུར་ཏེ། །དག་ཕྱིར་ལྷ་ཡི་དབང་པོ་དེ། །ལྷ་ཡི་བུ་མོའི་ཚོགས་དང་བཅས། །རྣམ་

པར་རྒྱལ་བའི་ཁང་བཟང་དང་། །ལྷ་གནས་དེ་ལས་གཞན་དག་དང་། །དེ་ཡི་གཞལ་ཡས་སྣ་ཚོགས་དང་། །ལྷ་རྫས་རྣམ་མང་དེ་མཐོང་ངོ་། །དེ་ནས་སྐྱེས་པ་བུད་མེད་ཚོགས། །ས་ཡི་སྟེང་ན་གནས་པ་རྣམས། །སྣང་བ་དེ་ནི་མཐོང་གྱུར་ནས། །དེད་ཀྱང་རིང་པོར་མི་ཐོགས་པར། །ལྷ་དབང་འདི་འདྲར་གྱུར་ཅིག་ཅེས། །དེ་འདྲའི་སྨོན་ལམ་འདེབས་བྱེད་ཅིང་། །དེ་འཐོབ་དོན་དུ་དགེ་བ་ནི། །ཡང་དག་བླངས་ཏེ་གནས་པར་གྱུར། །དེ་དག་དགེ་བའི་ལས་དེས་ནི། །འདི་སྣང་(༣༢༨བ)ཙམ་ཞེས་དེ་ལྟ་བུར། །ཤེས་པ་མེད་ཀྱང་ས་སྟེང་ནས། །འཕོས་ཏེ་ལྷ་རུ་སྐྱེ་བར་འགྱུར། །སྣང་བ་དེ་ནི་ཤིན་ཏུ་ཡང་། །རྟོག་པ་མེད་ཅིང་གཡོ་བ་མེད། །དེ་ལྟ་མོད་ཀྱི་ས་སྟེང་ན། །དོན་ཆེན་པོས་ནི་ཉེ་བར་གནས། །དེ་བཞིན་དད་སོགས་དྲི་མེད་ཅན། །དད་སོགས་ཡོན་ཏན་གོམས་པ་ཡི། །རང་སེམས་ལ་སྣང་རྫོགས་སངས་རྒྱས། །མཚན་དང་དཔེ་བྱད་དང་ལྡན་པ། །འཆག་པ་དང་ནི་བཞེངས་པ་དང་། །བཞུགས་པ་དང་ནི་གཟིམས་པ་དང་། །སྤྱོད་ལམ་སྣ་ཚོགས་མཛད་པ་ཅན། །ཞི་བའི་ཆོས་ནི་གསུང་བ་དང་། །མི་གསུང་མཉམ་པར་བཞག་གྱུར་པ། །ཆོ་འཕྲུལ་རྣམ་པ་སྣ་ཚོགས་དག །མཛད་པ་གཟི་མདངས་ཆེན་པོ་ཅན། །སེམས་ཅན་རྣམས་ཀྱིས་མཐོང་བར་འགྱུར། །དེ་མཐོང་ནས་ཀྱང་འདོད་ལྡན་པས། །སངས་རྒྱས་ཉིད་ཕྱིར་རབ་སྦྱོར་ཏེ། །དེ་རྒྱུ་ཡང་དག་བླངས་ནས་ནི། །འདོད་པའི་གོ་འཕང་འཐོབ་པར་བྱེད། །སྣང་བ་དེ་ནི་ཤིན་ཏུ་ཡང་། །རྟོག་མེད་གཡོ་བ་མེད་པ་ཉིད། །དེ་ལྟ་ན་ཡང་འཛིག་རྟེན་ན། །དོན་ཆེན་པོས་ནི་ཉེ་བར་གནས། །འདི་ནི་རང་སེམས་སྣང་བ་ཞེས། །སོ་སོ་སྐྱེ་བོས་མི་ཤེས་མོད། །དེ་ལྟ་ན་ཡང་གཟུགས་མཐོང་དེ། །དེ་དག་ལ་ནི་དོན་ཡོད་འགྱུར། །རིམ་གྱིས་དེ་མཐོང་ལ་བརྟེན་ནས། །ཐེག་པ་འདི་ལ་གནས་པ་རྣམས། །ནང་གི་དམ་པ་ཆོས་སྐུ་ནི། །ཡེ་ཤེས་མིག་གིས་མཐོང་བར་འགྱུར། །ཞེས་སོ། །

སྔོན་དུ་བཤད་པ་ལྟར་འདིས་ནི་གཟུགས་སྐུ་ཆོས་སྐུའི་མཐུ་དང་སྔོན་གྱི་སྨོན་

ལམ་གྱི་དབང་དང་། གདུལ་བྱའི་རྒྱུད་དག་པ་སྟེ་གསུམ་ལས་སྣང་བ་རྟེན་འབྲེལ་གྱི་སྐུར་འཆད་པ་ཡིན་གྱི་གདུལ་བྱའི་མིག་ཤེས་སུ་སྟོན་པ་མ་ཡིན་ཏེ། བརྒྱ་བྱིན་གྱི་གཟུགས་བརྙན་མཐོང་བ་དེ་སོ་སོའི་མིག་ཤེས་ཕོ་ན་ཡིན་ན་བདག་རྐྱེན་བརྒྱ་བྱིན་མེད་ཀྱང་སྣང་དགོས་པ་དང་། ཡུལ་གྱི་རྐྱེན་ས་གཞི་མ་དག་ན་ཡང་འཆར་དགོས་པར་(༣༨༧ན)ཐལ་བའི་ཕྱིར། དེས་ན་དེ་དག་ཚོགས་པའི་དབང་གིས་མེད་བཞིན་དུ་ཡང་སྣང་བ་རྟེན་འབྲེལ་གྱི་སྐུ་སྟེ་ཆོས་ཐམས་ཅད་ཀྱང་འདི་ལྟར་ཤེས་པར་བྱའོ། །སེམས་ཀྱི་རང་བཞིན་གཟོད་ནས་དྲི་མས་སྟོང་ཞིང་ཡོན་ཏན་གྱིས་འོད་གསལ་བ་ཡོད་མེད་དང་བདེན་རྫུན་ལ་སོགས་པ་སྤྲོ་སྐུར་གྱི་དངོས་པོར་མི་གནས་པས་བློའི་ཡུལ་མིན་པ་ཀུན་ལ་རྒྱུར་མ་ཆད་ཅིང་གང་གི་ཡང་ཕྱོགས་སུ་མ་ལྷུང་བ་འདི་ལ་ཆོས་ཀྱི་དབྱིངས་ཞེས་བྱ་སྟེ། འདས་པའི་དེ་བཞིན་ཉིད་གང་མ་བྱོན་དེ་བཞིན་ཉིད། །ད་ལྟར་དེ་བཞིན་ཉིད་གང་དགྲ་བཅོམ་དེ་བཞིན་ཉིད། །ཆོས་ཀུན་དེ་བཞིན་ཉིད་འདི་ཐམས་ཅད་བྱེ་བྲག་མེད། །ཅེས་གསུངས་པ་ལྟར། སངས་རྒྱས་དང་བྱང་ཆུབ་སེམས་དཔའ་དང་ཉན་ཐོས་དང་རང་རྒྱལ་དང་སེམས་ཅན་ཐམས་ཅད་ཀྱི་ཡང་སེམས་ཀྱི་དབྱིངས་ཐ་དད་པ་མེད་པ་ནམ་མཁའི་ཁམས་གཟུགས་ཐམས་ཅད་ལ་ཀུན་ཏུ་སོང་བ་ལྟ་བུ་འདིའི་ཕྱིར། ཆོས་དབྱིངས་ལས་གཞན་པའི་ཆོས་མ་གཟིགས་པར་ཡང་གསུངས་ལ་སངས་རྒྱས་ཐམས་ཅད་གང་དུ་མངོན་པར་རྫོགས་པར་འཚང་རྒྱ་བའི་གནས་དང་། གང་རྗོགས་པས་འཚང་རྒྱ་བའི་ཐབས་དང་། གང་གི་ངོ་བོར་འཚང་རྒྱ་བའི་རང་བཞིན་ཐམས་ཅད་ཀྱང་འདི་ཕོ་ན་ཡིན་ལ་འདི་ཉིད་ལས་མི་གཡོ་བ་ནི་སངས་རྒྱས་ཀྱི་གནས་པ་སྟེ་རྟག་ཏུ་འདི་ཉིད་ཀྱིས་གནས་ཤིང་འདི་ནི་གནས་མི་གནས་མི་དམིགས་པའི་ཕྱིར་ན། མི་གནས་པའི་གནས་པར་བརྗོད་ཅིང་སེམས་ཅན་དང་འབྲེལ་བ་མེད་ཀྱང་སེམས་ཅན་གྱི་ཁམས་རྒྱུད་ཀྱང་འདི་ལས་གཞན་མ་ཡིན་པའི་ཕྱིར། སངས་རྒྱས་ཐམས་ཅད་རྟག

ཏུ་སེམས་ཅན་གྱི་ཁམས་རྒྱུད་ལ་བཞུགས་པར་ཡང་གསུངས་ཤིང་། རང་རྒྱུད་ཀྱི་ཁམས་འདིའི་མཐུ་ལས་དགེ་བའི་བློ་སྐྱེ་དགེ་བའི་བཤེས་གཉེན་དང་གཟུགས་ཀྱི་སྐུ་མཐོང་ཞིང་དེས་རྒྱུད་སྦྱངས་པས་རང་རྒྱུད་ཀྱི་ཆོས་སྐུ་ཇི་ལྟ་བ་མཐོང་ནུས་པའི་ཕྱིར་ན། གལ་ཏེ་སངས་རྒྱས་ཁམས་མེད་(༣༤༧བ)ན། །སྡུག་ལ་སྐྱོ་བ་མི་འགྱུར་ཞིང་། །མྱ་ངན་འདས་ལ་འདོད་པ་དང་། །དོན་གཉེར་སྨོན་པའང་མེད་པར་འགྱུར། །ཞེས་ཁམས་ཀྱི་མཐུ་དང་། འདི་ནི་རང་སེམས་སྣང་བ་ཞེས། །སོ་སོའི་སྐྱེ་བོས་མི་ཤེས་སོད། །ཅེས་རང་རྒྱུད་ཀྱི་དབྱིངས་དང་དགེ་བའི་མཐུ་ཚོགས་པའི་གཟུགས་བརྙན་ཡིན་པ་དང་། ནང་གི་དམ་པ་ཆོས་སྐུ་ནི། །ཡེ་ཤེས་མིག་གིས་མཐོང་བར་འགྱུར། །ཞེས་འདི་ལ་བརྟེན་ནས་རང་རྒྱུད་ཀྱི་ཆོས་སྐུ་ཉིད་ཇི་ལྟ་བ་མཐོང་འགྱུར་དུ་གསུངས་པ་ཡིན་ནོ། །དེས་ན་གཟུགས་ཀྱི་སྐུ་ཙམ་གྱིས་སངས་རྒྱས་ཡོངས་སུ་རྫོགས་པར་ཡང་མི་ལྟ་ལ། ཆོས་ཀྱི་སྐུ་ལས་གཞན་དུའང་མི་ལྟ་ཞིང་དེ་བཞིན་དུ་མཐོང་བ་པོའི་སེམས་ཁོ་ནར་ཡང་མི་ལྟ་ལ། སེམས་ལས་གཞན་དུ་ཡང་མི་ལྟ་སྟེ་འདིའི་ཕྱིར་ཡང་ཆོས་ཐམས་ཅད་རྟེན་འབྲེལ་ཙམ་དུ་གསུངས་པ་ཡིན་ལ། ཆོས་སྐུ་སྟོང་ཉིད་ཀྱི་ཕྱིར་གཟུགས་སྐུ་རྟེན་འབྲེལ་དུ་འཆར་རུང་ཞིང་གཟུགས་སྐུ་རྟེན་འབྲེལ་ཉིད་ལས་གཞན་པའི་ཆོས་སྐུ་ཡང་དམིགས་སུ་མེད་དེ། དེའི་ཕྱིར། གང་ཕྱིར་རྟེན་འབྱུང་མ་ཡིན་པའི། །ཆོས་འགའ་ཡོད་པ་མ་ཡིན་ནོ། །དེ་ཕྱིར་སྟོང་ཉིད་མ་ཡིན་པའི། །ཆོས་འགའ་ཡོད་པ་མ་ཡིན་ནོ། །ཞེས་འདི་ཉིད་འབྲས་བུ་དབུ་མ་སྐུ་གཉིས་ཟུང་འཇུག་གི་སྐབས་སུ་ཡང་ཤེས་པར་བྱའོ། །དེས་ན་རང་སྟོང་བར་འདོད་པ་ཁ་ཅིག་སངས་རྒྱས་ཅང་མེད་དུ་འདོད་པ་དང་། གཞན་སྟོང་བར་འདོད་པ་ཁ་ཅིག་སངས་རྒྱས་རྟག་རྫས་སུ་ཁས་ལེན་པ་ནི་སངས་རྒྱས་ཀྱི་བསྟན་པ་རྣམ་པར་གཞིག་པ་ཡིན་ཏེ། རྫོགས་པའི་སངས་རྒྱས་ལ་ཡང་རྟག་ཆད་གང་རུང་དུ་བླ་བ་དེས་རྟག་ཆད་ཀྱི་མཐར་མི་སྨྲ་བའི་ཆོས་གཞན་ཅི་ཞིག་ཡོད་ལ། གང་

རྟག་ཆད་ཀྱི་མཐར་སྨྲ་བ་ནི་ངའི་རྗེས་འབྲང་མ་ཡིན། ང་ཡང་དེའི་སྟོན་པ་མ་ཡིན་ནོ། །ཞེས་ཡང་ཡང་གསུངས་པའི་ཕྱིར་རོ། །དེ་བཞིན་གཤེགས་པ་(༣༤༤ན)རྟག་པའི་སྐུ། །རྟག་པའི་མཚན་རྣམས་ཕུན་སུམ་ཚོགས། །ཞེས་སོགས་བཤད་པའང་མུ་སྟེགས་པས་དབང་ཕྱུག་རྟག་པ་རང་བྱུང་གི་ཚད་མར་འདོད་པ་ལྟར་གསུངས་པ་མ་ཡིན་ཏེ། **སོར་ཕྲེང་ལ་ཕན་པའི་མདོར།** མི་དགེ་བ་ཅན་རྣམས་དགེ་བ་ལ་འགོད་པའི་ཕྱིར་ངའི་ལུས་ཡང་ཡང་བཏང་བས་ན་ངའི་ལུས་མ་སྐྱེས་པའི་སྐུར་གྱུར་ཏོ། །ཞེས་སོགས། མི་བདེན་པར་སྨྲ་བ་རྣམས་བདེན་པ་ལ་བཀོད་པས་བདེན་པ་རྟག་པའི་སྐུ་ཐོབ་པ་དང་། ཆོས་སྲུང་ཕྱིར་ལུས་བཏང་བས་འདུས་མ་བྱས་ཀྱི་སྐུ་ཐོབ་པ་སོགས་ནས། བདེ་སྙིང་རྟག་པའི་དབྱིངས་མ་བཅབས་པར་བསྟན་པས་རྟག་པའི་སྐུ་ཐོབ་པ་སོགས་དགེ་བའི་རྣམ་འབྲས་ཁོ་ནར་གསུངས་པའི་ཕྱིར། ཡང་ལོངས་སྐུ་སངས་རྒྱས་དངོས་ཏེ་སྒྱུ་མ་མཁན་ལྟ་བུ་དང་སྤྲུལ་སྐུ་ནི་སྒྱུ་མའི་སྐྱེས་བུ་ལྟར་དེའི་སྤྲུལ་པར་འདོད་པ་ཡང་མི་ལེགས་ཏེ། ཆུ་དང་ནམ་མཁར་ཟླ་གཟུགས་བཞིན། །དེ་མཐོང་བ་ཡང་རྣམ་པ་གཉིས། །ཞེས་ལོངས་སྐུ་ནམ་མཁའི་ཟླ་གཟུགས་དང་སྤྲུལ་སྐུ་ཆུ་ནང་གི་ཟླ་གཟུགས་ལྟར་བཤད་མོད་ཀྱང་། དཔེ་མདོའི་ལུགས་ཀྱིས་ཆུ་ནང་གི་ཟླ་གཟུགས་ནི་ཟླ་གཟུགས་ལྟར་སྣང་ཡང་ཟླ་གཟུགས་མ་ཡིན་པར་འདོད་པ་དང་མི་མཚུངས་ཏེ། ཆུ་ནང་གི་ཟླ་གཟུགས་དང་ནམ་མཁའི་ཟླ་གཟུགས་ནི་དེ་ཉིད་དང་གཞན་གང་ཡང་མ་ཡིན་ཏེ། གལ་ཏེ་ཟླ་གཟུགས་དངོས་སམ་གཅིག་ཡིན་ན་ཡང་ཆུ་ནང་ན་ཟླ་བ་ཡོད་པར་འགྱུར་ཞིང་ཟླ་གཟུགས་དངོས་མ་ཡིན་པའམ་ཐ་དད་ཡིན་ན་ཡང་ནམ་མཁའི་ཟླ་བ་དགྲ་གཅན་ལས་གྲོལ་མ་གྲོལ་སོགས་ཟླ་གཟུགས་ཀྱིས་མཚོན་མི་ནུས་དགོས་པའི་ཕྱིར། དེས་ན་དེ་གཉིས་གཅིག་སྟེ་དེ་ཉིད་དང་གཞན་ཏེ་ཐ་དད་པ་གང་ཡང་མ་ཡིན་ཞིང་། ཟླ་གཟུགས་སུ་བདེན་མི་བདེན་གང་དུ་ཡང་བརྗོད་པར་མི་ནུས་ཏེ་འདི་ཇི་ལྟར་སྣང་བའི་རྒྱུ་མཚན་ནི་སོ་སོ་སྐྱེ་བོས་མི་ཤེས་

སོ། །དེ་ལྟ་མོད་ཀྱི་འདོད་(༣༨༨བ)པ་དེ་ལྟ་ན་སངས་རྒྱས་ལ་ངན་སེམས་ཀྱིས་ཁྲག་ཕྱུང་བའི་མཚམས་མེད་ཀྱི་ལས་མི་སྲིད་པར་འགྱུར་ཏེ། ལོངས་སྐུ་ལ་དེ་སུས་ཀྱང་མི་ནུས་ཤིང་སྤྲུལ་སྐུ་ནི་སྒྱུ་མའི་སྐྱེས་བུ་ཡིན་པས་སྒྱུ་མའི་སྐྱེས་བུ་བསད་སོགས་ལ་སེམས་མེད་ཕྱིར་ན་སྡིག་པ་མེད་པའི་ཕྱིར། སྤྲུལ་པའི་སྐུ་ཞེས་པའང་སྤྲུལ་པ་ཡིན་གྱི་སངས་རྒྱས་མ་ཡིན་པར་སྟོན་པ་ནི་མ་ཡིན་ཏེ། སྤྲུལ་པ་དང་མཚུངས་པའི་སྐུ་དང་སྒྱུ་མ་དང་མཚུངས་པའི་སྐུ་ཞེས་བཤད་པར་གོ་བར་བྱའོ། །

གཞན་ཡང་བསྟན་པའི་བདག་པོ་མཆོག་གི་སྤྲུལ་སྐུ་རྣམས་སངས་རྒྱས་ཀྱི་སྐུར་མི་འདོད་པ་རྣམས་ཀྱིས། མུ་སྟེགས་པ་རྣམས་ཀྱིས་དགེ་སྦྱོང་གཽ་ཏ་མ་ནི་སྒྱུ་མ་སྟེ་བདེན་པའི་དངོས་པོ་མེད་དོ། །ཞེས་དང་། འཇིག་རྟེན་ན་ཐམས་ཅད་མཁྱེན་པ་མི་སྲིད་ཅིང་དགེ་སྦྱོང་གཽ་ཏ་མ་ནི་སངས་རྒྱས་དང་ཐམས་ཅད་མཁྱེན་པ་མ་ཡིན་ནོ། །ཞེས་སྨྲ་བ་འདིའི་ལན་ལྡོན་པར་མི་ནུས་ཀྱི་སྟེང་དུ་ལེགས་སོ། །ལེགས་སོ། །དེ་དེ་བཞིན་ནོ། །ཞེས་སྨྲས་པར་འགྱུར་ལ། འདི་སྐད་བདག་གིས་ཐོས་པ་དུས་གཅིག་ན་བཅོམ་ལྡན་འདས་རྒྱལ་པོའི་ཁབ་ན་བཞུགས་ཏེ། ཞེས་སོགས་སྟུད་པ་པོས་བརྗོད་པ་འདི་ཐམས་ཅད་རྫུན་དུ་ཁས་ལེན་དགོས་ཏེ། རྒྱལ་པོའི་ཁབ་ན་བཞུགས་པ་དེ་བཅོམ་ལྡན་འདས་མ་ཡིན་པའི་ཕྱིར། མཛད་པ་བཅུ་གཉིས་ཀྱང་སངས་རྒྱས་ཀྱི་མཛད་པ་མ་ཡིན་པར་འགྱུར་ཞིང་། བསྟན་པ་འདི་ཡང་སངས་རྒྱས་ཀྱི་བསྟན་པ་མ་ཡིན་པར་ཁས་ལེན་དགོས་སོ། །

དེས་ན་**ཐར་རྒྱན་ལས།** གཟུགས་སྐུ་གཉིས་ནི་ཆོས་ཀྱི་སྐུའི་བྱིན་རླབས་དང་གདུལ་བྱའི་སྣང་བ་དང་སྔོན་གྱི་སྨོན་ལམ་སྟེ། དེ་གསུམ་འཛོམ་པ་ལས་བྱུང་བར་ཤེས་པར་བྱ་སྟེ། ཆོས་དབྱིངས་ཀྱི་བྱིན་རླབས་འབའ་ཞིག་ལས་བྱུང་བ་ཡིན་ན་ནི་ཆོས་དབྱིངས་ཀྱིས་སེམས་ཅན་ཐམས་ཅད་ལ་ཁྱབ་པས་ཀུན་འབད་མེད་དུ་གྲོལ་བར་རིགས་ལ། ཡང་ན་སེམས་ཅན་ཐམས་ཅད་སངས་རྒྱས་དང་ཞལ་མཇལ་

བར་རིགས་སོ། །གདུལ་བྱའི་སྣང་བ་འབའ་ཞིག་ཡིན་ན་ནི་མེད་(༡༥༧ན)པ་སྣང་བ་དེ་ལོག་ཤེས་ཡིན་ལ། ལོག་ཤེས་ལ་བརྟེན་ནས་འཚང་རྒྱ་ན་སེམས་ཅན་ཐམས་ཅད་ཀྱིས་ཐོག་མེད་ནས་ལོག་ཤེས་ལ་སྤྱད་པས་དེ་ཙམ་ན་ཀུན་སངས་རྒྱས་པར་རིགས་སོ། །སྨོན་ལམ་འབའ་ཞིག་ལས་བྱུང་བ་ཡིན་ན་རྫོགས་པའི་སངས་རྒྱས་སྨོན་ལམ་ལ་མངའ་མ་བརྙེས་ན་སངས་རྒྱས་སུ་མི་འགྱུར་ལ་བརྙེས་ན་སེམས་ཅན་ཐམས་ཅད་ཀྱི་དོན་དུ་བཏབ་པའི་ཕྱིར། སྨོན་ལམ་གྱི་སྒོ་ནས་ཀུན་འབད་མེད་དུ་གྲོལ་བར་ཡང་རིགས་པ་ལ་དེ་ལྟར་རེ་རེ་ཞིང་མི་འདུག་པས་ན་དེ་གསུམ་འཛོམ་པའི་མཐུ་ལས་བྱུང་བ་ཡིན་ནོ། །ཞེས་བཞེད་དོ། །

དེས་ན་སངས་རྒྱས་བེམ་ཤེས་གཉིས་ཚོགས་ཀྱི་སྐྱེས་བུ་དང་འདུས་བྱས་ཡིན་པར་ཞེན་པ་ཐེག་དམན་པའི་བློ་སེལ་བའི་ཕྱིར་སངས་རྒྱས་གཟུགས་སུ་མི་གནས་པར་ཡང་སྟོན་ལ། སྤྱིར་གཟུགས་སྐུའི་སྣང་བ་འདི་གཟུགས་ཕུང་གིས་བསྡུས་པ་མ་ཡིན་ཏེ་གཟུགས་ཕུང་གནས་གྱུར་ཟིན་པའི་ཕྱིར་དང་། འདོད་པ་དག་གིས་མ་གོས་པ་ཞེས་སོགས་ཀྱིས་ཁམས་གསུམ་ལས་འདས་པར་གསུངས་པའི་ཕྱིར་དང་། སྲིད་ཞེས་མ་བསྡུས་ཕྱིར། ཞེས་སྲིད་ཞི་གང་གིས་ཀྱང་མ་བསྡུས་པར་གསུངས་པའི་ཕྱིར་རོ། །

དེས་ན་གཟུགས་ལས་འདས་ཀྱང་གཟུགས་ཐམས་ཅད་པར་སྟོན་པ། སྒྲས་མ་བསྡུས་ཀྱང་ཡན་ལག་ཐམས་ཅད་པའི་གསུང་དབྱངས་མངའ་བ། ཁམས་གསུམ་ལས་འདས་ཀྱང་ཁམས་གསུམ་ལས་མི་གཡོ་བ། སེམས་ཅན་གྱི་ཡུལ་མིན་ཡང་སེམས་ཅན་རེ་རེ་ལ་ཡང་གང་འདུལ་གྱི་སྐུ་མཐའ་ཡས་པར་སྣང་བ། མཐའ་དབུས་རྣམ་པར་གྲོལ་བ་ནམ་མཁའི་ཁམས་ཀྱིས་ཀྱང་དཔེར་མི་ནུས་པར་ཚད་ལས་གྲོལ་ཡང་སེམས་ཅན་ཐམས་ཅད་ཀྱི་ཕན་བདེའི་གཞི་གཅིག་པོར་གྱུར་པ་འདི་ལ། རང་ཅག་རྣམས་ཀུན་ནས་དད་པ་དང་སྐྱབས་སུ་འཛིན་པ་དང་། གོ་འཕང་འདོད་

པར་བྱའི། རང་ཅག་མཚོ་མ་དྲོས་པ་ཙམ་གྱི་ཟབས་ཀྱི་ཚད་ལ་རྫོངས་པ་རྣམས་(༣༥༩བ)ཀྱིས་རྒྱ་མཚོ་ཆེན་པོ་གཏྣ་གླུང་གི་བྱེ་མ་སྙེད་ཀྱིས་མི་བསྐྱུན་པའི་སངས་རྒྱས་ཀྱི་ཆུ་གཏེར་ཆེན་པོ་འདིའི་ཚད་བཟུང་བར་མི་བྱའོ། །

དཔེ་དང་པོ་འདི་ཡང་། རང་བཞིན་ས་སྙིང་འདི་གྱུར་ཏེ། །ཞེས་འཛམ་གླིང་གིས་འདི་བཻཌཱུར་གྱུར་པ་ལ་གཟུགས་བརྙན་འཆར་བར་བཤད་པ་ལྟར། དངོས་སུ་ཡོད་ཅིང་ཕལ་ཆེར་གྱིས་དེ་ལྟར་འགྲེལ་ཡང་ས་གཞི་འདི་ལ་ཤར་ན་བརྒྱ་བྱིན་ས་འོག་ཏུ་འོང་བར་མི་རིགས་པས་གཟུགས་བརྙན་དུ་སྐྱེ་བོས་ཀྱང་གོ་བར་འགྱུར་ལ་དེ་ལྟ་ན། འདི་སྣང་ཙམ་ཞེས་དེ་ལྟ་བུར། །ཤེས་པ་མེད་ཀྱང་ཞེས་པ་དང་འགལ་ལོ། །

དེས་ན་**ཐར་རྒྱན་ལས།** དཔེར་ན་ལྷ་དབང་བརྒྱ་བྱིན་དེ་ལྷའི་བུ་མོའི་ཚོགས་དང་བཅས་ནས་རྣམ་པར་རྒྱལ་བའི་ཁང་བཟང་ན་བཞུགས་པ་ལ། ཁང་བཟང་དེ་བཻཌཱུའི་རང་བཞིན་དག་ཅིང་དང་བ་ཡིན་པས་བརྒྱ་བྱིན་གྱི་གཟུགས་བརྙན་ཁང་བཟང་གི་ཕྱི་རོལ་དུ་སྣང་བ་འབྱུང་ངོ་། །ཞེས་བཤད་དོ། །དེས་ན་འདི་ལ་ཤེལ་དྭངས་པའི་ནང་གི་གཟུགས་བཞིན་མ་བསྒྲིབས་པར་མཐོང་བ་བྱུང་འཕགས་ལ་ཡོངས་སྐུར་སྣང་བའི་དཔེ་དང་། མི་ཡོང་དྭངས་པ་ལ་གཟུགས་བརྙན་བཞིན་དུ་དངོས་པོ་ཤིན་ཏུ་དྭངས་པ་ལ་ཡུལ་ཉེ་བའི་གཟུགས་བརྙན་སྣང་བ་ཆོས་ཉིད་ཡིན་པས་ལས་ཀྱི་སྒྲིབ་པའི་རྙོག་པ་མེད་པའི་སེམས་ཅན་དག་པ་ལ་སྤྲུལ་སྐུར་སྣང་བའི་དཔེ་གཉིས་སུ་འགྱུར་ལ། ས་སྙིང་འདི་ཞེས་པ་ཡི་གེའམ་འགྱུར་གྱི་སྐྱོན་ཞིག་སྟེ། ས་སྙིང་དེ་གྱུར་ཏེ། ཞེས་བརྗོད་ན་ལེགས་པར་སྣང་ངོ་། །བཻཌཱུ་དག་པའི་གཞི་ལ་འཆར་བའི་རྣམ་བཅད་གཅིག་གིས་ས་ཕལ་པ་ལ་མི་སྣང་བ་ལྟར་སྐལ་མེད་ལ་གཟུགས་སྐུ་མི་སྣང་བ་ཡང་སྟོན་ཏེ། **རྒྱན་ལས།** ཇི་ལྟར་ཆུ་ཡི་སྣོད་ཆག་ན། །ཟླ་བའི་གཟུགས་བརྙན་མི་སྣང་ངོ་། །དེ་བཞིན་སེམས་ཅན་ངན་པ་ལ། །སངས་རྒྱས་གཟུགས་ཀྱང་མི་སྣང་ངོ་། །ཇི་ལྟར་མེ་(༣༦༠ན)ནི་གཞན་དུ་འབར། །གཞན་དུ་ཞི་བར་

འགྱུར་བ་ལྟར། །དེ་བཞིན་སངས་རྒྱས་སེམས་ཅན་ལ། །སྣང་དང་མི་སྣང་ཤེས་པར་བྱ། །ཞེས་སོ། །

དཔེ་གཉིས་པ་གསུང་རྟོག་པ་མེད་པར་འགྲོ་དོན་མཛད་པ་ལྷའི་རྔའི་དཔེ་ནི། སུམ་ཅུ་རྩ་གསུམ་པའི་ལྷ་རྣམས་ཀྱིས་སྟེང་གི་ནམ་མཁའ་ལ་ལྷ་རྣམས་ཀྱི་དགེ་བའི་རྒྱུ་དང་། སངས་རྒྱས་ཀྱི་ཐུགས་རྗེ་ལས་གྲུབ་པའི་ཆོས་ཀྱི་རྔ་བོ་ཆེ་གཟུགས་སུ་མ་གྲུབ་ཅིང་ལྟར་མེད་ལ་བརྟུང་བའི་རྩོལ་བ་མེད་པར་རང་བྱུང་གི་ཆོས་ཀྱི་སྒྲ་འབྱུང་བ་ཞིག་ཡོད་དེ། དེས་ལྷ་རྣམས་བག་མེད་པ་ལས་ལྡོག་པ་དང་ལྷ་རྣམས་ནི་རྒྱལ་ལོ། །ལྷ་མ་ཡིན་རྣམས་ནི་ཕམ་མོ་ཞེས་པའི་སྒྲས་ལྷ་རྣམས་དབུགས་ཕྱིན་ཅིང་ལྷ་མིན་རྣམས་ས་འོག་ཏུ་འབྲོས་པར་བྱེད་པ་ལྟར་དེ་བཞིན་གཤེགས་པའི་ཆོས་ཀྱི་གསུང་ཡང་དེ་ལྟ་བུ་སྟེ། ཇི་ལྟར་ལྷ་ནང་ལྷ་རྣམས་ཀྱི། །རྔ་སྒྲ་རང་གི་ལས་ལས་བྱུང་། །དེ་བཞིན་འཇིག་རྟེན་ཐུབ་པའི་ཆོས། །གསུང་བ་རང་གི་ལས་ལས་བྱུང་། །སྔོན་གྱི་དཀར་པོའི་མཐུ་ཡིས་ནི། །འབད་དང་གནས་དང་ཡིད་གཟུགས་དང་། །རྣམ་པར་རྟོག་པ་མེད་བཞིན་དུ། །མི་རྟག་སྡུག་བསྔལ་བདག་མེད་དང་། །ཞི་བའི་སྒྲ་ཡིས་བག་མེད་པའི། །ལྷ་རྣམས་ཐམས་ཅད་ཡང་ནས་ཡང་། །ཆོས་ཀྱི་རྔས་ནི་སྐུལ་བྱེད་ལྟར། །དེ་བཞིན་ཁྱབ་བདག་འབད་སོགས་དང་། །བྲལ་ཡང་འགྲོ་བ་མ་ལུས་པ། །སངས་རྒྱས་གསུང་གིས་ཁྱབ་མཛད་དེ། །སྐལ་ལྡན་རྣམས་ལ་ཆོས་སྟོན་ཏོ། །ཞེས་དང་། ཇི་ལྟར་ལྷ་ཡི་གྲོང་ན་རྔ་སྒྲའི་རྒྱུས་བྱུང་མི་འཇིགས་སྦྱིན་པ་ནི། །ཉོན་མོངས་གཡུལ་དུ་འཇུག་ཚེ་ལྷ་མིན་ལས་རྒྱལ་རྩེད་མོ་སེལ་བ་བཞིན། །དེ་བཞིན་འཇིག་རྟེན་དག་ན་བསམ་གཏན་གཟུགས་མེད་ལ་སོགས་རྒྱུས་བྱུང་བ། །སེམས་ཅན་ཉོན་མོངས་སྡུག་བསྔལ་རབ་འཇོམས་ཞི་བ་བླ་མེད་ལམ་ཚུལ་བརྗོད། །ཅེས་པ་(༥༠བ)སྟེ། བག་མེད་སེལ་བ་ནི་སྐྱེས་བུ་ཆུང་འབྲིང་གི་ལམ་དང་། ལྷ་མིན་སྐྲག་པ་ནི་བདུད་འཇོམས་པ་དང་། ལྷ་རྣམས་དབུགས་འབྱིན་པ་ནི་

ཐེག་ཆེན་གྱི་གདམས་ཀྱིས་བྱང་ཆུབ་ཏུ་ལུང་སྟོན་པའི་དོན་དུ་སྨྲར་བར་བྱའོ། །**རྒྱན་ལས་ཀྱང་**། ཇི་ལྟར་ཟ་དག་མ་བརྟུངས་པར། །སྒྲ་དག་ཀུན་ཏུ་འབྱུང་བ་ལྟར། །དེ་བཞིན་རྒྱལ་བ་བཟོ་མེད་པར། །བཤད་པ་དག་ནི་ཀུན་ཏུ་འབྱུང་། །ཞེས་སོ། །

དཔེ་གསུམ་པ་ཐུགས་རྟོག་པ་མེད་པར་འགྲོ་དོན་མཛད་པ་སྤྲིན་གྱི་དཔེ་ནི། བར་སྣང་ཁྱབ་ཅིང་ཡན་ལག་བརྒྱད་དང་ལྡན་པའི་ཆུས་གང་བའི་སྤྲིན་དེ་ནི་འབད་རྩོལ་དང་རྣམ་རྟོག་མེད་ཅིང་ལོ་ཏོག་འཕེལ་བར་ཤེས་པས་ཆར་ལ་དགའ་བའི་མི་དང་། ལས་ཀྱིས་ཆར་བབས་པ་ན་མེའི་སེར་བ་དང་ཏོག་ཏུ་འབབ་པས་ཆར་ལ་མི་དགའ་བའི་ཡི་དྭགས་དང་། ཆར་བབས་མ་བབས་ལ་ཁྱད་པར་མེད་པ་བྱ་རོག་སོགས་བར་མའི་སློ་ཅན་གསུམ་ག་ལ་བལྟོས་པ་མེད་པར། བསིལ་ཞིམ་དང་འཇམ་ཡང་ཞིང་གཙང་། །འཐུངས་ན་ལྟོ་དང་མགྲིན་པ་ལ། །མི་གནོད་འདི་ནི་ཡན་ལག་བརྒྱད། །དེ་ལྟ་བུ་པོ་ནའི་ཆར་རྒྱ་མཚོ་ཆེན་པོ་ནི་ཆར་ཐམས་ཅད་ཀྱིས་མི་ངོམས་ཤིང་འཛིན་པར་ནུས་པའི་ཕྱིར་གཉའ་ཤིང་ཙམ་ནས་ཆར་གྱི་རྒྱུན་སྦྲ་ལྕུག་དང་སོག་སྤུག་གི་ཚད་ལ་སོགས་པའི་བར་འབེབས་ཤིང་དེ་ལྟ་བུ་སས་མི་ཐེག་པའི་ཕྱིར། ས་གཞིའི་སྟེང་དུ་ནི་ཆར་ཐིགས་རགས་པ་དང་བར་མ་དང་ཕྲ་མོ་འབེབས་ལ། ཡན་ལག་བརྒྱད་ལྡན་གྱི་ཆུ་དེ་ཡང་ས་གཞི་མཆོག་དམན་བར་མ་དོ་དང་ནུས་པ་སྣ་ཚོགས་པ་ཅན་དུ་སོན་པ་ན་དྲི་རོ་ནུས་པ་སྣ་ཚོགས་སུ་སོ་སོར་འགྱུར་བ་ལྟར། སངས་རྒྱས་ཀྱི་ཐུགས་རྗེའི་སྤྲིན་ཆོས་ཀྱི་དབྱིངས་ཁྱབ་ཅིང་ཟག་མེད་ཀྱི་ཡོན་ཏན་གྱིས་གང་བ་དེ་ལས་འབད་རྩོལ་མེད་ཅིང་སྐལ་ལྡན་ཆོས་ལ་གུས་པ་དང་བདུད་ཀྱི་རིས་ཆོས་ལ་སྡང་བ་དང་བར་མར་གནས་པ་སྟེ། གསུམ་ག་ལ་བལྟོས་པ་མེད་པར་ཆོས་ཀྱི་ཆར་འབེབས་ལ། དེ་ཡང་(༥༠༧ན)བསམ་གྱིས་མི་ཁྱབ་པའི་ཆོས་ཀྱི་འཁོར་ལོ་རྣམས་ནི་སོ་སོ་སྐྱེ་བོ་རྣམས་ཀྱིས་མཉན་པ་ལྟ་ཞིག་མོས་པ་ཙམ་དུ་ཡང་དཀའ་བས་བྱང་འཕགས་རྒྱ་མཚོ་དང་འདྲ་བ་ཁོ་ན་ལ་འབེབས་ཤིང་ཆར་ཐིགས་ཕྲ་མོ་ལྟ་

བུ་མངོན་མཐོའི་ཐེག་པ་དང་། བར་མ་ལྷ་བུ་ཉན་རང་གི་ཐེག་པ་དང་། སྦོམ་པོ་ལྷ་བུ་ཐེག་ཆེན་ཐུན་མོང་བ་རྣམས་ནི་སོ་སྐྱེ་ས་ལྷ་བུའི་རྒྱུད་ལ་འབེབས་ལ། འཕགས་ལམ་ཡན་ལག་བརྒྱད་དང་སྟོང་པ་ཉིད་དུ་རོ་གཅིག་པའི་ཆོས་ཀྱི་འཁོར་ལོ་དེ་ཡང་གདུལ་བྱའི་དབང་གིས་ཐེག་པ་སྣ་ཚོགས་སུ་སྣང་བར་འགྱུར་བ་སྟེ། ཇི་ལྟར་དབྱར་གྱི་དུས་ན་སྤྲིན། །ལོ་ཏོག་ཕུན་སུམ་ཚོགས་པའི་རྒྱུ། །ཆུ་ཡི་ཕུང་པོ་འབབ་མེད་པར། །ས་ལ་རྒྱུན་དུ་འབེབས་པ་ལྟར། །དེ་བཞིན་ཐུགས་རྗེའི་སྤྲིན་ལས་ནི། །རྒྱལ་བའི་དམ་ཆོས་ཆུ་ཡི་ཆར། །འགྲོ་བའི་དགེ་བའི་ལོ་ཏོག་རྒྱུ། །རྣམ་པར་རྟོག་པ་མེད་པར་འབེབས། །ཞེས་དང་། ཇི་ལྟར་བསིལ་དང་ཞིམ་དང་འཇམ་པ་དང་། །ཡང་བའི་ཆུ་ནི་སྤྲིན་དེ་ལས་འཐོན་པ། །ས་ལ་བ་ཚྭ་ལ་སོགས་གནས་འབྲེལ་བས། །རྣམ་པ་མང་པོའི་རོར་ནི་འགྱུར་བ་བཞིན། །དེ་བཞིན་འཕགས་པའི་ཡན་ལག་བརྒྱད་ཆུའི་ཆར། །རབ་ཡངས་བརྩེ་སྤྲིན་སྙིང་པོ་ལས་འཐོན་པ། །འགྲོ་བའི་རྒྱུད་ཀྱི་གནས་ཀྱི་དབྱེ་བ་ལས། །རྣམ་པ་མང་པོའི་རོ་དང་ལྡན་པར་འགྱུར། །ཞེས་དང་། དཔེར་མཐར་སྤྲིན་མེད་པ་ན་མི་དང་མཁའ་མི་རྒྱུ་བའི་བྱ་དག་དང་། །དབྱར་ཚེ་ས་ལ་ཆར་འབབ་པ་ན་ཡི་དྭགས་དག་ནི་སྡུག་པ་ལྟར། །སྙིང་རྗེའི་སྤྲིན་ཚོགས་དག་གི་ཆོས་ཆུ་བྱུང་དང་མ་བྱུང་བ་ལས་ཀྱང་། །ཆོས་འདོད་པ་དང་ཆོས་ལ་སྡང་བའང་འཇིག་རྟེན་དག་ན་དཔེ་དེ་ཉིད། །ཐིགས་པ་རགས་འབེབས་རྡོ་ཚན་དང་ནི་རྡོ་རྗེའི་མེ་ནི་འབེབས་པ་ན། །སྲོག་ཆགས་ཕྲ་དང་རི་སུལ་སོང་བ་དག་ལ་ཇི་ལྟར་(༣༩༧ན)སྤྲིན་ལྟོས་མེད། །ཅེས་སོ། །གང་སྟོན་པ་དམ་པའི་ཆོས་ནི་བདེན་པ་བཞི་སྟེ། ནད་ནི་ཤེས་བྱ་ནད་ཀྱི་རྒྱུ་ནི་སྤང་བྱ་ལ། །བདེར་གནས་འཐོབ་བྱ་སྨན་ནི་བསྟེན་པར་བྱ་བ་ལྟར། །སྡུག་བསྔལ་རྒྱུ་དང་དེ་འགོག་པ་དང་དེ་བཞིན་ལམ། །ཤེས་བྱ་སྤང་བྱ་རེག་པར་བྱ་ཞིང་བསྟེན་པར་བྱ། །ཞེས་སོ། །འདིར། ཐེག་པ་མཆོག་ལ་དད་པ་དང་། །བར་མ་དང་ནི་སྡང་བ་ཡི། །ཕུང་པོ་གསུམ་ནི་མི་དག་དང་། །རྨ་

བྱ་དང་ནི་ཡི་དྭགས་འདྲ། །ཞེས་གསུང་བཀོན་ནས་ཆར་ལ་དགའ་མི་དགའ་མེད་པའི་བར་མར་གནས་པ་ནི་ཕལ་ཆེར་གྱིས་རྨ་བྱར་འབྲུ་གཉེར་ལ་ཀུན་མཁྱེན་རོང་སྟོན་སོགས་བྱེའུ་ཙེ་ཏ་ཀ་ཞེས་ཆར་འདོད་བྱེའུར་འབྲུ་གཉེར་མོད་ཀྱང་དེ་གཉིས་ཀ་མ་ཡིན་ཏེ་རྨ་བྱ་ནི་ཆར་སྤྲིན་མཐོང་ན་ཆེས་དགའ་བ་སྟེ། དགའ་བ་རྒྱས་པའི་མིག་དག་བྱང་། །རྩ་འཛིན་སྤྲིན་ལ་གཏོད་པར་བྱེད། །ཅེས་སྙན་ངག་གི་གསུང་ལས་འདོན་ལ། ཆར་འདོད་བྱེའུ་ནི་ཆར་ལ་སྲོག་བསྟོས་པ་སྟེ། ཆར་འདོད་བྱེའུ་སྐོམ་ན་ཡང་། །ས་ལ་འབབ་པའི་ཆུ་མི་འཐུང་། །ཞེས་སྲོག་པའི་ཕྱིར། དེས་ན་འདི་ནི། །འདབ་ཆགས་དང་ནི་ཡི་དྭགས་འདྲ། །ཞེས་གསུང་བཀོན་ནས་བྱ་ཙམ་དུ་འབྲུ་གཉེར་བ་ལེགས་སོ། །

བཞི་པ་འབད་མེད་དུ་སྤྲུལ་པ་སྣང་བ་ཚངས་པའི་དཔེ་ནི། ཇི་ལྟར་ཚངས་ཆེན་དེ་རང་གི་གནས་ན་ཚད་མེད་པ་བཞིས་རྟག་ཏུ་གནས་པ་ལས་གཡོ་བ་མེད་ལ། ལྷའི་གཞལ་མེད་ཁང་གཞན་ཐམས་ཅད་དུ་ཡང་ཚངས་པ་རེ་རེ་ཡང་མངོན་པར་སྣང་བ་ལྟར། སངས་རྒྱས་ཉིད་ཆོས་སྐུ་ལས་མ་གཡོས་བཞིན་དུ་ལོངས་སྤྲུལ་སོགས་ནས་གང་འདུལ་གྱི་སྐུའི་བཀོད་པ་སེམས་ཅན་ཐམས་ཅད་ལ་འབྱུང་བ་སྟེ། ཇི་ལྟར་ཚངས་པ་ཚངས་པ་ཡི། །གནས་ནས་འཕོ་བ་མེད་བཞིན་དུ། །ལྷ་ཡི་གནས་ནི་ཐམས་ཅད་དུ། །སྣང་བ་འབད་མེད་སྟོན་པ་ལྟར། །དེ་བཞིན་ཐུབ་(༣༥༢ན)པ་ཆོས་སྐུ་ལས། །བསྐྱོད་པ་མེད་པར་ཁམས་ཀུན་ཏུ། །སྐལ་ལྡན་རྣམས་ལ་འབད་མེད་པར། །སྤྲུལ་པ་དག་ནི་སྟོན་པར་མཛད། །ཅེས་སོ། །

ལྔ་པ་ཡེ་ཤེས་རྟོག་མེད་ཉི་མའི་དཔེ་ནི། ཇི་ལྟར་ཉི་མ་ནི་ནམ་མཁའི་དབྱིངས་སུ་འཆར་བ་དང་འོད་ཟེར་འགྱེད་པ་དང་། མུན་པ་སེལ་བ་དང་། པདྨ་ཁ་འབྱེད་པ་དང་། ཀུ་མུད་ཟུམ་པར་བྱེད་པ་དང་། འབད་རྩོལ་དང་། རྟོག་པ་མེད་པ་དང་། ཆུ་སྣོད་ཐམས་ཅད་དུ་གཟུགས་བརྙན་སྣང་བ་དང་། ནི་མཐོན་པོ་ནས་བརྩམས

ཏེ་རིམ་གྱིས་འབབ་པ་སྟེ་ཆོས་བརྒྱད་དང་ལྡན་པ་ལྟར་སངས་རྒྱས་ཀྱི་ཡེ་ཤེས་ཀྱང་ཆོས་གཟུགས་ཀྱི་སྐུའི་ནམ་མཁར་འཆར་བ་དང་། ཡེ་ཤེས་ཆགས་ཐོགས་མེད་པའི་འོད་ཟེར་འགྱེད་པ་དང་། གདུལ་བྱའི་བློའི་མུན་པ་སེལ་བ་དང་། སྟོད་ལྡན་གྱི་པདྨ་འབྱེད་པ་དང་། བདུད་དང་མུ་སྟེགས་ཀྱི་ཀུ་མུད་ཟུམ་པར་བྱེད་པ་དང་། དེ་གང་ལ་ཡང་བསྙོས་པ་དང་། འབད་རྩོལ་མི་མངའ་བ་དང་། གདུལ་བྱ་ཐམས་ཅད་ལ་འཚམ་པར་སྣང་བ་དང་། གདུལ་བྱ་དབང་པོ་ཡོངས་སུ་སྨིན་པ་ནས་སྔ་རིམ་གྱིས་ཕྲིན་ལས་འཇུག་པའི་ཕྱིར་ཏེ། ཇི་ལྟར་ཉི་མས་གདུངས་པས་དུས་གཅིག་ཚེ་ཉིད་ལ། །པད་སོགས་རྒྱས་དང་ཀུ་མུ་ད་ནི་རབ་ཟུམ་པ། །ཆུ་སྐྱེས་བྱེ་དང་ཟུམ་པའི་ཡོན་ཏན་སྐྱོན་དག་ལ། །ཉི་མ་རྟོག་མེད་འདིར་ནི་འཕགས་པའི་ཉི་དེ་བཞིན། །ཇི་ལྟར་ཉི་མ་རྟོག་མེད་པར། །རང་འོད་ཅིག་ཆར་སྤྲོས་པ་ཡིས། །པདྨ་རྒྱས་པར་བྱེད་པ་དང་། །གཞན་དག་ཟུམ་པར་བྱེད་པ་ལྟར། །དེ་བཞིན་དེ་བཞིན་གཤེགས་པ་ཡི། །ཉི་མ་དམ་ཆོས་འོད་ཟེར་དག །གདུལ་བྱའི་སྐྱེ་བོའི་པདྨ་ལ། །རྣམ་པར་རྟོག་པ་མེད་པར་འཇུག །ཆོས་དང་གཟུགས་ཀྱི་སྐུ་དག་གི། །བྱང་ཆུབ་སྙིང་པོའི་མཁར་ཤར་བའི། །ཀུན་མཁྱེན་ཉི་མ་འགྲོ་བར་ནི། །ཡེ་ཤེས་འོད་ཟེར་སྤྲོ་བར་མཛད། །གང་ཕྱིར་གདུལ་བྱ་དག་པ་ཡི། །ཆུ་ཡི་སྣོད་ནི་ཐམས་ཅད་ལ། །(༣༥༢བ)བདེ་གཤེགས་ཉི་མའི་གཟུགས་བརྙན་ནི། །དཔག་ཏུ་མེད་པ་ཅིག་ཆར་འཆར། །རྟག་ཏུ་ཐམས་ཅད་ལ་ཁྱབ་པའི། །ཆོས་དབྱིངས་ནམ་མཁའི་དཀྱིལ་དུ་ནི། །སངས་རྒྱས་ཉི་མ་གདུལ་བྱ་ཡི། །རི་ལ་ཇི་ལྟར་འོས་པར་འབབ། །ཇི་ལྟར་རྒྱ་ཆེན་འོད་ཟེར་སྟོང་ལྡན་ཉི་ཤར་འདི། །འཇིག་རྟེན་ཀུན་ཏུ་སྣང་བར་བྱས་ནས་རིམ་གྱིས་ནི། །མཆོག་དང་བར་མ་དམན་པའི་རི་ལ་འབབ་དེ་བཞིན། །རྒྱལ་བའི་ཉི་མ་སེམས་ཅན་ཚོགས་ལ་རིམ་གྱིས་འབབ། །ཅེས་སོ། །

མདོ་རྒྱན་ལས་ནི། འོད་ཟེར་དཔག་མེད་འདྲེས་ཤིང་འབྱུང་ལ་བྱ་བ་གཅིག

ལ་འཇུག་པ་དང་། ཉི་མའི་འོད་ཟེར་གཅིག་བྱུང་ན་འོད་ཟེར་ཀུན་འབྱུང་བ་དང་། བདག་གིར་བྱ་བ་མེད་པ་དང་། གཅིག་གིས་ཐམས་ཅད་སྣང་བར་བྱེད་པ་དང་། སྤྲིན་ལ་སོགས་པས་བསྒྲིབས་ན་མི་སྣང་བའི་དཔེ་ལྔ་དང་སྦྱར་ནས་གསུངས་ཏེ། ཇི་ལྟར་ཉི་མའི་དཀྱིལ་འཁོར་གྱི། །འོད་ཟེར་དཔག་ཏུ་མེད་འདྲེས་ཤིང་། །རྟག་ཏུ་བྱ་བ་གཅིག་ལ་འཇུག །འཇིག་རྟེན་ལ་ཡང་སྣང་བར་བྱེད། །དེ་བཞིན་ཟག་མེད་དབྱིངས་ན་ཡང་། །སངས་རྒྱས་དཔག་ཏུ་མེད་འདྲེས་ཤིང་། །མཛད་པ་གཅིག་ནི་མཛད་པ་ལ། །ཡེ་ཤེས་སྣང་བར་མཛད་པར་འདོད། །དཔེར་ན་ཉི་མའི་འོད་ཟེར་གཅིག །བྱུང་ན་འོད་ཟེར་ཀུན་འབྱུང་བ། །དེ་བཞིན་ཡེ་ཤེས་འབྱུང་ཤེས་བྱ། །ཇི་ལྟར་ཉི་མའི་འོད་ཟེར་དག །འཇུག་ལ་བདག་གིར་བྱ་བ་མེད། །དེ་བཞིན་སངས་རྒྱས་ཡེ་ཤེས་ཀྱང་། །འཇུག་ལ་བདག་གིར་མཛད་མི་མངའ། །ཉི་མའི་འོད་ཟེར་གཅིག་བཏང་བས། །འགྲོ་བ་སྣང་བར་བྱེད་པ་ལྟར། །དེ་བཞིན་ཤེས་བྱ་ཐམས་ཅད་ལ། །སངས་རྒྱས་ཡེ་ཤེས་ཅིག་ཆར་སྣང་། །ཇི་ལྟར་ཉི་མའི་འོད་ཟེར་རྣམས། །སྤྲིན་ལ་སོགས་པས་སྒྲིབ་པར་འདོད། །དེ་བཞིན་སངས་རྒྱས་ཡེ་ཤེས་རྣམས། །སེམས་(༥༡༣ན)ཅན་གྱི་ནི་ཉེས་པས་སྒྲིབ། །ཅེས་སོ། །

དྲུག་པ་ཐུགས་ཀྱི་གསང་བ་བསམ་གྱིས་མི་ཁྱབ་པ་དགོས་འདོད་འབྱུང་བ་ནི་ནོར་བུའི་དཔེས་བསྟན་ཏེ། རྙེད་པར་དཀའ་བ་དང་། རྟོག་པ་མེད་པ་དང་། གསོལ་བ་འདེབས་པ་ལ་དགོས་འདོད་སྩོལ་བ་སྟེ་ཆོས་གསུམ་དང་སྦྱར་ནས། གང་ཕྱིར་རྒྱ་མཚོ་ས་འོག་གནས་དེ་ལ་སྡོད་པས། །ཇི་ལྟར་ནོར་བུ་བཟང་པོ་འགྲོ་འདིར་རབ་རྙེད་དཀའ། །དེ་བཞིན་འགྲོ་བ་ཤིན་ཏུ་སྐལ་ངན་ཉོན་མོངས་ཟིན། །ཡིད་འདིར་བདེ་གཤེགས་མཐོང་བ་རྙེད་དཀར་ཤེས་པར་བྱ། །ཞེས་དང་། ཇི་ལྟར་ཡིད་བཞིན་ནོར་བུ་ནི། །རྟོག་པ་མེད་ཀྱང་ཅིག་ཆར་དུ། །སྤྱོད་ཡུལ་གནས་པ་རྣམས་ཀྱི་ནི། །བསམ་ཀུན་སོ་སོར་རྫོགས་བྱེད་ལྟར། །དེ་བཞིན་སངས་རྒྱས་ཡིད་བཞིན་

ལ། །བསྐྱེན་ནས་བསམ་པ་ཐ་དད་རྣམས། །སྣ་ཚོགས་ཆོས་ནི་ཐོས་འགྱུར་ཡང་། །དེ་ནི་དེ་ལ་རྣམ་མི་རྟོག །ཅེས་སོ། **།རྒྱན་ལས་ནི།** ཇི་ལྟར་ནོར་བུ་འབད་མེད་པར། །རང་གི་འོད་ནི་སྟོན་པ་ལྟར། །སངས་རྒྱས་རྣམས་ཀྱང་གཟོ་མེད་པར། །དེ་བཞིན་མཛད་པ་ངེས་པར་སྟོན། །ཞེས་སོ། །

བདུན་པ་གསུང་གི་གསང་བ་ནི་སྒྲ་བརྙན་གྱི་དཔེས་སྟོན་ཏེ། བྲག་ཆ་ནི་ཐོས་པ་པོའི་སེམས་ལས་སྣང་བ་རྐྱེན་སྒྲ་དང་གཙང་རོང་གི་ཚོགས་པ་ཙམ་ལས་མེད་བཞིན་དུ་གསལ་བར་གྲག་ཀྱང་བྲག་དང་རྣ་བ་དང་བར་གྱི་ནམ་མཁའ་སོགས་གང་ན་ཡང་མི་གནས་པ་ལྟར་རྒྱལ་བའི་གསུང་གདུལ་བྱ་ལ་སྣང་བ་ཡང་དེ་ལྟ་བུ་སྟེ། ཇི་ལྟར་སྒྲ་བརྙན་གྱི་ནི་སྒྲ། །གཞན་གྱི་རྣམ་རིག་ལས་བྱུང་བ། །རྣམ་རྟོག་མེད་ཅིང་གཟོ་མེད་ལ། །ཕྱི་དང་ནང་ན་མི་གནས་ལྟར། །དེ་བཞིན་དེ་བཞིན་གཤེགས་པའི་གསུང་། །གཞན་གྱི་རྣམ་རིག་ལས་བྱུང་བ། །རྣམ་པར་རྟོག་དང་གཟོ་མེད་ཅིང་། །ཕྱི་དང་(ཉ་༣བ)ནང་ན་གནས་མ་ཡིན། །ཞེས་སོ། །

བརྒྱད་པ་ཐུགས་ཀྱི་གསང་བ་ནི་ནམ་མཁའི་དཔེས་བསྟན་ཏེ། ནམ་མཁའ་ནི་ཕྲ་རབ་ཙམ་དུ་ཡང་མ་གྲུབ་པ་དང་། སྣང་དུ་མེད་པ་དང་། དམིགས་པར་མི་ནུས་པ་དང་། རྟེན་མེད་པ་དང་། མིག་གི་ལམ་ལས་འདས་པ་དང་། གཟུགས་མེད་པ་དང་། བསྟན་དུ་མེད་པ་དང་། རྒྱ་ཆེ་ཆུང་དམ་མཐོ་དམན་སོགས་སྣང་ལ་དེར་མི་གནས་པ་སྟེ། ཆོས་བརྒྱད་དང་ལྡན་པ་ལྟར་རྒྱལ་བའི་ཐུགས་ཀྱང་དེ་བཞིན་ཏེ། ཕྲ་རབ་མེད་ཅིང་སྣང་བ་མེད། །དམིགས་པ་མེད་ཅིང་རྟེན་མེད་ལ། །མིག་གི་ལམ་ལས་རབ་འདས་པ། །གཟུགས་མེད་བསྟན་དུ་མེད་པ་ཡི། །མཁའ་ལ་ཇི་ལྟར་མཐོ་དང་དམའ། །མཐོང་ཡང་དེ་ནི་དེ་ལྟ་མིན། །དེ་བཞིན་ཐམས་ཅད་སངས་རྒྱས་ལ། །མཐོང་ཡང་དེ་ནི་དེ་ལྟ་མིན། །ཞེས་སོ། **།རྒྱན་ལས་ནི།** ཀུན་འགྲོའི་དོན་གྱིས་བཤད་དེ། ཇི་ལྟར་ནམ་མཁའ་རྟག་ཏུ་ཀུན་སོང་འདོད། །དེ་བཞིན་དེ་ཡང་རྟག་ཏུ་

ཀུན་སོང་འདོད། །ཇི་ལྟར་ནམ་མཁའ་གཟུགས་གྱུར་ཀུན་ཏུ་སོང་། །དེ་བཞིན་དེ་ཡང་སེམས་ཅན་ཚོགས་ཀུན་སོང་། །ཞེས་སོ། །ཡང་ན་ནམ་མཁའ་ལ་འཇིག་རྟེན་གྱི་བྱ་བ་རྒྱུན་མི་འཆད་པ་ལྟར་སངས་རྒྱས་ཀྱི་མཛད་པ་རྒྱུན་མི་འཆད་པ་དང་། ནམ་མཁའ་ལ་བྱ་བ་ཉམས་ཤིང་ཡང་འབྱུང་བ་ལྟར་རྒྱལ་བའི་ཕྲིན་ལས་སྐྱེ་འཕྲིར་སྣང་བའི་དོན་དུ་འང་བཤད་དེ། ཇི་ལྟར་མཁའ་ལ་འཇིག་རྟེན་གྱི། །བྱ་བ་རྒྱུན་མི་འཆད་པར་སྣང་། །དེ་བཞིན་ཟག་མེད་དབྱིངས་ན་ཡང་། །རྒྱལ་བའི་མཛད་པ་རྒྱུན་མི་འཆད། །ཇི་ལྟར་མཁའ་ལ་རྟག་ཏུ་ནི། །བྱ་བ་ཉམས་ཤིང་འབྱུང་བ་ལྟར། །དེ་བཞིན་ཟག་མེད་དབྱིངས་ན་ཡང་། །སངས་རྒྱས་ཕྲིན་ལས་སྐྱེ་ཞིང་འཕྲི། །ཞེས་སོ། །

དགུ་པ་ཐུགས་རྗེ་ཆེན་པོ་ནི་ས་གཞིའི་དཔེས་བསྟན་ཏེ། རྩི་ཤིང་དང་ལོ་ཐོག་ཐམས་ཅད་སྐྱེ་བ་དང་འཕེལ་བ་དང་བརྟན་པ་དང་ཡངས་པར་འགྱུར་བའི་རྟེན་བྱེད་ལ་རྣམ་པར་རྟོག་པ་མེད་པ་ལྟར། སངས་རྒྱས་ཀྱི་(༣༢༡ན)ཐུགས་རྗེ་ནི་སེམས་ཅན་ཐམས་ཅད་ཀྱི་དགེ་བའི་རྟེན་བྱེད་ཀྱང་རྟོག་པ་མེད་པ་སྟེ། ཇི་ལྟར་ས་ལ་སྐྱེ་བ་ཀུན། །རྟོག་མེད་ས་ལ་བརྟེན་ནས་ནི། །འཕེལ་དང་གནས་དང་ཡངས་འགྱུར་ལྟར། །དེ་བཞིན་རྫོགས་པའི་སངས་རྒྱས་ས། །རྣམ་རྟོག་མེད་པ་ལ་བརྟེན་ནས། །འགྲོ་བའི་དགེ་བའི་རྩ་བ་ནི། །མ་ལུས་པ་ནི་འཕེལ་བར་འགྱུར། །ཞེས་སོ། །ཕྱོགས་ཙམ་བསྟན་པའི་ཕྱིར་དཔེ་དེ་དག་གིས་བསྟན་མོད་ཀྱང་ཡང་དག་པར་ན་དེ་བཞིན་གཤེགས་པ་ནི་དཔེ་ལས་འདས་པ་ཡིན་ཏེ། སངས་རྒྱས་གཟུགས་བརྙན་ལྟ་བུ་སྟེ། །དབྱངས་དང་མི་ལྡན་དེ་འདྲ་མིན། །ལྷ་ཡི་རྔ་བཞིན་ཐམས་ཅད་དུ། །དོན་བྱེད་མིན་པ་དེ་འདྲ་མིན། །སྤྲིན་ཆེན་དང་མཚུངས་དོན་མེད་པའི། །ས་བོན་སྤོང་བ་དེ་འདྲ་མིན། །ཚངས་ཆེན་བཞིན་དུ་གཏན་དུ་ནི། །སྨིན་པར་བྱེད་མིན་དེ་འདྲ་མིན། །ཉི་མའི་གཟུགས་བཞིན་གཏན་དུ་ནི། །མུན་པ་འཇོམས་མིན་དེ་འདྲ་མིན། །ཡིད་བཞིན་ནོར་འདྲ་འབྱུང་བ་ནི། །རྙེད་པར་མི་དཀའ་དེ་འདྲ་མིན། །སྒྲ

བརྟན་བཞིན་ཏེ་རྒྱན་ལས་ནི། །བྱུང་བ་དེ་དང་འདྲ་བའང་མིན། །ནམ་མཁའ་དང་འདྲ་དགེ་བ་ཡི། །གཞི་མིན་དེ་དང་འདྲ་བའང་མིན། །ཞེས་དཔེ་དེ་དག་ལས་འདས་པར་བསྟན་ཞིང་། འཇིག་རྟེན་འཇིག་རྟེན་ལས་འདས་པའི། །འགྲོ་བའི་ཕུན་ཚོགས་མ་ལུས་པ། །དེ་གནས་པ་ཡི་རྟེན་བྱེད་ཕྱིར། །ས་ཡི་དཀྱིལ་འཁོར་དག་དང་འདྲ། །ཞེས་རྟེན་གྱི་ཆ་ནས་སྣར་ས་གཞི་དང་སྦྱར་མོད། ཡང་དག་པར་ན་ས་གཞིའི་དཔེ་ལས་ཀྱང་འདས་ཏེ། ས་གཞི་ལྟ་བུར་ཐོགས་བཅས་ཀྱི། །མཚན་མར་གྲུབ་པ་དེ་འདྲ་མིན། །ཞེས་ཀྱང་འཐོབ་བོ། །དེ་ལྟར་སྐུ་དང་། ཡེ་ཤེས་དང་། ཕྲིན་ལས་རྣམ་པར་གཞག་པ་བཤད་ནས།

གྲངས་ངེས་ནི། **ཐར་རྒྱན་ལས།** དགོས་པ་ལ་བལྟོས་ནས་རང་དོན་དུ་(༣༥༨བ)ཆོས་སྐུ་དང་། གཞན་དོན་དུ་གཟུགས་སྐུ་གཉིས་དང་གསུམ་དུ་ངེས་ཏེ། ཆོས་སྐུ་ནི་ཡོན་ཏན་ཐམས་ཅད་ཀྱི་རྟེན་ཡིན་པས་དེ་ཐོབ་ན་སྟོབས་སོགས་ཀྱི་ཡོན་ཏན་ཐམས་ཅད་ཐོབ་པ་ལྟར་འདུ་ཞིང་། མ་ཐོབ་ཀྱང་ཚོགས་སྦྱོར་བ་དང་ཉན་ཐོས་དང་རང་རྒྱལ་དང་བྱང་ཆུབ་སེམས་དཔའ་རྣམས་ཀྱི་ཡོན་ཏན་ཐམས་ཅད་རིམ་བཞིན་ཆོས་སྐུ་ལ་མོས་པ་བྱས་པ་དང་ཙུང་ཟད་རྟོགས་པ་དང་ཕྱོགས་གཅིག་རྟོགས་པ་དང་ཕལ་ཆེར་རྟོགས་པའི་ཡོན་ཏན་ཡིན་པའི་ཕྱིར་དང་། དག་མ་དག་གི་གདུལ་བྱ་གཉིས་ལ་བལྟོས་ནས་གཟུགས་སྐུ་གཉིས་སོ། །ཞེས་སྐུ་གསུམ་གྱི་གྲངས་ངེས་གསུངས་ལ། དེ་བཞིན་དུ་སྐུ་གཅིག་ནས་སྐུ་མཐའ་ཡས་པའི་བར་ལའང་དགོས་པ་ལ་བལྟོས་ཏེ་རང་སྐབས་ཀྱི་གྲངས་ངེས་རྣམ་པར་གཞག་པར་བྱའོ། །

མཚན་ཉིད་ནི། རྣམ་པར་གཞག་པའི་ཞར་ལ་རྒྱ་ཆེར་བཤད་ཟིན་ཏོ། །

ཁྱད་པར་ནི་གསུམ་སྟེ། མཉམ་པའི་ཁྱད་པར། རྟག་པའི་ཁྱད་པར། སྣང་བའི་ཁྱད་པར་རོ། །དང་པོ་ནི་སངས་རྒྱས་ཐམས་ཅད་ཀྱི་ཆོས་ཀྱི་སྐུ་ནི་རྟེན་ཆོས་དབྱིངས་ཐ་དད་མེད་པའི་ཕྱིར་དང་། ལོངས་སྐུ་ནི་དགོངས་པ་ཐ་དད་མེད་པ་

དང་། སྤྲུལ་སྐུ་ནི་ཕྲིན་ལས་ཐུན་མོང་དུ་གྱུར་པའི་ཕྱིར་རེ་རེ་ཞིང་མཉམ་པ་སྟེ། **རྒྱན་ལས།** དེ་དག་རྟེན་དང་དགོངས་པ་དང་། །ཕྲིན་ལས་ཀྱིས་ནི་མཉམ་པ་ཉིད། །ཅེས་སོ། །

རྟག་པའི་ཁྱད་པར་ནི། ཆོས་ཀྱི་སྐུ་སྐྱེ་འགག་གནས་པ་མི་དམིགས་པའི་ཕྱིར་རང་བཞིན་གྱིས་རྟག་པ་དང་། ལོངས་སྐུ་སྐུ་དང་ཆོས་སྟོན་པ་རྒྱུན་མི་འཆད་པའི་ཕྱིར་རྒྱུན་མི་འཆད་པའི་རྟག་པ་དང་། སྤྲུལ་སྐུ་ནི་ཞིང་ལ་ལར་མི་སྣང་བར་གྱུར་ཀྱང་དེ་བས་ཆེས་མང་བའི་ཞིང་རྣམས་ན་དང་པོ་སེམས་བསྐྱེད་པ་ནས་དགའ་ལྡན་ནས་འཕོ་བ་སོགས་མཐའ་ཡས་སྟོན་པའི་ཕྱིར་རྒྱུན་གྱི་རྟག་པ་ཞེས་བྱ་སྟེ། རང་བཞིན་དང་ནི་རྒྱུན་མི་འཆད། །རྒྱུན་གྱིས་དེ་དག་རྟག་པ་ཉིད། །ཅེས་སོ། །**རྒྱུད་བླ་ལས་ནི།** (༣༥༥ན)རྒྱུ་མཐའ་ཡས་དང་སེམས་ཅན་ཟད་མེད་དང་། །བརྩེ་དང་མཁྱེན་དང་འཕྲུལ་དང་ཕུན་ཚོགས་ལྡན། །ཆོས་ཀྱི་དབང་ཕྱུག །ཅེས་གཟུགས་སྐུ་རྟག་པའི་རྒྱུ་མཚན་བདུན་དང་། འཆི་བའི་བདུད་བཅོམ་དང་། །ངོ་བོ་མེད་ཕྱིར་འཇིག་རྟེན་མགོན་པོ་རྟག །ཅེས་ཆོས་སྐུ་རྟག་པའི་རྒྱུ་མཚན་གསུམ་བསྟན་ཏེ། དང་པོ་ཡི་ནི་རྒྱུ་བདུན་གྱིས། །གཟུགས་ཀྱི་སྐུ་ཡི་རྟག་པ་སྟེ། །ཕྱི་མ་གསུམ་གྱིས་སྟོན་པ་ནི། །ཆོས་ཀྱི་སྐུ་ཡི་རྟག་པ་ཉིད། །ཅེས་སོ། །དེ་ལྟར་སྐུ་གསུམ་ལ་རྟག་པ་གསུམ་བཤད་པ་འདི་ཡང་སངས་རྒྱས་མི་རྟག་པ་ཡིན་ན་གོ་འཕང་ལ་ཡིད་བརྟན་དུ་མི་རུང་བ་སྦྲིན་གཏེར་མཚན་དུ་བཞག་མི་རུང་བ་ལྟར་འགྱུར་བས་མི་རྟག་པར་འཛིན་པ་སེལ་ཕྱིར་ཆོས་སྐུ་གཟོད་མ་ནས་དག་པ་ལ་རང་བཞིན་གྱིས་རྟག་པའི་ཐ་སྙད་དང་། ལོངས་སྐུ་སྨྲ་ངན་ལས་འདའ་བ་མེད་པ་དང་། སྤྲུལ་སྐུ་གཞན་དོན་རྒྱུན་མི་འཆད་པ་ལ་རྟག་པའི་ཐ་སྙད་སྦྱར་བ་ཙམ་འདི་རྟག་ཏུ་འབབ་བོ་ཞེས་བཤད་པ་ལྟ་བུ་ཡིན་གྱིས་བོད་བསྟུས་གྲྭ་བའི་རྟག་མི་རྟག་ལྟ་བུར་གོ་བར་མི་བྱའོ། །

སྣང་བའི་ཁྱད་པར་ནི། ཆོས་ཀྱི་དབྱིངས་ལ་རང་རྒྱུད་ཀྱི་ལས་ཀྱི་སྒྲིབ་པ་དག

པས་སྤྲུལ་སྐུ་དང་། ཉོན་སྒྲིབ་དག་པས་ལོངས་སྐུ་དང་། ཤེས་སྒྲིབ་དག་པས་ཆོས་སྐུ་སྣང་བ་སྟེ་ཐར་རྒྱན་ལས་ཇི་ལྟར་གསུངས་པ་ཉིད་དོ། །

མདོར་ན་སྐུ་གསུང་ཐུགས་དང་ཡེ་ཤེས་དང་ཕྲིན་ལས་ཐམས་ཅད་རྣམ་པར་དབྱེར་མེད་པའི་བདག་ཉིད་རྫོགས་པའི་སངས་རྒྱས་འདི་ནི་སྤངས་པ་དང་རྟོགས་པ་ཉམས་པ་མི་མངའ་ཞིང་ཆོས་ཉིད་ཀྱི་སྐུ་འཕོ་འགྱུར་བྲི་གང་མེད་པ་ལ་དགོངས་ནས་རྟག་པ་དང་བརྟན་པ་དང་བདེན་པ་དང་གཡུང་དྲུང་གི་སྐུར་ཡང་གསུངས་ལ། དངོས་པོ་དང་མཚན་མ་གང་དུ་ཡང་མ་གྲུབ་ཅིང་བློའི་ཡུལ་མིན་པའི་ཆ་ནས་མིང་ཙམ་དུ་ཡང་གསུངས་ཀྱང་ཡོད་མེད་ལ་སོགས་གང་དུ་ཡང་(༣༥༥བ)མི་གནས་པར་ཤིང་རྟའི་སྲོལ་གཉིས་ཀ་བཞེད་པ་མཚུངས་ཏེ། **དབུ་མ་རྩ་བར།** སྟོང་པས་དེ་བཞིན་གཤེགས་སྟོང་པ། །ཇི་ལྟ་བུར་ན་འདོགས་པར་འགྱུར། །སྟོང་ངོ་ཞེས་ཀྱང་མི་བརྗོད་ཅིང་། །མི་སྟོང་ཞེས་ཀྱང་མི་བྱ་ལ། །གཉིས་དང་གཉིས་མིན་མི་བྱ་སྟེ། །གདགས་པའི་དོན་དུ་བརྗོད་པར་ཟད། །རྟག་དང་མི་རྟག་ལ་སོགས་བཞི། །ཞི་བ་འདི་ལ་ག་ལ་ཡོད། །མཐའ་དང་མཐའ་མེད་ལ་སོགས་བཞི། །ཞི་བ་འདི་ལ་ག་ལ་ཡོད། །ཅེས་དང་། གང་དག་སངས་རྒྱས་སྤྲོས་འདས་ཤིང་། །ཟད་པ་མེད་ལ་སྤྲོས་བྱེད་པ། །སྤྲོས་པས་ཉམས་པ་དེ་ཀུན་གྱིས། །དེ་བཞིན་གཤེགས་པ་མཐོང་མི་འགྱུར། །དེ་བཞིན་གཤེགས་པའི་རང་བཞིན་གང་། །དེ་ནི་འགྲོ་འདིའི་རང་བཞིན་ཡིན། །དེ་བཞིན་གཤེགས་པའི་རང་བཞིན་མེད། །འགྲོ་བ་འདི་ཡི་རང་བཞིན་མེད། །ཅེས་དང་། བཅོམ་ལྡན་མྱ་ངན་འདས་གྱུར་ནས། །ཡོད་པར་མི་མངོན་དེ་བཞིན་དུ། །མེད་དོ་ཞེའམ་གཉི་ག་དང་། །གཉིས་མིན་ཞེས་བྱར་མི་མངོན་ནོ། །བཅོམ་ལྡན་བཞུགས་པར་གྱུར་ན་ཡང་། །ཡོད་པར་མི་མངོན་དེ་བཞིན་དུ། །མེད་དོ་ཞེའམ་གཉི་ག་དང་། །གཉིས་མིན་ཞེས་བྱར་མི་མངོན་ནོ། །ཞེས་དང་། **རྒྱན་ལས།** སྔ་མ་ཕྱི་མར་ཁྱད་མེད་ཀྱང་། །སྒྲིབ་པ་ཀུན་གྱི་དྲི་མ་མེད། །དེ་

བཞིན་ཉིད་འདི་སངས་རྒྱས་འདོད། །དག་པ་མ་ཡིན་མ་དག་མིན། །སྟོང་པ་ཉིད་ནི་རྣམ་དག་པས། །བདག་མེད་མཆོག་གི་བདག་ཐོབ་པས། །སངས་རྒྱས་དག་པའི་བདག་ཐོབ་ཕྱིར། །བདག་ཉིད་ཆེན་པོའི་བདག་ཏུ་འགྱུར། །དེ་ཕྱིར་སངས་རྒྱས་ཡོད་མིན་ཞིང་། །མེད་པར་ཡང་ནི་མི་བརྗོད་དོ། །དེ་ལྟས་སངས་རྒྱས་དེ་སྐད་འདྲི། །ལུང་མ་བསྟན་པའི་ཚུལ་དུ་འདོད། །ཅེས་སོ། །དེས་ན་རྫོགས་པའི་སངས་རྒྱས་ནི་སུས་ཀྱང་བསམ་གྱིས་མི་ཁྱབ་པ་པོ་ན་ཡིན་(ཟླ་༨ན)ཏེ། **འཇུག་པར།** རྣམ་རྟོག་མི་མངའ་ཁྱོད་ཀྱིས་སྲིད་མཐའི་བར། །སྐད་ཅིག་དེ་རེ་རེ་ལ་སྒྱིད་སྣ་ཚོགས། །ཇི་སྙེད་སྟོན་པ་དེ་སྙེད་ཛམྦུའི་གླིང་། །མ་ལུས་རྡུལ་གང་དེ་དག་ལ་གྲངས་མེད། །ཅེས་དང་། ནམ་མཁའ་མེད་པས་འདབ་ཆགས་ལྡོག་པར་མི་འགྱུར་གྱི། །འདི་ནི་རང་མཐུ་ཟད་པས་ལྡོག་པར་འགྱུར་དེ་བཞིན། །སློབ་མ་དང་བཅས་རྒྱལ་བའི་སྲས་རྣམས་སངས་རྒྱས་ཀྱི། །ཡོན་ཏན་མཁའ་འདྲ་མཐའ་ཡས་མ་བརྗོད་ལྡོག་པར་འགྱུར། །དེ་ཕྱིར་བདག་ལྟས་ཁྱོད་ཡོན་འདི་དག་ནི། །ཤེས་པ་དང་ནི་བརྗོད་པར་ནུས་འགྱུར་རམ། །ཞེས་དང་། བདེ་བར་གཤེགས་པ་མ་ལུས་ཕྱོགས་ཞིང་སངས་རྒྱས་ཡུལ་དག་ན། །ཞྭ་རབ་རྡུལ་གྱི་རྡུལ་རྣམས་བདོག་པར་གྱུར་པ་ཇི་སྙེད་པ། །བྱང་ཆུབ་མཆོག་རབ་དམ་པར་གཤེགས་པའི་བསྐལ་པ་དེ་སྙེད་དེ། །འོན་ཀྱང་ཁྱོད་ཀྱི་གསང་འདི་བསྙད་པར་བགྱི་བ་མ་ལགས་སོ། །ཞེས་དང་། **རྒྱན་ལས།** ཆོས་ཀྱི་དབྱིངས་ལ་སངས་རྒྱས་ཀྱི། །མཚན་ཉིད་དང་ནི་གནས་པ་དང་། །ཕྲིན་ལས་ཟབ་པ་འདི་བཤད་པ། །མཁའ་ལ་ཚོན་གྱིས་རི་མོ་འབྲི། །ཞེས་དང་། སངས་རྒྱས་རྣམས་ཀྱི་འཁོར་བ་ནི། །གང་གིས་གང་དུ་ཇི་ལྟར་དང་། །ཇི་ཙམ་དུས་དང་འཇུག་པ་ནི། །བསམ་ཡས་དཔག་ཏུ་མེད་པར་འདོད། །ཅེས་དང་། **ཟླ་བ་སྒྲོན་མ་ལས།** ཇི་ལྟར་ནམ་མཁའ་དེ་བཞིན་ཏུ། །ང་ཡི་སྐུ་ཡང་བརྗོད་མེད་ཅིང་། །ཤེས་པར་དཀའ་བར་རབ་ཏུ་བསྟན། །ཞེས་དང་། **རྒྱུད་བླ་ལས།** རྒྱ་མཚན་དྲུག་གི་དང་པོ་ལྟས་

ཆོས་སྐུ་བསམ་གྱིས་མི་ཁྱབ་པ་དང་དྲུག་པས་གཟུགས་སྐུ་བསམ་མི་ཁྱབ་ཏུ་བསྟན་པའི་ཕྱིར་ཏེ། ངག་ཡུལ་མིན་ཕྱིར་དོན་དམ་གྱིས་བསྡུས་ཕྱིར། །རྟོག་གནས་མིན་ཕྱིར་དཔེ་ལས་འདས་པའི་ཕྱིར། །བླ་ན་མེད་ཕྱིར་སྲིད་ཞིས་མ་བསྡུས་ཕྱིར། །(༣༤༨བ)རྒྱལ་ཡུལ་འཕགས་རྣམས་ཀྱིས་ཀྱང་བསམ་མི་ཁྱབ། །ཅེས་ངག་གི་སྨྲ་བསམ་གྱི་ཡུལ་མ་ཡིན་པ་དང་། དོན་དམ་གྱིས་བསྡུས་པ་དང་། རྟོག་པའི་གནས་མིན་པ་དང་། དཔེ་ལས་འདས་པ་དང་། བླ་ན་མེད་པ་སྟེ་ལྔས་ནི་ཆོས་སྐུ་བསམ་གྱིས་མི་ཁྱབ་པར་སྒྲུབ་ཅིང་། སྲིད་ཞིས་མ་བསྡུས་ལ་ཐམས་ཅད་ཀྱི་རྣམ་པར་སྣང་ཡང་དེའི་དངོས་པོ་མ་ཡིན་པས་ནི་གཟུགས་སྐུ་བསམ་མི་ཁྱབ་ཏུ་སྒྲུབ་པ་སྟེ། རྒྱུ་ལྔ་དག་གིས་ཕྲ་བའི་ཕྱིར། །ཆོས་སྐུ་བསམ་མི་ཁྱབ་པ་སྟེ། །དྲུག་པས་དེ་ཡི་དངོས་མིན་ཕྱིར། །གཟུགས་སྐུ་བསམ་མི་ཁྱབ་པའོ། །ཞེས་སོ། །དེས་ན་སངས་རྒྱས་ཀྱི་གནས་འདི་ནི་དབང་ཐོབ་པའི་བྱང་སེམས་ཀྱིས་ཀྱང་མི་རྟོགས་པ་སྟེ། བླ་མེད་ཡེ་ཤེས་ཐུགས་རྗེ་ཆེ་སོགས་ཡོན་ཏན་གྱིས། །ཡོན་ཏན་ཕ་རོལ་ཕྱིན་པའི་རྒྱལ་བ་བསམ་མི་ཁྱབ། །དེས་ན་རང་བྱུང་རྣམས་ཀྱི་ཐ་མའི་ཚུལ་འདི་ནི། །དྲང་སྲོང་ཆེན་པོ་དབང་ཐོབ་རྣམས་ཀྱིས་ཀྱང་རིག་མིན། །ཞེས་སོ། །མདོར་ན་ངའམ་ང་འདྲ་བས་གང་ཟག་གི་ཚོད་བཟུང་གི་གང་ཟག་གིས་གང་ཟག་གི་ཚོད་བཟུང་བར་མི་བྱའོ། །ཞེས་གསུངས་ན། གང་ཟག་གིས་སངས་རྒྱས་ཀྱི་ཚོད་ཇི་ལྟར་བཟུང་སྟེ་ཇི་ལྟར་ཏུ་ཡང་བསམ་གྱིས་མི་ཁྱབ་པའི་གནས་འདི་ལ་བདག་ཅག་རྣམས་མོས་པ་དང་ཡིད་ཆེས་པ་དང་རྗེས་སུ་ཡི་རང་བ་དང་གོ་འཕང་འདི་འདོད་པ་དང་བསྒྲུབ་པར་བྱའི་འདིའི་ཚད་བཟུང་བར་མི་བྱའོ། །གནས་འདི་བདག་གི་ཡུལ་མིན་ཡང་། །རྒྱལ་བའི་བྱིན་རླབས་ལ་བརྟེན་ནས། །ཕྱོགས་ཙམ་གསལ་བར་བྱས་འདིའི་དགེས། །ཀུན་གྱིས་གོ་འཕང་འདི་འགྲུབ་ཤོག །(༣༤༩ན)

དེ་ལྟར་ཐོབ་བྱ་སངས་རྒྱས་ཀྱི་རང་བཞིན་གཏན་ལ་ཕབ་ནས། ད་ནི་གཞུང་

གི་དོན་དངོས་ལ་འཇུག་པར་བྱ་སྟེ། དེ་ལྟར་སྨོན་པའི་བྱང་ཆུབ་ཏུ་སེམས་བསྐྱེད་ཅིང་འཇུག་པའི་བྱང་ཆུབ་ཀྱི་སེམས་ཀྱི་ངོ་བོ་ཕ་རོལ་ཏུ་ཕྱིན་པ་རྣམས་ས་དང་ས་རྣམས་སུ་མངོན་པར་སྦྱངས་པས་དོན་དམ་བྱང་ཆུབ་ཀྱི་སེམས་སྟོང་པ་ཉིད་དང་སྙིང་རྗེ་ཆེན་པོ་རོ་གཅིག་པ་ཆོས་གང་ལའང་མི་གནས་པའི་གནས་པ་ཅན་སུས་ཀྱང་གང་དུ་ཇི་ལྟར་ཡང་གོམས་སུ་བྱར་མེད་པའི་དོན་ལ་གོམས་པ་རབ་ཀྱི་མཐར་སོན་པས་སྐད་ཅིག་གཅིག་དང་ལྡན་པའི་ཤེས་རབ་ཀྱིས་དེ་ཁོ་ན་ཉིད་མཐོང་བ་མེད་པའི་ཚུལ་གྱིས་མཐོང་བ་གང་གི་ཚེ་དངོས་པོ་དང་དངོས་མེད་དང་། འདིར་དག་སྒྲ་ནི་གཉིས་ཚིག་མིན་པར་མང་ཚིག་ལ་འགྱུར་ཁྱད་དུ་གོ་བར་བྱ་སྟེ། དངོས་དངོས་མེད་ཀྱིས་མཚོན་ནས་འཁོར་འདས་དང་འདུས་བྱས་དང་འདུས་མ་བྱས་དང་སྟོང་པ་དང་མི་སྟོང་བ་དང་རྟག་པ་དང་མི་རྟག་པ་དང་བདེན་པ་དང་བརྫུན་པ་དང་ཀུན་རྫོབ་དང་དོན་དམ་ལ་སོགས་པའི་ཆོས་སུ་དམིགས་པ་གང་ཡང་ཤེས་རབ་དྲི་མ་མེད་པའི་བློ་ཡང་དག་པ་དེའི་མདུན་ན་མི་གནས་པ་སྟེ། ངོ་བོ་ཉིད་ཀྱིས་ཆོས་འདི་དག་ནི་རྣམ་པ་འགར་ཡང་དེ་ལྟར་གནས་པ་མ་ཡིན་པ་ཉིད་དེ་ལྟར་མངོན་དུ་བྱས་པས་ཆོས་གང་ཡང་མ་གཟིགས་མི་གཟིགས་གཟིགས་པར་མི་འགྱུར་བ་རབ་ཀྱི་མཐར་སོན་པ་སྟེ། དཔེར་ན། ནམ་མཁའ་ལ་སྒྲ་ཤད་ངོ་བོ་ཉིད་ཀྱིས་རིང་པོ་དང་ཐུང་ངུ་དང་ཤིན་ཏུ་ཕྲ་བའི་རླུམ་པོ་དང་འཛིངས་པ་དང་མ་འཛིངས་པ་ལ་སོགས་པ་གང་ཡང་རྣམ་པ་ཐམས་ཅད་དུ་མི་གནས་མོད་ཀྱི་རབ་རིབ་ཅན་གྱི་ངོར་སྒྲ་ཤད་སྣ་ཚོགས་པར་སྣང་ཞིང་སྨན་དང་སྔགས་ཀྱི་མཐུས་རབ་རིབ་སྦྱངས་ཏེ་ཡོངས་སུ་བྱང་བ་ན། སྒྲ་ཤད་དེ་དག་ལས་འཛིངས་པ་ལྟ་བུ་འཁོར་བའི་ཆོས་དང་། མ་འཛིངས་པ་ལྟ་བུ་མྱ་ངན་འདས་ཀྱི་ཆོས་དང་། རིང་པོ་ཀུན་རྫོབ་དང་ཕྲ་བ་དོན་དམ་དང་རླུམ་པོ་ཕྲ་མོ་ལྟ་བུ་ཐ་ན་ཆོས་དབྱིངས་སུ་(༣༤༧བ)དམིགས་པ་ཡང་ཉེ་བར་ཞི་བ་ཡིན་ལ། དེའི་ཚེ་གང་ཐོབ་པའི་བྱང་ཆུབ་དང་

གང་གིས་འཕྲོབ་པ་པོ་བྱང་ཆུབ་སེམས་དཔའ་དང་གང་དུ་འཕྲོབ་པའི་གནས་འོག་མིན་ལ་སོགས་པ་དང་། ཇི་ལྟར་འཕྲོབ་པའི་ཚུལ་འཚང་རྒྱ་བའི་གོ་རིམ་སོགས་འདུ་བྱས་པའི་རྣམ་པ་དེ་དག་དང་དེ་དག་ལས་གཞན་པའི་རྣམ་པ་གང་ཡང་མེད་ཅིང་བྱང་ཆུབ་ཉིད་ཀྱང་དམིགས་སུ་མེད་ལ་དམིགས་སུ་ཡོད་མེད་ཉིད་ཀྱང་དམིགས་པ་མེད་པར་ཆོས་ཀྱི་དབྱིངས་ཇི་ལྟ་བ་ཉིད་དུ་གཅིག་དང་ཐ་དད་དུ་གདགས་མི་ནུས་པར་རྣམ་པ་ཐམས་ཅད་དུ་དངོས་པོ་ཐམས་ཅད་ཚུལ་ཐམས་ཅད་པས་རབ་ཏུ་གཟོད་མ་ནས་ཞི་བ་ཉིད་ཇི་ལྟ་བ་དེ་ལྟར་ཞི་བ་ཉིད་དེ་འདིའི་རང་བཞིན་ཉིད་ནི་རྫོགས་པའི་སངས་རྒྱས་ཐམས་ཅད་ཉིད་ཀྱང་སྨྲ་བསམ་བརྗོད་པར་མི་མཛད་དོ། །འོན་ཀྱང་དེ་ཉིད་གདུལ་བྱ་ལ་མཚོན་པའི་ཆེད་དུ་གནས་ཆོས་ཀྱི་དབྱིངས་ཐམས་ཅད་པ་འོག་མིན་སྟུག་པོ་བཀོད་པར་སྐད་ཅིག་གཅིག་དང་ལྡན་པའི་ཤེས་རབ་ཀྱིས་རང་དོན་དོན་དམ་པའི་སྐུར་ཆོས་གང་ཡང་མངོན་པར་རྫོགས་པར་འཚང་རྒྱ་བ་མེད་པའི་ཚུལ་གྱིས་སངས་རྒྱས་སོ་ཞེས་སྟོན་པར་མཛད་དོ། །དེའི་ཚེ་རང་དང་གཞན་ལ་སོགས་པའི་དམིགས་པ་ཐམས་ཅད་རྣམ་པར་ལོག་ཅིང་འདུ་ཤེས་ཀྱི་རྒྱུ་བ་རྣམ་པར་ཆད་ལ་འདུ་ཤེས་མེད་པ་ཡང་མ་ཡིན་པ་ཀུན་སློང་གི་རྣམ་པ་ཅི་ཡང་མི་མངའ་མོད་ཀྱི། རྩོམ་པ་ཐམས་ཅད་དགའ་ཕྱིར་ཏེ། ཞེས་པ་ལྟར་སྟོན་ཐོག་མ་མེད་པ་ནས་རང་དོན་ལ་བསྒོས་པ་རྡུལ་ཙམ་ཡང་མེད་པར་གཞན་ཕན་འབའ་ཞིག་ཁོ་ནར་དགོངས་པའི་གོམས་པ་རབ་ཀྱི་མཐར་སོན་ཞིང་སྨོན་ལམ་བསམ་གྱིས་མི་ཁྱབ་པ་རྣམས་གྲུབ་པའི་ཕྱིར། ནམ་མཁའ་ལྟར་སྦྲིས་པ་ཞི་བ་དེའི་ཚེ་འབད་རྩོལ་མེད་པར་སྨོན་ལམ་དང་ཐུགས་རྗེའི་དབང་གིས་སེམས་ཅན་ཐམས་ཅད་ཀྱི་དོན་ཅིག་ཆར་དུ་རྒྱུན་མི་འཆད་པར་གྲུབ་པར་འགྱུར་ཏེ། ཇི་ལྟར་ཡིད་བཞིན་གྱི་ནོར་བུ་རྟོག་པ་མེད་པར་གསོལ་(༣༡༨ན)བ་འདེབས་པོ་ལ་དགོས་འདོད་སྟོལ་བ་དང་། དཔག་བསམ་གྱི་ཤིང་ལས་གོས་དང་རྒྱན་དང་བཟའ་བཏུང་

སོགས་གང་འདོད་བླང་དུ་འབྱུང་བ་དེ་བཞིན་དུ་གདུལ་བྱའི་ཚོགས་ལ་སྨོན་ལམ་གྱི་དབང་གིས་ཕྲིན་ལས་འཇུག་པར་འགྱུར་ཏེ། དེ་ཡང་གདུལ་བྱ་དག་པ་རྣམས་ལ་ཡིད་བཞིན་གྱི་ནོར་བུ་ལྟ་བུའི་ལོངས་སྤྱོད་རྫོགས་པའི་སྐུར་སྣང་བས་ཆོས་ཀྱི་དགོས་འདོད་རྒྱ་མཚོ་ལྟ་བུ་སྩོལ་ལ། ཅུང་ཟད་དག་པ་རྣམས་ལ་མཆོག་གི་སྤྲུལ་པའི་སྐུ་དཔག་བསམ་གྱི་ཤིང་ལྟ་བུར་སྣང་བས་ལས་དང་པོ་པ་རྣམས་ལ་མངོན་མཐོའི་ཐེག་པ་བཟའ་བཏུང་ལྟ་བུ་དང་། གདུལ་བྱ་ཐུན་མོང་བ་དག་ལ་ངེས་ལེགས་ཀྱི་ཐེག་པ་གོས་ལྟ་བུ་དང་། གདུལ་བྱ་ཁྱད་པར་ཅན་རྣམས་ལ་ཐེག་ཆེན་གྱི་ཆོས་རྒྱན་གྱི་མཆོག་ལྟ་བུ་སྩོལ་བར་མཛད་ལ། མ་སྨིན་པ་རྣམས་ལ་བྱང་ཆུབ་སེམས་དཔའ་དང་ཉན་རང་དང་ཚངས་སོགས་ནས་གཟིངས་དང་ཟམ་པ་ལ་སོགས་པའི་བར་སྲིད་པ་དང་མི་སྲིད་པའི་རྣམ་པ་གང་དུ་ཡང་སྣང་བས་དོན་ཆེན་པོ་མཛད་དེ། དེའི་ཕྱིར་ཆོས་ཀྱི་སྐུ་གང་དུ་ཡང་མི་གནས་པ་དེ་ཉིད་རྒྱལ་བའི་གཟུགས་ཀྱི་སྐུར་སྣང་བ་གདུལ་བྱ་ལ་འབྱུང་ངོ་། །དཔེར་ན། ནམ་མཁའ་ལྡིང་གི་རིག་སྔགས་གྲུབ་པའི་སྐྱེས་བུས་རྒྱ་མཚོའི་འགྲམ་དུ་རིན་པོ་ཆེ་ལས་མཆོད་སྡོང་བྱས་ཏེ་དེའི་རྩེར་མཁའ་ལྡིང་གི་གཟུགས་བྱས་ཏེ་སྔགས་ཀྱིས་བསྒྲུབས་ནས་ཕྱིས་ཅི་ཞིག་ན་སྒྲུབ་པ་པོ་དེ་དུས་ལས་འདས་པར་འགྱུར་ལ། དེ་འདས་ནས་ཡུན་ཤིན་ཏུ་རིང་མོ་ལོ་བྱེ་བ་ཕྲག་མང་པོ་ལོན་ཡང་མཆོད་སྡོང་དེས་གཞན་གྱི་མཐོང་བའི་དུག་དང་ཟྭ་ཡི་དུག་དང་ཁོང་དུ་སོང་བ་དང་རེག་པའི་དུག་ལ་སོགས་པ་དང་གླུ་ནད་ཀྱིས་གཟིར་བ་རྣམས་མཐོང་བ་དང་རེག་པས་ཀུང་ཞི་བར་བྱེད་པ་ལ་སྔ་མ་དང་ཁྱད་པར་མེད་པ་དེ་བཞིན་དུ་བྱང་ཆུབ་སེམས་དཔས་བྱང་ཆུབ་སྤྱོད་པའི་རྗེས་སུ་མཐུན་པས་རྒྱལ་བའི་མཆོད་སྡོང་བསྒྲུབས་པ་དེ་ཡང་སྔོན་བྱང་ཆུབ་སེམས་དཔར་གང་ལས་མིང་(༣༥༨བ)འདོགས་པའི་སེམས་དང་སེམས་བྱུང་གི་རྒྱུན་དེ་ནི་རྡོ་རྗེ་ལྟ་བུའི་ཏིང་ངེ་འཛིན་གྱིས་དེ་ཁོ་ན་ཉིད་རྟོགས་པའི་མོད་ལ་རྣམ་པར་ལོག་ཅིང་འགོར་བ

དང་མྱང་འདས་ཀྱི་གནས་ལས་འདས་ཏེ། ཆོས་ཀྱི་དབྱིངས་སུ་བྱང་ཆུབ་པས་བདག་གཞན་གྱི་དམིགས་པ་མེད་ཀྱང་སེམས་ཅན་ཐམས་ཅད་ཀྱི་དོན་རྣམས་མ་ལུས་པར་མཛད་པའི་ཕྲིན་ལས་རྟོག་མེད་དུ་འབྱུང་བ་ཡིན་ནོ། །

དངོས་སྨྲ་བ་ན་རེ། འོ་ན་རྫོགས་པའི་སངས་རྒྱས་ལ་སེམས་མི་མངའ་བ་ཡིན་ན་སེམས་མེད་པ་ལ་མཆོད་པ་བྱས་པས་ཇི་ལྟར་འབྲས་བུ་དང་ལྡན་པའི་དགེ་བའི་ལས་སུ་འགྱུར་ཞེ་ན། གང་གི་ཕྱིར་སངས་རྒྱས་ཞལ་བཞུགས་པ་ལ་གདུགས་ཚོད་སོགས་ཀྱིས་མཆོད་པ་བྱས་པའམ་མྱ་ངན་ལས་འདས་པའི་སྐུ་གདུང་གི་རིང་བསྲེལ་སོགས་ལ་མཆོད་པ་བྱས་པ་ནི་བསོད་ནམས་ཁྱད་མེད་དུ་མཚུངས་པ་ཉིད་དུ་བཤད་པའི་ཕྱིར་ཏེ། **མི་རྟོག་བསྟེགས་པའི་གཟུངས་ལས།** གང་གིས་སངས་རྒྱས་མཐོང་ནས་དད་པའི་སེམས་ཀྱིས་མཆོད་པ་བྱས་པ་དང་། གང་གིས་དེ་བཞིན་གཤེགས་པའི་རིང་བསྲེལ་གྱི་མཆོད་རྟེན་ལ་མཆོད་པ་བྱས་པའི་བསོད་ནམས་ནི་མཉམ་པར་ཤེས་པར་བྱའོ། །ཞེས་དང་། གང་གིས་བཞུགས་པ་ལ་མཆོད་དང་། །མྱ་ངན་འདས་པའི་སྐུ་གདུང་ལ། །སེམས་ནི་དད་པ་མཉམ་པ་ཡིས། །མཆོད་པའི་བསོད་ནམས་མཉམ་པ་འབྱུང་། །ཞེས་དང་། **བྱང་ཆུབ་སེམས་དཔའི་སྡེ་སྣོད་ལས།** གང་ཞིག་བཞུགས་ལ་མཆོད་པ་དང་། །གང་ཡང་མྱ་ངན་འདས་པ་ཡི། །རིང་བསྲེལ་ཡུངས་འབྲུ་ཙམ་མཆོད་པ། །སེམས་ཀྱང་མཚུངས་ལ་འབྲས་བུའང་མཚུངས། །ཞེས་སོགས་དང་། འདུལ་བ་ལུང་སྨན་གྱི་གཞི་ལས་ཀྱང་གསུངས་པའི་ཕྱིར་རོ། །གལ་ཏེ་ཅི་སྐྱུ་མ་ལྟ་བུའི་སངས་རྒྱས་ལ་མཆོད་པས་འབྲས་བུ་འབྱུང་བ་དེ་ཀུན་རྫོབ་ཏུ་ཡིན་ནམ་དོན་དམ་དུ་ཡིན་ཞེས་འདྲི་ན། ལན་ནི་དེ་རེ་ཞིག་ཀུན་རྫོབ་བམ་དེ་ཁོ་ན་(ཞེ་ན)ཉིད་གང་དུ་ཡིན་ནའང་རུང་སྟེ། བསོད་ནམས་ཀྱི་ལས་ནི་འབྲས་བུ་གྱུ་ནོམ་པ་དང་བཅས་པར་ཐེག་པ་ཆེ་ཆུང་གཉིས་ཀའི་ལུང་ལས་གསུངས་པའི་ཕྱིར། ཡིད་ཆེས་པར་བྱ་བ་ཡིན་གྱི་འདི་ལ་ནི་བདེན་པ་གཉིས་རེ་ཞིག་དཔྱད་

མི་དགོས་ཏེ་སྟོན་པ་ཉིད་ཀྱིས་ཀྱང་བདེན་གཉིས་མ་དཔྱད་པར་བཀའ་སྩལ་བའི་ཕྱིར། **རིན་ཆེན་ཕྲེང་བར།** དོན་འདི་ལ་ནི་རྒྱལ་བ་ལས། །ལྷག་པའི་ཚད་མ་གཞན་ཡོད་མིན། །ཞེས་དང་། **རྒྱུད་བླར།** གང་ཕྱིར་རྒྱལ་ལས་ཆེས་མཁས་འགའ་ཡང་འཇིག་རྟེན་འདི་ན་ཡོད་མིན་ཏེ། །དེ་ཕྱིར་དྲང་སྲོང་རང་ཉིད་ཀྱིས་བཞག་མདོ་སྡེ་གང་ཡིན་དེ་མི་དཀྲུག །ཅེས་པ་ལྟར་རོ། །

ཡང་ན་ལན་གྱི་རྣམ་གྲངས་འདི་ཡང་གཟིགས་ཏེ་སེམས་མེད་པ་ལ་མཆོད་པ་བྱས་པས་ཀྱང་ཕན་ཡོན་འབྱུང་སྟེ་མཆོད་རྟེན་དང་གླིགས་བམ་མཆོད་པའི་ཕན་ཡོན་བཞིན་ནོ། །སྒྱུ་མ་ལྟ་བུའི་སངས་རྒྱས་ལ་མཆོད་པ་བྱས་པས་བསོད་ནམས་ཀྱང་སྒྱུ་མ་ཙམ་དུ་འབྱུང་སྟེ་དཔེར་ན་ཁྱེད་ཅག་དངོས་སྨྲ་བ་རྣམས་བདེན་པའི་སངས་རྒྱས་ལ་མཆོད་པ་བྱས་པས་ཇི་ལྟར་འབྲས་བུ་བདེན་པ་དང་བཅས་པ་འབྱུང་བར་འདོད་པ་བཞིན་ནོ། །འདི་རྣམས་སུ་**དགེ་བའི་ལྷས།** སྟོང་པ་ཉིད་ནི་དེ་ཁོ་ན་ཉིད་ཀྱི་ཡེ་ཤེས་སོ། །དེ་ཡི་ས་བོན་ནི་བག་ཆགས་སོ། །དེའི་སྒོམ་པ་ནི་སྒོམ་པ་ཤིན་ཏུ་གོམས་པར་བསྐྱེད་པ་སྟེ། དེས་ནི་དངོས་པོའི་བག་ཆགས་གཟུགས་ལ་སོགས་པར་རྟོག་པའི་ས་བོན་སྤོང་ཞིང་སེལ་བར་བྱེད་དོ། །ཅུང་ཟད་མེད་ཅེས་བྱ་བ་ནི་དངོས་པོ་དང་དངོས་པོ་མེད་པ་དག་གོ་ཞེས་སོགས་ནས་དེ་ལྟར་ལྷག་མ་དང་བཅས་པའི་མྱ་ངན་ལས་འདས་པ་བཤད་ནས་ལྷག་མེད་བསྟན་པའི་ཕྱིར། གང་ཚེ་ལ་སོགས་པའོ་ཞེས་དང་། རྒྱལ་བའི་སྐུ་བསྒྲུབས་ནས་བྱང་ཆུབ་སེམས་དཔའ་སེམས་དང་བཅས་པ་འདས་པར་གྱུར་ཀྱང་གདུལ་བྱ་དང་སྨོན་ལམ་རྣམ་པར་དག་པའི་ཤུགས་གཉིས་ཀྱིས་སེམས་ཅན་ཐམས་(༣༥༠བ)ཅད་ཀྱི་དོན་མཛད་པར་འགྱུར་གྱི་ཉན་ཐོས་ལྟར་ཡོངས་སུ་མྱ་ངན་ལས་འདའ་བ་ནི་མ་ཡིན་ནོ། །ཞེས་དང་། སྔར་ནི་སྒྱུ་མ་དང་མཉམ་པའི་སེམས་དེ་ལས་བསོད་ནམས་སྐྱེ་བར་བཤད་ལ། ད་ལྟར་མེད་དུ་ཟིན་ཡང་ཞེས་བྱ་བ་ནི་འདིར་ཁྱད་པར་རོ། །བསོད་ནམས་ཀྱི་འབྲས་

བྱ་མཚུངས་པ་དེ་ཡང་ལུང་གི་ཚད་མ་ལས་གྲུབ་པ་ཡིན་པས་ཀུན་རྫོབ་ཏུའམ་དོན་དམ་པ་གང་ཡིན་ཡང་སངས་རྒྱས་བཞུགས་པ་ལ་མཆོད་པ་བྱས་པ་དང་འདྲ་བར་འབྲས་བུ་དང་བཅས་པ་ཡིན་ནོ། །ཞེས་བཤད་དོ། **།ཕི་རྒྱ་ཏིས་ནི།** སྟོང་ཉིད་ལ་མངོན་པར་ཞེན་པ་ཡང་སྐྱོན་ནོ་ཞེ་ན། དངོས་པོའམ་སྟོང་པ་ཉིད་ཅི་ཡང་མེད་ཅེས་གོམས་པས་ཕྱིས་སྟོང་ཉིད་ཀྱི་བག་ཆགས་ཀྱང་སྤོང་སྟེ། ཐབས་ནི་གྲུ་ལྟ་བུ་ཡིན་པའི་ཕྱིར་རོ། །ཞེས་དང་། གང་གི་ཚེ་དོན་དམ་ཡོད་པའི་དངོས་པོ་མེད་པ་ལ་དངོས་མེད་ཀྱང་མེད་པས་དེ་གཉིས་བློའི་མདུན་དུ་མི་སྣང་ལ་དངོས་པོ་དང་དངོས་མེད་མ་ཡིན་པའི་ཕུང་པོ་གསུམ་པ་ཡང་མེད་པས་དམིགས་པ་མེད་པ་རྟེན་མེད་པ་བུད་ཤིང་ཟད་པའི་མེ་བཞིན་དུ་བློ་མྱ་ངན་ལས་འདས་སོ། །ཞེས་དང་། རྒྱལ་བའི་སྐུ་མཚན་དཔེར་ལྡན་པ་སྣང་བར་འགྱུར་རོ། །གང་ལས་ཤེ་ན། གདུལ་བྱའི་དགེ་བའི་རྩ་བ་ཡོངས་སུ་སྨིན་པ་དང་བཅོམ་ལྡན་འདས་ཀྱི་སྨོན་ལམ་ལས་སོ། །ཞེས་དང་། དུག་སེལ་བའི་སྔགས་པ་སྔགས་ཀྱི་ནུས་པ་ཐོབ་པས་ཤིང་ལ་སོགས་པའི་སྡོང་པོ་སྔགས་ཀྱིས་བསྒྲུབས་ནས་བདག་མེད་ཀྱང་འདིས་དུག་ཐམས་ཅད་སེལ་བར་གྱུར་ཅིག་སྙམ་དུ་བསམས་ནས་ཤི་སྟེ་ཡུན་རིང་ལོན་ཡང་དུག་དང་གདོན་གྱིས་བཟླམས་པ་སོགས་སེལ་བ་ལྟར། ཞེས་དང་། འདིར་རིགས་པ་མི་དགོས་ཏེ་དེ་འབྲས་ལུང་ལས་ཡིན་ནོ། །ཞེས་དང་། དབུ་མ་པའི་ཀུན་རྫོབ་དང་ཁྱེད་ཀྱི་དོན་དམ་པར་འདི་ཁས་ལེན་དགོས་སོ། །ཞེས་འཆད་དོ། **།དཀའ་འགྲེལ་ཆུང་ངུ་ལས་ནི།** སྒྱུ་མར་རྟོག་པ་མི་སྤང་ངམ་ཞེ་ན་མ་ཡིན་(༥༠༠ན)ནོ། །ཞེས། ཅི་ཡང་མེད་ཅེས་གོམས་པས་ནི། །ཞེས་སོ། །མེད་འཛིན་ཉིད་ཀྱང་སྤང་བ་ནི། །གང་ཚེ་གང་ཞིག་མེད་དོ་ཞེས། །སོགས་ཏེ་མེད་པ་གང་ཡིན་ཞེས་འདྲི་ན་བྱམ་པའོ། །ཞེས་ལན་བརྗོད་པ་འཇིག་རྟེན་ན་མཐོང་བས་བུམ་པ་མ་གྲུབ་ན་དེ་ལ་བརྟེན་པའི་དགག་པ་ཡང་མི་འགྲུབ་པས་མེད་པ་ཉིད་ཀྱང་མི་དམིགས་སོ། །འོ་ན་དེ་ཁོ་ན་མཐོང་བ་

མཐར་ཐུག་པའི་སངས་རྒྱས་ཀྱི་མཁྱེན་པས་ཅི་ཞིག་མཐོང་སྙམ་ན། དོན་ལ་ནི་ཤེས་པ་འགའ་ཡང་མི་འཇུག་པས་དེ་མཐོང་བའི་ཤེས་པ་སྐྱེ་བ་མེད་དོ། །ཞེས་སྟོན་པ་ནི། གང་ཆེ་དངོས་དང་དངོས་མེད་དག །སོགས་ཏེ་གཟུགས་ཀྱི་རྣམ་པ་ཐམས་ཅད་མ་དམིགས་པ་ལ་ནམ་མཁའ་མཐོང་བར་བརྗོད་པ་བཞིན་དུ་མཚན་མའི་རྣམ་པ་ཐམས་ཅད་མ་དམིགས་པ་ཉིད་ལ་མཚན་མ་མེད་པའི་དབྱིངས་ཞེས་བརྗོད་པར་ཟད་དེ། **རྒྱུད་བླ་མར།** ཡོངས་སྤྱོད་རྒྱུ་ཀུན་རབ་ཞི་དང་། །རྣམ་པར་རྟོག་པ་མེད་པའི་ཐུགས། །ཞེས་སོ། །དེ་ལྟར་སྐད་ཅིག་གཅིག་དང་ལྡན་པའི་ཤེས་རབ་ཀྱིས་ཆོས་ཐམས་ཅད་ཀྱི་དེ་བཞིན་ཉིད་མངོན་པར་རྫོགས་པར་སངས་རྒྱས་ནས་དེའི་རྗེས་ལ་རྣམ་པར་གྲོལ་བའི་ལམ་མངོན་དུ་གྱུར་པ་ན། མེ་ལོང་ལྟ་བུའི་ཡེ་ཤེས་རྟག་ཏུ་འཇུག་པ་ནི་ལོངས་སྐུ་ཡིན་ལ། དེ་ལས་འཇིག་རྟེན་ཐམས་ཅད་དུ་སོ་སོའི་བསམ་པ་བཞིན་གྱི་སྤྲུལ་པ་སྣ་ཚོགས་འཇུག་པ་སྤྲུལ་པའི་སྐུ་བརྙེས་པའོ། །ཞེས་དང་། མེ་ལོང་ལྟ་བུ་དེ་ནི་གཟུགས་སྐུ་སྣང་བའི་བདག་པོའི་རྒྱུ་ཡིན་པའམ་གཟུགས་ཀྱི་རྒྱུ་ཡིན་ཏེ། །ཞེས་དང་། སྤྲུལ་པ་ནི་གཟུགས་སུ་སྣང་བའི་མཚན་ཉིད་ཀྱི་གཟུགས་སྐུ་ཡིན་ཏེ་འཇིག་རྟེན་ལ་གཟུགས་སུ་མཐོང་བའི་ཕྱིར་ཞེས་བཤད་ལ། ཀུན་རྫོབ་བམ་ནི་དེ་ཉིད་དུའང་། །སོགས་ལ་དགའ་འགྲེལ་ཆུང་བ་ན་བཤད་པ་མི་སྣང་ལ། **ཤེར་ལེའི་དགའ་འགྲེལ་ཆུང་བ་ལས་ནི།** སངས་རྒྱས་ཉིད་དང་སྦྱིན་པ་ལ་སོགས་པའི་འབྲས་བུ་ལུང་གི་དབང་ལས་ཡིན་ན་དེའི་ཚེ་(༥༠༠བ)ཀུན་རྫོབ་ཏུའམ་དོན་དམ་ཡིན་ཡང་སླ་སྟེ་ཁྱད་པར་ཅི་ཡོད་ཅེས་བཀྲལ་ཏོ། **།ས་བཟང་པས་ནི།** ཀུན་རྫོབ་གཟུགས་སྐུའམ་དོན་དམ་ཆོས་སྐུ་ལའང་རུང་སྟེ་ཞེས་དང་། སྟོན་ཁྲམ་ཟེ་ཤཱཀྱ་ནིས་བསྐྱབས་པའི་མཆོད་སྡོང་ཞེས་འབྲུ་གཉེར་ཏོ། །

རྗེ་བོ་ཆེན་པོ་ལས་བརྒྱུད་པའི་སྤྱོད་འཇུག་གི་ཟིན་བྲིས་འགའ་ན་སྟོན་ཁྲམ་ཟེ་ཤྲི་ཤཱཀྱ་ཞེས་བྱ་བ་ཡོད་པའི་ས་ཕྱོགས་སུ་ཀླུ་ནད་ཀྱིས་ཐམས་ཅད་བཅོས་ནས་

དེས་སྐུ་དབང་དུ་བྱེད་པའི་སྔགས་ཚོལ་དུ་ཕྱིན་པས་བུད་མེད་ནག་མོ་ཞིག་བུ་ཚུང་བསྣོལ་ཏེ་ཡུར་མ་བྱེད་པ་ན། བུ་ཚུང་དེ་དུ་བ་ལ་བུད་མེད་དེས་ཡུངས་ཀར་གཏོར་བས་སྦྲུལ་ནག་པོ་ཞིག་བྱུང་ནས་དེ་ལ་ལྕེས་བལྡགས་པས་ཤི་བ་ལྟར་གྱུར། ཡུར་མ་ཟིན་པ་ན་རྫས་གཞན་ཞིག་གཏོར་བས་སྦྲུལ་དཀར་པོ་ཞིག་བྱུང་སྟེ་བལྡགས་པས་སོས་པར་མཐོང་ནས། དེ་ལ་རིག་སྔགས་ཞུས་པས་ཁྲི་ནག་མོའི་འོ་མ་ཕུལ་བརྒྱད་འཐུང་དུ་བཅུག་པ་ན་བདུན་འཐུངས་ནས་གང་མ་ཡོག་པས་སྐུ་བདུན་དབང་དུ་འདུས་ལ་བརྒྱད་པ་མཐའ་ཡས་དབང་དུ་མ་འདུས་པས་བྱིས་པ་ཞིག་གིས་སོགས་ཕྲག་ཏུ་དུག་སྔོར་འོང་དེའི་ཚེ་རྒྱ་མཚོའི་ལྦུ་བ་ཡོང་ལ་འཐུང་ཞིག་ཟེར་ཏེ། བྲམ་ཟེ་དེས་མང་པོའི་ནད་ཞི་བར་བྱས་ཕྱིས་མཐའ་ཡས་ཀྱི་གནོད་པ་ལ་རྒྱ་མཚོའི་ལྦུ་བ་མ་འཁྱེར་བས་ཤི་བའི་རོ་མཆིས་བྲང་དེས་མཁའ་ལྡིང་གི་མཆོད་སྟོང་ལ་བཀལ་བས་སོས་ཏེ། ཡུན་རིང་པོར་མི་རྣམས་ལ་ཕན་པ་བྱས་ནས་མཆོད་སྟོང་དེས་དུག་ཐམས་ཅད་ཞི་བར་ནུས་པའི་སྨོན་ལམ་བཏབ་བོ་ཞེས། བྲམ་ཟེ་ཤཀླུའི་སྔོན་ནས་ཡོད་པ་ལྟར་སྣང་ལ། སྤྱིར་དཔེ་འདིའི་ཁུངས་གསལ་བ་ཡོད་ངེས་པས་བཙལ་བར་རིགས་སོ། །

གཉིས་པ་སྟོང་ཉིད་ཀྱི་མཐོང་བ་ལམ་དུ་སྒྲུབ་པ་ལ་གཉིས། ལུང་གིས་སྒྲུབ་པ་དང་རིགས་པས་སྒྲུབ་པའོ། །དང་པོ་ལ་ཡང་གསུམ། རྩོད་པ་དགོད་པ། ལུང་གི་ལན་མདོར་བསྟན་པ། ཐེག་པ་ཆེན་པོ་བཀར་སྒྲུབ་པའོ། །

དང་པོ་(རྩོད་པ་དགོད་པ་)ནི། (༤༠༧ན)

བདེན་པ་མཐོང་བས་གྲོལ་འགྱུར་གྱི། །
སྟོང་ཉིད་མཐོང་བས་ཅི་ཞིག་བྱ། །ཞེས་པ་དང་།

གཉིས་པ་(ལུང་གི་ལན་མདོར་བསྟན་པ་)ནི།

གང་ཕྱིར་ལུང་ལས་ལམ་འདི་ནི། །

མེད་པར་བྱང་ཆུབ་མེད་པར་གསུངས། ༡ །ཞེས་པ་དང་།

གསུམ་པ་(ཐེག་པ་ཆེན་པོ་བཀར་སྒྲུབ་པ་)ནི།

གལ་ཏེ་ཐེག་ཆེན་མ་གྲུབ་ན། །
ཁྱོད་ཀྱི་ལུང་ནི་ཇི་ལྟར་གྲུབ། །
གང་ཕྱིར་གཉིས་ཀ་ལ་འདི་གྲུབ། །
དང་པོ་ཁྱོད་ལ་འདི་མ་གྲུབ། ༢།
རྐྱེན་གང་གིས་ནི་དེར་ཡིད་ཆེས། །
དེ་ནི་ཐེག་ཆེན་ལ་ཡང་མཚུངས། །
ངག་གང་མདོ་སྡེ་ལ་འཇུག་དེ། །
གལ་ཏེ་སངས་རྒྱས་གསུང་འདོད་ན། ༣ །
ཐེག་ཆེན་ཕལ་ཆེར་ཁྱེད་ཅག་གི། །
མདོ་དང་མཚུངས་འདོད་མིན་ནམ་ཅི། །
གལ་ཏེ་མ་བརྟགས་གཅིག་གིས་ནི། །
ཐམས་ཅད་སྐྱོན་དང་བཅས་འགྱུར་ན། ༤ །
མདོ་མཚུངས་གཅིག་གིས་ཐམས་ཅད་ནི། །
རྒྱལ་བས་གསུངས་པ་ཅིས་མ་ཡིན། །
ངག་གང་འོད་སྲུང་ཆེན་པོ་ལ། །
སོགས་པས་གཏིང་མ་དཔོགས་གྱུར་པ། ༥ །
དེ་ནི་ཁྱེད་ཀྱིས་མ་རྟོགས་པས། །
གཟུང་བྱ་མིན་པར་སུ་ཞིག་བྱེད། །
དེ་ནི་ཐེག་ཆེན་ལ་ཡང་མཚུངས། །
གཞན་གཉིས་འདོད་པས་བདེན་ན་ནི། ༦ །

རིག་བྱེད་སོགས་ཀྱང་བདེན་པར་འགྱུར། །
ཐེག་ཆེན་རྩོད་བཅས་ཕྱིར་ཞེ་ན། །
ལུང་ལ་མུ་སྟེགས་པ་རྣམས་དང་། །
ལུང་གཞན་ལ་ཡང་རང་གཞན་དག ༣ །
རྩོད་བཅས་ཡིན་ཕྱིར་དོར་བྱར་འགྱུར། །

ཞེས་གསུངས་ཏེ། ཀྲང་པ་དང་པོ་དྲུག་གིས་མཚུངས་པ་བརྗོད། ངག་གང་སོགས་ཚིགས་བཅད་གཅིག་གིས་མདོ་སྡེ་ལ་འཇུག་པ་ལ་སོགས་པར་བསྒྲུབས། གལ་ཏེ་སོགས་ཚིགས་བཅད་གཅིག་གིས་ལྡོག་ཚུལ་གྱིས་དགག་ནུས་ན་རྗེས་འགྲོའི་ཚུལ་གྱིས་སྒྲུབ་ནུས་པར་སྟོན། ངག་སོགས་ཀྲང་པ་ལྷས་རང་གིས་མ་རྟོགས་པ་གཞན་འགོག་བྱེད་ཀྱི་གཏན་ཚིགས་མ་ཡིན་པར་སྟོན། གཞན་སོགས་ཀྲང་པ་དྲུག་གིས་(༤༠༧བ)གཉིས་ཀས་འདོད་པ་རྩོད་བཅས་ཀྱི་རྟགས་ཀྱིས་དངོས་རྟགས་གང་དུ་ཡང་སྒྲུབ་མི་ནུས་པར་བསྟན་ཏོ། །

གཉིས་པ་(རིགས་པས་སྒྲུབ་པ་)ནི།

བསྟན་རྩ་དགེ་སློང་ཉིད་ཡིན་ན། །
དགེ་སློང་ཉིད་ཀྱང་དཀའ་བར་གནས། །
སེམས་ནི་དམིགས་དང་བཅས་རྣམས་ཀྱི། ༤ །
མྱ་ངན་འདས་པའང་དཀའ་བར་གནས། །
ཉོན་མོངས་སྤངས་པས་གྲོལ་ན་དེའི། །
དེ་མ་ཐག་ཏུ་དེར་འགྱུར་རོ། །
ཉོན་མོངས་མེད་ཀྱང་དེ་དག་ལ། ༥ །
ལས་ཀྱི་ནུས་པ་མཐོང་བ་ཡིན། །
རེ་ཞིག་ཉེར་ལེན་སྲིད་པ་ནི། །

མེད་ཅེས་ངེས་པ་ཉིད་ཅེ་ན། །
སྲིད་འདི་ཉོན་མོངས་ཅན་མིན་ཡང་། ༥༠།
ཀུན་རྨོངས་བཞིན་དུ་ཅི་སྟེ་མེད། །
ཚོར་བའི་རྐྱེན་གྱིས་སྲིད་པ་ཡིན། །
ཚོར་བ་དེ་དག་ལ་ཡང་ཡོད། །
དམིགས་པ་དང་ནི་བཅས་པའི་སེམས། ༥༡།
འགའ་ཞིག་ལ་ནི་གནས་པར་འགྱུར། །
སྟོང་ཉིད་དང་ནི་བྲལ་བའི་སེམས། །
འགགས་པ་སླར་ཡང་སྐྱེ་འགྱུར་ཏེ། །
འདུ་ཤེས་མེད་པའི་སྙོམས་འཇུག་བཞིན། ༥༢།

ཞེས་གསུངས་ཏེ། དང་པོས་སྟོང་ཉིད་མ་རྟོགས་ན་དོན་དམ་གྱི་དགེ་སློང་དང་མྱང་འདས་མི་འཐོབ་པར་བསྟན། ཉོན་མོངས་སོགས་ཚིགས་བཅད་ཕྱེད་དང་གསུམ་གྱིས་དགྲ་བཅོམ་པ་རྣམས་ཀྱང་ལས་ལས་མ་གྲོལ་བར་བསྟན། དམིགས་པ་སོགས་རྐང་པ་ལྔས་སྟོང་ཉིད་མ་རྟོགས་ན་སྐྱེ་བའི་རྒྱུན་མི་འཆད་པར་བསྟན་ཏོ། །

གསུམ་པ་གཉི་གའི་བྱེད་པ་བསྡུ་བ་ནི།

དེས་ན་སྟོང་ཉིད་བསྒོམ་པར་བྱ། །
རྨོངས་པ་སྡུག་བསྔལ་ཅན་དོན་དུ། །
ཆགས་དང་འཇིགས་མཐའ་ལས་གྲོལ་བར། །
འཁོར་བར་གནས་པ་འགྲུབ་འགྱུར་བ། ༥༣།
འདི་ནི་སྟོང་ཉིད་འབྲས་བུ་ཡིན། །
དེ་བས་སྟོང་པ་ཉིད་ཕྱོགས་ལ། །
སུན་འབྱིན་པ་ནི་འཐད་མ་ཡིན། །

དེས་ན་ཐེ་ཚོམ་མི་ཟ་བར། ༥༤།
སྟོང་པ་ཉིད་ནི་བསྒོམ་པར་བྱ། །(༡༠༢ན)
ཉོན་མོངས་ཤེས་བྱའི་སྒྲིབ་པ་ཡི། །
མུན་པའི་གཉེན་པོ་སྟོང་པ་ཉིད། །
མྱུར་དུ་ཐམས་ཅད་མཁྱེན་འདོད་པས། ༥༥།
དེ་ནི་ཇི་ལྟར་སྒོམ་མི་བྱེད། །
དངོས་གང་སྡུག་བསྔལ་སྐྱེད་བྱེད་པ། །
དེ་ལ་སྐྲག་པ་སྐྱེ་འགྱུར་མོད། །
སྟོང་ཉིད་སྡུག་བསྔལ་ཞི་བྱེད་པ། ༥༦།
དེ་ལ་འཇིགས་པ་ཇི་ལྟར་སྐྱེ། །

ཞེས་གསུངས་ཏེ། ཉང་པ་ལྟས་སྟོང་པ་ཉིད་བསྒོམས་པའི་འབྲས་བུ་བཤད། ཚིགས་བཅད་གཅིག་གིས་ཐེ་ཚོམ་སྤོང་བར་གདམས། ལྷག་མས་ཤིན་ཏུ་སྒོམ་རིགས་པར་བསྟན་པའོ། །

དེ་ཡང་ཉན་ཐོས་གྲུབ་མཐའ་པ་ན་རེ། བདེན་པ་བཞི་ལ་རྣམ་པ་བཅུ་དྲུག་ཏུ་མཐོང་བས་འཁོར་བ་ལས་གྲོལ་བར་འགྱུར་བ་ཡིན་གྱི་སྟོང་པ་ཉིད་མཐོང་བས་ཅི་ཞིག་བྱ་ཞེས་ཟེར་ན། གང་གི་ཕྱིར་སྟོང་པ་ཉིད་ཀྱི་ལུང་ལས་སྟོང་ཉིད་མཐོང་བའི་ལམ་འདི་ནི་མེད་པར་གྱུར་ན་བྱང་ཆུབ་འཐོབ་པ་མེད་པར་གསུངས་ཏེ། **རྒྱལ་བའི་ཡུམ་ལས།** དངོས་པོའི་འདུ་ཤེས་ཅན་ལ་ཤེས་རབ་ཀྱི་ཕ་རོལ་ཏུ་ཕྱིན་པ་སྒོམ་པ་མེད་དོ། །ཏིང་ངེ་འཛིན་དང་། གཟུངས་ཀྱི་སྒོ་ཐམས་ཅད་དང་། སྟོབས་དང་། མི་འཇིགས་པ་དང་། སོ་སོ་ཡང་དག་པར་རིག་པ་ནས་སངས་རྒྱས་ཀྱི་ཆོས་མ་འདྲེས་པ་སྒོམ་པའི་བར་དུ་མེད་དོ། །ཞེས་དང་། **མཉམ་པ་ཉིད་ལ་འཇུག་པའི་མདོ་ལས།** འཇམ་དཔལ་སྟོང་པ་ཉིད་ཡིད་ལ་བྱེད་པས་བྱང་ཆུབ་གསུམ་པོ་འཐོབ་

པ་འདི་ནི་གནས་ཡོད་ཅིང་སྐབས་ཡོད་དོ། །དངོས་པོའི་འདུ་ཤེས་ཅན་གྱིས་བྱང་ཆུབ་གསུམ་འཐོབ་པ་འདི་ནི་གནས་མེད་ཅིང་སྐབས་མེད་དོ། །ཞེས་དང་། རྒྱལ་བ་འདས་དང་མ་བྱོན་ཕྱོགས་བཅུར་གང་བཞུགས་པ། །ཀུན་ལམ་ཕ་རོལ་ཕྱིན་པ་འདི་ཡིན་གཞན་མ་ཡིན། །ཞེས་སོགས་རྒྱ་ཆེར་གསུངས་པའི་ཕྱིར། དེ་ལ་ཉན་ཐོས་ཀྱི་འཕགས་པ་ཐེག་ཆེན་སྤྱོད་བ་ནི་མི་སྲིད་དེ་དགྲ་བཅོམ་པ་(༥༠༢བ)གང་ཐེག་པ་ཆེན་པོ་འདི་ཐོས་ནས་མངོན་པར་དད་པར་མི་འགྱུར་བ་ནི་གནས་མ་ཡིན་ཞིང་སྐབས་མེད་པར་གསུངས་ལ་རྒྱུན་ཞུགས་ཀྱི་བར་ཡང་དེས་ཕྱོགས་མཚོན་ནུས་པའི་ཕྱིར། འདུ་ཤེས་ཉི་ཤུ་ལས་གང་ཡང་རུང་བ་ཐོབ་པ་བསམ་གཏན་ལྷུར་བྱེད་པ་རྣམས་ཀྱང་ཐེག་ཆེན་སྤྱོད་བ་སྤྱིར་ཉུང་སྟེ། དེ་དག་ཀྱང་རང་རྒྱུད་ཀྱི་གནས་སྐབས་ལ་རྟོག་པ་ལྷུར་བྱེད་པ་མང་བའི་ཕྱིར། འོན་ཀྱང་བསམ་གཏན་བཞི་པའི་དངོས་གཞི་ཐོབ་ནས་འདུ་ཤེས་དང་ཚོར་བ་བཀག་པ་འདུ་ཤེས་མེད་པའི་སྙོམས་འཇུག་ཐོབ་པ་ན་བདག་དགྲ་བཅོམ་ཐོབ་པོ་སྙམ་དུ་འཛིན་པ་དགྲ་བཅོམ་པར་མངོན་པའི་ང་རྒྱལ་ཅན་ཞེས་བྱ་བ་འདིས་ཐེག་ཆེན་སྤྱོད་བ་སྲིད་དེ། དཀོན་མཆོག་ཟ་མ་ཏོག་གི་མདོ་ལས་བཤད་པའི་ཕྱིར་དང་། སྤྱིར་དྲང་སྲོང་མངོན་ཤེས་ལྔ་ལྡན་གྱིས་སྟོན་གནས་རྗེས་སུ་དྲན་པའི་མངོན་ཤེས་ཀྱིས་སྐྱེ་བ་སྔ་མ་ལྔ་བརྒྱ་མཐོང་། དེ་ཕན་མ་མཐོང་བས་དེ་ཕན་བདག་མེད་དོ་ཞེས་སོགས་སྐྱེ་བ་སྔ་ཕྱི་གྲངས་ཅན་གྱི་ལོག་པའི་གྲུབ་མཐའ་འབྱུང་བའི་ཕྱིར་རོ། །དེས་ན་གཙོ་བོར་ཉན་ཐོས་རྟོག་གེ་པ་སྡེ་སྣོད་གསུམ་ལས་གང་ཡང་རུང་བའི་ཚིག་ཙམ་འཛིན་ཞིང་དེ་ལ་རིག་གྲོལ་གྱི་སྤྱོབས་པར་སྙོམས་པས་ཁེངས་པ་པཎྜི་ཏ་ལ་སོགས་པར་གྲགས་ཤིང་ཁས་འཆེ་བ་དག་ནི་སངས་རྒྱས་ཀྱི་ཆོས་བསམ་གྱིས་མི་ཁྱབ་པ་མི་ཤེས་པར་རང་གི་ཤེས་པ་སྦྲང་མའི་འདོམ་ལྟ་བུས་ཆོས་ཀྱི་ནམ་མཁའ་མཐའ་ཡས་པའི་ཚད་འཛིན་ཞིང་ཟིན་པར་སྙོམ་སྟེ་དེ་དང་མ་མཐུན་ནོ་ཅོག་ཆོས་མིན་པར་སྨྲ་ཞིང་ཕོང་ཁྲོ་བས་གཤེ་ཞིང་

སྤྱོང་བར་བྱེད་དེ། སྤྲིན་ཆེན་པོ་དང་ཟ་བོ་ཆེ་ལ་སོགས་ལས་རྒྱ་གར་གྱི་ཡུལ་དབུས་དང་ནུབ་ཕྱོགས་དང་ཤར་ཕྱོགས་ལ་སོགས་པར་ཐེག་ཆེན་སྤྱོང་བ་ཉན་ཐོས་པར་ཁས་འཆེ་བ་འདི་སྙེད་རེ་འབྱུང་ཞིང་དེ་ཐམས་ཅད་ཆོས་སྤངས་པའི་སྒྲིབ་པས་ངན་འགྲོ་མཐའ་ཡས་པར་(༥༠༣ན)གཞོལ་བར་ལུང་བསྟན་པ་ལྟ་བུ་དང་། བོད་ཡུལ་འདིར་ཡང་མཐའ་བཞི་བསལ་བའི་ལྟ་བ་ལ་ཡོད་མིན་མེད་མིན་པ་ཞེས་འགོག་པ་དང་། བློ་བྲལ་ཡིད་ལ་མི་བྱེད་པའི་སྒོམ་པ་ལ་རྒྱ་ནག་ཧ་ཤང་གི་ལུགས་ཞེས་འདོར་བ་དང་། རྣམ་རྟོག་གི་རང་བཞིན་ཆོས་ཉིད་དུ་བསྟན་པ་དང་བླང་དོར་མེད་པར་བསྟན་པ་སོགས་ལ་ལོག་པའི་ཆོས་ཚད་མེད་པར་འཛིན་པ་པོ་སླ་བའི་ཉི་མར་སྙོམ་པ་མཐའ་ཡས་པར་བྱུང་ཞིང་རྗེས་འབྲང་རྣམས་ཀྱིས་ཀྱང་དེ་ལྟའི་བར་དུ་འང་དེའི་ཆོས་སྤོང་གི་རྗོ་རྟའི་ངག་སྒྲོས་རྒྱ་ཆེར་སྤེལ་ཞིང་ས་འོག་གི་སྒོ་འབྱེད་པར་སྣང་བའི་ཕྱིར། དེས་ན་དེ་ལྟ་བུའི་སྐལ་ངན་ཤིང་སྲིན་ལྟ་བུ་དག་ན་རེ། ཐེག་པ་ཆེན་པོ་བྱ་བ་མེད་དེ། ཤཱ་རིའི་བུ་ལ་སོགས་པ་སྟོན་པའི་དངོས་ཀྱི་འཁོར་རྣམས་ཀྱིས་མ་ཐོས་པའི་ཕྱིར། གལ་ཏེ་ཐོས་ན་བདག་ཅག་ཉན་ཐོས་རྣམས་ལ་འོང་རིགས་པ་ལས་མ་བྱུང་བའི་ཕྱིར་དང་། མདོ་སྡེ་ལ་འཇུག །འདུལ་བ་ལ་སྣང་། ཆོས་ཉིད་དང་མི་འགལ་ན་བཀར་གསུངས་པ་ལས་ཐེག་ཆེན་ནི་དེ་ལྟ་བུ་མ་ཡིན་པའི་ཕྱིར་ཏེ། ངེད་ཀྱི་མདོ་སྡེ་ལ་མི་འཇུག་པ་ལ་སོགས་པའི་ཕྱིར་ཞེས་ཟེར་རོ། །དེ་ལ་སྨྲས་པ་གལ་ཏེ་ཐེག་ཆེན་བཀའ་ཡིན་པར་མ་གྲུབ་ན་ཉན་ཐོས་པ་ཁྱོད་ཀྱི་ལུང་སྡེ་སྣོད་གསུམ་ནི་བཀའ་ཡིན་པར་ཇི་ལྟར་གྲུབ་ཅེས་འདྲིའོ། །གང་གི་ཕྱིར་ཡུ་བུ་གཉིག་ལ་འདི་གྲགས་ཤིང་གྲུབ་པས་སོ་ཞེ་ན། ཅི་ཁྱོད་ཀྱིས་ཐོག་མ་མེད་པ་ནས་འདི་བཀར་ཡིད་ཆེས་པ་ཡིན་ནམ་ཕྱིས་དགེ་བའི་བཤེས་གཉེན་གྱི་མཐུས་བཀར་ཤེས་པ་ཡིན། དང་པོ་ལྟར་ནི་མ་ཡིན་ཏེ་ཁྱོད་བྱིས་པ་སྐྱེས་མ་ཐག་པ་ཤེད་མ་བྱེ་བའི་དུས་དང་གྲུབ་མཐའ་ལ་མ་ཞུགས་པས་བཀའི་ཐ་སྙད་ལ་ཡང་རྨོངས་པའི་ཁྱིམ་པའི་

དུས་ན་འདི་བཀའ་ཡིན་པར་ཁྱོད་ལ་མ་གྲུབ་པའི་ཕྱིར། དགེ་བའི་བཤེས་གཉེན་ལ་སོགས་པའི་རྐྱེན་གང་(༤༠༣བ)གིས་ནི་སྟོན་པ་སངས་རྒྱས་དང་། བསྟན་པ་དམ་ཆོས་དང་། འདྲེན་པ་དགེ་འདུན་ལ་དེ་དང་དེར་ཡིད་ཆེས་པ་ཡིན་ན་ནི་འདི་ཐེག་ཆེན་ལ་ཡང་མཚུངས་ཏེ། ཐེག་ཆེན་གྱི་དགེ་བའི་བཤེས་གཉེན་དང་། ཟབ་རྒྱས་ཀྱི་སྡེ་སྣོད་ཀྱི་རྐྱེན་ལས་ཆོས་གཟུགས་ཀྱི་སྐུ་བསམ་གྱིས་མི་ཁྱབ་པ་དང་། ཐེག་ཆེན་གྱི་སྡེ་སྣོད་མཐའ་ཡས་པ་དང་། བྱང་ཆུབ་སེམས་དཔའི་དགེ་འདུན་རྨད་དུ་བྱུང་བ་ལ་ཡིད་ཆེས་སྐྱེ་བའི་ཕྱིར་རོ། །ཤཱ་རིའི་བུ་སོགས་ཉན་ཐོས་ཆེན་པོ་རྣམས་ཀྱིས་མ་གསན་པ་ཡང་མ་ཡིན་ཏེ། ཐེག་ཆེན་གྱི་མདོ་ཆེན་པོ་རྣམས་ཀྱི་གླེང་གཞིར་དེ་དག་གི་མཚན་སྨོས་ཤིང་བྱང་ཆུབ་སེམས་དཔའ་ཆེན་པོ་རྣམས་དང་དེ་དག་དྲིས་ལན་གྱིས་ཆོས་གཏན་ལ་ཕབ་པའི་ཕྱིར། ཐེག་ཆེན་གྱི་སྣོད་དུ་མ་གྱུར་པའི་ཉན་ཐོས་ཕྱོགས་རེ་བས་མ་ཐོས་ཤིང་མ་མྱོང་བ་ནི་ཐེག་ཆེན་མེད་པར་སྒྲུབ་པའི་རྟགས་ཡང་དག་ཏུ་མི་འགྱུར་ཏེ། པདྨ་ལས་བྱུང་བས་སྦྲང་རྩི་བླངས་པ་མི་སྲིད་དེ་པདྨ་ལ་སྦྲང་རྩི་ཡོད་ན་པདྨའི་རྩ་བར་རྟག་ཏུ་ཞེན་པའི་སྲིན་བུ་དང་སྦལ་པ་དག་གིས་མྱོང་དགོས་པ་ལས་མ་མྱོང་བའི་ཕྱིར་ཞེས་པ་དང་ཁྱད་པར་ཅི་ཡོད། དག་གང་མདོ་སྡེ་ལ་འཇུག །འདུལ་བ་ལ་སྣང་། ཆོས་ཉིད་དང་མི་འགལ་བའི་ཚིག་དེ། གལ་ཏེ་སངས་རྒྱས་ཀྱི་གསུང་ཡིན་པར་འདོད་མོད། འོ་ན་ཉན་ཐོས་ཀྱི་སྡེ་སྣོད་གསུམ་པོ་དེ་ཡང་བཀའ་མ་ཡིན་པར་འགྱུར་ཏེ་ཐེག་ཆེན་གྱི་མདོ་སྡེ་ལ་མི་འཇུག །འདུལ་བ་ལ་མི་སྣང་། ཆོས་ཉིད་དང་འགལ་བའི་ཕྱིར། སྐྱོན་མེད་དེ་ཉན་ཐོས་ཉིད་ཀྱི་མདོ་སྡེ་ལ་འཇུག་པ་ལ་སོགས་པའི་ཕྱིར་སྙམ་ན། འོ་ན་ཐེག་ཆེན་གྱི་ཆོས་ཀྱང་ཐེག་ཆེན་ཉིད་ཀྱི་མདོ་སྡེ་ལ་འཇུག་པ་ལ་སོགས་པས་བཀར་ཅིས་སྒྲུབ་མི་ནུས། དེས་ན་ཐེག་ཆེན་ཕལ་ཆེར་ཡང་ཁྱོད་ཅག་གི་མདོ་དང་མཚུངས་ཏེ་གནས་སྐབས་དེ་དང་དེར་གསུངས་པའི་བཀའ་ཡིན་པར་ཅིས་མི་འདོད། འདིར་མ་ཡིན་ནམ་ཞེས་འདྲི་ཚིག

ལྟ་བུར་བསྒྲུར་བ་ནི་འགྱུར་(༤༠༤ན)ནུས་པ་ཆུང་སྟེ་ཅིས་མི་འདོད་ཅེས་ཁྱོད་ཀྱང་མི་འདོད་བཞིན་དུ་ཁས་ལེན་དགོས་པར་འགྱུར་རོ་ཞེས་པའི་དོན་དུ་འཆད་དོ། །

གལ་ཏེ་བདག་ཅག་གི་མདོ་ནི་མི་རྟག་པ་སོགས་སྟོན་ལ། ཐེག་ཆེན་ནི་སྟོང་ཉིད་སྟོན་པས་བཀའ་མ་ཡིན་ནོ་ཞེ་ན། རྣམ་པར་མ་བརྟགས་པའམ་རྒྱུ་མཚན་མི་མཚུངས་པ་གཅིག་གིས་ནི་གཞུང་ལུགས་དེ་ཐམས་ཅད་སྐྱོན་དང་བཅས་པར་སྒྲུབ་ནུས་པར་འགྱུར་ན། ཐེག་ཆེན་གྱི་མདོ་ཆོས་ཅན། བཀའ་མ་ཡིན་ཏེ། ཉན་ཐོས་ཀྱི་མདོ་ལྟར་མི་རྟག་པ་མ་བསྟན་པའི་ཕྱིར། ཞེས་སྒྲུབ་ངག་བཀོད་པར་འགྱུར་ལ། འདི་ལ་རྟགས་ཀྱང་མི་འགྲུབ་མོད་ཀྱང་རེ་ཞིག་ལྡོག་པའི་མཚུངས་པ་བསྒྲེས་ཏེ། འོ་ན་ཐེག་ཆེན་གྱི་མདོ་ཆོས་ཅན། བཀའ་ཡིན་ཏེ། ཉན་ཐོས་ཀྱི་མདོ་དང་མཚུངས་པར་བདེན་བཞི་དང་བྱང་ཕྱོགས་སོ་བདུན་བསྟན་པའི་ཕྱིར། ཞེས་ཁྱེད་ཅག་གི་མདོ་དང་མཚུངས་པའི་རིགས་པ་གཅིག་གིས་ཐེག་ཆེན་གྱི་མདོ་ཐམས་ཅད་ནི་རྒྱལ་བས་གསུངས་པར་ཡང་སྒྲུབ་ནུས་པ་ཅིས་མ་ཡིན། དེས་ན་དགོངས་ལྡེམ་དགོངས་རྣམ་པ་མཐའ་ཡས་པའི་དོན་ཅན་གྱི་ཐེག་པ་ཆེན་པོའི་ངག་གང་དག་འོད་སྲུང་ཆེན་པོ་དང་ཤཱ་རིའི་བུ་ལ་སོགས་པ་དག་གིས་ཀྱང་གཏིང་དཔོགས་པར་མ་གྱུར་ལ། ཤཱ་རིའི་བུ་ལ་ཟབ་མོའི་གནས་མཐའ་དག་དྲིས་པ་ན་སྤོབས་པ་གཏུགས་པས་ལན་གྱིས་བཀལ་བའི་ཚེ་ཅི་ཁྱོད་དེ་བཞིན་གཤེགས་པས་ཤེས་རབ་ཅན་གྱི་མཆོག་ཏུ་ལུང་མ་བསྟན་ནམ། ཉན་ཐོས་ཕྱོགས་གཅིག་པའི་ཤེས་པ་དང་ལྡན་པ་རྣམས་ཀྱི་དབང་དུ་མཛད་ནས་བདག་ཤེས་རབ་ཅན་གྱི་མཆོག་ཏུ་བསྟན་གྱི་བྱང་ཆུབ་སེམས་དཔའ་བསམ་གྱིས་མི་ཁྱབ་པའི་ཤེས་པ་དང་ལྡན་པ་རྣམས་ཀྱི་དབང་དུ་མཛད་ནས་ནི་མ་ཡིན་ནོ་ཞེས་ལན་འདེབས་ཤིང་། བུ་མོ་ཟླ་མཆོག་དང་། བུད་མེད་འགྱུར་བ་དང་། དྲི་མ་མེད་(༤༠༤བ)པར་གྲགས་པ་སོགས་ཀྱི་སྤོབས་པས་ཉན་ཐོས་ཆེན་པོ་རྣམས་ཟིལ་གྱིས་ནོན་པར་བསྟན་པའི་ཕྱིར། དེ་ལྟ་བུའི་བསམ་གྱིས་མི་ཁྱབ་པའི་དོན་ཅན་དེ་

ནི་ཁྱེད་ཅག་རྫོག་གེ་ཕྱོགས་གཅིག་པའི་ཤེས་པ་ཅན་གྱིས་མ་རྟོགས་པ་རྒྱུ་མཚན་དུ་བྱས་ནས་ཐེག་པ་ཆེན་པོ་ཚད་མར་བཟུང་བྱ་མིན་པར་ཅིའི་ཕྱིར་བྱེད། གལ་ཏེ་ཁ་ཅིག་གིས་མ་ཤེས་པ་ལས་ཡང་དག་མིན་པར་སྒྲུབ་ནུས་ན་དེ་ནི་ཐེག་དམན་ལ་ཡང་མཚུངས་ཏེ། བ་ལང་གིས་མ་རྟོགས་པའི་ཕྱིར། གཞན་ཡང་ཁྱོད་ཀྱིས། གང་ཕྱིར་གཉིས་ཀ་ལ་འདི་གྲུབ། །ཅེས་ལན་བཏབ་པ་འདི་ཡང་རྗེས་འགྲོའི་ཚུལ་མ་ངེས་པ་ཡིན་ཏེ། གལ་ཏེ་རྐྱལ་བ་རང་གཞན་གཉི་གས་རེ་ཞིག་གྲུབ་པར་འདོད་པས་བདེན་པ་ཡིན་ན་ནི་རིག་བྱེད་བཞི་སོགས་ཀྱང་བདེན་པར་ཁས་བླང་བྱར་འགྱུར་ཏེ། ཕྱི་ནང་གཉིས་ཀས་རེ་ཞིག་ཁས་ལེན་པའི་ཕྱིར། གལ་ཏེ་མི་མཚུངས་ཏེ་ཐེག་ཆེན་ནི་བཀའ་ཡིན་མིན་རྩོད་པ་དང་བཅས་པའི་ཕྱིར་ཞེ་ན། འོ་ན་ཐེག་དམན་གྱི་ལུང་ལ་ཡང་། ཀྱེ་མ་མང་ཐོས་གང་སླུ་བ། །དེ་ནི་སྤྱང་གིའི་རྗེས་བཞིན་ནོ། །ཞེས་སོགས་ཀྱིས་ཕྱི་རོལ་གྱི་མུ་སྟེགས་པ་རྣམས་དང་རྩོད་བཅས་ཡིན་ཞིང་། སངས་རྒྱས་པའི་ལུང་གཞན་ལ་ཡང་རང་སྡེ་གཞི་ཐམས་ཅད་ཡོད་པར་སྨྲ་བ་དང་གཞན་མང་བཀུར་བ་ལ་སོགས་པ་སྡེ་པ་བཅོ་བརྒྱད་པོ་དག་རྩོད་པ་དང་བཅས་པ་ཡིན་པའི་ཕྱིར། ཐེག་དམན་གྱི་ལུང་ཡང་དོར་བྱར་ཐལ་བར་འགྱུར་རོ། །

ངག་གང་སོགས་ཀྱི་ཤློ་ཀ་འདི་མ་འབྲེལ་བས་སློབ་དཔོན་གྱི་གསུང་མིན་ནོ་ཞེས་འགྲེལ་ཆེན་མཁན་པོ་དང་བི་བྷུ་ཏིས་འཆད་ལ། དགེ་ལྷ་དང་དྷ་ན་ཤྲིས་འདི་སྒྲུབ་པ་ལྟར་བྱེད་ཀྱི་གཞུང་ཡིན་པས་འབྲེལ་མ་རྟེས་པར་གསུངས་སོ་ཞེས་འཆད་མོད། འདི་ལ་མ་འབྲེལ་བའི་སྐྱོན་ཅི་ཡང་མེད་དེ་ཐེག་ཆེན་གྱི་དོན་ནི་བསམ་གྱིས་མི་ཁྱབ་སྟེ་(༨༠༥ན)སྟོན་འོད་སྲུང་ཆེན་པོ་ལ་སོགས་པས་གཏིང་དཔོགས་པར་མ་ནུས་པ་དེ་ཁྱེད་ཅག་གིས་ག་ལ་དཔོགས་ཞེས་ཐེག་ཆེན་གྱི་རང་གཞུང་ཚད་མར་མཛད་དེ་ལན་བཏབ་པའི་ཕྱིར། གལ་ཏེ་འདི་སློབ་དཔོན་གྱི་གསུང་མིན་ན་ཤློ་ཀ་ཞེས་པ་རྒྱ་ཚུང་སྟེ། དེ་ནི་ཐེག་དམན་ལ་ཡང་མཚུངས། །ཞེས་པའི་རྐང་པ་འདི་ཡང་བརྗོད་

བྱས་སྟོང་པའི་ཕྱིར་རོ་ཞེས་བདག་ཁོ་ན་སེམས་སོ། །དེ་ལྟ་མོད་ཀྱི་བོད་ཀྱི་ཡུལ་འདི་ན་ནི་ཉན་ཐོས་པར་ཁས་བླངས་པས་ཐེག་ཆེན་འགོག་པར་མི་བྱེད་ཀྱི་ཐེག་ཆེན་པར་ཁས་བླངས་པ་ཁོ་ནས་ཐེག་པ་ཆེན་པོའི་ཟབ་གནད་རྣམས་འགོག་པར་བྱེད་ལ། དེ་ལྟར་ཆོས་སྤོང་གི་སྒྲིབ་ཆེན་པོ་གསར་དུ་ཕྱེ་བ་ལ་ཆོས་དང་ཆོས་མ་ཡིན་པ་རྣམ་པར་ཕྱེའོ་ཞེས་སྒྲོག་པ་འདི་ནི་ཐར་འདོད་ལ་གཡང་ས་ཆེན་པོ་ཞིག་སྣང་ངོ་། །

འདི་དག་ཏུ་**དགེ་བའི་ལྷས་ནི།** དང་པོ་ཁྱོད་ལ་འདི་མ་གྲུབ། །ཅེས་པ་ཐེག་ཆེན་མེད་པར་འཚང་རྒྱ་བར་མི་འགྱུར་ལ། དེ་མེད་པར་ཁྱོད་ཀྱི་ལུང་གྲུབ་པ་ཡང་མ་ཡིན་ནོ་ཞེས་བཤད་ལ། **དཀའ་འགྲེལ་ཆུང་ངུར།** བདེན་པ་སྟེ་ཡང་དག་པར་ཡོད་པའི་དངོས་པོ་མཐོང་བས་གྲོལ་བར་འགྱུར་གྱི་ཅི་ཡང་མ་གྲུབ་པ་མཐོང་བས་ནི་མ་ཡིན་ནོ་ཞེས་ཕྱོགས་སྔ་བཀོད་ཅིང་། ཤེར་ལེའི་དཀའ་འགྲེལ་ཆུང་ངུ་ལས་ནི། གཉི་ག་ལ་ཞེས་པ་ནི་གྲོལ་བ་དང་ཕྱིར་གྲོལ་བ་གཉིས་ཀ་ལ་གྲུབ་པའོ། །དང་པོ་ཁྱོད་ལ་འདི་མ་གྲུབ་ཅེས་པ་ནི་ཁས་བླངས་པའི་སྟོན་རོལ་དུ་མ་གྲུབ་པ་སྟེ་ཞེས་འབྲུ་གཉེར་ཏོ། **།ས་བཟང་པས་ནི།** ཐེག་དམན་ནི་ཐེག་ཆེན་ཐེག་དམན་གྱི་གང་ཟག་གཉི་གས་བཀར་འདོད་པས་བཀའ་ཡིན་ལ། ཐེག་ཆེན་ནི་དེང་ཉན་ཐོས་པས་བཀར་མི་འདོད་པའི་ཕྱིར་བཀའ་མ་ཡིན་ནོ་ཞེ་ན། འོ་ན་ཐེག་དམན་གྱི་ལུང་ལ་ཡང་དང་པོར་གཞན་ཡིད་ཆེས་མ་ཞུགས་པའི་དུས་ན་བཀའ་ཡིན་པར་མ་གྲུབ་པར་འགྱུར་རོ་ཞེས་བཤད་སྣང་ངོ་། །(༩༠༥བ)

བཅོམ་ལྡན་འདས་བྱམས་པས། **མདོ་སྡེ་རྒྱན་ལས།** ཐེག་ཆེན་བཀར་སྒྲུབ་ཚུལ་ཡང་ཞར་ལ་བཤད་པར་བྱ་སྟེ། དེ་ལ་ཐེག་ཆེན་སྤོང་བ་པོ་ནི་རང་བཞིན་གྱིས་དབང་པོ་དམན་པ་དང་སྡིག་གྲོགས་ཀྱིས་ཟིན་པ་སྟེ། དམན་པར་མོས་ཤིང་ཁམས་ཀྱང་ཤིན་ཏུ་དམན། །གྲོགས་པོ་དམན་པ་དག་གིས་ཡོངས་བསྐོར་བ། །ཟབ་ཅིང་རྒྱ་

ཆེ་ལེགས་པར་བཤད་པའི་ཚོས། །འདི་ལ་གལ་ཏེ་མོས་མེད་གྲུབ་པ་ཡིན། །ཞེས་སོ། །སྤྱོང་ཚུལ་ནི་ཉན་ཐོས་ཀྱི་ཐེག་པ་ལས་དགྲ་བཅོམ་ཐོབ་པ་མང་ཆེས་པས་བདུད་ཀྱིས་ཐེག་པ་ཆེན་པོ་འཁོར་བ་མ་སྟོངས་ཀྱི་བར་དུ་གཞན་དོན་དུ་འཁོར་བར་གནས་དགོས་པར་བསྟན་པས་ཐམས་ཅད་དེ་ལ་ཞུགས་ཏེ་དགྲ་བཅོམ་ཐོབ་པ་ཉུང་ངུར་གྱུར་པས་ན་ཐར་པའི་བར་ཆད་དུ་བསྟན་ཏོ། །ཞེས་ཟེར་རོ། །ཡང་ཁ་ཅིག་གིས་ཐེག་ཆེན་འདི་རྟོག་གེ་པས་བསྟན་པ་ལ་བཞད་གད་བྱ་བའི་ཕྱིར་སྨྲར་བ་ཡིན་ཏེ། རྟོག་གེ་རྒྱུད་འཕེན་གྱི་གཞུང་ལས་ཀྱང་ཅི་ཡང་མེད་པར་སྟོན་ལ་འདི་ལས་ཀྱང་གཟུགས་ནས་རྣམ་མཁྱེན་གྱི་བར་དུ་མེད་པར་སྟོན་པའི་ཕྱིར། བཀའི་མཚན་ཉིད་ནི། འཁོར་བའི་གཉེན་པོར་གྱུར་ཅིང་ལྟ་བ་ཕྱིན་ཅི་མ་ལོག་པ་སྟོན་པ་ཡིན་ལ། འདིས་འཁོར་བའི་གཉེན་པོ་མི་བྱེད་དེ་འཁོར་བར་យུན་རིང་དུ་གནས་དགོས་པར་སྟོན་པའི་ཕྱིར། ལྟ་བ་ཕྱིན་ཅི་ལོག་སྐྱེ་མེད་པར་སྟོན་པའི་ཕྱིར། དེས་ན་བཀའ་མ་ཡིན་ནོ་ཞེས་ཟེར་རོ། །

དེ་ལ་རིགས་པ་བདུན་གྱིས་ལོག་རྟོག་ཟློག་པར་མཛད་དེ།

ཐར་ལུང་མ་བསྟན་ལྷན་ཅིག་བྱུང་། །
སྤྱོད་ཡུལ་མ་ཡིན་གྲུབ་པ་དང་། །
ཡོད་དང་མེད་ན་ཡོད་མེད་དང་། །
གཉེན་པོ་དང་ནི་སྒྲ་གཞན་ཕྱིར། །ཞེས་སོ། །

དེ་ཡང་བདུད་ཀྱིས་སྨྲར་བ་མ་ཡིན་ཏེ། གལ་ཏེ་ཡིན་ན་སངས་རྒྱས་འོད་སྲུང་གིས་ཀྱི་ཀྲིའི་རྨི་ལམ་ལུང་བསྟན་པ་ལྟར་ཐེག་པ་ཆེན་པོ་བྱ་བ་བདུད་ཀྱིས་བྱས་(༩༠༨ན)པ་འབྱུང་ངོ་། །ཞེས་ལུང་སྟོན་རིགས་པ་ལས་དེ་ལྟར་མ་བསྟན་པའི་ཕྱིར། གལ་ཏེ་མ་མཁྱེན་པས་སམ་ཆེད་ཆུང་ངུར་མཛད་པའམ་མ་འོངས་པའི་དུས་ཀྱིས་བཀལ་བས་མ་གཟིགས་ཏེ་ལུང་མ་བསྟན་ཏོ་སྙམ་ན་དེ་མི་རིགས་ཏེ། ཤེས་

བྱ་ཐམས་ཅད་ལ་མངོན་སུམ་གྱི་སྤྱན་མངའ་བའི་ཕྱིར་དང་། སངས་རྒྱས་ཀྱི་བསྟན་པ་ལས་བླ་ལྷག་པའི་བྱ་བ་མེད་པས་དེ་ལ་གནོད་པ་ཆེན་པོ་བཏང་སྙོམས་སུ་བཞག་མི་རུང་བ་དང་། འདས་པ་དང་མ་འོངས་པའི་དུས་ལ་ཡེ་ཤེས་སྒྲིབ་པ་མི་མངའ་བའི་ཕྱིར་ཏེ།

སངས་རྒྱས་རྣམས་ནི་མངོན་སུམ་སྤྱན། །
བསྟན་པ་དག་ཀྱང་སྲུང་བར་མཛད། །
དུས་ལའང་ཡེ་ཤེས་མ་བསྒྲིབས་པས། །
དེ་ཕྱིར་བཏང་སྙོམས་མི་རུང་ངོ་། །ཞེས་སོ། །

གཞན་ཡང་བར་ཆད་ཡིན་ན་བར་དུ་བཅད་བྱའི་ཆོས་སྤང་བྱུང་བའི་རྗེས་སུ་གཅོད་བྱེད་ཀྱི་ཆོས་འབྱུང་དགོས་པ་ལས་ཐེག་ཆེན་ཐེག་དམན་ནི་དུས་མཉམ་པར་ལྷན་ཅིག་ཏུ་འབྱུང་བ་ཡིན་པས་དེ་ལ་བཅད་བྱ་གཅོད་བྱེད་དུ་ཇི་ལྟར་བཞག །འདི་ནི་ཐེག་དམན་པ་ཧ་ཅང་མི་སྨྲག་པར་བྱ་བ་དང་བགྲི་བའི་ཕྱིར་གསུངས་པ་སྟེ། ཡང་དག་པར་ཐེག་དམན་ནི་བསྟན་པ་འདི་ལ་ལྔ་སྡེ་ལ་གསུངས་པ་དང་པོར་ཟད་ལ། ཐེག་ཆེན་ནི་དགའ་ལྡན་ནས་འཕོ་གར་ཆོས་སྣང་བའི་སྒོ་བརྒྱ་རྩ་བརྒྱད་བསྟན་པ་ནས་སངས་རྒྱས་པའི་ཚེ་སངས་རྒྱས་ཕལ་པོ་ཆེ་གསུངས་པ་སོགས་འཁོར་ལོ་དང་པོའི་སྔོན་དུ་བསྟན་པའི་ཆོས་ཀྱི་ཕུང་པོ་ཡང་མཐའ་ཡས་སོ། །རྟོག་གེ་པས་སྨྲར་བ་མ་ཡིན་ཏེ། རྟོག་གེ་ནི་བྱིས་པ་ལ་བརྟེན་པ་དང་སྙིང་པོ་མེད་པས་མ་ངེས་པ་དང་ཡང་དག་པའི་དོན་ལ་མ་ཁྱབ་པ་དང་ཀུན་རྫོབ་སྟོན་པ་ཡིན་ཏེ།

རྟོག་གེ་བརྟེན་ཞིང་མ་ངེས་ལ། །
མ་ཁྱབ་ཀུན་རྫོབ་སྐྱོ་བ་ཅན། །
བྱིས་པ་ལ་ནི་བརྟེན་པར་འདོད། །

དེ་ཕྱིར་འདི་ནི་དེའི་ཡུལ་མིན། །

ཞེས་ཟབ་ཅིང་རྒྱ་ཆེ་བའི་གནས་(༤༠༨)འདི་ལྟ་བུ་རྟོག་གེ་པའི་སྤྱོད་ཡུལ་མ་ཡིན་པའི་ཕྱིར། རྟོག་གེ་པ་གཞན་གྱི་ཡུལ་མ་ཡིན་ཡང་དྲང་སྲོང་སེར་སྐྱ་ལ་སོགས་པ་ཐམས་ཅད་མཁྱེན་པར་གྱུར་ཏེ་སངས་རྒྱས་པའི་རྟོག་གེ་པ་ཁྱད་པར་ཅན་ཞེས་བྱ་བས་བྱས་སོ་ཞེས་དང་། ཡང་བཅོམ་ལྡན་འདས་ལས་གཞན་པའི་སངས་རྒྱས་ཞིག་གིས་བསྟན་ཏོ་ཟེར་ན། འོ་ན་ཐེག་ཆེན་བཀའ་ཡིན་པར་གྲུབ་སྟེ་སངས་རྒྱས་འོད་སྲུང་གི་བཀའ་དང་སངས་རྒྱས་ཤཱཀྱ་ཐུབ་པའི་བཀའ་བཀའ་ཡིན་པར་མཚུངས་པ་བཞིན་ནོ། །དེ་ལྟ་མོད་ཀྱི་ཞིང་གཅིག་ཏུ་སྟོན་པ་གཉིས་པ་མི་འབྱུང་བར་ཐེག་དམན་གྱི་མདོ་ལས་ཀྱང་བཤད་པས་ཁྱོད་ཉིད་ཀྱིས་མདོ་དང་འགལ་བ་ཁས་བླངས་པར་འགྱུར་ཏེ། སེར་སྐྱ་སངས་རྒྱས་པའི་བཀའ་དང་སྟོན་པ་ལས་གཞན་པའི་སངས་རྒྱས་ད་ལྟར་ཞིང་འདི་ཉིད་དུ་བྱུང་བར་ཁས་བླངས་པའི་ཕྱིར། ཡང་ཐེག་པ་ཆེན་པོ་ཞིག་ཡོད་དམ་མེད། ཡོད་ན་འདི་ཁོ་ན་ཡིན་པར་རིགས་ཏེ་འདི་ལས་གཞན་ཡོད་ན་སྣང་དུ་རུང་བ་ལས་གཞན་མ་དམིགས་པའི་ཕྱིར། གལ་ཏེ་མེད་ན་སངས་རྒྱས་འཐོབ་བྱེད་ཀྱི་ཐབས་མེད་པར་འགྱུར་ལ། དེ་ལྟ་ན་སངས་རྒྱས་མི་སྲིད་པས་ཐེག་དམན་ཡང་སངས་རྒྱས་ཀྱི་བཀའ་མ་ཡིན་པར་འགྱུར་རོ། །

གལ་ཏེ་ཉན་ཐོས་ཀྱི་ཐེག་པ་འདི་ཉིད་ཐེག་པ་ཆེན་པོ་ཡིན་ནོ་ཞེ་ན། ཉན་ཐོས་ཀྱི་ཐེག་པ་འདི་ནི་སངས་རྒྱས་སྒྲུབ་པའི་ཐབས་ཀྱི་ཐེག་ཆེན་མིན་ཏེ་ཕ་རོལ་ཏུ་ཕྱིན་པ་བཅུ་མ་ཚང་བ་དང་། རང་དོན་ཉི་ཚེ་ཙམ་སྒྲུབ་པས་བྱང་ཆུབ་ཆེན་པོའི་ལམ་དང་འགལ་བ་དང་། ཚོགས་སྨིན་སྦྱོང་བའི་ཐབས་མིན་པའི་ཕྱིར་ཏེ།

མ་ཚང་བ་དང་འགལ་བ་དང་། །
ཐབས་མིན་དེ་ལྟར་མ་བསྟན་ཕྱིར། །
ཉན་ཐོས་ཀྱི་ནི་ཐེག་པ་འདི། །

ཐེག་ཆེན་ཆོས་ཞེས་བྱ་བ་མིན། །ཞེས་སོ། །

དེས་ན་ཉན་རང་གི་ཐེག་པ་འདི་ནི་བསམ་པ་དམན་པ་རང་དོན་ཉི་ཚེ་བ་ལ་སེམས་པ་དང་། བསྟན་པ་དམན་པ་འཁོར་(༡༠༧ན)བ་ལས་ཐར་ཐབས་ཙམ་ལས་མ་བསྟན་པ་དང་། སྦྱོར་བ་དམན་པ་ཐབས་ཤེས་ཁྱད་པར་ཅན་གྱིས་མ་ཟིན་པ་དང་། རྟོན་པ་དམན་པ་ཚོགས་ཆུང་ངུ་དང་གང་ཟག་གི་བདག་མེད་ཙམ་ལ་ཡིད་རྟོན་པ་དང་། དུས་བསམ་གྱིས་མི་ཁྱབ་པའི་བསྐལ་པར་གོ་ཆ་བསྒོ་བར་མི་ནུས་པས་མྱུར་དུ་མྱང་འདས་ཉི་ཚེ་བ་འདོད་པས་དུས་འགལ་བའི་ཕྱིར་ཐེག་དམན་ཞེས་བྱ་བ་ཡིན་ཏེ།

བསམ་པ་དང་ནི་བསྟན་པ་དང་། །
སྦྱོར་བ་དང་ནི་རྟོན་པ་དང་། །
དུས་འགལ་ཕྱིར་ན་དམན་པ་གང་། །
དེ་ནི་དམན་པ་ཁོ་ན་ཡིན། །ཞེས་སོ། །

གཞན་ཡང་བསམ་གྱིས་མི་ཁྱབ་པའི་དོན་སྟོན་པས་རང་གི་མདོ་སྡེ་ལ་འཇུག །ཉོན་མོངས་བག་ཆགས་དང་བཅས་པ་འཇོམས་པས་རང་གི་འདུལ་བ་ལ་སྣང་། ཟབ་པ་དང་རྒྱ་ཆེ་བའི་ཆོས་ཉིད་དང་མི་འགལ་བའི་ཕྱིར་བཀའ་བཏགས་ཀྱི་ཕྱག་རྒྱ་གསུམ་གྱིས་བཅིངས་པས་བཀའ་ཡང་དག་པ་ཡིན་ཏེ།

རང་གི་ཉིད་ལ་འཇུག་པ་དང་། །
རང་གི་འདུལ་ལའང་སྣང་ཕྱིར་དང་། །
ཟབ་པའི་ཕྱིར་དང་རྒྱ་ཆེའི་ཕྱིར། །
ཆོས་ཉིད་དང་ནི་འགལ་བ་མེད། །ཅེས་སོ། །

རང་ཉིད་ཀྱི་འཁོར་བ་འཇོམས་པ་ལྟ་ཞོག་སེམས་ཅན་ཚད་མེད་པ་འཁོར་བ་ལས་སྒྲོལ་བའི་ཕྱིར་གཉེན་པོའི་མཆོག་ཡིན་ལ། ཀུན་རྫོབ་ཀྱི་བདེན་པ་དང་བསོད་

ནམས་ཀྱི་ཚོགས་དང་གཟུགས་ཀྱི་སྐུ་སྟེ་ཡོངས་སུ་སྨིན་པར་བྱ་བའི་ཕྱིར་རྒྱ་ཆེ་བའི་ཆོས་དང་། དོན་དམ་པའི་བདེན་པ་དང་ཡེ་ཤེས་ཀྱི་ཚོགས་དང་ཆོས་ཀྱི་སྐུ་སྟེ་རྣམ་པར་མི་རྟོག་པ་ཟབ་པའི་ཆོས་གཉིས་སྟོན་པ་འདི་ནི་བླ་ན་མེད་པའི་ཐབས་ཆེན་པོ་ཡིན་པའི་ཕྱིར་ཏེ།

རྒྱ་ཆེའི་ཕྱིར་དང་ཟབ་པའི་ཕྱིར། །
ཡོངས་སུ་སྨིན་དང་རྣམ་མི་རྟོག །
དེ་ཕྱིར་འདི་ལས་གཉིས་བསྟན་ཏེ། །
འདི་ནི་བླ་ན་མེད་པའི་ཐབས། །ཞེས་སོ། །

མེད་པ་ལ་སོགས་པ་ཡང་དགོངས་པ་དང་ལྡེམ་པོར་དགོངས་པའི་ཚིག་གིས་སྒྲ་གཞན་དུ་བསྟན་(༩༠༧བ)པར་བྱ་བ་ཡིན་གྱི་སྒྲ་ཇི་བཞིན་དུ་བཟུང་བྱ་མ་ཡིན་ཏེ། ཟབ་མོ་ལྟ་བའི་གཞུང་དུ་སྒྲོ་སྐུར་གྱི་མཐའ་སེལ་ཕྱིར་གསུངས་ཤིང་། རྒྱ་ཆེན་སྤྱོད་པའི་གཞུང་དུ་ངོ་བོ་ཉིད་མེད་པ་རྣམ་པ་གསུམ་ལ་དགོངས་ནས་གསུངས་པར་འཆད་ཀྱི་དེ་ཁོ་ནར་ཞེན་པར་བྱ་བ་ནི་མ་ཡིན་ཏེ།

དེ་ལས་གཞན་དང་གཞན་མེད་ཤིན་ཏུ་ཟབ་ཅིང་རྗེས་སོང་ཕྱིར། །
སྣ་ཚོགས་སྟོན་ཞིང་མང་པོའི་སྒོ་ནས་རྟག་ཏུ་སྟོན་དང་ལྡན། །
ཇི་སྐད་བཤད་བཞིན་བཅོམ་ལྡན་དགོངས་པ་ཤིན་ཏུ་ཟབ། །
མཁས་པ་རྣམས་ཀྱིས་ཚུལ་བཞིན་བརྟགས་ན་ཆོས་འདིས་སྐྲག་མི་འགྱུར། །

ཞེས་སོ། །དེས་ན་དོན་ཟབ་ཅིང་རྒྱ་ཆེ་བའི་ཐེག་ཆེན་གྱི་སྡེ་སྣོད་མཉན་ཞིང་ཐོས་པར་བྱས་པས་དེའི་དོན་ཚུལ་བཞིན་དུ་ཡིད་ལ་བྱེད་པ་ཧིང་ངེ་འཛིན་དང་། རྗེས་སུ་མཐུན་པ་སྐྱེ་ལ་དེ་ལས་ཡང་དག་པའི་དོན་ལ་ངེས་པ་ཐོབ་པའི་ཤེས་རབ་ཁྱད་པར་ཅན་སྐྱེ་སྟེ།

འདི་ན་དང་པོར་ཐོས་ལ་བརྟེན་ནས་ཚུལ་བཞིན་ཡིད་བྱེད་འབྱུང་། །

ཚུལ་བཞིན་ཡིད་ལ་བྱེད་ལས་ཡང་དག་དོན་ཡུལ་ཡེ་ཤེས་འབྱུང་། །
དེ་ལས་ཆོས་འཐོབ་དེ་ཡོད་དེ་ལས་བློ་གྲོས་རབ་ཏུ་སྐྱེ། །ཞེས་སོ། །

དེས་ན་ཆོས་སྤོང་བར་བྱེད་པའི་རྒྱུ་ནི་བློ་དམན་ཞིང་དད་པ་ཆུང་བ་དང་། ཅུང་ཟད་ཤེས་པ་ལ་སོགས་པའི་ང་རྒྱལ་གྱིས་ཆེར་བསྒྲེམས་པ་དང་། དྲང་བའི་དོན་ཅན་གྱི་མདོ་སྡེ་ལ་གཅིག་ཏུ་ཞེན་པ་དང་། རྙེད་བཀུར་ལ་སྲེད་པ་དང་། གྲོགས་སམ་ཡོངས་འཛིན་ངན་པ་ཆོས་སྤོང་ལ་དགའ་བ་བསྟེན་པ་ལས་འབྱུང་སྟེ། **རྒྱུད་བླར།** བློ་དམན་ཕྱིར་དང་དཀར་མོས་བྲལ་ཕྱིར་ལོག་པའི་ང་རྒྱལ་ལ་བསྟེན་ཕྱིར། །དམ་ཆོས་ཕོངས་པས་བསྒྲིབས་པའི་བདག་ཕྱིར་དྲང་དོན་དེ་ཉིད་ངེས་འཛིན་ཕྱིར། །རྙེད་ལ་བརྐམ་ཕྱིར་ལྟ་བའི་དབང་ཕྱིར་ཆོས་སུན་འབྱིན་པ་བསྟེན་པའི་ཕྱིར། །ཆོས་འཛིན་བསྲིངས་ཕྱིར་མོས་པ་དམན་ཕྱིར་དགྲ་བཅོམ་རྣམས་ཀྱི་(༡༠༤ན)ཆོས་སྤོང་བྱེད། །ཅེས་སོ། །ཆོས་སྤོང་ལས་འཇིགས་པའི་ལས་གཞན་ཅི་ཡང་མེད་དེ། མཚམས་མེད་པ་ལྔའི་ལས་ཀྱིས་དཔེར་ཡང་མི་བཟོད་དེ་མཚམས་མེད་ནི་འགྱོད་པས་བཤགས་པར་འགྱུར་མོད་ཀྱང་ཆོས་སྤོང་ནི་འགྱོད་པར་མི་བྱེད་ཀྱི་སྟེང་དུ་དེ་ཉིད་ལ་མཆོག་ཏུ་ལྟ་བའི་ཕྱིར་ཏེ།

ཇི་ལྟར་ཟབ་མོའི་ཆོས་ཉམས་དེ་བཞིན་མཁས་པ་རྣམས་ཀྱིས་མེ་དང་ནི། །
མི་བཟད་སྦྲུལ་གདུག་གཤེད་མ་དང་ནི་ཐོག་ལའང་ཤིན་ཏུ་འཇིགས་མི་བྱ། །
མེ་སྦྲུལ་དགྲ་དང་རྡོ་རྗེའི་མེས་ནི་སྲོག་དང་བྲལ་བ་ཙམ་བྱེད་དེ། །
དེ་ལས་མནར་མེད་རྣམས་ཀྱི་འགྲོ་བ་ཤིན་ཏུ་འཇིགས་པར་འགྲོ་མི་འགྱུར། །
གང་ཞིག་ཡང་ཡང་སྡིག་གྲོགས་བསྟེན་པས་སངས་རྒྱས་ངན་སེམས་ལྡན་གྱུར་དང་། །
ཕ་མ་དགྲ་བཅོམ་གསོད་པ་བྱ་བ་མིན་བྱེད་མཆོག་ཚོགས་འབྱེད་པའི་མི། །
དེ་ཡང་ཆོས་ཉིད་ངེས་པར་བསམས་ན་མྱུར་དུ་དེ་ལས་འཐར་འགྱུར་གྱི། །
གང་ཞིག་ཡིད་ནི་ཆོས་ལ་སྡང་བ་དེ་ལ་ཐར་པ་ག་ལ་ཡོད། །ཅེས་སོ། །

མདོར་ན་མངོན་པར་ཞེན་པས་སྨྲ་བ་ནི་ཆོས་སྤོང་ལས་མི་འདའ་སྟེ། **རྣམ་པར་འཐག་པ་བསྟུས་པའི་མདོ་ལས།** མི་ཕམ་པ་སེམས་ཅན་གྱི་འདུ་ཤེས་དང་ཆོས་ཀྱི་འདུ་ཤེས་ལ་གནས་པ་རྣམས་ལ་ནི་ལས་མངོན་པར་འདུ་བྱ་བ་ཡོད་དེ་མི་དམིགས་པ་ལ་ནི་མེད་དོ་ཞེས་དང་། འཇམ་དཔལ་དེ་བཞིན་གཤེགས་པས་གསུངས་པའི་བཀའ་ལ། ལ་ལ་ནི་བཟང་བར་འདུ་ཤེས་ལ། ལ་ལ་ངན་པར་འདུ་ཤེས་ན་དེ་ནི་ཆོས་སྤོང་བའོ། །ཞེས་དང་། འདི་ནི་རིགས་པའོ། །འདི་ནི་མི་རིགས་པའོ། །ཞེས་ཟེར་ན་ཆོས་སྤོང་བའོ། །འདི་ནི་བྱང་ཆུབ་སེམས་དཔའ་རྣམས་ཀྱི་ཆེད་དུ་གསུངས་སོ། །འདི་ནི་ཉན་ཐོས་རྣམས་ཀྱི་ཆེད་དུ་གསུངས་སོ། །ཞེས་ཟེར་ན་ཆོས་སྤོང་བའོ། །འདི་ནི་བྱང་ཆུབ་སེམས་དཔའི་བསླབ་པའོ། །འདི་ནི་བསླབ་པ་མ་ཡིན་པའོ། །ཞེས་ཟེར་ན་ཆོས་སྤོང་བའོ། །ཞེས་གསུངས་(༦༠-བ)ཤིང་། ཆོས་སྨྲ་བའི་སྤྱོད་པ་དང་ཚིག་དང་དོན་དང་འགལ་བཟློས་སོགས་ཀྱི་སྐྱོན་འདོགས་པ་ཐམས་ཅད་དང་། བཀའ་ལ་ཐེ་ཚོམ་དང་སྤོང་ལེན་གྱི་འདུ་ཤེས་ཐམས་ཅད་ཀྱང་ཆོས་སྤོང་དུ་གསུངས་ཤིང་།

སྔོན་དེ་བཞིན་གཤེགས་པ་དྲི་མེད་འོད་འཕྲོ་ལས་བྱུང་བའི་གྲགས་པའི་བསྟན་པ་ལ། ད་ལྟའི་སངས་རྒྱས་ཚེ་དཔག་མེད་དགེ་སློང་འཚོ་བ་ཡོངས་དག་ཅེས་རྣམ་པར་འཐག་པའི་མདོ་དྲུག་ཁྲི་དང་མདོ་སྡེ་བྱེ་བ་བཅུ་བཟུང་བར་གྱུར་ནས་མོས་པ་བཞིན་བསྟན་པས་སྐྱེ་བོ་དཔག་མེད་ཐེག་གསུམ་དུ་བཏུལ་ལ། དེ་བཞིན་གཤེགས་པ་ཉིད་དགེ་སློང་ཆོས་ཞེས་རྣམ་པར་འཐག་པའི་མདོ་སྟོང་བཟུང་བ་བསམ་གཏན་བཞི་པ་ཐོབ་ཅིང་སྦྱངས་ཡོན་དང་ལྡན་པར་གྱུར་ཏེ། སྟོང་པ་ཉིད་ཁོ་ན་ལས་གཞན་བཀའ་མ་ཡིན་པར་སྟོན་ཞིང་སྔ་མའི་ཆོས་ལ་སྐུར་བ་བཏབ་པས་བསྐལ་པ་བདུན་ཅུར་དམྱལ་བར་སྐྱེས་བསྐལ་པ་དྲུག་ཅུར་བྱང་ཆུབ་ཀྱི་སེམས་བཞེད་དེ། དེ་ནས་དེ་བཞིན་གཤེགས་པ་ཀུན་ནས་སྤྱོས་རིན་པོ་ཆེའི་འོད་ཀྱིས་

སེམས་བསྐྱེད་དུ་བཅུག་ཀྱང་ཚེ་རབས་དགུ་ཁྲིར་དུད་འགྲོ་དང་དྲུག་ཁྲིར་མི་དབུལ་པོར་གྱུར་ཀྱང་དེ་ཐམས་ཅད་དུ་ལྟེ་མེད་པར་གྱུར་པར་གསུངས་ཤིང་། ཆོས་སྤངས་པ་དེ་འཚང་རྒྱ་བ་ན་ཡང་བདུད་འབྱུང་བ་དང་སྙིགས་མའི་དུས་དང་བསྟན་པ་ལ་བར་ཆད་མང་དུ་བྱུང་བར་གསུངས་ལ།

ཆོས་ཐམས་ཅད་འབྱུང་བ་མེད་པར་བསྟན་པའི་མདོ་ལས། སྔོན་སངས་རྒྱས་རི་རབ་ལྟར་མངོན་པར་འཕགས་པའི་རྒྱལ་པོའི་བསྟན་པ་ལ། དེ་བཞིན་གཤེགས་པ་མི་བསྐུལ་བ་དགེ་སློང་སྤྱོད་པ་རྣམ་དག་ཅེས་བྱ་བ་དབང་པོ་ཤེས་པ་དམིགས་པར་མི་ལྟ་བ་ཐབས་ལ་མཁས་པའི་སྤྱོད་པ་ཅན་འཁོར་བཅས་བྱུང་ལ། སྟོན་པ་ཉིད་དགེ་སློང་སྤྱོད་པའི་བློ་གྲོས་ཞེས་བྱ་བ་མངོན་ཤེས་ལྔ་ཐོབ་པ་ཚུལ་ཁྲིམས་ཅན་འདུལ་བ་ལ་མཁས་པ་སྦྱངས་ཡོན་དང་དབེན་པར་དགའ་བ་འཁོར་དེ་ལྟ་བུ་དང་(༩༠(ན))ལྡན་པ་བྱུང་སྟེ། ཕ་མ་དེ་ལ་ཚུལ་ཁྲིམས་འཆལ་བའོ། །ཞེས་དམད་ཅིང་དེའི་ཆོས་ལའང་སྐུར་པ་བཏབ་པས་ཚེ་འཕོས་ནས་ངན་འགྲོའི་སྡུག་བསྔལ་མི་བཟད་པ་སོགས་ཕ་མ་ལྟར་མྱོང་བར་བཤད་ཅིང་། འཇམ་དཔལ་གྱིས་ཀྱང་སྔོན་དེ་བཞིན་གཤེགས་པ་སེང་གེའི་ང་རོ་ཇ་སྒྲའི་རྒྱལ་པོའི་ཞིང་སྣང་བ་ཆེན་པོར་ད་ལྟའི་སངས་རྒྱས་གཟི་བརྗིད་སྟུག་པོ་དྲི་མེད་ཉི་ཟླ་ཟིལ་གནོན་དེ་ཆོས་སྨྲ་བ་རབ་ཏུ་དགའ་བའི་དབང་པོ་ཞེས་བྱ་བ་ཐབས་ཀྱི་སྤྱོད་པ་ཅན་བླང་དོར་དུ་མི་རྟོག་ཅིང་ཆོས་ཐམས་ཅད་ནི་འདོད་ཆགས་ཀྱི་ངོ་བོ་ཉིད་དོ། །ཞེ་སྡང་དང་གཏི་མུག་གི་ངོ་བོ་ཉིད་དོ། །སྒྲིབ་པ་མེད་པའོ། །སྤྱོད་པ་ཐམས་ཅད་ཀྱང་མཚན་ཉིད་གཅིག་པའོ། །ཞེས་དབང་པོ་རྣོ་བ་མགོ་སྨོས་པས་འཚལ་བ་རྣམས་ལ་བསྟན་ཏེ་བཟོད་པ་ལ་བཀོད། དེའི་ཚེ་འཇམ་དཔལ་ཉིད་ཆོས་སྨྲ་བ་རྒྱལ་བའི་བློ་གྲོས་ཞེས་བསམ་གཟུགས་ཐོབ་པ་སྦྱངས་ཡོན་ཅན་འདུ་འཛིའི་ཉེས་པ་དང་གཅིག་པུ་དབེན་པའི་བསྔགས་པ་བརྗོད་པར་གྱུར་ཏེ། ཅི་ཞིག་ན་ཆོས་སྨྲ་བ་ཕ་མའི་སློབ་མ་

ཁྱིམ་བདག་ཅིག་གི་ནང་དུ་བསོད་སྙོམས་སྤྱོད་ནས་ཁྱིམ་བདག་གི་བུ་བཟོད་པ་ཐོབ་པ་དེ་ལ་ཆོས་བསྟན་ནས་ཆོས་སྨྲ་བ་སྟ་མ་དེས་ནི་ལོག་པར་བསྟན་ཏོ། །ཞེས་ཆོས་དང་གང་ཟག་ལ་སྐུར་པ་བཏབ་པ་ན་ཁྱིམ་བདག་གི་བུ་དེས་སྨྲས་པ་བཙུན་པ་ཁྱོད་ཀྱིས་འདོད་ཆགས་ཇི་ལྟར་མཁྱེན། ཀུན་ནས་ཉོན་མོངས་པར་ཤེས་སོ། །འོ་ན་འདོད་ཆགས་དེ་ནང་ན་མཆིས་སམ་ཕྱི་རོལ་ན་མཆིས། འདོད་ཆགས་ནི་ནང་ན་ཡང་མེད་ཕྱི་རོལ་ན་ཡང་མེད་དོ། །དེ་ལྟར་འདོད་ཆགས་ནང་ནའང་མ་མཆིས་ཕྱི་རོལ་ན་ཡང་མ་མཆིས་ཕྱོགས་མཚམས་ཀུན་ནའང་མ་མཆིས་ཏེ། དེ་ལྟ་ལགས་ན་དེ་ནི་མ་སྐྱེས་པ་ལགས་ཏེ་གང་མ་སྐྱེས་པ་དེ་ལ་ཀུན་ནས་ཉོན་མོངས་པའམ་རྣམ་པར་བྱང་བ་ཅི་ཞིག་མཆིས། དེ་ཐོས་ནས་དགེ་སློང་དེ་ཁྲེལ་འཁྲུགས་ནས་བསོད་སྙོམས་ཀྱང་མ་བླངས་པར་མཆིས་(༦༠(བ))ཏེ་དགེ་འདུན་གྱི་ནང་དུ་ཆོས་སྨྲ་བ་སྟ་མ་ལ་དཔྱས་པ་དང་། ཆོས་སྨྲ་བ་སྟ་མས་དགེ་འདུན་གྱི་ནང་དུ་སྨྲས་པ། འདོད་ཆགས་མྱ་ངན་འདས་པར་གསུངས། །ཞེ་སྡང་གཏི་མུག་དེ་བཞིན་ཏེ། །བྱང་ཆུབ་དེ་དག་གནས་ཉིད་ཡིན། །སངས་རྒྱས་བྱང་ཆུབ་བསམ་མི་ཁྱབ། །འདོད་ཆགས་གང་གིས་རྣམ་བརྟགས་པ། །ཞེ་སྡང་གཏི་མུག་དེ་བཞིན་ཏེ། །སངས་རྒྱས་བྱང་ཆུབ་དེ་ལ་རིང་། །གནམ་དང་ས་གཉིས་ཇི་བཞིན་ནོ། །བྱང་ཆུབ་འདོད་ཆགས་གཉིས་ནི་གཉིས་སུ་མེད། །འཇུག་པ་གཅིག་པ་མཉམ་ཉིད་ལྡན་པ་སྟེ། །འདི་དག་ཆོས་ལ་བྱིས་པ་གང་འཇིགས་པ། །དེ་དག་སངས་རྒྱས་བྱང་ཆུབ་རིང་བ་ཡིན། །འདོད་ཆགས་སྐྱེ་མིན་འཇིག་པ་མ་ཡིན་ཏེ། །སེམས་ཀྱང་ཀུན་ནས་ཉོན་མོངས་འགྱུར་བ་མེད། །གང་ཞིག་དམིགས་པའི་བདག་ལ་བློ་ཆགས་པ། །འདོད་ཆགས་ངན་སོང་དེ་དག་ལྟུང་བར་བྱེད། །ཅེས་དང་། གང་ཞིག་ཚུལ་ཁྲིམས་རློམ་པས་སྤྱོས་གྱུར་པ། །དམིགས་པའི་ལྟ་ལ་རབ་གནས་དེ་ལ་ནི། །བྱང་ཆུབ་མེད་ཅིང་སངས་རྒྱས་ཆོས་ཀྱང་མེད། །ཅེས་དང་། འདུས་མ་བྱས་དང་འདུས་བྱས་སུས་མཐོང་བ། །དེ་དག

འཁོར་བའི་ཆོས་ལས་གཞན་མི་འགྲོ། །གང་གིས་ཁམས་དེ་མཉམ་པ་ཉིད་རྟོགས་པ། །དེ་མྱུར་སྐྱེས་བུ་སངས་རྒྱས་མཆོག་ཏུ་འགྱུར། །གང་གིས་སངས་རྒྱས་ཆོས་དང་སངས་རྒྱས་དག །ཐམས་ཅད་ཀུན་ཏུ་ནམ་ཡང་མ་མཐོང་ན། །ཆོས་རྣམས་ཀུན་གྱིས་གོས་པ་མེད་པ་སྟེ། །བདུད་བཅོམ་བྱང་ཆུབ་མངོན་པར་འཚང་ཡང་རྒྱ། །ཞེས་དང་། སངས་རྒྱས་ཆོས་ནི་ནམ་མཁའ་མཚུངས་པ་སྟེ། །སོགས་དང་། ཆོས་རྒྱལ་དམ་པའི་ཆོས་འདི་མི་གཡོ་ཞིང་། །དངོས་མེད་མཚན་ཉིད་མེད་ལ་ཚུལ་གཅིག་པར། །ངོ་བོ་ཉིད་ཀྱིས་སྟོང་ཆོས་མ་ཐོས་པར། །གཡང་ས་ཆེན་པོར་བྱིས་པ་དེ་དག་ལྟུང་། །ཞེས་སོགས་(༧༠ན)བསྟན་པས། ལྔ་སྟོང་ཕྲག་སོ་གཉིས་མི་སྐྱེ་བའི་ཆོས་ལ་བཟོད་པ་ཐོབ། དགེ་སློང་སྟོང་ཕྲག་བརྒྱད་ཅུས་དགྲ་བཅོམ་པ་ཐོབ། དགེ་སློང་རྒྱལ་བློ་དེ་ཤི་ནས་ངན་འགྲོ་མཐའ་ཡས་པ་མྱོང་ཞིང་མིར་ཡང་མི་སྐྱན་པ་ཐོབ། བསྐལ་པ་བརྒྱ་སྟོང་མང་པོར་རྒྱལ་བའི་མཚན་མི་ཐོས་པ་དང་། ཚེ་རབས་སྟོང་ཕྲག་བདུན་ཅུ་རྩ་དྲུག་ཏུ་རབ་བྱུང་ལས་ཕྱིར་བབས། ཚེ་རབས་སྟོང་ཕྲག་མང་པོར་དབང་པོ་བརྟུལ་པོར་གྱུར། འོན་ཀྱང་ཚིགས་བཅད་དེ་ཐོས་པའི་རྒྱུས་ལས་བྱང་བའི་འོག་ཏུ་གར་སྐྱེས་ཀྱང་བཟོད་པ་འདི་ལྟ་བུ་ཐོབ་སྟེ། བྱང་ཆུབ་སེམས་དཔའ་སྟོང་པ་ཉིད་སྨྲ་བ་རྣམས་ཀྱི་མཆོག་འཇམ་དཔལ་ཉིད་དུ་གྱུར་པར་གསུངས་ནས། བཅོམ་ལྡན་འདས་དེ་ལྟ་ལགས་པས་བྱང་ཆུབ་སེམས་དཔའི་ཐེག་པ་ལ་ཞུགས་པའམ་ཉན་ཐོས་ཀྱི་ཐེག་པ་ལ་ཞུགས་པ་གང་ཡང་རུང་སྟེ། དེ་ལྟ་བུའི་སྡུག་ལས་ཀྱི་སྒྲིབ་པ་མི་འཚལ་ཞིང་དེ་ལྟ་བུའི་སྡུག་བསྔལ་མི་འཚལ་ན་དེས་དམ་པའི་ཆོས་སྤང་བར་མི་བགྱིའོ། །དམ་པའི་ཆོས་ལ་དཔྱ་བར་མི་བགྱིའོ། །ཆོས་གང་ལ་ཡང་ཁོང་ཁྲོ་བར་མི་བགྱིའོ་ཞེས་གསུངས་ཤིང་།

རྣམ་པར་འཐག་པ་བསྡུས་པའི་མདོ་ཉིད་ལས། འཇམ་དཔལ་མངོན་པར་ཞེན་པ་ལ་བྱང་ཆུབ་སེམས་དཔའི་སྤྱོད་པའོ། །ཞེས་ང་མི་སྨྲའོ། །ཁྲིམ་ལ་ཆགས་པ་ལ

འཚོ་བ་རྣམ་པར་དག་པའོ། །ཞེས་ང་མི་སྨྲའོ། །གཉིས་སུ་སྟོན་པ་རྣམས་ནི་ཆོས་ཀྱིས་ཕོངས་པ་ལས་སྒྲོལ་བར་ང་མི་སྨྲའོ། །གཅིག་ཏུ་སྟོན་པ་རྣམས་ངན་སོང་ལས་གྲོལ་བར་ང་མི་སྨྲའོ། །སྨྲ་བ་ལ་དགའ་བ་རྣམས་ཡོངས་སུ་དག་པའོ། །ཞེས་ང་མི་སྨྲའོ། །འཇམ་དཔལ་ངས་ནི་གནྣའི་ཀླུང་གི་བྱེ་མ་ཇི་སྙེད་ཀྱི་ཆོས་ཀྱི་སྒོ་རྣམས་མི་དམིགས་པའི་ཚུལ་གྱིས་བསྟན་ཏོ། །དེ་བཞིན་དུ་དམིགས་པ་དང་བཅས་པ་དང་། སྟོང་པ་ཉིད་དང་། སེམས་ཅན་དུ་འདུ་ཤེས་པའི་སྒོ་ནས་དང་མཚན་མ་མེད་པ་དང་། རྣམ་པར་རྟོག་པ་དང་(༧༠བ)སྨོན་པ་མེད་པ་དང་། གང་ཟག་དང་། གང་ཟག་མེད་པ་དང་། ཡོད་པ་དང་། མེད་པ་དང་། འདུས་བྱས་དང་། འདུས་མ་བྱས་དང་། དྲང་བ་དང་། དྲང་བ་མེད་པ་དང་། གསང་བ་དང་། གསང་བ་མེད་པ་དང་། འཁོར་བ་དང་། མྱ་ངན་ལས་འདས་པ་དང་། འཇིག་རྟེན་དང་། འཇིག་རྟེན་ལས་འདས་པ་དང་། འདོད་ཆགས་དང་། ཞེ་སྡང་དང་། གཏི་མུག་དང་། སྤང་བའི་སྒོའི་བར་དུ་རེ་རེ་ཡང་དེ་སྙེད་རེ་བསྟན་ཏེ། འཇམ་དཔལ་དེ་ཐམས་ཅད་ཀྱང་མི་རྟག་པའི་ཚུལ་གྱིས་ཤེས་རབ་ཀྱི་ཕ་རོལ་ཏུ་ཕྱིན་པའི་ཚུལ་ཡིན་ན་དེ་ལས་ཕྱོགས་ཀྱི་ཡང་ཕྱོགས་གཅིག་ཤེས་པས་དེ་བཞིན་གཤེགས་པ་ལ་སྐུར་བ་འདེབས་སོ། །ཞེས་དང་། ཆོས་སྤངས་པ་དེས་ལོ་བདུན་ཉིན་ཞག་གཅིག་རེ་ཡང་དུས་གསུམ་དུ་བཤགས་ན་འབྱུང་སྐེ་ཉེ་ན་བསྐལ་པ་བཅུས་བཟོད་པ་འཐོབ་པར་འགྱུར་རོ། །ཞེས་དང་། སྔོན་དུ་ཆོས་འདི་མ་བསླབས་པར་སྨྲས་ན་ཉམས་པར་གསུངས་ལ། སེམས་ཅན་མཉམ་པ་ཉིད་དང་ཆོས་དང་བྱང་ཆུབ་དང་ལྷག་མཐོང་མཉམ་པ་ཉིད་དེ་མཉམ་པ་ཉིད་བཞི་ལ་གནས་པས་སྨྲ་བར་བྱའི་གཞན་དུ་ཉམས་པར་འགྱུར་རོ། །ཞེས་དང་། **རྒྱན་ལས།** མི་རིགས་པ་ཡི་གཟུགས་ལའང་མི་རིགས་ན། །ཐེ་ཚོམ་ཟ་བའི་ཆོས་ལ་སྨོས་ཅི་དགོས། །དེ་ཕྱིར་བཏང་སྙོམས་བཞག་ལེགས་ཉེས་པ་མེད། །ཅེས་གསུངས་པ་ཡིན་ནོ། །

བོད་ཀྱི་ཡུལ་འདི་ན་ནི་རྟོག་གེ་ལ་སོགས་པ་ཅུང་ཟད་ཤེས་པས་ཤིན་ཏུ་དྲེགས་ཏེ་ཆོས་ཐམས་ཅད་ལ་ཚད་འཛིན་ཞིང་མདོ་རྒྱུད་ཀུན་ལས་བཤད་པ་མེད་དོ། །ཞེས་ལ་དོར་དུ་སྨྲ་ཞིང་རྒྱ་གར་དུ་ཟླ་བ་གྲགས་པ་དང་བོད་དུ་ཁོ་བོ་མ་གཏོགས་པ་དབུ་མའི་ལྟ་བ་ཤེས་པ་མེད་དོ། །ཞེས་སོགས་སྒྲོག་པ་ལ་མཁས་པའི་མཆོག་ཏུ་འཛོག་པར་སྣང་ཡང་། དེ་ལྟ་བུ་དག་ནི་རེ་ཞིག་བརྟག་པར་བྱ་བའི་གནས་ཡིན་གྱི་སྐབས་སུ་འཛིན་པ་ཁུ་འཕྲིག་ཟ་ལ། དེའི་ཕྱིར་**ལང་གཤེགས་ལས།** བློ་གྲོས་(༧༡༡ན)ཆེན་པོ་མང་དུ་ཐོས་པ་ཞེས་བྱ་བ་ནི་འདི་ལྟ་སྟེ། དོན་ལ་མཁས་པ་ཡིན་གྱི་སྒྲ་ལ་མཁས་པ་མ་ཡིན་ནོ། །དེ་ལ་དོན་ལ་མཁས་པ་ནི་གང་མུ་སྟེགས་བྱེད་ཀྱི་སྨྲ་བ་ཐམས་ཅད་དང་མ་འདྲེས་པར་སྨྲ་བ་ཡིན་ཏེ། ནམ་བདག་ཀྱང་མི་ལྟུང་གཞན་ཡང་མི་ལྟུང་བར་བྱེད་པ་དེ་ནི་བློ་གྲོས་ཆེན་པོ་དེ་ལྟར་དོན་ལ་མང་དུ་ཐོས་པ་དང་ལྡན་པ་ཡིན་ནོ། །ཞེས་དང་། བུ་རམ་ཤིང་ཤུན་སྙིང་པོ་ཅི་ཡང་མེད། །དགའ་བར་བྱ་བའི་རོ་ནི་ནང་ན་འདུག །ཤུན་པ་ཟོས་པའི་མིས་ནི་བུ་རམ་རོ། །ཞིམ་པོ་རྙེད་པར་ནུས་པ་མ་ཡིན་ནོ། །ཤུན་པ་ལྟ་བུ་འདི་ལ་ཚིག་ཡིན་ཏེ། །རོ་ལྟ་བུ་ནི་འདི་ལ་དོན་སེམས་ཡིན། །ཞེས་ཚིག་འབྲུ་ནི་ཏ་ཙང་སྙིང་པོ་མི་ཆེ་བར་སྟོན་པ་ཡིན་ལ། བཅོམ་ལྡན་འདས་ཤཱཀྱ་ཐུབ་པའི་བསྟན་པས་རྒྱ་གར་དུ་མི་གཅིག་དང་བོད་དུ་མི་གཅིག་ལས་གྲོལ་བར་མ་བྱུས་ན་བཅོམ་ལྡན་འདས་དེའི་ཕྲིན་ལས་ཅི་ཞིག་འདྲ། དེས་ན་ཐེག་པ་ཆེན་པོ་བསམ་གྱིས་མི་ཁྱབ་པའི་གནས་འདི་མོས་པ་དང་ཡིད་ཆེས་པར་དཀའ་བས་སངས་རྒྱས་མང་པོ་ལ་བསྐལ་པ་དུ་མར་ཡོ་བྱད་ཐམས་ཅད་ཀྱིས་བསྟེན་པ་ལས་མདོ་འདི་མི་སྤོང་བ་དང་དད་པ་ཙམ་ཕན་ཡོན་ཆེའོ། །ཞེས་སྦྱིན་པ་དང་མཆོད་པ་དེ་དག་ལས་ཐེག་ཆེན་གྱི་ཆོས་ལ་མོས་པ་དང་རྗེས་སུ་ཡི་རང་བ་ཙམ་ཕན་ཡོན་ཆེ་བར་ཤེར་ཕྱིན་སོགས་ཐེག་ཆེན་གྱི་མདོ་རེ་རེ་ཞིང་བཤད་པ་ཡིན་ལ། དེའི་ཕྱིར་**བླ་མའི་རྒྱུད་ལས།** བློ་ལྡན་རྒྱལ་བའི་ཡུལ་འདི་ལ་མོས་པ། །སངས་

རྒྱས་ཡོན་ཏན་ཚོགས་ཀྱི་སྣོད་འགྱུར་ཏེ། །བསམ་མེད་ཡོན་ཏན་ཚོགས་ལ་མངོན་
དགའ་བས། །སེམས་ཅན་ཀུན་གྱི་བསོད་ནམས་ཟིལ་གྱིས་གནོན། །གང་ཞིག་བྱང་
ཆུབ་དོན་དུ་གཉེར་བས་གསེར་ཞིང་ནོར་བུས་སྤྲས་པ་ནི། །སངས་རྒྱས་ཞིང་རྡུལ་
མཉམ་པ་ཉིན་རེ་ཆོས་རྒྱལ་རྣམས་ལ་རྟག་འབུལ་ལ། །གཞན་(༧༡༡བ)གང་འདི་ལས་
ཚིག་ཙམ་ཐོས་ཤིང་ཐོས་ནས་ཀྱང་ནི་མོས་ན་འདི། །སྦྱིན་པ་ལས་བྱུང་དགེ་བ་དེ་
ལས་བསོད་ནམས་ཆེས་མང་འཕོབ་པར་འགྱུར། །ནོ་ལྡན་གང་ཞིག་བླ་མེད་བྱང་
ཆུབ་འདོད་པས་བསྐལ་པ་དུ་མར་ཡང་། །ལུས་ངག་ཡིད་ཀྱིས་འབད་པ་ཆེན་པོས་
ཚུལ་ཁྲིམས་དྲི་མེད་སྲུང་བྱེད་ལ། །གཞན་གང་འདི་ལས་ཚིག་ཙམ་ཐོས་ཤིང་ཐོས་
ནས་ཀྱང་ནི་མོས་ན་འདི། །ཚུལ་ཁྲིམས་ལས་བྱུང་དགེ་བ་དེ་ལས་བསོད་ནམས་
ཆེས་མང་འཕོབ་པར་འགྱུར། །གང་ཞིག་འདི་ན་སྲིད་པ་གསུམ་གྱི་ཉོན་མོངས་མེ་
འཛིལ་བསམ་གཏན་ནི། །ལྷ་དང་ཚངས་གནས་མཐར་སོན་རྫོགས་པའི་བྱང་ཆུབ་
འཕོ་མེད་ཐབས་སྒོམ་ལ། །གཞན་གང་འདི་ལས་ཚིག་ཙམ་ཐོས་ཤིང་ཐོས་ནས་
ཀྱང་ནི་མོས་ན་འདི། །བསམ་གཏན་ལས་བྱུང་དགེ་བ་དེ་ལས་བསོད་ནམས་ཆེས་
མང་འཕོབ་པར་འགྱུར། །ཞེས་དགེ་བ་གཞན་ལྟ་ཞོག་འཇུག་སེམས་ཁྱད་པར་བས་
ཟིན་པས་དངོས་པོ་ཁྱད་པར་ཅན་གསེར་གྱི་སངས་རྒྱས་ཀྱི་ཞིང་ནོར་བུས་སྤྲས་པ་
གྲངས་ཞིང་གི་རྡུལ་དང་མཉམ་པ་ཉིན་རེ་ཞིང་སངས་རྒྱས་གང྄་ཀླུང་གི་བྱེ་མ་
སྙེད་ལ་འབུལ་བའི་སྦྱིན་པ་དེ་ལྟ་བུ་བསྐལ་པར་བྱེད་པ་དང་། བླ་ན་མེད་པའི་བྱང་
ཆུབ་ཀྱི་ཕྱིར་ཚུལ་ཁྲིམས་དག་པ་བསྐལ་པ་མང་པོར་སྲུང་བ་དང་། བསམ་གཏན་
བཞི་པའི་བར་དང་སྒོམ་འཇུག་གི་བྱང་ཆུབ་ཀྱི་སེམས་རིང་དུ་སྒོམ་པའི་དགེ་བ་དེ་
ཐམས་ཅད་རྗོ་རྗེའི་གནས་བདུན་ལས་གང་ཡང་རུང་བ་དང་ལྡན་པའི་ཚིག་ཙུང་
ཟད་ཙམ་ཐོས་ཤིང་ཐོས་ནས་མི་སྤོང་བར་མོས་པར་བྱེད་ན་དགེ་བ་འདིས་དགེ་
བ་སྔ་མ་དེ་ཐམས་ཅད་ཟིལ་གྱིས་གནོན་ཏེ་སྔ་མ་ལས་བསོད་ནམས་ཆེས་མང་བ་

འཐོབ་པར་མདོ་རྣམས་ལས་རེ་རེ་ཞིང་གསུངས་པའི་ཕྱིར། རིགས་པས་ཀྱང་གྲུབ་སྟེ། སྦྱིན་པས་ནི་ལོངས་སྤྱོད་ཙམ་འཐོབ་ལ། ཚུལ་ཁྲིམས་ཀྱིས་མཐོ་རིས་ཀྱི་ལུས་དང་། (༧༢ན)བསྒོམས་པས་ནི་ཉོན་མོངས་ཀྱི་སྒྲིབ་པ་ཙམ་སྤོང་བར་བྱེད་པར་ཟད་ཀྱི་སྒྲིབ་པ་ཐམས་ཅད་ཀྱི་དངོས་གཉེན་མི་བྱེད་ལ། དེ་ཁོ་ན་ཉིད་མཐོང་བའི་ཤེས་རབ་ཀྱིས་ནི་སྒྲིབ་གཉིས་བག་ཆགས་དང་བཅས་པ་རྩ་བ་ནས་སྤོང་ལ་ཤེས་རབ་དེ་སྐྱེ་བའི་རྒྱུ་ནི་ཆོས་ཀྱི་རྣམ་གྲངས་ཟབ་མོ་འདི་ལྟ་བུ་ཐོས་པ་ཁོ་ན་ཡིན་པའི་ཕྱིར་ཏེ། གང་ཕྱིར་སྦྱིན་པས་ལོངས་སྤྱོད་དག་ནི་སྒྲུབ་བྱེད་ལ། །ཁྲིམས་ཀྱིས་མཐོ་རིས་བསྒོམས་པས་ཉོན་མོངས་སྤོང་བྱེད་ཅིང་། །ཤེས་རབ་ཉོན་མོངས་ཤེས་བྱ་ཀུན་སྤོང་དེ་ཡི་ཕྱིར། །འདི་མཆོག་ཉིད་དེ་དེ་ཡི་རྒྱུ་ནི་འདི་ཐོས་ཡིན། །ཞེས་བཅོམ་ལྡན་འདས་བྱམས་པས་ལུང་དང་རིགས་པ་གཉིས་ཀར་གྱིས་སྒྲུབ་པར་མཛད་དོ། །

དེ་ལྟར་ཐེག་ཆེན་གྱི་ཆོས་འདི་བློ་དམན་གྱིས་མོས་པར་དཀའ་ཞིང་སྤངས་ན་རེ་ཞིག་རྣམ་སྨིན་ལྕི་བར་སྨྲོང་དགོས་ཀྱང་ཐོས་པ་ཙམ་དེ་ཉིད་ཀྱིས་སེམས་ཅན་དེའི་སྲིད་པ་ཕྱི་མཐའ་ཅན་དུ་ནི་བྱེད་པས་ཐོས་པའི་ཕན་ཡོན་ནི་གཞལ་དུ་མེད་དེ། **བྱང་ཆུབ་སེམས་དཔའི་སྤྱོད་པ་བསྟན་པའི་མདོ་ལས།** ཁྱེའུ་རིན་ཆེན་བྱིན་སྐྱེས་ནས་ལོ་གསུམ་ལོན་པ་སྟོན་སྟོན་པ་ཐུགས་དང་པོ་བསྐྱེད་པའི་ཚེ། དེས་བཟོད་པ་ཐོབ་ནས་བསྐལ་པ་སུམ་འབུམ་ལོན་པ་དེས་ཆོས་ཐམས་ཅད་བླང་དོར་བྱར་མེད་པར་བསྟན་པ་ན་འཇམ་དཔལ་གྱིས་དྲིས་པ་ཁྱོད་ཀྱི་ཆོས་སྟོན་པ་ནི་དེ་འདྲ་ན་ལས་དང་པོ་པའི་བྱང་ཆུབ་སེམས་དཔའ་རྣམས་ལ་ཇི་སྐད་སྟོན། དེས་སྨྲས་པ། འདོད་ཆགས་མ་སྤང་ཞིག །ཞེ་སྡང་མ་གཞིལ་ཞིག །གཏི་མུག་མ་སེལ་ཞིག །འཇིག་ཚོགས་ལས་གྱེན་དུ་མ་སྐྱོད་ཅིག་སོགས་ནས་སངས་རྒྱས་ཡིད་ལ་མ་བྱེད་ཅིག །ཆོས་མ་སེམས་ཤིག །དགེ་འདུན་ལ་མཆོད་པ་མ་བྱེད་ཅིག །བསླབ་པ་དག་ལ་མ་ལེན་ཞིག སྲིད་པ་ཉེ་བར་ཞི་བ་དོན་དུ་མ་གཉེར་ཞིག་ཆུ་བོ་ལས་མ་རྒྱལ་ཞིག་ཅེས་གདམས

ངག་འདི་ལྟ་བུ་འདི། ལས་དང་པོ་པའི་བྱང་ཆུབ་སེམས་དཔའ་(༧༢བ)ལ་གདམས་པར་བྱ། རྗེས་སུ་བསྟན་པར་བྱའོ། །དེ་ཅིའི་ཕྱིར་ཞེ་ན་ཆོས་ཐམས་ཅད་ཀྱི་ཆོས་ཉིད་ནི་གནས་པ་པོ་ན་ཡིན་པའི་ཕྱིར་རོ། །བྱིས་པ་དེ་དག་ནི་སྐྱེ་བ་དང་འགག་པའི་ཆོས་སུ་ལུང་སྟོན་པར་བྱེད་དོ། །ཆོས་ཀྱི་དབྱིངས་འདི་ནི་རྣམ་པར་མི་རྟོག་པས་རབ་ཏུ་ཕྱེ་བ་ཡིན་ཏེ། ཆོས་འདི་རྣམས་ཀྱི་རང་བཞིན་དེ་ལྟར་རྗེས་སུ་རྟོགས་པ་གང་ཡིན་པ་དེ་ནི་བྱང་ཆུབ་བོ། །ཞེས་དེ་ལྟར་གདམས་ན་གལ་ཏེ་མི་སྐྲག་མི་དངངས་ཤིང་དངང་བར་མི་འགྱུར་ན་ཨེ་མ་བྱང་ཆུབ་སེམས་དཔའ་འདི་ནི་ཕྱིར་མི་ལྡོག་པ་སྟེ་ཕྱིར་མི་ལྡོག་པའི་སའི་སྐལ་པ་ཅན་ཡིན་ནོ་སྙམ་དུ་ཤེས་པར་བྱ་སྟེ། གདམས་ངག་འདིས་ཡང་དང་ཡང་དུ་དགའ་བ་བསྐྱེད་པར་བྱའོ། །ཞེས་སྨྲས་པ་དང་། དེའི་ཚེ་དམིགས་པ་ཅན་གྱི་དགེ་སློང་བརྒྱད་མ་སོས་ཏེ་འཁོར་དེ་ནས་སོང་བ་དང་ཁ་ནས་ཁྲག་དྲོན་མོ་བསྐྱུགས་ཏེ་ཤི་ནས་དམྱལ་བ་ངུ་འབོད་དུ་སྐྱེས་སོ། །འཇམ་དཔལ་གྱིས་ཁྱེའུ་ཁྱོད་ཀྱི་ཆོས་ཀྱི་རྣམ་གྲངས་དེ་དགེ་སློང་དེ་དག་ལ་དེ་ཙམ་དུ་གནོད་པ་ལ་ལྟོས། དེ་ནས་བཅོམ་ལྡན་འདས་ཀྱིས་བཀའ་སྩལ་པ། འཇམ་དཔལ་ཁྱོད་དེ་སྐད་མ་ཟེར་ཅིག །དེ་དག་གིས་ཆོས་འདི་མ་ཐོས་ན་བསྐལ་པ་ས་ཡར་བདེ་འགྲོར་ཡང་མི་སྐྱེ་ན་འཚང་རྒྱ་བ་ལྟ་ཅི་སྨོས། ཆོས་འདི་སོམ་ཉི་དང་བཅས་པས་ཐོས་པ་འདིས་དེང་པོ་ན་དམྱལ་བ་ལས་ཐར་ཏེ་དགའ་ལྡན་གྱི་ལྷར་སྐྱེས་སོ། །བསྐལ་པ་དྲུག་ཅུ་རྩ་བརྒྱད་དུ་སངས་རྒྱས་ཁྲག་ཁྲིག་བཅུ་མཉེས་པར་བྱེད་ཅིང་ཐམས་ཅད་དུ་བརྫུས་སྐྱེས་ཀྱི་འཁོར་བསྒྱུར་དུ་གྱུར་ནས་སངས་རྒྱས་དྲི་མེད་འོད་ཅེས་པར་འགྱུར་རོ། །ཞེས་ལུང་བསྟན་པ་དང་ལྷའི་བུ་དེ་དག་ལྷགས་ཏེ་བཅོམ་ལྡན་འདས་ཆོས་ཀྱི་རྣམ་གྲངས་འདི་ལ་བདག་ཅག་ཡི་རང་ངོ་ཞེས་གསོལ་བའི་མོད་ལ་དེ་དག་ཕྱིར་མི་ལྡོག་པར་གྱུར་ཏོ། །ཞེས་གསུངས་ཤིང་།

འཇམ་དཔལ་གནས་པའི་མདོ་ལས། དེ་དཔྱོད་པ་མེད་(༧༣ན)ཅིང་སྤྲོས་པ་མེད་

ལ་ཉེ་བར་ཞི་སྟེ། ཡོད་དོ་ཞེའམ་མེད་དོ་ཞེའམ་ཡོད་ཀྱང་ཡོད་ལ་མེད་ཀྱང་མེད་དོ་ཞེའམ། ཡོད་པ་ཡང་མ་ཡིན་མེད་པ་ཡང་མ་ཡིན་ནོ། །ཞེས་དེ་སྐད་གང་དུ་ཡང་ཁས་མི་ལེན་ཏོ། །ནམ་ཁས་མི་ལེན་པ་དེ་ན་དམིགས་པ་མེད་དོ། །དེ་དམིགས་པ་ཐམས་ཅད་དང་བྲལ་བས་སེམས་མེད་ཅིང་སེམས་དང་བྲལ་ཏེ་གནས་མེད་པའི་ཚུལ་གྱིས་དགེ་སྦྱོང་གི་ཆོས་ལ་གནས་པ་ཞེས་བྱའོ། །ཞེས་བསྟན་པས་དགེ་སློང་བཞི་བརྒྱས་དགྲ་བཅོམ། བརྒྱ་འཁྲུགས་ཏེ་ལུས་ངེས་དམྱལ་བ་དུ་འགོད་དུ་ལྟུང་བ་ལ། ཆོས་འདི་མ་ཐོས་ན་དེ་རྣམས་ངེས་པར་དམྱལ་བར་ལྟུང་ན་ཆོས་འདི་ཐོས་པས་དམྱལ་བའི་སྡུག་བསྔལ་སྐད་ཅིག་ཙམ་ལས་མ་རེག་པར་ཡུད་ཀྱིས་དགའ་ལྡན་གྱི་ལྷར་སྐྱེས་ལ་བྱམས་པའི་འདུས་པ་དང་པོར་དགྲ་བཅོམ་པ་འཐོབ་པར་ལུང་བསྟན་ལ།

ཆོས་ཀྱི་ཕྱུག་རྒྱའི་མདོ་ལས་ཀྱང་། སོ་སོ་སྐྱེ་བོའི་ཆོས་ལས་ཀྱང་མ་འདས་ཤིང་ཟག་པ་མེད་པའི་ཆོས་ཀྱང་མ་ཐོབ་པ་ནི་ལེགས་པར་གསུངས་པའི་ཆོས་འདུལ་བ་ལ་རབ་ཏུ་བྱུང་བ་འཇིག་རྟེན་ལས་འདས་པར་བསླེན་པར་རྫོགས་པ་སྟེ། དེས་དད་པས་བྱིན་པ་ཡོངས་སྤྱོད་པར་འོས་ལ་གཞན་ནི་ལོག་པར་རབ་ཏུ་བྱུང་བའོ། །ཞེས་བཀའ་སྩལ་ཅིང་། ཤཱ་རིའི་བུ་དང་། རབ་འབྱོར་གྱིས་དེའི་དོན་གཏན་ལ་ཕབ་པས་དགེ་སློང་བདུན་བརྒྱས་དགྲ་བཅོམ། བརྒྱ་མ་མོས་པས་ལངས། ལྷས་སྤྱངས་ཏེ་ལུས་ངེས་དམྱལ་བར་ལྟུང་བ་སྐད་ཅིག་གིས་ཐར་བར་གསུངས་ལ། འདི་ལྟ་བུ་གཞན་ཡང་མང་དུ་ཡོད་དེ་དེས་ན་མཁས་པར་ཞལ་གྱིས་འཆེས་པ་རྣམས་ཆོས་ཀྱི་ཚད་མི་འཛིན་ཞིང་། རང་གཞུང་སྔ་རེ་དང་མ་མཐུན་པ་ཙམ་དང་བྱིས་པའི་སློབ་དཔོན་རྣམས་ཀྱི་ངག་སྒྲོས་སམ་ཡིག་ཆ་སྔ་རེ་དང་མ་མཐུན་པ་ཙམ་གྱིས་ཆོས་མི་སྤོང་བར་ཞུའོ། །ཞེས་བདག་གིས་གཅིག་ཏུ་གསོལ་བ་འདེབས་སོ། །

དེ་ལྟར་ལུང་གིས་སྒྲུབ་པ་འཕྲོས་(༧༣བ)དོན་དང་བཅས་ཏེ་རྒྱ་ཆེར་བཤད་ནས་

རིགས་པས་སྒྲུབ་པ་ཡང་། ཐེག་ཆེན་ལ་མ་བསྐྱེན་ན་སངས་རྒྱས་ཀྱི་བསྟན་པ་རྫོགས་པར་མི་ནུས་ཏེ། བསྟན་པའི་རྩ་བ་ནི་དགེ་སློང་ཉིད་ཡིན་མོད་ན་ཡང་དགེ་སློང་ཉིད་ཀྱང་ཤིན་ཏུ་དཀའ་བར་གནས་པའི་ཕྱིར། ཅི་**འདུལ་བ་ལས།** དགེ་སློང་ནི་ལྔ་སྟེ་མིང་གི་དགེ་སློང་དང་། ཁས་འཆེ་བའི་དགེ་སློང་དང་། སློང་བའི་ཕྱིར་དགེ་སློང་དང་། ཉོན་མོངས་པ་བཅོམ་པའི་དགེ་སློང་ངོ་། །དེ་ལས་འདིར་ནི་ཆོས་འདི་པའི་གསོལ་བ་དང་བཞིའི་ལས་ཀྱིས་བསྙེན་པར་རྫོགས་པ་གང་ཡིན་པ་དེ་ནི་དགེ་སློང་ཞེས་བྱ་བར་དགོངས་སོ། །ཞེས་གསོལ་བཞིའི་ཆོ་གས་སྡོམ་པ་ཐོབ་པ་ཉིད་དགེ་སློང་དུ་གསུངས་པས་དེ་ཙམ་དུ་དཀའ་བ་མ་ཡིན་ནོ་སྙམ་ན། དེ་ནི་རེ་ཞིག་ཁྲིམས་པ་རྗེས་སུ་བཟུང་བའི་སྒོ་ཙམ་དུ་ཟད་ལ། དགེ་སློང་ཡང་དག་པ་ནི་དོན་དམ་པའི་དགེ་སློང་དུ་དགོངས་པ་ཡིན་ཞིང་། དེ་ནི་ཉོན་མོངས་པ་བཅོམ་པ་ཡིན་ལ་ཉོན་མོངས་པ་རྫོགས་པར་བཅོམ་པ་ནི་སངས་རྒྱས་པོ་ན་ཡིན་པའི་ཕྱིར། དེས་ན་སེམས་ནི་དམིགས་པ་དང་བཅས་པ་རྣམས་ཀྱི་ནི་མྱ་ངན་ལས་འདས་པ་ཡང་དཀའ་བར་གནས་ཏེ། **དམ་ཆོས་པད་དཀར་ལས།** ཉན་ཐོས་ཁྱེད་ཅག་མྱ་ངན་མ་འདས་ཏེ། །ཞེས་དང་། ཐེག་པ་གཅིག་སྟེ་གཉིས་སུ་ཡོད་མ་ཡིན། །བཀྲི་བའི་དོན་དུ་ཐེག་པ་གསུམ་བསྟན་ཏོ། །དགེ་སློང་ཁྱེད་ཅག་དེ་ཕྱིར་དེ་རིང་ནས། །འདི་ཙམ་གྱིས་ནི་མྱ་ངན་མི་འདའ་སྟེ། །ཁྱེད་ཀྱིས་ཐམས་ཅད་མཁྱེན་པའི་ཡེ་ཤེས་ཕྱིར། །བརྩོན་འགྲུས་རླབས་ཆེན་དམ་པ་སྐྱེད་པར་གྱིས། །ཞེས་དང་། **འཕགས་པ་ཤྲཱ་རིའི་བུས།** སྔོན་ཆེ་བདག་ནི་ལྟ་ལ་ཆགས་གྱུར་པ། །མུ་སྟེགས་ཅན་གྱིས་བཀུར་བའི་ཀུན་ཏུ་རྒྱུ། །དེ་ནས་མགོན་པོས་བདག་གི་བསམ་མཁྱེན་ནས། །ལྟ་བ་དགྲོལ་ཕྱིར་མྱ་ངན་འདའ་བར་གསུངས། །ལྟ་བར་གྱུར་པ་དེ་དག་ཀུན་ལས་བགྲོལ། །(༧༤ན)བདག་གིས་སྟོང་པ་ཉིད་ཀྱི་ཆོས་ཐོབ་སྟེ། །དེ་ཕྱིར་བདག་ནི་མྱ་ངན་འདས་སྙམ་བགྱིད། །མྱ་ངན་འདས་ཞེས་བགྱི་བ་དེ་མ་ལགས། །གང་ཚེ་སངས་རྒྱས་སེམས་ཅན་གཙོར་གྱུར་

ཏེ། །ལྷ་མི་གནོད་སྦྱིན་སྲིན་པོས་མདུན་དུ་བདར། །སུམ་ཅུ་རྩ་གཉིས་མཚན་གྱི་གཟུགས་ལྡན་པ། །དེ་ཚེ་མ་ལུས་མྱ་ངན་འདས་པ་ལགས། །ཞེས་གསོལ་བ་སོགས་མདོ་མང་པོ་ལས་རྒྱ་ཆེར་བཤད་ཅིང་། དེས་ན་སངས་རྒྱས་མ་ཐོབ་པར། །མྱ་ངན་འདས་པ་མི་འཐོབ་སྟེ། །འོད་དང་འོད་ཟེར་སྤངས་ནས་ནི། །ཉི་མ་ལྷ་བར་མི་ནུས་བཞིན། །ཞེས་བཅོམ་ལྡན་འདས་བྱམས་པ་བཞེད་པའི་ཕྱིར་དང་།

སྟོང་ཉིད་མ་རྟོགས་ན་དམིགས་པ་ལས་མི་འདའ་ལ། དམིགས་པ་དང་བཅས་པས་བཟོད་པ་འཐོབ་པ་ནི་གནས་མ་ཡིན་པར་གསུངས་ན་བཟོད་པ་ཡང་མི་འཐོབ་པ་དེ་ལ་བྱང་ཆུབ་ལྟ་ག་ལ་འཐོབ་པའི་ཕྱིར། སྟོང་ཉིད་མ་རྟོགས་ཀྱང་ཉོན་མོངས་པ་ལས་གྲོལ་ན་དེ་ཉིད་བྱང་ཆུབ་པོ་ཞེ་ན། འོ་ན་ཉོན་མོངས་ལས་གྲོལ་བ་དེའི་དེ་མ་ཐག་ཏུ་སྤངས་པ་ཕུན་སུམ་ཚོགས་པར་ཐལ་བར་འགྱུར་རོ། །འདོད་མི་ནུས་ཏེ་ཉོན་མོངས་མངོན་གྱུར་པ་མེད་ཀྱང་ཐེག་དམན་གྱི་དགྲ་བཅོམ་དུ་འདོད་པ་དེ་དག་ལ་སྔོན་མའི་ལས་ཀྱིས་འཕངས་པའི་འབྲས་བུ་མཽདྒལ་གྱི་བུ་ཀུན་ཏུ་རྒྱུས་ཡན་ལག་བཅོམ་པ་དང་། འཆར་ཀ་ཆོམ་རྐུན་པའི་དཔོན་གྱིས་དབུ་བཅད་པ་དང་། སྐུར་ཆུང་ཞག་བདུན་སྨྱུང་བར་འགྱུར་པའི་མཐར་ཐལ་སྐྱོ་གསོལ་བ་དང་། ཉེ་སྡེ་སྦྲུལ་དུག་ཅན་གྱིས་ཟིན་པ་སོགས་དུ་མ་བཤད་པ་དང་། ཉོན་མོངས་པའི་བག་ཆགས་དགྲ་བཅོམ་པ་ཆུ་འཕྲུང་གིས་ཞེ་སྡང་གི་བག་ཆགས་ལས་བྲེ་ལས་སྐྱེས་ཀྱི་མཚོད་རྟེན་གཤིག་པ་དང་། ཁ་ཅིག་བུད་མེད་ལ་བཟང་མོ་ཞེས་འབོད་པ་དང་རྟ་གད་དུ་རྒོད་པ་སོགས་བཤད་པ་དང་། ཀུན་དགའ་བོའི་སྲིང་མོའི་(༧༤བ)བུ་གཉིས་ལོ་བདུན་པ་ལ་དགེ་ཚུལ་དང་དགྲ་བཅོམ་ཐོབ་ནས་ཆུ་ལེན་པ་ན་བུམ་པ་ནམ་མཁའ་ལ་སྟོན་དུ་བཏང་ནས་བདག་ཉིད་ཕྱི་ནས་འོང་བ་སོགས་རྫུ་འཕྲུལ་གྱི་རྩེད་མོ་བྱེད་པ་དང་། བ་ལང་བདག་མཛའ་བའི་བག་ཆགས་ཀྱིས་རྫོ་བོ་གང་པོ་ཞེས་འབོད་པ་སོགས་ལས་ཀྱི་བག་ཆགས་དང་ལྡན་པར་མཐོང་བ་ཡིན་པའི་ཕྱིར་རོ། །

གལ་ཏེ་དེ་བདེན་མོད་ཀྱང་རེ་ཞིག་སྲིད་པ་ཕྱི་མ་ཉེ་བར་ལེན་པའི་སྲིད་པ་ནི་མེད་ཅེས་ངེས་པ་ཉིད་དོ་ཞེ་ན། ཉན་རང་གི་དགྲ་བཅོམ་པར་འདོད་པ་དེ་དག་ལ་ཉོན་མོངས་པ་ཅན་གྱི་མ་རིག་པ་མེད་ཀྱང་ཉོན་མོངས་ཅན་མ་ཡིན་པའི་མ་རིག་པ་ཡོད་པས་ཤེས་བྱ་ཐམས་ཅད་ལ་ཡེ་ཤེས་འཇུག་མི་ནུས་པ་ཡིན་ལ། དེས་ན་དེ་དག་ལ་སྲིད་པ་འདི་ཡང་ཉོན་མོངས་ཅན་ཡོད་པ་མིན་ན་ཡང་ཉོན་མོངས་ཅན་མིན་པའི་ཀུན་ནས་སྦྱོངས་པ་ཡོད་པ་དེ་བཞིན་དུ་ཉོན་མོངས་ཅན་མ་ཡིན་པའི་སྲིད་པ་ཅི་སྟེ་མེད་དེ་ཁ་ཟས་ཚོལ་བ་དང་སྣན་བསྐྱེན་པ་སོགས་མཐོང་བའི་ཕྱིར་རོ། །འོ་ན་སངས་རྒྱས་ལ་ཡང་དེར་ཐལ་ལོ་སྙམ་ན་མ་ཡིན་ཏེ། སངས་རྒྱས་བསོད་སྙོམས་ལ་གཤེགས་པ་སོགས་ཀྱི་དགོས་པ་ནི་སྔར་བསྟན་ཟིན་ཏོ། །

གཞན་ཡང་ཉན་རང་དེ་དག་ལ་སྲིད་པ་ཡོད་དེ། ཚོར་བའི་རྐྱེན་གྱིས་སྲིད་པ་འབྱུང་བ་ཡིན་ལ་ཚོར་བ་ནི་དེ་དག་ལ་ཡང་ཡོད་པའི་ཕྱིར། འོ་ན་སྲིད་པ་ལས་ལེན་པ་དང་དེ་ལས་སྲིད་པ་འབྱུང་བས་དེ་དག་སྲིད་པར་སྐྱེ་བ་ཡང་ཡོད་པར་ཐལ་ལོ་ཞེ་ན། ལས་ཉོན་མངོན་གྱུར་བས་འཕངས་པའི་ལེན་སྐྱེ་མེད་ཀྱང་བག་ཆགས་ཕྲ་མོས་བསྒོས་པ་མ་རིག་བག་ཆགས་ཀྱི་ས་ལ་བརྟེན་པ་བསམ་གྱིས་མི་ཁྱབ་པའི་འཆི་འཕོ་བར་བསྒྱུར་བའི་ལེན་སྐྱེ་ནི་ཡོད་དེ། དེའི་ཕྱིར་དེ་དག་གིས་མ་རིག་བག་ཆགས་ཀྱི་ས་སྤངས་པའི་གཙང་བ་དམ་པ་དང་། བསམ་གྱིས་མི་ཁྱབ་པའི་འཆི་འཕོ་སྤངས་པའི་རྟག་པ་དམ་པའི་ཕ་རོལ་ཏུ་སོན་པ་མ་ཐོབ་པར་(༧༥ན)དཔལ་ཕྲེང་གི་མདོ་སོགས་ལས་གསུངས་སོ། །དེས་ན་ཡུལ་གང་ལ་དམིགས་པ་དང་བཅས་པའི་སེམས་ཀྱིས་ཏིང་ངེ་འཛིན་འགའ་ཞིག་ལ་ནི་བསྐལ་པ་མང་པོར་གནས་པར་འགྱུར་བ་ཡོད་མོད་ཀྱང་སྙིང་པོར་མི་ཆེ་སྟེ། སྟོང་པ་དེ་ཁོ་ན་ཉིད་རྟོགས་པ་དང་ནི་བྲལ་བའི་སེམས་ནི་ལན་གཅིག་འགགས་པ་ན་ཡང་སླར་ཡང་རྐྱེན་གཞན་ལས་སྐྱེ་བར་འགྱུར་ཏེ། ཇི་ལྟར་འདུ་ཤེས་མེད་པ་པའི་སྙོམས་འཇུག་བསྐལ་པ་ཆེན་པོ་བརྒྱད་ཁྲི་

བཞི་སྟོང་སོགས་སུ་སེམས་རྒྱུན་ཆད་ཀྱང་སླར་ཡང་སད་དེ་འཁོར་བའི་གནས་གཞན་དུ་སྐྱེ་བ་བཞིན་ནོ། །

དེས་ན་སྒོམ་པ་པོ་བདག་དང་གང་ཟག་སུ་ཡང་མ་དམིགས་ཤིང་། གང་བསྒོམ་པར་བྱ་བ་འདུས་བྱས་སམ་འདུས་མ་བྱས་སམ་རྟག་པའམ་མི་རྟག་པའམ་བདེན་པའམ་རྫུན་པའི་རྣམ་པ་ཅི་ཡང་མ་མཐོང་བས་འདུ་ཤེས་ཅི་ཡང་མི་ལེན་ཞིང་མི་འདོར་ལ། གང་ཞིག་ཇི་ལྟར་དུ་སྒོམ་པའི་ཚུལ་ཅིར་ཡང་མི་དམིགས་ལ་དམིགས་པ་དང་མ་དམིགས་པར་འཛིན་པ་ཡང་། ཤེས་པ་དྲི་མ་མེད་པའི་མདུན་ན་མེད་པས་སུ་ཞིག་གང་དུ་ཅི་ལ་ཡང་མི་གནས་ཤིང་ཅིའི་རྣམ་པར་ཡང་མ་མཐོང་བ་འདི་ནི་ཡང་དག་པའི་དོན་མཐོང་བ་དང་། གང་དུ་སུས་ཅི་ཡང་སྒོམ་དུ་མེད་པར་ཤེས་པས་དེ་ཉིད་ལས་མི་གཡོ་བ་ནི་སྟོང་པ་ཉིད་སྒོམ་པ་ཞེས་བྱ་བ་ཡིན་ཏེ། **མདོ་ལས།** དེས་གང་གི་ཚེ་སེམས་དང་དམིགས་པ་ཡང་དག་པར་རྗེས་སུ་མི་མཐོང་བ་དེའི་ཚེ་ཡང་དག་པ་མཐོང་བ་ཡིན་པས་ཞེས་དང་། **ཏིང་རྒྱལ་ལས།** ཆོས་རྣམས་ཉེད་མེད་ཉེད་པ་སྟེ། །ཉེད་པ་ལ་ཡང་ཉེད་པ་མེད། །དེ་ལྟར་ཆོས་རྣམས་གང་ཤེས་པ། །བྱང་ཆུབ་དམ་པ་རྙོགས་པར་འགྱུར། །ཞེས་དང་། ནམ་མཁའ་གཟུང་བ་མེད་པར་བཤད། །དེ་ལ་གཟུང་བ་མི་ཉེད་དེ། །ཆོས་ཀྱི་རང་བཞིན་འདི་ཉིད་ཡིན། །གཟུང་བ་མེད་པ་ནམ་མཁའ་འདྲ། །དེ་ལྟ་བུར་ནི་ཆོས་བསྟན་ཏེ། །(༧༥བ)དེ་ལ་གང་ཡང་མཐོང་བ་མེད། །སུ་དག་ཆོས་འདི་མི་མཐོང་བ། །དེ་ཡི་ཆོས་འདི་བསམ་མི་ཁྱབ། །ཅེས་དང་། **བསོད་ནམས་ཐམས་ཅད་བསྡུས་པའི་མདོར།** ཆོས་རྣམས་འདི་དག་དམིགས་མེད་ན། །མི་མཁས་དམིགས་པར་བྱེད་པ་དག །དེ་དག་སྡུག་བསྔལ་མི་སྒྲོལ་ཞིང་། །དེ་དག་རྣམས་ཀྱི་སྡུག་བསྔལ་འཕེལ། །ཞེས་དང་། ཆོས་རྣམས་ལ་ཇི་ལྟ་བ་བཞིན་དུ་མཐོང་བ་གང་ཞེ་ན། འདི་ལྟ་སྟེ་མཐོང་བ་མེད་པ་པོ་ནའོ། །ཞེས་སོགས་རྒྱ་ཆེར་བཤད་ལ་སྟོང་པ་ཉིད་འདི་ལ་གནས་པ་ནི་བྱམས་པའི་

མཆོག་དང་ཕ་རོལ་ཏུ་ཕྱིན་པ་ཐམས་ཅད་དང་དམ་པའི་ཆོས་ཡོངས་སུ་འཛིན་པའི་མཆོག་དང་ཚུལ་ཁྲིམས་དག་པའི་མཆོག་ཡིན་ཏེ།

སྤྱོན་པའི་མདོར། རོལ་མོའི་སྒྲ་ལས། ཇི་ལྟར་བདག་མེད་རྟོགས་ནས་ནི། །བྱམས་པས་འགྲོ་བ་ཁྱབ་པར་བྱེད། །བདག་མེད་པ་དང་བྱམས་པ་དག །དེ་ལ་ཇི་ལྟར་མཚུངས་པར་འགྱུར། །འོད་ཟེར་གྱི་རྩེའི་པདྨ་ལ་གནས་པའི་སྤྲུལ་པའི་བྱང་སེམས་རྣམས་ཀྱིས་ལན་བཏབ་པ། གང་དག་སྟོང་ཉིད་རབ་ཤེས་པ། །དེས་ནི་བདག་མེད་ཁོང་དུ་ཆུད། །གང་གིས་འགྲོ་བ་སྟོང་ཤེས་པ། །དེ་ནི་དེ་ཡི་བྱམས་པ་མཆོག །ཅེས་དང་། **ནམ་མཁའ་མཛོད་ལས།** གང་ཆོས་ཐམས་ཅད་མི་འཛིན་པ་དེ་ནི་གཏོང་བའི་མཆོག་གོ་ཞེས་སོགས་དྲུག་ག་ལ་སྦྱར་བ་དང་། **ཏིང་རྒྱལ་ལས།** སུ་དག་སྟོང་པ་ཞི་ལ་དགའ་བ་ནི། །དེ་དག་རྒྱལ་བའི་ཆོས་འདི་བཟུང་བ་ཡིན། །སུ་དག་ཏིང་འཛིན་འདི་ནི་འཛིན་གྱུར་པ། །དེ་དག་ང་ཡི་བསྟན་པ་རབ་བྱུང་ཞིང་། །དགེ་སློང་བསྙེན་རྫོགས་གསོ་སྦྱོང་ལས་རྣམས་བྱས། །ཞེས་སོགས་མདོ་སྡེ་རྒྱ་མཚོ་ལྟ་བུ་ལས་མང་དུ་བཤད་དོ། །དེའི་ཕྱིར་ཡང་དག་པའི་དོན་དམིགས་པ་ཐམས་ཅད་ལས་འདས་པ་འདི་ཉིད་ཁོ་ན་ཅི་ཡང་མི་སྒོམ་པའི་ཚུལ་གྱིས་བསྒོམ་པར་བྱའོ། །འདི་བསྒོམས་པ་ལས་འབྲས་བུ་ཅི་(༧༨ན)ཞིག་འབྱུང་ཞེ་ན། གང་དང་གང་དུ་འདུ་ཤེས་པ་དང་དམིགས་པའི་རྣམ་པ་ཐམས་ཅད་ཀུང་ལོག་སྟེ་ཆོས་གང་ཡང་གང་གིས་ཐོབ་ཏུ་མེད་པར་ཤེས་པས་མྱ་ངན་ལས་འདས་པ་ལ་རེ་བ་ཟད། སྐྱི་ལམ་ལ་སྐྱི་ལམ་དུ་ཤེས་པ་ལྟར་སྡུག་བསྔལ་ངོ་བོ་ཉིད་ཀྱིས་མི་དམིགས་པར་ཤེས་པས་འཁོར་བ་ལ་འཇིགས་པ་མེད་ཅིང་། ཆོས་ཐམས་ཅད་རྣམ་པར་བཏགས་པ་ཙམ་ལས་ངོ་བོ་ཉིད་ཅིར་ཡང་མི་གནས་ཤིང་གང་དུ་ཡང་མི་གནས་པ་དེ་ཉིད་སེམས་ཀྱི་དབྱིངས་སྟོང་ཞིང་འོད་གསལ་བ་འདི་ཉིད་ཁོ་ནར་མཐོང་བས་ཆོས་ཐམས་ཅད་རང་གི་ལག་མཐིལ་ན་གནས་པ་ལྟ་བུར་འདོད་གུར་རང་དབང་དུ་བྱེད་པས་འཁོར་འདས

ཐམས་ཅད་ཀྱི་རྒྱུ་ཚོགས་རྟེན་ཅིང་འབྲེལ་པར་འབྱུང་བ་ལ་དབང་ཐོབ་ཅིང་ཤིན་ཏུ་མཁས་པས། འདི་ལྟར་མ་རྟོགས་པའི་སེམས་ཅན་གྱི་ཚོགས་ལ་སྙིང་རྗེ་བཟོད་མེད་དུ་འཇུག་ཅིང་། དེའི་ཚེ་ཡང་བདག་དང་སེམས་ཅན་དུ་དམིགས་པ་མེད་ལ་སྙིང་རྗེ་ཆེན་པོ་འཕེལ་བ་དེ་ཙམ་གྱིས་སེམས་ཅན་དང་སེམས་ཅན་མ་ཡིན་པ་དང་སྡུག་བསྔལ་དང་བདེ་བ་ལ་སོགས་པར་གཟོད་ནས་མི་དམིགས་པ་དོན་དམ་པའི་མཐོང་བ་ཉི་མའི་དཀྱིལ་འཁོར་ལྟ་བུ་ཁོ་ན་རྒྱས་ཤིང་འཕེལ་ལ། དེ་ལྟར་དོན་དམ་པའི་མཐོང་བ་བརྟན་ཞིང་འཕེལ་བ་ན་སྙིང་རྗེ་ཆེན་པོ་ཉི་མའི་འོད་ཟེར་ལྟ་བུ་དེ་བས་ཀྱང་རྒྱས་པར་འགྱུར་ཞིང་། སེམས་ཅན་མ་གཟིགས་ལ་སྙིང་རྗེ་ཆེན་པོ་མངའ་བ་དང་བདག་ཉིད་མ་གཟིགས་ལ་བདག་ཉིད་སེམས་ཅན་ཐམས་ཅད་ཀྱི་རྟེན་དུ་མཛད་པ་དང་འཐོབ་པར་བྱ་བ་གང་ཡང་མ་གཟིགས་ལ་བྱང་ཆུབ་ཆེན་པོར་འགྲོ་བ་རྣམས་འགོད་པ་དང་། ནམ་མཁའ་ལས་གང་དུ་ཡང་འདར་མེད་པ་ལྟར་སུ་ཡང་གང་དུ་འདར་ཡོད་པར་མ་གཟིགས་ཀྱང་སེམས་ཅན་འཁོར་བ་ལས་གྲོལ་བར་སྟོན་པ་འཇིག་རྟེན་ན་འགལ་བའི་སྤྱོད་ལྡན་འདི་རྣམས་ཀྱི་སྤྱོད་ཚུལ་སུས་རྟོགས་པར་ནུས་ཏེ། དེས་ན་བྱང་ཆུབ་སེམས་(༧༨བ)དཔའ་ནམ་མཁའ་ལྟ་བུ་འདི་རྣམས་ལ་བདག་ཅག་སྦྲང་བུའི་བགྲོད་པ་ཅན་རྣམས་ཀྱི་འདོམ་གྱིས་ཚད་གཞལ་བའི་ངལ་བས་ཅི་བྱ་སྙེ་གུས་པ་དང་གཅིག་ཏུ་གུས་པས་རྗེས་སུ་ཡི་རང་བ་དང་ཡོན་ཏན་ལ་བསྔགས་པ་དང་བདག་ཉིད་ཀྱང་འདི་ལྟ་བུར་འདོད་པ་ཁོ་ན་ལྷུར་བྱོས་ཤིག །

དེས་ན་དམིགས་པ་སྣ་ཚོགས་ཀྱིས་ཐོག་མ་མེད་པ་ནས་སྙོངས་པ་སྡུག་བསྔལ་ཀྱི་རྒྱུ་ལ་གཅིག་ཏུ་བརྩོན་ཞིང་འབྲས་བུ་ལ་སྡང་བར་ལྟ་བ་རང་གིས་རང་སྡུག་བསྔལ་བ་ཅན་དུ་བྱས་པ་རང་གཡོས་ཀྱི་འདམ་དུ་རང་ཚུད་ནས་ཅི་བྱ་གཏོལ་དང་བྲལ་བ་འདི་རྣམས་ཀྱི་དོན་དུ་རྩེ་གཅིག་ཏུ་འབད་པ་སྨན་པ་མཁས་པ་ནད་

པའི་དོན་དུ་འབད་པ་ལྟར་གྱུར་ཅིང་། དེ་ཡོ་ན་ཉིད་ཤེས་པས་ཕྱིས་པ་གང་དུ་ཕྱིང་བའི་འདམ་གྱི་ཟབས་ཐུང་ཞིང་མཆུ་ཞིང་ཆུང་བར་ཤེས་པ་ལྟར་འཁོར་བའི་རང་བཞིན་ཡོང་དུ་ཆུད་པས་རང་ཉིད་འདམ་ལྟ་བུའི་འཁོར་བ་ལ་ཆགས་པ་དང་འཇིགས་པ་གཉིས་ཀ་ལས་གྲོལ་བར་གྱུར་ཅིང་། སེམས་ཅན་འཕྱིན་པའི་ནུས་པའང་བདག་ཉིད་ལ་ཡོད་པར་ཤེས་ནས་ནམ་མཁའ་ཇི་སྲིད་པར་འཁོར་བར་གཞན་དོན་དུ་གནས་པ་འགྲུབ་པར་འགྱུར་བ་འདི་ནི་སྟོང་པ་ཉིད་བསྒོམས་པའི་དངོས་ཀྱི་འབྲས་བུ་ཡིན་ཏེ། **བཅོམ་ལྡན་འདས་བྱམས་པས།** བདག་སྲིད་མ་ལུས་ཤེས་རབ་ཀྱིས་བཅད་དེ། །སེམས་ཅན་སྲིད་ཕྱིར་བརྩེ་ལྡན་ཞི་འཐོབ་མིན། །དེ་ལྟར་བློ་བརྩེ་བྱང་ཆུབ་ཐབས་བརྟེན་པས། །འཕགས་པ་འཁོར་བའམ་མྱ་ངན་འདས་མི་འགྱུར། །ཞེས་དང་། ཤེས་པས་སྲིད་ལ་མི་གནས་ཤིང་། །སྙིང་རྗེས་ཞི་ལ་མི་གནས་དང་། །ཞེས་སོ། །ཇི་ལྟར་འབྲས་བུ་ལོ་ཏོག་འདོད་ལ་རྒྱུ་སོ་ནམ་འགོག་པ་ནི་འཇིག་རྟེན་ན་གནག་རྫིས་ཀྱང་དམད་པར་བྱ་བ་ཡིན་པ་དེ་བས་ན། འབྲས་བུ་བྱང་ཆུབ་འདོད་པ་རྣམས་ཀྱིས་རྒྱུ་སྟོང་པ་ཉིད་ཀྱི་ཕྱོགས་ལ་སུན་འབྱིན་པ་དང་སྐུར་བ་འདེབས་པ་ནི་(༡༧༩ན)འཐད་པ་མ་ཡིན་ནོ། །དེས་ན་ཐེག་གྲོགས་ཀྱི་ངག་ལ་ཡིད་མི་རྟོན་ཞིང་ཐེ་ཚོམ་མི་ཟ་བར་སྟོང་པ་ཉིད་དངོས་པོའི་གནས་ལུགས་ཆོས་ཐམས་ཅད་ཀྱི་ངོ་བོ་ཉིད་གང་ཡིན་པ་འདི་ཡོ་ན་སྒོམ་པར་བྱའོ། །ཅི། འཁོར་བར་གནས་པ་འགྲུབ་འགྱུར་བ། །འདི་ནི་སྟོང་ཉིད་འབྲས་བུ་ཡིན། །ཞེས་འདོན་པ་ལྟར་ན་འདིས་འཁོར་བ་ལས་ཐར་བ་མི་འཐོབ་པ་ཞིག་གོ་སྙམ་ན། སྤྱིར་འཁོར་འདས་སྟོང་ཉིད་དུ་ཤེས་པ་ཡོ་ནས་སྲིད་ཞི་གཉི་གའི་སྒྲོག་རང་བཀྲལ་དུ་སོང་བ་འདི་ཉིད་ཉན་རང་གི་ཐར་པ་འབུམ་གྱིས་ཀྱང་དོ་ཟླ་མིན་པའི་ཐར་པ་ཡིན་མོད་ཀྱང་སྨན་པ་མཁས་པ་ནད་པའི་ཚོགས་མི་འདོར་བ་ལྟར། སྙིང་རྗེས་གཞན་དོན་དུ་འཁོར་བར་གནས་པ་པདྨ་འདམ་གྱིས་མ་གོས་པ་ལྟར་ཟད་པས་འདི་ལ་ནི་འཁོར་བ་པར་མི་བརྗོད་

དེ་སྨན་པ་ནད་པར་མི་བརྫོད་པ་བཞིན་ནོ། །དེ་ལྟ་མོད་ཀྱི་ཉོན་མོངས་པ་དང་ཤེས་བྱའི་སྒྲིབ་པའི་ཚོགས་ནང་གི་མུན་པ་སྟུག་པོ་དེ་ཕོ་ན་ཉིད་ལ་སྒྲིབ་པར་བྱེད་པ་འདིའི་དངོས་ཀྱི་གཉེན་པོ་ནི་སྟོང་པ་ཉིད་ཕོ་ན་ཡིན་ཏེ། ཚོགས་སྦྱོར་དུ་སྟོང་ཉིད་ལ་མོས་པས་ཞུགས་པ་ལས་མཐོང་བའི་ལམ་དུ་ནམ་མཁའ་ཐ་དད་མེད་པ་ལྟ་བུའི་སྟོང་ཉིད་ཀུན་འགྲོའི་ཚུལ་གྱིས་རྟོགས་ཤིང་སྒོམ་པའི་ལམ་རྣམས་སུ་བློ་བུར་གྱི་དྲི་མ་བསལ་སྟོབས་ཀྱིས་འཇིག་རྟེན་གྱི་ཁམས་ཚད་མེད་པའི་ནམ་མཁའ་ནས་སྐྲ་རྩེ་བྱེ་བའི་ཆའི་སྤུབས་ཀྱི་ནམ་མཁའི་བར་རེ་རེ་ཞིང་གི་རྒྱ་ཚད་དང་ཁྱད་པར་རྣམས་ཀྱང་ཇི་ལྟ་བར་ཁོང་དུ་ཆུད་པ་ལྟ་བུར་སྟོང་པ་ཉིད་ཡོན་ཏན་ཀྱི་རྣམ་པ་ཐམས་ཅད་པ་རེ་རེ་ཞིང་མངོན་དུ་བྱས་ཏེ། མཐར་གཅིག་དང་ཐ་དད་ལས་འདས་པའི་ནམ་མཁའི་ཁམས་དུས་གསུམ་གྱིས་བསྡུས་པ་ཐམས་ཅད་སྐད་ཅིག་གིས་ཅིག་ཆར་དུ་ཁོང་དུ་ཆུད་པ་ལྟར་སངས་རྒྱས་དང་། བྱང་ཆུབ་སེམས་དཔའ་དང་། ཉན་ཐོས་དང་། རང་སངས་རྒྱས་དང་། སེམས་ཅན་ཐམས་ཅད་དང་། ཕུང་པོ་ལྔ་དང་། ཁམས་བཅོ་བརྒྱད་དང་། སྐྱེ་མཆེད་བཅུ་གཉིས་དང་། སྤྱང་(༦༧༤བ)བྱ་དང་། འཐོབ་བྱ་ཐམས་ཅད་ལ་རྟག་པར་རྗེས་སུ་ཞུགས་པའི་ཆོས་དབྱིངས་སམ་སྟོང་ཉིད་དེ་ཐམས་ཅད་གཅིག་པ་དང་ཐ་དད་པ་ལས་འདས་པ་ཇི་ལྟ་བ་ཉིད་དུ་སྐད་ཅིག་གིས་ཅིག་ཆར་ཁོང་དུ་ཆུད་པ་ན་རྫོགས་པའི་སངས་རྒྱས་ཐོབ་པོ། །ཞེས་འཇིག་རྟེན་ཀུན་རྫོབ་ལ་བལྟོས་ནས་རྣམ་པར་འཇོག་གོ། །དེས་ན་མྱུར་དུ་ཐམས་ཅད་མཁྱེན་པ་ཉིད་འཐོབ་པར་འདོད་ཀྱང་རུང་གཞན་དོན་དུ་ནམ་མཁའ་ཇི་སྲིད་པར་འཁོར་བར་གནས་པར་འདོད་པ་བྱང་ཆུབ་སེམས་དཔའ་འདོད་ཆེན་པའི་བརྟུལ་ཞུགས་འཛིན་པས་ཀྱང་རུང་སྟེ་དེ་འཐོབ་པའི་རྒྱུ་ནི་སྟོང་ཉིད་ཤེས་པ་ཕོ་ན་ཡིན་པས་སྟོང་པ་ཉིད་དེ་ནི་ཇི་ལྟར་ན་སྒོམ་པར་མི་བྱེད་དེ་འདི་ཕོ་ན་སྒོམ་པར་རིགས་སོ། །བདག་ཅག་ནི་མ་སྦྱངས་པས་སྟོང་ཉིད་ལ་སྐྲག་གོ་ཞེ་ན། དངོས་པོ་གང་སྡུག་བསྔལ་སྐྱེད་

པར་བྱེད་པ་དེ་ལ་སྐྲག་པ་སྐྱེ་བར་འགྱུར་བ་ནི་འཇིག་རྟེན་ན་རིགས་མོད་ཀྱང་ཕན་པར་བྱེད་པ་དེ་ལ་སྐྲག་པ་ནི་འཇིག་རྟེན་ན་མི་རིགས་པར་འཇོག་སྟེ། ནད་ལ་སྐྲག་པར་བྱེད་ཀྱི་སྨན་དང་སྨན་པ་ལ་སྐྲག་པར་མི་བྱེད་པ་བཞིན་ནོ། །དེས་ན་སྟོང་པ་ཉིད་འདིས་ནི་དངོས་འཛིན་གྱི་ནད་དང་སྡུག་བསྔལ་ཐམས་ཅད་ཞི་བར་བྱེད་པའི་ཕྱིར་སྨན་དང་སྨན་པའི་མཆོག་ལྟ་བུ་ཡིན་ན་དེ་ལ་འཇིགས་པ་ཇི་ལྟར་སྐྱེ་སྟེ་འདི་ནི་ཐེ་ཚོམ་མེད་པར་དད་པར་བྱ་བ་ཡིན་ནོ། །འདི་དག་ཏུ་**དགེ་བའི་ལྷས།** དགེ་སློང་གི་སྡོམ་པའི་རྩ་བ་བཞི་གང་ལ་ཡོད་པ་དེ་ནི་དགེ་སློང་ཉིད་དེ་དེ་ཉིད་ཀྱང་དཀའ་བས་གནས་པ་ནི་ མུ་སྟེགས་པ་དང་རྗོད་པ་དང་བཅས་པས་སོ། །ཞེས་ལུང་གཞན་ལ་ཡང་རྗོད་བཅས་ཀྱི་ཕྱིར་གྱི་ཁྱབ་མཚུངས་ཀྱི་ན་ཡམས་སུ་བཀོད་ཅིང་། ཉེ་བར་དམིགས་པ་ཡོད་པ་རྣམས་ཀྱིས་ཇི་སྲིད་ཕུང་པོར་འཛིན་པ་ཡོད་པ་དེ་སྲིད་ངར་འཛིན་གྱི་ང་རྒྱལ་བྱེད་ལ་ལས་དང་སྐྱེ་བ་ཡོད་པ་དེ་ལྟ་ན་མྱ་ངན་ལས་འདས་པ་ཡང་དཀའོ། །གལ་ཏེ་བདེན་པ་མཐོང་བས་ཉོན་མོངས་སྤོང་བའི་ཕྱིར་མི་དཀའོ་ཞེ་ན། དེའི་ཕྱིར་ཉོན་མོངས་སོགས་སོ། །ཞེས་དང་།

གཞན་(༢༧༡ན)དག་ན་རེ། ཉོན་མོངས་ཅན་དང་ལུང་མ་བསྟན་པའི་སྲིད་པ་དང་འདོད་ཁམས་ཀྱི་མི་དགེ་བ་ནི་འདིར་ཡང་སྲིད་འབྱུང་བའི་དབང་དུ་བྱས་པ་ཡིན་ཏེ། དེ་ཡང་དགའ་བའི་འདོད་ཆགས་དང་བཅས་པ་ནི་ཉོན་མོངས་པ་དང་བཅས་པ་ཡིན་ན་ཉོན་མོངས་མེད་ཀྱང་ཞེས་ཅིའི་ཕྱིར་རྟོག་ཅེས་སྨྲ་ན། འདི་ལྟར་དགོངས་ཏེ་གཏི་མུག་ཀྱང་ཉོན་མོངས་པའི་ས་པ་ཆེན་པོ་ཡིན་པས་ཉོན་མོངས་ཅན་ཡིན་ལ། དེའི་བག་ཆགས་ཀྱང་ཀུན་ཏུ་རྨོངས་པའི་ཉོན་མོངས་ཅན་མ་ཡིན་པའི་མི་ཤེས་པ་ནི་སེམས་དམིགས་པ་དང་བཅས་པ་འདི་ལ་ཡོད་པར་འདོད་དོ། །དེ་བཞིན་དུ་ཉོན་མོངས་ཅན་གྱི་སྲིད་པ་ལ་ཡང་བག་ཆགས་ཉོན་མོངས་ཅན་མ་ཡིན་པ་ཡོད་དེ། དེ་ཡང་ཚོར་བ་ཡིན་ནོ། །དེ་ཉོན་མོངས་པ་ཅན་མ་ཡིན་

ཡང་ལྡན་ཅིག་བྱེད་པའི་རྐྱེན་དང་ཕྲད་ན་ཉོན་མོངས་ཅན་དུ་སྐྱེད་དོ། །ཞེས་ཡང་སྒྲས་སྟོན་ཏོ། །དེས་ན་སྲིད་འདི་ཞེས་སོགས་སྨོས་སོ། །རྒྱུ་རྣམས་ནི་འབྲས་བུ་ངེས་པར་སྐྱེད་པ་མ་ཡིན་ནོ་ཞེ་ན། དམིགས་པ་ཞེས་སོགས་སྨོས་ཏེ་ཞེས་སོགས་སྣང་མོད། དགྲ་བཅོམ་ལ་ཉོན་མོངས་མེད་ཀྱང་ཞེས་སྨོས་མི་རིགས་པར་དོགས་པ་བསླང་ནས་གཏི་མུག་ཉོན་མོངས་ཡིན་ལ་ཞེས་ལན་བཏབ་པ་འདི་ནི་དཔྱད་པའི་གཞིའོ། **།པི་ཏྲ་ཊིས་ནི།** ཉོན་མོངས་ཟད་པ་ནི་དགེ་སློང་ཡིན་ཏེ་དེ་ནི་སྟོང་ཉིད་མ་རྟོགས་ན་མི་འགྲུབ་བོ་ཞེས། ཉོན་མོངས་པ་ལས་གྲོལ་ན་དེའི། །སོགས་ཀྱིས་དེ་སྒྲུབ་པ་དགེ་སློང་དཀའ་བར་གནས་པ་དང་། སེམས་ནི་དམིགས་དང་སོགས་ཀང་པ་གཉིས་པོ་སྨྲ། དམིགས་པ་ནི་སེམས་ཀྱིས་སྒྲུབ་པ་ལ་མྱང་འདས་དཀའ་བར་སྟོན་པ་ཞེས་བཀྲལ་ཞིང་འོ་ན་ཡང་དག་པར་རྟུག་བསྔལ་མེད་ན་འཁོར་བར་གནས་ནས་ཅི་བྱ་ཞེ་ན། ཀུན་རྫོབ་ཏུ་སེམས་ཅན་དམིགས་པའི་ཕྱིར་རོ་ཞེས་རྩོད་པ་སྤངས་སོ། **།དཀའ་འགྲེལ་ཆུང་བ་ལས་ནི།** དགེ་སློང་ལྔ་ལས་འདིར་ཉོན་མོངས་བཅོམ་པའི་དགེ་སློང་བཟུང་(༧༢བ)སྟེ་སྟོང་ཉིད་མེད་ན་ལྷག་བཅས་མྱང་འདས་ཀྱི་དགེ་སློང་མེད་པར་ཐལ་བའོ། །ཉོན་མོངས་བཅོམ་པ་ནི་བསྟན་པའི་རྩ་བ་ཡིན་ཏེ། དགྲ་བཅོམ་པའི་ཚོགས་ཀྱིས་བསྟན་པ་རྟུད་འཛིན་སྲུང་བའི་ཕྱིར། །ཁ་ཆེ་ལ་སོགས་པའི་ཡུལ་སོ་སོར་ད་ལྟར་ཡང་བསྟན་པ་བཟུང་བ་དང་སྲུང་བའི་དོན་དུ་གནས་པར་བཤད་པའི་ཕྱིར། སྟོང་ཉིད་མེད་པར་ཉོན་མོངས་པ་བཅོམ་པ་ཇི་ལྟར་མི་འཐད་ན་དེའི་ས་བོན་མ་སྤངས་པས་ཡང་སྐྱེ་བའི་ཕྱིར། ཡང་ན་ཉོན་མོངས་བཅོམ་པ་འཐད་ཀྱང་ལྷག་མེད་ཀྱི་མྱང་འདས་མི་འཐད་དོ་ཞེས། སེམས་ནི་དམིགས་དང་སོགས་སོ། །འོན་ཏེ་ཡང་སྲིད་མི་ལེན་པས་སྔོན་འཕངས་པའི་ཕུང་པོ་ཟད་པ་ན་མྱང་འདས་སོ། །ཞེས་དོགས་པ་བསུ་བའི་ཕྱིར་རེ་ཞིག་སོགས་སོ། །ངར་འཛིན་གྱི་ཕུང་པོ་དོན་གཉེར་དེ་དག་ལ་མེད་ཀྱང་ཕུང་པོ་དོན་གཉེར་གྱི་སྲིད་པ་ནི་ཡོད་

དེ་ཁ་ཟས་དོན་དུ་གཉེར་བ་ཡོད་པའི་ཕྱིར། དེའི་རྒྱུ་ཚང་བས་ཀྱང་ཡོད་པར་སྟོན་ཏེ། ཚོར་བའི་རྐྱེན་གྱིས་སོགས་ཏེ་བསམ་གྱིས་མི་ཁྱབ་པའི་འཆི་འཕོ་ཡོད་པར་རྒྱུད་བླ་དང་དཔལ་ཕྲེང་གི་མདོ་སོགས་ལས་བཤད་དོ། །ཞེས་སྨྲ་བ་ལ་ནི། ཉོན་མོངས་བཅོམ་པ་དགེ་སློང་གི་མཆོག་ཏུ་ཁྱེད་ཅག་ཉིད་འདོད་དེ་དགྲ་བཅོམ་གྱིས་བསྟན་པའི་བྱ་བ་དངོས་རྣམས་བྱེད་པའི་ཕྱིར། ཞེས་ཐེག་དམན་གྱི་གཞུང་དང་སྦྱར་བ་ཁས་ལེན་དུ་བཅུག་ནས་སླར་སྟོང་ཉིད་མ་རྟོགས་ན་ཉོན་མོངས་པ་སྤོང་མི་ནུས་ལ། དེས་ན་ཐེག་དམན་ལ་མྱང་འདས་དང་དགྲ་བཅོམ་ཡང་མེད་དོ། །ཞེས་ཐེག་ཆེན་གྱི་རང་གཞུང་ཚད་མར་བྱས་ཏེ་བརྒལ་བ་ཞིག་ཡིན་པར་སྣང་ངོ་། **།ཤེར་ལེ་ཕོ་ནའི་དཀའ་འགྲེལ་ཆུང་ངུ་ལས་ནི།** དགེ་སློང་དཀའ་བར་གནས་ཏེ་རྟོད་བཅས་ཡིན་པའི་ཕྱིར་དང་། ཉོན་མོངས་བཅོམ་པ་དཀའ་བ་གཉི་གར་འབྲུ་གཉེར་ཏོ། །

གསུམ་པ་སྟོང་ཉིད་སྒོམ་ཚུལ་ལ། བདག་མེད་གཉིས་ལས། དང་པོ་གང་ཟག་གི་བདག་མེད་སྒོམ་པ་ལ་ལྔ། (༧)(ན)སྤྱིར་བདག་མ་གྲུབ་པར་སྟོན་པ། ཐེ་བྲག་ཏུ་གྲངས་ཅན་པའི་འདོད་པ་དགག་པ། རིགས་པ་ཅན་པ་དགག་པ། བདག་མེད་ཀྱང་ལས་འབྲས་མི་འགལ་བ། ཞར་ལ་སྤྱོད་པ་བ་དང་རང་སྡེ་གནས་མ་བུ་པའི་གང་ཟག་འགོག་པའོ། །

དང་པོ་(སྤྱིར་བདག་མ་གྲུབ་པར་སྟོན་པ་)ནི།

གལ་ཏེ་བདག་འགའ་ཡོད་ན་ནི། །
ཅི་ཡང་རུང་ལས་འཇིགས་འགྱུར་ན། །
བདག་ཉིད་འགའ་ཡང་ཡོད་མིན་པས། །
འཇིགས་པར་འགྱུར་བ་སུ་ཞིག་ཡིན། ༥༧ །
སོ་དང་སྐྲ་སེན་བདག་མ་ཡིན། །
བདག་ནི་རུས་པ་ཁྲག་མ་ཡིན། །

སྣབས་མིན་བད་ཀན་མ་ཡིན་ཏེ། །
ཆུ་སེར་དང་ནི་རྣག་ཀྱང་མིན། ༥༨ །
བདག་ནི་ཞག་དང་རྡུལ་མིན་ཏེ། །
སྒྲོ་མཆིན་དག་ཀྱང་བདག་མ་ཡིན། །
ནང་རོལ་གཞན་ཡང་བདག་མིན་ཏེ། །
བདག་ནི་ཕྱི་ས་གཅིན་མ་ཡིན། ༥༩ །
ཤ་དང་པགས་པ་བདག་མིན་ཏེ། །
དྲོད་དང་རླུང་ཡང་བདག་མ་ཡིན། །
བུ་ག་བདག་མིན་རྣམ་ཀུན་ཏུ། །
རྣམ་ཤེས་དྲུག་ཀྱང་བདག་མ་ཡིན། ༦༠ །

ཞེས་གསུངས་ཏེ། ཚོགས་བཅད་དང་པོས་སྐྲག་པ་པོའི་བདག་མེད་པར་བསྟན། ལྷག་མས་ལུས་བདག་མ་ཡིན་པར་བསྟན། ཚིག་རྐང་ཐ་མས་སེམས་བདག་མ་ཡིན་པར་བསྟན་ཏོ། །

གཉིས་པ་(ཕྱི་སྦྲག་ཏུ་གྲངས་ཅན་པའི་འདོད་པ་དགག་པ་)ནི།

གལ་ཏེ་སྒྲ་ཡི་ཤེས་རྟག་ན། །
ཐམས་ཅད་ཚེ་ན་སྒྲ་འཛིན་འགྱུར། །
ཤེས་བྱ་མེད་ན་ཅི་རིག་ན། །
གང་གིས་ཤེས་པ་ཞེས་བརྗོད་བྱེད། ༦༡ །
གལ་ཏེ་ཤེས་མེད་ཤེས་ཡིན་ན། །
ཤིང་ཡང་ཤེས་པར་ཐལ་བར་འགྱུར། །
དེས་ན་ཤེས་བྱ་ཉེར་གནས་པ། །
མེད་པར་ཤེས་པ་མེད་ཅེས་ངེས། ༦༢ །

དེ་ཉིད་ཀྱིས་ནི་གཟུགས་ཤེས་ན། །
དེ་ཚེ་ཐོས་པའང་ཅི་སྟེ་མིན། །
གལ་ཏེ་སྒྲ་མི་ཉེ་ཕྱིར་ན། །
དེ་ན་དེ་ཡི་ཤེས་པའང་མེད། ༨༣ །
སྒྲ་འཛིན་རང་བཞིན་གང་ཡིན་པ། །
དེས་གཟུགས་འཛིན་པར་ཇི་ལྟར་འགྱུར། །
གཅིག་ནི་ཕ་དང་བུ་ཉིད་དུ། །
བཏགས་ཡིན་ཡང་དག་ཉིད་མིན་ཏེ། ༨༤ །(༢༧ཁ)
ཇི་ལྟར་སྙིང་སྟོབས་རྡུལ་དང་ནི། །
མུན་པ་བུ་མིན་ཕ་ཡང་མིན། །
དེ་ནི་སྒྲ་འཛིན་དང་ལྡན་པའི། །
རང་བཞིན་དུ་ནི་མཐོང་མ་ཡིན། ༨༥ །
གར་མཁན་ལྟ་བུར་ཚུལ་གཞན་གྱིས། །
དེ་ཉིད་མཐོང་ན་དེ་རྟག་མིན། །
གལ་ཏེ་ཚུལ་གཞན་དེ་ཉིད་ན། །
གཅིག་ཉིད་དེ་ནི་སྔོན་མེད་ཅིག ༨༦ །
གལ་ཏེ་ཚུལ་གཞན་བདེན་མིན་ན། །
དེ་ཡི་རང་གི་རང་བཞིན་སྨྲོས། །
ཤེས་ཉིད་ཅེ་ན་དེ་ལྟ་ན། །
སྐྱེས་ཀུན་གཅིག་ཏུ་ཐལ་བར་འགྱུར། ༨༧ །
སེམས་པ་སེམས་མེད་དེ་དག་ཀྱང་། །
གཅིག་འགྱུར་གང་ཕྱིར་ཡོད་ཉིད་མཚུངས། །

གང་ཚེ་བྱེ་བྲག་ཕྱིན་ཅི་ལོག །
དེ་ཚེ་འདྲ་བའི་རྟེན་གང་ཡིན། ༦༨ །

ཞེས་གསུངས་ཏེ། དང་པོ་གཉིས་ཀྱིས་སྒྲ་འཛིན་རྟག་པ་བཀག །དེ་ཉིད་ཀྱིས་སོགས་ཕྱེད་དང་གཉིས་ཀྱིས་རེས་གཟུགས་འཛིན་པ་བཀག །གཅིག་ནི་སོགས་ཕྱེད་དང་གཉིས་ཀྱིས་བསྒོས་པའི་དཔེ་བརྗོད་པ་བཀག །ལྷག་མས་རྟག་པ་དང་གཅིག་ཕྱུར་བདེན་པ་བཀག་པའོ། །

གསུམ་པ་རིགས་པ་ཅན་པ་དགག་པ་ནི།

སེམས་མེད་པ་ཡང་བདག་མིན་ཏེ། །
སེམས་མེད་ཉིད་ཕྱིར་བུམ་སོགས་བཞིན། །
འོན་ཏེ་སེམས་དང་ལྡན་པའི་ཕྱིར། །
ཤེས་ན་མི་ཤེས་འཇིག་པར་ཐལ། ༦༩ །
ཅི་སྟེ་བདག་ལ་འགྱུར་མེད་ན། །
སེམས་པས་དེ་ལ་ཅི་ཞིག་བྱས། །
དེ་ལྟར་ཤེས་མེད་བྱ་བྲལ་བ། །
ནམ་མཁའ་བདག་ཏུ་བྱས་པར་འགྱུར། ༧༠ །

ཞེས་གསུངས་ཏེ། སྔ་མས་སེམས་མེད་པའི་བདག་བཀག །ཕྱི་མས་དེ་འགྱུར་མེད་དུ་འདོད་པ་བཀག་གོ། །

བཞི་པ་(བདག་མེད་ཀྱང་ལས་འབྲས་མི་འགལ་བ་)ནི།

གལ་ཏེ་བདག་ནི་ཡོད་མིན་ན། །
ལས་འབྲས་འབྲེལ་བ་རིགས་མིན་ཏེ། །
ལས་བྱས་ནས་ནི་ཞིག་པས་ན། །
སུ་ཡི་ལས་སུ་འགྱུར་ཞེ་ན། ༧༡ །

ཐུ་བ་འབྲས་གཞི་ཐ་དད་དང་། །
དེ་བདག་བྱེད་པ་མེད་པར་ཡང་། །
ཡུ་བུ་གཉིས་ཀ་ལ་གྲུབ་པས། །
འདིར་བརྩད་དོན་མེད་མ་ཡིན་ནམ། ༧༢ །
རྒྱུ་ལྡན་འབྲས་བུ་དང་བཅས་པར། །
མཐོང་བ་འདི་ནི་སྲིད་(༤༢༠ན)མ་ཡིན། །
རྒྱུན་གཅིག་ལ་ནི་བརྟེན་ནས་སུ། །
བྱེད་པོ་སྤྱོད་པོ་ཞེས་བྱར་བསྟན། ༧༣ །

ཞེས་གསུངས་ཏེ། དང་པོས་རྩོད་པ་བཀོད། གཉིས་པས་བདག་བྱེད་པ་པོ་མེད་པ་རྐོལ་བ་གཉིས་ཀ་ལ་མཚུངས་པར་བསྟན། གསུམ་པས་རྒྱུ་འབྲས་དུས་མཉམ་མི་སྲིད་པར་བསྟན་ཏོ། །

ལྔ་པ་(ཞར་ལ་དཔྱོད་པ་བ་དང་རང་སྡེ་གནས་མ་བུ་པའི་གང་ཟག་འགོག་པ་)ནི།

འདས་དང་མ་འོངས་པ་ཡི་སེམས། །
བདག་མིན་དེ་ནི་མེད་པའི་ཕྱིར། །
འོན་ཏེ་སྐྱེ་སེམས་བདག་ཡིན་ན། །
དེ་ཞིག་ན་ཡང་བདག་མེད་ན། ༧༤ །
དཔེར་ན་ཆུ་ཤིང་སྡོང་པོ་དག །
ཆ་ཤས་ཕྱེ་ན་འགའ་མེད་པ། །
དེ་བཞིན་རྣམ་པར་དཔྱད་པ་ཡིས། །
བཙལ་ན་བདག་ཀྱང་ཡང་དག་མིན། ༧༥ །
གལ་ཏེ་སེམས་ཅན་ཡོད་མིན་ན། །
སུ་ལ་སྙིང་རྗེ་བྱ་ཞེ་ན། །

འབྲས་བུའི་དོན་དུ་ཁས་བླངས་པའི། །
སྡོངས་པས་བཏགས་པ་གང་ཡིན་པའོ། ༧༦ །
སེམས་ཅན་མེད་འབྲས་སུ་ཡི་ཡིན། །
བདེན་ཏེ་འོན་ཀྱང་རྨོངས་ལས་འདོད། །
སྡུག་བསྔལ་ཉེ་བར་ཞི་དོན་དུ། །
འབྲས་བུའི་རྨོངས་པ་བཟློག་མི་བྱ། ༧༧ །
སྡུག་བསྔལ་རྒྱུ་ཡི་ང་རྒྱལ་ནི། །
བདག་ཏུ་རྨོངས་པས་འཕེལ་བར་འགྱུར། །
དེས་ཀྱང་བཟློག་ཏུ་མེད་ཅེ་ན། །
བདག་མེད་བསྒོམ་པ་མཆོག་ཡིན་ནོ། ༧༨ །

ཞེས་གསུངས་ཏེ། དང་པོའི་ཕྱེད་སྔ་མས་འདས་མ་འོངས་བདག་མ་ཡིན་པ་དང་། ཕྱེད་ཕྱི་མས་ད་ལྟ་བ་བདག་མ་ཡིན་པར་བསྟན། དེ་ནས་ཚིགས་བཅད་གཅིག་གིས་བདག་མི་རྟེན་པར་བསྟན། ལྷག་མས་སེམས་ཅན་མེད་ན་སྙིང་རྗེ་མི་འཐད་པའི་རྩོད་པ་སྤངས་པའོ། །

དེ་ཡང་། སྟོང་ཉིད་སྡུག་བསྔལ་ཞི་བྱེད་པ། །དེ་ལ་འཇིགས་པ་ཇི་ལྟར་སྐྱེ། །ཞེས་སྟོང་ཉིད་འཇིགས་པའི་གནས་མིན་པར་བསྟན་ནས། དེ་ལྟ་མོད་ཀྱི་གལ་ཏེ་འཇིགས་པ་པོ་བདག་འགའ་ཞིག་ཡོད་ན་ནི་འཇིགས་གནས་ཅི་ཡང་རུང་བ་ལ་འཇིགས་པར་འགྱུར་ལ་རག་མོད་ནའང་བདག་ཉིད་ནི་འགའ་ཞིག་སྐྱེ་ཚུང་ངུ་ཙམ་ཡང་ཡོད་པ་མིན་པས་འཇིགས་པར་མི་རིགས་ཏེ། ཐོག་མར་འཇིགས་པར་(༤༢༠བ) འགྱུར་བ་པོ་དེ་སུ་ཞིག་ཡིན་བརྟག་པ་བྱོས་ཤིག་གོ། །གལ་ཏེ་ལུས་བདག་གོ་ཞེ་ན། ཡན་ལག་གི་ཚོགས་པ་ལས་གཞན་པའི་ལུས་ནི་མེད་ལ། ཡན་ལག་དེ་རྣམས་ནི་བདག་མ་ཡིན་ཞིང་དེ་རྣམས་ལ་ཡང་བདག་མེད་དེ། འདི་ལྟར་སོ་དང་སྐྲ་དང་

སེན་མོ་ནི་རུས་པ་དང་སྤུ་ཡིན་གྱི་བདག་མ་ཡིན་ལ་བདག་ནི་རུས་པ་དང་སྤུ་ལ་སོགས་པར་མི་རིགས་སོ། །དེ་བཞིན་དུ་ཁྲག་ནི་བདག་མ་ཡིན་ལ་བདག་ཀྱང་ཁྲག་མ་ཡིན་ནོ། །སྣབས་མིན་བད་ཀན་མ་ཡིན་ཏེ། །ཆུ་སེར་དང་ནི་རྣག་ཀྱང་མིན་ཏེ་དེ་དག་ནི་ལྷན་ལྷིན་ཡིན་ལ་། བདག་ལྷན་ལྷིན་དུ་མི་རིགས་ཤིང་ལྷན་ལྷིན་བདག་ཏུ་ཡང་མི་རིགས་པའི་ཕྱིར། བདག་ནི་ཞག་དང་རྡུལ་མིན་ཏེ། །དེ་གཉིས་ནི་ནང་གི་ཆུ་ཁམས་སུ་ཟད་དོ། །གློ་མཆིན་དག་ཀྱང་བདག་མ་ཡིན། །ནང་རོལ་གཞན་ཡང་བདག་མིན་ཏེ་དེ་དག་ནི་ཤར་ཟད་པའི་ཕྱིར། བདག་ནི་ཕྱི་ས་གཅིན་མ་ཡིན་ཏེ་དེ་གཉིས་ནི་ཟས་སྐོམ་གྱི་སྙིགས་མ་ཡིན་པའི་ཕྱིར། ཤ་དང་པགས་པ་དང་རུས་པ་དང་རྩ་དང་རྒྱུས་པ་ཡང་བདག་མ་ཡིན་ཏེ་དུར་ཁྲོད་དུ་བོར་བའི་ཤ་སོགས་བདག་དང་བདག་གི་གང་ཡང་མ་ཡིན་པར་མཐོང་ལ་ལུས་འདིའི་ཤ་སོགས་དང་དེ་དག་ལ་ཁྱད་པར་མ་མཐོང་བའི་ཕྱིར། དེ་རྣམས་ཀྱིས་ལུས་ཀྱི་ས་ཁམས་དང་ཆུ་ཁམས་བདག་མ་ཡིན་པར་བསྟན་ལ། དེ་བཞིན་དུ་དྲོད་མེའི་ཁམས་དང་རླུང་འབྱུང་འཇུག་གནས་པ་དབུགས་ཀྱི་ཚ་ཡང་བདག་མ་ཡིན་ཏེ། ཇི་ལྟར་ཐབ་ཀའི་མེ་བདག་མ་ཡིན་པ་དང་སྦུད་པའི་རླུང་བདག་མ་ཡིན་པ་བཞིན་ནོ། །རྣ་བ་ལ་སོགས་པ་ནང་གི་བུ་ག་གཞན་དང་གཞན་རྣམས་ཀྱང་བདག་མ་ཡིན་ཏེ། ཕྱིའི་སྐར་ཁུང་བདག་མ་ཡིན་པ་བཞིན་ནོ། །

གལ་ཏེ་ལུས་བདག་མ་ཡིན་མོད་སེམས་བདག་ཡིན་ནོ་ཞེ་ན། རྣམ་པ་ཀུན་ཏུ་ཡུལ་ལ་འཇུག་པའི་མིག་གི་རྣམ་ཤེས་ལ་སོགས་པ་དྲུག་པོ་འདི་དག་ཀྱང་བདག་མ་ཡིན་ཏེ་། འདི་དག་ནི་ཡུལ་གཟུགས་སོགས་ལ་བརྟེན་ནས་(༤༧ན)སྐྱེ་ཡི་བདག་ནི་རྐྱེན་ལ་རག་ལས་པར་མི་རིགས་པ་དང་། བདག་གི་མིག་གི་རྣམ་ཤེས་ཞེས་འདི་དག་ལ་བདག་གི་བའི་འདུ་ཤེས་འཇུག་པའི་ཕྱིར། བདག་ཡིན་ན་བདག་གི་བར་འགལ་ཏེ། བདག་ཀྱང་ཡིན་ལ་བདག་གི་རྣ་ཡང་ཡིན་པ་མི་སྲིད་པ་ལྷ་སྦྱིན་གྱི་

ཕྱིར། ཚོགས་དྲུག་པོ་ལས་གཞན་པའི་སེམས་ཀྱང་མེད་དེ། རྣམ་པར་ཤེས་པ་ནི་ཤེས་པའི་ཚོགས་གཅིག་པོ་ན་ཡིན་ལ་དེ་ཉིད་ཡུལ་གྱི་དབང་གིས་དྲུག་ཏུ་བཞག་པའི་ཕྱིར། ཀུན་གཞིའི་རྣམ་ཤེས་བདག་གོ་ཞེ་ན། དེ་ནི་ཐེག་ཆེན་གྱི་སྐབས་ལས་གཞན་དུ་མ་བསྟན་ཏེ། ལེན་པའི་རྣམ་པར་ཤེས་པ་ཟབ་ཅིང་ཕྲ། །ས་བོན་ཐམས་ཅད་ཆུ་བོ་བཞིན་དུ་འབབ། །བདག་ཏུ་རྟོག་པར་གྱུར་ན་མི་རུང་ཞེས། །དེ་ནི་བྱིས་པ་རྣམས་ལ་ངས་མ་བསྟན། །ཞེས་སོ། །ཀུན་གཞིའི་རྣམ་ཤེས་རྣམ་པར་གཞག་པའི་ཚེ་ནའང་དེ་ཡང་བདག་མ་ཡིན་ཏེ་དེ་ལ་ཡང་བདག་གི་བའི་འདུ་ཤེས་འཇུག་པའི་ཕྱིར་དང་། སྤྱིར་རྒྱུ་མེད་དུ་ལྟ་བ་ཟློག་ཕྱིར་ཀུན་གཞི་ནི་དགོངས་པས་གསུངས་ཀྱི་ངོ་བོ་ཉིད་ཀྱིས་ཡོད་པ་མ་ཡིན་ཏེ། སངས་རྒྱས་ཀྱི་སར་མི་གནས་པའི་ཕྱིར་དང་། མཐར་ཐུག་ཀུན་གཞི་མེད་པའི་ཆོས་ཀྱི་འཁོར་ལོ་གཙོ་བོར་སྟོན་པའི་ཕྱིར་དང་། གང་ཀུན་གཞི་འདོད་པ་དེ་ནི་ཆོས་འདོད་པ་མ་ཡིན་ནོ། །ཞེས་གསུངས་པའི་ཕྱིར། ལུས་སེམས་དེ་དག་ལས་གཞན་པའི་བདག་ཡོད་ན་རང་ཉིད་ལ་སྣང་བར་རིགས་ཏེ། རང་ཉིད་ལ་རང་ལྐོག་ཏུ་གྱུར་པ་མི་སྲིད་པའི་ཕྱིར། དེ་ཡང་མི་སྣང་བ་ལས་ན་བདག་དེ་ནི་ཀུན་རྫོབ་བམ་དོན་དམ་དུའང་རུང་དཔྱད་པའམ་ཐ་སྙད་དུའང་རུང་སྐྱེ་ནམ་དུ་ཡང་སྲིད་པ་མ་ཡིན་ནོ། །

དེ་ལ་གྲངས་ཅན་པ་ན་རེ། ཤེས་པ་ནི་བདག་ཡིན་ལ་དེ་དང་བཅས་པའི་སྐྱེས་བུ་ནི་རང་གི་ངོ་བོ་སྟེ། དེའི་འདོད་པ་ལས་རྡུལ་མུན་སྙིང་སྟོབས་གསུམ་ཆ་མཉམ་པ་ནི་རང་བཞིན་ཏེ་རྟག་པ་ཡིན་ལ། ཆ་མི་མཉམ་པ་ནི་འགྱུར་བ་ཞེས་བྱ་བ་སྐྱེ་འཇིག་ཅན་ཡིན་ཞིང་རྟག(༤༧བ)པ་དང་འདྲེས་པ་ལས་ཆེན་པོའམ་བློ། དེ་ལས་ང་རྒྱལ། དེ་ལས་སྒྲ་སོགས་དེ་ཙམ་ལྔ་བློ་མེ་ལོང་ངོས་གཉིས་པ་ལྟ་བུ་ལ་འཕོས་པ་ལས་བདག་ལ་གཟུགས་བརྙན་ལྟར་སྣང་ཞིང་སྤྱོད་ལ་བློས་ཞེན་པ་དེ་སྐྱེས་བུས་སེམས་པར་བྱེད་དོ། །དེས་ན་བདག་དེ་ནི་རྟག་ཏུ་སྒྲའི་ཤེས་པ་ལ་སོགས་པའི་རང་

བཞིན་ཅན་ཡིན་ནོ་ཞེས་ཟེར་རོ། །

དེ་དགག་པ་ནི། གལ་ཏེ་ཁྱོད་ལྟར་སྒྲའི་ཤེས་པ་དེ་རྟག་པ་ཡིན་ན་ནི་འོ་ན་དུས་ཐམས་ཅད་ཀྱི་ཚེ་ན་ཤེས་པས་སྒྲ་འཛིན་པས་སྒྲ་རྒྱུན་མི་འཆད་པར་གྲགས་པར་ཐལ་བའི་ཕྱིར། དུང་འབུད་པ་དང་པི་ཝང་སྒྲེང་བ་སོགས་ཀྱི་རྩོལ་བ་ལ་མ་ལྟོས་པར་དུང་སྒྲ་དང་པི་ཝང་གི་སྒྲ་རྒྱུན་མི་འཆད་པར་འགྱུར་རོ། །རེས་འགའ་ཡུལ་སྒྲ་མི་ཉེ་བས་དེ་ཡི་ཚེ་སྒྲ་མི་འབྱུང་ངོ་ཞེ་ན། ཤེས་བྱ་སྒྲ་མི་ཉེ་བས་མེད་པ་དེའི་སྐབས་ན་ཤེས་པ་དེས་ཅི་ཞིག་རིག་ན་གང་གིས་དེ་ལ་སྒྲའི་ཤེས་པ་ཞེས་བརྗོད་པར་བྱེད་པ་སྨྲོས་ཤིག །གལ་ཏེ་ཤེས་བྱ་སྒྲ་མེད་པ་དེའི་ཚེ་ཡང་སྒྲའི་ཤེས་པ་ཡིན་ནོ་ཞེ་ན། འོ་ན་ཡུལ་ཤེས་མི་དགོས་པའི་ཕྱིར་སྔོན་ཤིང་ཡང་ཤེས་པར་ཐལ་བར་འགྱུར་རོ། །དེས་ན་ཤེས་བྱ་ཉེ་བར་གནས་པ་མེད་པར་ཤེས་པ་སྐྱེ་བ་མེད་ཅེས་ངེས་པའི་ཕྱིར། སྒྲ་མེད་ན་ཡང་སྒྲ་འཛིན་གྱི་ཤེས་པ་ཡོད་པར་མ་སྨྲ་ཞིག །གལ་ཏེ་སེམས་པ་རྟག་པ་དེ་ཉིད་ཀྱིས་ནི་སྒྲ་མི་ཤེས་པའི་ཚེ་ནའང་ཡུལ་ཉེ་བ་ན་གནས་པའི་གཟུགས་ཤེས་སོ་ཞེ་ན། འོ་ན་དེའི་ཚེ་སྒྲ་ཐོས་པའང་ཅི་སྟེ་མིན་ཏེ་སྒྲའི་ཤེས་པར་རྟག་པའི་ཕྱིར། གཞན་ཡང་དུང་དཀར་མཐོང་བ་ན་དུང་སྒྲ་ཐོས་དགོས་པར་འགྱུར་ཏེ། དུང་དཀར་དེ་དུང་སྒྲའི་རྟེན་ཡིན་ལ་སེམས་རྟག་པ་དེས་ཉེ་བའི་དུང་གཟུགས་མཐོང་ཞིང་དུང་སྒྲ་དང་དུང་གཟུགས་ལ་ཡུལ་ཉེ་རིང་གི་ཁྱད་མེད་པའི་ཕྱིར། ཞེས་པར་ཡང་འཐོབ་བོ། །

གལ་ཏེ་ཡུལ་སྒྲ་ཐག་མི་ཉེ་བའི་ཕྱིར་ན་སྒྲ་མེད་དོ་ཞེ་ན། དེ་ལྟ་ན་སྒྲ་དེའི་ཤེས་པ་ཡང་མེད་དེ་རི་བོང་གི་རྭ་མེད་ན་དེ་ཡི་ཤེས་(༧༢༢ན)པ་ག་ལ་ཡོད་པ་ལྟར་རོ། །དེ་ལྟར་ཡིན་མོད་ཅེ་ན། འོ་ན་སྒྲའི་ཤེས་པ་རྟག་པའི་དམ་བཅའ་ཉམས་སོ། །ཡང་དྲི་བར་བྱ་སྟེ་ཅི་སྒྲ་འཛིན་པའི་རང་བཞིན་གང་ཡིན་པའི་ཤེས་པ་དེས་གཟུགས་འཛིན་པར་ཇི་ལྟར་འགྱུར། ཁོ་ན་རེ་སྐྱེས་བུ་གཅིག་ཉིད་ཕ་ལ་བལྟོས་ནས་བུ་དང་

བྱ་ལ་བལྟོས་ནས་ཕར་འཛོག་པ་བཞིན་ནོ་ཞེ་ན། སྐྱེས་བུ་གཅིག་ལ་ནི་རེས་ཕ་དང་རེས་བུ་ཉིད་དུ་འདོགས་པ་ནི་བལྟོས་ནས་བཏགས་པ་ཡིན་གྱི་ཡང་དག་པ་ཉིད་དུ་མ་ཡིན་ལ་མ་ལྟོས་པའི་ཚེ་ཕ་བུ་གང་ཡང་མ་ཡིན་པས་སོ། །འདི་ལྟར་ཁྱོད་འདོད་པའི་སྙིང་སྟོབས་བདེ་བ་དང་རྡུལ་སྡུག་བསྔལ་དང་མུན་པ་གཏི་མུག་དེ་རྣམས་ནི་བུ་མིན་ཕ་ཡང་མིན་ཏེ་གང་ལ་ཡང་མ་ལྟོས་པའི་ཕྱིར། རྣམ་འགྱུར་ལ་བལྟོས་སོ་ཞེ་ན་མ་ལྟོས་པའི་དུས་སུ་རྡུལ་མུན་སྙིང་སྟོབས་དེ་ནི་སྒྲ་འཛིན་དང་ལྡན་པའི་རང་བཞིན་ཉིད་དུ་ནི་སུས་ཀྱང་མཐོང་བ་མ་ཡིན་ནོ། །

གལ་ཏེ་ཪྙོས་གར་མཁན་གྱིས་སྐད་ཅིག་རེར་སྲིད་སྒྲུབ་དང་འཇིགས་སྡེ་སོགས་ཀྱི་གཟུགས་ཐ་དད་འཛིན་པ་ལྟར་ཤེས་པ་དེ་ཉིད་ཚུལ་གཞན་གྱིས་རྣམ་པ་གཞན་འཛིན་ནོ་ཞེ་ན། ཁྱོད་ཀྱིས་དེ་ལྟ་བུ་ཉིད་དུ་མཐོང་ན་ཤེས་པ་དེ་རྟག་པ་མིན་པར་ངེས་ཏེ་སྐད་ཅིག་གིས་འགྱུར་བའི་ཕྱིར་རོ། །གལ་ཏེ་གར་མཁན་གྱིས་ཚུལ་གཞན་ཐ་དད་འཛིན་ཡང་གར་མཁན་གཅིག་པོ་དེ་ཉིད་ཡིན་པ་ལྟར་རྣམ་པ་ཐ་དད་འཛིན་ཡང་སྒྲ་འཛིན་པའི་ཤེས་པ་རྟག་པ་ཅན་གྱི་བདག་གཅིག་པོ་དེ་ཉིད་ཡིན་པས་སྐྱོན་མེད་དོ་ཞེ་ན། འོ་ན་སྒྲ་འཛིན་གྱི་ཤེས་པ་རྟག་པ་ཅན་གྱི་བདག་གཅིག་པུ་ཉིད་ཀྱང་ཡིན་ལ། གཟུགས་འཛིན་དང་དྲི་འཛིན་ལ་སོགས་པ་དངོས་པོ་སྣ་ཚོགས་སུ་འགྱུར་བ་ཡང་ཡིན་ན་དེ་ནི་འཇིག་རྟེན་ན་སྔོན་མེད་ཅིང་མི་སྲིད་པ་གཅིག་གོ་ཞེས་བསྙིངས་སོ། །གཞན་ཡང་བདག་དེ་སྒྲ་དེ་ཙམ་གྱི་ཤེས་པར་རྟག་ན་གཟུགས་དེ་ཙམ་ལ་སོགས་པ་དེ་ཙམ་ལྷུ་(༤༢༢བ)གའི་ཤེས་པར་རྟག་དགོས་ལ། དེ་ལྟ་ན་ཡུལ་དང་དབང་པོ་མེད་ཀྱང་གཟུགས་སོགས་ལྷུ་ག་རྟག་ཏུ་འཛིན་དགོས་པར་འགྱུར་ལ། དེ་ལྟ་ན་དམུས་ལོང་དང་འོན་པའི་བདག་དང་གཉིད་ལོག་པ་དང་བརྒྱལ་བའི་དུས་ཀྱི་བདག་ཇི་ལྟར་བྱ། གལ་ཏེ་བདག་རྟག་གཅིག་དེ་ཚུལ་གཞན་དེར་བདེན་པ་མིན་པས་རྟག་གཅིག་དང་མི་འགལ་ལོ་ཞེ་ན། འོ་ན་བདག་དེ་ཡི་

རང་གི་རང་བཞིན་གང་ཡིན་པ་སྨོས་ཤིག །ཤེས་པ་ཙམ་ཉིད་དོ་ཞེ་ན། དེ་ལྟ་ན་སྐྱེ་བོ་ཀུན་གཅིག་ཏུ་ཐལ་བར་འགྱུར་ཏེ། བདག་ཤེས་པ་ཙམ་གཅིག་ཏུ་ཁྱད་མེད་པའི་ཕྱིར། ཁྱོད་ཉིད་འདོད་པའི་སེམས་པ་ཅན་གྱི་སྐྱེས་བུ་དེ་དང་སེམས་མེད་པའི་གཙོ་བོ་དེ་དག་ཀྱང་གཅིག་ཏུ་ཐལ་བར་འགྱུར་ཏེ། གང་གི་ཕྱིར། བདག་གཅིག་ཡིན་པའི་ཕྱིར་རོ། །

གལ་ཏེ་རང་བཞིན་དང་སྐྱེས་བུ་ནི་ཡོད་པ་ཉིད་དུ་མཚུངས་པས་གཅིག་པ་འདོད་དོ་ཞེ་ན། གང་གི་ཚེ་སྐྱེས་བུ་སེམས་བཅས་དང་རང་བཞིན་སེམས་མེད་ཀྱི་བྱེ་བྲག་ཁྱད་པར་བ་ཁྱོད་ཀྱིས་བཞག་པ་དེ་ནི་ཕྱིན་ཅི་ལོག་པ་ཡིན་ཏེ། དེའི་ཚེ་ཁྱད་ཆོས་སེམས་བཅས་དང་སེམས་མེད་དེ་གཉིས་གཅིག་ཏུ་འདུ་བའམ་འདྲ་བའི་ཁྱད་གཞིའམ་རྟེན་གང་ཡིན་ཏེ་དེ་གཉིས་ལས་གཞན་པའི་དེ་གཉིས་ཀྱི་གཞི་གང་ཡང་མེད་ལ། དེ་གཉིས་ཀྱང་ཕན་ཚུན་གཅིག་ཏུ་གཅིག་མི་འདུ་བའི་ཕྱིར་གཅིག་པར་ཡང་མི་འགྱུར་རོ། །འདི་རྣམས་སུ་**དགེ་བའི་ལྷས་ནི།** བད་སའི་བུ་ལ་སོགས་པས་བདག་དང་། སྲོག་དང་། གང་ཟག་ཅེས་བྱ་བ་ཡོད་པར་འདོད་པ་སུན་དབྱུང་བ་དང་། གྲངས་ཅན་པ་དག་ཀྱང་ཤེས་པ་ལ་བདག་ཅེས་འདོགས་ལ་ཞེས་སོགས་ཀྱིས་ཕྱོགས་སྔ་བརྗོད་ཅིང་འགོག་པ་དང་། སྒྲ་ལ་སོགས་པ་གང་ན་རྟག་ཏུ་མི་གནས་པས་དུས་ཐམས་ཅད་དུ་མ་ཐོས་པ་ཡིན་ནོ་ཞེ་ན། ཤེས་བྱ་མེད་ན་ཅི་རིག་ན། །གང་གིས་ཤེས་པ་ཞེས་བརྗོད་བྱེད། །ཅེས་བཀག་པ་དང་། གཟུགས་འཛིན་དང་སྒྲ་འཛིན་གཅིག་(༤༢༣ན)ན་ནི་དབང་པོ་ལྔར་བཏགས་པ་ཡང་དོན་མེད་པར་འགྱུར་རོ། །ཞེས་དང་། ཕ་ལས་བུ་འབྱུང་བ་ལྟར་རང་བཞིན་ལས་སྐྱེས་བུ་དང་། དེ་ལས་བློ་དང་། དེ་ལས་ང་རྒྱལ་དང་། དེ་ལས་དེ་ཙམ་ལྔ་སོགས་རིམ་པར་སྐྱེ་བ་ཡང་རང་བཞིན་རྟག་པ་གཅིག་པུ་ཉིད་ཡིན་ན་མི་འཐད་དོ། །ཞེས་དང་། གཅིག་པུ་ཉིད་ཡིན་ཡང་ཏུ་མར་གདགས་སུ་རུང་སྟེ་སྐྱེས་བུ་གཅིག་ཉིད་ལ་ཕ་དང་བུ་གཉི

གར་བརྗོད་པ་ལྟར་རོ་ཞེ་ན། སྙིང་སྟོབས་ལ་སོགས་པ་དེ་དག་ཀྱང་གཅིག་པུ་བསྟན་པའི་རྣམ་པར་འགྱུར་བ་ཙམ་དུ་བཏགས་ཀྱི་འགྲོ་བ་ནི་སྐྱེས་པ་མ་ཡིན་པས་ཡང་དག་པར་ན་སྙིང་སྟོབས་སོགས་ནི་ཕ་ཡང་མ་ཡིན་ལ་བུ་ཡང་མ་ཡིན་ནོ་ཞེས་དང་། སྒྲའི་ཤེས་པ་དེ་ཉིད་གར་མཁན་དང་འདྲ་བར་གཟུགས་ཀྱི་ཤེས་པར་སྣང་བ་ཡིན་ནོ་ཞེ་ན། དེ་ལྟ་ན་ཤེས་པ་དེ་གར་མཁན་ལྟར་མི་རྟག་པར་འགྱུར་རོ། །གལ་ཏེ་དེ་ཉིད་རང་བཞིན་གཞན་ཡིན་ནོ་ཞེ་ན། དེའི་གཅིག་པ་ཉིད་འདི་ནི་སྔོན་ཆད་མེད་པ་ཡིན་ཏེ་གཞན་ལ་ཡང་གཅིག་པ་ཉིད་འདི་ནི་ཕན་ཚུན་འགལ་བའི་ཕྱིར་རོ། །དེ་ལྟར་གཅིག་པ་བཀག་པ་ན་རང་བཞིན་གཞན་ཡིན་པར་ནི་འཛིན་པ་ཡིན་ཏེ། དེ་ལྟར་མེད་དོ་ཞེ་ན། དེ་ལྟ་ན་བདག་དེའི་རང་བཞིན་ནམ་ངོ་བོ་ཉིད་ཇི་ལྟ་བུ་ཡིན་པ་སྨྲོས་ཤིག །

ཤེས་པ་ཉིད་དོ་ཞེ་ན། སྐྱེས་བུ་ཐམས་ཅད་གཅིག་ཏུ་ཐལ་བར་འགྱུར་ཏེ་གྲོལ་བ་དང་མ་གྲོལ་བའི་སྐྱེས་བུ་རྣམས་གཅིག་པོ་ནར་འགྱུར་བའི་སྐྱོན་ཡོད་དོ། །གཞན་ཡང་སེམས་དང་བཅས་པའི་སྐྱེས་བུ་དང་སེམས་མེད་པའི་སྐྱེས་བུ་གཉིས་གཅིག་པ་པོ་ནར་ཐལ་ལོ། །

གྲངས་ཅན་པ་ན་རེ། ཤེས་པ་དང་རང་བཞིན་ནི་ཡོད་པར་མཉམ་ཞིང་མཚུངས་པས་གཅིག་པ་འདོད་དོ་ཞེ་ན། དབུ་མ་པས་གང་ཚེ་སོགས་སྨྲས་ཏེ་སྐྱེས་བུ་དང་རང་བཞིན་གཉིས་སེམས་ཡོད་མེད་ཀྱི་བྱེ་བྲག་གི་ཁྱད་པར་མེད་ཅིང་རིམ་རིམ་མིན་གྱི་བྱེད་པ་དང་བྲལ་བས་རི་བོང་གི་རྭ་ལྟར་མེད་(༧༢༣བ)པ་པོ་ན་ཡིན་ན་དེའི་ཚེ་འདྲ་བའི་སྐྱེས་བུ་གང་ཞིག་ཡིན་ཏེ་ཅི་ཡང་མེད་དོ། །དེས་ན་གཅིག་པ་ཡང་མ་ཡིན་ནོ། །འདི་དག་གིས་ནི་རྒྱུ་ལ་སོགས་པའི་སྤྱི་དང་རང་གི་མཐུན་པ་དག་ཀྱང་བསལ་བ་ཡིན་ནོ་ཞེས་བཀྲལ་ཏོ། །**བེ་ཧྲ་ཏིས་ནི།** གང་གི་ཚེ་བདག་ཅེས་བྱ་བ་དཔྱད་པས་ཚོག་དང་རྟོག་པ་མ་ཡིན་པ་གཞན་མེད་པ་དེའི་ཚེ་འཇིགས་པ་

སྲུ་ལ་ཡོད་དེ། བདག་གིའང་ད་ལྟར་ཡོངས་གྱུར་མེད། །དེས་ནི་ཐྱིས་པ་སྐྲག་པར་འགྱུར། །མཁས་པ་འཇིགས་པ་བཟད་པའོ། །ཞེས་དྲངས་པ་དང་། གར་མཁན་གྱི་དཔེ་མི་འཐད་དེ། དང་པོའི་ཚུལ་སྤངས་ནས་གཞན་གྱི་ཚུལ་འཛིན་པ་བསྒྱུབ་བྱ་དང་མི་མཚུངས་པའི་ཕྱིར། ཞེས་དང་། གར་མཁན་དེ་ཉིད་ཡིན་ལ་རང་བཞིན་གཞན་དུ་བཛོད་ན་དེའི་ཚེ་འདི་ལྟ་བུ་གཅིག་ནི་སྔར་མེད་པ་ཡིན་ནོ། །དེ་ཉིད་དུ་གཞན་ཐ་དད་པས་འགལ་ཚབས་ཅན་ཡིན་ནོ། །གལ་ཏེ་ཤེས་པ་ཉིད་དང་གཟུགས་སོགས་འཛིན་པ་སྔོ་ཚུལ་གཉིས་པ་ཅན་ཡིན་ལ། གཟུགས་འཛིན་སོགས་ཀྱི་ཚུལ་དེ་ཤེལ་གྱི་ཁ་དོག་བཞིན་ཡུལ་ལ་བལྟོས་པ་ཡིན་པས་མི་བདེན་ནོ་ཞེ་ན། འོ་ན་དེའི་རང་བཞིན་གྱི་ཚུལ་གང་ཡིན། ཤེས་པ་ཉིད་དོ་ཞེ་ན། འོ་ན་སྒྲ་འཛིན་དང་གཟུགས་འཛིན་གྱི་ཤེས་པ་ཐ་དད་པ་གཉིས་གཅིག་ཏུ་འདོད་པ་ལྟར་སྐྱེས་བུ་ཐམས་ཅད་གཅིག་ཏུ་ཐལ་ཏེ་ཤེས་པར་ཐ་མི་དད་པའི་ཕྱིར། ཡང་དབྱེ་བ་དོར་ནས་ཚུལ་གང་རུང་གཅིག་ཏུ་བྱེད་ན་སེམས་པ་ནི་སྐྱེས་བུའི་ཆོས་ཡིན་ལ་སེམས་པ་མ་ཡིན་པ་ནི་རང་བཞིན་ལ་སོགས་པའི་ཆོས་ཡིན་པ་དེ་གཉིས་ཐ་མི་དད་དུ་འགྱུར་ཏེ་གཉིས་ཀ་ཡོད་པར་མཚུངས་པའི་ཕྱིར། འདོད་དོ་ཞེ་ན། དངོས་པོ་རྣམས་ཀྱི་བྱེ་བྲག་གང་ཆེ་བརྫུན་ཡིན་པ་དེའི་ཚེ་འདྲ་བའི་རྟེན་གང་ཡིན་ཏེ་དངོས་པོ་ཐ་དད་པ་འདྲ་བ་མང་པོ་ཡོད་ན་འདྲ་བའི་སྒོ་ནས་གཅིག་ཏུ་བྱེད་པ་ཡིན་ཏེ་དེ་ནི་མེད་དོ། །ཞེས་བཀྲལ་ཏོ། **།ཤེར་ལེའི་འགྲེལ་ཆུང་དུ།** ཆུ་སེར་ནི་ཟ་བ་(ཀུ་ཤ)ཕྲུགས་པ་ལས་བྱུང་བའི་ཁུ་བ་རུལ་བའོ། །ཞག་ནི་ནང་ན་གནས་པའི་ཁུ་བ་རུལ་བའོ། །ཞེས་བཤད་པ་དེ་ནི་མ་ཡིན་ཏེ། ཆུ་སེར་ནི་ཤ་ཁྲག་ལས་སྐྱེས་པའི་ཆུ་ཤིན་ཏུ་དྭངས་པ་དང་། ཞག་ནི་ལུས་ཀྱི་སྣུམ་འཁྱིལ་བ་ཡིན་ལ་ཁྲག་ལ་སོགས་པ་འདི་རྣམས་རུལ་ན་རྣག་ཏུ་འགྱུར་བ་ཡིན་ནོ། །དེར། གཅིག་ཉིད་དེ་ནི་སྟོན་མེད་དེ། །ཞེས་པ་བདག་གཅིག་པུ་ཡང་ཡིན་ལ་རང་བཞིན་གཞན་ཡང་ཡིན་པ་འགལ་བས་སྟོན་མེད་ཀྱི་

ངོ་མཚར་དུ་འགྱུར་བར་འབྲུ་བསྣན་ཞིང་། བདག་གི་ངོ་བོ་ཤེས་པ་ཡིན་ན་ཤེས་པའི་རང་བཞིན་ཙམ་དུ་ཐམས་ཅད་ཁྱད་པར་མེད་པས་སྐྱེས་བུ་ཀུན་གཅིག་ཏུ་ཐལ་བ་དང་། སྐྱེས་བུ་དང་རང་བཞིན་ཡང་གཅིག་པ་སྟེ་ཡོད་པར་མཚུངས་པའི་ཕྱིར། གཞན་ཡང་གང་ཚེ་བྱེ་བྲག་ཅེས་པ་གཟུགས་སོགས་འཛིན་པ་འདིའི་ཁྱད་པར་གང་ཡིན་པ་དེ་གལ་ཏེ་མི་བདེན་པས་ཕྱིན་ཅི་ལོག་ཏུ་བརྗོད་ན་དེའི་ཚེ་འདྲ་བའི་རྟེན་ཉིད་མེད་པར་འགྱུར་ཏེ་བ་ལང་དང་བ་མིན་གྱི་འདྲ་བ་ཉིད་བཞིན་དུ་ཁྱབ་པར་གཟུང་བ་མེད་ན་མེད་པའི་ཕྱིར་རོ། །ཁྲ་བོ་དང་སེར་སྐྱ་དག་ཁྱད་པར་ལྡན་པ་ནི་མ་ཡིན་ཏེ་དེ་དག་ཁོ་ན་ལ་བ་ལང་གི་སྒྲས་བརྗོད་པར་བྱ་བ་ཡིན་པའི་ཕྱིར་རོ་ཞེས་འབྲུ་གཉེར་ཏོ། །

འགྲེལ་ཆེན་ལས་ནི། ཕན་ཚུན་བསྒོས་ནས་ཕ་བུར་བཞག་ཀྱང་མ་སྒོས་པའི་ཚེ་ཕ་བུ་གང་ཡང་མ་ཡིན་ཏེ། གྲངས་ཅན་པ་ཉིད་ཡོན་ཏན་གསུམ་ཆ་མཉམ་པའི་ཚེ་གཙོ་བོ་རྟག་པ་འགྲོ་བ་མ་ཡིན་པ་དང་། ཆ་མི་མཉམ་པ་ལས་འགྲོ་བ་མི་རྟག་པར་འགྱུར་བར་འདོད་ཀྱང་། གནས་སྐབས་རྣམ་འགྱུར་ལ་བསྒོས་ཏེ་བཞག་པར་ཟད་ཀྱི་དོན་དམ་པར་སྤྱི་ཁྱད་མེད་ཅིང་རང་བཞིན་གཅིག་ཏུ་འདོད་པ་ལྟར་རོ། །ཞེས་དང་། ཡང་ཤེས་པའི་བྱེ་བྲག་གཟུགས་འཛིན་སོགས་དེ་ཙམ་ལྟའི་རྣམ་འགྱུར་ནི་ཕྱིན་ཅི་ལོག་ཏུ་སྣང་བས་མེད་པ་ཡིན་ནོ་ཞེ་ན། དེའི་ཚེ་ཤེས་པ་ཙམ་དུ་འདྲ་བའི་རྟེན་གང་ཡིན་ཏེ་མ་གྲུབ་པའི་ཕྱིར། ཞེས་པའི་དོན་ཅན་(༧༢༥བ)དུ་འབྲུ་གཉེར་ཏོ། །མདོར་ན། ཡོད་ཉིད་མཚུངས། ཞེས་པའི་གཞུང་འདི་རང་བཞིན་དང་སྐྱེས་བུ་གཅིག་སྟེ་ཡོད་པར་མཚུངས་པའི་ཕྱིར་ཞེས། གྲངས་ཅན་པའི་ལན་ཡིན་པར་དགེ་བའི་ལྷས་བཞེད་ལ། གཞན་རྣམས་ཀྱིས་སྐྱེས་བུ་དང་རང་བཞིན་གཅིག་པར་ཐལ་ཏེ་ཡོད་པར་མཚུངས་པའི་ཕྱིར་ཞེས་རང་གཞུང་ཡིན་པར་བཞེད་དོ། །དེ་ལྟར་བདག་སེམས་བཅས་སུ་འདོད་པ་གྲངས་ཅན་པ་ཁེགས་པ་ན།

རིགས་པ་ཅན་པ་ན་རེ། བདག་སེམས་བཅས་སུ་ཁས་བླངས་ན་སྐྱོན་དེ་རྣམས་འཇུག་མོད་ཁོ་བོ་ཅག་ནི་སེམས་མེད་དུ་ཁས་ལེན་ནོ་ཞེ་ན། སེམས་མེད་པ་ཡང་བདག་མ་ཡིན་ཏེ་སེམས་མེད་པ་ཉིད་ཀྱི་ཕྱིར། དཔེར་ན་བུམ་པ་དང་སྣམ་བུ་ལ་སོགས་པ་བཞིན་ནོ། །ཁོ་ན་རེ། འོན་ཏེ་བདག་ལ་སེམས་མེད་ཀྱང་ཡོན་ཏན་གྱི་ཁྱད་པར་ཤེས་པ་ཞེས་བྱ་བ་དང་ལྡན་པས་སེམས་དང་བཅས་པར་འགྱུར་རོ་ཞེ་ན། འོ་ན་བདག་དེ་སེམས་དང་ལྡན་པའི་ཕྱིར་ཤེས་པ་ཡིན་པར་འགྱུར་ལ། དེ་ལྟ་ན་སྔར་མི་ཤེས་པར་ཁས་བླངས་པ་དེ་ཞིག་པར་ཐལ་ལ། སྔར་ཤེས་པ་དང་མི་ལྡན་པ་ཕྱིས་ལྡན་པར་ཁས་བླངས་པའི་ཕྱིར་བདག་དེ་རྟག་པར་འདོད་པ་དང་ཡང་འགལ་ལོ། །ཇི་སྟེ་བདག་རྟག་པ་ལ་འགྱུར་བ་མེད་དོ་སྙམ་ན། འོ་ན་ཤེས་པའམ་སེམས་པའི་ཡོན་ཏན་དེས་བདག་དེ་ལ་ཤེས་པ་སྐྱེ་བའི་ཐབས་ཅི་ཞིག་བྱས་པའམ་བྱ་སྟེ་རྟག་པ་ལ་བྱ་བྱེད་ཅི་ཡང་མི་ནུས་པའི་ཕྱིར། དེ་ལྟར་ཤེས་པ་མེད་ཅིང་བྱ་བྱེད་དང་བྲལ་བ་དེ་ལ་བདག་ཏུ་འདོགས་ན་ནམ་མཁའ་ལ་བདག་ཏུ་བཏགས་པར་འགྱུར་བས་ཕྱིན་ཆད་ནམ་མཁའ་ལ་བདག་ཏུ་ཟུངས་ཤིག་པའོ། །དེ་ལྟར་ལྡན་སྐྱེས་དང་ཀུན་བཏགས་ཀྱི་བདག་མེད་པར་བསྟན་པའི་ཚེ་གཟིགས་ཟན་པ་ལ་སོགས་པ་ན་རེ། གལ་ཏེ་བདག་ནི་ཡོད་མིན་ན་ལས་དང་འབྲས་བུའི་འབྲེལ་བ་རིགས་པ་མིན་པར་ཐལ་ཏེ། བྱེད་པ་པོའི་བདག་མེད་ཅིང་ལས་དེ་ཉིད་བྱས་ནས་ནི་ཟིན་པའི་(༣༩༥ན)འོག་ཏུ་ཞིག་པས་ན་ཕྱིན་ཆད་སུའི་ལས་སུ་འགྱུར་ཏེ་སུ་ཞིག་ལ་འབྲས་བུ་སྨིན་ཞེ་ན། ཁྱོད་ཀྱང་བདག་རྟག་པ་བྱ་བྱེད་མེད་པར་འདོད་ཅིང་། དེད་སངས་རྒྱས་པ་ཡང་བདག་མེད་པར་འདོད་པས་ལས་གང་གི་ཡང་བྱ་བ་རྒྱུའི་དུས་དང་ཟིན་པ་འབྲས་བུའི་དུས་ནི་གཞི་དང་རྟེན་ཐ་དད་ཅིང་སྔ་ཕྱི་ཡོད་པ་དང་། དེ་གཉིས་ཀའི་དུས་ནའང་བདག་གིས་བྱ་བ་བྱེད་པ་ཅི་ཡང་མེད་པར་ཡུ་བུ་ཕྱོགས་གཉིས་ཀ་ལའང་འདི་མཚུངས་པར་ཁས་ལེན་པས་ཁྱོད་ཀྱིས་འདིར་བརྩད་པ་ནི་ཁྱོད་ཉིད་

ལ་ལྟོག་པས་དོན་མེད་པ་མ་ཡིན་ནམ། ཆོས་གཅིག་པོ་ན་ལ་བལྟོས་ཏེ་ཅིག་ཆར་རྒྱུ་དང་ཡང་ལྡན་ཞིང་འབྲས་བུ་དང་ཡང་བཅས་པ་ཞེས་བྱ་བ་མཐོང་བ་འདི་ནི་འཇིག་རྟེན་ན་སྲིད་པ་མ་ཡིན་ཏེ། དཔེར་ན་པདྨའི་ས་བོན་ཡང་མ་ཞིག་ལ་མྱུ་གུ་ཡང་སྐྱེས་ཤིང་མྱུ་གུ་ལས་མ་འདས་ལ་མེ་ཏོག་ཡང་ཁ་བྱེ་བ་དང་མེ་ཏོག་གི་འདབ་མ་ཡང་མ་བྲུལ་ཞིང་འབྲས་བུ་ཡང་སྨིན་པ་ནི་མི་སྲིད་པ་བཞིན་ནོ། །ཁྱེད་རང་གི་སྟོན་པས་ལས་བྱེད་པ་པོས་འབྲས་བུ་སྤྱོད་པར་གསུངས་སོ་ཞེ་ན། ཚུལ་བདག་ཅི་ཡང་མེད་ཅིང་སྣ་ཕྱི་ཐ་དད་པ་ཡིན་ཡང་རྒྱུན་གྱིས་གཅིག་ཏུ་འཛོག་པ་ལྟར། བདག་ཅི་ཡང་མེད་ཀྱང་སེམས་ཀྱི་རྒྱུད་གཅིག་ལ་བརྟེན་ནས་སུ་སྔ་མ་ལས་བྱེད་པའི་དུས་སུ་བྱེད་པ་པོ་དང་། ཕྱིས་འབྲས་བུ་སྤྱོད་པའི་དུས་སུ་སྤྱོད་པ་པོ་ཞེས་བྱ་ཞིང་བྱེད་པ་པོའི་བདག་མེད་ཅིང་བྱེད་པ་པོའི་སེམས་དེ་ཉིད་དུ་འགགས་ཀྱང་དེའི་རྒྱུན་ཅམ་གྱིས་རྣམ་སྨིན་ཚུད་མི་ཟ་བར་སྤྱོད་ངེས་སུ་བསྟན་པ་ཡིན་ནོ། །

དེའི་ཚེ་དཔྱོད་པ་པ་ལ་སོགས་པ་ན་རེ། སེམས་ཀྱི་རྒྱུན་དེ་ཉིད་བདག་ཡིན་ནོ་ཞེ་ན། དེ་ཡང་མ་ཡིན་ཏེ་སེམས་ནི་རྒྱུན་གྱི་རྣམ་པ་ཅན་ཡིན་ལ། དེ་ལ་འདས་པ་དང་མ་འོངས་པའི་སེམས་ནི་བདག་མ་ཡིན་ཏེ། འདས་པ་དེ་ནི་འགགས་ཟིན་ནས་ད་ལྟར་མེད་པ་ཁ་སང་གི་མར་མེ་ལྟ་བུའི་ཕྱིར་དང་། མ་འོངས་པ་ནི་མ་སྐྱེས་པས་ད་ལྟར་མེད་དེ་སང་གི་འཇའ་ཚོན་ད་ལྟ་མེད་(༤༥༥བ)པ་ལྟ་བུའི་ཕྱིར། འོན་ཏེ་ད་ལྟར་སྐྱེས་ལ་མ་འགགས་པའི་སེམས་བདག་ཡིན་ནོ་ཞེ་ན། འདི་ཡང་ཤིན་ཏུ་ཕྲ་བའི་དུས་གསུམ་གྱི་ཆ་དང་ལྡན་པ་ཡིན་ཏེ་ཞིབ་མོར་དཔྱད་ན་ད་ལྟ་བ་དམིགས་པར་མི་ནུས་ལ་རགས་པར་བྱས་ན་ཡང་བདག་ཏུ་བཟུང་བའི་ཚེ་བཟུང་བྱ་དེ་ཞིག་ཟིན་པས་དེ་ལྟ་ན་ཡང་ད་ལྟར་བ་བདག་ཡིན་པ་མེད་དོ། །

དེ་ལ་རང་སྡེ་གནས་མ་བུ་པ་ན་རེ། བདག་ནི་ཕུང་པོ་ལས་དེ་ཉིད་དང་གཞན་གང་དུ་ཡང་བརྗོད་དུ་མེད་དོ་ཞེས་ཟེར་རོ། །དེ་ཡང་མ་ཡིན་ཏེ། དཔེར་ན་ཚུ་ཤིང་

གི་སྡོང་པོ་དག་ལ་སྐྲ་རེས་བཅད་ཅིང་དུམ་བུར་བྱས་ལ་དེ་རེ་རེ་ཡང་ཆ་ཤས་སུ་རྣམ་པར་ཕྱེ་སྟེ་ད་ནི་འདི་རྣམས་གང་ལ་ཆུ་ཤིང་གི་སྡོང་པོ་གནས་སྙམ་དུ་བརྟགས་ན་ཆ་ཤས་དེ་དག་མ་གཏོགས་ཆ་ཤས་ཅན་གྱི་སྡོང་པོ་འགའ་ཡང་མེད་པར་མཐོང་ལ། ཆ་ཤས་དེ་དག་ཀྱང་རེ་རེ་ཞིང་སྡོང་པོ་མ་ཡིན་པར་མཐོང་ནས་ཆུ་ཤིང་གི་སྡོང་པོར་ཞེན་པ་རྣམ་པར་ལོག་པ་དེ་བཞིན་དུ། ཕྱི་ནང་གི་ཕུང་པོ་ཐམས་ཅད་ལ་རིགས་པས་རྣམ་པར་དཔྱད་པ་ཡིས་བཙལ་ན། དེ་ཉིད་དང་གཞན་དུ་བརྗོད་དུ་མེད་པའི་བདག་དེ་ཉིད་ཀྱང་ཡང་དག་པ་མིན་པར་མཐོང་སྟེ་བདག་ཅེས་བྱ་བ་གང་ཡང་མཐོང་བར་མི་འགྱུར་རོ། །

དེ་ལྟར་དུ་བདག་མེད་ན་བདག་དང་སེམས་ཅན་དང་གང་ཟག་ནི་སྒྲ་རྣམ་གྲངས་པ་ཡིན་པས་སེམས་ཅན་ཡང་མེད་པར་ཁས་བླངས་པར་འགྱུར་ལ། གལ་ཏེ་སེམས་ཅན་ཉིད་ཀྱང་ཡོད་པ་མིན་པ་དེའི་ཚེ་ན་སུས་སུ་ལ་སྙིང་རྗེ་བསྒོམ་པར་བྱ་སྟེ། ཐེག་ཆེན་པ་ཉིད་ཀྱིས་སྙིང་རྗེ་བསྒོམ་བྱའི་གཙོ་བོར་བཤད་པ་དང་འགལ་ལོ་ཞེ་ན། སྤྱིར་ཤེས་རབ་ཀྱིས་མ་དཔྱད་པའི་སྐབས་སུ་འབྲས་བུ་རྫོགས་པའི་སངས་རྒྱས་འཐོབ་པའི་དོན་དུ་སྙིང་རྗེའི་དབང་གིས་གཞན་དོན་དུ་ཁས་བླངས་པའི་དམ་བཅའ་ཙམ་ཡིན་ལ། དཔྱད་པའི་ཚེ་བདག་དང་སེམས་ཅན་དང་སྡུག་བསྔལ་གང་ཡང་རྡུལ་ཙམ་གྱི་དངོས་པོ་ཙམ་དུ་ཡང་མ་གྲུབ་པར་ཤེས་པ་ན་དེ་ལྟར་མ་རྟོགས་པས་བདག་དང་གཞན་(༤༢༨ན)དང་སྡུག་བསྔལ་དུ་ལྟ་བའི་གཏི་མུག་གི་ཕུང་པོས་ཀུན་ནས་རྨོངས་པས་བདག་གཞན་སོགས་བདེན་པར་སྒྲོ་བཏགས་ཤིང་འདོགས་པར་བྱེད་པ་གང་ཡིན་པ་འདི་རྣམས་ལ་བརྩེ་བ་བརྒྱ་ཕྲག་ཏུ་འཕེལ་བར་འགྱུར་རོ། །འོ་ན་ཆེད་དུ་བྱ་བའི་ཡུལ་སེམས་ཅན་མེད་ན་དེའི་ཆེད་དུ་འབྲས་བུ་སངས་རྒྱས་འཐོབ་པ་དེ་ཡང་སུ་ཡི་དོན་དུ་ཡིན་ཞེ་ན། ཤིན་ཏུ་བདེན་ཏེ་འོན་ཀྱང་དེ་ལྟར་མ་ཤེས་པའི་རྨོངས་པ་རྣམས་ལས་བརྩམས་ཏེ་དེ་རྣམས་ཀྱི་དོན་དུ་བྱ་བར་འདོད་

དོ། །གཞན་དོན་དུ་སངས་རྒྱས་འཐོབ་འདོད་ཀྱང་འབྲས་བུའི་རློམས་པ་ཡིན་ནོ་ཞེ་ན། མཐར་ཐུག་དོན་དམ་ལ་བལྟོས་ན་ཡིན་མོད་ཀྱང་སེམས་ཅན་ཐམས་ཅད་ཀྱི་སྡུག་བསྔལ་ཉེ་བར་ཞི་བར་བྱ་བའི་དོན་དུ་འབྲས་བུའི་རློམས་པ་འདི་ནི་རློམས་པར་ཤེས་ཀྱང་རེ་ཞིག་ལྡོག་པར་མི་བྱ་སྟེ། སྨན་པ་རྣམས་ཀྱང་དུག་གི་རིགས་ཁ་ཅིག་ནད་ཀྱི་གཉེན་པོར་ངེས་པར་བསྟེན་པ་བཞིན་ནོ། །འོན་ཀྱང་འབྲས་བུའི་རློམས་པ་འདི་ནི་ཆེད་དུ་མ་སྤངས་ཀྱང་ཅི་ཞིག་ན་མེ་ཏོག་ཡལ་བ་ན་དྲི་ལྟར་མ་རིག་པའི་གཉིད་ལས་སངས་པའི་ཚེ་རང་བཞིན་གྱིས་དག་པར་འགྱུར་རོ། །འོ་ན་རེ་ཞིག་ལམ་གྱི་རྗེན་དུ་འབྲས་བུའི་རློམས་པ་མི་ལྡོག་པ་ལྟར་བདག་འཛིན་ཡང་བསྟེན་པར་འོས་སོ་ཞེ་ན། ཚུར་མཚུངས་ཀྱང་ཡན་ལག་བརྒྱད་ལྡན་བསྟེན་པར་བྱེད་ཀྱི་དུག་ཚུ་དང་རྗོའི་ཚུ་ནི་དེ་ལྟ་མིན་པ་ལྟར་རློམས་པར་མཚུངས་ཀྱང་འབྲས་བུའི་རློམས་པ་བཞིན་དུ་བདག་འཛིན་ནི་བསྟེན་པར་མི་བྱེད་དེ། སྡུག་བསྔལ་མཐའ་དག་གི་རྒྱུའི་ངོ་བོ་བྱེད་པའི་ང་རྒྱལ་ནི་བདག་ཏུ་རློམས་པ་འདི་ལས་འཕེལ་བར་འགྱུར་བའི་ཕྱིར། དེ་བས་ན་ཅིས་ཀྱང་བདག་འཛིན་ལས་ལྡོག་པར་བྱའོ། །དེ་ནས་ཅི་བྱ་ཞེ་ན། ཆོས་ཐམས་ཅད་བདག་མེད་ཅིང་སྟོང་པ་ཉེ་བར་ཞི་བ་འདི་ཁོ་ན་སྒོམ་པར་བྱ་སྟེ་འདི་ནི་མཆོག་གི་བྱ་བ་ཕུལ་དུ་བྱུང་བ་ཡིན་ནོ། །**དགེ་བའི་ལྷས་ནི་**ལུས་(༢༢༨བ)དང་སེམས་སེམས་བྱུང་གི་ཚོགས་པ་བདག་ཏུ་འདོད་དོ་ཞེ་ན། ཚུ་ཤིང་གི་དཔེས་བཀག་སྟེ་རིན་ཆེན་ཕྲེང་བའི་ལུང་མདོ་ཙམ་སྨོས་སོ། །རྒྱུ་གཅིག་ལ་ནི་སོགས་ལ་ནི་**བི་ཧྲུ་ཏིས།** གང་ཕྱིར་རྒྱུ་ནི་གང་ཉིད་དུ། །ལས་ཀྱི་བགས་ཆགས་རྣམ་གཞག་པ། །དེ་ཉིད་དུ་ནི་འབྲས་སྨིན་བྱེད། །རས་བལ་ལ་ནི་དམར་པོ་བཞིན། །ཞེས་ཏེ་རས་བལ་གྱི་ས་བོན་ཆོས་ཀྱི་ཁུ་བས་ཡང་ཡང་བྱུགས་པའི་སྨྱུ་གུ་ནས་འབྲས་བུའི་བར་དམར་པོ་ཁོ་ནར་སྐྱེ་བ་ལྟར་ཐ་དད་ཡིན་ཡང་སེམས་ཀྱི་རྒྱུན་གང་གིས་ལས་བྱས་པ་དེ་ཉིད་དུ་འབྲས་བུ་སྨིན་པའི་ཕྱིར་ཀླན་ཀ་མི་འབྱུང་ངོ་། །ཞེས་དང་། ཉེ་

བར་བསྟུས་ཤིང་བཤད་དེ་ཞེས་ཆུ་ཤིང་གི་སྙིང་པོའི་དཔེ་བསྟན་ཏོ། །སྡུག་བསྔལ་ཉེ་བར་ཞི་དོན་དུ། །སོགས་ལ་རྫོངས་པ་ནི་སྲིད་པ་ལ་འཇུག་པའི་རྒྱུ་དང་ལྡོག་པའི་རྒྱུའོ། །ཞེས་ལྡོག་པའི་རྒྱུ་སྙིང་རྗེ་སོགས་མི་འགོག་པ་དང་། འཇུག་པའི་རྒྱུ་བདག་འཛིན་འགོག་པར་བསྟན་ཏོ། །ཁ་ཅིག་གིས་བདག་མེད་དེ་ལས་ཀྱང་འཁོར་བ་ལྡོག་པར་ངེས་པ་མེད་དོ་ཞེ་ན། ཡོད་དེ། བདག་ལྟའི་ས་བོན་སྤངས་པའི་ཕྱིར། །སླར་མི་ལྡོག་པ་ཉིད་ཡིན་ནོ། །ཞེས་དང་། **དེ་བཞིན་གཤེགས་པའི་གསང་བའི་མདོར།** ཞི་བའི་བློ་གྲོས་འདི་ལྟ་སྟེ་ཤིང་གི་རྩ་བ་བཅད་པས་ཡལ་ག་དང་ལོ་འདབ་ཐམས་ཅད་སྐམ་པར་འགྱུར་རོ། །དེ་བཞིན་དུ་འཇིག་ཚོགས་ལ་ལྟ་བ་ཉེ་བར་ཞི་བས་ཉོན་མོངས་པ་ཐམས་ཅད་ཞི་བར་འགྱུར་རོ། །ཞེས་པ་འབྲིན་ནོ། །

གཉིས་པ་ཆོས་ཀྱི་བདག་མེད་ནི་དྲན་པ་ཉེ་བར་བཞག་པ་བཞིའི་སྒོ་ནས་སྒོམ་སྟེ། འདི་ལ་གཉིས། སྤྱིའི་དོན་དང་། གཞུང་དོན་དངོས་སོ། །

དང་པོ་(སྤྱིའི་དོན་)ནི། དྲན་པ་ཉེར་བཞག་བཤད་པར་བྱ། །དམིགས་ཡུལ་ལུས་ཚོར་སེམས་ཆོས་བཞི། །ངོ་བོ་དེ་ཤེས་ཤེས་རབ་ཡིན། །གྲོགས་ནི་དྲན་ཤེས་དང་མཚུངས་ལྡན། །སྒོམ་ཚུལ་ལུས་ནི་མི་གཙང་དང་། །ཚོར་བ་སྡུག་བསྔལ་སེམས་མི་(༤༢༧ན)རྟག །ཆོས་ཀུན་བདག་མེད་ཉིད་དུ་སྒོམ། །འབྲས་བུ་ལུས་ལ་གཙང་འཛིན་ལོག །མ་ཆགས་སྡུག་བསྔལ་བདེན་པ་ཤེས། །ཚོར་ཀུན་ཟུག་རྔར་ཤེས་པ་ཡིས། །སྲིད་ལྡོག་ཀུན་འབྱུང་སྤོང་བར་བྱེད། །སེམས་ནི་སྐད་ཅིག་མར་མཐོང་བས། །གང་ཟག་མེད་ཤེས་ལམ་སྒོམ་བྱེད། །ཆོས་ཀུན་བདག་མེད་མཐོང་བ་ཡིས། །གཏི་མུག་བྲལ་ཏེ་འགོག་པ་འཐོབ། །རང་ཉིད་གྲོལ་བ་འཐོབ་པའི་ཕྱིར། །རང་རྒྱུད་ཀྱིས་བསྡུས་ལུས་སོགས་ལ། །དམིགས་ནས་སྒོམ་ཞིང་དེར་འཛིན་པ། །ཉེ་ཚེའི་ཐེག་པའི་དྲན་ཉེ་སྟེ། །གཞན་དོན་བྱང་ཆུབ་འདོད་པའི་ཕྱིར། །ནམ་མཁའ་མཉམ་པའི་དུས་གསུམ་གྱི། །ལུས་སོགས་ལ་དམིགས་སྒོམ་བྱེད་ཅིང་། །མི་གཙང་སྡུག་བསྔལ་མི་

རྟག་དང་། །བདག་མེད་ཙམ་དུའང་མི་དམིགས་པ། །རྒྱལ་བའི་སྲས་ཀྱི་ལམ་ཆེན་ཡིན། །དེ་ཕྱིར་རྣམ་པ་བཅུ་བཞི་ཡིས། །ཐེག་ཆེན་དྲན་ཉེ་ཁྱད་པར་འཕགས། །ཞེས་བྱ་སྟེ།

དེ་ཡང་མངོན་པ་གོང་མ་ལས། དྲན་པ་ཉེ་བར་བཞག་པ་རྣམས་ནི། དམིགས་པ་དང་། ངོ་བོ་ཉིད་དང་། གྲོགས་དང་། སྒོམ་པ་དང་། བསྒོམས་པའི་འབྲས་བུར་རིག་པར་བྱའོ་ཞེས་གསུངས་ཏེ། འཁོར་བ་པ་རྣམས་ལུས་ལ་བདག་གི་རྟེན་དང་ཚོར་བ་ལ་བདག་གིས་ལོངས་སྤྱོད་བྱ་དང་སེམས་ལ་བདག་ཏུ་བཟུང་བྱ་དང་ཆོས་ལ་བདག་འཆིང་གྲོལ་གྱི་རྒྱུར་འཛིན་ལ། དེ་བཞི་ལ་ཀུན་ནས་ཞེན་པས་འཁོར་བ་སྐྱེད་པའི་ཕྱིར་ལུས་དང་ཚོར་བ་དང་སེམས་དང་ཆོས་ཏེ་བཞི་ནི་གང་ལ་དམིགས་པའི་ཡུལ་ལོ། །

ངོ་བོ་ནི། ལུས་ཚོར་སེམས་ཆོས་བཞིའི་རང་བཞིན་ཤེས་པའི་ཤེས་རབ་ཡིན་ཏེ། ལུས་མི་གཙང་བར་ཤེས་པ་ལུས་དྲན་ཉེར་བཞག་གི་ངོ་བོ་ཡིན་ལ། དེ་ནི་ཀུན་རྫོབ་ལ་བལྟོས་ཏེ་རང་བཞིན་ཇི་ལྟ་བར་ཤེས་པའི་ཤེས་རབ་ཡིན་པ་ལ་སོགས་པའི་ཕྱིར་དང་། **མཛོད་ལས་ཀྱང་།** དྲན་པ་ཉེར་བཞག་(༤༧བ)ཤེས་རབ་སྟེ། །ཞེས་སོ། །

གྲོགས་ནི། ཤེས་རབ་དེ་ཉིད་དྲན་པ་དང་ཤེས་བཞིན་གྱིས་ཟིན་པས་མི་བརྗེད་ཅིང་དེ་དང་ལྷན་ཅིག་ཏུ་སྐྱེས་པའི་སེམས་བྱུང་ཀུན་འགྲོ་ལྔ་དང་མཚུངས་པར་ལྡན་པ་སྟེ། དེ་དག་མེད་ན་ཉེ་བར་བཞག་པ་མི་འགྲུབ་པའི་ཕྱིར། དེ་ཡང་གང་དྲན་པ་ནི་ཤེས་རབ་དེ་ཉིད་དོ། །ཉེ་བ་ནི་རིང་པོ་མ་ཡིན་པ་སྟེ་བར་གཞན་གྱིས་མ་ཆོད་པ་ཡིན་ལ། བཞག་པ་ནི་དྲན་པ་དེ་ཉིད་ལ་སེམས་བསླན་པ་སྟེ་དྲན་པའི་རྒྱུན་ལ་ཤེས་བཞིན་གྱིས་གནས་པའི་ཕྱིར་དྲན་པ་ཉེ་བར་བཞག་པ་ཞེས་བྱའོ། །

ཇི་ལྟར་སྒོམ་པའི་ཚུལ་ལ་བཞི་ལས། རང་གཞན་གྱི་ལུས་མི་གཙང་བའི་འདུས་པ་ཡིན་པ་ལ་ཡིན་པར་ཤེས་པར་བྱེད་པ་ནི་ལུས་དྲན་ཉེ་སྟེ། ཕྱི་བྲག་ཏུ་འདུ་ཤེས་

ཉེ་ཤུའི་ནང་ནས་འཆི་བའི་འདུ་ཤེས་དང་། མི་སྡུག་པ་དང་། རྣམ་པར་བསྔོས་པ་དང་། རྣམ་པར་བརྣགས་པ་དང་། རྣམ་པར་བམ་པ་དང་། རྣམ་པར་འབུས་གཞིགས་པ་དང་། རྣམ་པར་ཟོས་པ་དང་། རྣམ་པར་དམར་བ་དང་། རྣམ་པར་འཐོར་བ་དང་། རུས་གོང་གི་འདུ་ཤེས་ཏེ་བཅུ་སྒོམ་པའོ། །

ཚོར་བ་དྲན་ཉེ་ནི། ཚོར་བ་བདེ་བ་ལ་ཆགས་ཤིང་སྡུག་བསྔལ་ལ་སྡང་བ་དང་བར་མ་ལ་རྨོངས་པའི་གཉེན་པོ་སྟེ། **མདོ་ལས།** ཟག་བཅས་ཐམས་ཅད་སྡུག་བསྔལ་ལོ། །ཞེས་ཡང་ཡང་གསུངས་པ་དང་། འདི་ལྟར་གང་ཅི་ཚོར་ཡང་རུང་འདི་ནི་སྡུག་བསྔལ་ལོ། །ཞེས་བཀའ་སྩལ་པ་ལྟར་ཤེས་པར་བྱས་ལ་སྒོམ་པ་སྟེ། འདི་ལྟར་སྡུག་བསྔལ་ཉིད་དུ་མངོན་པ་རྣམས་ནི་སྡུག་བསྔལ་གྱི་སྡུག་བསྔལ། ཚོར་བ་བདེ་བར་འཛིན་པ་འདི་རྣམས་ནི་འགྱུར་བའི་སྡུག་བསྔལ། ལུས་བཟུང་བ་ཙམ་དང་སེམས་རྣམ་པར་ཤེས་པ་ཙམ་ཡན་ཆོད་གནས་སྐབས་ཅི་སྤྱོད་ཀྱང་འདུ་བྱེད་ཀྱི་སྡུག་བསྔལ་ཡིན་ལ། དེ་ལ་འདུ་བྱེད་ཀྱི་སྡུག་བསྔལ་ནི་འབྲས་ནད་མ་སྨིན་པའི་དུས་ཚོར་བ་བཏང་སྙོམས་པར་གནས་པ་ལྟ་བུ། འགྱུར་བའི་སྡུག་བསྔལ་ནི་འབྲས་ཆན་དུག་གིས་བསྲེས་པ་ཟ་བའི་དུས་ཞིམ་པར་མངོན་པ་ལྟ་བུ། སྡུག་བསྔལ་གྱི་སྡུག་བསྔལ་ནི་(༥༢༨ན)དུག་སྨིན་ཏེ་ནད་ཀྱི་ཚོར་བ་མྱོང་བ་ལྟ་བུའམ་འབྲས་སྟེང་དུ་ཕོལ་བྱུང་བ་ལྟ་བུ་སྟེ། མདོར་ན་མི་རྟག་པ་ལ་སྡུག་བསྔལ་གྱི་འདུ་ཤེས་དང་། ཟས་ལ་མི་མཐུན་པའི་འདུ་ཤེས་དང་། འཇིག་རྟེན་ཐམས་ཅད་ལ་མངོན་པར་མི་དགའ་བའི་འདུ་ཤེས་དང་། ཉེས་དམིགས་ཀྱི་འདུ་ཤེས་དང་། སྤོང་བའི་འདུ་ཤེས་དང་། འདོད་ཆགས་དང་བྲལ་བའི་འདུ་ཤེས་ཏེ་དྲུག་བསྒོམ་པར་བྱའོ། །

སེམས་དྲན་ཉེ་ནི། སེམས་ལ་རྟག་པ་དང་གཅིག་ཏུ་ཞེན་པའི་གཉེན་པོ་སྟེ་འདུས་བྱས་ཐམས་ཅད་ནི་མི་རྟག་པའོ། །ཞེས་གསུངས་པ་ལྟར་སྤྲིན་དང་རླངས་པ་དང་དུ་བ་དང་མེ་ལྕེ་ལ་སོགས་པའི་གཟུགས་དེ་དང་དེར་སྣད་ཅིག་ཀྱང་མི་གནས་

པ་དང་། ཆུའི་རྒྱུན་དང་རླུང་གི་གཡོ་བ་སོགས་རང་དུས་དེར་སྐད་ཅིག་ཀྱང་མི་གནས་ཤིང་། སྔ་མ་དེ་ཕྱི་མ་མ་ཡིན་པ་དང་དེ་ཡང་དེ་ཡི་ཕྱི་མར་མི་གནས་པ་སོགས་ཀྱི་དཔེས་སེམས་ལ་བརྟགས་པ་ན། སེམས་མྱོང་ཤེས་ཀྱི་རྒྱུན་ཙམ་པ་འདི་སྐད་ཅིག་ཀྱང་མི་གནས་ལ། སྔ་མ་དེ་ཕྱི་མ་མ་ཡིན་ལ་སྔ་ཕྱི་བར་མཚམས་ཀྱང་མེད་པས་སྐད་ཅིག་ཙམ་དུའང་མི་རྟག་ལ་གཅིག་དང་དུ་མར་གདགས་སུ་མེད་པ་འདི་ཤེས་པར་བྱེད་པ་སྟེ། འདུས་བྱས་ཐམས་ཅད་ལ་མི་རྟག་པའི་འདུ་ཤེས་སྒོམ་པར་བྱའོ། །

ཆོས་དྲན་ཉེ་ནི། དྲུག་ཡིད་ཀྱི་ཡུལ་དུ་སྒྲོ་འདོགས་པ་ཆོས་ཀྱི་ཁམས་དང་ཆོས་ཀྱི་སྐྱེ་མཆེད་རྣམས་ལ་དེ་དང་དེར་ཞེན་པའི་གཉེན་པོ་སྟེ། རྟེན་ཅིང་འབྲེལ་བར་འབྱུང་བ་ལུགས་འབྱུང་ལུགས་ལྡོག་བསམ་པ་དང་། ཐེག་ཆེན་དུ་གཅིག་དུ་བྲལ་དང་མུ་བཞི་སྐྱེ་འགོག་ལ་སོགས་པའི་རྟགས་དང་རྒྱུ་མཚན་གྱིས་དཔྱད་པས་ཆོས་གང་དང་གང་དུ་འཆིང་བ་དང་གྲོལ་བ་མི་དམིགས་པར་ཤེས་པ་སྟེ། འགོག་པའི་འདུ་ཤེས་དང་སྟོང་པ་ཉིད་དུ་སོ་སོར་རྟོག་པའི་འདུ་ཤེས་སྒོམ་པའོ། །

འབྲས་བུ་ནི། ལུས་སོགས་བཞི་ལ་གཙང་བདེ་རྟག་བདག་ཏུ་ཞེན་པའི་ཕྱིན་ཅི་ལོག་བཞིས་རྒྱུ་བྱས་ཏེ། སྐྱེ་གནས་ངན་པ་བླངས་པར་ཤེས་པས་ལུས་ལ་མ་ཆགས་ཤིང་ལུས་མི་འདོད་པ་(༤༢༢བ)སྡུག་བསྔལ་ཤེས་པ་དང་། ཚོར་བ་སྡུག་བསྔལ་དུ་ཤེས་པས་སྲེད་པ་དང་བྲལ་བ་ཀུན་འབྱུང་སྤོང་བ་དང་། བདག་ཏུ་ཞེན་པའི་གཞི་སེམས་མི་རྟག་པར་མཐོང་བས་ངར་ཞེན་པ་ལོག་སྟེ། བདག་ཆད་ཀྱིས་དོགས་པའི་མྱང་འདས་ལ་སྐྲག་པ་དང་བྲལ་བས་རིམ་གྱིས་འགོག་པ་མངོན་དུ་བྱེད་པ་དང་། ཆོས་ཐམས་ཅད་སྟོང་ཉིད་ནམ་མཁའ་ལྟ་བུ་དང་། རྟེན་འབྲེལ་སྒྱུ་མ་ལྟ་བུ་ཐ་མི་དད་པར་རིག་པས་རྨོངས་པ་དང་བྲལ་ཏེ་ལམ་བདེན་ལ་འཇུག་པ་དང་། ཟག་བཅས་ཀྱི་ལུས་ཚོར་སེམས་ཆོས་བཞི་ལས་འདས་ཏེ་ཟག་མེད་ཀྱི་ལུས་ཚོར་སེམས་ཆོས་ལ་

དབང་ཐོབ་པ་སྟེ། **དབུས་མཐའ་ལས།** གནས་ངན་ལེན་ཕྱིར་སྲིད་རྒྱུའི་ཕྱིར། །གཞི་ཡི་ཕྱིར་དང་མ་རྫོགས་ཕྱིར། །བདེན་པ་བཞི་ལ་འཇུག་བྱ་བས། །དྲན་པ་ཉེ་བར་བཞག་པ་སྒོམ། །ཞེས་སོ། །

དེ་ཡང་རང་དོན་དུ་ཞི་བ་དོན་གཉེར་གྱི་བློས་རང་གིས་ཟིན་པའི་ཕུང་པོ་ལྔ་ཙམ་དང་། གཞན་སྣང་ཪུང་གི་ཡུལ་ན་གནས་པའི་སྐྱེ་བོ་ཙམ་ལ་དམིགས་ནས་སྒོམ་ཞིང་མི་གཙང་བ་ལ་སོགས་པར་འཛིན་པ་ནི་ཐེག་དམན་གྱི་དྲན་ཉེ་སྒོམ་པ་ཡིན་ལ། བྱང་ཆུབ་ཀྱི་སེམས་ཀྱིས་ཟིན་པས་ནམ་མཁས་ཁྱབ་ཚད་ཀྱི་དུས་གསུམ་གྱི་ཕུང་སོགས་ལ་དམིགས་ནས་སྒོམ་ཞིང་། གཙང་བདེ་རྟག་བདག་ཏུ་འཛིན་པ་ལོག་ལ་མི་གཙང་བ་སོགས་སུ་ཡང་དམིགས་སུ་མེད་པའི་སྟོང་ཉིད་ལ་འཇུག་པ་ནི་ཐེག་ཆེན་གྱི་དྲན་ཉེ་ཡིན་ལ་དེ་ནི། **རྒྱན་ལས།** བློ་ལྡན་དྲན་པ་ཉེར་བཞག་པ། །སྒོམ་པ་རྣམ་པ་བཅུ་བཞི་ཡིས། །མཚུངས་པ་མེད་པའི་ཕྱིར་ན་དེ། །དེ་ཡིས་གཞན་ལས་ཁྱད་པར་འཕགས། །ཞེས་གསུངས་ཏེ། རྟེན་ཐེག་ཆེན་གྱི་ཆོས་ཟབ་རྒྱས་ལས་སྐྱེས་པའི་ཤེས་རབ་དང་།༡ གཉེན་པོ་སྒྲོ་སྐུར་གྱི་མཐའ་གཉིས་ཀ་བསལ་བའི་ཤེས་རབ་དང་།༢ ཐེག་ཆེན་གྱི་བདེན་བཞི་ལ་བདག་གཞན་འཇུག་པ་དང་།༣ ཆོས་བསམ་གྱིས་མི་ཁྱབ་པ་ལ་དམིགས་པ་དང་།༤ ཐམས་ཅད་ནམ་མཁའ་(༤༩༡ན)ལྟར་ཡིད་ལ་བྱེད་པ་དང་།༥ སྲིད་ཞིར་མི་གནས་པ་ཐོབ་པ་དང་།༦ ཕ་རོལ་ཏུ་ཕྱིན་པ་རྣམས་དང་མཐུན་པ་དང་།༧ གདུལ་བྱའི་མོས་པ་བཞིན་གྱི་རྗེས་སུ་འཇུག་པ་དང་།༨ ལུས་སྒྱུ་མ་ལྟ་བུ་ཚོར་བ་རྨི་ལམ་ལྟ་བུ་སེམས་ནམ་མཁའ་ལྟ་བུ་ཆོས་གློ་བུར་དུ་བྱུང་བ་སྤྲིན་ལྟ་བུར་ཡོངས་སུ་ཤེས་པ་དང་།༩ བསམས་བཞིན་དུ་བརྒྱ་བྱིན་དང་འཁོར་བསྒྱུར་ལྟ་བུ་ལུས་མཆོག་འཛིན་ཞིང་ཚོར་བའི་མཆོག་སྤྱོད་ཡང་ཉོན་མོངས་པ་མེད་པའི་སྐྱེ་བ་ཐོབ་པ་དང་།༡༠ དབང་པོ་རྣོ་ཞིང་ཐབས་མཁས་པས་སྒོམ་པ་ཆུང་དུས་ཀྱང་གཞན་གྱི་ཆེན་པོ་ཟིལ་གྱིས་གནོན་པ་དང་།༡༡ བྱང་ཆུབ་དམ་པའི་མཆོག་ཉིད་

ཏུ་རོ་གཅིག་པར་འགྱུར་བ་དང་།[༧༢] སྨྱུ་ངན་ལས་འདས་པ་ཐོབ་ནས་ཀྱང་མི་ཟད་པའི་སྨོན་པ་དང་ལྡན་པ་དང་།[༧༣] ས་བཅུ་དང་སངས་རྒྱས་ཀྱི་འབྲས་བུ་འགྲུབ་པ[༧༤]སྟེ་བཅུ་བཞིས་ཁྱད་པར་དུ་འཕགས་པ་སྟེ། རྟེན་དང་གཉེན་པོ་དག་དང་ནི། །དེ་བཞིན་དུ་ནི་འཇུག་པ་དང་། །དམིགས་པ་དང་ནི་ཡིད་བྱེད་དང་། །ཐོབ་པས་སྨོན་པ་ཁྱད་པར་འཕགས། །མཐུན་དང་རྗེས་སུ་འཇུག་པ་དང་། །ཡོངས་སུ་ཤེས་དང་སྐྱེ་བ་དང་། ཆེན་པོ་དང་ནི་མཆོག་ཉིད་དང་། །སྨོན་དང་ཡང་དག་འགྲུབ་པས་གཞན། །ཞེས་སོ། །

གཉིས་པ་གཞུང་དོན་ལ་དྲན་པ་ཉེར་བཞག་བཞི་ལས། དང་པོ་ལུས་དྲན་ཉེ་བར་གཞག་པ་ལ་གཉིས། ཡན་ལག་སོ་སོ་ལུས་མ་ཡིན་པ་དང་། ཡན་ལག་ཅན་དགག་པའོ། །

དང་པོ་(ཡན་ལག་སོ་སོ་ལུས་མ་ཡིན་པ་)ནི།

ལུས་ནི་རྐང་པ་བྱིན་པ་མིན། །
བརླ་དང་རྐེད་པའང་ལུས་མ་ཡིན། །
ལྟོ་དང་རྒྱབ་ཀྱང་ལུས་མ་ཡིན། །
བྲང་དང་དཔུང་པའང་ལུས་མ་ཡིན།[༧༩] །
རྩིབས་ལོགས་ལག་པའང་ལུས་མ་ཡིན། །
མཆན་ཁུང་ཕྲག་པའང་ལུས་མ་ཡིན། །
ནང་རོལ་རྣམས་ཀྱང་དེ་མིན་ལ། །
མགོ་དང་མགྲིན་པའང་ལུས་མིན་ན།[༨༠] །
འདི་ལ་ལུས་ནི་གང་ཞིག་ཡིན། །

ཞེས་གསུངས་ཏེ། རྐང་པ་བརྒྱད་ཀྱིས་ཆ་ཤས་རེ་རེ་ཞིང་ལུས་མ་ཡིན་པ་དང་། ཐ་མས་ལུས་སྤྱི་(༧༩བ)བཏགས་སུ་བསྟན་ཏོ། །

གཉིས་པ་(ཡན་ལག་ཅན་དགག་པ་)ནི།

གལ་ཏེ་ལུས་འདི་ཐམས་ཅད་ལ། །
ཕྱོགས་རེ་ཡིས་ནི་གནས་གྱུར་ན། །
ཆ་རྣམས་ཆ་ལ་གནས་གྱུར་མོད། ༡༡ །
དེ་རང་ཉིད་ནི་གང་ལ་གནས། །
གལ་ཏེ་བདག་ཉིད་ཀུན་གྱི་ལུས། །
ལག་སོགས་རྣམས་ལ་གནས་ན་ནི། །
ལག་སོགས་དེ་དག་ཇི་སྙེད་པ། ༡༢ །
དེ་སྙེད་ཀྱི་ནི་ལུས་སུ་འགྱུར། །
ཕྱི་དང་ནང་ན་ལུས་མེད་ན། །
ཇི་ལྟར་ལག་སོགས་ལ་ལུས་ཡོད། །
ལག་སོགས་རྣམས་ལས་གཞན་མེད་ན། ༡༣ །
དེ་ནི་ཇི་ལྟར་ཡོད་པ་ཡིན། །
དེས་ན་ལུས་མེད་ལག་སོགས་ལ། །
རྨོངས་པ་ཡིས་ནི་ལུས་བློར་འགྱུར། །
དབྱིབས་སུ་ཡོད་པའི་ཁྱད་པར་གྱིས། ༡༤ །
ཐོ་ཡོར་ལ་ནི་མིའི་བློ་བཞིན། །
ཇི་སྲིད་རྐྱེན་ཚོགས་དེ་སྲིད་དུ། །
ཐོ་ཡོར་སྐྱེས་བུ་ལྟར་སྣང་བ། །
དེ་བཞིན་ཇི་སྲིད་ལག་སོགས་ལ། ༡༥ །
དེ་ཡོད་དེ་སྲིད་དེར་ལུས་སྣང་། །
དེ་བཞིན་སོར་མོའི་ཚོགས་ཡིན་ཕྱིར། །
ལག་པའང་གང་ཞིག་ཡིན་པར་འགྱུར། །

དེ་ཡང་ཚོགས་ཀྱི་ཚོགས་ཡིན་ཕྱིར། ༤༨ །
ཚོགས་ཀྱང་རང་གི་ཆས་ཕྱེ་བས། །
ཆ་ཡང་རྡུལ་དུ་ཕྱེ་བ་སྟེ། །
རྡུལ་དེའང་ཕྱོགས་ཆའི་དབྱེ་བ་ཡིས། །
ཕྱོགས་དབྱེའང་ཆ་ཤས་དང་བྲལ་ཕྱིར། །
མཁའ་བཞིན་དེས་ན་རྡུལ་ཡང་མེད། ༤༩ །
དེ་ལྟར་རྨི་ལམ་ལྟ་བུ་ཡི། །
གཟུགས་ལ་དཔྱོད་ལྡན་སུ་ཞིག་ཆགས། །
གང་ཚེ་དེ་ལྟར་ལུས་མེད་པ། །
དེ་ཚེ་སྐྱེ་གང་བུད་མེད་གང་། ༤༤ །

ཞེས་གསུངས་ཏེ། དང་པོ་གསུམ་གྱིས་ཆ་ཤས་ཐམས་ཅད་ལ་ལུས་གནས་པ་བཀག །དེ་ནས་གཉིས་ཀྱིས་ལུས་ཐོ་ཡོར་ལ་མིར་ཞེན་ལྟར་བསྟན། དེ་ནས་གཉིས་ཀྱིས་དཔྱད་ན་ཡན་ལག་དང་ཉིང་ལག་ཀྱང་མི་འགྲུབ་པར་བསྟན། ཐ་མས་དེས་ན་གཟུགས་རྨི་ལམ་ལྟར་བསྟན་པའོ། །

དེ་ཡང་ཡན་ལག་སྣ་ཚོགས་པའི་འདུས་པ་འདི་ལ་ལུས་ཞེས་བརྗོད་ཅིང་དེར་ཞེན་པར་བྱེད་ན། རེ་ཞིག་བདག་ཉིད་ཀྱིས་བརྟག་པར་རིགས་ཏེ་ཅི་ལུས་(༣༠ན)ཞེས་བྱ་བ་དེ་གང་ཞིག་ལ་ཟེར། ལུས་ནི་རྐང་པ་དང་བྱིན་པ་ཡང་མིན་ལ། དེ་བཞིན་དུ། བརླ་དང་རྐེད་པའང་ལུས་མ་ཡིན། །ལྟོ་དང་རྒྱབ་ཀྱང་ལུས་མིན་ཏེ། །བྲང་དང་དཔུང་པའང་ལུས་མ་ཡིན། །རྩིབས་ལོག་ལག་པའང་ལུས་མིན་ཏེ། །མཆན་ཁུང་ཕྲག་པའང་ལུས་མ་ཡིན། །ནང་རོལ་རྣམས་ཀྱང་དེ་མིན་ལ། །དེ་བཞིན་དུ་མགོ་བོ་དང་མགྲིན་པ་དང་དེ་ལས་གཞན་པའི་ཆ་ཤས་སོ་སོའང་ལུས་མིན་པར་རང་གིས་ཀྱང་ངེས་པར་སྣང་ན། ད་ནི་འདི་ལ་ལུས་ཞེས་བྱ་བ་གང་ཞིག་ཡིན་ཏེ་འདི་ནི་མིང་

ཙམ་སྟེ་སྒྲོ་བཏགས་པ་ཁོ་ནར་ཟད་དོ། །

དེའི་ཚེ་བྲེ་བྲག་པ་ལ་སོགས་པ་ན་རེ། དེ་རྣམས་ནི་ལུས་ཀྱི་ཆ་ཤས་ཡིན་ལ་ཆ་ཤས་ཅན་གྱི་ལུས་དངོས་དེ་ནི་ཆ་ཤས་ཐམས་ཅད་ལ་ཁྱབ་པར་གནས་སོ། །ཞེས་ཟེར་ཞིང་། བོད་ཕྱི་མ་ཁ་ཅིག་ཡང་ཆ་ཤས་ཅན་བརྟན་གཤེར་ཞོར་གང་གི་སྟེང་ན་ཆ་ཤས་བདུད་རྩི་དང་རྣག་ཁྲག་ལ་སོགས་པ་དྲུག་གནས་སོ་ཞེས་ཟེར་རོ། །དེ་ལ་བརྒལ་བ། གལ་ཏེ་ལུས་ཉིད་ནི་ཆ་ཤས་ཐམས་ཅད་ལ་ཕྱོགས་རེ་ཡིས་ནི་གནས་པར་གྱུར་ན། མགོ་ལྟ་བུ་ཆ་ཤས་སོ་སོ་བ་རྣམས་ཆ་ཤས་སོ་སོ་ཉིད་ལ་གནས་པར་གྱུར་ཏོ་ཞེས་སྒྲོ་འདོགས་ན་འདོགས་སུ་ཟད་མོད་ལུས་དེ་རང་ཉིད་ནི་ཆ་ཤས་དེ་རྣམས་ཀྱི་ནང་ནས་གང་ལ་གནས་ཞེས་འདྲིའོ། །གལ་ཏེ་ལུས་བདག་ཉིད་དེ་ཆ་ཤས་ཀུན་གྱི་ལུས་ལག་པ་ལ་སོགས་པ་རྣམས་ལ་རེ་རེ་ཞིང་གནས་པར་འདོད་ན་ནི་ལག་པ་ལ་གནས་པའི་ལུས་དང་རྐང་པ་ལ་གནས་པའི་ལུས་ཞེས་སོགས་ལག་སོགས་འདི་དག་གི་གྲངས་ཇི་སྙེད་པ་དེ་སྙེད་ཀྱི་ལུས་སུ་འགྱུར་བས་ལུས་ཤིན་ཏུ་མང་པོར་འགྱུར་ལ། ལག་པ་ལ་གནས་པའི་ལུས་ལ་ཡང་གཡས་གཡོན་གྱི་ལུས་གཉིས་དང་རེ་རེ་ལ་ཡང་ཚིགས་ཀྱི་ལུས་གསུམ་དང་སོར་མོའི་ལུས་ལྔ་དང་ཚིགས་ཆུང་གི་ལུས་བཅོ་ལྔ་སོགས་ནས་ཐ་ན་རྡུལ་ཕྲ་རབ་ཀྱི་བར་གྱི་ལུས་དེ་སྙེད་དུ་ཐལ་བར་འགྱུར་རོ། །འདོད་མི་ནུས་ཏེ་དེ་ལྟ་ན་(༤༣༠བ)ཆ་ཤས་རེ་རེ་ཞིང་ལུས་སུ་ཐལ་བས་ཁྱབ་བྱེད་ཆ་ཤས་ཅན་གྱི་ལུས་ཁས་བླངས་པ་ཉམས་པའི་ཕྱིར་དང་། སྐྱེས་བུ་གཅིག་ལ་རྡུལ་ཕྲ་རབ་ཀྱི་གྲངས་ཀྱི་ལུས་ཡོད་པ་ཆེས་ངོ་མཚར་བའི་གནས་སོ། །དེས་ན་ཕྱི་བེམ་པོར་སྣང་བ་དང་ནང་ཤེས་པར་སྣང་བ་འདི་གང་ནའང་དཔྱད་ན་ལུས་ཞེས་བྱ་བ་རྡུལ་ཙམ་ཡང་མེད་པར་མཐོང་ན་ཇི་ལྟར་ན་ལག་སོགས་ལ་ལུས་ཡོད་ཅེས་སྨྲ་སྟེ་ལག་སོགས་ཐལ་བར་བྱས་ཀྱང་དེའི་ནང་ནས་ལུས་མི་རྙེད་དོ། །གལ་ཏེ་ཆ་ཤས་འདི་རྣམས་མ་ཡིན་པའི་ལུས་ཤིག་ཡོད་པར་འདོད་ན། དེ་ལྟ་ན་སྟོག་དབང་གི་

བར་དུ་བཏུབས་ཀྱང་ལུས་ལ་གནོད་པར་མི་འགྱུར་ཏེ་ལུས་ནི་དེ་དག་ལས་གཞན་ཡིན་པའི་ཕྱིར། དེས་ན་ལག་སོགས་ཀྱི་ཆ་ཤས་རེ་རེ་ཞིང་ལུས་མ་ཡིན་ལ་ཆ་ཤས་དེ་རྣམས་ལས་གཞན་ནའང་ལུས་མེད་ན་ལུས་དེ་ནི་ཇི་ལྟར་ན་ཡོད་པ་ཡིན་ཏེ་མིང་ཙམ་དུ་ཤེས་སོ། །དེས་ན་ཆ་ཤས་ཅན་ནམ་གཞན་ཡང་ཉུང་སྟེ་ལུས་ཞེས་བྱ་བ་གཏན་མེད་ཀྱང་ལག་སོགས་ཀྱི་འདུས་པ་ལ་སེམས་གཏི་མུག་གི་རྨོངས་པ་ཡིས་ནི་ལུས་ཀྱི་བློ་སྐྱེ་བར་འགྱུར་བ་ཡིན་ཏེ། ཇི་ལྟར་མི་དང་ཐོ་ཡོར་རྒྱུད་ནས་ལྟ་ན་ནག་ཡོར་ཙམ་དུ་འདྲ་བའི་དབྱིབས་སུ་ཡོད་པའི་ཁྱད་པར་གྱིས་ཐོ་ཡོར་ལ་ནི་མི་ཞིག་སྣང་ངོ་སྙམ་པའི་བློ་སྐྱེ་བ་བཞིན་ནོ། །

གལ་ཏེ་ཐོ་ཡོར་ལ་དུས་ཐ་གི་[1]ཙམ་ཞིག་ཏུ་མིར་འཁྲུལ་བར་ཟད་ལ་ལག་སོགས་ལ་ལུས་བློ་ཡུན་རིང་དུ་འབྱུང་བས་མི་འདྲའོ་ཞེ་ན། ཇི་སྲིད་དེའི་རྒྱུ་རྐྱེན་ཚོགས་པ་དེ་སྲིད་དུ་ནི་ཐོ་ཡོར་ལ་ཡང་སྐྱེས་བུ་ལྟར་སྣང་བ་སྐྱེ་བ་དེ་བཞིན་དུ་ཇི་སྲིད་ལག་སོགས་ལ་ཡང་རྒྱུ་རྐྱེན་དེ་ཡོད་པ་དེ་སྲིད་དུ་ལུས་བློར་སྣང་བ་སྐྱེ་བས་ཁྱད་པར་མེད་དོ། །དེ་ལྟར་ལུས་རིལ་པོར་འཛིན་པ་ཟློག་པར་མ་ཟད་ཆ་ཤས་ཀྱང་དཔྱད་ན་མི་འགྲུབ་སྟེ། དེ་ཡང་སོར་མོའི་ཚོགས་ཡིན་ཕྱིར། །ལག་པའང་གང་ཞིག་ཡིན་པར་འགྱུར། །དེ་ཡང་ཚིགས་ཀྱི་ཚོགས་ཡིན་ཕྱིར། །ཚིགས་(༧༧ན)ཀྱང་རང་གི་ཆས་ཕྱེ་བས། །ཆ་ཡང་རྡུལ་དུ་ཕྱེ་བ་སྟེ། །རྡུལ་དེའང་ཕྱོགས་ཆའི་དབྱེ་བ་ཡིས། །ཕྱོགས་དབྱེ་ཆ་ཤས་དང་བྲལ་ཕྱིར། །དེས་ན་ནམ་མཁའ་བཞིན་ཏེ་དེའི་ཕྱིར་རྡུལ་ཡང་དམིགས་སུ་མེད་དོ། །དེ་ལྟར་རྨི་ལམ་ལྟ་བུ་ཡི། །གཟུགས་ལ་དཔྱོད་ལྡན་སུ་ཞིག་ཆགས། །གང་ཚེ་དེ་ལྟར་ལུས་མེད་པ། །དེ་ཚེ་སྐྱེས་གང་བུད་མེད་གང་། །སྐྱེ་སྐྱེས་པ་དང་བུད་མེད་ནི་དབང་པོའི་ཁྱད་པར་ལས་བཞག་པར་ཟད་ལ། དབང་པོ་དེ་ཡང་ལུས་སུ་ཞེན་པ་ལས་འབྱུང་ལ་ལུས་ཉིད་མི་དམིགས་པར་ཤེས་ནས་དེའི་ཁྱད་པར་ལྟ་ཤལ་དུ་ག་ལ་ལུས་པའི་དོན་ནོ། །

1 ཐ་གི་ཞང་ཞུང་གི་སྐད་སྐད་ཅིག་མའི་དོན།

འདིར་**དགེ་བའི་ལྷས།** གླིགས་བམ་ལ་ལར་སྲིད་དུ་ལུས་ལ་ཞེས་སློས་པ་ལ་ནི་རྣམ་གྲངས་གཞན་དུ་འཆད་དེ། ཇི་སྲིད་གཏི་མུག་གི་སྐྱོན་ཚོགས་པ་དེ་སྲིད་དུ་ལུས་ལ་སྐྱེས་བུ་མེད་དུ་ཟིན་ཡང་སྐྱེས་བུར་སྣང་ངོ་། །དེ་བཞིན་དུ་ལག་སོགས་ལ་ཡང་རྐྱེན་གྱི་ཚོགས་པ་ཡོད་པ་དེ་སྲིད་ལུས་སུ་སྣོངས་པ་སྐྱེའོ། །ཞེས་ན་ཡམས་གཞན་ཡང་བཤད་དོ། **།འགྲེལ་ཆུང་ལས་ཀྱང་།** ན་ཡམས་གཅིག་ཏུ་མཐོ་ཡོར་ལ་སྐྱེས་བུར་འཁྲུལ་བ་ལྟར་ལག་སོགས་ལ་ལུས་སུ་འཁྲུལ་བ་ནས་རྟུལ་ལས་རྩའི་བར་དུ་འཁྲུལ་ལོ་ཞེས་སོ་ཞེས་འབྲུ་ཡང་བསྟན་ནས། ཇི་སྲིད་རྐྱེན་ཚོགས་སོགས་ཀྱི་ཐོག་ག་འདི་ཕྱིས་བཙུག་པའོ་ཞེས་སྣང་ངོ་། །

གཉིས་པ་ཚོར་བའི་དྲན་ཉེ་ལ་བཞི་སྟེ། ཚོར་བ་ཉིད་མ་གྲུབ་པ། ཚོར་བའི་རྒྱུ་མེད་པ། གང་ཚོར་བའི་ཡུལ་མེད་པ། ཚོར་བའི་འཛིན་པ་མེད་པའོ། །

དང་པོ་(ཚོར་བ་ཉིད་མ་གྲུབ་པ་)ནི།

སྡུག་བསྔལ་དེ་ཉིད་དུ་ཡོད་ན། །
ཇི་ལྟར་རབ་དགའ་ལ་མི་གནོད། །
བདེ་ན་མྱ་ངན་གདུང་སོགས་ལ། །
ཞིམ་སོགས་ཅི་སྟེ་དགའ་མི་བྱེད། ༩ །
སྟོབས་དང་ལྡན་པས་ཟིལ་མནན་ཕྱིར། །
གལ་ཏེ་དེ་མྱོང་མ་ཡིན་ན། །
གང་ཞིག་ཉམས་མྱོང་བདག་ཉིད་མིན། །
དེ་ནི་ཚོར་བ་ཇི་ལྟར་ཡིན། ༡༠ །
སྡུག་བསྔལ་ཕྲ་མོ་ཉིད་དུ་(༤༧བ)ཡོད། །
འདི་ཡིས་རགས་པ་བསལ་མིན་ནམ། །
དེ་ནི་དེ་ལས་གཞན་འགའ་ཙམ། །

ཞེ་ན་ཕྲ་ཉིད་དེ་ཡང་དེའི། ༩༡ །
གལ་ཏེ་འགལ་རྐྱེན་སྐྱེས་པས་ན། །
སྡུག་བསྔལ་སྐྱེས་པ་མིན་ན་ནི། །
ཚོར་བར་རྟོག་པ་མངོན་ཞེན་ཉིད། །
ཡིན་ཞེས་བྱ་བར་གྲུབ་མིན་ནམ། ༩༢ །
དེ་ཉིད་ཕྱིར་ན་འདི་ཡི་ནི། །
གཉེན་པོར་རྣམ་དཔྱོད་འདི་སྒོམ་སྟེ། །
རྣམ་བརྟགས་ཞིང་ལས་བྱུང་བ་ཡི། །
བསམ་གཏན་རྣལ་འབྱོར་པ་ཡི་ཟས། ༩༣ །

ཞེས་གསུངས་ཏེ། དང་པོས་སྡུག་བསྔལ་དོན་དམ་དུ་མེད་པར་བསྟན། གཉིས་པས་བདེ་བས་ཟིལ་གྱིས་མནན་པར་འདོད་པ་བཀག །གཉིས་ཀྱིས་སྡུག་བསྔལ་ཕྲ་མོར་ཡོད་པ་བཀག །ཐ་མས་ཚོར་བ་རང་བཞིན་མེད་པར་བསྟན་ཏོ། །

གཉིས་པ་ཚོར་བའི་རྒྱུ་མེད་པར་བསྟན་པ་ནི།

གལ་ཏེ་དབང་དོན་བར་བཅས་ན། །
དེ་དག་གང་དུ་ཕྲད་པར་འགྱུར། །
བར་མེད་ན་ཡང་གཅིག་ཉིད་དེ། །
གང་ཞིག་གང་དང་ཕྲད་པར་འགྱུར། ༩༤ །
རྡུལ་ཕྲན་རྡུལ་ཕྲན་ལ་འཇུག་མེད། །
དེ་ནི་སྐབས་མེད་མཉམ་པ་ཡིན། །
མ་ཞུགས་པ་ལ་འདྲེས་མེད་ཅིང་། །
མ་འདྲེས་པ་ལ་ཕྲད་པ་མེད། ༩༥ །
ཆ་མེད་པ་ལའང་ཕྲད་པ་ཞེས། །

བྱ་བ་ཇི་ལྟར་འཐད་པར་འགྱུར། །
ཕྲད་པ་དང་ནི་ཆ་མེད་པར། །
གལ་ཏེ་མཐོང་ན་བསྟན་པར་གྱིས། ༩༦ །
རྣམ་ཤེས་ལུས་མེད་པ་ལ་ནི། །
ཕྲད་པ་འཐད་པ་མ་ཡིན་ཉིད། །
ཚོགས་པའང་དངོས་པོ་མེད་ཕྱིར་ཏེ། །
སྔར་ནི་ཇི་ལྟར་རྣམ་དཔྱད་བཞིན། ༩༧ །
དེ་ལྟར་རེག་པ་ཡོད་མིན་ན། །
ཚོར་བ་གང་ལས་འབྱུང་བར་འགྱུར། །
ངལ་འདི་ཅི་ཡི་དོན་དུ་ཡིན། །
གང་གིས་གང་ལ་གནོད་པར་འགྱུར། ༩༨ །
གང་ཚེ་ཚོར་པོ་འགའ་མེད་ཅིང་། །
ཚོར་བའང་ཡོད་པ་མ་ཡིན་པ། །
དེ་ཚེ་གནས་སྐབས་འདི་མཐོང་ནས། །
སྲིད་པ་ཅི་ཕྱིར་ལྡོག་མི་འགྱུར། ༩༩ །

ཞེས་གསུངས་ཏེ། ཚོགས་བཅད་སྔ་མ་གསུམ་གྱིས་དབང་དོན་ཕྲད་པ་བཀག །གཅིག་གིས་རྣམ་ཤེས་ལ་ཕྲད་པ་མི་(༤༣༢ན)འཐད་པར་བསྟན། ལྷག་མས་དེས་ན་རེག་པ་མེད་པས་ཚོར་བ་མི་འབྱུང་བར་བསྟན་ཏོ། །

གསུམ་པ་ཚོར་བའི་ཡུལ་མེད་པ་ནི།

མཐོང་བའམ་ནི་རེག་པ་ཡང་། །
རྨི་ལམ་སྒྱུ་འདྲའི་བདག་ཉིད་ཀྱིས། །ཞེས་པ་དང་།

བཞི་པ་ཚོར་བའི་འཛིན་པ་མེད་པ་ནི།

སེམས་དང་ལྡན་ཅིག་སྐྱེས་པའི་ཕྱིར། །
ཚོར་བ་དེ་ཡིས་མཐོང་མ་ཡིན། ༡༠༠ །
སྔ་དང་ཕྱི་མར་སྐྱེས་པས་ཀྱང་། །
དྲན་པར་འགྱུར་གྱིས་མྱོང་མ་ཡིན། །
རང་གིས་བདག་ཉིད་མྱོང་མིན་ན། །
གཞན་དག་གིས་ཀྱང་མྱོང་མ་ཡིན། ༡༠༡ །
ཚོར་པོ་འགའ་ཡང་ཡོད་མིན་ཏེ། །
དེས་ན་ཚོར་བ་དེ་ཉིད་མིན། །
དེ་ལྟར་བདག་མེད་ཚོགས་འདི་ལ། །
འདི་ཡིས་ཅི་སྟེ་གནོད་པ་བྱེད། ༡༠༢ །

ཅེས་གསུངས་ཏེ། དང་པོས་དུས་གསུམ་གྱི་ཚོར་འཛིན་བཀག །གཉིས་པས་ཚོར་བ་པོ་མེད་པར་བསྟན། རྐང་པ་གཉིས་ཀྱིས་བཟློད་བྱའི་དོན་སྤྱིར་བསྡུས་པའོ། །

དེ་ཡང་ཚོར་བ་ནི་མིག་གི་འདུས་ཏེ་རེག་པའི་རྐྱེན་གྱིས་ཚོར་བ་སོགས་དྲུག་གམ། བསྡུ་ན་བདེ་སྡུག་བར་མ་གསུམ་དུ་འདུ་བའི་ཕྱིར། རེ་ཞིག་སྡུག་བསྔལ་གྱི་ཚོར་བ་སྡུག་བསྔལ་དེ་ཉིད་དུ་བདེན་ཞིང་ཡོད་པར་ངེས་ན་ཅིའི་ཕྱིར་རབ་ཏུ་དགའ་བདེའི་ཚོར་བ་ལ་ཅིས་མི་གནོད་དེ་སྡུག་བསྔལ་གྱི་ཚོར་བ་ཉིད་དུ་བདེན་པས་བདེ་བ་ཚོར་དུས་ན་ཡང་སྡུག་བསྔལ་དེ་ཉིད་ཡོད་པའི་ཕྱིར། བདེ་བ་དོན་དམ་པར་ཡོད་ན་ཡང་མྱ་ངན་དང་སྡུག་བསྔལ་གྱིས་གདུངས་པ་སོགས་ཀྱི་གནས་སྐབས་ལའང་རོ་ཞིམ་པ་སོགས་ལ་དགའ་བ་དང་ཅི་སྟེ་ཡིད་བདེ་ཞིང་དགའ་བར་མི་བྱེད་དེ་བདེ་བ་དོན་དམ་དུ་བདེན་ལ་དེ་དང་ལྡན་པའི་སེམས་ཡིན་པའི་ཕྱིར། སྡུག་བསྔལ་གྱི་ཚོར་བ་ཡོད་མོད་ནའང་བདེ་བ་སྟོབས་དང་ལྡན་པས་ཟིལ་གྱིས་མནན་པའི་ཕྱིར།

གལ་ཏེ་བདེ་བ་མྱོང་བའི་སྐབས་དེར་སྡུག་བསྔལ་དེ་མྱོང་བ་མ་ཡིན་ནོ་ཞེ་ན། གང་ཞིག་བདེ་བ་ཉམས་སུ་མྱོང་བས་ཟིལ་གྱིས་མནན་པའི་བདག་ཉིད་ཅན(༤༢༢བ)གྱི་སྡུག་བསྔལ་དེ་ནི་སྡུག་བསྔལ་མ་ཡིན་ཏེ། སྡུག་བསྔལ་ནི་ཚོར་ཞིང་ཉམས་སུ་མྱོང་བ་ལ་འདོགས་ན་སུས་ཀྱང་ཉམས་སུ་མ་མྱོང་བ་དེ་ནི་ཚོར་བ་ཇི་ལྟར་ཡིན། གལ་ཏེ་སྡུག་བསྔལ་ཕྲ་མོ་ཉིད་དུ་ཡོད་པས་རྒྱུན་ཆད་པ་ཡང་མ་ཡིན་ནོ་ཞེ་ན། འོ་ན་དེའི་ཚེ་སྡུག་བསྔལ་ཕྲ་མོ་མྱོང་ཞིང་ཡོད་པ་འདིས་དེའི་དུས་ཀྱི་བདེ་བ་རགས་པ་ཡང་བསལ་བ་མིན་ནམ་སྟེ་སྡུག་བསྔལ་ཕྲ་མོ་དང་བདེ་བ་རགས་པ་ཤེས་པ་གཅིག་གིས་དུས་ཅིག་ཆར་མྱོང་བ་མི་སྲིད་པའི་ཕྱིར། སྡུག་བསྔལ་ཕྲ་མོ་དེ་ནི་བདེ་བ་རགས་པ་དེ་ལས་གཞན་པའི་དུས་འགའ་ཞིག་ཏུ་སྐྱེ་བས་སྐྱོན་མེད་དོ་ཞེ་ན། སྡུག་བསྔལ་ཕྲ་མོ་ཉིད་དེ་ཡང་བདེ་བ་རགས་པ་དེའི་འགལ་རྐྱེན་དུ་གྱུར་པས་ན་སྡུག་བསྔལ་དེ་ཡོད་བཞིན་བདེ་བ་དེ་སྐྱེ་མི་སྲིད་པར་འགྱུར་ལ། སྡུག་བསྔལ་དེ་ནི་དོན་དམ་པར་ཡོད་པས་ནམ་ཡང་བདེ་བ་སྐྱེ་བ་མི་སྲིད་པར་ཐལ་བར་འགྱུར་རོ། །

གལ་ཏེ་སྡུག་བསྔལ་ནི་རང་བཞིན་གྱིས་རྟག་པར་སྐྱེས་པ་མིན་ཏེ་རྒྱུ་རྐྱེན་ཚོགས་པ་ལས་བྱུང་བ་ཙམ་མོ་ཞེ་ན་ནི། དེ་ལྟ་ན་རྒྱུ་རྐྱེན་ཟློན་པ་ཚོགས་པ་ལས་གནས་སྐབས་གཞན་དུ་སྣང་བ་ཙམ་དེ་ལ་ཚོར་བ་བདེ་སྡུག་བར་མར་རྟོག་ཅིང་། དེ་ཡང་དག་ཏུ་འཛིན་པ་ནི་ཕྱིན་ཅི་ལོག་ཏུ་མངོན་པར་ཞེན་པ་པོ་ན་ཉིད་ཡིན་ནོ། །ཞེས་བྱ་བར་འགྲུབ་པ་མིན་ནམ། དེ་ཉིད་ཀྱི་ཕྱིར་ན་བདེ་སོགས་ཀྱི་ཚོར་བ་ལ་བདེན་པར་ཞེན་པ་འདི་ཡི་ནི་གཉེན་པོར་ཚོར་བ་རང་གི་ངོ་བོ་ལ་རྣམ་པར་དཔྱོད་པ་འདི་སྒོམས་ཤིག་དང་། ཚུལ་བཞིན་དུ་རྣམ་པར་བརྟགས་པའི་ཞིང་ལ་གཉེན་པོ་ལས་སྐྱེས་པའི་བསམ་གཏན་གྱི་སྨྱུ་གུ་ཤེས་རབ་ཀྱི་འབྲས་བུས་ལྡིད་པ་སྦྲོས་པའི་སྦྲུན་པ་དང་བྲལ་བ་འདི་ནི་ཤེས་རབ་དམ་པ་ལ་སྤྱོད་པའི་རྣལ་འབྱོར་པ་

རྣམས་ཀྱི་བདེ་བར་འཚོ་བའི་ཟས་ཀྱི་དམ་པའོ། །

དེའི་ཚེ་རང་སྡེ་བྱེ་སྨྲ་བ་ན་རེ། དབང་ཤེས་དང་ཡུལ་ཕྲད་པ་ནི་རིག་པ་ཡིན་ལ་དེ་ལས་ཚོར་བ་ནི་དོན་དམ་(༤༣༣ན)པར་སྐྱེའོ་ཞེ་ན། དྲིས་པ་ཅི་དབང་དོན་བར་བཅས་སུ་སྐྱེའམ་བར་མེད་དུ་སྐྱེ། གལ་ཏེ་དབང་ཤེས་དང་དོན་གྱི་བར་རྣམ་པའམ་དེ་ལས་གཞན་གང་ཡང་རུང་བས་ཆོད་པ་དང་བཅས་ཏེ་སྐྱེ་ན། དབང་དོན་དེ་དག་གང་དུ་ཕྲད་པར་འགྱུར་ཏེ་བར་གཞན་གྱིས་ཆོད་པའི་ཕྱིར། འོན་ཏེ་བར་མེད་དུ་འདོད་ན་ཡང་དབང་དོན་ཕྲད་པ་ན་དེ་གཉིས་གཅིག་ཉིད་དུ་འདྲེ་བར་འགྱུར་ཏེ་བར་གཞན་གྱིས་མ་ཆོད་པའི་ཕྱིར། དེས་ན་དབང་དོན་གང་དང་གང་ཞིག་ཕྲད་པར་འགྱུར་ཏེ་དཔྱད་ན་ཕྲད་པ་ཉམས་སོ། །

གལ་ཏེ་རགས་པ་ཕྲད་པ་མ་ཡིན་གྱི་རྡུལ་ཕྲ་རབ་ཕྲད་པའོ་ཞེ་ན། རྡུལ་ཕྲ་རབ་ནི་རྡུལ་ཕྲ་རབ་རང་ཉིད་ལ་འཇུག་པ་མེད་དེ། རྡུལ་ཕྲ་རབ་དེ་ཡི་རང་བཞིན་ནི་གོ་སྐབས་གཞན་ནམ་བུ་ག་མེད་པ་མཉམ་པ་ཆ་མེད་གཅིག་ཡིན་པར་ཉན་ཐོས་པ་ཁྱོད་ཉིད་འདོད་པའི་ཕྱིར། དེས་ན་ཆུ་ལ་ཆུ་ལྟར་གཅིག་ལ་གཅིག་མ་ཞུགས་པ་ལ་འདྲེས་པ་མེད་ཅིང་མ་འདྲེས་པ་ལ་ནི་ཐུག་ཕྲད་དུ་ཕྲད་པ་མེད་ལ། ཕྱོགས་དང་སྐད་ཅིག་གི་ཆ་མེད་པ་ལ་ཡང་ཕྲད་པ་ཞེས་བྱ་བ་ཇི་ལྟར་ན་འཐད་པར་འགྱུར། དེའི་ཕྱིར་ཕྲད་པ་དང་ནི་སྐད་ཅིག་དང་ཕྱོགས་ཀྱི་ཆ་མེད་པར་གཞི་མཐུན་པ་དེ་ལྟ་བུ་གལ་ཏེ་ཁྱོད་ཀྱིས་མཐོང་ན་ཁོ་བོ་ལ་བསྟན་པར་གྱིས་ཤིག་དང་ངོ་མཚར་གྱི་རྙེད་པ་བྱིན་པར་བྱའོ། །ཕྱིར་ཡང་ལུས་ཅན་ལ་ཕྲད་པ་ཡོད་མོད་རྣམ་ཤེས་ལུས་མེད་པ་ལ་ནི་ཕན་ཚུན་ཕྲད་པ་འཐད་པ་མ་ཡིན་པ་ཉིད་དོ། །གལ་ཏེ་རྣམ་ཤེས་ལའང་ཚོགས་པ་ལས་ཕྲད་པ་བཞག་གོ་ཞེ་ན། ཚོགས་པའང་དཔྱད་ན་དངོས་པོ་མེད་པའི་ཕྱིར་ཏེ། སྔར་ནི་ཕྲེང་བ་དང་དམག་སོགས་ཀྱི་དཔེས་ཇི་ལྟར་རྣམ་པར་དཔྱད་པ་བྱས་པ་བཞིན་ནོ། །དེ་ལྟར་དབང་དོན་ཕན་ཚུན་དུ་རེག་པ་ཡོད་པ་མིན་

ན་དེའི་ཚོར་བ་གང་ལས་འབྱུང་བར་འགྱུར་ཏེ། མེ་མེད་ན་དུ་བ་བཞིན་ནོ། །གལ་ཏེ་རྒྱུ་མ་མཐོང་ན་ཡང་ཚོར་བ་ཙམ་ཞིག་ཡོད་དོ་ཞེ་ན། (༤༣༣བ)རྒྱུ་མེད་ཀྱང་འབྲས་བུ་ཡོད་པར་འདོད་པའི་དཔལ་བ་འདི་ལྟ་བུ་ཅིའི་དོན་དུ་ཡིན་ཏེ་དཔལ་བ་འདིས་ཅི་བྱ། དེས་ན། གང་ཚེ་ཚོར་པོ་ཡོད་མིན་ཞིང་། །ཚོར་བའང་ཡོད་པ་མ་ཡིན་པ། །དེ་ཚེ་གནས་སྐབས་འདི་མཐོང་ནས། །སྲེད་པ་ཅི་ཕྱིར་ལྡོག་མི་འགྱུར། །སྟེ། ཚོར་བ་ལས་སྲེད་པ་འབྱུང་ལ་རྒྱུ་འགགས་ན་འབྲས་བུ་ལྡོག་པའི་ཕྱིར་རོ། །གཞན་ཡང་གང་ཚོར་བའི་ཡུལ་ཞིག་ཡོད་ན་ཚོར་ལ་རག་མོད་ཀྱང་གང་མཐོང་བའམ་གང་ལ་རེག་པར་སྣང་བའི་ཡུལ་འདི་ཡང་ཇི་ལྟར་རྨི་ལམ་ན་མཐོང་རེག་དང་སྒྱུ་མའི་མཐོང་རེག་འདྲ་བའི་བདག་ཉིད་ཀྱིས་གནས་པ་ཡིན་གྱི་དེ་ལས་གཞན་དུ་ཅུང་ཟད་ཀྱང་མེད་པའི་ཕྱིར། གཞན་ཡང་ཚོར་བ་ཡང་དག་པར་མེད་དེ་དེ་སེམས་ཀྱིས་མི་སྤྱོད་པའི་ཕྱིར། དེ་ལ་སེམས་ཀྱི་སྐད་ཅིག་དང་ཚོར་བའི་སྐད་ཅིག་ལྷན་ཅིག་ཏུ་སྐྱེས་པ་ན་ནི་ཚོར་བ་དེ་ཡིས་སེམས་དེ་ཡང་མཐོང་བ་མ་ཡིན་ལ། སེམས་དེས་ཚོར་བ་དེ་ཡང་མཐོང་བ་མ་ཡིན་ཏེ་དུས་མཉམ་ལ་བྱ་བྱེད་འགལ་བའི་ཕྱིར། ཚོར་བ་སྔ་ཕྱོགས་དང་སེམས་ཕྱི་མར་སྐྱེས་པས་ཀྱང་སྔ་ཕྱོགས་ཀྱི་ཚོར་བ་དེ་དྲན་པར་འགྱུར་གྱི་ཕྱི་མའི་སེམས་ཀྱིས་སྤྱོད་བ་མིན་ཏེ་འགགས་ཟིན་པའི་ཕྱིར། དཔེར་ན་ཁ་སང་གི་གྲང་རེག་དེ་རིང་ཡིད་ལ་བྱེད་པ་བཞིན་ནོ། །སེམས་སྔ་ལ་ཚོར་བ་འཕྱི་ནའང་སྐྱོན་དེ་ཉིད་ཀྱིས་རིག་གོ། །ཚོར་བ་རང་གིས་ཚོར་བ་བདག་ཉིད་སྤྱོད་བའང་མིན་ཏེ་མིག་རང་གིས་རང་མི་མཐོང་བ་ལྟ་བུའི་ཕྱིར། ཚོར་བ་རང་ལས་གཞན་པ་དག་གིས་ཀྱང་སྤྱོད་བ་མ་ཡིན་ཏེ། གཟུགས་ཀྱིས་སྒྲ་མི་སྤྱོད་བ་བཞིན་ནོ། །དེ་ལྟར་དཔྱད་པ་ན་ཤེས་རབ་དྲི་མ་མེད་པའི་མདུན་ན་གང་ཞིག་ཚོར་བ་དང་། གང་གིས་ཚོར་བ་པོ་དང་། ཇི་ལྟར་ཚོར་བ་འགའ་ཡང་ཡོད་པ་མིན་ཏེ། དེས་ན་ཚོར་བ་ནི་མ་དཔྱད་པ་འཁྲུལ་ངོར་སྒྲོ་བཏགས་པས་སྣང་བ་ཡིན་གྱི་དཔྱད་ན་དེ་ཁོ་ན་ཉིད་མིན་ནོ། །

དེ་ལྟར་ཆོས་དང་གང་ཟག་གི་བདག་མེད་པ་ལུས་སེམས་ཀྱི་ཚོགས་པ་སྒྱུ་མ་ཙམ་(༤༣ན)འདི་ལ་སྒྲོ་བཏགས་པའི་ཚོར་བ་འདིས་ཕན་པའམ་གནོད་པར་ཅི་ཞིག་བྱེད་དེ། སྒྱུ་མའི་ནམ་མཁའ་ལ་སྒྱུ་མའི་མེ་ཆུས་མི་གནོད་པ་བཞིན་ནོ། །འདི་ནི་ཚོར་བའི་དྲན་ཉེ་ཡང་དག་པར་སྒོམ་པ་ཡིན་ཏེ། འཇམ་དཔལ་གང་གིས་ཚོར་བ་ཉིད་མི་དམིགས་ན་དེ་ནི་ཚོར་བ་ལ་ཚོར་བའི་རྗེས་སུ་ལྟ་བའི་དྲན་པ་ཉེ་བར་བཞག་པའོ། །ཞེས་སོ། །འདིར་**དགེ་བའི་ལྷས་ནི།** རྣམ་པར་མི་རྟོག་པའི་བསམ་གཏན་དེ་ནི་ཟག་པ་མེད་པའི་ཟས་དེ་ཁོ་ན་རྟོགས་པའི་མཚན་ཉིད་ཅན་དེ་གང་ལ་ཡོད་པ་དེ་ནི་རྣལ་འབྱོར་པར་འགྱུར་ཏེ། ཐོས་པ་ལས་བསམ་པ་དེ་ལས་སྒོམ་པ་དེ་ལས་དེ་ཁོ་ན་ཉིད་ཀྱི་ཡེ་ཤེས་སྐྱེ་བ་ཡིན་པའི་ཕྱིར་ཏེ། ཇི་ལྟར་སྒྱུ་མའི་སེང་གེས་སྒྱུ་མའི་གླང་པོ་ཆེ་གསོད་པ་ནི་ཡང་དག་པ་ཉིད་དུ་མ་ཡིན་པ་བཞིན་དུ་དེ་ཁོ་ན་ཉིད་རྣམ་པར་དཔྱོད་པས་ལོག་པར་རྣམ་པར་རྟོག་པ་ཡང་དག་པར་མེད་བཞིན་དུ་འཇོམས་པ་ཡིན་ནོ། །ཞེས་དང་། སྲིད་པ་ཅི་ཕྱིར་ལྡོག་མི་འགྱུར། །སོགས་ལ། འདི་དག་གིས་ནི་གཟིགས་ཟན་པ་ལ་སོགས་པ་ཡང་སུན་ཕྱུང་བ་ཡིན་ཏེ། དེ་རྣམས་འདི་སྐད་དུ། རྫས་ནི་རྣམ་པ་གཉིས་ཡོད་དེ། མཐོང་བར་བྱ་བ་དང་རེག་པར་བྱ་བའོ། །དབང་དོན་ཕྲད་པ་ལས་བྱུང་བའི་ཤེས་པ་ནི་མངོན་སུམ་མོ་ཟེར་ན་དཔྱད་པའི་ཚུལ་འདིས་རྫས་སམ་ཕྲད་པ་ཡོད་པ་མ་ཡིན་ནོ། །ཡང་ན་གཟུགས་སོགས་ཀྱི་རྫས་བུམ་སོགས་དང་འདྲ་བར་མཐོང་བའམ་རེག་ཏུ་ཟིན་ཡང་ཡོད་པ་མ་ཡིན་ནོ། །ཀུང་སྐྲས་ནི་ཀུན་རྫོབ་ཏུ་ཁས་ལེན་པ་སྟེ་དོན་དམ་པར་ནི་མཐོང་རེག་གང་ཡང་མེད་དོ་ཞེས་སོ། །

བི་ཧྲུ་ཏིས་ནི། ཚོར་བ་ནི་མངོན་ཞེན་ཉིད་ཡིན་ཏེ་གཅིག་གི་བདེ་བ་དེ་ཉིད་གཞན་ལ་སྡུག་བསྔལ་དུ་འགྱུར་བ་སྟེ། སྤར་གང་ཐོས་ཀྱང་སྡུག་བསྔལ་སྐྱེ། །དེ་དུས་གཞན་དུ་མཐོང་ན་དགའ། །དེ་བས་ཚོར་བ་དང་དེའི་རྒྱུ་བཏགས་པ་

ཁོ་ནའོ། །ཡང་བཤད་པ། སྨྲུལ་གྱིས་རྨ་བྱ་བདེ་བར་འགྱུར། །དུག་ནི་བཅུད་ལེན་གོམས་ལ་བདེ། །གནོད་པར་བྱེད་པའི་(༤༣༤བ)ཚེར་མ་ནི། །ཁྱད་པར་ཧ་མོའི་ཁ་ལ་བདེ། །ཞེས་སོགས་སུ་བཀྲལ་ཏོ། **།འགྲེལ་ཆུང་ལས་ནི།** ཕྲ་མོར་ཡོད་པས་ཚོར་བ་དེ་ཁོ་ནར་ཡོད་ལ་རགས་པ་བསལ་བས་དགའ་བ་ལ་མི་གནོད་པ་ཡང་མི་འགལ་ལོ། །ཚོར་བའི་མཚན་ཉིད་ལས་འདས་པར་ཡང་མི་ཐལ་ཏེ་མྱོང་བའི་ཕྱིར་རོ། །འདི་ལྟར་ད་ནི་དེ་ལས་གཞན་འགའ་ཙམ་སྡེ་སྡུག་བསྔལ་ཕྲ་མོ་དེ་ནི་བདེ་བ་ཆེན་པོ་ལས་གཞན་པ་བདེ་བ་ཕྲ་མོའི་བདག་ཉིད་བདེ་བ་ཕུལ་དུ་ཕྱིན་པས་སྟོང་པའོ་ཞེ་ན། སྡུག་བསྔལ་ཕྲ་མོ་ཉིད་དུ་ཡོད། །འདི་ཡིས་རགས་པ་བསལ་མིན་ནམ། །དེ་ནི་དེ་ལས་གཞན་འགའ་ཙམ། །ཞེ་ན། ཞེས་པའི་བར་གཞན་གཞུང་དུ་བྱས་ནས། ཕྲ་ཉིད་དེ་ཡང་དེའི། །སོགས་ཀྱིས་བཀག་པར་བསྟན་ཏོ། །

གསུམ་པ་སེམས་དྲན་ཉེ་ལ་ཡང་གཉིས། སེམས་མ་གྲུབ་པ་དང་། ཡུལ་མ་གྲུབ་པའོ། །

དང་པོ་(སེམས་མ་གྲུབ་པ་)ནི།

ཡིད་ནི་དབང་རྣམས་ལ་མི་གནས། །
གཟུགས་སོགས་ལ་མིན་བར་ནའང་མིན། །
ནང་ཡང་སེམས་མིན་ཕྱི་མིན་ཞིང་། །
གཞན་དུ་ཡང་ནི་རྙེད་མ་ཡིན། [༡༠༣]།
གང་ཞིག་ལུས་མིན་གཞན་དུ་མིན། །
འདྲེས་མིན་ལོགས་སུ་འགར་མེད་པ། །
དེ་ནི་ཅུང་ཟད་མིན་དེའི་ཕྱིར། །
སེམས་ཅན་རང་བཞིན་མྱ་ངན་འདས། [༡༠༤] །ཞེས་པ་དང་།

གཉིས་པ་(ཡུལ་མ་གྲུབ་པ་)ནི།

ཤེས་བྱ་ལས་སྔར་ཤེས་ཡོད་ན། །
དེ་ནི་ཅི་ལ་དམིགས་ལས་སྐྱེ། །
ཤེས་དང་ཤེས་བྱ་ལྷན་ཅིག་ན། །
དེ་ནི་ཅི་ལ་དམིགས་ནས་སྐྱེ། ༡༠༥ །
འོན་ཏེ་ཤེས་བྱ་ཕྱིས་ཡོད་ན། །
དེ་ཚེ་ཤེས་པ་གང་ལས་སྐྱེ། །

ཞེས་གསུངས་ཏེ། དེའི་ཡང་རྐང་པ་དང་པོ་དྲུག་གིས་སེམས་དཔྱད་མི་བཟོད་པ་དང་། ཐ་མ་གཉིས་ཀྱིས་གཟོད་ནས་དག་པར་བསྟན་ལ། ཕྱི་མ་ལ་ཡང་ཤེས་བྱ་སྔ་བ་དང་། དུས་མཉམ་པ་དང་ཤེས་བྱ་འཕྱི་བའི་སྐྱོན་རྐང་པ་གཉིས་གཉིས་ཀྱིས་བསྟན་ཏོ། །

དེ་ཡང་ཚོར་བ་ཡོད་དེ་ཚོར་བ་པོ་སེམས་ཡོད་པས་སོ་སྙམ་ན། སེམས་སམ་ཡིད་དེ་ཉིད་ནི་ནང་མིག་སོགས་ཀྱི་དབང་པོ་རྣམས་ལ་མི་གནས་(༦༣༥ན)ཤིང་ཕྱི་གཟུགས་སོགས་ཀྱི་ཡུལ་ལ་ཡང་མིན་ལ་དེ་གཉིས་ཀྱི་བར་ནའང་གནས་པ་མིན་ཏེ། དེས་ན་གང་ནའང་མི་གནས་པ་དེ་ནི་ངོ་བོ་ཉིད་ཀྱིས་ཡོད་པ་མ་ཡིན་នོ། །སྔ་ཞིག་སེམས་ཡིན་ཞེས་བརྟགས་ན་ནང་དབང་པོ་ཡང་སེམས་མིན་ལ་ཕྱི་ཡུལ་ཡང་སེམས་མིན་ཞིང་ཕྱི་ནང་དེ་ལས་གཞན་དུ་ཡང་ནི་སེམས་ཐ་དད་པར་རྙེད་པ་མིན་ཏེ། སུ་ཡང་སེམས་ཡིན་པ་པོ་མ་མཐོང་ན་ད་ནི་སེམས་ཞེས་གང་ཞིག་ལ་འདོགས། གལ་ཏེ་ཡིད་ཉིད་དབང་པོ་ཡིན་ན་དབང་པོ་ལ་མི་གནས་པ་ག་ལ་ཡིན་སྙམ་ན། སྤྱིར་ཡིད་དབང་དང་ཡིད་རྟོག་སོགས་ནི་ཁྱད་གཞི་ཡིད་ལ་དམིགས་ནས་དེའི་རྟོག་མེད་མངོན་སུམ་གྱི་སྐབས་ལ་དབང་པོ་དང་དེའི་རྗེས་སུ་འཇུག་པའི་འཛིན་རྟོག་ལ་ཡིད་རྟོག་ཏུ་བཞག་མོད། དེའི་ཚེ་ཡང་ཁྱད་གཞི་ཡིད་ཁྱད་ཆོས་ཡིད་དབང་ལ་གནས་སོ། །ཞེས་མི་རུང་སྟེ་ལུས་ལག་པ་ལ་གནས་སོ་ཞེས་བྱར་མི་

རུང་བ་བཞིན་ནོ། །ཡིད་ཉིད་ཡིད་དབང་དུ་འདོད་ན་རང་ཉིད་ལ་རང་གནས་པ་ཇི་ལྟར་རུང་། གང་ལ་གང་གནས་པ་ནི་ཐ་དད་པའི་ཆོས་ལ་ཡིན་གྱི་ཐ་མི་དད་པ་ལ་གནས་པར་ཇི་ལྟར་བཞག།

དེས་ན་གང་ཞིག་ཡིད་དེ་ནི་ལུས་ཀྱང་མིན་ལ་ལུས་ལས་གཞན་དུའང་མིན་ཞིང་ལུས་དང་འདྲེས་པའང་མིན་ལ་ལུས་ལས་ལོགས་སུ་ཡང་འགར་ཡང་མཐོང་དུ་མེད་དེ། དེ་ནི་རང་གི་ངོ་བོ་ཅུང་ཟད་དུ་ཡང་མཐོང་བ་མིན་པ་དེའི་ཕྱིར་སེམས་ཅན་གྱི་སེམས་ཀྱི་རང་བཞིན་གཟོད་མ་ནས་མྱ་ངན་ལས་འདས་པ་སྤྲོས་པས་མ་གོས་པ་ཉིད་དོ། །གལ་ཏེ་ཤེས་པ་ཡང་དག་པར་ཡོད་དེ་ཡུལ་ཤེས་བྱ་རང་བཞིན་གྱིས་ཡོད་པའི་ཕྱིར་སྙམ་ན། འོ་ན་ཤེས་བྱ་དང་ཤེས་པ་སྔོན་དུ་གང་བྱུང་ཞེས་དྲི་བར་བྱའོ། །གལ་ཏེ་ཤེས་པ་སྔ་ན་ཤེས་བྱ་ལས་སྔར་ཤེས་པ་ཡོད་པར་འགྱུར་ལ། དེ་ལྟ་ན་ཤེས་པ་དེ་ནི་ཅི་ལ་དམིགས་ནས་སྐྱེ་སྟེ། ཤེས་བྱ་ལས་གཞན་པའི་ཡུལ་མེད་ལ་ཤེས་བྱ་ནི་བྱུང་མ་ཟིན་པའི་ཕྱིར། ཤེས་པ་དང་(༤༣༥བ)ཤེས་བྱ་ལྷན་ཅིག་དུས་མཉམ་དུ་བྱུང་ངོ་ཞེ་ན། ཤེས་པ་དེ་ནི་ཅི་ལ་དམིགས་ནས་སྐྱེ་སྟེ་དུས་མཉམ་པ་ནི་བྱ་བྱེད་འགལ་བས་ན་གཞལ་བར་མི་བྱེད་པའི་ཕྱིར། འོན་ཏེ་ཤེས་བྱ་ཕྱིས་ཡོད་ན། །དེ་ཚེའང་ཤེས་པ་གང་ལས་སྐྱེ། །དེ་ལྟར་ན་ཆོས་རྣམས་ཐམས་ཅད་ཀྱི་སྐྱེ་འགག་གནས་པ་དང་ཡུལ་ཡུལ་ཅན་སོགས་ནི་བག་ཆགས་གོམས་པའི་འཁྲུལ་རྒྱུན་ལ་ཞེན་ཏེ། སྒྲོ་བཏགས་པར་ཟད་ཀྱི་ཡང་དག་པའི་ཤེས་པའི་ངོར་དེ་དག་ཡོད་པ་མིན་ནོ། །སྤྱིར་འགྲེལ་བྱེད་ཕལ་ཆེར་གྱིས་ནང་ཡང་སེམས་མིན་སོགས་ལ་ནང་ན་ཡང་གནས་པ་མིན་ལ་ཞེས་འབྲུ་གཉེར་ཡང་དེ་ལྟ་ན་དབང་རྣམས་ལ་མི་གནས་དང་བཟློས་པར་འགྱུར་ཞིང་ནང་ཡང་ཞེས་པའི་ཡང་སྒྲའི་ནུས་པ་ཡང་ཉམས་པར་འགྱུར་བས་དེ་ལྟར་དུ་བཀྲལ་བར་མི་བྱའོ། །དེ་ལྟར་སེམས་གཟོད་ནས་དག་པར་མཐོང་བ་ནི་སེམས་དྲན་ཉེ་སྟེ། **གཙུག་ན་རིན་ཆེན་གྱི་མདོ་ལས།** དེ་སེམས་ཀུན་ཏུ་ཚོལ་བ་ན་

སེམས་དེ་ནི་ནང་དང་ཕྱི་དང་གཉིས་ག་དང་ཕུང་ཁམས་སྐྱེ་མཆེད་རྣམས་ལ་ཡང་དག་པར་རྗེས་སུ་མི་མཐོང་ངོ་། །ཞེས་དང་། འཇམ་དཔལ་གང་གིས་སེམས་མེད་ཙམ་དུ་ཤེས་ན་དེ་ནི་སེམས་ལ་སེམས་ཀྱིས་རྗེས་སུ་ལྟ་བའི་དྲན་པ་ཉེ་བར་བཞག་པའོ། །ཞེས་སོ། །དགེ་བའི་ལྟས་ནི་གཟུགས་སོགས་ནི་སྐད་ཅིག་ཡིན་པའི་ཕྱིར་ཆ་ཤས་མེད་པས་ཅིག་ཆར་འཇིག་ལ། ཆ་ཤས་དང་བཅས་ན་ཡང་དངོས་པོ་མེད་པའི་ཕྱིར་སེམས་ཀྱི་སྐད་ཅིག་མ་སྔ་མ་ནི་མེད་པ་ཉིད་དོ། །ཤེས་པ་དང་ཤེས་བྱ་ལྷན་ཅིག་སྲང་གི་མདའ་ལྟར་ཡོད་དུ་ཟིན་ཡང་གཅིག་གི་རྒྱུ་གཅིག་མ་ཡིན་པས་ཡང་དག་པར་དེ་གཉིས་ག་ཡང་མེད་པ་ཡིན་ནོ། །ཞེས་སོ། །**ཤེར་ལྔའི་འགྲེལ་ཆུང་ལས་ནི།** དེ་ཚེ་ཤེས་པ་གང་ལས་སྐྱེ་སྟེ་གདོད་མ་ནས་མ་སྐྱེས་པའི་ཕྱིར་ཞེས་སོ། །

བཞི་པ་ཆོས་དྲན་ཉེ་ལ་གསུམ། ཆོས་ཐམས་ཅད་སྐྱེ་མེད་དུ་བསྟན་པ། ཏ་ཙང་ཐལ་བ་སྤང་བ། ཐུག་མེད་དུ་ཐལ་བ་སྤང་(༤༧༨ན)པའོ། །

དང་པོ་(ཆོས་ཐམས་ཅད་སྐྱེ་མེད་དུ་བསྟན་པ་)ནི།

དེ་ལྟར་ཆོས་རྣམས་ཐམས་ཅད་ཀྱི། །
སྐྱེ་བ་རྟོགས་པར་འགྱུར་མ་ཡིན། ༡༠༨ །ཞེས་པ་དང་།

གཉིས་པ་(ཏ་ཙང་ཐལ་བ་སྤང་བ་)ནི།

གལ་ཏེ་དེ་ལྟར་ཀུན་རྫོབ་མེད། །
དེ་ལ་བདེན་གཉིས་ག་ལ་ཡོད། །
དེ་ཡང་ཀུན་རྫོབ་གཞན་གྱིས་ན། །
སེམས་ཅན་མྱ་ངན་ག་ལས་འདའ། ༡༠༧ །
འདི་ནི་གཞན་སེམས་རྣམ་རྟོག་སྟེ། །
དེ་ནི་རང་གི་ཀུན་རྫོབ་མིན། །
ཕྱིས་དེ་ངེས་ན་དེ་ཡོད་དེ། །

མིན་ན་ཀུན་རྫོབ་མེད་པ་ཉིད། ༡༠༧ །

ཅེས་གསུངས་ཏེ། དང་པོས་བརྒལ་བ་བཀོད། ཕྱི་མས་ལན་བཏབ་པའོ། །

གསུམ་པ་(ཐུག་མེད་དུ་ཐལ་བ་སྤང་བ་)ནི།

རྟོག་དང་བརྟག་པར་བྱ་བ་དག །

གཉིས་པོ་ཕན་ཚུན་བརྟེན་པ་ཡིན། །

ཇི་ལྟར་གྲགས་པ་ལ་བརྟེན་ནས། །

རྣམ་པར་དཔྱད་པ་ཐམས་ཅད་བརྗོད། ༡༠༨ །

གང་ཚེ་རྣམ་པར་དཔྱད་པ་ཉིད། །

རྣམ་དཔྱོད་ཀྱིས་ནི་དཔྱོད་བྱེད་ན། །

དེ་ཚེ་རྣམ་དཔྱོད་དེ་ཡང་ནི། །

རྣམ་དཔྱོད་ཕྱིར་ན་ཐུག་པ་མེད། ༡༡༠ །

དཔྱད་བྱ་རྣམ་པར་དཔྱད་བྱས་ནས། །

རྣམ་དཔྱོད་ལ་ནི་རྟེན་ཡོད་མིན། །

རྟེན་མེད་ཕྱིར་ན་མི་སྐྱེ་སྟེ། །

དེ་ཡང་མྱ་ངན་འདས་པར་བརྗོད། ༡༡༡ །

ཅེས་གསུངས་ཏེ། ཚང་པ་དང་པོ་གཉིས་ཀྱིས་རྩོད་པ་བཀོད། ཚང་པ་གཉིས་ཀྱིས་ལན་བཏབ། ཚང་པ་གཉིས་ཀྱིས་ཕ་རོལ་གྱི་ཡང་ལན་བརྗོད། ལྷག་མས་དེ་ཡི་དོགས་པ་བསལ་བའོ། །

དེ་ཡང་ལུས་དང་ཚོར་བ་དང་སེམས་སུ་ཞེན་པ་དེ་ལྟར་ བློག་པ་ན་དེ་རྣམས་ལས་གཞན་པའི་ཆོས་ཤུལ་ན་མེད་པའི་ཕྱིར། ཆོས་ཐམས་ཅད་ཀྱང་རང་བཞིན་མེད་པར་ཁོང་དུ་ཆུད་པར་འགྱུར་ལ། དེ་ལྟར་ཆོས་རྣམས་ཐམས་ཅད་ཀྱི་སྐྱེ་བ་རྟོགས་པར་འགྱུར་བ་མ་ཡིན་པར་ཤེས་པས་སྐྱེ་བའི་འཛིན་པ་ལས་ལོག་ཅིང་དེའི་

ཕྱིར་འགག་པ་དང་གནས་པར་ཡང་མི་དམིགས་པས་སྤྲོས་པ་དང་གཟོད་ནས་བྲལ་བར་ཁོང་དུ་ཆུད་པར་འགྱུར་རོ། །

དེའི་ཚེ་རྣམ་རིག་པ་དང་དངོས་སྨྲ་བ་དག་ན་རེ། གལ་ཏེ་ཐམས་ཅད་སྐྱེ་མེད་ཡིན་པ་དེ་ལྟ་ན་ཀུན་རྫོབ་མེད་པར་འགྱུར་ལ། ཀུན་རྫོབ་མེད་པར་འདོད་(༦༣༨བ) པ་དེ་ལ་ནི་བདེན་པ་གཉིས་ག་ལ་ཡོད་དེ། སྔར་བདེན་གཉིས་རྣམ་པར་གཞག་པ་དང་འགལ་ལོ། །

ཀུན་རྫོབ་དེ་ཡང་ཀུན་རྫོབ་རང་གི་ངོ་བོ་ནས་བཞག་པ་མིན་པར་རྒྱུ་མཚན་གཞན་གྱིས་བསྐྱོས་ཏེ་བཞག་པ་སྒྱིག་རྒྱུ་ལ་ཆུར་ཞེན་ནི་སྒྱིག་རྒྱུས་བཞག་པ་མིན་པར་དེར་ཞེན་གྱི་བློ་ཀུན་རྫོབ་པ་གཞན་གྱིས་བཞག་པ་ལྟར་རོ་ཞེ་ན། འོ་ན་སེམས་ཅན་མྱ་ངན་ག་ལ་འདའ་སྟེ། ཀུན་རྫོབ་མེད་ན་སེམས་ཅན་མེད་པའི་ཕྱིར་རམ་སངས་རྒྱས་ཟིན་ཡང་གཞན་གྱིས་མ་རིག་པ་ཅན་དུ་འཛོག་སྲིད་པའི་ཕྱིར་རོ། །ཞེས་རྩོལ་བའི་རྩོད་པ་དང་། ལན་གྱི་དོགས་པ་བསུས་ནས་སླར་བརྒལ་བར་ཧྥྲོམ་པ་བཀོད་ནས། དེའི་ལན་གདབ་ཕྱིར། འདི་ནི་གཞན་སེམས་རྣམ་རྟོག་སྟེ། །དེ་ནི་རང་གི་ཀུན་རྫོབ་མིན། །དེ་ལྟར་སངས་རྒྱས་པ་དང་མ་རྒྱས་པར་བཞག་པ་འདི་ནི་གཞན་སེམས་ཀྱི་རྣམ་པར་རྟོག་པ་ལས་བཏགས་པ་ཡིན་ཏེ། དེ་ནི་སངས་རྒྱས་རང་གི་ངོ་བོ་ནས་ཀུན་རྫོབ་གཟིགས་པས་སངས་རྒྱས་པའམ་མ་རྒྱས་པར་བཞག་པ་མ་ཡིན་ཏེ། ཆོས་ཐམས་ཅད་གཟོད་མ་ནས་ངོ་བོ་ཉིད་ཀྱིས་ཅི་ཡང་མ་ཡིན་པར་གཟིགས་ཤིང་། བདེན་རྫུན་ལ་སོགས་པའི་འདུ་ཤེས་རྣམ་པར་ལོག་པའི་ཕྱིར། སྤྱིར་ཡང་སྟོང་ཉིད་ནམ་མཁའམ་རྒྱ་མཚོ་ལྟ་བུ་ལ་རྟེན་ཅིང་འབྲེལ་བར་འབྱུང་བ་ཀུན་རྫོབ་པ་སྤྲིན་ནམ་ཆུ་རླབས་ལྟ་བུ་སྣང་དུ་ཙང་ཞིང་རྒྱ་མཚོ་དང་དེའི་རླབས་ནི་གཅིག་གམ་ཐ་དད་དུ་གདགས་པར་མི་ནུས་པ་ལྟ་བུ་སྟེ། དོན་དམ་ཆོས་ཀྱི་སྐུ་མངོན་དུ་གྱུར་པ་ན་གཞན་སྣང་ལ་ཀུན་རྫོབ་གཟུགས་ཀྱི་སྐུ་འབད་མེད་དུ་འབྱུང་

བ་ཡིན་ལ་ད་ལྟར་ཡང་ཀུན་རྫོབ་ངོ་བོ་ཉིད་ཀྱིས་མེད་པ་དང་། ཀུན་རྫོབ་ཏུ་སྣང་
བ་སྣ་ཚོགས་འབྱུང་བ་ནི་མི་འགལ་ཏེ་ཆུ་ནང་གི་ཟླ་གཟུགས་མི་བདེན་པ་དང་སྣང་
བ་མི་འགལ་བ་བཞིན་ནོ། །ཕྱིས་དེ་ངེས་ན་དེ་ཡོད་དེ། །མིན་ན་ཀུན་རྫོབ་མེད་པ་
ཉིད། །ཕྱི་ནས་ཁྱེད་ཅག་གིས་ཀྱང་དེ་ལྟ་བུ་ངེས་ཤིང་ཁོང་དུ་ཆུད་ན་དོན་དམ་སྐྱེ་
མེད་དང་ཀུན་རྫོབ་སྒྱུ་མ་ལྟ་བུར་ཡོད་པ་མི་འགལ་བ་དེ་ཁོང་དུ་ཆུད་པར་(༤༣༧ན)
འགྱུར་ལ། དོན་དམ་སྐྱེ་མེད་མ་ཡིན་ན་ནི་ཀུན་རྫོབ་མེད་པ་ཉིད་དུ་ཁྱེད་ཅག་མི་
འདོད་བཞིན་དུ་ཁས་ལེན་དགོས་ཏེ། གང་ལ་སྟོང་ཉིད་མི་རུང་བ། །དེ་ལ་ཅི་ཡང་
རུང་མ་ཡིན། །སོགས་དང་། གལ་ཏེ་སྟོང་ཉིད་མ་ཡིན་ན། །འཕགས་པའི་བདེན་
པ་བཞི་པོ་རྣམས། །ཁྱོད་ལ་མེད་པར་ཐལ་བར་འགྱུར། །ཞེས་སོགས་གསུངས་པའི་
ཕྱིར། གལ་ཏེ་གང་གིས་རྟོག་པར་བྱ་བ་ཤེས་པ་ལ་བལྟོས་ནས་གང་བརྟག་པར་བྱ་
བ་ཤེས་བྱ་འཇོག་ཅིང་ཤེས་བྱ་ལ་བལྟོས་ནས་ཀྱང་ཤེས་པར་འཇོག་པ་དག་ཡིན་པ་
དེའི་ཚེ་ན་ཤེས་པ་དང་ཤེས་བྱ་གཉིས་པོ་རྟོག་པ་ཕན་ཚུན་བརྟེན་པ་ཡིན་པས་ནམ་
ཡང་རྣམ་པར་དཔྱོད་མི་ནུས་པར་འགྱུར་རོ་ཞེ་ན།

དེ་ལྟར་དཔྱད་ན་རྟོག་པ་ཕན་ཚུན་བརྟེན་པའི་ཕྱིར་གཉི་གའང་མི་འགྲུབ་པ་
ནི་དོན་དམ་པའི་གནས་སྐབས་ཡིན་ལ། རེ་ཞིག་ཀུན་རྫོབ་རྣམ་འཇོག་གི་སྐབས་
འདིར་ནི་རྒོལ་བ་གཉི་ག་ལ་གྲགས་པའི་ཆོས་གཟུགས་ལ་སོགས་པ་མ་དཔྱད་
པའི་ངོར་ཇི་ལྟར་གྲགས་པ་འདི་ཙམ་ལ་བརྟེན་ནས་རྣམ་པར་དཔྱད་པ་ཐམས་
ཅད་གཞན་གྱི་ལོག་རྟོག་ཟློག་པའི་དགོས་པ་རྒྱུ་མཚན་དུ་བྱས་ནས་བརྗོད་པ་སྟེ་
རྣམ་དཔྱོད་ཉིད་ཀྱང་ངོ་བོ་ཉིད་ཀྱིས་དེར་བདེན་པ་ནི་མ་ཡིན་ནོ། །འོ་ན་རྣམ་
དཔྱོད་དེ་ཉིད་ཀྱང་རྣམ་དཔྱོད་གཞན་གྱིས་དཔྱོད་དགོས་སོ་ཞེ་ན། གལ་ཏེ་རྣམ་
པར་དཔྱད་པ་ཡང་། །རྣམ་དཔྱོད་ཀྱིས་ནི་དཔྱོད་བྱེད་ན། །དེ་ཚེ་རྣམ་དཔྱོད་དེ་
ཡང་ནི། །རྣམ་དཔྱོད་ཕྱིར་ན་ཐུག་པ་མེད་པར་ཐལ་བར་འགྱུར་མོད། དེ་ལྟར་

ཡང་མ་ཡིན་ཏེ། དཔྱད་བྱ་ཕ་རོལ་གྱི་ལོག་རྟོག་ཇི་སྙེད་པ་དེ་སྙེད་དུ་དཔྱོད་བྱེད་ཤེས་རབ་ཀྱིས་རྣམ་པར་དཔྱད་པར་བྱས་པ་ན། ཕ་རོལ་གྱི་ལོག་རྟོག་ལྡོག་ཅིང་དེ་ལོག་པ་ན་རྣམ་དཔྱོད་ཀྱི་དགོས་པ་གྲུབ་པས་རྣམ་དཔྱོད་ཉིད་ཀྱང་རང་ཞི་བར་འགྱུར་ཏེ་དགོས་པ་འདིའི་ཕྱིར་རྣམ་པར་དཔྱོད་པར་ཟད་ཀྱི། རྣམ་དཔྱོད་ཉིད་ལ་ནི་རྟེན་ནམ་ངོ་བོ་ཁྱད་པར་བ་ཡོད་པ་མིན་ལ། ལོག་རྟོག(༤༢༧བ)ལྡོག་ཟིན་པའི་རྗེས་སུ་རྟེན་ནམ་དགོས་པ་མེད་པའི་ཕྱིར་ན་རྣམ་དཔྱོད་ཉིད་ཀྱང་མི་སྐྱེ་སྟེ། ཤིང་བསྲེགས་ཟིན་པ་ན་མེ་རང་ལྡོག་པ་བཞིན་དང་། **ཟླ་མཆོག་གི་མདོ་ལས་ཀྱང་།** བུ་མོ་ཁྱོད་ཀྱི་སྤོབས་པ་འདི་སུས་བྱིན། གནས་བརྟན་ཉིད་ཀྱིས་སྨྲས་ཏེ་གནས་བརྟན་གྱིས་མ་དྲིས་ན་བདག་གི་སྤོབས་པ་འདི་མི་སྐྱེ་བའི་ཕྱིར། ཞེས་སོ། །དེ་ལྟར་སྒྲོ་སྐུར་གྱི་ཞེན་པ་ལོག་པ་ན་ཆོས་རྣམས་ཀྱི་རང་བཞིན་བསལ་བཞག་བྱར་མེད་པ་སྟོང་ཞིང་འོད་གསལ་བ་ཙམ་འདི་ནི་ཆོས་རྣམས་ཀྱི་གཉུག་མ་སྟེ་དེ་ཡང་གཟོད་མ་ནས་མྱ་ངན་འདས་པ་ཉིད་དུ་བརྗོད་དོ། །དེ་ལྟར་ཆོས་འདུས་བྱས་སམ་འདུས་མ་བྱས་གང་ཡང་མི་དམིགས་པས་དགེ་བ་དང་མི་དགེ་བར་འཛིན་པ་ཡང་རྣམ་པར་ལོག་པ་ནི་ཆོས་དྲན་ཉེར་བཞག་ཡང་དག་པ་སྟེ། འཇམ་དཔལ་གང་གིས་དགེ་བ་དང་མི་དགེ་བའི་ཆོས་མི་དམིགས་ན་དེ་ནི་ཆོས་ལ་ཆོས་ཀྱི་རྗེས་སུ་ལྟ་བའི་དྲན་པ་ཉེ་བར་བཞག་པའོ། །ཞེས་སོ། །

འདི་རྣམས་སུ་**དགེ་བའི་ལྷས།** ཀུན་རྫོབ་བློའི་རང་བཞིན་དུ་འདོད་ན་རང་རིག་མ་གྲུབ་པའི་ཕྱིར་བློ་ཡང་མེད་པས་བདེན་པ་གཉིས་མེད་ལ། ཡང་ན་ཀུན་རྫོབ་རྒྱུད་གཞན་གྱིས་སམ་ཕྱི་མའི་དབང་གིས་ཀུན་རྫོབ་ཏུ་འགྱུར་ན། ཡོགས་གཅིག་ཏུ་གྲུབ་པའི་ཕྱིར་སེམས་ཅན་མྱ་ངན་ལས་མི་འདའ་སྟེ་ཀུན་རྫོབ་གཞན་པར་བཏགས་པས་མྱ་ངན་ལས་གང་འདའ། ཤླིགས་བམ་ལ་ལར། དེ་བས་མྱ་ངན་འདས་མེད་ཅེས། །ཟེར་ཏེ་དེར་ཡང་འོན་ཏེ་ཀུན་རྫོབ་གཞན་ཡིན་པར་གྲུབ་ན་གཞན་དུ་

བྱས་པ་ཡིན་པས་སེམས་ཅན་མྱ་ངན་ལས་འདའ་བར་མི་འགྱུར་རོ་ཞེས་རྩོད་པ་ན་ཡམས་དང་བཅས་བཀོད་ནས། གཞན་སེམས་རྣམ་རྟོག་ཅེས་བྱ་བ་ནི་གཞན་གྱིའམ་གཞན་པ་སྟེ་གཞན་གྱི་རྒྱུད་དུའམ་ཕྱི་མའི་རྒྱུད་དུ་སེམས་ཡོད་པར་རྟོག་པའི་ཀུན་རྫོབ་པའོ། །སེམས་སྨོས་པ་ནི་བརྫ་སྦྱོད་པ་རྣམས་ཀྱི་རྟོག་པ་ལས་དགར་བའོ། །ཕྱོགས་གཞན་གྱིས་སེམས་སུ་བཏགས་པ་དེ་(༢༣༨ན)ནི་འདིར་བཟུང་བར་མི་བྱ་སྟེ་རབ་བྱེད་འདི་ནི་སྐབས་པ་སྙིང་པོར་བྱས་པའི་ཕྱིར་རོ། །རྣམ་རྟོག་སྨོས་པ་ནི། སེམས་དེ་ཡང་རྫུན་པར་སྟོན་པ་སྟེ་དེའི་ཕྱིར་རང་གི་སོགས་སྨོས་སོ། །དེ་ལྟར་གཞན་སུ་ཞིག་ཡིན་ཞེ་ན་དེ་ནི་སོགས་ཏེ་གང་རང་གི་ཀུན་རྫོབ་ཏུ་མེད་པ་དེ་ནི་དེའི་འོག་ཏུ་རྣམ་པར་དཔྱད་པ་ཉིད་ཀྱིས་མེད་པ་ཁོ་ནར་ངེས་པ་ཡིན་ལ། སྔར་རྣམ་པར་མ་གཞིག་པའི་ཉམས་དགའ་བའི་རྣམ་པ་ཡོད་པ་ཡིན་ནོ། །དེ་ཉིད་ཚོལ་ལ་ཐོག་མར་ནི། །ཐམས་ཅད་ཡོད་ཅེས་བརྗོད་པར་བྱ། །དོན་རྣམས་རྟོགས་ཤིང་ཆགས་མེད་ན། །དེ་ཡི་འོག་ཏུ་དབེན་པའོ། །ཞེས་པ་ལྟར་རོ། །མ་བརྟགས་པའི་གོང་དུ་དེ་ཡོད་ན་ཕྱིས་བརྟགས་པས་ཀྱང་རྣམ་པར་བསལ་བར་མི་ནུས་སོ། །ཞེས་དངོས་སུ་ཀུན་རྫོབ་རང་བཞིན་གྱིས་མེད་པ་ཁོ་ན་བསྒྲུབས་པར་སྣང་ཡང་ཞེན་དོན་མ་བརྟགས་ན་ཉམས་དགའ་བ་ཙམ་དང་དཔྱད་ན་མེད་པ་མི་འགལ་བར་འཆད་པར་སྣང་ངོ་། །

བི་ཝྃ་ཧ་ཏེས། ཆོས་ཐམས་ཅད་མ་སྐྱེས་མ་འགགས་པ་ཡིན་ན་ཀུན་རྫོབ་མེད་པས་བདེན་གཉིས་དང་བསོད་ནམས་བསོགས་པ་མེད་པར་འགྱུར་རོ། །གལ་ཏེ་རྒྱུད་གཞན་གྱི་བློས་བཞག་པའི་ཀུན་རྫོབ་ཡོད་ན་དོན་དམ་འབའ་ཞིག་པ་མ་ཡིན་གྱི་ཀུན་རྫོབ་ཀྱང་གཞན་གྱི་བློས་རྣམ་པར་གཞག་ན་སེམས་ཅན་མྱ་ངན་ལས་ག་ལ་འདའ། སྟོང་པ་ཡང་རྟོག་པས་ཡུལ་དུ་བྱེད་པས་ཀུན་རྫོབ་པར་འགྱུར་རོ། །དོན་དམ་རྟོགས་ནས་སྤྲོས་པ་ཐམས་ཅད་མི་དམིགས་པས་སེམས་ཅན་གང་མྱ་ངན་ལས་

འདལ། དེ་ཡང་བློས་དམིགས་པས་མྱ་ངན་ལས་འདས་པར་མི་འགྲོ། བློས་ཀུན་རྫོབ་བརྫོད་པས་མྱ་ངན་ལས་འདས་པ་ཡང་ཀུན་རྫོབ་པར་འགྱུར་རོ། །ཞེས་རྩོད་པ་བཀོད་ནས། ལན་འདི་ནི་སོགས་ཏེ། མྱ་ངན་ལས་འདས་པ་པོ་ལས་གཞན་འཆད་པ་པོ་དེའི་བློས་ཡུལ་དུ་བྱས་པས་དེ་ཡི་རྣམ་རྟོག་འདི་ཡིན། མྱ་ངན་ལས་འདས་པ་ལ་ཀུན་རྫོབ་མི་རིགས་ཏེ་དེ་ནི་མྱ་ངན་ལས་(༤༣༨བ)འདས་པ་པོ་ནའོ། །གང་གི་ཕྱིར་རང་གི་ཀུན་རྫོབ་ཀྱིས་དེ་མེད་པ་ཉིད་དེ། དེ་ལ་རང་གི་རྟོག་པ་ཐམས་ཅད་འགགས་པའི་ཕྱིར་རོ། །གཞན་གྱི་ཀུན་རྫོབ་ཀྱིས་ཀྱང་ཇི་ལྟར་ཞེ་ན། སྨྲས་པ། ཕྱིས་དེ་ལ་སོགས་པ་སྟེ། འདི་ཡོད་ན་འདི་འབྱུང་ཞེས་རྟེན་ཅིང་འབྲེལ་པས་རྣལ་འབྱོར་པ་ལ་གཞན་གྱི་རྟོག་པ་སྣང་ངོ་། །རྩ་བའི་ཏིང་ངེ་འཛིན་གྱི་དངོས་གཞིའི་རྗེས་སུ་གཞན་གྱི་རྟོག་པ་ཤེས་པས་རྣལ་འབྱོར་པ་ལ་ཀུན་རྫོབ་ཡོད་དོ། །རྡོ་རྗེ་ལྟ་བུའི་ཏིང་ངེ་འཛིན་གྱིས་སངས་རྒྱས་རྣམས་ཀྱི་ཆོས་ཀྱི་སྐུ་ཆོས་ཐམས་ཅད་མི་དམིགས་པའོ། །

དེ་ལས་ཡོངས་སྤྱོད་རྫོགས་པའི་སྐུ། མངོན་ཤེས་དྲུག །ཐམས་ཅད་མཁྱེན་པ་ཉིད་དེ། མེ་ལོང་ལྟ་བུའི་ཡེ་ཤེས་ཏེ་ཡེ་ཤེས་ཀྱི་མེ་ལོང་ལ་འདས་པ་དང་མ་འོངས་པ་དང་ད་ལྟར་བ་ཐག་ཉེ་བ་དང་རིང་བ་འཆར་བའི་རིགས་པས་དངོས་པོ་ཐམས་ཅད་སྣང་བའི་ཕྱིར། འོ་ན་འདས་མ་འོངས་མེད་པས་ཇི་ལྟར་སྣང་ཞེ་ན། ཇི་ལྟར་ཐག་རིང་བ་ཡང་དེ་ལྟར་ཏེ། སངས་རྒྱས་ངོ་མཚར་བསོད་ནམས་ཤེས་རབ་འབྱུང་གནས་ཡིན་ཕྱིར་ཕྱོགས་དང་རང་བཞིན་གྱིས། །རིང་བ་གཟིགས་ལྟར་དུས་རིང་འདས་ལ་སོགས་པ་ཅི་སྟེ་མི་གཟིགས་སོ། །དེ་གཉིས་རིགས་པ་མཚུངས་པས་རིགས་དྲུག་འཁོར་ལོ་ཐོག་ཐ་བར་མ་དང་བྲལ་བ། །གཟིགས་ཏེ་དེ་ལྟར་འགྲོ་བ་ཐོག་མེད་དང་ནི་སྟོན་པ་ཐམས་ཅད་མཁྱེན་པ་གྲུབ། །ཅེས་སོ། །དེས་གང་བཤད་པ། འཁོར་བ་ཐོག་ཐ་མེད་པ་ཡིན་ན་དེའི་ཚེ་དེ་མི་ཤེས་པས་ཐམས་ཅད་མཁྱེན་པར་ཇི་ལྟར་འགྲུབ་ཅེས་བྱ་བ་ནི་མེད་དེ་རིགས་དྲུག་གི་འཁོར་ལོ་ལ་ཐོག་མ་དང་ཐ་མ་མེད་དེ་

འོན་ཀྱང་མངོན་སུམ་གྱིས་གཟིགས་སོ། །དེ་བས། ཐམས་ཅད་མཁྱེན་ལ་འགྲོ་བ་དག །མ་ལུས་དཔྱ་བ་བཞིན་སྣང་། །ཐ་མལ་ལྟ་བ་ལ་བལྟོས་ནས། །རིང་བ་གསུམ་ནི་བཤད་པ་ཡིན། །ལོངས་སྐུ་གདུལ་བྱ་དང་སློབ་ལམ་གྱི་དབང་གིས་སྤྲུལ་པའི་སྐུ་དང་མཉམ་པ་ཉིད་ཀྱི་ཡེ་(ཡ་ན)ཤེས་ལ་སོགས་པ་ཡང་ངོ་། །དེ་བས་དོན་དམ་པར་སྐྱེ་བ་ལ་སོགས་པ་མེད་ཀྱང་ཀུན་རྫོབ་ཡོད་པར་མི་འགལ་ལོ། །འོ་ན་རྣལ་འབྱོར་པས་གཞན་སེམས་ཤེས་པའི་མངོན་ཤེས་ཀྱིས་གཞན་གྱི་རྣམ་རྟོག་ཤེས་ཀྱི་བརྟགས་པའི་དངོས་པོ་ཇི་ལྟར་ཤེས་ཞེ་ན། སྨྲས་པ། རྟོག་པའི་བློ་དང་དེས་བརྟགས་པའི་ཤེས་བྱ་འདི་གཉིས་ཕན་ཚུན་བལྟོས་པ་ཅན་ཡིན་པས་རྟོག་པའི་ཡུལ་ཡང་ཤེས་སོ། །འོ་ན་དཔྱོད་པའི་རྟེན་གང་ཡིན། ཀུན་རྫོབ་མ་ཡིན་ཏེ་བཀག་པས་སོ། །དོན་དམ་མ་ཡིན་ཏེ་དེ་ལ་དཔྱོད་པ་མི་སྲིད་པས་སོ་ཞེ་ན། སྨྲས་པ། །ཇི་ལྟར་འཇིག་རྟེན་ལ་གྲགས་པའི་དངོས་པོ་དང་དཔྱོད་པ་ལ་བརྟེན་ནས་འདིར་སྐྱེ་བོ་ལ་གོ་བར་བྱ་བའི་ཕྱིར་བརྗོད་དོ། །ཞེས་རྗོར་ཏིང་གིས་བག་ཆགས་བཅོམ་པའི་ཚེ་རང་གི་ངོ་བོ་ནས་ཀུན་རྫོབ་མེད་པ། འདི་ནི་སོགས་ཏང་པ་གཉིས་ཀྱི་འབྲུ་དང་། མི་ལོང་ལྟ་བུའི་ཡེ་ཤེས་ཀྱིས་ཀུན་རྫོབ་མཁྱེན་པ། ཕྱིས་དེ་ངེས་ན་དེ་ཡོད་དེ། ཞེས་པའི་དོན་དུ་བཤད་ནས། རྟོག་པ་ཤེས་ཀྱང་ཡུལ་ཇི་ལྟར་ཤེས་ཞེ་ན། རྟོག་དང་སོགས་ཀྱིས་ལན་བཏབ་པར་འཆད་པར་སྣང་ཡང་མིན་ན་ཀུན་རྫོབ་མེད་པ་ཉིད་ལ་འབྲུ་མི་སྣང་ངོ་། **།འགྲེལ་ཆུང་ལས་ནི།** དེ་ལྟར་དཔྱད་ན་ཀུན་རྫོབ་ཀྱང་མེད་པར་འགྱུར་བས་བདེན་གཉིས་ག་ལ་ཡོད་དེ་ཁས་བླངས་དང་འགལ་ལོ། །འོན་ཏེ་འཁྲུལ་ཤེས་ཀུན་རྫོབ་པ་དེ་འཁྲུལ་པ་གཞན་གྱི་ངོར་ཡང་ཡོད་པས་དེ་ཁོ་ནར་དཔྱད་ན་མེད་ཀྱང་ཀུན་རྫོབ་ཏུ་མེད་པ་མ་ཡིན་ནོ་ཞེས་དོགས་པ་བསུ་བ་ནི། དེ་ཡང་ཀུན་རྫོབ་གཞན་གྱིས་ན། །ཞེས་བྱའོ། །འདི་སུན་འབྱིན་པ་ནི། སེམས་ཅན་མྱ་ངན་ག་ལ་འདའ། །ཞེས་བྱ་བ་སྟེ་སངས་རྒྱས་ཀྱང་འཁྲུལ་པ་ཅན་གཞན་གྱི་བསམ་པ་ལ་མ

རིག་པ་དང་བཅས་པར་སྣང་བས་ཀུན་རྫོབ་ཏུ་འགོར་བར་འགྱུར་ཏེ། སེམས་ཅན་གཞན་བཞིན་ནོ་ཞེས་བྱ་བ་ནི་ཕྱོགས་སྔ་མའོ། །འདི་ནི་གཞན་སེམས་རྣམ་རྟོག་སྟེ། (༤༣༠བ)ཞེས་བྱ་བ་ནི་སངས་རྒྱས་དང་མ་རིག་པ་ལ་སོགས་པ་དེ་ནི་གཞན་གྱི་རྣམ་པར་རྟོག་པས་སྤྲུར་བ་ཙམ་སོ། །དེ་ནི་རང་གི་ཀུན་རྫོབ་མིན། །སངས་རྒྱས་རང་གིས་ཉམས་སུ་མྱོང་བ་མ་ཡིན་པས་ཀུན་རྫོབ་ཏུ་མ་རིག་པར་མི་ཐལ་ལོ། །འོ་ན་སེམས་ཅན་གྱི་མ་རིག་པ་དང་སྡུག་བསྔལ་ཀུན་རྫོབ་ཏུ་ཇི་ལྟར་ཡོད་ཅེ་ན། ཕྱིས་དེ་དེས་ན་དེ་ཡོད་དེ། །རྒྱུའི་སེམས་སྔ་མ་ཕོ་ནའི་མཇུག་ཐོགས་སུ་འབྲས་བུ་མ་རིག་པ་དང་སྡུག་བསྔལ་ཕྱི་མར་ཡོད་ན་ནི་དེ་ཡོད་པ་ཡིན་ནོ། །མིན་ན་ཀུན་རྫོབ་མེད་པ་ཉིད། །རྒྱུ་ཡོད་པ་ཉིད་ན་ཡོད་པ་ཡིན་ཏེ་རང་གི་རྒྱུད་ཀྱིས་གཞན་གྱི་རྣམ་པར་རྟོག་པ་ལ་མ་བལྟོས་པར་རྒྱུ་འབྲས་མྱོང་བ་མེད་ན་ནི་ཀུན་རྫོབ་ཏུ་ཡང་མེད་པ་ཡིན་ཏེ། རི་བོང་གི་རྭ་བཞིན་ནོ། །ཞེས་གཞན་གྱིས་བློས་བཏགས་མ་བཏགས་ཅི་ཡིན་ཡང་རང་གིས་མ་མྱོང་ན་ཀུན་རྫོབ་ཏུ་ཡང་མེད་ལ་རང་གིས་མྱོང་ན་ཀུན་རྫོབ་ཏུ་ཡོད་པར་བཞག་གོ་ཞེས་པའི་དོན་དུ་བཀྲལ་ཏོ། **།ཤེར་ལེའི་འགྲེལ་ཆུང་ལས་ནི།** དེ་ཡང་ཞེས་སོགས་ནི་གཞན་གྱི་དོགས་པ་བསུ་བའོ། །གང་ཀུན་རྫོབ་ཡིན་པ་དེ་ནི་ཀུན་རྫོབ་གཞན་གྱིས་བཏགས་པ་ཡིན་ཏེ། སྨིག་རྒྱུ་ལ་ཆུར་རྟོག་པ་ནི་ཆུར་སྣང་གི་ཀུན་རྫོབ་ཀྱི་བློ་གཞན་གྱིས་བཏགས་པ་ཡིན་ནོ། །དེ་བཞིན་དུ་མྱ་ངན་ལས་འདས་པའི་སངས་རྒྱས་ལའང་བྱང་ཆུབ་སེམས་དཔའ་ལ་སོགས་པ་གཞན་གྱི་ཤེས་པས་དམིགས་པ་ཡིན་ནོ། །དེས་ན་སངས་རྒྱས་ཀྱང་དོན་དམ་པར་མྱ་ངན་ལས་མ་འདས་པར་འགྱུར་རོ་ཞེ་ན། སློབ་དཔོན་གྱིས་གཞན་སེམས་ཞེས་སོགས་གསུངས་ཏེ། བདག་གིས་སངས་རྒྱས་ཀྱི་ཤེས་པ་མཐོང་ངོ་སྙམ་པ་འདི་ནི་གཞན་རང་ཉིད་དེ་ལྟ་དེ་ལྟར་སྣང་བའི་རྣམ་པར་རྟོག་པ་ཡིན་ལ། གཞན་གྱིས་གཞན་དྲངས་པ་ཙམ་གྱིས་ཀྱང་ཀུན་རྫོབ་ཏུ་ཡོད་པར་འགྱུར་བ་མ་ཡིན་ནོ། །

དེ་སྐད་སངས་རྒྱས་ཉིད་ཀྱིས་རང་གི་ཤེས་པ་ཉམས་སུ་མྱོང་བའི་ཕྱིར་ཀུན་རྫོབ་ཏུ་ཡོད་པ་ཡིན་ནོ་ཞེ་ན། དེ་ལྟར་ནི་(༥༥༠ན)མ་ཡིན་ཏེ། དེ་ནི་རང་གི་ཀུན་རྫོབ་མིན། །གལ་ཏེ་སངས་རྒྱས་ལ་ཀུན་རྫོབ་འདོད་ན་དེའི་ཚེ་ཀུན་རྫོབ་པའི་ཤེས་པ་ཡོད་པའི་ཕྱིར་ན་དོན་དམ་པའི་ཤེས་པ་དེ་ཉིད་ཀྱང་མ་ཐོབ་པར་འགྱུར་རོ། །འོ་ན་ཀུན་རྫོབ་ཇི་ལྟར་རྣམ་པར་གནས་སྙམ་ན་ཕྱིས་དེ་སོགས་གསུངས་ཏེ། གང་ཞིག་རྒྱུའི་ཕྱིས་ངེས་པ་ཞེས་བྱ་བ་གདོན་མི་ཟ་བར་འབྱུང་བ་ཡིན་པ་དེའི་ཚེ་ན་དེའི་འབྲས་བུ་ཡིན་ལ་གཅིག་ཤོས་ནི་རྒྱུ་ཡིན་ནོ། །ཞེས་པའི་ཐ་སྙད་རྐྱེན་ཉིད་འདི་པ་ཙམ་གྱི་མཚན་ཉིད་ཡིན་ན་ནི་དེའི་ཚེ་ཀུན་རྫོབ་ཡོད་དོ་ཞེས་བརྗོད་ལ། འོན་ཏེ་དེའི་ཚེ་དེ་མེད་ན་ཀུན་རྫོབ་མེད་དོ་ཞེས་བརྗོད་དོ། །འོན་ཏེ་འདི་སྐམ་དུ་གལ་ཏེ་ཤེས་པ་དང་ཤེས་བྱ་དེ་ཁོ་ན་མ་ཡིན་ན་དེའི་ཚེ་འདི་ནི་རྟོག་པ་ཡིན་ལ་འདི་ནི་བཏགས་པ་ཡིན་ནོ་ཞེས་པའི་ཐ་སྙད་ཇི་ལྟར་ཞེ་ན། རྟོག་དང་ཞེས་སོགས་གསུངས་ཏེ་ཕན་ཚུན་བརྟེན་པ་ཞེས་བྱ་བའི་ཐ་སྙད་འདི་ནི་བཏགས་པ་ཡིན་ནོ་ཞེས་སོགས་སུ་བཀྲལ་ཏེ། སངས་རྒྱས་ལ་ཀུན་རྫོབ་པའི་ཤེས་པ་མེད་པས་རང་གིས་རང་ཉམས་སུ་མྱོང་བ་མེད་ལ། ཆོས་ཐམས་ཅད་སྐྱེ་མེད་ཡིན་ན་ཀུན་རྫོབ་མེད་པས་བདེན་གཉིས་ག་ལ་ཡོད། ཀུན་རྫོབ་ནི་རྒྱུ་སྔ་མ་ལས་འབྲས་བུ་ཕྱི་མ་སྐྱེ་བར་ངེས་ན་ཡོད་པར་འདོགས་ཤིང་དེ་སྐྱེ་བ་མེད་ན་ཀུན་རྫོབ་མེད་དོ་ཞེས་འདོགས་ལ། ཤེས་པ་དང་ཤེས་བྱ་ཡང་དག་པར་མེད་ཀྱང་རྟོག་པ་དང་བརྟག་པ་ལ་བརྟེན་ནས་འཇིག་རྟེན་གྱི་གྲགས་པ་ལྟར་བརྗོད་དོ་ཞེས་པའི་དོན་དུ་སྣང་ངོ་། །

ས་བཟང་པ་ན་རེ། ཆོས་ཐམས་ཅད་སྐྱེ་མེད་ཡིན་ན་ཀུན་རྫོབ་མེད་པས་བདེན་གཉིས་ག་ལ་ཡོད། ཀུན་རྫོབ་ནི་གཞན་འབྲུལ་བློས་བཏགས་པ་ཡིན་ན་སེམས་ཅན་རང་བཞིན་གྱིས་མྱ་ངན་ལས་མ་འདས་པར་འགྱུར་རོ་ཞེ་ན། ཀུན་རྫོབ་འདི་ནི་གཞན་འཁོར་བ་པའི་སེམས་ཀྱི་རྣམ་རྟོག་ཡིན་པས་དཔྱད་ན་མེད་ལ་སྣང་འདས་

དེ་རང་གི་ངོ་བོ་ཀུན་རྫོབ་ཏུ་སྣང་བ་འདི་མིན་པར་དོན་དམ་(༥༥༠བ)འགྱུར་མེད་དུ་གནས་པ་ཡིན་ནོ། །རྒྱུ་ལས་ཕྱིས་འབྲས་བུ་དེ་འབྱུང་བར་ངེས་ཤིང་རྟོགས་པ་ཡོད་པ་ན་རྒྱུ་འབྲས་སྣང་ཙམ་དུ་བདེན་པ་དེ་ཡོད་པས་བདེན་གཉིས་རྣམ་འཇོག་འཐད་ལ། དེ་ལྟ་མིན་པར་སྣང་ཙམ་འདི་འགགས་པ་ན་ཀུན་རྫོབ་མེད་པ་ཉིད་ཡིན་ཡང་སྔར་འདས་བདེན་གཅིག་གྲུབ་པས་སྐྱོན་མེད་དོ་ཟེར་བ་ནི་དོན་དམ་བདེན་འཛིན་བློ་ལ་གཤིན་ཆེས་པ་ཉིད་བརྗོད་པར་སྣང་མོད་ཀྱང༌། བདེན་གཉིས་མི་འཐད་པར་ཐལ་ཀུན་རྫོབ་མེད་པའི་ཕྱིར་ཞེས་པའི་རྩོད་པ་ལ་དོན་དམ་པར་རྟགས་ལ་འདོད་ལན་ཕྱིན་ཞིང་བདེན་གཉིས་འཐད་པར་ཐལ། བདེན་གཅིག་འཐད་པའི་ཕྱིར་གྱི་ཁྱབ་པ་རང་གིས་བཅས་པས་གཞན་དག་ལ་བཞད་གད་ཀྱི་དགའ་སྟོན་བྱེད་པར་སྣང་ངོ་། །

བཞི་པ་དངོས་འཛིན་དགག་པ་ལ་གཉིས། དངོས་པོ་ལ་སྒྲུབ་བྱེད་མེད་པར་བསྟན་པ་དང༌། གནོད་བྱེད་ཡོད་པར་བསྟན་པའོ། །

དང་པོ་(དངོས་པོ་ལ་སྒྲུབ་བྱེད་མེད་པར་བསྟན་པ་)ནི།

གང་གི་ལྟར་ན་འདི་གཉིས་བདེན། །
དེ་ཉིད་ཤིན་ཏུ་དཀའ་བར་གནས། །
གལ་ཏེ་ཤེས་དབང་ལས་དོན་གྲུབ། །
ཤེས་ཡོད་ཉིད་ལ་རྟེན་ཅི་ཡོད། ༡༡༢ །
འོན་ཏེ་ཤེས་བྱ་ལས་ཤེས་གྲུབ། །
ཤེས་བྱ་ཡོད་ལ་རྟེན་ཅི་ཡོད། །
དེ་སྟེ་ཕན་ཚུན་དབང་གིས་ཡོད། །
གཉིས་ཀ་ཡང་ནི་མེད་པར་འགྱུར། ༡༡༣ །
གལ་ཏེ་བུ་མེད་ཕ་མིན་ན། །

བུ་ཉིད་གང་ལས་བྱུང་བ་ཡིན། །
བུ་མེད་པར་ནི་ཕ་མེད་པ། །
དེ་བཞིན་དེ་གཉིས་མེད་པ་ཉིད། ༡༡༣ །
མྱུ་གུ་ས་བོན་ལས་སྐྱེས་ཤིང་། །
ས་བོན་དེ་ཉིད་ཀྱིས་རྟོགས་བཞིན། །
ཤེས་བྱ་ལས་སྐྱེས་ཤེས་པ་ཡིས། །
དེ་ཡོད་པར་ནི་ཅིས་མི་རྟོགས། ༡༡༤ །
མྱུ་གུ་ལས་གཞན་ཤེས་པ་ཡིས། །
ས་བོན་ཡོད་ཅེས་རྟོགས་འགྱུར་ན། །
གང་ཕྱིར་ཤེས་བྱ་དེ་རྟོགས་པས། །
ཤེས་པ་ཡོད་ཉིད་གང་ལས་རྟོགས། ༡༡༥ །

ཞེས་གསུངས་ཏེ། ཀང་པ་དང་པོ་གཉིས་ཀྱིས་མདོར་བསྟན། ཀང་པ་དྲུག་གིས་ཤེས་པ་དང་ཤེས་བྱ་མི་འགྲུབ་པར་བསྟན། ཚིགས་བཅད་(༣༣༧ན)གཅིག་གིས་དེའི་དཔེ་བཤད། ཚིགས་བཅད་གཅིག་གིས་ས་མྱུག་གི་དཔེ་དང་མི་མཚུངས་པར་བསྟན་ཏོ། །

དེ་ཡང་དངོས་པོར་སྨྲ་བ་རྣམས་གང་གི་ལུགས་ལྟར་ན། རྣམ་པར་དཔྱད་བྱ་དཔྱོད་བྱེད་འདི་གཉིས་ངོ་བོ་ཉིད་ཀྱིས་བདེན་པར་འགྱུར་ལ། དཔྱད་བྱ་དཔྱོད་བྱེད་བདེན་པ་དེ་གཉིས་ནི་ཤིན་ཏུ་དགའ་བར་གནས་པས་སུས་ཀྱང་མི་འགྲུབ་སྟེ། དཔྱད་བྱ་དཔྱོད་བྱེད་ནི་ཕན་ཚུན་གཅིག་ལ་གཅིག་བལྟོས་ཤིང་མ་ལྟོས་པའི་ཚེ་ན་ནི་གཉི་ག་མེད་པའི་ཕྱིར།

དོན་སྨྲ་བ་ན་རེ། གལ་ཏེ་ཤེས་པ་དང་དབང་པོ་ལས་ཕྱི་དོན་གཟུགས་སོགས་འགྲུབ་བོ་ཞེ་ན། ཐོག་མར་ཤེས་པ་ཡོད་པ་ཉིད་ལ་རྟེན་ནམ་འཐད་པ་ཅི་ཞིག་ཡོད་

སྨྲས་ཤིག །འོན་ཏེ་ཡུལ་ཤེས་བྱ་ཡོད་པ་ལས་ཡུལ་ཅན་ཤེས་པ་གྲུབ་བོ་ཞེ་ན། ཡུལ་ཤེས་བྱ་ཡོད་པ་ལའང་རྟེན་གྱི་གཏན་ཚིགས་ཅི་ཡོད། དེ་སྟེ་ཤེས་པ་ལས་ཤེས་བྱ་འགྲུབ་ཅིང་ཤེས་བྱ་ལས་ཤེས་པ་འགྲུབ་པས་ཕན་ཚུན་བལྟོས་པའི་དབང་གིས་ཡོད་དོ་ཞེ་ན། འོ་ན་མ་ལྟོས་པའི་ཚེ་གཉི་ག་ཡང་ནི་མེད་པར་འགྱུར་ཏེ་ཤེས་པ་ལ་མ་ལྟོས་པར་ཤེས་བྱ་མེད་ཅིང་ཤེས་བྱ་ལ་མ་ལྟོས་པར་ཤེས་པ་མེད་པའི་ཕྱིར། དཔེར་ན་ཕས་བསྐྱེད་པ་ལ་བལྟོས་ཏེ་བུ་དང་བུ་སྐྱེད་པོ་ལ་བལྟོས་ཏེ་ཕར་འཇོག་པའི་ཕྱིར། གལ་ཏེ་དེས་བསྐྱེད་པའི་བུ་མེད་ན་ནི་དེ་ཕ་མིན་ནོ། །དེ་བཞིན་དུ་ཕ་མེད་ན་ནི་བུ་ཉིད་གང་ལས་བྱུང་བ་ཡིན། གང་ལ་དེས་བསྐྱེད་པའི་བུ་མེད་པར་ནི་དེ་ཕར་འཇོག་བྱེད་མེད་པས་དེ་བཞིན་དུ་མ་ལྟོས་པའི་ཚེ་ཕ་བུ་དེ་གཉིས་ཀ་མེད་པ་ཉིད་བཞིན་ནོ། །གལ་ཏེ་མྱུ་གུ་ས་བོན་ལས་སྐྱེ་ཞིང་ས་བོན་ཡོད་པར་མྱུ་གུ་དེ་ཉིད་ཀྱིས་རྟོགས་པར་འགྱུར་བ་བཞིན་ཤེས་བྱ་ལས་སྐྱེས་པའི་ཤེས་པ་ཡིས་ཀྱང་ཤེས་བྱ་དེ་ཡོད་པར་ཅིས་མི་རྟོགས་ཞེ་ན། དེ་ནི་དཔེ་མི་མཚུངས་ཏེ་མྱུ་གུ་ལས་དོན་གཞན་ཞིང་ཐ་དད་པའི་ཤེས་པ་ཡིས་ས་བོན་ཡོད་ཅེས་རྟོགས་པར་འགྱུར་བ་ཡིན་ལ། གང་(༤༤༧བ)གི་ཕྱིར་ཤེས་བྱ་ལས་སྐྱེས་པའི་ཤེས་པ་དེས་ཤེས་བྱ་ཡོད་ཅེས་རྟོགས་པར་འགྱུར་ན། ཤེས་པ་ཡོད་པ་ཉིད་དེ་ལས་གཞན་པའི་ཤེས་པ་གང་གིས་རྒྱུ་མཚན་གང་ལས་རྟོགས་ཏེ། ཤེས་བྱ་ལས་སྐྱེས་པའི་ཤེས་པ་ལས་གཞན་པའི་ཤེས་པ་གང་གིས་རྟོགས་བྱེད་ཀྱི་ཤེས་པ་གཞན་མ་དམིགས་པའི་ཕྱིར་རོ། **།དགེ་བའི་ལྷས་ནི།** འདི་དག་རྟོག་དང་བརྟག་པར་བྱ་བ་དག །གཉིས་པོ་ཕན་ཚུན་བརྟེན་པ་ཡིན། །ཞེས་པའི་རྒྱས་བཤད་དུ་འཆད་ཅིང་། ཤེས་པ་ཡོད་ཉིད་གང་ལས་རྟོགས་ཏེ་རང་རིག་མེད་པའི་ཕྱིར་ཞེས་སྨྲང་ངོ་། །གཞན་ཁ་ཅིག་གིས་ཀྱང་འདི་དག་ཚིས་དྲན་ཉེར་བཞག་ཉིད་དུ་སྦྱར་རོ། །

གཉིས་པ་གནོད་བྱེད་ལ་གཉིས། སྤྱི་དོན་དང་། གཞུང་གི་དོན་ནོ། །

དང་པོ་(སྤྱི་དོན་)ནི། སྤྱིར་དབུ་མའི་སྐབས་སུ་སྔོས་པ་སེལ་བྱེད་ཀྱི་རྟགས་ཆེན་ལྔ་ལས་བསྡོས་ཏེ་འབྱུང་བ་རྟེན་འབྲེལ་གྱི་རིགས་པ་ནི། སྣང་ཙམ་འདི་ཆོས་ཅན། རང་བཞིན་གྱིས་མེད་དེ། རྟེན་འབྲེལ་ཡིན་པའི་ཕྱིར། སྒྱུ་མ་བཞིན་ནོ་ཞེས་པ་དགག་པའི་དབང་དུ་བྱས་པ་དང་། ཡང་དེ་ཆོས་ཅན། རི་བོང་གི་རྭ་ལྟར་མེད་པ་ཡང་མ་ཡིན་ཏེ། རྟེན་འབྲེལ་ཡིན་པའི་ཕྱིར། སྒྱུ་མ་བཞིན་ཞེས་པ་སྒྲུབ་པའི་གཏན་ཚིགས་ཏེ་ཕྱི་མ་ཀུན་རྫོབ་རྣམ་འཇོག་གི་ཆེད་དུ་ཡིན་ལ། རྟེན་འབྲེལ་དེ་ལ་ཡང་མར་མེ་སྐྱེས་པས་འོད་སྐྱེ་བ་ལྟ་བུ་བརྟེན་ནས་སྐྱེས་པ་དང་། རིང་པོ་ལ་བལྟོས་ཏེ་ཐུང་ངུ་ལྟ་བུ་བརྟེན་ནས་བཏགས་པའི་རྟེན་འབྲེལ་གཉིས་ཏེ། **རིན་ཆེན་ཕྲེང་བར།** འདི་སྐྱེས་པས་ན་འདི་སྐྱེ་ཕྱིར། །མར་མེ་སྐྱེས་པས་འོད་བཞིན་ནོ། །འདི་ཡོད་ན་ནི་འདི་འབྱུང་དཔེར། །ཐུང་ངུ་ཡོད་ན་རིང་པོ་བཞིན། །ཞེས་སོ། །གཞུང་འདིར་ནི་ཆོས་ཐམས་ཅད་སྒྱུ་མ་ལྟ་བུར་བསྟན་པའི་ཞར་ལས་ཤེས་པའི་ཕྱིར་ཆེད་དུ་མ་བསྟན་ཏོ། །དེ་ལས་གཞན་པ་དགག་པའི་གཏན་ཚིགས་བཞི་ལས་ངོ་བོ་ལ་དཔྱོད་པ་གཅིག་དུ་བྲལ་ནི། མྱུ་གུ་ཆོས་ཅན། ཡང་དག་པར་མ་(༧༧ན)གྲུབ་སྟེ། གཅིག་དང་དུ་མ་གང་དུ་ཡང་མ་གྲུབ་པའི་ཕྱིར། ཞེས་པ་སྟེ་འདིར་ནི་དྲན་པ་ཉེར་བཞག་ལ་སོགས་པར་འདུས་སོ། །ཇི་ལྟར་སྐྱེ་ཚུལ་ལ་དཔྱོད་པ་མུ་བཞི་སྐྱེ་འགོག་ཀྱང་སྐྱེ་བ་འགོག་པའི་ཞར་ལས་ཤེས་པར་འགྱུར་རོ། །དེས་ན་རྒྱུ་ལ་དཔྱད་པ་རྡོ་རྗེ་གཟེགས་མ་དང་། འབྲས་བུ་ལ་དཔྱད་པ་ཡོད་མེད་སྐྱེ་འགོག་གི་གཏན་ཚིགས་གཉིས་འདིར་དངོས་སུ་འཆད་པ་སྟེ། དེ་ལ་རྡོ་རྗེ་ལྟར་གང་ལ་ཡང་མི་ཐོགས་པའི་ཕྱིར་རྡོ་རྗེ་གཟེགས་མ་ཞེས་བྱ་བ་ནི། དབུ་མ་རྩ་བའི་གཞུང་གིས་བཤད་པར་བྱ་སྟེ། བདག་ལས་མ་ཡིན་གཞན་ལས་མིན། །གཉིས་ལས་མ་ཡིན་རྒྱུ་མེད་མིན། །དངོས་པོ་གང་དག་གང་ན་ཡང་། །སྐྱེ་བ་ནམ་ཡང་ཡོད་མ་ཡིན། །ཞེས་གསུངས་སོ། །དེ་ལ་རྒྱུ་མེད་དུ་འདོད་པའི་རྩོད་རོལ་མཛེས་པ་བ་དང་། བདག་སྐྱེ་འདོད་པ་གྲངས་ཅན་པ་

དང་། གཉི་ག་ལས་སྐྱེ་བར་འདོད་པ་གཅེར་བུ་པའི་གྲུབ་པ་རྣམས་ནི་དབུ་ཚད་ཀྱི་གཞུང་མཐའ་དག་གིས་འགོག་ལ། གཞན་སྐྱེ་སྨྲ་བ་སེམས་ཙམ་མན་གྱི་རང་སྡེ་གསུམ་འདོད་པ་ནི་དབུ་མའི་གཞུང་གིས་སེལ་ཏོ། །

དེ་ཡང་། བདག་གི་ཡོངས་སུ་འཛིན་པ་རྒྱལ་བ་ཐམས་ཅད་མཁྱེན་པའི་དབུ་མའི་མན་ངག་ལས། མྱུ་གུ་ཆོས་ཅན། སྐྱེ་བ་མེད་དེ། མཐའ་བཞི་གང་རུང་གི་སྐྱེ་བ་དང་བྲལ་བའི་ཕྱིར། སྤྲུལ་པའི་རལ་པ་བཞིན་ནོ། །འདི་ལ་སློབ་དཔོན་ཟླ་གྲགས་རྩ་བའི་གཏན་ཚིགས་བཀོད་ནས་ཕྱོགས་ཆོས་སྒྲུབ་བྱེད་དུ་རང་རྒྱུད་ཀྱི་གཏན་ཚིགས་བཞི་འགོད་ལ། བསླེངས་བྲལ་ཟླ་བའི་ཞབས་ཀྱིས་ནི་མཐའ་བཞིའི་སྐྱེ་བ་བཀག་ཙམ་ལ་དམ་བཅའི་མིང་གིས་བཏགས་ཏེ་བཞག་ལ། དེའི་བཟློག་ཕྱོགས་ལ་འགལ་བ་བརྗོད་པའི་ཐལ་འགྱུར་དང་། རྒྱུ་མཚན་མཚུངས་པའི་མགོ་སྙོམས་ཀྱི་སྒོ་ནས་གནོད་པ་བསྟན་པར་མཛད་ཀྱི་རྩ་བའི་གཏན་ཚིགས་མི་འགོད་ཅིང་ཕྱོགས་ཆོས་ཚད་མས་གྲུབ་པའི་གཏན་ཚིགས་མི་བཞེད་དོ། །འདི་ཙམ་ལས་ཐལ་རང་དུ་བྱེད་པ་ཡིན་གྱི་གཉིས(༤༤བ)པོའི་ལྟ་བ་ལ་བཟང་ངན་གྱི་ཁྱད་པར་ཡོད་པ་ནི་མ་ཡིན་ཏེ་གཉི་གས་སྤྲོས་པའི་ཚོགས་མ་ལུས་པ་བཀག་པའི་སྤྲོས་བྲལ་ཁས་ལེན་ལ། དེ་གཉིས་ཀྱི་སྤྲོས་པ་འགོག་པའི་ཚུལ་ལ་བཟང་ངན་གྱི་ཁྱད་པར་ཀུན་མཁྱེན་གྱིས་ཀྱང་མ་གཟིགས་པའི་ཕྱིར། ཅི་སྟེ་རང་རྒྱུད་པའི་ལྟ་བ་ལ་སྤྲོས་པའི་ལྷག་མ་ཅུང་ཟད་ལུས་སོ་སྙམ་ན། མ་ཡིན་ཏེ། སྤྲོས་བྲལ་སྟོན་པའི་ཚུལ་ལ་ཟླ་བའི་ཞབས་ཀྱི་གཞུང་ལས་རང་རྒྱུད་པའི་གཞུང་ལྷག་པར་གསལ་བའི་ཕྱིར་ཏེ། **དབུ་མ་རྒྱན་ལས།** དམ་པའི་དོན་དང་མཐུན་པའི་ཕྱིར། །འདི་ནི་དམ་པའི་དོན་ཞེས་བྱ། །ཡང་དག་ཏུ་ན་སྤྲོས་པ་ཡི། །ཚོགས་རྣམས་ཀུན་ལས་དེ་གྲོལ་ཡིན། །སྐྱེ་བ་ལ་སོགས་མེད་པའི་ཕྱིར། །སྐྱེ་མེད་ལ་སོགས་སྲིད་མ་ཡིན། །ཞེས་དང་། ཡུལ་མེད་པ་ལ་དགག་པའི་སྒྲ། །སྦྱོར་བ་སྲིད་པ་ཡོད་མ་ཡིན། །ཞེས་དང་། **བདེན་གཉིས་ལས།** སྐྱེ་བ་ལ་སོགས་བཀག་པ་

ཡང་། །ཡང་དག་པ་དང་མཐུན་ཕྱིར་འདོད། །དགག་བྱ་ཡོད་པ་མ་ཡིན་པས། །ཡང་
དག་ཏུ་ན་བཀག་མེད་གསལ། །བརྟགས་པའི་རང་གི་ངོ་བོ་ཡི། །བཀག་པ་བརྟགས་
མིན་ཇི་ལྟར་འགྱུར། །དེ་བས་འདི་ནི་ཀུན་རྫོབ་ཏུ། །ཡང་དག་དོན་ཡིན་ཡང་
དག་མིན། །ཡང་དག་ཉིད་དུ་གཉིས་མེད་དེ། །དེ་ནི་སྤྲོས་པ་མེད་པ་ཡིན། །འཇམ་
དཔལ་གྱིས་ནི་ཡང་དག་དྲིས། །རྒྱལ་བའི་སྲས་པོ་མི་གསུང་བཞུགས། །ཞེས་སོགས་
རྒྱ་ཆེར་གསུངས་སོ། །རྣལ་འབྱོར་སྤྱོད་པ་བས་གཟུང་འཛིན་གཉིས་སྟོང་གི་ཡེ་ཤེས་
སྤྲོས་བྲལ་དུ་བཤད་པ་ནི་ཡེ་ཤེས་དེ་ཉིད་ཀྱི་ངོར་སྤྲོས་བྲལ་ཡིན་མོད་ སྤྱིར་སྤྲོས་
པའི་ལྷག་ལུས་པའི་ཕྱིར་ཁྱབ་པའི་སྤྲོས་བྲལ་མ་ཡིན་ནོ། །དེས་ན་ཐལ་རང་གི་ཁྱད་
པར་ནི། གཞི་དུས་སུ་ཀུན་རྫོབ་གྲུབ་མཐའ་སྨྲ་བ་དང་སྔོ་བསྟུན་ནས་འཇོག་པ་
དང་། འཇིག་རྟེན་གྱི་གྲགས་པ་དང་བསྟུན་ནས་འཇོག་པ་དང་། དོན་དམ་རྣམ་
འཇོག་གི་ཚེ་ཡུལ་ཆོས་ཅན་ཀུན་རྫོབ་པ་ཁས་ལེན་མི་ལེན་དང་། ཡུལ་ཐ་(༥༥༤ན)
སྙད་ཀྱི་བདེན་པ་ལ་མི་བསླུ་བའི་ཚད་མ་ཁས་ལེན་མི་ལེན་དང་། ལམ་དུས་སུ་
སྣང་སྟོང་ནམ་མཁའ་ལྟ་བུ་ལ་མཉམ་པར་འཇོག་པ་དང་། བདེན་སྟོང་སྒྱུ་མ་ལྟ་བུ་
ལ་འཇོག་པ་དང་། འབྲས་དུས་སུ་ཇི་སྙེད་མཁྱེན་པའི་ཡེ་ཤེས་ཀྱི་རང་སྣང་ལ་ཀུན་
རྫོབ་ཀྱི་རྣམ་པ་འཆར་མི་འཆར་གྱི་ཁྱད་པར་དང་། སྤྲོས་པ་ཅིག་ཆར་དུ་འགོག་པ་
དང་རིམ་གྱིས་འགོག་པའི་ཁྱད་པར་ཡོད་ལ། དབང་རྣོན་ཅིག་ཆར་དུ་འཇུག་པ་
ལ་ཐལ་འགྱུར་བ་དང་། དབང་བརྟུལ་རིམ་གྱིས་འཇུག་པ་ལ་རང་རྒྱུད་པ་ལེགས་
པ་ཡིན་ནོ། །རྣལ་འབྱོར་པའི་ཀུན་རྫོབ་འགའ་ཞིག་ཐལ་རང་གཉི་གས་ཀྱང་རིགས་
པས་དཔྱད་ནས་ཁས་ལེན་དགོས་པ་ཡོད་དེ། ལྟ་བ་བཀར་བརྟགས་ཀྱི་ཕྱག་རྒྱ་བཞི་
དང་བདེན་སྟོང་སྤྲོས་བྲལ་གྱི་རྣམ་པ་བཞིན་ནོ། །འདི་ཡང་རིགས་པས་དཔྱད་པའི་
ཆ་ནས་ཀུན་རྫོབ་ཏུ་འཇོག་པ་མ་ཡིན་གྱི་དཔྱད་དོན་ལ་མཚན་མར་བཟུང་བའི་ཆ་
ནས་ཀུན་རྫོབ་ཏུ་བཞག་པའོ། །ཞེས་བཀའ་སྩལ་ཏོ། །

དེ་ཡང་བདག་ལས་སྐྱེ་བ་མེད་དེ། བདག་ཉིད་གྲུབ་མ་ཟིན་ན་མེད་པའི་ཕྱིར་རྒྱུར་མི་རུང་ལ། གྲུབ་ཟིན་ན་གྲུབ་ཟིན་སླར་ཡང་སྐྱེ་བ་དོན་མེད་དུ་འགྱུར་བའི་ཕྱིར་དང་། མཐའ་ཐུག་པ་མེད་པར་རྟག་ཏུ་སྐྱེ་བར་ཐལ་བའི་ཕྱིར་ཏེ། **སངས་རྒྱས་བསྐྱངས་ཀྱི་འགྲེལ་པ་ཚིག་གསལ་དུ་དྲངས་པ།** དངོས་པོ་རྣམས་བདག་ལས་སྐྱེ་བ་མེད་དེ། དེ་དག་གི་སྐྱེ་བ་དོན་མེད་པ་ཉིད་དུ་འགྱུར་བའི་ཕྱིར་དང་། ཤིན་ཏུ་ཐལ་བར་འགྱུར་བའི་ཕྱིར་རོ། །དངོས་པོ་བདག་གི་བདག་ཉིད་དུ་ཡོད་པ་རྣམས་ལ་ནི་ཡང་སྐྱེ་བ་དགོས་པ་མེད་དོ་ཅི་སྟེ་ཡོད་ཀྱང་སྐྱེ་ན་ནམ་ཡང་མི་སྐྱེ་བར་མི་འགྱུར་རོ། །ཞེས་སོ། །འདི་ལ་**སློབ་དཔོན་ལེགས་ལྡན་འབྱེད་ཀྱིས།** དོན་དམ་པར་ནང་གི་སྐྱེ་མཆེད་རྣམས་བདག་ལས་སྐྱེ་བ་མེད་པར་ངེས་ཏེ། ཡོད་པའི་ཕྱིར། དཔེར་ན། ཤེས་པ་ཡོད་པ་བཞིན་ནོ། །ཞེས་རང་རྒྱུད་ཀྱི་རྟགས་བཀོད་པ་ལ། **སློབ་དཔོན་ཟླ་བས།** འདིར་དོན་དམ་པ་ཞེས་བྱ་བའི་ཁྱད་པར་ཅིའི་ཕྱིར་ཉེ་བར་བཀོད་པ་ཡིན། གལ་ཏེ་འཇིག་རྟེན་(༤༤༣བ)གྱིས་ཀུན་རྫོབ་ཏུ་སྐྱེ་བར་ཁས་བླངས་པ་དགག་པར་བྱ་བ་མ་ཡིན་པའི་ཕྱིར་དང་། འགོག་ན་ཡང་ཁས་བླངས་པས་གནོད་པར་ཐལ་བའི་ཕྱིར་རོ་ཞེ་ན། འདི་ནི་རིགས་པ་མ་ཡིན་ཏེ། བདག་ལས་སྐྱེ་བ་ནི་ཀུན་རྫོབ་ཏུ་ཡང་ཁས་མ་བླངས་པའི་ཕྱིར། ཞེས་དང་། གཞན་གྱི་ལུགས་ལ་བལྟོས་ཏེ་ཁྱད་པར་དུ་བྱས་སོ། །ཞེ་ན།

དེ་ཡང་རིགས་པ་མ་ཡིན་ཏེ་དེ་དག་གིས་རྣམ་པར་གཞག་པ་ནི་ཀུན་རྫོབ་ཏུ་ཡང་ཁས་བླངས་བ་མེད་པའི་ཕྱིར། ཞེས་དང་། འཇིག་རྟེན་པས་ཀྱང་བདག་ལས་སྐྱེ་བར་མི་རྟོག་སྟེ་འཇིག་རྟེན་པས་ནི་བདག་དང་གཞན་ལས་ཞེས་བྱ་བ་དེ་ལྟ་བུའི་རྣམ་པར་དཔྱོད་པ་འཇུག་པ་མེད་པར་བྱས་ནས་རྒྱུ་ལས་འབྲས་བུ་འབྱུང་ངོ་ཞེས་བྱ་བ་འདི་ཙམ་ཞིག་རྟོག་པ་ཡིན་ནོ། །སློབ་དཔོན་ཡང་དེ་ལྟར་རྣམ་པར་གཞག་པ་མཛད་པ་ཡིན་ཏེ། དེའི་ཕྱིར་རྣམ་པ་ཐམས་ཅད་དུ་ཁྱད་པར་དོན་མེད་པ་ཉིད་དེ།

ཞེས་བྱ་བར་ངེས་སོ། །

གཞན་ཡང་གལ་ཏེ་ཀུན་རྫོབ་ཏུ་སྐྱེ་བ་དགག་པར་འདོད་ནས་ཁྱད་པར་འདི་འགོད་པར་བྱེད་པ་ནི་དེའི་ཚེ་རང་ལ་གཞི་མ་གྲུབ་པའི་ཕྱོགས་ཀྱི་ཉེས་པའམ་གཞི་མ་གྲུབ་པའི་གཏན་ཚིགས་ཀྱི་སྐྱོན་དུ་འགྱུར་ཏེ། རང་གིས་དོན་དམ་པར་མིག་སོགས་སྐྱེ་མཆེད་རྣམས་ཁས་མ་བླངས་པའི་ཕྱིར་རོ། །ཞེས་དང་། གལ་ཏེ་མིག་ལ་སོགས་པ་ཀུན་རྫོབ་པ་རྣམས་དོན་དམ་པར་སྐྱེ་བ་འགོག་པའི་ཕྱིར་དོན་དམ་པ་སྨོས་པ་ནི་སྐྱེ་བ་འགོག་པའི་ཁྱད་པར་ཡིན་ནོ་ཞེ་ན། དེ་ལྟ་ན་ནི་འོ་ན་མིག་ལ་སོགས་པའི་ཀུན་རྫོབ་པ་རྣམས་དོན་དམ་པར་སྐྱེ་བ་ཡོད་པ་མ་ཡིན་ཏེ། ཞེས་བརྗོད་པར་བྱ་བར་འགྱུར་ན་དེ་སྐད་དུ་ཡང་མ་བསྟན་ཏོ་ཞེས་སོགས་ཀྱིས་བརྒལ་བར་མཛད་དེ། འཇིག་རྟེན་ནམ་གྲངས་ཅན་གྱིས་ཀུན་རྫོབ་ཏུ་སྐྱེ་བ་ཁས་བླངས་པ་འགོག་པའི་ཕྱིར། དོན་དམ་པར་ཞེས་པ་སྨྱོར་ན་ནི་དེ་དག་གིས་བདེན་པ་གཉིས་མ་བཞག་པར་རང་གར་སྐྱེའོ་ཞེས་པ་ཙམ་འདོད་པ་ཡིན་ལ། སློབ་དཔོན་ཀླུའི་ཞབས་ཀྱིས་ཀྱང་དེ་ཙམ་ཞིག་འགོག་པར་མཛད་ཀྱི་བདེན་གཉིས་ཕྱེ་ནས་བཀག་པ་མ་ཡིན་ལ། བདག་སྐྱེ་ནི་འཇིག་རྟེན་གྱིས་ཁས་མི་ལེན་པས་དོན་དམ་པར་ཞེས་སྨྲར་བ་(༣༣༣ན)ལ་དགོས་པ་མེད་ཅིང་། ཀུན་རྫོབ་ཏུ་སྐྱེ་བ་འགོག་པའི་ཕྱིར་ཡིན་ན་སློབ་དཔོན་ལེགས་ལྡན་ཉིད་ཀྱང་དོན་དམ་པར་མིག་སོགས་སྐྱེ་མཆེད་ཡོད་པར་མི་འདོད་པས་ཡོད་པ་རྟགས་སུ་བཀོད་པ་དེ་མ་གྲུབ་པའི་གཏན་ཚིགས་སུ་འགྱུར་ལ། མིག་སོགས་ཀུན་རྫོབ་ཡིན་པ་ཤེས་པའི་ཆེད་དུ་ཡིན་ན། མིག་སོགས་ཀུན་རྫོབ་པ་རྣམས་དོན་དམ་པར་སྐྱེ་བ་མེད་དེ། ཞེས་སྨྲ་དགོས་པས་དོན་དམ་དུ་མ་ཕྱིན་པའི་སྐྱོན་ཡོད་དོ་ཞེས་བཀག་ནས། བདེན་གཉིས་སུ་རྣམ་པར་མ་དཕྱད་པ་འཇིག་རྟེན་དང་ཕྱི་རོལ་པའི་སྐབས་དང་། བདེན་གཉིས་རྣམ་པར་གཞག་པ་སངས་རྒྱས་པའི་སྐབས་གང་དུ་ཡང་མཐའ་བཞི་ལས་སྐྱེ་བ་ནི་ནམ་ཡང་མེད་པར་བཞེད་པ་

ཡིན་ལ། འདིས་ནི་བོད་ཕྱི་རབས་ཀྱི་དབུ་མ་ཐལ་འགྱུར་བར་རློམ་པ་དམིགས་པའི་ལྟ་བ་སྡུག་པོས་ཟིན་པ་དག་དབུ་མའི་རྟགས་འགོད་པ་ན་དོན་དམ་པར་ཞེས་སམ་ཡང་དག་པར་རམ་དཔྱད་ན་ཞེས་སོགས་མ་སྦྱར་ན་ཀུན་རྫོབ་ལ་བཀུར་བ་བཏབ་པའི་ཉེས་པ་ཡོད་དོ་ཞེས་སྒྲོག་པ་དང་། མ་དཔྱད་པ་དང་ཅུང་ཟད་དཔྱད་པ་དང་ཤིན་ཏུ་དཔྱད་པའི་སྐབས་གསུམ་དུ་སྨྲ་བ་རྣམས་ཀྱང་སློབ་དཔོན་ཟླ་བའི་རྗེས་འབྲངས་མིན་པར་ཤིན་ཏུ་གསལ་བ་ཡིན་ནོ། །

དེས་ན་མ་དཔྱད་པའི་ཚེ་འཇིག་རྟེན་གྱི་གྲགས་པ་ལྟར་ཁས་ལེན། ཅུང་ཟད་དཔྱད་པའི་ཚེ་འཁོར་བ་མེད་པ་སོགས་དང་དྭངས་སྙིགས་ཕྱི་ནས་སྙིགས་མ་ལ་མེད་པས་ཁྱབ་པ་སོགས་ཁས་ལེན། ཤིན་ཏུ་དཔྱད་པའི་ཚེ་དོན་དམ་པ་གང་ཡིན་ཞེས་འདྲི་ན་ཁོ་བོ་ཅི་ཡང་མི་སྨྲའོ་ཞེས་འཆད་པ་ཡང་། ལྕགས་སེར་སྐྱ་ཛམྦུའི་གླུང་གི་སུ་ཕཊར་རྫུ་བ་ཞིག་སྟེ། དབུ་མ་ཉིད་ཀྱི་ལུགས་ལས་རིགས་པས་མ་དཔྱད་པའི་སྐབས་ནི་དང་པོར་བསོད་ནམས་མ་ཡིན་པ་ལྡོག་པའི་འཁོར་ལོ་མངོན་མཐོའི་ཐེག་པ་ཡིན་ལ། དབུ་མ་ཉིད་ཀྱི་རིགས་པས་ཕྱི་ནང་གི་གྲུབ་མཐའི་འཛིན་པ་ཟློག་པ་ནི་བར་པ་བདག་ཟློག་གི་སྐབས་ཡིན་ཞིང་། མཐར་ཐུག་དེ་ཁོ་ན་ཉིད་དུ་ཞེན་པ་ཡང་རྣམ་པར་བསལ་བ་ནི་ལྟ་གཞི་ཀུན་ལྡོག་གི་སྐབས་ཡིན་པས་འདི་ལ་ནི་སུས་ཀྱང་དབྱེ་བསྟན་བྱ་མི་(༡༡༡བ)དགོས་ལ། བར་པ་བདག་ལྡོག་གི་སྐབས་གཅིག་པུ་ལ་དེ་གསུམ་ག་སྦྱར་ནས་སྙིགས་མ་མེད་འཛིན་དང་དྭངས་མ་ཡོད་འཛིན་བསྐྱེད་ཅིང་། ལན་མི་འདེབས་པ་ཙམ་མཐར་ཐུག་གི་དོན་དུ་ལྟ་བ་འདི་ནི་དབུ་མའི་དོན་ཤེས་པ་དག་ལ་ནི་བཞད་གད་ཀྱི་དངོས་པོ་ཕྱིན་པ་ཡིན་མོད་ཀྱང་མི་ཤེས་པའི་ཐར་འདོད་ཁ་ཅིག་ལ་ནི་སྐྱི་གཡའ་བའི་གནས་ཕྱིན་པ་ཡིན་ནོ། །

དེས་ན་འཇམ་དཔལ་གྱིས་དྲི་མ་མེད་པར་གྲགས་པ་ལ་ཡང་དག་པའི་དོན་དྲིས་པ་ན་ལན་མ་བཏབ་པ་དེ་ལན་གྱི་དམ་པར་བཤད་པ་དང་། ཕྱིས་པ་གཅིག

གིས་དྲིས་པ་ལ་གཅིག་ཤོས་ཀྱིས་ལན་མ་བཏབ་པ་གཉིས་ག་ལ་མཚུངས། བྱང་ཆུབ་སེམས་དཔའ་སྤྱོད་མཐའ་པ་བྱང་ཆུབ་ཀྱི་ཤིང་དྲུང་དུ་བཞུགས་པ་དང་། ལྷས་བྱིན་ནིམ་པའི་ཤིང་དྲུང་དུ་འཁོད་པའི་ཁྱད་པར་ཤེས་པར་གྱིས་ཤིག །གལ་ཏེ་འདི་མཚུངས་སོ་སྙམ་ན་བ་ལང་གི་མདུན་དུ་དོན་དམ་དྲིས་ཤིག་དང་ཁྱེད་འདོད་པའི་ལན་གྱི་མཐར་ཐུག་དེ་ལས་འབྱུང་བར་འགྱུར་རོ། །

མ་གཉིས་པ་འགོག་པ་ནི། **སློབ་དཔོན་སངས་རྒྱས་བསྐྱངས་ཀྱིས།** དངོས་པོ་རྣམས་གཞན་ལས་སྐྱེ་བ་མེད་དེ། ཐམས་ཅད་ལས་ཐམས་ཅད་སྐྱེ་བར་འགྱུར་བའི་ཕྱིར་རོ། །ཞེས་དང་། **ཟླ་བའི་ཞབས་ཀྱིས།** དངོས་པོ་རྣམས་ནི་གཞན་ལས་སྐྱེ་བ་ཡང་མ་ཡིན་ཏེ། གཞན་མེད་པའི་ཕྱིར། །ཞེས་དང་། **འཇུག་པར།** གཞན་ལ་བརྟེན་ནས་གཞན་ཞིག་འབྱུང་བར་འགྱུར་ན་ནི། །འོ་ན་མེ་ལྕེ་ལས་ཀྱང་མུན་པ་སྟུག་པོ་འབྱུང་འགྱུར་ཞིང་། །ཐམས་ཅད་ལས་ཀྱང་ཐམས་ཅད་སྐྱེ་བར་འགྱུར་ཏེ་གང་གི་ཕྱིར། །སྐྱེད་པར་བྱེད་པ་མ་ཡིན་མ་ལུས་ལ་ཡང་གཞན་ཉིད་མཚུངས། །ཞེས་སོ། །དེ་ཡང་རྒྱུ་རྐྱེན་ལས་སྐྱེ་ན་རྒྱུ་རྐྱེན་ནི་བཞི་པོ་ན་ཏེ། རྐྱེན་རྣམ་བཞི་ཏེ་རྒྱུ་དང་ནི། །དམིགས་པ་དང་ནི་དེ་མ་ཐག །བདག་པོ་ཡང་ནི་དེ་བཞིན་ཏེ། །རྐྱེན་ལྔ་པ་ནི་ཡོད་མ་ཡིན། །ཞེས་སོ། །དཔེར་ན། ས་ལུའི་མྱུ་གུའི་རང་བཞིན་དེ་ནི་རྒྱུའི་རྐྱེན་ཆུ་ལུད་དང་། དམིགས་པའི་རྐྱེན་སྟོན་ཐོག་དང་། དེ་མ་ཐག་པའི་རྐྱེན་ས་བོན་(༥༥༥ན)ཀྱི་སྐད་ཅིག་ཕྱི་ལོགས་དང་། བདག་པོའི་རྐྱེན་འདེབས་པ་པོ་གང་ལ་ཡང་ཡོད་པ་མིན་ཏེ། དངོས་པོ་རྣམས་ཀྱི་རང་བཞིན་ནི། །རྐྱེན་ལ་སོགས་ལ་ཡོད་མ་ཡིན། །ཞེས་སོ། །གཅིག་ཏུ་བྲལ་གྱིས་དཔྱད་ན་བདག་ཉིད་མི་འགྲུབ་ན་དེ་ལ་བལྟོས་པའི་གཞན་ག་ལ་ཡོད་དེ། བདག་གི་དངོས་པོ་ཡོད་མིན་ན། །གཞན་དངོས་ཡོད་པ་མ་ཡིན་ནོ། །ཞེས་སོ། །རྐྱེན་ཆུ་ལུད་ལྟ་བུ་དེ་བྱ་བ་མྱུ་གུ་སྐྱེད་པ་ལྟ་བུ་དང་ལྡན་ན་རྟག་ཏུ་མྱུ་གུ་སྐྱེད་དགོས་ལ་མི་ལྡན་ན་ནམ་ཡང་བྱ་བ་མེད་པར་འགྱུར་ལ། བྱ་བ་

མེད་ན་རྐྱེན་དུ་ཅིས་འཛོག་སྟེ། བྱ་བ་རྐྱེན་དང་ལྡན་མ་ཡིན། །རྐྱེན་དང་མི་ལྡན་བྱ་བ་མེད། །བྱ་བ་མི་ལྡན་རྐྱེན་མ་ཡིན། །ཞེས་སོ། །འོན་ཀྱང་འདི་དག་ལ་བརྟེན་ནས་སྐྱེ་བས་རྐྱེན་ཡིན་ནོ་ཞེ་ན། ནམ་མི་སྐྱེ་བ་དེ་སྲིད་ནི་རྐྱེན་མ་ཡིན་ལ་སྐྱེས་ཟིན་ནས་ནི་རྐྱེན་མི་དགོས་པས་གང་གི་ཚེ་རྐྱེན་དུ་འགྱུར་ཏེ། འདི་དག་ལ་བརྟེན་སྐྱེ་བས་ན། །དེ་ཕྱིར་འདི་དག་རྐྱེན་ཞེས་གྲག །ཇི་སྲིད་མི་སྐྱེ་དེ་སྲིད་དུ། །འདི་དག་རྐྱེན་མིན་ཇི་ལྟར་མིན། །མེད་དམ་ཡོད་པའི་དོན་ལ་ཡང་། །རྐྱེན་ནི་རུང་བ་མ་ཡིན་ཏེ། །མེད་ན་གང་གི་རྐྱེན་དུ་འགྱུར། །ཡོད་ན་རྐྱེན་གྱིས་ཅི་ཞིག་བྱ། །ཞེས་སོ། །

དེས་ན་ཆོས་གང་ཡང་ཡོད་པ་དང་མེད་པ་ནི་རྣམ་པར་བརྟགས་ན་འཛིག་སྟེ་མི་འགྲུབ་པ་དེའི་ཚེ་རྒྱུ་ཉིད་ཇི་ལྟར་འགྲུབ་སྟེ། གང་ཚེ་ཆོས་ནི་ཡོད་པ་དང་། །མེད་དང་ཡོད་ཉིད་མི་འགྲུབ་པ། །ཇི་ལྟར་སྒྲུབ་བྱེད་རྒྱུ་ཞེས་བྱ། །དེ་ལྟ་མིན་ན་མི་རིགས་སོ། །ཞེས་སོ། །དམིགས་པའི་རྐྱེན་ཡང་དེ་བཞིན་དུ་མི་འགྲུབ་སྟེ། ཡོད་པའི་ཆོས་འདི་དམིགས་པ་ནི། །མེད་པ་ཁོ་ན་ཉེ་བར་བསྟན། །ཇི་སྟེ་ཆོས་ནི་དམིགས་མེད་ན། །དམིགས་པ་ཡོད་པར་ག་ལ་འགྱུར། །ཞེས་སོ། །སྐད་ཅིག་སྔ་མ་འགགས་མ་ཐག་པ་ཕྱི་མའི་དེ་མ་ཐག་རྐྱེན་དུ་གྲགས་མོད་ཀྱང་སྐྱེ་བ་མེད་པས་འགགས་པ་མི་འཐད་པ་དང་། འགགས་པ་ནི་མེད་པ་ཡིན་པས་རྐྱེན་དུ་ཡང་མི་རུང་བས་དེ་མ་ཐག་རྐྱེན་ཡང་མི་འགྲུབ་སྟེ། ཆོས་རྣམས་སྐྱེས་པ་མ་ཡིན་ན། །འགགས་པ་(༤༤༥བ)འཐད་པར་མི་འགྱུར་རོ། །དེ་ཕྱིར་དེ་མ་ཐག་ཅི་རིགས། །འགགས་ན་རྐྱེན་ཡང་གང་ཞིག་ཡིན། །ཞེས་སོ། །**བཅོམ་ལྡན་འདས་ཀྱིས།** འདི་ཡོད་པས་འདི་འབྱུང་། འདི་སྐྱེས་པས་འདི་སྐྱེ་སྟེ། མ་རིག་པའི་རྐྱེན་གྱིས་འདུ་བྱེད་དོ། །ཞེས་སོགས་གསུངས་པ་མ་ཡིན་ནམ་ཞེ་ན། **ཚིག་གསལ་ལས།** དེ་ལ་རྟེན་ཅིང་འབྲེལ་པར་འབྱུང་བའི་སྐྱེ་བ་ལ་སོགས་པ་དག་བསྟན་པ་གང་ཡིན་པ་དེ་དག་ནི་མ་རིག་པའི་རབ་རིབ་དང་བྲལ་བ་དག་གི་ཡེ་ཤེས་ཟག་པ་མེད་པའི་ཡུལ་གྱི་རང་བཞིན་ལ་བལྟོས་ནས་

ནི་མ་ཡིན་ནོ། །འོ་ན་ཅི་ཞེ་ན། མ་རིག་པའི་རབ་རིབ་ཀྱིས་བློ་གྲོས་ཀྱི་མིག་ཉམས་པར་བྱས་པ་དག་གི་ཤེས་པའི་ཡུལ་ལ་བལྟོས་ནས་ཡིན་ནོ། །དེ་ཁོ་ན་གཟིགས་པ་ལ་བལྟོས་ནས་ནི་བཅོམ་ལྡན་འདས་ཀྱིས་དགེ་སློང་དག་འདི་ནི་བདེན་པ་དམ་པ་སྟེ། འདི་ལྟ་སྟེ། བསླུ་བ་མེད་པའི་ཆོས་ཅན་མྱ་ངན་ལས་འདས་པའོ། །འདུ་བྱེད་ཐམས་ཅད་ནི་བརྫུན་པ་བསླུ་བའི་ཆོས་ཅན་ནོ། །ཞེས་བྱ་བ་ལ་སོགས་པ་གསུངས་སོ། །ཞེས་ལུང་མང་པོས་བསྒྲུབས་སོ། །

དེས་ན་རྐྱེན་སོ་སོ་ལ་འབྲས་བུ་དེ་མི་གནས་པས་མེད་པ་ཡིན་ན་མེད་པ་ཇི་ལྟར་སྐྱེ། མེད་ན་ཡང་སྐྱེ་ན་རྒྱུ་མ་ཡིན་པ་དག་ལས་ཀྱང་སྐྱེ་བར་འགྱུར་ཏེ། དངོས་པོ་རང་བཞིན་མེད་རྣམས་ཀྱི། །ཡོད་པ་གང་ཕྱིར་ཡོད་མིན་ན། །འདི་ཡོད་པས་ན་འདི་འབྱུང་ཞེས། །བྱ་བ་འདི་ནི་འཐད་མ་ཡིན། །རྐྱེན་རྣམས་སོ་སོ་འདུས་པ་ལ། །འབྲས་བུ་དེ་ནི་མེད་པ་ཉིད། །རྐྱེན་རྣམས་ལ་ནི་གང་མེད་པ། །དེ་ནི་རྐྱེན་ལས་ཇི་ལྟར་སྐྱེ། །ཅི་སྟེ་དེ་ནི་མེད་ན་ཡང་། །རྐྱེན་དེ་དག་ལས་སྐྱེ་འགྱུར་ན། །རྐྱེན་མ་ཡིན་པ་དག་ལས་ཀྱང་། །ཅི་ཡི་ཕྱིར་ན་སྐྱེ་མི་འགྱུར། །ཞེས་སོ། །འབྲས་བུ་ནི་རྐྱེན་ལ་རག་ལས་པའི་ཕྱིར་འབྲས་བུ་རྐྱེན་གྱི་རང་བཞིན་ཅན་ཡིན་ནོ་ཞེ་ན། རྐྱེན་ཉིད་ཀྱང་རང་གི་རང་བཞིན་དུ་མེད་ན་འབྲས་བུའི་རང་བཞིན་དུ་ཅི་སྟེ་ཡོད། རྐྱེན་ལ་མ་བལྟོས་པའི་འབྲས་བུའང་མེད་དེ། དེས་ན་རྒྱུ་རྐྱེན་ནི་སྒྲོ་བཏགས་པ་ཁོ་ན་ཏེ། འབྲས་བུ་རྐྱེན་གྱི་རང་བཞིན་ན། །རྐྱེན་རྣམས་བདག་གི་རང་བཞིན་མིན། །བདག་དངོས་མིན་(༤༤༨ན)ལས་འབྲས་བུ་གང་། །དེ་ནི་ཇི་ལྟར་རྐྱེན་རང་བཞིན། །དེ་ཕྱིར་རྐྱེན་གྱི་རང་བཞིན་མིན། །རྐྱེན་མིན་རང་བཞིན་འབྲས་བུ་ནི། །ཡོད་མིན་འབྲས་བུ་མེད་པས་ན། །རྐྱེན་མིན་རྐྱེན་དུ་ག་ལ་འགྱུར། །ཞེས་སོ། །

མཐའ་ལྷག་མ་གཉིས་ནི། **ཚིག་གསལ་ལས།** དངོས་པོ་རྣམས་ནི་གཉི་ག་ལས་ཀྱང་སྐྱེ་བ་མ་ཡིན་ཏེ། ཕྱོགས་གཉི་ག་ལ་སྨྲས་པའི་ཉེས་པར་ཐལ་བར་འགྱུར་བའི་

ཕྱིར་དང་། རེ་རེ་ལ་སྐྱེད་པའི་ནུས་པ་མེད་པའི་ཕྱིར་ཏེ། གལ་ཏེ་རེ་རེས་བྱས་གྱུར་ན། །སྡུག་བསྔལ་གཉིས་གས་བྱས་པར་འགྱུར། །ཞེས་འཆད་པར་འགྱུར་རོ། །རྒྱུ་མེད་པ་ལས་ཀྱང་མི་སྐྱེ་སྟེ། རྒྱུ་མེད་ན་ནི་འབྲས་བུ་དང་། །རྒྱུ་ཡང་འཐད་པར་མི་འགྱུར་རོ། །ཞེས་སོགས་འཆད་འགྱུར་གྱི་སྐྱོན་དུ་ཐལ་བ་དང་། གལ་ཏེ་རྒྱུ་ཡིས་སྟོང་ན་འགྲོ་བ་འདི་དག་གཟུང་བྱ་མིན། །ཇི་ལྟར་ནམ་མཁའི་ཨུཏྤ་ལ་ཡི་དྲི་དང་ཁ་དོག་བཞིན། །ཞེས་སོགས་ཀྱི་ཉེས་པར་ཐལ་ལོ་ཞེས་བཤད་དོ། །

འབྲས་བུ་ལ་དཔྱད་པ་ཡོད་མེད་སྐྱེ་འགོག་གི་གཏན་ཚིགས་ནི། སྣང་ཙམ་འདི་ཆོས་ཅན་རང་བཞིན་མེད་དེ། ཡོད་པ་ཡང་མི་སྐྱེ་ལ་མེད་པ་ཡང་མི་སྐྱེ་བའི་ཕྱིར་ཏེ། སྒྱུ་མ་བཞིན་ནོ། །ཞེས་འགོད་དོ། །དེ་ཡང་རྒྱུ་ལ་འབྲས་བུ་ད་ལྟར་ཡོད་པ་སྐྱེ་བར་འདོད་པ་གྲངས་ཅན་པ་དང་། མ་འོངས་པ་ན་ཡོད་པ་སྐྱེ་བར་འདོད་པ་རང་སྡེ་བྱེ་སྨྲ་དང་། སྔར་མེད་གསར་དུ་སྐྱེ་བར་འདོད་པ་རང་སྡེ་གཞན་ཁ་ཅིག་གོ། །དེ་ཡང་ད་ལྟ་ས་བོན་ལ་མྱུ་གུ་ཡོད་ན་སླར་སྐྱེ་བ་དོན་མེད་པར་ཐལ་ལོ། །ངོ་བོ་གྲུབ་ཀྱང་མངོན་གསལ་དུ་སྐྱེར་ཡོད་དོ་ཞེ་ན། ངོ་བོའི་ཆ་ནས་སླར་སྐྱེ་བ་དོན་མེད་པ་དང་མངོན་གསལ་གྱི་ཆ་ནས་མེད་པ་སྐྱེ་བར་འགྱུར་རོ། །མ་འོངས་པ་ན་ཡོད་པའང་མི་སྐྱེ་སྟེ། དངོས་པོ་མ་སྐྱེས་པ་ཞིག་ད་ལྟ་ག་ཤེད་ན་ཡོད་ན་དེ་མ་འོངས་པ་ན་སྐྱེ་བར་རིགས་ཀྱང་དེ་མེད་པའི་ཕྱིར་ཅི་ཞིག་སྐྱེ་བར་འགྱུར་ཏེ། གལ་ཏེ་དངོས་པོ་མ་སྐྱེས་པ། །འགའ་ཞིག་གང་ན་ཡོད་གྱུར་ན། །དེ་ནི་སྐྱེ་འགྱུར་དངོས་པོ་དེ། །མེད་ན་ཅི་ཞིག་སྐྱེ་བར་འགྱུར། །ཞེས་སོ། །སྔར་མེད་པ་སྐྱེ་(༤༤༨བ)ན་རི་བོང་གི་རྭ་ཡང་སྐྱེ་བར་ཐལ་བ་དང་། ཐམས་ཅད་ཀྱང་སྐྱེ་བར་ཐལ་ཏེ། རྒྱུ་ལ་མ་ལྟོས་པའི་ཕྱིར་ཏེ། ཅི་སྟེ་སྐྱེ་བ་མེད་སྐྱེ་ན། །ཐམས་ཅད་དེ་བཞིན་སྐྱེ་བར་འགྱུར། །ཞེས་སོ། །དེ་ལྟར་རིགས་པ་ཆེན་པོ་རྣམས་ཀྱིས་རྣམ་པར་དཔྱད་པ་ན། རྒྱུ་དང་རྒྱུ་མེད་དང་སྐྱེ་འགག་ལ་སོགས་པར་འཛིན་པ་སྒྲོ་སྐུར་གྱི་རྣམ་པར་རྟོག་པ་ཐམས་ཅད་ལོག་པ་ནི་

འདིའི་དགོས་པ་ཡིན་ཏེ། འཇུག་པར། སོ་སོ་སྐྱེ་བོ་རྣམས་ནི་རྟོག་པས་བཅིངས། །མི་རྟོག་རྣལ་འབྱོར་པ་ནི་གྲོལ་བར་འགྱུར། །རྟོག་རྣམས་ལོག་པར་གྱུར་པ་གང་ཡིན་དེ། །རྣམ་པར་དཔྱད་པའི་འབྲས་བུར་མཁས་རྣམས་གསུངས། །ཞེས་སོ། །

གཉིས་པ་གཞུང་དོན་ལ་གཉིས། རྒྱུ་ལ་དཔྱད་པ་རྡོ་རྗེ་གཟེགས་མ་དང་། འབྲས་བུ་ལ་དཔྱད་པ་ཡོད་མེད་སྐྱེ་འགོག་གོ། །དང་པོ་(རྒྱུ་ལ་དཔྱད་པ་རྡོ་རྗེ་གཟེགས་མ་)ལ་ལྔ། རྒྱུ་མེད་དུ་སྐྱེ་བ་འགོག་པ། གཞན་སྐྱེ་འགོག་པ་བཞི། རང་སྐྱེ་འགོག་པ་གསུམ། ཡུལ་མེད་པར་དགག་པའི་བློ་ཚད་མར་བསྟན་པ། ཚད་མས་ངེས་པའི་དོན་བརྗོད་པའོ། །

དང་པོ་(རྒྱུ་མེད་དུ་སྐྱེ་བ་འགོག་པ་)ནི།

རེ་ཞིག་འཇིག་རྟེན་མངོན་སུམ་གྱིས། །
རྒྱུ་རྣམས་ཐམས་ཅད་མཐོང་བ་ཡིན། །
པདྨའི་སྡོང་བུ་སོགས་དབྱེ་ནི། །
རྒྱུ་ཡི་དབྱེ་བས་བསྐྱེད་པ་ཡིན། ༡༡༧ །
རྒྱུ་དབྱེ་གང་གིས་བྱས་ཞེ་ན། །
སྔར་གྱི་རྒྱུ་དབྱེ་ཉིད་ལས་སོ། །
ཅི་ཕྱིར་རྒྱུ་ཡིས་འབྲས་སྐྱེད་ནུས། །
སྔར་གྱི་རྒྱུ་ཡི་མཐུ་ཉིད་ལས། ༡༡༨ །

ཞེས་གསུངས་ཏེ། རྐང་པ་དང་པོ་གཉིས་ཀྱིས་རྒྱུ་འཇིག་རྟེན་གྱིས་དངོས་སུ་མཐོང་བར་བསྟན། གཉིས་ཀྱིས་སྡོང་བུ་དང་འདབ་མ་སོགས་རྒྱུའི་དབྱེ་བ་ཡོད་པར་བསྟན། ལྷག་མས་དེ་རྣམས་སྔ་མའི་རྒྱུན་ལས་སྐྱེ་བར་བསྟན་ཏོ། །

དེ་ཡང་རྒྱང་འཕེན་པ་ཁ་ཅིག་རྒྱུ་གཏན་མེད་དུ་འདོད་ལ། ཁ་ཅིག །སྲིན་ལྤགས་ཚེར་མ་གཟེངས་རིང་རྣོ་བ་དང་། །རྨ་བྱའི་སྒྲོ་གཤོག་རི་མོ་བཀྲ་བ་དང་། །ཉི་ཤར་ཆུ་བོ་ཐུར་དུ་འབབ་པ་རྣམས། །སུས་ཀྱང་མ་བྱས་ངོ་བོ་ཉིད་ཀྱི་རྒྱུ། །ཞེས་རང་

བཞིན་གྱིས་བྱུང་བའི་ཕྱིར་ངོ་བོ་ཉིད་རྒྱུའོ་ཞེས་ཟེར་རོ། །དེ་ལ་སྨྲས་པ་རེ་ཞིག་རྒྱུ་མེད་པ་ཡང་མ་ཡིན་ལ་(༤༤༧ན)ངོ་བོ་ཉིད་ཀྱིས་ཀྱང་མ་ཡིན་ཏེ། འཇིག་རྟེན་ན་མངོན་སུམ་གྱིས་སྨྱུ་གུའི་རྒྱུ་ས་བོན་ཡིན་པ་ལ་སོགས་པ་རྒྱུ་རྣམས་ཐམས་ཅད་མཐོང་བ་ཡིན་པའི་ཕྱིར། ཆུ་བྱའི་སྒྲོ་གཞོག་ཁ་དོག་སྣ་ཚོགས་པ་ཅན་གྱི་ཁ་དོག་སོ་སོའི་རྒྱུ་ཐ་དད་པར་ཡོད་ལ། དེ་བཞིན་དུ་པདྨའི་སྡོང་བུ་དང་ལོ་མ་དང་ཟེ་འབྲུ་དང་གེ་སར་དང་ཁ་དོག་ཐ་དད་པ་ལ་སོགས་པའི་དབྱེ་བ་ནི། སོ་སོའི་རྒྱུའི་དབྱེ་བ་ཉིད་ཀྱིས་བསྐྱེད་པ་ཉིད་དེ། ས་བོན་གཅིག་ལ་རྒྱུའི་རྣམ་པ་དེ་དག་དབྱེར་མེད་དུ་གནས་ལ། འདི་ནི་ཆོས་ཅན་ཇི་སྙེད་པ་ལ་མ་བསྒྲིབས་པ་རྣམས་ཀྱི་སྤྱན་གྱི་ཡུལ་ཡིན་གྱི་བྱིས་པས་མི་ཤེས་སོ། །རྒྱུའི་དབྱེ་བ་དེ་དག་གང་གིས་བྱས་གལ་ཏེ་བྱེད་པ་པོ་མེད་ན་ནི་དེ་མེད་པར་གྲུབ་བོ་ཞེ་ན། སྐད་ཅིག་སྔ་མ་སྔ་མའི་རྒྱུའི་དབྱེ་བ་ཉིད་ལས་ཕྱི་མ་ཕྱི་མ་རིམ་པས་འགྲུབ་པའོ། །ཅིའི་ཕྱིར་རྒྱུ་ཡིས་འབྲས་བུ་སྐྱེད་པར་ནུས་ཞེ་ན། སྔར་གྱི་རྒྱུ་ཐོག་མ་མེད་པའི་མཐུ་གཅིག་ནས་གཅིག་ཏུ་བརྒྱུད་པའི་རྟེན་འབྲེལ་ལས་སོ། །གཞན་ཡང་རྒྱུ་མེད་པར་འདོད་ཅིང་དེའི་གཏན་ཚིགས་ཀྱང་འགོད་པ་ནི། སྐད་ཅིག་གིས་འགལ་བ་ཡིན་ཏེ། གཏན་ཚིགས་ནི་གོ་བར་བྱེད་པའི་རྒྱུ་ཡིན་ལ། དེ་ཡོད་ན་རྒྱུ་གཞན་ཡང་ཡོད་པར་འགྲུབ་པའི་ཕྱིར་རོ། །

གཉིས་པ་རྒྱུ་གཞན་ལས་སྐྱེ་བ་དགག་པ་ལ་བཞི། དབང་ཕྱུག་མ་གྲུབ་པར་བསྟན། དེའི་འབྲས་བུ་མི་སྲིད་པར་བསྟན། སྐྱེད་བྱེད་དུ་འགལ་བར་བསྟན། རྟུལ་ཕྲ་འགོག་པའོ། །

དང་པོ་(དབང་ཕྱུག་མ་གྲུབ་པར་བསྟན་)ནི།

དབང་ཕྱུག་འགྲོ་བའི་རྒྱུ་ཡིན་ན། །
རེ་ཞིག་དབང་ཕྱུག་གང་ཡིན་སྨྲོས། །
འབྱུང་རྣམས་ཞེ་ན་དེ་ལྟ་མོད། །

མིང་ཙམ་ལ་ཡང་ཅི་ཞིག་དགོས། ༡༡༩ །

འོན་ཀྱང་ས་སོགས་དུ་མ་དང་། །

མི་རྟག་གཡོ་མེད་ལྷ་མིན་ཞིང་། །

དགོད་བྱ་ཉིད་དང་མི་གཙང་བས། །

དེ་ནི་དབང་ཕྱུག་ཉིད་མ་ཡིན། ༡༢༠ །

དབང་ཕྱུག་མཁའ་མིན་གཡོ་མེད་ཕྱིར། །

བདག་མིན་སྔར་ནི་བཀག་ཟིན་ཕྱིར། །

བསམ་མིན་པ་ཡི་བྱེད་པོ་ཡང་། །

བསམ་མིན་བརྗོད་པས་(༤༤༧བ)ཅི་ཞིག་བྱ། ༡༢༡ །

ཞེས་གསུངས་ཏེ། དང་པོ་གཉིས་ཀྱིས་འབྱུང་བ་བཞི་དབང་ཕྱུག་མིན་པར་བསྟན། ཐ་མས་ནམ་མཁའ་དང་བསམ་དུ་མེད་པ་དབང་ཕྱུག་མིན་པར་བསྟན་ཏོ། །

གཉིས་པ་(དེའི་འབྲས་བུ་མི་སྲིད་པར་བསྟན་པ་)ནི།

དེས་བསྐྱེད་འདོད་པའང་གང་ཞིག་ཡིན། །

བདག་ནི་དེ་དང་ས་སོགས་དང་། །

དབང་ཕྱུག་ངོ་བོའང་རྟག་མིན་ནམ། །

ཤེས་པ་ཤེས་བྱ་ལས་སྐྱེས་དང་། ༡༢༢ །

ཐོག་མེད་བདེ་སྡུག་ལས་ལས་ཡིན། །

དེ་ཡིས་གང་ཞིག་སྐྱེད་པ་སྨྲོས། །

ཞེས་གསུངས་ཏེ། དང་པོས་དེས་སྐྱེད་པ་མེད་པར་བསྟན། གཉིས་ཀྱིས་བདག་དབང་ཕྱུག་ཏུ་འདོད་པ་བཀག །གསུམ་གྱིས་ལས་ཀྱིས་སྐྱེད་པར་བསྟན་ཏོ། །

གསུམ་པ་(སྐྱེད་བྱེད་དུ་འགལ་བར་བསྟན་པ་)ནི།

རྒྱུ་ལ་ཐོག་མ་མེད་ཡིན་ན། །

འབྲས་བུའི་ཐོག་མ་ག་ལ་ཡོད། ༡༢༣ །
རྟག་ཏུ་ཅི་ཕྱིར་བྱེད་མིན་ཏེ། །
དེ་ནི་གཞན་ལ་བལྟོས་པ་མིན། །
དེས་བྱས་མིན་གཞན་ཡོད་མ་ཡིན། །
དེས་འདི་གང་ལ་བལྟོས་པར་འགྱུར། ༡༢༤ །
གལ་ཏེ་བལྟོས་ན་ཚོགས་པ་ཉིད། །
རྒྱུ་ཡིན་འགྱུར་གྱིས་དབང་ཕྱུག་མིན། །
ཚོགས་ན་མི་སྐྱེད་དབང་མེད་ཅིང་། །
དེ་མེད་པར་ནི་སྐྱེད་དབང་མེད། ༡༢༥ །
གལ་ཏེ་དབང་ཕྱུག་མི་འདོད་བཞིན། །
བྱེད་ན་གཞན་གྱི་དབང་དུ་ཐལ། །
འདོད་ནའང་འདོད་ལ་རག་ལས་འགྱུར། །
བྱེད་ནའང་དབང་ཕྱུག་ག་ལ་ཡིན། ༡༢༦ །

ཞེས་གསུངས་ཏེ། དང་པོ་རྣམས་ཀྱིས་ཚོགས་པ་རྒྱུར་བསྟན་ཞིང་། ཐ་མའི་ཚིགས་བཅད་ཀྱིས་དབང་ཕྱུག་ལ་རང་དབང་མེད་པར་བསྟན་ཏོ། །

བཞི་པ་(རྟུལ་ཕྲ་འགོག་པ་)ནི།

གང་དག་རྟུལ་ཕྲ་རྟག་སྨྲ་བ། །
དེ་དག་ཀྱང་ནི་སྔར་ བཟློག་ཟིན། །

ཞེས་གསུངས་ཏེ། དེ་ཡང་བྱེ་བྲག་པ་ལ་སོགས་པ་ན་རེ། དབང་ཕྱུག་ཅེས་བྱ་བའི་ལྷ་གཙང་བ། ཡང་བ། མཆོད་པར་འོས་པ། རྟག་པ། གཅིག་པུ། ཀུན་ཏུ་འགྲོ་བའི་བྱེད་པ་པོ་ཐམས་ཅད་ལ་རང་དབང་དུ་བྱེད་པ་ཡོད་དེ། གང་ཞིག་ཕྲ་ཞིང་གཅིག་པུ་སྐྱེ་གནས་འདུག །སོགས་དང་། རྐྱེན་ལྡན་གཞན་པ་ཐམས་ཅད་ཀྱི། །རྒྱུ་

ནི་དབང་ཕྱུག་བྱེད་པར་བརྗོད། །སེམས་མེད་པས་ནི་རང་གི་འབྲས། །རང་ཉིད་ཀྱིས་ནི་རྩོམ་ནུས་མིན། །ཞེས་ཟེར་རོ། །དེ་ལ་དྲིས་པ། (༡༡༩)དབང་ཕྱུག་འགྲོ་བའི་རྒྱུ་ཡིན་ན། །རེ་ཞིག་དབང་ཕྱུག་གང་ཡིན་སྨྲོས། །ཁོ་ན་རེ། འབྱུང་བ་ཆེན་པོ་རྣམས་ལ་དབང་ཕྱུག་འདོད་དོ་ཞེ་ན། དེ་ལྟ་མོད་ཀྱི་འབྱུང་བ་རྣམས་རྒྱུ་ཡིན་པར་ངེད་ཀྱང་འདོད་པས་འབྱུང་བ་དང་དབང་ཕྱུག་གི་མིང་ཐ་དད་པ་ཙམ་ལ་ནི་རྩོད་པས་ཅི་ཞིག་ངལ་བར་བྱ་སྟེ་མི་རྩོད་དོ། །འོན་ཀྱང་ཁྱོད་ཉིད་ཀྱི་ལུགས་ལ་འགལ་ཏེ་ས་སོགས་འབྱུང་བ་ནི་དུ་མ་ཡིན་ལ། དབང་ཕྱུག་གཅིག་པུར་འདོད་པའི་ཕྱིར་དང་། ས་སོགས་ནི་མི་རྟག་ཅིང་དབང་ཕྱུག་རྟག་པར་འདོད་པ་དང་། ས་སོགས་ནི་གཡོ་བ་མིན་པས་སེམས་མེད་ལ་དབང་ཕྱུག་སེམས་བཅས་སུ་འདོད་པ་དང་། ས་སོགས་ནི་ལྷ་མིན་ཞིང་རྐང་པས་འགོམ་བར་བྱ་བ་ཉིད་ཡིན་ལ་དབང་ཕྱུག་ནི་ལྷ་དང་མཆོད་འོས་སུ་འདོད་པའི་ཕྱིར་དང་། ས་སོགས་ནི་མི་གཙང་བས་ཁྱབ་ལ་དབང་ཕྱུག་ནི་གཙང་བར་འདོད་པའི་ཕྱིར། ཁྱོད་རང་གི་ལུགས་ལ་འབྱུང་བ་དེ་ནི་དབང་ཕྱུག་ཉིད་མ་ཡིན་ནོ། །གལ་ཏེ་ནམ་མཁའ་དབང་ཕྱུག་གོ་ཞེ་ན། དབང་ཕྱུག་ནི་ནམ་མཁའ་མིན་ཏེ། དབང་ཕྱུག་ནི་གཡོ་བ་ཡིན་ལ། ནམ་མཁའ་གཡོ་བ་མེད་པའི་ཕྱིར། བདག་དབང་ཕྱུག་ཡིན་ནོ་ཞེ་ན། ནམ་དུ་ཡང་མི་སྲིད་པའི་བདག་ནི་དབང་ཕྱུག་མིན་ཏེ། བདག་སྔར་ནས་བཀག་ཟིན་པའི་ཕྱིར། བསམ་དུ་མེད་པ་ཞིག་དབང་ཕྱུག་གོ་ཞེ་ན། བསམ་བྱ་མིན་པའི་བྱེད་པོ་དབང་ཕྱུག་དེ་ཡང་བསམ་པར་བྱ་བ་མིན་ན་བརྗོད་པར་ཡང་མི་ནུས་པས་དེ་ལ་དབང་ཕྱུག་ཅེས་བརྗོད་པས་ཅི་ཞིག་བྱ། དེ་ལྟར་ན་དབང་ཕྱུག་མ་གྲུབ་པས་ངེས་བསྐྱེད་པའི་ཆོས་གཞན་ཞིག་འདོད་པའང་གང་ཞིག་ཡིན།

གལ་ཏེ་ཐམས་ཅད་བདག་གིས་སྤྲུལ་པས་བདག་ནི་དབང་ཕྱུག་གོ་ཞེ་ན། དབང་ཕྱུག་ནི་གཅིག་པུ་དེ་དང་རྟག་པ་དེ་ཡིན་པར་འདོད་ན་དེས་ས་སོགས་

དངོས་པོ་ཐམས་ཅད་དུས་ཅིག་ཅར་དུ་རྟག་ཏུ་སྐྱེལ་བར་ཐལ་བ་དང་། ཡང་ན་ནམ་ཡང་མི་སྐྱེལ་བར་ཐལ་ཏེ། དབང་ཕྱུག་དེའི་ངོ་བོའང་རྟག་པ་ཡིན་པར་འདོད་པ་མིན་ནམ། དེས་ན་ཤེས་པ་དང་ཤེས་བྱ་ནི་ཕན་ཚུན་བལྟོས་པ་ལས་སྐྱེས་པ་དང་། ཐོག་མ་མེད་པའི་(༣༣༢བ)བདེ་སྡུག་ཡང་རང་གི་ལས་ལས་སྐྱེས་པ་ཡིན་གྱི། མིང་པོ་ནར་ཟད་པའི་དབང་ཕྱུག་དེ་ཡིས་ནི་གང་ཞིག་སྐྱེད་པ་སྨྲོས་ཤིག །གཞན་ཡང་རྒྱུ་དབང་ཕྱུག་དེ་ལ་སྔོན་གྱི་ཐོག་མའི་མཐའ་ཡོད་པ་མིན་ན་དེ་ལས་བྱུང་བའི་འབྲས་བུའི་ཐོག་མ་ལྟ་ག་ལ་ཡོད། དེ་འདོད་ན། འབྲས་བུ་གསར་བྱུང་གཏན་མི་སྲིད་པར་ཐལ་ལོ། །གལ་ཏེ་དབང་ཕྱུག་དེ་ཐམས་ཅད་བྱེད་པ་པོ་ཡིན་ན། དེས་ཚུ་ལེན་པ་དང་མེ་འབུད་པ་སོགས་ཀྱང་རྟག་ཏུ་ཅིའི་ཕྱིར་བྱེད་པ་མིན་ཏེ། དེ་ལྟ་ན་དབང་ཕྱུག་གིས་བྱེད་མོད་བྲན་གཞན་གསོ་བས་ཅི་ཞིག་བྱ། དབང་ཕྱུག་པོ་ནས་བྱེད་པ་དེ་ནི་རྒྱུ་གཞན་ལ་བལྟོས་པ་མིན་མོད། ཆོས་འདི་དག་ནི་རྒྱུ་གཞན་ལ་བལྟོས་པར་འཇིག་རྟེན་གྱིས་མངོན་སུམ་གྱིས་མཐོང་སྟེ། མི་འདོད་ན་བུད་ཤིང་དགོས་ཀྱིས་དབང་ཕྱུག་གིས་ཅི་ཞིག་བྱ། དབང་ཕྱུག་དེས་བྱས་པ་མིན་པ་གཞན་ཡོད་པ་མིན་ན་རྫ་དང་མར་མེ་ལ་སོགས་པ་དེ་འདི་དག་རྒྱུ་རྐྱེན་གཞན་གང་ལ་བལྟོས་པར་འགྱུར་ཏེ། བལྟོས་པར་མི་རིགས་ཀྱང་རྫ་ནི་དབང་ཕྱུག་གིས་མི་བྱེད་པར་རྫ་མཁན་གྱིས་བྱེད་པ་དང་། མར་མེ་ནི་དབང་ཕྱུག་ལས་མི་སྐྱེའི་སྣུམ་དང་སྡོང་བུ་དང་གོང་བུ་དང་མེ་ལས་འབྱུང་བར་མཐོང་བའི་ཕྱིར། གལ་ཏེ་རྒྱུ་དེ་དག་ལ་བལྟོས་ན་ནི་ཚོགས་པ་ཉིད་རྒྱུ་ཡིན་པར་འགྱུར་གྱི་དབང་ཕྱུག་ནི་མིན་ཏེ། རྒྱུ་རྐྱེན་དེ་དག་ཚོགས་ན་ནི་དབང་ཕྱུག་གིས་མི་སྐྱེ་བར་འདོད་ཀྱང་མི་སྐྱེ་བའི་དབང་མེད་ཅིང་། ཚོགས་པ་དེ་མེད་པར་ནི་སྐྱེད་པར་འདོད་ཀྱང་སྐྱེ་བའི་དབང་ཡོད་པ་མིན་ནོ། །ཡང་དྲིས་པ། ཅི་དབང་ཕྱུག་དེ་མི་འདོད་བཞིན་དུ་དངོས་པོ་བྱེད་དམ་འདོད་ནས་བྱེད། གལ་ཏེ་དབང་ཕྱུག་རང་ཉིད་མི་འདོད་བཞིན་དུ་བྱེད་ན་དེ་གཞན་གྱི་དབང་

ཅན་དུ་ཐལ་ཏེ། བྲན་ལྟར་མི་འདོད་ཀྱང་བྱེད་དགོས་པའི་ཕྱིར། འདོད་ནས་བྱེད་དོ་ཞེ་ན། ཡང་འདོད་པ་ལ་རག་ལས་ཤིང་དེའི་རྗེས་སུ་འབྲངས་བའི་ཕྱིར། འདོད་པའི་གཞན་དབང་ཅན་དུ་འགྱུར་ལ། གཉི་ག་ལྟར་ཡང་རང་དབང་ཅན་ཉམས་པས་དེ་ལྟ་ན་རང་དབང་ཅན་གྱི་དབང་ཕྱུག་ག་ལ་ཡིན།

དེ་ལྟར་བྱེ་བྲག་པ་(༥༥༩་ན)སོགས་བཀག་ནས་གཞན་དཔྱོད་པ་བ་ལ་སོགས་པ་གང་དག་རྡུལ་ཕྲ་ཆ་མེད་རྟག་པར་ཡོད་པ་ལས་འཇིག་རྟེན་བརྟན་གཡོ་ཐམས་ཅད་སྐྱེ་བར་སྨྲ་བ་དེ་དག་ཀྱང་འཐད་པ་མ་ཡིན་ཏེ། རྡུལ་ཕྲ་ཆ་མེད་རྟག་པ་མི་འགྲུབ་སྟེ། ཉི་ཤུ་པར། དྲུག་གིས་ཅིག་ཆར་སྦྱར་བ་ན། །ཕྲ་རབ་རྡུལ་ཆ་དྲུག་ཏུ་འགྱུར། །དྲུག་པོ་དག་ནི་ཆ་མེད་ན། །གོང་བུའང་རྡུལ་ཕྲ་ཙམ་དུ་འགྱུར། །ཞེས་པས་ཆ་མེད་མི་འགྲུབ་ཅིང་། རྡུལ་ཕྲ་རབ་གསེར་ཡིན་ན་དེ་བསགས་པའི་རི་བོ་ཡང་གསེར་ཡིན་དགོས་པ་ལྟར། རྡུལ་ཕྲ་རབ་རྟག་པ་ཡིན་ན་དེ་བསགས་པའི་རི་རབ་ཁང་ཁྱིམ་ཡང་རྟག་པར་ཐལ་བའི་ཕྱིར། དེས་ན་ལུགས་དེ་དག་ཀྱང་ནི། ཕྱོགས་དབྱེའང་ཆ་ཤས་དང་བྲལ་ཕྱིར། །མཁའ་བཞིན་དེས་ན་རྡུལ་ཡང་མེད། །ཅེས་སོགས་སུ་སྔར་བཟློགས་ཟིན་ཏོ། **།འདིར་དགེ་བའི་ལྷས།** ཁྱེད་ནི་འདི་ལྟར་གཅིག་པ་ཉིད་དང་རྟག་པ་དང་བློ་གྲོས་བཟང་པོ་དང་ལྡན་པ་དང་ལྷ་ཉིད་ཡིན་པ་དེས་ན་ཡིདྣ་ལ་སོགས་པ་ཉིད་འགོང་བྱ་མིན་པར་གཙང་བར་འདོད་པའི་ཕྱིར་རོ། །གལ་ཏེ་ནམ་མཁའ་དབང་ཕྱུག་ཡིན་པར་འདོད་ན་དེ་ཡང་བྱ་བ་དང་འདོད་པའི་སྤྱོད་པ་དང་བྲལ་བས་དབང་ཕྱུག་མ་ཡིན་ནོ། །ཉི་ཟླ་མཆོད་པར་བྱེད་པ་ལ་སོགས་པའི་བདག་ཉིད་ཅན་གྱི་བདག་ཀྱང་དབང་ཕྱུག་དེ་མ་ཡིན་ཏེ། སོ་དང་སྐྲ་སེན་བདག་མ་ཡིན། །ལ་སོགས་པར་བཀག་ཟིན་པའི་ཕྱིར། གལ་ཏེ་དབང་ཕྱུག་དེ་བསམ་གྱིས་མི་ཁྱབ་པ་ཡིན་ནོ་ཞེ་ན། དེའི་བྱེད་པ་ཉིད་ཀྱང་བསམ་གྱིས་མི་ཁྱབ་པ་ཡིན་པས་ཅི་ཞིག་བརྗོད་དུ་ཡོད་དེ། གང་བསམ་གྱིས་མི་ཁྱབ་པ་བརྗོད་པའི་ཡུལ་ཇི་

ལྷར་ཡིན་དེ་ལྟ་ན་དེས་དངོས་པོ་ཅི་འབྱིན་ཞིང་བསྐྱེད་པར་འདོད། གལ་ཏེ་བདག་ཅེས་བྱ་བ་འབྱིན་པར་འདོད་ན་དེ་ནི་རྟག་ཅིང་བརྟན་པར་ཁྱེད་སྨྲ་བས་དབང་ཕྱུག་དང་འདྲ་བ་མ་ཡིན་ནོ། །ཞེས་སོགས་བཤད་དོ། །**བི་ཤྭ་ཏེས།** རིགས་པ་ཅན་པ་ལ་སོགས་པ་ན་རེ། བཅོམ་ལྡན་འདས་འགྲོ་བ་སྣ་ཚོགས་སྤྲུལ་པ་ལ་མཁས་པ་རྟག་ཏུ་ནུས་པ་མ་ཉམས་པ་ཐོག་མར་གྱུར་པ་རྟག་པ་ཐམས་ཅད་མཁྱེན་པ་(༥༥ཁ)དབང་ཕྱུག་སྟེ། དེས་འགྲོ་བ་རྒྱུ་དང་བཅས་པའི་ལུས་དང་ཁམས་དང་རི་དང་རྒྱ་མཚོ་ལ་སོགས་པ་བྱེད་པ་དང་གནས་པ་དང་འཇིག་པའི་རྒྱུ་དབང་ཕྱུག་ཆེན་པོའོ། །ཞེས་ཕྱོགས་སྔ་བརྗོད་དོ། །

གསུམ་པ་རང་སྐྱེ་འགོག་པ་ལའང་། གྲངས་ཅན་པའི་གཙོ་བོ་འགོག་པ། བདེ་སོགས་རྟག་པར་འདོད་པ་སེལ་བ། རྒྱུ་ལ་འབྲས་བུ་གནས་པར་འདོད་པ་འགོག་པའོ། །

དང་པོ་(གྲངས་ཅན་པའི་གཙོ་བོ་འགོག་པ་)ནི།

གཙོ་བོ་རྟག་པ་འགྲོ་བ་ཡི། །
རྒྱུ་ཡིན་པར་ནི་གྲངས་ཅན་འདོད། ༡༢༧ །
སྙིང་སྟོབས་རྡུལ་དང་མུན་པ་ཞེས། །
བྱ་བའི་ཡོན་ཏན་མཉམ་གནས་ནི། །
གཙོ་བོ་ཞེས་བྱར་རབ་བརྗོད་དེ། །
མི་མཉམ་འགྲོ་བ་ཡིན་པར་བརྗོད། ༡༢༨ །
གཅིག་ལ་རང་བཞིན་གསུམ་ཉིད་ནི། །
རིགས་མིན་དེས་ན་དེ་ཡོད་མིན། །
དེ་བཞིན་ཡོན་ཏན་ཡོད་མིན་ཏེ། །
དེ་ཡང་སོ་སོར་རྣམ་གསུམ་ཕྱིར། ༡༢༩ །

ཡོན་ཏན་མེད་ན་སྨྲ་སོགས་ཀྱང་། །
ཡོད་ཉིད་ཤིན་ཏུ་རྒྱང་རིང་འགྱུར། །
སེམས་མེད་གོས་ལ་སོགས་པ་ལ། །
བདེ་སོགས་ཡོད་པར་སྲིད་པའང་མིན། ༡༣༠ །
དངོས་རྣམས་དེ་རྒྱུའི་རང་བཞིན་ན། །
དངོས་པོ་རྣམས་དཔྱད་ཟིན་མིན་ནམ། །
ཁྱོད་ཀྱི་རྒྱུ་ཡང་བདེ་སོགས་ཉིད། །
དེ་ལས་སྣམ་སོགས་འབྱུང་བའང་མེད། ༡༣༡ །
སྣམ་སོགས་ལས་ནི་བདེ་སོགས་ཡིན། །
དེ་མེད་ཕྱིར་ན་བདེ་སོགས་མེད། །

ཅེས་གསུངས་ཏེ། ཚོགས་བཅད་ཕྱེད་དང་གཉིས་ཀྱིས་ཕྱོགས་སྔ་བརྗོད། ཚོགས་བཅད་གཅིག་གིས་ཡོན་ཏན་བཀག །རྐང་པ་གཉིས་ཀྱིས་དེས་བསྐྱེད་པའི་སྨྲ་སོགས་བཀག །ལྷག་མས་ས་སོགས་ལ་བདེ་སོགས་ཡོད་པར་ཏ་ཅང་ཐལ་བ་འཕངས་སོ། །

གཉིས་པ་(བདེ་སོགས་རྟག་པར་འདོད་པ་སེལ་བ་)ནི།

བདེ་སོགས་རྟག་པ་ཉིད་དུ་ཡང་། །
ནམ་ཡང་དམིགས་པ་ཡོད་མ་ཡིན། ༡༣༢ །
བདེ་སོགས་གསལ་བ་ཡོད་ཉིད་ན། །
མྱོང་བ་ཅི་ཕྱིར་འཛིན་མ་ཡིན། །
དེ་ཉིད་ཕྲ་མོར་གྱུར་ན་དེ། །
རགས་དང་ཕྲ་བ་ཇི་ལྟར་ཡིན། ༡༣༣ །
རགས་པ་དོར་ནས་ཕྲ་འགྱུར་བས། །
ཕྲ་རགས་དེ་དག་མི་རྟག་ཉིད། །

དེ་བཞིན་དངོས་པོ་ཐམས་ཅད་ནི། །

མི་རྟག་ཉིད་དུ་ཅིས་མི་འདོད། ༧༣༤ །

རགས་པ་དེ་ལས་གཞན་མིན་ན། །

བདེ་བ་གསལ་བར་མི་རྟག་ཉིད། །

ཅེས་གསུངས་ཏེ། དང་པོས་(༥༠༩)མ་སྨྱོང་བའི་རྟགས་ཀྱིས་བདེ་སོགས་རྟག་ཏུ་ཡོད་པ་མ་ཡིན་པར་བསྟན། རྐང་པ་གཉིས་ཀྱིས་རྟག་པ་ལ་རགས་སྤྲ་མི་རིགས་པར་བསྟན། ལྷག་མས་བདེ་སོགས་མི་རྟག་པར་བསྟན་ཏོ། །

གསུམ་པ་(རྒྱུ་ལ་འབྲས་བུ་གནས་པར་འདོད་པ་འགོག་པ་)ནི།

གལ་ཏེ་མེད་པ་འགའ་ཡང་ནི། །

སྐྱེ་མིན་མེད་ཕྱིར་ཞེས་འདོད་ན། །

གསལ་བ་མེད་པར་སྐྱེ་བ་ནི། །

ཁྱོད་མི་འདོད་ཀྱང་གནས་པ་ཉིད། ༧༣༥ །

གལ་ཏེ་རྒྱུ་ལ་འབྲས་གནས་ན། །

ཟན་ཟ་མི་གཙང་ཟ་བར་འགྱུར། །

རས་ཀྱི་རིན་གྱིས་རས་བལ་གྱི། །

ས་བོན་ཉོས་ལ་བསྒོ་བར་གྱིས། ༧༣༦ །

འཇིག་རྟེན་རྨོངས་པས་མ་མཐོང་ན། །

དེ་ཉིད་ཤེས་ཀྱིའང་གཞན་དེ་ཉིད། ༧༣༧ །

ཤེས་ཏེ་འཇིག་རྟེན་ལ་ཡང་ནི། །

ཡོད་པས་ཅི་སྟེ་མཐོང་མ་ཡིན། །

འཇིག་རྟེན་ཚད་མ་ཉིད་མིན་ན། །

གསལ་བར་མཐོང་བའང་བདེན་མ་ཡིན། ༧༣༨ །

ཞེས་གསུངས་ཏེ། དང་པོས་དོན་གྱིས་གཞན་སྐྱེ་ཁས་བླངས་པར་བསྟན། གཉིས་པས་རྒྱུ་འབྲས་དུས་མཉམ་ན་ཧ་ཅང་ཐལ་བ་བཀོད། ལྷག་མས་དེའི་ལན་བཀག་པའོ། །

དེ་ཡང་གཙོ་བོ་རྟག་པ་ནི་བརྟན་གཡོའི་འགྲོ་བ་ཡི་རྒྱུ་ཡིན་པར་ནི་མུ་སྟེགས་གྲངས་ཅན་པ་འདོད་དེ། སྙིང་སྟོབས་དང་རྡུལ་དང་མུན་པ་ཞེས་བྱ་བའི་ཡོན་ཏན་གསུམ་ཆ་མཉམ་པར་གནས་པ་ཆོས་ལྡྷ་ལྡྷན་ནི་གཙོ་བོ་ཞེས་བྱ་བར་རབ་ཏུ་བརྗོད་དེ་རྟག་པ་ཡིན། བེམ་པོ་ཡིན། མི་སྣང་བ་ཡིན། གཅིག་པུ་ཡིན། རང་བཞིན་ཡིན་ལ། རྣམ་འགྱུར་མ་ཡིན་པར་འདོད་ཅིང་། རྒྱུ་ཁོ་ན་ཡིན་གྱི་འབྲས་བུ་མ་ཡིན་པར་འདོད་ལ། ཡོན་ཏན་གསུམ་ཆ་མི་མཉམ་པའི་སྐབས་ན་འགྲོ་བ་ཞེས་བྱ་བ་ཡིན་པར་བརྗོད་དེ། དེ་ལ་ཉེར་བཞི་ལས། བདག་ནི་ཆོས་ལྡྷ་དང་ལྡན་ཏེ་རིག་པ་ཡིན། རྟག་པ་ཡིན། གཅིག་པུ་ཡིན། སྐྱེས་བུའི་རྒྱུད་དུ་གཏོགས་པ་ཡིན་བྱེད་པ་པོ་མ་ཡིན་པའི་ཟ་བ་པོ་ཡིན་པའོ། །གཙོ་བོ་ལས་ཆེན་པོའམ་བློ་ཞེས་བྱ་བ་ཤེལ་གྱི་མེ་ལོང་ངོས་གཉིས་པ་ལྟ་བུ་སྐྱེ་ལ། དེ་ལས་ང་རྒྱལ། དེ་ལས་བློའི་དབང་པོ་དང་། རྣ་བའི་དབང་པོ་སོགས་ལྔ་དང་། ལས་ཀྱི་དབང་པོ་ངག་སོགས་ལྔ་དང་། ཡིད་བློ་གཉིས་ཀའི་དབང་པོ་ཡིད་དེ་དབང་པོ་བཅུ་(༤༥༠བ)གཅིག །དེ་ལས་སྒྲ་དེ་ཙམ་སོགས་དེ་ཙམ་ལྔ། དེ་ལས་ནམ་མཁའ་སོགས་འབྱུང་བ་ལྔ་སྟེ་ཉེར་གསུམ་པོ་རིམ་པར་འབྱུང་ལ། དེ་ལས་དབང་པོ་བཅུ་གཅིག་དང་འབྱུང་བ་ལྔ་ནི་རྒྱུ་ཁོ་ནར་འདོད་ལ། བློ་ལ་བདག་དང་ཡུལ་གཉི་གའི་རྣམ་པ་གཅིག་ཆར་ཤར་བས་སྐྱེས་བུས་ཡུལ་ལོངས་སྤྱོད་ཅིང་། དེ་གཙོ་བོས་བྱས་པར་སྐྱེས་བུས་ཤེས་པ་ན་གཙོ་བོ་ཁ་སྐྱེངས་ཏེ། རྣམ་འགྱུར་མི་བྱེད་པས་གཙོ་བོ་དང་བྲལ་ཏེ་བདག་གྲོལ་ལོ་ཞེས་ཟེར་རོ། །

དེ་ལ་བརྐལ་བ། གཙོ་བོ་གཅིག་པུ་ལ་རང་བཞིན་གསུམ་ཉིད་ནི་ཡོད་པར་རིགས་པ་མིན་ཏེ། གཙོ་བོ་གཅིག་པུ་མིན་པར་གསུམ་དུ་ཐལ་བའི་ཕྱིར། གལ་ཏེ་

གསུམ་དུ་ཡོད་ཀྱང་གཅིག་ཡིན་པ་མི་འགལ་ལོ་ཞེ་ན། འོ་ན་བུམ་པ་དང་སྣམ་བུའང་གཉིས་སུ་ཡོད་ཀྱང་གཅིག་ཡིན་པ་མི་འགལ་བར་ཐལ་ལོ། །དེས་ན་ཆ་མཉམ་པའི་གཙོ་བོ་དེ་ནི་ཡོད་པ་མ་ཡིན་ནོ། །དེ་བཞིན་དུ་ཡོན་ཏན་རྟུལ་མུན་སྙིང་སྟོབས་གསུམ་པོ་དེ་ཉིད་ཡོད་པ་མིན་ཏེ། ཡོད་ན་སྣང་དུ་རུང་བ་ལས་གང་ནའང་མ་དམིགས་པའི་ཕྱིར་དང་། དེ་ཡང་སོ་སོར་རྟུལ་གྱི་རྟུལ་སོགས་རྣམ་པ་གསུམ་རེར་ཁྱོད་ཉིད་འདོད་པའི་ཕྱིར་ན་ཐུག་མེད་དུ་ཐལ་བས་སོ། །དེ་ལྟར་ཡོན་ཏན་དེ་ཉིད་མེད་ན་དེ་ལྡན་གྱི་གཙོ་བོས་བསྐྱེད་པའི་སྒྲ་སོགས་དེ་ཙམ་དང་འབྱུང་བ་རྣམས་ཀྱང་ཡོད་པ་ཉིད་ཤིན་ཏུ་རྒྱང་རིང་བར་འགྱུར་ཏེ། མོ་གཤམ་གྱི་བུ་མེད་ན་དེ་ཡི་ཆན་གཞོན་མེད་པ་བཞིན་ནོ། །འགྲོ་བ་ཉེར་གསུམ་པོ་ཐམས་ཅད་ཡོན་ཏན་བདེ་སོགས་གསུམ་དང་ལྡན་པར་མི་རིགས་ཏེ། སེམས་མེད་པའི་ས་ལ་སོགས་པ་ལ་བདེ་བ་སྙིང་སྟོབས་དང་སྡུག་བསྔལ་རྟུལ་དང་མུན་པ་གཏི་མུག་གི་ཚོར་མྱོང་ཡོད་པའང་སྲིད་པ་མིན་པའི་ཕྱིར། འང་སྒྲས་ནི་ཡོན་ཏན་གསུམ་ཉིད་མེད་པར་མ་ཟད་ཅེས་པའི་དོན་ནོ། །

གལ་ཏེ་དངོས་པོ་རྣམས་བདེ་སོགས་དེའི་རྒྱུའི་རང་བཞིན་ཡིན་པས་ན་ས་སོགས་ལས་བདེ་སོགས་དེ་སྐྱེའོ་སྙམ་ན། དངོས་པོ་དེ་ཉིད་རྟུལ་ཕྲ་རབ་ནས་ཚོགས་པའི་བར་དུ་ཡང་སྔར་རྣམ་པར་དཔྱད་དེ་བཀག་ཟིན་པ་ཉིད་མིན་ནམ། དེ་ལྟ་མོད་(༥༧ན)ཀྱིས་གྲངས་ཅན་ཁྱོད་ཀྱི་ལུགས་ཀྱིས་རྒྱུ་ཡང་བདེ་སོགས་ཉིད་ཡིན་པར་འདོད་ན། དེ་ལས་སྣམ་བུ་ལ་སོགས་འབྱུང་བ་མེད་དེ། བདེ་བ་ལས་སྣམ་བུ་སྐྱེ་བ་ནི་སུས་ཀྱང་མ་མཐོང་བའི་ཕྱིར། ཁྱོད་ཀྱི་གྲུབ་མཐའ་དེ་བས་ནི་སྣམ་སོགས་ལས་ནི་བདེ་སོགས་སྐྱེའོ། །ཞེས་བརྗོད་ན་འོས་པར་འགྱུར་ཏེ། སྣམ་སོགས་ཀྱི་གོས་དེ་མེད་ན་དྲོ་བའི་བདེ་སོགས་དེ་མེད་པའི་ཕྱིར་ནའོ། །དེ་ལྟར་ན་ནི་བདེ་སོགས་ཀྱི་རྒྱུ་སྣམ་སོགས་ཡིན་ལ་སྣམ་སོགས་ཀྱི་རྒྱུ་བདེ་སོགས་ཡིན་པའི་ཕྱིར། ནམ་དུ་ཡང་སྣམ་

སོགས་དང་བདེ་སོགས་གང་ཡང་འགྲུབ་པར་མི་འགྱུར་རོ། །

གཞན་ཡང་གཙོ་བོ་དང་ཡོན་ཏན་དེ་དག་རྟག་པ་མ་ཡིན་ཏེ། དེའི་འབྲས་བུ་བདེ་སོགས་རྟག་པ་ཉིད་དུ་ཡང་ནམ་ཡང་དམིགས་པ་ཡོད་པ་མ་ཡིན་པའི་ཕྱིར། བདེ་སོགས་རྟག་པར་ཡོད་ཀྱང་མ་སྨྲོང་བར་ཟད་དོ་ཞེ་ན། དེ་བདེ་བ་ལ་སོགས་པའི་གསལ་བ་སྐྱེ་བྱེ་བྲག་གམ་ཁྱད་པར་ཡོད་པ་ཉིད་ཡིན་ན་སྨྲོང་བ་ཅིའི་ཕྱིར་འཛིན་པ་མ་ཡིན་ཏེ། ཤེས་པ་ནི་སྨྲོང་བ་ཡིན་ན་མི་སྨྲོང་ན་སྨྲོང་བར་འགལ་བའི་ཕྱིར་རོ། །ཡང་སྨྲོང་བ་དེ་ཉིད་ཕྲ་མོར་གྱུར་པས་ན་དེ་མི་འཛིན་ནོ་ཞེ་ན། བདེ་སོགས་གཅིག་ལ་རགས་པ་དང་ཕྲ་བ་གཉིས་འཛོག་པའང་ཇི་ལྟར་སྲིད་པ་ཡིན། བདེ་སོགས་དེ་སྐད་ཅིག་གིས་རགས་པ་དོར་ནས་ཕྲ་བར་གྱུར་པས་ན་ཕྲ་རགས་སྣ་ཚོགས་སུ་འགྱུར་བ་དེ་དག་ནི་མི་རྟག་པ་ཉིད་དུ་ངེས་ཏེ། དེ་ལྟ་ན་ཡོན་ཏན་རྟག་པ་ཉམས་སོ། །བདེ་སོགས་མི་རྟག་པར་ངེས་པར་མཐོང་ན་ནི་དེ་བཞིན་དུ་དངོས་པོ་ཐམས་ཅད་ནི་མི་རྟག་པ་ཉིད་དུ་ཅིས་མི་འདོད་དེ་མི་རྟག་པར་ངེས་པར་འགྱུར་ལ། བདེ་སོགས་ཀྱི་རགས་པ་དང་ཕྲ་བ་ཡང་བདེ་སོགས་ལས་གཞན་མིན་པར་འདོད་ན། བདེ་བ་དང་སྡུག་བསྔལ་སོགས་ནི་རྐྱེན་ལས་སྐྱེ་བ་དང་གནས་སྐབས་རེས་འགའ་བ་ཡིན་པ་དང་། ཕན་ཚུན་འགལ་རྐྱེན་དུ་འགྱུར་བའི་ཕྱིར། མི་རྟག་པ་ཉིད་དུ་རང་གིས་མངོན་སུམ་དུ་ཤེས་སོ། །

དེ་ལྟར་དཔྱད་པ་ན་གཙོ་བོ་རྒྱུ་མ་ཡིན་པ་བདེན་མོད་ཀྱང་རང་ཉིད་རྒྱུ་ཡིན་ཏེ། གལ་ཏེ་མེད་པ་འགའ་ཡང་ནི་སྐྱེ་བ་མིན་ལ་རྒྱུ་གཞན་ཡང་མེད་པའི་ཕྱིར་རང་ཉིད་ལས་རང་སྐྱེ་བར་གོར་མ་(༥༧བ)ཆག་གོ་ཞེས་འདོད་ན། ཁྱོད་ཀྱིས་རང་སྐྱེ་མ་མཐོང་ཡང་འོལ་ཚོད་ཀྱིས་རང་སྐྱེ་ཁས་ལེན་དགོས་སོ་ཞེས་སྨྲས་པ་ལྟར་རྒྱུའི་ཚོགས་གསལ་བ་མེད་པར་ཡང་སྐྱེ་བ་ནི་ཁྱོད་མི་འདོད་ཀྱང་ཁས་ལེན་དགོས་པར་གནས་པ་ཉིད་དོ། །དེ་ལྟ་མོད་ཀྱིས་གལ་ཏེ་རྒྱུ་ལ་འབྲས་བུ་གནས་པར་འདོད་ན

འབྲས་ཆན་ལ་སོགས་པའི་ཟན་ཟ་བ་ནི་མི་གཙང་བ་བཤང་བ་ཟ་བར་འགྱུར་ཏེ། རྒྱུ་ཟས་ལ་འབྲས་བུ་བཤང་བ་གནས་པའི་ཕྱིར་དང་། རས་ཀྱི་རིན་གྱིས་རས་བལ་གྱི་ས་བོན་སྲུན་མ་ལྟ་བུ་དེ་ཉོས་ལ། ཁྱོད་རང་གོས་སུ་བསྒོ་བར་གྱིས་ཤིག་སྟེ། རྒྱུ་རས་བལ་གྱི་ས་བོན་ཉིད་ལ་འབྲས་བུ་རས་བལ་དང་རས་ཡུག་གནས་པའི་ཕྱིར། གལ་ཏེ་རྒྱུ་ལ་འབྲས་བུ་ཡོད་མེད་ཀྱང་འཇིག་རྟེན་རྨོངས་པས་མ་མཐོང་བའོ་ཞེ་ན། དེ་ཉིད་ཤེས་པར་རློམ་པ་ཁྱོད་ཉིད་ཀྱིས་རས་ཀྱི་རིན་གྱིས་རས་བལ་གྱི་ས་བོན་ཉོས་ནས་ས་བོན་ཉིད་གོས་སུ་བསྒོ་བ་སྤར་སྣམ་བུར་བཞག་པ་དེ་ཉིད་གྱོན་ཤིག །དེ་ལྟ་མོད་ཀྱི་ཁྱོད་ཀྱིས་རྒྱུ་རས་ཀྱི་ས་བོན་ལ་འབྲས་བུ་རས་ཡུག་ཡོད་པར་ཤེས་པ་ཡིན་ན་རྒྱུ་རས་བལ་ལས་འབྲས་བུ་རས་ཡུག་འགྲུབ་པར་ཤེས་པ་ཙམ་ཞིག་འཇིག་རྟེན་ལ་ཡང་ནི་ཡོད་པས་འཇིག་རྟེན་པ་རྣམས་ཀྱིས་ཀྱང་རས་ཀྱི་ས་བོན་ལ་རས་ཡུག་ཡོད་པ་ཅི་སྟེ་མཐོང་བ་མ་ཡིན་ཏེ་མཐོང་དགོས་སོ། །གལ་ཏེ་འཇིག་རྟེན་གྱིས་མ་མཐོང་བ་སྐྱོན་མིན་ཏེ་འཇིག་རྟེན་ཚད་མ་ཉིད་མིན་ནོ་སྙམ་ན། འོ་ན་སྐྱེ་བ་སོགས་གསལ་བར་མཐོང་བའང་བདེན་པ་མ་ཡིན་ལ། བདག་དང་གཙོ་བོ་སོགས་བཏགས་པའང་འཇིག་རྟེན་བཞིན་བདེན་པ་མ་ཡིན་ནོ། །

བཞི་པ་ཡུལ་མེད་པར་དགག་པའི་བློ་ཚད་མར་བསྟན་པ་ནི།

གལ་ཏེ་ཚད་མ་ཚད་མིན་ན། །
དེས་གཞལ་བརྫུན་པར་མི་འགྱུར་རམ། །
དེ་ཉིད་དུ་ན་སྟོང་པ་ཉིད། །
སྒོམ་པ་དེ་ཕྱིར་མི་འཐད་འགྱུར། ༡༣ །
བཏགས་པའི་དངོས་ལ་མ་རེག་པར། །
དེ་ཡི་དངོས་མེད་འཛིན་མ་ཡིན། །
དེ་ཕྱིར་རྫུན་པའི་དངོས་གང་ཡིན། །

དེ་ཡི་དངོས་མེད་གསལ་བར་བརྗུན། ༡༥༠ །

དེས་ན་སྐྱེ་ལམ་བུ་ཤེ་བ། །

དེ་མེད་སྐམ་པའི་རྣམ་རྟོག་ནི། །

དེ་ཡོད་རྣམ་པར་རྟོག་པ་ཡི། །

གེགས་ཡིན་དེ་ཡང་བརྫུན་པ་ཡིན། ༡༥༡ །(༥༥༢ན)

ཞེས་གསུངས་ཏེ། དང་པོས་བརྒལ་བ་བཀོད། གཉིས་པས་རྫུན་པ་ཙམ་དུ་བསྟན། གསུམ་པས་དེ་དངོས་འཛིན་གྱི་གཉེན་པོར་བསྟན་པའོ། །

ལྔ་པ་ཚད་མས་ངེས་པའི་དོན་བརྗོད་པ་ནི།

དེ་བས་དེ་ལྟར་རྣམ་དཔྱད་པས། །

འགའ་ཡང་རྒྱུ་མེད་ཡོད་མ་ཡིན། །

སོ་སོ་བ་འམ་འདུས་པ་ཡི། །

རྐྱེན་རྣམས་ལ་ཡང་གནས་མ་ཡིན། ༡༥༢ །

གཞན་ནས་འོངས་པའང་མ་ཡིན་ལ། །

གནས་པ་མ་ཡིན་འགྲོ་མ་ཡིན། །

རྨོངས་པས་བདེན་པར་གང་བྱས་འདི། །

སྒྱུ་མ་ལས་ནི་ཁྱད་ཅི་ཡོད། ༡༥༣ །

ཅེས་གསུངས་ཏེ། གཞན་རྣམས་ཀྱིས་དཔྱད་ན་རྒྱུ་མི་འགྲུབ་པར་བསྟན། རྐང་པ་ཐ་མ་གཉིས་ཀྱིས་ཐམས་ཅད་སྒྱུ་མ་ལྟ་བུར་བསྟན་ཏོ། །

དེ་ཡང་གལ་ཏེ་རྩོལ་བ་དག་ན་རེ། ཁྱེད་དབུ་མ་པའི་ལུགས་ལ་གང་འཇལ་བྱེད་ཀྱི་ཚད་མ་ཐམས་ཅད་ཀྱང་ཡང་དག་པར་ཚད་མ་མིན་པར་འདོད་ན། དེས་གཞལ་བའི་ཆོས་ཀྱང་བརྫུན་པར་མི་འགྱུར་རམ། དབུ་མ་པ་ཉིད་ཀྱི་རྣམ་པར་དཔྱོད་པ་དེ་ཉིད་ལྟར་དུ་དཔྱད་ན་སྟོང་པ་ཉིད་ཀྱང་མི་འགྲུབ་པས་སྟོང་ཉིད་སྒོམ་

པ་དེ་ཡང་མི་འཐད་པར་འགྱུར་རོ་ཞེ་ན། གང་བཏགས་པའི་དངོས་པོ་ཙམ་དེ་ལ་མ་རེག་པ་སྟེ་མ་བསྟེན་པར་དེ་ཡི་དངོས་མེད་སྟོང་ཉིད་ཀྱང་འཛིན་པའམ་འཛོག་ནུས་པ་མ་ཡིན་ཏེ། ནམ་མཁའི་ཐ་སྙད་ལ་མ་བསྟེན་ན་ནམ་མཁའ་དངོས་མེད་དུ་ཡང་འཛོག་མི་ནུས་པའི་ཕྱིར། དེའི་ཕྱིར་རྫུན་པའི་དངོས་པོ་སྣང་ཙམ་པ་དེ་ལ་སེམས་ཅན་རྣམས་བདེན་པར་ཞེན་པས་འཁོར་བར་ལྟུང་ལ། དེ་ཉིད་མི་བདེན་པ་སྒྱུ་མ་ཙམ་དུ་ཤེས་ན་དེ་ཡི་གཉེན་པོར་འགྱུར་མོད་ཀྱང་དངོས་པོར་སྣང་བ་རྫུན་པ་དེའི་དངོས་མེད་དུ་བཏགས་པ་སྟོང་ཉིད་དེ་ཡང་གསལ་བར་རྫུན་པ་ཡིན་ལ། སྒྱུ་མའི་སེང་གེས་སྒྱུ་མའི་གླང་པོ་ཆེ་གསོད་པ་ལྟར་བདེན་པར་རྟོག་པའི་དངོས་འཛིན་གྱི་གཉེན་པོར་སྟོང་ཉིད་དུ་ཤེས་པའི་དངོས་འཛིན་དེ་འཇུག་པ་ཡིན་ནོ། །དེས་ན་རྨི་ལམ་དུ་བུ་སྐྱེས་ནས་ཤི་བར་རྨིས་ན་སྐྱེས་པ་དང་ཤི་བ་དེ་གཉི་ག་རྨི་ལམ་དུ་ཁྱད་མེད་མོད་ཀྱང་སྐྱེས་པར་མཐོང་བ་དེ་ལས་བུ་ཡོད་དོ་སྙམ་པའི་བློ་སྐྱེ་ལ། ཤི་བར་སྣང་བ་ན་བུ་དེ་ནི་ཤི་ནས་མེད་དོ་(༥༥༢བ)སྙམ་པའི་རྣམ་རྟོག་འབྱུང་ཞིང་དེ་ནི་བུ་དེ་ཡོད་དོ་སྙམ་པའི་རྣམ་པར་རྟོག་པ་དེའི་གེགས་ཡིན་ལ། བུ་ཡོད་པ་དང་མེད་པ་དེ་གཉི་ག་ཡང་རྨི་ལམ་དུ་མཚུངས་པས་རྫུན་པ་ཉིད་ཡིན་པ་ལྟར་རོ། །དེ་བས་དེ་ལྟར་རྣམ་པར་དཔྱད་པས་ཆོས་འགའ་ཡང་རྒྱུ་མེད་དུ་སྐྱེ་བ་ཡང་ཡོད་པ་མིན་ལ། རྒྱུ་སོ་སོ་བའམ་མང་པོ་འདུས་པ་ཡི་རྐྱེན་རྣམས་ལ་ཡང་འབྲས་བུ་གནས་པ་མ་ཡིན་ཞིང་། རྒྱུ་གཞན་ནས་འོངས་པ་ཡང་མ་ཡིན་ལ་རྒྱུ་ལ་འབྲས་བུ་གནས་པའང་མ་ཡིན་ཞིང་འབྲས་བུ་བསྐྱེད་ནས་རྒྱུ་འགགས་འགྲོ་བའང་མ་ཡིན་ཏེ། རྫོངས་པས་བདེན་པར་གང་བྱས་ཤིང་བཟུང་བ་འདི་ཐམས་ཅད་ནི་སྒྱུ་མ་ལས་ནི་ཁྱད་པར་ཅི་ཡོད་དེ། སྒྱུ་མ་ལྟ་བུར་ཤེས་པར་བྱ་སྟེ། དེའི་ཕྱིར་**ཡུམ་ལས།** གཟུགས་ནས་རྣམ་མཁྱེན་གྱི་བར་དང་དེ་ལས་ཆེས་ལྷག་པའི་ཆོས་ཡོད་ན་དེ་ཡང་སྒྱུ་མ་ལྟ་བུར་བསྟན་པ་ཡིན་ནོ། །

འདི་རྣམས་སུ་**དགེ་བའི་ལྟས།** གྲངས་ཅན་འགོག་ཚེ། གོས་སོགས་རྒྱུའི་རང་བཞིན་དུ་གྱུར་པས་རྒྱུ་ཡིན་ལ། དེའི་འབྲས་བུ་གོས་སོགས་ཡིན་པས་དེ་ལ་བདེ་བ་སོགས་ཡོད་ལ། དེ་མེད་ན་དེ་ལས་བདེ་སོགས་སྐྱེ་བར་མི་འགྱུར་རོ། །ཞེས་འདོད་པ་བཀོད་ཅིང་དངོས་པོ་རྣམ་དཔྱད་མ་ཡིན་ནམ་ཞེས་པས་བཀག་པར་བསྟན་ལ། བདེ་སོགས་རྟག་པ་ཡིན་ན་དུས་ཐམས་ཅད་དུ་ཡོད་པར་ཐལ་བ་དང་། ཡང་རྟག་པ་དེ་གསལ་བའི་ཚེ་བདེ་བར་སྣང་གི་ནུས་པའི་ཚུལ་དུ་མི་གསལ་བའི་ཚེ་མི་སྣང་ངོ་ཞེ་ན། བདེ་བའི་གསལ་བ་ཡོད་ཉིད་ན། །སོགས་ཀྱིས་བཀག་པ་དང་། ཕྲ་རགས་ཀྱི་གནས་སྐབས་ཐ་དད་ཀྱང་གནས་སྐབས་ཅན་བདེ་སོགས་རྟག་པས་སྐྱོན་མེད་དོ་ཞེ་ན། རགས་པ་དོར་ནས་ཕྲ་གྱུར་པས། །སོགས་ཀྱིས་བཀལ་ལ། གནས་སྐབས་དེའི་གཞི་རྟག་གོ་སྙམ་ན། ཕྲ་རགས་དེ་དག་མི་རྟག་ཉིད། །ཅེས་པས་བཀག་པ་དང་། གསལ་བར་མཐོང་བའང་བདེན་མ་ཡིན། །སོགས་ལ། སྦྲ་སོགས་ཡོད་པ་ལ་མངོན་སུམ་གྱིས་བསལ་བ་བསྟན་ནས་འང་སྦྲས་རྗེས་དཔག་དང་ལུང་ལ་ཡོད་པ་ཡང་བདེན་པ་མ་ཡིན་པར་བསྟན་ཏོ། །ཞེས་དང་། སྒྱུ་མས་སྤྲུལ་པ་སོགས་ཀྱི་གཞུང་(༥༥༢ན)ཡང་དཀྲུས་གཅིག་ཏུ་བཤད་དོ། །**ཤེར་ལེའི་འགྲེལ་ཆུང་ལས་ནི།** བདེ་སོགས་གསལ་བ་ཞེས་པ་འདིས་སློབ་དཔོན་འབྲས་བུའི་ཚོགས་ཉིད་གསལ་བའི་སྒྲར་བརྗོད་པར་གྲངས་ཅན་པ་འདོད་པར་དགོངས་སོ་ཞེས་དང་། སྟོང་ཉིད་མི་འཐད་པའི་ལན་དུ། དངོས་པོ་དང་དངོས་པོ་མེད་པ་དག་གི་བཀག་པ་ནི་སྟོང་ཉིད་ཡིན་ནོ། །ཞེས་མི་བརྗོད་དེ་དོན་དམ་པར་ན་དེ་དག་གི་དགག་པ་ནི་དུས་གསུམ་དུ་ཡང་སྒྲུབ་པ་དང་དགག་པའི་ངོ་བོར་བྱ་མི་ནུས་པའི་ཕྱིར་རོ། །འོ་ན་ཅི་ཞེ་ན། དངོས་པོ་ཉིད་དུ་སྒྲོ་བཏགས་པ་དེ་ཟློག་པར་བཅས་པ་འགོག་པ་ཡིན་ནོ། །ཞེས་དང་། མཐུག་སྟུད་ཀྱི་རྒྱུ་མེད་དང་། སོ་སོ་བ་དང་། འདུས་པ་དང་གཞན་ནས་འོངས་པ་རྣམས་ཀྱིས་རིམ་པ་ལྟར་རྒྱུ་མེད་དུ་སྨྲ་བ་དང་། དབང་ཕྱུག

པ་དང་། རྒོལ་བ་གཞན་དང་། དུས་འཕོ་བར་སྨྲ་བ་རྣམས་འགོག་པ་བསྡུས་པར་བཤད་ཅིང་། སྒྱུ་མས་སྤྲུལ་པ་སོགས་ཀྱི་གཞུང་ཡང་འདི་ཉིད་ཀྱི་སྐབས་ཕྱེད་དུ་བཀོད་དོ། །

གཉིས་པ་ཡོད་མེད་སྐྱེ་འགོག་གི་གཏན་ཚིགས་ལ། རྟགས་ཀྱི་རང་བཞིན་དང་། ཚད་མས་ངེས་པའི་དོན་གཉིས་ལས།

དང་པོ་(རྟགས་ཀྱི་རང་བཞིན་)ནི།

སྒྱུ་མས་སྤྲུལ་པ་གང་ཡིན་དང་། །
རྒྱུ་རྣམས་ཀྱིས་ནི་གང་སྤྲུལ་པ། །
དེ་ནི་གང་ནས་འོངས་གྱུར་ཅིང་། །
གང་དུ་འགྲོ་བའང་བརྟག་པར་གྱིས། ༡༤ །
གང་ཞིག་གང་ནི་ཉེ་བ་ཡིས། །
མཐོང་འགྱུར་དེ་མེད་ན་མིན་པ། །
བཅོས་བུ་གཟུགས་བརྙན་དང་མཚུངས་པ། །
དེ་ལ་བདེན་གཉིས་ཇི་ལྟར་ཡོད། ༡༥ །
དངོས་པོ་ཡོད་པར་གྱུར་པ་ལ། །
རྒྱུ་ཡིས་དགོས་པ་ཅི་ཞིག་ཡོད། །
འོན་ཏེ་དེ་ནི་མེད་ན་ཡང་། །
རྒྱུ་ཡིས་དགོས་པ་ཅི་ཞིག་ཡོད། ༡༦ །
བྱེ་བ་ཕྲག་བརྒྱའི་རྒྱུ་ཡིས་ཀྱང་། །
དངོས་པོ་མེད་པ་བསྒྱུར་དུ་མེད། །
གནས་སྐབས་དེ་དངོས་ཇི་ལྟར་ཡིན། །
དངོས་གྱུར་གཞན་ཡང་གང་ཞིག་ཡིན། ༡༧ །

མེད་ཚེ་དངོས་ཡོད་སྲིད་མིན་ན། །
དངོས་པོ་ཡོད་པར་ནམ་ཞིག་འགྱུར། །
དངོས་པོ་སྐྱེ་བར་མ་གྱུར་པར། །
དངོས་མེད་དེ་ནི་འབྲལ་མི་འགྱུར། ༡༤༨ །
དངོས་མེད་དེ་དང་མ་བྲལ་ནའང་། །
དངོས་པོ་ཡོད་པའི་སྐབས་མི་སྲིད། །
དངོས་པོའང་(༤༥༣བ)མེད་པར་འགྱུར་མིན་ཏེ། །
རང་བཞིན་གཉིས་སུ་ཐལ་འགྱུར་ཕྱིར། ༡༤༩ །

ཞེས་གསུངས་ཏེ། ཚོགས་བཅད་དང་པོས་སྐྱེ་མ་ལྟར་འགྲོ་འོང་གནས་པ་མེད་པར་བསྟན། གཉིས་པས་གཟུགས་བརྙན་ལྟར་མི་བདེན་པར་བསྟན། དེ་ནས་ཚོགས་བཅད་ཕྱེད་དང་གཉིས་ཀྱིས་ཡོད་མེད་གང་ཡིན་ཡང་རྒྱུ་མི་དགོས་པར་བསྟན། ལྷག་མས་དངོས་མེད་དངོས་པོར་འགྱུར་བ་དང་དངོས་པོ་དངོས་མེད་དུ་འགྱུར་བ་བཀག་པའོ། །

གཉིས་པ་(ཚད་མས་ངེས་པའི་དོན་)ཡང་། །

དེ་ལྟར་འགག་པ་ཡོད་མིན་ཞིང་། །
དངོས་པོའང་ཡོད་མིན་དེ་ཡི་ཕྱིར། །
འགྲོ་བ་འདི་དག་ཐམས་ཅད་ནི། །
རྟག་ཏུ་མ་སྐྱེས་མ་འགགས་ཉིད། ༡༥༠ །
འགྲོ་བ་རྨི་ལམ་ལྟ་བུ་སྟེ། །
རྣམ་པར་དཔྱད་ན་ཆུ་ཤིང་འདྲ། །
མྱ་ངན་འདས་དང་མ་འདས་པའང་། །
དེ་ཉིད་དུ་ན་ཁྱད་པར་མེད། ༡༥༡ །

ཅེས་གསུངས་ཏེ། དང་པོས་ཆོས་ཐམས་ཅད་སྐྱེ་འགག་མེད་པར་བསྟན། ཕྱི་མས་འཁོར་འདས་མི་དམིགས་པར་བསྟན་ཏོ། །

དེ་ཡང་སྒྱུ་མའི་སྔགས་སོགས་ཀྱིས་སྤྲུལ་པའི་སྒྱུ་མའི་སྣང་བ་གང་ཡིན་པ་དང་། རྒྱུ་མཚན་ཉིད་པར་རློམ་པའི་རྒྱུ་རྐྱེན་གྱིས་ནི་གང་སྤྲུལ་པའི་དངོས་པོར་སྣང་ཙམ་པ་འདི་ལ་ནི་ཁྱད་པར་ཙུང་ཟད་ཀྱང་མེད་དེ། དེ་གཉིས་གའང་ནི་གང་ནས་འོངས་པར་གྱུར་ཅིང་གང་དུ་འགྲོ་བ་དང་ད་ལྟ་ཇི་ལྟར་གནས་པའང་བརྟག་པར་གྱིས་ཤིག་དང་དེ་དག་གང་ཡང་རྙེད་པར་མི་འགྱུར་རོ། །དེས་ན་དངོས་པོ་གང་ཞིག་མེ་ལོང་དང་གཟུགས་ཉེ་བ་ན་གཟུགས་བརྙན་ལྟར་རྒྱུ་རྐྱེན་གང་ནི་ཉེ་བ་ཡིས་མཐོང་བར་འགྱུར་ལ། རྒྱུ་རྐྱེན་ཉེ་བ་དེ་མིན་ན་མཐོང་བ་མིན་པ་ཐློས་གར་མཁན་གྱི་སླང་པོ་ཆེ་ལྟ་བུ་བཅོས་བུར་བྱས་པ་དང་། མེ་ལོང་གི་གཟུགས་བརྙན་དང་མཚུངས་པ་དཔྱད་མི་བཟོད་ཅིང་མ་བརྟགས་ན་ཉམས་དགའ་བ་ཙམ་དེ་ལ་བདེན་པ་ཉིད་ཇི་ལྟར་ཡོད། ཆོས་གང་ཡོད་པའང་རྒྱུ་ལ་མི་ལྟོས་ཤིང་མེད་པའང་རྒྱུ་ལ་མི་ལྟོས་ཏེ། དངོས་པོ་ཡོད་པར་གྱུར་པ་ལ། །རྒྱུ་ཡིས་དགོས་པ་ཅི་ཞིག་ཡོད། །འོན་ཏེ་དེ་ནི་མེད་ན་ཡང་། །རྒྱུ་ཡིས་དགོས་པ་ཅི་ཞིག་ཡོད། །བྱེ་བ་བརྒྱ་ཕྲག་རྒྱུ་ཡིས་ཀྱང་། །དངོས་པོ་མེད་པ་བསྒྱུར་དུ་མེད། །གལ་ཏེ་དངོས་པོ་མེད་པའི་གནས་(༤༥༤ན)སྐབས་ཉིད་ཕྱིས་དངོས་པོར་འགྱུར་རོ་ཞེ་ན། དངོས་མེད་ཀྱི་གནས་སྐབས་དེ་ཉིད་ཕྱིས་དངོས་པོར་འགྱུར་བ་ཇི་ལྟར་ཡིན་ཏེ། ནམ་མཁའི་པདྨ་ཕྱིས་ཚུ་ནང་གི་ཨུཏྤ་ལར་མི་འགྱུར་བ་བཞིན་ནོ། །དེ་མི་འགྱུར་ཡང་གནས་སྐབས་གཞན་ཞིག་དངོས་པོར་འགྱུར་རོ་ཞེ་ན། །དངོས་པོར་འགྱུར་བའི་གནས་སྐབས་གཞན་ཡང་གང་ཞིག་ཡིན་ཏེ། དངོས་པོ་དང་དངོས་མེད་གང་ཡང་མ་ཡིན་པ་དེ་འདྲ་བ་མི་སྲིད་པའི་ཕྱིར། དེས་ན་དངོས་པོ་ཡོད་མེད་དང་དེའི་གནས་སྐབས་དང་དེ་ལས་གཞན་པའང་དངོས་པོར་འགྱུར་བ་མེད་པ་དེའི་ཚེ་དངོས་པོ་ཡོད་པའང་སྲིད་པ་མིན་

ན་སྔར་ནས་དངོས་པོར་ཡོད་པ་ཞིག་སྐྱེ་བར་ནམ་ཞིག་འགྱུར་ཏེ། རི་བོང་གི་རྭ་ཙམ་སྲིད་པ་མིན་ན་རི་བོང་དཀར་པོའི་རྭ་ཤེལ་ལྟར་དྭངས་པ་སྐྱེ་བ་ལྟ་ག་ལ་ཡོད། གཞི་གཅིག་ལ་བལྟོས་ཏེ་དངོས་པོ་སྐྱེ་བར་མ་གྱུར་པ་དེ་སྲིད་དུ་དངོས་མེད་དེ་ནི་འབྲལ་བར་མི་འགྱུར་ལ། དངོས་མེད་དང་མ་བྲལ་ན་ནི་དེ་ལ་དངོས་པོ་ཡོད་པའི་སྐབས་ཀྱང་མི་སྲིད་དོ། །དེས་ན་དངོས་པོ་ནི་སྔར་ཡོད་པ་ལས་ཕྱིས་མེད་པར་འགྱུར་བ་མིན་ལ། འང་གི་སྒྲས་སྔར་མེད་པ་ལས་ཕྱིས་ཡོད་པར་འགྱུར་བའང་མིན་ཏེ། དངོས་པོ་གཅིག་ཉིད་ཡོད་མེད་ཀྱི་རང་བཞིན་གཉིས་སུ་སྟེ་གཉེ་གར་དུ་ཅིག་ཆར་ཐལ་བར་འགྱུར་བའི་ཕྱིར། དེ་ལྟར་སྐྱེ་བ་མེད་པས་འགག་པ་དང་། གནས་པ་ཡང་ཡོད་པ་མིན་ཞིང་། སྐྱེ་འགག་མེད་པས་དངོས་པོ་འདུས་བྱས་ཡོད་པ་མིན་ལ། འང་གི་སྒྲས་དེའི་བལྟོས་ཟླ་འདུས་མ་བྱས་སམ་དངོས་མེད་ཀྱང་ཡོད་པ་མིན་ལ། དེ་དག་ལས་གཞན་པ་ཡང་ཡོད་པ་མིན་པ་དེའི་ཕྱིར་ན། འགྲོ་བ་འདི་དག་ཐམས་ཅད་ནི། །རྟག་ཏུ་མ་སྐྱེས་མ་འགག་ཉིད། །འགྲོ་བ་རྨི་ལམ་ལྟ་བུ་སྟེ། །ཆུ་ཤིང་བཞིན་དུ་སྙིང་པོ་མེད། །མྱ་ངན་འདས་དང་མ་འདས་པ། །དེ་ཉིད་དུ་ན་ཁྱད་པར་མེད། །དེས་ན་ཇི་ལྟར་རྨི་ལམ་གྱི་ཆུ་དང་སྐམ་ས་ལྟར་འཁོར་བ་དང་མྱ་ངན་ལས་འདས་པ་ཡང་སྒྲོ་བཏགས་པ་གཉེན་པོའི་རྣམ་པར་རྟོག་པ་ཙམ་སྟེ། ཆོས་ཐམས་ཅད་ནི་རྟག་ཏུ་བློ་ལས་འདས་པ་སྨྲ་བསམ་བརྗོད་དུ་མེད་པ་(༥༤༥བ)ངོ་བོ་ཉིད་ཀྱིས་གཟོད་མ་ནས་རྣམ་པར་དག་པ་ཁོ་ནའོ། **།དགེ་བའི་ལྷས།** ཆུ་ཤིང་བཤགས་ཤིང་ཕྱི་ནས་བརྟགས་ན་སྙིང་པོ་མི་རྙེད་པ་ལྟར། ཞེས་སྣང་ཡང་ཆུ་ཤིང་བཤགས་ན་ནང་ཁོང་སྟོང་ཡིན་པས་སྙིང་པོ་མེད་པར་འཆད་པ་ཡིན་གྱི། ཆ་ཤས་ཕྱེ་ནས་སྙིང་པོ་མི་རྙེད་པ་ཁོ་ན་ནི་ཤིང་གཞན་ལ་ཡང་མཚུངས་པས་དེ་ལྟ་ན། ཆུ་ཤིང་སྙིང་པོ་མེད་དོ་ཞེས། །འཇིག་རྟེན་ན་ནི་དཔེར་བྱེད་ཀྱང་། །ཞེས་སོགས་ཆུ་ཤིང་ངེས་བཟུང་དུ་བྱས་པའི་དགོས་པ་འཇིག་པར་འགྱུར་རོ། **།ཤེར་ལེའི་འགྲེལ་ཆུང་ལས།** དེ་ལྟར་སྐྱེ

བ་བཀག་ནས་དེ་ལྟར་སོགས་ཀྱིས་འཇིག་པ་འགོག་པ་ཞེས་བཤད་དོ། །

ལྔ་པ་སྟོང་ཉིད་བསྒོམས་པའི་འབྲས་བུ་ལ་གསུམ། ཉོན་མོངས་ཀྱིས་མི་འཕྲོགས་པས་སྲིད་པ་ལས་འདའ་བ་དང་། མ་རྟོགས་པ་ལ་སྙིང་རྗེ་སྐྱེ་བས་ཞི་བར་མི་ལྟུང་བ་སྟེ་རང་དོན་གྱི་ཡོན་ཏན་གཉིས་དང་། སེམས་ཅན་ཐམས་ཅད་སྐྱོབ་པ་གཞན་དོན་གྱི་ཡོན་ཏན་ནོ། །

དང་པོ་(ཉོན་མོངས་ཀྱིས་མི་འཕྲོགས་པས་སྲིད་པ་ལས་འདའ་བ་)ནི།

དེ་ལྟར་སྟོང་པའི་དངོས་རྣམས་ལ། །
ཐོབ་པ་ཅི་ཡོད་ཤོར་ཅི་ཡོད། །
གང་གིས་རིམ་གྲོ་བྱས་པའམ། །
ཡོངས་སུ་བརྙས་པའང་ཅི་ཞིག་ཡོད། ༧༥༢ །
བདེ་བའམ་སྡུག་བསྔལ་གང་ལས་ཡིན། །
མི་དགར་ཅི་ཡོད་དགར་ཅི་ཡོད། །
དེ་ཉིད་དུ་ནི་བཙལ་བྱས་ན། །
གང་ཞིག་སྲིད་ཅིང་གང་ལ་སྲིད། ༧༥༣ །
དཔྱད་ན་གསོན་པའི་འཇིག་རྟེན་འདི། །
གང་ཞིག་འདིར་ནི་འཆི་འགྱུར་ཏེ། །
འབྱུང་འགྱུར་གང་ཡིན་བྱུང་གྱུར་གང་། །
གཉེན་གང་བཤེས་ཀྱང་གང་ཞིག་ཡིན། ༧༥༤ །
ཐམས་ཅད་ནམ་མཁའ་འདྲ་བར་ནི། །
བདག་འདྲས་ཡོངས་སུ་བཟུང་བར་གྱིས། །

ཞེས་གསུངས་ཏེ། ཚོགས་བཅད་ཕྱེད་དང་གཉིས་ཀྱིས་འདོད་པའི་ཆོས་བརྒྱད་ཀྱིས་མི་གཡོ་བར་བསྟན། གཅིག་གིས་འཁོར་བའི་རྒྱུ་ཁམས་གསུམ་གྱི་སྲིད་པའི་

དངོས་གཉེན་དུ་བསྟན། ཐ་མས་ཐམས་ཅད་ནམ་མཁའ་ལྟར་མཐོང་བར་བསྟན་པའོ། །

གཉིས་པ་(མ་རྟོགས་པ་ལ་སྙིང་རྗེ་སྐྱེ་བས་ཞི་བར་མི་ལྷུང་བ་)ནི།

བདག་ཉིད་བདེ་བར་འདོད་རྣམས་ནི། །
འཐབ་དང་སྤྲོ་བའི་རྒྱུ་དག་གིས། ༧༥༥ །
རབ་ཏུ་འཁྲུག་དང་དགའ་བར་བྱེད། །
མྱ་ངན་འབད་རྩོལ་རྩོད་པ་དང་། །
ཕན་ཚུན་གཅོད་དང་(༤༥༥ན)འབིགས་པ་དང་། །
སྡིག་པ་དག་གིས་ཚེགས་ཆེན་འཚོ། ༧༥༦ །
བདེ་འགྲོར་ཡང་དང་ཡང་འོངས་ཏེ། །
བདེ་བ་མང་པོ་སྤྱད་སྤྱད་ནས། །
ཤི་ནས་ངན་སོང་སྡུག་བསྔལ་ནི། །
ཡུན་རིང་མི་བཟད་རྣམས་སུ་ལྟུང་། ༧༥༧ །
སྲིད་པ་ན་ནི་གཡང་ས་མང་། །
དེར་ནི་དེ་ཉིད་མིན་འདི་འདྲ། །
དེར་ཡང་ཕན་ཚུན་འགལ་བས་ན། །
སྲིད་ན་དེ་ཉིད་འདི་འདྲ་མེད། ༧༥༨ །
དེར་ཡང་དཔེ་མེད་མི་བཟད་པའི། །
སྡུག་བསྔལ་རྒྱ་མཚོ་མཐའ་ལས་འདས། །
དེར་ནི་དེ་ལྟར་སྟོབས་ཆུང་ཞིང་། །
དེར་ནི་ཚེ་ཡང་ཐུང་བ་ཉིད། ༧༥༩ །
དེར་ཡང་གསོན་དང་ནད་མེད་ཀྱི། །

ཁྱེད་དང་བཀྲེས་ནའི་ངལ་བ་དང་། །
གཉིད་དང་འཆི་བ་དེ་བཞིན་དུ། །
ཁྲིས་དང་འགྲོགས་པ་དོན་མེད་ཀྱིས། ༧༥༠ །
ཚེ་ནི་དོན་མེད་མྱུར་འདའ་ཡིས། །
རྣམ་དཔྱོད་ཤིན་ཏུ་རྙེད་པར་དཀའ། །
དེར་ཡང་རྣམ་གཡེང་གོམས་པ་ནི། །
ཟློག་པའི་ཐབས་ནི་ག་ལ་ཡོད། ༧༥༡ །
དེར་ཡང་ངན་སོང་ཆེན་པོར་ནི། །
ལྟུང་ཕྱིར་བདུད་ནི་བརྩོན་པར་བྱེད། །
དེར་ནི་ལོག་པའི་ལམ་མང་ཞིང་། །
ཐེ་ཚོམ་ལས་ཀྱང་རྒལ་དཀའ་སྟེ། ༧༥༢ །
སླར་ཡང་དལ་བ་རྙེད་དཀའ་ཞིང་། །
སངས་རྒྱས་འབྱུང་རྙེད་ཤིན་ཏུ་དཀའ། །
ཉོན་མོངས་ཆུ་བོ་སྤང་དཀའ་སྟེ། །
ཀྱེ་མ་སྡུག་བསྔལ་བརྒྱུད་པར་འགྱུར། ༧༥༣ །
དེ་ལྟར་ཤིན་ཏུ་སྡུག་བསྔལ་ཡང་། །
རང་སྡུག་མི་མཐོང་གང་ཡིན་པ། །
སྡུག་བསྔལ་ཆུ་བོར་གནས་འདི་དག །
ཀྱེ་ཧུད་མྱ་ངན་བྱ་བར་འོས། ༧༥༤ །
དཔེར་ན་འགའ་ཞིག་ཡང་ཡང་ཁྲུས། །
བྱས་ཏེ་ཡང་ཡང་མེར་འཇུག་པ། །
དེ་ལྟར་ཤིན་ཏུ་སྡུག་བསྔལ་བར། །

གནས་ཀྱང་བདག་ཉིད་བདེར་རློམ་བཞིན། ༧༥ །

དེ་ལྟར་ན་དང་འཆི་མེད་པ། །

བཞིན་དུ་སྤྱོད་པས་གནས་རྣམས་ལ། །

དང་པོ་ཉིད་དུ་བསད་བྱས་ནས། །

ངན་སོང་ལྟུང་བ་མི་བཟད་འོང་། ༧༦ །

ཞེས་གསུངས་ཏེ། ཚོགས་བཅད་ཕྱེད་དང་གཉིས་ཀྱིས་ སྡིག་སྤྱོད་ལ་སྙིང་བརྗེ་བ། དེ་ནས་གཅིག་གིས་མཐོ་རིས་པ་རྣམས་ལ་སྙིང་བརྗེ་བ། ཚོགས་བཅད་ཕྱེད་དང་གཉིས་ཀྱིས་འཁོར་བ་ཐམས་ཅད་སྡུག་བསྔལ་དུ་བསྟན་པ། (༥༥༥བ)དེ་ནས་གཉིས་ཀྱིས་མིར་སྐྱེས་ཀྱང་རྣམ་དཔྱོད་འདི་ལྟ་བུ་རྙེད་དཀའ་བར་བསྟན། དེས་ན་ཕྱེད་དང་གཉིས་ཀྱིས་རྙེད་ཀྱང་བདུད་ཀྱི་ལས་ལྷག་དཀའ་བར་བསྟན། ལྷག་མས་དེ་ལྟ་བུའི་སེམས་ཅན་འདི་རྣམས་ཤིན་ཏུ་སྙིང་རྗེའི་ཡུལ་དུ་བསྟན་ཏོ། །

གསུམ་པ་(སེམས་ཅན་ཐམས་ཅད་སྐྱོབ་པ་གཞན་དོན་གྱི་ཡོན་ཏན་)ནི།

དེ་ལྟར་སྡུག་བསྔལ་མེས་གདུངས་ལ། །

བསོད་ནམས་སྤྲིན་ལས་ལེགས་བྱུང་བའི། །

རང་གི་བདེ་བའི་ཚོགས་ཆར་གྱིས། །

ཞི་བྱེད་པར་བདག་ནམ་ཞིག་འགྱུར། ༧༧ །

ནམ་ཞིག་དམིགས་པ་མེད་ཚུལ་དུ། །

གུས་པར་བསོད་ནམས་ཚོགས་བསགས་ཏེ། །

དམིགས་པས་ཕུང་བར་གྱུར་རྣམས་ལ། །

སྟོང་པ་ཉིད་ནི་སྟོན་པར་འགྱུར། ༧༨ །

ཞེས་གསུངས་ཏེ། དང་པོས་སེམས་ཅན་གྱི་ཕན་བདེའི་རྟེན་དུ་འགྱུར་བ་དང་། གཉིས་པས་ཆོས་ཀྱི་འཁོར་ལོ་བསྐོར་བས་འགྲོ་ཀུན་བྱང་ཆུབ་ལ་འགོད་པར་

བསྟན་ཏོ། །

དེ་ཡང་ཀུན་རྫོབ་བྱང་ཆུབ་ཀྱི་སེམས་སྒྱུ་མ་ལྟ་བུ་གོམས་པར་བྱས་པས་དོན་དམ་པའི་བྱང་ཆུབ་ཀྱི་སེམས་སྐྱེ་མ་ལྟ་བུ་སྐྱེ་བར་འགྱུར་ལ། དངོས་འཛིན་གྱི་ནད་ཐམས་ཅད་རྩ་བ་ནས་འབྱིན་པའི་གཉེན་པོ་སངས་རྒྱས་ཐམས་ཅད་ཀྱི་ཆོས་ཀྱི་སྙིང་པོ་ཟབ་མོ་ཤེས་རབ་ཀྱི་ཕ་རོལ་ཏུ་ཕྱིན་པ་དོན་དམ་པའི་བྱང་ཆུབ་ཀྱི་སེམས་སྦྱོས་པ་ཐམས་ཅད་ཉེ་བར་ཞི་བ་དེ་ཁོ་ན་ཉིད་དེ་ལྟར་དུ་གོམས་པ་ན་ཆོས་ཐམས་ཅད་ཀྱི་རང་བཞིན་གཟོད་ནས་རྣམ་པར་དག་པ་སྨྲ་བསམ་ཤེས་བརྗོད་ཀྱི་ཡུལ་མ་ཡིན་པ་ཉིད་དེ་ལྟར་དུ་མཐོང་བར་འགྱུར་ལ། དེའི་ཚེ་སྣང་གྲག་ཙམ་གྱི་ཆོས་འདི་ཐམས་ཅད་ནི་རང་བཞིན་གྱིས་སྟོང་པའི་དངོས་པོ་རྨི་ལམ་གྱི་སྣང་བ་ལྟར་ཁོང་དུ་ཆུད་པས་གཟུགས་བརྙན་ཙམ་གྱི་ཆོས་འདི་རྣམས་ལ། འདོད་པ་དང་མི་འདོད་པ་དང་རེ་བ་དང་དོགས་པ་དང་བླང་བ་དང་དོར་བའི་བློ་རང་བཞིན་གྱིས་འཇིག་པར་འགྱུར་ཏེ་དེ་དག་ལ་ནི། ཐོབ་པ་ཅི་ཡོད་ཤོར་ཅི་ཡོད། །གང་གིས་རིམ་གྲོ་བྱས་པའམ། །ཡོངས་སུ་བརྙས་པ་ཅི་ཞིག་ཡོད། །བདེ་བའམ་སྡུག་བསྔལ་གང་ལས་ཡིན། །མི་དགར་ཅི་ཡོད་དགར་ཅི་ཡོད། །དེ། ཆོས་བརྒྱད་ལ་ཆགས་སྡང་ཞར་ལ་འཇིག་པར་འགྱུར་རོ། །

བྱིས་པ་རྣམས་གང་ལ་ཞེན་(༥༧༨ན)པའི་ཡུལ་དེ་དག་ལ་མཁས་པ་རྣམས་ཇི་སྙམ་དུ་ཡང་མི་བྱེད་མོད། འདི་ཙམ་ནི་དེ་དག་ལ་ཡོན་ཏན་ཡང་མ་ཡིན་ཏེ། འཇིག་རྟེན་ན་འཆིང་བ་ཀུན་ལྡན་དུ་མཚུངས་པའི་སྐྱེ་བོ་དག་ཡང་བུས་པ་རྣམས་གང་ལ་ཞེན་པའི་བྱེ་མའི་ཁང་བུ་དང་འཛིམ་པའི་རྟ་གླང་སོགས་ལ་རྒན་པོ་རྣམས་ཅིར་ཡང་མི་སྙམ་པ་སྣང་བའི་ཕྱིར་རོ། །ཡང་དག་པ་དེ་ཁོ་ན་ཉིད་དུ་སོ་སོར་རྟོག་པའི་ཤེས་རབ་ཀྱིས་གཞལ་བྱ་བཙལ་ཞིང་། སོ་སོ་རང་རིག་པའི་ཡེ་ཤེས་ཀྱིས་མཉམ་པར་བཞག་པར་བྱས་ན་སྲིད་པ་པོ་གང་ཞིག་ཡུལ་གང་ལ་སྲིད་ཅིང་རྒྱུ་མཚན་གང་

ལས་སྲིད་དེ་རྨི་ལམ་གྱི་སྨིག་རྒྱུ་ལ་རྨི་ལམ་གྱི་རི་དྭགས་སྲིད་པ་ལྟར་ཆོས་ཐམས་ཅད་དེ་ཁོ་ན་ལྟར་མཐོང་བར་འགྱུར་ལ། དེ་ལྟར་ཚུལ་བཞིན་དཔྱད་པ་ན་སྟར་མ་རྟོགས་པའི་དུས་བདེན་བདེན་འདྲ་ཞིང་གསོན་པོ་ལྟར་སྣང་བའི་འཇིག་རྟེན་གྱི་སྣང་བ་འདི་ཐམས་ཅད་ནི། གང་ཞིག་ཤེས་རབ་དྲི་མ་མེད་པའི་མདུན་འདིར་ནི་འཆི་བའམ་ཤི་བ་ལྟར་འགྱུར་ཏེ། རྫུན་པའི་ཕུགས་སྐད་ཅིག་གིས་དེབ་པར་འགྱུར་ཏེ་བྱ་བ་ཅི་ཡང་མི་བྱེད་དོ། །དེའི་ཚེ་འབྱུང་འགྱུར་མ་འོངས་པ་དེ་གང་ཞིག་ཡིན་ལ་བྱུང་ཟིན་པར་གྱུར་པར་འཛིན་པ་འདས་པའི་ཆོས་དེ་གང་ཞིག་ཡིན། མཛའ་བའི་གཉེན་བཤེས་དང་། ཀུང་གི་དགྲས་མི་མཛའ་བར་བཏགས་པ་དགྲ་ཡང་གང་དམ་སུ་ཞིག་ཡིན་ཏེ། ཆོས་ཐམས་ཅད་ནི་གཟོད་ནས་ངོ་བོ་ཉིད་ཀྱིས་ནམ་མཁའ་དང་འདྲ་བ་དངོས་པོ་མེད་ལ་བསམ་དུ་མེད་པ་མཐའ་དང་ཚད་མི་དམིགས་པ་གང་དུ་ཡང་མཐོང་དུ་མེད་ལ། ནམ་གྱི་ཚེའང་མ་མཐོང་བ་མེད་པ་འདི་ལྟ་བུར་ནི་བྱང་ཆུབ་སེམས་དཔའ་བདག་ཉིད་དང་བདག་ཉིད་དང་སྐལ་པ་འདྲ་བའི་བློ་གྲོས་ཅན་རྣམས་ཀྱིས་ཀུང་ཡོངས་སུ་བཟུང་བར་གྱིས། ཁོང་དུ་ཆུད་པར་གྱིས། ཀུན་ཆུབ་པར་གྱིས། ནན་ཏན་དུ་གྱིས་ཤིག་ཅེས་གདམས་ངག་འདོམས་པ་དང་བཅས་པའོ། །

འོ་ན་འཁོར་བའི་རྒྱུ་ནི་སྲིད་པ་ཡིན་ལ་སྟོང་ཉིད་བསྒོམས་པས་སྲིད་པ་ལྡོག་པའི་ཕྱིར་ཉན་རང་གི་དགྲ་བཅོམ་དུ་འགྱུར་ལ། དེ་ལྟ་ན་ཉན་རང་ནི་ཐེག་ཆེན་པའི་གཡང་སར་བཤད་པ་དང་འགལ་ལོ་ཞེ་ན། (༤༥༨བ)དེ་ལྟར་འཁོར་བ་གཞི་རྩ་དང་བཅས་པ་ཁོང་དུ་ཆུད་པས་མྱ་ངན་ལས་འདས་པ་ལག་མཐིལ་དུ་འོངས་པ་ཡིན་མོད་ཀྱང་དེ་ལ་རྟུལ་ཕྲ་རབ་ཙམ་དུ་ཡང་རྩི་བར་མི་བྱེད་དེ། ཆོས་ཐམས་ཅད་གཟོད་མ་ནས་མྱ་ངན་ལས་འདས་པ་ངོ་བོ་ཉིད་ཀྱིས་བྱང་ཆུབ་པ་ཁོ་ན་ཉིད་དུ་མཐོང་བས་གསེར་གྱི་རི་བདུན་གྱི་ངོས་སུ་སོན་པའི་མི་ར་གན་གྱི་དུམ་བུ་ལ་གསེར་དུ་གྲུས་པ་མི་སྐྱེད་པ་བཞིན་ནོ། །དེ་ལྟ་མོད་ཀྱི་དེ་ལྟར་མ་རྟོགས་པའི་སེམས་

ཅན་ལ་སྙིང་རྗེ་ཆེན་པོ་ཁོ་ན་བཟོད་མེད་དུ་འཇུག་ཅིང་དེའི་ཚེ་ཡང་སེམས་ཅན་དང་སྡུག་བསྔལ་དུ་ཅུང་ཟད་ཀྱང་དམིགས་པ་མེད་ལ། དེ་ཙམ་གྱིས་བཟློག་སུ་མེད་པའི་སྙིང་རྗེ་ཆེན་པོ་ཁོ་ན་འཕེལ་བར་འགྱུར་བ་སྟེ། བྱང་ཆུབ་སེམས་དཔའ་རྣམས་ཀྱི་ཚུལ་ཆེན་པོ་འདི་ལྟ་བུ་ནི་རང་ཅག་བྱིས་པའི་སྐྱེ་བོ་རྣམས་ཀྱིས་ཡིད་ཆེས་པ་དང་མོས་པ་ལྟ་ཞོག་མཉན་པ་ཙམ་དུ་ཡང་དཀའ་སྟེ། སྟོད་ནས་མི་འབར་ཞིང་། སྨད་ནས་ཆུ་འབྲུབ་པའི་ཡ་མ་བྲུང་གི་ཚོ་འཕྲུལ་བྱེ་བ་བརྒྱ་ཕྲག་གིས་སྨྲུན་དུ་མེད་པའི་ཚོ་འཕྲུལ་ཡ་མ་བྲུང་ཆད་དུ་བྱུང་བ་ནི་འདི་ཡིན་ནོ།།

དེ་ལྟ་མོད་ཀྱིས་མ་ཀན་སྨྱོན་པ་ལྟ་བུ་ཅི་བྱ་མཚང་བརྣག་པ་འདི་རྣམས་ཀྱི་ངང་ཚུལ་ལ་བལྟས་ན། བདག་ཅག་བྱིས་པར་མཚུངས་པ་འདི་རྣམས་ཀྱང་གཅིག་ལ་གཅིག་སྙིང་རྗེས་བཟོད་མི་ནུས་པར་སྣང་ན། བསྐལ་པ་མཐའ་ཡས་པར་བྱམས་པ་དང་སྙིང་རྗེ་ལ་གོམས་པ་བདག་གི་བདེ་བ་ལ་བསྔོས་པ་རྣམ་པ་ཐམས་ཅད་དུ་སྤངས་པ། སྐུ་གསུང་ཐུགས་ཡོན་ཏན་ཕྲིན་ལས་ཐམས་ཅད་སེམས་ཅན་ཁོ་ནའི་ཆེད་དུ་བཟུང་བ། དེ་རྣམས་ཀྱི་སྙིང་རྗེ་ཆེན་པོའི་ཆུ་རླུང་བགྲང་དུ་མེད་པ་འབབ་པ་དང་། རྟོག་པ་མེད་པར་རང་བཞིན་གྱིས་འབབ་པ་རྒྱུན་མི་འཆད་པ་བྲི་གང་དུ་མི་མངོན་པ་རྟག་ཆད་ཀྱི་འགྲམ་ངོགས་སྤངས་པ། ཟག་མེད་ཀྱི་ཡོན་ཏན་མཐའ་ཡས་པའི་རིན་པོ་ཆེས་གང་བ། སྐྱེ་འགྲོ་ཐམས་ཅད་ཀྱི་རྟེན་གནས་གཅིག་པུ་པར་གྱུར་པ་དེ་དག་གི་བརླབས་ཕྲེང་ཅིའི་ཕྱིར་མི་གཡོ། དེ་ཡང་བདག་ཅག་གི་ཕ་མའི་ཚོགས་འདི་རྣམས་བདག་ཉིད་བདེ་བར་འདོད་པས་སྡིག་པའི་ལས་མི་བྱེད་པ་ཅི་ཡང་མེད་དེ། བདག་འཛིན་བླ་མེད་པར་འདོད་པས་ཕ་རོལ་པོ་གསོད་པར་བྱེད་ལ། རྒྱུ་དེས་(༥༤༧ན)བདག་ཉིད་སྐྱེ་བ་མཐའ་ཡས་པར་དམྱལ་བ་ཡང་སོས་སུ་སྐྱེ་བས་ཉིན་རེ་ལ་ལན་ཁྲི་ཕྲག་ཏུ་ཕན་ཚུན་གསོད་པ་མྱོང་ལ། དེ་ལས་ཐར་ནས་ཀྱང་གང་དུ་སྐྱེས་པར་ཚེ་ཐུང་ཞིང་ནད་མང་ལ་གཞན་གྱིས་གསོད་པར་བྱེད་པ་ཁོ་ན་

སྨྲོང་ལ། ད་དུང་བྱེད་པ་རྒྱ་མཐུན་ལ་སྤྱོད་པས་སྲོག་གཅོད་པ་ལ་དགའ་ཞིང་མོས་པས་དེ་ལས་ལྡོག་པར་དཀའ་ཞིང་། ཡང་དེའི་རྣམ་སྨིན་གྱི་འབྲས་བུས་དམྱལ་བ་སོགས་སུ་ཟློ་ཚུན་གྱི་རྒྱུན་ལྟར་འཁོར་ཏེ་སྡུག་བསྔལ་ལས་ཐར་དུས་མེད་དོ། །ཁ་ཅིག་ནི་ཕྱུག་ཅིང་འབྱོར་བར་འདོད་ནས་གཞན་གྱི་ལོངས་སྤྱོད་འཕྲོག་པ་དང་། རྐུ་བས་མ་བྱིན་པར་ལེན་ལ། དེའི་རྣམ་སྨིན་གྱི་འབྲས་བུ་དམྱལ་བ་དང་། ཡི་དྭགས་ཀྱི་གནས་གྲངས་མེད་པར་སྡུག་བསྔལ་གྱིས་དམྱལ་ཐག་བཅད་ནས་གཞན་གང་དུ་སྐྱེས་པ་དེར་ཡང་དབུལ་ཞིང་འཕོངས་ལ་ཡོ་བྱད་རྐུ་འཕྲོག་ལ་འཚོར་བ་པོ་ན་དང་། མེ་ཆུས་ཆུད་འཛའ་བ་སོགས་རང་ལ་ཕན་མི་ཐོགས་ཤིང་གནས་མིན་དུ་གོད་པ་ཤ་སྟག་འབྱུང་ལ། བག་ཆགས་ཀྱི་དབང་གིས་གང་དུ་སྐྱེས་ན་ཡང་མ་བྱིན་པར་ལེན་པ་ལ་མོས་ཤིང་ལྡོག་པར་དཀའ་ལ། ཡང་དེའི་རྣམ་སྨིན་གྱི་འབྲས་བུ་སྨྲོང་བ་སོགས་རྒྱུན་མི་འཆད་པར་འཁོར་རོ། །

དེ་བཞིན་དུ་སྤོང་བ་བདུན་ག་ལ་འདི་ལྟ་བུར་ཤེས་པར་བྱ་སྟེ། ཚེ་འདིའི་དེ་རིང་ཕྱིན་གྱི་ཟས་གོས་ལོངས་སྤྱོད་ཐམས་ཅད་བཙོངས་ནས་རིག་དུག་ཐུན་གཅིག་ཉོས་ནས་རང་ལུས་ལ་འབྱུག་པ་ལྟར། ཚེ་འདིའི་བདེ་བ་ལྟར་སྣང་སྣ་རེ་རེའི་ཆེད་དུ་འདི་ཕྱིན་གྱི་སྐྱེ་བ་འབུམ་དང་བྱེ་བ་དང་ཁྲག་ཁྲིག་མཐའ་ཡས་པའི་བདེ་སྐྱིད་ཐམས་ཅད་འཚོང་བ་པོ་ན་ཡིན་ནོ། །དེ་བཞིན་དུ་སྐྱེ་བ་གདན་གྱི་ཕ་མ་ཐམས་ཅད་འཁོར་བའི་སྡུག་བསྔལ་དར་དྲག་ཡུན་རིང་མཐའ་མེད་དུ་སྨྲོང་བ་འདི་ལ་མྱ་ངན་མི་བྱེད་ལ། ཚེ་གཅིག་པོ་འདིའི་ཉེ་དུར་བཟུང་བ་མགྲོན་ཁང་དུ་ཞག་གཅིག་ཚོགས་པའི་མགྲོན་པོ་ཙམ་པ་འདིའི་གཅིག་ཤི་བ་ན་མྱ་ངན་གྱིས་འགྲེ་ལྡོག་པ་དང་། ལོངས་སྤྱོད་ཀྱི་རྒྱུ་སྦྱིན་པ་ལ་མི་འབད་པར་དོན་མེད་དུ་ཚོང་ལ་སོགས་པས་ཐང་ཤ་ཆད་པར་འབད་ལ། ཟས་གོས་ཙམ་ཞིག་གི་ཆེད་དུ་མི་བྱ་བ་མེད་པའི་ཚོགས་ཆེན་པོས་ཚོལ་ཞིང་འཚོ་བར་བྱེད་པ་སྟེ། (༥༥༧བ)དེས་ན། བདག་ཉིད་

བདེ་བར་འདོད་རྣམས་ནི། །འཐབ་དང་སྨྲེ་བའི་རྒྱུ་དག་གིས། །རབ་ཏུ་འཁྲུག་དང་དགའ་བར་བྱེད། །སྨྱོ་ངན་འབད་རྩོལ་རྩོད་པ་དང་། །ཕན་ཚུན་གཅོད་དང་འབིགས་པ་དང་། །སྡིག་དག་གིས་ནི་ཚེགས་ཆེན་འཚོ་བ་འདི་རྣམས་ལ་སུ་ཞིག་སྙིང་མི་བརྩེ།

ཡང་རིང་བསྲེལ་ཅན་གྱི་མཆོད་རྟེན་ལ་ཕྱག་གཅིག་བྱས་པས་གསེར་གྱི་ས་གཞིའི་བར་དུ་ལུས་ཁྱོན་གྱིས་གང་ཁྱབ་པ་དེའི་བྱེ་མ་ཇི་སྙེད་པ་སྟོང་དུ་བསྒྱུར་བའི་གྲངས་དེ་སྙེད་ཀྱི་འཁོར་ལོས་བསྒྱུར་བ་འཐོབ་པར་གསུངས་པ་ལྟར། དགེ་བའི་ལས་སྣ་རེས་ཀྱང་ལྷ་མིའི་ལུས་འབུམ་ཕྲག་མང་པོ་འཐོབ་པར་ནུས་པ་ཡོད་ལ། དགེ་བ་དེ་རྣམས་ཆུད་མ་ཟོས་ན་ལྷ་མིའི་ལུས་དེ་སྙེད་འཐོབ་ལ་དེ་རྣམས་སུ་རྒྱལ་སྲིད་ལ་སོགས་པའི་འབྱོར་པ་ཆེན་པོ་མཐའ་ཡས་པ་སྤྱོད་ཅིང་། མི་ལོ་འབུམ་ཕྲག་མང་པོར་འཚོ་བར་ནུས་པ་སོགས་འབྱུང་མོད་ཀྱང་། སླར་དགེ་བ་ཁྱད་པར་ཅན་མ་སྐྱེད་ན་སྔར་གྱི་འཕེན་བྱེད་ཀྱི་དགེ་བ་དེ་རྣམས་ཟད་པའི་འོག་ཏུ་སླར་ཡང་ངན་འགྲོར་འཁོར་ཞིང་སྡུག་བསྔལ་མི་བཟད་པ་མྱོང་བར་འགྱུར་བ། བདེ་འགྲོར་ཡང་དང་ཡང་འོངས་ཏེ། །བདེ་བ་མང་པོ་སྤྱད་བྱས་ནས། །ཤི་ནས་ངན་སོང་སྡུག་བསྔལ་ནི། །ཡུན་རིང་མི་བཟད་རྣམས་སུ་ལྟུང་བ་དེ་དག་ལ་ཁྱད་པར་དུ་ཡང་བརྩེ་བར་རིགས་སོ། །

དེས་ན་འཁོར་བ་འདི་ནི་གང་ལ་ཡང་ཡིད་བརྟན་པར་མི་ནུས་པ། གཏིང་འཇིགས་པ། ཡ་ང་བ། འཇིགས་སུ་རུང་བའི་གནས་ཁོ་ན་སྟེ་སྲིད་པ་ན་ནི་དེ་འདྲ་བའི་གཡང་ས་མང་ལ། གང་དུ་སྐྱེས་པ་དེར་ཡང་ནི་སྙིང་པོ་ཅན་དེ་ཁོ་ན་ཉིད་མིན་པ་ལྟུང་ཞིང་འགྲིབ་པ་འདི་འདྲ་བ་ཁོ་ནའོ། །གང་དུ་སྐྱེས་པ་དེར་ཡང་བདེ་བ་ལ་ཆགས་ཤིང་སྡུག་བསྔལ་ལ་སྡང་བར་བྱེད་པ་ཕན་ཚུན་འགལ་བའི་བློ་ཁོ་ནའི་གཞན་དབང་དུ་གྱུར་པས་ན་བདེ་བ་འདོད་པའི་ཕྱིར་སྡུག་བསྔལ་སྒྲུབ་པ་ཁོ་ན

ལ་བརྩོན་པར་འགྱུར་གྱི། སྲིད་པ་འདི་ན་ནི་བདེ་སྡུག་གི་རང་བཞིན་མི་བདེན་པར་ཤེས་པའི་དེ་ཁོ་ན་ཉིད་ལ་འཇུག་པ་འདི་འདྲ་བ་ནི་རྨི་ལམ་ཙམ་ན་ཡང་མེད་དོ། །དེས་ན་རྨི་ལམ་ན་བདེ་སྡུག་དང་སྨྲོང་བ་པོ་གང་ཡང་མེད་ཀྱང་དེ་ལྟར་མ་རྟོགས་རིང་འཁྲུལ་ངོར་སྣ་ཚོགས་པ་སྨྲོང་བར་སྣང་བ་ལྟར། འཁོར་བ་གང་དུ་སྐྱེས་པ་དེར་ཡང་དཔེ་མེད་མི་བཟད་(༥༥༤ན)པའི་སྡུག་བསྔལ་རྒྱ་མཚོ་མཐའ་ལས་འདས་པ་སྨྲོང་བར་སྣང་སྟེ། སྒྱུ་མའི་གཉེན་དང་བྲལ་བའི་སྡུག་བསྔལ་བཞིན་ནོ། །བདེ་འགྲོ་མཐོ་རིས་པ་རྣམས་ཀྱང་གཉེན་པོའི་སྟོབས་ཆུང་ཞིང་ཚེ་ཐུང་ལ་ཇི་སྲིད་གསོན་པ་དེར་ཡང་ནད་ཀྱིས་མནར་བ་དང་། ནད་མེད་པ་ནའང་བྲེལ་ཕོངས་སྣ་ཚོགས་པས་དུབ་ཅིང་། ཁྲིས་པར་གྱུར་པ་དང་འགྲོགས་པ་དང་གཞན་གྱིས་དབང་མེད་དུ་བཀོལ་ཏེ་འགྲོ་བ་སོགས་སྣ་ཚོགས་པར་སྡུག་བསྔལ་བས་དོན་མེད་དུ་ཚེ་ཟད་པར་འགྱུར་གྱི། དམ་པའི་ཆོས་ཀྱི་རྣམ་པར་དཔྱོད་པ་འདི་ལྟ་བུ་ནི་ནམ་ཡང་རྙེད་པར་དཀའ་སྟེ། དེར་ནི་དེ་ལྟར་སྟོབས་ཆུང་ཞིང་། །དེར་ནི་ཚེ་ཡང་ཐུང་བ་ཉིད། །དེར་ཡང་གསོན་ནའང་ནད་མེད་ཀྱི། །ཁྱིད་དང་བཀྲེས་ནའི་ངལ་བ་དང་། །གཉིད་དང་འཚེ་དང་དེ་བཞིན་དུ། །ཁྲིས་དང་འགྲོགས་སོགས་དོན་མེད་ཀྱིས། །ཚེ་ནི་དོན་མེད་ཀྱིས་འདའ་ཡི། །རྣམ་དཔྱོད་ཤིན་ཏུ་རྙེད་པར་དཀའ། །གལ་ཏེ་ཆོས་ལ་འཇུག་པ་ལན་རེ་རྙེད་སྲིད་ཀྱང་ཚེ་རབས་མཐའ་ཡས་པར་རྣམ་གཡེང་ཁོ་ན་ལ་གོམས་པའི་ཕྱིར། རྣམ་གཡེང་ལས་སེམས་ལྡོག་པར་དཀའ་ཞིང་ཕྱུང་པོ་ལ་ཆགས་པ་ཕུང་པོའི་བདུད་དང་། ཉོན་མོངས་པའི་སེམས་ཉོན་མོངས་པའི་བདུད་ཀྱི་དབང་དུ་གྱུར་པས་ངན་འགྲོར་འཕེན་ལ། མ་རིག་པའི་རྟེན་འབྲེལ་ལས་སྣང་བ་ལྷའི་བུའི་བདུད་ཀྱིས་ཀྱང་དགེ་བའི་བཤེས་གཉེན་ལྟར་བཅོས་ནས་ཆོས་ལྟར་བཅོས་པ་དང་། ཐེག་པ་ཆེན་པོ་ལྟར་བཅོས་པ་དང་། དབུ་མ་ལྟར་བཅོས་པ་དང་། གསང་སྔགས་ལྟར་བཅོས་པ་སྣ་ཚོགས་བསྟན་པས་མཐོ་རིས་དང་ཐར་པའི་

གེགས་བྱེད་ལ། ལམ་ལྟར་བཙོས་པ་ཆེས་མང་བ་དེའི་ཕྱིར་ལམ་གྱི་གོལ་ས་མང་ལ། ཡང་དག་པའི་དོན་ལ་ནི་སྐྱེ་བོ་དག་ཡིད་ཆེས་པར་དཀའ་ལ་ལམ་གོལ་བ་ལ་ནི་མོས་པ་མང་བའི་ཕྱིར་ལམ་གྲུབ་པ་ནི་ཆེས་ཉུང་བ་སྟེ། དེར་ཡང་རྣམ་གཡེང་གོམས་པ་ནི། །ལོག་པའི་ཐབས་ནི་ག་ལ་ཡོད། །དེར་ཡང་ངན་སོང་ཆེན་པོར་ནི། །ལྟུང་ཕྱིར་བདུད་ནི་བརྩོན་པར་བྱེད། །དེར་ནི་ལོག་པའི་ལམ་མང་ཞིང་། །ཐེ་ཚོམ་ལས་ཀྱང་བརྒལ་བར་དཀའ་སྟེ་འོ། །མི་ལུས་རྙེད་ཅིང་ཆོས་དང་ཕྲད་པའི་དུས་ཡོང་བས་ཕྱུགས་བདར་གྱི་གསེབ་(༣༥༢བ)ནས་ནོར་བུ་རྙེད་པ་ལྟ་བུ་འདི་ལ་མ་འབད་ན་ཕྱིས་འགྲུབ་པར་དཀའ་སྟེ། སླར་ཡང་དལ་བ་རྙེད་དཀའ་ཞིང་། །སངས་རྒྱས་འབྱུང་རྙེད་ཤིན་ཏུ་དཀའ། །ཉོན་མོངས་ཆུ་བོ་སྤང་དཀའ་སྟེ། །ཨེ་མ་སྡུག་བསྔལ་བརྒྱུད་པར་འགྱུར། །ཞེས་འཁོར་བ་མཐའ་མེད་དུ་འཁྱམ་དགོས་པའི་དོན་ཏོ། །

དེ་ལྟར་སྡུག་བསྔལ་འབབ་ཞིག་གིས་ཐོག་མ་མེད་པ་ནས་སྐད་ཅིག་ཀྱང་བར་མ་ཆད་པར་མནར་ཡང་། མི་སྐྱོའི་སྟེང་དུ་སྡུག་བསྔལ་མ་ཐོབ་ཀྱིས་དོགས་པ་ཕྱི་མ་ལེབ་མེ་ལ་ལྡེབ་པ་ལྟ་བུ་འབབ་ཞིག་ཏུ་གནས་པ། འོན་ཀྱང་བདག་ཉིད་བདེ་བར་རློམ་ཞིང་ང་རྒྱལ་ལ་འཆི་བ་མེད་པར་རྟག་ཏུ་ཚེ་འདིས་གནས་ཚོག་པ་ཙམ་དུ་འཛིན་པ་འདི་རྣམས་ལ། དང་པོ་ཉིད་དུ་གུད་པས་ནོར་འཇོམས་པ་དང་། རྒས་པས་ལང་ཚོ་འཇོམས་པ་དང་། ན་བས་ནད་མེད་པ་འཇོམས་པ་དང་། འབྲལ་བས་འདུས་པ་འཇོམས་པ་དང་། འཆི་བས་སྲོག་འཇོམས་པ་རྣམས་ཀྱིས་རིམ་པར་བསད་ནས་སླར་ངན་སོང་མི་བཟད་པ་མྱོང་དགོས་པ་འདི་རྣམས་ལ། ཐབས་ཇི་ལྟར་བྱས་ན་ཉུང་ཞེས་བཟོད་མེད་དུ་དགོངས་པ་སྟེ། དེ་ལྟར་ཤིན་ཏུ་སྡུག་བསྔལ་མང་། །རང་སྡུག་མི་མཐོང་གང་ཡིན་པ། །སྡུག་བསྔལ་ཆུ་བོར་གནས་འདི་དག །ཀྱི་ཧུད་མྱ་ངན་བྱ་བར་འོས། །དཔེར་ན་འགའ་ཞིག་ཡང་ཡང་ཁྲུས། །བྱས་ཏེ་ཡང་ཡང་མེར་འཇུག་པ། །དེ་ལྟར་ཤིན་ཏུ་སྡུག་བསྔལ་བར། །གནས་ཀྱང་བདག་ཉིད་བདེར་

ཧྲོམ་བཞིན། །དེ་ལྟར་རྒ་དང་འཆི་མེད་པ། །བཞིན་དུ་སྤྱོད་པས་གནས་རྣམས་ལ། །དང་པོ་ཉིད་དུ་བསད་བྱས་ནས། །ངན་སོང་ལྟུང་བ་མི་བཟད་འོང་། །ཞེས་ཤིན་ཏུ་ཐུགས་རྗེ་བའི་ཚིག་གོ། །

དེ་ལྟར་ཤེས་རབ་དྲི་མ་མེད་པས་སྣང་པོ་ཆེ་ས་སྲུང་གི་བུས་མཚོའི་ཚད་ཡོངས་པས་ཇི་མི་སླམ་པར་འཇུག་པ་ལྟར། འཁོར་བའི་ཚད་ཡོན་པས་སྐྲག་པ་མེད་ཅིང་ཆོས་ཐམས་ཅད་ལ་རང་དབང་དུ་བྱེད་ཀྱང་། བདག་ཉིད་སྙིང་རྗེའི་གཞན་དབང་དུ་གྱུར་པས་དེ་དག་གི་མ་རིག་པ་ལ་སོགས་པ་ནི་སེམས་ཅན་གྱི་གནས་ཚུལ་མ་ཡིན་པ་གློ་བུར་བར་མཁྱེན་པས་གཞོམ་ནུས་པ་དང་། སེམས་ཅན་གྱི་ཁམས་བཟོད་ནས་དག་པའི་ཕྱིར་བྱང་ཆུབ་ཀྱི་ངོ་བོ་ཉིད་དུ་གནས་པས་ཀུན་ཀྱང་(༢༥༩ན)བྱང་ཆུབ་ཀྱི་སྐལ་པ་ཅན་དུ་གཟིགས་ཤིང་། མ་རིག་པ་གློ་བུར་བ་དེ་སེལ་བ་ལ་དཀའ་བ་མེད་པར་གཟིགས་ནས་སྨྱུ་མ་ལ་སྨྱུ་མར་མ་ཤེས་པས་སྡུག་བསྔལ་བ་ལྟ་བུ། དེ་དག་གི་དོན་དུ་མཐའ་ཡས་པའི་ཐུགས་བསྐྱེད་ཅིང་བསམ་གྱིས་མི་ཁྱབ་པའི་གོ་ཆ་བསྒོ་བར་མཛད་པ་ནི་ཆོས་ཉིད་ཡིན་ཏེ་དེའི་ཕྱིར། དེ་ལྟར་སྡུག་བསྔལ་མེས་གདུངས་ལ། །བསོད་ནམས་སྤྲིན་ལས་ལེགས་བྱུང་བའི། །རང་གི་བདེ་བའི་འཚོག་ཆས་ཀྱིས། །ཞི་བྱེད་པར་བདག་ནམ་ཞིག་འགྱུར། །ཞེས་ཕན་བདེའི་ཡོ་བྱད་ཐམས་ཅད་ཀྱིས་སེམས་ཅན་ཐམས་ཅད་གནས་སྐབས་དང་མཐར་ཐུག་ཐམས་ཅད་དུ་སྡུག་བསྔལ་སེལ་ཞིང་ཚིམ་པར་བྱེད་པ་དང་། ནམ་ཞིག་དམིགས་པ་མེད་ཚུལ་དུ། །གུས་པས་བསོད་ནམས་ཚོགས་བསགས་ཏེ། །དམིགས་པས་ཕུང་བར་གྱུར་རྣམས་ལ། །སྟོང་པ་ཉིད་ནི་སྟོན་པར་འགྱུར། །ཞེས་ཤེས་རབ་དྲི་མ་མེད་པ་ཡེ་ཤེས་ཀྱི་ཚོགས་ལས་མི་གཡོ་བར་ཐབས་ཕ་རོལ་ཏུ་ཕྱིན་པ་ལྷུ་རྫོགས་པར་བསྒྲུབས་ཏེ། བླ་ན་མེད་པའི་བྱང་ཆུབ་མངོན་དུ་བྱས་ནས་དམིགས་པ་དང་མཚན་མ་དང་ཞེན་པ་ཁོ་ནས་རང་གཡོས་ཀྱི་འདམ་དུ་རང་ཚུད་པའམ། དར་

གྱི་སྲིན་བུ་རང་གི་ཁ་ཆུས་བཅིངས་པ་ལྟར་སྡུག་བསྔལ་བར་གྱུར་པའི་སེམས་ཅན་འདི་རྣམས་ལ། དམིགས་པ་དང་མཚན་མར་ལྟ་བ་དྲུངས་ནས་འབྱིན་པ་ཤེས་རབ་ཀྱི་ཕ་རོལ་ཏུ་ཕྱིན་པ་སྟོང་པ་ཉིད་ཟབ་མོའི་ཆོས་ཀྱི་འཁོར་ལོ་བསྐོར་ཏེ། རང་རྒྱུད་ཀྱི་ཆོས་སྐུ་མངོན་དུ་བྱེད་པ་ལ་འགོད་པ་དེ་ལྟ་བུར་བདག་ནམ་གྱི་ཚེ་འགྱུར་ཞིག་གུ་ཞེས་སྨོན་པས་ཐུགས་བསྐྱེད་པ་སྟེ། འདི་ལྟར་ཤེས་པས་སྲིད་པ་ལ་མི་གནས་ཤིང་སྙིང་རྗེས་ཞི་བ་ལ་མི་གནས་པ་འདི་ནི་ཐེག་པ་ཆེན་པོ་ཡོངས་སུ་རྫོགས་ཤིང་ཡོངས་སུ་ཚང་བ་ཡིན་ལ། གང་བསྒོམ་པར་བྱ་བ་སྟོང་ཉིད་སྙིང་རྗེ་དང་། དེ་བསྒོམས་པའི་ཕན་ཡོན་དང་དེའི་བྱེད་ལས་ཐམས་ཅད་ཀྱང་ལྷན་ཅིག་ཏུ་བསྟན་པ་ཡིན་ནོ། །འདིར། བདེ་བའི་འཚོག་ཆས་ཀྱིས། །ཞེས་བཏོན་ན་འཚོག་ཆས་ནི་ཡོ་བྱད་མགོ་རྒུའི་དོན་ཡིན་པས་རྫོགས་ལྡན་གྱི་སྤྲིན་ལས་མགོ་རྒུ་འབྱུང་བ་ལྟར་ཞེས་བྱ་ལ། གཞུང་དུ་མར། རང་གི་བདེ་(ཡ་ཕ)བའི་ཚོགས་ཆར་གྱིས། །ཞེས་ཡོད་པ་ལྟར་ན་སྤྲིན་ལས་ཆར་འབྱུང་བ་ལྟར་ཞེས་བཤད་པར་བྱའོ། །

འདི་རྣམས་སུ་**དགེ་བའི་ལྷས་ནི།** ཉེད་སོགས་ཆོས་བརྒྱད་དང་སྲིད་པ་ལ་སོགས་པ་ཐམས་ཅད་རྫུན་ཡིན་ནོ། །ཞེས་བསྟན་པའི་ཕྱིར་དེ་ལྟར་སྟོང་པའི་སོགས་སོ་ཞེས་དང་། དེ་དག་ཡང་སྲིད་པ་ལས་བྱུང་བས་ན་དེ་ཉིད་དུ་ནི་སོགས་དང་། མི་འཆི་བ་སོགས་ལ་སྲིད་དགོས་སོ་ཞེ་ན། གསོན་པོའི་སོགས་ཏེ་ཞེས་དཔྱད་ན་འཆི་བ་དང་གསོན་པ་མི་འགྲུབ་པའི་དོན་དུ་འདྲུ་གཉེར་ཞིང་། བྱུང་བ་དང་འབྱུང་འགྱུར་གྱི་ཡུལ་ལ་སྲིད་དོ་ཞེ་ན། འབྱུང་འགྱུར་སོགས་དང་། གཉེན་བཤེས་སོགས་ལ་སྲིད་དོ་ཞེ་ན། གཉེན་གང་སོགས་དང་། དེ་ཐམས་ཅད་མ་སྐྱེས་པའི་ཕྱིར་ན་ནམ་མཁའ་ལྟ་བུ་ཡིན་པ་དང་། གཞུང་འདི་བདག་དང་སྐལ་བ་མཉམ་པའི་དོན་དུ་བྱས་པ་ཡིན་པས་བདག་འདྲ་བས་བཟུང་བར་གྱིས་ཞེས་དང་། བདེ་བ་དང་སྡུག་བསྔལ་གྱི་སེམས་ཡོད་དོ་ཞེ་ན། བདག་ཉིད་སོགས་ཀྱིས་དེ་རྣམས་སྒྱུ་མ་ལྟར་བསྟན་པ

དང་། དེ་ཡང་ཕན་ཚུན་འགལ་བ་སྐྱེ་ཚེ་གྲང་ལ་སོགས་པ་དག་དང་སེམས་ཅན་གཞན་དག་ཀྱང་ཕན་ཚུན་མི་མཐུན་པར་གྱུར་པས་གནས་པ་ན་སྲིད་མིན་ཞེས་བྱ་བ་སྲིད་པ་མེད་པར་མ་གྱུར་གྱི་བར་དུ་དེ་ཁོ་ན་ཉིད་མ་ཡིན་པ་འདི་མེད་པར་མི་འགྱུར་གྱི་ཞེས་དང་། བསོད་ནམས་ བྱིན་ནི་བསོད་ནམས་ཀྱི་ཕུང་པོའོ་ཞེས་དང་། བསགས་པ་ནི་ཉེ་བར་བསྩུས་པའོ་ཞེས་འབྲུ་བཀྲལ་ཏོ། །

བི་བྷུ་ཏིས། དེ་ཁོ་ན་ཉིད་མི་ཤེས་པས་རྨོངས་པ་ལ་མངོན་པར་ཞེན་ན་རང་ཉིད་ཀྱིས་རང་སྡུག་པར་བྱེད་དེ། དེ་ལྟར་བཤད་པའི་ལམ་གྱིས་ཐམས་ཅད་རང་བཞིན་མེད་པ་ལ་གང་ཅུང་ལས་ཅི་ཐོབ་གང་ཅུང་གི་སུ་ཞིག་ལ་ཤོར་ཞེས་སོགས་དང་། དཔྱད་ན་གསོན་པའི་འཇིག་རྟེན་གང་ཡིན་ཏེ། མེད་པས་སོ་གང་ཞིག་འདིར་འཆི་བར་འགྱུར་ཏེ་གང་བྱུང་བར་གྱུར་ཞེས་སོགས་དང་། ཐམས་ཅད་ནམ་མཁའ་དང་འདྲ་བ་བདེན་པའི་དོན་གོམས་པ་ཁྱད་པར་བའི་མཐུ་ལས་བྱུང་བའི་རྣལ་འབྱོར་པའི་ཡེ་ཤེས་ལ་སྣང་ངོ་། །དེ་བཞིན་དུ་བདག་འདྲ་བ་གཞན་གྱིས་ཀྱང་དེ་ཁོ་ན་ཉིད་ཐེ་ཚོམ་མེད་པར་བཟུང་བར་བྱའོ་ཞེས་དང་། ཁྱིས་པ་རྣམས་འཐབ་པའི་རྒྱུས་རབ་ཏུ་འཁྲུག་སྦྲོ་བའི་རྒྱུས་དགའ་བར་བྱེད་དོ་ཞེས་སོགས་དང་། སྲིད་པ་(༤༥༠ན)དེ་ནི་དེ་ཉིད་མ་ཡིན་པ་གཟུགས་སོགས་འདི་འདྲ་བས་རྫོངས་པར་བྱེད་པ་དང་། དེའི་དོན་དུ་ཕན་ཚུན་དུ་འགལ་བ་འབྱུང་སྐྱེ་མུ་བཞི་དང་བྲལ་བའི་དེ་ཉིད་མི་རྟོགས་པས་སོ་སོགས་དང་། རྒྱང་འཕེན་པ་དང་། དཔྱོད་པ་བ་སོགས་ལམ་ལོག་པ་མང་བས་ཞེས་དང་། བསད་དེ་སོགས་ལ་ན་རྒས་འཆི་གྲུད་ཀྱི་རི་བོ་བཞིས་ཕྱོགས་བཞི་ནས་ཕྱེ་མར་རློག་པ་རྒྱལ་པོ་ལ་གདམས་པའི་མདོ་དྲངས་ཤིང་། ཚོགས་བཅད་ཐ་མ་གཉིས་ཀྱི་དང་པོས་མངོན་མཐོ་ལ་སྦྱོར་བ་དང་ཕྱི་མས་ངེས་ལེགས་ལ་སྦྱོར་བར་བཤད་དོ། །

འགྲེལ་ཆུང་ལས་ནི། དེ་ལྟར་སྟོང་པའི་ཞེས་སོགས་ནི་ཡོན་ཏན་དང་སྐྱོན་ཁྱད་

པར་མེད་པར་བསྟན་པའོ། །ད་ནི་བྱིས་པ་མ་རིག་པས་ལྡོངས་པ་རྣམས་ཀྱི་མ་རིག་པའི་སྤྱོད་པ་སྟོན་པ་བདག་ཉིད་སོགས་ཏེ་ཞེས་དང་། འོན་ཏེ་འཁོར་བའི་སྡུག་བསྔལ་སྐྱེ་བ་ལ་ཡང་དག་པའི་ཤེས་པ་ཉིད་རྒྱུར་ཅི་སྟེ་མི་འདོད་ཅེ་ན། དེར་ཡང་ཞེས་སོགས་ཏེ། གང་ཤིན་ཏུ་མི་བཟད་པའི་ཚོར་བས་གནོད་པ་འཁོར་བའི་ཕན་ཚུན་འགལ་བའི་ངལ་བ་ཆེན་པོ་འདི་འདྲ་བ་ཡོད་པ་དེར་ཡང་དག་པའི་ཤེས་པ་འདི་ལྟ་བུ་སྲིད་པའི་རྒྱུར་འཐད་པ་མ་ཡིན་ནོ། །ཞེས་པ་གཅིག་ཏུ་ངེས་པའོ། །དེར་ཡང་ཞེས་སོགས་ནི་དེ་ཁོ་ནར་མེད་པ་ཉིད་གསལ་བར་བྱེད་དོ་ཞེས་དང་། གསོན་པར་རེ་བ་དང་ནད་མེད་པར་རེ་བ་དང་གཞན་ལ་བསྙེན་པ་ལ་སོགས་པའི་བྱེད་པས་སོ་ཞེས་དང་། ལོག་པའི་ལམ་ཞེས་པ་ལོག་པའི་ལྟ་བར་ལྷུང་བའོ་ཞེས་དང་། དེ་ལྟར་ཀ་དང་སོགས་ཀྱིས་མང་དུ་སྨྲས་པས་ཅི་བྱ་སྟེ་འདི་ཐམས་ཅད་མ་རིག་པའི་རྣམ་པར་འགྱུར་བ་ཡིན་པར་བསྟན་ཏོ་ཞེས་དང་། འཁོར་གསུམ་མི་དམིགས་པས་བསོད་ནམས་ཀྱི་ཚོགས་བསྒྲུབས་ཏེ་ནམ་ཞིག་གཞན་ལ་སྟོན་པར་འགྱུར་ཞེས་སམ། གསུམ་མི་དམིགས་པས་ཚོགས་གཉིས་བསྒྲུབས་ཏེ། དམིགས་པ་ཅན་རྣམས་ལ་སྟོང་ཉིད་སྟོན་པར་ནམ་འགྱུར་ཞེས་དོན་རྣམ་པ་གཉིས་སུ་བཤད་དོ། །

བོད་ཁ་ཅིག་ནི། ཤེས་རབ་ཐོབ་པའི་བྱ་བ་ལ་རང་གིས་སྟོང་ཉིད་སྒོམ་ཚུལ་དང་གཞན་ལ་སྙིང་རྗེ་སྒོམ་ཚུལ་ལོ། །དང་པོ་དེ་ལྟར་སྟོང་པའི་སོགས་དང་། གཉིས་པ་བདག་ཉིད་བདེ་བར་སོགས་ལ་འཆད་པ་ནི་ས་བཅད་མི་མཛེས་པར་སྣང་སྟེ། སྙིང་(༤༦༠བ)རྗེའང་རང་ཉིད་ཀྱིས་སྒོམ་དགོས་པའི་ཕྱིར། དེས་ན་གནས་ལུགས་སྟོང་ཉིད་སྒོམ་པ་དང་། དེ་ལྟར་མ་རྟོགས་པ་ལ་སྙིང་རྗེ་སྒོམ་པ་ཞེས་བཤད་ན་ལེགས་སོ། །

བྱང་ཆུབ་སེམས་དཔའི་སྤྱོད་པ་ལ་འཇུག་པ་ལས་ཤེས་རབ་ཀྱི་ཕ་རོལ་ཏུ་ཕྱིན་པའི་ལེའུ་སྟེ་དགུ་པ་རྣམ་པར་ཕྱེ་བའོ། ། །།

ལེའུ་བཅུ་པ། ཡོངས་སུ་བསྔོ་བ་བསྟན་པ།

(༥༧ན)དེ་ལྟར་བརྩམས་པའི་དགེ་བ་ལེགས་པའི་ཚོགས་ཉིད་དུ་བསྔོ་བར་འབྲེལ་བའི་ཕྱིར་ད་ནི་ཡོངས་སུ་བསྔོ་བའི་ལེའུ་བཤད་པར་བྱའོ། །

འདི་ལ་གཉིས། བསྔོ་བ་སྤྱིའི་དོན་དང་། གཞུང་གི་དོན་ནོ། །དང་པོ་(བསྔོ་བའི་སྤྱི་དོན་)ལ་ཡང་། གང་བསྔོ་བའི་དགེ་བ་ངོས་བཟུང་། གང་དུ་བསྔོ་བའི་དམིགས་ཡུལ་བཤད། དགོས་པ་གང་གི་ཆེད་དུ་བསྔོ་བ་བསྟན། བསྔོ་བའི་བྱེད་ལས་ཀྱི་ཕན་ཡོན་བཤད། ཇི་ལྟར་བསྔོ་བའི་ཚུལ་བསྟན། བསྔོ་བའི་ཚ་ག་ཉིད་བཤད་པ་སྟེ་དོན་དྲུག་ལས།

དང་པོ་གང་བསྔོ་བ་ནི། རང་གིས་བགྱིས་པའི་དགེ་བ་དེ་གཙོ་བོར་བྱས་ནས་འདུས་བྱས་དང་འདུས་མ་བྱས་པའི་དགེ་བ་ཇི་སྙེད་དོ་ཅོག་གཅིག་ཏུ་བསྡུས་ནས་བསྔོ་བ་སྟེ། **རྡོ་རྗེ་རྒྱལ་མཚན་གྱི་བསྔོ་བ་བཅུ་པའི་ཚིགས་སུ་བཅད་པར།** འགྲོ་ཀུན་དགེ་བ་ཇི་སྙེད་ཡོད་པ་དང་། །བྱས་དང་བྱེད་འགྱུར་དེ་བཞིན་བྱེད་པ་དང་། །ཞེས་སོ། །དེ་ཡང་སེམས་ཅན་ཐམས་ཅད་ཀྱི་སེམས་ཀྱི་རང་བཞིན་གཟོད་མ་ནས་རྣམ་པར་དག་པ་སངས་རྒྱས་ཐམས་ཅད་ཀྱི་ངོ་བོ་ཉིད་དུ་ཞུགས་པ་གང་ཡིན་པ་འདི་ནི། རྣམ་པ་ཐམས་ཅད་དུ་སྦྲོས་མཚན་གྱིས་མ་གོས་པ་ཆོས་ཀྱི་དབྱིངས་ཇི་ལྟ་བར་གནས་ཤིང་། འདི་རྫོགས་པ་ལས་བླ་ན་མེད་པའི་སངས་རྒྱས་ཐོབ་པར་འཛོག་པའི་ཕྱིར་སངས་རྒྱས་ཀྱི་རིགས་ཞེས་བྱ་ལ། འདིའི་ཡང་རང་བཞིན་རྣམ་དག་གི་ཆ་ནི་རང་བཞིན་དུ་གནས་པའི་རིགས་དང་། སྟོབས་སོགས་ཡོན་ཏན་ཐམས་ཅད་འབྱུང་རུང་ས་བོན་ལྟར་གནས་པ་ནི་རྒྱས་འགྱུར་གྱི་རིགས་ཞེས་བྱ་སྟེ།

ངོ་བོ་ཉིད་དེ་ཁོ་ན་ཡོན་ཏན་འབྱུང་རུང་དུ་གནས་ཤིང་ཡོན་ཏན་འབྱུང་རུང་དེ་ཁོ་ན་ངོ་བོ་ཉིད་ཀྱིས་རྣམ་པར་དག་པས་ན། དབྱེར་མེད་པ་ཇི་ལྟར་ནམ་མཁའ་ཚོས་གང་གིས་ཀྱང་མ་བསྒྱུས་ཤིང་ཅིར་ཡང་མ་གྲུབ་པ་དང་། ཐམས་ཅད་ལ་གོ་འབྱེད་པ་གཉིས་དབྱེར་མེད་པ་ལྟ་བུ་འདི་ནི་དགེ་བ་ཐམས་ཅད་ཀྱི་གཞི་རྟེན་ཡང་ཡིན་ལ། གང་ལས་དགེ་བ་འབྱུང་བའི་གནས་ཀྱང་ཡིན་ཞིང་། འདི་ཉིད་ལ་ཡང་དག་པའི་དགེ་བར་ཡང་གསུངས་ཏེ། **རྒྱན་སྟུག་པོ་བཀོད་པའི་མདོ་ལས།** རྒྱལ་པོ་སེམས་ནི་བསམ་མི་ཁྱབ། །རྟག་ཏུ་རང་བཞིན་འོད་ཅན་ནོ། །དེ་བཞིན་གཤེགས་པའི་སྙིང་པོ་སྟེ། །ཇོ་བ་རྣམས་ཀྱི་གསེར་(༤༦༧བ)བཞིན་གནས། །ཞེས་དང་། ཀུན་གཞི་དང་ལུགས་དགེ་བ་ནི། །རྒྱལ་སྲས་རྣམས་ཀྱིས་མཐོང་ཐོབ་ཏེ། །ཀུན་གཞི་མཆོག་ཏུ་དགེ་བ་ནི། །ཐམས་ཅད་ལུས་ལ་ཞེན་པ་སྟེ། །ཞེས་དང་། ཀུན་གཞི་དྲི་མེད་བསོད་ནམས་ཀྱིས། །དེ་བཞིན་གཤེགས་པར་འགྱུར་བ་ཡིན། །ཞེས་དང་། ས་རྣམས་སྣ་ཚོགས་ཀུན་གཞི་སྟེ། །བདེ་གཤེགས་སྙིང་པོ་དགེ་བའང་དེ། །སྙིང་པོ་དེ་ལ་ཀུན་གཞིའི་སྒྲས། །དེ་བཞིན་གཤེགས་པ་སྟོན་པར་མཛད། །ཅེས་སོ། །དེ་ཡང་དགེ་བའི་སྒྲ་ནི་བྱས་པའི་ལས་ལ་འཇུག་པ་དང་། དངོས་པོ་རྣམས་ཀྱི་ངོ་བོ་ཉིད་ལ་འཇུག་པའི་སྐབས་གཉིས་ཡོད་དེ། དེ་ཡང་སྦྱིན་སོགས་བྱས་པའི་ལས་ལ་འཇུག་པའི་ཚེ་ནི་འདི་ནི་ལེགས་པར་བྱས་སོ། །དགེ་བར་བྱས་སོ། །བྱ་བར་འོས་པ་བྱས་སོ། །ཞེས་པའི་དོན་གྱིས་དགེ་བའི་སྒྲར་འཇོག་པ་ཡིན་ལ། ཚོས་ཉིད་རང་བཞིན་གྱིས་དག་པ་ལ་དགེ་བར་བཤད་པ། ཀུན་གཞི་དང་ལུགས་དགེ་བ་ནི། །ཞེས་དང་། ཀུན་གཞི་མཆོག་ཏུ་དགེ་བ་ནི། །ཞེས་བཤད་པ་ལྟ་བུ་ནི་བྱས་པའི་དགེ་བར་བཞག་པ་མ་ཡིན་ཡང་ངོ་བོ་ཉིད་ཀྱིས་རྣམ་པར་དག་ལ། འདིའི་མཐུས་དགེ་བློ་རྣམས་སྐྱེ་བ། གལ་ཏེ་སངས་རྒྱས་ཁམས་མེད་ན། །སྡུག་ལ་སྐྱོ་བར་མི་འགྱུར་ཞིང་། །ཞེས་སོགས་གསུངས་པ་ལྟར་མི་དགེ་བ་དང་ལུང་དུ་མ་བསྟན་པའི་ཕྱོགས་ན་མི་གནས་ཤིང་དགེ་བ

འབྱུང་བ་དང་གནས་པའི་རྟེན་བྱེད་པའི་ཆ་ནས་རང་བཞིན་རྣམ་དག་གི་དགེ་བར་བཤད་པ་ཡིན་ཏེ། དཔེར་ན། མི་ཞིག་སྦྱིན་གཏོང་སོགས་རྒྱ་ཆེན་པོ་ལ་འཇུག་པ་ན་འདིས་ནི་དགེ་བ་བྱས་ཏེ། སྐྱེས་བུ་དགེ་བ་ཅན་ཡིན་ནོ་ཞེས་སྒྲོག་ལ། ཡང་མི་ཞིག་དངོས་སུ་སྦྱིན་པ་སོགས་མི་བྱེད་པར་གཉུག་མར་གནས་ཀྱང་། རང་བཞིན་གྱིས་རྒྱུད་དྲང་ཞིང་ཀུན་ལ་གཉེན་གཤིན་པ་ཞིག་ན་མི་འདི་ནི་རང་བཞིན་གྱིས་དགེའོ་ཞེས་འཇོག་པ་ལྟ་བུ་ཡིན་ནོ། །

དེས་ན་མཐོ་རིས་སམ་ཐར་པ་ཙམ་མམ་ཐམས་ཅད་མཁྱེན་པའི་གོ་འཕང་དངོས་སམ་བརྒྱུད་ནས་འཐོབ་པར་བྱེད་པའི་རྒྱུ་གང་གི་རྒྱུད་ལ་གནས་པ་ནི་གང་བསྔོ་རྒྱུའི་དགེ་བའི་མཚན་ཉིད་ཡིན་ལ། (༥༧༢ན)དབྱེ་ན། མངོན་མཐོ་ངེས་ལེགས་ཀྱི་དགེ་བ་གཉིས་སམ། ཟག་བཅས་ཟག་མེད་ཀྱི་དགེ་བ་གཉིས་སམ། འདུས་བྱས་མ་བྱས་ཀྱི་དགེ་བ་གཉིས་ལ་སོགས་པ་དུ་མར་འགྱུར་ལ། འདུས་བྱས་པའི་དགེ་བ་ལ་སེམས་པ་དང་། བསམས་པའི་དགེ་བ་གཉིས་སམ། སྒོ་གསུམ་གྱི་དགེ་བ་གསུམ་ལ་སོགས་པར་འགྱུར་ལ། ཁྱད་པར་ཐེག་ཆེན་ལ་ཕ་རོལ་ཏུ་ཕྱིན་པ་དང་། ཕ་རོལ་ཏུ་ཕྱིན་པ་མ་ཡིན་པ་གཉིས་སུ་འགྱུར་ཞིང་། སྦྱོར་བྱེད་པ་པོ་དང་། གང་བྱས་པ་དང་། ཇི་ལྟར་བྱས་པའི་ཚུལ་སོགས་ལས་དབྱེ་བ་མཐའ་ཡས་པར་ཡང་འགྱུར་རོ། །

དེས་ན་འགྲོ་ཀུན་དགེ་བ་ཇི་སྙེད་ཡོད་པ་ཞེས་གསུངས་པ་ཡང་། ངོ་བོ་ཉིད་རང་བཞིན་གྱི་དགེ་བ་འདི་མེད་པའི་སེམས་ཅན་མི་སྲིད་པས་འགྲོ་ཀུན་གྱི་དགེ་བ་ཇི་སྙེད་ཡོད་པ་དང་། ཞེས་ཕྱོགས་གཅིག་དེ་ལ་དགོངས་ཤིང་། དེའི་མཐུས་སྦྱིན་སོགས་ཀྱི་དགེ་བ་བྱེད་པའི་སེམས་ཅན་ཡང་མང་ཞིག་ཡོད་པས་དེ་དག་གིས་བྱས་པ་དང་། བྱེད་པར་འགྱུར་བ་དང་། བྱེད་བཞིན་པ་ཐམས་ཅད་ཅེས་གསུངས་པ་ཡིན་ནོ། །འདི་ལྟ་མིན་ན་འགྲོ་ཀུན་དགེ་བ་ཇི་སྙེད་ཡོད་པ་ཅེས་པའི་སྒྲ་མི་རིགས་ཏེ་སེམས་ཅན་གྱི་ནང་ན་མི་ཕོམ་པར་སྐྱེས་པ་ནི་ནམ་མཁའ་ཇི་ཙམ་པ་དེ་ཙམ་

དང་དགེ་བ་བྱེད་པའི་ལྷ་མི་དངོས་ནི་དེ་ལས་རྟ་མཆོག་གི་བུ་ག་ཙམ་ཡིན་ལ། མི་ཁོམ་པར་སྐྱེས་པ་དགེ་བ་བྱེད་པ་ནི་མི་སྲིད་པ་ཙམ་ཡིན་ན་སེམས་ཅན་ཐམས་ཅད་ཀྱི་དགེ་བ་ཇི་སྙེད་ཡོད་པ་ཞེས་ག་ལ་གསུངས།

དེས་ན་དགེ་བ་བེམ་པོའི་རྫས་རིག་བྱེད་མ་ཡིན་པའི་གཟུགས་སུ་གྲུབ་པར་འདོད་པ་བྱེ་བྲག་ཏུ་སྨྲ་བས་རང་འདོད་ཀྱིས་བཏགས་པ་ཡིན་ལ། **མངོན་པ་ལས།** འདུས་མ་བྱས་ཀྱི་དགེ་བ་མ་བཤད་པ་ཙམ་གྱིས་ཀྱང་འདུས་མ་བྱས་པའི་དགེ་བ་ཁེགས་པ་མ་ཡིན་ཏེ། མངོན་པ་ནི་དེང་སང་བོད་ན་གདགས་པ་དང་། མཛོད་དང་། ཀུན་ལས་བཏུས་ལ་འདོད་པར་ཟད་ལ། འདི་དག་ལས་སྔ་མ་གཉིས་ནི་ཐེག་དམན་གྱི་ལུགས་ཁོ་ན་དང་ཀུན་ལས་བཏུས་ཀྱང་ཐུན་མོང་གི་མངོན་པ་ཙམ་ཡིན་ལ། ཐུན་མོང་མ་ཡིན་པའི་ཐེག་ཆེན་རྒྱ་མཚོ་ལྟ་བུའི་འདུས་མ་བྱས་ཀྱི་དགེ་བ་ལ་སོགས་པའི་རྣམ་གཞག་མི་རིགས་ཏེ། ཐུན་མོང་གི་མངོན་པ་(༤༨༢བ)ལས་མ་བཤད་པའི་ཕྱིར་སྙམ་པ་འདི་འདྲའི་རིགས་པ་ནི་བདུད་ཀྱི་གྲིབ་མ་ཁོ་ནར་ཟད་དེ། འོ་ན་ཕ་རོལ་ཏུ་ཕྱིན་པ་བཅུ་དང་ས་བཅུ་དང་བྱང་ཆུབ་སེམས་དཔའི་ཆོས་བསམ་གྱིས་མི་ཁྱབ་པ་རྣམས་དང་འབྲས་བུ་གསང་སྔགས་ཀྱི་ཆོས་རྣམས་ཀྱང་ཁེགས་པར་འགྱུར་ཏེ། ཐུན་མོང་གི་མངོན་པ་ལས་མ་བཤད་པའི་ཕྱིར། དེས་ན་ཐེག་པ་ཆེན་པོར་དགེ་བ་ཞེས་བྱ་བའི་དངོས་པོ་རྫས་གྲུབ་ཅིག་འཛོག་པ་ནི་མ་ཡིན་ཏེ། ཟབ་མོ་ལྟ་བའི་གཞུང་དུ་མངོན་མཐོ་དང་ངེས་ལེགས་ཀྱི་རྒྱུར་ཎུང་བའི་སྟོང་ཉིད་རྟེན་འབྱུང་གི་ཚོགས་པ་དང་། རྒྱ་ཆེན་སྤྱོད་གཞུང་དུ་གཞན་དབང་རྟེན་འབྲེལ་ཙམ་ལ་ཀུན་ནས་བཏགས་པའི་ཚུལ་གྱིས་འཛོག་ལ། འདུས་བྱས་མ་བྱས་ཀྱང་རྟོག་པའི་སྒྲོ་བཏགས་གོམས་པས་སོ་སོར་འཛིན་པ་ཙམ་ལས་རང་བཞིན་ཐ་དད་པ་ཅི་ཡང་མེད་པས་དགེ་བ་ལ་འདུས་བྱས་ཀྱིས་ཁྱབ་ཅིང་འདུས་མ་བྱས་ཀྱི་དགེ་བ་མི་སྲིད་དོ་སྙམ་དུ་ཆེ་ཐང་དུ་དཔལ་ཞིང་དུབ་པ་དེ་ལྟ་བུ་ཅི་ཡང་

མི་དགོས་ཏེ། ཐོག་མ་ཁོ་ནར་འདུས་བྱས་མ་བྱས་ནི་ཐ་སྙད་དུ་སྒྲོ་བཏགས་པ་སྟེ་ཆོས་གང་ཡང་དེ་ལྟར་བཏགས་པའི་དུས་དང་མ་བཏགས་པའི་དུས་གང་ནའང་འདུས་བྱས་སམ་འདུས་མ་བྱས་ཞེས་བྱ་བར་གནས་པ་ནི་འགའ་ཡང་ཡོད་པ་མ་ཡིན་པའི་དོན་འདི་ཐམས་ཅད་ཀྱིས་གོ་བར་གྱུར་ཅིག །

གང་དུ་བསྔོ་ན། བླ་ན་མེད་པའི་བྱང་ཆུབ་ཁོ་ནར་ཏེ། **ཡུམ་ལས།** དགེ་བའི་རྩ་བ་ཐམས་ཅད་ཀྱང་རྣམ་པ་ཐམས་ཅད་མཁྱེན་པ་ཉིད་མ་གཏོགས་པར་ཉན་ཐོས་ཀྱི་སའམ་རང་སངས་རྒྱས་ཀྱི་སར་ཡོངས་སུ་བསྔོར་མི་འཇུག་པའོ་ཞེས་སོ། །

གང་གི་དོན་དུ་བསྔོ་བ་ནི། བདག་ཉིད་གཅིག་པུའི་དོན་དུ་མ་ཡིན་པར་སེམས་ཅན་ཐམས་ཅད་ཀྱི་གཏན་དོན་དུ་བསྔོ་བ་སྟེ། འགྲོ་བའི་དོན་དུ་བྱང་ཆུབ་ཕྱིར་ནི་ཐམས་ཅད་བསྔོ། །ཞེས་དང་། **ཁྱད་པར་འཕགས་བསྟོད་ལས།** བསོད་ནམས་བྱས་པའི་ཚོགས་དག་ནི། །སེམས་ཅན་རྣམས་ལ་ཡོངས་བསྔོ་བར། །བཅོམ་ལྡན་ཁྱོད་ཀྱིས་གང་གསུངས་པ། །དེ་གཞན་བསྟན་བཅོས་ལས་མ་བཤད། །ཅེས་སོ། །

ཕན་ཡོན་ནི། ཆུ་ཐིགས་པ་གཅིག་རྒྱ་མཚོ་ཆེན་པོར་འཕངས་ན་རྒྱ་མཚོ་མ་ཟད་ཀྱི་(༨༤༣ན)བར་ཆུ་ཐིགས་དེ་མི་ཟད་པ་ལྟ་བུ་སྟེ་ཕན་ཡོན་འདིའི་ཁུངས་དེང་སང་བོད་ཡུལ་བ་ཕལ་ཆེར། **བློ་གྲོས་རྒྱ་མཚོས་ཞུས་པའི་མདོ་ལས།** ཇི་ལྟར་ཆུ་ཐིགས་རྒྱ་མཚོ་ཆེ་ནང་ལྷུང་། །རྒྱ་མཚོ་མ་ཟད་བར་དུ་དེ་མི་འཛད། །དེ་བཞིན་བྱང་ཆུབ་ཡོངས་བསྔོས་དགེ་བ་ཡང་། །བྱང་ཆུབ་མ་ཐོབ་བར་དུ་དེ་མི་འཛད། །ཅེས་འདྲེན་ཡང་བློ་གྲོས་རྒྱ་མཚོས་ཞུས་པའི་མདོ་ན་འདི་མ་མཐོང་ལ། བློ་གྲོས་མི་ཟད་པས་བསྟན་པའི་མདོ་ན་ཚིག་ལྷུག་པར་ཡོད་དོ། །

ཇི་ལྟར་བསྔོ་ཚུལ་ནི། སྦྱིན་པ་པོ་དང་ཡུལ་དང་སྦྱིན་པ་ཉིད་དེ་འཁོར་གསུམ་གྱི་རྣམ་པ་གང་ལ་ཡང་མངོན་པར་ཞེན་པ་མེད་པ་སྒྱུ་མའི་སྐྱེས་བུ་ལ་སྒྱུ་མའི་ལོངས་སྤྱོད་སྦྱིན་ཞིང་བསྔོ་བ་ཞིག་ལ་སྒྱུ་མར་ཤེས་པའི་མིས་རྟོག་པ་ལྟ་བུ་འཁོར་

གསུམ་གྱི་རྣམ་པ་ཅམ་ཞིག་འགག་མེད་དུ་སྣང་ཡང་ངོ་བོ་ཉིད་ཀྱིས་དེ་གང་དུ་ཡང་མི་གནས་པའི་རང་བཞིན་ཤེས་པས་བསྔོ་བ་སྟེ། **ཡུམ་རྒྱན་ལས།** ཡོངས་སུ་བསྔོ་བ་ཁྱད་པར་ཅན། །དེ་ཡི་བྱེད་པ་མཆོག་ཡིན་ནོ། །དེ་ནི་དམིགས་མེད་རྣམ་པ་ཅན། །ཕྱིན་ཅི་མ་ལོག་མཚན་ཉིད་དོ། །ཞེས་དང་། སྤྱིན་པ་སྤྱིན་བྱ་ལེན་པོ་གཏོང་པོས་སྟོང་། །འཇིག་རྟེན་འདས་པའི་ཕ་རོལ་ཕྱིན་ཞེས་བྱ། །གསུམ་པོ་དག་ལ་ཆགས་སྐྱེས་གྱུར་པ་ན། །འཇིག་རྟེན་པ་ཡི་ཕ་རོལ་ཕྱིན་ཞེས་བརྗོད། །ཅེས་སོ། །དེ་ལྟར་རང་བཞིན་ཤེས་པས་བསྔོ་བ་ནི་དམིགས་པའི་དུག་མེད་པ་འཁོར་གསུམ་རྣམ་པར་དག་པའི་བསྔོ་བ་ཡིན་ལ་ཀུན་ནས་མངོན་པར་ཞེན་པས་བསྔོ་བ་ནི་དུག་དང་བཅས་པ་སྟེ། ཡོངས་བསྔོ་གལ་ཏེ་སེམས་སུ་འདུ་ཤེས་འབྱུང་འགྱུར་ཞིང་། །བྱང་ཆུབ་འདུ་ཤེས་ཡོངས་བསྔོ་སེམས་ཅན་འདུ་ཤེས་ན། །འདུ་ཤེས་ཕྱིར་ན་ལྟ་གནས་སེམས་ནི་གསུམ་ལ་ཆགས། །དམིགས་པ་ཡོད་པས་ཡོངས་སུ་བསྔོས་པ་ཆུད་མ་ཡིན། །གང་ལ་འདི་ལྟར་ཆོས་འདི་འགགས་ཤིང་ཟད་པ་དང་། །གང་དུ་ཡོངས་སུ་བསྔོ་བ་དེ་ཡང་ཟད་པ་དང་། །ཆོས་ཀྱིས་ཆོས་ལ་ནམ་ཡང་མི་བསྔོ་ཤེས་གྱུར་ན། །དེ་ལྟར་རབ་ཏུ་ཤེས་པས་ཡོངས་སུ་བསྔོས་པ་ཡིན། །གལ་ཏེ་(༥༧༣བ)མཚན་མར་བྱེད་ན་དེ་ནི་བསྔོ་མ་ཡིན། །ཅི་སྟེ་མཚན་མ་མེད་ན་བྱང་ཆུབ་བསྔོ་བ་ཡིན། །ཇི་ལྟར་དུག་དང་འདྲེས་པའི་ཁ་ཟས་བཟང་ཟ་བ། །དཀར་པོའི་ཆོས་ལ་དམིགས་པའང་དེ་འདྲར་རྒྱལ་བས་གསུངས། །ཞེས་སོ། །

འོ་ན་འཁོར་གསུམ་རྣམ་པར་དག་པ་དེ་ནི་གཙོ་བོར་འཕགས་པའི་ཡུལ་དུ་སྣང་ལ། དམིགས་པའི་བསྔོ་བ་ནི་དུག་བཅས་ཡིན་པའི་ཕྱིར་སོ་སྐྱེ་ལས་དང་པོ་པས་དགེ་བ་མི་བསྔོའམ་ཞེ་ན། སྤྱིར་སོ་སྐྱེ་ཡིན་ཡང་དགེ་བའི་བཤེས་གཉེན་གྱིས་ལེགས་པར་ཟིན་པ་རྣམས་ནི་འཁོར་གསུམ་རྣམ་པར་དག་པ་དང་རྗེས་སུ་མཐུན་པའི་ཤེས་རབ་ཡོད་ཅིང་། སྤྱིར་བླ་ན་མེད་པའི་མཆོད་པ་དང་ཡི་རང་

བཤད་པ་ལྟར། འདིར་ཡང་བདག་ལྟ་བུས་གང་ཞིག་གང་དུ་ཡང་དག་པར་བསྔོ་བ་མི་ཤེས་མོད་ཀྱི། སངས་རྒྱས་རྣམས་ཀྱིས་ཇི་ལྟར་མཁྱེན་པའི་རྣམ་པ་དང་འབྱུང་བ་དང་མཚན་ཉིད་གང་ཡིན་པ་དེ་ལྟར་ཡོངས་སུ་བསྔོའོ། །ཞེས་བསྔོ་བ་འདི་ནི་དུག་མེད་པ་ཡང་དག་པའི་བསྔོ་བར་འགྱུར་བ་ཡིན་ཏེ། སངས་རྒྱས་རྣམས་ཀྱིས་འཁོར་གསུམ་གཟོད་ནས་དག་པ་པོ་ནར་གཟིགས་པའི་ཕྱིར། དེས་ན། དེ་ལྟས་འདི་ལྟར་ཡོངས་སུ་བསྔོ་བ་བསླབ་བྱ་སྟེ། །ཇི་ལྟར་རྒྱལ་བ་དེ་དག་དགེ་བ་དེ་མཁྱེན་པའི། །རྣམ་པ་གང་ཡིན་འབྱུང་གང་མཚན་ཉིད་གང་ཡིན་ལ། །རྗེས་སུ་ཡི་རང་དེ་ལྟ་དེ་ལྟར་ཡོངས་སུ་བསྔོ། །དེ་ལྟར་བསོད་ནམས་བྱང་ཆུབ་ཡོངས་སུ་བསྔོ་བྱེད་ན། །དུག་མེད་སངས་རྒྱས་མི་སྤོང་རྒྱལ་བས་གསུངས་པ་སྨྲ། །དེ་ལྟར་ཡོངས་བསྔོ་དཔའ་བོས་འཇིག་རྟེན་དམིགས་ཅན་གྱི། །བྱང་ཆུབ་སེམས་དཔའ་ཇི་སྙེད་ཐམས་ཅད་ཟིལ་གྱིས་གནོན། །ཞེས་གསུངས་ལ་ལས་དང་པོ་པས་ཀྱང་སློབ་པར་མི་ནུས་པ་མ་ཡིན་ནོ། །དེས་ན་ཆོས་ཉིད་བསྔོ་རྒྱུའི་དགེ་རྩར་འདོད་པ་དུག་བཅས་ཡིན་ནོ་ཞེས་པའང་རང་གིས་དུག་བཅས་དུག་མེད་ཀྱི་བསྔོ་བའི་རྣམ་གཞག་གསར་པ་བཅས་ནས་གཞན་ལ་སུན་ཅི་ཕྱིན་གྱིས་རྒོལ་བ་ཡིན་ཏེ། བསྔོ་བ་དུག་བཅས་སུ་འཇོག་བྱེད་ཁྱེད་ཀྱིས་བཤད་པ་དེ་ནི་སངས་རྒྱས་ཀྱི་བཀའ་མཐོང་བ་ན་མི་སྣང་བའི་ཕྱིར་རོ། །

གལ་ཏེ་ཆོས་ཉིད་བསྔོ་རྒྱུའི་(༢༦༢ན)དགེ་རྩའོ་སྙམ་པ་དེ་དམིགས་པ་ཡིན་པའི་ཕྱིར་དུག་བཅས་སོ་ཞེ་ན། འོ་ན་ཆོས་ཉིད་བསྔོ་རྒྱུའི་དགེ་རྩ་མ་ཡིན་ནོ་སྙམ་པ་དེ་ཡང་དམིགས་པ་ཡིན་པས་དུག་བཅས་སུ་ཅིས་མི་མཚུངས། བསྔོ་བས་འགྱུར་ན་འདུས་བྱས་འགྱུར། །མི་འགྱུར་བསྔོས་པ་དོན་མེད་འགྱུར། །ཞེས་པ་ཡང་མཁས་པ་ལ་འོས་པའི་གསུང་མ་ཡིན་ཏེ། བསྔོ་རྒྱུའི་དགེ་བ་དེ་བསྔོས་པ་ལས་དགེ་བ་བྱེད་པ་པོ་དེའི་རྒྱུད་ལ་གང་དུ་བསྔོས་པའི་ཡོན་ཏན་དེ་འཐོབ་པར་འགྱུར་བ་ཡིན་ཀྱི་

དགེ་བ་དེ་བསྔོ་ཡུལ་དེར་འགྱུར་བ་ག་ལ་ཡིན། གལ་ཏེ་བསྔོ་རྒྱུའི་དགེ་བ་དེ་བསྔོ་ས་དེར་འགྱུར་འགྲོ་ན། བསོད་ནམས་འདི་ཡིས་ཐམས་ཅད་གཟིགས་པ་ཉིད། །ཐོབ་ནས་ཞེས་པ་བསོད་ནམས་དེ་ཉིད་སངས་རྒྱས་སུ་འགྱུར་བ་སོགས་ཁས་ལེན་དགོས་ལ། ཕ་རོལ་ཏུ་ཕྱིན་པ་དྲུག་བྱེད་པ་པོའི་བྱང་ཆུབ་སེམས་དཔའ་དེ་འཚང་རྒྱ་བ་ཡིན་གྱི་ཕ་རོལ་ཏུ་ཕྱིན་པ་འཚང་རྒྱ་བ་ནི་བསྐལ་བཟང་གི་སངས་རྒྱས་བཞི་པ་འདིའི་བསྟན་པའི་རྣམ་གཞག་ལ་མེད་དོ། །

དེ་ལྟ་མོད་ཀྱི་སྔར་དྲི་བར་བྱ་སྟེ་སྦྱིན་པ་བྱིན་པ་ལས་བྱུང་བའི་དགེ་བ་སྐད་ཅིག་མ་དང་པོ་དེ་བསྔོས་པས་འགྱུར་རམ་མི་འགྱུར། མི་འགྱུར་ན་བསྔོས་པ་དོན་མེད་དུ་ཁྱེད་རང་གིས་བཤད་ལ། འགྱུར་ན་སྐད་ཅིག་མ་དང་པོ་དེ་ནི་སྐད་ཅིག་དེ་ཉིད་དུ་འགག་ལ། འགགས་པ་སྔར་གཞན་དུ་འགྱུར་བ་ནི་ཤེས་བྱ་ལ་མེད་དོ། །དེས་ན་སྔོན་དུ་སྦྱིན་པ་ཙམ་པོ་བ་བྱས་ལ་ཕྱིས་བྱང་ཆུབ་ཀྱི་སེམས་སྐྱེས་ཏེ་སྔར་གྱི་དགེ་བ་དེ་ལ་ཕྱིས་སྣགས་ཀྱི་ཚུལ་གྱིས་བྱང་ཆུབ་ཏུ་བསྔོས་པ་ན་དཔྱད་པའི་ཚེ་དགེ་བ་དེ་རང་གི་ངོ་བོ་སྐད་ཅིག་སྐད་ཅིག་གི་ཕྲེང་བ་རྣམས་རང་དུས་སོ་སོར་འགག་ཅིང་བག་ཆགས་ཀྱི་རྒྱུན་ཀུན་གཞི་ལ་དབྱེར་མེད་དུ་གནས་པ་དེ་ཡང་གང་དུ་ཡང་རྣམ་པ་གཞན་གྱུར་མེད་མོད་ཀྱི་བྱེད་པ་པོའི་བསམ་པ་རྒྱ་ཆེ་ཆེར་སོང་བའི་མཐུ་ལས་རྣམ་པར་སྨིན་པ་ཡུལ་དུ་བྱུང་བ་གོང་ནས་གོང་དུ་འཕོབ་པའི་ཕྱིར་དགེ་བ་ཙམ་པོ་བ་ཐེག་ཆེན་གྱི་དགེ་བར་གནས་གྱུར་པ་དང་། ཟག་བཅས་ཀྱི་དགེ་བ་ཟག་མེད་དུ་གྱུར་པ་(༢༨༢བ)སོགས་ཀུན་རྫོབ་མ་དཔྱད་པའི་ཐ་སྙད་དུ་བཞག་པ་སྟེ། སྔར་རང་དོན་ཡིད་བྱེད་ཀྱི་བློས་དགེ་བ་བྱས་ལ་ཕྱིས་གང་ཟག་དེ་བྱང་ཆུབ་སེམས་དཔར་གྱུར་པའི་ཚེ་དགེ་བའི་རྒྱུན་དེ་ལ་ཐ་དད་མེད་ཀྱང་རང་དོན་ཡིད་བྱེད་ཀྱི་བློ་དང་བྲལ་ལ་བྱང་ཆུབ་ཀྱི་སེམས་དང་ལྡན་པའི་རྒྱུད་ཀྱི་དགེ་བ་ཡིན་པའི་ཕྱིར་རྟེན་གྱི་གང་ཟག་གི་ཆ་ནས་ཐེག་དམན་གྱི་དགེ་བ་ཐེག་ཆེན་གྱི་དགེ་བར

གནས་གྱུར་ཏོ། །ཞེས་འཇོག་པ་ཡིན་གྱི་དགེ་བ་ཉིད་ནི་གང་དུ་ཡང་འགྱུར་བ་མ་ཡིན་ནོ། །

གཞན་ཡང་གང་དུ་བསྔོས་པ་དེར་དགེ་བ་དེ་འགྱུར་བར་འདོད་ན་**རྡོ་རྗེ་རྒྱལ་མཚན་གྱི་བསྔོ་བ་དྲུག་པར།** ཆོས་ཉིད་ཀུན་ཏུ་འགྲོ་བ་ཅི་འདྲ་བ། །དེ་བཞིན་དེ་དག་ཡོངས་སུ་བསྔོ་བར་བྱེད། །ཅེས་ཆོས་ཉིད་ཇི་ལྟ་བ་བཞིན་དུ་བསྔོ་བར་གསུངས་པས་དེའི་ཚེ་བསྔོ་རྒྱུའི་དགེ་བ་འདུས་བྱས་དེ་ཆོས་ཉིད་དུ་འགྱུར་དགོས་པས་དེའི་ཚེ་ཁྱོད་རང་གིས་ཆོས་ཉིད་བསྔོ་བའི་འབྲས་བུ་ཡིན་པ་དང་འདུས་བྱས་འདུས་མ་བྱས་སུ་འགྱུར་བ་ཞིག་ཞལ་གྱིས་བཞེས་པར་འགྱུར་ལ། དེ་ལྟ་ན་དགེ་བ་བསྔོ་བས་འགྱུར་ནས་ཆོས་ཉིད་དུ་གྱུར་པའི་ཕྱིར་ཆོས་ཉིད་འདུས་བྱས་ཡིན་པར་ཁྱོད་རང་ལ་ཆེས་ཐལ་བ་ཡིན་ནོ། །གཞན་ཡང་། གལ་ཏེ་ཆོས་དབྱིངས་དགེ་བ་ཉིད། །ཡིན་ན་ཧ་ཅང་ཐལ་འགྱུར་ཏེ། །ཆོས་ཀྱི་དབྱིངས་ལས་མ་གཏོགས་པའི། །ཆོས་གཞན་མེད་ཕྱིར་སྡིག་པ་དང་། །ལུང་མ་བསྟན་ཡང་དགེ་བར་འགྱུར། །ཞེས་པ་འདི་ནི་དེང་སང་གི་གློག་པ་པོ་ཐམས་ཅད་ལ་རླུང་ལྟར་གྲགས་པའི་ཤེས་བྱ་སྒོག་གཏུན་མ་ཚིགས་བཅད་དུ་བྱས་པ་ཡིན་ཏེ། གལ་ཏེ་ཤེས་བྱ་དངོས་མེད་ཉིད། །ཡིན་ན་ཧ་ཅང་ཐལ་འགྱུར་ཏེ། །ཤེས་བྱ་ཉིད་ལས་མ་གཏོགས་པའི། །ཆོས་གཞན་མེད་ཕྱིར་བྱས་པ་དང་། །མི་རྟག་པ་ཡང་དངོས་མེད་འགྱུར། །ཞེས་ཟེར་བ་ཡིན་པས་གློག་པ་པོ་ཐམས་ཅད་ལ་བཞད་གད་ཀྱི་དངོས་པོ་བྱིན་པ་ཡིན་ནོ། །དེ་ལྟ་མོད་ཀྱི་ཁྱོད་རང་། ཆོས་ཀྱི་དབྱིངས་ནི་འདུས་མ་བྱས། །ཞེས་གསུངས་པ་ཡིན་ལ་དེའི་ཚེ། གལ་ཏེ་ཆོས་དབྱིངས་འདུས་མ་བྱས། །ཡིན་ན་ཧ་ཅང་(༨༦༥ན)ཐལ་འགྱུར་ཏེ། །ཆོས་ཀྱི་དབྱིངས་ལས་མ་གཏོགས་པའི། །ཆོས་གཞན་མེད་ཕྱིར་སྡིག་པ་དང་། །ལུང་མ་བསྟན་ཡང་འདུས་མ་བྱས། །ཡིན་པ་ཉིད་དུ་ཐལ་བར་འགྱུར། །ཞེས་ཁོ་བོ་སྨྲ་སྐྱེ་འདི་ནི་གཟུར་གནས་ཀྱི་ངོར་ལན་དང་བྲལ་བ་ཡིན་ནོ། །

དེ་ལྟར་དོགས་པའི་གནས་ཅུང་ཟད་ཀྱང་བསལ་ནས་མདོར་ན་ཆོས་ཀྱི་དབྱིངས་གཟོད་ནས་རྣམ་པར་དག་ཅིང་དམིགས་མཚན་གྱིས་མ་གོས་པའི་རང་བཞིན་ཡང་དག་པར་ཤེས་པས། བདག་དང་སེམས་ཅན་དང་བྱང་ཆུབ་དང་དགེ་བའང་ཆོས་ཉིད་ཀྱི་ཚུལ་གང་ཡིན་པ་དེ་ཡོ་ནར་མཐོང་བས་དམིགས་མཚན་གྱི་འདུ་ཤེས་ལོག་ཅིང་། རྒྱ་རྐྱེན་གྱི་དབང་ལས་སྣང་ཏུ་མི་རུང་བའི་ཆོས་ཀྱང་མི་སྲིད་པ་རྟེན་འབྲེལ་གྱི་ཚུལ་མཁྱེན་པས་བསྔོ་བ་དང་སྨོན་ལམ་གྱི་ཚོགས་མཐའ་ཡས་པ་ལ་འཇུག་པ་འདི་ནི་དམིགས་མེད་ཀྱི་བསྔོ་བ་ཞེས་བྱ་བ་ཡིན་ནོ། །ལས་དང་པོ་པ་བློ་ཆུང་བ་ཁ་ཅིག་ནི་ཐོག་མར་རྒྱུ་དགེ་བ་དང་འབྲས་བུ་བྱང་ཆུབ་ལ་ཡིད་ཆེས་པ་ཡོ་ནར་བསྐྱེད་པར་བྱ་སྟེ། ནན་ཏན་གྱིས་གུས་པས་བསྔོར་བཅུག་པས་དད་པ་གོང་དུ་འཕེལ་བར་འགྱུར་ཏེ། ཇོ་བོ་ལ་རྒན་མོ་ཞིག་གིས་གསེར་གཡུ་ཕུལ་བ་ན་དགེ་བ་འདི་སེམས་ཅན་ཐམས་ཅད་ལ་སྙིར་སྐྱམ་པས་མཐུན་ཕྱུར་གྱིས་ཤིག་གསུངས་པ་ན་སེམས་ཅན་ལ་མི་སྙིར་ང་རང་གི་དོན་དུ་བསྔོ་བ་ཞུ་ཞེས་ཞུས་པས་ཐེག་ཆེན་གྱི་རིགས་ཅན་མིན་པར་འདུག་ཀྱང་དགེ་བ་ལ་ཡིད་ཆེས་པའི་གཏམ་ཡིན་གསུངས་ནས་མཉེས་པར་གྲགས་པ་ལྟ་བུའོ། །དེའི་ཕྱིར་དགོངས་གཅིག་པས་ཆེད་དུ་མཚན་མར་བཟུང་སྟེ་བསྔོ་བ་གནད་ཟབ་ཅེས་འཆད་པ་ཡང་ཕྱི་མ་འདི་ལ་དགོངས་པ་ཡིན་ནོ། **།ཡུམ་རྒྱན་ལས་ནི།** ཡོངས་སུ་བསྔོ་བ་ཁྱད་པར་ཅན། །དེ་ཡི་བྱེད་པ་མཆོག་ཡིན་ནོ། །ཞེས་དོས་བཟུང་ནས།

དབྱེ་ན་བཅུ་གཅིག་སྟེ། དེ་ནི་དམིགས་མེད་རྣམ་པ་ཅན། །ཕྱིན་ཅི་མ་ལོག་མཚན་ཉིད་དོ། །དབེན་དང་སངས་རྒྱས་བསོད་ནམས་ཚོགས། །རང་བཞིན་དྲན་པའི་སྤྱོད་ཡུལ་ཅན། །ཐབས་མཁས་མཚན་མ་མེད་པ་དང་། །སངས་རྒྱས་རྗེས་སུ་ཡི་རང་དང་། །(༨༧༥བ)ཁམས་གསུམ་གཏོགས་པ་མ་ཡིན་དང་། །ཆུང་དང་འབྲིང་དང་ཆེན་པོ་ཡི། །བསྔོ་བ་གཞན་ནི་རྣམ་གསུམ་དང་། །བསོད་ནམས་ཆེ་འབྱུང་

བདག་ཉིད་དོ། །ཞེས་གསུངས་ཏེ།

མཚན་མར་འཛིན་པ་མེད་པས་བསྔོ་བ་དམིགས་མེད་ཀྱི་བསྔོ་བ་དང་།༡ དེ་ལ་ཡང་མ་ཞེན་པས་བསྔོ་བ་ཕྱིན་ཅི་མ་ལོག་པའི་བསྔོ་བ་དང་།༢ ངོ་བོ་ཉིད་ཀྱིས་ཞི་བར་ཤེས་པ་དབེན་པའི་བསྔོ་བ་དང་།༣ དགེ་བ་ཐམས་ཅད་ཀྱང་འདས་པ་ནི་འགགས་མ་འོངས་པ་མ་སྐྱེས་ད་ལྟ་བ་རང་བཞིན་མེད་པར་ཤེས་པས་བསྔོ་བ་རང་བཞིན་དྲན་པའི་བསྔོ་བ་དང་།༤ སྲིད་ཞི་གཉི་གར་མི་ལྟུང་བ་ཐབས་མཁས་པའི་བསྔོ་བ་དང་།༥ དུག་དང་བྲལ་བ་མཚན་མེད་ཀྱི་བསྔོ་བ་དང་།༦ ཆོས་ཉིད་ཇི་ལྟ་བར་རྗེས་སུ་ཡི་རང་ཞིང་ཆོས་ཉིད་ཇི་ལྟ་བ་དང་སངས་རྒྱས་རྣམས་ཀྱིས་མཁྱེན་པ་ཇི་ལྟ་བར་ཡོངས་སུ་བསྔོ་བ་སངས་རྒྱས་ཐམས་ཅད་ཀྱིས་གནང་བའི་བསྔོ་བ་དང་།༧ ཆོས་ཐམས་ཅད་དུ་མ་ཆུད་ཅིང་བསྔོ་བ་ཉིད་ཀྱང་མི་དམིགས་པ་ཁམས་གསུམ་དུ་མ་གཏོགས་པའི་བསྔོ་བ་དང་།༨ མཚན་མ་མེད་པར་བསྔོས་པས་སྟོང་གསུམ་གྱི་སེམས་ཅན་རྣམས་ཀྱི་དགེ་བ་བཅུ་ནས་གཟུགས་མེད་བཞི་དང་མངོན་ཤེས་ལྔའི་བར་གྱི་དགེ་བ་ཐམས་ཅད་ཟིལ་གྱིས་གནོན་པ་ནི་བསོད་ནམས་ཆེན་པོ་འབྱུང་བའི་ཡོངས་སུ་བསྔོ་བ་ཆུང་ངུ་དང་།༩ དམིགས་པ་མེད་ཅིང་མ་ཆགས་པར་བསྔོས་པས་སྟོང་གསུམ་གྱི་སེམས་ཅན་རང་རྒྱལ་དུ་གྱུར་པ་ལ་གཅིག་གིས་ཇི་སྲིད་འཚོའི་བར་གྱི་ཡོ་བྱད་ཐམས་ཅད་ཀྱིས་བསྙབས་པའི་བསོད་ནམས་ཟིལ་གྱིས་གནོན་པ་ནི་དེ་འབྲིང་དང་།༡༠ གཞན་མ་ཡིན་པའི་དེ་བཞིན་ཉིད་ཀྱིས་བསྔོས་པས་སྟོང་གསུམ་གྱི་སེམས་ཅན་བྱང་ཆུབ་སེམས་དཔར་གྱུར་པ་རེ་རེ་ལ་ཡང་ཕྱོགས་བཅུ་རེ་རེའི་ཡང་ཞིང་གངྒཱའི་བྱེ་སྙེད་ཀྱི་སེམས་ཅན་དེ་ཐམས་ཅད་ཀྱིས་ཡོ་བྱད་ཐམས་ཅད་ཀྱིས་བསྐལ་པ་གངྒཱའི་བྱེ་སྙེད་དུ་བསྙེན་བཀུར་བའི་བསོད་ནམས་ཟིལ་གྱིས་གནོན་པ་དེའི་བསྔོ་བ་ཆེན་པོ་སྟེ། ༡༡ །ཐ་མ་གསུམ་ནི་ཆགས་མེད་ཀྱིས་བསྔོས་པས་བསོད་ནམས་ཆེན་པོ་འབྱུང་བའི་ཡོངས་སུ་བསྔོ་བ་གསུམ་ཡིན་

ལ། མདོར་ན་སྟོང་གསུམ་གྱི་སེམས་ཅན་བྱང་ཆུབ་སེམས་དཔར་གྱུར་པའི་(༤༨༨ན)དམིགས་བཅས་ཀྱི་བསོད་ནམས་ཐམས་ཅད་དམིགས་མེད་ཀྱི་བསྔོ་བ་གཅིག་གིས་ཟིལ་གྱིས་གནོན་པ་ཡིན་ནོ། །

དེ་ལ་བསྔོ་བའི་ཚིག་ནི། དཀོན་མཆོག་གི་རྟེན་དང་མཆོད་པ་བཤམ་ཁྲུས་དང་གཙང་སྦྲ་བྱས་ཏེ། ཕྱོགས་བཅུའི་སངས་རྒྱས་དང་བྱང་ཆུབ་སེམས་དཔའ་ཐམས་ཅད་མངོན་སུམ་དུ་བཞུགས་པར་མོས་ཏེ་མཆོད་པ་ཕུལ་ནས་བསྔོ་བ་འགྲུབ་པ་དང་བདེན་ཚིག་གིས་བྱིན་གྱིས་རློབ་པར་གསོལ་བ་གདབ། གཞན་དོན་དུ་དགེ་བ་བསྔོ་བར་བྱའོ་ཞེས་བྱང་ཆུབ་ཀྱི་སེམས་བསྐྱེད། ཆོས་ཀྱི་རང་བཞིན་བློའི་ཡུལ་མ་ཡིན་པའི་དེ་ཁོ་ན་ཉིད་སྨྲ་བསམ་བརྗོད་བྲལ་གྱི་གནས་ལུགས་ལ་མཉམ་པར་བཞག་སྟེ་དེ་ལྟར་མ་རྟོགས་པའི་སེམས་ཅན་གྱི་དོན་དུ། སངས་རྒྱས་དང་བྱང་ཆུབ་སེམས་དཔའ་ཐམས་ཅད་བདག་ལ་དགོངས་སུ་གསོལ་བྱ་བ་ལ་སོགས་པས་མཁྱེན་པར་གསོལ་ཏེ། འཇམ་དཔལ་དཔའ་བོས་ཇི་ལྟར་མཁྱེན་པ་དང་། །ཀུན་ཏུ་བཟང་པོ་དེ་ཡང་དེ་བཞིན་ཏེ། །དེ་དག་ཀུན་གྱི་རྗེས་སུ་བདག་སློབ་ཅིང་། །དགེ་བ་འདི་དག་ཐམས་ཅད་རབ་ཏུ་བསྔོ། །ཞེས་སོགས་ཀྱིས་རང་གིས་བསྔོ་བའམ་གཞན་གྱི་རྗེས་ཟློས་བྱ་བས་བསམ་པ་ཐག་པ་ནས་བསྔོ་བར་བྱའོ། །བསྔོ་བའི་ཚིག་ནི། སྤྱིར་ལས་ཀྱི་སྒྲིབ་པ་རྒྱུན་གཅོད་པའི་མདོའི་ཕུང་པོ་གསུམ་པ་ལས་འབྱུང་བ། ཐོག་མ་དང་ཐ་མ་མ་མཆིས་པའི་འཁོར་བ་ན་འཁོར་བའི་ཚེ་བདག་གིས་དགེ་བའི་རྩ་བ་འདུས་བགྱིས་པར་གྱུར་པ་ཞེས་སོགས་དང་། བསམ་པ་ཐམས་ཅད་ཡོངས་སུ་རྫོགས་པར་བྱེད་པའི་བསྔོ་བའི་མདོ་ལས། གང་སངས་རྒྱས་ཐམས་ཅད་སྔོན་བྱང་ཆུབ་སེམས་དཔར་གྱུར་པས་ཕ་རོལ་ཏུ་ཕྱིན་པ་དྲུག་ཡོངས་སུ་རྫོགས་པར་མཛད་པ་འདི་ལྟ་སྟེ་ཞེས་སོགས་དང་། འགྲོ་བ་ཐམས་ཅད་ཡོངས་སུ་སྐྱོབ་པར་བྱེད་པའི་བསྔོ་བའི་མདོ་ལས། བསོད་ནམས་ཐམས་ཅད་སེམས་ཅན་ཐམས་

ཅན་གྱི་བླ་ན་མེད་པ་ཐམས་ཅད་མཁྱེན་པའི་ཡེ་ཤེས་འཐོབ་པར་བགྱི་བའི་སླད་དུ་ཡོངས་སུ་བསྔོ་བར་བགྱིའོ་ཞེས་སོགས་དང་། ཡོངས་སུ་བསྔོ་བའི་རྒྱལ་པོ་སྨོགས་དང་བཅས་(༤༨༨བ)པ་ལས། རྣམ་པ་ཀུན་མཆོག་ལྡན་པ་ཡི། །སྟོང་པ་ཤེས་པའི་ཏིང་ངེ་འཛིན། །ཞེས་སོགས་ཚིགས་བཅད་ལྷུག་སྤྱགས་དང་བཅས་པ་རྒྱས་པར་གསུངས་ལ་འདི་རྣམས་མདོར་བསྡུས་ཏེ་བདག་གིས་ཡན་ལག་བཞི་པར་ཡང་བྲིས་ཡོད་དོ། །

སྟོན་པ་སངས་རྒྱས་པའི་ཚེ་བྱང་ཆུབ་ཀྱི་ཤིང་དྲུང་ལས་མ་གཡོས་པར་འོག་མིན་གྱི་བར་དུ་ལྷ་གནས་སོ་སོར་སྐུ་སྣང་ཞིང་ཕྱོགས་བཅུ་ནས་བྱང་ཆུབ་སེམས་དཔའི་འཁོར་འདུས་ནས་དམ་པའི་ཆོས་བགྲོ་བ་སངས་རྒྱས་ཕལ་པོ་ཆེའི་ཆོས་ཀྱི་རྣམ་གྲངས་ལས་རབ་དགའ་ལྡན་དུ་ཕྱོགས་བཅུའི་ཞིང་དེ་བཞིན་གཤེགས་པ་རྡོ་རྗེ་རྒྱལ་མཚན་དང་། རིན་ཆེན་རྒྱལ་མཚན་ལ་སོགས་པ་བཅུའི་ཞིང་ནས་བྱང་ཆུབ་སེམས་དཔའི་གཙོ་བོ་རྡོ་རྗེ་རྒྱལ་མཚན་དང་རིན་ཆེན་རྒྱལ་མཚན་ལ་སོགས་པ་དེ་བཞིན་གཤེགས་པ་སོ་སོ་དང་། མཚན་གཅིག་པ་རེ་རེ་ཡང་རང་དང་མིང་གཅིག་པའི་བྱང་ཆུབ་སེམས་དཔའ་ཞིང་གི་རྡུལ་སྙེད་ཀྱིས་བསྐོར་བ་ལྷགས་ཏེ། ཕྱོགས་བཅུར་འཁོད་ནས་རང་རང་གི་སྟོན་པས་བསྟན་པའི་ཆོས་བགྲོ་བའི་ཚེ། ཐོག་མར་བྱང་ཆུབ་སེམས་དཔའ་རྡོ་རྗེ་རྒྱལ་མཚན་གྱིས་དེ་བཞིན་གཤེགས་པ་རྡོ་རྗེ་རྒྱལ་མཚན་དེས་བསྟན་པའི་བསྔོ་བ་བཅུ་བསྟན་པ་བམ་པོ་བདུན་བཤད་དེ། དགེ་བའི་རྩ་བ་འདིས་སྡུག་བསྔལ་གྱི་ཕུང་པོ་ཐམས་ཅད་རྣམ་པར་བཟློག་པའི་ཕྱིར་བདག་སེམས་ཅན་ཐམས་ཅད་ཀྱི་གནས་སུ་གྱུར་ཅིག །ཅེས་སོགས་དང་པོ་སེམས་ཅན་ཐམས་ཅད་ཀྱི་འདུ་ཤེས་དང་ཚོར་བ་འགོག་པའི་ཡོངས་སུ་བསྔོ་བ་དང་། ཀུན་ཏུ་བཟང་པོའི་མཆོད་སྤྲིན་གྱི་གཙུག་ལག་ཁང་གྲངས་མེད་པས་སངས་རྒྱས་ཐམས་ཅད་ལ་བསྙེན་བཀུར་བྱས་པར་གྱུར་ཅིག །ཅེས་སོགས་གཉིས་པ་མི་ཕྱེད་པ་དང་ལྡན་པའི་བསྔོ་བ་དང་། ཡོངས་སུ་བསྔོ་བ་འདིས་སངས་རྒྱས་བཅོམ་ལྡན་འདས་དེ་

དག་སངས་རྒྱས་ཀྱི་རྣམ་པར་སྤྱོད་པའི་བདེ་བ་བསམ་གྱིས་མི་ཁྱབ་པ་དང་ཕྱི་ཕྱིར་ཞིང་ལྡན་པར་གྱུར་ཅིག །ཅེས་སོགས་གསུམ་པ་སངས་རྒྱས་ཐམས་ཅད་ཡང་དག་པར་སྐྱིད་པའི་བསྔོ་བ་དང་། འདི་ལྟར་ཡང་དག་པའི་མཐའ་ཐམས་ཅད་དུ་རྗེས་སུ་སོང་ཞིང་དངོས་པོ་ཐམས་ཅད་ཀྱི་རྗེས་སུ་(༢༤༧ན)སོང་བ་དང་འགྲོ་བ་དང་སེམས་ཅན་དང་ཞིང་དང་ཆོས་དང་ནམ་མཁའ་དང་དུས་གསུམ་དང་འདུས་བྱས་དང་འདུས་མ་བྱས་དང་སྤྱོད་པའི་སྒྲ་ཐམས་ཅད་ཀྱི་རྗེས་སུ་སོང་བ་དེ་བཞིན་དུ་དགེ་བའི་རྩ་བ་འདི་དག་ཡང་དུས་གསུམ་གྱི་སངས་རྒྱས་སྐྱེ་བ་ཐམས་ཅད་དུ་རྒྱས་པར་ཁྱབ་པར་གྱུར་ཅིག །ཅེས་སོགས་བཞི་པ་ཐམས་ཅད་དུ་རྗེས་སུ་སོང་བའི་བསྔོ་བ་དང་། གང་ཇི་སྲིད་དུ་སྔོན་གྱི་འདས་པའི་དུས་འབྱམས་བསྐལ་པའི་འཇིག་རྟེན་གྱི་ཁམས་ཤིན་ཏུ་བསྟན་པ་གྲངས་ལས་འདས་པ་དེ་བཞིན་གཤེགས་པ་ཐམས་ཅད་ཀྱི་ཡེ་ཤེས་ཀྱིས་ཐུགས་སུ་ཆུད་པ་རྣམས་སུ་སངས་རྒྱས་ཀྱི་ཞིང་གི་རྒྱན་ཡོངས་སུ་དག་པ་བྱུང་བ་དང་། ཞེས་སོགས་ལྔ་པ་བསོད་ནམས་མི་ཟད་པའི་བསྔོ་བ་སྟེ་འདིའི་ཚིགས་བཅད་དུ། ལས་ཀྱི་རྣམ་པ་གང་གིས་སྐྱེ་ལྡན་ཞིང་། །རང་བཞིན་གང་དང་མཚན་ཉིད་གང་ཡིན་དང་། །དེ་ན་ཅི་འདྲའི་ཆོས་ཉིད་ཡོད་པ་དག །དེ་བཞིན་དེ་དག་དག་པར་ཡོངས་སུ་བསྔོ། །ཞེས་ཀྱང་བཤད་དོ། །ཟས་སྟེར་བ་ན་སེམས་ཅན་ཐམས་ཅད་ཡེ་ཤེས་ཀྱི་ཁ་ཟས་དང་། ཆགས་པ་མེད་པའི་ཟས་དང་། དགའ་བའི་ཟས་དང་། ཟང་ཟིང་མེད་པའི་ཟས་དང་། ཡེ་ཤེས་ཀྱིས་འཚོ་བ་ཆོས་ཀྱིས་འཚོ་བ་དགེ་བའི་རྩ་བས་ཡོངས་སུ་བཟུང་བའི་ཆོས་ཀྱི་སྐུ་དང་། ཡེ་ཤེས་ཀྱི་སྐུ་ལ་ཡང་དག་པར་སྤྱོད་པས་བྱིན་པའི་གནས་གང་དང་། སྙིང་བརྩེ་བའི་ཁ་ཟས་རབ་ཏུ་ལེན་པར་གྱུར་ཅིག །ཅེས་སོགས་དྲུག་པ་དགེ་བ་ཐམས་ཅད་དང་མཉམ་ཉིད་ཀྱི་རྗེས་སུ་སོང་བ་སྟེ་འདིར་ཡང་། ཆོས་ཉིད་ཀུན་ཏུ་འགྲོ་བ་ཇི་འདྲ་བ། །དེ་བཞིན་དེ་དག་ཡོངས་སུ་བསྔོ་བར་བགྱིད། །ཅེས་གསུངས་སོ། །སེམས་ཅན་ཐམས་ཅད་ཀྱི་རི་

བ་རྫོགས་པའི་ཕྱིར་བསྔོའོ། །ཞེས་སོགས་བདུན་པ་འགྲོ་བ་ཐམས་ཅད་དང་མཉམ་ཉིད་ཀྱི་རྗེས་སུ་སོང་བའི་བསྔོ་བ་དང་། དགེ་བའི་རྩ་བ་ཐམས་ཅད་ཀྱང་གཉིས་སུ་མེད་པའི་ཐམས་ཅད་མཁྱེན་པ་ཉིད་ལ་ཚུལ་གྱིས་རྒྱུད་གཅིག་ཏུ་གྱུར་པས་འདི་ལྟར་བསྔོ་སྟེ་ཞེས་བརྒྱད་པ་དེ་བཞིན་ཉིད་ཀྱི་མཚན་ཉིད་ཀྱི་རང་བཞིན་དུ་བསྔོ་བ་དང་། འདིར་ཡང་། དེ་བཞིན་ཉིད་ཀྱི་མཚན་ཉིད་(༤༦༧བ)ཅི་འདྲ་དང་། །དེ་བཞིན་ཉིད་ཀྱི་ངང་ཚུལ་ཇི་འདྲ་དང་། །དེ་བཞིན་ཉིད་ཀྱི་རང་བཞིན་ཇི་འདྲ་བ། །དེ་འདྲར་ལས་རྣམས་ཀུན་ཡང་ཡོངས་སུ་བསྔོ། །ཞེས་སོ། །འདི་ལྟར་ཆགས་པ་དང་གྲོལ་ཞིང་བཅིངས་པ་མེད་པའི་སེམས་སུ་ཀུན་ཏུ་བཟང་པོའི་ལུས་རབ་ཏུ་གྲུབ་པར་གྱུར་ཅིག །ཅེས་སོགས་དགུ་པ་ཆགས་པ་དང་བཅིངས་གྲོལ་མེད་པའི་བསྔོ་བ་དང་། སངས་རྒྱས་དེ་དག་ཐམས་ཅད་ཀྱིས་ཡང་དག་པར་དགོངས་ཏེ་འཇིག་རྟེན་གྱི་ཁམས་གཅིག་ཏུ་བྱང་ཆུབ་ཀྱི་སྤྱད་པ་སྤྱོད་པར་གྱུར་ཅིག །དེ་ཇི་ལྟ་བར་འཇིག་རྟེན་གྱི་ཁམས་ཆོས་དབྱིངས་ཀྱིས་བསྡུས་པ་ནམ་མཁའི་མཐས་གཏུགས་པ་མ་ལུས་པ་ཐམས་ཅད་དུ་ཡང་བྱང་ཆུབ་ཀྱི་སྤྱད་པ་སྤྱོད་པར་གྱུར་ཅིག །ཅེས་སོགས་བཅུ་པ་ཆོས་དབྱིངས་ཚད་མེད་པའི་ཡོངས་སུ་བསྔོ་བ་ཡིན་ལ། འདིར། རྡོ་རྗེ་རྒྱལ་མཚན་རྒྱལ་བས་གང་གསུངས་པ། །ཡོངས་བསྔོ་དམ་པ་མཆོག་དང་མཐུལ་ཡང་ཡིན། །ཞེས་དེ་བཞིན་གཤེགས་པ་རྡོ་རྗེ་རྒྱལ་མཚན་གྱིས་གསུངས་པར་བསྟན་ཏོ། །དེས་ན། རྡོ་རྗེ་རྒྱལ་མཚན་རང་ཉིད་ཀྱིས། བྱས་དང་བྱེད་འགྱུར་བྱེད་པ་རྣམས། །ཞེས་བྱང་ཆུབ་སེམས་དཔའ་རྡོ་རྗེ་རྒྱལ་མཚན་ཉིད་ཀྱི་གཞུང་ཡིན་པར་འབྲུ་གཉེར་བའང་སླེགས་བམ་དེ་བསླལ་དོན་དུ་གྱུར་པའི་བཤད་པའོ། །

མདོར་ན་དེ་ལྟ་བུའི་ཚུལ་རྣམས་ཀྱིས་བསྔོ་ཞིང་མཐར་བདེན་པའི་སྟོབས་བརྗོད་པས་བརྟན་པར་བྱའོ། །བོད་སྔ་རབས་པ་རྣམས་བསྔོ་བའི་ཚེ་གཏོར་མ་གཏོང་བ་དང་ཆུ་རྒྱུན་སྦྲིང་བའི་ལག་ལེན་བྱུང་བ་ལ། རྗེ་ས་པཎ་གྱིས་ནན་གྱིས

འགོག་མོད་ཀྱང་སྦྱིར་རྒྱ་གར་ན་སྦྱིན་པ་པོས་བྱིན་ཟིན་པ་དང་། ལེན་པ་པོས་བླངས་ཟིན་པའི་ཚད་ཤེས་པའི་ཕྱིར་སྦྱིན་ཡུལ་གྱི་ལག་མཐིལ་གཡས་པར་ཏིལ་དང་། གསེར་ཅུང་ཟད་བླུགས་ཏེ་སྦྱིན་པ་པོས་རིལ་བ་ནས་ཆུ་རྒྱུན་དེའི་སྟེང་དུ་བླུག་པ་ནི་བྱིན་ཟིན་པ་དང་བླངས་ཟིན་པའི་ཚད་ཡིན་ཏེ། **ཟ་མ་ཏོག་གི་མདོ་ལས།** སྤྲུལ་པའི་མིའུ་ཐུང་གིས་ཆུ་རྒྱུན་གསེར་དང་ཏིལ་བཅས་བླངས་པར་བཤད་པ་དང་། རྒྱལ་བྱེད་ཀྱི་ཚལ་འབུལ་བའི་ཚེ་ཁྱིམ་བདག་གིས་རིལ་བའི་ཆུ་(༥༦༤ན)རྒྱུན་བླུགས་པ་ན་ཐོགས་ནས་འབྱུང་དུ་མ་སྟུབ་པས་སྟོན་པས་ས་ཕྱོགས་དེ་ཁྱོད་ཀྱིས་སྟོན་དེ་བཞིན་གཤེགས་པ་དྲུག་ལ་ཕུལ་ཟིན་གྱིས་ཕྱོགས་གཞན་དུ་བྲིམས་ཤིག་གསུངས་ཏེ་དེར་ཆུ་རྒྱུན་བྱུང་བར་གསུངས་པ་ཡིན་ནོ། །དེས་ན་བོད་ཕྱི་རབས་ན་སྲོལ་འདི་མི་སྣང་ཡང་མངའ་བདག་ཁྲི་རལ་གྱིས་གསར་བཅད་མཛད་དུས་བྲི་སྲང་ཡན་རྒྱ་གར་དབུས་དང་བསྟུན་པར་བཤད་པས་སྲོལ་འདི་ཡོད་སྲིད་ཅིང་། དེ་མིན་ནའང་པཎྜི་ཏ་རྣམས་ཀྱིས་རྒྱ་གར་གྱི་ལུགས་བྱེད་པ་བྱུང་ནས་ཡོན་དབུལ་བ་དང་། བསྔོ་བ་བྱེད་པ་བར་གཞན་གྱིས་མ་ཆོད་པར་འབྱུང་བས་སྟོན་ཡོན་ཕུལ་བའི་ཐ་ཚིག་ཏུ་གྲགས་པ་དེ་བྱས་པ་ལ། བསྔོ་བ་ལ་དགོས་པར་ཕྱིས་གོ་བ་འབྱམས་པ་ཡིན་སྲིད་མོད་ཀྱང་འདི་ནི་བྱས་ཀྱང་རྒྱ་གར་གྱི་ཡུལ་སྲོལ་བྱས་པར་འགྱུར་ལ་མ་བྱས་ཀྱང་དོན་ཅི་ཡང་ཆད་པར་མི་འགྱུར་རོ། །

གཉིས་པ་གཞུང་གི་དོན་ལ་གཉིས། བསྔོ་བ་དངོས་དང་། བཀའ་དྲིན་དྲན་པའི་ཕྱག་གིས་བསྟན་བཅོས་ཀྱི་མཐའ་བསྡུ་བའོ། །དང་པོ་ལ་གསུམ། གཙོ་བོར་གཞན་དོན་དུ་བསྔོ་བ། ཞར་ལ་རང་དོན་དུ་བསྔོ་བ། སངས་རྒྱས་ཀྱི་བསྟན་པའི་དོན་དུ་བསྔོ་བའོ། །དང་པོ་གཞན་དོན་དུ་བསྔོ་བ་ལ་ཡང་འགྲོ་བ་ཕལ་པའི་དོན་དུ་བསྔོ་བ་དང་། མཆོག་གི་དོན་དུ་བསྔོ་བའོ། །དང་པོ་(འགྲོ་བ་ཕལ་པའི་དོན་དུ་བསྔོ་བ་)ལ་ཡང་སྤྱིར་བསྔོ་བ། ངན་སོང་གསུམ་གྱི་སྡུག་བསྔལ་ཞི་བར་བསྔོ་བ། མཐོ་རིས་པའི་སྡུག

བསྔོལ་ཞི་བར་བསྔོ་བའོ། །

དང་པོ་(སྤྱིར་བསྔོ་བ་)ནི།

བདག་གིས་བྱང་ཆུབ་སྤྱོད་པ་ལ། །
འཇུག་པ་རྣམ་པར་བརྩམས་པ་ཡི། །
དགེ་བ་གང་དེས་འགྲོ་བ་ཀུན། །
བྱང་ཆུབ་སྤྱོད་ལ་འཇུག་པར་ཤོག[༡] །
ཕྱོགས་རྣམས་ཀུན་ན་ལུས་དང་སེམས། །
སྡུག་བསྔལ་ནད་པ་ཇི་སྙེད་པ། །
དེ་དག་བདག་གི་བསོད་ནམས་ཀྱིས། །
བདེ་དགའ་རྒྱ་མཚོ་འཐོབ་པར་ཤོག[༢] །
དེ་དག་སངས་རྒྱས་བདེ་ཐོབ་ཀྱི། །
བར་དུ་བདེ་ལས་ཉམས་མ་གྱུར། །
འགྲོ་ལ་བླ་ན་མེད་པ་ཡི། །
བདེ་བ་རྒྱུན་མི་འཆད་པར་ཤོག[༣] །

ཅེས་གསུངས་ཏེ། དང་པོས་སེམས་ཅན་ཐམས་ཅད་བྱང་ཆུབ་ཀྱི་ལམ་དུ་འཇུག་པར་(༤༦༨བ)བསྔོས། གཉིས་པས་སེམས་ཅན་གྱི་ནད་ཞི་བར་བསྔོས། ཐ་མས་ཐམས་ཅད་ཕན་བདེ་འཐོབ་པར་བསྔོས་པའོ། །

དེ་ཡང་སློབ་དཔོན་ཉིད་ཀྱིས་མདོ་བསྟན་བཅོས་ཐམས་ཅད་ཀྱི་སྙིང་པོ་འདི་ལྟ་བུ་སྐབས་དེ་ཉིད་དུ་གཞུང་འདོན་པའི་ཚུལ་གྱིས་ཐོགས་མེད་དུ་བརྩམས་པ་འདིས་ནི། ཐེག་ཆེན་གྱི་སྡེ་སྣོད་རྒྱ་མཚོ་ཆེན་པོ་ལྟ་བུར་འཇུག་པར་མི་ནུས་པ་རྣམས་ཀྱིས་ཀྱང་འདི་ལྟ་བུ་ཐོས་པའི་མོད་ལ་ཡིད་བཞིན་གྱི་ནོར་བུ་ལྟ་བུའི་བྱང་ཆུབ་ཀྱི་སེམས་ཐེག་ཆེན་གྱི་ངོ་བོ་འཐོབ་པར་འགྱུར་ལ། གང་ཟག་གཅིག་པོ་ན་བྱང་ཆུབ་

ཀྱི་སེམས་ལ་བཞག་པའི་ཕན་ཡོན་ཡང་མཐའ་མེད་ན་འགྲོ་བ་མཐའ་ཡས་པ་ལྟ་ཅི་སྨོས་ཏེ། དེའི་ཕྱིར་བསོད་ནམས་དང་ཡེ་ཤེས་ཀྱི་ཚོགས་གཞལ་དུ་མེད་པ་ཆོས་ཀྱི་རྣམ་གྲངས་འདི་གསུངས་པའི་དུས་དེ་ཁོ་ནར་ཡང་ཐོབ་པ་དེ་ཉིད་བསྔོ་རྒྱུའི་གཙོ་བོར་བྱས་ཏེ། དགེ་བ་དེ་ཡི་མཐུས་སེམས་ཅན་ཐེག་ཆེན་དུ་མ་ཞུགས་པ་ཐམས་ཅད་ཀུང་བྱང་ཆུབ་ཀྱི་སྤྱོད་པ་འདི་ལྟ་བུ་ལ་འཇུག་ཅིང་ཞུགས་པ་རྣམས་སླར་མི་ལྡོག་པར་གོང་ནས་གོང་དུ་འཇུག་པར་གྱུར་ཅིག་པའོ། །ཕྱི་ བྲག་ཏུ་ལུས་སེམས་སྡུག་བསྔལ་གྱིས་མནར་བའི་ནད་པ་ཐམས་ཅད་དགེ་བ་འདིའི་མཐུས་ནད་ཐམས་ཅད་ལྷང་བ་མེད་པར་ཞི་སྟེ་ལུས་རྣལ་དུ་ཕེབས་པས་བདེ་བ་དང་སེམས་རྣལ་དུ་ཕེབས་པས་དགའ་བ་ཆེན་པོ་འཐོབ་པར་གྱུར་ཅིག །དེ་དག་གི་དགའ་བདེ་དེ་ཡང་སངས་རྒྱས་མ་ཐོབ་ཀྱི་བར་དུ་མི་ཉམས་པར་གོང་དུ་འཕེལ་ཞིང་། མདོར་ན་འགྲོ་བ་ཐམས་ཅད་ཀུང་བླ་ན་མེད་པ་སྲིད་ཞི་ལས་འདས་པའི་ཟག་མེད་ཀྱི་བདེ་བ་འཐོབ་ཅིང་མི་ཉམས་ལ་རྟག་ཏུ་དེས་འཚོ་བར་གྱུར་ཅིག་པའོ། །

འདི་ནི་དེའི་དུས་ཡམས་ནད་མི་ངས་ཀྱི་འཚེ་བ་ཞིག་ཡོད་པ་ཞི་བྱེད་དུ་གཙོ་བོར་དགོངས་པ་འདྲ་ལ། སྤྱིར་སེམས་ཅན་ཐམས་ཅད་རྟག་ཏུ་མ་རིག་པའི་གཙོང་གིས་ཟིན་ཞིང་དེ་ལས་དུག་གསུམ་གྱི་ཀུན་ལྡང་སྐྱེ་ལ། དེས་རླུང་མཁྲིས་བད་ཀན་སྐྱེད་ཅིང་དེ་གསུམ་ཆ་མ་སྙོམས་པ་དང་འཕེལ་ཟད་འཁྲུགས་པ་ལ་ནད་དུ་གྲགས་ཤིང་། མི་ལ་ནི་ནད་བཞི་བརྒྱ་རྩ་བཞིར་ཟད་མོད་ཀུང་དུད་འགྲོ་ནས་མནར་མེད་པའི་བར་ལ་སྟེ་(༥༨(ན)མ་བརྒྱ་སྟོང་ཕྲག་མང་པོར་བསྒྱུར་བའི་ནང་ཕྱི་མ་ཕྱི་མ་ལ་རིམ་པས་ཡོད་པའི་ཕྱིར། རྒྱུ་དང་འབྲས་བུའི་སྒོ་ནས་སེམས་ཅན་སྤྱིའི་དོན་དུ་བསྔོ་བར་བཤད་ཀུང་རུང་ངོ་། །

གསེར་གླིང་པས་གཙོ་བོའི་དོན་སོ་དྲུག་གི་ཚེ་བསྔོ་ལེའི་ཚིགས་བཅད་དང་པོ་གསུམ་གྱིས་བསྔོ་ལེ་མཐའ་དག་བསྡུས་ལ། བཅུ་གཅིག་ཏུ་བཀྲལ་ཚེ་ཚིགས་བཅད

དང་པོ་ཁོ་ནས་བསྡུས་ཏེ་བཤད་དོ། །

གཉིས་པ་(དན་སོང་གསུམ་གྱི་སྡུག་བསྔལ་ཞི་བར་བསྔོ་བ)ལ། སྤྱིའི་དོན་དང་། གཞུང་གི་དོན་ནོ། །དང་པོ་(སྤྱིའི་དོན)ལ། དམྱལ་བ་ནི། ན་ར་ཀ་ཞེས་སྡུག་བསྔལ་དྲག་པོས་དམྱལ་ཐག་བཅད་པའི་ཕྱིར་དམྱལ་བ་ཞེས་བྱའོ། །

གནས་ནི། འཛམ་གླིང་འདིའི་འོག་དཔག་ཚད་ཉི་ཁྲི་གཞལ་བ་ན་མནར་མེད་ཀྱི་དམྱལ་བ་ཡོད་ལ་དེའི་སྟེང་ན་གཞན་བདུན་པོ་ཡོད་དེ། **མཛོད་ལས།** འདི་འོག་སྟོང་ཕྲག་ཉི་ཤུ་ན། །མནར་མེད་པ་འོ་དེ་ཙམ་མོ། །དེ་ཡི་སྟེང་ན་དམྱལ་བ་བདུན། །ཞེས་སོ། །དེ་ལ་ཐེག་དམན་གྱི་མངོན་པར་མནར་མེད་ཀྱི་རྒྱ་འཕངས་གཉིས་ཁར་དཔག་ཚད་ཉི་ཁྲི་རེ་ཡོད་ལ། ཐེག་ཆེན་དུ་ནི་ཚད་མེད་དེ། **སྒྲུང་འདས་ཆེན་པོར་**མཚམས་མེད་བརྒྱད་བྱས་པའི་དམྱལ་བ་པའི་ལུས་ལ་ཡང་དཔག་ཚད་བརྒྱད་ཁྲི་ཡོད་པ་དང་། **ཕལ་ཆེན་ལས་**ཐེག་ཆེན་ལ་སྐུར་པ་བཏབ་པའི་དམྱལ་བ་པའི་ལྕེ་ལ་ཡང་དཔག་ཚད་འབུམ་ཡོད་པར་བཤད་པའི་ཕྱིར་རོ། །

དབྱེ་བ་ནི། ཐུན་མོང་བ་ལྟར་ན་ཚ་དམྱལ་བརྒྱད་གྲང་དམྱལ་བརྒྱད་ཉེ་ཚེ་ཉེ་ཁོར་ཏེ་བཅུ་དྲུག་གོ། །སྡུག་བསྔལ་གྱི་ཁྱད་པར་ནི། ཡང་སོས་སུ་སེམས་ཅན་མཐོང་ཚད་དགྲ་མི་ཤ་བོ་ལྟ་བུར་མཐོང་ཞིང་། བླངས་ཚད་མཚོན་དུ་གྱུར་པས་ཕན་ཚུན་བསྣུན་ཏེ་འཆི་ལ། དེ་མ་ཐག་ལས་ཀྱི་རླུང་གྲང་མོའམ་སོས་པར་གྱུར་ཅིག་ཅེས་པའི་སྒྲ་ལས་སྐད་ཅིག་གིས་སོས་ཏེ་ཡང་སྔར་ལྟར་ཁོ་ན་བྱེད་དོ། །

ཐིག་ནག་ཏུ་ནི། གཤིན་རྗེས་ལུས་ལ་ཐིག་ནག་པོ་མཐའ་ཡས་པར་བཏབ་སྟེ། ལྕགས་སྲེག་གི་སོག་ལེ་དང་སྟ་རེ་དང་སྟེའུ་སོགས་མེ་འབར་བས་གཤག་བཏུབ་གཞོག་ལ། སྟོད་གཞོག་པ་ན་སྨད་ཀྱི་རྨ་འཚོ་ལ་སྨད་གཞོག་པ་ན་སྟོད་སོས་ཏེ་སྡུག་བསྔལ་བའོ། །

བསྡུས་འཛོམས་ནི། ལུགས་(༤༨(ཁ))ཀྱི་རི་ཆེན་པོ་སྲོག་ཆགས་སྣ་ཚོགས་པའི་

གདོང་ཅན་ཆ་ལང་ལྟར་འཐབ་པའི་བར་དུ་ལུས་ཕྱི་མར་བྱེད་ཅིང་། རི་གྱེས་པ་ན་ལུས་འཚོ་ལ་ཡང་རི་འཐབ་པས་འཇོམས་པའོ། །

དུ་འབོད་པ། ལྕགས་སྲེག་གི་ཁང་པར་བསྲེགས་པ་དང་། དུ་འབོད་ཆེན་པོ། ལྕགས་ཁང་ཉིས་རིམ་ལ་སོགས་པར་སྲེག་གོ། །

ཚ་བ་པ། ལྕགས་སྲེག་གི་ཕྲུ་བར་ལྕགས་ཁུས་འཚེད་པ་དང་། རབ་ཏུ་ཚ་བ་པ། ལྕགས་སྲེག་གི་བསད་ཅིང་རྩེ་གསུམ་པས་སྨད་ནས་འབུགས་ཤིང་། ནང་ཐམས་ཅད་མེར་འབར་བས་བ་སྤུ་ཐམས་ཅད་ནས་མེ་ལྕེ་འབྱུང་བ་དང་། ལྕགས་ལེབ་མེ་འབར་བས་དཀྲི་བ་དང་། ཀེང་རུས་ཙམ་ལུས་པ་ན་ལྕགས་སྲེག་གི་ས་གཞི་ལ་བཀྲམ་པས་ཤ་སྐྱེ་ཞིང་ཡང་འཚེད་པ་སོགས་དང་། མནར་མེད་དུ་ལྕགས་ཁང་རིམ་པ་མཐའ་ཡས་པའི་ནང་དུ་མུན་པའི་རང་བཞིན་གྱི་མེ་ལྕེ་ནག་པོས་བསྲེགས་ཤིང་སྲེག་བཞིན་པ་དེ་ཉིད་ལས་ལྕགས་སྲེག་གི་ཞབ་མར་མེ་དང་ལྡན་ཅིག་འབྲུ་ལྟར་བཀྲབ་པ་དང་། རྡོ་བ་དང་ལྕགས་སྲེག་གི་རང་འཐག་ལ་འཐག་པ་དང་ལྕེ་བརྒྱངས་ནས་ལྕགས་སྲེག་གི་རྨོན་པ་དོར་སྟོང་ལ་སོགས་པས་རྨོ་བ་སོགས་མཐའ་ཡས་ཏེ། སྡུག་བསྔལ་ལ་བར་མཚམས་སྐད་ཅིག་ཡང་མེད་པའི་ཕྱིར་མནར་མེད་པ་ཞེས་བྱ་ལ། འདིའི་སྡུག་བསྔལ་ཇི་ལྟ་བར་ཐོས་ན་ལྷ་མི་སུ་ཡང་ཁྲག་བསྐྱུགས་ཏེ་འཆི་བས་ཇི་བཞིན་དུ་མ་གསུངས་པར་བཤད་ལ། སྐྱིར་མིའི་མེ་དང་ཁོར་ཡུག་གི་མེ་དང་དུས་མཐའི་མེ་རྣམས་སྔ་མ་ལས་བདུན་འགྱུར་གྱིས་ཕྱི་མ་ཚ་ལ་དེ་ལས་ཡང་སོས་ཀྱི་མེ་བདུན་འགྱུར་གྱིས་ཚ་ཞིང་དེ་བཞིན་མནར་མེད་ཀྱི་བར་དུ་བདུན་འགྱུར་གྱིས་འོག་མ་འོག་མ་ཚ་ལ། དམྱལ་བ་འོག་མ་འོག་མ་ལ་གོང་མ་གོང་མའི་སྡུག་བསྔལ་ཐམས་ཅད་ཚང་བར་ཡོད་ཀྱི་སྟེང་དུ་རང་གནས་ཀྱི་སྡུག་བསྔལ་དེ་ལྷག་པོར་མྱོང་ངོ་། །ནད་ཀྱང་མིའི་ནད་རིགས་བཞི་བརྒྱ་རྩ་བཞི་བརྒྱུར་བསྒྱུར་བའི་ནང་དུད་འགྲོ་དང་། དེ་སྟོང་དུ་བསྒྱུར་བ་ཡི་དྭགས་ལ་ཡོད་ཅིང་། དེ་ཐམས་ཅད་བྱེ་བ་མང་པོར

བསྒྱུར་བ་ཡང་སོས་དང་། དེ་མཐའ་ཡས་པ་རིམ་པར་བསྒྱུར་བ་འོག་མ་འོག(༧༠ན)
མ་ལ་ཚང་བར་ཡོད་དོ། །

ཉེ་འཁོར་པ་ནི། མངོན་པ་ལྟར་ན་ཚ་དམྱལ་བརྒྱད་པོའི་ཕྱོགས་བཞི་པོ་རེ་རེ་ན་
མེ་མར་མུར་པུས་ནུབ་ཙམ་གྱི་ས་གཞི་དང་། རོ་མྱགས་མི་གཙང་བའི་འདམ་འབུ་
མཆུ་རྣོན་གྱིས་གང་བ་དང་། སྤུ་གྲིའི་སོ་གདམས་པ་རྩ་ལྟར་སྐྱེས་ཤིང་རལ་གྲིའི་ལོ་
མ་ཅན་གྱི་ནགས་ཚལ་དང་། ཀྲོ་ཆུ་ཁོལ་མའི་ཆུ་བོ་རབ་མེད་དེ་ལྔག་པའི་འཁོར་
བཞི་བཞི་ཡོད་པས་ཚ་དམྱལ་རེ་རེ་ལ་འཁོར་བཅུ་དྲུག་སྟེ། བརྒྱད་པོ་ཀུན་ལ་ལྷག་
བཅུ་དྲུག །མེ་མར་མུར་དང་རོ་མྱགས་འདམ། །སྤུ་གྲིའི་ལམ་སོགས་ཆུ་བོ་ཡིན། །ཞེས་
སོ། །ཚ་དམྱལ་གཙོ་བོ་ལས་ཐར་ཡང་དེ་དག་ཏུ་མེ་མར་མུར་ལ་རྐང་པ་བཞག་པ་
ན་རུས་པར་འགྲོ་ལ་བཏེགས་པ་ན་ཤ་གསར་པ་གཞོན་ཤ་ཅན་སྐྱེ་བ་དང་། འདམ་
དུ་ཚུད་དེ་འབུ་རྣམས་ཀྱིས་རུས་པ་ཐམས་ཅད་འབུགས་པ་དང་། སྤུ་གྲིས་རྐང་པ་
གཙོད་ཅིང་བཏེགས་པ་ན་སོས་པ་དང་། ཤིང་གྲིབ་ལ་འཁོད་པ་ན་ལས་ཀྱི་རླུང་
གིས་རལ་གྲི་རྣམས་ལྷུང་བས་ལུས་ཕྱེ་མར་བྱེད་ཅིང་ཡང་སོས་པ་དང་། འགྱུར་
བྱེད་ཀྱི་ཆུ་བོར་ལྷུང་སྟེ་འཚེད་ཅིང་ལྕགས་སྲེག་གི་ཉ་བོ་ཆེས་ཟ་བ་དང་། གཤིན་
རྗེས་ལྕགས་སྲེག་གི་ཉ་ཀྲྀ་དང་ལྕགས་ཀྱུས་བཤར་ནས་ལྕགས་སྲེག་གི་གཞིར་རྫོས་
པ་རྣམས་ལོ་མཐའ་ཡས་པར་སྨྱོང་ངོ་། །

ཚེ་ཚད་ནི། མི་ལོ་ལྔ་བཅུ་ལ་ཞག་དང་དེ་སུམ་ཅུ་ལ་ཟླ་བ་དེ་བཅུ་གཉིས་ལོར་
བྱས་པའི་ལོ་ལྔ་བརྒྱ་ནི་ལྷ་རྒྱལ་ཆེན་རིས་བཞི་པའི་ཚེ་ཡིན་ལ། དེ་བཞིན་དུ་ཡང་
མ་ཉིས་འགྱུར་དུ་བསྒྲེས་པས་སུམ་ཅུ་རྩ་གསུམ་པ་མི་ལོ་བརྒྱ་ལ་ཞག་ཏུ་བྱས་
པའི་ལོ་སྟོང་། འཐབ་བྲལ་བ་ཉིས་བརྒྱ་ལ་ཞག་ཏུ་བྱས་པའི་ལོ་ཉིས་སྟོང་། དགའ་
ལྡན་པ་མི་ལོ་བཞི་བརྒྱ་ལ་ཞག་ཏུ་བྱས་པའི་ལོ་བཞི་སྟོང་། འཕྲུལ་དགའ་བ་མི་ལོ་
བརྒྱད་བརྒྱ་ལ་ཞག་ཏུ་བྱས་པའི་ལོ་བརྒྱད་སྟོང་། གཞན་འཕྲུལ་དབང་བྱེད་པ་མི་

ལོ་སྟོང་དང་དྲུག་བརྒྱ་ལ་ཞག་ཏུ་བྱས་པའི་ལོ་ཁྲི་དྲུག་སྟོང་རྣམས་སོ་སོའི་ཚེ་ཚད་ཡིན་ལ། དེ་ལས་རྒྱལ་ཆེན་རིས་བཞིའི་ཚེ་ཚད་ལ་ཞག་གཅིག་ཏུ་བྱས་པའི་ལོ་ལྔ་བརྒྱ་(༧༠་བ)ཡང་སོས་པའི་ཚེ་ཚད་ནས། གཞན་འཕྲུལ་དབང་བྱེད་པའི་ཚེ་ཚད་ལ་ཞག་ཏུ་བྱས་པའི་ལོ་ཁྲི་དྲུག་སྟོང་ཚ་བ་པའི་ཚེ་ཚད་ཡིན་ལ། རབ་ཏུ་ཚ་བས་བར་བསྐལ་ཕྱེད། །མཐར་མེད་ཀྱིས་བར་བསྐལ་གཅིག་ཡིན་ཏེ། མི་རྣམས་ཀྱི་ལོ་ལྔ་བཅུ་ལ། །འདོད་ལྷ་འོག་མའི་ཉིན་ཞག་གཅིག །དེ་ཡིས་ཚེ་ལོ་ལྔ་བརྒྱའོ། །གོང་མ་གཉིས་ཀ་ཉིས་འགྱུར་ཉིད། །ཡང་སོས་ལ་སོགས་དྲུག་རིམ་བཞིན། །འདོད་ལྷའི་ཚེ་དང་ཉིན་ཞག་མཉམ། །དེ་ཡིས་དེ་དག་རྣམས་ཀྱི་ཚེ། །འདོད་པའི་ལྷ་དང་འདྲ་བ་ཡིན། །རབ་ཏུ་ཚ་ཕྱེད་མཐར་མེད་ནི། །བར་གྱི་བསྐལ་པའོ། །ཞེས་སོ། །འདིའི་ཞར་ལས་ཚ་བའི་ཚེ་ཚད་ནི་བར་བསྐལ་གྱི་བཞི་ཆ་ཡིན་པར་ཡང་དོན་གྱིས་ཐོབ་པས་ད་ལྟའི་བསྐལ་པ་འདིའི་བར་བསྐལ་གྱི་ཚད་ཀྱང་ཤེས་ནུས་ཏེ་དེ་ལྟ་ན། ཁྲག་ཁྲིག་ཆེ་གཅིག་ཁྲག་ཁྲིག་གསུམ། །ཐེར་འབུམ་ཆེ་གཉིས་ཐེར་འབུམ་བདུན། །དུང་ཕྱུར་གཅིག་དང་ས་ཡ་བཞིའོ། །མི་ལོ་བར་བསྐལ་གཅིག་ཡིན་ནོ། །ཞེས་བྱའོ། །

གྲང་དམྱལ་ནི། ཆུ་བུར་ཅན་དང་། ཆུ་བུར་རྡོལ་བ་ཅན་དང་། ཨ་ཆུ་དང་། ཀྱི་ཧུད་ཟེར་བ་དང་། སོ་ཐམ་ཐམ་པ་དང་། ཨུཏྤལ་དང་། པདྨ་དང་། པདྨ་ཆེན་པོ་ལྟར་གས་པ་དང་། རྣམ་པ་བརྒྱད་དེ། ཆུ་བུར་ཅན་སོགས་གྲང་བརྒྱད་གཞན། །ཞེས་སོ། །

གནས་ནི། སྤྱིར་རི་བོ་གངས་ཅན་གྱི་འོག་ན་ཡོད་པར་བཤད་ལ། སྡུག་བསྔལ་ནི་མིང་དང་མཐུན་པ་སྟེ་ཐ་མ་ནི་ཤིན་ཏུ་དམར་ལ་ལུས་བྱེ་བ་ལ་སོགས་པར་གས་པའོ། །

ཚེ་ཚད་ནི། མ་ག་དྷའི་ཏིལ་ཁལ་བརྒྱད་ཅུ་པའི་བང་བ་ནས་ལོ་བརྒྱ་རེ་ལ་ཏིལ་འབྲུ་རེ་ཕྱུང་བས་ཟད་པ་ནི་ཆུ་བུར་ཅན་གྱི་ཚེ་ཡིན་ལ། དེ་ཉི་ཤུ་ཆུ་བུར་རྡོལ་བ་

ཅན་གྱི་ཚེ་དང་། དེ་བཞིན་དུ་ཉི་ཤུས་བསྒྱུར་བ་འོག་མ་འོག་མའི་ཚེ་སྟེ་ཐ་མའི་ཚེ་ལ་ནི་ཏིལ་སྦྲང་ཐེར་འབུམ་གཅིག་དང་དུང་ཕྱུར་གཉིས་བྱེ་བ་བརྒྱད་ཡོད་དོ། །

ཉི་ཚེ་བ་ནི། མྱུ་ངམ་གྱི་ཐང་དང་རྒྱ་མཚོའི་འགྲམ་སོགས་གནས་མ་ངེས་པར་སྡུག་བསྔལ་མ་ངེས་པ་སྣ་ཚོགས་མྱོང་བ་ཚེ་ཚད་ཀྱང་མ་ངེས་པ་སྟེ། གྲོ་བཞིན་སྐྱེས་དང་། དགེ་(༤༧༡ན)འདུན་འཚོ་དང་། དཔལ་སྐྱེས་ཀྱིས་གཟིགས་པ་ལྟ་བུའོ། **།དྲན་པ་ཉེར་བཞག་ལས་ནི།** རྩ་བ་བཞི་ཆང་ཆོས་ལ་དམད་པ་རྒྱུ་འབྲས་ལ་ལོག་པར་བལྟས་པ་མཚམས་མེད་རྣམས་ཐམས་ཅད་སྤྱད་པ་མནར་མེད་ཀྱི་རྒྱུ་ནས་སྲོག་གཅོད་གཅིག་པུ་ཡང་སོས་ཀྱི་རྒྱུའི་བར་དང་། དེ་སོ་སོ་ལ་ནང་ཚན་གྱི་བྱེད་ལས་ཀྱི་དབྱེ་བ་རེ་རེ་ལ་འཁོར་བཅུ་དྲུག་པོ། མི་གཙང་འདམ་དང་ལྕགས་ཀྱིས་བསྒྱུར། །སློང་འཆེད་གནོད་པ་མ་ཞི་དང་། །མུན་པ་ཀུན་ཏུ་མི་དགའ་བ། །ཚོར་བ་བདེ་དང་ནད་ཐམས་ཅད། །མཚོན་འབབ་གནོད་པ་དྲག་པོ་དང་། །ནེ་ལེ་ནག་འདྲ་གཞན་སྒྱུར་དང་། །སྡུག་བསྔལ་གྱིས་གནོད་པདྨའི་ཕྲེང་། །འཚེའུ་དང་གནོད་པ་བདོ་བ་སྟེ། །ཡང་སོས་འཁོར་ནི་བཅུ་དྲུག་ཡིན། །ཞེས་སོགས་ཐ་དད་པར་བཤད་དོ། །

ཡི་དྭགས་ལ་ཡང་། པྲེ་ཏ་ཞེས་བགྲེས་ཤིང་གདུང་བས་ན་ཡི་དྭགས་ཞེས་བྱ་ལ།

གནས་ནི། དཔག་ཚད་ལྔ་བརྒྱའི་ས་འོག་ན་ཡི་དྭགས་ཀྱི་གྲོང་ཁྱེར་ཆེན་པོ་སེར་སྐྱ་ཞེས་པ་ན་གཙོ་བོར་གནས་ཤིང་། ཁ་འཐོར་བ་མྱུ་ངམ་གྱི་ཐང་སོགས་སྣ་ཚོགས་ན་ཡོད་ལ། གཙོ་བོ་རྣམས་གཤིན་རྗེར་གཏོགས་པ་གཞན་སྲོག་གིས་འཚོ་བ་དང་ཕལ་པ་རྣམས་ཕྱིའི་སྒྲིབ་པ་ཅན་ལ་སོགས་པ་སྟེ། དཱ་ལ་ཡ་ཐོག་བསྐམས་འདྲའི་ཡི་དྭགས་གཟུགས། །བལྟས་པ་ཙམ་གྱིས་ཆུ་ཀླུང་རྒྱུན་སྐེམ་ཞིང་། །ལྗོན་ཤིང་འབྲས་བུ་མེད་འགྱུར་དེ་དག་གོ། །ཞེས་སོགས་ཀྱི་སྡུག་བསྔལ་མྱོང་བ།

ཚེ་ཚད། མིའི་ཟླ་བ་ལ་ཞག་ཏུ་བྱས་པའི་ལོ་ལྔ་བརྒྱ་སྟེ། ཟླ་བ་ཉིན་ཞག་གི་ལྔ་

བརྒྱ། །ཞེས་སོ། །

ཏུད་འགྲོ་ནི། ཏིཏྟི་ཀ་ཞེས་ཏུད་ཅིང་འགྲོ་བས་ན་དེ་སྐད་བྱ་ལ།

གནས་ནི། གཙོ་བོ་རྒྱ་མཚོ་ཆེན་པོ་ཡིན་ལ་ཁ་འཐོར་བ་ངན་སོང་དང་མཐོ་རིས་ཕལ་ཆེར་ན་ཡོད་ལ། དབྱེ་ན་རྐང་མང་རྐང་བཞི་རྐང་གཉིས་རྐང་མེད་བཞིར་ཐར་རྒྱན་ལས་གསུངས་སོ། །

སྡུག་བསྔལ་ནི། གླུ་རྣམས་ལ་ལོངས་སྤྱོད་ལྕ་ལྷ་བུ་ཡོད་ཀྱང་བྱེ་ཚན་གྱི་ཆར་ཞག་རེ་ལ་དུས་གསུམ་དུ་འབབ་པས་ལུས་སྲེག་པ་དང་ནམ་མཁའ་ལྡིང་གིས་ཟ་བ་སོགས་ཡོད་ལ། སྤྱིར་དུད་འགྲོ་(༧༡བ)རྣམས་ཆེ་བས་ཆུང་བ་ཟ་ཞིང་ཆུང་བས་ཆེ་བ་འབུགས་པ་སོགས་རྟག་ཏུ་དགྲ་བོ་ནའི་ནང་ན་གནས་ལ། ཚེ་ཚད་རིང་བ་བསྐལ་པའི་ཚེ་དང་། ཕྲ་མོ་ཁ་ཅིག་ཉིན་རེ་ལ་ལན་ཁྲི་ལ་སོགས་པར་སྐྱེ་འཆི་བྱེད་པ་ཡོད་དོ། །དེ་ལྟར་ངན་སོང་པ་རྣམས་དེ་ཙམ་དུ་སྡུག་བསྔལ་ལ། སྐྱབས་པ་སུ་ཡང་མེད་པས་དགེ་བའི་མཐུས་དེ་རྣམས་ཀྱི་སྡུག་བསྔལ་ཞི་བའི་ཆེད་དུ་བསྔོས་པའོ། །

གཉིས་པ་གཞུང་གི་དོན་ནི།

འཇིག་རྟེན་ཁམས་ན་དམྱལ་བ་དག །
གང་དག་ཇི་སྙེད་ཡོད་པ་རྣམས། །
དེ་དག་ཏུ་ནི་ལུས་ཅན་རྣམས། །
བདེ་ཆེན་བདེ་བས་དགའ་བར་ཤོག[༤]།
གྲང་བས་ཉམས་ཐག་དྲོ་ཐོབ་ཤོག །
བྱང་ཆུབ་སེམས་དཔའི་སྤྲིན་ཆེན་ལས། །
བྱུང་བའི་ཆུ་བོ་མཚོ་ཡས་ཀྱིས། །
ཚ་བས་ཉམས་ཐག་བསིལ་བར་ཤོག[༥]།
རལ་གྲི་ལོ་མའི་ནགས་ཚལ་ཡང་། །

དེ་ལ་དགའ་ཚལ་སྤུག་གྲུར་ཤོག །

ཤལ་མ་ལི་ཡི་སྡོང་པོ་དག །

དཔག་བསམ་ཤིང་དུ་འགྱུར་བར་ཤོག༦།

ཐིང་རིལ་ཅུར་པ་དག་དང་ངང་པ་དང་། །

བཞད་སོགས་སྐད་སྙན་འབྱིན་པས་མཛེས་གྱུར་ཅིང་། །

པདྨ་དྲི་བསུང་ཆེ་ལྡན་མཚོ་དག་གིས། །

དམྱལ་བའི་ས་ཕྱོགས་དག་ནི་ཉམས་དགར་ཤོག༧།

སོལ་ཕུང་དེ་ཡང་རིན་ཆེན་ཕུང་པོར་གྱུར། །

ས་སྲེག་ཤེལ་གྱི་ས་གཞི་བསྒྲར་བར་ཤོག །

བསྡུས་འཇོམས་རི་བོ་རྣམས་ཀྱང་མཆོད་པའི་ཁྲིན། །

གཞལ་མེད་ཁང་གྱུར་བདེ་གཤེགས་གང་བར་ཤོག༨།

མདག་མ་རྗེ་བསྲེགས་མཚོན་གྱི་ཆར་པ་ཡང་། །

དེང་ནས་བཟུང་སྟེ་མེ་ཏོག་ཆར་པར་གྱུར། །

ཕན་ཚུན་མཚོན་གྱིས་འདེབས་པ་དེ་ཡང་ནི། །

དེང་ནས་རྩེ་ཕྱིར་མེ་ཏོག་འཕེན་པར་ཤོག༩།

ཆུ་བོ་རབ་མེད་མེ་དང་འདྲ་ནང་བྱིང་བ་དག །

ཤ་ཀུན་ཞིག་གྱུར་རུས་གོང་མེ་ཏོག་ཀུནྡའི་མདོག །

བདག་གི་དགེ་བའི་སྟོབས་ཀྱིས་ལྷ་ཡི་ལུས་ཐོབ་ནས། །

ལྷ་མོ་རྣམས་དང་དལ་གྱིས་ལྡན་ཅིག་འབབ་གནས་ཤོག༡༠།

ཅི་ཕྱིར་འདི་ན་གཤིན་རྗེའི་མི་དང་ཁྭ་དང་བྱ་རྒོད་མི་བཟད་རྣམས་སྐྲག་བྱེད། །ཀུན་ནས་མུན་བསལ་བདེ་དགའ་བསྐྱེད་པའི་མཐུ་བཟང་(༦༧༢ན)འདི་ཀོ་སུ་ཡི་མཐུ་སྙམ་སྟེ། །གྱེན་དུ་བལྟས་པས་ནམ་མཁའི་དཀྱིལ་ན་ཕྱག་ན་རྡོ་རྗེ་འབར་བ་

བཞུགས་མཐོང་ནས། །རབ་ཏུ་དགའ་བའི་ཤུགས་ཀྱིས་སྡིག་དང་བྲལ་ནས་དེ་དང་ལྷན་ཅིག་འགྲོགས་པར་ཤོག ༧༡།

མེ་ཏོག་ཆར་པ་སྤོས་ཆུ་དང་འདྲེས་འབབ་པ་ཡིས། །
དམྱལ་བའི་མེ་དག་ཆིལ་ཆིལ་གསོད་པ་མཐོང་གྱུར་ནས། །
བློ་བུར་བདེ་བས་ཚིམ་པ་འདི་ཅི་བསམས་པ་དང་། །
སེམས་དམྱལ་རྣམས་ཀྱིས་ཕྱག་ན་པདྨ་མཐོང་བར་ཤོག ༧༢།

གྲོགས་དག་འཇིགས་པ་བོར་ལ་རིངས་པར་ཚུར་ཤོག་ཡུ་བུའི་ཐད་དུ་ནི། །
གང་གི་མཐུ་ཡིས་སྡུག་བསྔལ་ཐམས་ཅད་བྲལ་ཞིང་དགའ་བའི་ཤུགས་ཕྱིན་ལ། །
འགྲོ་བ་ཀུན་སྐྱོབ་བྱང་ཆུབ་སེམས་དང་འོད་དང་བརྩེ་བ་སྐྱེས་གྱུར་པ། །
གཞོན་ནུ་ཟུར་ཕུད་ཅན་འབར་འཇིགས་པ་མེད་པར་བྱེད་པ་ཅི་ཞིག་བྱོན། ༧༣།

ཁྱོད་ཀྱིས་ལྷ་བརྒྱའི་ཅོད་པན་དག་གིས་ཞབས་ཀྱི་པདྨ་ལ་མཆོད་ཅིང་། །
ཐུགས་རྗེས་བརླན་སྤྱན་དབུ་ལ་མེ་ཏོག་དུ་མའི་ཚོགས་ཀྱི་ཆར་འབབ་པ། །
ཁང་བརྩེགས་ཡིད་འོང་ལྷ་མོ་སྟོང་ཕྲག་བསྟོད་དབྱངས་སྒྲོག་ལྡན་འདི་ལྟོས་ཞེས། །
འཇམ་དབྱངས་དེ་འདྲ་མཐོང་ནས་ད་ནི་སེམས་དམྱལ་ཅ་ཅོ་འདོན་པར་ཤོག ༧༤།

དེ་ལྟར་བདག་གི་དགེ་རྩས་ཀུན་ཏུ་བཟང་ལ་སོགས། །
བྱང་ཆུབ་སེམས་དཔའ་སྒྲིབ་པ་མེད་སྤྲིན་བདེ་བ་དང་། །
གསིལ་ཞིང་དྲི་ཞིམ་ངད་ལྡང་ཆར་པ་འབེབས་མཐོང་ནས། །
སེམས་ཅན་དམྱལ་བ་དེ་དག་མངོན་པར་དགའ་གྱུར་ཅིག ༧༥།

དུད་འགྲོ་རྣམས་ནི་གཅིག་ལ་གཅིག །
ཟ་བའི་འཇིགས་དང་བྲལ་བར་ཤོག །
སྲོ་མི་སྙན་པའི་མི་བཞིན་དུ། །
ཡི་དྭགས་རྣམས་ནི་བདེ་གྱུར་ཅིག ༧༦།

འཕགས་པ་སྤྱན་རས་གཟིགས་དབང་གི། །

ཕྱག་ནས་འབབ་པའི་འོ་རྒྱུན་གྱིས། །

ཡི་དྭགས་རྣམས་ནི་ཚིམ་བྱས་ཤིང་། །

ཁྲུས་བྱས་རྟག་ཏུ་བསིལ་བར་ཤོག[༡༧] །

ཅེས་ཚིགས་བཅད་བཅུ་གཉིས་ཀྱིས་དམྱལ་བའི་སྡུག་བསྔལ་ཞི་བར་བསྔོས་པ་སྟེ། དེའི་ཡང་ཚིགས་བཅད་དང་པོས་འཇིག་རྟེན་(༤༧༢བ)ཐམས་ཅད་ཀྱི་དམྱལ་བ་པ་ཡོད་དོ་ཅོག་གི་སྤྱིའི་སྡུག་བསྔལ་ཞི་བ་དང་། ཚིག་རྐང་གཅིག་གིས་དེ་ལས་གྲང་དམྱལ་པའི་སྡུག་བསྔལ་ཞི་བ་དང་། ཚིག་རྐང་གསུམ་གྱིས་ཚ་དམྱལ་པ་སྤྱིའི་སྡུག་བསྔལ་ཞི་བ་དང་། རལ་གྲི་སོགས་ཚིགས་བཅད་གཅིག་གིས་ཉེན་ཀོར་པའི་དོན་དང་། ཐིང་རིལ་སོགས་ཕྱེད་དང་གཉིས་ཀྱིས་ཁྱད་པར་མནར་མེད་པའི་དོན་དང་། དེ་ནས་གཅིག་གིས་བསྡུས་འཇོམས་པའི་དོན་དང་། ཕྱེད་ཀྱིས་ཡང་སོས་པའི་དོན་ཏེ་དེ་རྣམས་ཀྱི་སྡུག་བསྔལ་རང་བཞིན་གྱིས་ཞི་བར་བསྔོས་པ་ཡིན་ལ། སླར་ཡང་ཆུ་བོ་སོགས་ཀྱི་ཚིགས་བཅད་ཀྱིས་སློབ་དཔོན་ཉིད་ཀྱི་དགེ་བའི་མཐུས་སྡུག་བསྔལ་ཞི་བ་དང་། གཅིག་གིས་ཕྱག་ན་རྡོ་རྗེའི་མཐུ་དང་། མེ་ཏོག་སོགས་གཅིག་གིས་སྤྱན་རས་གཟིགས་ཀྱི་མཐུ་དང་། གྲོགས་དག་སོགས་གཉིས་ཀྱིས་འཇམ་དབྱངས་ཀྱི་མཐུ་དང་། དེ་ལྟར་སོགས་ཐ་མས་བྱང་ཆུབ་སེམས་དཔའ་གཞན་ཐམས་ཅད་ཀྱི་མཐུས་ཞི་བར་བསྔོས་པའོ། །དེ་ནས་ཚིག་རྐང་གཉིས་ཀྱིས་དུད་འགྲོའི་སྡུག་བསྔལ་ཞི་བ་དང་། ཚིགས་བཅད་ཕྱེད་དང་གཉིས་ཀྱིས་ཡི་དྭགས་ཀྱི་སྡུག་བསྔལ་ཞི་བར་བསྔོས་པའོ། །

དེ་དག་གཞན་ནི་རྟོགས་པར་སླ་ལ་བྱང་ཆུབ་སེམས་དཔའི་སོས་པ་དང་ཏིང་ངེ་འཛིན་གྱི་མཐུ་ལས་སྤྲིན་ཆེན་པོ་ནློ་བུར་དུ་བྱུང་བའི་ཆར་གྱིས་དམྱལ་མེ་གཞིལ་བ་དང་། ཐིང་རིལ་དང་བཞད་དགར་ནི་ཆུ་བྱའི་རྣམ་གྲངས་ཏེ་དམྱལ་བའི་ས་གཞི

ཐམས་ཅད་པདྨའི་མཚོ་བསིལ་བ་ཆུ་བྱ་དང་བཅས་པར་གྱུར་ཅིག་པའོ། །གཞན་སྟོབས་ཀྱིས་ཞི་བར་བྱེད་པ་ནི་འཕགས་པ་སྤྱན་རས་གཟིགས་དབང་ཕྱུག་གིས་སྟོན། བདག་གིས་ངན་སོང་གནས་ལ་ཕྱོགས་གྱུར་ན། །ངན་སོང་གནས་རྣམས་ཞིག་ཅིང་སྟོངས་གྱུར་ཅིག །ཞེས་སོགས་ཀྱི་སྨོན་ལམ་མཛད་པ་གྲུབ་པ་དང་། ཉིར་མེད་པ་སྐྱེམས་པ་ཞེས་བྱ་བའི་ཉིང་ངེ་འཛིན་གྱི་མཐུ་ལས་ངན་འགྲོ་སྟོངས་པར་མཛད་པ་སྟེ། **ཟ་མ་ཏོག་བཀོད་པ་ལས།** སྤྱན་རས་གཟིགས་དབང་ཕྱུག་དེ་དམྱལ་བ་མནར་མེད་པར་ཞུགས་(༦༧ཤན)མ་ཐག་ཏུ་ལྩགས་ཁང་ཐམས་ཅད་ནི་ཞིག །དམྱལ་བའི་ཕྲུ་ཆེན་རྣམས་ནི་འཐོར་མེ་ནི་ཞི་སྟེ་རྫིང་བུ་བསིལ་བར་གྱུར། དམྱལ་བ་པ་དེ་རྣམས་སྐད་ཅིག་གིས་ཚེ་འཕོས་པས་དམྱལ་སྲུང་རྣམས་གཤིན་རྗེའི་མདུན་དུ་དོང་ནས་སེམས་ཅན་དམྱལ་བ་འདིར་སྐྱེས་བུ་འདོད་པའི་གཟུགས་ཅན་ཞིག་འོངས་མ་ཐག་བདག་ཅག་གི་ལས་ཀྱི་ས་བས་[1]པར་གྱུར་ཏོ། །ཞེས་གསོལ་ཞིང་གཤིན་རྗེའི་རྒྱལ་པོས་བལྟས་པ་ན་སྤྱན་རས་གཟིགས་བཞུགས་པར་མཐོང་ནས་བསྟོད་ཅིང་ཕྱག་བཙལ་བ་དང་། དེ་ནས་སྤྱན་རས་གཟིགས་ཡི་དྭགས་ཀྱི་ཡུལ་དུ་སོང་བ་དང་ཡི་དྭགས་ཁ་ནས་མེ་འབར་བ་ཡན་ལག་འཛག་མ་ལྟར་ཕྲ་བ་ལུས་རི་བོ་ཙམ་པ་རྫལ་གྱི་གྲངས་ཙམ་བདག་ཅག་བཀྲེས་སོ་སྐོམ་མོ་ཞེས་དེའི་མདུན་ན་ཀྱུག་པ་དང་། དེས་ཕྱག་ཞབས་ཀྱི་སོར་མོ་བཅུ་ལས་ཆུ་བོ་ཆེན་པོ་བཅུ་ཕབ་སྟེ་ཡི་དྭགས་དེ་རྣམས་ཀྱིས་མང་དུ་འཐུངས་པས་བཀྲེས་སྐོམ་ཞི་སྟེ། བདེ་བ་ཅན་དུ་བྱང་ཆུབ་སེམས་དཔའ་འདོད་པ་སྦྱིན་པ་ཞེས་མིང་མཐུན་པར་སྐད་ཅིག་ལ་སྐྱེས་པར་གསུངས་པ་ལྟ་བུ་སྟེ། སྤྱན་རས་གཟིགས་ཇི་ལྟ་བ་དེ་ལྟར་ཕྱག་ན་རྡོ་རྗེ་ལ་སོགས་པ་རྒྱལ་སྲས་དེ་ཐམས་ཅད་ཀྱིས་རེ་རེ་ཞིང་ཡང་ངན་འགྲོ་འདོན་པའི་ཕྲིན་ལས་དེ་ལྟ་བུ་མཛད་པར་གྱུར་ཅིག་པའོ། །སྒྲ་མི་སྙན་པའི་མི་བཞིན་ཞེས་པ་ནི། བྱང་སྒྲ་མི་སྙན་

1 བས་ནི་ཟད་པའམ་མཐའ་དག་པ་ཞེས་པའི་བརྡ་རྙིང་ངོ་། །

ན་ངག་འཁྲུལ་མ་གཏོགས་སྒྲོང་བ་དྲུག་པོ་མེད་པ་དང་གོས་དང་རྒྱན་དང་ལོངས་སྤྱོད་ཐམས་ཅད་དཔག་བསམ་གྱི་ཤིང་ལས་འབྱུང་བས་བདག་གིར་བྱ་བ་མེད་པ་དང་། ལོ་སྟོང་འཚོ་ཞིང་བློ་བུར་དུ་འཆི་བ་མེད་པ་དང་། འཆི་བའི་ཞག་བདུན་མ་གཏོགས་ནད་མེད་ཅིང་མི་དགེ་བའི་མཚམས་སྦྱོར་མེད་པས་ཤི་ནས་ཀྱང་ལྷ་མི་གང་རུང་དུ་སྐྱེ་བའི་ཕྱིར་གླིང་གཞན་ལ་བལྟོས་ན་བདེ་བའི་ཕྱིར་དཔེར་བྱས་པའོ། །

གསུམ་པ་གཙོ་བོར་མཐོ་རིས་པའི་དོན་དུ་བསྔོ་བ་ལ་གཉིས་ལས། དང་པོ་རྒྱུད་པ་ཞི་བར་བསྔོ་བ་ནི།

ཡོང་བ་རྣམས་ཀྱིས་མིག་མཐོང་ཞིང་། །
འོན་པས་རྟག་ཏུ་སྒྲ་ཐོས་ཤོག །
ལྷ་མོ་སྒྱུ་འཕྲུལ་བཞིན་དུ་ནི། །(༡༧)
སྦྲུམ་མའང་གནོད་མེད་བཙའ་བར་ཤོག ༡༨།
གཅེར་བུ་རྣམས་ཀྱིས་གོས་དག་དང་། །
བཀྲེས་པ་རྣམས་ཀྱིས་ཟས་དག་དང་། །
སྐོམ་པ་རྣམས་ཀྱིས་ཆུ་དག་དང་། །
བཏུང་བ་ཞིམ་པོ་འཐོབ་པར་ཤོག ༡༩།
བཀྲེན་པ་རྣམས་ཀྱིས་ནོར་འཐོབ་ཤོག །
མྱ་ངན་ཉམ་ཐག་དགའ་འཐོབ་ཤོག །
ཡི་ཆད་རྣམས་ཀྱང་ཡི་སོས་ཤིང་། །
བརྟན་པ་ཕུན་སུམ་ཚོགས་པར་ཤོག ༢༠།
སེམས་ཅན་ནད་པ་ཇི་སྙེད་པ། །
མྱུར་དུ་ནད་ལས་ཐར་བར་ཤོག །
འགྲོ་བའི་ནད་ནི་མ་ལུས་པ། །

རྟག་ཏུ་འཕྱུང་བ་མེད་པར་ཤོག ༢༡ །
སྐྲག་པ་རྣམས་ནི་འཇིགས་མེད་ཤོག །
བཅིངས་པ་རྣམས་ནི་གྲོལ་བར་ཤོག། །
མཐུ་མེད་རྣམས་ནི་མཐུ་ལྡན་ཞིང་། །
ཕན་ཚུན་སེམས་ནི་མཉེན་གྱུར་ཅིག ༢༢ །
མགྲོན་པོ་དག་ནི་ཐམས་ཅད་ལ། །
ཕྱོགས་རྣམས་ཐམས་ཅད་བདེ་བར་ཤོག །
གང་གི་དོན་དུ་འགྲོ་བྱེད་པ། །
དེ་འབད་མི་དགོས་གྲུབ་གྱུར་ཅིག ༢༣ །
གྲུ་དང་གྲུ་ཆེན་ཞུགས་པ་རྣམས། །
ཡིད་ལ་བསམས་པ་གྲུབ་གྱུར་ཏེ། །
ཆུ་ཡི་ངོགས་སུ་བདེར་ཕྱིན་ནས། །
གཉེན་དང་ལྷན་ཅིག་དགའ་བར་ཤོག ༢༤ །
མྱ་ངམ་ལམ་གོལ་འཁྱམས་པ་རྣམས། །
མགྲོན་པོ་དག་དང་ཕྲད་གྱུར་ནས། །
ཆོམ་རྐུན་སྟག་སོགས་འཇིགས་མེད་པར། །
མི་ངལ་བདེ་བླག་འདོང་བར་ཤོག ༢༥ །
དགོན་སོགས་ལམ་མེད་ཉམ་ང་བར། །
བྱིས་པ་རྒན་པོ་མགོན་མེད་པ། །
གཉིད་ལོག་སྨྱོས་ཤིང་རབ་སྨྱོས་རྣམས། །
ལྷ་དག་སྲུང་བར་བྱེད་པར་ཤོག ༢༦ །

ཅེས་གསུངས་ཏེ། ཚིག་རྐང་དང་པོ་གཉིས་ཀྱིས་ལོང་འོན་སོགས་དབང་པོ་

སྐྱོན་ལྡན་རྣམས་ཀྱི་དབང་པོའི་སྐྱོན་རབ་རིབ་སོགས་ཞི་ནས་དབང་པོ་ཡོངས་སུ་དག་པ་མིག་གསལ་བ་དང་། རྣ་བ་གསང་བ་དང་། སྨྲ་མཁས་པ་དང་། དྲན་པ་དང་ལྡན་པ་སོགས་འཐོབ་པར་གྱུར་ཅིག་པའོ། །དེ་ནས་ཚིག་རྐང་གཉིས་ནི་སྦྲུམ་མ་རྣམས་ནི་མ་བུ་གཉི་གར་ཤིན་ཏུ་སྡུག་བསྔལ་ཞིང་། བཙའ་བའི་ཚེ་མའི་ལུས་ཀྱི་ཚིགས་རྣམས་འབྱེད་པའི་ཟུག་རྔུ་དང་། བཙའ་བ་པོ་ནི་ལྟུགས་སྲིག་གི་འཇུར་མིག་ནས་དྲངས་པ་ལྟར་(༧༢ན)སྡུག་བསྔལ་ལ། གཉི་ག་འཆི་འཆི་ཕྱེད་མའི་སྐབས་ཡིན་པས་དེ་གཉི་ག་བཙའ་བའི་ཟུག་རྔུ་མེད་པས་བཙའ་ཞིང་འཚོ་བར་གྱུར་ཅིག་པའོ། །གཅེར་བུ་སོགས་ཚིགས་བཅད་གཅིག་གིས་ནི་གོས་དང་མལ་ཆ་དང་ཟས་སྐོམ་གྱིས་ཕོངས་པ་རྣམས་ཀྱིས་དེ་དག་ཕུན་སུམ་ཚོགས་པ་རྙེད་པར་གྱུར་ཅིག་པའོ། །དེ་ནས་ཚིག་རྐང་གཅིག་གིས་དབུལ་པོས་ལོངས་སྤྱོད་རྙེད་པ་དང་། གཅིག་གིས་མཛའ་བཤེས་དང་བྲལ་བ་ལ་སོགས་པའི་མྱ་ངན་ཞི་བ་དང་། ཚིག་རྐང་གཉིས་ཀྱིས་སྐྲ་ཤི་ཞིང་ཡི་ཆད་པ་རྣམས་ཀྱི་སེམས་ཀྱི་རེ་བ་རྫོགས་པས་ཡི་སོས་པར་གྱུར་ཅིག་པའོ། །དེ་ནས་ཚིགས་བཅད་གཅིག་གིས་ནད་བྱུང་བ་ཞི་ཞིང་སུ་ལ་ཡང་ནད་མི་འབྱུང་བར་གྱུར་ཅིག་པའོ། །དེ་ནས་ཚིག་རྐང་གཅིག་གིས་མེ་དང་ཆུ་དང་སྦྲུལ་དང་ཐོག་དང་གཅན་གཟན་གདུག་པོ་དང་ཤ་ཟ་དང་ཚོམ་རྐུན་དང་ཆད་པ་སོགས་འཇིགས་པ་བརྒྱད་དམ་བཅུ་དྲུག་གིས་སྐྲག་པ་རྣམས་འཇིགས་པ་ལས་ཐར་བའི་དོན་དང་། གཅིག་གིས་བཙོན་དུ་བཅིངས་པ་རྣམས་བདེ་བར་འཐར་བ་དང་། གཉིས་ཀྱིས་ལུས་སེམས་ཀྱི་མཐུ་ཆུང་བ་རྣམས་མཐུ་སྟོབས་དང་ལྡན་ལ་དེས་དྲིགས་པ་མེད་པར་སེམས་མཉེན་ཞིང་དགེ་བར་གྱུར་ཅིག་པའོ། །དེ་ནས་ཚིགས་བཅད་གསུམ་ནི་ལམ་དུ་ཞུགས་པའི་མགྲོན་པོ་རྣམས་ཀྱི་དོན་དུ་བསྔོ་བ་སྟེ། དང་པོས་དེ་ཐམས་ཅད་ལམ་དུ་འཇིགས་པ་མེད་ཅིང་བདེ་བར་བགྲོད་ལ་དོན་ཚོགས་ཆུང་ངུས་གྲུབ་པའི་ཆེད་དང་། གཉིས་པས་གཟྷ་ལ་སོགས་པ་བགྲལ་བའི་ཕྱིར་གྲུའི་

བྱེ་བྲག་རྣམས་སུ་ཞུགས་པ་དང་རྒྱ་མཚོའི་གྲུ་བོ་ཆེར་ཞུགས་ཏེ་འདོང་བ་རྣམས་ནི་ཁྱད་པར་དུ་སྲོག་ལ་དོགས་པ་ཆེ་བས་དེ་དག་གི་གྲུ་ཉེ་ཞོ་མེད་ཅིང་བསམས་པ་གྲུབ་ནས་རང་གནས་སུ་ཕྱིན་པའི་ཆེད་དང་། ཐ་མས་མྱ་ངམ་གྱི་ཐང་དང་དགོན་དུང་ཚ་སྐོ་ཅན་ལ་སོགས་པར་ལམ་འཁྲམས་ཏེ་ཅི་བྱ་གཏོལ་མེད་པ་རྣམས་ལམ་སྟོན་པ་དང་གྲོགས་དང་བྲད་ཅིང་། བདེ་བར་ཕྱིན་པར་བསྔོས་པ་སྐྱེ་ངལ་ཞིང་དུབ་ལ་སླར་འཛིགས་པས་ཉེན་པ་འདི་(༧༨ཁ)དག་ཤིན་ཏུ་སྙིང་རྗེ་བའི་ཕྱིར་རོ། །ཚིགས་བཅད་ཕྱི་མས་ནི་དབུལ་པོ་སོགས་སློང་བའི་ཆེད་དང་། ཁ་ཅིག་གཞན་གྱི་བྲན་དུ་གྱུར་པས་བ་ལང་སོགས་འཚོ་བའི་ཕྱིར་དགོན་པ་ཉམ་ང་བར་གཅིག་པུས་འདུག་པ་དང་། གཉིད་ཀྱིས་ལོག་པ་དང་གང་དག་ཆང་གིས་ར་རོ་བས་འཕྱན་པ་དེ་དག་ལ་ལྷ་དག་གིས་བསྲུངས་ཏེ་གནོད་སྦྱིན་དང་ཤ་ཟས་འཚེ་བ་མེད་པར་གྱུར་ཅིག་པའོ། །

གཉིས་པ་འགྲོར་པ་ཕུན་སུམ་ཚོགས་པར་བསྔོ་བ་ནི།

མི་དལ་ཀུན་ལས་ཐར་བ་དང་། །
དད་དང་ཤེས་རབ་བརྩེར་ལྡན་ཞིང་། །
ཟས་དང་སྤྱོད་པ་ཕུན་ཚོགས་ནས། །
རྟག་ཏུ་ཚེ་རབས་དྲན་གྱུར་ཅིག [༢༧] །
ཐམས་ཅད་ནམ་མཁའ་མཛོད་བཞིན་དུ། །
ལོངས་སྤྱོད་ཟད་པ་མེད་པར་ཤོག །
རྩོད་པ་མེད་ཅིང་འཚེ་མེད་པ། །
རང་དབང་དུ་ནི་སྤྱོད་པར་ཤོག [༢༨] །
སེམས་ཅན་གཟི་བརྗིད་ཆུང་ངུ་དག །
དེ་དག་གཟི་བརྗིད་ཆེན་པོར་ཤོག །
དཀའ་ཐུབ་ཅན་གང་གཟུགས་ངན་པ། །

གཟུགས་བཟང་ཕུན་སུམ་ཚོགས་གྱུར་ཅིག ༢༩ །
འཇིག་རྟེན་བུད་མེད་ཇི་སྙེད་པ། །
དེ་དག་སྐྱེས་པ་ཉིད་གྱུར་ཅིག །
མ་རབས་རྣམས་ནི་མཐོ་ཐོབ་ཅིང་། །
ང་རྒྱལ་དག་ཀྱང་བཅོམ་པར་ཤོག ༣༠ །
བདག་གི་བསོད་ནམས་འདི་ཡིས་ནི། །
སེམས་ཅན་ཐམས་ཅད་མ་ལུས་པ། །
སྡིག་པ་ཐམས་ཅད་སྤངས་ནས་ནི། །
རྟག་ཏུ་དགེ་བ་བྱེད་པར་ཤོག ༣༡ །
བྱང་ཆུབ་སེམས་དང་མི་འབྲལ་ཞིང་། །
བྱང་ཆུབ་སྤྱོད་ལ་གཞོལ་བ་དང་། །
སངས་རྒྱས་རྣམས་ཀྱིས་ཡོངས་བཟུང་ཞིང་། །
བདུད་ཀྱི་ལས་ཀྱང་སྤོང་བར་ཤོག ༣༢ །
སེམས་ཅན་དེ་དག་ཐམས་ཅད་ནི། །
ཚེ་ཡང་དཔག་མེད་རིང་བར་ཤོག །
རྟག་ཏུ་བདེ་བར་འཚོ་འགྱུར་ཞིང་། །
འཆི་བའི་སྒྲ་ཡང་གྲག་མ་གྱུར། ༣༣ །
དཔག་བསམ་ཤིང་གི་སྐྱེད་མོས་ཚལ། །
སངས་རྒྱས་དང་ནི་སངས་རྒྱས་སྲས། །
ཆོས་ཉན་སྒྲོགས་པས་གང་བ་ཡིས། །
ཕྱོགས་རྣམས་ཐམས་ཅད་གང་བར་ཤོག ༣༤ །
ཐམས་ཅད་དུ་ཡང་ས་གཞི་དག །

གསེག་མ་ལ་སོགས་མེད་པ་དང་། །

ལག་མཐིལ་ལྟར་མཉམ་བཻཌཱུརྻའི། །

རང་བཞིན་འཇམ་པོར་(༦༧༥ན)གནས་གྱུར་ཅིག ༣༥།

འཁོར་གྱི་དཀྱིལ་འཁོར་ཡོད་གྱུར་ཡང་། །

བྱང་ཆུབ་སེམས་དཔའ་མང་པོ་དག །

རང་གི་ལེགས་པས་ས་སྟེང་དག །

བརྒྱན་པར་མཛད་པར་བཞུགས་གྱུར་ཅིག ༣༦།

ལུས་ཅན་ཀུན་གྱིས་བྱ་དང་ནི། །

ཤིང་དང་འོད་ཟེར་ཐམས་ཅད་དང་། །

ནམ་མཁའ་ལས་ཀྱང་ཆོས་ཀྱི་སྒྲ། །

རྒྱུན་མི་འཆད་པར་ཐོས་པར་ཤོག ༣༧།

དེ་དག་རྟག་ཏུ་སངས་རྒྱས་དང་། །

སངས་རྒྱས་སྲས་དང་ཕྲད་གྱུར་ཅིག །

མཆོད་པའི་སྤྲིན་ནི་མཐའ་ཡས་པས། །

འགྲོ་བའི་བླ་མ་མཆོད་པར་ཤོག ༣༨།

ལྷ་ཡང་དུས་སུ་ཆར་འབེབས་ཤིང་། །

ལོ་ཏོག་ཕུན་སུམ་ཚོགས་པར་ཤོག །

རྒྱལ་པོ་ཆོས་བཞིན་བྱེད་གྱུར་ཅིག །

འཇིག་རྟེན་དག་ཀྱང་དར་བར་ཤོག ༣༩།

སྨན་རྣམས་མཐུ་དང་ལྡན་པ་དང་། །

གསང་སྔགས་བཟླས་བརྗོད་འགྲུབ་པར་ཤོག །

མཁའ་འགྲོ་སྲིན་པོ་ལ་སོགས་པ། །

སྙིང་རྗེའི་སེམས་དང་ལྡན་གྱུར་ཅིག ༡༠།
སེམས་ཅན་འགའ་ཡང་སྡུག་མ་གྱུར། །
སྡིག་པར་མ་གྱུར་ན་མ་གྱུར། །
འཇིགས་དང་བརྙས་པར་མི་འགྱུར་ཞིང་། །
འགའ་ཡང་ཡིད་མི་བདེ་མ་གྱུར། ༡༡།

ཞེས་གསུངས་ཏེ། དང་པོས་ཐམས་ཅད་དལ་འབྱོར་གཉིས་དང་ལྡན་ཞིང་ཚེ་རབས་དྲན་པའི་མངོན་ཤེས་དང་ལྡན་པར་བསྔོས། གཉིས་པས་བྱང་ཆུབ་སེམས་དཔའ་ནམ་མཁའ་མཛོད་ནི་ནམ་མཁའ་ལས་ཅི་བསམས་པ་འབྱུང་ཞིང་ཟད་པ་མེད་པ་ལྟར་ཐམས་ཅད་ནམ་མཁའི་མཛོད་ཀྱི་ཏིང་ངེ་འཛིན་དང་དེ་ལས་བྱུང་བ་ནམ་མཁའི་མཛོད་འཐོབ་པར་བསྔོས། གསུམ་པས་གཟི་བརྗིད་ཕུན་སུམ་ཚོགས་པར་བསྔོས། དེ་ནས་ཚིག་རྐང་གཉིས་ཀྱིས་བུད་མེད་རྣམས་སྐྱེས་པའི་དངོས་པོ་འཐོབ་པ་དང་། གཉིས་ཀྱིས་མ་རབས་ཀྱི་གནས་ལས་འདའ་བར་བསྔོས་པ་སྟེ། བུད་མེད་ནི་ཕལ་ཆེར་གཞན་དབང་དུ་གྱུར་པ་དང་། སྙིང་སྟོབས་ཆུང་བ་དང་། ཉོན་མོངས་པ་མང་ཞིང་གཉེན་པོ་ཆུང་ལ་ནད་ཀྱང་སྐྱེས་པ་ལས་སོ་གཉིས་ཀྱིས་མང་བ་དང་། མངལ་འཛིན་པའི་སྡུག་བསྔལ་ཆེ་ཞིང་བུད་མེད་ཀྱི་རྟེན་ལ་སངས་རྒྱས་དང་འཁོར་ལོས་བསྒྱུར་བ་དང་རང་སངས་(༡༧༥བ)རྒྱས་དང་བརྒྱ་བྱིན་དང་འཇིག་རྟེན་སྐྱོང་བ་སྟེ་མཆོག་ལྔ་མི་འབྱུང་ལ། རྟེན་གྱི་གཙོ་བོ་སྐྱེས་པ་ཁོ་ན་ཡིན་ལ་བུད་མེད་རབ་ཏུ་བྱུང་བས་བསྙེན་པ་ཡོ་ལྔ་བརྒྱ་འགྲིབས་པས་ན་དེ་དག་བུད་མེད་ཀྱི་དངོས་པོ་ལས་འདའ་བའི་ཕྱིར་དང་། མ་རབས་གདོལ་པ་ལ་སོགས་པ་རྣམས་དམད་པའི་ལས་སྤངས་ཏེ་མཐོན་པོར་འགྱུར་ཞིང་འོན་ཀྱང་མ་རབས་ལ་མཐོན་པོའི་གནས་བྱུང་བ་ཕལ་ཆེར་ནི་ང་རྒྱལ་ཆེ་ཞིང་གནས་མིན་གྱི་བྱ་བ་བྱེད་པས་རང་གཞན་གཉིས་ག་བརླག་པ་ཕ་སྐྱེས་ལ་རྟུད་འགྲོའི་རྒྱལ་པོའི་གནས་བྱུང་བ་ལྟ་བུ་མང་བས་ན། དེ་

དག་མཐོན་པོ་ཐོབ་ཀྱང་ང་རྒྱལ་མེད་པར་གྱུར་ཅིག་པར་བསྔོས་པའོ། །དེ་ནས་ཚོགས་བཅད་གསུམ་གྱིས་ཐམས་ཅད་དགེ་སྡིག་གི་སྣང་དོར་ཚུལ་བཞིན་དུ་བྱེད་པ་དང་། ཐེག་ཆེན་དུ་ཞུགས་ཏེ་བདུད་ལས་སྒྲོང་བ་དང་། མཐོ་རིས་ཀྱི་ཡོན་ཏན་བདུན་ཚང་ཞིང་ཚེ་ཕུན་སུམ་ཚོགས་པར་རིམ་པས་བསྔོས་པ་སྟེ། དེ་རྣམས་ནི་གཙོ་བོར་སེམས་ཅན་ཡོངས་སུ་སྨིན་པའི་དོན་དུ་བསྔོས་པ་ཡང་ཡིན་ནོ། །

དེ་ནས། དཔག་བསམ་ཤིང་གི་སྙིང་མོས་ཚལ། །ལ་སོགས་པའི་ཚིགས་སུ་བཅད་པ་བཞིས་ནི་གནས་ཐམས་ཅད་ཕུན་སུམ་ཚོགས་པར་བསྔོ་བ་སྟེ། དང་པོས་འཇིག་རྟེན་གྱི་ཁམས་ཐམས་ཅད་དཔག་བསམ་གྱི་ཤིང་གོས་དང་རྒྱན་དང་བཟའ་བཏུང་གི་འབྱུང་གནས་ཅི་འདོད་སྣང་དུ་ཡོད་པས་གང་བ་སྙིང་མོས་ཚལ་ལྟར་ཡིད་དུ་འོང་བ་སངས་རྒྱས་དང་བྱང་ཆུབ་སེམས་དཔའ་ཆོས་སྒྲོག་པས་གང་བར་གྱུར་ཅིག་པ་དང་། གཉིས་པས་ས་ཕལ་པ་དང་མཐོ་དམན་སོགས་མེད་པར་ལག་མཐིལ་ལྟར་མཉམ་པའི་བཻཌཱུརྻའི་ས་གཞི་གསེར་གྱིས་མིག་མང་རིས་སུ་བྲིས་པ་རེག་ན་འཇམ་པའི་ཙ་ཀྲ་བྱའི་མགྲིན་པའི་མདོག་ཅན་གྱིས་ཁེབས་པར་གྱུར་ཅིག་པ་དང་། གསུམ་པས་དེ་ཐམས་ཅད་དུ་བྱང་ཆུབ་སེམས་དཔའ་མཚན་དཔེ་རྫོགས་པས་གང་ཞིང་བརྒྱན་པར་གྱུར་ཅིག་པ་དང་། བཞི་པས་ནམ་མཁས་བསྒྲུས་པའི་ཞིང་དེ་ཐམས་ཅད་དུ་འབྱུང་བ་བཞི་དང་ནམ་མཁའ་ལས་ཆོས་ཀྱི་སྒྲ་རྟག་པར་འབྱུང་ཞིང་སེམས་ཅན་ཐམས་ཅད་སྨིན་པར་གྱུར་ཅིག་པ་(༢༧༨ན)སྟེ། འདི་རྣམས་ནི་སློབ་དཔོན་ཉིད་ཀྱི་ཞིང་དག་སྦྱོར་དང་སངས་རྒྱས་ཀྱི་ཞིང་ཡོངས་སུ་སྦྱོང་བའི་སྨོན་ལམ་ཡང་ཡིན་ནོ། །

འདི་མན་ནི་འཇིག་རྟེན་ཐམས་ཅད་ཕུན་སུམ་ཚོགས་པར་བསྔོ་བ་སྟེ། ཚོགས་བཅད་དང་པོས་སེམས་ཅན་ཐམས་ཅད་དགེ་བའི་བཤེས་གཉེན་དང་ཕྲད་ཅིང་མཆོད་པའི་ལས་ལ་བརྩོན་པར་གྱུར་ཅིག་པ་དང་། རྐང་པ་གཉིས་ཀྱིས་ཆར་དུས་སུ་འབབ་ཅིང་ལོ་ཏོག་དང་འབྲུས་འབྱོར་བ་དང་། རྐང་པ་གཅིག་གིས་ཆོས་བཞིན་

གྱི་རྒྱལ་པོ་ཤ་སྟག་འབྱུང་བ་དང་། ལྷག་མས་རྒྱུ་དེ་དག་ལས་ལྷ་མིའི་འགྲོ་བ་མང་དུ་འཕེལ་ཞིང་དར་བར་གྱུར་ཅིག་པའོ། །སྨན་རྣམས་ཀྱི་རྐང་པ་གཅིག་གིས་སྨན་དང་འབྲུ་བཅུད་ཐམས་ཅད་བཅུད་ཆེ་ཞིང་ནུས་པ་དང་ལྡན་པའི་ཆེད་དང་། གཅིག་གིས་ཕན་བྱེད་ཀྱི་གསང་སྔགས་སྒྲུབ་པ་པོ་རྣམས་ཀྱང་ངག་ནུས་དང་ལྡན་ཞིང་རིག་པ་དེ་མྱུར་དུ་འགྲུབ་པར་འགྱུར་བའི་ཆེད་དང་། གཉིས་ཀྱིས་ཤ་ཟ་དང་གནོད་སྦྱིན་དང་སྲིན་པོ་རྣམས་གདུག་པའི་སེམས་ཞི་ཞིང་ཁྱད་པར་མཁའ་འགྲོ་ཞེས་བྱ་བ་ཕྲ་མེན་ཕོ་མོ་ཉིན་པར་མིའི་ལུས་སུ་གནས་ཤིང་མཚན་མོ་རྫུ་འཕྲུལ་གྱིས་འགྲོ་བས་གཞན་ལ་གནོད་པ་བྱེད་པ་འདི་ལ། རྒྱ་གར་ན་འཇིགས་པ་ཆེན་པོར་ལྟ་བའི་ཕྱིར་དེ་རྣམས་ཀྱི་གདུག་རྩུབ་ཞི་ཞིང་སྙིང་རྗེ་དང་ལྡན་པར་བསྔོ་བའོ། །ཚོགས་བཅད་ཐ་མས་ནི་མདོར་ན་སུ་ཡང་ཉུང་སྟེ། སེམས་ཅན་དགའ་ཡང་སྡུག་མ་གྱུར། །སྡིག་པར་མ་གྱུར་ན་མ་གྱུར། །འཇིགས་དང་བརྙས་པར་མི་འགྱུར་ཞིང་། །འགའ་ཡང་ཡིད་མི་བདེ་བར་མ་གྱུར་ཅིག །ཞེས་དོན་བསྡུས་པ་སྟེ། འདིའི་ཚིག་རྐང་གཉིས་པ་འདི་གླེགས་བམ་ཕལ་ལ་ཆད་སྣང་བས་ངེས་པར་གཞུག་གོ། །

གཉིས་པ་མཆོག་གི་དོན་དུ་བསྔོ་བ་ནི།

གཙུག་ལག་ཁང་རྣམས་ཀློག་པ་དང་། །
ཁ་ཏོན་གྱིས་རྒྱས་ལེགས་གནས་ཤོག །
རྟག་ཏུ་དགེ་འདུན་མཐུན་པ་དང་། །
དགེ་འདུན་དོན་ཡང་འགྲུབ་པར་ཤོག ༴ །
བསླབ་པ་འདོད་པའི་དགེ་སློང་དག །
དབེན་པ་དག་ཀྱང་འཐོབ་པར་ཤོག །
གཡེང་བ་ཐམས་ཅད་སྤངས་ནས་ནི། །
སེམས་(༢༧༨བ)ནི་ལས་རུང་སྒོམ་གྱུར་ཅིག ༴ །

དགེ་སློང་མ་རྣམས་རྙེད་ལྡན་ཞིང་། །
འཐབ་དང་གནོད་པ་སྤོང་བར་ཤོག །
དེ་བཞིན་རབ་ཏུ་བྱུང་བ་ཀུན། །
ཚུལ་ཁྲིམས་ཉམས་པ་མེད་གྱུར་ཅིག ༤༤།
ཚུལ་ཁྲིམས་འཆལ་པས་ཡིད་བྱུང་ནས། །
རྟག་ཏུ་སྡིག་པ་ཟད་བྱེད་ཤོག།
བདེ་འགྲོ་དག་ཀྱང་ཐོབ་གྱུར་ནས། །
དེར་ཡང་བརྟུལ་ཞུགས་མི་ཉམས་ཤོག ༤༥།
མཁས་པ་རྣམས་ནི་བཀུར་བ་དང་། །
བསོད་སྙོམས་དག་ཀྱང་རྙེད་པར་ཤོག །
རྒྱུད་ནི་ཡོངས་སུ་དག་པ་དང་། །
ཕྱོགས་རྣམས་ཀུན་ཏུ་གྲགས་པར་ཤོག ༤༦།
ངན་སོང་སྡུག་བསྔལ་མི་མྱོང་ཞིང་། །
དཀའ་བ་སྤྱད་པ་མེད་པར་ཡང་། །
ལྷ་ལས་ལྷག་པའི་ལུས་ཀྱིས་ནི། །
དེ་དག་སངས་རྒྱས་མྱུར་འགྲུབ་ཤོག ༤༧།
སེམས་ཅན་ཀུན་གྱིས་ལན་མང་དུ། །
སངས་རྒྱས་ཐམས་ཅད་མཆོད་བྱེད་ཅིང་། །
སངས་རྒྱས་བདེ་བ་བསམ་ཡས་ཀྱིས། །
རྟག་ཏུ་བདེ་དང་ལྡན་གྱུར་ཅིག ༤༨།
བྱང་ཆུབ་སེམས་དཔའ་རྣམས་ཀྱི་ནི། །
འགྲོ་དོན་ཐུགས་ལ་དགོངས་འགྲུབ་ཤོག །

མགོན་པོ་ཡིས་ནི་གང་དགོངས་པ། །
སེམས་ཅན་རྣམས་ལ་བདེ་འགྱུར་ཤོག ༥ །
དེ་བཞིན་རང་སངས་རྒྱས་རྣམས་དང་། །
ཉན་ཐོས་རྣམས་ཀྱང་བདེ་གྱུར་ཅིག །

ཅེས་གསུངས་ཏེ། དེ་ཡང་ཚིགས་བཅད་དང་པོས་ནི་དགེ་འདུན་གནས་བཅས་ཀྱི་དོན་དུ་བསྔོས་པ་སྟེ། དེ་ཡང་གཙུག་ལག་ནི་གཞུང་ལུགས་ཀྱི་མིང་གི་རྣམ་གྲངས་ཡིན་ལ། དེ་འཛིན་པའི་གང་ཟག་གི་གནས་ནི་གཙུག་ལག་ཁང་པ་ཞེས་བྱའོ། །བོད་ཕྱི་རབས་འདི་ན་འདུལ་བའི་ལུང་སྔ་བཞིའི་གླེགས་བམ་བཞུགས་ན་གཙུག་ལག་ཁང་ཡིན་ནོ། །ཞེས་མཁས་པར་རློམ་པ་མཐའ་དག་གིས་མགྲིན་གཅིག་ཏུ་སྒྲོག་ཅིང་བླུན་པོ་དག་གིས་དེའི་རྗེས་བཟླས་བྱེད་མོད་ཀྱང་། དེ་དག་གིས་ནི་འདུལ་བ་མི་ཤེས་པར་གསལ་ཏེ། འདི་ནི་ཉེར་དགའི་གཙུག་ལག་ཁང་ངོ་། །འདི་ནི་དགའ་བོའི་འོ། །འདི་ནི་ཁོ་བོའི་གཙུག་ལག་ཁང་སྟེ། ཞེས་བྲང་ཁང་ལ་གཙུག་ལག་ཁང་དུ་བཤད་པ་མ་ཐོས་པར་ཟད་ཅིང་། ཕྱི་རོལ་པའི་གཙུག་ལག་ཁང་ཞེས་བཤད་པ་རྣམས་དྲན་པར་བྱོས་ཤིག །

མདོར་ན་(༢༡༧ན)ཆོས་འདི་པའི་ཐེག་པ་ཆེ་ཆུང་གི་གཙུག་ལག་ཁང་དང་། གཙུག་ལག་ཁང་ཆེན་པོ་དང་། ཁྲམས་དང་བཀད་ས་དང་དགོན་པའི་བསྟི་གནས་ལ་སོགས་པ་དེ་ཐམས་ཅད་དུ་རབ་ཏུ་བྱུང་བ་ཀློག་པ་བ་རྣམས་སྡེ་སྣོད་གསུམ་པོ་ཀློག་པའི་ཁ་ཐོན་བྱེད་པས་གང་ཞིང་རྒྱས་ལ་བསམ་གཏན་པའི་གནས་རྣམས་སུ་བསམ་གཏན་ལ་ཤིན་ཏུ་མཉམ་པར་བཞག་པ་རྣམས་ཀྱིས་གང་བ་དང་། དེ་ཐམས་ཅད་དུ་དགེ་འདུན་རྣམས་མཐུན་པ་དང་མི་ཕྱེད་པ་འོ་མ་དང་འོ་མ་གཅིག་ཏུ་འདྲེས་པ་ལྟ་བུར་གྱུར་པས་སྟོན་པའི་བསྟན་པ་གསལ་བར་བྱེད་ཅིང་། ཀློག་པ་ལས་རིག་གྲོལ་གྱི་སྤོབས་པ་ཐོབ་ཅིང་བསམ་གཏན་ལས་འབྲས་བུ་བཞི་དང་ས་བཅུ་སོགས་ཐོབ་

པས་དགེ་འདུན་དེ་ཐམས་ཅད་ཀྱི་བསླབ་པ་གསུམ་གྱི་དོན་མཐར་ཕྱིན་པ་གྲུབ་པར་གྱུར་ཅིག་པ་སྟེ། སྟོན་སྟོན་པ་ཉིད་ལ་སྤྲིད་པ་བྱུང་བ་ན་སྐྱེ་དགུའི་བདག་མོ་གོ་ཏ་མིས་བཅོམ་ལྡན་འདས་རིང་དུ་འཚོ་བར་གྱུར་ཅིག་ཅེས་བརྗོད་པ་འོག་མིན་གྱི་བར་དུ་གྲག་པ་ན་སྟོན་པས་དེ་སྐད་ཅེས་མི་བརྗོད་པར་དགེ་འདུན་མཐུན་པར་གྱུར་ཅིག །ཅེས་བརྗོད་པར་བྱ་སྟེ། ང་ནི་དགེ་འདུན་མཐུན་པ་ཉིད་བཞེད་དོ། །ཞེས་གསུངས་པས་འདི་ནི་སྟོན་པའི་དགོངས་པ་རྫོགས་པར་བྱེད་པའི་སྨོན་ལམ་ཡང་ཡིན་ནོ། །

ཚིགས་བཅད་གཉིས་པས་དགེ་སློང་གི་དོན་དུ་སྤྱིར་བསྔོ་བ་སྟེ་སྤྱིར་སློང་མོས་འཚོ་བ་ལ་དགེ་སློང་དུ་བཞག་པ་སློང་བའི་ཕྱིར་དགེ་སློང་དང་། མིང་གི་དགེ་སློང་མིང་གང་དགེ་སློང་ཞེས་བྱ་བ་དང་། ཁས་འཆེ་བའི་དགེ་སློང་བྲམ་ཟེ་ལ་སོགས་པ་བདག་ཅག་དགེ་སློང་དང་དགེ་སྦྱོང་དང་བྲམ་ཟེའོ་ཞེས་ཁས་འཆེ་བ་ལ་དགེ་སློང་དུ་བཞག་པ་དང་། རྒྱུན་གྱིས་བརྒྱན་པར་བྱས་ཀྱང་ཆོས་སྤྱོད་ཅིང་། །སོགས་ཟག་པ་ཟད་པ་ལ་དགེ་སློང་དུ་བྱས་པ་སྟེ་སྤྱིར་རྣམ་གྲངས་བཞི་དང་། དེ་ལས་ཆོས་འདིའི་པའི་གསོལ་བ་དང་བཞིའི་ལས་ཀྱིས་བསྙེན་པར་རྫོགས་པ་གང་ཡིན་པ་དེ་ནི་དོན་འདིར་དགེ་སློང་ཡིན་པར་དགོངས་སོ། །ཞེས་པ་ལྟར་དགེ་སློང་གི་སྡོམ་པ་ཐོབ་ལ་མ་ཉམས་པ་ནི་སྐབས་འདིའི་དགེ་སློང་(༡༧༧བ)ཡིན་ཏེ། དགེ་སློང་མ་ཟུར་དུ་བཀར་ནས་བཤད་པ་དང་བསླབ་པ་འདོད་པ་ཞེས་པའི་མཐུ་ལས་སོ། །དེ་ལྟར་བསླབ་པ་གསུམ་འདོད་པའི་དགེ་སློང་རྣམས་ཀྱི་བསླབ་པ་དག་པའི་རྒྱུ་ནི་ལུས་ངག་འདུ་འཛིས་དབེན་པ་དང་། སེམས་རྣམ་གཡེང་གིས་དབེན་པ་ཡིན་པས་ལུས་སེམས་ཀྱི་དབེན་པ་ཐོབ་པར་གྱུར་ཅིག་པ་སྟེ། དག་སྐྲའི་གཉིས་ཚིག་གིས་ལུས་སེམས་ཀྱི་དབེན་པ་གཉིས་འདྲེན་ནོ། །གཡེང་བ་སྤོང་བའི་ཚིག་གིས་ནི་དབེན་པ་དེ་གཉིས་གསལ་བར་བྱེད་པ་སྟེ། ལུས་ཀྱི་གཡེང་བ་བྱ་བ་སྣ་ཚོགས་པ་དང་། ངག་གི་གཡེང་

བ་བྲི་མོ་དང་། དག་འཁྲུལ་བ་དང་། སེམས་ཀྱི་གཡེང་བ་ཡུལ་ལ་སེམས་པ་ཐམས་ཅད་སྤངས་ནས་སེམས་དུལ་ཞིང་ལས་སུ་རུང་བས་འདུ་ཤེས་ཉེ་ཤུ་དང་། བྱང་ཆུབ་ཀྱི་སེམས་གཉིས་དང་། སྒྱུ་མ་ལྟ་བུ་དང་། ནམ་མཁའ་ལྟ་བུའི་ཏིང་ངེ་འཛིན་སྒོམ་པར་གྱུར་ཅིག་པའོ། །

ཚིགས་བཅད་གསུམ་པས་དགེ་སློང་མའི་དོན་དུ་བསྔོས་པ་སྟེ། དགེ་སློང་མ་རྣམས་ནི་འཁོར་གྱི་གཙོ་བོ་མ་ཡིན་པའི་ཕྱིར་ཡོ་བྱད་རྙེད་པར་དཀའ་ཞིང་རྙེད་པ་ཆུང་བའི་ཕྱིར། དགེ་སློང་ཉེར་དགས་དགྲ་བཅོམ་མ་ཨུཏྤ་ལའི་མདོག་ཅན་ལས་རས་ཟུང་བཟང་པོ་བླངས་པས་ཨུཏྤ་ལའི་མདོག་ཅན་ཆོས་གོས་ཀྱིས་ཕོངས་པའི་ཚེ། འདི་ལྟར་བུད་མེད་ནི་རྙེད་པ་ཆུང་ཞིང་ཚོགས་ཆེན་པོས་འཚོ་བ་ཡིན་པས་དགེ་སློང་མ་ཉེ་དུ་མ་ཡིན་པ་ལས་དགེ་སློང་གིས་གོས་སློང་བར་མི་བྱའོ་ཞེས་བཅས་པ་མཛད་པའོ། །དེས་ན་དགེ་སློང་མ་རྣམས་ནི་ཆོས་གོས་དང་། བསོད་སྙོམས་ལ་སོགས་པའི་རྙེད་པ་ཆེན་པོ་དང་ལྡན་ཞིང་རྙེད་སླ་བར་གྱུར་ཅིག་པའོ། །བུད་མེད་ནི་རང་བཞིན་གྱིས་འཐབ་ཀྲོལ་ལ་དགའ་ཞིང་ཟས་ལ་གདུ་བའི་ཕྱིར། སྟོན་པས་དེ་གཉིས་ལས་བྱུང་བའི་བསླབ་པ་སོར་བཞགས་དང་། ལྷག་མ་མང་དུ་བཅས་པ་སྟེ། དེའི་ཕྱིར་དགེ་སློང་མ་རྣམས་འཐབ་ཀྲོལ་སྤོང་ཞིང་རྒྱུད་འཇམ་པོར་གྱུར་ཅིག་པའོ། །

དེ་ནས་ཚིགས་བཅད་ཕྱེད་དང་གཉིས་ཀྱིས་རབ་བྱུང་སྤྱིའི་དོན་དུ་བསྔོས་པ་སྟེ། མདོར་ན་རབ་ཏུ་བྱུང་བ་ནི་ཚུལ་ཁྲིམས་ཁོ་ནས་ཕྱེ་བ་ཡིན་པས་དེ་ཐམས་ཅད་ཚུལ་ཁྲིམས་དང་ལྡན་ཞིང་མི་ཉམས་པ་དང་། ཚུལ་(༦༧༤ན)འཆལ་གྱིས་ཡིད་བྱུང་སྟེ་སེམས་ཤིན་ཏུ་གཙང་བས་གནས་པས་ཟག་པ་ཟད་པ་འཐོབ་པ་དང་། གལ་ཏེ་ཟག་པ་མ་ཟད་པར་ཤི་འཕོས་ན་ཡང་ཚུལ་ཁྲིམས་ཀྱི་མཐུས་བདེ་འགྲོ་ལྷ་མི་གང་རུང་དུ་སྐྱེ་ཞིང་། དེར་ཡང་སྔོན་གྱི་གནས་རྗེས་སུ་དྲན་པས་འདོད་པ་ལ་མི་འཇུག་པར་ལྷ་

རྣམས་ཀྱི་ལྷའི་དྲང་སྲོང་དུ་འགྱུར་བའམ་མི་རྣམས་སུ་ཁྱིམ་ནས་ཁྱིམ་མེད་པར་རབ་ཏུ་བྱུང་སྟེ། ཤི་འཕོས་ཀྱང་སྔ་མའི་བརྟུལ་ཞུགས་ཉམས་པ་མེད་པར་གྱུར་ཅིག་པའོ། །འདི་ལ་སྐྱེ་བ་སྔ་མ་ཇེ་སྲིད་འཚོའི་བར་ཁས་བླངས་པའི་དུས་ཀྱི་ཆ་ཕྱོགས་གཅིག་བཏང་ཡང་སྲོང་སེམས་ཀྱི་ངོ་བོ་མ་ཉམས་པ་སྟེ། བར་དོ་དང་སྐྱེ་བ་ཕྱི་མ་ལ་ཡང་བདག་དགེ་སློང་སྟེ་འདི་ལྟ་བུ་བྱུར་མི་རུང་ངོ་ཞེས་དྲན་པ་དང་ཤེས་བཞིན་རྒྱུན་མི་འཆད་པས་སྔ་མའི་བརྟུལ་ཞུགས་མ་ཉམས་པ་ཞེས་བྱའོ། །གལ་ཏེ་ཕྱི་མར་བརྟུལ་ཞུགས་མ་ཉམས་པར་ཡོད་ན་སྔ་མའི་སྡོམ་པ་ཇེ་སྲིད་འཚོ་བར་གྱི་སྡོམ་པར་འགལ་ལོ་ཞེ་ན། ཇེ་སྲིད་འཚོའི་བར་ཁས་བླངས་པ་འདི་ནི་འཇིག་རྟེན་ན་ང་མ་ཤིའི་བར་ཞེས་ཡུན་རིང་བའི་མཐར་འཛོག་པ་ལྟར་ཇེ་སྲིད་འཚོའི་བར་ཁས་ལེན་ན་དེ་ཚུན་གྱི་གནས་སྐབས་གཞན་ལ་ལྟ་ཅི་སྨོས་ཞེས་ཉན་ཐོས་རང་ལུགས་ནས་ཡུན་རིང་བའི་ཕྱི་མཐར་བཞག་པ་སྟེ། སངས་མ་རྒྱས་ཀྱི་བར་ལེན་པ་ལྟ་བུ་ནི་བློར་མ་ཤོང་བས་རང་གི་བློར་ཤོང་ཚོད་ཀྱི་དུས་ཀྱི་རིང་མཐའ་ཁས་བླངས་པ་ཡིན་གྱི། བདག་ཇེ་སྲིད་འཚོའི་བར་སྲུང་ལ་ཤི་ནས་མི་སྲུང་ངོ་ཞེས་རྣམ་བཅད་བྱས་པ་མ་ཡིན་པ་འདི་གོ་བར་གྱིས་ཤིག །

དེ་ནས་ཚིགས་བཅད་གཉིས་ཀྱིས་མཁས་པའི་དོན་དུ་བྱེ་བྲག་ཏུ་བསྔོས་པ་སྟེ། སྤྱིར་ཤེས་བྱ་ལ་མཁས་པའི་རྒྱུ་ནི་སྐྱེ་བ་སྔ་མ་རྣམས་སུ་མང་དུ་སྦྱངས་པ་དང་། ཆོས་ཀྱི་སྦྱིན་པ་བྱས་པ་དང་། ཚེ་འདིར་སྐྱེ་བས་ཐོབ་པའི་ཤེས་རབ་དང་ལྡན་པའམ་མི་ལྡན་ཡང་རུང་སྟེ། དགེ་བའི་བཤེས་གཉེན་བསྟེན་ཞིང་དཀའ་བས་སྦྱངས་པ་རྣམས་ནི་མཁས་པར་འགྱུར་བའི་རྒྱུ་ཡིན་ལ། རྙེད་པའི་རྒྱུ་ནི་ཚེ་རབས་གཞན་དུ་སྦྱིན་པ་བཏང་བ་ལས་འབྱུང་ཞིང་། བཀུར་སྟིའི་རྒྱུ་ཡང་ཚེ་རབས་གཞན་(༦༨ཁ)དུ་ཕ་མ་དང་བླ་མའི་གནས་ལ་བཀུར་སྟི་བྱས་པ་དང་། གཞན་ཁྱད་དུ་མ་བསད་ཅིང་ང་རྒྱལ་སྤངས་པ་ལས་བྱུང་བའི་ཕྱིར། མཁས་པ་འཐོབ་པ་དང་རྙེད་

བཀུར་འཐོབ་པ་ནི་རྒྱུ་ཐ་དད་ཡིན་པས་མཁས་པ་རྙེད་བཀུར་དང་མི་ལྡན་པ་ཡོད་ལ། དེའི་ཚེ་ཁ་ཅིག་ཁོ་བོ་ལྟ་བུ་ལ་རྙེད་བཀུར་མི་འབྱུལ་བར་ལྡན་པོ་འདི་དང་འདི་ལ་འབྱུལ་ལོ་ཞེས་ང་རྒྱལ་དང་ཕྲག་དོག་དང་ཞུམ་པ་ཅིག་ཆར་སྐྱེད་པ་དུ་མ་ཡོད་པས་དེའི་ཕྱིར། རིག་གནས་ཆུང་བ་ལྟ་ཙམ་ཤེས་པའི་པཎྜི་ཏ་ཆུང་བའམ། རིག་གནས་དང་ཁྱད་པར་སྡེ་སྣོད་གསུམ་དང་ཐེག་པ་ཆེན་པོའི་སྡེ་སྣོད་དང་། རྒྱུད་སྡེ་རྒྱ་མཚོ་ལྟ་བུ་ཤེས་པའི་མཁས་པ་རྣམས་ལ་སོ་སོ་ལ་ཐེ་འཚམ་པའི་བཀུར་སྟི་མཐོན་པོའི་གོ་འཕང་ལ་འཛུག་ཅིང་། སྐྱེ་བོས་འདུད་པ་དང་ལོངས་སྤྱོད་ཀྱི་རྙེད་པ་ཆེན་པོ་དང་ལྡན་པར་གྱུར་ཅིག་པའོ། །ཇི་ལྟར་མུ་གེའི་དུས་གཞོན་ནུ་མ་སྐྱེས་དགྲས་ལྷས་བྱིན་འཁོར་བཅས་ལ་ཤིང་རྟ་ལྔ་བརྒྱ་ཁ་ཟས་བསོད་པས་གང་བས་རྟག་ཏུ་མཆོད་ཅིང་། རྫུ་འཕྲུལ་མ་ཐོབ་པའི་དགེ་སློང་རྣམས་འཚོ་བས་ཐོངས་པའི་ཚེ་སྟོན་པས་ལྷས་བྱིན་གྱི་རྙེད་པ་དང་བཀུར་སྟི་ནི་སྦྲ་དང་སྨིག་མ[1]འི་འབྲུ་དང་དྲེའུ་མོ་སྦྲུམ་པ་ལྟ་བུར་བལྟ་བར་བྱ་སྟེ། སྐྱེ་བོ་ངན་པ་ནི་རྙེད་པ་དང་བཀུར་སྟིས་ཕུང་བར་འགྱུར་རོ། །ཞེས་གསུངས་པ་ལྟར་ཡོན་ཏན་ཤེས་སམ་མི་ཤེས་ཀྱང་རུང་སྟེ། སྐྱེ་བོ་རང་བཞིན་ངན་པ་ཁ་ཅིག་ནི་རྙེད་བཀུར་ཅུང་ཟད་ཐོབ་ན་རིགས་ངན་འདུན་ན་འདོན་གྱི་སྟན་ལ་བཞག་པ་ལྟར། དྲེགས་ཤིང་རང་གཞན་ཕུང་བར་བྱེད་པ་ཡོད་པས་དེའི་ཕྱིར་མཁས་པ་རྣམས་རྙེད་བཀུར་ཐོབ་ཀྱང་ང་རྒྱལ་དང་ཕྲག་དོག་མེད་པར་རྒྱུད་ཡོངས་སུ་དག་ཅིང་མཁས་པའི་གྲགས་པ་འཐོབ་པར་གྱུར་ཅིག་པའོ། །དེ་ལ་མཁས་པ་ཡང་དག་པ་ནི་ཆོས་ཀྱི་ཚད་འཛིན་པར་མི་བྱེད་ལ། རྒྱུ་འབྲས་ལ་མཁས་པའི་ཕྱིར་ཆོས་སྤྱོད་དང་གང་ཟག་ལ་དམོད་པར་མི་བྱེད་མོད་ཀྱང་། ཕྱོགས་རེས་ཁེངས་པ་ཁ་ཅིག་ནི་གཞན་ཐམས་ཅད་ལ་བ་ལང་ལྟར་ལྟ་ཞིང་རྗོད་པ་དང་། རྩོམ་པ་ན་ཡང་ཚིག་རྩུབ་རྣམ་སྨིན་མི་བཟད་པ་འབྱུང་བ་མང་དུ་

1 སྨིག་མ་ནི་སྨྱུག་མའི་མིང་།

འཕེན་ལ་ཆོས་སྤྱོད་དང་། གང་ཟག་སྤྱོད་པའི་ལས་ཆེར་གསོག་ཅིང་རྒྱུ་དེས་ཕྱི་མར་ངན་འགྲོའི་གནས་མི་བཟད་པ་ལེན་པ་(༧)(ན)ཡོད་པས། དེ་རྣམས་ལ་དགོངས་ནས་མཁས་པ་དེ་དག་ངན་སོང་དུ་མི་ལྟུང་ཞིང་ཕྱི་མར་ཡང་དལ་བ་འཐོབ་ལ་བརྩོན་པ་མེད་པར་ཡང་བྱང་ཆུབ་མྱུར་དུ་འཐོབ་པར་གྱུར་ཅིག་པའོ། །

དེ་ནས་གཅིག་གིས་སེམས་ཅན་ཐམས་ཅད་བདེ་བ་དང་བདེ་བའི་རྒྱུ་དང་ལྡན་པར་བསྔོས་པ་སྟེ། སངས་རྒྱས་ཐམས་ཅད་མཆོད་པར་བྱེད་ཅིང་དེ་ཡི་འབྲས་བུ་བདེ་བ་དམ་པ་འཐོབ་པར་གྱུར་ཅིག་པའོ། །དེ་ནས་གཅིག་གིས་རྒྱལ་བ་དང་རྒྱལ་སྲས་རྣམས་ཀྱི་བཞེད་པ་རྫོགས་པར་བསྔོས་པ་སྟེ། དེ་རྣམས་ཀྱི་བཞེད་པའི་གཙོ་བོ་ནི་འགྲོ་བའི་དོན་ཁོ་ན་ཡིན་པས་དེ་ཇི་ལྟར་དགོངས་པ་དེ་བཞིན་དུ་འགྲུབ་པར་གྱུར་ཅིག་པའོ། །དེ་བཞིན་དུ་མགོན་པོ་སངས་རྒྱས་རྣམས་ཀྱིས་ཇི་ལྟར་དགོངས་པའི་ཕྱིན་ལས་དེ་ཉིད་སེམས་ཅན་རྣམས་ལ་བདེ་ཞིང་གྱི་ནོམ་པས་འབྱོར་བར་གྱུར་ཅིག་པའོ། །

ཚིག་རྐང་ཐ་མ་གཉིས་ཀྱིས་ཉན་རང་གི་དོན་དུ་བསྔོས་པ་སྟེ། སངས་རྒྱས་དང་ཉན་ཐོས་མེད་པ་ན་འཇིག་རྟེན་ན་ཡོན་གནས་གཅིག་པུ་པར་གྱུར་པ། སྟོན་སངས་རྒྱས་མེད་པའི་ཞིང་ཁམས་སྟོང་པར་སྐྱེ་བ་དང་གདུལ་བྱ་ལ་ལུས་ཀྱིས་ཆོས་སྟོན་གྱི་ངག་གིས་མི་སྟོན་པ་དང་། སློབ་དཔོན་མེད་པར་རང་གིས་བྱང་ཆུབ་མངོན་དུ་བྱེད་པར་གྱུར་ཅིག །ཅེས་པའི་སྨོན་ལམ་ཆེན་པོ་གསུམ་བཏབ་ཅིང་། ཚོགས་བསགས་པས་སངས་རྒྱས་ཀྱི་བསྟན་པ་མེད་པའི་དུས་སུ་སྲིད་པ་ཐ་མ་ལ་མིར་སྐྱེས་ནས་སྐྱེ་བས་མཁན་སློབ་མེད་པར་རྟགས་རང་གིས་བླངས་ནས་རབ་ཏུ་བྱུང་ཞིང་། རྟེན་འབྲེལ་ལུགས་འབྱུང་ལྡོག་ལ་བརྟགས་པས་སྲིད་པའི་སྲིད་པ་ཟད་པས་རང་གིས་བྱང་ཆུབ་འབྲིང་པོ་མངོན་དུ་བྱས་པ་ནི་རང་སངས་རྒྱས་ཏེ། སྔོན་བསྐལ་པ་ཉི་ཤུར་ཚོགས་བསགས་པ་ཚོགས་སྤྱོད་ཆུང་ངུ་དང་། ལྔ་བཅུར་བསགས་

པ་ཆེན་པོ་དང་། དེའི་བར་ཅི་རིགས་བསགས་པ་འབྲིང་སྟེ་ཚོགས་སྦྱོད་ཀྱི་རང་རྒྱལ་གསུམ་ནི་ནགས་སམ་གཙུག་ལག་ཁང་སོགས་ན་དགེ་འདུན་གྱི་སྡེའི་ཚུལ་དུ་བཞུགས་ལ། དཔོན་སློབ་ཀྱི་རྣམ་པར་གཞག་པ་ནི་མེད་དོ། །བསྐལ་པ་བརྒྱར་ཚོགས་བསགས་པ་ནི་བསེ་རུ་ལྟ་བུ་དབང་པོ་རྣོན་པོ་སྟེ་ནགས་ན་གཅིག་པུ་ཁོ་(༧)(བ)ནར་གནས་སོ། །འདི་དག་ནི་བསོད་སྙོམས་སྦྱོད་ཅིང་བསོད་སྙོམས་ཕུལ་བ་རྣམས་ཀྱིས་དགེ་བ་མཐའ་ཡས་པ་སྐྱིད་ལ་དད་པ་རྣམས་ཀྱི་དགའ་བ་སྤེལ་བ་དང་། མ་དད་པ་རྣམས་འགྱོད་པ་བསྐྱེད་པའི་ཕྱིར་རྫུ་འཕྲུལ་སྟོན་ཞིང་རྣག་གི་ལུས་ཀྱིས་སྐྱོ་བའི་ཕྱིར་ཏ་ཙང་རིང་དུ་མི་བཞུགས་པར་ཚོ་འཕྲུལ་དང་བཅས་སྟེ་མྱ་ངན་ལས་འདའོ། །

ཉན་ཐོས་ནི་ཤྲཱ་ཝ་ཀ་ཞེས་ཐོས་པ་སྒྲོག་པའི་ཕྱིར་ཉན་ཐོས་ཞེས་བྱ་ལ་སྤྱིར་ཉན་ཐོས་ནི་སློབ་མའི་མིང་གི་རྣམ་གྲངས་ཀྱང་ཡིན་པས་གཅེར་བུ་པའི་ཉན་ཐོས་ཞེས་སོགས་ཕྱི་རོལ་པ་ལ་ཡང་ཐ་སྙད་ཡོད་དོ། །ནང་པའི་ཉན་ཐོས་ལ་ནི་ལམ་ལ་ཞུགས་པའི་ཉན་ཐོས་དང་གྲུབ་མཐའ་ཁས་ལེན་གྱི་ཉན་ཐོས་གཉིས་ཡིན་ལ། ལྔ་སྡེ་དང་ཉེ་བའི་ལྔ་སྡེ་དང་འོད་སྲུང་སོགས་སྟོན་པའི་འཁོར་སྟོང་ཉིས་བརྒྱ་ལྔ་བཅུའི་དགེ་འདུན་ནམ་ལྔ་སྟོང་གི་དགེ་འདུན་ནི་གཙོ་བོ་ཡིན་ལ། སྟོན་པ་བཞུགས་དུས་ནས་བསྟན་པའི་གཏད་རབས་བདུན་གྱི་བར་མཐའ་ཡས་པ་བྱུང་བ་རྣམས་ནི་དགྲ་བཅོམ་ཐོབ་པ་ཤས་ཆེ་ལ། གཞན་ཡང་རྒྱུན་ཞུགས་དང་ལན་གཅིག་ཕྱིར་འོང་དང་ཕྱིར་མི་འོང་བ་རྣམས་ཀྱི་ཞུགས་གནས་གང་རུང་ཐོབ་པ་ཤས་ཆེ་བས་འཕགས་པའི་ཉན་ཐོས་ཞེས་བྱ་ལ། འདི་དག་བྱེ་མདོའི་གྲུབ་མཐའ་སྨྲ་བར་མ་ངེས་ཏེ་འཕགས་པ་རབ་འབྱོར་ཤེར་ཕྱིན་སྟོན་པའི་མཆོག་ཏུ་བཤད་པ་དང་། མདོ་སྡེ་ཆེན་པོ་རྣམས་ནི་དེ་རྣམས་ཀྱིས་ཐེག་ཆེན་གྱི་ཆོས་བསྟན་པ་ཆེས་མང་ཞིང་རྣལ་འབྱོར་རྒྱུད་མན་ཆད་ཀྱི་དཀྱིལ་འཁོར་དུ་ཡང་ཆུད་པས་རྒྱུད་སྡེ་དག་ཕལ་ཆེར་གྱི་གླེང་

གཞིར་ཡོད་པ་དང་། བླ་མེད་ཀྱིའང་སངས་རྒྱས་ཐོད་པའི་རྒྱུད་ཉན་པའི་འཁོར་དུ་བཤད་པ་དང་། གསང་སྔགས་ཐེག་པ་ཆེན་པོ་ལ་དམིགས་བྱིན་གྱིས་རློབ་པར་ཡང་བྱེད་དེ་འདུས་པ་རིན་པོ་ཆེའི་ཏོག་ལས་བདུད་གཞོན་ནུ་ལྷ་བརྒྱ་ལྷ་བཅུས་ཉན་ཐོས་ཆེན་པོ་བཞི་ལ་དགེ་སློང་སླུ་ལོངས་ཤིག་གར་ཕྱོས་ཤིག་ཅེས་ཀུལ་ཀ་བྱས་པ་ན་སྟོན་མ་ཐོས་པའི་སྔུ་སྣང་ང་ཞེས། ཕུང་པོ་དག་གིས་ཤིན་ཏུ་ཆོག །ཅེས་སོགས་ཀྱི་ཚིགས་བཅད་དང་གསང་སྔགས་སྨྲས་པས་བདུད་དེ་དག་བཏུལ་བར་བཤད་པ་དང་། དགྲ་བཅོམ་པས་བྱས་པའི་རིག་སྔགས་བཅད་དོ་ཞེས་(༥༠ན)སོགས་འབྱུང་བའི་ཕྱིར།

དེ་ཡང་འབྲས་བུ་བཞི་ནི་ཉན་ཐོས་ཀྱི་མཐོང་ལམ་སྐད་ཅིག་མ་བཅུ་དྲུག་ཐོབ་པ་གཞིར་བྱས་ནས་དེའི་སྟེང་ནས་སྒོམ་སྤང་སྤངས་ཚུལ་གྱིས་ཁྱད་པར་དུ་བྱས་པ་ཡིན་ཏེ། དེ་ལ་འདོད་ཁམས་ཀྱི་ཉོན་མོངས་ཆེན་པོའི་ཆེ་འབྲིང་ཆུང་གསུམ་འབྲིང་གི་ཆེ་འབྲིང་ཆུང་གསུམ་ཆུང་ངུའི་ཆེ་འབྲིང་ཆུང་གསུམ་སྟེ་འདོད་ཉོན་དགུ། དེ་བཞིན་དུ་བསམ་གཏན་བཞི་དང་གཟུགས་མེད་བཞི་རེ་རེ་ལ་དགུ་དགུ་སྟེ་སྒོམ་པས་སྤང་བྱའི་ཉོན་མོངས་བརྒྱད་ཅུ་རྩ་གཅིག་ནི་སྤང་བྱའོ། །དེ་ལ་མཐོང་ལམ་ཁོ་ན་ཐོབ་ལ་འདི་དག་ལས་གང་ཡང་མ་སྤངས་ཤིང་སྤོང་བར་ཡང་མི་རྩོམ་ན་ཉན་ཐོས་མཐོང་ལམ་པ་ཁོ་ན་ཡིན་གྱི་འབྲས་བུ་བཞི་གང་ལ་ཡང་ཞུགས་པ་དང་གནས་པ་གང་ཡང་མ་ཡིན་ནོ། །འོན་ཀྱང་དྲང་སྲོང་ཉི་མ་གུང་པ་འཁོར་བཅས་བསྙེན་པར་རྫོགས་པའི་གསོལ་བ་བྱས་པས་མཐོང་ལམ་དང་ཕྱིར་མི་འོང་ལྷན་ཅིག་ཏུ་ཐོབ་པ་ལྟ་བུ་ལ་དགོངས་ནས། བཅུ་དྲུག་པ་ལ་དེ་འབྲས་གནས། །ཞེས་འཆད་པ་ཡིན་ནོ། །འདོད་ཉོན་ཆེན་པོ་སྐོར་གསུམ་སྤོང་བའི་ཕྱིར་བརྩོན་པ་དང་ཁྱད་པར་དེའི་བར་ཆད་མེད་ལམ་ལ་གནས་པ་ནི་འབྲས་བུ་དང་པོ་རྒྱུན་ཞུགས་ལ་ཞུགས་པའི་ཕྱིར་རྒྱུན་ཞུགས་ཞུགས་པ་ཞེས་བྱ་ལ། འདོད་ཉོན་གསུམ་པ་སྤངས་པའི་རྣམ་གྲོལ་ལམ་ཐོབ་པ་དེའི་ཚེ་རྒྱུན་ཞུགས་ཀྱི་འབྲས་བུ་ཐོབ་པ་ཡིན་ལ། འདི་ལ་དབང་

བརྟུལ་སྲིད་པ་ལན་བདུན་པ་ཞེས་བྱ་བ་ལྷའི་སྐྱེ་སྲིད་བར་སྲིད་བདུན་རེ་མིའི་སྐྱེ་སྲིད་བར་སྲིད་བདུན་རེ་སྟེ། སྲིད་པ་ཉི་ཤུ་རྩ་བརྒྱད་ན་སྔོན་ལྷ་མི་གང་གི་རྟེན་ལ་མཐོང་ལམ་ཐོབ་པ་དེའི་རྟེན་གྱིས་དགྲ་བཅོམ་འཐོབ་པ་དང་། དབང་འབྲིང་རིགས་གནས་རིགས་སྐྱེ་སྟེ་ལྷ་མིའི་སྐྱེ་སྲིད་བར་སྲིད་གཉིས་རེས་ སྔར་ལྟར་དགྲ་བཅོམ་འཐོབ་པ་དང་། དབང་རྣོན་རྒྱུན་ཞུགས་འབྲས་གནས་ཁྱད་པར་ཅན་ཚེ་དེ་ཉིད་ལ་སྒོམ་སྤང་ལྷག་མ་ཅིག་ཆར་དུ་སྤངས་ནས་དགྲ་བཅོམ་འཐོབ་པའོ། །སྤྱིར་རང་ལམ་གྱི་སྒོམ་སྤང་མངོན་གྱུར་བ་མ་སྤངས་ན་འབྲས་བུ་དེ་ཐོབ་པར་མི་འཇོག་སྟེ་མཐོང་སྤང་མ་སྤངས་ན་མཐོང་ལམ་པར་མི་འཇོག(༥༠བ)པ་བཞིན་ནོ། །འོན་ཀྱང་ཅམ་པོ་བ་རྣམས་ཀྱིས་ས་བོན་མ་སྤངས་པའི་ཕྱིར། འབྲས་གནས་སྒོམ་སྤང་བྱ་མ་ཟད། །ཅེས་གསུངས་པ་ཡིན་ནོ། །འདོད་ཉོན་དྲུག་པའི་སྤོང་གཉེན་ལ་ཞུགས་པ་ཕྱིར་འོང་ཞུགས་པ་དང་། དེ་སྤངས་པ་ལན་གཅིག་ཕྱིར་འོང་སྟེ། འདོད་ཁམས་སུ་སྐྱེ་བ་ཕྱི་མ་གཅིག་ལེན་པའི་ཕྱིར་དེ་སྐད་ཅེས་བྱ་ལ། ཕྱི་མ་དེ་ཉིད་ལ་དགྲ་བཅོམ་འཐོབ་པ་ནི་ཕྱིར་འོང་འབྲས་གནས་ཁྱད་པར་ཅན་ཚེ་གཅིག་བར་ཆད་གཅིག་པ་ཞེས་བྱའོ། །འདོད་ཉོན་དགུ་པའི་སྤོང་གཉེན་ལ་གནས་པ་ནི་ཕྱིར་མི་འོང་ཞུགས་པ་དང་དེ་སྤངས་པའི་རྣམ་གྲོལ་ལམ་ཐོབ་པ་ནི་ཕྱིར་མི་འོང་སྟེ། འདོད་ཁམས་སུ་སྐྱེ་བ་མི་ལེན་པའི་ཕྱིར་དེ་སྐད་ཅེས་བྱ་ལ། གཟུགས་ཁམས་དང་གཟུགས་མེད་ཁམས་ཀྱི་རྟེན་ལ་མྱ་ངན་ལས་འདའ་བ་སྐྱེས་ནས་འདའ་བ་དང་། གཟུགས་མེད་ན་བར་དོ་མེད་ཅིང་གཟུགས་ཀྱི་བར་སྲིད་ཀྱི་རྟེན་ལ་འདའ་བ་བར་འདའ་བ་དང་། དེ་རེ་རེ་ལ་ཡང་འབད་རྩོལ་ཡོད་མེད་ཀྱིས་མངོན་པར་འདུ་བྱེད་པ་དང་བཅས་ཏེ་འདའ་བ་དང་འདུ་བྱེད་པ་མེད་པར་འདའ་བ་གཉིས་ཏེ་ཕྱིར་མི་འོང་འདའ་བ་རྣམས་དང་། ཚངས་རིས་ནས་ཚངས་ཆེན་དུ་སྐྱེ་བ་སོགས་བར་དུ་རེ་རེ་བཞག་ཅིང་སྐྱེ་བ་འཕར་བ་དང་། དེ་ནས་འོད་ཆུང་དེ་ནས་ཚད་མེད་

འོད་སོགས་ཀྱི་རིམ་པས་ཁྱེད་འཕར་ཞིང་ཁྱེད་མི་འཕར་བས་སྐྱེ་བ་ཁྱེད་འཕར་དང་། ཐམས་ཅད་དུ་གོ་རིམ་གྱིས་སྐྱེ་བ་གནས་ཐམས་ཅད་དུ་འཆི་འཕོ་བ་སྟེ་གོང་འཕོ་གསུམ། མཐོང་ཆོས་ལ་ཞི་བ་དང་ལུས་ཀྱིས་མངོན་སུམ་དུ་བྱེད་པ་གཉིས་ཏེ་ཕྱིར་མི་འོང་རྣམས་སོ། །

སྲིད་ཉོན་དགུ་པ་ཞེས་བྱ་བ་སྲིད་རྩེའི་ཉོན་མོངས་ཆུང་ངུའི་ཆུང་ངུའི་སྤོང་གཉེན་བར་ཆད་མེད་ལམ་ལ་གནས་པ་ནི་དགྲ་བཅོམ་ཞུགས་པ་དང་། དེ་སྤངས་པའི་རྣམ་གྲོལ་ལམ་ཐོབ་པ་ནི་དགྲ་བཅོམ་པའི་འབྲས་བུ་ཐོབ་པ་སྟེ། འདི་ལ་དབང་བརྟུལ་ཤེས་རབ་རྐྱང་པས་གྲོལ་བ་ནི་མངོན་ཤེས་དང་རྫུ་འཕྲུལ་མེད་པའི་ཕྱིར་རྒྱན་མེད་ཅེས་བྱ་ལ། འདི་ལས་དབང་པོ་རྣོན་པོར་འཕོ་མི་ནུས་པ་ནི་གནས་པ་ལས་མི་བསྐྱོད་པའི་ཆོས་ཅན་གྱི་དགྲ་བཅོམ་པ་ཡིན་ལ། མཐར་གནས་སྙོམས་འཇུག་དགུ་སྐྱབ་ནུས(༥༧ན)པ་ནི་རྟོགས་པའི་འོས་སུ་གྱུར་པའི་དགྲ་བཅོམ་པ་ཡིན་ནོ། །

དབང་རྣོན་ནི། མཐར་གནས་སྙོམས་འཇུག་བརྒྱད་ཐོབ་ཅིང་ཤེས་རབ་ཀྱིས་གྲོལ་བ་ནི་བསམ་གཏན་བཞི་པ་ན་མངོན་ཤེས་ཀྱི་ལམ་ཡོད་ལ་དེ་ཐོབ་པའི་ཕྱིར་དགྲ་བཅོམ་པ་རྒྱན་ཅན་ཞེས་བྱ་ལ། ཉམས་པའི་ཆོས་ཅན་གྱི་དགྲ་བཅོམ་པ་ནི་ཁ་ཅིག་དགྲ་བཅོམ་གྱི་སྤངས་རྟོགས་གཉི་ག་ལས་ཉམས་པ་དང་། རེ་རེ་ལས་ཉམས་པ་སོགས་འདོད་ཀྱང་འདི་ནི་མཐོང་ཆོས་བདེར་གནས་ལས་ཉམས་པ་ཚེ་དང་ལྡན་པ་ཀཽཎྜིལ་གྱི་བུ་མཐར་ཀུན་ཏུ་རྒྱུས་བཀྲོང་ངེས་ཀྱི་ལས་ཡོད་པ་ལྟ་བུ་མཐོང་བའི་ཆོས་ལ་བདེ་བར་གནས་པ་ལས་ཉམས་པ་ལ་འཇོག་གོ། །དེ་ལྟ་བུའི་དགྲ་བཅོམ་པ་ཁ་ཅིག་དེའི་སྟོན་དུ་མྱ་ངན་ལས་འདའ་བ་ནི་བདག་གསོད་པའི་ཆོས་ཅན་གྱི་དགྲ་བཅོམ་པ་དང་། དེ་ལྟ་བུ་ཁ་ཅིག་དབང་པོ་བསྒྲིམས་ཏེ་བདག་ཉིད་སྲུང་བ་ཡོད་པས་རྗེས་སུ་སྲུང་བའི་དགྲ་བཅོམ་པ་ཞེས་འཇོག་པ་ཡིན་ནོ། །འདི་རྣམས་མཐར་ཐུག་ཐེག་གསུམ་དུ་འཇོག་པ་དྲང་དོན་གྱི་མདོའི་ལུགས་ཀྱིས་ཐེག་པ་གསུམ་ལས་

ཆུང་ངུར་ཞུགས་པ་སྟེ་དགྲ་བཅོམ་པ་སླར་ཡང་སྲིད་མི་ལེན་པར་འཆད་དོ། །མཐར་ཐུག་ཐེག་གཅིག་ཏུ་རྣམ་པར་གཞག་པ་ངེས་དོན་གྱི་མདོ་རྣམས་སུ་ཐེག་ཆེན་ཉིད་ཀྱི་ཆ་རེ་ལ་ཉན་རང་གི་ཐེག་པར་མིང་བཏགས་ཤིང་བྱང་ཆུབ་སེམས་དཔའ་ཉིད་ལ་ཉན་ཐོས་ཀྱི་སྒྲར་བཤད་པ་ཡིན་གྱི་ཐེག་ཆེན་པོ་ན་ལས་གཞན་པའི་ཐེག་པ་མེད་པར་འཆད་དོ། །འདིའི་ཚེ་བྱང་ཆུབ་ཀྱི་རྒྱུན་ལ་ཞུགས་པས་རྒྱུན་ཞུགས་ཞེས་སོགས་དགོངས་པས་བསྟན་པར་ཕྱིར་མི་ལྡོག་པ་འཁོར་ལོའི་མདོ་དང་། དམ་ཆོས་པདྨ་དཀར་པོ་ལས་རྒྱས་པར་བཤད་དོ། །

གྲུབ་མཐའ་ཁས་ལེན་གྱི་ཉན་ཐོས་ནི། སྤྱིར་སྡེ་པ་བཅོ་བརྒྱད་དང་། ཁྱད་པར་བྱེ་བྲག་ཏུ་སྨྲ་བ་དང་། མདོ་སྡེ་པ་སྟེ་གོང་དུ་བསྟན་ཟིན་ཏོ། །དེ་ལྟ་བུའི་ཉན་རང་དེ་དག་སྲིད་པའི་འཇིགས་པ་མེད་པས་མྱ་ངན་ལས་འདས་པ་རྣམ་པར་གྲོལ་བའི་བདེ་བ་དང་ལྡན་པ་ཡིན་མོད་ཀྱང་། དགྲ་བཅོམ་པ་རྣམས་ཀྱང་སྡུག་བསྔལ་གྱི་ཕུང་པོའི་ལྷག་མ་ཞེས་བྱ་བ་སྐུ་ཚེ་འདིའི་(༥༧བ)ཕུང་པོ་ལྷ་མ་སྤངས་པ་དེ་སྲིད་ཕུང་པོ་ལ་གཉིད་མ་མཆོན་ཐོགས་པ་ཕྱི་བཞིན་འབྲང་བ་དང་། ཁམས་བཞི་ལ་སྦྲུལ་གདུག་བཞི་ཕྲག་ལ་ཐོགས་པ་ལྟར་འདུ་བྱེད་ཀྱི་སྡུག་བསྔལ་གྱིས་ཀུན་ཏུ་འཇིགས་པས། འབྲུ་མར་གང་བའི་སྣོད་བསྐུར་ཏེ། །ཞེས་སོགས་ལྟར་ཉམ་ང་བ་ཡོད་པས་དེ་དང་བྲལ་ཏེ་བསམ་གཏན་དང་རྣམ་པར་ཐར་པའི་བདེ་བས་ཚིམ་པར་གྱུར་ཅིག་པའི་དོན་ནོ། །སྐབས་འདིར། ལྷ་དང་ལྷ་མིན་མི་རྣམས་ཡིད། །གུས་བཅས་རྟག་ཏུ་མཆོད་པར་ཤོག །ཅེས་པ་རྒྱ་དཔེ་ལ་ཡོད་དོ་ཞེས་ལོ་ཙཱ་བ་ཁ་ཅིག་འཆད་དོ། །

གཉིས་པ་ཞར་ལ་རང་དོན་དུ་བསྔོ་བ་ནི།

བདག་ཀྱང་འཇམ་དབྱངས་བཀའ་དྲིན་གྱིས། །
ས་རབ་དགའ་བ་ཐོབ་བར་དུ། ༥༠ །
རྟག་ཏུ་ཚེ་རབས་དྲན་པ་དང་། །

རབ་ཏུ་འབྱུང་བ་འཐོབ་པར་ཤོག །
བདག་ནི་ཁ་ཟས་ཀྱི་ནས་ཀྱང་། །
ཉམ་དང་ལྡན་ཞིང་འཚོ་བར་ཤོག ༥༡ །
ཚེ་རབས་ཀུན་ཏུ་དབེན་གནས་པ། །
ཕུན་སུམ་ལྡན་པ་ཐོབ་གྱུར་ཅིག །
གང་ཚེ་ལྟ་བར་འདོད་པའམ། །
ཅུང་ཟད་འདྲི་བར་འདོད་ན་ཡང་། ༥༢ །
མགོན་པོ་འཇམ་དབྱངས་དེ་ཉིད་ནི། །
གེགས་མེད་པར་ཡང་མཐོང་བར་ཤོག །
ཕྱོགས་བཅུ་ནམ་མཁའི་མཐས་གཏུགས་པའི། །
སེམས་ཅན་ཀུན་དོན་སྒྲུབ་པའི་ཕྱིར། ༥༣ །
ཇི་ལྟར་འཇམ་དཔལ་སྤྱོད་མཛད་པ། །
བདག་སོགས་སྤྱོད་པའང་དེ་འདྲར་ཤོག །
ཇི་སྲིད་ནམ་མཁའ་གནས་པ་དང་། །
འགྲོ་བ་ཇི་སྲིད་གནས་གྱུར་པ། ༥༤ །
དེ་སྲིད་བདག་ནི་གནས་གྱུར་ཏེ། །
འགྲོ་བའི་སྡུག་བསྔལ་སེལ་བར་ཤོག །
འགྲོ་བའི་སྡུག་བསྔལ་གང་ཅིའང་རུང་། །
དེ་ཀུན་བདག་ལ་སྨིན་གྱུར་ཅིག ༥༥ །
བྱང་ཆུབ་སེམས་དཔའི་དགེ་འདུན་གྱིས། །
འགྲོ་བ་བདེ་ལ་འགོད་པར་ཤོག །

ཅེས་གསུངས་ཏེ། དེ་ཡང་ཚིགས་བཅད་དང་པོས་ཁྱིམས་སྐྱོང་ཞིང་གཞན་

ཀྱི་ང་རྒྱལ་གཞོམ་པ་སྟེ། ཁ་ཅིག་མངོན་པར་རྟོགས་པའི་ཡོན་ཏན་ཅུང་ཟད་ཀྱིས་ཁེངས་ཏེ་བདག་ནི་བརྟུལ་ཞུགས་གྲུབ་པའོ་ཞེས་བསྙེམས་པ་དག་གཞོམ་པའི་ཕྱིར། བདག་ཀྱང་ས་དང་པོ་རབ་ཏུ་དགའ་བ་མ་ཐོབ་ཀྱི་བར་དུ་གར་སྐྱེ་ཡང་ཚེ་རབས་དྲན་པ་དང་། རབ་ཏུ་འབྱུང་བ་པོ་(༥༡༩ན)ནར་གྱུར་ཅིག །ཅེས་གསུངས་ཏེ། སློབ་དཔོན་གྱི་ངོ་མཚར་གྱི་བཀོད་པ་དེ་ལྟ་བུ་མཐོང་བ་དེ་ཡང་འདི་ལྟར་སྨོན་ལམ་མཛད་ན་བདག་འདྲ་བ་ལྟ་ག་ལ་ཞིག་སྙམ་ནས་འཁོར་དེ་ནས་དྲེགས་པ་ཅན་མང་པོ་ཞིག་འདིས་བཏུལ་བར་གདོན་མི་ཟའོ། །དེ་བཞིན་དུ་ཁམས་ཀྱི་ཟས་ལ་མ་ལྟོས་ཤིང་སྡོ་གསུམ་བྱང་ཆུབ་ཀྱི་མི་མཐུན་ཕྱོགས་ཀྱིས་དབེན་ཞིང་སངས་རྒྱས་ཀྱི་རྒྱུའི་ཡོན་ཏན་ཕུན་ཚོགས་འཐོབ་པ་དང་། དུས་ཐམས་ཅད་དུ་འཇམ་དཔལ་ལ་སོགས་པའི་དགེ་བའི་བཤེས་གཉེན་དང་མི་འབྲལ་ཞིང་དེའི་ངག་ཇི་ལྟ་བར་སྒྲུབ་པ་དང་། སེམས་ཅན་ཐམས་ཅད་ཀྱི་དོན་དུ་འཇམ་དཔལ་དང་སྤྱན་རས་གཟིགས་དང་ཀུན་ཏུ་བཟང་པོ་དང་ཕྱག་ན་རྡོ་རྗེ་དང་ནམ་མཁའ་མཛོད་དང་། སངས་རྒྱས་མཐའ་ཡས་པའི་མཚན་བཟུང་བ་ལས་དེ་དག་གི་མཚན་བཟུང་བ་ཕན་ཡོན་ཆེ་བར་གསུངས་པའི་བྱང་ཆུབ་སེམས་དཔའ་བཞི་པོ་ཡེ་ཤེས་བླ་མ་དང་། འོད་ཀྱི་ཏོག་དང་། སྨོན་ལམ་བློ་གྲོས་དང་། དབང་པོ་ཞི་བ་རྣམས་དང་། གཞན་ཡང་བཟང་སྐྱོང་དང་། ཕུག་སྦས་དང་། འདམ་བུས་བྱིན་ལ་སོགས་པ་སྐྱེས་བུ་དམ་པ་ལྔ་བརྒྱ་དང་། སྐྱེས་བུ་དམ་པ་བཅུ་དྲུག་དང་བརྒྱད་དང་མདོར་ན་བྱང་ཆུབ་སེམས་དཔའ་མཐུ་པོ་ཆེ་དེ་ཐམས་ཅད་ཀྱི་སྤྱོད་པ་ནི་རེ་རེ་ལ་ཡང་ཀུན་གྱིས་འཇུག་པས་ན། བདག་ཀྱང་དེ་ཐམས་ཅད་ཀྱི་མཛད་པ་ཇི་ལྟ་བ་བཞིན་དུ་བདག་ཉིད་རྟག་པར་སྤྱོད་པ་དང་སྤྱོད་པ་དེ་ཐམས་ཅད་ཀྱང་ནམ་མཁའི་མཐའ་ཇི་ཙམ་པ་དང་སེམས་ཅན་གྱི་མཐའ་ཇི་ཙམ་པ་དེ་ཙམ་དུ་དུས་དང་རྒྱུར་ཆད་པ་མེད་པར་འགྲོ་བ་ཐམས་ཅད་ཀྱི་མདུན་ན་བདག་ཉིད་གནས་ཏེ། སྡུག་བསྔལ་ཐམས་ཅད་སེལ་ཞིང་

བདེ་བ་ཐམས་ཅད་སྦྱིན་པར་བྱེད་པ་དང་། བདག་གི་བདེ་བ་དང་གཞན་གྱི་སྡུག་བསྔལ་བརྗེ་བ་མངོན་སུམ་དུ་འགྲུབ་ཅིང་། མདོར་ན་བདག་ལ་སོགས་པ་བྱང་ཆུབ་སེམས་དཔའ་ཐམས་ཅད་ཀྱི་དགེ་བའི་མཐུ་ཀུན་གཅིག་ཏུ་བསྡོམས་ཏེ་སེམས་ཅན་ཐམས་ཅད་གནས་སྐབས་དང་མཐར་ཐུག་གི་བདེ་བ་ཐམས་ཅད་ལ་འགོད་པར་བསྔོས་པ་སྟེ་ཚིགས་སུ་བཅད་པ་རེ་རེ་ཞིང་བསྟན་ཏོ། །

གསུམ་པ་བསྟན་པའི་དོན་དུ་བསྔོ་བ་ནི།

འགྲོ་བའི་སྡུག་བསྔལ་སྨན་གཅིག་པུ། །
བདེ་བ་ཐམས་ཅད་འབྱུང་བའི་གནས། ༥༨ །(༥༢༢ཁ)
བསྟན་པ་རྙེད་དང་བཀུར་སྟི་དང་། །
བཅས་ཏེ་ཡུན་རིང་གནས་གྱུར་ཅིག །

ཅེས་གསུངས་ཏེ། འགྲོ་བ་ཐམས་ཅད་ཀྱི་སྡུག་བསྔལ་རྒྱུ་དང་བཅས་པ་སེལ་བའི་ཕྱིར་སྨན་གྱི་དམ་པ་དང་། གནས་སྐབས་འཁོར་བའི་བདེ་འབྲས་དང་མཐར་ཐུག་གི་བདེ་བ་བྱང་ཆུབ་དམ་པ་གང་ལས་འབྱུང་བའི་གནས་ནི་སངས་རྒྱས་ཀྱི་བསྟན་པ་དམ་པའི་ཆོས་གཅིག་པུ་ཁོ་ན་སྟེ། དེའི་ཕྱིར་ལུང་གི་བསྟན་པ་སྡེ་སྣོད་གསུམ་ནི་ཀློག་པ་དང་ཁ་ཏོན་གྱིས་རབ་ཏུ་རྒྱས་ཤིང་མི་ནུབ་ལ། རྟོགས་པའི་བསྟན་པ་བསླབ་པ་གསུམ་ནི་རྩེ་གཅིག་ཏུ་ཚུལ་བཞིན་སྒྲུབ་པ་ལྷུར་བྱེད་པས་རབ་ཏུ་རྒྱས་ཤིང་། དེ་དག་གི་རྟེན་ལུང་གི་གླེགས་བམ་དང་སྐུ་གཟུགས་དང་མཆོད་རྟེན་དང་དམ་པའི་ཆོས་འཛིན་པའི་གང་ཟག་ཆོས་སྨྲ་བར་བཅས་པ་ཐམས་ཅད་ལ་ཡང་ལྷ་རྣམས་ཀྱིས་ཆེར་བསྟགས་པ་དང་། མེ་ཏོག་དང་སྤོས་ཆུ་དང་ཙནྡནའི་ཁྱེ་མའི་ཆར་ལ་སོགས་པས་མཆོད་པ་དང་ཀླུ་དང་གནོད་སྦྱིན་དང་དྲི་ཟ་དང་ལྟོ་འཕྱེ་ལ་སོགས་པ་འགྲོ་བ་ཐམས་ཅད་ཀྱིས་མཆོད་ཅིང་། བསྟགས་པ་དང་གང་མི་རྣམས་ཀྱི་ནང་ན་རྒྱལ་པོ་དང་རྒྱལ་ཕྲན་དང་བཙུན་མོ་དང་བློན་པོ་དང་བྲམ་ཟེ་དང་རྙན་རབས་དང་ཡུལ་མིར་བཅས་པ་དང་ཆོས་འདི་ལས་

ཕྱི་རོལ་པའི་དགེ་སྦྱོང་རྣམས་ཀྱིས་ཀྱང་གཙུག་ཏུ་གུས་པར་བཀུར་ཞིང་མཆོད་པའི་ཡོ་བྱད་ཀྱི་ཁྱད་པར་མཐའ་ཡས་པས་རྟག་ཏུ་མཆོད་པ་དང་བཅས་ཏེ། ཛམྦུའི་གླིང་འདི་དང་སངས་རྒྱས་ཀྱི་ཞིང་ཐམས་ཅད་དང་ལྷ་ཀླུ་ལ་སོགས་པའི་འགྲོ་བའི་གནས་ཐམས་ཅད་དུ་ཡང་ནམ་ཡང་ནུབ་པ་མེད་པས་གནས་པར་གྱུར་ཅིག་པའོ། །

གཉིས་པ་བཀའ་དྲིན་དྲན་པའི་ཕྱག་གིས་བསྟན་བཅོས་ཀྱི་མཐའ་བསྡུ་བ་ནི།

གང་གི་དྲིན་གྱི་དགེ་བློ་བྱུང་། །

འཇམ་པའི་དབྱངས་ལ་ཕྱག་འཚལ་ལོ། ༥༧ །

གང་གི་དྲིན་གྱི་བདག་དར་བ། །

དགེ་བའི་བཤེས་ལའང་བདག་ཕྱག་འཚལ། །

ཞེས་གསུངས་ཏེ། ཡོན་ཏན་ཐམས་ཅད་དགེ་བའི་བཤེས་གཉེན་ལས་བྱུང་བར་སྟོན་པ་དང་བྱས་པ་ཤེས་ཤིང་དྲིན་དུ་གཟོ་བ་ནི་དམ་པའི་བྱ་བར་སྟོན་པའི་ཕྱིར་དང་། བདག་གིས་འདི་ལྟ་བུ་ཤེས་སོ་ཞེས་ང་རྒྱལ་མི་མངའ་(༦༣ན)བ་ཉིད་ཀྱིས་དེ་ཐམས་ཅད་དགེ་བའི་བཤེས་གཉེན་གྱི་དྲིན་དུ་མཁྱེན་པས་བསྟན་བཅོས་ཀྱི་ཐ་མར་དགེ་བར་ཡང་དགེ་བའི་བཤེས་གཉེན་ལ་ཆེད་དུ་བརྗོད་པས་བསྔགས་པ་སྟེ། སློབ་དཔོན་ཉིད་ལ་དགེ་བའི་བློ་བྱང་ཆུབ་ཀྱི་སེམས་དང་པོར་སྐྱེས་པ་དང་། མཐར་དེ་ཁོ་ན་ཉིད་རྟོགས་པའི་བར་ཐམས་ཅད་འཇམ་དཔལ་གྱིས་བྱིན་གྱིས་བརླབས་པ་ཁོ་ནའི་ཕྱིར་དེ་ཉིད་ལ་ཕྱག་འཚལ་བ་དང་། རབ་ཏུ་བྱུང་བ་དང་དགེ་སློང་གི་བསླབ་པ་སོགས་སྐྱེར་བས་ཐུགས་ཀྱི་དགེ་བ་དར་བར་མཛད་པ་མཁན་པོ་རྒྱལ་བའི་ལྷ་ལ་སོགས་པའི་དགེ་བའི་བཤེས་གཉེན་རྣམས་ལ་ཡང་བཀའ་དྲིན་དྲན་པའི་ཕྱག་མཛད་པའོ། །

བྱང་ཆུབ་སེམས་དཔའི་སྤྱོད་པ་ལ་འཇུག་པ་ལས་བསྔོ་བ་བསྟན་པ་ཞེས་བྱ་བ་སྟེ་ལེའུ་བཅུ་པ་རྣམ་པར་ཕྱེ་བའོ།། །།

མཇུག་བསྡུ་བ།

གསུམ་པ་ཐ་མར་དགེ་བ་བསྔོ་བ་བསྟན་བཅོས་ཀྱི་མཇུག་བསྡུ་བ་ནི། བྱང་ཆུབ་སེམས་དཔའི་སྤྱོད་པ་ལ་འཇུག་པ་སློབ་དཔོན་ཤཱནྟི་དེ་ཞབས་མཛད་པ་རྫོགས་སོ།། །།ཞུས་མཛད་བྱང་དང་། རྒྱ་གར་གྱི་མཁན་པོ་སརྦ་ཛྙཱ་དེ་ཝ་སྟེ་ཐམས་ཅད་མཁྱེན་པའི་ལྷ་དང་། ཞུས་ཆེན་གྱི་ལོ་ཙཱ་བ་བནྡེ་དཔལ་བརྩེགས་ཀྱིས་ཁ་ཆེའི་དཔེ་དང་བསྟུན་ནས་ཞུས་ཏེ། འདི་ནི་སྤྱིར་ཆོས་རྒྱལ་ཁྲི་སྲོང་གི་དུས་བསྒྱུར་ནས་ཕྱིས་མངའ་བདག་ཁྲི་རལ་གྱི་དུས་གསར་བཅད་ཀྱིས་གཏན་ལ་ཕབ་པའོ། །སླར་པཎྜི་ཏ་དྷརྨ་ཤྲཱི་བྷ་དྲ་ཆོས་དཔལ་བཟང་པོ་དང་ཞུས་ཆེན་གྱི་ལོ་ཙཱ་བ་བཛྲེ་རིན་ཆེན་བཟང་པོ་དང་ཤཱཀྱ་བློ་གྲོས་ཀྱིས་ཡུལ་དབུས་ཀྱི་དཔེ་དང་འགྲེལ་པ་དང་བསྟུན་ཏེ་བསྒྱུར་ལ། ཕྱིས་བལ་ཡུལ་གྱི་པཎྜི་ཏ་སུ་མ་ཏི་ཀཱིརྟི་ལེགས་པའི་བློ་གྲོས་གྲགས་པ་དང་རྔོག་ལོ་ཙཱ་བ་བློ་ལྡན་ཤེས་རབ་ཀྱིས་འགྲེལ་པ་དང་བསྟུན་ནས་འགྱུར་བཅོས་པ་སྟེ་དེ་རེ་རེ་ཞིང་ཡང་རྒྱ་སྐད་ལས་བོད་སྐད་དུ་བསྒྱུར། སྐད་གཉིས་ཅར་དུ་ཕན་ཚུན་བསྒྲགས་ཏེ་ཞུས་ཆེན་བགྱིས། དེ་ནས་བཤད་ཉན་གྱིས་གཏན་ལ་ཕབ་སྟེ་དར་ཞིང་རྒྱས་པར་མཛད་པ་སྟེ་འགྲེལ་པས་ཀྱང་དཔྱིས་ཕྱིན་པར་གཏན་ལ་ཕབ་པ་ལེགས་པར་གྲུབ་པོ།། །།

ཐེག་(༥༤༣བ)མཆོག་ཀུན་ལས་དམ་པའི་དམ་པ་བྱང་ཆུབ་སེམས་ཀྱི་བགྲོད་པ་ཆེ། །རྒྱལ་སྲས་ཀུན་ལས་ཆེས་རབ་རྨད་བྱུང་ཞི་ལྷའི་ཞབས་ཀྱིས་རྣམ་བཤད་གཞུང་། །བསྟན་བཅོས་ཀུན་གྱི་བླ་མའི་བླ་མ་བྱང་ཆུབ་སྤྱོད་འཇུག་ཕུལ་བྱུང་འདི། །རྒྱ་བོད་འགྲེལ་བཤད་ཀུན་ལས་རྨད་བྱུང་མཆོག་གི་མཆོག་ཏུ་དེང་འདིར་

བཀྲལ། །འདི་ནི་བདག་གི་བློ་གྲོས་མཐུ་མིན་ཏེ། །ཉིན་བྱེད་མཐུ་ལས་པདྨ་རྣམ་རྒྱས་དང་། །ནོར་བུའི་མཐུ་ལས་འགྲོ་བའི་ལོངས་སྤྱོད་ལྟར། །འདི་ནི་རྒྱལ་བའི་བྱིན་བརླབས་མཐུར་ལྡོས་ཤིག །རྨོངས་པའི་མུན་ནག་ལྷང་བ་མེད་པར་བྱེད། །མཁས་རློམ་མེ་ཁྱེར་རྣམས་ཀྱི་དྲེགས་པ་འཇོམས། །ཡོག་སྟྲ་མཚན་རྒྱུའི་བྱ་རྣམས་མི་སྣང་འགྱུར། །དེ་ཕྱིར་འདི་ནི་ཉིན་བྱེད་ཤར་བ་འདྲ། །རིགས་ཆད་གྱུར་ཀྱང་དད་པའི་ སྤུ་ལོང་གཡོ། །སྲིད་པར་ཞེན་རྣམས་སྐྱོ་བའི་གདུང་བ་སེལ། །རྒྱལ་སྲས་རྣམས་ཀྱི་བརྩེ་ཆེན་ཆགས་རབ་བསྐྱུལ། །དེ་ཕྱིར་འདི་ནི་མ་ལ་ཡ་རླུང་འདྲ། །སྣ་ཚོགས་ལྟ་བའི་མུན་ནག་ཐིབས་པོ་སེལ། །དམན་པར་མོས་པའི་བློ་ཡིས་པདྨ་འཛུམས། །བྱང་ཆུབ་སེམས་ཀྱི་ཀུ་མུད་རྒྱས་པར་བྱེད། །དེ་ཕྱིར་འདི་ནི་ཆ་ཛོགས་ཟླ་བ་འདྲ། །རྒྱལ་བའི་གསུང་རབ་ཆུ་བོ་མཐའ་དག་འདུས། །སྟོན་མེད་ལེགས་བཤད་ནོར་བུ་བྱེ་བས་གཏམས། །ཐབ་རྒྱས་དོན་གྱི་གཏིང་མཐའ་མི་མངོན་པ། །དེ་ཕྱིར་འདི་ནི་ཆུ་གཏེར་ཆེན་པོ་བཞིན། །གསུང་རབ་མཐའ་དག་ཀུན་གྱི་བང་མཛོད་དེ། །བསྟན་བཅོས་ཀུན་གྱི་སྙིགས་བམ་གཅིག་པུ་ཉིད། །ཡང་དག་ལམ་སྟོན་དགེ་བའི་བཤེས་ཀྱི་མཆོག །ཐར་འདོད་རྣམས་ལ་སྐྱེས་ཀྱི་དམ་པ་ཡིན། །གྲགས་ལྡན་མཁས་པ་མང་ལ་སྣང་བཞིན་དུ། །བསྐལ་དོན་གྱུར་པའི་དོན་མཆོག་མཐའ་ཡས་རྣམས། །ཕྱིན་ཅི་མ་ལོག་གསལ་བར་གཏན་ལ་ཕབ། །འདི་ལྟའི་ལེགས་བཤད་ཕྱིན་ཆད་འབྱུང་བར་དཀའ། །དེང་དུས་བསྟན་པའི་གཟུགས་བརྙན་འདི་མཐོང་ན། །དཔྱོད་ལྡན་སྙིང་གི་ཟུག་རྔུ་ལྷང་འགྱུར་མོད། །(༥༤༥ན)འོན་ཀྱང་ལེགས་པར་བཤད་པ་འདི་མཐོང་ན། །རྒྱལ་བསྟན་སྣར་ཡང་བྱུང་ཞེས་ཡིད་སོས་འགྱུར། །དམ་པའི་ཆོས་ནི་ཀུན་གྱིས་བཀུར་བྱ་ཡིན། །ལེགས་བཤད་གང་ན་འདུག་ཀྱང་བླང་བར་འོས། །དེ་བས་གྲུབ་མཐའི་ཕྱོགས་ལྷུང་རབ་སྤོངས་ལ། །ཀུན་གྱིས་གཞུང་ལུགས་འདི་ལ་འཇུག་པར་མཛོད། །འཇམ་མགོན་ཞི་བའི་ལྷ་ཡི་བྱིན་བརླབས་ཀྱིས། །རང་བྱུང་དམ་པའི་ཆོས་

ཀྱི་སྒྲ་ཊ་ཤར། །བདག་གིས་ཡི་གེར་བཀྱིས་པ་ཙམ་དུ་ཟད། །དེ་ཕྱིར་ནོངས་པས་གོས་པར་མི་སེམས་སོ། །འདིར་འབད་དགེ་བ་གཟུགས་སུ་གྲུབ་ན་ནམ་མཁའི་ཁོངས་མི་ཤོང་། །དེ་ཡི་ཕ་མཐའ་རྒྱལ་ལས་གཞན་གྱི་ཡུལ་མིན་མོད། །དེ་ཉིད་ངེས་པར་དཀོན་མཆོག་གསུམ་ལ་རབ་ཏུ་དད་པས་དབུལ། །ཀུན་ནས་མཉེས་བྱེད་མཐའ་ཡས་མཆོད་པའི་སྤྲིན་ཚོགས་ཉིད་གྱུར་ཅིག །དགེ་བ་འདི་དང་དགེ་བ་གཞན། །མ་ལུས་གཅིག་ཏུ་བསྡོམས་བྱས་ནས། །ཐོག་མེད་དུས་ནས་མར་གྱུར་པའི། །སེམས་ཅན་ཀུན་ལ་སྦྱིན་པར་བགྱི། །རང་གིས་རང་ཉིད་དལ་བྱས་པ། །སྡུག་བསྔལ་རྒྱ་མཚོ་རབ་བསྐམས་ཏེ། །བཟོད་ནས་དག་པའི་ཆོས་ཀྱི་དབྱིངས། །ཇི་བཞིན་མངོན་དུ་བྱེད་གྱུར་ཅིག །དེ་ལྟར་མ་རྟོགས་སེམས་ཅན་ལ། །སྙིང་རྗེའི་ཐ་ཆླབས་ཆེར་གཡོ་བས། །ཀུན་ཡང་བླ་ན་མེད་པ་ཡི། །ཐེག་པ་ཆེ་འདིར་འཇུག་གྱུར་ཅིག །རྒྱལ་དང་རྒྱལ་བའི་སྲས་ཀུན་གྱི། །སྨོན་ལམ་ཀུན་ལ་བདག་འཇུག་སྟེ། །དེ་ཀུན་ཐམས་ཅད་བདག་གིས་སྒྲུབ། །ཀུན་གྱི་ཕྲིན་ལས་གཅིག་པུར་ཤོག །ཤཱཀྱའི་བསྟན་མཆོག་མི་ནུབ་སྣར་ཡང་སོས། །གདུལ་བྱའི་རྒྱུད་ལ་རབ་ཏུ་དར་ཞིང་རྒྱས། །བསྟན་པའི་དབྱེན་མེད་མཐུན་ཞིང་མི་ཕྱེད་པས། །གངས་ཅན་ལྗོངས་འདི་བདེ་ལེགས་ཀྱིས་རྒྱས་ཤོག །

གང་ལས་ཡོན་ཏན་ཐམས་ཅད་འབྱུང་བའི་གནས། །

དཀོན་མཆོག་ཀུན་གྱི་ངོ་བོར་དབྱེར་མེད་པ། །

རིགས་བདག་དཔལ་(༥༤༨)ལྡན་བླ་མའི་ཞབས་པད་ལ། །

བཀའ་དྲིན་དྲན་པས་རྟག་ཏུ་ཕྱག་འཚལ་ལོ། །

བྱང་ཆུབ་སེམས་དཔའི་སྤྱོད་པ་ལ་འཇུག་པའི་གཞུང་དོན་རྣམ་པར་བཤད་པ་ཐེག་པ་ཆེན་པོའི་ཆོས་ཀྱི་རྒྱ་མཚོ་ཟབ་རྒྱས་མཐའ་ཡས་པའི་སྙིང་པོ་ཞེས་བྱ་བ་འདི་ནི་གཞུང་བསྡུས་དོན་དུ་བཅིངས། ཚིག་དོན་རགས་པར་བཤད། དགའ་བའི་གནས་བྱེ་བྲག་ཏུ་ཕྱེ། མེད་དུ་མི་ཙུང་བའི་སྤྱིའི་དོན་རྣམས་ཀྱང་གཏན་ལ་ཕབ། རྒྱ

བོད་ཀྱི་འགྲེལ་པ་མཐའ་དག་གི་ཁྱད་པར་ཐ་དད་པ་བརྗོད། གཙོ་བོར་རྒྱལ་བའི་གསུང་རབ་ཆེན་པོ་རྣམས་དང་ཤིང་རྟའི་སྲོལ་གཉིས་ཀྱི་བསྟན་བཅོས་ཁོ་ན་དཔང་དུ་བྱས། དེ་ལྟར་ཉམས་སུ་ལེན་པའི་མན་ངག་གི་ཚུལ་རྒྱུད་ལ་སྦྱོར་བ་ཁོ་ནའི་ཆེད་དུ་རིགས་པའི་གནས་དང་། སྡེ་སྣོད་དང་། རྒྱུད་སྡེའི་ཕྱོགས་ཙམ་འཛིན་པ་དུས་ཀྱི་དབང་གིས་ཆོས་སྨྲ་བའི་རེ་མོས་སུ་སོན་ཞིང་། གངས་ཅན་གྱི་དབུས་འགྱུར་ཚལ་ལྷ་ལྡན་གྱི་ལྗོངས་སུ་བྱུང་བ་ཤཱཀྱའི་དགེ་སློང་དུ་ཁས་འཆེ་བ་མི་ཕམ་ཆོས་ཀྱི་རྒྱལ་པོ་དོན་ཐམས་ཅད་ཡོངས་སུ་གྲུབ་པ་མིང་གཞན་གཙུག་ལག་རྒྱ་མཚོའི་ཕྲེང་བ་ཅན་གྱིས་གཞན་ལ་ཕན་པའི་ལྷག་པའི་བསམ་པ་ཁོ་ནས་གངས་ཅན་གྱི་ལྗོངའི་ཆ་གྲུབ་པའི་རི་བོ་འཕགས་མའི་སྐུར་ལྡན་གྱིས་གྲུབ་པའི་བསམ་གཏན་གྱི་ཁང་བུར་མགོ་བརྩམས་ཏེ། གངས་ཅན་གྱི་ལྗོངས་འདིར་བཀའ་བརྒྱུད་དུ་གྲགས་པ་ཐམས་ཅད་ཀྱི་ཆུ་རྒྱུན་གྱི་འབྱུང་གནས་རི་བོ་གངས་ཅན་ལྷ་བུར་གྱུར་པ། གདན་ས་ཆེན་པོ་དཔལ་གྲོ་བོ་ལུང་སྲས་མཁར་སྦྲུལ་པའི་ཕོ་བྲང་དུ། རང་ལོ་ང་གསུམ་པ་མེ་འབྲུག་གི་ལོ་ལ་སངས་རྒྱས་མི་འགྱུར་ལྡན་གྱིས་གྲུབ་པའི་གཙུག་ལག་ཁང་ཆེན་པོ་ལེགས་པར་གྲུབ་པ་དང་ལྷན་ཅིག་པར་ཐ་སྐར་གྱི་ཟླ་བའི་དཀར་ཆོས་བཅུ་གཉིས་ཀྱི་སྟེ་དྲོ་ལེགས་པར་གྲུབ་པའོ། །སེམས་ཅན་ཐམས་ཅད་ལ་ཕན་བདེ་རྒྱ་ཆེན་པོ་འབྱུང་བ་དར་ཞིང་རྒྱས་པར་གྱུར་ཅིག། །།

པར་བྱང་སྨོན་ཚིག །

སྭ་སྟི། ཕན་བདེ་ཀུན་གྱི་འབྱུང་གནས་ཟླ་མེད་པ། །རྐང་གཉིས་གཙོ་བོ་ཐུབ་དབང་གང་དེ་དང་། །དེ་ཡི་བསྟན་པ་ལུང་རྟོགས་དམ་པའི་ཆོས། །ཇི་བཞིན་ཐུགས་ལ་བསྒྲུན་མཛད་དགེ་འདུན་ཏེ། །སྐྱབས་གནས་དཀོན་མཆོག་གསུམ་ལ་ཕྱག་བགྱིའོ། །སྣ་ཚོགས་པདྨ་རི་བོང་འཛིན་པའི་སྟེང་། །གཞོན་ནུའི་ཚུལ་འཛིན་རིན་ཆེན་རྒྱན་གྱིས་སྤྲས། །ཐུགས་རྗེའི་འོད་ཀྱིས་འགྲོ་བའི་བློ་མུན་རྣམས། །སེལ་མཛད་འཇམ་པའི་མགོན་ལ་ཕྱག་འཚལ་ལོ། །གང་གི་ཏིང་འཛིན་གཅིག་གི་རྣམ་འཕྲུལ་གྱིས། །འགྲོ་ཀུན་བྱམས་པ་ཆེ་ལ་འགོད་མཛད་ཅིང་། །རྒྱལ་བའི་རྒྱལ་ཚབ་དམ་པར་འཚོ་གཞེས་པ། །རྒྱལ་སྲས་མ་ཕམ་པ་དེར་ཕྱག་བགྱིའོ། །ཐེག་པ་མཆོག་གི་ཤིང་རྟའི་སྲོལ་བཟུང་ནས། །བསྟན་པ་ཆེས་ཆེར་གསལ་བར་མཛད་པ་ཡི། །རྒྱལ་བའི་ལུང་བསྟན་འགྲོ་བའི་བཤེས་གཅིག་པོ། །འཕགས་མཆོག་ཀླུ་སྒྲུབ་སྙིང་པོ་ལ་ཕྱག་འཚལ། །ཐུབ་དབང་རྣམས་ཀྱི་བསྟན་པ་དམ་པའི་ཆོས། །ཇི་སྙེད་མཁྱེན་པའི་མངའ་བདག་འདྲེན་མཆོག་གང་། །ཐར་པའི་ལམ་སྟོན་འགྲོ་རྣམས་སྒྲོལ་མཛད་པ། །ཀུན་མཁྱེན་ཆེན་པོ་ཞི་བའི་ལྷ་ལ་འདུད། །ཆོས་ཀུན་ཇི་བཞིན་གཟིགས་པའི་མཁྱེན་པ་ཅན། །འགྲོ་བ་བུ་ལྟར་སྐྱོབ་པའི་བརྩེ་བ་ཅན། །ཐར་འདོད་རེ་བ་སྐོང་བའི་ནུས་པ་ཅན། །འགྲོ་བའི་མགོན་པོ་ཞི་བའི་ལྷ་ལ་འདུད། །གྲངས་མེད་བསྐལ་པ་རྒྱ་མཚོའི་སྔོན་རོལ་ནས། །བྱང་ཆུབ་མཆོག་གི་གོ་འཕང་བརྙེས་གྱུར་ཀྱང་། །སླར་ཡང་སྙིགས་མའི་འགྲོ་ལ་བརྩེར་དགོངས་ཏེ། །རྒྱལ་སྲས་སེམས་པའི་ཚུལ་འཛིན་དེ་ལ་འདུད། །ཆོས་ཀྱི་རྒྱལ་པོ་འགྲོ་བ་ཀུན་གྱི་སྐྱབས་གནས་དཔུང་གཉེན་གཅིག་པུ་པ། །དོན་གཉིས་

ཡོངས་སུ་གྲུབ་པས་ཤཱཀྱའི་(༣༢༤བ)རྒྱལ་པོ་ཇི་ལྟ་ཇི་བཞིན་དུ། །མཐའ་ཡས་འགྲོ་བའི་ཚོགས་ལ་ཟབ་མོའི་ཆོས་ཀྱི་ཆར་ཆེན་འབེབས་མཁས་པ། །བདག་སོགས་འགྲོ་བའི་སྐྱབས་གཅིག་གཙུག་ལག་རྒྱ་མཚོའི་ཕྲེང་བ་འཛིན་དེར་འདུད། །ཆོས་ཀུན་སྒྲིབ་བྲལ་མཁྱེན་པའི་མཁྱེན་པ་ནམ་མཁའ་ལྟ་བུར་ཡངས། །དམིགས་མེད་འགྲོ་ལ་བརྩེ་བའི་བརྩེ་བ་ཆུ་གཏེར་ལྟ་བུར་རྒྱས། །འགྲོ་ཀུན་སྨིན་གྲོལ་སར་འགོད་ས་བཅུའི་བྱང་ཆུབ་སེམས་དཔའ་ཆེ། །ལྷ་མི་ཀུན་གྱི་བླ་མའི་བླ་མ་རྒྱལ་སྲས་ཐུ་བོ་ཁྱོད་ལ་འདུད། །མཁས་མཆོག་ཁྱོད་ཀྱིས་བསྟན་བཅོས་བསྟན་པའི་ཉིང་ཁུ་ཕྱུང་བ་གང་། །རིན་ཆེན་བྱང་ཆུབ་སེམས་ཀྱི་འབྱུང་གནས་གཅིག་པུ་ཟླ་མེད་པ། །ཐུབ་བསྟན་ཉིན་མོར་བྱེད་པའི་སྣང་བ་འདི་ལྟ་བུང་བ་དང་། །བཤེས་གཉེན་དམ་པའི་ཚོགས་རྣམས་མཆོག་གི་བདེ་བས་ཚིམ་པར་གྱུར། །དེས་ན་དུས་གསུམ་རྒྱལ་བ་མ་ལུས་པའི། །རྣམ་འཕྲུལ་ཛམྦུ་གླིང་གི་སྐྱེས་ཆེན་མཆོག །ཞི་བའི་ལྷ་དང་མཁས་མཆོག་བླ་མ་ཡི། །བཞེད་གཞུང་རྒྱས་པར་འགྲེལ་དང་བཅས་པ་འདི། །རྒྱལ་བསྟན་མི་ནུབ་སླར་ཡང་འཕེལ་བ་དང་། །རྒྱལ་སྲས་སེམས་དཔའི་པད་ཚལ་རྒྱས་ཕྱིར་དང་། །རྒྱས་འགྲེལ་འདི་ཡང་མང་དུ་སྤེལ་བྱའི་ཕྱིར། །རྒྱལ་བའི་ཐུགས་རྗེ་བྱིན་རླབས་ལ་བརྟེན་ནས། །མི་ཟད་ཡི་གེའི་གཟུགས་སུ་བཀྲིས་པ་ཡིན། །གང་འདི་ཉེས་པའི་དྲི་མས་རྣམ་དབེན་ཡང་། །ཡི་གེའི་ལམ་ལས་དྲངས་པར་གྱུར་པའི་ཕྱིར། །དེ་ཡི་ཆད་ལྷག་ནོར་འཁྲུལ་སེལ་བ་སོགས། །རྗེ་བཙུན་དམ་པའི་སྤྱན་རས་ཀྱིས་བཅས་ཤིང་། །བདག་གིས་ཕྱག་གཡོག་དོ་དམ་བགྱིས་པ་ལགས། །སྨོན་པ་རྣམ་པར་དག་པས་གཞི་བཟུང་སྟེ། །འཇུག་པ་མཆོག་གིས་གནས་འདིར་འབད་པ་ལ། །ཐོག་མར་རྗེ་བཙུན་དམ་པས་བྱིན་གྱིས་བརླབས། །ཡི་དམ་ཆོས་སྐྱོང་ཚོགས་ཀྱིས་བར་ཆད་བསལ། །དེ་ཡི་འབྲས་བུ་དེང་འདིར་མངོན་དུ་གྱུར། །ཁྱད་པར་མཚུངས་མེད་བླ་མའི་ཐུགས་ཀྱི་སྲས་མཆོག་(༣༢༥ན)སྤྱན་སྔ་བ། །འཇམ་དཔལ་དབྱངས་དང་དབྱེར་

མེད་མཁྱེན་པའི་རྒྱ་མཚོ་ཟབ་པ་ཅན། །བདག་སོགས་རྣམས་ཀྱི་བཤེས་གཉེན་གང་དེས་དུས་རྣམས་ཐམས་ཅད་དུ། །བཀའ་དྲིན་ཆེས་ཆེར་སྐྱོལ་བའི་མཐུ་ལས་དེང་འདིར་ཚར་ཕྱིན་ཏོ། །

ཚོགས་གཉིས་ལྷུན་པོའི་དཔལ་གྱིས་མངོན་མཐོ་ཞིང་། །དགེ་ལེགས་བྱེ་བའི་སྤྲིན་གྱིས་རབ་སྟུག་པ། །ཕྱི་རྒྱུད་བྱ་ཡུལ་དཔོན་ས་སྐྱ་མཆེད་ཀྱིས། །རིག་བྱེད་མཁན་གྱི་རྫོང་བཀོད་ཐམས་ཅད་གནང་། །གང་གི་མཁྱེན་པས་རྗེ་བཙུན་དམ་པ་ཡི། །ཐུགས་ཀྱི་པདྨ་འཛུམ་པར་བྱེད་པ་པོ། །ཆོས་ཀྱི་སྤྱན་ལྡན་བྱམས་པ་དོན་གྲུབ་པ། །སྐུ་མཆེད་གཉིས་ཀྱིས་བཟོ་བོའི་དོ་དམ་སོགས། །འདི་ཡི་ཕྱོགས་སུ་མཛད་བཟང་གྲངས་ལས་འདས། །མངོན་ན་བསྟན་པའི་སྦྱིན་བདག་རྒྱལ་མཁར་ནས། །བྱང་ཆུབ་སེམས་མ་བསོད་ནམས་རྒྱལ་མོ་ནི། །སྲས་བཅས་རྣམས་ཀྱིས་ཐུགས་བསམ་དག་པ་ཡིས། །འདི་ཉིད་པར་དུ་སྒྲུབ་པའི་སྦྱིན་བདག་མཛད། །ཡིག་རིས་ཟློས་གར་བསྒྱུར་བར་བྱེད་པ་པོ། །རྒྱལ་བའི་སྲས་ཀྱི་སྤྱོད་ཚུལ་ལ་གནས་པ། །གངས་ཅན་གཡོ་རུའི་རྒྱུད་དུ་བྱུང་བ་ཡི། །ཚེ་དབང་བརྟན་པ་ཞེས་བྱ་གང་དེ་འོ། །བཀོས་ཀྱི་རིག་བྱེད་རྒྱ་མཚོའི་མཐར་སོན་པ། །ཚེ་བཀྲས་དར་པོ་ལ་སོགས་མཁས་པ་ཆེ། །བཅུ་ཕྲག་གཅིག་གིས་དབྱར་ལོ་བཞི་ཡི་བར། །ཐུགས་བསམས་རྣམ་པར་དག་པས་པར་དུ་བསྒྲུབས། །གནས་འདིར་ལག་བདེ་བ་ཡི་ཚོགས་རྣམས་ཀྱིས། །ལུས་སེམས་ངལ་བར་གྱུར་ཀྱང་བཟོད་བྱས་ཏེ། །ཐམས་ཅད་ཆོས་དང་མཐུན་པར་མཛད་བྱུང་བ། །གང་དེ་དོན་ཅན་ཡིན་ནོ་ཤེས་ལྡན་དག །

འདིར་འབད་དགེ་བ་མཁའ་ལྟར་མཐའ་ཡས་དེས། །(༤༨བ)མཉམ་མེད་ཤཱཀྱའི་རྒྱལ་པོའི་བསྟན་པ་མཆོག །ལུང་དང་རྟོགས་པའི་བདག་ཉིད་ཅན་འདི་ཉིད། །ཇི་སྲིད་བསྐལ་པའི་བར་དུ་གནས་གྱུར་ཅིག །དེ་ཉིད་འཛིན་དང་སྐྱོང་བར་བྱེད་པ་ཡི། །སྐྱེས་ཆེན་དམ་པ་ཇི་སྙེད་ཐམས་ཅད་དང་། །ཁྱད་པར་རྗེ་བཙུན་དཔལ་

ལྡན་བླ་མ་ཡི། །ཞབས་པད་འགྲོ་བའི་གཙུག་ཏུ་བརྟན་པར་ཤོག །བསླབ་གསུམ་རྣམ་པར་དག་པས་ལེགས་སྤྲས་ཤིང་། །རིག་གྲོལ་གཉིས་དང་ལྡན་པའི་དགེ་འདུན་གྱིས། །སྟོང་གསུམ་མི་མཇེད་འཛིག་རྟེན་ཁམས་འདི་ནི། །ཐམས་ཅད་གང་ཞིང་བསྟན་པ་འཕེལ་བར་ཤོག །བདག་གི་ཕ་མས་གཙོས་པའི་སེམས་ཅན་རྣམས། །བསོད་ནམས་ཡེ་ཤེས་ཚོགས་གཉིས་མཐར་ཕྱིན་ཏེ། །རྒྱལ་བའི་གོ་འཕང་མྱུར་དུ་འཐོབ་པ་དང་། །འགྲོ་ཀུན་སྒྲོལ་བའི་མཐུ་དང་ལྡན་པར་ཤོག །བདག་སོགས་འཁོར་བའི་སེམས་ཅན་ཐམས་ཅད་ཀྱང་། །རྨི་ལམ་ཙམ་གྱི་ཚེ་འདིའི་སྣང་བ་ལ། །ཞེན་ཞིང་ཆགས་ནས་ཉེས་ལྟུང་མི་གསོག་པར། །ཅི་བྱེད་དམ་པའི་ལམ་དུ་འགྲོ་བར་ཤོག །ཕ་མའི་རང་བཞིན་འགྲོ་བའི་དོན་གྱི་ཕྱིར། །བྱང་ཆུབ་བླ་མེད་སྒྲུབ་པ་མ་གཏོགས་པ། །རང་ཉིད་ཞི་བདེ་དོན་དུ་གཉེར་བའི་བློ། །རྨི་ལམ་དུ་ཡང་འབྱུང་བར་མ་གྱུར་ཅིག །སྐྱེ་བ་འདི་ནས་ཚེ་རབས་ཐམས་ཅད་དུ། །གང་ནས་གང་དུ་སྐྱེ་བར་གྱུར་ན་ཡང་། །དལ་འབྱོར་གཉིས་ལྡན་རྟེན་མཆོག་འཐོབ་པ་དང་། །རྗེ་བཙུན་དམ་པ་ཁྱེད་ཀྱིས་རྗེས་འཛིན་ཤོག །ཁྱེད་ཞལ་མངོན་སུམ་ལྟ་བའི་སྐལ་ལྡན་ཞིང་། །ཁྱེད་གསུང་ཉན་པའི་གདུལ་བྱར་གྱུར་ལགས་མོད། །འདི་དུས་ཚེ་འདིའི་སྣང་བས་མི་སླུ་བར། །དམ་ཆོས་བཤད་མ་སླིང་ནས་ཉུས་པར་ཤོག །སངས་རྒྱས་ཀུན་གྱི་ངོ་བོ་བླ་མ་ལ། །བཟོད་སླགས་མེད་པའི་དད་པ་བརྟན་པ་དང་། །དེ་ཉིད་ངང་ནས་རང་སེམས་ཆོས་ཀྱི་སྐུ། །མངོན་སུམ་རང་ཞལ་རང་གིས་མཇལ་བར་ཤོག །གྲོང་ཡུལ་ལ་སོགས་ཆགས་སྡང་འབྱུང་གནས་པོར། །གོང་མའི་བཞུགས་གནས་དབེན་པའི་རི་ཁྲོད་དུ། །མི་དགེའི་བཤེས་གཉེན་དེ་དག་མི་འབྱུང་ཞིང་། །བསམ་གཏན་ཏིང་འཛིན་གོང་དུ་སྤེལ་བར་ཤོག །རྙེད་པས་བསྒྲུབས་པའི་རྙེད་པའི་ཚོགས་རྣམས་དང་། །ལོག་པའི་(༥༦༧ན)འཚོ་བ་ཐམས་ཅད་ཡོངས་སྤངས་ཏེ། །ཆོག་ཤེས་ནོར་བུའི་དཀོར་མཛོད་ལ་བརྟེན་ནས། །བྱང་ཆུབ་སྒྲུབ་ལ་བར་ཆད་མེད་པར་ཤོག །རིགས་

ཟྡུག་སེམས་ཅན་ཕ་མའི་འཁོར་ལོ་ལ། །ཆགས་སྡང་ཉེ་རིང་ལ་སོགས་མི་བྱེད་པར། །མཉམ་ཉིད་བྱང་ཆུབ་སེམས་མཆོག་སྐྱེ་བ་དང་། །ཀུན་བཟང་སྨོན་ལམ་ཐམས་ཅད་འགྲུབ་པར་ཤོག །བདག་ལ་གནོད་ཅིང་སྡང་བར་བྱེད་པ་རྣམས། །ཞེ་སྡང་དྲག་པོས་བསྐུལ་བས་དབང་མེད་ཅིང་། །རང་ལ་བཟོད་པའི་བཤེས་གཉེན་ཡིན་པས་ན། །དེ་ལ་ལྷག་པར་བརྩེ་བ་འཕེལ་བར་ཤོག །བདག་ལ་བྱམས་ཤིང་ངེས་པར་བྱེད་རྣམས་ཀྱང་། །རྣམ་དཀར་ལས་ཀྱི་འབྲེལ་བ་ཟབ་པས་ན། །དེ་དག་རྒྱུ་དེ་ཉིད་ལ་བརྟེན་ནས་སུ། །བླ་མེད་བྱང་ཆུབ་མྱུར་དུ་འཐོབ་པར་ཤོག །

མདོར་ན་བདག་གཞན་སེམས་ཅན་ཐམས་ཅད་ཀུན། །ཆོས་ཀྱི་རྩ་བ་རྒྱུ་འབྲས་སྲོག་བཞིན་སྲུང་། །དེ་ཡི་ངང་ནས་ས་ལམ་རིམ་རྫོགས་ཏེ། །དལ་འབྱོར་དོན་ལྡན་ཉིད་དུ་འགྱུར་བར་ཤོག །དེ་ལྟའི་དགེ་བ་མ་ལུས་གཅིག་བསྡོམས་པའི། །མཐུ་ནུས་བྱིན་གྱིས་བརླབས་ཀྱི་བྱེད་པའི་མཐུས། །ས་སྐྱོང་བསྟན་འཛིན་རྒྱལ་པོ་གང་དེ་ཡི། །ཐུགས་དགོངས་ཐམས་ཅད་དེང་འདིར་རྫོགས་གྱུར་ཅིག །དེ་ཡི་ཐུགས་རྒྱུད་དག་པའི་དབྱིངས་དེ་ལ། །ཉེས་ལྟུང་སོགས་ཀྱིས་གོས་པར་མི་འགྱུར་ཡང་། ། བློ་བུར་དྲི་མས་གལ་ཏེ་བསྒྲིབས་སྲིད་ན། །བདག་གི་དགེ་བའི་རྩ་བ་འདི་ཡི་མཐུས། །མུན་པའི་གླིང་དུ་ཉི་མ་ཤར་བ་ལྟར། །སྐད་ཅིག་ཙམ་གྱིས་བྱང་ཞིང་དག་གྱུར་ཅིག །ཚོགས་གཉིས་རྫོགས་ཤིང་སྒྲིབ་པ་ཀུན་བྱང་སྟེ། །རྒྱལ་སྲས་(༥༤༧བ)སྤྱོད་པ་དཔག་ཏུ་མེད་པ་ཡིས། །ཕ་རོལ་ཕྱིན་པ་ཐམས་ཅད་རབ་བགྲོད་དེ། །མྱུར་དུ་བྱང་ཆུབ་མཆོག་ལ་རེག་གྱུར་ཅིག །

མདོར་ན་འདིར་འབད་དགེ་བ་མཐའ་ཡས་མོད། །དེ་ཀུན་བདག་འདྲས་བསྔོ་ཚུལ་མི་ཤེས་པས། །དུས་གསུམ་རྒྱལ་བས་ཇི་ལྟར་བསྔོས་པ་བཞིན། །བདག་ཀྱང་དེ་ལྟར་ཡོངས་སུ་བསྔོ་བར་བགྱི། །གནས་སྐབས་ཕྱོགས་བཅུའི་འཇིག་རྟེན་ཁམས་ཀུན་ཏུ། །ཆར་ཆུ་དུས་འབབ་ལོ་ཕྱུགས་རྟག་ཏུ་ལེགས། །ནད་མཚོན་མུ་གེའི་ཚོགས་རྣམས་ཀུན་ཞི་ནས། །རྫོགས་ལྡན་བཞིན་དུ་འཇིག་རྟེན་དར་བར་ཤོག །དཀོན་མཆོག་རྒྱ་མཚོ་

ཀུན་གྱི་ཕྱིན་རླབས་དང་། །བདག་གི་ལྷག་བསམ་དག་པའི་དགེ་བའི་མཐུས། །འཇིག་རྟེན་འཇིག་རྟེན་འདས་པའི་བཀྲ་ཤིས་ཀུན། །དེང་འདིར་ཐོགས་པ་མེད་པར་འབྱུང་གྱུར་ཅིག །སྦྱིན་བདག་རྣམས་ཀྱི་འགལ་རྐྱེན་ཀུན་ཞི་ཞིང་། །མཐུན་རྐྱེན་ཐམས་ཅད་ཆོས་དང་མི་འགལ་བར། །ཡར་ངོའི་ཟླ་ལྟར་འཕེལ་ཞིང་རྒྱས་པ་དང་། །བཀྲ་ཤིས་བདེ་ལེགས་ཕུན་སུམ་ཚོགས་པར་ཤོག །ཉིན་མོ་བདེ་ལེགས་མཚན་བདེ་ལེགས། །ཉི་མའི་གུང་ལ་བདེ་ལེགས་ཤིང་། །ཉིན་མཚན་རྟག་ཏུ་བདེ་ལེགས་པ། །དཀོན་མཆོག་གསུམ་གྱིས་བཀྲ་ཤིས་ཤོག །

བྱང་ཆུབ་སེམས་དཔའི་སྤྱོད་པ་ལ་འཇུག་པའི་བསྟན་བཅོས་ཀྱི་རྣམ་པར་བཤད་པ་ཟབ་རྒྱས་མཐའ་ཡས་པའི་སྙིང་པོ་ཕྱུང་བ་ཞེས་བྱ་བ། རྗེ་བཙུན་དཔལ་ལྡན་བླ་མ་དམ་པའི་ཞལ་སྔ་ནས་སྩལ་པ་འདི་ཉིད་བདག་ཤཱཀྱའི་དགེ་སློང་ཆོས་རྒྱལ་བསྟན་པ་རབ་རྒྱས་ཀྱིས་དོ་དམ་ཆེད་གཉེར་དུ་བགྱིས་ཏེ། བསྟན་པ་དང་(༣༤༤ན)སེམས་ཅན་ལ་ཕན་པ་རྒྱ་ཆེན་པོ་འབྱུང་བའི་སླད་དུ་འཕགས་པའི་ཡུལ་ན་དོན་གྲུབ་ཅེས་བྱ་བ་ཉི་འོག་པའི་རྩིས་ལུགས་ལས་ས་མོ་ལུག་གི་ལོར་གྲགས་པ་དེའི་དབྱར་ལོ་ནས་པར་གྱི་དབུ་བཙམས་ཏེ། ཟ་ཆེན་ཞེས་གྲགས་པ་ཆུ་ཕོ་ཁྱི་ལོའི་དབྱར་ནང་དུ་བཀའ་བརྒྱུད་ཀྱི་ཆུ་བོ་རི་སྙེད་པའི་འབྱུང་གནས་རྗེ་བཙུན་མར་པ་ཉིད་ཀྱི་གདན་ས་ཆེན་པོ་ལྷོ་གནས་མཆོག་དཔལ་གྱི་གྲོ་བོ་ལུང་སྲས་མཁར་སྦྲུལ་པའི་ཕོ་བྲང་སངས་རྒྱས་མི་འགྱུར་ལྷུན་གྱིས་གྲུབ་པའི་གཙུག་ལག་ཁང་དཔལ་ཀརྨ་རིག་འཛིན་གྲུབ་མཆོག་ སྡེར་པར་དུ་གྲུབ་པར་བགྱིས་པའོ། །བཀྲ་ཤིས་དཔལ་འབར་འཛམ་གླིང་རྒྱན་དུ་ཤོག། །།

ན་མོ་བུདྡྷཱ་ཡ། ན་མོ་དྷརྨཱ་ཡ། ན་མོ་སངྒྷཱ་ཡ། ཨོཾ་ཡེ་དྷརྨཱ་ཧེ་ཏུ་པྲ་བྷ་ཝཱ་ཧེ་ཏུནྟེ་ཥཱན྄་ཏ་ཐཱ་ག་ཏོ་ཧྱ་བ་དཏ་ཏེ། ཏེ་ཥཱཉྩ་ཡོ་ནི་རོ་དྷ་ཨེ་ཝཾ་བཱ་དཱི་མ་ཧཱ་ཤྲ་མ་ཎ་ཡེ་སྭཱ་ཧཱ། མངྒ་ལཾ་བྷ་ཝནྟུ། །།

༄༅། །སྦྱོར་འཇུག་རྣམ་བཤད་ཐེག་ཆེན་ཆོས་ཀྱི་རྒྱ་མཚོའི་ས་བཅད།

ལེའུ་བདུན་པ། བརྩོན་འགྲུས་བསྟན་པ།

ལེའུ་བརྒྱད་པ། བསམ་གཏན་བསྟན་པ།

ལེའུ་དགུ་པ། ཤེས་རབ་ཀྱི་ཕ་རོལ་ཏུ་ཕྱིན་པ་བསྟན་པ།

ལེའུ་བཅུ་པ། ཡོངས་སུ་བསྔོ་བ་བསྟན་པ།

༄༅། །སྤྱོད་འཇུག་རྣམ་བཤད་ཐེག་ཆེན་ཆོས་ཀྱི་རྒྱ་མཚོ། སྟོད་ཆ། སྨད་ཆ།

མཛད་པ་པོ།	དཔའ་བོ་གཙུག་ལག་ཕྲེང་བ།
བསྒྲུ་སྒྲིག་པ།	མ་ཧཱ་ཤྲཱི་གསུང་རབ་གླིང་།
རྩོམ་སྒྲིག་འགན་འཁུར་བ།	པ་སངས་དབང་ཆེན།
པར་འདེབས་འགན་འཁུར་བ།	ལྷ་མོ་ཆོས་སྒྲོན།
དཔེ་སྐྲུན་འགྲེམས་སྤེལ་ཚན་པ།	བོད་ལྗོངས་མི་དམངས་དཔེ་སྐྲུན་ཁང་། (ལྷ་ས་གླིང་སྐོར་བྱང་ལམ་སྒོ་ཨང་20པ།)
པར་འདེབས་ཚན་པ།	ཁྲིན་ཏུའུ་ཏུང་ཅང་པར་འདེབས་ཚད་ཡོད་ཀུང་སི།
དེབ་ཚད།	787×1092 1/16
པར་ཤོག	70
ཡིག་གྲངས།	ཁྲི་70
པར་གཞི།	2021ལོའི་ཟླ་8པར་པར་གཞི་1བསྒྲིགས།
པར་ཐེངས།	2021ལོའི་ཟླ་8པར་པར་ཐེངས་1བཏབ།
པར་གྲངས།	01-2,500
དཔེ་རྟགས།	ISBN978-7-223-06824-6
རིན་གོང་།	སྒོར་188.00(དཀྱུས་མ།) སྒོར་300.00(སྤུས་ལེགས།)

༄། །བྱང་ཆུབ་སེམས་དཔའི་སྤྱོད་པ་ལ་འཇུག་པའི་རྣམ་པར་

བཤད་པ་ཐེག་ཆེན་ཆོས་ཀྱི་རྒྱ་མཚོ་ཟབ་རྒྱས་

མཐའ་ཡས་པའི་སྙིང་པོ་ཞེས་བྱ་བ་

བཞུགས་སོ། །

སྟོད་ཆ།

མཛད་པ་པོ། དཔའ་བོ་གཙུག་ལག་ཕྲེང་བ།

མ་ཧླ་ཀླི་གསུང་རབ་གླིང་ནས་བསྒྲིགས།

བོད་ལྗོངས་མི་དམངས་དཔེ་སྐྲུན་ཁང་།

图书在版编目（CIP）数据

入行论大疏 : 藏文 / (明) 巴俄 · 祖拉昌瓦著 ; 玛哈师利古籍文库整理室整理. -- 拉萨 : 西藏人民出版社, 2021.8

ISBN 978-7-223-06824-6

(玛哈师利古籍文库)

Ⅰ. ①入… Ⅱ. ①巴…②乃… Ⅲ. ①大乘—佛经—藏语②《入行论》—注释—藏语 Ⅳ. ①B942.1

中国版本图书馆CIP数据核字(2021)第116317号

入行论大疏（上册、下册）

作　　者　巴俄 · 祖拉昌瓦
搜集整理　玛哈师利古籍文库整理室
责任编辑　巴桑旺庆
责任印制　拉姆曲珍
出版发行　西藏人民出版社（拉萨市林廓北路20号）
印　　刷　成都东江印务有限公司
开　　本　787×1092　1/16
印　　张　70
字　　数　700千
版　　次　2021年8月第1版
印　　次　2021年8月第1次印刷
印　　数　01-2,500
书　　号　ISBN978-7-223-06824-6
定　　价　188.00元(平装) 300.00(精装)

༩ དཔལ་ལྡན་དཔའ་བོ་གཙུག་ལག་ཕྲེང་བ་ལ་ན་མོ།

ཨོཾ

ཨཱཿ

ཧཱུྃ

༄༅།། དཔལ་ལྡན་དཔའ་བོ། །།

༄༅། །དེ་ཡང་གངས་ཅན་ཁ་བའི་ལྗོངས་སུ་སངས་རྒྱས་ཀྱི་བསྟན་པ་དར་ནས་ད་ལྟའི་བར་དུ་མཁས་གྲུབ་རིམ་པར་བྱོན་པ་རྣམས་ཀྱི་མྱོང་བ་དམར་འཁྲིད་དང་། གདམས་ངག་བྱིན་རླབས་ཅན། ཤེས་རབ་ཀྱི་ཆུ་བོ་གཅིག་ཏུ་བསྐྱིལ་བའི་གཞུང་ལུགས་སོགས་གསུང་རབ་རྒྱ་མཚོ་ལྟ་བུ་བཞུགས་པ་རྣམས་ལས་དུ་མ་ཞིག་དུས་དབང་གིས་དཔེ་རྒྱུན་ཤིན་ཏུ་དཀོན་པས་མཇལ་དཀའ་བའི་གནས་སུ་གྱུར་པ་རྣམས་མི་ཉམས་དཔེ་རྒྱུན་སྤེལ་བའི་ཆེད། ཁོ་བོས་མི་ཏོག་ཆུང་ཡང་ལྷ་རྫས་ཀྱི་དཔེ་ལྟར་བསྟན་འགྲོའི་སྤྱི་ཞུ་ལ་གནད་སྨིན་རེ་ཡོང་ངམ་སྙམ་ཏེ། (མ་ཧཱ་ཤྲཱི་གསུང་རབ་གླིང་) ཞེས་པ་གསར་བཙུགས་གཉེར་སྐྱོང་གིས་བསྟན་པའི་སྲོག་སྙིང་གསུང་རབ་རིན་ཆེན་རྣམས་སྔར་རྗེས་ཤུལ་འཛིན་དང་། ཕྱི་རྗེས་དར་སྤེལ་གྱི་རྐྱེན་དུ་བསྒྲོམས་ཏེ། རིས་མེད་ཀྱི་གསུང་རབ་རིམ་པར་དཔར་བསྐྲུན་ཞུས་དང་ཞུ་འཆར་ལགས་པས། འདིས་ཀྱང་བསྟན་པ་ཡུན་རིང་དུ་གནས་པ་དང་། རྩ་བའི་བླ་མའི་ཐུགས་དགོངས་དགྱེས་པའི་རྒྱུ་རུ་འགྱུར་བའི་སྨོན་ལམ་དང་བཅས།

དཔའ་བོ་སྐུ་ཕྲེང་བཅུ་གཅིག་པ་གཙུག་ལག་སྨྲ་བའི་སྒྲ་དབྱངས་ཀྱིས།

བསྡུ་སྒྲིག་ལས་མིའི་མཚན་ཐོ།

གཙོ་སྒྲིག་པ། དཔལ་ལྡན་དཔའ་བོ་གཙུག་ལག་སྨྲ་བའི་སྒྲ་དབྱངས།

བསྡུ་སྒྲིག་ལས་མི། སྐལ་བཟང་ཕུར་བུ། རྒྱ་མཚོ། ཀརྨ་ཆོས་སྒྲོན་ལྷ་མོ།
ནོར་སྒྲོན། ཆོས་བསྟན།

དཀར་ཆག །

༄༅། །བྱང་ཆུབ་སེམས་དཔའི་སྤྱོད་པ་ལ་འཇུག་པའི་རྣམ་པར་བཤད་པ་ ཐེག་ཆེན་ཆོས་ཀྱི་རྒྱ་མཚོ་ཟབ་རྒྱས་མཐའ་ཡས་པའི་ སྙིང་པོ་ཞེས་བྱ་བ་བཞུགས་སོ། །

བསྟན་བཅོས་འཆད་པའི་ཡན་ལག །

ལེའུ་དང་པོ། བྱང་ཆུབ་སེམས་ཀྱི་ཕན་ཡོན་བསྟན་པ།

ལེའུ་གཉིས་པ། སྡིག་པ་བཤགས་པ།

ལེའུ་གསུམ་པ། བྱང་ཆུབ་ཀྱི་སེམས་ཡོངས་སུ་བཟུང་བ།

ལེའུ་བཞི་པ། བག་ཡོད་པ་བསྟན་པ།

ལེའུ་ལྔ་པ། ཤེས་བཞིན་སྲུང་བ།

ལེའུ་དྲུག་པ། བཟོད་པ་བསྟན་པ།

༄༅། །བྱང་ཆུབ་སེམས་དཔའི་སྤྱོད་པ་ལ་འཇུག་པའི་རྣམ་པར་བཤད་པ་
ཐེག་ཆེན་ཆོས་ཀྱི་རྒྱ་མཚོ་ཟབ་རྒྱས་མཐའ་ཡས་པའི་
སྙིང་པོ་ཞེས་བྱ་བ་བཞུགས་སོ། །

བསྟན་བཅོས་འཆད་པའི་ཡན་ལག །

བྱང་ཆུབ་སེམས་དཔའི་སྤྱོད་པ་ལ་འཇུག་པའི་རྣམ་པར་བཤད་པ།
སངས་རྒྱས་དང་བྱང་ཆུབ་སེམས་དཔའ་ཐམས་ཅད་ལ་ཕྱག་འཚལ་ལོ། །

ཕན་བདེ་ཀུན་གྱི་གཞིར་གྱུར་རྫོགས་སངས་རྒྱས། །
དེའི་རྒྱུ་གཅིག་པོ་རིན་ཆེན་བྱང་ཆུབ་སེམས། །
གང་ཐུགས་ལ་གནས་ཀུན་ལའང་ཕྱག་བྱས་ཏེ། །
བདག་ཀྱང་བྱང་ཆུབ་སྤྱོད་ལ་འཇུག་པར་བྱ། །

ཐེག་པ་ཆེན་པོའི་བསྟན་བཅོས་ནམ་མཁའི་ཚད་ཀྱིས་གཞལ་དུ་མེད་པའི་ནང་ནས་འཕགས་པའི་ཡུལ་ན་ཉི་ཟླ་ལྟར་གྲགས་ཤིང་མཁས་མཆོག་བརྒྱ་རྩ་བརྒྱད་ཀྱིས་བཀྲལ་བ། བྱང་ཆུབ་སེམས་དཔའི་སྤྱོད་པ་ལ་འཇུག་པ་ལེའུ་བཅུ་དང་ཤློ་ཀ་སྟོང་གི་བདག་ཉིད་ཅན་འདི་ནི་གང་བཤད་པར་བྱ་བའི་ཆོས་སོ། །ཅི་འདི་མཛད་པ་པོ་སུ་ཞེ་ན། དེ་ནི་སློབ་དཔོན་ཆེན་པོ་ཞི་བའི་ལྷ་ཞེས་བྱ་སྟེ། དེ་ནི་སློབ་དཔོན་ཀྲྀཥྞ་པས། ས་སྟེང་འཛམ་དབྱངས་གཉིས་པ་ཞེས་པར་མཁས་རྣམས་བསྟོད་པ། ཞེས་དང་། (༢ན)བི་བྷུ་ཏིས། རྒྱལ་བའི་བསྟན་ལ་བདག་ཉིད་ཆེ། །སྐྱེས་བུ་མང་པོ་བྱོན་མོད་ཀྱི། །ཞི་བའི་ལྷས་མཛད་དང་འདྲ་བའི། །ཉམས་དང་དགོངས་པ་གཞན་མི་

ཉིད། །ཅེས་དང་། ཤེར་འབྱུང་གི་འགྲེལ་པར། འདིར་འཕགས་པ་ཞི་བའི་ལྷ་དེ་གསུང་རབ་མཐའ་དག་གི་དོན་གྱི་དེ་ཁོ་ན་ཉིད་རྟོགས་ཤིང་། ཏིང་ངེ་འཛིན་གྱི་ཆེ་བའི་བདག་ཉིད་བརྙེས་པ། ཞེས་སོགས་དང་། བསྟན་བཅོས་རྩོམ་ཞིང་མཁའ་ལ་གཤེགས། །བྱང་སེམས་བསླབ་པ་མཐར་ཕྱིན་པ། །ཤཱནྟི་དེ་ཝ། ཞེས་རྡོ་རྗེ་གདན་པ་ཆེན་པོའི་གྲུབ་ཐོབ་ཀྱི་འདུ་བར་བསྟགས་པ་དེའོ། །དེའི་ཡོན་ཏན་མདོར་བསྡུས་ཏེ་རང་གིས་ཆེད་དུ་དད་པའི་ངོར་བསྟགས་པ་ནི།

བཅོམ་ལྡན་འཇམ་དཔལ་རྡོ་རྗེས་བྱིན་གྱིས་བརླབས། །རྡོ་རྗེའི་རྣལ་འབྱོར་མ་ཡིས་རྗེས་སུ་བཟུང་། །ཆོས་ཀྱི་ཕུང་པོ་བརྒྱད་ཁྲི་བཞི་སྟོང་ཀུན། །མངོན་སུམ་གཟིགས་པ་ཞི་བའི་ལྷ་ལ་འདུད། །ཙནྡན་ཤིང་གི་རལ་གྲིའི་འོད་ཟེར་གྱིས། །རྒྱལ་པོ་འཁོར་དང་བཅས་པའི་དྲེགས་པ་བཏུལ། །གདུལ་བྱའི་ཚོགས་རྣམས་ཡང་དག་ལམ་ལ་བཀོད། །ཡེ་ཤེས་གཟིགས་པ་ཐོགས་མེད་མངའ་དེར་འདུད། །ཟས་གཅིག་ནང་དུ་ཡང་དག་བཞག་པ་ཡིས། །བརྒྱད་ཁྲི་བཞི་སྟོང་ཏིང་འཛིན་སྒོ་ལ་འཇུག །ཤིན་ཏུ་སྦྲོས་མེད་སྤྱོད་མཆོག(༤༥)ཧྲུ་སུ་ཀུས། །ལམ་མཆོག་བདེ་བླག་རྫོགས་ལ་ཕྱག་འཚལ་ལོ། །མཁས་པའི་པཎ་ཆེན་ཁྲི་ཕྲག་བརྒྱ་སྟོང་བཅས། །སྐྱེ་བོའི་འཁོར་ཚོགས་རྒྱ་མཚོ་ཟིལ་མནན་ཏེ། །སྟོན་མེད་བྱང་ཆུབ་སྤྱོད་གཞུང་བཀའ་སྩལ་ཆེ། །བློ་གྲོས་མི་ཟད་གཏེར་ཞེས་བསྟགས་དེར་འདུད། །དངོས་དང་དངོས་མེད་ཤེས་མདུན་མི་གནས་ཞེས། །གསུང་ཚེ་ནམ་མཁའི་དབྱིངས་སུ་འཕགས་ནས་ནི། །འཇམ་པའི་དབྱངས་བཅས་སྤྱན་མོའི་སྤྲིན་བཞིན་ཡལ། །གསུང་གིས་དམ་ཆོས་རྫོགས་པར་བསྟན་དེར་འདུད། །མི་བཟེད་གཟུངས་ཐོབ་པཎྜི་ཏ་རྣམས་ཀྱིས། །བྱང་ཆུབ་སྤྱོད་པར་འཇུག་པའི་གཞུང་ཚོགས་བསྡུས། །རང་གི་བསྟན་བཅོས་རྣམ་པ་གཉིས་དང་བཅས། །ལུང་བསྟན་རྗེས་གནང་མཛད་ལ་ཕྱག་འཚལ་ལོ། །ཤྲཱི་ཀར་གྲུབ་པའི་མུ་སྟེགས་རྣལ་འབྱོར་པས། །མཁའ་ལ་རྟུལ་ཚོན་དཀྱིལ་འཁོར་བྲིས་པའི་

ཨོཾ། །ཟབ་པར་ཡེ་ཤེས་རླུང་གི་ཉིང་འཛིན་གྱིས། །རྣམ་པར་གཏོར་ཏེ་ལྷག་མེད་མཛད་ལ་འདུད། །ཕྱིན་ཆད་ཟུ་སྐྱིགས་ཕམ་པའི་ཡུལ་ཞེས་གྲགས། །སངས་རྒྱས་བསྟན་པའི་རྒྱལ་མཚན་རབ་ཏུ་བཙུགས། །ཡང་དག་ལམ་གྱི་སྣང་བ་རྒྱས་མཛད་པ། །བདུད་ཀྱི་ཕྱོགས་ལས་རྣམ་པར་རྒྱལ་དེར་འདུད། །བསོད་སྙོམས་ལྷུང་བཟེད་གང་གི་འབྲས་ཆན་ཡང་། །རྒྱ་ཆེན་མོས་པའི་སྟོབས་ཀྱིས་བྱིན་བརླབས་ཏེ། །སློང་དང་ཡ་མཚན་ཅན་རྣམས་ཚིམ་མཛད་ནས། །ཕྱིན་ཅི་མ་ལོག་ལམ་ལ་བཀོད་དེར་འདུད། །གདོལ་པ་མོ་དང་ཆང་ཚོང་ཐ་ག་པ། །བྲམ་ཟེ་ཇོན་པ་ཞིང་པ་སོགས་རྗེས་བཟུང་། །ཕྱག་རྒྱ་ཆེན་པོ་མཆོག་གི་ལམ་ལ་བཀོད། །གྲུབ་མཆོག་ཀུན་གྱི་བླ་མར་གྱུར་དེར་འདུད། །འཕགས་པའི་ཡུལ་དུ་མཁས་དང་གྲུབ་པའི་ཚོགས། །ནམ་མཁའི་སྐར་ཚོགས་ལས་འདས་ཡོད་མོད་ཀྱང་། །ཀུན་གྱི་དབུས་ན་ཉི་མའི་དཀྱིལ་འཁོར་ལྟར། །རྩོད་པ་མེད་པར་གྲགས་ལ་ཕྱག་འཚལ་ལོ། །རྒྱ་མཚོ་ལྟ་བུའི་བསྟན་བཅོས་བཀྲང་ཡས་ཀྱང་། །ཐར་འདོད་བྱང་ཆེན་ལམ་དུ་གཞུག་པ་ལ། །བདུད་རྩིའི་ཉིང་ཁུ་(ཉན)སྙིང་བྱེད་ཁྱོད་ལས་སུ། །དེ་ཕྱིར་སྟོན་པ་གཉིས་པ་ཁྱོད་ལ་འདུད། །ཁྱོད་སྐུ་མངོན་སུམ་ལྟ་བའི་སྐལ་མེད་ཀྱང་། །ཁྱོད་གསུང་འཛིན་པའི་གདུལ་བྱར་གྱུར་པའི་ཕྱིར། །བརྩེ་བ་ཆེན་པོས་ཐུགས་རྗེས་བཟུང་མཛོད་ལ། །ཇི་ལྟར་གཟིགས་པའི་ཡེ་ཤེས་བདག་ལ་སྩོལ། །ཞེས་བྱའོ། །

དེའི་བྱོན་ཚུལ་ལ་རྒྱ་གར་བ་སྐྱི་ལ་གྲགས་པ་ནི། བི་རྷུ་ཏིའི་འགྲེལ་པར། ལྷོའི་ཕྱོགས་ནུ་ག་རར་མིའི་བདག་པོ་འཇམ་དཔལ་གོ་ཆའི་བཙུན་མོ་ཆེན་མོ་ཇོ་རྗེ་རྣལ་འབྱོར་མའི་ངོ་བོའི་སྲས་སུ་འཁྲུངས་ཏེ། འཇིག་རྟེན་གྱི་ཡོན་ཏན་ཐམས་ཅད་རྫོགས་པ་ན་རྒྱལ་ཚབ་ཏུ་དབང་བསྐུར་ཁའི་ཚེ་ཡུམ་དེས་ཆུ་ཤིན་ཏུ་ཚ་བས་བྲུས་བྱས་ཏེ་དེའི་ཚ་རེག་མ་བཟོད་པ་ན། ཡུམ་ན་རེ། རྙིགས(སྙིགས་)དུས་ཀྱི་རྒྱལ་པོ་བྱས་ན་སེམས་ཅན་ལ་གནོད་པ་ཆེར་བྱས་ནས་དམྱལ་བར་འདི་བས་ཆེས་ཚ་བའི་

སྡུག་བསྔལ་མྱོང་དགོས་ཀྱིས་རྒྱལ་སྲིད་སྤྱོངས་ལ་ཧཱྃ་ག་ལར་སོང་དང་། འཇམ་པའི་དབྱངས་ཀྱིས་བྱིན་གྱིས་རློབ་བོ་ཞེས་གསུངས་པ་ན་བཀའ་སྤྱི་བོར་བླངས་ཏེ་རྟ་མཆོག་ལྗང་གུ་ལ་ཞོན་ནས་ཞག་དུ་མར་ཡིད་ལ་བྱེད་པ་གཞན་མེད་པར་ཕྱིན་པ་ན། ཧཱྃ་ག་ལའི་ནགས་ཚལ་གྱི་ཐ་མར་བུ་མོ་རིན་པོ་ཆེ་ཞིག་གིས་རྟ་བཟུང་ནས་བབས་ཏེ་ངལ་སོས། དུག་གི་ཆུ་འཕྱང་བ་ལྡོག་སྟེ་བདུད་རྩིའི་ཆུས་ངོམས་པར་བྱས། ཤ་བསྲེགས་པ་བྱིན་ཏེ་བཀྲེས་པ་ལས་བསྐྱབས། ཕོ་མོའི་བླ་མ་འཇམ་པའི་རྡོ་རྗེ་གྲུབ་པ་ནགས་ཚལ་འདིའི་དབུས་ན་བཞུགས་སོ། །ཞེས་པས་དབུགས་ཕྱུང་སྟེ་དེར་སོང་ནས་གསོལ་བ་བཏབ་པས་སྨིན་གྲོལ་གྱི་རིམ་པས་རྗེས་སུ་བཟུང་སྟེ། ལོ་བཅུ་གཉིས་སུ་བསྙེན་པས་འཇམ་པའི་དབྱངས་མངོན་སུམ་དུ་མཛད་དེ་བླ་མས་ཡུལ་དབུས་སུ་སོང་ཞིག་པར་བཀས་གནང་སྟེ་ཙཎྜནའི་རལ་གྲི་ཞིག་རྟེན་དུ་བཟུང་སྟེ་ཨཱ་ག་ཧྲའི་རྒྱལ་པོའི་བློན་པོ་མི་གཡོ་བའི་སྡེ་ཞེས་པའི་མིང་བཟུང་ནས་ཆོས་ཡིད་ལ་བྱེད་ཅིང་བཞུགས་པ་ན། ཅི་ཞིག་ན་རྟ་པ་གཞན་རྣམས་ཀྱིས་དེའི་ཕུན་ཚོགས་མ་བཟོད་ནས་རྒྱལ་པོ་ལ་འདི་ནི་ཤིང་གི་རལ་གྲིས་ཁྲིད་བསྙེན་པར་བྱེད་དོ། །ཞེས་ཡང་ཡང་སྨྲས་པ་ན། རྒྱལ་པོས་རྟ་(༣བ)པ་ཐམས་ཅད་ཀྱི་རལ་གྲི་ལྟའོ་ཞེས་འགའ་ཞིག་རིམ་པར་བལྟས་ནས་སློབ་དཔོན་ལ་བསྙོ་བ་ན་བདག་གི་རལ་གྲི་ནི་ཁྲིད་ཀྱིས་ལྟ་བར་མི་ནུས་སོ་ཞེས་བཀག་ཀྱང་མ་ཚོག་པ་ན། འོ་ན་དབེན་པར་སྤྱན་ཡ་གཅིག་ཕོབ་ལ་ཡ་གཅིག་གིས་གཟིགས་ཤིག་དེ་ལྟར་བྱས་པ་ན། རལ་གྲི་ཙུང་ཟད་ཕྱུང་བ་ཙམ་གྱི་འོད་ཟེར་གྱིས་སྤྱན་མ་བཀབ་པ་ས་ལ་ལྷུང་བ་ན་རལ་གྲི་སླར་བཙུག་མིག་འབྲས་སྔར་ཤུལ་དུ་བཞག་སྟེ་ཟུག་རྔུ་མེད་པར་བྱས་ནས་སྐད་ཅིག་གིས་མི་སྣང་བར་ན་ལེནྡྲར་གཤེགས་ཏེ་མི་གཡོ་བའི་སྡེ་རབ་ཏུ་བྱུང་ནས་ཞི་བའི་ལྷར་བཏགས་སོ། །དེར་རྟག་ཏུ་འོད་གསལ་ལ་གནས་པས་བྷུ་སུ་ཀུར་གྲགས་ཏེ་མ་རུངས་པ་འགའ་ཞིག་གིས་བསྐྱད་པའི་ཕྱིར། ཚེ་འཕྲུལ་གྱི་དུས་སུ་ཆོས་འདོན་

པ་ལོ་ལོ་བཞིན་ཡོད་པའི་ཆོས་སྟོན་པ་པོར་བསྐོས་པ་ན་བདག་གིས་མི་ཤེས་ཞེས་སྨྲས་ཀྱང་མ་ཟློག་ནས་ཕྱི་རོལ་དབང་ལྡན་གྱི་མཚམས་སུ་གོ་སྐབས་ཡངས་པར་སེང་ཁྲི་དང་མཆོད་པ་ཆེན་པོ་བཤམས། སྐྱེ་བོ་བསྡུས་ནས་སྤྱན་དྲངས་པ་ན་བདག་གི་གཞུང་གསུམ་ལས་སྤྱོད་འཇུག་གདོན་པར་འོས་སོ། །ཞེས་དགོངས་ནས་ཕར་དྲང་སྲོང་གིས་གསུངས་པའམ་དེའི་རྗེས་ལ་བྱུང་བའམ་གང་གདོན་ཞེས་དྲིས་པ་ན་ངོ་མཚར་སྐྱེས་ཏེ་གཞན་པ་འདོན་པར་ཞུས་པས། དེས་ཀྱང་། གང་ཚེ་དངོས་དང་དངོས་མེད་དག །ཅེས་སོགས་ཀྱི་བར་དུ་སྤྱོད་འཇུག་བཏོན་ཏེ། དེའི་ཚེ་མཐོང་ལམ་ཡང་མངོན་དུ་གྱུར། འཕགས་པ་འཇམ་དཔལ་ཡང་སྟེང་གི་ནམ་མཁའ་ལ་གཞན་དག་གིས་ཀྱང་སྣང་། དེ་མ་ཐག་འཇམ་དཔལ་དང་བཅས་པ་མི་སྣང་བར་གྱུར་ཏེ་གསུང་ནམ་མཁའ་ལ་གྲགས་པས་སྤྱོད་འཇུག་ཚར་བར་གསུངས། དེ་ནས་དེ་མ་མཐོང་བས་འགྲོད་པའི་སྐྱེ་བོ་རྣམས་ཀྱིས་བྲང་ཁང་བལྟས་པས་བསྟན་བཅོས་གསུམ་པོ་ཉིད་དེ་མཁས་པ་རྣམས་ཀྱིས་འཛིག་རྟེན་དུ་གྲགས་པར་བྱས་སོ། །ཞེས་བཤད་དོ། །

གཏམ་གཞན་ལས་བརྒྱུད་པ་བོད་ཀྱི་ཞ་ལུ་པཎྜི་ཏས་བྲིས་པ་ནི། ལྷག་པའི་ལྷ་མཉེས་ནཱ་ལེནྡྲའི། །བཀོད་པ་ཕུན་ཚོགས་རྫོད་པ་བཟློག །ཡ་མཚན་ཅན་དང་སྤྲང་པོ་(ན)དང་། །རྒྱལ་པོ་མུ་སྟེགས་ཅན་བཏུལ་བའོ། །ཞེས་ངོ་མཚར་གྱི་གཏམ་བདུན་དུ་འཆད་དེ་རྒྱལ་པོའི་སྲས་ཞི་བའི་གོ་ཆ་ཞེས་བྱ་བ་ཡིན་ལ། ཆུང་ངུ་ནས་རྣལ་འབྱོར་པ་ཞིག་ལ་འཇམ་དཔལ་རྣོན་པོའི་སྒྲུབ་ཐབས་ཞུས་ཏེ་བསྒྲུབས་པས་ཞལ་མཐོང་ཞིང་། རྟག་ཏུ་གདམས་ངག་ནོད་པ་ལས་ཅི་ཞིག་ན་ཡབ་འདས་ཏེ་སང་ཉིན་རྒྱལ་པོར་དབང་བསྐུར་བའི་དོ་ནུབ་འཇམ་དཔལ་ཁྲི་དེ་ལ་བཞུགས་ནས། བུ་གཅིག་འདི་ནི་ང་ཡི་སྟན་ཡིན་ཏེ། །ང་ནི་ཁྱོད་ཀྱི་དགེ་བའི་བཤེས་གཉེན་ཡིན། །ང་དང་ཁྱོད་གཉིས་སྟན་གཅིག་ལ་འདུག་པ། །འདི་ནི་རྣམ་པ་ཀུན་དུ་རིགས་

མ་ཡིན། །གསུང་བ་རྨིས་པས་རྒྱལ་སྲིད་སྤངས་ཏེ་བྲོས་ནས་ནྭ་ལེནྡྲ་སྦྱོར་ལམ་པ་རྒྱལ་བའི་ལྷ་ལས་རབ་ཏུ་བྱུང་སྟེ། ཞི་བའི་ལྷར་བཏགས་ཏེ་ངོ་མཚར་གྱི་གཏམ་དང་པོའོ། །

དེར་རྗེ་བཙུན་ལ་ཆོས་གསན་ཞིང་ཤིན་ཏུ་སྤྲོས་མེད་ཀྱི་སྤྱོད་པ་མཛད་པས་གཞན་དག་གིས་འདི་ལ་ནི་ཟ་ཉལ་འདོར་བའི་འདུ་ཤེས་ལས་མེད་དོ། །ཞེས་ཟླ་སུ་ཀུའམ་འདུ་ཤེས་གསུམ་པར་བསྒྲགས་ཏེ་གནས་ནས་དབྱུང་བའི་ཕྱིར་མདོ་འདོན་པར་བསྐོས་པ་ཁས་མ་བླངས་པ་ན་མཁན་པོ་ལ་ཞུས་པས་ཁྱེད་ཉིད་ཀྱིས་བསྐོས་ཤིག་གསུངས་ཏེ། སླར་བསྐོས་པས་ཞལ་གྱིས་བཞེས་པ་ན་སྐྱེ་བོའི་ཚོགས་བསྡུས། ཁྲི་ཆེན་པོ་བཤམས་པ་ལ་གཞན་གྱི་ཇི་ལྟར་གཤེགས་མ་མཐོང་བར་བཞུགས་ནས་སྔར་གྲགས་པའམ་མ་གྲགས་པའམ་གང་གདོན་ཞེས་གསུངས་པ་ན་མ་གྲགས་པ་འདོན་པར་ཞུས་པས་སྤྱོད་འཇུག་ཤར་གྱིས་གསུངས་ཏེ་ནམ་མཁའ་ལ་ཇི་མཐོར་གྱུར་ནས། གང་ཚེ་དངོས་དང་གི་སྐབས་སུ་སྐུ་གཟུགས་མི་སྣང་བར་གྱུར་ཏེ་གསུང་འབའ་ཞིག་གིས་རྫོགས་པར་མཛད་ནས་རྗེད་བཀུར་མི་བཞེད་པའི་ཕྱིར། ལྷོ་ཕྱོགས་མཆོད་རྟེན་དཔལ་ཡོན་ཅན་དུ་གཤེགས་ཤིང་། དེར་གཟུངས་ཐོབ་པའི་པཎྜི་ཏ་རྣམས་ཀྱིས་བསྡུས་པས་ཤློ་ཀ་སྟོང་དང་། དེ་ལྟག་པ་དང་སྟོང་མ་ལོངས་པ་སྟེ་གསུམ་དུ་བྱུང་ཞེས་ཟེར་ལ། ཁ་ཅིག་ནི་ཁ་ཆེ་བ་རྣམས་ཀྱིས་ཤློ་ཀ་བདུན་བརྒྱ་ལེའུ་དགུར་བསྡུས་ཤིང་(༦བ)ཡུལ་དབུས་པ་རྣམས་ཀྱིས་ཤློ་ཀ་སྟོང་ལེའུ་བཅུར་བསྡུས་སོ། །ཞེས་ཀྱང་ཟེར་ཞིང་། བསླབ་བཏུས་མདོ་བཏུས་ཀྱང་མ་ཤེས་པས་སྤྱན་འདྲེན་དུ་བཏང་བ་ན་གཤེགས་སུ་མ་བཞེད་དེ་སྤྱོད་འཇུག་ཤློ་ཀ་སྟོང་དེ་ཚད་མར་གྱིས་ཤིག །བསྟན་བཅོས་གཉིས་ཁོ་བོའི་བྲང་ཁང་གི་གདུང་སེབ་ན་པཎྜི་ཏའི་ཡི་གེ་ཕྲ་མོས་བྲིས་པ་ཡོད་དོ་ཞེས་གསུངས་ཏེ་གཏམ་གཉིས་པའོ། །

དེ་ནས་མུ་སྟེགས་ཀྱི་རྩོད་པ་ཟློག་པ་དང་། ཡ་མཚན་ཅན་ཞེས་པ་ངོ་ཚ་བའི་

གནས་རྟག་ཆད་ཀྱི་ལྟ་བ་འཛིན་པའི་མུ་སྟེགས་པ་མང་པོའི་ནང་དང་། སྲང་པོ་སྟོང་ཙམ་གྱི་ནང་དུ་བཞུགས་ཏེ་ཞག་མང་པོར་ཡུལ་ངན་བྱུང་བས་དེ་དག་བྲུ་བས་ཉེན་ཏེ་སུ་ཟས་སྟེར་ནུས་པ་དེ་དཔོན་དུ་བསྐོ་བར་བྱས་པས། སློབ་དཔོན་གྱིས་འབྲས་ཆན་ལྷུང་བཟེད་རེ་བླངས་པས་ཐམས་ཅད་ཚིམ་པར་བྱས་ཏེ། ཡང་དག་པའི་ལྟ་བར་བཀོད་པ་ནི་ངོ་མཚར་གྱི་གཏམ་གསུམ་པ་དང་། བཞི་པ་དང་། ལྔ་པའོ། །

ཡང་རྒྱལ་པོ་ཆེན་པོ་ཞིག་གི་སྐུ་སྲུང་བ་མཛད་དེ་ཤིང་གི་རལ་གྲི་འོད་ཟེར་འཕྲོད་པར་བསྟན་པས་འཁོར་བཅས་བཏུལ་བ་ནི་དྲུག་པ་དང་། མུ་སྟེགས་ཀྱི་སྟོན་པ་ཤཱཀྐར་དེ་ཕས་ཞག་བདུན་ན་ནམ་མཁའ་ལ་དབང་ཕྱུག་གི་དཀྱིལ་འཁོར་འབྲི་ཡིས་དེ་བཤིག་ནུས་ན་ཕྱི་རོལ་པ་ཐམས་ཅད་ནང་པར་འཇུག་ཅིང་མ་ནུས་ན་ཐམས་ཅད་ཕྱི་རོལ་པར་འཇུག་དགོས་སོ་ཞེས་བསྒྲགས་པ་ན། བཤིག་པར་ཁས་ལེན་པ་མ་བྱུང་བས་ནང་པ་རྣམས་ཉམ་ང་བ་ན་སློབ་དཔོན་འདི་གཅེར་བུ་ཁྲུང་མ་ཕོ་བའི་ཚིགས་མས་འཚོ་བའི་སྤྱོད་པ་མཛད་པ་ན། རྒྱལ་པོའི་བྲན་མོས་ཁྲུད་མ་ཕོ་བ་སློབ་དཔོན་གྱི་སྐུ་ལ་ཟེར་མ་ཕོག་པ་ན་ལྟགས་བསྒྲིགས་ལ་ཕོག་པ་ལྟར་ཁོལ་བ་མཐོང་ནས་རིམ་གྱིས་བསླད་པས་རྣལ་འབྱོར་པར་ཤེས་ཏེ་གནས་བརྟན་དང་རྒྱལ་པོས་གསོལ་བ་བཏབ་པས་གཞིག་པར་ཞལ་གྱིས་བཞེས་ཏེ། རས་ཟུང་གཉིས་དང་ཆུའི་བུམ་པ་དང་མེ་དང་ཤིང་¦ལྟ་¦(སྟ་)གོན་གྱིས་ཤིག་གསུངས། ཕྱི་ཉིན་མུ་སྟེགས་པས་ནམ་མཁའ་ལ་ཐིག་བཏབ་སྟེ་སོང་། དེའི་ཕྱི་ཉིན་ཕ་དྲོ་སྐྱེ་བོ་ཐམས་ཅད་འདུས། མུ་སྟེགས་པ་དེས་ནམ་མཁའ་ལ་དཀྱིལ་འཁོར་རྡུལ་ཚོན་(ཕན)གྱིས་བྲིས་པ་ཤར་སྒོ་ཙམ་ཟིན་པའི་ཚེ་སློབ་དཔོན་གྱིས་ཏིང་ངེ་འཛིན་མཛད་པས་ཚུབ་མ་ཆེན་པོ་བྱུང་སྟེ་དཀྱིལ་འཁོར་རྗེས་མེད་པར་ཕྱིར། མུ་སྟེགས་ཀྱི་སྟོན་པ་ཡང་རླུང་གིས་བདས་པའི་བྱེའུ་ལྟར་འཕྱར། སྟོན་ཤིང་དང་ཁང་པ་ཡང་ལྷེག་ཅིང་སྐྱེ་བོ

རྣམས་ཀུན་དུ་བྱེར་བ་ན་སློབ་དཔོན་གྱིས་རྒྱལ་པོ་ཡབ་ཡུམ་བཙལ་ཏེ་ཆུས་རྡུལ་བཀྲུས་རས་གཡོགས་མེས་བསྲོས་ཏེ་བདེ་བར་བྱས། ཡུལ་པ་དེ་ཐམས་ཅད་སངས་རྒྱས་པར་གྱུར་ཏེ་མུ་སྟེགས་ཕམ་པའི་ཡུལ་དུ་གྲགས་པ་ནི་གཏམ་བདུན་པའོ་ཞེས་བཤད་དོ། །

གླིང་ཕྲན་དང་བཅས་པའི་ཛམྦུའི་གླིང་ན་སྟོན་པ་དང་མཚུངས་པར་གྲགས་ཤིང་བོད་ཡུལ་བ་རྣམས་ལ་བཀའ་དྲིན་མཚུངས་པ་མེད་པ་དཔལ་མར་མེ་མཛད་ཀྱི་བཞེད་པ་ནི་འདི་ཡིན་ཏེ། ཕ་རོལ་ཏུ་ཕྱིན་པའི་ཐེག་པ་ལ་གྲགས་པའི་ཡོན་ཏན་ལྔ་དང་། སྔགས་ཀྱི་ཐུན་མོང་མ་ཡིན་པའི་ཡོན་ཏན་བརྒྱད་དེ་བཅུ་གསུམ་དང་ལྡན་ནོ། །

དེ་ཡང་སློབ་དཔོན་འདི་བྲམ་ཟེ་མདུན་ན་འདོན་སྦྱིན་སྲེག་དང་སྐྱེང་འདོན་གཙོ་བོར་བྱེད་པའི་སྲས་ཆེ་བ་ཡིན། སྤུན་གསུམ་ཡོད། ནམ་ཞིག་རྒྱལ་པོའི་སྲས་སླུས་བྱིན་པ་ཞིག་བཅས་པའི་ཚེ་སྐྱེང་འདོན་དང་ཁྲུས་དང་སྦྱིན་སྲེག་བྱས་པས་ཀླུའི་ཚོགས་ཁྲོས་ནས་བྲམ་ཟེའི་བུ་ནུ་བོ་གཉིས་བསད། ཡབ་སྲས་གཉིས་ཀྱང་ནད་ཀྱིས་ཐེབས་ནས་འཆིར་ཉེ་བའི་ཚེ་ཡབ་བྲམ་ཟེས་རྒྱལ་པོ་ལ་ཁྱེད་ཀྱི་དོན་བྱས་པས་ངེད་སྤྱད་འཆི་བར་འདུག་པས་ང་འཆི་ཀར་སེམས་བསྐྱེད་བྱེད་པས་དེའི་བླ་མ་དང་འཁོར་པ་ཞུའོ་བྱས་པས། རྒྱལ་པོས་དེ་འཆི་སེམས་ཁྱད་པར་ཅན་དུ་ཤེས་ཏེ་བླ་མ་བཙལ་བས་མ་རྙེད། དེར་མཆོད་གནས་དགེ་སློང་བདུན་བརྒྱ་ཡོད་པ་ལ་ཞུས་པས་དེ་རྣམས་ཀྱིས་འཇམ་དཔལ་རྣོན་པོའི་སྐུ་ཞིག་ལ་མཆོད་པ་ཆེན་པོ་བྱས། ཚ་གའི་ཡི་གེ་ལག་ཏུ་གཏད་དེ་སྐུའི་མདུན་དུ་སེམས་སྐྱེད་དུ་བཅུག་གོ། །དེའི་ཚེ་བུ་དེའི་ནད་ཀྱང་སོས་འཇམ་དཔལ་ཞལ་མཐོང་སྟེ་ཆོས་ཀྱང་བཤད་དོ། །དེར་ཕ་འཆི་ཀ་མ་དེས་རྒྱལ་པོ་ལ་བུ་འདིའི་ནད་སོས་པས་(༥བ)བློན་པོ་ཆེན་པོར་ཆུག་ཅིག་ཅེས་ཞུས་ཏེ་བློན་པོའི་མཆོག་ཏུ་ཡང་བཅུག །དེས་རྒྱལ་བློན་འབངས་བཅས་ཕ་རོལ་

ཏུ་ཕྱིན་པ་དྲུག་ལ་སྦྱར་ཏེ་གཅིག་གིས་གཅིག་གི་སྤྱོད་པ་ལ་རྗེས་སུ་བསྟགས་པར་ཡང་གྱུར། རྒྱལ་པོ་དེ་ཡང་མགོ་གཙོད་པ་སོགས་ཀྱི་ཁྲིམས་ལས་ལྡོག་ཏུ་བཅུག་སྟེ་བྱམས་པས་སྐྱོང་དུ་བཅུག །རྒྱུ་དེས་སྐྱེ་བོ་ཐམས་ཅད་ཀྱང་བདེ་བས་ཁྱབ་བོ། །

དེ་ནི་སྐྱེ་བ་བདུན་གྱི་སྔོན་རོལ་དུ་གདོལ་པའི་བ་ལང་རྫིར་གྱུར་ཏེ་དད་པ་དང་ལྡན་པས་ནགས་ན་བསམ་གཏན་པ་མང་པོ་བཞུགས་པ་ལ་ཉིན་རེ་ཞིང་མེ་ཏོག་དང་ཤིང་ཏོག་གིས་མཆོད་པས་དེ་རྣམས་ཀྱིས་དེ་བསྙེན་གནས་ལ་ཡང་བཀོད། འཇམ་དཔལ་གྱི་སྐུ་ཅིག་ལ་བསྙེན་ནས་སྐྱབས་འགྲོ་དང་སྨོན་སེམས་ཤིག་སྐྱེད་བཅུག་གོ། །དགེ་བ་དེས་སྐྱེ་བ་ཕྱི་མ་ལ་བྲམ་ཟེར་སྐྱེས་ཏེ་བྱང་སྡོམ་དང་ལྡན་པར་གྱུར་ཏོ། །རྒྱུ་དེ་དག་ལས་ཚེ་དེར་ཡོན་ཏན་གྱི་ཚོགས་དེ་ལྟ་བུ་ཐོབ་པ་སྟེ། དེ་ཡང་བཀའ་བཞིན་བསྒྲུབས་པའི་ཡོན་ཏན་དང་། ཕན་བདེ་གཞན་ལ་གཏོང་བའི་ཡོན་ཏན་དང་། སྤྱོད་པ་ལ་རྗེས་སུ་བསྟགས་པ་དང་། རྒྱལ་པོ་བྱམས་པའི་ཁྲིམས་ཅན་དང་། བདེ་བ་ཁྱབ་བྱེད་ཀྱི་ཡོན་ཏན་ཏེ་མཚན་ཉིད་ཐེག་པ་དང་ཐུན་མོང་གི་ཡོན་ཏན་ལྔ་ཚང་བའོ། །

གསང་སྔགས་ཀྱི་ཡོན་ཏན་བརྒྱད་ནི། ཡུལ་དེ་ན་རྒྱལ་པོ་མཐོང་ན་དགའ་བའི་བུ་མོ་རོལ་པ་མོ་ཞེས་བྱ་བས་གདོལ་པ་མོ་ལྔ་བརྒྱ་བསྡུས་ཏེ་དུར་ཁྲོད་ཀུན་དུ་རྒྱུ་ཞེས་པ་ལ་གདམས་ངག་ནོད་པ་ན་དེས་དགེ་སྦྱོང་དང་། དུར་ཁྲོད་སོགས་གང་ན་འདུག་པ་ལ་མི་ཚངས་པར་སྤྱོད་པའི་དངོས་པོ་བྱས་ན་དེའི་བྱིན་རླབས་བདག་གིས་འཐོབ་ཅིང་། དེའི་སྤྱོད་པ་ཡང་གྲོལ་བར་འགྱུར་རོ། །ཞེས་བསྟན་པས་དེ་རྣམས་ཀྱིས་ཚུལ་དེ་ལྟ་བུས་མང་ཞིག་བརྟུལ་ཞུགས་དང་བྲལ་ཏེ་ནགས་ཚལ་དང་བསྟི་གནས་ཀུན་ཏུ་རྒྱུ་བ་ན་སློབ་དཔོན་གྱིས་དེ་རྣམས་གདུལ་བའི་ཕྱིར་དུར་ཁྲོད་མདོག་གནག་ཅིང་སྐྲ་དང་ཨག་ཚོམས་སེར་བ་ཤིང་ཤུན་ཐོགས་པར་སྤྲུལ་ཏེ་ནགས་བདེ་བ་བཀོད་པར་བཞུགས་པ་ན། བུ་མོ་(༧ན)དེ་དག་འོངས་ཏེ་མཐོང་བ་ཙམ་

གྱིས་འཇིགས་ཤིང་སྐྲག་གོ། །དེར་དྲང་སྲོང་གིས་ང་ནི་གནོད་སྦྱིན་ཡིན་ཏེ་བདག་ཏུ་འཛིན་པའི་སྲོག་གཅོད་པའོ། །ཡོག་པའི་ལྤ་བ་ཅན་རྣམས་བསད་དེ་ཡང་དག་པར་གཞུག་པའོ། །ཞེས་བསྒྲགས་པས་དེ་ཐམས་ཅད་དད་པར་གྱུར་ཏེ་གདམས་པ་བསྟན་པས་ཕྱུག་རྒྱ་ཆེན་པོའི་དངོས་གྲུབ་ཐོབ་སྟེ་ནགས་དེ་ཡང་རིན་པོ་ཆེས་བརྒྱན་ཞིང་གྲུབ་པ་འབབ་ཞིག་གིས་གང་བར་མཐོང་ངོ་། །

དེ་བཞིན་དུ་ཆང་ཚོང་ལྷན་ཅིག་སྐྱེས་པའི་རྡོ་རྗེ་ཞེས་པའི་ཆང་གིས་སྐྱེ་བོ་རྣམས་རྫོངས་པར་བྱེད་པ་ལ་ཆང་ཉོ་བ་ལྟར་བྱས་ནས་ཁྱོད་ཀྱི་ཆང་འདི་ནི་འཇིག་རྟེན་གྱི་བྱ་བ་ཐམས་ཅད་འཚོར། ཕྱི་མར་རང་གཞན་ངན་སོང་དུ་འགྲོ་བས་སྤང་བར་རིགས་ཀྱི་ང་ལ་ལྷན་ཅིག་སྐྱེས་པའི་ཆང་ཞེས་བྱ་བ་དེ་བཞིན་གཤེགས་པ་ཐམས་ཅད་ཀྱིས་གསོལ་བ་ཞིག་ཡོད་པ་ཁྱོད་ལ་བྱིན་ནོ། །ཞེས་བྱིན་གྱིས་བརླབས་པས་གྲོལ་ཏེ་དེས་འགྲོ་བ་དཔག་ཏུ་མེད་པ་སྨིན་གྲོལ་དུ་བྱས་སོ། །

ཡང་བྲམ་ཟེ་ཁྲུས་དང་གཙང་སྦྲ་བྱེད་པ་འབུམ་ཕྲག་མང་པོ་ཡོད་པར་བྲམ་ཟེ་རྒན་པོར་སྤྲུལ་ནས་བྱོན་ཏེ་ཁྲུས་བྱས་པ་འདིས་ཕྱིའི་དྲི་མའམ་ནང་གི་དྲི་མའམ་གང་འདག་པར་བལྟ། དེ་དག་ན་རེ། གཉིས་ཀ་འདག་པར་བལྟའོ། །སློབ་དཔོན་གྱིས་གསུངས་པ། ཕྱིའི་དྲི་མ་འདག་མོད། ནང་གི་དྲི་མ་དུས་འགར་བཀྲུས་པས་འདག་ན་དུས་ཐམས་ཅད་དུ་ཆུ་ནང་ན་གནས་པའི་ཉ་དང་སྦལ་པ་སོགས་ཅིས་མི་འདག་ཅེས་སྨྲས་པས་དེ་རྣམས་ཐེ་ཚོམ་སྐྱེས་ཏེ། སྐྱེས་བུ་དམ་པ་འོ་ན་ཐབས་གང་གིས་འདག་པར་འགྱུར་ཞེས་དྲིས་པས་ཕྱི་གཟུང་བའི་ཡུལ་མེད་པས་དག་པར་བྱ་བ་དང་། ནང་འཛིན་པའི་སེམས་མེད་པས་དག་པར་བྱ་བའོ། །ཞེས་བསྟན་པས་དེ་རྣམས་གྲོལ་བར་གྱུར་ཏོ། །

དེ་བཞིན་དུ་རྒྱལ་པོའི་ཞིང་པ་ལྔ་བརྒྱའི་གཙོ་བོ་ཞིང་པ་པདྨའི་རྡོ་རྗེ་དང་། ཨོ་རྒྱན་ན་ཐ་ག་པ་རྣམས་ཀྱི་གཙོ་བོ་ཐ་ག་པ་གྲུབ་པའི་རྡོ་རྗེ་བྱ་བ་དག་རང་རང་

གི་ལས་ཀྱི་མཐས་སྐྱོ་བ་ན་དེ་མ་ཐག་སློབ་དཔོན་དེར་གཤེགས་ཏེ། དབང་བསྐུར་ཞིང་བྱིན་གྱིས་བརླབས་(༥བ)པས་གྲོལ་བར་གྱུར་ཏེ་དེ་དག་གིས་རང་རང་གི་འཁོར་རྣམས་གྲོལ་བར་བྱས་སོ། །ཡང་ཝཱ་རཱ་ཎ་སཱི་བ་རྟག་ཏུ་རྫོན་པ་བྱེད་པ་ཞིག་གིས་ཀཱུཊྚ་ཥྞ་ར་ཞིག་ལ་མདའ་བཀང་བས་དེ་ན་རེ། ཚུལ་ཁྲིམས་ཀྱིས་ནི་མཐོ་རིས་འཐོབ། །བསམ་གཏན་གྱིས་ནི་ཁྱད་པར་འགྱུར། །ཤིག་པ་ཡིས་ནི་ངན་སོང་སྤེ། །རྫོངས་ཤིང་རྫོངས་པ་དེ་བཞིན་ནོ། །ཞེས་ཟེར་བས། སྔོན་གྱི་བག་ཆགས་སད་དེ་དད་པ་སྐྱེས་པའི་དུས་ཁོ་ནར་སློབ་དཔོན་ཕྱིན་ཏེ་དེ་སྨིན་གྲོལ་དུ་བྱས་སོ། །

མུ་སྟེགས་བརྟུལ་བ་ནི་ཕལ་ཆེར་སྔ་མ་དང་མཚུངས་པ་ལས་འདིར་ཁྱད་པར་ནི་ཡུལ་གཙྪ་བ་ཏ་ལ་བྱ་བར་བྲག་ཕུག་གི་གཙུག་ལག་ཁང་ཆེན་པོ་ཞིག་ན་མུ་སྟེགས་པ་ལྔ་བརྒྱ་དང་། ནང་པ་མང་དུ་ཚོགས་ནས་སྨོམ་ཞིང་ཡོན་བདག་རྒྱལ་པོ་དཔའ་བོའི་དབང་པོས་བྱིན་གྱིས་བྱེད་པ་ལས་མུ་སྟེགས་པ་ན་རེ། རྫུ་འཕྲུལ་བསྟན་ལ་སུ་ཕམ་པ་དེ་མཆོད་གནས་སུ་མི་གནང་ངོ་ཞེས་ཟེར་ཏེ། ནང་པའི་ནང་ན་རྫུ་འཕྲུལ་ཤེས་པ་མེད་པའི་ཚེ་སློབ་དཔོན་གྱིས་ཚོགས་མས་འཚོ་བའི་སྦྱོང་པས་དེར་ཕྱིན་པ་ན་ཁྲུད་ཆུ་ཕོག་པ་ཁོལ་བའི་ཚེ་འཕྲུལ་མཐོང་ནས་གསོལ་བ་བཏབ་པར་བཞེད་དོ། །

དེ་དག་ཏུ་ནང་གི་ཡོན་ཏན་རྫོགས་ཚུལ་ནི་དང་པོར་འཇམ་དཔལ་གྱིས་སེམས་ལ་དབང་ཐོབ་པའི་དངོས་གྲུབ་ཅེས་བྱ་བ་གནང་བས་རང་ཉིད་ཉོན་མོངས་པའི་དབང་དུ་མི་འགྲོ་ཞིང་གཞན་འདུལ་བའི་ནུས་པ་དང་ལྡན་པར་གྱུར་ཏེ་གདོལ་པ་མོ་རྣམས་བཏུལ་ཏོ། །

དེ་བཞིན་དུ་རྫུ་འཕྲུལ་གྱི་སྟོབས་ཀྱིས་འཇུག་པ་དང་། དབང་པོ་སྦྱོང་བ་དང་། སྒོམ་པའི་ཉམས་རྫོགས་པ་དང་། སེམས་ཀྱི་ཆོ་འཕྲུལ་ཀུན་དུ་སྣང་བ་དང་། རྫུ་འཕྲུལ་ཤུགས་ཀྱིས་གྲུབ་པ་རྣམས་གནང་བས་རིམ་བཞིན་ཆང་ཚོང་

དང་། ཁྲམ་ཟེ་དང་། ཞིང་པ་དང་། ཐ་ག་པ་དང་། རྫོན་པ་བཏུལ་ཏོ། །

བདུན་པར་སྐྱབས་གནས་རྫོགས་པ་ཞེས་བྱ་བ་གནང་བས་མུ་སྟེགས་ཀྱི་དཀྱིལ་འཁོར་བཤིག་གོ །དེ་ཐམས་ཅད་ཀྱང་སྐུའི་བཀོད་པ་ཡིན་གྱི་སློབ་དཔོན་དངོས་ནི་རྒྱལ་པོའི་བློན་པོ་ལས་གཡོ་བ་མེད་ལ་རྫུ་འཕྲུལ་དུ་མ་བསྟན་ཀྱང་དེ་དག (༧ན) གིས་སློབ་དཔོན་གྱི་ཡོན་ཏན་མ་འཕྲིགས་པ་ན། སྟོན་མོ་ཞིག་གི་དུས་རང་རང་གི་ལག་ཆ་ཅི་ཡོད་ཐོགས་ནས་ཕོ་བྲང་ལ་སྐོར་བ་བྱེད་པ་ན་སློབ་དཔོན་གྱིས་རལ་གྲི་ཤུབས་བཅས་ཐོགས་པ་མཐོང་བས་རྒྱལ་པོས་དྲིས་པ་ན་མི་རུང་བ་ཞིག་ཡོད་ཟེར། ཅིས་ཀྱང་ཕྱུང་ཞིག་བྱས་པས་སྤྱན་ཡ་གཅིག་ཁོབ་ཅིག་ཟེར་ཏེ་ཕྱེད་ཤུབས་ནས་ཕྱུང་བའི་འོད་ཟེར་གྱིས་སྤྱན་གཅིག་ཞར། དེར་རྣལ་འབྱོར་པར་རིག་ནས་བཀུར་སྟི་བྱེད་པར་འདོད་པ་ན་གནྣ་པ་ཏ་ལར་བྲོས་ཏེ་དེ་ཕྱིན་རྒྱལ་པོའི་འཁོར་ན་མི་སྣང་ངོ་། །དེར་རྒྱལ་པོའི་མཆོད་གནས་དགེ་སློང་ཨེ་ལ་ཧྲ་རི་ཡང་ཕྱིར་སོང་སྟེ། ཁོང་གཉིས་ཀྱིས་གཙུག་ལག་ཁང་དེ་ཥ་མ་ཧི་ར་ཕྱིན་ནས་སློབ་དཔོན་གྱིས་དགེ་སློང་ཧྲ་ར་ཤྲི་ནྣ་མ་ལས་རབ་ཏུ་བྱུང་སྟེ་སློབ་སྦྱོང་མ་བྱས་པར་འོད་གསལ་སྒོམ་ཞིང་བཞུགས་སོ། །

དེའི་ཚེ་སངས་རྒྱས་པ་ན་ད་ལྟར་གྱིས་ཤེས་པའི་རྒྱུན་འདེས་སྤྱོད་པར་བྱེད་དམ། འོན་ཏེ་ཤེས་པ་ཙམ་ཡང་མི་དམིགས་སྐམ་ནས་འཕགས་པ་ལ་དྲིས་པས། རྐྱེན་གྱི་སྟོབས་ཀྱིས་ལྟེ་བ་འཁོར། །ཞེས་སོགས་རྐང་པ་བཅུ་གཉིས་གསུངས། དེ་མ་གོ་ནས་ཞུས་པས་སྤྱོད་འཇུག་ལེའུ་བཅུའི་དོན་གསུངས། ཡང་སངས་རྒྱས་པའི་ཚེ་ཡེ་ཤེས་ཙམ་ཡང་མི་དམིགས་ན་སེམས་ཅན་གྱི་དོན་ཇི་ལྟར་བྱེད་སྐམ་ནས་འཕགས་པ་ལ་དྲིས་པས་ངའི་རལ་གྲི་ཡིད་ལ་གྱིས་ཤིག་གསུངས། དེ་མ་གོ་ནས་དྲིས་པས་རྣམ་འཕྲུལ་འདི་ལ་ལྟོས་ཤིག་གསུངས་ཏེ་མཚོ་ཆེན་པོ་ཞིག་གི་ནང་ན་གསེར་གྱི་ཉ་དང་ལྕགས་ཀྱི་སྡིགས་པ་ཡོད་པ། མཚོ་ནང་ནས་པདྨའི་སྡོང་པོ་ཁ་གསུམ་དུ་

གྲེས་པའི་དབུས་མའི་སྟེང་ན་མཆོད་རྟེན་བང་རིམ་བཞི་སྲོག་ཤིང་འཁོར་ལོ་བཅུ་གསུམ་ཆར་ཁེབ་ཏོག་རྒྱན་དང་བཅས་པའི་དབུས་ན་འཇམ་དཔལ་འཁོར་ལོས་བསྒྱུར་བའི་ཆ་ལུགས་སུ་བཞུགས་པ། བུམ་པའི་ནང་ན་ཤཱཀྱ་ཐུབ་པ་བཞུགས་པ་ལ་ཕྱོགས་བཞི་ན་རྒྱལ་ཆེན་བཞིས་ལྷུང་བཟེད་འབུལ་བ། ནམ་མཁའི་སྤྲིན་གསེབ་ན་བྱང་ཆུབ་སེམས་དཔའ་ནམ་མཁའི་སྙིང་པོ་དང་དེའི་(༧བ)མདུན་ན་སྐྱ་རེངས་འཕྲིན་སྐྱེལ་བའི་ཚུལ་དུ་འདུག་པ། མཚོའི་མཐའ་ན་ལྷ་སྲིན་སྡེ་བརྒྱད་ཀྱིས་བསྐོར་བ། མཚོ་ནང་ན་དཔག་བསམ་གྱི་ཤིང་སྐྱེས་པའི་སྟེང་ན་འཁོར་ལོས་བསྒྱུར་རྒྱལ་རིན་ཆེན་བདུན་ཉེ་བའི་རིན་ཆེན་བདུན་དང་བཅས་པ། མཚོའི་ཕྱོགས་བཞི་ནས་ཆུ་བཞི་འབབ་པ། པད་སྡོང་ཁ་གསུམ་གྱི་གཡས་ངོས་ལ་ཉན་ཐོས་ཀྱི་མཆོད་རྟེན་གཡོན་ལ་རང་རྒྱལ་གྱི་མཆོད་རྟེན་དང་རི་བོང་གཉིས་ཡོད་པ། མཆོད་རྟེན་གསུམ་གྱི་འོག་ན་པ་ཏྲ་འཁྱིལ་བ་མང་དུ་ཡོད་པའི་འོག་ན་ཆོས་གཅིག་གི་ཟླ་བ་ཡོད་པ། དེའི་གོང་ན་གསེར་གྱི་འཁོར་ལོ་རྩིབས་བཅུ་གཉིས་པ། དེའི་གོང་ན་གླང་པོ་ཆེ་ཐལ་ཀར་གསེར་གྱིས་བརྒྱན་པའི་སྟེང་ན་གདུགས་དཀར་པོ་ཡོད་པ། འཇམ་དཔལ་དེའི་ཕྱག་གཉིས་ན་ཨུཏྤལ་རེ་རེའི་སྟེང་ན་རལ་གྲི་རེ་ཡོད་པ། དེའི་ཡུ་བ་ལ་དེ་བཞིན་གཤེགས་པའི་མཛོད་སྤུ་ལྟ་བུའི་ཐིག་ལེ་རེ་ཡོད་པ། རལ་གྲིའི་ཡོགས་ལ་ཐིག་ལེ་བཅུ་གསུམ་རེ་ཡོད་པ། རལ་གྲིའི་རྩེ་མོ་གཉིས་ན་རིན་པོ་ཆེ་འོད་འབར་བ་རེ་རེ་ཡོད་པ། དབུའི་གཙུག་ཏོར་གྱི་ཐད་ཀར་རལ་གྲི་གཉིས་རྩེ་མོ་སྦྲད་པས་རིན་པོ་ཆེའི་སྦུ་གུ་ཞིག་བྱུང་བ། དེའི་སྟེང་ན་རིན་པོ་ཆེ་འབར་བ་ཞིག་ཡོད་པ་རྣམས་བསྟན་ཏོ། །

དེ་ལས་སློབ་དཔོན་གྱིས་བསླབ་བཏུས་ཀྱི་དོན་རྣམས་སུ་གོ་ནས་ལྟ་བ་དབྱིངས་དང་ཡེ་ཤེས་གཉིས་སུ་མེད་པ་བྱ་བ་བྱུང་སྟེ་དབྱིངས་ཆོས་ཉིད་ཡེ་ཤེས་མེ་ལོང་ལྟ་བུ། གཉིས་སུ་མེད་པ་ཆོས་སྐུ་སྤྲོས་བྲལ། དེས་སྨོན་ལམ་གྱི་མཐུས་སེམས་ཅན་གྱི་དོན་མཛད་པ་བྱ་བ་སྒྲུབ་པའི་ཡེ་ཤེས་ཡིན་པར་རྟོགས་སོ། །

དེ་ལྟར་མ་རྫོགས་པ་རྣམས་ལ་བཤད་ལུགས་གསུམ་སྟེ། དབང་པོ་རབ་མགོ་སྨོས་པས་གོ་བ་རྣམས་ལ་འཕོར་ལོས་བསྒྱུར་བ་ལ་དཔེ་བླངས་ཏེ་རྩ་བའི་དོན་དགོས་འབྲེལ་ཡན་ལག་བདུན་འཁོར་ལོས་བསྒྱུར་བའི་ལོངས་སྤྱོད་ལྟར་བཤད་པ་དང་། འབྲིང་དྲང་ཞིང་བྲིད་དགོས་པ་ལ་མཚོ་ཆེན་པོ་ཆུ་བོ་བཞི་འབབ་པ་ལ་དཔེ་བྱས་ནས་གཞུང་ཉེ་བར་བསྡུ་བའི་ཡན་ལག་ལྔ་ཆུ་བོ་ལྟར་བཤད་པ་(༣)དང་། དཔག་བསམ་གྱི་ཤིང་ལྟར་མིང་ཚིག་ལས་སྦྲོས་ཏེ་གདུང་བ་བཅད་པའི་ཡན་ལག་ལྡོན་ཤིང་གི་ལོ་འདབ་ལྟར་བཤད་པ་གཉིས་སོ། །

དབང་པོ་ཐ་མ་རྣམ་པར་ཕྱེ་སྟེ་སྤྲོས་ནས་འཆད་དགོས་པ་ལ་སྡེ་མ་གསུམ་དང་། སྐུ་གསུམ་ཆོས་ཅན་རིག་པའི་ཚ་དང་། ཆོས་ཉིད་དབྱིངས་ཀྱི་ཚ་དང་། དགག་བྱ་མི་མཐུན་པའི་ཚ་དང་། དྲུག་པོ་ཤེས་པར་བྱ་བའི་ཕྱིར་སྟར་གྱི་རྣམ་འཕྲུལ་ལ་དཔེ་ཆུང་ཞིག་མཛད་དོ། །དེ་ནས་ཨེ་ལ་རྒྱ་རིས་གསོལ་བ་བཏབ་ནས་བསླབ་སྤྱོད་གཉིས་ཡི་གེར་བཀོད་དོ། །

དེ་ལྟར་ཡོན་ཏན་བསམ་གྱིས་མི་ཁྱབ་ན་ཡང་ཕྱི་རོལ་ཏུ་ཟ་ཉལ་འཆོར་གསུམ་ལས་མ་མཛད་པས་ཀླུ་སུ་ཀུར་བཏགས་སོ། །དེར་གནས་དེ་ན་འདུལ་བ་འཛིན་པ་ཤྲི་ནྡ་མ་བྱ་བས་དཔོན་བྱས་ཏེ་ཐེག་གསུམ་གྱི་མདོ་རེ་མོས་སུ་འདོན་པ་ལས་ལན་གཅིག་ཀུལ་ཀའི་ཆེད་དུ་ཁྲི་ཆེན་པོ་བཤམས་ཏེ་སློབ་དཔོན་ལ་བསྐུལ་པ་སོགས་གཞན་སྡེ་མ་དང་འདྲའོ། །སློབ་དཔོན་ནམ་མཁའ་ལ་བཞུད་ནས་བྲང་ཁང་དུ་བལྟས་པས་དགེ་སློང་ཨ་ལ་རྒྱ་རི་འདུག་སྟེ། སློབ་དཔོན་གྱི་ཆོས་ཤེས་སམ་དྲིས་པས་བསླབ་སྤྱོད་གཉིས་ཤེས་ཟེར་ཏེ་དེ་ཡང་དངོས་གྲུབ་བརྙེས་པ་རྫུ་འཕྲུལ་དང་ལྡན་པར་གྲགས་སོ། །

དེ་ནས་ཟ་ཧོར་གྱི་སློབ་དཔོན་དཔའ་བོ་རྡོ་རྗེ་བྱ་བས་ཐོས་ནས་ཉི་མ་དྲུག་བཅུར་ཕྱིན་ཏེ། གཙུག་པ་ཏ་ལ་དྲིས་པས་བྲམ་ཟེ་རྒན་པོ་ཞིག་ན་རེ། འདི་ག་ན་ཡོད་

ཟེར་ཏེ་གཙུག་ལག་ཁང་ཞིག་པོ་ཞིག་ན་བསོད་སྙོམས་པ་ཞིག་འདུག །དེ་ལ་དྲིས་པས་འདི་ན་ང་མིན་པ་མེད་ཟེར། དེ་རྐང་པ་ས་ལ་མི་རེག་པར་མཐོང་ནས་དད་པ་ན་ས་ལ་མི་རེག་པ་ལ་དད་ན་བྱ་ལ་ཡང་དད་པར་རིགས་གསུང་། བྱ་ལ་རྗོགས་པ་མེད་ཁྱེད་ལ་ཡོད་པས་དད་དོ་བྱས་ཏེ་བཀྲུང་ཕྱག་བཙལ་བས་རྗོག་པ་བརྒྱབ་ནས་བྲོས། ཕྱི་ན་ཕྱིན་པས་མ་སླེབས། ཡང་གཙུག་ལག་ཁང་དེར་ཕྱིན་ཙ་ན་རྣ་ཞིག་མགོ་མཇུག་གཉི་གས་རྡུ་ཟ་བ་ཞིག་འདུག །འདི་འདྲི་ཡིན་ནམ་སྙམ་པ་ལ་དེ་ན་རེ། སངས་རྒྱས་ལ་རེ་བ་དང་འཁོར་བ་ལ་དོགས་པ་ཡང་འདྲི་(༢༡)ཡིན་ཟེར། ཕྱག་བྱས་པས་མགོ་ལ་རྒྱུགས་ནས་བྲོས། དེར་གྲོང་དུ་སྨན་པ་དྲིས་པས་བྲམ་ཟེ་རྒན་པོ་ཞིག་གིས་བཅོས་པས་སོས་ཏེ། དེ་ན་རེ། ལུས་ཀྱི་རྩ་ནི་འཚོ་སྨྲ་སྐྱེ། །སེམས་ཀྱི་རྩ་ནི་འཚོ་བར་དགའ། །ཟེར་རོ། །དེར་སྔར་གྱི་གཙུག་ལག་ཁང་དེར་ཕྱིན་པས་གཅན་གཟན་བཀྲེས་པ་མང་དུ་བྱུང་བས་སྔར་བདག་གིས་ལུས་དོན་མེད་པོ་ནར་བྱས། ད་རེས་ནི་དོན་དང་བཅས་ཏེ་བླ་མ་དང་ཆོས་འཚོལ་ཕྱིར་དགའ་བ་ཡང་སྐྱིད། ལུས་འདིས་ཀྱང་འདི་རྣམས་ལ་ཕན་གདགས་སུ་བྱུང་སྙམ་ནས་ཚེ་རབས་ཐམས་ཅད་དུ་དགེ་སློང་ཨེ་ལ་ཧྲ་(ཧྲུ་)རི་དང་འཕྲད་པར་གྱུར་ཅིག་ཅེས་སྨོན་ལམ་བཏབ་སྟེ་ཟར་བཙུག་པས་ཁྲག་གིས་བོག་སྟེ་བརྒྱལ་སངས་པ་ན། མདུན་ན་བླ་མ་བྱོན་འདུག་སྟེ་ཁྱོད་དུས་ཐམས་ཅད་དུ་ཅི་ལ་སྨོན་ཟེར་རོ། །

བདག་སངས་རྒྱས་འཐོབ་པའི་ཐབས་འདོད་དོ་བྱས་པས་དེ་ལ་སེམས་བཟང་པོ་དགོས་པ་ཡིན་ཁྱོད་ལ་ཡོད་དམ་ཟེར། ཡོད་ཅེས་ལོ་རྒྱུས་བསྙད་པས་འཁྲུད་པ་མེད་དམ་ཟེར། འཁྲུད་པ་མེད་པའི་བདེན་ཚིག་བརྗོད་པས་ལུས་སྔ་མ་པོ་ལྟར་གྱུར་ཏེ། དེ་དག་ནི་ཁྱོད་ཀྱི་བག་ཆགས་སྦྱང་བའི་ཆེད་དུ་བསྟན་ནོ། །ཞེས་གསུངས་ཏེ་བྱིན་གྱིས་བརླབས་པས་མཆོག་གིས་དངོས་གྲུབ་ཐོབ་སྟེ་གཙུག་ལག་ཁང་དེ་ཡང་ཕུན་སུམ་ཚོགས་པར་མཐོང་ངོ་། །

དེའི་ཚེ་བྲམ་ཟེ་ཉི་མ་གྲགས་ཞེས་བྱ་བ་ཞིག་མི་རྣམས་ཟས་ནོར་ལ་འཐབ་རྩོད་བྱས་ཏེ་འཆི། ང་ཚེ་ཉི་ཟླ་དང་མཉམ་ན་དེའི་འོག་ཏུ་ཟས་ནོར་ཐམས་ཅད་ངས་བྱུར་འོང་ཟེར་ནས་ཚེ་རིང་བར་བྱེད་པའི་རིག་སྔགས་ཁོ་ན་འདོན་ཏོ། །ནམ་ཞིག་ན་དྲང་སྲོང་རིག་གནས་རྒྱལ་བ་ན་རེ། ནང་དུ་འདོད་པ་མ་སྤངས་ན། །ཀནྠ་པ་ཊའི་ཆར་བབ་ཀྱང་། །འདོད་པ་དག་གིས་ངོམས་མི་འགྱུར། །གངས་ཀྱི་རི་དང་མཉམ་པ་ཡི། །གསེར་གྱི་རི་བོ་ཡོད་གྱུར་ཅིང་། །ལྷ་ཡི་ལོངས་སྤྱོད་ཡོད་གྱུར་ཀྱང་། །འདོད་པ་དག་གིས་ངོམས་མི་འགྱུར། །འདོད་པ་ཆེ་བའི་གང་ཟག་ནི། །རྒྱལ་པོ་གྲགས་པ་མཐའ་ཡས་བཞིན། །སྟེང་ནས་འོག་ཏུ་ལྟུང་བར་འགྱུར། །འཇིག་རྟེན་(ཞན)དག་ན་ཚེ་རིང་བ། །དབྱུལ་བ་དང་ནི་ཡི་དྭགས་ཏེ། །གཞན་ཤིའི་ལོངས་སྤྱོད་སྤྱོད་བ་མེད། །རིགས་ཀྱི་བུ་ཁྱོད་ཤེས་པར་གྱིས། །ཞེས་སྨྲས་པས་སྐྱོ་བར་གྱུར་ཏེ་དེ་ཙམ་ན་ཚེ་ཉི་ཟླ་དང་མཉམ་པ་ཡང་གྲུབ་བོ། །དེར་སངས་རྒྱས་པའི་ཆོས་སྨྲབ་པའི་ཕྱིར་ལོ་བཅུར་ཐེག་ཆེན་གྱི་ཆོས་དང་། བླ་མ་བཙལ་བས་མ་རྙེད་དེ་བཅུ་གཅིག་པ་ལ་འཕགས་པའི་བླ་མ་འཚོལ་བའི་ཕྱིར་འཇམ་དཔལ་བཞུགས་ཟེར་ནས་རི་བོ་རྩེ་ལྔ་ལ་ཕྱིན། ཁར་ས་པཱ་ཎ་དང་། དཔལ་གྱི་རི་དང་། རྭ་མཆོག་གི་ཕོ་བྲང་དུ་ཡང་ཕྱིན་ནས་ལོག་པ་ན་ལམ་དུ་ལོང་བ་ཞིག་དང་ཕྲད་དེ། གཏམ་བྱས་པས་དེ་ན་རེ། ངས་ཀྱང་ཐམས་ཅད་དུ་ཕྱིན་ཏེ་མཚར་ཅན་མང་པོ་ཡོད་ཟེར་ཏེ་ཅི་ཡང་མ་མཐོང་། གྲགས་ཤོས་སུ་ལོང་ཁྲིད་འདི་བྱུང་ཟེར་བས་འོ་ན་ང་ཡང་ལོང་ཁྲིད་ལྷ་བུའི་བླ་མ་ཞིག་ལ་བསྟེན་དགོས་པར་འདུག་སྙམ་ནས་མི་རྣམས་ལ་དྲིས་པས་སློབ་དཔོན་དཔའ་བོ་རྡོ་རྗེ་བྱ་བའི་གྲུབ་ཐོབ་ཡོད་ཟེར་ནས་གཙུག་ལག་ཁང་དེར་ཕྱིན་པས་ཕྲད་པ་ཙམ་གྱིས་བྱིན་རླབས་ཞུགས། བླ་མས་ཕྱག་སྤྱི་བོར་བཞག་སྟེ། མ་ཏྲ་ཤྲཱི་རཏྣ་བོ་ཏྲི་ས་ཏྭ་མ་ཏྲ་ས་ཏྭ་གསུངས་ཏེ་མིང་བཏགས། རྣལ་འབྱོར་གྱི་དབང་ཕྱུག་ཆེན་པོར་གྱུར་པ་ནི་ཚེ་གྲུབ་པ་མ་ཏྲ་ཤྲཱི་རཏྣའོ། །

དེ་ལ་གསེར་གླིང་པས་གསན་ཏེ་ཛམྦུའི་གླིང་གི་གླིང་ཕྲན་རིན་པོ་ཆེ་སྣ་ཚོགས་ཡོད་པ་ཞིག་ཏུ་རྒྱལ་པོའི་སྲས་སུ་འཁྲུངས་མ་ཐག་སི་ན་སི་ཞེས་དཀོན་མཆོག་གི་སྐྱབས་འགྲོ་བྱེད་པ་ཞིག་བྱུང་། དེ་དུས་མུ་སྟེགས་ཀྱི་བསྟན་པ་ཡོད་ཀྱང་རྒྱལ་པོའི་སྲས་སུ་སོང་བས་གནོད་པ་མ་ནུས། རིང་པོ་མ་ལོན་པར་ནགས་ནས་ཐུབ་པའི་ལུགས་སྐུ་ཞིག་རྙེད་པ་ལ་མཆོད་པ་བྱས་པས་གླིང་དེ་བདུན་འགྱུར་གྱིས་བཟང་བར་གྱུར་པས་མི་རྣམས་ཀྱང་དཀོན་མཆོག་ལ་མོས་ཏེ་རྒྱལ་བུ་འཛམ་གླིང་དུ་ཆོས་འཚོལ་དུ་བཏང་། ཛོ་ཛྫེ་གདན་དུ་སྤྱིན་པོ་མཆོད་པ་བྱེད་པ་དང་འཛོམ་སྟེ། གང་ཟག་དམ་པ་ཐམས་ཅད་དུས་དེར་འདུ་བ་ཡིན་པས་སྐྱེས་ཆེན་མང་དུ་ཕྱིན་པ་ལས་སློབ་དཔོན་ཆེ་གྲུབ་པ་ལ་རྒྱལ་བུ་དད་པར་གྱུར་ཏེ་(༡བ)ཞག་བདུན་དུ་འགྲོགས། དེ་ནས་སློབ་དཔོན་བཙལ་བས་མ་རྙེད་ཐི་ལམ་ན་བྱིས་པ་གཉིས་གླུ་ལེན་པ། རང་ཡུལ་འཁོར་དང་ལོངས་སྤྱོད་པོར། །སྨིན་པ་ཞིག་གི་རྩད་མ་ཆོད། །རིང་ནས་འཕུང་ངམ་མྱུར་དུ་འཕུང་། །རིགས་དང་བཟང་སྟེ་ཤེས་རབ་ཆུང་། །ཟེར་བས་སང་ནས་མ་དགའ་སྟེ་རང་ཡུལ་དུ་འགྲོ་སྙམ་མོ། །དེར་བུ་མོ་གཉིས་གླུ་ལེན་པ་ན་རེ། གཉེན་དང་མཛའ་བཤེས་མང་པོ་དང་། །ཡུལ་དང་ཁང་ཁྱིམ་ནོར་ཆེན་དང་། །ཟས་སྐོམ་ནོར་གྱི་ལོངས་སྤྱོད་མང་། །མྱུ་ངན་སྐྱེ་བར་འགྱུར་བ་ཡིན། །ཆོས་དང་རིང་བར་འགྱུར་བ་ཡིན། །ནོར་མ་རྙེད་ཀྱི་ཚོང་པ་དག །ཡུལ་དུ་སྡོང་པར་ལྡོག་པ་འདྲ། །ཟེར་བས་དེ་ང་ལ་ཟེར་སྙམ་ཙ་ན་མི་སྣང་བར་སོང་། དེ་ཆོས་སྐྱོང་མར་འདུག་པ་ལ་དྲི་ས་མེད་སྙམ་ནས་ཛོ་ཛྫེ་གདན་དུ་ལོ་བདུན་མཆོད་པ་བྱེད་ཅིང་བསྡད་པས་ཀན་མོ་ཞིག་ན་རེ། སྐམ་སར་ཆུ་ཆུང་དྲངས་པ་བཞིན། །ཉིན་དང་མཚན་མོ་འདས་པ་ཡིས། །མི་རྣམས་ཚེ་ནི་ཟད་པར་བྱེད། །སྔོངས་པ་ལོང་ཡོད་མ་ཟེར་ཞིག །ཟེར་ནས་མི་སྣང་ངོ་། །དེར་རྒྱལ་བུས་རྟག་ཏུ་ངུ་བཞིན་དུ་བླ་མ་ཁོ་ན་ཡིད་ལ་བྱས་པས་རྨི་ལམ་ན་སློབ་དཔོན་ན་རེ། རྒྱལ་སྲིད་ནི། དམན་པའོ། །འཆིང་བའོ། །ཁྱོད་ཀྱིས་ཆོས་

ཀྱི་རྒྱལ་སྲིད་འཛིན་ནུས་སམ་ལན་གསུམ་གསུངས་ཏེ། ཁས་བླངས་པ་ན་གཉིད་སད་དེ་སློབ་དཔོན་མདུན་ན་བཞུགས་སོ། །

དེར་སློབ་དཔོན་གྱིས་བྱིན་གྱིས་བརླབས་ཏེ། གདམས་ངག་ཐམས་ཅད་སྟོང་གཅིག་ནས་གཅིག་ཏུ་འཕོ་བ་ལྟར་གྱུར། མཚན་ཆོས་ཀྱི་གྲགས་པར་བཏགས་ཏེ་གསེར་གླིང་དུ་བྱོན་ནས་མུ་སྟེགས་པ་ཐམས་ཅད་ནང་པ་ལ་བཀོད། སྔན་པས་ཕྱོགས་ཐམས་ཅད་ཁྱབ་བོ། །དེར་ཇོ་བོ་རྗེ་ལྷ་གཅིག་གིས་དཀའ་བ་སྤྱད་ནས་བྱོན་ཏེ་ལོ་བཅུ་གཉིས་སུ་དབུ་ སྟེགས་སྤྱིལ་ནས་བསྟེན་ཏེ་ཡོན་ཏན་ཐམས་ཅད་ཡོངས་སུ་རྫོགས་པར་མཛད་དོ། །དེ་ལྟ་བཙུན་བྱང་ཆུབ་སེམས་དཔས་དགའ་བ་མཐའ་ཡས་པས་བོད་ཡུལ་དུ་སྤྱན་དྲངས། བོད་རྣམས་ཀྱི་བླང་དོར་གྱི་མིག་ཕྱེ་ཡང་དག་པའི་ལམ་ལ་བཀོད། བསྟན་(༡༠ན)པ་ཉིན་མོ་ལྟར་མཛད་དོ། །

དེ་ལྟར་མཛད་པའི་ཚུལ་མི་མཚུངས་པ་དུ་མར་བསྟན་ཀྱང་འདི་ལྟ་བུ་ནི་དད་པའི་གནས་ཡིན་གྱི་མཚན་མར་བཟུང་བྱའི་གནས་ནི་མ་ཡིན་ནོ། །འོན་ཀྱང་མདོ་བཏུས་བསླབ་བཏུས་གཉིས་སྔོན་ནས་བརྩམས་པའི་བསྟན་བཅོས་ཡིན་ལ། སྤྱོད་པ་ལ་འཇུག་པ་ནི་སེང་གེའི་ཁྲི་ལ་སྤྱན་དྲངས་ནས་སྔར་མ་གྲགས་པ་གདོན་པར་ཞུས་པའི་མོད་ལ་དོ་ཧའི་ཚུལ་དུ་ཐོགས་པ་མེད་པར་ཤར་གྱིས་གསུངས་པར་གདོན་མི་ཟ་སྟེ། བསྟན་བཅོས་རྩོམ་ཞིང་མཁའ་ལ་གཤེགས། །ཞེས་གསུངས་པས་ཀྱང་ངེས་སོ། །འོན་ཀྱང་ལོ་རྒྱུས་སྔ་མ་དེ་དག་ན་དེའི་སྔུན་དུ་བརྩམས་ཟིན་པ་ལྟ་བུ་ཤ་སྟག་ཐོས་སྣང་བ་དང་། ས་བཟང་མ་ཏིས། བརྩམས་ཞེས་བཤད་ཀྱང་རང་གི་ཐུགས་ཡུལ་དུ་བརྩམས་ཟིན་པའོ། །ཞེས་ཟེར་བ་སོགས་ནི་སྐྱེས་བུ་དམ་པ་ཆོས་ཀྱི་རྒྱ་མཚོ་¦ལུང་¦(ལུད་)པ་ལྟ་བུ་ལ་ཡིད་མི་ཆེས་པའི་སྐྱེ་བོ་བློ་ཆུང་གི་ངག་སྒྲོས་བར་དུ་ཆུད་པར་ཟད་དེ། དེ་ལྟ་ན། བསྟན་བཅོས་བཤར་ཞིང་མཁའ་ལ་གཤེགས། །ཞེས་འདོན་རིགས་པར་འགྱུར་རོ། །

དེ་ལྟ་བུའི་བསྟན་བཅོས་ཆེན་པོ་འདི་དག་བདག་ཅག་གི་རྩ་བའི་བླ་མའི་བར་དུ་དགེ་བའི་བཤེས་གཉེན་གྱི་རྒྱུན་ལས་ཇི་ལྟར་འོངས་པ་ནི། རྒྱལ་བའི་སྲས་མཆོག་འཇམ་དཔལ་གཞོན་ནུའི་ཞབས། །སྙིགས་དུས་འགྲོ་བའི་སྐྱབས་གཅིག་ཞི་བའི་ལྷ། །ཡེ་ཤེས་ལུས་ཅན་ཨེ་ལ་ཧྲ་རི་དང་། །དཔའ་བོའི་རྡོ་རྗེ་བདུད་ལས་རྣམ་པར་རྒྱལ། །མཆོག་ཐུན་དངོས་གྲུབ་མཆོག་བརྙེས་མ་ཏྲ་ཤྲཱི། །བསྟན་པའི་བདག་པོ་གསེར་གླིང་ཆོས་ཀྱི་གྲགས། །ཡང་དག་ལམ་རབ་སྟོན་མཛད་ཨ་ཏི་ཤ། །གཞུང་ལུགས་ཀུན་མཁྱེན་ནག་ཚོ་ཚུལ་ཁྲིམས་རྒྱལ། །སྒྲུབ་པ་ལྷུར་མཛད་རོང་བ་ཕྱག་སོར་བ། །གདམས་པའི་ཉིང་ཁུ་འཛིན་མཛད་ཞུ་ལེན་པ། །ཐེག་མཆོག་ལམ་ལ་གནས་པ་ཆུ་ལག་པ། །བསླབ་གསུམ་དག་པ་སྣར་ཐང་གྲོ་མོ་ཆེ། །དག་པའི་ཐུགས་མངའ་སངས་རྒྱས་སྒོམ་པོ་བ། །ཐམས་(༧༠བ)ཅད་མཁྱེན་པ་མཆིམས་སྟོན་ནམ་མཁའ་གྲགས། །སྨྲ་བའི་སེང་གེ་རྒོལ་བ་ཟིལ་གནོན་དང་། །བརྟན་མཁས་ཡོན་ཏན་ཀུན་ལྡན་བཙོན་སེང་བ། །གཞུང་ལུགས་མཐའ་དག་འཛིན་པ་བྱང་ཆུབ་གྲགས། །སྟོམ་བརྩོན་དུལ་བའི་ཐུགས་མངའ་དོན་གྲུབ་དཔལ། །བསྟན་པའི་རྒྱལ་མཚན་འཛིན་པ་དཔལ་བཟང་པོ། །སོག་དབོན་རིགས་པའི་རལ་གྲི་རིན་ཆེན་བཟང་། །མཐོང་ཐོས་དོན་ལྡན་རྒྱལ་བ་ཀརྨ་པ། །དཔལ་འབྱོར་དོན་གྲུབ་བརྙེས་པ་གོ་ཤྲིའི་ཞབས། །མཆོག་གི་གྲུབ་ཐོབ་སངས་རྒྱས་མཉན་པ་ཆེ། །དུས་གསུམ་རྒྱལ་བ་གཅིག་བསྡུས་མི་བསྐྱོད་ཞབས། །རྩ་བརྒྱུད་བླ་མ་རྣམས་ལ་ཕྱག་འཚལ་ལོ། །

ཡང་ན་དེ་ཉིད་ལས། རྗེ་བོའི་འོག་ཏུ། རྒྱལ་བའི་འབྱུང་གནས་བཤེས་གཉེན་སྟོན་པ་མཆོག །འཕགས་པའི་གནས་བརྟན་ཆེན་པོ་པུ་ཏོ་བ། །བྲང་སྟོད་ཆེན་པོ་ཤ་ར་ཡོན་ཏན་གྲགས། །གཏུམ་སྟོན་ཆེན་པོ་དཔལ་ལྡན་གྲོ་མོ་ཆེ། །ཞང་བཙུན་ཞང་སྟོན་སངས་རྒྱས་སྒོམ་པའི་ཞབས། །གཞན་སྔ་མ་བཞིན་ནོ། །

རྗོག་ལུགས་ཀྱི་སྤྱོད་འཇུག་ནི། འཇམ་པའི་དབྱངས་དང་འཕགས་མཆོག་ཞི་

བའི་ལྷ། །མི་བརྗེད་གཟུངས་ཐོབ་རྣམས་དང་ཛཻ་ཏ་རི། །བླ་གྲགས་མན་ཀ་ཤྲི་ཀ་ན་ཀ། །གྲགས་པའི་བློ་མཆོག་རྫོག་ལོ་ཆེན་པོའི་ཞབས། །ཚེ་སྤོང་ཞང་དང་ཉང་བྲན་ཆོས་ཡེ་ཤེས། །གཙང་ནག་པ་དང་དཔལ་ལྡན་གྲོ་མོ་ཆེ། །མན་སྔ་མ་ལྟར་རོ། །

བདག་གིས་རྗེ་སྒྲུབ་ལ་པཎ་ཆེན་ལས་བཀའ་དྲིན་ནོད་པ་ནི། སྣར་ཐང་པ་དཔལ་ལྡན་གྲོ་མོ་ཆེའི་བར་རྫོག་ལུགས་ལྟར་ཡིན་ལ། དེ་ནས། མཆིམས་སྟོན་ནམ་གྲགས་སྐྱི་སྟོན་ཤཱཀྱ་འབུམ། །སྐྱི་སྟོན་འཇམ་དབྱངས་ཀུན་མཁྱེན་ཇོ་ནང་པ། །མ་ཏི་པཎ་ཆེན་ས་བཟང་འཕགས་པ་དང་། །ཀུན་བཟང་དཀོན་མཆོག་རྒྱ་མཚོ་བསོད་སེང་བ། །བུདྡྷ་རཏྣ་པཎ་ཆེན་ངག་དབང་གྲགས། །རྩ་བརྒྱུད་བླ་མ་རྣམས་ལ་ཕྱག་འཚལ་ལོ། །

ཡང་ན་དེ་ཉིད་ལས་རྫོག་ལོའི་རྗེས་སུ། རྨད་བྱུང་(༡༡ན)རིགས་པའི་བྱུང་ཆེན་རིན་ཆེན་གྲགས། །མཁས་བཙུན་དམ་པ་སྟོད་ལུང་རྒྱ་དམར་བ། །མཁས་མཆོག་འགྲན་ཟླ་བྲལ་བ་ཕྱ་བའི་ཞབས། །འཛང་པ་སྟོན་སྐྱབས་བཤེས་གཉེན་མུས་སྲང་པ། །འདུལ་འཛིན་དམ་པ་གཙང་སོ་བསོད་ནམས་མཛེས། །སྦྱངས་ཡོན་འཛིན་པ་བྱང་དཔལ་བདེ་བ་དཔལ། །གྲགས་པ་གཞོན་ནུ་བྱང་སེམས་བསོད་གྲགས་པ། །རྒྱལ་བའི་སྲས་པོ་ཐོགས་མེད་བཟང་པོ་དཔལ། །མ་ཏི་པཎ་ཆེན་མན་སྔར་ལྟར་ཏེ། ཐེག་པ་ཆེན་པོ་དགེ་བའི་བཤེས་གཉེན་ལ་རག་ལས་པའི་ཕྱིར། བཀའ་དྲིན་མི་བསྐྱུད་པའི་ཕྱིར་བརྒྱུད་པ་བརྗོད་པའོ། །

འདི་ཇི་ལྟར་འཆད་པའི་ཚུལ་ལ། སློབ་དཔོན་གསེར་གླིང་པ་ཆེན་པོས། ལུས་རྟེན་དལ་འབྱོར་སེམས་རྟེན་དགེ། །ཕན་ཡོན་བསམ་དང་བྱང་སེམས་བཟུང་། །རང་སེམས་སྲུང་ཞིང་དྲན་ཤེས་འབད། །བཟོད་བརྩོན་བསམ་ཤེས་བསྔོ་བ་སྟེ། །གཙོ་བོའི་དོན་ནི་བཅུ་གཅིག་ཡིན། །ཞེས་དོན་བཅུ་གཅིག་ཏུ་བསྡུས་པ་དང་། ཡང་ཅུང་ཟད་ཞིབ་པར་ཕྱེ་ནས་དོན་སོ་དྲུག་ཏུ་བསྡུ་བར་ཡང་མཛད། སློབ་དཔོན་ཀྲིཥྞ་པས་

ནི། ལུས་ཀྱི་དབྱེ་སྒོ་གསུམ་དུའང་བཤད་དེ། བསྟན་བཅོས་འབྱུང་བའི་རྒྱུ་ཕ་རོལ་ཏུ་ཕྱིན་པ་དྲུག་བསྟོད་བཀའ་དྲིན་དྲན་པའི་ཕྱག་སྟེ་ལུས་དང་པོ་དང་། བྱང་ཆུབ་སེམས་དཔའི་ལམ་འབྲས་བུ་དང་བཅས་པ་བསྟན་པ་ལུས་གཉིས་པ་དང་། ཞིགས་པའི་ལྷ་ལ་ཕྱག་འཚལ་བ་དང་། གཞུང་གི་ཚིགས་ཐ་དད་དུ་དབྱེ་བ་སྟེ་ལུས་གསུམ་པའོ། །ཞེས་སོ།། །།

ལེའུ་དང་པོ། བྱང་ཆུབ་སེམས་ཀྱི་ཕན་ཡོན་བསྟན་པ།

འདིར་ནི་རྣམ་པ་གསུམ་སྟེ། ཐོག་མར་དགེ་བ་བསྟན་བཅོས་ལ་འཇུག་པའི་བྱ་བ། བར་དུ་དགེ་བ་བསྟན་བཅོས་དངོས། ཐ་མར་དགེ་བ་མཇུག་གི་བྱ་བའོ། །

དང་པོ་(ཐོག་མར་དགེ་བ་བསྟན་བཅོས་ལ་འཇུག་པའི་བྱ་བ་)ལ་མཚན་དོན་ནི།

རྒྱ་གར་སྐད་དུ། བོ་དྷི་ས་ཏྭ་ཙཪྻ་ཨ་ཝ་ཏ་ར།

བོད་སྐད་དུ། བྱང་ཆུབ་སེམས་དཔའི་སྤྱོད་པ་ལ་འཇུག་པ། ཞེས་དང་།

འགྱུར་ཕྱག་ནི། སངས་རྒྱས་དང་བྱང་ཆུབ་སེམས་དཔའ་ཐམས་ཅད་ལ་ཕྱག་འཚལ་ལོ། །ཞེས་པ་སྟེ། སྒྱུར་བྱེད་ཀྱི་པཎྜི་ཏ་དང་(༡༡བ)ལོ་ཙཱ་བས་བཀོད་པའོ། །

གཉིས་པ་(བར་དུ་དགེ་བ་བསྟན་བཅོས་དངོས་)ལ་གསུམ། བསྟན་བཅོས་རྩོམ་པ་ལ་འཇུག་པའི་བྱ་བ། བསྟན་བཅོས་དངོས། བརྩམས་པའི་དགེ་བ་བསྔོ་བའོ། །

དང་པོ་(བསྟན་བཅོས་རྩོམ་པ་ལ་འཇུག་པའི་བྱ་བ་)ལའང་ཕྱག་བྱ་བ། རྩོམ་པར་དམ་བཅའ་བ། ཇི་ལྟར་རྩོམ་པའི་ཚུལ་ཏེ་དངོས་བསྟན་གྱི་བཤད་ཚུལ་དང་། དགོས་སོགས་ཆོས་ལྔ་བསྟན་པ་ཤུགས་བསྟན་གྱི་བཤད་ཚུལ་ལོ། །

དང་པོ་(ཕྱག་བྱ་བ་)ནི།

བདེ་གཤེགས་ཆོས་ཀྱི་སྐུ་མངའ་སྲས་བཅས་དང་། །
ཕྱག་འོས་ཀུན་ལའང་གུས་པས་ཕྱག་བཙལ་ཏེ། །

ཞེས་གསུངས་ཏེ། དེ་ཡང་ཕྱག་འཚལ་བའི་དགོས་པ་ནི་གཞུང་འདི་བཤད་པའི་དོན་དུ་འཚལ་བས་ན་ཏེ་ཞེས་པ་ལྷག་བཅས་ཀྱི་སྒྲ་དང་འབྲེལ་ལ་དེའི་ཚེ་བཙལ་ཟིན་པའི་དོན་ནོ། །

ཡུལ་ནི། མཛོས་པའམ་ལེགས་པ་དང་། ཡོངས་སུ་རྫོགས་པ་དང་། མཐར་ཐུག་པའི་དོན་གསུམ་ལ་འཇུག་པའི་ཉེར་བསྒྱུར་སུ་ཡིག་དང་། ཡང་ན་འགྲོ་བའམ་གཤེགས་པ་དང་། ཡང་ན་སྤྱངས་རྟོགས་གང་རུང་ལ་འཇུག་པའི་ག་ཏ་སྒྱུར་བ་སུ་ག་ཏ་ཞེས་པ་ནི་དོན་དུ་མ་ལ་འཇུག་སྟེ། སྲིད་པ་ལས་འདས་པར་གཤེགས་པ་ནི་ཕྱི་རོལ་པ་སྲིད་རྩེ་ནས་ཀྱང་སླར་ལྡོག་པ། ཁྱོད་ཀྱི་བསྟན་ལས་ཕྱིར་ཕྱོགས་པའི། །སྐྱེ་བོ་མ་རིག་གིས་ལྡོངས་པ། །སྲིད་རྩེའི་བར་དུ་ཕྱིན་ནས་ཀྱང་། །སྡུག་བསྔལ་ཡང་འབྱུང་སྲིད་པ་གྲུབ། །ཅེས་གསུངས་པ་ལས་ཁྱད་པར་དུ་བྱས་སོ། །ཡང་ན་སླར་མི་ལྡོག་པར་གཤེགས་པ་སྟེ་རྒྱུན་ཞུགས་སྲིད་པ་ལན་བདུན་པ་འདོད་པར་འཁོར་བ་དང་ཕྱིར་མི་འོང་ཁམས་གོང་དུ་འཁོར་བ་ལས་ཁྱད་པར་དུ་བྱེད་དོ། །

ཡང་ན་མཐར་ཐུག་པར་གཤེགས་པ་སྟེ་ཉན་ཐོས་དང་རང་སངས་རྒྱས་སྒྲིབ་པའི་བག་ཉལ་མ་སྤྱངས་པ་ལས་ཁྱད་པར་དུ་བྱེད་དོ། །དེ་བཞིན་དུ་སྤྱངས་པ་ལ་སྒྱུར་བ་གསུམ་དང་རྟོགས་པ་ལ་སྒྱུར་བ་ཡང་གསུམ་མོ། །དེའི་ཕྱིར་བདེ་བར་གཤེགས་པ་ཞེས་བྱ་ལ་དེའི་རང་བཞིན་ནི་ཆོས་ཀྱི་སྐུ་སྟེ་ང་ནི་འཇིག་ཚོགས་ཀྱི་ལུས་སུ་མ་ལྟ་བར་ཆོས་ཀྱི་སྐུར་ལྟོས་ཤིག །ཅེས་གསུངས་སོ། །

བདེ་གཤེགས་ཆོས་ཀྱི་སྐུ་མངའ་བ་དེ་འཐོབ(༧༢ན)པའི་ཆེད་དུ་ཞུགས་པའི་བྱང་ཆུབ་སེམས་དཔའ་རྣམས་ནི་དེའི་སྲས་ཡིན་ཏེ་སངས་རྒྱས་ཀྱི་གདུང་འཚོབ་པའི་ཕྱིར་རོ། །ཆོས་ཀྱི་སྐུ་ཞེས་པའི་ཚིག་གི་ནུས་པ་གཅིག་གིས་ཆོས་དཀོན་མཆོག་ཡང་བསྟན་ཏེ། གང་ཆགས་པ་དང་བྲལ་བའི་འགོག་བདེན་ནི་ཆོས་དཀོན་མཆོག་གི་མཐར་ཐུག་ཡིན་ལ། གནས་སྐབས་ལམ་གྱི་བདེན་པ་རྣམས་ནི་སྲས་བྱང་སེམས་ཀྱི་རྒྱུད་ལ་ལྡན་པའི་ཕྱིར། རྒྱ་དཔེ་ལ། བདེ་གཤེགས་སྲས་བཅས་ཆོས་ཀྱི་སྐུ་མངའ་བ། །ཞེས་སངས་རྒྱས་དང་། དགེ་འདུན་གྱི་ཐུགས་ལ་མངའ་བའི་ཆོས་ཞེས་འགྲེལ་བར་ཤེར་འབྱུང་གིས་བཤད་དོ། །

དེ་ལྟར་ཐེག་ཆེན་གྱི་དཀོན་མཆོག་གསུམ་མམ་སངས་རྒྱས་སྲས་བཅས་དེ་ནི་སངས་རྒྱས་འདོད་པ་རྣམས་ཀྱི་སྐྱབས་ཡུལ་དང་ཕྱག་ཡུལ་གཉི་ག་ཡིན་ལ། ཉན་ཐོས་དང་རང་སངས་རྒྱས་རྣམས་ནི་ལམ་གོལ་བ་སེལ་ལམ་ཆུང་ངུ་ལྟ་བུར་ཞུགས་པའི་ཕྱིར་སངས་རྒྱས་དོན་དུ་གཉེར་བ་རྣམས་ཀྱི་ཕྱག་གི་ཡུལ་ཡིན་ཡང་། སྐྱབས་ཡུལ་ནི་མ་ཡིན་ཏེ་ལམ་མི་མཚུངས་པའི་ཕྱིར། དེས་ན་རེ་ཞིག་ཕྱག་གི་འོས་ཙམ་དུ་གྱུར་པ་དེ་དག་ལ་ཡང་ཕྱག་འཚལ་བའི་དོན་ཏོ། །ཤེར་འབྱུང་གིས་ནི། ཕྱག་འོས་ནི་མཁན་པོ་ལ་སོགས་པ་ལ་བཤད་དོ། །ཕྱག་གི་ངོ་བོ་ནི། སྒོ་གསུམ་འདུད་པ་སྙིང་རྒྱལ་སྤངས་པ་མཚོན་པའི་ཆེད་དོ། །འང་གི་སྒྲས་ནི་ཉན་རང་དེ་དག་སྐྱབས་ཡུལ་མ་ཡིན་ཡང་ཞེས་མཚོན་པར་བྱེད་དོ། །དེ་ལྟར་ཐོག་མར་ཡུལ་མཆོག་ལ་གུས་པའི་ཕྱག་བྱས་པས་གཞན་དད་པ་ལ་སྦྱོར། ང་རྒྱལ་སྤངས་པས་དམ་པར་མཚོན་ནུས། བསོད་ནམས་ཀྱི་ལས་དེས་བརྩམས་པ་མཐར་ཕྱིན་པར་འགྱུར་བའོ། །

གཉིས་པ་(རྩོམ་པར་དམ་བཅའ་བ་)ནི། ཏེ་ཞེས་ལྷག་མ་འདྲེན་པའི་ཚིག་བརྗོད་ནས་ཕྱག་བཙལ་ཏེ་ཅི་བྱེད་ཅེས་པའི་དོན་ནོ། །ལན་ནི།

བདེ་གཤེགས་སྲས་ཀྱི་སྡོམ་ལ་འཇུག་པ་ནི། །
ལུང་བཞིན་མདོར་བསྡུས་ནས་ནི་བསྟན་པར་བྱ།[༧] །

ཞེས་པ་སྟེ། བདེ་གཤེགས་སྲས་ཀྱི་སྡོམ་ལ་(༧༢ན)འཇུག་པ་ཞེས་པས་བརྗོད་བྱ་དང་དགོས་པ་དོན་ཆེན་པོ་ཅན་དུ་ཤེས་པར་འགྱུར་ལ། ལུང་བཞིན་ཞེས་པས་རང་གཟོ་མ་ཡིན་པ་དང་། མདོར་བསྡུས་པའི་ཚིག་གིས་ལུང་ཉིད་བཟློས་ཏེ་བརྗོད་པ་ཡང་མ་ཡིན་པར་རྒྱ་ཆེན་པོ་མདོར་བསྡུས། དོན་ཁོངས་ན་གནས་པའི་དཀའ་བའི་གནས་བཀྲོལ། འཁྲུགས་པ་གོ་རིམ་དུ་བསྒྲིབས་ཏེ་མན་ངག་ཏུ་བསྡུས་ནས་བསྟན་པར་བྱའོ། །དེ་ལྟར་སྟོན་པར་ཡང་ནུས་ཏེ། བདག་ཀྱང་འཇམ་དབྱངས་བཀའ་དྲིན་གྱིས། །ཞེས་དང་། གང་གི་དྲིན་གྱིས་དགེ་བློ་འབྱུང་། །ཞེས་དེ་ཐམས་ཅད་དགེ་བའི་

བཤེས་གཉེན་འཛམ་པའི་དབྱངས་ཀྱི་བཀའ་དྲིན་དུ་བཞེད་པའི་ཕྱིར་རོ། །

གསུམ་པ་(ཇི་ལྟར་རྩོམ་པའི་ཚུལ་ཏེ་དགོས་བསྟན་གྱི་བཤད་ཚུལ་)ནི།

སྔོན་ཆད་མ་བྱུང་བ་ཡང་འདིར་བརྗོད་མེད། །
སྡེབ་སྦྱོར་མཁས་པའང་བདག་ལ་ཡོད་མིན་ཏེ། །
དེ་ཕྱིར་གཞན་དོན་བདག་གིས་འདི་མ་བྱས། །
རང་གི་ཡིད་ལ་སྒོམ་ཕྱིར་ངས་འདི་བརྩམས། [༢] །
དགེ་བ་བསྒོམས་ཕྱིར་བདག་གི་དད་པའི་ཤུགས། །
འདི་དག་གིས་ཀྱང་རེ་ཞིག་འཕེལ་འགྱུར་ལ། །
བདག་དང་སྐལ་བ་མཉམ་པ་གཞན་གྱིས་ཀྱང་། །
ཅི་སྟེ་འདི་དག་མཐོང་ན་དོན་ཡོད་འགྱུར། [༣] །

ཞེས་གསུངས་ཏེ། ཅི་ཁྱེད་ཅག་སྔོན་མ་གྲགས་པ་ཐོན་ཞིག་ཅེས་ཟེར་ན། སྔོན་ཆད་གཏན་མ་གྲགས་པ་སངས་རྒྱས་ཀྱིས་མ་གསུངས་པ་དེ་ལྟ་བུ་ནི་གདོན་པར་ག་ལ་ནུས་ཞེས་ཁུང་ཟད་བསྐྱིང་བར་མཛད་ནས། སངས་རྒྱས་ཀྱི་བཀའི་རྗེས་སུ་འཇུག་པ་ཞིག་གདོན་པར་དགོ་བ་ཡིན་མོད་ཀྱང་། རྟོག་གེ་ལ་ཆགས་པའི་མཁས་པ་ཕལ་ཆེར་ནི་སྒྲ་དང་མངོན་བརྗོད་དང་ལྡེ་ཡང་གི་སྡེབ་སྦྱོར་དང་། ཚིག་དོན་གྱི་རྒྱན་སྣན་པས་མིང་ཚིག་ཡི་གེ་ཕུན་སུམ་ཚོགས་པ་ཙམ་ཞིག་ལྷུར་བྱེད་ཀྱི་གང་དེའི་བསྟན་བྱ་དེ་བྱང་གྲོལ་གྱི་རྒྱུ་ཡིན་མིན་དཔྱོད་པར་མི་བྱེད་ལ། རྟོག་གེའི་ཚིག་མཛེས་པ་ཙམ་དེ་དག་ནི་འཆི་བ་དང་འདོད་པའི་བསྟན་བཅོས་ཐམས་ཅད་ལ་ཡང་ཡོད་ལ། གཙང་བ་དང་མི་གཙང་བ་གང་ཡང་བླུགས་སུ་རུང་བ་སྣོད་སྟོང་པ་ལྟ་བུའི་སྡེབ་སྦྱོར་ལ་སོགས་པ་དེ་དག་ལ་སྙིང་པོ་མེད་དེ། དྲུག་ཅུ་པའི་འབྲས་(༧༣ན) ཅན་བྲིའུ་ཆུང་གང་ལ་སྡེབ་སྦྱོར་ཕུན་སུམ་ཚོགས་པའི་ཚིག་གིས་དྲངས་པ་དང་བ་ལང་རྫིའི་ཚིག་གིས་དྲངས་པ་གཉིས་ཁ་དོག་དང་རོ་ནུས་བཟང་ངན་དུ་མ་མཐོང་

བའི་ཕྱིར། དེ་ལྟར་མང་པོ་དགའ་བའི་སྟེང་སྦྱོར་སོགས་དེ་དག་ནི་བདག་གིས་མི་ཤེས་སོ། །ཞེས་ཁེངས་པ་སྐྱུང་བའི་ཚུལ་གྱིས་དེ་དག་ལ་སྙིང་པོ་མེད་པར་བསྟན་ནས། བདག་ནི་དོན་ཕུན་སུམ་ཚོགས་པ་སངས་རྒྱས་ཀྱི་ལམ་མ་ནོར་ཞིང་ཚང་བ་ཞིག་གོ་སླ་བ་ཕོ་ནའི་ངག་གིས་བརྗོད་པར་བྱེད་ལ།

དེའི་ཚེ་ཚིག་གི་སྦྱོར་བ་ལྷུར་བྱེད་པ་དག་སྟེང་སྦྱོར་དང་སྒྲ་བཟང་པོ་མེད་དོ་ཞེས་མི་འཇུག་ཅིང་། མང་དུ་ཐོས་པ་མངོན་པའི་ང་རྒྱལ་དང་ལྡན་པ་དག་བདག་ནི་ཁྱོད་ཀྱི་བསྟན་བཅོས་ལ་མི་རེའོ་ཞེས་ཁེངས་པས་མི་འདུད་པ་སྲིད་ལ། མ་དད་པ་ཆོས་ཀྱི་སྣོད་མིན་པ་སྟོན་པའི་ཕྱིར་འཁོར་དེ་ཕལ་ཆེར་ཡང་ཧྲུ་སུ་ཀུ་ཞེས་སློབ་དཔོན་ལ་བརྙས་པར་བྱེད་པས་ཁྱེད་ཅག་བདག་གི་ཆོས་ལ་མི་འཇུག་གོ་ཞེས་སྟོན་པའི་ཕྱིར། དེ་ཕྱིར་གཞན་དོན་བདག་གིས་འདི་མ་བྱས། །ཞེས་ཁྱེད་རྣམས་ཀྱི་དོན་དུ་འདི་བྱེད་པ་མ་ཡིན་ཏེ་སྣོད་མ་ཡིན་པའི་མཚན་ཉིད་མཐོང་བའི་ཕྱིར། འོན་ཀྱང་ཁྱེད་རྣམས་ཀྱིས་བསྐུལ་བའི་རྐྱེན་ཙམ་ལས་གཙོ་བོར་རང་གི་རྒྱུད་འདུལ་ཞིང་གོམས་པ་གོང་དུ་¦དཔེལ་¦(འཕེལ་)བའི་ཆེད་དུ་རྩོམ་ལ། རྒྱུ་དེས་བདག་ཉིད་ཀྱི་དད་པའི་ཤུགས་གོང་ནས་གོང་དུ་རྒྱས་པ་རང་དོན་གྱི་ཡོན་ཏན་འབྱུང་ལ། གཞན་དོན་དུའང་མི་འགྱུར་བ་ནི་མ་ཡིན་ཏེ། འཁོར་གྱི་ཚོགས་འདི་ལས་ཀྱང་སེམས་ནི་སློ་བུར་བ་ཡིན་པའི་ཕྱིར་ཆོས་ཀྱི་གཏམ་འདིས་དད་པའི་དབང་པོ་གསོས་ཐེབས་པ་ཡང་འབྱུང་སྲིད་པ་དང་། བདག་ལས་སྐལ་བ་མཆོག་རྣམས་འདི་ལ་མི་ལྟོས་མོད་ཀྱང་ད་ལྟར་དང་མ་འོངས་པ་ན་ཡང་ཉུང་སྙེ་བདག་དང་སྐལ་བ་མཚུངས་པའམ་དམན་པ་དག་གིས་ཀྱང་ཉུང་སྙེ་བསྟན་བཅོས་འདི་ལྟ་བུ་དག་མཐོང་བ་ན་ཡང་དག་པའི་ལམ་ལ་འཇུག་པ་སྲིད་པས་དོན་ཆེན་པོར་འགྱུར་བའི་ཕྱིར་དང་། སྤྱིར། རྩོམ་པ་ཐམས་ཅད་དགའ་ཕྱིར་ཏེ། །ཞེས་(7༣བ)འཆད་པར་འགྱུར་བ་ལྟར་སེམས་ཅན་ཐམས་ཅད་ཀྱི་གཏན་དོན་དུ་མ་དམིགས་པའི་དགེ་བ་ནི་བྱང་ཆུབ་སེམས་

དཔའ་མཆོག་ལ་མེད་པའི་ཕྱིར་རོ། །ཞེས་དགོངས་པ་ཡིན་ནོ། །

དེ་ལྟར་ཁེངས་པ་སྐྱུངས་པས་རྟོམ་པ་པོས་ཐམས་ཅད་མཁྱེན་པར་ཁས་མ་བླངས་པའི་ཕྱིར་རྐོལ་བ་ཉུང་བར་འགྱུར་བ་དང་། རྟོམ་པ་པོར་ང་རྒྱལ་མེད་པར་མཐོང་ནས་སེམས་དང་ཞིང་བསྟན་བཅོས་ལ་འཇུག་པར་འགྱུར་བ་དང་། བརྒལ་ལན་བྱེད་པ་ནའང་འདིས་དེ་ཙམ་གྱི་མཁས་པར་ཁས་བླངས་སོ། །ཞེས་སུན་ཅི་ཕྱིན་གྱིས་མི་རྐོལ་བའི་དགོས་པའང་འབྱུང་ངོ་། །

བོད་ཕྱི་རབས་འདི་ན་ནི་ང་རྒྱལ་གྱི་བསླེམས་པ་སྙིང་གི་ཤུན་པར་མི་ཚུད་པ་འཆང་བཞིན་དུ་སྟོན་གཞན་གྱིས་བྱས་པ་མཐོང་བའི་རྟགས་ཀྱིས་ཁེངས་བསྐྱུང་འབྲི་བ་མང་དུ་མཐོང་མོད་ཀྱི་དེ་དག་ནི་ཆོས་ལ་ཡང་དབང་ཟ་ཞིང་ལས་འབྲས་ལ་ཅིར་ཡང་མི་རྩི་བར་སྣང་བས་སྨྲར་ཅི་ཡོད། སྐྱེས་བུ་དམ་པ་འདི་དག་གིས་ཁེངས་བསྐྱུང་བ་ནི་རང་གི་ང་རྒྱལ་སྤངས་པའི་གཟིགས་ངོ་ནས་ཐེ་སྐད་གསུང་བ་དེ་ཁོ་ན་ལྟར་གཟིགས་ཤིང་གཟིགས་པ་ལྟར་གསུང་བས་ང་རྒྱལ་གྱིས་སེང་གེར་རྫོམ་བཞིན་ཁེངས་བསྐྱུང་གི་ཕ་སྐད་འབྱིན་པ་དེ་ལྟ་མ་ཡིན་ནོ། །འདིར་མཚོ་སྣ་པ་ཆེན་པོའི་དགའ་འགྲེལ་ལེགས་བཤད་བསྡུས་པར། གལ་ཏེ་ཁེངས་བསྐྱུང་འདི་ཐལ་ཆེས་ཏེ་གཞན་དོན་གྱི་བསམ་པ་མེད་ན། བདག་དང་སྐལ་བ་མཉམ་པ་གཞན་གྱིས་ཀྱང་། །ཞེས་པ་དང་འགལ། སྐབས་ཀྱི་བརྗོད་བྱ་དང་ཡང་འགལ་ཏེ། གཙོ་ཆེར་གཞན་གྱི་དོན་བསམ་མོ། །ཞེས་འཆད་པའི་ཕྱིར་ཞེ་ན། བརྒྱུད་ནས་གཞན་དོན་གྱི་བསམ་པ་ཡོད་ཀྱང་དངོས་སུ་གཞན་དོན་གྱི་བསམ་པ་མེད་ཅེས་གསུངས་པའོ། །དངོས་སུ་ཡང་གཞན་དོན་གྱི་བསམ་པ་ཞར་བྱུང་གིས་ནི་ཡོང་སྟེ། བདག་དང་སྐལ་མཉམ་གཞན་ལ་ཕན་འདོད་པའོ། །

གཉིས་པ་རང་ལ་ཕན་པ་གཙོ་བོ་ཡིན་པ་ནི། རང་གི་ཡིད་ལ་སྒོམ་ཕྱིར་ཞེས་སོ། །འོ་ན། ད་དུང་བདག་ལ་རང་གི་དོན། །ཡོད་སྙམ་སེམས་(༧༤ན)པ་དེ་བོར་

ཞིག །ཅེས་གསུངས་པ་དང་འགལ་ལོ་ཞེ་ན། མི་འགལ་ཏེ་དངོས་སུ་རང་རྒྱུད་ལ་སྨོན་ཕྱིར་བརྩམས་ཀྱང་བརྒྱུད་ནས་གཞན་དོན་འགྲུབ་པའི་ཆེད་དུ་སྨོན་པའི་ཕྱིར། ཞེས་སོགས་གསུངས་མོད་ཀྱང་འདི་ནི་སྔ་མ་ལྟར་བཤད་ན་ལེགས་ཀྱི། གཞན་དོན་དུ་མ་བྱས་ཞེས་པ་སེམས་ཅན་གྱི་དོན་དུ་སངས་རྒྱས་འཐོབ་ཕྱིར་མ་བྱས་ཞེས་དང་། རང་དོན་དུ་བྱས་ཞེས་པ་རང་ཉིད་གཅིག་པུ་ཞི་བདེའི་དོན་དུ་བྱས་དགོས་ཞེས་པར་འབྲུ་གཉེར་བའི་དོགས་སློང་ག་ལ་དགོས། བརྒྱུད་ནས་གཞན་དོན་གྱི་བསམ་པ་ད་ལྟ་ཡོད་ན་དེ་ཉིད་ད་ལྟ་དངོས་སུ་ཡོད་པ་ཡང་ཡིན་ལ། གཞན་དོན་གྱི་བསམ་པ་ཞར་བྱུང་གིས་ད་ལྟ་ཡོད་ན་ཡང་གཞན་དོན་གྱི་བསམ་པ་ད་ལྟ་ཡོད་པར་ཁས་ལེན་དགོས་པའི་ཕྱིར་རོ། །

མདོར་ན་བསྟན་བཅོས་འདི་ནི་བཤད་པ་དང་ཐོས་རྩོད་ལྟར་སློང་བའི་ཕྱིར་མ་ཡིན་གྱི་རྩེ་གཅིག་ཏུ་བདག་གཞན་གྱི་རྒྱུད་ལ་བསྒྲུབ་པར་བྱ་བའི་ཆེད་དུའོ་ཞེས་ཤེས་པར་བྱ་བའི་ཆེད་དོ། །

བཞི་པ་(དགོས་སོགས་ཆོས་ལྔ་བསྟན་པ་ཤུགས་བསྟན་གྱི་བཤད་ཚུལ་)ནི། གང་བདེ་བར་གཤེགས་པའི་སྲས་ཀྱི་སྡོམ་པ་ནི་འདིར་བརྗོད་བྱ་ཡིན་ལ། དེ་ལ་འཇུག་པའི་བསྟན་བཅོས་འདི་ནི་རྗོད་བྱེད་དོ། །རྗོད་བྱེད་འདི་ཁོང་དུ་ཆུད་པ་ན་བྱང་སྡོམ་དེའི་མ་ཐོབ་པ་འཐོབ་བྱེད། ཐོབ་པ་སྲུང་ཚུལ། ཉམས་ན་ཕྱིར་བཅོས་རྣམས་ཤེས་པས་ཚུལ་བཞིན་དུ་སྲུང་ཞིང་བྱང་ཆུབ་སེམས་དཔའི་སྤྱོད་པ་དག་པར་འགྱུར་བ་ནི་དགོས་པའོ། །དེ་ལས་ཆོས་ཀྱི་སྐུ་མངའ་བའི་བདེ་བར་གཤེགས་པ་འཐོབ་པ་ནི་དགོས་པའི་དགོས་པའམ་ཉིང་དགོས་ཡིན་ལ། བྱང་ཆུབ་འཐོབ་པ་དེ་ནི་བསམ་སྦྱོར་དག་པ་ལ་ལྟོས། དེ་ནི་བསྟན་བཅོས་འདི་ལྟ་བུ་ལ་ལྟོས། དེ་ནི་བརྗོད་བྱ་བྱང་སྡོམ་ལ་ལྟོས་པས་མེད་ན་མི་འབྱུང་གི་གོ་རིམ་དུ་གནས་པ་ནི་འབྲེལ་པ་སྟེ་དགོས་སོགས་ཆོས་ལྔ་དང་ལྡན་པར་མཐོང་བས་དཔྱོད་ལྡན་འཇུག་པའི་སྤོར་འགྱུར་ལ། བསྟན་བཅོས་

ལུས་ཀྱི་དབང་དུ་བྱེད་ན། ཀུན་རྫོབ་དོན་དམ་གྱི་བྱང་ཆུབ་(༧༤ཁ)ཀྱི་སེམས་བརྗོད་བྱ། དེ་དག་པར་བྱེད་པ་ཕ་རོལ་ཏུ་ཕྱིན་པའི་ཚུལ་རྣམས་རྗོད་བྱེད། ཆོས་གཟུགས་ཀྱི་སྐུ་ཐོབ་པ་དགོས་པ། བསྔོ་བས་བསྟན་པ་སེམས་ཅན་ཐམས་ཅད་ཀྱི་ཕན་བདེའི་གཞིར་འགྱུར་བ་ཉིད་དགོས་དང་། འབྲེལ་པ་ཤུགས་ཀྱིས་ཐོབ་ལ། ཡང་མཆོད་བརྗོད་ཀྱི་ཚིགས་བཅད་དང་པོས་བརྗོད་བྱ་དང་རྗོད་བྱེད་གཙོ་བོར་བསྟན་ནས་ཕྱི་མ་གཉིས་ཀྱིས་དགོས་ཉིད་དགོས་བསྟན་ཏོ། །ཞེས་རྒྱ་བོད་ཁ་ཅིག་འཆད་དོ། །

གཉིས་པ་བསྟན་བཅོས་དངོས་ལ། ལམ་གྱི་རྟེན་དལ་འབྱོར་བཤད་པ། ལམ་གྱི་དངོས་གཞི་བྱང་ཆུབ་ཀྱི་སེམས་བཤད་པ། འབྲས་བུ་སྐུ་གཉིས་ཞར་ལ་བསྟན་པའོ། །

དང་པོ་(ལམ་གྱི་རྟེན་དལ་འབྱོར་བཤད་པ་)ལ་གཉིས། ལུས་རྟེན་དལ་འབྱོར་རྙེད་དཀའ་བ་དང་། གནས་ལ་དད་པའི་དགེ་བློ་ཁྱད་པར་དུ་རྙེད་དཀའ་བར་བསྟན་པའོ། །

དང་པོ་(ལུས་རྟེན་དལ་འབྱོར་རྙེད་དཀའ་བ་)ནི།

དལ་འབྱོར་འདི་ནི་རྙེད་པར་ཤིན་ཏུ་དཀའ། །
སྐྱེས་བུའི་དོན་སྒྲུབ་ཐོབ་པར་གྱུར་པ་ལ། །
གལ་ཏེ་འདི་ལ་ཕན་པ་མ་བསྒྲུབས་ན། །
ཕྱི་ནས་ཡང་དག་འབྱོར་བར་ག་ལ་འགྱུར། ˇ །

ཞེས་གསུངས་ཏེ། དམྱལ་བ་ཡི་དྭགས་དུད་འགྲོ་དང་། །ཀླ་ཀློ་ཚེ་རིང་ལྷ་དང་ནི། །ལོག་ལྟ་སངས་རྒྱས་ཀྱིས་སྟོང་བ། །ལྐུགས་པ་འདི་དག་མི་ཁོམ་བརྒྱད། །དེ་དེར་མ་སྐྱེས་པས་ཆོས་བྱར་ཁོམ་པའི་ཕྱིར་དལ་བའོ། །མི་ཉིད་དབུས་སྐྱེས་དབང་པོ་ཚང་། །ལས་མཐའ་མ་ལོག་གནས་ལ་དད། །ཅེས་པ་རང་གི་འབྱོར་པ་ལྔ་དང་། སངས་རྒྱས་བྱོན་དང་དེས་ཆོས་གསུངས། །བསྟན་པ་གནས་དང་དེའི་རྗེས་འཇུག །གཞན་ཕྱིར་སྙིང་ནི་བརྩེ་བའོ། །ཞེས་གཞན་འབྱོར་ལྔའོ། །གང་གིས་རྙེད་པར་དཀའ་ན་མི་ཁོམ་པར་སྐྱེས་པ་རྣམས་ཀྱིས་སོ། །ཇི་ལྟར་ན་མདོ་ལས་ས་ཆེན་

པོ་དང་སེན་མོའི་སྙིང་གི་སའི་དཔེ་མཛད་པ་དང་། རྒྱ་མཚོ་ཆེར་གཡེངས་གཉའ་ཤིང་གི། །ཞེས་འཆད་པར་ཡང་འགྱུར་ལ། རྒྱལ་པོ་ཆེན་པོ་དལ་བ་ཕུན་སུམ་ཚོགས་པ་ཡང་རྙེད་པར་དཀའ། ཞེས་སོགས་གསུངས་སོ། །(75ན)དེས་ན་ལྷ་ལས་རྣམ་པ་དུ་མས་ལྷག་པའི་ལུས་རྟེན་འདི་ཐོབ་ནས་དོན་མེད་དུ་མི་འགྱུར་བར་རང་གིས་འབད་པར་བྱའོ། །

གཉིས་པ་(གནས་ལ་དད་པའི་དགེ་བློ་ཁྱད་པར་དུ་རྙེད་དཀའ་བར་བསྟན་པ་)ནི།

ཇི་ལྟར་མཚན་མོ་མུན་ནག་སྤྲིན་རུམ་ནང་། །
གློག་འགྱུ་སྐད་ཅིག་བར་སྣང་སྟོན་པ་ལྟར། །
དེ་བཞིན་སངས་རྒྱས་མཐུ་ཡིས་བརྒྱ་ལམ་ན། །
འཇིག་རྟེན་བསོད་ནམས་བློ་གྲོས་ཐང་འགའ་འབྱུང་། ༥།
དེ་ལྟས་དགེ་བ་ཉམ་ཆུང་འདི་ལ་བརྟག །

ཅེས་གསུངས་ཏེ། དེ་ལས་རང་འཁོར་ལྔའི་ནང་ཚན་གནས་ལ་དད་པའི་དགེ་བའི་བློ་ཁྱད་པར་ཅན་དེ་ནི་བརྒྱ་ལམ་ན་ལན་རེ་འབྱུང་བར་ཟད་དེ། ཇི་ལྟར་མཚན་མོ་གློག་གི་འོད་ནི་བརྒྱ་ལམ་ན་འབྱུང་ཞིང་ཡུད་ཙམ་སྣང་བར་བྱེད་ཀྱི་རིང་དུ་མ་ཡིན་པ་བཞིན་ཡིན་ལ། དེ་ཡང་རྒྱུ་རྐྱེན་ཆུང་ངུའམ་སྟེས་དབང་ཙམ་གྱིས་སྐྱེ་བ་མ་ཡིན་ཏེ། སངས་རྒྱས་བཅོམ་ལྡན་འདས་རྣམས་ཀྱི་བྱིན་རླབས་དང་རང་གི་ཁམས་ཀྱི་ནུས་པ་དང་དགེ་བའི་རྒྱུ་རྐྱེན་མང་པོ་འདུས་པ་ལས་སྐྱེ་བ་སྟེ།

དཀའ་འགྲེལ་ཆེན་མོར། སངས་རྒྱས་བཅོམ་ལྡན་འདས་ཉིད་ཕན་པ་དང་བདེ་བ་ལ་སྦྱོར་བའི་ཕྱིར་སྐལ་བ་ཅན་དང་སྐལ་བ་ཅན་མ་ཡིན་པའི་སེམས་ཅན་གྱི་རྒྱུད་ལ་གཟིགས་ཤིང་རྟག་ཏུ་བཞུགས་ཏེ་གང་གི་ཚེ་གང་དུ་ཐབས་གང་གིས་གང་ལ་སྐལ་བ་དང་ལྡན་པ་གང་ཡིན་པ་ལ་གཟིགས་ནས་དེའི་ཚེ་དེར་ཐབས་དེ་དང་དེ་བྱིན་གྱིས་རློབ་པར་མཛད་ཅིང་། སྐལ་བ་དང་མི་ལྡན་པའི་གནས་སྐབས་སུ་བཏང་

སློམས་ཀྱིས་བཞུགས་སོ། །

དེ་ལྟར་ན་དེ་བཞིན་གཤེགས་པའི་བྱིན་གྱིས་བརླབས་ཀྱིས་ཅི་ཞིག་ལྟར་ན་རྙེད་པར་དཀའ་བ་རྙེད་པ་འབྱུང་བའི་ཕྱིར་འཇིག་རྟེན་ཏེ་སྐྱེ་བོའི་བསོད་ནམས་ཕན་པ་དང་བདེ་བའི་རྒྱུ་དགེ་བའི་ལས་རྣམས་ལ་བློ་གྲོས་ཡུད་ཙམ་ཞིག་འབྱུང་སྟེ་དེ་ནི་དེར་མི་བརྟན་པའི་ཕྱིར་དང་འཁོར་བ་ཐོག་མ་མེད་པར་འཇིག་རྟེན་གྱི་མི་དགེ་བའི་ཕྱོགས་ཉིད་ལ་གོམས་པའི་ཕྱིར་རོ་ཞེས་བྱུང་ངོ་། །དེ་ལྟ་བས་ན་དགེ་བའི་བློ་སྐྱེ་བར་དཀའ་ཞིང་འཇིག་པར་སླ་བས་ཉམ་ཆུང་ལ་ཕན་ཡོན་ཆེན་པོ་ཅན་མུན་ནག་གི་སློག་ལས་ཀྱང་ཆེས་བྱེ་བ་ཕྲག་མང་པོར་དཀོན་པ་(༧༥བ)བདག་ཅག་བྱིས་པ་རྣམས་ལ་ཡང་ཡུད་ལན་རེ་ཙམ་འབྱུང་བ་གང་ཡིན་པ་འདི་ནི་ཤིན་ཏུ་སྐྱོང་ཞིང་སྲུང་བ་ལ་ནན་ཏན་བྱ་སྟེ། འདིའི་ཆེད་དུ་ལུས་དང་སྲོག་འདོར་བར་བྱའི་ལུས་སྲོག་གི་ཆེད་དུ་ནི་འདི་བཏང་བར་མི་བྱའོ། །

ཇི་ལྟར་མི་བཏང་ཞེ་ན། ལུས་དང་སེམས་ཀྱི་གནས་སྐབས་ལ་བརྟག་པ་དང་སེམས་སྲུང་བ་རྒྱས་པར་འཆད་པ་རྣམས་ཏེ་སྐྱེ་བར་དཀའ་བའི་དགེ་བ་བྱང་ཆུབ་ཀྱི་སེམས་མི་ཉམས་པར་སྲུང་བ་འདིས་ནི་སྤྱོད་པ་ལ་འཇུག་པའི་གཞུང་འདི་ཚར་ཕྱིན་པ་ཡིན་ནོ། །(༧༦ན)

གཉིས་པ་ལམ་གྱི་དངོས་གཞི་བྱང་ཆུབ་ཀྱི་སེམས་སྒོམ་པ་ལ་གཉིས། སྤྱིའི་དོན་གྱིས་གོ་བར་བྱ་བ་དང་། གཞུང་གི་དོན་གོ་རིམ་དུ་བསྟན་པའོ། །

དང་པོ་(སྤྱིའི་དོན་གྱིས་གོ་བར་བྱ་བ་)ནི།

བྱང་ཆུབ་སེམས་དེ་བཤད་པར་བྱ། །
རྒྱུ་དང་ངོ་བོ་དབྱེ་བ་དང་། །
ཚ་ག་བསླབ་བྱ་ཕན་ཡོན་དང་། །
ཉམས་པའི་ཉེས་དམིགས་ཕྱིར་བཅོས་སོ། །

ཞེས་དོན་བརྒྱད་ལས།

(དང་པོ་)སྐྱེ་བའི་རྒྱུ་ནི། རྒྱལ་བས་བྱིན་བརླབས་རིགས་སད་དང་། །དད་དང་སྙིང་སྟོབས་ཕུན་ཚོགས་ལྡན། །བྱང་ཆུབ་སེམས་རབ་སྐྱེ་བའི་རྒྱུ། །ཁྱད་པར་བྱམས་བརྩེ་བསྒོམས་པས་སྐྱེ། །ཞེས་བྱ་སྟེ། སངས་རྒྱས་ཀྱི་བྱིན་རླབས་ཀྱི་མཐུས་སྐྱེ་སྟེ་སངས་རྒྱས་འཇིག་རྟེན་དུ་བྱུང་བ་ན། སེམས་ཅན་རྣམས་རང་རང་གི་དགེ་བའི་རྩ་བ་སད་པར་འགྱུར་བའི་ཕྱིར། རིགས་སད་པ་ལས་སྐྱེ་སྟེ། **རྒྱན་ལས།** ཡོན་ཏན་ཤིན་ཏུ་རྒྱ་ཆེན་བྱང་ཆུབ་ཤིང་བསྐྱེད་ཕྱིར། །བདེ་དང་སྡུག་བསྔལ་ཆེན་པོ་ཞི་བ་འཐོབ་བྱའི་ཕྱིར། །བདག་དང་གཞན་ལ་ཕན་བདེ་བྱེད་པ་འབྲས་བུའི་ཕྱིར། །རིགས་མཆོག་དེ་ནི་རྩ་བ་བཟང་པོ་ལྟ་བུ་ཡིན། །ཞེས་སོ། །དད་པ་ལས་སྐྱེ་སྟེ་**མདོ་ལས།** རྒྱལ་དང་རྒྱལ་བའི་ཆོས་ལ་གང་དད་ཅིང་། །རྒྱལ་སྲས་རྣམས་ཀྱི་སྤྱོད་ལ་དད་བྱེད་པ། །བྱང་ཆུབ་བླ་ན་མེད་ལ་དད་གྱུར་ནས། །སྐྱེས་བུ་དམ་པ་རྣམས་ཀྱི་སེམས་སྐྱེའོ། །ཞེས་དང་། **བསླབ་བཏུས་ལས།** སྡུག་བསྔལ་མཐར་འབྱིན་འདོད་པ་དང་། །བདེ་བའི་མཐར་ཡང་ཕྱིན་འདོད་པས། །དད་པའི་རྩ་བ་བརྟན་བྱ་སྟེ། །བྱང་ཆུབ་ལ་ཡང་བློ་བརྟན་བྱ། །ཞེས་སོ། **།ཆོས་བཅུ་པའི་མདོ་ལས།** རྒྱུ་བཞིས་སྐྱེ་བར་གསུངས་ཏེ། སེམས་དེ་ཉིད་ཀྱི་ཕན་ཡོན་མཐོང་བ་དང་། དེ་བཞིན་གཤེགས་པ་ལ་དད་པ་དང་། སེམས་ཅན་གྱི་སྡུག་བསྔལ་མཐོང་བ་དང་། དགེ་བའི་བཤེས་གཉེན་གྱིས་ཡང་དག་པར་བསྐུལ་བའོ་ཞེས་སོ། **།བྱང་ས་ལས་**ཀྱང་རྒྱུ་བཞིར་གསུངས་ཏེ། རིགས་ཕུན་སུམ་ཚོགས་པ་ནི་བྱང་ཆུབ་སེམས་དཔའི་སེམས་སྐྱེ(༧༨བ)བའི་རྒྱུ་དང་པོའོ། །སངས་རྒྱས་དང་བྱང་ཆུབ་སེམས་དཔའ་དང་དགེ་བའི་བཤེས་གཉེན་གྱིས་ཡོངས་སུ་ཟིན་པ་ནི་གཉིས་པའོ། །སེམས་ཅན་རྣམས་ལ་སྙིང་རྗེ་བ་ནི་གསུམ་པའོ། །འཁོར་བའི་སྡུག་བསྔལ་དང་དཀའ་བ་སྤྱོད་པའི་སྡུག་བསྔལ་ཡུན་རིང་བ་སྣ་ཚོགས་པ་དྲག་པོ་བར་ཆད་མེད་པས་ཀྱང་མི་འཇིགས་པ་འདི་ནི་བྱང་ཆུབ་སེམས་དཔའི་སེམས་སྐྱེ་བའི་རྒྱུ་

བཞི་པའོ། །ཞེས་སོ། །

ཁྱད་པར་དུ་ཀུན་རྫོབ་བྱང་ཆུབ་ཀྱི་སེམས་ནི་གྲོགས་ཐེག་ཆེན་པ་དང་འགྲོགས་པའི་རྒྱུ་དང་། རྒྱུ་རང་བཞིན་གྱིས་ཐེག་ཆེན་དུ་རིགས་ངེས་པ་དང་། དགེ་རྩས་རྒྱས་འགྱུར་གྱི་རིགས་འཕེལ་བ་དང་། ཐེག་ཆེན་གྱི་ཆོས་ཐོས་པ་དང་། དགེ་བ་མང་དུ་བྱས་པས་རྒྱུད་ཀྱི་བསོད་ནམས་འཕེལ་བ་ལས་བདག་རྒྱུད་ལ་ངང་གིས་སྐྱེས་པའམ། ཡང་ན་གཞན་གྱིས་བདག་ལ་བསྟན་པའི་སྒོ་གསུམ་གྱི་རྣམ་པར་རིག་བྱེད་ལས་སྡོམ་པ་བླངས་པའི་ཚུལ་གྱིས་སྐྱེ་བ་རྣམས་ཡིན་ལ། དེ་རྣམས་ཀྱི་ནང་ནས་གྲོགས་སྟོབས་ལས་སྐྱེ་བ་ནི་ཕྱིར་མི་བརྟན་པ་ཤས་ཆེ་ལ་རྒྱུའི་སྟོབས་ལ་སོགས་པས་སྐྱེ་བ་ནི་བརྟན་ཞིང་མི་ལྡོག་པ་སྟེ། གྲོགས་སྟོབས་རྒྱུའི་སྟོབས་རྩ་བའི་སྟོབས། །ཐོས་སྟོབས་དགེ་བ་གོམས་པ་ལས། །མི་བརྟན་པ་དང་བརྟན་འབྱུང་བ། །གཞན་གྱིས་བསྟན་པའི་སེམས་བསྐྱེད་བཤད། །ཅེས་སོ། །འདིར་གྲོགས་སྟོབས་ཞེས་པ་དགེ་བའི་བཤེས་གཉེན་གྱི་དོན་དུ་གཞན་གྱིས་འཆད་ཀྱང་ཐེག་ཆེན་གྱི་རྩ་བ་དགེ་བའི་བཤེས་གཉེན་ཡིན་པས་དེ་ལས་སྐྱེས་པ་ནི་ཤིན་ཏུ་བརྟན་པ་ཡིན་ལ། འདི་ནི་གང་ཟག་མ་ངེས་པའི་རིགས་ཅན་ཉན་ཐོས་དང་རང་སངས་རྒྱས་དང་ཐེག་ཆེན་གང་གི་མདོ་སྡེ་ཐོས་པའམ། གྲོགས་དང་འགྲོགས་པས་དེའི་དབང་དུ་འགྱུར་བ་ཡོད་པས་དེ་ལ་དགོངས་པ་ཡིན་ནོ། །

ཁྱད་པར་དོན་དམ་བྱང་སེམས་ཀྱི་རྒྱུ་ནི་སངས་རྒྱས་མཉེས་པར་བྱས་པ་དང་ཚོགས་གཉིས་བསགས་པ་སྟེ། རྫོགས་པའི་སངས་རྒྱས་རབ་མཉེས་བྱས། །བསོད་ནམས་ཡེ་ཤེས་(༡༧ན)ཚོགས་རབ་བསགས། །ཆོས་ལ་མི་རྟོག་ཡེ་ཤེས་ནི། །སྐྱེས་ཕྱིར་དེ་ནི་དམ་པར་འདོད། །ཅེས་སོ། །ཁྱད་པར་དུ་སྙིང་རྗེ་ལས་བྱང་ཆུབ་ཀྱི་སེམས་སྐྱེ་ཞིང་སྙིང་རྗེ་ནི་བྱམས་པ་ལས་སྐྱེ་བ་སྟེ། **རྒྱན་ལས།** དེ་ཡི་རྩ་བ་སྙིང་རྗེར་འདོད། །ཅེས་དང་། སྙིང་རྗེའི་ཆུ་བ་བྱམས་པ་སྟེ། །ཞེས་དང་། རྩ་བ་སྙིང་རྗེ་མེད་གྱུར་ན། །དཀའ་

སྤྱོད་བཟོད་པ་ཉིད་མི་འགྱུར། །བློ་ལྡན་སྡུག་བསྔལ་མི་བཟོད་ན། །སེམས་ཅན་དོན་སེམས་ཉིད་མི་འགྱུར། །ཞེས་སོ། །

དེས་ན་དང་པོར་བྱམས་པ་སྒོམ་པ་ནི། དབྱེ་བ་དམིགས་ཡུལ་རྣམ་པ་དང་། །སྒོམ་ཐབས་འབྱོངས་ཚད་ཕན་ཡོན་དྲུག །སེམས་ཅན་ཆོས་དང་དམིགས་མེད་དེ། །བྱམས་པའི་དབྱེ་བ་རྣམ་པ་གསུམ། །དམིགས་དང་མི་དམིགས་ལས་ཤེས་བྱ། །སེམས་ཅན་ལ་དམིགས་བྱམས་པ་ནི། །རྩ་བའི་དམིགས་ཡུལ་འགྲོ་ཀུན་ཡིན། །རྣམ་པ་བྱམས་ཞིང་ཡིད་འོང་བློས། །བདེ་དང་ལྡན་པར་འདོད་པའོ། །དང་པོར་ཕ་མའི་དྲིན་བསམ་ཞིང་། །འགྲོ་ཀུན་ཕ་མར་ཤེས་པས་སྒོམ། །རང་ཉིད་བདེ་འདོད་ཟད་ན་འབྱོངས། །ཕན་ཡོན་མཆོད་པའི་དམ་པར་འགྱུར། །སྦྱིན་པའི་མཆོག་ཡིན་རང་གཞན་སྲུང་། །བྱམས་ཆོས་ཡོན་ཏན་བརྒྱད་འཐོབ་བོ། །ཞེས་བྱ་སྟེ།

དབྱེ་ན་བྱམས་པ་གསུམ་སྟེ། **བློ་གྲོས་མི་ཟད་པས་བསྟན་པའི་མདོ་ལས།** སེམས་ཅན་ལ་དམིགས་པའི་བྱམས་པ་ནི་སེམས་དང་པོ་བསྐྱེད་པའི་བྱང་ཆུབ་སེམས་དཔའ་རྣམས་ཀྱིའོ། །ཆོས་ལ་དམིགས་པའི་བྱམས་པ་ནི་སྤྱོད་པ་ལ་ཞུགས་པའིའོ། །དམིགས་པ་མེད་པའི་བྱམས་པ་ནི་མི་སྐྱེ་བའི་ཆོས་ལ་བཟོད་པ་ཐོབ་པའི་བྱང་ཆུབ་སེམས་དཔའ་རྣམས་ཀྱིའོ། །ཞེས་གསུངས་ཏེ། སེམས་ཅན་ལ་དམིགས་ནས་སྐྱེ་བ་དང་། བདག་དང་གང་ཟག་དང་སེམས་ཅན་སོགས་སྒྲོ་བཏགས་པ་ཙམ་དུ་གོ་བས་དེར་ཞེན་པ་མེད་ཀྱང་གཞན་དུ་སྣང་བའི་ཆོས་ཙམ་ལ་དམིགས་ནས་སྐྱེ་བ་(༡༧བ)དང་། ཆོས་གང་ཡང་མི་དམིགས་ན་ཡང་གོམས་པའི་དབང་ཙམ་གྱིས་འཇུག་པ་སྟེ་རྣམ་པ་གསུམ་མོ། །

དེ་ལས་འདིར་དང་པོ་སེམས་ཅན་ལ་དམིགས་པའི་བྱམས་པ་དེ་བསྒོམ་པར་བྱའོ། །དེའི་དམིགས་ཡུལ་ནི། སེམས་ཅན་ཐམས་ཅད་ལ་མཉམ་པར་དམིགས་པའོ། །

རྣམ་པའམ་ངོ་བོ་ནི། སེམས་ཅན་ལ་ཡིད་དུ་འོང་ཞིང་བྱམས་པའི་བློ་འཛམ་

ཞིང་དེས་པ་མངོན་སུམ་གྱི་རྣམ་པ་ཅན་མས་བུ་གཅིག་པོ་རིང་ཞིག་ཏུ་མ་མཐོང་བ་ལས་ཕྱིས་དང་པོར་མཐོང་མ་ཐག་པའི་བློ་ལྟ་བུ་སྟེ་དེས་དྲངས་ནས་འདི་བདེ་ན་ཅི་མ་རུང་སྙམ་པའི་བློ་སྐྱེའོ། །ཕལ་ཆེར་ཞིག་སེམས་ཅན་བདེ་བ་དང་ཕྲད་པར་འདོད་པའི་བློ་བྱམས་པའི་མཚན་ཉིད་ཟེར་མོད། བྱམས་པ་སྐད་ཅིག་མ་དང་པོ་མངོན་སུམ་པ་རྟོག་པའི་ཟླ་མེད་པ་དེ་བྱམས་པ་དངོས་ཡིན་ལ། དེ་ལ་མཚན་ཉིད་དེས་མ་ཁྱབ་སྟེ་བདེ་བ་དང་ཕྲད་འདོད་ནི་དེ་ལས་ཕྱིས་སྐྱེས་པའི་རྟོག་པ་ཡིན་པའི་ཕྱིར། དེས་ན་ཐར་རྒྱན་དུ། རྣམ་པ་ནི་བདེ་བ་དང་ཕྲད་པར་འདོད་པའི་བློའོ། །ཞེས་པའང་ཕྱིས་ཀྱི་བྱེད་ལས་ལ་དགོངས་ནས་རྩིང་གེར་མཛད་པའོ། །

སྒོམ་ཐབས་ནི། རྩ་བ་དྲིན་དྲན་པ་ལ་རག་ལས་པས་སེམས་ཅན་གྱི་དྲིན་བསམ་མོ། །དེ་ཡང་དང་པོར་ཚེ་འདིའི་དྲིན་ཆེ་ཤོས་མའི་དྲིན་བསམ་སྟེ། **བརྒྱད་སྟོང་པ་ལས།** མ་འདིས་བདག་ཅག་སྐྱེས་པ་འདི་ནི་དཀའ་བ་བྱེད་པ་བདག་ཅག་གི་སྲོག་བྱིན་པ་འཇིག་རྟེན་ཀུན་སྟོན་པ་ཡིན་ནོ། །ཞེས་ལུས་སྐྱེས་པ། དཀའ་བ་སྤྱད་པ། སྲོག་བྱིན་པ་འཇིག་རྟེན་བསྟན་པའི་དྲིན་ཏེ་བཞིའོ། །དེ་ཡང་། ནུར་ནུར་མེར་མེར་སོགས་ནས་ལྟོ་བར་བསྐྱངས། །གནོད་པའི་སྤྱོད་སྤངས་ལུས་ཀྱི་དྲངས་མས་བསྐྱེད། །ངོ་ཚ་ན་ཚ་སྡུག་བསྔལ་ཁྱད་དུ་བསད། །སྐྱེས་ནས་མིག་འབྲས་ལས་ཀྱང་གཅེས་པར་བསྐྱངས། །བདག་ཅག་རྣམ་ཤེས་གཅིག་པུ་འོངས་པ་ལ། །ལུས་རྟེན་ཙམ་འདི་བྱིན་པ་ཁོ་ན་མིན། །བཀྲེས་སྐོམ་ཚ་གྲང་ཕོངས་གུད་ཀུན་ལས་བསྐྱབས། །(༧༢ན)རང་གིས་སྤྱད་འཕངས་ལོངས་སྤྱོད་ཐམས་ཅད་བྱིན། །བུ་ཡི་ཆེད་དུ་སྡིག་སྡུག་མཐའ་ཡས་བསྒྲུབས། །ཕ་མ་མཛའ་བཤེས་ཐམས་ཅད་བློས་བཏང་སྟེ། །སྲུ་ཡིན་མེད་པའི་བསམ་བརླག་དེ་ལ་འདམས། །བྱམས་པས་བལྟས་ཤིང་སྙན་སྨྲས་དགོས་རྒྱུ་བྱིན། །མི་ཆུ་དུག་མཚོན་གཡང་ས་ཀུན་ལས་བསྐྱབས། །མོ་རྩིས་ལྟོ་(གཏོ་)དང་གློག་དང་ཚོ་ག་སོགས། །ན་དོགས་ཤི་དོགས་རིམ་གྲོར་ཆེ་རྒྱུ་བྱས། །ཟ་

གྱོན་འགྲོ་འདུག་སྨྲ་དང་བཤང་གཅི་འདོར། །དེ་སོགས་ཐ་དད་སྤྱོད་པ་ཐམས་ཅད་བསླབས། །དེ་བས་བསམ་ཤེས་བུ་ཡིས་བསམས་པ་ན། །ཕ་མའི་དྲིན་ལན་གཞལ་གྱིས་མི་ལོང་ཡང་། །ཚེ་འདི་གཅིག་པུའི་ཕ་མ་མ་ཡིན་ཏེ། །མ་ཡི་ཐུག་མཐའ་རྒྱ་ཤུག་ཚིག་གུ་ཙམ། །རིལ་བུར་བགྲང་ཀྱང་ས་ཡིས་མི་ལང་གསུངས། །ཕ་མ་གཅིག་གཅིག་པོ་ན་མ་ཡིན་ཏེ། །མཐའ་ཡས་འགྲོ་ཀུན་གཏན་གྱི་ཕ་མར་མཚུངས། །རེ་རེའི་དྲིན་ལན་གཞལ་གྱིས་མི་ལོང་ངོ་། །ཞེས་བྱ་བའི་དོན་བསམས་པས་ཚེ་འདིའི་ཕ་མ་ལ་བྱམས་པ་ཤས་མི་བཟོད་པ་བ་སྤུ་ལྡང་ཞིང་མཆི་མ་འཁྲུག་པ་ཙམ་གྱི་ལོང་ནས་སྐྱེས་ཤིང་དེ་བརྟན་པ་ཕ་མ་དྲན་པ་ཙམ་གྱིས་དེ་ལྟར་འབྱུང་ན། མདོ་ལས། འཇིག་རྟེན་གྱི་ཁམས་ཀྱི་ས་རྡོ་དང་རྩི་ཤིང་ནགས་ཚལ་ཐམས་ཅད་རྒྱ་ཤུག་གི་ཚིག་གུ་ཙམ་དུ་སྐྱེས་བུ་གཅིག་གིས་བྱས་ལ། སྐྱེས་བུ་གཉིས་པས་དེ་རྣམས་གྲངས་སུ་བགྲངས་པས་ཟད་པའི་དུས་སྲིད་ཀྱི་སེམས་ཅན་གཅིག་གིས་བདག་གི་མ་བྱས་པ་ནི་བགྲང་བར་མི་ནུས་སོ་ཞེས་སོགས་ཀྱི་དོན་བསམས་ཏེ་སེམས་ཅན་ཐམས་ཅད་རེ་རེས་དེ་སྙེད་དུ་ཕ་མ་བྱས་ཤིང་། དྲིན་དེ་ལྟ་བུ་ཡོད་པ་ཐམས་ཅད་ལ་དེ་ལྟར་མཉམ་ཉིད་དུ་སྐྱེས་ཏེ་སེམས་ཅན་དྲན་པའམ་མཐོང་བ་ཙམ་གྱིས་དེ་ལྟར་འབྱུང་ན་བྱམས་པ་ཚད་མེད་པ་སྟེ། བྱང་ཆུབ་སེམས་དཔས་སེམས་ཅན་ལ། །བུ་གཅིག་པ་ལ་བྱ་བ་བཞིན། །ཐང་གི་ལོང་ནས་བྱམས་པ་ཆེ། །དེ་ལྟར་རྟག་ཕན་(༧༤བ)བྱེད་པར་འདོད། །ཅེས་སོ། །

དེའི་ཚེ་རང་བདེ་འདོད་ཀྱི་རྟོག་པ་ཟློ་ལམ་ན་ཡང་ཟད་དེ། གཞན་བདེ་འབའ་ཞིག་སེམས་པ་ན་བྱམས་པ་འབྱོངས་པ་སྟེ། བློ་ལྡན་རྣམས་ཀྱི་བརྩེ་བས་བྱམས་པ་ནི། །ཁ་ན་མ་ཐོ་མེད་ཅིང་འཇིག་རྟེན་འདས། །ཞེས་སོ། །

ཕན་ཡོན་ནི། མཆོད་པའི་ནང་ནས་མཆོག་ཡིན་ཏེ། **ཟླ་བ་སྒྲོན་མ་ལས།** མཆོད་པ་ཚད་མེད་རྣམ་མང་ཇི་སྙེད་པ། །ཞིང་ནི་བྱེ་བ་ཁྲག་ཁྲིག་གཏམས་སྙེད་དུ། །སྐྱེས་

བུ་མཆོག་ལ་མཆོད་པ་དེ་བྱས་པས། །བྱམས་པའི་སེམས་ལ་གྲངས་དང་ཆར་མི་ཕོད། །ཅེས་སོ། །སྨིན་པ་ཆེན་པོར་འགྱུར་ཏེ། **རིན་ཆེན་ཕྲེང་བར།** རྫེའུ་ཚོང་སུམ་བརྒྱའི་ཁ་ཟས་དག །ཉིན་རེ་དུས་གསུམ་བྱིན་པ་ཡིས། །བྱམས་པ་ཡུད་ཙམ་ཐང་གཅིག་གི །བསོད་ནམས་དག་ལ་ཆར་མི་ཕོད། །ཅེས་དང་། སྔགས་ལས་སྨིན་པ་བཞི་པར་གསུངས་ལ། དེའི་སྔ་མ་སྔ་མ་བས་ཕྱི་མ་ཕྱི་མ་ཕན་ཡོན་ཆེ་བའི་ཕྱིར། རང་གི་སྲུང་བར་འགྱུར་ཏེ་བྱམས་པ་ལ་མཉམ་པར་བཞག་པའི་ལུས་ལ་མཚོན་ཆ་ཡང་མེ་ཏོག་གི་ཆར་དུ་འགྱུར་བར་གསུངས་པ་རྣམས་དང་། གཞན་གྱི་སྲུང་བར་འགྱུར་ཏེ་རྒྱལ་པོ་བྱམས་པའི་སྟོབས་ཀྱིས་འབངས་ཐམས་ཅད་ལ་བྱམས་པས་ཁྱབ་པར་བྱས་པས་མི་མ་ཡིན་སུས་ཀྱང་དེ་དག་ལ་གནོད་པར་མ་ནུས་པའི་ཕྱིར་རོ། །བྱང་ཆུབ་མ་ཐོབ་ཀྱི་བར་དུ་བྱམས་པའི་ཕན་ཡོན་བརྒྱད་འཐོབ་སྟེ། **རིན་ཆེན་ཕྲེང་བར།** ལྷ་མི་བྱམས་པར་འགྱུར་བ་དང་། །དེ་དག་གིས་ཀྱང་སྲུང་བ་དང་། །ཡིད་བདེ་བ་དང་བདེ་མང་དང་། །དུག་དང་མཚོན་གྱིས་གནོད་མེད་དང་། །འབད་པ་མེད་པར་དོན་འཐོབ་དང་། །ཚངས་པའི་འཇིག་རྟེན་སྐྱེ་འགྱུར་ཏེ། །གལ་ཏེ་གྲོལ་བར་མ་གྱུར་ཀྱང་། །བྱམས་ཆོས་ཡོན་ཏན་བརྒྱད་འཐོབ་བོ། །ཞེས་སོ། །དེ་ལྟར་བྱམས་པ་དང་ལྡན་ན་སེམས་ཅན་ཁོ་ན་སེམས་པར་འགྱུར་ལ། དེའི་ཚེ་སེམས་ཅན་ནི་སྡུག་བསྔལ་འབའ་ཞིག་ལ་ལོངས་སྤྱོད་པར་མཐོང་བས་སྙིང་རྗེ་བཟོད་མེད་དུ་འབྱུང་ངོ་། །

དེས་ན་སྙིང་རྗེ་ནི། སྙིང་རྗེ་སྒོམ་ཚུལ་བཤད་༧(ན)པར་བྱ། །དབྱེ་བ་དམིགས་ཡུལ་རྣམ་པ་དང་། །སྒོམ་ཐབས་འབྱོངས་ཚད་ཕན་ཡོན་དྲུག །དམིགས་པའི་དབང་གིས་དབྱེ་བ་གསུམ། །དམིགས་པའི་ཡུལ་ནི་སེམས་ཅན་ཀུན། །གཞན་གྱི་སྡུག་བསྔལ་མི་བཟོད་བློ། །སྙིང་རྗེ་ཡི་ནི་ངོ་བོ་ཡིན། །དེ་ལས་སྡུག་བསྔལ་འབྲལ་འདོད་སྐྱེ། །སྒོམ་ཐབས་མར་གྱུར་འགྲོ་བ་ཀུན། །སྡུག་བསྔལ་གསུམ་གྱིས་མནར་ཚུལ་བསམ། །འབྱོངས་ཚད་འགྲོ་བ་སྐྱོབ་པའི་ཆེད། །ཅི་བྱ་མཚང་བརྣག་གིས་དུས་

འདལ། །ཕན་ཡོན་ཐེག་ཆེན་མཆོག་གི་གཞི། །དམན་པའི་གཡང་ལས་རྣམ་པར་སྲུང་། །རྫོགས་སངས་རྒྱས་ཀྱི་རྩ་བའོ། །ཞེས་བྱ་སྟེ།

དབྱེ་ན་གསུམ་ལས། སེམས་ཅན་གྱི་སྡུག་བསྔལ་མཐོང་ནས་སྙིང་རྗེ་སྐྱེ་བ་ནི། སེམས་ཅན་ལ་དམིགས་པའི་སྙིང་རྗེའོ། །རང་རྒྱུ་འབྲས་ཤེས་ཤིང་རྟག་པ་དང་རིལ་པོར་འཛིན་པ་ལས་ལོག་པ་ན་དེ་ལྟར་མ་ཤེས་པ་རྣམས་ལ་སྙིང་རྗེ་སྐྱེ་བ་ནི། ཆོས་ལ་དམིགས་པའི་སྙིང་རྗེ་སྟེ། འདི་ལ་ནི་རང་གིས་འདུས་བྱས་མི་རྟག་པར་མཐོང་བ་ན་རྟག་འཛིན་ཅན་རྣམས་ལ་སྙིང་རྗེ་སྐྱེ་བ་སོགས་གཉེན་པོའི་ཆོས་ཀྱི་དབྱེ་བ་ཇི་སྙེད་པ་དེ་སྙེད་ཀྱིས་དབྱེ་བ་འབྱུང་ངོ་། །རང་གིས་ཆོས་ཐམས་ཅད་སྟོང་པ་ཉིད་དུ་རྟོགས་ཙམ་ན། དེ་ལྟར་མ་རྟོགས་པ་ལ་སྙིང་རྗེ་སྐྱེ་བ་ནི་དམིགས་མེད་ཀྱི་སྙིང་རྗེ་སྟེ། འདི་ནི་ས་གོང་ནས་གོང་དུ་རིམ་གྱིས་འཕེལ་བས་ཚད་མེད་དེ། བྱང་ཆུབ་སེམས་དཔའ་མཉམ་བཞག་པས། །གོམས་པའི་སྟོབས་ཀྱིས་རྫོགས་པ་ན། །དངོས་འཛིན་གདོན་གྱིས་ཟིན་པ་ལ། །ཁྱད་པར་དུ་ཡང་སྙིང་རྗེ་སྐྱེ། །ཞེས་དང་། གཞན་དོན་བརྩོན་ལྡན་སྙིང་རྗེའི་བདག་ཉིད་འདི། །གང་ཚེ་མནར་མེད་ལ་ཡང་དགར་འཛིན་པ། །དེ་འདྲ་བ་དག་སྲིད་ན་གཞན་རྗེན་ཅན། །སྡུག་བསྔལ་འབྱུང་བ་རྣམས་ཀྱིས་ག་ལ་འཛིགས། །ཞེས་སོ། །

དེ་ལས་འདིར་སེམས་ཅན་ལ་དམིགས་པའི་སྙིང་རྗེ་བསྒོམ་པར་བྱ་སྟེ། དེ་ལ་དམིགས་པའི་ཡུལ་ནི། སེམས་ཅན་ཐམས་ཅད་(༡༩བ)ལ་སྒོམ་པ་སྟེ་ཕ་མར་གྱུར་པ་དེ་ཐམས་ཅད་ལའོ། །ཁྱད་པར་དུ་བཀྲེན་ཞིང་དབུལ་བ་དང་མ་རུངས་པ་སྡིག་པའི་ལས་མི་བཟད་པ་བྱེད་པ་དང་། ཞེ་སྡང་དང་ཆགས་པས་ཀུན་ནས་འཁྲུགས་པ་དང་། བག་མེད་པ་བྱིས་པ་ལྟ་བུ་དང་། གཞན་དབང་གིས་བསྡམས་ཏེ་བདེ་བར་བྱར་མེད་པ་དང་། བདག་ཏུ་འཛིན་པ་ལ་སོགས་པ་ལོག་པར་ཞེན་པ་རྣམས་ལ་ལྷག་པར་དུ་སྐྱེ་སྟེ། བཀྲེན་ལ་བརྩེ་དང་མ་རུངས་པ་ལ་བརྩེ། །ཀུན་འཁྲུགས་ལ་

བརྩེ་བག་མེད་རྣམས་ལ་བརྩེ། །ཡུལ་གྱི་གཞན་དབང་ཅན་ལ་སྙིང་རྗེ་དང་། །ལོག་པར་མངོན་པར་ཞེན་ལ་སྙིང་རྗེའོ། །ཞེས་སོ། །ཡང་དན་སོང་གི་སྡུག་བསྔལ་མི་བཟད་པ་སྒྱོང་བ་སོགས་ལས་ཀྱང་། རྒྱུ་སྡིག་པ་ཛམས་པོ་ཆེ་འགྱོད་པ་མེད་པར་སྤྱོད་པའི་རྒྱལ་པོ་ལ་སོགས་པ་ལྷག་པར་བརྩེ་བའི་གནས་ཏེ་ཉིན་རེ་ལ་ཡང་དན་སོང་མུ་མཐའ་མེད་པའི་རྒྱུ་སོག་པའི་ཕྱིར་རོ། །

རྣམ་པ་ནི། གཞན་གྱི་སྡུག་བསྔལ་མ་བཟོད་པའི་ཤེས་པ་རྩེ་གཅིག་པ་མངོན་སུམ་རྟོག་མེད་ཀྱི་རྣམ་པ་ཅན་ནི་སྙིང་རྗེ་དངོས་ཡིན་ལ། དེས་དྲངས་ནས་སྡུག་བསྔལ་དང་བྲལ་འདོད་ཀྱི་རྟོག་པ་སྐྱེ་ལ་མ་དཔྱད་པའི་ངོར། དེ་གཉིས་དུས་གཅིག་ཏུ་ཡོད་པར་འཁྲུལ་ཞིང་ཞིབ་མོར་ནང་དུ་རྗེས་ཀྱི་ཤེས་པས་དཔྱད་པ་ན་གཅིག་པ་ཡང་མ་ཡིན་ལ། མགལ་མེའི་འཁོར་ལོ་ལྟར་འཇུག་པ་མྱུར་བས་མཚམས་ཕྱེད་པར་དཀའ་བ་ཞིག་གོ། །

སྒོམ་ཚུལ་ནི། རྩ་བའི་མ་ལ་སྦྱར་ནས་སྒོམ་སྟེ། མ་དེ་མི་ཕུང་ཆེན་པོས་འཚོག་ན་བདག་གིས་མི་བཟོད་པ་ལྟར་ཚ་དམྱལ་དུ་སྐྱེས་པའི་མ་རྣམས་ལ་སྦྱར་ཏེ་སྒོམ་པ་སོགས་རིམ་གྱིས་སྦྱང་ཞིང་། སྡུག་བསྔལ་དང་སྡུག་བསྔལ་གྱི་རྒྱུ་དང་བྲལ་བར་གྱུར་ཅིག་པའི་བློ་དྲག་ཏུ་སྒོམ་མོ། །ཀྱེ་མ། བདག་གི་ཕ་མ་མང་པོ་ཞིག །དམྱལ་བ་ཡང་སོས་གནས་སུ་ལྷུང་། །མཐོང་ཚད་དགྲར་འཁྲུལ་བླངས་ཚད་མཚོན། །ཉིན་རེ་ལ་ཡང་ལན་ཁྲིར་འཆི། །ལ་ལ་བསྡུས་འཇོམས་ལྟུགས་ཀྱི་རི། །ཆ་ལང་རྗེབ་འདྲས་འཚིར་ཞིང་འཇོམས། །ཁ་ཅིག་ལུས་ཀུན་ཐིག་(༢༠ན)ནག་བཏབ། །གཤེག་ཅིང་གཞོག་ལ་འདྲལ་ཞིང་འབུགས། །ལ་ལ་ལྟུགས་ཀྱི་ཟངས་ཆེན་ནང་། །འབྲས་སམ་སྲན་མ་བཞིན་དུ་འཚེད། །ཁ་ཅིག་མེ་ཕུང་འབར་བ་ཡིས། །གོ་མཚམས་མེད་པར་གཏམས་པའི་ནང་། །འཇིགས་པའི་སྐྲ་ཅམ་འཕྱིན་ལ་བརྟེན། །མང་ཞིག་ལྟུགས་སྲེག་འབར་བའི་ཁང་། །དཔག་ཚད་ཁྲི་ཁྲག་མང་ལྡན་པར། །མི་ལྟེ་ནག་པོས་ཀུན་

ནས་སྲེག །ལ་ལ་རོ་ཉེའི་འདམ་ན་བྱིང་། །ལ་ལ་རབ་མེད་ཆུ་བོར་ལྷུང་། །ལ་ལ་རལ་གྲིའི་ཆར་གྱིས་བཏུབ། །བདག་གི་བུ་འདིའི་ཁ་འཚོག་ཅེས། །ཟས་སྐོམ་ཚ་བར་ཕུས་འདེབས་པ། །ཚུན་གྱིས་བདག་ཉིད་བསྐྱངས་པའི་མ། །དེ་ཀུན་མི་བཟད་ཚ་བ་ཡི། །སྡུག་བསྔལ་འདི་འདྲ་ད་ལྟ་སྨྱོང་། །ཁ་ཅིག་བསྐལ་པར་བསགས་པ་ཡི། །ཆབ་རོམ་མུན་ནག་ཆེན་པོ་རུ། །གྲང་བས་ཉེན་ཏེ་འགས་ཤིང་འཛིག །དེ་དག་ཀུན་གྱིས་སྡོན་ཡང་ཡང་། །རང་གི་དྲོད་ཀྱིས་བདག་བསྲོས་ན། །ད་ལྟ་གྲང་དམྱལ་འདི་ལྟ་སྨྱོང་། །རང་གི་ནུ་ཞོས་བདག་བསྐྱངས་ཤིང་། །ཟས་སྐོམ་འཇམ་པོས་གསོ་བྱེད་པའི། །བདག་གི་མ་དེ་ད་ལྟ་ན། །ཡི་དྭགས་ཁབ་ཀྱི་ཁ་ཅན་གྱུར། །ལོ་བརྒྱ་མང་པོ་དག་ཏུ་ཡང་། །ཆུ་ཐིགས་ཙམ་ཡང་མ་སྨྱོང་ངོ་། །བདག་ལ་བཟའ་བཏུང་ཚུན་བསླབས་པའི། །མ་རྣམས་དུད་འགྲོའི་གནས་ན་ལྷུང་། །བཟའ་དང་བཟའ་མིན་ཙམ་ཞིག་ཡང་། །རྨོངས་པའི་མུན་པས་མ་འཚལ་ལོ། །བདག་ནི་མི་ཆུ་གཡང་ས་ལས། །སྲུང་བྱེད་ཕ་མ་དེ་ཀུན་ནི། །མཐོ་རིས་ལྷ་དང་མིར་གྱུར་ཀྱང་། །ངན་འགྲོའི་གཡང་ལ་རང་གིས་མཆོང་། །ཞེ་སྡང་མེ་དང་སྲེད་པའི་ཆུས། །མནར་ལ་བདག་གིས་ཕན་མ་ནུས། །དེ་བཞིན་མིར་སྐྱེས་ཐམས་ཅད་ཀྱང་། །སྡུག་བསྔལ་རྣམ་པ་བརྒྱད་ཀྱིས་མནར། །ལྷ་མིན་འཐབ་རྩོད་ཡང་སོས་འདྲ། །འདོད་པའི་ལྷར་སྐྱེས་འཆི་འཕོ་ཡི། །སྡུག་(༢༠བ)བསྔལ་རིགས་དྲུག་ཀུན་ལས་ལྷག །ཅེས་སྡུག་བསྔལ་གྱི་སྡུག་བསྔལ་བསམ་པ་དང་།

ཇི་ལྟར་ཕྲ་མེན་བུ་རྣམས་ནི། །མ་ལ་དགའ་བར་སེམས་པ་དང་། །ལྡུགས་ཀྱུའི་རྩེ་ཡི་ཁ་ཟས་ལ། །ཉ་ཡིས་ཞིམ་བློས་མྱང་བ་དང་། །དུག་ཅན་ཁ་ཟས་ཟ་བ་ལྟར། །ཚེ་འདིའི་ལོངས་སྤྱོད་སྣ་རེ་ལ། །བདེ་བར་འཁྲུལ་ཏེ་ཕ་མའི་ཚོགས། །འདི་ཀུན་སྨྱོན་པ་ལྟ་བུར་སྣང་། །ཞེས་འགྱུར་བའི་སྡུག་བསྔལ་དང་།

ནད་ཆེན་ལྡན་པ་གཉིད་ལོག་དང་། །སྦྲུར་བའི་དུག་ཟོས་མ་སྨིན་ལྟར། །ཁམས་

གོང་ལྷ་ཡི་འགྲོ་བ་ཡང་། །རྟག་ཏུ་མ་རིག་གཉིད་ཀྱིས་ཁྱབ། །མདོར་ན་འདུ་ཤེས་འདུ་བྱེད་ཙམ། །རྣམ་པར་ཤེས་ཙམ་སྡུག་བསྔལ་ཏེ། །ཟུག་རྔུ་རབ་ཏུ་མ་ཞི་བ། །འབྲས་དང་གནོད་བྱེད་ཉིད་ཡིན་ལ། །ཡིན་པར་མ་ཤེས་རེ་སྙིང་རྗེ། །ཞེས་བྱ་སྟེ། དེ་ལ་སོགས་པའི་དོན་བསམ་ཞིང་སྡུག་བསྔལ་དང་བྲལ་བར་འདོད་པའི་བློ་བསྐྱེད་པ་དང་། དེ་རྣམས་ཀྱི་ཆེད་དུ་འཕགས་པ་སྤྱན་རས་གཟིགས་དབང་ཕྱུག་ལ་གསོལ་བ་དྲག་ཏུ་གདབ་པར་བྱའོ། །

འབྱོངས་པའི་ཚད་ནི། སྒོ་གསུམ་གྱིས་མི་བཟོད་པ་ཙམ་དང་གཞན་སྡུག་བསྔལ་ལས་སྐྱོབ་པའི་ཆེད་དུ་མི་བཟོད་པའི་གནས་མེད་པ་ན་འབྱོངས་པའོ། །

ཕན་ཡོན་ནི། ཐེག་པ་ཆེན་པོའི་ལམ་གྱི་དངོས་གཞི་ཡིན་ཏེ **སྤྱན་རས་གཟིགས་ཀྱི་རྣམ་ཐར་ལས།** ཆོས་གཅིག་ཡོད་ན་སངས་རྒྱས་ཀྱི་ཆོས་ཐམས་ཅད་ལག་མཐིལ་དུ་བཞག་པ་ལྟ་བུར་འགྱུར་ཏེ་གཅིག་གང་ཞེ་ན། སྙིང་རྗེ་ཆེན་པོའོ་ཞེས་དང་། **ཆོས་ཡང་དག་པར་སྡུད་པའི་མདོ་ལས།** བཅོམ་ལྡན་འདས་འདི་ལྟ་སྟེ་འཁོར་ལོས་བསྒྱུར་བའི་རྒྱལ་པོའི་འཁོར་ལོ་རིན་པོ་ཆེ་གང་དུ་མཆིས་པ་དེར་དཔུང་གི་ཚོགས་ཐམས་ཅད་མཆིའོ། །དེ་བཞིན་དུ་སྙིང་རྗེ་ཆེན་པོ་གང་དུ་མཆིས་པ་དེར་སངས་རྒྱས་ཀྱི་ཆོས་ཐམས་ཅད་མཆིའོ་ཞེས་སོ། །ཉན་རང་ལས་ཁྱད་སྟེ། སྙིང་རྗེས་ཞི་ལ་མི་གནས་དང་། །ཞེས་སོ། །རྫོགས་པའི་སངས་རྒྱས་ཀྱི་རྩ་བ་ལྟ་བུ་ཡིན་ཏེ། **དེ་བཞིན་**(༢༧ན)**གཤེགས་པའི་གསང་བའི་མདོ་ལས།** གསང་བའི་བདག་པོ་ཐམས་ཅད་མཁྱེན་པའི་ཡེ་ཤེས་དེ་ནི་སྙིང་རྗེའི་རྩ་བ་ལས་བྱུང་བ་ཡིན་ནོ་ཞེས་སོ། །དེ་ལྟར་བྱམས་པ་དང་སྙིང་རྗེ་རིམ་པར་སྒོམ་པ་ནི་བྱང་ཆུབ་ཀྱི་སེམས་དངོས་སུ་སྐྱེ་བའི་རྒྱུ་གྲུང་པོ་ཡིན་ནོ། །

(གཉིས་པ་)ངོ་བོ་ནི། འགྲོ་ཀུན་འདྲེན་ཕྱིར་རྫོགས་སངས་རྒྱས། །བདག་གིས་འཐོབ་པར་འདོད་པ་དང་། །སྟོང་ཉིད་སྙིང་རྗེ་དབྱེར་མེད་པ། །བྱང་ཆུབ་སེམས་ཀྱི་ངོ་བོ་

ཡིན། །ཞེས་བྱ་སྟེ། **མདོ་སྡེ་རྒྱན་ལྟར་ན།** དོན་བཞི་དང་ལྡན་པས་བྱང་ཆུབ་དང་སེམས་ཅན་ལ་དམིགས་པའི་སེམས་ཁྱད་པར་ཅན་ཡིན་ཏེ། སྤྲོ་བ་ཆེ་དང་རྩོམ་པ་ཆེ། །དོན་ཆེ་བ་དང་འབྱུང་བ་ཆེ། །བྱང་ཆུབ་སེམས་དཔའི་སེམས་པ་སྟེ། །དོན་གཉིས་ལྡན་པའི་སེམས་འབྱུང་བ། །ཞེས་སོ། །དེ་ཡང་དགོས་པ་ཁྱད་པར་ཅན་དུ་མཐོང་ནས་མི་སྐྱོ་བས་འཇུག་པ་སྤྲོ་བ་ཆེན་པོ་དང་། བསམ་གྱིས་མི་ཁྱབ་པའི་གོ་ཆ་བགོ་བ་བརྩོན་པ་ཆེན་པོ་དང་རང་གཞན་ཐམས་ཅད་ཀྱི་དོན་གྱི་མཆོག་སྒྲུབ་པ་དོན་ཆེན་པོ་དང་། བླ་ན་མེད་པའི་བྱང་ཆུབ་གདོན་མི་ཟ་བར་འགྲུབ་པ་འབྱུང་བ་ཆེན་པོ་སྟེ་རྣམ་པ་བཞིའི་སྒོ་ནས་འབྲས་བུ་བྱང་ཆུབ་དང་ཆེད་དུ་བྱ་བ་སེམས་ཅན་ལ་དམིགས་པའི་བློ་གཉིས་ལྡན་གྱི་དོན་ནོ། །

ཡུམ་གྱི་རྒྱན་ལྟར་ན། གཞན་དོན་དུ་སངས་རྒྱས་འཐོབ་འདོད་ཀྱི་སེམས་ཏེ། སེམས་བསྐྱེད་པ་ནི་གཞན་དོན་ཕྱིར། །ཡང་དག་རྫོགས་པའི་བྱང་ཆུབ་འདོད། །ཅེས་སོ། །དེ་ཡང་བྱང་ཆུབ་དང་སེམས་ཅན་གྱིས་ནི་སེམས་བསྐྱེད་ཀྱི་དམིགས་པ་བསྟན་པ་ཡིན་ཏེ། **བྱང་ས་ལས།** དེ་ལྟ་བས་ན་སེམས་བསྐྱེད་པ་དེ་ནི་བྱང་ཆུབ་ལ་དམིགས་པ་དང་སེམས་ཅན་ལ་དམིགས་པ་ཡིན་ནོ་ཞེས་སོ། །

བྱང་ཆུབ་ལ་དམིགས་པ་ནི་ཐེག་པ་ཆེན་པོའི་ཡེ་ཤེས་འཚོལ་བར་དམིགས་པ་སྟེ། **མདོ་རྒྱན་ལས།** དེ་བཞིན་དེ་ཡི་ཡེ་ཤེས་འཚོལ་བར་དམིགས་པའོ། །ཞེས་སོ། །

སེམས་ཅན་ལ་དམིགས་པ་ནི། སེམས་ཅན་མ་ལུས་པ་ལ་དམིགས་པ་སྟེ། ནམ་མཁའི་མཐས་(༧༧བ)གདུགས་ཁྱུར་པ་ཇི་ཙམ་པར། །སོགས་སོ། །

(གསུམ་པ་)དབྱེ་བ་ནི། དབྱེ་སྒོ་ས་མཚམས་དཔེ་ངོ་བོ། །ས་མཚམས་ཀྱིས་ཕྱེ་མོས་སོགས་བཞི། །དཔེ་ཡིས་ས་སོགས་ཉི་ཤུ་གཉིས། །ངོ་བོ་ཀུན་རྫོབ་དོན་དམ་གཉིས། །ཀུན་རྫོབ་སྨོན་འཇུག་རྣམ་གཉིས་སོ། །སངས་རྒྱས་འཐོབ་འདོད་སྨོན་པ་སྟེ། །སྒྲུབ་པར་བྱེད་པ་འཇུག་པའོ། །རྒྱལ་སྲས་བསླབ་པ་ཁས་བླངས་ནས། །བྱང་

སེམས་སྨོན་པ་ལྡན་པར་བརྗོད། །ཅེས་བྱ་སྟེ།

དབྱེ་སྒོ་གསུམ་ལས། ས་མཚམས་ཀྱིས་ཕྱེ་ན། ཚོགས་སྦྱོར་གྱི་དུས་མོས་པ་ལས་བྱུང་བ་དེ་ནས་ས་བདུན་པ་རིང་དུ་སོང་བའི་བར་ལ་ལྷག་བསམ་དག་པ་ལས་བྱུང་བ། དག་ས་གསུམ་ལ་རྣམ་པར་སྨིན་པ་ལས་བྱུང་བ། སངས་རྒྱས་ཀྱི་སར་སྒྲིབ་པ་སྤངས་པའི་སེམས་བསྐྱེད་དང་བཞིར་དབྱེ་སྟེ། **མདོ་རྒྱན་ལས།** སེམས་བསྐྱེད་དེ་ནི་ས་རྣམས་ལ། །མོས་དང་ལྷག་བསམ་དག་པ་དང་། །རྣམ་པར་སྨིན་པ་གཞན་དུ་འདོད། །དེ་བཞིན་སྒྲིབ་པ་སྤངས་པའོ། །ཞེས་སོ། **།ཕལ་པོ་ཆེ་ལས།** སོ་སོ་སྐྱེ་བོའི་སེམས་བསྐྱེད་དང་། དེ་ནས་ས་བཅུ་ལ་སེམས་བསྐྱེད་བཅུར་གསུངས་སོ། །

གྲོགས་དང་དཔེས་དབྱེ་ན་ཉི་ཤུ་རྩ་གཉིས་ཏེ། དེ་ཡང་ས་གསེར་ཟླ་བ་མེ། །གཏེར་དང་རིན་ཆེན་འབྱུང་གནས་མཚོ། །རྡོ་རྗེ་རི་སྨན་བཤེས་གཉེན་དང་། །ཡིད་བཞིན་ནོར་བུ་ཉི་མ་གླུ། །རྒྱལ་པོ་མཛོད་དང་ལམ་པོ་ཆེ། །བཞོན་པ་བཀོད་མའི་ཆུ་དང་ནི། །སྒྲ་སྙན་ཆུ་བོ་སྤྲིན་རྣམས་ཀྱིས། །རྣམ་པ་ཉི་ཤུ་རྩ་གཉིས་སོ། །ཞེས་སོ། །དེའི་དོན་ཡང་། **མདོ་རྒྱན་གྱི་འགྲེལ་པ་ལྟར་ན།** འདུན་པ་བསམ་སྦྱོར་ལྷག་བསམ་དང་། །ཕ་རོལ་ཕྱིན་པ་རྣམ་པ་དྲུག །ཚད་མེད་མངོན་ཤེས་བསྡུ་དངོས་དང་། །སོ་སོ་ཡང་དག་རིག་སྟོན་པ། །ཚོགས་གཉིས་ཞི་ལྷག་གཟུངས་དང་སྤོབས། །བགྲོད་གཅིག་ལམ་དང་ཐབས་མཁས་ལྡན། །ཞེས་བྱ་ལ། **མངོན་རྟོགས་རྒྱན་ལྟར་ན།** འདུན་པ་བསམ་པ་ལྷག་བསམ་སྦྱོར། །ཕ་རོལ་ཕྱིན་བཅུ་མངོན་པར་ཤེས། །ཚོགས་གཉིས་(༢༢ན)བྱང་ཕྱོགས་བཙྟེ་ལྷག་མཐོང་། །གཟུངས་སྤོབས་ཆོས་ཀྱི་སྐྱིད་ཚལ་དང་། །བགྲོད་གཅིག་ལམ་དང་ཆོས་ཀྱི་སྐུའོ། །ཞེས་སྨོན་དུ་བྱས་པ་ལས་འདུན་པ་དང་སར་མཚུངས་པ་ནས་ཐབས་མཁས་པའམ་ཆོས་ཀྱི་སྐུ་དང་སྤྲིན་དུ་མཚུངས་པའི་བར་སྦྱར་རོ། **།འགྲེལ་པ་དོན་གསལ་ལས་ནི།** དེ་ལ་སེམས་བསྐྱེད་དང་པོ་གསུམ་ནི་ཆུང་ངུ་དང་འབྲིང་དང་ཆེན་པོ་ཉིད་ཀྱིས་ལས་དང་པོ་པའི་

སས་བསྡུས་ལ། དེའི་འོག་ཏུ་གཅིག་ནི་ས་དང་པོ་ལ་འཇུག་པའི་ལམ་གྱིས་བསྡུས་སོ། །དེའི་འོག་ཏུ་བཅུ་ནི་རབ་ཏུ་དགའ་བ་ལ་སོགས་པ་ས་བཅུས་བསྡུས་ཏེ་མཐོང་བ་དང་སྒོམ་པའི་ལམ་གྱི་སྤྱོད་ཡུལ་ཅན་ཡིན་ནོ། །དེའི་འོག་ཏུ་ལྔ་ནི་ཁྱད་པར་གྱི་ལམ་གྱིས་བསྡུས་སོ། །དེའི་འོག་ཏུ་སེམས་བསྐྱེད་པ་གསུམ་ནི་སྦྱོར་བ་དང་དངོས་གཞི་དང་མཇུག་གི་སྒོ་ནས་སངས་རྒྱས་ཀྱི་སས་བསྡུས་ཏེ། དེ་ལྟར་ན་སེམས་བསྐྱེད་པའི་རབ་ཏུ་དབྱེ་བ་ནི་ལས་དང་པོ་པའི་ས་ནས་བཟུང་སྟེ་སངས་རྒྱས་ཀྱི་སའི་བར་གྱིས་བསྡུས་པ་ཡིན་ནོ། །ཞེས་ཐ་མ་གསུམ་སངས་རྒྱས་ཀྱི་སར་བཤད་ཅིང་། **རྒྱན་དུ།** རྒྱལ་སྲས་རྣམས་ཀྱི་སེམས་བསྐྱེད་པ། །སྤྲིན་དང་འདྲ་བར་བསྟན་པ་ཡིན། །ཞེས་སྤྲིན་ལྟ་བུ་བྱང་སེམས་ཀྱི་སེམས་བསྐྱེད་དུ་བཤད་ཀྱང་འགལ་བ་མེད་དེ། དོན་གསལ་དུ་ཅེ་བྲག་གི་མིང་གིས་ཞིབ་མོར་བསྟན་ཞིང་རྒྱན་དུ་སྤྱིའི་མིང་གིས་རགས་པར་བསྟན་པའི་ཕྱིར་རོ། །

ངོ་བོའི་སྒོ་ནས་དབྱེ་ན། ཀུན་རྫོབ་དང་། དོན་དམ་གཉིས་ཏེ། **དགོངས་པ་ངེས་འགྲེལ་ལས།** དེ་ཡང་རྣམ་པ་གཉིས་ཏེ་དོན་དམ་པའི་བྱང་ཆུབ་ཀྱི་སེམས་དང་ཀུན་རྫོབ་བྱང་ཆུབ་ཀྱི་སེམས་སོ་ཞེས་སོ། །

དོན་དམ་བྱང་ཆུབ་སེམས་ནི། སྟོང་ཉིད་སྙིང་རྗེའི་སྙིང་པོ་ཅན་གསལ་ལ་མི་གཡོ་བ་སྤྲོས་པའི་མཐའ་དང་བྲལ་བ་སྟེ། **དེ་ཉིད་ལས།** དེ་ལ་དོན་དམ་བྱང་ཆུབ་ཀྱི་སེམས་དེ་ནི། འཇིག་རྟེན་ལས་འདས་པ་སྤྲོས་པའི་མཐའ་དང་བྲལ་བའི་ཤིན་ཏུ་གསལ་བ་དོན་དམ་པའི་ཡུལ་ཅན་དྲི་མ་མེད་པ་མི་གཡོ་བ་རླུང་(༢༢བ)མེད་པའི་མར་མེའི་རྒྱུན་ལྟར་ཤིན་ཏུ་གསལ་བའོ། །ཞེས་སོ། །

ཀུན་རྫོབ་སེམས་བསྐྱེད་ཀྱང་། **དེ་ཉིད་ལས།** ཀུན་རྫོབ་བྱང་ཆུབ་ཀྱི་སེམས་ནི་སྙིང་རྗེས་སེམས་ཅན་མཐའ་དག་འཁོར་བ་ནས་འདོན་པར་དམ་བཅས་པའོ། །ཞེས་སོ། །དོན་དམ་སེམས་བསྐྱེད་དེ་ནི་ཆོས་ཉིད་ཀྱིས་ཐོབ་པ་ས་དང་པོ་ཡན་ཆད་ན་

ཡོད་པ་སྟེ། **མདོ་རྒྱན་འགྲེལ་པར།** དོན་དམ་པའི་སེམས་བསྐྱེད་པ་དེ་ཡང་ས་དང་པོ་རབ་ཏུ་དགའ་བ་ལ་ཡིན་པས། ཞེས་སོ། །

ཀུན་རྫོབ་སེམས་བསྐྱེད་ཀྱང་མདོར་བསྡུས་ན་སྨོན་པ་དང་འཇུག་པ་གཉིས་སོ། །འདི་གཉིས་ཀྱི་ཁྱད་པར་ལ་དཾཥྚ་སེ་ན་ལ་སོགས་པ་ནི་འཇིག་རྟེན་པའི་ལམ་གྱིས་བསྡུས་པ་སྨོན་པ་དང་འདས་ལམ་གྱིས་བསྡུས་པ་འཇུག་པར་བཞེད་ཅིང་། ཨ་བྷྱ་དང་སྨྲྀ་ཏི་སོགས་ནི་འདུན་ལྡན་སེམས་བསྐྱེད་སོགས་དང་པོ་གསུམ་སྨོན་པ་དང་ཕྱི་མ་བཅུ་དགུ་འཇུག་པར་འདོད་དེ། འདུན་སོགས་གསུམ་གྱིས་དབྱེ་བ་ཡིས། །སྨོན་པའི་སེམས་ནི་རྣམ་པ་གསུམ། །འཇུག་པའི་སེམས་ཞེས་བྱ་བ་ནི། །རྣམ་པ་བཅུ་དགུ་དག་ཏུ་འདོད། །ཅེས་སོ། །རྒྱ་མཚོའི་སྤྲིན་ལ་སོགས་བྱང་ཆུབ་ཀྱི་བློ་ཚོགས་མ་བསྐྱེད་པ་སྨོན་པ་དང་། ཚོགས་བསྐྱེད་པ་འཇུག་པར་འདོད་ལ། རྒྱ་ཆེན་སྤྱོད་རྒྱུད་དང་། ཇོ་བོ་ཆེན་པོ་ནི་འབྲས་བུ་ལ་དམ་འཆའ་བ་སྨོན་པ་དང་དེའི་རྒྱུ་ལ་དམ་འཆའ་བ་འཇུག་པར་བཞེད་དེ། **མངོན་པ་ཀུན་ལས་བཏུས་ལས།** སེམས་བསྐྱེད་པ་ནི་གཉིས་ཏེ། ཁྱད་པར་ཅན་མ་ཡིན་པ་དང་། ཁྱད་པར་ཅན་ནོ། །ཁྱད་པར་ཅན་མ་ཡིན་པ་ནི་ཀྱེ་མ་བདག་བླ་ན་མེད་པ་ཡང་དག་པར་རྫོགས་པའི་བྱང་ཆུབ་ཏུ་མངོན་པར་རྫོགས་པར་འཚང་རྒྱ་བར་ཤོག་ཅིག་སྙམ་པའོ། །ཁྱད་པར་ཅན་ནི་དེ་ལྟར་སྦྱིན་པའི་ཕ་རོལ་ཏུ་ཕྱིན་པ་རྫོགས་པར་ཤོག་ཅིག་སྙམ་པ་ནས་ཤེས་རབ་ཀྱི་བར་རོ། །ཞེས་སོ། །ཡང་ཁ་ཅིག་ཕྱིར་མི་ལྡོག་པ་མ་ཐོབ་ཀྱི་བར་དུ་སྨོན་པ་དང་ཐོབ་ནས་འཇུག་པར་འདོད་པ་ལ་སོགས་པའོ། །

ཟབ་མོ་ལྟ་རྒྱུད་དང་སློབ་དཔོན་ཉིད་ཀྱི་བཞེད་པ་ནི། འགྲོ་བར་འདོད་དང་ (༢༣ན)འགྲོ་བ་ཡི། །བྱེ་བྲག་ཇི་ལྟར་ཤེས་པ་ལྟར། །དེ་བཞིན་མཁས་པས་འདི་གཉིས་ཀྱི། །བྱེ་བྲག་རིམ་བཞིན་ཤེས་པར་བྱ། །ཞེས་འཆད་པར་འགྱུར་བ་ལྟར་སེམས་ཅན་ལ་སྙིང་རྗེ་དང་སངས་རྒྱས་མཐོང་བ་ལ་སོགས་པའི་རྒྱུ་ལས་བྱང་ཆུབ་འཐོབ་

པར་འདོད་པའི་བློ་ཙམ་སྐྱེ་བ་ཆོ་ག་ལ་མ་བསྟེན་པ་དང་། ཡང་། ཇི་ལྟར་སྔོན་གྱི་བདེ་གཤེགས་ཀྱིས། །བྱང་ཆུབ་ཐུགས་ནི་བསྐྱེད་པ་ལྟར། །དེ་བཞིན་དུ་ནི་བདག་གིས་ཀྱང་། །བྱང་ཆུབ་སེམས་ནི་སྐྱེད་པར་བགྱི། །ཞེས་ཁས་བླངས་པ་ལྟ་བུ་ཆོ་གས་བླངས་པ་འགྲོ་བར་འདོད་པ་ལྟ་བུ་ནི་སྨོན་པའི་སེམས་དང་དེའི་སྡོམ་པ་ཡང་དག་པར་བླངས་པ་ཕྱིན་ཆད་འགྲོ་བཞིན་པ་ལྟ་བུ་འཇུག་པའི་སེམས་སུ་བཞེད་ལ། **དབུ་མ་སྣོམ་རིམ་ལས་ཀྱང་།** འགྲོ་བ་མཐའ་དག་ལ་ཕན་པའི་སངས་རྒྱས་སུ་གྱུར་ཞིག་ཅེས་ཐོག་མར་དོན་དུ་གཉེར་བ་ནི་སྨོན་པའི་སེམས་སོ། །གང་ཡན་ཆད་སྡོམ་པ་བཟུང་སྟེ་ཚོགས་རྣམས་ལ་ཞུགས་པ་དེ་ནི་འཇུག་པའི་སེམས་སོ་ཞེས་སོ། །ས་བཟང་པ་ན་རེ། ཤེར་འབྱུང་གི་འགྲེལ་ཆེན་དུ། སེམས་དེ་བྱང་ཆུབ་ཀྱི་སྤྱོད་པས་མ་ཟིན་པ་སྨོན་པ་དང་ཟིན་པ་འཇུག་པར་འདོད་དོ། །ཞེས་ཟེར་ཡང་། ཤེར་འབྱུང་ནི། སློབ་དཔོན་ཞི་བའི་ལྷ་ཉིད་དང་བཞེད་པ་མཐུན་ཏེ། **འགྲེལ་ཆེན་ལས།** སེམས་སྔ་མ་སྔོན་དུ་སོང་བ་ཉིད་གང་ནས་བཟུང་སྟེ་སྡོམ་པ་ལེན་པའི་ཚོགས་རྣམས་ལ་རབ་ཏུ་འཇུག་པ་དེ་ནི་འཇུག་པ་བྱང་ཆུབ་ཀྱི་སེམས་སོ། །ཞེས་བྱང་སྡོམ་གྱིས་ཟིན་མ་ཟིན་ལ་གསལ་བར་བཤད་དོ། །

སློབ་དཔོན་ཞི་བའི་ལྷའི་དགོངས་པ་ཡང་སྨོན་སེམས་ལ་ཆོ་ག་མཐའ་གཅིག་ཏུ་མི་དགོས་པར་བཞེད་པ་ཡང་མ་ཡིན་ཏེ་སེམས་བསྐྱེད་དང་། སྡོམ་པ་སོ་སོར་ལེན་པ་དང་སྐབས་གཅིག་ཏུ་ལེན་པ་གཉིས་ཀ་གསུངས་པའི་ཕྱིར་རོ། **།ལེགས་བཤད་བསྡུས་པར།** ཇོ་བོས་འབྲས་བུ་ལ་དམ་བཅའ་བ་སྨོན་སེམས་དང་རྒྱུ་ལ་དམ་བཅའ་བ་འཇུག་སེམས་སུ་གསུངས་པ་ཕྱོགས་སྔར་བྱས་ནས་བྱང་ཆུབ་ཀྱི་(༢༣བ)རྒྱུ་ལ་དམ་བཅའ་བ་ལ་སེམས་བསྐྱེད་ཀྱིས་མ་ཁྱབ་པའི་སྐྱོན་ཡོད་དེ། སེམས་བསྐྱེད་པ་ནི་གཞན་དོན་ཕྱིར། །ཡང་དག་རྫོགས་པའི་བྱང་ཆུབ་འདོད། །ཅེས་པའི་མཚན་ཉིད་མ་ཚང་བའི་ཕྱིར་དང་། བྱང་ས་ལས་ཀྱང་། སེམས་བསྐྱེད་པ་དང་། བྱང་

ཆུབ་སེམས་དཔའི་བསླབ་པ་ཞེས་མིང་འདོགས་སོ་སོར་མཛད་པའི་ཕྱིར། ཞེས་འགོག་པ་ལ་ནི་སྙིང་པོ་མ་མཐོང་སྟེ། **ཐེག་བསྡུས་ལས།** དེ་ལ་སྨོན་པའི་བྱང་ཆུབ་ཀྱི་སེམས་ནི་འབྲས་བུ་ལ་དམ་འཆའ་བ་ཡིན་ལ། འཇུག་པའི་བྱང་ཆུབ་ཀྱི་སེམས་ནི་རྒྱུ་ལ་དམ་འཆའ་བ་ཡིན་ནོ་ཞེས་པའི་དགོངས་པ་བླངས་ནས་བདག་གིས་གཞན་དོན་དུ་སངས་རྒྱས་འཐོབ་པར་བྱའོ། །ཞེས་བསམ་པ་ནི་འབྲས་བུ་ལ་དམ་བཅའ་བ་སྨོན་སེམས་ཡིན་ལ། བདག་གིས་སེམས་ཅན་གྱི་དོན་དུ་སངས་རྒྱས་འཐོབ་པར་བྱའོ། །དེའི་ཆེད་དུ་བདག་གིས་སྦྱིན་པར་གཏོང་བ་དང་གཏོང་བ་ཆེན་པོ་བྱའོ་སྙམ་པ་འདི་ལྟ་བུ་རྒྱུ་སྒྲུབ་པར་དམ་བཅའ་བ་སྟེ་འཇུག་པའི་སེམས་སོ། །དེའི་ཚེ་ཕྱི་མ་ལ་སེམས་བསྐྱེད་ཀྱི་མཚན་ཉིད་མ་ཚང་བར་བརྒལ་དུ་ཅི་ཡོད། ཀུན་བཏུས་ཀྱི་ལུང་དང་ཡང་འགལ་ལོ། །སེམས་བསྐྱེད་དང་སྡོམ་པའི་མིང་ཐ་དད་པས་ཀྱང་བརྒལ་ལན་འདི་ལ་ཕན་གནོད་དུ་འགྱུར་བ་མ་མཐོང་ངོ་། །སྤྱིར་བདག་ཀྱང་དེ་བཞིན་གཤེགས་པའི་སྐུ་འདི་ལྟ་བུར་གྱུར་ན་ཅི་མ་རུང་སྙམ་པའི་སྨོན་པ་ལ་སེམས་བསྐྱེད་དུ་བྱས་པ་དང་། བདག་ཀྱང་མ་འོངས་པ་ན་སྐུ་འདི་ལྟ་བུ་འཐོབ་པར་གྱུར་ཅིག་ཅེས་སྨོན་ལམ་ལ་སེམས་བསྐྱེད་དུ་བྱས་པ་དང་། སྦྱིན་པ་འདི་ཡིས་ཤཱཀྱའི་རིགས་སྐྱེས་ཏེ། །ཡོན་ཏན་རིགས་རུས་མཉམ་པའི་སངས་རྒྱས་གྱུར། །སྲིད་མཐའི་བར་གྱི་ཉམ་ཐག་བཅིངས་པ་རྣམས། །ཞི་བ་རྒྱ་ཆེན་འཛིགས་མེད་སྒྲོལ་བར་ཤོག །ཅེས་པ་ལྟ་བུ་བསྔོ་བ་ལ་སེམས་བསྐྱེད་དུ་བཏགས་པ་ལྟ་བུ་སྐབས་དུ་མར་ཡོད་ལ། སངས་རྒྱས་འདོད་པའི་བློ་ལ་ཡང་བདག་འཛིག་རྟེན་
(༢༥ན)འདྲེན་པ་མེད་པ་རྣམས་ཀྱི་འདྲེན་པར་གྱུར་ཅིག །ཅེས་སོགས་རྒྱལ་པོ་རང་ཉིད་རྒྱལ་སར་ཕྱུང་ནས་འབངས་ལ་ཁྲིམས་འཆའ་བར་འདོད་པ་ལྟ་བུ་རྒྱལ་པོ་ལྟ་བུའི་སེམས་བསྐྱེད་དང་། དགེ་བ་འདིས་བདག་དང་སེམས་ཅན་ཐམས་ཅད་སངས་རྒྱས་འཐོབ་པར་གྱུར་ཅིག་ཅེས་བསྔོས་པ་མཉན་པ་བདག་གཞན་ལྷན་ཅིག་

ཏུ་ཕ་རོལ་ཏུ་ཕྱིན་འདོད་པ་ལྷ་བུའི་སེམས་དང་། བདག་ནི་བྱང་ཆུབ་རིངས་ཚུལ་
དུ། །འཚང་རྒྱར་མོས་ཤིང་སྤྲོ་བ་མེད། །སེམས་ཅན་གཅིག་གི་དོན་དུ་ཡང་། །ཕྱི་
མཐའི་བར་དུ་གནས་པར་བགྱི། །ཞེས་པ་ལྟ་བུ་བདག་དོན་ལ་མི་ལྟོས་པ་ཐེ་བོ་ལྟ་
བུའི་སེམས་བསྐྱེད་པ་སྔ་དུ་མར་ཡོད་ལ། བྱང་ཆུབ་སེམས་དཔའ་ཆེན་པོ་རྣམས་ནི་
བྱང་ཆུབ་འདོད་པར་མི་བྱེད་དེ། བྱང་ཆུབ་སེམས་དཔའི་སྤྱོད་པ་བསྟན་པའི་མདོ་
ལས། ཁྱིའུ་རིན་ཆེན་བྱིན་སྐྱེས་ནས་ལོ་གསུམ་ལོན་པ་སྟོན་པ་ཐུགས་དང་པོ་བསྐྱེད་
པའི་ཚེ་དེས་བཟོད་པ་ཐོབ་ནས་བསྐལ་བ་སུམ་འབུམ་ལོན་པའི་བྱང་ཆུབ་སེམས་
དཔའ་དེས་སྟོན་པ་སྲང་དུ་གཤེགས་པ་ན་མ་མའི་ཕང་པ་ནས་མཆོངས་ཏེ་རྩེ་བའི་
ཡོ་བྱད་ཀྱི་གསེར་གྱི་པདྨ་དེ་བཞིན་གཤེགས་པ་ལ་ཕུལ་ནས། དེ་ཕྱིར་མེ་ཏོག་ཕུལ་
བ་འདིས། །བདག་ལ་རྣམ་སྨིན་འབྲས་མ་གྱུར། །དངོས་པོ་ཐམས་ཅད་གཏོང་
སླད་དུ། །པདྨ་འདི་ནི་བདག་གིས་ཕུལ། །ཞེས་རྣམ་སྨིན་མེད་པར་བསྔོས་པ་དང་།
ཚངས་པ་ཁྱད་པར་སེམས་ཀྱི་མདོ་ལས། ཤི་ཙྪ་ཕྲི་དྲ་བ་ཅན་གྱི་འོད་སྟོན་པས་བྱང་
ཆུབ་ཏུ་ལུང་བསྟན་པའི་ཚེ། དེས་བདག་ནི་བྱང་ཆུབ་མི་འདོད་བྱང་ཆུབ་ཏུ་མི་ལྟོག
འཚང་རྒྱ་བར་མི་འདོད་ན་ཅིའི་སླད་དུ་ལུང་བསྟན། བཀའ་སྩལ་པ། དཔེར་ན། མི་
ཞིག་གིས་མེ་ཆེན་པོ་སྦར་ཏེ་རྩྭ་དང་ཤིང་དང་སྤུར་སྤུར་དག་འཇུད་པར་བྱེད་ཅིང་
འཚིག་པར་མ་གྱུར་ཞིག་ཅེས་ཟེར་ན་དེ་འཚིག་པར་མི་འགྱུར་རམ། གསོལ་བ་དེ་ནི་
མ་ལགས་ཏེ་འཚིག་པར་འགྱུར་རོ། །བཀའ་སྩལ་པ། དེ་བཞིན་དུ་བྱང་ཆུབ་སེམས་
དཔས་(༤༥བ)དགེ་བའི་རྩ་བ་རྒྱ་ཆེར་བསགས་ཏེ་བྱང་ཆུབ་མི་དམིགས་མི་འདོད་ན་
ཡང་བྱང་ཆུབ་འཐོབ་པར་འགྱུར་རོ། །ཞེས་སོགས་རྒྱ་ཆེར་བཤད་པས་བྱང་ཆུབ་
སེམས་དཔའ་ནམ་མཁའ་ལྟ་བུ་རྣམས་ཀྱི་སེམས་བསྐྱེད་ཀྱི་རྒྱ་མཚོ་མཐའ་ཡས་པས་
འཇུག་པ་ནི་རང་ཅག་བྱིས་པ་རྣམས་ཀྱི་སྤྱོད་ཡུལ་མ་ཡིན་ནོ། །འོ་ན་སངས་རྒྱས་
འཐོབ་པར་མི་འདོད་ན་སྨོན་སེམས་བཏང་བར་འགྱུར་རོ་ཞེ་ན། སྔར་སངས་རྒྱས་

དེ་དངོས་པོར་འཛིན་པ་ལས་ལོག་སྟེ་ནམ་མཁའ་ལ་ཐོབ་མ་ཐོབ་མི་དམིགས་པ་ལྟར་ཤེས་པས་གང་འཐོབ་པ་དང་གང་གིས་འཐོབ་པ་སོགས་ཀྱི་དངོས་འཛིན་ལོག་པས་དོན་དམ་སེམས་བསྐྱེད་ཀྱི་མིང་དུ་འདོགས་པ་ཡིན་གྱི་སྨོན་པ་བཏང་བ་ནི་དངོས་འཛིན་གྱི་ཆེ་བྲག་ཁོ་ནའོ། །

གཞན་ཡང་སྐྱེས་བུ་དམ་པ་བྱང་ཆུབ་སེམས་དཔའ་རྣམས་མཐོང་བ་ན་དེ་ལྟ་བུར་བདག་ཉིད་སྨོན་པར་བྱེད་པ་ཡང་རྗེས་སུ་མཐུན་པའི་བྱང་ཆུབ་ཀྱི་སེམས་ཙམ་དུ་འགྱུར་ཏེ་མི་སྐྱེ་བའི་བཟོད་པར་བསྒོམས་པའི་ཕ་རོལ་ཏུ་ཕྱིན་པ་དྲུག་ནི་རིང་དུ་འཕོར་བའི་ཕ་རོལ་ཏུ་ཕྱིན་པ་ཞེས་བཤད་པའི་ཕྱིར་རོ། །

ཕྲ་རགས་ཀྱིས་དབྱེ་ན། རགས་པ་བརྡ་ལས་བྱུང་བ་དང་། ཕྲ་བ་ཆོས་ཉིད་ཀྱིས་ཐོབ་པ་སྟེ་དེང་སང་ནི་ཚོགས་སྐྱེ་བ་དང་སྒོམ་སྟོབས་ཀྱིས་སྐྱེ་བ་ལ་གྲགས་སོ། །

ཚིག་ལས་སྐྱེས་པ་བྱང་ཆུབ་སེམས་དཔའི་བསླབ་པ་ལ་སློབ་པར་ཁས་བླངས་པའི་སྟོབས་ཀྱིས་ཐོབ་པ་ནི་སྐབས་འདིར་བྱང་ཆུབ་སེམས་དཔའི་སྡོམ་པ་ཞེས་བྱ་སྟེ། ཇི་ལྟར་སྔོན་གྱི་བདེ་གཤེགས་ཀྱིས། །བྱང་ཆུབ་ཐུགས་ནི་བསྐྱེད་པ་དང་། །བྱང་ཆུབ་སེམས་དཔའི་བསླབ་པ་ལ། །དེ་དག་རིམ་བཞིན་གནས་པ་ལྟར། །བདག་ཀྱང་འགྲོ་ལ་ཕན་དོན་དུ། །བྱང་ཆུབ་སེམས་ནི་སྐྱེད་བགྱི་ཞིང་། །བྱང་ཆུབ་སེམས་དཔའི་བསླབ་པ་ལ། །རིམ་པ་བཞིན་དུ་བསླབ་པར་བགྱི། །ཞེས་པའི། བྱང་ཆུབ་ཐུགས་ནི་སྐྱེད་བགྱི་ཞིང་། །ཞེས་པས་སེམས་བསྐྱེད་དང་། བྱང་ཆུབ་སེམས་དཔའི་བསླབ་པ་ལ། །རིམ་པ་(༢༥ན)བཞིན་དུ་བསླབ་པར་བགྱི། །ཞེས་པས་བྱང་སྡོམ་སྟེ་གཉིས་ཀ་ལྷན་ཅིག་ཏུ་ལེན་པའོ། །ཡང་ན་དང་པོར། ཇི་ལྟར་སྔོན་གྱི་བདེ་གཤེགས་ཀྱིས། །བྱང་ཆུབ་ཐུགས་ནི་བསྐྱེད་པ་ལྟར། །དེ་བཞིན་འགྲོ་ལ་ཕན་དོན་དུ། །བྱང་ཆུབ་སེམས་ནི་སྐྱེད་པར་བགྱི། །ཞེས་ཁས་བླངས་པ་ནི་སེམས་བསྐྱེད་ཡིན་ལ་བྱང་སྡོམ་མ་ཡིན་པའི་མུ་སྟེ་འདི་ལ་བྱང་ཆུབ་འཐོབ་པའི་ཆེད་དུ་སྦྱིན་སོགས་ལ་བརྩོན་ན་འཇུག་སེམས

དང་། སེམས་ཙམ་བསྐྱེད་ལ་བརྩོན་པ་མི་བྱེད་ན་སྐྱོན་ཀྱང་སྐྱེ། འདི་དག་ལ་རང་སྟོབས་ཀྱིས་སྐྱེས་པ་དང་གཞན་རྐྱེན་གྱིས་སྐྱེས་པ་དང་ཁས་བླངས་ཀྱིས་སྐྱེས་པ་སྟེ་སྣ་ཚོགས་པ་ཡོད་དོ། །ཡང་དང་པོར་སེམས་བསྐྱེད་ཐོབ་པ་ཞིག་ཕྱིས་བྱང་སྡོམ་ཁོ་ན་ལེན་པར་འདོད་ནས། ཇི་ལྟར་སྔོན་གྱི་བདེ་གཤེགས་ཀྱིས། །བྱང་ཆུབ་སེམས་དཔའི་བསླབ་པ་ལ། །དེ་དག་རིམ་བཞིན་གནས་པར་ལྟར། །བདག་ཀྱང་འགྲོ་ལ་ཕན་དོན་དུ། །བྱང་ཆུབ་སེམས་དཔའི་བསླབ་པ་ལ། །རིམ་པ་བཞིན་དུ་བསླབ་པར་བགྱི། །ཞེས་ཁས་བླངས་པ་ནི་བྱང་སྡོམ་ཁོ་ན་ལེན་པའི་མུ་འོ། །མདོར་ན་གཞན་དོན་དུ་སངས་རྒྱས་འཐོབ་པའི་ཕྱིར་སྤང་བྱ་སྨོན་སེམས་དང་བསྒྲུབ་བྱ་སྒྲུབ་སེམས་ཀྱི་བློ་བརྟན་པོར་སྐྱེས་པ་མཚན་གཞི། བྱང་སྡོམ་ཡིན་པར་མཚོན། གཞན་དོན་དུ་སངས་རྒྱས་འཐོབ་པའི་ཆེད་དུ་བྱང་ཆུབ་སེམས་དཔའི་བསླབ་པ་ལ་སློབ་པར་དམ་བཅས་པའི་སེམས་ཁྱད་པར་ཅན་མཚན་ཉིད་དོ། །

དབྱེ་ན། ཚུལ་ཁྲིམས་རྣམ་པ་གསུམ་སྟེ། མི་མཐུན་ཕྱོགས་སྤོང་བ་སྡོམ་པའི་ཚུལ་ཁྲིམས་དང་། རང་རྒྱུད་ལ་དགེ་བ་སྒྲུབ་པ་དགེ་བ་ཆོས་སྡུད་ཀྱི་ཚུལ་ཁྲིམས་དང་། གཞན་ལ་ཕན་བདེ་སྒྲུབ་པ་སེམས་ཅན་དོན་བྱེད་ཀྱི་ཚུལ་ཁྲིམས་ཏེ་ལྷག་པའི་ཚུལ་ཁྲིམས་ཀྱི་བསླབ་པ་ཡིན་ལ། དེས་སེམས་ཏིང་ངེ་འཛིན་ཐོབ་པ་ལྷག་པའི་ཏིང་ངེ་འཛིན་དང་། དེ་ལས་ཆོས་རབ་ཏུ་རྣམ་འབྱེད་ཀྱི་ཤེས་རབ་ཐོབ་པ་ལྷག་པའི་ཤེས་རབ་སྟེ་རྒྱུ་དང་འབྲས་(༢༥བ)བུའི་གོ་རིམ་མེད་ན་མི་འབྱུང་དུ་གནས་སོ། །འདིར་**ལེགས་བཤད་བསྡུས་པར།** གཞན་དོན་དུ་བྱང་སྡོམ་གྱི་ཆོ་གས་བླངས་པའི་སེམས་པ་དགེ་བ་རྒྱུན་ཆགས་བྱང་སྡོམ་གྱི་མཚན་ཉིད། དེ་ཡང་གཞན་དོན་དུ་བྱང་སྡོམ་གྱི་ཞེས་པས་དམན་པའི་སྡོམ་པ་བསལ། སེམས་པ་དགེ་བ་ཞེས་པས་སྡོམ་མིན་བསལ། རྒྱུན་ཆགས་ཞེས་པས་བར་མའི་དགེ་བ་བསལ་བར་འདོད་ཀྱང་། མ་ངེས་ཏེ། ས་བརྒྱད་པའི་བྱང་སེམས་འགོག་པ་ལ་མཉམ་པར་བཞག་པའི་གནས་

སྐབས་ཀྱི་དེ་རྒྱུད་ཀྱི་བྱང་སྡོམ་ཆོས་ཅན། མཚན་ཉིད་དེར་ཐལ་ཏེ། བྱང་སྡོམ་ཡིན་པའི་ཕྱིར། འདོད་ན། སེམས་པ་དགེ་བ་རྒྱུན་ཆགས་ཅན་ཡིན་པར་ཐལ། གཞན་དོན་དུ་བྱང་སྡོམ་གྱི་ཚོགས་བླངས་པའི་སེམས་པ་དགེ་བ་རྒྱུན་ཆགས་ཅན་ཡིན་པའི་ཕྱིར། འདོད་ན། དེ་དེ་མ་ཡིན་པར་ཐལ། སེམས་སེམས་བྱུང་གི་རྒྱུ་བ་དང་བྲལ་བའི་ཕྱིར་ཏེ། འགོག་པའི་སྙོམས་འཇུག་ལ་སྙོམས་པར་ཞུགས་པའི་སྐབས་ཡིན་པའི་ཕྱིར། གཞན་ཡང་བྱང་སྡོམ་གྱི་བྱ་བའི་གཙོ་བོ་གཞན་དོན་ཡིན་པས་བྱང་སྡོམ་གྱི་ཚོགས་བླངས་པ་ཞེས་པས་གཞན་དོན་དོན་གཉེར་དུ་འགྱུར་བའི་ཕྱིར་དེ་ཟུར་དུ་སྨོས་པའང་ཀློས་པའི་སྐྱོན་ནོ། །

ཡང་ས་བཟང་པས། སེམས་བསྐྱེད་ནི་སྔར་བཤད་པ་ལྟར་སྨོན་འཇུག་གཉིས་ཀའི་བདག་ཉིད་ཅན་ཡིན་ལ། སྡོམ་པ་ནི་ལུས་དང་ལོངས་སྤྱོད་ལ་ལྟོས་པ་མེད་པར་སྒོ་གསུམ་གྱིས་རྣམ་པ་ཐམས་ཅད་དུ་གཞན་ལ་ཕན་པར་ཞུགས་པ་འཇུག་པའི་བདག་ཉིད་ཅན་ཏེ་ཐེག་པ་ཆེན་པོ་པའི་རྒྱུད་ཀྱིས་བསྡུས་པའི་ཚུལ་ཁྲིམས་སོ། །ཞེས་ཟེར་བ་ཡང་དཔྱད་པའི་གཞི་སྐྱེ་ལུས་དང་ལོངས་སྤྱོད་ལ་ལྟོས་པ་མེད་པར་སྒོ་གསུམ་གྱིས་རྣམ་པ་ཐམས་ཅད་དུ་གཞན་ལ་ཕན་པར་ཞུགས་པ་དེ་བརྟེན་པ་སྡོམ་པའི་ཆོས་ཡིན་ནམ་རྟེན་གང་ཟག་གི་ཆོས་ཡིན། དང་པོ་ལྟར་ན། སྡོམ་པ་རང་གི་ལུས་དང་ལོངས་སྤྱོད་ལ་ལྟོས་པ་མེད་པར་སྒོ་གསུམ་གྱིས་གཞན་(༢༥ན)ཕན་བྱེད་པ་དེ་བྱང་ཆུབ་སེམས་དཔའ་ལས་ཀྱང་ངོ་མཚར་ཆེའོ། །

གཉིས་པ་ལྟར་ན། བྱང་སྡོམ་རྒྱུད་ལྡན་ཐམས་ཅད་ལུས་དང་ལོངས་སྤྱོད་ལ་ལྟོས་པ་མེད་པར་སྒོ་གསུམ་གྱིས་རྣམ་པ་ཐམས་ཅད་དུ་གཞན་ལ་ཕན་པར་ཞུགས་པ་ཡིན་ན། ར་དང་རི་དྭགས་ཀྱི་ཤིང་རྟས་འགྲོ་བ་ལྟ་བུའི་བྱང་ཆུབ་སེམས་དཔའ་མི་སྲིད་པ་དང་། བྱང་ཆུབ་སེམས་དཔའ་ཕྱིར་ལྡོག་པ་མི་སྲིད་པ་དང་། བྱང་ཆུབ་སེམས་དཔའ་ཐམས་ཅད་དབང་པོ་ཡོངས་སུ་སྨིན་པ་ཤ་སྟག་ཏུ་ཐལ་བས་འདི་

འགྲུབ་ན་སྨོན་པའི་གནས་སུ་བཟང་ཡང་མི་འགྲུབ་སྟེ་ལྷ་ཆེན་པོ་དང་། སྒྲ་ཆེན་པོ་དང་། སྙིང་སྟོབས་ཆེན་པོ་མཆེད་གསུམ་གྱིས་སྟག་མོ་བཀྲེས་པ་བུ་བཅས་མཐོང་བ་ན་ཡང་སུ་རང་གི་ཤས་འདིའི་བཀྲེས་པ་སེལ་བ་སུ་ཡོད་ཅེས་གླེངས་པ་ན། གཅེན་གཉིས་ཀྱིས་དེ་ལྟ་བུ་སུས་ཀྱང་མི་ནུས་སོ་ཞེས་སྨྲས་ཤིང་། གཅུང་གིས་རང་ཅག་རྣམས་ལྟ་བུ་ལ་དཀའ་བ་ཡིན་མོད་ཀྱི་སྐྱེས་བུ་ཆེན་པོ་ཚེ་རབས་མང་པོར་གོམས་པ་རྣམས་ལ་དེ་ལྟ་བུ་ག་ལ་དཀའ་ཞེས་སྨྲས་ཤིང་མཐར་གཅེན་གཉིས་བྲིད་དེ་རང་གི་ལུས་བྱིན་པའི་འོག་ཏུ་གཅེན་གཉིས་ཀྱིས་ཀྱང་། འདི་ཡིས་བདག་གི་ཉེས་པ་བསྒྲགས་པ་སྙམ། ཞེས་བརྗོད་པར་བཤད་པའི་ཕྱིར་དང་བྱང་ཆུབ་སེམས་དཔའ་རྣམས་ཉིད་ཀྱི་ནང་ཚན་གྱི་དབང་པོ་རྣོ་བརྟུལ་དང་བརྩོན་པ་ཆེ་ཆུང་དང་ཐབས་ལ་མཁས་མི་མཁས་ཀྱི་ཁྱད་པར་མཐའ་ཡས་པ་དེ་ལྟ་བུ་ནི་སེམས་ཅན་གྱི་ཁམས་གཞན་ལ་མ་མཐོང་བའི་ཕྱིར་རོ། །

ཅི་ཚུལ་ཁྲིམས་གསུམ་པོ་འདི་དག་གཅིག་གམ་ཐ་དད་ཅེ་ན། སྤྱིར་བྱེད་ལས་ཀྱི་ཆ་ནས་ཐ་དད་པར་བཤད་ལ། ཆོས་ཀྱི་སྦྱིན་པ་ལྟ་བུ་དངོས་སེམས་ཅན་དོན་བྱེད་ཀྱི་ཚུལ་ཁྲིམས་སུ་འགྱུར་ཞིང་རྒྱུ་དེས་རང་རྒྱུད་ལ་དགེ་བའི་ཆོས་སྡུད་དུ་འགྱུར་བ་དང་། ཤུགས་ཀྱིས་དེ་ནས་བསྟན་པ་ལྟར་སྤང་བྱ་སྤོང་བས་བདག་གཞན་གཉིས་ཀ་ལ་ཉེས་སྤྱོད་སྡོམ་པའི་ཚུལ་ཁྲིམས་བསྐྱེད་པ་སོགས་རེ་རེ་ཡང་བརྒྱུད་ནས་ཚུལ་ཁྲིམས་གསུམ་གར་དུ་འགྱུར་བ་ཤིན་ཏུ་མང་ལ། དཔེར་ན། ཆུ་གཅིག་གིས་དྲི་མ་བཀྲུ་བ་དང་བརླན་པ་དང་ངོམས་པ་སྐྱེ་བྱེད་ལས་གསུམ་བྱེད་པ་ལྟར་དོན་གྱིས་ཚུལ་ཁྲིམས་(༢༨བ)གསུམ་གར་དུ་འགྱུར་བ་ཤིན་ཏུ་མང་ངོ་། །ཚུལ་ཁྲིམས་གསུམ་དུ་ངེས་པའི་རྒྱུ་མཚན་ནི། **བྱང་ས་ལས།** ཉོན་མོངས་པ་མེད་པར་རང་གི་སེམས་གནས་པར་བྱེད་པ་དང་། བདག་གིས་སངས་རྒྱས་ཀྱི་ཆོས་ཡོངས་སུ་སྒྲུབ་པར་བྱེད་པ་དང་། སེམས་ཅན་ཡོངས་སུ་སྨིན་པར་བྱེད་པ་སྟེ། བྱང་ཆུབ་སེམས་དཔའི་བྱ་བ་

ཐམས་ཅད་གསུམ་པོ་དེ་དག་ཏུ་ཟད་པའི་ཕྱིར་རོ་ཞེས་སོ། །གོ་རིམ་ཡང་གཙོ་བོར་སྔ་མ་ལས་ཕྱི་མ་འབྱུང་བ་རྒྱུ་འབྲས་ཀྱི་གོ་རིམ་དུ་བཞག་གོ། །

བཞི་པ་ཚོ་ག་ལ། ཐེག་པ་ཆེན་པོ་ནི་ནམ་མཁའ་ལྟར་མཐའ་ཡས་པས་སྤྱིར་བསམ་གྱིས་མི་ཁྱབ་ཀྱང་། ད་ལྟ་རྒྱ་བོད་ན་ཐེག་ཆེན་གྱི་ཤིང་རྟའི་སྲོལ་ཆེན་པོ་རྣམ་པ་གཉིས་ཏེ་འཕགས་པ་འཇམ་དཔལ་གྱིས་སློབ་དཔོན་ཀླུ་སྒྲུབ་རྗེས་སུ་བཟུང་སྟེ་དེ་ལས་བརྒྱུད་པ་ཟབ་མོ་ལྟ་བའི་གཞུང་དང་། འཕགས་པ་བྱམས་པས་སློབ་དཔོན་ཐོགས་མེད་རྗེས་སུ་བཟུང་སྟེ་དེ་ལས་བརྒྱུད་པ་རྒྱ་ཆེན་སྤྱོད་པའི་གཞུང་སྟེ་གཉིས་ཡིན་ལ། དེས་ན་བྱང་ཆུབ་ཏུ་སེམས་བསྐྱེད་པའི་ཚོ་གའང་ཤིང་རྟའི་སྲོལ་གཉིས་སོ། །

ཆོས་རྗེ་ས་སྐྱ་པས། བྱང་ཆུབ་སེམས་བསྐྱེད་ཚོ་ག་ཡང་། །དབུ་མ་སེམས་ཙམ་ལུགས་གཉིས་ཡོད། །དཔེར་ན་ནས་ཀྱི་ས་བོན་ནི། །གྲང་དྲོ་ཀུན་ཏུ་སྐྱེ་བ་ལྟར། །དེ་བཞིན་དབུ་མ་པ་ཡི་ཡང་། །སེམས་བསྐྱེད་མཆོག་དམན་ཀུན་ལ་སྐྱེ། །དཔེར་ན་འབྲས་ཀྱི་ས་བོན་ནི། །དྲོ་བའི་ཡུལ་དུ་སྐྱེ་བ་ལྟར། །དེ་བཞིན་སེམས་ཙམ་པ་ཡི་ཡང་། །སེམས་བསྐྱེད་ཕྲིག་ཅན་ལ་མི་སྐྱེ། །ཞེས་སོགས་བཤད་པ་ནི། ཐོགས་མེད་སྐུ་མཆེད་སེམས་ཙམ་པ་ཡིན་པས་དེ་ལས་བརྒྱུད་པའི་ཕྱིར་སེམས་ཙམ་པའི་ལུགས་སོ་ཞེས་བསམས་པར་ཟད་མོད་ཀྱང་། བྱམས་པ་ཐོགས་མེད་ཀྱིས་གསུངས་ཤིང་། །ཀླུ་སྒྲུབ་ཀྱང་ནི་བཞེད་པ་ཡི། །ཞེས་པའི་འགྲེལ་པར། བྱམས་པ་ནི་ས་བཅུ་པ་ལ་གནས་པའོ། །ཐོགས་མེད་ནི་ས་གསུམ་པ་ལ་གནས་པའོ། །ཀླུ་སྒྲུབ་ནི་ས་དང་པོ་ལ་གནས་པའོ། །ཞེས་བཤད་པས་ཀླུ་སྒྲུབ་ས་དང་པོ་པ་ལས་ཐོགས་མེད་ས་གསུམ་པ་རྟོགས་(༢༧ན)པ་དམའ་བར་ཡང་མི་རིགས་ལ། དབྱིག་གཉེན་གདུལ་བའི་དོན་དུ་སེམས་ཙམ་གསུངས་པར་བཤད་པས་ཀྱང་སེམས་ཙམ་པ་དངོས་མ་ཡིན་པར་གྲུབ་ཅིང་དབྱིག་གཉེན་གྱིས་ཡུམ་དོན་སེམས་ཙམ་དུ་བཀྲལ་བ་ཡང་། རང་གིས་ཡུམ་དོན་

རྟོགས་པ་སེམས་ཅམ་གྱི་ལྟ་བའི་དྲིན་ལས་བྱུང་བའི་དྲིན་དུ་གཟོ་བའི་ཆེད་ཡིན་པར་བཤད་པས་ཀྱང་། འགྲེལ་པ་རྗོམ་དུས་ན་དབྱིག་གཉེན་ཡང་དབུ་མའི་ལྟ་བ་ཐུགས་ལ་འཁྲུངས་པར་དོན་གྱིས་འཕངས་པ་ཡིན་པའི་ཕྱིར་རོ། །

གཞན་ཡང་དབུ་སེམས་ནི་ལྟ་བའི་མིང་ཡིན་ལ་དེ་ཡང་རང་རིག་བདེན་པར་འདོད་པ་སེམས་ཙམ་པ་དང་དེ་ཡང་མི་བདེན་པར་འདོད་པ་དབུ་མ་པ་ཡིན་ལ། སེམས་བསྐྱེད་ཀྱི་ཆོ་ག་འདི་གཉིས་ལ་རང་རིག་ཁས་ལེན་མི་ལེན་གྱི་ཁྱད་པར་བཤད་པ་མེད་པའི་ཕྱིར། དབྱིག་གཉེན་སེམས་ཙམ་པ་ཡིན་དུ་བཅུག་ཀྱང་། དེ་ལས་བརྒྱུད་པས་སེམས་ཙམ་པའི་ལུགས་སུ་འགྱུར་ན། འོ་ན་རྒྱ་ཆེན་སྤྱོད་གཞུང་གི་སེམས་བསྐྱེད་ཆོ་ག་འདི་ཆོས་ཅན། དབུ་མའི་ལུགས་ཡིན་པར་ཐལ་ཏེ། དབུ་མ་པ་ལས་བརྒྱུད་པའི་ཕྱིར་ཏེ་འཕགས་གྲོལ་བཙུན་གྲོལ་གཉིས་དབུ་མ་པ་ཡིན་པའི་ཕྱིར།

དེས་ན་རྒྱ་ཆེན་སྤྱོད་གཞུང་ནི་སེམས་ཙམ་གྱི་ལྟ་བ་མིན་ཏེ་སེམས་ཙམ་གྱི་ལྟ་བ་ལ་ངེས་པར་དབུ་མའི་རིགས་པས་གནོད་དེ་རྣལ་འབྱོར་པ་ཡང་བློ་ཁྱད་ཀྱིས་གོང་མ་གོང་མ་རྣམས་ཀྱིས་གནོད་པའི་ཕྱིར།

རྒྱ་ཆེན་སྤྱོད་གཞུང་གིས་ཆོས་ཐམས་ཅད་མཚན་ཉིད་གསུམ་གྱིས་གཏན་ལ་ཕབ་སྟེ་དག་པ་གཉིས་ལྡན་གྱི་ཆོས་ཉིད་གཙོ་བོར་འཆད་པ་དང་། ཟབ་མོ་ལྟ་བའི་གཞུང་ཆོས་ཐམས་ཅད་བདེན་གཉིས་ཀྱིས་གཏན་ལ་ཕབ་སྟེ། ཇི་ལྟར་བློས་བཏགས་པ་ལྟར་མི་གནས་པ་རང་བཞིན་རྣམ་དག་གི་སྟོང་ཉིད་གཙོ་བོར་སྟོན་པ་འདི་གཉིས་ནི་གཅིག་གི་ངེས་དོན་ལ་གཅིག་གི་རིགས་པས་གནོད་པ་མ་ཡིན་ཏེ། གདུལ་བྱའི་དབང་གིས་འཆད་ཚུལ་ཐ་དད་ཀྱང་གཉིས་ཀ་ལས་མཐོང་བའི་ལམ་དུ་ཆོས་ཉིད་མཐོང་བ་ན་ཐ་དད་པ་(༢༧བ)མ་དམིགས་པའི་ཕྱིར། དཔེ་དེ་དག་ཀྱང་བྱིས་པ་མགུ་བྱེད་དུ་ཟད་དེ། ནས་ཀྱི་ས་བོན་ཆོས་ཅན། གྲང་དྲོ་ཀུན་ཏུ་མི་སྐྱེ་བར་ཐལ་ཏེ།

ཏ་ཙང་གྲང་བར་མི་སྐྱེ་སྟེ། གངས་རིའི་རྩེར་མི་སྐྱེ་བའི་ཕྱིར། ཏ་ཙང་ཚ་བར་མི་སྐྱེ་སྟེ་མེའི་ནང་དུ་མི་སྐྱེ་བའི་ཕྱིར། འདོད་ན། གྲང་ཚ་ཀུན་ཏུ་སྐྱེ་བ་ཉམས་སོ། །སེམས་ཙམ་ལུགས་ཀྱི་སེམས་བསྐྱེད་སྡིག་ཅན་ལ་མི་སྐྱེ་ན་ནི་སོ་སྐྱེ་ལ་མི་སྐྱེ་བར་འགྱུར་ཏེ། སྡིག་པ་གཏན་མེད་ཀྱི་སོ་སྐྱེ་ཡང་དཀའ་བའི་ཕྱིར་དང་། ཡང་མཚམས་མེད་བྱས་པ་ལྟ་བུའི་སྡིག་པ་ཅན་འགྲོད་འཛེམས་དྲག་པོས་བྱང་ཆུབ་ཀྱི་སེམས་ལ་འཇུག་ན་ཁྱད་པར་དུ་སྐྱེ་རིགས་པའི་ཕྱིར་རོ། །

གཞན་ཡང་ཟབ་མོ་ལྟ་རྒྱུད་ཀྱི་ཚོ་གས་སེམས་བསྐྱེད་ནས་སླར་རྒྱ་ཆེན་སྤྱོད་གཞུང་གི་སེམས་བསྐྱེད་ལེན་མི་རིགས་པར་ཐལ། དེ་གཉིས་ལ་དབུ་སེམས་ཀྱི་ཁྱད་པར་ཡོད་ལ་སྔར་དབུ་མའི་ལྟ་བ་སྐྱེས་ནས་ཕྱིས་སེམས་ཙམ་པར་འགྱུར་བ་མི་སྲིད་པའི་ཕྱིར། གཞན་ཡང་སྐྱབས་འགྲོ་དང་ཡན་ལག་བདུན་པ་དང་ལམ་གྱི་ཆོས་མཐའ་དག་ལ་དབུ་སེམས་གཉིས་སུ་དབྱེ་རིགས་པར་ཐལ། སེམས་བསྐྱེད་ལ་དེ་ལྟར་དབྱེ་རིགས་པའི་ཕྱིར། གལ་ཏེ་དེ་འདོད་དེ་དབུ་མའི་ལྟ་བས་ཟིན་པས་དེ་དག་བྱས་ན་དབུ་མའི་ལུགས་དང་སེམས་ཙམ་གྱི་ལྟ་བས་ཟིན་པས་བྱས་ན་སེམས་ཙམ་ལུགས་སུ་འགྱུར་རོ་སྙམ་ན། འོ་ན་དབུ་མའི་ལྟ་བ་ལ་གནས་པས་ཚོ་ག་དེ་གཉིས་གང་ལས་སེམས་བསྐྱེད་ཀྱང་དབུ་མའི་ལུགས་དང་། སེམས་ཙམ་གྱི་ལྟ་བ་ལ་གནས་པས་ལུགས་དེ་གཉིས་གང་ལས་སེམས་བསྐྱེད་ཀྱང་སེམས་ཙམ་ལུགས་སུ་ཁས་ལེན་དགོས་པས་རྩ་བའི་དམ་བཅའ་ཉམས་སོ། །

དེས་ན་སེམས་བསྐྱེད་ཀྱི་ཚོ་ག་ལ་དབུ་སེམས་ཀྱི་གཞུང་ཐ་དད་དུ་བཏགས་པ་འདིས་ནི་སེམས་བསྐྱེད་གཉིས་པོ་ལ་ལྟ་བ་ཐ་དད་ཡོད་པར་གོ་བ་དང་མཆོག་དམན་ཡོད་པར་འཁྲུལ་པ་སྐྱེ་ཞིང་། རྒྱ་ཆེན་སྤྱོད་གཞུང་གི་སྐྱེས་ཆེན་རྣམས་ལ་སེམས་ཙམ་པའོ། །ཞེས་བརྙས་པ་སྐྱེ་བའི་དགག་བྱ་ཡོད་པས་དེ་ལྟར་མི་འདོན་པར་ཤིང་རྟའི་སྲོལ་སོ་(༢༨ན)སོའི་ལུགས་ཞེས་འདོན་པར་བྱའོ། །

ཐུན་མོང་དུ་གང་ལས་བླང་བའི་ཡུལ་ནི། བླ་མ་སྡོམ་ལ་གནས་ཤིང་མཁས། །ནུས་དང་ལྡན་ལས་བླང་བར་བྱ། །མེད་ན་རྟེན་ནམ་དཀོན་མཆོག་ལས། །ཞེས་བྱ་སྟེ། འདི་ལ་གཉིས་ཏེ་སློབ་དཔོན་ཡོད་པ་དང་མེད་པའོ། །དེ་ཡང་སློབ་དཔོན་གྱི་སྤྱན་སྔར་འགྲོ་བ་ལ་སྲོག་གམ་ཚངས་སྤྱོད་ཀྱི་བར་ཆད་དུ་འགྱུར་བ་ཡོད་ན་ཐག་ཉེ་བར་བཞུགས་ཀྱང་སློབ་དཔོན་མེད་པ་ཞེས་བྱ་སྟེ། དལ་འབྱོར་གྱི་རྟེན་དང་དགེ་བའི་བློ་སྙེད་དཀའ་བས་ན་དེར་མི་འགྲོ་བར་སྐུ་གཟུགས་སམ་དཀོན་མཆོག་ལས་བླང་བར་བྱ་ལ། དེ་མེད་ན་ཐག་རིང་པོ་ན་བཞུགས་ཀྱང་སློབ་དཔོན་ཡོད་པ་ཞེས་བྱ་སྟེ་ངོ་ཚ་དང་ཁྲེལ་ཡོད་ཀྱི་རྟེན་དུ་འགྱུར། སྲང་བླང་གི་ལུང་སྟོན། རང་གི་འདོད་པ་དྲིར་ཡོད་པའི་ཕྱིར་ངེས་པར་སློབ་དཔོན་ལས་བླང་བར་བྱའོ། །

སློབ་དཔོན་གྱི་མཚན་ཉིད་ནི། བྱང་སྡོམ་འབོགས་ཆོག་ལ་མཁས་པ། ཐོབ་ལ་མ་ཉམས་པ། བརྡ་སྤྲོད་པར་ནུས་པ། བརྩེ་བས་སློབ་མ་སྐྱོང་བ་སྟེ་ཆོས་བཞི་ལྡན་གྱི་སྐྱེས་བུ་ཆེན་པོ་སྟེ། **ལམ་སྒྲོན་ལས།** ཡང་དག་མཚན་ཉིད་ལྡན་པ་ཡི། །བླ་མ་བཟང་ལས་སྡོམ་པ་བླང་། །སྡོམ་པའི་ཆོ་ག་ལ་མཁས་དང་། །བདག་ཉིད་གང་ཞིག་སྡོམ་ལ་གནས། །སྡོམ་པ་འབོགས་བཟོད་སྙིང་རྗེར་ལྡན། །བླ་མ་བཟང་པོར་ཤེས་པར་བྱ། །ཞེས་སོ། །ཡང་ན་ཐེག་པ་ཆེན་པོའི་ཆོས་དོན་ལ་མཁས་ཤིང་། བྱང་སྡོམ་བརྟན་པའི་སྐྱེས་ཆེན་ཏེ། རྟག་པར་དགེ་བའི་བཤེས་གཉེན་ནི། །སོགས་སོ། །བླ་མ་མེད་ན་སྐུ་གཟུགས་ཀྱི་སྤྱན་སྔར་སྨོན་འཇུག་གང་ལེན་པའི་ཆོག་རྣམས་སྙིང་ཐག་པ་ནས་ལན་གསུམ་དུ་བརྗོད་པས་འཐོབ་སྟེ། **བྱང་ས་ལས།** གལ་ཏེ་ཡོན་ཏན་དེ་དག་དང་ལྡན་པའི་གང་ཟག་མེད་པར་གྱུར་ན་བྱང་ཆུབ་སེམས་དཔས་དེ་བཞིན་གཤེགས་པའི་སྐུ་གཟུགས་ཀྱི་སྤྱན་སྔར་བདག་ཉིད་ཀྱིས་བྱང་ཆུབ་སེམས་དཔའི་ཚུལ་ཁྲིམས་ཀྱི་སྡོམ་པ་ཡང་དག་པར་བླང་བར་བྱ་སྟེ། ཞེས་སོ། །(༢༢བ)སྐུ་གཟུགས་

ཀྱང་མ་རྙེད་ན་མདུན་གྱི་ནམ་མཁར་སངས་རྒྱས་དང་བྱང་ཆུབ་སེམས་དཔའ་རྣམས་མངོན་སུམ་དུ་བསྒོམས་ནས་སྨོན་འཇུག་གང་ལེན་པའི་ཆོ་ག་ལན་གསུམ་བརྗོད་པས་འཐོབ་སྟེ། **བསླབ་བཏུས་ལས།** ཡང་དེ་ལྟ་བུའི་དགེ་བའི་བཤེས་གཉེན་མེད་ན་ཕྱོགས་བཅུ་ན་བཞུགས་པའི་སངས་རྒྱས་དང་བྱང་ཆུབ་སེམས་དཔའ་རྣམས་མངོན་སུམ་དུ་བསྒོམས་ལ་སྡོམ་པ་བདག་ཉིད་ཀྱི་སྟོབས་དང་སྦྱར་ལ་བླང་བར་བྱ་སྟེ། །ཞེས་སོ། །

གང་གིས་ལེན་པའི་རྟེན་ནི། རིགས་སད་སྐྱབས་སོང་སྨོན་པའི་རྟེན། །སོ་ཐར་སྨོན་ལྡན་འཇུག་པའི་རྟེན། །ཞེས་བྱ་སྟེ། ཐེག་པ་ཆེན་པོའི་རིགས་ཡོད་ཅིང་སད་པ་དཀོན་མཆོག་ལ་སྐྱབས་སུ་སོང་བ་ནི་སྨོན་སེམས་སྐྱེ་བའི་རྟེན་ཡིན་ཏེ། ཐེག་ཆེན་གྱི་རིགས་མེད་པའམ་ཡོད་ཀྱང་མ་སད་ན་ཐེག་ཆེན་གྱི་བསམ་པ་ཁྱད་པར་ཅན་མི་སྐྱེ་བའི་ཕྱིར་དང་། སྡོམ་པ་ཀུན་ལ་ཡོད་མོད་ཀྱི། །སྐྱབས་སུ་མ་སོང་བ་ལ་མེད། །ཅེས་གྲགས་པའི་ཕྱིར། དེའི་སྟེང་དུ་སོ་ཐར་རིས་གང་རུང་དང་ལྡན་ཞིང་སྨོན་པའི་སེམས་བསྐྱེད་པ་ནི་བྱང་སྡོམ་གྱི་རྟེན་ཡིན་ཏེ། སྡོམ་པ་རྒྱ་ཆེན་དེ་ཡི་རྟེན། །ཞེས་དང་། **ལམ་སྒྲོན་ལས།** སོ་སོར་ཐར་པ་རིས་བདུན་གྱི། །རྟག་ཏུ་སྡོམ་གཞན་ལྡན་པ་ལ། །བྱང་ཆུབ་སེམས་དཔའི་སྡོམ་པ་ཡི། །སྐལ་བ་ཡོད་ཀྱི་གཞན་དུ་མིན། །ཞེས་དང་། འཁོར་ལོས་བསྒྱུར་བའི་རྒྱལ་པོ་ཁང་བཟང་གཙང་བར་བཞུགས་སུ་གསོལ་རིགས་པ་ལྟར་བྱང་ཆུབ་ཀྱི་སེམས་ཀྱི་རྒྱལ་པོ་ཡང་སྡོམ་པས་བསྡམས་པ་གཙང་བའི་རྒྱུད་ལ་བཞུགས་སུ་གསོལ་བར་རིགས་པའི་ཕྱིར་དང་། སོ་ཐར་ནི། གཞན་གནོད་སྤོང་བ་ཡིན་ལ། བྱང་སྡོམ་ནི། གཞན་ལ་ཕན་འདོགས་པ་ཡིན་པས་གནོད་པ་ལས་མ་ལོག་པར་ཕན་གདགས་པ་མི་སྲིད་པའི་ཕྱིར་རོ། །

ཐར་རྒྱན་ལས། གལ་ཏེ་གཞན་དག་ན་རེ། སོ་ཐར་དེ་བྱང་སྡོམ་སྐྱེ་བའི་རྟེན་དུ་མི་འཐད་དེ་ཟ་མ་དང་མ་ནིང་དང་ལྷ་ལ་སོགས་ལ་སོ་ཐར་མི་སྐྱེ་ལ་བྱང་སྡོམ་

སྐྱེ་བར་བཤད་པའི་ཕྱིར། (ཡ་ན)གནས་པའི་རྟེན་དུ་མི་འཐད་དེ་སོ་ཐར་ནི་ཤི་འཕོས་པས་གཏོང་ལ་བྱང་སྡོམ་དེས་མི་གཏོང་བའི་ཕྱིར་རོ་ཞེ་ན།

ལན་ནི་སོ་ཐར་ལ་བསམ་པའི་ཁྱད་པར་གྱིས་རིགས་གསུམ་ཡོད་དེ་རིས་བདུན་པོ་དེ་ཁམས་གསུམ་གྱི་བདེ་བ་འདོད་པའི་བསམ་པས་བླངས་པ་ལེགས་སྨོན་གྱི་ཚུལ་ཁྲིམས་དང་། རང་གི་སྡུག་བསྔལ་གཏན་དུ་སྤང་བར་འདོད་པའི་བསམ་པས་བླངས་པ་ཉན་ཐོས་ཀྱི་ངེས་འབྱུང་གི་ཚུལ་ཁྲིམས་དང་། བྱང་ཆུབ་ཆེན་པོ་འཐོབ་པར་འདོད་པའི་བསམ་པས་བླངས་པ་བྱང་ཆུབ་སེམས་དཔའི་སྡོམ་པའི་ཚུལ་ཁྲིམས་སོ། །

དེ་ལྟར་གསུམ་ལས་ཕྱི་མ་གཉིས་ནི་ཟ་མ་སོགས་ལ་མི་སྐྱེ་ཞིང་ཤི་འཕོས་པས་གཏོང་ལ་ཉམས་ན་སླར་གསོ་མི་རུང་བའི་ཕྱིར་བྱང་སྡོམ་གྱི་རྟེན་མིན་ལ། བྱང་ཆུབ་སེམས་དཔའི་སྡོམ་པའི་ཚུལ་ཁྲིམས་ནི་ཟ་མ་སོགས་ལའང་སྐྱེ་བ་དང་། ཤི་འཕོས་ཀྱང་མི་གཏོང་བ་དང་ཉམས་ཀྱང་གསོར་རུང་བའི་ཕྱིར་བྱང་སྡོམ་སྐྱེ་བའི་རྟེན་ཡང་ཡིན་ལ་གནས་པའི་རྟེན་ཡང་ཡིན་ཏེ། **མདོ་རྒྱན་འགྲེལ་པར།** སེམས་དེའི་རྟེན་གང་ཞེ་ན། བྱང་ཆུབ་སེམས་དཔའི་ཚུལ་ཁྲིམས་ཀྱི་སྡོམ་པ་ནི་རྟེན་ནོ། །ཞེས་གསུངས་སོ། །ཡང་ན་སྐྱེ་བའི་རྟེན་དུ་དགོས་ལ་གནས་པའི་རྟེན་དུ་མ་ངེས་ཏེ་ཐག་མེད་ཀྱི་སྡོམ་པའི་རྟེན་དུ་བསམ་གཏན་གྱི་སྡོམ་པ་བཞིན་ནོ། །ཞེས་གསུངས་སོ། །

བྱང་ཆུབ་སེམས་དཔའི་སོ་ཐར་དེ་ཡང་ལེན་པའི་ཚེ་ག་ལོགས་སུ་མི་དགོས་ཏེ་སྔར་ཉན་ཐོས་ཀྱི་བསླབ་པ་བླངས་པ་ཉིད་བསམ་པ་ཁྱད་པར་ཅན་གྱིས་ཟིན་པ་ན་གནས་གྱུར་ནས་བྱང་ཆུབ་སེམས་དཔའི་སྡོམ་པར་འགྱུར་བ་ཡིན་ཏེ་དམན་པའི་སེམས་བཏང་ཡང་སྡོང་བའི་སེམས་པ་མ་བཏང་བའི་ཕྱིར་རོ། །ཞེས་བཤད་དེ། སོ་ཐར་རིས་བདུན་ལས་གང་རུང་ལེན་པ་ཉིད་ཀྱི་ཚེ་སེམས་བསྐྱེད་ཀྱིས་ཟིན་ན་དེ་བྱང་ཆུབ་སེམས་དཔའི་སོ་ཐར་ཡིན་པས་དེ་བྱང་སྡོམ་གྱི་རྟེན་དངོས་ཡིན་ལ། སྔར་

ཞིགས་སློན་ནམ་ངེས་འབྱུང་གིས་བླངས་པ་ཡིན་ཡང་སེམས་བསྐྱེད་པ་ན། འཁོར་བའི་བདེ་བ་འཐོབ་འདོད་དང་རང་དོན་དུ་ཞི་བ་འཐོབ་འདོད་དང་(༤་བ)བྲལ་ཞིང་གཞན་དོན་དུ་བྱང་ཆུབ་འཐོབ་འདོད་དུ་གནས་གྱུར་ལ་སྤྱོང་སེམས་མ་དོར་བའི་ཕྱིར། དེ་ཉིད་བྱང་ཆུབ་སེམས་དཔའི་སྡོམ་པའི་ཚུལ་ཁྲིམས་སུ་གྱུར་པས་བྱང་སྡོམ་གྱི་རྟེན་དུ་རུང་བའོ། །

སྔ་མ་གཉིས་བྱང་སྡོམ་གྱི་རྟེན་མ་ཡིན་ཞེས་པ་ཡང་དམན་པའི་བསམ་པ་དེ་མ་སྤངས་ཀྱི་བར་དུ་སྐྱེ་དམན་པའི་བསམ་པ་དང་སེམས་བསྐྱེད་གཞི་གཅིག་ལ་མཉམ་དུ་མི་འདུ་བའི་ཕྱིར། གནས་པའི་རྟེན་དུ་མ་ངེས་ཏེ་དགེ་སློང་བྱང་ཆུབ་སེམས་དཔས་བསླབ་པ་ཕུལ་བའི་ཚུལ་གྱིས་གཞན་དོན་སྤྱོད་པ་ཡོད་པའི་ཕྱིར་རོ། །ཐེག་ཆེན་སོ་ཐར་ཤེ་འཕོས་པས་མི་གཏོང་ན་ལྷ་དང་བྱིས་པའི་དགེ་སློང་སྲིད་པར་ཐལ་ལོ་ཟེར་མོད། ལྷའི་དགེ་སློང་བྱམས་པ་མགོན་པོ་དང་མངོན་པར་དགའ་བར་སྐྱེས་སོ་ཅོག་རང་བཞིན་གྱི་དགེ་སློང་དུ་བཤད་པས་དེར་སྐྱེས་མ་ཐག་རྣམས་བྱིས་པའི་དགེ་སློང་དུ་ཁོ་བོས་ཁས་བླང་ངོ་། །དེ་གཉིས་འདུལ་བའི་སྡེ་སྣོད་རྣམས་ལས་བཀག་ཅེས་པའང་ཐེག་དམན་དང་ཐེག་ཆེན་གྱི་འདུལ་བ་གང་ལས་བཀག །དང་པོ་ལྟར་ན་བཀག་པར་ཟད་དོ། །གཉིས་པ་ལྟར་ན་སྒྲུབ་བྱེད་བཀོད་ལ་ཁུངས་སྟོན་ཞིག །

དེ་ཡང་ཆོ་ག་དངོས་ནི། བླ་མ་བརྒྱུད་པའི་མན་ངག་གིས། །ཆོ་གའི་གཙོ་བོ་རྣམ་པ་གཉིས། །ཞེས་བྱ་སྟེ། དེ་ཡང་ཤིང་རྟའི་སྲོལ་གཉིས་ཏེ་**ཐར་རྒྱན་ལས།** བྱང་ཆུབ་ཀྱི་སེམས་དེ་བླང་བའི་ཆོ་ག་ནི་བླ་མ་མཁས་པ་དག་གི་བརྒྱུད་པའི་མན་ངག་ལས་ཚུལ་ལུགས་ཐ་དད་པ་དུ་མ་སྣང་ངོ་། །དེ་ལྟར་སྣང་ཡང་ནི་འདིར་འཕགས་པ་འཇམ་དཔལ་ནས་སློབ་དཔོན་ཀླུ་སྒྲུབ་ན་མར་ལ་བརྒྱུད་པ་སློབ་དཔོན་ཞི་བ་ལྷའི་ལུགས་དང་། འཕགས་པ་བྱམས་པ་ནས་སློབ་དཔོན་ཐོགས་མེད་ན་མར་

བརྒྱུད་པ་ཇོ་བོ་གསེར་གླིང་པའི་ལུགས་དང་གཉིས་སུ་ཤེས་པར་བྱའོ། །ཞེས་སོ། །

ཚོ་ག་དངོས་ནི། འཇམ་དཔལ་དབྱངས་ཀྱིས་ལེགས་བསྟན་པ། །ཀླུ་སྒྲུབ་ཞི་ལྷའི་གདམས་ངག་ནི། །མཆོད་པ་སྐྱབས་འགྲོ་སྡིག་བཤགས་དང་། །ཡི་རང་བསྐུལ་(༣༠ན)གསོལ་བསྔོ་བ་སྟེ། །སྦྱོར་བའི་ཚོ་ག་རྣམ་པ་བདུན། །དངོས་གཞི་སེམས་བསྐྱེད་སྡོམ་བཟུང་གཉིས། །རྗེས་ནི་དགའ་བསྒྲུབ་གཞན་གཟེངས་བསྟོད། །ཅེས་པ་སྟེ། གཞན་རྣམས་རིམ་པས་གཞུང་དུ་རྒྱས་པར་འཆད་ལ་དངོས་གཞི་ནི་མདོར་བསྡུ་ན་སྤྱོད་འཇུག་གི་གཞུང་བཞིན་སེམས་བསྐྱེད་དང་སྡོམ་པ་གཅིག་ཆར་ལེན་པའམ་ཐ་དད་དུ་ལེན་པ་གང་མོས་པ་ཚར་གསུམ་གྱིས་བླང་ལ། རྒྱས་པར་ན་བསླབ་བཏུས་སུ་གསུངས་པ་ལྟར། རྗེ་བཙུན་འཇམ་དཔལ་སྔོན་རྒྱལ་པོ་ནམ་མཁའ་ཞེས་བྱ་བར་གྱུར་པ་ན་སངས་རྒྱས་འབྲུག་སྒྲ་དབྱངས་ཀྱི་རྒྱལ་པོའི་སྤྱན་སྔར་སེམས་བསྐྱེད་དང་སྡོམ་པ་སྐབས་གཅིག་ཏུ་ནོད་པ་ལྟར་བདག་ཅག་གིས་ཀྱང་སྐབས་གཅིག་ཏུ་ནོད་པར་བྱ་སྟེ། འཁོར་བ་ཐ་མ་མེད་པ་ཡི། །སྔོན་གྱི་ཐ་མ་ཇི་སྲིད་པ། །དེ་སྲིད་སེམས་ཅན་ཕན་དོན་དུ། །སྤྱོད་པ་དཔག་ཡས་སྤྱད་པར་བགྱི། །འཇིག་རྟེན་མགོན་པོའི་སྤྱན་སྔ་འདིར། །བྱང་ཆུབ་མཆོག་ཏུ་སེམས་བསྐྱེད་དོ། །འགྲོ་བ་ཐམས་ཅད་མགྲོན་གཉེར་ཏེ། །དབུལ་ཞིང་ཕོངས་ལས་སྒྲོལ་བར་བྱ། །དེ་རིང་ཕན་ཆད་གལ་ཏེ་ཡང་། །བདག་གིས་འདོད་ཆགས་སེམས་བསྐྱེད་ན། །ཕྱོགས་བཅུ་དག་ན་བཞུགས་པ་ཡི། །སངས་རྒྱས་ཐམས་ཅད་བསླུས་པར་འགྱུར། །བྱང་ཆུབ་ནམ་ཞིག་འཐོབ་བར་དུ། །ཐ་བའི་སེམས་དང་གནོད་སེམས་དང་། །ཕྲག་དོག་དང་ནི་སེར་སྣ་ཡང་། །དེ་རིང་ཕན་ཆད་མི་བྱའོ། །ཚངས་པའི་སྤྱོད་པ་བདག་གིས་སྤྱད། །སྡིག་པའི་འདོད་པ་ཡོངས་སུ་བཏང་། །ཚུལ་ཁྲིམས་སྡོམ་དང་ངེས་པ་ལ། །སངས་རྒྱས་རྗེས་སུ་བསླབ་པར་བྱ། །བདག་ནི་བྱང་ཆུབ་རིངས་ཚུལ་དུ། །འཚང་རྒྱར་མོས་ཤིང་སྤྲོ་བ་མེད། །ཕྱི་མཐའི་ཐུག་གི་བར་དུ་ཡང་། །སེམས་ཅན་གཅིག་ཕྱིར་སྤྱད་པར་

བགྱི། །ཚད་མེད་བསམ་གྱིས་མི་ཁྱབ་པའི། །སངས་རྒྱས་ཞིང་ནི་སྦྱང་བར་བྱ། །ཕྱོགས་རྣམས་བཅུ་པོ་ཐམས་(༣༠བ)ཅད་དུ། །བདག་གི་མིང་ནི་གྲགས་པར་བགྱི། །ལུས་དང་ངག་གི་ལས་རྣམས་ཀྱང་། །རྣམ་པ་ཀུན་ཏུ་བདག་གིས་སྦྱང་། །ཡིད་ཀྱི་ལས་ཀྱང་སྦྱང་བར་བྱ། །མི་དགེའི་ལས་ནི་སྤྱད་མི་བྱ། །ཞེས་ལན་གསུམ་དུ་བརྗོད་པས་བླང་ངོ་། །འཇུག་པའི་སྡོམ་པ་སྐྱེ་བ་གཏན་དུ་བཟུང་ན་ཚེ་རབས་གཞན་ལ་མི་དྲན་པས་ཉམས་པར་འགྱུར་རོ་ཞེ་ན། དེ་ལྟར་མི་འགྱུར་ཏེ་ཚེ་རབས་ཐམས་ཅད་དུ་རབ་ཏུ་འབྱུང་བར་སྨོན་ལམ་འདེབས་པ་མི་འབྲུགས་པའི་སྨོན་ལམ་ལ་བསླབ་པར་མདོ་འདི་ཉིད་ལས་གསུངས་པའི་ཕྱིར་རོ། །

རྗེས་དཀོན་མཆོག་ལ། གཏང་རག་གི་མཆོད་པ་རྒྱ་ཆེན་པོ་དབུལ་ཞིང་དོན་ཆེན་པོ་རྙེད་པའི་དགའ་སྤྲོ་བསྒོམས་ནས་བདག་དབུགས་དབྱུང་གཞན་གཟེངས་བསྟོད། བྱང་ཆུབ་ཀྱི་སེམས་མི་བརྗེད་པའི་སྨོན་ལམ་གདབ་བོ། །

གཉིས་པ་རྒྱ་ཆེན་སྤྱོད་རྒྱུད་ཀྱི་ལུགས་ལ། སྨོན་པའི་སེམས་བསྐྱེད་པ་དང་། འཇུག་པའི་སྡོམ་པ་བཟུང་བའོ། །དང་པོ་(སྨོན་པའི་སེམས་བསྐྱེད་པ་)ནི། རྒྱལ་བ་བྱམས་པས་ཞེར་བསྟན་པའི། །མན་ངག་ལས་བྱུང་ཆོ་ག་ནི། །གསོལ་གདབ་ཚོགས་བསག་སྐྱབས་འགྲོའི་མཆོག །སྨོན་པའི་སྦྱོར་བ་རྣམ་པ་གསུམ། །དངོས་གཞི་བྱང་ཆུབ་མཆོག་སེམས་བསྐྱེད། །དགའ་བསྐྱེད་བསླབ་བྱ་བརྗོད་པའི་རྗེས། །འདི་ནི་སྨོན་པའི་ཆོ་ག་འོ། །ཞེས་བྱ་སྟེ།

སྦྱོར་དངོས་རྗེས་གསུམ་གྱི། དང་པོ་(སྦྱོར་བ་)ལ་ཡང་གསུམ། གསོལ་བ་གདབ་པ། ཚོགས་བསགས་པ། སྐྱབས་འགྲོ་ཁྱད་པར་ཅན་བྱ་བའོ། །

དང་པོ་(གསོལ་བ་གདབ་པ་)ནི། སློབ་མས་དགེ་བའི་བཤེས་གཉེན་གྱི་མདུན་དུ་སོང་ནས་ཕྱག་བྱ། བླ་མས་དེ་འཁོར་བ་ལ་སྐྱོ་བ་བསྐྱེད། སེམས་ཅན་ལ་སྙིང་རྗེ་བསྐྱེད། སངས་རྒྱས་ལ་འདོད་པ་བསྐྱེད། བླ་མ་ལ་གུས་པ་བསྐྱེད་པར་བྱའོ། །དེ་ནས་སློབ་

དཔོན་དགོངས་སུ་གསོལ། ཇི་ལྟར་སྔོན་གྱི་དེ་བཞིན་གཤེགས་པ་དགྲ་བཅོམ་པ་ཡང་དག་པར་རྫོགས་པའི་སངས་རྒྱས་བཅོམ་ལྡན་འདས་རྣམས་དང་། ས་ཆེན་པོ་ལ་རབ་ཏུ་(༣༧ན)ཞུགས་པའི་བྱང་ཆུབ་སེམས་དཔའ་རྣམས་ཀྱིས་དང་པོར་བླ་ན་མེད་པ་ཡང་དག་པར་རྫོགས་པའི་བྱང་ཆུབ་ཆེན་པོར་ཐུགས་བསྐྱེད་པ་དེ་བཞིན་དུ། བདག་མིང་འདི་ཞེས་བགྱི་བ་ཡང་སློབ་དཔོན་གྱིས་བླ་ན་མེད་པ་ཡང་དག་པར་རྫོགས་པའི་བྱང་ཆུབ་ཆེན་པོར་སེམས་བསྐྱེད་པར་མཛད་དུ་གསོལ་ཞེས་ལན་གསུམ་གྱིས་གསོལ་བ་གདབ་བོ། །

གཉིས་པ་(ཚོགས་བསགས་པ་)ནི། དང་པོར་དཀོན་མཆོག་ལ་ཕྱག་བྱ་མཆོད་པ་འབྱོར་ཚད་དུ་བཤམས་པ་དང་ཡིད་ཀྱིས་སྤྲུལ་པ་དབུལ། དེ་ཡང་དགེ་སློང་གི་སྡོམ་པ་དགེ་འདུན་ལས་ཐོབ་པ་ལྟར་བྱང་ཆུབ་ཀྱི་སེམས་རྣམ་པ་གཉིས་ནི་བསོད་ནམས་ཀྱི་ཚོགས་བསགས་པ་ལས་ཐོབ་པ་ཡིན་ནོ། །དེ་ཡང་རང་ལ་འབྱོར་བ་ཆེ་བར་ཡོད་ན་ཆེ་བར་བཏང་དགོས་ཏེ། བདེ་གཤེགས་གྲགས་བྱིན་འཇམ་གླིང་རྒྱལ་པོའི་ཚེ། །དེ་བཞིན་གཤེགས་པ་ཟླ་བའི་ཏོག་དེ་ལ། །གཙུག་ལག་ཁང་པ་བྱེ་བ་ཕུལ་ནས་ཀྱང་། །དང་པོར་བྱང་ཆུབ་ཏུ་ནི་སེམས་བསྐྱེད་དོ། །ཞེས་སོ། །འབྱོར་པ་ཆུང་ན་ཆུང་ངུ་རེ་ཕུལ་བས་ཀྱང་སྐྱེ་སྟེ། བདེ་གཤེགས་འོད་འཕྲོ་གྲོང་ཁྱེར་བསྟེན་པའི་ཚེ། །དེ་བཞིན་གཤེགས་པ་མཐའ་ཡས་འོད་དེ་ལ། །རྩ་ཡི་སྒྲོན་མེ་དག་ནི་ཕུལ་ནས་ཀྱང་། །དང་པོར་བྱང་ཆུབ་ཏུ་ནི་སེམས་བསྐྱེད་དོ། །ཞེས་སོ། །ཅི་ཡང་མ་འབྱོར་བས་ཐལ་མོ་སྦྱར་བ་དང་ཕྱག་ཙམ་གྱིས་ཀྱང་ཆོག་སྟེ། དེ་བཞིན་གཤེགས་པ་ཡོན་ཏན་ཕྲེང་ལྡན་གྱིས། །དེ་བཞིན་གཤེགས་པ་འཁྲིང་ལྡན་བཞུད་དེ་ལ། །སངས་རྒྱས་ཕྱག་འཚལ་ཐལ་མོ་ལན་གསུམ་སྦྱར། །དང་པོར་བྱང་ཆུབ་ཏུ་ནི་སེམས་བསྐྱེད་དོ། །ཞེས་སོ། །

གསུམ་པ་(སྐྱབས་འགྲོ་ཁྱད་པར་ཅན་བྱ་བ་)ནི། ཐུན་མོང་མ་ཡིན་པའི་སྐྱབས་འགྲོ་གོང་

ཏུ་བཤད་པ་འདིར་བྱའོ། །དངོས་གཞི་ནི་སེམས་ཅན་ཐམས་ཅད་ལ་བྱམས་པ་སྒོམ། དེའི་སྡུག་བསྔལ་ལ་སྙིང་རྗེ་སྐྱེད། དེ་ལས་སྐྱོབ་ནུས་པ་སངས་རྒྱས་ལས་མེད་པས་བདག་གིས་དེ་ཐོབ་པར་བྱས་ཏེ་སྡུག་བསྔལ་ལས་སྐྱབ་བོ་ཞེས་སེམས་ཐག་པ་ནས་བསམས་ཏེ། ཕྱོགས་བཅུ་ན་(37བ)བཞུགས་པའི་སངས་རྒྱས་དང་བྱང་ཆུབ་སེམས་དཔའ་ཐམས་ཅད་བདག་ལ་དགོངས་སུ་གསོལ། སློབ་དཔོན་བདག་ལ་དགོངས་སུ་གསོལ། བདག་མིང་འདི་ཞེས་བགྱི་བ་སྐྱེ་བ་འདི་དང་སྐྱེ་བ་གཞན་དག་ཏུ་སྦྱིན་པ་ལས་བྱུང་བ་དང་། ཚུལ་ཁྲིམས་ལས་བྱུང་བ་དང་། སྒོམ་པ་ལས་བྱུང་བའི་དགེ་བའི་རྩ་བ་བགྱིས་པ་དང་། བགྱིད་དུ་བཙལ་བ་དང་། བགྱིད་པ་ལ་རྗེས་སུ་ཡི་རང་བ་དེས་ཇི་ལྟར་སྔོན་གྱི་དེ་བཞིན་གཤེགས་པ་དགྲ་བཅོམ་པ་ཡང་དག་པར་རྫོགས་པའི་སངས་རྒྱས་བཅོམ་ལྡན་འདས་རྣམས་དང་། ས་ཆེན་པོ་ལ་རབ་ཏུ་ཞུགས་པའི་བྱང་ཆུབ་སེམས་དཔའ་ཆེན་པོ་རྣམས་ཀྱིས་དང་པོར་བླ་ན་མེད་པ་ཡང་དག་པར་རྫོགས་པའི་བྱང་ཆུབ་ཆེན་པོར་ཐུགས་བསྐྱེད་པ་དེ་བཞིན་དུ། བདག་མིང་འདི་ཞེས་བགྱི་བས་ཀྱང་དུས་འདི་ནས་བཟུང་སྟེ། ཇི་སྲིད་བྱང་ཆུབ་སྙིང་པོ་ལ་མཆིས་ཀྱི་བར་དུ་སེམས་ཅན་མ་བརྒལ་བ་རྣམས་བསྒྲལ་བ་དང་། མ་གྲོལ་བ་རྣམས་འགྲོལ་བ་དང་དབུགས་མ་ཕྱིན་པ་རྣམས་དབུགས་དབྱུང་བ་དང་། ཡོངས་སུ་མྱ་ངན་ལས་མ་འདས་པ་རྣམས་ཡོངས་སུ་མྱ་ངན་ལས་བཟླ་བའི་སླད་དུ། བླ་ན་མེད་པ་ཡང་དག་པར་རྫོགས་པའི་བྱང་ཆུབ་ཆེན་པོར་སེམས་བསྐྱེད་པར་བགྱིའོ། །ཞེས་ལན་གསུམ་གྱིས་བླང་ངོ་། །

དེ་ཡང་མ་བརྒལ་བ་ནི་ངན་སོང་གསུམ་སྟེ། ངན་སོང་གི་སྡུག་བསྔལ་རྒྱ་མཚོ་ལྟ་བུ་ལས་མ་བརྒལ་བའི་ཕྱིར། བསྒྲལ་བ་ནི་དེ་དག་མངོན་མཐོ་ལྷ་མི་ལ་དགོད་པར་བྱ་བའོ། །མ་གྲོལ་བ་ནི་ལྷ་མི་རྣམས་ཏེ་ཉོན་མོངས་ཀྱི་འཆིང་བ་ལྕགས་སྒྲོག་ལྟ་བུས་བསྡམས་པའི་ཕྱིར། འགྲོལ་བ་ནི་དེ་བཀྲོལ་ནས་ཐར་པ་ལ་འགོད་

པའོ། །དབུགས་མ་ཕྱིན་པ་ནི་ཉན་རང་སྟེ་ཐེག་པ་ཆེན་པོར་དབུགས་མ་ཕྱིན་པའི་ཕྱིར། དབུགས་དབྱུང་བ་ནི་དེ་དག་བསམ་པ་སེམས་བསྐྱེད་དང་སྦྱོར་བ་ཕར་ཕྱིན་དྲུག་གིས་དབུགས་ཕྱུང་སྟེ་ས་བཅུ་ལ་འགོད་པའོ། །ཡོངས་སུ་མྱ་ངན་ལས་མ་འདས་པ་ནི་བྱང་ཆུབ་སེམས་དཔའ་རྣམས་ཏེ་མི་གནས་པའི་མྱང་འདས་མ་ཐོབ་པའི་ཕྱིར་རོ། །(༢༢ན)ཡོངས་སུ་མྱ་ངན་ལས་བཟློ་བ་ནི་དེ་དག་སངས་རྒྱས་ཀྱི་གོ་འཕང་ལ་འགོད་པའོ། །སྐད་དུ་ནི་དགོས་ཆེད་དེ་རྣམས་བྱ་བའི་ཆེད་དུ་འཚང་རྒྱ་བར་དམ་བཅའ་བའོ། །

རྗེས་དགའ་སྤྲོ་བསྐྱེད། བསླབ་བྱ་ཡང་གོ་བར་བྱའོ། །དེ་ལྟར་སྨོན་པའི་སེམས་བསྐྱེད་པ་དེ་ནི། བྱང་ཆུབ་སེམས་དཔའ་ཞེས་བྱ་སྟེ་བྱང་ཆུབ་དང་སེམས་ཅན་ལ་དམིགས་པ་དང་། དཔའ་ཞིང་སྙིང་སྟོབས་དང་ལྡན་པའི་ཕྱིར་རོ། །

གཉིས་པ་འཇུག་པའི་སྡོམ་པ་བཟུང་བ་ལ་ཡང་། སྦྱོར་དངོས་རྗེས་གསུམ་སྟེ། འཇུག་པའི་སྡོམ་པ་བཟུང་བའི་ཕྱིར། །གསོལ་གདབ་ཐུན་མོང་བར་ཆད་དྲི། །མཆོད་དབུལ་མྱུར་དུ་སྦྱིན་པར་གསོལ། །ཐུན་མོང་མིན་པའི་བར་ཆད་དྲི། །བསླབ་པ་ཁས་བླང་དགའ་བ་སྒོམ། །དེ་ནི་སྦྱོར་བའི་ཆོས་བདུན་ནོ། །དངོས་གཞི་བྱང་སེམས་སྡོམ་པ་བླང་། །མཇུག་ཆོག་མཁྱེན་པར་གསོལ་བ་དང་། །ཕན་ཡོན་བསྟན་དང་གསང་བར་གདམས། །བསླབ་བྱ་གཏང་རག་དང་རྣམ་ལྔས། །འཇུག་པའི་སྡོམ་པ་བྱིན་པའོ། །དེ་ཡང་། སློབ་དཔོན་ལས་བདག་བྱང་ཆུབ་སེམས་དཔའི་ཚུལ་ཁྲིམས་ཀྱི་སྡོམ་པ་ཡང་དག་པར་བླངས་པ་ལེན་པར་འཚལ་གྱིས་དེ་ལ་གནོད་པ་མ་མཆིས་ན་བདག་ལ་ཐུགས་བརྩེ་བའི་སླད་དུ་ཙུང་ཟད་གསན་ཞིང་སྩལ་བའི་རིགས་སོ་ཞེས་ལན་གསུམ་གྱིས་གསོལ་བ་གདབ།

ཐུན་མོང་གི་བར་ཆད་དྲི་བ་ལ་གསུམ་ལས། དང་པོ་སྙིང་སྟོབས་ལ་བརྟག་པ་ནི། སེམས་ཅན་ཐམས་ཅད་སྨིན་པར་བྱེད་པའི་བསླབ་པ་རྣམས་ལ་སློབ་ནུས་སམ།

ཞིང་ཁམས་གྲངས་མེད་པ་སྦྱོང་བ་དང་སངས་རྒྱས་གྲངས་མེད་པ་མཉེས་པར་བྱེད་པ་ལ་སློབ་ནུས་སམ། ཉམས་ན་ཉེས་དམིགས་ཆེ་བས་ཉེས་དམིགས་དེས་མི་འཇིགས་སམ། ཕན་ཡོན་ཚད་མེད་པའི་བསླབ་པ་དེ་ལ་སློབ་པར་སྤྲོའམ་ཞེས་དྲི། སློབ་མས་ནུས། མི་འཇིགས། སྤྲོ་ལགས་ཞེས་ལན་གདབ།

གཉིས་པ་ཤེས་རབ་ལ་བརྟག་པ་ནི། ཁྱོད་ཀྱིས་བྱང་ཆུབ་(༣༢བ)སེམས་དཔའི་སྡེ་སྣོད་ཀྱི་མ་མོ་ཐོས་སམ། ཤེས་སམ། དད་དམ། སྒྲུང་བར་ནུས་སམ་དྲི། སློབ་མས་ཅུང་ཟད་ཐོས། ཅུང་ཟད་ཤེས། ཤིན་ཏུ་དད། སྒྲུང་བར་ནུས་ཞེས་ལན་གདབ།

གསུམ་པ་འདུན་པ་ལ་བརྟག་པ་ནི། རིགས་ཀྱི་བུ་ཁྱོད་ཉོན་ཞིག །ཁྱོད་འདི་ལྟར་སེམས་ཅན་མ་བརྒལ་བ་རྣམས་བསྒྲལ་བ་དང་སོགས་འོག་ནས་འབྱུང་བའི་མཐར་སངས་རྒྱས་ཀྱི་གདུང་རྒྱུན་མི་འཆད་པར་འདོད་དམ། དེ་ལ་ཁྱོད་ཀྱིས་བསམ་པ་བརྟན་པ་དང་ཡི་དམ་བརྟན་པར་བྱོས། །གཞན་དང་འགྲན་པའི་ཆེད་དུ་མ་ཡིན་ནམ། གཞན་གྱིས་ནན་གྱིས་ལེན་དུ་བཅུག་པ་མ་ཡིན་ནམ། ཞེས་དྲི་ཞིང་འདོད་ལགས། མ་ལགས་ཞེས་ལན་གདབ་བོ། །སློབ་དཔོན་མེད་པའི་ཚེ་བར་ཆད་དྲི་ལན་མི་དགོས་ལ། བདག་སེམས་ཅན་མ་བརྒལ་བ་རྣམས་བསྒྲལ་བ་དང་མ་གྲོལ་བ་རྣམས་འགྲོལ་བ་དང་དབུགས་མ་ཕྱིན་པ་རྣམས་དབུགས་དབྱུང་བ་དང་ཡོངས་སུ་མྱ་ངན་ལས་མ་འདས་པ་རྣམས་ཡོངས་སུ་མྱ་ངན་ལས་བཟློ་བ་དང་། སངས་རྒྱས་ཀྱི་གདུང་རྒྱུན་མི་འཆད་པར་འདོད་ཅིང་དེ་དག་ལ་བདག་སེམས་བསྐྱེད་པ་བརྟན་པ་དང་ཡི་དམ་བརྟན་པར་བགྱིའོ། །ཞེས་ལན་གཅིག་བརྗོད།

ཚོགས་གསོག་པ་ནི། དངོས་སུ་བཤམས་དང་ཡིད་ཀྱིས་སྤྲུལ། །བདག་པོས་ཡོངས་སུ་མ་བཟུང་དང་། །བླ་ན་མེད་པའི་མཆོད་པའི་ཚོགས། །མ་ལུས་བློ་ཡིས་བླངས་ཏེ་འབུལ། །བདག་གི་ལུས་དང་ལོངས་སྤྱོད་དང་། །དུས་གསུམ་དགེ་བའི་དངོས་པོ་ཀུན། །མ་ལུས་དཀོན་མཆོག་སྤྱན་སྔར་འབུལ། །འགྲོ་བའི་སྐྱབས་གྱུར་

འཚང་རྒྱ་ཤོག །ཅེས་པ་ཙམ་མམ་ཚོ་ག་གཞན་གྱིས་ཀྱང་མཆོད་པ་དང་ལུས་ཕྱུལ་ལ། བདག་ལ་བྱང་ཆུབ་སེམས་དཔའི་ཚུལ་ཁྲིམས་ཀྱི་སྡོམ་པ་ཡང་དག་པར་བླང་བ་མྱུར་དུ་སྩལ་དུ་གསོལ་ཞེས་གསུམ་གྱིས་མྱུར་དུ་སྩྱིན་པར་གསོལ་བ་གདབ། ཐུན་མོང་མ་ཡིན་པའི་བར་ཆད་དྲི་བའི་ཕྱིར། ཁྱོད་བྱང་ཆུབ་སེམས་དཔའ་(༢༢ན)ཡིན་ནམ། བྱང་ཆུབ་ཏུ་སྨོན་ལམ་བཏབ་བམ་ཞེས་དྲི་ཞིང་ཡིན་ནོ། །བཏབ་བོ་ཞེས་ལན་གདབ། བསླབ་པའི་གནས་གོ་བར་བྱས་ནས། བྱང་ཆུབ་སེམས་དཔའ་རྣམས་ཀྱི་བསླབ་པའི་གཞི་རྣམས་དང་། བྱང་ཆུབ་སེམས་དཔའ་ཐམས་ཅད་ཀྱི་ཚུལ་ཁྲིམས་དེ་དག་བདག་ལས་ལེན་པར་འདོད་དམ་ཞེས་དྲི་ལན་བྱའོ། །སློབ་དཔོན་མེད་ན་དེ་གཉིས་བསྐམས་ནས། བདག་མིང་འདི་ཞེས་བགྱི་བ་བྱང་ཆུབ་སེམས་དཔའ་ལགས་ཤིང་བྱང་ཆུབ་ཏུ་སྨོན་ལམ་བཏབ་པ་ལགས་སོ། །བྱང་ཆུབ་སེམས་དཔའ་ཐམས་ཅད་ཀྱི་བསླབ་པའི་གཞི་རྣམས་དང་། བྱང་ཆུབ་སེམས་དཔའ་ཐམས་ཅད་ཀྱི་ཚུལ་ཁྲིམས་དེ་དག་སངས་རྒྱས་དང་བྱང་ཆུབ་སེམས་དཔའ་ཐམས་ཅད་ལས་བླང་བར་འཚལ་ལོ་ཞེས་ལན་གཅིག་བརྗོད་དོ། །དེ་ནས་ད་ལྟར་བྱང་ཆུབ་སེམས་དཔའི་སྡོམ་པ་སྐྱེ་བར་འགྱུར་རོ། །ཞེས་དགའ་བ་སྒོམ་པ་སྐྱེ་སྦྱོར་བའི་ཆོས་བདུན་ནོ། **།ཐར་ཕྱིན་དུ།** སྦྱོར་བ་ལ་ཆོས་བཙུར་གསུངས་ཀྱང་དེང་སང་ལག་ཏུ་བླང་བ་ལྟར་བྱས་སོ། །

དངོས་གཞི་ནི་གཞན་དོན་དུ་སངས་རྒྱས་འཐོབ་པའི་ཆེད་དུ་བླངས་ནས་སྤྱང་སེམས་བསྐྱེད། སློབ་དཔོན་གྱིས་རིགས་ཀྱི་བུ་མིང་འདི་ཞེས་བྱ་བ་ཁྱོད་བདག་བྱང་ཆུབ་སེམས་དཔའ་མིང་འདི་ཞེས་བྱ་བ་ལས་བྱང་ཆུབ་སེམས་དཔའི་བསླབ་པའི་གཞི་ཐམས་ཅད་དང་། བྱང་ཆུབ་སེམས་དཔའི་ཚུལ་ཁྲིམས་ཐམས་ཅད་དེ་སྡོམ་པའི་ཚུལ་ཁྲིམས་དང་། དགེ་བའི་ཆོས་སྡུད་པ་དང་། སེམས་ཅན་གྱི་དོན་བྱེད་པའི་ཚུལ་ཁྲིམས་གང་ལ་འདས་པའི་བྱང་ཆུབ་སེམས་དཔའ་ཐམས་ཅད་ཀྱིས་བསླབས་

པ་དང་མ་ཐོབ་པའི་བྱང་ཆུབ་སེམས་དཔའ་ཐམས་ཅད་བསླབ་པར་འགྱུར་བ་དང་། ཕྱོགས་བཅུ་དག་ན་ད་ལྟར་བྱུང་བའི་བྱང་ཆུབ་སེམས་དཔའ་ཐམས་ཅད་ད་ལྟར་སློབ་པའི་བྱང་ཆུབ་སེམས་དཔའི་བསླབ་པའི་གཞི་ཐམས་ཅད་དང་། བྱང་ཆུབ་སེམས་དཔའི་ཚུལ་ཁྲིམས་ཐམས་ཅད་དེ་སྡོམ་པའི་ཚུལ་ཁྲིམས་དང་། དགེ་བའི་ཆོས་སྡུད་པ་དང་། (༣༣བ)སེམས་ཅན་གྱི་དོན་བྱེད་པའི་ཚུལ་ཁྲིམས་དེ་ཐམས་ཅད་ཡང་དག་པར་ནོད་དམ་ཞེས་དྲི་ཞིང་། ནོད་ལགས་ཞེས་ལན་གདབ་པ་ཚར་གསུམ་གྱིས་འདོགས་སོ། །སློབ་དཔོན་མེད་ན་བདག་མིང་འདི་ཞེས་བགྱི་བ་ཕྱོགས་བཅུའི་དེ་བཞིན་གཤེགས་པ་དང་། ས་ཆེན་པོ་ལ་ཞུགས་པའི་བྱང་ཆུབ་སེམས་དཔའ་ཐམས་ཅད་ལ་གསོལ་བར་འཚལ་ཏེ། དེ་དག་གི་སྤྱན་སྔར་བྱང་ཆུབ་སེམས་དཔའི་བསླབ་པའི་གཞི་ཐམས་ཅད་དང་སོགས་བརྗོད་ནས་མཐར་དེ་ཐམས་ཅད་བདག་གིས་ཡང་དག་པ་བླང་ངོ་ཞེས་ལན་གསུམ་མོ། །དངོས་གཞིའི་ཆོ་གའོ། །

མཇུག་མཁྱེན་པར་གསོལ་བ་ནི། སློབ་དཔོན་ཕོ་ནས་ཕྱོགས་བཅུར་ཕྱག་དང་མཆོད་པ་བྱས་ལ་པུས་བཙུགས་ཐལ་སྦྱར་གྱིས། བྱང་ཆུབ་སེམས་དཔའ་མིང་འདི་ཞེས་བགྱི་བས་བདག་བྱང་ཆུབ་སེམས་དཔའ་མིང་འདི་ཞེས་བགྱི་བ་ལས་བྱང་ཆུབ་སེམས་དཔའི་ཚུལ་ཁྲིམས་ཀྱི་སྡོམ་པ་ཡང་དག་པར་བླངས་པ་ལ་ཕྱོགས་བཅུའི་སངས་རྒྱས་དང་བྱང་ཆུབ་སེམས་དཔའ་རྣམས་དཔང་དུ་གྱུར་པར་ཕྱོགས་བཅུའི་འཇིག་རྟེན་གྱི་ཁམས་མཐའ་ཡས་མུ་མེད་པ་དག་ཏུ་བཞུགས་པའི་འཕགས་པའི་མཆོག་ལྐོག་ཏུ་གྱུར་ཀྱང་ཆོས་ཐམས་ཅད་ལ་ལྐོག་ཏུ་མ་གྱུར་པའི་ཐུགས་མངའ་བ་ཐམས་ཅད་ལ་མཁྱེན་པར་གསོལ་ལོ་ཞེས་ལན་གསུམ་བརྗོད་དེ་ཕྱག་བྱ། སློབ་དཔོན་མེད་ན་རང་གིས་དེ་ལྟར་བྱས་ཏེ། བདག་བྱང་ཆུབ་སེམས་དཔའ་མིང་འདི་ཞེས་བགྱི་བས་བྱང་ཆུབ་སེམས་དཔའི་ཚུལ་ཁྲིམས་ཀྱི་སོགས་བརྗོད།

ཕན་ཡོན་བསྟན་པ་ནི། སློབ་དཔོན་གྱིས། རིགས་ཀྱི་བུ་ཁྱོད་ཉོན་ཞིག །འདི་

ནི་ཆོས་ཉིད་ཡིན་ཏེ་གང་གི་ཚེ་བྱང་ཆུབ་སེམས་དཔའི་ཚུལ་ཁྲིམས་ཀྱི་སྡོམ་པ་ཡང་དག་པར་ལེན་པའི་ལས་བརྗོད་པ་རྫོགས་པ་དེའི་ཚེ་ཕྱོགས་བཅུའི་སངས་རྒྱས་ཀྱི་ཞིང་ཐམས་ཅད་དུ་སངས་རྒྱས་དང་། བྱང་ཆུབ་སེམས་དཔའ་རྣམས་ལ་འདི་ལྟ་བུའི་ལྟས་འབྱུང་བར་འགྱུར་ཏེ། ས་གཡོ་བར་འགྱུར། (༣༧ན)ལྷའི་རྔ་བོ་ཆེ་གྲག་པར་འགྱུར། མེ་ཏོག་གི་ཆར་འབབ་པར་འགྱུར། སངས་རྒྱས་དང་བྱང་ཆུབ་སེམས་དཔའ་དེ་དག་གིས་འདི་ལྟར་སངས་རྒྱས་ཀྱི་ཞིང་ག་གེ་མོ་ཞིག་ན་བྱང་ཆུབ་སེམས་དཔའ་མིང་འདི་ཞེས་བགྱི་བས་བྱང་ཆུབ་སེམས་དཔའ་མིང་འདི་ཞེས་བགྱི་བ་ལས་བྱང་ཆུབ་སེམས་དཔའི་ཚུལ་ཁྲིམས་ཀྱི་སྡོམ་པ་ཡང་དག་པར་མནོས་སོ་ཞེས་ཡང་དག་པར་མཁྱེན་པར་འགྱུར་རོ། །དེ་ལ་སངས་རྒྱས་བཅོམ་ལྡན་འདས་དེ་དག་དང་། བྱང་ཆུབ་སེམས་དཔའ་དེ་དག་གིས་ཆོས་ཀྱི་བཙེ་བས་བུ་དང་སྤུན་ཟླར་དགོངས་པ་མཛད། དེ་ལྟར་དགོངས་པ་མཛད་པས་བྱང་ཆུབ་སེམས་དཔའ་དེའི་བསོད་ནམས་དང་ཡེ་ཤེས་ཀྱི་ཚོགས་རབ་ཏུ་འཕེལ་བར་འགྱུར་རོ་ཞེས་བརྗོད་ཅིང་སློབ་དཔོན་མེད་ན་རང་གིས་དེ་ལྟར་འགྱུར་བར་ཡིད་ཆེས་པས་ཀྱང་འགྲུབ།

གསང་བར་གདམས་པ་ནི། བྱང་ཆུབ་སེམས་དཔའ་མིང་འདི་ཞེས་བགྱི་བ་ཁྱོད་ཉོན་ཞིག །བྱང་ཆུབ་སེམས་དཔའི་སྡོམ་པ་ཡང་དག་པར་བླངས་པ་འདི་དད་པ་མེད་པ་རྣམས་ཀྱི་མདུན་དུ་སྨྲ་བར་མི་བྱ་སྟེ་གང་གི་ཕྱིར་དད་པ་མེད་པ་རྣམས་ལ་བྱང་ཆུབ་སེམས་དཔའི་སྡོམ་པ་རབ་ཏུ་བསྟན་ན་དད་པ་མེད་པའི་སེམས་ཅན་དེ་དག་གིས་བྱང་ཆུབ་སེམས་དཔའི་སྡོམ་པ་ལ་མ་དད་པས་སྤོང་བར་བྱེད་དེ། དེས་ན་ཇི་སྲིད་བྱང་ཆུབ་སེམས་དཔའི་སྡོམ་པ་ལ་གནས་པའི་བསོད་ནམས་ཀྱི་ཕུང་པོ་དང་ལྡན་པར་གྱུར་པ་དེ་སྲིད་ཀྱི་བསོད་ནམས་མ་ཡིན་པའི་ཕུང་པོ་མ་དད་པ་དེ་ལ་ལྡན་པར་འགྱུར་རོ། །གང་གི་ཕྱིར་བྱང་ཆུབ་སེམས་དཔས་སེམས་ཅན་སྡུག་བསྔལ་ཐམས་ཅད་ལས་ཡོངས་སུ་སྐྱུང་བར་བྱ་བ་ཡིན་པས་སྡིག་པ་ལས་ལྡོག

པར་བྱ་སྟེ་དེའི་ཕྱིར་མཆོག་ཏུ་དགེ་བའི་བྱང་ཆུབ་ཀྱི་སེམས་གསང་བར་བྱ་བ་ཡིན་ནོ། །ཞེས་གདམ་ཞིང་སློབ་དཔོན་མེད་ན་རང་གིས་དེ་ལྟར་ཡིད་ལ་ངེས་པར་བྱའོ། །

དེ་ནས་བསླབ་བྱ་ཇི་ལྟར་འཚམ་པ་བསྟན་ཞིང་མཇུག་ཏུ་གཏང་རག་གི་མཆོད་བསྟོད་རྒྱས་བསྡུས་ཅི་རིགས་(༤༥)བྱའོ། །རྒྱ་ཆེན་སྤྱོད་རྒྱུད་ཀྱི་ཆོ་ག་ལག་ཏུ་བླང་བ་བཤད་ཟིན་ཏོ། །

འདིར་ཤིང་རྟའི་སྲོལ་གཉིས་ཀྱི་ཆོ་ག་ལས་སྐྱེས་པའི་སེམས་བསྐྱེད་དེ་གཅིག་གམ་ཐ་དད་ཅེ་ན། འདི་ལ་ཆོས་རྗེ་ས་སྐྱ་པ་སོགས་ཤིན་ཏུ་ཐ་དད་ཅིང་མཆོག་དམན་ཡོད་པར་བཞེད་ལ། **ལེགས་བཤད་བསྡུས་པར་ཡང་།** གཞུང་འདི་གཉིས་དང་པོ་ལེན་པའི་ཆོ་ག་མི་འདྲ། བར་དུ་བསྲུང་བྱ་ལྟུང་བའི་གྲངས་མི་འདྲ། ཐ་མར་ཕྱིར་བཅོས་མི་འདྲ།

དང་པོ་ལེན་པའི་ཆོ་ག་མི་འདྲ་སྟེ་བྱང་ས་ལས་སྡིག་བཤགས་མ་གསུངས་ཏེ་སྡིག་བཤགས་ནི་འགྱོད་ཅིང་ཡིད་གདུང་བ་དང་བཅས་པ་ཡིན་ལ། བྱང་ཆུབ་ཀྱི་སེམས་ནི་ཤེས་རྒྱུད་དགའ་བ་རྒྱས་པ་ལ་སྐྱེ་བར་དགོངས་སོ། །གཞུང་འདིར་སྡིག་བཤགས་རྒྱས་པར་གསུངས་ཏེ་རས་དྲི་མ་མེད་པ་ལ་ཚོན་འཛིན་པ་ལྟར་རྒྱུད་དག་པ་ལ་བྱང་སྡོམ་སྐྱེ་བར་དགོངས་སོ། **།བྱང་ས་ལས།** ཕྱག་མཆོད་ཙམ་མ་གཏོགས་ཡན་ལག་བདུན་པ་ཚང་བར་མ་གསུངས་ལ་གཞུང་འདིར་ཚང་བར་གསུངས་སོ། **།བྱང་ས་ལས།** བྱང་སྡོམ་གྱི་སྔོན་དུ་བསླབ་པ་བརྗོད་པ་དང་བར་ཆད་དྲི་བ་གསུངས་ལ་འདིར་དེ་དག་མ་གསུངས་སོ། །

དངོས་གཞིའི་ཆོ་ག་ལ་ཡང་སེམས་བསྐྱེད་དང་སྡོམ་པ་གཉིས་ཀའི་བརྗོད་ཚུལ་མི་འདྲ་བ་ཡོད་དོ། །མཇུག་ཆོག་ལ་ཡང་བསླབ་པ་བརྗོད་པ་ཡོད་མེད་སོགས་ཀྱི་ཁྱད་ཡོད་དོ། །

བར་དུ་བསྲུང་བྱ་ལ་ཁྱད་ཡོད་དེ་བྱང་སར་རྩ་ལྟུང་བཞིར་བཤད་ལ། འདིར་

རྒྱལ་པོའི་ལྷ། བློན་པོའི་ལྷ། ལས་དང་པོ་པའི་ལྟུང་བ་བརྒྱད་ཐུན་མོང་དུ་བྱང་སེམས་མི་གཏང་བ་དང་བཅུ་དགུར་གསུངས་པའི་ཕྱིར་རོ། །

ཕྱིར་བཅོས་མི་འདྲ་སྟེ། **བྱང་ས་ལས།** སྡོམ་པ་སླར་ཡང་བླང་བར་བྱ། །ཟག་པ་འབྲིང་ནི་གསུམ་ལ་བཤགས། །གཅིག་གི་མདུན་དུ་ལྷག་མ་རྣམས། །ཞེས་འཆད་ལ། **བསླབ་བཏུས་སུ།** བྱང་ཆུབ་སེམས་དཔའ་ནམ་མཁའི་སྙིང་པོ་ལ་འཆགས་པའི་ཐབས་ཞུ་དགོས་པའི་ཕྱིར། ཞེས་སྣང་ལ་གཞན་མང་ཞིག་ཀྱང་ཐ་དད་པར་འདོད་དོ། །

སྤྱིར་དེ་གཉིས་ཀྱི་བྱང་ཆུབ་ཀྱིས་སེམས་དེ་(༣༥ན)གཅིག་གམ་ཐ་དད་ཅེས་དྲིས་པ་ལ་ཆོ་ག་ཐ་དད་དོ་ཞེས་སོགས་ནི་མཁས་པའི་ལན་མིན་ལ། ཐ་དད་ཚུལ་དེ་དག་ཀྱང་བསླབ་བཏུས་ཀྱི་རྒྱ་དཔེ་འདི་གཉིས་ཤིན་ཏུ་མི་གཅིག་སྟེ་གཅིག་ལཙྪ་དང་གཅིག་ཥཏུ་ལར་བྲིས་པའི་ཕྱིར་ཞེས་པའི་རིགས་པ་ཁོ་ནར་སྣང་ངོ་། །ཁྱེད་རང་ལྟར་ན་འང་བྱང་སའི་ལུགས་ཀྱི་འབོགས་ཆོག་ལས་ཆོས་ཅན། བྱང་སྡོམ་མི་སྐྱེ་བར་ཐལ་ཏེ། རས་དག་པ་ལ་ཚོན་འཛིན་པ་ལྟར་རྒྱུད་དག་པ་ལ་སྐྱེ་དགོས་པ་ལས་བཤགས་པས་རྒྱུད་དག་པར་མ་བྱས་པའི་ཕྱིར། ཡང་སྤྱོད་འཇུག་གི་སེམས་བསྐྱེད་ཀྱི་ཆོ་ག་འདི་ལས་ཆོས་ཅན། བྱང་སྡོམ་མི་སྐྱེ་བར་ཐལ། བྱང་སྡོམ་ནི་ཤེས་རྒྱུད་དགའ་བ་རྒྱས་པ་ལས་སྐྱེ་ལ་འདིར་ནི་སྡིག་པ་ལ་འགྱོད་ཅིང་བཤགས་པས་ཡིད་གདུང་བར་བྱས་པའི་ཕྱིར། སོ་སོའི་རྟགས་ཁྱབ་རང་གིས་ཁས་བླངས་ཟིན་ཏོ། །

སྤྱིར་སྡིག་པས་འགྱོད་ཅིང་བཤགས་པ་ལས་སེམས་དང་བར་བྱས་ཤིང་སྡིག་པའི་གཉེན་པོ་ཡང་བྱང་ཆུབ་ཀྱི་སེམས་ལས་ལྷག་པ་མེད་པར་བསྟན་ཟིན་པས་གཉེན་པོ་ལ་ནན་ཏན་གྱིས་འཇུག་པར་འདོད་པ་འདི་ཉིད་ཤེས་རྒྱུད་དགའ་བ་རྒྱས་པ་ཡིན་གྱི་སྡིག་པ་ལ་འགྱོད་པར་མ་མཐོང་བའི་སེམས་ང་རྒྱལ་དང་བཅས་པ་ཅམ་པོ་བ་དེ་འདྲ་བྱང་ཆུབ་ཀྱི་སེམས་སྐྱེ་བའི་དགའ་བ་རྒྱས་པ་ག་ལ་ཡིན། སྤྱིར་

ཏ་ཙང་སྦྲོ་བ་དང་ཞུམ་པའི་དུས་སུ་གཉེན་པོ་མི་སྐྱེའི་བར་མའི་སེམས་ལས་སྐྱེ་བར་གསུངས་པས་སེམས་དགའ་བ་རྒྱས་པ་ལ་བྱང་སྡོམ་སྐྱེ་ཞེས་པའང་འབྲེལ་ཆུང་ངོ་། **།བྱང་སར།** ཕྱག་མཚོད་ཙམ་ལས་མ་གསུངས་པའང་ཡན་ལག་ལྷག་མ་ལྟ་མི་དགོས་པའི་རྣམ་བཅད་ཀྱང་ག་ལ་ཡིན། བར་ཆད་དྲི་བ་ཡང་བསྙུ་ན་ཁྱོད་བྱང་ཆུབ་ཀྱི་སེམས་ཞི་ནས་ལེན་འདོད་ཅིང་སྤང་བླང་ལ་སློབ་ནུས་སམ་ཞེས་འདྲི་བར་འདུ་ལ། དེ་ནི་སེམས་བསྐྱེད་དོན་གཉེར་གྱིས་འོངས་པར་གོ་ན་མ་དྲིས་ཀྱང་དེ་ལྟར་གོ་བའི་ཕྱིར། གོམ་པ་འདོར་བ་མཐོང་བཞིན་དུ་ཁྱོད་ཀྱིས་གོམ་པ་འདོར་ནུས་སམ་ཞེས་དྲི་མི་དགོས(༤༥བ)པ་བཞིན་ནོ། །

དངོས་གཞི་ཡང་ཁྱད་པར་མེད་དེ་སེམས་བསྐྱེད་གཉིས་ཚིག་དོན་མཚུངས་ཤིང་སྡོམ་པ་ལེན་ཚིག་གཉིས་ཚིག་དོན་མཚུངས་པའི་ཕྱིར། དེ་ཡང་**བྱང་ས་ལས།** ཇི་ལྟར་སྔོན་གྱི་དེ་བཞིན་གཤེགས་པ་དགྲ་བཅོམ་པ་ཡང་དག་པར་རྫོགས་པའི་སངས་རྒྱས་རྣམས་དང་ས་ཆེན་པོ་ལ་རབ་ཏུ་ཞུགས་པའི་བྱང་ཆུབ་སེམས་དཔའ་ཆེན་པོ་རྣམས་ཀྱིས་དང་པོར་བླ་ན་མེད་པ་ཡང་དག་པར་རྫོགས་པའི་བྱང་ཆུབ་ཆེན་པོར་ཐུགས་བསྐྱེད་པ་དེ་བཞིན་དུ། ཞེས་བྱ་བ་འདི་དང་། ཇི་ལྟར་སྔོན་གྱི་བདེ་གཤེགས་ཀྱིས། །བྱང་ཆུབ་ཐུགས་ནི་བསྐྱེད་པ་ལྟར། །ཞེས་པ་འདི་གཉིས་ལ་དོན་མི་འདྲ་བ་ཅི་ཞིག་ཡོད། མ་བརྒྱལ་བ་རྣམས་བསྒྲལ་བར་བྱ་བའི་ཕྱིར་ཞེས་སོགས་ཀྱི་དགོས་པ་བྱང་སའི་ཚིག་ཡོད་ལ་སྤྱོད་འཇུག་གི་ཚིག་དངོས་སུ་མ་སྨོས་མོད་ཀྱི་དོན་གྱིས་ཚང་བ་ཡིན་ཏེ། ཇི་ལྟར་སྔོན་གྱི་སངས་རྒྱས་རྣམས་ཀྱིས་ཐུགས་བསྐྱེད་པ་ལྟར་བདག་གིས་སྐྱེད་དོ་ཞེས་ཁས་བླངས་པས་སྔོན་གྱི་སངས་རྒྱས་ཐམས་ཅད་ཀྱི་སེམས་བསྐྱེད་ལ་ཅིག་ཆར་དུ་ཞུགས་ཤིང་ཁས་བླངས་པ་ཡིན་ན་མ་བརྒྱལ་བ་བསྒྲལ་བ་སོགས་དེའི་ལྷག་མར་ཅི་ཞིག་ལུས།

བྱང་སྡོམ་གྱི་ཚིག་དོན་གཉིས་ཀ་ཁྱད་མེད་དེ། ཇི་ལྟར་སྔོན་གྱི་བདེ་གཤེགས་

ཀྱིས། །བྱང་ཆུབ་སེམས་དཔའི་བསླབ་པ་ལ། །དེ་དག་ཇི་ལྟར་གནས་པ་ལྟར། །བདག་ཀྱང་འགྲོ་ལ་ཕན་དོན་དུ། །བྱང་ཆུབ་སེམས་དཔའི་བསླབ་པ་ལ། །དེ་དག་རིམ་བཞིན་གནས་པར་བགྱི། །ཞེས་ཁས་བླངས་པ་འདི་དང་། **བྱང་སར།** ཕྱོད་དུས་གསུམ་གྱི་བྱང་ཆུབ་སེམས་དཔའི་བསླབ་པའི་གཞི་ཐམས་ཅད་དང་བྱང་ཆུབ་སེམས་དཔའི་ཚུལ་ཁྲིམས་ཐམས་ཅད་དེ་སྡོམ་པའི་ཚུལ་ཁྲིམས་དང་སོགས་ཀྱིས་དེ་ཐམས་ཅད་བདག་ལས་བླང་བར་འདོད་དམ་ཞེས་དྲིས་པ་ལ། འཚལ་ལགས་པར་ཁས་བླངས་པ་འདི་གཉིས་ལ་རྒྱ་ཆེ་ཆུང་ཅུང་ཟད་ཀྱང་མི་མངོན་ཏེ་སྔོན་གྱི་བདེ་གཤེགས་ཀྱི་སྲས་ད་ལྟར་དང་མ་འོངས་པའང་(༧༨ན)མཚོན་པའི་ཕྱིར་དང་།

མདོར་ན་གཉིས་ཀ་ཡང་བདག་བྱང་ཆུབ་སེམས་དཔའ་ཐམས་ཅད་ཀྱི་བསླབ་པ་ལ་སློབ་བོ་ཞེས་པས་བྱང་སྡོམ་འཛིན་ཞིང་སངས་རྒྱས་དང་བྱང་ཆུབ་སེམས་དཔའ་རྣམས་ཀྱིས་ཇི་ལྟར་ཐུགས་བསྐྱེད་པ་ལྟར་སེམས་བསྐྱེད་དོ་ཞེས་པས་སེམས་བསྐྱེད་འཛིན་པ་ཁོ་ན་ཡིན་པའི་ཕྱིར། མཇུག་ཚིག་ལའང་བསླབ་པ་བརྗོད་པ་ལ་ཆོ་གར་མིང་བཏགས་ཅུང་མ་བཏགས་ཅུང་གནས་སྐབས་དེ་ཉིད་དམ་དེ་ལས་གཞན་དུ་འང་ཅུང་སྐྱེ་སྲིད་བླང་གི་གནས་རྒྱས་བསྡུས་གང་ཡང་ཅུང་བ་རེ་གཉིས་ཀ་ལ་སྟོན་པར་མཚུངས་ཤིང་། **འདུལ་བ་ལས།** རང་གིས་མཁན་པོ་བྱས་ཏེ་རབ་ཏུ་ཕྱུང་ནས་བཤན་པ་ལ་བཀོད་པ་ནི་སླའི་སྲིད་བླང་གི་ལུང་མི་འབོགས་པ་ནི་དེ་ལྟར་མ་ཡིན་ནོ། །ཞེས་གསུངས་པ་དང་ཚུལ་མཚུངས་པའི་ཕྱིར་རོ། །

དེས་ན་ཆོ་གའི་དོན་ལ་ཁྱད་པར་མེད་ན་ཡང་གནས་སྐབས་སྤྱོད་འཇུག་གི་ལུགས་ནི་གདུལ་བྱ་བསྡུས་པ་ལ་དགའ་བའི་ངོར་དོན་གཙོ་བོར་བསྡུས་ཏེ་བྱ་བ་ཅུང་ཟུས་བསྟན་ལ། **བྱང་སར་ནི།** སྤྲོས་པ་ལ་དགའ་བའི་ངོར་དེ་ཉིད་རྣམ་པ་དུ་མར་ཕྱེ་ནས་རྒྱས་པར་བསྟན་པ་སྟེ་ཆོ་གའི་ངོ་བོ་ནི་གཅིག་ཁོ་ནའོ། །བསྟན་བྱ་བྱང་ཆུབ་ཀྱི་སེམས་ལ་ཡང་ཁྱད་པར་མེད་དེ་སྙིང་རྗེས་གཞན་དོན་དང་འབྲས་

བུ་བྱང་ཆུབ་ལ་དམིགས་པའི་བློ་བསྐྱེད་པར་མཚུངས་ཤིང་གཞན་དོན་དུ་སངས་རྒྱས་འཐོབ་འདོད་ཀྱི་བློ་སེམས་བསྐྱེད་ཡིན་པ་དང་། དེའི་ཕྱིར་བྱང་ཆུབ་སེམས་དཔའི་བསླབ་པ་ལ་སློབ་པར་དམ་བཅའ་བའི་བློ་བྱང་སྡོམ་ཡིན་པར་གཉིས་ཀ་ལ་མཚུངས་པའི་ཕྱིར། གཞན་དུ་ན་སྤྱོད་འཇུག་དང་བྱང་ས་གཉིས་བྱང་ཆུབ་དང་སེམས་ཅན་སོགས་ཀྱང་ཐ་དད་དུ་ངོས་འཛིན་དགོས་པར་ཐལ་བར་འགྱུར་རོ། །

གལ་ཏེ་སྤྱོད་འཇུག་ལས་སེམས་སྡོམ་ལྷན་ཅིག་ཏུ་འཛིན་པར་ཡང་བཤད་ལ། བྱང་སར་བྱང་སྡོམ་གྱི་སྔོན་དུ་སེམས་བསྐྱེད་དགོས་པས་ཁྱད་ཡོད་དོ་སྙམ་ན། བྱང་སར་སྤྱིས་པ་ལ་དགའ་བའི་ངོར་དང་བྱང་ཆུབ་སེམས་དཔའ་རིམ་ཅན་དུ་འཇུག་པ་ཤས་ཆེ་(༣༥བ)བའི་དབང་དུ་མཛད་ནས་སྔོན་དུ་སེམས་བསྐྱེད་ཅིང་བྱང་ཆུབ་སེམས་དཔའི་སྡེ་སྣོད་ལ་ཅི་རིགས་པར་སྦྱངས་ཏེ་སླར་སྡོམ་པ་ལེན་པའི་དབང་དུ་མཛད་ནས་དེ་ལྟར་དུ་གསུངས་ལ། སྤྱོད་འཇུག་ཏུ་དབང་པོ་རྣོ་བ་བརྟུལ་པ་ལ་སོགས་པ་དང་ཅིག་ཆར་འཇུག་པའི་དབང་དུ་བྱས་ནས་སེམས་སྡོམ་ལྷན་ཅིག་ཏུ་ཉོད་པར་བསྟན་མོད་ཀྱང་། སེམས་སྡོམ་ལྷན་ཅིག་ཏུ་ཉོད་པའི་ཚེ་ཡང་སྔོན་དུ་སེམས་བསྐྱེད་དེ་ནས་སྡོམ་པ་ཉོད་པས་རྗེས་དང་བརྗེན་པར་ཡོད་ལ་ཚིགས་བཅད་གཅིག་གིས་གཉིས་ཀ་ལེན་པ་དང་། འཇུག་པ་ཉེ་བ་སྐད་ཅིག་མ་མང་པོས་བར་མ་ཆོད་པར་ལེན་པས་ལྷན་ཅིག་ཏུ་ལེན་པའི་སྒྲར་བརྗོད་ཀྱི་ཞིབ་མོར་དཔྱད་ན་ལྷན་ཅིག་མ་ཡིན་ཏེ་སྔ་ཕྱིར་ཡོད་པའི་ཕྱིར། དེས་ན་སེམས་བསྐྱེད་རྗེས་དང་སྡོམ་པ་བརྗེན་པ་ཡིན་པའང་གཉི་ག་ལ་ཁྱད་མེད་དོ། །སྲུང་ཚུལ་དང་ཕྱིར་བཅོས་ཀྱང་གཉི་ག་དོན་མི་འགལ་བར་འོག་ཏུ་འཆད་དོ། །

ལྔ་པ་བསླབ་བྱ་ལ། སྨོན་པའི་བསླབ་བྱ་དང་། འཇུག་པའི་བསླབ་བྱའོ། །དང་པོ་(སྨོན་པའི་བསླབ་བྱ་)ནི། སེམས་ཅན་གཅིག་ཀྱང་བློས་མི་སྤང་། །རྟག་ཏུ་སེམས་དེའི་ཕན་ཡོན་བསམ། །ཚོགས་གཉིས་བསག་ལ་བརྩོན་པར་བྱ། །ཡང་ཡང་བྱང་ཆུབ་

སེམས་གཉིས་སྤྱང་། །ནག་པོའི་ཆོས་བཞི་སྤངས་ནས་ནི། །དཀར་པོའི་ཆོས་བཞི་བསྟེན་པར་བྱ། །ཞེས་ལྔ་སྟེ། སེམས་ཅན་གང་ཡང་རུང་བས་བདག་གི་སེམས་སུན་ཕྱུང་སྟེ་ང་ནི་ནམ་ཡང་ཁྱོད་ལ་ཕན་མི་འདོགས་སོ་སྙམ་པའམ། ཕྲད་པར་མ་གྱུར་ཅིག་སྙམ་པ་ནི་སེམས་ཅན་དེ་བློས་སྤངས་པའི་བློ་སྟེ་ཐུན་ཚོད་འདས་ན་བྱང་སེམས་འཆོར་རོ། །འདི་ལ་སེམས་ཅན་གཞན་ཐམས་ཅད་བློས་སྤངས་ནི་ཉན་རང་གི་ཡིད་བྱེད་སྐྱེས་ན་མ་གཏོགས་མི་འབྱུང་བས་གཅིག་པོ་ན་མཚན་གཞིའི་དཔེར་བྱས་སོ། །དེས་ན། ཕན་བཏགས་ལན་དུ་གནོད་བྱས་ན། །ཡང་ལན་སྙིང་རྗེ་ཆེན་པོས་བསྐྱུན། །ཛམྦུ་གླིང་གི་སྐྱེས་མཆོག་ནི། །ཉེས་པའི་ལན་ཡང་ལེགས་(༢༧ན)པས་ལྡོན། །ཞེས་པ་དང་། **མ་དྲོས་པས་ཞུས་པའི་མདོ་ལས།** བྱང་ཆུབ་སེམས་དཔའ་ཆོས་གཅིག་དང་ལྡན་ན་རྣམ་པ་ཐམས་ཅད་ཀྱི་མཆོག་དང་ལྡན་པའི་སངས་རྒྱས་ཀྱི་ཆོས་རྣམས་ཡོངས་སུ་འཛིན་ཏོ། །ཆོས་གཅིག་པུ་གང་ཞེ་ན། སེམས་ཅན་བློས་ཡོངས་སུ་མི་གཏང་བའོ། །ཞེས་གསུངས་པ་ལྟར། བསླབ་པ་ནི་མི་འཆོར་བའི་ཐབས་སོ། །

རྟག་ཏུ་བྱང་ཆུབ་ཀྱི་སེམས་ཀྱི་ཕན་ཡོན་བསམ་པ་ནི། བྱང་སེམས་མི་ཉམས་པའི་ཐབས་ཏེ། **ཇོ་བོ་ཆེན་པོ་ཡང་།** ངན་འགྲོ་ལས་ནི་ལྡོག་བགྱིད་ཅིང་། །མཐོ་རིས་ལམ་ནི་རབ་སྟོན་ལ། །རྒ་ཤི་མེད་པར་འདྲེན་བྱེད་པ། །བྱང་ཆུབ་སེམས་ལ་ཕྱག་འཚལ་ལོ། །ཞེས་དང་། གང་ལ་སེམས་ཀྱི་དམ་པ་རིན་ཆེན་དེ། །སྐྱེས་པ་དེ་ཡི་སྐུ་ལ་ཕྱག་འཚལ་ཞིང་། །སོགས་ཤར་ཤར་གསུང་བར་གྲགས་པ་ལྟ་བུའོ། །

གསུམ་པ་(ཚོགས་གཉིས་བསག་ལ་བརྩོན་པར་བྱ་བ་)ནི། ཚོགས་ཀྱི་གཏམ་ལས། དེ་རིང་བདག་གིས་བསོད་ནམས་དང་། །ཡེ་ཤེས་ཚོགས་ནི་གང་བྱ་དང་། །སེམས་ཅན་ཕན་པ་གང་བྱ་ཞེས། །བྱང་ཆུབ་སེམས་དཔས་རྟག་ཏུ་བསམ། །ཞེས་པ་ལྟར་དགེ་བའི་འདུན་པ་སྔོན་དུ་བཏང་སྟེ་བསོད་ནམས་ཀྱི་ཚོགས་ཆོས་སྤྱོད་བཅུ་དང་། བསྡུ་

དངོས་བཞི་དང་ཚུལ་ཁྲིམས་གསུམ་ལ་སོགས་པ་ཐབས་ཀྱི་སྤྱོད་པ་རྣམས་རྟག་པར་བྱ་ལ། དེ་རྣམས་ཀྱང་ཡེ་ཤེས་ཀྱི་ཚོགས་འཁོར་གསུམ་ཡོངས་དག་ཏུ་ཤེས་པས་བྱ་སྟེ་དེ་ལྟར་སྟགས་ཐུང་གཅིག་བསྔོས་པ་ཡན་ཡང་ཚོགས་གཉིས་ཟུང་འཇུག་ཏུ་རྟག་པར་གསོག་པ་ནི་སེམས་དེའི་སྟོབས་བསྐྱེད་པའོ། །

བཞི་པ་(ཡང་ཡང་བྱང་ཆུབ་སེམས་གཉིས་སྦྱང་བ་)ནི། རྒྱུ་ཡི་བྱམས་དང་སྙིང་རྗེ་སྒོམ། །ཉིན་མཚན་ཐུན་དྲུག་སེམས་བསྐྱེད་བླང་། །བདག་གཞན་བརྗེ་བའི་གཏོང་ལེན་སྦྱང་། །འདི་ནི་བྱང་ཆུབ་སེམས་སྦྱང་བའོ། །ཞེས་པ་སྟེ་བྱམས་པ་དང་སྙིང་རྗེ་སྒོམ་པ་ནི་རྒྱུ་ལ་སྦྱང་བའོ། །བྱང་ཆུབ་ཀྱི་སེམས་ཡང་ཡང་བླང་བ་ནི་སེམས་དངོས་སྦྱང་བའོ། །བདག་གི་དགེ་བདེ་སེམས་ཅན་(༧༧བ)ལ་བྱིན་ཞིང་གཞན་གྱི་སྡིག་སྡུག་བདག་ལ་ལེན་པའི་གཏོང་ལེན་སྦྱང་པ་ནི་བསམ་སྦྱོར་གཉིས་ཀའི་སྒོ་ནས་བྱང་ཆུབ་སེམས་ཀྱི་སྤྱོད་པ་སྦྱང་བའོ། །

ལྔ་པ་(ནག་པོའི་ཆོས་བཞི་སྤངས་ནས་དཀར་པོའི་ཆོས་བཞི་བསྟེན་པར་བྱ་བ་)ནི། བླ་མ་དང་ནི་མཆོད་འོས་སླུ། །འགྱོད་གནས་མིན་ལ་གཞན་འགྱོད་བསྐྱེད། །རྒྱལ་སྲས་གཞན་ལ་ཁྲོ་བས་སྨྲར། །སེམས་ཅན་ལ་ནི་གཡོ་སྒྱུས་སྤྱོད། །འདི་རྣམས་ནག་པོའི་ཆོས་བཞི་སྟེ། །བྱང་སེམས་ཉམས་དང་བརྗེད་པའི་རྒྱུ། །བཟློག་པ་དཀར་པོའི་ཆོས་བཞི་སྟེ། །རྟག་པར་མི་བརྗེད་རྒྱུ་ཡིན་ནོ། །དེ་ཡིས་སྨོན་པའི་བསླབ་བྱ་བཤད། །ཅེས་པ་སྟེ། བླ་མ་དང་མཆོད་འོས་མཁན་སློབ་དང་སྦྱིན་གནས་སོགས་ལ་སླུ་སེམས་ཀྱིས་བརྫུན་ལ་སོགས་པས་མགོ་བསྐོར་ན། དེ་དག་གིས་ཚོར་རུང་མ་ཚོར་རུང་དགྱེས་རུང་མ་དགྱེས་རུང་ཁམ་ཆེ་རུང་ཆུང་རུང་མགོ་འཁོར་རུང་མ་འཁོར་རུང་ཐུན་ཚོད་ལས་འདས་ན་བྱང་སེམས་འཆོར་རོ། །དེ་བཞིན་དུ་གཞན་འགྱོད་པའི་གནས་མིན་པ་དགེ་བ་བྱས་པ་ལ་ཤེས་བཞིན་དུ་འགྱོད་པ་བསྐྱེད་ན་སྐྱེས་རུང་མ་སྐྱེས་རུང་གཉིས་པའོ། །སེམས་བསྐྱེད་པའི་གང་ཟག་ལ་ཞེ་སྡང་གིས་མི་སྙན་པ་བརྗོད་ན་ཅི་

ལྷ་བྱུས་བརྗོད་ཀྱང་ཐོས་མ་ཐོས་དཀའ་མ་དཀའ་ཅི་ཡིན་ཡང་གསུམ་པའོ། །སེམས་ཅན་གང་ཡང་རུང་བ་ཞིག་ལ་གཡོ་ཟོལ་ཞིག་བྱས་ན་ཚོར་མ་ཚོར་དཀའ་མ་དཀའ་ཕན་གནོད་ཅིར་གྱུར་ཀྱང་ནག་པོའི་ཆོས་བཞི་པ་སྟེ་འདི་བཞི་ག་ལ་ཐུན་མོང་གི་ནང་ཁོངས་སུ་བཤགས་བསྡམ་གྱིས་མ་སླེབས་ན་འཚོར་བའོ། །དེ་དག་གི་གཉེན་པོར་དཀར་པོའི་ཆོས་ཀྱང་བཞི་སྟེ་ཤེས་བཞིན་དུ་སྲོག་གི་ཕྱིར་ཡང་རྫུན་མི་སྨྲ་བ་དང་། སེམས་ཅན་ཐམས་ཅད་དགེ་བ་ལ་འགོད་ཅིང་ཁྱད་པར་ཐེག་ཆེན་ལ་འགོད་པ་དང་། སེམས་བསྐྱེད་པའི་བྱང་ཆུབ་སེམས་དཔའ་ཐམས་ཅད་ལ་སངས་རྒྱས་ཀྱི་འདུ་ཤེས་བཞག་ཅིང་ཡོན་ཏན་ཕྱོགས་བཅུར་བསྒྲགས་པ་དང་། སེམས་ཅན་ལ་ལྷག་པའི་བསམ་པས་གནས་པའོ། །འདི་དག་ནི་འོད་སྲུང་གིས་ཞུས་པའི་མདོ་ལས་གསུངས་སོ། །(༡༨ན)

གཉིས་པ་འཇུག་པའི་བསླབ་བྱ་ལ། དགག་པའི་བསླབ་བྱ་དང་། སྒྲུབ་པའི་བསླབ་བྱ་གཉིས། དང་པོ་(དགག་པའི་བསླབ་བྱ་)ལ། བྱང་སའི་ལུགས་ནི། རྙེད་དང་བཀུར་སྟིར་ཆགས་པ་ཡིས། །བདག་བསྟོད་གཞན་ལ་སྨོད་པ་དང་། །སྡུག་བསྔལ་མགོན་མེད་གྱུར་པ་ལ། །སེར་སྣས་ཆོས་ནོར་མི་སྟེར་དང་། །གཞན་གྱིས་བཤགས་ཀྱང་མི་ཉན་པར། །ཁྲོས་ནས་གཞན་ལ་འཚོག་པ་དང་། །ཐེག་པ་ཆེན་པོ་སྤོང་བྱེད་ཅིང་། །དམ་ཆོས་འདྲར་སྣང་སྟོན་པའོ། །ཞེས་རྩ་ལྟུང་བཞིའམ་བརྒྱད་དེ་ཀུན་དཀྲིས་ཆེན་པོས་སྤྱད་ན་བྱང་སྡོམ་འཚོར་ཏེ་དགེ་སློང་གི་ཕམ་པ་བཞིན་ནོ། །ཀུན་དཀྲིས་འབྲིང་དང་ཆུང་ངུས་བྱས་པ་ནི་ལྷག་མ་དང་ལྟུང་བྱེད་བཞིན་ནོ། །

དཀོན་མཆོག་གསུམ་ལ་གསུམ་མི་མཆོད། །འདོད་པའི་སེམས་ཀྱི་རྗེས་སུ་འཇུག །རྒན་པ་རྣམས་ལ་གུས་མི་བྱེད། །དྲིས་པ་ལ་ནི་ལན་མི་འདེབས། །མགྲོན་དོས་བདག་གིར་མི་བྱེད་ཅིང་། །གསེར་ལ་སོགས་པ་ལེན་མི་བྱེད། །ཆོས་འདོད་པ་ལ་སྦྱིན་མི་བྱེད། །ཚུལ་ཁྲིམས་འཆལ་རྣམས་ཡལ་བར་འདོར། །ཕ་རོལ་དད་ཕྱིར་

སློབ་མི་བྱེད། །སེམས་ཅན་དོན་ལ་བྱ་བ་ཆུང་། །སྙིང་བརྗེར་བཅས་ན་མི་དགེ་མེད། །འཚོ་བ་ལོག་པ་དང་དུ་ལེན། །འཕྲུར་ནས་རབ་ཏུ་རྐོད་ལ་སོགས། །འཁོར་བ་གཅིག་པུར་བགྲོད་པར་སེམས། །གྲགས་པ་མ་ཡིན་མི་སྤྱོང་བ། །ཉོན་མོངས་བཅས་ཀྱང་འཚོས་མི་བྱེད། །གཞི་ལ་ལན་དུ་གཞི་ལ་སོགས། །ཁྲོས་པ་རྣམས་ནི་ཡལ་བར་འདོར། །ཕ་རོལ་ཤད་ཀྱིས་འཆགས་པ་སྤྱོང་། །ཁྲོས་པའི་སེམས་ཀྱི་རྗེས་སུ་འཇུག །རྙེད་བཀུར་འདོད་ཕྱིར་འཁོར་རྣམས་སྡུད། །ལེ་ལོ་ལ་སོགས་སེལ་མི་བྱེད། །ཆགས་པས་བྲེ་མོའི་གཏམ་ལ་བསྟེན། །ཏིང་ངེ་འཛིན་གྱི་དོན་མི་ཚོལ། །བསམ་གཏན་སྒྲིབ་པ་སྤྱོང་མི་བྱེད། །བསམ་གཏན་རོ་ལ་ཡོན་ཏན་བལྟ། །ཉན་ཐོས་ཐེག་པ་སྤྱོང་བར་བྱེད། །རང་ཚུལ་ཡོད་བཞིན་དེ་ལ་(༣༦བ)བརྟེན། །བརྟེན་མིན་ཕྱི་རོལ་བསྟན་བཅོས་བརྟེན། །བརྟེན་པར་བྱས་ཀྱང་དེ་ལ་དགའ། །ཐེག་པ་ཆེན་པོ་སྤྱོང་བར་བྱེད། །བདག་ལ་བསྟོད་ཅིང་གཞན་ལ་སྨོད། །ཆོས་ཀྱི་དོན་དུ་འགྲོ་མི་བྱེད། །དེ་ལ་སྨོད་དང་ཡི་གེར་བསྟེན། །དགོས་པའི་གྲོགས་སུ་འགྲོ་མི་བྱེད། །ནད་པའི་རིམ་གྲོ་བྱ་བ་སྤོང་། །སྡུག་བསྔལ་སེལ་བར་མི་བྱེད་དང་། །བག་མེད་པ་ལ་རིགས་མི་སྟོན། །བྱས་ལ་ལན་དུ་ཕན་མི་འདོགས། །གཞན་གྱི་མྱ་ངན་སེལ་མི་བྱེད། །ནོར་འདོད་པ་ལ་སྦྱིན་མི་བྱེད། །འཁོར་རྣམས་ཀྱི་ནི་དོན་མི་བྱེད། །གཞན་གྱི་བློ་དང་མཐུན་མི་འཇུག །ཡོན་ཏན་བསྔགས་པ་སྨྲ་མི་བྱེད། །རྐྱེན་དུ་འཚམ་པར་ཚར་མི་གཅོད། །རྫུ་འཕྲུལ་བསྡིགས་ལ་སོགས་མི་བྱེད། །སྙིང་བརྗེར་ལྡན་ཞིང་བྱམས་ཕྱིར་དང་། །སེམས་དགེ་བ་ལ་ཉེས་པ་མེད། །ཅེས་པའི་ཉེས་བྱས་བཞི་བཅུ་ཙ་དྲུག་ནི། འདུལ་བའི་ཉེས་བྱས་དང་མཚུངས་སོ། །

བསླབ་བཏུས་སུ་ནི། ནམ་མཁའ་སྙིང་པོའི་མདོ་ལས་གསུངས་པ་ལྟར། དཀོན་མཆོག་གསུམ་གྱི་དཀོར་འཕྲོག་དང་། །དམ་པའི་ཆོས་ནི་སྤོང་བ་དང་། །རྟགས་ཅན་ཆད་པས་གཅོད་པ་དང་། །མཚམས་མེད་ལྔ་ཡི་ལས་བྱེད་དང་། །ཆད་པར་

ལྔ་བ་འཛིན་པ་སྟེ། །བྱང་སེམས་རྒྱལ་པོའི་རྩ་ལྟུང་ལྔ། །གྲོང་དང་ལྗོངས་དང་གྲོང་ཁྱེར་དང་། །གྲོང་བརྡལ་ཡུལ་འཁོར་འཇོམས་པ་སྟེ། །བྱང་སེམས་བློན་པོའི་རྩ་ལྟུང་ལྔ། །བདེ་གཤེགས་སྐུ་འཇོམས་ཁྲག་འབྱིན་དང་། །རྩ་བའི་ཕམ་པ་རྣམ་བཞི་སྟེ། །རབ་ཏུ་བྱུང་བའི་རྩ་ལྟུང་ལྔ། །མ་སྦྱངས་པ་ལ་སྟོང་ཉིད་སྟོན། །ཐེག་ཆེན་ལ་ཞུགས་ཕྱིར་ཟློག་དང་། །སོ་ཐར་སྤངས་ཏེ་ཐེག་ཆེན་སྦྱོར། །སློབ་མའི་ཐེག་པ་ལ་སྨོད་དང་། །ཉིད་ཕྱིར་བདག་བསྟོད་གཞན་སྨོད་དང་། །ཟབ་མོ་བཟོད་པར་བརྫུན་སྨྲ་དང་། །ཇན་པར་དཀོན་མཆོག་དཀོར་སྦྱིན་ལེན། །སྤོང་རྫས་ཁ་ཐོན་པར་སྦྱིན་ཏེ། །ལས་དང་པོ་ཡི་ལྟུང་བ་བརྒྱད། །ཅེས་བྱ་སྟེ་འདི་ལ་(ཞ་ན)མདོ་ལྟར་ན། བློན་པོ་ལ་དཀོན་མཆོག་གི་རྫས་འཕྲོག །ཡུལ་འཇོམས། ཆོས་སྤོང་། རྟགས་ཅན་ལ་འཚེ། མཚམས་མེད་བྱེད་པ་སྟེ་ལྟུང་བ་ལྔ་དང་། གྲོང་གྲོང་ཁྱེར་སོགས་ཀྱི་དབྱེ་བས་ཕྱེ་བ་ལྔ་སྟེ། ལྟུང་བ་བཅུར་གསུངས་ཀྱང་སྔ་མ་ལྔ་རྒྱལ་པོ་དང་ཐུན་མོང་དུ་བསྡུས་ནས་ཐུན་མོང་མ་ཡིན་པའི་གྲོང་སོགས་ལྔ་བྱེ་བྲག་ཏུ་ཕྱེ་བ་བསྟན་བཅོས་ཀྱི་ལུགས་ལྟར་བཤད་པ་ཡིན་ལ། **འགྲེལ་ཆེན་ལས།** བློན་པོའི་ལྟུང་བ་གཅིག་ཅེས་ཀྱང་བཤད་དོ། །

མདོར་ཉན་ཐོས་ཀྱི་རྩ་ལྟུང་ལྔ་ནི། ཕམ་པ་བཞི་དང་། དེ་བཞིན་གཤེགས་པའི་སྐུ་འཇོམས་ཤིང་ཁྲག་འབྱིན་པའོ། །ཞེས་གསུངས་པས་བཤད་ཀྱི་དེར་སང་འདྲེན་པ་ཉུང་བར་སྣང་ངོ་། །འདིར་གཞན་རྣམས་གོ་སླ་ལ་རྟགས་ཅན་ཆད་པས་གཅོད་པ་ནི། ཚུལ་ཁྲིམས་འཆལ་བའི་དགེ་སློང་ལའང་། །ངུར་སྨྲིག་འཕྲོག་དང་རྡེག་པ་དང་། །བཙོན་རར་གཞུག་པར་བྱེད་པ་དང་། །རབ་ཏུ་བྱུང་ལས་འབེབས་པ་དང་། །ཞེས་རྟགས་ཀྱི་ཆ་ཙམ་འཛིན་པའི་གང་ཟག་ཡང་སྨད་པ་ཡིན་ལ། དེ་ལ་གནོད་པ་ཅི་བྱས་ཀྱང་རྩ་ལྟུང་ངོ་། །གང་གི་ཁུ་བ་ལས་བདག་ཉིད་ཀྱི་ལུས་ཀྱི་རྒྱུར་གྱུར་པ་ནི་ཕ་དང་། གང་གི་ཟླ་མཚན་ལས་བདག་གི་ལུས་བསྐྱེད་པ་ནི་མ་

དང་། ཁམས་གསུམ་གྱི་ཉོན་མོངས་སྤངས་པ་ནི་དགྲ་བཅོམ་པ་ཡིན་ལ་དེ་རྣམས་བསད་པ་དང་། དེ་བཞིན་གཤེགས་པ་སྐུས་ཀྱང་བསད་པར་མི་ནུས་མོད་ཀྱི་ངན་སེམས་ཀྱིས་སྐུ་ལས་མཚལ་ཕྱུང་ཞིང་བྱུང་བ་དང་། བསྟན་པ་འདི་ལ་འཁོར་ལོའི་དབྱེན་ལྷས་བྱིན་གྱིས་བྱས་པ་ལས་གཞན་མི་འབྱུང་མོད་ཀྱང་བསམ་པ་མ་དག་པས་ལས་ཀྱི་དབྱེན་དང་ཟང་ཟིང་གི་ཆེད་དུ་དགེ་འདུན་ཕྱེ་བའི་དབྱེན་ཏེ་འདི་ལྔ་ནི་ལས་ཤིན་ཏུ་མི་བཟད་པ་ཡིན་ཞིང་ཤི་མ་ཐག་བར་དོ་མེད་པར་མནར་མེད་དུ་སྐྱེ་བས་ན་མཚམས་མེད་པའི་ལས་ལྔའོ། །

ཆད་པར་ལྟ་བ་ནི། ལས་དཀར་ནག་གི་འབྲས་བུ་མེད་པར་ལྟ་བ་དང་ཚེ་ཕྱི་མ་མེད་པར་ལྟ་བའོ། །གང་ན་མི་རིགས་བཞི་ཡོད་པ་(ལ་བ)གྲོང་དང་། བཟོ་རིགས་བཅོ་བརྒྱད་ཡོད་པ་གྲོང་ཁྱེར་དང་། གྲོང་ཁྱེར་དུ་མ་ཡོད་པ་གྲོང་གི་བརྡལ་དང་། བརྡལ་དུ་མ་ཡོད་པ་ཡུལ་ལྗོངས་དང་། ཡུལ་ལྗོངས་དུ་མ་ཡོད་པ་ཡུལ་འཁོར་དུ་བརྒྱད་སྟོང་པའི་འགྲེལ་པར་བཤད་དོ། །མ་སྦྱངས་པ་ལ་སྟོང་ཉིད་སྟོན་པ་ནི་དེ་མ་དད་ཅིང་སྐྲག་པར་འགྱུར་བ་ལ་སྐྱེ་དད་ན་ཉེས་པ་མེད་དོ། །

ཐེག་ཆེན་ལ་ཞུགས་པ་ཕྱིར་ལྡོག་པ་ལ་ཡང་ཐེག་དམན་དུ་རིགས་ངེས་པར་མཐོང་ན་ཉེས་པ་མེད་དམ་སྙམ་མོ། །ཐེག་དམན་དུ་ཞུགས་པ་ཐེག་ཆེན་དུ་སྦྱོར་བ་ལ་ཐེག་ཆེན་གྱི་སྣོད་ལྡན་དུ་མཐོང་ན་ཉེས་པ་མེད་དོ། །སློབ་མ་ཉན་ཐོས་ཀྱི་ཐེག་པ་ལ་སློད་པ་ཡང་གཞན་ཐེག་ཆེན་ལ་གཟུང་པའི་དགོས་པ་མཐོང་ནས་ཐེག་དམན་ལ་སློད་པ་ལྟར་སྟོན་ན་ཉེས་པ་མེད་དོ། །རྙེད་བཀུར་གྱི་ཕྱིར་བདག་བསྟོད་གཞན་སྨོད་དང་བདག་ནི་ཆོས་ཟབ་མོ་ལ་བཟོད་པ་ཐོབ་པའོ་ཞེས་མི་ཆོས་བླ་མའི་རྫུན་སྨྲ་བ་དང་། རྒྱལ་རིགས་དང་དགེ་སྦྱོང་ཕྱེ་ནས་དགེ་སྦྱོང་སོགས་དཀོན་མཆོག་གི་རྫས་རྒྱལ་རིགས་ལ་གསང་དུ་སྦྱིར་བ་དང་སྦྱིར་འཇུག་པའམ་བྱིན་པ་ལེན་པ་དང་། སྒོང་བ་བསམ་གཏན་པ་དེང་སང་བོད་ན་སྒོམ་ཆེན་པར་གྲགས་པའི་ལོངས་

སྤྱོད་ཕྱོགས་ཏེ་ཀློག་པ་ཁ་ཐོན་པ་དེང་སང་མཚན་ཉིད་པར་གྲགས་པ་ལ་སྐྱེར་དུ་འཇུག་པ་དང་སྐྱེར་བ་སྐྱེ་བྱེད་པ་པོ་དང་བྱེད་དུ་འཇུག་པ་པོའམ་སྐྱེར་བ་པོ་དང་ལེན་པ་པོ་གཉིས་ཀ་ལ་རྩ་བའི་ལྟུང་བ་སྐྱེ་ཕམ་པ་དང་མཚུངས་ལ་ཕྱི་མ་འདི་བཞི་ལ་ལྟུང་མེད་མི་སྲིད་དོ། །

འདིར་ཉེས་བྱས་ནི་མི་ཟད་པ་བརྒྱད་ཅུ་སྟེ། གཞན་གྱི་སྡུག་བསྔལ་ཡིད་མི་བདེ། །ནུས་བཞིན་ཞི་བར་མི་བྱེད་དང་། །བདེ་དང་ཡིད་བདེ་མི་སྐྱེད་པ། །ལྟུང་བའི་གཞི་སྟེ་ལུས་སེམས་ཀྱི། །རྟེན་གྱིས་ཕྱེ་ན་རྣམ་པ་བཞི། །ད་ལྟ་དང་ནི་མ་འོངས་པའི། །དུས་ཀྱིས་ཕྱེ་བས་རྣམ་པ་བརྒྱད། །དེ་ཆེད་སྒོ་གསུམ་མི་བརྩོན་དང་། །ཕན་པའི་རྒྱུ་རྐྱེན་མི་ཚོལ་དང་། །གཉེན་པོའི་ཕྱོགས་ལ་མི་འབད་པ། །དེ་ལྟར་རྗེས་སུ་སྒྲུབ་པའི་སྒོ། །གསུམ་(༦༠ན)གྱིས་ཕྱེ་བས་ཉི་ཤུ་བཞི། །བདེ་སྡུག་ཡལ་འདོར་ལྟུང་བའོ། །སྡུག་བསྔལ་ཡིད་མི་བདེ་ཆེན་པོའི། །གཉེན་པོར་ཆུང་ངུ་མི་བསྐྱེད་པ། །ལྟུང་བའི་གཞི་སྟེ་འདི་ཕྱི་ཡི། །སྐྱེ་བས་ཕྱེ་བ་རྣམ་པ་བཞི། །རང་གཞན་རྒྱུད་ཀྱིས་ཕྱེ་བས་བཞི། །བདེ་དང་ཡིད་བདེ་ཆེན་པོའི་ཕྱིར། །ཆུང་ངུ་ཉམས་པར་མི་བྱེད་པ། །ལྟུང་བའི་གཞི་སྟེ་སྐྱེ་བ་དང་། །རྒྱུད་ཀྱིས་ཕྱེ་བས་རྣམ་པ་བརྒྱད། །སྒྲུབ་པ་ཡལ་བར་འདོར་བ་ཡི། །ལྟུང་བ་རྣམ་པ་བཅུ་དྲུག་གོ། །དེ་ལྟར་བཞི་བཅུ་རེ་རེ་ལའང་། །རེ་ཞིག་ཡལ་བར་འདོར་བ་དང་། །གཏན་དུ་འདོར་བས་རྣམ་པ་གཉིས། །ཕན་ཡོན་ཉེས་དམིགས་མི་ཟད་པའི། །ཡན་ལག་ལྟུང་བ་བརྒྱད་ཅུའོ། །ཞེས་བྱ་སྟེ། ཉེས་བྱས་ཇི་ལྟ་བ་བཞིན་នོ། །

དེ་ཡང་**བྱང་ས་ལས།** བྱང་ཆུབ་སེམས་དཔའ་རབ་ཏུ་བྱུང་བ་གཙོ་ཆེ་བའི་དབང་དུ་མཛད་ནས་དེ་ལ་འབྱུང་ཉེ་བ་རྣམས་སྤང་བར་བཅས་པ་ཡིན་ལ། ནམ་སྙིང་གི་མདོར་ཁྲིམ་པའི་རྟེན་ཅན་གྱི་བྱང་སེམས་ལ་གཙོ་བོར་དགོངས་ནས་དེ་ལ་འབྱུང་ཉེ་བ་རྣམས་སྤོང་བར་བཅས་པ་སྟེ། རྒྱལ་པོ་བྱང་ཆུབ་སེམས་དཔའ་དང་

སློན་པོ་བྱང་ཆུབ་སེམས་དཔའ་དང་ལས་དང་པོ་པའི་བྱང་ཆུབ་སེམས་དཔའ་གསུམ་གར་གྱིས་ཀྱང་རྩ་ལྟུང་དེ་གསུམ་གར་སྤང་དགོས་པར་མཚུངས་ཤིང་། བྱང་སའི་ལུགས་ཀྱི་སྡོམ་ལྡན་གྱིས་ཀྱང་དེ་རྣམས་མ་སྤངས་ན་རང་གི་བསླབ་བྱ་རྣམས་ཀྱང་སྲུང་བར་མི་ནུས་མོད་ཀྱང་གཙོ་བོར་རྒྱལ་པོ་སོགས་སོ་སོའི་མིང་གིས་བསྟན་པས་འཇིགས་པ་སྐྱེ་ཞིང་འདི་ནི་བདག་ལ་ནན་ཏན་གྱིས་གདམས་སོ་ཞེས་སྲུང་བར་འགྱུར་བས་ན་སོ་སོའི་མིང་གིས་བསྟན་པ་ཡིན་ལ། ཞིབ་མོར་དཔྱད་ན་ལུགས་ཕན་ཚུན་གྱི་ལྟུང་བ་གཅིག་གི་ཁོངས་སུ་གཅིག་ཤོས་འདུ་བས་ན་གནས་སྐབས་ཀྱི་ཐ་སྙད་ཐ་དད་པ་ཙམ་མོ། །

ཕྱོགས་མཐུན་གྱི་ལྟུང་བ་གཞན་སྤང་བ་ཐེག་ཆེན་གྱི་མདོ་སྡེ་སྣ་ཚོགས་ལས་ཐོར་བུར་གསུངས(༩༠བ)པ་ནི། གཞན་ཡང་ལྟུང་བའི་ཕྱོགས་མཐུན་ནི། །ལུས་ངག་ཡིད་ཀྱི་མི་དགེ་བ། །རྣམ་པ་བཅུ་པོ་རྣམ་པར་སྤང་། །ཉེད་དང་མ་ཉེད་གྲགས་མ་གྲགས། །བདེ་སྡུག་བསྟོད་སྨད་འཇིག་རྟེན་གྱི། །ཆོས་བརྒྱད་པོ་ལ་ཆགས་སྡང་སྤང་། །ཡུལ་མི་ཉེ་དུ་དགྲ་གཉེན་སེམས། །རྣམ་འཚེ་ཁྲུད་གསོད་ཁ་ཟས་སོགས། །མི་འཆི་བ་ཡི་རྟོག་པ་སྤེ། །ལོག་པའི་རྟོག་པ་བརྒྱད་པོ་སྤང་། །ཚུལ་འཆོས་ཁ་གསག་འཐོབ་ཀྱིས་འཇལ། །གཞོགས་སློང་ཉེད་པས་ཉེད་ཚོལ་ཏེ། །ལོག་པའི་འཚོ་བ་རྣམ་ལྔ་སྤང་། །རྒྱལ་པོའི་ཕོ་བྲང་གདོལ་པའི་གནས། །བཤན་པ་གཟུགས་ཚོང་ཆང་ཚོང་གནས། །སྤྱོད་ཡུལ་མིན་པ་རྣམ་ལྔ་སྤང་། །སྡིག་པའི་གྲོགས་དང་འགྲོགས་པ་སྤང་། །སྡིག་ལྟ་འཛིན་དང་ཉན་རང་གི། །ཡིད་ལ་བྱེད་པ་བསྐྱེད་པ་དང་། །དམིགས་པར་ལྟ་དང་སྙོམ་སེམས་དང་། །ལུང་བསྟན་མངོན་པར་ཞེན་པ་དང་། །དབེན་པར་དགའ་བས་གཞན་སྨོད་དང་། །ཕན་ཚུན་མི་མཐུན་རྩོད་པ་དང་། །རྒྱལ་སྲས་གཞན་ལ་ཁོང་ཁྲོ་སོགས། །བདུད་ཀྱི་ལས་རྣམས་རབ་ཏུ་སྤང་། །ལྟ་བས་གཟིངས་པ་རྣམ་པར་སྤང་། །མུ་སྟེགས་གསང་ཚིག་ཚོལ་བ་དང་། །ཁྱིམ་ལ་ལྟ་ཞིང་འཁྲིན་པ་

དང་། །རྒྱལ་སྲས་གཞན་ལ་ཕྲག་དོག་དང་། །མ་ཐོས་མདོ་སྡེ་སྤོང་བ་སྟེ། །དགེ་བ་འཇོམ་པའི་རྒྱུ་བཞི་སྤང་། །ཇོ་ཇེ་ཇོ་ཇེས་འཇོམས་པ་ལྟར། །རྒྱལ་སྲས་ཕན་ཚུན་ཞེ་སྡང་བ། །ཁོ་ནས་འཇོམས་ཕྱིར་ཁྲོ་བ་སྤང་། །འཛམ་གླིང་སྐྱེ་བོའི་སྲོག་བཅད་ཅིང་། །བདོག་པ་ཐམས་ཅད་ཕྲོགས་པ་བས། །སེམས་དཔའ་གཞན་གྱི་ཟས་ཁམ་གཅིག །དུད་འགྲོ་གཅིག་ལ་སྦྱིར་བ་ཡི། །དགེ་བའི་བར་ཆད་བྱེད་པ་ནི། །ཆེས་ཆེར་ལྷ་སྟེ་ཆར་མི་ཕོད། །དེ་བས་དགེ་བའི་བར་ཆད་སྤང་། །མངོན་པའི་ང་རྒྱལ་གྱིས་ཁེངས་པ། །དེ་ལ་ཡོན་ཏན་ཆུ་མི་འཇུག །དེ་བས་ཁེངས་པ་རབ་སྤངས་ཏེ། །ང་རྒྱལ་(༧༧ན)མེད་པ་ཉིད་དུ་བྱ། །འདི་རྣམས་མདོ་སྡེ་སྣ་ཚོགས་པར། །རྒྱལ་བས་རབ་ཏུ་བཀག་པ་ཉིད། །ཐམས་ཅད་ཡོད་སྨྲའི་གཞུང་ལས་ཀྱང་། །ཚངས་པར་མཚུངས་སྤྱོད་གྲོགས་བརྙས་པའི། །ལྟུང་བ་ལྟ་བུའི་སྡིག་གཞན་མེད། །བསགས་པའི་དགེ་ཀུན་དེ་ཡིས་འཇོམས། །དེ་བས་མགལ་དུམ་ཙམ་ལ་ཡང་། །གནོད་སེམས་བསྐྱེད་པར་མི་བྱ་ན། །སེམས་བཅས་ལུས་ལ་ལྟ་ཅི་སྨོས། །དེ་ཕྱིར་བརྒྱ་ལམ་ཙམ་ན་ཡང་། །ཁེངས་པ་སྤང་པར་བྱ་ཞེས་བཤད། །མདོར་ན་བླང་དོར་ཅི་ཡང་རུང་། །མ་བརྟགས་མ་དཔྱད་ཙམ་ཚོམ་གྱིས། །འཇུག་གམ་ལྡོག་ན་རྫོངས་པ་སྟེ། །འདི་ལས་ལྟུང་བ་ཀུན་བསྐྱེད་བྱེད། །ཆོས་བཞིན་དཔྱད་ནས་དགག་དགོས་ཀྱི། །ལྟེ་ཡང་ཕན་ཡོན་ཉེས་དམིགས་བཅས། །ལེགས་པར་ཤེས་ནས་འདོར་བའམ། །ལེན་པ་ལྟུང་བ་མེད་པའོ། །དེ་ལྟར་སྤང་བྱ་ཤེས་ནས་ནི། །སྤོང་བའི་ཡི་དམ་བརྟན་བསྐྱེད་ནས། །ནམ་ཡང་ལྟུང་བས་མ་གོས་བྱ། །གོས་ན་འཕྲལ་དུ་བཤགས་ཤིང་བསྡམ། །རྒྱལ་དང་རྒྱལ་སྲས་ཐམས་ཅད་ལ། །ཕྱག་འཚལ་མཁྱེན་པར་གསོལ་ནས་ནི། །འགྱོད་ཅིང་གནོད་པས་མཐོལ་ཞིང་བཤགས། །ཕྱིན་ཆད་སྡོམ་སེམས་བརྟན་པར་བྱ། །མདོ་འདོན་གཟུངས་བཟླ་མཆོད་རྟེན་གདབ། །དེ་སོགས་དགེ་བ་ཕལ་ཆེར་ནི། །ལྟུང་བའི་གཉེན་པོར་མི་འགྱུར་མེད། །ཆོས་ཀུན་གཟོད་ནས་མ་དམིགས་པའི། །སྟོང་ཉིད་ལ་མོས་གཉེན་

པོའི་མཆོག །ཀུན་ནས་ཉོན་མོངས་ཆོས་རྣམས་ཉིད། །གཟོད་ནས་རྣམ་བྱང་ཉིད་དུ་ཤེས། །འཁོར་བའི་ཁམས་ཉིད་མྱང་འདས་ཀྱི། །དབྱིངས་སུ་གང་གིས་མཐོང་བ་དེ། །སྒྲིབ་པའི་གཡུལ་ལས་རྒྱལ་ཞེས་གསུངས། །ཞེས་ཐེག་པ་ཆེན་པོའི་མདོ་སྡེ་སྣ་ཚོགས་ལས་གསུངས་པ་རྣམས་སྐྱེས་ཆེན་དུ་མས་བཤད་པ་ལྟར་བསྡུས་ཏེ་བརྗོད་པའོ། །

རྩ་ལྟུང་ལས་གཞན་པ་སྡོམ་པའི་གཏོང་རྒྱུ་ཡོད་དམ་(༧བ)ཞེ་ན། སྐྱབས་འགྲོ་བཏང་དང་སྨོན་སེམས་ལོག །བསླབ་པ་ཕུལ་དང་ལོག་ལྟ་སྐྱེས། །ཉན་རང་ཡིད་བྱེད་སྐྱེས་པ་དང་། །སེམས་ཅན་བློ་ཡིས་སྤངས་པ་རྣམས། །བྱང་སྡོམ་རྩད་ནས་གཏོང་བའི་རྒྱུ། །རྩ་བའི་ལྟུང་བས་ཉམས་ཤིང་འཛིག །ཉེས་བྱས་སོགས་ཀྱིས་ན་སྨད་དོ། །ཞེས་བྱ་སྟེ་སྐྱབས་འགྲོ་དང་སྨོན་སེམས་བཏང་ན་བྱང་སྡོམ་རྩ་བ་ནས་གཏོང་སྟེ་རྟེན་པ་ཞིག་ནས་རི་མོ་མི་གནས་པ་བཞིན་ཏེ་རྟེན་ལོག་པའི་ཕྱིར་རོ། །བྱང་སྡོམ་གྱི་བསླབ་པ་ཕུལ་ན་གཏོང་སྟེ་སྡོམ་པ་ལས་ཕྱིན་ཅི་ལོག་ཏུ་ཁས་བླངས་པའི་ཕྱིར། ལོག་ལྟ་སྐྱེས་ན་གཏོང་སྟེ་ཐར་པ་དང་ལས་འབྲས་མེད་པར་འཛིན་པས་དགེ་བའི་རྟེན་ཆད་པའི་ཕྱིར། ཉན་རང་གི་ཡིད་བྱེད་སྐྱེས་པ་སྟེ་བདག་བྱང་ཆུབ་ཆེན་པོས་ཅི་ཞིག་བྱ་རང་ཉིད་ཞི་བ་འཐོབ་པར་བྱའོ་སྙམ་ན། གཏོང་སྟེ་སྨོན་སེམས་ཀྱི་མི་མཐུན་ཕྱོགས་སྐྱེས་པའི་ཕྱིར། སེམས་ཅན་བློས་སྤངས་ན་གཏོང་སྟེ་དེས་སྨོན་སེམས་གཏོང་ལ་རྟེན་ལོག་ན་བརྟེན་པ་མི་གནས་པའི་ཕྱིར་རོ། །རྩ་ལྟུང་ཁ་ཅིག་གིས་གཏོང་ལ་ཁ་ཅིག་གིས་རྩ་བ་མི་གཏོང་ཡང་ཉམས་ཤིང་ནུས་མེད་དུ་བྱེད་དོ། །དེ་ལྟར་དགག་པའི་བསླབ་བྱ་བཤད་ནས།

གཉིས་པ་(སྒྲུབ་པའི་བསླབ་བྱ་)ནི། སྒྲུབ་པའི་བསླབ་བྱ་ཕར་ཕྱིན་དྲུག །བསྡུ་ན་ཚུལ་ཁྲིམས་རྣམ་གསུམ་སྤྱོད། །ཅེས་བྱ་སྟེ། སྒྲུབ་པའི་བསླབ་བྱ་ནི་ཕ་རོལ་ཏུ་ཕྱིན་པ་དྲུག་གམ་བསླབ་པ་གསུམ་མམ་ཚུལ་ཁྲིམས་རྣམ་པ་གསུམ་སྟེ། བྱང་ཆུབ་སེམས་

དཔས་སྤྱད་པར་བྱ་བ་མཐའ་དག་སྟེ་གཞུང་གིས་རྒྱས་པར་འཆད་དོ། །

དྲུག་པ་ཕན་ཡོན་ནི། རྒྱལ་བའི་སྲས་ཀྱི་ནང་དུ་ཆུད། །བསླབ་པ་ཀུན་གྱི་རྟེན་དུ་འགྱུར། །སྡིག་པའི་ཕུང་པོ་རྩད་ནས་གཅོད། །རྫོགས་སངས་རྒྱས་ཀྱི་རྩ་བ་ཚུགས། །བསོད་ནམས་དཔག་ཏུ་མེད་པ་འཐོབ། །སངས་རྒྱས་ཐམས་ཅད་མཉེས་པར་འགྱུར། །སེམས་ཅན་ཀུན་ལ་ཕན་པ་མཆོག །མྱུར་དུ་རྫོགས་འཚང་རྒྱ་བ་སྟེ། །སྨོན་སེམས་ཕན་ཡོན་རྣམ་པ་(༤༨)བརྒྱད། །རང་དོན་བསོད་ནམས་རྒྱུན་མི་འཆད། །གཞན་དོན་མཐའ་ཡས་འབྱུང་བ་སྟེ། །ཁྱད་པར་འཇུག་པའི་ཕན་ཡོན་གཉིས། །གྲངས་སུ་ཆད་པར་བསྟན་པའོ། །མདོར་ན་གནས་སྐབས་མཐར་ཐུག་གི། །ཕན་བདེ་ཐམས་ཅད་འབྱུང་བ་ནི། །གྲངས་སུ་མ་ཆད་ཕན་ཡོན་ནོ། །ཞེས་བྱ་སྟེ།

དང་པོ་(རྒྱལ་བའི་སྲས་ཀྱི་ནང་དུ་ཆུད་པ་)ནི། བྱང་ཆུབ་ཀྱི་སེམས་མེད་ན་སྤྱོད་པ་ཕུན་ཚོགས་ཅི་ཡོད་ཀྱང་ཐེག་ཆེན་པར་མི་འཚུད་སངས་རྒྱས་མི་འཐོབ་ལ་བྱང་ཆུབ་ཀྱི་སེམས་སྐྱེས་མ་ཐག་ཐེག་ཆེན་པར་ཚུད་རྒྱལ་སྲས་ཀྱི་མིང་ཐོབ་པ་སྟེ། **བྱང་ས་ལས།** སེམས་དེ་སྐྱེས་མ་ཐག་ཏུ་བླ་ན་མེད་པའི་བྱང་ཆུབ་ཐེག་པ་ཆེན་པོ་ལ་ཞུགས་པ་ཡིན་ཏེ། ཞེས་དང་། བྱང་ཆུབ་སེམས་སྐྱེས་གྱུར་ན་སྐད་ཅིག་གིས། །བདེ་གཤེགས་རྣམས་ཀྱི་སྲས་ཞེས་བརྗོད་བྱ་ཞིང་། །འཇིག་རྟེན་ལྷ་མིར་བཅས་པས་ཕྱག་བྱར་འགྱུར། །ཞེས་འཆད་པར་འགྱུར་བའི་ཕྱིར་རོ། །

གཉིས་པ་(བསླབ་པ་ཀུན་གྱི་རྟེན་དུ་འགྱུར་བ་)ནི། **བྱང་ས་ལས།** སེམས་བསྐྱེད་པ་དེ་ནི་བྱང་ཆུབ་སེམས་དཔའི་བསླབ་པ་རྣམས་ཀྱི་རྟེན་ཡིན་ཏེ། ཞེས་སོ། །

གསུམ་པ་(སྡིག་པའི་ཕུང་པོ་རྩད་ནས་གཅོད་པ་)ནི། གཉེན་པོ་དགེ་བའི་ནང་ན་བྱང་ཆུབ་ཀྱི་སེམས་མཆོག་ཡིན་པས་སྡིག་པ་འཇོམས་པའི་ཕྱིར་ཏེ། དེས་ནི་དུས་མཐའི་མེ་བཞིན་སྡིག་ཆེན་རྣམས། །སྐད་ཅིག་གཅིག་གིས་ངེས་པར་སྲེག་པར་བྱེད། །ཅེས་

འཆད་པར་འགྱུར་བའི་ཕྱིར།

བཞི་པ་(རྫོགས་སངས་རྒྱས་ཀྱི་རྩ་བ་ཚུགས་པ་)ནི། སེམས་ཅན་གྱི་རྒྱུད་ས་གཞི་ལྟ་བུ་ལ་རྫོགས་པའི་སངས་རྒྱས་ཀྱི་ལྗོན་ཤིང་བསྐྲུན་པའི་རྩ་བ་ཚུགས་པ་ཡིན་ཏེ། **བྱང་ས་ལས།** སེམས་བསྐྱེད་པ་དེ་ནི་བླ་ན་མེད་པ་ཡང་དག་པར་རྫོགས་པའི་བྱང་ཆུབ་ཀྱི་རྩ་བ་ཡིན་ནོ། །ཞེས་སོ། །

ལྔ་པ་(བསོད་ནམས་དཔག་ཏུ་མེད་པ་འཐོབ་པ་)ནི། **དཔལ་ཕྲེན་གྱིས་ཞུས་པའི་མདོ་ལས།** བྱང་ཆུབ་སེམས་ཀྱི་བསོད་ནམས་གང་། །གལ་ཏེ་དེ་ལ་གཟུགས་མཆིས་ན། །ནམ་མཁའི་ཁམས་ནི་ཀུན་བཀང་ནས། །དེ་ནི་དེ་ལས་ལྷག་པར་འགྱུར། །ཞེས་དང་། **རིན་ཆེན་ཕྲེང་བར།** སྐྱེས་བུ་གང་ཞིག་བྱང་(ཇུབ)ཆུབ་སེམས། །སྐད་ཅིག་ཙམ་ཞིག་སྒོམ་བྱེད་ན། །དེ་ཡི་བསོད་ནམས་ཕུང་པོ་འདི། །རྒྱལ་བ་ཡིས་ཀྱང་བགྲང་མི་སྤྱོད། །ཅེས་སོ། །

དྲུག་པ་(སངས་རྒྱས་ཐམས་ཅད་མཉེས་པར་འགྱུར་བ་)ནི། **དཔལ་ཕྲེན་གྱི་མདོ་ལས།** གང་གཱའི་བྱེ་མའི་གྲངས་སྙེད་ཀྱི། །སངས་རྒྱས་ཞིང་རྣམས་མི་གང་གིས། །རིན་ཆེན་དག་གིས་ཡོངས་བཀང་སྟེ། །བདེ་གཤེགས་རྣམས་ལ་ཕུལ་བ་བས། །གང་གིས་ཐལ་མོ་སྦྱར་བགྱིས་ཏེ། །བྱང་ཆུབ་ཏུ་ནི་སེམས་བཏུད་ན། །མཆོད་པ་འདི་ནི་ཁྱད་པར་འཕགས། །ཞེས་དང་། **སྒྱུ་མ་ལྟ་བུའི་ཏིང་ངེ་འཛིན་གྱི་མདོ་ལས།** ལུས་ཅན་ཀུན་ལ་ཕན་པའི་ཕྱིར། །བྱང་ཆུབ་ཏུ་ནི་སེམས་བསྐྱེད་ན། །མཚན་མཆོག་སུམ་ཅུ་གཉིས་ལྡན་པའི། །སངས་རྒྱས་དག་ལ་མཆོད་པར་འགྱུར། །མི་གང་གིས་ནི་སངས་རྒྱས་ཞིང་། །གང་གཱའི་བྱེ་མའི་གྲངས་སྙེད་དག །མེ་ཏོག་རྣམས་ཀྱིས་བཀང་བྱས་ཏེ། །འཇིག་རྟེན་མགོན་ལ་ཕུལ་བ་བས། །གང་གིས་འདིར་ནི་ཐལ་སྦྱར་ཏེ། །བྱང་ཆུབ་ཏུ་ནི་སེམས་བཏུད་ན། །འདི་ནི་བསོད་ནམས་ཆེས་མང་སྟེ། །དེ་ལ་ཚད་ནི་ཡོད་མ་ཡིན། །བྱང་ཆུབ་སེམས་ནི་ཅི་འདྲ་བ། །དེ་ལྟར་བློ་མཆོག་གིས་བསྟན་པ། །དེ་

འདྲའི་མཆོད་པ་གང་ཡང་མེད། །དེ་འདྲ་བ་ཡི་དཔལ་ཡང་མེད། །ཅེས་སོ། །

བདུན་པ་(སེམས་ཅན་ཀུན་ལ་ཕན་པ་མཆོག་)ནི། **སྡོང་པོ་བཀོད་པ་ལས།** འཇིག་རྟེན་པ་ཐམས་ཅད་ལ་ཕན་པས་རྟེན་ལྟ་བུའོ། །ཞེས་དང་། བྱང་ཆུབ་སེམས་མེད་རྒྱལ་འབྱུང་འཇིག་རྟེན་ཡོད་མེད་ན། །འབྲས་བུ་བརྒྱ་བྱིན་ཚངས་པ་ཉན་ཐོས་ག་ལ་འབྱུང་། །ཞེས་སོ། །

བརྒྱད་པ་(མྱུར་དུ་རྫོགས་འཚང་རྒྱ་བ་)ནི། **བྱང་ས་ལས།** སེམས་དེ་སྐྱེས་ན་མཐའ་གཉིས་ལ་མི་གནས་ཏེ་མྱུར་དུ་མངོན་པར་རྫོགས་པར་འཚང་རྒྱ་བར་འགྱུར་རོ། །ཞེས་སོ། །འཇུག་སེམས་ལ་ནི་དེའི་སྐབས་སུ་ཁྱད་པར་བ་གཉིས་ཏེ། སེམས་དེ་ཡང་དག་བླངས་གྱུར་པ། །དེ་ནས་བཟུང་སྟེ་གཉིད་ལོག་གམ། །ཞེས་སོགས་དང་། གང་ཞིག་བདེ་བས་ཐོངས་པ་དང་། །(ཞན)སྡུག་བསྔལ་མང་ལྡན་དེ་དག་ལ། །བདེ་བ་ཀུན་གྱིས་ཚིམ་པ་དང་། །ཞེས་སོགས་འཆད་པར་འགྱུར་རོ། །

མདོར་ན་འཁོར་བའི་བདེ་བ་ཐམས་ཅད་ནི་བྱང་ཆུབ་ཀྱི་སེམས་ལ་བརྟེན་པའམ་དེས་བསྐྱབས་པ་སྟེ་ལྗོན་ཤིང་གིས་བསྐྱབས་པར་རྩ་འཕེལ་བ་ལྟ་བུ། ཉན་རང་གི་ཡོན་ཏན་ཐམས་ཅད་ནི་བྱང་ཆུབ་ཀྱི་སེམས་ཀྱི་ཕྱོགས་གཅིག་གི་འབྲས་བུ། བྱང་ཆུབ་སེམས་དཔའི་ཡོན་ཏན་ཐམས་ཅད་ནི་བྱང་ཆུབ་ཀྱི་སེམས་ཀྱི་གནས་སྐབས་ཀྱི་འབྲས་བུ། སངས་རྒྱས་ཀྱི་ཡོན་ཏན་ཐམས་ཅད་ནི་བྱང་ཆུབ་ཀྱི་སེམས་ཀྱི་མཐར་ཐུག་གི་འབྲས་བུ་སྟེ་འཁོར་འདས་ཀྱི་ཡོན་ཏན་ཐམས་ཅད་བྱང་ཆུབ་ཀྱི་སེམས་ལས་བྱུང་བ་ཡིན་ནོ། །

བདུན་པ་ཉམས་པའི་ཉེས་དམིགས་ནི། སེམས་མཆོག་དེ་ལས་ཉམས་གྱུར་ན། །རྒྱལ་ཀུན་མི་མཉེས་འགྲོ་ཀུན་བསླུས། །རང་གཞན་དོན་ཉམས་ངན་འགྲོར་འགྲོ། །དེ་བས་འབད་དེ་སེམས་འདི་སྲུང་། །ཞེས་བྱ་སྟེ། ངན་འགྲོ་ཨུ་མཐའ་མེད་པར་འཁོར། གཞན་དོན་ལས་ཉམས། ས་འཐོབ་པ་ལ་རིང་དུ་འགོར་བ་སྟེ། སེམས་

ཅན་དེ་དག་ཀུན་བསླུས་པས། །བདག་གི་འགྲོ་བ་ཅི་འདྲར་འགྱུར། །ཞེས་དང་། འདི་ལྟར་དེ་ནི་བྱུང་གྱུར་ན། །སེམས་ཅན་ཀུན་གྱི་དོན་ལ་དམན། །ཞེས་དང་། ས་འཐོབ་པ་ལ་ཡུན་རིང་ཐོགས། །ཞེས་སོགས་རེ་རེ་ཞིང་འཆད་པར་འགྱུར་རོ། །

བརྒྱད་པ་ཕྱིར་བཅོས་ནི། རྩ་བའི་ལྟུང་བ་ཆེན་པོ་རྣམས། །བྱང་ཆུབ་སེམས་དཔའི་ཚོགས་ལ་བཤགས། །སྡོམ་པ་སླར་ཡང་བླང་བར་བྱ། །ཟག་པ་འབྲིང་ནི་གསུམ་ལ་བཤགས། །གཅིག་གི་མདུན་དུ་ལྷག་མ་རྣམས། །གཞན་ཡང་རྒྱལ་སྲས་ནམ་སྙིང་གི། །མཚན་ནས་བརྗོད་ཅིང་ཕྱག་འཚལ་ན། །རྨི་ལམ་སྐལ་འཚམ་ལུས་བསྟན་ཏེ། །དེ་ཡིས་ལྟུང་བ་ལས་སློང་བྱེད། །མ་གྲུབ་ན་ནི་སྐྱ་རེངས་ལ། །གསོལ་བ་བཏབ་ན་དེ་ཡིས་སྟོན། །གཞན་ཡང་ཉིན་མཚན་ཐུན་དྲུག་ཏུ། །ཕུང་པོ་གསུམ་(༤༢བ)པ་ལ་སོགས་པས། །འཆགས་ལ་ཉེས་པའི་རྒྱུས་མི་གོས། །ཆོས་ཀུན་གཟོད་ནས་ཞི་བ་སྟེ། །མཁའ་དང་སྒྱུ་མ་ལྟར་ཤེས་ནས། །འགྲོ་ལ་སྙིང་རྗེ་མི་འདོར་བ། །དེ་ལ་ཉེས་པའི་གནས་མི་དམིགས། །ཞེས་བྱ་སྟེ། **སྡོམ་པ་ཉི་ཤུ་པར།** སྡོམ་པ་སླར་ཡང་བླང་བར་བྱ། །ཞེས་སླར་བླང་བ་ལས་བཤགས་པ་དངོས་སུ་མ་བྱུང་བས་དེ་ལྟར་འཆད་པ་མང་མོད་ཀྱང་སྔ་མ་རྩ་ལྟུང་ཆེན་པོ་བྱུང་བ་ལ་འགྱོད་པས་བཤགས་ཤིང་བསྡམས་ནས་སླར་ལེན་པ་ཁོ་ནར་རིགས་ཏེ། ཐེག་པ་ཐམས་ཅད་ཀྱི་འདུལ་བར་གང་ལས་ལྟུང་བ་བྱུང་བ་ཉེས་པའི་གཞི་དེ་བཏང་ཞིང་མ་བསྡམས་པར་ཕྱིར་བཅོས་མི་འཆགས་པར་མཐུངས་པའི་ཕྱིར་དང་། ཟག་པ་འབྲིང་ནི་གསུམ་ལ་བཤགས། །ཞེས་པའི་ཤུགས་ཀྱིས་ཀྱང་། ཟག་པ་ཆེན་པོ་ཚོགས་ལ་བཤགས། །ཞེས་འཐོབ་པའི་ཕྱིར་རོ། །སླར་ཡང་སྔར་གྱི་ཚོ་གས་དགེ་བའི་བཤེས་གཉེན་ཡོད་པའམ་མེད་པ་ལས་བླང་བར་བྱ་སྟེ་དེས་སོར་ཆུད་པར་འགྱུར་རོ། །

འདིར་གཙང་ནག་པས་བྱང་སྡོམ་ཉམས་པ་ལན་བདུན་གྱི་བར་དུ་བསྐྱར་དུ་རུང་ཞིང་དེ་ནས་མི་རུང་བར་བཤད་པ་ལ། མཚོ་སྣ་པ་ཆེན་པོས་དེ་ནི་འདུལ་བ

ལས་སྐྱེས་པ་ལ་ལན་བདུན་དུ་བསྙེན་རྫོགས་བསྒྱུར་ཏུང་བར་བཤད་པའི་རིགས་བསྒྲིས་པར་ཟད་དེ་བྱང་སྡོམ་ལ་བདུན་གྱི་ངེས་པར་བཟུང་བ་མེད་དོ། །ཞེས་འཆད་དོ། །ཀུན་དཀྲིས་འབྲིང་གིས་བྱས་པའི་ཕམ་འདྲ་རྣམས་ནི་ཟག་པ་འབྲིང་པོ་སྟེ་བྱང་ཆུབ་སེམས་དཔའ་ལ་བཤགས་ཤིང་སྔར་བསྡམས་པས་སོར་ཆུད་དོ། །ཀུན་དཀྲིས་ཆུང་ངུས་བསྐྱེད་པ་ནི་བྱང་ཆུབ་སེམས་དཔའ་གཅིག་ལ་བཤགས་ཤིང་ཕྱིས་བསྡམ་པའོ། །དེ་ལས་གཞན་པའི་ཉེས་བྱས་རྣམས་ནི་ཕུང་པོ་གསུམ་པ་བཟློད་པས་འདག་པའོ། །

གསུམ། ཕྱིར་བཤགས་ཚད་དུས་ལས་འདས་ན་ཇི་ཙམ་འདས་པ་ལྟར་ཆད་པ་ཆེ་བ་འདུལ་བར་སྤོ་མགུ་སྤྱོད་པ་སོགས་ལ་བཅབས་པའི་གྲངས་ཀྱིས་སྤྱོད་པ་ལྟར་དོན་གྱིས་སྡོམ་པ་ཐམས་ཅད་ལ་མཚུངས་པས་རྩ་ལྟུང་(༥༥ན)བྱུང་ནས་ཡོའམ་ཟླ་བ་ལ་སོགས་པ་ཡོན་ན་བཤགས་བསྡམ་དང་གཉེན་པོ་ལ་ནན་ཏན་ཆེར་བྱ་དགོས་པར་གྲུབ་བོ། །

གཞན་ཡང་བྱང་ཆུབ་སེམས་དཔའ་ལས་དང་པོ་པ་ལ་ལྟུང་བ་བྱུང་བ་རྣམས་བྱང་ཆུབ་སེམས་དཔའ་ནམ་མཁའི་སྙིང་པོ་ལ་གསོལ་ན། དེས་སྨོན་ལམ་གྱི་དབང་གིས་སེལ་བར་བྱེད་དེ། དེའི་སྤྱི་བོ་ལ་བརྒྱ་བྱིན་ཐོགས་པའི་ནོར་བུ་འོད་འབར་བ་འཛིན་པ་ལས་དང་པོ་པའི་བྱང་ཆུབ་སེམས་དཔའ་རྩ་ལྟུང་ལས་སློང་ནུས་པའི་རྟགས་སུ་འཆང་བར་གསུངས་སོ། །དེས་ན་བྱང་ཆུབ་སེམས་དཔའ་ལྟུང་བ་ཅན་དེས་ཁྲུས་དང་གཙང་སྦྲ་བྱ་སྤོས་བཏུལ་ཏེ་བྱང་ཆུབ་སེམས་དཔའ་ནམ་མཁའི་སྙིང་པོའི་མཚན་ནས་བཟློད་དེ་ཕྱག་འཚལ་ན་ནམ་མཁའི་སྙིང་པོས་དངོས་སམ་རྨི་ལམ་དུ་མི་ནས་བྱའི་བར་སྐལ་བ་འཚམ་པའི་གཟུགས་ཀྱིས་ལྟུང་བ་ལས་འབྱིན་པའི་ཐབས་སྟོན་པར་འགྱུར་ལ། གལ་ཏེ་མ་བྱུང་ན་ཐོ་རངས་ལངས་ཏེ་ལྷའི་བུ་སྐྱ་རེངས་ལ་སྐྱ་རེངས་སྐྱ་རེངས་ཐུགས་རྗེ་ཆེན་པོ་ཅན་སྐལ་བ་ཆེན་པོ་ཅན་ཁྱོད་

ཛམྦུའི་གླིང་དུ་ཤར་མ་ཐག་ཏུ་བདག་ལ་ཐུགས་རྗེས་ཁྱབ་པར་མཛོད་ཅིག །བྱང་ཆུབ་སེམས་དཔའ་ནམ་མཁའི་སྙིང་པོ་ཐུགས་རྗེ་ཅན་ལ་བདག་གི་ཚིག་གིས་སྒྲོན་ཏེ་བདག་གི་རྨི་ལམ་དུ་ཡང་དེ་སྟོན་པར་འགྱུར་ཞིང་གང་གིས་ཐབས་དེས་ལྟུང་བ་བཤགས་པར་འགྱུར་བ་དང་འཕགས་པའི་ཐེག་པ་ཆེན་པོ་ལ་ཐབས་དང་ཡེ་ཤེས་འཐོབ་པར་མཛོད་ཅིག་ཅེས་སྨྲས་ནས་གཉིད་ལོག་ན་སྐྱ་རེངས་ཤར་ཚེ་ནམ་སྙིང་རྨི་ལམ་དུ་སྐལ་བ་བཞིན་སྟོན་པས་ལྟུང་བ་འཆགས་པ་སྟོན་ཏོ། །ཞེས་གསུངས་སོ། །

གཞན་ཡང་གང་གིས་དབེན་པར་བྱང་ཆུབ་སེམས་དཔའ་ནམ་སྙིང་ལ་ཕྱག་བྱས་ཏེ། ཨ་ག་རུའམ་རྒྱ་སྤོས་སམ་དུས་ཀྱི་རྗེས་སུ་འབྲེང་བས་བདུགས་ཏེ་ཐལ་མོ་སྦྱར་ནས་ཕྱོགས་མཚམས་ཀུན་ཏུ་ཡན་ལག་ལྔས་ཕྱག་འཚལ་ནས། ཏདྱ་ཐཱ། སུ་སྨྲི་ཤ་སུ་སྨྲི་ཤ་སུ་སྨྲི་ཤ་ཀཱ་རུ་ཎི་ཀ། ཙ་ར་ཙ་ར་བི་ཙ་ར་ས་ཙ་ར། ཀཱ་རུ་ཎི་ཀཱ་(༢༢༤) མུ་ར་མུ་ར། བི་ག་ཏ་རི་མ་ཙ་མེ། ཧྲུ་ཛ་པཱ་ད་ཀཱ་རུ་ཎི་ཀ། ཙིནྟཱ་མ་ཎ་པཱུ་ར་ཡ་ཀཱ་རུ་ཎི་ཀ། སརྦ་ཤ་མེ་སྦཱ་པཱ་ཡ་ཨ་རྨཱ་ཏ་རི། ཕྲུ་གུང་ཕྲུ་གུང་། རུ་ཧི་བི་བེ་ག་གུང་དྲིཥྚི་བི་བེ་ག་གུང་པཱུ་ར་ཡ་ཀཱ་རུ་ཎི་ཀ་པཱུ་ར་ཡཧཱུ་མ་མ་ཨ་ཤ། སརྦ་པཎྜ་ཙ་ཨ་ཤོ་ཀ་ག་ཏི་སྭཱ་ཧཱ། འདི་ལན་དུ་མར་བཟླས་ཏེ་ཉལ་ན་དེས་རྨི་ལམ་དུ་མི་ནས་བྱའི་བར་སྐལ་བ་འཚམ་པའི་གཟུགས་བསྟན་ཏེ་ཚུལ་གཅིག་པའི་ཆོས་སྟོན་པར་འགྱུར་རོ། །ཞེས་གསུངས་པས་བཤགས་པའི་ཆོའང་གཟུངས་འདི་བཟློད་ན་ལེགས་སོ་སྙམ་མོ། །དེ་བཞིན་དུ་ཏིང་ངེ་འཛིན་སྙེར་བའི་གཟུངས་ཀྱང་འདིར་བཤད་དོ། །

ཡང་བྱང་ཆུབ་སེམས་དཔའ་ཚོགས་པ་ནས་གཅིག་གི་བར་དུ་བཤགས་ཡུལ་མ་རྙེད་ན་ཡང་སངས་རྒྱས་དང་བྱང་ཆུབ་སེམས་དཔའ་ཐམས་ཅད་ཡིད་ཀྱིས་མངོན་སུམ་དུ་བྱས་ཏེ་ཕུང་པོ་གསུམ་པ་ལ་སོགས་པས་བཤགས་ཤིང་སྡོམ་པར་དམ་བཅས་ནས་སླར་བླངས་པས་ཀྱང་ཐམས་ཅད་སོར་ཆུད་པར་བྱེད་དེ་ཐེག་པ་ཆེན

པོ་འདི་ནི་སེམས་ཀྱི་ལས་ཁོ་ན་གཙོ་བའི་ཕྱིར་རོ། །

དེ་ལྟར་ཀུན་རྫོབ་བྱང་ཆུབ་ཀྱི་སེམས་ཇི་ལྟར་ཉམས་སུ་བླང་པ་བཤད་ནས། དོན་དམ་པའི་བྱང་ཆུབ་ཀྱི་སེམས་ཇི་ལྟར་སྒོམ་པ་ཡང་ཅུང་ཟད་བཤད་པར་བྱ་སྟེ། དེ་ཡང་དོན་དམ་བྱང་སེམས་ཀྱི་ངོ་བོ་ནི། **གསང་འདུས་རྩ་རྒྱུད་ལས།** དངོས་པོ་ཐམས་ཅད་དང་བྲལ་བ། །ཕུང་པོ་ཁམས་དང་སྐྱེ་མཆེད་དང་། །གཟུང་དང་འཛིན་པ་རྣམ་པར་སྤངས། །ཆོས་བདག་མེད་པ་མཉམ་ཉིད་པས། །རང་སེམས་གདོད་ནས་མ་སྐྱེས་པ། །སྟོང་པ་ཉིད་ཀྱི་རང་བཞིན་ནོ། །ཞེས་གསུངས་ཤིང་། འདི་ཐུའི་ཞབས་ཀྱིས་འགྲེལ་པར་མཛད་པ་བྱང་ཆུབ་སེམས་འགྲེལ་ཡིན་ལ། པང་ཀོང་ཕྱག་རྒྱའི་མདོ་དང་། ཐུའི་ཞབས་ཉིད་ཀྱི་དོན་དམ་སེམས་བསྐྱེད་ཀྱི་ཆོ་གར་ཡང་། དངོས་པོ་ཐམས་ཅད་དང་བྲལ་བ། ཕུང་པོ་དང་ཁམས་དང་སྐྱེ་མཆེད་དང་གཟུང་བ་དང་འཛིན་པ་རྣམ་པར་སྤངས་པ་ཆོས་བདག་མེད་པ་མཉམ་པ་ཉིད་ཀྱིས་རང་གི་སེམས་གདོད་མ་(ཡན)ནས་མ་སྐྱེས་པ་སྟོང་པ་ཉིད་ཀྱི་ངོ་བོ་ཉིད་ཀྱི་བྱང་ཆུབ་ཀྱི་སེམས་བསྐྱེད་པར་བགྱིའོ། །ཞེས་ཚིགས་སུ་བཅད་པ་ལྷུག་པར་བཀྲོལ་ཏེ་གསུངས་ལ་འཕགས་ཐུའི་ཆོ་ག་དེ་ཉིད་ལ་བརྟེན་ནས་འབོགས་པ་དང་ལེན་པའི་རྒྱུན་བྱུང་བ་ལ། ཆོས་རྗེ་ས་སྐྱ་པས། དོན་དམ་སེམས་བསྐྱེད་ཅེས་བྱ་བ། །བསྒོམས་པའི་སྟོབས་ཀྱིས་སྐྱེ་མོད་ཀྱི། །ཆོ་གའི་སྒོ་ནས་འདི་མི་སྐྱེ། །གལ་ཏེ་ཆོ་གས་སྐྱེ་བ་ན། །བརྡ་ལས་བྱུང་བའི་སེམས་བསྐྱེད་འགྱུར། །ཞེས་སོགས་མང་དུ་གསུངས་མོད་ཀྱང་རེ་ཞིག་བརྟག་པར་བྱ་སྟེ། ཅི་སྔགས་ལུགས་ཀྱི་དོན་དམ་སེམས་བསྐྱེད་ཡོད་དམ་མེད། གལ་ཏེ་ཡོད་ན། ཁྱེད་རང་ལྟར་ན་དེ་ཆོས་ཅན། ཆོ་ག་ལས་སྐྱེ་བར་ཐལ། སྔགས་ཀྱི་ལུགས་ཡིན་པའི་ཕྱིར། མ་ཁྱབ་ན། མདོ་དང་སྔགས་ཀྱི་ཁྱད་པར་ནི། །ཆོ་གའི་བྱ་བ་ཡོད་མེད་ཡིན། །ཟེར་བ་དང་འགལ། འདོད་ན། དེ་ཆོས་ཅན། བརྡ་ལས་བྱུང་བའི་སེམས་བསྐྱེད་དུ་ཐལ། ཆོ་ག་ལས་སྐྱེས་པའི་སེམས་བསྐྱེད་ཡིན་

པའི་ཕྱིར། འདོད་ན། མ་ཡིན་པར་ཐལ། དོན་དམ་སེམས་བསྐྱེད་ཡིན་པའི་ཕྱིར་ཏེ་འཁོར་གསུམ་ག་ལ་ལན་གྱིས་དབེན་ནོ། །ཡང་དབུ་སེམས་ཀྱི་སེམས་བསྐྱེད་གཉིས་ཆོས་ཅན། སྔགས་ལུགས་སུ་ཐལ། ཆོ་ག་ལས་སྐྱེས་པ་ཡིན་པའི་ཕྱིར། འདོད་ན། དེ་གཉིས་ལ་ཆོས་ཅན། དབང་བསྐུར་ཡོད་པར་ཐལ། གསང་སྔགས་ཡིན་པའི་ཕྱིར། མ་ཁྱབ་ན། དབང་བསྐུར་མེད་པས་གསང་སྔགས་མིན། །ཟེར་བ་དང་འགལ་ལོ། །

སྤྱིར་ཡང་ཆོ་ག་ཞེས་བྱ་བ་ནི་དེ་འགྲུབ་པའི་ཐབས་ཀྱི་བྱ་བའི་མིང་སྟེ་དཔེར་ན་སོ་ནམ་གྱི་བྱ་བ་ལ་སོ་ནམ་གྱི་ཆོ་ག་ཞེས་གྲགས་པ་དང་། རྒྱ་མཚོ་ལས་ནོར་བུ་ལེན་པའི་ཐབས་ལ་དེའི་ཆོ་གར་གྲགས་པ་ལྟ་བུའི་ཕྱིར། དེས་ན་ཀུན་རྫོབ་སེམས་བསྐྱེད་ཀྱང་དོན་དམ་སེམས་བསྐྱེད་སྐྱེ་བའི་ཆོ་ག་ཡིན་ཏེ་དེ་སྐྱེ་བའི་ཐབས་ཡིན་པའི་ཕྱིར། དེས་ན་ཆོ་གའི་མིང་ཙམ་ལ་དེ་ཙམ་དུ་ཞེན་པ་ནི་མཁས་པའི་རྣམ་འགྱུར་ག་ལ་ཡིན། དོན་དམ་སེམས་བསྐྱེད་སྒོམ་(༥༥བ)སྟོབས་ཀྱིས་སྐྱེ་ཞེས་པའང་ད་ལྟ་མ་བླངས་པར་བསྒྲུགས་ནས་བསྡད་པས་ནམ་ཞིག་ན་ཆུ་ལས་ལྦུ་བ་ལྟར་སྐྱེར་རེ་བ་ཞིག་མ་གཏོགས་ད་ལྟ་ནས་བསྒོམས་པས་གོང་ནས་གོང་དུ་ཇེ་གསལ་དུ་འགྱུར་ཏེ་ཇི་ལྟ་བ་མངོན་དུ་བྱེད་པ་ཞིག་ཏུ་ཁྱེད་ཅག་གིས་མ་གོ་བ་འདྲ་སྟེ་དེ་ལྟ་ན་ཁྱེད་རྣམས་ཀྱིས་ཡུན་རིང་པོར་བསྒྲུགས་ཤིག་དང་དེའི་འབྲས་བུ་ཅི་འདྲ་བ་ཞིག་བལྟའོ། །

དེས་ན་དོན་དམ་པའི་བྱང་ཆུབ་ཀྱི་སེམས་ནི་ད་ལྟ་ནས་གཙོ་བོར་མཉམ་པར་བཞག་པ་སྒོམ་པའི་སྟོབས་ཀྱིས་བསྐྱེད་པ་སྟེ། **བྱང་ཆུབ་སེམས་འགྲེལ་ལས།** བྱང་ཆུབ་སེམས་དཔའ་གསང་སྔགས་ཀྱི་སྒོར་སྤྱོད་པ་སྤྱོད་པ་རྣམས་ཀྱིས་དེ་ལྟར་ཀུན་རྫོབ་ཀྱི་རྣམ་པས་བྱང་ཆུབ་ཀྱི་སེམས་སྨོན་པའི་རང་བཞིན་ཅན་བསྐྱེད་ནས་དོན་དམ་པའི་བྱང་ཆུབ་ཀྱི་སེམས་ནི་གཙོ་བོར་སྒོམ་པའི་སྟོབས་ཀྱིས་བསྐྱེད་པར་བྱ་བ་ཡིན་ལ། དེའི་ཕྱིར་དེའི་རང་བཞིན་བཤད་པར་བྱའོ་ཞེས་རྒྱུད་ལ་བསྒོམ་བྱར་བསྟན་ཏོ། །

གལ་ཏེ་འདིའི་ཁུངས་གསང་བ་འདུས་པ་ཡིན་ཞིང་སྔགས་ཀྱི་བྱང་སེམས་ཀྱིས་བསྒྲུབ་བྱར་བསྟན་པའི་ཕྱིར་ཕར་ཕྱིན་ཐེག་པར་འདི་བཤད་ན་གསང་བསྒྲགས་སུ་འགྱུར་རོ་ཞེ་ན། སྟོན་པ་ཉིད་ཀྱིས་རྒྱུད་དུ་ཚིགས་བཅད་ཀྱིས་བཀའ་སྩལ་ཞིང་ཕང་ཀོང་ཕྱག་རྒྱའི་མདོར་ཚིག་ལྷུག་པས་བཀའ་སྩལ་བས་མདོ་སྔགས་གཉི་གར་དུ་ཚིག་བཅད་ལྷུག་ལས་ཁྱད་པར་གཞན་མེད་པར་གསུངས་པ་དེ་ཅིའི་ཕྱིར་གསང་བསྒྲགས་སུ་འགྱུར། དོན་འདི་ནི་ཤེས་རབ་ཀྱི་ཕ་རོལ་ཏུ་ཕྱིན་པའི་མཐོང་བ་ཉིད་སྙིང་པོར་དྲིལ་ཏེ་གསུངས་པར་སྣང་བས་ཤེས་ཕྱིན་སྟོང་ཕྲག་བརྒྱ་པ་སོགས་སྔགས་བླ་མེད་ཀྱི་གསང་བསྒྲགས་སུ་མི་འགྱུར་བ་བཞིན་ནོ། །དེ་ཡང་སྟོང་ཉིད་སྙིང་རྗེ་དབྱེར་མེད་ཀྱི་མཐོང་བ་ནི་དོན་དམ་པའི་བྱང་ཆུབ་ཀྱི་སེམས་ཀྱི་ངོ་བོ་སྟེ། སངས་རྒྱས་རྣམས་ཀྱིས་བྱང་ཆུབ་སེམས། །ཁམས་དང་ཕུང་སོགས་རྣམ་རིག་གི། །རྟོག་པ་རྣམས་ཀྱིས་མ་བསྒྲིབས་ཤིང་། །རྟག་ཏུ་སྟོང་ཉིད་མཚན་ཉིད་བཞེད། །སྙིང་རྗེས་(༤༨ན)བརླན་པའི་སེམས་ཀྱིས་ནི། །འབད་པས་བསྒོམ་པར་བྱ་བ་ཡིན། །ཞེས་སོ། །སྟོང་ཉིད་ཇི་ལྟ་བུ་ཞིག་ཅེ་ན། སྟོང་པ་ཉིད་ནི་བསྟན་དུ་མེད་ལ་གང་གི་ཡང་ངོ་བོར་མི་གནས་མོད་ཀྱང་ལས་དང་པོ་པ་ལ་སྒྲོ་བཏགས་ཀྱི་རྣམ་པར་རྟོག་པ་རིམ་གྱིས་བསལ་བས་ངེས་པར་བྱེད་དེ། དེ་ཡང་། དངོས་པོ་ཐམས་ཅད་དང་བྲལ་བ་ནི་མདོར་བསྟན་པ་སྟེ་ཆོས་འདི་ཐམས་ཅད་ནི་ཇི་ལྟར་སྒྲོ་བཏགས་པ་དེ་ལྟར་ཡང་མི་གནས་ལ། སྒྲོ་མ་བཏགས་པའི་དུས་ཀྱི་རང་བཞིན་འདིའོ་ཞེས་བྱ་བར་ཡང་མེད་དེ་གཟོད་མ་ནས་དངོས་པོ་ཐམས་ཅད་ཀྱིས་སྟོང་པའོ། །དེ་ཡང་མུ་སྟེགས་པ་རྣམས་ཀྱི་བདག་ཏུ་བཏགས་པ་གཙོམ་པའི་ཆེད་དུ་སྟོན་པས་བདག་གཅིག་ཏུ་འཛིན་པ་གཞིག་པའི་ཕྱིར་ཕུང་པོ་ལྔ་དང་བདག་ཀུན་ལ་ཁྱབ་པ་གཞིག་པའི་ཕྱིར་ཁམས་བཅོ་བརྒྱད་དང་ཟ་བ་པོའི་བདག་རང་དབང་ཅན་གཞིག་པའི་ཕྱིར་སྐྱེ་མཆེད་བཅུ་གཉིས་བསྟན་ཏོ། །

དེ་ལ་ཉན་ཐོས་གྲུབ་མཐའ་པ་རྣམས་ཀྱིས་དེར་མངོན་པར་ཞེན་པས་ཕྲ་བ་རང་མཚན་གྱི་དངོས་པོ་དོན་དམ་པར་འཛིན་པ་ན་དེ་གཞོམ་པའི་ཕྱིར་གཟུང་འཛིན་དུ་སྣང་བའི་ཆོས་ཐམས་ཅད་ནི་སེམས་ལས་གཞན་མ་ཡིན་པར་བསྟན་ཏོ། །དེ་ལ་ཡང་རྣལ་འབྱོར་སྤྱོད་པ་བ་རྣམས་ཀྱིས་སོ་སོ་རང་རིག་གི་སེམས་དོན་དམ་དུ་ཞེན་པའི་འཁྲུལ་པ་སྐྱེས་པ་ན་སེམས་ཉིད་ཀྱང་དམིགས་སུ་མེད་པར་བསྟན་པ་སྟེ། བདག་ཏུ་འཛིན་པ་བཟློག་པའི་ཕྱིར། །ཕུང་པོ་ཁམས་སོགས་བསྟན་པ་ཡིན། །སེམས་ཙམ་པོ་ལ་གནས་ནས་ནི། །སྐལ་ཆེན་རྣམས་ཀྱིས་དེ་ཡང་སྤང་། །རྣམ་པར་ཤེས་པར་སྨྲ་བ་ལ། །སྣ་ཚོགས་འདི་ནི་སེམས་སུ་གྲུབ། །རྣམ་ཤེས་རང་བཞིན་གང་ཞེ་ན། །ད་ནི་དེ་ཉིད་བཤད་བྱ་སྟེ། །འདི་དག་ཐམས་ཅད་སེམས་ཙམ་ཞེས། །ཐུབ་པས་བསྟན་པར་གང་མཛད་དེ། །བྱིས་པ་རྣམས་ཀྱི་སྐྲག་པ་ནི། །སྤང་བའི་ཕྱིར་ཡིན་དེ་ཉིད་མིན། །(༥༨བ)ཀུན་བརྟགས་དང་ནི་གཞན་དབང་དང་། །ཡོངས་སུ་གྲུབ་པ་ཉིད་འདི་ནི། །སྟོང་ཉིད་བདག་ཉིད་གཅིག་པུ་ཡི། །ངོ་བོ་སེམས་ལ་བརྟགས་པ་ཡིན། །ཐེག་ཆེན་དགའ་བའི་བདག་ཉིད་ལ། །ཆོས་ལ་བདག་མེད་མཉམ་པ་ཉིད། །སེམས་ནི་གདོད་ནས་མ་སྐྱེས་ཏེ། །སངས་རྒྱས་ཀྱིས་ནི་མདོར་བསྡུས་གསུངས། །ཞེས་དང་།

སེམས་འདི་མིང་ཙམ་ཡིན་པ་སྟེ། །མིང་ལས་གཞན་དུ་འགའ་ཡང་མེད། །མིང་ཙམ་དུ་ནི་རྣམ་རིག་ལྟ། །མིང་ཡང་རང་བཞིན་མེད་པ་ཡིན། །ནང་ངམ་དེ་བཞིན་ཕྱི་རོལ་ལམ། །ཡང་ན་གཉི་གའི་བར་དག་ཏུ། །རྒྱལ་བ་རྣམས་ཀྱིས་སེམས་མ་རྙེད། །དེ་ཕྱིར་སྒྱུ་མའི་རང་བཞིན་སེམས། །ཁ་དོག་དབྱིབས་ཀྱི་དབྱེ་བའམ། །གཟུང་བ་དང་ནི་འཛིན་པའམ། །སྐྱེས་པ་བུད་མེད་མ་ནིང་སོགས། །ངོ་བོར་སེམས་ནི་གནས་པ་མིན། །མདོར་ན་སངས་རྒྱས་རྣམས་ཀྱིས་ནི། །གཟིགས་པར་མ་གྱུར་གཟིགས་མི་འགྱུར། །རང་བཞིན་མེད་པའི་རང་བཞིན་ཅན། །ཇི་ལྟ་བུར་ན་གཟིགས་

པར་འགྱུར། །ཞེས་ཏེ། ཇི་ལྟར་སེམས་ཀྱི་རང་བཞིན་ཅི་ཡང་མ་ཡིན་གང་དུའང་མི་འདུ་ཅི་ཡང་བྱར་མེད་སུས་ཀྱང་མཐོང་དུའང་མེད་མ་མཐོང་དུའང་མེད་གཉིས་ཀ་དང་གཉིས་མིན་དུ་མི་གནས་པ་དེ་བཞིན་དུ། ཆོས་ཐམས་ཅད་དེ་ཁོ་ན་སྟེ་གང་ལའང་གཅིག་པ་དང་ཐ་དད་པར་མ་མཐོང་བ་འདི་ནི་ཆོས་ཀྱི་བདག་མེད་པ་མཉམ་པ་ཉིད་ཅེས་བྱའོ། །དེ་ལྟར་རང་གི་སེམས་གདོད་མ་ནས་ངོ་བོ་མེད་ཅིང་གནས་མེད་ལ་སྐྱེ་བ་དང་། འགག་པ་མ་ཡིན་པར་མཐོང་བ་འདི་ནི་སྟོང་པ་ཉིད་ཅེས་ཀུན་རྫོབ་ཏུ་ཐ་སྙད་དུ་བྱ་བ་སྟེ། བཅོམ་ལྡན་ཀུན་གྱིས་དུས་གསུམ་དུ། །སྟོང་པ་མཁའ་དང་མཚུངས་པར་མཁྱེན། །དེ་ཕྱིར་ཆོས་རྣམས་ཀུན་གྱི་གཞི། །ཞི་ཞིང་སྒྱུ་མ་དང་མཚུངས་པར། །གཞི་མེད་སྲིད་པ་འཇིག་བྱེད་པའི། །སྟོང་ཉིད་འདི་ནི་རྟག་ཏུ་སྒོམ། །ཞེས་སོ། །

ཇི་ལྟར་སྒོམ་ཞེ་ན། གང་ཡང་མ་དམིགས་པའི་འཛིན་པ་(༧ན)ལས་ལོག་པ་ཙམ་ལ་སྒོམ་པར་ཐ་སྙད་དུ་བྱས་པ་སྟེ། སེམས་ལ་དམིགས་པ་མེད་པ་ཡི། །གནས་པ་ནམ་མཁའི་མཚན་ཉིད་ཡིན། །དེ་དག་སྟོང་ཉིད་སྒོམ་པ་ནི། །ནམ་མཁའ་སྒོམ་པར་བཞེད་པ་ཡིན། །ཞེས་སོ། །སྟོང་ཉིད་དེ་ཆད་པར་ལྟ་བ་མ་ཡིན་ནམ་ཞེ་ན། རྟག་ཆད་ནི་དངོས་འཛིན་ཅན་རྣམས་ལ་ཡོད་ཀྱི་རང་བཞིན་ཤེས་པ་རྣམས་ལ་མེད་དེ། སྟོང་ཉིད་རང་བཞིན་དུ་བརྗོད་པས། །འགའ་ཞིག་ཆད་པར་སྨྲས་པ་མིན། །དེས་ནི་རྟག་པ་ཉིད་དུ་ཡང་། །འགའ་ཞིག་སྨྲས་པ་མ་ཡིན་ནོ། །ཞེས་སོ། །དེས་ན་ཆོས་ཐམས་ཅད་ནི་རྒྱུ་རྐྱེན་ཚོགས་པ་ལས་མེད་བཞིན་དུ་སྣང་བ་སྒྱུ་མ་ཙམ་ཞིག་སྟེ་དེ་ལ་ཀུན་རྫོབ་ཏུ་བརྗོད་ལ། དེའི་ཚེའང་དེ་ཉིད་རང་གི་ངོ་བོ་གཟོད་ནས་དག་པ་ལ་དོན་དམ་པར་འདོགས་པར་ཟད་ཀྱི་ཀུན་རྫོབ་ལས་གཞན་དུ་དོན་དམ་པ་རྟག་བརྟན་ཀྱང་མེད་དེ་ཆོས་གཅིག་ལ་བསམ་པའི་དབང་གིས་མིང་ཐ་དད་དུ་བྱས་པ་སྒྱུ་མའི་ན་ཚུང་ལ་སྒྱུ་མར་མ་ཤེས་པའི་ཆ་ནས་བཟང་མོ་

ཞེས་བརྗོད་པ་དང་སྒྱུ་མར་ཤེས་ནས་སྒྱུ་མའི་བུད་མེད་ཅེས་སྨྲས་ཀྱང་དེ་གཉིས་ལ་གཞི་ཐ་དད་མི་དམིགས་པ་བཞིན་ཏེ། ཀུན་རྫོབ་ལས་ནི་ཐ་དད་པར། །དེ་ཉིད་དམིགས་པ་མ་ཡིན་ཏེ། །ཀུན་རྫོབ་སྟོང་པ་ཉིད་དུ་བཤད། །སྟོང་ཉིད་ཁོ་ན་ཀུན་རྫོབ་ཡིན། །མེད་ན་མི་འབྱུང་ངེས་པའི་ཕྱིར། །བྱས་དང་མི་རྟག་ཇི་བཞིན་ནོ། །ཞེས་སོ། །དེ་ལྟར་ཆོས་རྣམས་ཀྱི་དངོས་པོའི་གནས་ཚུལ་སྟོང་པ་ཉིད་དུ་ཤེས་ནས་དེ་ལ་རྩེ་གཅིག་ཏུ་གནས་པ་ནི་སྟོང་ཉིད་སྒོམ་པ་ཡིན་ལ། དེའི་ཚེ་དེ་ལྟར་མ་རྟོགས་པའི་སེམས་ཅན་སྒྱུ་མ་ལྟ་བུ་ལ་སྙིང་རྗེ་འབད་མེད་དུ་འབྱུང་ཞིང་ཆོས་ཐམས་ཅད་སུའི་ཡང་མ་ཡིན་པར་རིག་པས་གང་ལའང་ཆགས་པ་མེད་པར་ཐམས་ཅད་གཏོང་། ཆུ་ནང་དུ་ལྷ་དང་། སྲིན་པོའི་གཟུགས་བརྙན་ལྷན་ཅིག་ཏུ་ཤར་བ་ལྟར་འཁོར་འདས་གཉིས་ཀའང་དེ་ཙམ་དུ་མཐོང་བས་སྲིད་པས་མི་སྐྲག་ཞི་བ་ལ་མི་རེ་བར་ནམ་མཁའ་མ་(༧བ)སྟོངས་ཀྱི་བར་དུ་གཞན་དོན་ལ་བརྩོན་པར་འགྱུར་བ་ནི་སྟོང་ཉིད་བསྒོམས་པའི་འབྲས་བུ་ཡིན་ཏེ། དེ་ལྟར་སྟོང་པ་ཉིད་འདི་ནི། །རྣལ་འབྱོར་པ་ཡིས་སྒོམ་བྱས་ན། །གཞན་གྱི་དོན་ལ་ཆགས་པའི་བློ། །འབྱུང་བར་འགྱུར་བར་ཐེ་ཚོམ་མེད། །ཅེས་དང་། གང་ཞིག་བསྒོམས་པས་བརྟན་པ་ཡང་། །གཞན་གྱི་སྡུག་བསྔལ་གྱིས་ཐེད་ནས། །བསམ་གཏན་བདེ་བ་དོར་ནས་ཀྱང་། །མནར་མེད་པར་ཡང་འཇུག་པར་བྱེད། །འདི་ནི་ངོ་མཚར་འདི་བསྔགས་འོས། །འདི་ནི་དམ་པའི་ཚུལ་ལུགས་མཆོག །དེ་དག་རྣམས་ཀྱིས་རང་ལུས་དང་། །ནོར་རྣམས་བྱིན་པ་ངོ་མཚར་མིན། །ཆོས་རྣམས་སྟོང་པ་འདི་ཤེས་ནས། །ལས་དང་འབྲས་བུ་བསྟེན་པ་གང་། །དེ་ནི་ངོ་མཚར་བས་ངོ་མཚར། །རྨད་བྱུང་བས་ཀྱང་རྨད་དུ་བྱུང་། །སེམས་ཅན་སྐྱོབ་པའི་བསམ་པ་ཅན། །དེ་དག་སྲིད་པའི་འདམ་སྐྱེས་ཀྱང་། །དེ་བྱུང་ཉེས་པས་མ་གོས་པ། །ཆུ་ཡིས་པད་མའི་འདབ་མ་བཞིན། །ཞེས་དང་། **རྒྱན་ལས།** དེ་ཡིས་ཆོས་ཀུན་སྒྱུ་མ་ལྟ་བུ་དང་། །སྐྱེ་བ་སྐྱེད་མོས་ཚལ་འགྲོ་ལྟར་རྟོགས་པས། །འཁོར་

བའི་དུས་དང་རྒུད་པའི་དུས་ནའང་འདི། །ཉོན་མོངས་སྡུག་བསྔལ་དག་གིས་འཇིགས་པ་མེད། །རང་གི་ཡོན་ཏན་སེམས་ཅན་ཕན་འདོགས་དགའ། །བསམས་བཞིན་སྐྱེ་བ་རྫུ་འཕྲུལ་རྣམ་པར་འཕྲུལ། །རྒྱན་དང་སྟོན་མོ་ས་མཆོག་བརྩེ་དགའ་བ། །སྙིང་རྗེའི་བདག་ཉིད་མིན་པ་རྣམས་ལ་མེད། །གཞན་དོན་བརྩོན་ལྡན་སྙིང་རྗེའི་བདག་ཉིད་འདི། །གང་ཚེ་མནར་མེད་ལ་ཡང་དགར་འཛིན་པ། །དེ་འདྲ་བ་དག་སྙིང་ན་གཞན་བསྙེན་ཅན། །སྡུག་བསྔལ་འབྱུང་བ་རྣམས་ཀྱིས་ག་ལ་འཇིགས། །ཞེས་སོ། །དེ་ལྟར་དོན་དམ་པའི་བྱང་ཆུབ་ཀྱི་སེམས་ཤེས་རབ་དྲི་མ་མེད་པས་སྲིད་པ་ལ་མི་གནས་ཤིང་། སྙིང་རྗེ་ཆེན་པོས་ཞི་བ་ཉན་རང་གི་མཐའ་ལ་མི་གནས་པ་དེ་ཉིད་ལ་མི་གནས་པའི་མྱ་ངན་ལས་འདས་པ་(༥༨)ཞེས་བྱ་སྟེ། **བྱང་ཆུབ་སེམས་འགྲེལ་དེ་ཉིད་ལས།** འཁོར་བ་མྱ་ངན་འདས་པ་ལ། །བདག་ཉིད་ཆེ་དེ་མི་གནས་པས། །དེ་ཕྱིར་སངས་རྒྱས་རྣམས་ཀྱིས་ནི། །མི་གནས་མྱ་ངན་འདས་པར་བཤད། །ཅེས་སོ། །དེས་ན་དོན་དམ་བྱང་སེམས་ཆོས་ཐམས་ཅད་ཀྱི་རང་བཞིན་ཁོང་དུ་ཆུད་པ་འདི་མེད་ན་ཀུན་རྫོབ་བྱང་སེམས་ཉིད་ཀྱང་སྲུང་བར་མི་ནུས་ཏེ་མྱུར་དུ་འཇིག་པར་འགྱུར་ལ། དོན་དམ་པའི་རང་བཞིན་གྱི་ཕྱོགས་འདི་ཤེས་པ་ན་ཚེ་གའི་མིང་ཅན་གྱིས་བླངས་ཀྱང་ཏུང་མ་བླངས་ཀྱང་ཏུང་སྟེ་ཀུན་རྫོབ་བྱང་ཆུབ་ཀྱི་སེམས་བཟོད་པར་དགའ་བ་བཙོས་མ་མ་ཡིན་པ་སྙིང་རྗེ་ཟློག་ཏུ་མེད་པའི་ཤུགས་ཀྱིས་དྲངས་པ་སྨོན་ལམ་གྱི་རྣམ་པ་མཐའ་ཡས་པ་ལ་འཇུག་པ་དེ་ལྟ་བུ་ནི་ཉིན་རེ་ལ་ཡང་ལན་ཆེས་མང་པོར་བཟློག་མི་ནུས་པར་དེ་ནས་སྐྱེ་བ་ཡིན་ནོ། །

གལ་ཏེ་དོན་དམ་བྱང་སེམས་ད་ལྟ་བསྒོམ་བྱ་མིན་ཏེ་དེ་འཕགས་ལམ་ན་ཡོད་པའི་ཕྱིར་སྙམ་ན་འོ་ན་སྦྱིན་སོགས་དྲུག་ཀྱང་ད་ལྟ་བསླབ་བྱ་མིན་ཏེ་ས་དང་པོ་ནས་དྲུག་པའི་བར་ལ་རེ་རེ་ཡོད་པའི་ཕྱིར། རྗེས་སུ་ཡི་རང་ཡང་ད་ལྟ་བསྒོམ་བྱ་མིན་ཏེ་དེ་ཟག་བཅས་སྒོམ་ལམ་ན་ཡོད་པའི་ཕྱིར། སྨོན་ལམ་ཡང་ད་ལྟ་གདབ་བྱ་མིན་ཏེ་

དེ་ས་དགུ་པ་ན་ཡོད་པའི་ཕྱིར། བསྒོ་བ་ཡང་དཔྱ་བྱར་མི་རུང་སྟེ་དེ་བསྒོ་བ་སྒོམ་ལམ་ན་ཡོད་པའི་ཕྱིར། དེས་ན་མི་མཛངས་པ་དག་བུ་རམ་གྱི་ཞིང་དང་འབྲས་སླུ་ལུའི་ཞིང་རྫོད་ཅིང་བསྐྱུན་པའི་ཞིང་ལས་ཀྱི་མཐའ་ལ་གཅིག་ཏུ་བརྩོན་པའི་འགྲམ་དུ་ཕྱིས་པ་རྩེ་བ་དག་འདུས་ཏེ་འདི་ནི་འདི་འདྲའོ། །འདི་ནི་རིངས་སོ། །འདི་ནི་ཐུངས་སོ། །ས་བོན་འདི་ནི་གདབ་ཉེས་སོ། །ཞེས་སྣ་ཚོགས་པར་སྨྲ་བ་བཞིན་དུ་འཆི་བས་སྐྲག་ཅིང་མི་ལུས་དོན་ལྡན་དུ་འདོད་པའི་སྐྱེས་བུ་རྣམས་རྩེ་གཅིག་ཏུ་དམ་པའི་ལམ་སྒྲུབ་པ་ན་མཁས་པའི་མིང་ཅན་ཚེ་འདིའི་ཟང་ཟིང་གི་འདུན་མ་གྲུབ་པས་ཚིག་པ་དུ་མས་ཁྱེད་ཅག་གི་དེ་ནི་ནོར་རོ། །མི་འཐད་དོ། །ཚོ་གས་སྐྱོའོ། །མི་སྐྱོའོ། །ཞེས་གཞན་གྱི་དགེ་བ་ལ་ཕྲག་དོག་པའི་སྐད་འདོགས་སྣ་ཚོགས་པ་བགྱིད་པ་(༥༤བ)རྣམས་ཀྱི་ཚིག་གིས་སེམས་མི་གཡོ་བར་རྩེ་གཅིག་ཏུ་རང་གི་ཡང་དག་པའི་ལམ་སྒྲུབ་པར་བྱོས་ཤིག །

དེས་ན། ཀུན་རྫོབ་སྒྱུ་མ་ལྟ་བུ་སྟེ། །དེ་ཉིད་གཟོད་ནས་སྟོང་པ་ཉིད། །ཆོས་རྣམས་ནམ་མཁའ་ཇི་འདྲ་བར། །ཤེས་པའི་མཉམ་བཞག་གོམས་པར་བྱ། །དེ་ལྟར་མ་རྟོགས་སེམས་ཅན་ལ། །སྙིང་རྗེས་རྟག་ཏུ་ཕན་པར་སྨྲུད། །འདི་ནི་དོན་དམ་སེམས་མཆོག་ཡིན། །དེ་ལྟར་ཀུན་རྫོབ་དོན་དམ་གྱི། །བྱང་ཆུབ་སེམས་གཉིས་ཟུང་འབྲེལ་ལྡུར་བྱེད་པ། །དེ་ནི་སངས་རྒྱས་ཐམས་ཅད་ཀྱི། །ཕྲིན་ལས་གཅིག་ཏུ་གནས་པ་ཡིན། །ཞེས་བྱའོ། །བྱང་ཆུབ་ཀྱི་སེམས་སྤྱིའི་རྣམ་པར་བཞག་པ་བཤད་ཟིན་ཏོ།། །།

(༥༥ན)གཉིས་པ་གཞུང་གི་དོན་གོ་རིམ་དུ་བཤད་པ་ལ་གསུམ། བྱང་ཆུབ་ཀྱི་སེམས་ཀྱི་ཕན་ཡོན་བཤད་པ། བྱང་ཆུབ་ཀྱི་སེམས་ཇི་ལྟར་བླང་ཚུལ། ཐོབ་པ་མི་ཉམས་པར་སྲུང་ཚུལ་ལོ། །

དང་པོ་(བྱང་ཆུབ་ཀྱི་སེམས་ཀྱི་ཕན་ཡོན་བཤད་པ་)ལ། མ་མཐོང་བའི་ཕན་ཡོན། མཐོང་

ཆོས་ཀྱི་ཕན་ཡོན། དཔེ་དྲུག་གིས་བསྟན་པ་སྤྱི་ཐུན་མོང་གི་ཕན་ཡོན་གསུམ། འཇུག་སེམས་ཀྱི་ཕན་ཡོན་ཁྱད་པར་དུ་བཤད་པའོ། །

དང་པོ་(མ་མཐོང་བའི་ཕན་ཡོན་)ལ་ཡང་། སྡིག་པ་སེལ་བ། རང་ལ་ཕན་པ། གཞན་སྐྱོབ་པ། སྐྱེས་བུ་གསུམ་གའི་ལམ་གྱི་རྟེན་དུ་འགྱུར་བ་སྟེ་བཞིའོ། །

དང་པོ་(སྡིག་པ་སེལ་བ་)ནི།

སྡིག་པ་སྟོབས་ཆེན་ཤིན་ཏུ་མི་བཟད་པ། །
དེ་ནི་རྫོགས་པའི་བྱང་ཆུབ་སེམས་མིན་པ། །
དགེ་གཞན་གང་གིས་ཟིལ་གྱིས་ནོན་པར་འགྱུར། ༨ །

ཞེས་གསུངས་ཏེ། འགྲེལ་པ་ཕལ་མོ་ཆེར་དེ་ལྟས་ཞེས་པའི་རྐང་པའང་འདི་ལ་སྦྱར་རོ། །འདི་ལ་སྡིག་པ་དྲུངས་འབྱིན་པ་ནི་དོན་དམ་བྱང་སེམས་ཀྱི་ཕན་ཡོན་ཡིན་ཡང་ཀུན་རྫོབ་ཀྱི་སྨོན་པས་ཀྱང་མངོན་གྱུར་བ་མགོ་གནོན་ནུས་ཏེ། སེམས་བསྐྱེད་པ་ལས་ཀྱི་སྒྲིབ་པ་ཆེན་པོ་དང་ལྡན་ཡང་ངན་སོང་དུ་མ་སོང་བ་མང་དུ་བཤད་པའི་ཕྱིར་རོ། །

གཉིས་པ་(རང་ལ་ཕན་པ་)ནི།

བསྐལ་པ་དུ་མར་རབ་དགོངས་མཛད་པ་ཡི། །
ཐུབ་དབང་རྣམས་ཀྱིས་འདི་ཉིད་ཕན་པར་གཟིགས། །ཞེས་པའོ། །

གསུམ་པ་(གཞན་སྐྱོབ་པ་)ནི།

འདིས་ནི་ཚད་མེད་སྐྱེ་བོའི་ཚོགས་རྣམས་ཀྱིས། །
བདེ་མཆོག་བདེ་བླག་ཉིད་དུ་འཐོབ་པར་བྱེད། ༧ །

ཅེས་གསུངས་ཏེ། སྔ་འབབ་བ་སོགས་ཀྱི་གདུང་བ་མེད་པར་འཇུག་པས་བདེ་མཆོག་དང་བདེ་བླག་སྟེ། བདེ་ནས་བདེ་བར་འགྲོ་བ་ལ། །སེམས་ཤེས་སུ་ཞིག་སྒྱིད་ལུག་འགྱུར། །ཞེས་འཆད་པར་འགྱུར་རོ། །འོ་ན་བྱམས་པའི་སྟོབས་ཀྱི་སྐྱེས་རབས་

སོགས་ཧེ་ལྷ་ཞེ་ན། ཕ་རོལ་གྱི་སྡུག་བསྔལ་གྱིས་རང་སྡུག་བསྔལ་བར་གྱུར་པའི་བློ་ཅན་རྣམས་ནི་དེ་འདྲ་བ་ལ་བདེ་བ་ཉིད་དུ་མཐོང་བར་འགྱུར་རོ། །ཞེས་དགའ་འགྲེལ་ཆེན་མོར་རོ། །

བཞི་པ་(སྐྱེས་བུ་གསུམ་གའི་ལམ་གྱི་རྟེན་དུ་འགྱུར་བ་)ནི།

སྲིད་པའི་སྡུག་བསྔལ་བརྒྱ་ཕྲག་གཞོམ་འདོད་ཅིང་། །
(༧་བ)སེམས་ཅན་མི་བདེ་བསལ་བར་འདོད་པ་དང་། །
བདེ་མང་བརྒྱ་ཕྲག་སྤྱོད་པར་འདོད་པས་ཀྱང་། །
བྱང་ཆུབ་སེམས་ཉིད་རྟག་ཏུ་གཏང་མི་བྱ། ༧ །

ཞེས་གསུངས་ཏེ། འཁོར་བའི་བདེ་བ་འདོད་པས་ཀྱང་སེམས་བསྐྱེད་པར་བྱ་སྟེ་འཁོར་བའི་བདེ་འབྲས་ཐམས་ཅད་བསླལ་པ་བྱེ་བར་སྤྱོད་ཡང་དེས་རྒྱུ་ལ་བྲི་གང་དུ་མི་མངོན་པའི་ཕྱིར། རང་ཉིད་ཞི་བ་འདོད་པས་ཀྱང་བྱང་ཆུབ་ཏུ་སེམས་བསྐྱེད་པར་བྱ་སྟེ། མྱུར་དུ་འཁོར་བ་ལས་ཐར་བར་འདོད་པས་ཀྱང་བྱང་ཆུབ་ཏུ་སེམས་བསྐྱེད་པར་བྱའོ། །ཞེས་དང་། མཆོག་ཟུང་མྱུར་དུ་ཐར་བར་འདོད་པས་ཐེག་དམན་དུ་སེམས་བསྐྱེད་པ་ཡིན་ཡང་། ང་བྱང་ཆུབ་མ་ཐོབ་ཀྱི་བར་དུ་འདི་གཉིས་ཐར་བར་མ་ནུས་སོ། །ཞེས་སོ། །སེམས་ཅན་སྐྱོབ་པར་འདོད་པས་ཀྱང་སེམས་བསྐྱེད་པར་བྱ་སྟེ་དེའི་རྒྱུ་ནི་དེ་ཁོ་ན་ཡིན་པའི་ཕྱིར་རོ། །

གཉིས་པ་(མཐོང་ཆོས་ཀྱི་ཕན་ཡོན་)ནི།

བྱང་ཆུབ་སེམས་སྐྱེས་གྱུར་ན་སྐད་ཅིག་གིས། །
འཁོར་བའི་བཙོན་རར་བསྡམས་པའི་ཉམ་ཐག་རྣམས། །
བདེ་གཤེགས་རྣམས་ཀྱི་སྲས་ཞེས་བརྗོད་བྱ་ཞིང་། །
འཇིག་རྟེན་ལྷ་མིར་བཅས་པས་ཕྱག་བྱར་འགྱུར། ༨ །

ཞེས་གསུངས་ཏེ། སྔོན་པའི་བྱང་ཆུབ་ཀྱི་སེམས་སྐྱེས་མ་ཐག་དེ་ཉིད་དུ་འཁོར

བའི་རྒྱ་མཚོ་གནག་རྫེས་ཙམ་དུ་བྱས་ཏེ་རྒྱལ་བའི་སྲས་ཀྱི་མིང་འཐོབ། ཚངས་པ་ལ་སོགས་པའི་ལྷས་ཕྱག་བྱེད། བྱང་ཆུབ་སེམས་དཔའ་འོ་ཞེས་བཀུར་སྟིའི་གནས་སུ་འགྱུར་བའི་ཕྱིར་ཏེ། **འདུལ་བའི་ལུང་ལས།** རྒྱལ་པོ་གསལ་རྒྱལ་གྱིས་སྟོན་པ་ལ། རབ་བྱུང་གི་ཕན་ཡོན་ཞུས་པས་ཁྱོད་ཉིད་ལ་དྲི་བར་བྱ་སྟེ། ཁྱོད་ཀྱི་བྲན་གོ་རེ་ཡོང་མངག་གཞུག་པ་ཅི་དགོས་བྱེད་པ་ཞིག་ད་ལྟ་ངའི་ཐད་དུ་རབ་ཏུ་བྱུང་སྟེ། བསྙེན་པར་རྫོགས་ན་ཕྱིན་ཆད་དེས་ཁྱོད་ཀྱི་ཁང་པ་བགྲུ་བ་དང་གོ་རེ་ཡོང་བྱེད་དམ། གསོལ་པ་བཅོམ་ལྡན་འདས་དེ་མི་བགྱིད་དེ་གཞན་དུ་ན་དེའི་ཞབས་ལ་བདག་གིས་ཕྱག་བྱ་བ་དང་བདག་གིས་དེའི་ཁང་པ་བགྲུ་བར་བྱ་བར་འགྱུར་རོ། །བཀའ་སྩལ་པ། རྒྱལ་པོ་ཆེན་པོ་དེ་ལྟ་བས་ན་དོན་(༥༠ན)འདིས་ཀྱང་ངས་རབ་ཏུ་བྱུང་བའི་ཕན་ཡོན་བཤད་པ་མ་ཡིན་ནམ། ཞེས་གསུངས་པ་ལྟ་བུའོ། །

གསུམ་པ་དཔེ་དྲུག་གིས་བསྟགས་པ་ནི། དམན་པ་མཆོག་ཏུ་བསྒྱུར་བ་གསེར་འགྱུར་གྱི་རྩིའི་དཔེ། རིན་དང་མཐུ་ཆེ་བ་ནོར་བུའི་དཔེ། འབྲས་བུ་ཟད་མི་ཤེས་པ་དཔག་བསམ་གྱི་ཤིང་གི་དཔེ། སྦྱོང་བར་ངེས་པའི་སྡིག་པ་འཇོམས་པ་དཔའ་བོའི་དཔེ། སྦྱོང་བར་མ་ངེས་པ་འཇོམས་པ་མེའི་དཔེ། ཕན་ཡོན་རྒྱས་པར་མདོ་ལས་བསྟན་ཚུལ་ལོ། །

དང་པོ་(དམན་པ་མཆོག་ཏུ་བསྒྱུར་བ་གསེར་འགྱུར་གྱི་རྩིའི་དཔེ་)ནི།

གསེར་འགྱུར་རྩི་ཡི་རྣམ་པ་མཆོག་ལྟ་བུར། །
མི་གཙང་ལུས་འདི་བླངས་ནས་རྒྱལ་བའི་སྐུ། །
རིན་ཆེན་རིན་ཐང་མེད་པར་བསྒྱུར་བས་ན། །
བྱང་ཆུབ་སེམས་ཞེས་བྱ་བ་རབ་བརྟན་ཟུང་། ༡༠ །

ཞེས་གསུངས་ཏེ། གསེར་གྱི་རིགས་ཆེན་པོ་དངུལ་ཆུར་སྣང་བས་ལྕགས་ཐམས་ཅད་གསེར་དུ་བྱེད་ཀྱང་དེ་ལྕགས་ཀྱིས་ཉམས་མི་ནུས་པ་ལྟ་བུའོ། །འདིར་སྔོན་པོ་

བཀོད་པ་ན། གསེར་དུ་སྣང་བའི་དངུལ་ཆུ་ཞེས་ཡོད་ཀྱང་། འགྱུར་རམ་བར་དུ་མ་དག་པ་ཞིག་སྐྱེ་རོ་བཅུད་ཆེན་པོ་དེ་ནི་ནམ་པ་དངུལ་ཆུར་ཡོད་ལ་ངོ་བོ་གསེར་གྱི་མཆོག་ཡིན་པས་དེས་ཕྲད་མ་ཐག་ལྕགས་ཁམས་ཀྱི་རོ་ཐམས་ཅད་ཕྱུག་ནས་གསེར་གྱི་ཁམས་འབབ་ཞིག་པར་བྱེད་པར་མདོ་སྡུང་འདུས་སོགས་དང་། རྒྱུད་དུས་འཁོར་སོགས་ལས་བཤད་པའི་ཕྱིར་རོ། །

གཉིས་པ་(རིན་དང་མཐུ་ཆེ་བ་ནོར་བུའི་དཔེ་)ནི།

འགྲོ་བའི་དེད་དཔོན་གཅིག་པུ་ཚད་མེད་བློས། །
ལེགས་པར་ཡོངས་སུ་བརྟགས་ན་རིན་ཆེ་བས། །
འགྲོ་བའི་གནས་དང་བྲལ་བར་འདོད་པ་རྣམས། །
རིན་ཆེན་བྱང་ཆུབ་སེམས་ལེགས་བརྟན་པར་ཟུང་། ༢༢ །

ཞེས་གསུངས་ཏེ། **དཀའ་འགྲེལ་ཆེན་མོར།** འགྲོ་བ་སྟོང་བརྫལ་པ་རྣམས་ལ་ཀྱི་བྱང་ཆུབ་ཀྱི་སེམས་ཀྱི་ནོར་བུ་ཁོ་ན་ཉོས་ཤིག །ཅེས་གཏན་ཚིགས་དང་བཅས་ནས་འདོམས་པ་སྟེ། ཉི་ཟླའི་འོད་ཀྱིས་ཁྱབ་པ་ཙུན་ཆད་ཀྱི་དངོས་པོ་ཀུན་གྱིས་རིན་པོ་ཆེ་དབང་གི་རྒྱལ་པོའི་རིན་དུ་མི་ཚོག་པ་(༥༠བ)ལྟར། བྱང་ཆུབ་ཀྱི་སེམས་ཀྱི་རིན་དུ་ཉན་རང་མན་གྱི་དགེ་བ་ཐམས་ཅད་ཀྱིས་མི་ཚོག་པར་གསུངས་པ་དྲངས་སོ། །

གསུམ་པ་(འབྲས་བུ་ཟད་མི་ཤེས་པ་དཔག་བསམ་གྱི་ཤིང་གི་དཔེ་)ནི།

དགེ་བ་གཞན་ཀུན་ཆུ་ཤིང་བཞིན་དུ་ནི། །
འབྲས་བུ་བསྐྱེད་ནས་ཟད་པར་འགྱུར་བ་ཉིད། །
བྱང་ཆུབ་སེམས་ཀྱི་ལྗོན་ཤིང་རྟག་པར་ཡང་། །
འབྲས་བུ་འབྱིན་པས་མི་ཟད་འཕེལ་བར་འགྱུར། ༢༣ །

ཞེས་གསུངས་ཏེ། དགེ་བ་གཞན་རྣམས་ནི་སྨྲ་དང་སྨྱུག་མ་དང་ཆུ་ཤིང་ལྟར་འབྲས་བུ་ལན་གཅིག་ཕྱུང་ནས་རྩ་བ་སྐམ་ལ་བྱང་ཆུབ་ཀྱི་སེམས་ནི་ཏྲུ་གྲོ་དྷ་ལ་

སོགས་པ་ལྟར་འབྲས་བུ་ཟད་མི་ཤེས་པའོ། །

བཞི་པ་(སྤྱོད་པར་ངེས་པའི་སྡིག་པ་འཇོམས་པ་དཔའ་བོའི་དཔེ་)ནི།

སྡིག་པ་ཤིན་ཏུ་མི་བཟད་བྱས་ན་ཡང་། །
དཔའ་ལ་བརྟེན་ན་འཇིགས་པ་ཆེ་ལས་ལྟར། །
གང་ལ་བརྟེན་ནས་ཡུད་ཀྱིས་སྒྲོལ་འགྱུར་བ། །
དེ་ལ་བག་ཅན་རྣམས་ཀྱིས་ཅིས་མི་སྟེན། ༡༣ །

ཞེས་གསུངས་ཏེ། རྒྱལ་པོ་མ་སྐྱེས་དགྲ་ལྟ་བུའང་བྱང་ཆུབ་ཀྱི་སེམས་ཀྱི་མཐུས་ཚེ་དེ་ལ་སྨྲ་བྱུང་གི་བཟོད་པ་ཐོབ་པར་འགྱོད་བསལ་གྱི་མདོ་ལས། བཤད་པ་ལྟ་བུའོ། །

ལྔ་པ་(སྤྱོད་པར་མ་ངེས་པ་འཇོམས་པ་མེའི་དཔེ་)ནི།

ངེས་ནི་དུས་མཐའི་མེས་བཞིན་སྡིག་ཆེན་རྣམས། །
སྐད་ཅིག་གཅིག་གིས་ངེས་པར་སྲེག་པར་བྱེད། །

ཅེས་གསུངས་ཏེ། དུས་མཐའི་མེས་དངོས་པོ་ཐམས་ཅད་ཀྱང་སྲེག་པ་ལྟར་སྤྱོད་པར་ངེས་མ་ངེས་སོགས་ཀྱི་མི་དགེ་བའི་ལས་ལམ་ཐམས་ཅད་ནུས་མེད་དུ་བྱེད་པའོ། །འོ་ན་ལས་ཆུད་མི་འཛའ་བར་གསུངས་པ་དང་འགལ་ལོ་ཞེ་ན། མི་འགལ་ཏེ་བསོད་ནམས་ཀྱི་ཚོགས་ནམ་མཁའི་ཁོངས་ལྟ་བུར་ཆུད་པས་རྒྱ་མཚོར་ལན་ཚྭ་སྲང་གཅིག་ལྟར་མི་མངོན་པ་དང་། གཉེན་པོ་སྟོབས་ལྡན་གྱིས་ཟིལ་གྱིས་མནན་པས་ནུས་མེད་དུ་བྱས་པས་བསྲེགས་པ་ཉིད་ཡིན་པའི་ཕྱིར་དང་། མ་སྨྱུད་པར་ལས་མི་ཟད་པ་ཡང་གཉེན་པོས་མ་ཟིན་པ་ལ་དགོངས་ལ་འདི་ནི་སྡིག་པ་ཐམས་ཅད་རྩ་བ་ནས་མེད་པར་བྱེད་པའི་ཐབས་ཆེན་པོ་ཡིན་པའི་ཕྱིར་དང་། སེམས་ཅན་ཐམས་ཅད་སྡུག་བསྔལ་ཀུན་ལས་བཏོན་ཏེ་བདེ་བ་ཐམས་ཅད་ལ་སྦྱོར་བར་(༥༧ན)སེམས་ཤིང་། སྔར་བྱས་ཀྱི་སྡིག་པ་རྣམས་རྣམ་པར་སྨིན་འབྱིན་པས་ཟད་པར་བྱེད་པའི་

ཕྱིར་རོ། །ཞེས་འགྲེལ་ཆེན་ལས་སོ། །འདི་ནི་འགྲེལ་པ་མཁན་པོ་དང་། རྫོག་པོའི་ལུགས་ལྟར་མ་དཔྱད་པར་བཤད་པ་སྟེ། གཙང་ནག་པ་ན་རེ། སྨྱོང་ངེས་ཀྱི་སྡིག་པ་མེད་དེ་སྨྱོང་ངེས་ནི་རྒྱུ་ནུས་པ་ཐོགས་མེད་ལ་འཇོག་ན་དེ་ནི་སྐད་ཅིག་གཉིས་པར་འབྲས་བུ་འབྱིན་པ་ཡིན་ལ། སྡིག་པ་ནི་ནུས་པ་ཐོགས་བཅས་ཡིན་ལ་ཐོགས་བཅས་ལ་སྨྱོང་བར་མ་ངེས་པས་ཁྱབ་བོ། །དེས་ན་འབྲས་བུ་སྡུག་བསྔལ་ལས་སྐྱོབ་པ་དང་རྒྱུ་སྡིག་པ་ལས་སྐྱོབ་པ་ལ་སྐྱེལ་མ་དང་མེའི་དཔེའོ། །ཞེས་འཆད་དོ། །

དྲུག་པ་(ཕན་ཡོན་རྒྱས་པར་མདོ་ལས་བསྟན་ཚུལ་)ནི།

དེ་ཡི་ཕན་ཡོན་དཔག་ཏུ་མེད་པ་དག །
བྱམས་མགོན་བློ་དང་ལྡན་པས་ནོར་བཟང་བཤད། ༡༨ །

ཅེས་གསུངས་ཏེ། ཕན་ཡོན་མཐའ་ཡས་མོད་ཀྱི་རགས་པ་ཞིག་སྔོང་པོས་བརྒྱན་པར་བྱམས་པས་གསུངས་པ་ལ་ལྟོས་ཤིག་ཅེས་པ་སྟེ།

དཔེ་ཉིས་བརྒྱ་ལྷག་པ་ཞིག་རང་དོན་གྱི་ཡོན་ཏན་གཞན་དོན་གྱི་ཡོན་ཏན་མི་མཐུན་པའི་ཕྱོགས་གཙོད་པའི་ཡོན་ཏན་མཐུ་ཕུན་ཚོགས་འགྲུབ་པའི་ཡོན་ཏན་ཏེ་དོན་བཞིར་བསྡུས་ཏེ་བསྟན་ལ། དེ་ཚིགས་བཅད་དུ་བསྡུས་པ་ནི།

ཇི་ལྟར་ས་བོན་ཞིང་དང་ས་ཆུ་རླུང་། །མེ་དང་ཟླ་བ་ཉི་མ་སྒྲོན་མེ་མིག །ལམ་དང་མུ་སྟེགས་གཞོན་པ་སྒོ་ཁང་བཟང་། །སྐྱིད་ཚལ་གནས་རྟེན་གཞི་དང་ཕ་མ་དང་། །མ་མ་རྒྱལ་པོ་ལྷ་དབང་རྒྱ་མཚོ་རི། །ཕོར་ཡུག་གངས་རི་སྤྲོས་ངད་ལྡང་བའི་ཚོགས། །ནམ་མཁའ་པདྨ་གླང་ཆེན་ཅང་ཤེས་རྟ། །ཁ་ལོ་བསྒྱུར་བ་སྨན་དང་ས་འོག་ཉིད། །རྡོ་རྗེ་སྤྲོས་སྟོད་མེ་ཏོག་མཆོག་དང་ནི། །ཁ་བའི་ཙནྡན་དཀར་མིན་ཨ་ག་རུ། །ལྟ་ན་སྡུག་པའི་སྨན་རྒྱལ་འབྲལ་བྱེད་སྨན། །དབང་པོ་ངལ་སོས་པོ་དང་དཔལ་ལྷབ་ལྷུབ། །བསྐལ་མེ་སྨན་མཆོག་རྩ་བ་མ་གྲུབ་པ། །གླུ་ཡི་རིན་ཆེན་ཆུ་དྭངས་ཡིད་བཞིན་འབྱུང་། །བུམ་བཟང་འདོད་སྦྱིན་ཤིང་དང་དང་རིས་གོས། །(༥༧བ)ཤིང་བལ་

གཞོལ་དང་མདེའུ་ཐུང་མདའ་དང་མདུང་། །གོ་ཆ་རལ་གྲི་སྒྲུ་གྲིའི་སོ་དང་ནི། །སྡེའུ་ཁ་དཔའ་བོའི་ཏུ་མཚོན་སྟ་རེ་དང་། །མཚོན་ཆ་ལག་པ་རྐང་པ་མིག་མཁན་ཉིད། །སྐམ་པ་ཚེར་ཟུངས་མཛའ་བོ་ནོར་གཙུག་ལག །གཏེར་དང་ཆུ་མིག་མེ་ལོང་པད་མ་དཀར། །ཆུ་གླུང་གླུ་རྒྱལ་འཚོ་བའི་དབང་པོ་དང་། །བདུད་རྩི་སྣི་དང་མཆིལ་པ་སྤོས་ཀྱི་སྣོད། །དུག་སྨན་སྤགས་དང་རླུང་དཀྱིལ་རིན་ཆེན་གླིང་། །རིགས་དང་འབྱུང་གནས་ཚོང་འདུས་ཆུ་ཡི་ཁམས། །སྦྲང་རྩི་ལམ་སྣོད་ཆར་པ་གནས་ཁབ་ལེན། །བཻཌཱུརྱ་དང་དབང་སྔོན་ཐོ་རེངས་ཛ། །ཆུ་དྭངས་ཛམྦུའི་གསེར་རྒྱན་རི་རབ་དང་། །སྐྱབས་དོན་དཔྱིག་དང་མཆོད་སྦྱིན་གྱི་ཡོ་བྱད། །རྐན་པ་གླིང་གཞི་མདོ་དང་ཐི་བོ་དང་། །སྤྲུངས་མ་དབང་པོའི་མིག་འཕྲུལ་ཆུའི་ཞགས་པ། །དབང་པོའི་མེ་དང་མཆོད་རྟེན་ལྷ་བུ་ཡི། །བྱང་ཆུབ་སེམས་ཀྱི་ཡོན་ཏན་བརྗོད་མི་ལང་། །རྒྱལ་དང་རྒྱལ་སྲས་ཡོན་ཏན་ཅི་ཡོད་པ། །དེ་ཀུན་བྱང་ཆུབ་སེམས་ཀྱི་མཐུར་ལྡོས་ཤིག །གང་གིས་བྱང་ཆུབ་སེམས་མཆོག་དེ་བསྐྱེད་པ། །དེ་ཡི་ཡོན་ཏན་ཚད་མེད་ཕུན་སུམ་ཚོགས། །ཇི་ལྟར་འཇིགས་མེད་ཅེས་བྱའི་རྩི་ཡོད་དེ། །དེ་འཆང་དེ་ལ་འཇིགས་པ་ལྔ་མི་འབྱུང་། །དེ་བཞིན་ཀུན་མཁྱེན་སེམས་ཀྱི་རྩི་འཆང་དེ། །ཡུལ་གྱི་དུག་དང་འདོད་ཆགས་མེས་མི་ཚུགས། །ཀུན་རྟོག་དུ་བས་མི་འཆི་ཉོན་མོངས་ཀྱི། །མཚོན་གྱིས་མི་ཆོད་སྲིད་པའི་ཆུས་མི་འཁྱེར། །ཇི་ལྟར་མཚུ་ཡི་རྩི་འཆང་ན། །དྲི་ཡིས་སྦྲུལ་ཀུན་འབྱེར་བ་ལྟར། །བྱང་ཆུབ་སེམས་ཀྱི་རྩི་ཡི་དྲིས། །ཉོན་མོངས་སྦྲུལ་ཚོགས་འབྱེར་བར་བྱེད། །གཞན་གྱིས་མི་ཐུབ་རྩི་བཅངས་པས། །དགྲ་ལས་ཀུན་ཏུ་རྒྱལ་བ་ལྟར། །ཀུན་མཁྱེན་ཐུབ་དཀའི་སེམས་འཆང་བ། །བདུད་དང་ཕས་རྒོལ་ཀུན་ལས་རྒྱལ། །སྡུག་བསྔལ་ཟུག་རྔུ་ཀུན་འབྱིན་རྣམ་སེལ་རྩི་དང་(༥༢ན)མཚུངས། །ལྟ་ན་སྡུག་པའི་རྩི་ལྟར་ཉོན་མོངས་ནད་ཀུན་སེལ། །རྩི་ཡི་ཤིང་ཆེན་སྦྱོར་བའི་ཤུན་པས་རྨ་འཚོ་ཞིང་། །ཤུན་པ་སླར་སྐྱེ་དེ་བཞིན་བྱང་སེམས་ཀྱིས་བསྐྱུན་པ། །ཀུན་

མཁྱེན་སེམས་ཀྱིས་ལས་ཉོན་རྨ་འཚོ་ཉམས་མི་ནུས། །རྩ་བ་མ་གྲུབ་ཤིང་གིས་འཛམ་གླིང་རྣམ་འཕེལ་ལྟར། །བྱང་ཆུབ་སེམས་ཀྱིས་འགྲོ་ཀུན་དགེ་བ་ཡོངས་སུ་འཕེལ། །དགའ་བ་འཐོབ་པའི་རྩི་བཞིན་དུ། །བཅངས་པས་ལུས་སེམས་ནད་མེད་བྱེད། །རྩི་མཆོག་དྲན་པ་འཐོབ་པ་ལྟར། །བཅངས་པས་དྲན་པ་རྣམ་དག་འཐོབ། །ཇི་ལྟར་པད་མ་ཆེན་པོའི་རྩི། །ཐོས་པས་བསྐལ་པའི་ཚེ་ཐུབ་ལྟར། །བྱང་ཆུབ་སེམས་ཀྱི་རྩི་ཐོས་པ། །གྲངས་མེད་བསྐལ་པའི་ཚེ་ལ་དབང་། །མི་སྣང་བ་ཡི་རྩི་བཅངས་པ། །འགྲོ་བ་ཀུན་གྱིས་མི་མཐོང་ལྟར། །བྱང་ཆུབ་སེམས་ལྡན་འདྲིས་སྤྱོད་ཀྱང་། །བདུད་ཀྱི་ཡུལ་ཀུན་གྱིས་མི་མཐོང་། །རིན་ཆེན་ཡོངས་སུ་སྡུད་པ་ཡི། །ནོར་བུ་རྒྱ་མཚོར་གནས་དེ་སྲིད། །བསྐལ་མེ་འབར་ཡང་ཏ་ལ་ཡི། །སྲིད་ཙམ་སྐེམ་པར་នུས་མིན་ལྟར། །བྱང་ཆུབ་སེམས་ཀྱི་ནོར་བུའི་མཆོག །གང་གི་ཡིད་མཚོར་གནས་རྣམས་ཀྱི། །དགེ་བའི་རྩ་གཏེར་རྒྱན་རྣམས་ཀྱིས། །མི་འགྲིགས་ཆུད་ཟར་འགྱུར་བ་མེད། །འོད་འདུས་ནོར་བུ་ཇི་བཞིན་དམན་པའི་སེམས། །རིན་ཆེན་རྒྱན་མང་ཀུན་ནས་ཟིལ་གྱིས་གནོན། །ཆུ་དྭངས་བཞིན་དུ་ཉོན་མོངས་འདམ་རྙོག་སེལ། །ཆུ་འགྲོགས་བཅངས་ལྟར་འཁོར་བའི་ཆུར་མི་འབྱིང་། །ཀླུ་ནོར་གོ་ཆའི་རིན་ཆེན་སྲུས་ཐོགས་པ། །སྦྲུལ་གྱི་གནོད་ལས་རྣམ་པར་རྒྱལ་བ་ལྟར། །སེམས་བསྐྱེད་རིན་ཆེན་ཐོགས་པའི་རྒྱལ་བའི་སྲས། །ཁམས་གསུམ་ཀུན་ཏུ་འགྲོ་ཡང་ཉམས་པ་མེད། །ཡིད་བཞིན་རྒྱལ་པོ་ལྟ་བུར་དགོས་རྒུ་འབྱུང་། །མེ་ཤེལ་བཞིན་དུ་ཤེས་རབ་ཉི་ཟེར་གྱིས། །ཕོག་པའི་མོད་ལ་ཡེ་ཤེས་མེ་ཆེན་འབྱིན། །ཟླ་བས་མཛེས་ལྟར་སྔོ་(༥༢བ)བའི་ཟླ་ཟེར་གྱིས། །ཕོག་ན་དགེ་བའི་སྨོན་ལམ་ཆུ་རྒྱུན་འབྱིན། །སྙིང་རྗེ་ཆེན་པོའི་རིན་ཆེན་སེམས། །གཙུག་གི་ནོར་བུར་མངོན་ཐོགས་པའི། །རྒྱལ་སྲས་ཀླུ་ཡི་དབང་པོ་ནི། །མི་ཁོམ་གནོད་པའི་འཇིགས་པ་མེད། །བྱང་ཆུབ་སེམས་ཀྱི་ནོར་བུ་གང་། །རིན་ཆེན་འགྲོ་བའི་རྒྱན་དམ་པ། །འགྲོ་ཀུན་བསམ་པ་སྐོང་བ་ལས། །ནམ་ཡང་བྱང་བར་

མི་འགྱུར་རོ། །ནོར་བུ་རིན་ཆེན་ལྟ་བུར་མུན་པ་སེལ། །དབང་སྔོན་ལྟ་བུར་ཁ་དོག་གཅིག་ཏུ་བྱེད། །བཻཌཱུརྻ་བཞིན་དྲི་མེད་འོད་ཀྱང་གསལ། །རྣམ་དག་འོད་བཞིན་རིན་ཆེན་ཀུན་ལས་འཕགས། །མི་འབྱུང་ལྟ་བུར་མུན་པ་རབ་ཏུ་སེལ། །ཐེག་དམན་འཆིང་བུ་ཟིལ་གནོན་ནོར་བུ་ཉིད། །དབང་རྒྱལ་ཉི་ཟླའི་གཟུགས་བརྙན་རྒྱུན་སྟོན་ལྟར། །འཁོར་བར་གནས་ཀྱང་རྒྱལ་ཡུལ་གཟུགས་བརྙན་སྟོན། །དེ་ལ་ལོངས་སྤྱོད་ཐམས་ཅད་ཀྱིས། །རིན་དུ་མི་ཆོག་ཇི་ལྟ་བར། །ལྷ་མི་ཉན་རང་དགེ་ཀུན་གྱིས། །རྒྱལ་སྲས་སེམས་ཀྱི་རིན་མི་ཆོག །རྒྱ་མཚོའི་རྒྱན་བཞིན་ཀུན་མཁྱེན་གྱི། །ཚུ་གཏེར་རྒྱན་ཀུན་སྣང་བར་བྱེད། །ཟླ་མེད་ཡིད་བཞིན་རྒྱལ་པོ་ལས་གཞན་གྱིས། །ཟིལ་གྱིས་མི་ནོན་ལྷ་རྫས་ཛམྦུའི་གསེར། །རིན་ཆེན་སེམས་ཀྱི་སྐུ་དབང་གྲུབ་པ་ནི། །ཉོན་མོངས་སྤྲུལ་གྱི་ཚོགས་ལ་རང་དབང་བྱེད། །རྒྱལ་སྲས་མི་ཞུམ་སེམས་ཀྱི་མཚོན་ཐོགས་པ། །ཉོན་མོངས་དགྲ་ཡིས་མི་ཚུགས་རབ་ཏུ་དཔའ། །ཟླ་མེད་སེམས་ཀྱི་ལྷ་རྫས་སྤྲུལ་སྙིང་ནི། །ལྷག་བསམ་གཅིག་གི་ཡོན་ཏན་དྲི་ཡིས་ཀྱང་། །ཆོས་དབྱིངས་རབ་འགེངས་ཉན་རང་བཅས་པ་ཡི། །འཇིག་རྟེན་ཀུན་གྱི་དགེ་བ་ཟིལ་གྱིས་གནོན། །ཇི་ལྟར་ཁ་བའི་ཙནྡན་ནི། །གདུང་སེལ་བསིལ་བ་དེ་བཞིན་དུ། །ཉོན་མོངས་གདུང་སེལ་ཡེ་ཤེས་ཀྱི། །ལུས་ཀྱང་རབ་ཏུ་སིམ་པར་བྱེད། །རྒྱལ་སྲས་རི་དབང་དྲུང་འོངས་ཀུན། །ཀུན་མཁྱེན་གསེར་མདོག་གཅིག་ཏུ་བསྒྱུར། །ལྗོན་ཤིང་(༥༣ན)སྲུས་ཀྱང་མི་ཚུགས་དང་། །ཀུན་ནས་འདུ་བའི་ཤུན་ཕྲགས་ཀྱི། །དྲི་ཞིམ་འབྱུང་བ་དེ་འདྲ་བ། །འཛམ་གླིང་མེ་ཏོག་གཞན་ལ་མེད། །དེ་བཞིན་སེམས་བསྐྱེད་ཀྱིས་བསྒྲུན་པའི། །སྨོན་ལམ་དང་ནི་ཡེ་ཤེས་ཀྱི། །དྲི་ཞིམ་དེ་ལྟ་ཉན་ཐོས་དང་། །རང་སངས་རྒྱས་པ་ཀུན་ལའང་མེད། །ཤིང་མཆོག་དེ་དག་ཁ་འབུས་ན། །མེ་ཏོག་མང་པོའི་འབྱུང་གནས་ཉིད། །དེ་ལྟར་རིན་ཆེན་སེམས་ཀྱི་ཤིང་། །དགེ་བས་ཀུན་ནས་ཁ་འབུས་པ། །ཟག་བཅས་ཟག་པ་མེད་པ་ཡི། །བྱང་ཆུབ་མེ་ཏོག་འབྱུང་གནས་

ཉིད། །ཡོངས་འདུའི་མེ་ཏོག་གིས་བསྒོས་པའི། །གོས་སམ་ཏིལ་མར་དྲི་དེ་ལྟ། །གཞན་ལ་ཡོད་པ་མིན་དེ་ལྟར། །རྒྱལ་སྲས་ཚེ་གཅིག་སེམས་བསྐྱེད་པའི། །ཡོན་ཏན་དྲི་ཞིམ་ངད་ལྡང་བས། །ཕྱོགས་བཅུའི་རྒྱལ་བའི་དྲུང་འགེངས་པ། །དེ་ལྟ་བསྐལ་པ་འབུམ་ཕྲག་ཏུ། །གོམས་པའི་སློབ་མ་རྣམས་ལའང་མེད། །རྒྱ་མཚོ་གཏོད་བྲལ་ནས་སྐྱེ་བ། །ན་ལི་ཀེ་རི་ཞེས་བྱའི་ཤིང་། །རྩ་བ་ནས་ནི་འབྲས་བུའི་བར། །འགྲོ་བའི་སྨན་དུ་མི་འགྱུར་མེད། །བརྩེ་དང་སྨོན་ལམ་གྱིས་བསྐྱུན་པའི། །རྒྱལ་སྲས་སེམས་ཀྱང་དེ་འདྲ་སྟེ། །ཐོག་མའི་སེམས་ནས་རྒྱལ་བའི་བར། །ཀུན་ཀྱང་འགྲོ་བའི་ཉེར་འཚོ་ཉིད། །གསེར་དུ་སྒྲང་བའི་དངུལ་ཆུ་ཡིས། །ལྕགས་ཀུན་གསེར་དུ་སྒྱུར་བྱེད་ཀྱང་། །ལྕགས་ཀྱིས་ངན་པར་བསྒྱུར་མི་ནུས། །བྱང་ཆུབ་བསྔོས་པའི་དགེ་བའི་རོས། །ལས་ཉོན་ལྕགས་ཀུན་དྲངས་འདྲེན་ཡང་། །དེ་ནི་ལས་དང་ཉོན་མོངས་ཀྱིས། །ནམ་ཡང་ཉམས་པར་བྱར་མི་ནུས། །མེ་ནི་ཆུང་ཡང་ཅི་ཙམ་རྐྱེན་དང་ཕྲད་པ་དེ་སྙེད་འབར་བ་ལྟར། །ཚོགས་གཉིས་བུད་ཤིང་¦དཔེལ་¦(སྤེལ་)བ་དེ་སྲིད་ཡེ་ཤེས་འོད་ཀྱི་སྣང་བ་འཕྲིན། །རིན་ཆེན་སེམས་ཀྱི་མར་མེ་གཅིག་ལས་དུས་གསུམ་རྒྱལ་བའི་མར་མེའི་ཚོགས། །མངོན་པར་སྤེལ་ཡང་སེམས་ཀྱི་སྒྲོན་མེ་དེ་ནི་མི་ཟད་ཐུག་(༥༤བ)པ་མེད། །བྱང་ཆུབ་སེམས་ཀྱི་སྒྲོན་མེ་ཆུང་དུས་ཀྱང་། །ཐོག་མེད་བསགས་པའི་ལས་ཉོན་མུན་པ་སེལ། །སྨོན་ལམ་སྡོང་བུ་སྙིང་རྗེའི་མར་ལྡན་པ། །དེ་སྲིད་བླ་མེད་སེམས་ཀྱི་སྒྲོན་མེ་འབར། །སེམས་མཆོག་ལྷ་ཡི་ཛམྦུའི་གསེར་གྱི་རྒྱན། །མི་ལྡོག་རྒྱལ་སྲས་དབང་བསྒྱུར་རྒྱལ་པོ་ཡི། །མགོ་བོར་ཐོགས་དེ་བྱིས་པ་ཉན་རང་བཅས། །འཇིག་རྟེན་ཡོན་ཏན་རྒྱན་གྱིས་འཕྲོག་པ་མེད། །ཐམས་ཅད་མཁྱེན་སེམས་སེང་གེའི་ང་རོ་ཡིས། །དམིགས་པར་གནས་པའི་རི་དྭགས་ཀུན་འཇིགས་ཡང་། །དང་པོའི་སེམས་ལྡན་རྒྱལ་སྲས་སེང་གེའི་བུ། །བཅས་མ་ཐག་པ་རྣམས་ཀྱང་དགའ་བར་བྱེད། །སྟོང་ཉིད་སེང་གེའི་རྒྱུས་པས་རྒྱུད་བྱས་པ། །རིན་ཆེན་བྱང་ཆུབ་སེམས་ཀྱི་པི་

ཕང་སྒྲས། །སྲིད་པར་དགའ་བའི་པི་ཕང་རྒྱུད་འཆད་དེ། །ཉན་རང་གཏམ་གྱི་སྒྲ་
དག་འགག་པར་འགྱུར། །ཉོན་མོངས་ར་དང་མ་ཧེའི་འོ་མའི་མཚོར། །ཀུན་མཁྱེན་
སེམས་ཀྱི་སེང་གེའི་འོ་མ་ནི། །ཐིགས་གཅིག་ལྷུགས་པས་དེ་ཀུན་ཟད་འགྱུར་
ཏེ། །ཉན་རང་དམན་པའི་རྣམ་ཐར་འདྲ་མི་ནུས། །རྒྱལ་སྲས་ཀ་ལ་པིངྐའི་ཕྲུ་གུ་
ནི། །སྲིད་པའི་སྒོ་ངའི་སྦུབས་ན་གནས་པ་ཡི། །ལྷག་བསམ་ང་རོས་ཉན་རང་གངས་
རིའི་བྱ། །སྟོབས་ཡོངས་རྫོགས་པའི་དབྱངས་ཀུན་ཟིལ་གྱིས་གནོན། །རྒྱལ་བ་མཁའ་
ལྡིང་དབང་པོའི་རིགས་བྱུང་བ། །དང་པོའི་སེམས་ལྡན་བཙས་མ་ཐག་པ་ཡི། །སྙིང་
རྗེའི་གཤོག་རླུང་ལྷག་བསམ་མིག་དག་པ། །དེ་ནི་ཉན་ཐོས་རྣམས་དང་རང་རྒྱལ་
གྱི། །བྱ་གཞན་འདབ་མ་ཡོངས་སུ་རྫོགས་ལའང་མེད། །སྟོབས་ཆེན་གྱིས་སྦྲུང་མདེའུ་
ཐུང་ལྟར། །ཉེས་པའི་གོ་ཆ་མ་ལུས་འབིགས། །མཐུ་ཆེན་བརྟམས་ཤིང་བྲིས་པ་
ལྟར། །སྙིང་རྗེས་བརྟམས་པའི་ལྷག་བསམ་གདོང་། །སེམས་བསྐྱེད་ཐོར་བུ་ལྡན་དེ་
སྲིད་། །བདུད་ཀྱི་འགྲོ་བས་ཐུབ་པ་མེད། །འཕོང་ལ་(༥༤ན)མཁས་པའི་མཆན་བུ་
ལྟར། །མ་བྱུང་ན་ཡང་གཞན་དག་གི། །སྟོབས་ཀྱི་ཤེས་པ་ཟིལ་གྱིས་གནོན། །འཕོང་
གི་རྩུས་ལ་དང་པོ་ཉིད། །རྐང་སྟབས་གོམས་པར་བྱེད་པ་ལྟར། །ཀུན་མཁྱེན་གོ་
འཕང་འདོད་པ་རྣམས། །ལྷག་པའི་བསམ་པ་གོམས་པར་བྱེད། །སྒྱུ་མའི་མཁན་
པོས་སྔགས་བསྒྲུབས་ཏེ། །སྒྱུ་མའི་རྣམ་འཕྲུལ་སྟོན་པ་ལྟར། །སེམས་བསྐྱེད་སྨོན་
ལམ་བསྒྲུབས་ནས་ནི། །རྒྱལ་བའི་ཆོ་འཕྲུལ་ཡོངས་སུ་སྟོན། །སྒྱུ་མའི་རིག་སྔགས་
གཟུགས་མེད་ཀྱང་། །མོས་པ་ཙམ་གྱིས་སྤྲུལ་བ་ལྟར། །ཀུན་མཁྱེན་སེམས་ནི་
གཟུགས་མེད་ཀྱང་། །གོམས་པས་ཆོས་དབྱིངས་མངའ་དབང་བསྒྱུར། །ཕྱི་ལས་
བལྟས་པས་བྱི་བའི་ཚོགས། །སྐྲག་ཅིང་འབྱེར་བ་དེ་བཞིན་དུ། །ལྷག་བསམ་སྦྱོར་བ་
ཆུང་ངུས་ཀྱང་། །ལས་དང་ཉོན་མོངས་རབ་ཏུ་འབྱེར། །ཛམྦུའི་གསེར་གྱི་རྒྱན་གྱིས་
ནི། །རྒྱན་གཞན་ཟིལ་གྱིས་གནོན་པ་ལྟར། །བྱང་ཆུབ་སེམས་ཀྱི་རྒྱན་བཟང་

པོས། །ཉན་རང་ཡོན་ཏན་ཟིལ་གྱིས་གནོན། །ཁབ་ལོང་གིས་ནི་སྲ་བ་ཡི། །ལྕགས་
སྒྲོག་ཀུན་ནས་འཇིག་པ་ལྟར། །རིན་ཆེན་སེམས་ཀྱིས་ལྟ་བ་དང་། །མ་རིག་སྲིད་
པའི་སྒྲོག་ཀུན་འཇིག །ཁབ་ལོང་ཁམས་ནི་གར་གནས་པར། །ཕལ་པའི་ལྕགས་ཀུན་
མི་གནས་ལྟར། །ལས་ཉོན་རྣམས་དང་ཉན་རང་གི། །རྣམ་ཐར་ཀུན་ཀྱང་ཡོངས་སུ་
འཕྱེར། །གང་གིས་ཆུ་སྲིན་ཆོལ་ཟོས་པ། །ཆུར་གནས་ཀུན་གྱིས་མི་གནོད་ལྟར། །བྱང་
སེམས་ཆ་གཅིག་ཟོས་པ་ཡང་། །ལས་དང་ཉོན་མོངས་ཀྱིས་མི་འཇིགས། །ཐེག་པ་
དམན་པའི་རྣམ་གྲོལ་གྱི། །ཆུ་སྲིན་གྱིས་ཀྱང་གནོད་མི་ནུས། །རིན་ཆེན་སེམས་ཀྱི་
བདུད་རྩི་སུས་འཐུངས་པ། །དེ་ནི་དམན་པའི་འཇིགས་པ་ཀུན་ལས་རྒྱལ། །ཀུ་བ་
གྲུབ་ལྟར་བདུད་ཀུན་གྱིས་མི་མཐོང་། །ཆོས་ཀྱི་རྒྱལ་པོར་བསྟེན་དེ་འཇིགས་ཀུན་
(༥༨བ)བྲལ། །ལྷག་བསམ་ཆུས་བརླན་དམན་པའི་མེས་མི་འཇིགས། །སེམས་བསྐྱེད་
ཐུབ་དགའི་དཔའ་བོ་ལ་བརྟེན་པ། །དེ་ནི་སྤྱོད་པ་ངན་པའི་དགྲས་མི་འཇིགས། །
བརྒྱ་བྱིན་རྡོ་རྗེ་ཐོགས་པ་ཇི་བཞིན་དུ། །བདུད་དང་ཕས་ཀྱི་རྒོལ་བའི་ལྷ་མིན་
འཇོམས། །རོ་བཅུད་ཆོམ་པར་འཐུངས་པའི་སྐྱེས་བུ་བཞིན། །དམན་པར་མི་འཆི་སྐྱོ་
བའི་ན་ནད་མེད། །སྨན་སྦྱོར་ཀུན་ལ་ཆུ་སྟོན་འགྲོ་བ་ལྟར། །རྒྱལ་སྲས་སྤྱོད་ཀུན་
སྟོན་དུ་སེམས་བསྐྱེད་འགྲོ། །མི་ཡི་བགྱི་ཀུན་སྲོག་དབང་སྟོན་འགྲོ་ཉིད། །རྒྱལ་བའི་
ཆོས་ཀུན་བྱང་ཆུབ་སེམས་ཀྱིས་སྒྲུབ། །སྲོག་དབང་འགགས་པ་འཚོ་བར་མི་ནུས་
ལྟར། །རིན་ཆེན་སེམས་དང་བྲལ་ན་འཚང་མི་རྒྱ། །རྒྱ་མཚོ་དུག་གིས་གདུག་པར་མི་
ནུས་ལྟར། །སྲིད་ཞིའི་བློ་ཡིས་རིན་ཆེན་སེམས་མི་གོས། །སེམས་ཀྱི་དམ་པ་ཉིད་མོར་
བྱེད་པའི་དཔལ། །ཟག་མེད་དམན་པའི་སྣར་འོད་ཀུན་ལས་རྒྱལ། །རྒྱལ་བུ་གཞོན་
ནུས་རིགས་དང་དབང་གིས་ནི། །བློན་པོའི་མཆོག་ཀུན་ཟིལ་གྱིས་གནོན་པ་
ལྟར། །དང་པོའི་ལས་ཅན་རྒྱལ་བའི་སྲས་ཀྱིས་ཀྱང་། །ཉན་རང་སྙིང་རྗེའི་མཐུ་ཡིས་
ཟིལ་གྱིས་གནོན། །བློན་པོ་ཆེས་ཆེར་གཙོ་བོས་ཀྱང་། །རྒྱལ་བུ་གཞོན་ནུར་ཕྱག་བྱེད་

ཅིང་། །དེས་ཀྱང་རིམ་གྲོའི་ཚུལ་བྱེད་ལྟར། །ཉན་རང་རྣམས་དང་རྒྱལ་སྲས་
སྟོས། །ཀུན་མཁྱེན་སེམས་ཀྱི་མཚན་ལྡན་ཕྱིར། །རྒྱལ་སྲས་འཚིང་བ་ཀུན་ལྡན་
ཡང་། །ཉན་རང་མཆོག་དང་མཉམ་པ་མིན། །སེམས་བསྐྱེད་རིན་ཆེན་ཡོངས་དག་
ཀྱང་། །འགྲོ་མིག་རབ་རིབ་ཀྱིས་ཁེབས་ལ། །ཤུན་པར་ལྡན་པ་ཉིད་དུ་སྣང་། །ཙི་
སྨན་ཀུན་བསྡུས་སྦྱར་བའི་གཟུགས། །མཐོང་ངམ་འགྲོགས་པས་ནད་འཇིལ་
ལྟར། །ཐབས་ཤེས་དགེ་ཀུན་ལས་བསྒྲུབས་པའི། །རྒྱལ་སྲས་འགྲོ་བའི་སྨན་མཆོག་
ཡིན། །བྱང་ཆུབ་སེམས་ཀྱི་གོས་བཟང་དང་རིས་ཅན། །དེ་ནི་(༥༥ན)ཉོན་མོངས་
འདམ་གྱིས་གོས་མི་འགྱུར། །སྨོན་པའི་འཕྲུལ་འཁོར་སྤྱི་བོར་བྱང་ཆུབ་ཀྱི། །སེམས་
ཀྱི་གཟེར་ལྡན་དེ་ནི་རྒྱལ་སྲས་ཀྱི། །སྤྱོད་པ་ཀུན་ལ་མཐུ་ལྡན་སྨོན་ལམ་དང་། །ཡེ་
ཤེས་ཡོངས་སུ་གྲུབ་ཕྱིར་འགྲེས་མི་འགྱུར། །བྱང་ཆུབ་སེམས་ཀྱི་གཟེར་དང་མི་ལྡན་
པའི། །བྱང་ཆུབ་ཡན་ལག་སྦྱར་བའི་འཕྲུལ་འཁོར་གྱིས། །དགོས་པ་ཡོངས་སུ་སྒྲུབ་
པར་ནུས་མ་ཡིན། །གླང་པོའི་སྙིང་ཞེས་དཀར་མིན་ཨ་ག་རུས། །བདུགས་ན་རྒྱལ་
པོའི་དཔུང་ཚོགས་མཁའ་ལ་འགྲོ། །དེ་བཞིན་བྱང་ཆུབ་སེམས་ཀྱིས་བདུགས་པ་
ཡི། །དགེ་བ་ཐམས་ཅད་རྒྱལ་བའི་མཐར་ཐུག་འགྲོ། །བྱང་ཆུབ་སེམས་ཀྱི་རྡོ་རྗེ་རིན་
ཆེན་ནི། །དམན་པའི་རིན་ཆེན་ཁུངས་ནས་མི་འབྱུང་སྟེ། །སྙིང་རྗེ་ཆེན་པོ་རྡོ་རྗེའི་
འབྱུང་ཁུངས་སམ། །རྒྱལ་བར་དམིགས་པའི་གསེར་གྱི་ཁུང་ནས་འབྱུང་། །ཤིང་རྒྱལ་
རྩ་བ་མི་དམིགས་ཀྱང་། །ཤིང་ཀུན་ལ་ནི་རྒྱས་པར་སྣང་། །ཀུན་མཁྱེན་སེམས་ཀྱི་
དགེ་བའི་མཐའ། །མི་དམིགས་ན་ཡང་རྒྱལ་སྲས་ཀྱི། །ཡོན་ཏན་འཇིག་རྟེན་ཀུན་
ཁྱབ་མཐོང་། །ཇི་ལྟར་རྡོ་རྗེ་རིན་པོ་ཆེ། །ངན་པའི་སྟོད་ཀྱིས་བཟུང་མི་ནུས། །ཐམས་
ཅད་འབིགས་བྱེད་ཐྲག་ཀུན་འཇིག །ཆག་ཀྱང་གསེར་རྒྱན་ཟིལ་གྱིས་གནོན། །དུམ་
བུར་གྱུར་ཀྱང་ཕོངས་པ་སེལ། །ཆུང་ཡང་རིན་ཆེན་གཞན་ཀུན་གཅོག །བསོད་
ནམས་དམན་པའི་ལག་མི་ཕྱིན། །བརྟག་མི་མཁས་པས་ཤེས་མི་ནུས། །འཇུ་བར་མི་

ནུས་དེའི་མཚོན་ཆ། །སྟོབས་ཆེན་ཕལ་གྱིས་འདེགས་མི་ནུས། །མི་ཚུགས་པ་མེད་ཁ་མི་འབབ། །རྡོ་རྗེ་ཉིད་ཀྱི་གཞི་ལས་གཞན། །ས་ཕྱོགས་ཕལ་པས་བརྟེན་མི་ནུས། །རྡོ་རྗེའི་ས་གཞི་སྲ་བ་ཡིས། །ཆུ་འཛག་མི་འགྱུར་ས་མི་འཇིག །ཆུ་ཡིས་མི་འབྲུལ་མེས་མི་འཚིག །རྒྱལ་བ་བལྟམས་དང་བྱང་ཆུབ་གནས། །རྡོ་རྗེའི་གཞི་ལས་གཞན་(༥༥༨) དག་གིས། །བརྟེན་པར་ནུས་པ་སྲིད་མ་ཡིན། །དཔེ་དེ་རྣམས་ཀྱིས་རིམ་བཞིན་དུ། །བྱང་ཆུབ་སེམས་ཀྱི་རྡོ་རྗེ་ཡང་། །མོས་ཞན་ཚུལ་འཆལ་སེར་སྣ་ཅན། །སེམས་ཅན་ངན་པས་བཟུང་མི་ནུས། །ལྷག་བསམ་བརྟན་གང་དེ་ཡི་སྟོད། །ཆོས་ཀུན་ཕུག་སྒེ་རྟོགས་པར་བྱེད། །ལྟ་བའི་བྲག་རི་ཀུན་ཀྱང་འཇིག །ཉམས་ཀྱང་ཉན་རང་ཐེལ་གྱིས་གནོན། །ནན་ཏན་མེད་ཀྱང་སྲིད་པ་ན། །ཕོངས་པ་རྣམ་པར་སེལ་བ་འཕོབ། །དམིགས་པ་ཤིན་ཏུ་ཆུང་ངུས་ཀྱང་། །མི་ཤེས་པ་ཀུན་རྣམ་པར་གཅོག །དགེ་བ་ངན་ངོན་ལྡན་པ་ཡི། །ལྷ་མིས་འཕོབ་པར་མི་འགྱུར་རོ། །ཤེས་རབ་འཆལ་པས་ཡོན་ཏན་གྱི། །ཁྱད་པར་ཤེས་པར་ནུས་མ་ཡིན། །རྒྱུན་གཞན་གྱིས་ནི་ཞུ་མི་ནུས། །རྒྱལ་སྲས་སྟོབས་ཆེན་ཤུགས་དྲག་ལས། །ཉན་རང་གིས་ཀྱང་ཐེག་མ་ཡིན། །ཡེ་ཤེས་གཞན་གྱིས་བརྟགས་པ་དེར། །མི་ཐོགས་ཡོངས་སུ་བཟོད་པར་འགྱུར། །རྒྱལ་སྲས་སྨོན་ལམ་རྡོ་རྗེ་གང་། །སེམས་བསྐྱེད་གཞི་ཡིས་བཟུང་བར་ནུས། །ཡོངས་སུ་བསྔོས་པའི་རྡོ་རྗེའི་གཞིར། །དགེ་བ་ཀུན་ནས་འཛག་པ་མེད། །ལྷག་བསམ་རྡོ་རྗེའི་གཞིས་བརྟེན་པའི། །སྨོན་ལམ་ས་ཆེན་དམའ་མི་འགྱུར། །ལས་ཉོན་ཆུ་ཡིས་མི་འབྲུལ་ཞིང་། །སྡུག་བསྔལ་མེ་ཡིས་འཚིག་མ་ཡིན། །བླ་མེད་བྱང་ཆུབ་སྤྱོད་པ་ཀུན། །ཐམས་ཅད་མཁྱེན་པའི་སེམས་བསྐྱེད་ནི། །སྨོན་ལམ་ཡེ་ཤེས་ལྡན་པ་ཡི། །རྡོ་རྗེ་སྲ་བའི་ལྟེ་བ་ལས། །སེམས་གཞན་གྱིས་ནི་བཟུང་མི་ནུས། །ཐམས་ཅད་མཁྱེན་པ་ཉིད་དུ་མངོན་པར་སེམས་བསྐྱེད་པ། །ཡོན་ཏན་དེ་དང་གཞན་ཀུན་གྱིས་ཀྱང་བརྒྱན་པ་སྟེ། །གང་གིས་བདུད་རྩི་འདྲ་བའི་སེམས་མཆོག་བསྐྱེད་པ་

རྣམས། །ཡོན་ཏན་རྒྱ་ཆེན་དེ་ལྟ་ཐོབ་ཅིང་འཕོབ་པར་འགྱུར། །ཞེས་བདག་གིས་ནོར་བཟང་གི་རྟོགས་བརྗོད་དུ་བསྟུས་པ་ཡིན་ནོ། །

(༥༦ན)བཞི་པ་འཇུག་པའི་ཕན་ཡོན་ཁྱད་པར་དུ་བཤད་པ་ལ། དབྱེ་བ། མཚན་ཉིད། སྨོན་པའི་ཕན་ཡོན། འཇུག་པའི་ཕན་ཡོན་རྒྱས་བཤད། དེས་ན་བྱང་ཆུབ་སེམས་དཔའ་སྡིག་པ་དང་བསོད་ནམས་ཀྱི་ཞིང་ཁྱད་པར་ཅན་དུ་བསྟན་པའོ། །

དང་པོ་(དབྱེ་བ་)ནི།

བྱང་ཆུབ་སེམས་དེ་མདོར་བསྡུས་ན། །
རྣམ་པ་གཉིས་སུ་ཤེས་བྱ་སྟེ། །
བྱང་ཆུབ་སྨོན་པའི་སེམས་དང་ནི། །
བྱང་ཆུབ་འཇུག་པ་ཉིད་ཡིན་ནོ། ༡༥ །

ཞེས་གསུངས་ཏེ། བྱང་ཆུབ་སེམས་དེ་མདོར་བསྡུ་ན་སྨོན་འཇུག་རྣམ་པ་གཉིས་སོ། །

གཉིས་པ་(མཚན་ཉིད་)ནི།

འགྲོ་བར་འདོད་དང་འགྲོ་བ་ཡི། །
བྱེ་བྲག་ཇི་ལྟར་ཤེས་པ་ལྟར། །
དེ་བཞིན་མཁས་པས་འདི་གཉིས་ཀྱི། །
བྱེ་བྲག་རིམ་བཞིན་ཤེས་པར་བྱ། ༡༦ །

ཞེས་གསུངས་ཏེ། དེ་ཇི་ལྟ་བུ་ཞེ་ན། ཡུལ་གཞན་དུ་འགྲོ་བར་འདོད་ལ་འགྲོ་བའི་བྱ་བ་དང་བྲལ་བ་ལྟར་བྱང་ཆུབ་འཐོབ་པར་སྨོན་ལ་སྒྲུབ་པའི་བརྩོན་པ་དང་བྲལ་བ་དེ་ནི་སྨོན་པ་བྱང་ཆུབ་ཀྱི་སེམས་དང་། ནམ་སྤྱོར་བས་སྒྲུབ་པར་འདོད་པས་བྱང་ཆུབ་སེམས་དཔའི་སྡོམ་པ་བླངས་པ་ཕྱིན་ཆད་ནི་འཇུག་པའི་བྱང་ཆུབ་ཀྱི་སེམས་སོ། །

འགྲེལ་ཆེན་ལས། སེམས་གང་སྨོན་པ་ལས་སྐྱེས་པ་སྦྱིན་སོགས་ལ་འཇུག་པ་དང་བྲལ་བ་དེ་ནི་སྨོན་པ་བྱང་ཆུབ་ཀྱི་སེམས་ཏེ་འདི་ལྟར། འགྲོ་བ་ཐམས་ཅད་སྐྱབ་པའི་ཕྱིར་སངས་རྒྱས་སུ་གྱུར་ཅིག་ཅེས་དང་པོ་ཁོ་ནར་སྨོན་པའི་སེམས་ལྟ་བུའོ། །འཇུག་པ་ཉིད་ལ་སེམས་པའམ་འཇུག་པ་ཉིད་ཀྱི་སེམས་ཏེ་སེམས་དེའི་རང་བཞིན་ཡིན་པའི་ཕྱིར་རོ། །སེམས་སྔ་མ་སྔོན་དུ་སོང་བ་ཉིད་གང་ནས་བཟུང་སྟེ་སྡོམ་པ་ལེན་པ་སྔོན་དུ་འགྲོ་བས་ཚོགས་རྣམས་ལ་རབ་ཏུ་འཇུག་པ་དེ་ནི་འཇུག་པའི་བྱང་ཆུབ་ཀྱི་སེམས་སོ། །བསྟན་པའི་རིམ་པས་རྣམ་པ་གཉིས་ཡིན་ཏེ་དབྱེ་བ་ནི་དེ་དག་ཁོ་ནའོ་ཞེས་བྱ་བར་ཉིད་ཀྱི་སྒྲས་བསྟན་ཏོ། །ཀྱང་གི་སྒྲས་ཕན་(༥༨བ)ཚུན་སྤུད་པ་ཡིན་ཏེ་གཉི་གའང་བྱང་ཆུབ་ཀྱི་སེམས་ཡིན་པར་བསྟན་ཏོ། །

དེས་ནི་སྔ་མ་བྱང་ཆུབ་ཀྱི་སེམས་མ་ཡིན་ནོ་སྙམ་པའི་དོགས་པ་བསལ་བ་ཡིན་ཏེ་དཔའ་བར་འགྲོ་བའི་མདོ་ལས་བཙན་ཐབས་སུ་སེམས་བསྐྱེད་པ་སངས་རྒྱས་ཀྱི་རྒྱུར་བཤད་པ་དང་། **སྡོང་རྒྱན་ལས།** བྱང་ཆུབ་ཏུ་སེམས་བསྐྱེད་པ་དཀོན་ནོ། །དེ་བས་ཀྱང་བྱང་ཆུབ་ཏུ་འཇུག་པ་དཀོན་ནོ། །ཞེས་སོ། །དེ་ཡང་སྐྱེས་བུ་གང་ཞིག་མངོན་པར་འདོད་པའི་ཡུལ་དུ་ཕྱིན་པར་བྱ་བའི་ཆེད་དུ་འགྲོ་བར་འདོད་པ་ནི་འགྲོ་བར་བསམས་པ་སྟེ་འགྲོ་བ་ཉིད་ནི་མ་ཡིན་ནོ། །ཡང་གཞན་ནི་དེར་ཕྱིན་པར་བྱ་བའི་ཆེད་དུ་འཇུག་པ་སྟེ་འགྲོ་བ་ཉིད་དོ། །ཅི་ལྟར་ནི་ཇི་བཞིན་དུའོ། །དེ་སྒྲུབ་པ་དང་བྲལ་བ་ཡིན་དུ་ཆུག་མོད་ཀྱི་དེ་ལྟ་ནའང་སངས་རྒྱས་ཀྱི་རྒྱུ་ཉིད་དུ་རེ་ཞིག་བཞག་སྟེ། དགེ་བ་གཞན་ལས་ཆེན་པོ་ཡིན་པར། རྟག་པར་ཡང་། འབྲས་བུ་ཆེ་འཕྱིན། སོགས་ཀྱིས་ཁྱད་པར་དུ་བྱས་པའི་ཕྱིར་ཏེ། ཪྗེ་བཙུན་ཕ་ལམ་ཆག་ཀྱང་གསེར་གྱི་རྒྱན་ཟིལ་གྱིས་གནོན་པའི་དཔེ་དང་སྦྱར་བའི་ཕྱིར་དང་། **རྒྱལ་པོ་ལ་གདམས་པ་ལས།** ཁྱོད་སྤྱོད་ལམ་ཅི་བྱེད་ཀྱང་བྱང་ཆུབ་ལ་འདུན་པ་མ་བརྗེད་པ་དང་དགེ་བ་ཐམས་ཅད་ལ་ཡི་རང་ཞིང་། དེ་དག་དཀོན་མཆོག་ཐམས་ཅད་ལ་ཕུལ་ནས་

དགེ་བ་སེམས་ཅན་ཐམས་ཅད་དང་ཐུན་མོང་དུ་བྱས་ནས་བྱང་ཆུབ་ཏུ་བསྔོས་ཤིག །དེ་ལྟ་ན་ཁྱོད་རྒྱལ་པོའི་བྱ་བ་ཡང་མི་ཉམས་ལ་བྱང་ཆུབ་ཀྱི་ལམ་ཡང་རྫོགས་པར་འགྱུར་རོ། །བྱང་ཆུབ་ཀྱི་སེམས་ཀྱི་རྣམ་སྨིན་ལས་ཁྱོད་ལྷ་མིའི་རྒྱལ་པོ་མཐའ་ཡས་པ་སྟོང་ཡང་བསོད་ནམས་དེའི་ཆ་ཙམ་ཡང་མི་རྫོགས་སོ། །ཞེས་གསུངས་སོ། །དེས་ན་སྤྱོད་པ་དང་བྲལ་བའི་བྱང་ཆུབ་ཀྱི་སེམས་ལ་ཡང་བརྙས་པར་མི་བྱ་སྟེ་དེས་ཀྱང་འཁོར་བའི་བདེ་བ་མཐའ་ཡས་པ་བསྐྱེད་པའི་ཕྱིར་རོ། །ཞེས་རྒྱ་ཆེར་བཤད་དོ། །

འོན་ཀྱང་རྒྱལ་པོ་ལ་གདམས་པ་དེ་ནི་སྤྱོད་(༥༧ན)པ་དང་བྲལ་བ་མ་ཡིན་པར་མཐོང་སྟེ་སྤྱོད་པའི་གཙོ་བོ་སེམས་ཡིན་ལ་དེ་ལུས་ངག་ཅི་སྤྱོད་ཀྱང་སེམས་བྱང་ཆུབ་ཀྱི་སེམས་དང་ཡི་རང་དང་དགེ་བ་གཏོང་བ་དང་དེ་གཞན་དོན་དུ་བསྔོ་བ་བཞི་དང་ལྡན་པའི་ཕྱིར། དེ་ལྟ་མོད་ཀྱི་རྒྱལ་པོ་ཁྱོད་ནི་བྱ་བ་མང་བྱེད་པ་མང་བས་ཁྱོད་ཀྱིས་བྱང་ཆུབ་སེམས་དཔའི་བསླབ་པ་མཐའ་དག་ལ་སློབ་མི་ནུས་ཀྱིས་འདི་ཙམ་ཞིག་ལ་སློབ་པར་གྱིས་ཤིག་ཅེས་བསླབ་པ་བསྡུས་ཏེ་གསུངས་པ་བྲ་ཧྨེའི་བུ་ལ་ཁྲིམས་ཉིས་བརྒྱ་ལྔ་བཅུ་རྩ་གསུམ་སྒོ་གསུམ་གྱི་ཁ་ན་མ་ཐོ་བ་སྤོང་བར་བསྡུས་ཏེ་བསྟན་པ་ལྟ་བུ་ཡིན་ལ། དགྲ་བཅོམ་རང་རྒྱལ་སེམས་བྲལ་བྱང་ཆུབ་སེམས་དཀའ་ན། །དཔའ་བོ་རྟག་ཏུ་མཉམ་བཞག་ཡིན་པར་ཤེས་པར་བྱ། །ཞེས་བྱང་ཆུབ་ཡིད་བྱེད་དང་མ་བྲལ་ན་ཡང་བྱང་ཆུབ་སེམས་དཔའི་སྤྱོད་པ་དག་པ་ཡིན་པའི་ཕྱིར་རོ།།

དེས་ན་སངས་རྒྱས་འཐོབ་པ་ལ་རེས་འགའ་སྨོན་པ་དྲག་ཏུ་སྐྱེས་ཤིང་འཐོབ་པར་དགའ་བ་ཡོད་ཀྱང་དེའི་སྤྱོད་པ་སྒོ་གསུམ་གྱིས་མི་སྒྲུབ་པར་གཏུག་མར་གནས་པས་འཚོ་བ་ནི་སྤྱོད་པ་དང་བྲལ་བར་འཇོག་དགོས་སོ། །དཀའ་འགྲེལ་ཆུང་ངུ་ལས་ནི། འགྲོ་བའི་བྱ་བ་ལ་དམིགས་པའི་བློ་གཉིས་པོ་འགྲོ་བའི་བྱ་བ་ཉམས་སུ་མྱོང་མ་མྱོང་གཉིས་ཀར་དུ་ཡོད་ཀྱང་ངོ་བོ་ཐ་དད་པ་ལྟར་བློ་འདི་གཉིས་ཀྱང་

སྐྱེ་འཕགས་གཉིས་ག་ལ་ཡོད་ཀྱང་ངོ་བོ་ཐ་དད་པར་བཤད་དོ། །

གསུམ་པ་(སྨོན་པའི་ཕན་ཡོན་)ནི།

བྱང་ཆུབ་སྨོན་པའི་སེམས་ལས་ནི། །
འཁོར་ཚེ་འབྲས་བུ་ཆེ་འབྱུང་ཡང་། །
ཇི་ལྟར་འཇུག་པའི་སེམས་བཞིན་དུ། །
བསོད་ནམས་རྒྱུན་ཆགས་འབྱུང་བ་མིན། ༡༧ །

ཞེས་གསུངས་ཏེ། སྨོན་འཇུག་གི་ཕན་ཡོན་གྱི་ཁྱད་པར་ངོས་བཟུང་བའོ། །

བཞི་པ་(འཇུག་པའི་ཕན་ཡོན་རྒྱས་བཤད་)ལ། ཕན་ཡོན་དངོས་བཤད། དེ་ལུང་གིས་སྒྲུབ་པ། སྨོན་པ་ཕན་ཡོན་དང་ལྡན་པའི་འཐད་པ་གསུམ། འཇུག་པ་ཕན་ཡོན་ཆེ་བའི་འཐད་པ་ལྔ་བཤད་པའོ། །

དང་པོ་(ཕན་ཡོན་དངོས་བཤད་)ནི།

གང་ནས་(༥༧བ)བཟུང་སྟེ་སེམས་ཅན་ཁམས། །
མཐའ་ཡས་རབ་ཏུ་སྒྲོལ་བའི་ཕྱིར། །
མི་ལྡོག་པ་ཡི་སེམས་ཀྱིས་སུ། །
སེམས་དེ་ཡང་དག་བླངས་གྱུར་པ། ༡༨ །
དེ་ནས་བཟུང་སྟེ་གཉིད་ལོག་གམ། །
བག་མེད་གྱུར་ཀྱང་བསོད་ནམས་ཤུགས། །
རྒྱུན་མི་འཆད་པར་དུ་མ་ཞིག །
ནམ་མཁའ་མཉམ་པར་རབ་ཏུ་འབྱུང་། ༡༩ །

ཞེས་གསུངས་ཏེ། འདི་ལ་དཀའ་འགྲེལ་ཆུང་ངུར། གང་ནས་བཟུང་སྟེ་ཞེས་བྱ་བ་སྟེ་ཆོས་ཀྱི་དབྱིངས་མཐོང་ནས་ཕ་རོལ་ཏུ་ཕྱིན་པའི་སྤྱོད་པ་མཚན་ཉིད་པ་ཐོབ་པའི་འོག་ཏུ་ནི་ཆུ་བོའི་རྒྱུན་བཞིན་དུ་གནས་སྐབས་ཐམས་ཅད་དུ་བསོད་

ནམས་རྒྱུན་མི་འཆད་པ་ཡིན་ནོ། །ཞེས་དང་། ཡང་བྱང་ཆུབ་སེམས་དཔའི་སྡོམ་པ་མ་བླངས་པའི་སྨོན་ལམ་ནི་སྨོན་པ་ཡིན་ལ་བླངས་པའི་ནི་འཇུག་པ་ཡིན་ནོ། །ཞེས་བྱང་སའི་ཚུལ་ཁྲིམས་ལེའུའི་འགྲེལ་པ་མཁན་རྒྱ་མཚོའི་སྦྱིན་གྱིས་བཤད་པ་ནི། བཏགས་པ་ལ་དགོངས་པའམ་ཡང་ན་འཁྲུལ་བར་ངེས་སོ་ཞེས། སོ་སྐྱེ་ལ་འཇུག་སེམས་མེད་པ་ལྟར་བཤད་ཀྱང་བྱང་སེམས་རྒྱལ་བློན་གྱི་རྩ་ལྟུང་དང་ཕམ་པ་དང་འདྲ་བའི་ཆོས་སོགས་འཇུག་སེམས་ཀྱི་སྲུང་བྱ་འདི་རྣམས་ནི་ངེས་པར་སོ་སོ་སྐྱེ་བོ་ལ་འབྱུང་ཉེ་བ་ཁོ་ན་ཡིན་པའི་ཕྱིར་དང་། གཞན་དུ་ན་འཇུག་པ་སེམས་བསྐྱེད་དང་དོན་དམ་པའི་སེམས་བསྐྱེད་གཅིག་པར་འགྱུར་རོ། །དེས་ན་སོ་སོའི་སྐྱེ་བོའི་སྐབས་ཁོ་ན་ལ་སྨོན་འཇུག་གཙོ་བོར་བཞག་པ་ཡིན་ལ། དུས་གང་ནས་བཟུང་སྟེ་སེམས་ཅན་ཐམས་ཅད་སྒྲོལ་བའི་ཆེད་དུ་དུས་གསུམ་གྱི་བྱང་ཆུབ་སེམས་དཔའ་ཐམས་ཅད་དང་མཚུངས་པའི་བྱང་ཆུབ་སེམས་དཔའི་བསླབ་བྱ་ལ་སློབ་པར་ཁས་བླངས་ཤིང་སྒྲུབ་འདོད་ཀྱི་བློ་བརྟན་པོར་སྐྱེས་པ་ནི་འཇུག་སེམས་སྐྱེས་པ་ཡིན་ལ། དེ་ཕྱིན་ཆད་གཉིད་དང་བརྒྱལ་བ་དང་ར་རོ་བ་སོགས་བག་མེད་པའི་དབང་དུ་གྱུར་ཏེ་གསལ་པོར་མི་དྲན་པའི་གནས་སྐབས་ན་ཡང་བསོད་ནམས་ནམ་མཁའ་དང་མཉམ་པ་རྒྱུན་མི་འཆད་པར་འབྱུང་ན་དེ་(༥༤ན)ལས་གཞན་པ་དགེ་བའི་འདུན་པ་དང་བཅས་པའི་དུས་ན་ལྟ་ཅི་སྨོས་པའོ། །

གཉིས་པ་(དེ་ལུང་གིས་སྒྲུབ་པ་)ནི།

འདི་ནི་འཐད་པ་དང་བཅས་པར། །
ལག་བཟང་གིས་ནི་ཞུས་པ་ལས། །
དམན་མོས་སེམས་ཅན་དོན་གྱི་ཕྱིར། །
དེ་བཞིན་གཤེགས་པ་ཉིད་ཀྱིས་གསུངས། ༡༠ །

ཞེས་གསུངས་ཏེ། དཀོན་མཆོག་བརྩེགས་པའི་འདུས་པ་ཉེར་དྲུག་པ་ལག་

བཟང་དམ་དཔུང་བཟང་གིས་ཞུས་པའི་མདོ་ལས། མཛའ་བོའི་བུ་མོའི་གཏམ་གྱི་སྒོ་ནས་འོག་ནས་འབྱུང་བའི་ཚིགས་སུ་བཅད་པའི་དོན་འདི་དག་དམན་པ་ལ་མོས་པའི་གཉེན་པོར་བཀའ་སྩལ་བའོ། །**ཡིགས་བཤད་བསྟུས་པར་ནི།** དེ་བཞིན་གཤེགས་པ་ཉིད་ཀྱིས་གསུངས། །གང་གསུངས་ན། ལག་བཟང་། བྱང་ཆུབ་སེམས་དཔའ་རྣམས་ཀྱིས་བྱང་ཆུབ་ཏུ་སེམས་བསྐྱེད་པ་དང་། བྱང་ཆུབ་ཀྱི་སེམས་རྗེས་སུ་དྲན་པ་དང་། བྱང་ཆུབ་ཀྱི་སེམས་སྒོམ་པ་དང་། བྱང་ཆུབ་ཏུ་སྨོན་པ་དེ་ནི་གཏོང་བ་ཆེན་པོ་གྲངས་མེད་ཅིང་དཔག་ཏུ་མེད་པ་ཡིན་ནོ། །དེ་ཅིའི་ཕྱིར་ཞེ་ན། སེམས་ཅན་ཐམས་ཅད་ལ་ཆོས་ཀྱི་ཆར་སྦྱིན་པར་འདོད་པ་དེ་ནི་གཏོང་བ་ཐམས་ཅད་ཀྱི་ནང་ན་མཆོག་ཡིན་པའི་ཕྱིར་རོ། །ཞེས་གསུངས་པ་འདི་ཁུངས་ཡིན་ནོ། །ཞིབ་ཆ་ཉང་བྲན་དང་། གཙང་ནག་པ་སོགས་འཆད་པར་བཤད་དོ། །

གསུམ་པ་(སྨོན་པ་ཕན་ཡོན་དང་ལྡན་པའི་འཐད་པ་གསུམ་)ལ། དམིགས་པ་རྒྱ་ཆེ་བ་དང་། དགོན་པ་དང་། ཕན་འདོགས་ཆེ་བའི་རྟགས་ཀྱིས་ཕན་ཡོན་ཆེ་བར་སྒྲུབ་པ་ལས།

དང་པོ་(དམིགས་པ་རྒྱ་ཆེ་བ་)ནི།

སེམས་ཅན་རྣམས་ཀྱི་ཀླད་ནད་ཙམ། །
བསལ་ལོ་སྙམ་དུ་བསམས་ན་ཡང་། །
ཕན་འདོགས་བསམ་པ་དང་ལྡན་དེ། །
བསོད་ནམས་དཔག་མེད་ལྡན་འགྱུར་ན། ༢༡ །
སེམས་ཅན་རེ་རེའི་མི་བདེ་བ། །
དཔག་ཏུ་མེད་པ་བསལ་འདོད་ཅིང་། །
རེ་རེའང་ཡོན་ཏན་དཔག་མེད་དུ། །
སྒྲུབ་པར་འདོད་པ་སྨོས་ཅི་དགོས། ༢༢ །

ཞེས་གསུངས་ཏེ། མཛའ་བོའི་བུ་མོས་མའི་མགོ་ལ་འགོངས་པའི་སེམས་(༥༤བ)

ཅན་སུ་ཡང་འདིར་མ་འོང་ཞིག་དེ་ཐམས་ཅད་ཀྱི་སྡུག་བསྔལ་བདག་གིས་ནོད་དོ། །ཞེས་སྡུག་བསྔལ་ཉེ་ཚེ་བ་ཞིག་སེལ་བར་བསམས་པ་ལ་བསོད་ནམས་དཔག་ཏུ་མེད་པ་ཐོབ་ན་སེམས་ཅན་ཐམས་ཅད་ཀྱི་སྡུག་བསྔལ་ཐམས་ཅད་གཏན་དུ་བསལ་ནས་བདེ་བ་ཐམས་ཅད་སྩྩིན་པར་འདོད་པ་ལ་ལྟ་ཅི་སྨོས་སོ། །

གཉིས་པ་(དཀོན་པ་)ནི།

ཕའམ་ཡང་ན་མ་ཡང་རུང་། །
སུ་ལ་འདི་འདྲའི་ཕན་སེམས་ཡོད། །
ལྷ་དང་དྲང་སྲོང་རྣམས་ཀྱང་རུང་། །
ཚངས་པ་ལ་ཡང་འདི་ཡོད་དམ། ༢༣ །
སེམས་ཅན་དེ་དག་ཉིད་ལ་སྔོན། །
རང་གི་དོན་དུའང་འདི་འདྲའི་སེམས། །
རྨི་ལམ་དུ་ཡང་མ་རྨིས་ན། །
གཞན་གྱི་དོན་དུ་ག་ལ་སྐྱེ། ༢༤ །
གཞན་དག་རང་གི་དོན་དུ་ཡང་། །
མི་འབྱུང་སེམས་ཅན་དོན་སེམས་གང་། །
སེམས་ཅན་རིན་ཆེན་ཁྱད་པར་འདི། །
སྔ་ན་མེད་པའི་རྨད་ཅིག་འབྱུངས། ༢༥ །ཞེས་གསུངས་སོ། །

གསུམ་པ་(ཕན་འདོགས་ཆེ་བའི་རྒྱགས་ཀྱིས་ཕན་ཡོན་ཆེ་བར་སྒྲུབ་པ་)ནི།

འགྲོ་བ་ཀུན་གྱི་དགའ་བའི་རྒྱུ། །
སེམས་ཅན་སྡུག་བསྔལ་རྩིར་གྱུར་པ། །
རིན་ཆེན་སེམས་ཀྱི་བསོད་ནམས་གང་། །
དེ་ལ་ཇི་ལྟར་གཞལ་གྱིས་ལང་། ༢༦ །ཞེས་གསུངས་པའོ། །

བཞི་པ་(འཇུག་པ་ཕན་ཡོན་ཆེ་བའི་འཐད་པ་ལྔ་བཤད་པ)¦གསུམ་པ་¦[1]ལ། སྨོན་བས་ཟིན་པ། བྱེད་པ་མང་བ། ལན་ལ་མི་ལྟོས་པ། སྒྲུབ་པ་རྒྱ་ཆེ་བའི་རྟགས་ཀྱིས་རེ་རེ་ཞིང་ཕན་ཡོན་ཆེ་བ་དང་། དེའི་ཕྱིར་བྱང་ཆུབ་སེམས་དཔའ་རྣད་དུ་བྱུང་བར་བསྟན་པའོ། །

དང་པོ་(སྨོན་བས་ཟིན་པ་)ནི།

ཕན་པར་བསམས་པ་ཙམ་གྱིས་ཀྱང་། །

སངས་རྒྱས་མཆོད་ལས་ཁྱད་འཕགས་ན། །

སེམས་ཅན་མ་ལུས་ཐམས་ཅད་ཀྱི། །

བདེ་དོན་བརྩོན་པ་སྨོས་ཅི་དགོས། ༢༧ །

ཞེས་གསུངས་ཏེ། ཚད་མེད་པ་སྙོམ་པ་ཙམ་ཡང་བསོད་ནམས་ཆེ་ན་སེམས་ཅན་གྱི་དོན་སྨོར་བས་སྒྲུབ་པ་སྨོས་ཅི་དགོས་ཏེ། **དཔས་བྱིན་གྱི་མདོར།** སངས་རྒྱས་ཞིང་ནི་མི་གང་གིས། །རིན་ཆེན་བདུན་གྱིས་བཀང་བྱས་ཏེ། །འཇིག་རྟེན་མགོན་ལ་ཕུལ་བ་བས། །གང་གིས་ཐལ་མོ་སྦྱར་བྱས་ཏེ། །བྱང་ཆུབ་ཏུ་ནི་སེམས་(༥་ན)བསྐྱེད་ན། །གང་ལ་མཐའ་ནི་མ་མཆིས་པའི། །མཆོད་པ་འདི་ནི་ཁྱད་པར་འཕགས། །ཞེས་སོ། །

གཉིས་པ་(བྱེད་པ་མང་བ་)ནི།

སྡུག་བསྔལ་འདོར་འདོད་སེམས་ཡོད་ཀྱང་། །

སྡུག་བསྔལ་ཉིད་ལ་མངོན་པར་རྒྱུག །

བདེ་བ་འདོད་ཀྱང་གཏི་མུག་པས། །

རང་གི་བདེ་བ་དགྲ་ལྟར་འཇོམས། ༢༨ །

གང་ཞིག་བདེ་བས་ཕོངས་པ་དང་། །

སྡུག་བསྔལ་མང་ལྡན་དེ་དག་ལ། །[1]

1. འདིར་གསུམ་པ་ཞེས་པའི་ས་བཅད་འདི་ས་བཅད་བཞི་པ་ཡིན་ཏེ། གོང་དུ་འཇུག་པའི་ཕན་ཡོན་རྒྱས་བཤད་ལ། ས་བཅད་བཞི་སྟེ་ཕན་ཡོན་དངོས་བཤད། དེ་ལུང་གིས་སྒྲུབ་པ། སྨོན་པ་ཕན་ཡོན་དང་ལྡན་པའི་འཐད་པ་གསུམ། འཇུག་པ་ཕན་ཡོན་ཆེ་བའི་འཐད་པ་བཅས་བཞི་བཤད་པའི་ཐ་མ་ཡིན།

བདེ་བ་ཀུན་གྱིས་ཚིམ་པ་དང་། །
སྡུག་བསྔལ་ཐམས་ཅད་གཅོད་བྱེད་ཅིང་། ༢༩ །
གཏི་མུག་ཀྱང་ནི་སེལ་བྱེད་པ། །
དེ་དང་དགེ་མཚུངས་ག་ལ་ཡོད། །
དེ་འདྲའི་བཤེས་ཀྱང་ག་ལ་ཡོད། །
བསོད་ནམས་དེ་འདྲའང་ག་ལ་ཡོད། ༣༠ །

ཅེས་གསུངས་ཏེ། ཕན་པ་དང་མི་ཕན་པ་འཐོབ་སྤོང་ལ་སེམས་ཅན་རང་རང་མཁས་མོད་གཞན་གྱིས་བྱར་ཅི་ཡོད་ཅེ་ན། སེམས་ཅན་དེ་རྣམས་ཀྱིས་བདེ་བ་དང་སྡུག་བསྔལ་ངོས་མ་ཟིན་ཞིང་། སྡུག་བསྔལ་གྱི་རྒྱུ་ལ་བདེ་བར་འཁྲུལ་བ་དབུལ་བ་སྤོང་བའི་ཕྱིར་ནོར་རྐུ་བ་སོགས་ཕྱིན་ཅི་ལོག་ཏུ་སྤྱོད་པས་སྡུག་བསྔལ་འབའ་ཞིག་འགྲུབ་པ་དེ་རྣམས་ལ་བདེ་བ་སྟེར་བ་དང་། སྡུག་བསྔལ་འཇོམས་པ་དང་གཏི་མུག་གི་བློ་སེལ་བར་ནུས་ན་དེ་བས་ལྷག་པའི་དོན་དང་དགེ་བ་གཞན་ག་ལ་ཡོད་དེ་ཕན་འདོགས་པའི་བཤེས་དེ་འདྲ་བ་ནི་གཞན་ཡོད་པ་མིན་ནོ། །

གསུམ་པ་(ལན་ལ་མི་ལྟོས་པ་)ནི།

ཕན་བཏགས་ལན་ལྡོན་གང་ཡིན་པ། །
དེ་ཡང་རེ་ཞིག་བསྔགས་འོས་ན། །
མ་བཅོལ་ལེགས་པར་བྱེད་པ་ཡི། །
བྱང་ཆུབ་སེམས་དཔའ་སྨོས་ཅི་དགོས། ༣༡ །ཞེས་གསུངས་སོ། །

བཞི་པ་(སླུབ་པ་རྒྱ་ཆེ་བའི་རྟགས་ཀྱི་རེ་རེ་ཞིང་ཕན་ཡོན་ཆེ་བ་)ནི།

འགྲོ་བ་ཉུང་ཟད་ནར་མའི་ཟས་སྦྱོར་དང་། །
སྐད་ཅིག་ཟས་ཙམ་སྦྱིན་པར་བྱེད་པ་དང་། །
བརྙས་བཅས་ཉིན་ཕྱེད་འགྲངས་པར་བྱེད་པ་ཡང་། །

དགེ་བ་བྱེད་པ་ཡིན་ཞེས་སྐྱེ་བོས་བཀུར། ༣༢ །

ཞེས་གསུངས་ཏེ། མི་རྣམས་ཞིང་དམན་པ་འགྲོ་བ་ཙུང་ཟད་ལ་དང་དུས་དམན་པ་ལན་གཅིག་གམ་འགའ་ཟུང་ཙམ་དང་། དངོས་པོ་དམན་པ་ཟས་སྐོམ་(༥༥བ)ཙམ་དང་སྦྱོར་བ་དམན་པ་བརྙས་པ་དང་བཅས་ཤིང་མ་གུས་ལ་ང་རྒྱལ་བ་དང་ཕན་འདོགས་དམན་པ་ཉིན་ཕྱེད་ཙམ་འགྲངས་པ་སྟེ་དེ་ཙམ་བྱིན་པ་ལ་ཡང་དགེ་བ་བྱེད་པར་བཀུར་ན་བྱང་ཆུབ་སེམས་དཔའ་ནི་དེ་ལྟ་བུ་མ་ཡིན་ནོ། །

ལྔ་པ་(དེའི་ཕྱིར་བྱང་ཆུབ་སེམས་དཔའ་རྣད་དུ་བྱུང་བར་བསྟན་པ་)ནི།

སེམས་ཅན་གྲངས་མཐའ་ཡས་ལ་ཡུན་རིང་དུ། །
བདེ་བར་གཤེགས་ཀྱི་བདེ་བ་བླ་ན་མེད། །
ཡིད་ལ་བསམས་པ་མཐའ་དག་རྫོགས་བྱེད་པ། །
རྟག་ཏུ་སྦྱིན་པ་ལྟ་ཞིག་སྨོས་ཅི་དགོས། ༣༣ །

ཞེས་གསུངས་ཏེ། དེ་དག་ལྔ་ལས་ལྡོག་པའི་དགེ་བ་བྱེད་པ་དེ་ནི་བསམ་གྱིས་མི་ཁྱབ་པ་སྟེ། སྲིད་མེད་ཀྱི་བུས་ཞུས་པ་ལས། ཡོད་དེ་ཡོད་ན་ལག་པ་འདོད་པ་ལ་ལག་པ་སྦྱིན་པར་བྱེད་དོ། །ཞེས་སོགས་གསུངས་སོ། །

ལྔ་པ་(དེས་ན་བྱང་ཆུབ་སེམས་དཔའ་སྡིག་པ་དང་བསོད་ནམས་ཀྱི་ཞིང་ཁྱད་པར་ཅན་དུ་བསྟན་པ་)ནི།

གང་ཞིག་དེ་འདྲའི་རྒྱལ་སྲས་སྦྱིན་བདག་ལ། །
གལ་ཏེ་ངན་སེམས་བསྐྱེད་པར་བྱེད་ན་དེ། །
ངན་སེམས་བསྐྱེད་པའི་གྲངས་བཞིན་བསྐལ་པར་ནི། །
དམྱལ་བར་གནས་པར་འགྱུར་ཞེས་ཐུབ་པས་གསུངས། ༣༤ །
འོན་ཏེ་གང་ཞིག་ཡིད་རབ་དང་བྱེད་ན། །
དེ་ཡི་འབྲས་བུ་དེ་བས་ལྷག་པར་འཕེལ། །
རྒྱལ་སྲས་རྣམས་ལ་དོ་གལ་ཆེན་པོས་ཀྱང་། །

སྡིག་པ་མི་འབྱུང་དགེ་བ་ངང་གིས་འཕེལ། ༣༥ །
གང་ལ་སེམས་ཀྱི་དམ་པ་རིན་ཆེན་དེ། །
སྐྱེས་པ་དེ་ཡི་སྐུ་ལ་ཕྱག་འཚལ་ཞིང་། །
གང་ལ་གནོད་པ་བྱས་ཀྱང་བདེར་འབྲེལ་བ། །
བདེ་བའི་འབྱུང་གནས་དེ་ལ་སྐྱབས་སུ་མཆི། ༣༦ །

ཞེས་གསུངས་ཏེ། **དད་པའི་སྟོབས་བསྐྱེད་པ་ལ་འཇུག་པ་ཕྱག་རྒྱའི་མདོ་ལས།** འཇམ་དཔལ་རིགས་ཀྱི་བུའམ་རིགས་ཀྱི་བུ་མོ་གང་ལ་ལས་གཙྷའི་གླུང་གི་བྱེ་མ་སྙེད་ཀྱི་མཆོད་རྟེན་བཤིག་པའམ་བསྲེགས་ལ་རིགས་ཀྱི་བུའམ་རིགས་ཀྱི་བུ་མོ་གཞན་གང་ཞིག་གིས་ཐེག་པ་ཆེན་པོ་ལ་མོས་པའི་བྱང་ཆུབ་སེམས་དཔའ་སེམས་དཔའ་ཆེན་པོ་ལ་གནོད་སེམས་དང་། ཐ་བ་དང་། ཁོང་ཁྲོ་བའི་སེམས་བསྐྱེད་ཅིང་སྤྱོས་ཏེ་བརྒྱད་ན། འདི་ནི་དེ་བས་ཆེས་གྲངས་(༨༠ན)མེད་པའི་སྡིག་པ་སྐྱེ་བར་འགྱུར་རོ། །དེ་ཅིའི་ཕྱིར་ཞེ་ན། བྱང་ཆུབ་སེམས་དཔའ་ལས་འབྲུངས་པ་ནི་སངས་རྒྱས་སོ། །སངས་རྒྱས་ལས་བྱུང་བ་ནི། མཆོད་རྟེན་དང་བདེ་བའི་ཡོ་བྱད་ཐམས་ཅད་དང་ལྷའི་རིས་ཐམས་ཅད་དོ་བྱང་ཆུབ་སེམས་དཔའ་ལ་དམ་པ་མ་ཡིན་པར་བྱས་ན་སངས་རྒྱས་ཐམས་ཅད་ལ་དམ་པ་མ་ཡིན་པར་བྱས་པར་འགྱུར་རོ། །བྱང་ཆུབ་སེམས་དཔའ་ལ་དམ་པར་བྱས་ན་སངས་རྒྱས་ཐམས་ཅད་ལ་དམ་པར་བྱས་པར་འགྱུར་རོ། །ཞེས་དང་། **རབ་ཞི་རྣམ་ངེས་ཀྱི་མདོར།** འཇམ་དཔལ་བྱང་ཆུབ་སེམས་དཔས་བྱང་ཆུབ་སེམས་དཔའ་ལ་ཁོང་ཁྲོ་བའི་སེམས་བསྐྱེད་ཅིང་བརྙས་པའི་སེམས་བསྐྱེད་པ་དེ་སྲིད་དུ་དེས་བདག་བསྐལ་པར་དམྱལ་བར་གནས་པར་བྱ་དགོས་སོ་ཞེས་གོ་ཆ་བསྒོ་བར་བྱའོ། །ཞེས་སོ། །

གལ་ཏེ་དེ་བཞིན་གཤེགས་པ་ལ་ངན་སེམས་ཀྱིས་ཁྲག་ཕྱུང་བས་ཀྱང་དེ་ལྟར་སྨིན་པར་མ་བཤད་ལ། འཇིག་རྟེན་གསུམ་ན་དེ་བཞིན་གཤེགས་པ་ལས་ལྷག་པ་

མེད་ན་འདི་ཇི་ལྟར་རིགས་ཞེ་ན། དེ་བཞིན་གཤེགས་པ་ལ་སུས་ཀྱང་ངན་སེམས་བསྐྱེད་པར་མི་ནུས་ཏེ་བསྐལ་པ་གྲངས་མེད་པར་སེམས་ཅན་ཐམས་ཅད་ལ་བྱམས་པའི་ཐུགས་བསྒོམས་པའི་ཕྱིར་འདིའི་སྐུ་ལ་མཚོན་གྱིས་མི་ཚུགས་སོ། །ཞེས་བསྟན་པའི་ཕྱིར་དང་། འདིར་ལས་ཀྱི་རྣམ་སྨིན་ཀྱང་དངོས་པོ་ལ་མ་བསྟན་ཏེ་སངས་རྒྱས་རྣམས་ནི་ལས་ཀྱི་རྣམ་སྨིན་དང་བྲལ་བའི་ཕྱིར་རོ། །དེས་ན་གདུལ་བྱ་འདུལ་བའི་ཕྱིར་སྐབས་ཕྱི་སྟེ་དྲང་དོན་དུ་བསྟན་གྱི་ངེས་པའི་དོན་མ་ཡིན་ནོ། །

བྱང་ཆུབ་སེམས་དཔའ་ལ་གནོད་པ་བྱས་པས་ནི་སངས་རྒྱས་ཉིད་རྩ་བ་དང་བཅས་པ་བཅོམ་ཞིང་ཉེ་བར་བཅོམ་པ་ཡིན་ཏེ་ལྷ་དང་བཅས་པའི་འཇིག་རྟེན་གྱི་དོན་ཉེ་བར་བཅོམ་པར་འགྱུར་བའི་ཕྱིར་རོ། །འོན་ཀྱང་བྱང་ཆུབ་སེམས་དཔའ་ལ་དད་ན་བསོད་ནམས་དེ་བས་ཀྱང་ཆེས་ལྷག་པར་སྐྱེ་སྟེ་འཇམ་དཔལ་གལ་ཏེ་ཡོངས་སུ་བརྟག་པ་ཉེ་བར་བཟུང་སྟེ་ཕྱོགས་བཅུའི་(༥༠བ)འཇིག་རྟེན་གྱི་ཁམས་ཀྱི་སེམས་ཅན་ཐམས་ཅད་ཀྱི་མིག་བཏོན་པར་གྱུར་ལ་ཡང་ཡོངས་སུ་བརྟག་པ་ཉེ་བར་བཟུང་སྟེ། གལ་ཏེ་རིགས་ཀྱི་བུའམ་རིགས་ཀྱི་བུ་མོ་བྱམས་པའི་སེམས་ལ་གནས་པ་འགའ་ཞིག་གིས་དེ་དག་ཐམས་ཅད་ཀྱི་མིག་བསྐྱེད་པར་བྱེད་པ་དེ་བས་འཇམ་དཔལ་རིགས་ཀྱི་བུའམ་རིགས་ཀྱི་བུ་མོ་གང་གཞན་ཞིག་གིས་ཐེག་པ་ཆེན་པོ་ལ་མོས་པའི་བྱང་ཆུབ་སེམས་དཔའ་ལ་སེམས་དང་བས་ལྟ་ན་འདི་ནི་དེ་བས་ཆེས་བསོད་ནམས་ལྷག་པར་སྐྱེའོ། །ཞེས་སོ། །ངོ་གལ་ཆེན་པོས་ཞེས་སོགས། འཆད་ལུགས་གཉིས་ཏེ། འགྲེལ་ཆེན་དང་། བི་བྷུ་ཏིས་ནི། བྱང་ཆུབ་སེམས་དཔའི་སྣོ་གསུམ་གྱི་སྤྱོད་པ་མཐའ་དག་དང་བས་བསྐྱེད་པའི་ཕྱིར་དང་བྱང་ཆུབ་ཀྱི་སེམས་ཀྱི་མཐུ་ལས་ཡིན་པའི་ཕྱིར་བྱང་ཆུབ་སེམས་དཔའ་རྣམས་ལ་འགའ་ཞིག་གིས་གནོད་པ་བྱེད་པའི་སེམས་སྐྱེ་བར་མི་འགྱུར་ཏེ། **འཇམ་དཔལ་གྱི་རྣམ་ཐར་ལས།** རིན་པོ་ཆེའི་རྒྱལ་པོ་ཡིད་བཞིན་གྱི་ནོར་བུ་ཅོད་པན་ལ་ཐོགས་པའི་ཀླུའི་

རྒྱལ་པོ་རྣམས་ལ་ཕ་རོལ་གྱི་འཇིགས་པ་དང་གནོད་པ་མི་འབྱུང་ངོ་། །དེ་བཞིན་དུ་བྱང་ཆུབ་ཀྱི་སེམས་དང་སྙིང་རྗེ་ཆེན་པོའི་རྒྱལ་པོའི་ཡིད་བཞིན་གྱི་ནོར་བུ་ཅོད་པན་ལ་བཅིངས་པའི་བྱང་ཆུབ་སེམས་དཔའ་ལ་ངན་སོང་དང་ངན་འགྲོ་ཕ་རོལ་གྱི་འཇིགས་པ་དང་གནོད་པ་མི་འབྱུང་ངོ་། །ཞེས་གསུངས་པ་ཡིན་ན་དེའི་ཕྱིར་དེ་རྣམས་ལ་དོན་མ་ཡིན་པ་འཕེལ་བའི་འབྲས་བུ་རྩུབ་པ་ཅིའི་ཕྱིར་འབབ་ཅིང་རྩོལ་བར་བྱེད། དེའི་ཕྱིར་དེ་རྣམས་ལ་དགའ་བ་དང་དང་བ་དང་མཆོག་ཏུ་དགའ་བ་དང་གིས་སྐྱོའོ་ཞེས་འཆད་ཀྱང་ལུང་དེ་འཁོར་བར་མ་མཐོང་སྟེ་ངན་སོང་དང་ངན་འགྲོའི་འཇིགས་པ་མི་འབྱུང་ཞེས་མི་ཁོམ་པར་མི་སྐྱེ་བའི་དོན་ཅན་དུ་སྣང་ལ་འདིར་ནི་བྱང་ཆུབ་སེམས་དཔའ་ལ་གཞན་གྱིས་གནོད་པ་བྱེད་མི་ནུས་པའི་ལུང་འདྲེན་རིགས་པའི་ཕྱིར་རོ། །འོན་ཀྱང་བྱང་ཆུབ་སེམས་དཔའ་བྱམས་པའི་རང་བཞིན་ཅན་ཉིད་ཀྱིས་མཐོང་བས་ཀྱང་ཞེ་སྡང་ཞི་ཞིང་(༦༧ན)དགའ་བ་སྐྱེ་བ་ཤས་ཆེ་བས་བྱང་ཆུབ་སེམས་དཔའ་ལ་གནོད་པའི་བློ་སྐྱེ་བ་ཉུང་བར་བཤད་ན་ཉུང་ངོ་། །

འོ་ན་སྟོན་པ་བྱང་ཆུབ་སེམས་དཔའི་དུས་ལྷས་བྱིན་གྱིས་རྟག་ཏུ་གནོད་པ་བྱེད་པ་སོགས་ཅི་ཞིག་ཅེ་ན། དེ་ནི་སྟོན་པ་བྲམ་ཟེ་རྒྱ་མཚོའི་རྡུལ་གྱི་ཚེ་འཚོ་བ་པ་ཞིག་གིས་སྤྱོད་པའི་གྲོགས་བགྱིད་པར་སྨོན་ལམ་བཏབ་སྟེ་ཁྱོད་སྦྱིན་པ་ལ་སྤྱོད་པ་ན། བདག་གིས་མགོ་དང་རྒྱལ་སྲིད་སོགས་གཞན་གྱིས་སློང་མི་ནུས་པ་སློང་ཞིང་སྟེར་ལ། དེས་ཁྱོད་ཀྱི་བསམ་པ་རྫོགས་པར་གྱུར་ཅིག་སོགས་ནས་ཁྱོད་བཟོད་པ་ལ་སྤྱོད་པ་ན་བདག་གིས་གཞི་མེད་པར་ཁྱོད་ཀྱི་ཡན་ལག་དང་ཉིང་ལག་དང་སྲོག་གི་བར་དུ་གཅོད་ཅིང་། དེས་ཁྱོད་འཁྲུག་པ་མེད་པར་བཟོད་པ་ཡོངས་སུ་དག་སྟེ་ཕ་རོལ་ཏུ་ཕྱིན་པ་མྱུར་དུ་རྫོགས་པར་གྱུར་ཅིག །ཞེས་དང་། འཁོར་གཞན་མང་པོས་ཀྱང་དེ་དང་མཐུན་པར་སྨོན་ལམ་བཏབ་པའི་དབང་གིས་ཡིན་གྱི། གཞན་དུ་ན་བྱང་ཆུབ་སེམས་དཔའ་ལ་སྣང་བས་བལྟས་པའི་རྣམ་སྨིན་མཐའ་ཡས་པས་ཆེ་

རབས་ཐམས་ཅད་དུ་རྫེས་སུ་འབྲེང་བར་ག་ལ་འགྱུར། གཞན་ཡང་སླང་པོ་ཆེའི་ཕྲ་བ་ནི་སླང་པོ་ཆེ་ཉིད་ཀྱིས་བཟོད་ཀྱི་བོང་བུས་མི་བཟོད་དོ། །དེ་བཞིན་དུ་བྱང་ཆུབ་སེམས་དཔའ་ལ་བྱང་ཆུབ་སེམས་དཔའ་ཉིད་ཀྱིས་གནོད་པར་བྱེད་ཀྱི་གཞན་གྱིས་གནོད་པ་བྱེད་མི་ནུས་སོ། །ཞེས་གསུངས་པའི་ཕྱིར། འོན་ཀྱང་བྱང་ཆུབ་སེམས་དཔའ་ཉམས་པར་ཡང་འདྲིས་བྱེད་དེ། དཔེར་ན། རྡོ་རྗེ་ཕ་ལམ་ནི་རྡོ་རྗེ་ཕ་ལམ་མ་ཡིན་པས་གཅོག་པར་མི་ནུས་སོ། །དེ་བཞིན་དུ་བྱང་ཆུབ་སེམས་དཔའ་ཡང་བྱང་ཆུབ་སེམས་དཔའ་གཞན་ལ་གནོད་པ་བྱས་པ་མ་ཡིན་པས་ཉམས་པར་མི་ནུས་སོ། །ཞེས་སོགས་བཤད་དོ། །

དགེ་བའི་ལྷས་ནི། གཞན་གྱིས་གནོད་པ་བྱས་ཀྱང་དེ་བྱང་ཆུབ་སེམས་དཔའ་ལ་གནོད་པར་མི་འགྱུར་བའི་དོན་དུ་འཆད་ལ། འདི་ནི་ཕན་གནོད་ནི་ཀུན་ཏུ་བཏགས་པ་ཙམ་ལས་རང་གི་ངོ་བོས་ཅི་ཡང་མ་ཡིན་ལ་བྱང་ཆུབ་(༧༠བ)སེམས་དཔའ་རྣམས་ཀྱིས་ཆོས་རྣམས་ཀྱི་ངོ་བོ་ཉིད་གང་ལས་མི་འདའ་བ་འདི་དག་གཟིགས་པའི་ཕྱིར་དང་། ཕན་གནོད་ཀྱི་ཡུལ་བདག་ཏུ་འཛིན་པ་མི་མངའ་བའི་ཕྱིར་དང་། ཆོས་ཐམས་ཅད་ནི་རྒྱུ་རྐྱེན་གྱི་རྟེན་ཅིང་འབྲེལ་བར་འབྱུང་བ་འཁྲུལ་འཁོར་གྱི་སྐྱེས་བུའི་བྱ་བ་ལྟར་གཟིགས་པའི་ཕྱིར་དང་། ཐམས་ཅད་ཀྱང་ཡང་དག་པའི་མཐའ་དང་། ངོ་བོ་ཉིད་ཀྱིས་མཚུངས་ཤིང་མཉམ་པར་གཟིགས་པའི་ཕྱིར་ན་ཕན་གནོད་དུ་བཏགས་པ་འདི་དག་ནི་བྱིས་པའི་ཁང་བུ་ལ་ཞེན་པའི་བྱིས་པའི་སྤྱོད་ཡུལ་ན་བྱེ་མའི་ཁང་བུ་ཞིག་པ་དང་མ་ཞིག་པ་ལྟ་བུ་ཡིན་གྱི་དེ་དཔྱོད་ལྡན་རྣམས་པོའི་ངོར་མ་ཡིན་པ་ལྟར་རོ། །

དེ་ལྟ་མོད་ཀྱི་སུ་ཞིག་ཁྲོས་འཁྲུགས་ཏེ་གནོད་པའི་རྣམ་པ་ཐམས་ཅད་བྱང་ཆུབ་སེམས་དཔའ་ལ་བྱེད་པ་ན་བྱང་ཆུབ་སེམས་དཔའ་དེ་གནོད་པར་རྟོག་པ་དང་འཁོན་དུ་འཛིན་པ་མི་མངའ་མོད་ཀྱང་དེ་ཉིད་ལོ་ནས་དགེ་བའི་ཆོས་མཐའ་

ལས་པ་འཕེལ་བར་བྱེད་དེ་འདི་ལྟར་བདག་གཞན་མ་གཟིགས་པའི་ཤེས་རབ་དང་། ཆོས་ཐམས་ཅད་ངོ་བོ་ཉིད་ཀྱིས་མཉམ་པ་དང་། དེ་ལྟར་མ་ཤེས་པ་ལ་ལྷག་པར་བརྩེ་བ་དང་། སེམས་ཅན་གྱི་ངོ་བོར་མ་ཞུགས་པའི་འཁྲུལ་པ་བློ་བུར་བ་འདི་དག་བདག་གིས་སྤྱང་བར་ནུས་སོ་ཞེས་སྙིང་སྟོབས་དང་། དེའི་ཕྱིར་སེམས་ཅན་ཐམས་ཅད་ཀྱི་ཉེས་པ་འདི་དག་བདག་གིས་བསལ་བར་བྱའོ་ཞེས་བྱང་ཆུབ་ཀྱི་སེམས་ཏེ་གཉེན་པོའི་ཕྱོགས་ཐམས་ཅད་མེ་ལ་བུད་ཤིང་བསྣན་པ་ལྟར་སྐྱེ་བའི་རྒྱུར་འགྱུར་བའི་ཕྱིར་འདི་ནི་ཤིན་ཏུ་འཆད་པར་རིགས་སོ། །

དེས་ན་སྔ་མས་ནི། རྒྱལ་སྲས་རྣམས་ལ་དོ་གལ་ཆེན་པོས་ཀྱང་གཞན་གྱིས་གནོད་པའི་བློ་སྐྱེ་བར་དཀའ་བས་སྡིག་པ་བྱེད་པ་འབྱུང་རིང་ལ་ཡུལ་ཁྱད་པར་ཅན་དུ་མཐོང་ནས་བཀུར་སྟི་བྱས་པ་ལ་སོགས་པའི་དགེ་བ་ལྷག་པར་འཕེལ་ལོ། །ཞེས་འབྲུ་བསྣན་ཞིང་། ཕྱི་མས་ནི་རྒྱལ་སྲས་རྣམས་ལ་ནི་གཞན་གྱིས་དོ་གལ་(༥༢ན)ཆེན་པོའི་སྒོ་ནས་གནོད་པར་རློམ་པས་ལུས་སྲོག་འཇིག་པ་སོགས་བྱས་ཀྱང་བྱང་ཆུབ་སེམས་དཔའ་དེའི་རྒྱུད་དཀྲུག་པར་མི་ནུས་ཤིང་སླར་དགེ་བའི་བློ་མཐའ་ཡས་པ་བསྐྱེད་པའི་གྲོགས་བྱེད་དོ། །ཞེས་འབྲུ་གཉེར་བའོ། །

མདོར་ན་བྱང་ཆུབ་ཀྱི་སེམས་ཁོ་ན་ཕན་ཡོན་མཐའ་ཡས་པར་གཟིགས་པས་བྱང་ཆུབ་ཀྱི་སེམས་ལ་ཁོང་དུ་ཆུད་མི་ནུས་པའི་ངོ་མཚར་བ་སྐྱེས་ནས་དེ་གང་གི་རྒྱུད་ལ་སྐྱེས་པས་བྱང་ཆུབ་སེམས་དཔའ་དང་སངས་རྒྱས་སུ་འཇོག་པ་དེ་ལ་བདག་ཕྱག་འཚལ་ལོ་ཞེས་བློ་བུར་དུ་འང་ཆེད་དུ་བརྗོད་པར་མཛད་ལ། བྱང་ཆུབ་སེམས་དཔའ་ལ་གནོད་པ་བྱས་ཀྱང་གནོད་པའི་རྐྱེན་དེ་ཉིད་ཁོ་ན་དེས་རྗེས་སུ་འཛིན་པའི་རྒྱུར་གྱུར་ཏེ་མཐར་ཐུག་བྱང་ཆུབ་ཀྱི་བདེ་བར་འབྲེལ་པར་མཛད་པ་མདོར་ན་ཕན་གནོད་ཅིས་འབྲེལ་ནའང་དོན་ཆེན་པོ་དང་ལྡན་པས་བདེ་བའི་འབྱུང་གནས་སུ་གྱུར་པ་དེ་ལ་ཧ་ཅང་ངོ་མཚར་བས་སྐབས་མ་ཡིན་པར་ཡང་

བསྟོད་པའི་ཚིག་བརྗོད་པའོ། །

འདི་ནི་**འགྲེལ་ཆེན་ལས།** དེ་ལ་གནོད་པ་བྱེད་པར་བརྒྱ་ལམ་ན་ནུས་ཀྱང་དེ་ཉིད་རྒྱུ་མཚན་དུ་བྱས་ནས་རྒྱུ་འགའ་ལས་དེ་ལ་དད་པ་སྐྱེ་བས་མྱ་ངན་ལས་འདས་པའི་བདེ་བ་དང་འབྲེལ་བ་གནོད་སྦྱིན་ལྷས་བྱམས་པའི་སྟོབས་ལ་བཞིན་ནོ། །ཡང་ན། གང་དག་བདག་ལ་ཁ་ཟེར་རམ། །སོགས་སྨོན་ལམ་གྱི་དབང་གིས་མཐར་བདེ་བར་འབྲེལ་བ་དང་། ཡང་བུ་སྡུག་པས་རྩེད་མོ་བྱས་པ་ལྟར་གཟིགས་ནས་ཐུགས་རྗེ་ཆེན་པོས་བདེ་བའི་རྒྱུར་འགྱུར་བ་བཟོད་ལེ་ལས་འཆད་པ་ལྟར་རོ། །ཞེས་འཆད་དོ། །བྱང་ཆུབ་སེམས་དཔའ་ལ་ངན་སེམས་སྐྱེས་པས་ཀྱང་དམྱལ་བར་འཕེན་པ་དང་གནོད་པ་བྱས་པས་བདེ་བར་འབྲེལ་བ་འགལ་ལོ་ཞེ་ན།

དགེ་བའི་ལྷས་ནི། གནས་སྐབས་ཐ་དད་དེ་དང་པོར་ངན་སེམས་ལས་རྣམ་སྨིན་སྡུག་བསྔལ་མྱོང་ཡང་ཕྱིས་འབྲེལ་བའི་རྒྱུ་ལས་ཐར་(༦༢བ)བར་འགྱུར་བའོ། །ཞེས་བཤད་ལ། **ལེགས་བཤད་བསྡུས་པར་ནི།** རྣམ་སྨིན་གྱི་འབྲས་བུ་ཚེ་ཕྱི་མ་སྡུག་བསྔལ་མྱོང་ཡང་སྐྱེས་བུ་བྱེད་འབྲས་ཚེ་འདིར་བདེ་བ་དང་འབྲེལ་བ་སྟེ་བྱང་ཆུབ་སེམས་དཔའ་རྣམས་ནི་དུ་ལྟ་ནས་གནོད་ལན་དུ་ཕན་འདོགས་པའི་ཕྱིར་རོ། །ཡང་ན་གནོད་པ་བྱས་པས་གནས་སྐབས་རྣམ་སྨིན་སྡུག་བསྔལ་མྱོང་ཡང་ནམ་ཞིག་ན་དེའི་ཐུགས་རྗེ་དང་སྨོན་ལམ་གྱིས་འདྲེན་པ་སྟེ་བཟོད་སྨྲའི་སྐྱེས་རབས་བཞིན་ནོ། །ཡང་ན་ངན་སེམས་ཡོད་པའི་གནོད་པ་བྱས་ན་སྡུག་བསྔལ་མྱོང་ཡང་ངན་སེམས་མེད་པའི་གནོད་པས་བདེ་བར་འབྲེལ་ཏེ། བྱམས་པའི་སྟོབས་ཀྱི་སྐྱེས་རབས་བཞིན་ནོ། །ཞེས་བཤད་ཀྱང་འདི་འདྲ་བ་དག་རིགས་པར་མི་ཆེ་སྟེ། གནོད་སྦྱིན་ལྷས་ཤ་ཁྲག་སློངས་པའང་ངན་སེམས་མེད་པ་མིན་ཏེ། ཡུལ་དེའི་སེམས་ཅན་སུའི་ཡང་མདངས་དབྲོག་པར་མ་ནུས་པའི་རྒྱུ་རྒྱལ་པོའི་བྱམས་པ་ཡིན་པར་གོ་ནས་རྒྱལ་པོ་ལ་མི་བཟོད་པ་སྐྱེས་ཤིང་དེ་སྦྱིན་པ་ལ་དགའ་བས་བདག་གིས

གནོད་པར་ནུས་སོ་ཡང་སྙམ་ནས་ཟས་སྐྱོངས་ཤིང་དེས་གཞན་གྱི་ཤ་ཁྲག་བྱིན་ན་ཉིན་རེ་ཞིང་ཡང་སྐྱེར་བར་འགྱུར་བས་བདག་ཅག་གི་དོན་དེ་ཉིད་དོ་སྙམ་པ་དང་། དེ་ཉིད་ཀྱིས་བྱིན་ན་རྒྱུ་དེས་རྒྱལ་པོ་བསད་པར་ནུས་སོ་སྙམ་ནས་ཕྲག་དོག་དང་བཀྲམ་པ་དང་སླུགས་ལྟ་བའི་བློས་བསླངས་པར་བཤད་པའི་ཕྱིར་རོ། །

ཡང་ངན་སེམས་མེད་པའི་གནོད་པའང་འགྲུབ་པར་དགའ་སྟེ་ངན་སེམས་ནི་གནོད་པར་འདོད་པ་ཡིན་ལ་གནོད་པར་འདོད་པ་མེད་ན་གནོད་པ་མི་བྱེད་པའི་ཕྱིར། དེས་ན་ཕན་གནོད་ནི་བྱེད་ལས་ཀྱིས་མི་འཇོག་གི་བསམ་པས་འཇོག་པ་སྟེ། རྒྱུ་འདིས་འདི་བསད་པར་བྱའོ་སྙམ་ནས་ཟས་སྐྱེར་གོས་བགོན་ནའང་གནོད་པར་འཇོག་ལ། འདིའི་ནད་བསལ་བར་བྱའོ་སྙམ་ནས་མེ་གཙའ་དང་ཐུར་མ་འདེབས་ཀྱང་ཕན་པར་འཇོག་པའི་ཕྱིར། འོན་ཀྱང་ཡུལ་དེ་ལ་ཕན་གནོད་དུ་བསམས་ནས་བྱས་ཀྱང་དེར་མ་གྱུར་པ་ནི་ཡོད་དོ། །(༤༣ན)བཟོད་སྨྲའི་སྐྱེས་རབས་བཞིན་ཞེས་པ་ལའང་ཐེག་ཆེན་ཐུན་མོང་མ་ཡིན་པ་ལྟར་ན་དེ་དག་སྔོན་གྱི་སློན་ལམ་གྱི་སྦྱོད་པའི་གྲོགས་ཡིན་ལ། གནས་སྐབས་གདུལ་བྱ་ཁ་ཅིག་ལ་ངན་སོང་དུ་སོང་བར་སྟོན་ཡང་དེ་གནས་ཚུལ་མིན་ཏེ་ཕ་རོལ་ཏུ་ཕྱིན་པ་དྲུག་གི་གྲོགས་བྱ་བར་འདོད་པ་པོ་ནས་གྲོགས་བྱས་ཏེ་དགེ་བ་འཕེལ་བར་བྱས་པས་གྲོགས་བྱེད་པོ་ངན་སོང་དུ་འགྲོ་བ་མི་སྲིད་པའི་ཕྱིར། ཚེ་ཕྱི་མར་སྡུག་བསྔལ་མྱོང་ཡང་ད་ལྟ་བདེ་བ་མྱོང་བས་བདེ་བར་འཁྲིལ་བར་བཞག་ན་ཧ་ཅང་ཐལ་ཆེས་ཏེ་ཚོང་པ་བཙོམ་པ་དང་ཡོ་བྱད་ཕྲོགས་པའང་བདེ་བར་འཁྲིལ་བར་ཐལ་བའི་ཕྱིར་རོ། །བཤད་པ་དང་པོ་ཡང་ཧ་ཅང་རྒྱུ་མཚན་མི་བཟང་ལ། དེས་ན་དེ་འདྲའི་རྒྱལ་སྲས་སོགས་ནི་ངེས་པའི་དོན་ཏེ་བྱང་ཆུབ་སེམས་དཔའ་ནི་ལྷ་དང་བཅས་པའི་འཇིག་རྟེན་གྱི་རྟེན་གནས་གཅིག་པུ་ཡིན་པས་དེ་ལས་གཉན་པའི་ཞིང་གཞན་མེད་པའི་ཕྱིར་ཉེས་པ་ཆེས་ལྕི་བར་གྲུབ་བོ། །

བྱང་ཆུབ་སེམས་དཔའ་ལ་ཉེས་པ་བྱས་པ་དེ་བྱང་ཆུབ་སེམས་དཔའ་དེས་མ

སྐྱབས་ན་ངན་སོང་ལས་ཐར་བ་མེད་པའི་ཚོད་ཡིན་ཡང་གང་ཞིག་ས་ལ་འགྱེལ་བ་ས་ལ་བརྟེན་ཏེ་ལྡང་བ་ལྟར། བྱང་ཆུབ་སེམས་དཔའ་དེ་ཉིད་ཀྱིས་སྐྱོབ་པར་བྱེད་དེ་གང་བདག་གིས་སེམས་ཅན་ཐམས་ཅད་བསྐྱབ་པར་ཞུགས་པ་ཡིན་ན་བདག་ལ་བརྟེན་ནས་གཞན་ངན་སོང་དུ་ལྟུང་བར་ཅིའི་ཕྱིར་བྱེད། ཐོག་མར་འདི་ཙམ་བསྐྱབ་པར་མ་ནུས་ན་གཞན་སུ་ཞིག་སྐྱོབ་པར་ནུས་སྙམ་སྟེ་དེ་ཁོ་ན་སྐྱོབ་པའི་ཆེད་དུ་དགེ་བའི་རྩ་བ་ཐམས་ཅད་དང་སྤྱོར་བ་ཐམས་ཅད་ཀྱིས་བསྐྱབ་པར་བརྩོན་པར་བྱེད་པའི་ཕྱིར། བྱང་ཆུབ་སེམས་དཔའི་མཐུས་མྱུར་དུ་འཐར་བར་འགྱུར་བས་བདེ་བར་འབྲེལ་བ་ཞེས་བཤད་ན་ལེགས་སོ། །བྱང་ཆུབ་སེམས་དཔའི་སྤྱོད་པ་ལ་འཇུག་པ་ལས། བྱང་ཆུབ་ཀྱི་སེམས་ཀྱི་ཕན་ཡོན་གྱི་ལེའུ་སྟེ་དང་པོའོ།། །།

ལེའུ་གཉིས་པ། སྡིག་པ་བཤགས་པ།

ལེའུ་གཉིས་པ་ལ་མཚམས་སྦྱར་བ་ནི། **དཀའ་འགྲེལ་ཆུང་ངུར།** དེ་ལྟར་ཕན་ཡོན་བརྗོད་པས་སྤྲོ་བ་ཐོབ་པ་དེ་ལ་གཟུང་བའི་ཆོ་ག་སྟོན་ཏོ། །ཞེས་སོ། །**ཞིགས་བཤད་བསྡུས་པར།** རས་སྐུམ་དང་དྲི་མས་དག་པ་ལ་ཚོན་འཛིན་པ་ལྟར་བྱང་ཆུབ་ཀྱི་སེམས་ཀྱི་ཚོན་འཛིན་པ་ལ་ཤེས་རྒྱུད་སྡིག་ལྟུང་དག་པ་དགོས་པས་དྲི་མ་སྦྱོང་བའི་ཕྱིར། ཡན་ལག་བདུན་པ་སྐྱབས་འགྲོ་དང་བཅས་པ་བསྟན་ཏོ། །དེ་ཡང་ཐོག་མ་མེད་པ་ནས་སྒྲིབ་པ་གསུམ་སྟེ། བྱ་འོས་མ་བྱས་པ་དང་། མི་བྱ་བ་བྱས་པ་དང་། བྱ་བ་བྱས་པ་ཆུད་ཟོས་པའོ། །

དང་པོ་(བྱ་འོས་མ་བྱས་པ་)ལ། ཡུལ་ཁྱད་པར་ཅན་ལ་དད་གུས་མ་བྱས་པ་དང་། ནོར་ལ་ཆགས་པས་མཆོད་སྦྱིན་མ་བྱས་པ་དང་། ལོག་པར་ཞེན་པས་ཡང་དག་པའི་སྐྱབས་མ་བཟུང་བའོ། །དེ་གསུམ་གྱི་གཉེན་པོར་ཕྱག་དང་མཆོད་པ་དང་སྐྱབས་སུ་འགྲོ་བ་གོ་རིམ་ལྟར་བཞག་གོ། །

མི་བྱ་བ་བྱས་པ་ལ་གཉིས་ཏེ། རང་གིས་མི་དགེ་བ་བྱས་པ་དང་། གཞན་གྱི་དགེ་བ་ལ་བར་ཆོད་བྱས་པའོ། །དང་པོའི་གཉེན་པོར་སྡིག་བཤགས་སོ། །གཉིས་པའི་གཉེན་པོར་རྗེས་སུ་ཡི་རང་བ་སོགས་གསུམ་མོ། །དགེ་བ་བྱས་ཀྱང་ཆུད་ཟོས་པའི་གཉེན་པོར་བྱང་ཆུབ་ཏུ་བསྔོ་བ་རྣམ་པར་གཞག་གོ། །ཞེས་བཤད་དོ། །

དཀའ་འགྲེལ་ཆུང་ངུར་ནི། ཐོག་མེད་ཀྱི་ལས་ཀྱི་སྒྲིབ་པ་བཞི་སྟེ། རང་གིས་མི་དགེ་བ་སྤྱད་པ་དང་། གཞན་གྱི་དགེ་བའི་བར་ཆད་བྱས་པ་དང་། ཆོས་སྤངས་པ་དང་། ལོག་པར་སྨོན་པའོ། །དང་པོའི་གཉེན་པོར་བཤགས་པ། གཉིས་པའི་གཉེན་

པོར་ཡི་རང་། གསུམ་པའི་གཉེན་པོར་བསྐུལ་གསོལ་གཉིས། བཞི་པའི་གཉེན་པོར་བསྔོ་བའོ། །ཞེས་བཤད་དོ། **།སློབ་དཔོན་ཀྲྀཥྞ་པས་ནི།** མཆོད་དང་བདག་དབུལ་སྡིག་འཆགས་དང་། །ཁྲུས་གསོལ་སྐུ་དབྱི་གོས་རྒྱན་ཕྱུག །མེ་ཏོག་ཚལ་འཁྲམ་ཕྱེང་བ་དབུལ། །(༦༨བ)སྤོས་དང་ལྷ་བཤོས་སྒྲོན་མཇལ། །གཞལ་ཡས་ཁང་དང་གདུགས་རོལ་མོ། །སྨོན་ལམ་མཐུ་ཡིས་མཆོད་ཚོགས་དབུལ། །བླ་མེད་མཆོད་དང་བསྟོད་པར་སྨོན། །ཕྱག་དང་སྐྱབས་འགྲོ་སྡིག་འཆགས་དང་། །ཡི་རང་བསྐུལ་གསོལ་སྨོན་ལམ་གདབ། །ཅེས་ཉི་ཤུ་རྩ་བདུན་པོ་དག་གིས་སེམས་སྦྱང་བར་བཤད་དོ། །

མདོར་ན་སེམས་བཟུང་བའི་ཚིག་ལ་གསུམ། སྦྱོར་བ། དངོས་གཞི། རྗེས་སོ། །

དང་པོ་(སྦྱོར་བ་)ལ་བདུན། མཆོད་པ། སྐྱབས་འགྲོ། སྡིག་བཤགས། རྗེས་སུ་ཡི་རང་། བསྐུལ་བ། གསོལ་བ། བསྔོ་བ་སྟེ་བདུན་ནོ། །

དང་པོ་(མཆོད་པ་)ལ། བདག་དབང་བའི་དངོས་པོས་མཆོད་པ། བདག་གིར་མ་བཟུང་བའི་དངོས་པོས་མཆོད་པ། ལུས་དབུལ་བ། བློས་སྤྲུལ་པའི་མཆོད་པ་བཅུ་གཅིག །བླ་ན་མེད་པའི་མཆོད་པ་སྟེ་ཉེད་པའི་མཆོད་པ་ལྔ་དང་། བཀུར་སྟིའི་མཆོད་པ་བསྟོད་ཕྱག་གཉིས་སོ། །

དང་པོ་(བདག་དབང་བའི་དངོས་པོས་མཆོད་པ་)ནི།

རིན་ཆེན་སེམས་དེ་བཟུང་བར་བྱ་བའི་ཕྱིར། །
དེ་བཞིན་གཤེགས་པ་རྣམས་དང་དམ་པའི་ཆོས། །
དཀོན་མཆོག་དྲི་མ་མེད་དང་སངས་རྒྱས་སྲས། །
ཡོན་ཏན་རྒྱ་མཚོ་རྣམས་ལ་ལེགས་པར་མཆོད། [7] །

ཅེས་གསུངས་ཏེ། རིན་ཆེན་སེམས་དེ་བཟུང་བར་བྱ་བའི་ཕྱིར་གྱིས་ཆེད་དུ་བྱ་བའོ། །ཞེས་གཞན་རྣམས་སུ་བསྟན་ལ། **དཀའ་འགྲེལ་ཆེན་མོར།** རིན་ཆེན་སེམས་དེ་བདག་གིས་བཟུང་བྱའི་ཕྱིར། །ཞེས་བདག་ཉིད་ལེན་པོར་བསྟན་ཏོ། །ལེགས་པར་

མཆོད་ནི་དངོས་པོའོ། །གཞན་རྣམས་ནི་རྗེན་ནམ་(ཞིང་ངམ་)ཡུལ་ཏེ་ཡོན་ཏན་གྱི་རྒྱ་མཚོ་དཀོན་མཆོག་གསུམ་ལ་བདག་གིས་དངོས་སུ་བཤམས་པ་འདིས་མཆོད་པའི་དོན་ནོ། །དཀོན་མཆོག་ཐམས་ཅད་འདིར་མཆོད་ཡུལ་དུ་མངོན་དུ་གྱུར་ཏམ་ཞེ་ན། དེ་མ་གྱུར་ཀྱང་མངོན་སུམ་དུ་གྱུར་མ་གྱུར་ལ་མཆོད་པའི་ཕན་ཡོན་ཁྱད་མེད་དེ། **རྒྱན་ལས།** སངས་རྒྱས་རྣམས་ལ་གོས་ལ་སོགས། །མངོན་སུམ་མངོན་སུམ་མིན་པར་མཆོད། །ཅེས་སོ། །

གཉིས་པ་(བདག་གིར་མ་བཟུང་བའི་དངོས་པོས་མཆོད་པ་)ནི།

(༧༥ན)མེ་ཏོག་འབྲས་བུ་ཇི་སྙེད་ཡོད་པ་དང་། །
སྨན་གྱི་རྣམ་པ་གང་དག་ཡོད་པ་དང་། །
འཇིག་རྟེན་རིན་ཆེན་ཇི་སྙེད་ཡོད་པ་དང་། །
ཆུ་གཙང་ཡིད་དུ་འོང་བ་ཅི་ཡོད་དང་། ༢ །
རིན་ཆེན་རི་བོ་དང་ནི་དེ་བཞིན་དུ། །
ནགས་ཚལ་ས་ཕྱོགས་དབེན་ཞིང་ཉམས་དགའ་དང་། །
ལྗོན་ཤིང་མེ་ཏོག་རྒྱན་སྤྲས་སྤུད་པ་དང་། །
ཤིང་གང་འབྲས་བཟང་ཡལ་ག་དུད་པ་དང་། ༣ །
ལྷ་སོགས་འཇིག་རྟེན་ན་ཡང་དྲི་དང་ནི། །
སྤོས་དང་དཔག་བསམ་ཤིང་དང་རིན་ཆེན་ཤིང་། །
མཚོ་དང་རྫིང་བུ་པད་མས་བརྒྱན་པ་དག །
ངང་པ་ཤིན་ཏུ་སྐད་སྙན་ཡིད་འོང་ལྡན། ༤ །
མ་རྨོས་འཁྲུངས་པའི་ལོ་ཏོག་རྣམ་པ་དང་། །
གཞན་ཡང་མཆོད་པར་འོས་པའི་རྒྱན་རྣམས་ནི། །
ནམ་མཁའ་རབ་འབྱམས་ཁམས་ཀྱི་མཐས་གཏུགས་པ། །

ཡོངས་སུ་བཟུང་བ་མེད་པ་དེ་དག་ཀུན། ༥ །
བློ་ཡིས་བླངས་ནས་ཐུབ་པ་སྐྱེས་ཀྱི་མཆོག །
སྲས་དང་བཅས་པ་རྣམས་ལ་ལེགས་འབུལ་ན། །
ཡོན་གནས་དམ་པ་ཐུགས་རྗེ་ཆེ་རྣམས་ཀྱིས། །
བདག་ལ་བརྩེར་དགོངས་བདག་གི་འདི་དག་བཞེས། ༦ །
བདག་ནི་བསོད་ནམས་མི་ལྡན་བཀྲེན་ཆེན་ཏེ། །
མཆོད་པའི་ནོར་གཞན་བདག་ལ་ཅང་མ་མཆིས། །
དེས་ན་གཞན་དོན་དགོངས་པའི་མགོན་གྱིས་འདི། །
བདག་གི་དོན་སླད་ཉིད་ཀྱི་མཐུས་བཞེས་ཤིག ༧ །

ཅེས་གསུངས་ཏེ། འདིར་ནམ་མཁའ་རབ་འབྱམས་ཀྱི་ཀློ་ཀ་ནི། མི་ཏོག་འབྲས་བུ་ཇི་སྙེད་ཡོད་པ་དང་། །ཞེས་སོགས་རེ་རེའི་མཐར་ཡང་སྦྱར་བར་བྱའོ། །ཞེས་དཀའ་འགྲེལ་ཆེན་མོར་རོ། །ཕྱུད་པ་ནི་རྒྱུན་གྱིས་ཤིན་ཏུ་ཕྲས་པའི་དོན་ནོ། །ཡལ་ག་ཏུད་པ་ནི་གུག་པ་སྟེ་ས་ལ་རེག་པ་ལྟ་བུ་དང་། མ་རྨོས་པ་ནི་ཐོང་གཤོལ་གྱིས་མ་སློག་པར་རོ་ཞེས་སོ། །ཅིའི་ཕྱིར་བདག་པོས་མ་བཟུང་བ་འདི་རྣམས་ཀྱིས་མཆོད་ཅེ་ན། བདག་ནི་སོགས་ཀྱིས་དེའི་རྒྱུ་མཚན་བསྟན་ཏོ། །

གསུམ་པ་(ལུས་དབུལ་བ་)ནི།

རྒྱལ་དང་དེ་སྲས་རྣམས་ལ་བདག་གིས་ནི། །
བདག་གི་ལུས་(༦༥བ)ཀུན་གཏན་དུ་དབུལ་བར་བགྱི། །
སེམས་དཔའ་མཆོག་རྣམས་བདག་ནི་ཡོངས་བཞེས་ཤིག །
གུས་པས་ཁྱེད་ཀྱི་འབངས་སུ་མཆི་བར་བགྱི། ༨ །
བདག་ནི་ཁྱེད་ཀྱིས་ཡོངས་སུ་བཟུང་བས་ན། །
སྲིད་ན་མི་འཇིགས་སེམས་ཅན་ཕན་པར་བགྱི། །

སྔོན་གྱི་སྡིག་ལས་ཡང་དག་འདའ་བགྱིད་ཅིང་། །
སྡིག་པ་གཞན་ཡང་སླན་ཆད་མི་བགྱིད་དོ། ༩ །

ཞེས་གསུངས་ཏེ། བདག་ལ་བདོག་པ་ནི། ལུས་པོ་ནར་ཟད་ལ་འདི་ཕུལ་ནས་ཁྱེད་ཀྱི་བཀའ་བཞིན་སྒྲུབ་པའི་དོན་ཏོ། །དེ་རྣམས་ནི་དངོས་པོ་ཛས་སུ་ཡོད་པས་མཆོད་པ་ཡིན་ལ།

བཞི་པ་ཁྲོས་ཕྱུལ་པ་ནི།

ཁྲུས་ཀྱི་ཁང་པ་ཤིན་ཏུ་དྲི་ཞིམ་པ། །
ཤེལ་གྱི་ས་གཞི་གསལ་ཞིང་འཚེར་བ་བསྟར། །
རིན་ཆེན་འབར་བའི་ཀ་བ་ཡིད་འོང་ལྡན། །
མུ་ཏིག་འོད་ཆགས་བླ་རེ་བྲེས་པ་དེར། ༡༠ །
དེ་བཞིན་གཤེགས་དང་དེ་ཡི་སྲས་རྣམས་ལ། །
རིན་ཆེན་བུམ་པ་མང་པོ་སྤོས་ཀྱི་ཆུས། །
ཡིད་འོང་ལེགས་པར་བཀང་བ་གླུ་དང་ནི། །
རོལ་མོར་བཅས་པ་དུ་མས་སྐུ་ཁྲུས་གསོལ། ༡༡ །
དེ་དག་སྐུ་ལ་མཚུངས་པ་མེད་པའི་གོས། །
གཙང་ལ་དྲི་རབ་བསྒོས་པས་སྐུ་ཕྱིའོ། །
དེ་ནས་དེ་ལ་ཁ་དོག་ལེགས་བསྒྱུར་བའི། །
ན་ཟ་ཤིན་ཏུ་དྲི་ཞིམ་དམ་པ་དབུལ། ༡༢ །
གོས་བཟང་སྲབ་ལ་འཇམ་པ་སྣ་ཚོགས་དང་། །
རྒྱན་མཆོག་བརྒྱ་ཕྲག་དེ་དང་དེ་དག་གིས། །
འཕགས་པ་ཀུན་ཏུ་བཟང་དང་འཇམ་དབྱངས་དང་། །
འཇིག་རྟེན་དབང་ཕྱུག་སོགས་ལའང་བརྒྱན་པར་བགྱི། ༡༣ །

སྟོང་གསུམ་ཀུན་ཏུ་དྲི་ངད་ལྡང་བ་ཡི། །
དྲི་མཆོག་རྣམས་ཀྱིས་ཐུབ་དབང་ཀུན་གྱི་སྐུ། །
གསེར་སྦྱངས་བཙོ་མ་བྱི་དོར་བྱས་པ་ལྟར། །
འོད་ཆགས་འབར་བ་དེ་དག་བྱུག་པར་བགྱི། ༧༤ །
ཐུབ་དབང་མཆོད་གནས་མཆོག་ལ་ཡིད་འོང་བའི། །
མེ་ཏོག་མན་དཱ་ར་དང་པད་མ་དང་། །
ཨུཏྤ་ལ་སོགས་དྲི་ཞིམ་ཐམས་ཅད་དང་། །
ཕྲེང་བ་སྤེལ་ལེགས་ཡིད་འོང་རྣམས་ཀྱིས་མཆོད། ༧༥ །
སྤོས་མཆོག་(༨༨ན)ཡིད་འཕྲོག་དྲི་ངད་ཁྱབ་པ་ཡི། །
བདུག་པའི་སྤྲིན་ཚོགས་རྣམས་ཀྱང་དེ་ལ་དབུལ། །
ཞལ་ཟས་བཟའ་བཏུང་སྣ་ཚོགས་བཅས་པ་ཡི། །
ལྷ་བཤོས་རྣམས་ཀྱང་དེ་ལ་དབུལ་བར་བགྱི། ༧༦ །
གསེར་གྱི་པདྨ་མཚར་དུ་དངར་བ་ཡི། །
རིན་ཆེན་སྒྲོན་མ་རྣམས་ཀྱང་དབུལ་བར་བགྱི། །
ས་གཞི་བསྟར་བ་སྤོས་ཀྱིས་བྱུགས་པ་དེར། །
མེ་ཏོག་ཡིད་འོང་སིལ་མ་དགྲམ་པར་བགྱི། ༧༧ །
གཞལ་མེད་ཕོ་བྲང་བསྟོད་དབྱངས་ཡིད་འོང་ལྡན། །
མུ་ཏིག་རིན་ཆེན་རྒྱན་འཕྱང་མཛེས་འབར་བ། །
དཔག་ཡས་ནམ་མཁའི་རྒྱན་གྱུར་དེ་དག་ཀྱང་། །
ཐུགས་རྗེའི་རང་བཞིན་ཅན་ལ་དབུལ་བར་བགྱི། ༧༨ །
རིན་ཆེན་གདུགས་མཛེས་གསེར་གྱི་ཡུ་བ་ཅན། །
ཁོར་ཡུག་རྒྱན་གྱི་རྣམ་པ་ཡིད་འོང་བརྒྱན། །

དཔྱིབས་ལེགས་ལྷ་ན་སྡུག་པ་བསྒྲེང་བ་སོགས། །
རྟག་ཏུ་ཐུབ་དབང་རྣམས་ལ་དབུལ་བར་བགྱི། ༡༨ །
དེ་ལས་གཞན་ཡང་མཆོད་པའི་ཚོགས། །
རོལ་མོ་དབྱངས་སྙན་ཡིད་འོང་བ། །
སེམས་ཅན་སྡུག་བསྔལ་སེལ་བྱེད་པའི། །
སྤྲིན་རྣམས་སོ་སོར་གནས་གྱུར་ཅིག ༢༠ །
དམ་ཆོས་དཀོན་མཆོག་ཐམས་ཅད་དང་། །
མཆོད་རྟེན་རྣམས་དང་སྐུ་གཟུགས་ལ། །
རིན་ཆེན་མེ་ཏོག་ལ་སོགས་ཆར། །
རྒྱུན་མི་འཆད་པར་འབབ་པར་ཤོག ༢༡ །

ཅེས་གསུངས་ཏེ། དེ་ཡང་ཚིགས་བཅད་ཕྱེད་དང་གསུམ་གྱིས་ཁྲུས་གསོལ་བ། དེ་ནས་ཕྱེད་དང་གཉིས་ཀྱིས་གོས་རྒྱན་དབུལ་བ། གཅིག་གིས་བྱུགས་པ། གཅིག་གིས་མེ་ཏོག །རྐང་པ་གཉིས་ཀྱིས་སྤོས། རྐང་པ་གཉིས་ཀྱིས་ལྷ་བཤོས། ཚོ་ག་ཕྱེད་ཀྱིས་སྒྲོན་མེ། ཕྱེད་དང་གཉིས་ཀྱིས་བཞུགས་ཁང་། གཅིག་གིས་གདུགས་ཀྱིས་མཚོན་ཏེ་ཆེན་པོ་ལ་འོས་པའི་ཡོ་བྱད་རྣམས། གཅིག་གིས་གླུ་དང་རོལ་མོ། དེ་ནས་གཅིག་གིས་དཀོན་མཆོག་གི་རྟེན་ཐམས་ཅད་ལ་མཆོད་པ་རྟག་ཏུ་ཅིན་གྱིས་རློབ་པའི་སྨོན་ལམ་སྟེ་བཅུ་གཅིག་གོ། །

དེ་ཡང་ཤེལ་གྱི་ས་གཞི་(༨༨བ)བསྟར་བ་ནི། བརྒྱུད་ནུལ་གྱི་ཞལ་བ་ལེགས་པར་བདར་ཞིང་ཕྱིས་པས་འོད་འཚེར་བ་སྟེ་ལྷ་བུའི་དོན་དུ་འབྲུལ་བར་མི་བྱའོ། །ཚིགས་བཅད་ཕྱེད་ཀྱིས་ན་བཟའ་རྒྱང་པ་སྨོས་ལ། དེ་ནས་ཚིགས་བཅད་གཅིག་གིས་གོས་དང་རྒྱན་ལྷན་ཅིག་ཏུ་སྨོས་པ་ནི་དང་པོ་མཆོག་གི་སྤྲུལ་སྐུ་རྒྱན་སྤངས་པ་ཚངས་སྤྱོད་ཀྱི་ཆ་བྱད་ཅན་རྣམས་ལ་དབུལ་བ་དང་། ཕྱི་མ་བྱང་ཆུབ་སེམས་དཔའ་

ཁྲིམ་པའི་རྟགས་འཆང་བ་རྣམས་ལ་དབུལ་བའི་དོན་ཏེ་མཆོག་གི་སྤྲུལ་སྐུ་ལ་རྒྱན་དབུལ་བ་ནི་མི་རིགས་པའི་སྦྱིན་པར་འགྱུར་བའི་ཕྱིར་རོ། །

སྟོང་གསུམ་ཀུན་ཏུ་དྲི་ངད་ལྡང་བའི་སྤོས་ནི། འོག་མིན་གྱི་སྤྲུལ་གྱི་སྙིང་པོ་སོགས་ཡིན་ལ། སྟོང་གསུམ་ནི་མངོན་པ་ལས་བཤད་པ་ལྟར། གླིང་བཞི་བྱེ་བ་ཕྲག་བརྒྱ་པ་ཉིད་བཟུང་ངོ་། །གསེར་བཙོ་མ་ནི་ཁ་སྦྱར་དུ་བསྐོལ་བ་ལ་སོགས་པས་ནང་གི་དྲི་མ་སྦྱངས་པ་སྟེ། ཕྱི་དོར་བྱས་པ་ནི་རོ་ཙ་ན་ལ་སོགས་པའི་ནོར་བུས་ཕྱིས་པ་དང་། སྦྱངས་པ་ནི་བུལ་ཏོག་དང་ལན་ཚྭ་དང་སྐྱུ་རུ་ར་ལ་སོགས་པས་ཕྱིའི་དྲི་མ་སྦྱངས་པ་སྟེ། དེ་ལྟ་བུ་ཡང་ཡིན་ལ་གསེར་ཡང་ཡིན་པ་སྟེ། འཇིག་རྟེན་ལ་གྲགས་པས་བརྗོད་ཀྱི་སྟོན་པའི་སྐུའི་མཛེས་པ་ལ་ནི་དཔེ་ཙུང་ཟད་ཀྱང་མེད་དོ། །ཞེས་འགྲེལ་ཆེན་ལས་སོ། །**འགྲེལ་ཆེན་དུ།** སྣ་ལི་ག་ནི་པདྨ་ཁའོ། །ཞེས། མེ་ཏོག་མན་དཱ་ར་དང་པདྨ་ཁ། །ཞེས་འདོན་ནོ། །བདུག་པའི་སྤྲིན་ནི་སྤྲིན་འཁྲིགས་པའམ་ཡང་ན་སྤྲིན་གྱེན་དུ་འགྲོ་བ་ལྟ་བུར་འཕྱུར་བའོ། །ཞེས་སོ། །

གསེར་གྱི་པད་མ་ནི་གསེར་གྱི་གོང་བུ་པད་མའི་དབྱིབས་ཅན་ཡིན་ལ། མཚར་དུ་དངར་བ་ནི་དེ་མང་དུ་སྤྲིངས་པའི་གྲལ་བྱས་པ་སྟེ་དེར་ཙམ་པ་ཀའི་མར་དང་ལི་ཤིའི་མར་དང་། ཛཱ་ཏིའི་མར་དང་། འབྲུ་མར་བསུང་ཅན་སྦྱར་བའི་མར་མེ་དང་། ལ་ལར་ནི་ནོར་བུ་རིན་པོ་ཆེ་བཞག་པས་སྣང་བ་བྱེད་པ་སྟེ་ནོར་བུ་མཆོག་གིས་དཔག་ཚད་བརྒྱ་ལ་སོགས་པར་མུན་པ་སེལ་བའི་ཕྱིར་དང་། སྒྲོན་མེ་ཕལ་པ་ནི་སྤྲུལ་ལ་སོགས་པའི་སྒྲོག་ཆགས་འདུ་དུ་(༤༧ན)བ་བཀག་མིག་ལ་གནོད་ལ། རིན་པོ་ཆེའི་སྒྲོན་མེ་ནི་དེ་ལས་ལྡོག་སྟེ་ཡི་དྭགས་དང་དུད་འགྲོ་འཆྱེར་མིག་ལ་ཕན་པས་མཆོག་ཏུ་གྱུར་པའོ། །

ས་གཞི་བསྟར་བ་ཞེས་པའི་ཚིགས་བཅད་ཕྱེད་ཀྱིས། གང་དུ་གཞལ་མེད་ཁང་བྱ་བའི་གཞིའི་ཁྱད་པར་ཡང་སྟོན་ལ། ཀུན་ཏུ་གྲགས་པའི་མཎྜལ་གྱི་མཆོད་པ་ཡང་

བསྟོད། །གཞལ་ཡས་ཁང་ནི་རིན་པོ་ཆེ་ཐམས་ཅད་པ་ལས་བྱས་པ། དཔག་ཚད་བརྒྱ་སྟོང་གི་ཁྱོན་དང་ལྡན་ཞིང་མང་དུ་བརྩེགས་པས་ནམ་མཁའ་གང་སྟེ་ སྲིན་ལ་རེག་པ་ལྟ་བུར་སྣང་བ། ལྷའི་བུ་དང་བུ་མོའམ་མིའི་གཞོན་ནུ་དང་གཞོན་ནུ་མ་གླུ་གར་དང་བསྟོད་དབྱངས་སྒྲོག་པས་གང་བའོ། །གདུགས་ཀྱིས་མཚོན་པ་ནི་ཇ་ཡབ་ནོར་བུའི་ཡུ་བ་ཅན་དང་སེང་གེའི་ཁྲི་རྐང་རྟེན་ཅན་དང་གཟེམས་ཆ་ལ་སོགས་པའོ། །

དེས་ན། དཔེ་བས་ལེགས་ལྟ་ན་སྟུག་པ་སྒྲིང་བ་སོགས། །ཞེས་འབྲུ་གཉེར་ཏེ། དཀའ་འགྲེལ་ཆུང་ངུའི་ལུགས་སོ། །རོལ་མོ་ནི་སྒྲ་རྩལ་དྲུག་ཅུ་རྩ་བཞི་ལས། རོལ་མོར་གཏོགས་པ་བཅོ་བརྒྱད་དེ། ཐྲོ་དང་ཧ་ཆེན་ཧ་ཕྲན་དང་། །རྫ་ཧ་ཁ་གཅིག་རྫ་ཧ་ཆེ། །པི་ཝཾ་རྒྱུད་གཅིག་རྒྱུད་གསུམ་པ། །རྒྱུད་མང་ལྕུགས་ཀྱི་སིལ་ཁྲོལ་དང་། །འཁར་བའི་སིལ་ཁྲོལ་ཟེག་ཛོབ་པ། །ཧ་མུ་ཀུནྡ་པ་ཏ་ཧ། །སིལ་སྙན་གླུ་དབྱངས་ལྡན་པ་དང་། །རོལ་ཆེན་པི་ཝཾ་གླིང་བུ་བསྒྱུར། །འཁོར་བའི་ཧ་དང་བཅོ་བརྒྱད་དོ། །ཞེས་བསྡུས་པའོ། །

དབྱངས་ནི། གླུ་དབྱངས་སུ་གཏོགས་པ་བདུན་ཏེ། བར་མ་དྲང་སྲོང་ས་འཛིན་པ། །དྲུག་ལྡན་ལྔ་ལྡན་བློ་གསལ་བ། །འཁོར་བསྐྱོན་པ་སྟེ་རྣམ་པ་བདུན། །ཞེས་པ་ཡིན་ལ། **དཀའ་འགྲེལ་ཆེན་མོར།** དབྱངས་ནི་ས་འཛིན་ལ་སོགས་བདུན་དང་། དེའི་དབྱེ་བས་ཀ་མོ་ད་ལ་སོགས་པ་ཞིན་ཏུ་མང་བས་རྒྱ་མཚོའོ། །ཞེས་སོ། །

དམ་ཆོས་དཀོན་མཆོག་ཐམས་ཅད་ནི་ཆོས་འཛིན་པའི་གང་ཟག་ཐམས་ཅད་ཀྱི་ཐད་དང་གླེགས་བམ་དང་། ཐ་ན་དེ་ལས་ཤོག་བུ་(༦༧བ)རེ་རེའམ་གཅིག་གི་དུམ་བུ་ཙམ་ཀླུང་གིས་བདས་པའི་ས་ཕྱོགས་ཡན་ཆད་ཡིན་ལ། མཆོད་རྟེན་ནི་རིང་བསྲེལ་གྱི་གནས་ཏེ། སྐུར་བཅས་སྐུར་ནི་མེད་པ་ཡི། །ཞེས་ཞལ་ཕྱུག་དང་བཅས་པའི་རྣམ་པར་གཏོད་པ་ནི་སྐུར་བཅས་དང་། བང་རིམ་ལ་སོགས་པ་ཅན་ནི་སྐུར་

མེད་པའི་མཆོད་རྟེན་ཞེས་ཚིགས་བཅད་བཞི་པར་གསུངས་ལ། འདིར་ནི་སྐུར་བཅས་ལ་སྐུ་གཟུགས་ཞེས་ཟུར་དུ་སྨོས་ཏེ། མདོར་ན་རྒྱུ་དང་གཙོ་བོ་དང་ཚད་ཅི་འདྲ་ནའང་རུང་ཐ་ན་དེ་དག་གི་དུམ་བུར་གྱུར་པ་ཡང་བསྡུ་སྟེ། དེ་ཐམས་ཅད་དུ་མཆོད་པའི་ཆར་འབབ་པར་གྱུར་ཅིག་པའོ། །

ལྔ་པ་(བླ་ན་མེད་པའི་མཆོད་པ་)ནི།

ཇི་ལྟར་འཇམ་དབྱངས་ལ་སོགས་པས། །
རྒྱལ་བ་རྣམས་ལ་མཆོད་མཛད་པ། །
དེ་བཞིན་བདག་གིས་དེ་བཞིན་གཤེགས། །
མགོན་པོ་སྲས་དང་བཅས་རྣམས་མཆོད། ༢༢ །

ཅེས་གསུངས་ཏེ། མདོར་ན་བདག་ཅག་གིས་ནི་ཇི་ལྟར་མཆོད་པར་བྱ་བ་དང་ཇི་ལྟར་མཉེས་པར་འགྱུར་བ་མི་ཤེས་ལ། དེ་ནི་འཕགས་ཆེན་རྣམས་ཉིད་ཀྱིས་མཁྱེན་པར་ཟད་པས་ན་སངས་རྒྱས་རྣམས་སྔོན་བྱང་ཆུབ་སེམས་དཔར་གྱུར་པ་ན། ཇི་ལྟ་བུས་མཆོད་པར་མཛད་པ་དེ་ལྟ་བུས་བདག་གིས་ཀྱང་མོས་པས་མཆོད་པར་བགྱིའོ། །ཞེས་བསམ་པ་སྟེ་འདི་དབང་བཙུ་ཛོགས་པ་རྣམས་ཀྱི་བློ་ཤིན་ཏུ་རྣམ་པར་དག་པས་བྱིན་གྱིས་རློབ་པའི་ཕྱིར་ན་མ་དག་པའི་བློ་ཅན་གྱི་མཆོད་པ་ཐམས་ཅད་ཟིལ་གྱིས་གནོན་པས་བླ་ན་མེད་པའི་མཆོད་པའོ། །

འདིར་གཞན་ཡང་དམིགས་པ་དང་བཅས་པས་བླ་ན་མེད་པའི་མཆོད་པར་འགྱུར་བ་ནི་བྱང་ཆུབ་ཀྱི་སེམས་སྒོམ་པ་སྟེ། མཁས་པས་བྱང་ཆུབ་སེམས་བསྒོམས་ན། །རྒྱལ་བ་སྲས་དང་བཅས་པ་ལ། །མཆོད་པ་འདི་ནི་དམ་པ་སྟེ། །ཞེས་སོ། །དམིགས་པ་མེད་པ་བདག་མེད་པ་ལ་བཟོད་པ་ནི་བླ་ན་མེད་པའི་མཆོད་པ་མཆོག་ཡིན་ཏེ། **ལྷའི་བུ་བློ་གྲོས་རབ་གནས་ཀྱི་མདོ་ལས།** བྱང་ཆུབ་འདོད་པའི་བྱང་ཆུབ་སེམས་དཔའ་ཡིས། །བསྐལ་པ་བྱེ་(༨༢ན)བ་གཏྲའི་བྱེ་སྙེད་དུ། །མི་ཏོག

སྤོས་དང་དེ་བཞིན་ཟས་སྐོམ་དག །ཕུལ་ནས་མི་མཆོག་སངས་རྒྱས་མཆོད་པ་བས། །གང་གིས་གང་ལས་བདག་དང་སྲོག་དང་ནི། །གང་ཟག་མ་མཆིས་དེ་འདྲའི་ཆོས་འདི་དག །ཐོས་ནས་དེ་ལ་འོད་གསལ་བཟོད་ཐོབ་པ། །དེ་ཡིས་མི་མཆོག་དམ་པ་མཆོད་པ་ལགས། །ཞེས་དང་། **སེང་གེའི་སྒྲ་ཆེན་གྱི་མདོ་ལས།** གང་འདུ་ཤེས་དང་མཚན་མ་སྐྱེད་པར་མི་བྱེད་པ་དེ་ནི་དེ་བཞིན་གཤེགས་པ་མཆོད་པ་ཡིན་ནོ། །ལྷག་དོར་མེད་པ་དང་གཉིས་སུ་མེད་པར་འཇུག་པ་དེ་ནི། དེ་བཞིན་གཤེགས་པ་མཆོད་པ་ཡིན་ནོ། །གྲོགས་པོ་དག་དེ་བཞིན་གཤེགས་པའི་སྐུ་ནི་དངོས་པོ་མེད་པའི་མཚན་ཉིད་ཡིན་པས་དེ་ནི། དངོས་པོའི་འདུ་ཤེས་ལ་གནས་པས་མཆོད་པར་སླ་བ་མ་ཡིན་ནོ། །ཞེས་གསུངས་སོ། །

མཆོད་པ་འདི་རྣམས་ནི། **དམ་ཚིག་གསུམ་བཀོད་ལས།** ཐང་ལས་སྐྱེས་པའི་རིན་པོ་ཆེའི་རི་བོ་དང་སོགས་ནས་ཡོངས་སུ་བཟུང་བ་མེད་པ་རྣམས་དབུལ་བར་བྱའོ། །ཞེས་སོགས་དང་། དཀོན་མཆོག་སྤྲིན་དང་ཕལ་པོ་ཆེའི་མདོ་ལས། །བསྟན་པའོ། །

དེ་ལྟར་¦བརྗེད་¦(མཉེས་)པའི་མཆོད་པ་བསྟན་ནས། བཀུར་སྟིའི་མཆོད་པ་ལ་གཉིས་ཀྱི།

དང་པོ་བསྟོད་པ་ནི།

ཡོན་ཏན་རྒྱ་མཚོ་རྣམས་ལ་བདག །
བསྟོད་དབྱངས་ཡན་ལག་རྒྱ་མཚོས་བསྟོད། །
བསྟོད་དབྱངས་སྙན་སྤྲིན་དེ་དག་ལ། །
ངེས་པར་ཀུན་ཏུ་འབྱུང་གྱུར་ཅིག [༢༣] །

ཅེས་གསུངས་ཏེ། ཡོན་ཏན་གྱི་རྒྱ་མཚོ་དཀོན་མཆོག་གསུམ་པོ་དེ་ལའོ། །བདག་ནི་བྱེད་པ་པོ་སྟེ་ལུས་གཏན་འི་སྐྱང་གི་བྱེ་མ་སྙེད་ལ་སོགས་པར་བྱིན་གྱིས་བརླབས་

ཞིང་ལུས་རེ་ལ་ཡང་མགོ་མཐའ་ཡས་པ་དང་། དེ་རེ་རེ་ཡང་ལྕེ་མཐའ་ཡས་ཞིང་ལྕེ་རེ་རེས་ཀྱང་ཡོན་ཏན་གྱི་ཁྱད་པར་བརྒྱ་སྟོང་བརྗོད་ཅིང་། དེ་ཡང་སྐད་ཀྱི་གདང་རག་དབྱངས་ཀྱི་ཡན་ལག་རྒྱ་མཚོ་དང་ལྡན་པས་བསྟོད་པར་བྱེད་དེ། **ཕལ་ཆེན་ལས།** གཞི་དང་སྙིང་པོ་མེ་ཏོག་གིས་བརྒྱན་པའི་འཇིག་རྟེན་གྱི་ཁམས་མང་པོ་ལ་(༥༢བ)དབང་བའི་འཁོར་ལོས་བསྒྱུར་བའི་རྒྱལ་པོ་རིན་ཆེན་མང་གི་བུ་མོ་རྣམས་ཀྱི་ཚུལ་ལྟ་བུ་ཡིན་ལ། སྤྱིར་ཡོན་ཏན་ཁྱད་པར་ཅན་ལ་ཞེས་ནས་ཡི་རང་བས་ཀྱང་བསོད་ནམས་དཔག་ཏུ་མེད་དེ། **བསྐལ་བཟང་ལས།** དེ་བཞིན་གཤེགས་པ་བརྩོན་འགྲུས་མཐའ་ཡས་ཆོས་ཐམས་ཅད་ཀྱི་ཚུལ་ལ་ངེས་པར་རྟོན་པའི་ཏིང་ངེ་འཛིན་སྟོན་པ་ན། རྒྱལ་པོ་བསོད་ནམས་མེ་ཏོག་བུ་སྟོང་དང་། བཙུན་མོ་སྟོང་དུ་བཅས་པ་དེས་བདག་ཅག་གིས་འདི་མི་ཤེས་མོད་ཀྱི་འོན་ཀྱང་རྗེས་སུ་ཡི་རང་བར་བྱའོ། །ཞེས་འཁོར་དང་བཅས་པས་རྗེས་སུ་ཡི་རང་བར་བྱས་པ་ལས་བསོད་ནམས་ཆེར་ཐོབ་པར་གསུངས་ཤིང་།

སྟོན་སངས་རྒྱས་སྐར་རྒྱལ་རིའི་ཕུག་ན་ཟད་པར་མེའི་ཏིང་ངེ་འཛིན་ལ་བཞུགས་པ་ལ། འོ་སྐོལ་གྱི་སྟོན་པ་འདི་བྱང་ཆུབ་སེམས་དཔར་གྱུར་པས་རྐང་པ་གཅིག་གིས་འགྲེང་བས་བསྐོར་ཞིང་། ཞག་བདུན་དུ་ཚིགས་བཅད་གཅིག་གིས་བསྟོད་པས་བསྐལ་པ་དགུའི་ཚོགས་བསྒྲུམས་པར་བཤད་པའི་ཕྱིར་རོ། །བསྟོད་པའི་སྒྲ་དེ་ཡང་དཀོན་མཆོག་ཐམས་ཅད་ཀྱི་སྤྱན་སྔར་རྒྱུན་མི་འཆད་པར་གྲག་པར་གྱུར་ཅིག་ཅེས་མོས་ཤིང་བསྒོ་བ་སྟེ། ནོར་བཟང་གིས་བྱམས་པ་ལ། ཐུག་བྱས་པའི་ཚེ་ཁྱོད་ཀྱི་ཐུག་འདི་སངས་རྒྱས་ཐམས་ཅད་དང་། འཇམ་དཔལ་ལ་སོགས་པ་ཐམས་ཅད་དང་། མཆོད་རྟེན་ཐམས་ཅད་ཀྱི་སྤྱན་སྔར་ཅིག་ཆར་དུ་འབྱུང་ངོ་། །ཞེས་དང་། ད་ལྟ་ན་ཡང་ཁྱོད་འཇམ་དཔལ་གྱི་རྐང་པའི་དྲུང་ལས་གཡོ་བ་མེད་དོ། །ཞེས་གསུངས་པ་ལྟ་བུ་སྟེ་ཚུལ་འདི་དག་ནི་བསམ་གྱིས་ཁྱབ་པ་མ་ཡིན་

ནོ། །

གཉིས་པ་ཕྱག་ནི།

དུས་གསུམ་གཤེགས་པའི་སངས་རྒྱས་ཀུན། །
ཆོས་དང་ཚོགས་ཀྱི་མཆོག་བཅས་ལ། །
ཞིང་རྡུལ་ཀུན་གྱི་གྲངས་སྙེད་ཀྱི། །
ལུས་བཏུད་ནས་ནི་བདག་ཕྱག་འཚལ། ༢༤ །
བྱང་ཆུབ་སེམས་ཀྱི་གཞི་རྣམས་དང་། །
མཆོད་རྟེན་ཀུན་ལ་བདག་ཕྱག་འཚལ། །
མཁན་པོ་དེ་བཞིན་སློབ་དཔོན་དང་། །
བརྟུལ་ཞུགས་མཆོག་ལ་ཕྱག་འཚལ་ལོ། ༢༥ །

(༥༨ན)ཞེས་གསུངས་ཏེ། ཞིང་རྡུལ་ཀུན་གྱི་གྲངས་སྙེད་ཀྱི་ལུས་ནི་བདག་གི་ལུས་དེ་ཙམ་དུ་མོས་པ་སྟེ། ཞིང་ཞེས་བྱ་བ་ནི་སྟོང་གསུམ་མི་མཇེད་དམ་གཞི་དང་སྙིང་པོ་མེ་ཏོག་གིས་བརྒྱན་པ་ལ་སོགས་པའོ། །

རྡུལ་ནི་ཕྲ་རབ་སྟེ། **ཆོས་མངོན་པ་ལས།** ཕྲ་རབ་རྡུལ་དང་རྡུལ་ཕྲན་དང་། །ལྕགས་ཆུ་རི་བོང་ལུག་དང་གླང་། །ཉི་ཟེར་རྡུལ་དང་སྲོ་མ་དང་། །དེ་ལས་བྱུང་དང་དེ་བཞིན་ནས། །སོར་ཚིགས་ཞེས་བྱ་གོང་བདུན་འགྱུར། །ཞེས་སྨྲ་བདུན་ལ་ཕྱི་མ་རེར་བཤད་པའི་རྩ་བའི་རྡུལ་དེའོ། །ཞིང་དེ་ལ་རྡུལ་ཇི་ཙམ་མཆིས་པའི་གྲངས་དང་མཉམ་པར་བདག་གི་ལུས་ཀྱང་དེ་སྙེད་མོས་པས་འདུད་པའོ། །གང་ལ་ན་དུས་གསུམ་གྱི་ཕྱོགས་བཅུའི་དཀོན་མཆོག་ཐམས་ཅད་ལ་སྟེ་ཕྱག་གཅིག་ཀྱང་དེ་ཐམས་ཅད་ལ་ཅིག་ཆར་འདུད་པའི་བློའོ། །འདི་ཇི་ལྟར་ནུས་ཤེ་ན། བསམ་པའི་དབང་གིས་ཏེ་སེམས་ཀུན་ནས་དད་པས་འདུད་པ་ནི་ཕྱག་ཀྱང་དག་པ་ཡིན་ལ། སེམས་ལ་ནི་རྒྱབ་མདུན་དང་ཤར་ནུབ་མི་དམིགས་པས་ཐམས་ཅད་

ལ་ཅིག་ཆར་དུ་དད་པར་བྱར་ནུས་པའི་ཕྱིར་རོ། །

ཅི་འདས་པའི་སངས་རྒྱས་རྣམས་ད་ལྟར་མེད་པ་མ་ཡིན་ནམ་ཞེ་ན། མ་ཡིན་ཏེ་གདུལ་བྱའི་དབང་མ་གཏོགས་སངས་རྒྱས་སུ་ཡང་མྱ་ངན་ལས་འདས་པ་མ་མཐོང་བར་ཁྱིམ་བདག་ནན་ཁུགས་ཀྱི་རྣམ་ཐར་ལས་གསུངས་པའི་ཕྱིར་དང་། སྤྱིར་ཡང་ཆོས་ཐམས་ཅད་ལ་དམིགས་པའི་བློ་གཞན་སྐྱེ་བ་དང་མཚུངས་པའི་ཕྱིར་རོ། །བྱང་ཆུབ་སེམས་ཀྱི་གཞི་ནི་སྔོན་བྱང་ཆུབ་སེམས་དཔའ་རྣམས་ཀྱིས་གང་དུ་གཏོང་བ་དང་། གཏོང་བ་ཆེན་པོ་སོགས་ཕ་རོལ་ཏུ་ཕྱིན་པ་དྲུག་གི་སྤྱོད་པ་སྤྱད་པའི་ས་ཕྱོགས་རྣམས་ཏེ་སྟོན་པ་ཉིད་ཀྱིས་ཀྱང་། སྙིང་སྟོབས་ཆེན་པོའི་རུས་བུ་ས་གཞི་ལས་ཕྱུང་བ་ལ་ཕྱག་མཛད་དེ། འདི་དག་གིས་ང་རྫོགས་པའི་བྱང་ཆུབ་ཐོབ་བོ། །ཞེས་གསུངས་པའི་ཕྱིར།

མཆོད་རྟེན་ནི་བིམྦ་དང་། ཁང་བུ་དང་། རྒྱལ་མཚན་ལྟར་གྲགས་པ་བརྒྱད་དང་། བཅུ་གཉིས་དང་(༤(ཁ)བྱེ་བ་ལ་སོགས་པ་སྟེ། མདོར་ན་འཕགས་པ་རྣམས་ཀྱི་རིང་བསྲེལ་རྣམ་པ་བཞི་ལས་གང་ཡང་རུང་བའམ་ཐམས་ཅད་བཞུགས་པའོ། །བརྟུལ་ཞུགས་མཆོག་ནི་བརྟུལ་ཞུགས་ཉིད་དང་དེ་དང་ལྡན་པའི་གང་ཟག་སྟེ། སྐྱེས་བུ་ཟུང་བཞི་གང་ཟག་ཡ་བརྒྱད་དང་། ཆོས་བཞིན་དུ་ཚངས་པར་སྤྱོད་པ་ཐམས་ཅད་ལའོ། །

གཉིས་པ་སྐྱབས་འགྲོ་ལ། སྤྱིའི་ཚུལ་གྱིས་གཏན་ལ་དབབ་པ་དང་། གཞུང་ཇི་ལྟ་བར་བཤད་པ་གཉིས། དང་པོ་(སྤྱིའི་ཚུལ་གྱིས་གཏན་ལ་དབབ་པ་)ལ་ཐུན་མོང་དང་། ཐུན་མོང་མ་ཡིན་པའི་སྐྱབས་འགྲོ་གཉིས།

དང་པོ་(ཐུན་མོང་)ལ། རྒྱུ་དང་ཡུལ་དང་ངོ་བོ་དབྱེ། །དུས་དང་ངེས་ཚིག་ཚོ་ག་དང་། །བསླབ་བྱ་དང་ནི་ཕན་ཡོན་དང་། །ཉམས་པའི་ཉེས་དམིགས་སྐྱར་གསོ་བའོ། །ཞེས་བཅུ་གཅིག་ལས།

རྒྱུ་ནི་ལས་རྒྱུ་འབྲས་ལ་ཡིད་ཆེས་པའི་དད་པ་དང་། དཀོན་མཆོག་ལ་དང་བའི་དད་པ་དང་། དེའི་ཡོན་ཏན་ལ་འདོད་པའི་དད་པ་སྟེ་གསུམ་གའམ་གང་རུང་དང་ལྡན་པ་དང་། དགེ་བའི་བཤེས་གཉེན་དང་ཕྲད་པ་ནི་སྐྱབས་སུ་འགྲོ་བའི་བློ་སྐྱེ་བའི་རྒྱུའོ། །

ཡུལ་ནི། སངས་རྒྱས་སྐུ་གཉིས། ཆོས་མྱ་ངན་ལས་འདས་པ། དགེ་འདུན་གང་ཟག་བརྒྱད་དེ། **སྐྱབས་གསུམ་བདུན་ཅུ་པར།** ཐུབ་པའི་དབང་པོའི་སྐུ་གཉིས་དང་། །མྱ་ངན་འདས་དང་གང་ཟག་བརྒྱད། །དེ་ལ་གུས་པས་སྐྱབས་འགྲོ་གང་། །གསུམ་ལ་སྐྱབས་སུ་སོང་བ་ཡིན། །ཞེས་སོ། །

ངོ་བོ་ནི། འཁོར་བའི་འཇིགས་པ་ལས་ཐར་བའི་ཆེད་དུ་དཀོན་མཆོག་ལ་སྐྱབས་གནས་སུ་འཛིན་པའི་བློ་སྟེ། དེ་ཡང་སངས་རྒྱས་ལ་སྟོན་པ་དང་། ཆོས་ལ་ལམ་དང་། དགེ་འདུན་ལ་གྲོགས་ཀྱི་ཆེད་དུ་སྐྱབས་སུ་འགྲོ་བའོ། །

དབྱེ་ན། ངན་སོང་གིས་འཇིགས་ཏེ་མཐོ་རིས་ཀྱི་ཆེད་དུ་སྐྱབས་སུ་འགྲོ་བ་ཞིགས་སྨོན་གྱི་སྐྱབས་འགྲོ་དང་། འཁོར་བས་འཇིགས་ཏེ་མྱང་འདས་འཐོབ་པའི་ཆེད་དུ་སྐྱབས་སུ་འགྲོ་བ་ངེས་འབྱུང་གི་སྐྱབས་འགྲོ་གཉིས་ཏེ། ཐུན་མོང་གི་སྐྱབས་འགྲོ་མཚན་ཉིད་པ་ནི་ཕྱི་མ་(༧༠ན)འདི་ཁོ་ནའོ། །

དུས་ནི། ཇི་སྲིད་འཚོའི་བར་དུ་ཁས་ལེན་པའོ། །

ངེས་ཚིག་ནི། འཁོར་བའི་འཇིགས་ལས་སྐྱོབ་པ་དང་། ། བླ་མེད་གནས་སུ་འགྲོ་བའི་ཕྱིར། །སྐྱབས་འགྲོ་ཞེས་ནི་བརྗོད་པ་ཡིན། །ཞེས་སོ། །

ཆོ་ག་ནི། སློབ་དཔོན་དུ་འོས་པ་ལ་ཕྱག་བྱས་ཏེ་ཙོག་པུ་ཐལ་མོ་སྦྱར་ནས་བཙུན་པའམ་བྱེ་བྲག་ཏུ་སྨྲ་བའི་ལུགས་དགེ་སློང་པོ་ནས་འབོགས་དགོས་ཀྱང་། མདོ་སྡེ་པ་ཡན་གྱི་ལུགས་ལ། དགེ་བསྙེན་གྱིས་ཐོག་ཀྱང་སྐྱེ་བས་གལ་ཏེ། བླ་མ་ཁྱིམ་པ་ཡིན་ན་རིགས་ཀྱི་བུའམ་རིགས་ཀྱི་བུ་མོ་བདག་ལ་དགོངས་སུ་གསོལ། བདག་

མིང་འདི་ཞེས་བགྱི་བ་དུས་འདི་ནས་བཟུང་སྟེ། བྱང་ཆུབ་སྙིང་པོ་ལ་མཆིས་ཀྱི་བར་དུ་རྐང་གཉིས་རྣམས་ཀྱི་མཆོག་སངས་རྒྱས་ལ་སྐྱབས་སུ་མཆིའོ། །འདོད་ཆགས་དང་བྲལ་བ་རྣམས་ཀྱི་མཆོག་ཆོས་ལ། ཚོགས་རྣམས་ཀྱི་མཆོག་དགེ་འདུན་ལ། ཞེས་ལན་གསུམ་གྱིས་བླང་ངོ་། །སློབ་དཔོན་གྱིས་ཐབས་ཡིན་ནོ་དང་། སློབ་མས་ལེགས་སོ་བརྗོད་ཅིང་བསླབ་བྱ་བཤད་པར་བྱའོ། །

བསླབ་བྱ་ནི། སྤྱིར་**ཐོས་པའི་སའི་བསྡུ་བར།** སྐྱོར་བས་དགེ་བའི་རྟེན་སྒྲུབ་པ་དང་། དབང་པོ་མི་རྒོད་པར་བྱ་བ་དང་། བསླབ་པའི་གཞི་བླང་བ་དང་། སེམས་ཅན་ལ་སྙིང་རྗེ་བར་བྱ་བ་དང་། དུས་དུས་སུ་དཀོན་མཆོག་མཆོད་པར་བྱ་བ་ལ་བསླབ་པར་གསུངས་ལ།

ཁྱད་པར་དུ་ཇོ་བོའི་ལུགས་ཀྱིས་ཁྱད་པར་གྱི་བསླབ་བྱ་གསུམ། ཆ་མཐུན་གྱི་གསུམ། ཐུན་མོང་གི་ལྔ་སྟེ། བཅུ་གཅིག་ལ་བསླབ་པར་གསུངས་ཏེ། ཚངས་པ་ལ་སོགས་པ་འཇིག་རྟེན་པའི་ལྷ་ལ་ཕྱག་མི་འཚལ། སེམས་ཅན་ལ་འཚེ་བ་སྤང་། མུ་སྟེགས་ཅན་ལ་མི་བསྟེན་པ་ནི་ཁྱད་པར་གྱི་བསླབ་བྱ་གསུམ་སྟེ། **མྱང་འདས་ཀྱི་མདོར།** གང་ཞིག་སངས་རྒྱས་སྐྱབས་སོང་བ། །དེ་ནི་ཡང་དག་དགེ་བསྙེན་ཏེ། །ནམ་དུ་ཡང་ནི་ལྷ་གཞན་ལ། །འདུད་པར་བྱེད་པ་མ་ཡིན་ནོ། །དམ་པའི་ཆོས་ལ་སྐྱབས་སོང་བ། །(༧༠བ)འཚེ་ཞིང་གནོད་པའི་སེམས་དང་བྲལ། །དགེ་འདུན་ལ་ནི་སྐྱབས་སོང་ནས། །མུ་སྟེགས་ཅན་ལ་གྲོགས་མི་བྱ། །ཞེས་སོ། །

ཆ་མཐུན་གསུམ་ནི། སངས་རྒྱས་ཀྱི་རྟེན་ཅི་འདྲ་ན་ཡང་རུང་སྟེ་སྣ་ཚྭའི་ཆག་དུམ་གྱི་བར་ལ་གུས་པར་བྱ། ཆོས་མི་སྤང་ཞིང་ཡིག་འབྲུ་རེ་ལའང་གུས་པ་སྐྱེད། རབ་ཏུ་བྱུང་བ་ལྟ་ཅི་སྨོས་ཏེ་ངུར་སྨྲིག་གི་ཚལ་བུ་འཛིན་པ་ལའང་སྟོན་པ་ལྟར་བལྟ་བར་བྱའོ། །

ཐུན་མོང་གི་ལྔ་ནི། ཉེད་དཀའ་བས་ན་སྲོག་དང་གཅིགས་དང་བྱ་དགའི་

ཆེད་དུ་འང་དཀོན་མཆོག་མི་སྤང་། ན་ཚ་སྐྱིད་སྡུག་ཅི་བྱུང་ཡང་མོ་བོན་མི་བྱ་བར་དཀོན་མཆོག་ལ་བློ་འགེལ། ཡོངས་སྤྱོད་ཐམས་ཅད་ཀྱི་ཕུད་དབུལ། དུས་དང་དུས་སུ་མཆོད་པ་ལ་བསླབ་ཅིང་ཕྱོགས་གར་འགྲོ་ཡང་དེའི་སངས་རྒྱས་ལ་ཕྱག་བྱ། ཕན་ཡོན་རྗེས་སུ་དྲན་པས་ཉིན་ལན་གསུམ་མཚན་ལན་གསུམ་དུ་སྐྱབས་འགྲོ་ལ་འབད་པར་བྱའོ། །

ཕན་ཡོན་ནི། **བསྡུ་བར།** སྤུང་བ་ཆེན་པོ་དང་ལྡན་པ་དང་། ལོག་པར་མོས་པའི་སྒྲིབ་པ་འཛད་པ་དང་། སྐྱེས་བུ་དམ་པར་ཆུད་པ་དང་། དཀར་པོའི་ལྷ་རྣམས་ཀྱི་ཡིད་དུ་འོང་བ་སྟེ་བཞི་དང་། བསོད་ནམས་ཆེན་པོ་དང་། དགའ་བ་དང་། ཏིང་ངེ་འཛིན་དང་། རྣམ་དག་སྟེ་བཞི་འཐོབ་པར་གསུངས་ལ།

ཇོ་བོས་བརྒྱད་དུ་གསུངས་ཏེ། ནང་པར་གཏོགས་དང་སྡོམ་པའི་རྟེན། །མི་སོགས་གནོད་པས་མི་ཚུགས་དང་། །སྡིག་པ་འཛད་དང་བསོད་ནམས་འཕེལ། །ངན་སོང་མི་ལྟུང་ཁྱད་པར་ལམ། །བླ་མེད་བྱང་ཆུབ་འཐོབ་པར་འགྱུར། །ཞེས་ནང་པ་སངས་རྒྱས་པར་གཏོགས་པ་དང་། སྡོམ་པ་ཐམས་ཅད་ཀྱི་རྟེན་དུ་འགྱུར་བ་དང་། གཞན་གྱི་གནོད་པས་མི་ཚུགས་པ་དང་། སྡིག་པ་ཐམས་ཅད་འདག་པ་དང་། བསོད་ནམས་ཆེར་འཐོབ་པ་དང་། ཤི་འཕོས་ནས་མི་ཁོམ་པར་མི་ལྟུང་བ་དང་། ལམ་ཁྱད་པར་ཅན་རྒྱུད་ལ་སྐྱེ་བ་དང་། མཐར་མྱུ་ངན་ལས་འདས་པ་འཐོབ་པར་འགྱུར་བ་སྟེ་བརྒྱད་དོ། །

ཉམས་པའི་ཉེས་དམིགས་ནི། ཕན་ཡོན་ལས་ལྡོག་པ་སྟེ་སྐྱབས་མེད་པས་འཇིགས་(༢༧ན)ཤིང་ཡ་ང་། བྱིན་རླབས་མེད་པས་བྱ་བ་ལ་མཐུ་ཆུང་། རྟེན་མེད་པས་སྡོམ་པ་ཐམས་ཅད་ཀྱང་འགྲེལ་བའི་རི་བོ་ལྟར་འཇིག་པའོ། །

ཉམས་ན་སླར་གསོ་བ་ནི། དཀོན་མཆོག་གི་རྟེན་ནམ་སློབ་དཔོན་ལ་ཕྱག་དང་། མཆོད་པ་བྱས་ཏེ་སྔ་མ་ལྟར་བླངས་པས་སོར་ཆུད་པ་སྟེ། གྲངས་ཚད་ཀྱི་རྣམ་

པར་གཞག་པ་མེད་དོ། །

གཉིས་པ་(ཐུན་མོང་མ་ཡིན་པའི་)ཐེག་ཆེན་གྱི་སྐྱབས་འགྲོ་ནི། སྟོམ་ཚིག་སྔ་མ་བཞིན་ལས།

རྒྱུའི་ཁྱད་པར་ནི། ཐེག་ཆེན་གྱི་རིགས་སད་ཅིང་གཙོ་བོར་སྙིང་རྗེའི་དབང་གིས་ལེན་པ་སྟེ། **རྒྱན་ལས།** འདི་ནི་དེ་དངོས་འདོད་པས་ཁས་ལེན་དེ་ཡང་སྙིང་རྗེ་ལས་རིག་བྱ། །ཞེས་སོ། །

ཡུལ་ནི། སངས་རྒྱས་ཆོས་ཀྱི་སྐུ། ཆོས་ཐེག་ཆེན་གྱི་འགོག་ལམ། དགེ་འདུན་ཕྱིར་མི་ལྡོག་པའི་བྱང་ཆུབ་སེམས་དཔའ་སྟེ། དཀོན་མཆོག་གསུམ་རེ་རེ་ཡང་ཡོན་ཏན་དྲུག་ལྡན་དུ་རྒྱུད་བླར་བཤད་པ་དེ་ལ། གནས་སྐབས་སུ་སྐྱབས་སུ་འགྲོ་ཞིང་། མཐར་ཐུག་གི་སྐྱབས་ཡུལ་ནི་ཆོས་ཀྱི་སྐུ་ཁོ་ན་སྟེ། སྐྱབས་ནི་སངས་རྒྱས་ཉག་གཅིག་ཡིན། །ཞེས་སོ། །དེ་དག་ནི་གཞན་རྒྱུད་ཀྱིས་བསྡུས་པ་ལ་སྐྱབས་སུ་འགྲོ་བས་རྒྱུའི་སྐྱབས་འགྲོ་ཞེས་བྱ་ལ། བདག་ཉིད་སྐྱབས་ཡུལ་དེར་སྒྲུབ་པར་མོས་པ་ནི་འབྲས་བུའི་སྐྱབས་འགྲོ་སྟེ། **དྲག་ཤུལ་ཅན་གྱིས་ཞུས་པའི་མདོ་ལས།** ཇི་ལྟར་ན་སངས་རྒྱས་ལ་སྐྱབས་སུ་སོང་བ་ཡིན་ཞེ་ན། སངས་རྒྱས་ཀྱི་སྐུ་སྐྱེས་བུ་ཆེན་པོའི་མཚན་སུམ་ཅུ་རྩ་གཉིས་ཀྱིས་བརྒྱན་པ་བསྒྲུབ་པར་བྱའོ་སྙམ་དུ་མངོན་པར་འདུ་བྱེད་དེ། དེ་ལྟར་ན་སངས་རྒྱས་ལ་སྐྱབས་སུ་སོང་བ་ཡིན་ནོ། །

ཇི་ལྟར་ན་ཆོས་ལ་སྐྱབས་སུ་སོང་བ་ཡིན་ཞེ་ན། བདག་མངོན་པར་རྫོགས་པར་སངས་རྒྱས་ནས་ལྷ་དང་མི་དང་ལྷ་མ་ཡིན་དུ་བཅས་པའི་འཇིག་རྟེན་ལ་ཆོས་ཀྱི་བགོ་གཤའ་བྱའོ་སྙམ་དུ་དྲན་པ་འཛིན་སྟེ། དེ་ལྟར་ན་ཆོས་ལ་སྐྱབས་སུ་སོང་བ་ཡིན་ནོ། །

ཇི་ལྟར་ན་དགེ་འདུན་ལ་སྐྱབས་སུ་སོང་བ་ཡིན་ཞེ་ན། དགེ་འདུན་གྱི་ཡོན་ཏན་སྒྲུབ་པའི་ཕྱིར་ཆོས་སྟོན་(༤༧བ)ཏོ་སྙམ་དུ་དྲན་པ་འཛིན་སྟེ། དེ་ལྟར་ན་དགེ

འདུན་ལ་སྐྱབས་སུ་སོང་བ་ཡིན་ནོ། །ཞེས་སོ། །

འདི་ལྟར་ན་བྱང་ཆུབ་ཀྱི་སེམས་དང་། འབྲས་བུའི་སྐྱབས་འགྲོ་ནི་མིང་ཐ་དད་ཀྱི་མཚན་གཞི་ཐ་མི་དད་པར་ངེས་སོ། །བོད་མང་དག་རང་རྒྱུད་ལ་འབྱུང་འགྱུར་ལ་སྐྱབས་སུ་འགྲོ་བ་འབྲས་བུའི་སྐྱབས་འགྲོ་ཞེས་ཟེར་མོད། དེ་ཉིད་སྔར་དྲི་བར་བྱ་སྟེ་འབྱུང་འགྱུར་ལ་ཇི་ལྟར་སྐྱབས་སུ་འགྲོ། བདག་རྒྱུད་ལ་མ་འོངས་པ་ན་དཀོན་མཆོག་གསུམ་འབྱུང་བས་དེ་ལ་བདག་སྐྱབས་སུ་མཆིའོ། །ཞེས་རྟོག་པ་འདི་མ་ཡིན་གྲང་། དེ་ལྟ་ན་ནི་ཞིང་འདིར་ཕྱིས་ལོ་ཏོག་སྐྱེ་བར་འགྱུར་བས་དེ་བཟའ་བར་བྱའོ། །ཞེས་ཞིང་འགྲམ་དུ་བཀྲེས་པར་སྡུག་པ་དང་ཁྱད་ཅི་ཞིག །དེས་ན་བདག་རྒྱུད་ཀྱི་ཁམས་བདེ་བར་གཤེགས་པའི་སྙིང་པོ་དེ་ཉིད་དྲི་མ་དང་བཅས་པའི་སངས་རྒྱས་ཡིན་ལ། དེ་ཉིད་འགོག་ལམ་འབྱུང་རུང་གི་རྒྱུར་གནས་ཤིང་དྲི་མས་ཅུང་ཟད་དག་པ་ན་རྟེན་གྱི་གང་ཟག་དེ་དགེ་འདུན་དུ་བགྲང་བའི་ཕྱིར། དཀོན་མཆོག་གསུམ་གྱི་ངོ་བོར་གཟོད་མ་ནས་གནས་པར་ཤེས་པས། དེའི་དྲི་མ་སྦྱོང་བ་ལ་འབད་པར་བྱེད་ཀྱི་དབུལ་པོས་ཁང་འོག་གི་གཏེར་རྙེད་པ་ན། བུ་ལོན་མི་ལེན་པ་ལྟར་གཞན་ནས་མི་ཚོལ་བའི་ངེས་པ་སྐྱེས་པ་འདི་ལ་འབྲས་བུའི་སྐྱབས་འགྲོར་གདགས་སོ། །

ང་བོ་ནི། ཀུན་འགྲོའི་དོན་དང་། ཁས་ལེན་གྱི་དོན་དང་། རྟོགས་པ་དང་། ཟིལ་གནོན་ཏེ་དོན་བཞི་ལྡན་གྱི་སྐྱབས་འགྲོ་སྟེ། **རྒྱན་ལས།** ཀུན་ཏུ་འགྲོ་དང་ཁས་ལེན་རྟོགས་དང་ཟིལ་གནོན་པས། །དབྱེ་བའི་རང་བཞིན་དོན་རྣམ་བཞི་ཡི་ཁྱད་པར་གྱིས། །ཐེག་པ་མཆོག་ཕྱིར་དཀོན་མཆོག་སྐྱབས་རབ་སོང་བ་གང་། །དེ་ཉིད་སྐྱབས་སུ་སོང་བ་རྣམས་ཀྱི་མཆོག་ཅེས་བྱ། །ཞེས་དང་། དེའི་ཕན་ཡོན་ཡང་། གང་ཕྱིར་དང་པོར་ངེས་པར་བྱ་བ་འདི་དཀའ་སྟེ། །དེ་ནི་བསྐལ་པ་སྟོང་ཕྲག་ཏུ་མར་སྒྲུབ་པར་དཀའ། །གང་ཕྱིར་གྲུབ་ན་སེམས་ཅན་ཕན་བྱེད་དོན་ཆེན་ཏེ། །དེ་ཕྱིར་

ཐེག་ཆེན་འདི་ལ་སྐྱབས་དོན་མཆོག་ཡིན་ནོ། །ཞེས་སོ། །དེ་ཡང་སེམས་ཅན་(༧༢ན) ཐམས་ཅད་བསྒྲལ་བ་དང་། ཐེག་པ་དང་། ལམ་ཐམས་ཅད་ཀྱི་མཐར་འབྱིན་པ་དང་། འཁོར་འདས་རང་བཞིན་གཅིག་པར་ཤེས་པ་ནི་ཀུན་འགྲོའི་དོན་ཏེ། གང་ཞིག་སེམས་ཅན་ཐམས་ཅད་བསྒྲལ་བར་ཞུགས་པ་དང་། །ཐེག་པ་ཡེ་ཤེས་ཀུན་ཏུ་འགྲོ་བ་མཁས་པར་ལྡན། །གང་ཞིག་མྱ་ངན་འདས་ལ་འཁོར་ཞི་རོ་གཅིག་པ། །དེ་འདྲའི་བློ་ལྡན་དེ་འདིར་ཀུན་འགྲོར་ཤེས་པར་བྱ། །ཞེས་སོ། །སྨྲོ་བས་བྱང་ཆུབ་ཆེན་པོ་དོན་དུ་གཉེར་བ་དང་། དཀའ་བ་སྤྱོད་པ་ལ་ཇི་མི་སྙམ་པ་དང་། སངས་རྒྱས་ཐམས་ཅད་དང་མཉམ་པ་ཉིད་སྒྲུབ་པར་མོས་པ་ནི་ཁས་ལེན་གྱི་དོན་ཏེ། གང་ཞིག་དགའ་བ་མང་པོས་བྱང་ཆུབ་མཆོག་དོན་གཉེར། །གང་ཞིག་སྐྱོ་བ་མེད་པར་དཀའ་བ་ཡང་དག་སྤྱོད། །གང་ཞིག་རྣམ་སངས་རྒྱས་ནས་སངས་རྒྱས་ཀུན་མཉམ་འགྱུར། །བློ་ལྡན་དེ་ནི་ཁས་ལེན་མཆོག་ཏུ་ཤེས་པར་བྱ། །ཞེས་སོ། །ཡང་བྱང་ཆུབ་ཀྱི་སེམས་ཀྱི་ས་བོན་དང་། ཤེས་རབ་ཀྱི་མ་དང་། སྙིང་རྗེའི་མ་མས་ཟིན་པས་སངས་རྒྱས་ཀྱི་སྲས་སུ་སྐྱེས་པ་ཡང་ཁས་ལེན་གྱི་དོན་གཅིག་ཤོས་ཏེ། སངས་རྒྱས་སྲས་ཀྱི་མཆོག་ཏུ་ལེགས་པར་གང་སྐྱེས་པ། །སེམས་དང་ཤེས་རབ་དག་ནི་ཚོགས་ལྡན་སྙིང་རྗེ་འདིའི། །ས་བོན་མ་དང་མངལ་གནས་མ་མ་མཚུངས་པ་མེད། །བློ་ལྡན་དེ་ནི་ཁས་ལེན་མཆོག་ཏུ་ཤེས་པར་བྱ། །ཞེས་སོ། །སྐྱེས་བུ་ཆེན་པོའི་མཚན་དང་སྟོབས་དང་ཞི་བ་ཐོབ་པ་དང་། སེམས་ཅན་གདུལ་བའི་ཐབས་ཤེས་པ་དང་། འོད་ཟེར་ཆེན་པོས་དབང་བསྐུར་བས་ཆོས་ལ་དབང་ཐོབ་པ་དང་། འཁོར་གྱི་དཀྱིལ་འཁོར་སྟོན་པ་དང་། བསླབ་པ་བཅའ་བ་དང་ཕ་རོལ་ཏུ་ཕྱིན་པ་ཀུན་གྲུབ་པ་དང་། བྱང་ཆུབ་ཆེན་པོ་འབབ་ཞིག་པར་གྱུར་པ་དང་། སྐུ་གསུང་ཐུགས་ཀྱི་གསང་བ་གསུམ་འཛིན་པ་དང་། གཞན་དོན་ནམ་མཁའ་ལྟ་བུ་རྒྱུན་མི་འཆད་པ་དང་། བདེ་བ་དང་རྟག་པའི་སྐུ་ཐོབ་ཅིང་སྲིད་ཞི་ལས་རྣམ་པར་གྲོལ་བ་རྟོགས་

པའི་(༧༢བ)དོན་དང་། ཉན་རང་དུ་བཅས་པའི་དགེ་བ་ཟླ་ལ་གྱིས་མནན་ནས་བསྔོ་བ་ཟླ་ལ་གནོན་གྱི་དོན་ཏེ། སྣ་ཚོགས་མཚན་རྣམས་ཀུན་གྱིས་དེ་ལྟུས་བརྒྱན། །སེམས་ཅན་ཐམས་ཅད་སྨིན་པར་བྱེད་སྟོབས་ཐོབ། །སངས་རྒྱས་བདེ་ཆེན་མཐའ་ཡས་ཞི་བ་རྙེད། །སེམས་ཅན་ཀུན་སྐྱབས་ཐབས་ཆེན་བཤམས་པ་ཤེས། །སངས་རྒྱས་ཀུན་གྱིས་འོད་ཟེར་ཆེན་པོས་དབང་བསྐུར་བྱིན། །དེ་ནི་ཆོས་ལ་དབང་བ་ཀུན་དང་ཡང་དག་ལྡན། །སངས་རྒྱས་འཁོར་གྱི་དཀྱིལ་འཁོར་སྟོན་པའི་རྣམ་པ་ཤེས། །བསླབ་པ་བཅའ་བས་ཚར་གཅོད་ཕན་འདོགས་བྱེད་ལ་བརྩོན། །བློན་པོ་ཆེན་པོ་ལྷ་བུར་ཕ་རོལ་ཕྱིན་ལ་འཇུག་པའི་ཕྱིར། །བྱང་ཆུབ་ཆེན་པོའི་ཕྱོགས་མཐུན་བརྡལ་ལ་རྟག་ཏུ་སྤྱན་འབྱེད་ཕྱིར། །གསང་བའི་གནས་ནི་རྣམ་གསུམ་རྟག་ཏུ་ཡང་དག་འཛིན་པའི་ཕྱིར། །སེམས་ཅན་མང་དོན་རྟག་ཏུ་རྒྱུན་མི་འཆད་པར་རབ་བྱེད་ཕྱིར། །བསོད་ནམས་ཕུང་ཆེན་སྲིད་གསུམ་བླ་མ་སྲིད་པའི་བདེ་བ་དང་། །སྡུག་བསྔལ་ཕུང་པོ་ཆེན་པོ་རབ་ཞི་བློ་མཆོག་བདེ་བ་དང་། །ཆོས་མང་ཕུང་པོ་མཆོག་དང་རྟག་པའི་སྐུ་སྟེ་དགེ་བའི་ཚོགས། །བག་ཆགས་ཟློག་ཅིང་སྲིད་དང་ཞི་ལས་རྣམ་པར་གྲོལ་བ་འཐོབ། །བློ་ལྡན་ཉན་ཐོས་ཚོགས་བཅས་དགེ་བ་རྒྱ་ཆེན་དོན་ཆེན་དང་། །མཐའ་ཡས་རྟག་རྒྱུན་མི་འཆད་ཟད་མི་ཤེས་པས་ཟླ་ལ་གྱིས་གནོན། །ཞེས་སོ། །

ཡང་ན་སངས་རྒྱས་འཐོབ་པར་འདོད་པ་ངོ་བོའི་དོན། སྙིང་རྗེ་ཆེན་པོ་རྒྱུའི་དོན། ཀུན་མཁྱེན་ལ་དམིགས་པ་འབྲས་བུའི་དོན། ཕན་བདེ་སྒྲུབ་པ་ལ་སྐྱོ་བ་མེད་པ་ལས་ཀྱི་དོན། ཐེག་པ་ཐམས་ཅད་ཀྱི་ཡོན་ཏན་མ་ལུས་པར་སྒྲུབ་པ་ལྡན་པའི་དོན། བརྗོད་དང་ཆོས་ཉིད་ཀྱིས་ཐོབ་པ་སོགས་དབྱེ་བ་མཐའ་ཡས་པ་འཇུག་པའི་དོན་ཏེ། དོན་དྲུག་ལྡན་གྱི་སྐྱབས་འགྲོ་ཞེས་ཀྱང་བྱ་སྟེ། འདི་ནི་དེ་དངོས་འདོད་པས་ཁས་ལེན་དེ་ཡང་སྙིང་རྗེ་ལས་རིག་བྱ། །དེ་ལས་རྣམ་པ་ཀུན་མཁྱེན་ཕན་དང་བདེ་བྱེད་དཀའ་ལ་སྐྱོ་བ་མེད། །(༧༣ན)ངེས་པར་འབྱུང་ལ་ཐེག་པ་ཀུན་གྱིས་བརྟེན་

པའི་ཡོན་ཏན་རྟག་ཏུ་ལྡན། །བཟ་དང་ཆོས་ཉིད་ཐོབ་པ་བློ་ལྡན་རྣམས་ཀྱི་སྐྱབས་འགྲོ་འདི་མཆོག་ཡིན། །ཞེས་སོ། །

དཔེར་ན། རྒྱུ་དང་། འབྲས་བུའི་སྐྱབས་འགྲོ་གཉིས་ཏེ་བཤད་ཟིན་ལ། ཡང་ན་རགས་པ་བཟ་ལས་བྱུང་བ་དང་། ཕྲ་བ་ཆོས་ཉིད་ཀྱིས་ཐོབ་པ་གཉིས་ཏེ། དང་པོ་ནི། ཚོགས་ཐོག་པའམ་ལུས་ངག་གི་རྣམ་རིག་ལས་སྐྱེས་པ་ཡིན་ལ། ཕྱི་མ་ནི་རིགས་སད་སྟོབས་ཀྱིས་སམ་དཀོན་མཆོག་གི་བྱིན་རླབས་སམ་སྒོམ་སྟོབས་ཀྱིས་ཐོབ་པའོ། །དེ་ཉིད་ལ་ཀུན་རྫོབ་དང་། དོན་དམ་པའི་སྐྱབས་འགྲོ་ཞེས་ཀྱང་བྱ་སྟེ། བཟ་ལས་བྱུང་བ་ནི་སླུ་བའི་ཆོས་ཅན་ཡིན་ལ། ཆོས་ཉིད་ཀྱིས་ཐོབ་པ་ནི་དོན་དམ་པའི་ངོ་བོ་ཉིད་ཡིན་པའི་ཕྱིར། ཆོས་ཉིད་ཀྱིས་ཇི་ལྟར་འཐོབ་ཅེ་ན། ཆོས་ཐམས་ཅད་ཀྱི་རང་བཞིན་ཇི་ལྟ་བ་བཞིན་སྤྲོ་སྐྱུར་མེད་པར་མཐོང་བ་སྟེ། **མ་དྲོས་པས་ཞུས་པའི་མདོ་ལས།** རིགས་ཀྱི་བུ། གང་གི་ཕྱིར་བྱང་ཆུབ་སེམས་དཔས་ཆོས་ཐམས་ཅད་བདག་མེད་པ་དང་། སེམས་ཅན་མེད་པ་དང་། སྲོག་དང་། གང་ཟག་མེད་པར་ཤེས་ནས་གཟུགས་སུ་མ་ཡིན། མཚན་མར་མ་ཡིན། ཆོས་སུ་མ་ཡིན་པར་དེ་བཞིན་གཤེགས་པ་ཡང་དག་པར་རྗེས་སུ་མཐོང་བ་དེ་ལྟ་བུ་ནི་ཟང་ཟིང་མེད་པའི་སེམས་ཀྱིས་སངས་རྒྱས་ལ་སྐྱབས་སུ་སོང་བ་ཡིན་ནོ། །དེ་བཞིན་གཤེགས་པའི་ཆོས་ཉིད་གང་ཡིན་པ་དེ་ནི་ཆོས་ཀྱི་དབྱིངས་སོ། །ཆོས་ཀྱི་དབྱིངས་གང་ཡིན་པ་དེ་ནི་ཐམས་ཅད་ཀྱི་རྗེས་སུ་སོང་བ་ཞེས་བྱ་སྟེ། དེ་ལྟར་ཆོས་ཐམས་ཅད་ཆོས་ཀྱི་དབྱིངས་ཀྱི་རྗེས་སུ་སོང་བར་མཐོང་བ་དེ་ལྟ་བུ་ནི་ཟང་ཟིང་མེད་པའི་སེམས་ཀྱིས་ཆོས་ལ་སྐྱབས་སུ་སོང་བ་ཡིན་ནོ། །གང་ཆོས་ཀྱི་དབྱིངས་འདུས་མ་བྱས་པར་རབ་ཏུ་སྒོམ་པ་དང་། ཉན་ཐོས་ཀྱི་ཐེག་པ་ལ་འདུས་མ་བྱས་པ་སྟོན་པ་དང་། འདུས་བྱས་དང་། འདུས་མ་བྱས་གཉིས་སུ་མེད་པ་འདི་ལྟ་བུ་ནི་ཟང་ཟིང་མེད་པའི་སེམས་ཀྱིས་དགེ་འདུན་ལ་སྐྱབས་སུ་སོང་བ་ཡིན་ནོ་ཞེས་སོ། །

དུས་ནི། བླ་ན་མེད་པའི་བྱང་ཆུབ་མ་ཐོབ་(༧༣བ)ཀྱི་བར་ཏེ་སེམས་ཅན་ཐམས་ཅད་ཇི་སྲིད་གནས་པ་དང་། ནམ་མཁའ་ཇི་སྲིད་གནས་པའི་བར་ཏེ་འདོར་བའི་དུས་མེད་དོ། །

ངེས་ཚིག་ནི། **རྒྱན་ལས།** འཚེ་བ་དག་ནི་ཐམས་ཅད་དང་། །ངན་སོང་དང་ནི་ཐབས་ཡིན་དང་། །འཇིག་ཚོགས་ཐེག་པ་དམན་དག་ལས། །སྐྱོབ་ཕྱིར་སྐྱབས་ཀྱི་དམ་པ་ཡིན། །ཞེས་ལྔ་ལས་སྐྱོབ་པར་བཤད་པའི་དང་པོ་བཞི་ལས། ཐུན་མོང་གི་སྐྱབས་འགྲོས་ཀྱང་སྐྱོབ་ལ་འདིར་ནི་གཙོ་བོར་ཐེག་དམན་ལས་སྐྱོབ་པ་ཡིན་ནོ། །

ཚིག་ལ་ནི། ཐེག་ཆེན་གྱི་སློབ་དཔོན་ནམ་མེད་ན་སྐུ་གཟུགས་སམ་སངས་རྒྱས་རྣམས་ཡིད་ཀྱིས་བསམས་པས་ཀྱང་རུང་སྟེ། དེའི་སྤྱན་སྔར་ཕྱག་མཆོད་བྱས་ནས། ཕྱོགས་བཅུའི་སངས་རྒྱས་དང་། བྱང་ཆུབ་སེམས་དཔའ་ཐམས་ཅད་བདག་ལ་དགོངས་སུ་གསོལ། སློབ་དཔོན་ཡོད་ན་སློབ་དཔོན་ནམ་བཙུན་པའམ་རིགས་ཀྱི་བུ་བདག་ལ་དགོངས་སུ་གསོལ། བདག་མིང་འདི་ཞེས་བགྱི་བ་སེམས་ཅན་ཐམས་ཅད་བསྐྱབ་པའི་ཕྱིར་དང་། སངས་རྒྱས་ཀྱི་གདུང་རྒྱུན་མི་འཆད་པར་བྱ་བའི་སླད་དུ་དུས་འདི་ནས་བཟུང་སྟེ། བྱང་ཆུབ་སྙིང་པོ་ལ་མཆིས་ཀྱི་བར་དུ་ཡང་དག་པར་རྫོགས་པའི་སངས་རྒྱས་རྐང་གཉིས་ཀྱི་མཆོག་ལ། སྐྱབས་སུ་མཆི་སྟེ་ཐུགས་རྗེ་ཆེན་པོ་དང་ལྡན་པ་ཐམས་ཅད་མཁྱེན་པ་ཐམས་ཅད་གཟིགས་པ་འཇིགས་པ་ཐམས་ཅད་དང་བྲལ་བ་སྐྱེས་བུ་ཆེན་པོ་སྐྱེས་བུ་ཁྱུ་མཆོག་བསམ་གྱིས་མི་ཁྱབ་པའི་སྐུ་བླ་ན་མེད་པའི་སྐུ་ཆོས་ཀྱི་སྐུ་མངའ་བ་ལ་སྐྱབས་སུ་མཆིའོ། །ཆོས་འདོད་ཆགས་དང་བྲལ་བའི་མཆོག་ལ་སྐྱབས་སུ་མཆི་སྟེ། བླ་ན་མེད་པ་དེ་བཞིན་གཤེགས་པ་ལ་མངའ་བ་ཞི་བ་ཆོས་ཀྱི་སྐུ་སོ་སོ་རང་གིས་རིག་པ་ལ་སྐྱབས་སུ་མཆིའོ། །དགེ་འདུན་ཚོགས་ཀྱི་མཆོག་ལ་སྐྱབས་སུ་མཆི་སྟེ། ཕྱོགས་བཞིའི་འཕགས་པ་ཕྱིར་མི་ལྡོག་པའི་བྱང་ཆུབ་སེམས་དཔའ་ཆེན་པོའི་དགེ་འདུན་ལ་སྐྱབས་སུ་མཆིའོ། །ཞེས་

ལན་གསུམ་དང་ཐབས་ལེགས་བྱ། རྗེས་སུ་བསྔབ་བྱ་བཤད་དོ། །

(༧༥ན)བསྔབ་བྱ་ནི། སྔ་མའི་སྐབས་དུ་དགེ་བ་ཐམས་ཅད་གཞན་དོན་དུ་བྱང་ཆུབ་ཏུ་བསྔོ། ཉན་རང་གི་ཞི་བདེ་དོན་དུ་གཉེར་བའི་བློ་སྤང་། སེམས་ཅན་ལ་ཕན་བདེ་ཅི་ཐོགས་ལ་འབད་པར་བྱའོ། །

ཕན་ཡོན་ནི། ཐེག་ཆེན་པར་ཆུད་པས་ཉན་རང་ལས་ཀྱང་བསམ་པས་ཁྱད་པར་དུ་འཕགས་ཤིང་། ཡེ་ཤེས་ཁྱད་པར་ཅན་དང་། བླ་ན་མེད་པའི་བྱང་ཆུབ་འཐོབ་པར་འགྱུར་བ་སྟེ། **རྒྱན་ལས།** སྐྱབས་སུ་འགྲོ་བ་འདིར་སོང་དོན་ཆེན་ཏེ། །དེ་ནི་ཚད་མེད་ཡོན་ཏན་ཚོགས་འཕེལ་འགྱུར། །འགྲོ་བ་འདི་ལ་སྙིང་རྗེའི་བསམ་པས་ཁྱབ། །མཚུངས་མེད་འཕགས་ཆེན་ཆོས་ཀྱང་རྒྱས་པར་བྱེད། །ཅེས་སོ། །

ཉམས་པའི་ཉེས་དམིགས་ནི། གཞན་དོན་གྱི་བློ་ཉམས་ན་ཉན་རང་དུ་ལྟུང་ཞིང་སྐྱབས་འགྲོ་བཏང་ན་སྲིད་པར་ལྟུང་བའོ། །

ཉམས་ན་སླར་གསོ་བ་ནི། སློབ་དཔོན་ནམ་རྟེན་ནམ་དཀོན་མཆོག་ཡིད་ཀྱི་ཡུལ་དུ་དམིགས་ཏེ། བླངས་པས་སོར་ཆུད་ལ་སྤྱིར་ཐེག་ཆེན་གྱི་གཉེན་པོ་ནི། མི་མཐུན་པའི་བློ་སྐྱེས་པའི་དེ་མ་ཐག་སླར་ལྡོག་ཅིང་གཉེན་པོ་ལ་བསྟེན་པ་གོ་ན་གཙོ་ཆེའོ། །

གཉིས་པ་གཞུང་དོན་ནི།

བྱང་ཆུབ་སྙིང་པོར་མཆིས་ཀྱི་བར། །
སངས་རྒྱས་རྣམས་ལ་སྐྱབས་སུ་མཆི། །
ཆོས་དང་བྱང་ཆུབ་སེམས་དཔའ་ཡི། །
ཚོགས་ལའང་དེ་བཞིན་སྐྱབས་སུ་མཆི། [༢༨] །

ཞེས་གསུངས་ཏེ། བྱང་ཆུབ་སྙིང་པོར་མཆིས་ཀྱི་བར་ཏེ་དུས་ཀྱི་ངེས་བཟུང་

ངོ་། །ཐེག་ཆེན་གྱི་དཀོན་མཆོག་གསུམ་ནི་ཡུལ་ངེས་བཟུང་དུ་བྱ་བ་སྟེ་བདག་ཉིད་དང་། དགོས་པ་ཤུགས་ལ་འཕངས་སོ། །**འགྲེལ་ཆེན་ལས།** སྙིང་པོའི་སྒྲ་འདི་ནི་སྙིང་པོའི་ཚིག་གི་སྟེ་འོ་མའི་སྙིང་པོར་མར་གྱི་སྙིང་པོ་ཞེས་བྱ་བ་བཞིན་ནོ། །དེ་ལྟར་ན་ཇི་སྲིད་དུ་བྱང་ཆུབ་ཀྱི་སྙིང་པོ་ཡང་དག་པར་རྫོགས་པའི་བྱང་ཆུབ་མ་ཐོབ་ཀྱི་བར་དུ་ཞེས་པའི་དོན་ནོ། །སྐྱབས་ཀྱི་དོན་ནི་སྐྱོབ་པའི་དོན་ཡིན་ལ། མཆི་བ་ནི་དེའི་བཀའ་ཡོངས་སུ་སྐྱོང་བ་ཡིན་ཏེ་གང་ཞིག་གང་ལ་(༡༥ བ)སྐྱབས་སུ་འགྲོ་བ་དེ་ནི། དེའི་བཀའ་ལས་འདའ་བ་མ་ཡིན་པའི་དོན་ནོ་ཞེས་སོ། །

གསུམ་པ་སྡིག་བཤགས་ལ། སྤྱི་གཞུང་གཉིས་ལས། དང་པོ་(སྤྱི་དོན་)ནི། གང་སྤྱང་བའི་སྡིག་པ་ནི། དུག་གསུམ་གྱིས་ཀུན་ནས་བསླང་སྟེ་བཅས་རང་གི་ཁ་ན་མ་ཐོ་བ་བགྱིས་པའམ། བགྱིད་དུ་བསྩལ་བའམ། བགྱིད་པ་ལ་རྗེས་སུ་ཡི་རང་བ་ལས་བྱུང་བ་མངོན་མཐོ་དང་ངེས་ལེགས་ལ་སྒྲིབ་པར་བྱེད་པའི་ལས་ནི་འདིར་གང་བཤག་པར་བྱ་བ་མི་དགེ་བའི་ལས་ཀྱི་མཚན་ཉིད་དོ། །དེ་ཡང་དུག་གསུམ་ནི་ཀུན་སློང་སྟེ། འདོད་ཆགས་ཞེ་སྡང་གཏི་མུག་གསུམ། །དེས་བསྐྱེད་ལས་ནི་མི་དགེ་བ། །ཞེས་པས་དུག་གསུམ་གྱིས་ཀུན་ནས་བསླང་ན་རྣམ་པ་དགེ་བར་སྣང་ཡང་ངོ་བོ་མི་དགེ་བ་ཉིད་དོ། །བཅས་པ་ནི་སྡོམ་པ་གང་བླངས་པ་དང་འགལ་བའི་ཆ་རྣམས་ཡིན་ལ། རང་བཞིན་ནི་སྡོམ་པ་མ་བླངས་པར་སྤྱད་པའི་མི་དགེ་བ་བཅུའོ། །ཁ་ན་མ་ཐོ་བ་ནི་བྱ་བར་མི་རིགས་པའི་ཆ་ནས་དེ་སྐད་བརྗོད་དོ། །བགྱིས་པ་དང་། བགྱིད་དུ་བསྩལ་བ་དང་། བགྱིད་པ་ལ་རྗེས་སུ་ཡི་རང་བ་ནི་འབྲས་བུ་མཚུངས་པ་སྟེ། དམག་ལ་སོགས་པར་དོན་གཅིག་ཕྱིར། །ཐམས་ཅད་བྱེད་པ་པོ་བཞིན་ལྡན། །ཞེས་སོ། །བྱང་ཆུབ་སེམས་དཔས་སེམས་ཅན་ཐམས་ཅད་ཀྱི་སྡིག་པ་ཡང་། བདག་ཉིད་ཀྱིས་བསྡུས་ནས་བཤག་པར་བྱ་སྟེ། རྒྱལ་པོ་མ་སྐྱེས་དགྲས། བདག་སེམས་ཅན་ཐམས་ཅད་ཀྱི་ཉོངས་པ་ཡང་འཆགས་པར་བགྱིའོ། །ཞེས་གསོལ་པ་ན། སྟོན་པས།

རྒྱལ་པོ་ཆེན་པོ་ཁྱོད་རང་ཉིད་ཀྱི་ཉེས་པ་འཆགས་པར་མ་ཟད། སེམས་ཅན་ཐམས་ཅད་ཀྱི་ནོངས་པ་འཆགས་པར་བྱེད་པ་ནི། རྒྱལ་པོ་ཆེན་པོ་ཁྱོད་ཡང་ལེགས་སོ། །ཞེས་བཀའ་སྩལ་བའི་ཕྱིར་རོ། །

སྦྱོང་བྱེད་ནི། སྟོབས་བཞི་སྟེ། **ཆོས་བཞི་བསྟན་པའི་མདོ་ལས།** བྱམས་པ་བྱང་ཆུབ་སེམས་དཔའ་ཆོས་བཞི་དང་ལྡན་ན་སྡིག་པ་བྱས་ཤིང་བསགས་པ་ཟིལ་གྱིས་གནོན་པར་འགྱུར་རོ། །བཞི་གང་ཞེ་ན། རྣམ་པར་སུན་འབྱིན་པའི་སྟོབས་(༧༥ན) དང་། གཉེན་པོ་ཀུན་ཏུ་སྤྱོད་པའི་སྟོབས་དང་། སོར་ཆུད་པར་བྱེད་པའི་སྟོབས་དང་། རྟེན་གྱི་སྟོབས་སོ། །དེ་ལ་དང་པོ་ནི། མི་དགེ་བའི་ལས་བྱས་ནས་དེ་ལ་འགྱོད་པ་མང་བ་ཡིན་ནོ། །གཉིས་པ་ནི། མི་དགེ་བའི་ལས་བྱས་ཀྱང་དགེ་བའི་ལས་ལ་ཤིན་ཏུ་བརྩོན་པའོ། །གསུམ་པ་ནི། སྡོམ་པ་ཡང་དག་པར་བླངས་ནས་སྡིག་པ་མི་བྱེད་པའི་སྡོམ་པ་ཐོབ་པའོ། །བཞི་པ་ནི། སངས་རྒྱས་དང་། ཆོས་དང་། དགེ་འདུན་ལ་སྐྱབས་སུ་འགྲོ་བ་དང་། བྱང་ཆུབ་ཀྱི་སེམས་མི་གཏོང་བ་སྟེ། ཞེས་དང་། ཤར་ནས་ནུབ་ཀྱི་རྒྱ་མཚོ་ལ་ཐུག་པར་ཆུ་བོ་ཆེན་པོ་ཕ་མཐའ་མི་མངོན་པ་ཞིག་དྲག་པོར་འབབ་ལ། དེ་བཞིན་དུ་ཕྱོགས་གསུམ་ག་ལས་འབབ་ན་བྱེ་མའི་ཕུང་པོ་དེ་ཆུ་བོ་གཅིག་གིས་ཀྱང་རྨིག་མེད་པར་བྱེད་ན། བཞིས་ལྟ་ཅི་སྨོས་པའི་དཔེས་བསྟན་ཏོ། །

བཤགས་ཚུལ་ནི། སྐྱེ་བོ་མང་པོ་འདུས་པ་དང་ཡུལ་ཁྱད་པར་ཅན་གྱི་སྤྱན་སྔར་བདག་གིས་མི་བྱ་བ་བྱས་སོ། །ཞེས་འགྱོད་པའི་སློ་སྒོ་ནས་དང་བཅས་ཏེ་སྒྲོག་པ་མཐོལ་བ་དང་། སྔར་བྱས་པ་ལ་ཁོང་དུ་དུག་འཐུངས་པ་ལྟ་བུའི་འགྱོད་པ་བསྐྱེད་ནས་ད་ནི་སྲོག་ལ་བབ་ཀྱང་མི་བྱ་བར་ཁས་ལེན་པ་ནི་སྟོབས་གཉིས་ཀྱི་སྒོ་ནས་བཤགས་པ་དངོས་ཡིན་ལ། སྐྱབས་འགྲོ་དང་བྱང་སེམས་འཛིན་པ་རྟེན་གྱི་སྟོབས་དང་། སྡིག་པའི་གཉེན་པོར་དགེ་བ་སྒྲུབ་པ་གཉེན་པོའི་སྟོབས་ལག་ཏུ་བླང་ངོ་། །

གཉེན་པོ་ཇི་ལྟ་བུ་ཞེ་ན། སྡིག་པའི་གཉེན་པོར་དགེ་བ་སྤྱོད་པ་སྟེ། **མངོན་པ་ཀུན་བཏུས་ལས།** མི་མཐུན་པའི་ཕྱོགས་ཀྱི་ལས་ལས་ནི་གཉེན་པོའི་ལས་སྟོབས་དང་ལྡན་པར་ལྟ་སྟེ། མི་མཐུན་པའི་ཕྱོགས་ཀྱི་འབྲས་བུས་འཕངས་སུ་ཟིན་ཡང་གཉེན་པོའི་སྟོབས་ཀྱིས་གཞན་དུ་སྒྱུར་བར་བྱེད་པའི་ཕྱིར་རོ། །ཞེས་སོ། །དེ་ཡང་**དེ་བཞིན་གཤེགས་པའི་མཛོད་ལས་ནི།** སྟོང་པ་ཉིད་བསྒོམས་པས་སྡིག་པ་འབྱང་བར་གསུངས་སོ། **།རྡོ་རྗེ་གཅོད་པ་ལས།** མདོ་སྡེ་ཟབ་མོ་བཏོན་པས་དང་། དམ་ཚིག་གསུམ་བཀོད་དང་། དཔུང་བཟང་གི་རྒྱུད་ལས། བཟླས་པས་དང་། མེ་ཏོག་བརྩེགས་(༧༥བ)པའི་གཟུངས་ལས། དེ་བཞིན་གཤེགས་པའི་མཆོད་རྟེན་མཆོད་པས་དང་། དེ་བཞིན་གཤེགས་པའི་སྐུ་གཟུགས་ཀྱི་ལེའུ་ལས། སྐུ་གཟུགས་བཞེངས་པས་སྡིག་པ་འདག་པར་གསུངས་སོ། །གཉེན་པོ་དེ་ཡང་སྡིག་པ་ཇི་སྙེད་བྱས་པ་དེ་སྙེད་བྱ་དགོས་སམ་ཞེས་ན་མ་ཡིན་ཏེ། **མྱ་ངན་འདས་ཆེན་གྱི་མདོ་ལས།** དགེ་བ་གཅིག་གིས་ཀྱང་སྡིག་པ་མང་པོ་འཇོམས་ཏེ། ཞེས་དང་། རྡོ་རྗེ་ཆུང་ངུས་རི་རབ་བམ་མེ་ཆུང་ངུས་རྩྭ་ཤིང་དམ། དུག་ཆུང་ངུས་སེམས་ཅན་འཇོམས་པ་ལྟར་དགེ་བ་ཆུང་ངུས་ཀྱང་སྡིག་པ་ཆེན་པོ་འཇོམས་པས་ན་དོན་དུ་གཉེར་བ་ཆེན་པོ་ཉིད་དོ། །ཞེས་སོ། །

ཕན་ཡོན་ནི། **བྱམས་པ་སེང་གེ་སྒྲའི་མདོ་ལས།** མི་ཤེས་པས་ནི་གང་བྱས་པའི། །སྡིག་པའི་ལས་ནི་བཤག་པར་བགྱི། །མཁས་པས་ཉེས་པ་བཤགས་ན་ནི། །ལས་དང་ལྷན་ཅིག་མི་གནས་སོ། །ཞེས་དང་། **གསེར་འོད་ལས།** གང་གིས་བསྐལ་པ་སྟོང་རྣམས་སུ། །སྡིག་པ་ཤིན་ཏུ་མི་བཟད་བགྱིས། །ལན་གཅིག་རབ་ཏུ་བཤགས་པ་ཡིས། །དེ་དག་ཐམས་ཅད་བྱང་བར་འགྱུར། །ཞེས་གསུངས་ཤིང་།

དེ་ཡང་སུན་འབྱིན་པའི་སྟོབས་ཀྱིས་སྡིག་པ་འདག་པ་ནི། ཁ་དྲག་གི་བུ་ལོན་མ་ཁོར་བ་ལ་ཞུ་བ་བྱས་པ་ལྟ་བུ། གཉེན་པོའི་སྟོབས་ཀྱིས་འདག་པ་མི་གཙང་བའི་

འདམ་དུ་ཆུད་པ་ཕྱུང་ནས་བཀྲུས་པ་ལྟ་བུ། ཉེས་པ་ལས་ཟློག་པའི་སྟོབས་ཀྱིས་འདག་པ་ཚ་རྒྱུན་གནོད་པ་ཅན་གྱི་འོལ་ཁ་བསྒྱུར་བ་ལྟ་བུ། རྟེན་སྐྱབས་སེམས་ཀྱིས་འདག་པ་ཁ་ཉེན་གྱིས་ཁ་བཙན་ལ་འཇུས་པའམ་དུག་གི་གཉེན་པོར་སྨན་བསྟེན་པ་ལྟ་བུ་སྟེ། གཙུང་དགའ་བོ་བུད་མེད་ལ་ཆགས་པ་དང་། སོར་ཕྲེང་ཅན་མི་སྟོང་དུ་གཅིག་གིས་མ་ཚང་བ་བསད་པ་དང་། མཐོང་ལྡན་དང་། བདེ་བྱེད་ཕ་མ་བསད་པའང་སྟོབས་རེ་རེ་ཉམས་སུ་བླངས་པས་དགྲ་བཅོམ་པ་ཐོབ་པ་སྟེ། གང་ཞིག་སྔོན་ཆད་བག་མེད་གྱུར་པ་ལས། །ཕྱིས་ནས་བག་དང་ལྡན་པར་གྱུར་དེ་ཡང་། །ཟླ་བ་སྤྲིན་(༧༨ན)བྲལ་ལྟ་བུར་རྣམ་མཛེས་ཏེ། །དགའ་བོ་སོར་ཕྲེང་མཐོང་ལྡན་བདེ་བྱེད་བཞིན། །ཞེས་དང་། **ལུང་རྣམ་འབྱེད་ལས།** གང་གིས་སྡིག་པའི་ལས་བྱས་པ། །དགེ་བ་ཡིས་ནི་འགོག་བྱེད་དེ། །ཉི་ཟླ་སྤྲིན་ལས་བྱུང་བ་བཞིན། །འཇིག་རྟེན་འདིར་ནི་དེ་སྣང་འགྱུར། །ཞེས་དང་། **ལས་རྣམ་འབྱེད་ལས།** ཤིན་ཏུ་མི་བཟད་ལས་རྣམས་བྱས་པ་ནི། །བདག་ལ་རྣམ་པར་སྨོད་པས་སྲབས་པར་འགྱུར། །རབ་ཏུ་བཤགས་དང་སྡོམ་པར་བྱེད་པ་ཡིས། །དེ་དག་ཤིན་ཏུ་ཙད་ནས་བཏོན་པ་བཞིན། །ཞེས་སོ། །

དེ་ལྟར་བཤགས་པས་སྡིག་པ་དག་པའི་རྟགས་རྨི་ལམ་དུ་འབྱུང་སྟེ། **སྐུལ་བྱེད་ཀྱི་གཟུངས་ལས།** རྨི་ལམ་ན་ཟས་ངན་སྐྱུགས་པ་དང་། ཞོ་དང་འོ་མ་ལ་སོགས་པ་འཐུངས་པ་དང་། ཉི་མ་དང་ཟླ་བ་མཐོང་བ་དང་། ནམ་མཁའ་ལ་འཕྲོ་བ་དང་། མེ་འབར་བ་དང་། མ་ཧེ་དང་མི་ནག་པོ་ཐུབ་པ་དང་། དགེ་སློང་དང་དགེ་སློང་མའི་དགེ་འདུན་མཐོང་བ་དང་། འོ་མ་འབྱུང་བའི་ཤིང་དང་། གླང་པོ་ཆེ་དང་ཁྱུ་མཆོག་དང་རི་དང་སེང་གེའི་ཁྲི་དང་ཁང་བཟང་གི་སྟེང་དུ་འཛེགས་པ་དང་། ཆོས་ཉན་པ་ལ་སོགས་པ་རྨིས་ན་སྡིག་པ་དང་འབྲལ་བར་འགྱུར་ཏེ་ཞེས་སོ། །འོན་ཀྱང་དེ་ལ་རློམ་སེམས་སུ་མི་བྱའོ། །

སྒྲིབ་པ་ཉིད་གཟོད་མ་ནས་རང་བཞིན་གྱིས་དག་པར་མཐོང་ཞིང་སྒྲིབ་པའི་

རང་བཞིན་ཉིད་ཆོས་ཐམས་ཅད་ཀྱི་རང་བཞིན་དུ་མཉམ་པར་མཐོང་ན་སྒྲིབ་པ་སྤྱང་དུ་མེད་དེ། **ལས་ཀྱི་སྒྲིབ་པ་རྣམ་དག་གི་མདོ་ལས།** དགེ་སློང་དྲི་མེད་འོད་ཕམ་པ་བྱུང་བ་ལ་སྟོན་པས། ཆོས་ཐམས་ཅད་སྒྱུ་མ་ལྟ་བུ་དང་། སྐད་ཅིག་མར་བསྟན་ཞིང་ཆོས་ཐམས་ཅད་ནི་བཏགས་པ་སྟེ་ཕྱིན་ཅི་ལོག་ལས་བྱུང་བའོ། །ཆོས་ཐམས་ཅད་ནི་ནམ་མཁའ་ལྟར་ཡོངས་སུ་དག་པ་སྟེ་དྲི་མ་མེད་པའོ། །ཞེས་སོགས་བསྟན་པས་བྱང་ཆུབ་ཏུ་སེམས་བསྐྱེད་ཅིང་། བསྐལ་པ་བཟང་པོའི་འོག་ཏུ་འཚང་རྒྱ་བར་ལུང་བསྟན་པ་དང་། ཡུལ་འདི་དག་ནི་དུག་མེད་སྟོང་པ་སྟེ། །དངོས་པོར་(༧༥ཁ)དམིགས་པ་ཐམས་ཅད་བཟུང་དུ་མེད། །ཅེས་སོགས་གསུངས་སོ། །

གཉིས་པ་གཞུང་དོན་ལ་བཞི། རྣམ་པ་སྲུན་དབྱུང་བ་དང་། རྟེན་བཟུང་བ་དང་། གཉེན་པོ་ལ་འབད་པ་དང་། སོར་ཆུད་པར་བྱ་བའོ། །

དང་པོ་(རྣམ་པར་སྲུན་དབྱུང་བ་)ལ་ཡང་བཞི། བྱས་པའི་རྣམ་གྲངས་ལ་བརྟགས་ནས་འགྱོད་པ་སྐྱེད་པ། མྱུར་དུ་འཆི་བར་དོགས་པས་སྲུན་འབྱིན་པ། དོན་མེད་པར་བརྟགས་པས་སྲུན་འབྱིན་པ། རྣམ་སྨིན་ལ་འཇིགས་པས་སྲུན་དབྱུང་བའོ། །

དང་པོ་(བྱས་པའི་རྣམ་གྲངས་ལ་བརྟགས་ནས་འགྱོད་པ་བསྐྱེད་པ་)ནི།

ཕྱོགས་རྣམས་ཀུན་ན་བཞུགས་པ་ཡི། །
རྫོགས་སངས་རྒྱས་དང་རྒྱལ་བའི་སྲས། །
ཐུགས་རྗེ་ཆེན་པོ་མངའ་རྣམས་ལ། །
ཐལ་མོ་སྦྱར་ཏེ་གསོལ་བ་ནི། ༢༧ །
ཐོག་མ་མེད་ལྡན་འཁོར་བ་ནས། །
ཚེ་རབས་འདིའམ་གཞན་དག་ཏུ། །
བདག་གིས་མ་འཚལ་སྡིག་བགྱིས་པའམ། །
བགྱིད་དུ་བསྩལ་བ་ཉིད་དང་ནི། ༢༨ །

གཏི་མུག་འཁྲུལ་བས་བདག་ནོན་ཏེ། །
རྗེས་སུ་ཡི་རང་གང་བགྱིས་པ། །
ནོངས་པ་དེ་ནི་འགྱོད་བགྱིས་ནས། །
བསམ་པ་ཐག་པས་མགོན་ལ་འཆགས། ༩ །
བདག་གིས་དཀོན་མཆོག་གསུམ་དང་ནི། །
ཕ་མའམ་བླ་མ་གཞན་དག་ལ། །
ཉོན་མོངས་སྒོ་ནས་ལུས་ངག་དང་། །
ཡིད་ཀྱིས་གནོད་བགྱིས་གང་ལགས་དང་། ༡༠ །
ཉེས་པ་དུ་མའི་སྐྱོན་ཆགས་པའི། །
སྡིག་ཅན་བདག་གིས་སྡིག་པ་གང་། །
ཤིན་ཏུ་མི་བཟད་བགྱིས་པ་དེ། །
ཐམས་ཅད་འདྲེན་པ་རྣམས་ལ་འཆགས། ༡༡ །

ཞེས་གསུངས་ཏེ། བདག་གིས་མ་འཚལ་ཞེས་པ་ནི་བདག་ཉིད་གཏི་མུག་ཆེན་པོར་བསྟན་ཏོ། །བགྱིད་པ་ནི་རང་གིས་སྒོ་གསུམ་གྱིས་སོ། །བགྱིད་དུ་བཅུལ་བ་ནི་ངག་དང་ཡིད་ཀྱིས་གཞན་བྱེད་དུ་བཅུག་པའོ། །ཡི་རང་བ་ནི་གཞན་གྱིས་སྡིག་པ་བྱས་པ་ལ་ཡིད་ཀྱིས་དགའ་བར་བྱེད་པའོ། །འགྱོད་བགྱིས་ནས་ཞེས་པ་ནི་དམྱལ་བ་ལ་སོགས་པར་མི་དགེ་བའི་རྣམ་སྨིན་ཐོས་པས་འཇིགས་པའོ། །དེ་ལ་དཀོན་མཆོག་གསུམ་ནི་བླ་ན་མ་མཆིས་པའི་ཞིང་དང་། ཕ་ལ་སོགས་པ་ནི་ཕན་(༡༡ན) བཏགས་པའི་ཞིང་ཡིན་ཏེ། དེ་ལ་གནོད་པས་ནི་སྡུག་བསྔལ་གྱི་རྣམ་པར་སྨིན་པ་རྒྱ་ཆེ་ཞིང་དྲག་པ་ཡིན་པའི་ཕྱིར་རོ། །ཁྱད་པར་དགེ་འདུན་གྱི་རྫས་གང་ཟག་གིས་མ་བྱིན་པར་ལེན་པ་ནི། ཆེས་ལྕི་སྟེ་གལ་ཏེ་ཞལ་དུ་འདུ་བའི་སྒོ་ཞིག་ཡིན་ན། འདི་ནི་རྣམ་སྨིན་མ་སྨྱོང་བར་མི་འདག་པར་དྲན་པ་ཉེར་བཞག་ལས་གསུངས་སོ། །མི་

བཟོད་པ་ནི་མེ་སྟག་ལས་མེ་ཆེན་མཆེད་པ་ལྟ་བུ་སྟེ་རྒྱུའི་དུས་ན་ཆུང་ཡང་རྣམ་སྨིན་གྱི་དུས་ན་འཇིགས་སུ་རུང་བའི་ཕྱིར་རོ། །

གཉིས་པ་(མྱུར་དུ་འཆི་བར་དོགས་པས་སྲུན་འབྱིན་པ་)ནི།

བདག་ནི་སྡིག་པ་མ་བྱང་བའི། །
སྔོན་དུ་འགུམ་པར་འགྱུར་དུ་མཆི། །
ཇི་ལྟར་འདི་ལས་ངེས་ཐར་བར། །
མྱུར་བའི་ཚུལ་གྱིས་བསྐྱབ་ཏུ་གསོལ། ༣༢ །
ཡིད་བརྟན་མི་རུང་འཆི་བདག་འདི། །
བྱས་དང་མ་བྱས་མི་སྡོད་པས། །
ན་དང་མི་ན་ཀུན་གྱི་ཡང་། །
གློ་བུར་ཚེ་ལ་ཡིད་མི་བརྟན། ༣༣ །

ཞེས་གསུངས་ཏེ། འཆི་བའི་དུས་མ་ངེས་པས་སྡིག་པ་མ་བྱང་བར་ཤི་དོགས་པའོ། །

གསུམ་པ་(དོན་མེད་པར་བརྟགས་པས་སྲུན་འབྱིན་པ་)ནི།

ཐམས་ཅད་བོར་ཏེ་ཆ་དགོས་པ། །
བདག་གིས་དེ་ལྟར་མ་ཤེས་ནས། །
མཛའ་དང་མི་མཛའི་དོན་གྱི་ཕྱིར། །
སྡིག་པ་རྣམ་པ་སྣ་ཚོགས་བྱས། ༣༤ །
མི་མཛའ་རྣམས་ཀྱང་མེད་འགྱུར་ཞིང་། །
མཛའ་བ་རྣམས་ཀྱང་མེད་པར་འགྱུར། །
བདག་ཀྱང་མེད་པར་འགྱུར་བ་སྟེ། །
དེ་བཞིན་ཐམས་ཅད་མེད་པར་འགྱུར། ༣༥ །

སྐྱི་ལམ་ཉམས་སུ་མྱོང་བ་བཞིན། །

དངོས་པོ་གང་དང་གང་སྤྱད་པ། །

དེ་དེ་དྲན་པའི་ཡུལ་དུ་འགྱུར། །

འདས་པ་ཐམས་ཅད་མཐོང་མི་འགྱུར། ༣༦ །

རེ་ཞིག་གསོན་ཚེ་འདི་ཉིད་ལ་འང་། །

མཛའ་དང་མི་མཛའ་དུ་མ་འདས། །

དེ་དག་དོན་དུ་བྱས་པའི་སྡིག །

མི་བཟད་གང་ཡིན་མདུན་ན་གནས། ༣༧ །

དེ་ལྟར་བདག་ནི་གློ་བུར་ཞེས། །

བདག་གིས་རྟོགས་པར་མ་གྱུར་བས། །

གཏི་མུག་ཆགས་དང་ཞེ་སྡང་གིས། །

སྡིག་པ་རྣམ་པ་དུ་མ་བྱས། ༣༨ །

ཞེས་གསུངས་ཏེ། ཅིའི་ཆེད་དུ་བྱས་ཞེ་ན། ཐམས་ཅད་བོར་ནས་རང་གཅིག་པུར་འགྲོ་དགོས་(༧༧བ)པ་མ་ཤེས་པར་མཛའ་བ་སྐྱོང་བ་དང་། མི་མཛའ་བ་གཞོམ་པའི་དོན་དུ་བྱས་སོ། །སུའི་ཆེད་དུ་བྱས་པ་དེས་མྱོང་ངོ་ཞེ་ན། དེ་དག་ཐམས་ཅད་མེད་པར་གྱུར་ཀྱང་རྣམ་སྨིན་ནི་རང་གི་མདུན་ལྟ་བུ་ཕྱི་མའི་སེམས་པོ་ན་ལ་གནས་སོ། །

བཞི་པ་(རྣམ་སྨིན་ལ་འཇིགས་པས་སྲུན་དབྱུང་བ་)ནི།

ཉིན་མཚན་སྡོད་པ་ཡོང་མེད་པར། །

ཚེ་འདི་རྟག་ཏུ་གོད་འགྱུར་ཞིང་། །

སྣོན་པ་གུད་ནས་ཡོང་མེད་ན། །

བདག་ལྟ་འཆི་བར་ཅིས་མི་འགྱུར། ༣༩ །

བདག་ནི་མལ་ན་འདུག་བཞིན་དུ། །
གཉེན་བཤེས་ཀུན་གྱིས་མཐའ་བསྐོར་ཡང་། །
སྲོག་འཆད་པ་ཡི་ཚོར་བ་དག །
བདག་ཉིད་གཅིག་པུས་མྱོང་བར་འགྱུར། ༥༠ །
གཤིན་རྗེའི་ཕོ་ཉས་ཟིན་པ་ལ། །
གཉེན་གྱིས་ཅི་ཕན་བཤེས་ཅི་ཕན། །
དེ་ཚེ་བསོད་ནམས་གཅིག་སྐྱབ་ན། །
དེ་ཡང་བདག་གིས་མ་བསྟེན་ཏོ། ༥༡ །
མགོན་པོ་བག་མེད་བདག་གིས་ནི། །
འཇིགས་པ་འདི་འདྲ་མ་འཚལ་ནས། །
མི་རྟག་ཚེ་འདིའི་ཆེད་དག་ཏུ། །
སྡིག་པ་མང་པོ་ཉེ་བར་བསྒྲུབས། ༥༢ །
སྐྱེ་བོ་ཡན་ལག་གཅོད་པའི་སར། །
དེ་རིང་ཁྲིད་པའང་བྲེད་འགྱུར་ཏེ། །
ཁ་སྐམ་མིག་རྩ་ངན་ལ་སོགས། །
སྔ་ལས་གཞན་དུ་འགྱུར་སྣང་ན། ༥༣ །
གཤིན་རྗེའི་ཕོ་ཉ་འཇིགས་འཇིགས་ལྟའི། །
ཤ་ཚུགས་ཅན་གྱིས་བཟུང་གྱུར་ཅིང་། །
འཇིགས་ཆེན་ནད་ཀྱིས་ཐེབས་གྱུར་པ། །
རབ་ཏུ་ཉམ་ཐག་སྨོས་ཅི་དགོས། ༥༤ །
སུ་ཞིག་འཇིགས་ཆེན་འདི་ལས་བདག །
ལེགས་པར་སྐྱོབ་པར་བྱེད་འགྱུར་ཞེས། །

བྲིད་ཤ་འཐོན་པའི་མིག་བགྲད་ནས། །

ཕྱོགས་བཞིར་སྐྱབས་དག་ཚོལ་བར་བྱེད། ༥ །

ཕྱོགས་བཞིར་སྐྱབས་མེད་མཐོང་ནས་ནི། །

དེ་ནས་ཀུན་ཏུ་ཡི་མུག་འགྱུར། །

གནས་དེར་སྐྱབས་ཡོད་མ་ཡིན་ན། །

དེ་ཚེ་བདག་ནི་ཇི་ལྟར་བྱ། ༦ །

ཞེས་གསུངས་ཏེ། དེ་ཡང་མྱུར་དུ་འཆི་ངེས་པ། འཆི་ཀའི་གནད་གཅོད། དེའི་ཚེ་དགེ་བ་མ་བསྒྲུབས་པར་འགྱོད་པར་འགྱུར་བ། སྡིག་པ་སྤྱད་པས་འགྱོད་པར་འགྱུར་བ། འཆི་བ་ལ་སྐྲག་པར་རིགས་པ། ཀུན་ཏུ་(༧༢ན)སྐྱབས་ཚོལ་བ། སྐྱབས་མ་རྙེད་ནས་སྡུག་བསྔལ་བ་རྣམས་རིམ་པ་ལྟར་ཚིགས་བཅད་རེས་བསྟན་ཞིང་། ལྔ་པ་ཚིགས་བཅད་གཉིས་ཀྱིས་བསྟན་ཏོ། །

གཉིས་པ་རྟེན་གྱི་སྟོབས་ནི།

དེ་བས་རྒྱལ་བ་འགྲོ་བའི་མགོན། །

འགྲོ་བ་སྐྱོབ་པའི་དོན་བརྩོན་པ། །

སྟོབས་ཆེན་འཇིགས་པ་ཀུན་སེལ་ལ། །

དེ་རིང་ཉིད་ནས་སྐྱབས་སུ་མཆི། ༧ །

དེ་ཡིས་ཐུགས་སུ་ཆུད་པའི་ཆོས། །

འཁོར་བའི་འཇིགས་པ་སེལ་བ་དང་། །

བྱང་ཆུབ་སེམས་པའི་ཚོགས་ལ་ཡང་། །

དེ་བཞིན་ཡང་དག་སྐྱབས་སུ་མཆི། ༨ །

བདག་ནི་འཇིགས་པས་རྣམ་སྐྲག་ནས། །

ཀུན་ཏུ་བཟང་ལ་བདག་ཉིད་འབུལ། །

འཇམ་པའི་དབྱངས་ལའང་བདག་ཉིད་ཀྱིས། །
བདག་གི་ལུས་འདི་དབུལ་བར་བགྱི། ༤༩ །
ཐུགས་རྗེས་སྤྱོད་པ་མ་འཁྲུལ་བ། །
སྤྱན་རས་གཟིགས་མགོན་དེ་ལ་ཡང་། །
ཉམ་ཐག་ང་རོས་འོ་དོད་འབོད། །
སྡིག་ལྡན་བདག་ལ་སྐྱབ་ཏུ་གསོལ། ༥༠ །
འཕགས་པ་ནམ་མཁའི་སྙིང་པོ་དང་། །
ས་ཡི་སྙིང་པོ་དག་དང་ནི། །
ཐུགས་རྗེ་ཆེ་མགོན་ཐམས་ཅད་ལ། །
སྐྱབས་ཚོལ་སྙིང་ནས་འོ་དོད་འབོད། ༥༡ །
གང་ཞིག་མཐོང་ནས་གཤིན་རྗེ་ཡི། །
ཕོ་ཉ་ལ་སོགས་སྡང་བ་རྣམས། །
སྐྲག་ནས་ཕྱོགས་བཞིར་འབྱེར་བྱེད་པ། །
རྡོ་རྗེ་ཅན་ལ་སྐྱབས་སུ་མཆི། ༥༢ །
སྔོན་ཆད་ཁྱེད་ཀྱི་བཀའ་ལས་འདས། །
ད་ནི་འཇིགས་པ་ཆེ་མཐོང་ནས། །
ཁྱེད་ལ་སྐྱབས་སུ་མཆི་ལགས་ཀྱིས། །
འཇིགས་པ་མྱུར་དུ་བསལ་དུ་གསོལ། ༥༣ །

ཞེས་གསུངས་ཏེ། དེ་ལྟ་བུ་འབྱུང་བར་ངེས་པ་སྐྱེས་པས་འཇིགས་ཤིང་སྐྲག་པ་དང་། སྐྱབས་གཞན་མ་རྙེད་པས་སྡུག་བསྔལ་བ་དང་། སྐྱབས་ལ་ཡིད་ཆེས་པའི་བློ་བཅོས་མིན་གྱིས་ད་ལྟ་ནས་སངས་རྒྱས་དང་ཆོས་དང་། བྱང་ཆུབ་སེམས་དཔའི་ཚོགས་ལ་ཅི་བྱ་མཚང་བརྣག་གི་ཚུལ་གྱིས་སྐྱབས་སུ་འགྲོ་ཞིང་། ཁྱད་པར་དུ་སངས་

རྒྱས་མཐའ་ཡས་པའི་བསོད་ནམས་བ་སྤུའི་ཁུང་བུ་(༧༢བ)ལ་གནས་ཀྱང་སྨོན་ལམ་གྱི་དབང་གིས་བྱང་ཆུབ་སེམས་དཔར་སྟོན་པ་ཀུན་ཏུ་བཟང་པོ་དང་། ད་ལྟར་ཕྱོགས་བཅུའི་སངས་རྒྱས་ཕལ་མོ་ཆེ་ཞིག་འཇམ་དཔལ་གཞོན་ནུར་གྱུར་པས་སྟོན་བྱང་ཆུབ་ཏུ་བསྐུལ་བ་ཡིན་པས་སངས་རྒྱས་མཐའ་ཡས་པའི་བླ་མར་གྱུར་ཀྱང་། བྱང་ཆུབ་སེམས་དཔའི་ཚུལ་ལས་མི་གཡོ་བ་འཇམ་དཔལ་དང་། མཚན་ཐོས་པ་ཙམ་གྱིས་སྡུག་བསྔལ་ཐམས་ཅད་སྐྱོབ་པར་སྨོན་ལམ་བཏབ་སྟེ་མཚན་བྱིན་གྱིས་བརླབས་པ་སྤྱན་རས་གཟིགས་དབང་ཕྱུག་དང་། བྱང་ཆུབ་སེམས་དཔའ་ཐམས་ཅད་ཀྱི་ལྟུང་བ་སེལ་བའི་སྨོན་ལམ་ཅན་ནམ་མཁའི་སྙིང་པོ་དང་། བདུད་ཀྱིས་མི་འབྲུགས་པ་སའི་སྙིང་པོ་དང་། གང་མཐོང་བ་ཙམ་གྱིས་བདུད་དང་གཤེན་རྗེའི་དཔུང་མཐར་བྱེད་པ་ཕྱག་ན་རྡོ་རྗེ་དང་། ལ་སོགས་པས་བྱམས་པ་དང་སྒྲིབ་པ་ཐམས་ཅད་རྣམ་པར་སེལ་བ་ལ་སོགས་བྱང་ཆུབ་སེམས་དཔའ་ཐུགས་རྗེ་ཅན་དེ་རྣམས་ལ་སྐྱབས་སུ་མཆི་ཞིང་ལུས་ཕུལ་ཏེ་གསོལ་བ་འདེབས་པའོ། །བདག་ཉིད་འབུལ་ཞེས་དང་། བདག་ཉིད་ཀྱིས་ཞེས་པ་ནི་གཞན་གྱིས་བྱེད་དུ་བཅུག་པ་སོགས་མ་ཡིན་པར་རང་ཉིད་པོ་ནས་སེམས་ཐག་པ་ནས་སྐྱབས་སུ་གསོལ་ཏེ། སྟོན་ཆད་སྡིག་པ་ཅི་ཡང་མི་བྱ་སྟེ། །ཞེས་སོགས་ཀྱི་ཁྱིད་ཀྱི་བཀའ་ལས་འདས་མོད་ཀྱང་། ད་ནི་ནམ་དུ་ཡང་བཀའ་ལས་མི་འདའ་བས་བདག་རྗེས་སུ་ཟུང་ཞིག་པའོ། །གོང་དུ་བྱང་ཆུབ་སྙིང་པོར་སོགས་ཀྱིས་སྐྱབས་སུ་སོང་བ་ནི་ལམ་ཐམས་ཅད་ཀྱི་གཞིའི་སྐྱབས་འགྲོ་དངོས་བཟུང་བ་ཡིན་ལ། འདི་ནི་རྐྱེན་གྱི་སྟོབས་སུ་བློ་བུར་གྱི་འཇིགས་པས་དཀོན་མཆོག་ར་མདར་སྦྲན་པ་ཡིན་པས་ཟློས་པའི་སྐྱོན་མེད་དོ། །

གསུམ་པ་(གཉེན་པོ་ལ་འབད་པ་)ནི།

ཐ་མལ་ནད་ཀྱིས་འཇིགས་ན་ཡང་། །
སྨན་པའི་ངག་བཞིན་བྱ་དགོས་ན། །

འདོད་ཆགས་ལ་སོགས་ཉེས་བརྒྱ་ཡི། །
ནད་ཀྱིས་ཧྲག་བཏབ་སྐྱོམས་ཅི་དགོས། ༥༤ །
དེ་གཅིག་གིས་ཀྱང་འཛམ་གླིང་ན། །
གནས་པའི་མི་ཀུན་(༧)(ན)ནྲག་བྱེད་ལ། །
དེ་དག་གསོ་བའི་སྨན་གཞན་ནི། །
ཕྱོགས་རྣམས་ཀུན་ནས་མི་རྙེད་ན། ༥༥ །
དེ་ལ་སྨན་པ་ཐམས་ཅད་མཁྱེན། །
ཟུག་རྔུ་ཐམས་ཅད་འབྱིན་པ་ཡི། །
བཀའ་ལྟར་མི་བྱེད་སེམས་པ་ནི། །
ཤིན་ཏུ་གཏི་མུག་སྨད་པའི་གནས། ༥༦ །
གཡང་ས་ཐ་མལ་ཆུང་ངུ་ལའང་། །
བག་ཡོད་གནས་པར་བྱ་དགོས་ན། །
དཔག་ཚད་སྟོང་དུ་ལྷུང་བ་ཡི། །
ཡུན་རིང་གཡང་ས་སྐྱོམས་ཅི་དགོས། ༥༧ །
དེ་རིང་ཁོ་ན་མི་འཆི་ཞེས། །
བདེ་བར་འདུག་པ་རིགས་མ་ཡིན། །
བདག་ནི་མེད་པར་འགྱུར་བའི་དུས། །
དེ་ནི་གདོན་མི་ཟ་བར་འབྱུང་། ༥༨ །
བདག་ལ་མི་འཇིགས་སུ་ཡིས་བྱིན། །
འདི་ལས་ཇི་ལྟར་ངེས་ཐར་འགྱུར། །
གདོན་མི་ཟ་བར་མེད་འགྱུར་ན། །
ཅི་ཕྱིར་བདག་ཡིད་བདེ་བར་འདུག ༥༩ །

ཅེས་གསུངས་ཏེ། ཅིའི་ཕྱིར་བཀའ་ལས་མི་འདའ་ཞེ་ན། ཚོགས་བཅད་དང་པོའོ། །ཉོན་མོངས་པའི་ནད་ནི་ཤིན་ཏུ་འཇིགས་པར་སྟོན་པ་ལ་གཉིས་པའོ། །སྨན་པ་སངས་རྒྱས་གཅིག་པུར་སྟོན་པ་ནི་གསུམ་པའོ། །གཡང་སའི་དཔེས་བཟློས་ཏེ་བསྟན་པ་ནི་བཞི་པའོ། །སྡིག་པ་སྦྱོང་བ་ལས་རིངས་པའི་བྱ་བ་གཞན་མེད་པར་སྟོན་པ་ནི་ཤློ་ཀ་གཉིས་སོ། །

བཞི་པ་(སོར་ཆུད་པར་བྱ་བ་)ནི།

སྡོན་ཚད་སྒྲོང་སྐེ་ཞིག་པ་ལས། །
བདག་ལ་ལྷག་པ་ཅི་ཡོད་ན། །
བདག་ནི་དེ་ལ་མངོན་ཞེན་ནས། །
བླ་མའི་བཀའ་དང་འགལ་བར་བྱས། ༤༠ །
གསོན་ཚེ་འདི་དང་དེ་བཞིན་དུ། །
གཉེན་དང་བཤེས་པ་རྣམ་སྤངས་ནས། །
གཅིག་པུར་ག་ཤེད་འགྲོ་དགོས་ན། །
མཛའ་དང་མི་མཛའ་ཀུན་ཅི་རུང་། ༤༡ །
མི་དགེ་བ་ལས་སྡུག་བསྔལ་འབྱུང་། །
དེ་ལས་ཇི་ལྟར་ངེས་ཐར་ཞེས། །
ཉིན་མཚན་རྟག་ཏུ་བདག་གིས་ནི། །
འདི་ཉིད་འབའ་ཞིག་བསམ་པར་རིགས། ༤༢ །
བདག་ནི་མི་ཤེས་གཏི་མུག་པས། །
རང་བཞིན་ཁ་ན་མ་ཐོའམ། །
བཅས་པའི་སྡིག་པ་གང་ཡིན་ལས། །
གང་ཡང་རུང་བ་བགྱིས་པ་རྣམས། ༤༣ །

མགོན་པོའི་སྤྱན་སྔར་མངོན་(༧(ཁ)སུམ་དུ། །
ཐལ་སྦྱར་སྡུག་བསྔལ་འཇིགས་སེམས་ཀྱིས། །
ཡང་དང་ཡང་དུ་ཕྱག་འཚལ་ཏེ། །
དེ་དག་ཐམས་ཅད་འཆགས་པར་བགྱི། ༦༨ །
འདྲེན་པ་རྣམས་ཀྱིས་བདག་གི་སྡིག །
ཉེས་པ་ལགས་པར་བཟུང་དུ་གསོལ། །
འདི་ནི་བཟང་པོ་མ་ལགས་པས། །
སླན་ཆད་བདག་ནི་ཡོང་མི་བགྱིད། ༦༩ །

ཅེས་གསུངས་ཏེ། ཚིགས་བཅད་དང་པོ་གསུམ་གྱིས་འགྱོད་པའི་རྒྱུ་མཚན་བསམ། བཞི་པ་དང་། ལྔ་པ་དང་། ཚིགས་བཅད་ཕྱེད་ཀྱིས་མཐོལ་ཞིང་བཤགས། དེ་ནས་ཕྱེད་ཀྱིས་སླན་ཆད་སྡོམ་པར་དམ་བཅས་པའོ། །

བྱང་ཆུབ་སེམས་དཔའི་སྤྱོད་པ་ལ་འཇུག་པ་ལས། སྡིག་པ་བཤགས་པ་གཙོ་བོར་སྟོན་པའི་ལེའུ་སྟེ་གཉིས་པ་རྣམ་པར་ཕྱེ་བའོ།། །།

ལེའུ་གསུམ་པ། བྱང་ཆུབ་ཀྱི་སེམས་ཡོངས་སུ་བཟུང་བ།

ལེའུ་གསུམ་པ་ལ་འབྲེལ་ནི་བཤགས་པའི་འོག་ཏུ་ཡི་རང་སོགས་འབྱུང་བར་འབྲེལ་ལོ། །དེས་ན་བཞི་པ་རྗེས་སུ་ཡི་རང་ལ། སྤྱི་གཞུང་གཉིས།

དང་པོ་(སྤྱི་དོན་)ལ་ངོ་བོ་ནི། རང་གཞན་གྱིས་བྱས་པའི་དགེ་བ་ལ་རབ་ཏུ་དགའ་ཞིང་ཡི་རངས་པའི་བློའོ། །

དབྱེ་ན། རྒྱུ་དགེ་བ་ལ་རྗེས་སུ་ཡི་རང་བ་དང་འབྲས་བུ་བདེ་བ་ལ་རྗེས་སུ་ཡི་རང་བ་སྟེ་གཉིས་སམ། ཡི་རང་བྱའི་དགེ་བས་ཕྱེ་ན་རྣམ་པ་དྲུ་མར་འགྱུར་རོ། །

སྒོམ་ཚུལ་ནི། **འགྲེལ་ཆེན་ལས།** རྗེས་སུ་ཡི་རང་བ་ནི་གསུམ་སྟེ་ལུས་ངག་ཡིད་ཀྱིས་སོ། །ལུས་ཀྱིས་ནི་བ་སྤུ་ལྡང་བ་མཆི་མ་འཁྲུགས་པ་ལུས་འདར་བ་ལ་སོགས་པས་སོ། །ངག་གིས་ནི་ལེགས་པར་བྱས་སོ། །རབ་ཏུ་བྱས་སོ། །བཟང་པོ་ཞིག་བྱས་སོ། །ཞེས་བརྗོད་ཅིང་ཡི་རང་བར་བྱེད་པའོ། །སེམས་ཀྱིས་ནི་སེམས་རབ་ཏུ་དང་བས་ཡང་དག་པར་དགའ་བར་བྱེད་པའོ། །ཞེས་སོ། །

ཕན་ཡོན་ནི། ཕ་རོལ་གྱི་དགེ་བ་ལས་ཆེས་ལྷག་པ་འཐོབ་པ་སྟེ་རྒྱལ་པོ་གསལ་རྒྱལ་གྱིས་ཉིན་བདུན་དུ་སྟོན་པ་འཁོར་བཅས་ལ་བསྙེན་བཀུར་བ་ལ་མུ་ཏོ་བ་ཞིག་གིས་རྗེས་སུ་ཡི་རང་བར་བྱས་པས་སྟོན་(༡༠ན)པས་རྒྱལ་པོ་ཁྱོད་ཀྱི་དགེ་བ་བསྔོའམ། ཁྱོད་ཀྱི་འདི་ལ་བསྙེན་ནས་འདི་ལས་ཆེས་ལྷག་པའི་བསོད་ནམས་ཐོབ་པ་དེའི་དགེ་བ་བསྔོ། །ཞེས་གསུངས་པ་ན་བདག་གི་འདི་ལས་ཆེས་ལྷག་པ་སུ་ཞིག་སྙམ་ནས་དེ་བསྔོ་བར་ཞུས་པས་མུ་ཏོ་བས་རྗེས་སུ་ཡི་རང་བསྒོམས་པའི་དགེ་བ་བསྔོ་བར་མཛད་ལ། ཉིན་བདུན་པ་ལ་བློན་པོ་རྣམས་ཀྱིས་མུ་ཏོ་བ་

སེམས་འཕྲུག་ཏུ་བཙུག་པས་རྒྱལ་པོའི་དགེ་བ་བསྔོ་བར་མཛད་པར་གསུངས་པ་དང་། མི་ལྡོག་བྱང་ཆུབ་མཆོག་ལ་རབ་ཏུ་ཞུགས་པ་ཡི། །སེམས་བསྐྱེད་པ་ལ་བསམ་པ་ཐག་པས་ཡི་རང་བ། །སྟོང་གསུམ་རི་རབ་སྲང་ལ་གཞལ་ཡང་ཚད་བཟུང་ཙུང་། །རྗེས་སུ་ཡི་རང་དགེ་བ་དེ་ནི་དེ་ལྟ་མིན། །དགེ་བ་དོན་གཉེར་ཕན་འདོད་སེམས་ཅན་ཇི་སྙེད་པ། །ཀུན་གྱི་བསོད་ནམས་ཕུང་པོ་ལ་ཡང་ཡི་རང་འགྱུར། །ཞེས་དང་། སྲིད་པ་གསུམ་ན་སེམས་ཅན་མ་ལུས་ཇི་སྙེད་པ། །ཡོངས་སུ་བརྟག་པ་བཟུང་སྟེ་དེ་དག་ཐམས་ཅད་ཀྱིས། །འཇིག་རྟེན་མཁྱེན་པ་སངས་རྒྱས་དགྲ་བཅོམ་རང་རྒྱལ་ལ། །བསྐལ་པ་མཐའ་ཡས་སྦྱིན་བྱིན་ཉན་ཐོས་ལེགས་ཚོལ་ན། །བྱང་ཆུབ་སེམས་དཔའ་མཁས་པ་ཐབས་མཁས་གང་ཞིག་གིས། །དེ་དག་བསོད་ནམས་བྱ་བའི་དངོས་ལ་ཡི་རང་ནས། །སེམས་ཅན་དོན་དུ་བྱང་ཆུབ་མཆོག་རབ་ཡོངས་བསྔོ་ན། །ཡོངས་སུ་བསྔོས་པས་དགེ་བ་དེ་ཀུན་ཟིལ་གྱིས་གནོན། །ནོར་བུ་འཆིང་བུའི་ཕུང་པོ་ཆེན་པོར་གྱུར་པ་ཡང་། །རིན་ཆེན་བཻཌཱུརྱ་གཅིག་དེ་ཀུན་ཟིལ་གྱིས་གནོན། །དེ་བཞིན་འགྲོ་ཀུན་སྦྱིན་པའི་ཕུང་པོ་རྒྱ་ཆེན་ཀུན། །རྗེས་སུ་ཡི་རང་བྱང་ཆུབ་སེམས་དཔས་ཟིལ་གྱིས་གནོན། །ཞེས་ཁམས་གསུམ་གྱི་སེམས་ཅན་ཐམས་ཅད་ཉན་ཐོས་ཀྱི་ལམ་དུ་ཞུགས་ནས་སངས་རྒྱས་དང་རང་སངས་རྒྱས་དང་དགྲ་བཅོམ་པ་རྣམས་ལ་མཆོད་པ་བྱེད་ཅིང་ཉན་ཐོས་ཀྱི་བྱང་ཆུབ་ཏུ་བསྔོ་བ་རེ་རེ་ཞིང་བྱེད་ལ་བྱང་ཆུབ་སེམས་དཔས་(༡༠བ)དེ་ཐམས་ཅད་ལ་ཡི་རང་བ་གཅིག་བསྒོམས་ནས་དེའི་དགེ་བ་སངས་རྒྱས་སུ་བསྔོས་པས་སྔ་མ་དེ་ཐམས་ཅད་ཟིལ་གྱིས་གནོན་ནུས་པར་དཔེ་དང་བཅས་ནས་བཤད་པའི་ཕྱིར་རོ། །

གཉིས་པ་(གཞུང་)ནི།

སེམས་ཅན་ཀུན་གྱི་ངན་སོང་གི། །
སྡུག་བསྔལ་ངལ་བསོའི་དགེ་བ་དང་། །

སྡུག་བསྔལ་ཅན་དག་བདེར་གནས་ལ། །
དགའ་བས་རྗེས་སུ་ཡི་རང་ངོ་། ༡ །
བྱང་ཆུབ་རྒྱུར་གྱུར་དགེ་བསགས་པ། །
དེ་ལ་རྗེས་སུ་ཡི་རང་ངོ་། །
ལུས་ཅན་འཁོར་བའི་སྡུག་བསྔལ་ལས། །
ངེས་པར་ཐར་ལ་ཡི་རང་ངོ་། །
སྐྱོབ་པ་རྣམས་ཀྱི་བྱང་ཆུབ་དང་། །
རྒྱལ་སྲས་ས་ལའང་ཡི་རང་ངོ་། ༢ །
སེམས་ཅན་ཐམས་ཅད་བདེ་མཛད་པའི། །
ཐུགས་བསྐྱེད་དགེ་བ་རྒྱ་མཚོ་དང་། །
སེམས་ཅན་ཕན་པར་མཛད་པ་ལ། །
དགའ་བས་རྗེས་སུ་ཡི་རང་ངོ་། ༣ །

ཞེས་གསུངས་ཏེ། རྒྱུ་བསོད་ནམས་ཆ་མཐུན་དང་། དེའི་འབྲས་བུ་མངོན་མཐོའི་བདེ་བ། ཐར་པ་ཆ་མཐུན་གྱི་དགེ་བ། ཉན་རང་གི་བྱང་ཆུབ། ཐེག་ཆེན་གྱི་འབྲས་བུ་སངས་རྒྱས་དང་ས་བཅུ། རྒྱུ་ཐེག་ཆེན་གྱི་ལམ་སྒྲུབ་པ་རྣམས་ལ་སྔ་མ་རྣམས་ཚིག་རྐང་གཉིས་རེ་དང་ཐ་མ་ཤློ་ཀ་གཅིག་གིས་བསྟན་པ་ཡིན་ནོ། །

ལྔ་པ་(བསྐུལ་བ་)ནི།

ཕྱོགས་རྣམས་ཀུན་གྱི་སངས་རྒྱས་ལ། །
ཐལ་མོ་སྦྱར་ཏེ་གསོལ་བ་ནི། །
སེམས་ཅན་སྡུག་བསྔལ་མུན་འཐོམས་ལ། །
ཆོས་ཀྱི་སྒྲོན་མེ་སྦར་དུ་གསོལ། ༤ །

ཞེས་གསུངས་ཏེ། ཕྱོགས་བཅུའི་སངས་རྒྱས་གང་ད་ལྟར་མངོན་པར་རྫོགས་

པར་སངས་རྒྱས་ནས། སུ་ལ་བསྟན་ཀྱང་གོ་བར་མི་ནུས་པས། །ཞེས་གསུངས་པ་ལྟ་བུ། གཞན་གྱིས་རྟོགས་དཀའ་བར་མཁྱེན་པ་དང་། དམ་པའི་ཆོས་ནི་སངས་རྒྱས་ཉིད་ལས་དཀོན་པར་སྟོན་པ་དང་། དགེ་བ་བསྐྱེད་པའི་ཕྱིར་གཞན་གྱིས་གསོལ་བ་འདེབས་སུ་གཞུག་པའི་དུས་ལ་གཞིས་ཏེ་འོ་སྐོལ་གྱི་སྟོན་པས་སངས་རྒྱས་ནས་ཞག་ཞེ་དགུར་ཐུན་མོང་གི་གདུལ་བྱ་ལ་ཆོས་མ་བསྟན་པ་དང་། དེ་ནས། གཞན་གྱིས་གསོལ་བ་བཏབ་ལ་ང་མི་ལྟོས། །སྐྱེ་བོ་འདི་ཀུན་(༡༠)ཚངས་ལ་དད་པ་སྟེ། །དེ་ཡིས་གསོལ་བ་བཏབ་ནས་ཆོས་འཁོར་བསྐོར། །ཞེས་བསྟན་པ་ལྟར། སངས་རྒྱས་ཁ་ཅིག་དེ་བས་ཡུན་ཐུང་བ་དང་། ཁ་ཅིག་ལོ་མང་པོ་དང་སྐུ་ཚེ་རིང་བ་ལ་ལ་བསྐལ་པའི་བར་དང་། དེ་བཞིན་གཤེགས་པ་ལ་ལ་ལོ་དཔག་ཏུ་མེད་པར་བཞུགས་ཀྱང་ཆོས་མ་བསྟན་པར་མཐར་ཉིན་གཅིག་པོ་ན་ཆོས་བསྟན་ཏེ་མྱ་ངན་ལས་འདའ་བར་མཛད་པ་ཡང་གསུངས་པས་དེ་ལྟ་བུ་རྣམས་ལ་དད་པས་དམིགས་ཏེ་ཆོས་སྟོན་པར་གསོལ་བ་འདེབས་པ་ཐློ་ཀ་གཅིག་གོ། །འདིར་རང་ཚངས་པར་བསྒོམས་ཏེ་གསེར་གྱི་འཁོར་ལོ་ཕུལ་ནས་བསྐུལ་བར་མོས་ཞེས་ཟེར་བ་ནི་གསང་སྔགས་དང་བསྲེས་པ་སྟེ། འོན་ཀྱང་མོས་པའི་སྟོབས་ཙམ་གྱིས་ཡིན་ན་འགལ་བ་མེད་དོ། །

ལྔག་པ་(གསོལ་བ་)ནི།

རྒྱལ་བ་མྱ་ངན་འདའ་བཞེད་ལ། །
ཐལ་མོ་སྦྱར་ཏེ་གསོལ་བ་ནི། །
འགྲོ་འདི་ལྡོངས་པར་མི་འགོད་ཅིང་། །
བསྐལ་པ་གྲངས་མེད་བཞུགས་པར་གསོལ། ༥ །

ཞེས་གསུངས་ཏེ། ཆོས་ཀྱི་སྐུ་མྱ་ངན་ལས་འདའ་བ་མེད་ཀྱང་མཆོག་གི་སྤྲུལ་སྐུ་ནི་གདུལ་བྱ་ལ་དཀོན་པར་སྟོན་པ་དང་། རྟག་འཛིན་བཟློག་པ་དང་། སྐུ་གདུང་གྱིས་པའམ་རིལ་པོས་གདུལ་བ་རྣམས་ཀྱི་ཆེད་དང་། བཀའ་བསྡུ་བ་དང་བསྟན་པའི་

གནས་ཚད་སོགས་ཀྱི་ཁྲིན་ལས་ལྷག་མ་མང་པོ་སྟོན་དགོས་པའི་ཕྱིར་མྱ་ངན་ལས་འདའ་བ་ངེས་པར་སྟོན་ལ། དེ་ཡང་སྟོན་པས་ཀུན་དགའ་བོ་མྱ་ངན་ལས་མི་འདའ་བར་གསོལ་བ་འདེབས་སུ་གཞུག་པའི་ཕྱིར། ཀུན་དགའ་བོ་གང་ཛུ་འཕྲུལ་གྱི་རྐང་པ་བཞི་ལ་བསྟེན་བསྒོམས་མང་དུ་བྱས་པ་དེ་ནི་འདོད་ན་བསྐལ་པའམ་བསྐལ་པ་ལས་ལྷག་གི་བར་དུ་ཡང་འདུག་གོ། །དེ་བཞིན་གཤེགས་པས་ཀྱང་ཛུ་འཕྲུལ་གྱི་རྐང་པ་བཞི་ལ་བསྟེན་བསྒོམས་མང་དུ་མཛད་པས་བཞེད་ན་བསྐལ་པའམ་བསྐལ་པ་ལས་ལྷག་གི་བར་དུ་ཡང་བཞུགས་སོ། །ཞེས་ལན་གསུམ་གསུངས་ཀྱང་། ཀུན་དགའ་བོ་བདུད་ཀྱིས་ཟིན་པས་ཅི་ཡང་མ་གསོལ་བ་ན་ཉིན་མོར་སྤྱོད་(༧བ)དུ་སོང་ཞིག་ཅེས་གསུངས་པའི་འོག་ཏུ་སྡིག་ཅན་གྱིས་མྱ་ངན་ལས་འདའ་བར་གསོལ་བ་བཏབ། མགར་བའི་བུ་ཙུནྡས་མྱ་ངན་ལས་མི་འདའ་བར་གསོལ་བ་བཏབ་པས་གཉིས་ཀ་དགའ་བའི་ཕྱིར་སྐུ་ཚེའི་ཚད་ཟླ་བ་གསུམ་བྱིན་གྱིས་བརླབས་པ་ལྟ་བུ་སྟེ། ཕྱོགས་བཅུའི་སངས་རྒྱས་དེ་ལྟ་བུ་མཐའ་ཡས་པ་རྣམས་ལ་དམིགས་ཏེ་མྱ་ངན་ལས་མི་འདའ་བར་གསོལ་བ་གདབ་པ་ཀློ་ག་གཅིག་གོ །

བདུན་པ་བསྔོ་བ་ལ་གསུམ། བསྔོ་བ་དངོས། ལུས་སོགས་སེམས་ཅན་ལ་བཏང་བ། སྨོན་ལམ་རྒྱ་ཆེར་གདབ་པའོ། །

དང་པོ་(བསྔོ་བ་དངོས་)ནི།

དེ་ལྟར་འདི་དག་ཀུན་བྱས་ཏེ། །
དགེ་བ་བདག་གིས་གང་བསགས་པ། །
དེས་ནི་སེམས་ཅན་ཐམས་ཅད་ཀྱི། །
སྡུག་བསྔལ་ཐམས་ཅད་སེལ་བར་ཤོག[༨] །
འགྲོ་བ་ནད་པ་ཇི་སྲིད་དུ། །
ནད་སོས་གྱུར་གྱི་བར་དུ་ནི། །

སྨན་དང་སྨན་པ་ཉིད་དག་དང་། །
དེ་ཡི་ནད་གཡོག་བྱེད་པར་ཤོག [༧]།
ཟས་དང་སྐོམ་གྱི་ཆར་ཕབ་སྟེ། །
བཀྲེས་དང་སྐོམ་པའི་གནོད་པ་བསལ། །
མུ་གེའི་བསྐལ་པ་བར་མའི་ཚེ། །
བདག་ནི་ཟས་དང་སྐོམ་དུ་གྱུར། [༨]།
སེམས་ཅན་ཕོངས་ཤིང་དབུལ་བ་ལ། །
བདག་ནི་མི་ཟད་གཏེར་གྱུར་ཏེ། །
ཡོ་བྱད་མཁོ་རྒྱུ་སྣ་ཚོགས་སུ། །
མདུན་ན་ཉེ་བར་གནས་གྱུར་ཅིག [༩]།

ཅེས་གསུངས་ཏེ། གཞན་དོན་དུ་སྨིན་བསྔོ་བ་དང་། ནད་དང་། བཀྲེས་པ་དང་། ཕོངས་པ་སེལ་བ་སྟེ་བཞི་ལ་ཚིགས་བཅད་རེ་རེས་བསྔོ་བ་གསུངས་ལ། ནད་དང་མུ་གེ་ནི་མ་འོངས་པ་དེའི་བསྐལ་པའི་དུས་ཏེ། **མཛོད་ལས།** དེ་ནས་ལས་ཀྱི་ལམ་ལྷག་པས། །ཚེ་ཐུང་ལོ་ནི་བཅུ་པར་འགྱུར། །བསྐལ་པ་མཚོན་དང་ནད་དང་ནི། །མུ་གེ་རྣམས་ཀྱིས་མཐར་ཕྱིན་ཏོ། །ཞག་རྣམས་དང་ནི་ཟླ་བ་དང་། །ལོ་བདུན་དག་སྟེ་གོ་རིམ་བཞིན། །ཞེས་མི་རྣམས་ཚེ་ལོ་བཅུ་པའི་དུས་དེར་ཐོག་མར་མཚོན་གྱི་བསྐལ་པ་ཞག་བདུན་གྱིས་དམྱལ་ཐག་པར་བྱེད་དོ། །དེའི་ལྷག་མ་རྣམས་ནད་ཀྱི་བསྐལ་པ་ཞག་བདུན་དང་ཟླ་བ་བདུན་(༡༢ན)གྱིས་དམྱལ་ཐག་གཅོད་དོ། །དེའི་ལྷག་མར་ལུས་པ་རྣམས་མུ་གེའི་བསྐལ་པ་ཞག་བདུན་ཟླ་བ་བདུན་ལོ་བདུན་གྱིས་ལྷག་མ་ཙམ་དུ་བྱེད་ལ། དེ་ནས་རྫོགས་ལྡན་གྱི་མགོ་རྩོམ་པར་འགྱུར་བའོ། །

དེས་ན་སྨིན་སེམས་ཅན་གྱི་ནད་སོགས་སྡུག་བསྔལ་ཐམས་ཅད་དང་ཁྱད་པར་ནད་མཚོན་མུ་གེའི་བསྐལ་པ་བར་མ་པ་དེ་རྣམས་ཕོ་ན་ཤིན་ཏུ་སྡུག་བསྔལ་ཞིང་

སྐྱབས་གཞན་མེད་པར་གཟིགས་པས་དེ་རྣམས་ཀྱི་དོན་དུ་བསྔོ་བ་སྟེ། མཚོན་གྱི་བསྐལ་པ་བར་མའི་ཚེ། །བདག་ནི་མཐོང་བ་ཙམ་གྱིས་ཀྱང་། །ཞེ་སྡང་གདུག་རྩུབ་ཀུན་ཞི་ནས། །བྱམས་པ་ཆེ་ལ་གནས་གྱུར་ཅིག །ཅེས་པའང་དོན་གྱིས་འཐོབ་བམ་སྙམ་མོ། །འགྲོ་བ་ནད་པ་སོགས་ནི་ནད་ཀྱི་བསྐལ་པ་ལས་སྐྱབས་པའི་དོན་དུ་བསྔོ་བའོ། །ཟས་དང་སོགས་ནི་མུ་གེའི་བསྐལ་པ་ལས་སྐྱབས་པར་བསྔོ་བའོ། །སེམས་ཅན་ཕོངས་ཤིང་སོགས་ནི་མི་རྣམས་ཕོངས་པ་ལས་སྡིག་པ་ལ་འཇུག་པར་གཟིགས་ནས་དེའི་ཆེད་དུ་ལྷག་པར་བསྔོ་བའོ། །

འགྲེལ་ཆེན་ལས། འདི་ནི་ཛོ་ཛེ་རྒྱལ་མཚན་གྱི་བསྔོ་བ་ལས་དགེ་བའི་རྩ་བ་འདིས་བདག་སྡུག་བསྔལ་གྱི་ཕུང་པོ་ཐམས་ཅད་ཟློག་པའི་ཕྱིར་སེམས་ཅན་ཐམས་ཅད་ཀྱི་གནས་སུ་གྱུར་ཅིག །ཡོངས་སུ་སྒྲོལ་བའི་ཕྱིར་སྐྱབ་པ། འཇིགས་པ་ཐམས་ཅད་ལས་སྲུང་བའི་ཕྱིར་སྐྱབས། ས་ཐམས་ཅད་ཀྱི་རྗེས་སུ་འགྲོ་བའི་ཕྱིར་རྟེན། ཤིན་དུ་གྲུབ་བདེ་འཐོབ་པའི་ཕྱིར་དཔུང་གཉེན། རབ་རིབ་མེད་པའི་ཡེ་ཤེས་ཀུན་ཏུ་སྟོན་པའི་ཕྱིར་སྣང་བ། མ་རིག་པའི་མུན་པ་བཟློག་པའི་ཕྱིར་སྒྲོན་མེར་གྱུར་ཅིག་ཅེས་སོགས་ཀྱིས་ཡོངས་སུ་བསྔོ་ལ་དེ་ཡང་ལྷག་པའི་བསམ་པས་ཡོངས་སུ་བསྔོའི་ཚིག་ཙམ་གྱིས་ནི་མ་ཡིན་ནོ། །དགའ་བ་མགུ་བ་རབ་ཏུ་དང་བ་རབ་ཏུ་དགའ་བ་མཉེན་པ་བྱམས་པ་མཛའ་བ་ཕན་གདགས་པའི་སེམས་ཀྱིས་ཡོངས་སུ་བསྔོའོ། །ཞེས་སོ། །

གཉིས་པ་(ལུས་སོགས་སེམས་ཅན་ལ་བཏང་བ་)ནི།

ལུས་དང་དེ་བཞིན་ལོངས་སྤྱོད་དང་། །

དུས་གསུམ་དགེ་(༢༢བ)བ་ཐམས་ཅད་ཀྱང་། །

སེམས་ཅན་ཀུན་གྱི་དོན་གྱི་ཕྱིར། །

ཕངས་པ་མེད་པར་གཏང་བར་བྱ།[༡༠] །

ཐམས་ཅད་བཏང་བས་མྱ་ངན་འདའ། །
བདག་བློ་མྱ་ངན་འདས་པ་སྒྲུབ། །
ཐམས་ཅད་གཏོང་བར་ཆབས་གཅིག་ལ། །
སེམས་ཅན་རྣམས་ལ་བཏང་བ་མཆོག ༡༡ །
བདག་གིས་ལུས་ཅན་ཐམས་ཅད་ལ། །
ལུས་འདི་ཅི་བདེར་བྱིན་ཟིན་གྱིས། །
རྟག་ཏུ་གསོད་དང་སྨོད་པའམ། །
བརྡེག་སོགས་ཅི་དགར་བྱེད་ལ་རག ༡༢ །
བདག་གི་ལུས་ལ་རྩེ་བྱེད་དམ། །
ཅོ་འདྲི་ག་ཞའི་རྒྱུ་བྱེད་ཀྱང་། །
བདག་གི་ལུས་འདི་བྱིན་ཟིན་གྱིས། །
འདི་ཡི་ཁ་ཏས་ཅི་ཞིག་བྱ། ༡༣ །
དེ་ལ་གནོད་པར་མི་འགྱུར་བའི། །
ལས་གང་ཡིན་པའང་བྱེད་དུ་ཆུག །

ཅེས་གསུངས་ཏེ། དང་པོས་ནི་ལུས་ལོངས་སྤྱོད་དགེ་བར་བཅས་པ་སེམས་ཅན་ལ་བྱང་ཆུབ་ཀྱི་རྒྱུར་གཏོང་བར་དམ་འཆའ་བའོ། །གཉིས་པས་དེའི་འཐད་པ་སྟོན་ཏེ་དེ་རྣམས་མ་བཏང་ན་བྱང་ཆུབ་མི་འཐོབ་ལ་བདག་ནི་བྱང་ཆུབ་སྒྲུབ་པའི་ཕྱིར་དང་། ལུས་ལོངས་སྤྱོད་བློས་མ་བཏང་ན་ཡང་འཆི་བའི་དུས་འཇོག་དགོས་ཀྱང་དོན་ཅིར་ཡང་མི་འགྱུར་ལ། དེས་ན་ད་ལྟ་ནས་སེམས་ཅན་ལ་བཏང་ན་དོན་ཆེན་པོར་འགྱུར་བའི་ཕྱིར་རོ། །དེ་ནས་གཉིས་ཀྱིས་བྱིན་པ་གོ་བར་བྱས་ཏེ་ད་ནི་ལུས་ལོངས་སྤྱོད་ལ་བདག་གིར་བཟུང་བའི་གཟེ་རིག་མི་བྱའོ་ཞེས་དམ་འཆའ་བ་དང་། དེ་ནས་ཕྱེད་ཀྱིས་ལས་འཚོལ་བ་པོ་རང་ལ་མི་གནོད་པའི་ལས་དེ་ལ་བཀོལ་

ཞིག་ཅེས་འདོམས་པར་བྱེད་པའོ། །

འགྲེལ་ཆེན་ལས་ནི། དུས་གསུམ་གྱི་དགེ་བ་གཏོང་ན་མ་འོངས་པའི་དགེ་བ་ད་ལྟ་ཇི་ལྟར་གཏོང་ཞེ་ན། བདེན་མོད་དེའི་དུས་ཀྱི་ཞེན་པ་ལྡོག་པ་དང་ད་ལྟར་ཡང་བསམ་པ་དག་པ་འཕེལ་བའི་ཆེད་དོ། །ལྡོས་པ་མེད་པ་ནི་བདག་དོན་ལ་སྨྲེ་ཅིའི་ཕྱིར་གཏོང་ན་སེམས་ཅན་ཀུན་གྱི་དོན་སྒྲུབ་ཕྱིར་རོ། **།འདི་ནི་བློ་གྲོས་མི་ཟད་པའི་མདོ་ལས།** དགེ་བའི་སེམས་དང་སེམས་ལས་བྱུང་བ་རྣམས་དྲན་ལ་རྗེས་(༢༣ན)སུ་དྲན་ནས་ཀྱང་བྱང་ཆུབ་ཏུ་ཡོངས་སུ་བསྔོ་བ་འདི་ནི་འདས་པ་ལ་མཁས་པའོ། །གང་མ་འོངས་པའི་དགེ་བའི་རྩ་བ་ངེས་པར་སེམས་ཤིང་བྱང་ཆུབ་ལ་མངོན་དུ་ཕྱོགས་པའི་ལས་སེམས་པ་སྐྱེ་བདག་ལ་དགེ་བའི་སེམས་སྐྱེ་བར་འགྱུར་བ་གང་ཡིན་པ་དེ་དག་ཐམས་ཅད་ཡང་དག་པར་རྫོགས་པའི་བྱང་ཆུབ་ཏུ་ཡོངས་སུ་བསྔོ་བ་འདི་ནི་མ་འོངས་པ་ལ་མཁས་པའོ། །སོགས་དང་། ཐམས་ཅད་གཏོང་བ་ལ་མོས་པ་ཡོངས་སུ་རྫོགས་ཏེ་གཏོང་བའི་སེམས་ཀྱི་ཤུགས་ཀྱིས་ལུས་ཀྱི་སྤྱོར་བ་དེས་ཡོངས་སུ་འཛིན་པ་ཐམས་ཅད་གཏོང་སྟེ་ཡོངས་སུ་འཛིན་པ་འདི་ནི་སྲིད་པའི་སྡུག་བསྔལ་ཐམས་ཅད་ཀྱི་རྩ་བ་སྟེ་དེ་ལས་གྲོལ་བ་ལ་གྲོལ་བ་ཞེས་བྱའོ། །ཞེས་སོ། །རང་དོན་དུ་ཅུང་ཟད་མི་སྲུང་ངམ་ཞེ་ན། ཐམས་ཅད་གཏོང་བར་སོགས་ཏེ། བྱང་ཆུབ་སེམས་དཔའི་སོ་སོར་ཐར་པ་ལས། ཤཱ་རིའི་བུ་གཞན་ཡང་བྱང་ཆུབ་སེམས་དཔའ་ནི་ཆོས་ཐམས་ཅད་ལ་གཞན་གྱིར་འདུ་ཤེས་བསྐྱེད་པར་བྱེད་དེ་དངོས་པོ་འགའ་ཡང་མི་ལེན་ནོ། །སོགས་དང་། **སྲིད་མེད་ཀྱི་བུའི་མདོར།** གཏོང་བའི་བློ་མི་འཇུག་པའི་དངོས་པོ་སྲེལ་བར་མི་བྱའོ། །སོགས་དང་། བློ་གྲོས་མི་ཟད་པའི་མདོའི་འབྱུང་བཞིས་སེམས་ཅན་ལ་སྣོ་སྣ་ཚོགས་ནས་ཕན་འདོགས་ཚུལ་རྣམས་དྲངས་སོ། །

གསུམ་པ་(སྨོན་ལམ་རྒྱ་ཆེར་གདབ་པ་)ནི།

བདག་ལ་དམིགས་ནས་ནམ་དུ་ཡང་། །
འགའ་ཡང་དོན་མེད་མ་གྱུར་ཅིག ༡༤ །
བདག་ལ་དམིགས་ནས་གང་དག་གིས། །
ཁྲོའམ་དད་པའི་སེམས་བྱུང་ན། །
དེ་ཉིད་རྟག་ཏུ་དེ་དག་གི། །
དོན་ཆེན་འགྲུབ་པའི་རྒྱུར་གྱུར་ཅིག ༡༥ །
གང་དག་བདག་ལ་ཁ་ཟེར་རམ། །
གཞན་དག་གནོད་པ་བྱེད་པའམ། །
དེ་བཞིན་ཕྱར་ཀ་གཏོང་ཡང་རུང་། །
ཐམས་ཅད་བྱང་ཆུབ་སྐལ་ལྡན་གྱུར། ༡༦ །
བདག་ནི་མགོན་མེད་རྣམས་ཀྱི་མགོན། །
ལམ་ཞུགས་རྣམས་ཀྱི་དེད་དཔོན་དང་། །
རྒལ་འདོད་རྣམས་ཀྱི་གྲུ་དང་ནི། །
གཟིངས་དང་ཟམ་པ་ཉིད་དུ་གྱུར། ༡༧ །
གླིང་དོན་གཉེར་(༢༣བ)ལ་གླིང་དང་ནི། །
¦མར་མེ་འདོད་ལ་མར་མེ་དང་། །¦
གནས་མལ་འདོད་ལ་གནས་མལ་དང་། །
བདག་ནི་ལུས་ཅན་བྲན་འདོད་པ། །
ཀུན་གྱི་བྲན་དུ་འགྱུར་བར་ཤོག ༡༨ །
ཡིད་བཞིན་ནོར་དང་བུམ་པ་བཟང་། །
རིག་སྔགས་གྲུབ་དང་སྨན་ཆེན་དང་། །
དཔག་བསམ་གྱི་ནི་ཤིང་དག་དང་། །

ལུས་ཅན་རྣམས་ཀྱི་འདོད་འཇོར་གྱུར། ༡༩ །
ས་སོགས་འབྱུང་བ་ཆེན་པོ་དང་། །
ནམ་མཁའ་བཞིན་དུ་རྟག་པར་ཡང་། །
སེམས་ཅན་དཔག་ཏུ་མེད་པ་ཡི། །
རྣམ་མང་ཉེར་འཚོའི་གཞིར་ཡང་ཤོག ༢༠ །
དེ་བཞིན་ནམ་མཁའི་མཐས་གཏུགས་པའི། །
སེམས་ཅན་ཀུན་ལ་རྣམ་ཀུན་ཏུ། །
ཐམས་ཅད་མྱ་ངན་འདས་བར་དུ། །
བདག་ནི་ཉེར་འཚོའི་གཞིར་ཡང་ཤོག ༢༡ །

ཅེས་གསུངས་ཏེ། དང་པོའི་ཚིག་རྐང་དྲུག་གིས་བདག་ཉིད་ལ་སུས་ཇི་ལྟར་དམིགས་པའི་བློ་སྐྱེས་ཀྱང་བློ་དེ་ཉིད་གང་ཟག་དེ་ལ་དོན་ཆེན་པོའི་རྒྱུར་འགྱུར་བར་སྨོན་པ་དང་། དེ་ནས་ཚིགས་བཅད་གཅིག་གིས་གནོད་ལན་ཕན་བདེར་འབྲེལ་བར་སྨོན་པའོ། །

དེ་ནས་གཉིས་ཀྱིས་སེམས་ཅན་ལ་ཇི་ལྟར་མཁོ་བ་དེ་དང་དེར་འགྱུར་བར་སྨོན་པ་སྟེ། རྟའི་རྒྱལ་པོ་བླ་ལ་ཏར་གྱུར་པས་སྲིན་མོའི་གླིང་ནས་འཕྲིན་པ་ལ་སོགས་པའོ། །གླིང་དོན་གཉེར་ལ་གླིང་དང་ནི། །ཞེས་པ་ལ་གཞན་དག་རྒྱ་དཔེར་དྭི་པཾ་ཞེས་མར་མེའི་སྐད་དོད་ཡོད་པ་རྒྱ་དཔེ་ཀླག་ཉེས་པའམ་མ་དག་པས་དྭི་པ་ཞེས་བསྒྲགས་ནས་གླིང་དུ་བསྒྱུར་བར་ཟད་དོ་ཟེར་ཡང་། མར་མེ་འདོད་ལ་མར་མེ་དང་། །ཞེས་པར་འགྲེལ་ཆེན་དང་པི་ཧྲུ་ཏིའི་འབྲུ་སྣང་ཞིང་། འོན་ཀྱང་རྟོག་འགྱུར་ཕལ་ཆེར་ན། གླིང་དོན་གཉེར་ལ་ཞེས་པོ་ན་སྣང་བས་རྒྱ་དཔེ་ཐ་དད་པ་སྙམ་མོ། །

དེ་ནས་ཡིད་བཞིན་ནོར་ལ་སོགས་པའི་ཚིགས་བཅད་གཉིས་ཀྱིས་འབད་རྩོལ

དང་རྟོག་པ་མེད་པར་ལྷུན་གྱིས་གྲུབ་པ་སངས་རྒྱས་ཀྱི་སའི་ཕྲིན་ལས་འགྲུབ་པར་སྨོན་པ་དང་། དེ་ནས་གཅིག་གིས་དེ་ལྟར་སེམས་ཅན་གཅིག་ལ་ཇི་ལྟ་བ་བཞིན་དུ་སེམས་(༢༥ན)ཅན་ཐམས་ཅད་ལ་རྟག་པར་འགྲུབ་པའི་སྨོན་ལམ་མོ། །དེ་ལ་གནས་མལ་ནི་ཞག་མལ་གྱི་བསྟི་གནས་ཏེ་མཚན་མོའི་ལྷ་མོ་རྣམས་ཀྱི་རྣམ་ཐར་ལས་མུན་པར་སྣང་བ་བསྐྱེད་པ་དང་གནས་མལ་སྟོབ་པ་སོགས་དེ་དག་གི་ཕྲིན་ལས་སུ་གསུངས་སོ། །

ཡིད་བཞིན་གྱི་ནོར་བུ་ནི་དགོས་འདོད་ཐམས་ཅད་འབྱུང་བའོ། །བུམ་པ་བཟང་པོ་ནི་སྔགས་ཀྱིས་བསྒྲུབས་ནས་གྲུབ་པ་ན་དེ་ནས་གང་འདོད་པ་འབྱུང་བ་སྟེ། དགེ་སློང་དགྲ་བཅོམ་ནི་བུམ་པ་ནས་ཐེག་པ་ཆེན་པོའི་སྡེ་སྣོད་མཐའ་ཡས་པ་ཕྱུང་སྟེ་ལྟ་བར་བཤད་པ་ལྟར་རོ། །རིག་སྔགས་མ་གྲུབ་པ་རྣམས་ལ་མྱུར་དུ་འགྲུབ་པའི་མཐུ་སྟོལ་བའམ། ཡང་ན་རལ་གྲི་དང་མིག་སྨན་དང་ལྷམ་སོགས་གྲུབ་པའི་རྫས་སུ་གྱུར་པས་དོན་སྟེར་བའོ། །སྨན་ཆེན་པོ་ནི་ལྷ་དང་ལྷ་མ་ཡིན་ལ་སོགས་པའི་བཅུད་ལེན་གྱི་བདུད་རྩི་ཚེ་བསྐལ་པར་འཚོ་བ་དང་རིག་འཛིན་གྱི་ལུས་སུ་བྱེད་པའོ། །དཔག་བསམ་གྱི་ཤིང་ནི་འདོད་རྒུ་སྟེར་བའི་ཤིང་སྟེ་དེ་ལས་གང་འདོད་བླང་དུ་འབྱུང་བའོ། །འདོད་འཇོར་གྱུར་པ་ནི་འདོད་རྒུ་འཇོ་བའི་བ་ལྟ་བུའི་དོན་ཏེ་ཇི་ལྟར་འདོད་པའི་དོན་གྱི་འབྱུང་གནས་སུ་གྱུར་ཅིག་པའོ། །ས་སོགས་ནི་འབད་རྩོལ་དང་རྣམ་རྟོག་མེད་པར་དོན་བྱེད་པའི་དཔེའོ། །འདི་རྣམས་ནི་རྡོ་རྗེ་རྒྱལ་མཚན་གྱི་བསྔོ་བ་རྣམ་པ་བཅུ་ལ་སོགས་པ་རྒྱལ་སྲས་ཆེན་པོ་རྣམས་ཀྱི་བསྔོ་བའི་རྒྱ་མཚོ་མཐའ་ཡས་པ་འདུས་པའོ། །

འདིར་དོགས་པ་འདི་འབྱུང་བའི་གནས་ཡོད་དེ། ཅི་གཅིག་གི་དགེ་བ་གཅིག་ཤོས་ལ་བྱིན་པས་གཅིག་ཤོས་ལ་མི་ཕན་ན་དོན་མེད་ལ། ཕན་ན་ལས་མ་བྱས་པ་དང་ཕྲད་པའི་ཉེས་པར་ཐལ་བས་རྒྱུ་འབྲས་ཀྱི་རྣམ་གཞག་འཇིག་གོ། །

ཡང་གཞན་གྱིས་བདག་ལ་གནོད་པ་བྱས་པ་འདིས་འདི་བདེ་བ་འཐོབ་པར་གྱུར་ཅིག་སྙམ་པ་འདི་འགྲུབ་བམ་མི་འགྲུབ་མི་འགྲུབ་ན་བསྔོས་པ་དོན་མེད་པར་འགྱུར་ལ། འགྲུབ་ན་རྒྱུ་མི་དགེ་བ(༤༥བ)བྱས་པས་འབྲས་བུ་བདེ་བ་འབྱུང་བར་ཐལ་ལོ། །

ཡང་མར་མེ་འདོད་ལ་མར་མེར་འགྱུར་བ་སོགས་འདི་གནས་དང་གནས་མིན་གྱི་བསྔོ་བ་གང་ཡིན། གནས་ཀྱི་བསྔོ་བ་ཡིན་ན་མར་མེ་དང་གནས་མལ་དང་ནོར་བུ་སོགས་ནི་བེམ་པོ་ཡིན་པས་བྱང་ཆུབ་སེམས་དཔའ་བེམ་པོར་འགྱུར་བ་ཡོད་པར་ཐལ་ལོ། །གནས་མིན་གྱི་བསྔོ་བ་ཡིན་ན་བསྔོས་པ་དོན་མེད་དེ་མི་འགྲུབ་པའི་ཕྱིར་རོ། །ཞེས་དོགས་པར་འགྱུར་རོ། །

དེ་ལ་སྐྱོན་དང་པོ་མེད་དེ་ལས་བྱས་པ་དང་ཕྲད་ཀྱི་མ་བྱས་པ་དང་མི་ཕྲད་པ་དང་གཞན་བྱས་ཀྱི་ལས་ལ་གཞན་མི་དབང་བ་ནི་ཐེག་པ་ཐུན་མོང་གི་ལས་འབྲས་ཀྱི་རྣམ་གཞག་ཕྱོགས་གཅིག་པའི་དབང་དུ་མཛད་པ་ཡིན་ལ། འདིར་སངས་རྒྱས་དང་བྱང་ཆུབ་སེམས་དཔའ་མཆོག་རྣམས་ནི་ལས་ལ་དབང་ཐོབ་པས་ལས་སེམས་ཀྱི་སྒྱུར་ཁ་ཙམ་དུ་མཁྱེན་ཞིང་ཅི་ཡང་བྱར་མེད་པ་དང་ཇི་ལྟར་ཡང་སྒྱུབ་པ་དབྱེར་མེད་པར་མཁྱེན་པས་ལས་བྱིན་གྱིས་རློབ་པར་མཛད་པའི་ཕྱིར་ཏེ་འདི་ནི་ཐེག་དམན་ན་ཡང་མི་རྣམས་སེན་མོའི་སྟེང་དུ་ཞིང་རྫོ་བས་འཚོ་བར་བྱེད་པ་བྱུང་ཙུང་ངའི་ཉན་ཐོས་རྣམས་བསོད་སྙོམས་ཀྱིས་ཐོངས་པར་མི་འགྱུར་ཏེ། གལ་ཏེ་དེ་བཞིན་གཤེགས་པ་བྱང་ཆུབ་མ་ཐོབ་ན་འཁོར་ལོས་བསྒྱུར་བའི་རྒྱལ་པོར་འགྱུར་བའི་དགེ་བ་ཁོ་ན་བགྲང་ལས་འདས་པར་ཡོད་ལ་དེ་ཐམས་ཅད་སྟོན་པ་ཉིད་ཀྱི་ལོངས་སྤྱོད་དུ་སྨིན་པར་འགྱུར་བ་རྣམས་བདག་གིར་མ་མཛད་པར་མ་འོངས་པའི་ཉན་ཐོས་རྣམས་ལ་རྗེས་སུ་གནང་བའི་ཕྱིར་རོ་ཞེས་བཤད་པའི་ཕྱིར། འཇིག་རྟེན་གྱི་དོན་ལྷ་རྣམས་ཀྱིས་ཀྱང་སྐྱེ་བ་ཕྱི་མར་སྨིན་རྒྱུའི་ལོངས་སྤྱོད་ཚེ་འདིར་བསྒྱུར་

བར་ནུས་ཤིང་དེ་ལྟ་བུ་བུ་ཡོན་སྔ་ནུད་དུ་བླངས་པས་འབྲས་བུ་ཆུང་ངུར་བྱས་པ་ཡིན་ཡང་དེ་ལ་འཇིག་རྟེན་པ་རྣམས་ནོར་ལྷས་དངོས་གྲུབ་བྱིན་པར་གྲགས་པའི་ཕྱིར། འོ་ན་སེམས་ཅན་ཐམས་ཅད་ཀྱི་མི་དགེ་བའི་ལས་གཏན་མེད་དུ་ཡང་སངས་རྒྱས་ཀྱིས་ཅིའི་ཕྱིར་བྱིན་གྱིས་མི་རློབ་ཅེ་ན། འདི་ནི་(༥༥ན)སངས་རྒྱས་རང་ངོས་ནས་དེ་ལྟར་བརླབས་པ་ཡིན་ཏེ་ཆོས་ཐམས་ཅད་རྣམ་པ་ཐམས་ཅད་དུ་སངས་རྒྱས་པ་པོ་ནར་གཟིགས་པས་མ་དག་པའི་ཁམས་གཞན་མ་གཟིགས་པའི་ཕྱིར། འོན་ཀྱང་གཞན་སྣང་ལ་དེར་སྣང་བར་མ་ངེས་ཏེ་མིག་ལྡན་གྱིས་གཟུགས་གསལ་བར་མཐོང་བའི་མདུན་ན་ཡོད་བ་ལ་དེ་ལྟར་མ་ཡིན་པའི་ཕྱིར། འོན་ཀྱང་མིག་ལྡན་གྱིས་གཟུགས་མཐོང་བ་ལ་བརྟེན་ནས་སྨན་པ་བོས་ཏེ་ཡོད་བའི་རབ་རིབ་བསལ་ཏེ་ཕྱི་བས་དེས་ཀྱང་གཟུགས་མཐོང་བར་འགྱུར་བའི་ཕྱིར་མིག་ལྡན་གྱིས་གཟུགས་མཐོང་བ་དེ་ཡོད་བའི་རབ་རིབ་དག་བྱེད་ཀྱི་རྒྱུར་འགྱུར་བ་ལྟར་སངས་རྒྱས་ཀྱིས་མ་དག་པ་མ་གཟིགས་པ་པོ་ནས་སེམས་ཅན་རྣམས་ཀྱིས་མ་དག་པར་མཐོང་བ་རབ་རིབ་ཅན་ལྟ་བུ་ལ་བརྩེ་བས་བྱང་ཆུབ་ལ་འགོད་པའི་རྒྱུར་འགྱུར་བ་ཡིན་ནོ། །དེས་ན་གནས་འཇོག་གི་བུ་སྲུང་རྩི་ཅན་འདོད་ན་རྒྱ་མཚོ་ཆེན་པོ་བཞི་ཡང་སྲུང་རྩིར་འགྱུར་བའི་ཕྱིར་དགྲ་བཅོམ་པ་སྐྱུར་ཆུང་གི་ཐལ་སྐྱོ་ལྷུང་བཟེད་གང་པོ་ལྟ་སྨོས་ཀྱང་ཅི་དགོས་ལ། འོན་ཀྱང་དགྲ་བཅོམ་པ་སྐྱུར་ཆུང་གིས་ཐ་མའི་ཉིན་ལ་དེ་ཐལ་སྐྱོ་ལས་གཞན་དུ་མི་འགྱུར་བར་ཡང་སྣང་བ་ལྟར་ཇི་ལྟར་ཡང་བསྒྱུར་ནུས་པ་དང་ལས་ཆུད་ཀྱང་མི་འཛའ་བ་དབྱེར་མེད་པ་འདི་ནི་བསམ་གྱིས་མི་ཁྱབ་པའི་གནས་ཡིན་ཏེ་སངས་རྒྱས་ཀྱི་སྤྱོད་ཡུལ་ལོ། །གནས་སྐབས་སུ་ནི་དགེ་བ་ལ་བདག་གིར་མ་བྱས་པར་ཡོངས་སུ་བཏང་བ་ནི་དགེ་བ་མཐའ་ཡས་པར་བྱེད་པའི་རྒྱུའོ། །

སྐྱོན་གཉིས་པ་ཡང་མེད་དེ་བྱང་ཆུབ་སེམས་དཔའ་ལ་གནོད་པ་བྱས་པ་དེ་བདེ་བའི་རྒྱུ་མ་ཡིན་མོད་ཀྱང་བྱང་ཆུབ་སེམས་དཔའ་རང་ཉིད་ནི་ཕ་རོལ་གྱིས་ཅི་

བྱས་ཀྱང་ལེགས་པར་འཛིན་པའམ་སྐྱུ་མ་ལྟ་བུ་ལས་ཕན་གནོད་དུ་རྟོག་པ་མེད་པས་བྱང་ཆུབ་སེམས་དཔའ་ནས་གཞལ་ན་གནོད་པ་མ་ཡིན་ལ། བཟང་ངན་གྱིས་འབྲེལ་བ་ཙམ་དེ་ཉིད་གདུལ་བྱ་དེ་བྱང་ཆུབ་སེམས་དཔས་རྗེས་སུ་འཛིན་པའི་རྒྱུར་(༥༥བ)འགྱུར་བའི་ཕྱིར་ཏེ། དྲང་སྲོང་བཟོད་པར་སྨྲ་བ་ལ་རྒྱལ་པོས་གནོད་པ་བྱས་པའི་ཚེ་རྒྱལ་པོ་ཁྱོད་ཀྱིས་ངའི་ཡན་ལག་དང་ཉིང་ལག་དྲུམ་ཤིང་དྲུམ་ཤིང་བཏུབས་པ་ལས་ན་ངས་ཀྱང་བྱང་ཆུབ་ཐོབ་ནས་ཁྱོད་ཀྱི་ཉོན་མོངས་པ་དྲུམ་ཤིང་དྲུམ་ཤིང་གཏུབ་པར་བྱའོ་ཞེས་ཞལ་གྱིས་བཞེས་ཏེ་བྱང་ཆུབ་བརྙེས་པའི་ཐོག་མ་ཁོ་ནར་རྒྱལ་པོ་དེ་ཀཽཎྜི་ནྱར་གྱུར་པ་ལ་ཁྱོད་ཀྱིས་ཆོས་ཀུན་ཤེས་སམ་ཞེས་ལན་གསུམ་དུ་རྨེད་པས་ཉོན་མོངས་པ་གཏུབས་ཤིང་དགྲ་བཅོམ་པར་བཀོད་པ་ལྟ་བུའི་ཕྱིར་རོ། །

སྐྱོན་གསུམ་པ་ཡང་མེད་དེ་ཐུན་མོང་གི་ཐེག་པ་དང་བསྟུན་པའི་ལན་ལྟར་ན། སྒྱུ་མ་མཁན་གྱིས་སྤྲུལ་པའི་རྟ་དང་གླང་པོ་ཆེ་ལ་མི་རྣམས་ལོངས་སྤྱོད་པར་བྱེད་པ་ལྟར་བྱང་ཆུབ་སེམས་དཔའི་སྨོན་ལམ་གྱི་མཐུས་བྱུང་བའི་དངོས་པོ་ཉིད་སེམས་ཅན་རྣམས་ཀྱི་རྟེན་དུ་འགྱུར་བ་སྟེ་བསྐལ་བཟང་གི་སངས་རྒྱས་རྣམས་ཀྱིས་ཞིང་དག་སྦྱོར་གྱིས་བསྒྲུབས་པའི་སྣོད་ཀྱི་འཇིག་རྟེན་འདི་ཇི་ལྟར་སེམས་ཅན་རྣམས་ཀྱི་རྟེན་གནས་སུ་གྱུར་པ་བཞིན་ནོ། །འོ་ན་ཐལ་འདོད་རྣམས་ཀྱི་གྲུ་དང་ནི། །སོགས་ཕ་རོལ་ཏུ་བརྒལ་བར་འདོད་པ་ལ་བདག་ཆུ་བོ་ལ་གྲུ་དང་རྒྱ་མཚོ་ལ་གཟིངས་དང་ཆུ་ཕྲན་ལ་ཟམ་པར་གྱུར་ཅིག་ཅེས་བདག་ཉིད་ཕན་པའི་དངོས་པོ་དེ་དང་དེར་འགྱུར་བར་སྨོན་ལམ་བཏབ་པ་འདི་མ་ཐེབས་པར་འགྱུར་རོ་ཞེ་ན། རྒྱུ་སྨོན་ལམ་གྱི་སྐབས་སུ་ནི་གྲུབ་མི་འགྲུབ་དང་གནས་གནས་མིན་སོགས་མི་སེམས་པར་སྙིང་རྗེ་ཆེན་པོས་ཅི་བྱ་གཏོལ་དང་བྲལ་བ་ཁོ་ནའི་གཞན་དབང་དུ་གྱུར་པས་མ་བཟོད་དེ་འདེབས་པ་ཡིན་ལ། འབྲས་བུ་སྨོན་པ་དེ་གྲུབ་པའི་དུས་ན་

བདག་ཉིད་གྲུ་གཟིངས་སོགས་སུ་མ་གྱུར་ཀྱང་བདག་ཉིད་ཀྱི་སྨོན་ལམ་གྱི་མཐུས་གྲུབ་པའི་གྲུ་གཟིངས་སོགས་ཀྱིས་འགྲོ་བ་སྒྲོལ་བར་བྱེད་པས་སྐྱོན་མེད་དོ། །ཞེས་ལན་གྱི་རྣམ་གྲངས་གཅིག་གོ། །

བདག་ཉིད་ཀྱི་ལུས་འགྲོ་བ་མ་ལུས་པའི་བཟའ་བཏུང་དུ་སྤྱད་པ་(༤༨ན)ནི་ཉ་རོ་ཧི་ཀའི་སྐྱེས་རབས་དང་། སྲིན་བུ་གེ་ཏ་ཀ་བརྒྱད་ཁྲི་བསྐྱབས་པ་དང་། སླང་ཆེན་གྱི་སྐྱེས་རབས་སོགས་རྒྱ་ཆེར་བཤད་ལ། སྤྱིར་མར་མེའི་བྱ་བ་བྱས་པ་བདེ་བྱེན་གྱིས་ཕྱག་ལ་མེ་སྦར་ཏེ་མཚན་མོ་ཚོང་པ་ལམ་འཁྲུམས་པ་རྣམས་བསྒྲལ་བ་དང་། གྲུའི་བྱ་བ་བྱས་པ་ཧུས་སྟཱལ་གྱིས་རྒྱ་མཚོར་ལྷུང་བའི་ཚོང་པ་ལྔ་དང་ལྔ་བརྒྱ་བསྒྲལ་བ་སོགས་གསུངས་སོ། །ཤིན་ཏུ་ངེས་པའི་དོན་དུ་ན། ཐེམ་ཤེས་གང་ཟག་རྣམས་ཤིན་ཏུ་འགལ་བར་རྟོག་པ་འདི་ནི་བྱིས་པའི་མཐོང་བ་དང་ཐེག་དམན་གྲུབ་མཐའ་པ་རྣམས་ཀྱི་རྟོག་པ་ལ་ཕྱོགས་གཅིག་ཏུ་ཞེན་པ་སྟེ། ཇི་ལྟར་རྨི་ལམ་ན་སྣང་བ་དང་སྒྱུལ་པའི་ཐེམ་ཤེས་གང་ཟག་དེ་དག་ལ་ཐེམ་པོའི་ཆོས་དང་ཤེས་པའི་ཆོས་དང་གང་ཟག་གི་ཆོས་ཀྱི་ཁྱད་པར་ཅི་ཞིག །དེས་ན་ཐེམ་པོར་གྲགས་པས་གང་ཟག་གི་བྱ་བ་བྱེད་པ་ཤིང་མཁན་མཁས་པའི་འཕྲུལ་འཁོར་དང་། འཚོ་བྱེད་གཞོན་ནུའི་སྨན་གྱི་བུ་མོ་སོགས་གསུངས་པའང་ཡང་དག་པར་ན་ཐེམ་ཤེས་གང་ཟག་ཐ་དད་པའི་འཛིན་པ་གཞིག་པའི་ཆེད་དེ་ཆོས་ཐམས་ཅད་ནི་ཇི་ལྟར་སྣོས་བཟུང་བ་དེ་ལྟར་གནས་པ་མ་ཡིན་ནོ། །འདི་ནི་བསམ་གྱིས་མི་ཁྱབ་པའི་ངོ་བོ་སྟེ་ལན་གྱི་རྣམ་གྲངས་གཅིག་གོ། །

དེ་ལྟར་ལུས་ལོངས་སྤྱོད་བཏང་བ་སོགས་བསྔོ་བའི་འཕྲོས་དོན་དུ་བྱས་པ་ནི་བོད་འགྲེལ་དག་གི་ལུགས་ཡིན་ལ། བསྡུས་དོན་དུ། དངོས་གཞི་ལ་གཉིས། སྨོན་པའི་སེམས་མངོན་དུ་བཞག་པ་གསུམ་དང་། དེ་བྱང་ཆུབ་ཀྱི་བར་དུ་བར་མ་དོར་ཡལ་བར་མི་འདོར་བར་དམ་བཅའ་བའོ། །དང་པོ་ལ་ལུས་སོགས་ལ་ལྟོས་མེད་

དུ་བྱང་ཆུབ་ཆེན་པོ་འཐོབ་པར་དམ་བཅའ་བ་ནི་ལུས་སོགས་ཀྱིས་བསྟན་པའི་ཚིགས་བཅད་ཕྱེད་དང་ལྔའོ། །གཉིས་པ་ཆུད་མི་ཟ་བར་སྨོན་པ་ནི་ཚིགས་བཅད་ཕྱེད་དང་གསུམ་མོ། །གསུམ་པ་ཡོངས་སྤྱོད་པའི་རྒྱུར་སྨོན་པ་(༤༨བ)ནི་ཚིགས་བཅད་ལྔས་བསྟན་ཏོ་ཞེས་དངོས་གཞིར་བསྡུས་ཏེ་བཤད་དོ། །

གཉིས་པ་དངོས་གཞི་ནི།

ཇི་ལྟར་སྔོན་གྱི་བདེ་གཤེགས་ཀྱིས། །
བྱང་ཆུབ་ཐུགས་ནི་བསྐྱེད་པ་དང་། །
བྱང་ཆུབ་སེམས་དཔའི་བསླབ་པ་ལའང་། །
དེ་དག་རིམ་བཞིན་གནས་པ་ལྟར། ༢༢ །
དེ་བཞིན་འགྲོ་ལ་ཕན་དོན་དུ། །
བྱང་ཆུབ་སེམས་ནི་བསྐྱེད་བགྱི་ཞིང་། །
དེ་བཞིན་དུ་ནི་བསླབ་པ་ལའང་། །
རིམ་པ་བཞིན་དུ་བསླབ་པར་བགྱི། ༢༣ །

ཞེས་གསུངས་ཏེ། འདིར་དངོས་སུ་སེམས་བསྐྱེད་དང་སྡོམ་པ་ལྷན་ཅིག་ཏུ་བཟུང་བ་ཡིན་ལ། སོ་སོར་འདོད་ན་ཡང་དེ་ལྟར་བཟུང་བའི་དབྱེ་བསྡུ་ཤེས་པར་བྱའོ། །འདི་ནི་སློབ་དཔོན་ནམ་རྟེན་ནམ་དཀོན་མཆོག་གི་སྤྱན་སྔར་ལན་གསུམ་དུ་བླངས་པས་སྐྱེ་བར་འགྱུར་རོ། །

གསུམ་པ་རྗེས་ལ་བདག་ཉིད་དགའ་བ་དབྱུང་བ་དང་། གཞན་གཟེངས་བསྟོད་པ་གཉིས་ཀྱི། དང་པོ་(བདག་ཉིད་དགའ་བ་དབྱུང་བ་)ལ་ཡང་རང་དོན་གྲུབ་པས་དང་། གཞན་དོན་གྲུབ་པས་དགའ་བ་སྐྱེད་པའོ། །

དང་པོ་(རང་དོན་གྲུབ་པས་)ནི།

དེ་ལྟར་བློ་དང་ལྡན་པ་ཡིས། །

རབ་དང་(དད་)བྱང་ཆུབ་སེམས་བཟུང་ནས། །
མཇུག་ཀྱང་རྒྱས་པར་བྱ་བའི་ཕྱིར། །
སེམས་ནི་འདི་ལྟར་གཟེངས་བསྟོད་དོ། ༢༤ །
དེང་དུས་བདག་ཚེ་འབྲས་བུ་ཡོད། །
མི་ཡི་སྲིད་པ་ལེགས་པར་ཐོབ། །
དེ་རིང་སངས་རྒྱས་རིགས་སུ་སྐྱེས། །
སངས་རྒྱས་སྲས་སུ་ད་གྱུར་ཏོ། ༢༥ །
ད་ནི་བདག་གིས་ཅི་ནས་ཀྱང་། །
རིགས་དང་མཐུན་པའི་ལས་བརྩམ་སྟེ། །
སྐྱོན་མེད་བཙུན་པའི་རིགས་འདི་ལ། །
རྙོག་པར་མི་འགྱུར་དེ་ལྟར་བྱ། ༢༦ །
ལོང་བས་ཕྱུགས་བདར་ཕུང་པོ་ལས། །
ཇི་ལྟར་རིན་ཆེན་རྙེད་པ་ལྟར། །
དེ་བཞིན་ཇི་ཞིག་ལྟར་སྟེས་ནས། །
བྱང་ཆུབ་སེམས་འདི་བདག་ལ་སྐྱེས། ༢༧ །

ཞེས་གསུངས་ཏེ། ཚིགས་བཅད་དང་པོས་མཚམས་སྦྱར། གཉིས་པས་རང་གི་དོན་གྲུབ་པར་ཆེད་དུ་བརྗོད། གསུམ་པས་རིགས་སུན་མི་འབྱིན་པར་དམ་བཅའ། བཞི་པས་བྱང་ཆུབ་ཀྱི་སེམས་ཤིན་ཏུ་རྙེད་དཀའ་བའི་དཔེ་(༢༧ན)བསྟན་ཏོ། །

དེ་ཡང་དབུགས་དབྱུང་བ་དང་གཟེངས་བསྟོད་པའི་རྒྱུ་མཚན་ནི་བྱང་ཆུབ་ཀྱི་སེམས་ཀྱི་མཇུག་ཀྱང་རྒྱས་པར་བྱ་བ་སྟེ་སྤུང་བ་དང་དག་པ་དང་¦དཔེལ་¦(སྤེལ་)བའི་ཕྱིར་རོ། །ཐོག་མེད་དུ་འཁོར་ཡང་བྱང་ཆུབ་ཀྱི་སེམས་མ་སྐྱེས་ལ་དེང་སོ་ན་སྐྱེས་པས་དེང་དུས་བདག་ཚེ་འབྲས་བུ་ཡོད་ཅེས་བྱའོ། །དེ་རིང་སངས་རྒྱས་

རིགས་སུ་སྐྱེས་ཏེ་བྱང་ཆུབ་ཀྱི་སེམས་སྐྱེས་པ་ཙམ་གྱིས་སངས་རྒྱས་ཀྱི་རིགས་སུ་འགྱུར་བའི་ཕྱིར་རོ། །སངས་རྒྱས་སྲས་སུ་ད་གྱུར་ཏོ་ཞེས་དགའ་བ་དང་དོན་བཞིན་གྱི་ང་རྒྱལ་ཁྱད་པར་ཅན་ཡོད་ལ་བྱེད་པས་དམན་པའི་སེམས་དོར་རོ། །སྐྱོན་མེད་ནི་ཐོག་ཐ་བར་མར་དག་པའོ། །རྙོག་པ་སྟེ་སྡིག་པར་མི་འགྱུར་བའོ། །

དེ་ཡང་ནོར་བུ་རིན་པོ་ཆེ་ནི་གཅེས་སྤྲས་མང་པོས་མཛོད་བཙན་པོར་ཟ་མ་ཏོག་ཏུ་རྒྱ་དུ་མས་བཏབ་སྟེ་འཛོག་པའི་ཕྱིར་ཕྱི་རོལ་ལམ་པོ་ཆེར་ཕྱུགས་བདར་གྱི་ཕུང་པོར་ལྷུང་བར་མི་འགྱུར་ལ་བརྒྱ་ལ་ལྷུང་སྲིད་ཀྱང་ཡོང་བས་རྙེད་མི་སྲིད་པ་ལྟར་ཐམས་ཅད་མཁྱེན་པའི་སེམས་རིན་པོ་ཆེ་དེ་འདྲ་ཡང་ཉན་ཐོས་དང་རང་སངས་རྒྱས་མིག་ལྡན་ལྟ་བུས་མ་རྙེད་པར་བདག་ཅག་སོ་སྐྱེ་ལོང་བ་ལྟ་བུས་རྙེད་པ་འདི་ནི་ཤིན་ཏུ་ངོ་མཚར་བ་སྟེ་སངས་རྒྱས་ཀྱི་བྱིན་རླབས་ཁོ་ནའི་སྟབས་ལེགས་ཀྱིས་རྙེད་པས་ཏེ་པོར་བསྟེན་པའོ། །

གཉིས་པ་(གཞན་དོན་སྒྲུབ་པས་དགའ་བ་བསྐྱེད་པ་)ལ་གསུམ། སྡུག་བསྔལ་སེལ་བར་ནུས་པ། སྒྲིབ་པ་སེལ་བར་ནུས་པ། ཕན་བདེ་སྒྲུབ་པར་ནུས་པས་དགའ་བ་སྐྱེད་པའོ། །

དང་པོ་(སྡུག་བསྔལ་སེལ་བར་ནུས་པ་)ནི།

འགྲོ་བའི་འཆི་བདག་འཇོམས་བྱེད་པའི། །
བདུད་རྩིའི་མཆོག་ཀྱང་འདི་ཡིན་ནོ། །
འགྲོ་བའི་དབུལ་བ་སེལ་བ་ཡི། །
མི་ཟད་གཏེར་ཡང་འདི་ཡིན་ནོ། ༢༤ །
འགྲོ་བའི་ནད་རབ་ཞི་བྱེད་པའི། །
སྨན་གྱི་མཆོག་ཀྱང་འདི་ཡིན་ནོ། །
སྲིད་ལམ་འཁྱམས་ཤིང་ངུབ་པ་ཡི། །
འགྲོ་བ་ངལ་གསོའི་ལྗོན་ཤིང་ཡིན། ༢༥ །

འགྲོ་བ་ཐམས་ཅད་ངན་འགྲོ་ལས། །

སྒྲོལ་བར་བྱེད་པའི་སྒྱི་སྟེགས་ཡིན། །(༢༧བ)

ཞེས་གསུངས་ཏེ། འཆི་བ་སེལ་བ། དབུལ་བ་སེལ་བ། ནད་སེལ་བ། དུབ་པ་སེལ་བ། ངན་སོང་གི་སྡུག་བསྔལ་སེལ་བ་སྟེ་ལྔ་པོ་རྐང་པ་གཉིས་རེས་བསྟན་ཏོ། །དེ་ཡང་འཆི་བ་མེད་པ་ནི་སངས་རྒྱས་ཡིན་ལ་དེ་འཐོབ་པར་བྱེད་པའི་ཕྱིར་དང་སེམས་ཅན་འཇིག་རྟེན་དང་འཇིག་རྟེན་ལས་འདས་པའི་བདེ་བས་དབུལ་བ་རྣམས་ལ་འདི་ལས་དགོས་འདོད་ཀྱི་གཏེར་འབྱུང་བའི་ཕྱིར་དང་། ནད་ཀྱི་གཙོ་བོ་ནི་དུག་གསུམ་ཡིན་ལ་རླུང་མཁྲིས་བད་ཀན་ཡང་དེས་བསྐྱེད་པར་ཟད་ལ་དེ་སེལ་བའི་སྨན་གཅིག་པུ་ཡིན་པའི་ཕྱིར་དང་། འཁོར་བ་མཐའ་མེད་དུ་འཁྱམས་པས་དུབ་པ་རྣམས་ངལ་གསོ་བའི་རྟེན་ཡིན་པའི་ཕྱིར་དང་། འགྲོ་བ་ངན་འགྲོ་ལས་སྒྲོལ་བའི་ཐབས་འདི་ལས་གཞན་མེད་པའི་ཕྱིར་ཏེ་རིམ་པར་སྦྱར་རོ། །

གཉིས་པ་(སྒྲིབ་པ་སེལ་བར་ནུས་པ་)ནི།

འགྲོ་བའི་ཉོན་མོངས་གདུང་སེལ་བའི། །

སེམས་ཀྱི་ཟླ་བ་ཤར་བ་ཡིན། ༣༠ །

འགྲོ་བའི་མི་ཤེས་རབ་རིབ་དག །

དཔྱིས་འབྱིན་ཉི་མ་ཆེན་པོ་ཡིན། །

ཞེས་གསུངས་ཏེ། དེ་ཡང་རྐང་པ་གཉིས་གཉིས་ཀྱིས་ཉོན་སྒྲིབ་དང་ཤེས་སྒྲིབ་སེལ་བའི་ཕན་ཡོན་བསྟན་པ་སྟེ་ཉོན་མོངས་པ་ནི་ཚད་པས་གདུངས་པ་ལྟར་རྒྱུད་སྲེག་པ་སྟེ་དེ་སེལ་བ་ལ་བཙོ་ལྔའི་ཟླ་འོད་ལྟ་བུའོ། །མི་ཤེས་པས་ཤེས་བྱ་ལ་བསྒྲིབས་པ་ནི་མུན་པའམ་ནང་གི་རབ་རིབ་ཡིན་ལ་དེ་སེལ་བས་ན་ཉི་མ་ལྟ་བུའོ། །

གསུམ་པ་(ཕན་བདེ་སྒྲུབ་པར་ནུས་པས་དགའ་བ་བསྐྱེད་པ་)ནི།

དམ་ཆོས་འོ་མ་བསྲུབས་པ་ལས། །

མར་གྱི་ཉིང་ཁུ་ཕྱུང་བ་ཡིན། ༣༡ །

འགྲོ་བའི་མགྲོན་པོ་སྲིད་པའི་ལམ་རྒྱུ་ཞིང་། །

བདེ་བའི་ལོངས་སྤྱོད་སྤྱད་པར་འདོད་པ་ལ། །

འདི་ནི་བདེ་བའི་མཆོག་ཏུ་ཉེར་གནས་ཏེ། །

སེམས་ཅན་མགྲོན་ཆེན་ཚིམ་པར་བྱེད་པ་ཡིན། ༣༢ །

ཞེས་གསུངས་ཏེ། དེ་ཡང་རྐང་པ་གཉིས་ཀྱིས་ཕན་པ་སྒྲུབ་པ་དང་། ཚིགས་བཅད་གཅིག་གིས་བདེ་བ་སྒྲུབ་ནུས་པར་སྟོན་ཏེ། ཐེག་པ་ཆེན་པོའི་ཆོས་ཀྱི་འོ་མའི་རྒྱ་མཚོ་བསྲུབས་པ་ལས་ཕྱུང་བ་མར་གྱི་ཉིང་ཁུ་ལྟ་བུ་ནི་བྱང་ཆུབ་(༡༡ན)ཀྱི་སེམས་འདི་ཁོ་ན་སྟེ་གཞན་གཉིས་པ་མེད་དོ། །བྱང་ཆུབ་མ་ཐོབ་ཀྱི་བར་དུ་ཡང་འདི་ཕྱིའི་རང་གཞན་གྱི་བདེ་བའི་རྒྱུ་ནི་བྱང་ཆུབ་ཀྱི་སེམས་ཁོ་ན་སྟེ། བྱང་ཆུབ་སེམས་མེད་རྒྱལ་འབྱུང་འཇིག་རྟེན་ཡོད་མེད་ན། །འབྲས་བུ་བརྒྱ་བྱིན་ཚངས་པ་ཉན་ཐོས་ག་ལ་འབྱུང་། །ཉི་མའི་དཀྱིལ་འཁོར་གང་ཚེ་འོད་ཀྱི་དྲ་བ་འགྱེད། །དེ་ཚེ་སེམས་ཅན་ལས་བྱེད་བརྩོན་པ་དེ་བཞིན་དུ། །མཁས་པའི་ཤེས་ཕྱིར་འཇིག་རྟེན་བྱང་ཆུབ་སེམས་བྱུང་ན། །ཡེ་ཤེས་ཀྱིས་ནི་སེམས་ཅན་ཡོན་ཏན་ཆོས་དང་ལྡན། །དཔེར་ན་མ་རྨོས་གནས་པའི་སྐྱུ་བདག་མེད་གྱུར་ན། །ཛམྦུའི་གླིང་འདིར་ཆུ་སླུང་འབབ་པར་ག་ལ་འགྱུར། །ཆུ་སླུང་མེད་ན་མེ་ཏོག་འབྲས་བུ་འབྱུང་མི་འགྱུར། །རྒྱ་མཚོ་ལ་ཡང་རིན་ཆེན་གཟུགས་མང་མེད་པར་འགྱུར། །དེ་བཞིན་འདིར་ཡང་བྱང་ཆུབ་སེམས་མེད་བདེ་གཤེགས་ཀྱི། །ཡེ་ཤེས་འཇིག་རྟེན་འདི་དག་ཀུན་ཏུ་ག་ལ་འབྱུང་། །ཡེ་ཤེས་མེད་ན་ཡོན་ཏན་འཕེལ་མེད་བྱང་ཆུབ་མེད། །རྒྱ་མཚོ་འདྲ་བའི་སངས་རྒྱས་ཆོས་ཀྱང་མེད་པར་འགྱུར། །ཞེས་སོ། །

གཉིས་པ་(གཞན་གཟེངས་བསྟོད་པ་)ནི།

བདག་གིས་དེ་རིང་སྐྱོབ་པ་ཐམས་ཅད་ཀྱི། །

སྨྲན་སྔར་འགྲོ་བ་བདེ་གཤེགས་ཉིད་དང་ནི། །
བར་དུ་བདེ་ལ་མགྲོན་དུ་བོས་ཟིན་གྱིས། །
ལྷ་དང་ལྷ་མིན་ལ་སོགས་དགའ་བར་གྱིས། ༣༣ །

ཞེས་གསུངས་ཏེ། བདག་གིས་ནི་བོད་པ་པོ་སྤྱིན་བདག་ངེས་བཟུང་དུ་བྱས་པའོ། །དེ་རིང་ནི་དུས་ཏེ་བྱང་ཆུབ་ཀྱི་སེམས་བསྐྱེད་མ་ཐག་པ་དེ་ནས་སོ། །སྐྱོབ་པ་ཐམས་ཅད་ཀྱི་སྤྱན་སྔར་ཞེས་དཔང་པོ་ངེས་བཟུང་དུ་བྱས་པ་སྟེ་འདི་ལ་ཁྱེད་རྣམས་དཔང་པོའོ་ཞེས་པའི་ཐ་ཚིག་གོ། །འགྲོ་བ་ནི་མགྲོན་ངེས་བཟུང་དུ་བྱས་པ་ལྷ་དང་ལྷ་མ་ཡིན་ལ་སོགས་པ་སེམས་ཅན་ཐམས་ཅད་དོ། །བདེ་གཤེགས་ཉིད་དང་ནི་བར་དུ་བདེ་བ་ལ་མགྲོན་དུ་བོས་པ་ནི་སྤྱིན་བྱ་ངེས་བཟུང་དུ་ཁས་བླངས་པ་སྟེ་མཐར་ཐུག་བདེ་གཤེགས་ཉིད་དང་གནས་སྐབས་(༢༢བ)སུ་བདེ་བ་ཐམས་ཅད་སྤྱིན་པར་དམ་བཅས་པའོ། །དེ་ལྟར་ན་ཁྱེད་རྣམས་དགའ་བ་དང་བཅས་པས་སྤྲོ་སྤྲིངས་ཤིག་པའོ། །དེ་ལྟར་ན་ཆར་པ་བབས་པ་ན་སྣ་ལུ་སྐྱེས་སོ་ཞེས་ཟེར་བ་ལྟར་རྒྱུ་འབྲས་གཞན་དུ་མི་འགྱུར་བའི་ཕྱིར་བྱང་ཆུབ་ཀྱི་སེམས་སྐྱེས་པ་ན་རང་གཞན་ཐམས་ཅད་ཀྱི་ཕན་བདེ་གྲུབ་བོ་ཞེས་བརྗོད་པར་བྱའོ། །

བྱང་ཆུབ་སེམས་དཔའི་སྤྱོད་པ་ལ་འཇུག་པ་ལས། བྱང་ཆུབ་ཀྱི་སེམས་ཡོངས་སུ་བཟུང་བ་སྟེ་ལེའུ་གསུམ་པ་རྣམ་པར་ཕྱེ་བའོ།། །།

ལེའུ་བཞི་པ། བག་ཡོད་པ་བསྟན་པ།

ལེའུ་བཞི་པ་ལ་ལེའུའི་འབྲེལ་ནི། དེ་ལྟར་བསམ་པ་ཕུན་སུམ་ཚོགས་པ་བྱང་ཆུབ་ཏུ་སེམས་བསྐྱེད་ནས་སྦྱོར་བ་ཕུན་སུམ་ཚོགས་པ་བག་ཡོད་པས་སྒྲུབ་དགོས་པར་འབྲེལ་ཏེ། **དཀའ་འགྲེལ་ཆུང་ངུར།** དེ་ལྟར་སེམས་བསྐྱེད་པ་བརྗོད་ནས་ད་ནི་བསླབ་པ་ཉམས་སུ་བླང་བ་འཆད་དོ། །ཞེས་སོ། །དེ་ཡང་ངོ་བོ་ནི་ཐེག་ཆེན་གྱི་བསླབ་པ་གསུམ་མམ་ཕ་རོལ་ཏུ་ཕྱིན་པ་བཅུའམ་བསྡུ་ན་སེམས་སྲུང་བ་པོ་ན་ཡིན་ལ། ཕ་རོལ་ཏུ་ཕྱིན་པ་ཐབས། སློན་ལམ། སྟོབས། ཡེ་ཤེས་ཏེ་ལྷག་མ་བཞི་པོ་ཤེར་ཕྱིན་དུ་འདུ་ལ། བསླབ་པ་གསུམ་ཡང་ཕ་རོལ་ཏུ་ཕྱིན་པ་དྲུག་ཏུ་འདུ་བས་འདིར་སྦྱིན་པ་སྤྱི་འགྲོར་བཏང་ཞིང་ཚུལ་ཁྲིམས་ལ་ཤེས་བཞིན་གྱི་སྒྲས་སློས་ལ། ཕ་རོལ་ཏུ་ཕྱིན་པ་ལྷག་མ་རྣམས་གོ་རིམ་དུ་བསྟན་ཏེ། བག་ཡོད་པ་ནི་ཐམས་ཅད་ཀྱི་རྩ་བ་ཡིན་པས་ཐོག་མར་བསྟན་པའོ། །

དེས་ན་(གསུམ་པ་)ཐོབ་པ་མི་ཉམས་པར་སྲུང་བའི་ཚུལ་ལ་གཉིས། རྩ་བ་བག་ཡོད་པ་ལ་རག་ལས་པར་བསྟན་པ་དང་། ཕ་རོལ་ཏུ་ཕྱིན་པ་དྲུག་པོ་རེ་རེ་ཞིང་ཉམས་སུ་བླང་བའོ། །དང་པོ་(རྩ་བ་བག་ཡོད་པ་ལ་རག་ལས་པར་བསྟན་པ་)ལ། སྤྱིའི་དོན་གྱིས་ཕ་རོལ་ཏུ་ཕྱིན་པ་གཏན་ལ་དབབ་པ་དང་། གཞུང་གི་དོན་གྱིས་བག་ཡོད་བྱེ་བྲག་ཏུ་བཤད་པའོ། །དང་པོ་(སྤྱིའི་དོན་གྱིས་ཕ་རོལ་ཏུ་ཕྱིན་པ་གཏན་ལ་དབབ་པ་)ལ་གཉིས། སྤྱིའི་དོན་དང་། སོ་སོའི་དོན་བཤད་པའོ། །

དང་པོ་(སྤྱིའི་དོན་)ནི། རྒྱན་དང་ཐེག་བསྡུས་ལས་བཤད་པ་ལྟར། **སྡོམ་ནི།** གྲངས་དང་མཚན་ཉིད་གོ་རིམ་དང་། །ངེས་ཚིག་གོམས་བྱའི་ཡོན་ཏན་དང་། །རབ་དབྱེ་

བསྔུ་དང་མི་མཐུན་ཕྱོགས། །ཡོན་ཏན་ཕན་ཚུན་རྣམ་ངེས་བཅུ། །ཞར་ལ་སྤེལ་དང་དག་པའང་བཤད། །ཅེས་བྱ་སྟེ།

དང་པོ་གྲངས་ངེས་ལ་བརྒྱད། མངོན་མཐོ་ངེས་ལེགས་དོན་གཉིས་དང་། །གཞན་དོན་ཐེག་ཆེན་མཐའ་དག་སྡུད། །ལམ་ཀུན་སྡུད་དང་བསླབ་པ་གསུམ། །སྤང་བྱ་ལ་བལྟོས་འགྲུབ་པ་བཞི། །དེ་ལྟར་གྲངས་ངེས་རྣམ་པ་བརྒྱད། །ཅེས་བྱ་སྟེ། དེ་ཡང་མངོན་མཐོ་ལྷ་མིའི་བདེ་བའི་རྒྱུ་དང་ངེས་ལེགས་(༥་བ) བྱང་ཆུབ་ཀྱི་རྒྱུའི་དབང་དུ་བྱས་ནས་ཕར་ཕྱིན་ལ་དྲུག་ཏུ་ངེས་ཏེ་ལོངས་སྤྱོད་ཀྱི་དོན་དུ་སྦྱིན་པ། ལུས་ཀྱི་དོན་དུ་ཚུལ་ཁྲིམས། འཁོར་གྱི་དོན་དུ་བཟོད་པ་སྟེ་མངོན་མཐོའི་བདེ་ལེགས་ཀྱི་རྒྱུ་གསུམ། ཡོན་ཏན་འཕེལ་བའི་དོན་དུ་བརྩོན་འགྲུས། ཞི་གནས་ཀྱི་དོན་དུ་བསམ་གཏན། ལྷག་མཐོང་གི་དོན་དུ་ཤེས་རབ་སྟེ་ངེས་ལེགས་ཀྱི་རྒྱུ་གསུམ་དང་དྲུག་ཏུ་ངེས་པའི་ཕྱིར་ཏེ། **རྒྱན་ལས།** ལོངས་སྤྱོད་དང་ལུས་ཕུན་སུམ་ཚོགས་པ་དང་། །འཁོར་རྫོམ་ཕུན་སུམ་ཚོགས་པ་མངོན་མཐོ་དང་། །རྟག་ཏུ་ཉོན་མོངས་དབང་ཉིད་མི་འགྲོ་དང་། །བྱ་བ་རྣམས་ལ་ཕྱིན་ཅི་མ་ལོག་པའོ། །ཞེས་སོ། །

ཡང་སྦྱིན་སོགས་གསུམ་གྱིས་གཞན་དོན་དང་། བརྩོན་སོགས་གསུམ་གྱིས་རང་དོན་བསྒྲུབ་པའི་ཕྱིར་ཡང་དྲུག་སྟེ། སེམས་ཅན་དོན་ལ་རབ་བརྩོན་པ། །གཏོང་དང་མི་གནོད་བཟོད་པས་བྱེད། །གནས་དང་གྲོལ་བ་གཞིར་བཅས་པས། །རང་དོན་རྣམ་པ་ཐམས་ཅད་སྤྱོད། །ཅེས་སོ། །ཡང་གཞན་དོན་ཁོ་ནའི་དབང་དུ་བྱས་ནས་ཀྱང་ལོངས་སྤྱོད་ཀྱིས་མི་ཕོངས་པར་བྱེད་པ་སྦྱིན་པ་ནས་ངེས་དོན་ལེགས་པར་བརྗོད་པ་ཤེས་རབ་ཀྱི་བར་དུ་བཞག་སྟེ། མི་ཕོངས་པ་དང་རྣམ་པར་མི་འཚེ་དང་། །རྣམ་འཚེ་བཟོད་དང་བྱ་བས་མི་སྐྱོ་དང་། །དགའ་བྱེད་ལེགས་པར་བརྗོད་པ་དེ་ཡི་ཕྱིར། །གཞན་གྱི་དོན་ནི་རང་གི་དོན་མཆོག་ཡིན། །ཞེས་སོ། །

ཡང་ཐེག་ཆེན་ཐམས་ཅད་དྲུག་པོ་འདིར་འདུ་བས་ཀྱང་ཡིན་ཏེ། ལུས་ལོངས་སྤྱོད་ལ་མི་ལྟ་བ་སྦྱིན་ཚུལ་གཉིས་རྣམ་པར་མི་རྟོག་པའི་རྣལ་འབྱོར་ལ་གནས་པ་ཐ་མ་གཉིས། དེ་དག་ལ་མི་སྐྱོ་ཞིང་གུས་པ་བཟོད་བརྩོན་ཡིན་པའི་ཕྱིར་ཏེ། ལོངས་སྤྱོད་མངོན་པར་མི་དགའ་དང་། །རབ་གུས་གཉིས་ལ་མི་སྐྱོ་དང་། །རྣལ་འབྱོར་རྣམ་པར་མི་རྟོག་པ། །ཐེག་ཆེན་མཐའ་དག་འདིར་ཟད་དོ། །ཅེས་སོ། །

ཡང་ལམ་མཐའ་དག་དྲུག་པོ་འདིར་འདུ་བས་ཀྱང་སྟེ། སྦྱིན་ཚུལ་གྱིས་མ་ཆགས་པའི་ལམ། བཟོད་པས་སེམས་ཅན་མི་གཏོང་བའི་ལམ། བརྩོན་འགྲུས་ཀྱིས་འཕེལ་(༡༠ན)བའི་ལམ། བསམ་གཏན་གྱིས་རྣམ་གཡེང་སྦོམ་པའི་ལམ། ཤེས་རབ་སྒྲིབ་པ་སྦྱོང་བའི་ལམ་ཡིན་པའི་ཕྱིར་ཏེ། ཡུལ་རྣམས་ལ་ནི་མ་ཆགས་ལམ། །དེ་ཐོབ་རྣམ་གཡེང་སྦོམ་པའི་གཞན། །སེམས་ཅན་མི་གཏོང་འཕེལ་བ་དང་། །སྒྲིབ་པ་རྣམ་པར་སྦྱོང་བའི་གཞན། །ཞེས་སོ། །

ཡང་བསླབ་པ་ཐམས་ཅད་གསུམ་དུ་འདུ་ལ་དེའི་ཕྱིར་ཡང་སྦྱིན་སོགས་གསུམ་ཚུལ་ཁྲིམས་ཀྱི་བསླབ་པ། བསམ་གཏན་ཏིང་ངེ་འཛིན་གྱི་བསླབ་པ། ཤེར་ཕྱིན་ཤེས་རབ་ཀྱི་བསླབ་པ། བརྩོན་འགྲུས་དེ་ཐམས་ཅད་ཀྱི་གྲོགས་སུ་བཞག་པ་སྟེ། བསླབ་གསུམ་དབང་དུ་མཛད་ནས་ནི། །རྒྱལ་བས་ཕ་རོལ་ཕྱིན་པ་དྲུག །ཡང་དག་བཤད་དེ་དང་པོ་གསུམ། །ཐ་མ་གཉིས་ཀྱིས་རྣམ་པ་གཉིས། །གཅིག་ནི་གསུམ་ཆར་ལ་ཡང་གཏོགས། །ཞེས་སོ། །

དེ་ལྟར་དྲུག་ནི་རྒྱན་ལས་བཤད་ལ་**ཐེག་བསྡུས་ལས་ནི།** འཁོར་བ་ལས་མི་འཕགས་པའི་རྒྱུ་ལོངས་སྤྱོད་དང་ཁྱིམ་ཐབ་ལ་ཆགས་པའི་གཉེན་པོར་དང་པོ་གཉིས། འཕགས་ཀྱང་ལྡོག་པའི་རྒྱུ་ལོག་སྡུག་དང་སྐྱོ་བའི་གཉེན་པོར་བར་མ་གཉིས། མ་ལོག་ཀྱང་ཆུད་ཟ་བའི་རྒྱུ་རྣམ་གཡེང་དང་གདེ་མུག་གི་གཉེན་པོར་ཕྱི་མ་གཉིས་ཏེ་སྔང་བྱ་ལ་བལྟོས་ནས་གྲངས་ངེས་དང་། ཡང་སངས་རྒྱས་ཀྱི་ཆོས་

འགྲུབ་པ་བཞིའི་དབང་དུ་བྱས་ནས་ཀྱང་དྲུག་ཏུ་བཞག་སྟེ་དང་པོ་བཞིས་སེམས་མི་གཡེང་བའི་རྒྱུ་སྒྲུབ། ལྔ་པས་མི་གཡེང་བ་ཐོབ། དྲུག་པས་དེ་ཁོ་ན་ཉིད་ཤེས། དེ་ལས་སྟོབས་སོགས་ཀྱི་ཡོན་ཏན་འཐོབ་པའོ། །

མཚན་ཉིད་ནི། རྟེན་དངོས་ཆེད་དུ་བྱ་བ་དང་། །ཐབས་མཁས་བསྔོ་བ་རྣམ་དག་སྟེ། །དམ་པ་དྲུག་ལྡན་དགེ་བ་ཡིན། །ཡང་ན་ཁྱད་པར་བཞི་ལྡན་དགེ། །ཆགས་མེད་བདུན་ལྡན་དགེ་བའང་། །ཡང་ན་འཁོར་གསུམ་རྣམ་དག་པའི། །ཤེས་རབ་ཀྱིས་ཟིན་དགེ་བ་སྟེ། །ཕ་རོལ་ཕྱིན་པའི་མཚན་ཉིད་འདོད། །ཅེས་བྱ་སྟེ།

ཐེག་བསྡུས་ལྟར་ན། རྟེན་དམ་པ་བྱང་ཆུབ་ཀྱི་སེམས་(༩༠བ)དང་། དངོས་པོ་དམ་པ་གཞི་ཐམས་ཅད་ལ་འཇུག་པ་དང་། ཆེད་དུ་བྱ་བ་དམ་པ་སེམས་ཅན་ཐམས་ཅད་ཀྱི་ཕན་བདེའི་ཆེད་དང་། ཐབས་མཁས་དམ་པ་འཁོར་གསུམ་མི་རྟོག་པའི་ཤེས་རབ་ཀྱིས་ཟིན་པ་དང་། བསྔོ་བ་དམ་པ་བྱང་ཆུབ་ཆེན་པོར་སྔོ་བ་དང་། རྣམ་དག་དམ་པ་སྒྲིབ་གཉིས་དག་པར་བྱེད་པ་སྟེ་དམ་པ་དྲུག་ལྡན་གྱི་དགེ་བའི་རྩ་བ་ནི་སྐབས་འདིར་བསྟན་བྱ་ཕ་རོལ་ཏུ་ཕྱིན་པའི་མཚན་ཉིད་དོ། །

ཁ་ཅིག་དམ་པ་དྲུག་དང་ལྡན་པ་ཕ་རོལ་ཏུ་ཕྱིན་པའི་མཚན་ཉིད་དུ་སྒྲུབ་པ་ལ་ནི་ཁྱབ་ཆེས་པའི་སྐྱོན་ཡོད་དེ། འོ་ན་ས་དང་པོ་ལ་གནས་པའི་བྱང་སེམས་ཆོས་ཅན། ཕ་རོལ་ཏུ་ཕྱིན་པ་ཡིན་པར་ཐལ། དམ་པ་དྲུག་ལྡན་ཡིན་པའི་ཕྱིར་ཏེ་ཆོས་དྲུག་པོ་རེ་རེ་ནས་ཚང་བའི་ཕྱིར། འདོད་ན། ལམ་དང་མཐར་ཐུག་གི་འབྲས་བུ་གང་རུང་ཡིན་པར་ཐལ། ཕ་རོལ་ཏུ་ཕྱིན་པ་ཡིན་པའི་ཕྱིར། འདོད་ན། དེ་མ་ཡིན་པར་ཐལ་ཏེ་ས་དང་པོ་པའི་གང་ཟག་ཡིན་པའི་ཕྱིར་རོ། །

ཡང་ན་མི་མཐུན་པའི་ཕྱོགས་འཇོམས་པ་དང་། རྣམ་པར་མི་རྟོག་པའི་ཡེ་ཤེས་དང་ལྡན་པ་དང་། སེམས་ཅན་ཐམས་ཅད་ཀྱི་འདོད་པ་རྫོགས་པར་བྱེད་པའི་རིགས་སུ་གནས་པ་དང་། སེམས་ཅན་རྣམས་ཐེག་པ་གསུམ་ལ་སྨིན་པར་བྱེད་པ་

སྔོ་ཁྱད་པར་བཞི་ལྡན་གྱི་དགེ་བ་འདིར་བསྟན་གྱི་ཕ་རོལ་ཏུ་ཕྱིན་པའི་མཚན་ཉིད་དེ། **མདོ་སྡེ་རྒྱན་དུ།** སྦྱིན་པ་མི་མཐུན་ཕྱོགས་ཉམས་དང་། །རྣམ་པར་མི་རྟོག་ཡེ་ཤེས་ལྡན། །འདོད་པ་ཐམས་ཅད་ཡོངས་རྫོགས་བྱེད། །སེམས་ཅན་རྣམ་སྨིན་བྱེད་རྣམ་གསུམ། །ཞེས་སོ། །ཕར་ཕྱིན་རེ་རེ་ལ་དེ་ལྟར་བཤད་པའི་ཤུགས་ཀྱིས་ཕ་རོལ་ཏུ་ཕྱིན་པ་སྤྱིའི་མཚན་ཉིད་ཀྱང་དེ་ལྟར་འཐོབ་པའི་ཕྱིར་རོ། །

ཡང་ན་ཆགས་མེད་བདུན་ལྡན་གྱི་སྦྱིན་སོགས་ཀྱི་དགེ་བ་སྟེ། **རྒྱན་ཉིད་ལས།** བྱང་ཆུབ་སེམས་དཔའི་སྦྱིན་པ་ནི། །མ་ཆགས་མི་ཆགས་ཆགས་པ་མེད། །ཆགས་པ་ཉིད་ཀྱང་མ་ཡིན་ལ། །མ་ཆགས་མི་ཆགས་ཆགས་པ་མེད། །(༡༧ན)ཅེས་རང་གི་མི་མཐུན་པའི་ཕྱོགས་སེར་སྣ་ཚུལ་འཆལ་སོགས་ལ་མ་ཆགས་པ་དང་། ཕྱི་ཤོལ་མེད་པས་མི་ཆགས་པ་དང་། ཆོག་པར་མི་འཛིན་པས་ཆགས་པ་མེད་པ་དང་། སྦྱིན་པ་ལན་ལ་རེ་བའམ་ཚུལ་ཁྲིམས་སྲིད་པར་སྨོན་པ་ནས་ཤེས་རབ་ཐབས་དང་བྲལ་བ་སོགས་མ་དག་པ་མེད་པས་ཆགས་པ་ཉིད་ཀྱང་མ་ཡིན་པ་དང་། རྣམ་སྨིན་ལ་མི་རེ་བས་མ་ཆགས་པ་དང་། བག་ལ་ཉལ་ལ་མི་ཆགས་པ་དང་། རྣམ་གཡེང་ལ་ཆགས་པ་མེད་པ་དང་བདུན་ཏེ་རེ་རེ་ཞིང་དེ་ལྟར་གསུངས་པའི་ཕྱིར་རོ། །

ཡང་ན་འཁོར་གསུམ་རྣམ་པར་དག་པའི་ཤེས་རབ་ཁྱད་པར་ཅན་གྱིས་ཟིན་པའི་སྦྱིན་སོགས་ཀྱི་དགེ་བའང་འདི་སྐབས་ཀྱི་ཕ་རོལ་ཏུ་ཕྱིན་པའི་མཚན་ཉིད་དུ་འགྱུར་ཏེ། སྦྱིན་པ་སྦྱིན་པའི་སྔོན་དུ་འགྲོ་བ་ཤེས་རབ་ཡིན། །ཚུལ་ཁྲིམས་བཟོད་དང་བརྩོན་འགྲུས་བསམ་གཏན་དེ་བཞིན་ནོ། །ཞེས་དང་། ཤེས་རབ་མེད་ན་མིག་མེད་ཕ་རོལ་ཕྱིན་ལྔ་འདིས། །དམིགས་བུ་མེད་པས་བྱང་ཆུབ་རེག་པར་ནུས་མ་ཡིན། །གང་ཚེ་ཤེས་རབ་ཀྱིས་ནི་རབ་ཏུ་ཟིན་གྱུར་པ། །དེ་ཚེ་མིག་ཉེད་གྱུར་ཞིང་འདི་ཡི་མིང་འཐོབ་བོ། །ཞེས་སོ། །གང་དངོས་པོའམ་མཚན་མར་ཞེན་པའི་སྦྱིན་སོགས་ནི་སྦྱིན་སོགས་ཡིན་ཡང་ཕ་རོལ་ཏུ་ཕྱིན་པ་མ་ཡིན་ཏེ་ཤེས་རབ་ཀྱི་མིག

དང་བྲལ་བའི་ཕྱིར་ཏེ། ཤེས་རབ་མེད་ན་སོགས་དང་། གང་ཚེ་ཤེས་རབ་ཀྱིས་ནི་རབ་ཏུ་ཟིན་གྱུར་པ། །དེ་ཚེ་མིག་ཆེན་གྱུར་ཅིང་འདི་ཡི་མིང་འཐོབ་བོ། །ཞེས་སོ། །

ཡང་ན་ནི་དངོས་མཚན་གྱི་སྦྱིན་སོགས་ལ་འཇིག་རྟེན་པའི་ཕར་ཕྱིན་དང་། ཤེས་རབ་ཁྱད་པར་ཅན་གྱིས་ཟིན་པ་ལ་འཇིག་རྟེན་ལས་འདས་པའི་ཕར་ཕྱིན་དུ་འཇོག་སྟེ། **འཇུག་པ་ལས།** སྦྱིན་པ་སྦྱིན་བྱ་ལེན་པོ་གཏོང་པོས་སྟོང་། །འཇིག་རྟེན་འདས་པའི་ཕ་རོལ་ཕྱིན་ཞེས་བྱ། །གསུམ་པོ་དག་ལ་ཆགས་སྐྱེས་གྱུར་པ་ན། །འཇིག་རྟེན་པ་ཡི་ཕ་རོལ་ཕྱིན་ཞེས་བརྗོད། །ཅེས་སོ། །འོན་ཀྱང་འཇིག་རྟེན་པའི་ཕར་ཕྱིན་ནི་ཕར་ཕྱིན་གྱི་མིང་(༩༧བ)ཙམ་དུ་ཟད་ཀྱི་ཕར་ཕྱིན་མ་ཡིན་ལ། བྱང་སེམས་ཚོགས་སྦྱོར་བའི་སྦྱིན་སོགས་ནི་ཕར་ཕྱིན་གྱི་རྒྱུའམ་རྗེས་སུ་མཐུན་པ་ཡིན་ལ། འཕགས་རྒྱུད་ཀྱི་དམིགས་མེད་ཀྱི་བྱམས་བརྩེ་སོགས་ནི་བྱམས་པ་སྦྱིན་པ་བཞི་པར་གསུངས་པས་དེར་སྣང་པའམ་ཕལ་ཆེར་ནི་བསམ་གཏན་དང་ཤེས་རབ་ཏུ་འདུ་བ་ཡིན་ལ་དེའི་ཕྱིར། ཐེག་ཆེན་མཐའ་དག་འདིར་ཟད་དོ། །ཞེས་ཐེག་ཆེན་མཐའ་དག་དངོས་དང་བརྒྱུད་པའི་སྒོ་ནས་ཕར་ཕྱིན་དྲུག་ཏུ་བསྡུས་པ་ཡིན་ལ། ཉན་རང་ལ་ནི་ཕ་རོལ་ཏུ་ཕྱིན་པ་མེད་ཅིང་མཐར་ཐུག་པ་ནི་སངས་རྒྱས་པོ་ན་ལ་མངའ་བ་ཡིན་ཏེ། **བཤད་སྦྱར་ལས།** བསེ་རུ་ལྟ་བུ་རྣམས་ལ་ནི། །ཕ་རོལ་ཕྱིན་དྲུག་མིང་ཡང་མེད། །བཅོམ་ལྡན་ཉག་གཅིག་ཕ་རོལ་ཕྱིན། །དྲུག་གི་སྤྱི་ལ་བཞུགས་པ་ལགས། །ཞེས་སོ། །འོ་ན་ཉན་ཐོས་ཀྱི་ས་ལ་སློབ་པར་འདོད་པས་ཀྱང་ཤེས་རབ་ཀྱི་ཕ་རོལ་ཏུ་ཕྱིན་པ་ལ་བསླབ་པར་བྱའོ། །ཞེས་སོགས་གསུངས་པ་མ་ཡིན་ནམ་ཞེ་ན། དེ་ནི་ཤེར་ཕྱིན་གྱི་གདུལ་བྱ་ཡིན་ཡང་གནས་སྐབས་ཉན་རང་ལ་མོས་པ་དག་ཁ་དྲང་བའི་ཆེད་དང་། ཉན་རང་གི་རྣམ་པར་གྲོལ་བ་ཡང་གང་ཟག་དང་གཟུང་བའི་བདག་མེད་རྟོགས་པ་ལ་བལྟོས་ཤིང་དེ་ཤེར་ཕྱིན་གྱི་ཆ་ཤས་སུ་འགྱུར་བ་ཙམ་ལ་དགོངས་ནས་བསྟན་པ་སྟེ། ལྷའི་བུ་ཉིས་བརྒྱ་བྱང་ཆུབ་ནི་ཡུན་རིང་པོས་སྒྲུབ་

དགོས་སོ་ཞེས་སྨྲ་ནས་ཕྱིར་ལྡོག་པ་གདུལ་བའི་དོན་དུ་འཁོར་བ་ལས་མྱུར་དུ་ཐར་བར་འདོད་པས་ཀྱང་བྱང་ཆུབ་ཏུ་སེམས་བསྐྱེད་པར་བྱའོ། །ཞེས་གསུངས་པ་བཞིན་ནོ། །

དེས་ན་མཚོན་བྱ་རེ་ལ་ཡང་མཚན་ཉིད་མཐའ་ཡས་པ་འཇུག་པ་ཡོད་དེ། ཇི་སྲིད་པ་རོལ་གྱིས་མཚན་གཞིའི་སྟེང་དུ་མིང་དོན་གྱི་འབྲེལ་བ་སྒྲོ་འདོགས་ཆོད་པར་མ་ངེས་ཀྱི་བར་དུ་མཚན་ཉིད་བརྗོད་དགོས་ལ། དེ་ངེས་ནས་སྐབས་དོན་གྲུབ་ཟིན་པའི་ཕྱིར་མཚན་ཉིད་བརྗོད་དགོས་པའང་མ་ཡིན་ནོ། །དེའི་ཕྱིར་**རིགས་གཏེར་ལས།** མཚན་ཉིད་གཉིས་ཀྱིས་འཇོག་ན་ནི། །མཚོན་བྱ་དེ་ཡང་གཉིས་སུ་འགྱུར། །(༤༢ན)ཞེས་བཤད་པའང་མཁས་པ་ལ་ནི་འོས་ཏེ་མཚན་ཉིད་ནི་དོན་དང་མཚོན་བྱ་ནི་མིང་ཡིན་ལ། དོན་རེ་ལ་ཡང་མིང་མཐའ་ཡས་པ་འཇུག་པ་མངོན་བརྗོད་ཀྱི་བསྟན་བཅོས་སོགས་ལས་གསལ་བ་དང་། མིང་རེ་ཡང་དོན་མང་པོས་གཏན་ལ་འབེབས་པ་ཆོས་ཀྱི་དབྱིངས་ཀོ་ན་ཡང་ཁྱབ་པ་དང་། མི་དམིགས་པ་དང་། སྟོང་པ་ཉིད་དང་། འགྱུར་བ་མེད་པ་སོགས་མཐའ་ཡས་པས་འཆད་པའི་ཕྱིར་དང་། བདེན་པ་གཉིས་ཞེས་བྱ་བ་འདི་ཀོ་ན་ལ་གྲུབ་མཐའ་སྨྲ་བ་བཞིས་མཚན་ཉིད་ཐ་དད་དུ་འཇོག་པའི་ཕྱིར་བདེན་གཉིས་བཞིར་ཐལ་བར་འགྱུར་རོ། །ཞེས་པ་ནི་འཕྲོས་པའི་དོན་ནོ། །

གསུམ་པ་གོ་རིམ་ནི། རྒྱུ་འབྲས་དམན་མཆོག་རགས་ཕྲ་སྟེ། །རྒྱུ་མཚན་གསུམ་ལས་དྲུག་རིམ་བཞིན། །ཞེས་བྱ་སྟེ། ལུས་དང་ལོངས་སྤྱོད་ལ་མ་ཆགས་པའི་སྦྱིན་པ་དང་ལྡན་ན་བཅས་རང་གི་ཁ་ན་མ་ཐོ་བ་སྤྲོག་ལ་བབ་ཀྱང་སྡོམ་ནུས་པས་ཚུལ་ཁྲིམས་དང་ལྡན་པར་འགྱུར་ལ། དེ་ཡོད་ན་བཟོད་པ་དང་ལྡན་ཞིང་བཟོད་ལྡན་ནི་བརྩོན་འགྲུས་བརྩམ་པར་གདོན་མི་ཟ་ལ། དེ་ལས་ཏིང་ངེ་འཛིན་སྐྱེ་ཞིང་དེ་ཡིས་རྒྱུད་རྣམ་པར་གྲོལ་བར་འགྱུར་བ་རྒྱུ་འབྲས་ཀྱི་གོ་རིམ་དང་། ཡང་ན་སྔ་མ་སྔ་མ་

དམན་ལ་ཕྱི་མ་ཕྱི་མ་མཆོག་ཡིན་པས་དམན་མཆོག་གི་གོ་རིམ་དང་། ཡང་ན་ སྔ་མ་སྔ་མ་རགས་ཤིང་སླུབ་པར་སླ་ལ་ཕྱི་མ་ཕྱི་མ་ཕྲ་ཞིང་སླུབ་པར་དཀའ་བས་ རགས་ཕྲའི་གོ་རིམ་ཡང་ཡིན་ཏེ། སྔ་མ་ལ་བརྟེན་ཕྱི་མ་སྐྱེ། །དམན་དང་མཆོག་ཏུ་ གནས་ཕྱིར་དང་། །རགས་པ་དང་ནི་ཕྲ་བའི་ཕྱིར། །དེ་དག་རིམ་པས་བསྟན་པ་ ཡིན། །ཞེས་སོ། །

བཞི་པ་ངེས་ཚིག་ནི། སྲིད་ཞིའི་ཕ་རོལ་སོང་ཕྱིར་རོ། །ཞེས་བྱ་སྟེ། འཇིག་རྟེན་ པ་དང་ཐེག་དམན་གྱི་དགེ་བ་ཟིལ་གྱིས་གནོན་པས་དེ་དག་གི་ཕ་རོལ་ཏུ་སོང་ བའམ་ཕྱི་ནང་ཟིན་པའི་ཕྱིར་ཕ་རོལ་ཏུ་ཕྱིན་པ་ཞེས་བྱ་སྟེ་མྱ་ངན་ལས་འདས་པ་ལ་ འཕོར་བའི་ཕ་རོལ་ཏུ་སོན་པ་ཞེས་བཏགས་པ་བཞིན་ནོ། །

བྱེ་བྲག་ཏུ། (༩༢བ)དཱ་ནའི་སྒྲ་ལས་དབུལ་བ་འདོར་བས་སྦྱིན་པ། ཤཱི་ལའི་སྒྲ་ལས་ གསིལ་བ་འཐོབ་པས་ཚུལ་ཁྲིམས། ཀྵཱནྟིའི་སྒྲ་ལས་ཁྲོ་བ་བཟོད་པའི་ཕྱིར་བཟོད་ པ། བཱིརྱའི་སྒྲ་ལས་མཆོག་ལ་སྦྱོར་བའི་ཕྱིར་བརྩོན་འགྲུས། ཛྷྱཱ་ནའི་སྒྲ་ལས་ཡིད་ འཛིན་པའི་ཕྱིར་བསམ་གཏན། པྲཛྙཱའི་སྒྲ་ལས་དོན་དམ་ཤེས་པའི་ཕྱིར་ཤེས་རབ་སྟེ། དབུལ་བ་འདོར་བར་བྱེད་པ་དང་། །གསིལ་བ་འཐོབ་དང་ཁྲོ་བཟོད་དང་། །མཆོག་ སྦྱོར་བ་དང་ཡིད་འཛིན་དང་། །དོན་དམ་ཤེས་པའི་ཕྱིར་བཤད་དོ། །ཞེས་སོ། །

ལྔ་པ་གོམས་ཚུལ་ནི། དངོས་པོ་ཡིད་བྱེད་བསམ་པ་དང་། །ཐབས་དང་དབང་ འབྱོར་ལྔས་གོམས་བྱེད། །རྒྱུ་དང་རྣམ་སྨིན་སྨོན་ལམ་དང་། །སོར་རྟོག་དངོས་པོ་ལ་ བརྟེན་བཞི། །མོས་པ་རོ་མྱང་ཡི་རང་དང་། །དགའ་བ་ཡིད་བྱེད་ལ་བརྟེན་བཞི། །མི་ ངོམས་ཡངས་དང་དགའ་དང་ཕན། །མ་གོས་དགེ་བའི་བསམ་པ་སྟེ། །བསམ་པ་ལ་ བརྟེན་རྣམ་པ་དྲུག །ཐབས་ལ་བརྟེན་པ་གཅིག་པུ་ཉིད། །སྐུ་དང་སྤྱོད་པ་སྟོན་པ་ སྟེ། །དབང་འབྱོར་ལ་བརྟེན་རྣམ་པ་གསུམ། །དེ་ལྟར་རྣམ་པ་བཅོ་བརྒྱད་དོ། །ཞེས་ བྱ་སྟེ། རྒྱུ་རིགས་སད་པ། རྣམ་སྨིན་ལུས་ཕུན་སུམ་ཚོགས་པ། སྨོན་གྱི་སྨོན་ལམ་དག

པས། སོ་སོར་བརྟག་པའི་སྟོབས་དང་ལྡན་པ་སྟེ་དངོས་པོ་ལ་བསྟེན་པ་བཞིའོ། །

གསུང་རབ་ཟབ་མོ་ལ་དད་པ་མོས་པ་དང་། ཕར་ཕྱིན་དྲུག་ལ་ཡིད་ཆེས་པས་སྒོམ་པ་རོ་མྱང་དང་། གཞན་གྱི་ཕྱིན་དྲུག་ཐམས་ཅད་ལ་ཡི་རང་བ་དང་། རང་གཞན་ལ་མ་འོངས་པའི་ཚེ་འབྱུང་བའི་ཕྱིན་དྲུག་ལ་མངོན་པར་དགའ་བ་སྟེ་ཡིད་བྱེད་ལ་བསྟེན་པ་བཞིའོ། །

བསྐལ་པ་གྲངས་མེད་པ་ཐེར་འབུམ་བྱེ་བ་ཁྲག་ཁྲིག་གི་བསྐལ་པ་ཆེན་པོ་ཆེ་ཐ་བདུན་གྱིས་བཀང་བ་བྱིན་པ་དང་། དུས་དེ་སྲིད་དུ་ལུས་དེ་སྙེད་ཀྱིས་སྟོང་གསུམ་མེས་གང་བར་བྱང་ཆུབ་ཀྱི་ཆེད་དུ་སྤྱོད་ལམ་བཞི་སྤྱོད་པ་སོགས་ཕར་ཕྱིན་རེ་རེའི་སྤྱོད་པ་ཚད་མེད་པས་ཀྱང་མི་ངོམས་པ་དང་། དེ་ལྟ་བུའི་བསམ་སྦྱོར་རྒྱུན་ཆད་(༩༣ན)མེད་པས་བསམ་པ་ཡངས་པ་དང་། ཕན་ཐོགས་པའི་དགའ་བས་ཕན་བཏགས་པའི་རྣམ་སེམས་ཟིལ་གྱིས་ནོན་པ་དགའ་བ་དང་། ཕན་གདགས་ཡུལ་གྱི་འགྲོ་བ་འདི་རྣམས་བདག་གི་བྱང་ཆུབ་ཀྱི་གྲོགས་བྱེད་པས་འདི་རྣམས་ཀྱིས་བདག་ལ་ཕན་བཏགས་པ་ཡིན་གྱི་བདག་གིས་འདི་རྣམས་ལ་ཕན་བཏགས་པ་ནི་དེའི་ཆར་ཡང་མི་བཟོད་དོ་ཞེས་རྟོག་པ་ཕན་པའི་བསམ་པ་དང་། ལན་དང་རྣམ་སྨིན་ལ་མི་རེ་བ་མ་གོས་པའི་བསམ་པ་དང་། བསོད་ནམས་དེ་ཡང་སེམས་ཅན་ལ་ཡོངས་སུ་བསྔོ་བ་དགེ་བའི་བསམ་པ་སྟེ་བསམ་པ་ལ་བསྟེན་པ་དྲུག་གོ། །འཁོར་གསུམ་དག་པའི་ཤེས་རབ་ཀྱིས་ཟིན་པ་ནི་ཐབས་མཁས་པ་ལ་བསྟེན་པ་གཅིག་གོ། །ངོ་བོ་ཉིད་དང་ལོངས་སྤྱོད་རྫོགས་སྐུ་ཐོབ་པ་སྐུ་དང་། སྤྲུལ་སྐུ་གང་འདུལ་དུ་སྟོན་པ་སྤྱོད་པ་དང་། ཕྱིན་དྲུག་ཐོགས་མེད་དུ་སྟོན་པར་ནུས་པ་སྟོན་པ་ལ་དབང་འབྱོར་བ་སྟེ་དབང་འབྱོར་བ་རྣམ་པ་གསུམ་མོ། །དེ་ལྟར་ཡང་། ཐམས་ཅད་སྒོམ་པ་དངོས་པོ་དང་། །དེ་བཞིན་ཡིད་ལ་བྱེད་པ་དང་། །བསམ་པ་དང་ནི་ཐབས་དག་དང་། །དབང་འབྱོར་ཉིད་ལ་བསྟེན་པར་བརྗོད། །ཅེས་གསུངས་ཤིང་།

དཔྱིག་གི་ཞབས་ཀྱིས་འགྲེལ་པར་བཅོ་བརྒྱད་དུ་བཀྲལ་ཏོ། །

དྲུག་པ་རབ་དབྱེ་ནི། རྒྱས་པར་ཉིས་སྟོང་ཆིག་བརྒྱ་སྟེ། །དུག་གསུམ་ཆ་མཉམ་བཅས་ཕྱེ་བས། །ཕར་ཕྱིན་བརྒྱད་སྟོང་བཞི་བརྒྱ་སྟེ། །བཅུས་བསྒྱུར་བརྒྱད་ཁྲི་བཞི་སྟོང་ཉིད། །གཟུངས་སྤོབས་ཏིང་ཆོས་སྒོ་དེ་སྙེད། །བསྡུ་ན་ཕྱིན་དྲུག་རེ་རེ་ཡང་། །རྣམ་པ་དྲུག་གམ་གསུམ་དུ་དབྱེ། །ཡང་ན་ཕར་ཕྱིན་རེ་རེ་ཡང་། །ངོ་བོ་རྒྱུ་འབྲས་ལས་ལྡན་འཇུག །རྣམ་པ་དྲུག་རེར་དབྱེ་བའོ། །ཞེས་བྱ་སྟེ། བསྐལ་བཟང་གི་མདོར་བཤད་པ་སེམས་མ་བསྐྱེད་པའི་སྦྱིན་སོགས་ནི་ཡོངས་སུ་སྦྱོར་བའི་ཕ་རོལ་ཏུ་ཕྱིན་པ་དྲུག་དང་། བསྐྱེད་པའི་ནི་སྣང་བར་བྱེད་པའི་ཕར་ཕྱིན་དྲུག་དང་། སེམས་ཅན་ལ་དམིགས་པ་འཇིག་རྟེན་པའི་ཕྱིན་(༤༣བ)དྲུག་དང་། བྱང་ཆུབ་ཀྱི་ཆེད་མིན་པར་གཞན་བདེ་བ་ལ་འགོད་ཕྱིར་བྱེད་པ་སེམས་ཅན་ལ་དམིགས་པའི་ཕྱིན་དྲུག་དང་། མི་སྐྱེ་བའི་བཟོད་པ་ལ་གནས་པས་བྱེད་པ་གནས་ཀྱི་ཕྱིན་དྲུག་སོགས་ནས། ལེན་པ་མེད་པར་འདས་པ་སོགས་མྱ་ངན་ལས་འདས་པའི་ཕྱིན་དྲུག་དང་། གདུང་འཕོར་བ་སོགས་ཚེ་འཕྲུལ་གྱི་ཕྱིན་དྲུག་དང་། བསྟན་པ་ལ་རྟེན་པས་མཆོད་པ་སོགས་བསྟན་དབྱེའི་ཕྱིན་དྲུག་དང་། རིང་བསྲེལ་ལ་མཆོད་པ་སོགས་རིང་བསྲེལ་གྱི་ཕྱིན་དྲུག་གི་བར་སུམ་བརྒྱ་ལྔ་བཅུ་ལ་ཕར་ཕྱིན་དྲུག་གིས་བསྒྱུར་བས་ཉིས་སྟོང་ཆིག་བརྒྱ་སྟེ་འདོད་ཆགས་ཀྱི་རྟོག་པ་དེ་སྙེད་ཀྱི་གཉེན་པོའོ། །དེ་བཞིན་དུ་ཞེ་སྡང་དང་གཏི་མུག་དང་དུག་གསུམ་ཆ་མཉམ་གྱི་རྟོག་པ་དེ་སྙེད་རེའི་གཉེན་པོ་དེ་སྙེད་དེ་ཕ་རོལ་ཏུ་ཕྱིན་པ་བརྒྱད་སྟོང་བཞི་བརྒྱར་འགྱུར་ལ། དེ་དག་གི་རྣམ་པ་རེ་རེ་ཡང་བཅུར་འཇུག་པའི་ཕྱིར་བརྒྱད་ཁྲི་བཞི་སྟོང་དང་། དེ་སྙེད་ཀྱི་ཆོས་ཀྱི་སྒོ་དང་། གཟུངས་དང་། ཏིང་འཛིན་གྱི་སྒོ་ཡང་དེ་སྙེད་དུ་འགྱུར་རོ། །

ཕར་ཕྱིན་དེ་རྣམས་ཀྱི་སྟོམ་ནི། ཡོངས་སྦྱོར་སྣང་བྱེད་འཇིག་རྟེན་དང་། །སེམས་ཅན་ལ་དམིགས་ཡི་དམ་བརྟན་པས་གནས་འཕོར་བར་བདེ་བའི་ཆེད་དུ་བསྔོས་པ་འཕོར་

བ། །འདོད་ཡོན་གྱིས་བསྡུ་བ་ཀུན་ཉོན་བསྡུ་བ་བཞི་ལྟ་བུ་ཕན་འདོགས་དམིགས་པ་ཅན་གནས་མི་སྐྱེ་བའི་བཟོད་བཅས་བྱང་ཆུབ། ༡ །ཐབས་མཁས་པ་ཡེ་ཤེས་གཞན་དོན་དུ་བདག་གི་ལུས་ལོངས་སྤྱོད་སྦྱིན་པར་བསྔོ་བ་བདག་ལ་ཕན་འདོགས་འབྲས་བུ་གནས་སྐབས་མཐར་ཐུག་གཉིས་གཉིས་འཐོབ་པ་འཐོབ། །དམིགས་བཅས་རེ་བ་དང་ནི་འདུས་བྱས་ལ་གནས་ཤིང་འདུས་མ་བྱས་འཐོབ་པ་སོགས་གསུམ་རྣམ་གསུམ་ལྟ། །གཞན་ཕན་ལས་བྱེད་འཕགས་ལམ་དང་ལྡན་པ་ལམ་སྦྱངས་བརྩོན་མི་འདོར། ༢ །དམན་པར་བསྔོས་པ་རིགས་པ་རང་སྒྲུབ་གཞན་དགོད་བྱ་བ་འདོད་པས་འདུལ་བ་བྱ་བ་མིན། །ང་རྒྱལ་བཅས་རློམ་པ་བྱ་དཀའ་བརྩམས་པ་སྙིང་རྗེས་ཟིན་པའི་ཐུན་མོང་བ་དགེ་བ་འཁོར་གསུམ་དག་པ་རྟོ། །མི་དམིགས་པ་ཟབ་པ་རྒྱ་འབྲས་སྣ་ཚོགས་པ་སྣ་ཚོགས་ཡིད་ཀྱི་བཀོད་པའོ། ༣ །སྒྲིབ་མེད་ཀྱི་སེམས་ཀྱིས་ཐུག་མེད་སྨིན་པས་ཡི་དྭགས་སྤྱོད་བ་སོགས་སེམས་ཅན་དམིགས་དང་སངས་རྒྱས་ཀྱི་ཡོན་ཏན་(༦༨ན)སྒྲུབ་པ་ཚོས། །སྒྲིབ་པ་ལྟ་སྤྱོད་བ་སོགས་ཞི་འཁོར་གསུམ་དུ་མི་བལྟ་བ་ལྷག་སེམས་ཅན་ཐམས་ཅད་ཀྱི་ཕྱིར་བསྔོས་པ་ཐམས་ཅད་དམིགས་བཅས་ཕྱོགས་གཅིག་དང་། །ཡུལ་མཆོག་དམན་ལ་སེམས་མཉམ་པ་ཉམས་མེད་མི་དམིགས་ཤིང་རྒྱུན་བརྟན་པ་བཅས་མིན་རང་དོན་དུ་མི་བསྔོ་བ་དབུལ་པོ་མིན། ༤ །ཕྱིར་མི་ལྡོག་ཤེས་རབ་ཀྱིས་མ་ཟིན་ཞིང་འབད་པ་བརྟན་པ་རྣམ་སྨྲུབས་རྣམ་སྨིན་ལ་མི་རེ་བ་དག་པ། །བསྒྱུར་མི་ནུས་པ་བརྟན་པ་སྲིད་ཞིར་མི་སྨོན་པ་བསྟུན་པ་འཇིག་རྟེན་པ་དང་མ་འདྲེས་པ་ངོམས་བྱང་ཆུབ་ཏུ་མི་བསྔོ་བའི་སོ་སྐྱེའི་འཇིག་རྟེན། །སྲིད་ཞི་དང་མ་འདྲེས་པ་འཇིག་འདས་དག་ས་པའི་བླ་མེད་ལོངས་སྤྱོད་གི་གཡེང་བ་མེད། ༥ །མི་འཁོར་བ་མི་དམིགས་རྣམ་སྨིན་སེམས་ཅན་དང་ཐུན་མོང་ཏུ་བསྔོ་བ་འཁོར་བ་ཞིང་དག་པའི་རྒྱུ་ཐུན་མོང་དང་། །གཟུངས་སྤོབས་ཀྱི་རྒྱུ་ཐུན་མོང་མིན་ཕྱི་མ་ལ་འཇུག་ཅིང་སྔ་མའི་རྣམ་འབྲས་ཐོབ་པ་རྣམ་བཀོད་ནི་རཱུ་ནའི་དཀའ་སྤྱད་དང་། གཙྪའི་འགྲམ་དུ་རྒྱ་སྐར་ཉིས་སྟོང་ལྔ་བརྒྱའི་སྤྲུལ་པར་ཞུགས་ཏེ་མི་དམིགས་པར་གནས་པ་དང་། འགོག་སྙོམས་སོགས་སྨིན་མེད། །རློམ་པ་མེད་པ་ངོ་བོ་མ་འོངས་པ་དང་འདས་པའི་དངོས་མེད་སེམས་ཅན་ཐམས་ཅད་ལ་བསྔོས་པས་རྒྱ་ཆེ་ཕྱིར་མི་ལྡོག་པ་རྒྱས། ༦ །ཤེས་རབ་དང་མཚུངས་ལྡན་མཐའ་ཡས་རབ་བྱུང་གི་ཚོལ་འབྲས་བུ་གཞན་ལ་སྟོབ་པ་བརྒྱལ་སྲིད་པར་བདེ་འགྲོའི་རྒྱུར་སྒྲུབ་ཅིང་ང་མི་རྒྱལ་བ་མངོན་པར་

དགའ། །སྲིད་ཞི་ལ་མི་དགའ་བ་དགའ་མེད་ཆོས་སྤྱིན་སོགས་ཐོས་འཛིན་མི་སྐྱེ་བའི་བཟོད་པར་བསྟོས་
པ་སོགས་རིང་དུ་འཕོར། །ཚུལ་བཞིན་ཚད་མེད་བྱང་ཆུབ་ཀྱི་ཕྱིར་འདོད་དང་བསམ་གཏན་
གྱི་ཕྱིར་བསྟོས། ༧ །མངོན་ཤེས་སུ་སློན་པ་གཟོ་གནས་ཤེས་པར་སློན་པ་བྱམས་པས་ཀུན་ནས་བླང་བ་
ནས་བརྩེ་དགའ། །བཏང་སྙོམས་ཀྱིས་ཀུན་ནས་བླང་བའི་བར་ལོག་ལྟ་ཅན་འདུལ་ཕྱིར་དུ་དེ་དང་
མཐུན་པར་སྤྱོད་པ་ཡང་དག་ལྟ། །སངས་རྒྱས་མ་བྱུང་ཀྱང་ཕྱིན་དྲུག་གི་མི་མཐུན་ཕྱོགས་དང་བྲལ་བ་གནས་
པ་ཐབས་ཤེས་ཀྱིས་ཟིན་པ་མི་གནས་སྲིད་ཞི་ལས་འདས་པ་གནས་མེད་བསྟོས། ༨ །ང་རྒྱལ་སྤངས་
པ་ང་རྒྱལ་མི་ལྡོག་པ་བཟོད་པ་བསྟན་པ་གནས་ཕྱིར་བསྟོས་པ་ཕན་འདོགས་དང་། །དམིགས་བཅས་སུ་
བསྟོས་པ་ཆོས་ནུབ་པའི་རྒྱུ་མི་འདོགས་(༨༥བ)དམིགས་པ་ཅན་ལྟག་བཅས་འཁོར་བར་བསྟོ་བ་ལྟག་མེད་
ཞིང་མཆོག་ལ་རེ་བ་མེད་པར་བྱིན་པས་བསྐལ་པར་ལུས་ཀྱི་མཐུ་བརྟས་པ་སོགས་རིག །བསྟན་པ་གནས་པའི་ཕྱིར་
བསྟན་པ་ལ་གཞན་གཟུད་པ་སོགས་རིག་པའི་ཁྱད་པར་སངས་རྒྱས་འབྱུང་ཚེ་ལུས་འཁོར་ཕུན་ཚོགས་སུ་སྐྱེ་བ་
བསྒྲུབ་པ་སངས་རྒྱས་འབྱུང་གཞན་གྱི་བསམ་པ་རྫོགས་པར་བྱེད་པ་དྲན་ལྡན། ༩ །མཉམ་ཉིད་ཅན་
རྒྱལ་འབྱུང་སྲིད་པ་ལས་བྱུང་བའི་ངེས་འབྱུང་སྒྲུབ་གདམས་ངག་ཅན་མང་ཐོས། །རབ་བྱུང་རྟག་ཏུ་
འཐོབ་བྱེད་བསམ་པ་བཞིན་ཆོས་བྱིན་པ་སོགས་རབ་བྱུང་གུས་པས་གཏོང་བ་སོགས་མངོན་ཤེས་གནས་
མཆོད་རྟེན་དང་པོར་ཞལ་སྲོ་བའི་སྦྱིན་པ་དང་དབང་པོ་དང་ལྡན་པའི་ཚུལ་ཁྲིམས་སོགས་མངོན་ཤེས་དེ་རྟག་ཏུ་ལྡན་
པར་བྱེད་པ་དེ་རྟག །མི་མཛའ་བ་ལ་གཏོང་བ་སོགས་ལུས་འདོད་འཇིག་རྟེན་པའི་ཕར་ཕྱིན་གནས་སེམས་
ཅན་སློན་ཕྱིར་རྒྱ་མཚོར་ཊུས་སྤྲལ་སོགས་ལྡན་འཇིག་རྟེན་ལ་ཕན་ཕྱིར་ཚངས་པས་ཆང་འཐུང་ཟློག་པ་སོགས་རྣམ་
པར་སློན། ༡༠ །རྣམ་སློན་ཕྱུང་ཟིན་པ་སློན་མེད་ཞི་བར་ཉེ་བ་དགའ་མེད་སྡུག་བསྔལ་ལས་སྐྱོབ་པ་དུས་
དང་མར་མེ་བྱིན་པ་སོགས་འོད། །ཞིང་བརྒྱ་འོད་ཀྱིས་འགེངས་པ་སོགས་འོད་ཆེན་གཞན་བདེ་བར་བྱས་
པ་འབྲས་བདེ་ཕྱིར་མི་ལྡོག །སེམས་ཅན་ཐམས་ཅད་ལ་བྱིན་པ་སོགས་དགའ་བ་སྲིད་ཞིར་མི་ཞེན་པ་
རྣམ་དག་འཇིག་རྟེན་འདས་པར་དམིགས་པ། ༡༡ །སྐྱེས་པ་ཙམ་གྱིས་སྟོང་གསུམ་ཕྱིན་དྲུག་ལ་འགོད་པ་
སོགས་སྐྱེ་བ་འཕོར་སྤྱིན་པ་སོགས་རིགས་གཏན་ཁྲིམས་ལ་ལོ་ཟླར་འགོད་པ་སོགས་འཕོར་བཟང་ཕྲ་མ་སྤངས་
པ་སོགས་འཕོར་མི་ཕྱེད། །མགོན་མེད་ལ་བྱིན་པ་སོགས་རྣམ་སློན་དག་པ་རྣམ་སློན་མྱུར་དུ་མིག་བྱིན་པ

སོགས་ཕྱོགས་རྣམ་ལྔ་བསྔོས་པས་གཞན་ལ་ཕན་པ་ཡོངས་ཤེས། །བྱང་ཆུབ་ཏུ་བསྔོས་པ་བག་ཡོད་མ་ཐོགས་པར་བྱིན་པ་སོགས་རྫི་བ་མེད་སྙིང་རྗེས་ངན་འགྲོ་སྐྱང་ཕྱིར་མྱང་འདས། ༧༢ །བཙེ་བ་དང་མཚུངས་ལྡན་དབང་ཆེ་ཞེན་དུ་འཛུད་པ་སོགས་བསྐུལ་ཁ་ཏོན་པ་ལ་བྱིན་པ་སོགས་བརྗེད་མེད་མཚན་དཔེ། །ཁྱིམ་ནས་མངོན་བྱུང་འབྱུང་བའི་དུས་དང་ཀུན་གཉིད་ཆོ་འབྱུང་བ་སོགས་དུས་ཤེས་དང་། །བསོད་སྙོམས་ལ་གཤེགས་པ་སོགས་རྣམ་དབྱེ་སློང་མོ་མཛད་རིང་འཕུར་བསྙེན་པ་སོགས་སྲིད་མཐུན་བདུད་བཏུལ་བ་སོགས་རྟོགས་པའོ། ༧༣ །(༥༥ན)སེར་སྐྱར་ལོར་བསྙེན་པ་སོགས་སྤྱོད་དང་རྡོར་ཏིང་སོགས་རྡོ་རྗེ་འཚང་རྒྱ་ཚེ་ལྷས་བསྟོད་པ་སོགས་སྣང་དུས་མིན་དུ་མི་ཏོག་སྐྱེས་པ་སོགས་ཟིལ་གནོན། །འཚང་རྒྱ་ཚེ་སུའང་མི་བཀྲེས་པ་སོགས་བདུད་འཇོམས་ཤིང་དྲུང་དུ་མི་སྐྱོ་བ་སོགས་གཡོ་མེད་སྐད་ཅིག་གིས་འཚང་རྒྱ་བ་སྐད་ཅིག་ལྡན། །འགྲོ་བ་གཟིགས་པ་སོགས་མཉམ་པར་མ་བཞག་སངས་རྒྱས་པ་བཞག་བཏང་སྙོམས་མཛད་ནས་བསྐུལ་འཛུད་པ་སོགས་ཡོངས་སྨིན། ༧༤ །ཀུན་མཁྱེན་ལམ་མྱུར་བས་བྱུང་བ་སོགས་ལྷག་མེད་མྱང་འདས་དང་སྐུ་གདུང་སོགས་ལྷག་མ་བཅས། །མི་མཐུན་ཕྱོགས་དང་ལེན་ཞིང་ཀུན་དབྱངས་ཀྱིས་འགོངས་པ་རྟོགས་ཐབས་ཀྱིས་འདུལ་བ་རྒྱ་ཆེ་ཡུལ་གྱིས་ཡིད་བྱུང་། །རང་ལ་མི་ལྟ་བ་གཞན་དགེ་གཞན་འདུལ་བ་དང་ཡང་སྤྱོད་བཞི། ༧༥ །རྫུ་འཕྲུལ་རྐང་བཞི་བསམ་གཏན་བཞི། ༧༦ །དྲན་ཉེ་བཞི་དང་བདེན་པ་བཞི། ༧༧ །དབང་པོ་ལྔ་དང་སྟོབས་ལྔ་དང་། ༧༨ །བྱང་ཆུབ་ཡན་ལག་འཕགས་ལམ་བཅས། ༧༩ །སློབ་པའི་ཞི་མ་ཐོས་པའི་ཆོས་ཤེས་པ་སོགས་ལྷག་རིག་པ་ལ་སྦྱོར་བ་མྱུར་དུ་ཞུགས་པ་སོགས་རྣམ་པ་གྲོལ། ༨༠ །དགེ་སློང་སོགས་རིས་བརྒྱད་ཀྱི་འཁོར་སྤྲུལ་སོ་སོར་རིག་པ་བཞི། །ཆོས་སྟོན་པས་མི་སྐྲོ་སྦྱིན་ཚུལ་བཟོད་བརྩོན་དང་། ༨༡ །བསམ་གཏན་ཤེས་རབ་ལས་བྱུང་བ་སྟེ་གོ་ཆའི་སྒྲུབ་པ་དང་། །མིག་མཐོང་ན་དགའ་བ་འཐོབ་པ་སོགས་མིག་དང་རྣ་བ་སྣ་ལྕེ་ལུས། །སེམས་ཉོན་མོངས་པ་ཆུང་བ་སོགས་དང་གཞན་སྨིན་པར་བྱ་བ་དང་བདག་ཕན་གྱི་ཕྱིར་བསྔོས་པའི་ཟང་ཟིང་། ༨༢ །ཆོས་བརྒྱན་པར་དོན་ལོངས་སྤྱོད་སྤོང་བ་རྟོགས་པ་སྦྱིན་སོགས་ཀྱི་སྤྲོ་བ་དང་། །སྟོང་ཉིད་མཚན་མེད་སྨོན་པ་མེད། །བྱང་ཆུབ་ཀྱི་སྙིང་པོར་སྐྱིལ་ཀྲུང་གཅིག་གིས་འདའ་བ་སོགས་གཞན་དང་ཀ་གོན་གྱིས་ཟས་ཕུལ་བ་སོགས་རྣམ་སྨིན་ལྷ་སྐྱེ་བཏུལ་བ་སོགས་སྦྱོར་

བ་དང་། ༢༣ །སྟོབས་བཅུའི་ཕ་རོལ་ཕྱིན་པ་བཅུ། །མི་འཇིགས་བཞི་དང་ཐུགས་རྗེ་དང་། ༢༤ །མི་སློབ་པའི་སྤྱན་ལྔའི་ཕ་རོལ་ཕྱིན་པ་ལྔ། ༢༥ །སངས་རྒྱས་ཉིད་རང་བྱུང་སངས་རྒྱས་ཀྱི་རྣམ་རོལ་དེའི་གཏིང་དཔག་དཀའ། །མ་འདྲེས་པ་ཡི་ཆོས་བཅོ་བརྒྱད། ༢༦ །ཐབས་མཁས་དང་ཡེ་ཤེས་མི་ཐོགས་པ་ཇི་བཞིན་མི་དམིགས་པ་རང་(༩༥བ)བཞིན་མཐོང་། །དེའི་ལས་ཤེས་པ་སོགས་ཁམས་གསུམ་སྤྱོད་དང་དམན་ས་བརྒྱད་དེ་རེ་རེ་ལ་རེ་བ་མེད་པ་སོགས། ༢༧ །གཡོ་མེད་པའི་བྱང་སེམས་ཐོགས་མེད་དུ་ཟད་པ་ཤེས་པ་དང་སྲིད་པའི་རྩ་བ་ཆད་པ་སོགས་མི་སྐྱེ་ཤེས། ༢༩ །བསྟན་པ་གནས་པ་སོགས་བྱིན་རླབས་མངོན་པར་ཤེས་པ་དྲུག །སངས་རྒྱས་ཀྱི་སྤྱོད་ལམ་ཟང་ཟིང་ལེན་པ་སོགས་ཕན་འདོད་ཉོན་མོངས་མེད། །སྐུ་ཚེའི་འདུ་བྱེད་སྤངས་པ་དང་ལེན་པ་མེད་པར་འདས་པ་སོགས་མྱང་འདས་གདུང་འཕྲོས་པ་སོགས་ཆོ་འཕྲུལ་དང་། ༣༠ །བསྟན་པ་ལ་མཆོད་པ་སོགས་བསྟན་དབྱེ་རིང་བསྲིལ་རྣམ་པར་དབྱེ་བ་མཆོད་པ་སོགས། །རེ་རེའི་ཕ་རོལ་ཕྱིན་དྲུག་རེའོ། །

འདི་ལ་མདོ་ཉིད་ལས། ཕ་རོལ་ཏུ་ཕྱིན་པ་བརྒྱ་ཉི་ཤུ་རྩ་གཅིག་ཅེས་དང་། དེ་ལས་ཕ་རོལ་ཏུ་ཕྱིན་པ་ཉིས་སྟོང་ཆིག་བརྒྱ་ནི་འདོད་ཆགས་སྤྱོད་པ་རྣམས་ལ་ཆོས་བསྟན་པའོ། །དེ་བཞིན་དུ་ཞེ་སྡང་གཏི་མུག་དུག་གསུམ་ཆ་མཉམ་པ་སྟེ་དེ་དག་གི་ཕ་རོལ་ཏུ་ཕྱིན་པ་བརྒྱད་སྟོང་བཞི་བརྒྱའོ། །དེ་དག་གི་རྣམ་པ་ལ་འཇུག་པ་ཡང་སྟོང་སྟོང་སྟེ་རྣམ་པ་བརྒྱ་བརྒྱ་པོ་རེ་རེའི་ཡང་སྟོང་སྟོང་པོ་དེས་ན་དེ་དག་གི་ཕ་རོལ་ཏུ་ཕྱིན་པ་བརྒྱད་ཁྲི་བཞི་སྟོང་སྟེ། ཏིང་ངེ་འཛིན་དང་། གཟུངས་ཀུང་ཇི་སྙེད་དོ། །ཞེས་གསུངས་པས་རྩ་བའི་ཕར་ཕྱིན་སུམ་བརྒྱ་ལྔ་བཅུ་དང་དེ་དྲུག་གིས་བསྒྱུར་བས་ཉིས་སྟོང་ཆིག་བརྒྱ་སྟེ་བརྒྱ་ཕྲག་ཉི་ཤུ་རྩ་གཅིག་གོ། །དེ་བཞིས་ནི་བརྒྱད་སྟོང་བཞི་བརྒྱའོ། །རྣམ་པ་བརྒྱ་བརྒྱ་པོ་རེ་རེའི་སྟོང་སྟོང་པོ་ཞེས་པ་ནི་ཡི་གེ་ཉམས་པ་ཞིག་སྟེ་བརྒྱས་བསྒྱུར་ན་བརྒྱད་འབུམ་སོགས་སུ་ཡོང་བས་མངས་ཆེས་པའི་ཕྱིར།

དེས་ན་དེ་དག་གི་རྣམ་པ་ལ་འཇུག་པ་ཡང་བཅུ་བཅུ་སྟེ་རེ་རེའི་བཅུ་བཅུ་པོ་དེས་ན་བརྒྱད་ཁྲི་བཞི་སྟོང་ངོ་ཞེས་པར་སྣང་སྟེ་བརྒྱད་སྟོང་བཞི་བརྒྱ་བཅུས

བསྒྱུར་བས་བརྒྱད་ཁྲི་བཞི་སྟོང་དུ་ངེས་པའི་ཕྱིར་རོ། །རྩ་བའི་ཕར་ཕྱིན་སུམ་བརྒྱ་ལྔ་བཅུ་ཚང་དགོས་ཀྱང་དེང་སང་མདོ་རྣམས་ལས་སུམ་བརྒྱ་དང་བཞི་ཙམ་ལས་མི་སྣང་བ་ནི་བཀའི་བསྡུ་བ་ཉམས་པ་དང་ཡི་གེ་པའི་སྐྱོན་བརྒྱུད་མར་ཟད་པས་དག་པ་ལས་ཉེད་ན་འདིར་བསྟན་པར་བྱའོ། །

ཡང་ན་སྦྱིན་སོགས་རེ་རེ་ལ་(༡༨ན)ནང་ཚན་གྱི་སྦྱིན་སོགས་དྲུག་རེར་དབྱེ་སྟེ་གཞན་སྦྱིན་པ་ནས་ཤེས་རབ་ཀྱི་བར་ལ་འགོད་པ་སྦྱིན་པའི་སྦྱིན་པ་ནས་ཤེས་རབ་ཀྱི་སྦྱིན་པའི་བར་རོ། །དེ་བཞིན་དུ་སོ་སོའི་མི་མཐུན་ཕྱོགས་ཀྱིས་མ་གོས་པ་སོ་སོའི་ཚུལ་ཁྲིམས། སྦྱིན་པའི་དཀའ་བ་ནས་ཤེས་རབ་ཀྱི་དཀའ་བའི་བར་བཟོད་པ་སོ་སོའི་བཟོད་པ་དེ་ལ་བརྩོན་པ་བརྩོན་འགྲུས། དེས་སེམས་ཟིན་ཏེ་གཞན་དུ་མི་གཡེང་བ་བསམ་གཏན། འཁོར་གསུམ་ཡོངས་སུ་དག་པ་ཤེས་རབ་སྟེ་དྲུག་དྲུག་སུམ་ཅུ་རྩ་དྲུག་ཏུ་འགྱུར་ཏེ། དེ་དག་སོ་སོར་སྦྱིན་ལ་སོགས། །རྣམ་པ་དྲུག་ཏུ་བསྡུས་པ་ཡིས། །གོ་ཆའི་སྒྲུབ་པ་གང་ཡིན་ཏེ། །དྲུག་ཚན་དྲུག་གིས་ཇི་བཞིན་བཤད། །ཅེས་སོ། །

ཡང་ན་རེ་རེ་ལ་གསུམ་གསུམ་དུ་དབྱེ་སྟེ། ཟང་ཟིང་སྟེར་བ་དང་། སྲོག་སྐྱབ་པ་སོགས་མི་འཇིགས་པ་དང་། ཆོས་སྟོན་པ་སྟེ་སྦྱིན་བྱས་ཕྱི་བ་སྦྱིན་པ་རྣམ་པ་གསུམ་མོ། །ཉེས་སྤྱོད་སྡོམ་པ་དང་། དགེ་བ་ཆོས་སྡུད་དང་། སེམས་ཅན་དོན་བྱེད་དེ་ཚུལ་ཁྲིམས་རྣམ་པ་གསུམ་མོ། །གཞན་གྱི་གནོད་པ་ལ་ཇི་མི་སྙམ་པ་དང་། ཆོས་ཕྱིར་སྡུག་བསྔལ་དང་ལེན་དང་། སྟོང་ཉིད་སོགས་ཆོས་ཟབ་མོ་ལ་མི་སྐྲག་པ་སྟེ་བཟོད་པ་གསུམ་མོ། །དགེ་བ་འདི་བྱའོ་ཞེས་འཕེན་པ་སྔོན་དུ་གཏོང་བ་གོ་ཆ་དང་། དེ་བཞིན་ལག་ཏུ་ལེན་པ་སྦྱོར་བ་དང་། དེས་ཆོག་པར་མི་འཛིན་པ་སྟེ་བརྩོན་འགྲུས་གསུམ་མོ། །ཚེ་འདིའི་མཐོང་ཆོས་ལ་བདེ་བར་གནས་པ་དང་། མངོན་ཤེས་ལ་སོགས་པ་ཡོན་ཏན་ཁྱད་པར་ཅན་སྒྲུབ་པ་དང་། སྨུ་གེ་དང་ནད་

སོགས་ཞི་བར་ནུས་པ་སེམས་ཅན་དོན་སྒྲུབ་ཀྱི་བསམ་གཏན་ཏེ་གསུམ་མམ། ཡང་ན། ལང་གཤེགས་ལས། ཤེས་རབ་ཀྱིས་མ་ཟིན་པ་བྱིས་པ་ཉེར་སྤྱོད་ཀྱི་བསམ་གཏན། ཤེས་རབ་ཀྱིས་ཟིན་པ་དོན་རབ་འབྱེད་པའི་བསམ་གཏན། ཆོས་ཉིད་ལ་འཇུག་པ་དེ་བཞིན་ཉིད་དམིགས་ཀྱི་བསམ་གཏན་ཏེ་བསམ་གཏན་རྣམ་པ་གསུམ་མོ། །ཤེས་རབ་ལ་རྣམ་པར་མི་རྟོག་པའི་སྦྱོར་བ་ལ། འཇུག་པ་དངོས་གཞི་ལ། གནས་པ་རྗེས་ཐོབ་ཤེས་རབ་ཀྱིས་འཇལ་བ་སྟེ་གསུམ་དུ་(༩༨བ)ཐེག་བསྡུས་ལས་སོ། །ཡང་ན་འཇིག་རྟེན་པ་དང་། ཉན་རང་དང་། ཐེག་ཆེན་པའི་ཤེས་རབ་གསུམ་སྟེ་རྒྱན་གྱི་འགྲེལ་པར་རོ། །ཡང་ན་ཀུན་རྫོབ་དང་། དོན་དམ་དང་། གཞན་དོན་ལ་དམིགས་པ་སྟེ་གསུམ་མམ། ཐོས་བསམ་སྒོམ་གསུམ་ལས་བྱུང་བའི་ཤེས་རབ་གསུམ་མམ། འཇིག་རྟེན་པ་དང་། འཇིག་རྟེན་ལས་འདས་པ་དམན་པའི་དང་། འཇིག་རྟེན་ལས་འདས་པ་ཆེན་པོའི་ཤེས་རབ་སྟེ་གསུམ་དུ་ཡང་བཤད་དོ། །

ཡང་ན་ཕར་ཕྱིན་རེ་རེ་ཡང་དགོངས་དོན་རྣམ་པ་དྲུག་ལྡན་དུ་དབྱེ་སྟེ། ལེན་པ་པོ་འདོད་པའི་དོན་གཏོང་བ་ངོ་བོའི་དོན་དང་། མ་ཆགས་པའི་སེམས་པ་དང་ལྡན་པ་རྒྱུའི་དོན། ལུས་ལོངས་སྤྱོད་ཕུན་ཚོགས་འགྲུབ་པ་འབྲས་བུའི་དོན་དང་། རང་གཞན་རྗེས་སུ་འཛིན་ཞིང་ཚོགས་གཉིས་རྫོགས་པ་ལས་ཀྱི་དོན་དང་། སེར་སྣ་མེད་པ་སོགས་ལྡན་པའི་དོན་དང་། ཆོས་དང་ཟང་ཟིང་དང་མི་འཇིགས་པ་དང་ལྡན་པར་བྱེད་པ་འཇུག་པའི་དོན་དང་དྲུག་ལྡན་ཏེ། དོན་རྣམས་གཏོང་བར་བྱེད་པ་དང་། །རྩ་བ་སེམས་པ་ལ་བརྟེན་དང་། །ལུས་དང་ལོངས་སྤྱོད་ཕུན་ཚོགས་དང་། །གཉིས་རྗེས་འཛིན་དང་རྫོགས་བྱེད་དང་། །དེ་ཡང་སེར་སྣ་མེད་ལྡན་དང་། །ཆོས་དང་ཟང་ཟིང་མི་འཇིགས་མཐོང་། །སྦྱིན་པ་དེ་འདྲར་ཡོངས་ཤེས་ནས། །མཁས་པས་ཡང་དག་སྒྲུབ་པར་བྱེད། །ཅེས་སོ། །

ཚུལ་ཁྲིམས་དང་ལྡན་པ། སྡོམ་པས་བསྡམས་པ། ཚོ་ག་དང་། སྤྱོད་ཡུལ་ཕུན་

སྲུམ་ཚོགས་པ། ཉེས་པ་ཆུང་ངུ་ལ་ཡང་འཇིགས་པར་བལྟ་བ། བསླབ་གཞི་གང་བླངས་པ་ལ་རྫོགས་པར་སློབ་པ་སྟེ་ཡན་ལག་དྲུག་ཚང་བ་ངོ་བོའི་དོན་དང་། ཞི་བ་ཐོབ་འདོད་རྒྱུའི་དོན་དང་། ཕྱི་མ་བདེ་འགྲོ་དང་འཕྲལ་དུ་ཏིང་ངེ་འཛིན་ཐོབ་པ་འབྲས་བུའི་དོན་དང་། ཡོན་ཏན་གྱི་རྟེན་དང་ཉོན་མོངས་ཞི་བ་དང་གཞན་འཇིགས་པ་མི་སྐྱེ་བ་སྟེ་ལས་ཀྱི་དོན་དང་། རྟག་པར་བསོད་ནམས་ཀྱི་ཚོགས་དང་ལྡན་པ་ལྡན་པའི་དོན་དང་། བརྟར་བཏགས་པ་ལས་ཐོབ་པ་སོ་ཐར་དང་། ཏིང་འཛིན་ལས་སྐྱེས་པ་བསམ་གཏན་གྱི་སྡོམ་པ་དང་། ཆོས་ཉིད་ཀྱིས་(༡༧ན)ཐོབ་པ་ཟག་མེད་ཀྱི་སྡོམ་པ་སྟེ་དབྱེ་བའི་འཇུག་པ་དང་། དེ་དག་གང་ཟག་ལ་ལྡན་པ་རྟེན་གྱི་འཇུག་པ་སྟེ་འཇུག་པའི་དོན་དང་དྲུག་ལྡན་ནི་ཚུལ་ཁྲིམས་ཀྱི་སྟེ། ཡན་ལག་དྲུག་ཞི་བསམ་པས་ཟིན། །བདེ་འགྲོ་གནས་པ་སྦྱིན་བྱེད་དང་། །རྟེན་དང་ཞི་དང་འཇིགས་པ་མེད། །བསོད་ནམས་ཚོགས་དང་ཡང་དག་ལྡན། །བརྟར་བཏགས་ཆོས་ཉིད་ཐོབ་པ་སྟེ། །སྡོམ་པ་གནས་པ་རྣམས་ལ་ཡོད། །ཚུལ་ཁྲིམས་དེ་འདྲར་ཡོངས་ཤེས་ནས། །མཁས་པས་ཡང་དག་སྒྲུབ་པར་བྱེད། །ཅེས་སོ། །

ཁྲོ་བའི་སྐབས་མི་འབྱེད། སྡུག་བསྔལ་ལ་ཅིར་ཡང་མི་སྐྲམ། ཆོས་ཟབ་མོ་ཤེས་པ་སྟེ་ངོ་བོའི་དོན་དང་། སྙིང་རྗེ་དང་ཚུལ་ཁྲིམས་དང་ཐོས་པར་ལྡན་པས་སྒོམ་པ་རྒྱུའི་དོན་དང་། འཁོན་མི་མང་དང་དབྱེན་མི་མང་། །བདེ་དང་ཡིད་བདེ་མང་བ་དང་། །འགྱོད་པ་མེད་པར་འཆི་བ་དང་། །ཕྱི་མ་བདེ་འགྲོར་འགྲོ་བའོ། །ཞེས་པའི་ཡོན་ཏན་ལྔ་འཐོབ་པ་འབྲས་བུའི་དོན་དང་། **མདོ་ལས།** གང་ཞིག་ཕ་རོལ་འཁྲུགས་ཤེས་ནས། །བདག་ཉིད་དེ་ལ་ཉེར་ཞི་བ། །དེས་ནི་བདག་དང་ཕ་རོལ་པོ། །གཉིས་ཀ་དག་གི་དོན་བྱེད་དོ། །ཅེས་པ་ལྟར་གཉིས་ཀའི་དོན་བྱེད་པ་ལས་ཀྱི་དོན་དང་། བཟོད་པ་ནི། དཀའ་ཐུབ་རྣམས་ཀྱི་མཆོག་གོ་ཞེས་པ་ལྟར་ཡོན་ཏན་དང་ལྡན་པའི་དོན་དང་། སྐྱེས་ཐོབ་དང་ཏིང་འཛིན་དང་ཆོས་ཉིད་ཀྱིས་ཐོབ་པ་

སྐྱེ་དབྱེ་བ་དང་། རྟེན་ནི་འཇུག་པ་སྐྱེ་དྲུག་ལྡན་ནི་བཟོད་པའི་སྐྱེ། མི་འབྱེད་ཇི་མི་སྙམ་ཤེས་དང་། །སྙིང་རྗེས་ཆོས་ལ་བསྟེན་པའི་ཕྱིར། །ཕན་ཡོན་ལྷུར་ནི་ཡང་དག་བཤད། །དེ་ནི་གཉིས་ཀྱི་དོན་བྱེད་དེ། །དཀའ་ཐུབ་གཙོ་དང་ཡང་དག་ལྡན། །དེ་ལ་དེ་ནི་རྣམ་གསུམ་འདོད། །བཟོད་པ་དེ་འདྲར་ཡོངས་ཤེས་ནས། །མཁས་པས་ཡང་དག་སྒྲུབ་པར་བྱེད། །ཅེས་སོ། །

བརྩོན་འགྲུས་ཀྱི་ནི། དགེ་བ་ལ་སྤྲོ་བས་འཇུག་པ་ངོ་བོའི་དོན་དང་། འདུན་པ་དྲག་པོ་ལ་བརྟེན་ནས་འབྱུང་བ་རྒྱུའི་དོན། དྲན་ཏིང་(༡༧བ)ཤེས་རབ་གོང་དུ་འཕེལ་བ་འབྲས་བུའི་དོན། ཉོན་མོངས་པའི་གཉེན་པོར་འགྱུར་བ་ལས་ཀྱི་དོན། དུག་གསུམ་མེད་པའི་དགེ་བ་དང་ལྡན་པ་ལྡན་པའི་དོན། བསླབ་གསུམ་ལ་བརྩོན་པ་དང་ལུས་སེམས་ཀྱི་བརྩོན་འགྲུས་གཉིས་དང་རྟག་པར་དང་གུས་པའི་བརྩོན་འགྲུས་གཉིས་དང་། རྟེན་ནི་འཇུག་པ་སྐྱེ་དོན་དྲུག་ལྡན་ཏེ། དགེ་ལ་ཡང་དག་སྤྲོ་བ་དང་། །དད་དང་འདུན་ལ་བསྟེན་པ་དང་། །དྲན་སོགས་ཡོན་ཏན་འཕེལ་བྱེད་དང་། །ཀུན་ནས་ཉོན་མོངས་གཉེན་པོ་དང་། །མ་ཆགས་ལ་སོགས་ཡོན་ཏན་ལྡན། །དེ་དག་ལ་ནི་དེ་རྣམས་འདུན། །བརྩོན་འགྲུས་དེ་འདྲར་ཡོངས་ཤེས་ནས། །མཁས་པས་ཡང་དག་སྒྲུབ་པར་བྱེད། །ཅེས་སོ། །

བསམ་གཏན་ནི། ངོ་བོ་རྩེ་གཅིག་པ། རྒྱུ་དྲན་བརྩོན། འབྲས་བུ་བདེ་བ། མངོན་ཤེས་དྲུག་སོགས་ལ་དབང་བསྒྱུར་བ་བྱེད་ལས། ཆོས་ཐམས་ཅད་ཀྱི་གཙོ་བོ་ནི་ཏིང་ངེ་འཛིན་ཏོ་ཞེས་སོགས་ཡོན་ཏན་དང་ལྡན་པ། དགའ་བདེ་གཉིས་སིམ་བདེ་གཉིས་འདུ་བྱེད་བཏང་སྙོམས་རྟེན་དང་བཅས་པ་འཇུག་པའི་དོན་དང་དྲུག་ལྡན་ཏེ། སེམས་ནི་ནང་དུ་གནས་པ་དང་། །དྲན་དང་བརྩོན་འགྲུས་ལ་བསྟེན་དང་། །བདེ་བ་སྐྱེད་པར་བྱེད་པ་དང་། །མངོན་ཤེས་གནས་ལ་དབང་བསྒྱུར་དང་། །ཆོས་རྣམས་ཀུན་གྱི་གཙོ་བོ་སྟེ། །དེ་དག་ལ་ཡོད་དེ་རྣམ་གསུམ། །བསམ་

གཏན་དེ་འདྲར་ཡོངས་ཤེས་ནས། །མཁས་པས་ཡང་དག་སྒྲུབ་པར་བྱེད། །ཅེས་སོ། །

ཤེས་རབ་ཀྱང་ཆོས་དྲུག་ལྡན་ཏེ། ངོ་བོ་ཆོས་རབ་ཏུ་རྣམ་འབྱེད། རྒྱུ་ཞི་གནས། འབྲས་བུ་རྣམ་གྲོལ། འཚོ་བ་དག་ཅིང་ལེགས་བཤད་འབྱུང་བ་བྱེད་ལས། ཤེས་རབ་ནི་ཆོས་ཐམས་ཅད་ཀྱི་མཆོག་གོ་ཞེས་སོགས་ཀྱི་ཡོན་ཏན་དང་ལྡན་པ། འཇིག་རྟེན་པ་དང་འཇིག་རྟེན་ལས་འདས་པ་དམན་མཆོག་རྟེན་དང་བཅས་པ་འཇུག་པ་དང་དྲུག་ལྡན་ཏེ། ཤེས་བྱ་ཡང་དག་རབ་རྣམ་འབྱེད། །ཏིང་ངེ་འཛིན་ལ་བརྟེན་པ་དང་། །ཀུན་ནས་ཉོན་མོངས་(༡༤ན)ཤིན་ཏུ་གྲོལ། །ཤེས་རབ་འཚོ་བ་ལེགས་བཤད་དང་། །ཆོས་རྣམས་ཀུན་གྱི་མཆོག་ཡིན་ཏེ། །དེ་དག་ལ་ཡོད་དེ་རྣམ་གསུམ། །ཤེས་རབ་དེ་འདྲར་ཡོངས་ཤེས་ནས། །མཁས་པས་ཡང་དག་སྒྲུབ་པར་བྱེད། །ཅེས་སོ། །

བདུན་པ་བསྡུ་བ་ནི། མཉམ་བཞག་མ་གཞག་གཉིས་ག་དང་། །མཚན་ཉིད་རྒྱུ་དང་འབྲས་བུའི་ཕྱིར། །དགེ་ཀུན་ཕར་ཕྱིན་དྲུག་ཏུ་འདུས། །དེ་ནི་ཚོགས་གཉིས་མཚན་ཉིད་དོ། །ཞེས་བྱ་སྟེ། དཀར་ཆོས་ཐམས་ཅད་མཉམ་བཞག་གིས་ཟིན་མ་ཟིན་གཉིས་སུ་འདུ་ལ། མཉམ་པར་མ་བཞག་པའི་ཆ་ཐམས་ཅད་སྦྱིན་ཚུལ་དུ་འདུ་ཞིང་བཞག་པ་རྣམས་བསམ་ཤེས་གཉིས་དང་གཉི་གའི་ཆ་རྣམས་བཟོད་བརྩོན་ཅི་རིགས་པར་འདུ་བས་དགེ་བ་ཐམས་ཅད་འདིར་འདུས་པ་སྟེ། དཀར་པོའི་ཆོས་ཀུན་རྣམ་གཡེང་དང་། །མཉམ་བཞག་གཉི་གར་ཤེས་པར་བྱ། །ཕ་རོལ་ཕྱིན་པ་གཉིས་དང་གཉིས། །གཉིས་ཀྱིས་ཡོངས་སུ་བསྡུས་པ་ཡིན། །ཞེས་སོ། །**ཐེག་བསྡུས་སུ་ནི།** སྦྱིན་སོགས་དྲུག་རང་རང་གི་མཚན་ཉིད་ཀྱིས་བསྡུས། དད་སོགས་རྣམས་ཆ་མཐུན་ནམ་རྒྱུས་བསྡུས། སྟོབས་སོགས་རྣམས་འབྲས་བུས་བསྡུས་པའི་ཕྱིར་དགེ་བ་ཐམས་ཅད་ཕྱིན་དྲུག་གིས་བསྡུས་པར་བཤད་དོ། །དེ་ལྟར་དགེ་བ་ཐམས་ཅད་ཕར་ཕྱིན་དྲུག་ཏུ་འདུས་ལ། དྲུག་པོ་ཉིད་ལས་སྦྱིན་ཚུལ་བསོད་ནམས་ཀྱི་ཚོགས། ཤེས་རབ་ཡེ་ཤེས་ཀྱི་ཚོགས། གཞན་གསུམ་གཉིས་ཀར་གཏོགས་པས་ཚོགས་གཉིས་

སུ་འདུས་པ་སྟེ། སྦྱིན་དང་ཚུལ་ཁྲིམས་བསོད་ནམས་ཀྱི། །ཚོགས་ཡིན་ཤེས་རབ་ཡེ་ཤེས་ཀྱི། །གསུམ་པོ་གཞན་ནི་གཉིས་ཀའི་སྟེ། །ཞེས་སོ། །

བརྒྱད་པ་མི་མཐུན་ཕྱོགས་ནི། མི་མཐུན་ཕྱོགས་ནི་མདོར་བསྡུ་ན། །ཉོན་མོངས་ཤེས་བྱའི་སྒྲིབ་པ་གཉིས། །ཕྲ་ན་སེར་སྣ་ལ་སོགས་དྲུག །ཅེས་བྱ་སྟེ། སེར་སྣ་དང་། འཆལ་ཚུལ་དང་། ཁོང་ཁྲོ་དང་། ལེ་ལོ་དང་། གཡེང་བ་དང་། འཆལ་པའི་ཤེས་རབ་རྣམས་ཉོན་སྒྲིབ་ཡིན་ལ། (༩༤བ)འཁོར་གསུམ་དུ་རྣམ་པར་རྟོག་པ་ཤེས་སྒྲིབ་སྟེ། **རྒྱུད་བླ་ར།** སེར་སྣ་ལ་སོགས་རྣམ་རྟོག་གང་། །དེ་ནི་ཉོན་མོངས་སྒྲིབ་པར་འདོད། །འཁོར་གསུམ་རྣམ་པར་རྟོག་པ་གང་། །དེ་ནི་ཤེས་བྱའི་སྒྲིབ་པར་འདོད། །ཅེས་སོ། །

དགུ་པ་ཡོན་ཏན་ནི། རྒྱ་ཆེ་བ་དང་ཟབ་ཟིང་མེད། །དོན་ཆེ་བ་དང་མི་ཟད་པ། །སྦྱིན་སོགས་རེ་རེའང་ཡོན་ཏན་བཞི། །ཐུན་མོང་རྒྱ་ཆེན་གཞན་དོན་ནུས། །ཁྱད་པར་སྦྱིན་པས་ལོངས་སྤྱོད་ལྡན། །ཚུལ་ཁྲིམས་ཀྱིས་ནི་བདེ་འགྲོ་འཐོབ། །བཟོད་པས་གཟུགས་བཟང་འཁོར་ཕུན་ཚོགས། །བརྩོན་པས་གཟི་ཆེ་དོན་མྱུར་འགྲུབ། །བསམ་གཏན་གྱིས་ནི་འདོད་ལས་གྲོལ། །རིག་དང་མངོན་ཤེས་ཏིང་འཛིན་འགྲུབ། །ཤེས་རབ་ཀྱིས་ནི་ཆོས་ཀུན་ཤེས། །སྲིད་ཞི་ལས་ནི་ཡང་དག་འདའ། །ཕ་རོལ་ཕྱིན་དང་མི་ལྡན་པའི། །ཉེས་དམིགས་དེ་ལས་ལྡོག་པའོ། །ཞེས་བྱ་སྟེ། སྦྱིན་པ་གང་ལ་ཅི་འདོད་པ་སྟེར་བ་དང་། ཚུལ་ཁྲིམས་གསུམ་གྱི་དང་པོ་སྡོམ་པ་དང་། ཕྱི་མ་གཉིས་བརྩོན་པའི་རང་བཞིན་ཅན་རྟག་ཏུ་བླངས་པ་དང་། གཏོང་བ་ཆེན་པོ་དང་། གནོད་པ་ཅི་ལ་ཡང་ཐེ་མི་སྙམ་པའི་བཟོད་པ་དང་། གོ་ཆ་དང་། སྦྱོར་བའི་བརྩོན་འགྲུས་ཆེན་པོ་དང་། དཔའ་བར་འགྲོ་བ་སོགས་ཏིང་ངེ་འཛིན་མཐའ་ཡས་པ་དང་། དོན་དམ་དང་ཀུན་རྫོབ་ཀྱི་རྣམ་པ་ཐམས་ཅད་ཡང་དག་པར་ཤེས་པ་སྟེ་ཕར་ཕྱིན་སོ་སོའི་རྒྱ་ཆེ་བའི་ཡོན་ཏན་དང་། སྦྱིན་པ་ལན་དང་རྣམ་སྨིན་ལ་མི་རེ་བ་དང་།

ཚུལ་ཁྲིམས་ཀྱིས་མཐོ་རིས་མི་འདོད་ཅིང་ཐོབ་ཀྱང་མ་ཆགས་པ་དང་། བཟོད་པ་མཐོ་རིས་འདོད་པ་དང་ལན་མི་ནུས་པ་དང་། ཕ་རོལ་ལ་འཇིགས་པ་དང་། ཕན་འདོགས་སུ་རེ་བས་མ་ཡིན་པ་དང་། བརྩོན་འགྲུས་རང་གཞན་གྱི་ཉོན་མོངས་པ་འཇོམས་པ་དང་། བསམ་གཏན་ཐོབ་ལ་མ་ཉམས་ཀྱང་སྙིང་རྗེས་དམན་པའི་སྐྱེ་བ་ཡང་འཛིན་པ་དང་། ཤེས་རབ་འཁོར་འདས་ལ་ཆགས་པ་མེད་པ་སྐྱེ་བོ་སོ་སོའི་མི་མཐུན་ཕྱོགས་སྤངས་པ་ཟང་ཟིང་མེད་པའི་ཡོན་ཏན་དང་། (༡༡༧)ཕ་རོལ་ཏུ་ཕྱིན་པ་དེ་དང་དེས་སེམས་ཅན་ཐམས་ཅད་བྱང་ཆུབ་གསུམ་ལ་འགོད་པ་དོན་ཆེན་པོའི་ཡོན་ཏན་དང་། རེ་རེ་ཞིང་ཡེ་ཤེས་ཀྱིས་ཟིན་ཞིང་ཤེས་རབ་སྙིང་རྗེས་ཟིན་པས་ལྷག་མེད་ཀྱི་མྱང་འདས་སུའང་མི་ཟད་པ་མི་ཟད་པའི་ཡོན་ཏན་ཏེ་བཞི་དང་ལྡན་པ་སྟེ། རྒྱ་ཆེ་བ་དང་ཟང་ཟིང་མེད། །དོན་ཆེ་བ་དང་མི་ཟད་པ། །ཕྱིན་པ་ལ་སོགས་ཐམས་ཅད་ཀྱི། །ཡོན་ཏན་བཞིར་ནི་ཤེས་པར་བྱ། །ཞེས་ཕྱིར་བསྟན་པ་དང་།

སོ་སོའི་དབང་དུ་མཛད་ནས། སངས་རྒྱས་སྲས་རྣམས་སློང་དང་ཕྲད་ན་རང་གི་སྲོག་ཡང་རྟག་ཏུ་གཏོང་། །སྙིང་རྗེས་གཞན་ལས་ལན་ཡང་མི་རེ་འདོད་པའི་འབྲས་བུ་དོན་མི་གཉེར། ། སྦྱིན་པ་དེ་ཉིད་ཀྱིས་ཀྱང་སྐྱེ་བོ་ཐམས་ཅད་བྱང་ཆུབ་གསུམ་ལ་འགོད། །སྦྱིན་པ་ཡེ་ཤེས་ཀྱིས་ཡོངས་ཟིན་པས་འཇིག་རྟེན་དག་ན་མི་ཟད་བཞག །སངས་རྒྱས་སྲས་རྣམས་སྡོམ་དང་བརྩོན་པའི་རང་བཞིན་ཚུལ་ཁྲིམས་གསུམ་རྟག་བླངས། །མཐོ་རིས་མངོན་པར་མི་འདོད་ཡང་དག་ཐོབ་ཀྱང་དེ་ལ་ཆགས་མི་བསྐྱེད། །ཚུལ་ཁྲིམས་དེ་ཉིད་ཀྱིས་ཀྱང་སྐྱེ་བོ་ཐམས་ཅད་བྱང་ཆུབ་གསུམ་ལ་འགོད། །ཚུལ་ཁྲིམས་ཡེ་ཤེས་ཀྱིས་ཡོངས་ཟིན་པས་འཇིག་རྟེན་དག་ན་མི་ཟད་བཞག །སངས་རྒྱས་སྲས་རྣམས་ཤིན་ཏུ་བྱ་དཀའ་དེ་བཞིན་མི་ཡི་གནོད་ཀུན་བཟོད། །མཐོ་རིས་གཉེར་དང་མི་ནུས་པས་མིན་འཇིགས་པས་མ་ཡིན་ཕན་བལྟས་མེད། །བཟོད་པ་དེ་ཉིད་ཀྱིས་ཀྱང་སྐྱེ་བོ་ཐམས་ཅད་བྱང་ཆུབ་གསུམ་

ལ་འགོད། །བཟོད་པ་ཡེ་ཤེས་ཀྱིས་ཡོངས་ཟིན་པས་འཇིག་རྟེན་དག་ན་མི་ཟད་བཞག །རྒྱལ་བའི་སྲས་རྣམས་གོ་ཆར་སྦྱོར་བའི་བདག་ཉིད་བརྩོན་འགྲུས་དཔེ་མེད་བྱས། །བདག་དང་གཞན་གྱི་ཉོན་མོངས་ཚོགས་གཞོམ་བྱང་ཆུབ་དམ་པ་འཐོབ་པར་བྱེད། །བརྩོན་འགྲུས་དེ་ཉིད་ཀྱིས་ཀྱང་སྐྱེ་བོ་ཐམས་ཅད་བྱང་ཆུབ་གསུམ་ལ་འགོད། །བརྩོན་འགྲུས་ཡེ་ཤེས་ཀྱིས་ཡོངས་ཟིན་པས་(༡༡བ)འཇིག་རྟེན་དག་ན་མི་ཟད་བཞག །རྒྱལ་བའི་སྲས་རྣམས་ཏིང་འཛིན་མང་ལྡན་བསམ་གཏན་རྣམ་པ་ཐམས་ཅད་སྒྲུབ། །བསམ་གཏན་བདེ་བའི་ཕྱུལ་གྱིས་གནས་ཤིང་སྙིང་རྗེས་སྐྱེ་བ་དམན་ལ་བསྟེན། །བསམ་གཏན་དེ་ཉིད་ཀྱིས་ཀྱང་སྐྱེ་བོ་ཐམས་ཅད་བྱང་ཆུབ་གསུམ་ལ་འགོད། །བསམ་གཏན་ཡེ་ཤེས་ཀྱིས་ཡོངས་ཟིན་པས་འཇིག་རྟེན་དག་ན་མི་ཟད་བཞག །རྒྱལ་བའི་སྲས་རྣམས་དེ་ཉིད་ཤེས་བྱ་གང་ཡིན་མཐའ་དག་རྣམ་ཀུན་ཤེས། །མྱ་ངན་འདས་ལའང་བློ་ཡིས་ཆགས་རབ་མི་བསྐྱེད་འཁོར་བར་སློས་ཅི་དགོས། །ཡེ་ཤེས་དེ་ཉིད་ཀྱིས་ཀྱང་སྐྱེ་བོ་ཐམས་ཅད་བྱང་ཆུབ་གསུམ་ལ་འགོད། །ཡེ་ཤེས་སེམས་ཅན་ཡོངས་སུ་བཟུང་བས་འཇིག་རྟེན་དག་ན་མི་ཟད་བཞག །ཅེས་སོ། །

ཁྱད་པར་དུ་སྦྱིན་པའི་ཕན་ཡོན་བཞི་སྟེ། རང་གཞན་གྱི་དབུལ་བ་རྒྱུན་གཅོད། རྣམ་འབྲས་རྟག་ཏུ་ལོངས་སྤྱོད་ཕུན་སུམ་ཚོགས་པ་ཐོབ། སེམས་ཅན་སྨིན་པར་ནུས། བྱང་ཆུབ་འཐོབ་པའོ། །དེ་ལྟར་ཡང་། བྱང་ཆུབ་སེམས་དཔའི་སྦྱིན་པས་ཡི་དྭགས་འགྲོ་བ་གཅོད། །དབུལ་བ་དང་ནི་དེ་བཞིན་ཉོན་མོངས་ཐམས་ཅད་གཅོད། །སྤྱོད་ཚེ་ལོངས་སྤྱོད་མཐའ་ཡས་རྒྱས་པ་འཐོབ་པར་འགྱུར། །ཞེས་དང་། **བཤེས་སྤྲིང་ལས།** སྦྱིན་པ་ཚུལ་བཞིན་སྩོལ་གྱིས་ཕ་རོལ་ཏུ། །སྦྱིན་ལས་གཞན་པའི་གཉེན་མཆོག་མ་མཆིས་སོ། །ཞེས་དང་། **འཇུག་པ་ལས།** སྐྱེ་བོ་འདི་ཀུན་བདེ་བ་མངོན་འདོད་ཅིང་། །མི་རྣམས་བདེ་བའང་ལོངས་སྤྱོད་མེད་མིན་ལ། །ལོངས་

སྤྱོད་ཀྱང་ནི་སྦྱིན་ལས་འབྱུང་མཁྱེན་ནས། །ཐུབ་པས་དང་པོར་སྦྱིན་པའི་གཏམ་མཛད་དོ། །ཞེས་སོ། །

གཞན་སྦྱིན་པས་བསྡུས་ནས་ཆོས་ལ་འགོད་པར་ནུས་ཏེ་བསྡུ་བའི་སྒོ་བཞིའི་དང་པོ་ཟང་ཟིང་གི་སྦྱིན་པ་ཡིན་པའི་ཕྱིར་དང་། སྦྱིན་པས་སྡུག་བསྔལ་གྱུར་པའི་སེམས་ཅན་ཡོངས་སྐྱོན་བྱེད། །ཅེས་གསུངས་ཤིང་། འཁོར་ལོ་དང་པོའི་གདུལ་བྱ་དགེ་སློང་ལྔ་སྡེ་དང་(༧༠༠ན)ལྷ་བརྒྱད་ཁྲི་པོ་ཡང་བྱང་ཆུབ་སེམས་དཔའ་རུས་སྦལ་དུ་གྱུར་པས་མི་ལྔ་ལ་མི་འཇིགས་པ་བྱིན་ཞིང་གྲོག་མ་བརྒྱད་ཁྲི་ལ་ལུས་བྱིན་པ་སོགས་སྐྱེས་རབས་མཐའ་ཡས་པར་སྦྱིན་པ་ཁོ་ནས་བསྡུས་པའི་ཕྱིར་རོ། །བྱང་ཆུབ་སྒྲུབ་པར་སླ་སྟེ་སངས་རྒྱས་ཀྱི་ཡོན་ཏན་ཐམས་ཅད་ཀྱང་ཕར་ཕྱིན་དྲུག་ལྡན་གྱི་འབྲས་བུ་ཁོ་ན་ཡིན་པའི་ཕྱིར་དང་། **བྱང་ཆུབ་སེམས་དཔའི་སྡེ་སྣོད་ལས།** སྦྱིན་པ་གཏོང་ལ་བྱང་ཆུབ་རྙེད་མི་དཀའ། །ཞེས་དང་། **དཀོན་མཆོག་སྤྲིན་ལས།** སྦྱིན་པ་ནི་བྱང་ཆུབ་སེམས་དཔའི་བྱང་ཆུབ་བོ། །ཞེས་དང་། **བྱང་ས་ལས།** དེ་ལྟར་བྱང་ཆུབ་སེམས་དཔའ་རྣམས་སྦྱིན་པའི་ཕ་རོལ་ཏུ་ཕྱིན་པ་ཡོངས་སུ་རྫོགས་པར་བྱས་ནས་བླ་ན་མེད་པ་ཡང་དག་པར་རྫོགས་པའི་བྱང་ཆུབ་ཏུ་འཚང་རྒྱ་བར་འགྱུར་རོ་ཞེས་སོ། །

བྱེ་བྲག་ཏུ། **བྱང་ས་ལས།** ཟས་བྱིན་པས་ནི་སྟོབས་ཆེན་འགྱུར། །གོས་བྱིན་པས་ནི་ཁ་དོག་ལྡན། །བཞོན་པ་བྱིན་པས་བདེ་འགྱུར་བརྟན། །མར་མེ་བྱིན་པས་མིག་དང་ལྡན། །ཞེས་སོགས་ཟང་ཟིང་གི་སྦྱིན་པའི་ཕན་ཡོན་དང་། **རིན་ཆེན་ཕྲེང་བ་ལས།** འཇིགས་ལ་མི་འཇིགས་བྱིན་པ་ཡིས། །བདུད་རྣམས་ཀུན་གྱིས་མི་ཚུགས་ཤིང་། །སྟོབས་པོ་ཆེ་ཡི་མཆོག་ཏུ་འགྱུར། །ཞེས་མི་འཇིགས་པའི་སྦྱིན་པའི་ཕན་ཡོན་དང་། **དེ་ཉིད་ལས།** ཆོས་འདོད་པ་ལ་སྦྱིན་པ་དག །སྒྲིབ་པ་མེད་པར་བྱས་པ་ཡིས། །སངས་རྒྱས་རྣམས་དང་འགྲོགས་པ་དང་། །འདོད་པ་མྱུར་དུ་འཐོབ་པར་འགྱུར། །ཞེས་སོ། །

ཚུལ་ཁྲིམས་ཀྱི་ཕན་ཡོན་ཡང་། མཐོ་རིས་ཀྱི་ལུས་ཕུན་ཚོགས་འཐོབ་པ་དང་། ཡོན་ཏན་ཐམས་ཅད་ཀྱི་རྟེན་བྱེད་པ་དང་། ཏིང་ངེ་འཛིན་སྐྱེ་བ་དང་། སྨོན་པ་འགྲུབ་པ་དང་། ལྷ་མིས་བཀུར་བ་སྟེ་གནས་སྐབས་ཀྱི་ཕན་ཡོན་ལྔ་དང་། མཐར་ཐུག་སངས་རྒྱས་འཐོབ་པ་སྟེ།

ཁྲིམས་ཀྱིས་དུད་འགྲོའི་འགྲོ་བ་དུ་མའི་ངོ་བོ་དང་། །མི་ཁོམ་བརྒྱད་སྤོང་དེ་ཡིས་དལ་བ་རྟག་ཏུ་(༧༠༠བ)འཐོབ། །ཅེས་དང་། **བྱང་ཆུབ་སེམས་དཔའི་སྡེ་སྣོད་ལས།** ཤཱ་རིའི་བུ། དེ་ལྟར་ཚུལ་ཁྲིམས་ཡོངས་སུ་དག་པའི་བྱང་ཆུབ་སེམས་དཔའ་དེས་ནི་ལྷ་དང་མིའི་དཔལ་ཕུན་སུམ་ཚོགས་པ་མྱོང་བར་མི་འགྱུར་བ་དེ་གང་ཡང་མེད་དོ། །ཞེས་དང་། **སྲིད་མེད་ཀྱི་བུའི་མདོ་ལས།** ཚུལ་ཁྲིམས་ཀྱི་ཕུང་པོ་དེ་ལྟ་བུ་དང་ལྡན་པའི་བྱང་ཆུབ་སེམས་དཔའ་དེ་འཁོར་ལོས་བསྒྱུར་བའི་རྒྱལ་སྲིད་ལས་ཡོངས་སུ་མི་ཉམས་ཏེ་དེ་ལ་ཡང་བག་ཡོད་ཅིང་བྱང་ཆུབ་འདོད་པ་ཡིན་ནོ། །བརྒྱ་བྱིན་ལས་ཡོངས་སུ་མི་ཉམས་ཏེ་དེ་ལ་ཡང་བག་ཡོད་ཅིང་བྱང་ཆུབ་འདོད་པ་ཡིན་ནོ། །ཞེས་སོ། །

ཡོན་ཏན་གྱི་རྟེན་དུ་འགྱུར་བ་ནི། ཁྲིམས་ནི་རྒྱུ་དང་མི་རྒྱུའི་ས་བཞིན་དུ། །ཡོན་ཏན་ཀུན་གྱི་གཞི་རྟེན་ལགས་པར་གསུངས། །ཞེས་དང་། **འཇུག་པར།** ཡོན་ཏན་ཚུལ་ཁྲིམས་ཞིང་དུ་རྣམ་འཕེལ་ན། །འབྲས་བུ་ཉེར་སྤྱོད་ཆད་པ་མེད་པར་འགྱུར། །ཞེས་སོ། །

ཏིང་ངེ་འཛིན་སྐྱེ་བ་ནི། **ཟླ་བ་སྒྲོན་མ་ལས།** ཉོན་མོངས་མེད་པའི་ཏིང་འཛིན་མྱུར་འཐོབ་སྟེ། །འདི་ནི་ཚུལ་ཁྲིམས་རྣམ་དག་ཕན་ཡོན་ནོ། །ཞེས་དང་། **འཇུག་པར།** ཞི་གནས་རྒྱུ་ནི་ཚུལ་ཁྲིམས་ལས་གཞན་མེད། །ཅེས་སོ། །

སྨོན་པ་འགྲུབ་པ་ནི། **ཡབ་སྲས་མཇལ་བའི་མདོར།** ཚུལ་ཁྲིམས་རྣམ་དག་གང་བསྲུངས་པ། །སྨོན་ལམ་ཐམས་ཅད་འགྲུབ་པར་འགྱུར། །ཞེས་སོ། །

ལྷ་མིས་བཀུར་བ་ནི། **སྲིད་མེད་ཀྱི་བུའི་མདོ་ལས།** ཚུལ་ཁྲིམས་ཀྱི་ཕུང་པོ་ལ་གནས་པའི་བྱང་ཆུབ་སེམས་དཔའ་ལ་ལྷ་རྣམས་ཀྱིས་རྟག་ཏུ་ཕྱག་བྱས་པ་ཡིན། ཀླུ་རྣམས་ཀྱིས་རྟག་ཏུ་བསྟགས་པ་ཡིན། གནོད་སྦྱིན་རྣམས་ཀྱིས་རྟག་ཏུ་བསྟོད་པ་ཡིན། དྲི་ཟ་རྣམས་ཀྱིས་རྟག་ཏུ་མཆོད་པ་ཡིན། བྲམ་ཟེ་དང་རྒྱལ་རིགས་དང་ཚོང་དཔོན་དང་ཁྱིམ་བདག་རྣམས་ཀྱིས་རྟག་ཏུ་གསོལ་བ་ཡིན། སངས་རྒྱས་རྣམས་ཀྱིས་རྟག་ཏུ་དགོངས་པ་ཡིན། ལྷ་དང་བཅས་པའི་འཇིག་རྟེན་གྱིས་རྟག་ཏུ་བཀུར་བ་ཡིན། ཞེས་སོ། །(༧༠༧ན)

མཐར་ཐུག་ནི། ཚུལ་ཁྲིམས་ཀྱི་ཕ་རོལ་ཏུ་ཕྱིན་པ་རྫོགས་ནས་འཚང་རྒྱའོ། །ཞེས་སོགས་གསུངས་སོ། །

བཟོད་པའི་ཕན་ཡོན་ནི། གཟུགས་མཛེས་པ་དང་། འཁོར་ཕུན་སུམ་ཚོགས་པ་འཐོབ་པ་དང་། དཀའ་ཐུབ་ཀྱི་མཆོག་ཏུ་འགྱུར་བ་དང་། འདི་ཕྱིར་བདེ་བ་དང་། མཐར་ཐུག་བྱང་ཆུབ་འཐོབ་པ་སྟེ། བཟོད་པས་གཟུགས་བཟང་དམ་པ་རྒྱ་ཆེན་འཐོབ་འགྱུར་ཏེ། གསེར་མདོག་སྟུག་ཅིང་འགྲོ་བས་ལྟ་བའི་འོས་སུ་འགྱུར། །ཞེས་དང་། འཁོར་ཚེ་བཟོད་པས་མཛེས་སོགས་དང་། །ནད་མེད་པ་དང་གྲགས་པ་དང་། །ཤིན་ཏུ་ཡུན་རིང་འཚོ་བ་དང་། །འཁོར་ལོས་བསྒྱུར་བའི་བདེ་རྒྱས་འཐོབ། །ཅེས་དང་། འདི་ན་བཟོད་ལྡན་དེ་ལ་འགྲོ་བ་དགར་འགྱུར་མཁས། །ཞེས་དང་། བཟོད་པ་ལྟ་བུའི་དཀའ་ཐུབ་མེད། །ཅེས་དང་། གང་ཞིག་བསྒྲིམས་ཏེ་ཁྲོ་འཇོམས་པ། །དེ་ནི་འདི་དང་གཞན་དུ་བདེ། །ཞེས་དང་། བཟོད་པ་རྒྱ་ཆེ་ཞིང་ཚད་མེད་ལ་བྱང་ཆུབ་ཆེན་པོའི་འབྲས་བུ་འབྱུང་བ་འདི་དག་ལ་བསྟེན་ན་བྱང་ཆུབ་སེམས་དཔའ་བླ་ན་མེད་པ་ཡང་དག་པར་རྫོགས་པར་འཚང་རྒྱ་བར་འགྱུར་རོ། །ཞེས་སོ། །

བརྩོན་འགྲུས་ཀྱི་ཕན་ཡོན་ནི། འཁོར་བར་འཁོར་བའི་ཚེ་བདེ་བའི་མཆོག་

རྣམས་འཐོབ་པ་དང་། དཀར་པོའི་ཡོན་ཏན་ཐམས་ཅད་འཕེལ་བ་དང་། འཇིག་ཚོགས་ལས་བརྒལ་བ་དང་། མྱུར་དུ་བྱང་ཆུབ་འཐོབ་པ་སྟེ། བརྩོན་འགྲུས་ཀྱིས་ནི་སྲིད་གཙོད་འདོད་པ་འཐོབ། །ཅེས་དང་། བརྩོན་འགྲུས་ཀྱིས་ནི་དཀར་པོའི་ཡོན་ཏན་འགྲིབ་མི་འགྱུར། །ཡེ་ཤེས་མཐའ་ཡས་རྒྱལ་བའི་བང་མཛོད་བརྙེས་པར་འགྱུར། །ཞེས་དང་། རླུང་མེད་གཡོ་བ་མེད་པ་བཞིན། །བསོད་ནམས་བརྩོན་འགྲུས་མེད་མི་འབྱུང་། །ཞེས་དང་། བརྩོན་འགྲུས་ཀྱིས་ནི་འཇིག་ཚོགས་འདས་ནས་གྲོལ། །ཞེས་དང་། བརྩོན་འགྲུས་ཀྱིས་ནི་བྱང་ཆུབ་མཆོག་འཚང་རྒྱ། །ཞེས་དང་། **བློ་གྲོས་རྒྱ་མཚོས་**(༡༠༡བ)**ཞུས་པར།** བརྩོན་འགྲུས་བརྩམས་པ་རྣམས་ཀྱིས་ནི་བླ་ན་མེད་པ་ཡང་དག་པར་རྫོགས་པའི་བྱང་ཆུབ་དཀའ་བ་མ་ཡིན་ནོ། །ཞེས་དང་། **གང་པོས་ཞུས་པར།** རྟག་ཏུ་བརྩོན་འགྲུས་གང་བརྩམས་པ། །དེ་ལ་བྱང་ཆུབ་ཡོངས་མི་དཀའ། །ཞེས་སོ། །

ཡང་ན་ཁྱད་པར་གྱི་དབྱེ་བའི་སྒོ་ནས་ཕན་ཡོན་དྲུག་སྟེ། དགེ་བའི་མཆོག་ཏུ་བསྟན་པ་གཙོ་བོའི་དབྱེ་བ་དང་། དགེ་བ་ཐམས་ཅད་འདི་མེད་ན་མི་འབྱུང་བ་རྒྱུའི་དབྱེ་བ་དང་། ལུས་སེམས་བདེ་ཞིང་དོན་ཐམས་ཅད་འགྲུབ་པ་ལས་ཀྱི་དབྱེ་བ་དང་། རྣམ་པ་དང་། རྟེན་དང་། བར་ཆད་རྣམ་པ་བཞིའི་གཉེན་པོས་ཕྱེ་བའི་ཕྱིར་ཏེ། གཙོ་དང་དེ་རྒྱུ་ལས་ཀྱི་དབྱེ་བ་དང་། །རྣམ་པའི་དབྱེ་བ་རྟེན་གྱིས་ཕྱེ་བ་དང་། །བར་ཆད་རྣམ་བཞིའི་གཉེན་པོའི་དབྱེ་བ་ཡིས། །བརྩོན་འགྲུས་ཡོངས་ཤེས་བྱ་ཕྱིར་རབ་ཏུ་བསྟན། །ཞེས་དང་། དེ་འཆད་པ་ན། དགེ་བའི་ཆོས་ཀྱི་ནང་ན་བརྩོན་འགྲུས་མཆོག །འདི་ལྟར་དེ་ལ་བརྟེན་ནས་དེ་རྗེས་ཐོབ། །བརྩོན་འགྲུས་ཀྱིས་ནི་མོད་ལ་བདེར་གནས་མཆོག །དངོས་གྲུབ་འཇིག་རྟེན་འདས་དང་འཇིག་རྟེན་གཏོགས། །ཞེས་སོ། །

ཞར་ལ་རྣམ་པའི་དབྱེ་བ་ཡང་། ཐོག་མར་གོ་ཆའི་བརྩོན་འགྲུས་དེ་ལས་

ནི། །ཚུལ་བཞིན་རབ་ཞུགས་སྦྱོར་བའི་བརྩོན་འགྲུས་དང་། །མ་ཞུམ་མི་འཁྲུགས་ཆོག་མི་ཤེས་བརྩོན་འགྲུས། །རྣམ་པ་ཐམས་ཅད་སངས་རྒྱས་རྣམ་རབ་གསུངས། །ཞེས་གོ་ཆ། སྦྱོར་བ། མ་ཞུམ། མི་འཁྲུགས། ཆོག་མི་ཤེས་པ་སྟེ་ལྔ་དང་།

རྟེན་གྱིས་ཕྱེ་བ། ཐེག་པ་གསུམ་བརྩོན་སྐྱེ་བོ་ལ་བརྟེན་པའི། །བརྩོན་འགྲུས་ཐ་མ་འབྲིང་དང་མཆོག་གཞན་ཏེ། །བསམ་མནོ་ཞན་དང་རྒྱ་རབ་ཆེ་ལྡན་ཕྱིར། །དེ་ནི་དོན་ཆུང་བ་དང་དོན་ཆེན་འདོད། །ཅེས་ཉན་ཐོས་ཀྱི་བརྩོན་འགྲུས་ཐ་མ་དང་། རང་རྒྱལ་གྱི་འབྲིང་། ཐེག་ཆེན་གྱི་མཆོག་ཡིན་ལ། ཡང་ན་ཉན་རང་གི་བརྩོན་འགྲུས་ནི། བསམ་མནོ་ཞན་པ་དང་དོན་ཆུང་བ་ཡིན་ལ། ཐེག་ཆེན་གྱི་བློ་རྒྱ་ཆེ་(༧༠༢ན)བ་དང་དོན་ཆེན་པོར་བཞག་པ་དང་།

ཡང་ལོངས་སྤྱོད་ལ་ཞེན་པ་དང་། དེ་ལ་ཆགས་པ་དང་། སྨིན་པས་སྐྱོ་བ་དང་། ཅུང་ཟད་ཀྱིས་ཆོག་པར་འཛིན་པའི་གཉེན་པོར་བརྩོན་འགྲུས་བཞི་བསྟན་ཏེ། བརྩོན་འགྲུས་ལྡན་པ་ལོངས་སྤྱོད་ཀྱིས་ཕམ་མེད། །བརྩོན་འགྲུས་ལྡན་པ་ཉོན་མོངས་ཀྱིས་ཕམ་མེད། །བརྩོན་འགྲུས་ལྡན་པ་སྐྱོ་བས་ཕམ་པ་མེད། །བརྩོན་འགྲུས་ལྡན་པ་ཐོབ་པས་ཕམ་པ་མེད། །ཅེས་སོ། །

བསམ་གཏན་གྱི་ཕན་ཡོན་ནི། རྣམ་གཡེང་ཞི་ཞིང་མངོན་ཤེས་དང་ཤེས་རབ་སྐྱེ། ཉོན་མོངས་པ་ཐམས་ཅད་འཇོམས། སྙིང་རྗེ་སྐྱེ། གནས་སྐབས་འདོད་ཆགས་དང་བྲལ་བའི་ལྷའི་ལུས་འཐོབ་ཅིང་བྱང་ཆུབ་མྱུར་དུ་འཐོབ་པ་སྟེ། བསམ་གཏན་གྱིས་ནི་འདོད་པའི་ཡོན་ཏན་སྤང་པ་འདོར། །ཞེས་དང་། **ལམ་སྒྲོན་ལས།** ཞི་གནས་གྲུབ་པ་མ་ཡིན་པས། །མངོན་ཤེས་འབྱུང་བ་མ་ཡིན་ལ། །དེ་བཞིན་མངོན་ཤེས་སྟོབས་བྲལ་བས། །སེམས་ཅན་དོན་བྱེད་ནུས་པ་མིན། །ཞེས་དང་། **བཤེས་སྤྲིང་ལས།** བསམ་གཏན་མེད་པར་ཡང་ནི་ཤེས་རབ་མེད། །ཅེས་དང་། རིག་དང་མངོན་པར་ཤེས་དང་ཏིང་འཛིན་མངོན་པར་འགྲུབ། །ཅེས་དང་། ཞི་གནས་རབ་ཏུ་ལྡན་པའི་

ལྷག་མཐོང་གིས། །ཉོན་མོངས་རྣམ་པར་འཇོམས་པར་ཤེས་བྱས་ནས། །ཞེས་དང་། **ཆོས་ཡང་དག་པར་སྡུད་པའི་མདོ་ལས།** ཡིད་མཉམ་པར་བཞག་པས་ཡང་དག་པ་ཇི་ལྟ་བ་བཞིན་མཐོང་བར་འགྱུར་རོ། །ཡང་དག་པ་ཇི་ལྟ་བ་བཞིན་མཐོང་བས་བྱང་ཆུབ་སེམས་དཔའ་སེམས་ཅན་རྣམས་ལ་སྙིང་རྗེ་སྐྱེའོ། །ཞེས་དང་། བསམ་གཏན་གྱི་ཕ་རོལ་ཏུ་ཕྱིན་པ་རྫོགས་ནས་བྱང་ཆུབ་ཏུ་འཚང་རྒྱའོ་ཞེས་སོ། །

ཤེས་རབ་ཀྱི་ཕན་ཡོན་ནི། དགེ་བ་ཐམས་ཅད་ཕ་རོལ་ཏུ་ཕྱིན་པར་འགྲིད། ཁམས་གསུམ་ལས་འདའ། དགེ་བ་ཐམས་ཅད་ཀྱི་འབྲས་བུར་འགྱུར། བདེ་ལེགས་ཐམས་ཅད་འབྱུང་། མྱུར་དུ་བྱང་ཆུབ་འཐོབ་(༡༠༢བ)པ་སྟེ། དཔེར་ན་རི་མོའི་ལས་ནི་ཡོངས་ཐྲིན་མིག་མེད་པ། །ཇི་སྲིད་མིག་མ་བྲིས་པར་ཇན་པ་མི་འཐོབ་བཞིན། །གང་ཚེ་འདུས་བྱས་འདུས་མ་བྱས་དང་དཀར་ནག་ཆོས། །ཤེས་རབ་ཀྱིས་ནི་བཤིག་ནས་རྟུལ་ཙམ་མི་དམིགས་ཚེ། །འཇིག་རྟེན་དག་ན་ཤེས་རབ་ཕ་རོལ་ཕྱིན་གྲངས་འགྲོ། །ཞེས་དང་། དམུས་ལོང་དམིགས་བུ་མེད་པ་བྱེ་བ་ཁྲག་ཁྲིག་རྣམས། །ལམ་ཡང་མི་ཤེས་གྲོང་ཁྱེར་འཇུག་པར་ག་ལ་འགྱུར། །ཤེས་རབ་མེད་ན་མིག་མེད་ཕ་རོལ་ཕྱིན་ལྔ་འདིས། །དམིགས་བུ་མེད་པས་བྱང་ཆུབ་རེག་པར་ནུས་མ་ཡིན། །ཞེས་དང་། **འཇུག་པར།** ཇི་ལྟར་ལོང་བའི་ཚོགས་ཀུན་བདེ་བླག་ཏུ། །མིག་ལྡན་སྐྱེས་བུ་གཅིག་གིས་འདོད་པ་ཡི། །ཡུལ་དུ་འཁྲིད་པ་དེ་བཞིན་ཤེས་རབ་ཀྱིས། །མིག་ཉམས་ཡོན་ཏན་བླངས་ཏེ་རྒྱལ་བར་འཁྲིད། །ཅེས་སོ། །

སྲིད་པའི་རྩ་བ་གཅོད་དེ། ཤེས་རབ་ཀྱིས་ནི་ཆོས་ཀྱི་རང་བཞིན་ཡོངས་ཤེས་ནས། །ཁམས་གསུམ་མ་ལུས་པ་ལས་ཡང་དག་འདའ་བར་འགྱུར། །ཞེས་དང་། **རྣམ་འགྲེལ་ལས།** སྟོང་ཉིད་ལྟ་བས་གྲོལ་འགྱུར་གྱི། །སྒོམ་པ་ལྷག་མ་དེ་བརྩོན་ཡིན། །ཞེས་སོ། །དགེ་བ་ཐམས་ཅད་ཀྱང་ཤེས་རབ་བསྐྱེད་པའི་ཆེད་ཡིན་ཏེ། ཡན་ལག་འདི་དག་ཐམས་ཅད་ནི། །ཐུབ་པས་ཤེས་རབ་དོན་དུ་གསུངས། །ཞེས་སོ། །

བདེ་ལེགས་ཐམས་ཅད་འབྱུང་སྟེ། སངས་རྒྱས་སྲས་དང་ཉན་ཐོས་རང་རྒྱལ་ལྷ་རྣམས་དང་། །འགྲོ་བ་ཀུན་གྱི་བདེ་སྐྱིད་ཆོས་རྣམས་ཇི་སྙེད་པ། །དེ་ཀུན་ཤེས་རབ་ཕ་རོལ་ཕྱིན་པ་མཆོག་ལས་བྱུང་། །ཞེས་སོ། །

མྱུར་དུ་འཚང་རྒྱ་སྟེ། **ཤེར་ཕྱིན་བདུན་བརྒྱ་པ་ལས།** འཇམ་དཔལ་ཤེས་རབ་ཀྱི་ཕ་རོལ་ཏུ་ཕྱིན་པ་ལ་སྤྱད་ན་བྱང་ཆུབ་སེམས་དཔའ་མྱུར་དུ་བླ་ན་མེད་པ་ཡང་དག་པར་རྫོགས་པའི་བྱང་ཆུབ་ཏུ་མངོན་པར་རྫོགས་པར་འཚང་རྒྱ་བར་འགྱུར་རོ། །ཞེས་སོ། །

མི་ལྡན་པའི་ཉེས་དམིགས་ནི། སྦྱིན་པ་དང་མི་ལྡན་ན་དབུལ་པོར་འགྱུར། རང་གཞན་གྱི་དོན་(༧༠ཨ)མི་ནུས་ཏེ། སེར་སྣ་ཅན་ནི་ཡི་དྭགས་གནས་སུ་སྐྱེ་བར་འགྱུར། །གལ་ཏེ་མིར་སྐྱེས་ན་ཡང་དེ་ཚེ་དབུལ་པོར་འགྱུར། །ཞེས་དང་། **འདུལ་བའི་ལུང་ལས།** གྲོ་བཞིན་སྐྱེས་ལ་ཡི་དྭགས་ཀྱིས་ལན་བཏབ་པ། བདག་ཅག་སེར་སྣས་འཇུངས་པ་ཅན། །སྦྱིན་པ་ཅུང་ཟད་མ་བཏང་སྟེ། །བདག་ཅག་ཡི་དྭགས་འཇིག་རྟེན་ལྷགས། །ཞེས་དང་། སྦྱིན་གཏོང་མ་སྦྱོང་ལོངས་སྤྱོད་མེད། །སེམས་ཅན་བསྟུ་བར་ཡོང་མི་ནུས། །བྱང་ཆུབ་འཐོབ་པ་ལྟ་ཅི་སྨོས། །ཞེས་སོ། །

ཚུལ་ཁྲིམས་དང་མི་ལྡན་ན་ངན་འགྲོར་འགྲོ། ཆོས་མི་མཐོང་། ཐར་པ་མི་འཐོབ་སྟེ། **འཇུག་པར།** སྐྱེས་བུ་ཚུལ་ཁྲིམས་རྐང་པ་ཆག་གྱུར་ན། །སྦྱིན་པས་ལོངས་སྤྱོད་ལྡན་ཡང་ངན་འགྲོར་ལྟུང་། །ཞེས་དང་། **ཚུལ་ཁྲིམས་ལྡན་པའི་མདོར།** ཇི་ལྟར་མིག་མེད་གཟུགས་མཐོང་མི་འགྱུར་བ། །དེ་བཞིན་ཚུལ་ཁྲིམས་མེད་ན་ཆོས་མི་མཐོང་། །ཞེས་དང་། ཇི་ལྟར་རྐང་མེད་ལམ་འཇུག་ག་ལ་ནུས། །དེ་བཞིན་ཚུལ་ཁྲིམས་མེད་ན་ཐར་མི་འགྱུར། །ཞེས་སོ། །

བཟོད་པ་དང་མི་ལྡན་ན་ཁོང་ཁྲོས་དགེ་རྩ་འཇོམས། ཞེ་སྡང་གིས་རྟག་ཏུ་སྡུག་བསྔལ། མཛའ་བཤེས་སྐྲོ་བར་འགྱུར། བདུད་ཀྱིས་གླགས་རྙེད། བྱང་ཆུབ་མི་

འཐོབ་སྟེ། **བྱང་ཆུབ་སེམས་པའི་སྡེ་སྣོད་ལས།** ཁོང་ཁྲོ་བ་ཞེས་བྱ་བ་ནི་བསྐལ་པ་བརྒྱ་སྟོང་དུ་བསགས་པའི་དགེ་བའི་རྩ་བ་འཇོམས་པ་སྟེ། ཞེས་དང་། ཞེ་སྡང་ལྟ་བུའི་སྡིག་པ་མེད། །ཅེས་དང་། ཞེ་སྡང་ཟུག་རྔུའི་སེམས་འཆང་ན། །ཡིད་ནི་ཞི་བ་ཉམས་མི་མྱོང་། །དགའ་དང་བདེ་བའང་མི་འཐོབ་ལ། །གཉིད་མི་འོང་ཞིང་བརྟན་མེད་འགྱུར། །ཞེས་དང་། མདོར་ན་ཁྲོ་བ་བདེར་གནས་པ། །དེ་ནི་འགའ་ཡང་ཡོད་མ་ཡིན། །ཞེས་དང་། དེ་ཡིས་མཛའ་བཤེས་སྐྱོ་བར་འགྱུར། །སྦྱིན་པས་བསྡུས་ཀྱང་བསྟེན་མི་བྱེད། །ཅེས་དང་། **བྱང་ཆུབ་སེམས་དཔའི་སྡེ་སྣོད་ལས།** (༧༠༣བ)སེམས་སྡང་བར་གྱུར་པ་ལ་བདུད་ཀྱིས་གླགས་རྙེད་ནས་བར་ཆད་འཇུག་གོ་ཞེས་དང་། སྡང་ཞིང་བཟོད་དང་བྲལ་ལ་བྱང་ཆུབ་ག་ལ་ཡོད། །ཅེས་སོ། །

བརྩོན་འགྲུས་དང་མི་ལྡན་པའི་ཉེས་པ་ནི། ལེ་ལོས་དགེ་བ་མི་འགྲུབ། གཞན་དོན་མི་ནུས། བྱང་ཆུབ་མི་འཐོབ་པ་སྟེ། **བློ་གྲོས་རྒྱ་མཚོས་ཞུས་པ་ལས།** ལེ་ལོ་ཅན་ལ་ནི་སྦྱིན་པ་མེད་པ་ནས་ཤེས་རབ་ཀྱི་བར་དུ་མེད་དོ། །ལེ་ལོ་ཅན་ལ་ནི་གཞན་དོན་བྱ་བ་མེད་དོ་ལེ་ལོ་ཅན་ལ་ནི་བྱང་ཆུབ་ཤིན་ཏུ་རིང་ཞིང་རྣམ་པར་རིང་ངོ་། །ཞེས་སོ། །

བསམ་གཏན་དང་མི་ལྡན་ན། རྣམ་གཡེང་ལས་ཉོན་མོངས་ཀྱིས་གནོད། གཞན་དོན་མི་ནུས། ཤེས་རབ་མི་སྐྱེ་སྟེ། སེམས་ནི་རྣམ་པར་གཡེངས་པའི་མི། །ཉོན་མོངས་མཆེ་བའི་ཕྲག་ན་གནས། །ཞེས་དང་། དེ་བཞིན་མངོན་ཤེས་སྟོབས་བྲལ་བས། །སེམས་ཅན་དོན་བྱེད་ནུས་པ་མིན། །ཞེས་དང་། བསམ་གཏན་མེད་པར་ཡང་ནི་ཤེས་རབ་མེད། །ཅེས་སོ། །

ཤེས་རབ་ཀྱིས་མ་ཟིན་ན་དགེ་བ་ཐམས་ཅད་ལོང་བ་ལྟ་བུ་ཡིན་ཏེ། ཤེས་རབ་མེད་ན་མིག་མེད་ཕ་རོལ་ཕྱིན་ལྔ་འདིས། །དམིགས་བུ་མེད་པས་བྱང་ཆུབ་རེག་པར་ནུས་མ་ཡིན། །ཞེས་སོ། །ནམ་ཤེས་རབ་ཀྱིས་ཡོངས་སུ་ཟིན་པ་ན་ཕ་རོལ་ཏུ་

ཕྱིན་པར་འགྱུར་ཏེ། གང་ཚེ་ཤེས་རབ་ཀྱིས་ནི་རབ་ཏུ་ཟིན་གྱུར་པ། །དེ་ཚེ་མིག་ཉིད་གྱུར་ཅིང་འདི་ཡི་མིང་འཐོབ་བོ། །ཞེས་སོ། །

བཅུ་པ་རྣམ་ངེས་ནི། རེ་རེར་དྲུག་ག་འདུ་བ་དང་། །རེ་རེའང་དྲུག་ཏུ་དབྱེ་བ་དང་། །རྫོད་བྱེད་དང་འབྲེལ་ཆོས་ཉིད་དང་། །གཅིག་ལས་གཅིག་འགྲུབ་རྒྱུ་མཚན་ཕྱིར། །དྲུག་གམ་གཅིག་ཏུའང་རྣམ་པར་ངེས། །ཞེས་བྱ་སྟེ། ཀུན་རྫོབ་དང་དོན་དམ་རེ་རེའི་སྒོ་ནས་ཀྱང་ཕར་ཕྱིན་རེ་རེར་ཕར་ཕྱིན་ཐམས་ཅད་འདུ་ཞིང་། རེ་རེའང་དྲུག་ཏུ་འགྱུར་བས་ཕན་ཚུན་གཅིག་གིས་གཅིག་བསྡུས་ཤིང་རེ་རེའང་དྲུག་ཏུ་དབྱེར་ཡོད་པའི་ཕྱིར་དང་། རྫོད་བྱེད་གཙོ་བོར་སྟོན་པའི་མདོ་སྡེ་ལས་ཀྱང་། ཕ་རོལ་ཏུ་ཕྱིན་པ་གཞན་རྣམས་ཞར་ལ་སྟོན་པས་རྫོད་བྱེད་ཕན་ཚུན་གཅིག་ལ་གཅིག་སྣང་བའི་ཆོས་ཉིད་(780ན)ཀྱི་ཕྱིར་དང་། སྦྱིན་པས་ལུས་ལོངས་སྤྱོད་ལ་མི་བལྟ་ན་ཚུལ་ཁྲིམས་ལེན་པར་གདོན་མི་ཟ་ཞིང་ཚུལ་ཁྲིམས་རྫོགས་པར་བླངས་ན་ལུས་ལོངས་སྤྱོད་ལ་མི་ཆགས་པ་ལྟ་བུ་གཅིག་ལས་གཅིག་འགྲུབ་པའི་རྒྱུ་མཚན་གྱི་ཕྱིར་སྦྱིན་པ་གཅིག་པུར་ཐམས་ཅད་ངེས་པ་ནས་ཤེས་རབ་གཅིག་པུར་ངེས་པའི་བར་དུ་ཡང་འགྱུར་ལ། སྤྱིར་སྤང་བྱ་ལ་བལྟོས་ནས་རེ་རེ་ཞིང་དྲུག་ཏུའང་ངེས་པ་སྟེ། ཕན་ཚུན་བསྡུས་ཕྱིར་རབ་དབྱེའི་ཕྱིར། །ཆོས་ཉིད་ཕྱིར་དང་རྒྱུ་མཚན་ཕྱིར། །ཕ་རོལ་ཕྱིན་དྲུག་རྣམ་ཀུན་ཏུ། །རྣམ་པར་ངེས་པར་ཤེས་པར་བྱ། །ཞེས་སོ། །

ཞར་ལ་ཐར་རྒྱན་ལས་གསུངས་པ་སྤྲེལ་བ་དང་དག་པ་གཉིས་ལས། སྤྲེལ་བ་ནི། སྦྱིན་པ་པོ་དང་། སྦྱིན་ཡུལ་དང་། སྦྱིན་པ་སྟེ་འཁོར་གསུམ་ག་སྒྱུ་མ་ལྟ་བུར་ཤེས་པས་ཕར་ཕྱིན་སོ་སོའི་བྱེད་པ་པོ་དང་། ཡུལ་དང་། དངོས་པོ་ལ་མཚན་མར་མི་འཛིན་པ་ནི་ཡེ་ཤེས་ཀྱི་སྟོབས་ཏེ་དེས་ལྷག་པར་བྱེད་པ་སྟེ་འཇིག་རྟེན་ལས་འདས་པར་བྱེད་པའོ། །སྦྱིན་སོགས་དེ་སེམས་ཅན་ཐམས་ཅད་ཀྱི་ཆེད་དུ་བྱེད་ཅིང་བར་དུ་དངོས་པོ་ལ་མི་ཞེན། མཐར་རྣམ་སྨིན་ལ་མི་རེ་བ་ནི་ཤེས་རབ་ཀྱི་སྟོབས་ཀྱིས་

རྒྱས་པར་བྱེད་པ་སྟེ་བསོད་ནམས་ཆེས་མང་པོར་འགྱུར་རོ། །དེའི་དགེ་བ་སེམས་ཅན་ཐམས་ཅད་ཀྱི་དོན་དུ་བྱང་ཆུབ་ཏུ་བསྔོ་བ་ནི་བསྔོ་བའི་སྟོབས་ཀྱིས་དཔག་ཏུ་མེད་པ་དང་མི་ཟད་པར་བྱེད་པ་ཞེས་བྱ་ལ། དེ་ལྟར་གསུམ་གྱིས་དགེ་བ་རྒྱ་ཆེན་པོར་སྤེལ་བ་སྟེ། **བྱང་ཆུབ་སེམས་དཔའི་སྡེ་སྣོད་ལས།** ཤཱ་རིའི་བུ། བྱང་ཆུབ་སེམས་དཔའ་མཁས་པ་ནི་སྦྱིན་པ་ཉུང་ངུ་ཡང་མང་པོར་བྱེད་དེ་ཡེ་ཤེས་ཀྱི་སྟོབས་ཀྱིས་ལྷག་པར་བྱེད་དོ། །ཤེས་རབ་ཀྱི་སྟོབས་ཀྱིས་རྒྱས་པར་བྱེད་དོ། །བསྔོ་བའི་སྟོབས་ཀྱིས་དཔག་ཏུ་མེད་པར་བྱེད་དོ། །ཞེས་དང་། སྦྱིན་པ་བྱིན་ནས་དངོས་ལ་གནས་པར་བྱེད་པ་མེད། །དེ་ནི་ནམ་དུའང་རྣམ་པར་སྨིན་ལ་རེ་བ་མེད། །དེ་ལྟར་གཏོང་བ་མཁས་པ་ཐམས་ཅད་གཏོང་བ་སྟེ། །ཆུང་ངུ་བཏང་ལ་མང་པོ་དཔག་ཏུ་མེད་པར་འགྱུར། །(༧༠༨བ)ཞེས་དང་། **བྱང་ས་ལས།** འབྲས་བུ་ལ་ལྟ་ཞིང་སྦྱིན་པ་བྱིན་པར་ཡང་མི་བྱེད་དོ། །སྦྱིན་པ་ཐམས་ཅད་བླ་ན་མེད་པ་ཡང་དག་པར་རྫོགས་པའི་བྱང་ཆུབ་ཏུ་བསྔོ་བར་བྱེད་དོ། །ཞེས་དང་། **བློ་གྲོས་མི་ཟད་པས་བསྟན་པའི་མདོར།** བཙུན་པ་ཤཱ་ར་དྭ་ཏིའི་བུ། དཔེར་ན། ཆུ་ཐིགས་པ་གཅིག་རྒྱ་མཚོ་ཆེན་པོར་ལྷུང་བར་གྱུར་པ་ནི་བསྐལ་པའི་མཐར་ཐུག་པའི་བར་དུ་བར་མ་དོར་ཟད་པ་མེད་དོ། །དེ་བཞིན་དུ་དགེ་བའི་རྩ་བ་བྱང་ཆུབ་ཏུ་བསྔོས་པ་ནི་བྱང་ཆུབ་ཀྱི་སྙིང་པོ་ལ་འདུག་གི་བར་དུ་བར་མ་དོར་འགའ་ཡང་ཟད་པར་མི་འགྱུར་རོ། །ཞེས་གསུངས་ཏེ། ཕ་རོལ་ཏུ་ཕྱིན་པ་ཐམས་ཅད་ལ་དེ་རྣམས་སྦྱར་བར་བྱའོ། །

དག་པར་བྱེད་པ་ནི། སྟོང་པས་ཟིན་པས་འཁོར་བའི་རྒྱུར་མི་འགྲོ་ཞིང་སྙིང་རྗེས་ཟིན་པས་ཐེག་དམན་གྱི་རྒྱུར་མི་འགྲོ་བ་སྟེ་སྟོང་ཉིད་སྙིང་རྗེ་ཟུང་དུ་ཆུད་པས་མི་གནས་པའི་མྱ་ངན་ལས་འདས་པ་འབའ་ཞིག་གི་རྒྱུར་འགྲོ་བས་ན་རྣམ་པར་དག་པ་སྟེ། **བསླབ་བཏུས་ལས།** སྟོང་ཉིད་སྙིང་རྗེའི་སྙིང་པོ་ཅན། །སྤྱོད་པས་བསོད་ནམས་དག་པར་འགྱུར། །ཞེས་སོ། །སྟོང་པ་ཇི་ལྟ་བུ་ཞེ་ན། **གཙུག་ན་རིན་ཆེན་གྱི་**

མདོ་ལས། དེ་རྒྱ་བཞིས་བཏབ་ནས་སྦྱིན་པར་བྱེད་དེ། བཞི་གང་ཞེ་ན། ནང་ལུས་སྟོང་པ་ཉིད་ཀྱི་རྒྱས་གདབ་པ་དང་། ཕྱི་ལོངས་སྤྱོད་སྟོང་པ་ཉིད་ཀྱི་རྒྱས་གདབ་པ་དང་། སེམས་ཡུལ་ཅན་སྟོང་པ་ཉིད་ཀྱི་རྒྱས་གདབ་པ་དང་། ཆོས་བྱང་ཆུབ་སྟོང་པ་ཉིད་ཀྱི་རྒྱས་གདབ་པ་སྟེ་རྒྱ་བཞི་པོ་དེ་དག་གིས་རྒྱས་བཏབ་ནས་སྦྱིན་པ་བྱིན་པར་བྱེད་དོ། །ཞེས་གསུངས་ཏེ། ཕ་རོལ་ཏུ་ཕྱིན་པ་ཐམས་ཅད་ཀྱང་དེ་ལྟར་ཤེས་པར་བྱ་སྟེ་ཕྱི་བསྲུང་བྱའི་ཚུལ་ཁྲིམས་ལ་སོགས་པར་སྦྱར་རོ། །སྙིང་རྗེ་ནི་གཞན་གྱི་སྡུག་བསྔལ་མ་བཟོད་པའི་བློས་ཏེ་རང་བདེ་བའི་ཆེད་མ་ཡིན་པར་རོ། །དེ་དག་གིས་ནི་ཕ་རོལ་ཏུ་ཕྱིན་པ་སྤྱིའི་རྣམ་པར་གཞག་པ་བཤད་ཟིན་ཏོ། །

གཉིས་པ་སོ་སོའི་དོན་ལ་དྲུག་ལས། དང་པོ་སྦྱིན་པ་ནི། དེ་ལས་དང་པོར་སྦྱིན་པ་ནི། བསམ་དངོས་ཞིང་ཐབས་མ་དག་སྤང་། །བསམ་པ་(༧༠༥ན)ལོག་དང་དམན་པ་གཉིས། །གཞན་གནོད་ཕྱིར་དང་གྲགས་ཕྱིར་དང་། །འགྲན་ཕྱིར་ལན་ལ་རེ་བ་ནི། །ལོག་པའི་བསམ་པ་ཞེས་བྱའོ། །འཁོར་བར་ལོངས་སྤྱོད་འདོད་ཕྱིར་དང་། །ཉན་རང་དུ་བསྔོ་དམན་པའི་སེམས། །ཆང་དུག་མཚོན་ཆ་གནོད་པའི་ཟས། །རྒྱ་ཉི་རྗོན་གྱི་འཕྲུལ་འཁོར་དང་། །མཐུ་དང་བྱད་ཀྱི་ཐབས་ལ་སོགས། །མ་དག་པ་ཡི་དངོས་པོ་ཡིན། །བདུད་རིས་ཐོ་འཚམ་བདུད་ཀྱིས་བརླམས། །སྨྱོས་དང་སེམས་འཁྲུགས་ལུས་སྨྱོང་དང་། །འགྲངས་ཤིང་ངོམས་ལ་བཟའ་བཏུང་དང་། །དད་པ་མེད་ལ་དམ་ཆོས་སོགས། །མ་དག་པ་ཡི་ཞིང་ཡིན་ནོ། །མི་དགའ་ཁྲོས་འཁྲུགས་བརྙས་དང་དམོད། །རྗེག་དང་མ་གུས་ཡུན་རིང་དུ། །བརྒྱངས་སོགས་སྦྱིན་ཐབས་མ་དག་པའོ། །དེ་སོགས་མ་དག་སྦྱིན་པ་སྤང་། །དེ་ལས་བཟློག་པ་དག་པ་སྟེ། །བསམ་པ་སྙིང་རྗེས་སེམས་ཅན་སྐྱོབ། །བྱང་ཆུབ་འདོད་ཕྱིར་སྦྱིན་པ་བཙམ། །དེ་དང་གཞན་ལ་དངོས་དང་བརྒྱུད། །གང་དུའང་མི་གནོད་ཕན་འགྱུར་བ། །འདི་ནི་དངོས་པོ་དག་པ་སྟེ། །བྱང་ཆུབ་སེམས་དཔའ་ཐབས་མཁས་པས། །མི་གཏོང་བ་ནི་ཅི

ཡང་མེད། །དཀོན་མཆོག་བླ་མ་ཡོན་ཏན་ཞིང་། །ཕ་མ་མཁན་སློབ་ཕན་བཏགས་ཤིང་། །མགོན་མེད་ལ་སོགས་སྡུག་བསྔལ་ཞིང་། །དགྲ་ལ་སོགས་པ་གནོད་བྱེད་ཅིང་། །དེ་ལྟར་རྣམ་བཞི་གཙོ་བོ་སྟེ། །མདོར་ན་འགྲོ་ཀུན་སྦྱིན་པའི་ཞིང་། །སྦྱིན་པའི་ཡུལ་ལ་དགའ་བ་དང་། །བཞིན་འཛུམ་འོངས་པ་ལེགས་ཞེས་བརྗོད། །བཀུར་སྟི་ཞེ་སར་ལྡན་པ་ཡིས། །མྱུར་བར་རང་གིས་ལག་བདར་ཏེ། །མི་གནོད་དུས་ལ་བབ་པར་སྦྱིན། །ཡིད་དགའ་སེམས་དང་འགྱོད་མེད་པས། །དགེ་བ་བྱང་ཆུབ་མཆོག་ཏུ་བསྔོ། །འདི་ནི་སྦྱིན་པའི་ཐབས་དག་པ། །སྦྱོར་བ་ཕུན་སུམ་ཚོགས་པའོ། །འབྲུ་ནོར་རིན་ཆེན་རྒྱན་དང་གོས། །བཞོན་པ་ཁང་བཟང་ས་གཞི(༧༠༥བ)སོགས། །ཕྱི་ཡི་དངོས་པོ་ཇི་སྙེད་དང་། །རང་ལུས་སུ་གཏོགས་ནང་གི་དངོས། །བུ་སྨད་དག་ནི་གཉི་གའི་དངོས། །ཚེ་འདིའི་ཕ་མ་མ་གཏོགས་པ། །མདོར་ན་བདོག་པ་མ་ལུས་བཏང་། །བྱང་ཆུབ་སེམས་དཔའ་རབ་བྱུང་གིས། །ཆོས་གོས་གསུམ་ལས་གཞན་པ་དང་། །བསོད་སྙོམས་ཟས་ལས་བགོ་བཤའ་བྱ། །ཡི་གེ་བྲིས་དང་བྲི་ཡོ་བྱད། །གཙོ་བོར་དཀོན་པའི་དམ་ཆོས་བྱིན། །གང་ཞིག་དགྲ་དང་ཆོམ་རྐུན་དང་། །མི་ཆུ་གཅན་གཟན་ནད་སོགས་ཀྱིས། །མནར་རྣམས་སྐྱིང་རྗེས་འཇིགས་བསྐྱབ་བྱ། །ཆོས་འདོད་ཆོས་དང་ཆོས་སྣོད་ལ། །ཀུས་ལ་ཟང་ཟིང་མེད་པའི་སེམས། །དག་ཅིང་བྱམས་བརྩེར་ལྡན་པ་ཡིས། །འཆད་པོ་ཀུན་སྤྱོད་རྣམ་དག་པས། །ཡུལ་དང་འཚམ་པའི་དམ་ཆོས་བསྟན། །འདི་ནི་སྦྱིན་པའི་ནང་ན་མཆོག །ཅེས་བྱ་སྟེ།

དེ་ཡང་སྤང་བར་བྱ་བ་མ་དག་པའི་སྦྱིན་པ་དང་། བསྒྲུབ་པར་བྱ་བ་དག་པའི་སྦྱིན་པའོ། །དང་པོ་(སྤང་བར་བྱ་བ་མ་དག་པའི་སྦྱིན་པ་)ནི། བསམ་པ་མ་དག་པ། འཁྲུག་སེམས་དང་གྲགས་འདོད་དང་གཞན་ལ་གནོད་པའི་ཆེད་དུ་སྦྱིན་པ་སོགས་ལོག་པའི་བསམ་པ་དང་། སྲིད་པའི་འཁོར་བ་དང་ཉན་རང་གི་རྒྱུར་བསྔོ་བ་དམན་པའི་བསམ་པ་ནི་བསམ་པ་མ་དག་པ་སྟེ། **བྱང་ས་ལས།** བྱང་ཆུབ་སེམས་དཔའ་

ཉི་གཞན་དག་བསད་པའམ་བཅིང་བའམ་ཆད་པས་བཅད་པའམ་གོ་རར་གཞུག་པའམ་བསྐྲད་པའི་ཕྱིར་སྦྱིན་པ་བྱིན་པར་མི་བྱེད་དོ། །ཞེས་དང་། བྱང་ཆུབ་སེམས་དཔའ་ནི་གྲགས་པ་དང་ཚིགས་སུ་བཅད་པའི་ཕྱིར་ཡང་སྦྱིན་པ་བྱིན་པར་མི་བྱེད་དོ། །ཞེས་དང་། གཞན་དང་འགྲན་པའི་ཕྱིར་ཡང་སྦྱིན་པ་བྱིན་པར་མི་བྱེད་དོ། །ཞེས་དང་། དབུལ་པོར་གྱུར་དུ་དོགས་པའི་འཇིགས་པས་སྦྱིན་པ་བྱིན་པར་མི་བྱེད་དོ། །བརྒྱ་བྱིན་ཉིད་དང་འཁོར་ལོས་བསྒྱུར་བ་ཉིད་དང་དབང་ཕྱུག་ལ་བརྟེན་ཞིང་སྦྱིན་པ་བྱིན་པར་མི་བྱེད་དོ། །ཞེས་སོ། །

དངོས་པོ་མ་དག་པ་ནི། དངོས་སམ་བརྒྱུད་ནས་ལེན་པ་པོའམ་གཞན་ལ་གནོད་(༧༠༨ན)པར་འགྱུར་བ་དུག་དང་། མཚོན་ཆ་དང་རི་དྭགས་ཀྱི་རྒྱ་ལ་སོགས་པ་སྦྱིན་པར་མི་བྱ་ཞིང་གང་ལ་ཕན་པར་འགྱུར་བ་རྣམས་སྦྱིན་པར་བྱ་སྟེ། **རིན་ཆེན་ཕྲེང་བར།** གང་ལ་དུག་གིས་ཕན་གྱུར་ན། །དེ་ལ་དུག་ཡང་བྱིན་པར་བྱ། །ཁ་ཟས་མཆོག་ཀྱང་མི་ཕན་ན། །དེ་ལ་དེ་ནི་བྱིན་མི་བྱ། །སྦྲུལ་གྱིས་ཟིན་པ་ཛི་ལྟ་བུར། །སོར་མོ་བཅད་པ་ཕན་བཤད་པ། །དེ་བཞིན་ཐུབ་པས་གཞན་དག་ལ། །མི་བདེ་བ་ཡང་བྱ་བར་གསུངས། །ཞེས་སོ། །ཕ་མ་སྦྱིན་པར་ཡང་མི་བྱ་ཞིང་ཕ་མ་གཏའ་མར་ཡང་མི་གཞུག་ལ་བུ་སྨད་ཀྱང་སྡུག་བསྔལ་གྱིས་གཟིར་ཏེ་མི་འདོད་བཞིན་དུ་གཞན་ལ་སྦྱིན་པར་མི་བྱེད་ལ་ལོངས་སྤྱོད་མང་པོ་དང་མཆོག་ཡོད་བཞིན་དུ་ཉུང་ངུ་དང་དམན་པ་སྟེར་ན་ཡང་དངོས་པོ་མ་དག་པའོ། །

ཞིང་མ་དག་པ་ནི། བདུད་རིས་ཀྱི་ལྷ་དང་བདུད་ཀྱིས་བརླམས་པ་དག་ཐོ་འཚམ་པས་ལུས་སློང་བ་དང་སྨྱོས་པ་དང་། འབྲུགས་པ་དག་ལུས་སློང་ན་སྦྱིན་པར་མི་བྱ་སྟེ་དེ་དག་ནི་འདོད་པའི་དངོས་པོ་མེད་དེ་བླ་རྫོལ་དུ་ཟད་པའི་ཕྱིར། ཤིན་ཏུ་འཕྱོར་བ་ལ་ནོར་དང་འགྲངས་ཤིང་ངོམས་པ་ལ་ཟས་སྐོམ་ལྷག་པར་མི་སྦྱིན་ཏེ། **སློབ་རབས་ལས།** མི་འདོད་པ་དེ་བྱིན་ཡང་དགར་མི་འགྱུར། །ཚུལ་ཁྲིར་བ་ལ་ཆུ

ཡིས་ཅི་ཞིག་བྱ། །ཞེས་སོ། །

ཐབས་མ་དག་པ་སྤང་བ་ནི། སློང་བ་པོ་ལ་མི་དགའ་བ་དང་ཁྲོས་པ་དང་འཁྲུགས་པས་སྦྱིན་པར་མི་བྱེད་དོ། །ངན་པ་ལ་བརྙས་པ་དང་མ་གུས་པའི་སྤྱོད་ལམ་གྱིས་མི་སྦྱིན་ནོ། །སློང་བ་ལ་འཕྱ་བ་དང་བསྡིགས་པ་དང་སྤྱ་བཀོང་བས་མི་སྦྱིན་ལ། སློང་བ་པོ་ལ་དགེ་བའི་བཤེས་གཉེན་གྱི་འདུ་ཤེས་དང་། གུས་པའི་སྤྱོད་ལམ་དང་ལྡན་པའི་ཚིག་གིས་ལ་སོར་དུ་སྦྱིན་པར་བྱའོ། །

དག་པའི་སྦྱིན་པ་སྒྲུབ་པ་ལ་ཡང་གསུམ་ལས། དངོས་པོ་ལ་ཡང་ནང་གི་དངོས་པོ་ནི། རང་གི་ལུས་སུ་གཏོགས་པ་སྟེ། **སྲིད་མེད་ཀྱི་བུས་ཞུས་པའི་མདོ་ལས།** ཡོད་དེ་ཡོད་ན་ལག་པ་(༧༠༤བ)འདོད་པ་ལ་ལག་པ་བྱིན་ནོ། །རྐང་པ་འདོད་པ་ལ་རྐང་པ། མིག་འདོད་པ་ལ་མིག །ཤ་འདོད་པ་ལ་ཤ། ཁྲག་འདོད་པ་ལ་ཁྲག་སྦྱིན་ནོ། །ཞེས་སོ། །ཕྱིའི་དངོས་པོ་ཡང་། **དེ་ལས།** ཕྱི་རོལ་གྱི་དངོས་པོ་འདི་ལྟ་སྟེ། ནོར་དང་འབྲུ་དང་དངུལ་དང་གསེར་དང་རིན་པོ་ཆེ་དང་རྒྱན་དང་རྟ་དང་གླང་པོ་ཆེ་དང་བུ་དང་བུ་མོ་དང་། ཞེས་སོགས་གསུངས་སོ། །གང་གིས་གང་གཏོང་བ་ཡང་། ཉེ་བ་འཁོར་གྱིས་ཞུས་པ་ལས། བྱང་ཆུབ་སེམས་དཔའ་ཁྱིམ་པས། ཆོས་ཀྱི་སྦྱིན་པ་དང་། ཟང་ཟིང་གི་སྦྱིན་པ་ལ་གནས་པར་བྱའོ། །རབ་ཏུ་བྱུང་བས་ནི་སྨྱུག་གུ་དང་སྣག་ཚ་དང་གླེགས་བམ་དང་ཆོས་ཀྱི་སྦྱིན་པ་ལ་གནས་པར་བྱའོ། །མི་སྐྱེ་བའི་ཆོས་ལ་བཟོད་པ་ཐོབ་པས་ནི་གཏོང་བ་གསུམ་ལ་གནས་པར་བྱའོ། །

དེ་ལ་གཏོང་བ་ནི། རྒྱལ་སྲིད་གཏོང་བའོ། །གཏོང་བ་ཆེན་པོ་ནི་ཆུང་མ་དང་བུ་དང་བུ་མོ་གཏོང་བའོ། །ཤིན་ཏུ་གཏོང་བ་ནི་མགོ་དང་། ལག་པ་དང་། རྐང་པ་དང་མིག་དང་། པགས་པ་དང་། རུས་པ་དང་རྐང་ཡོངས་སུ་གཏོང་བའོ། །ཞེས་སོ། **།ཞིང་རྣམ་པ་བཞི་ལས།** ལས་དང་པོ་པས་ནི། གཙོ་བོར་ཡོན་ཏན་དང་ཕན་འདོགས་ཀྱི་ཞིང་ལ་མཆོད་པ་ལྟར་བྱ་ལ། སྙིང་རྗེ་ཆེར་གོམས་པས་སྡུག་བསྔལ་དང་

གནོད་བྱེད་ཀྱི་ཞིང་ལ་གཙོ་བོར་བྱིན་ནོ། །

སྦྱིན་ཚུལ་ནི། བསམ་པ་ཕུན་ཚོགས་བྱང་ཆུབ་ཀྱི་སེམས་ཀྱི་སྒོ་ནས་སྦྱོར་བ་བཀུར་སྟི་དང་ལྡན་ཞིང་དུས་སུ་འཚམ་པར་གཏོང་བ་སྟེ། **བྱང་ས་ལས།** བྱང་ཆུབ་སེམས་དཔའ་ནི་དད་པ་དང་། བཀུར་སྟི་དང་། རང་གི་ལག་པས་དང་། དུས་ལ་བབ་པ་དང་། གཞན་ལ་མི་གནོད་པར་སྦྱིན་པར་བྱེད་དོ། །ཞེས་སོ། །

དེ་ལ་དད་པ་ནི། སྦྱིན་པའི་སྔ་རོལ་ཏུ་ཡིད་དགའ་བ་སྦྱིན་པའི་ཚེ་སེམས་དང་བ་བྱིན་ཟིན་ནས་འགྱོད་པ་མེད་པའོ། །བཀུར་སྟི་ནི་གུས་པས་བྱིན་པའོ། །རང་གི་ལག་གིས་ནི་གཞན་ལ་མ་བཅོལ་བར་བྱིན་པའོ། །དུས་ལ་བབ་པ་ནི་ཕ་རོལ་ལ་ཕན་པའི་དུས་སུ་བྱིན་པའོ། །གཞན་ལ་མི་གནོད་པ་ནི་རང་གི་འཁོར་རྣམས་མྱ་ངན་ལྡང་བར་མི་འགྱུར་བ་དང་། གཞན་ལས་བརྐུས་ཕྲོགས་ཀྱི་རྫས་མ་(༡༠༧ན)ཡིན་པའོ། །

ཡང་ན་གསུམ་སྟེ། **མངོན་པ་ཀུན་བཏུས་ལས།** ཕྱིར་ཞིང་བྱིན་པ་དང་། ཕྱོགས་མི་བྱེད་པར་བྱིན་པ་དང་། འདོད་པ་ཡོངས་སུ་རྫོགས་པར་བྱེད་པའི་ཕྱིར་རོ། །ཞེས་ཏེ། ཡང་ཡང་སྟེར་བ་དང་། ཐམས་ཅད་ལ་ཕྱོགས་རིས་མེད་པར་སྟེར་བ་དང་། བསམ་པ་རྫོགས་པར་སྟེར་བའོ། །

འཇིགས་པ་ལས་སྐྱོབ་པ་ནི། མི་འཇིགས་པའི་སྦྱིན་པ་སྟེ་ཇི་ལྟར་ནུས་པའི་ཚེ་ཉམས་སུ་བླང་ངོ་། །ཆོས་ཀྱི་སྦྱིན་པ་ནི་ཆོས་དང་གང་ཟག་ལ་དད་པ་དང་ལྡན་པ་དོན་དུ་གཉེར་བ་ལ་བཤད་པར་བྱ་སྟེ། མ་གུས་པ་ལ་ཆོས་མི་བཤད། །ཅེས་སོ། །

དེས་ན་དང་པོར་ཀྱུ་ཚོམས་སུ་མི་འཆད་པར་སྣོད་བརྟགས་ཏེ་སྣོད་དང་ལྡན་ན་བཤད་པར་བྱ་སྟེ། **ཟླ་བ་སྒྲོན་མའི་མདོ་ལས།** ཆོས་ཀྱི་སྦྱིན་པའི་ཆེད་ཀྱི་ཕྱིར། །གལ་ཏེ་ཁྱོད་ལ་གསོལ་འདེབས་ན། །རབ་རྒྱས་བདག་གིས་མ་བསླབས་ཞེས། །ཐོག་མར་ཚིག་དེ་བརྗོད་པར་བྱ། །ཞེས་དང་། འཕྲལ་དུ་བཤད་པར་མི་བྱ་སྟེ། །སྣོད་ལ་བརྟག་པ་བྱས་ནས་བྱ། །གལ་ཏེ་སྣོད་ནི་ཤེས་གྱུར་ན། །གསོལ་མ་

བཏབ་ཀྱང་བཤད་པར་བྱ། །ཞེས་སོ། །

བསམ་པ་ནི། རྙེད་བཀུར་དང་། བསྟོད་གྲགས་དང་། མཆོད་པ་སོགས་ཟང་ཟིང་ལ་བལྟོས་པ་མེད་ཅིང་སྙིང་རྗེ་ཆེན་པོ་ཉེ་བར་བཞག་པ་ཁོ་ནས་སྟོན་ཏེ། **འོད་སྲུང་གི་མདོ་ལས།** དག་ཅིང་ཟང་ཟིང་མེད་པའི་སེམས་ཀྱིས་སུ། །ཆོས་ཀྱི་སྦྱིན་བྱེད་རྒྱལ་བས་རབ་ཏུ་བསྔགས། །ཞེས་དང་། སྡུག་བསྔལ་ཟད་པར་བྱ་ཕྱིར་འཇིག་རྟེན་ཆོས་སྦྱིན་བྱེད། །ཅེས་སོ། །

ཆོས་དངོས་ནི། **བྱང་ས་ལས།** ཆོས་ཀྱི་སྦྱིན་པ་ནི་ཕྱིན་ཅི་མ་ལོག་པར་ཆོས་སྟོན་པ་དང་རིགས་པར་སྟོན་པ་དང་། བསླབ་པའི་གཞི་ཡང་དག་པར་ལེན་དུ་འཇུག་པ་སྟེ། ཞེས་གསུངས་ལ། སྦྱིར་སྣོད་བཞིན་དུ་སྟོན་པ་སྟེ་མ་སྨྲུངས་པ་ལ་སྟོང་ཉིད་མི་སྟོན་པ་དང་། ཡང་། རྒྱ་ཆེན་ཆོས་ཀྱི་སྣོད་གྱུར་པ། །དམན་པའི་ཆོས་ལ་སྦྱར་མི་བྱ། །ཞེས་དང་། དྲི་མ་མེད་པར་གྲགས་པས་བསྟན་པའི་མདོར། (༧༠༧བ)སྨན་མ་རྙེད་པ་ནི་སྨའི་སྨན་ལོག་པ་རྙེད་པ་ནི་དེ་ལྟ་མ་ཡིན་ནོ། །དེ་བཞིན་དུ་ཆོས་མ་ཐོས་པ་ནི་སྨའི་བྱང་ཆུབ་འདོད་པས་ཉན་ཐོས་ཀྱི་ཆོས་ཐོས་པ་ནི་དེ་ལྟ་མ་ཡིན་ནོ། །ཞེས་བཤད་པའི་ཕྱིར་རོ། །

འཆད་ཚུལ་ནི། ལྷ་རྣམས་འདུ་བ་ཡིད་དགའ་བའི་ཕྱིར་ས་ཕྱོགས་གཙང་མ་རྒྱན་གྱིས་བརྒྱན་ཞིང་སེང་གེའི་ཁྲི་ཁང་རྟེན་ཅན་བཤམས་པ་ལ་ཆོས་སྨྲ་བ་ཁྲུས་དང་གཙང་སྦྲ་དང་བཅས་ཏེ་སྤྱོད་ལམ་ཞི་བས་འདུག་ཅིང་བདུད་ཀྱི་ནུས་པ་གཞོམ་པའི་སྔགས་ཀྱིས་བདུད་ཚར་བཅད་དེ་བྱང་ཆུབ་ཀྱི་སེམས་ཀྱིས་ཟིན་པས་སྐད་ཀྱི་གདང་རག་གིས་ཁྱབ་པར་བྱས་ཏེ་བཤད་དོ། །

ཉན་པ་པོ་ཡང་། **སྐྱེས་རབས་ལས།** རབ་ཏུ་དམའ་བའི་སྟན་ལ་འདུག །དུལ་བའི་དཔལ་ནི་རྣམ་པར་བསྐྱེད། །དགའ་དང་ལྡན་པའི་མིག་གིས་བལྟ། །ཚིག་གི་བདུད་རྩི་འཐུང་བ་བཞིན། །དུངས་པ་བསྐྱེད་ལ་ཆོས་ཉོན་ཞིག །ཅེས་པ་ལྟར་

སློབ་མས་ཀྱང་ང་རྒྱལ་དང་ཁེངས་པ་སྤང་། དམ་པའི་ཆོས་ལ་རྙེད་པར་དཀའ་བ་ཡིད་བཞིན་གྱི་ནོར་བུ་རྙེད་པ་ལྟ་བུའི་འདུ་ཤེས་དང་། དགེ་བའི་བཤེས་གཉེན་ལ་སངས་རྒྱས་ཀྱི་འདུ་ཤེས་ཉེ་བར་བཞག་སྟེ། དམ་པའི་ཆོས་རྩེ་གཅིག་ཏུ་མཉན་པ་དང་། ཚིག་དོན་ལེགས་པར་འཛིན་པ་དང་། ཚུལ་བཞིན་དུ་ཡིད་ལ་བྱེད་པ་དང་ལྡན་པས་མཉན་ཞིང་མཐར་གཉི་གའི་དགེ་བ་བྱང་ཆུབ་ཏུ་བསྔོ་བར་བྱའོ། །ཚུལ་ཁྲིམས་ལེགས་བླངས་བསམ་པ་དག །ཉམས་ན་ཕྱིར་གསོ་མི་ཉམས་ཕྱིར། །གུས་གནས་ཡོན་ཏན་བཞི་དང་ལྡན། །ཁྱད་པར་སྡོམ་པའི་ཚུལ་ཁྲིམས་ལ། །ཐུན་མོང་སོ་ཐར་རིས་བདུན་ཏེ། །གཞན་དོན་བྱང་ཆུབ་རྒྱུར་བླངས་ཕྱིར། །ཐེག་ཆེན་སྡོམ་པའི་ཚུལ་ཁྲིམས་ཡིན། །ཐུན་མོང་མིན་པ་བྱང་སྡོམ་ཉིད། །བླངས་ཏེ་ཚུལ་བཞིན་བླང་དོར་བྱ། །གཞན་ཡང་ལུས་ཀྱི་མཆོད་རྒྱུག་སོགས། །རྐྱུ་རྐོད་རྩབས་རྟལ་སྤྱོད་པ་དང་། །སྒྲ་བ་མང་དང་སྒྲ་བ་རྣོ། །རྙེད་བཀུར་འདུ་འཛིར་ཆགས་པ་སོགས། །སྒོ་གསུམ་(༧༠་ན)འདུ་བྱེད་མ་དག་སྤང་། །གཉིད་དང་རྨུགས་ལ་ཞེན་མི་བྱ། །བྱང་སྡོམ་ལྡན་པས་དགེ་བའི་ཆོས། །ཅི་སྤྱོད་དགེ་བ་ཆོས་སྤྱོད་ཉིད། །གཞན་ལ་ཕན་པར་བྱེད་པ་ནི། །སེམས་ཅན་དོན་བྱེད་ཚུལ་ཁྲིམས་ཏེ། །བསྡུ་ན་དགེ་བའི་གྲོགས་བྱེད་དང་། །སྡུག་བསྔལ་ཅན་གྱི་སྡུག་བསྔལ་སེལ། །ཐབས་མི་ཤེས་ལ་རིགས་པ་སྟོན། །བྱས་པ་གཟོ་དང་འཇིགས་ལས་སྐྱོང་། །མྱ་ངན་སེལ་དང་ཡོ་བྱད་སྟོབ། །ཆོས་ཀྱིས་འཁོར་སྡུད་གཞན་སེམས་སྐྱོང་། །ཡོན་ཏན་མཆོག་གིས་གཞན་དགའ་བྱེད། །ཆོས་བཞིན་ཚར་གཅོད་རྫུ་འཕྲུལ་གྱིས། །སྐྲག་དང་འདུན་པར་བྱེད་པའོ། །དེ་ལྟར་ཚུལ་ཁྲིམས་རྣམ་གསུམ་འབད། །བསྡུ་ན་ཐོས་བསམ་སྒོམ་ལ་བརྩོན། །བླ་མ་རྣམས་ལ་བཀུར་སྟིས་བསྟེན། །ནད་པའི་དོན་དུ་སྙིང་རྗེས་འབད། །སྦྱིན་ཞིང་གཞན་གྱི་ཡོན་ཏན་བསྒྲག །གཞན་དགེར་ཡི་རང་བརྔས་པ་སྤང་། །མཆོད་དང་བསྔོ་བ་སྨོན་ལམ་འབད། །བརྩོན་ལྡན་བག་ཡོད་དྲན་ཤེས་སྐྱོང་། །ཟས་ཀྱི་ཚོད་རིག་དབང་པོ་

བསྔམ། །སྤྱོད་ཐོར་མི་ཉལ་རྣལ་འབྱོར་བརྩོན། །དགེ་བའི་བཤེས་དང་དམ་པར་བསྟེན། །རང་གི་འབྲུལ་པ་བརྟགས་ནས་སྤོང་། །དེ་ལྟར་དགེ་བ་སྒྲུབ་དང་སྲུང་། འཕེལ་བར་བྱེད་པ་ཉམས་སུ་བླང་། །ཞེས་བྱ་སྟེ། **བྱང་ས་ལས།** ཡོན་ཏན་བཞི་དང་ལྡན་པ་ནི་ཚུལ་ཁྲིམས་ཀྱི་ངོ་བོ་ཉིད་ཡིན་པར་རིག་པར་བྱ་སྟེ། བཞི་གང་ཞེ་ན། ཕ་རོལ་ལས་ལེགས་པར་ཡང་དག་པར་བླངས་པ་དང་། བསམ་པ་ཤིན་ཏུ་རྣམ་པར་དག་པ་དང་། ཉམས་ན་ཕྱིར་གསོ་བར་བྱེད་པ་དང་། མི་ཉམས་པར་བྱ་བའི་ཕྱིར་གུས་པ་བསྐྱེད་ནས་དྲན་པ་ཉེ་བར་གནས་པའོ། །ཞེས་སོ། །

དེ་ཡང་ལེན་པ་དང་། སྲུང་བར་འདུ་ལ། ལེན་པ་ནི་ཐུན་མོང་གི་སོ་སོར་ཐར་པ་སྟེ། **ཀུན་ལས་བཏུས་སུ།** དགེ་སློང་དང་། དགེ་སློང་མ་དང་། དགེ་སློབ་མ་དང་། དགེ་ཚུལ་དང་། དགེ་ཚུལ་མ་དང་། དགེ་བསྙེན་དང་། དགེ་བསྙེན་མ་དང་། (༡༠༤བ) བསྙེན་གནས་པའི་སྡོམ་པའོ། །ཞེས་རིས་བརྒྱད་དང་། **བྱང་ས་ལས།** དེ་ལ་བྱང་ཆུབ་སེམས་དཔའི་སྡོམ་པའི་ཚུལ་ཁྲིམས་ནི་སོ་སོར་ཐར་པའི་སྡོམ་པ་ཡང་དག་པར་བླངས་པ་རིས་བདུན་པོ། དགེ་སློང་དང་། དགེ་སློང་མ་དང་། དགེ་སློབ་མ་དང་། དགེ་ཚུལ་དང་། དགེ་ཚུལ་མ་དང་། དགེ་བསྙེན་དང་། དགེ་བསྙེན་མ་སྟེ། ཁྱིམ་པ་དང་རབ་ཏུ་བྱུང་བའི་ཕྱོགས་ལ། ཅི་རིགས་པར་རིག་པར་བྱའོ། །ཞེས་རིས་བདུན་དུ་གསུངས་ལ། འདི་རྣམས་ཀྱང་གཞན་དོན་དུ་བྱང་ཆུབ་འདོད་པའི་བསམ་པས་བླངས་པའམ་ཕྱིས་དེའི་བསམ་པས་ནམ་ཟིན་པ་ན། བྱང་ཆུབ་སེམས་དཔའི་སྡོམ་པའི་ཚུལ་ཁྲིམས་ཞེས་བྱ་བ་ཐེག་ཆེན་སོ་ཐར་དུ་འགྱུར་རོ། །

དེ་ཡང་སྤང་བྱ་ལྔ་སྤོང་བ་དགེ་བསྙེན། ཡན་ལག་བརྒྱད་རེ་ཞིག་སྲུང་བ་བསྙེན་གནས། རགས་པ་བཅུ་སྤོང་བ་དགེ་ཚུལ། ཐམས་ཅད་སྤོང་བ་དགེ་སློང་དང་བཞིར་འདུ་སྟེ་ཕ་མ་ནི་རྟེན་གྱིས་ཕྱེ་བར་ཟད་ལ། དགེ་སློབ་མ་གནས་སྐབས་ཀྱི་དུས་ཀྱང་གཞན་ལྟར་ན་ཡང་། ཡིན་པ་ནི་དགེ་ཚུལ་ཕར་མིང་དོན་འཕོ་བས་ན་དགེ་ཚུལ་དུ་འདུ་སྟེ། **མཛོད་ལས།** སྤང་བྱ་

ལྔ་བརྒྱད་བཅུ་དང་ནི། །ཐམས་ཅད་སྤོང་བ་མཆོས་པ་ལས། །དགེ་བསྙེན་དང་ནི་བསྙེན་གནས་དང་། །དགེ་ཚུལ་དང་ནི་དགེ་སློང་ཉིད། །ཅེས་སོ། །

དེ་ལ་དགེ་བསྙེན་ནི། སྡོམ་པ་བརྒྱད་པར། ཇི་སྲིད་འཚོ་བར་གསོད་དང་རྐུ། །ལོག་པར་གཡེམ་དང་བརྫུན་གྱི་ཚིག །ཆང་གི་བཏུང་བ་རྣམས་ལས་ལྡོག །ཅེས་པ་ལྟར་གཏན་ཁྲིམས་ལྔ་ཇི་སྲིད་འཚོ་བར་དུ་སྲུང་བ་ནི་ཡོངས་རྫོགས་ཀྱི་དགེ་བསྙེན་ཡིན་ལ། དེ་ལས་གང་ཡང་རུང་བ་གཅིག་སྲུང་བ་སྣ་གཅིག་སྤྱོད་པ་དང་། གཉིས་སམ་གསུམ་སྲུང་བ་སྣ་འགའ་སྤྱོད་པ་དང་། བཞི་སྲུང་བ་ཕལ་ཆེར་སྤྱོད་པ་དང་། གཏན་ཁྲིམས་ལྔའི་སྟེང་དུ་མི་ཚངས་པར་སྤྱོད་པ་སྤོང་བ་ནི་ཚངས་སྤྱོད་ལ་ཉེར་གནས་ཏེ་ཁ་ཆེ་བྱེ་བྲག་ཏུ་སྨྲ་བས་ཁས་ལེན་པའི་དགེ་བསྙེན་ལྔ་སྟེ། སྣ་གཅིག་སྤྱོད་པ་ལ་སོགས་པ། །དེ་སྲུང་བ་ལ་སྲུང་ཞེས་གྲག །ཅེས་སོ། །དེ་ལྟར་ལྔ་པོའི་སྟེང་དུ་སྐྱབས་འགྲོ་(༡༠(ན)ཁོ་ན་ཁས་བླངས་པ་སྐྱབས་གསུམ་འཛིན་པ་དང་ཚོ་གང་དུ་བསྙེན་གནས་ཡན་ལག་བརྒྱད་སྲུང་བ་གཞོན་ནུ་སྙིང་རྗེ་ཆེར་སེམས་ཀྱི་ལྟ་བུ་ནི་གོ་མིའི་དགེ་བསྙེན་ཏེ་མདོ་སྡེ་པ་ཡན་གྱི་རྣམ་འཇོག་གོ། །འདི་ཐམས་ཅད་ཁྲིམ་པ་ཡིན་ཡང་གོ་མིའི་དགེ་བསྙེན་སྲུང་སླ་བའི་ཕྱིར་རབ་བྱུང་གི་རྟགས་ཀྱི་ཆ་ཙམ་རང་གིས་བླངས་ཏེ་དགེ་འདུན་གྱི་གྲལ་མཐར་འདུག་པ་ཙམ་རུང་ངོ་། །

བསྙེན་གནས་ནི། གཙོ་བོར་དགེ་བསྙེན་གྱིས་དུས་བཟང་པོ་ལ་བླངས་ནས་སྲུང་བའི་གསོ་སྦྱོང་ཡིན་ལ། དགེ་བསྙེན་མ་ཡིན་པའི་ཁྱིམ་པས་ཀྱང་བླང་དུ་རུང་སྟེ་ཀུན་ཏུ་རྒྱུ་གཉིས་ཀྱིས་བླངས་པའི་བྱུང་བ་ལྟ་བུ་ཡིན་ལ། ཕྱང་ཕྱ་ནི་དགེ་བསྙེན་གྱི་ལྔའི་ལོག་གཡེམ་གྱི་གནས་སུ་མི་ཚངས་སྤྱོད་རྩ་བར་བྱས་ནས་སྣར་དུས་མིན་གྱི་ཁ་ཟས་དང་། མལ་ཆེ་མཐོ་གཅིག་ཏུ་བྱས་པ་དང་། གར་སོགས་ཕྲེང་སོགས་གཅིག་ཏུ་བྱས་པ་བསྟན་པ་ནི་ཡན་ལག་བརྒྱད་དོ། །དེ་ཡང་རྟེན་དགེ་སློང་ཕོ་ན་ལས་ཞག་རེ་ཁོ་ན་ལེན་ཞིང་ཞག་དེ་འདས་པ་ན་གཏོང་བར་འདོད་པ་བྱེ་སྨྲའི་ལུགས་ཡིན་ལ།

མདོ་ལས། ཁྱིམ་བདག་མགོན་མེད་ཟས་སྦྱིན་གྱིས་བསྙེན་གནས་ཕོག་པར་གསུངས་པ་ལྟར་དགེ་བསྙེན་དང་རབ་བྱུང་སྡེ་ལྔ་གང་གིས་ཕོག་ཀྱང་སྐྱེ་ལ་ཞག་གཉིས་སམ་གསུམ་སོགས་དང་ཟླ་ཕྱེད་དང་ལོ་དུ་མར་འདོད་ཀྱང་དུས་ངེས་ལེན་ཞིང་ཁས་བླངས་ཀྱི་དུས་དེ་འདས་པ་ན། གཏོང་བ་ནི་མདོ་སྡེ་པ་ཡན་གྱི་ལུགས་ཏེ། **གནས་འཇོག་གིས་ཞུས་པའི་མདོ་ལས།** གསུངས་པ་སོགས་ཏེ་གསང་སྔགས་ལས། བསྙེན་གནས་རང་གིས་བླང་བ་ཡང་གསུངས་སོ། །འོན་ཀྱང་ཇི་སྲིད་འཚོའི་བར་དུ་ལེན་པའི་བསྙེན་གནས་མེད་དེ་དེ་ཁས་བླངས་ན་གོ་མིའི་དགེ་བསྙེན་དུ་མིང་འཕོ་བའི་ཕྱིར་རོ། །

ཡན་ལག་བརྒྱད་པོ་དེའི་གར་སོགས་ཕྲེང་སོགས་ཐ་དད་དུ་ཕྱེ་གསེར་དངུལ་ལེན་སྤོང་བསྣན་པ་ནི་དགེ་ཚུལ་གྱི་སྤང་བྱ་རགས་རྫོག་བཅུ་སྟེ། **འདུལ་བ་སུམ་བརྒྱ་པ་ལས།** (༧༠(བ))གང་ཞིག་སྲོག་གཅོད་གཞན་གྱི་ནོར་འཕྲོག་དང་། །མི་ཚངས་སྤྱོད་བརྫུན་བཅས་པའི་ཆང་ལ་སོགས། །གར་སོགས་ཕྲེང་སོགས་མལ་ཆེ་མཐོ་བ་དང་། །ཕྱི་དྲོའི་ཁ་ཟས་དངུལ་གཉིས་ལེན་པ་སྤོང་། །ཞེས་སོ། །དགེ་ཚུལ་མའི་རྗེས་སུ་ལོ་གཉིས་སུ་རྩ་བའི་ཆོས་དྲུག་དང་རྗེས་སུ་མཐུན་པའི་ཆོས་དྲུག་སྟེ་བཅུ་གཉིས་སྲུང་བ་བུད་མེད་ཁོ་ན་ལ་ཡོད་པའི་བསླབ་ཚོགས་དགེ་སློབ་མ་དང་། ཕམ་པ་བརྒྱད། ལྷག་མ་ཉི་ཤུ་སོགས་ཁྲིམས་སུམ་བརྒྱ་ལྷག་ཙམ་སྲུང་བ་དགེ་སློང་མ་དང་། ཕམ་པ་བཞི། ལྷག་མ་བཅུ་གསུམ། མ་ངེས་པ་གཉིས། སྤང་ལྟུང་སུམ་ཅུ། ལྟུང་བྱེད་རྐྱང་པ་དགུ་བཅུ། སོར་བཤགས་བཞི། ཉེས་བྱས་བརྒྱ་དང་བཅུ་སྟེ་ཁྲིམས་ཉིས་བརྒྱ་ལྔ་བཅུ་རྩ་གསུམ་ཡན་ལག་དང་བཅས་པ་སྤོང་བ་དགེ་སློང་ཡིན་ལ། དགེ་སློང་བྱང་ཆུབ་སེམས་དཔའ་ལ་ལྷག་པོ་འཆང་བ་དང་བླ་འཇོག་ལ་སོགས་མང་ཞིག་གཞན་དོན་དུ་གནང་ལ། རྩ་བ་བཞི་གཞན་དོན་ཆེན་པོར་འགྱུར་བ་མཐོང་ན་བསྟན་པ་ལ་མི་གནོད་པའི་ཕྱིར་ཉན་ཐོས་ཀྱི་བསླབ་པ་ཕུལ་ནས་སྤྱོད་པར་

གསུངས་སོ། །ཐུན་མོང་མ་ཡིན་པ་ནི་བྱང་སྡོམ་དངོས་ཏེ་སྔར་སེམས་བསྐྱེད་དུ་བཤད་ཟིན་ཏོ། །

སྒོ་གསུམ་གྱི་འདུ་བྱེད་མ་དག་པ་སྤང་བ་ལ། ལུས་ཀྱི་འདུ་བྱེད་སྤང་བྱ་ནི། ཁྲོ་གཉེར་ངོ་ཟུམ་ཡོངས་སྤང་སྟེ། །སོགས་དང་། ཁ་བཀང་བ་དང་སྒྲ་བཅས་དང་། །ཁ་གདངས་ནས་ནི་ཟ་མི་བྱ། །སོགས་དང་། མདོར་ན། འཇིག་རྟེན་མ་དད་གྱུར་པ་ཀུན། །མཐོང་དང་དྲིས་ཏེ་སྤང་བར་བྱ། །ཞེས་སོ། །ངག་གི་སྨྲ་བ་མང་པོ་དང་གཞན་གྱི་ཡིད་ལ་གཟན་པའི་རྣོན་པོ་ནི་ཉེས་པའི་འབྱུང་ཁུངས་ཏེ། **སྤོབས་པའི་བློ་གྲོས་ཀྱི་མདོ་ལས།** འཇིག་རྟེན་ནག་པོ་འབྱུང་བའི་ཕྱིར། །ཡིད་ནི་དུག་གི་རྩ་བ་ཡིན། །ཉེས་པར་སྨྲ་རྣམས་འབྱུང་བའི་ཕྱིར། །ཁ་ནི་ སྡིག་པའི་སྒོ་ཉིད་དོ། །ཞེས་དང་། **དཀོན་མཆོག་སྤྲིན་ལས།** བྱིས་པ་དམ་པའི་ཆོས་ལས་རབ་ཏུ་ཉམས། །(༧༧༠ན)སེམས་ནི་མི་གཉེན་རབ་ཏུ་རྩུབ་པར་འགྱུར། །ཞི་གནས་ལྷག་མཐོང་དག་དང་རབ་ཏུ་རིང་། །སྨྲ་ལ་དགའ་བའི་ཉེས་པ་འདི་དག་གོ། །རྟག་ཏུ་བླ་མ་རྣམས་ལ་གུས་པ་མེད། །སྨྲགས་པའི་གཏམ་དག་ལ་ནི་དགའ་བ་སྐྱེ། །སྙིང་པོ་མེད་ལ་གནས་ཤིང་ཤེས་རབ་ཉམས། །སྨྲ་ལ་དགའ་བའི་ཉེས་པ་འདི་དག་གོ། །ཞེས་སོགས་དང་། **ཟླ་བ་སྒྲོན་མའི་མདོ་ལས།** གང་གི་འཁྲུལ་པ་ཅི་མཐོང་ཡང་། །དེ་དག་ཉེས་པར་མི་བསྒྲག་སྟེ། །ཅི་འདྲ་བ་ཡི་ལས་བྱས་པའི། །འབྲས་བུ་དེ་འདྲ་འཐོབ་པར་འགྱུར། །ཞེས་དང་། **ཆོས་ཐམས་ཅད་འབྱུང་བ་མེད་པར་བསྟན་པའི་མདོ་ལས།** བྱང་ཆུབ་སེམས་དཔའ་ལ་ལྗུང་བ་སྒྲོགས་ན། བྱང་ཆུབ་དང་རིང་དུ་འགྱུར་རོ། །ཕྲག་དོག་གིས་སྒྲོགས་ན་བྱང་ཆུབ་དང་རིང་དུ་འགྱུར་རོ། །ཞེས་སོ། །རྙེད་བཀུར་ལ་ཆགས་པ་ནི་ཉེས་པའི་འབྱུང་ཁུངས་ཏེ། **ལྷག་བསམ་བསྐུལ་བའི་མདོ་ལས།** བྱམས་པ། བྱང་ཆུབ་སེམས་དཔས་རྙེད་པ་དང་བཀུར་སྟི་ནི་འདོད་ཆགས་སྐྱེད་པར་བརྟག་པར་བྱའོ། །དེ་བཞིན་དུ་སྲུར་ཏེ་ཞེ་སྡང་བསྐྱེད་པ་དང་། གཏི་མུག་བསྐྱེད་པ་དང་། གཡོ་བསྐྱེད་པ་དང་།

སངས་རྒྱས་ཐམས་ཅད་ཀྱིས་མ་གནང་བ་དང་། དགེ་བའི་རྩ་བ་འཕྲོག་པ་དང་། ཕ་རོལ་འབྲིད་པའི་སྨད་ཚོང་མ་དང་འདྲ་བར་བརྟག་པར་བྱའོ། །ཞེས་སོགས་དང་། **ཡབ་སྲས་མཇལ་བའི་མདོར།** རྨི་ལམ་རྨིས་པའི་ཆུ་དག་ནི། །འཐུངས་ཀྱང་ངོམས་པར་མི་འགྱུར་བ། །དེ་ལྟར་འདོད་པའི་ཡོན་ཏན་རྣམས། །བསྟེན་ཡང་ངོམས་པར་མི་འགྱུར་རོ། །ཞེས་སོ། །གཉིད་རྨུགས་ལ་ཆགས་ན་དགེ་བ་མཐའ་དག་ལ་སྒྲིབ་སྟེ། གང་ཞིག་གཉིད་དང་རྨུགས་ལ་དགར་གྱུར་པ། །དེ་ཡི་ཤེས་རབ་ཤིན་ཏུ་ཉམ་ཆུང་འགྱུར། །དེ་ཡི་བློ་ཡང་ཡོངས་སུ་ཉམས་པར་འགྱུར། །ཡེ་ཤེས་ལས་ནི་རྟག་ཏུ་དེ་ཉམས་འགྱུར། །ཞེས་དང་། གང་ཞིག་གཉིད་དང་རྨུགས་ལ་དགར་གྱུར་པ། །མི་ཤེས་ལེ་ལོ་རྨོངས་ལས་ཤེས་རབ་འཆལ། །(༧༧༠་བ)དེ་ལ་མི་མ་ཡིན་པས་གླགས་རྙེད་དེ། །ནགས་ན་གནས་པའི་ཚེ་ན་འཚེ་བར་འགྱུར། །ཞེས་སོ། །

དགེ་བ་ཆོས་སྡུད་ཀྱི་ཚུལ་ཁྲིམས་ནི། བྱང་ཆུབ་སེམས་དཔས་དགེ་བ་བྱེད་དོ་ཅོག་ཡིན་ལ། བསྡུ་ན་**བྱང་ས་ལས།** བྱང་ཆུབ་སེམས་དཔའི་ཚུལ་ཁྲིམས་ལ་བརྟེན་ཞིང་གནས་ནས་ཐོས་པ་དང་བསམ་པ་དང་སྒོམ་པ་དང་གཅིག་པུར་དགའ་བ་ལ་བརྩོན་པར་བྱའོ། །བླ་མ་རྣམས་ལ་བཀུར་སྟི་དང་རིམ་གྲོ་བསྙེད་པ་དང་། ནད་པ་ལ་རིམ་གྲོ་དང་ནད་གཡོག་བྱེད་པ་དང་། ལེགས་པར་སྦྱིན་ཞིང་ཡོན་ཏན་བསྔགས་པ་དང་། གཞན་གྱི་བསོད་ནམས་ལ་ཡི་རང་ཞིང་བརྙས་པ་ལ་བཟོད་པ་དང་། དགེ་བ་བྱང་ཆུབ་ཏུ་བསྔོ་ཞིང་སྨོན་ལམ་འདེབས་པ་དང་། དཀོན་མཆོག་མཆོད་ཅིང་བརྩོན་འགྲུས་རྩོམ་པ་དང་། བག་ཡོད་པར་གནས་པ་དང་། བསླབ་པ་དྲན་པ་དང་ཤེས་བཞིན་གྱིས་སྲུང་བ་དང་། དབང་པོའི་སྒོ་སྲུང་ཞིང་ཟས་ཀྱི་ཚོད་ཤེས་པ་དང་། ནམ་གྱི་ཆ་སྟོད་དང་ཆ་སྨད་ལ་མི་ཉལ་བར་རྣལ་འབྱོར་ལ་བརྩོན་པ་དང་། སྐྱེས་བུ་དམ་པ་དང་དགེ་བའི་བཤེས་གཉེན་ལ་བསྟེན་པ་དང་། རང་གི་འཁྲུལ་པ་ལ་བརྟགས་ནས་དེ་འཆགས་ཤིང་གཏོང་བ་སྟེ་དེ་ལྟ་བུའི་ཆོས་རྣམས་སྒྲུབ་པ་དང་

སྲུང་བ་དང་རྣམ་པར་འཕེལ་བར་བྱེད་པ་ནི་དགེ་བ་ཆོས་སྡུད་ཀྱི་ཚུལ་ཁྲིམས་ཞེས་བྱའོ། །ཞེས་སོ། །

སེམས་ཅན་དོན་བྱེད་ཀྱི་ཚུལ་ཁྲིམས་ནི། སེམས་ཅན་ལ་ཕན་བདེ་སྒྲུབ་པ་ཐམས་ཅད་ཡིན་ཡང་མདོར་བསྡུ་ན་བཅུ་གཉིས་ཏེ། **བྱང་ས་ལས།** བྱ་བ་དོན་དང་ལྡན་པ་ལ་གྲོགས་སུ་འགྲོ་བ་དང་། སེམས་ཅན་སྡུག་བསྔལ་བ་རྣམས་ཀྱི་སྡུག་བསྔལ་སེལ་བ་དང་། ཐབས་མི་ཤེས་པ་ལ་རིགས་པ་སྟོན་པ་དང་། བྱས་པ་གཟོ་ཞིང་ཆོར་ཏེ་ལན་དུ་ཕན་འདོགས་པ་དང་། འཇིགས་པ་རྣམས་ལས་སྲུང་བ་དང་། སྡུག་བསྔལ་བ་རྣམས་ཀྱི་མྱ་ངན་སེལ་བ་དང་། ཡོ་བྱད་མེད་པ་རྣམས་ལ་ཡོ་བྱད་སྟོབ་པ་དང་། ཆོས་ཀྱིས་འཁོར་ལེགས་པར་སྡུད་པ་དང་། སེམས་དང་མཐུན་པར་འཇུག་པ་དང་། ཡང་དག་པའི་ཡོན་ཏན་གྱིས་དགའ་བར་བྱེད་(༧༧༧ན)པ་དང་། ལེགས་པར་ཚར་གཅོད་པ་དང་། རྫུ་འཕྲུལ་གྱིས་སྐྲག་པ་དང་། འདུན་པར་བྱེད་པའོ། །ཞེས་སོ། །བཟོད་པར་བྱ་བའི་ཡུལ་རྣམས་ལ། །ཇི་མི་སྙམ་ཕྱིར་བཟོད་པ་སྟེ། །གཞན་གྱི་གནོད་པས་སེམས་མི་འཁྲུག །གནོད་ལན་མི་བྱེད་ཁོན་མི་འཛིན། །འདི་ནི་བཟོད་པ་དང་པོ་སྟེ། །གནོད་བྱེད་ཉིད་ལའང་དབང་མེད་དང་། །ལས་དང་ལུས་དང་སེམས་ཀྱིས་ཉེས། །སྐྱོན་ཅན་ཁྱད་མེད་དུ་འགྱུར་དང་། །ཕན་འདོགས་དྲིན་ཆེ་སངས་རྒྱས་མཉེས། །ཕན་ཡོན་ཆེ་བར་བརྟག་པ་སྟེ། །རྒྱུ་མཚན་དགུ་ཡིས་བཟོད་པར་བྱ། །ཡང་ན་ཡིད་དུ་འོང་བ་དང་། །ཆོས་ཙམ་དང་ནི་མི་རྟག་དང་། །སྡུག་བསྔལ་བ་དང་ཡོངས་བཟུང་སྟེ། །འདུ་ཤེས་ལྔ་ཡིས་བཟོད་པར་བྱ། །ཆོས་ཕྱིར་ངལ་བས་མི་གཡོ་བ། །སྡུག་བསྔལ་དང་ལེན་བཟོད་པ་སྟེ། །སྨན་དཔྱད་རྩུབ་མོ་བཟོད་པ་ལྟར། །གཙོ་བོར་ཚུལ་ཁྲིམས་རྣམ་གསུམ་གྱི། །དཀའ་བ་ཐམས་ཅད་བཟོད་པར་བྱ། །ཡང་ན་གནས་ལ་བརྟེན་པ་དང་། །འཇིག་རྟེན་ཆོས་དང་སྤྱོད་ལམ་དང་། །ཆོས་ཡོངས་འཛིན་དང་སློང་མོས་འཚོ། །བརྩོན་པས་ངུབ་དང་གཞན་

དོན་དང་། །འཕྲུལ་གྱི་བྱ་བ་ལ་བསྟེན་པའི། །སྡུག་བསྔལ་དང་ལེན་བཟོད་པ་བརྒྱད། །ཟབ་མོའི་ཆོས་ཀྱིས་མི་སྐྲག་པ། །ཆོས་ལ་ངེས་སེམས་བཟོད་པ་སྟེ། །དཀོན་མཆོག་ཡོན་ཏན་དེ་བཞིན་ཉིད། །རྒྱལ་སྲས་མཐུ་དང་རྒྱུ་དང་འབྲས། །འཐོབ་བྱའི་དོན་དང་འཐོབ་པའི་ཐབས། །ཤེས་པར་བྱ་བའི་སྤྱོད་ཡུལ་ཏེ། །མོས་བྱའི་ཡུལ་གྱིས་ཕྱེ་བས་བརྒྱད། །ཅེས་བྱ་སྟེ། **བྱང་ས་ལས།** ཟང་ཟིང་མེད་པའི་སེམས་དང་སྙིང་རྗེ་འབའ་ཞིག་གིས་རྗེ་མི་སྙམ་པ་གང་ཡིན་པ་འདི་ནི་མདོར་བསྡུ་ན་བྱང་ཆུབ་སེམས་དཔའི་བཟོད་པའི་ངོ་བོ་ཉིད་ཡིན་པར་རིག་པར་བྱའོ་ཞེས་སོ། །

གནོད་པ་ལ་རྗེ་མི་སྙམ་པའི་བཟོད་པ་ནི། སྤྱོད་འཇུག་གི་ལུགས་ཀྱིས་རྣམ་པ་དགུས་སྒོམ་སྟེ། (༧༧༧ཁ)ཉོན་མོངས་ཀྱིས་བཀོལ་བས་གནོད་བྱེད་པོ་རང་ལ་རང་དབང་མེད་པ་དང་། རང་གི་ལས་ལས་བྱུང་བ་དང་། ལུས་ཡོད་པས་ལན་པ་དང་། སེམས་ཀྱིས་ལུས་རྗེས་བཅས་བཟུང་བས་ཉེས་པ་དང་། ལན་བྱས་ན་སྐྱོན་ཅན་ཁྱད་མེད་དུ་འགྱུར་བ་དང་། བཟོད་པའི་གྲོགས་བྱས་པས་ཕན་བཏགས་པར་སོང་བ་དང་། དེས་ན་དྲིན་ཆེ་བ་དང་། དེ་ལ་བཟོད་པས་སངས་རྒྱས་མཉེས་པར་འགྱུར་བ་དང་། ཕན་ཡོན་ཆེ་བར་བརྟགས་ལ་སྒོམ་སྟེ་འོག་ཏུ་རིམ་པར་འཆད་དོ། །

བྱང་སའི་ལུགས་ཀྱིས་འདུ་ཤེས་ལྔས་སྒོམ་སྟེ། གནོད་བྱེད་ཕ་མར་ཤེས་པས་ཡིད་དུ་འོང་བའི་འདུ་ཤེས་དང་། གནོད་པ་འདི་ནི་རྐྱེན་ལ་རག་ལས་པ་དང་འདུ་ཤེས་ཙམ་ཆོས་ཙམ་སྟེ་བྱེད་པ་པོའམ་སྤྱོང་བ་པོའི་གང་ཟག་གམ་བདག་མེད་དོ་ཞེས་ལྟ་བ་ཆོས་ཙམ་དུ་རྗེས་སུ་འབྲེང་བའི་འདུ་ཤེས་དང་། གནོད་བྱེད་འདི་རང་བཞིན་གྱིས་འཆིའོ་ཞེས་མི་རྟག་པའི་འདུ་ཤེས་དང་། སེམས་ཅན་ཐམས་ཅད་སྡུག་བསྔལ་གསུམ་གྱིས་མནར་བས་བདག་གིས་འདི་ལ་སྡུག་བསྔལ་སྒྲུབ་པར་མི་བྱའི་འདིའི་སྡུག་བསྔལ་བསལ་བར་བྱའོ་ཞེས་རྟོག་པ་སྡུག་བསྔལ་བའི་འདུ་ཤེས་དང་། བདག་གིས་སེམས་བསྐྱེད་མ་ཐག་ནས་སེམས་ཅན་ཐམས་ཅད་ཡོངས་སུ་

བཟུང་བས་འདི་ལ་ལན་མི་རིགས་སོ་ཞེས་ཡོངས་སུ་བཟུང་བའི་འདུ་ཤེས་ཏེ་ལྡོས་བཟོད་པར་བྱའོ། །

སྡུག་བསྔལ་དང་ལེན་གྱི་བཟོད་པ་ནི། སྤྱིར་ཆོས་ཕྱིར་དཀའ་བ་ཐམས་ཅད་བཟོད་པར་བྱ་ལ་བྱེ་བྲག་ཏུ། **བྱང་ས་ལས་**བརྒྱད་དུ་གསུངས་ཏེ། སྔོམ་པ་སྲུང་བ་དང་ཡོ་བྱད་མ་ཚང་བ་སོགས་གནས་ལ་བརྟེན་པ་དང་། རྒ་ནད་འཆི་བ་སོགས་འཇིག་རྟེན་གྱི་ཆོས་ལ་བརྟེན་པ་དགུ་དང་། འགྲོ་འཆག་ཉལ་འདུག་སྤྱི་སྤྱོད་ལམ་བཞི་ལས་འཆག་པ་དང་འདུག་པས་འདའ་བ་དང་། དཀོན་མཆོག་མཆོད་པ་སོགས་ཆོས་ཡོངས་སུ་འཛིན་པ་བདུན་དང་། ཁྱིམ་པའི་རྟགས་སྤངས་པས་གཟུགས་དང་ཁ་དོག་ངན་པ་འཛིན་པ་སོགས་སློང་མོས་འཚོ་བ་བདུན་དང་། བརྩོན་འགྲུས་ཀྱིས་ལུས་སེམས་དུབ་པ་དང་། སེམས་ཅན་དོན(༡༡༢ན)བྱེད་ཀྱི་ཚུལ་ཁྲིམས་བཅུ་གཅིག་པོ་དང་། རབ་བྱུང་གི་ཆོས་གོས་ལྷུང་བཟེད་ཀྱི་ལས་སོགས་དང་ཁྱིམ་པའི་ཞིང་ལས་སོགས་འཕྲལ་གྱི་བྱ་བ་ལ་བརྟེན་པ་སྟེ་གཞི་བརྒྱད་པོ་དེ་ལས་བྱུང་བའི་སྡུག་བསྔལ་ཐམས་ཅད་དང་དུ་ལེན་ཞིང་གཞི་དེས་བརྩོན་འགྲུས་ཀྱང་མི་གཏོང་བའོ། །

སྟོང་པ་ཉིད་ལ་སོགས་པ་ཆོས་ཟབ་མོ་མི་སྐྲག་ཞིང་མོས་པས་རྟོགས་པར་བྱེད་པ་ནི། ཆོས་ལ་ངེས་པར་སེམས་པའི་བཟོད་པ་སྟེ། **བྱང་ས་ལས།** མོས་བྱའི་ཡུལ་བརྒྱད་དུ་བསྟན་པ་དེའོ། །གཞན་ཡང་ཉམ་ཆུང་དང་ཆེས་དམའ་བས་བདག་ཇེ་དཔོན་ཆེན་པོ་ལ་གནོད་པ་མི་བཟད་པ་བྱས་པ་ལྟ་བུ་བཟོད་པར་དཀའ་བའི་བཟོད་པ་གསུམ་དང་། དམའ་བ་དང་མཚུངས་པ་དང་ལྷག་པའི་མཛའ་མི་མཛའ་བར་མ་གསུམ་གྱི་གནོད་པ་བཟོད་པ་ཐམས་ཅད་ཀྱི་སྒོ་ནས་བཟོད་པ་བཞི་དང་། བཟོད་པའི་ཡོན་ཏན་བསྔ། བདག་ཉིད་ཀྱིས་བཟོད་གཞན་བཟོད་པ་ལ་འགོད། བཟོད་པའི་བསྔགས་པ་བརྗོད། གཞན་བཟོད་པ་ཅན་མཐོང་ན་དགའ

བར་བྱེད་པ་སྟེ་སྐྱེས་བུ་དམ་པའི་བཟོད་པ་ལྔ་དང་།

རྣམ་པ་ཐམས་ཅད་པའི་བཟོད་པ་ནི། རྣམ་སྨིན་ལ་འཇིགས་པས་བཟོད་པ་དང་། བྱམས་པས་དང་། སངས་རྒྱས་འཐོབ་ཕྱིར་རྒྱུ་དང་། རབ་ཏུ་བྱུང་བ་བཟོད་པ་དང་མི་ལྡན་པ་མི་རིགས་པར་ལྟ་བ་ཆོས་ཡང་དག་པར་བླངས་པས་དང་། གོམས་པའི་སྟོབས་རང་བཞིན་གྱིས་དང་། སེམས་ཅན་མེད་པར་མཐོང་བ་ཆོས་ལ་ངེས་པར་སེམས་པས་བཟོད་པ་སྟེ་དྲུག་གམ། ཡང་ན་གནོད་པ་ཐམས་ཅད་དང་། ཐམས་ཅད་ཀྱི་དང་། ཡུལ་ཐམས་ཅད་དུ་དང་། དུས་ཐམས་ཅད་པར་དང་། ལུས་ངག་ཡིད་ཀྱིས་ལན་མི་བྱེད་པ་སྒོ་གསུམ་རེ་རེའི་བཟོད་པ་སྟེ་བདུན་ནམ་ཡང་ན་བསྡམས་པས་བཅུ་གསུམ་མོ། །

དེ་བཞིན་དུ་སློང་བ་པོའི་གནོད་པ་བཟོད་པ་སོགས་ཕོངས་ཤིང་འདོད་པའི་བཟོད་པ་བརྒྱད་དང་། ཆོས་ཕྱིར་ཚ་གྲང་བཟོད་པ་སོགས་འདི་དང་གཞན་དུ་བདེ་བར་འགྱུར་བའི་བཟོད་པ་དགུ་དང་། ཕྱིར་གནོད་པ་མི་བྱེད་(༡༡༢བ)པ་སོགས་རྣམ་པར་དག་པའི་བཟོད་པ་བཅུ་སྟེ། ཕ་རོལ་ཏུ་ཕྱིན་པ་གཞན་ལྔ་ལའང་འདི་ལྟར་སྦྱོར་ཏེ་རྒྱས་པར་བྱང་ས་ཉིད་ལྟའོ། །

དེ་ལ་སྦྱོ་བའི་བརྩོན་འགྲུས་ཀྱིས། །ལེ་ལོའི་གཉེན་པོར་འབད་པར་བྱ། །ཉལ་བསླེས་གཉིད་སོགས་སྙོམས་ལས་ཀྱི། །གཉེན་པོར་མི་རྟག་འཆི་བ་བསམ། །བདག་འདྲས་བྱང་ཆུབ་མི་འཐོབ་ཅེས། །སྒྱིད་ལུག་གཉེན་པོར་སྙིང་སྟོབས་བསྐྱེད། །ལུང་མ་བསྟན་དང་མི་དགེ་བའི། །བྱ་བ་ངན་ལ་ཞེན་པ་སྤང་། །བདག་གིས་དགེ་ལ་བརྩོན་བྱ་ཞེས། །ཐོག་མར་འཕེན་པའི་གོ་ཆ་བསྒོ། །སྦྱོར་བའི་བརྩོན་འགྲུས་རྣམ་གསུམ་སྟེ། །ཉོན་མོངས་སྤང་ཕྱིར་རྩེ་གཅིག་འབད། །དགེ་བ་ཡང་དག་སྒྲུབ་པའི་ཕྱིར། །རྟག་པར་བྱེད་དང་གུས་པས་དང་། །མི་གཡོ་མི་ལྡོག་ང་རྒྱལ་མེད། །ལྷ་ཡིས་ཕར་ཕྱིན་དྲུག་ལ་འབད། །སེམས་ཅན་དོན་བྱེད་བརྩོན་འགྲུས་ནི། །གཞན་དོན་བཅུ་

གཅིག་འབབ་པའོ། །དགེ་བས་ངོམས་མི་ཤེས་པ་ནི། །ཚོག་པར་མི་འཛིན་བརྩོན་འགྲུས་སོ། །ཞེས་བྱ་སྟེ། སྙོམས་ལས་ཀྱི་ལེ་ལོའི་གཉེན་པོར་བདག་འཆི་ངེས་པ་དང་། ནམ་འཆི་ཆ་མེད་པ་དང་། དེ་རིང་ཡང་མི་འཆི་བའི་གདེང་མེད་པ་རྣམས་རྒྱུ་མཚན་དུ་མས་བསམས་ཏེ་པང་དུ་སྦྲུལ་འོངས་པ་འདོར་བ་ལྟ་བུའི་བརྩོན་འགྲུས་བརྩམ་མོ། །སྒྲིད་ལུག་པའི་ལེ་ལོའི་གཉེན་པོར་བདག་ལྟ་རིགས་ཀྱི་མིར་སྐྱེས་ཤིང་ལ་སོགས་པས་ཅིའི་ཕྱིར་མི་ནུས་ཞེས་སྙིང་སྟོབས་བསྐྱེད་དོ། །དམད་པའི་ལེ་ལོའི་གཉེན་པོར་བྱ་བ་དེ་དག་གི་ཉེས་དམིགས་བརྟག་ཅིང་མི་ལུས་རྙེད་དཀའ་བས་དེ་ལྟ་བུ་བྱུར་འཕངས་པར་ཤེས་པས་དོར་རོ། །

བརྩོན་འགྲུས་དངོས་ལ། དང་པོ་གོ་ཆའི་བརྩོན་འགྲུས་ནི། སེམས་ཅན་ཐམས་ཅད་བྱང་ཆུབ་ལ་མ་འཕོད་ཀྱི་བར་དུ་བདག་གིས་དགེ་བའི་བརྩོན་འགྲུས་མི་འདོར་རོ་ཞེས་དམ་འཆའ་ཞིང་། བྱེ་བྲག་ཏུ་ལོ་འདི་དང་ཟླ་བ་འདི་དང་ཞག་འདི་དང་ཐུན་ཁོངས་འདིར་བརྩོན་པ་མི་འདོར་རོ་ཞེས་འཕེན་པ་སྔོན་དུ་(༧༧༣ན)གཏོང་བ་སྟེ། **བྱང་ཆུབ་སེམས་དཔའི་སྡེ་སྣོད་ལས།** ཤཱ་རིའི་བུ། བསམ་གྱིས་མི་ཁྱབ་པའི་གོ་ཆ་བསྒོ་བར་བྱ་སྟེ་འཁོར་བའི་ཐ་མ་ཇི་ཙམ་པར་བྱང་ཆུབ་ཀྱི་ཕྱིར་བརྩོན་འགྲུས་ལྷོད་པར་མི་བྱ་སྟེ། ཞེས་དང་། **གོ་ཆ་བཀོད་པའི་མདོ་ལས།** བྱང་ཆུབ་སེམས་དཔས་སེམས་ཅན་རྣམས། །བསྒྲུ་ཕྱིར་གོ་ཆ་བསྒོ་བར་བྱ། །སེམས་ཅན་ཚད་ནི་མེད་པའི་ཕྱིར། །གོ་ཆ་བསྒོས་པ་ཚད་མེད་དོ། །ཞེས་དང་། **བྱང་ས་ལས།** བདག་ནི་སེམས་ཅན་གཅིག་སྡུག་བསྔལ་ལས་ཐར་བར་བྱ་བའི་ཕྱིར་བསྐལ་པ་སྟོང་དང་མཉམ་པར་སེམས་ཅན་དམྱལ་བ་ཁོ་ནར་གནས་དགོས་ན་ཡང་བདག་སྤྲོ་བར་བྱེད་དེ་དུས་ཡུན་ཆེས་ཐུང་བ་དང་སྡུག་བསྔལ་ཆེས་ཆུང་བ་ལྟ་ཅི་སྨོས་སྙམ་པ་དེ་ལྟ་བུ་ནི་བྱང་ཆུབ་སེམས་དཔའི་གོ་ཆའི་བརྩོན་འགྲུས་ཡིན་ཏེ། ཞེས་སོ། །ཉིན་ཞག་དང་ཐུན་ཁོངས་སོགས་ལ་འང་གོ་ཆའི་འཕེན་པ་གཏོང་བ་ནི་བརྩོན་འགྲུས་རྒྱུན་མི་འཆད་པ་

དང་མི་ངལ་བ་དང་ཤེས་བཞིན་རྟག་ཏུ་འབྱུང་བའི་ཐབས་ཡང་དག་པའོ། །

སྦྱོར་བའི་བརྩོན་འགྲུས་ལ་དབྱེ་ན་གསུམ་ལས། ཉོན་མོངས་པ་སྤང་བ་ལ་བརྩོན་འགྲུས་བྱ་བ་ནི། ཉོན་མོངས་སྟོབས་ཆེན་དགྲ་འདིས་ནི། །གང་དང་ཐྲད་ན་རི་རབ་ཀྱང་། །ཐལ་བར་ཡང་ནི་མི་ལུས་པ། །དེར་བདག་སྐད་ཅིག་ཉིད་ལ་འདོར། །ཞེས་སོགས་ཀྱིས་ཉོན་མོངས་ཀྱི་ཉེས་པ་བསམ་དགྲའི་དམ་པར་ལྟ། ཁྱོད་ཀྱིས་ཁོ་བོ་གར་བཟླག་པའི། །སྔོན་གྱི་དུས་དེ་གཞན་ཡིན་གྱིས། །ངས་མཐོང་ད་ཁྱོད་གང་དུ་འགྲོ། །སོགས་ཀྱིས་ཚར་བཅད། ཉོན་མོངས་རྣམས་ནི་ཡུལ་ན་མི་གནས་དབང་ཚོགས་ལ་མིན་བར་ནའང་མིན། །སོགས་ཀྱིས་ངོ་བོ་ཉིད་ཀྱིས་མེད་པར་བརྟགས་ཏེ་ཉོན་མོངས་གང་ཤས་ཆེ་བ་ནས་འབུར་འཇོམས་སུ་སྤང་ངོ་། །

དགེ་བ་སྒྲུབ་པ་ལ་བརྩོན་འགྲུས་བྱ་བ་ནི་ལྔ་ལས། རྟག་ཏུ་བྱེད་པའི་བརྩོན་འགྲུས་ནི། རྒྱུན་མ་ཆད་པར་བྱེད་དེ། (༡༡༣བ)**དཀོན་མཆོག་སྤྲིན་ལས།** འདི་ལ་བྱང་ཆུབ་སེམས་དཔའ་སྤྱོད་ལམ་ཐམས་ཅད་དུ་བརྩོན་འགྲུས་རྩོམ་པ་ན་ཅི་ནས་ལུས་སྐྱོ་བར་མི་འགྱུར་བ་དང་སེམས་སྐྱོ་བར་མི་འགྱུར་བ་དེ་ལྟར་རྩོམ་སྟེ་འདི་ནི་བྱང་ཆུབ་སེམས་དཔའི་རྟག་པའི་བརྩོན་འགྲུས་ཞེས་བྱའོ། །ཞེས་སོ། །

གུས་པའི་བརྩོན་འགྲུས་ནི། དགའ་ཞིང་སྤྲོ་བས་བྱེད་པ་སྟེ། དེ་ལྟས་ལས་ཚར་ཕྱིན་བྱའི་ཕྱིར། །ཉི་མ་ཕྱེད་དུས་གདུངས་པ་ཡི། །གླང་ཆེན་མཚོར་ཕྲད་འཇུག་པ་ལྟར། །ལས་དེ་ལ་ཡང་འཇུག་པར་བྱ། །ཞེས་པ་ལྟར་རོ། །

མི་གཡོ་བའི་བརྩོན་འགྲུས་ནི། ཉོན་མོངས་དང་སྡུག་བསྔལ་སོགས་རང་ལས་བྱུང་བའི་རྐྱེན་ཅིས་ཀྱང་མི་གཡོ་བར་བྱེད་པའོ། །

མི་ལྡོག་པའི་བརྩོན་འགྲུས་ནི། གཞན་ལས་བྱུང་བའི་རྐྱེན་ཅིས་ཀྱང་དགེ་བ་ལས་མི་ལྡོག་ཅིང་བརྩོན་འགྲུས་འཕྲོ་མི་གཅོད་པའོ། །

ང་རྒྱལ་མེད་པའི་བརྩོན་འགྲུས་ནི། བརྩོན་འགྲུས་བརྩམས་པ་ལ་ང་རྒྱལ་མེད་

ཅིང་། ལེ་ལོ་ཅན་ལ་ཡང་མི་བརྟས་པ་སྟེ་དེ་ལྟར་ལྷ་དང་ལྡན་པས་དགེ་བ་ལ་རྟག་ཏུ་འབད་དོ། །

གསུམ་པ་སེམས་ཅན་གྱི་དོན་བྱ་བའི་བརྩོན་འགྲུས་ནི། སེམས་ཅན་དོན་བྱེད་ཀྱི་ཚུལ་ཁྲིམས་བཅུ་གཅིག་པོ་ལ་འབད་པ་བྱེད་པའོ། །དེ་དག་གིས་སྦྱོར་བའི་བརྩོན་འགྲུས་བཤད་པའོ། །

ཆོག་པར་མི་འཛིན་པའི་བརྩོན་འགྲུས་ནི། ངོམས་པ་མེད་པ་སྟེ། **འཇམ་དཔལ་གྱིས་བསྟན་པའི་མདོར།** འཇམ་དཔལ། སྟོན་པའི་དབུར་གདུགས་དཔག་ཚད་གཅིག་པ་འཛིན་པས་མཆོད་པ་ན། ལྷའི་བུ་མཚམས་བཟང་གིས། འཇམ་དཔལ། ཁྱོད་དེ་བཞིན་གཤེགས་པ་ལ་མཆོད་པས་ད་དུང་ཡང་ཐུགས་མ་ཚིམ་མམ། འཇམ་དཔལ་གྱིས་སྨྲས་པ། རྒྱ་མཚོ་ཆེན་པོ་ནི་ཆུ་ཡིས་ཆོག་པར་མི་འཛིན་ནོ། །དེ་བཞིན་དུ་བྱང་ཆུབ་སེམས་དཔའ་ནི་བསོད་ནམས་ཀྱིས་ཆོག་པར་མི་འཛིན་ནོ། །ཞེས་སོ། །མདོར་ན་གང་ཟག་གཅིག་གི་རྒྱུད་ལ་དགེ་བ་སྣ་གཅིག་བསྐྱེད་པའི་དོན་དུའང་བསྐལ་པར་འབད་པས་མི་སྐྱོ་བ་སྟེ། རྒྱལ་སྲས་བརྩོན་འགྲུས(༧༧ན)མཆོག་ལ་བསྟེན་པ་སྟེ། །སེམས་ཅན་ཚོགས་རབ་སྨིན་པར་བྱེད་པ་ན། །ཕ་རོལ་སེམས་དགེ་གཅིག་གི་ཕྱིར་ཡང་ནི། །བསྐལ་པ་བྱེ་བ་སྟོང་དུའང་སྐྱོ་མི་འགྱུར། །ཞེས་པ་ལྟར་ཉམས་སུ་བླང་ངོ་། །

བསམ་གཏན་དགེ་ལ་རྩེ་གཅིག་སྟེ། །འདུ་འཛི་རྣམ་གཡེང་ཀུན་སྤངས་ནས། །གཅིག་པུ་དབེན་པར་གནས་པས་འཐོབ། །ཁྱིམ་དང་ཉེད་བཀུར་ལ་སོགས་པ། །འདུ་འཛིར་ཆགས་ལ་ཉེས་པ་མང་། །གཡེང་བས་ཚེ་འདི་དོན་མེད་བྱེད། །དེ་བས་སྒོ་གསུམ་དབེན་པར་བྱ། །རྫོགས་སངས་རྒྱས་ལ་ཡོ་བྱད་ཚོགས། །ཀུན་གྱིས་བསྙེན་བཀུར་བྱས་པ་བས། །སྒོམ་པར་འདོད་པས་དགོན་པའི་ཕྱོགས། །གོམ་བདུན་བོར་ལ་སངས་རྒྱས་མཉེས། །ངོ་བོའི་སྒོ་ནས་ཞི་ལྷག་གཉིས། །ཡིད་བྱེད་

སྔོ་ནས་དབྱེ་བ་བཞི། །དམན་མཆོག་སྔོ་ནས་དབྱེ་བ་གཉིས། །སྒོམ་ཚུལ་སྦྱོར་བ་དངོས་གཞི་གཉིས། །འདོད་ཆགས་ཞེ་སྡང་གཏི་མུག་དང་། །ཕྲག་དོག་ང་རྒྱལ་ཆ་མཉམ་སྟེ། །དུག་གི་གཉེན་པོར་མི་སྡུག་བྱམས། །རྟེན་འབྲེལ་བདག་གཞན་མཉམ་པ་དང་། །བདག་གཞན་རྗེ་དང་རླུང་ལ་བསླབ། །དེ་ཡང་བདག་ལུས་མི་གཙང་རྫས། །སོ་དྲུག་འདུས་པའི་རང་བཞིན་བསམ། །རྣམ་པར་བམ་དམར་རྣམ་པར་སྔོས། །བརྣགས་དང་འབུས་གཞིགས་གཀེང་རུས་དང་། །རུས་གོང་འཐོར་དང་ཐེ་བའི་མདོག །བལྟ་ཞིང་བདག་ཡང་འདི་འདྲ་བའི། །གནས་སྐབས་འགྱུར་ཞེས་ཤུགས་ཕྱུང་སྒོམ། །སྐྱེས་པ་བུད་མེད་ལ་སོགས་ལུས། །དེ་ལྟར་བལྟ་བས་ཆགས་པ་ཟློག །ཞེ་སྡང་ཤས་ཆེ་བྱམས་པའི་བློ། །ཡིད་དུ་འོང་དང་འདྲིས་པ་དང་། །ཐ་མལ་པ་ནས་འགྲོ་ཀུན་བར། །རིམ་པས་བསྐྱེད་ལ་གཅིག་ཏུ་འབད། །ཁྱིང་རྨུགས་གཏི་མུག་ཤས་ཆེ་ན། །རྟེན་ཅིང་འབྲེལ་འབྱུང་སྒོམ་པ་སྟེ། །ཚུ་ལུད་(༡༡༨བ)རྡོད་གཤེར་དུས་ས་བོན། །ས་གཞི་ལ་བརྟེན་མྱུ་གུ་ནས། །སྙེ་ཡིའི་བར་དུ་འབྱུང་མོད་ཀྱང་། །རེ་རེའང་མི་རྟོག་བྱེད་པོ་མེད། །ཚོགས་པའི་དབང་ལས་སྣང་ཙམ་ཉིད། །ས་བོན་མྱུ་གུར་མི་འགྱུར་ཏེ། །ས་བོན་གཞན་ལ་མྱུ་གུའང་གཞན། །ས་བོན་མེད་ལས་མྱུ་གུ་མིན། །དཔྱད་ན་མི་བཟོད་སྣང་ཙམ་པ། །སྒྱུ་མའི་ཆུ་ཟླུང་ལྟ་བུ་ཉིད། །ཕྱི་ཡི་རྟེན་ཅིང་འབྲེལ་འབྱུང་ཡིན། །མ་རིག་འདུ་བྱེད་རྣམ་ཤེས་དང་། །མིང་གཟུགས་སྐྱེ་མཆེད་དྲུག་རེག་པ། །ཚོར་བ་སྲེད་ལེན་སྲིད་པ་སྐྱེ། །ཀ་ཤི་ཡན་ལག་བཅུ་གཉིས་ཏེ། །སྔ་མ་ལ་བརྟེན་ཕྱི་མ་སྐྱེ། །དེ་ལས་མྱ་ངན་སྨྲེ་སྔགས་དང་། །སྡུག་བསྔལ་སྣ་ཚོགས་འབྱུང་བར་འགྱུར། །དེ་ལྟར་ལུགས་འབྱུང་འཁོར་བ་སྟེ། །ལུགས་ལས་ཟློག་པས་མྱང་འདས་ཡིན། །རེ་རེའང་ཕྱི་མ་སྐྱུབ་མི་སེམས། །བྱེད་པོ་མེད་ཅིང་བདག་ཀྱང་མེད། །སྔ་མ་ཕྱི་མར་མི་འཕོ་ཞིང་། །སྔ་མ་མེད་པར་ཡང་མི་འབྱུང་། །སྔ་མའང་གཞན་ལ་ཕྱི་མའང་གཞན། །དཔྱད་ན་མི་བཟོད་སྒྱུ་མ་ཙམ། །དེ་ལྟར་ཤེས་པས་

སྲིད་པ་ལྡོག །རྒྱུ་བཅས་ནང་གི་རྟེན་འབྲེལ་ལོ། །ནང་གི་རྟེན་འབྲེལ་རྐྱེན་བཅས་ནི། །ས་ཆུ་མེ་རླུང་མཁའ་རྣམ་ཤེས། །དེ་ལྟར་ཁམས་དྲུག་འདུས་པ་ལས། །ལུས་འདི་མངོན་པར་གྲུབ་མོད་ཀྱང་། །དེ་དག་རེ་རེའང་སེམས་པ་མེད། །ཕན་ཚུན་གཅིག་གིས་གཅིག་མི་ཤེས། །བྱེད་པོ་མེད་ཀྱང་འདུས་ཙམ་ལས། །སྣང་བར་ཟད་དེ་དཔྱད་མི་བཟོད། །དེས་ན་བཟོད་ནས་སྟོང་ཉིད་དེ། །དེ་ཉིད་རྟེན་ཅིང་འབྲེལ་འབྱུང་སྣང་། །འདི་ནི་ནམ་ཡང་དབྱེར་མེད་དེ། །ཆུ་དང་ཆུ་རླབས་ཇི་བཞིན་ནོ། །རྟེན་འབྲེལ་གང་ཤེས་དེས་ཆོས་ཤེས། །དེ་ཡིས་སངས་རྒྱས་ཤེས་སོ་ཞེས། །རྒྱལ་བ་ཉིད་ཀྱིས་རབ་ཏུ་བསྔགས། །ཕྲག་དོག་ཤས་ཆེ་བདག་དང་གཞན། །མཚུངས་པའི་བྱང་སེམས་བསྒོམ་བྱ་སྟེ། །བདེ་འདོད་སྡུག་བསྔལ་(༧༧༥ན)མི་འདོད་དང་། །སོ་སོར་གཅེས་པར་མཚུངས་ཕྱིར་རོ། །རྒྱལ་སྲས་རྣམས་ཀྱི་གསང་བའི་ལམ། །བདག་གཞན་བརྗེ་བ་བསྒོམ་བྱ་སྟེ། །བདག་ཉིད་གཅེས་འཛིན་དོར་ནས་ནི། །གཞན་ལ་གཅེས་འཛིན་གོམས་པར་བྱ། །འདི་ཡི་ཕན་ཡོན་ཚད་མེད་ཀྱང་། །འདིར་ནི་ང་རྒྱལ་གཉེན་པོར་བརྗོད། །རྣམ་རྟོག་མང་བའི་གཉེན་པོར་ནི། །རླུང་གི་རྣལ་འབྱོར་བསྒོམ་བྱ་སྟེ། །བགྲང་དང་རྗེས་འགྲོ་འཇོག་པ་དང་། །རྟོག་བསྒྱུར་ཡོངས་དག་དྲུག་ཏུ་གསུངས། །དེ་ལྟར་སྦྱོར་བས་རྣལ་དུ་དབབ། །རྟོག་བྲལ་ཤིན་སྦྱངས་རབ་ཏུ་ཞི། །ཀློམ་སེམས་རོ་མྱང་མཚན་མ་མེད། །འདི་ནི་རྒྱལ་བའི་སྲས་རྣམས་ཀྱི། །མཐོང་ཆོས་བདེར་གནས་བསམ་གཏན་ཡིན། །ཟད་པར་ཟིལ་གནོན་རྣམ་ཐར་སོགས། །ཉན་རང་རྣམས་དང་ཐུན་མོང་དང་། །ཉན་རང་ཡུལ་ལས་ཆེས་འདས་པའི། །ཏིང་འཛིན་རྒྱ་མཚོ་སྒྲུབ་པ་ནི། །ཡོན་ཏན་སྒྲུབ་པའི་བསམ་གཏན་ནོ། །སྣ་ཚོགས་ལུས་ཀྱི་བཀོད་པ་ཡིས། །གཞན་དོན་བཅུ་གཅིག་འབད་པ་སོགས། །སེམས་ཅན་དོན་སྒྲུབ་བསམ་གཏན་ནོ། །ཇི་ལྟར་བསྒོམ་པར་བྱ་ཚུལ་ནི། །དབེན་པར་སྐྱིལ་ཀྲུང་མཉམ་བཞག་བཅའ། །ནང་དང་མི་གཡོ་བསྡུས་ཏེ་འཇོག །ཉེར་འཇོག་ཏུལ་

བྱེད་ཞི་བར་བྱེད། །ཉེར་ཞི་རྒྱུད་གཅིག་ཏིང་འཛིན་བྱེད། །སེམས་ཀྱི་འཛོག་ཐབས་རྣམ་པ་དགུ། །འདི་ཡིས་ཏིང་འཛིན་རྩེ་གཅིག་སྐྱེ། །དེ་ནས་ཤེས་རབ་དང་ལྡན་པས། །མཚན་ཉིད་སོ་སོར་རིག་པ་དང་། །མོས་པ་རབ་ཏུ་དབེན་པ་དང་། །དགའ་བ་སྡུད་པ་དཔྱོད་པ་དང་། །སྦྱོར་བའི་མཐར་ཐུག་དེ་ཡི་འབྲས། །དེ་ལྟར་ཉེར་བསྡོགས་ཡིད་བྱེད་བདུན། །འདི་ཡིས་བསམ་གཏན་དངོས་གཞི་འགྲུབ། །དེ་ལ་རྟོག་དཔྱོད་དགའ་དང་བདེ། །རྩེ་གཅིག་ཡན་ལག་ལྔ་ལྡན་པ། །འདི་ནི་བསམ་གཏན་དང་པོ་ཡིན། །རྟོག་དཔྱོད་བྲལ་བ་གཉིས་པ་སྟེ། །གསུམ་པ་བདེ་བ་ཁོ་ན་ཅན། །བཞི་པ་བཏང་སྙོམས་རྩེ་གཅིག་པའོ། །དེ་ལས(༧༧༥བ)མངོན་ཤེས་རྣམ་ལྔ་འགྲུབ། །དེ་ལྟར་འདོད་གཟུགས་བསམ་གཏན་ནི། །འཇིག་རྟེན་འདས་པའི་ཤེས་རབ་དང་། །འབྲེལ་བས་ཡང་དག་ལམ་དུ་འགྱུར། །རྒོད་འགྱོད་གཉིད་རྨུགས་ཐེ་ཚོམ་གྱི། །གཉེན་པོར་ཞི་ལྷག་རྣམ་པ་གཉིས། །ཡང་ན་མི་མཐུན་ཕྱོགས་དྲུག་གི། །གཉེན་པོར་སྦྱོང་བའི་འདུ་བྱེད་བརྒྱད། །བསྡུ་ན་སྒོམ་ཚུལ་སྒྲིམ་གློད་གཉིས། །ཡང་ན་རྒྱལ་བའི་སྐུ་གཟུགས་སོགས། །བཞག་གམ་བསྒོམས་པས་སེམས་ཟིན་ཏེ། །གོང་ནས་གོང་དུ་ཏིང་འཛིན་འགྲུབ། །གུས་དང་རྒྱུན་དུ་སྦྱོར་བ་ཡི། །བརྩོན་འགྲུས་ལས་ནི་འདི་སྐྱེ་སྟེ། །མདོར་ན་ཐེག་པ་ཆེན་པོ་ནི། །དགེ་བའི་བཤེས་ཀྱི་ལག་ན་གནས། །དེ་ལྟར་བསམ་གཏན་ལྡན་པ་ཡིས། །སྒྲིབ་སོགས་ཡོན་ཏན་ཐམས་ཅད་འཐོབ། །ཅེས་བྱ་སྟེ།

དགེ་བ་ལ་སེམས་རྩེ་གཅིག་ཏུ་གནས་པ་ནི་བསམ་གཏན་ཏེ། **བྱང་ས་ལས།** སེམས་རྩེ་གཅིག་པ་དགེ་བ་ལ་གནས་པ། ཞེས་སོ། །དེ་ནི་ལུས་འདུ་འཛིས་དབེན་པ་དང་། སེམས་རྣམ་གཡེང་གིས་དབེན་པ་ལས་སྐྱེ་སྟེ། ལུས་དང་སེམས་ནི་དབེན་པ་ཡིས། །རྣམ་པར་གཡེང་བ་མི་འབྱུང་ངོ་། །ཞེས་སོ། །དེ་ཡང་འདུ་འཛི་ནི། ཁྱིམ་དང་ལོངས་སྤྱོད་དང་སྙེད་བཀུར་སོགས་ཀྱིས་གཡེངས་པ་ཡིན་ལ། དེ་དག་གི་སྐྱོན་མ་མཐོང་བའི་ཕྱིར་ཆགས་པ་སྟེ། དེའི་གཉེན་པོར་འདུ་འཛིའི་ཉེས་དམིགས་

བསམ་མོ། །དེ་ཡང་**ལྷག་བསམ་བསླུ་བའི་མདོར།** བྱམས་པ་འདུ་འཛིའི་ཉེས་དམིགས་ཉི་ཤུ་པོ་འདི་དག་ཡིན་ཏེ། ཉི་ཤུ་གང་ཞེ་ན། ལུས་དང་ངག་དང་ཡིད་ཀྱིས་མ་བསྡམས་པ་ཡིན། ཉོན་མོངས་པ་ཆེ་བ་ཡིན། འཇིག་རྟེན་པའི་གཏམ་གྱིས་ཀུང་གོས་པ་ཡིན། བདུད་ཀྱིས་གླགས་རྙེད་པ་ཡིན། བག་མེད་པ་ལ་བསྟེན་པ་ཡིན། ཞི་གནས་དང་ལྷག་མཐོང་མི་འཐོབ་པ་ཡིན། ཞེས་སོགས་གསུངས་སོ། །ཁྱད་པར་ཁྱིམ་ལ་ཆགས་པའི་ཉེས་པ་ནི། **ཟླ་བ་སྒྲོན་མ་ལས།** འདོད་པ་དག་ནི་རབ་ཏུ་བསྟེན་བྱེད་ཅིང་། །བུ་དང་ཆུང་མ་དག་(༡༡༤ན)ལ་ཆགས་བསྐྱེད་ནས། །སྨད་པར་བྱ་བའི་ཁྱིམ་ལ་བསྟེན་པ་དེས། །ནམ་ཡང་བླ་མེད་བྱང་ཆུབ་མཆོག་མི་འཐོབ། །ཅེས་དང་། སེམས་ཅན་ཉིད་ལ་ཆགས་བྱས་ན། །ཡང་དག་ཉིད་ལ་ཀུན་ནས་སྒྲིབ། །ཅེས་སོ། །དེས་ན་དེ་དག་སྤང་བར་བྱ་སྟེ། དེས་ཀུང་བདག་དོན་མི་བྱེད་ལ། །བདག་ཀྱང་དེ་དོན་མི་འགྱུར་བས། །བྱིས་ལས་ཐག་རིང་བྱོལ་བར་བྱ། །ཞེས་སོ། །རྙེད་བཀུར་དང་གྲགས་པའང་སྙིང་པོ་མེད་དེ། རྙེད་དང་གྲགས་པའི་ཚོགས་བཅས་ཏེ། །གང་དུ་འདོད་པ་གཏོལ་མེད་དོ། །ཞེས་སོ། །དེ་ཉིད་སྔར་སྡུག་བསྔལ་གྱི་རྒྱུ་བྱེད་དེ། གང་དང་གང་ལ་ཆགས་གྱུར་པ། །དེ་དང་དེ་བསྒོངས་སྟོང་འགྱུར་དུ། །སྡུག་བསྔལ་ཉིད་དུ་གྱུར་ཞིང་ལྡང་། །ཞེས་སོ། །དེ་ལྟར་འདུ་འཛི་དེ་དག་གིས་དབེན་པ་གྲོང་ལས་གཞུ་འདོམ་ལྔ་བརྒྱ་སྟེ། མངོན་པའི་ལུགས་ཀྱི་རྒྱང་གྲགས་གཅིག་འཕགས་པའི་ས་ཕན་ནི་དགོན་པ་སྟེ། བཛྲ་རྙིང་ལ་གཡེ་ཞེས་ཀུང་བྱ་སྟེ་དེར་གཅིག་པུར་གནས་པ་ནི་ལུས་ཀྱི་དབེན་པ་སྟེ་ལུས་ཁྱིམ་གྱི་བྱ་བ་ལ་སོགས་པས་དབེན་པའི་ཕྱིར་རོ། །དེ་ལྟར་ཏིང་འཛིན་འདོད་པའི་སློས་དགོན་པའི་ཕྱོགས་སུ་གོམ་པ་བདུན་བོར་བ་ཙམ་ལའང་ཕན་ཡོན་མང་སྟེ། **ཟླ་བ་སྒྲོན་མར།** ཟས་དང་སྐོམ་དང་དེ་བཞིན་གོས་རྣམས་དང་། །མེ་ཏོག་སྤོས་དང་ཕྲེང་བ་རྣམས་ཀྱིས་ནི། །སྤྱི་མཆོག་རྒྱལ་ལ་བསྙེན་བཀུར་བྱས་མི་འགྱུར། །གང་གིས་བྱང་ཆུབ་རབ་ཏུ་འདོད་བྱེད་ཅིང་། །འདུས་བྱས་

ངན་པས་ཡིད་བྱུང་སེམས་ཅན་གྱི། །དོན་དུ་དགོན་པའི་ཕྱོགས་སུ་གོམ་བདུན་བོར། །འདི་ནི་དེ་བས་བསོད་ནམས་ཁྱད་པར་འཕགས། །ཞེས་དང་། དེ་ནི་འདུས་བྱས་རྟག་ཏུ་ཡིད་འབྱུང་འགྱུར། །དེ་ནི་འཇིག་རྟེན་ཅི་ལའང་འདོད་པ་མེད། །ཟག་པ་རྣམས་ནི་རྣམ་པར་འཕེལ་མི་འགྱུར། །ཞེས་དང་། གྲོང་དང་གྲོང་ཁྱེར་དག་ལ་དགའ་སྤོངས་ལ། །(༧༧༨བ)རྟག་ཏུ་དབེན་པའི་ནགས་ཁྲོད་བསྟེན་པར་གྱིས། །གསེ་རུ་ལྟ་བུར་རྟག་ཏུ་གཉིས་མེད་གྱོས། །རིང་པོར་མི་ཐོགས་ཏིང་འཛིན་མཆོག་འཐོབ་འགྱུར། །ཞེས་སོ། །དེ་ལྟར་ལུས་དབེན་པའི་དགོས་པ་ཡང་སེམས་རྣམ་གཡེང་གིས་དབེན་པར་བྱ་བ་ཡིན་པས་བདག་དགོན་པར་ཅིའི་ཕྱིར་འོངས་ད་ལྟ་ཇི་ལྟར་གནས་བརྟག་པར་བྱའོ། །ཅིའི་ཕྱིར་འོངས་ན། **དྲག་ཤུལ་ཅན་གྱིས་ཞུས་པར།** འདུ་འཛིས་འཇིགས་ཤིང་སྐྲག་གོ། །རྙེད་བཀུར་དང་ སྡིག་གྲོགས་དང་། མི་དགེ་བའི་བཤེས་གཉེན་དང་། དུག་གསུམ་དང་བདུད་བཞི་དང་ངན་སོང་གསུམ་གྱིས་འཇིགས་ཤིང་སྐྲག་གོ། །བདག་དེ་ལྟ་བུས་སྐྲག་ཅིང་འཇིགས་ནས་དགོན་པར་འོངས་སོ། །ཞེས་པ་ལྟར་བསམ་མོ། །ད་ལྟ་ཇི་ལྟར་གནས་བརྟག་སྟེ། ལུས་ཀྱིས་མི་དགེ་བ་སྤྱོད་ཅིང་འདུག་ན་འོ་ན་བདག་དང་དགོན་པའི་གཙན་གཟན་དང་རྫོན་པ་དང་ཆོམ་རྐུན་ཡང་ཐ་མི་དད་དོ། །ངག་དོན་མེད་སྨྲ་ཞིང་འདུག་ན་དགོན་པའི་བྱ་རྣམས་དང་མཚུངས་སོ། །དུག་གསུམ་གྱི་སེམས་¦སེམས་¦ཞིང་འདུག་ན་རི་དྭགས་དང་གཅན་གཟན་རྣམས་དང་ཁྱད་པར་མེད་དོ། །ཞེས། བདག་ཉིད་ལ་བདག་ཉིད་ངོ་ཚ་ཞིང་ཁྲེལ་བའི་འདུ་ཤེས་བཞག་སྟེ། བདག་གི་སེམས་སྤྱོད་དགོན་པའི་མི་མ་ཡིན་པ་རྣམས་དང་ལྷ་རྣམས་དང་སངས་རྒྱས་ཐམས་ཅད་ཀྱིས་མངོན་སུམ་དུ་གཟིགས་སོ་སྙམ་པས་བག་ཡོད་པར་བྱས་ཏེ་དགེ་བའི་སེམས་ལ་ཇེའུ་དཀར་པོ་དང་། མི་དགེ་བའི་སེམས་ལ་ཇེའུ་ནག་པོ་བཞག་ཅིང་སེམས་སྐད་ཅིག་ཀྱང་མི་གཡེང་བར་དམ་བཅས་ཏེ་རྩེ་གཅིག་ཏུ་སྒོམ་མོ། །

དེ་ལ་གང་སྒོམ་པ་ནི་ཞི་ལྷག་གི་སྒོ་ནས་གཉིས་ཏེ། ཞི་གནས་ནི་སེམས་ལ་སེམས་འཇོག་པ་རྩེ་གཅིག་པ་སྟེ་བསམ་གཏན་དངོས་ཡིན་ལ། ཇི་ལྟ་བ་ཤེས་པས་དེ་ཁོ་ན་ཉིད་ལ་དམིགས་པ་ནི་ཤེས་རབ་ཀྱི་ཆ་ཡིན་ཞིང་། དེ་ཁོ་ན་ཉིད་ལ་དམིགས་པས་རྩེ་གཅིག་ཏུ་བཞག་པ་ནི་ཟུང་དུ་ཆུད་པ་སྟེ་སྐབས་འདིར་བསྟན་གྱི་བསྒོམ་བྱའོ། །

ཡིད་(༧༧༢ན)བྱེད་ཀྱི་སྒོ་ནས་དབྱེ་བ་བཞི་སྟེ། རྟོག་དཔྱོད་གཉིས་ཀ་ཡོད་པ་དང་། རྟོག་པ་ཁོ་ན་ཙམ་དང་། དཔྱོད་པ་ཁོ་ན་ཙམ་དང་། གཉིས་ཀ་མེད་པ་སྟེ། ཡིད་ཀྱི་བརྗོད་པས་རྒྱུན་ཆགས་སུ། །བཙལ་བྱ་སོ་སོར་བརྟག་པར་བྱ། །ཡིད་ལ་བྱེད་པ་བརྗོད་མེད་པ། །རོ་གཅིག་པས་ཀྱང་དཔྱད་པར་བྱ། །ཞེས་སོ། །ཡང་ཞི་གནས་དང་། ལྷག་མཐོང་དང་། ཟུང་འབྲེལ་ཡིད་ལ་བྱེད་པ་གསུམ་དུ་ཡང་འགྱུར་ཏེ། ཆོས་ཀྱི་མིང་ནི་སྡོམ་པ་ཉིད། །ཞི་གནས་ལམ་དུ་ཤེས་པར་བྱ། །ལྷག་མཐོང་ལ་ནི་དེ་དོན་རྣམས། །རྣམ་པར་དཔྱོད་པར་ཤེས་པར་བྱ། །ཟུང་དུ་འབྲེལ་བའི་ལམ་དེ་ནི། །བསྡུམས་པ་ཡིན་པར་ཤེས་པར་བྱ། །ཞེས་སོ། །ཡང་ན་སེམས་རབ་ཏུ་འཛིན་པ་དང་། ཞི་གནས་དང་། བཏང་སྙོམས་གསུམ་སྟེ། ཞུམ་པའི་སེམས་ནི་རབ་བཟུང་ཞིང་། །རྒོད་པ་ཡང་ནི་ཞི་བར་བྱ། །དེ་ནས་དམིགས་པ་དེ་ལ་ནི། །མཉམ་པར་གྱུར་ན་བཏང་སྙོམས་བཞག །ཅེས་སོ། །རྟག་ཏུ་སྒོམ་པ་དང་། གུས་པར་སྒོམ་པ་གཉིས་སུ་ཡང་འགྱུར་ཏེ། དེ་ལ་རྟག་ཏུ་བྱ་བ་དང་། །གུས་པར་བྱས་ཏེ་སྦྱོར་བ་དང་། །ཞེས་སོ། །དམན་མཆོག་གི་སྒོ་ནས་དབྱེ་ན་གཉིས་ཏེ། ཕྱི་རོལ་པ་དང་ཐུན་མོང་དུ་གྱུར་པ་འཇིག་རྟེན་པའི་སྙོམས་འཇུག་བརྒྱད་དང་། འདས་ལམ་གྱིས་ཐོབ་པའི་མཐར་གནས་པའི་སྙོམས་འཇུག་དགུའམ་ཐེག་པ་གསུམ་གྱི་བསམ་གཏན་རྣམས་སོ། །

ཡང་ན་འཇིག་རྟེན་པའི་བསམ་གཏན་ནི། བདེ་བ་ཆུང་བ་དང་འཇིག་ཚོགས་ལ་ཞེན་པ་དང་ཉམས་པར་འགྱུར་བ་དང་རྨོངས་པ་ཉོན་མོངས་དང་བཅས་པས་

དམན་པ་དང་། ཉན་རང་གཉིས་ཀྱི་ནི་བདག་གཅིག་པུ་བདེ་བ་དང་ཞི་བའི་མཐར་ཞེན་པ་དང་ཕུང་པོ་ལྷག་མེད་དུ་ཟད་པར་འགྱུར་བ་དང་། ཉོན་མོངས་ཅན་མ་ཡིན་པའི་རྨོངས་པ་དང་བཅས་པའི་ཕྱིར་དེ་གསུམ་གྱི་བསམ་གཏན་དམན་པ་ཡིན་ལ། ཐེག་ཆེན་པའི་ནི་བདེ་བ་ཆེན་པོ་དང་ལྡན་ཞིང་རང་གཞན་(༡༡༧བ)ཐམས་ཅད་བདེ་བར་བྱེད་པ་དང་སྲིད་ཞིའི་མཐའ་ལ་མ་ཞེན་པ་དང་ཉམས་པར་མི་འགྱུར་བ་དང་ནམ་ཡང་མི་ཟད་པ་དང་རྨོངས་པ་མེད་པའི་ཕྱིར་མཆོག་ཡིན་ཏེ། གསུམ་གྱི་བསམ་གཏན་བདེ་བ་ཆུང་། །བདག་བདེ་ཞེན་བཅས་ཡོངས་ཉམས་འགྱུར། །ཟད་འགྱུར་རྨོངས་དང་བཅས་པར་འདོད། །བྱང་ཆུབ་སེམས་དཔའི་ཟློག་པའོ། །ཞེས་སོ། །

ཇི་ལྟར་སྒོམ་པ་ལ་སྦྱོར་བ་དང་དངོས་གཉིས་ལས། དང་པོ་ནི། འདོད་ཆགས་ཀྱི་གཉེན་པོར་མི་སྡུག་པ། ཞེ་སྡང་གི་གཉེན་པོར་བྱམས་པ། གཏི་མུག་གི་གཉེན་པོར་རྟེན་འབྲེལ། ཕྲག་དོག་གི་གཉེན་པོར་བདག་གཞན་མཉམ་པའི་བྱང་སེམས། ང་རྒྱལ་གྱི་གཉེན་པོར་བདག་གཞན་བརྗེ་བའི་བྱང་སེམས། ཆ་མཉམ་དང་རྣམ་རྟོག་མང་བའི་གཉེན་པོར་རླུང་ལ་བསླབ་པ་སྟེ་དྲུག་ཡིན་ལ། ཉོན་མོངས་གང་ཤས་ཆེ་བ་དེའི་གཉེན་པོ་ཉིད་གཙོ་བོར་བསྒོམ་པར་བྱའོ། །

དེ་ལ་མི་སྡུག་པ་སྒོམ་པ་ནི། **མཛོད་ལས།** ཀེང་རུས་ཆགས་བཅས་ཐམས་ཅད་ལ། །རུས་པ་རྒྱ་མཚོའི་བར་དུ་ནི། །སྤྲོ་ཞིང་སྡུད་པས་ལས་དང་པོ། །ཀེང་རུས་ནས་ནི་ཐོད་ཕྱེད་བར། །བཏང་བས་སྦྱང་བ་བྱས་པར་བཤད། །སྨིན་མའི་བར་དུ་སེམས་འཛིན་པས། །ཡིད་ལ་བྱེད་པ་རྫོགས་པ་ཡིན། །ཞེས་པ་སྟེ་དང་པོར་ལུས་ནི་ཤ་ཁྲག་པགས་རུས་བད་མཁྲིས་མཆིལ་སྣབས་བཤང་གཅི་སོགས་མི་གཙང་བའི་རྫས་སོ་དྲུག་འདུས་པའི་རང་བཞིན་ཡིན་པ་ཤེས་པར་བྱ་སྟེ་དེ་དག་རེ་རེ་ནས་བསམ། དེ་ནས་གཞན་ཤི་བའི་རོ་ཞག་དུ་མ་ལོན་པ་སྟེ་བམ་པ་དང་། རུལ་མྱགས་ཀྱིས་སྔོ་བ་དང་དམར་བ་དང་བསྣགས་པ་དང་འབུས་བཞིགས་པ་དང་། ཀེང་རུས་མ་འཐོར་

བ་དང་འཐོར་བ་དང་ཆར་ལྷགས་ཀྱིས་ཉུས་གོང་ཐི་བའི་མདོག་ལྟར་གྱུར་པ་རྣམས་ལ་བརྟག་ཅིང་བདག་གི་ལུས་ཀྱང་འདི་ལས་མ་འདས་སོ་ཞེས་ཡང་ཡང་བསམ་མོ། །

ཡང་རང་གི་སྨིན་མཚམས་སུ་ཤ་བས་ཉུལ་ཏེ་ཉུས་པ་དཀར་ལྷགས(༡༡༨ན)ཀྱིས་བྱུང་ཞིང་མཐར་ལུས་ཐམས་ཅད་བམ་པ་ལ་སོགས་པའི་གནས་སྐབས་སོ་སོར་རིམ་པར་གྱུར་ནས་མཐར་ཀེང་ཉུས་འཐོར་བ་ཡང་རྒྱ་མཚོའི་བར་དུ་ཐོར་གྱིས་ཁྱབ་པའམ། ཡང་ན་རྒྱ་མཚོའི་བར་དེ་ལྟ་བུའི་རུས་ཁྱབ་པར་བསམ་ཞིང་གང་གི་ལུས་ལ་ཆགས་པ་ལ་ཡང་དེ་ལྟར་བསམས་པས་ཆགས་པ་ལྡོག་པར་འགྱུར་རོ། །

ཞེ་སྡང་གི་གཉེན་པོར་བྱམས་པ་ནི། སེམས་ཅན་ལ་དམིགས་པའི་བྱམས་པ་སྐྱེ་བ་གཏན་གྱི་ཕ་མར་ཤེས་པས་ཡིད་དུ་འོང་བའི་བློ་ཐོག་མར་བདག་གི་མཛའ་བོ་ལྟ་བུ་ཡིད་དུ་འོང་བ་ནས་བཙམས་ཏེ་མཐར་སེམས་ཅན་ཐམས་ཅད་ལ་མཉམ་པར་མ་གྱུར་གྱི་བར་སྒོམ་མོ། །

གཏི་མུག་གི་གཉེན་པོར་རྟེན་འབྲེལ་ནི། སཱ་ལུ་ལྗང་པའི་མདོ་ལས་གསུངས་པ་ལྟར་ས་བོན་ཆུ་ལུད་དྲོད་ས་གཞི་དུས་ལ་བརྟེན་ཏེ་མྱུ་གུ་འབྱུང་ཡང་དེ་དག་རེ་རེ་ཡང་མྱུ་གུ་སྐྱེད་པར་སེམས་པ་མེད་ཅིང་མྱུ་གུ་ཡང་སེམས་པ་མེད་ལ་སུས་ཀྱང་མ་བྱས་ན་ཡང་དེ་དག་ཚོགས་པ་ཙམ་ལས་མྱུ་གུར་སྣང་བར་འགྱུར་ལ། དེ་ལས་ས་བོན་ཡང་གཞན་ལ་མྱུ་གུ་ཡང་གཞན། ས་བོན་ཡང་མྱུ་གུར་མི་འགྱུར་ལ་ས་བོན་མེད་པར་ཡང་མི་སྐྱེ་ཞིང་ས་བོན་འགགས་པ་དང་མ་འགགས་པ་ལས་མི་སྐྱེ་ལ་དེ་ལས་གཞན་ནས་ཀྱང་མ་བྱུང་སྟེ་དེ་བཞིན་དུ་སཱ་ལུའི་བར་དུ་དེ་ལྟ་བུ་ཡིན་ལ་དེ་ལ་ནི་བདག་གམ་གཞན་ནམ་སྐྱེ་བའམ་མི་སྐྱེ་བ་ཞེས་གདགས་སུ་མེད་དེ་སྒྱུ་མ་ལྟ་བུའོ། །དེས་ན་དངོས་པོ་ཐམས་ཅད་དེ་ལྟར་ཕྱིའི་རྟེན་འབྲེལ་རྒྱུ་རྐྱེན་དང་བཅས་པའོ། །ནང་གི་རྟེན་འབྲེལ་ལའང་གཉིས་ལས། རྒྱུ་དང་བཅས་པ་ནི་ཤེས་བྱ་དེ་ཁོ་ན་ཉིད་མ་ཤེས་པ་ནི་མ་རིག་པ་སྟེ་དེས་ཀུན་ནས་བསླང་ནས་ཟག་བཅས་ཀྱི་ལས་

དགེ་མི་དགེ་མི་གཡོ་བ་གང་རུང་འདུ་བྱེད་པས་ན་མ་རིག་པའི་རྐྱེན་གྱིས་འདུ་བྱེད་དོ། །ལས་དེའི་བག་ཆགས་གོས་པའི་སེམས་སྐྱེ་བ་ནི་རྣམ་པར་ཤེས་པའོ། །ལས་དེས་མངལ་དུ་ཉིང་མཚམས་སྦྱར་ཏེ་ནུར་ནུར་པོ་སོགས་(༧༧༢བ)སུ་གྲུབ་པ་ནི་མིང་གཟུགས་སོ། །དེ་འཕེལ་བས་མིག་སོགས་རྫོགས་པ་ནི་སྐྱེ་མཆེད་དྲུག་གོ། །དེ་ལས་ཡུལ་དབང་ཡིད་བྱེད་གསུམ་འདུས་པ་ནི་རེག་པའོ། །དེ་ལས་བདེ་སྡུག་བཏང་སྙོམས་གང་རུང་མྱོང་བ་ནི་ཚོར་བའོ། །དེ་ལ་དགའ་བའམ་འདོར་བར་ཞེན་པ་ནི་སྲེད་པའོ། །དེའི་རྒྱུ་ལེན་པ་ནི་ལེན་པའོ། །དེས་ཡང་སྲིད་གཞན་འགྲུབ་པའི་རྒྱུ་འཛོག་པ་སྲིད་པའོ། །རྒྱུ་དེས་ཕུང་པོ་ལྔ་གྲུབ་པ་སྐྱེ་བའོ། །སྐྱེས་ནས་ལུས་རྙིང་པ་ནི་རྒ་བ་དང་མཐར་ལུས་འདོར་བ་ནི་འཆི་བ་སྟེ་རྒ་ཤིའོ། །དེའི་རྐྱེན་གྱིས་མྱ་ངན་དང་སྡུག་བསྔལ་དང་སྨྲེ་སྔགས་འདོན་པ་དང་ཡིད་མི་བདེ་བ་དང་འཁྲུག་པ་རྣམས་འབྱུང་སྟེ་དེ་ལྟར་སྡུག་བསྔལ་གྱི་ཕུང་པོ་ཆེན་པོ་འདི་འབྱུང་བའོ། །འདི་ནི་གཙོ་བོར་འདོད་ཁམས་དང་མངལ་སྐྱེས་ལ་གཙོ་བོར་དགོངས་ལ་བཅུ་གཉིས་པོ་འདི་ཡང་གསུམ་དུ་འདུ་སྟེ་ཉོན་མོངས་དང་། ལས་དང་། སྡུག་བསྔལ་ལོ། །དེ་ཡང་མ་རིག་པ་དང་སྲེད་པ་དང་ལེན་པ་དང་གསུམ་ནི་ཉོན་མོངས་པའོ། འདུ་བྱེད་དང་སྲིད་པ་ནི་ལས་སོ། །རྣམ་ཤེས་ལ་སོགས་པ་བདུན་ནི་སྡུག་བསྔལ་ཏེ། **དབུ་མ་རྟེན་འབྱུང་ལས།** ཐུབ་པས་རྟེན་འབྱུང་གསུངས་དེ་དག །ཉོན་མོངས་ལས་དང་སྡུག་བསྔལ་ཏེ། །གསུམ་པོ་དག་ཏུ་ཟད་པར་འདུས། །དང་པོ་བརྒྱད་དགུ་པ་ཉོན་མོངས། །གཉིས་པ་བཅུ་པ་ལས་ཡིན་ཏེ། །ལྷག་མ་བདུན་ནི་སྡུག་བསྔལ་ཡིན། །ཞེས་སོ། །དེས་ན་མ་རིག་པ་ནི་ས་བོན་འདེབས་མཁན་ལྟ་བུ། ལས་ནི་ཞིང་། རྣམ་ཤེས་ནི་ས་བོན། སྲེད་པ་ནི་རྡོད་གཤེར། མིང་གཟུགས་ནི་མྱུ་གུ། གཞན་ནི་ལྡོང་བུའི་སྐབས་ལ་སོགས་པ་ལྟ་བུ་སྟེ་འདི་རྣམས་ཀྱང་སྔ་མ་སྔ་མ་མེད་ན་ཕྱི་མ་ཕྱི་མ་མི་འབྱུང་། སྔ་མ་མ་འགགས་པར་ཕྱི་མ་མི་སྐྱེ་ལ། འགགས་ནས་ཀྱང་མི་སྐྱེ། སྔ་མ་ཡང་གཞན་ལ་

ཕྱི་མ་ཡང་གཞན། སྔ་མ་ལས་གཞན་ནས་ཀྱང་ཕྱི་མ་མ་བྱུང་། སྔ་མ་ཡང་ཕྱི་མ་སྐྱེད་པར་མི་སེམས་ལ་ཕྱི་མ་ཡང་སེམས་པ་མེད། (༧༧(ན))སུས་ཀྱང་མ་བྱས། འོང་བ་དང་འགྲོ་བ་མེད་མོད་ཀྱང་རྒྱུ་རྐྱེན་ཚོགས་པ་ཙམ་ལས་འབྲས་བུ་མེད་བཞིན་དུ་སྐྱེད་པར་སྣང་བ་འདི་ནི་ལུགས་སུ་འབྱུང་བ་འཁོར་བའི་རྟེན་འབྲེལ་ཡིན་ལ། དགེ་བའི་བཤེས་གཉེན་གྱི་མཐུས་ཆོས་ཐམས་ཅད་སྟོང་ཉིད་དུ་རྟོགས་པ་ན་མ་རིག་པའི་གནས་སྐབས་ལོག་པས་དེ་ལ་མ་རིག་པ་འགགས་པ་ཞེས་ཐ་སྙད་དུ་བྱེད་ཀྱི་མ་རིག་པ་ནི་སྔ་ན་ཡང་རྫས་སུ་མེད་ལ་ཕྱིས་གང་དུ་སོང་བ་ཡང་མེད་དོ། །དེས་ལས་གསོག་པ་མེད་པས་འདུ་བྱེད་སོགས་སྔ་མ་སྔ་མ་འགགས་པས་ཕྱི་མ་ཕྱི་མ་འགག་སྟེ་ཡོད་མི་བདེའི་བར་མི་འབྱུང་བ་ནི་མྱ་ངན་ལས་འདས་པ་ཞེས་བྱ་བ་རྟེན་འབྲེལ་ལུགས་ལྡོག་སྟེ། དགེ་སློང་དག་འདི་ཡོད་པས་འདི་འབྱུང་། འདི་སྐྱེས་པས་འདི་སྐྱེ་སྟེ་འདི་ལྟ་སྟེ་མ་རིག་པའི་རྐྱེན་གྱིས་འདུ་བྱེད་ནས་ཡོད་མི་བདེ་དང་འཁྲུག་པའི་བར་དུ་འབྱུང་བར་འགྱུར་ཏེ་དེ་ལྟར་ན་སྡུག་བསྔལ་གྱི་ཕུང་པོ་ཆེན་པོ་འབའ་ཞིག་པ་འདི་འབྱུང་བར་འགྱུར་རོ། །དགེ་སློང་དག་འདི་འགགས་པས་འདི་འགག་སྟེ་མ་རིག་པ་འགགས་པས་འདུ་བྱེད་འགག་པ་སོགས་ནས་སྡུག་བསྔལ་གྱི་ཕུང་པོ་ཆེན་པོ་འབའ་ཞིག་པ་འདི་འགག་པར་འགྱུར་རོ། །ཞེས་སོ། །

ནང་གི་རྟེན་འབྲེལ་རྐྱེན་དང་འབྲེལ་བ་ནི། ཁམས་དྲུག་འདུས་པ་ལས་ལུས་ཀྱི་རྣམ་པར་གྲུབ་ལ། ཁམས་རེ་རེ་ཞིང་ལུས་ཀྱི་སྲ་བ་སོགས་སྐྱུབ་པར་མི་¦སེམ་¦(སེམས་)ཤིང་སྲ་བ་སོགས་ཀྱང་དེས་བསྐྱུབས་པར་མི་རྟོག་ལ། བྱེད་པོ་གཞན་མེད་ཀྱང་ཚོགས་པའི་དབང་ལས་མེད་བཞིན་སྣང་བར་འགྱུར་བ་སྔ་མ་རྣམས་བཞིན་ཏེ། དེ་ལྟར་རྒྱུ་རྐྱེན་ཚོགས་ན་སྣང་བ་རྟེན་ཅིང་འབྲེལ་འབྱུང་དང་རང་བཞིན་སྣང་བ་མེད་པ་སྟོང་པ་ཉིད་ཐ་མི་དད་པ་སྒྱུ་མ་ལྟ་བུ་འདི་ནི་ཆོས་རྣམས་ཀྱི་གནས་ཚུལ་ཏེ། གང་གིས་རྟེན་འབྲེལ་ཤེས་པ་དེས་ཆོས་ཤེས་ལ་ཆོས་ཤེས་པ་དེས་

སངས་རྒྱས་ཉིས་སོ། །ཞེས་གསུངས་ཏེ། འདི་ནི་དེ་བཞིན་གཤེགས་པའི་གསུང་གི་གསང་བ་(༧༧(བ)ཡིན་ནོ། །

བདག་གཞན་མཉམ་པའི་བྱང་སེམས་སྒོམ་པ་ནི། བདག་གཞན་གཉི་གའང་བདེ་བ་འདོད་པ་དང་སྡུག་བསྔལ་མི་འདོད་པར་མཚུངས་ཤིང་མཉམ་པར་ཤེས་པར་བྱས་ལ་བདག་མི་འདོད་པ་དེ་གཞན་ལ་ཡང་མི་བྱ་བ་སྟེ། བདག་དང་གཞན་དུ་མཉམ་པ་ནི། །དང་པོ་ཉིད་དུ་འབད་དེ་སྒོམ། །སོགས་ཀྱི་ཉམས་ལེན་ནོ། །

བདག་གཞན་བརྗེ་བ་སྒོམ་པ་ནི། བྱིས་པས་རང་དོན་བྱས་པ་དང་། །ཐུབ་པས་གཞན་གྱི་དོན་མཛད་པ། །འདི་གཉིས་ཀྱི་ནི་ཁྱད་པར་ལྟོས། །ཞེས་སོགས་ཀྱིས་དགོས་པ་བསམས་ཏེ་དངོས་སམ་བསམ་པས་བདག་གི་བདེ་དགེ་སེམས་ཅན་ལ་བཏང་ཞིང་། གཞན་གྱི་སྡུག་བསྔལ་བདག་ལ་བླང་བ་ལ་སེམས་སྦྱོང་བ་སྟེ། བདག་དང་གཞན་དུ་བརྗེ་བྱ་བ། །གསང་བའི་དམ་པ་སྤྱད་པར་བྱ། །ཞེས་སོགས་ཀྱི་ཉམས་ལེན་ནོ། །

རྣམ་རྟོག་རགས་པའི་གཉེན་པོར་རླུང་ལ་བསླབ་པ་ནི། **མཛོད་ལས།** བགྲང་དང་རྗེས་འགྲོ་འཇོག་པ་དང་། །རྟོག་པ་དང་ནི་བསྒྱུར་བ་དང་། །ཡོངས་དག་རྣམ་པ་དྲུག་ཏུ་འདོད། །ཅེས་གསུངས་ཏེ། དབུགས་དབྱུང་རྔུབ་ལ་སེམས་གཏད་ནས་དབུགས་ཁུག་བཅུའི་བར་དུ་མ་འཁྲུལ་བར་བགྲང་ཞིང་ཡང་འགྲོ་བཅད་ཡང་བགྲང་བ་སྟེ། བརྟན་ནས་རིང་དུ་བར་མ་ཆད་པར་བགྲང་ངོ་། །

རྗེས་སུ་འགྲོ་བ་ནི། རླུང་འདི་ལུས་ཐམས་ཅད་ལ་ཁྱབ་པའམ་ཚད་ཇི་སྲིད་དུ་འཇུག་ཅེས་དབུགས་ཀྱི་རྗེས་སུ་བརྟགས་ཏེ་འཇུག་པ་ན་སྣོག་མ་སྙིང་གཉའ་བ་བརྒྱ་བྱིན་པ་སོར་མོའི་བར་དུ་འཇུག་པ་དང་འབྱུང་བ་ན་ཕྱིར་མཐོ་གང་འདོམ་གང་ཙམ་དུ་འབྱུང་བར་བལྟའོ། །

འཇོག་པ་ནི། སྣ་རྩེ་ནས་རྐང་མཐིལ་གྱི་བར་ནོར་བུའི་ཐག་པ་ལྟར་གནས་པར་

བལྟས་ལ་འདྲིས་ཕན་གནོད་རེག་བྱ་གྲང་དྲོ་ཅི་ཞིག་ཅེས་རྟོག་པའོ། །

ཉེ་བར་རྟོག་པ་ནི། རླུང་དེ་ཉིད་ཀྱང་འབྱུང་བ་བཞི་ལྡན་དུ་རྟོག་པ་དང་ཕུང་པོ་ལྔ་ལ་ཡང་ཉེ་བར་རྟོག་གོ། །

བསྒྱུར་བ་ནི། རླུང་ལ་དམིགས་པ་ལྟར་དམིགས་(༧༢༠ན)པ་གཞན་ལ་ཡང་བསྒྱུར་ཏེ་སྦྱོར་ལམ་ཆོས་མཆོག་གི་བར་དུ་དགེ་རྩ་སྐྱེད་པའོ། །

ཡོངས་སུ་དག་པ་ནི། འབྲས་བུ་སྐྱེ་རྩེ་གཅིག་པ་ནས་མཐོང་ལམ་སོགས་ལ་འཇུག་གོ། །འདི་ལ་**སའི་སྙིང་པོ་འཁོར་ལོ་བཅུ་པ་ལས་ནི།** མིང་གི་རྣམ་གྲངས་ཅུང་ཟད་མི་མཚུངས་པར་གསུངས་ཏེ་བགྲང་བ་དང་། རྗེས་སུ་འགྲོ་བ་དང་། ཞི་གནས་དང་། ལྷག་མཐོང་དང་། འཇུག་པ་དང་། ཡོངས་སུ་དག་པ་ལ་རྟོག་པའོ། །ཞེས་གསུངས་ཏེ།

དང་པོས་རྟོག་དཔྱོད་ཐུལ་ཞིང་དབུགས་འབྱུང་བའི་མཚན་ཉིད་ཤེས་པ་དང་། གཉིས་པས་རྟོག་དཔྱོད་དང་བྲལ་ཞིང་དབུགས་འཇུག་པ་ལ་མཁས་པ་དང་། གསུམ་པས་དབུགས་ཕྱི་ནང་དུ་འཕྲིལ་བར་ཤེས་ཤིང་ཏིང་ངེ་འཛིན་འཐོབ་པ་དང་། བཞི་པས་དབུགས་ཀྱི་ཟད་པ་ཤེས་ཤིང་སེམས་སེམས་བྱུང་སོ་སོར་རྟོགས་པ་དང་། ལྔ་པས་ཉེར་ལེན་གྱི་ཕུང་པོ་སྤོང་བར་མཁས་ཤིང་འཕགས་པའི་སར་འཇུག་པའི་སྦྱོར་བ་དང་། དྲུག་པས་ཉོན་མོངས་སྤོང་ཞིང་ལྟ་བ་དག་པ་སྐྱེ་བྱེད་ལས་གཉིས་གཉིས་སུ་བསྟན་ཏོ། །

དེ་ལྟར་སྦྱོར་བས་ཉོན་མོངས་པ་ཞི་བར་བྱས་ཏེ། བསམ་གཏན་དངོས་ལ་གསུམ་ལས། མཐོང་ཆོས་བདེར་གནས་ཀྱི་བསམ་གཏན་ནི། བྱང་ས་ལས། དེ་ལ་བྱང་ཆུབ་སེམས་དཔའ་རྣམས་ཀྱི་བསམ་གཏན་ནི་རྣམ་པར་རྟོག་པ་ཐམས་ཅད་དང་བྲལ་བ། ལུས་སེམས་ཤིན་ཏུ་སྦྱངས་པ་བསྐྱེད་པ། མཆོག་ཏུ་རབ་ཏུ་ཞི་བ་སྙེམས་སེམས་དང་བྲལ་བ་རོ་མྱང་བ་མེད་པ། མཚན་མ་ཐམས་ཅད་དང་བྲལ་བ་

གང་ཡིན་པ་འདི་ནི་དེ་དག་གི་ཚེ་འདི་ལ་བདེ་བར་གནས་པ་ཡིན་པར་རིག་པར་བྱའོ། །ཞེས་སོ། །

ཡོན་ཏན་སྒྲུབ་པའི་བསམ་གཏན་ནི། ཐུན་མོང་བ་ཟད་པར་བཅུ་དང་། ཟིལ་གནོན་བརྒྱད་དང་། རྣམ་ཐར་བརྒྱད་སོགས་སྒྲུབ་ཅིང་། ཐུན་མོང་མ་ཡིན་པ་ཉན་རང་གི་སྤྱོད་ཡུལ་ལས་ཆེས་འདས་པའི་རྣམ་ཐར་དང་གཟུངས་སྤོབས་རྒྱ་མཚོ་སྒྲུབ་པའོ། །

སེམས་ཅན་དོན་བྱེད་ནི། ཏིང་ངེ་འཛིན་གྱི་མཐུས་(༧༢༠བ)ལུས་ཀྱི་བཀོད་པ་མཐའ་ཡས་པར་སྤྲུལ་ཏེ་གཞན་དོན་བཅུ་གཅིག་པོ་སྒྲུབ་པའོ། །

དེ་ལ་ཏིང་ངེ་འཛིན་ཇི་ལྟར་སྒོམ་ཚུལ་ནི། དབེན་པར་ལུས་སྐྱིལ་ཀྲུང་མཉམ་བཞག་དང་ལྡན་པས་སེམས་གནས་པའི་ཐབས་དགུ་བསྟམ་ཏེ། དེ་ཡང་གང་ཡང་རུང་བའི་དམིགས་པ་ལ་སེམས་རྩེ་གཅིག་ཏུ་བསྡུས་ཏེ་འཛོག་པ་ནི་ནང་དུ་འཛོག་པ་ཞེས་བྱ་སྟེ། དམིགས་པ་ལ་ནི་སེམས་བཏད་ནས། །ཞེས་སོ། །

རང་བཞིན་གྱིས་གཡོ་བའི་སེམས་དེ་ཉིད་མ་ཡེངས་པར་དམིགས་པ་ལ་གཏོད་པ་ནི་ཀུན་ཏུ་འཛོག་པའམ་མི་གཡོ་བར་འཛོག་པ་སྟེ། དེ་རྒྱུན་རྣམ་པར་གཡེང་མི་བྱ། །ཞེས་སོ། །

སེམས་ཅུང་ཟད་ཡེངས་ན་དེ་མ་ཐག་ཏུ་དྲན་པར་བྱས་ལ་སླར་ཡང་འཛོག་པ་ནི་བསྡུས་ཏེ་འཛོག་པའམ་ཡོངས་སུ་འཛོག་པ་སྟེ། རྣམ་གཡེང་མྱུར་དུ་རྟོགས་བྱས་ནས། །དེ་ལ་སླར་ཡང་བསླན་པར་བྱ། །ཞེས་སོ། །

སླར་ཡང་གོང་ནས་གོང་དུ་སེམས་ཕྲ་བར་བསྡུས་ཤིང་འཛོག་པ་ནི་ཉེ་བར་འཛོག་པ་སྟེ། བློ་ལྡན་གོང་ནས་གོང་དུ་ཡང་། །སེམས་ནི་ནང་དུ་བསྡུ་བར་བྱ། །ཞེས་སོ། །

དེས་ཏིང་ངེ་འཛིན་ཅུང་ཟད་སྐྱེས་པས་དགའ་ཞིང་བདེ་བ་སོགས་ཀྱི་ཡོན་ཏན་

མཐོང་བས་ཡིད་ཆེས་ཏེ་སྤྲོ་བས་འཇུག་པ་ནི་དུལ་བར་བྱེད་པ་སྟེ། དེ་ནས་ཡོན་ཏན་མཐོང་བའི་ཕྱིར། །ཏིང་ངེ་འཛིན་ལ་སེམས་གདུལ་ལོ། །ཞེས་སོ། །

དེ་ནས་སེམས་ཀྱི་གཡེང་བ་ཕྲ་མོའང་སྐྱོན་དུ་མཐོང་བས་དེས་མ་གོས་པར་བྱེད་པ་ནི་ཞི་བར་བྱེད་པ་སྟེ། རྣམ་གཡེང་ཉེས་པ་མཐོང་ནས་ནི། །དེ་ལ་མི་དགའ་ཞི་བར་བྱ། །ཞེས་སོ། །

དེ་ནས་ཆགས་པ་དང་ཡིད་མི་བདེ་སོགས་རྩ་ཉོན་ཉེ་ཉོན་ཕྲ་མོ་ཙམ་ལྡང་བ་ནས་རིག་པར་བྱས་ཏེ་དེས་མ་གོས་པར་འཛོག་པ་ནི་ཉེ་བར་ཞི་བར་བྱེད་པ་སྟེ། བརྣབ་སེམས་ཡིད་མི་བདེ་ལ་སོགས། །ལྡངས་པ་དེ་བཞིན་ཞི་བར་བྱ། །ཞེས་སོ། །

དེ་ནས་འདུ་བྱེད་ཅེས་བྱ་བ་འབད་པ་དང་བཅས་པས་རྒྱུད་གཅིག་པ་སྟེ། དེ་ནས་(༧༧ན)སྡོམ་བརྩོན་ཅན་གྱིས་ནི། །སེམས་ལ་མངོན་པར་འདུ་བྱེད་བཅས། །རང་གི་ངང་གིས་འབྱུང་བ་འཐོབ། །ཅེས་སོ། །

དེ་ནས་འབད་མེད་དུ་རྩེ་གཅིག་ཏུ་གནས་པ་ནི་ཏིང་ངེ་འཛིན་དུ་བྱེད་པའམ་མཉམ་པར་འཇོག་པ་ཞེས་བྱ་བ་ཞི་གནས་དངོས་ཏེ། དེ་གོམས་པ་ལས་འདུ་མི་བྱེད། །ཅེས་སོ། །དེས་ན་ཞི་གནས་ལ་འཇུག་པའི་མན་ངག་ནི་དགུ་པོ་དེ་ཙམ་ཞིག་སྟེ། **ཤཱནྟི་པའི་ཤེར་ཕྱིན་མན་ངག་ལས།** བཅོམ་ལྡན་འདས་ཀྱིས་ཞི་གནས་ནི་རྣམ་པ་དགུར་བཀའ་སྩལ་ཏེ་ཇི་ལྟ་བ་བཞིན་དུ་སེམས་ནང་དུ་འཛོག་པར་བྱེད་ཀུན་ཏུ་འཛོག་པར་བྱེད། ཅེས་སོགས་དང་། **ཡུམ་ལས།** དེ་ལ་སེམས་མཉམ་པར་འཛོག་པར་བྱེད། ཡང་དག་པར་འཛོག་པར་བྱེད། རྣམ་པར་འཛོག་པར་བྱེད། དུལ་བར་བྱེད། ཉེ་བར་དུལ་བར་བྱེད། ཞི་བར་བྱེད། ཉེ་བར་ཞི་བར་བྱེད། གཅིག་པ་ཉིད་དུ་བྱེད། ཏིང་ངེ་འཛིན་དུ་བྱེད་དོ། །ཅེས་སོ། །

དེ་ལྟར་ཞི་གནས་དང་ལྡན་པས་བསམ་གཏན་གྱི་དངོས་གཞི་འཐོབ་པར་བྱ་བའི་ཕྱིར་ཉེར་བསྡོགས་ཡིད་བྱེད་བདུན་སྒོམ་སྟེ། ཐོས་བསམ་མམ་སྒོམ་པ་ལས་

བྱུང་བའི་ཤེས་རབ་ཀྱིས་ཆོས་གང་དང་གང་གི་མཚན་ཉིད་ཤེས་པར་བྱས་ཏེ་རྩེ་གཅིག་ཏུ་སེམས་པ་ནི་མཚན་ཉིད་སོ་སོར་རིག་པ་ཡིད་བྱེད་དེ། དེ་ནས་དང་པོར་སྔོམ་བརྩོན་དེ། །མདོ་ཡི་སྡེ་ལ་སོགས་པའི་ཆོས། །མི་གཉིས་དོན་ནི་རྣམ་འབྱེད་པ། །མདོ་སོགས་མིང་ལ་སེམས་འཛོག་གོ། །ཞེས་སོ། །

ཚིག་དོན་གྱི་རབ་ཏུ་དབྱེ་བ་ལ་དཔྱོད་ཅིང་མོས་པས་འཛོག་པ་ནི་མོས་པ་ཡིད་བྱེད་དེ། དེ་ནས་དེ་ནི་རིམ་བཞིན་དུ། །ཚིག་རབ་དབྱེ་ལ་དཔྱོད་བྱེད་ཅིང་། །ཞེས་སོ། །

སོ་སོའི་ནང་གསེས་ཕྲ་བ་ལ་དཔྱོད་པས་མཚན་རྟོག་གཞན་མི་འཇུག་པ་ནི་རབ་ཏུ་དབེན་པ་ཡིད་བྱེད་དེ། སོ་སོའི་ནང་ལ་ཚུལ་བཞིན་དུ། །དེ་ཡི་དོན་ཡང་རྣམ་པར་དཔྱོད། །ཅེས་སོ། །

དོན་དེ་དག་ངེས་པར་བཟུང་བས་རྩེ་གཅིག་པར་གནས་(༡༢༧བ)ཏེ་དགའ་བདེ་ཐོབ་པ་ནི་དགའ་བ་སྡུད་པ་ཡིད་བྱེད་དེ། དོན་དེ་དག་ནི་ངེས་བཟུང་ནས། །ཞེས་སོ། །

ཉོན་མོངས་ཀྱི་ཡུལ་ལས་སླར་སྐྱེ་མི་སྐྱེ་བརྟགས་ཏེ་སྤོང་བ་སོགས་སྔ་མ་རྣམས་ལས་ཀྱང་ཕྲ་ཞིང་ཞིབ་པར་དཔྱོད་པ་ངང་གིས་འཇུག་པ་ནི་དཔྱོད་པ་ཡིད་བྱེད་དེ། ཆོས་ལ་ཀུན་ནས་སྔོམ་པར་བྱེད། །ཅེས་སོ། །

དེ་ལས་ཉོན་མོངས་པའི་གཉེན་པོར་གྱུར་པའི་རྩེ་གཅིག་པ་སྐྱེས་པ་ནི་སྦྱོར་བའི་མཐར་ཐུག་ཡིད་ལ་བྱེད་པ་སྟེ། དེ་ཡི་དོན་ནི་འཐོབ་བྱའི་ཕྱིར། །དེ་ནས་དེ་ནི་སྨོན་པར་བྱེད། །ཅེས་སོ། །

དེ་ནས་བསམ་གཏན་གྱི་དངོས་གཞི་ལ་གེགས་བྱེད་ཀྱི་དྲི་མ་སྐད་ཅིག་གིས་འཇོམས་པར་ནུས་པའི་ཏིང་ངེ་འཛིན་ཕྲ་ཞིང་གསལ་བར་སྐྱེས་པ་སྦྱོར་མཐའི་འབྲས་བུ་ཡིད་ལ་བྱེད་པ་ནི། ཉེར་བསྡོགས་མི་ལྡོགས་པ་མེད་པ་སྟེ་སྐད་ཅིག་དེ་

ཉིད་དུ་བསམ་གཏན་གྱི་དངོས་གཞི་སྐྱེའོ། །

ཡིད་བྱེད་བདུན་པ་དེ་ཇི་ལྟར་སྐྱེད་ཅེ་ན། ཐ་མ་ཉེར་བསྡོགས་དག་པ་བ་དྲུག་གི་སྦྱང་གཉེན་དང་ཏིང་ངེ་འཛིན་ལ་སོ་སོར་ཕྲ་བར་བརྟག་ཅིང་ཡིད་ལ་བྱེད་པ་ཉིད་ཀྱང་མི་དམིགས་པར་བཞག་པས་སྐྱེ་བ་སྟེ། ཡིད་ཀྱི་བརྗོད་པས་རྒྱུན་ཆགས་སུ། །བཅལ་བྱ་སོ་སོར་བརྟག་པར་བྱ། །ཡིད་ལ་བྱེད་པ་བརྗོད་མེད་པས། །རོ་གཅིག་པས་ཀྱང་དཔྱད་པར་བྱ། །ཆོས་ཀྱི་མིང་ནི་བསྡམས་པའང་འདིའི། །ཞི་གནས་ལམ་དུ་ཤེས་པར་བྱ། །ཞེས་སོ། །

དེ་ལྟར་ཉེར་བསྡོགས་མི་ལྡོགས་པ་མེད་པའི་དེ་མ་ཐག་ཏུ་བསམ་གཏན་གྱི་དངོས་གཞི་སྐྱེ་སྟེ་ཙམ་པོ་བ་དང་། ཁྱད་པར་ཅན་ཕན་ཡོན་གྱི་ཡན་ལག་དགའ་བདེ་གཉིས། གཉེན་པོའི་ཡན་ལག་རྟོག་དཔྱོད་གཉིས། རྩེ་གཅིག་པ་ངོ་བོའི་ཆ་སྟེ་ཡན་ལག་ལྔ་དང་ལྡན་པ་སྟེ། **མཛོད་ལས།** དང་པོ་ལ་ལྔ་རྟོག་དཔྱོད་དང་། །དགའ་དང་བདེ་དང་ཏིང་འཛིན་རྣམས། །ཞེས་སོ། །དེ་བཞིན་དུ་གོང་ནས་གོང་དུ་མཉམ་པར་བཞག་པས་རྟོག་དཔྱོད་ནུབ་སྟེ་ནང་རབ་དང་གཉེན་པོའི་(༧༢༢ན)ཡན་ལག །དགའ་བདེ་ཕན་ཡོན་གྱི་ཡན་ལག །རྩེ་གཅིག་པ་ངོ་བོ་སྟེ་གཉིས་པ་ཡན་ལག་བཞི་ལྡན་དང་།

དེ་ནས་དགའ་བ་ནུབ་སྟེ་བཏང་སྙོམས་དང་དྲན་པ་དང་ཤེས་བཞིན་གསུམ་གཉེན་པོའི་ཡན་ལག བདེ་བ་ཕན་ཡོན། རྩེ་གཅིག་པ་ངོ་བོ་སྟེ་གསུམ་པ་ཡན་ལག་ལྔ་ལྡན་དང་། དེ་ནས་བདེ་བ་ནུབ་སྟེ་བདེ་བ་ཡང་མ་ཡིན་སྡུག་བསྔལ་ཡང་མ་ཡིན་པ་ཕན་ཡོན་གྱི་ཡན་ལག་གཉིས་དང་། གཏང་སྙོམས་གཉེན་པོ། རྩེ་གཅིག་ངོ་བོ་སྟེ་བསམ་གཏན་བཞི་པ་ཡན་ལག་བཞི་ལྡན་ཏེ། **མཛོད་ལས།** གཉིས་པ་ལ་ནི་ཡན་ལག་བཞི། །རབ་དང་དང་ནི་དགའ་ལ་སོགས། །གསུམ་པ་ལ་ལྔ་བཏང་སྙོམས་དང་། །དྲན་དང་ཤེས་བཞིན་བདེ་དང་གནས། །མཐའ་ན་བཞིར་དྲན་བཏང་སྙོམས་

དང་། །བདེ་མིན་སྡུག་མིན་ཏིང་འཛིན་རྣམས། །ཞེས་སོ། །དེ་ལ་རྟོག་དཔྱོད་ནི་མེ་ལྟ་བུ། དགའ་བ་ཆུ་ལྟ་བུ། བདེ་བ་དང་བཅས་པའི་ཡིད་ཀྱི་གཡོ་བ་རླུང་ལྟ་བུ་ལས་བསམ་གཏན་དང་པོ་ན་དེ་གསུམ་ག་ཡོད་པའི་ཕྱིར་ཚངས་རིས་དང་། ཚངས་པའི་མདུན་ན་འདོན་དང་། ཚངས་ཆེན་ཏེ་བསམ་གཏན་དང་པོའི་གནས་གསུམ་མེ་ཆུ་རླུང་གསུམ་གར་གྱིས་འཇིག་པའོ། །

གཉིས་པ་ན་རྟོག་དཔྱོད་མེ་ལྟ་བུ་མེད་ལ་གཞན་གཉིས་ལྡན་པའི་ཕྱིར། འོད་ཆུང་། ཚད་མེད་འོད། འོད་གསལ་ཏེ་བསམ་གཏན་གཉིས་པའི་གནས་གསུམ་མེས་མི་འཇིག་ལ་ཆུ་དང་རླུང་གིས་འཇིག་པའོ། །

གསུམ་པ་ན་དགའ་བ་ཆུ་ལྟ་བུ་ཡང་མེད་ལ་བདེ་བའི་འདུ་བྱེད་གཡོ་བ་རླུང་ལྟ་བུ་ཁོ་ན་ཡོད་པའི་ཕྱིར། དགེ་ཆུང་། ཚད་མེད་དགེ། དགེ་རྒྱས་ཏེ་བསམ་གཏན་གསུམ་པའི་གནས་གསུམ་རླུང་ཁོ་ན་ལས་གཞན་གྱིས་མི་འཇིག་པའོ། །

བསམ་གཏན་བཞི་པ་ན་སྐྱོན་དེ་གསུམ་ག་མེད་པའི་ཕྱིར། སྤྲིན་མེད། བསོད་ནམས་སྐྱེས། འབྲས་བུ་ཆེ་སྟེ་བཞི་པའི་གནས་གསུམ་འབྱུང་བའི་(૭૨૨བ)རྐྱེན་གྱིས་མི་འཇིག་ལ་ནང་གི་སེམས་ཅན་ཤི་འཕོས་པ་ན་ཕྱིའི་གཞལ་མེད་ཁང་མི་སྣང་བའོ། །

བཞི་པའི་དངོས་གཞི་ཁྱད་པར་ཅན་ལ་བརྟེན་ནས་མངོན་པར་ཤེས་པའི་ལམ་ལས་རྫུ་འཕྲུལ་གྱི་མངོན་ཤེས་དང་། ལྷའི་རྣ་བ་དང་། གཞན་སེམས་ཤེས་པ་དང་། སྔོན་གནས་རྗེས་སུ་དྲན་པ་དང་། ལྷའི་མིག་སྟེ་མངོན་པར་ཤེས་པ་ལྔ་བསྐྱེད་པར་བྱེད་ལ། འདས་ལམ་དང་འབྲེལ་ན་ཟག་པ་ཟད་པའི་ཐབས་ཤེས་པ་དང་ཟག་པ་ཟད་པའི་མངོན་པར་ཤེས་པ་ཉིད་ཀྱང་སྐྱེ་སྟེ། བསམ་གཏན་བཞི་པ་ཤིན་ཏུ་དག་ཐོབ་ནས། །མི་རྟོག་ཡེ་ཤེས་ཡོངས་སུ་བཟུང་བ་ཡིས། །ཇི་ལྟའི་རྣམ་གནས་ཡིད་ལ་བྱེད་པ་ལས། །མངོན་པར་ཤེས་པ་ཐོགས་མེད་འབྱུང་བར་འགྱུར། །ཞེས་སོ། །དེ་ལྟར་བཞི་པ་ཐོབ་ནས་གཟུགས་ཀྱི་འདུ་ཤེས་བཀག་སྟེ་གོང་ནས་གོང་དུ་ཕྲ་བར་བསྒོམས་

པས་ནམ་མཁའ་མཐའ་ཡས་དང་། རྣམ་ཤེས་མཐའ་ཡས་དང་། ཅི་ཡང་མེད་པ་དང་། ཡོད་མིན་མེད་མིན་གྱི་སྐྱེ་མཆེད་དེ་གཟུགས་མེད་བཞིའི་ཏིང་ངེ་འཛིན་སྐྱེ་བར་འགྱུར་ལ། དེའི་མཐར་འཕགས་པ་རྣམས་ཀྱིས་སྡུག་བསྔལ་དང་ཚོར་བ་འགོག་པ་ལ་ཞུགས་པ་ནི་འགོག་པའི་སྙོམས་འཇུག་སྟེ། བསམ་གཏན་བཞི། གཟུགས་མེད་བཞི། འགོག་པ་དང་བཅས་པ་ནི་མཐར་གྱིས་གནས་པའི་སྙོམས་འཇུག་དགུ་ཡིན་ནོ། །

སྙོམས་འཇུག་དང་པོ་བརྒྱད་ནི་འཇིག་རྟེན་དང་འཇིག་རྟེན་ལས་འདས་པའི་ལམ་ཐམས་ཅད་ཀྱི་ཐུན་མོང་བ་ཡིན་ཏེ་ཕྱི་རོལ་པའི་དྲང་སྲོང་རྣམས་ཀྱིས་ཀྱང་སྲིད་རྩེའི་སྐྱེ་མཆེད་ཀྱི་བར་དུ་འགྲུབ་པའི་ཕྱིར་དང་། དགྲ་བཅོམ་པ་གཉིས་ཀའི་ཆ་ལས་རྣམ་གྲོལ་རྣམས་དང་རང་སངས་རྒྱས་རྣམས་ཀྱང་དགུ་ག་ལ་སྙོམས་པར་འཇུག་པའི་ཕྱིར་དང་། བྱང་ཆུབ་སེམས་དཔའ་རྣམས་ཀྱང་ཏིང་ངེ་འཛིན་ཐམས་ཅད་ལ་རྩལ་སྦྱོང་བའི་ཕྱིར་དང་། བྱང་ཆུབ་ཀྱི་ཤིང་དྲུང་དུ་འཚང་རྒྱ་བ་ན་ཡང་བསམ་གཏན་བཞི་པའི་མཐར་ཟག་ཟད་ཀྱི་(༧༢༣ན)ཐབས་ཤེས་པའི་མངོན་ཤེས་ཀྱི་མཐར་ཐུག་རྡོ་རྗེ་ལྟ་བུའི་ཏིང་ངེ་འཛིན་ལས་ཟད་པ་དང་མི་སྐྱེ་བ་མཁྱེན་ནས་འཚང་རྒྱ་བའི་ཕྱིར་དང་། སྟོན་པ་མྱ་ངན་ལས་འདའ་བ་ན་ཡང་བསམ་གཏན་བཞི་པ་ལས་མྱ་ངན་ལས་འདའ་བའི་ཕྱིར་རོ། །འོན་ཀྱང་བྱང་ཆུབ་སེམས་དཔའ་རྣམས་ཁམས་གོང་དུ་སྐྱེ་བའི་ཕྱིར་བསམ་གཏན་སྒྲུབ་པ་མ་ཡིན་ཏེ་སེམས་ཅན་གྱི་དོན་འབྱུང་བའི་གནས་ནི་གཙོ་བོར་འདོད་པའི་ཁམས་ཡིན་པའི་ཕྱིར་དང་། གཟུགས་མེད་དུ་གཞན་དོན་གཏན་མི་འབྱུང་བའི་ཕྱིར་ཏེ། བསམ་གཏན་ཏིང་ངེ་འཛིན་ལ་གནས་ཀྱང་མཚན་མ་མེད། །དེ་ལ་གནས་རྣམས་གལ་ཏེ་ལུས་ནི་ཞིག་གྱུར་ན། །བསམས་པ་ཇི་བཞིན་འདོད་པའི་ཁམས་སུ་ཡང་སྐྱེའོ། །ཞེས་དང་། བྱང་ཆུབ་ཡོན་ཏན་ཕ་རོལ་ཕྱིན་ཉམས་འགྱུར་འོང་ཞེས། །གཟུགས་མེད་ཁམས་སུ་སྐྱེ་བ་

དོན་དུ་གཉེར་མི་བྱེད། །ཅེས་སོ། །དེས་ན་བྱང་ཆུབ་སེམས་དཔའ་རྣམས་བསམ་གཏན་གྱི་བདེ་བ་ཐམས་ཅད་ཐོབ་ཀྱང་ཇི་མི་སྙམ་པས་དོར་ཏེ་འདོད་པའི་ཁམས་སྡུག་བསྔལ་མཐའ་ཡས་པའི་གསེབ་ཏུ་སྙིང་རྗེ་ཕོ་ནས་ཞུགས་ཏེ་འདོད་པས་མ་གོས་པར་འགྲོ་བའི་དོན་དུབ་པ་མེད་པར་སྤྱོད་པ་ནི་ངོ་མཚར་མཐའ་ཡས་པའི་གནས་ཏེ། བསམ་གཏན་ལྡན་པ་བསམ་གཏན་ཏིང་འཛིན་ཐོབ་ནས་སླར། །ཕྱིར་ཡང་འདོད་པའི་ཁམས་སུ་གནས་ཞིང་ཆགས་པ་མེད། །ཆུ་ནང་པདྨ་བཞིན་དུ་ཅིས་པའི་ཆོས་མི་གནས། །ཞེས་སོ། །འགོག་པའི་སྙོམས་འཇུག་ནི་སོ་སོ་སྐྱེ་བོས་ནུས་པ་གཏན་མེད་ལ་དགྲ་བཅོམ་པ་དབང་བརྟུལ་རྣམས་ཀྱིས་ཀྱང་འཇུག་མི་ནུས་ཤིང་དགྲ་བཅོམ་པ་རྣམ་ཐར་བརྒྱད་ལྡན་དང་རང་སངས་རྒྱས་རྣམས་ཀྱིས་ནི་དུས་ཀྱི་འཕེན་པ་ཇི་ཙམ་དུ་བཏང་བ་དེ་ཙམ་དུ་འཇུག་ཅིང་དེ་ནས་ལྡང་ལ། བྱང་ཆུབ་སེམས་དཔས་ས་དང་པོ་ཐོབ་ནས་འཇུག་པར་ནུས་མོད་ཀྱང་ཡང་དག་མཐའ་དུས་མིན་དུ་མངོན་(༧༢༣བ)དུ་བྱེད་པའི་དགག་བྱ་ཡོད་པའི་ཕྱིར་འདི་ལ་ཞག་བདུན་ལས་ལྷག་པར་མི་འཇོག་པར་སྟོན་པས་བཅའ་བ་མཛད་པ་ཡིན་ལ། ས་བརྒྱད་པ་པ་ཡན་ཆད་ནི་འགོག་པ་ལ་དབང་ཐོབ་པས་སྐད་ཅིག་གིས་ཀྱང་འཇུག་ཅིང་ལྡང་བ་བྱ་ནམ་མཁའ་ལ་བྱ་བ་བཞིན་དུ་སྤྱོད་ཅིང་མཐར་ཐུག་ངོ་བོ་ཉིད་ཀྱི་སྐུ་འགོག་པ་ཆེན་པོ་ལས་ནམ་ཡང་མི་ལྡང་བར་འགྲོ་བའི་དོན་འབད་མེད་དུ་འབྱུང་བ་ལ་ནི་རྫོགས་པའི་སངས་རྒྱས་ཞེས་བྱའོ། །

དེ་ཡང་བསམ་གཏན་གྱི་སྒྲིབ་པ་ནི་ལྔ་སྟེ། རྒོད་འགྱོད་དང་། གཉིད་རྨུགས་དང་། གནོད་སེམས་དང་། འདོད་འདུན་དང་། ཐེ་ཚོམ་མོ། །ཡང་ན་རྒོད། འགྱོད། གཉིད། རྨུགས། ཐེ་ཚོམ་སྟེ་ལྔར་ཡང་བཤད་དོ། །

དེ་ལ་ཞི་གནས་ནི་རྒོད་འགྱོད་ཀྱི་གཉེན་པོ་ཡིན་ལ། ལྷག་མཐོང་ནི་གཉིད་རྨུགས་ཀྱི་གཉེན་པོ་ཡིན་ཞིང་ཐེ་ཚོམ་ནི་གཉེ་གས་ཅི་རིགས་སུ་མགོ་གནོན་ཞིང་

མཐར་མཐོང་ལམ་དུ་སྦྱོང་བ་ཡིན་ལ། གཉིད་རྨུགས་དག་པའི་ཚེ་ཞི་གནས་གྲུབ་པ་དང་། རྒོད་འགྱོད་དག་པའི་ཚེ་ལྷག་མཐོང་གྲུབ་པ་ཞེས་གསུངས་ལ། ཞི་གནས་གྲུབ་པ་ནི་ལུས་སེམས་ཤིན་ཏུ་སྦྱངས་པ་ཐོབ་པར་འགྱུར་ཏེ་སྐྱིལ་མོ་ཀྲུང་གཅིག་གིས་ལོ་ཟླར་འདས་ཀྱང་ཟུག་རྔུ་མེད་ཅིང་ཁམ་གྱི་ཟས་ལ་མ་ལྟོས་པ་དང་། སེམས་ལས་སུ་རུང་བས་ཤིན་ཏུ་ཐུལ་བ་གཉེན་པོའི་རང་དབང་ཅན་དུ་འགྱུར་བ་ཡིན་ནོ། །

ཡང་ན་བསམ་གཏན་གྱི་མི་མཐུན་པའི་ཕྱོགས་དྲུག་སྟེ། ལེ་ལོ་དང་། དམིགས་པ་བརྗེད་པ་དང་། ཞུམ་པ་དང་། རྒོད་པ་དང་། བསྒྲིམས་ཆེས་པ་དང་། མ་བསྒྲིམས་ཆེས་པའོ། །དེ་དག་གི་གཉེན་པོར་དད་པ་དང་། འདུན་པ་དང་། རྩོལ་བ་དང་། ཤིན་ཏུ་སྦྱངས་པ་དང་། དྲན་པ་དང་། ཤེས་བཞིན་དང་། བཏང་སྙོམས་དང་། སེམས་པ་སྟེ་སྤོང་བའི་འདུ་བྱེད་བརྒྱད་བསྟན་ཏོ། །དེ་ཡང་དང་པོ་བཞི་ནི་ལེ་ལོའི་གཉེན་པོ་དང་། དྲན་པ་ནི་དམིགས་པ་བརྗེད་པའི་གཉེན་པོ་དང་། ཤེས་བཞིན་ནི་ཞུམ་རྒོད་ཀྱི་གཉེན་པོ་དང་། བཏང་སྙོམས་ནི་བསྒྲིམས་ཆེས་པའི་གཉེན་པོ་དང་། སེམས་པ་ནི་(༧༢༩ན)མ་བསྒྲིམས་ཆེས་པའི་གཉེན་པོར་བཞག་གོ། །མདོར་ན་དེ་ཐམས་ཅད་སྒྲིམ་པ་དང་གློད་པ་གཉིས་སུ་འདུས་ཏེ་རྣམ་གཡེང་གི་གཉེན་པོར་རྩེ་གཅིག་ཏུ་སྒོམ་པ་སྒྲིམ་པ་དང་། བསྒྲིམས་ཆེས་པས་མི་གནས་པ་ན་བཏང་སྙོམས་སུ་བཞག་པ་གློད་པའོ། །ཡང་ལས་དང་པོ་པས་མེ་ཏོག་གམ་སྐུ་གཟུགས་ལྟ་བུ་མདུན་དུ་བཞག་པ་ལ་རྩེ་གཅིག་ཏུ་བལྟས་ཏེ་སྒོམ་པའམ་བསྒོམས་པའི་སྐུ་གཟུགས་ལ་སེམས་འཛིན་པའང་སྟེ། **ཀ་མ་ལ་ཤཱི་ལའི་དབུ་མའི་སྒོམ་རིམ་དག་ལས།** གསུང་རབ་ལ་སྦྱངས་པ་རྣམས་དེའི་ཚིག་དོན་ལ་རྩེ་གཅིག་ཏུ་དམིགས་པས་སྒྲུབ་པ་དབང་རྣོན་གྱི་ཞི་གནས་སྒྲུབ་ཚུལ་དང་། མ་སྦྱངས་པ་རྣམས་སྐུའམ་མེ་ཏོག་སོགས་ལ་སེམས་འཛིན་པ་དབང་བརྟུལ་གྱི་སྒྲུབ་ཚུལ་གཉིས་གསུངས་པ་དང་། **སྒོམ་རིམ་ཆུང་བར།** གསེར་གྱི་ཁ་དོག་ལྟ་བུའི་སྐུ་ལུས་ཀྱིས། །འཇིག་རྟེན་མགོན་པོ་

ཀུན་ཏུ་མཛེས་པ་སྟེ། །དམིགས་པ་དེ་ལ་གང་གིས་སེམས་འཛོག་པ། །བྱང་ཆུབ་སེམས་དཔའ་དེ་མཉམ་བཞག་ཅེས་བྱ། །ཞེས་ཏིང་ངེ་འཛིན་རྒྱལ་པོར་གསུངས་པ་དྲངས་ནས་སངས་རྒྱས་ཀྱི་སྐུ་དེ་ནི་གསེར་བཙོ་མ་ལྟར་སེར་བ་མཚན་དང་དཔེ་བྱད་ཀྱིས་བརྒྱན་པ་འོད་ཟེར་དང་བཅས་པ་དེ་ལ་འདོད་པ་བསྐྱེད་དེ་འདུན་པ་དང་། སེམས་ཀྱི་གནོད་པ་སྤྱངས་ཏེ་ལུས་དྲང་པོར་སྲང་ལ་སྐུ་དེ་ལྟ་བུ་ལུགས་མའམ་རི་མོར་བྲིས་པ་མདུན་དུ་བཞག་སྟེ་རྒྱུན་དུ་ཡིད་ལ་བྱས་ན་དེ་ཉིད་དམ་གཞན་ཡན་ལག་ལ་སོགས་པ་ནས་རྫོགས་པར་མངོན་སུམ་དུ་མཐོང་བར་འགྱུར་རོ། །ཞེས་སོགས་གསུངས་ཤིང་། **ད་ལྟར་གྱི་སངས་རྒྱས་མངོན་སུམ་དུ་བཞུགས་པའི་མདོ་ལས།** ཏིང་ངེ་འཛིན་དེ་སྒྲུབ་པའི་ཐབས་འདི་ཁོ་ནར་གསུངས་པའི་ཕྱིར་རོ། །

དེང་སང་བསམ་གཏན་པ་རྣམས་ཀྱིས་དག་པ་དེ་བཞིན་གཤེགས་པའི་སྐུ་ལ་སེམས་འཛིན་པ་ཞེས་འདི་ཞི་གནས་ཀྱི་སྔོན་འགྲོར་སྨྲད་མོད་ཀྱང་འདི་ཉིད་ཁོ་ནའང་གྲུབ་ན་ཏིང་ངེ་(༧༢༤བ)འཛིན་མང་པོའི་འབྱུང་ཁུངས་སུ་གསུངས་སོ། །ཁ་ཅིག་རྗེའུ་ཤིང་བུ་ལ་སེམས་འཛིན་པ་དང་། སྐུ་ལ་འཛིན་པ་སོགས་བཞད་གད་ཀྱི་གནས་སུ་བྱེད་མོད་ཀྱང་མི་རྟོག་ལ་འཛིན་པ་སོགས་གསུངས་ལ་དེ་དང་རྗེའུ་སོགས་ལའང་ཁྱད་པར་ཆེར་མི་མངོན་པའི་ཕྱིར་དང་། སོ་སོ་སྐྱེ་བོ་ནི་གོམས་པ་ཉིད་ཀྱི་ཕྱིར་གཟུགས་སོགས་ལ་སེམས་ཟིན་པར་སླ་ཞིང་ཐུགས་ཀྱི་བསྐྱེད་རིམ་ཐམས་ཅད་ཀྱང་ལྷ་སྐུ་ལ་སེམས་འཛིན་པ་ཁོ་ན་ཡིན་པའི་ཕྱིར་ཆོས་སྐྱོང་གི་གཏམ་རྣམས་རྣ་བར་བཞག་པར་མི་བྱའོ། །ཏིང་ངེ་འཛིན་དེ་ཐམས་ཅད་ཀྱང་གུས་པ་དང་རྟག་པར་ཉམས་སུ་ལེན་པའི་བརྩོན་འགྲུས་གཉིས་ལས་སྐྱེ་སྟེ། དེ་ལ་རྟག་ཏུ་བྱ་བ་དང་། །གུས་པར་བྱས་ཏེ་སྦྱར་བར་བྱ། །ཞེས་སོ། །

མདོར་ན་ཐེག་པ་ཆེན་པོ་ནི་དགེ་བའི་བཤེས་གཉེན་ལས་འབྱུང་ལ། ཁྱད་པར་ཏིང་ངེ་འཛིན་དང་ཤེས་རབ་ལ་ནི་དགེ་བའི་བཤེས་གཉེན་ཡང་དག་པའི་

དོན་རྟོགས་ཤིང་ཁོང་དུ་ཆུད་པས་སྐྱོན་བཅས་སྐྱོན་མེད་སོགས་རྣམ་པར་ཕྱེ་སྟེ། གདམས་པ་དང་རྗེས་སུ་བསྟན་པ་ལས་ཤེས་པར་བྱའི་སློགས་བམ་དང་ཡི་གེ་དང་སྦྱི་ཏོལ་གྱིས་འཇུག་པའི་ངག་ལས་ཉེད་པ་ནི་དེ་ལྟ་མ་ཡིན་ནོ། །

མདོར་ན་བསམ་གཏན་དམ་པ་འདི་ནི་འཇིག་རྟེན་དང་འཇིག་རྟེན་ལས་འདས་པའི་ཡོན་ཏན་ཐམས་ཅད་ཀྱི་རྟེན་ཡིན་ཏེ་བསམ་གཏན་དང་ལྡན་ན་སྦྱིན་པ་ནས་ཤེས་རབ་ཀྱི་བར་ཐམས་ཅད་ངང་གིས་འབྱུང་ངོ་། །

དེ་ལྟར་ཕ་རོལ་ཕྱིན་ལྔ་ཡི། །དངོས་འབྲས་ཤེར་ཕྱིན་པོ་ན་ཏེ། །ཆོས་ཀུན་ཇི་བཞིན་ཤེས་པའོ། །དེ་ཡང་ཤེས་པར་བྱ་བ་ནི། །རིག་པའི་གནས་དང་བདེན་པ་དང་། །གྲུབ་པའི་མཐའ་དང་སྟོང་ཉིད་དོ། །

རིག་བྱའི་གནས་ནི་ལྔ་ཡིན་ཏེ། །གསོ་བ་བཟོ་དང་སྒྲ་ཚད་དང་། །ནང་དོན་རིག་པ་ཞེས་བྱ་སྟེ། །བཞི་ནི་ཕྱི་ནང་ཐུན་མོང་ཡིན། །ལྔ་པ་ནང་པ་ཁོ་ནའི་འོ། །

བདེན་པ་རྣམ་པར་བཞག་པ་ནི། །སྡུག་བསྔལ་ཀུན་འབྱུང་འགོག་ལམ་སྟེ། །འཁོར་ལོ་(༧༤༥ན)དང་པོར་བདེན་པ་བཞི། །བརྫུ་ན་ཀུན་རྫོབ་དོན་དམ་སྟེ། །འཁོར་ལོ་བར་པར་བདེན་གཉིས་གསུངས། །རྒྱལ་བས་འཁོར་ལོ་ཕྱི་མ་རུ། །མྱ་ངན་འདས་པ་བདེན་གཅིག་བསྟན། །ཕུང་ཁམས་སྐྱེ་མཆེད་ཀྱིས་བསྡུས་པའི། །སྣོད་བཅུད་སྡུག་བསྔལ་བདེན་པ་སྟེ། །ཟུག་རྔུ་ཉིད་ཕྱིར་སྡུག་བསྔལ་དང་། །འཁྲུལ་ངོར་བདེན་པར་སྣང་ཕྱིར་རོ། །ལས་ཉོན་སྐྱེ་བ་ཀུན་འབྱུང་སྟེ། །སྡུག་བསྔལ་འབྱུང་བའི་རྒྱུའི་ཕྱིར་རོ། །སྡུག་ཀུན་འགགས་པ་འགོག་བདེན་ཏེ། །འཕགས་ལམ་ཡན་ལག་བརྒྱད་ལམ་བདེན། །མི་སླུའི་ཕྱིར་ན་བདེན་པའོ། །བདེན་གཉིས་རྣམ་འཇོག་དུ་མ་སྟེ། །དོན་བྱེད་ནུས་ཆོས་དོན་དམ་དང་། །མི་ནུས་ཀུན་རྫོབ་བྱེ་སྨྲའི་ལུགས། །རྐྱེན་གྱིས་བཅོམ་དང་བསལ་བ་ན། །དེ་བློ་འཇིག་པ་ཀུན་རྫོབ་སྟེ། །དེ་ལས་ལོག་པ་དོན་དམ་ཞེས། །མདོ་སྡེ་པ་ཡིས་སྨྲ་བར་བྱེད། །གཞན་དབང་བདེན་པ་

གཉིས་ཀའི་གཞི། །ཀུན་ཏུ་བཏགས་པ་ཀུན་རྫོབ་སྟེ། །ཡོངས་གྲུབ་དོན་དམ་བདེན་པ་ཞེས། །རྣམ་རིག་ཙམ་དུ་སྨྲ་རྣམས་སྒྲོག །འཇིག་རྟེན་འཇིག་རྟེན་འདས་པ་ལ། །ཀུན་རྫོབ་དང་ནི་དོན་དམ་དུ། །བདག་མེད་དྲིས་པའི་མདོ་ལས་གསུངས། །བློ་ཡི་སྤྱོད་ཡུལ་ཀུན་རྫོབ་སྟེ། །བློ་ལས་འདས་པ་དོན་དམ་དུ། །འདིར་ནི་ཞི་བའི་ལྷ་ཡིས་བཞེད། །ཀུན་རྫོབ་ལོག་དང་ཡང་དག་གཉིས། །མེད་བཞིན་སྣང་བར་ཁྱད་མེད་ཀྱང་། །འཁྲུལ་ངོར་དོན་བྱེད་པར་སྣང་བ། །སྒྱུ་གྲུ་ལ་སོགས་ཡང་དག་སྟེ། །ཟློག་པ་སྐྲ་སོགས་ལོག་པ་ཉིད། །ཡང་ན་བྱིས་པས་ལོག་པ་མཐོང་། །འཕགས་པའི་གཟིགས་པ་ཡང་དག་ཉིད། །སྟོང་ཉིད་བཅོ་བརྒྱད་སོགས་དབྱེ་དང་། །མེད་དགག་མ་ཡིན་དགག་པ་དང་། །སྒྲུབ་པ་སོགས་སུ་གང་སྟོན་པ། །རྣམ་གྲངས་པ་ཡི་དོན་དམ་སྟེ། །སྨྲ་བསམ་(༧༢༥བ)བརྗོད་བྲལ་འཕགས་རྣམས་ཀྱི། །མཉམ་བཞག་དག་པའི་སྤྱོད་ཡུལ་གང་། །རྣམ་གྲངས་མིན་པའི་དོན་དམ་དངོས། །ཀུན་རྫོབ་ལས་གཞན་དོན་དམ་མེད། །དོན་དམ་ལས་གཞན་ཀུན་རྫོབ་མིན། །ཡོད་མེད་གཅིག་དང་ཐ་དད་སོགས། །སྒྲོ་བཏགས་ཉིད་ཕྱིར་དེ་མི་གནས། །བསོད་ནམས་ཚོགས་ཕྱིར་ཀུན་རྫོབ་དང་། །ཡེ་ཤེས་ཚོགས་ཕྱིར་དོན་དམ་སྟེ། །རེ་ཞིག་དགོས་པ་ལ་བལྟོས་ནས། །བདེན་པ་རྣམ་པ་གཉིས་སུ་བརྗོད། །རྒྱ་ཆེན་སྤྱོད་པའི་གཞུང་ལུགས་ལས། །ཡོད་མེད་ལ་སོགས་ཀུན་བཏགས་ཏེ། །སྒྱུ་འདྲའི་རྟེན་འབྲེལ་གཞན་གྱི་དབང་། །དེ་ལྟར་ཀུན་རྫོབ་རྣམ་གཉིས་ཕྱེ། །ཡོངས་གྲུབ་མཁའ་འདྲ་དོན་དམ་ཉིད། །མཚན་ཉིད་དང་ནི་སྐྱེ་བ་དང་། །དོན་དམ་ངོ་བོ་ཉིད་མེད་པ། །གསུམ་གྱིས་སྐྱེ་མེད་ལ་སོགས་བསྟན། །དེ་ཕྱིར་ཤིང་རྟའི་སྲོལ་གཉིས་ཀ། །ཀུན་རྫོབ་སྒྱུ་མ་ལྟ་བུ་དང་། །དོན་དམ་ནམ་མཁའ་ལྟ་བུ་རུ། །བཞེད་ལ་ཁྱད་པར་ཅི་ཡང་མེད། །འཁོར་ལོ་ཐ་མར་བདེན་གཅིག་སྟེ། །དོན་དམ་ཆོས་དབྱིངས་ཁོ་ན་ལས། །གཞན་འགའང་དམིགས་སུ་མེད་ཕྱིར་རོ། །བདེན་བརྫུན་བཏགས་ཏེ་བཞག་པའི་ཕྱིར། །མཐར་ཐུག་

དེ་ཀུན་གང་ཡང་མིན། །བདེན་དང་བརྫུན་པ་བྱ་བའི་ཆོས། །གང་ཡང་ང་ཡིས་མ་གཟིགས་ཞེས། །རྒྱལ་བ་ཉིད་ཀྱིས་མདོ་ལས་གསུངས། །ཤེས་བྱའང་རང་བཞིན་གྱིས་ཡོད་མིན། །དེ་མེད་པར་ཡང་ཤེས་རབ་མེད། །ཤེས་བྱ་མེད་པའང་མ་ཡིན་ཏེ། །དེ་ཉིད་ཕྱིར་ན་ཤེས་རབ་ཡོད། །ཤེས་དང་ཤེས་བྱ་བདེན་རྫུན་དང་། །ཡོད་མེད་སོ་ན་སྒྲོ་བཏགས་ཏེ། །ཇི་ལྟར་སྒྲོ་བཏགས་དེ་མི་གནས། །དེ་བས་ནོར་བ་ཟད་ཙམ་ལ། །ཐར་པའི་མིང་གིས་བཀའ་སྩལ་ཏོ། །

གྲུབ་མཐའ་ཕྱི་ནང་རྣམ་པ་གཉིས། །རི་རིའང་རྣམ་པ་བཞི་(༧༢༨ན)བཞི་སྟེ། །གཙོ་བོའི་ཞལ་བཞི་ལས་བྱུང་བར། །འདོད་ཕྱིར་ཚངས་པ་ཁྱབ་འཇུག་པ། །དབང་ཕྱུག་པ་དང་རྒྱང་འཕེན་ཏེ། །ཕྱི་རོལ་པ་ཡི་གྲུབ་མཐའ་བཞི། །གསུམ་ནི་རྟག་པར་ལྟ་བ་སྟེ། །བཞི་པ་ཆད་པར་སྨྲ་བའོ། །ནང་པའི་གྲུབ་མཐའ་རྣམ་པ་བཞི། །བྱེ་བྲག་སྨྲ་དང་མདོ་སྡེ་པ། །གཉིས་པོ་ཕྱི་དོན་སྨྲ་བ་སྟེ། །སེམས་ཙམ་རྣམ་པར་རིག་པ་སྨྲ། །དབུ་མ་པ་ཡིས་སྟོང་ཉིད་སྒྲོག །དེ་ལྟར་གྲུབ་མཐའ་རྣམ་བཞི་ཡང་། །ནད་ཀྱི་གཉེན་པོར་བཀྲུ་སྨན་ལྟར། །སྔ་མའི་གཉེན་པོར་ཕྱི་མ་སྟེ། །ནད་བྱང་བཀྲུ་སྨན་དགག་པ་ན། །སྨན་པའི་བྱ་བ་གྲུབ་པ་ལྟར། །སྤང་བྱ་ཤུལ་དུ་མི་གནས་ཤིང་། །གཉེན་པོའི་འཛིན་པའང་དག་པའི་ཚེ། །གྲུབ་མཐའི་དགོས་པ་གྲུབ་པ་སྟེ། །གྲུབ་མཐའ་བློ་ཡིས་བཏགས་པ་ལས། །ངོ་བོ་ཉིད་ཀྱིས་མ་ཡིན་ནོ། །

སྟོང་ཉིད་བརྗོད་དུ་ཡོད་མིན་ཡང་། །ཐབས་ཀྱི་ཆོས་སྒོར་བསྟན་པ་སྟེ། །སྟོང་ཉིད་ཅེས་བྱ་ཆོས་ཀྱི་དབྱིངས། །དེ་ལ་རྣམ་དབྱེ་དམིགས་སུ་མེད། །དེ་ཕྱིར་སྟོང་ཉིད་གཅིག་པུ་ཉིད། །འོན་ཀྱང་རྣམ་པ་ཀུན་དཔྱད་དང་། །རྣམ་པ་ཀུན་གྱི་མཆོག་ལྡན་པའི། །སྟོང་ཉིད་རྣམ་པ་གཉིས་སུ་བརྗོད། །ཡང་ན་རྣམ་ཐར་སྒོ་གསུམ་མམ། །བཞི་ཡི་དབྱེ་བས་དེ་སྙེད་དོ། །ཡང་ན་མཚན་ཉིད་སྟོང་པ་ཉིད། །དངོས་པོའི་རང་བཞིན་སྲིད་པ་དང་། །མི་སྲིད་བརྗོད་མེད་དོན་དམ་དང་། །ཉི་ཚེའི་སྟོང་པ་ཉིད་

དེ་བདུན། །

རྒྱས་པར་སྟོང་བྱའི་ཆོས་ཅན་གྱིས། །ཕྱི་བ་ནང་དང་ཕྱི་དང་ནི། །ཕྱི་ནང་ཆེན་པོ་སྟོང་ཉིད་དང་། །དོན་དམ་འདུས་བྱས་འདུས་མ་བྱས། །མཐའ་འདས་ཐོག་མཐའ་དོར་བ་མེད། །རང་བཞིན་རང་མཚན་ཆོས་ཀུན་དང་། །དངོས་པོ་མེད་དང་ངོ་བོ་ཉིད། །སྟོང་ཉིད་རྣམ་པ་བཅུ་དྲུག་གོ། །གནས་སྐབས་རྣམ་རྟོག་ཇི་སྙེད་པར། །སྟོང་པ་ཉིད་ཀྱང་དེ་(༡༢༨བ)སྙེད་དེ། །དམིགས་སུ་མེད་པའི་སྟོང་ཉིད་ལ། །བགྲང་དུ་ཡང་ནི་ཅི་ཞིག་ཡོད། །གཟུགས་ཀྱི་རྣམ་པ་ཇི་སྙེད་པར། །ནམ་མཁའ་རྣམ་པར་དབྱེ་བ་དང་། །ནམ་མཁའ་གང་དུའང་དབྱེར་མེད་པ། །འགལ་བ་མེད་པ་ཇི་བཞིན་ནོ། །གཞན་མིན་ཕྱིར་ན་དེ་བཞིན་ཉིད། །ཕྱིན་ཅི་མ་ལོག་ཡང་དག་མཐའ། །བཟློད་ནས་འགགས་ཕྱིར་མཚན་མ་མེད། །འཕགས་པའི་སྤྱོད་ཡུལ་ཕྱིར་དོན་དམ། །བྱང་ཆུབ་རྒྱུའི་ཕྱིར་ཆོས་ཀྱི་དབྱིངས། །དེ་སོགས་རྣམ་གྲངས་མིང་གིས་བསྟན། །

དེ་ལ་ཤེས་པར་བྱེད་པོ་ནི། །སོ་སོར་རྟོག་པའི་ཤེས་རབ་དང་། །སོ་སོ་རང་རིག་ཡེ་ཤེས་ཏེ། །སྐྱེ་འཕགས་དབྱེ་བས་རྣམ་པ་གཉིས། །

ཇི་ལྟར་ཤེས་པར་བྱ་བ་ནི། །དངོས་དང་དངོས་མེད་དང་གཉི་གའི། །འཛིན་པའི་མཐའ་ཀུན་རྣམ་པར་སྤངས། །དབུ་མ་ཉིད་ཀྱང་མི་དམིགས་ལ། །གང་ལའང་མི་གནས་པར་གནས་པ། །འདི་ནི་དབུ་མའི་ལམ་ཞེས་བརྗོད། །མཐའ་དགུས་རྣམ་པར་བསལ་བ་ཡི། །ཤེས་རབ་ཐབས་དང་ཟུང་ཆུད་པ། །འདི་ནི་རྣམ་པར་གྲོལ་བའི་ལམ། །འཛིན་པ་ཐམས་ཅད་ལོག་པ་ལ། །མྱང་དན་འདས་ཞེས་མིང་དུ་བརྗོད། །འདི་ནི་དངོས་སམ་དངོས་མེད་མིན། །གང་ཡང་མ་སྤངས་མ་ཐོབ་པས། །སྤངས་ཐོབ་འདུ་ཤེས་ཟད་པའི་ཕྱིར། །སྤངས་དང་ཐོབ་པའི་དམ་པར་བརྗོད། །དང་པོར་དངོས་པོའི་འདུ་ཤེས་ནི། །གཞིག་ཕྱིར་བདག་མེད་རྣམ་པ་གཉིས། །ཕུང་ལྔའི་རྒྱུན་ལ་གང་ཟག་འདོགས། །དེ་ལ་ལོག་ཤེས་ཀྱིས་ངར་

ཞེན། །འདི་ནི་སྲིད་པའི་རྩ་བ་ཡིན། །ང་འམ་བདག་དེ་ཡོད་མིན་ཏེ། །བདེན་པ་མཐོང་བས་མ་གཟིགས་ཕྱིར། །དཔྱད་ཚེ་རང་གཞན་གཉིས་ག་དང་། །གཉིས་མིན་ལས་ཀྱང་མི་སྐྱེ་ཕྱིར། །ལུས་དང་སེམས་དང་མིང་ལ་ཡང་། །བདག་དེ་ཉེ་བར་མི་དམིགས་ཕྱིར། །ཕུང་པོ་རེ་རེ་ནས་བདག་མིན། །ཚོགས་མིན་གཞན་པའང་མ་ཡིན་ལ། །དེ་དང་(༡༢༧ན)གཞན་དུ་བརྗོད་མིན་པའང་། །དཔྱད་ན་ནམ་ཡང་མ་མཐོང་ཕྱིར། །ཀུན་རྫོབ་ཙམ་དུའང་ཡོད་མ་ཡིན། །ཁ་ཅིག་ཕྲ་རབ་རྡུལ་ཆ་མེད། །བར་བཅས་སམ་ནི་བར་མེད་པ། །གཡག་རྔའམ་པོ་ཏི་བསྡམས་པ་ལྟར། །དམ་པའི་རྫས་སུ་གྲུབ་ཅེས་ཟེར། །ཁ་ཅིག་ཤེལ་ཁྲ་ཏུ་གྱུར་པར་སྨྲ། །རྡུལ་དུ་གྲུབ་ན་ཕྱོགས་ཆ་ཡོད། །ཕྱོགས་ཆ་མེད་ན་རྡུལ་རྫས་ཉམས། །གཅིག་མེད་དུ་མ་མི་སྲིད་ལ། །དུ་མ་འདུས་གཅིག་ཡོད་མིན། །དེ་བས་རྡུལ་དེ་གཅིག་གམ་ནི། །དུ་མར་ཁས་བླང་མི་ནུས་སོ། །ཡུལ་ཤེས་མངོན་སུམ་མི་འདྲད་དེ། །དབང་པོས་བར་དུ་ཆོད་ཕྱིར་དང་། །ཡང་ན་ཚེར་མཐོང་ཟུག་འགྱུར་ཕྱིར། །ཤེལ་དུ་གྱུར་ལས་མངོན་སུམ་གྱི། །མཐོང་བ་སྐྱེ་བའང་རིགས་མིན་ལ། །རྐྱེན་གྱི་དབང་གིས་འགྱུར་ཕྱིར་དང་། །ཇི་ལྟར་བསྒོམས་པ་དེར་སྣང་ཕྱིར། །ཐ་དད་སྣང་བ་ཉིད་ཕྱིར་དང་། །མེད་པ་སྣང་ཕྱིར་རྨི་ལམ་བཞིན། །ཕྱི་རོལ་བཟུང་བའི་དོན་ཡོད་མིན། །ཁ་ཅིག་རང་རིག་རང་གསལ་བའི། །སེམས་ནི་དོན་དམ་ཡོད་པར་སྨྲ། །སེམས་དེ་སྐད་ཅིག་ཏུ་ཡོད་ན། །དུས་གསུམ་ཆ་ཤས་དུ་མའི་ཕྱིར། །གཅིག་ཏུ་གྲུབ་པར་འདོད་པ་ཉམས། །སྐད་ཅིག་ཙམ་དུ་མེད་ན་ཡང་། །དངོས་མེད་ཉིད་དུ་ཐལ་བར་འགྱུར། །འདོད་ན་རང་རིག་རང་གསལ་ཉམས། །རྫོགས་སངས་རྒྱས་ཀྱིས་མ་གཟིགས་ཕྱིར། །སེམས་དེ་སུས་ཀྱང་མཐོང་བ་མེད། །གཟུགས་སྒྲ་ལ་སོགས་ཡུལ་མེད་ན། །ཡུལ་ཅན་སེམས་ཀྱང་ག་ལ་ཡོད། །དེས་ན་གང་ཟག་ཆོས་ཀྱི་བདག །དངོས་པོར་ཡོད་པ་མ་ཡིན་ལ། །དངོས་མེད་དུ་ཡང་གྲུབ་པ་མིན། །དེ་ཕྱིར་འཁོར་བ་དམིགས་སུ་མེད། །དེ་བཞིན་མྱ་ངན་

འདས་པ་ཡང་། །དངོས་དང་དངོས་མེད་གཉིས་ཀ་དང་། །གཉི་ག་མིན་པའང་མ་ཡིན་ཏེ། །སྤྲོ་སྐུར་ཀུན་ལས་རྣམ་པར་གྲོལ། །དེ་ཕྱིར་བཅོས་མའི་བློ་ཀུན་ལས། །(༧༢༧བ) ལོག་ལ་ཡང་དག་མཐོང་བ་དང་། །དབུ་མར་གནས་པ་ཞེས་བརྗོད་དོ། །དེས་ན་འཁོར་བ་ཉིད་མྱང་འདས། །སེམས་ཅན་རང་བཞིན་རྫོགས་སངས་རྒྱས། །ཆོས་ཀུན་མ་བཅིངས་མ་གྲོལ་བར། །གཟོད་ནས་རྣམ་པར་དག་པའོ། །

དེ་ལྟར་ཤེས་རབ་ཤེས་བྱས་ཏེ། །དབེན་པར་ལུས་སེམས་རྣལ་དུ་དབབ། །ཇི་ལྟར་ཤེས་པའི་དོན་དེ་ལ། །ཅིར་ཡང་མི་སེམས་རྩེ་གཅིག་བཞག །གང་ཡང་སྒོམ་པར་མི་དམིགས་པ། །འདི་ནི་ཤེར་ཕྱིན་སྒོམ་པ་ཡིན། །ཆོས་ཀུན་སྒྱུ་མ་ལྟར་ཤེས་པས། །རྗེས་ཐོབ་ཚོགས་གཉིས་ཟུང་འཇུག་འབད། །དེ་ལྟར་གོམས་པས་མཉམ་རྗེས་ཀྱི། །མཚན་མའང་བྲལ་ཏེ་རློམ་སེམས་ཞི། །ཡོན་ཏན་རྒྱ་ཆེན་ཀུན་ཐོབ་ནས། །མྱུར་དུ་རྫོགས་པའི་སངས་རྒྱས་འཐོབ། །ཅེས་བྱ་སྟེ།

དེ་ཡང་ཞིང་པ་རྣམས་དཔྱིད་དང་དབྱར་གྱི་འབད་པ་ཐམས་ཅད་ཀྱང་སྟོན་གྱི་འབྲས་བུ་ལོ་ནའི་ཆེད་དུ་ཡིན་པ་ལྟར་བྱང་ཆུབ་སེམས་དཔའི་དགེ་བའི་ཆོས་ཐམས་ཅད་ཀྱང་ཤེས་རབ་ཀྱི་ཕ་རོལ་ཏུ་ཕྱིན་པ་ལོ་ནའི་ཆེད་དུ་སྟེ། ཡན་ལག་འདི་དག་ཐམས་ཅད་ནི། །ཐུབ་པས་ཤེས་རབ་དོན་དུ་གསུངས། །ཞེས་འཆད་པར་འགྱུར་རོ། །ཤེས་རབ་དེ་ཡང་ཤེས་བྱ་ཕྱིན་ཅི་མ་ལོག་པར་ཤེས་པའམ་ཇི་བཞིན་དུ་ཤེས་པ་སྟེ། ཤེས་རབ་ཀྱིས་ནི་ཆོས་ཀྱི་རང་བཞིན་ཡོངས་ཤེས་ནས། །ཞེས་སོ། །ཤེས་རབ་ཀྱི་མཚན་ཉིད་ཆོས་རབ་ཏུ་རྣམ་འབྱེད་དུ་གསུངས་པ་མ་ཡིན་ནམ་ཞེ་ན། འདི་གཉིས་ནི་རྒྱུ་དང་འབྲས་བུའི་ཁྱད་པར་དུ་ཟད་དེ་ཆོས་སོ་སོ་གཅིག་ཐ་དད་དང་དེའི་ངོ་བོ་སོགས་རྣམ་པར་འབྱེད་ཅིང་ཚུལ་བཞིན་དུ་རྟོགས་པ་ནི་རྒྱུ་ཡིན་ལ། དེ་ལས་དེ་ཇི་ལྟ་བར་ཤེས་པའི་ཤེས་རབ་སྐྱེ་བའི་ཕྱིར་རྒྱུ་ལ་འབྲས་བུའི་མིང་གིས་བརྗོད་པའོ། །

དེ་ཡང་གང་ཤེས་པར་བྱ་བ་ཡུལ། གང་གིས་ཤེས་པར་བྱེད་པ་ཡུལ་ཅན། ཇི་ལྟར་ཤེས་པར་བྱ་བའི་ཚུལ། ཤེས་ནས་གོམས་(༧༢༢ན)པར་བྱ་བའོ། །དང་པོ་(གང་ཤེས་པར་བྱ་བ་ཡུལ་)ལ། གང་ཤེས་པར་བྱ་བ་རིག་གནས་དང་། བདེན་པ་དང་། གྲུབ་པའི་མཐའ་དང་། སྟོང་ཉིད་དོ། །

དེ་ལ་རིག་གནས་ནི་ལྔ་སྟེ། ཡོན་ཏན་གྱི་རྟེན་ལུས་འཚོ་བར་བྱེད་པ་ནི་གསོ་བ་རིག་པ་སྟེ་ཡན་ལག་བརྒྱད་དོ། །འཇིག་རྟེན་པའི་ཤེས་བྱ་ལ་མི་རྨོངས་པ་བཟོ་རིག་པ་སྟེ་བཟོའི་གནས་བཅོ་བརྒྱད་ལ་སོགས་པའོ། །རང་བཞིན་དང་རྐྱེན་དག་རྣམ་འགྱུར་གྱིས་ལེགས་པར་སྦྱར་བས་སྒྲ་བའི་སཾསྐྲྀཏ་སྟོན་པ་ནི་སྒྲ་སྟེ་ཐམས་ཅད་མཁྱེན་པས་ལུང་དུ་སྟོན་པ་ལ་སོགས་པ་སྟེ། ཡན་ལག་ནི་མངོན་བརྗོད། སྙན་ངག སྡེབ་སྦྱོར། ཟློས་གར་རྣམས་སོ། །སྒྲུབ་པ་དང་སུན་འབྱིན་གྱི་གནས་སྟོན་པ་ནི་ཚད་མའི་རིགས་པ་སྟེ་ནང་པའི་སྡེ་བདུན་མདོ་བཅས་ལ་སོགས་པའོ། །སྡེ་སྣོད་གསུམ་ནི་ནང་རིག་པ་སྟེ་ཐར་པའི་ཐབས་སྟོན་པའོ། །སྔ་མ་བཞི་ནི་མཐོང་བའི་ཆོས་ལ་ཡ་རབས་དང་མཁས་པར་ཆུད་ཅིང་སྐྱེ་བོས་བསྔགས་པ་དང་། བསམ་པ་དག་པས་ཟིན་ན་བརྒྱུད་ནས་མངོན་མཐོ་དང་ངེས་ལེགས་ཀྱི་ལམ་དུ་འགྱུར་རུང་ཙམ་སྟེ་ཕྱི་ནང་ཐུན་མོང་གི་རིག་པ་ཡིན་ལ་རྒྱ་གར་ན་ཁྱིམ་པ་མཆོག་ཕལ་གྱིས་སློབ་པར་བྱེད་དོ། །

ནང་རིག་པ་ནི་སངས་རྒྱས་ཀྱི་བསྟན་པ་པོ་ན་ཡིན་ལ། ཕྱིར་སྒྲ་ཚད་གཉིས་ཚར་བཅད་ཀྱི་ཆེད་དང་བཟོ་གསོ་གཉིས་རྗེས་བཟུང་གི་རྒྱུ་དང་ནང་རིག་པ་ཐམས་ཅད་མཁྱེན་པའི་རྒྱུར་བསླབ་པ་སྟེ། **རྒྱན་ལས།** རིག་པའི་གནས་ལྔ་དག་ལ་མཁས་པར་མ་བྱས་ན། །འཕགས་མཆོག་གིས་ཀྱང་ཐམས་ཅད་མཁྱེན་ཉིད་མི་འགྱུར་ཏེ། །དེ་ལྟ་བས་ན་གཞན་དག་ཚར་བཅད་རྗེས་བཟུང་དང་། །བདག་ཉིད་ཀུན་ཤེས་བྱ་ཕྱིར་དེ་ལ་དེ་བརྩོན་བྱ། །ཞེས་དང་། བྱང་ས་ལས། དེ་ལ་བྱང་ཆུབ་སེམས་དཔའི་ཤེས་རབ་ཀྱི་ངོ་བོ་ཉིད་གང་ཞེ་ན། ཤེས་བྱ་ཐམས་ཅད་ལ་འཇུག་པ་

དང་ཤེས་བྱ་ཐམས་ཅད་ལ་ཞུགས་པ་ཆོས་རྣམས་རབ་ཏུ་རྣམ་པར་འབྱེད་པ་གང་ཡིན་པ་ནང་དང་། (༧༢༢བ)གཏན་ཚིགས་དང་། གསོ་བ་དང་། སྒྲ་དང་། བཟོ་དང་། ལས་ཀྱི་གནས་ཀྱི་རིག་པ་ལ་དམིགས་ནས་འཇུག་པ་འདི་ནི་བྱང་ཆུབ་སེམས་དཔའ་རྣམས་ཀྱི་ཤེས་རབ་ཀྱི་ངོ་བོ་ཉིད་ཡིན་པར་རིག་པར་བྱའོ། །ཞེས་སོ། །

དེ་ལ་བདེན་པ་ནི། འཁོར་ལོ་དང་པོར་རྣམ་པ་བཞིར་བསྟན་ཏེ་ཤེས་པར་བྱ་བ་སྡུག་བསྔལ་གྱི་བདེན་པ། སྤང་བྱ་ཀུན་འབྱུང་གི་བདེན་པ། བསྒོམ་བྱ་ལམ་གྱི་བདེན་པ། འཐོབ་བྱ་འགོག་པའི་བདེན་པ་སྟེ། ནད་ནི་ཤེས་བྱ་ནད་ཀྱི་རྒྱུ་ནི་སྤང་བྱ་ལ། །བདེར་གནས་འཐོབ་བྱ་སྨན་ནི་བསྟེན་པར་བྱ་བ་ལྟར། །སྡུག་བསྔལ་རྒྱུ་དང་དེ་འགོག་པ་དང་དེ་བཞིན་ལམ། །ཤེས་བྱ་སྤང་བྱ་རིག་པར་བྱ་ཞིང་བསྟེན་པར་བྱ། །ཞེས་སོ། །ཟུག་རྔུའམ་གནོད་པའི་བདག་ཉིད་ཅན་གྱི་འཁོར་བ་ཐམས་ཅད་ནི་སྡུག་བསྔལ་གྱི་བདེན་པ་སྟེ་ཕུང་པོ་ནི་ལྔ། ཁམས་ནི་བཅོ་བརྒྱད། སྐྱེ་མཆེད་ནི་བཅུ་གཉིས་ཀྱིས་བསྡུས་པ་རྣམས་ཏེ་སྤྱོད་ཚུལ་གྱི་སྒོ་ནས་དབྱེ་ན། ཚོར་བ་སྡུག་བསྔལ་དུ་མངོན་པ་སྡུག་བསྔལ་གྱི་སྡུག་བསྔལ། བདེ་བར་མངོན་པ་འགྱུར་བའི་སྡུག་བསྔལ། བཏང་སྙོམས་པར་མངོན་པའམ་ཆེར་མི་ཚོར་བ་འདུ་བྱེད་ཀྱི་སྡུག་བསྔལ་ཏེ་རྣམ་པ་གསུམ་མོ། །དེའི་རྒྱུ་ནི་ཟག་བཅས་ཀྱི་ལས་དང་ཉོན་མོངས་པ་ཡིན་ལ་དེ་ལས་ཁམས་གསུམ་དུ་སྐྱེ་བ་འགྲུབ་པས་ན་ཀུན་འབྱུང་རྣམ་པ་གསུམ་མོ། །དེ་ལྟར་སྡུག་བསྔལ་དང་ཀུན་འབྱུང་ནི་འཁྲུལ་ངོར་བདེན་པ་ལྟར་སྣང་ཞིང་རྒྱུ་འབྲས་མི་སླུ་བས་རེ་ཞིག་བདེན་པར་བཞག་གོ། །བསླབ་གསུམ་མམ་འཕགས་ལམ་ཡན་ལག་བརྒྱད་པོ་ནའམ། ཡང་ན་བྱང་ཆུབ་ཀྱི་ཕྱོགས་ཀྱི་ཆོས་སོ་བདུན་པོ་ཐམས་ཅད་ཀྱང་ལམ་གྱི་བདེན་པ་སྟེ་འཁོར་བ་རྒྱུ་འབྲས་དེ་ལས་འདའ་བར་བྱེད་པའི་ཐབས་སོ། །སྡུག་བསྔལ་དང་ཀུན་འབྱུང་ཟད་ཅིང་སླར་མི་སྐྱེ་བ་ཤེས་པ་ནི་

འགོག་པ་སྟེ་དེ་དག་ས་བོན་དང་བཅས་པ་འགགས་པའི་ཕྱིར་རོ། །དེ་ལ་འགོག་པ་ནི་སྤངས་པ་ཉམས་པ་མེད་པས་གོ་འཕང་ལ་ཡིད་བརྟན་དུ་རུང་བའི་(༧༥ན) ཕྱིར་དང་ལམ་བདེན་ནི་རང་གི་འབྲས་བུ་ལ་མི་སླུ་བའི་ཕྱིར་བདེན་པར་བཞག་གོ། །འཁོར་ལོ་བར་པར་ནི་གཙོ་བོར་བདེན་པ་གཉིས་སུ་བསྟན་ཏེ། **ཡབ་སྲས་མཇལ་བར།** འཇིག་རྟེན་མཁྱེན་པས་གཞན་ལ་མ་གསན་པར། །བདེན་པ་འདི་གཉིས་ཀྱི་ནི་རྣམ་དབྱེ་མཛད། །གང་ཞིག་ཀུན་རྫོབ་གཞན་ནི་དོན་དམ་སྟེ། །བདེན་པ་གསུམ་པ་གཞན་ནི་མ་མཆིས་སོ། །ཞེས་དང་། **དབུ་མ་རྩ་བར།** སངས་རྒྱས་རྣམས་ཀྱིས་ཆོས་བསྟན་པ། །བདེན་པ་གཉིས་ལ་ཡང་དག་བརྟེན། །འཇིག་རྟེན་ཀུན་རྫོབ་བདེན་པ་དང་། །དམ་པའི་དོན་གྱི་བདེན་པའོ། །གང་དག་བདེན་པ་འདི་གཉིས་ཀྱི། །རྣམ་དབྱེ་རྣམ་པར་མི་ཤེས་པ། །དེ་དག་སངས་རྒྱས་བསྟན་པ་ནི། །ཟབ་མོའི་དེ་ཉིད་རྣམ་མི་ཤེས། །ཞེས་སོ། །དེ་ཡང་བདེན་པ་འདི་གཉིས་སུ་མི་འདུ་བའི་ཆོས་མེད་པས་བདེན་པ་གསུམ་པ་མེད་པར་གསུངས་ཀྱི་རྣམ་གྲངས་ཀྱི་སྒོ་ནས་མེད་པར་བསྟན་པ་ནི་མ་ཡིན་ཏེ་བདེན་པ་བཞི་ཡང་སྔ་མ་གསུམ་ཀུན་རྫོབ་དང་བཞི་པ་དོན་དམ་པར་འདུ་བར་**དཔལ་ཕྲེང་གི་མདོ་ལས།** བཅོམ་ལྡན་འདས་འཕགས་པའི་བདེན་པ་བཞི་པོ་འདི་ལས་བདེན་པ་གསུམ་ནི་མི་རྟག་པ་ལགས་སོ། །བདེན་པ་གཅིག་ནི་རྟག་པ་ལགས་སོ། །ཞེས་དང་། གང་རྟག་པ་དེ་ནི་མི་སླུ་བའི་ཆོས་ཅན་ལགས་སོ། །ཞེས་གསུངས་ལ། **བློ་གྲོས་མི་ཟད་པའི་མདོར།** གཞན་ཡང་བྱང་ཆུབ་སེམས་དཔའི་བདེན་པ་ནི་རྣམ་པ་གསུམ་སྟེ་གསུམ་གང་ཞེ་ན། གང་འདི་ཀུན་རྫོབ་ཀྱི་བདེན་པ་དང་། དོན་དམ་པའི་བདེན་པ་དང་། མཚན་ཉིད་ཀྱི་བདེན་པའོ། །དེ་ལ་ཀུན་རྫོབ་ཀྱི་བདེན་པ་གང་ཞེ་ན། འཇིག་རྟེན་གྱི་ཐ་སྙད་དང་ཡི་གེ་དང་སྒྲ་དང་བརྡས་བསྟན་པ་ཇི་སྙེད་པའོ། །དོན་དམ་པའི་བདེན་པ་ནི་གང་ལ་སེམས་ཀྱི་རྒྱུ་བ་མེད་པ་སྟེ་ཡི་གེ་ལྟ་ཅི་སྨོས། མཚན་ཉིད་ཀྱི་བདེན་པ་

ནི་གང་འདི་ཐམས་ཅད་མཚན་ཉིད་གཅིག་པ་སྟེ་མཚན་ཉིད་གཅིག་པོ་ཡང་མཚན་ཉིད་མེད་པའོ། །དེ་ལ་བྱང་ཆུབ་སེམས་དཔའི་ཀུན་རྫོབ་ཀྱི་བདེན(༧༥བ)པ་བསྟན་པས་ཀྱང་ཡོངས་སུ་མི་སྐྱོ། དོན་དམ་པའི་བདེན་པ་མངོན་སུམ་དུ་བྱེད་པར་ཡང་མི་ལྟུང་། མཚན་ཉིད་ཀྱི་བདེན་པས་བདེན་པ་གཅིག་ཏུ་རྟོགས་ཀྱང་སེམས་ཅན་རྣམས་ཀྱང་ཡོངས་སུ་སྨིན་པར་བྱེད་པ་འདི་ནི་བྱང་ཆུབ་སེམས་དཔའ་བདེན་པ་ལ་མཁས་པ་ཞེས་བྱའོ། །

གཞན་ཡང་བདེན་པ་རྣམ་པ་གཉིས་ཏེ་གང་འདི་ཐ་སྙད་ཀྱི་བདེན་པ་དང་དོན་དམ་པའི་བདེན་པའོ་ཞེས་བདེན་པ་གསུམ་པ་མཚན་ཉིད་ཀྱི་བདེན་པ་ཞིག་གསུངས་ཀྱང་དེ་ནི་བདེན་པ་གཉིས་ག་མཚན་ཉིད་མེད་པར་བསྟུས་པའི་ཕྱིར་བདེན་གཉིས་དོན་དམ་དུ་དབྱེར་མེད་པར་བསྟན་པས་ན་མཚན་ཉིད་ཀྱི་བདེན་པའང་དོན་དམ་བདེན་པར་འདུས་ཤིང་དེ་མ་ཐག་ཏུ་སྨྲར་བདེན་པ་གཉིས་སུ་བཀའ་སྩལ་བའི་ཕྱིར་རོ། །

འོ་ན་བདེན་པ་དེ་གཉིས་ཇི་ལྟ་བུ་ཞེ་ན། བྱེ་བྲག་ཏུ་སྨྲ་བ་ནི། དོན་དམ་པར་དོན་བྱེད་ནུས་པ་དོན་དམ་དང་དེ་མི་ནུས་པའི་ཆོས་ཀུན་རྫོབ་ཏུ་འདོད་དེ། **རྣམ་འགྲེལ་ལས།** དོན་དམ་དོན་བྱེད་ནུས་པ་གང་། །དེ་འདིར་དོན་དམ་ཡིན་པར་བརྗོད། །གཞན་ནི་ཀུན་རྫོབ་ཡོད་པ་སྟེ། །ཞེས་གསུངས་ཏེ། དོན་རང་མཚན་རྡུལ་ཕྲ་རབ་ཕྱོགས་ཀྱི་ཆ་མེད་དང་ཤེས་པ་སྐད་ཅིག་ཆ་མེད་དོན་དམ་དུ་གྲུབ་པར་འདོད་དོ། །

མདོ་སྡེ་པས་ནི། འཇིག་བྱེད་ཐོ་བ་ལ་སོགས་པས་བཅོམ་པ་ན་རང་འཛིན་གྱི་བློ་འདོར་བ་དང་། གཉེན་པོས་བསལ་བ་ན་དེའི་བློ་མི་འཇུག་པ་ཀུན་རྫོབ་དང་དེ་ལས་ཟློག་པ་དོན་དམ་སྟེ། **མཛོད་ལས།** གང་ལ་བཅོམ་དང་བློ་ཡིས་གཞན། །བསལ་ན་དེ་བློ་མི་འཇུག་པ། །བུམ་ཆུ་བཞིན་དུ་ཀུན་རྫོབ་ཏུ། །ཡོད་དེ་དོན་དམ་ཡོད་

གཞན་ནོ། །ཞེས་སོ། །

སེམས་ཙམ་པ་ནི། གཞན་དབང་གི་ཤེས་པ་ནི་སྒྱུ་མའི་སྤྲུལ་གཞི་རྡེའུ་ཤིང་བུ་ལྟ་བུ་ཡིན་ལ་མ་རིག་པ་སྔགས་ལྟ་བུས་བསླད་པའི་གཟུང་བ་དང་འཛིན་པ་རྟ་གླང་དུ་སྣང་བ་ལྟ་བུའི་ཀུན་བརྟགས་ནི་ཀུན་རྫོབ་དང་ཀུན་བརྟགས་དེས་སྟོང་པའི་གཞན་དབང་གི་ཤེས་པ་རང་རིག་རང་གསལ་བ་ནི་དོན་དམ་པའི་བདེན་པར་འདོད་ལ། སྟོང་གཞི་ཆོས་ཉིད་དེ་བཞིན་ཉིད་སྟོང་བྱ་གློ་བུར་གྱི་དྲི་མས་སྟོང་པ་ལ་དོན་(༧༣༠ན)དམ་གཞན་སྟོང་ཆེན་པོར་འདོད་པ་དང་། གཟུང་འཛིན་གཉིས་མེད་ཀྱི་ཡེ་ཤེས་དོན་དམ་པའི་བདེན་པར་གྲུབ་པར་འདོད་པ་ཕྱི་དུས་བོད་ཡུལ་ན་མང་དུ་ཡོད་པའང་རྣམ་རིག་པའི་བདེན་གཉིས་འཇོག་མཚམས་དེ་ཁོ་ན་ལ་མིང་བཟང་པོས་ཁྱད་པར་དུ་བྱས་པ་ཁོ་ནའོ། །

དབུ་མ་པ་ནི། མཐར་ལྟ་ཞི་ཀུན་རྫོབ་གི་སྐབས་སུ་ཆོས་ཐམས་ཅད་སྤྲོས་པ་ཉེ་བར་ཞི་བས་བདེན་པ་གཉིས་སུའང་བཞག་ཏུ་མེད་མོད་ཀྱི་བར་པ་བདག་རྫོབ་གི་སྐབས་སུ་རེ་ཞིག་བདེན་པ་གཉིས་སུ་བསྟན་ཏེ། **དབུ་མ་རྩ་བར།** གལ་ཏེ་འདི་དག་ཀུན་སྟོང་ན། །འབྱུང་བ་མེད་ཅིང་འཇིག་པ་མེད། །འཕགས་པའི་བདེན་པ་བཞི་པོ་རྣམས། །ཁྱོད་ལ་མེད་པར་ཐལ་བར་འགྱུར། །སོགས་ནས། འཇིག་རྟེན་པ་ཡི་ཐ་སྙད་ནི། །ཀུན་ལའང་གནོད་པ་བྱེད་པ་ཡིན། །ཞེས་པའི་བར་གྱིས་འཁོར་འདས་ཀྱི་རྣམ་འཇོག་ཐམས་ཅད་མེད་པར་ཐལ་བའི་རྩོད་པ་བཀོད་ནས་དེའི་ལན་དུ། དེ་ལ་བཤད་པ་ཁྱོད་ཀྱིས་ནི། །སྟོང་ཉིད་དགོས་དང་སྟོང་ཉིད་དང་། །སྟོང་ཉིད་དོན་ནི་མ་རྟོགས་པས། །དེ་ཕྱིར་དེ་ལྟར་གནོད་པ་ཡིན། །སངས་རྒྱས་རྣམས་ཀྱིས་ཆོས་བསྟན་པ། །བདེན་པ་གཉིས་ལ་ཡང་དག་བརྟེན། །ཞེས་སོགས་ཀྱིས་ལན་བཏབ་སྟེ་རྣམ་པ་རྟེན་ཅིང་འབྲེལ་བར་འབྱུང་བ་ཙམ་གྱིས་ཅིར་ཡང་སྣང་དུ་རུང་བ་ནི་ཀུན་རྫོབ་དང་། དེ་ཉིད་སྣང་དུས་ཉིད་ན་ཡང་རང་གི་ངོ་བོ་ཇི་ལྟར་བརྟགས་

པ་དང་སྣང་བ་དེར་མ་གྲུབ་ཅིང་ངོ་བོ་ཅི་ཡང་མ་ཡིན་པ་ནི་དོན་དམ་པའི་བདེན་པ་སྟེ། རྟེན་ཅིང་འབྲེལ་པར་འབྱུང་བ་གང་། །དེ་ནི་སྟོང་པ་ཉིད་དུ་བཤད། །དེ་ནི་བརྟེན་ནས་གདགས་པ་སྟེ། །དེ་ཉིད་དབུ་མའི་ལམ་ཡིན་ནོ། །ཞེས་སོ། །ཀུན་རྫོབ་དེ་ལ་ཡང་། རབ་རིབ་ཅན་གྱི་ངོར་སྐྲ་ཤད་དང་མིག་བཙིར་བས་ཟླ་གཉིས་མཐོང་བ་སོགས་ཡུལ་ལོག་པའི་ཀུན་རྫོབ་དང་། གྲུབ་མཐའ་ངན་པའི་རྟོག་པ་ལྟ་བུ་ཡུལ་ཅན་ལོག་པ་སྟེ་ལོག་པའི་ཀུན་རྫོབ་དང་། དེ་ལས་གཞན་པ་རྟེན་འབྲེལ་ཚོགས་པའི་བརྫུན་སྣང་མ་བརྟགས་པའི་ཤེས་ངོར་གསལ་བར་(༧༣༠བ)སྣང་ཞིང་དཔྱད་མི་བཟོད་པ་འདི་རྣམས་རེ་ཞིག་བདེན་པ་ལྟར་སྣང་བ་དང་འཇིག་རྟེན་ལ་ཡང་དག་པར་གྲགས་པའི་ཆ་ནས་ཡང་དག་ཀུན་རྫོབ་ཅེས་བྱ་སྟེ། **ཇོ་བོའི་དབུ་མ་བདེན་ཆུང་ལས།** ཀུན་རྫོབ་རྣམ་པ་གཉིས་སུ་འདོད། །ལོག་པ་དང་ནི་ཡང་དག་གོ། །དང་པོ་གཉིས་ཏེ་སྐྲ་ཟླ་དང་། །གྲུབ་མཐའ་ངན་པའི་རྟོག་པའོ། །མ་བརྟགས་གཅིག་ཏུ་ཉམས་དགའ་བ། །སྐྱེ་བ་དང་ནི་འཇིག་པའི་ཆོས། །དོན་བྱེད་ནུས་དང་ལྡན་པ་ནི། །ཡང་དག་ཀུན་རྫོབ་ཡིན་པར་འདོད། །ཅེས་སོ། །སྨྲ་བསམ་བརྗོད་དུ་མེད་པའི་དེ་ཁོ་ན་ཉིད་དོན་དམ་བདེན་པ་སྟེ། ཐོག་མ་ཐ་མ་མེད་ཞི་བ། །དངོས་དང་དངོས་མེད་རྣམ་པར་སྤངས། །རྣམ་པར་རྟོག་མེད་དམིགས་པ་བྲལ། །གནས་པ་མེད་ཅིང་གནས་མེད་པ། །འགྲོ་འོང་མེད་ཅིང་དཔེ་དང་བྲལ། །བརྗོད་དུ་མེད་ཅིང་ལྟར་མེད་པ། །འགྱུར་བ་མེད་པ་འདུས་མ་བྱས། །རྣལ་འབྱོར་པ་ཡིས་དེ་རྟོགས་ན། །ཉོན་མོངས་ཤེས་བྱའི་སྒྲིབ་པ་སྤོང་། །ཞེས་སོ། **།དཀོན་མཆོག་སྤྲིན་ལས་ཀྱང་།** དེ་ལྟ་བས་ན་གང་མིང་འདོགས་པ་དང་ཐ་སྙད་དེ་ནི་ཀུན་རྫོབ་ཅེས་བྱའོ། །ཞེས་དང་། རིགས་ཀྱི་བུ་དོན་དམ་པ་ནི་བརྗོད་དུ་མེད་པ་སྟེ་ཞི་བ་ཉིད་དོ། །ཅེས་སོ། །ཡང་ན་བྱིས་པ་རྣམས་ཀྱིས་མེད་བཞིན་དུ་སྣང་བར་མི་ཤེས་པར་བདག་གཞན་ལ་སོགས་པ་སྣ་ཚོགས་པར་སྒྲོ་སྐུར་དུ་བྱེད་པས་ན་ཀུན་རྫོབ་ཙམ་མཐོང་ལ་ཀུན་རྫོབ་ཀྱི་བདེན་

པ་མ་མཐོང་བ་ཞེས་སམ་ལོག་པའི་ཀུན་རྫོབ་མཐོང་གི་ཡང་དག་པའི་ཀུན་རྫོབ་མ་མཐོང་བ་ཞེས་བྱ་ལ། འཕགས་པ་རྣམས་ཀྱིས་སྒྱུ་མ་མཁན་སྒྱུ་མ་ལ་ལྟ་བ་ལྟར་གཟིགས་པའི་ཕྱིར་ན་ཀུན་རྫོབ་མ་གཟིགས་ལ་ཀུན་རྫོབ་ཀྱི་བདེན་པ་གཟིགས་པའམ་ལོག་པའི་ཀུན་རྫོབ་མ་གཟིགས་ལ་ཡང་དག་པའི་ཀུན་རྫོབ་གཟིགས་པ་ཞེས་ཀྱང་བྱ་སྟེ་གསང་སྔགས་ཀྱི་རྒྱུད་སྡེར་ཀུན་རྫོབ་ནི་གཟུང་འཛིན་གྱི་སྣང་བ་སྟེ་དེའི་བདེན་པ་ནི་ཚུ་ན྄་ལྟ་བུའོ། །ཞེས་གསུངས་པ་དང་། ཡང་དག་ཉིད་དུ་རྟོག་བྱེད་ཀྱི། །སྒྱུ་མ་ལྟ་བུ་མིན་པས་འདིར། །རྣལ་འབྱོར་པ་དང་འཇིག་རྟེན་རྫོད། །(༧༣༧ན)ཅེས་སོ། །རྣམ་པ་གཅིག་ཏུ་ན་འཇིག་རྟེན་པའི་ཆོས་ནི་ཀུན་རྫོབ་ཀྱི་བདེན་པ་དང་འཇིག་རྟེན་ལས་འདས་པའི་ཆོས་ནི་དོན་དམ་པའི་བདེན་པ་སྟེ། **བདག་མེད་པ་དྲིས་པའི་མདོ་ལས།** ཀུན་རྫོབ་དང་ནི་དོན་དམ་སྟེ། །དབྱེ་བ་གཉིས་སུ་ཡང་དག་བཤད། །ཀུན་རྫོབ་འཇིག་རྟེན་པ་ཡི་ཆོས། །དོན་དམ་འཇིག་རྟེན་འདས་པའོ། །ཀུན་རྫོབ་ཆོས་ལ་ཞུགས་པ་ཡིས། །སེམས་ཅན་ཉོན་མོངས་དབང་དུ་འགྲོ། །དོན་དམ་ཡོངས་སུ་མ་ཤེས་པས། །འཁོར་བར་ཡུན་རིང་འཁོར་བར་འགྱུར། །ཞེས་སོ། །

འདིར་བདག་ཉིད་ཆེན་པོ་ཞི་བའི་ལྷ་ཉིད་ཀྱི་བཞེད་པ་ནི། བློའི་སྤྱོད་ཡུལ་དུ་གྱུར་པ་ཀུན་རྫོབ་ཀྱི་བདེན་པ་དང་། བློ་ལས་འདས་པའི་ཆོས་དོན་དམ་པའི་བདེན་པ་སྟེ། དོན་དམ་བློ་ཡི་སྤྱོད་ཡུལ་མིན། །བློ་ཉིད་ཀུན་རྫོབ་ཡིན་པར་འདོད། །ཅེས་འཆད་པར་འགྱུར་རོ། །འོ་ན་དོན་དམ་བློའི་སྤྱོད་ཡུལ་མ་ཡིན་ན་བློ་དང་ཤེས་པ་དོན་གཅིག་པའི་ཕྱིར་དོན་དམ་པ་སོ་སོ་རང་རིག་པའི་ཡེ་ཤེས་ཀྱི་སྤྱོད་ཡུལ་དུ་བཤད་པ་དང་འགལ་ལོ་ཞེ་ན། ཡང་ཁ་ཅིག་ནི་བློའི་ཡུལ་དུ་གྱུར་རུང་བ་ཤེས་བྱའི་མཚན་ཉིད་ཡིན་པའི་ཕྱིར་དོན་དམ་ཤེས་བྱ་མ་ཡིན་པར་ཐལ་ལོ་ཞེས་ཀྱང་རྟོགས་སྲིད་དོ། །དེ་ལ་འཕགས་པ་རྣམས་ཀྱི་སོ་སོ་རང་རིག་པའི་ཡེ་ཤེས་ཀྱིས་རང་རྒྱུད་ཀྱི་ཆོས་ཉིད་ཇི་ལྟ་བ་བཞིན་གཟིགས་པ་འགོག་པར་མི་མཛད་ཀྱང་དེ་ནི་

ཕྱིན་ཅི་ལོག་གི་འཛིན་པ་ཐམས་ཅད་ལོག་སྟེ་རང་རྒྱུད་ཀྱི་དབྱིངས་རིག་གཉིས་སུ་མེད་པ་དེ་ཉིད་རྟོག་པའི་ལྷད་མེད་པ་མཚོ་ལ་རླུང་ཞི་བས་རླབས་དང་བྲལ་བ་ལྟ་བུར་གྱུར་པ་ལ་ཡུལ་ཡུལ་ཅན་གྱི་དམིགས་པ་མེད་ཀྱང་དེ་ལས་ལངས་པའི་རྗེས་ཐོབ་ཀྱི་ཤེས་པས་དབྱིངས་ལ་རྟོགས་བྱ་དང་རིག་པ་ལ་རྟོགས་བྱེད་ཀྱི་ཐ་སྙད་དུ་སྦྱར་ཏེ་སོ་སོ་རང་རིག་པའི་ཡེ་ཤེས་ཀྱིས་དོན་དམ་རྟོགས་ཞེས་ཚིག་ཏུ་བརྗོད་པར་ཟད་ཀྱི་མཉམ་བཞག་དེ་ལ་ནི་རྟོགས་མ་རྟོགས་སོགས་ཀྱི་བློའི་མཚན་མ་ཕྲ་མོ་ཙམ་ཡང་མེད་ན་རང་རིག་མི་རིག་གི་འཛིན་པ་ལྷག་མར་ཅི་ཞིག་ལུས་ཏེ། **ལངྐར་གཤེགས་པ་**(༧༣༧བ)**ལས།** བློ་གྲོས་ཆེན་པོ། མུ་སྟེགས་ཅན་གྱི་ལྟ་བ་ངན་པ་རྣམ་པར་རྟོག་པའི་བསམ་པ་ལ་མངོན་པར་ཞེན་པ་དག་ཡོད་པ་དང་མེད་པའི་ཕྱོགས་དང་གཅིག་དང་ཐ་དད་དང་གཉིས་ཀ་དང་གཉིས་ཀ་མ་ཡིན་པའི་སྨྲ་བ་ལ་མངོན་པར་ཞེན་ཞིང་དམ་པའི་ཆོས་ལ་སྐུར་བ་རྣམས་བདག་དང་གཞན་དག་ཀྱང་ལོག་པར་ལྟུང་བར་བྱེད་དོ། །ཞེས་དང་། འཕགས་པའི་ཡེ་ཤེས་སོ་སོ་རང་གིས་རིག་པར་བྱ་བའི་རང་བཞིན་གཉིས་ལས་རྣམ་པར་གྲོལ་བའི་དངོས་པོའི་རང་བཞིན་དུ་ཡོད་དོ། །ཞེས་རྣམ་པར་རྟོག་པར་འགྱུར་ཏེ་བློ་གྲོས་ཆེན་པོ་རྣལ་འབྱོར་ཅན་སེམས་དང་ཡིད་དང་རྣམ་པར་ཤེས་པའི་གནས་ཤིན་ཏུ་གྱུར་པ་རང་གི་སེམས་སྣང་བའི་གཟུང་བ་དང་འཛིན་པའི་རྣམ་པར་རྟོག་པ་རབ་ཏུ་སྤངས་པ་དེ་བཞིན་གཤེགས་པའི་ས་འཕགས་པ་སོ་སོ་རང་རིག་པའི་ཡེ་ཤེས་ཐོབ་པ་རྣམས་ལ་ནི་དངོས་པོ་དང་དངོས་པོ་མེད་པའི་འདུ་ཤེས་མི་འབྱུང་ངོ་། །དེ་འཇུག་ཏུ་ཟིན་ན་ནི་དེ་ཉིད་དེའི་བདག་དང་གསོ་བ་དང་སྐྱེས་བུ་དང་གང་ཟག་ཏུ་འཛིན་པར་འགྱུར་རོ། །ཞེས་སོ། །དེ་ལ་དགོངས་ནས་སློབ་དཔོན་གྱིས་དོན་དམ་ལ་མཚན་འཛིན་ལྡོག་པའི་ཆེད་དུ་སོ་སོ་རང་རིག་གི་ཡེ་ཤེས་སོགས་ཀྱང་སྐབས་དེར་ཞལ་གྱིས་མ་བཞེས་པ་སྟེ་དེ་བཞེས་ན་སེམས་ཙམ་པའི་རང་རིག་གྲུབ་ཞེན་གྱི་བློ་གཞོམ་དཀའ་བར་འགྱུར་ཞིང་

རྗོད་ངོར་དེ་བདག་ཅག་གི་དོན་དམ་དུ་སྨྲ་བའི་རང་རིག་དེའོ་ཞེས་ཁས་ལེན་པར་འགྱུར་བའི་ཕྱིར་དང་། དོན་དམ་སོ་སོ་རང་རིག་གི་ཤེས་པའི་ཡུལ་ལོ་སྙམ་པ་ཙམ་གྱིས་ཆོས་ཉིད་ལ་ཉེ་བར་མི་འགྱུར་ལ་དམིགས་གཏད་ཀྱི་མཚན་མ་ཐམས་ཅད་བསལ་བ་འདིས་ནི་ཆོས་ཉིད་ལ་དོན་སྤྱིའི་ཚུལ་གྱིས་མོས་པས་སྤྱོད་པ་ལ་གེགས་མེད་དུ་འགྱུར་བའི་ཕྱིར་སྐྱོན་དང་པོ་མེད་དོ། །

སྐྱོན་གཉིས་པ་ཡང་མེད་དེ། བློའི་ཡུལ་དུ་བྱར་རུང་བ་ཤེས་བྱའི་མཚན་ཉིད་དུ་སྨྲ་བ་ནི་ལས་དང་པོ་བའི་བྱིས་པ་ལ་བློ་གྲོས་ཀྱི་ཁ་འབྱེད་པའི་ཕྱིར་བསྟན་པར་ཟད་ཀྱི་དེའི་ཚེ་ཡང་གསལ་ཞིང་ཡུལ་རིག་པའི་བློ་ཤེས་པའི་མཚན་ཉིད་དུ་སྨྲ་བས་དེ་གཉིས་རྟོག་པ་ཕན་ཚུན་བརྟེན་པའི་སྐྱོན་དུ་འགྱུར་ཏེ་རིག་བྱ་བློའི་ཡུལ་དུ་བྱར་རུང་བ་(༧༣༢ན)ནི་རིག་བྱེད་གསལ་ཞིང་ཡུལ་རིག་པའི་བློ་སྔོན་དུ་སོང་བ་ལ་བལྟོས། རིག་བྱེད་གསལ་ཞིང་ཡུལ་རིག་པའི་བློ་དེ་ཡང་རིག་བྱ་བློའི་ཡུལ་དུ་བྱར་རུང་བ་སྔོན་དུ་སོང་བ་ལ་བལྟོས་པས་ནམ་དུ་ཡང་རྒྱུ་མཚན་ངེས་པར་མི་འགྱུར་ལ། སྤྱིར་ཡང་ཤེས་བྱ་དང་ཤེས་བྱེད་ནི་བྱིས་པ་རྣམས་ཀྱིས་མི་ཤེས་པས་སྒྲོ་བཏགས་པ་དང་སངས་རྒྱས་ཀྱི་བསྟན་པ་ལ་ཡང་། མིང་དུ་བརྗོད་པ་མ་མཛད་ན། །འཇིག་རྟེན་ཐམས་ཅད་རྨོངས་པར་འགྱུར། །དེ་བས་རྨོངས་པ་སྤང་བའི་ཕྱིར། །མགོན་པོས་མིང་དུ་བརྗོད་པ་མཛད། །ཅེས་པ་ལྟར་དགོས་པའི་དབང་གིས་རེ་ཞིག་བསྟན་པར་ཟད་ཀྱི་ངེས་པར་ན་ཤེས་པ་དང་ཤེས་བྱ་ནི་ངོ་བོ་ཉིད་ཀྱིས་དེར་ཡོད་པ་མ་ཡིན་ཏེ་ཆོས་ཐམས་ཅད་ནི་གཟོད་ནས་དག་པ་ཁོ་ནར་བསྟན་པའི་ཕྱིར་རོ། །

འོ་ན་དོན་དམ་ཤེས་བྱ་ཡིན་ནམ་མིན་ཞེ་ན། ལས་དང་པོ་པ་རྣམས་ལ་ནི་ཀུན་རྫོབ་ཤེས་པས་ནི་འཇིག་རྟེན་གྱི་ཐ་སྙད་ཁོང་དུ་ཆུད་པར་ཟད་ཀྱི་སྙིང་པོ་ཆེས་ཆེ་བ་མ་ཡིན་ལ། དོན་དམ་པ་ཤེས་པས་སྲིད་པ་ལས་འདའ་བའི་ཕྱིར་ཤེས་པར་བྱ་རྒྱུ་ཡང་དག་པ་ནི་དོན་དམ་པ་ཁོ་ནའོ་ཞེས་སྟོན་ཏེ་དོན་དམ་ལ་གཞུག་པའི་དགོས

པ་ཁྱད་པར་ཅན་ཡོད་པའི་ཕྱིར། མང་དུ་སྦྱངས་པ་དོན་དམ་པ་དངོས་མཚན་དུ་རྟོག་པ་རྣམས་ལ་ནི་དོན་དམ་ནི་ཤེས་པར་བྱ་བ་ཙམ་ཡང་མ་ཡིན་ཏེ་ཤེས་བྱ་དང་ཤེས་བྱེད་ནི་ཀུན་རྫོབ་ཀྱི་ཐ་སྙད་པོ་ནར་ཟད་དོ་ཞེས་སྟོན་ཏེ་དོན་དམ་ལ་ཡུལ་དང་ཡུལ་ཅན་དུ་ཞེན་པའི་སྤྲོས་མཚན་ལྟོག་ཅིང་དེ་ལོག་པ་ན་དོན་དམ་ཤེས་པ་ལ་གེགས་བྱེད་ཕྲ་མོར་བྱེད་པའི་ཕྱིར་རོ། །ནམ་དོན་དམ་ཡང་དག་པ་ཤེས་པ་དེ་ན་ནི་ཤེས་བྱ་ཤེས་བྱེད་དང་བདེན་བརྫུན་ལ་སོགས་པའི་མཐོང་བ་ལྷག་མར་མི་ལུས་ཏེ་ཆོས་ཉིད་ཇི་ལྟ་བ་བཞིན་གྱིས་འཇུག་གོ། །

བོད་མང་ཞིག །ཐ་སྙད་ཚད་མས་རྙེད་པའི་རྙེད་དོན་ནམ་མ་བརྟགས་པ་ཐ་སྙད་པའི་ཤེས་ངོར་རྙེད་པ། ཀུན་རྫོབ་བདེན་པའི་མཚན་ཉིད་དང་། རིག་ཤེས་ཚད་མས་རྙེད་པའི་རྙེད་དོན་ནམ་མཐར་ཐུག་རིགས་པའི་ཤེས་ངོར་རྙེད་པ། དོན་དམ་བདེན་པའི་མཚན་ཉིད་དུ་འདོད་ཅིང་། **འཇུག་**(༡༣༢བ)**པ་ལས།** དངོས་ཀུན་ཡང་དག་བརྫུན་པར་མཐོང་བ་ཡིས། །དངོས་རྙེད་ངོ་བོ་གཉིས་ནི་འཛིན་པར་འགྱུར། །ཡང་དག་མཐོང་ཡུལ་གང་ཡིན་དེ་ཉིད་དེ། །མཐོང་བ་བརྫུན་པ་ཀུན་རྫོབ་བདེན་པར་གསུངས། །ཞེས་པའི་དགོངས་པར་སྨྲ་བ་ཆེས་མང་ཞིང་། **ལེགས་བཤད་བསྡུས་པར་ཡང་།** དེ་ཉིད་རྒྱལ་དུ་བཏོན་ཏེ་བློའི་ཡུལ་དུ་ཇི་ལྟར་སྣང་བ་ཀུན་རྫོབ་ཀྱི་མཚན་གཞི་སྣེ་ཕྱི་དོན་གྱི་དངོས་པོ་གཟུགས་སྒྲ་སོགས་རྟོག་མེད་མ་འཁྲུལ་བ་གཞན་རིག་མངོན་སུམ་གྱི་ཡུལ་དང་། ནང་ཤེས་པའི་དངོས་པོ་བདེ་སྡུག་སོགས་རང་རིག་མངོན་སུམ་གྱི་ཡུལ་དང་། ཟླ་གཉིས་སོགས་དངོས་མེད་གསལ་སྣང་རྣམས་རྟོག་མེད་འཁྲུལ་པའི་ཡུལ་དང་། དངོས་མེད་མི་གསལ་བར་སྣང་བ་དོན་སྤྱི་རྣམས་རྟོག་པའི་ཡུལ་ལོ། །བློའི་ཡུལ་ལས་འདས་པ་དོན་དམ་པའི་མཚན་གཞི་སྣེ་དོན་ཤེས་དངོས་མེད་སོགས་ཀྱི་སྤྲོས་པ་ཐམས་ཅད་དང་བྲལ་བ་རྣམ་གྲངས་མ་ཡིན་པའི་དོན་དམ་ཡིན་ལ། ཡོངས་དཔྱོད་སྤྲོས་བྲལ་དུ་གྲུབ་པའི་

ཆོས་རྣམས་ནི་རྣམ་གྲངས་པའི་དོན་དམ་མོ། །དེ་ཡང་ཀུན་རྫོབ་ཀྱི་མཚན་གཞི་སྣང་བ་སྣ་ཚོགས་ནི་སྣང་བ་འཛིན་པ་ཐ་སྙད་པའི་ཤེས་པས་ངེས་ལ་དོན་དམ་གྱི་མཚན་གཞི་སྤྲོས་བྲལ་ནི་མཐར་ཐུག་ཚོལ་བའི་རིགས་པས་ངེས་ཏེ། གཟུགས་སོགས་ལ་གཅིག་དུ་བྲལ་གྱི་རིགས་པས་དཔྱད་ན་རྟག་པ་དོན་དངོས་དང་མི་རྟག་པ་ཤེས་དངོས་ཏེ་དངོས་པོ་གང་ཡང་མ་གྲུབ་ཅིང་དངོས་མེད་དུ་ཡང་མ་གྲུབ་པར་ངེས་ཏེ་མཐར་ཐུག་ཚོལ་བའི་རིགས་ངོར་སྤྲོས་པ་ཐམས་ཅད་ཁེགས་པས་དོན་དམ་པའི་མཚན་གཞི་སྤྲོས་པ་ཀུན་བྲལ་དུ་ངེས་ལ་སྤྲོས་པ་མ་རྙེད་པ་དེ་ལ་སྤྲོས་བྲལ་རྙེད་ཅེས་བཏགས་ལ། གཟུགས་སོགས་ཇི་ལྟར་སྣང་བ་འདི་ཐ་སྙད་པའི་ཤེས་པ་ལ་སྣང་ཞིང་རིགས་ངོར་ཁེགས་པས་ན་སྣང་བ་སྒྱུ་མ་ལྟ་བུ་སྟེ་ཐ་སྙད་པའི་ཤེས་ངོར་རྙེད་པ་ཙམ་ཀུན་རྫོབ་བདེན་པ་དང་། རིགས་ངོར་མ་རྙེད་པ་དོན་དམ་བདེན་པ་ཞེས་ཐ་སྙད་པའི་ཤེས་པས་ངེས་ལ། སྣང་བའི་རང་བཞིན་སྟོང་ཉིད་རྣམ་གྲངས་ཀྱི་དོན་དམ་དང་ཀུན་རྫོབ་ནི་ལྡོག་པ་དེ་ཉིད་དུ་བརྗོད་དུ་མེད་ཅིང་ངོ་བོ་གཞན་དུ་བརྗོད་དུ་མེད་པ་སྐྱེ་བྱས་པ་དང་མི་རྟག་པ་བཞིན་ནོ། །(༧༣༣ན)ཆོས་ཉིད་ཅིར་ཡང་མ་གྲུབ་པ་ནི་རྣམ་གྲངས་མ་ཡིན་པའི་དོན་དམ་སྟེ་དེ་ནི་ལྡོག་པ་དང་ངོ་བོ་གཉིས་ཀུན་རྫོབ་དེ་ཉིད་དང་གཞན་དུ་བརྗོད་དུ་མེད་དེ་ཅིར་ཡང་མ་གྲུབ་པའི་ཕྱིར་རོ། །

གྲངས་ངེས་པ་ཡང་། རིགས་པས་དཔྱད་བཟོད་མི་བཟོད་གཉིས་དངོས་འགལ་ཡིན་པས་གཉིས་ལས་མང་བ་ཁེགས་ལ། གཉི་ག་བློ་ངོར་གྲགས་ཤིང་ཕན་ཚུན་གཞི་གཅིག་ཏུ་མི་འདུ་བས་གཉིས་ལས་ཉུང་བ་ཁེགས་སོ། །གལ་ཏེ་དོན་དམ་པའི་བདེན་པ་ཅིར་ཡང་མ་གྲུབ་པ་ཡིན་ན། བདེན་གཉིས་ཀྱི་ཡ་གྲལ་དུ་མི་འཐད་དོ་ཞེ་ན། བདེན་མོད་ཀྱང་རྟོག་གེ་པ་དྲང་བའི་ཕྱིར་དེ་དང་ཐ་སྙད་བསྟུན་པ་ཡིན་ནོ། །ཞེས་སྣང་ངོ་། །

དེ་ལ་ཅུང་ཟད་དཔྱད་པར་བྱ་སྟེ། ཅི་མ་བརྟགས་པ་ཐ་སྙད་པའི་ཤེས་ངོ་ཞེས་པ་དེ་རྟོག་དཔྱོད་ཀྱིས་ཟླས་ཕྱེ་བའི་ཞིབ་མོར་མ་བརྟགས་པ་ལ་ཟེར་རམ། འོན་ཏེ་མིང་འདོགས་ལ་སོགས་པར་མ་བཏགས་པ་ཙམ་པོ་བ་ལ་ཟེར། དང་པོ་ལྟར་ན། རྟུལ་ཕྲ་རབ་བསམ་པ་སོགས་རྟོག་དཔྱོད་ཀྱིས་ཞིབ་མོར་བསམས་པ་རྣམས་ཀུན་རྫོབ་མ་ཡིན་པར་འགྱུར་ལ། ཕྱི་མ་ལྟར་ན། མིང་དུ་བཏགས་པ་རྣམས་ཀུན་རྫོབ་མ་ཡིན་པར་འགྱུར་རོ། །ཐ་སྙད་པ་དེ་ཡང་ཐ་སྙད་དུ་ཞེན་ནས་འཛིན་པ་ལ་བྱེད་དམ། ཐ་སྙད་ཡིན་པ་ཙམ་ལ་བྱེད། དང་པོ་ལྟར་ན། གཉིད་དང་བརྒྱལ་བའི་དུས་ཀྱི་ཤེས་པ་དང་འདུ་ཤེས་མེད་པ་པ་སོགས་ལ་མ་ཁྱབ་བོ། །ཕྱི་མ་ལྟར་ན། དོན་དམ་བདེན་པ་ཡང་ཀུན་རྫོབ་ཏུ་ཐལ་བར་འགྱུར་རོ། །རིགས་ངོར་རྙེད་པ་ཞེས་པའང་དངོས་སྨྲ་བའི་འདོད་པ་ལ་ཞེན་པའི་ཚིག་སྟེ་རྟེན་འབྲེལ་ཚོགས་པའི་བརྫུན་སྣང་གཟུགས་སུ་སྣང་ཙམ་པ་ལ་དེར་ཡོད་ཞེན་གྱི་བློས་འཛིན་པ་ལྟར་རྒྱུ་རྐྱེན་གྱི་དབང་ལས་ཤེས་པའི་གནས་སྐབས་ཕྱི་མ་ཞིག་སྣང་བ་ལ་དེ་རྙེད་པར་ཞེན་པར་ཟད་ཀྱི་དབུ་མ་པའི་རིགས་ངོར་བརྙེད་པའི་ཆོས་གཏན་མི་སྲིད་ཅིང་དེ་ལ་བལྟོས་པའི་མ་རྙེད་པ་ཡང་བཞག་ཏུ་མེད་པའི་ཕྱིར།

དེས་ན་བྱིས་པ་རྣམས་ཀྱིས་ཡུལ་ཅན་གྱི་ཤེས་པས་ཡུལ་ཞིག་རྙེད་པར་འཛིན་པ་འདི་ནི་ཆོས་ཀྱི་བདག་འཛིན་དངོས་ཡིན་ལ་དེ་(༧༣༣བ)གཞོམ་པའི་ཕྱིར་བདེན་གཉིས་རྣམ་པར་བཞག་པའི་སྒོ་ནས་བདག་མེད་པར་བསྟན་པ་ཡིན་ན། རྙེད་འཛིན་ལྡོག་དགོས་པ་དེའི་ཚེ་ཡང་ཤེས་ངོར་རྙེད་པ་ཞེས་སོགས་བདེན་གཉིས་ཀྱི་མཚན་ཉིད་དུ་སྦྱོར་བ་ནི་རང་ཉིད་སྟོང་པ་ཉིད་ལ་ཡིད་མ་ཆེས་པས་གཞན་ལ་ཡང་འཁྲུག་འཁྲུལ་ཀྱིས་དམིགས་པར་ལྟ་བ་བསྐྱེད་པ་ཞིག་གོ། །

ཁྱད་པར་དུ་མཐར་ཐུག་རིགས་པའི་ཤེས་ངོར་རྙེད་པའི་ཆོས་ནི་གཏན་མི་སྲིད་དེ། སྟོན་པ་ཉིད་ཀྱིས་ཀྱང་ང་བྱང་ཆུབ་ཀྱི་སྙིང་པོར་འདུག་ནས་ཆོས་གང་ཡང་ཁོང་

དུ་མ་ཆུད་དོ། །ཞེས་སོགས་གསུངས་པའི་ཕྱིར། གལ་ཏེ་མཐར་ཐུག་གི་རིགས་ངོར་ཉེད་མི་སྲིད་ཀྱང་མ་ཉེད་པ་དེ་ག་ལ་དོན་དམ་དུ་འདོགས་སོ་ཞེ་ན། འོ་ན་རིགས་ངོར་མ་ཉེད་པ་མཚན་ཉིད་དུ་སྦྱོར་བར་རིགས་ཀྱི་མ་ཉེད་པ་འཆད་པའི་ཚེ་ཉེད་པ་ཞེས་སྦྱར་བ་ལ་དགོས་པ་ཅི་ཞིག་གྱུ།

སྐྱིར་མ་ཉེད་པ་ཙམ་ཡང་དོན་དམ་ག་ལ་ཡིན་ཏེ་ཉེད་མ་ཉེད་ནི་སྤྲོས་པ་ཡིན་ལ། དོན་དམ་སྤྲོས་བྲལ་དུ་འདོད་པའི་ཕྱིར། གཞན་ཡང་ཐ་སྙད་པའི་ཚད་མས་ཉེད་པ་ཞེས་སོགས་དང་དོན་རིག་མངོན་སུམ་གྱི་ཡུལ་ཞེས་སོགས་རྟོག་གེའི་ཐ་སྙད་ལས་དྲངས་པའང་དབུ་མའི་སྐབས་སུ་ཏ་ཙང་བབ་པ་མིན་ཏེ། **བདེན་ཆུང་ལས།** མངོན་སུམ་དང་ནི་རྗེས་སུ་དཔག །སངས་རྒྱས་པ་ཡིས་དེ་གཉིས་བཟུང་། །གཉིས་པོས་སྟོང་ཉིད་རྟོགས་སོ་ཞེས། །ཚུ་རོལ་མཐོང་བའི་རྨོངས་པ་སྨྲ། །ཞེས་དང་། མངོན་སུམ་རྗེས་དཔག་དགོས་པ་མེད། །མུ་སྟེགས་རྒོལ་བ་ཟློག་པའི་ཕྱིར། །མཁས་པ་རྣམས་ཀྱིས་བྱས་པ་ཡིན། །ལུང་ལས་ཀྱང་ནི་གསལ་པོ་རུ། །རྟོག་བཅས་རྟོག་པ་མེད་པ་ཡི། །ཤེས་པ་གཉིས་ཀྱིས་མི་རྟོག་ཅེས། །སློབ་དཔོན་མཁས་པ་ལྷ་བྱས་གསུངས། །ཞེས་སོ། །གལ་ཏེ། དངོས་སྨྲ་དང་པོ་གཉིས་ནི་འཛིན་པར་འགྱུར། །ཞེས་པ་འདིས་རིགས་ངོར་ཉེད་པ་བསྟན་ཧོ་སྙམ་ན། དེ་ནི་དངོས་པོ་ཇི་སྙེད་པ་ལ་འཛིན་ཚུལ་གཉིས་འཇུག་སྟེ་མཐོང་བ་བརྗུན་པ་དང་ཡང་དག་པའོ་ཞེས་བསྟན་པ་ཡིན་གྱི་ཤེས་ངོར་ཉེད་པ་ཞེས་བསྟན་པ་མ་ཡིན་པས་ཡིགེའི་འཇུག་པའང་ཤེས་པར་གྱིས་ཤིག །(༧༣༥ན)

སློའི་ཡུལ་དུ་ཇི་ལྟར་སྣང་བ་ཀུན་རྫོབ་ཀྱི་མཚན་གཞི་དང་བློའི་ཡུལ་ལས་འདས་པ་དོན་དམ་པའི་མཚན་གཞིར་འདོད་པའང་མི་འཐད་དེ། དེ་གཉིས་ནི་སོ་སོའི་མཚན་ཉིད་དུ་བྱས་ཀྱང་མི་འགལ་ལ། མཚོན་བྱ་དང་མཚན་གཞི་ལ་རྒྱ་ཆེ་ཆུང་གི་ཁྱད་པར་མི་སྣང་བའི་ཕྱིར་ཏེ་ཚ་ཞིང་སྲེག་པའི་མཚན་གཞིར་ཙནྡན་གྱི་

དམར་འབར་བ་ལྟ་བུ་འགོད་དགོས་ཀྱི་མེ་སྤྱི་ལྡོག་ཙམ་དགོད་པར་བྱ་བ་མ་ཡིན་པ་བཞིན་ནོ། །ཡོངས་དཔྱོད་སྤྲོས་བྲལ་དུ་གྲུབ་པའི་ཆོས་ཞེས་པའང་བརྟན་ཞིང་གཤེར་བའི་མེ་ཞེས་པ་ལྟར་ཚིག་གཅིག་ལ་འགལ་བ་གཞི་མཐུན་དུ་ཁས་བླངས་པ་ཡིན་ཏེ་སྤྲོས་བྲལ་ཡིན་ན་གྲུབ་མ་གྲུབ་གང་དུའང་འགལ་བའི་ཕྱིར།

གལ་ཏེ་སྤྲོས་པ་དང་བྲལ་བ་ཙམ་ལ་སྤྲོས་བྲལ་དུ་གྲུབ་པར་ཐ་སྙད་བྱས་སོ་ཞེ་ན། འོ་ན་རྣམ་བཅད་སྤྲོས་པ་དང་བྲལ་བ་རྣམ་གྲངས་མིན་པའི་དོན་དམ་དང་། ཡོངས་དཔྱོད་སྤྲོས་བྲལ་དུ་གྲུབ་པ་རྣམ་གྲངས་ཀྱི་དོན་དམ་དུ་འདོད་པ་ཉམས་ཏེ་དེ་གཉིས་གཅིག་པའི་ཕྱིར་རོ། །དོན་དམ་གྱི་མཚན་གཞི་སྤྲོས་བྲལ་ནི་མཐར་ཐུག་ཚོལ་བའི་རིགས་པས་ངེས་ཏེ་ཞེས་པའང་སྤྱིར་སྤྲོས་བྲལ་ནི་དོན་དམ་གྱི་མིང་གི་རྣམ་གྲངས་ཡིན་པའི་ཕྱིར་དོན་དམ་གྱི་མཚན་གཞི་མིན་ལ་བདེ་སྡུག་གི་ཚོར་བ་སྤྲོས་བྲལ་དུ་མཐོང་བ་ལྟ་བུ་དོན་དམ་གྱི་མཚན་གཞིར་འོས་ལ་དོན་དམ་དེ་མཐར་ཐུག་ཚོལ་བའི་རིགས་པས་མངོན་སུམ་དུ་བྱེད་མི་ནུས་ཏེ་དེ་ཐོས་བསམ་སྒོམ་པའི་དངོས་ཡུལ་མ་ཡིན་པའི་ཕྱིར་ཏེ། **རྒྱུད་བླར།** ཕྲ་ཕྱིར་ཐོས་པའི་ཡུལ་མ་ཡིན། །དོན་དམ་ཡིན་ཕྱིར་བསམ་པའི་མིན། །ཆོས་ཉིད་ཟབ་ཕྱིར་འཇིག་རྟེན་པའི། །སྒོམ་པ་ལ་སོགས་ཡུལ་མ་ཡིན། །ཞེས་སོ། །རྟག་པ་དོན་དངོས་དང་མི་རྟག་པ་ཤེས་དངོས་ཞེས་པའང་སངས་རྒྱས་པ་ལ་ཐ་སྙད་མི་མཛེས་ཏེ་འདུས་བྱས་ཐམས་ཅད་མི་རྟག་པར་བཤད་པས་རྟག་པའི་ཕྱི་དོན་མི་སྲིད་པའི་ཕྱིར་དང་། ཕྱི་དོན་དང་ཤེས་པ་ལ་རྟག་མི་རྟག་གི་ཁྱད་པར་འགའ་ཡང་མེད་པའི་ཕྱིར།

གལ་ཏེ་འཇིག་རྟེན་པ་རྣམས་ཕྱི་དོན་ལ་རྟག(༧༣བ)པར་འཛིན་པས་སོ་ཞེ་ན། འཇིག་རྟེན་པའི་མཐོང་བ་ཚད་མར་བྱེད་ན་གྲུབ་པའི་མཐས་ཅི་ཞིག་བྱ། གལ་ཏེ་ཀུན་ལ་རྟག་པར་ཐ་སྙད་བྱས་སོ་ཞེ་ན། འོ་ན་ཤེས་པ་མི་རྟག་པར་ཅིའི་ཕྱིར་ཟུར་དུ་སྨོས། གཟུགས་སོགས་ཇི་ལྟར་སྣང་བ་འདི་ཐ་སྙད་པའི་ཤེས་པ་ལ་སྣང་ཞིང་རིགས་

ངོར་ཁེགས་པས་ན་སྣང་བ་སྒྱུ་མ་ལྟ་བུ་སྟེ་ཞེས་པའང་རིགས་པས་དཔྱད་བཟོད་ཀྱང་མ་
དཔྱད་ཙུང་སྣང་བ་སྒྱུ་མ་ལྟ་བུ་ལས་མི་འདའ་བ་ཁོང་དུ་མ་ཆུད་པར་རིགས་པས་
དཔྱད་པས་སྣང་ཡང་མ་གྲུབ་པར་མཐོང་བའི་ཚེ་སྒྱུ་མ་ལྟ་བུའོ་སྙམ་པར་སྣང་ཡང་
དེ་ལྟ་མ་ཡིན་ཏེ་སྒྱུ་མ་ལ་སྒྱུ་མར་ཤེས་པའི་གང་ཟག་སྒྱུ་མའི་སྣང་བ་ལ་ལོངས་སྤྱོད་
པ་དང་སྒྱུ་མ་ལ་སྒྱུ་མར་མ་ཤེས་པའི་གང་ཟག་སྒྱུ་མའི་སྣང་བ་ལ་ལོངས་སྤྱོད་པ་
གཉིས་བརྩུན་པར་ཤེས་མ་ཤེས་ཀྱི་ཁྱད་པར་ཡོད་མོད་ཀྱང་སྒྱུ་མ་ཡིན་པར་ཁྱད་
པར་མེད་པའི་ཕྱིར། དེས་ན་དཔྱད་ཙུང་མ་དཔྱད་ཙུང་རྟོགས་ཙུང་མ་རྟོགས་ཙུང་
ཆོས་འདི་ཐམས་ཅད་ནི་ཅིར་ཡང་མ་གྲུབ་ལ་རྐྱེན་གྱིས་ཅིར་ཡང་སྣང་དུ་ཙུང་བ་
ཙམ་ལས་རྣམ་པ་ཀུན་ཏུ་འདའ་བ་མ་ཡིན་ནོ། །བདེན་གཉིས་ངོ་བོ་གཅིག་ཐ་དད་
དང་ལྡོག་པ་གཅིག་ཐ་དད་ཀྱི་རྣམ་གཞག་བྱས་པ་དེ་ཡང་རྟོག་གེ་པའི་ཐ་སྙད་སྦྱར་
བར་ཟད་དེ། ལྡོག་པ་གཞན་སེལ་སོགས་ཀྱི་རྣམ་གཞག་ཐེག་ཆེན་དུ་མ་གསུངས་
ཤིང་། **དགོངས་པ་ངེས་འགྲེལ་ལས།** འདུ་བྱེད་ཁམས་དང་དོན་དམ་མཚན་ཉིད་
དག །གཅིག་དང་ཐ་དད་བྲལ་བའི་མཚན་ཉིད་དེ། །གཅིག་དང་ཐ་དད་ཉིད་དུ་
གང་སེམས་པ། །དེ་དག་ཚུལ་མིན་ཡིད་བྱེད་ཞུགས་པ་ཡིན། །ཞེས་གཅིག་ཐ་
དད་དང་བྲལ་བའི་ཆོས་ལ་གཅིག་ཐ་དད་དུ་རྟོག་པ་ནི་ཚུལ་མིན་ཡིད་བྱེད་དུ་
གསུངས་པའི་ཕྱིར་རོ། །གྲངས་ངེས་དེའང་འཐད་པར་མ་མཐོང་སྟེ། རིགས་པས་
དཔྱད་བཟོད་མི་བཟོད་རྟོག་གེ་པ་ལ་འགལ་བ་ཡིན་དུ་ཆུག་ཀྱང་དབུ་མ་པ་ལ་
རིགས་པས་དཔྱད་བཟོད་ཀྱི་ཆོས་མེད་པའི་ཕྱིར་དང་། བདེན་པ་གཉིས་ལས་མང་
བ་གསུམ་དང་བཞི་ཡང་བཤད་པའི་ཕྱིར་དང་བདེན་གཉིས་གཞི་གཅིག་ཏུ་ཡང་
མི་འདུ་བ་མ་ཡིན་(༧༣༥ན)ཏེ་སྐབས་འགར་ཇི་ལྟར་བརྗོད་པ་ཐམས་ཅད་ཀུན་རྫོབ་པོ་
ན་ཡིན་པས་དོན་དམ་ཡང་ཀུན་རྫོབ་ཏུ་བསྡུས་ནའང་མི་འགལ་ཞིང་། ཡང་ན་
ཀུན་རྫོབ་ནི་འཁྲུལ་པ་པོ་ནར་ཟད་པས་འཁྲུལ་དུས་ཉིད་ནའང་ཐག་ཁྲའི་སྦྲུལ་ལྟར་

མི་བདེན་ལ་ཆོས་ཐམས་ཅད་ཀྱི་རང་ངོ་ནི་ཆོས་ཉིད་བཟོད་ནས་དག་པ་ཁོ་ན་ལས་མི་འདའ་བས་དོན་དམ་བདེན་གཅིག་ཏུ་ཡང་གསུངས་པའི་ཕྱིར་རོ། །བདེན་པ་གཉིས་ལས་ཧུང་བ་ཁེགས་པ་རང་ཚིག་དང་ཡང་འགལ་ཏེ་དོན་དམ་བདེན་གཉིས་ཀྱི་ཡ་གྱལ་དུ་མི་འཐད་པའི་རྩོད་པ་བཀོད་ནས་རང་གིས་བདེན་ལན་བཏབ་པའི་ཕྱིར་རོ། ། སྤྱིར་དོན་དམ་མེད་དགག་ཏུ་འདོད་པ་དང་། དོན་དམ་མ་ཡིན་དགག་ཏུ་འདོད་པ་དང་། དོན་དམ་རྟག་བརྟན་གྱི་སྒྲུབ་པར་འདོད་པ་སོགས་མང་མོད་ཀྱང་རེ་ཞིག་ཕ་རོལ་གྱི་གྲུབ་འཛིན་ལྡོག་པའི་ཕྱིར་མེད་དགག་ཏུ་འཆད་པ་དང་། དེར་ཞེན་པ་ལྡོག་པའི་ཕྱིར་མ་ཡིན་དགག་ཏུ་འཆད་པ་དང་། མེད་པ་ལ་དོན་དམ་དུ་ཞེན་པ་ལྡོག་པའི་ཕྱིར་ཡོན་ཏན་གྱིས་མི་སྟོང་བའི་རྟག་བརྟན་དུ་འཆད་ན་ནི་དེ་ཐམས་ཅད་ཀྱང་མི་འགལ་ལ་རང་ཉིད་དེ་དང་དེར་ཞེན་ནས་སྨྲ་ན་ནི་དེ་ཐམས་ཅད་ཀྱང་དོན་དམ་ལས་རིང་དུ་འགྱུར་ཏེ་དགག་པ་ནི་མེད་འཛིན་དང་སྒྲུབ་པ་ནི་ཡོད་འཛིན་གྱི་བློས་བཏགས་པ་ཡིན་ལ། གང་དུ་འཛིན་པ་ཐམས་ཅད་ནི་གནས་ཚུལ་ལ་བལྟོས་ཏེ་ཕྱིན་ཅི་ལོག་ཁོ་ན་ཡིན་པའི་ཕྱིར།

གལ་ཏེ་དོན་དམ་པ་མེད་དགག་ཡིན་ན་མེད་དགག་ནི་འཇིག་རྟེན་པ་རྣམས་གང་མེད་པར་འཛིན་པ་དེ་ལ་གྲུབ་མཐའ་པས་མེད་དགག་ཏུ་འཆད་པའི་ཕྱིར། དོན་དམ་ཡོད་མེད་ཀྱི་ཟླས་ཕྱེ་བའི་མེད་པ་ཡིན་པར་འགྱུར་ལ། གལ་ཏེ་མ་ཡིན་དགག་གམ་རྟག་བརྟན་གྱི་སྒྲུབ་པ་ཡིན་ན་ཡོད་མེད་ཀྱི་ཟླས་ཕྱེ་བའི་ཡོད་པ་ཡིན་པར་འགྱུར་རོ། །དེ་གཉི་གའང་མ་ཡིན་ཏེ་ཡོད་འཛིན་ནི་རྟག་ལྟ་དང་། མེད་འཛིན་ནི་ཆད་ལྟ་ཡིན་པའི་ཕྱིར་དང་། གང་ཆོས་རྣམས་ལ་ཡོད་པའམ་མེད་པར་ལྟ་བ་དེས་གང་ལ་ལྟ་བར་བྱ་བའི་ཉེ་བར་ཞི་བ་དེ་མི་མཐོང་བའི་ཕྱིར་དང་། དངོས་པོའམ་དངོས་མེད་དུ་ལྟ་བ་ནི་སངས་རྒྱས་ཀྱི་བསྟན་པ་ལ་དེ་ཉིད་མཐོང་བ་མ་ཡིན་པའི་ཕྱིར་དང་། སྟོན་པས་ཡོད་མེད་གཉིས་ཀ་བཀག་པའི་ཕྱིར་དང་། དོན་

དམ་པ་ལྟ་ཞོག་ཀུན་རྫོབ་ཉོན་མོངས་པའང་དཔྱད་ན་(༧༣༥བ)ཡོད་མེད་གང་དུའང་མི་འགྲུབ་སྟེ་རང་བཞིན་གྱིས་ཡོད་ན་ཡང་སྤོང་མི་ནུས་ཤིང་མེད་ན་ཡང་སྤོང་མི་ནུས་པའི་ཕྱིར་དང་། དངོས་པོ་དང་དངོས་མེད་ནི་འདུས་བྱས་ཡིན་པས་དོན་དམ་འདུས་བྱས་སུ་ཐལ་བ་དང་། དེ་བཞིན་གཤེགས་པ་མྱ་ངན་ལས་འདས་པ་དང་བཞུགས་པ་གང་གི་ཚེ་ནའང་ཡོད་མེད་སོགས་མཐའ་བཞིར་མི་གནས་པའི་ཕྱིར་དང་། ཡོད་མེད་ནི་མཐའ་ཁོ་ན་ཡིན་པའི་ཕྱིར་དང་། ཡོད་མེད་དུ་འཛིན་པ་ནི་རློམ་སེམས་ཡིན་ལ་བདེན་པ་མཐོང་བའི་ངོར་རློམ་སེམས་གང་ཡང་མི་འཇུག་པའི་ཕྱིར་ཏེ། **དབུ་མ་རྩ་བར།** ཡོད་ཅེས་བྱ་བ་རྟག་པར་འཛིན། །མེད་ཅེས་བྱ་བ་ཆད་པར་བལྟ། །དེ་ཕྱིར་ཡོད་དང་མེད་པ་ལ། །མཁས་པས་གནས་པར་མི་བྱའོ། །ཞེས་དང་། བློ་ཆུང་གང་དག་དངོས་རྣམས་ལ། །ཡོད་པ་ཉིད་དང་མེད་ཉིད་དུ། །ལྟ་བ་དེས་ནི་བལྟ་བྱ་བ། །ཉེ་བར་ཞི་བ་ཞི་མི་མཐོང་། །ཞེས་དང་། དེ་ལ་ཡོད་དོ་མེད་དོ་ཞེས། །རྟོག་པ་དག་ནི་ལྡོག་པར་འགྱུར། །ཞེས་དང་། གང་དག་བདག་དང་དངོས་པོ་རྣམས། །དེ་བྱས་ཉིད་དང་ཐ་དད་པར། །སྟོན་པ་དེ་དག་བསྟན་དོན་ལ། །མཁས་སོ་སྙམ་དུ་མི་སེམས་སོ། །ཞེས་དང་། གང་དག་རང་བཞིན་གཞན་དངོས་དང་། །དངོས་དང་དངོས་མེད་ཉིད་བལྟ་བ། །དེ་དག་སངས་རྒྱས་བསྟན་པ་ལ། །དེ་ཉིད་མཐོང་བ་མ་ཡིན་ནོ། །བཅོམ་ལྡན་དངོས་དང་དངོས་མེད་པ། །མཁྱེན་པས་ཀཱ་ཏྱཱ་ན་ཡི་ནི། །གདམས་ངག་ལས་ནི་ཡོད་པ་དང་། །མེད་པ་གཉིས་ཀའང་དགག་པར་མཛད། །ཅེས་དང་། གལ་ཏེ་ལ་ལའི་ཉོན་མོངས་པ། །གང་དག་རང་བཞིན་གྱིས་ཡོད་ན། །ཇི་ལྟ་བུར་ན་སྤོང་བར་འགྱུར། །ཡོད་པ་སུ་ཞིག་སྤོང་བར་བྱེད། །གལ་ཏེ་ལ་ལའི་ཉོན་མོངས་པ། །གང་དག་རང་བཞིན་གྱིས་མེད་ན། །ཇི་ལྟ་བུར་ན་སྤོང་བར་འགྱུར། །མེད་པ་སུ་ཞིག་སྤོང་བར་བྱེད། །ཅེས་དང་། ཇི་ལྟར་མྱ་ངན་འདས་པ་ནི། །དངོས་དང་དངོས་མེད་གཉིས་མིན་ཏེ། །མྱ་ངན་འདས་པ

འདུས་མ་བྱས། །(༧༣༨ན)དངོས་དང་དངོས་མེད་འདུས་བྱས་ཡིན། །ཞེས་དང་། བཅོམ་ལྡན་མྱ་ངན་འདས་གྱུར་ནས། །ཡོད་པར་མི་མངོན་དེ་བཞིན་དུ། །མེད་དོ་ཞེ་འམ་གཉི་ག་དང་། །གཉིས་མིན་ཞེས་ཀྱང་མི་མངོན་ནོ། །བཅོམ་ལྡན་བཞུགས་པར་གྱུར་ན་ཡང་། །ཡོད་པར་མི་མངོན་དེ་བཞིན་དུ། །མེད་དོ་ཞེ་འམ་གཉི་ག་དང་། །གཉིས་མིན་ཞེས་ཀྱང་མི་མངོན་ནོ། །ཞེས་དང་། **ཏིང་འཛིན་རྒྱལ་པོ་ལས།** རྟོག་ཅན་དག་གིས་ཡོད་དང་མེད་ཅེས་བྱ། །དེ་ལྟར་དཔྱོད་པ་སྡུག་བསྔལ་ཞི་མི་འགྱུར། །ཡོད་དང་མེད་ཅེས་བྱ་བ་གཉི་ག་མཐའ། །གཙང་དང་མི་གཙང་འདི་ཡང་མཐའ་ཡིན་ཏེ། །དེ་ཕྱིར་གཉི་གའི་མཐའ་ནི་རྣམ་སྤངས་ནས། །མཁས་པས་དབུས་ལའང་གནས་པར་ཡོང་མི་བྱེད། །ཡོད་དང་མེད་ཅེས་བྱ་བ་རྩོད་པ་སྟེ། །གཙང་དང་མི་གཙང་འདི་ཡང་རྩོད་པ་ཡིན། །རྩོད་པར་གྱུར་པ་སྡུག་བསྔལ་ཞི་མི་འགྱུར། །རྩོད་པ་མེད་པར་གྱུར་པ་སྡུག་བསྔལ་འགག །ཅེས་དང་། **ཧོག་གཟུངས་ལས།** གང་ཐམས་ཅད་མཁྱེན་པའི་མིང་འཐོབ་པར་འགྱུར་བའི་རྫས་ཀྱི་མཚན་ཉིད་ཀྱི་དངོས་པོ་གང་ཡང་ཡོད་དམ། གསོལ་པ། གལ་ཏེ་མཆིས་ཞེས་བགྱིས་ན་ནི་རྟག་པར་འགྱུར་མ་མཆིས་ཞེས་བགྱིས་ན་ནི་ཆད་པར་འགྱུར། དབུ་མའི་ལམ་ནི་དམིགས་སུ་མ་མཆིས་ཏེ་དེ་ནི་མཆིས་པ་ཡང་མ་ལགས་མ་མཆིས་པ་ཡང་མ་ལགས་སོ། །ཞེས་དང་། **ནམ་མཁའ་མཛོད་ཀྱི་མདོ་ལས།** ཡང་དག་མཐའ་ལ་གང་གནས་པ། །དངོས་པོ་དང་ནི་དངོས་མེད་ཀྱི། །ལྟ་བ་མཁས་པས་མི་འཛིན་ཏོ། །སྟོང་པ་ཉིད་ནི་སྒྲ་ཡིས་བསྒྲགས། །སྒྲ་ལ་སྟོང་པ་ཉིད་མེད་དེ། །དེ་ནི་སྒྲ་མེད་བརྗོད་པ་མེད། །ཅེས་དང་། **བློ་གྲོས་རྒྱ་མཚོའི་མདོ་ལས།** ཚངས་པ་ཆོས་གང་ཡོངས་སུ་གྲུབ་པ་མེད་པ་དེ་ལ་ཡོད་པའམ་མེད་པར་ཁས་བླང་དུ་མེད་དོ། །ཆོས་གང་ཡོད་པའམ་མེད་པར་ཁས་བླང་དུ་མེད་པ་དེ་ལ་མངོན་སུམ་དུ་འགྱུར་བ་གང་ཡང་མེད་དོ། །ཞེས་དང་། **དེ་བཞིན་གཤེགས་པའི་ཡེ་ཤེས་ཀྱི་ཕྱག་རྒྱའི་ཏིང་ངེ་འཛིན་གྱི་མདོར།** (༧༣༨བ)མཁས་པ་ཡོད་དང་མེད་

པར་འདུ་ཤེས་མེད། །རིག་དང་མ་རིག་གཉིས་སུ་འདུ་ཤེས་མེད། །ཐ་སྙད་ཙམ་སྟེ་དེ་ལ་སྙིང་པོ་མེད། །ཅེས་དང་། **མ་དྲོས་པའི་མདོར།** གང་ཞིག་ལམ་ནི་དངོས་བྱེད་མིན། །དངོས་མེད་དངོས་པོ་མེད་དེ་མིན། །དངོས་དང་དངོས་མེད་བྲལ་བ་སྟེ། །མཆོག་གི་ལམ་ནི་སྒོམ་པའོ། །ཞེས་དང་། དེ་ལ་ཡོད་དང་མེད་པ་མཉམ། །དེ་བཞིན་ཉིད་ལ་དེ་བཞིན་ཤེས། །ཆོས་རྣམས་ཀུན་གྱི་དེ་བཞིན་ཉིད། །ངས་ནི་དེ་ལྟར་སངས་རྒྱས་ཏེ། །ཞེས་དང་། **སྟོང་པོས་ཞུས་པར།** གང་ནའང་ཡོད་དང་མེད་པ་མེད་མོད་ཀྱི། །རྒྱུ་ལ་བརྟེན་ནས་ཆོས་རྣམས་འབྱུང་བས་ན། །མཁའ་ལ་སློག་མཐོང་འཛིག་པ་ལྟ་བུར་ནི། །སེམས་ཀྱི་འཕྲི་ཤིང་དེ་ལྟར་ཤེས་པར་བྱ། །ཞེས་དང་། **ཚངས་པ་ཁྱད་པར་སེམས་ཀྱི་མདོར།** གང་ལ་བདེན་པ་མེད་ཅིང་བརྫུན་པ་མེད་པ་དེ་ནི་འཕགས་པ་རྣམས་ཀྱི་བདེན་པ་ཡིན་པར་རིག་པར་བྱའོ། །ཞེས་གསུངས་ཏེ། དེ་ལ་སོགས་པ་ཐེག་ཆེན་གྱི་མདོ་བསྟན་བཅོས་མཐའ་དག་ལས་མཁྱེན་གཅིག་ཏུ་གསུངས་སོ། །

དེས་ན་དོན་དམ་པ་ཡོད་མེད་སོགས་མཐའ་བཞི་གང་རུང་དུ་ཁས་ལེན་ན་དེ་དབུ་མ་པ་མ་ཡིན་པར་ཤེས་པར་བྱ་སྟེ། ཡོད་མིན་མེད་མིན་ཡོད་མེད་མིན། །གཉིས་ཀའི་བདག་ཉིད་མིན་པའང་མིན། །མཐའ་བཞི་ལས་ནི་རྣམ་གྲོལ་བ། །དེ་ཉིད་དབུ་མ་པ་ཡིས་རིག །ཞེས་སོ། །དེ་ལྟ་མོད་ཀྱི་བོད་ཀྱི་ཕྱི་རབས་འདི་ན་གཞུང་འདི་ལྟ་བུ་འགྲེལ་བ་ན་ཁ་ཅིག་ཀུན་རྫོབ་ངོ་བོ་ཉིད་ཀྱིས་ཡོད་པ་མ་ཡིན་པ་ལ་སྐྲག་སྟེ་ཀུན་རྫོབ་མེད་པ་མ་ཡིན་དོན་དམ་ཡོད་པ་མ་ཡིན། ཞེས་དང་། ཀུན་རྫོབ་ཏུ་མེད་པ་མ་ཡིན་དོན་དམ་དུ་ཡོད་པ་མ་ཡིན། ཞེས་དོན་གྱིས་ན་ཀུན་རྫོབ་ཀྱི་འཁྲུལ་སྣང་ངོ་བོ་ཉིད་ཀྱིས་ཡོད་ཅིང་། དོན་དམ་རི་བོང་གི་རྭ་ལྟར་ཅང་མེད་དུ་འཛིན་པའི་ལོག་ཤེས་ཤིག་འཕྱུག་འགྲོས་ཀྱིས་བསྐྱེད་པ་དང་། ཁ་ཅིག་སྟོང་པ་ཉིད་སྤྲོས་པ་ཉེ་བར་ཞི་བའི་གནས་ལ་སྐྲག་སྟེ་དོན་དམ་ཞིག་ངེས་པར་གྲུབ་དགོས་

སོ་སྣམ་ནས་ཀུན་རྫོབ་ཡོད་པ་མ་ཡིན་དོན་དམ་མེད་པ་མ་ཡིན་ཞེས་སོགས་ཀྱིས་(༧༣༧ན)དོན་དམ་ལ་གྲུབ་འཛིན་གྱི་ཞེན་པ་དངོས་སུ་བསྐྱེད་པ་དག་མཐོང་མོད་ཀྱི་དེ་དག་ནི་ཚད་པའི་ནད་རྒྱས་པ་ལ་ག་བུར་གཏོང་བ་ན་ངེས་པར་ཉམས་པ་དང་པི་པི་ལིང་གི་ཁུ་བས་བསྲི་དགོས་སོ་ཞེས་སམ། སྨན་ཅི་གཏོང་ཡང་དུག་ཏ་ལ་ཏ་ལ་དང་བསྲེ་དགོས་སོ། །ཞེས་སྨྲ་བ་ལྟ་བུ་སྟེ་གཞུང་ལུགས་དེ་འགོག་པའི་ཕྱིར་གཞུང་ལུགས་དེ་སྨྲ་བ་ལྟར་བཙོས་པ་བུར་བྱས་ཏེ་ཕའི་རབས་གཅོད་པ་ཞེས་བྱ་བ་ཡིན་ཏེ། དེ་ལྟར་བཤད་དུ་ཟུང་ན་གཞུང་དེ་དག་ཕྱི་རོལ་པས་ཀྱང་ཁས་བླང་བྱར་འགྱུར་ཏེ་རྒྱང་འཕེན་པས་ཚེ་སྔ་མ་དང་ཕྱི་མ་ཡོད་པ་མ་ཡིན་ད་ལྟ་བའི་གང་ཟག་གི་བདག་མེད་པ་མ་ཡིན་ནོ། །ཞེས་སམ་སངས་རྒྱས་པའི་ཐར་པ་ཡོད་པ་མ་ཡིན་ཕྱི་རོལ་པ་ལ་ཐར་པ་མེད་པ་མ་ཡིན་ཞེས་སོགས་འདོད་པ་ཐམས་ཅད་ཀྱིས་འབྲུ་བསྣན་དུ་མི་ཟུང་བ་ཅི་ཡང་མི་འབྱུང་ངོ་། །

ཡང་བོད་ཡུལ་ན་ཉི་ཟླ་ལྟར་གྲགས་པའི་མཁས་པ་ཁ་ཅིག་མཐའ་གཉིས་ཀྱི་དབུས་ངེས་པར་ཁས་ལེན་དགོས་ཏེ་དེ་ནི་དོན་དམ་གཞན་སྟོང་ཆེན་པོ་རྟག་པའི་དངོས་པོ་མི་འགྱུར་བ་ཐེར་ཟུག་པ་གློ་བུར་གྱི་དྲི་མས་སྟོང་ཞིང་སྟོབས་སོགས་ཀྱི་ཡོན་ཏན་ཐམས་ཅད་ཀྱིས་མི་སྟོང་བ་ཡེ་ཤེས་ཀྱི་རྒྱལ་ཁམས་ཆེན་པོའོ། །ཞེས་འཆད་མོད། ཕྱིར་སངས་རྒྱས་ཀྱི་ཆོས་ཀྱི་ཚུལ་མཐའ་ཡས་པས་མེད་པ་ལ་དོན་དམ་དུ་ཞེན་པ་ཉི་ཚེའི་སྟོང་འཛིན་སེལ་བའི་ཕྱིར་དང་། གདུལ་བྱ་དག་པ་རྟག་ཆད་ཀྱི་མཐའ་ལས་གྲོལ་བས་ཇི་ལྟར་བསྟན་ཡང་སྒྲོ་སྐུར་གྱི་དམིགས་པ་མི་སྐྱེ་བ་རྣམས་ལ་ཆོས་ཉིད་རྟག་བརྟན་དུ་བཤད་པ་མང་དུ་ཡོད་མོད་ཀྱང་དེ་དག་ནི་ནད་བྱང་ཞིང་ལུས་སྟོབས་རྫོགས་པའི་སྐྱེས་བུ་ནི་རོ་བཅུད་བཟང་པོའི་ཁ་ཟས་ཐམས་ཅད་ལ་ལོངས་སྤྱོད་པ་ལྟ་བུ་ཡིན་ལ། དམིགས་པར་ལྟ་བའི་བད་ཀན་གྱི་ནད་ལྡི་བས་ཟིན་པ་སྟོང་ཉིད་ཀྱི་བཀྲུ་སྨན་གྱིས་སྦྱང་དགོས་པའི་སྐབས་སུ་དེ་ལྟ་མ་ཡིན་

ཏེ། མཐའ་དབུས་ནི་ཕན་ཚུན་བལྟོས་ཏེ་བཞག་པ་ཡིན་པས་མཐའ་བཀག་ན་དེའི་དབུས་མི་འགྲུབ་སྟེ་མཐའ་མེད་པའི་དབུས་འཇིག་རྟེན་ན་མི་སྲིད་པའི་ཕྱིར། དབུས་ཡོད་ན་དེ་ལ་བལྟོས་པའི་མཐའ་ཡང་ཡོད་དེ་རྟུལ་ཕྲ་རབ་གཅིག་ལ་(༡༣༧བ)ཡང་གཡས་གཡོན་དབུས་གསུམ་དུ་འགྱུར་ཞིང་དེའི་དབུས་ཀྱི་ཆ་ཤ་ན་ལའང་རང་སའི་གཡས་གཡོན་དབུས་གསུམ་དུ་འགྱུར་བ་སོགས་ཇི་སྲིད་དབུས་སུ་འཛིན་པ་ཡོད་པ་དེ་སྲིད་གཡས་གཡོན་སོགས་མཐའི་འཛིན་པ་ཡང་འཇུག་པའི་ཕྱིར། ལུང་གིས་ཀྱང་གྲུབ་སྟེ། **རྒྱལ་པོ་ཤར་པའི་མདོ་ལས།** མཐའ་གཉིས་མེད་ཕྱིར་དབུས་ཀྱང་ཡོད་མ་ཡིན། །ཞེས་སོ། །དེས་ན། དེ་ཕྱིར་གཉིས་ཀའི་མཐའ་ནི་རྣམ་སྤངས་ནས། །མཁས་པས་དབུས་ལའང་གནས་པར་ཡོང་མི་བྱེད། །ཅེས་དང་། **ད་ལྟར་གྱི་སངས་རྒྱས་མངོན་སུམ་དུ་བཞུགས་པའི་ཏིང་ངེ་འཛིན་གྱི་མདོ་ལས།** བཟང་སྐྱོང་། གང་ལ་ལ་ཞིག་ཅི་ཡང་མེད་ཅིང་མ་སྐྱེས་ཏེ་ཡོངས་སུ་མ་གྲུབ་པའི་ཆོས་ལ་ཆོས་ཐམས་ཅད་ནི་ཞི་བའོ། །ཞེས་རྟོག་པ་འདི་ནི་མཐའ་གཅིག་གོ་མ་ཞི་བའོ། །ཞེས་རྟོག་པ་ནི་མཐའ་གཉིས་པའོ། །བཟང་སྐྱོང་། གང་ཞི་བ་དང་མ་ཞི་བའི་མཐའ་འདི་གཉིས་མི་དམིགས་པ་དང་། མི་རྟོག་པ་དང་། རྣམ་པར་མ་གྲུབ་པ་དང་། ཡིད་ལ་མི་བྱེད་པ་དང་ཀུན་ཏུ་མི་སྤྱོད་པ་འདི་ནི་བགྲང་བའི་ཚུལ་དང་འཇིག་རྟེན་པའི་ཀུན་རྫོབ་ཀྱིས་བསྟན་པས་དབུ་མའི་ལམ་ཞེས་བྱ་སྟེ་དོན་དམ་པར་ནི་འདི་ལ་མཐའ་དང་དབུས་དམིགས་སུ་མེད་དོ། །ཞེས་མཐའ་དབུས་ནི་ཀུན་རྫོབ་ཡིན་པར་བསྟན་གྱི་དོན་དམ་པར་མ་གསུངས་ཤིང་། ཡང་བྱང་ཆུབ་སེམས་དཔའ་སེམས་དཔའ་ཆེན་པོས་ཡེ་ཤེས་ལ་མངོན་པར་འདོད་པར་བྱའི་ཡེ་ཤེས་ལ་མངོན་པར་ཞེན་པར་མི་བྱའོ། །ཞེས་ཡེ་ཤེས་ལ་ཞེན་པ་མི་བྱ་བར་གསུངས་སོ། །དེས་ན་ཡོད་མེད་དབུས་སོགས་ཀྱི་སྤྲོས་པར་ལྟ་བ་དེས་ནི་སངས་རྒྱས་མི་མཐོང་སྟེ། **དབུ་མ་རྩ་བར།** རྟག་དང་མི་རྟག་ལ་སོགས་བཞི། །ཞི་བ་འདི་ལ་ག་ལ་ཡོད། །མཐའ་དང་མཐའ་མེད་

ལ་སོགས་བཞི། །ཞི་བ་འདི་ལ་ག་ལ་ཡོད། །གང་གིས་དེ་བཞིན་གཤེགས་ཡོད་ཅེས། །འཛིན་པ་སྟུག་པོ་བཟུང་གྱུར་པ། །དེ་ནི་མྱ་ངན་འདས་པ་ལ། །མེད་ཅེས་རྣམ་པར་རྟོག་པར་བྱེད། །ཅེས་དང་། གང་དག་སངས་རྒྱས་སྤྲོས་འདས་ཤིང་། །ཟད་པ་མེད་ལ་སྤྲོས་བྱེད་པ། །སྤྲོས་པས་ཉམས་པ་དེ་ཀུན་(༧༣༨ན)གྱིས། །དེ་བཞིན་གཤེགས་པ་མཐོང་མི་འགྱུར། །ཞེས་དང་། མྱ་ངན་འདས་པ་དངོས་པོ་ཡང་། །མིན་ན་དངོས་མེད་ག་ལ་ཡིན། །ཞེས་དང་། **རིན་ཆེན་ཕྲེང་བར།** མྱ་ངན་འདས་པ་དངོས་མེད་པའང་། །མིན་ན་དངོས་པོ་ག་ལ་ཡིན། །ཞེས་དང་། དངོས་པོ་དངོས་པོ་མེད་འཛིན་པ། །ཟད་ལ་མྱ་ངན་འདས་ཞེས་བྱ། །ཞེས་སོ། །རྣམ་ཤེས་ཀྱི་རྒྱལ་ཁམས་དང་ཡེ་ཤེས་ཀྱི་རྒྱལ་ཁམས་ཐ་དད་པ་ཡོད་པའང་མ་ཡིན་ཏེ། དེ་བཞིན་གཤེགས་པའི་རང་བཞིན་གང་། །དེ་ནི་འགྲོ་འདིའི་རང་བཞིན་ཡིན། །དེ་བཞིན་གཤེགས་པ་རང་བཞིན་མེད། །འགྲོ་བ་ཀུན་གྱི་རང་བཞིན་མེད། །ཅེས་དང་། འཁོར་བ་མྱ་ངན་འདས་པ་ལས། །ཁྱད་པར་ཅུང་ཟད་ཡོད་མ་ཡིན། །མྱ་ངན་འདས་པ་འཁོར་བ་ལས། །ཁྱད་པར་ཅུང་ཟད་ཡོད་མ་ཡིན། །མྱ་ངན་འདས་མཐའ་གང་ཡིན་པ། །དེ་ནི་འཁོར་བའི་མཐའ་ཡིན་ཏེ། །དེ་གཉིས་ཁྱད་པར་ཅུང་ཟད་ནི། །ཤིན་ཏུ་ཕྲ་བའང་ཡོད་མ་ཡིན། །ཞེས་སོ། །དེས་ན་དོན་དམ་ལ་ཡོད་འཛིན་གྱི་བློ་བརྟན་པོར་ཞེན་པ་འདི་ནི་འདིའི་ཁུངས་སུ་སྨྲ་བའི་གསུང་རབ་ཆེན་པོ་རྣམས་ཀྱི་དགོངས་པ་མ་ཡིན་ཏེ། **རྒྱན་སྟུག་པོ་བཀོད་པའི་མདོར།** སངས་རྒྱས་དངོས་པོར་ཡོད་པ་མིན། །སངས་རྒྱས་མེད་པའང་མ་ཡིན་ཏེ། །རྣལ་འབྱོར་ཅན་རྣམས་སངས་རྒྱས་མཐོང་། །ཞེས་དང་། བདག་དང་བདག་མེད་སྨྲ་བ་རྣམས། །ཡོད་དང་མེད་པའི་སྨྲ་བས་བཅོམ། །ཞེས་དང་། འདི་ལ་མེད་དམ་ཅུང་ཟད་དམ། །བདག་དང་བདག་མེད་ག་ལ་ཡོད། །ཅེས་དང་། ཡོད་དང་མེད་ཀྱི་ཕྱོགས་དང་བྲལ། །སངས་རྒྱས་ཕྱོགས་ནི་དྲི་མ་མེད། །བློ་དང་ཤེས་བྱ་བྲལ་བ་སྟེ། །ཚད་དང་དཔང་པོ་སྤངས་པ་ཡིན། །སེམས་ཤེས་རྣམས་ཀྱི་ཡུལ་

མ་ཡིན། །དེ་ནི་གྲོལ་བ་རྣམས་ཀྱི་ཡུལ། །ཞེས་སོ། །གལ་ཏེ་དོན་དམ་གྱི་རང་བཞིན་གཅིག་ཡོད་ན་ཆོས་ཐམས་ཅད་(༧༣༩བ)ལ་མཚན་ཉིད་མི་འདྲ་བ་མེད་པར་ཐལ་བ་དང་། དོན་དམ་གྱི་སྟོང་ཉིད་ངེས་པར་གྲུབ་ན་སྟོང་ཉིད་དེ་དངོས་འཛིན་གཞོམ་བྱེད་མ་ཡིན་པར་གཞོམ་བྱ་ཡིན་པར་འགྱུར་ཏེ། **དེ་ཉིད་ལས།** གལ་ཏེ་ཆོས་ཀྱི་རང་བཞིན་ནམ། །མཚན་ཉིད་གཅིག་གཅིག་ཡོད་གྱུར་ན། །དེ་ཚེ་ཆོས་དང་མཚན་ཉིད་ལ། །མཚན་ཉིད་མི་འདྲ་མེད་པར་འགྱུར། །ཞེས་དང་། དེ་སྟེ་སྟོང་པའི་དངོས་ཡོད་ན། །འཇིག་བྱེད་མ་ཡིན་གཞིག་བྱར་འགྱུར། །ཞེས་དང་། ལྟ་བ་ཇི་སྙེད་གང་ཡང་རུང་། །ལུས་ཅན་རྣམས་ལ་ཡོད་པ་ཡི། །ལྟ་བ་རྣམ་པར་སྤང་བའི་ཕྱིར། །སྟོང་པ་ཉིད་ཀྱི་ཚུལ་བསྟན་ཏོ། །ཞེས་སོ། **།དགོངས་པ་ངེས་འགྲེལ་ལས་ནི།** ཀུན་བཏགས་པའི་མཚན་ཉིད་གང་ཞེ་ན། ཇི་ཙམ་དུ་རྗེས་སུ་ཐ་སྙད་གདགས་པའི་ཕྱིར་ཆོས་རྣམས་ཀྱི་ངོ་བོ་ཉིད་དམ་བྱེ་བྲག་ཏུ་མིང་དང་བརྡར་རྣམ་པར་གཞག་པ་གང་ཡིན་པའོ། །

གཞན་གྱི་དབང་གི་མཚན་ཉིད་གང་ཞེ་ན། ཆོས་རྣམས་ཀྱི་རྟེན་ཅིང་འབྲེལ་པར་འབྱུང་བ་ཉིད་དེ། འདི་ལྟ་སྟེ། འདི་ཡོད་པས་འདི་འབྱུང་སོགས་ནས་སྡུག་བསྔལ་གྱི་ཕུང་པོ་ཆེན་པོ་འབའ་ཞིག་པ་འདི་འབྱུང་བར་འགྱུར་རོ་ཞེས་པའི་བར་གང་ཡིན་པའོ། །

ཡོངས་སུ་གྲུབ་པའི་མཚན་ཉིད་གང་ཞེ་ན། ཆོས་རྣམས་ཀྱི་དེ་བཞིན་ཉིད་གང་ཡིན་པ་སྟེ་ཞེས་སོགས་དང་། རབ་རིབ་ཀྱི་སྐྱོན་ལྟར་ཀུན་བཏགས་རབ་རིབ་ཀྱི་མཚན་མ་ལྟ་བུ་གཞན་དབང་རབ་རིབ་དག་པ་ལྟ་བུ་ཡོངས་གྲུབ་ཏུ་གསུངས་པས་ཡོད་མེད་སོགས་ནི་ཀུན་བཏགས་ཡིན་པའི་ཕྱིར་དོན་དམ་ཡོད་པར་ཁས་བླངས་ན་ཡོངས་གྲུབ་ཀུན་བཏགས་སུ་ཁས་བླངས་པར་འགྱུར་རོ། **།ལང་གཤེགས་ལས་ཀྱང་།** མ་འོངས་པ་ན་མུ་སྟེགས་པའི་བསམ་པ་ལ་ཞེན་པ་རྣམས་འཕགས་པའི་

ཡེ་ཤེས་སོ་སོ་རང་གིས་རིག་བྱར་དངོས་པོའི་རང་བཞིན་དུ་ཡོད་པར་རྟོག་པར་འགྱུར་རོ། །ཞེས་མ་འོངས་པ་ལུང་བསྟན་པ་དང་། འཕགས་པ་ལ་དེ་ལྟ་བུའི་འདུ་ཤེས་ག་ལ་འཇུག་སྟེ་དེ་འཇུག་ན་བདག་འཛིན་དུ་འགྱུར་རོ། །ཞེས་(༧༣༥་ན)འགོག་པར་མཛད་པ་གོང་དུ་དྲངས་ཟིན་པ་དང་། ཡོད་མེད་དུ་སྨྲ་བ་ལ་ཞེན་པ་དེ་རྣམས་ཀྱིས་ཆོས་ཐམས་ཅད་སྐྱེ་བ་མེད་པར་སྨྲ་བ་རྣམས་ལ་མེད་པ་པ་ཞེས་སྐུར་པ་འདེབས་པ་འབྱུང་བར་ལུང་བསྟན་ཞིང་། ཁྱོད་ཀྱི་ཤེས་རབ་ཐུགས་རྗེ་ཡིས། །ཁྱོད་ཀྱིས་ཡོད་དང་མེད་མ་དམིགས། །ཞེས་དང་། མགལ་མེའི་འཁོར་ལོ་སྨིག་རྒྱུ་དག །མེད་པར་མི་ལ་རབ་ཏུ་སྣང་། །དེ་བཞིན་རྟག་དང་མི་རྟག་དང་། །གཅིག་དང་གཉིས་ཀ་གཉིས་མིན་དང་། །ཐོག་མ་མེད་ཀྱི་ཉེས་འབྲེལ་བས། །བྱིས་པ་རྨོངས་པ་རབ་ཏུ་རྟོག །ཅེས་དང་། བློ་ཡིས་རྣམ་པར་བརྟགས་ན་ནི། །གཞན་དབང་མེད་ཅིང་བཏགས་པ་མེད། །གྲུབ་པའི་དངོས་པོ་ཡོད་མེད་ན། །བློ་ཡིས་ཅི་ཞིག་རྣམ་པར་བརྟག །ཅེས་དང་། ཡོད་མིན་མེད་མིན་ཡོད་མེད་མིན། །དེ་ལྟར་འཇིག་རྟེན་ནམ་མཐོང་ན། །དེ་ཚེ་སེམས་ཀྱང་རྣམ་ལྡོག་སྟེ། །བདག་མེད་པར་ཡང་རྟོགས་པར་འགྱུར། །ཞེས་དང་། ཇི་ལྟར་བྱིས་པས་རྣམ་བཏགས་བཞིན། །དེ་སྟེ་མཐོང་བཞིན་དེ་ཡོད་ན། །ཐམས་ཅད་ཡང་དག་མཐོང་བར་འགྱུར། །ཞེས་དང་། ཡོད་པའི་ཟླས་གྲངས་མེད་པ་སྟེ། །མེད་པའང་ཡོད་པའི་ཟླས་གྲངས་སོ། །དེ་བས་མེད་པར་ཤེས་མི་བྱ། །ཡོད་པར་ཡང་ནི་མི་རྟོག་གོ། །ཞེས་དང་། ཇི་སྲིད་སེམས་ནི་འཇུག་པའི་བར། །དེ་སྲིད་འཇིག་རྟེན་རྒྱང་འཕེན་ཡིན། །འཇིག་རྟེན་རང་གི་སེམས་མཐོང་ན། །རྣམ་པར་རྟོག་པ་མི་འཇུག་གོ། །ཞེས་དང་། རྟག་དང་མི་རྟག་བྱས་པ་དང་། །མ་བྱས་པ་དང་གཞན་མིན་གཞན། །དེ་ལ་སོགས་པ་ཐམས་ཅད་ནི། །འཇིག་རྟེན་རྒྱང་འཕེན་ཚུལ་ཡིན་ནོ། །ཞེས་དང་། ཀུན་རྫོབ་ཏུ་ནི་ཐམས་ཅད་ཡོད། །དམ་པའི་དོན་དུ་ཡོད་མ་ཡིན། །ཞེས་དང་། མ་འོངས་པ་དང་འདས་པ་དང་། །ནམ་མཁའ་གང་དག་སྨྲ་དན་

འདས། །ཀུན་རྫོབ་ཏུ་ནི་དེ་དག་བཤད། །དམ་པའི་དོན་དུ་ཡི་གེ་མེད། །ཅེས་དང་། སྤྲོས་པ་ཐམས་ཅད་ཞི་བའི་ཕྱིར། །ཤེས་རབ་(༡༥བ)ནོར་བར་མི་འཇུག་སྟེ། །ཇི་སྲིད་ནོར་བར་རྣམ་རྟོག་པ། །དེ་སྲིད་རྫོངས་པས་སེམས་འཇུག་གོ། །ཞེས་དང་། རང་བཞིན་མེད་དང་དངོས་པོ་དང་། །སྟོང་པ་རྟག་དང་མི་རྟག་རྣམས། །སྐྱེ་བར་སྨྲ་བའི་ལྟ་བ་སྟེ། །མི་སྐྱེ་སྨྲ་བའི་མ་ཡིན་ནོ། །ཞེས་སོ། **།མྱ་ངན་འདས་ཆེན་གྱི་མདོར།** སྟོན་པ་ཤཱཀྱ་ཐུབ་པ་སྒྲོན་མ་ནི་བཅོམ་འགྲུས་འབྲིང་རྣམས་ལ་མི་རྟག་པ་དང་སྡུག་བསྔལ་བ་དང་སྟོང་པ་དང་བདག་མེད་པ་བསྟན་ཏོ། །ད་རྣ་མཆོག་གི་གྲོང་ཁྱེར་འདིར་ནི་ཆོས་ཀྱི་འཁོར་ལོ་བསྐོར་བ་ན་རྟག་པ་དང་བདེ་བ་དང་བདག་ཡོངས་སུ་དག་པ་སྟོན་ཏོ། །ཞེས་གཙོ་བོར་མི་རྟག་པ་ལ་སོགས་པ་སྐུར་འདེབས་ཀྱི་མཐར་ཞེན་པ་ཟློག་པའི་ཕྱིར་ཆོས་ཀྱི་སྐུ་ཡོན་ཏན་བཞི་ལྡན་གཙོ་བོར་སྟོན་མོད་ཀྱང་ཆོས་ཉིད་རྣམ་པར་དག་པ་ནམ་ཡང་རྣམ་པར་མ་དག་པར་མི་འགྱུར་བ་སོགས་ལ་རྟག་པའི་དོན་དུ་འཆད་པ་ཡིན་གྱི་དངོས་འཛིན་གྱི་རྟག་རྫས་ཤིག་བསྟན་པ་མ་ཡིན་ཏེ། **དེ་ཉིད་ལས།** ཡོད་པ་ཡང་མ་ཡིན་ལ། མེད་པ་ཡང་མ་ཡིན་པ་ནི་སྟོང་པ་ཉིད་ཀྱི་སྟོང་པ་ཞེས་བྱའོ། །ཡིན་པ་ཡང་མ་ཡིན་ལ། མ་ཡིན་པ་ཡང་མ་ཡིན་པ་ནི་སྟོང་པ་ཉིད་ཀྱི་སྟོང་པ་ཞེས་བྱའོ། །རིགས་ཀྱི་བུ་ས་བཅུ་པ་ལ་གནས་པའི་བྱང་ཆུབ་སེམས་དཔས་ཀྱང་དེ་ལས་ཕྱོགས་ཙམ་ཟད་རྡུལ་གྱི་ཆ་ཤས་ཙམ་རྟོགས་པར་འགྱུར་བ་ཡིན་ན་གཞན་གྱིས་ལྟ་སྨོས་ཀྱང་ཅི་དགོས་རིགས་ཀྱི་བུ་དེ་ལྟར་སྟོང་པ་ཉིད་ཀྱི་སྟོང་པ་ཉིད་ནི་ཉན་ཐོས་ཀྱི་སྟོང་པ་ཉིད་དང་ཐུན་མོང་དུ་འགྱུར་བ་མིན་ཏེ་དེ་ནི་བྱང་ཆུབ་སེམས་དཔའ་སྟོང་ཉིད་ཀྱི་སྟོང་ཉིད་ལ་ཡོངས་སུ་རྟོག་པ་ཞེས་བྱའོ། །ཞེས་དང་།

མྱང་འདས་རྒྱ་ནག་འགྱུར་ལས། བྱང་ཆུབ་སེམས་དཔའ་སེམས་དཔའ་ཆེན་པོ་ཡོངས་སུ་མྱ་ངན་ལས་འདས་པ་ཆེན་པོ་སྒོམ་པས་ནི་ཆོས་ཐམས་ཅད་ལ་ཅི་ཡང་མི་མཐོང་ངོ་གང་མཐོང་བ་ཡོད་པས་ནི་སངས་རྒྱས་ཀྱི་རང་བཞིན་མི་མཐོང་ལ། ཤེས་

རབ་ཀྱི་ཕ་རོལ་ཏུ་ཕྱིན་པ་ཡང་སྒོམ་མི་ནུས་ཤིང་ཡོངས་སུ་མྱ་ངན་ལས་འདས་པ་ཆེན་པོ་མི་འཐོབ་སྟེ། དེའི་ཕྱིར་བྱང་ཆུབ་སེམས་དཔས་ཆོས་ཐམས་ཅད་ལ་རང་བཞིན་མེད་པར་མཐོང་ངོ་། །(༧༥༠ན)རིགས་ཀྱི་བུ་བྱང་ཆུབ་སེམས་དཔའ་ཏིང་ངེ་འཛིན་མཐོང་བའི་རྐྱེན་གྱིས་སྟོང་པ་མཐོང་བ་མ་ཡིན་གྱི་ཤེས་རབ་ཀྱི་ཕ་རོལ་ཏུ་ཕྱིན་པ་ནས་སྦྱིན་པའི་བར་དུ་ཡང་སྟོང་མིག་དང་རྣམ་པར་ཤེས་པ་དང་དེ་བཞིན་གཤེགས་པ་དང་ཡོངས་སུ་མྱ་ངན་ལས་འདས་པ་ཡང་སྟོང་སྟེ་དེ་བས་ན་བྱང་ཆུབ་སེམས་དཔས་ཆོས་ཐམས་ཅད་ཀུན་སྟོང་པར་མཐོང་ངོ་། །ཞེས་དང་། རིགས་ཀྱི་བུ་སངས་རྒྱས་ཀྱི་རང་བཞིན་ཞེས་བྱ་བ་ནི་དོན་དམ་པ་སྟོང་པའོ། །དོན་དམ་པ་སྟོང་པ་ནི་ཡེ་ཤེས་ཞེས་བྱའོ། །དེ་ལ་སྟོང་པ་ཞེས་བྱ་བ་དང་མི་སྟོང་བ་ཞེས་བྱ་བ་གཉི་ག་མི་མཐོང་བའོ། །ཞེས་སོ། །མདོ་འདིར་འོ་མ་ཡོད་ན་མར་འབྱུང་བ་ལྟར་སེམས་ཡོད་ན་སངས་རྒྱས་འཐོབ་པས་སེམས་ཅན་ལ་སངས་རྒྱས་ཀྱི་རང་བཞིན་ཡོད་པར་བསྟན་ལ། གདུལ་བྱའི་དབང་གིས་བདག་ལ་བདག་མེད་དང་བདག་མེད་ལ་བདག་ཏུའང་འཆད་པ་དང་། དམུས་ལོང་གིས་གཟུགས་མི་མཐོང་བ་ལྟར་སེམས་ཅན་རྣམས་ཀྱིས་རང་གི་རང་བཞིན་རྗོ་རྗེ་མཐུ་བོ་ཆེ་ལྟ་བུ་མི་མཐོང་བ་དང་འོ་མའི་ནང་ན་ཞོ་མེད་ཀྱང་འོ་མ་ལས་ཞོ་འབྱུང་བའི་ཆ་ནས་འོ་མ་ལ་ཞོ་ཡོད་དོ། །ཞེས་བསྟན་པ་ལྟར་སེམས་ཅན་ལ་སངས་རྒྱས་ཀྱི་རང་བཞིན་ཡོད་པར་བསྟན་པ་ཡང་དེ་བཞིན་དུ་གསུངས་ཤིང་།

མེད་པ་ལ་ཡང་ཡོང་གིས་མེད་པ་དང་། རེས་འགའ་མེད་པ་དང་། ཉུང་བའི་ཕྱིར་མེད་པ་དང་། མ་སྨྱོང་བས་མེད་པ་དང་། ཆོས་ངན་པ་འཛིན་པའི་ཕྱིར་མེད་པ་དང་། ལྟོས་ཟླ་མ་མཆིས་པས་མེད་པ་སྟེ་དྲུག་དང་།

རྒྱུ་ལ། སྐྱེ་བའི་རྒྱུ་དང་གསལ་བའི་རྒྱུ་སྟེ་གཉིས་སམ། སེམས་ཅན་གྱི་སངས་རྒྱས་ཀྱི་རང་བཞིན་གྱི་བདེན་པའི་རྒྱུ་སེམས་ཅན་རྣམས་དང་རྐྱེན་གྱི་རྒྱུ་ཕ་རོལ་ཏུ་

ཕྱིན་པ་རྣམས་སུ་གསུངས་ཤིང་། དད་པ་དང་ཚད་མེད་བཞི་དང་ས་བཅུ་སོགས་ཀྱང་སངས་རྒྱས་ཀྱི་རང་བཞིན་དུ་བཤད་ལ། ཆོས་ཐམས་ཅད་མ་ངེས་པ་རྐྱེན་གྱི་སྟོབས་ཅན་དུ་ཡང་ཡང་གསུངས་ཤིང་།

མི་མཐོང་བ་ལ་ཡང་། རིང་བས་མི་མཐོང་བ་ནམ་མཁའི་བྱ་རྗེས། ཉེ་བས་མི་མཐོང་བ་རྫི་མ། ཞིག་པས་མི་མཐོང་བ་འདས་པ། འདུ་ཤེས་འཁྲུགས་(༧༤༠བ)པས་མི་མཐོང་བ་དང་། ཕྲ་བས་མི་མཐོང་བ་དང་། བསྒྲིབས་པས་མི་མཐོང་བ་དང་། མང་བས་མི་མཐོང་བ་འབྲས་ཕུང་གི་ཏིལ། འདྲ་བས་མི་མཐོང་བ་སྨན་ཕུང་དུ་སྨན་རྫོག་གཅིག་བཞག་པ་སྟེ་བརྒྱད་དུ་གསུངས་པས་ཆོས་ཀྱི་རྣམ་གྲངས་འདི་རྣམ་པ་ཐམས་ཅད་པ་ལྟ་བུར་ཡོད་ཀྱང་དོན་གྱི་སྙིང་པོར་གང་དུ་འང་ཞེན་བྱ་མིན་པར་གསུངས་ཏེ། རིགས་ཀྱི་བུ་གལ་ཏེ་གང་ཞིག་ངེས་པར་སེམས་ཅན་ཐམས་ཅད་ལ་སངས་རྒྱས་ཀྱི་རང་བཞིན་ཡོད་དོ་ཞེའམ། ངེས་པར་སངས་རྒྱས་ཀྱི་རང་བཞིན་མེད་དོ་ཞེས་སྨྲ་ན་དེ་ཡང་སངས་རྒྱས་དང་ཆོས་དང་དགེ་འདུན་ལ་སྐུར་བའོ། །རིགས་ཀྱི་བུ་དེའི་ཕྱིར་ངས་མདོ་སྡེ་ལས་མི་རྣམ་པ་གཉིས་ཀྱིས་སངས་རྒྱས་དང་ཆོས་དང་དགེ་འདུན་ལ་སྐུར་བར་འགྱུར་ཏེ་མི་དད་པ་ཞེ་སྡང་གི་སེམས་དང་བཅས་པ་དང་དད་ཀྱང་དོན་མི་ཤེས་པའོ་ཞེས་བསྟན་ཏོ། །ཞེས་གསུངས་པས་མཐའ་གཅིག་ཏུ་རྟག་མི་རྟག་གང་དུ་སྨྲ་ནའང་དོན་དམ་ལ་སྐུར་བར་འགྱུར་རོ། **།ཕྱིན་ཆེན་པོ་ལས།** དངོས་སུ་སྒྱུ་མ་ལྟ་བུ་སོགས་ལྡེམ་པོའི་ངག་དང་རྟག་པ་ཞི་བ་སྨྲ་རྫི་བཞིན་པར་གསུངས་ཀྱང་བློས་རྟག་པར་བསམ་ནུས་པའི་དོན་དམ་གསུངས་པ་མ་ཡིན་ཏེ། བཅོམ་ལྡན་སངས་རྒྱས་ཆོས་ཀྱི་སྐུ། །དེ་བཞིན་གཤེགས་པ་ཆོས་ཀྱི་དབྱིངས། །བཅོམ་ལྡན་སྐུ་ནི་དེ་འདྲ་ལ། །ཆོས་བསྟན་པ་ཡང་དེ་འདྲ་སྟེ། །ཞེས་དང་། བཅོམ་ལྡན་སངས་རྒྱས་བསམ་མི་ཁྱབ། །ཅེས་སངས་རྒྱས་ཀྱི་སྐུ་དང་སངས་རྒྱས་ཀྱི་ཆོས་མཚུངས་ལ་དེ་བསམ་གྱིས་མི་ཁྱབ་པར་ཡང་ཡང་

བཤད་པའི་ཕྱིར་རོ། **།སོར་ཕྲེང་ལ་ཕན་པའི་མདོར།** དེ་བཞིན་གཤེགས་པའི་སྙིང་པོ་རྟག་བརྟན་གཡུང་དྲུང་དུ་གསུངས་ཀྱང་མེད་པ་ལ་དོན་དམ་དུ་འཛིན་པ་སེལ་བའི་ཕྱིར་ཏེ། འཇམ་དཔལ། ཀྱེ་མ། འཇིག་རྟེན་ན་དམ་པའི་ཆོས་འཛིག་པའི་སྐྱེས་བུ་གཉིས་ཡོད་དེ་གང་ཞིག་ཏུ་སྟོང་པ་ཉིད་དུ་བལྟ་བ་དང་གང་འཇིག་རྟེན་ན་བདག་ཏུ་སྨྲ་བ་སྟེ་འདི་གཉིས་ནི་དམ་པའི་ཆོས་འཛིག་པ་དང་དམ་པའི་ཆོས་ཁ་དབུབ་པའོ། །ཞེས་ཅང་མེད་ཀྱི་སྟོང་པ་འགོག་པར་མཛད་ཅིང་། ཉན་རང་(༧༥༧ན)གི་ཐར་པ་ནི་མར་མེ་ཤི་བ་ལྟར་རྒྱུན་ཆད་དུ་འདོད་པ་དང་ལྷག་མེད་མྱང་འདས་ཀྱིས་གཞན་དོན་མི་ནུས་ལ་རྫོགས་པའི་སངས་རྒྱས་ནི་ཡོན་ཏན་ཐམས་ཅད་ཀྱིས་བརྒྱན་ཞིང་གཞན་དོན་ནམ་མཁའ་དང་མཉམ་པ་རྒྱུན་མི་འཆད་པའི་ཁྱད་པར་བསྟན་པའི་ཕྱིར་ཉན་རང་གི་ཐར་པ་དངོས་མེད་དང་བདག་མེད་དང་གཟུགས་མེད་དུ་བཞག་ཅིང་ཐེག་ཆེན་གྱི་ཐར་པ་དངོས་པོ་དང་བདག་དང་གཟུགས་ཅན་དུ་བསྟན་པ་ཡིན་གྱི་ཐེག་ཆེན་གྱི་ཐར་པ་གདོས་བཅས་སུ་བསྟན་པ་མ་ཡིན་ལ་ཅང་མེད་ཀྱི་སྟོང་པ་ནི་དབུ་མ་པའི་སྟོང་ཉིད་ག་ལ་ཡིན་ཏེ། **རྩ་ཤེར།** སྟོང་པ་ཉིད་ལ་བལྟ་ཉེས་ན། །ཤེས་རབ་ཆུང་རྣམས་ཕུང་བར་འགྱུར། །ཇི་ལྟར་སྦྲུལ་ལ་བཟུང་ཉེས་དང་། །རིག་སྔགས་སྒྲུབ་པ་ལོག་པ་བཞིན། །ཞེས་དང་། རྒྱལ་བ་རྣམས་ཀྱིས་སྟོང་པ་ཉིད། །ལྟ་ཀུན་ངེས་པར་འབྱིན་པར་གསུངས། །གང་ཞིག་སྟོང་པ་ཉིད་ལྟ་བ། །དེ་ཉིད་སྒྲུབ་ཏུ་མེད་པར་གསུངས། །ཞེས་སོ། །དེས་ན་སྟོང་ཉིད་ནི་ཞེན་པ་དང་བཅས་པས་ཤེས་མི་ནུས་ཏེ། དེ་ཕྱིར་ཞེན་པས་ཆོས་འདི་ཡི། །གཏིང་རྟོགས་དཀའ་བར་མཁྱེན་གྱུར་ནས། །ཐུབ་པའི་ཐུགས་ནི་ཆོས་བསྟན་ལས། །རབ་ཏུ་ལོག་པར་གྱུར་པ་ཡིན། །ཞེས་སོ། །དེ་བཞིན་དུ་**ཛ་བོ་ཆེའི་མདོ་ལས།** བདེ་སྙིང་དང་སངས་རྒྱས་རྟག་པར་བཤད་པ་ཡང་ཅི་ཡང་མེད་པ་ལ་དོན་དམ་དུ་འཛིན་པའི་ནང་པ་རྣམས་སུ་སྟེགས་མགོ་རེག་ཏུ་བསྟན་ནས་མེད་འཛིན་གཞིག་པའི་ཕྱིར་བསྟན་ཏོ། །

མདོར་ན་ཡོད་མེད་ནི་བློའི་འཛིན་སྟངས་ཡིན་ལ་བློས་ཇི་ལྟར་བཟུང་ཡང་གནས་ཚུལ་མ་ཡིན་ཞིང་བློས་འཛིན་པར་ནུས་པའི་ཆོས་གདན་མེད་ཀྱང་ཕྱིན་ཅི་ལོག་གོམས་པས་འཛིན་པ་དང་ཞེན་པར་རློམ་སེམས་སུ་བྱེད་པར་ཟད་དོ། །དེས་ནི་བློས་བཟུང་བ་མ་ཡིན་པའི་ངོ་བོ་ཉིད་ཀྱིས་ཡོད་པའམ་མེད་པ་ནི་མི་སྲིད་ལ་བློས་བཟུང་བའི་ཡོད་མེད་ཉིད་མི་བདེན་ཏེ། གང་ཞིག་ཡོད་པ་མ་ཡིན་དེ་ནི་མེད་ཅེས་བྱ། །བྱིས་པ་རྣམས་ཀྱིས་དེ་བཏགས་ཡོད་(༧༦༧བ)དང་མེད་པར་བྱེད། །ཡོད་དང་མེད་པ་འདི་གཉིས་མེད་པའི་ཆོས་ཡིན་ཏེ། །བྱང་ཆུབ་སེམས་དཔའ་གང་གིས་འདི་ཤེས་ངེས་པར་འབྱུང་། །ཞེས་དང་། སེམས་ཅན་རྣམས་ནི་གནས་ལ་དགའ་ཞིང་ཡུལ་རྣམས་འདོད། །འཛིན་ལ་གནས་ཤིང་མི་མཁས་ བླུན་རྨོངས་མུན་པ་བཞིན། །འཐོབ་པར་བྱ་བའི་ཆོས་ནི་གནས་མེད་འཛིན་མེད་དེ། །དེས་ན་འཇིག་རྟེན་དག་ན་རྩོད་པ་འབྱུང་བ་ཡིན། །ཞེས་དང་། **དགོངས་པ་ངེས་འགྲེལ་ལས།** དེ་ལ་འདུས་བྱས་ནི་འདུས་བྱས་ཀྱང་མ་ཡིན་འདུས་མ་བྱས་ཀྱང་མ་ཡིན། འདུས་མ་བྱས་ཀྱང་འདུས་བྱས་ཀྱང་མ་ཡིན་འདུས་མ་བྱས་ཀྱང་མ་ཡིན་ཏེ་འདུས་བྱས་དང་འདུས་མ་བྱས་ནི་སྟོན་པས་ཀུན་ཏུ་བཏགས་པའི་ཚིག་ཀུན་ཏུ་རྟོག་པ་ལས་བྱུང་བ་ཐ་སྙད་དུ་བརྗོད་པ་སྐེ་གདན་ཡོངས་སུ་མ་གྲུབ་པའི་ཕྱིར་རོ། །ཞེས་སོ། །

དེས་ན། བྱིས་པ་བདག་ཉིད་ཀྱིས་ནི་མཁའ་ལ་མདུད་པ་བོར། །དཔེར་ན་དོགས་པའི་འདུ་ཤེས་ཀྱིས་ནི་དུག་འདས་པ། །དུག་དེ་ཁོང་དུ་སོང་བ་མེད་ཀྱང་བརྒྱལ་བར་འགྱུར། །དེ་ལྟར་བྱིས་པ་བདག་དང་བདག་གིར་ཁས་ལེན་པ། །བདག་དེར་འདུ་ཤེས་ཡང་དག་མི་རྟག་སྐྱེ་ཞིང་འཆི། །ཞེས་པ་ལྟར་སེམས་ཅན་རྣམས་མ་ཡིན་པ་ལ་ཡིན་པར་འཛིན་པའི་ཕྱིན་ཅི་ལོག་གི་འཆིང་བས་དར་གྱི་སྲིན་བུ་རང་གི་ཁ་ཆུས་འཆིང་བ་ལྟ་བུ་ཁོ་ན་ལ་ཐུགས་རྗེའི་དབང་གིས་འཛིན་པ་དེ་གཞིག་པའི་ཕྱིར་སྨྲ་བསམ་བརྗོད་དུ་མེད་པའི་ཆོས་རྣམས་སྨྲ་བསམ་བརྗོད་པའི་ཚུལ་

གྱིས་རྣམ་པ་ཐམས་ཅད་པར་བསྟན་ནས་སྨྲ་བསམ་བརྗོད་བྲལ་གྱི་ཆོས་ཉིད་ཇི་ལྟ་བ་ལ་འགོད་པར་མཛད་པ་སྟེ། **ཕྱིར་མི་ལྡོག་པ་འཁོར་ལོའི་མདོར།** ཀུན་དགའ་བོས་ཆེད་དུ་བརྗོད་པ། མྱ་ངན་འདས་མེད་འདས་པ་ཞེས། །འཇིག་རྟེན་མགོན་པོས་བརྗོད་པར་མཛད། །ནམ་མཁའ་མདུད་པ་བོར་ནས་ནི། །བདག་ཉིད་ཀྱིས་ནི་རབ་ཏུ་བཀྲོལ། །ཆགས་པ་མི་མངའ་ཆོས་སྟོན་པ། །སངས་རྒྱས་ཐབས་ལ་མཁས་པ་པོ། །འདིར་(༧༥༢ན)གསུངས་ཅི་ཡང་མ་མཆིས་ལ། །འོན་ཀྱང་གསུང་བ་བརྗོད་པ་མཛད། །ཅེས་སོ། །

ཡོད་མེད་དེ་བློས་ཇི་ལྟར་བཟུང་བ་ཡིན་ཞེ་ན། དཔེར་ན། བ་ལང་གི་རྭ་ངོ་བོ་ཉིད་ཀྱིས་ཡོད་པ་དང་རི་བོང་གི་རྭ་ངོ་བོ་ཉིད་ཀྱིས་མེད་པར་བདེན་པ་ཞིག་མ་ཡིན་ཡང་བ་ལང་དང་ཁྱུ་མཆོག་གི་མགོ་ལ་གྲོང་གྲོང་པོ་ཞིག་མཐོང་ལ་དེའི་ཚེ་འདི་ནི་རྭ་སྟེ་འདི་ལ་ནི་རྭ་ཡོད་དོ་ཞེས་མཚན་མར་བཟུང་ངོ་། །ཕྱིས་ཞིག་ན་རི་བོང་མཐོང་ལ་བ་ལང་དང་ཁྱུ་མཆོག་གི་མགོ་ལ་སྔར་མཐོང་བ་དེ་རི་བོང་གི་མགོ་ལ་མ་མཐོང་བས་འདི་ལ་རྭ་མེད་དོ་ཞེས་མཚན་མར་བྱས་ཏེ་ཐ་སྙད་དུ་བརྗོད་པ་གྲགས་པ་ལས་བ་ལང་རྭ་ཡོད་དང་རི་བོང་རྭ་མེད་དུ་གྲགས་པར་གྱུར་པ་སྟེ། གལ་ཏེ་བ་ལང་ལ་རྭ་ཡོད་དུ་འཛིན་པའི་བློ་མ་སྐྱེས་ན་རི་བོང་ལ་རྭ་མེད་དུ་འཛིན་པའི་བློ་མི་སྐྱེ་སྟེ། **སྟུག་པོ་བཀོད་པའི་མདོ་ལས།** གོ་ཀཱ་དང་ཁྱུ་མཆོག་གི། །ཏྭ་ཆེན་རྣམ་པར་མཐོང་བ་དང་། །འདི་བདེན་གཞན་དུ་མི་འགྱུར་ཞེས། །སེང་སྟག་བོང་བུ་ལ་སོགས་པའི། །རྭ་རྣམས་ལ་ནི་མེད་ཅེས་ཏེ། །ཡོད་དང་མེད་པའི་ལྟ་བ་ཡང་། །མི་མཁས་རྣམས་ལ་རབ་ཏུ་འབྱུང་། །དེ་ལྟར་གཞན་གྱི་རྭ་མཐོང་བས། །བོང་བུའི་མེད་ཅེས་རྣམ་རྟོག་འབྱུང་། །ཇི་སྟེ་གཞན་གྱི་མ་མཐོང་ན། །བོང་བུའི་མེད་སྙམ་དེ་མི་འབྱུང་། །ལོག་པར་དམིགས་པའི་རྒྱུ་ཡི་ཕྱིར། །འདི་ན་མེད་ཅེས་རྟོག་པ་འབྱུང་། །ཞེས་སོ། །དེ་ལྟར་ཡོད་མེད་དུ་བཟུང་ཡང་ཡོད་མེད་དེར་བདེན་པ་ནི་མ་

ཡིན་ཏེ་བ་ལང་དང་རི་བོང་གི་གཟུགས་བརྙན་ཆུ་ནང་དུ་ལྷན་ཅིག་ཤར་བ་དང་། སྒྱུ་མ་སྤྲུལ་པ་དང་རྨི་ལམ་ན་སྣང་བའི་བ་ལང་རྭ་ཡོད་དང་རི་བོང་རྭ་མེད་གཉིས་ཀ་གཟུགས་བརྙན་འགགས་པ་དང་། སྒྱུ་མ་བཤིག་པ་དང་གཉིད་སད་པ་ན་མི་བདེན་པར་ངེས་པ་སྐྱེ་ལ། གཟུགས་བརྙན་མ་འགགས་པ་དང་སྒྱུ་མ་སྣང་བཞིན་པ་དང་རྨི་ལམ་རྨི་བཞིན་པའི་ཚེ་ནའང་དེ་གཉིས་ཀྱི་རྭ་ཡོད་མེད་ལ་བདེན་བརྫུན་གྱི་ཁྱད་པར་ཅུང་ཟད་ཀྱང་མེད་དེ་ཁྱད་གཞི་བ་ལང་དང་རི་བོང་ཉིད་སྣང་དུས་དེ་ན་ཡང་ཡོད་པ་མིན་ན་ཁྱད་ཆོས་(༧༤བ)རྭ་ཡོད་མེད་ལྟ་ག་ལ་ཞིག །དེས་ན་ཡོད་མེད་དང་ཡིན་མིན་བདེན་རྫུན་སོགས་ནི་རང་ཉིད་ཀྱིས་སྒྲོ་བཏགས་པ་ཕྱིས་པ་བདག་ཉིད་ཀྱིས་ནི་མཁའ་ལ་མདུད་པ་བོར་བ་ལྟ་བུ་དང་དར་གྱི་སྲིན་བུ་རང་གི་ཁ་ཆུའི་རྒྱུན་བཅད་ན་འཆིང་བྱེད་གཞན་མེད་པ་ལྟ་བུར་ངེས་ཏེ་སྨིག་རྒྱུ་ལ་ཆུར་འཛིན་ལྟ་བུའི་འཛིན་པ་ལོག་པ་ཙམ་ལ་དེ་ཁོ་ན་ཉིད་མཐོང་བ་དང་དོན་དམ་མཐོང་ཞེས་ཐ་སྙད་དུ་བྱས་པ་སྟེ། དེའི་ཚེ་ཡང་སྔར་མེད་མཐོང་བ་དང་སྔར་ཡོད་འགགས་པ་ནི་ཅི་ཡང་མེད་དེ་སྨིག་རྒྱུ་ལ་ཆུ་བསྐམས་པའམ་ཆུ་མེད་བསྟན་པ་ཅི་ཡང་མེད་མོད་ཀྱང་སྔར་ཆུ་འཛིན་མ་ལོག་པ་ན་བཏུང་བའི་ཆེད་དམ་གཟིངས་དང་ཟམ་པ་ཚོལ་བ་སོགས་ཀྱིས་ངལ་ལ་ཆུ་འཛིན་ལོག་པ་ན་དེ་ལྟ་བུ་མི་དགོས་པར་ཤེས་ཏེ་ངལ་བ་བཞིན་ནོ། །

མདོར་ན་ཇི་ལྟར་སྣང་ཙམ་པ་ལ་སྒྲོ་སྐུར་གྱི་འཛིན་པ་སེལ་བ་ཡིན་གྱི་དངོས་སྣང་འདི་མེད་པར་བྱས་པ་སྟོང་བསྐལ་གྱི་ནམ་མཁའ་ལྟ་བུ་ཞིག་སྒྲུབ་པ་མ་ཡིན་ཏེ། འདིར་ནི་མཐོང་ཐོས་ཤེས་པ་དག །དགག་པར་བྱ་བ་མ་ཡིན་ཏེ། །སྡུག་བསྔལ་ཀུན་གྱི་རྒྱུར་གྱུར་པ། །བདེན་པར་རྟོག་པ་བཟློག་བྱ་ཡིན། །ཞེས་འཆད་པར་འགྱུར་ལ་སྨིག་རྒྱུ་ལ་ཆུར་འཛིན་ལོག་པའི་ཚེ་སྨོ་ཕྲིག་གི་རྣམ་པ་ཙམ་དེ་སྣང་མི་སྣང་ལ་བལྟོས་པ་ཅི་ཡང་མེད་པ་བཞིན་དུ་ཇི་ལྟར་སྣང་བ་ལ་དེ་དང་དེར་བདེན་ཞེན་གྱི་

བློ་འཛིན་རྟེན་པའི་ཤེས་པ་དང་། ཇི་ལྟར་སྣང་བ་དེ་གཉེན་པོས་བསལ་ཞིང་མེད་པར་བྱས་ནས་ཁང་རུལ་ཞིག་པའི་ནམ་མཁའམ་མར་མེ་ཤི་བ་ལྟ་བུ་དོན་དམ་དུ་འཛིན་པ་སྟེ་དབུ་མའི་སྟོང་ཉིད་མ་གོ་བར་ཡོན་པོར་བཟུང་བ་ཉི་ཚེ་བའི་སྟོང་ཉིད་ཅེས་བྱ་བ་དེ་གཉིས་ཀ་ལོག་པ་ན་སྣང་གྲག་གི་ཆོས་སྒྱུ་མ་ཙམ་འདི་ནི་རྒྱུ་རྐྱེན་ཚོགས་ན་སྣང་ལ་མ་ཚོགས་ན་མི་སྣང་བར་སྤྲ་མ་སྒྲོ་སྐུར་མ་ལོག་པ་དང་ཕྱི་མ་ལོག་པའི་སྐབས་གཉིས་ཀ་ན་ཁྱད་པར་མེད་ཀྱང་རང་བཞིན་ཤེས་མ་ཤེས་ཀྱི་ཁྱད་པར་ཡོད་པས་དེ་ཕྱིན་སྣང་མི་སྣང་ལ་ལྟོས་པ་རྟུལ་ཙམ་ཡང་མེད་དེ་རྨི་ལམ་ལ་རྨི་ལམ་དུ་ཤེས་པའི་སྐྱེས་བུ་རྨི་ལམ་གྱི་སྣང་བ་ལ་ལོངས་སྤྱོད་པ་ལྟར་འགྱུར་ཏེ། འདི་ལྟར་གནས་པ་ནི་པདྨ་ཆུ་ནང་ན་ཆུས་མ་གོས་པར་གནས་པ་ལྟར་(༧༤༣ན)སྲིད་པ་ན་ཡང་སྲིད་པའི་སྐྱོན་གྱིས་མ་གོས་པར་གནས་པ་ཡིན་ལ། དེས་ནི་ཆོས་ཐམས་ཅད་སུས་ཀྱང་ཅི་ཡང་མཐོང་བ་དང་མ་མཐོང་བ་དང་གཉི་ག་དང་གཉིས་མིན་གང་ཡང་མེད་ཅིང་ཅི་ཡང་མ་ཡིན་པར་མཐོང་བ་ཡིན་ལ། དེ་ལ་ནི་ཡང་དག་མཐོང་བ་ཞེས་བྱ་ལ་དེ་ནི་གདུལ་བའི་དབང་གིས་སྟོན་པ་མ་གཏོགས་པར་རང་ཉིད་ནི་འདུ་ཤེས་དང་དམིགས་པའི་འཇུག་པ་ལས་ལོག་ཅིང་བདེན་པའམ་མི་བདེན་པར་རློམ་སེམས་པ་ལ་སོགས་པ་རློམ་སེམས་ཐམས་ཅད་ལོག་པ་ཡིན་ཏེ། **ཡེ་ཤེས་སྣང་བ་རྒྱན་གྱི་མདོ་ལས།** གང་གིས་རྟེན་ཅིང་འབྲེལ་བར་འབྱུང་བ་མཐོང་བ་དེས་ཆོས་མཐོང་ངོ་གང་གིས་ཆོས་མཐོང་བ་དེས་དེ་བཞིན་གཤེགས་པ་མཐོང་ངོ་། །ཞེས་གསུངས་པ་སྟེ་ཇི་ལྟར་ཡོངས་སུ་ཚོལ་བ་ན་ཅི་ཡང་མི་མཐོང་བ་དེ་ལྟར་མཐོང་ངོ་། །དེ་ལ་ཅི་ཡང་ཞེས་བྱ་བ་གང་ཞེ་ན། འདི་ལྟ་སྟེ། སེམས་དང་དམིགས་པ་སྟེ་དེས་གང་གི་ཚེ་སེམས་དང་དམིགས་པ་ཡང་དག་པར་རྗེས་སུ་མི་མཐོང་བ་དེའི་ཚེ་ཡང་དག་པ་མཐོང་བ་ཡིན་པས་དེ་བཞིན་གཤེགས་པས་ཆོས་དེ་དག་དེ་ལྟར་མཉམ་པ་ཉིད་ཀྱིས་མངོན་པར་རྫོགས་པར་སངས་རྒྱས་སོ། །ཞེས་དང་།

དགོངས་པ་ངེས་འགྲེལ་ལས། བློ་གྲོས་ཡངས་པ། གང་གི་ཕྱིར་བྱང་ཆུབ་སེམས་དཔའ་ནང་གི་སོ་སོ་ལེན་པ་མི་མཐོང་། ལེན་པའི་རྣམ་པར་ཤེས་པ་ཡང་མི་མཐོང་ལ། ཀུན་གཞི་དང་ཀུན་གཞིའི་རྣམ་ཤེས་དང་བསགས་པ་དང་སེམས་དང་མིག་དང་གཟུགས་དང་མིག་གི་རྣམ་པར་ཤེས་པ་ནས་ལུས་ཀྱི་རྣམ་པར་ཤེས་པའི་བར་དང་ནང་གི་སོ་སོ་རང་གི་ཡིད་ཀྱང་མི་མཐོང་ལ། དེ་ཡང་ཡང་དག་པ་ཇི་ལྟ་བ་བཞིན་དུ་ཡིན་པ་དེ་ནི་བྱང་ཆུབ་སེམས་དཔའ་དོན་དམ་པ་ལ་མཁས་པ་ཞེས་བྱ་སྟེ་དེ་བཞིན་གཤེགས་པ་ཡང་བྱང་ཆུབ་སེམས་དཔའ་དོན་དམ་པ་ལ་མཁས་པ་དེ་ནི་སེམས་དང་ཡིད་དང་རྣམ་པར་ཤེས་པའི་གསང་བ་ལ་མཁས་པ་ཡིན་པར་འདོགས་སོ། །ཞེས་དང་། **ཏིང་འཛིན་རྒྱལ་པོ་ལས།** ཇི་ལྟར་བར་སྣང་ནམ་མཁའ་བཞིན། །ཆོས་ཀྱི་མཚན་ཉིད་དེ་འདྲ་བར། །སྟོན་གྱི་མཐའ་དང་ཕྱི་མའི་མཐའ། །(༧༤ཙབ)ད་ལྟར་བྱུང་བའང་མཐོང་བར་འགྱུར། །ནམ་མཁའ་གཟུང་བ་མེད་པར་བཤད། །དེ་ལ་གཟུང་བ་མི་རྙེད་དེ། །ཆོས་ཀྱི་རང་བཞིན་དེ་ཉིད་ཡིན། །གཟུང་བ་མེད་པ་ནམ་མཁའ་འདྲ། །དེ་ལྟ་བུར་ནི་ཆོས་བསྟན་ཏེ། །དེ་ལ་གང་ཡང་མཐོང་བ་མེད། །སུ་དག་ཆོས་འདི་མི་མཐོང་བ། །དེ་ཡི་ཆོས་རྣམས་བསམ་མི་ཁྱབ། །ཅེས་དང་།

དཔའ་བར་འགྲོ་བའི་ཏིང་ངེ་འཛིན་གྱི་མདོ་ལས། བྱིས་པ་སོ་སོའི་སྐྱེ་བོ་རྣམས་ནི་རང་གི་རྟོག་པའི་ཕྱིན་ཅི་ལོག་གིས་བཅིངས་སོ། །འདུ་ཤེས་སུ་འཛིན་པ་དང་གཡོ་བ་དང་རློམ་སེམས་དང་སྤྲོས་པས་མཐོང་བ་དང་ཐོས་པ་དང་བྱེ་བྲག་ཕྱེད་པ་དང་རྣམ་པར་ཤེས་པའི་རྣམ་པར་རྟོག་པས་བཅིངས་པ་ཡིན་ཏེ། འདི་ལ་ཆོས་གང་ཡང་བཅིངས་པ་ཡང་མེད་གྲོལ་བ་ཡང་མེད་དེ། ཆོས་ཐམས་ཅད་ནི་རང་བཞིན་གྱིས་རྣམ་པར་གྲོལ་བས་གྲོལ་བ་སྟེ་ཆོས་ཐམས་ཅད་ནི་རང་བཞིན་གྱིས་མ་བཅིངས་མ་གྲོལ་བའོ། །ཞེས་བདུད་སྡིག་ཅན་བཅིངས་པ་མེད་ཀྱང་རང་གིས་བཅིངས་པར་མཐོང་བ་ལྟར་སེམས་ཅན་ཐམས་ཅད་དེ་ལྟ་བུར་བསྟན་པ་

དང་། **བསོད་ནམས་ཐམས་ཅད་བསྡུས་པའི་ཏིང་འཛིན་གྱི་མདོ་ལས།** གང་གི་ཚེ་ཆོས་ཐམས་ཅད་རང་བཞིན་གྱིས་རྣམ་པར་ཞི་བ་དང་རང་བཞིན་གྱིས་སྟོམས་པར་ཞུགས་པ་དང་། གཏན་དུ་མ་སྐྱེས་པ་དང་མ་བྱུང་བ་དང་། གཏན་དུ་ཡོངས་སུ་མྱ་ངན་ལས་འདས་པར་མཐོང་བ་དང་། གང་མཐོང་བ་དེ་ཡང་མི་མཐོང་བ་དང་། ཇི་ལྟར་མི་མཐོང་བ་དང་། རྣམ་པར་མི་མཐོང་བ་དེ་ལྟར་མཐོང་ན་ཚུལ་བཞིན་དུ་མཐོང་བ་ཞེས་བྱའོ། །ཞེས་དང་། ཆོས་རྣམས་ལ་ཇི་ལྟ་བ་བཞིན་དུ་མཐོང་བ་གང་ཞེ་ན། འདི་ལྟ་སྟེ་མཐོང་བ་མེད་པ་པོ་ནའོ། །ཞེས་དང་། **ཏོག་ལས།** བཅོམ་ལྡན་འདས་བརྗོད་དུ་མ་མཆིས་པའི་ཆོས་གང་མངོན་པར་རྫོགས་པར་འཚང་རྒྱ་བར་ནུས་ལགས་སམ། བཀའ་སྩལ་པ། གང་གིས་བརྗོད་དུ་མེད་པར་ཤེས་པ་དེ་ཉིད་མངོན་པར་རྫོགས་པར་འཚང་རྒྱའོ། །ཞེས་དང་། དཀོན་མཆོག་ཟ་མ་ཏོག་ལས། འཇིག་རྟེན་(༧༤༤ན)ལས་འདས་པའི་ཤེས་རབ་ཀྱིས་ཅུང་ཟད་ཀྱང་མི་མཐོང་སྟེ་བདག་ཅག་ལྟག་མཐོང་དོན་དུ་མི་གཉེར་རོ། །ཁམས་གསུམ་ཐམས་ཅད་ནི་རྣལ་འབྱོར་པའི་དགོན་པ་སྟེ་བདག་ཅག་དགོན་པ་དོན་དུ་མི་གཉེར་རོ། །ཆོས་ཐམས་ཅད་ནི་ཤིན་ཏུ་ཡོངས་སུ་མྱ་ངན་ལས་འདས་པ་སྟེ་བདག་ཅག་མྱ་ངན་ལས་འདས་པ་དོན་དུ་མི་གཉེར་རོ། །ཞེས་དང་། **དཀོན་མཆོག་འབྱུང་གནས་ཀྱི་མདོར།** ཆོས་ལ་ཆོས་ཀྱིས་མཐོང་མ་མཆིས། །ཆོས་ཀྱིས་ཆོས་རྣམས་མི་རིག་སྟེ། །ཤེས་པ་པོ་དང་ཆོས་རྣམས་ཀྱང་། །གཉི་ག་འདི་ནི་ཡོང་མ་མཆིས། །ཞེས་དང་།

བྱང་ཆུབ་སེམས་དཔའི་སྤྱོད་ཡུལ་གྱི་ཐབས་ཀྱི་རྣམ་འཕྲུལ་བསྟན་པའི་མདོ་ལས། མཚན་མ་ཐམས་ཅད་མ་མཐོང་བ་དེ་ནི་དེ་བཞིན་གཤེགས་པ་མཐོང་བའོ། །ཞེས་དང་། **བློ་གྲོས་རྒྱ་མཚོས་ཞུས་པའི་མདོ་ལས།** དེའི་མིག་ནི་ཤེས་རབ་ཀྱིས་རྣམ་པར་ལྟ་བ་དང་ཤེས་རབ་ལ་གནས་པ་དང་ཤེས་རབ་ཏུ་ཡང་དག་པར་འདུ་བའོ། །ཤེས་རབ་ཀྱང་རྒྱུ་བ་མེད་པ་སྤྲོས་པ་མེད་པ་སྟེ་དེ་ནི་མཐོང་བ་ཡང་མ་

ཡིན་མི་མཐོང་བ་ཡང་མ་ཡིན་ནོ། །དེ་ཅིའི་ཕྱིར་ཞེ་ན། མཐོང་བ་དང་མི་མཐོང་བ་དེ་གཉི་ག་ཡང་མཐའ་སྟེ་མཐོང་བ་དང་མ་མཐོང་བའི་མཐའ་གཉིས་དང་བྲལ་བ་ནི་སངས་རྒྱས་མཐོང་བའོ། །ཞེས་དང་། **མ་དྲོས་པས་ཞུས་པར།** འཇམ་དཔལ་གྱིས་སྨྲས་པ། གནས་བརྟན་གྱི་སེམས་རྣམ་པར་གྲོལ་ལམ། འོད་སྲུང་ཆེན་པོས་སྨྲས་པ་རྣམ་པར་གྲོལ་ལོ། །གནས་བརྟན་གྱི་སེམས་དེ་གང་གིས་བཅིངས་ནས་གང་ལས་རྣམ་པར་གྲོལ། འཇམ་དཔལ་གལ་ཏེ་སེམས་བཅིངས་པར་གྱུར་ན་ནི་རྣམ་པར་མི་གྲོལ་ཏེ་རྣམ་པར་གྲོལ་བའི་ཡེ་ཤེས་མཐོང་བར་མི་འགྱུར་རོ། །གནས་བརྟན་སེམས་བཅིངས་པ་མེད་ན་རྣམ་པར་གྲོལ་བ་གང་ཡིན། འཇམ་དཔལ་གང་བཅིངས་པ་མེད་པར་ཤེས་པ་དེ་ཉིད་རྣམ་པར་གྲོལ་བའོ། །ཞེས་དང་། **ཆོས་ཐམས་ཅད་འབྱུང་བ་མེད་པར་བསྟན་པའི་མདོ་ལས།** ཅི་ཡང་མ་ཡིན་ཆོས་འདི་སུས་ཤེས་པ། །ནམ་ཡང་དེ་ནི་ཆོས་ཀུན་ཆགས་མི་འགྱུར། །ཞེས་དང་། **བུ་མོ་ཟླ་མཆོག་**(༡༤༤བ)**ལུང་བསྟན་པར།** བྱང་ཆུབ་ཅེས་བགྱི་བ་དེ་ཡང་སྤྲོས་པ་ལགས་སོ། །མངོན་པར་རྫོགས་པར་འཚང་རྒྱ་བར་འགྱུར་རོ། །ཞེས་བགྱི་བ་དེ་ཡང་སྤྲོས་པ་ལགས་སོ། །ཞེས་དང་། **སུམ་ཅུ་རྩ་གསུམ་པའི་མདོར།** སུ་ཡང་དག་པར་མཐོང་བ་དེས་ནི་ཅི་ཡང་མི་མཐོང་ངོ་། །སུ་ཅི་ཡང་མི་མཐོང་བ་དེས་ནི་མཉམ་པར་མཐོང་སྟེ་མི་མཉམ་པར་མི་མཐོང་ངོ་། །ཀཽ་ཤི་ཀ། དེ་ལྟར་གཟིགས་པའི་དེ་བཞིན་གཤེགས་པ་ནི་ཐམས་ཅད་གཟིགས་པ་ཞེས་བྱའོ། །ཞེས་དང་།

ཆོས་ཡང་དག་པར་སྡུད་པ་ལས། རྒྱུ་དང་རྐྱེན་མཐོང་བས་སྟོང་པ་ཉིད་མཐོང་ངོ་། །སྟོང་པ་ཉིད་མཐོང་བ་ནི་མཐོང་བ་མ་མཆིས་པའོ། །ཆོས་མི་མཐོང་བ་ནི་ཡང་དག་པ་མཐོང་བའོ། །ཞེས་སོགས་རྒྱ་ཆེར་བཤད་དོ། །དེ་ལྟར་ཕོང་དུ་ཆུད་པ་དེ་ལ་མི་སླུ་བའི་ཕྱིར་ཡང་དག་པ་མཐོང་བ་ཞེས་ཀྱང་བྱ། འཇིག་རྟེན་པའི་མཐོང་བ་ལས་ལོག་པའི་ཕྱིར་ཅི་ཡང་མ་མཐོང་བ་ཞེས་ཀྱང་བྱ། དངོས་འཛིན་ལས་ལོག

པའི་ཕྱིར་སྟོང་པ་ཉིད་མཐོང་བ་ཞེས་ཀྱང་བྱ། མི་སྟོང་པ་དང་སྟོང་པ་གཉི་ག་མ་དམིགས་པའི་ཕྱིར་སྟོང་མི་སྟོང་ལས་གྲོལ་བ་ཞེས་ཀྱང་བྱ། སྟོང་པ་ཉིད་ཀྱང་མིང་ཙམ་དུ་ཟད་པའི་ཕྱིར་སྟོང་པ་མ་མཐོང་བ་ཞེས་ཀྱང་བྱ། ཡོན་ཏན་ཐམས་ཅད་དེ་ལས་འབྱུང་བའི་ཕྱིར་རྣམ་ཀུན་མཆོག་ལྡན་གྱི་སྟོང་ཉིད་མཐོང་བ་ཞེས་ཀྱང་བྱ། གང་ཟག་དང་ཆོས་ཀྱི་བདག་འཛིན་ལས་ལོག་པའི་ཕྱིར་བདག་མེད་མཐོང་བ་ཞེས་ཀྱང་བྱ། བདག་དང་བདག་མེད་ཀྱི་འཛིན་པ་གཉི་ག་ལོག་པའི་ཕྱིར་བདག་དམ་པ་མཐོང་བ་ཞེས་ཀྱང་བྱ། སེམས་སུ་འདུ་ཤེས་པ་ལོག་པའི་ཕྱིར་སེམས་རྣམ་པར་ལོག་པ་ཞེས་ཀྱང་བྱ། གཟོད་མ་ནས་གནས་པའི་རང་གི་སེམས་དེའི་གནས་ཚུལ་ཇི་ལྟ་བ་དེ་གདོད་ཤེས་པའི་ཕྱིར་རང་གི་སེམས་རྟོགས་པའམ་མཐོང་བ་ཞེས་ཀྱང་བྱ་སྟེ། ཡང་དག་མཐོང་ན་རྣམ་པར་གྲོལ། །ཞེས་དང་། ཆོས་ཐམས་ཅད་ལ་ཅི་ཡང་མི་མཐོང་ངོ་། །ཞེས་དང་། **སྒྱུ་མ་ལྟ་བུའི་ཏིང་ངེ་འཛིན་གྱི་མདོ་ལས།** ཆོས་ཐམས་ཅད་སྟོང་པར་རྟོགས་པ་དེས་སྒྱུ་མ་ལྟ་བུའི་ཏིང་ངེ་འཛིན་འཐོབ་(༧༤༥ན)སྟེ། ཞེས་དང་། **ཙ་ཤེར།** གལ་ཏེ་མི་སྟོང་ཅུང་ཟད་ཡོད། །སྟོང་པ་ཅུང་ཟད་ཡོད་པར་འགྱུར། །སྟོང་མིན་ཅུང་ཟད་ཡོད་མིན་ན། །མི་སྟོང་ཡོད་པར་ག་ལ་འགྱུར། །ཞེས་དང་།

ཁྱིའུ་བཞིའི་ཏིང་ངེ་འཛིན་གྱི་མདོ་ལས། གང་གིས་སྟོང་པ་སྟོང་ཤེས་ཤིང་། །སྟོང་པ་དེ་ལའང་མི་སེམས་ལ། །གང་དག་སྟོང་ཉིད་མི་མཐོང་བ། །དེ་དག་སྟོང་ཉིད་ཤེས་པ་ཡིན། །ཞེས་དང་། **རྒྱུད་བླ།** རྣམ་པ་ཀུན་གྱི་མཆོག་ལྡན་པའི། །སྟོང་པ་ཉིད་ནི་གཟུགས་སུ་བརྗོད། །ཅེས་དང་། བདག་དང་བདག་མེད་སྤྲོས་པ་དག །ཉེ་བར་ཞི་བ་དམ་པའི་བདག །ཅེས་དང་། དེ་ཚེ་སེམས་ཀྱང་རྣམ་ལོག་སྟེ། །ཞེས་དང་། འཇིག་རྟེན་རང་གི་སེམས་མཐོང་ན། །རྣམ་པར་རྟོག་པ་མི་འཇུག་གོ། །ཞེས་དང་། **འདུལ་བ་ཡེ་ཤེས་ལས།** སེམས་རྟོགས་ན་ཡེ་ཤེས་ཡིན་པས་

སངས་རྒྱས་གཞན་དུ་མི་བཙལ་བའི་འདུ་ཤེས་བསྒོམ་པར་བྱའོ། །ཞེས་སོ། །དེས་ན་དེ་རྣམས་རྟོག་གེའི་ཚིག་གི་འགལ་བ་འདུ་བར་ཞེན་ནས་གཅིག་སྙིང་པོར་བཟུང་སྟེ། གཅིག་ཤོས་འགོག་པ་རྣམས་ནི་བློ་གྲོས་ཀྱི་མཐུ་ཆུང་ཞིང་། དེ་ཁོ་ན་ཉིད་ཀྱི་ཕྱོགས་ལ་མིག་རྒྱང་ཐུང་བ་དང་ཐེག་ཆེན་གྱི་གཞུང་ལུགས་ཀྱི་རྒྱ་མཚོ་མི་ཤེས་པར་ཟད་དོ། །

མདོར་ན་དོན་དམ་པ་ཞེན་ཡུལ་དུ་བྱས་ཏེ་མིང་ཚིག་ཡི་གེས་ཐ་སྙད་དུ་བརྗོད་པ་ནི་རྣམ་གྲངས་པའི་དོན་དམ་དང་འཕགས་པ་རྣམས་ཀྱི་མཉམ་བཞག་སོ་སོ་རང་གིས་རིག་པའི་ཡེ་ཤེས་ཀྱིས་ཇི་ལྟར་གཟིགས་པ་ནི་རྣམ་གྲངས་མ་ཡིན་པའི་དོན་དམ་དངོས་ཏེ། **དབུ་མ་རྒྱན་ལས།** སྐྱེ་བ་ལ་སོགས་བཀག་པ་ཡང་། །ཡང་དག་པ་དང་མཐུན་ཕྱིར་བཞེད། །སྐྱེ་མེད་སྤྲོས་ཀུན་ཞི་བ་ལ། །དོན་དམ་ཞེས་པའི་བརྡ་མཛད་དོ། །ཞེས་སོ། །དེས་ན་རྣམ་གྲངས་པའི་དོན་དམ་ནི་བློས་བཏགས་པའི་ཕྱིར། དོན་དམ་ཡང་དག་པ་མིན་ཡང་དོན་དམ་ཡང་དག་པར་གཞུག་པའི་ཐབས་དངོས་ཡིན་པའི་ཕྱིར་དོན་དམ་པའི་ཁོངས་སུ་བསྡུས་པ་སྟེ་དེའི་ཕྱིར་རྣམ་གྲངས་པའི་དོན་དམ་(༡༦༥བ)ཞེས་བཤད་པའོ། །

དོན་དམ་པའི་བདེན་པ་དེ་ཡང་ཀུན་རྫོབ་ལས་གཞན་དུ་བཙལ་བར་བྱ་བ་མ་ཡིན་ཏེ། **རྒྱན་སྟུག་ས་ལས།** སྟོང་པ་ཉིད་དང་མི་རྟག་ཉིད། །རྟག་ཏུ་དངོས་དང་གཅིག་འགྱུར་ཏེ། །ཡོད་དང་མེད་པའི་རང་བཞིན་ཡང་། །དེ་བཞིན་གཅིག་པ་ཉིད་དུ་འགྱུར། །ཞེས་དང་། དེ་བཞིན་དངོས་རྣམས་སྟོང་ཉིད་དང་། །ལྷན་ཅིག་རབ་ཏུ་འབྱུང་བ་སྟེ། །ཕན་ཚུན་རྣམ་པ་ཐ་དད་དུ། །དེ་དག་དགོས་པ་མི་སྲིད་དོ། །ཞེས་དང་། **མྱང་འདས་ལས།** རིགས་ཀྱི་བུ་ཀུན་རྫོབ་ཀྱི་བདེན་པ་ཉིད་དོན་དམ་པའི་བདེན་པའོ། །ཞེས་རང་བཞིན་ཐ་མི་དད་པ་ལ་དགོངས་ནས་གསུངས་ལ། དེའི་དོགས་པ་སེལ་བའི་ཕྱིར། བཅོམ་ལྡན་འདས་དེ་ལྟ་ན་བདེན་པ་གཉིས་

སུ་མ་མཆིས་སོ། །བཀའ་སྩལ་པ། རིགས་ཀྱི་བུ་ཤིན་ཏུ་ཐབས་མཁས་པས་སེམས་ཅན་གྱི་ཆེད་དུ་བདེན་པ་གཉིས་བསྟན་ཏོ། །ཚིག་ཏུ་སྨྲ་བ་ལྟར་ན་གཉིས་ཏེ་འཇིག་རྟེན་གྱི་ཆོས་དང་འདས་པའི་ཆོས་སོ། །འཇིག་རྟེན་ལས་འདས་པའི་གང་ཟག་གང་གིས་ཤེས་པ་དེ་ནི་དོན་དམ་པའི་བདེན་པ་ཞེས་བྱའོ། །འཇིག་རྟེན་པའི་གང་ཟག་གང་གིས་ཤེས་པ་དེ་ནི་ཀུན་རྫོབ་ཀྱི་བདེན་པ་ཞེས་བྱའོ། །ཞེས་མཐོང་བ་པོའི་ཆ་ནས་གཉིས་སུ་བཞག་པའི་ཕྱིར་དང་། **ཏིང་རྒྱལ་ལས།** གཟུགས་ཀྱི་རང་བཞིན་གཞན་ཡིན་ལ། །སྟོང་ཉིད་གཞན་དུ་མ་གསུངས་ཏེ། །གང་གིས་གཟུགས་ནི་རབ་ཤེས་པ། །དེས་ནི་སྟོང་ཉིད་རབ་ཏུ་ཤེས། །གང་གིས་སྟོང་ཉིད་རབ་ཤེས་པ། །དེས་ནི་མྱ་ངན་འདས་པ་ཤེས། །རྣམ་པ་འདི་ནི་མི་ཤེས་པས། །དམིགས་པ་ཅན་རྣམས་རབ་ཏུ་བརྟག །ཅེས་ཕུང་པོ་ལྔ་ཀ་ལ་སྦྱར་བ་དང་། འདུ་ཤེས་རང་བཞིན་ཡེ་ཤེས་ཏེ། །དེ་ལྟར་འདུ་ཤེས་མེད་པར་འགྱུར། །འདུ་ཤེས་དངོས་པོ་རྣམ་རིག་ན། །དངོས་པོ་མེད་པར་འགྱུར་ཞེས་བསྟན། །ཞེས་དང་། **དཀོན་མཆོག་ཟ་མ་ཏོག་ལས།** ཉོན་མོངས་པ་རྣམས་དང་སངས་རྒྱས་ཀྱི་ཆོས་རྣམས་ལ་ཐ་དད་པར་བྱ་བ་ནི་ཅུང་ཟད་ཀྱང་མེད་དོ། །ཞེས་དང་། **དཀོན་མཆོག་འབྱུང་གནས་ཀྱི་མདོར།** མི་གཉིས་བྱེ་བྲག་མ་མཆིས་(༧༤༨ན)ཆོས་ཉིད་དུ། །བདེ་བར་གཤེགས་པས་ཆོས་ཀུན་བསྟན་པར་མཛད། །ཅེས་དང་། གང་དག་དེ་བཞིན་འདི་དག་འདུས་བྱས་ཏེ། །གཅིག་ཤོས་འདུས་མ་བྱས་ཞེས་རྣམ་གཉིས་སྨྲ། །དེ་དག་བདེ་གཤེགས་བསྟན་པའི་ཆོས་རྣམས་ལ། །ནན་ཏན་བགྱིད་པར་སྤྲོ་བའི་མི་མ་ལགས། །འདི་ན་མི་གཉིས་ཆོས་ཞེས་གང་སྨྲ་བ། །དེ་དག་སྟོན་པའི་བཀའ་ལ་མི་གནས་ཏེ། །བདེ་བར་གཤེགས་པས་ཆོས་རྣམས་གང་བསྟན་པ། །དེ་ལ་གཉིས་དང་མི་གཉིས་ཆོས་མ་མཆིས། །ཞེས་དང་། **རྒྱ་མཚོའི་མདོ་ལས།** རྐྱེན་ལས་སྐྱེས་པ་གང་ཡིན་དེ་མ་སྐྱེས། །དེ་ལ་སྐྱེ་བ་ངོ་བོ་ཉིད་ཀྱིས་མེད། །རྐྱེན་ལ་རག་ལས་གང་ཡིན་སྟོང་པར་གསུངས། །སྟོང་ཉིད་གང་ཤེས

དེ་ནི་བག་ཡོད་པའོ། །ཞེས་དང་། **དྲི་མ་མེད་པར་གྲགས་པའི་མདོ་ལས།** གཟུགས་ཉིད་སྟོང་པ་སྟེ་གཟུགས་བཤིག་པས་སྟོང་པ་མ་ཡིན་གྱི་གཟུགས་ཀྱི་རང་བཞིན་སྟོང་པའོ། །ཞེས་སོགས་ཕུང་པོ་ལྔ་ཀ་ལ་སྦྱར་བ་དང་། **ཛ་བོ་ཆེའི་མདོ་ལས།** དེ་ནི་སེམས་དང་བྱང་ཆུབ་ཀྱང་། །རྣམ་པ་གཉིས་སུ་མི་མཐོང་སྟེ། །བྱང་ཆུབ་ཀྱི་ནི་མཚན་ཉིད་གང་། །སེམས་ཀྱང་དེ་ཡི་མཚན་ཉིད་ཡིན། །ཞེས་དང་། **ཆོས་ཐམས་ཅད་འབྱུང་བ་མེད་པར་བསྟན་པའི་མདོ་ལས།** བྱང་ཆུབ་འདོད་ཆགས་ཉིད་ནི་གཉིས་སུ་མེད། །འཇུག་པ་གཅིག་པ་མཉམ་ཉིད་ལྡན་པ་སྟེ། །འདི་དག་ཆོས་ལ་ཕྱིས་པ་གང་འཇིགས་པ། །དེ་དག་སངས་རྒྱས་བྱང་ཆུབ་རིང་བ་ཡིན། །ཞེས་དང་། **ཆོས་ཡང་དག་པར་སྡུད་པའི་མདོར།** སྟོང་ཉིད་དང་ཉོན་མོངས་པ་ནི་མི་གཉིས་ཏེ་གཉིས་སུ་དབྱེར་མ་མཆིས་སོ། །ཞེས་སོགས་རྒྱ་ཆེར་གསུངས་པའི་ཕྱིར། ཇི་ལྟར་སྣང་ཙམ་གྱི་ཆོས་ལ་བརྗོད་ཚུལ་དང་མཐོང་བ་པོ་དང་འཛིན་ཚུལ་གྱི་ཆ་ནས་བདེན་པ་གཉིས་སུ་བཞག་པར་ཟད་ཀྱི་དེ་ནི་དུང་དང་དཀར་པོ་ལྟར་གཅིག་པ་དང་ཐ་དད་པ་གང་དུ་ཡང་གདགས་པར་མི་ནུས་ཏེ་ཡང་དག་པར་ན་གཅིག་ཐ་དད་ཉིད་རང་གི་ངོ་བོ་ཉིད་ཀྱིས་མ་དམིགས་པའི་ཕྱིར་དང་། (༧༤༨བ)གཅིག་ཐ་དད་ནི་བློས་སྒྲོ་བཏགས་པ་ཙཾ་ཡིན་ལ་བློས་ཇི་ལྟར་བཟུང་ཡང་དེར་མི་གནས་པའི་ཕྱིར། དེས་ན། **བདེན་ཆུང་ལས།** རྟོག་མེད་ཚུལ་གྱིས་བརྟགས་པས་ན། །སྟོང་ཉིད་མཐོང་ཞེས་ཐ་སྙད་བཏགས། །མ་མཐོང་བ་ཉིད་དེ་མཐོང་བར། །ཤིན་ཏུ་ཟབ་པའི་མདོ་ལས་གསུངས། །དེ་ལ་མཐོང་དང་མཐོང་བྱེད་མེད། །ཅེས་སོགས་ཅི་ཡང་མ་མཐོང་བ་ལ་ཡང་དག་པ་མཐོང་བར་བཤད་པ་ཐམས་ཅད་ཇི་ལྟར་ནམ་མཁའ་འདི་ཅིར་ཡང་མི་མཐོང་བ་མཐོང་བར་རང་གིས་མངོན་སུམ་དུ་ངེས་པ་འདི་འདྲ་བ་ཞིག་སྟེ། ནམ་མཁའ་མཐོང་ཞེས་སེམས་ཅན་ཚིག་ཏུ་རབ་བརྗོད་པ། །ནམ་མཁའ་ཇི་ལྟར་མཐོང་ཞེས་དོན་འདི་བརྟག་པར་གྱིས། །གང་གིས་དེ་ལྟར

མཐོང་བ་དེ་ཡིས་ཆོས་ཀུན་མཐོང་། །མཐོང་བ་དཔེ་གཞན་གྱིས་ནི་བསྙད་པར་ནུས་མ་ཡིན། །ཞེས་གསུངས་པ་ལྟར་ཡིན་གྱི་མིག་བཙུམས་པས་གཟུགས་མ་མཐོང་བ་ལྟ་བུའི་རྫོངས་ཤིང་བསྒྲིབས་པས་མ་མཐོང་བ་དེ་ལྟ་བུར་གོ་བར་མི་བྱ་སྟེ། **དཔལ་ཡེ་ཤེས་གྲགས་པའི་ཕར་ཕྱིན་སྐོར་རིམ་ལས་ཀྱང་།** ཆོས་ཐམས་ཅད་མཐོང་དུ་ཟིན་ཡང་མཐོང་བ་མེད་པ་ཁོ་ན་ཡིན་ཏེ། དེ་ལྟ་བུ་ཉིད་ལ་མཐོང་བ་མེད་པ་ཞེས་མངོན་པར་འདོད་ཀྱི་གཉིད་ལོག་པའམ། མིག་བཙུམས་པ་དང་འདྲ་བར་གང་ཡིད་ལ་བྱེད་པ་དེ་ནི་མ་ཡིན་នོ། །ཞེས་སོ། །

དེ་ལྟར་ཟབ་མོ་ལྟ་བའི་གཞུང་གི་བདེན་གཉིས་རྒྱས་པར་བཤད་ནས། ཞར་ལ་རྒྱ་ཆེན་སྤྱོད་པའི་ལུགས་ཀྱང་མདོ་ཙམ་བསྟན་པར་བྱ་སྟེ། ཀུན་བཏགས་ནི་ཀུན་བཏགས་པའི་ཀུན་རྫོབ་དང་། གཞན་དབང་ཤེས་པའི་ཀུན་རྫོབ་དང་། ཡོངས་གྲུབ་ཏུ་བརྗོད་པ་བརྗོད་པའི་ཀུན་རྫོབ་དང་། ཀུན་རྫོབ་རྣམ་པ་གསུམ་སྟེ། **དབུས་མཐའ་རྣམ་འབྱེད་ལས།** བཏགས་པ་དང་ནི་ཤེས་པ་དང་། །དེ་བཞིན་བརྗོད་པ་རགས་པ་ཡིན། །ཞེས་སོ། །དེ་བཞིན་ཉིད་ནི་དོན་དམ་པའི་དོན་དམ་པ་དང་། མྱ་ངན་ལས་འདས་པ་ཐོབ་པ་དོན་དམ་པ་དང་། ལམ་ནི་སྒྲུབ་པ་དོན་དམ་པ་དང་དོན་དམ་རྣམ་པ་གསུམ་སྟེ། དོན་དང་ཐོབ་དང་སྒྲུབ་པ་ནི། །(༧༨༧ན)དོན་དམ་རྣམ་པ་གསུམ་དུ་འདོད། །ཅེས་སོ། །དེ་ལ་ངོ་བོ་ཉིད་མེད་པ་གསུམ་སྟེ། ཀུན་བཏགས་པ་མིང་ཚིག་ལ་སོགས་པ་རབ་རིབ་ལ་སྐྲ་ཤད་དུ་འཛིན་པ་ལྟ་བུ་ནི་སྒྲོ་བཏགས་པ་ཁོ་ནར་ཟད་པས་གཏན་མེད་པའི་ཕྱིར་མཚན་ཉིད་ངོ་བོ་ཉིད་མེད་པ་དང་། གཞན་དབང་རྐྱེན་ཅིང་འབྲེལ་པར་འབྱུང་བ་སྐྲ་ཤད་དུ་སྣང་བ་ལྟ་བུ་ནི་སྒྱུ་མ་ལྟར་སྣང་ཡང་རང་བཞིན་མེད་པའི་ཕྱིར་སྐྱེ་བ་ངོ་བོ་ཉིད་མེད་པ་ཡིན་ལ། ཡོངས་གྲུབ་ལས་གང་ཟག་གི་བདག་མེད་ཀྱང་གང་ཟག་སྒྱུ་མའི་ཚུ་ལྟ་བུ་ལ་གཉེན་པོ་སྒྱུ་མའི་གཟིངས་ལྟ་བུ་ཡིན་པས་གཞན་དབང་དུ་འདུ་ཡང་དོན་དམ་རྟོགས་བྱེད་ཀྱི་རྒྱུ་

ཡིན་པས་དོན་དམ་པ་ངོ་བོ་ཉིད་མེད་པའི་ཆར་གཏོགས་སོ། །

ཡོངས་གྲུབ་ལས་གང་ལ་བརྟེན་པས་བྱང་ཆུབ་འཐོབ་པ་ཆོས་ཀྱི་བདག་མེད་པ་དང་རྣམ་པར་དབྱེ་བ་མེད་པའི་ཆ་ནི་ནམ་མཁའ་གང་དུ་ཡང་མ་གྲུབ་པ་དང་ཐམས་ཅད་དུ་སོང་བ་ལྟ་བུའམ་སྐྲ་ཤད་ངོ་བོ་ཉིད་ཀྱིས་ཡོད་པ་མ་ཡིན་པ་གར་ཡང་སོང་བ་མེད་པར་རྣམ་པར་དག་པ་ལྟ་བུ་ནི་དོན་དམ་པ་ངོ་བོ་ཉིད་མེད་པ་སྟེ་ངོ་བོ་ཉིད་མེད་པ་རྣམ་པ་གསུམ་ལ་དགོངས་ནས་སྐྱེ་བ་མེད་པ་ལ་སོགས་པའི་ཚིག་གིས་བསྟན་པ་སྟེ། **དགོངས་པ་ངེས་འགྲེལ་ལས།** ཡོན་ཏན་འབྱུང་གནས་དེ་ལ་ཆོས་རྣམས་ཀྱི་ཀུན་ཏུ་བརྟགས་པའི་མཚན་ཉིད་གང་ཞེ་ན། ཇི་ཙམ་དུ་རྗེས་སུ་ཐ་སྙད་གདགས་པའི་ཕྱིར་ཆོས་རྣམས་ཀྱི་ངོ་བོ་ཉིད་དམ་བྱེ་བྲག་ཏུ་མིང་དང་བརྡར་རྣམ་པར་བཞག་པ་གང་ཡིན་པའོ། །གཞན་གྱི་དབང་གི་མཚན་ཉིད་གང་ཞེ་ན། ཆོས་རྣམས་ཀྱི་རྟེན་ཅིང་འབྲེལ་པར་འབྱུང་བ་ཉིད་འདི་ལྟ་སྟེ་འདི་ཡོད་པས་འདི་འབྱུང་ལ་འདི་སྐྱེས་པའི་ཕྱིར་འདི་སྐྱེ་བ་འདི་ལྟ་སྟེ་མ་རིག་པའི་རྐྱེན་གྱིས་འདུ་བྱེད་རྣམས་སོ་ཞེས་བྱ་བ་ནས་སྡུག་བསྔལ་གྱི་ཕུང་པོ་ཆེན་པོ་འབའ་ཞིག་པ་འདི་འབྱུང་བར་འགྱུར་རོ་ཞེས་བྱ་བའི་བར་གང་ཡིན་པའོ། །ཡོངས་སུ་གྲུབ་པའི་མཚན་ཉིད་གང་ཞེ་ན། ཆོས་རྣམས་ཀྱི་དེ་བཞིན་ཉིད་གང་ཡིན་པ་སྟེ་བྱང་ཆུབ་སེམས་དཔའ་རྣམས་ཀྱིས་བརྩོན་པའི་རྒྱུ་དང་ཚུལ་བཞིན་(༡༤༧བ)ཡིད་ལ་བྱས་པའི་རྒྱུས་དེ་རྟོགས་ཤིང་། དེ་རྟོགས་པ་གོམས་པར་བྱས་པ་ཡང་དག་པར་གྲུབ་པས་ཀྱང་བླ་ན་མེད་པ་ཡང་དག་པར་རྫོགས་པའི་བྱང་ཆུབ་ཀྱི་བར་དུ་འགྲུབ་པ་གང་ཡིན་པའོ། །ཞེས་དང་། རབ་རིབ་ཀྱི་སྐྱོན་ལྟ་བུ་ཀུན་བརྟགས་རབ་རིབ་ཀྱི་མཚན་མ་ལྟ་བུ་གཞན་དབང་རབ་རིབ་དག་པ་ལྟ་བུར་ཡོངས་གྲུབ་བོ། །ཞེས་དང་། དོན་དམ་ཡང་དག་འཕགས་འདི་ལྟ་སྟེ། དཔེར་ན། ནམ་མཁའི་མེ་ཏོག་ཇི་ལྟ་བ་དེ་ལྟ་བུར་ནི་མཚན་ཉིད་ངོ་བོ་ཉིད་མེད་པ་བལྟ་བར་བྱའོ། །སྒྱུ་མ་བྱས་པ་ཇི་ལྟ་བ་དེ་ལྟ་བུར་

ནི་སྐྱེ་བ་ངོ་བོ་ཉིད་མེད་པ་ཉིད་ཀྱང་བལྟ་བར་བྱ་ལ། དོན་དམ་པ་ངོ་བོ་ཉིད་མེད་པ་དེ་ལས་གཅིག་ཀྱང་བལྟ་བར་བྱའོ། །ནམ་མཁའི་གཟུགས་ཀྱི་ངོ་བོ་ཉིད་མེད་པ་ཙམ་གྱིས་རབ་ཏུ་ཕྱེ་བ་དང་ཐམས་ཅད་དུ་སོང་བ་དེ་ལྟ་བུར་ནི་དོན་དམ་པ་ངོ་བོ་ཉིད་མེད་པ་ཉིད་ལས་ཆོས་བདག་མེད་པས་རབ་ཏུ་ཕྱེ་བ་དང་ཐམས་ཅད་དུ་སོང་བ་གཅིག་བལྟ་བར་བྱ་སྟེ་ངོ་བོ་ཉིད་མེད་པ་གསུམ་པོ་དེ་དག་ལ་དགོངས་ནས་ཆོས་ཐམས་ཅད་ངོ་བོ་ཉིད་མེད་པའོ་ཞེས་བསྟན་ཏོ། །ཞེས་སོ། །

བོད་ཡུལ་འདི་ན་ཟབ་མོ་ལྟ་རྒྱུད་ཀྱི་དགོངས་པ་རིགས་པས་དཔྱད་པའི་ལྷག་མར་ཅི་ཡང་མེད་པའི་མེད་དགག་རང་སྟོང་དང་། རྒྱ་ཆེན་སྤྱོད་རྒྱུད་ཀྱི་དགོངས་པ་དོན་དམ་གཞན་སྟོང་ལྷག་མར་རྟག་བརྟན་དུ་ལུས་པའི་ཡོད་པ་ལ་འཆད་ཅིང་སོ་སོར་ཡང་དག་པའི་དོན་དུ་ཞེན་ནས་གཅིག་ཤོས་རྟག་ཆད་གང་རུང་གི་ལྟ་བར་འཕྱུལ་མོད་ཀྱི་ཡོད་མེད་གཉིས་ཀ་ཟབ་མོ་ལྟ་རྒྱུད་ཀྱི་དོན་དམ་ཡང་མ་ཡིན་ལ་རྒྱ་ཆེན་སྤྱོད་རྒྱུད་ཀྱི་དོན་དམ་ཡང་མ་ཡིན་ཏེ། ཡོད་ཅེས་བྱ་བ་རྟག་པར་ལྟ། །མེད་ཅེས་བྱ་བ་ཆད་པར་ལྟ། །དེ་ཕྱིར་ཡོད་དང་མེད་པ་ལ། །མཁས་པས་གནས་པར་མི་བྱའོ། །ཞེས་བཞེད་ཅིང་། རྒྱ་ཆེན་སྤྱོད་རྒྱུད་དུ་ཡང་ཡོད་མེད་ནི་ཀུན་བཏགས་ཏེ་ནམ་མཁའི་མེ་ཏོག་ལྟར་གཏན་མེད་དུ་བཞེད་པའི་ཕྱིར། ཤིང་རྟའི་སྲོལ་འདི་གཉིས་ཀྱང་དགོངས་པ་གཅིག་སྟེ་སྔར་བཤད་པའི་བདེན་གཉིས་དེ་ཉིད་ཀྱི་ཀུན་རྫོབ་ལ། གཉིས་སུ་ཕྱེ་སྟེ་མིང་(༧༤ན)སོགས་སྒྲོ་བཏགས་ཁོ་ནར་ཟད་པ་ལ་ཀུན་བཏགས་དང་རྟེན་འབྲེལ་ཚོགས་པའི་རྫུན་སྣང་མེད་བཞིན་སྣང་བ་ལ་གཞན་དབང་དུ་བཏགས་ལ། དོན་དམ་བདེན་པ་ལ་ཡོངས་གྲུབ་ཏུ་གསུངས་པ་ཁོ་ནའི་ཕྱིར་དང་། དོན་དམ་སྤྲོས་པ་ཉེར་ཞིར་བསྟན་པར་གཉི་ག་མཚུངས་པའི་ཕྱིར་ཏེ། ནམ་མཁའ་ལ་སྐྲ་ཤད་ངོ་བོ་ཉིད་ཀྱིས་ཡོད་པ་མིན་ལ། སྣང་དུས་དེ་ཉིད་ན་ཡང་མི་བདེན་པའི་དཔེས་ཀུན་རྫོབ་སྒྱུ་མ་ལྟ་བུར་གཉི་གས་བསྟན་པའི་ཕྱིར་

དང་། ནམ་མཁའ་གང་དུའང་མ་གྲུབ་ལ་ཀུན་ཏུ་སོང་བ་ལྟར་དོན་དམ་པ་ཅི་ཡང་མ་ཡིན་ལ། ཆོས་ཐམས་ཅད་ལ་རྗེས་སུ་མ་སོང་བ་ཡང་མེད་པ་སྨྲ་བསམ་བརྗོད་བྲལ་གྱི་ངོ་བོ་ཉིད་དུ་གཉིས་མ་མཐུན་པའི་ཕྱིར་རོ། །

དེས་ན་སྤྲོ་སྐུར་གྱི་མཐར་འཛིན་བསལ་བ་ལ་དེ་ཁོ་ན་ཉིད་རྟོགས་པའི་མིང་དུ་ཟབ་མོ་ལྟ་རྒྱུད་ལས་གསུངས་ལ། རབ་རིབ་ལོག་པས་སྐྲར་སྣང་ལོག་པ་ན་ནམ་མཁའ་ཇི་ལྟ་བ་བཞིན་མཐོང་བར་བརྗོད་པ་ལྟར་ཀུན་བཏགས་ལོག་པས་གཞན་དབང་གི་མཚན་མའང་ལོག་པ་ལ་ཡོངས་གྲུབ་མཐོང་བའི་ཐ་སྙད་དུ་རྒྱ་ཆེན་སྤྱོད་པའི་གཞུང་ལས་གསུངས་པའི་ཕྱིར་འདི་གཉིས་ལ་ཁྱད་པར་ཕྲ་མོའང་མ་མཐོང་ངོ་། །

ཁ་ཅིག་དོན་དམ་གཞན་སྟོང་ནི་ཡོད་མེད་ལས་འདས་པའི་ཡོད་པའོ། །ཞེས་ཟེར་བ་སོགས་ནི་གཡོའི་ཚིག་སྟེ། འོ་ན་ཁོ་བོས་དེ་ཡོད་མེད་ལས་འདས་པའི་མེད་པར་ཁས་བླངས་ན་སྐྱོན་ཅི། ཡང་ཡོད་མེད་ལས་འདས་པའི་ཡོད་པ་ལས་ཀྱང་འདས་པའི་མེད་པར་ཁས་བླངས་ན་ཡང་ཅིས་འགོག །དེས་ན་སངས་རྒྱས་ཀྱི་བསྟན་པ་ལ་མ་གྲགས་པའི་ཐ་སྙད་སངས་རྒྱས་ཀྱི་བསྟན་པའི་གསེབ་ཏུ་མ་གཞུག་ཅིག །དེས་ན་སེམས་ཙམ་ཕྱོགས་གཅིག་སྨྲ་བ་རྣམས་ཀྱིས་གཞན་དབང་ཀུན་བཏགས་ཀྱིས་སྟོང་པ་ཡོངས་གྲུབ་ཏུ་སྨྲ་བ་ནི་རྒྱ་ཆེན་སྤྱོད་གཞུང་གི་དགོངས་པ་མ་ཤེས་པར་རང་བློས་བཞག་པ་སྟེ། ཀུན་བཏགས་རབ་རིབ་ཀྱི་ནད་དང་། གཞན་དབང་དེས་བསྐྱེད་པའི་སྐྲར་སྣང་དང་། ཡོངས་གྲུབ་རབ་རིབ་དག་པ་ལྟ་བུར་གསུངས་པས་རབ་རིབ་ཀྱི་ནད་དག་པ་ན་སྐྲ་ཤད་དུ་སྣང་(༧༤༨བ)བ་ལྡོག་པའི་ཕྱིར་གཞན་དབང་གི་མཚན་མ་ཡང་དག་པར་ལོག་པའི་ཚེ་དེ་ལ་དམིགས་ནས་བསྐྱེད་པའི་ཀུན་བཏགས་ཀྱང་གནས་པ་མ་ཡིན་ནོ། །

ཁ་ཅིག་ཟབ་མོ་ལྟ་བའི་གཞུང་དུ་སྐྱེ་བ་མེད་པ་སོགས་སྨྲ་ཇི་བཞིན་པར་བཤད་

ཅིང་རྒྱ་ཆེན་སྤྱོད་གཞུང་དུ་ངོ་བོ་ཉིད་མེད་པ་རྣམ་པ་གསུམ་ལ་དགོངས་ནས་གསུངས་པར་བཤད་པས་སྒྲ་ཇི་བཞིན་པ་མ་ཡིན་པར་བཤད་དོ་སྙམ་ན། ཟབ་མོ་ལྟ་རྒྱུད་དུ་ཡང་སྐྱེ་མེད་སོགས་མཐར་ཐུག་ཏུ་སྒྲ་ཇི་བཞིན་པ་མ་ཡིན་ཏེ་སྐྱེ་བ་ཡོད་ན་དེ་མེད་པ་མི་འགྲུབ་ཅིང་སྐྱེ་བ་མེད་ན་ཡང་དེ་ལ་བལྟོས་པའི་སྐྱེ་མེད་མི་འགྲུབ་པའི་ཕྱིར་ན་རེ་ཞིག་ལས་དང་པོ་པའི་སྐྱེ་འགག་ཏུ་འཛིན་པ་ཟློག་པའི་ཕྱིར་སྐྱེ་མེད་བསྟན་པར་ཟད་པས་དགོངས་པ་ཅན་དུ་འགྱུར་བའི་ཕྱིར་རོ། །འོ་ན་བདེན་པ་གཉིས་སུ་ཇི་ལྟར་ངེས་ཤེ་ན། ཐབས་བསོད་ནམས་ཀྱི་ཚོགས་སྟོན་པའི་ཕྱིར་ཐ་སྙད་ཀུན་རྫོབ་ཀྱི་བདེན་པ་བཞག་ལ། དེ་ལས་བྱུང་བ་ནི་ཐ་སྙད་དང་བྲལ་བ་དོན་དམ་པའི་བདེན་པ་རྟོགས་པ་ཡེ་ཤེས་ཀྱི་ཚོགས་ཡིན་ལ། བྱང་ཆུབ་ནི་ཚོགས་གཉིས་བསགས་པ་ལ་བལྟོས་པའི་ཕྱིར་བདེན་པ་གཉིས་སུ་བཞག་པ་སྟེ། **འཇུག་པ་ལས།** ཐབས་སུ་གྱུར་པ་ཀུན་རྫོབ་བདེན་པ་དང་། །ཐབས་ལས་བྱུང་བ་དོན་དམ་བདེན་པ་དག །གཉིས་པོའི་དབྱེ་བ་གང་གིས་མི་ཤེས་པ། །དེ་དག་ལོག་པར་རྟོག་པས་ངན་འགྲོར་འགྲོ། །ཞེས་དང་། **རྩ་ཤེར།** ཐ་སྙད་ལ་ནི་མ་བརྟེན་པར། །དམ་པའི་དོན་ནི་རྟོགས་མི་འགྱུར། །དམ་པའི་དོན་ནི་མ་རྟོགས་ན། །མྱ་ངན་འདས་པ་འཐོབ་མི་འགྱུར། །ཞེས་དང་། **བདེན་ཆུང་ལས།** ཡང་དག་ཀུན་རྫོབ་རྣམས་ཀྱི་སྐས། །མེད་པར་དོན་དམ་ཁང་ཆེན་གྱི། །སྟེང་དུ་འགྲོ་བར་འདོད་པ་ནི། །མཁས་ལ་རུང་བ་མ་ཡིན་ནོ། །ཞེས་སོ། །

གཞན་དག་ནི་ཡུལ་ལ་དཔྱད་བཟོད་མི་བཟོད་གཉིས་སུ་ངེས་ཤིང་། བློ་ལ་འཁྲུལ་མ་འཁྲུལ་གཉིས་དང་། གང་ཟག་ལ་འཁོར་འདས་གཉིས་སུ་ངེས་པས་ན་བདེན་པ་གཉིས་སུ་ངེས་སོ། །ཞེས་ཟེར་མོད་ཀྱང་མཐར་ཐུག་གི་དཔྱད་(༡༥་ན)བཟོད་ནི་མི་སྲིད་ལ། གནས་སྐབས་པའི་དཔྱད་བཟོད་ནི་ལོག་པའི་ཀུན་རྫོབ་ལ་བལྟོས་ཏེ་ཡང་དག་ཀུན་རྫོབ་ཀྱང་ཡིན་ལ་གཟུགས་སྐུ་གཉིས་ཀྱང་ཡང་དག་པའི་ཀུན་རྫོབ་

ཡིན་པས་བློ་འབྲུལ་པའི་ཡུལ་དུ་ཐལ་བ་དང་། སོར་ཕྲེང་ལ་ཕན་པའི་མདོ་སོགས་ཀྱི་དགོངས་པ་ལྟར་ན། ཐེག་དམན་གྱི་སྒྲུང་འདས་ནི་དོན་དམ་མ་ཡིན་པར་ཡང་བཤད་པས་འཆད་ཚུལ་དེས་གྲངས་ངེས་འཆད་ནུས་པར་མ་མཐོང་ངོ་། །

འོ་ན་རྣམ་པ་ཐམས་ཅད་དུ་བདེན་པ་བཞིའམ་གཉིས་སུ་ངེས་སམ་ཞེ་ན། དགོས་པའི་དབང་གིས་དེ་ལྟར་བསྟན་མོད་ཀྱི་ངེས་པའི་དོན་དུ་སྡུག་བསྔལ་དང་ཀུན་འབྱུང་ནི་ངོ་བོ་ཉིད་ཀྱིས་དེ་དང་དེར་མི་གནས་ཤིང་ལམ་བདེན་ཡང་གཟིངས་ལྟར་མཐར་ཐུག་འདོར་བའི་ཕྱིར་བདེན་པ་མ་ཡིན་ལ། ཀུན་རྫོབ་ནི་བརྫུན་པའི་རང་བཞིན་གསོབ་དང་གསོག་དང་ཡ་མ་བརླ་ཁོ་ན་ཡིན་པས་བདེན་པར་མི་འགྱུར་བའི་ཕྱིར་ཆོས་ཐམས་ཅད་གཟོད་མ་ནས་ངོ་བོ་ཉིད་ཀྱིས་འགགས་པའི་འགོག་པ་ཆེན་པོ་མི་གནས་པའི་མྱ་ངན་ལས་འདས་པ་ཁོ་ན་དོན་དམ་པ་དང་བདེན་པ་གཅིག་པུ་བ་སྟེ། བློ་གྲོས་མི་ཟད་པས་བསྟན་པའི་མདོར། གཞན་ཡང་བདེན་པ་ནི་གཅིག་སྟེ་གཉིས་སུ་མེད་དོ། །ཞེས་དང་། **དེ་བཞིན་གཤེགས་པའི་ཡེ་ཤེས་ཀྱི་ཕྱག་རྒྱའི་ཏིང་ངེ་འཛིན་གྱི་མདོར།** སྐྱེ་བ་མེད་པ་བདེན་པ་གཅིག་ཡིན་ན། །དེ་ལ་ཁ་ཅིག་བདེན་པ་བཞི་ཞེས་འཛེར། །ཞེས་གསུངས་ཤིང་། ཆོས་ཐམས་ཅད་ཚུལ་གཅིག་པར་བཤད་པའི་ཆོས་ཀྱི་རྣམ་གྲངས་ཐམས་ཅད་བདེན་གཅིག་ཁོ་ན་བསྟན་པ་ཡིན་ནོ། །ཤིན་ཏུ་ངེས་པའི་དོན་དུ་ནི་བདེན་པ་དང་བརྫུན་པ་གང་ཡང་མ་བསྟན་ཏེ། དེ་ལ་ཁ་ཅིག་བདེན་པ་བཞི་ཞེས་འཛེར། །བྱང་ཆུབ་སྙིང་པོར་འདུག་ནས་བདེན་གཅིག་ཀྱང་། །གྲུབ་པར་མ་མཐོང་བཞི་ལྟ་ག་ལ་ཞིག །ཅེས་དང་། **ཚངས་པ་ཁྱད་པར་སེམས་ཀྱི་མདོར།** ཚངས་པ་ལྟོས་ཤིག་ང་བྱང་ཆུབ་ཀྱི་སྙིང་པོར་འདུག་ནས་བདེན་པའམ་བརྫུན་པ་ཞེས་བྱ་བ་ཁོང་དུ་མ་ཆུད་དོ། །ཞེས་(༧༥(བ)དང་། **ཟླ་ཤེར།** དམིགས་པ་ཐམས་ཅད་ཉེར་ཞི་ཞིང་། །སྤྲོས་པ་ཉེར་ཞི་ཞི་བ་སྟེ། །སངས་རྒྱས་ཀྱིས་ནི་གང་དུ་ཡང་། །སུ་ལའང་ཆོས་འགའ་མ་བསྟན་ཏོ། །ཞེས་

གསུངས་ཤིང་། ཤེས་པ་དང་ཤེས་བྱ་ཡང་ཕན་ཚུན་རྟོག་པ་བརྟེན་པའི་ཕྱིར་མཐར་ཐུག་གཉི་ག་མི་འགྲུབ་ལ། ཕྱིན་ཅི་ལོག་ཏུ་སེམས་པའི་སྒྲོ་སྐུར་གྱི་དམིགས་པ་ལས་ལོག་པ་ཙམ་ཁོ་ན་ལ་ཡང་དག་པ་མཐོང་བའམ་ཆོས་ཀྱི་དབྱིངས་ལ་གནས་པ་ཞེས་ཐ་སྙད་དུ་བྱས་པ་སྟེ། **མདོ་སྡེ་རྒྱན་ལས་ཀྱང་།** དེ་ཕྱིར་ཐར་པ་ནོར་བ་ཟད་ཙམ་ཡིན། །ཞེས་དང་། འདི་ལ་དོན་དམ་ཚུལ་གྱིས་ཞི་བ་དང་། །སྐྱེ་བ་དེ་གཉིས་ཁྱད་པར་ཅི་ཡང་མེད། །ཅེས་དང་། **རྩ་ཤེར།** གང་ལ་མྱ་ངན་འདས་སྐྱེད་མེད། །འཁོར་བ་བསལ་བའང་ཡོད་མིན་པ། །དེ་ལ་འཁོར་བ་ཅི་ཞིག་ཡིན། །མྱ་ངན་འདས་པ་ཅི་ཞིག་བརྟག །ཅེས་གསུངས་ཏེ། དམིགས་པ་ཐམས་ཅད་ལས་རྣམ་པར་ལོག་པ་ལྷ་ཞི་ཀུན་ཞོག་གི་སྐབས་འདིར་ཡང་ཤིང་རྟའི་སྲོལ་གཉིས་ཀ་དགོངས་པ་ཐ་མི་དད་པའོ། །དེས་ན་རྣམ་རིག་པ་དག་གིས་སེམས་བདེན་པར་འདོད་པ་ཡང་རྒྱ་ཆེན་སྤྱོད་པའི་དགོངས་པ་མིན་ཏེ། དེ་ནས་སེམས་ཀྱང་མེད་པ་ཉིད་དུ་རྟོགས། །བློ་དང་ལྡན་པས་གཉིས་པོ་མེད་རིག་ནས། །དེ་མི་ལྡན་པས་ཆོས་ཀྱི་དབྱིངས་ལ་གནས། །ཞེས་བཞེད་པའི་ཕྱིར་རོ། །ཤེས་བྱ་བདེན་པའི་རྣམ་པར་གཞག་པ་བཤད་ཟིན་ཏོ།། །།

ཤེས་བྱ་གྲུབ་མཐའ་ལ་ཡང་། ཕྱི་ནང་གཉིས་ལས། གཉི་གའང་གྲུབ་མཐའ་བཞི་བཞི་སྟེ། ཕྱི་རོལ་པ་རྣམས་ཀྱང་སྟོན་པ་སྲིད་རལ་ཅན་གྱི་ཞལ་བཞི་ལས་གྲུབ་མཐའ་བཞི་གསུངས་པར་གྲགས་ཤིང་། དཔལ་དུས་ཀྱི་འཁོར་ལོ་ལས་ཀྱང་དུས་ཀྱི་འཁོར་ལོའི་ཞལ་བཞི་ལས་སྐྱེ་གནས་བཞི་དང་། ཚངས་པ་པ་དང་། ཉི་མ་པ་དང་། གཅེར་བུ་པ་དང་། སྐྲ་ཅན་པ་སྟེ་ཕྱི་རོལ་པའི་གྲུབ་མཐའ་བཞི་དང་། ནང་པའི་གྲུབ་མཐའ་བཞི་དང་། སྐུ་བཞི་ལ་སོགས་བཞི་ཆོས་ཇི་སྙེད་པ་སྤྲོས་པར་གསུངས་པའི་ཕྱིར་རོ། །དེས་ན་ཕྱི་རོལ་པ་ལ་ཚངས་(༧༥༠ན)པ་པ་དང་། ཁྱབ་འཇུག་པ་དང་། དབང་ཕྱུག་པ་དང་། ཕུར་བུ་པ་སྟེ་སྟོན་པའི་མིང་གིས་བཏགས་པ་བཞི་ཡིན་ལ།

ཚངས་པ་པ་ནི། བྲམ་ཟེ་སྟེ་ཚངས་པའི་ཞལ་བཞི་ལས་བསྟན་པའི་ཚེའི་རིག་བྱེད་དང་། བཛ་སྒྲོད་དང་སྙན་ངག་གི་དང་། སྲིད་སྲུང་དང་། ངེས་བརྗོད་དེ་རིག་བྱེད་བཞི་པོ་འདུས་མ་བྱས་པའི་རྟག་པ་ཡིན་ལ། བྲམ་ཟེ་དང་རྒྱལ་རིགས་ལས་གཞན་པས་ཀློག་མི་རུང་བ་དང་། ཚངས་པའི་ཁ་དང་དཔུང་པ་དང་བརླ་དང་རྐང་པ་སྟེ་བཞི་ལས་བྲམ་ཟེ་དང་། རྒྱལ་རིགས་དང་། རྗེ་རིགས་དང་། དམངས་རིགས་རྣམས་སྐྱེས་པ་དང་ཨ་ཤྭ་མེ་དྷ་ཞེས་པ་རྟ་དཀར་པོ་བསད་པའི་མཆོད་སྦྱིན་གྱིས་གྲོལ་བར་སྨྲ་བའོ། །

ཁྱབ་འཇུག་པ་ནི། ཁྱབ་འཇུག་འཇིག་རྟེན་གྱི་བྱེད་པོ་དང་སྐུ་ཆོས་སུ་སྨྲ་ལ། འདིའི་ནང་ཚན་བྱེ་བྲག་པ་དང་། རིགས་པ་ཅན་པའོ། །

དབང་ཕྱུག་པའམ་ཞི་བ་པ་ནི། དེ་བྱེད་པོར་འདོད་ཅིང་འཁྲིག་པ་ཆོས་སུ་སྨྲ་ལ། ནང་ཚན་གྲངས་ཅན་པ་དང་། གཟེགས་ཟན་པ་དང་། དཔྱོད་པ་པའོ། །དེ་ཐམས་ཅད་ནི་བདག་དང་དུས་གསུམ་རྟག་ཅིང་རང་བཞིན་དང་ཡོན་ཏན་དང་ཐམས་ཅད་དུ་ཁྱབ་པར་འདོད་ལ།

ཁྱད་པར་གྲངས་ཅན་པ་ནི། རྡུལ་མུན་སྙིང་སྟོབས་གསུམ་ཆ་མཉམ་པ་གཙོ་བོ་སྟེ་བྱེད་པ་པོ་དང་། རྟག་པར་འདོད་ཅིང་རང་བཞིན་ཡིན་ལ་རྣམ་འགྱུར་མ་ཡིན་པའོ། །ཤེས་རིག་ནི་བདག་ཡིན་ལ་དེ་དང་ལྡན་པའི་སྐྱེས་བུ་ནི་བདག་ཤེས་རིག་གི་སྐྱེས་བུ་སྟེ། རྣམ་འགྱུར་ལ་ལོངས་སྤྱོད་པ་པོ་ཡིན་གྱི་རང་བཞིན་དང་རྣམ་འགྱུར་གཉིས་ག་མ་ཡིན་ནོ། །གཙོ་བོ་ལས་བློའམ་ཆེན་པོ་ཞེས་བྱ་བ་ཤེལ་གྱི་མེ་ལོང་ངོས་གཉིས་པ་ལྟ་བུ་སྐྱེ་ལ། དེ་ལས་ང་རྒྱལ། དེ་ལས་མིག་སོགས་དབང་པོ་ལྔ། དེ་ལས་ངག་སོགས་ལས་དབང་ལྔ། དེ་ལས་ཡིད། དེ་ལས་སྒྲ་སོགས་དེ་ཙམ་ལྔ། དེ་ལས་ནམ་མཁའ་སོགས་འབྱུང་བ་ལྔ་སྟེ་གཙོ་བོས་བྱས་པའི་རྣམ་འགྱུར་ཉེར་གསུམ་མོ། །བློ་ལ་ནང་ནས་བདག་དང་ཕྱི་ནས་རྣམ་འགྱུར་གཉིས་གའི་རྣམ་པ་ཤར་བ་སྐྱེས

བུས་ལོངས་སྤྱོད་ལ། ཡོན་ཏན་གསུམ་ཆ་མི་མཉམ་པའི་ཚེ་འགྲོ་བ་ཞེས་བྱ་བ་མི་(༡༥༠བ)རྟག་པར་འདོད་ཅིང་། སྐྱེས་བུས་རྣམ་འགྱུར་དེ་གཙོ་བོས་བྱས་ནས་བདག་ལ་ལོངས་སྤྱོད་དུ་བཅུག་པར་ཤེས་པ་ན་གཙོ་བོ་བསྐྱེདས་ཏེ་རྣམ་འགྱུར་བྱེད་མི་ནུས་པ་ནི་ཐར་པར་འདོད་དོ། །རིགས་པ་ཅན་པས་དེ་ཉིད་ལས་བདག་དེ་སེམས་པ་མེད་པར་འཆད་དོ། །

ཕུར་བུ་པ་ལ། གཉིས་ལས་རྒྱང་འཕེན་པ་ནི། ཆང་ལ་སྐྱེ་བ་སྔ་ཕྱི་མེད་ཀྱང་ཨ་ཏུ་ར་དང་བུ་རམ་སོགས་སྦྱར་བས་སྐྱེ་བ་ལྟར། འབྱུང་བ་འདུས་པའི་དབང་གིས་མི་དང་དུད་འགྲོ་སོགས་མངོན་པར་གསལ་བའི་སེམས་ཅན་དང་། ཤིང་སོགས་མི་གསལ་བའི་སེམས་ཅན་སྐྱེ་བ་སྔོ་ཚེ་སྔ་ཕྱི་མེད་དོ་ཞེས་ཆད་པར་བལྟའོ། །

གཅེར་བུ་པའམ་ཟད་བྱེད་པ་ནི། རྒྱལ་བ་པའམ་མཆོད་འོས་པའམ་ནམ་མཁའི་གོས་ཅན་པ་ཞེས་ཀྱང་བྱ་སྟེ་སྲོག་རྟག་པ་ལུས་ཚད་དང་མཉམ་པར་ཡོད་ཅིང་། སྲིད་པ་གསུམ་རྟག་པའི་སྟེང་ན་ཐར་པ་གདུགས་དཀར་པོ་གན་རྐྱལ་དུ་བྱས་པའི་དབྱིབས་ཅན་དཔག་ཚད་འབུམ་ཕྲག་ཞེ་ལྔ་པ་ཡོད་དེ། དེར་ཆུད་ནས་མི་ལྡོག་པར་འདོད་ཅིང་ལྗོན་ཤིང་སོགས་ཀྱང་ཆུ་འཕྲུངས་ནས་སྐྱེ་བའི་ཕྱིར་སྲོག་དང་བཅས་པར་སྨྲ་ལ། མུ་སྟེགས་དེ་རྣམས་སོ་སོའི་ནང་ཚན་གྱི་དབྱེ་བ་ཆེས་མང་ལ། རྒྱང་འཕེན་པ་མ་གཏོགས་ཚངས་པ་ལ་སོགས་པའི་ལྷ་ལ་སྐྱབས་གནས་སུ་འཛིན་པ་པོ་ནའོ། །

དེ་དག་དང་ཕྱོགས་མཐུན་པ་ཀླ་ཀློ་སྟག་གཟིག་པ་ནི། ལྷ་མ་ཡིན་ལ་སྐྱབས་སུ་འཛིན་ཞིང་། རྣམ་ཏ་བྱེད་པོར་འདོད་ལ་དེ་མ་མཉེས་ན་ལུས་འདིས་དམྱལ་བར་བསྐྱུར་ལ་མཉེས་ན་ཐར་བའི་ཕྱིར་སྲོག་གི་མཆོད་སྦྱིན་གྱིས་དེ་མགུ་བར་འདོད་དོ། །

དེ་དག་ཀྱང་རེ་རེ་ཞིང་མ་ཡིན་ཏེ། རིག་བྱེད་བཞི་ནི་མི་རྟག་པར་མངོན་སུམ་གྱིས་མཐོང་ལ། མིང་ཚིག་ཡི་གེར་ཡོད་པ་དང་། སྟོན་ཚངས་པས་བསླགས་ཤིང་

ད་ལྟ་འང་བྲམ་ཟེས་ཁས་བློག་པའི་ཕྱིར་རྟག་པ་མིན་ལ། རིགས་བཞི་ཡང་ཚངས་པ་གཅིག་པུ་ལས་སྐྱེས་པའི་ཕྱིར་སྤུན་དུ་ཐལ་བས་རིགས་ལ་བཟང་ངན་མེད་པར་འགྱུར་བ་དང་། སློན་དཔོན་སློང་རྒྱས་པས་བུ་ནེ་ཙོ་མཆོད་སྦྱིན་ལ་སྨྲས་བ་ན་དེས། མཆོད་སློང་བཙུགས་ནས་ཕྱུགས་བསད་དེ། །(༧༥༧ན)ཁྲག་འདམ་བྱས་པས་མཐོ་རིས་སུ། །གལ་ཏེ་འགྲོ་བ་དེ་ལྟ་ན། །དམྱལ་བར་གང་གིས་འགྲོ་བར་འགྱུར། །ཞེས་སྨྲས་ཕྱུང་བའི་ཕྱིར་རོ། །དབང་ཕྱུག་སོགས་ཀྱིས་ཐམས་ཅད་བྱེད་ན་རྩོན་སྒྲུང་དང་བྲན་གྱི་བྱ་བ་རྣམས་ཀྱང་བྱེད་པར་འགྱུར་ལ། དེ་ལྟ་ན་ཤིན་ཏུ་ངལ་ཞིང་ཐམས་ཅད་ཀྱི་བྲན་དུ་ཐལ་བའི་ཕྱིར་དང་། ཟ་སོགས་དབང་ཕྱུག་གིས་མི་བྱེད་པར་བཟོ་བོས་བྱེད་པར་མངོན་སུམ་གྱིས་མཐོང་བའི་ཕྱིར་དང་། བདག་རྟག་པ་གཅིག་པུ་ཐམས་ཅད་དུ་འགྲོ་ན་གཉེན་གྱི་བདག་རྟག་པར་ཡོད་པའི་ཕྱིར་དེ་དང་བྲལ་བའི་སྡུག་བསྔལ་མི་འབྱུང་བ་དང་སུ་ཡང་འཆི་བར་མི་འགྱུར་ཏེ་དེའི་བདག་རྟག་པའི་ཕྱིར་དང་། ཡང་ན་ལྷས་བྱིན་ཤི་བ་ན་མཆོད་སྦྱིན་ཡང་འཆི་བར་འགྱུར་ཏེ་དེ་གཉིས་བདག་གཅིག་པའི་ཕྱིར་དང་། དུས་རྟག་པ་ཡིན་ན་ཁྱབ་འཇུག་གི་གནས་སྐབས་བཅུ་སོགས་ཀྱང་མི་རིགས་པར་འགྱུར་རོ། །

ཁྱད་པར་གྲངས་ཅན་པ་ནི། ཡོན་ཏན་ཅན་སྒྲ་རྟག་པར་འགྱུར་ཏེ་ཡོན་ཏན་ནམ་མཁའ་རྟག་པའི་ཕྱིར་དང་། དུང་སྒྲ་སོགས་རྐྱེན་ལ་མ་ལྟོས་པར་རྟག་ཏུ་འབྱུང་བར་ཐལ་བ་དང་། གཙོ་བོ་གཅིག་ལ་རང་བཞིན་གསུམ་མི་འཐད་པས་གཙོ་བོ་དེ་མེད་ལ་དེ་མེད་ན་དེས་བྱས་པའི་རྣམ་འགྱུར་ཡང་མི་སྲིད་པ་སོགས་དང་།

རིགས་པ་ཅན་པ་ལ། སེམས་མེད་ན་བདག་ཏུ་འགལ་བ་སོགས་ཀྱིས་གཞུང་དུ་རྒྱ་ཆེར་འགོག་པར་འགྱུར་རོ། །

འབྱུང་བ་འདུས་པས་དབང་པོ་དང་བཅས་པའི་སེམས་འགྲུབ་ན་མངོན་པར་མི་གསལ་བའི་སེམས་ཅན་དུ་འདོད་པ་རྣམས་ཀྱང་དབང་པོ་དང་བཅས་

པའི་སེམས་ལྡན་དུ་འགྱུར་ལ། ཡང་ན་མངོན་པར་གསལ་བའི་སེམས་ལྡན་དུ་འདོད་པ་རྣམས་ལའང་དབང་བཅས་ཀྱི་ཤེས་པ་མི་སྐྱེ་བར་འགྱུར་ཏེ་རྒྱུ་འབྱུང་བ་བཞིར་མཚུངས་པའི་ཕྱིར་དང་། སློབ་དཔོན་སློང་གིས་རང་གི་བུ་མོ་ལ་བསྒྲོད་པར་འདོད་ནས། བཟང་མོ། མ་ཤི་ཆེ་ན་དགའ་མགུར་སྤྱོད། །ཤི་ནས་དེ་ཡི་སྤྱོད་ཡུལ་མིན། །མི་ཤི་ཐལ་བ་རླུང་ཁྱེར་འདྲ། །ཞེས་ལོག་པར་(༧༥༧བ)སྨྲས་པ་ལས་འཕེལ་བའི་ཕྱིར་རོ། །སྲོག་རྟག་པ་ལུས་ཚད་དང་མཉམ་པ་ཡོད་ན། ཡན་ལག་བཅད་ན་སྲོག་འཆད་པར་ཐལ་བས་སྲོག་རྟག་པ་ཉམས་པར་འགྱུར་བ་དང་། ཐར་པ་གདུགས་ལྟ་བུ་དེ་ཡང་གཟུགས་ཅན་ཡིན་ན་རྟུལ་བསགས་པ་ཡིན་དགོས་ལ། དེ་ལྟ་ན་འདུས་བྱས་ཡིན་པས་མི་རྟག་པར་འགྱུར་བའི་ཕྱིར་དང་། བུར་ཤིང་གི་དབྱུག་པ་དུམ་བུ་བརྒྱར་བྱས་པ་ན་སྲོག་བརྒྱར་འགྱུར་བའམ། ཡང་ན་འཆད་པར་འགྱུར་ལ། གང་ལྟར་འདོད་ཀྱང་སྲོག་རྟག་པ་དང་འགལ་ཞིང་། འཆད་པར་འདོད་ན་དུམ་བུ་དེ་དག་ས་ལ་བཙུགས་པ་ན་མི་སྐྱེ་བར་ཐལ་ལ། འདོད་མི་ནུས་ཏེ་མངོན་སུམ་གྱིས་བསལ་བའི་ཕྱིར་རོ། །

རཱ་ཧཱ་ཐམས་ཅད་བྱེད་ན་རཱ་ཧཱ་ཉིད་ཀྱང་དེས་བྱས་པར་འགྱུར་ལ། བདག་ཉིད་ཀྱིས་བདག་ཉིད་བྱེད་པ་མི་སྲིད་པའི་ཕྱིར་དང་དེ་ཐམས་ཅད་ཀྱི་བྱེད་པོ་ཡིན་ན། དེས་བྱས་པའི་ཕྱུགས་མཆོད་སྦྱིན་དུ་བསད་པས་དེ་མ་མཉེས་པར་འགྱུར་ལ། ཡང་ན་མཆོད་སྦྱིན་བྱས་ཀྱང་བྱེད་པ་པོ་ལ་ཕན་པར་མི་འགྱུར་ཏེ་མཆོད་སྦྱིན་བྱེད་པོ་ཡང་རཱ་ཧཱ་ཁོ་རང་དུ་ཟད་པའི་ཕྱིར་དང་། ལུས་འདི་བོར་ནས་ལུས་འདིས་དམྱལ་བར་ལྟུང་མི་སྲིད་པའི་ཕྱིར་རོ། །

ནང་པ་ལ་ཡང་བྱེ་མདོ་དབུ་སེམས་ཀྱི་གྲུབ་མཐའ་བཞི་སྟེ། **རྡོ་རྗེ་སྙིང་འགྲེལ་ལས།** སངས་རྒྱས་པ་ལ་བཞི་པ་དང་། །ལྔ་པ་ཐུབ་པའི་དགོངས་པ་མིན། །ཞེས་གྲུབ་མཐའ་ལྔ་པ་དང་སྲེ་སྟོད་བཞི་པ་མེད་པར་བཤད་ཅིང་། **བརྟག་གཉིས་ཀྱི་རྒྱུད་**

ལས་ཀྱང་། དེ་ལ་བྱེ་བྲག་སྨྲ་བ་བསྟན། །མདོ་སྡེ་པ་ཡང་དེ་བཞིན་ནོ། །རྣལ་འབྱོར་སྤྱོད་པ་དེ་ལས་ཕྱིས། །དེ་ཡི་རྗེས་སུ་དབུ་མ་བསྟན། །ཞེས་སོ། །

དེ་ལ་བྱེ་བྲག་ཏུ་སྨྲ་བ་ནི། འདུས་མ་བྱས་གསུམ་པོ་རྟག་པ་སྟེ་བཏགས་ཡོད་ཙམ་དང་། བེམ་ཤེས་ལྡན་མིན་འདུ་བྱེད་དེ་གསུམ་པོ་ནི་དངོས་པོ་རྫས་ཡོད་འདུས་བྱས་ཡིན་ལ། དུས་གསུམ་ཡང་རྫས་སུ་གྲུབ་ཅིང་རྫས་ཡོད་ཀྱི་རིགས་པ་རྣམས་སྤྱི་མཚན་ཀུན་རྫོབ་དང་། ཕྲ་བ་དོན་རང་མཚན་དང་ཤེས་པ་རང་མཚན་ནི་(༧༥༢ན)བདེན་པར་ཡོད་པར་སྨྲ་ཞིང་། མུ་སྟེགས་ཀྱིས་བཏགས་པའི་བདག་དང་བྱེད་པ་པོ་མེད་ལ་དོན་ཤེས་ཐུག་ཕྲད་རྣམ་མེད་རྗེན་ཆར་དུ་འཛིན་པར་འདོད་དེ། དུས་འཁོར་རྩ་རྒྱུད་ལས་གསུངས་པ་འགྲེལ་ཆེན་དྲི་མེད་འོད་དང་། འཇམ་དཔལ་རང་གི་ལྟ་བའི་འདོད་པ་མདོར་བསྟན་པ་དག །ཛོ་ཏ་རིའི་བདེ་བར་གཤེགས་པའི་གཞུང་རྣམ་འབྱེད་དང་། ཨཱརྱ་དེ་ཝའི་ཡེ་ཤེས་སྙིང་པོ་ཀུན་ལས་བཏུས་པ་རྣམས་སུ་ཚིག་མཐུན་པར་དྲངས་པ་ལས། ནམ་མཁའ་དང་ནི་འགོག་པ་གཉིས། །འདུས་མ་བྱས་གསུམ་རྟག་པ་སྟེ། །འདུས་བྱས་ཐམས་ཅད་སྐད་ཅིག་མ། །བདག་གིས་སྟོང་ཞིང་བྱེད་པོ་མེད། །དབང་སྐྱེས་བློ་ནི་རྣམ་མེད་ཀྱིས། །ཕྲ་རབ་བསགས་པ་དངོས་སུ་རིག །ཁ་ཆེའི་གཞུང་གི་ཚུ་གཏེར་ཆེ། །བྱེ་བྲག་སྨྲ་བའི་གཞུང་འདོད་འགྱུར། །ཞེས་སོ། །འདུས་མ་བྱས་གསུམ་པོ་མེད་ཅིང་། ཕྱི་དོན་རང་མཚན་ལྐོག་ན་མོར་ཡོད་པ་ལ་ཤེས་པས་དམིགས་པ་ན་སྐད་ཅིག་གཉིས་པར་ཤེས་པ་དེ་ཡུལ་དེའི་རྣམ་པར་སྐྱེས་པ་རྒྱ་ལས་འབུར་ལྟ་བུ་ནི་དོན་གྱི་རྣམ་པ་སྟེ་ཇི་ལྟར་སྣང་བ་འདི་ཡིན་ཞིང་འདི་ནི་ཤེས་པ་ཡིན་ལ། ལྡན་མིན་འདུ་བྱེད་དང་། དུས་གསུམ་དང་རིག་བྱེད་མ་ཡིན་པའི་གཟུགས་དངོས་པོར་མེད་པར་འདོད་དེ། ཤེས་པ་རྣམ་བཅས་སྐྱིད་བྱེད་ནི། །དབང་པོའི་སྤྱོད་ཡུལ་སྣང་བ་མིན། །ནམ་མཁའ་མོ་གཤམ་བུ་དང་མཚུངས། །འགོག་པ་གཉིས་ཀྱང་ནམ་མཁའ་བཞིན། །འདུ་བྱེད་བེམ་པོ་ཡོད་མ་ཡིན། །དུས་གསུམ་རྗེས་

འགྲོ་དག་ཀྱང་མེད། །ཐོགས་པ་མེད་པའི་གཟུགས་ཡོད་མིན། །ཞེས་པ་མདོ་སྡེ་པ་ཡིས་རིག །ཅེས་སོ། །བྱེ་མདོ་དེ་གཉིས་གའང་མྱང་འདས་ཐོབ་པ་ན། མར་མེ་ཤི་བ་ལྟར་རྒྱུན་འཆད་པར་འདོད་དོ། །

རྣམ་རིག་པ་ནི། རྟུལ་ཕྲ་རབ་སོགས་ཕྱི་དོན་དང་བདག་མེད་ལ་ཇི་ལྟར་སྣང་བ་འདི་ནི་སེམས་ཡིན་ཏེ་རྨི་ལམ་ལྟ་བུའོ། །སེམས་དེ་ཡང་གཟུང་བའི་རྣམ་པ་འཛིན་(༧༥༢བ)པའི་སེམས་ནི་འཁྲུལ་པ་ཡིན་པས་མི་བདེན་ཡང་གཟུང་འཛིན་གཉིས་མེད་ཀྱི་རྣམ་ཤེས་སམ་ཡེ་ཤེས་རང་རིག་རང་གསལ་བ་གྲུབ་པར་འདོད་དེ། ཡན་ལག་ཅན་ཞེས་བྱ་བ་མེད། །ཕྲ་རབ་རྟུལ་རྣམས་ཡོད་པ་མིན། །རྨི་ལམ་ཉམས་སུ་མྱོང་བ་བཞིན། །དམིགས་པ་མེད་པར་རབ་ཏུ་སྣང་། །གཟུང་དང་འཛིན་པ་རྣམ་གྲོལ་བའི། །རྣམ་པར་ཤེས་པ་དོན་དམ་ཡོད། །ཅེས་པ་རྣལ་འབྱོར་སྤྱོད་པའི་གཞུང་། །རྒྱ་མཚོའི་ཕ་རོལ་ཕྱིན་རྣམས་སྒྲོག །ཅེས་སོ། །

དབུ་མ་པ་ནི། རྣམ་ཤེས་སམ་ཡེ་ཤེས་དེ་ཡང་ཡང་དག་པར་ཡོད་པ་མ་ཡིན་ཏེ་གཅིག་དང་དུ་མས་བརྟགས་ན་མི་འཐད་པའི་ཕྱིར་དང་། མཐའ་བཞི་གང་དུའང་མི་གནས་པའི་ཕྱིར་ཏེ། རྣམ་ཤེས་དེ་ཡང་དོན་དམ་དུ། །ཡོད་པར་མཁས་རྣམས་མི་འདོད་དེ། །གཅིག་དང་དུ་མའི་རང་བཞིན་དང་། །བྲལ་བས་ནམ་མཁའི་པདྨ་བཞིན། །ཡོད་མིན་མེད་མིན་ཡོད་མེད་མིན། །གཉི་གའི་བདག་ཉིད་མིན་པའང་མིན། །མཐའ་བཞི་རྣམ་པར་གྲོལ་བ་ཡི། །དེ་ཉིད་དབུ་མ་པ་ཡིས་རིག །ཅེས་སོ། །དེ་རྣམས་ཀྱང་ཕྱི་མ་ཕྱི་མས་སྔ་མ་སྔ་མ་འགོག་སྟེ། དེ་ཡང་། ཁ་ཅིག་ཕྲ་རབ་རྡུལ་ཆ་མེད། །ཅེས་སོགས་གོང་དུ་དྲངས་ཏེ་བཤད་ན། རྡུལ་ཕྲ་རབ་ཆ་མེད་མི་སྲིད་དེ་རྡུལ་དེ་ལ་ཕྱོགས་དྲུག་ལ་ལྟ་བའི་ངོས་ཡོད་དམ་མེད། ཡོད་ན་ཆ་དྲུག་ཏུ་ཐལ་ལ། མེད་ན་ཕྱོགས་དྲུག་གའི་ངོས་ཤར་ཕྱོགས་ལྟ་བུ་གཅིག་པོ་ན་ན་གནས་པར་ཐལ་ཞིང་། དེ་ལྟ་ན་རགས་པ་རི་ལ་སོགས་པ་ལའང་དེ་ཙམ་ལས་མི་མཚུངས་ཏེ། ཉི་ཤུ་

པ་ལས། དྲུག་གིས་གཅིག་ཆར་སྦྱར་བ་ན། །ཕྲ་རབ་རྡུལ་ཆ་དྲུག་ཏུ་འགྱུར། །དྲུག་པོ་དག་ཀྱང་གོ་གཅིག་ན། །གོང་བུའང་རྡུལ་ཕྲ་ཙམ་དུ་འགྱུར། །ཞེས་སོ། །དེ་བཞིན་དུ་རྡུལ་དེ་གཅིག་ཏུ་མ་གྲུབ་སྟེ་དུ་མ་འདུས་པ་ལ་གཅིག་ཏུ་འདོགས་ལ། དེའི་སྔོན་དུ་དུ་མ་མ་གྲུབ་པའི་ཕྱིར། དུ་མར་མ་གྲུབ་སྟེ་གཅིག་དང་གཅིག་ཤོས་དང་ཡང་གཅིག་ཤོས་ཚོགས་པ་ལ་དུ་མར་འཇོག་ལ། དེ་ལས་གཅིག་ཤོས་གཞན་(75ཟིན)མ་གྲུབ་པའི་ཕྱིར། ཤེས་པས་དོན་རྣམ་མེད་རྗེན་ཆར་དུ་འཛིན་མི་ནུས་ཏེ། དེ་ནུས་ན་ཡོང་བས་ཀྱང་གཟུགས་རྗེན་ཆར་དུ་འཛིན་པ་དང་། དབང་པོ་ལ་མ་ལྟོས་པར་ཐལ་ཞིང་བལྟོས་ན་དབང་པོས་བར་དུ་ཆོད་པས་རྗེན་ཆར་མིན་ལ། གལ་ཏེ་དབང་པོ་དང་བཅས་པས་རྗེན་ཆར་དུ་འཛིན་ན་དབང་པོ་དང་ཡུལ་སྐྱེས་བུ་དཔྲལ་བ་ཕྲད་པ་ལྟར་དངོས་སུ་ཕྲད་དགོས་ལ། དེ་ལྟ་ན་མི་འཛིན་པའི་ཚེ་དབང་པོ་འཆིག་པ་དང་། ཚེར་མ་འཛིན་ཚེ་མིག་དབང་ལ་འཛུག་པ་སོགས་སུ་ཐལ་བའི་ཕྱིར་རོ། །

མདོ་སྡེ་པའི་ཕྱི་དོན་ལྐོག་ན་མོ་དེ་ཡང་མེད་དེ། དེ་ཡོད་ན་དེ་ཤེས་པས་འཛིན་མི་ནུས་ཏེ་རྣམ་པས་བར་དུ་ཆོད་པའི་ཕྱིར་དང་། འབེན་ལ་དམིགས་ཏེ་མདའ་འཕངས་པ་ན་སྐད་ཅིག་གཉིས་པར་མདའ་འབེན་གྱི་རྣམ་པར་མི་འཆར་བ་ལྟར་དང་། སངས་རྒྱས་ལ་དམིགས་པ་ན་ཤེས་པ་སངས་རྒྱས་ཀྱི་རྣམ་པར་འཆར་ན་སླར་སྒྲིབ་པའི་རྣམ་པར་འཆར་མི་སྲིད་པར་འགྱུར་རོ། །

དེས་ན་ཕྱི་རོལ་གྱི་དོན་ནི་ཡང་དག་པར་གྲུབ་པ་མིན་ཏེ་སྐད་ཅིག་གིས་ཁྲོ་ལ་སྐད་ཅིག་གིས་མཛའ་བ་ལྟ་བུ་སྣང་བ་རྐྱེན་གྱིས་འགྱུར་བའི་ཕྱིར་དང་། མི་སྡུག་པ་གོམས་པས་ས་གཞི་ཀེང་རུས་ཀྱིས་ཁྱབ་པར་མཐོང་བ་ལྟ་བུ་ཇི་ལྟར་བསྒོམས་པ་དེ་དང་དེར་སྣང་བའི་ཕྱིར་དང་། ཐྲག་ལོགས་ནས་གཞལ་བའི་ནམ་མཁའ་སྟོང་པ་ལ་ཡང་མིས་གཡང་དུ་འདུ་ཤེས་པ་དང་། བྱ་རྣམས་ཀྱིས་ལམ་དུ་འདུ་ཤེས་པ་དང་། མནར་མེད་ཀྱི་དམྱལ་བ་པ་རྣམས་ཀྱིས་མེ་ལྕེས་གང་བར་འདུ་ཤེས་པ་

དང་། ལྷའི་མིག་ཅན་རྣམས་ཀྱིས་སྦྲོག་ཆགས་སྣ་ཚོགས་ཀྱི་གནས་སུ་འདུ་ཤེས་པ་དང་། ལྷ་རྣམས་ཀྱིས་གཞལ་མེད་ཁང་པར་འདུ་ཤེས་པ་སོགས་སྣང་བ་ཐ་དད་པའི་ཕྱིར་ཏེ། དེང་སང་ཚུ་ལ་མཐོང་སྣང་དྲུག་ཅེས་ཀུན་གྱིས་འཆད་ཀྱང་སྣང་གཞིའི་ཆུ་གྲུབ་པར་ཞེན་པ་པོ་ན་སྣང་བས་དེ་བསལ་བའི་ཕྱིར་ནམ་མཁའ་དཔེར་བྱས་པ་ཡིན་ཏེ། **དཔལ་མར་མེ་མཛད་ཀྱིས།** སྟོང་གཞི་འདོད་པ་སེམས་ཙམ་པའི་ལུགས་ཡིན་ན་མཁའ་ལ་སྟགས་ཀྱིས་བཏབ་པས་རྟ་གླང་དུ་སྣང་བ་ལྟ་བུ(༧༥༣བ)ཡིན། ཞེས་གསུངས་པ་ལྟར་སྣང་གཞི་ཆུ་དང་། ནམ་མཁའ་ལ་ཁྱད་པར་མེད་དེ་རྨི་ལམ་ལ་སྣང་གཞི་མེད་ཀྱང་འཁྲུལ་པའི་བག་ཆགས་པོ་ནས་སྣང་བ་ལྟ་བུའི་ཕྱིར་དང་། དེས་ན་ཇི་ལྟར་སྣང་ཡང་དེ་དང་དེར་སྣང་དུས་དེ་ཉིད་ན་ཡང་མེད་པའི་ཕྱིར་ན་རྨི་ལམ་ལྟ་བུ་པོ་ན་ཏེ། **ལང་གཤེགས་ལས།** བག་ཆགས་ཀྱིས་ནི་དཀྲུགས་པའི་སེམས། །དོན་དུ་སྣང་བ་རབ་ཏུ་འབྱུང་། །དོན་ཡོད་མ་ཡིན་སེམས་ཉིད་དེ། །ཕྱི་རོལ་དོན་མཐོང་ལོག་པའོ། །ཞེས་དང་། འཇིག་རྟེན་སྐྱེ་འཇིག་མ་མཆིས་ཏེ། །ནམ་མཁའི་མེ་ཏོག་རབ་ཏུ་འདྲ། །ཞེས་དང་། སྒྱུ་མ་རོ་ལངས་འཁྲུལ་འཁོར་དང་། །རྨི་ལམ་སྒྲོག་དང་སྤྲིན་ལྟ་བུར། །ནམ་ཡང་རྒྱུད་གསུམ་རྣམ་ཆད་པར། །སྐྱེ་བོས་མཐོང་ན་རྣམ་པར་འཐར། །ཞེས་དང་། དངོས་པོ་ཐམས་ཅད་ཡོད་པར་ནི། །ཇི་ལྟར་བྱིས་པས་རྣམ་བཏགས་བཞིན། །དེ་སྟེ་མཐོང་བཞིན་དེ་ཡོད་ན། །ཐམས་ཅད་ཡང་དག་མཐོང་བར་འགྱུར། །ཞེས་དང་། **ཏིང་འཛིན་རྒྱལ་པོར།** སྒྱུ་མ་བྱེད་པ་དག་གིས་གཟུགས་སྤྲུལ་ཏེ། །རྟ་དང་གླང་པོ་ཤིང་རྟ་སྣ་ཚོགས་སྣང་། །དེ་ལ་ཇི་ལྟར་སྣང་བ་གང་ཡང་མེད། །ཆོས་རྣམས་ཐམས་ཅད་དེ་ལྟར་ཤེས་པར་གྱིས། །ཇི་ལྟར་བུ་མོ་གཞོན་ནུའི་རྨི་ལམ་ན། །བུ་ཕོ་བྱུང་ཞིང་ཤི་བ་དེ་མཐོང་ནས། །བྱུང་ན་དགའ་ཞིང་ཤི་ན་མི་དགའ་ལྟར། །ཆོས་རྣམས་ཐམས་ཅད་དེ་ལྟར་ཤེས་པར་གྱིས། །ཞེས་དང་། ཆོས་འདི་རྣམས་ནི་རྨི་ལམ་ཆུ་ཤིང་འདྲ། །སྒྱུ་མ་ལྟ་བུ་ནམ་མཁའི་སྒློག་འདྲ་

སྐེ། །ཆུ་ཡི་ཟླ་བ་འདྲ་ཞིང་སྨིག་རྒྱུ་བཞིན། །ཞེས་དང་། ཆོས་ཀུན་མཚན་གཞི་མེད་ཅིང་མཚན་ཉིད་བྲལ། །ཐམས་ཅད་མེད་ལ་མཚན་ཉིད་རྣམ་པར་དག །རྟག་ཏུ་དབེན་ཞིང་གཙང་བ་ནམ་མཁའ་བཞིན། །ཞེས་དང་། **རྩ་ཤེར།** སྐྱེ་དང་གནས་དང་འཇིག་པ་དག །མ་གྲུབ་ཕྱིར་ན་འདུས་བྱས་མེད། །འདུས་བྱས་རབ་ཏུ་མ་གྲུབ་པས། །འདུས་མ་བྱས་ནི་ཇི་ལྟར་འགྲུབ། །རྨི་ལམ་ཇི་བཞིན་སྒྱུ་མ་བཞིན། །དྲི་ཟའི་གྲོང་ཁྱེར་ཇི་(༧༥༨ན)བཞིན་དུ། །དེ་བཞིན་སྐྱེ་དང་དེ་བཞིན་གནས། །དེ་བཞིན་དུ་ནི་འཇིག་པ་གསུངས། །ཞེས་དང་། **བདག་མེད་པ་དྲིས་པའི་མདོར།** མུ་སྟེགས་པ་རྣམས་ཀྱིས་སྨྲས་པ་འོ་ན་འདིར་གང་ཞིག་དམིགས་པར་འགྱུར། ཐེག་པ་ཆེན་པོ་པ་རྣམས་ཀྱིས་སྨྲས་པ་དམིགས་པར་གྱུར་པ་ནི་ཅི་ཡང་མེད་དོ། །ཅི་ནམ་མཁའ་ལྟར་སྟོང་པ་ཉིད་ཡིན་ནམ་གྲོགས་པོ་དག་དེ་དེ་བཞིན་ཏེ་ནམ་མཁའ་ལྟར་སྟོང་ཉིད་ཡིན་ནོ། །གལ་ཏེ་དེ་ལྟ་ཡིན་ན་རྩེ་བ་དང་རྐྱེད་པ་དང་དུ་བ་དང་རོལ་བ་དང་ཁྲོ་བ་དང་ང་རྒྱལ་དང་ཕྲག་དོག་དང་ཕྲ་མ་ལ་སོགས་པ་ཇི་ལྟར་ལྟ་བར་བགྱི། སྒྱུ་མ་དང་རྨི་ལམ་དང་མིག་འཕྲུལ་དང་འདྲ་བ་ཡིན་ནོ། །དེ་དག་ཇི་ལྟ་བུ་ལགས། སྒྱུ་མ་ནི་མཚོན་པ་ཙམ་མོ། །རྨི་ལམ་ནི་སོ་སོར་སྣང་བ་ཙམ་སྟེ་བཟུང་བར་བྱ་བ་མེད་ཅིང་རང་བཞིན་གྱིས་སྟོང་པ་ཡོད་པ་མ་ཡིན་པའི་ངོ་བོ་ཉིད་དོ། །མིག་འཕྲུལ་ནི་བཙོས་མ་ཙམ་དུ་དགོས་པའོ། །ཞེས་སོ། །གལ་ཏེ་གཟུགས་སོགས་ཡོད་དེ་མངོན་སུམ་དུ་སྣང་བའི་ཕྱིར་སྙམ་ན། འདི་ནི་མ་རིག་པས་བསླད་པས་མེད་ཀྱང་སྣང་བ་རབ་རིབ་ཅན་ལ། སྐྲ་ཤད་དང་མིག་བཙིར་བའི་ངོར་ཟླ་གཉིས་ལྟ་བུ་ཡིན་ཏེ། **ཏིང་རྒྱལ་ལས།** མིག་དང་རྣ་བ་སྣ་ཡང་ཚད་མ་མིན། །ལྕེ་དང་ལུས་དང་ཡིད་ཀྱང་ཚད་མ་མིན། །གལ་ཏེ་དབང་པོ་འདི་དག་ཚད་ཡིན་ན། །སུ་ལ་འཕགས་པའི་ལམ་གྱིས་ཅི་ཞིག་བྱ། །ཞེས་དང་། **རྩ་ཤེར།** འབྱུང་བ་དང་ནི་འཇིག་པ་དག །མཐོང་ངོ་སྙམ་དུ་ཁྱོད་སེམས་ན། །འབྱུང་བ་དང་ནི་འཇིག་པ་དག །གཏི་མུག་ཉིད་ཀྱིས་མཐོང་བ

ཡིན། །ཞེས་སོ། །སེམས་ཀྱང་དོན་དམ་དུ་ཡོད་པ་མ་ཡིན་ཏེ་རང་གཞན་གཉི་གས་མི་མཐོང་བའི་ཕྱིར་དང་། མ་བརྟགས་ན་ཤེས་པར་སྣང་ཙམ་པ་དེ་ཡང་དཔྱད་ན་སྐད་ཅིག་མར་ཟད་ཅིང་། སྐད་ཅིག་མ་དེ་ཡང་གནས་པ་མེད་པས་རྒྱུན་ཙམ་ཡང་མི་འགྲུབ་པའི་ཕྱིར་དང་། བསྒྲིབས་པ་མེད་པའི་ཕྱིར་རང་གསལ་དུ་མི་འགྲུབ་པ་དང་། རིག་བྱ་རིག་བྱེད་ནི་ཕན་ཚུན་བལྟོས་པ་ཡིན་པས་རང་རིག་ཏུ་ཡང་མི་(༧༥༨བ) འགྲུབ་པའི་ཕྱིར་ཏེ། གང་ཚེ་ཁྱོད་ལ་སྐྱུ་མ་ཉིད། །ཅེས་སོགས་ཀྱིས་གཞུང་དུ་རྒྱས་པར་འགོག་ལ། **ལང་གཤེགས་ལས་ཀྱང་།** འདི་ལ་རྣམ་རིག་གང་ཡང་མེད། །མཁའ་ལ་སྨིག་རྒྱུ་ཇི་བཞིན་ཏེ། །ཆོས་རྣམས་དེ་ལྟར་རབ་ཤེས་ན། །ཅུང་ཟད་དུ་ཡང་ཁས་བླང་མེད། །རྣམ་རིག་འདི་ནི་མིང་ཙམ་སྟེ། །མཚན་ཉིད་ཀྱིས་ནི་ཡོད་པ་མིན། །ཞེས་སོགས་དང་། **རྒྱན་སྟུག་ལས།** སེམས་མེད་ཙམ་པོའང་ཡོད་མ་ཡིན། །ཚོད་དང་གཞལ་དང་གཉིས་ག་མེད། །ཅེས་དང་། **འོད་སྲུང་གི་མདོ་ལས།** འོད་སྲུང་། སེམས་ནི་ནང་ན་ཡང་མེད་ཕྱི་རོལ་ན་ཡང་མེད་གཉི་གའི་བར་ན་ཡང་མི་དམིགས་སོ། །འོད་སྲུང་། སེམས་ནི་དཔྱད་དུ་མེད་པ། བསྟན་དུ་མེད་པ། བསྟེན་དུ་མེད་པ། སྣང་བ་མེད་པ། རྣམ་པར་རིག་པ་མེད་པ། གནས་པ་མེད་པའོ། །འོད་སྲུང་། སེམས་ནི་སངས་རྒྱས་ཐམས་ཅད་ཀྱིས་ཀྱང་མ་གཟིགས་མི་གཟིགས་གཟིགས་པར་མི་འགྱུར་རོ། ཞེས་དང་། ཤེས་བྱ་མེད་ན་ཅི་རིག་ན། །གང་གིས་ཤེས་པ་ཞེས་བརྗོད་བྱེད། །དེས་ན་ཤེས་བྱ་ཉེར་གནས་པ། །མེད་པར་ཤེས་པ་མེད་ཅེས་ངེས། །ཞེས་འཆད་པར་འགྱུར་རོ། །གལ་ཏེ་ཀུན་གཞིའི་རྣམ་ཤེས་དོན་དམ་དུ་ཡོད་དོ་ཞེ་ན། དེ་ནི་སྟོང་ཉིད་ལ་སྐྲག་པའི་གང་ཟག་རྗེས་སུ་བཟུང་ཕྱིར་དགོངས་རང་བཞིན་གྱིས་དག་པའི་ཁམས་ལ་ཀུན་གཞིའི་མིང་དུ་དགོངས་པས་གསུངས་པ་ཡིན་གྱི་ངེས་པའི་དོན་མ་ཡིན་ཏེ། **རྒྱན་སྟུག་ལས།** འདི་དག་ཀུན་གཞི་མེད་པ་སྟེ། །སྟོང་ཉིད་ཀུན་གཞིའི་རྣམ་པའོ། །ཞེས་དང་། སྙིང་པོ་ཀུན་གཞིར་བསྒྲགས་པ་ཡང་། །བློ་ཆུང་

རྣམས་ཀྱིས་མི་ཤེས་སོ། །ཞེས་དང་། **ནམ་མཁའ་མཛོད་ཀྱི་མདོར།** ཀུན་གཞི་མེད་པས་ཆོས་ཐམས་ཅད་དམིགས་པ་མེད་པ་དང་ཀུན་གཞི་དང་བྲལ་བས་ཆོས་ཐམས་ཅད་ཀུན་གཞི་མེད་པ་སྟེ། ཞེས་དང་། **དྲི་མ་མེད་པར་གྲགས་པའི་མདོ་ལས།** གང་ཀུན་གཞི་ལ་དགའ་བ་དེ་ནི་ཆོས་འདོད་པ་མ་ཡིན་གྱི་ཀུན་གཞི་འདོད་པའོ། །ཞེས་དང་། (༧༥༥ན)མ་དྲོས་པའི་མདོ་ལ་སོགས་པར་ཀུན་གཞི་མེད་པའི་ཆོས་ཀྱི་འཁོར་ལོ་ཞེས་ནན་ཏན་གྱིས་བསྒྲགས་པའི་ཕྱིར་རོ། །མདོར་ན་སྤང་བྱ་འཇིག་ལྟ་ལ་སོགས་ཀྱི་གཉེན་པོར་གཉེན་པོའི་ལྟ་བ་བཀྲུ་སྨན་ལྟ་བུ་ཕྱི་མ་ཕྱི་མས་སྔ་མ་སྔ་མའི་འཛིན་པ་སྤྱངས་ནས་མཐར་དབུ་མ་ཙམ་དུ་ཡང་དམིགས་སུ་མེད་པ། ལྟ་བ་ཐམས་ཅད་རྣམ་པར་ལོག་སྟེ་ཆོས་གང་ཡང་བླང་བའམ་དོར་བར་བྱ་བར་མ་མཐོང་སྟེ་གང་ཡང་བཅོས་སུ་མེད་པར་ཤེས་པ་ན་གཉེན་པོའི་ལྟ་བ་རྣམས་ཀྱི་སྐབས་དོན་གྲུབ་པ་ནད་དང་བཀྲུ་སྨན་གཉིས་ཀ་དག་སྟེ་ལུས་རྣལ་དུ་ཕེབས་པ་ན་སྨན་གྱི་སྐབས་དོན་གྲུབ་པ་བཞིན་ནོ། །ཤེས་བྱ་གྲུབ་པའི་མཐའ་ཙུང་ཟད་བཤད་ཟིན་ཏོ།། །།

ཤེས་བྱ་སྟོང་པ་ཉིད་བཤད་པ་ནི། **དབུས་མཐའ་ལས།** སྟོང་པ་ཉིད་ནི་མདོར་བསྡུ་ན། །མཚན་ཉིད་དང་ནི་རྣམ་གྲངས་དང་། །དེ་ཡི་དོན་དང་དབྱེ་བ་དང་། །སྒྲུབ་པ་དག་སྟེ་ཤེས་པར་བྱ། །ཞེས་ལྔ་ལས།

མཚན་ཉིད་ནི། གཟུང་འཛིན་གཉིས་ཀྱི་དངོས་པོར་མེད་ལ་དངོས་མེད་དུའང་མ་གྲུབ་པ་གཅིག་ཐ་དད་དམ། ཡོད་མེད་གང་དུའང་མི་གནས་པ་ནི་སྟོང་པ་ཉིད་དེ། གཉིས་དངོས་མེད་པའི་དངོས་མེད་པའི། །དངོས་པོ་སྟོང་པའི་མཚན་ཉིད་དོ། །ཡོད་པ་མ་ཡིན་མེད་པའང་མིན། །ཐ་དད་གཅིག་པའི་མཚན་ཉིད་མིན། །ཞེས་སོ། །

རྣམ་གྲངས་ནི། མིང་མཐའ་ཡས་པས་འཇུག་ཀྱང་བསྡུ་ན་གཞན་དུ་མི་འགྱུར་

བས་དེ་བཞིན་ཉིད་དང་། ཕྱིན་ཅི་མ་ལོག་པར་མཐོང་བས་ཡང་དག་པའི་མཐའ་དང་། སྤྲོས་མཚན་འགགས་པས་མཚན་མ་མེད་པ་དང་། འཕགས་པའི་སྤྱོད་ཡུལ་གྱི་ཕྱིར་དོན་དམ་པ་དང་། འཕགས་པའི་ཆོས་ཀྱི་རྒྱུའི་ཕྱིར་ཆོས་ཀྱི་དབྱིངས་ཞེས་བྱ་སྟེ། སྟོང་པ་ཉིད་ནི་མདོར་བསྡུ་ན། །དེ་བཞིན་ཉིད་དང་ཡང་དག་མཐའ། །མཚན་མ་མེད་དང་དོན་དམ་དང་། །ཆོས་ཀྱི་དབྱིངས་ནི་རྣམ་གྲངས་སོ། །ཞེས་དང་། གཞན་མིན་ཕྱིན་ཅི་མ་ལོག་དང་། །དེ་འགགས་(༧༥༥བ)འཕགས་པའི་སྤྱོད་ཡུལ་དང་། །འཕགས་པའི་ཆོས་ཀྱི་རྒྱུ་ཡི་ཕྱིར། །རྣམ་གྲངས་དོན་དེ་གོ་རིམ་བཞིན། །ཞེས་སོ། །

དབྱེ་བ་ནི། སྤྱིར་ཆོས་ཀྱི་དབྱིངས་ལ་སྟོང་ཉིད་ཀྱི་མིང་དུ་བཤད་པ་ཙམ་ཡིན་གྱི་སྟོང་པ་ཉིད་ནི་གང་དུ་ཡང་བརྗོད་དུ་མེད་དེ། གཅིག་ཏུ་ཡང་མི་གནས་མོད་ཀྱི་ཀུན་རྫོབ་ཀྱི་བརྗོད་པས་སྟོང་ཉིད་གཅིག་པུ་ཞེས་ཀྱང་བྱ་སྟེ། **ཡེ་ཤེས་སྣང་བ་རྒྱན་གྱི་མདོ་ལས།** སྟོང་པ་སྟོང་པ་ཞེས་བརྗོད་ཀྱང་སྟོང་པ་ནི་བརྗོད་པར་བྱ་བ་མ་ཡིན་ཏེ་ཆོས་ཐམས་ཅད་ཀྱི་འཇུག་པ་ནི་དེ་ལྟ་བུ་ཡིན་ནོ། །ཞེས་སོ། །

ཡང་ན་རྣམ་པ་གཉིས་ཏེ། བློས་དཔྱད་པ་ཉི་ཚེ་བ་རྣམ་པ་ཀུན་དཔྱད་ཀྱི་སྟོང་ཉིད་དང་། ཡོན་ཏན་གྱི་རྣམ་པ་ཐམས་ཅད་དང་ལྡན་པ་རྣམ་ཀུན་མཆོག་ལྡན་གྱི་སྟོང་ཉིད་དེ། རྡོ་རྗེ་ཐེག་པའི་རྒྱུད་སྡེར། རྣམ་པ་ཀུན་དཔྱད་སྟོང་པ་ཉིད། །ཆུ་ཤིང་བཞིན་དུ་སྙིང་པོ་མེད། །རྣམ་པ་ཀུན་གྱི་མཆོག་ལྡན་པའི། །སྟོང་ཉིད་དེ་དང་འདྲ་མ་ཡིན། །ཞེས་དང་། **ཏིང་རྒྱལ་ལས།** ཉི་ཚེའི་སྟོང་པ་མུ་སྟེགས་ཅན་དག་གི། །བྱིས་པ་དག་དང་མཁས་པ་རྩོད་མི་བྱེད། །ཅེས་སོ། །འདི་ལ་ཡང་ཁ་ཅིག་དོན་དམ་པའི་དཔྱལ་བ་ལ་སོགས་པ་ཐམས་ཅད་ཀྱི་རྣམ་པ་དང་ལྡན་པར་འཆད་ཀྱང་། དེ་ལྟ་ན་འཁོར་བའི་རྣམ་ཀུན་མཆོག་ལྡན་གྱི་སྟོང་ཉིད་དུ་འགྱུར་ལ། དོན་དམ་པའི་དཔྱལ་བ་ཡོད་ན་སངས་རྒྱས་དང་དཔྱལ་བའི་གཞི་མཐུན་ཁས་ལེན་དགོས་སོ། །དེས་ན།

སྦྱིན་དང་ཚུལ་ཁྲིམས་བཟོད་ལ་སོགས། །རྣམ་པ་ཀུན་གྱི་མཆོག་ལྡན་པའི། །སྟོང་པ་ཉིད་ནི་གཟུགས་སུ་བརྗོད། །ཅེས་ཕ་རོལ་ཏུ་ཕྱིན་པ་སོགས་གཉེན་པོའི་རྣམ་ཀུན་མཆོག་ལྡན་གྱི་སྟོང་ཉིད་དེ། སྟོང་ཉིད་ཀྱང་ཡིན་ལ་བླ་ན་མེད་པའི་བྱང་ཆུབ་ཀྱང་འཐོབ་པར་བྱེད་པའོ། །འདི་ཡང་ཤེར་ཕྱིན་གྱི་མདོ་སོགས་ལས་བཤད་པའི་སྟོང་པ་ཉིད་སྐུའི་ཞབས་ཀྱིས་རྩ་ཤེར་ལ་སོགས་པར་གང་བཀྲལ་བའི་སྟོང་ཉིད་དེ་ཁོ་ན་རྣམ་ཀུན་མཆོག་ལྡན་གྱི་སྟོང་ཉིད་ཡིན་ཏེ། སྤྲོས་མཚན་གྱི་དམིགས་པ་རབ་རིབ་(༧༥༨ན)ལྟ་བུ་ཉེ་བར་ཞློག་ནས་ས་དང་ལམ་དང་འབྲས་བུའི་ཡོན་ཏན་ཐམས་ཅད་ལ་ཉེ་བར་སྦྱོར་བའི་ཕྱིར། དེས་ན། སྟོང་གཟུགས་ཕྲ་མོ་ལ་སོགས་པ་ལ་རྣམ་ཀུན་མཆོག་ལྡན་གྱི་སྟོང་ཉིད་དུ་ཞེན་ནས་དབུ་མའི་ལྟ་བ་ལ་སྨོད་པ་ནི་ལེགས་པ་མ་ཡིན་នོ། །

ཁ་ཅིག་འཁོར་ལོ་བར་པར་བཤད་པའི་དབུ་མ་ནི་རང་སྟོང་དང་འཁོར་ལོ་ཐ་མར་བཤད་པའི་དབུ་མ་ནི་གཞན་སྟོང་ངོ་ཟེར་ཡང་འཁོར་ལོ་བར་པར་ཤེས་རབ་ཀྱི་ཕ་རོལ་ཏུ་ཕྱིན་པ་བཤད་ཟིན་པས་འཁོར་ལོ་ཐ་མ་དེ་ཤེར་ཕྱིན་མ་ཡིན་པར་དོན་གྱིས་ཁས་བླངས་ལ་ཕ་རོལ་ཏུ་ཕྱིན་པ་གཞན་ལྔ་པོ་གང་རུང་དུ་ཡང་མི་འདུ་བའི་ཕྱིར་ཐེག་ཆེན་མ་ཡིན་པར་འགྱུར་རོ། །གལ་ཏེ་བསམ་གཏན་ནོ་ཞེ་ན། དེའི་དངོས་འབྲས་རང་སྟོང་དུ་འགྱུར་བས་ལྟ་བའི་མཐར་ཐུག་ཏུ་འདོད་པ་དང་འགལ་ལོ། །ཡང་ན་དྲི་བཅས་དྲི་མེད་ཀྱི་དབྱེ་བས་གཉིས་ཏེ། དབུས་མཐར། ཀུན་ནས་ཉོན་མོངས་རྣམ་པར་དག །དེ་ནི་དྲི་བཅས་དྲི་མ་མེད། །ཆུ་ཁམས་གསེར་དང་ནམ་མཁའ་རྣམས། །དག་པ་བཞིན་དུ་དག་པར་འདོད། །ཅེས་སོ། །གཞན་ཡང་སྟོང་པ་ཉིད་དང་། མཚན་མ་མེད་པ་དང་། སྨོན་པ་མེད་པ་སྟེ་རྣམ་པར་ཐར་པའི་སྒོ་གསུམ་མམ། མངོན་པར་འདུ་མི་བྱེད་པའི་སྒོ་སྟེ་སྟོང་པ་ཉིད་རྣམ་པ་བཞིའོ། །

ཡང་ན་རྣམ་པ་བདུན་ཏེ། **ལང་གཤེགས་ལས།** བློ་གྲོས་ཆེན་པོ་མདོར་ན་སྟོང་

པ་ཉིད་རྣམ་པ་བདུན་ཏེ། འདི་ལྟར་མཚན་ཉིད་སྟོང་པ་ཉིད་དང་། དངོས་པོའི་རང་བཞིན་སྟོང་པ་ཉིད་དང་། སྲིད་པ་སྟོང་པ་ཉིད་དང་། མི་སྲིད་པ་སྟོང་པ་ཉིད་དང་། ཆོས་ཐམས་ཅད་བརྗོད་དུ་མེད་པ་སྟོང་པ་ཉིད་དང་། དོན་དམ་པ་འཕགས་པའི་ཡེ་ཤེས་སྟོང་པ་ཆེན་པོ་ཉིད་དང་། གཅིག་གིས་གཅིག་སྟོང་པ་ཉིད་དང་བདུན་ནོ། །དེ་ལ་མཚན་ཉིད་སྟོང་པ་ཉིད་གང་ཞེ་ན། འདི་ལྟར་དངོས་པོ་ཐམས་ཅད་ནི་རང་དང་སྤྱིའི་མཚན་ཉིད་ཀྱིས་སྟོང་ངོ་། །ཞེས་སོགས་ཏེ། འདིའི་བདུན་པ་ནི་དེང་སང་གཞན་སྟོང་དུ་གྲགས་པ་འདི་ལྟ་བུ་སྟེ།

དེ་ཉིད་ལས། གཅིག་གིས་གཅིག་སྟོང་པ་གང་ཞེ་ན། (༧༥༨བ)འདི་ལྟ་སྟེ། གང་ལ་ཅི་མེད་པ་དེ་ནི་དེས་སྟོང་པ་ཞེས་བྱའོ། །དཔེར་ན། རི་དྭགས་འཛིན་གྱི་མའི་ཁང་བཟང་ན། རྟ་གླང་དང་ར་ལུག་སོགས་ཀྱིས་སྟོང་ཡང་དགེ་སློང་དང་། དགེ་སློང་མས་སྟོང་པ་མ་ཡིན་པ་ལྟ་བུ་སྟེ་གཅིག་གིས་གཅིག་སྟོང་པ་འདི་ནི་ཐ་ཤལ་ཏེ་ཁྱོད་ཀྱིས་ཡོངས་སུ་སྤང་བར་བྱའོ། །ཞེས་སོ། །དེས་ན་ཀ་བ་བུམ་པས་སྟོང་པ་སྣམ་བུའི་སྟོང་ཉིད་དུ་སྨྲ་བ་ལྟ་བུ་འདི་དེང་སང་མཆོག་ཏུ་བྱེད་པ་མང་མོད་ཀྱི་རྒྱལ་བའི་དགོངས་པར་མ་མཐོང་ངོ་། །

ཡང་ན་སྟོང་པ་ཉིད་བཅོ་བརྒྱད་དེ། ཟ་བ་པོ་མིག་སོགས་ནང་གི་སྐྱེ་མཆེད་དྲུག་སྟོང་པ་ནང་སྟོང་པ་ཉིད་དང་། བཟའ་བྱ་གཟུགས་སོགས་ཕྱིའི་སྐྱེ་མཆེད་དྲུག་སྟོང་པ་ཕྱི་སྟོང་པ་ཉིད་དང་། ཕྱི་ནང་དེ་གཉི་གའི་ལུས་སྟོང་པ་ཕྱི་ནང་སྟོང་པ་ཉིད་དང་། གནས་ཀྱི་གཞི་སྣོད་ཀྱི་འཇིག་རྟེན་སྟོང་པ་ཆེན་པོ་སྟོང་པ་ཉིད་དང་། སྟོང་པ་དེ་དག་ཀུང་སྟོང་པར་མཐོང་བ་སྟོང་པ་ཉིད་སྟོང་པ་ཉིད་དང་། དོན་དམ་པ་སྟོང་པ་དོན་དམ་པ་སྟོང་པ་ཉིད་དང་། ལམ་གྱི་དགེ་བ་འདུས་བྱས་སྟོང་པ་འདུས་བྱས་སྟོང་པ་ཉིད་དང་། མྱ་ངན་ལས་འདས་པའི་དགེ་བ་འདུས་མ་བྱས་ཀྱི་དགེ་བ་སྟོང་པ་འདུས་མ་བྱས་སྟོང་པ་ཉིད་དང་། ཕན་གདགས་ཡུལ་སེམས་ཅན་

མཐའ་ལས་འདས་པ་སྟོང་པ་མཐའ་ལས་འདས་པ་སྟོང་པ་ཉིད་དང་། ཐོག་དོར་དུ་མི་བཏང་བའི་འཁོར་བ་ཐོག་མཐའ་མེད་པ་སྟོང་པ་ཐོག་མ་དང་ཐ་མ་མེད་པའི་སྟོང་པ་ཉིད་དང་། མྱ་ངན་ལས་འདས་ཀྱང་དགེ་བ་མི་ཟད་པར་བྱ་བ་སྟོང་པ་དོར་བ་མེད་པ་སྟོང་པ་ཉིད་དང་། རིགས་རང་བཞིན་གྱིས་དག་པ་བློ་བུར་གྱི་དྲི་མས་ཀྱང་སྟོང་བ་རང་བཞིན་སྟོང་པ་ཉིད་དང་། འཐོབ་བྱ་མཚན་དཔེ་སྟོང་པ་རང་གི་མཚན་ཉིད་སྟོང་པ་ཉིད་དང་། དག་བྱ་སངས་རྒྱས་ཀྱི་ཆོས་སྟོབས་སོགས་སྟོང་པ་ཆོས་ཐམས་ཅད་སྟོང་པ་ཉིད་དང་། གང་ཟག་དང་ཆོས་ཀྱི་བདག་སྟོང་པ་དངོས་པོ་མེད་པ་སྟོང་པ་ཉིད་དང་། བདག་གིས་སྟོང་པའི་ངོ་བོར་རང་བཞིན་གྱིས་ཡོད་པ་སྟོང་པ་དངོས་པོ་མེད་པའི་ངོ་བོ་ཉིད་སྟོང་པ་ཉིད་དང་བཅུ་དྲུག་སྟེ། **དབུས་མཐའ་ལས།** ཟ་པོ་བཟའ་བ་དེ་ཡི་ལུས། །གནས་ཀྱི་གཞི་ཡི་སྟོང་པ་ཉིད། །དེ་ཡང་གང་(༧༥༧ན)གིས་ཇི་ལྟར་མཐོང་། །གང་ཕྱིར་དེ་ཡང་སྟོང་པ་ཉིད། །དགེ་གཉིས་འཐོབ་པར་བྱ་བའི་ཕྱིར། །རྟག་ཏུ་སེམས་ཅན་ཕན་བྱའི་ཕྱིར། །འཁོར་བ་བཏང་བར་མི་བྱའི་ཕྱིར། །དགེ་བ་མི་ཟད་བྱ་བའི་ཕྱིར། །རིགས་ཀྱང་རྣམ་པར་དག་བྱའི་ཕྱིར། །མཚན་དང་དཔེ་བྱད་འཐོབ་བྱའི་ཕྱིར། །སངས་རྒྱས་ཆོས་རྣམས་དག་བྱའི་ཕྱིར། །བྱང་ཆུབ་སེམས་དཔས་སྒྲུབ་པར་བྱེད། །གང་ཟག་དང་ནི་ཆོས་རྣམས་ཀྱི། །དངོས་པོ་མེད་འདིར་སྟོང་པ་ཉིད། །དེ་དངོས་མེད་པའི་དངོས་ཡོད་པ། །དེ་ནི་དེ་ལས་སྟོང་ཉིད་གཞན། །ཞེས་སོ། །རང་སྟོང་པ་རང་གི་ངོ་བོ་སྟོང་པ་ཉིད་དང་། གཞན་སྟོང་པ་གཞན་གྱི་ངོ་བོ་སྟོང་པ་ཉིད་བསྣན་པས་སྟོང་ཉིད་བཅོ་བརྒྱད་དང་ཉི་ཤུར་ཡང་འགྱུར་རོ། །

འདི་རྣམས་ཀྱང་ཆོས་དེ་དང་དེ་དག་ཡོད་པའམ་མེད་པ་ལ་སྟོང་པར་མི་འདོགས་ཏེ་གཟོད་མ་ནས་རང་བཞིན་གྱིས་རྣམ་པར་དག་པ་སྨྲ་བསམ་ཤེས་བརྗོད་ཀྱི་ཡུལ་མ་ཡིན་པ་ལ་དེ་དང་དེའི་སྟོང་ཉིད་དུ་གསུངས་པ་སྟེ། **ཉིང་རྒྱལ་ལས།** ངོ་

ངོ་ཉིད་སྟོང་རང་བཞིན་འོད་གསལ་བ། །བདག་མེད་ཆོས་རྣམས་དེ་ཡིས་རྣམ་རིག་ན། །དེ་ལ་ནམ་ཡང་སྟོམ་པ་མེད་མི་འགྱུར། །ཞེས་དང་། དེ་བཞིན་གཤེགས་པའི་སྙིང་རྗེ་ཆེན་པོ་ངེས་བསྟན་ལས། འདི་ལ་དོན་དམ་པར་གང་སྟོང་པ་ཞེས་བྱ་བའི་ཆོས་གང་ཡང་དམིགས་སུ་མེད་མོད་ཀྱང་སྟོང་པ་སྟོང་པ་ཞེས་བརྗོད་དོ། །ཇི་ལྟར་ནམ་མཁའ་ལ་ནམ་མཁའ་ཞེས་བརྗོད་ཀྱང་ནམ་མཁའ་ནི་བརྗོད་པར་བྱ་བ་མ་ཡིན་པ་དེ་བཞིན་དུ་སྟོང་པ་ལ་སྟོང་པ་ཞེས་བརྗོད་ཀྱང་སྟོང་པ་ནི་བརྗོད་པར་བྱ་བ་མ་ཡིན་ནོ། །ཞེས་དང་། **ནམ་མཁའ་མཛོད་ཀྱི་མདོ་ལས།** ནམ་མཁའ་ལ་ནི་མཐོ་བ་མེད། །དམའ་བའང་ཡོད་པ་མ་ཡིན་ཏེ། །གང་གི་ཆོས་ཉིད་མཐོ་དམན་མེད། །དེ་ལ་འདུད་པ་ག་ལ་ཡོད། །ཅེས་དང་། ཡང་དག་མཐའ་ལ་གང་གནས་པ། །དངོས་པོ་དང་ནི་དངོས་མེད་ཀྱི། །ལྟ་བ་མཁས་པས་མི་འཛིན་ནོ། །སྟོང་པ་ཉིད་ནི་སྒྲ་ཡིས་བསྒྲགས། །སྒྲ་ལ་སྟོང་པ་ཉིད་མེད་དེ། །(༧༥༧བ)དེ་ནི་སྒྲ་མེད་བརྗོད་པ་མེད། །དེ་ཕྱིར་སྟོང་པ་ཉིད་ཅེས་བྱ། །སངས་རྒྱས་ཀུན་གྱིས་བཤད་ཀྱང་ནི། །སྟོང་པ་ཉིད་ནི་བརྗོད་དུ་མེད། །གང་དེ་སྟོང་ཞེས་བྱ་བ་ཡང་། །དེ་ཡི་དོན་ནི་བརྗོད་དུ་མེད། །ཅེས་སོ། །དེས་ན་དེ་ཁོ་ན་ཉིད་རིག་པ་རྣམས་ཀྱི་ངོར་དངོས་པོར་བསྟན་པ་དང་དངོས་མེད་དུ་བསྟན་པ་དང་མཚན་མ་དང་བཅས་པར་བསྟན་པ་དང་མཚན་མ་མེད་པར་བསྟན་པ་སོགས་བསྟན་པ་ཐམས་ཅད་ཀྱང་སྟོང་པ་ཉིད་ཁོ་ན་བསྟན་པ་ཡིན་ཏེ། དེ་ཐམས་ཅད་ཀྱང་སྟོང་ཉིད་ལས་མི་གཡོ་བའི་ཕྱིར་དང་། དེ་དག་ལས་གཞན་པའི་སྟོང་ཉིད་ཀྱང་མི་དམིགས་པའི་ཕྱིར་རོ། །

སྐབས་པ་ནི། འོ་ན་སྟོང་ཉིད་ཁོ་ན་ཡིན་ན་ལམ་སྒྲུབ་མི་དགོས་སམ་ཞེ་ན་དགོས་ཏེ། དེ་ལྟར་མ་རྟོགས་པ་བློ་བུར་གྱི་དྲི་མ་སྦྱང་དགོས་ལ་རང་བཞིན་གྱིས་དག་པ་ཁོ་ནས་ཆོག་ན་སེམས་ཅན་ཐམས་ཅད་འབད་མེད་དུ་གྲོལ་བར་ཐལ་བ་དང་། རང་བཞིན་གྱིས་མ་དག་ན་ཡང་འབད་པ་དོན་མེད་དུ་འགྱུར་བའི་ཕྱིར་ཏེ། གལ་ཏེ་

ཉོན་མོངས་དེ་མ་གྱུར། །ལུས་ཅན་ཐམས་ཅད་གྲོལ་བར་འགྱུར། །གལ་ཏེ་རྣམ་དག་དེ་མ་གྱུར། །འབད་པ་འབྲས་བུ་མེད་པར་འགྱུར། །ཉོན་མོངས་མ་ཡིན་མི་རྫོངས་མེད། །དེ་ནི་དག་དང་མ་དག་མེད། །ཞེས་སོ། །གང་ཤེས་པར་བྱ་བ་བཤད་ཟིན་ཏོ།། །།

དེ་ལ་གང་གིས་ཤེས་པར་བྱེད་པ་ནི། ཤེས་པའི་ཁྱད་པར་ཏེ། སྐྱེ་བས་ཐོབ་པ་དང་། ཐོས་བསམ་དང་། སྒོམ་པ་ལས་སྐྱེས་པ་སྦྱོར་བྱུང་གི་སོ་སོར་རྟོག་པའི་བློ་དང་། དེ་ཁོ་ན་ཉིད་རང་གིས་རང་རྟོགས་པ་མེད་པའི་ཚུལ་གྱིས་རྟོགས་པ་སོ་སོ་རང་རིག་པའི་ཡེ་ཤེས་ཏེ། གཙོ་བོར་སོ་སོ་སྐྱེ་བོ་རྣམས་ཀྱིས་སོ་སོར་རྟོག་པའི་ཤེས་རབ་ཀྱིས་འཇུག་ཅིང་སོ་སོ་རང་རིག་པའི་ཡེ་ཤེས་རྗེས་མཐུན་པས་ཀྱང་འཇུག་ལ། འཕགས་པ་རྣམས་ཀྱིས་ནི་ཡང་དག་པའི་རྟོག་པ་དང་སོ་སོ་རང་རིག་པའི་ཡེ་ཤེས་ཁོ་ནས་ཤེས་པར་བྱེད་དོ། །

ཇི་ལྟར་ཤེས་པར་བྱ་བ་ནི། དེ་བཞིན་གཤེགས་པའི་སྙིང་རྗེ་ཆེན་པོ་ངེས་བསྟན་ལས། ཉན་ཐོས་རྣམས་(༧༥༨ན)ཀྱི་རྣམ་གྲོལ་སྒྲ་ཕྱིར་འགྲོ། །རང་སངས་རྒྱས་ཀྱི་བརྟེན་ནས་སྐྱེས་པའོ། །སངས་རྒྱས་མ་སྨད་རྣམས་ཀྱི་རྣམ་གྲོལ་ནི། །ཆགས་ལས་རབ་འདས་དྲི་མེད་ནམ་མཁའ་འདྲ། །སེམས་ནི་སྔོན་ནས་བཅིངས་པར་མ་གྱུར་ཏེ། །སེམས་རྒྱུན་འདི་དག་རང་བཞིན་རྣམ་པར་གྲོལ། །ཇི་ལྟར་རྣམ་གྲོལ་དེ་ལྟར་ཡང་དག་ཤེས། །ཤེས་ནས་རྣམ་གྲོལ་གང་ཡང་ཉམས་པ་མེད། །ཅེས་གསུངས་པ་ལྟར། ཉན་རང་གི་ནི་སྒྲ་དང་རྟེན་བྱུང་ཙམ་ལས་རྟོགས་པར་བྱེད་ལ། ཐེག་པ་ཆེན་པོའི་ནི་ཆོས་ཐམས་ཅད་ངོ་བོ་ཉིད་ཀྱིས་རྟག་ཏུ་ཇི་ལྟར་གནས་པ་དེ་རིག་པ་ཡིན་ལ། དེ་ནི་བཅིངས་གྲོལ་ལ་སོགས་པ་སྒྲོ་བཏགས་པ་དང་སྐུར་པ་བཏབ་པའི་

རྣམ་པ་ཐམས་ཅད་ལས་ལོག་པ་སྲུས་ཀྱང་མ་བྱས་མ་བཅོས་པའི་རང་བཞིན་ཉིད་རྣལ་དུ་ཕེབས་པ་སྟེ། ཆོས་ཐམས་ཅད་གཟོད་མ་ནས་དག་པར་ཤེས་པས་གང་ཡང་བླང་བའམ་འདོར་བའི་དམིགས་པ་ཞི་བའོ། །

དེ་ཡང་ཇི་ལྟར་ཤེས་པར་བྱ་བ་འདི་ནི། **ཐར་རྒྱན་ལས།** དངོས་པོར་འཛིན་པའི་སྐྱོན་དང་། དངོས་མེད་དུ་འཛིན་པའི་སྐྱོན་དང་། འཛིན་པ་གཉིས་ཅར་གྱི་སྐྱོན་དང་། གྲོལ་བར་འགྱུར་བའི་ལམ་དང་། གྲོལ་བའི་རང་བཞིན་མྱ་ངན་ལས་འདས་པ་སྟེ་དྲུག་གའང་བདག་མེད་གཉིས་སུ་བསྡུས་ནས་གསུངས་པ་ལྟར་བསླབ་སྟེ། དེ་ཡང་བདག་འཛིན་གྱི་སྐྱོན་ནི་སྒྱུ་མ་ལྟར་རང་བཞིན་མེད་ཀྱང་ཐོག་མེད་ནས་སེམས་ལ་གནས་ནས་ལྷུན་གྱིས་གྲུབ་པའི་ཆོས་ཀྱི་སྐུ་མཚན་མའི་ཚང་ཚོང་དུ་སྦས་ནས་འཁོར་བར་འཁྱམ་དུ་འཇུག་པ་ཞིག་སྟེ། **རྒྱལ་པོ་ཤར་པ་ལ་གདམས་པའི་མདོ་ལས།** རྣམ་རྟོག་བདག་ཏུ་འཛིན་པའི་དགྲ་ཆེན་པོ། །འདི་ནི་སྒྱུ་བཞིན་དངོས་པོ་མེད་བཞིན་དུ། །ཐོག་མ་མེད་ནས་བདག་ལ་གནས་ནས་ནི། །བདག་གི་ཆོས་སྐུ་ཡིད་བཞིན་རིན་ཆེན་དེ། །གཟོད་མའི་མུ་ནས་དགྲ་འདིས་བརྐུས་ནས་སུ། །མཚན་མའི་ཚང་ཚོང་གསེབ་ཏུ་སྦས་ནས་བཞག །(༧༥༨བ)ད་དུང་འཆིང་ཞིང་འཁོར་བར་འཁྱམ་དུ་འཇུག །འཛིག་རྟེན་དགྲས་ནི་བསད་ནས་ནོར་འཕྲོག་ཙམ། །དེ་ལ་བཟོད་བྱས་བསོད་ནམས་ཚོགས་ཀྱང་རྫོགས། །དགྲ་འདིས་ཞི་བདེ་ཐར་པའི་སྲོག་ཀྱང་གཅོད། །འདི་བསྟན་བསོད་ཉམས་འཁོར་བའི་འདམ་དུ་འཆིང་། །གསོལ་པ། དགྲ་ཆེན་པོ་དེ་དང་ཇི་ལྟར་འཐབ་པར་བགྱི། བཀའ་སྩལ་པ། རྣམ་རྟོག་དགྲ་ལ་རྒོལ་བའི་ཤོམ་ར་ཡང་། །དད་པས་སྒྲིན་དང་ཚུལ་ཁྲིམས་མཁར་བརྩིགས་ཏེ། །བདེ་བས་དཔུང་བྱས་བཟོད་པའི་གོ་གྱོན་ལ། །བརྩོན་འགྲུས་ལྕག་ཐོགས་བསམ་གཏན་གཞུ་བདུངས་ཏེ། །བདག་མེད་སྟོང་པའི་མདའ་ཡིས་བདག་འཛིན་བསད། །ཅེས་སོ། །

བདག་མེད་དེ་ཡང་རྣམ་པ་གཉིས་ཏེ། གང་ཟག་གི་བདག་མེད་དང་། ཆོས་ཀྱི་

བདག་མེད་དོ། །དེ་ལ་གང་ཟག་ནི་ཕུང་པོ་ལྔའི་རྒྱུན་ཙམ་ལ་བཏགས་པ་སྟེ། **ཕུང་སོགས་བུ་ལས།** རྒྱུན་ལ་གང་ཟག་ཅེས་སུ་བརྗོད། །ཅེས་གསུངས་ལ། རྒྱུ་ལས་ཉོན་གྱིས་གང་བ་ལས་ཕུང་པོའི་ཟག་པ་འགྲུབ་པའི་ཕྱིར་གང་ཟག་ཅེས་བྱ་ལ། སེམས་དང་བཅས་པས་སེམས་ཅན་དང་། ཟུངས་ཡིན་པའི་ཕྱིར་སྲོག་དང་། གསོ་བར་བྱ་དགོས་པའི་ཕྱིར་གསོ་བ་དང་། ནུས་པ་དང་ལྡན་པའི་ཕྱིར་སྐྱེས་བུ་དང་། ཐོག་མར་བྱུང་བའི་ཕྱིར་ཤེད་བུ་དང་ཤེད་ལས་སྐྱེས་ཞེས་སོགས་བྱེད་པའི་སྐྱེས་བུའི་མིང་གི་རྣམ་གྲངས་མཐའ་ཡས་པར་བཏགས་པའོ། །

དེ་ལ་རྣམ་པར་ཤེས་པས་ངའོ་ཞེས་འདུ་ཤེས་པར་བྱེད་པ་ནི་གང་ཟག་གི་བདག་ཏུ་འཛིན་པ་སྟེ་དེ་ལས་བདག་གི་བར་འདུ་ཤེས་པ་སྐྱེ་ལ། བདག་དང་བདག་གིར་འཛིན་པ་འདི་ནི་ནམ་མཁའ་ལ་མདུད་པ་འབོར་བར་འདོད་པ་ལྟ་བུ་ཕྱིན་ཅི་ལོག་ཁོ་ན་ཡིན་པས་གཏི་མུག་རབ་ཏུ་རྨོངས་པ་ཡིན་ལ། དེས་ཆགས་སྡང་གཉིས་བསྐྱེད་ཅིང་དུག་གསུམ་དེས་ཀུན་ནས་བསླངས་ཏེ་མི་དགེ་བའི་ལས་ཀྱིས་ངན་འགྲོ་དང་། དགེ་བས་མཐོ་རིས་དང་མི་གཡོ་བའི་ལས་ཀྱིས་ཁམས་གོང་དུ་འཆིང་བས་བྱིས་པ་རང་གཡོས་ཀྱི་འདམ་དུ(༧༥༥ན)རང་བྱིང་བ་ལྟར་འཁོར་བ་གྲུབ་པ་མེད་ཀྱང་རྨི་ལམ་འཁྲུལ་པ་ལྟར་འཁོར་བ་ཡིན་ལ། ལྷན་སྐྱེས་ཀྱི་བདག་འཛིན་འདི་ལ་དམིགས་ནས་ཕྱི་རོལ་པ་རྣམས་ཀྱི་ལྟ་བ་ཐ་དད་པ་ཐམས་ཅད་འཇུག་ཀྱང་ང་དེ་ནི་ཕུང་པོ་ལ་དམིགས་ནས་བློས་བཟུང་བ་ཁོ་ན་ལས་གང་ན་ཡང་རྡུལ་ཙམ་མེད་དེ། བདག་མེད་པ་ཞེས་པ་དེ་བཤད་དུ་གསོལ། བཀའ་སྩལ་པ། གང་ཟག་བདག་མེད་རྒྱལ་པོ་མཉན་པར་གྱིས། །གང་ཟག་ལྔ་ཕུང་རྒྱུན་ཡིན་ཅི་ཕྱིར་ན། །རྒྱུ་ནི་ལས་དང་ཉོན་མོངས་པས་གང་ནས། །འབྲས་བུ་ཕུང་པོར་ཟག་སྟེ་དེ་ཡི་བདག །བདག་ནི་སེམས་ཅན་སོ་སོའི་ལུས་འདི་ལ། །ང་དང་བདག་ཏུ་བཟུང་ནས་ཆགས་གྱུར་ཏེ། །བདག་ནི་ན་དང་ཤི་བཀྲེས་གྲང་གིས་དོགས། །དེ་ལ་དམིགས་

ནས་མུ་སྟེགས་ལྷ་རྣམས་འཇུག །ཅེས་དང་། **རྣམ་འགྲེལ་ལས།** བདག་ཡོད་ན་ནི་གཞན་དུ་ཤེས། །བདག་གཞན་ཆ་ལས་འཛིན་དང་སྡང་། །འདི་དག་དང་ནི་ཡོངས་འབྲེལ་ལས། །ཉེས་པ་ཐམས་ཅད་འབྱུང་བར་འགྱུར། །ཞེས་སོ། །བདག་ཏུ་བཟུང་བའི་དུས་ཉིད་ན་ཡང་བདག་ནི་རྫུལ་ཙམ་ཡང་མེད་མོད་ཀྱང་། འདུ་ཤེས་ཕྱིན་ཅི་ལོག་གི་འཛིན་པ་པོ་ནས་བདག་ནའོ་སྙམ་ཞེས་སོགས་སུ་རྟོག་ཅིང་སྣང་བར་འགྱུར་ཏེ། ཟས་དུག་མེད་ཟོས་པ་ལ་ཡང་དུག་ཏུ་དོགས་པ་ན་བརྒྱལ་བར་འགྱུར་བ་བཞིན་ཏེ། ཐེིས་པ་བདག་ཉིད་ཀྱིས་ནི་མཁའ་ལ་མདུད་པ་བོར། །དཔེར་ན་དོགས་པའི་འདུ་ཤེས་ཀྱིས་ནི་དུག་འདས་པ། །ཞེས་སོགས་གསུངས་པའི་ཕྱིར། དེས་ན་བདག་དེ་ནི་ཀུན་རྫོབ་ཐ་སྙད་ཙམ་དུ་ཡང་ཡོད་པ་མིན་ཏེ་མིང་དང་ལུས་ཀྱི་ཆ་ཤས་དང་སྐྱེ་དང་སེམས་རྣམས་རེ་རེ་ཞིང་བདག་མིན་ལ་དེ་ལས་གཞན་ནའང་མེད་པའི་ཕྱིར་ཏེ། ངའམ་བདག་དེ་ཡོད་པ་མ་ཡིན་ཏེ། །ཕུང་པོ་འདི་ལ་བཏགས་ནས་འབྲུལ་བ་ཡིན། །མིང་ནི་བདག་མ་ཡིན་ཏེ་བཏགས་པ་ཙམ། །ལུས་ནི་བདག་མ་ཡིན་ཏེ་ཤ་རུས་ཚོགས། །(༧༥་བ)འབྱུང་ཆེན་འདུས་པ་ཕྱི་རོལ་རྫིག་པ་འདྲ། །སེམས་ཀྱང་བདག་མ་ཡིན་ཏེ་དངོས་པོ་མེད། །ཅེས་དང་། སོ་དང་སྐྲ་སེན་བདག་མ་ཡིན། །ཞེས་སོགས་ཀྱིས་གཞུང་དུ་ཡང་རྒྱས་པར་འཆད་པར་འགྱུར་རོ། །

དེ་ལྟར་དཔྱད་པ་ན་སྔར་བདག་ཏུ་བཟུང་བ་ལ་ངོ་ཚ་བའི་གནས་སུ་མཐོང་ཞིང་བདག་དང་བདག་གིར་འཛིན་པ་ལོག་པ་དེ་ནི་གང་ཟག་གི་བདག་མེད་རྟོགས་པ་ཞེས་བྱ་ཡི་ངར་འཛིན་མ་ལོག་བཞིན་དུ་ང་ལ་བདག་མེད་དོ་ཞེས་ཚིག་གིས་བཤར་བ་ལ་བདག་མེད་སྒོམ་པར་སྨྲ་བ་དང་། བདག་འཛིན་ཀྱང་ངའོ་སྙམ་པ་འདི་མ་ཡིན་པའི་རྟགས་ཀྱིས་དགག་བྱའི་བདག་འཛིན་ཞིག་ཚོལ་དགོས་པར་སྨྲ་བ་དང་། བོད་ཁ་ཅིག་དོན་དམ་དུ་བདག་མེད་ཀྱང་ཀུན་རྫོབ་ཏུ་བདག་ཁས་མ་བླངས་ན་ལས་འབྲས་ཀྱི་རྟེན་མེད་པ་དང་། བསོད་ནམས་གསོག་པ་པོ་མེད་པར་

ཐལ་བས་ཀུན་རྫོབ་ཏུ་བདག་ངེས་པར་ཡོད་དོ་ཞེས་སོགས་སྨྲ་བ་ནི་བསྟན་པར་སྨྲ་བའི་ཟོལ་གྱིས་བསྟན་པ་གཞིག་པ་ཡིན་ཏེ།

བདག་མེད་དོ་སྙམ་ཞིང་ཚིག་ཏུ་བརྗོད་པ་དེ་བདག་མེད་སྒོམ་པ་དངོས་ཡིན་ན། བཟའ་བར་བྱའོ་སྙམ་ཞིང་བཟའོ་ཞེས་ཚིག་ཏུ་བརྗོད་ན་དེ་བཟའ་བ་ཉིད་ཡིན་པ་དང་། བདག་འགྲོའོ་སྙམ་པ་དེ་འགྲོ་བ་ཉིད་ཡིན་པ་སོགས་འཇིག་རྟེན་གྱི་བྱ་བ་ཐམས་ཅད་ལ་ཡང་དེར་ཐལ་ཞིང་། མཚན་མོ་མུན་ཁུང་དུ་འདུག་ནས་སྣང་བའོ་སྣང་བའོ་ཞེས་བརྗོད་ན་དེ་སྣང་བ་ཡིན་པར་འགྱུར་ལ། འདོད་མི་ནུས་ཏེ། མངོན་སུམ་གྱིས་བསལ་བའི་ཕྱིར།

ངོའོ་སྙམ་པའི་བདག་འཛིན་འདིས་བསྐྱེད་ནས་མེད་བཞིན་དུ་སྣང་བའི་འཁོར་བ་འདིས་འདི་ཙམ་དུ་སྡུག་བསྔལ་ན་ད་དུང་འདི་བས་ཕྲ་ཞིང་གཞོམ་དཀའ་བ་རྟགས་ཀྱིས་དགག་བྱའི་བདག་འཛིན་རྙེད་དགོས་པར་སྟོན་པ་ནི། སྟོན་གྱི་སྟོན་དུ་དུག་ཏ་ལ་ཏ་ལ་ངེས་པར་སྦྱིན་དགོས་པར་སྨྲ་བ་ཉིད་དུ་མཐོང་ལ། གང་ཟག་དང་བདག་དང་ངར་སྨྲ་བ་དེ་ནི་སངས་རྒྱས་ཀྱི་བསྟན་པ་མ་ཡིན་ཏེ། **མདོ་ལས།** བདག་ཏུ་འདུ་ཤེས་གང་གནས་དང་། །སེམས་ཅན་འདུ་ཤེས་གང་གནས་པ། །འོད་སྲུང་དེ་དག་(780ན)བསྟན་འདི་ལ། །མུ་སྟེགས་ཅན་ཞེས་ངས་བཤད་དོ། །ཞེས་དང་། **ཚུལ་ཁྲིམས་འཆལ་བ་ཚར་གཅོད་པའི་མདོར།** ཤཱ་རིའི་བུ་གང་དག་བདག་དང་། སེམས་ཅན་དང་། སྲོག་དང་། གང་ཟག་ཏུ་ལྟ་བ་དང་ལྡན་པ་དེ་དག་ཐམས་ཅད་ནི་ཆོས་འདུལ་བ་འདི་ལ་བདུད་ཀྱིས་བྱིན་གྱིས་བརླབས་པ་ཡིན་པར་གསུང་ངོ་། །དེ་དག་ནི་སངས་རྒྱས་ཀྱི་བྱང་ཆུབ་ལ་ཉེ་བར་འཚོ་བར་མི་འགྱུར་རོ། །བདུད་ཀྱི་ཕྱོགས་ཀྱང་རབ་ཏུ་རྒྱས་པར་འགྱུར་རོ། །བདུད་ཀྱི་བྱ་བ་ཡང་བྱེད་པར་འགྱུར་རོ། །ཞེས་དང་། ཤཱ་རིའི་བུ། གང་དག་བདག་དང་སེམས་ཅན་དང་སྲོག་དང་གང་ཟག་ཏུ་ལྟ་བ་དང་ལྡན་པ་དེ་དག་ཐམས་ཅད་ནི། ཆོས་འདུལ་བ་འདི་

ལ་བདུད་ཀྱི་ཕྱོགས་ཞེས་བྱའོ། །ཞེས་གསུངས་ཤིང་། དེ་དག་ནི་ངའི་འཁོར་མ་ཡིན་ནོ། ང་ཡང་དེ་དག་གི་སྟོན་པ་མ་ཡིན་ཞིང་དེ་དག་ལ་དད་པས་བྱིན་པའི་ཟས་ཆུ་ཕོར་གང་ཡང་མ་གནང་ངོ་། །ཞེས་མདོ་དེར་ཡང་ཡང་གསུངས་པའི་ཕྱིར་རོ། །

ལས་འབྲས་ཀྱི་རྟེན་ཡང་བདག་མ་ཡིན་ཏེ། ཐེག་དམན་དུ་ཕུང་ལྔའི་རྒྱུན་ལ་སྦོམ་སྦོམ་མིན་གྱི་བེམས་པོའི་རྫས་ལྡན་མིན་འདུ་བྱེད་ཀྱི་ཐོབ་པས་ཉེ་བར་བསྟམས་པར་འདོད་པའི་ཕྱིར་དང་། ཐེག་ཆེན་དུ་ཡང་རྒྱ་ཆེན་སྤྱོད་པའི་གཞུང་ལས་ཀུན་རྫོབ་ཏུ་ཀུན་གཞིའི་རྣམ་ཤེས་རྟེན་དུ་འཇོག་ཅིང་། ཟབ་མོ་ལྟ་བའི་གཞུང་དུ་ཀུན་རྫོབ་ཏུ་རྟེན་ཅིང་འབྲེལ་བར་འབྱུང་བའི་སེམས་རྒྱུན་ཙམ་རྟེན་དུ་འཇོག་ལ། ཡང་དག་པར་ན་ལས་འབྲས་ལ་རྟེན་ཡོད་པ་ཡང་མིན་ཏེ་ཆོས་ཐམས་ཅད་གཞི་རྟེན་དང་བྲལ་བར་ཡང་ཡང་དུ་གསུངས་པའི་ཕྱིར་རོ། །དེས་ན་ལས་འབྲས་ཀྱི་རྟེན་བདག་ཏུ་སྨྲ་བ་ནི་ཐེག་པ་ཆེ་ཆུང་གང་གི་ཡང་ཚུལ་མི་ཤེས་པའི་མི་དགེ་བའི་བཤེས་གཉེན་གྱིས་ཟིན་པ་མུ་སྟེགས་མགོ་རེག་ཉིད་དུ་སུས་ཀྱང་རྟོགས་པར་སླའོ། །

དེ་ལྟར་གང་ཟག་གི་བདག་མེད་བཤད་ནས། ད་ནི་ཆོས་ཀྱི་བདག་མེད་བཤད་པར་བྱ་སྟེ། དེ་ལ་ཆོས་ནི་གཟུགས་སོགས་ཕྱི་ནང་དང་འཁོར་འདས་ཀྱིས་བསྡུས་པའི་དངོས་པོ་ཐམས་ཅད་ལ་བྱ་སྟེ་བྱེད་པོ་མེད་ལ་རང་(༧༨༠བ)རང་གི་མཚན་ཉིད་འཛིན་པའི་ཕྱིར་རོ། །

དེ་རྣམས་ལ་ཡོད་པའམ་མེད་པའམ་དེ་དག་གི་དབུས་སོགས་སུ་ཞེན་ཞིང་འཛིན་པ་ནི་ཆོས་ཀྱི་བདག་ཏུ་འཛིན་པ་ཡིན་ལ། མཚན་མར་འཛིན་པའི་ལོག་རྟོག་འདི་ནི་ལྷ་དང་མིར་བཅས་པའི་འགྲོ་བ་ལ་མཐུན་པར་ཡོད་ཀྱང་ཇི་ལྟར་བཏགས་པ་དེ་ལྟར་མེད་དེ། དེ་དག་ལོག་རྟོག་མཚན་མར་བཅས་པ་ཡང་། །ལྷ་མི་མཐུན་པ་ཡིན་ཏེ་དེ་མེད་དོ། །ཞེས་སོ། །ཇི་ལྟར་མེད་ན་སྣང་ཙམ་པ་འདི་ལས་ལོགས་

སུ་སྟོང་པ་ཉིད་བཙལ་དུ་མེད་དེ་སྣང་དུས་འདི་ཉིད་ན་ཡང་ཆུ་ཟླ་ལྟར་དེར་ཡོད་པ་མ་ཡིན་པ་དང་། སྐད་ཅིག་ཡང་མི་གནས་པས་མི་རྟག་པ་དང་། རྐྱེན་གྱིས་བཤིག་པའམ་བཅོམ་པ་ན་རྒྱུན་ཆད་པས་འགགས་པར་མཐོང་བ་སོགས་འདི་དག་ཁོ་ན་ལ་སྟོང་པའི་མིང་གིས་བསྙད་པའི་ཕྱིར་ཏེ། ཅི་ཕྱིར་ཞེ་ན་ཕྱི་ནང་ཆོས་འདི་ལ། །དངོས་འདི་སྤངས་ནས་སྟོང་ཉིད་མི་བཙལ་གྱི། །སྣང་བ་ཉིད་ན་སྟོང་པ་ཉིད་ཡིན་ཕྱིར། །བཤིག་བཅོམ་མི་རྟག་ཙམ་ལ་སྟོང་མིང་བཏགས། །ཞེས་སོ། །ཅིའི་ཕྱིར་སྣང་བ་ལྟར་མ་གྲུབ་ཅེ་ན། ཡོད་མེད་དབུས་དང་གསུམ་དུ་མི་གནས་པའི་ཕྱིར་ཏེ། དེ་ལ་ཡོད་པར་འཛིག་རྟེན་ན་གྲགས་པ་ནི་འཁོར་འདས་གཉིས་སོ། །

འཁོར་བ་ཡང་ཡུལ་དང་སེམས་གཉིས་སུ་ངེས་ཏེ། སྣང་ལ་རང་བཞིན་མེད་པ་ཅེས་མདོན་ན། །ཡོད་མེད་དབུས་དང་གསུམ་དུ་མི་གནས་ཕྱིར། །ཡོད་པར་གྲགས་པ་འཁོར་བ་མྱ་ངན་འདས། །འཁོར་བའི་རང་བཞིན་ཡུལ་སེམས་རྣམ་གཉིས་ཏེ། །ཞེས་སོ། །དེ་ཡང་ཡུལ་གྲུབ་པ་མེད་དེ། རགས་པ་འཛིག་རྟེན་གྱི་ཁམས་ཀྱང་དཔག་ཚད་དུ་མ་འདུས་པ་ཡིན་ལ། དཔག་ཚད་རེ་རེ་ཞིང་རྒྱང་གྲགས་བརྒྱད་དོ། །རྒྱང་གྲགས་རེ་རེ་ནི་འདོམ་ལྔ་བརྒྱའི་ཐུང་པོ་ཡིན་ལ། འདོམ་རེ་ཡང་ཁྲུ་བཞི་དང་ཁྲུ་རེ་ནི་སོར་ཉེར་བཞི་ཡིན་ལ་དེ་བཞིན་དུ། སོར་མོ་ནས་དང་ཤིག་སྲོ་མ། །ཉི་རྡུལ་སྣང་ལུག་རི་བོང་ཆུ། །ལྕགས་རྡུལ་རྡུལ་ཕྲན་རྡུལ་ཕྲ་རབ། །ཅེས་པ་རྣམས་(༧༤༧ན)སྔ་མ་རེ་རེ་ལ་ཕྱི་མ་བདུན་བདུན་དུ་འགྱུར་ལ། རྡུལ་ཕྲ་རབ་དེ་ཡང་ཕྱོགས་དྲུག་ལ་སོགས་པའི་ཆས་ཕྱེ་ཞིང་། དེ་རེ་རེ་ཡང་དེ་ལྟར་ཕྱེ་བས་ཡུལ་ཅི་ཡང་ལྷག་མར་མ་ལུས་པའི་ཕྱིར་ཏེ། ཡུལ་འདི་དངོས་པོ་མེད་པར་འདི་ལྟར་བརྟག །རགས་སྣང་རྡུལ་བཤིག་རྡུལ་ཡང་ཆས་བཤིགས་མེད། །དངོས་སྣང་ཐམས་ཅད་སེམས་ཡིན་རྨི་ལམ་བཞིན། །ཞེས་སོ། །སེམས་དེ་ཉིད་ཀྱང་རྣམ་པར་བརྟགས་ན་གང་དུ་ཡང་མ་གྲུབ་ཅི་ཡང་མ་ཡིན་པ་ཞིག་སྟེ་དེའི་ཕྱིར་འཁོར་བ་ནི་རང་བཞིན་གྱིས་སྟོང་

པ་སྒྱུ་མ་ལྟ་བུ་སྟེ། སེམས་ཀྱང་ཁ་དོག་གཉིས་སོགས་རྣམས་དང་བྲལ། །དེ་ལྟར་འཁོར་བ་སྟོང་ཞིང་བདག་མེད་དོ། །ཞེས་སོ། །

གལ་ཏེ་མྱ་ངན་ལས་འདས་པ་ཡོད་དོ་ཞེ་ན། དེ་ནི་འཁོར་བ་ལ་བལྟོས་ཏེ་བཞག་པ་ཡིན་ལ། བལྟོས་ཟླ་འཁོར་བ་མ་གྲུབ་ན་བལྟོས་ཆོས་མྱ་ངན་ལས་འདས་པའང་ག་ལ་འགྲུབ་སྟེ། འཁོར་བ་མེད་པས་མྱ་ངན་འདས་པའང་མེད། །ཅེས་སོ། །འོ་ན་དོན་དམ་པར་ཅི་ཡང་མེད་དམ་ཞེ་ན། འཇིག་རྟེན་ལ་ཤིན་ཏུ་བདེན་པར་གྲགས་པའི་ཡོད་པ་མ་གྲུབ་ན་འཇིག་རྟེན་པས་ཀྱང་དམད་པར་བྱ་བའི་མེད་པ་ནི་དེ་བས་ཀྱང་ག་ལ་གྲུབ་སྟེ། ཡོད་པ་མ་གྲུབ་པས་ན་མེད་པའང་མེད། །ཅེས་སོ། །

འོ་ན་མཐའ་དེ་གཉིས་ཀྱི་དབུས་ཤིག་ཡང་དག་པར་ཡོད་དམ་ཞེ་ན། མཐའ་མེད་ན་དེའི་དབུས་ག་ལ་ཡོད་དེ། མཐའ་གཉིས་མེད་ཕྱིར་དབུས་ཀྱང་མེད་པ་ཡིན། །དེ་ལྟར་རྒྱལ་པོས་བདག་མེད་བསྒོམས་བྱས་ན། །བདག་འཛིན་འཁོར་བ་ཟད་ནས་ཆོད་པར་འགྱུར། །ཞེས་སོ། །དེ་ལྟར་འཁོར་འདས་ཀྱི་ཆོས་གང་ཡང་བློས་བཟུང་བར་བྱ་བ་མ་ཡིན་པར་ཤེས་ཤིང་ཇི་ཙམ་བློས་བཟུང་བ་ཐམས་ཅད་ཕྱིན་ཅི་ལོག་ཏུ་གོ་ནས་ཡོད་མེད་དབུས་གསུམ་ལ་སོགས་པའི་སྒྲོ་སྐུར་གྱི་འཛིན་པ་ཐམས་ཅད་རྣམ་པར་ལོག་པ་འདི་ནི་བདག་ཏུ་འཛིན་པ་ལས་ལོག་པའི་ཕྱིར་བདག་མེད་མཐོང་བའམ་རྟོགས་(༧༨༧བ)པ་ཞེས་ཀྱང་བྱ། སྒྲོ་སྐུར་གྱི་རྣམ་པ་ལོག་པས་མེད་འཛིན་ཀྱང་མི་འཇུག་པའི་ཕྱིར་བདག་དང་བདག་མེད་ཀྱི་སྤྲོས་པ་ཞི་བ་ཞེས་ཀྱང་བྱ་སྟེ། **མྱང་འདས་རྒྱ་གར་མ་ལས།** བྱིས་པ་རྣམས་ནི་སངས་རྒྱས་ཀྱིས་བདག་མེད་པར་གསུངས་པ་ལ་ཆོས་ཐམས་ཅད་མེད་པར་འཛིན་ཏོ། །ཤེས་རབ་ཅན་རྣམས་ཀྱིས་ནི་བདག་ཡོད་པ་དང་བདག་མེད་པ་གཉིས་སུ་མེད་པར་ཤེས་ཏེ་དེ་ནི་ཤེས་རབ་ཅན་རྣམས་ཀྱི་རང་བཞིན་ཡིན་ནོ། །ཞེས་དང་། **དྲི་མ་མེད་པར་གྲགས་པའི་མདོ་ལས།**

བདག་དང་བདག་མེད་པ་གཉིས་སུ་མེད་པ་དེ་ནི་བདག་མེད་པའི་དོན་ཏོ། །ཞེས་སོ། །

དེས་ན་བདག་ཏུ་ཞེན་པ་རྣམས་གདུལ་བའི་ཕྱིར་བདག་མེད་པར་ཡང་བསྟན་ཞིང་། བདག་མེད་ལ་ཞེན་པའམ་སྨྲག་པ་རྣམས་གདུལ་བའི་ཕྱིར་བདག་ཏུ་ཡང་བསྟན་ལ། ཡང་དག་པར་བདག་དང་བདག་མེད་གཉིས་གའང་སྒྲོ་བཏགས་པ་ལས་ངོ་བོ་ཉིད་ཀྱིས་མ་ཡིན་པར་ཡང་བསྟན་པས་གདུལ་བྱའི་སེམས་ཀྱི་འཛིན་པ་ལྡོག་པ་ཁོ་ན་ཙམ་སྟེ། **རྩ་ཤེར།** བདག་གོ་ཞེས་ཀྱང་བཏགས་གྱུར་ཅིང་། །བདག་མེད་ཅེས་ཀྱང་བསྟན་པར་གྱུར། །སངས་རྒྱས་རྣམས་ཀྱིས་བདག་དང་ནི། །བདག་མེད་འགའ་མེད་ཅེས་ཀྱང་བསྟན། །བརྗོད་པར་བྱ་བ་ལྡོག་པ་སྟེ། །སེམས་ཀྱི་སྤྱོད་ཡུལ་ལྡོག་པས་སོ། །ཞེས་སོ། །དེའི་ཕྱིར་བཟོད་པ་ཐོབ་པའི་བྱང་ཆུབ་སེམས་དཔའ་རྣམས་ནི་བདག་དང་བདག་མེད་དང་སྟོང་པ་དང་མི་སྟོང་པ་སོགས་བསྟན་པ་ཐམས་ཅད་ཀྱིས་མི་སྐྲག་པ་ཡིན་པར་གསུངས་སོ། །

དེ་ལྟར་ཤེས་རབ་ཤེས་པར་བྱ་བ་བཤད་ནས། དེ་ཇི་ལྟར་གོམས་པར་བྱ་བ་ནི། སྟོན་འགྲོ་སེམས་རྣལ་དུ་དབབ་སྟེ། **ཤེས་ཕྱིན་བདུན་བརྒྱ་པ་ལས།** རིགས་ཀྱི་བུའམ་རིགས་ཀྱི་བུ་མོས་དབེན་པའི་མལ་སྟན་བསྟེན་པར་བྱ། འདུ་འཛི་མེད་པ་ལ་དགའ་བར་བྱ། མཚན་མ་ཐམས་ཅད་ཡིད་ལ་མི་བྱེད་པར་སྐྱིལ་ཀྲུང་བཅས་ཏེ་འདུག་ནས། ཞེས་གསུངས་པ་ལྟར་བསླབ་བོ། །མཉམ་བཞག་དངོས་ནི་དེ་ལྟར་ཆོས་ཐམས་(༧༥༢ན)ཅད་གཟོད་མ་ནས་རང་བཞིན་གྱིས་ཞི་ཞིང་བློའི་ཡུལ་མ་ཡིན་པར་ཤེས་པས་བཅོས་མ་ཅི་ཡང་མི་དགོས་པར་གོ་སྟེ་རང་བབས་སུ་ཆུ་བོའི་རྒྱུན་ལྟར་རྩེ་གཅིག་ཏུ་གནས་པར་འགྱུར་ལ། དབང་པོ་དམན་པས་དེ་ལྟར་མ་གྱུར་ན་ཡང་ཡོད་མེད་དང་སྣང་དོར་སོགས་ཅི་ལ་ཡང་མི་སེམས་ཤིང་གང་ཡང་ཆེད་དུ་ཡིད་ལ་བྱ་བ་མེད་པར་འཇོག་པ་སྟེ། **བདུན་བརྒྱ་པ་ལས།** ཆོས་གང་ལ་ཡང་སྣང་

བའམ་བཟུང་བའམ་དོར་བ་མ་མཆིས་པ་དེ་ཤེས་རབ་ཀྱི་ཕ་རོལ་ཏུ་ཕྱིན་པ་སྒོམ་པ་ལགས་སོ། །གང་ཅི་ལ་ཡང་མི་གནས་པ་དེ་ཉིད་ཤེས་རབ་ཀྱི་ཕ་རོལ་ཏུ་ཕྱིན་པ་སྒོམ་པ་ལགས་སོ། །གང་ལ་ཡང་མི་སེམས་ལ་རྣམ་པར་མི་རིག་པ་དེ་ཤེས་རབ་ཀྱི་ཕ་རོལ་ཏུ་ཕྱིན་པ་སྒོམ་པ་ལགས་སོ། །ཞེས་དང་། **བརྒྱད་སྟོང་པ་ལས།** ཤེས་རབ་ཀྱི་ཕ་རོལ་ཏུ་ཕྱིན་པ་སྒོམ་པ་འདི་ནི་ཆོས་གང་ཡང་མི་སྒོམ་པ་ལགས་སོ། །ཞེས་དང་། ཤེས་རབ་ཀྱི་ཕ་རོལ་ཏུ་ཕྱིན་པ་སྒོམ་པ་འདི་ནི་ནམ་མཁའ་སྒོམ་པ་ལགས་སོ། །ཞེས་སོ། །ནམ་མཁའ་ཇི་ལྟར་སྒོམ་ན། **དེ་ཉིད་ལས།** ནམ་མཁའ་རྟོག་པ་མེད་པ་ཉིད་པས་ཤེས་རབ་ཀྱི་ཕ་རོལ་ཏུ་ཕྱིན་པ་རྟོག་པ་མེད་པ་ཉིད་དོ། །ཞེས་དང་། སྐྱེ་བ་མེད་དང་སྐྱེ་བ་གཉི་གར་མི་རྟོག་པ། །འདི་ནི་ཤེས་རབ་ཕ་རོལ་ཕྱིན་མཆོག་སྤྱོད་པ་ཡིན། །ཞེས་དང་། **ཏིང་རྒྱལ་ལས།** ཆོས་ནི་རྡུལ་ཙམ་ཡོད་མེད་དེ། །རྡུལ་ཞེས་བྱ་བའང་ཡོད་མ་ཡིན། །ཆོས་རྣམས་དམིགས་སུ་མེད་པ་སྟེ། །དེ་ཕྱིར་ཏིང་ངེ་འཛིན་ཞེས་བྱ། །ཞེས་དང་། འདུ་ཤེས་འདི་ནི་སྤང་སླམ་དུ། །གང་གི་འདུ་ཤེས་འབྱུང་བ་དེ། །འདུ་ཤེས་སྤྲོས་ལ་སྤྱོད་པ་སྟེ། །འདུ་ཤེས་སྤྲོས་ལས་དེ་མི་འཐར། །ཞེས་དང་། བསམ་པ་དག་ནི་མི་སེམས་ན། །བསམ་པ་ཐམས་ཅད་མེད་པར་འགྱུར། །ཞེས་དང་། **ད་ལྟར་གྱི་སངས་རྒྱས་མངོན་སུམ་དུ་བཞུགས་པའི་ཏིང་ངེ་འཛིན་གྱི་མདོ་ལས།** སྒོམ་དང་མི་སྒོམ་ཙུང་ཟད་འདིར་མ་བྱེད། །ཏིང་འཛིན་འདི་ནི་ཐོབ་པར་དཀའ་(༧༤༢བ)མི་འགྱུར། །ནམ་མཁའི་འདུ་ཤེས་ལ་ནི་གནས་བྱས་ན། །ཕྲ་རབ་རྡུལ་གྱི་ཆོས་ཉིད་འགག་པར་འགྱུར། །ཞེས་དང་། **བློ་གྲོས་རྒྱ་མཚོའི་མདོ་ལས།** ཆོས་རྣམས་ཡིད་ལ་མི་བྱེད་དེ། །ལྷག་པར་བྱེད་པ་རྣམ་པར་སྤོང་། །ཆོས་རྣམས་ཐམས་ཅད་མཉམ་ཉིད་དུ། །ཡང་དག་ཉིད་དུ་ཁོང་དུ་ཆུད། །ཅེས་དང་། དྲན་མེད་ཡིད་ལ་བྱར་མེད་པའི། །དྲན་པ་ཉེ་བར་བཞག་པ་སྟོན། །ཞེས་དང་། སྟོང་བས་སྤང་དུ་མེད་པར་ནི། །ཡང་དག་སྟོང་བ་རབ་ཏུ་བསྟན། །ཞེས་སོགས་བྱུང་

ཕྱོགས་ཐམས་ཅད་ལ་དེ་ལྟར་སྦྱར་བ་གསུངས་ཤིང་། **མ་དྲོས་པའི་མདོ་ལས།** དངོས་པོར་འདུ་ཤེས་གང་གིས་ཀྱང་། །ལམ་སྒོམ་ནུས་པ་མ་ཡིན་ཏེ། །ལམ་འདི་ལ་ནི་འདི་ལྟ་བུར། །དངོས་པོར་འདུ་ཤེས་ཡོད་མ་ཡིན། །དངོས་པོ་དངོས་པོར་བྱེད་པས་མིན། །དངོས་མེད་དངོས་པོ་མེད་བྱེད་པས། །ནམ་མཁའ་ནམ་དག་དང་འདྲ་བའི། །ལམ་སྒོམ་ནུས་པ་མ་ཡིན་ནོ། །ཞེས་དང་། བདག་ཏུ་ལམ་སྒོམ་མ་ཡིན་ལ། །བདག་མེད་སྒོམ་པའང་མ་ཡིན་ཏེ། །འདི་ལྟར་གཉིས་སུ་མེད་པའི་ལམ། །གྲུབ་ཅིང་བདེ་བ་བླ་ན་མེད། །ཅེས་དང་། **རྡོ་རྗེ་རྩེའི་དབུ་མའི་མན་ངག་ལས།** བར་སྐབས་དེར་ཤེས་པ་ཅིར་ཡང་མི་རྟོག་ཅིར་ཡང་མི་འཛིན་དྲན་པ་དང་ཡིད་ལ་བྱེད་པ་ཐམས་ཅད་སྤངས་ཏེ་ཇི་སྲིད་དུ་མཚན་མའམ་རྣམ་པར་རྟོག་པའི་དགྲའམ་ཆོམ་རྐུན་མ་ལངས་ཀྱི་བར་དུ་དེ་ལྟ་བུ་ལ་ཤེས་པ་གནས་པར་བྱའོ། །ཞེས་སོ། །

འདིར་བསམ་གཏན་པ་དག་གིས་དུས་གསུམ་གྱི་རྟོག་པའི་རྗེས་སུ་མི་འབྲང་བར་འཇོག་པར་སྨྲས་པ་ལ། ཡིད་ལ་མི་བྱེད་པ་ཧྭ་ཤང་གི་ལུགས་སོ། །ཞེས་སོགས་འགོག་པར་བྱེད་པ་མང་དུ་མཐོང་མོད་ཀྱང་དེ་ལྟ་མ་ཡིན་ཏེ། **མཚན་མོ་བཟང་པོའི་མདོ་ལས།** དགེ་སློང་ཆོས་གསུམ་དང་ལྡན་ན་དགེ་སློང་མཚན་མོ་བཟང་པོའི་མདོ་སྡེ་ལ་གནས་པ་ཞེས་བྱའོ། །གསུམ་གང་ཞེ་ན། འདས་པ་ལ་རྗེས་སུ་སྲེད་(༧༤༣ན)པར་མི་བྱེད་པ་དང་། མ་འོངས་པ་ལ་རེ་བ་མེད་པ་དང་། ད་ལྟར་བྱུང་བའི་ཆོས་རྣམས་ཀྱིས་མི་འཕྲོགས་པར་གནས་པའི་ཆོས་ཅན་ཏེ། ཆོས་གསུམ་པོ་དེ་དག་དང་ལྡན་ན་དགེ་སློང་མཚན་མོ་བཟང་པོའི་མདོ་སྡེ་ལ་གནས་པ་ཞེས་བྱའོ། །ཞེས་དང་། འདས་ལ་རྗེས་སུ་སྲེད་མི་བྱེད། །མ་འོངས་པ་ལ་རེ་བ་མེད། །འདས་པ་གང་ཡིན་དེ་འགགས་ཏེ། །མ་འོངས་པ་ནི་མ་ཕྱིན་པའོ། །གང་དག་ད་ལྟར་བྱུང་བའི་ཆོས། །དེ་དང་དེ་ལ་རབ་བལྟས་ནས། །རྣམ་པར་རྟོག་པས་མི་འཕྲོགས་པར། །དེ་དག་ཐམས་ཅད་ཁོང་དུ་ཆུད། །ཅེས་དང་། **བློ་གྲོས་རྒྱ་མཚོའི་མདོ་ལས།** འདས་

པའི་འདུ་ཤེས་ནི་ཟད་པའོ། །མ་འོངས་པའི་འདུ་ཤེས་ནི་མ་ཕྱིན་པའོ། །ད་ལྟར་བྱུང་བའི་འདུ་ཤེས་རྣམས་ནི་གནས་པ་མེད་པ་སྟེ། གང་དུས་གསུམ་དུ་འདུ་ཤེས་མི་དམིགས་པ་ནི་འདུ་ཤེས་ཡོངས་སུ་ཤེས་པའོ། །ཞེས་སོ། །དེ་ལྟ་མོད་ཀྱི་དུས་གསུམ་གྱི་རྟོག་པ་ཡིད་ལ་བྱེད་བཞིན་པར་ཐོས་པ་དང་བསམ་པ་དང་སྒོམ་པ་གང་ཡང་བྱེད་པར་ནུས་སམ་མི་ནུས་རང་གིས་བརྟག་པར་གྱིས་ཤིག་དང་ཤེས་པར་འགྱུར་རོ། །

དེས་ན་དུས་གསུམ་གྱི་ཡིད་བྱེད་འགོག་གོ་ཞེས་ཚིག་ཏུ་བརྗོད་ཅིང་དེ་ལྟར་རྒྱུན་མ་ཆད་པར་རྟོག་པ་ཞིག་ཡིན་གྲང་སྙམ་དུ་རང་གི་བློ་ལ་གཤིན་པ་དེར་བཟུང་ནས་འགོག་པའམ། ཡང་ན་གཉིད་ལོག་པའམ་བརྒྱལ་བ་ལྟ་བུ་ཞིག་གོ་སྙམ་ནས་འགོག་པར་སྣང་མོད་ཀྱང་དེ་ལྟ་བུ་མ་ཡིན་ཏེ། རྣམ་རྟོག་གཞན་གྱིས་མི་གཡེང་བར་དམིགས་པ་ལ་རྩེ་གཅིག་ཏུ་འཛོག་དགོས་པའི་དོན་ཡིན་ལ། དེ་བཀག་ན་བསམ་གཏན་ཐམས་ཅད་བཀག་པར་འགྱུར་རོ། །དེས་ན་ཡིད་ལ་མི་བྱེད་པ་ཡང། སྤྱིར་བསམ་གཏན་གྱི་དམིགས་པ་གང་ཡིན་པ་དེ་ལས་གཞན་པའི་ཡུལ་ཡིད་ལ་མི་བྱེད་པའི་དོན་ཡིན་ལ། ཁྱད་པར་དོན་དམ་པ་ལ་དམིགས་པའི་ཚེ་དོན་དམ་ཞེས་ཀྱང་མི་འཛིན་པར་འཛོག་པའི་དོན་ཡིན་གྱི་གཉིད་ལ་སོང་བ་ལྟར་གོ་བར་མི་བྱ་ལ། སྤྱིར་བསམ་གཏན་སྒོམ་(༧༨༣བ)མ་མྱོང་བར་བསམ་གཏན་ལ་དགག་སྒྲུབ་བྱས་ན་དེ་ལྟ་བུ་མང་དུ་འབྱུང་བས་མ་བསླབས་པའི་ཤེས་བྱ་ལ་རྣམ་བཞག་མ་བྱེད་པར་རང་རང་གི་བརྟག་པའི་དོན་པོ་རྙེད་བཀུར་ལ་འབད་པར་གྱིས་ཤིག །མདོར་ན་ཤེས་རབ་ཀྱིས་ཆོས་གང་ཡང་ཡོད་མེད་ལ་སོགས་པ་ཅིར་ཡང་མི་གནས་པར་མཐོང་བ་མེད་པའི་ཚུལ་གྱིས་མཐོང་བ་དེ་ཉིད་ལ་མ་ཡེངས་ཤིང་མི་རྟོག་པར་བཞག་པ་ནི་ཐེག་པ་ཆེན་པོའི་མདོ་སྔགས་ཀྱི་བསམ་གཏན་ཐམས་ཅད་ཀྱི་སྙིང་པོ་གཅིག་ཏུ་འདུས་པའོ། །

དེ་ལྟར་གཙོ་བོར་ཟབ་མོ་ལྟ་བའི་གཞུང་གི་ཚུལ་བཤད་ནས། ཞར་ལ་རྒྱ་ཆེན་སྤྱོད་པའི་གཞུང་གི་ཤེས་རབ་ཤེས་པར་བྱ་བའང་ཅུང་ཟད་བརྗོད་ན། ཀུན་བརྟགས་ནི་སྒྲོ་བཏགས་ཏུས་ན་ཡང་མེད་པས་མེད་པའི་སྟོང་པ་ཉིད་དང་། གཞན་དབང་ནི་སྣང་ཡང་རང་བཞིན་མེད་པས་ཡོད་པ་མ་ཡིན་པའི་སྟོང་པ་ཉིད་དང་། ཆོས་རྣམས་ཀྱི་ཆོས་ཉིད་ཡོངས་གྲུབ་ནི་གཟོད་མ་ནས་དག་པས་རང་བཞིན་གྱི་སྟོང་ཉིད་དུ་ཤེས་ནས་གང་དུའང་མི་དམིགས་པར་འཇོག་པ་སྟེ། **རྒྱན་ལས།** མེད་པའི་སྟོང་པ་ཉིད་ཤེས་ཤིང་། །དེ་བཞིན་ཡོད་མིན་སྟོང་ཉིད་དང་། །རང་བཞིན་སྟོང་པ་ཉིད་ཤེས་ན། །སྟོང་ཉིད་ཤེས་པར་དེ་བརྗོད་དོ། །ཞེས་དང་། མེད་པ་གང་ཡིན་དེ་ཉིད་ནི། །ཡོད་པ་ཡི་ནི་དམ་པར་འདོད། །རྣམ་པ་ཀུན་ཏུ་མི་དམིགས་པ། །དམིགས་པ་ཡི་ནི་དམ་པར་འདོད། །ཅེས་དང་། སེམས་ལས་གཞན་མེད་པར་ནི་བློས་རིག་ནས། །དེ་ནས་སེམས་ཀྱང་མེད་པ་ཉིད་དུ་རྟོགས། །བློ་དང་ལྡན་པས་གཉིས་པོ་མེད་རིག་ནས། །དེ་མི་ལྡན་པས་ཆོས་ཀྱི་དབྱིངས་ལ་གནས། །ཞེས་སོ། །འདིར་ཁ་ཅིག་བློ་བུར་གྱི་དྲི་མ་མེད་པར་ཤེས་ཤིང་དོན་དམ་ཡོད་པར་ཤེས་པའི་ངང་ནས་རྣམ་པར་མི་རྟོག་པར་འཇོག་པ། ཡེ་ཤེས་ལྡན་པ་ཡོད་མེད་ཤེས། །ཞེས་དང་། **མདོ་ལས།** ཡོད་པ་ལ་ཡོད་པ་དང་མེད་པ་ལ་མེད་པར་ཡང་དག་པ་ཇི་ལྟ་བ་བཞིན་དུ་རབ་ཏུ་ཤེས་སོ། །ཞེས་པའི་དོན་དུ་སྨྲ་(༧༥༨ན)མོད་ཀྱང་ཡོད་མེད་ཀྱི་དོན་ནི་སྔར་བཤད་ཟིན་ལ། དྲི་མ་མེད་འཛིན་དང་དོན་དམ་ཡོད་འཛིན་གྱི་ངང་ནས་མི་རྟོག་པར་འཇོག་པ་ནི་ངོ་མཚར་ཆེའོ། །

དེས་ན་ཤེས་རབ་ཟབ་མོས་ཅི་ཡང་མི་མཐོང་བར་མཐོང་བ་ཉིད་ལ་མཉམ་པར་བཞག་བྱ་འཇོག་བྱེད་མེད་པའི་ཚུལ་གྱིས་འཇོག་པ་ཉིད་ཡང་དག་པའི་བསམ་གཏན་དང་ཤེས་རབ་ཟུང་དུ་འབྲེལ་བ་ཡིན་པར་ཤིང་རྟའི་སྲོལ་གཉིས་ཀ་བཞེད་པ་གཅིག་གོ། །དེ་ལྟར་མཉམ་པར་འཇོག་པའི་ཚེ་བྱིང་བའམ་རྒྱུགས་ན་མི་རྟག་པ

སྒོམ་པ་དང་། རྟེན་འབྲེལ་བསམ་པས་སེལ་ལ། རྒོད་ན་སེམས་བཏང་སྙོམས་སུ་བྱ་བ་སྒྲོད་པའི་མན་ངག་གིས་སེལ་ཞིང་རླུང་གི་རྣལ་འབྱོར་དྲུག་གིས་བྱིང་རྒོད་གཉི་ག་ཡང་སེལ་ལོ། །དེ་ལས་ལངས་པའི་རྗེས་ཐོབ་ཏུ་བདག་གཞན་སྟོང་བཅུད་ཐམས་ཅད་སྒྱུ་མའམ་རྨི་ལམ་གྱི་སྣང་བ་ཙམ་དུ་ཤེས་པས་ཞེན་པ་མེད་པར་སྦྱིན་སོགས་བསོད་ནམས་ཀྱི་ཚོགས་ཅི་ནུས་བསག་པར་བྱ་སྟེ། གང་ཞིག་ཕུང་པོ་ལྔ་དག་སྒྱུ་མ་འདྲར་ཤེས་ཤིང་། །སྒྱུ་མ་གཞན་དང་ཕུང་པོ་གཞན་དུ་མི་བྱེད་ལ། །སྣ་ཚོགས་འདུ་ཤེས་བྲལ་ཞིང་ཉེར་བར་ཞི་སྤྱོད་པ། །འདི་ནི་ཤེས་རབ་ཕ་རོལ་ཕྱིན་མཆོག་སྤྱོད་པ་ཡིན། །ཞེས་དང་། **དབུ་མའི་མན་ངག་ལས།** གང་གི་ཚེ་ལྷང་བར་འདོད་ན་དལ་བུས་སྐྱིལ་མོ་ཀྲུང་བཤིག་ལ་ལངས་ཏེ་སྒྱུ་མ་ལྟ་བུའི་ཡིད་ཀྱིས་ལུས་དང་ངག་དང་ཡིད་ཀྱིས་དགེ་བའི་ལས་ཅི་ནུས་བྱའོ། །ཞེས་སོ། །གལ་ཏེ་ཤེས་རབ་སྟོང་པ་ཉིད་ཁོ་ནས་ཆོག་པར་རློམ་ནས་ཐབས་བསོད་ནམས་ཀྱི་ཚོགས་སྤོང་ན་ལམ་གོལ་བར་འགྱུར་ཏེ། **བདེན་ཆུང་ལས།** ཡང་དག་ཀུན་རྫོབ་ཁྱད་བསད་ནས། །སྟོང་པ་ཉིད་ལ་གོམས་བྱེད་ན། །ཀུན་རྫོབ་རྒྱུ་འབྲས་དགེ་སྡིག་སོགས། །འཇིག་རྟེན་ཕ་རོལ་བསླུས་པར་འགྱུར། །ཅུང་ཟད་ཐོས་པ་ལ་བརྟེན་ཏེ། །རྣམ་པར་དབེན་པར་མི་ཤེས་ཤིང་། །མི་གང་བསོད་ནམས་མི་བྱེད་པ། །སྐྱེས་བུ་(༧༨༢)ཐ་ཤལ་དེ་དག་བརླག །ཅེས་དང་། **རྒྱ་མཚོའི་མདོ་ལས།** བདུད་ཀྱི་ལས་ནི་གཉིས་ཏེ་ཤེས་རབ་དང་བྲལ་བའི་ཐབས་དང་། ཐབས་དང་བྲལ་བའི་ཤེས་རབ་སྟེ་གཉི་གའང་བདུད་ཀྱི་ལས་སུ་ཤེས་པས་སྤང་བར་བྱའོ། །ཞེས་དང་། **དྲི་མེད་གྲགས་པའི་མདོར།** ཐབས་ཀྱིས་མ་ཟིན་པའི་ཤེས་རབ་ནི་འཆིང་བའོ། །ཐབས་ཀྱིས་ཟིན་པའི་ཤེས་རབ་ནི་ཐར་པའོ། །ཤེས་རབ་ཀྱིས་མ་ཟིན་པའི་ཐབས་ནི་འཆིང་བའོ། །ཤེས་རབ་ཀྱིས་ཟིན་པའི་ཐབས་ནི་ཐར་པའོ། །ཞེས་གསུངས་ཏེ། ཤེས་རབ་སྟོང་ཉིད་ཀྱི་མཐོང་བས་མ་ཟིན་པའི་སྦྱིན་སོགས་ལྔ་ནི་ཐབས་རྐྱང་པ་ཡིན་ལ། ཐབས་ཁྱད་དུ་བསད་པའི་སྟོང་རྐྱང་དུ་ལྟ་བ

ནི་ཤེས་རབ་རྒྱུད་པ་ཡིན་ལ། དེ་གཉིས་ཀ་སྤྱངས་ནས་ཤེས་རབ་ཀྱིས་རང་བཞིན་ཤེས་པས་དགེ་བ་ཉིད་ལའང་མི་ཆགས་ཤིང་མི་ཞེན་པའི་སྒོ་ནས་བསོད་ནམས་ཀྱི་ཚོགས་རྫོགས་པ་མེད་པར་སྤྱོད་པ་ནི་ཐབས་ཤེས་ཡ་མ་བྲལ་བ་ཡང་དག་པའི་ལམ་སྟེ། **ག་ཡ་གོ་རིའི་མདོ་ལས།** ཐེག་པ་ཆེན་པོའི་ལམ་ནི་མདོར་བསྡུ་ན་གཉིས་ཏེ་ཐབས་དང་ཤེས་རབ་བོ། །ཞེས་དང་། **སྤྲོན་པའི་མདོར།** ཤེས་རབ་ཀྱི་ནི་སྟོང་པར་རྟོགས། །ཐབས་ཀྱིས་སེམས་ཅན་རྣམས་ལ་ལྟ། །སྙིང་རྗེས་ཡོངས་སུ་སྨིན་པར་བྱེད། །དེ་ནི་མྱ་ངན་འདས་པར་འགྲོ། །ཞེས་དང་། **བདེན་ཆུང་ལས།** དེ་ལྟར་ལྟ་ལ་མ་རྨོངས་ཤིང་། །སྤྱོད་པ་ཤིན་ཏུ་དག་གྱུར་ན། །གོལ་བའི་ལམ་དུ་མི་འགྲོ་ཞིང་། །འོག་མིན་གནས་སུ་འགྲོ་བར་འགྱུར། །ཞེས་སོ། །གལ་ཏེ་ཡང་དག་པའི་མཉམ་བཞག་ལ་རྩེ་གཅིག་ཏུ་བརྟན་ན་དེ་ཉིད་ཁོ་ན་གཙོ་བོར་བྱ་སྟེ་ཕ་རོལ་ཏུ་ཕྱིན་པ་ཐམས་ཅད་ཀྱི་ངོ་བོ་ཉིད་ཡིན་པའི་ཕྱིར་ཏེ། **ནམ་མཁའ་མཛོད་ཀྱི་མདོ་ལས།** འདི་ལ་གང་ཆོས་ཐམས་ཅད་མི་འཛིན་པ་དེ་ནི་གཏོང་བའི་མཆོག་གོ། །ཞེས་སོགས་རྒྱ་ཆེར་བཤད་པའི་ཕྱིར་དང་། ཕ་རོལ་ཏུ་ཕྱིན་པ་སྔ་མ་རྣམས་ཀྱི་དངོས་འབྲས་ཡིན་པའི་ཕྱིར། གལ་ཏེ་མཉམ་བཞག་ལ་མི་བརྟན་ན་(༧༥༥ན)ལུས་ངག་གི་དགེ་བ་གཙོ་བོར་བྱ་སྟེ། **བདེན་ཆུང་ལས།** སྒྲིར་ན་མཉམ་བཞག་སེམས་བརྟན་ན། །ལུས་ངག་དགེ་བ་གཙོར་མི་བྱ། །གལ་ཏེ་མཉམ་བཞག་མི་བརྟན་ན། །ལུས་ངག་དགེ་བ་ཅི་ནུས་བྱ། །ཞེས་པ་ལྟར་རོ། །དེ་ལྟར་ཚུལ་བཞིན་དུ་འབད་པ་ན་མཉམ་རྗེས་ཀྱང་ཐ་མི་དད་པར་འགྱུར་ཞིང་མཉམ་པར་བཞག་པ་ཉིད་ཀྱང་མ་མཐོང་བས་མཉམ་རྗེས་ཀྱི་རློམ་སེམས་ཀྱང་འཇིག་པར་འགྱུར་ཏེ། བདག་ནི་མཉམ་པར་བཞག་ཅེའམ་ལངས་ཞེས་རློམ་སེམས་མེད། །ཅི་ཕྱིར་ཞེ་ན་ཆོས་ཀྱི་རང་བཞིན་ཡོངས་ཤེས་ཕྱིར། །ཞེས་སོ། །དེ་ལྟར་སྟོང་ཉིད་ཤེར་ཕྱིན་གྱི་ངང་ལ་དར་ཅིག་གནས་ཀྱང་ཕན་ཡོན་ཚད་མེད་དེ། **དེ་ཁོ་ན་ཉིད་བསྟན་པའི་མདོ་ལས།** ཤཱ་རིའི་བུ། གང་གིས་བསྐལ་པའི་

བར་དུ་ཉན་པ་བས་གང་གིས་སེ་གོལ་ཏོག་པ་ཙམ་ཞིག་ཏུ་དེ་ཁོ་ན་ཉིད་ཀྱི་ཏིང་ངེ་འཛིན་བསྒོམས་ན་བསོད་ནམས་འཕེལ་ལོ། །ཤཱ་རིའི་བུ། དེ་ལྟ་བས་ན་དེ་ཁོ་ན་ཉིད་ཀྱི་ཏིང་ངེ་འཛིན་འདི་གཞན་ལ་ནན་ཏན་གྱིས་གདམས་པར་བྱའོ། །ཤཱ་རིའི་བུ། སངས་རྒྱས་སུ་ལུང་བསྟན་པའི་བྱང་ཆུབ་སེམས་དཔའ་ཐམས་ཅད་ཀྱང་ཏིང་ངེ་འཛིན་འདི་ལ་གནས་པ་ཤ་སྟག་གོ། །ཞེས་སོ། །དེ་ལྟར་ཤེས་རབ་གོམས་པས་གནས་སྐབས་སུ་དགེ་བ་ལ་བག་ཡོད་པར་འགྱུར། ཉོན་མོངས་པ་ཤས་ཆུང་། སེམས་ཅན་ལ་སྙིང་རྗེ་སྐྱེ། སྒྲུབ་པ་ལ་ནན་ཏན་དུ་བྱེད། གཡེང་བ་ཐམས་ཅད་སྤོང་། ཚེ་འདི་ལ་མ་ཆགས་ཤིང་ཞེན་པ་སྤོང་བར་འགྱུར། རང་གཞན་ཐམས་ཅད་ཀྱི་གནས་སྐབས་དང་མཐར་ཐུག་གི་བདེ་ལེགས་ཐམས་ཅད་འབྱུང་བར་འགྱུར་ཏེ། **རིན་ཆེན་ཕྲེང་བར།** སྟོང་པ་ཉིད་ལ་གོམས་པ་ཡིས། །དགེ་བ་དག་ལ་བག་ཡོད་འཐོབ། །ཅེས་སོགས་དང་། སངས་རྒྱས་སྲས་དང་ཉན་ཐོས་རང་རྒྱལ་ལྷ་རྣམས་དང་། །འགྲོ་བ་ཀུན་གྱི་བདེ་སྐྱིད་ཆོས་རྣམས་ཇི་སྙེད་པ། །དེ་ཀུན་ཤེས་རབ་ཕ་རོལ་ཕྱིན་པ་མཆོག་ལས་བྱུང་། །(༧༤༥བ)ཞེས་སོ། །དེ་དག་གིས་ཕ་རོལ་ཏུ་ཕྱིན་པ་སྤྱི་དང་བྱེ་བྲག་རྣམ་པར་བཤད་ཟིན་ཏོ། །རྒྱལ་དང་རྒྱལ་སྲས་ཐམས་ཅད་ཀྱི། །བགྲོད་པ་གཅིག་པའི་ལམ་གྱི་དངོས། །ཕ་རོལ་ཕྱིན་པ་འདི་བཤད་དགེས། །འགྲོ་འདིས་ཇི་བཞིན་རྟོགས་གྱུར་ཅིག། ||(༧༤༦ན)

གཉིས་པ་བག་ཡོད་པ་བསྟན་པ་གཞུང་གི་དོན་ལ། མདོར་བསྟན་པ། རྒྱས་པར་བཤད་པའོ། །

དང་པོ་(མདོར་བསྟན་པ་)ནི།

རྒྱལ་བའི་སྲས་ཀྱིས་དེ་ལྟ་བུར། །
བྱང་ཆུབ་སེམས་རབ་བརྟན་བཟུང་ནས། །

ཞེས་པས་བྱང་ཆུབ་ཀྱི་སེམས་ལ་བག་བྱ་བ་དང་།

གཡེལ་བ་མེད་པར་རྟག་ཏུ་ཡང་། །

བསླབ་ལས་མི་འདའ་འབད་པར་བྱ། ༡།

ཞེས་པས་བསླབ་པ་ལ་བག་བྱ་བ་མདོར་བསྟན་ཏོ། །འདིར་**འགྲེལ་ཆེན་ལས།** སྐྱབ་པ་སྙིང་པོར་བྱེད་པ་ལ་བྱང་ཆུབ་ཡོད་ཀྱི་སོགས་ག་ཡ་གོ་རིའི་མདོ་དང་། ཏིང་རྒྱལ་གྱི་སྐྱབ་པ་སྙིང་པོར་བྱེད་པར་འགྱུར་བར་ཁྱོད་ཀྱིས་བསླབ་པར་བྱའོ། །ཞེས་དྲངས་ཤིང་སྐྱབ་ཚུལ་ཕར་ཕྱིན། ཚད་མེད། བསྡུ་དངོས་བཞི་ཤེས་པའི་ཕྱིར། བློ་གྲོས་མི་ཟད་པ་དང་། དཀོན་མཆོག་སྤྲིན་སོགས་ལྟ་བར་ཁ་འཕངས་སོ། །

རྒྱས་བཤད་ལ་ཡང་དེ་ལྟར་གཉིས་ལས། དང་པོ་བྱང་ཆུབ་སེམས་ལ་བག་བྱ་བ་ལ་གཉིས། མི་དོར་བའི་འཐད་པ་དང་། དོར་བའི་ཉེས་དམིགས་གསུམ་བསྟན་པའོ། །

དང་པོ་(མི་དོར་བའི་འཐད་པ་)ནི།

བབ་ཅོལ་བརྩམས་པ་གང་ཡིན་པའམ། །

གང་ཞིག་ལེགས་པར་མ་བརྟགས་པ། །

དེ་ནི་དམ་བཅའ་བྱས་གྱུར་ཀྱང་། །

བྱའམ་བཏང་ཞེས་བརྟག་པའི་རིགས། ༢།

སངས་རྒྱས་རྣམས་དང་དེ་ཡི་སྲས། །

ཤེས་རབ་ཆེན་པོས་གང་བརྟགས་ཤིང་། །

བདག་ཉིད་ཀྱིས་ཀྱང་བརྟགས་བརྟགས་པ། །

དེ་ལ་བཞོལ་དུ་ཅི་ཞིག་ཡོད། ༣།

ཅེས་གསུངས་ཏེ། སངས་རྒྱས་དང་དེའི་སྲས་ཀྱིས་བརྟགས་པ་ནི་མདོ་སྡེ་རྣམས་ལས་ཕན་ཡོན་རྒྱ་ཆེར་བསྟན་པ་ཡིན་ལ། བདག་ཉིད་ཀྱིས་བརྟགས་པ་ནི་

ཕན་ཡོན་ཐོས་ནས་དོ་གལ་གྱིས་ཞུགས་པའི་ཕྱིར་རོ། །

གཉིས་པ་(དོར་བའི་ཉེས་དམིགས་གསུམ་བསྟན་པ་)ལ། ངན་འགྲོར་འགྲོ་བ། གཞན་དོན་ལས་ཉམས་པ། ས་ཐོབ་པ་ལ་ཐོགས་པའོ། །

དང་པོ་(ངན་འགྲོར་འགྲོ་བ་)ནི།

གལ་ཏེ་དེ་ལྟར་དམ་བཅས་ནས། །
ལས་ཀྱིས་སྒྲུབ་པར་མ་བྱས་ན། །
སེམས་ཅན་དེ་དག་(༡༨༨བ)ཀུན་བསླུས་པས། །
བདག་གི་འགྲོ་བ་ཅི་འདྲར་འགྱུར། ༤ །
དངོས་པོ་ཕལ་པ་ཅུང་ཟད་ལའང་། །
ཡིད་ཀྱིས་སྦྱིན་པར་བསམས་བྱས་ནས། །
མི་གང་སྦྱིན་པར་མི་བྱེད་པ། །
དེ་ཡང་ཡི་དྭགས་འགྱུར་གསུངས་ན། ༥ །
བླ་ན་མེད་པའི་བདེ་བ་ལ། །
བསམ་པ་ཐག་པས་མགྲོན་གཉེར་ནས། །
འགྲོ་བ་ཐམས་ཅད་བསླུས་བྱས་ན། །
བདེ་འགྲོར་ཇི་ག་འགྲོ་འགྱུར་རམ། ༦ །
མི་གང་བྱང་ཆུབ་སེམས་བཏང་ཡང་། །
དེ་དག་ཐར་བར་བྱེད་པ་ནི། །
ལས་ཚུལ་བསམ་གྱིས་མི་ཁྱབ་སྟེ། །
ཐམས་ཅད་མཁྱེན་པ་པོ་ནས་མཁྱེན། ༧ །

ཞེས་གསུངས་ཏེ། ཚིག་བཅད་དང་པོས་སེམས་ཅན་ཐམས་ཅད་བསླུས་པས་ཉེས་དམིགས་ཆེ་བར་བསྟན། གཉིས་ཀྱིས་དེའི་འཐད་པ་བརྗོད། གཅིག་གིས་བྱང་

ཆུབ་ཀྱི་སེམས་བཏང་ན་ཐར་བའི་སྐབས་མེད་པ་ཙམ་དུ་བསྟན་ཏོ། །དེ་ཡང་དྲན་ཉེ་ལས་བསམས་ནས་མ་བྱིན་ན་ཡི་དྭགས་དང་དམ་བཅས་ནས་མ་བྱིན་ན་དམྱལ་བར་འགྲོ་བར་གསུངས་ལ། **བློ་གྲོས་རྒྱ་མཚོའི་མདོ་ལས།** རྒྱལ་པོ་ལྔ་བུས་སྐྱེ་བོ་རྣམས་མགྲོན་དུ་བོས་ནས་མ་བྱིན་ན་འཕྲུ་བའི་དཔེ་དང་སྦྱར་ཏེ་རྒྱ་ཆེར་བཤད་དོ། །

བསམ་པ་ཐག་པས་མགྲོན་དུ་གཉེར་བ་ནི། །བདག་གིས་དེ་རིང་སྐྱོབ་པ་ཐམས་ཅད་ཀྱི། །སོགས་སྐད་གསང་མཐོན་པོས་སྨྲས་ཤིང་མ་བརྒྱལ་བ་བསྒྲལ་བར་བྱའོ། །ཞེས་ཆེད་དུ་བརྗོད་ཟིན་པའི་ཕྱིར་རོ། **།ཆོས་ཡང་དག་པར་སྡུད་པའི་མདོ་ལས།** བྱང་ཆུབ་ཏུ་སེམས་བསྐྱེད་ནས་བཏང་ན་རྫུན་དུ་སྨྲ་བའི་ཐ་ཆད་ཡིན་ནོ་ཞེས་སོ། །

བྱང་སེམས་བཏང་ནས་ཐར་པ་འཐོབ་པ་སྲིད་དམ་ཞེ་ན། འདི་ནི་སངས་རྒྱས་ཁོ་ནའི་ཡུལ་ཏེ་གཞན་གྱིས་མི་ཤེས་སོ། **།འགྲེལ་ཆེན་དུ།** འོ་ན་ཤཱ་རིའི་བུས་སེམས་བསྐྱེད་ནས་སངས་རྒྱས་སྟོང་ཕྲག་བཅུ་བསྙེན་བཀུར་ཏེ་བྱང་ཆུབ་ཀྱི་སྤྱོད་པ་སྤྱོད་པ་ན་བདུད་ཀྱིས་ཐོ་བརྩམས་པས་བྱང་ཆུབ་ཀྱི་སེམས་བཏང་ངོ་། །ཞེས་ཐོས་ན་འོན་ཀྱང་ཉན་ཐོས་ཀྱི་བྱང་ཆུབ་ཐོབ་ནས་གཞན་(༧༨༤ན)དོན་ནུས་པ་འདི་ཇི་ལྟར་དྲང་ཞེ་ན། ཞེས་སོགས་ཏེ་འདི་ལྟ་བུ་སངས་རྒྱས་ལས་གཞན་གྱི་ཡུལ་མ་ཡིན་ནོ། །རིགས་པ་འདི་སྐད་སྟེ། ཤཱ་རིའི་བུས་ཐར་པའི་སེམས་རྣམ་པ་ཐམས་ཅད་དུ་ཡོངས་སུ་བཏང་བ་ནི་མ་ཡིན་ཏེ་རྫོགས་པའི་བྱང་ཆུབ་ཀྱི་སེམས་བཏང་ནའང་ཉན་ཐོས་ཀྱི་བྱང་ཆུབ་ཐོབ་པའི་ཕྱིར་རོ། །ཞེས་གཞན་དོན་གྱི་བློ་བཏང་ཙང་བྱང་ཆུབ་ལ་དམིགས་པ་མ་བཏང་བས་ཉན་བྱང་ཐོབ་པར་འཆད་ཅིང་། **དགེ་བའི་ལྷས་ནི།** སྔར་བཏང་ཡང་ཕྱིས་བླངས་པའི་ཕན་ཡོན་དུ་འཆད་དོ། །དེ་ཡང་**པད་དཀར་ལས།** ཤཱ་རིའི་བུ་སྔོན་སེམས་བསྐྱེད་དེ་སངས་རྒྱས་སྟོང་ཕྲག་བཅུ་ལ་བསྙེན་བཀུར་བྱས་པ་ཞིག་ལ། བདུད་ཀྱིས་བྲམ་ཟེར་སྤྲུལ་ནས་ལག་པ་བསླངས་པས་གཡས་པ་བཅད་

དེ་གཡོན་པས་བྱིན་པ་ན། གཡོན་པ་མི་གཙང་བས་བྱིན་པ་མི་འདོད་ཟེར་ཏེ་ས་ལ་བསྒྱུར་བས་སེམས་བསྐྱེད་བཏང་ནས་ཉན་ཐོས་ཀྱི་ཐེག་པར་ཞུགས་པར་གསུངས་པ་ཐུང་མོང་ཀྱི་དྲང་བའི་དོན་ནམ་ངེས་པའི་དོན་གང་དུ་གསུངས་བརྟག་པར་དགའ་ལ། **དམ་ཆོས་པད་དཀར་དུ།** དེ་བཞིན་གཤེགས་པ་པདྨའི་འོད་དུ་འཚང་རྒྱ་བར་ལུང་བསྟན་ཞིང་། ཤེར་ཕྱིན་གྱི་མདོ་ལྟར་ན། མི་སྐྱེ་བའི་ཆོས་ལ་བཟོད་པ་མ་ཐོབ་པར་བྱང་ཆུབ་ཏུ་ལུང་མི་སྟོན་པའི་ཕྱིར་ཏེ། གང་ཚེ་ང་ནི་ཕ་རོལ་ཕྱིན་པའི་མཆོག་འདི་དང་། །མཐུན་པར་སླར་གྱུར་དེ་ཚེ་སྟོན་གྱི་སྐྱེས་མཆོག་གིས། །མ་འོངས་པ་ཡི་དུས་ན་འཚང་རྒྱ་འགྱུར་རོ་ཞེས། །ང་ལུང་བསྟན་པར་གྱུར་ཅེས་རྒྱལ་བ་དེ་སྐད་གསུངས། །ཞེས་སོ། །དེས་ན་བསྟན་བཅོས་མཛད་པ་པོ་ཉིད་ཀྱིས་སངས་རྒྱས་ཀྱི་ཐུན་མོང་མ་ཡིན་པའི་ཡུལ་དུ་བཞག་པའི་ཕྱིར། བདག་ཅག་གི་རྣམ་པར་རྟོག་པས་དེའི་རྒྱུ་མཚན་བསམ་མི་ནུས་པས་རེ་ཞིག་ངལ་གསོ་བར་བྱས་པ་ལེགས་སོ། །

གཉིས་པ་(གཞན་དོན་ལས་ཉམས་པ་)ནི།

དེ་ནི་བྱང་ཆུབ་སེམས་དཔའ་ལ། །
ལྟུང་བའི་ནང་ན་ལྕི་བ་སྟེ། །
འདི་ལྟར་དེ་ནི་བྱུང་གྱུར་ན། །
སེམས་(༧༤༧བ)ཅན་ཀུན་གྱི་དོན་ལ་དམན། །
གང་གཞན་སྐད་ཅིག་འདི་ཡི་ནི། །
བསོད་ནམས་བར་ཆད་གེགས་བྱེད་པ། །
སེམས་ཅན་དོན་ལ་དམན་གྱུར་པས། །
དེ་ཡི་ངན་འགྲོ་མུ་མཐའ་མེད། །
སེམས་ཅན་གཅིག་གི་བདེ་བ་ཡང་། །
བཤིག་ན་བདག་ཉིད་ཉམས་འགྱུར་ན། །

ནམ་མཁའ་མ་ལུས་མཐས་བསྒྲུས་པའི། །
ལུས་ཅན་བདེ་བཞིག་སྨྲོས་ཅི་དགོས། ༧༠ །

ཞེས་གསུངས་ཏེ། གཞན་དོན་མི་ནུས་པ་དང་། བྱང་ཆུབ་སེམས་དཔའི་བསོད་ནམས་ཀྱི་གེགས་བྱས་ན་རྣམ་སྨིན་མི་བཟད་པ་དང་། དེའི་འཐད་པ་རྣམས་རིམ་པར་སྟོན་ནོ། །དེ་ཡང་རང་དོན་ཡིད་བྱེད་ཀྱི་བློ་ནི་བྱང་ཆུབ་སེམས་དཔའ་ལ་ལྟུང་བའི་ནང་ན་ལྕི་བ་ཡིན་ཏེ། གལ་ཏེ་བསྐལ་བ་བྱེ་བར་དགེ་བའི་ལས་ལམ་བཅུ། །སྤྱོད་ཀྱང་དགྲ་བཅོམ་རང་རྒྱལ་ཐེག་པར་འདོད་བསྐྱེད་ན། །དེ་ཚེ་ཚུལ་ཁྲིམས་སྐྱོན་བྱུང་ཚུལ་ཁྲིམས་ཉམས་པ་ཡིན། །སེམས་བསྐྱེད་དེ་ནི་ཕམ་ཕམ་པས་ཀྱང་ཤིན་ཏུ་ལྕི། །ཞེས་སོ། །རང་ཉིད་ལྟུང་བས་བཅོམ་པས་རྣམ་སྨིན་གྱི་འབྲས་བུ་བཟོད་དཀའ་བ་སྤྱོད་དགོས་ན་གཞན་སྐྱབས་པར་ག་ལ་ནུས་པའོ། **།འགྲེལ་ཆེན་དུ།** གང་གཞན་སྐད་ཅིག་འདི་ཡི་ནི། །ཞེས་འདོན་ཏེ་སྐད་ཅིག་ཀྱང་ཞེས་བྱ་བ་ལ་མིག་བཙུམས་པའི་བར་དང་། ཡུད་ཙམ་པ་དང་། ཆུ་ཚོད་ཕྱེད་དང་། ཐུན་ཕྱེད་ལ་སོགས་པའི་དུས་རེ་ཞིག་ཤོག་སྐད་ཅིག་གཅིག་ཙམ་གྱི་བར་དུ་ཡང་སྟེ་བསོད་ནམས་ཀྱི་གེགས་བྱེད་པ་དེའི་ངན་འགྲོའི་གྲངས་བགྲང་བར་མི་ནུས་སོ། །ཅིའི་ཕྱིར་ཞེ་ན། **རབ་ཞི་རྣམ་ངེས་ཀྱི་ཆོ་འཕྲུལ་གྱི་མདོར།** གཅིག་གིས་འཛམ་གླིང་པ་ཐམས་ཅད་ཀྱི་བདོག་པ་ཐམས་ཅད་ཕྲོག་ཏེ་སྲོག་དང་ཕྲལ་ལ། གཅིག་གིས་བྱང་ཆུབ་སེམས་དཔའི་དགེ་བའི་སེམས་ཐ་ན་དུད་འགྲོའི་སྐྱེ་གནས་སུ་སྐྱེས་པ་ལ་ཁམ་གཅིག་ཙམ་སྟེར་བའི་བར་དུ་གཅོད་ན་དེ་ནི་དེ་བས་ཆེས་རྣམ་སྨིན་གྲངས་མེད་པར་བསྐྱེད་དེ་མི་དགེ་བ་སྡུ་མས་བརྒྱའི་(༧༥ན)ཆར་ཡང་མི་འགྲོ་བ་ནས་རྒྱུའི་བར་དུ་ཡང་མི་བཟོད་པར་གསུངས་པ་དྲངས་སོ། །

གསུམ་པ་(ས་ཐོབ་པ་ལ་ཐོགས་པ་)ནི།

དེ་ལྟར་ལྟུང་བ་སྟོབས་ལྡན་དང་། །

བྱང་ཆུབ་སེམས་སྟོབས་ལྡན་པ་དག །
འཁོར་བར་རིས་ཀྱིས་འདྲི་བྱེད་ན། །
ས་འཐོབ་པ་ལ་ཡུན་རིང་ཐོགས། ༧༧ །
དེ་ལྟས་ཇི་ལྟར་དམ་བཅས་བཞིན། །
བདག་གིས་གུས་པར་བསྒྲུབ་པར་བྱ། །

ཞེས་གསུངས་ཏེ། གལ་ཏེ་སྐར་ཐྣངས་པས་སྐྱོའི་སྙམ་ན་བརྩོན་འགྲུས་ཀྱི་མཐུ་ཆུང་བ་དེས་ནི་ཐྣངས་ཀྱང་ཡང་ལྡང་བས་འཛེམས་པར་འགྱུར་ལ། དེ་ལྟར་རེས་མོས་ཀྱིས་སྤྲང་ཆེན་བྲུས་ལྟར་ནམ་ཡང་གཙང་བའི་ས་འཐོབ་པར་མི་འགྱུར་རོ། །དེས་ན་བྱང་ཆུབ་ཀྱི་སེམས་ལ་བག་ཡོད་པས་མ་ཉམས་པར་ཐོག་མ་ཉིད་ནས་འབད་དགོས་ཏེ། གོམས་ན་སླ་བར་མི་འགྱུར་བའི། །དངོས་དེ་གང་ནའང་ཡོད་མ་ཡིན། །ཞེས་འཆད་པར་འགྱུར་ཞིང་། **སྐྱེ་བོ་གསོ་ཐིགས་ལས།** ལུས་ཅན་རྣམས་ཀྱི་སྐྱོན་ཡོན་ནི། །ཐམས་ཅད་གོམས་པའི་རྒྱ་བ་ཅན། །གོམས་པའང་རང་ལ་རག་ལས་པས། །དེ་བས་ཡོན་ཏན་གོམས་པ་མཆོག །ཅེས་སོ། །

གཉིས་པ་(བསླབ་པ་ལ་བག་བྱ་བ་)ལ། ཉེས་པ་ལས་ལྡོག་པ་ལ་བག་བྱ་བ་བཞི། དགེ་བ་སྒོམ་པ་ལ་བག་བྱ་བ་གསུམ། ཉོན་མོངས་པ་སྤང་བ་ལ་བག་བྱ་བ་གསུམ། མཇུག་བསྡུ་བ་སྟེ་བཞིའོ། །

དང་པོ་(ཉེས་པ་ལས་ལྡོག་པ་ལ་བག་བྱ་བ་བཞི་)ནི།

དེང་ནས་བརྩོན་པར་མ་བྱས་ན། །
འོག་ནས་འོག་ཏུ་འགྲོ་བར་འགྱུར། ༧༨ །
སེམས་ཅན་ཐམས་ཅད་ཕན་མཛད་པའི། །
སངས་རྒྱས་གྲངས་མེད་འདས་གྱུར་ཀྱང་། །
བདག་ནི་རང་གི་ཉེས་པས་དེའི། །

གསོ་བའི་སྤྱོད་ཡུལ་མ་གྱུར་ཏོ། ༧༣ །
ད་ དུང་དེ་བཞིན་བདག་བྱེད་ན། །
ཡང་དང་ཡང་དུ་འང་དེ་བཞིན་ཏེ། །
ངན་འགྲོར་ནད་དང་འཆིང་བ་དང་། །
གཅོད་དང་གཤེག་སོགས་སྐྱོང་བར་འགྱུར། ༧༤ །
དེ་བཞིན་གཤེགས་པ་འབྱུང་བ་དང་། །
དད་དང་མི་ལུས་ཐོབ་པ་དང་། །
དགེ་གོམས་རུང་བ་དེ་(༧༦(བ))ལྟ་བུ། །
དཀོན་ན་ནམ་ཞིག་འཐོབ་པར་འགྱུར། ༧༥ །
ནད་མེད་ཉི་མ་འདི་ལྟ་བུར། །
ཟས་བཅས་འཚེ་བ་མེད་ཀྱང་ནི། །
ཚེ་ནི་སྐད་ཅིག་སླུ་བ་སྟེ། །
ལུས་ནི་ཐང་ཅིག་བརྙན་པོ་བཞིན། ༧༦ །
བདག་གི་སྤྱོད་པ་འདི་འདྲས་ནི། །
མི་ཡི་ལུས་ཀྱང་འཐོབ་མི་འགྱུར། །
མི་ལུས་ཐོབ་པར་མ་གྱུར་ན། །
སྡིག་པ་འབའ་ཞིག་དགེ་བ་མེད། ༧༧ །
གང་ཚེ་དགེ་སྤྱད་སྐལ་ལྡན་ཡང་། །
དགེ་བ་བདག་གིས་མ་བྱས་ན། །
ངན་སོང་སྡུག་བསྔལ་ཀུན་རྨོངས་པ། །
དེ་ཚེ་བདག་གིས་ཅི་བྱར་ཡོད། ༧༨ །
དགེ་བ་དག་ཀྱང་མ་བྱས་ལ། །

སྡིག་པ་དག་ཀྱང་ཉེར་བསགས་ན། །
བསྐལ་པ་བྱེ་བ་བརྒྱར་ཡང་ནི། །
བདེ་འགྲོའི་སྒྲ་ཡང་ཐོས་མི་འགྱུར། ༡༩ །
དེ་ཉིད་ཕྱིར་ན་བཅོམ་ལྡན་གྱིས། །
རྒྱ་མཚོ་ཆེར་གཡེངས་གཉའ་ཤིང་གི། །
བུ་གར་རུས་སྦལ་མགྲིན་ཆུད་ལྟར། །
མི་ཉིད་ཤིན་ཏུ་འཐོབ་དཀར་གསུངས། ༢༠ །

ཞེས་གསུངས་ཏེ། ཚིགས་བཅད་ཕྱེད་དང་གསུམ་གྱིས་ངན་འགྲོར་འགྲོ་བ། དེ་ནས་གཅིག་གིས་དལ་བ་མི་འཐོབ་པ། གཅིག་གིས་ཐོབ་ཀྱང་མི་བརྟན་པ། ཚིགས་བཅད་བཞིས་ངན་འགྲོར་དགེ་བ་བྱར་མེད་པ་རྣམས་བསྟན་ཏོ། །

དེ་ཡང་དེང་ནས་ཞེས་པ་ནི་དགེ་བའི་བློ་སྐྱེས་པའི་དུས་ད་ལྟ་འདི་ཉིད་ནས་སོ། །རང་ཉིད་ཀྱིས་བརྩོན་པར་མ་བྱས་ན་ཐར་པ་གཞན་གྱིས་སྒྲིན་དུ་མེད་དེ། ཐར་པ་བདག་ལ་རག་ལས་འདི་ལ་ནི། །གཞན་གྱིས་གྲོགས་བགྱིར་ཅི་ཡང་མ་མཆིས་སོ། །ཞེས་སོ། །སངས་རྒྱས་མང་དུ་འབྱུང་བས་དེ་དག་གིས་བདག་འདུལ་བར་འགྱུར་རོ་ཞེ་ན། སྔོན་སངས་རྒྱས་དཔག་མེད་འདས་པས་བདག་མ་བཏུལ་བ་འདི་ཡིན་ན་ད་དུང་རང་གིས་རང་སྐྱོད་མ་ཡིན་པར་བྱས་ན་ངན་འགྲོར་ལྟུང་གི་སངས་རྒྱས་དང་ཕྲད་པར་མི་འགྱུར་རོ། །

དེ་བཞིན་གཤེགས་པ་འབྱུང་བ་སོགས་གཞན་འབྱོར་ལྔ་དང་དད་དང་མི་ལུས་སོགས་རང་འབྱོར་ལྔ་དང་ལྡན་པ་དགེ་བ་(༡༤༩ན)གོམས་པར་བྱར་ཡོད་པའི་རྟེན་འདི་ལྟ་བུ་ནི་ཕྱིས་འཐོབ་པར་དཀའ་བས་འདི་ལྟ་བུ་དོན་ཆུང་དུར་འཛད་དུ་འཕངས་སོ། །ཐོབ་ཟིན་པ་འདིས་ཚོག་མོད་སྙམ་ན་ད་ལྟ་ནད་སོགས་ཀྱི་འཆི་བ་མེད་ཅིང་བདེ་བ་ལྟར་གནས་པས་ཉིན་མཚན་འདའ་མོད་ཀྱང་མ་ཚོར་བར་མྱུར་

ཏུ་འཆི་སྟེ་ཚེ་ནི་སྐད་ཅིག་ཙམ་ལ་རྟག་པར་ཞེན་པའི་སླུ་བ་ཅན་དང་ལུས་འདི་འབྱུང་བཞིའི་གཡར་པོ་ཡིན་པའི་ཕྱིར་རོ། །མི་ལུས་ཕྱིས་ཐོབ་པའི་ཚེ་བྱའོ་སྙམ་ན་བདག་གི་ད་ལྟའི་སྤྱོད་པ་འདིས་ནི་ངན་འགྲོར་ལྟུང་བར་ཟད་ཀྱི་མི་ལུས་མི་འཐོབ་བོ། །

ངན་འགྲོར་དགེ་བ་བྱའོ་ཞེ་ན། དེ་ནི་མི་སྲིད་པའི་གནས་ཡིན་པའི་ཕྱིར་དགེ་བའི་བློ་ཙམ་ཡང་ག་ལ་ཡོད་དེ་བདག་ཉིད་ངན་སོང་གི་སྡུག་བསྔལ་གྱིས་རྨོངས་པ་བ་ལང་ལ་སོགས་པར་གྱུར་པའི་ཚེ་དགེ་བ་ཇི་ལྟར་བྱ། ངན་འགྲོ་ལས་ཐར་ནས་བྱའོ་ཞེ་ན། ངན་འགྲོར་སྐྱེས་པའི་ཚེ་དགེ་བ་ནི་མིང་ཡང་མེད་ལ་སྡིག་པ་ནི་ཉིན་རེར་ཡང་གྲངས་མེད་པ་སོག་སྟེ། དཔེར་ན། ཁྲ་དང་སྤྱང་གི་སོགས་དགེ་བ་བྱེད་པ་ནི་མ་མཐོང་ལ་སྡིག་པ་ནི་ཉིན་རེ་བཞིན་རྣམ་པ་དུ་མ་བྱེད་པར་མཐོང་བའི་ཕྱིར་ན་ངན་འགྲོ་དེ་ལས་ནམ་ཞིག་འཐར་བར་འགྱུར་ཏེ་རི་གཟར་པོ་ལས་ཕ་བོང་ལྟུང་བ་ནི་གྱེན་དུ་མི་ལྡོག་ལ་ཐུར་དུ་རང་བཞིན་གྱིས་འགྲོ་བ་ལྟ་བུའི་ཕྱིར་ཏེ་བདེ་འགྲོར་སྐྱེ་བ་ལྟ་ཞོག་སྒྲ་ཐོས་པའང་དཀའོ། །

དེའི་ཕྱིར་དལ་འབྱོར་རྙེད་དཀའ་བའི་ཚུལ། **དགའ་བོ་ལ་བསྟན་པའི་མདོར།** དཔེར་ན་ཡོངས་སུ་བརྟག་པ་ཉེ་བར་བཟུང་སྟེ་ཛམྦུ་གླིང་ཐམས་ཅད་རྒྱ་མཚོ་ཆེན་པོའི་ཆུ་གཅིག་གི་གཞིར་གྱུར་ལ། དེར་ཡང་གཉའ་ཤིང་བུ་ག་གཅིག་པ་ཡོངས་སུ་འཕྱོ་བ་ལ་ཤར་ནས་རླུང་གིས་ནུབ་ཀྱི་འགྲམ་དང་ནུབ་ནས་རླུང་གིས་ཤར་གྱི་འགྲམ་དུ་འཕྱིར་ཞིང་དེ་བཞིན་དུ་ཕྱོགས་ཐམས་ཅད་དུ་འགྲོའོ། །རྒྱ་མཚོ་དེ་ན་རུས་སྦལ་ཞར་བ་ཞིག་གནས་ཤིང་དེ་ཡང་ལོ་བརྒྱ་འདས་པ་དང་མགྲིན་པ་བཏེགས་ནས་ལྟའོ། །ཇི་ལྟར་འགའ་ཞིག་ཏུ་(༧༤(བ)འདི་འདྲ་བའི་ཚོགས་པ་ཡོད་པར་གྱུར་པ་སྟེ་གཉའ་ཤིང་གང་ཡིན་པ་མིག་ཞར་བ་དེའི་ཕྱོགས་སུ་སོང་བར་གྱུར་པ་དང་དེ་ལ་མི་ལྟ་ན་ཡང་དེའི་མགྲིན་པ་བུ་ག་དེར་ཆུད་པ་བཞིན་དུ་མིའི་ལུས་ཐོབ་པ་

ཡང་དེ་བཞིན་ནོ། །ཞེས་བསྟན་ཏོ། །

གཉིས་པ་(དགེ་བ་སྒོམ་པ་ལ་བག་བྱ་བ་གསུམ་)ནི།

སྐད་ཅིག་གཅིག་བྱས་སྡིག་པས་ཀྱང་། །
བསྐལ་པར་མནར་མེད་གནས་འགྱུར་ན། །
ཐོག་མེད་འཁོར་བར་བསགས་སྡིག་གིས། །
བདེ་འགྲོར་མི་འགྲོ་སྨོས་ཅི་དགོས། ༢༡ །
དེ་ཙམ་ཁོ་ན་མྱོང་གྱུར་ནས། །
དེ་ནི་རྣམ་ཐར་མི་འགྱུར་ཏེ། །
འདི་ལྟར་དེ་ནི་མྱོང་བཞིན་དུ། །
སྡིག་པ་གཞན་དག་རབ་ཏུ་སྐྱེ། ༢༢ །
འདི་འདྲའི་དལ་བ་རྙེད་གྱུར་ནས། །
བདག་གིས་དགེ་གོམས་མ་བྱས་ན། །
འདི་ལས་བསླུས་པ་གཞན་མེད་དེ། །
འདི་ལས་རྨོངས་པའང་གཞན་མེད་དོ། ༢༣ །
གལ་ཏེ་བདག་གིས་དེ་རྟོགས་ནས། །
རྨོངས་པས་ཕྱིས་ཀྱང་སྒྱིད་ལུག་ན། །
འཆི་བར་འགྱུར་བའི་དུས་ཀྱི་ཚེ། །
མྱ་ངན་ཆེན་པོ་ལྡང་བར་འགྱུར། ༢༤ །
དམྱལ་མེ་བཟོད་དཀས་ཡུན་རིང་དུ། །
བདག་གི་ལུས་ལ་བསྲེགས་གྱུར་ན། །
འགྱོད་པ་མི་བཟད་མེ་འབར་བས། །
སེམས་གདུང་འགྱུར་བར་གདོན་མི་ཟ། ༢༥ །

ཤིན་ཏུ་རྙེད་དཀའ་ཕན་པའི་ས། །
ཅི་ཞིག་ལྟར་སྟེས་རྙེད་གྱུར་ནས། །
བདག་ཉིད་ཤེས་དང་ལྡན་བཞིན་དུ། །
ཕྱིར་ཡང་དམྱལ་བ་དེར་ཁྲིད་ན། ༢༧ །
སྔགས་ཀྱིས་རྨོངས་པར་བྱས་པ་བཞིན། །
བདག་ལ་འདིར་སེམས་མེད་དུ་ཟད། །

ཅེས་གསུངས་ཏེ། ཚོགས་བཅད་དང་པོས་སྔོན་བསགས་པའི་སྡིག་པ་མང་བ་དང་། གཉིས་པས་སྡིག་པ་རང་ཟད་དུ་འགྱུར་མི་སྲིད་པ་དང་། ཚོགས་བཅད་ཕྱེད་དང་ལྷུས་གཉེན་པོའི་དགེ་བ་ལ་འབད་དགོས་པར་བསྟན་པ་ཡིན་ལ། འདི་ལ་ཡང་མི་ལུས་ཐོབ་དུས་དགེ་བ་མ་བྱས་ན་རང་གིས་རང་བསླུས་པར་བསྟན་པ་དང་། ཕྱི་དུས་སུ་འགྱོད་པ་དང་། དམྱལ་བར་སྐྱེས་པའི་ཚེ་འགྱོད་པ་དང་། ལས་འབྲས་གོ་བཞིན་དུ་རང་གིས་རང་(༡༧༠ན)དམྱལ་བར་ཁྲིད་ན་སེམས་མེད་པར་ཟད་པ་སྟེ། སྔ་མ་གསུམ་ཚོགས་བཅད་རེ་རེ་དང་། ཐ་མ་ཚོགས་བཅད་ཕྱེད་དང་གཉིས་ཀྱིས་བསྟན་ཏོ། །

དེ་ཡང་བདག་གིས་སྡིག་པ་ཆེར་མ་བྱས་སོ་ཞེ་ན། ཕ་མ་གསོད་པ་སོགས་མཚམས་མེད་ཀྱི་ལས་ཡུད་ཙམ་རེ་བྱས་པས་ཀྱང་འབྲས་བུ་མནར་མེད་དུ་བསྐལ་པར་གནས་དགོས་ན་བདག་རྒྱུད་ལ་ཐོག་མ་མེད་པ་ནས་སྡིག་པ་དེ་ལྟ་བུ་བྱས་པའི་བག་ཆགས་དཔག་མེད་ཡོད་ཀྱང་རང་གིས་མི་ཤེས་པའོ། །ཕ་མ་གསོད་པ་ལྟ་བུའང་རིང་དུ་འགོར་བ་མ་ཡིན་ཏེ་ལས་ཀྱི་དངོས་གཞི་འཆི་སེམས་སྐད་ཅིག་མ་གཅིག་གིས་ཆོག་པའི་ཕྱིར། སྤྱིར་བྱ་རྫོགས་ཀྱི་སྐད་ཅིག་མ་ནི་བསྐལ་པ་ལ་སོགས་ཀྱང་ཡིན་མོད་ཀྱང་འདིར་ནི་མིག་ཨ་འཛུམས་ཨ་(བཙུམས་)སོགས་ལ་སྐད་ཅིག་ཏུ་འཇོག་པ་འཇིག་རྟེན་ལ་གྲགས་པ་ལྟར་ཡིན་ལ། མིག་ཨ་འཛུམས་ཨ་(བཙུམས་)ལ་ཆ་ཤས་བརྒྱ་

དྲུག་ཅུར་ཕྱེ་བའི་ཆ་གཅིག་ལ་དུས་མཐའི་སྐད་ཅིག་ཏུ་འཇོག་པ་ནི་རེ་ཞིག་ཐེག་དམན་གྱི་རྣམ་འཇོག་གོ། **།འགྲེལ་ཆེན་ལས་ནི།** གང་ཡང་སྒྲོར་བའི་སྐད་ཅིག་མ་མང་མོད་ཀྱི་དེ་ལྟ་ན་ཡང་དངོས་གཞི་མཚམས་མེད་པ་ནི་སྐད་ཅིག་མ་གཅིག་ཉིད་ལ་འགྲུབ་པར་འགྱུར་བའམ། ཡང་ན་ཤིན་ཏུ་མྱུར་བས་སྐད་ཅིག་མ་མང་པོ་ལའང་སྐད་ཅིག་མ་གཅིག་གི་སྒྲར་བརྗོད་པ་མིག་:འཛུམས་:(བཙུམས་)ཏུ་མ་སོང་བའི་བྱ་བ་ལའང་མིག་:འཛུམས་:(བཙུམས་)གཅིག་ལ་བྱས་སོ་ཞེས་འཇིག་རྟེན་ན་གྲོག་པ་ལྟ་བུའོ། །བསྐལ་པ་ནི་བར་བསྐལ་གཅིག་སྟེ་མནར་མེད་པའི་ཚེའོ། །ཞེས་སོ། །ཡང་རྣམ་སྨིན་གྱི་འབྲས་བུ་དེ་ཙམ་ཞིག་མྱོང་བ་པོ་ནས་ཐར་བར་མི་འགྱུར་ཏེ་འགྲོ་བའི་སྐྱེ་གནས་གཞན་ཁྲི་ཕྲག་ཏུ་མ་བརྒྱུད་པས་མྱོང་བའི་རྒྱུ་མཐུན་སྤྱོད་ཅིང་། ཡང་དེའི་ཚེ་ལས་ཀྱི་བག་ཆགས་ངན་པས་བྱེད་པ་རྒྱུ་མཐུན་སྟོན་བྱས་ཀྱི་སྡིག་པ་དེ་ལྟ་བུ་མང་དུ་སྤྱོད་པ་ལ་ལས་དེ་རེ་རེ་ཡང་རྣམ་སྨིན་རྒྱུ་མཐུན་དང་བཅས་པ་ནི་བསྐལ་པ་མང་པོས་ཚར་ཕྱིན་དགོས་པའི་ཕྱིར་རོ། །

དེ་བས་ན་ད་ལྟ་དལ་བ་(༡༧༠བ)ཉིད་དུས་འདི་ཁོ་ནར་མ་འབད་ན་ཕྱིས་འགྱོད་པ་ཆེན་པོ་སྐྱེ་སྟེ་མྱུ་ངམ་གྱི་ཐང་ལ་ཁུར་ཆེན་པོ་ལྕི་བ་འཇིག་ཏུ་ཉེ་བ་ཁྱེར་ནས་འགྲོ་ལ། དེ་ས་ལ་བསྐྱུད་ནས་བཙོས་ན་ཡང་ལངས་མི་ནུས་པར་མཐོང་ནས་ངལ་བཞིན་དུ་འགྲོ་བ་ལས་ལམ་གྱི་དབུས་ཞིག་ཏུ་ངལ་སྟེགས་གྲིབ་བསིལ་ཆུ་གཙང་མ་དང་བཅས་པ་ཕྲད་ལ་དེར་ལེ་ལོས་མ་བཙོས་པར་ཕྱིན་པས་ཡང་མྱུ་ངམ་གྱི་ཐང་སྔ་མ་བས་ཆེ་བ་མཐོང་ནས་ཆེས་འགྱོད་པར་འགྱུར་བ་ལྟར། དལ་བ་འདི་དོན་མེད་ཏུ་ཟད་ན་འཆི་ཁར་འགྱོད་པ་དང་། དམྱལ་བར་སྡུག་བསྔལ་གྱི་དབང་གིས་སྐྱེ་བ་བདུན་བརྒྱུད་དུ་དྲན་ཞིང་གཤིན་རྗེའི་སྐྱེས་བུས་ཀྱང་དལ་བ་ཕུན་སུམ་ཚོགས་པ་ཐོབ་ནས་དོན་མེད་དུ་བྱས་ཏེ་འདིར་འོང་བ་ཞེས་སྨྲས་ཤིང་བརྡེགས་པའི་ཚེ་ཆེས་འགྱོད་པ་སྐྱེ་བའི་ཕྱིར།

དེས་ན་དལ་བ་ཡང་སྐྱེས་དབང་གིས་བརྙེས། ཆོས་སྒྲུབ་པའི་བློ་ཙམ་དང་ཡང་ལྡན་བཞིན་དུ་ད་དུང་བག་མེད་ཀྱི་སེམས་ཀྱི་དབང་དུ་བཏང་ནས་རང་གིས་རང་ངན་འགྲོར་ཁྲིད་ན་ནི་བདག་གི་སེམས་འདིས་ཅི་ཞིག་བྱ་སྟེ་སེམས་མེད་པ་ཁོ་ནར་ཟད་པའི་དོན་ཏོ། །

གསུམ་པ་ཉོན་མོངས་སྤང་བ་ལ་བག་བྱ་བ་ལ། བསམ་པས་མི་མཐུན་པར་ལྟ་བ་གསུམ། སྦྱོར་བས་མི་སྐྱོ་བར་བྱ་བ་གསུམ། སྤང་ནུས་པར་སྤྲོ་བ་བསྐྱེད་པ་གཉིས་ཏེ་གསུམ་མོ། །དང་པོ་(བསམ་པས་མི་མཐུན་པར་ལྟ་བ་གསུམ་)ལ་ཡང་། གནོད་པའི་རྣམ་པར་བརྟག་པ་བཞི། མི་བཟོད་པར་བསྟན་པ། ང་རྒྱལ་བསྐྱེད་པ་སྟེ་གསུམ་མོ། །དང་པོ་(གནོད་པའི་རྣམ་པར་བརྟག་པ་བཞི་)ལ་ཡང་། རང་དབང་མེད་པར་བྱེད་པ། སྡུག་བསྔལ་ལ་སྦྱོར་བ། རྟག་ཏུ་འཕྲང་བ། བསྟེན་དུ་མི་རུང་བར་བསྟན་པ་སྟེ་བཞི་ལས།

དང་པོ་(རང་དབང་མེད་པར་བྱེད་པ་)ནི།

ཅིས་རྨོངས་བདག་གིས་མ་ཤེས་ཏེ། །
བདག་གི་ཁོང་ན་ཅི་ཞིག་ཡོད། ༢༧ །
ཞེ་སྡང་སྲེད་སོགས་དགྲ་རྣམས་ནི། །
རྐང་ལག་ལ་སོགས་ཡོད་མིན་ལ། །
དཔའ་མཛངས་མིན་ཡང་ཇི་ཞིག་ལྟར། །
དེ་དག་གིས་བདག་བྲན་བཞིན་བྱས། ༢༨ །
བདག་གིས་སེམས་ལ་གནས་བཞིན་དུ། །(༡༧༡ན)
དགའ་མགུར་བདག་ལ་གནོད་བྱེད་པ། །
དེ་ལའང་མི་ཁྲོ་བཟོད་པ་ནི། །
གནས་མིན་བཟོད་པ་སྨད་པའི་གནས། ༢༩ །

ཞེས་གསུངས་ཏེ། ཅི་རྨོངས་པ་འདི་ལྟ་བུ་སྐྱེ་བའི་རྒྱུ་བདག་གི་ཁོང་ན་ཅི་ཞིག་

ཡོད་ཅེས་རྣམ་པར་བརྟག་གོ། །བརྟགས་པ་ན་ཞེ་སྡང་ལ་སོགས་པ་ཀུན་ནས་ཉོན་མོངས་པ་འདི་རྣམས་ཡིན་པར་མཐོང་ངོ་། །དེའི་ཚེ་འདི་རྣམས་ལ་སྒྱུ་རྩལ་དང་མི་ཞུམ་པའི་དཔའ་བ་དང་རྟོད་རིག་པའི་མཛངས་པ་དང་ཚན་པོ་ཆེ་ལ་སོགས་པའི་སྟོབས་དང་རྐང་ལག་གི་ཤེད་དང་བསྟུན་པའི་མཚོན་ཆ་སོགས་གཞན་ལས་ཁྱད་པར་དུ་གྱུར་པ་ཅི་ཞིག་ཡོད་པ་སོ་སོར་བརྟག་པར་བྱའོ། །

དེ་ལྟར་བརྟགས་པ་ན་དེ་ལྟ་བུ་ཅི་ཡང་མ་མཐོང་སྟེ་ཉོན་མོངས་པའི་སེམས་འདི་ནི་ཆུ་ལས་ཆུ་བུར་ལྟར་སྐད་ཅིག་གིས་སྐྱེ་ཞིང་དེ་ཉིད་དུ་འཇིག་ལ་གང་ནས་ཀྱང་མ་འོངས་གང་དུ་ཡང་མི་འགྲོ་གང་ནའང་མི་གནས་ལ་ངོ་བོ་ཉིད་ཀྱིས་སྟོང་པ་གསོག་དང་གསོབ་དང་ཡ་མ་བརྫུ་ཞིག་སྟེ། འོ་ན་སྙིང་པོ་མེད་པ་འདིས་བདག་ཐན་བཞིན་དུ་བྱེད་པ་ཅིའི་ཕ་ཆོག་ཅེས་བདག་ཉིད་ཀྱིས་བདག་ཉིད་ལ་ངོ་ཚ་བ་དང་བཞད་གད་ཀྱི་བློ་སྐྱེའོ། །

ཡང་བརྟགས་པ་ན་འདི་ལ་ནི་བདག་གི་སེམས་ལས་གཞན་པའི་རྟེན་ནི་འགའ་ཡང་མ་མཐོང་ངོ་། །འདི་སེམས་ཀྱི་ངོ་བོ་ཉིད་ཀྱིས་ཀྱང་མ་ཡིན་པར་མཐོང་སྟེ་འདི་ནི་ཕྱིན་ཅི་ལོག་གི་བཅོས་མ་གོམས་པ་ཙམ་ཞིག་སྟེ་འོན་ཀྱང་བདག་ཉིད་གང་ལ་རྟེན་བཅས་པའི་སེམས་དེ་ཁོ་ན་ལ་གནོད་པར་བྱེད་པས་རང་བཞིན་གྱིས་དགྲར་གྱུར་པ་འདི་ལ་ནི་བཟོད་པར་མི་བྱ་སྟེ་གནས་མ་ཡིན་པའི་བཟོད་པ་ནི་འཇིག་རྟེན་ན་སྨད་པའི་གནས་ཡིན་པའི་ཕྱིར་རོ། །དེས་ན་**བཅོམ་ལྡན་འདས་ཀྱིས་རྒྱལ་པོ་ཤར་པ་ལ།** རྒྱལ་པོ་ཆེན་པོ་དགྲ་འདི་མ་ཡིན་པའི་དགྲ་ཆེན་པོ་ཤར་གཉེར་བ་གཞན་ཞིག་ཡོད་དོ། །ཞེས་བདག་ཏུ་འཛིན་པ་དགྲར་བསྟན་པས། རྒྱལ་པོས་གསོལ་བ། སྔར་བདག་གིས་དགྲ་མ་ཡིན་པ་ཞིག་དགྲར་བཟུང་(༡༧༡བ)ད་ནི་བདག་གིས་དགྲ་ཡང་དག་པ་ངོས་ཟིན་ཏེ་འདི་གདུལ་བར་བྱའོ། །ཞེས་གསོལ་བ་ལྟ་བུའོ། **།འགྲེལ་ཆེན་ལས།** ཞེ་སྡང་སྲེད་སོགས་ནི། སྲིད་པའི་རྩ་བ་ཕྲ་རྒྱས

དུག །འདོད་ཆགས་ཁོང་ཁྲོ་དེ་བཞིན་དུ། །ང་རྒྱལ་དང་ནི་མ་རིག་པ། །ལྟ་བ་ཐེ་ཚོམ་དེ་དག་བཅུ། །ཞེས་པའི་ལྟ་བ་ལ། འཇིག་ལྟ། མཐར་ལྟ། ལོག་ལྟ། ལྟ་བ་མཆོག་འཛིན་བརྟུལ་ཞུགས་མཆོག་འཛིན་ཏེ་ལྔར་ཕྱེ་བས་བཅུ། དེ་ལ་ལམ། ཁམས། བདེན་པས་ཕྱེ་བས་དགུ་བཅུ་རྩ་བརྒྱད་དུ་འགྱུར་ལ། བྱང་སེམས་ཀྱི་ནི་བརྒྱ་ཉི་ཤུ་རྩ་གཉིས་སོ། །ཞེས་སོ། །

གཉིས་པ་(སྡུག་བསྔལ་ལ་སྦྱོར་བ་)ནི།

གལ་ཏེ་ལྷ་དང་ལྷ་མིན་རྣམས། །
ཐམས་ཅད་བདག་ལ་དགྲར་ལངས་ཀྱང་། །
དེ་དག་གིས་ཀྱང་མནར་མེད་པའི། །
མེ་ནང་འཁྲིད་ཅིང་གཞུག་མི་ནུས། ༣༠ །
ཉོན་མོངས་སྟོབས་ཆེན་དགྲ་འདིས་ནི། །
གང་དང་ཕྲད་ན་རི་རབ་ཀྱང་། །
ཐལ་བར་ཡང་ནི་མི་ལུས་པ། །
དེར་བདག་སྐད་ཅིག་གཅིག་ལ་འདོར། ༣༡ །

ཞེས་གསུངས་ཏེ། དགྲ་གཞན་པས་འདི་གནོད་པ་ཆེ་སྟེ་འདིས་ནི་ཚ་བའི་ཁྱད་པར་རི་རབ་ཀྱང་སྐད་ཅིག་གིས་སྲེག་ནུས་པའི་དམྱལ་བ་མནར་མེད་པའི་མེ་ལྕེར་ཡང་བདག་ཡུད་ཀྱིས་འདོར་ནུས་སོ། །

གསུམ་པ་(རྟག་ཏུ་འབྲང་བ་)ནི།

བདག་གི་ཉོན་མོངས་དགྲ་བོ་གང་། །
དུས་རིང་ཐོག་མཐའ་མེད་པ་ལྟར། །
དགྲ་གཞན་ཀུན་ཀྱང་དེ་ལྟ་བུར། །
ཡུན་རིང་ཐུབ་པ་མ་ཡིན་ནོ། ༣༢ །

ཞེས་གསུངས་ཏེ། དགྲ་གཞན་ནི་ཚེ་རབས་ཐམས་ཅད་དུ་རྗེས་སུ་མི་འབྲང་སྟེ་ཤི་འཕོས་ནས་ལས་བཞིན་སོ་སོར་སྐྱེའོ། །ཉོན་མོངས་པ་འདི་ནི་དེ་ལྟ་མིན་ཏེ་སེམས་དང་ཐ་མི་དད་པར་རྗེས་སུ་འབྲང་ངོ་། །

བཞི་པ་(བསྟེན་དུ་མི་རུང་བར་བསྟན་པ་)ནི།

མཐུན་པར་རིམ་གྲོ་བསྟེན་བྱས་ན། །
ཐམས་ཅད་ཕན་དང་བདེ་བྱེད་མོད། །
ཉོན་མོངས་རྣམས་ནི་བསྟེན་བྱས་ན། །
ཕྱིར་ཞིང་སྡུག་བསྔལ་གནོད་པ་བྱེད། ༣༣།

ཅེས་གསུངས་ཏེ། དགྲ་གཞན་ནི་བསྟེན་ན་ཕན་འདོགས་ཀྱང་ཉོན་མོངས་འདི་ནི་གང་གིས་(༧༧༢ན)བསྟེན་པ་དེ་ཕུང་བར་བྱེད་དོ། །

གཉིས་པ་མི་བཟོད་པ་བསྐྱེད་པ་ནི།

དེ་ལྟར་ཡུན་རིང་རྒྱུན་ཆགས་དགྲར་གྱུར་པ། །
གནོད་པའི་ཚོགས་རབ་འཕེལ་བའི་རྒྱུ་གཅིག་པུ། །
བདག་གི་སྙིང་ལ་ངེས་པར་གནས་འཆའ་ན། །
འཁོར་བར་འཇིགས་མེད་དགའ་བར་ག་ལ་འགྱུར། ༣༤།
འཁོར་བའི་བཙོན་རའི་སྲུང་མ་དམྱལ་སོགས་སུ། །
གསོད་བྱེད་གཤེད་མར་གྱུར་པ་འདི་དག་ནི། །
གལ་ཏེ་བློ་གནས་ཆགས་པའི་དྲ་བ་ན། །
གནས་ན་བདག་ལ་བདེ་བ་ག་ལ་ཡོད། ༣༥།

ཅེས་གསུངས་ཏེ། དགྲ་དེ་ལྟ་བུ་བདག་གི་སྙིང་ངམ་སེམས་ལ་རྟག་པར་བཞག་ནས་ཡིད་བདེར་འདུག་པ་མི་རིགས་ཏེ་དམྱལ་བའི་གཤེད་མ་ལ་སོགས་པའི་རྒྱུ་ཡང་དགྲ་འདི་པོ་ན་ཡིན་ཏེ་འདི་ཡོད་ན་དེ་དག་ཡོད་པའི་ཕྱིར་རོ། །

གསུམ་པ་(ང་རྒྱལ་བསྐྱེད་པ་)ནི།

དེ་ལྟར་ཇི་སྲིད་བདག་གིས་དགྲ་འདི་མངོན་སུམ་དུ། །
ངེས་པར་མ་བཅོམ་དེ་སྲིད་བདག་འདིར་བརྩོན་མི་འདོར། །
རེ་ཞིག་གནོད་བྱེད་ཆུང་ངུ་ལ་ཡང་ཁྲོས་གྱུར་པའི། །
ང་རྒྱལ་བདོ་རྣམས་དེ་མ་བཅོམ་པར་གཉིད་མི་འོང་། ༣༦ །

ཞེས་གསུངས་ཏེ། སྲོག་ལ་བབ་ཀྱང་འདི་ཡལ་བར་མི་འདོར་བར་འཇོམས་པའི་གོ་ཆ་བསྒོ་བའོ། །

གཉིས་པ་སྤྱོར་བས་མི་སྐྱོ་བར་བྱ་བ་ལ་གསུམ། མི་སྤྱོར་བའི་ཉེས་པ་བསྟན། སྤྱོར་བའི་ཕན་ཡོན་གསུམ་བཤད། སྤྱོར་བ་ལྟར་བླང་བའི་ཐབས་སོ། །

དང་པོ་(མི་སྤྱོར་བའི་ཉེས་པ་བསྟན་)ནི།

རང་བཞིན་འཆི་བས་སྡུག་བསྔལ་གྱུར་པའི་ཉོན་མོངས་དག །
གཡུལ་ངོར་དངར་ཆེ་ནན་གྱིས་གཞོམ་པར་འདོད་པ་ཡང་། །
མདའ་མདུང་མཚོན་གྱིས་ཕོག་པའི་སྡུག་བསྔལ་ཁྱད་བསད་ནས། །
དོན་མ་གྲུབ་པར་ཕྱིར་ཕྱོགས་འབྱེར་བར་མི་བྱེད་ན། ༣༧ །
རྟག་ཏུ་སྡུག་བསྔལ་ཀུན་གྱི་རྒྱུར་གྱུར་པ། །
རང་བཞིན་དགྲར་ངེས་གཞོམ་བརྩོན་བདག་ལ་དེང་། །
སྡུག་བསྔལ་བརྒྱ་ཕྲག་རྒྱུར་གྱུར་གང་གིས་ཀྱང་། །
ཡི་ཆད་སྒྱིད་ལུག་མི་འགྱུར་སྨོས་ཅི་དགོས། ༣༨ །

ཞེས་གསུངས་ཏེ། རང་(༡༧༢བ)བཞིན་གྱིས་འཆི་བ་སྟེ་མ་བསད་ཀྱང་འཆི་བའོ། །དགྲ་དེ་ལྟ་བུ་ཡང་འཇོམས་ན་ནང་གི་དགྲ་འདི་ལྟ་ཅི་སྨོས་པས་འདི་འཇོམས་པའི་སྡུག་བསྔལ་ཐམས་ཅད་བཟོད་པར་རིགས་པའོ། །

གཉིས་པ་(སྤྱོར་བའི་ཕན་ཡོན་གསུམ་བཤད་པ་)ལ། རང་དོན། གཞན་དོན། དམ་བཅའ་

མཐར་འཕྱིན་པའོ། །དང་པོ་(རང་དོན་)ནི།

དོན་མེད་དགྲ་ཡིས་རྨ་སྐྱོལ་གཏོད་པ་ཡང་། །

ལུས་ལ་རྒྱན་དང་འདྲ་བར་སྒྲིལ་བྱེད་ན། །

དོན་ཆེན་སྒྲུབ་ཕྱིར་ཡང་དག་བརྩོན་གྱུར་པ། །

བདག་ལ་སྡུག་བསྔལ་ཅི་ཕྱིར་གནོད་བྱེད་ཡིན། ༥ །ཞེས་པའོ། །

གཉིས་པ་(གཞན་དོན་)ནི།

ཉ་པ་གདོལ་པ་ཞིང་པ་ལ་སོགས་པ། །

རང་གི་འཚོ་བ་ཙམ་ཞིག་སེམས་པ་ཡང་། །

གྲང་དང་ཚ་ལ་སོགས་པའི་གནོད་བཟོད་ན། །

འགྲོ་བའི་བདེ་ཕྱིར་བདག་ལྟས་ཅིས་མི་བཟོད། ༦ །ཅེས་པའོ། །

གསུམ་པ་(དམ་བཅའ་མཐར་འཕྱིན་པ་)ནི།

ཕྱོགས་བཅུ་ནམ་མཁའི་མཐས་གཏུགས་པའི། །

འགྲོ་བ་ཉོན་མོངས་ལས་སྒྲོལ་བར། །

དམ་བཅས་གང་ཚེ་བདག་ཉིད་ཀྱང་། །

ཉོན་མོངས་རྣམས་ལས་མ་གྲོལ་བ། ༧ །

བདག་གི་ཚོད་ཀྱང་མི་ཤེས་པར། །

སྨྲ་བ་ཇི་ལྟར་བསྨོན་པ་མིན། །ཞེས་པའོ། །

གསུམ་པ་[1] སྤྱོར་བ་ལྷུར་བླང་བ་ནི།

དེ་ལྟས་ཉོན་མོངས་གཞོམ་པ་ལ། །

རྟག་ཏུ་ཕྱིར་མི་ལྡོག་པར་བྱ། ༨ །

འདི་ལ་ནན་གྱིས་ཞེན་བྱ་ཞིང་། །

1 བཅད་འདི་གོང་དུ། གཉིས་པ་སྦྱོར་བས་མི་སྐྱོ་བར་བྱ་བ་ལ་ས་བཅད་གསུམ་བཤད་པའི་གསུམ་པ་ཡིན།

འཁོན་དུ་བཟུང་ནས་གཡུལ་སྤྲད་དེ། །
རྣམ་པ་དེ་འདྲའི་ཉོན་མོངས་པ། །
ཉོན་མོངས་འཇོམས་བྱེད་མ་གཏོགས་སོ། ༤༣ །
བདག་ནི་བསྲེགས་ཏེ་བསད་གྱུར་ཏམ། །
བདག་གི་མགོ་བོ་བཅད་ཀྱང་སླའི། །
རྣམ་པ་ཀུན་ཏུ་ཉོན་མོངས་པའི། །
དགྲ་ལ་འདུད་པར་མི་བྱའོ། ༤༤ །

ཞེས་གསུངས་ཏེ། སྤང་བྱའི་ཉོན་མོངས་ལ་འཁོན་དུ་བཟུང་ནས་འཇོམས་པའི་ཉོན་མོངས་ཏེ་སྤང་བྱའི་བྱས་པ་དྲན་པའི་འཁོན་འཛིན་འཇོམས་པར་ནུས་པའི་ང་རྒྱལ་གཅིག་ཆར་དུ་འཇོམས་པའི་ཞེ་སྡང་རྣམས་བསྐྱེད་དེ། སྤང་བྱའི་ཉོན་མོངས་ཀྱི་དབང་དུ་སྐད་ཅིག་ཀྱང་མི་གཏོང་བའོ། །

གསུམ་པ་སྤང་ནུས་པར་སྤྲོ་བ་བསྐྱེད་པ་ལ། རྟེན་(༡༧༣ན)གཞན་མེད་པར་བསྟན་པ་དང་། རང་བཞིན་མེད་པར་བསྟན་པའོ། །

དང་པོ་(རྟེན་གཞན་མེད་པར་བསྟན་པ་)ནི།

ཐ་མལ་དགྲ་བོ་ཡུལ་ནས་ཕྱུང་ཡང་ནི། །
ཡུལ་གཞན་དག་ཏུ་གནས་ཤིང་ཡོངས་བཟུང་ནས། །
ནུས་པ་བརྟས་ནས་དེ་ནས་ཕྱིར་ལྡོག་གི། །
ཉོན་མོངས་དགྲ་ཚུལ་དེ་དང་འདྲ་མ་ཡིན། ༤༥ །
ཉོན་མོངས་ཉོན་མོངས་ཤེས་རབ་མིག་གིས་སྤང་། །
བདག་ཡིད་ལས་བསལ་གང་དུ་འགྲོ་བར་འགྱུར། །
གང་དུ་གནས་ནས་བདག་གནོད་བྱ་ཕྱིར་འོང་། །
བློ་ཞན་བདག་ལ་བརྩོན་པ་མེད་པར་ཟད། ༤༦ །

ཅེས་གསུངས་ཏེ། དགྲ་གཞན་ལས་འདི་སྤྱང་བར་སླ་སྟེ་རང་གི་སེམས་ལས་བསལ་ནས་གང་དུའང་གནས་ས་མེད་པའི་ཕྱིར་རོ། །

གཉིས་པ་(རང་བཞིན་མེད་པར་བསྟན་པ་)ནི།

ཉོན་མོངས་རྣམས་ནི་ཡུལ་ན་མི་གནས་དབང་ཚོགས་ལ་མིན་བར་ནའང་མིན། །
དེ་ལས་གཞན་ནའང་མིན་ན་འདི་དག་གར་གནས་འགྲོ་བ་ཀུན་གནོད་བྱེད། །
འདི་ནི་སྒྱུ་འདྲ་དེ་ཕྱིར་སྙིང་ལ་འཇིགས་སྤོངས་ཤེས་ཕྱིར་བརྩོན་པ་བསྟེན། །
དོན་མེད་ཉིད་དུ་བདག་ལ་དམྱལ་སོགས་རྣམས་སུ་ཅི་སྟེ་གནོད་པ་བྱེད། ༧ །

ཅེས་གསུངས་ཏེ། ཤེས་རབ་མིག་གིས་ཇི་ལྟར་སྤྱང་ན་ཁ་ནང་དུ་ཕྱོགས་ལ་ཉོན་མོངས་པར་སྣང་བའི་ཤེས་པ་དེ་ཉིད་ལ་སོ་སོ་རང་རིག་པས་ལྟོས་ཤིག །དེའི་ངོ་བོའམ་རང་བཞིན་ནི་ཇི་ལྟ་བུ་ཞིག་གང་ཞིག་ན་གནས་པ་སོགས་ལེགས་པར་རྟོགས་ཤིག་དང་། དེ་ལྟར་བརྟགས་པ་ན་ཡུལ་གཟུགས་སོགས་དྲུག་ལ་མི་གནས་བདག་རྐྱེན་དབང་པོ་དྲུག་ལ་མི་གནས་ཡུལ་དབང་གི་བར་ན་མི་གནས། དེ་ལས་གཞན་ནའང་མི་གནས་ཏེ། དེ་ནི་མ་བརྟགས་པའི་དུས་ན་བདེན་པ་ལྟར་སྣང་བའི་བློ་ཕྱིན་ཅི་ལོག་གི་རང་བཞིན་ཞིག་སྟེ། བརྟགས་པ་ན་བྱུང་སོང་གནས་པ་དང་བྲལ་བ་ཅི་ཡང་མ་ཡིན་པ་ངོ་བོ་ཉིད་ཀྱིས་མ་སྐྱེས་པ་གཟོད་མ་ནས་རྣམ་པར་དག་ཅིང་། འོད་གསལ་བ་ཞིག་སྟེ་འདི་ལ་རང་བཞིན་ཅི་ཡང་མེད་དོ། །དེ་ལྟར་མེད་(༡༧༣བ)ཀྱང་རྐྱེན་ལས་སྐྱེ་བ་ལྟར་སྣང་ལ་དེའི་ཚེ་ཡང་སྐྱེ་བ་མེད་པ་ཉིད་ཀྱིས་འདི་ནི་སྒྱུ་མ་ལྟ་བུའོ། །དེས་ན་འདི་ལྟ་བུ་སྤྱང་མི་ནུས་སོ་ཞེས་འཇིགས་པར་མི་བྱ་སྟེ་འདིའི་རང་བཞིན་ཤེས་པའི་ཤེས་རབ་ཀྱིས་བརྩོན་པར་གྱིས་ཤིག་པའོ། །

འགྲེལ་ཆེན་ལས་ནི། ཉོན་མོངས་ནི་ཡུལ་ལ་མི་གནས་ཏེ་ཡུལ་ཡིད་འོང་སོགས་མཐོང་ཡང་དབང་པོ་བསྡམས་པ་རྣམས་ཉོན་མོངས་མི་སྐྱེ་བའི་ཕྱིར་དང་བརྟགས་ན་རྡུལ་ཕྲ་རབ་ཙམ་ཡང་མ་མཐོང་བའི་ཕྱིར། མིག་སོགས་དབང་པོ་ལ་མི་གནས་

ཏེ་ཆོས་ལ་སེམས་པ་ལ་སོགས་པའི་ཚེ་དབང་པོ་ཡོད་ཀྱང་མི་དམིགས་པའི་ཕྱིར། ཡུལ་དབང་གི་དབུས་ནའང་མེད་དེ་སྟང་དུ་བྱུང་བ་ལས་མ་དམིགས་པའི་ཕྱིར། དེ་དག་ལས་གཞན་ནའང་མེད་དེ་རྩ་བ་མེད་པ་སྟོང་པ་བློ་བུར་བ་ཉིད་དེ་ཡང་དག་པ་མ་ཡིན་པའི་རྟོག་པ་ཙམ་ལས་བྱུང་བའོ། །

འདི་ནི་སྒྱུ་འདྲ་སྟེ། དཔེར་ན། སྒྱུ་མ་ནི་དེའི་རྣམ་པས་སྟོང་ཡང་སྔགས་དང་སྨན་གྱི་མཐུ་ལས་རྐྱེན་འདི་ཙམ་གྱིས་དེ་པོ་ན་ཉིད་དུ་མེད་ཀྱང་། གླང་པོ་ཆེ་ལ་སོགས་པའི་རྣམ་པར་སྣང་བ་དེ་བཞིན་དུ་ཉོན་མོངས་པ་འདི་རྣམས་ཀྱང་ཕྱིན་ཅི་ལོག་གི་རྒྱུ་མཚན་དང་། ཚུལ་བཞིན་མ་ཡིན་པ་ཡིད་ལ་བྱེད་པ་ལས་བྱུང་བ་སྟེ་རྐྱེན་འདི་དག་ཙམ་གྱིས་པོ་ན་མེད་པ་ཉིད་སྣང་ངོ་། །དེའི་ཕྱིར་སྙིང་ལ་འཛིགས་པ་སྤོངས་ཏེ་ཉོན་མོངས་པ་རྣམས་ལའོ། །རྣམ་པར་དཔྱད་ན་བརྩོན་པ་འདི་ཅི་ཞིག་ཏུ་བྱུང་སྟེ་དེའི་ཕྱིར་བརྩོན་པ་བསྟེན་ཞིག་སྟེ་སྒྲོ་བར་གྱིས་ཤིག་པའོ། །ཤེས་ཕྱིར་ནི་དེ་པོ་ན་ཉིད་རབ་ཏུ་འབྱེད་པས་རྟོགས་པའི་དོན་དུའོ། །ཞེས་བཀྲལ་ཏོ། །

(བཞི་པ་)མཇུག་བསྡུ་བ་ནི།

དེ་ལྟར་རྣམ་བསམས་ཇི་སྐད་བཤད་པ་ཡི། །
བསླབ་པ་སྒྲུབ་པའི་ཆེད་དུ་འབད་པར་བྱ། །
སྨན་པའི་ངག་མ་མཉན་ན་སྨན་དག་གིས། །
བཅོས་དགོས་ནད་པ་སོས་པ་ག་ལ་ཡོད། ༥ །

ཅེས་གསུངས་ཏེ། སྔར་བཤད་པ་དེ་རྣམས་མ་བརྗེད་པར་ཚུལ་བཞིན་བསམས་ནས་བྱང་ཆུབ་སེམས་དང་བསླབ་པ་སྒྲུབ་པ་(༡༧༨ན)ལ་འབད་པར་བྱས་ན་བྱང་ཆུབ་འཐོབ་ཀྱི་གཞུང་བསླུགས་པ་དང་ཐོས་པའི་ཤེས་རབ་ཀྱིས་གོ་བ་ཙམ་གྱིས་མི་ཕན་ཏེ་སྨན་དཔྱད་བསླུགས་པས་ནད་མི་སེལ་བ་བཞིན་ནོ། །འདི་ནི་**དཀའ་འགྲེལ་ཆུང་ངུར།** བག་ཡོད་ཀྱི་དོན་བསྡུར་སྦྱར་ལ། **འགྲེལ་ཆེན་ལས་ནི།** དེ་ལྟར་སྔར་གྱི་ལེའུ་དེ་

དག་ཐམས་ཅད་ཀྱི་དོན་བསྒྲུ་བའི་ཕྱིར། དེ་ལྟར་རྣམ་བསམས་སོགས་ཤློ་ཀ་གཅིག་སྟེ། བསླབ་པ་གང་ཞེ་ན། **དཀོན་མཆོག་སྤྲིན་ལས།** བདག་སོ་སོ་ཐར་པ་ཁོ་ནས་འཚང་མི་རྒྱའི་བདག་གིས་མདོ་གཞན་ལས་བྱང་ཆུབ་སེམས་དཔའི་སྤྱོད་པ་དང་བསླབ་པའི་གནས་བཅས་པ་དེ་དག་ལ་བསླབ་པར་བྱའོ། །ཞེས་དང་། **འདི་ཉིད་དུ།** བདག་གི་ལུས་དང་ལོངས་སྤྱོད་དང་། །དགེ་བ་དུས་གསུམ་སྐྱེས་པ་རྣམས། །སེམས་ཅན་ཀུན་ལ་བཏང་བ་དང་། །དེ་སྲུང་དག་པ་སྤེལ་བའོ། །ཞེས་མདོར་བསྡུས་པའོ། །ཡང་**བྱང་ཆུབ་སེམས་དཔའི་སོ་སོ་ཐར་པའི་མདོ་ལས།** བྱང་ཆུབ་སེམས་དཔས་བསྐལ་པ་བྱེ་བ་ན། ཐ་ན་འདུག་པ་ཙམ་གྱི་བདེ་བ་འདོད་པའི་སེམས་གཅིག་བསྐྱེད་ནའང་དེ་ལ་མངས་པར་འདུ་ཤེས་པ་བསྐྱེད་པ་སྟེ་དེའི་ཕྱིར་སྨན་པའི་ངག་མ་མཉན་ན། ཞེས་སོགས་གསུངས་ལ། འདིར་མི་ཟད་པ་བརྒྱད་ཅུ། བསླབ་བཏུས་སུ་ཁ་འཕངས་ཤིང་། བསླབ་པ་རྩོམ་པ་ཙམ་འབྲས་བུ་ཆེ་བར་རབ་ཞི་རྣམ་ངེས་ཀྱི་མདོར་འཕངས་སོ། །

བྱང་ཆུབ་སེམས་དཔའི་སྤྱོད་པ་ལ་འཇུག་པ་ལས། བག་ཡོད་བསྟན་པ་སྟེ་ལེའུ་བཞི་པ་རྣམ་པར་ཕྱེ་བའོ།། །།

ལེའུ་ལྔ་པ། ཤེས་བཞིན་བསྲུང་བ།

ལེའུ་ལྔ་པ་ལ་ལེའུའི་འབྲེལ་ནི། **དགའ་འགྲེལ་ཆུང་ངུར།** དེ་ལྟར་ཕ་རོལ་ཏུ་ཕྱིན་པ་ཐམས་ཅད་ཀྱི་ཐུན་མོང་གི་རང་བཞིན་བག་ཡོད་པ་བཤད་ནས་ད་ནི་སོ་སོའི་རང་བཞིན་འཆད་དོ་ཞེས་སོ། །

དེས་ན་གཉིས་པ་ཕ་རོལ་ཏུ་ཕྱིན་པ་(༡༧༨བ)དྲུག་རེ་རེ་ཞིང་ཉམས་སུ་ལེན་པ་ལ་དྲུག །སྦྱིན་པ་མདོར་བསྡུས་ཏེ་བསྟན། སེམས་སྲུང་བའི་ཚུལ་ཁྲིམས་བཤད། བཟོད་པ། བརྩོན་འགྲུས། བསམ་གཏན། ཤེས་རབ་རྣམས་རེ་རེ་ཞིང་བཤད་པའོ། །

དང་པོ་(སྦྱིན་པ་མདོར་བསྡུས་ཏེ་བསྟན་པ་)ནི། **དགའ་འགྲེལ་ཆུང་ངུར།** དེ་ཡང་སྦྱིན་པའི་ཕ་རོལ་ཏུ་ཕྱིན་པ་དང་པོར་འཆད་པའི་སྐབས་ཡིན་ཡང་འདིར་མ་བཤད་དེ་གཏོང་བའི་ངོ་བོ་ནི། སེམས་བསྐྱེད་པའི་སྐབས་སུ་བདག་གི་ལུས་ལོངས་སྤྱོད་དང་དུས་གསུམ་གྱི་དགེ་བ་ཐམས་ཅད་བཏང་བར་བརྗོད་པས་བཤད་ཟིན་པའི་ཕྱིར་དང་། སྦྱིན་པ་ཉམས་སུ་ལེན་པའི་སྤྱོད་པ་ནི་སེམས་ཅན་དོན་བྱེད་ཀྱི་ཚུལ་ཁྲིམས་འཆད་པར་ཟབ་ཟིང་དང་ཆོས་ཀྱིས་སེམས་ཅན་བསྡུ་བའི་སྤྱོད་པ་བརྗོད་དགོས་པའི་ཕྱིར། དེས་ན་ཚུལ་ཁྲིམས་ཀྱི་ཕ་རོལ་ཏུ་ཕྱིན་པའི་རང་བཞིན་དྲན་པ་དང་ཤེས་བཞིན་སྲུང་བ་འཆད་དོ། །ཞེས་སོ། །**འགྲེལ་ཆེན་ལས་ནི།** སེམས་བསྐྱེད་པའི་བྱང་སེམས་ཀྱིས་ལུས་བཏང་བ་ཡང་སྲུང་བ་དང་སྦྱང་བ་དང་སྤེལ་བ་དག་བྱ་སྟེ་གང་གི་ཕྱིར། སེམས་ཅན་རྣམས་ཀྱི་ཡོངས་སྤྱད་ཕྱིར། །ལུས་ལ་སོགས་པ་སྦྱིན་པར་བྱ། །མ་སྲུངས་ལོངས་སྤྱོད་ག་ལས་འོང་། །གང་མི་སྤྱོད་པས་ཅི་ཞིག་སྦྱིན། །དེ་བས་སེམས་ཅན་ཡོངས་སྤྱད་ཕྱིར། །དགེ་བའི་བཤེས་གཉེན་མི་བཏང་ཞིང་། །མདོ་

སྲེ་དག་ལ་རྟག་ལྟ་བས། །ལུས་ལ་སོགས་པ་སྲུང་བར་བྱ། །ཞེས་བསྟན་ཏོ། །ལུས་སོགས་སྲུང་བ་ཡང་བསླབ་པ་བསྲུངས་པ་ལས་འགྱུར་གྱི་གཞན་དུ་དམྱལ་བ་ལ་སོགས་པར་ལྟུང་བའི་ཕྱིར། སྡོམ་པ་བཟུང་ནས་གནང་བ་བྱེད་པ་དང་བཀག་པ་མི་བྱེད་པ་ནི་བསླབ་པ་སྲུང་བ་སྟེ་སྲུང་བར་འདོད་པས་ནི་བདག་གི་སེམས་སྲུང་བར་བྱའོ། །ཞེས་སྤྱིན་པ་གོང་དུ་བཤད་ཟིན་ཞིང་ད་དུང་འཆད་པར་ཡང་འགྱུར་ལ། དེ་ཡང་ལུས་དང་ལོངས་སྤྱོད་དང་དགེ་བ་གཏོང་བ་ལ་ཡང་དེ་དག་སྲུང་བ་དང་། དག་པ་དང་། སྤེལ་དགོས་ལ་དེ་ཡང་ཚུལ་ཁྲིམས་ལ་རག་ལས་པས་དེ་བསྟན་(༡༢༥ན)ཏོ། །ཞེས་སོ། །

དེས་ན་དྲན་ཤེས་བཞིན་གྱི་སྒོ་ནས་སེམས་སྲུང་བའི་ཚུལ་ཁྲིམས་འཆད་པ་ལ་ལྔ། བསླབ་པའི་ངོ་བོ་སེམས་སྲུང་བ། དེའི་ཐབས་དྲན་པ་དང་ཤེས་བཞིན། དེའི་སྤྱོད་པ་ལ་བསླབ་པ། བསླབ་པ་ཕུན་སུམ་ཚོགས་བྱེད་ཀྱི་ཡན་ལག །ཤེས་བཞིན་སྲུང་བའི་མཚན་ཉིད་མདོར་བརྗོད་པའོ། །དང་པོ་(བསླབ་པའི་ངོ་བོ་སེམས་སྲུང་བ་)ལ་གསུམ། སེམས་བསྲུངས་པས་ཐམས་ཅད་བསྲུངས་བར་འགྱུར་བ། ཐམས་ཅད་སེམས་ལ་རག་ལས་པར་བསྟན་པ། དེས་ན་སེམས་སྲུང་བ་ལ་འབད་པའོ། །

དང་པོ་(སེམས་བསྲུངས་པས་ཐམས་ཅད་བསྲུང་བར་འགྱུར་བ་)ནི།

བསླབ་པ་སྲུང་བར་འདོད་པ་ཡིས། །
རབ་ཏུ་བསྒྲིམས་ནས་སེམས་སྲུང་སྟེ། །
སེམས་འདི་སྲུང་བར་མ་བྱས་ན། །
བསླབ་པ་སྲུང་བར་ཡོང་མི་ནུས།༡ །
སེམས་ཀྱིས་གླང་པོ་ཡན་བཏང་བས། །
མནར་མེད་གནོད་པ་བྱེད་པ་ལྟར། །
གླང་ཆེན་མ་ཐུལ་མྱོས་པ་ཡིས། །

འདི་ན་དེ་འདྲའི་གནོད་མི་བྱེད།[༢] །
ཀུན་ནས་དྲན་པའི་ཐག་པ་ཡིས། །
སེམས་ཀྱི་གླང་པོ་དམ་བཏགས་ན། །
འཇིགས་པ་ཐམས་ཅད་མེད་འགྱུར་ཞིང་། །
དགེ་བ་ཐམས་ཅད་ལག་ཏུ་འོང་།[༣] །
སྟག་དང་སེང་གེ་གླང་ཆེན་དྲེད། །
སྦྲུལ་དང་དགྲ་རྣམས་ཐམས་ཅད་དང་། །
སེམས་ཅན་དམྱལ་བའི་སྲུང་མ་དང་། །
བྱད་མ་དེ་བཞིན་སྲིན་པོ་རྣམས།[༤] །
སེམས་འདི་གཅིག་པུ་བཏགས་པ་ཡིས། །
དེ་དག་ཐམས་ཅད་བཏགས་པར་འགྱུར། །
སེམས་འདི་གཅིག་པུ་བཏུལ་བ་ཡིས། །
དེ་དག་ཐམས་ཅད་ཐུལ་བར་འགྱུར།[༥] །

ཞེས་གསུངས་ཏེ། ཚིགས་བཅད་དང་པོས་མདོར་བསྟན། གཉིས་པས་སེམས་མ་ཐུལ་བ་ཉེས་པའི་འབྱུང་ཁུངས་སུ་བསྟན། གསུམ་པས་སེམས་ཐུལ་བ་ཡོན་ཏན་གྱི་འབྱུང་ཁུངས་སུ་བསྟན། དེ་ནས་གཉིས་ཀྱིས་སེམས་བཏུལ་བས་འཇིགས་པ་ཐམས་ཅད་ཐུལ་བར་བསྟན་པའོ། །**འགྲེལ་ཆེན་ལས།** དྲན་པ་དེ་ཉིད་ནི་ཐག་པ་དང་འདྲ་བ་སྟེ་འཆིང་བའི་ཐབས་ཡིན་པའི་ཕྱིར། (༧༧༥བ)ཀུན་ནས་ནི་རྣམ་པ་ཐམས་ཅད་དུ་སྟེ་དམ་པ་མ་ཡིན་པའི་ཕྱོགས་ལ་འཇུག་པ་འགོགས་པའི་ཕྱིར་རོ། །སྟག་སོགས་ཀྱི་གནོད་པ་ཡང་ལས་ཀྱིས་བསྐྱེད་ལ། ལས་ཀྱང་སེམས་ཡིན་ཏེ་སེམས་པ་ལས་ཡིན་ལ། ཞེས་གསུངས་ཤིང་། ངག་དང་ལུས་ཀྱི་ལས་ཀྱང་སེམས་ཉིད་ཀྱིས་ཀུན་ནས་སློང་བའི་ཕྱིར་དེ་མེད་པར་དེ་དག་མི་འབྱུང་བས་བསམ་པའི་ལས་ཞེས་

བརྗོད་པའི་ཕྱིར། ལས་ལས་འཇིག་རྟེན་སྣ་ཚོགས་སྐྱེས། །ལས་ནི་སེམས་པ་དང་དེས་བྱས། །སེམས་པ་ཡིད་ཀྱི་ལས་ཡིན་ཏེ། །དེས་བསྐྱེད་ལུས་དང་ངག་གིའོ། །ཞེས་སོ། །གཞོད་སེམས་མེད་ན་ནི་སུ་ཡང་གནོད་པ་མི་བྱེད་དེ། འཇིག་རྟེན་ན་ནི་སྡིག་པའི་སེམས། །མེད་ལ་སྡང་དང་འཇིགས་པ་མེད། །གང་གིས་སེམས་ནི་དབང་བྱས་པ། །དེ་ཡི་བདེ་བ་ཉམས་པ་མེད། །དེའི་ཕྱིར་འདི་སྐད་དུ། སེམས་དུལ་བ་ནི་ལེགས་པ་སྟེ། །སེམས་དུལ་བས་ནི་བདེ་བ་འཐོབ། །ཅེས་གསུངས་སོ། །ཞེས་སོ། །

གཉིས་པ་(ཐམས་ཅད་སེམས་ལ་རག་ལས་པར་བསྟན་པ་)ལ། ཉེས་པ་ཐམས་ཅད་སེམས་ལ་རག་ལས་པ་དང་། ཡོན་ཏན་ཐམས་ཅད་སེམས་ལ་རག་ལས་པའོ། །

དང་པོ་(ཉེས་པ་ཐམས་ཅད་སེམས་ལ་རག་ལས་པ་)ནི།

འདི་ལྟར་འཇིགས་པ་ཐམས་ཅད་དང་། །
སྡུག་བསྔལ་དཔག་ཏུ་མེད་པ་ཡང་། །
སེམས་ལས་བྱུང་བ་ཡིན་ནོ་ཞེས། །
ཡང་དག་གསུང་བ་ཉིད་ཀྱིས་བསྟན། [༦] །
སེམས་ཅན་དམྱལ་བའི་མཚོན་ཆ་རྣམས། །
སུ་ཞིག་གིས་ནི་ཆེད་དུ་བྱས། །
ལྕགས་སྲེག་ས་གཞི་སུ་ཡིས་བྱས། །
མི་སོགས་དེ་དག་གང་ལས་བྱུང་། [༧] །
དེ་འདྲ་དེ་དག་ཐམས་ཅད་ཀྱང་། །
སྡིག་སེམས་བྱུང་བར་ཐུབ་པས་གསུངས། །
དེ་ལྟས་འཇིག་རྟེན་གསུམ་པོ་ན། །
སེམས་ལས་འཇིགས་པ་གཞན་འགའ་མེད། [༨] །

ཅེས་གསུངས་ཏེ། ཚོགས་བཅད་དང་པོས་ལུང་དང་སྦྱར། ཚིག་རྐང་དྲུག་གིས་

གནོད་པ་ཐམས་ཅད་སྡིག་སེམས་ཀྱི་འཕྲུལ་སྣང་དུ་བསྟན། ཚིག་རྐང་གཉིས་ཀྱིས་དོན་བསྡུས་པའོ། །(༧༢༨ན)

དེ་ཡང་**འགྲེལ་ཆེན་ལས།** དངོས་པོའི་དེ་ཁོ་ན་ཉིད་གསུང་པའི་ཕྱིར་ཡང་དག་གསུང་པ་བཅོམ་ལྡན་འདས་ཀྱིས་**དཀོན་མཆོག་སྤྲིན་ལས།** སེམས་ནི་ཆོས་ཐམས་ཅད་ཀྱི་སྔོན་དུ་འགྲོ་བ་སྟེ་སེམས་ཡོངས་སུ་ཤེས་ན་ཆོས་ཐམས་ཅད་ཡོངས་སུ་ཤེས་པར་འགྱུར་རོ། །ཞེས་གསུངས་སོ། །གཞན་ཡང་། འཇིག་རྟེན་སེམས་ཀྱིས་ཁྲིད་པ་སྟེ། །སེམས་ཀྱིས་སེམས་ནི་མི་མཐོང་ངོ་། །དགེ་འམ་ཡང་ན་མི་དགེ་བའི། །ལས་ནི་སེམས་ཀྱིས་གསོག་པར་བྱེད། །སེམས་ནི་འགལ་མེ་བཞིན་དུ་འཁོར། །སེམས་ནི་རླབས་དང་འདྲ་བར་གཡོ། །སེམས་ནི་ནགས་ཀྱི་མེ་བཞིན་སྲེག །སེམས་ནི་ཆུ་ཆེན་བཞིན་དུ་བསྐྱོད། །ཅེས་གསུངས་ཏེ། དེ་ལྟར་ཉེ་བར་བརྟགས་པས་སེམས་ལ་དྲན་པ་ཉེ་བར་བཞག་ནས་གནས་ཏེ་སེམས་ཀྱི་དབང་དུ་མི་འགྲོའོ། །འོན་ཀྱང་དེ་ཡི་དབང་དུ་སེམས་ཉིད་འགྲོ་བར་འགྱུར་ཏེ་དེའི་དབང་དུ་སེམས་གྱུར་པ་ན་ཆོས་ཐམས་ཅད་དབང་དུ་གྱུར་པ་ཡིན་ནོ། །ཞེས་སོ། །སྡིག་སེམས་ཡིན་པར་ཐུབ་པས་གསུངས། །ཞེས་པ་ནི་**དྲན་ཉེ་ལས།** སེམས་ནི་དགྲ་དང་དགྲ་ཆེན་ཏེ། །སེམས་ལས་གཞན་པའི་དགྲ་མེད་དེ། །གཙུབ་ཤིང་རང་གིས་རང་སྲེག་ལྟར། །སེམས་ནི་རང་གི་སེམས་ཀྱིས་སྲེག །ཅེས་དང་། **འགྲོ་བ་རྣམ་འབྱེད་ཀྱི་མདོ་ལས།** ལྕགས་ཀྱི་ས་གཞི་འབར་ཞིང་ཚ། །འབར་བའི་མེ་ལྕེས་ཀུན་ནས་ཁྱབ། །ལྕགས་ཀྱི་སོག་ལེ་རྣོན་པོ་ཡིས། །ལུས་གཅིག་ཆ་ཤས་བརྒྱར་གཤེག་པ། །ལུས་ངག་ཡིད་ཀྱི་སྡིག་པ་ཅན། །རྣམས་ཀྱི་སེམས་ལས་བྱུང་བ་ཡིན། །ཞེས་དང་། **རྡོ་རྗེ་སྙིང་པོའི་མདོར།** འཇམ་དཔལ་སེམས་ཅན་དམྱལ་བ་པ་རྣམས་ནི་ཡོད་པ་མ་ཡིན་པ་ལ་བྱིས་པ་སོ་སོའི་སྐྱེ་བོ་རྣམས་ཀྱི་ཕྱིན་ཅི་ལོག་གིས་བསྒྲུབས་ཏེ་རང་རང་གི་རྣམ་པར་རྟོག་པ་ལས་བྱུང་བའོ། །ཞེས་དང་། **ས་བཅུ་པའི་མདོར།** ཀྱི་རྒྱལ་བའི་(༧༢༨བ)སྲས་དག་

ཁམས་གསུམ་པོ་འདི་དག་ནི་སེམས་ཙམ་མོ། །ཞེས་སོ། །ལྟ་གས་བསྒྲིགས་ས་གཞི་སུ་ཡིས་བྱས། །ཞེས་སོགས་ནི་རིགས་པས་ཀྱང་སྒྲུབ་བཞེད་པ་སྟེ། ཕྱིག་སེམས་ཀྱི་འཁྲུལ་སྣང་མ་གཏོགས་རང་བཞིན་གྱིས་དེ་ལྟ་བུ་ཞིག་ཡོད་ན་གོང་དུ་མནར་མེད་ཀྱི་མེ་ལ་རི་རབ་ཀྱང་བྱ་སྒྲོ་བསྲེགས་པའི་ཚོད་ལས་མི་འབྱུང་བར་བསྟན་པ་ལྟར་ས་ཆེན་པོ་འདི་སྐད་ཅིག་གིས་ཀྱང་ཅིས་མི་སྲེག །ཡང་དེ་དང་ཉེ་བ་ཉིད་དུ་གྲང་བའི་དམྱལ་བའི་འཁྲུགས་ཊུམ་གྱི་གཞི་ཇི་ལྟར་གནས། མེ་ནི་བུད་ཤིང་ལ་བལྟོས་ན་དེའི་བུད་ཤིང་གང་ཞིག་ཅེས་རྣམ་པར་དཔྱད་པའོ། །དེས་ན་ཕྱི་རོལ་པ་རྣམས་ཚངས་པའི་ལུང་གིས་གྲུབ་པར་སྨྲ་བ་ལྟ་བུ་མ་ཡིན་ཏེ། འདི་ནི་སོ་སོ་ཡང་དག་པའི་རིག་ངོར་ཡང་ཕྱིག་སེམས་ཀྱི་སྣང་བ་མེད་བཞིན་དུ་སྣང་བ་ཁོ་ན་ལས་གཞན་ཅི་ཡང་མ་ཡིན་ནོ། །

གཉིས་པ་ཡོན་ཏན་ཐམས་ཅད་སེམས་ཡིན་པར་བསྟན་པ་ནི་སྦྱིར་ཚིགས་བཅད་དགུ་སྟེ། དེ་ལ་ཡང་ཕ་རོལ་ཏུ་ཕྱིན་པ་དྲུག་པོ་རེ་རེ་ཞིང་སེམས་ཡིན་པར་སྟོན་ཏེ།

དེ་ཡང་སྦྱིན་པ་སེམས་ལས་གཞན་མ་ཡིན་པ་ནི།

གལ་ཏེ་འགྲོ་བ་དབུལ་བོར་བས། །
སྦྱིན་པའི་ཕ་རོལ་ཕྱིན་ཡིན་ན། །
ད་དུང་འགྲོ་བཀྲེན་ཡོད་ན་སྔོན། །
སྐྱོབ་པ་ཇི་ལྟར་ཕ་རོལ་ཕྱིན། ༩ །
བདོག་པ་ཐམས་ཅད་འབྲས་བཅས་ཏེ། །
སྐྱེ་བོ་ཀུན་ལ་གཏོང་སེམས་ཀྱིས། །
སྦྱིན་པའི་ཕ་རོལ་ཕྱིན་གསུངས་ཏེ། །
དེ་ལྟས་དེ་ནི་སེམས་ཉིད་དོ། ༡༠ །

ཞེས་གསུངས་ཏེ། འགྲོ་བ་ཐམས་ཅད་དབུལ་བ་དང་བྲལ་བར་བྱས་པ་སྦྱིན་པའི་ཕར་ཕྱིན་རྫོགས་པའི་ཚད་དུ་ཁ་ཅིག་གིས་སྨྲས་སོ། །འོ་ན་སྔོན་བྱོན་གྱི་སངས་རྒྱས་ཐམས་ཅད་ཀྱིས་སྦྱིན་པའི་ཕར་ཕྱིན་མ་རྫོགས་པར་ཐལ་ཏེ་ད་དུང་འགྲོ་བ་དབུལ་པོ་སྣང་བའི་ཕྱིར། ཞེས་བཀག་ནས་འོ་ན་ཅི་ཞེ་ན། སེར་སྣ་དང་བྲལ་བས་བདོག་པ་ཐམས་ཅད་ཆགས་མེད་དུ་ཐམས་ཅད་ལ་ཐམས་ཅད་དུ་གཏོང་བའི་བློ་ནི་སྦྱིན་པའི་ཕར་ཕྱིན་གྱི་(༡༧༧ན)མིང་དུ་འཇོག་སྟེ། **དཀོན་མཆོག་སྤྲིན་ལས།** སྦྱིན་པའི་ཕ་རོལ་ཏུ་ཕྱིན་པ་གང་ཞེ་ན། བདོག་པ་ཐམས་ཅད་འབྲས་བུ་དང་བཅས་ཏེ་གཞན་ལ་བཏང་བར་སེམས་པའོ། །ཞེས་དང་། **ཡེ་ཤེས་རྣད་དུ་བྱུང་བའི་མདོ་ལས།** གཏོང་བའི་སེམས་ཀུན་ཏུ་བསྟེན་པ་དང་གོམས་པར་བྱེད་པ་དང་ལན་མང་དུ་བྱེད་ན་སྦྱིན་པ་ཡོངས་སུ་རྫོགས་པར་འགྱུར་རོ། །ཞེས་སོ། །

ཚུལ་ཁྲིམས་སེམས་ཡིན་པ་ནི།

ཉ་ལ་སོགས་པ་གང་ཞིག་ཏུ། །
དེ་དག་གསོད་མི་འགྱུར་བར་བསྐྲད། །
སྤོང་བའི་སེམས་ནི་ཐོབ་པ་ལས། །
ཚུལ་ཁྲིམས་ཕ་རོལ་ཕྱིན་པར་བཤད། ”།

ཅེས་གསུངས་ཏེ། གཞན་གནོད་གཞི་བཅས་མི་བྱའོ་སྙམ་པའི་སྤོང་སེམས་ལ་ཚུལ་ཁྲིམས་སུ་བཤད་དེ། ཚུལ་ཕྱིན་གང་ཞེ་ན། གཞན་ལ་འཚེ་བ་སྤོང་བའི་སེམས་པའོ། །ཞེས་དང་། སྔ་མ་ལྟར་སྤོང་བའི་སེམས་ཀུན་ཏུ་བསྟེན་པ་དང་གོམས་པ། ཞེས་སོགས་སོ། །དེས་ན་ཕ་རོལ་ལ་ཕན་པར་གྱུར་ཡང་རུང་མ་གྱུར་ཡང་རུང་རང་ཉིད་ཀྱིས་ཕན་པར་བསམས་པའི་ཆ་ནས་དགེ་བར་འཇོག་པ་སྟེ། དཔེར་ན་ཉ་གསོད་ས་ནས་ཕྱུང་སྟེ་ཆུ་བོ་གཞན་དུ་བཞག་པ་ཙམ་ལ་སྲོག་ཐར་བར་བྱས་པའི་དགེ་བར་འཇོག་མོད་ཀྱང་དེ་སྐད་མི་གསོད་པར་ནི་མ་ངེས་ཏེ་དུད་འགྲོ་རྣམས་ནི་

དགྲ་བོ་ཁོ་ནའི་ཁྲོད་ན་རྟག་པར་གནས་པ་དང་ཆུ་ནང་ན་གནས་པའི་ཕྱིར་དང་ཆུ་སྲིན་དང་སྲམ་དང་ཉ་ལ་སོགས་པ་ཡང་གཅིག་གི་དགྲ་གཅིག་ཡིན་པས་སོ། །ཉན་ཐོས་ཀྱི་སྡོམ་པ་ལའང་སྲོག་གཅོད་སྤོང་བ་ལྟ་བུ་ཡུལ་སེམས་ཅན་ཐམས་ཅད་ལས་འཐོབ་པར་འཆད་ལ། འདི་ཡང་བདག་གིས་སུ་ཡང་བསད་པར་མི་བྱའོ་སྙམ་པའི་བློར་ཟད་དེ་ཟླ་རྣམས་དང་ཁམས་གོང་གི་འགྲོ་བ་དང་སྤྱོད་ཡུལ་མི་མཚུངས་པའི་འགྲོ་བ་རྣམས་གསོད་པ་ལྟ་ཞོག་བདག་གིས་བལྟར་ཡང་མེད་མོད་ཀྱང་དེ་དག་ཡང་བསད་པར་མི་བྱའོ་སྙམ་པའི་བློ་དགོས་པའི་ཕྱིར་རོ། །གལ་ཏེ་ཚུལ་ཁྲིམས་སེམས་མ་ཡིན་ཏེ་སྡོམ་(༡༧༧བ)སྡོམ་མིན་བར་མ་ནི་བེམ་པོའི་དབྱེ་བར་བཤད་པའི་ཕྱིར་རོ་སྙམ་ན། དེ་ནི་ཐེག་དམན་གྱི་གཞུང་ལས་ཡིན་གྱི་ཐེག་ཆེན་གྱི་ཚུལ་འདིར་དེ་དག་ལྟ་ཞོག་ཆོས་ཐམས་ཅད་ཀྱང་སེམས་ལས་དོན་གཞན་མ་ཡིན་པ་ཁོ་ནའོ། **།འགྲེལ་ཆེན་ལས།** སྲོག་གཅོད་པ་ལ་སོགས་པ་ཁ་ན་མ་ཐོ་བ་ཐམས་ཅད་སྤོང་བའི་སེམས་ཉིད་ནི་ཚུལ་ཁྲིམས་ཡིན་ཏེ་དེའི་རྗེས་སུ་འགྱུར་པ་ཕྱི་རོལ་གྱི་ཡུལ་ལྡོག་པའི་རང་བཞིན་ནི་མ་ཡིན་ནོ། །གལ་ཏེ་བསད་པ་ལ་སོགས་པའི་ཡུལ་གྱི་དངོས་པོ་མེད་པས་དེ་གསོད་པ་ལ་སོགས་པ་མེད་པའི་ཕྱིར་ཚུལ་ཁྲིམས་སུ་འགྱུར་རོ་ཞེ་ན། དེའི་ཚེ་ཉ་ལ་སོགས་པ་དང་གཞན་གྱི་བདོག་པ་དང་བུད་མེད་ལ་སོགས་པ་དེ་དག་གང་དུ་མི་མཐོང་བར་འགྱུར་བར་བསྐྲད་པར་བྱ་སྟེ་གཞན་དུ་ན་དེ་དག་གསོད་པ་ལ་སོགས་པ་ལ་འཇུག་པས་ན་ཚུལ་ཁྲིམས་སུ་མི་འགྱུར་རོ། །དེ་ལྟ་མ་ཡིན་པ་དེའི་ཕྱིར་དེ་དག་ཡོད་པ་རྣམས་ལ་ཡང་སྤོང་བའི་སེམས་ནི་འཐོབ་པ་སྟེ་སེམས་ལྡོག་པར་ཡིད་ལ་བྱེད་པ་ནི་ཚུལ་ཁྲིམས་ཀྱི་ཕ་རོལ་ཏུ་ཕྱིན་པར་འདོད་དེ་དེའི་རང་བཞིན་རིག་པ་རྣམས་འདོད་དོ། །དེ་བས་ན་དེ་ཡང་སེམས་ཉིད་ཡིན་ནོ། །ཞེས་བྱུང་བས་ཡུལ་སྤོང་དགོས་སོ་ཞེས་ཟེར་བའི་ཕྱོགས་སྔ་མ་ཞིག་ཀྱང་བྱུང་བར་སྣང་ལ། དེ་ལྟ་ན་སྲོག་གཅོད་པ་སྤོང་བའི་སྟོན་དུ་སེམས་ཅན་ཐམས་ཅད་མི་མཐོང་བའི་སར་

སྐྱིལ་བའམ། ཡང་ན་བདག་ཉིད་ཀྱི་མིག་འཕྱིན་དགོས་པས་ཏ་ཙང་ཐལ་བ་ཞིག་གོ། །

བཟོད་པ་སེམས་ཡིན་པ་ནི།

སེམས་ཅན་མི་སྲུན་ནམ་མཁའ་བཞིན། །
དེ་དག་གཞོམ་གྱིས་ག་ལ་ལང་། །
ཁྲོ་བའི་སེམས་འདི་གཅིག་བཅོམ་ན། །
དགྲ་དེ་ཐམས་ཅད་ཆོམས་དང་འདྲ། ༡༢ །
ས་སྟེང་འདི་དག་ཀོས་གཡོག་ཏུ། །
དེ་སྙེད་ཀོ་བས་ག་ལ་ལང་། །
ལྷམ་མཐིལ་ཙམ་གྱི་ཀོ་བས་ནི། །
ས་སྟེང་ཐམས་ཅད་གཡོགས་དང་འདྲ། ༡༣ །
དེ་བཞིན་ཕྱི་རོལ་དངོས་པོ་ཡང་། །
བདག་གིས་ཕྱིར་བཟློག་མི་ལང་གིས། །
བདག་གི་(༡༧༨ན)སེམས་འདི་ཕྱིར་བཟློག་བྱའི། །
གཞན་རྣམས་བཟློག་གོ་ཅི་ཞིག་དགོས། ༡༤ །

ཞེས་གསུངས་ཏེ། དང་པོས་རང་རྒྱུད་ཀྱི་ཁྲོ་བ་འཇོམས་པ། གཉིས་པས་དཔེ་དང་། གསུམ་པས་དགྲ་ཐམས་ཅད་ཐུལ་བར་འགྱུར་བའི་དོན་དང་སྦྱར་ནས་བསྟན་ཏོ། །

དེ་ཡང་གཞན་རྒྱུད་ཀྱི་ཁྲོ་བ་ཞི་བ་བཟོད་པའི་ཕར་ཕྱིན་ནོ་ཞེ་ན། འོ་ན་སྔོན་གྱི་སངས་རྒྱས་རྣམས་བཟོད་པའི་ཕར་ཕྱིན་མ་བསྐྱེས་པར་འགྱུར་ཏེ་སེམས་ཅན་མི་སྲུན་པ་ད་དུང་རབ་ཏུ་མང་བའི་ཕྱིར། དེས་ན་རང་རྒྱུད་ཀྱི་ཁྲོ་བ་ཆོམས་པ་བཟོད་ཕྱིན་ཡིན་ཏེ། བཟོད་ཕྱིན་གང་ཞེ་ན། སེམས་ཀུན་ནས་མནར་སེམས་པ་དང་བྲལ་

བའོ། །ཞེས་སོ། །དཔེར་ན་ཚེར་མ་ལས་སྐྱོབ་པའི་ཕྱིར་ས་སྟེང་ཀོ་བས་གཡོག་གིས་མི་ལང་མོད་ཀྱང་། ལྷམ་མཐིལ་གྱི་ཀོ་བས་ཚེར་མ་དེ་ཐམས་ཅད་ལས་སྐྱོབ་ནུས་པས་ས་སྟེང་ཀོ་བས་གཡོགས་པ་དང་འདྲ་བའི་དོན་གྲུབ་པའི་ཕྱིར། དེ་བཞིན་དུ་གཞན་རྒྱུད་ཀྱི་ཁྲོ་བ་མཐའ་དག་བདག་གིས་ཟློག་མི་ནུས་ཀྱི་དེའི་ཚེ་རང་རྒྱུད་ཀྱི་ཁྲོ་བ་ཁོ་ན་ཟློག་པར་བྱ་ལ། རང་རྒྱུད་ཀྱི་ཁྲོ་བ་ཞི་ན་གཞན་ཟློག་པར་བྱ་བ་མེད་དོ། **།འགྲེལ་ཆེན་ལས་ནི།** གཞན་གནོད་པ་བྱེད་པ་ལ་སོགས་པ་ཡོད་ནའང་སེམས་འཁྲུག་པ་མེད་པ་ཉིད་ནི་བཟོད་པ་ཡིན་ནོ། །ཁྲོ་བ་ལས་སེམས་ལོག་པ་ཉིད་དགྲ་ཐམས་ཅད་བསད་པ་དང་འདྲ་སྟེ་དེས་གནོད་པར་མི་སྐྱེ་བའི་ཕྱིར་དང་ཚེ་རབས་གཞན་ལ་དགྲ་མི་འབྱུང་བའི་ཕྱིར་རོ། །ཞེས་ཀོ་བའི་དཔེ་བཤད་དོ། །

མདོར་ན་བྱང་ཆུབ་སེམས་དཔའ་ལ་ལུས་དང་ལོངས་སྤྱོད་ལ་བསྙུན་པ་དང་ཐྲོག་པ་ལ་སོགས་པ་བྱས་ཀྱང་། དེ་ནི་བྱང་ཆུབ་སེམས་དཔའ་ལ་གནོད་པ་མ་ཡིན་ཏེ་ཆོས་ཐམས་ཅད་རྟེན་ཅིང་འབྲེལ་འབྱུང་གི་གཞན་གྱིར་ཤེས་པས་གང་ཡང་བདག་གི་བར་མ་མཐོང་བའི་ཕྱིར་དང་། ལུས་ལོངས་སྤྱོད་ནི་སེམས་ཅན་ཐམས་ཅད་ལ་བྱིན་ཟིན་པས་ཁོ་རང་དབང་བའི་རྫས་ལ་ཁོ་རང་བསྙུན་འཕྲོག་བྱེད་པ་ལྟར་མཐོང་བའི་ཕྱིར་དང་། (༡༧༨ཁ)ཕན་གནོད་ནི་བྱིས་པ་རྣམས་བྱེ་མའི་ཁང་བུ་ལ་ཞེན་པས་དེབ་ན་ངུ་བ་ལྟར་མཐོང་བས་ཆོས་ཐམས་ཅད་ནི་བཞད་གད་ཀྱི་གནས་ཙམ་དུ་ཤེས་པའི་ཕྱིར་དང་། བདག་གིས་ཆེད་དུ་སྦྱིན་པར་བྱ་བ་ཡིན་ན་ཁོ་རང་གིས་བླངས་པ་ནི་ཤིན་ཏུ་ལེགས་པའི་ཕྱིར་དང་། བཟོད་པའི་དགེ་བའི་བཤེས་གཉེན་དུ་ཤེས་པའི་ཕྱིར་དང་། ལུས་ལོངས་སྤྱོད་སོག་མའི་ཕུང་པོ་ལྟ་བུ་ལས་བཟོད་པའི་ཕ་རོལ་ཏུ་ཕྱིན་པ་ཡིད་བཞིན་གྱི་ནོར་བུ་ལྟ་བུ་འགྲུབ་པས་ཕན་པའི་རབ་ཏུ་མཐོང་བའི་ཕྱིར་དང་། བཟོད་པ་སྒོམས་ཤིག་ཅེས་སྟོན་པ་ཙམ་ལས་བཟོད་པ་ལ་དངོས་སུ་སྦྱོར་བ་འདི་ལྟ་བུ་བླ་མས་ཀྱང་མི་ནུས་པའི་ཕྱིར་རོ། །

དེས་ན་བྱང་ཆུབ་སེམས་དཔའ་ལ་གནོད་པ་ནི་ཁྲོ་བ་དང་འཁྲུག་པ་ཉིད་ཡིན་ལ་དེ་ནི་བདག་རྒྱུད་ལས་སྐྱེ་བ་ཡིན་གྱི་གཞན་ལས་མི་འབྱུང་བས་རྐྱེན་ཅིས་ཀྱང་བདག་རྒྱུད་ལ་ཁྲོ་འཁྲུག་གི་སྐབས་མི་འབྱེད་པ་སྟེ། **སྐྱེས་རབས་ལས།** བྱང་ཆུབ་སེམས་དཔའ་ནགས་སུ་འགྲོ་བ་ན་བུད་མེད་རིན་པོ་ཆེ་ཡང་ཞམ་རིང་དུ་འབྲངས་ཏེ་མ་ཟློག་པས་ཕན་ཚུན་ན་སྡོད་པ་རྒྱལ་པོ་ཞིག་གིས་མཐོང་སྟེ་ཆགས་པས་དབྲོག་པར་ཡང་འདོད། དྲང་སྲོང་གི་དམོད་པས་ཀྱང་འཇིགས། འདི་འདི་ལ་ཆགས་ན་དམོད་པ་མི་འགྲུབ་པོ་སྙམ་དུ་ཡང་བྱེད་པས་བགམ་པའི་ཕྱིར། ཁྱོད་བུད་མེད་རིན་པོ་ཆེ་འདི་ལྟ་བུ་དང་དགོན་པར་གནས་པ་མི་རིགས་ཏེ་འདི་ལ་འགའ་ཞིག་གིས་གཅེས་ན་བདག་ལ་ཡང་གྲགས་པ་མ་ཡིན་པར་འགྱུར་རོ། །ཞེས་སྨྲས་པ་ན། རྒྱལ་པོ་ཆེན་པོ་དེ་ཡང་མད་ན། འོན་ཀྱང་། བདག་ལ་གནོད་པ་བྱེད་པ་འདིར་འོངས་ན། །ས་རྡུལ་སྟུག་པོ་ཆར་པས་མནན་པ་བཞིན། །བདག་ཉིད་གསོན་བཞིན་དེ་ནི་ཡོང་མི་གཏང་། །ཞེས་ཞེ་སྡང་ལ་བསམས་ཏེ། དེ་སྐད་སྨྲས་པས། རྒྱལ་པོས་འཕྲོག་པ་པོ་ལ་དེ་སྐད་ཟེར་བར་གོ་ནས་འདི་ལ་དམོད་པ་མེད་དོ་སྙམ་ནས་ཁྲིར་ཏེ་སྨྲར། ཉོན་མོངས་མ་དེ་མཐོང་བཞིན་ཁྱིར་ཁྱུར་གྱིས། །དགའ་ཐུབ་བསགས་(༧༩(ན)པའི་ནུས་པ་ད་སྟོན་ཞིག །ཟེར་བ་ན། བྱང་ཆུབ་སེམས་དཔས། བདག་གིས་ཁས་འཆེས་དོན་མེད་མ་ཡིན་ཏེ། །བདག་ལ་གནོད་པར་བྱེད་པ་འདིར་བྱུང་ཡང་། །བདག་ཉིད་གསོན་བཞིན་དེ་ནི་ཡོང་མ་བཏང་། །ཞེས་ཞེ་སྡང་གི་ཉེས་པ་བརྗོད་པས་རྒྱལ་པོ་དུལ་ཏེ་སློབ་མར་གྱུར་པ་ལྟ་བུ་སྟེ་བདག་རྒྱུད་ལས་སྐྱེས་པའི་ཁྲོ་འཁྲུག་སོགས་ལ་གནོད་པར་འཇོག་གི་ཕྱི་རོལ་གྱི་གང་ཟག་དང་རྐྱེན་གཞན་ལ་ནི་གནོད་པ་ཞེས་མི་བྱའོ། །

བརྟོན་འགྲུས་སེམས་ཡིན་པ་ནི།

སེམས་གསལ་གཅིག་བསྐྱེད་འབྲས་བུ་གང་། །

ཚངས་ལ་སོགས་པ་ཡིན་པ་ལྟར། །
ལུས་ངག་བཅས་པའི་འབྲས་བུ་ཡང་། །
སྤྱོད་པ་ཞན་པ་དེ་ལྟ་མིན། ༧༥ །

ཞེས་གསུངས་ཏེ། **མྱང་འདས་ཀྱི་མདོར།** མ་སྨད་གཉིས་ཆུས་ཁྱེར་བ་ན་གཅིག་ལ་གཅིག་བྱམས་པ་དང་ལྡན་པས་དེ་མ་ཤི་ན་ཉུང་སྟེ་སྐམ་པའི་ངང་དུ་ཚེའི་དུས་བྱས་པས་གཉིས་ཀ་ཚངས་པར་སྐྱེས་པ་ལྟ་བུ་སྟེ། སེམས་གསལ་བ་སྐད་ཅིག་མ་གཅིག་གི་འབྲས་བུ་ཡང་དེ་ལྟ་བུ་ཡིན་ལ། སེམས་ཀྱིས་ལེགས་པར་མ་ཟིན་པའི་སྤྱོད་པས་ནི་འབྲས་བུ་འབྱིན་དཀའ་བའོ། །དེས་ན་དགེ་བ་ལ་སྒྲོ་ཞིང་བརྩོན་པའི་བློ་ལ་བརྩོན་འགྲུས་སུ་བྱས་པ་སྟེ། བརྩོན་གང་དགེ་ལ་སྒྲོ་བའོ། །ཞེས་འཆད་པར་འགྱུར་རོ། །

བསམ་གཏན་སེམས་ཡིན་པ་ནི།

བཟླས་བརྗོད་དང་ནི་དཀའ་ཐུབ་ཀུན། །
ཡུན་རིང་དུས་སུ་སྤྱད་བྱས་ཀྱང་། །
སེམས་གཞན་གཡེངས་པས་བྱས་པ་ནི། །
དེ་ཉིད་རིག་པས་དོན་མེད་གསུངས། ༧༦ །

ཞེས་གསུངས་ཏེ། དགེ་བ་ལ་སེམས་རྩེ་གཅིག་པ་ལ་བསམ་གཏན་དུ་གསུངས་ཀྱི་སེམས་ཡན་པར་བཏང་བའི་ལུས་ངག་གི་སྤྱོད་པ་ནི་དོན་མེད་པ་སྟེ། **ཡུམ་ལས།** སེམས་གཡེངས་པས་ནི་བདག་གི་དོན་ཡང་འགྲུབ་པར་མི་འགྱུར་ན་གཞན་གྱི་དོན་ལྟ་ཅི་སྨོས། དེའི་ཕྱིར་སེམས་གཡེང་བའི་གོ་སྐབས་ནི་འགའ་ཙམ་ཡང་(༡༧(བ)དབྱེ་བར་མི་བྱའོ། །ཞེས་སོ། །

ཤེས་རབ་སེམས་ཡིན་པ་ནི།

གང་གིས་ཆོས་ཀྱི་དོན་པོ་མཆོག །

སེམས་ཀྱི་གསང་འདི་མ་ཤེས་ན། །
བདེ་འཐོབ་སྡུག་བསྔལ་གཞོམ་འདོད་ཀྱང་། །
དེ་དག་དོན་མེད་གྱི་ནར་འཁྱམ། [༡༧] །

ཞེས་གསུངས་ཏེ། ཆོས་ཐམས་ཅད་སེམས་ཀྱི་རྗེས་སུ་འབྲང་བའི་ཕྱིར་ཆོས་ཀྱི་གཙོ་བོའོ། །རྟག་ཏུ་འགྲོགས་ཀྱང་རྟོགས་པར་དཀའ་ཞིང་ཐོས་བསམ་སྒོམ་པའི་ཤེས་པས་མི་ཕིགས་ལ་རང་གིས་རང་རྟོགས་པ་ན་འདི་ཙམ་དུ་ཟད་ན། ཅིའི་ཕྱིར་སྟོན་ནས་མི་རྟོགས་སྙམ་པའི་བློ་སྐྱེ་བར་འགྱུར་བས་ན་སེམས་ཀྱི་གསང་ཞེས་བྱའོ། །འདི་ཞེས་བྱ་བ་ནི་སྐབས་དེར་སློབ་དཔོན་ཉིད་ཀྱིས་ཇི་ལྟར་གཟིགས་པའི་དོན་འདི་ལྟ་བུ་ཞེས་པ་སྟེ་འདི་ཚིག་ད་ལྟ་བ་ལ་འཇུག་པས་སོ། །འདི་མ་ཤེས་པའི་ལམ་ཐམས་ཅད་ནི་ཀུན་རྫོབ་ཀོ་ནར་ཟད་པས་འཇིག་རྟེན་ལས་འདའ་མི་ནུས་པའི་དོན་ནོ། །**འགྲེལ་ཆེན་དུ།** སེམས་བྱིས་པ་རྣམས་ཀྱི་སྤྱོད་ཡུལ་མ་ཡིན་པའི་ཕྱིར་གསང་བའོ། །ཞེས་སོ། །

འདི་མ་ཤེས་ན་དོན་མེད་དུ་གྱི་ནར་ཇི་ལྟར་འཁྱམ་ཞེ་ན། ཕྱི་རོལ་པ་རྣམས་ཀྱིས་མེ་ལྔ་བསྟེན་པ་སོགས་དཀའ་སྤྱད་བརྒྱ་ཕྲག་མང་པོ་བྱེད་མོད་དེ་ངལ་བ་འབྲས་བུར་ཟད་པའི་ཕྱིར་རོ། །

(གསུམ་པ་)དེས་ན་སེམས་སྲུང་བ་ལ་འབད་པར་སྟོན་པ་ནི།

དེ་ལྟས་བདག་གི་སེམས་འདི་ནི། །
ལེགས་བཟུང་ལེགས་པར་སྲུང་བར་བྱ། །
སེམས་སྲུང་བརྟུལ་ཞུགས་མ་གཏོགས་པ། །
བརྟུལ་ཞུགས་མང་པོས་ཅི་ཞིག་བྱ། [༡༨] །
མ་གྲངས་གྲོལ་བའི་ཁྲོད་གནས་པས། །
བསྒྲིམས་ཏེ་རྨ་ཡི་བག་བྱེད་བཞིན། །

སྐྱེ་བོ་ངན་ཁྲོད་གནས་པས་ཀྱང་། །
སེམས་ཀྱི་རྨ་ནི་རྟག་ཏུ་སྲུང་། ༡༩ །
རྨ་ཡི་སྡུག་བསྔལ་ཆུང་ངུ་ཡིས། །
སྐྲག་པའང་རྨ་ཡི་བག་བྱེད་ན། །
བསྡུས་འཇོམས་རིས་འཇོམས་སྐྲག་པ་ཡིས། །
སེམས་ཀྱི་རྨ་ལྟ་ཅིས་མི་སྲུང་། ༢༠ །
སྤྱོད་པ་འདི་འདྲས་གནས་བྱེད་ན། །
སྐྱེ་བོ་ངན་པའི་ཁྲོད་(༧༤༠ན)གནས་སམ། །
བུད་མེད་ཁྲོད་ན་གནས་ཀྱང་རུང་། །
སྡོམ་བརྩོན་བརྟན་པ་ཉམས་མི་འགྱུར། ༢༡ །
བདག་གི་རྙེད་དང་བཀུར་སྟི་དང་། །
ལུས་དང་འཚོ་བ་མེད་སླ་ཞིང་། །
དགེ་བ་གཞན་ཡང་ཉམས་སླ་ཡི། །
སེམས་ནི་ནམ་ཡང་ཉམས་མི་བྱ། ༢༢ །

ཞེས་གསུངས་ཏེ། དེ་ཡང་ཚིགས་བཅད་དང་པོས་སེམས་སྲུང་བ་མ་གཏོགས་བྱ་བ་གཞན་མེད་པར་བསྟན། གཉིས་པས་སྲུང་ཚུལ་དང་། གསུམ་པས་དེའི་འཐད་པ་བསྟན། བཞི་པས་དེ་ལྟར་སྤྱོད་པ་ལ་ཉེས་པས་གླགས་མི་རྙེད་པ་དང་། གཉིས་པས་ལུས་སྲོག་དང་དགེ་བ་གཞན་བློས་བཏང་ནས་སེམས་སྲུང་དགོས་པར་བསྟན་ཏོ། །

དེས་ན་རང་གི་སེམས་སྲུང་བ་ལས་གཞན་པའི་བརྟུལ་ཞུགས་ཅི་ཡང་བཙམ་པར་མི་བྱ་སྟེ། **སྡོང་རྒྱན་ལས།** བྱང་ཆུབ་སེམས་དཔའི་སྤྱོད་པ་ཐམས་ཅད་ནི་རང་གི་སེམས་ལ་བསྟེན་ཏོ། །ཞེས་དང་། **འགྲེལ་ཆེན་དུ།** ཆོས་ཡང་དག་པར་སྡུད་པའི་

མདོ་དྲངས་པ། བྱང་ཆུབ་སེམས་དཔའ་རྣམ་པར་གནོན་པའི་བློ་གྲོས་ཀྱིས་གསོལ་པ། ཆོས་ཆོས་ཞེས་བགྱི་བའི་ཆོས་གང་ལགས་པ་དེ་ནི་ཡུལ་ན་མི་གནས་ཕྱོགས་ན་མི་གནས་ཏེ་གཞན་དུ་ན་ཆོས་རང་གི་སེམས་ལ་རག་ལས་པ་ནི་མ་གཏོགས་སོ། །དེ་ལྟ་བས་ན་བདག་གིས་རང་གི་སེམས་ཤིན་ཏུ་བཟུང་བ་དང་ཤིན་ཏུ་སྦྱངས་ཏེ་མཐར་ཕྱུག་པ་དང་ཕྱུལ་བ་དང་མཉམ་པར་བཙམས་པ་དང་ཚར་བཅད་པར་བྱའོ། །དེ་ཅིའི་ཕྱིར་ཞེ་ན། སེམས་གང་ན་མཆིས་པ་དེ་ན་ཡོན་ཏན་དང་ཉེས་པ་རྣམས་མཆིས་ཀྱི། སེམས་མ་མཆིས་པ་ལ་ནི་ཡོན་ཏན་དང་ཉེས་པ་རྣམས་མ་མཆིས་ཏེ། དེ་ལྟ་བས་ན་བྱང་ཆུབ་སེམས་དཔས་ཉེས་པ་རྣམས་ལས་སེམས་ལྡོག་ནས་ཡོན་ཏན་རྣམས་ལ་འཇུག་སྟེ་དེ་ལྟ་བས་ན་ཆོས་ནི་སེམས་ལ་རག་ལས་བྱང་ཆུབ་ནི་ཆོས་ལ་རག་ལས་ཞེས་བགྱིའོ། །ཞེས་སོ། །

མ་གྲངས་པ་ནི་ཀླངས་པ་མ་ཡོལ་བ་ལྟ་བུ་སྟེ་ཤེད་མ་བྱེ་བའི་དོན་གྱི་བཛ་ཉིང (༧༥༠བ)ཡིན་ལ། གྲོལ་བ་ནི་བྱུང་རྒྱལ་དུ་བག་མེད་པར་སྤྱོད་པས་མི་སྲུན་པའི་དོན་ཏེ་སྐྱེས་བུ་རྨ་ཅན་ཞིག་བྱིས་པ་རྩེ་བའི་ཁྲོད་ན་གནས་ན་དེ་དག་གིས་ནི་འདིའི་རྨ་ལ་གནོད་ན་མི་རུང་ངོ་ཞེས་མི་བསམ་པར་བྱུང་རྒྱལ་དུ་རྩེ་བས་ན་བདག་ཉིད་རང་གིས་རྨའི་ཟོན་གྱི་བག་བྱེད་དགོས་པ་ལྟར་རང་བཞིན་གྱིས་ཐོག་མེད་ནས་མ་གྲངས་ཤིང་གྲོལ་བའི་སེམས་ཅན་ཁྱད་པར་སྙིགས་མ་ལས་ཆེས་སྙིགས་པ་འདི་ལྟ་བུའི་དུས་ཀྱི་སེམས་ཅན་གྱི་ནང་ན་གནས་པས་སེམས་ཀྱི་རྨ་སྲུང་བའི་བརྩོན་པ་དཔེ་བས་ཀྱང་བརྒྱ་འགྱུར་གྱིས་ལྷག་པ་བྱེད་དགོས་ཏེ། ལུས་ཀྱི་རྨ་ནི་རང་བཞིན་གྱིས་ཀྱང་འཚོ་བ་དང་ཤིན་ཏུ་འཇིགས་པ་ཆེ་ཡང་ཤི་ནས་མི་གནོད་ལ་སེམས་ཀྱི་རྨ་ནི་འཚོ་བར་དཀའ་ཞིང་སྐྱེ་བ་ཐམས་ཅད་དུ་རྗེས་སུ་འབྲང་བས་དམྱལ་བ་ལ་སོགས་པར་འཕེན་པའི་ཕྱིར་རོ། །སྤྱོད་པ་འདིས་ནི་ཞེ་སྡང་གི་ཡུལ་དགྲ་དང་ཆགས་ཡུལ་བུད་མེད་ཀྱི་ནང་སོགས་གང་ན་གནས་ཀྱང་ཆགས་སྡང་གི་ཉེས་པས་མི་གོས་

པ་པདྨ་འདམ་ན་གནས་པ་ལྟ་བུར་འགྱུར་ལ། དེས་ན་སེམས་ལ་མི་ཕན་པའི་དགེ་བར་སྣང་བའང་དོར་ཏེ་སེམས་སྲུང་ན་ལུས་སྲོག་དང་རྙེད་བཀུར་ལྟ་ཅི་སྨོས་ཏེ་ཐམས་ཅད་དོར་ནས་སེམས་སྲུང་བ་ཁོ་ན་ལ་འདེམས་ཤིག་པའོ། །

གཉིས་པ་(དེའི་ཐབས་དྲན་པ་དང་ཤེས་བཞིན་)ལ་གསུམ། མདོར་བསྟན། དྲན་ཤེས་མེད་པའི་སྐྱོན་ལྷུ་བཤད། དྲན་པ་སྲུང་ཚུལ་ལོ། །

དང་པོ་(མདོར་བསྟན་)ནི།

སེམས་སྲུང་འདོད་པ་རྣམས་ལ་ནི། །
དྲན་པ་དང་ནི་ཤེས་བཞིན་དག །
སྲོག་ལ་བབ་ཀྱང་སྲུངས་ཤིག་ཅེས། །
བདག་ནི་དེ་སྐད་འདོམས་པར་བྱེད། ༢༣ །

ཅེས་གསུངས་ཏེ། སེམས་སྲུང་བའི་ཐབས་ཅི་ཞེ་ན། བྱང་ཆུབ་ཀྱི་སེམས་མི་བརྗེད་པའི་དྲན་པ་དང་གནང་བཀག་ལས་སྤྱོད་ལམ་ཐམས་ཅད་དུ་མི་འདའ་བའི་ཤེས་བཞིན་འདི་གཉིས་ནི་སྲོག་ལ་བབ་ཀྱང་མ་ཉམས་པར་སྲུངས་ཤིག །ཅེས་ཞི་བའི་ལྷ་བདག་ནི་དེ་སྐད་འདོམས་པར་བྱེད་ཀྱི་འདི་ལས་གདམས་ངག་གཞན་གཉིས་པ་མེད་དོ། །ཞེས་པའི་དོན་ཅན་ནོ། །**འགྲེལ་ཆེན་ལས།** (༧༧ན)ཡང་འདིར་ཀུས་པ་བསྐྱེད་པར་བྱ་བའི་ཕྱིར་བསྟན་བཅོས་མཛད་པོས་སེམས་སྲུང་ཞེས་སོགས་གསུངས་ཏེ། ཐལ་མོ་སྦྱར་ཏེ་གསོལ་བ་འདེབས་སོ། །ཅིའི་དོན་དུ་ཞེ་ན། དྲན་པ་དང་ཤེས་བཞིན་དག་སྟེ་དྲན་པ་འབའ་ཞིག་ཀྱང་མ་ཡིན་ལ་ཤེས་བཞིན་འབའ་ཞིག་ཀྱང་མ་ཡིན་ནོ། །ཞེས་པ་སྟེ། དང་གི་དོན་དུ་ཕན་ཚུན་དུ་བལྟོས་པས་སོ། །

དེ་ལ་དྲན་པ་ནི། **གཙུག་ན་རིན་པོ་ཆེའི་མདོ་ལས།** དྲན་པ་གང་གིས་ཉོན་མོངས་པ་ཐམས་ཅད་དྲན་པར་མི་འགྱུར་བ་དང་། བདུད་ལས་ཐམས་ཅད་ཀྱི་སྐབས་མི་འབྱེད་པ་དང་། ལམ་ལོག་པའམ་ལམ་ངན་པར་མི་འགྲོ་བ་དང་། དྲན་

པ་སྒོ་བ་ལྟ་བུར་གྱུར་པ་གང་གིས་སེམས་དང་སེམས་ལས་བྱུང་བའི་ཆོས་མི་དགེ་བ་ཐམས་ཅད་ཀྱི་སྐབས་མི་འབྱེད་པ་འདི་ནི་ཡང་དག་པའི་དྲན་པ་ཞེས་བྱའོ། །ཞེས་གསུངས་སོ། །

མདོར་ན་དྲན་པ་འདི་ཡིན་ཏེ་གནང་བ་དང་བཀག་པ་གཉིས་ཅི་རིགས་པར་དྲན་པ་ཞེས་བྱའོ། །གང་གི་ཕྱིར་དྲན་པ་མ་བརྗེད་པའོ། །ཞེས་བསྟན་པ་ཡིན་ནོ། །ཤེས་བཞིན་ཡང་ཤེར་ཕྱིན་ལས་གསུངས་ཏེ། སྤྱོད་ན་ཡང་བདག་སྤྱོད་དོ་ཞེས་རབ་ཏུ་ཤེས་སོ། །འགྲེང་ན་ཡང་བདག་འགྲེང་ངོ་། །འདུག་ན་ཡང་བདག་འདུག་གོ། །ཉལ་ན་ཡང་བདག་ཉལ་ལོ་ཞེས་རབ་ཏུ་ཤེས་སོ། །དེའི་ལུས་ཇི་ལྟ་ཇི་ལྟར་གནས་པར་གྱུར་པ་དེ་ལྟ་དེ་ལྟར་རབ་ཏུ་ཤེས་སོ། །ཞེས་སོགས་གསུངས་ཏེ། ལུས་དང་སེམས་ཀྱི་གནས་སྐབས་ལ། །སོགས་ཀྱིས་འཆད་པར་འགྱུར་རོ། །ཞེས་བཤད་དོ། །

གཉིས་པ་(དྲན་ཤེས་མེད་པའི་སྐྱོན་ལྔ་བཤད་པ་)ལ་ལྔ། དྲན་ཤེས་མེད་པའི་སྐྱོན་བྱ་བ་ལ་མཐུ་ཆུང་བ། ཁྱད་པར་ཤེས་བཞིན་མེད་པའི་སྐྱོན་ཤེས་རབ་ཕུན་སུམ་ཚོགས་པར་མི་འགྱུར་བ། ཚུལ་ཁྲིམས་ཕུན་སུམ་ཚོགས་པར་མི་འགྱུར་བ། བསགས་པའི་དགེ་བ་འཛིག་པ། མ་བསགས་པའི་དགེ་བ་མི་འགྲུབ་པའོ། །

དང་པོ་(དྲན་ཤེས་མེད་པའི་སྐྱོན་བྱ་བ་ལ་མཐུ་ཆུང་བ་)ནི།

ནད་ཀྱིས་དཀྲུགས་པའི་མི་དག་ནི། །(༧༧བ)
ལས་རྣམས་ཀུན་ལ་མཐུ་མེད་པ། །
དེ་བཞིན་རྨོངས་པས་སེམས་དཀྲུགས་པ། །
ལས་རྣམ་ཀུན་ལ་མཐུ་མེད་དོ། ༢༥ །

ཞེས་གསུངས་ཏེ། དྲན་ཤེས་མེད་པའི་རྨོངས་པས་ནི་བྱ་བ་གང་ཡང་མི་འགྲུབ་པའོ། །

གཉིས་པ་(བྱེད་པར་ཤེས་བཞིན་མེད་པའི་སྐྱོན་ཤེས་རབ་ཐུན་སུམ་ཚོགས་པར་མི་འགྱུར་བ་)ནི།

ཤེས་བཞིན་མེད་པའི་སེམས་ལྡན་པའི། །
ཐོས་དང་བསམ་དང་སྒོམ་པ་ཡང་། །
གློ་བརྡོལ་བུམ་པའི་ཆུ་བཞིན་དུ། །
དྲན་པ་ལ་ནི་དེ་མི་གནས། ༢༥ །

ཞེས་གསུངས་ཏེ། བུམ་པ་གློ་བརྡོལ་བར་ཆུ་མི་གནས་པ་ལྟར་ཤེས་བཞིན་མེད་ན་ཐོས་བསམ་སྒོམ་པ་གང་ཡང་མི་གནས་པའོ། །

གསུམ་པ་(ཚུལ་ཁྲིམས་ཕུན་སུམ་ཚོགས་པར་མི་འགྱུར་བ་)ནི།

ཐོས་ལྡན་དད་པ་ཅན་དང་ནི། །
བརྩོན་པ་ལྷུར་ལེན་དུ་མ་ཡང་། །
ཤེས་བཞིན་མེད་པའི་སྐྱོན་ཆགས་པས། །
ལྟུང་བའི་རྙོག་དང་བཅས་པར་འགྱུར། ༢༦ །

ཞེས་གསུངས་ཏེ། ཤེས་བཞིན་མེད་ན་ཐོས་སོགས་ཡོད་ཀྱང་ལྟུང་བ་དང་བཅས་པར་འགྱུར་བའོ། །

བཞི་པ་(བསགས་པའི་དགེ་བ་འཇིག་པ་)ནི།

ཤེས་བཞིན་མེད་པའི་ཆོམ་རྐུན་དག །
དྲན་པ་ཉམས་པའི་རྗེས་འབྲངས་པས། །
བསོད་ནམས་དག་ནི་ཉེར་བསགས་ཀྱང་། །
རྐུན་པོས་ཕྲོག་བཞིན་ངན་འགྲོར་འགྲོ། ༢༧ །

ཞེས་གསུངས་ཏེ། ཤེས་བཞིན་མེད་ན་ཁོང་ཁྲོ་སོགས་སྐྱེ་ལ་དེས་དགེ་བ་འཇོམས་ཏེ། བསྐལ་པ་སྟོང་དུ་བསགས་པ་ཡི། །ཞེས་འཆད་པར་འགྱུར་བའི་ཕྱིར།

ལྔ་པ་(མ་བསགས་པའི་དགེ་བ་མི་འགྲུབ་པ་)ནི།

ཉོན་མོངས་ཆོམ་རྐུན་ཚོགས་འདི་ནི། །
གླགས་སྐབས་ཚོལ་བར་བྱེད་པ་སྟེ། །
གླགས་རྙེད་གྱུར་ན་དགེ་འཕྲོག་ཅིང་། །
བདེ་འགྲོའི་སྲོག་ཀྱང་འཇོམས་པར་བྱེད། ༢༨ །

ཅེས་གསུངས་ཏེ། བདག་རྒྱུད་ལ་གནས་པའི་ཉོན་མོངས་པ་ཆོམ་རྐུན་ལྟ་བུ་སྲུང་བ་ལ་ཤེས་བཞིན་གྱི་མེལ་ཚེ་ལས་གཞན་མེད་པའི་ཕྱིར་རོ། །

གསུམ་པ་(དྲན་པ་སྲུང་ཚུལ་)ནི།

དེ་བས་དྲན་པ་ཡིད་སྒོ་ནས། །
གུད་དུ་ནམ་ཡང་མི་བཏང་ངོ་། །
སོང་ནའང་ངན་སོང་གནོད་པ་དག །
དྲན་པར་བྱས་ཏེ་ཉེ་བར་བཞག ༢༩ །
བླ་མ་དང་ནི་འགྲོགས་པ་དང་། །
མཁན་པོས་(༡༢༢ན)རྗེས་སུ་བསྟན་པ་དང་། །
འཇིགས་པས་སྐལ་ལྡན་གུས་བྱེད་ལ། །
དྲན་པ་བདེ་བླག་སྐྱེ་བར་འགྱུར། ༣༠ །
སངས་རྒྱས་བྱང་ཆུབ་སེམས་དཔའ་དག །
ཀུན་ཏུ་ཐོགས་མེད་གཟིགས་པར་ལྡན། །
དེ་དག་ཐམས་ཅད་སྤྱན་སྔ་ན། །
བདག་ནི་རྟག་པར་གནས་སོ་ཞེས། ༣༡ །
དེ་ལྟར་ངོ་ཚ་ཤེས་གུས་དང་། །
འཇིགས་བཅས་དྲན་པ་རྟག་ཏུ་བཞག །
དེས་ནི་སངས་རྒྱས་རྗེས་དྲན་པའང་། །

དེ་ལ་ཡང་དང་ཡང་དུ་འབྱུང་། ༣༢།
གང་ཚེ་དྲན་པ་ཡིད་སྒོ་ནས། །
སྲུང་བའི་དོན་དུ་གནས་གྱུར་པ། །
དེ་ཚེ་ཤེས་བཞིན་འོང་འགྱུར་ཞིང་། །
སོང་བ་དག་ཀྱང་ཕྱིར་འོང་འགྱུར། ༣༣།

ཞེས་གསུངས་ཏེ། ཚིགས་བཅད་དང་པོས་དྲན་པ་སྲུང་བ་དགོས་བཤད། གཉིས་པས་དྲན་པ་སྐྱེ་བའི་རྒྱུ་ལྔ་བཤད། གསུམ་པ་དང་བཞི་པས་ཁྱད་པར་གུས་པ་དང་འཇིགས་པ་སྐྱེད་ཚུལ་བཤད། ལྔ་པས་དྲན་པ་བསྲུངས་ན་ཤེས་བཞིན་རང་བཞིན་གྱིས་འོང་བར་བསྟན་ཏོ། །

དེ་ཡང་དགེ་བའི་དམིགས་པ་གང་ཡིན་པ་ལས་གཞན་དུ་མ་ཡེངས་པར་བྱས་ལ་ཅུང་ཟད་ཡེངས་ནའང་དེ་མ་ཐག་ཏུ་ཚོར་བས་སླར་རྩེ་གཅིག་ཏུ་བསྡུ་བ་འདི་ནི་དྲན་པ་སྲུང་བ་དགོས་ཡིན་ལ། དགེ་བའི་བཤེས་གཉེན་ཚུལ་བཞིན་བསྟེན་པ་དང་དེས་སེམས་འདུལ་བའི་གདམས་ངག་གི་གནད་རྗེས་སུ་བསྟན་པ་དང་། དྲན་པ་ཉམས་པས་འཇིགས་པ་དང་། རང་བཞིན་གྱིས་རྒྱུད་བཟང་པོ་གོམས་པ་སྐལ་བ་དང་ལྡན་པ་དང་། ལམ་ལ་གུས་པས་བརྩོན་པ་ལྷུར་བྱེད་པ་རྣམས་ལ་ནི་དྲན་པ་བདེ་བླག་ཏུ་སྐྱེ་ཞིང་ཤེས་བཞིན་མི་ཉམས་པའི་རྒྱུའོ། །དེ་ལས་འཇིགས་པ་དང་གུས་པ་དེ་གང་ཞེ་ན། མིག་ལྡན་གྱི་མདུན་ན་ཡོད་པ་འཁོད་པ་ལྟར་སངས་རྒྱས་དང་བྱང་ཆུབ་སེམས་དཔའ་ཞིང་གནྜ་ཀླུང་གི་བྱེ་མ་སྙེད་ཀྱི་ཕ་རོལ་དང་མདུན་གྱི་གཞི་འདི་ལ་གཟིགས་པ་དང་གསན་པ་དང་བསམ་པ་མཁྱེན་པ་ལ་རྒྱང་རིང་ཐུང་མི་(༧༤༤བ)མངའ་བ་ཉིད་དེ་འཇོན་ལས་མ་བཞེངས་པར་ཡང་ཤེས་བྱ་ཐམས་ཅད་ལ་ཡེ་ཤེས་འཇུག་པ་དེ་ཐམས་ཅད་ཀྱི་སྤྱན་སྔ་ན་བདག་རྟག་པར་གནས་ལ་བདག་གི་བསམ་སྤྱོད་ཐམས་ཅད་དེ་རྣམས་ཀྱིས་ཇི་ལྟ་བར་གཟིགས་སོ། །ཞེས་འཇིགས་

ཤིང་ངོ་ཚ་ཤེས་པ་དང་། དེ་རྣམས་དང་བསླབ་པ་ལ་གུས་པའི་དྲན་པ་དྲག་ཏུ་སྐྱེད་པའོ། །དེ་ལྟར་བསྐྱབས་ན་ནི་སངས་རྒྱས་ལ་དམིགས་པའི་བློ་དེ་ཉིད་ལ་སངས་རྒྱས་རྗེས་སུ་དྲན་པ་ཞེས་བྱ་བས་དེ་ཉིད་རྟག་པར་འབྱུང་ཞིང་དྲན་པའི་ས་གཞི་བརྟན་པར་འགྱུར་ལ། གང་དྲན་པ་མ་ཉམས་པ་དེ་ཉིད་ལ་ཤེས་བཞིན་ཞེས་མིང་དུ་འདོགས་པའི་ཕྱིར་དེ་ལྟ་བུ་ལ་ནི་ཤེས་བཞིན་དཀའ་བ་མེད་པར་སྐྱེའོ། **།འགྲེལ་ཆེན་ལས་ནི།** གུས་པ་ཞི་གནས་ལ་སྦྱར་ཏེ། ཇི་སྐད་དུ། དྲན་པའི་རྒྱུ་ནི་གུས་པ་དྲག་པོ་ལས་སྐྱེའོ། །གུས་པ་ཡང་ཞི་གནས་ཀྱི་བདག་ཉིད་ཆེན་པོ་ཕོང་དུ་ཆུད་ནས་ལྷུར་བླང་བ་ལས་སྐྱེ་ཞིང་ཡང་བླ་མ་དང་དམ་པའི་གྲོགས་དང་འགྲོགས་པ་དང་དེའི་གདམས་ངག་ལས་སྤྱང་བྱས་འཇིགས་པ་དང་བརྣས་པའི་གཉེན་པོའི་ཆོས་དངོས་པོ་ཀུན་གྱིས་ཕྱོགས་པའི་གུས་པ་དང་ལྡན་ན་སྐྱེའོ། །

ངོ་ཚ་ཤེས་གུས་འཇིགས་བཅས་ཞེས་བྱ་བ་ལ་མི་མཐུན་པའི་ཕྱོགས་ལ་འཛེམ་པ་ནི་ངོ་ཚ་ཤེས་པ་དང་བསླབ་པ་ལ་གུས་པ་དང་དེ་ལས་མི་འདའ་བར་འཇིགས་པའོ། །ཞེས་འབྱུང་ལ། འདི་ནི། དེ་ལྟར་ངོ་ཚ་ཤེས་གུས་དང་། །འཇིགས་བཅས་དྲན་པ་རྟག་ཏུ་བཞག །ཅེས་པའི་འགྲུར་སྣང་ཞིང་གོང་མའི་མཚན་ཉིད་ཀྱི་ནུས་པའི་ཟུར་ལ་བརྟགས་ནའང་ངོ་ཚ་ཤེས་པ་འཕོབ་པར་འདུག་ཅིང་ངོ་ཚ་ཤེས་པ་ནི་གུས་འཇིགས་གཉིས་ཀར་དུ་མི་འདུ་བས་རྒྱ་དཔེ་ལ་ངེས་པར་ཡོད་པ་ཞིག་ལོ་ཙཱ་བས་ཟུར་ཆད་པར་སྣང་ངོ་། །འགྲེལ་ཆེན་གྱི་གུས་པ་ཞི་གནས་སུ་འབྲུ་གཉེར་བ་འདི་ལ་རྟོག་པ་ཕན་ཚུན་བརྟེན་པའི་སྐྱོན་ནི་སྲིད་པར་སྣང་སྟེ་ཞི་གནས་ནི་དྲན་པ་མེད་ན་མི་འབྱུང་ལ། (༧༤༣ན)འདིར་དྲན་པའི་རྒྱུའི་གཙོ་བོ་ཡང་ཞི་གནས་སུ་བསྟན་པའི་ཕྱིར་རོ། །དེ་ལྟ་མོད་ཀྱི་ཞི་གནས་ལ་གུས་པའི་མཚན་ཉིད་ཡོད་པར་དཀའ་སྟེ་ཞི་གནས་ནི་དགེ་བ་ལ་རྩེ་གཅིག་པའི་བློ་ཉིད་ཡིན་ལ། གུས་པ་སོགས་ནི་དེས་དྲངས་པའི་སེམས་བྱུང་གི་རྟོག་པ་གཞན་ཡིན་པའི་ཕྱིར་རོ། །

(གསུམ་པ་དེའི་སྤྱོད་པ་ལ་བསླབ་པ།) གཉིས་པ་[1]སེམས་སྲུང་བའི་སྤྱོད་པ་ལ་བསླབ་པ་ལ་གསུམ། ཉེས་སྤྱོད་སྡོམ་པའི་སྤྱོད་པ་ལ་བསླབ་པ། དགེ་བ་ཆོས་སྡུད་ཀྱི་སྤྱོད་པ་ལ་བསླབ་པ། སེམས་ཅན་དོན་བྱེད་ཀྱི་སྤྱོད་པ་ལ་བསླབ་པའོ། །དང་པོ་(ཉེས་སྤྱོད་སྡོམ་པའི་སྤྱོད་པ་ལ་བསླབ་པ་)ལ་གཉིས། ལུས་སེམས་ཀྱི་ཁ་ན་མ་ཐོ་བ་སྤང་བ་དང་། རྣམ་པར་གཡེང་བ་ཕྲ་མོ་སྤང་བའོ། །དང་པོ་(ལུས་སེམས་ཀྱི་ཁ་ན་མ་ཐོ་བ་སྤང་བ་)ལ། ལུས་ཀྱི་ཁ་ན་མ་ཐོ་བ་སྤང་བ། སེམས་ཀྱི་ཁ་ན་མ་ཐོ་བ་སྤང་བ། མི་ནུས་པའི་དུས་བཏང་སྙོམས་སུ་བྱ་བའོ། །

དང་པོ་(ལུས་ཀྱི་ཁ་ན་མ་ཐོ་བ་སྤང་བ་)ནི།

རེ་ཞིག་དང་པོར་འདི་འདྲའི་སེམས། །
འདི་ནི་སྐྱོན་བཅས་ཤེས་བྱས་ནས། །
དེ་ཚེ་བདག་གིས་ཤིང་བཞིན་དུ། །
ཟུངས་ཐུབ་པར་ནི་གནས་པར་བྱ། ༣༤ །
དོན་མེད་གཡེང་བར་ལྟ་བ་ནི། །
ནམ་ཡང་བདག་གིས་མི་བྱ་སྟེ། །
ངེས་པར་སེམས་པས་རྟག་ཏུ་ནི། །
མིག་ནི་ཕབ་སྟེ་ལྟ་བར་བྱ། ༣༥ །
བལྟས་པས་ངལ་གསོའི་ཆེད་དུ་ནི། །
རེས་དགའ་ཕྱོགས་སུ་བལྟ་བར་བྱ། །
འགའ་ཞིག་མིག་ལམ་སྣང་གྱུར་ན། །
བལྟས་ལ་འོངས་པ་ལེགས་ཞེས་བརྗོད། ༣༦ །
ལམ་སོགས་འཇིགས་པ་བརྟག་པའི་ཕྱིར། །

1 ས་བཅད་འདི་གོང་དུ། དྲན་ཤེས་བཞིན་གྱི་སྒོ་ནས་སེམས་སྲུང་བའི་ཚུལ་ཁྲིམས་ལ་ས་བཅད་ལྔ་བཤད་པའི་ས་བཅད་གསུམ་པ་ཡིན་ངེས།

ཡང་དང་ཡང་དུ་ཕྱོགས་བཞིར་བལྟ། །
ངལ་གསོ་ཁ་ནི་ཕྱིར་བལྟས་ནས། །
རྒྱབ་ཀྱི་ཕྱོགས་སུ་བལྟ་བར་བྱ། ༣༧ །
མདུན་དང་རྒྱབ་ཏུ་བརྟག་བྱས་ནས། །
འགྲོ་འམ་ཡང་ན་འོང་བྱ་སྟེ། །
དེ་ལྟར་གནས་སྐབས་ཐམས་ཅད་དུ། །
དགོས་པ་ཤེས་ནས་སྤྱོད་པར་བྱ། ༣༨ །
ལུས་ཀྱིས་འདི་ལྟར་གནས་བྱ་ཞེས། །
བྱ་བ་བསྡོགས་ནས་དེ་ནས་ནི། །
སྐབས་སུ་ལུས་འདི་ཇི་ལྟ་བུར། །
གནས་པ་ཡིན་ཞེས་(༡༤༣བ)བལྟ་བར་བྱ། ༣༩ །

ཞེས་གསུངས་ཏེ། དང་པོས་རྩ་བ་ཀུན་སློང་ལ་བརྟག་པར་བསྟན། གཉིས་པས་དགོས་མེད་དུ་ལྟ་བ་སྤང་། གསུམ་པ་དང་བཞི་པས་དེའི་གནང་བཀག་བསྟན། ལྔག་མས་མདོར་ན་ལུས་ཀྱི་གནས་སྐབས་དོན་མེད་དུ་མི་བཞག་པ་བསྟན་ཏོ། །

དེ་ཡང་རེ་ཞིག་དང་པོར་ཞེས་བྱ་བ་ནི་སྒོ་གསུམ་གྱི་བྱ་བ་གང་རྩོམ་ཡང་དེའི་ཐོག་མར་སེམས་ཀྱི་ཀུན་སློང་ལ་བརྟག་སྟེ་བྱ་བ་དེ་ཅིའི་ཆེད་དུ་བྱེད་པར་འདོད་ཅེས་ཁ་ནང་དུ་ཕྱོགས་ལ་ཤེས་པའི་གནས་སྐབས་ལ་བརྟག་གོ། །བརྟགས་པ་ན་ཉེད་བཀུར་དང་གྲགས་པ་འདོད་པའམ་གཞན་དང་འགྲན་སེམས་སམ་ང་རྒྱལ་ལམ་གཞན་ལ་གནོད་པར་འདོད་པ་སོགས་ཀྱི་ཀུན་སློང་གིས་ཡིན་པར་འདུག་ན། དེ་ནི་སངས་རྒྱས་ཀྱི་བསྟན་པ་ལ་ཆོས་མ་ཡིན་པ་དང་མི་དགེ་བ་ཁོ་ན་ཡིན་པས་རྣམ་པ་དགེ་བ་ལྟར་སྣང་ཡང་སྤང་བར་བྱ་སྟེ། འདོད་ཆགས་ཞེ་སྡང་གཏི་མུག་གསུམ། །དེས་བསྐྱེད་ལས་ནི་མི་དགེ་བ། །ཞེས་སོ། །རང་དོན་ཞི་བདེ་འདོད་

པའི་བློས་ཡིན་ན་ཉན་རང་གི་དགེ་བར་འགྱུར་ཡང་ཐེག་ཆེན་གྱི་མི་དགེ་བ་ཡིན་ཏེ། ངན་སོང་དུ་སྐྱེས་པ་ནི་བྱང་ཆུབ་སེམས་དཔའ་བྱང་ཆུབ་སྒྲུབ་པ་ལ་གཏན་གྱི་གེགས་མ་ཡིན་གྱི་ཉན་རང་གི་བྱང་ཆུབ་ཏུ་ལྟུང་ན་དེ་གཏན་གྱི་གེགས་ཡིན་པར་བཤད་པའི་ཕྱིར། ཀུན་སློང་ངན་པ་དེ་དག་མཐོང་ན་རང་གི་སྐྱོན་རང་གིས་བཟུང་སྟེ་འདི་འདྲ་བའི་སེམས་འདི་ནི་སྐྱོན་འདི་དང་བཅས་པའོ། །ཞེས་ཤེས་པར་བྱས་ནས་ཀུན་སློང་དེའི་གཉེན་པོ་འཕོར་བའི་ཉེས་དམིགས་སམ་ཚེ་འདི་སྙིང་པོ་མེད་པའམ་ལས་འབྲས་སམ་བྱང་ཆུབ་ཀྱི་སེམས་སོགས་དངོས་གཉེན་དུ་གང་འགྱུར་བ་ཞིག་བསམས་ཏེ་ཀུན་སློང་ངན་པ་དེ་ཚར་མ་ཆོད་ཀྱི་བར་གྱི་ཚེ་བདག་གི་ལུས་མི་གཡོ་ངག་མི་སྨྲ་ཡིད་ཀྱིས་ལས་གཞན་མི་བྱེད་པར་ཤིང་སྡོང་བཞིན་དུ་ཟུངས་ཐུབ་པར་གནས་པར་བྱ་ལ། ནམ་ཀུན་སློང་དེ་ཚར་ཆོད་ནས་དགེ་བའི་བློར་འགྱུར་ཏེ་སེམས་ལས་རུང་དུ་གྱུར་པ་(༡༢༨ན)དེའི་ཚེ་ཡང་། སྤྱང་བྱ་རྐྱ་ཐབས་སུ་ལྡང་མི་ལྡང་དང་། ངན་སེམས་དེ་གཏིང་ནས་ཚར་ཆོད་མ་ཆོད་དཔྱད་ལ་བརྟག་པར་བྱ་ལ། ཀུན་སློང་ཁྱད་པར་ཅན་དུ་མཐོང་ཡང་ཏབ་ཏོབ་ཏུ་མི་རྩོམ་པར་རེ་ཞིག་སེམས་བསྐྱུས་ཤིང་། མཉམ་པར་བཞག་པས་ཕན་སེམས་དགྲར་ལངས་ཀྱི་ཕྲིང་དུ་མི་ལྟུང་བའི་དགོས་པ་ཡོད་དོ། **།འགྲེལ་ཆེན་དུ།** དོན་མེད་པ་གཞན་སྤྱང་བ་ནི་རེ་ཞིག་སོགས་ཏེ། གཟུགས་ལ་སོགས་པའི་ཡུལ་འབྲས་བུ་མེད་པ་འཛིན་པའི་རྟོག་པ་ཐམས་ཅད་ཉེ་བར་བསྡུས་ལ་བདག་གིས་གནས་པར་བྱའོ། །ཅི་འདྲ་བར་ཞེ་ན། ཤིང་བཞིན་དུ་ཞེས་ཏེ་མིག་ལ་སོགས་པའི་བྱེད་པས་སྟོང་བའི་ཕྱིར་རོ་ཞེས་ཤིང་བཞིན་དུ་ཞེས་པ་སྦྱིར་དབང་པོ་ནང་དུ་བསྡུས་པར་འབྲུ་གཉེར་མོད་ཀྱང་བཤད་པ་ལྟར་བྱས་པར་ཟད་དེ། འདིར། འདི་ནི་སྐྱོན་བཅས་ཤེས་བྱས་ནས། །ཞེས་ཀུན་སློང་སྐྱོན་བཅས་དེ་ཚར་གཅོད་པའི་ཕྱིར་ཤིང་བཞིན་དུ་གནས་དགོས་པའི་ཕྱིར་དང་། ཚར་བཅད་པའི་དགོས་པ་ནི་ཚར་ཆོད་དགོས་པའི་ཕྱིར་རོ། །མིག་ཕབ་སྟེ་

ལྷ་བ་ནི་རྟག་པར་གཉའ་ཤིང་གང་ཙམ་གྱི་མདུན་དུ་ལྟ་བ་སྟེ། དེས་འགྲོ་བ་ན་ལམ་ན་སྲོག་ཆགས་ཡོད་མེད་དང་ཚེར་མ་ཡོད་མེད་སོགས་མཐོང་བས་བདག་གཞན་ལ་མི་གནོད། སེམས་ངང་གིས་གནས་པའི་ཕྱིར་ཏེ་དགེ་སློང་གི་འདུལ་བ་ལས་ཀྱང་དེ་སྐད་བཤད་པ་དང་། གཉའ་ཤིང་གང་ཙམ་ལྟ་ཞིང་འགྲོ་ལ་སེམས་འཁྲུལ་མེད། །ཅེས་ཕྱིར་མི་ལྡོག་པའི་རྟགས་སུ་ཡང་བཤད་པའི་ཕྱིར་རོ། །འོན་ཀྱང་བྱང་ཆུབ་སེམས་དཔའི་སྤྱོད་པ་ནི་བསམ་པས་འབྱེད་དགོས་པས་ཤིན་ཏུ་ཕྲ་བ་ཡིན་ཏེ་གཉའ་ཤིང་གང་ཙམ་དུ་ལྟ་བ་ན་ཡང་གཞན་གྱིས་དེར་གོ་དགོས་པའི་ཀུན་སློང་ཡང་ཡུད་འདུག་ན་དེ་ཡང་། འདི་ནི་སྐྱོན་བཅས་ཤེས་བྱས་ནས། །ཞེས་བྱ་བའི་ཤེས་པ་དེ་ཡིན་ཏེ་རྣམ་པ་དུ་མས་ཚར་བཅད་པར་བྱའོ། །གཉའ་ཤིང་གང་ཙམ་ལྟ་བས་དུབ་སྟེ་རབ་རིབ་ཏུ་གྱུར་པ་(༡༢༨བ)སོགས་ནི་ངལ་གསོ་བའི་ཆེད་དུ་ཤེས་བཞིན་དང་ལྡན་པས་ཕྱོགས་སུ་དལ་བུས་བལྟ་བར་བྱའོ། །ཕྱིར་བྱང་ཆུབ་སེམས་དཔས་གཟུགས་ལ་ལྟ་བ་ན་སྒྱུ་མ་ལྟ་བུར་ཡིད་ལ་བྱེད་དོ། །སེམས་ཅན་ལ་ལྟ་བ་ན་ཉུས་པའི་འཁྲུལ་འཁོར་བསྐྱོད་པ་ཙམ་དང་། སྡུག་བསྔལ་གྱི་རང་བཞིན་ལ་བརྩེ་བ་དང་། ཕ་མར་རམ་དགེ་བའི་བཤེས་གཉེན་གྱི་འདུ་ཤེས་སམ། བདག་གིས་འདི་དག་བྱང་ཆུབ་ལ་དགོད་པར་བྱའོ། །ཞེས་སམ། རྨི་ལམ་མམ། ནམ་མཁའ་ལྟ་བུར་ཡོངས་སུ་ལྟ་ཞིང་ཡིད་ལ་བྱེད་དོ། །

ལྟ་སྟངས་མི་གཡེང་བ་སོགས་ཀྱང་སེམས་སྲུང་བའི་ཆེད་ཡིན་པས་གཟུགས་སོགས་རང་རྒྱུད་པར་ཞེན་ཞིང་དེ་ལ་བརྟེན་ནས་ཆགས་སྡང་རྨོངས་གསུམ་གྱི་རྟོག་པ་ལུ་གུ་བརྒྱུད་དུ་སྐྱེ་བ་རྣམས་མ་ཚོར་མི་འཛོམས་པར་དང་དུ་ལེན་པས་དུས་འདའ་ན་ལྟ་སྟངས་མི་གཡོ་ན་ཡང་སྙིང་པོ་མེད་དེ། དེས་ན་ཡང་སེམས་ཀྱི་གནས་སྐབས་ཁོ་ན་ལ་བརྟག་པར་བྱའོ། །གཞན་མཐོང་ན་འོངས་པ་ལེགས་སོ། །ཞེས་བརྗོད་པ་ནི་ཕ་རོལ་པོ་མི་དགའ་བ་སྤང་བའི་དོན་ཏེ། ཡུལ་གྲུ་ཁ་ཅིག་ན་དེ་ལྟར་

མ་སྐྱེས་ན་འཕྲོ་བའི་ཕྱིར་ཡིན་གྱི་རྣམ་པ་ཐམས་ཅད་དུ་ངེས་པར་དགོས་པ་མ་ཡིན་ནོ། །ལམ་སོགས་སུ་འཇིགས་པ་བརྟག་པ་དང་རྒྱབ་ཏུ་ལྟ་བ་སོགས་ཀྱང་དེའི་དགོས་པ་དང་ལྡན་ན་བྱ་སྟེ་ལུས་སྲུང་བའི་ཡན་ལག་ཏུ་འགྱུར་བའོ། **།འགྲེལ་ཆེན་ལས།** ཕྱོགས་ཐམས་ཅད་དུ་བལྟ་དགོས་ན་རྐོད་པའི་རྣམ་པ་སྤང་བའི་ཕྱིར་བསྟན་དེ་བལྟའོ། །ཞེས་སོ། །

མདོར་ན་ངེས་མཚོན་ནས་སྤྱོད་པ་ཐམས་ཅད་ལ་རིགས་འགྲེ་བ་སྟེ། དེ་ལྟར་གནས་སྐབས་ཐམས་ཅད་དུ། །དགོས་པ་ཤེས་ནས་སྤྱད་པར་བྱ། །ཞེས་བདག་གཞན་ལ་ཕན་པར་མཐོང་ན་ཤེས་བཞིན་དུ་སྤྱད་ཀྱི་མི་ཕན་པ་དང་སྙིང་པོ་མེད་པའི་ལུང་དུ་མ་བསྟན་པ་རྣམས་ཀྱང་འདོར་བའོ། །ལུས་ཀྱིས་འདི་ལྟར་གནས་བྱ་ཞེས། །ཞེས་པ་ནི་མཚོན་པ་སྟེ། ཉིན་ཞག་འདི་(༡༥༠ན)དང་། ཐུན་འདི་དང་། ཐུན་ཕྱེད་པ་འདི་དང་། ཆུ་ཚོད་འདིའི་ནང་དུ་བདག་གིས་སྒོ་གསུམ་དོན་ཡོད་པ་འདི་ལྟ་བུས་གནས་པར་བྱའོ། །ཞེས་དམ་བཅའི་གོ་བསྒོས་ཏེ་ཤེས་བཞིན་གྱིས་བསྲུབ་པར་བྱ་ལ་སྐབས་སུ་གཉེན་པོའི་ཤེས་པ་རྒྱལ་པོའི་བཀྲབས་པ་དང་། འདྲ་བས་སྨྱུལ་ཞིང་ཅི་དམ་ལས་འགལ་ལམ་འོན་ཏེ་མ་འགལ་ཅི་ལྟ་བུས་གནས་ཞེས་རྟོག་ཅིང་འགལ་ན་ཚར་གཅོད་པ་དང་། མ་འགལ་ན་རྗེས་སུ་ཡི་རང་བས་གོང་དུ་སྤེལ་བར་བྱའོ། །

གཉིས་པ་(སེམས་ཀྱི་ཁ་ན་མ་ཐོ་བ་སྲུང་བ་)ནི།

སེམས་ཀྱི་གླང་ཆེན་སྨྱོས་པ་ནི། །
ཆོས་ལ་སེམས་པའི་ཀ་ཆེན་ལ། །
ཇི་ལྟར་བཏགས་པ་མི་འཆོར་བར། །
དེ་ལྟར་འབད་པས་ཀུན་གྱིས་བརྟག ༩༠ །
ཅི་ནས་ཏིང་འཛིན་བརྩོན་པ་ནི། །
སྐད་ཅིག་གཅིག་ཀྱང་མི་འཆོར་བར། །

བདག་གི་ཡིད་འདི་གར་སྤྱོད་ཅེས། །
དེ་ལྟར་ཡིད་ལ་སོ་སོར་བརྟག ༧ །

ཅེས་གསུངས་ཏེ། གླང་པོ་ཆེ་ནི་སྟོབས་ཆེ་ཞིང་རང་བཞིན་གྱིས་མི་སྲུན་པ་ཡིན་ལ། དེ་ཆང་གིས་མྱོས་པས་ནི་གནོད་པ་སྣ་ཚོགས་པ་བྱེད་པ་ལྟར་སེམས་ནི་རང་བཞིན་གྱིས་སྟོབས་ཆེ་ཞིང་མི་སྲུན་ལ། ཉོན་མོངས་པའི་ཆང་གིས་མྱོས་པས་ནི་མི་བྱེད་པ་ཅི་ཡང་མེད་པས་དེ་གདུལ་བའི་ཕྱིར་དྲན་པའི་ལྕགས་ཀྱུས་སྤྱི་བོ་ནས་བཟུང་སྟེ་བཀུག །ཤེས་བཞིན་གྱི་ལིག་རིའི་[①]ཐག་པ་སྲ་བ་ལྡ་བརྒྱུས་བརྟོད་དེ་ཆོས་ལ་སེམས་པའི་ཀ་བའམ་སྟོང་ཆེན་ལ་བཏགས་ཏེ་ཇི་ལྟར་ནམ་དུ་ཡང་མི་འཆོར་བར་དམ་དུ་ཐོགས་ཤིག་པའོ། །ཤེས་བཞིན་ཐག་པ་ལྟ་བུ་དེ་ཡང་གང་ཞེ་ན། ཅི་ནས་ཀྱང་ཏིང་ངེ་འཛིན་ལས་བརྩོན་པ་སྐད་ཅིག་ཀྱང་མ་ཡེངས་པར་བྱ་བའི་འཕེན་པ་བཏང་སྟེ་དྲན་པའི་མེལ་ཚེ་བས་ཡང་ཡང་མྱུལ་ཞིང་བརྟག་པའོ། **།དཀའ་འགྲེལ་ཆུང་ངུར།** བརྩོན་པ་ཞེས་བྱ་བ་ནི་དགེ་བའི་དམིགས་པ་ལ་རྩེ་གཅིག་ཏུ་གཏོད་པ་ཙམ་ལ་བྱའི་ཞི་གནས་ཐོབ་པ་ནི་མ་ཡིན་ནོ། །ཞེས་སོ། **།འགྲེལ་ཆེན་ལས་ནི།** སེམས་ཀྱིས་སོ་སོར་བརྟག་པ་ནི་སེམས་ཀྱི་སོགས་ཏེ། **ཐ་**(༧༤༥བ)**བ་སྒྲོན་མ་ལས།** ཉོན་མོངས་མེད་པའི་ཏིང་འཛིན་མྱུར་འཐོབ་སྟེ། །དེ་ནི་ཚུལ་ཁྲིམས་རྣམ་དག་ཕན་ཡོན་ནོ། །ཞེས་སོ། །དེ་བས་ན་ཏིང་ངེ་འཛིན་གྱི་རྒྱུར་གྱུར་པའི་སྦྱོར་བ་ཇི་སྙེད་པ་གང་ཅི་ཡང་རུང་བ་དེ་དག་ནི་ཚུལ་ཁྲིམས་ཀྱི་རྗེས་སུ་སོང་བ་ཡིན་པར་རིག་པར་བྱའོ། །དེ་ལྟ་བས་ན་ཏིང་ངེ་འཛིན་དོན་དུ་གཉེར་བས་དྲན་པ་དང་ཤེས་བཞིན་གྱི་ངང་ཚུལ་ཅན་དུ་བྱའོ། །དེ་བཞིན་དུ་ཚུལ་ཁྲིམས་དོན་དུ་གཉེར་བས་ཀྱང་ཏིང་ངེ་འཛིན་ལ་ནན་ཏན་དུ་བྱའོ། །ཞེས་སོ། །

གསུམ་པ་(མི་ནུས་པའི་དུས་བཏང་སྙོམས་སུ་བྱ་བ་)ནི།

① ལིག་རིའི་སེམས། སེམས་ཀྱི་ཐ་སྙད་གྲགས་པ་བརྒྱ་དང་བརྒྱད་ཙུའི་ནང་གསེས་ཤིག་སྟེ། ཐམས་ཅད་དུ་བརྒྱུང་བར་སེམས་པའམ་ཡང་ན་གཙུ་བའམ་བཅིང་བར་སེམས་པའི་བློའི་རྣམ་པ་ཅན་ཞིག་ཡིན།

འཇིགས་དང་དགའ་སྟོན་སོགས་འབྲེལ་བས། །
གལ་ཏེ་མི་ནུས་ཅི་བདེར་བྱ། །
འདི་ལྟར་སྦྱིན་པའི་དུས་དག་ཏུ། །
ཚུལ་ཁྲིམས་བཏང་སྙོམས་བྱ་བར་གསུངས། ༤།

གང་ཞིག་བསམས་ཏེ་བྱར་བརྩམས་པ། །
དེ་ལས་གཞན་དུ་མི་བསམ་སྟེ། །
དེར་གཏད་པ་ཡི་བསམ་པ་ཡིས། །
དེ་ཉིད་རེ་ཞིག་བསྒྲུབ་པར་བྱ། ༥།

དེ་ལྟ་ན་ནི་ཀུན་ལེགས་བྱས། །
གཞན་དུ་གཉི་གར་མི་འགྱུར་རོ། །
ཤེས་བཞིན་མ་ཡིན་ཉེ་ཉོན་མོངས། །
དེ་ལྟ་ན་ནི་འཕེལ་མི་འགྱུར། ༦།

ཞེས་གསུངས་ཏེ། གང་ཡང་རུང་བའི་འཇིགས་པས་གཡེངས་ཏེ་ཏབ་ཏབ་པོར་གྱུར་པ་དང་དགའ་སྟོན་གྱི་འདུས་པ་ཆེན་པོར་གྱུར་པས་ཟིང་ཟིང་པོར་སྤྱོད་པ་ལ་སོགས་དང་དགེ་བའི་གྲོགས་བྱེད་པ་སོགས་གཞན་དོན་དང་འབྲེལ་བས་གཡེངས་ཏེ། དོན་མེད་གཡེང་བར་ལྟ་བ་ནི། །ནམ་ཡང་བདག་གིས་མི་བྱ་སྟེ། །ཞེས་སོགས་རྩེ་གཅིག་ཏུ་མཉམ་པར་འཇོག་མི་ནུས་ན་ཇི་ལྟར་བྱ་ཞེ་ན། དེའི་ཚེ་ཅི་བདེ་བར་སྤྱོད་པ་སྟེ་མ་ནུས་པ་ལ་ཉེས་མེད་དུ་གསུངས་པའི་ཕྱིར། འོན་ཀྱང་གནས་སྐབས་གཞན་དུ་མ་ཡིན་ཏེ། **འདུལ་བ་ལས།** ངས་ཁྱེད་ལ་ཕོངས་པའི་དུས་སུ་གནང་བ་གང་ཡིན་པ་དེ་དེ་ལས་གཞན་དུ་སྤྱད་པར་མི་བྱའོ། །ཞེས་གསུངས་པ་དང་རྒྱུ་མཚན་མཚུངས་པའི་ཕྱིར། གནང་བ་འདི་ཡང་ལུས་ངག་གི་སྤྱོད་པ་ཕྲ་མོ་རྣམས་ཡིན་གྱི་སེམས་ཀྱི་ཀུན་(༧༢༨ན)སློང་ལ་བརྟག་མི་དགོས་པ་ནི་མ་ཡིན་ཏེ་འོག་ནས་ནན་གྱིས

འཆད་པར་འགྱུར་བའི་ཕྱིར་རོ། །དེའི་ཚེ་ལྟུང་མེད་ཀྱི་རྒྱུ་མཚན་ཅི་ཞེ་ན། འདི་ལྟར་སྦྱིན་པའི་དུས་དག་ཏུ་ཚུལ་ཁྲིམས་བཏང་སྙོམས་བྱ་བར་གསུངས་པའི་ཕྱིར་ཏེ། **བློ་གྲོས་མི་ཟད་པའི་མདོར།** སྦྱིན་པའི་དུས་སུ་ཚུལ་ཁྲིམས་ཉེ་བར་བསྡུས་ཏེ་བཏང་སྙོམས་སུ་བྱའོ། །ཞེས་སྦྱིར་ཕན་ཡོན་ཆེ་ཆུང་གི་ཁྱད་ཡོད་མོད་ནའང་གཙོ་བོར་སྦྱིན་པ་སྒྲུབ་པའི་ཚེ་དེ་དང་འགལ་བའི་ཚུལ་ཁྲིམས་ཁ་ཅིག་ཡང་བཏང་སྙོམས་སུ་བཞག་ནས་སྦྱིན་པ་སྒྲུབ་པ་སྟེ། སྤྱིར་ལྕགས་དོར་ཏེ་གསེར་ལེན་པར་བྱེད་མོད་ཀྱང་ལྕགས་ཀྱི་ཕུང་པོ་དུ་མ་དང་གསེར་མ་ཤ་ཀ་གཅིག་ནི་ལྕགས་ལ་འདམ་པར་བྱེད་པ་བཞིན་ནོ། །གལ་ཏེ་གཙོ་བོ་ཚུལ་ཁྲིམས་དོར་ནས་གཙོ་བོ་མ་ཡིན་པའི་སྦྱིན་པ་ལྷུར་བྱེད་པ་མི་རིགས་ཏེ། ཆུང་ངུའི་ཕྱིར་ནི་ཆེ་མི་བཏང་། །ཞེས་དང་། གོང་ནས་གོང་དུ་ཁྱད་ཞུགས་སྤྱད། །ཅེས་པ་དང་འགལ་ལོ་ཞེ་ན། དེ་ནི་དགག་བྱ་མཉམ་ཞིང་དགོས་པ་མཚུངས་ན་ཕྱི་མ་སྒྲུབ་པའི་དོན་ཡིན་གྱི་འདི་ནི་ཕྱི་མ་བས་སྔ་མ་དགོས་པ་ཆེ་བ་སྟེ། ཆོས་སྨྲ་བ་མེ་ཏོག་ཟླ་མཛེས་ཀྱིས་ཞག་བདུན་པོ་དེར་བསམ་གཏན་ལ་མཉམ་པར་བཞག་པ་བས་རྒྱལ་པོའི་ཕོ་བྲང་འཁོར་དུ་དེ་སྲིད་ཆོས་བསྟན་པ་ཕན་ཡོན་གཞལ་གྱིས་མི་ལང་བ་ཐོབ་པ་དང་། ཁྱེའུ་སྐར་མ་ལོ་བཞི་ཁྲི་ཉིས་སྟོང་དུ་ཚངས་པར་སྤྱད་པས་དེ་སྲིད་ཀྱི་ཚོགས་མ་བསྙུམས་ལ། ཕྱིས་བུད་མེད་ཀྱི་སྡུག་སྐྱབ་པའི་སྙིང་རྗེས་ལོ་བཅུ་གཉིས་སུ་ཚངས་སྤྱོད་བཏང་བས་བསྐལ་པ་འབུམ་གྱི་ཚོགས་རྫོགས་པའི་ཕྱིར་རོ། །

ཁྱད་པར་འདིར་ནི་གང་ཐོག་མར་བྱ་བར་བརྩམས་པའི་སྦྱིན་པ་ལྟ་བུ་དེ་སྟོག་ལ་བབ་ཀྱང་དེ་ཉིད་བསྒྲུབ་པར་བྱ་ལ། དེ་གྲུབ་ནས་ཚུལ་ཁྲིམས་ལ་སོགས་པ་གཞན་བརྩམ་པར་བྱའོ། །དེ་ལྟར་བྱས་ན་ཕྱི་མ་ཡང་གདོན་མི་ཟ་བར་གྲུབ་པར་འགྱུར་བས་སྔ་ཕྱི་ཀུན་ལེགས་པར་བྱས་པར་འགྱུར་(༧༤༨བ)ཀྱི་སྔ་མ་ཡལ་བར་དོར་ནས་ཕྱི་མ་བརྩམས་ན་ཕྱི་མ་ཡང་མི་འགྲུབ་པས་ན་བྱ་བ་གཉིས་ཀ་ལས་ཉམས་

པར་འགྱུར་རོ། །དེས་ན་གང་བརྩམས་པ་དེ་མཐར་ཕྱིན་པར་སྒྲུབ་པར་བྱས་ན་ཤེས་བཞིན་མ་ཡིན་པའི་ཉེ་ཉོན་བརྗེད་ངས་དང་ལེ་ལོ་སོགས་སྤོང་བར་འགྱུར་བའོ། **།འགྲེལ་ཆེན་དུ།** གཞན་དུ་གཉིས་ཀར་མི་འགྱུར་རོ། །ཤེས་བཞིན་མ་ཡིན་ཉོན་མོངས་ཀྱང་། །དེ་ལྟ་ན་ནི་འཕེལ་བར་འགྱུར། །ཞེས་གཞུང་འདྲེན་ནོ། **།ལུགས་ཀྱི་བསྟན་བཅོས་ཙ་ན་ཀར་ཡང་།** སྤྱ་མ་མ་ཚར་གཞན་བསྐྱབས་ན། །གཉིས་ཀ་མི་འགྲུབ་ངལ་བའི་གནས། །རྫང་པ་ཡ་གཅིག་མ་ཚུགས་པར། །ཡ་གཅིག་བཏིག་ན་འཁྲོལ་བའི་རྒྱུ། །ཞེས་སོ། །

གཉིས་པ་(རྣམ་པར་གཡེང་བ་བྲ་མོ་སྤང་བ་)ལ། ལུས་ཀྱི་སྤྱོད་པ་སྲུང་བ་དང་། སེམས་ཀྱི་སྤྱོད་པ་སྲུང་བའོ། །དང་པོ་(ལུས་ཀྱི་སྤྱོད་པ་སྲུང་བ་)ལ། གཡེང་བ་ལ་དགའ་བ་སྤང་བ། དོན་མེད་ཀྱི་སྤྱོད་པ་སྤང་བ། གཙོ་བོར་སེམས་ཀྱི་ཀུན་སློང་བརྟག་པའོ། །

དང་པོ་(གཡེང་བ་ལ་དགའ་བ་སྤང་བ་)ནི།

བྲོ་མོའི་གཏམ་ནི་སྣ་ཚོགས་དང་། །
ངོ་མཚར་ལྟད་མོ་རྣམ་མང་པོ། །
ཀུན་ལ་འཇུག་པར་གྱུར་པ་ན། །
དེ་ལ་ཆགས་པ་སྤང་བར་བྱ། ༥༥།

ཞེས་གསུངས་ཏེ། ཀུ་རེ་དང་ཀྱལ་ཀའི་ཚིག་ནི་བྲོ་མོའི་གཏམ་མོ། །སྒྱུ་མ་ལ་སོགས་པ་ངོ་མཚར་བར་གྲགས་པའི་ཧྲིད་མོ་ལ་ལྟ་བ་འདུས་པ་ནི་ལྟད་མོའོ། །

རེ་ཞིག་གཞན་སེམས་སྲུང་བ་སོགས་ཀྱི་དགོས་པའི་དབང་ལས་དེ་དག་ལ་འཇུག་དགོས་ནའང་ཞེན་པས་མ་ཡིན་གྱི་སེམས་ནང་དུ་བསྡུ་བ་**ཉེ་རྒྱལ་གྱིས།** ཤི་རྒྱུས་ཤེ་བའི་པགས་པ་དང་། །འཆི་འགྱུར་སྐྱེ་བོ་བཞད་གད་མཁན། །འཆི་བའི་སྐྱེ་བོ་ཚོགས་པ་ལ། །བསམ་ཤེས་སུ་ཞིག་སྐྱོ་མི་འགྱུར། **།པང་ནས་སྐྱེས་ཀྱིས།** རྒྱན་རྣམས་ཐམས་ཅད་ཁུར་ཡིན་ཏེ། །གར་རྣམས་ཐམས་ཅད་ཐོ་འཚམ་པ། །གླུ་རྣམས་ཐམས་

ཅད་ཏུ་བའི་སྒྲ། །དེ་ལ་བསམ་ཤེས་སུ་ཞིག་དགའ། །ཞེས་སྨྲས་པ་ལྟར། དེ་དག་ནི་སྙིང་རྗེའི་གནས་ཡིན་གྱི་དགའ་བའི་(༡༤༧ན)གནས་མ་ཡིན་པའི་ཕྱིར་རོ། །

གཉིས་པ་(དོན་མེད་ཀྱི་སྤྱོད་པ་སྤང་བ་)ནི།

དོན་མེད་ས་རྐོ་རྩྭ་གཅོད་དང་། །
ས་རིས་འབྲི་སོགས་བྱེད་གྱུར་ན། །
བདེ་གཤེགས་བསླབ་པ་དྲན་བྱས་ནས། །
སྐྲག་པས་དེ་ཡི་མོད་ལ་བཏང་། །༤༨ །

ཞེས་གསུངས་ཏེ། དགོས་པ་ཁྱད་པར་བ་མེད་པར་ལག་དལ་གྱིས་ས་རྐོ་བ་དང་རྩྭ་གཅོད་པ་དང་ས་གཞི་ལ་ས་རིས་འབྲི་བ་སོགས་ནི། སྤྲོག་ཆགས་ཕྲ་མོ་འཆི་ཞིང་དགེ་སྦྱོང་ལ་བཅས་འགལ་ཡང་ཡིན་ཞིང་དོན་མེད་པའི་ཕྱིར་དྲན་མ་ཐག་ནས་དེ་དག་ལ་འཇུག་པར་མི་བྱའོ། །

གསུམ་པ་(གཙོ་བོར་སེམས་ཀྱི་ཀུན་སློང་བརྟག་པ་)ལ་བཞི། མདོར་བསྟན་པ། ཉོན་མོངས་པའི་སེམས་ཀྱིས་བྱ་བ་ལ་མི་འཇུག་པ། རྐྱེན་བག་གི་སེམས་ཀྱིས་བྱ་བ་ལ་མི་འཇུག་པ། དོན་བསྡུ་བའོ། །

དང་པོ་(མདོར་བསྟན་པ་)ནི།

གང་ཚེ་སྐྱོད་པར་འདོད་གྱུར་ཏམ། །
སྨྲ་བར་འདོད་པར་གྱུར་ན་ཡང་། །
དང་པོར་རང་གི་སེམས་བརྟགས་ནས། །
བརྟན་པར་རིགས་པ་ལྡན་པར་བྱ། ༤༩ །ཞེས་པ་དང་།

གཉིས་པ་(ཉོན་མོངས་པའི་སེམས་ཀྱིས་བྱ་བ་ལ་མི་འཇུག་པ་)ནི།

གང་ཚེ་རང་ཡིད་ཆགས་པ་དང་། །
ཁྲོ་བར་མཐོང་བ་དེ་ཡི་ཚེ། །

ལས་སུ་མི་བྱ་སྨྲ་མི་བྱ། །
ཤིང་བཞིན་དུ་ནི་གནས་པར་བྱ། ༤༨ །ཞེས་པ་དང་།

གསུམ་པ་(རྗོད་བག་གི་སེམས་ཀྱིས་བྱ་བ་ལ་མི་འཇུག་པ་)ནི།

རྒོད་དང་ག་ཞར་བཅས་པ་དང་། །
གལ་ཏེ་ང་རྒྱལ་རྒྱགས་ལྡན་པའམ། །
མཚང་འབྲུ་བ་ཡི་བསམ་པ་དང་། །
གལ་ཏེ་སྐྱོར་འཁྱིན་སླུ་སེམས་སམ། ༤༩ །
གང་ཚེ་བདག་བསྟོད་ལྷུར་ལེན་པའམ། །
གཞན་ལ་སྨོད་པ་ཉིད་དང་ནི། །
གཤེ་བཅས་འཁྲིད་དང་བཅས་གྱུར་པ། །
དེ་ཚེ་ཤིང་བཞིན་གནས་པར་བྱ། ༥༠ །
རྙེད་དང་བཀུར་སྟི་གྲགས་འདོད་པའམ། །
གཡོག་འཁོར་དོན་དུ་གཉེར་འདོད་པའམ། །
བདག་སེམས་རིམ་གྲོ་འདོད་གྱུར་ན། །
དེ་ཚེ་ཤིང་བཞིན་གནས་པར་བྱ། ༥༡ །
གཞན་དོན་ཡལ་བར་འདོར་བ་དང་། །
རང་དོན་གཉེར་བར་འདོད་པ་དག །
སྨྲ་བར་འདོད་པའི་སེམས་བྱུང་ན། །
དེར་ནི་ཤིང་བཞིན་གནས་པར་བྱ། ༥༢ །
མི་བཟོད་ལེ་ལོའི་འཇིགས་པ་དང་། །
དེ་བཞིན་(༧༤༧བ)སྤྱི་རྟོལ་མུ་ཅོར་དང་། །
རང་གི་ཕྱོགས་ཞེན་སེམས་བྱུང་ན། །

དེར་ནི་ཤིང་བཞིན་གནས་པར་བྱ། ༥༣ །

ཞེས་གསུངས་ཏེ། ཀུན་སློང་ཉོན་མོངས་པ་ཅན་གྱིས་བྱ་བ་ལ་མི་འཇུག་པར་མ་ཟད་ཁ་ན་མ་ཐོ་བའི་ཕྱོགས་སུ་གཏོགས་པ་ལང་ཚོ་དང་ནད་མེད་པ་སོགས་ཀྱིས་རྒྱགས་པས་དབང་པོ་རྣོད་བག་ཅན་དུ་གྱུར་པས་མ་ཞི་བ་དང་། ག་ཞ་སྐྱེ་བཞད་གད་སྒྲོག་པ་དང་། ང་རྒྱལ་གྱིས་བརྒྱགས་པ་དང་། གཞན་ལ་མཚང་འབྲུ་བར་འདོད་པ་དང་། སྐྱོར་འཁྱིན་པ་རྩོད་པ་ཞི་བ་ལ་སྐྱོ་བསྐྱོགས་བྱ་བར་འདོད་པའམ་གཡོ་སྒྱུས་གཞན་སླུ་བའི་གྱ་གྱུ་བྱ་བར་འདོད་པའམ། བདག་བསྟོད་གཞན་སྨོད་དམ། ལྟ་བ་ལ་རྩོད་པ་ལྟ་བུ་གཤེ་ཞིང་འགྱེད་པའི་དུས་སམ། རྙེད་སོགས་ལ་འདུན་པའི་བློ་འདུག་པ་དང་། གཞན་དོན་འདོར་བ་དང་རང་དོན་ལ་དམིགས་པའི་བློ་དང་། མི་བཟོད་པ་ཁྲོ་བ་དང་། ལས་སུ་མི་རུང་བའི་ལེ་ལོ་དང་། ངན་པའི་སྤྱོད་པ་བྱེད་པ་སྒྱི་ཧོལ་དང་། དོན་མེད་དུ་སྨྲ་བ་མུ་ཅོར་གྱི་གཏམ་དང་། རང་གི་ཕྱོགས་ཀུན་ནས་འཛིན་པའི་སེམས་ཀྱི་ཀུན་སློང་འདུག་ན་དེའི་ཚེ་ཤིང་བཞིན་གནས་པར་བྱའོ། །

བཞི་པ་(དོན་བསྡུ་བ་)ནི།

དེ་ལྟར་ཀུན་ནས་ཉོན་མོངས་དང་། །

དོན་མེད་བརྩོན་པའི་ཡིད་བརྟགས་ནས། །

དེ་ཚེ་དཔའ་བོས་གཉེན་པོ་ཡིས། །

དེ་ནི་བརྟན་པོར་བཟུང་བར་བྱ། ༥༤ །

ཞེས་གསུངས་ཏེ། འདི་རྣམས་ནི། རེ་ཞིག་དང་པོར་འདི་འདྲའི་སེམས། །ཞེས་པའི་མཚན་ཉིད་རྒྱས་པར་བཤད་པ་ཡིན་པས་དོན་དེ་ལོ་ན་ལྟར་སྦྱར་བར་བྱའོ། །

འགྲེལ་ཆེན་ལས། སྐྱོར་འཁྱིན་ནི་གྱ་གྱུ་ཅན་ནམ་སླུ་སེམས་སོ། །གཤེ་བཅས་ནི་གཞན་གྱི་ཚིག་ལ་དམོད་པའོ། །འགྱེད་པ་ནི་རྟག་ཏུ་འཐབ་པ་དང་རྩོད་པའི་རྒྱུ་མཚན་ལ་སེམས་པ་སྟེ། འདིར་གཉིས་ཀ་ལ་དེ་དང་བཅས་པར་གནས་པ་ཞེས་

ཚོག་བསྡུས་པ་ཡིན་ནོ། །རིམ་གྲོ་ནི་རྐང་པ་འཁྲུ་བ་དང་མཉེ་བ་ལ་སོགས་པའོ། །སྤྱི་རྟོལ་ནི་སྤྱིས་བཙན་པའོ། །སྨུ་ཅོར་སྨྲ་བ་ནི་(༧༤༤ན)ཚིག་ངན་པ་ཅན་ནམ་རིགས་མི་རིགས་ལ་ལྟོས་པ་མེད་པར་བྱེད་པའོ། །ཞེས་སོ། །

དོན་བསྡུ་འདི་ནི། **འགྲེལ་ཆེན་ལས།** ཁྱིར་བཙོས་སུ་གསུངས་ཏེ་ད་ནི་ཁྱིར་བཙོས་པའི་ཕྱོགས་ཙམ་གསུངས་པ་དེ་ལྟར་སོགས་ཏེ་ཉོན་མོངས་པའི་དགྲའི་གཡུལ་ལས་རྣམ་པར་རྒྱལ་བར་བྱ་བའི་ཕྱིར་ག་དར་བྱས་པའི་དཔའ་བོ་སྙེ་བྱང་ཆུབ་སེམས་དཔའོ། །གཉེན་པོ་ནི་མི་སྡུག་པ་ལ་སོགས་པའོ། །བྱང་ཆུབ་སེམས་དཔའ་ཁྲིམ་པའི་དབང་དུ་བྱས་ནས། **དྲག་ཤུལ་ཅན་གྱི་མདོར།** དེས་འབྲུའི་ཆང་དང་སྦྱར་བའི་ཆང་བག་མེད་པའི་གནས་སྤང་བར་བྱ་སྟེ་སོགས་དང་། རབ་བྱུང་གི་དབང་དུ་བྱས་ནས། དྲན་པ་དང་ཤེས་བཞིན་ནི་མི་གཡེང་བའོ། །ཞེས་སོ། **།དེ་བཞིན་གཤེགས་པའི་གསང་བའི་མདོ་ལས།** རིགས་ཀྱི་བུ་བྱང་ཆུབ་སེམས་དཔའི་ངག་ནི་ཆགས་པའམ་སྡང་བའམ་ཉོན་མོངས་པ་ཅན་ནམ་སྐད་ཅིག་གསལ་བར་བྱས་པའམ་རང་གི་ཕྱོགས་བསྟོད་པའི་ཚིག་གམ་གཞན་གྱི་ཕྱོགས་ཚར་བཅད་པའི་ཚིག་གམ་བདག་ལ་བསྟོད་པ་ལ་རྗེས་སུ་ཆགས་པའི་ཚིག་གམ་གཞན་གྱི་བསྟོད་པ་ལ་གནོད་པའི་ཚིག་གམ་ཁ་འོག་ཏུ་ལུས་འཁྲུས་པར་མི་བྱེད་པའི་ཚིག་གམ་མངོན་པའི་ང་རྒྱལ་གྱིས་ལུང་སྟོན་པའི་ཚིག་ནི་མི་འབྱིན། །ཞེས་གསུངས་སོ། །དེ་ལྟར་ན་འབྲས་བུ་མེད་པའི་སྤྱོད་པ་སྤངས་པས་དོན་མེད་པ་སྤངས་པའི་ཕྱིར་ལུས་སྲུང་བ་བསྟན་པ་ཡིན་ནོ། །ལུས་སྲུང་བ་གང་ཞེ་ན། དོན་མེད་སྤོང་བའོ། །དེ་ཀུན་གང་གིས་འཐོབ་ཅེ་ན། །འབྲས་བུ་མེད་པའི་སྤྱོད་སྤངས་ལས། །དེ་ཡང་རྟག་ཏུ་དྲན་པས་འགྲུབ། །དྲན་པ་གུས་པ་དྲན་ལས་བྱུང་། །གུས་ནི་ཞི་གནས་བདག་ཉིད་ཅེས། །ཤེས་པར་གྱུར་ནས་བརྟན་པ་སྐྱེ། །ཞེས་སོ། །

གཉིས་པ་(སེམས་ཀྱི་སྤྱོད་པ་སྲུང་བ་)ནི།

ཤིན་ཏུ་ངེས་དང་རབ་དད་དང་། །
བརྟན་དང་གུས་དང་ཞེ་སར་བཅས། །
ངོ་ཚ་ཤེས་དང་འཇིགས་དང་བཅས། །
ཞི་ཞིང་(༡༢༢བ)གཞན་དགའ་བྱེད་ལ་བརྩོན། ༥༥ །
ཕན་ཚུན་མི་མཐུན་བྱིས་པ་ཡི། །
འདོད་པ་རྣམས་ཀྱིས་མི་སྐྱོ་ཞིང་། །
ཉོན་མོངས་སྐྱེས་པས་འདི་དག་གི། །
སེམས་འདི་བྱུང་སྙམ་བརྩེར་ལྡན་དང་། ༥༦ །
ཁ་ན་མ་ཐོ་མེད་དངོས་ལ། །
བདག་དང་སེམས་ཅན་དབང་བྱས་ཤིང་། །
སྤྲུལ་པ་བཞིན་དུ་ང་མེད་པར། །
ཡིད་འདི་རྟག་ཏུ་བཟུང་བར་བྱ། ༥༧ །
རིང་ཞིག་ཡོན་ནས་དལ་བའི་མཆོག །
ཐོབ་པ་ཡང་དང་ཡང་བསམས་ནས། །
སེམས་དེ་ལྷུ་ནུར་རི་རབ་ལྟར། །
རབ་ཏུ་མི་གཡོ་བཟུང་བར་བྱ། ༥༨ །

ཞེས་གསུངས་ཏེ། **འགྲེལ་ཆེན་ལས།** ཤིན་ཏུ་ངེས་པ་ནི་ཐེ་ཚོམ་དང་ཕྱིན་ཅི་ལོག་སྤངས་པའོ། །རབ་དད་ནི་རྟག་ཏུ་དགའ་བ་དང་ཡིད་བདེ་མང་བའོ། །བརྟན་པ་ནི་མ་རྟབས་པའོ། །གུས་པ་དང་ཞེ་ས་ནི་བསྙེན་པར་བྱ་བ་རྣམས་ལ་སེམས་འདུད་པ་སྟེ་དེ་དག་དང་ལྷན་ཅིག་འཇུག་པའོ། །ཞེས་སོགས་སོ། །ཡང་ན་སྣང་ངོར་གྱི་གནས་ལ་མ་འཁྲུལ་བས་ཤིན་ཏུ་ངེས་པ་དང་། དེ་ཉིད་ལ་རབ་ཏུ་དད་པ་དང་སེམས་བརྟན་པ་དང་། ཡུལ་མཆོག་ལ་ལུས་སེམས་ཀྱིས་གུས་པ་དང་ངག་གིས་

ཞི་སར་བཅས་པའམ། ཡང་ན་སེམས་ཅན་ཐམས་ཅད་ལ་ཡང་ཡིན་ཏེ་བྱང་ཆུབ་སེམས་དཔས་ཐམས་ཅད་ལ་སྟོན་པ་ལྟ་བུར་ལྟ་བའི་ཕྱིར་རོ། །སྐྱེས་བུ་དམ་པས་ཁྲེལ་དོགས་པའི་ངོ་ཚ་ཤེས་པ་དང་རྣམ་སྨིན་ལ་འཇིགས་པ་དང་རང་རྒྱུད་ཞི་བ་དང་བསྡུ་བ་བཞིས་གཞན་དགའ་བར་བྱེད་པ་ལ་བསྒོན་པ་དང་། བྱིས་པ་རྣམས་ནི་རང་བཞིན་གྱིས་ཕན་ཚུན་མི་མཐུན་པར་གནས་པས་གཅིག་ལ་ཕན་བཏགས་ན་གཅིག་ཤོས་ཁྲོ་བར་བྱེད་པ་སོགས་མགུ་བར་དཀའ་བ་འདོད་པ་ཐ་དད་པ་དེ་རྣམས་ཀྱིས་མི་སྐྱོ་ཞིང་སེམས་ཅན་འདི་དག་ནི་རང་བཞིན་གྱིས་རྣམ་པར་དག་པ་ཡིན་ལ། སྐྱོན་འདི་དག་ནི་གློ་བུར་གྱི་ཉོན་མོངས་པ་འདིས་བསྐྱེད་པར་ཟད་པས་བདག་གིས་འདི་དག་གི་ཉོན་མོངས་པ་བསལ་བར་བྱའོ། །ཞེས་ལྷག་པར་བརྩེ་བ་དང་། (༡༥༩ན)སེམས་འཁྲུག་པ་སོགས་ཉོན་མོངས་པ་ཅན་གྱི་ཁ་ན་མ་ཐོ་བ་མེད་པའི་དགེ་བའི་དངོས་པོ་སེམས་ལས་སུ་རུང་བས་བདག་གཞན་དབང་དུ་བྱས་ཏེ་རྟག་པར་གནས་པ་དང་། སྒྱུ་མའི་སྐྱེས་བུའམ་སྤྲུལ་པ་བཞིན་དུ་ང་དང་ང་ཡིར་ལྟ་བ་མེད་པ་དེ་ལྟ་བུ་ལ་བདག་གི་སེམས་རྟག་ཏུ་གནས་པར་བྱའོ། །

མདོར་ན་དལ་འབྱོར་རྙེད་དཀའ་བ་དང་དགེ་བའི་བློ་སྐྱེ་དཀའ་བ་བསམས་ཏེ་དེས་སོགས་ཀྱི་དགེ་བའི་བློ་ལ་རྐྱེན་ཆུང་འབྲིང་ཆེན་པོ་གང་གིས་ཀྱང་མི་གནོད་པ་རི་རབ་ལྟར་སྲན་ཚུགས་པར་བྱའོ། །འདི་ལ་**དཀའ་འགྲེལ་ཆུང་ངུར།** རང་བཞིན་ལ་སྦྱོར་བ་དང་། ཉམས་པ་སྲུང་བ་གཉིས། དང་པོ་ལ་ལུས་སེམས་ཀྱི་རང་བཞིན་ལ་སྦྱོར་བ་གཉིས་དང་། ཕྱི་མ་ལའང་ལུས་སེམས་ཀྱི་ཉམས་པ་སྲུང་བ་ཞེས་བཤད་ཀྱང་བཅས་རང་གི་རང་བཞིན་དང་མི་འབྲེལ་བའི་ཕྱིར་འདི་ལྟར་སྦྱོར་རོ། །

གཉིས་པ་དགེ་བ་ཆོས་སྡུད་ཀྱི་ཚུལ་ཁྲིམས་ལ་གཉིས། ལུས་ལ་མ་ཆགས་པར་དག་པ་ལ་སྦྱོར་བ་དང་། དགེ་བ་སྒྲུབ་པའི་སྤྱོད་པ་ལ་བསླབ་པའོ། །དང་པོ་(ལུས་ལ་མ་ཆགས་པར་དགེ་བ་ལ་སྦྱོར་བ་)ལ་ལྔ། ལུས་ལ་རྟོག་པ་མེད་པར་བསྟན། ལུས་མི་གཙང་

བར་བསྟན། སྙིང་པོ་མེད་པར་བསྟན། མགོ་བ་མེད་པར་བསྟན། དེ་ལྟར་དགོས་པ་མེད་པ་དེ་ཐབས་ཀྱིས་དགོས་པ་ལ་སྦྱོར་ཞིག་པའོ། །

དང་པོ་(ལུས་ལ་རྟོག་པ་མེད་པར་བསྟན་)ནི།

བྱ་རྒོད་ཤ་ལ་ཆགས་པ་ཡིས། །
ཕན་ཚུན་ཀུན་ནས་བཤལ་ཁྲིད་ཀྱང་། །
ལུས་ཁྱོད་མི་དགར་མི་བྱེད་ན། །
ད་ལྟ་ཅི་ཕྱིར་ཁ་ཏ་བྱེད། ༧༩།
ལུས་འདི་བདག་གིར་བཟུང་བྱས་ནས། །
ཡིད་ཁྱོད་ཅི་ཕྱིར་སྲུང་བར་བྱེད། །
ཁྱོད་དང་འདི་གཉིས་སོ་སོ་ན། །
དེས་ཀོ་ཁྱོད་ལ་ཅི་ཞིག་བྱ། ༨༠ །

ཞེས་གསུངས་ཏེ། ལུས་འདི་ནི་རྟོག་པ་མེད་སེམས་པ་མེད་དེ་དུར་ཁྲོད་དུ་བྱ་རྒོད་ཀྱིས་ཕན་ཚུན་དུ་ཐེན་བཤལ་ཁྲིད་ཀྱང་མི་དགའ་བ་དང་སྲུང་བ་མེད་ལ། ཙནྡན་ལ་སོགས་པས་བྱུགས་ཤིང་མཆོད་ཀྱང་དགའ་(༡༤༥བ)བ་མེད་ན་ད་ལྟ་བདག་གི་ལུས་ཞེས་ཅིའི་ཕྱིར་སྲུང་སྟེ་སྲུང་བ་མི་རིགས་པའོ། །སེམས་ཀྱིས་བདག་གིར་བཟུང་བས་ལུས་ལ་གནོད་ན་སེམས་མི་དགའ་འོ་ཞེ་ན། སུའི་ཡང་མ་ཡིན་པའི་བེམ་པོ་འདི་ལ་སེམས་སྟོང་པ་གང་དུ་ཡང་མི་ཐོགས་པའི་ཤེས་པ་ཙམ་ཁྱོད་བདག་གིར་འཛིན་པ་ཆེས་མི་རིགས་ཏེ་ཤིན་ཏུ་ཐ་དད་པའི་ཕྱིར། དཔེར་ན་བརྒྱ་བྱིན་གྱིས་ཁྱི་རོ་ལ་བདག་གིར་བྱ་མི་རིགས་པ་བཞིན་ནོ། །

འགྲེལ་ཆེན་ལས། ལུས་ལ་ནི་རྣམ་པ་ཐམས་ཅད་དུ་གང་དུ་ཡང་བྱེད་པ་མེད་དེ་བདག་རང་ཉིད་ལ་ཡང་ནུས་པ་མེད་པའི་ཕྱིར། གཞན་དུ་ན་སེམས་དང་བྲལ་བའི་ལུས་བྱ་རྒོད་ཀྱིས་དྲངས་པ་ཅིས་རང་གིས་མི་སྲུང་། ཅི་ཡིད་བདག་ཉིད་མ་

ཡིན་པ་ལ་བདག་ཉིད་དུ་ཁས་བླངས་ནས་ཤ་དང་རུས་པའི་ཚོགས་ལུས་ཀྱི་མིང་ཅན་ལ་ཅིའི་ཕྱིར་སྲུང་བར་བྱེད་ཅེས་སོ། །

གཉིས་པ་(ལུས་མི་གཙང་བར་བསྟན་)ནི།

སྐྲངས་པའི་ཡིད་ཁྱོད་ཅི་ཡི་ཕྱིར། །
ཤིང་གཟུགས་གཙང་མ་གཟུང་མི་བྱེད། །
མི་གཙང་ཚོགས་ཀྱི་འཁྲུལ་འཁོར་འདི། །
རུལ་པ་བསྲུངས་ཏེ་ཅི་ཞིག་རུང་། ༨༡།

ཞེས་གསུངས་ཏེ། སེམས་ཁྱོད་ཅེས་ཀྱང་བདག་གིར་འཛིན་ན་ཤིང་སྔོང་གཙང་མ་འདི་ལ་བདག་གིར་ཐོས་ཤིག་སྟེ་བདག་གིར་བཟུང་དུ་ཡོད་པ་ཙམ་དང་། བཟུང་མ་བཟུང་གང་གི་ཚེའང་སུའི་ཡང་མ་ཡིན་པ་ལ་ལུས་དང་ཤིང་གཉིས་ཁྱད་མེད་པའི་ཕྱིར་དང་། ཤིང་འདི་མི་གཙང་བ་སོ་གཉིས་ཀྱི་གོང་བུ་མ་ཡིན་པའི་ཕྱིར་རོ། །

གསུམ་པ་(སྙིང་པོ་མེད་པར་བསྟན་པ་)ནི།

ཐོག་མར་པགས་པའི་རིམ་པ་འདི། །
རང་གི་བློ་ཡིས་ཐ་དད་ཕྱེ། །
ཤ་ཡང་རུས་པའི་དྲ་བ་ལས། །
ཤེས་རབ་མཚོན་གྱིས་གུད་དུ་ཕྱེ། ༨༢།
རུས་པ་རྣམས་ཀྱང་དབྱེ་བྱས་ནས། །
རྐང་གི་བར་དུ་བལྟ་བྱ་ཞིང་། །
འདི་ལ་སྙིང་པོ་ཅི་ཡོད་ཅེས། །
བདག་ཉིད་ཀྱིས་ནི་བརྟག་པར་གྱིས། ༨༣།
དེ་ལྟར་འབད་དེ་བཙལ་ཡང་དེར། །
ཁྱོད་ཀྱིས་སྙིང་པོ་མ་མཐོང་ན། །

ད་དུང་ཅི་ཕྱིར་ཆགས་ཚུལ་གྱིས། །

ཁྱོད་ནི་ལུས་འདི་སྲུང་བར་བྱེད། [༨༤] །(༧༩༠ན)

ཅེས་གསུངས་ཏེ། ལུས་འདི་ལ་སྙིང་པོ་སྲ་མཁྲང་ཅན་ཡུངས་འབྲུ་ཙམ་ཡང་ཡོད་པ་མ་ཡིན་ཏེ་གཞན་གྱི་ལུས་ཞིག་པ་དཔེར་གྱིས་ལ་རང་གི་ལུས་ལ་ཡང་སེམས་ཀྱིས་ཚོལ་ཞིག་པའོ། །བཙལ་བས་སྙིང་པོ་མ་རྙེད་ན་ནི་ཅི་ཞིག་ལ་ཆགས་པར་བྱེད། །

བཞི་པ་(མགོ་བ་མེད་པར་བསྟན་པ་)ནི།

ཁྱོད་ཀྱི་མི་གཙང་བཟར་མི་རུང་། །

ཁྲག་ཀྱང་བཏུང་དུ་མི་རུང་ལ། །

རྒྱུ་ལྟོང་གཞིབ་ཏུ་མི་རུང་ན། །

ལུས་ཀྱིས་ཁྱོད་ལ་ཅི་ཞིག་བྱ། [༨༥] །

ཉེས་ན་ཝ་དང་བྱ་རྒོད་ཀྱིས། །

ཟས་ཀྱི་དོན་དུ་འདི་སྲུང་རིགས། །

ཞེས་གསུངས་ཏེ། སེམས་ཁྱོད་ལ་ལུས་འདི་མགོ་བ་ཙུང་ཟད་ཀྱང་མེད་དེ་ཁྱོད་ནི་བཟའ་བཏུང་དོན་དུ་གཉེར་ལ། འདི་ནི་ཁྱོད་ཀྱི་བཟའ་བཏུང་དུ་མི་རུང་བའི་ཕྱིར་དང་གཞན་ཡང་འདིས་ཁྱོད་ལ་ཅི་ཞིག་བྱ། གལ་ཏེ་སྲུང་ན་བྱ་རྒོད་ལ་སོགས་པས་སྲུང་བར་རིགས་ཏེ་དེ་དག་གིས་ནམ་ཞིག་ན་བཟའ་བར་བྱ་བ་ཡིན་པའི་ཕྱིར་རོ། །

འདིར་དོགས་པ་འདི་འབྱུང་བའི་གནས་ཡོད་དེ། ལུས་དེ་ཙམ་དུ་སྙིང་པོ་མེད་ན་ཐར་དལ་འབྱོར་གྱི་ལུས་ཞེས་མེད་དུ་མི་རུང་བ་དང་རྙེད་དཀའ་བ་དང་ཡོན་ཏན་ཆེ་བར་བཤད་པ་དང་འགལ་ལོ་སྙམ་པ་ནི་གཅིག་གོ། །

ཡང་ཁ་ཅིག་འདུལ་བར་སྟོན་པས་མི་ཐུག་པ་སྒོམ་པར་གསུངས་པ་ན་དགེ་སློང་དྲུག་ཅུ་ལུས་ཀྱིས་སྐྱོ་བས་རང་ཉིད་གསོད་དུ་བཅུག་པ་དང་མང་པོ་ཞིག་རྒྱ་ལ་

སོགས་པར་ལྟེབས་པར་བཤད་པ་ལྟར་ལུས་ལ་སྐྱོ་བས་འདིས་ཅི་བྱ་ཞེས་འདོར་བར་འདོད་པའི་བློ་སྐྱེ་བའོ། །

དང་པོའི་ལན་ནི། དེ་ནི་གནས་སྐབས་ཐ་དད་དེ་སྔར་ཆོས་ཀྱི་དོན་དུ་མི་ལུས་དགོས་པར་བཤད་པ་ནི་དེ་བཞིན་པོ་ན་ཧེ་ངན་འགྲོ་ལ་སོགས་པས་ཆོས་མི་གོ་ཞིང་དེ་དག་ལ་བལྟོས་ཏེ་མི་ལུས་འདི་ཡོན་ཏན་ཆད་དུ་བྱུང་བའི་ཕྱིར་རོ། །འདིར་ནི་ལུས་ལ་ཞེན་ཞིང་ཆགས་པའི་བློ་འཇོམས་པའི་ཕྱིར་ལུས་ལ་ཆགས་བྱ་མ་ཡིན་པར་བསྟན་པ་སྟེ་ལུས་ལ་ཞེན་ཞིང་ཆགས་ན་ཕ་རོལ་ཏུ་ཕྱིན་པ་དྲུག་ག་མི་འགྲུབ། དམ(༧༡༠བ)པའི་ཆོས་མཐའ་དག་ལས་རིང་དུ་འགྱུར་བའི་ཕྱིར་རོ། །

གཉིས་པའི་ལན་ནི་གཞུང་གིས་འདེབས་པར་འགྱུར་རོ། **།འགྲེལ་ཆེན་ལས་ཀྱང་།** ཅིའི་ཕྱིར་ན་དེ་ལ་རྣམ་པ་ཐམས་ཅད་དུ་སྐབས་མི་འབྱེད་དམ་ཞེ་ན། མ་ཡིན་པའི་ཕྱིར་སླ་ཐང་སོགས་གསུངས་ཏེ་སླ་ཐང་ནི་ལས་ཀྱི་རིན་ནོ་དེ་རྙེད་ཙམ་ལུས་འགྲོ་བའི་རང་བཞིན་འདི་ལ་བྱིན་ལ་ཀྱེ་ཡིད་ཁྱོད་རང་གི་དགོས་པ་སྒྲུབས་ཤིག །ཅེས་སོ། །

ལྔ་པ་(དེ་ལྟར་དགོས་པ་མེད་པ་དེ་ཐབས་ཀྱིས་དགོས་པ་ལ་སྦྱོར་ཞིག་པ་)**ནི།**

མི་འོ་ཅག་གི་ལུས་འདི་ནི། །
བཀོལ་བར་བྱ་བ་ཉིད་དུ་ཟད། ༤༦ །
འདི་ལྟར་ཁྱོད་ཀྱིས་བསྲུངས་ཀྱང་ནི། །
འཆི་བདག་བརྩེ་བ་མེད་པ་ཡིས། །
ཕྲོགས་ཏེ་བྱ་དང་ཁྱིར་བྱིན་ན། །
དེ་ཚེ་ཁྱོད་ཀྱིས་ཅི་བྱར་ཡོད། ༤༧ །
ཐྲན་གཡོག་བཀོལ་དུ་མི་བཏུབ་ལའང་། །
གོས་ལ་སོགས་པ་མི་སྦྱིན་ན། །

ལུས་འདི་སྐྱོད་ཀྱང་གཞན་འགྲོ་ན། །
ཁྱོད་ཀོ་ཅི་སྟེ་ཤ་ཐང་གསོ། ༦༨ །
འདི་ལ་སྙམ་ཟན་བྱིན་ནས་ནི། །
ད་ནི་རང་དོན་བྱེད་དུ་ཆུག །
ཕན་པ་མེད་པ་འདི་ལ་ནི། །
ཐམས་ཅད་སྦྱིན་པར་མི་བྱའོ། ༦༩ །
འགྲོ་དང་འོང་བའི་རྟེན་ཙམ་དུ། །
ལུས་ལ་གྲུ་ཡི་བློ་བཞག་སྟེ། །
སེམས་ཅན་རྣམས་དོན་བསྒྲུབ་པའི་ཕྱིར། །
ཡིད་བཞིན་གྱི་ནི་ལུས་སུ་བསྒྱུར། ༧༠ །

ཞེས་གསུངས་ཏེ། ཐང་པ་གཉིས་ཀྱིས་ལུས་དགེ་བ་ལ་བཀོལ་དགོས་པར་བསྟན། དེ་ཡང་ཚིགས་བཅད་གསུམ་གྱིས་རང་དོན་དུ་བཀོལ་བ་དང་། གཅིག་གིས་གཞན་དོན་ལ་བཀོལ་བར་བསྟན་ཏོ། །

དེ་ཡང་མི་འོ་ཅག་གི་ཞེས་པ་ནི་བདག་ཅག་མིར་སྐྱེས་སོ་ཅག་གི་ཞེས་པ་སྟེ་ལུས་ཀྱི་དགོས་པ་ནི་དགེ་བ་ལ་བཀོལ་བ་ཁོ་ན་སྟེ། དགེ་སྡིག་ལུང་མ་བསྟན་གང་ལ་བཀོལ་ཡང་ལུས་ཉིད་ནི་རིང་པོར་མི་ཐོགས་པར་འཇོག་ཅིང་འཇིག་མོད་ཀྱང་། བཀོལ་བ་པོའི་རྣམ་ཤེས་ཀྱི་རྒྱུན་དེ་ཉིད་གང་ནས་གང་དུ་འགྲོ་བར་ལས་དེ་རྗེས་སུ་འབྲངས་ཏེ་སྡིག་པ་ལ་བཀོལ་ན་ངན་སོང་ནས་ངན་སོང་མུ་མཐའ་མེད་པར་གཞོལ་ནས་སྡུག་བསྔལ་མི་བཟད་པ་མྱོང་ལ། དགེ་བ་ལ་བཀོལ་ན་མཐོ་(༡༩༡ན)རིས་ཀྱི་བདེ་བ་དཔག་ཏུ་མེད་པ་མྱོང་བར་འགྱུར་བའི་ཕྱིར་རོ། །ལུང་དུ་མ་བསྟན་པའི་ལས་ཀྱང་གནས་སྐབས་ཀྱི་བྱ་བ་ཟིན་པ་ཙམ་དེ་ཉིད་འབྲས་བུར་ཟད་དེ། དེ་ལས་གཞན་མི་བསྐྱེད་པ་ཟ་བྱེད་འདོད་ཙམ་ཁོ་ནས་འཛེམ་པ་ལ་སོགས་པ་

ལས་རྫ་བྱས་པའི་འབྲས་བུ་ནི་རྫ་འགྲུབ་པ་དེ་ཉིད་དུ་ཟད་དེ། དེ་ལས་རྣམ་པར་སྨིན་པ་གཞན་མེད་དོ། །

དེས་ན་ལུང་དུ་མ་བསྟན་པ་སྙིང་པོ་མེད་པ་རྣམས་ཀྱང་དོར་ཏེ་མི་དགེ་བའི་བྱ་བ་སྐད་ཅིག་གི་ཡང་སྐབས་མི་འབྱེད་པར་དགེ་བ་ཁོ་ན་ལ་ལུས་ལ་འཕངས་པ་དང་སྐྱོ་བ་དང་དུབ་པ་དང་རློམ་སེམས་མེད་པར་བསྒོལ་ཞིག་པའོ། །དེ་ཡང་ལུས་འདི་འཕངས་མེད་དུ་དགེ་བ་ལ་བསྒོལ་དགོས་ཏེ་ནམ་འཇིག་ཆ་མེད་པའི་ཕྱིར། སྐྱོ་དུབ་མེད་པར་བསྒོལ་དགོས་ཏེ་སེམས་རང་ཉིད་ལ་གཏན་དུ་ཕན་པའི་བྱ་བ་འདི་ལས་གཞན་མེད་པའི་ཕྱིར། རློམ་སེམས་དང་ཡུས་མེད་པར་བསྒོལ་དགོས་ཏེ་རང་གི་བཀྲེས་པ་སེལ་ཕྱིར་ཟས་ཟ་བ་ལ་གཞན་ལ་ཡུས་བྱ་ས་མེད་པ་བཞིན་ནོ། །དེ་ཡང་ད་ལྟ་ནས་རིངས་པར་བསྒོལ་དགོས་ཏེ་ཚེ་ལ་ངེས་པ་མེད་ནམ་འཆི་ཆ་མེད་ཤི་ཕན་ཆད་ལུས་དེས་ཅི་ཡང་བྱར་མེད་པའི་ཕྱིར་རོ། །དེས་ན་ལུས་འདི་ལ་གླ་རྔན་གྱི་དོན་དུ་ཟས་སྐོམ་དང་གོས་དང་སྨན་དང་གནས་མལ་རྣམས་འདོད་པ་བསོད་སྙོམས་ཀྱི་མཐའ་སྦྱངས་ཤིང་ངལ་ཞིང་དུབ་པའི་མཐའ་སྦྱངས་པ་ཇི་ཙམ་གྱིས་བདེ་བར་འཚོ་ནུས་པ་རེ་བྱིན་ལ་སེམས་དེ་ཉིད་ལ་གཏན་དུ་ཕན་པའི་དགེ་བའི་བྱ་བ་ལ་གཅིག་ཏུ་སྦྱོར་བའི་བྲན་གྱི་ལས་ཚོལ་ཞིག །དེ་ལྟ་མིན་པར་འདི་ལ་བདག་གིར་འདུ་ཤེས་ཏེ་གཅེས་འཛིན་གྱིས་བསོས་ཤིང་རྒྱུགས་ལ་མཆག་བཟང་བར་བྱས་པ་ལ་ནི་སྙིང་པོ་ཅི་ཡང་མེད་དེ་འདི་ནི་ཇི་ཙམ་བསོས་ཀྱང་མཐར་སེམས་དང་མི་འགྲོག་པར་ཐ་དད་དུ་འགྲོ་ལ་དེའི་ཚེ་ཤི་བའི་རོ་ཚོ་བར་ཟད་ལ་དེས་སེམས་ཁྱོད་ལ་ཅི་ཞིག་ཕན། དེས་ན་སུའི་ཡང་མ་ཡིན་པའི་དངོས་པོ་མི་(༡༩༡བ) གཙང་བའི་འདུས་པ་རུས་པའི་འཁྲུལ་འཁོར་བསྐྱོད་པ་ཙམ་འདི་ལ་ཆགས་ཤིང་བདག་གིར་ཞེན་པས་དངོས་པོ་ཇི་སྙེད་པ་ཐམས་ཅད་ཟས་སྐོམ་དང་གོས་དང་རྒྱན་དུ་བྱས་ཏེ་འདི་ལ་བྱིན་པར་ནི་མི་བྱའོ། །འོན་ཀྱང་ལུས་འདི་ནི་འཁོར་བའི་

མཆོ་ལས་བདག་གཞན་སྒྲོལ་བ་ལ་གྲུ་ཙམ་དུ་འགྱུར་ལ། གྲུ་དེ་ཤིང་དང་ལྕགས་ལ་སོགས་པའི་འདུས་པ་ཡིན་ཞིང་རྟོག་པ་ཅི་ཡང་མེད་ཀྱང་ཆུ་བོ་ལས་སྒྲོལ་ན་མེད་དུ་མི་རུང་ཞིང་དེ་ལ་ཡང་གཟེར་དང་སྦྲ་ཚིལ་ལ་སོགས་པས་དུས་དུས་སུ་གྲུ་ཚགས་མ་བྱས་ན་འཇིག་པ་ལྟར་ལུས་ཀྱི་གྲུ་འདི་ལའང་གྲུ་ཚགས་ལྟ་བུའི་ཟས་གོས་སྨན་གྱིས་བསྐྱངས་ཏེ་བདག་དང་སེམས་ཅན་ཐམས་ཅད་ཀྱི་དོན་དུ་རེ་ཞིག་ཟུང་ལ་མཐར་ཆུ་བུར་མི་གཙང་བའི་ལུས་མི་རྟག་པ་བདག་མེད་པ་གསོབ་གསོག་སྙིང་པོ་མེད་པ་འདི་ལ་བརྟེན་ནས་རྡོ་རྗེའི་སྐུ་གཙང་བ་དམ་པ་རབ་ཀྱི་མཐར་སོན་པ་རྟག་པ་གཡུང་དྲུང་གི་རང་བཞིན་བདག་དམ་པའི་ཕ་རོལ་ཏུ་ཕྱིན་པའི་དངོས་པོ་མི་ཤིགས་པ་སྙིང་པོར་གྱུར་པ་འགྲོ་བ་ཐམས་ཅད་ཀྱི་རྟེན་གནས་ཡིད་བཞིན་གྱི་ནོར་བུ་ལྟ་བུ་ཆོས་ཀྱི་སྐུ་འཐོབ་པར་གྱིས་ཤིག་པའོ། །

དེ་ལྟར་ལུས་དང་ལོངས་སྤྱོད་ཀྱི་རང་བཞིན་ཤེས་པས་ཆགས་པ་མེད་པར་འགྱུར་ལ། ལུས་དང་ལོངས་སྤྱོད་ལ་མ་ཆགས་པས་ནི་ཕ་རོལ་ཏུ་ཕྱིན་པ་ཐམས་ཅད་འགྲུབ་པར་འགྱུར་གྱི་གཞན་དུ་ན་ལོངས་སྤྱོད་ལ་ཆགས་པས་སྦྱིན་པ་མི་འགྲུབ། ལུས་ལ་ཆགས་པས་ཚུལ་ཁྲིམས་བཟོད་བརྩོན་གསུམ་མི་འགྲུབ། རྒྱུ་དེས་བསམ་གཏན་དང་རྟོགས་པ་ལས་ཉམས་པར་འགྱུར་རོ། །དེའི་ཕྱིར་ལུས་ལ་ཆགས་པར་བྱ་བ་མ་ཡིན་པར་བསྟན་པའོ། །

གཉིས་པ་(དགེ་བ་སྒྲུབ་པའི་སྤྱོད་པ་ལ་བསླབ་པ་)ལ་དྲུག །རྗེས་ཐོབ་ཀྱི་སྤྱོད་པ་སྤྱིར་བསྟན་པ། གདམས་ངག་དང་དུ་བླང་བ། གཞན་གྱི་བསོད་ནམས་ལ་བསྟོད་པར་བྱ་བ། ཇི་ལྟར་སྨྲ་ཚུལ། མིག་གིས་ལྟ་ཚུལ། དགེ་བ་ཁྱད་པར་ཅན་ཇི་ལྟར་སྒྲུབ་ཚུལ་ལོ། །

དང་པོ་(རྗེས་ཐོབ་ཀྱི་སྤྱོད་པ་སྤྱིར་བསྟན་པ་)ནི།

དེ་ལྟར་རང་དབང་ཡོད་ཀྱིས་ཏེ། །
རྟག་ཏུ་འཛུམ་པའི་(༧༨༢ན)བཞིན་དུ་གྱིས། །

ཁྲོ་གཉེར་ངོ་ཟུམ་ཡོངས་ཐོང་སྟེ། །
འགྲོ་བའི་བཤེས་དང་གསོང་པོར་གྱིས། ༧༡ །
ཁྲི་ལ་སོགས་པ་བབ་ཅོལ་དུ། །
སྒྲ་དང་བཅས་པར་མི་དོར་རོ། །
སྒོ་ཡང་དྲག་ཏུ་མི་དབྱེ་སྟེ། །
རྟག་ཏུ་བཅོམ་སྐྱུང་དགའ་བར་བྱ། ༧༢ །
ཆུ་སྐྱར་བྱི་ལ་ཆོམ་རྐུན་དག །
སྒྲ་མེད་འཇབ་ཅིང་འགྲོ་བ་ཡིས། །
མངོན་པར་འདོད་པའི་དོན་གྲུབ་པ། །
ཐུབ་པས་རྟག་ཏུ་དེ་བཞིན་སྤྱོད། ༧༣ །

ཅེས་གསུངས་ཏེ། སེམས་དུལ་ཞིང་ལས་སུ་རུང་བ་ནི་སྤྱོད་པ་ཐམས་ཅད་ཀྱི་གཞི་སྟེ་དེ་མེད་ན་ཇ་ཆོད་ལྟར་ཁ་ཕོ་བསྒྱུར་བར་མི་ནུས་པའི་ཕྱིར། བཞིན་འཛུམ་པ་དང་བཅས་པས་གསོང་པོ་སྟེ་དྲང་པོ་དང་ཕན་པར་སྨྲ་བར་བྱ་སྟེ། འདི་ལ་ཡང་སེམས་ཐག་པ་ནས་མ་ཡིན་པར་དེ་ལྟར་བྱེད་ན་ངོ་དགའ་དང་གཅམ་བུ་དང་ཁ་གསག་ཡིན་པས་ཡང་དག་མིན་ལ་སེམས་དང་འདྲེ་བ་ནི་བྱམས་པ་དང་རྗེས་སུ་འབྲེལ་བའོ། །ཁྲི་སོགས་སྒྲ་བཅས་སུ་དྲག་པོར་མི་དོར་བ་དང་སྒོ་བཙན་ཐབས་སུ་དྲག་པོར་མི་འབྱེད་པ་དང་། སྐད་ཆེན་པོ་དགོས་མེད་དུ་མི་འབྱིན་པ་སོགས་ནི་སྤྲོག་ཆགས་ཕྲ་མོ་མང་པོ་སྐྲག་པས་འཆི་བ་སོགས་ལས་སྲུང་བ་དང་ཕ་རོལ་པོའི་ཏིང་ངེ་འཛིན་སོགས་ལ་བར་ཆད་དུ་མི་འགྱུར་བ་དང་བཙན་ཐབས་སུ་སྐྲག་པ་མི་སྐྱེ་བ་དང་རང་ཉིད་ཀྱི་ཤེས་བཞིན་མི་ཉམས་པར་འགྱུར་བའི་ཕྱིར་རོ། །

དེས་ན་ལུས་ངག་གི་སྤྱོད་ལམ་ཐམས་ཅད་འཇམ་ཞིང་དལ་ལ་གཞན་གྱི་ཡིད་ལ་མི་གཟན་པ་ངག་གིས་བཅོམ་བསྐྱུངས་ཤིང་མངོན་ཚན་ཆུང་བ་ཕོ་ནས་རང་གི་

སྤྱོད་པ་འགྲུབ་པར་བྱ་དགོས་པའོ། །ཚུ་སྐྱུར་ལ་སོགས་པའི་དཔེ་ནི་མཚོན་ཚན་ཆུང་བར་བྱེད་པའི་དཔེ་ཕོ་ན་སྟེ་དེ་ལས་གཞན་པའི་དཔེ་མ་ཡིན་ནོ། །ཐུབ་པ་ཞེས་པ་ནི་སྤྱིར་དཀའ་ཐུབ་པ་དང་དྲང་སྲོང་ངམ་བརྟུལ་ཞུགས་ཅན་མཐའ་དག་ལ་འཇུག་ཀྱང་སྐབས་འདིར་བྱང་ཆུབ་སེམས་དཔའ་དེས་ཞེས་བྱ་བའི་དོན་ནོ། །

གཉིས་པ་(གདམས་ངག་དང་དུ་བླང་བ་)ནི།

གཞན་ལ་གཞིན་སྐྱུལ་འདེབས་མཁས་ཤིང་། །
མ་བཅོལ་ཕན་པ་(༧༠༢བ)བྱེད་པའི་ངག །
གུས་པས་སྤྱི་བོས་བླང་བྱ་སྟེ། །
རྟག་ཏུ་ཀུན་གྱི་སློབ་མར་གྱུར། ༧༠ །
ལེགས་པར་སྨྲས་པ་ཐམས་ཅད་ལ། །
དགེ་བར་གསུངས་ཞེས་བརྗོད་པར་བྱ། །

ཞེས་གསུངས་ཏེ། གཞན་དགེ་བ་ལ་བསྐུལ་བའི་གཞིན་སྐྱུལ་ཐབས་མཁས་པས་འདེབས་པར་བྱ་སྟེ། ཁ་ཅིག་ནི་བསྟོད་ཅིང་བཀུར་སྟི་དང་བཅས་པས་འདུལ་བ་དང་། དེ་བཞིན་དུ་དམད་ཅིང་དཔྱས་པ་དང་། བཞད་གད་དང་བཅས་པ་དང་། གཏམ་གཞན་སྣ་ཚོགས་ལས་འཕྲོས་ཏེ་གླེངས་པ་དང་། དམ་པའི་ཆོས་ཉིད་ཀྱི་རིམ་པས་བསྟན་པ་དང་། ཟུར་གྱིས་བསྟན་པ་དང་། ཐ་མལ་པའི་ངག་ཉིད་ཡིན་པར་བཅོས་ཏེ་བསྟན་པས་འདུལ་བ་སྣ་ཚོགས་པར་ཡོད་པས་དེ་དང་དེའི་ཚུལ་གྱིས་བསྟན་པར་བྱ་དགོས་པའི་དོན་ཏོ། །

གལ་ཏེ་གཞན་སུ་ཞིག་བདག་ཉིད་ལས་མཁས་ཀྱང་རུང་མི་མཁས་ཀྱང་རུང་ཆོས་སྨྲ་བ་ཞིག་ཡིན་ཡང་རུང་གདོལ་པ་ལྷ་བུ་ཞིག་ཡིན་ཡང་རུང་འོས་ཀྱང་རུང་མི་འོས་ཀྱང་རུང་བཅོལ་ཡང་རུང་མ་བཅོལ་ཡང་རུང་བསམ་པ་དག་པས་ཡིན་ཡང་རུང་བརླས་འདོད་པ་སོགས་ཀྱིས་ཡིན་ཡང་རུང་སྟེ་ཐ་ན་ཚིགས་སུ་བཅད་

པ་གཅིག་གམ་རྐང་པ་གཅིག་ཙམ་མམ་དོན་དང་ལྡན་པའི་ཚིག་གཅིག་ཙམ་སྨྲ་བར་བྱེད་ནའང་བདག་གིས་དམ་པའི་ཆོས་དེ་བླང་བར་བྱ་ཞིང་གུས་པར་བྱ་སྟེ་ཁོ་བོ་ནི་རྒྱ་ཆེར་ཤེས་པས་འདི་ཙམ་ལ་མ་ལྟོས་སོ་ཞེའམ་འདི་བས་བདག་མཁས་སོ་ཞེའམ་ཁོ་བོས་ཆོས་སྟོན་པར་མ་བཅོལ་ལོ་ཞེའམ་འདི་ལས་མཉན་ན་བདག་གི་ཉེད་པ་དང་བཀུར་སྟི་ཉམས་པར་འགྱུར་རོ་སྙམ་དུ་རྟོག་པར་མི་བྱ་སྟེ་བྱང་ཆུབ་སེམས་དཔའ་ནི་རྟག་ཏུ་ཐམས་ཅད་ཀྱི་ཐྲན་དང་སློབ་མ་ལྟ་བུར་ཁས་ལེན་པའི་ཕྱིར་ཏེ། སྔོན་བྱང་ཆུབ་སེམས་དཔས། འདི་ནི་གང་གི་ཕྱོར་གྱུར་པའི། །བུད་མེད་དེ་ཡང་མྱ་ངན་འདས། །ཞེས་རི་དྭགས་སྐྱེས་ཀྱིས་བརྗོད་པ་ན། མྱ་ངན་འདས་ཞེས་པའི་ཚིག་ཙམ་ལ་དགྱེས་ནས་མུ་ཏིག་གི་ཕྲེང་བ་གནང་བ་དང་། གནོད་སྦྱིན་དང་(༡༤༣ན)སྲིན་པོའི་གཟུགས་ཅན་དུ་མ་ལས་རང་གི་ཤས་དམ་པའི་ཆོས་ཚིགས་བཅད་རེ་རེ་ཉོས་པ་དང་། ཚིགས་བཅད་གཅིག་གི་དོན་དུ་ལུས་ལ་ལྕགས་གཟེར་སྟོང་བཏབ་པ་དང་། མར་མེའི་སྟོང་བུ་སྟོང་བཙུགས་པ་དང་། བདག་དང་བཙུན་མོ་དང་སྲས་ཏེ་མཆོག་གསུམ་བྱིན་པ་སོགས་སྐྱེས་རབས་རྒྱ་མཚོ་ལྟ་བུའི་ཕྱིར་དང་། བྱང་ཆུབ་སེམས་དཔའ་ཟླ་འཕྲུལ་ཐོབ་པ་རྣམས་ཀྱང་ཆོས་ཚིགས་བཅད་གཅིག་གི་ཆེད་དུ་སྟོང་གསུམ་མེ་ལྕེས་གང་བ་དུ་མ་བརྒལ་ནས་འགྲོ་བའི་ཕྱིར་རོ། །དེ་བཞིན་དུ་གཞན་གྱིས་ཆོས་ལེགས་པར་སྨྲ་བ་མཐོང་ན་དེ་ལ་སེམས་ཐག་པ་དང་དངོས་སུ་ངག་གིས་ཀྱང་ལེགས་པར་གསུངས་སོ། །རྗེས་སུ་ཡི་རང་ངོ་ཞེས་དགའ་བའི་ཚིག་སྨྲ་བར་བྱ་སྟེ་གལ་ཏེ་ལེགས་པར་སྨྲས་པ་སྟོན་པའི་བཀའ་དང་མི་འགལ་བ་ཡིན་ནོ། །གལ་ཏེ་ཆོས་མ་ཡིན་པ་སྟོན་པ་ཞིག་ན་ནི་རིགས་པ་དང་ལུང་གིས་ཚར་བཅད་པར་བྱ་ལ། གལ་ཏེ་དེ་ལྟར་མ་ནུས་པའམ་དགེ་འདུན་འབྲུག་ལོང་གི་རྒྱུར་འགྱུར་བ་སོགས་མཐོང་ན་ཅི་ཡང་སྨྲ་བར་མི་བྱ་ལ་མཉན་པར་ཡང་མི་བྱ་སྟེ། **དམ་པའི་ཆོས་ཀྱི་རྒྱལ་པོ་སོགས་ཀྱི་མདོ་ལས།** མ་འོངས་པའི་ཚེ་ཆོས་མ་ཡིན་པ་སྨྲ་བ།

དངོས་པོ་དང་མཚན་མ་དང་བདག་ཏུ་ལྟ་བ་དག་གིས་དེ་ལྟར་སྟོན་པ་ན་སྟོན་སངས་རྒྱས་མཐོང་བའི་སར་བུ་བློ་གྲོས་ཅན་ཁ་ཅིག་དེ་ལ་མི་དགའ་ནས་འཁོར་དེ་ནས་ལངས་ཏེ་སོང་བ་དང་། སྟོན་སངས་རྒྱས་མཐོང་བའི་ལྷ་རྣམས་དགའ་སྟེ་ད་དུང་སྟོན་པའི་བསྟན་པ་གནས་སོ། །ཞེས་གསར་བུ་དེ་དག་ལ་བརྟགས་པར་བཤད་པའི་ཕྱིར་རོ། **།འགྲེལ་ཆེན་ལས་ནི།** གཞན་ལ་སོགས་ནི་འཁྲུད་པ་སེལ་བ་དང་གདམས་ངག་དང་རྗེས་སུ་བསྟན་པའི་ཚོས་ལ་གུས་པ་ཅན་དུལ་བ་ལ་སོགས་པ་མཁས་པ་གསོལ་བ་མ་བཏབ་པར་ཕན་པའི་ཚིག་ནི་སྐྱོ་བོས་ཐྭང་བར་བྱ་སྟེ་དེའི་སེམས་སུན་དབྱུང་བར་ཡང་མི་བྱ་ལ་ཁྱད་དུ་བསད་པར་ཡང་མི་བྱའོ། །ཕྲག་དོག་གི་དྲི་མ་རབ་ཏུ་བཀྲུ་བའི་ཕྱིར་ལེགས་(༡༦༣བ)པར་གསུངས་པ་སོགས་ཏེ་ལྷག་པའི་བསམ་པས་སོ། །ཞེས་སོ། །

གསུམ་པ་(གཞན་གྱི་བསོད་ནམས་ལ་བསྟོད་པར་བྱ་བ་)ནི།

བསོད་ནམས་བྱེད་པ་མཐོང་གྱུར་ན། །
བསྟོད་པས་ལེགས་པར་དགའ་བ་སྐྱེད། ༧༥ །
སྐྱག་ན་ཡོན་ཏན་བརྗོད་བྱ་ཞིང་། །
ཡོན་ཏན་བརྗོད་ན་རྗེས་སུ་བརྗོད། །
རང་གི་ཡོན་ཏན་བརྗོད་ན་དེ། །
ཡོན་ཏན་ཤེས་པར་རིག་པར་བྱ། ༧༦ །
རྩོམ་པ་ཐམས་ཅད་དགའ་ཕྱིར་ཏེ། །
དེ་ནི་རིན་གྱིས་ཉོ་ནའང་དཀོན། །
དེ་ལྟར་གཞན་བྱས་ཡོན་ཏན་གྱིས། །
དགའ་བའི་བདེ་བ་སྤྱད་པར་བྱ། ༧༧ །
བདག་ལ་འདིར་གོད་ཡོང་མེད་ལ། །

ཕ་རོལ་ཏུ་ཡང་བདེ་བ་ཆེ། །
ཉེས་པས་མི་དགའ་སྡུག་བསྔལ་ཞིང་། །
ཕ་རོལ་ཏུ་ཡང་སྡུག་བསྔལ་ཆེ། [༢༥] །

ཞེས་གསུངས་ཏེ། གཞན་བསོད་ནམས་ཀྱི་ལས་བྱེད་པ་ཐོས་པའམ་མཐོང་ན་དེ་ལ་སེམས་ཐག་པས་ཡི་རང་བར་བྱ་ཞིང་ཕ་རོལ་པོ་ལ་མི་གནོད་ན་དངོས་སུ་འང་བསྔོད་ཅིང་ཡི་རང་བར་བྱའོ། །ཕྱིར་གཞན་གྱི་ཡོན་ཏན་བརྗོད་ན་ངོར་མི་བརྗོད་པར་ལྐོག་ན་བརྗོད་པར་བྱ་སྟེ་ཉོན་སེམས་དང་ང་རྒྱལ་མི་སྐྱེ་བའི་ཆེད་དང་། ཡ་རབས་དག་ནི་ངོར་བསྟོད་ན་ངོ་ཚ་བར་བྱེད་ཀྱིས་དགའ་བར་མི་བྱེད་ལ། ངོར་བསྟོད་ཁ་གསག་དེང་སང་གི་མི་ཆེན་རྣམས་ལ་ཞལ་འཛིན་དང་དགོངས་ལེན་དང་གཟིགས་སྐུར་ཞེས་མེད་མི་ཐུབ་ཏུ་དགོས་པ་འདི་དག་ནི་མ་རབས་མགུ་བྱ་ཡིན་མོད་ཀྱང་གཡོ་སྒྱུའི་བྱེ་བྲག་ཡིན་པའི་ཕྱིར་མཁས་པ་རྣམས་ཀྱིས་དེ་ལ་དགའ་བ་དང་དེས་འཚོ་བའི་སྐྱེས་བུ་གཉིས་ཀ་རིང་དུ་སྤང་བར་བྱ་བ་ཡིན་པའི་ཕྱིར་རོ། །རང་གི་ཡོན་ཏན་ཕ་རོལ་གྱིས་བརྗོད་པ་མཐོང་ན་ཡོན་ཏན་ཤེས་པ་དང་དེ་ལ་ཐག་མི་དོག་པར་བསྔགས་པ་ཙམ་ལ་དགའ་ཞིང་རྗེས་སུ་ཡི་རང་བར་བྱའི་བསྟོད་པས་མགུ་བ་དང་ཉོན་སེམས་སུ་ནི་མི་བྱའོ། །

མདོར་ན་བྱང་ཆུབ་སེམས་དཔའི་བྱ་བ་ཅི་རྩོམ་ཡང་གཞན་དོན་དུ་ཡིན་ལ། བློ་འདི་ལྟ་བུ་ནི་རིན་གྱིས་ཀྱང་འཇིག་རྟེན་དུ་གཞན་ལ་མི་རྙེད་དོ། །དེ་ལྟར་གཞན་དོན་ཁོ་ན་བསྒྲུབ་པར་བྱ་བ་ཡིན་ན་རང་ཉིད་ཀྱིས་བསྒྲུབས་པ་ལ་མ་(༡༩༤ན)ལྟོས་པར་སེམས་ཅན་རང་རང་གིས་རྒྱུ་བསོད་ནམས་དང་འབྲས་བུ་བདེ་བ་སྤྱོད་ན་དགའ་བ་བརྒྱ་འགྱུར་དུ་བྱ་བར་རིགས་ཏེ། དེ་ལྟར་གཞན་བྱས་ཡོན་ཏན་གྱིས་བདག་དགའ་བའི་བདེ་བ་སྤྱོད་པ་བུ་གཅིག་པོ་ནད་ཆེན་པོ་ལས་སོས་ཏེ་བདེ་བ་ཐོབ་པ་མས་མཐོང་བ་ན་བུ་ཉིད་ནད་ལས་སོས་པའི་དགའ་བདེ་ལས་དེ་མཐོང་

བའི་མ་དགའ་བདེ་ཁྱད་པར་དུ་གྱུར་པ་ལྟ་བུའོ། །དེ་ལྟར་གཞན་བདེས་བདག་དགའ་བ་འདི་ལ་ནི་བདག་ཉིད་ལ་འདིར་ཀརྵ་པ་ཆ་གཅིག་གི་གོད་པ་ཡང་མེད་ལ་ཕ་རོལ་ཏུ་ཡང་བསོད་ནམས་ཚད་མེད་པའི་བདེ་བ་འཐོབ་པར་འགྱུར་རོ། །དེ་ལས་ཟློག་སྟེ་གཞན་གྱི་བདེ་བ་མི་བཟོད་པ་དང་ཉེས་པར་དགའ་བའི་བློ་འདིས་ནི་འཕྲལ་དུ་རང་ཉིད་སྡུག་བསྔལ་ཞིང་ཟུག་རྔུས་ཡིད་གདུངས་ལ་ཕ་རོལ་ཏུ་ཡང་སྡུག་བསྔལ་མི་བཟད་པ་མྱོང་དགོས་པའི་ཕྱིར་རོ། **།འགྲེལ་ཆེན་ལས།** ཕྲག་ན་སོགས་ནི་ཁ་གསག་ཏུ་དོགས་པ་ཟློག་པའི་ཕྱིར་ཏེ་གཞན་དུ་ན་ཁ་ཅིག་ཁ་གསག་ཡིན་སྙམ་པར་འགྱུར་རོ། །གཞན་གྱིས་དེའི་མངོན་སུམ་དང་གཞན་གྱི་ཡོན་ཏན་སྨྲ་བར་བྱེད་ན་དེ་དང་མཐུན་པར་སྨྲ་བར་བྱེད་པ་དེའི་མངོན་སུམ་དུ་བརྗོད་པར་བྱའོ། །གཞན་དུ་འདི་ལ་མ་དགའ་འོ་སྙམ་ནས་ཕ་རོལ་གྱི་སེམས་སུན་འབྱིན་པར་བྱེད་དོ། །གཞན་གྱི་ཡོན་ཏན་ལ་མི་བཟོད་པ་སྤང་བ་ནི་དེ་ལྟར་རམ་གལ་ཏེ་ཞེས་སོགས་སོ། །ཞེས་སོ། །

བཞི་པ་(ཇི་ལྟར་སྨྲ་ཚུལ་)ནི།

སྨྲ་ན་ཡིད་ཕེབས་འབྲེལ་བ་དང་། །
དོན་གསལ་ཡིད་དུ་འོང་བ་དང་། །
ཆགས་དང་ཞེ་སྡང་སྤངས་པ་དང་། །
འཇམ་ཞིང་རན་པར་སྨྲ་བར་བྱ། [༧༨] །

ཞེས་གསུངས་ཏེ། བྱང་ཆུབ་སེམས་དཔས་སྨྲ་བ་ན་བག་ཕབ་སྟེ་ཕ་རོལ་པོ་ཡིད་ཕེབས་པར་བྱེད་པ་དང་། ཚིག་འབྲེལ་བ་དང་དོན་གསལ་ཞིང་ཡིད་དུ་འབབ་པ་དང་དུག་གསུམ་མེད་པའི་ཚིག་དང་འཇམ་ཞིང་མང་ཉུང་སོགས་རན་ཞིང་འཚམ་པར་སྨྲ་བས་དོན་བྱེད་པ་སྟེ། **བློ་གྲོས་རྒྱ་མཚོས་ཞུས་པའི་མདོ་ལས།** བྱང་ཆུབ་(༡༩༨བ)སེམས་དཔའ་ལ་ཚིག་གི་འབྲུལ་པའི་སྐྱོན་དྲུག་ཅུ་རྩ་བཞི་དང་

ཐལ་བར་གསུངས་ཏེ། དེའི་སྡོམ་ནི། ཚིག་རྩུབ་རྙོག་དང་ཕྱོ་མོའི་སྒྲ། །གྲུམ་སྒྲ་ཏ་ཙང་ཆེས་ཚུང་དང་། །དྲག་བརླང་ལྷབ་ལྷིབ་ཅལ་ཅོལ་དང་། །ཧབ་ཧབ་སྒྲ་དང་ཁས་ཕུབ་ཚིག །ཉམས་པ་ཟུར་དཔྱང་དགོས་པའི་ཚིག །ཚིག་ཞུམ་སབ་སུབ་ཚིག་ནག་ནོག །འབར་བར་བྱེད་ཚིག་བྱིས་པའི་ཚིག །དུས་མི་ཤེས་དང་ཅོ་འདྲིའི་ཚིག །ཆགས་ཚིག་ཞེ་འགྲས་ཚོད་མི་ཤེས། །སྐུགས་དང་དམན་དང་བཀྲས་པའི་ཚིག །འཕྱིད་གཡོ་དྲིགས་དང་ཁྲུད་གསོད་ཚིག །ངོ་ཚ་བཞེར་འདེབས་འཕྲུལ་ཞིང་གཤེ། །མེད་པས་གླེང་དང་ཡང་དག་མིན། །རྫུན་ཕྲ་ཚིག་རྩུབ་ངག་ཀྱལ་པ། །ཧ་ཅང་རྣོ་མཉེན་ཕལ་པ་དང་། །ཀུན་ཏུ་མ་བསྒྲུངས་དུས་ལས་ལྷག །གནོད་ཚིག་འབར་བ་འཇོབ་ཀྱིས་འཇལ། །འཐབ་རྩོད་འཁྲིད་ཚིག་ཚིག་འགྱུར་བ། །མི་བརྟན་གསང་འཕེལ་མུ་ཅོར་སྒྲ། །གར་གྱི་ལྟད་མོའི་ཚིག་ལྟ་བུ། །ཆོས་འགལ་གཞན་ལ་གནོད་པའི་ཚིག །བདག་བསྟོད་གཞན་སྨོད་སྨྲེང་བའི་ཚིག །དཀོན་མཆོག་གསུམ་ལས་འགལ་བ་དང་། །འཕགས་ལ་སྐུར་པ་འདེབས་པའི་ཚིག །ངོ་མི་ཚོད་པ་ཙམ་གྱི་ཚིག །དེ་ལྟར་དྲུག་ཅུ་རྩ་བཞིའོ། །

དེ་ལྟར་སྐྱོན་དེ་དག་དང་བྲལ་ཞིང་ཡོན་ཏན་ཡང་ཕྱེད་པར་[1]ལུང་སྟོན་པ་དང་ཡང་དག་པ་དང་དེ་ཁོ་ན་དང་བདེན་པ་རྣམ་པར་དགོད་པ་དང་བདེན་པའི་རྗེས་སུ་འཐྲང་བ་དང་སེམས་ཅན་ཐམས་ཅད་ཀྱི་སྐད་ལ་འཇུག་པ་དང་བསམ་པ་བཞིན་ཚིམ་པར་བྱེད་པ་སོགས་རྒྱ་ཆེར་བཤད་དོ། **།འགྲེལ་ཆེན་དུ།** རིགས་པའི་ལས་བྱ་བར་བསླབ་པ་ནི་སྒྲ་ན་སོགས་ཏེ་ཁ་ན་མ་ཐོ་བ་མེད་པས་ཡིད་ཕེབས་པ་རིམ་པར་གནས་པའི་ཚིག་དང་སོགས་ནས་རན་པའི་ཚིག་ནི་སྒྲ་ཇི་ཙམ་གྱིས་གོ་བར་བྱ་བ་རྟོགས་པར་འགྱུར་བ་སྟེ་དེ་ལས་ཞན་པར་ཡང་མ་ཡིན་ཏ་ཅང་ལྷག་པར་ཡང་མ་ཡིན་པར་བརྗོད་པར་བྱའོ། །ཞེས་སོ། །

[1] ངག་སྒྲོན་འགྲེལ་པ་ལས། ཕྱད་པ་རྒྱུན་པ་རྟག་པ་ཕྱད་པར་རྒྱུན་དུའམ་རྟག་ཏུ་ཞེས་འབྱུང་།

ལྔ་པ་(མིག་གིས་ལྟ་ཚུལ་)ནི། (༡༩༥ན)

མིག་གིས་སེམས་ཅན་ལྟ་ན་ཡང་། །
འདི་དག་ཉིད་ལ་བརྟེན་ནས་བདག །
སངས་རྒྱས་ཉིད་དུ་འགྱུར་རོ་ཞེས། །
དྲང་ཞིང་བྱམས་པའི་ཚུལ་གྱིས་ལྟ། ༨༠ །

ཞེས་གསུངས་ཏེ། འདིར་ནི་དགེ་བའི་བཤེས་གཉེན་གྱི་འདུ་ཤེས་ཀྱིས་གཞན་ལ་ལྟ་བ་སྟེ། སྤྱིར་ཆགས་པ་སྤང་བའི་ཕྱིར་འབྲུལ་འཁོར་གྱི་འདུ་ཤེས་དང་། བྱམས་པའི་ཕྱིར་ཕ་མའི་འདུ་ཤེས་དང་། སྙིང་བརྩེའི་ཕྱིར་སྡུག་བསྔལ་བའི་འདུ་ཤེས་དང་། ཕ་རོལ་ཏུ་ཕྱིན་པ་དྲུག་གི་ཕྱིར་དགེ་བའི་བཤེས་གཉེན་གྱི་འདུ་ཤེས་དང་། ཞེན་པ་སྤོང་བའི་ཕྱིར་སྒྱུ་མ་ལྟ་བུའི་འདུ་ཤེས་དང་། ཞིང་ཡོངས་སུ་སྦྱོང་བའི་ཕྱིར་རྣམ་པར་དག་པའི་འདུ་ཤེས་སོགས་སྐབས་སོ་སོའི་དགོས་པ་དང་སྦྱར་རོ། །**འགྲེལ་པར།** དྲང་པོར་ལྟ་བ་ནི་ཡོན་པོ་དང་ཀྱ་ཀྱུ་ཅན་མ་ཡིན་པར་དགའ་བས་ཆེམ་པར་ཆགས་སྡང་རྙོངས་པ་མེད་པར་ལྟ་བའོ། །ཞེས་སོ། །

དྲུག་པ་(དགེ་བ་ཁྱད་པར་ཅན་ཇི་ལྟར་སྒྲུབ་ཚུལ་)ནི།

རྟག་པར་མངོན་ཞེན་གྱིས་བསླང་བའམ། །
གཉེན་པོ་ཡིས་ནི་བསླང་བ་ཡིས། །
ཡོན་ཏན་ཞིང་དང་ཕན་འདོགས་ཞིང་། །
སྡུག་བསྔལ་བ་ལ་དགེ་ཆེན་འགྱུར། ༨༡ །
མཁས་ཤིང་དགའ་དང་ལྡན་བྱས་ནས། །
ལས་རྣམས་རྟག་ཏུ་བདག་གིས་བྱ། །
ལས་རྣམས་ཀུན་ལ་སུ་ལ་ཡང་། །
ལྟོས་པར་བྱ་བ་མ་ཡིན་ནོ། ༨༢ །

སྦྱིན་པའི་ཕ་རོལ་ཕྱིན་ལ་སོགས། །
གོང་ནས་གོང་དུ་ཁྱད་ཞུགས་སྤྱད། །
ཆུང་ངུའི་ཕྱིར་ནི་ཆེ་མི་བཏང་། །
གཙོ་ཆེར་གཞན་གྱི་དོན་བསམ་མོ། ༨༣ །

ཞེས་གསུངས་ཏེ། དེ་ཡང་དང་པོས་ཆོས་བཞི་ལྡན་གྱི་དགེ་བ་ནི་དགེ་བ་གཞན་ལས་ཁྱད་པར་འཕགས་པར་བསྟན། གཉིས་པས་རང་ཉིད་པོ་ནས་སྒྲུབ་དགོས་པར་བསྟན། གསུམ་པས་དགེ་བས་ཆོག་མི་ཤེས་པར་གོང་མ་ལ་བདམ་དགོས་པར་བསྟན་པའོ། །

དེ་ཡང་**བཤེས་སྤྲིང་ལས།** རྟག་དང་མངོན་པར་ཞེན་དང་གཉེན་པོ་དང་། །ཡོན་ཏན་གཙོ་ལྡན་བཞི་ལས་བྱུང་བའི་ལས། །དགེ་དང་མི་དགེ་རྣམ་(༡༧༥བ) ལྔ་ཆེན་པོ་སྟེ། །དེ་བས་དགེ་བ་སྤྱད་ལ་བརྩོན་པར་གྱིས། །ཞེས་པ་ལྟར་དུས་ཀྱི་ཁྱད་པར་རྟག་ཏུ་བྱེད་པ་དང་། བསམ་པའི་ཁྱད་པར་མངོན་ཞེན་ནམ་འདུན་པ་དྲག་པོས་ཀུན་ནས་བསླང་བ་དང་། གཉེན་པོའི་ཁྱད་པར་བྱང་ཆུབ་ཀྱི་སེམས་དང་དེ་ཁོ་ན་ཉིད་སྒོམ་པ་སོགས་གཉེན་པོ་ཆེན་པོས་ཟིན་པའམ་ཀུན་ནས་བསླང་བ་ཉིད་དང་། ཞིང་གི་ཁྱད་པར་ཡོན་ཏན་གྱི་ཞིང་དཀོན་མཆོག་གསུམ། ཕན་བཏགས་པའི་ཞིང་ཕ་མ་དང་མཁན་སློབ། སྡུག་བསྔལ་བའི་ཞིང་ནད་པ་དང་མགོན་མེད་རྣམས་ལ་སྦྱིན་པ་ལ་སོགས་པ་བྱས་པ་ན་ཆུང་ངུ་ལས་མ་བྱས་ཀྱང་དེའི་དགེ་བ་དེ་ནི་བསོད་ནམས་ཀྱི་ལས་གཞལ་དུ་མེད་པར་འགྱུར་བ་ཡིན་ནོ། །

དེ་ལྟར་ལས་དང་རྣམ་སྨིན་ལ་མཁས་ཤིང་བསོད་ནམས་ཀྱི་ལས་ལ་ཆེས་དགའ་བས་སུ་ལ་ཡང་གྲོགས་བྱ་བའི་ལྟོས་པ་མེད་པར་བདག་ཉིད་པོ་ནས་ཚར་ཕྱིན་པར་བསྒྲུབ་པར་བྱའོ། །དེ་ཙམ་གྱིས་ཆོག་ཤེས་པར་ཡང་མི་བྱ་སྟེ་སྦྱིན་པའི་ཕ་རོལ་ཏུ་ཕྱིན་པ་ཙམ་ནི་སྒྲུབ་པར་ཆེས་དགའ་བ་ཡང་མ་ཡིན་ལ་བླ་ན་མེད་པ་ཡང་

མ་ཡིན་ཏེ་དགེ་བའི་ཐེམ་སྐས་འོག་མ་ཙམ་དུ་ཟད་པའི་ཕྱིར་དེ་གྲུབ་ནས་དེ་བས་སྒྲུབ་པར་དཀའ་ཞིང་ཕན་ཡོན་ཆེས་ཆེ་བ་ཐེམ་སྐས་གཉིས་པ་ལྟ་བུ་ཚུལ་ཁྲིམས་ཀྱི་ཕ་རོལ་ཏུ་ཕྱིན་པའི་ཆེད་དུ་ནན་ཏན་ལྷུར་བྱ་ལ། དེ་བཞིན་དུ་ཤེས་རབ་ཀྱི་ཕ་རོལ་ཏུ་ཕྱིན་པ་ཡོངས་སུ་རྫོགས་པའི་བར་དུ་གོང་ནས་གོང་དུ་བསྒྲུབ་པར་བྱ་ལ། དེ་དག་ལས་གཉིས་ནང་འདོམ་པ་ན་ཕན་ཡོན་ཆུང་བ་དེ་དོར་ནས་ཕན་ཡོན་ཆེ་བ་དེ་ཉིད་ལ་འཇུག་དགོས་ལ། ཕན་ཡོན་ཡང་མཚུངས་ན་སྐབས་དེར་གཞན་དོན་དུ་གང་འགྱུར་བ་དེ་སྒྲུབ་པར་བྱའོ། །འདིར་**འགྲེལ་ཆེན་ལས།** གོང་ནས་གོང་དུ་ནི་སྦྱིན་པ་བས་ཚུལ་ཁྲིམས་ཁྱད་ཞུགས་པ་ལ་སོགས་ཏེ་ཕ་རོལ་ཏུ་ཕྱིན་པ་གཞན་གྱི་རྒྱུར་གོང་མ་མི་བཏང་སྟེ་དེ་དང་འགལ་བ་མི་བསྟེན་པའོ། །ཅི་རྣམ་པ་ཐམས་ཅད་དུའམ་མ་ཡིན་ཞེ་ན། སྤྱོད་པའི་སོགས་གསུངས་ཏེ་བྱང་ཆུབ་སེམས་དཔའ་(༡༥༤ན) རྣམས་ཀྱིས་སྤྱོད་པ་གང་ལ་བསླབ་པ་སྡོམ་པའི་མཚན་ཉིད་གང་ཡིན་པ་དེ་ཉིད་ནི་མི་དགེ་བའི་ཆུ་སྲུང་བའི་ཆེད་དུ་ཆུ་ལོན་བྱས་པའོ། །དེ་ལས་གཞན་དུ་ཞེས་བྱ་བ་ནི་མ་གཏོགས་པ་སྟེ་དེ་ཇི་ལྟར་མི་ཉམས་པར་ཞེས་བྱ་བའི་དོན་ཏོ། །

དེ་བས་ན་ཚོགས་གསོག་པར་འདོད་པ་སྙིང་རྗེའི་གཞན་གྱིར་གྱུར་པས་ཐམས་ཅད་བྱ་བར་གསུངས་པ་ཡིན་ནོ་ཞེས་བརྗོད་པ་ནི། དེ་ལྟར་ཞེས་བྱ་བ་ལ་སོགས་པ་ཡིན་ཏེ་ཞེས། གཙོ་ཆེར་གཞན་གྱི་དོན་བསམ་མོ། །ཞེས་དང་། དེ་ལྟར་རིག་བྱས་གཞན་དོན་བསམ། །ཞེས་པའི་བར་དུ། སྤྱོད་པའི་མཚན་ཉིད་གང་ཡིན་པ། །དེ་ནི་མི་དགེའི་ཆུ་ལོན་ཏེ། །དེ་ལས་གཞན་དུ་མ་གཏོགས་པར། །དེ་ཉིད་ཇི་ལྟར་མི་ཉམས་སྲུང་། །ཞེས་པའི་དོན་ཅན་གྱི་ཤློ་ཀ་གཅིག་གི་འགྱུ་ཡོད་པ་ད་ལྟ་བོད་དཔེ་རྣམས་དང་རྒྱ་འགྲེལ་གཞན་ལ་མི་སྣང་ངོ་། །

གསུམ་པ་སེམས་ཅན་དོན་བྱེད་ཀྱི་ཚུལ་ཁྲིམས་ལ་གསུམ། གཞན་དོན་གཙོ་བོར་བྱ་བ། སེམས་ཅན་བསྡུ་བའི་སྤྱོད་པ། གཞན་སེམས་སྲུང་བར་བསྟན་

པའོ། །དང་པོ་(གཞན་དོན་གཙོ་བོར་བྱ་བ་)ནི།

དེ་ལྟར་རིག་བྱས་གཞན་དོན་ལ། །
རྟག་ཏུ་བརྩོན་པར་གནས་པར་བྱ། །
ཐུགས་རྗེ་མངའ་བ་རིང་གཟིགས་པས། །
བཀག་པ་རྣམས་ཀྱང་དེ་ལ་གནང་། ༤ །

ཞེས་གསུངས་ཏེ། དེ་ལྟར་རིག་བྱས་ཞེས་པ་སྔར་བཤད་པ་དེ་རྣམས་འདྲིས་ཤིང་རྒྱུད་ལ་འདྲིས་པར་བྱ་བའོ། །དེ་ཐམས་ཅད་ཀྱི་དགོས་པ་ནི་རྟག་ཏུ་གཞན་དོན་ལ་བརྩོན་པ་ཡིན་ཏེ་སངས་རྒྱས་དང་བྱང་ཆུབ་སེམས་དཔའི་བྱ་བ་ནི་དེ་ལས་གཞན་མེད་པའི་ཕྱིར། ཐུགས་རྗེ་མངའ་བ་ཕྱི་རྗེས་རྒྱང་རིང་དུ་གཟིགས་པའི་སངས་རྒྱས་ཀྱིས་བཀག་པའི་དངོས་པོ་སྟེ། རང་དོན་དུ་སྤྱོག་ལ་བབ་ཀྱང་མི་བྱ་བར་གསུངས་པ་རྣམས་ཀྱང་གཞན་དོན་འབའ་ཞིག་པའི་བློ་ཅན་དེ་ལ་གཞན་དོན་དུ་འགྱུར་པའི་ཚེ་ནི་གནང་བ་ཉིད་དེ། དེད་དཔོན་སྙིང་རྗེ་ཆེན་པོས་བྱང་ཆུབ་སེམས་དཔའ་ལྔ་བརྒྱ་(༡༤༥བ)ཕྱིར་མི་ལྡོག་པའི་བར་ཆད་དུ་མི་འགྱུར་བའི་ཆེད་དང་སྐྱེས་བུ་དེ་ངན་སོང་དུ་མི་ལྟུང་བའི་ཆེད་དུ་མི་ནག་མདུང་ཐུང་ཅན་བསད་པས་བསྐལ་པ་ཁྲིའི་ཚོགས་རྫོགས་པ་དང་། ཁྱེའུ་སྐར་མས་བུ་མོའི་སྲོག་སྐྱབ་པའི་ཆེད་དུ་ཚངས་སྤྱོད་བཏང་བས་བསྐལ་པ་འབུམ་གྱི་ཚོགས་བསྒྲུམས་པར་གསུངས་པའི་ཕྱིར། འོ་ན་མི་ནག་མདུང་ཐུང་ཅན་བསད་པས་ངན་སོང་གི་རྣམ་སྨིན་མྱོང་ཞིང་སངས་རྒྱས་ནས་ཀྱང་ཞབས་ལ་སེང་ལྡེང་གི་ཚལ་པ་ཟུག་པ་མ་ཡིན་ནམ་ཞེ་ན། དེ་ནི་སྲིད་པ་ཐ་མ་པ་བཞི་བཅུ་གདུལ་བའི་ཆེད་དུ་དགོས་པས་བསྟན་པ་སྟེ་དྲང་དོན་དུ་རིག་པར་བྱ་ལ། འདིས་བསྐལ་པ་དེ་སྙེད་ཀྱི་ཚོགས་བསྒྲུམས་ན་མི་དགེ་བའི་ལས་སུ་ལྟ་ག་ལ་འགྱུར། འགྲེལ་ཆེན་ལས་ཀྱང་། དེ་ལྟར་ཤེས་རབ་དང་སྙིང་རྗེ་ལས་བྱུང་བས་གཞན་གྱི་དོན་ལ་ཐབས་མཁས་པས་འཇུག་པར་བྱེད་པ་ལ་ནི་ལྟུང་བ་མེད་དེ་འདི་

ཡང་ཉེ་བར་འཁོར་གྱིས་ཞུས་པ་དང་། ཐབས་ལ་མཁས་པའི་མདོ་ལས། ཁྱིའུ་སྐར་མའི་དབང་དུ་བྱས་ཏེ་ལྟུང་བ་དང་ལྟུང་མེད་ཀྱི་རྣམ་གཞག་རིག་པར་བགྱིའོ། །ཞེས་སོ། །

གཉིས་པ་(སེམས་ཅན་བསྲུ་བའི་སྤྱོད་པ་)ལ། ཟང་ཟིང་དང་། ཆོས་ཀྱིས་བསྡུ་བ་གཉིས་ལས། དང་པོ་(ཟང་ཟིང་)ནི།

ལོག་པར་ལྟུང་དང་མགོན་མེད་དང་། །
བརྟུལ་ཞུགས་གནས་ལ་བགོ་བྱ་ཞིང་། །
རན་པ་ཙམ་དུ་བཟའ་བྱ་སྟེ། །
ཆོས་གོས་གསུམ་མ་གཏོགས་པ་སྦྱིན། ༢༥ །
དམ་པའི་ཆོས་ནི་སྤྱོད་པའི་ལུས། །
ཕྲན་ཚེགས་ཆེད་དུ་གནོད་མི་བྱ། །
དེ་ལྟར་བྱས་ན་སེམས་ཅན་གྱི། །
བསམ་པ་མྱུར་དུ་རྫོགས་པར་འགྱུར། ༢༦ །
སྙིང་རྗེའི་བསམ་པ་མ་དག་པར། །
ལུས་འདི་བཏང་བར་མི་བྱ་སྟེ། །
ཅི་ནས་འདི་དང་གཞན་དག་ཏུ། །
དོན་ཆེན་སྒྲུབ་པའི་རྒྱུར་བཏང་ངོ་། ༢༧ །

ཞེས་གསུངས་ཏེ། དང་པོས་ཟས་གོས་ལས་བྱིན་ཚུལ། གཉིས་པས་དུས་མིན་དུ་ལུས་དངོས་སུ་མི་བཏང་བའི་ཚུལ། གསུམ་པས་དོན་ཆེན་པོའི་རྒྱུར་བཏང་བར་བསྟན་ཏོ། །

འདིར་**འགྲེལ་ཆེན་དུ།** (༡༡༧ན)ལུས་སྲུང་བའི་ཕྱིར་ལོག་པར་ལྟུང་བ་སོགས་ཏེ། སྨན་དང་གོས་ལ་སོགས་པས་བདག་གིས་ལུས་ཡོངས་སུ་བསྐྱང་བར་བྱ་སྟེ་གཞན་

གྱི་དོན་ལ་མགོ་བའི་ཕྱིར་རོ། །སྨན་ནི་རྣམ་པ་གཉིས་ཏེ་རྟག་ཏུ་བྱ་བའི་སྨན་ཟན་ལ་སོགས་པ་དང་། ན་བའི་གསོ་སྨན་ནོ། །ཟས་ཀྱི་དོན་དུ་སྤྱོད་ཡུལ་དུ་འཇུག་པ་ན་ཇི་སྐད་བསྟན་པའི་བསླབ་པ་ལ་དྲན་པ་ཉེ་བར་བཞག་པས་རྒྱུ་བར་བྱའོ། །བསོད་སྙོམས་སྙེད་པ་ལས་ཆ་བཞིར་བགོ་བར་བྱ་སྟེ་གཅིག་ནི་ལོག་པར་ལྷུང་བ་རྣམས་ལ། གཉིས་པ་ནི་མགོན་མེད་པ་རྣམས་ལ། གསུམ་པ་ནི་ཚངས་པ་མཚུངས་པར་སྤྱོད་པ་རྣམས་ལ་བྱིན་ནས། བཞི་པ་བདག་ཉིད་བཟའ་བར་བྱའོ། །དེ་ཟ་བ་ན་ཆགས་པ་དང་རྐམ་པ་དང་ཞེན་པས་མ་ཡིན་གྱི་གཞན་དུ་ན་ཇི་ཙམ་ལུས་འདི་བསྐྱང་བ་དང་གནས་པར་བྱ་བའི་ཕྱིར་རན་པ་ཙམ་དུ་བཟའོ། །ཇི་ལྟར་ཏ་ཅང་ཉམ་དམས་ན་དགེ་བའི་ཕྱོགས་མི་ནུས་ལ། ཏ་ཅང་ལུས་ལྕི་ན་གཉིད་ཀྱིས་ནོན་པར་འགྱུར་བས་སྲང་ཏེ་རན་པར་བཟའ་སྟེ་ཟོས་ནས་དགེ་བའི་ཕྱོགས་ལ་བརྩོན་པར་བྱ་བར་དཀོན་མཆོག་སྤྲིན་ལས་གསུངས་སོ། །

རིན་ཆེན་ཕྲེང་བའི་མདོར། སྤྲིན་བུ་རྣམས་ད་ལྟ་ཟང་ཟིང་དང་མཐར་ཆོས་ཀྱིས་བསྡུ་བའི་ཕྱིར་བཟའ་བ་དང་། འོད་སྲུང་ངས་གཉིས་ལ་དད་པས་བྱིན་པ་གནང་སྟེ་ལྡན་པ་དང་གྲོལ་བའོ། །ཞེས་གསུངས་སོ། །ཡོངས་སྤྱོད་ཐམས་ཅད་སེམས་ཅན་ཐམས་ཅད་ཀྱི་དོན་དུ་བྱིན་གྱིས་བརླབ་ཀྱི་བདག་ལ་ཆགས་པས་ཡོངས་སྤྱོད་པ་ལས་ཉོན་མོངས་པ་ཅན་གྱི་ལྟུང་བར་འགྱུར་ཏེ། **ཟླ་བ་སྒྲོན་མ་ལས།** དེ་དག་ཁ་ཟས་རོ་ཞིམ་བསོད་པ་དག །རྙེད་ནས་རྣལ་འབྱོར་མི་བརྩོན་ཟ་ཞིང་འཐུང་། །དེ་དག་ལ་ནི་ཟས་དེ་དུག་ཏུ་འགྱུར། །བ་ལང་ཕྲུ་གུས་པད་རྩ་མ་བགྲུམ་བཞིན། །ཞེས་སོགས་དྲངས་ཤིང་བསླབ་བཏུས་ལས་ཀྱང་གསུངས་སོ། །བཟའ་བཏུང་ནི་ཐུན་ཙང་། ཉིན་ཞག་པ། ཇི་སྲིད་འཚོ་(༡༩༧བ)བཅང་སྟེ་གསུམ་དགེ་སློང་གི་འདུལ་བར་བསྟན་ཏོ། །ཞེས་བཤད་དོ། །

དེ་ཡང་འདིར་བྱང་ཆུབ་སེམས་དཔའ་རབ་བྱུང་གི་དབང་དུ་བྱས་ནས་བསོད་

སྐོམས་དེ་ལས་ཆ་བཞིར་བགོས་ཏེ། དང་པོ་ལོག་པར་ལྷུང་བ་ནི་ཡི་དྭགས་དང་དུད་འགྲོ་སྟེ། **དཀའ་འགྲེལ་ཆུང་ངུར།** ལོག་པར་ལྷུང་བ་ནི་ཡི་དྭགས་ལ་སོགས་པའོ། །དེ་ལ་བགོ་བ་ནི་འཕྲོག་མ་ལ་ཆང་བུ་གཉིས་བྱིན་པ་དང་། དེའི་བུ་ཐུ་བོ་དགའ་བྱེད་ལ་གཅིག་བྱིན་པ་དང་། ཁམ་གྱི་དང་པོ་ལྷག་མ་མི་ཟ་བ་ལ་བྱིན་པ་དང་། ཐ་མ་ལྷག་མ་ཟ་བ་རྣམས་ལ་བྱིན་པའོ། །ཞེས་སོགས་ཀྱིས་མགོན་མེད་ནད་པ་དང་སྲང་པོ། བརྟུལ་ཞུགས་ཀྱི་གནས་ནི་དཀའ་ཐུབ་ཅན་ཏེ་ཕྱི་ནང་གཉིས་ཀའི་འོ། **།འགྲེལ་ཆེན་ལས།** ཚངས་པ་མཚུངས་པར་སྤྱོད་པ་ཞེས་པས་ཆོས་འདི་པ་སངས་རྒྱས་པ་ཁོ་ནར་བསྟན་མོད། སྤྱིར་འདུལ་བར་དགེ་སློང་གིས་མུ་སྟེགས་ལ་བྱིན་པ་ན་རེས་ཁྱེད་ཅག་གི་མཆོད་གནས་ནི་མགོ་རེག་འདི་རྣམས་ཡིན་ལ། འདི་རྣམས་ཀྱི་མཆོད་གནས་ནི་ངེད་ཚོ་ཡིན་པས་ཕྱུལ་ལོ་ཞེས་ཁྱིམ་པ་རྣམས་ལ་ངོམ་པོ་བྱས་པས་དད་པ་ཅན་མི་དགའ་བར་གྱུར་པ་ལ་བརྟེན་ནས་མུ་སྟེགས་ལ་མི་སྦྱིན་པར་ཡང་གསུངས་པས་དེ་ལྟ་བུའི་དགག་བྱ་ཡོད་མེད་བརྟགས་ཏེ་མེད་ན་བྱིན་དུ་རུང་ལ་ཡོད་ན་བྱིན་པར་མི་བྱའོ། །ཆ་གཅིག་ནི་བདག་ཉིད་ཀྱི་ལུས་ཀྱི་སྲིན་བུ་གསོ་བ་དང་གྲུ་ཚོགས་ཀྱི་འདུ་ཤེས་ཀྱིས་བཟང་ངན་དུ་མི་རྟོག་རོ་མི་མྱང་ཆགས་པ་དང་སྡང་བ་མེད་པར་ཤེས་བཞིན་གྱིས་བཟའོ། །འདི་རྣམས་སུ་ཕུད་དཀོན་མཆོག་ལ་དབུལ་བ་ཚིག་གིས་མ་ཐོན་ཡང་དེ་ནི་ངེས་པར་དགོས་ཏེ་སྐྱབས་འགྲོའི་བསླབ་བྱ་ཡང་ཡིན་པས་སོ། །

དེ་ཡང་ཨོཾ་བུདྡྷ་ནི་ཤྲིཏ་ཨཱཿཧཱུཾ་གིས་སངས་རྒྱས་ལ་དབུལ་བ་སོགས་དང་། ཨ་ཏ་རི་ནི་སྭཱ་ཧཱས་འཕྲོག་མ་ལ་སྦྱེར་བ་སོགས་སྔགས་བརྗོད་པ་ནི་བྱ་རྒྱུད་སོགས་གསང་སྔགས་དང་སྦྱར་བ་ཡིན་ལ། འདུལ་བ་དང་ཕར་ཕྱིན་ཐེག་པའི་སྐབས་འདིར་སེམས་དང་བས་(༡༧༨ན)ཡུལ་དེ་ལ་སྦྱིན་དབུལ་བྱ་ཡི་སྔགས་ངེས་པར་དགོས་པ་ནི་མ་ཡིན་ཏེ། གསང་སྔགས་སུ་ཕྱག་དང་བསྐོར་བ་སོགས་ལའང་བྱིན་གྱིས་རློབ་པའི་

སྡུགས་དང་ཚ་ག་ཡོད་ཀྱང་ཕར་ཕྱིན་དུ་དེ་མི་དགོས་པ་བཞིན་ནོ། །དགེ་སློང་གི་སྡོམ་སྒྲུར་དང་བཅས་པའི་ཆོས་གོས་གསུམ་མམ་རབ་བྱུང་སྐྱེ་ལྔ་ཐུན་མོང་གི་བླ་གོས་མཐང་གོས་གདིང་བ་སྟེ་ཆོས་གོས་གསུམ་ནི་ཕྱིའི་རྟགས་ཀྱི་སྒོ་ནས་རབ་བྱུང་ཡིན་མིན་གྱི་འབྱེད་ཆོས་ཡིན་པས་དེ་ཙམ་ཞིག་མི་བཏང་ལ་ལྷག་པོ་དང་དེ་ལས་གཞན་པའི་ཡོ་བྱད་བཏང་བའོ། །**འགྲེལ་ཆེན་དུ།** བྱང་ཆུབ་སེམས་དཔའི་སོ་སོར་ཐར་པ་ལས། ཡང་ལ་ལ་ཞིག་འོངས་ནས་ལྷུང་བཟེད་དང་ཆོས་གོས་སློང་ན་གལ་ཏེ་དེ་ལ་སངས་རྒྱས་ཀྱིས་གནང་བའི་ཆོས་གོས་གསུམ་ལས་ལྷག་པ་ཞིག་ཡོད་ན་ཇི་ལྟ་བ་བཞིན་དུ་བཏང་ཞིང་སྦྱིན་པར་བྱའོ། །གལ་ཏེ་དེ་ལ་ཆོས་གོས་གསུམ་ལས་མེད་ན་གང་ལ་བསྟེན་ནས་ཚངས་པར་སྤྱོད་པ་ལ་གནས་པ་དེ་ནི་ཡོངས་སུ་བཏང་བར་མི་བྱའོ་སོགས་དྲངས་ཏེ་ཆོས་གོས་གསུམ་པོ་ན་ལས་མེད་པས་དེ་བཏང་ན་བཅས་པ་དང་འགལ་ཞིང་ཧ་ཅང་གཏོང་བ་ནི་འདོད་པ་ཆུང་བ་མ་ཡིན་པའི་ཕྱིར་རོ། །ཞེས་སོ། །

ཡང་སྟོན་དུ་ལུས་སེམས་ཅན་ལ་བཏང་ཟིན་ན་ཅིའི་ད་སྲུང་ངམ་མི་སྲུང་ཞེ་ན། དལ་འབྱོར་གྱི་ལུས་ནི་དམ་པའི་ཆོས་སྤྱོད་པའི་རྟེན་མེད་དུ་མི་རུང་བ་ཡིན་ལ། འདི་ལ་བརྟེན་ནས་སྐད་ཅིག་སྐད་ཅིག་དང་ཉིན་ཉིན་བཞིན་དུ་ཡང་དགེ་བ་རྒྱ་ཆེར་སྒྲུབ་པ་དང་འཕེལ་བར་འགྱུར་ལ། དུས་མིན་དུ་ལུས་ཆུད་གཟན་པ་ནི་དེ་ལྟ་མིན་པའི་ཕྱིར་དུས་མིན་དུ་བཏང་བར་མི་བྱ་ལ། ལུས་དུབ་པར་བྱེད་པ་ལ་ཆོས་སུ་འདུ་ཤེས་པ་ཕྱི་རོལ་པའི་དཀའ་ཐུབ་ལྟ་བུ་དང་བསྣུང་བ་སོགས་ཀྱིས་ལུས་ལ་གནོད་པ་ཡང་མི་བྱ་ལ་ལུས་ལ་གནོད་པའི་ས་ཕྱོགས་སུ་འགྲོ་བ་དང་སྨན་མ་ཡིན་པ་བསྟེན་པ་སོགས་ཀྱང་སྤངས་ཏེ་གཞན་དུ་ན་བསྐལ་བ་བཅུས་སུ་བཤད་པའི་ལུས་སྲུང་བའི་སྡུགས་དེང་སང་བྱང་སྒྲ་མི་སྙན་པའི་ཚེའི་(༧༦༨བ)རང་གཟུངས་སུ་གྲགས་པ། ཨ་ཏེ། བ་ཏེ། ན་ཏེ། ཀུ་ན་ཏེ། ཏཱ་ཀྐེ། ཐཀྐེ། ཐ་རཀྐེ། ཨུ་རུ་མ་ཏི། རུ་

ཧུ་མ་ཏེ། ཏུ་ཧུ་ཧེ་ལི་མི་ལི། སརྦ་ཀརྨ་ཏུ་པ་དགྣ། ན་མསྟུ་བྲ་སམྦ་སམྦུཛྫ་ཏཾ། སི་ཛྫཏྟུ་མེ་མནྟྲ་པཱ་དཿ སྭཱ་ཧཱ། ཞེས་བཅངས་པ་ཙམ་གྱིས་སྐྱེ་བ་དྲན་པའི་གསང་སྔགས་ཡི་གེ་ལྔ་བཅུ་ རྩ་བདུན་པ་ཞེས་བྱ་སྟེ་སྐྱ་རེངས་ཤར་བའི་ཚེ་ཅི་རིགས་བཟླས་པས་དུས་མ་ཡིན་པར་འཆི་བ་སེལ་ཞིང་ཚེ་སྲིང་བར་བྱེད་དོ། །གལ་ཏེ་ལུས་སློང་བ་ཞིག་འོངས་ན་ཡང་དོན་ཆེན་པོ་མ་ཡིན་པར་མཐོང་ན་བདག་བྱང་ཆུབ་སེམས་དཔའ་ལས་དང་པོ་པ་ཡིན་པས་ད་ལྟ་སྦྱིན་པར་མི་ནུས་ཀྱིས་བདག་གི་བྱང་ཆུབ་ཀྱི་བར་ཆད་མ་བྱེད་ཅིག་ཅེས་བཞམས་ཏེ་བསྒོ་བས་བཟློག་པར་བྱ་ལ་སྔར་བསྟན་པ་ལྟར་ལུས་ཀྱི་རང་བཞིན་ཡོང་དུ་ཆུད་པས་སེམས་ཀྱིས་ཞེན་པར་ཡང་མི་བྱ་ལ་དུས་མ་ཡིན་པར་བཏང་བར་ཡང་མི་བྱ་སྟེ། སྨན་གྱི་སྡོང་བུ་མྱུ་གུའི་དུས་སྲུང་ཞིང་ཕྱིས་འབྲས་བུ་ཟད་མི་ཤེས་པའི་དུས་སྤྱོད་པའི་དཔེས་**བསླབ་བཏུས་སུ།** དཔེར་ན་སྨན་ཤིང་ལྗོན་པ་ལྟ་སྟུག་པ། །རྩ་བ་ལ་སོགས་སྤྱོད་འོས་ས་བོན་ནི། །བྱིན་ཡང་དུས་མིན་སྤྱོད་ལས་སྲུང་བྱེད་པ། །རྫོགས་པའི་སངས་རྒྱས་སྨན་ཤིང་དེ་བཞིན་ནོ། །ཞེས་སོ། །

སྤྱིར་བྱང་ཆུབ་སེམས་དཔའ་རིགས་ལ་གནས་པ་སྙིང་རྗེའི་དབང་གིས་སོ་སྐྱེའི་དུས་ནའང་གཏོང་བ་བླ་མ་རྣམ་རྒྱལ་ཏ་ལྟ་བུའང་ཡོད་ལ། སྤྱིར་ས་དང་པོ་ཐོབ་པ་སྦྱིན་པའི་ཕར་ཕྱིན་གཙོ་བོར་སྒྲུབ་པའི་དུས་སུ་ཡིན་ལ། ཁྱད་པར་དུ་ནི་ལུས་དེས་བྱ་བ་བྱས་ཟིན་ནས་སླར་འཇིག་པ་དོན་མེད་དུ་མི་འགྱུར་བའི་ཆེད་དང་། ཡུལ་དུས་དེར་མི་རྣམས་སྦྱིན་པ་ཕྲ་མོས་ང་རྒྱལ་དུ་བྱེད་ཅིང་དྲེགས་པ་དང་། བརྩོན་འགྲུས་ཕྲ་མོས་ང་རྒྱལ་བ་ཤས་ཆེར་མཐོང་བ་ན་བདག་གི་ལུས་བཏང་བས་འདི་རྣམས་ཀྱི་དྲེགས་པ་གཞོམ་པར་བྱའོ་ཞེས་དགོས་པ་དེ་ལྟ་བུ་མཐོང་བ་དང་། ཡུལ་དེ་ལ་སྙིང་རྗེ་ཆེན་པོ་རང་དབང་མེད་པས་བཟོད་པར་(༧༩༩ན)མ་ནུས་པས་གཏོང་བ་སྟེ་དེ་ལྟ་བུ་ནི་དུས་སུ་གཏོང་བ་སྟེ་དེ་དག་ལ་ནི་ཅི་སྦྱིན་ནམ་མི་སྦྱིན་ནུས་སམ་མི་ནུས་ཞེས་སོམ་ཉིའི་ཕྱོགས་ལ་འཕྱུང་བ་མེད་ལ། སོམ་ཉི་དང་བཅས་པའི་དུས་

ནི་བཏང་བར་བྱ་བ་མ་ཡིན་པའོ། །འགྲེལ་ཆེན་ལས་ཀྱང་རྒྱས་པར་བཤད་ནས། འདིར་དགོངས་པ་ནི་འདི་ཡིན་ཏེ་སྔོན་དུ་ལུས་སེམས་ཅན་ཐམས་ཅད་ལ་བྱིན་མོད་ཀྱང་དོན་མ་ཡིན་པར་ཡོངས་སྤྱོད་པ་ལས་སྲུང་བར་བྱ་བ་འབའ་ཞིག་ཡིན་ཏེ། དེ་ནི་སེར་སྣའི་གོ་སྐབས་ཀྱང་མེད་ཅིང་བཅས་པའི་དོན་ལས་ཉམས་པ་ཡང་མེད་དོ། །ཞེས་སོ། །

གཉིས་པ་(ཆོས་ཀྱིས་བསྡུ་བ་)ནི།

མ་གུས་པ་ལ་ཆོས་མི་བཤད། །
མི་ན་བཞིན་དུ་མགོ་གཡོགས་དང་། །
གདུགས་དང་འཁར་བ་མཚོན་ཐོགས་དང་། །
མགོ་བོ་གཡོགས་པ་དག་ལའང་མིན། ༨༨།
དམན་ལ་ཟབ་དང་རྒྱ་ཆེ་དང་། །
སྐྱེས་པ་མེད་པར་བུད་མེད་མིན། །
དམན་དང་མཆོག་གི་ཆོས་རྣམས་ལ། །
མཚུངས་པར་གུས་པར་ཀུན་ཏུ་སྤྱད། ༨༩།
རྒྱ་ཆེན་ཆོས་ཀྱི་སྣོད་གྱུར་པ། །
དམན་པའི་ཆོས་ལ་སྦྱར་མི་བྱ། །
མདོ་དང་སྔགས་ཀྱིས་བྲིད་མི་བྱ། །
སྤྱོད་པ་ཡོངས་སུ་དོར་མི་བྱ། ༩༠།

ཞེས་གསུངས་ཏེ། ཆང་པ་དྲུག་གིས་གང་ལ་མི་འཆད་པའི་ཡུལ་དང་། ཕྱི་མ་དྲུག་གིས་ཇི་ལྟར་མི་འཆད་པའི་ཚུལ་གཉིས་བསྟན་ཏོ། །

དེ་ཡང་**འགྲེལ་ཆེན་དུ།** བྱང་ཆུབ་སེམས་དཔའི་སོ་སོར་ཐར་པ་དྲངས་པ། བྱང་ཆུབ་སེམས་དཔའ་རབ་ཏུ་བྱུང་བས་ཆོས་སྦྱིན་པ་དང་ཆོས་ཀྱི་སྦྱིན་བདག་ཏུ

བྱའོ། །བྱང་ཆུབ་སེམས་དཔའ་ཁྱིམ་པ་གང་ཞིག་གིས་སངས་རྒྱས་ཀྱི་ཞིང་གཙྭ་ཀླུང་གི་བྱེ་མ་སྙེད་རིན་པོ་ཆེ་སྣ་བདུན་གྱིས་ཡོངས་སུ་བཀང་སྟེ་དེ་བཞིན་གཤེགས་པ་རྣམས་ལ་ཕུལ་བ་བས། ཤཱ་རིའི་བུ་རབ་ཏུ་བྱུང་བར་གྱུར་པའི་བྱང་ཆུབ་སེམས་དཔའ་གང་གིས་ཚིག་བཞི་པའི་ཚིགས་སུ་བཅད་པ་གཅིག་བསྟན་ན་འདི་ནི་དེ་བས་ཆེས་བསོད་ནམས་མང་དུ་བསྐྱེད་དེ། ཤཱ་རིའི་བུ་དེ་བས་ན་དེ་བཞིན་གཤེགས་པས་རབ་ཏུ་བྱུང་བས་ཟང་ཟིང་གི་(७८८བ)སྦྱིན་པ་བྱ་བར་མ་གནང་ངོ་། །གང་གིས་ལྷུང་བཟེད་དུ་འོངས་པ་ལྷུང་བཟེད་དུ་ཚུད་པའི་རྙེད་པ་ཆོས་དང་མཐུན་པའི་ཆོས་སུ་རྙེད་པར་གྱུར་ན་དེས་ཚངས་པ་མཚུངས་པར་སྤྱོད་པ་རྣམས་དང་ལྷན་ཅིག་ཏུ་ཐུན་མོང་དུ་བཟའ་བར་བྱའོ། །ཞེས་སོ། །

ཆོས་ལ་མ་གུས་པ་ལ་ཆོས་བསྟན་ན་དེ་ཞེ་སྡང་སྐྱེ་བར་འགྱུར་བས་རྒྱུ་དེས་དེའི་ཆོས་ལ་སྡང་བའི་བློ་རྒྱ་ཆེར་འཕེལ་བར་འགྱུར་བས་ན་མི་བཤད་པའོ། །གལ་ཏེ་མ་གུས་པར་ཤེས་ནའང་ཆོས་ཐོས་ན་དེ་ལས་ལྡོག་པར་མཐོང་ནས་བཤད་ན་ཉེས་པ་མེད་དོ། །མགོ་གཡོགས་པ་དང་གདུགས་དང་འཁར་བ་དང་མཚོན་ཆ་དང་གོ་ཆ་ཅན་དང་མགོ་ཐོད་ཀྱིས་བཀྲིས་པ་རྣམས་ནི་མ་གུས་པ་དང་ང་རྒྱལ་གྱི་སྤྱོད་ལམ་ཡིན་པས་མི་བཤད་པ་སྟེ་དེས་ཕན་པའི་ནད་པ་ཡིན་ན་ཉེས་པ་མེད་དོ། །བློ་དམན་པ་ལ་དེས་མི་གོ་བའི་ཟབ་པ་དང་རྒྱ་ཆེ་བའི་གཏམ་བསྟན་པར་མི་བྱ་སྟེ་དེས་ཁོང་དུ་མི་ཆུད་པའི་ཕྱིར་རོ། །གལ་ཏེ་དེ་ལ་བརྟེན་ནས་བློ་གོང་དུ་འགྱུར་བར་མཐོང་ན་ཉེས་པ་མེད་དོ། །སྐྱེས་པ་གཞན་མེད་པར་བུད་མེད་ཉིད་ལ་མི་བསྟན་པ་སྟེ་གཞན་གྱིས་མ་དད་པའི་སེམས་སྐྱེ་བའི་ཕྱིར་རོ། །གལ་ཏེ་གདུལ་བའི་སྐབས་ཤེས་པས་ཡིན་ན་ཉེས་པ་མེད་དེ་མ་འགགས་པས་ཁྱིའུ་སྦྱི་ཧོལ་ཅན་གྱི་མ་བདེན་པ་ལ་བཀོད་པ་བཞིན་ཏེ་ཐེག་ཆེན་དུ་དེ་བས་ཀྱང་གཞན་དོན་གྱི་དགོས་པ་དབང་བཙན་པའི་ཕྱིར། ཐེག་པ་ཆེ་ཆུང་ལ་སེམས་མཉམ་པས་གུས་པར་བྱ་སྟེ་གཞན་

དུ་ན་ཐེག་དམན་སྤངས་ན་ཆོས་སྤོང་གི་ལས་ལྕི་བའི་ཕྱིར། འོན་ཀྱང་གདུལ་བྱ་ཐེག་ཆེན་དུ་ཁ་དྲང་དགོས་པ་ལ་ཐེག་དམན་གྱི་མི་བསྔགས་པ་དང་ཐེག་ཆེན་གྱི་བསྔགས་པ་བརྗོད་པ་ལ་ཉེས་པ་མེད་དོ། །ཐེག་པ་ཆེན་པོ་ཟབ་རྒྱས་ཀྱི་སྣོད་དུ་གྱུར་པ་ལ་ཐེག་དམན་ནམ་ཐེག་ཆེན་གྱི་ཡང་དྲང་དོན་ཉི་ཚེ་བ་ཙམ་བསྟན་པར་མི་བྱ་སྟེ། དེའི་འབད་པ་དོན་མེད་དུ་འགྱུར་པའི་ཕྱིར། འོ་ན་ཡང་རེ་ཞིག་སྣོད་མ་ཤེས་ནས་བརྟག་པའི་ཚེད་དམ་དུས་ལ་སྟོད་དགོས་པར་མཐོང་བའམ་དེར་འཁོད་པ་གཞན་ཞིག་དེའི་(༢༠༠ན)སྣོད་མ་ཡིན་པར་མཐོང་ནས་དེ་སྲིད་དུ་རྣམ་པ་གཞན་སྟོན་པ་ལ་ཉེས་པ་མེད་དོ། །འདི་ལྟར་བླང་དོར་མང་པོ་མི་དགོས་ཀྱི་མདོ་འདི་ཁོ་ན་ཀློག་ཤིག་ཅེའམ་གསང་སྔགས་འདི་ཟློས་ཤིག་དང་གྲོལ་བར་འགྱུར་རོ། །ཞེས་སོགས་ཉན་ཐོས་ཀྱི་མདོ་དང་། མུ་སྟེགས་ཀྱི་གསང་སྔགས་སོགས་ཀྱིས་ཕ་རོལ་པོ་བྲིད་པར་མི་བྱ་སྟེ། རང་ཉིད་ཀྱང་དེ་ལ་ཡིད་མི་ཆེས་ན་གཞན་ལ་ཕན་པར་ལྟ་ག་ལ་འགྱུར་བའི་ཕྱིར། གལ་ཏེ་མངོན་ཤེས་ཅན་གྱིས་ཆོས་དེ་ཁོ་ནའི་སྐལ་པ་ཅན་དུ་མཐོང་བས་གདུལ་བའི་ཐབས་ཡིན་ན་ནི་བྲིད་པ་མ་ཡིན་ཏེ། དེ་ཉིད་ལས་དོན་ཆེན་པོར་འགྱུར་བའི་ཕྱིར། འདི་ལ་**དགེ་བའི་ལྷས་ནི།** སྤྱོད་པ་ཡོངས་སུ་དོར་ནས་ནི། །མདོ་དང་སྔགས་ཀྱིས་བྲིད་མི་བྱ། །ཞེས་བྱང་ཆུབ་སེམས་དཔའི་སྡོམ་པ་ལ་བསླབ་མི་དགོས་ཀྱི་མདོ་འདི་དང་སྔགས་འདི་ཟུངས་ཤིག་ཅེས་བྲིད་པར་བཤད་ལ། ཁ་ཅིག་ལས་མདོ་ལས་སྟོང་པ་དང་སྔགས་ལས་འདོད་ཡོན་ལམ་དུ་བཤད་པ་ལ་བསྐྱེད་ནས་ལམ་ལོག་པ་སྟོན་པར་འདོད་ལ། **འགྲེལ་ཆེན་ལས།** སྡོམ་པའི་བསླབ་པའི་སྤྱོད་པ་བྱ་བར་འོས་པ་རྣམས་དོར་ནས་མདོ་སྡེ་ལ་སོགས་པ་བསྒྲགས་པ་ཉིད་ཀྱིས་ཁྱོད་དག་པར་འགྱུར་རོ་ཞེས་མི་བསྟན་ཏོ། །ཞེས་དགེ་ལྷ་དང་མཐུན་པར་བཤད་དོ། །བྱང་ཆུབ་སེམས་དཔའི་སྤྱོད་པ་རྒྱ་ཆེན་པོ་དོར་བར་མི་བྱ་སྟེ་བསྒྲུབ་བྱའི་གཙོ་བོ་ཡིན་པའི་ཕྱིར་ཞེས་སམ། ཡང་ན་ཆོས་སྨྲ་བའི་ལུས་ཀྱི་སྤྱོད་པ་ཁྲུས་

བྱས་ཤིང་ཆོས་གོས་ལེགས་པར་བསྒོས་པ་སོགས་དང་ལྡན་ལ། ངག་གི་སྤྱོད་པ་ཁ་ན་མ་ཐོ་བ་རྣམས་སྤངས་ནས་གུས་ཤིང་གཙང་སྦྲ་དང་ལྡན་པར་བྱའི་དེ་ལས་ལོག་པ་ཡ་རབས་ཀྱི་སྤྱོད་པ་ཡོངས་སུ་དོར་ཏེ་ཞིག་པོ་སོགས་སུ་ཁས་འཆེ་བའི་ཕྱིར་ཉལ་བ་དང་གོས་སྐྲ་རགས་མ་བཅིངས་པ་དང་དག་འཆལ་ཚིག་དང་གྲོང་པའི་ཚིག་ཁོ་ན་མུ་ཅོར་དུ་སྨྲ་བ་ལ་སོགས་པས་ཆོས་སྟོན་པར་མི་བྱ་སྟེ་ཆོས་ཀྱི་ཕྱིར་ལྷ་ལ་སོགས་པ་འདུས་པ་རྣམས་མི་དགའ་བ་སྐྱང་བའི་ཕྱིར་དང་(༤༠༠བ)ཆོས་ལ་གུས་པའི་སྤྱོད་ལམ་གྱི་ཕྱིར་རོ། །གལ་ཏེ་ན་བ་ལ་སོགས་པས་མི་ནུས་ན་ཉེས་པ་མེད་དོ། །

དེས་ན་ཇི་ལྟར་འགྱུར་བའི་སེང་གེའི་ཁྲི་བཤམས་པ་ལ་ཆོས་སྨྲ་བ་གཙང་སྦྲ་དང་ལྡན་པས་འཛེགས་ཏེ་ལེགས་པར་འདུག །བྱང་ཆུབ་ཀྱི་སེམས་ཀྱིས་ཁྱབ་པར་བྱས་ནས་ཐོག་མར། ཀློ་གྲོས་རྒྱ་མཚོས་ཞུས་པའི་མདོ་ལས། གསུངས་པ་བདུད་ཀྱི་ནུས་པ་གནོམ་པའི་སྔགས་འདི་བརྗོད་པར་བྱ་སྟེ། ཏདྱ་ཐཱ། ཤ་མེ་ཤ་མ་ཝ་ཏི། ཤ་མི་ཏ་ཤ་ཏྲུ། ཨཾ་ཀུ་རེ། མཾ་ཀུ་རེ། མཱ་ར་ཇི་ཏེ། ཀ་རོ་ཊེ། ཀེ་ཡཱུ་རེ། ཏེ་ཇོ་ཝ་ཏི། ཨོ་ཧོ་ཡི་ནི། བི་ཤུདྡྷ་ནིརྨ་ལེ་མ་ལཱ་པ་ན་ཡེ། ཁུ་ཁུ་རེ། ཁ་ཁ་གྲ་སེ། གྲ་ས་ནེ། ཨོ་མུ་ཁི། པ་རཾ་མུ་ཁི། ཨ་མུ་ཁི། ཤ་མི་ཏཱ་ནི། སརྦ་གྲ་ཧ་བནྡྷ་ན་ནེ། ནི་གྲ་ཧི་ཏཱ། སརྦ་པཱ་ར་པྲ་ཝཱ་དི་ན། བི་མུཀྟ་མཱ་ར་པཱ་ཤ། སྠཱ་པི་ཏཱ། བུདྡྷ་མུ་དྲཱ། ཨ་ནུདྒ་ཏི་ཏཱ། སརྦ་མཱ་རེ། སུ་ཙ་རི་ཏ་པ་རི་ཤུདྡྷེ། བི་གཙྪནྟུ། སརྦ་མཱ་ར་ཀརྨ་ཎི། ཞེས་བརྗོད་པས་ཁོར་ཡུག་ཚུན་ཆད་དུ་བདུད་ཀྱིས་མི་ཚུགས་སོ། །དེ་ནས་ཆོས་ལེགས་པར་བཤད་ཅིང་མཐར་དགེ་བ་བསྔོ་བར་བྱའོ། །

གསུམ་པ་གཞན་སེམས་སྲུང་བ་ནི།

སོ་ཤིང་དང་ནི་མཆིལ་མ་དག །
དོར་བ་ན་ནི་དགབ་པར་བྱ། །
གཅི་ལ་སོགས་པའང་ལོངས་སྤྱོད་པའི། །

ཆུ་དང་ཐང་ལ་དོར་བ་སྨད། (༡ །
ཁ་བཀང་བ་དང་སྒྲ་བཅས་དང་། །
ཁ་གདངས་ནས་ནི་བཟའ་མི་བྱ། །
རྐང་པ་བརྐྱང་སྟེ་འདུག་མི་བྱ། །
ལག་པ་མཉམ་པར་མི་མཉེ་འོ། (༢ །
བཞོན་པ་མལ་སྟན་གནས་དག་ཏུ། །
བུད་མེད་གཞན་དང་གཅིག་མི་བྱ། །
འཇིག་རྟེན་མ་དད་གྱུར་པ་ཀུན། །
མཐོང་དང་དྲིས་ཏེ་སྤང་བར་བྱ། (༣ །
སོར་མོས་བརྡ་ནི་མི་བྱ་སྟེ། །
གུས་དང་བཅས་པས་གཡས་པ་ཡི། །
ལག་པ་དག་ནི་ཀུན་གྱིས་ཀྱང་། །
ལམ་ཡང་དེ་ལྟར་བསྟན་པར་བྱ། (༤ །
ལག་པ་ཤས་ཆེར་བསྐྱོད་མིན་ཏེ། །
ཅུང་ཟད་བསྐྱོད་ནས་སྒྲ་བསྒྲགས་ལ། །
སེ་གོལ་ལ་སོགས་བརྡ་བྱ་སྟེ། །
གཞན་དུ་མ་བསྡམས་པར་འགྱུར་རོ། (༥ །
མགོན་པོ་མྱ་ངན་འདས་གཟིམས་ལྟར། །(༢༠༡ན)
འདོད་པའི་ཕྱོགས་སུ་ཉལ་བར་བྱ། །
ཤེས་བཞིན་མྱུར་དུ་ལྡང་སེམས་ལ། །
ཐོག་མ་ཉིད་དུ་ངེས་པར་སྦྱར། (༦ །
བྱང་ཆུབ་སེམས་དཔའི་སྤྱོད་པ་དག །

ཚད་མེད་པར་ནི་གསུངས་པ་ལས། །
སེམས་སྲུང་པ་ཡི་སྤྱོད་པ་ནི། །
ངེས་པར་དེ་སྲིད་སྤྱད་པར་བྱ། [༧] །

ཞེས་གསུངས་ཏེ། དང་པོ་གཉིས་ཀྱིས་མི་མཛེས་པའི་སྤྱོད་པ་སྤང་། གསུམ་པས་མ་དད་པའི་རྒྱུ་སྤང་། བཞི་པས་མ་གུས་པའི་ཚུལ་སྤང་། ལྔ་པས་མ་བསྡམས་པ་སྤང་། དྲུག་པས་ཉལ་བའི་ཚུལ་བཤད། བདུན་པས་བྱང་ཆུབ་ཀྱི་སེམས་སྲུང་དགོས་པར་བསྟན་ཏོ། །

དེ་ཡང་སོ་ཤིང་ནི་ཤིང་བུས་སོའི་དྲི་མ་བྲུད་པ་སྟེ་དེ་དང་མཆིལ་མ་ལ་སོགས་པ་ས་གཙང་མར་མི་དོར་ཞིང་གང་དུ་དོར་བ་དེར་ཡང་དོར་བ་དེའི་སྟེང་སས་དགབ་པར་བྱ་སྟེ་གཞན་གྱིས་མཐོང་ན་སྐྱུག་མི་བྲོ་བའི་ཕྱིར་ཏེ་འདུལ་བ་ལས་ཁ་དུག་ཅན་ཡིན་ན་སྦྲང་མ་མི་འཆི་བའི་ཕྱིར་དུའང་བཤད་ལ། **འགྲེལ་ཆེན་ལས།** འདི་དག་ལྷ་ལ་སོགས་པ་འབྱུ་བས་བསོད་ནམས་མ་ཡིན་པ་འབྱུང་ངོ་། །ཞེས་སོ། །བཤང་གཅི་ཡང་གཞན་གྱིས་ཉེན་པར་གནས་པ་ལ་སོགས་པས་ལོངས་སྤྱོད་པའི་ས་ཕྱོགས་སུ་དོར་ན་སྐྱེ་བོས་དམད་པར་འགྱུར་བས་མི་དོར་རོ། །ཁ་བཀང་བ་སོགས་ནི་མ་རབས་བགྲེས་ཟབས་ཅན་གྱི་ཚུལ་སྤང་བ་དང་བག་མེད་པའི་ཚུལ་སྤོང་བའོ། །བུད་མེད་དང་སྟན་གཅིག་ལ་འདུག་པ་སོགས་འཇིག་རྟེན་མ་དད་པའི་རྒྱུ་གཞན་རྣམས་ཀྱང་ཡུལ་དུས་དེར་བརྟགས་ལ་སྤང་བ་ནི་དཀོན་མཆོག་སྤྲིན་ལས་གསུངས་སོ། །གཞན་ལ་ལམ་སྟོན་པ་མཛུབ་གེར་གྱིས་བྱེད་ན་མ་གུས་པའམ་བརྙས་པ་ཡིན་པས་དེ་སྤངས་ཏེ་ལག་པ་གཡས་པ་ཀུན་གྱིས་གུས་པར་བསྟན་པའོ། །འགྲོ་བ་ན་ལག་པ་ཆེར་བསྐྱོགས་ཤིང་བསྐྱོད་པ་ལང་ཚོས་རྒྱགས་པའི་ཚུལ་སྤངས་ཏེ་ཙུང་ཟད་བསྐྱོད་པས་སེ་གོལ་ལམ་འཁར་སིལ་གྱི་སྒྲས་མདུན་ན་འཁོད་པའི་སྐྱེ་བོ་ལ་གོ་བར་བྱའོ། །(༢༠༧བ)ཉལ་བ་ན་སངས་རྒྱས་མྱ་ངན་ལས་འདས་པའམ་

གཟིམས་པའི་ཚུལ་ལྟར་སེང་གེའི་ཉལ་སྟབས་ཀྱིས་གཡས་ཕབ་ལག་མཐིལ་གཡས་ཀྱི་སྟེང་དུ་འགྲམ་པ་བཞག །རྐང་པ་བརྩེགས་ཏེ་བརྐྱང་བའམ་པུས་མོ་བརྩེགས་ཏེ་བརྐྱང་ནས་དེ་མན་གྱེན་དུ་བསྐུམ། ལག་པ་གཡོན་བརླ་གཡོན་པའི་སྟེང་དུ་བརྐྱང་སྟེ་བདེ་བ་ཅན་དུ་འོད་དཔག་མེད་ལ་མགོ་བསྟན་པ་ལྟ་བུས་གང་མོས་པར་ཕྱས་བཏད་དེ་སྔར་དུ་ལྡང་བར་བྱའོ་སྙམ་པ་དང་། ས་ཕྱོགས་དེ་ཉིན་མོ་ལྟར་འོད་ཀྱིས་ཁྱབ་པ་དང་དེ་བཞིན་གཤེགས་པ་དེ་ཡིད་ལ་བྱས་ཏེ་ཤེས་བཞིན་དུ་ཉལ་བར་བྱ་སྟེ་གཉིད་ཀྱི་བདེ་བའི་ཆེད་དུ་མ་ཡིན་པར་འབྱུང་བ་རྣམས་མི་འཁྲུག་ཅིང་ལུས་བདེ་བར་འཚོ་བའི་ཟས་ཡིན་པའི་ཕྱིར་རོ། །ཐུན་གཅིག་གམ་གཉིས་ནས་སེམས་ཅན་ཐམས་ཅད་གཏི་མུག་ལས་བསླང་བར་བྱའོ་ཞེས་ལངས་ཏེ་དགེ་བ་ལ་སྦྱོར་བར་བྱའོ། །མདོར་ན་བྱང་ཆུབ་ཀྱི་སེམས་སྦྱོང་བ་པོ་ན་བྱ་བ་ཡིན་ཏེ་དེ་འཕེལ་བའི་སྤྱོད་པ་པོ་ན་བྱའོ། །

བཞི་པ་བསླབ་པ་ཕུན་སུམ་ཚོགས་བྱེད་ཀྱི་ཡན་ལག་ལ་དྲུག །བཤགས་བསྡམ་གྱིས་ཕྱི་དོར་བྱ་བ། བསླབ་པའི་གཞི་དངོས། དེའི་ཆེད་དུ་བྱ་བ། རྟེན་དགེ་བའི་བཤེས་གཉེན། ཤེས་བྱེད་ཀྱི་ཁུངས། བསླབ་དོན་མདོར་བསྡུ་བའོ། །

དང་པོ་(བཤགས་བསྡམ་གྱིས་ཕྱི་དོར་བྱ་བ་)ནི།

ཉིན་དང་མཚན་མོ་ལན་གསུམ་དུ། །
ཕུང་པོ་གསུམ་པ་གདོན་བྱ་ཞིང་། །
རྒྱལ་དང་བྱང་ཆུབ་སེམས་བརྟེན་པས། །
ལྟུང་བའི་ལྷག་མ་དེས་ཞི་བྱ། ༤ །

ཞེས་གསུངས་ཏེ། སོ་སོ་སྐྱེ་བོ་ལ་ལྟུང་བས་གཏན་མ་གོས་པ་སྲིད་པར་དཀའ་བས་ན་ཉེས་པས་གོས་པ་རྣམས་ཀྱང་ཉིན་མཚན་ཐུན་དྲུག་ཏུ་སངས་རྒྱས་སུམ་བཅུ་སོ་ལྔ་ལ་ཕྱག་བྱས་ནས་བཤགས་པའི་ཕུང་པོ་དང་། རྗེས་སུ་ཡི་རང་བའི་

ཕུང་པོ་དང་། བསྔོ་བའི་ཕུང་པོ་སྟེ་བསོད་ནམས་ཀྱི་ཕུང་པོ་གསུམ་སྟོན་པ་དཀོན་བརྩེགས་ཀྱི་ཉེ་བ་འཁོར་གྱིས་ཞུས་པ་ལས། བྱང་བ་བྱང་ཆུབ་སེམས་དཔའི་ལྟུང་བ་བཤགས་པ་འདིས་ཉེས་པ་སྔ་མ་རྣམས་བཤག་པར་བྱ་ཞིང་སླར་སངས་(༢༠༢ན)རྒྱས་ལ་བརྟེན་ནས་བྱང་ཆུབ་ཀྱི་སེམས་ལེན་པས་སོར་ཆུད་པར་བྱའོ། །འདིར་ཕུང་པོ་གསུམ་པའི་མདོ་གཞན་ཡོད་ཀྱང་འདིའི་ཐད་ཀྱི་བསླབ་བཏུས་སུ་ལྟུང་བཤགས་ཉིད་དྲངས་སོ། **།འགྲེལ་ཆེན་ལས་ནི།** ལྟུང་བའི་ལྷག་མ་ནི་རྩ་བ་ལས་གཞན་པའམ་ཕྱིར་བཅོས་ཟིན་པ་ལས་གཞན་པ་སྟེ་བརྗེད་ངས་སམ་ཤེས་བཞིན་མ་ཡིན་པས་བྱས་པ་སོགས་སོ། །དེས་ཞེས་པ་ནི་ཕུང་པོ་གསུམ་པ་གདོན་པ་དང་བྱང་ཆུབ་ཀྱི་སེམས་དང་སངས་རྒྱས་ལ་ཡང་དག་པར་བརྟེན་པ་སྟེ་སྲུན་འབྱིན་པའི་གཉེན་པོའོ། །དེ་ལ་སྟོབས་བཞིས་སྦྱང་བ་ནི་ཆོས་བཞི་པའི་མདོ་དང་། ཕུང་པོ་གསུམ་པས་སྦྱང་བ་ནི་ཉེ་བ་འཁོར་གྱིས་ཞུས་པ་དང་། བསླབ་བཏུས་དང་། བྱང་ཆུབ་ཀྱི་སེམས་ཀྱིས་སྦྱང་བ་བྱམས་པའི་རྣམ་ཐར་དང་། སངས་རྒྱས་ལ་བརྟེན་པས་སྦྱང་བར་ཕག་མོའི་རྟོགས་བརྗོད་ལས་གསུངས་སོ། །ཞེས་སོ། །

གཉིས་པ་བསླབ་པའི་ངོ་བོ་ནི།

རང་ངམ་གཞན་གྱི་དབང་ཡང་རུང་། །
གནས་སྐབས་གང་དུ་ཅི་སྤྱོད་ཀྱང་། །
བསླབ་པར་གསུངས་པ་གང་ཡིན་པའི། །
གནས་སྐབས་དེ་ལ་འབད་དེ་བསླབ། ༩༩ །
རྒྱལ་སྲས་རྣམས་ཀྱིས་མི་བསླབ་པ། །
དེ་ནི་གང་ཡང་ཡོད་མིན་ཏེ། །
དེ་ལྟར་གནས་པའི་མཁས་པ་ལ། །
བསོད་ནམས་མི་འགྱུར་གང་ཡང་མེད། ༡༠༠ །

ཅེས་གསུངས་ཏེ། མདོར་ན་བྱང་ཆུབ་སེམས་དཔས་བསླབ་བྱར་གསུངས་པ་ལས་མི་འདའ་བ་སྟེ་སྤང་བྱར་གསུངས་པ་རྣམས་སྤོང་བ་ལས་མི་འདའ་བ་དང་བསྒྲུབ་བྱར་གསུངས་པ་རྣམས་སྒྲུབ་པ་ལས་མི་འདའ་བའོ། །སྤྱིར་རྒྱལ་བའི་སྲས་ཀྱིས་ཤེས་པར་བྱ་བ་ཙམ་དུ་མི་བསླབ་པ་ནི་ཅུང་ཟད་ཀྱང་མེད་དེ་གཞན་དོན་མཐའ་ཡས་པ་ལ་འཇུག་དགོས་པའི་ཕྱིར་དང་། དེ་ཐམས་ཅད་ལ་ཡང་འཇུག་ཀྱང་གོས་པ་མེད་པ་པདྨ་ཆུ་ནང་ན་གནས་པ་ལྟ་བུར་རང་གི་ཚུལ་ལས་མི་གཡོ་བ་དེ་ལ་ནི་བསོད་ནམས་སུ་མི་འགྱུར་བ་གཞན་མེད་པའོ། །(༢༠༢བ)

གསུམ་པ་(དེའི་ཆེད་དུ་བྱ་བ་)ནི།

དངོས་སམ་ཡང་ན་བརྒྱུད་ཀྱང་རུང་། །
སེམས་ཅན་དོན་ལས་གཞན་མི་སྤྱད། །
སེམས་ཅན་ཁོ་ནའི་དོན་གྱི་ཕྱིར། །
ཐམས་ཅད་བྱང་ཆུབ་ཕྱིར་བསྔོའོ། ༡༠༡ །

ཞེས་གསུངས་ཏེ། གཞན་དོན་དང་བྱང་ཆུབ་ལ་དམིགས་པ་ཁོ་ན་ཐོག་མ་ནས་དོན་དུ་གཉེར་བྱ་ཡིན་པའི་ཕྱིར་རོ། །

བཞི་པ་(རྟེན་དགེ་བའི་བཤེས་གཉེན་)ནི།

རྟག་པར་དགེ་བའི་བཤེས་གཉེན་ནི། །
ཐེག་ཆེན་དོན་ལ་མཁས་པ་དང་། །
བྱང་ཆུབ་སེམས་དཔའི་བརྟུལ་ཞུགས་མཆོག །
སྲོག་གི་ཕྱིར་ཡང་མི་གཏོང་བའོ། ༡༠༢ །
དཔལ་འབྱུང་བ་ཡི་རྣམ་ཐར་ལས། །
བླ་མ་བསྟེན་པའི་ཚུལ་ལྟར་བསླབ། །

ཅེས་གསུངས་ཏེ། ཡོན་ཏན་ཐམས་ཅད་དགེ་བའི་བཤེས་གཉེན་ལ་རག་ལས་

ལ། དེའི་མཚན་ཉིད་ནི། ཐེག་ཆེན་གྱི་དོན་སྟོང་ཉིད་སྙིང་རྗེ་དབྱེར་མེད་དང་ཤུགས་ཀྱིས་བསྟན་པ་ཚིག་འབྲུ་གསུང་རབ་ཡན་ལག་བཅུ་གཉིས་སམ་ཤིན་ཏུ་རྒྱས་པའི་སྡེ་སྣོད་ལ་མཁས་ཤིང་བྱང་སྡོམ་སྲོག་ཕྱིར་ཡང་མི་གཏོང་བའི་བརྟུལ་ཞུགས་བརྟན་པོ་གྲུབ་པའོ། །དེ་བསྟེན་པ་ནི་དཔལ་འབྱུང་གི་རྣམ་ཐར་ལས་བསྟན་ཏོ། །

དེ་ཡང་ཚོང་དཔོན་གྱི་བུ་ནོར་བཟང་ལ། ཁྱིའུ་དཔལ་འབྱུང་དང་བུ་མོ་དཔལ་གྱི་བློ་གྲོས་མས་ཇི་ལྟར་བསྟན་པ་བདག་གིས་མདོར་བསྡུས་པ་ནི། དེ་བས་ཁྱོད་ཀྱིས་དགེ་རྩ་གཅིག་ལ་ཆགས་པར་མ་བྱེད་ཅིག །ཆོས་སྣོའི་འོད་ཀྱི་སྣང་བ་གཅིག་ལ་གཞོལ་བར་མ་བྱེད་ཅིག །རྒྱལ་སྲས་སྤྱོད་པ་གཅིག་ཡོངས་རྫོགས་པས་ཆོག་པར་མ་སེམས་ཞིག །སྨོན་ལམ་གཅིག་གིས་མངོན་པར་སྒྲུབ་པ་ལྷུར་ལེན་མ་བྱེད་ཅིག །བཟོད་པ་གསུམ་ལ་འཇུག་པས་ཆོག་པའི་འདུ་ཤེས་མ་སྐྱེད་ཅིག །ཕ་རོལ་ཕྱིན་དྲུག་ཡོངས་རྫོགས་ནམ་ཡང་རྒྱུན་ཆད་མ་བྱེད་ཅིག །ས་བཅུ་ཐོབ་པས་མཐར་ཐུག་ཉིད་དུ་ཆོག་འཛིན་མ་བྱེད་ཅིག །ཚད་ཡོད་རྒྱལ་ཞིང་གཟུང་དང་སྤྱོད་པས་གྲུབ་པར་མ་སེམས་ཤིག །དགེ་བའི་བཤེས་གཉེན་ཚད་ཡོད་བསྟེན་པས་ངོམས་པར་མ་བྱེད་ཅིག །ཅི་ཕྱིར་ཞེ་ན་རྒྱལ་བའི་སྲས་རྣམས་ཀྱིས། །དགེ་བའི་རྩ་བ་ཚད་(༢༠༣ན)མེད་ཡོངས་སྡུད་ཅིང་། །ཚད་མེད་བྱང་ཆུབ་སེམས་སྒྲུབ་དེ་ཡི་རྒྱུ། །ཚད་མེད་ཡོངས་གསག་ཡོངས་སུ་བསྔོ་ལ་བསླབ། །འགྲོ་བ་ཚད་མེད་སྨིན་བྱེད་བསམ་པའི་ཁམས། །ཚད་མེད་ལ་འཇུག་དབང་པོ་ཀུན་ཤེས་བྱེད། །མོས་པའི་རྗེས་འབྲེང་ཚད་མེད་སྤྱོད་པ་རྟོགས། །བག་ཉལ་ཡོངས་གཞོམ་འགྲོ་བ་ཚད་མེད་གདུལ། །ཚད་མེད་ལས་གཞོམ་ལྟ་ལོག་ཉོན་མོངས་སེལ། །རྣམ་དག་ཚད་མེད་བསྐྱེད་ཅིང་ཟུག་རྔུ་དབྱུང་། །ཚད་མེད་སྲིད་པའི་མཚོ་སྐེམ་མུན་པ་སེལ། །ང་རྒྱལ་རི་བོ་ཚད་མེད་རབ་ཏུ་བཤིལ། །ཞགས་པ་ཚད་མེད་གཏུབ་ཅིང་སྲིད་པའི་ཀླུང་། །ཚད་མེད་རབ་བཀལ་ཆེ་ཡི་རྒྱ་མཚོའི་ཚོགས། །མུ་མཐའ་མེད་སྐེམ་འདོད་འདམ་ཚད་

མེད་སྒྲོལ། །ཁམས་གསུམ་ཁྱིམ་དུ་ཐོགས་པ་ཚད་མེད་འཆིན། །སེམས་ཅན་ཚད་མེད་འཕགས་པའི་ལམ་ལ་འགོད། །དུག་གསུམ་སྤྱོད་པ་ཞི་བྱེད་བདུད་ཞགས་གཅོད། །བདུད་ཀྱི་ལས་ཟློག་ལྷག་བསམ་དག་པར་སྤྱོད། །སྤྱོར་བ་སྤྱིལ་དང་དབང་པོ་རབ་བསྐྱེད་མོས་པ་ཡོངས་སྦྱངས་མཉམ་ཉིད་འཐོབ། །སྤྱོད་པའི་རྗེས་འབྲང་ཡོན་ཏན་དག་བྱེད་སྤྱོད་པ་ཡོངས་རྫོགས་འཇིག་རྟེན་འཇུག །དད་པའི་སྟོབས་བསྐྱེད་བརྩོན་འགྲུས་ཉེར་བརྟན་དྲན་པ་དག་བྱེད་ཏིང་འཛིན་རྫོགས། །ཤེས་རབ་སྟོབས་སྒྲུབ་མོས་པའི་སྟོབས་བརྟན་བསོད་ནམས་སྟོབས་བསྐྱེད་ཡེ་ཤེས་སྤྱིལ། །ཚད་མེད་སྟོབས་སྒྲུབ་སྟོབས་ཡོངས་རྫོགས་པ་དང་། །ཆོས་ཀྱི་སྒོ་དང་ཕྱོགས་དང་སྣང་བ་དང་། །གསལ་བ་རབ་འབྱེད་དབང་པོའི་རྒྱུད་སྣང་བྱེད། །ཉོན་མོངས་ནད་ཤེས་ནད་ཆེན་གསོ་བར་བྱེད། །ཆོས་ཀྱི་སྨན་སྟུད་བདུད་རྩིའི་སྤྲིན་རབ་འགྱེད། །ཞིང་ཀུན་འདའ་ཞིང་རྒྱལ་མཆོད་འཁོར་དུ་འཇུག །བསྟན་པ་ཡོངས་བཟུང་གནོད་ཀུན་བཟོད་པར་བྱེད། །མི་ཁོམ་རྣམ་གཅོད་བདེ་བ་མ་ལུས་སྒྲུབ། །སེམས་ཅན་སྟུད་དང་གཟུངས་ཀྱི་སྒོ་ཡོངས་སྤྱོད། །(༢༠༣བ)སྨོན་ལམ་སྙིང་རྗེ་བརྩོན་པ་སྟོབས་དང་མངོན་པར་ཤེས། །ཡེ་ཤེས་སྣང་སྐྱེད་སེམས་ཅན་རྒྱུད་ཀྱི་རྗེས་སུ་འགྲོ། །སྲིད་པར་ལུས་འཛིན་འགྲོ་བའི་རིས་དང་སྐད་ཀུན་ཤེས། །སྤྱོད་ཡུལ་རྒྱ་ཆེན་ལ་འཇུག་ཡངས་པའི་གནས་ལ་སྤྱད། །སྤྱོད་པ་ཟབ་མོ་ལ་ལྟ་རྟོགས་དཀའི་ཡུལ་ཡང་རིག །བསྒྲོད་དཀའི་ལམ་བསྒྲོད་སྒྲུབ་དཀའི་ཤུགས་བཟུང་འཇུག་དཀར་འཇུག །སྣ་ཚོགས་སྤྱོད་རྟོགས་ཀུན་ཏུ་ཁྱབ་པའི་རྣམ་འཕྲུལ་སྟོན། །སྤྱོད་པས་ཞིང་ཀུན་འགེངས་ཤིང་ཕ་རོལ་ཕྱིན་ཀུན་རྫོགས། །ལུང་བསྟན་ཀུན་མནོད་ས་དང་ཞིང་ཁམས་ཐམས་ཅད་སྤྱོང་། །མཐའ་ཡས་བསྐལ་པར་བཟོད་པའི་གོ་བསྒོ་རྒྱལ་ཀུན་མཆོད། །སྨོན་ལམ་ཡོངས་སྒྲུབ་ཆོས་སྒོ་མ་ལུས་ཡོངས་དག་བྱེད། །སྤྱོད་པ་རྒྱ་ཆེན་དེ་དག་རེ་རེ་ཡང་། །ཚད་མེད་མཐའ་མེད་བསམ་གྱིས་མི་ཁྱབ་པས། །རྒྱལ་བའི་སྤྱོད་ཡུལ་ཡོངས་

སུ་དག་འགྱུར་ཏེ། །གྲངས་ཚད་མཐའ་ལ་གནས་པས་མཐར་མི་ཕྱིན། །འགྲོ་བ་གཅིག་ཀྱང་མ་ལུས་འདུལ་བའི་ཕྱིར། །རྒྱལ་སྲས་སྤྱོད་པ་སེམས་ཅན་ཀུན་དང་མཉམ། །བསྐལ་པ་ཀུན་ཏུ་འགྲོ་རྣམས་སྨིན་བྱེད་ཕྱིར། །རྒྱས་སྲས་སྤྱོད་པ་བསྐལ་པ་ཀུན་མཐས་གཏུགས། །སྐྱེ་བ་མ་ལུས་ཀུན་ཏུ་འཇུག་ཕྱིར་སྐྱེ་ཀུན་མཚུངས། །དུས་ཀུན་རྫོགས་ཕྱིར་དུས་རྣམས་ཀུན་དང་མཉམ་པ་ཉིད། །ཞིང་ཀུན་དག་པར་བྱེད་ཕྱིར་ཞིང་རྣམས་ཀུན་དང་མཉམ། །ཆོས་དབྱིངས་ཀུན་འཇུག་ཀུན་གྱི་སྨོན་ལམ་སྒྲུབ་པའི་ཕྱིར། །རྒྱལ་བ་དང་ནི་རྒྱལ་སྲས་ཀུན་དང་མཚུངས་པར་འཇུག །

དགེ་བའི་བཤེས་ཀུན་བསྟེན་དགོས་ཕྱིར། །དགེ་བའི་བཤེས་རྣམས་ཀུན་དང་མཉམ། །ཆོས་རྣམས་ཀུན་གྱི་མཐའ་གང་ཡིན། །དེ་ནི་རྒྱལ་སྲས་སྤྱོད་པའི་མཐའ། །དེ་ཕྱིར་ཁྱོད་ལ་གདམས་པ་འདི་ཡིན་ཏེ། །དགེ་བའི་བཤེས་གཉེན་བཙལ་བས་སྐྱོ་མི་བྱ། །མཐོང་བས་ངོམས་པ་སྐྱེད་པར་(༢༠༨ན)མ་བྱེད་ཅིག །དམ་ཆོས་དྲི་བས་ཚིག་མི་ཤེས་པར་བྱོས། །འགྲོགས་ལས་བསམ་པ་ཕྱིར་ལྡོག་མི་བྱའོ། །ནམ་དུའང་དགེ་བའི་བཤེས་ལ་ཞུ་དུད་དང་། །རིམ་འགྲོའི་སྦྱོར་བ་རྒྱུན་བཅད་མི་བྱའོ། །གདམས་དང་རྗེས་བསྟན་ལོག་པར་མི་གཟུང་ཞིང་། །ཡོན་ཏན་འཐོབ་པར་ཐེ་ཚོམ་མ་བསྐྱེད་ཅིག །དེ་ཡིས་བསྟན་ལ་ཡིད་གཉིས་མི་བྱ་སྟེ། །མཐུ་ཆེན་རྣམས་ཀྱི་འགྲོ་འདུལ་ཐབས་མང་དང་། །འཛིག་རྟེན་གཞུག་པའི་སྤྱོད་པ་མང་པོ་ལ། །ཞེ་སྡང་མི་བསྐྱེད་བསམ་མི་ཁྱབ་དྲན་བྱོས། །མོས་པ་ཆེ་ལས་ལུས་སེམས་མ་ལྡོག་ཅིག །ཅི་ཕྱིར་ཞེ་ན་རྒྱལ་བའི་སྲས་རྣམས་ཀྱི། །སྤྱོད་ཀུན་དགེ་བའི་བཤེས་ལ་རག་ལུས་ཏེ། །ཡོན་ཏན་ཡོངས་སུ་རྫོགས་པ་དེ་ལས་བྱུང་། །སྨོན་ལམ་ཆུ་རྒྱུན་འབྱུང་བའི་གངས་རི་སྟེ། །དགེ་བ་ཀུན་སྐྱེད་ཚོགས་ཀུན་ཡོངས་སུ་སྒྲུབ། །ཆོས་སྒོའི་སྣང་བ་རབ་འབྱེད་རྒྱལ་སྲས་ཀྱི། །འབྱུང་བའི་སྒོ་སྟོན་དགེ་བའི་བཤེས་གཉེན་ཉིད། །དེ་ནི་བསླབ་པའི་འབྱུང་ཁུངས་ཏེ། །ཡོན་ཏན་ཆོས་རྣམས་ཀུན་གྱི་གནས། །ལྷག་བསམ་དག་པའི་རྩ་

བ་ཉིད། །བརྟན་པའི་སེམས་ཀྱི་གཡུང་དྲུང་གཞི། །གཟུངས་སྤོབས་སྣང་བ་སྐྱེད་པའི་ཉེ། །རྣམ་དག་སྒོ་རྣམས་ཀུན་གྱི་མཛོད། །ཡེ་ཤེས་ཆེན་པོའི་སྣང་བ་སྟེ། །ཆད་བྱུང་སྨོན་ལམ་ཀུན་གྱི་གཏེར། །སྨོན་ལམ་ཀུན་རྒྱུད་གཅིག་པའི་རྟེན། །དམ་ཆོས་འབྱུང་གནས་གཅིག་པུ་ཉིད། །ཡང་དག་སྒྲུབ་པའི་ཕུལ་ནི་བཤེས་གཉེན་རྒྱུད་ལས་བྱུང་། །རྒྱལ་སྲས་གསང་བའི་གནས་ཀུན་དེ་ཡི་མཛོད་ན་འདུག །དབང་པོའི་ཤུགས་དང་ཡེ་ཤེས་རྒྱ་མཚོ་རྣམ་པར་སྤེལ། །བསོད་རྣམས་གཏེར་ཀུན་མི་ཉམས་སྲུང་དང་སྐྱོབ་པར་བྱེད། །རྣམ་དག་ཀུན་བསྐྱེད་ཆོས་ཀྱི་སྤྲིན་ཆེན་ཁ་ནས་འཕྱིན། །རྒྱལ་བའི་ལམ་ཀུན་དེ་ཡི་ཁོང་ན་གནས་པ་ཉིད། །

སངས་རྒྱས་ཀུན་གྱི་བྱང་ཆུབ་ནི། །དེ་ལ་རིམ་གྲོར་བྱས་(༢༠༨བ)པས་འཐོབ། །རྒྱལ་སྲས་ཡོན་ཏན་ཅི་ཡོད་པ། །དེ་ནི་དགེ་བའི་བཤེས་ཀྱི་མཐུ། །བྱང་ཆུབ་སེམས་དཔའི་བྱམས་བརྩེ་དང་། །དབང་དང་ལྷག་བསམ་ཡན་ལག་དང་། །ཕན་པ་ཉེ་བར་སྒྲུབ་པ་ཀུན། །དེ་ལས་བྱུང་གིས་གཞན་དུ་མིན། །དགེ་བའི་བཤེས་ཀྱིས་གང་ཟིན་པ། །དེ་ནི་ངན་འགྲོར་མི་ལྟུང་སྟེ། །ངེས་བཟུང་བྱང་ཆུབ་ལས་མི་ལྡོག །གང་ལ་བཤེས་གཉེན་གྱིས་བསམས་པ། །དེ་ནི་བསླབ་ལས་འགལ་མི་བྱེད། །བླ་མས་ཀུན་ཏུ་རྣམ་བསྲུངས་དེ། །སྡིག་པའི་གྲོགས་ཀྱི་དབང་མི་འགྱུར། །གང་གིས་བསྐྱངས་རྣམས་མཐུ་ཆེན་གྱི། །ཆོས་ལས་ཉམས་པར་མི་འགྱུར་རོ། །དེ་ལྟར་ཐེག་ཆེན་དགེ་བའི་བཤེས་གཉེན་གྱིས། །ཡང་དག་ཟིན་རྣམས་བྱིས་པའི་ས་ལས་འདའ། །ཡོངས་སུ་བསྲུངས་རྣམས་ཞི་བའི་མཐར་མི་འཇུག །ལེགས་པར་བསྐྱངས་རྣམས་འཇིག་རྟེན་ཀུན་ལས་འཕགས། །ཡང་དག་བསྐྱེད་རྣམས་སྲིད་པས་གོས་མི་འགྱུར། །མངོན་པར་བསྒྲུབས་རྣམས་བརྩམས་པ་ལས་མི་ལྡོག །ཡོངས་སུ་བཟུང་རྣམས་ལས་ཉོན་གྱིས་མི་ཐུབ། །སྟོབས་ཀྱིས་བརྟན་པར་བྱས་རྣམས་བདུད་ལས་རྒྱལ། །དེ་ལ་བསྟེན་པར་བྱེད་རྣམས་སྤྱོད་མི་འཁྲུལ། །དེ་བསྟེན་བྱང་ཆུབ་ཡན་ལག་ཀུན་གྱིས་འཕེལ། །སྦྲིབ་

པའི་ཆོས་སྐྱོད་སྡིག་ཏོ་ལྡོག་བྱེད་བྱ་དང་མི་བྱའི་གནས་ཡོངས་སྟོན། །བག་མེད་ལས་ལྡོག་མ་རིག་མུན་སེལ་ལྟ་བའི་འཆིང་གཅོད་སྲིད་ལས་སྒྲོལ། །མཐའ་གཉིས་ལས་ཟློག་ཀུན་མཁྱེན་ལམ་སྟོན་ཤེས་རབ་མིག་སྐྱོང་སྙིང་རྗེ་སྤེལ། །བྱང་ཆུབ་སེམས་བསྐྱུན་ཕ་རོལ་ཕྱིན་སྟོན་བཟོད་པ་རྣམ་འབྱེད་ས་ལ་འགོད། །

དགེ་བའི་རྩ་བ་ཀུན་འགྲུབ་བྱེད། །ཚོགས་སྐྱེད་ཡོན་ཏན་ཐམས་ཅད་སྟོབ། །རྒྱལ་ཀུན་དྲུང་དུ་ཕྱིན་པར་བྱེད། །དོན་ཀུན་ལེན་འཇུག་ནན་ཏན་འགོད། །འབྱུང་བའི་སྒོ་སྟོན་ལམ་གོལ་སྲུང་། །ཆོས་སྒོ་སྣང་བྱེད་ཆོས་ཆར་འབེབས། །(༢༠༥ན)ཉོན་མོངས་ཀུན་གཞིལ་རྒྱལ་བར་འགོད། །དེ་ཕྱིར་སངས་རྒྱས་རིགས་སུ་སྐྱེད་པའི་མ་དང་ཕན་པ་རྒྱ་ཆེན་སྐྱབ་པས་ཕ་ལྟ་བུ། །བྱ་མིན་གནས་ལས་སྲུང་ཕྱིར་མ་མ་བསླབ་པ་ཁོང་དུ་ཆུད་པར་བྱེད་པས་སློབ་དཔོན་ཉིད། །ཡང་དག་ལམ་དུ་འཇུད་པས་ལམ་མཁན་ཉོན་མོངས་ནད་ལས་ཐར་བར་བྱེད་པས་སྨན་པའི་གཙོ། །ཡེ་ཤེས་སྨན་གྱི་འབྱུང་གནས་གངས་རིའི་མཆོག་འདྲ་འཛིགས་པ་ཡོངས་སུ་སྲུང་བས་དཔའ་བོ་ཉིད། །འཁོར་བའི་ཆུ་ལས་སྒྲོལ་བའི་མཉན་པ་དང་། །ཡེ་ཤེས་རིན་ཆེན་གླིང་སྐྱེལ་ཁ་ལོ་བ། །དེ་འདྲའི་ཡོན་ཏན་འབྱུང་གནས་བཤེས་གཉེན་ལ། །དེ་ལྟའི་ཡིད་བྱེད་མོས་པའི་རྒྱུན་བརྟན་པས། །རྟག་ཏུ་དགེ་བའི་བཤེས་གཉེན་བསྟེན་པར་གྱིས། །ས་བཞིན་ཁུར་གྱིས་མི་སྐྱོའི་སེམས་ཀྱི་བསྟེན། །མོས་པ་མི་ཕྱེད་རྡོ་རྗེ་འདྲ་བར་ཐོས། །གདུང་བས་མི་བསྒུལ་ཁོར་ཡུག་འདྲ་སེམས་སྐྱེད། །ཅི་བསྒོ་ཉན་པ་བྲན་བཟང་འདྲ་བར་གྱིས། །ངག་མི་གཅོག་པས་སློབ་མ་དམ་པ་དང་། །ལས་ཀུན་སྒྲུབ་པ་འཛིག་རྟེན་བྲན་ཁོལ་དང་། །ཉོན་མོངས་ཀྱུར་པས་མི་སྐྱོ་མ་མ་དང་། །ཀ་ལོ་བདེ་བ་གཡོག་གི་སེམས་ཀྱིས་བསྟེན། །ང་རྒྱལ་མེད་པས་ཕྱུགས་བདར་བ་དང་ནི། །དུས་བཞིན་འཇུག་པ་ཟླ་བ་ཉ་བ་འདྲ། །མི་སྨྲུན་མེད་པ་ཅང་ཤེས་ རྟ་ལྟ་བུ། །ཁུར་གྱིས་མི་ངལ་ཐེག་པ་འདྲ་བར་ཐོས། །དུལ་ཞིང་ཅང་ཤེས་གླང་པོའི་དམ་པ་དང་། །མི་བསྒུལ་མི་

བསྐྱོད་རི་བོའི་དབང་པོ་འདྲ། །མི་ཁྲོ་གུས་པ་ཕོ་མ་ལྟར་མཉེན་སེམས། །ང་རྒྱལ་མེད་པས་གདོལ་བུའི་སེམས་ཀྱིས་བསྟེན། །དྲེགས་བྲལ་ཁྱུ་མཆོག་རྭ་རྩེ་བཏུབས་འདྲ་དང་། །ཀློམ་སེམས་མེད་པ་འཕྱོན་བུ་ལྟ་བུ་དང་། །འགྲོ་དང་འོང་བས་མི་སྐྱོ་གྲུ་ལྟ་བུ། །ངག་མཐར་ཕྱིན་བྱེད་ཟམ་པ་འདྲ་སེམས་སྐྱེད། །དེ་ངོར་ལྟ་བ་མཛངས་པའི་བུ་འདྲ་དང་། །བཀའ་ལས་མི་འདའ་གཞོན་ནུ་མཁས་པའི་སེམས། །དེ་འདྲར་དལ་ཞིང་མཛངས་ལ་དུས་ཤེས་པ། །ཉེ་བའི་ཡིད་ཀྱིས་རྟག་ཏུ་བསྟེན་པར་ཤོག། །

ཁྱོད་ཀྱིས་(༢༠༥བ)བདག་ཉིད་ནད་པ་འདྲ་བ་དང་། །དགེ་བའི་བཤེས་ལ་སྨན་པ་ཟུག་རྔུ་འབྱིན། །གདམས་པ་སྨན་མཆོག་ཉམས་སུ་ལེན་པ་ནི། །ནད་རབ་འཚོ་བའི་འདུ་ཤེས་སྐྱེད་པར་གྱིས། །བདག་ནི་འགྲོན་པོ་ལམ་ཚོལ་ཞུགས་པ་ལ། །ཕན་བྱེད་དེ་ནི་མ་གོལ་ལམ་རབ་སྟོན། །དེ་ཡིས་གདམས་ལ་ལམ་དང་ནན་ཏན་ནི། །བདེ་བའི་ཕྱོགས་སུ་འགྲོ་བའི་འདུ་ཤེས་ཞོག །ཆོས་ཀྱི་མཉན་པ་ཆེན་པོ་དེས་བསྟན་པའི། །སྟེགས་བུ་དང་ནི་ནན་ཏན་གྲུར་ཞུགས་ཏེ། །སྲིད་པའི་རྒྱ་མཚོ་ཉམ་ངའི་ཕ་རོལ་གྱི། །མི་གནས་རིན་ཆེན་གླིང་དུ་ཕྱིན་པར་ཤོག། །བདག་ནི་ཞིང་པ་ལོ་ཐོག་འདོད་པ་དང་། །ཕན་མཛད་དེ་ནི་ཀླུ་ཡི་དབང་པོའི་མཆོག །གདམས་པ་སྤྲིན་གྱི་བཙུད་དང་ནན་ཏན་ནི། །ལོ་ཐོག་ཡོངས་སུ་འགྲུབ་པ་དེ་ལྟར་ལྟོས། །བདག་ཉིད་དམ་པའི་ནོར་གྱིས་དབུལ་བ་ལ། །སྨན་པར་མཛད་པ་ངལ་སོས་དབང་པོ་དེས། །ཕན་བདེའི་ལམ་ཆེན་ཡངས་པའི་མཛོད་བྱིན་ཏེ། །དབུལ་བྲལ་མཆོག་གི་གནས་ལ་འགོད་པར་ལྟོས། །བདག་ནི་བཟོ་གནས་འདོད་པའི་སློབ་མ་དང་། །དགེ་བའི་བཤེས་ནི་སློབ་དཔོན་དམ་པའི་གནས། །གདམས་པ་བཟོ་ཡི་ཚུལ་དང་ནན་ཏན་ནི། །བཟོ་ཀུན་ཁོང་དུ་ཆུད་པའི་འདུ་ཤེས་བསྟེན། །ཕན་བྱེད་དཔའ་བོ་གདམས་པའི་རྡོ་མཚོན་ཅན། །དེས་ནི་བདག་གི་འཇིགས་པ་སེལ་བར་ལྟོས། །ཆོས་ཀྱི་གྲུ་ཆེན་ཁ་ལོ་བསྒྱུར་མཁས་དེས། །གདམས་པའི་རིན་ཆེན་གྱིས་ནི་བདག་ཅག་སྐྱུད། །ཕ་

མའི་མཆོག་དེས་ལྷ་མིད་མ་ཉམས་པའི། །རྒྱལ་བའི་རིགས་སུ་བདག་ཉིད་བསྒྲུན་པར་ལྟོས། །ཕན་པ་སྦྱིན་མཛད་ཆོས་ཀྱི་རྒྱལ་པོ་དེས། །བདག་ནི་ལྷ་མིད་རྒྱལ་པོར་ཚོད་པན་འཆིང་། །དེ་ལྟར་ཡོངས་སུ་དག་པའི་འདུ་ཤེས་ཀྱི། །ཡིད་ལ་བྱེད་པ་ཡང་དག་སྐྱེད་བྱས་ནས། །ཕན་བདེའི་གྲུ་ཆེན་འཇིག་རྟེན་སྨན་མཛད་པ། །དེ་རྣམས་རྟག་ཏུ་ཚུལ་(༢༠༦ན)བཞིན་བསྙེན་བཀུར་གྱིས། །ཞེས་བསྟན་ཏོ། །

ལྔ་པ་(ཤེས་བྱེད་ཀྱི་ཁུངས་)ནི།

འདི་དང་སངས་རྒྱས་བཀའ་སྩལ་གཞན། །
མདོ་སྡེ་བཀླགས་ནས་ཤེས་པར་བྱ། ༧༠༣ །
མདོ་སྡེ་རྣམས་ལ་སློབ་པ་གནང་། །
དེ་བས་མདོ་སྡེ་བཀླག་པར་བྱ། །
ནམ་མཁའ་སྙིང་པོའི་མདོ་སྡེ་ནི། །
ཐོག་མ་ཉིད་དུ་བལྟ་བར་བྱ། ༧༠༤ །
གང་ཕྱིར་རྟག་ཏུ་སྤྱད་པ་ནི། །
དེ་ལས་རྒྱ་ཆེར་རབ་སྟོན་པས། །
བསླབ་པ་ཀུན་ལས་བཏུས་པ་ཡང་། །
ངེས་པར་ཡང་དང་ཡང་དུ་བལྟ། ༧༠༥ །
ཡང་ན་རེ་ཞིག་མདོར་བསྡུས་པ། །
མདོ་རྣམས་ཀུན་ལས་བཏུས་པ་བལྟ། །
འཕགས་པ་ཀླུ་སྒྲུབ་ཀྱིས་མཛད་པའི། །
གཉིས་པོའང་འབད་པས་བལྟ་བར་བྱ། ༧༠༦ །

ཞེས་གསུངས་ཏེ། དང་པོས་མཚམས་སྦྱར། གཉིས་པས་ནམ་སྙིང་གི་མདོ་ཁུངས་སུ་བསྟན། གསུམ་པས་སློབ་དཔོན་ཉིད་ཀྱི་བསྟན་བཅོས་གཉིས་དང་། ཆོག་

རྐང་གཉིས་ཀྱིས་ཀླུ་སྒྲུབ་ཞབས་ཀྱི་བསྟན་བཅོས་ཁུངས་སུ་བསྟན་ཏོ། །

དེ་ཡང་དགེ་བའི་བཤེས་གཉེན་བསྟེན་ཚུལ་འདི་དང་ཕ་རོལ་ཏུ་ཕྱིན་པ་དྲུག་གི་ཚུལ་སོགས་མཐའ་ཡས་པ་རྣམས་ནི་བཅོམ་ལྡན་འདས་ཀྱི་བཀའ་ཉིད་ལས་ཤེས་པར་བྱ་སྟེ། མདོ་སྡེའི་མིང་གིས་སྨོས་པ་ཐེག་ཆེན་གྱི་སྡེ་སྣོད་གསུམ་ལ་བསླབ་པར་བྱ་སྟེ། དེའི་ཡང་ཐོག་མར་ནམ་མཁའ་སྙིང་པོས་ཞུས་པའི་མདོ་ནི། བྱང་ཆུབ་སེམས་དཔའ་ལས་དང་པོ་པའི་ལྟུང་བ་སྦྱང་ཐབས་དང་བཅས་པ་དེ་ལས་སྟོན་པས་ཐོག་མར་བལྟ་ལ་དེ་ནས་གཞན་ཤིན་ཏུ་རྒྱས་པའི་སྡེ་སྣོད་ཀྱི་བར་དུ་བལྟའོ། །

སྤྱིར། སླང་པོ་ཉིད་ནས་སླང་པོའི་རྗེས་ནི་འཚོལ་བ་ལྟར། །ཤེས་རབ་ཕ་རོལ་ཕྱིན་ཐོས་མདོ་ཚོལ་དེ་བཞིན་ནོ། །ཞེས་སོགས་དང་། མདོ་དང་སྔགས་ཀྱི་བྲིད་མི་བྱ། །ཞེས་སོགས་ཉན་ཐོས་ཀྱི་གཞུང་ལ་མདོའི་མིང་དུ་གསུངས་ནས་ཐེག་ཆེན་གྱི་མི་མཐུན་པའི་ཕྱོགས་སུ་གསུངས་པ་དང་། སྡེ་སྣོད་གསུམ་གྱི་བྱེ་བྲག་གི་མདོ་སྡེ་ལ་དེར་བཤད་པ་ཡོད་ཀྱང་སྐབས་འདིར་ནི་ཐེག་(༢༠༨བ)ཆེན་གྱི་བཀའ་ཙམ་ལ་མདོ་སྡེའི་མིང་གིས་གསུངས་པ་སྟེ་གཞན་དུ་ན་དཔལ་འབྱུང་གི་རྣམ་ཐར་སོགས་གང་ལས་འབྱུང་བའི་ཕལ་པོ་ཆེ་ནི་ཐེག་ཆེན་གྱི་མངོན་པ་གཙོ་ཆེ་བ་ཡིན་ཞིང་ཉེ་བ་འཁོར་གྱིས་ཞུས་པ་སོགས་ཐེག་ཆེན་གྱི་འདུལ་བ་ཡིན་པའི་ཕྱིར་རོ། །དེ་བཞིན་དུ་སློབ་དཔོན་ཉིད་ཀྱི་བསྟན་བཅོས་གཉིས་དང་འཕགས་པ་ཀླུའི་བསྟན་བཅོས་གཉིས་ཀྱང་སངས་རྒྱས་ཀྱི་གསུང་རབ་ཀུན་ལས་བཏུས་ཏེ་བསྟན་པ་ཉིད་ཡིན་པའི་ཕྱིར་བཀའ་དེ་དག་གི་གླེགས་བམ་མ་རྙེད་པའམ་དེ་ཙམ་ལྟ་བར་མི་ནུས་པ་རྣམས་ཀྱིས་བསྟན་བཅོས་དེ་དག་བལྟས་པས་དོན་གྲུབ་པའོ། །འདིར་**འགྲེལ་ཆེན་ལས།** དགེ་བའི་བཤེས་གཉེན་མི་བཏང་ཞིང་། །ཞེས་གསུངས་པ་དེ་གསལ་བར་བྱ་བའི་ཕྱིར་རྟག་པར་སོགས་ཏེ། དགེ་བ་ནི་མངོན་མཐོ་དང་ངེས་ལེགས་འཐོབ་པའི་མཚན་ཉིད་ཀྱི་ལས་སོ། །གཉེན་ནི་ཐུན་མོང་མ་ཡིན་པའི་ཉེ་བ་སྟེ་དེས་ལུས་སྲོག

ཆུད་འཛའ་བའི་འཇིགས་པས་འཇིགས་ཀྱང་མི་བཏང་ངོ་། །དེ་ནི་བརྒྱད་སྟོང་པའི་རྟག་ཏུ་ངུས་ཀྱི་ལེའུ་དང་། ཆོས་བཞི་པའི་མདོ་དང་། དཔལ་འབྱུང་གི་རྣམ་ཐར་ལས་གསུངས་སོ། །མདོ་སྡེ་རྣམས་ལ་རྟག་ལྟ་བས། །ཞེས་པ་དེ་གསལ་བར་བྱ་བའི་ཕྱིར་འདི་དང་སོགས་ཏེ་འདིར་མ་བསྟན་པ་རྣམས་ཐེག་ཆེན་གྱི་མདོ་སྡེ་དཀོན་མཆོག་སྤྲིན་ལ་སོགས་པ་སྣ་ཚོགས་པ་ལས་བལྟའོ། **།ནམ་སྙིང་གི་མདོ་ལས།** རྒྱལ་པོའི་རྩ་ལྟུང་ལྔ། བློན་པོའི་གཅིག །ལས་དང་པོ་པའི་བརྒྱད་རྣམས་ཇི་ལྟར་གསོ་བ་དང་བཅས་པ་བསྟན་ཏེ་བསླབ་བཏུས་མདོ་བཏུས་སློབ་དཔོན་རང་གིས་མཛད་པ་གཉིས་སུའང་བལྟའོ། །ཡང་ན་འཕགས་པ་ཀླུ་སྒྲུབ་ཀྱི་ཞལ་སྔ་ནས་མཛད་པའི་བསླབ་པ་ཀུན་ལས་བཏུས་པ་དང་། མདོ་ཀུན་ལས་བཏུས་གཉིས་པོའང་འབད་པ་སྟེ་གུས་པས་བལྟ་བར་བྱའོ། །ཞེས་སོ། །འདི་ནི། གཉིས་པོའང་འབད་པས་བལྟ་བར་བྱ། །ཞེས་ཞི་བའི་ལྷ་ཉིད་ཀྱི་ཀུན་བཏུས་གཉིས་སུ་མ་ཟད་(༢༠༧ན)འཕགས་པས་མཛད་པའི་ཀུན་བཏུས་གཉིས་ཀྱང་ཡོད་པར་སྟོན་པ་ཡིན་ལ། ཁ་ཅིག །གཉིས་པའང་འབད་པས་བལྟ་བར་བྱ། །ཞེས་འཕགས་པ་ཀླུའི་ཞབས་ཀྱིས་མཛད་པའི་མདོ་ཀུན་ལས་བཏུས་པ་ལྟ་ཞེས་འདོན་པར་བྱེད་མོད། འཕགས་པའི་བསླབ་བཏུས་དེ་བོད་ན་ནི་མི་སྣང་ངོ་། །

དྲུག་པ་(བསྡུབ་དོན་མདོར་བསྟུ་བ་)ནི།

གང་ལས་གང་ནི་མ་བཀག་པ། །
དེ་ཉིད་སྤྱད་པར་བྱ་བ་སྟེ། །
འཇིག་རྟེན་སེམས་ནི་སྲུང་བའི་ཕྱིར། །
བསླབ་པ་མཐོང་ནས་ཡང་དག་སྤྱད། [༡༠༧] །

ཅེས་གསུངས་ཏེ། མདོར་ན་གང་མདོ་བསྟན་བཅོས་དེ་རྣམས་ལས་སྤྱོད་པ་གང་མ་བཀག་པ་དང་མ་བཀག་པའི་ཕྱོགས་དང་མཐུན་པ་རྣམས་སྒྲུབ་པ་དང་།

བཀག་པ་དང་བཀག་པའི་ཕྱོགས་དང་མཐུན་ཤེས་ཆེ་བ་རྣམས་སྤང་བ་སྟེ་འདུལ་བ་ལས་མདོར་བསྡུས་ཏུང་མཐུན་སྦྱར་བའི་དོན་ཏེ་འཇིག་རྟེན་གྱི་སེམས་དང་བྱང་ཆུབ་ཀྱི་ལམ་གཉིས་ག་དང་མི་འགལ་བར་སྤྱོད་པ་ནི་བྱང་ཆུབ་སེམས་དཔའི་བསླབ་པ་སྙིང་པོར་དྲིལ་བའོ། །

ལྔ་པ་ཤེས་བཞིན་སྲུང་བ་མདོར་བསྡུས་པ་ནི།

ལུས་དང་སེམས་ཀྱི་གནས་སྐབས་ལ། །
ཡང་དང་ཡང་དུ་བརྟག་བྱ་བ། །
དེ་ཉིད་ཁོ་ན་མདོར་ན་ནི། །
ཤེས་བཞིན་སྲུང་བའི་མཚན་ཉིད་དོ། ༡༠༨ །
ལུས་ཀྱིས་འདི་དག་སྤྱད་པར་བྱ། །
ཚིག་ཙམ་བརྗོད་པས་ཅི་ཞིག་འགྲུབ། །
སྨན་དཔྱད་བཀླགས་པ་ཙམ་གྱིས་ནི། །
ནད་པ་དག་ལ་ཕན་འགྱུར་རམ། ༡༠༩ །

ཞེས་གསུངས་ཏེ། ཚིགས་བཅད་དང་པོས་དངོས་བསྟན། ཕྱི་མས་ཚིག་ཏུ་མི་བཞག་པར་སྒྲུབས་ཤིག་པའོ། །

མདོར་ན་བདག་ཉིད་ཀྱི་ལུས་ཅི་སྤྱོད་པ་དང་། སེམས་ཅི་བསམ་པ་སྐད་ཅིག་ཡང་མ་ཡེངས་པར་བརྟག་ཅིང་བླང་དོར་བྱ་བ་ཁོ་ན་ལ་ཤེས་བཞིན་སྲུང་བ་ཞེས་བྱའི། དེ་ལས་གཞན་དུ་ཤེས་བཞིན་སྲུང་བར་དེ་ལ་དེ་རྣམས་ཀྱང་ཐོས་པ་ཙམ་དང་དེ་ལྟ་བུ་ཞིག་གོ་ཞེས་གོ་བྱར་མི་བཞག་པར་རྒྱུད་ལ་སྦྱོར་ཞིང་ཉམས་སུ་ལོང་ཞིག་པ་དཔེ་དང་བཅས་ཏེ་བསྟན་ཏོ། །(༢༠༧བ)

བྱང་ཆུབ་སེམས་དཔའི་སྤྱོད་པ་ལ་འཇུག་པ་ལས། ཤེས་བཞིན་སྲུང་བ་ཞེས་བྱ་བ་སྟེ་ལེའུ་ལྔ་པ་རྣམ་པར་ཕྱེ་བའོ།། །།

ལེའུ་ལྔ་པ། བཟོད་པ་བསྟན་པ།

ད་ནི་བཟོད་པ་བཤད་པར་བྱ་སྟེ། དེ་ལ་ལེའུའི་འབྲེལ་ནི་ཕ་རོལ་ཏུ་ཕྱིན་པ་སྔ་མ་སྔ་མའི་དངོས་འབྲས་ནི་ཕྱི་མ་ཕྱི་མ་ཡིན་པའི་ཕྱིར། ཤེས་རབ་ཀྱི་ལེའུའི་བར་གྱི་འབྲེལ་བ་རིག་པར་བྱ་ལ། དེས་ན་ཚུལ་ཁྲིམས་དག་པ་དང་ལྡན་ན་བཟོད་བྱའི་གནས་རྣམས་ལ་བཟོད་པར་ནུས་ཤིང་བཟོད་པ་དང་མི་ལྡན་ན་ཚུལ་ཁྲིམས་ཀྱང་མི་འགྲུབ་པའི་ཕྱིར་དེ་མ་ཐག་ཏུ་བཟོད་པའི་ལེའུ་བཤད་ལ། **འགྲེལ་ཆེན་ལས་ནི།** དེ་ལྟར་ལུས་ལ་སོགས་པ་སྲུང་བ་དང་དག་པ་བསྟན་ནས་དགེ་བ་རྣམ་པར་དག་པ་བསྟན་པའི་ཕྱིར། བཟོད་བྱ་ཐོས་པ་བཙལ་བར་བྱ། །དེ་ནས་ནགས་སུ་གནས་པར་བྱ། །མཉམ་པར་བཞག་ལ་རབ་བརྩོན་ཞིང་། །མི་སྡུག་ལ་སོགས་བསྒོམ་པར་བྱ། །ཞེས་བྱ་བ་དེ་དག་མངོན་པར་བརྗོད་པར་བྱ་བའི་ཕྱིར། ཞེས་འགྲེལ་བཙལ་ཏོ། །འདི་ལ་གཉིས། བཟོད་པ་མེད་དུ་མི་རུང་བར་བསྟན་པ་གསུམ། བཟོད་པ་སྒྲུབ་པའི་ཐབས་ཡིད་ལ་བྱ་བ་གཉིས་བསྟན་པའོ། །དང་པོ་(བཟོད་པ་མེད་དུ་མི་རུང་བར་བསྟན་པ་གསུམ་)ལ་ཁོང་ཁྲོའི་འབྲས་བུ་གསུམ་ལས།

(དང་པོ་)མ་མཐོང་བའི་འབྲས་བུ་ནི།

བསྐལ་པ་སྟོང་དུ་བསགས་པ་ཡི། །
སྦྱིན་དང་བདེ་གཤེགས་མཆོད་ལ་སོགས། །
ལེགས་སྤྱོད་གང་ཡིན་དེ་ཀུན་ཀྱང་། །
ཁོང་ཁྲོ་གཅིག་གིས་འཇོམས་པར་བྱེད། ༡ །
ཞེ་སྡང་ལྟ་བུའི་སྡིག་པ་མེད། །

བཟོད་པ་ལྟ་བུའི་བཀའ་ཐུབ་མེད། །
དེ་བས་བཟོད་ལ་ནན་ཏན་དུ། །
སྣ་ཚོགས་ཚུལ་གྱིས་བསྒོམ་པར་བྱ།[༢]།

ཞེས་གསུངས་ཏེ། ཆགས་འཇིག་སྟོངས་གནས་བཞི་པོ་རེ་རེ་ལ་བར་བསྐལ་ཉི་ཤུ་རེར་བྱས་པའི་བར་བསྐལ་བརྒྱད་ཅུ་ནི་རྒྱུའི་ཐེག་པའི་ལུགས་ཀྱི་འཇིག་རྟེན་གྱི་ཁམས་འདིའི་བསྐལ་པ་ཆེན་པོ་གཅིག་གོ། །སྟོང་ནི་དཔེར་མཚོན་པ་ཡིན་གྱི་ངེས་བཟུང་མ་ཡིན་ཏེ་བརྒྱ་འམ་སྟོང་ངམ་ཁྲི་ལ་སོགས་པ་(༢༠༨ན)ཡང་སྔེ་ལམ་པོ་ཆེ་ལ་ཁྲི་ལམ་དུ་གྲགས་པ་ལྟ་བུའོ། །ཡུན་དེ་ལ་སོགས་པར་བསགས་པའི་དགེ་བ་ཡང་ཁོང་ཁྲོ་དྲག་པོ་གཅིག་གིས་འཇོམས་པར་བྱེད་དེ། འགྲེལ་ཆེན་དུ་དྲངས་པ་**འཇམ་དཔལ་རྣམ་རོལ་གྱི་མདོ་ལས།** འཇམ་དཔལ་ཁོང་ཁྲོ་ཞེས་བྱ་བ་ནི་བསྐལ་པ་བརྒྱར་བསགས་པའི་དགེ་བ་འཇོམས་པ་སྟེ་དེའི་ཕྱིར་ཁོང་ཁྲོ་ཞེས་བྱའོ། །ཞེས་དང་། **ཐམས་ཅད་ཡོད་སྨྲའི་གཞུང་ལས།** དགེ་སློང་དག་དགེ་སློང་འདི་སྐྲ་དང་སེན་མོའི་མཆོད་རྟེན་ལ་ཡན་ལག་ཐམས་ཅད་ཀྱིས་ཕྱག་འཚལ་ནས་སེམས་དང་བར་བྱེད་པ་ལ་ལྟོས། བཙུན་པ་དེ་ལྟར་ལགས་སོ། །དགེ་སློང་དག་དགེ་སློང་འདིས་ཇི་ཙམ་ཞིག་ནོན་པའི་འོག་ཏུ་དཔག་ཚད་བརྒྱད་ཁྲི་བཞི་སྟོང་ན་གསེར་ལས་གྲུབ་པ་ལ་ཐུག་གི་བར་ན་བྱེ་མའི་རྡུལ་ཇི་སྙེད་ཡོད་པ་དེ་སྙེད་དུ་དགེ་སློང་འདིས་འཁོར་ལོས་བསྒྱུར་བའི་རྒྱལ་སྲིད་སྟོང་འགྱུར་དུ་ཡོངས་སུ་སྤྱོད་པར་འགྱུར་རོ། །འོ་ན་ཕྱག་འཚལ་བ་ནི་མང་ལ་འཁོར་ལོས་བསྒྱུར་བ་ནི་ཆེས་ཉུང་ན་དགེ་བ་དེ་གང་དུ་ཟད་པ་ལགས། ཉེ་བ་འཁོར། ཇི་སྲིད་དུ་ཚངས་པར་སྤྱོད་པ་དམ་པས་ཚངས་པ་མཚུངས་པར་སྤྱོད་པ་ལ་སྣང་བའི་སེམས་བསྐྱེད་པ་དེ་སྲིད་དུ་ཟད་པ་དང་ཉམས་པར་ཡང་དག་པར་རྗེས་སུ་མཐོང་ངོ་། །ཉེ་བ་འཁོར། དེར་དགེ་བའི་རྩ་བ་ཆེན་པོ་འདི་ཡང་བསྲབས་པ་དང་ཡོངས་སུ་བྱང་བ་དང་ཡོངས་སུ་ཟད་པར་འགྱུར་བ་དེ་ལྟ་བས་ན་མགལ་

དུས་ལ་ཡང་སེམས་ཀྱིས་ཁྲོ་བར་མི་བྱ་བྱམས་པར་ཤེས་པ་དང་བཅས་པའི་ལུས་ལ་ལྷ་ཅི་སྨོས། ཞེས་སོ། །དེའི་ཕྱིར་ཞེ་སྡང་ལྟ་བུའི་སྡིག་པ་མེད་དེ་མི་དགེ་བས་བསོད་ནམས་ཟིལ་གྱིས་གནོན་པ་ལྟ་བུ་གཞན་མེད་དོ། །བཟོད་པ་སྲན་ཚུགས་པ་ལྟ་བུ་དང་འདྲ་བའི་དཀའ་ཐུབ་གཞན་མེད་དོ། །ཞེས་བཤད་དོ། །

དེས་ན་གསོག་པ་ན་སྒོ་གསུམ་གྱི་དཀའ་བ་ཆེན་པོས་ཡུན་རིང་དུ་ཆུང་དུ་ནས་བསགས་པའི་ལེགས་པར་སྤྱད་པ་དགེ་བའི་རྩ་བའི་ཕུང་པོ་ཆེན་པོ་ཡང་ཁོང་(༡༠༤བ)ཁྲོའི་མེ་གཅིག་གིས་ཅིག་ཆར་དུ་འཇོམས་ཏེ་དགེ་བ་ཁ་ཅིག་ནི་རྨིག་མེད་པ་ཐལ་བ་ལྟ་བུར་བྱེད། ཁ་ཅིག་ནི་ཉམ་དམས་ཏེ་འབྲས་བུ་ཆུང་དུར་བྱེད། ཁ་ཅིག་ནི་བག་ལ་ཞ་སྟེ་འབྲས་བུ་འབྱིན་མི་ནུས་པར་བྱེད་པས་ཞེ་སྡང་ལྟ་བུར་འཇིགས་སུ་རུང་བའི་སྡིག་པ་གཞན་མེད་དོ། །གང་འཇིག་རྟེན་ན་དཀའ་བའི་གནས་སུ་གྲགས་པ་ཕྱི་རོལ་པ་ཁ་ཅིག་གིས་རྐང་པ་གཅིག་གིས་འགྲེང་བའི་བརྟུལ་ཞུགས་དང་། བ་ལང་གི་ལྟི་བས་འཚོ་བ་དང་། གཅེར་བུའི་བརྟུལ་ཞུགས་སོགས་དང་། སངས་རྒྱས་པའི་ཕྱུགས་བདར་ཁྲོད་པ་བ་དང་གཞི་ཇི་བཞིན་པ་ལ་སོགས་པ་སྦྱངས་ཡོན་བཅུ་གཉིས་ཀྱི་དཀའ་ཐུབ་རྣམས་ཀྱང་ལུས་ཀྱི་སྤྱོད་པ་ཙམ་དུ་ཟད་པས་དེ་ཙམ་དུ་དཀའ་བ་མིན་ལ། དངོས་པོ་མེད་པའི་སེམས་ཉོན་མོངས་པའི་དངོས་པོར་སྣང་བ་བདག་ཏུ་འཛིན་པ་ལ་སོགས་པ་ཕྱིན་ཅི་ལོག་གི་བག་ཆགས་བསྐལ་པ་མཐའ་ཡས་པར་ཐོག་མ་མེད་པ་ནས་གོམས་པ་མཐུ་བརྟས་པ་འདི་རང་གིས་རང་འདུལ་བ་ནི་ཤིན་ཏུ་དཀའ་བའི་གནས་ཏེ། དེའི་ཕྱིར་བཟོད་པ་ལྟ་བུའི་དཀའ་ཐུབ་ནི་གཞན་མེད་དེ། **སངས་རྒྱས་རྣམ་གཟིགས་ཀྱི་སྟོན་གྱི་གསོ་སྦྱོང་ལས།** བཟོད་པ་དཀའ་ཐུབ་དམ་པ་བཟོད་པ་སྟེ། །མྱ་ངན་འདས་པ་མཆོག་ཅེས་སངས་རྒྱས་གསུང་། །ཞེས་སོ། །དེའི་ཕྱིར་བཟོད་པ་པོ་ན་ལ་ནན་ཏན་དུ་བྱའོ། །

གཉིས་པ་མཐོང་ཆོས་ཀྱི་འབྲས་བུ་ནི།

ཞེ་སྡང་ཟུག་རྔུའི་སེམས་འཆང་ན། །
ཡིད་ནི་ཞི་བ་ཉམས་མི་མྱོང་། །
དགའ་དང་བདེ་བའང་མི་འཐོབ་ལ། །
གཉིད་མི་འོང་ཞིང་བརྟན་མེད་འགྱུར། [3]།
གང་དག་ནོར་དང་བཀུར་སྟི་ཡིས། །
དྲིན་གྱིན་དེ་ལ་བསྟེན་གྱུར་པ། །
དེ་དག་ཡང་ནི་སྡང་ལྡན་པའི། །
རྗེ་དཔོན་དེ་ལ་གསོད་པར་རྒོལ། [4]།
དེ་ཡིས་མཛའ་བཤེས་སྐྱོ་བར་འགྱུར། །
སྡུད་པས་བསྡུས་ཀྱང་སྟེན་མི་བྱེད། །

ཅེས་གསུངས་ཏེ། དེ་ཡང་ཚིགས་བཅད་དང་པོས་རང་ཉིད་ཟུག་རྔུས་སྡུག་བསྔལ་བར་འགྱུར་བ་དང་། གཉིས་པས་འཁོར་སྐྱོ་བར་འགྱུར་བ་དང་། རྐང་པ་གཉིས་ཀྱིས་མཛའ་(༢༠(ན)བཤེས་ཀྱིས་འདོར་བར་བསྟན་ཏེ།

དཔེར་ན་དུག་མདའི་མདེའུ་ཁོང་དུ་ལུས་ན་བདེ་བའི་སྐབས་མེད་པ་བཞིན་དུ་ཞེ་སྡང་གིས་ནི་སྙིང་ལ་ཚེར་མ་ཟུག་པའམ་སྙིང་བགས་པ་ལྟ་བུའི་ཟུག་རྔུ་སྐྱེ་ཞིང་། བཞིན་དམར་ཞིང་འཛིགས་སུ་རུང་བས་གཞན་གྱིས་ལྟར་མི་སོས་པ་དང་། ས་གཞི་དམར་པོར་མཐོང་ཞིང་ཡིད་རང་དབང་མེད་པས་ཀུན་ནས་འཁྲུགས་ཏེ་ཤིན་ཏུ་བརྩེ་བའི་གནས་བུ་ལ་སོགས་པ་གམ་དུ་འོངས་པ་ལ་ཡང་ཁྲོ་ཞིང་། རང་ཤ་རང་གིས་གཅོད་པ་ཡང་ཡོད་ཅིང་ཐབས་ཟད་པ་ཁ་ཅིག་རང་གིས་མཁོ་བའི་ཡོ་བྱད་རྣམས་ཀྱང་རྗེབ་པ་དང་གཅོག་པ་ལ་སོགས་པས་རྒྱུད་གཟིར་བར་བྱེད་ཅིང་། རང་དང་གཞན་དང་འདི་དང་ཕྱི་མ་ཅི་ལ་ཡང་མི་ལྟ་བར་ཐམས་ཅད་ཉམས་པར་བྱེད་པས་རྒྱུད་ཞེ་སྡང་གིས་དཀྲུགས་པ་ལྟ་བུའི་སྡུག་བསྔལ་ནི་

གཞན་འགའ་ཡང་ཡོད་པ་མིན་ལ། གང་ནོར་དང་ལོངས་སྤྱོད་ཀྱི་དྲིན་ཆེན་པོས་བསྐྱངས་པའི་འཁོར་དེ་དག་གིས་ཀྱང་མི་ཐེག་པར་གསོད་པར་གྲོལ་བ་འབྱུང་ལ། ཚིག་རྩུབ་མོས་མཚའ་བཤེས་བྱམས་པའི་གནས་རྣམས་ཀྱང་སྐྱོ་སྟེ་འབོར་བར་འགྱུར་བའི་དོན་ནོ། །

གསུམ་པ་མཐོང་བ་དང་མ་མཐོང་བའི་འབྲས་བུ་བཤད་པ་ནི།

མདོར་ན་ཁྲོ་བ་བདེར་གནས་པ། །
དེ་ནི་འགའ་ཡང་ཡོད་མ་ཡིན།[༥] །
ཁྲོ་བའི་དགྲ་ཡིས་དེ་ལ་སོགས། །
སྡུག་བསྔལ་དག་ནི་བྱེད་པར་འགྱུར། །
གང་ཞིག་བསྒྲིམས་ཏེ་ཁྲོ་འཇོམས་པ། །
དེ་ནི་འདི་དང་གཞན་དུ་བདེ།[༨] །

ཞེས་གསུངས་ཏེ། དེ་ལྟ་བུའི་ཞེ་སྡང་གི་འབྲས་བུ་ནི་དམྱལ་བའི་སྡུག་བསྔལ་བཟོད་པར་དཀའ་བ་རྣམས་ཡིན་ཏེ། དེས་ན་གནས་སྐབས་དང་མཐར་ཐུག་གཉིས་གར་དུ་འཛིགས་སུ་རུང་བའི་ཕྱིར་ཁྲོ་བ་བདེ་བར་གནས་པ་ནི་འགའ་ཡང་མེད་ལ། ཁྲོ་བས་ནི་གཡུལ་ལ་སོགས་པར་འཇུག་ཅིང་རང་གསོད་པར་འགྱུར་བ་དང་། གཞན་མཐོང་བ་དང་མ་མཐོང་བ་དང་ཐ་ན་གྲོག་མ་ལ་སོགས་པའི་བར་གྱི་སེམས་ཅན་ཉེས་པ་མེད་ཅིང་ཉམ་ཆུང་བ་དཔག་ཏུ་མེད་པ་ཡང་རྒྱལ་པོ་གདུག་པ་ལྟ་བུ་སེམས་(༢༠༩བ)ཅན་གཅིག་གི་ཞེ་སྡང་གི་ཞར་ལ་དམྱལ་ཐག་གཅོད་པའི་ཕྱིར་ཁྲོ་བའི་དགྲས་ནི་དེ་ལ་སོགས་པ་རང་གཞན་མཐའ་ཡས་པ་སྡུག་བསྔལ་བར་བྱེད་པ་ཡིན་ལ། དེ་ལྟ་བུའི་ཞེ་སྡང་གི་སྐྱོན་རིག་པས་མདེའུ་ཁོང་དུ་ལུས་པ་འབྱིན་པ་ལྟར་རང་རྒྱུད་ཀྱི་ཁྲོ་བ་དེ་ནན་གྱིས་བཅོམ་སྟེ་སེམས་ལས་རུང་དུ་གྱུར་པ་ན་འདིར་ཡང་དུག་ནད་ལས་ཐར་བ་ལྟར་སེམས་ལ་དགའ་བདེ་ཁྱད་པར་ཅན་སྤྱོང་ཞིང་སྐྱེ་བ

གཞན་དུ་ཡང་བདེ་བ་ནས་བདེ་བར་འགྲོ་བའི་དོན་ཏེ། **བཤེས་སྤྲིང་ལས་ཀྱང་།** ཁྲོ་བ་སྤངས་པས་ཕྱིར་མི་ལྡོག་པ་ཉིད། །འཐོབ་པར་འགྱུར་བར་སངས་རྒྱས་ཞལ་གྱིས་བཞེས། །ཞེས་སོ། །དེ་ལྟར་བཟོད་པ་མེད་དུ་མི་རུང་བས་བཟོད་པ་ལ་ལྷུར་བྱ་དགོས་པར་བསྟན་ནས།

གཉིས་པ་བཟོད་པ་སྒྲུབ་པའི་ཐབས་ནི་གཉིས་ཏེ། ཁྲོ་བའི་རྒྱུ་མཚན་བཟློག་པ་དྲུག་དང་། བཟོད་པའི་འབྲས་བུ་ཡིད་ལ་བྱ་བ་བཞིའོ། །དང་པོ་(ཁྲོ་བའི་རྒྱུ་མཚན་བཟློག་པ་དྲུག་)ལ་ཡང་། མི་དགའ་བ་ཁྲོ་བའི་རྒྱུར་བསྟན་པ། དེའི་ཟས་ཡིད་མི་བདེ་གཞོམ་པ། དགའ་བ་དང་མི་འབྲལ་བར་དམ་བཅའ་བ། གང་ལ་བཟོད་པར་བྱ་བ་འདོད་མི་འདོད་ཀྱི་རྟོག་པ་བསྟན་པ། མི་འདོད་པ་ལ་མི་དགའ་བའི་རྟོག་པ་གཞོམ་པ། འདོད་པའི་གེགས་བྱས་པ་ལ་མི་དགའ་བ་གཞོམ་པའོ། །

དང་པོ་(མི་དགའ་བ་ཁྲོ་བའི་རྒྱུར་བསྟན་པ་)ནི།

མི་འདོད་བྱས་དང་འདོད་པ་ཡི། །
གེགས་བྱས་པ་ལས་བྱུང་གྱུར་པ། །
ཡིད་མི་བདེ་བའི་ཟས་རྙེད་ནས། །
ཞེ་སྡང་བརྟས་ཏེ་བདག་འཇོམས་སོ། །༧ །ཞེས་པ་དང་།

གཉིས་པ་(དེའི་ཟས་ཡིད་མི་བདེ་གཞོམ་པ་)ནི།

དེ་ལྟས་བདག་གི་དགྲ་བོ་དེའི། །
ཟས་ནི་རྣམ་པར་གཞོམ་པར་བྱ། །
འདི་ལྟར་བདག་ལ་གནོད་པ་ལས། །
དགྲ་འདི་ལ་ནི་ལས་གཞན་མེད། །༨ །ཅེས་པ་དང་།

གསུམ་པ་(དགའ་བ་དང་མི་འབྲལ་བར་དམ་བཅའ་བ་)ནི།

ཅི་ལ་བབ་ཀྱང་བདག་གིས་ནི། །

དགའ་བའི་ཡིད་ནི་དཀྲུག་མི་བྱ། །
མི་དགའ་བྱས་ཀྱང་འདོད་མི་འགྲུབ། །
དགེ་བ་དག་ནི་ཉམས་པར་འགྱུར། [༦] །
གལ་ཏེ་བཅོས་སུ་ཡོད་ན་ནི། །
དེ་ལ་མི་དགར་བྱ་ཅི་དགོས། །
གལ་ཏེ་བཅོས་སུ་མེད་ན་ནི། །(༢༧༠ན)
དེ་ལ་མི་དགའ་བྱས་ཅི་ཕན། [༧༠] །

ཞེས་གསུངས་ཏེ། འདི་ལ་རྐང་པ་གཉིས་ཀྱིས་དམ་བཅས་པ་དང་། ལྷག་མས་དེའི་རྒྱུ་མཚན་བསྟན་ཏོ། །

བཞི་པ་(གང་ལ་བཟོད་པར་བྱ་བ་འདོད་མི་འདོད་ཀྱི་རྟོག་པ་བསྟན་པ་)ནི།

བདག་གམ་བདག་གི་བཤེས་རྣམས་ལ། །
སྡུག་བསྔལ་བརྙས་དང་ཚིག་རྩུབ་དང་། །
མི་སྙན་ཞེས་བྱར་མི་འདོད་དེ། །
དགྲ་ལ་དེ་ལས་བཟློག་པས་སོ། [༧༧] །

ཞེས་གསུངས་ཏེ། དེ་ཡང་ཁྲོ་བའི་རྒྱུ་ནི་བདག་འདོད་པའི་བྱ་བ་ལ་གེགས་བྱུང་བའམ་མི་འདོད་པའི་བྱ་བ་བྱུང་བ་ལས་དེ་ལ་མི་དགའ་བའི་བློ་སྐྱེས་པ་ཡིན་ལ། དེའི་རྒྱུ་མཚན་གྱིས་ཡིད་ལ་མི་བདེ་བ་གཙོང་ནད་ལྟ་བུ་ཁོང་དུ་ཞུགས་ཏེ་རྟག་ཏུ་སེམས་པར་བྱེད་ལ། དེའི་མཐུ་བརྟས་པ་ན་ཁོང་ཁྲོ་དྲག་པོ་སྐྱེ་བའི་ཕྱིར་ན་མི་དགའ་བ་ནི་ཁོང་ཁྲོའི་རྒྱུ་དང་ཡིད་མི་བདེ་ནི་དེའི་ཟས་ལྟ་བུར་རྣམ་པར་གཞག་གོ། །

དེ་ལ་འདོད་མི་འདོད་ཀྱི་རྟོག་པ་ནི་བདག་ལ་གནོད་པ་བྱས་སོ། །བྱེད་དོ། །བྱེད་པར་འགྱུར་རོ་ཞེའམ། བདག་གི་ཕྱོགས་ལ་གནོད་པ་བྱས་སོ། །བྱེད་

དོ། །བྱེད་པར་འགྱུར་རོ་ཞེའམ། བདག་དང་མི་འཛའ་བའི་དོན་བྱས་སོ། །བྱེད་དོ། །བྱེད་པར་འགྱུར་རོ། །ཞེས་རྟོག་པ་ཀུན་ནས་མནར་སེམས་པའི་དངོས་པོ་དགུའོ། །

ཡང་ན་ཉི་ཤུ་རྩ་བཞི་སྟེ། **དཀའ་འགྲེལ་ཆུང་ངུར།** འདི་ལ་ཁྲོ་བའི་རྒྱུ་ནི་མི་དགའ་བའོ། །དེའི་རྒྱུ་ནི་འདོད་པ་དང་མི་འདོད་པའི་ཆོས་སུ་ཞེན་པའོ། །འདོད་པ་དང་མི་འདོད་པ་ཡང་ཉི་ཤུ་རྩ་བཞི་སྟེ་འདོད་པ་བཅུ་གཉིས་དང་མི་འདོད་པ་བཅུ་གཉིས་སོ། །དེ་ལ་མི་འདོད་པ་ནི་བཅུ་གཉིས་ཏེ། བདག་ལ་སྡུག་བསྔལ་བ་དང་བརྙས་པ་དང་ཚིག་རྩུབ་དང་མི་སྙན་པ་བྱུང་བ་སྟེ་བཞི་དང་། བདག་གི་བ་ལ་དེ་བྱུང་བ་བཞི་སྟེ་བརྒྱད་དང་། བདག་གི་དགྲ་ལ་དེ་ལས་བཟློག་པ་བདེ་བ་དང་རྙེད་པ་དང་བསྟོད་པ་དང་སྙན་པ་བྱུང་བ་སྟེ་བཅུ་གཉིས་སོ། །

འདོད་པ་བཅུ་གཉིས་ནི་བདག་གམ་བདག་གི་བ་ལ་བདེ་བ་ལ་སོགས་པ་བྱུང་བ་བཞི་བཞི་དང་བདག་གི་དགྲ་ལ་སྡུག་བསྔལ་ལ་སོགས་པ་བཞི་བྱུང་བ་སྟེ་བཅུ་གཉིས་སོ། །ཞེས་སོ། **།འགྲེལ་ཆེན་ལས་ནི།** སྡུག་བསྔལ་ནི་རྣམ་པ་གཉིས་ཏེ་ལུས་ལ་གནོད་པ་ནི་དབྱུག་(༢༧༠བ)པ་ལ་སོགས་བརྡུན་པ་ལས་བྱུང་བའོ། །སེམས་ལ་གནོད་པ་བརྙས་པ་ལ་སོགས་པ་ལས་བྱུང་བ་སྟེ་བརྙས་པ་ནི་ངན་པར་བྱེད་པ། ཚིག་རྩུབ་ནི་གནོད་པ་བྱེད་པའི་ཚིག་མི་སྙན་པ་དང་གྲགས་པ་མ་ཡིན་པ་སོགས་བརྗོད་པ་སྟེ་དེ་དག་ནི་མི་འདོད་པའོ་ཞེས་སོ། །

འདི་ཡང་གཙོ་བོར་སེམས་ཅན་དུ་ཆུད་པས་འདོད་མི་འདོད་ཀྱི་བྱ་བ་བྱེད་པ་མང་བས་གནོད་པ་ལ་ཐེ་མི་སྙམ་པའི་བཟོད་པའི་ཡུལ་ནི། གཙོ་བོར་སེམས་ཅན་ཡིན་ཡང་སེམས་ཅན་ཁོ་ན་ནི་མ་ཡིན་ཏེ་བེམ་པོར་གྱུར་པ་ལ་ཁྲོས་པས་ཀྱང་འབྲས་བུ་འབྱིན་པ་དགེ་སློང་ཆོས་གོས་མགལ་དུམ་ལ་ཐོགས་པ་ལ་ཞེ་སྡང་གིས་བརྗེགས་པས་དམྱལ་བར་སྐྱེས་པ་དང་། ཨེ་ལའི་ལོ་མ་ལ་ཞེ་སྡང་གིས་བཅད་པས་ཀླུ་ཨེ་

ལའི་འདབ་ཅན་དུ་སྐྱེས་པའི་ཕྱིར་དང་། ཞེ་སྡང་གི་མཐུས་དམྱལ་བར་སྐྱེ་བ་ཡིན་གྱི་ཡུལ་གྱི་ཆ་ནས་མ་ཡིན་པའི་ཕྱིར་སྲོག་ཅན་དང་སྲོག་མེད་ཐམས་ཅད་ལ་ཡང་བཟོད་པར་བྱ་དགོས་སོ། །

དེ་ཡང་བདག་གི་རྣམ་པ་ཀུན་ཏུ་རང་བཞིན་ཉིད་ཀྱིས་དགྲར་གྱུར་པ་ནི། ཕྱིར་ཉོན་མོངས་པ་དང་ཁྱད་པར་ཁྲོ་བ་འདི་ཡིན་ལ། དེའི་ཁ་ཟས་ནི་ཡིད་མི་བདེ་བ་འདི་ཡིན་ཏེ་ཁོང་ཁྲོ་ནི་ཡིད་མི་བདེ་བ་དང་མཚུངས་པར་ལྡན་ནོ། །ཞེས་གསུངས་པའི་ཕྱིར་དང་འདི་སྟོབས་འཕེལ་བ་ན་འབྲས་བུ་ཞེ་སྡང་ཕོ་ན་སྐྱེ་བར་མཐོང་བའི་ཕྱིར། དེས་ན་དེའི་ཁ་ཟས་ཡིད་མི་བདེ་བ་འདི་བདག་གིས་རྣམ་པར་གཞོམ་པར་བྱ་སྟེ་བདག་རྗེན་དཔལ་འབྱོར་ཐོབ་བྱང་ཆུབ་ཏུ་སེམས་བསྐྱེད་སྐྱབས་གནས་དཀོན་མཆོག་ལྷ་བུ་བླ་མེད་པ་ལ་བསྟེན་དུ་ཡོད་པ་འདི་ཅིའི་ཕྱིར་ཡིད་མི་བདེ་སྙམ། ད་ནི་ནམ་དུ་ཡང་ཡིད་མི་བདེ་བའི་རྟོག་པ་འདི་ཚར་བཅད་པར་བྱའི་དང་དུ་བླང་བར་མི་བྱའོ། །ཞེས་བརྟུལ་ཞུགས་བརྟན་པོ་བཅའ་ཞིང་ཡིད་མི་བདེ་བའི་འགལ་ཟླ་ནི་སེམས་དགའ་བ་སྟེ་ད་ནི་ཅི་ནས་ཀྱང་བདག་གིས་སེམས་དགའ་བ་དང་མི་འབྲལ་བར་བྱའོ། །ཞེས་དམ་ཆེན་པོ་བཅའོ། །

དེ་ཡང་བདག་ཡིད་མི་དགའ་བ་དེས་ནི་བདག་ཉིད་སྡུག་བསྔལ་བར་ཟད་ཀྱི་དེས་འདོད་པ་འགྲུབ་པ་ནི་མ་ཡིན་ལ། ཡིད་མི་དགའ་བ་བསམ་པ་(༢༧༡ན)དེ་སྲིད་སྒོ་གསུམ་གྱི་དགེ་བ་རྒྱུན་འཆད་ཅིང་། དེས་སེམས་ལས་སུ་མི་རུང་བར་གྱུར་ནས་ཕྱིས་དགེ་བ་རྩོམ་པ་ན་ཡང་ལུས་ངག་གི་དགེ་བ་ལྷུར་སྣང་མ་གཏོགས་སེམས་ཐག་པ་ནས་མི་འགྲུབ་པའི་ཕྱིར་དང་། དེ་ལས་སྐྱེས་པའི་ཁོང་ཁྲོས་སྔོན་གྱི་དགེ་བ་མང་པོ་ཐལ་བར་རློག་པའི་ཕྱིར་དང་། གལ་ཏེ་བྱ་བ་དེ་དག་ཕྱིར་བཅོས་སུ་ཡོད་ན་ནི་མི་དགའ་བ་ག་ལ་དགོས་ཏེ་མི་དགའ་བའི་བློ་བསམ་པ་དེ་སྲིད་ཀྱི་ཡུན་ཡང་མི་དགའ་བ་དོར་ནས་སླར་འཆོས་པར་རིགས་ཤིང་དེས་འགྲུབ་པའི་ཕྱིར། གལ་ཏེ་ཕྱིར་

བཅོས་སུ་མེད་ན་ནི་མི་དགའ་བ་བྱས་པས་ཅི་ཞིག་ཕན་ཏེ་སེམས་མི་དགའ་བ་ཙམ་ལྟ་ཞོག་བདག་ཉིད་མེར་མཆོངས་སུ་ཟིན་ཡང་བྱ་བ་དེ་ཕྱོག་ཕུ་མེད་པའི་ཕྱིར། དེས་ན་བདག་གིས་ཉེས་པའི་འབྱུང་གནས་ཡིད་མི་བདེ་དང་དུ་མི་བླང་ཞིང་ཕན་ཡོན་རྒྱ་ཆེན་པོ་ཅན་གྱི་དགའ་བའི་སེམས་ལས་གཞན་དུ་གཡོ་བར་མི་བྱའོ། །ཞེས་དམ་བཅའ་བར་བྱའོ། །འདིར་**འགྲེལ་ཆེན་ལས།** འདོད་པ་དང་མི་འདོད་པ་ནི་བདག་དང་བདག་གིར་འཛིན་པ་ལས་བྱུང་བ་སྟེ་བདག་དང་བདག་གི་ལ་འདོད་པ་གྲུབ་པ་ནི་འདོད་པ་སྟེ། དེ་ལས་བཟློག་པ་ནི་མི་འདོད་པའོ། །དེ་ལྟ་བས་ན་དེ་བྱེད་པའམ་དེ་དག་དང་འགལ་བ་བྱེད་པ་ལ་ཞེ་སྡང་སྐྱེ་བར་འགྱུར་རོ། །དེ་ལྟར་ན་ཟས་ནུས་པ་དང་ལྡན་པ་ཡིད་མི་བདེ་བ་ཉིད་ལ་བརྟེན་ནས་སྟོབས་ཡོད་པ་དང་ཞེ་སྡང་གིས་བདག་འཇོམས་སོ་སྙམ་དུ་ངེས་པར་བྱས་ནས་དེ་རྒྱུས་པའི་རྒྱུ་ཉིད་དང་པོར་གཞོམ་པར་བྱའོ། །དེ་བཅོམ་པས་ནི་བདེ་བ་ཉིད་དུ་འགྱུར་ཏེ་དེ་བཅོམ་པའི་ཕྱིར་དང་། རྩ་བ་དང་བཅས་པ་བཅོམ་པ་ནི་སླར་ལྡང་བར་མི་རིགས་པའི་ཕྱིར་རོ། །ཞེས་བྱུང་ངོ་། །

དེས་ན་གང་ལ་བཟོད་པར་བྱ་བ་ནི་སྡུག་བསྔལ་བརྙས་དང་ཚིག་རྩུབ་དང་མི་སྙན་པ་སྟེ་བཞི་པོ་བདག་གམ་བདག་གི་བཤེས་ལ་མི་འདོད་པ་དང་དགྲ་ལ་དེ་ལས་ཟློག་པའོ། །ཞེས་དེ་བཞི་དགྲ་ལ་བྱུང་བ་ལ་དགའ་བ་རྣམས་ཚར་བཅད་དེ་དེ་དག་གིས་སེམས་མི་གཡོ་བར་བྱ་བའོ། །

ལྔ་པ་མི་འདོད་པ་ལ་མི་དགའ་བའི་རྟོག་པ་གཞོམ་པ་ནི་(༢༧༧བ)གསུམ་སྟེ། བདག་ཉིད་ལ་ཉེས་པ་བྱེད་པ་ལ་མི་དགའ་བ་དོར་བ་གསུམ། བདག་གི་བ་ལ་ཉེས་པ་བྱེད་པ་ལ་མི་དགའ་བ་དོར་བ་གཉིས། བདག་གི་དགྲ་ལ་ལེགས་པ་བྱེད་པ་ལ་མི་དགའ་བ་དོར་བ་གསུམ་མོ། །དང་པོ་(བདག་ཉིད་ལ་ཉེས་པ་བྱེད་པ་ལ་མི་དགའ་བ་དོར་བ་གསུམ་)ལ་ཡང་། སྡུག་བསྔལ་བྱེད་པ་ལ་མི་དགའ་བ་དོར་བ་གསུམ་དང་། བརྙས་པ་བྱེད་

པ་ལ་མི་དགའ་བ་དོར་བ་གཉིས་ཀྱི། དང་པོ་(སྡུག་བསྔལ་བྱེད་པ་ལ་མི་དགའ་བ་དོར་བ་གསུམ་) ལ། སྡུག་བསྔལ་དང་ལེན་གྱི་བཟོད་པ་དྲུག །ཆོས་ལ་ངེས་པར་རྟོག་པའི་བཟོད་པ་བཞི། གནོད་པ་ལ་ཇི་མི་སྙམ་པའི་བཟོད་པ་གསུམ་བསྟན་པའོ། །སྤྱིར་བཟོད་པ་ཐམས་ཅད་དེ་གསུམ་དུ་འདུ་མོད་ཀྱང་། སྐབས་འདིར་སྒོམ་བདེ་བའི་ཕྱིར་དང་། གཞུང་འདི་གོ་རིམ་སོགས་ལ་ཆེད་དུ་མ་མཛད་པར་རྗེ་རྗེའི་སྒྲ་ལྟ་བུར་གནས་པའི་ཕྱིར་འདི་ལྟར་བཤད་ལ། འགྲེལ་ཆེན་མཁན་པོ་དང་། བི་བྷུ་ཏིས་ནི། ཅི་ལ་བབ་ཀྱང་བདག་གིས་ནི། །ཞེས་པ་ནས་སྡུག་བསྔལ་དང་ལེན་གྱི་བཟོད་པར་འཆད་ཀྱང་། དགེ་བའི་ལྷ་དང་། དཀའ་འགྲེལ་ཆུང་ངུའི་ལུགས་ལྟར་བྱས་པའོ། །དང་པོ་སྡུག་བསྔལ་དང་ལེན་གྱི་བཟོད་པ་ནི་དྲུག་སྟེ། སྡུག་བསྔལ་ངེས་འབྱུང་གི་རྒྱུར་སྟོན་པ། ཐར་པའི་དོན་དུ་བཟོད་པར་བྱ་བ། གོམས་ན་སླ་བར་བསྟན་པ། བརྟགས་ཏེ་བཟོད་པར་བྱ་བ། དེ་ལྟར་བཟོད་ན་དཔའ་བོའི་དམ་པར་བསྟན་པ། སྡུག་བསྔལ་ཕན་ཡོན་ཅན་དུ་བསྟན་པའོ། །

དང་པོ་(སྡུག་བསྔལ་ངེས་འབྱུང་གི་རྒྱུར་སྟོན་པ་)ནི།

བདེ་བའི་རྒྱུ་ནི་རེས་འགའ་འབྱུང་། །
སྡུག་བསྔལ་རྒྱུ་ནི་ཤིན་ཏུ་མང་། །
སྡུག་བསྔལ་མེད་པར་ངེས་འབྱུང་མེད། །
དེ་བས་སེམས་ཁྱོད་བརྟན་པར་མཛོས། [༧༢] །ཞེས་པ་དང་།

གཉིས་པ་(ཐར་པའི་དོན་དུ་བཟོད་པར་བྱ་བ་)ནི།

དཀའ་ཐུབ་དད་དང་ཀརྣ་པ། །
བསྲེགས་དང་བཅད་སོགས་ཚོར་བ་ནི། །
དོན་མེད་བཟོད་བྱེད་ཐར་པ་ཡི། །
དོན་དུ་བདག་ཀོ་ཅི་ཕྱིར་སྐྲར། [༧༣] །ཞེས་པ་དང་།

གསུམ་པ་(གོམས་ན་སླ་བར་བསྟན་པ་)ནི།

སོམས་ན་སླ་བར་མི་འགྱུར་བའི། །
དངོས་དེ་གང་ཡང་ཡོད་མ་ཡིན། །
དེ་བས་གནོད་པ་ཆུང་གོམས་པས། །
གནོད་པ་ཆེན་པོའང་བཟོད་པར་བྱ། [༧༨] །

ཞེས་གསུངས་ཏེ། དེ་ཡང་འདིར་འཇིག་རྟེན་(༡༧༢ན)པ་ལ་གྲགས་པའི་བདེ་བའི་རྒྱུ་ནི་བསོད་ནམས་ཀྱི་ལས་ཡིན་ལ། དེ་ནི་གསོག་པ་ལ་བལྟོས་ཤིང་དེ་ཡང་དགེ་བའི་བློ་ལ་རག་ལས་ལ། འཇིག་རྟེན་ན་དགེ་བའི་བློ་ནི་ཤིན་ཏུ་སྐྱེ་བ་དཀོན་པའི་ཕྱིར་བདེ་བའི་རྒྱུ་ནི་བརྒྱ་ལམ་ན་ལན་རེ་འབྱུང་བར་ཟད་ལ། སྡུག་བསྔལ་གྱི་རྒྱུ་ནི་སྡིག་པ་ཡིན་པའི་ཕྱིར་དེ་ནི་སེམས་ཅན་རྣམས་རྟག་ཏུ་སྤྱོད་པས་ཤིན་ཏུ་མང་སྟེ་དེའི་ཕྱིར་སྡུག་བསྔལ་ནི་ཆེས་མང་བས་འདི་ལ་བཟོད་པར་བྱ་བ་ཤིན་ཏུ་གལ་ཆེའོ། །ཡང་དག་པར་ན་འཁོར་བ་པ་རྣམས་བདེ་བར་འཛིན་པ་འདི་དག་ཡང་བདེ་བ་མ་ཡིན་ཏེ་འགྱུར་བའི་སྡུག་བསྔལ་ཡིན་པའི་ཕྱིར་དང་། ཕུང་པོ་དང་ཁམས་དང་སྐྱེ་མཆེད་ལྡན་པ་ཙམ་འདི་ཁོ་ན་ནད་དང་འབྲས་དང་ཟུག་རྔུ་ལྟ་བུའི་འདུ་བྱེད་ཀྱི་སྡུག་བསྔལ་ཡིན་ཏེ་ཟག་པ་དང་བཅས་པ་ནི་སྡུག་བསྔལ་ལོ། །ཞེས་གསུངས་ལ། དེ་ལྟར་སྡུག་བསྔལ་གྱི་ཕུང་པོ་སྲིད་པ་གསུམ་འདི་ལས་ཐར་བར་འདོད་པ་ནི་ངེས་འབྱུང་གི་བསམ་པ་ཡིན་ལ། ངེས་འབྱུང་འདི་མེད་ན་ཐར་པའི་རྒྱུ་སྒྲུབ་པའི་བློ་མི་སྐྱེ་བའི་ཕྱིར་ཐར་པ་མེད་ལ། སྡུག་བསྔལ་མེད་ན་དེ་ལས་ཐར་འདོད་ཀྱི་ངེས་འབྱུང་ཡང་མི་སྐྱེ་བའི་ཕྱིར་རོ། །

དཀའ་ཐུབ་ཅེས་སོགས་ལ། སྔོན་ལྷ་རྣམས་ལྷ་མ་ཡིན་ལས་ཕམ་པའི་ཚེ་དབང་ཕྱུག་རི་རབ་ཀྱི་བྱང་ཤར་ན་དཀའ་ཐུབ་སྤྱོད་པ་མཐོང་ནས་འདིས་གྲོགས་བྱས་ན་བདག་ཅག་རྒྱལ་བར་འགྱུར་རོ། །ཞེས་བགྲོས་ཏེ་ལྷ་རྣམས་ཀྱི་འོད་གཅིག་ཏུ་བསྡུས

པས་ལྷ་མོ་ཨུ་མ་ཞེས་བྱ་བ་ཆེས་མཛེས་པ་ཞིག་བྱུང་སྟེ། དེས་དབང་ཕྱུག་ལ་གཡོ་བསྟན་པ་ན་ཅི་ཞིག་ན་མིག་ཟུར་ཙམ་བལྟས་པ་དང་སྐར་ཤ་དྲུག་གིས་ཕོ་བཙུ་གཉིས་རེག་པས་དབང་ཕྱུག་ཆགས་ཏེ་ཁྲོ་ཤུག་ཏུ་གྱུར་པར་ཕྱི་རོལ་པ་ལ་གྲགས་ལ། ནང་པའི་རྒྱུད་དག་ལས་ཀྱང་། དེ་གཉིས་ལས་ནག་པོ་ཆེན་པོ་དང་དཔལ་ལྷ་མོ་སྐྱེས་ཏེ་ནག་པོ་ཆེན་པོས་བེང་དྲིལ་བ་དང་ལྷ་མོའི་ལྟེ་བ་ལ་ལྷའི་ཇོང་བཅས་པས་ལྷ་མིན་བཅོམ་མོ། །ཞེས་བཤད་ལ། དེའི་དཀའ་ཐུབ་ཟློག་པའི་ཕྱིར་ཨུ་མ་ལ་དཀའ་ཐུབ་ཟློག་མ་ཞེས་གྲགས་ལ། དེ་མགུ་ན་ཐར་པ་འཐོབ་(༡༧༢བ)བོ་ཞེས་བྱ་བའི་ལོག་པའི་གདན་ཚིགས་ལས་ཕྱི་རོལ་པ་དག་དེ་མཆོད་པའི་ཕྱིར་ཡན་ལག་ལ་སོགས་པ་སྲེག་པ་ཞིག་སྟེ། **དཀའ་འགྲེལ་ཆུང་ངུར།** དཀའ་ཟློག་ནི་དབང་ཕྱུག་ཆེན་པོའི་ཆུང་མ་སྟེ་ཨུ་མའོ། །ལྷ་ཐམས་ཅད་ཀྱིས་ཨུ་མ་སྤྲུལ་ནས་དབང་ཕྱུག་ཆེན་པོ་དཀའ་ཐུབ་ལས་ཟློག་གོ་ཞེས་གྲགས་སོ། །ཞེས་དང་། **དགེ་བའི་ལྷས།** དཀའ་ཟློག་སོགས་ནི་ལག་པ་ལ་སོགས་པ་ཐར་པའི་དོན་དུ་སྲེག་པ་དང་། ཞེས་དང་། **བི་ཏྟུ་ཏིས།** ལྷ་མོ་ཙཎྜི་ཀའི་བུ་ནི་ས་ཚེ་གུ་ཆེན་པོ་ལ་ལྟོགས་ཉལ་བྱས་ཏེ་ར་ལུ་འབྲིག་པ་དང་གཅོད་པ་ལ་སོགས་པ་བྱེད་དོ། །ཞེས་དང་། **དཀའ་འགྲེལ་ཆེན་མོར།** གཏུམ་མོ་དད་དང་སོགས་ལ་གཏུམ་མོའི་བུ་ནི་གཏུམ་མོའི་བུ་སྟེ་སྟོན་ཟླ་འབྲིང་པོའི་ཚེས་དགུའི་དུས་ལ་སོགས་པར་ཞག་གཅིག་ཏུ་གསོ་སྦྱོང་བྱས་ནས་ལུས་སྲེག་པ་དང་གཅོད་པ་དང་འབིགས་པར་བྱེད་པའི་སྡུག་བསྔལ་ཚོར་བ་འབྲས་བུ་མེད་པ་ཉམས་སུ་མྱོང་བར་བྱེད་དོ། །ཞེས་བྱུང་སྟེ། གཏུམ་མོ་ནི་མིང་གི་རྣམ་གྲངས་དང་ཙཎྜི་ཀ་ནི་དེའི་སཾསྐྲི་ཏའི་སྐད་དོ། །ཀཱརྟ་ཊ་པ་ཞེས་བྱ་བ་ནི། རྒྱ་གར་ལྷོ་ཕྱོགས་ཀྱི་ཡུལ་ཞིག་སྟེ་དེ་ན་སྟོན་གྱི་ལོག་པའི་གྲགས་པ་ཞིག་རྒྱུ་མཚན་དུ་བྱས་པ་ལས་མཐོ་རིས་སུ་སྐྱེ་བའི་ཕྱིར་དང་། གཞན་དག་གིས་དེའི་མིང་ཐོག་མར་བྲིས་ཏེ་མཆོད་པར་བྱེད་པས་ན་དེའི་གྲགས་པ་འདོད་པའི་ཕྱིར་ཟླ་བ་གཟས་ཟིན་པའི་ཚེ་ཕན་ཚུན་དུ་

མགོ་གཅོད་པར་བྱེད་པ་ཞིག་སྟེ། **བི་ཧྲུ་ཏིས།** ཡུལ་ཀརྞ་ཊར་སྐྱེས་པ་རྣམས་རང་གི་མིང་གཞན་གྱིས་ཐོག་མར་བྲི་བའི་ཕྱིར་ཕན་ཚུན་དུ་ཁྱེངས་པས་དགོས་པ་མེད་པར་སྡུག་བསྔལ་སྨྱོང་བར་བྱེད་དོ། །ཞེས་དང་། **འགྲེལ་ཆེན་ལས།** དེ་བཞིན་དུ་ཡུལ་ཀརྞ་ཊ་པ་ལ་སོགས་པར་བྱུང་བ་ལྷོ་ཕྱོགས་ཀྱི་རྒྱུད་དུ་གོང་མའི་མིང་འབྲི་བ་ཙམ་གྱི་ང་རྒྱལ་གྱིས་ཕན་ཚུན་དུ་འགྲན་པར་བྱེད་པའི་བྱེད་པ་དུ་མས་སྡུག་བསྔལ་ཉམས་སུ་སྨྱོང་ཞིང་སྲོག་ཀྱང་འདོར་བར་བྱེད་ན་ཞེས་སོ། །དེ་ལྟར་དོན་མེད་པའི་སྡུག་བསྔལ་དེ་ལྟ་བུ་ཡང་བཟོད་པར་བྱེད་པ་དག་ཡོད་ན་བདག་གིས་དོན་ཆེན་པོ་བླ་ན་མེད་པའི་བྱང་ཆུབ་དང་སེམས་(༢༧༣ན)ཅན་ཐམས་ཅད་ཀྱི་དོན་དུ་ཅིའི་ཕྱིར་མི་བཟོད་དེ་རྒྱུ་མཚན་དེ་དག་བསམས་ནས་སྡུག་བསྔལ་མི་བཟོད་པའི་སྐར་མ་ཕ་སྐྱེས་ལྟ་བུའི་བློ་དོར་ཞིག་པའོ། །

གོམས་ན་སོགས་ལ། **དཀའ་འགྲེལ་ཆེན་མོར།** སྡུག་བསྔལ་ཆུང་དུ་བཟོད་ཀྱང་མགོ་བོ་གཅོད་པ་སོགས་ཇི་ལྟར་བཟོད་ཅེ་ན། གོམས་ན་ཞེས་སོགས་ཏེ་དེ་ལ་སྡུག་བསྔལ་ཆུང་དུ་ལ་གོམས་པ་སྔོན་དུ་བཏང་ན་དཀའ་བ་ཤིན་ཏུ་དཀའ་བ་ལ་ཡང་གོམས་པར་འགྱུར་ཏེ། དཔེར་ན། གོམས་པའི་དབང་གིས་སེམས་ཅན་རྣམས་སྡུག་བསྔལ་ལ་བདེ་བར་འདུ་ཤེས་པ་བཞིན་དུ་སྡུག་བསྔལ་བྱུང་བ་ཐམས་ཅད་ལ་བདེ་བའི་འདུ་ཤེས་གནས་པ་གོམས་པར་བྱས་པས་བདེ་བའི་འདུ་ཤེས་ཉིད་དུ་ཉེ་བར་གནས་པར་འགྱུར་ལ། དེའི་རྒྱུ་མཐུན་གྱི་འབྲས་བུ་ཆོས་ཐམས་ཅད་ལ་བདེ་བར་འགྲོ་བའི་ཏིང་ངེ་འཛིན་འཐོབ་སྟེ། **ཡབ་སྲས་མཇལ་བ་ལས།** བཅོམ་ལྡན་འདས་ཆོས་ཐམས་ཅད་ལ་བདེ་བར་འགྲོ་བ་ཞེས་བྱ་བའི་ཏིང་ངེ་འཛིན་མཆིས་ཏེ། དེ་གང་གིས་ཐོབ་པའི་བྱང་ཆུབ་སེམས་དཔའ་དམིགས་པའི་དངོས་པོ་ཐམས་ཅད་ལ་བདེ་བའི་ཚོར་བ་ཤ་སྟག་སྨྱོང་བར་འགྱུར་ཞིང་སྡུག་བསྔལ་གྱི་ཚོར་བ་ཡང་མི་སྨྱོང་སྡུག་བསྔལ་ཡང་མ་ལགས་བདེ་བ་ཡང་མ་ལགས་པའི་ཚོར་བ་ཡང་མི་སྨྱོང་སྟེ། དེ་

ལ་སེམས་ཅན་དམྱལ་བའི་གནོད་པ་ནས་ཀུན྄་པ་ཊ་ཙམ་དུ་བཏུབས་སམ་འབྲས་ཕྱི་ལྟར་བཙོས་སམ་སླང་པོ་ཆེ་རྣམས་ཀྱིས་མཉེས་ཀྱང་བདེ་བའི་འདུ་ཤེས་འཇུག་གོ། །ཞེས་ལུང་དང་བཅས་ཏེ་བཤད་དོ། །

འོ་ན་སྡུག་བསྔལ་བདེ་བར་འཆར་བར་འགྱུར་ན་དེ་འཁོར་བའི་བདེ་བར་འཆར་རམ། མྱ་ངན་ལས་འདས་པའི་བདེ་བར་འཆར། དང་པོ་ལྟར་ན། སྲིད་པ་ན་བདེ་བ་མེད་པ་དང་འགལ། ཕྱི་མ་ལྟར་ན། སོ་སྐྱེས་དེ་ཉམས་སུ་བླང་མི་ནུས་པར་འགྱུར་རོ་ཞེ་ན། ཟག་བཅས་སྡུག་བསྔལ་དུ་བཤད་པ་ཡང་ཐེག་པ་ཐུན་མོང་གི་སྐབས་སུ་ཡིན་གྱི་ཐེག་ཆེན་ཐུན་མོང་མ་ཡིན་པའི་ཚེ་ལྟ་བའི་སྐབས་སུ་སྡུག་བསྔལ་དང་བདེ་བ་གང་ཡང་དམིགས་སུ་མེད་ལ། སྒོམ་པའི་ཚེ་(༢༧༣བ)བདེ་བ་དང་སྡུག་བསྔལ་དང་བཏང་སྙོམས་གང་དུ་བསྒོམས་པ་དེར་འཆར་ཞིང་། སྤྱོད་པའི་ཚེ་རྒྱལ་པོ་ནམ་མཁས་རྒྱལ་སྲིད་ནས་ཡན་ལག་དང་དབང་པོ་རྣམས་དང་པགས་པ་དང་ཤའི་བར་དུ་ཕྱིན་པས་བསམ་པ་ཡོངས་སུ་རྫོགས་ཏེ་དགའ་བ་རྒྱ་ཆེན་པོ་ཐོབ་པ་ལྟར་གཞན་དོན་དུ་གྱུར་ན་ཅི་ལྟ་བུ་ཡང་བདེ་བའི་མཆོག་ཏུ་འདུ་ཤེས་པ་སྟེ་བདེ་སྡུག་ནི་འཛིན་སྟངས་ལས་སོ་སོར་འདུ་ཤེས་པར་ཟད་ཀྱི་ངོ་བོ་ཉིད་ཀྱིས་བདེ་བའམ་སྡུག་བསྔལ་བ་དེ་དང་དེར་གནས་པ་ཞིག་ནི་ཡོད་པ་མ་ཡིན་ནོ། །དེ་བས་ན་འཁོར་བ་པ་རྣམས་སྡུག་བསྔལ་དུ་འཛིན་པ་ལུས་ཀྱི་ན་ཚ་དང་སེམས་ཀྱི་ཟུག་རྔུ་འདི་དག་ལའང་འདི་ནི་སྡུག་བསྔལ་ལོ་ཞེས་ཞེན་པར་མི་བྱ་བར་བདེ་བ་དང་བཏང་སྙོམས་དང་སྟོང་པ་སོགས་སྣ་ཚོགས་པར་བལྟས་ཏེ་སྦྱངས་པས་དེ་དང་དེར་འཆར་བར་འགྱུར་རོ། །

བཞི་པ་བརྟགས་ཏེ་བཟོད་པར་བྱ་བ་ནི།

སྤྲུལ་དང་ཤ་སྦྲང་དག་དང་ནི། །
བཀྲེས་སྐོམ་ལ་སོགས་ཚོར་བ་དང་། །

གཡན་པ་ལ་སོགས་བཅས་པ་ཡི། །
དོན་མེད་སྡུག་བསྔལ་ཅིས་མ་མཐོང་། །༧༥།
ཚ་གྲང་ཆར་དང་རླུང་སོགས་དང་། །
ནད་དང་འཆིང་དང་བརྡེག་སོགས་ལ། །
བདག་གིས་གཟེ་རེག་མི་བྱ་སྟེ། །
དེ་ལྟར་བྱས་ན་གནོད་པ་འཕེལ། ༧༦།
ལ་ལ་བདག་གི་ཁྲག་མཐོང་ན། །
དཔའ་བརྟན་ལྷག་པར་སྐྱེ་འགྱུར་ཡོད། །
ལ་ལ་གཞན་གྱི་ཁྲག་མཐོང་ན། །
བོག་ཅིང་བརྒྱལ་བར་འགྱུར་བ་ཡོད། ༧༧།
དེ་ནི་སེམས་ཀྱི་ངང་བརྟན་དང་། །
སྔར་མའི་ཚུལ་ལས་གྱུར་པ་ཡིན། །
དེ་བས་གནོད་པ་ཁྱད་བསད་ཅིང་། །
སྡུག་བསྔལ་རྣམས་ཀྱིས་མི་ཚུགས་བྱོས། ༧༨།
མཁས་པས་སྡུག་བསྔལ་བྱུང་ཡང་ནི། །
སེམས་ཀྱིས་རབ་ཏུ་རྙོག་མི་བྱ། །

ཞེས་གསུངས་ཏེ། དེ་ལ་ཡང་དང་པོས་དོན་མེད་ཀྱི་སྡུག་བསྔལ་ལ་བསམས་ཏེ་དོན་ལྡན་གྱི་སྡུག་བསྔལ་བཟོད་པར་བྱ་བ་དང་། གཉིས་པས་གཟེ་རེག་མི་བྱ་བ་དང་། ཚིག་རྐང་དྲུག་གིས་དཔའ་བ་དང་སྔར་བའི་དཔེ་བསྟན་པ་དང་། དེ་ནས་གཅིག་གིས་དོན་བསྡུས་ཏེ་གདམས་པའོ། །(༢༧༨ན)

དེ་ཡང་དྲག་སྦྱིལ་དང་དྲག་སྦྲང་སོགས་དུས་ཀྱི་རྗེས་སུ་འབྲང་བའི་སྲོག་ཆགས་ཀྱིས་ལུས་ལ་ཟོས་པའི་སྡུག་བསྔལ་དང་། བཀྲེས་སྐོམ་སོགས་འཚོ་བའི་ཡོ་

བྱེད་མ་ཚང་བའི་སྡུག་བསྔལ་དང་། གཡན་པ་ལ་སོགས་པ་ནད་ཀྱི་སྡུག་བསྔལ་རྣམས་དབང་མེད་དུ་སྤྱོད་ཞིང་མི་བཟོད་མཐུ་མེད་པ་མཐོང་བ་ལ་བསམས་ནས་ཆོས་ཀྱི་ཕྱིར་སྡུག་བསྔལ་ཅི་བྱུང་ཡང་བཟོད་པར་བྱ་ཞིང་རི་རབ་རླུང་གིས་མི་བསྐྱོད་པ་ལྟར་བདག་དང་བདག་གི་ལ་གཅིས་སྤྲས་སུ་འཛིན་པའི་གཞི་རིག་སྤངས་ཏེ་རྐྱེན་ཅིས་ཀྱང་སེམས་མི་གཡོ་བར་བྱ་ལ། གཞི་རིག་དང་བཟོད་སྲན་གཉི་གའང་གོམས་པའི་རྩ་བ་ཅན་ཏེ་དེས་ན་གཞི་རིག་གོམས་པ་ལས་ལྡོག་སྟེ་བཟོད་སྲན་ལ་གོམས་པར་བྱའོ། །

འཇིག་རྟེན་ན་ཡང་སྐར་མ་དག་ནི་གཡུལ་ངོར་གཞན་ལ་ཁྲག་བྱུང་བ་མཐོང་བས་བརྒྱལ་འགོག་ཏུ་འགྱུར་ལ། དཔའ་བ་དག་ནི་བདག་ཉིད་ལ་རྨ་བྱུང་ན་ལྷག་པར་ཞེ་སྡང་གིས་དཔའ་བའི་བློ་སྐྱེས་ཏེ་རྨ་ལ་ཇི་མི་སྙམ་པར་ཕ་རོལ་འཇོམས་པ་ཡོད་དེ། སེམས་ངང་གིས་བརྟན་པ་དང་སྐར་བ་དེ་ཡང་སྐྱེ་བ་གཞན་དང་གཞན་དག་ནས་དཔའ་བ་ལ་གོམས་པ་དང་སྐར་བ་ལ་གོམས་པའི་ཁྱད་པར་ཡིན་ནོ། །དེས་ན་གནོད་པ་དང་སྡུག་བསྔལ་ཐམས་ཅད་ལ་ཅི་སྙམ་དུ་མི་འཛིན་པར་ཁྱད་དུ་བསད་དེ། ཅིས་ཀྱང་སེམས་མི་གཡོ་བར་བྱ་ཞིང་ལུས་ཀྱིས་སྡུག་བསྔལ་སྤྱོད་ཡང་སེམས་བཟོད་པས་དང་བར་བྱའི་ཞེ་སྡང་གིས་རྙོག་པར་མི་བྱའོ། །

ལྔ་པ་(དེ་ལྟར་བཟོད་ན་དཔའ་བོའི་དམ་པར་བསྟན་པ་)ནི།

ཉོན་མོངས་རྣམས་དང་གཡུལ་འགྱེད་ལ། །
གཡུལ་འགྱེད་ཚེ་ན་གནོད་པ་མང་། ༡༩ །
སྡུག་བསྔལ་ཐམས་ཅད་ཁྱད་བསད་ནས། །
ཞེ་སྡང་ལ་སོགས་དགྲ་འཇོམས་པ། །
དེ་དག་རྒྱལ་བྱེད་དཔའ་བོ་སྟེ། །
ལྷག་མ་རོ་ལ་གསོད་པའོ། ༢༠ །

ཞེས་གསུངས་ཏེ། དགྲ་བོ་དཔུང་ཆེན་པོ་དང་གཡུལ་འགྱེད་པ་ན་ནན་ཏན་གྱིས་སྲིམ་དགོས་པ་ལྟར་འཁོར་བའི་རྩ་བ་ཉོན་མོངས་པ་དང་གཡུལ་འགྱེད་པ་ལ་ནི་ཤིན་ཏུ་སྲིམ་དགོས་ལ། དེའི་ཚེ་ན་ལུས་སེམས་ལ་གནོད་པའི་རྣམ་པ་མང་དུ་འབྱུང་མོད་ཀྱི་དེ་ལ་ཅིར་ཡང་མི་སྙམ་པས་(༡༧༤བ)ཁྱད་དུ་བསད་དེ། བདག་རྒྱུད་ཀྱི་ཉོན་མོངས་འཇོམས་པ་དེ་ནི་སྲིད་པ་གསུམ་ལས་འདས་པའི་དཔའ་བོ་ཡིན་ཏེ་འཇིག་རྟེན་ན་རང་བཞིན་གྱིས་འཆི་བའི་མི་ལ་སོགས་པ་གསོད་པ་དེ་ནི་ཤི་བའི་རོ་ལ་མཚོན་འདེབས་པ་ལྟར་ཟད་ཀྱི་དཔའ་བོར་བརྗོད་མི་རིགས་སོ། །

དྲུག་པ་(སྡུག་བསྔལ་ཕན་ཡོན་ཅན་དུ་བསྟན་པ་)ནི།

གཞན་ཡང་སྡུག་བསྔལ་ཡོན་ཏན་ནི། །
སྐྱོ་བས་དྲེགས་པ་སེལ་བར་བྱེད། །
འཁོར་བ་པ་ལ་སྙིང་རྗེ་སྐྱེ། །
སྡིག་ལ་འཛེམ་ཞིང་དགེ་ལ་དགའ། ༡༧ །

ཞེས་གསུངས་ཏེ། སྡུག་བསྔལ་འདི་ནི་ཕན་ཡོན་ཆེན་པོ་ཅན་ཏེ་སེམས་སྐྱོ་བའི་དབང་གིས་ང་རྒྱལ་གྱི་དྲེགས་པ་སེལ་བ་དང་གཞན་ལ་སྙིང་རྗེ་སྐྱེ་བ་དང་། དེའི་རྒྱུ་སྡིག་པར་ཤེས་ཤིང་བདེ་བའི་རྒྱུ་དགེ་བར་ཤེས་ནས་བླང་དོར་ཚུལ་བཞིན་དུ་བྱེད་པར་འགྱུར་བའི་ཕྱིར་རོ། །

གཉིས་པ་ཆོས་ལ་ངེས་པར་སེམས་པའི་བཟོད་པ་ལ་བཞི། ཉོན་མོངས་ཀྱི་དབང་གིས་ཕ་རོལ་ལ་རང་དབང་མེད་པར་བསྟན་པ། རང་དབང་གི་གཙོ་བོ་སོགས་འགོག་པ། སྒྱུ་མ་ལྟ་བུ་ཡིན་ན་ཁྲོ་བ་ཟློག་མི་རིགས་པའི་རྩོད་པ་སྤང་བ། དོན་བསྡུ་བའོ། །

དང་པོ་(ཉོན་མོངས་ཀྱི་དབང་གིས་ཕ་རོལ་ལ་རང་དབང་མེད་པར་བསྟན་པ་)ནི།

མཁྲིས་པ་ལ་སོགས་སྡུག་བསྔལ་གྱི། །

འབྱུང་གནས་ཆེ་ལ་མི་ཕྲ་བར། །
སེམས་ཡོད་རྣམས་ལ་ཅི་སྟེ་ཁྲོ། །
དེ་དག་ཀུན་ཡང་རྐྱེན་གྱིས་བསྐུལ། ༢༢ །
དཔེར་ན་མི་འདོད་བཞིན་དུ་ཡང་། །
ནད་འདི་འབྱུང་བར་འགྱུར་བ་ལྟར། །
དེ་བཞིན་མི་འདོད་བཞིན་དུ་ཡང་། །
ནན་གྱིས་ཉོན་མོངས་འབྱུང་བར་འགྱུར། ༢༣ །
ཁྲོ་བར་བྱ་ཞེས་མ་བསམས་ཀྱང་། །
སྐྱེ་བོ་རྣམས་ནི་གྱི་ནར་ཁྲོ། །
བསྐྱེད་པར་བྱ་ཞེས་མ་བསམས་ཀྱང་། །
ཁྲོ་བ་དེ་བཞིན་སྐྱེ་བར་འགྱུར། ༢༤ །
ཉེས་པ་ཇི་སྙེད་ཐམས་ཅད་དང་། །
སྡིག་པ་རྣམ་པ་སྣ་ཚོགས་པ། །
དེ་ཀུན་རྐྱེན་གྱི་སྟོབས་ལས་བྱུང་། །
རང་དབང་ཡོད་པ་མ་ཡིན་ནོ། ༢༥ །
རྐྱེན་རྣམས་ཚོགས་པ་དེ་དག་ཀྱང་། །
བསྐྱེད་པར་བྱ་ཞེས་སེམས་པ་མེད། །
དེས་བསྐྱེད་དེ་ཡང་བདག་སྐྱེད་ཅེས། །
སེམས་པ་ཡོད་པ་མ་ཡིན་ནོ། ༢༦ །

ཞེས་གསུངས་ཏེ། དང་པོས་རྐྱེན་ལ་(༢༧༥ན)རག་ལས་པར་བསྟན། དེ་ནས་གཉིས་ཀྱིས་དཔེ་དང་སྦྱར་ཏེ་བསྒྲུབས། གཅིག་གིས་གནོད་བྱེད་ལ་རང་དབང་མེད་པར་བསྟན། ཐ་མས་རྐྱེན་དེ་དག་ཀྱང་སེམས་པ་མེད་པར་བསྟན་པའོ། །

དེ་ཡང་ནྱུང་མཁྲིས་བད་ཀན་གྱིས་དཀྲུགས་པ་དང་སྐྱེས་བུས་མཚོན་ཆ་བརྒྱབ་པ་གཉིས་སྡུག་བསྔལ་གྱི་རྒྱུར་མཚུངས་པ་ལས་མཁྲིས་སོགས་ལ་མི་ཁྲོ་བར་སྐྱེས་བུ་ལ་ཅིའི་ཕྱིར་ཁྲོ། དེ་གཉི་གའང་རྐྱེན་གྱིས་བསྐུལ་བར་མཚུངས་ཏེ་མཁྲིས་སོགས་ཀྱང་ཟས་སྤྱོད་དང་དུས་ལ་སོགས་པས་བསྐྱེད་པ་ལྟར་སྐྱེས་བུའི་ཁྲོ་བ་ཡང་ཚུལ་མིན་ཡིད་བྱེད་ཀྱིས་བསྐྱེད་པའི་ཕྱིར། དེས་ན་རྒྱུ་རྐྱེན་ཚོགས་ན་མཁྲིས་སོགས་དབང་མེད་དུ་སྐྱེ་བ་ལྟར་རྒྱུ་རྐྱེན་ཚོགས་པ་ན། སྐྱེས་བུ་ལ་དབང་མེད་པར་ཁྲོ་བ་འབྱུང་བ་ཡིན་གྱི་བདག་གིས་ནི་འདི་ལ་ཁྲོ་བར་བྱའོ། །ཞེས་བསམས་བཞིན་དུ་བསྐྱེད་པ་མ་ཡིན་ལ་ཁྲོ་བའི་རྐྱེན་ཚུལ་མིན་ཡིད་བྱེད་དང་གནོད་པར་འཛིན་པ་སོགས་ཀྱང་བདག་ཅག་གིས་ཁྲོ་བ་བསྐྱེད་པར་བྱའོ། །ཞེས་མི་སེམས་ཤིང་ཁྲོ་བ་དེ་ཡང་བདག་གིས་བདག་མི་ཤེས་མོད་ཀྱི་རྒྱུ་རྐྱེན་ཚོགས་པས་གནས་སྐབས་གཞན་དུ་སྣང་བ་ཙམ་ཞིག་སྟེ་དེ་དག་སོ་སོ་ཡང་བདག་གིས་བདག་མི་རིག་ཅིང་སེམས་པ་མེད་དེ་རྒྱུ་རྐྱེན་གྱི་གཞན་དབང་ལ་བལྟོས་པ་པོ་ནའོ། **།འགྲེལ་ཆེན་ལས་ནི།** དེ་ལྟ་བས་ན་ཆོས་ཐམས་ཅད་ལ་བྱེད་པ་མེད་པའི་ཕྱིར། འདི་ཡོད་པས་འདི་འབྱུང་ལ་འདི་སྐྱེས་པས་འདི་སྐྱེ་བའི་ཕྱིར། འགྲོ་བ་འདི་ནི་རྐྱེན་ལས་བྱུང་བ་ཙམ་སྟེ་འདིར་འགའ་ཡང་རང་དབང་ཅན་དུ་འབྱུང་བ་མེད་དོ། །ཞེས་སོ། །

གཉིས་པ་(རང་དབང་གི་གཙོ་བོ་སོགས་འགོག་པ་)ནི།

གཙོ་བོ་ཞེས་བྱར་གང་འདོད་དང་། །
བདག་ཅེས་བཏགས་པ་གང་ཡིན་པ། །
དེ་ཉིད་བདག་ནི་འབྱུང་བྱ་ཞེས། །
ཆེད་དུ་བསམས་ཤིང་འབྱུང་བ་མེད། [༢༧] །
མ་སྐྱེས་པར་ནི་དེ་མེད་ན། །
དེ་ཚེ་སྐྱེ་བར་འདོད་པ་གང་། །

ཡུལ་ལ་རྟག་ཏུ་གཡེངས་འགྱུར་བས། །
འགག་པར་འགྱུར་བ་མ་ཡིན་ནོ། ༢༨ །
ཅི་སྟེ་བདག་དེ་རྟག་ན་ནི། །
མཁའ་བཞིན་བྱེད་པ་མེད་པར་མངོན། །
རྐྱེན་གཞན་རྣམས་དང་ཕྲད་ན་ཡང་། །
འགྱུར་བ་མེད་(༢༧༥བ)ལ་ཅི་བྱར་ཡོད། ༢༩ །
བྱེད་པའི་ཚེ་ཡང་སྔོན་བཞིན་ན། །
བྱེད་པས་དེ་ལ་ཅི་ཞིག་བྱས། །
དེ་ཡི་བྱེད་པ་འདི་ཡིན་ཞེས། །
འབྲེལ་བར་འགྱུར་བ་གང་ཞིག་ཡོད། ༣༠ །
དེ་ལྟར་ཐམས་ཅད་གཞན་གྱི་དབང་། །
དེ་ཡི་དབང་གིས་དེ་དབང་མེད། །
དེ་ལྟར་ཤེས་ན་སྤྲུལ་ལྟ་བུའི། །
དངོས་པོ་ཀུན་ལ་ཁྲོ་མི་འགྱུར། ༣༡ །

ཞེས་གསུངས་ཏེ། དེའི་དང་པོ་གཉིས་ཀྱིས་གྲངས་ཅན་པའི་འདོད་པ་བཀག །དེ་ནས་གཉིས་ཀྱིས་རིགས་པ་ཅན་པ་བཀག །ཐ་མས་དོན་བསྡུས་པའོ། །

དེ་ཡང་། གཙོ་བོ་ཞེས་བྱར་གང་འདོད་དང་། །བདག་ཅེས་བཏགས་པ་གང་ཡིན་པ། །ཞེས་པ་ནི་གྲངས་ཅན་པས་རྡུལ་མུན་སྙིང་སྟོབས་ཆ་མཉམ་པ་ལ་གཙོ་བོ་ཞེས་རྣམ་འགྱུར་ཉེར་གསུམ་གྱི་བྱེད་པ་པོ་མཐོང་བའི་ཡུལ་མིན་པ་བེམ་པོ་དང་། བདག་ཤེས་རིག་གི་སྐྱེས་བུ་ཞེས་བྱ་བ་རྣམ་འགྱུར་ལ་ལོངས་སྤྱོད་པ་པོ་སེམས་པ་དང་བཅས་ཤིང་དེ་གཉིས་ཀ་རྟག་པ་དང་རྣམ་འགྱུར་རྣམས་ནི་མི་རྟག་པོ་ཞེས་ཀུན་ནས་བཏགས་པ་དེའོ། །

དེ་ཉིད་བདག་ནི་འབྱུང་བྱ་ཞེས། །
ཆེད་དུ་བསམས་ཤིང་འབྱུང་བ་མེད། །
མ་སྐྱེས་པར་ནི་དེ་མེད་ན། །
དེ་ཚེ་སྐྱེ་བར་འདོད་པ་གང་། །
ཡུལ་ལ་རྟག་ཏུ་གཡེངས་འགྱུར་བས། །
འགག་པར་འགྱུར་པ་མ་ཡིན་ནོ། །

ཞེས་པས་དེ་འགོག་པ་སྟེ། རྐྱེན་ལ་རག་ལས་པ་རྣམས་རང་དབང་ཅན་མ་ཡིན་ཡང་གཙོ་བོ་དང་བདག་དེ་རྐྱེན་ལ་མི་ལྟོས་པས་རང་དབང་ཅན་ཡིན་ནོ་ཞེ་ན། ཞེས་གྲངས་ཅན་པའི་དོགས་པ་སྟོན་བསྒྲུས་པ་སྟེ། **དཀའ་འགྲེལ་ཆུང་ངུར།** གལ་ཏེ་རྐྱེན་ལ་རག་ལས་པ་རྣམས་རང་དབང་ཅན་མ་ཡིན་ན་ཡང་གཙོ་བོ་དང་སྐྱེས་བུ་དག་ནི་རྟག་ཅིང་རྐྱེན་ལ་མི་ལྟོས་པས་རང་དབང་ཅན་ཡིན་ནོ། །དེ་ལ་ཡོན་ཏན་གསུམ་ཆ་མཉམ་པའི་རང་བཞིན་ནི་གཙོ་བོ་སྟེ་རང་བཞིན་རྟག་པ་དེ་ཁོ་ན་མ་མཐོང་བའི་བློའི་ཡུལ་ལས་འདས་པ་ནུས་པ་ཐམས་ཅད་དང་ལྡན་པ་ཐེམ་པོའི་རང་བཞིན་ཡིན་ནོ། །མཐོང་བའི་སྤྱོད་ཡུལ་སྒྲ་ལ་སོགས་པ་ནི་དེའི་རྣམ་པར་འགྱུར་(༢༡༧ན)བ་དེས་བསྐྱེད་པ་རེས་འགའ་བ་ཡིན་ནོ། །རང་བཞིན་དང་རྣམ་པར་འགྱུར་བ་དག་ཀྱང་དོན་དམ་པར་གཅིག་པ་ཡིན་ཏེ། དེས་ན་གཙོ་བོ་ལས་བྱུང་བའི་རྣམ་པར་འགྱུར་བ་ནི་རང་ལས་སྐྱེས་པར་འདོད་དོ། །སྐྱེས་བུ་ནི་གང་ཟག་སོ་སོ་ཐ་དད་པ་རིག་པའི་རང་བཞིན་འབྲས་བུ་འགའ་ཡང་སྐྱེད་པར་མི་ནུས་པ་སྟེ་རྟག་ཏུ་ཡུལ་ལ་སེམས་པའོ། །དེ་ཡང་རང་བཞིན་གྱིས་རྟག་པ་དང་གནས་སྐབས་ཀྱི་སྐྱེ་བ་དང་འཇིག་པ་དག་དང་ཡང་མ་འབྲེལ་བར་འདོད་དོ། །དེ་ལ་བདག་ལ་སྡུག་བསྔལ་སྐྱེ་བ་ན་སྡུག་བསྔལ་དེ་ནི་གཙོ་བོ་ལས་བྱུང་བ་གཙོ་བོའི་རྣམ་པར་འགྱུར་བ་ཡིན་ནོ། །དེ་བྱིན་གྱིས་རློབ་པ་པོ་ནི་དགྲ་བོ་ལ་སོགས་པའི་སྐྱེས་བུ་ཡིན་ཏེ་སྐྱེས་

བྱུས་མཆོན་བརྡེག་པ་དང་སྡུག་བསྔལ་སྐྱོང་བར་འདོད་པ་ན་གཙོ་བོས་དེའི་འདོད་པ་དང་མཐུན་པར་གནས་སྐབས་སྐྱེད་པར་བྱེད་དོ། །དེས་ན་གཙོ་བོ་དང་སྐྱེས་བུ་གཞན་ནི་རྐྱེན་ལ་རག་མ་ལས་པར་གནོད་པ་བྱེད་པོ་དང་། སྐྱེས་བུ་ཡང་སེམས་སྔོན་དུ་བཏང་ནས་སྡུག་བསྔལ་བྱེད་པ་དང་། གཙོ་བོ་ཡང་བློ་སྔོན་དུ་བཏང་ནས་གནོད་པ་བྱེད་དོ། །བློ་ནི་འདིར་གཙོ་བོའི་རྣམ་པར་འགྱུར་བ་ཆེན་པོའི་མཚན་ཉིད་ལ་བྱའི་སེམས་པ་ནི་མ་ཡིན་ནོ། །དེས་ན་སྐྱེས་བུ་དང་གཙོ་བོ་ལ་ཁྲོ་བར་རིགས་སོ། །ཞེས་གྲངས་ཅན་པ་དོགས་ན་ཞེས་སྔ་རྒོལ་གྱི་འདོད་པ་བཀོད་དོ། །

དེ་ཡང་གཙོ་བོ་དེ་བདག་ཉིད་འབྱུང་བར་བྱའོ་ཞེས་སམ། བདག་གིས་རྣམ་འགྱུར་བྱའོ་ཞེས་ཆེད་དུ་བསམས་ཤིང་འབྱུང་བ་མེད་དེ་དེ་བེམ་པོ་ཡིན་པའི་ཕྱིར་དང་། རྟག་པ་ཡིན་པའི་ཕྱིར། བདག་ཤེས་རིག་གི་སྐྱེས་བུ་དེ་ཡང་བདག་ཉིད་འབྱུང་བར་བྱའོ། །ཞེས་ཆེད་དུ་བསམས་ཤིང་འབྱུང་བ་མེད་དེ། དེ་རྟག་པ་ཡིན་ལ་རྟག་པ་ནི་དངོས་པོ་མ་ཡིན་པས་ཤེས་པར་མི་རིགས་པའི་ཕྱིར། ཡང་བདག་དང་གཙོ་བོ་དེ་རྒྱུ་རྐྱེན་ལས་སྐྱེས་སམ་མ་སྐྱེས་ཞེས་དྲིའོ། །སྐྱེས་ན་ནི་མི་རྟག་པར་འགྱུར་བས་རྟག་པར་འདོད་པ་དང་འགལ་ཞིང་སྐྱེ་ན་རྒྱུ་རྐྱེན་གཞན་ལས་སྐྱེ་དགོས་པས་གཞན་ལ་མ་(༢༧༨བ)ལྟོས་པའི་རང་དབང་ཅན་དུ་འདོད་པ་དང་ཡང་འགལ་ལོ། །མ་སྐྱེས་པར་འདོད་ན་ནི་དེ་མེད་པར་ཐལ་ཏེ་རྒྱུ་རྐྱེན་ལས་མ་བྱུང་བའི་ངོ་བོ་ཉིད་ཀྱིས་ཡོད་པ་མི་སྲིད་པའི་ཕྱིར། དེ་ལྟར་དཔྱད་པའི་ཚེ་གཙོ་བོ་དང་བདག་ཉིད་མེད་ན་དེ་ལས་རྣམ་འགྱུར་སྐྱེ་བར་འདོད་པ་དང་རྣམ་འགྱུར་དེ་བདག་གིས་སྤྱོད་པར་འདོད་པ་གང་ཡིན་ཏེ་རི་བོང་གི་རྭ་མེད་ན་དེའི་ཐེམ་གཉེར་བགྲང་བ་ལྟ་ག་ལ་ཡོད།

ཡང་བདག་དེ་གཙོ་བོས་བཏང་པའི་རྣམ་འགྱུར་ལ་ལོངས་སྤྱོད་ན་ཡུལ་རྣམ་འགྱུར་ཉེར་གསུམ་པོ་ཐམས་ཅད་ལ་གཅིག་ཆར་དུ་ལོངས་སྤྱོད་པས་བདག་དེ་

རྟག་ཏུ་གཡེངས་པར་འགྱུར་ཏེ། བདག་རྟག་པ་ཡིན་ལ་རྟག་པ་ལ་གནས་སྐབས་གཞན་མི་སྲིད་པའི་ཕྱིར། དེ་འདོད་པར་མི་ནུས་ཏེ་བདག་དེ་མེ་ལ་ལོངས་སྤྱོད་པའི་ཚེ་དེ་ཆུ་ལ་ལོངས་མི་སྤྱོད་ཅིང་ཆུ་ལ་ལོངས་སྤྱོད་པའི་ཚེ་མེ་ལ་མི་སྤྱོད་པ་དང་། བདེ་བའི་ཚེ་སྡུག་བསྔལ་མི་འབྱུང་ལ་སྡུག་བསྔལ་གྱི་ཚེ་བདེ་བ་མི་འབྱུང་བའི་ཕྱིར་དང་། གཟུགས་ཀྱི་ཤེས་པ་འགགས་ནས་སྒྲའི་ཤེས་པ་སྐྱེ་བ་སོགས་སྐྱེ་འགག་ཐམས་ཅད་དེ་ལ་མི་འཐད་པར་འགྱུར་བས་བདག་དེ་གཟུགས་ལ་ལོངས་སྤྱོད་པ་སོགས་རེ་རེ་ཞིང་ནམ་དུའང་འགག་པར་འགྱུར་བ་མ་ཡིན་པར་ཐལ་བའི་ཕྱིར། འདོད་མི་ནུས་ཏེ་ཨུཏྤལ་འཛིན་པ་ན་ཁ་མ་བྱེ་བ་དང་བྱེ་བ་དང་རྒྱས་པ་དང་བཉིངས་པ་དང་ཟེའུ་འབྲུ་འབབ་ཞིག་ལུས་པ་དང་དེ་མ་སྨིན་པ་དང་སྨིན་པ་རྣམས་ཕྱི་མའི་གནས་སྐབས་སྐྱེས་པ་ན་སྔ་མའི་གནས་སྐབས་འགག་ཅིང་དེ་ཉམས་སུ་མྱོང་བའི་ཤེས་རིག་ཀྱང་སྐྱེ་འགག་ཅན་དུ་མངོན་སུམ་གྱིས་ཉམས་སུ་མྱོང་བའི་ཕྱིར་རོ། །ཞེས་པ་ནི་གཞུང་གི་དོན་བཤད་པ་ཡིན་ལ། ཉེས་པ་གཞན་ཡང་མཐོང་སྟེ་གཙོ་བོ་དེ་བེམ་པོ་ཡིན་ན་བློ་སྔོན་དུ་བཏང་ནས་རྣམ་འགྱུར་བྱེད་པར་འགལ་ཏེ་བེམ་པོ་ལ་བློ་མེད་པའི་ཕྱིར་ཏེ་ཕ་བོང་བཞིན་ནོ། །བློ་སྔོན་དུ་བཏང་ནས་རྣམ་འགྱུར་བྱེད་ན་ཤེས་པའམ་གང་ཟག་ཏུ་འགྱུར་ཏེ་སེམས་པ་དང་བཅས་པའི་ཕྱིར། ཡང་རྣམ་འགྱུར་འཚོས་པའི་རྒྱུ་(༢༡༧ན)གང་ཡིན་ཏེ་ཟས་མཁན་གྱིས་ཟས་བཟོ་བ་ལ་འཛེམ་པ་དགོས་པ་ལྟར་རོ། །རང་ཉིད་རྒྱུ་ཡིན་པའི་ཕྱིར་རང་ལ་བྱེད་དོ་ཞེ་ན། ཟས་མཁན་གྱིས་ཀྱང་འཛེམ་པ་ལས་ཟས་མི་བྱེད་པར་བདག་ཉིད་ཟས་ར་བྱེད་པའམ་ཡང་ན་འཛེམ་པ་ཉིད་ཟས་མཁན་དུ་ཐལ་ལོ། །ཡང་དགྲ་བོས་གནོད་པ་བྱེད་པར་འདོད་པ་ན་གཙོ་བོས་དེའི་གྲོགས་བྱས་ཏེ་སྐབས་འབྱེད་ན་གཙོ་བོ་དེ་དེའི་ཐྲན་དུ་འགྱུར་བས་གཙོ་བོར་མི་འཐད་པ་དང་། ཡང་ན་གནོད་པ་བྱེད་པོའི་གྲོགས་བྱེད་པ་ལྟར་གནོད་པ་བྱ་ཡུལ་དེའི་བདག་ལ་གནོད་པར་མི་འདོད་པ་སྐྱེད་པའི་གྲོགས་

ཀྱང་བྱེད་དགོས་ཏེ་རྣམ་འགྱུར་ཐམས་ཅད་སྐྱེད་པ་པོ་ཡིན་པའི་ཕྱིར།

དེ་ལྟར་ན་གནོད་པར་འདོད་མི་འདོད་གཉིས་ཀ་གཙོ་བོས་ཅིག་ཆར་དུ་སྐྱེད་ན་དགྲས་གནོད་པ་བྱེད་འདོད་ཀྱི་བསམ་པ་སྐྱེས་པ་ན་དེའི་འོག་ཏུ་གཙོ་བོས་དེའི་བསམ་པ་བཞིན་དུ་རྣམ་འགྱུར་བྱེད་པར་འགལ་ལོ། །སེམས་པ་མེད་པའི་བློ་ནི་མི་སྲིད་དེ་ཚ་བ་མ་ཡིན་པའི་མེ་མི་སྲིད་པ་ལྟར་རོ། །ཞེས་སོགས་ཀྱིས་ཀྱང་བརྒྱལ་དུ་རུང་ངོ་། **།དཀའ་འགྲེལ་ཆུང་ངུ་ལས་ནི།** བསམ་པ་ནི་འདི་ཡིན་ཏེ་གཙོ་བོ་དང་སྐྱེས་བུ་ལས་གཙོ་བོའི་རང་བཞིན་རྟག་ཀྱང་བདག་ལ་གནོད་པའི་གནས་སྐབས་ཀྱི་རྣམ་པར་འགྱུར་བ་མི་རྟག་པར་ཁྱེད་འདོད་དོ། །སྐྱེས་བུ་ཡང་བདག་ལ་གནོད་པར་འདོད་པའི་སེམས་པའི་གནས་སྐབས་མཚོན་ཆ་རྡེག་པར་སེམས་པ་ལ་སོགས་པའི་མཚན་ཉིད་ནི་རེས་འགའ་བ་དང་སྐྱེ་འཇིག་དང་ལྡན་པར་དམིགས་པས་ཁྱོད་མི་འདོད་ཀྱང་རིགས་པའི་སྟོབས་ཀྱིས་གནས་སྐབས་དེ་སྐྱེ་བ་དང་འཇིག་པ་ཅན་དུ་ཁས་བླང་དགོས་སོ། །

དེས་ན་གཙོ་བོ་ཞེས་བྱར་གང་འདོད་དང་བདག་ཅེས་བཏགས་པ་གང་ཡིན་པ་དེ་དག་གི་གནས་སྐབས་རེས་འགའ་བ་དེ་དག་ཉིད་ཀྱང་བདག་ལ་ཁྱོད་ལ་གནོད་པར་བྱ་བའི་ཕྱིར་འབྱུང་བར་བྱ་ཞེས་རྣམ་པ་དེ་ལྟར་ཆེད་དུ་བསམས་ཤིང་འབྱུང་བ་མེད་དོ། །ཁྱོད་ལ་མི་སྡུག་བྱ་བའི་ཕྱིར་སེམས་སྔོན་དུ་བཏང་ནས་སྐྱེས་པ་ནི་(༢༡༧བ)མ་ཡིན་ནོ། །དེ་ཅིའི་ཕྱིར་ཞེ་ན། མ་སྐྱེས་པར་ནི་དེ་མེད་ན། །ཞེས་སྨོས་ཏེ་ཁྱོད་ལ་གནོད་པའི་གཙོ་བོ་དང་སྐྱེས་བུའི་གནས་སྐབས་དེ་མ་སྐྱེས་པའི་ཚེ་ན་ཡོད་དམ་མེད། གལ་ཏེ་ཡོད་ན་སྐྱེ་བ་དོན་མེད་དོ། །དེ་ལྟར་འདོད་པས་ཐལ་བ་མ་ཡིན་ནོ་སྙམ་ན། རེ་ཞིག་གཙོ་བོས་རྣམ་འགྱུར་མི་སྐྱེད་པར་འདོད་པ་རང་གཞུང་དང་ཡང་འགལ་ལ་མངོན་སུམ་གྱིས་ཀྱང་གནོད་དོ། །སྐྱེས་བུའི་གནས་སྐབས་མི་སྐྱེ་བར་འདོད་པ་ཡང་མངོན་སུམ་དང་རྗེས་སུ་དཔག་པའི་ཚད་མ་དང་འགལ་བ་

དང་ཡུལ་ཉེ་བ་མེད་པར་ཡུལ་དམིགས་པར་མི་འདོད་པས་རང་གི་གཞུང་དང་ཡང་དོན་གྱིས་འགལ་ལོ། །དེས་ན་མ་སྐྱེས་པའི་ཚེ་ཡོད་པ་ནི་མི་རིགས་སོ། །འོན་ཏེ་དེ་མེད་ན་དེའི་ཚེ་སྐྱེ་བར་འདོད་པ་གང་ཞེས་དེའི་ཚེ་སྐྱེ་བར་འདོད་པ་གང་ཡང་མེད་དོ། །ཞེས་སྤྱོང་བའི་ཚིག་གོ། །དཔེར་ན། སྐྱེས་བུ་ཕུགས་ན་གནས་པ་ནི་ཕྱིར་མ་བྱུང་བའི་དུས་ནའང་ཡོད་པས་ད་ཕྱིར་བྱུང་བར་བྱའོ་སྙམ་དུ་འདོད་པར་འགྱུར་གྱི་གཙོ་བོ་དང་སྐྱེས་བུའི་གནས་སྐབས་ཁྱད་པར་རེས་འགའ་བ་དེ་ནི་མ་སྐྱེས་པའི་ཚེ་རི་བོང་གི་རྭ་ལྟར་མེད་པའི་ཕྱིར་ཀོ་བོ་སྐྱེ་བར་བྱའོ་ཞེས་འདོད་པ་མི་སྲིད་དེ་དེ་འདོད་པ་པོ་ཉིད་མེད་པའི་ཕྱིར་རོ། །གལ་ཏེ་གཙོ་བོའི་གནས་སྐབས་ནི་མི་རྟག་པས་རང་དབང་མ་ཡིན་མོད་སྐྱེས་བུ་ནི་རང་བཞིན་ལྟར་གནས་སྐབས་ཀྱང་རྟག་པས་རང་དབང་མེད་པར་བྱུང་བ་མ་ཡིན་ནོ་སྙམ་ན་སྐྱེས་བུའི་གནས་སྐབས་ན་རྟག་པར་ཁས་ལེན་པ་ལ་གནོད་པ་བརྗོད་པ་ནི། ཡུལ་ལ་རྟག་ཏུ་གཡེང་འགྱུར་བས། །སོགས་ཏེ་སྐྱེས་བུའི་གནས་སྐབས་བརྟགས་པ་ན་ཡུལ་ཉེ་བ་ན་ཡུལ་ལ་སེམས་པའི་མཚན་ཉིད་ཡུལ་ལ་གཡེང་བ་ཞེས་བྱ་བ་ཡུལ་ལ་ལོངས་སྤྱོད་པ་ལྟར་ཡུལ་མི་ཉེ་བ་ན་ཡང་ཡུལ་ལ་སེམས་པས་ན་ཡུལ་ལ་སེམས་པའི་གནས་སྐབས་དེ་འགག་པར་འགྱུར་བ་མ་ཡིན་ཏེ་རེས་འགའ་ཡང་མི་ལྡོག་པར་ཐལ་ལོ། །

དེ་ལྟར་ནི་འདོད་པ་ཡང་མ་ཡིན་ལ་ཚད་མ་དང་ཡང་འགལ་ལོ་ཞེས་བྱུང་མོད། གཙོ་བོས་རྣམ་འགྱུར་མི་(༢༧ན)བྱེད་པ་ལ་མངོན་སུམ་གྱིས་བསལ་བ་བསྟན་པ་འདི་ནི་འགྱུར་གྱི་སྔོན་ནམ་ཡི་གེ་ཉམས་པ་ཞིག་ཏུ་ཟད་དེ་སངས་རྒྱས་པ་རང་ལུགས་ལ་གཙོ་བོས་རྣམ་འགྱུར་བྱེད་པར་མི་འཆད་པའི་ཕྱིར་དང་། གཙོ་བོས་རྣམ་འགྱུར་བྱེད་པ་ནི་གྲངས་ཅན་པ་འདོད་པར་ཟད་ཀྱི་སུས་ཀྱང་མ་མཐོང་བའི་ཕྱིར་རོ། །**འགྲེལ་ཆེན་ལས་ནི།** གཙོ་བོ་དང་བདག་ཏུ་བཏགས་པ་དེ་ཚད་མས་མ་གྲུབ་སྟེ་དེ་ཉིད་རང་ཉིད་ལས་གཞན་པའི་རྒྱུ་མེད་པའི་ཕྱིར་འབྱུང་ངོ་སྙམ་ན་ཞེས་བསམས་

ནས་སྐྱེ་བ་མེད་དོ། །མ་སྐྱེས་ན་ནི་དེ་སྔ་ནས་ཡོད་པ་མ་ཡིན་པ་མོ་གཤམ་གྱི་བུ་དང་མཚུངས་པས་ན་སྐྱེ་བར་ཅིའི་ཕྱིར་འདོད། མེད་པ་མི་སྐྱེ་ཡང་མི་གསལ་བའི་གནས་སྐབས་ལས་གསལ་བའི་གནས་སྐབས་སུ་ཡོངས་སུ་འགྱུར་བ་ཙམ་མོ་ཞེ་ན། དེ་ལྟ་ན་ཡོངས་སུ་འགྱུར་བ་དང་གསལ་བའི་གནས་སྐབས་ཉིད་ཀྱང་མེད་ན་ཇི་ལྟར་སྐྱེ། གནས་སྐབས་དེ་དེའི་རང་བཞིན་ཡིན་ན་དེ་ཡང་སྐྱེ་བར་ཐལ་བར་འགྱུར་རོ། །ཐ་དད་པ་ཡིན་ན་འབྲེལ་བ་མེད་པ་དང་འབྲེལ་བ་བཏགས་པ་ཡིན་ན་ཡང་ཐུག་མེད་དུ་འགྱུར་ཏེ་འོག་ནས་ཀྱང་འགོག་གོ། །

དེ་སྐྱེ་བར་མི་འདོད་དེ་རྟག་པའི་རང་བཞིན་སྐྱེ་བ་མེད་པ་པོ་ནའོ་ཞེ་ན། འོ་ན་བོང་བུའི་རྭ་ལྟར་རྣམ་པ་ཐམས་ཅད་དུ་གཏན་མེད་པས་མ་སྐྱེས་པར་ནི་དེ་མེད་ན་ཤེས་པའི་ཉེས་པ་ཉིད་བཟློག་པར་མི་ནུས་སོ། །གལ་ཏེ་གཙོ་བོས་བཏང་པའི་ཡུལ་ལ་ལོངས་སྤྱོད་ན་དེའི་སྔར་ལོངས་སྤྱོད་པ་པོ་མེད་པར་འགྱུར་ལ། སྔར་འཇུག་པ་མེད་ན་ཕྱིས་ཀྱང་འཇུག་པར་མི་རིགས་ལ་ཅི་སྟེ་འཇུག་ན་ནི་ཡུལ་ལ་རྟག་ཏུ་གཡེངས་པའི་ཕྱིར་འགག་པར་མི་འགྱུར་ལ། གལ་ཏེ་གཡེངས་པ་ལས་ལྡོག་ན་ནི་མི་རྟག་པར་ཐལ་བར་འགྱུར་རོ་ཞེས་བཀྲལ་ཏོ། །

གྲངས་ཅན་ལས་གཞན་རིགས་པ་ཅན་པ་ན་རེ། བདག་དེ་ནི་རྟག་ཅིང་སེམས་པ་མེད་ལ་ནམ་མཁའ་ལྟར་ཁྱབ་པ་དང་ལས་རྣམས་ཀྱི་བྱེད་པ་པོ་དང་འབྲས་བུ་ལོངས་སྤྱོད་པ་པོ་ཡིན་ལ། སེམས་པ་མེད་ཀྱང་སེམས་པ་ཅན་དང་འབྲེལ་བས་སེམས་པར་བྱེད་པ་རང་དབང་ཅན་ཡིན་པས་དེ་ལ་(༣༧༤བ)བྲོ་བར་བྱའོ། །ཞེས་འདོད་དེ། **འགྲེལ་ཆེན་ལས།** གྲངས་ཅན་ལས་ཁྱད་པར་ནི་སེམས་པ་མེད་པ་སྟེ་གཞན་མཚུངས་ལ་རྟག་པ་ནི་དུས་སྔ་ཕྱི་རང་བཞིན་གཅིག་པའོ། །སེམས་པ་མེད་པ་ནི་བེམ་པོའི་དོན་ནོ། །སེམས་པ་ཅན་གཞན་དང་འབྲེལ་བས་སེམས་པར་བྱེད་དེ། མཁའ་བཞིན་ནི་ཁྱབ་པའོ། །དེའི་ཕྱིར་མདོན་དུ་བྱེད་པ་མེད་པར་གསལ་བའོ། །

གང་། གཞན་དག་འདོད་པ་སོགས་རྟེན་དང་། །རང་གི་སེམས་མེད་ངོ་བོ་དང་། །རྟག་དང་དེ་བཞིན་ཀུན་ཁྱབ་དང་། །དགེ་དང་མི་དགེའི་ལས་རྣམས་ཀྱི། །བྱེད་པ་པོ་དང་དེའི་འབྲས་བུ། །ཡོངས་སྤྱོད་པོ་དང་སེམས་པ་དང་། །ལྡན་ཕྱིར་སེམས་པའི་རང་བཞིན་གྱི། །བདག་ཏུ་འདི་ནི་འདོད་པ་ཡིན། །ཞེས་བསྟན་ཏོ་ཞེས་འདོད་པ་བཀོད་དོ། །

དེ་འགོག་པ་ནི། ཅི་སྟེ་བདག་དེ་རྟག་ན་ནི། །མཁའ་བཞིན་བྱེད་པ་མེད་པར་མངོན། །ཞེས་པས་དེས་ནི་གནོད་པ་སོགས་ཅི་ཡང་བྱེད་པ་མེད་པར་ཐལ་ཏེ། རྟག་པའི་ཕྱིར། ནམ་མཁའ་བཞིན་ནོ། །རང་བཞིན་རྟག་ཀྱང་རྐྱེན་སེམས་པ་སོགས་དང་ཕྲད་པས་གནོད་པ་བྱེད་དོ་ཞེ་ན། རྐྱེན་གཞན་རྣམས་དང་ཕྲད་ན་ཡང་། །འགྱུར་བ་མེད་ལ་ཅི་བྱར་ཡོད། །ཅེས་པས་སེམས་པ་ལ་སོགས་པའི་རྐྱེན་གཞན་རྣམས་དང་ཕྲད་ན་ཡང་བདག་གི་རང་བཞིན་འགྱུར་བ་མེད་པ་དེ་ལ་རྐྱེན་གྱིས་ཅི་བྱར་ཡོད་དེ་རི་རབ་དང་ཕྲད་པས་ནམ་མཁའ་སྒྲ་བར་མི་འགྱུར་བ་བཞིན་ནོ། །ཡང་བདག་དེ་གནོད་པ་བྱེད་པའི་ཚེ་རྟག་ཅིང་སེམས་པ་མེད་ལ་ཁྱབ་པའི་སྔོན་གྱི་གནས་སྐབས་དེ་དོར་ནས་སེམས་པ་དང་བཅས་པས་གནོད་པ་བྱེད་དམ། འོན་ཏེ་སྔོན་གྱི་གནས་སྐབས་མ་དོར་བར་བྱེད། དང་པོ་ལྟར་ན་དེ་མི་རྟག་པར་ཐལ་ལོ། །ཕྱི་མ་ལྟར་ན། བྱེད་པའི་ཚེ་ཡང་སྔོན་བཞིན་ན། །བྱེད་པས་དེ་ལ་ཅི་ཞིག་བྱས། །དེ་ཡི་བྱེད་པ་འདི་ཡིན་ཞེས། །འབྲེལ་བར་གྱུར་པ་གང་ཞིག་ཡོད། །ཅེས་པས་གལ་ཏེ་བདག་དེ་གནོད་པ་བྱེད་པའི་ཚེ་ནའང་རྟག་ཅིང་སེམས་པ་མེད་པ་སྔོན་གྱི་གནས་སྐབས་ཁོ་ན་(༢༧(ན)ལས་འགྱུར་བ་མེད་པ་ཡིན་ན། ལྷན་ཅིག་བྱེད་པའི་རྐྱེན་གྱིས་དེ་ལ་ཅི་ཞིག་བྱས་ཤིང་བྱར་ཡོད་དམ་སྟེ་ཐགས་ཀྱི་རྐྱེན་ཚོགས་ཀྱང་ནམ་མཁའ་ཐགས་སུ་བཏག་པར་མི་ནུས་པ་བཞིན་ནོ། །གནོད་པ་ལ་སོགས་པ་དེའི་བྱེད་པའི་རྐྱེན་དང་བྱེད་པ་པོ་བདག་དེ་ལ་བདག་གཅིག་པ་དང་དེ་ལས་བྱུང་བའི་འབྲེལ་བ་ཅི་ཞིག་ཡོད་དེ་

ཐགས་མཁན་དང་རི་བོང་གི་རྭ་ལ་འབྲེལ་བ་མེད་པ་བཞིན་ནོ། །

སྐབས་འདིར་**དགེ་བའི་ལྷས།** དངོས་པོར་གྱུར་པའི་འབྲེལ་བ་ཡང་ཡོད་པ་མ་ཡིན་ཏེ། ཇི་པོ་བྲན་ལ་སོགས་པ་ཡི། །ཞེས་བྱ་བ་ལ་སོགས་སྨོས་ཏེ་རྟོག་པ་ཙམ་ཡིན་པ་དེའི་ཕྱིར་དེ་དང་འབྲེལ་བ་ཞེས་བྱ་བའང་ཡོད་པ་མ་ཡིན་ནོ། །ཞེས། ཇི་པོ་བྲན་ལ་སོགས་པའི་འབྲེལ། །རྟོག་པ་ཙམ་ཡིན་ཡོད་མ་ཡིན། །ཞེས་པའི་གཞུང་རྐང་པ་གཉིས་ལྷག་པོར་ཡོད་པའི་འབྲུ་འདུག་ལ། འགྲེལ་པ་གཞན་ལ་དེ་མི་སྣང་ཡང་དེའི་ཚེ་ན་བདག་རྟག་པས་གནོད་པ་བྱེད་པ་དང་དེའི་སྐྱོན་སེམས་པ་སོགས་ལ་དངོས་མེད་དུ་གྱུར་པའི་འབྲེལ་བ་དང་དངོས་པོར་གྱུར་པའི་འབྲེལ་བ་གང་ཡང་མེད་དོ། །ཞེས་འཆད་པར་སྣང་ངོ་། །འདི་དག་ལ་**དཀའ་འགྲེལ་ཆུང་ངུ་ལས་ནི།** རིགས་པ་ཅན་པ་དང་བྱེ་བྲག་པ་དག་ཐུན་མོང་དུ་བདག་ནུས་པ་ཐམས་ཅད་དང་ལྡན་པ་སེམས་དང་བེམ་པོ་གཉིས་ཀ་མ་ཡིན་པ་སེམས་པ་གཞན་དང་ལྡན་པའི་རང་དབང་ཅན་ནི་སྡུག་བསྔལ་སྐྱེད་པའི་རྒྱུར་འདོད་པ་བཀོད་ཅིང་། དེས་སྡུག་བསྔལ་བསྐྱེད་པའི་དོན་བྱེད་ནུས་མེད་དེ་རིམ་དང་ཅིག་ཆར་གྱིས་བྱེད་པ་མེད་པའི་ཕྱིར་ཏེ། ནམ་མཁའ་བཞིན་ནོ། །

གལ་ཏེ་རྐྱེན་རིམ་ཅན་ལ་བལྟོས་ནས་རིམ་གྱིས་བྱེད་དོ་ཞེ་ན། འགྱུར་བ་མེད་པ་དེ་ལ་རྐྱེན་གྱིས་ཕན་བཏགས་པ་མེད་ལ་རྐྱེན་གྱིས་ཕན་མ་བཏགས་ཀྱང་རྐྱེན་གྱིས་སྐྱེད་པར་འདོད་ན་ཧ་ཅང་ཐལ་ཏེ། རི་བོང་གི་རྭས་ཀྱང་སྐྱེད་པའམ་ཐམས་ཅད་ཀྱིས་ཀྱང་ཐམས་ཅད་སྐྱེད་པར་ཐལ་ཞིང་། བདག་དེ་རྐྱེན་གྱིས་ཕན་བཏགས་པ་དེའི་ངོ་བོར་གྱུར་ན་དེ་སྐྱེ་འཇིག་ཅན་དུ་འགྱུར་ཞིང་སྐྱེ་འཇིག་(༢༧༦བ)མེད་ན་རྐྱེན་དང་ལྡན་ཅིག་པའི་ངོ་བོར་འགྱུར་བ་མི་སྲིད་དོ། །འོན་ཏེ་དེས་མ་བྱས་ཀྱང་གཞན་གྱིས་བྱས་པ་དང་ལྡན་པ་ཡིན་ནོ་ཞེ་ན། བྱེད་པའི་ཚེ་ཡང་ཞེས་ཏེ་བྱེད་པའི་མིང་ཅན་ནུས་པ་དོན་གཞན་སྐྱེད་པའི་ཚེ་ཡང་བདག་དེ་སྔར་གྱི་གནས་སྐབས་མ་བོར་

ན་བདག་བྱེད་པ་ཅན་དུ་མི་འགྱུར་ལ། བྱེད་པ་གཞན་དང་བདག་ལ་འབྲེལ་བ་གཏན་མེད་དོ། །

གལ་ཏེ་བདག་གི་བྱེད་པ་གཞན་གྱིས་བསྐྱེད་པས་འབྲེལ་ལོ་ཞེ་ན། འོ་ན་བྱེད་པ་གཞན་དེའང་བྱེད་པ་གཞན་གྱིས་བྱེད་དགོས་པས་ཐུག་མེད་དུ་འགྱུར་ལ། རང་གི་ངོ་བོས་བྱེད་པ་གཞན་དེ་བྱེད་ན་འབྲས་བུའང་རང་གི་ངོ་བོས་བྱེད་པས་རྒྱུ་ལ་མ་ལྟོས་པར་ཐལ་བས་བྱེད་པ་གཞན་ལ་དོན་མེད་པ་དང་རང་གི་ངོ་བོ་ཡང་མི་རྟག་པར་འགྱུར་རོ། །ཞེས་བཀག་གོ། **།འགྲེལ་ཆེན་ལས་ནི།** འདི་ནི་ཅི་ཡང་མི་བྱེད་པ་པོ་ན་ཡིན་ཏེ་བྱ་བ་འགའ་ལ་ཡང་མི་མཁོ་བའི་ཕྱིར། འོན་ཏེ་བྱེད་པ་མེད་པ་དེ་ལ་ཡང་ལྷན་ཅིག་བྱེད་པའི་རྐྱེན་གཞན་ཉེ་བ་ལས་བྱེད་པ་ཁས་བླང་སྟེ། གང་། ཤེས་དང་རྩོལ་བ་དང་འབྲེལ་བ། །དེ་ལ་བྱེད་པོ་ཉིད་དུ་བཤད། །ཅེས་པས་སོ་ཞེ་ན། ཤེས་རྩོལ་སོགས་རྐྱེན་གཞན་རྣམས་དང་ཕྲད་ན་ཡང་སྔར་ལས་འགྱུར་བ་མེད་དེ། རྟག་པའི་ཕྱིར། སྔར་གྱི་རང་བཞིན་ལས་འཕོ་བ་མེད་པའི་བདག་ལ་རྐྱེན་གྱིས་ཅི་བྱར་ཡོད། ཇི་ལྟར་གང་ཞིག་སྔོན་བྱེད་པ་མེད་པའི་དུས་ན་ཡིན་པ་དེ་ལྟར་བྱེད་པའི་དུས་ན་ཡང་ཡིན་ན་བྱེད་པ་པོའི་རང་བཞིན་དང་བྲལ་བ་དེ་ལ་བྱེད་པ་པོས་ཅི་ཞིག་བྱས། གང་གིས་ན་རྐྱེན་གཞན་དང་ཕྲད་པ་དེ་བྱ་བར་རྣམ་པར་འཛོག་པར་བྱེད་པ་ཡིན་ན་གཞན་དང་འབྲེལ་བ་གཉི་ག་མེད་པའི་ཕྱིར་ན་བདག་དེའི་བྱེད་པ་འདི་ཡིན་ནོ་ཞེས་འབྲེལ་བར་འགྱུར་བ་གང་ཞིག་ཡོད། ཅེས་བཀག་གོ། །

མདོར་ན་རང་དབང་ཅན་གྱི་བདག་དང་གཙོ་བོ་སོགས་མེད་དེ་ཆོས་ཐམས་ཅད་རྒྱུ་རྐྱེན་ལ་བལྟོས་པས་ན་དེ་ལྟར་ཐམས་ཅད་གཞན་གྱི་དབང་ཅན་ཏེ་རྒྱུ་རྐྱེན་ཚོགས་པ་དེའི་དབང་གིས་འབྲས་བུ་དེ་རང་དབང་མེད་པར་(༢༢༠ན)བསྐྱེད་པའོ། །དེ་ལྟར་ཤེས་པ་ན་ཆུ་ལས་ལྦུ་བ་དང་མེ་ལས་དུ་བ་ལྟར་མེད་བཞིན་དུ་རྒྱུ་རྐྱེན་ཙམ་དུ་སྣང་བའི་ཆོས་འདི་ཐམས་ཅད་སྤྲུལ་པའམ་སྒྱུ་མ་ལྟར་རིག་སྟེ་གང་ལ་ཁྲོ་བར་བྱ་

བའི་ཡུལ་དང་གང་གིས་ཁྲོ་བར་བྱེད་པའི་བདག་ཀྱང་མི་མཐོང་བ་དེའི་ཚེ་ཆོས་གང་ལ་ཡང་ཁྲོ་བར་མི་འགྱུར་རོ། །**འགྲེལ་ཆེན་ལས་ནི།** དོན་དམ་པར་སུ་ཞིག་སུ་ལ་གནོད་པ་བྱེད་དེ་བས་ན་གནོད་པ་བྱེད་པོ་གང་ལ། གནོད་པ་བྱས་པ་གང་ཞིག །གང་དུ་ཞེ་སྡང་བར་འགྱུར་ཞེ་ན། མྱ་ངན་འདས་འདྲའི་དངོས་ཀུན་ལ། །དེ་ལྟར་ཤེས་ན་སུ་ཞིག་ཁྲོ། །ཞེས་གཞུང་བཏོན་ནས་འབྲུ་གཉེར་ཏོ། །

གསུམ་པ་(སྒྱུལ་པ་ལྟ་བུ་ཡིན་ན་ཁྲོ་བ་བཟློག་མི་རིགས་པའི་རྩོད་པ་སྤང་བ་)ནི།

གང་གིས་གང་ཞིག་བཟློག་བྱ་སྟེ། །
བཟློག་པའང་རིགས་པ་མིན་ཞེ་ན། །
དེ་ལ་བརྟེན་ནས་སྡུག་བསྔལ་རྣམས། །
རྒྱུན་ཆད་འགྱུར་འདོད་མི་རིགས་མེད། ༣༢།

ཅེས་གསུངས་ཏེ། འོ་ན་ཐམས་ཅད་སྒྱུལ་པ་ལྟ་བུ་ཡིན་ན་ཟློག་པ་པོ་གང་གིས་བཟློག་བྱ་གང་ཞིག་བཟློག་པར་བྱ་སྟེ། བཟློག་བྱ་དང་ཟློག་བྱེད་གང་ཡང་མེད་པའི་ཕྱིར།

དེས་ན་ཁྲོ་བ་ཟློག་པའང་རིགས་པ་མིན་ནོ་ཞེ་ན། བཟློག་བྱའི་ཁྲོ་བ་དང་། ཟློག་བྱེད་ཀྱི་གཉེན་པོ་དང་། ཟློག་པ་པོའི་གང་ཟག་རྣམས་ངོ་བོ་ཉིད་ཀྱིས་ཡོད་པ་ནི་མ་ཡིན་ཡང་ཐ་སྙད་ལ་སྒྱུལ་འཛིན་གྱི་བློས་བྲོས་པ་ན་གཡང་དུ་ལྷུང་ནས་སྡུག་བསྔལ་བར་བྱེད་པ་ལྟར་བློ་བུར་དུ་བྱུང་བའི་ཁྲོ་བ་འདིས་ངན་སོང་གི་གཡང་དུ་ལྷུང་བར་བྱེད་ལ། སྒྱུལ་འཛིན་གྱི་བློ་ལོག་པ་ན་འཇིགས་པ་མེད་པ་ལྟར་ཁྲོ་བ་རང་བཞིན་མེད་པའི་བློ་བུར་བ་དེ་ཉིད་གཉེན་པོ་རང་བཞིན་མེད་པའི་བློ་བུར་བས་བཟློག་པ་དེ་ལ་བརྟེན་ནས་འབྲས་བུ་ངན་སོང་དང་མཐོང་ཆོས་ཀྱི་སྡུག་བསྔལ་རྣམས་རྒྱུན་འཆད་པར་འགྱུར་ལ། དེའི་ཕྱིར་ཐ་སྙད་ཡིན་གྱི་སྒྱུལ་མ་ཡིན་ནོ། །ཞེས་སྟོན་པ་ལྟར་ཁྲོ་བ་ཟློག་པར་འདོད་པའི་ཕྱིར་འདི་ལ་མི་རིགས་པ་མེད་

དོ། །**འགྲེལ་ཆེན་ལས་ནི།** འཇུག་པ་མི་རིགས་ན་ཟློག་པའང་མི་རིགས་སོ་ཞེ་ན། དེ་ལ་སོགས་ཏེ་ཆོས་ཐམས་ཅད་བྱེད་པ་མེད་པ་ཡིན་མོད་ཀྱི་དེ་ལྟ་ན་ཡང་རྟེན་ཅིང་འབྲེལ་བར་འབྱུང་བའི་སྟོབས་ཀྱིས་གཞན་(༢༢༠བ)གྱི་དབང་ཅན་དུ་བསྟན་ལ། དེས་ན་མ་རིག་པའི་རྐྱེན་གྱི་སྟོབས་ཀྱིས་གོང་ནས་གོང་དུ་འབྲས་བུ་འདྲེན་པས་འདུ་བྱེད་ལ་སོགས་པའི་དངོས་པོ་འཇུག་ཅིང་སྔ་མ་སྔ་མ་ལོག་པ་ན་ལྡོག་སྟེ། དེས་ན་འཁོར་བའི་སྡུག་བསྔལ་གྱི་རྒྱུན་ཟློག་པར་འདོད་པས་ཞི་སྣང་ལ་སོགས་པས་སྡིག་པ་ལ་འཇུག་པ་ལས་ཟློག་པར་འཐད་ཅིང་དེས་མངོན་མཐོ་དང་ངེས་ལེགས་ཀྱི་རང་བཞིན་གྱི་འབྲས་བུ་སྐྱེའོ། །ཞེས་བྱུང་ངོ་། །

བཞི་པ་(དོན་བསྡུ་བ་)ནི།

དེ་བས་དགྲ་འམ་མཛའ་ཡང་རུང་། །
མི་རིགས་བྱེད་པ་མཐོང་གྱུར་ན། །
འདི་འདྲའི་རྐྱེན་ལས་གྱུར་ཏོ་ཞེས། །
དེ་ལྟར་སེམས་ཏེ་བདེ་བར་གནོས། ༣༣ །
གལ་ཏེ་རང་དགའས་འགྲུབ་འགྱུར་ན། །
འགའ་ཡང་སྡུག་བསྔལ་མི་འདོད་པས། །
ལུས་ཅན་དག་ནི་ཐམས་ཅད་ཀྱང་། །
སུ་ལའང་སྡུག་བསྔལ་འབྱུང་མི་འགྱུར། ༣༤ །

ཞེས་གསུངས་ཏེ། དེ་ལྟར་རང་དབང་མེད་པར་ཁྲོ་བའི་སེམས་ཅན་དག་ནི་སྙིང་རྗེའི་ཡུལ་ཡིན་གྱི་ཁྲོ་བའི་ཡུལ་མིན་ལ། རྒྱུ་རྐྱེན་གཞན་མ་ཚོགས་ན་བསམས་པ་ཙམ་གྱིས་ནི་ཅི་ཡང་མི་འགྲུབ་སྟེ། སེམས་ཅན་ཐམས་ཅད་བདག་སྡུག་བསྔལ་བར་མི་འདོད་ཅིང་བདེ་བ་ཁོ་ན་འདོད་པས་ན་དེ་ལྟར་ཡང་འགྱུར་རིགས་ཀྱང་དེ་མི་སྣང་བའི་ཕྱིར། དེས་ན་ཕ་རོལ་གྱི་སེམས་ལ་ཁྲོ་བ་བསམས་པ་ཙམ་གྱིས་ནི་

བདག་ལ་གནོད་པ་ཡང་མ་ཡིན་ནོ་ཞེས་ཚིགས་སུ་བཅད་པ་ཕྱི་མ་འདི་ཞར་བྱུང་གི་རིགས་པར་བསྟན་ཏོ། །འགྲོལ་པ་དུ་མར་རྒྱུ་མེད་དུ་རང་གར་འགྲུབ་པར་འགྱུར་ན། ཞེས་འབྲུ་བསྣན་མོད་ཀྱང་འགའ་ཡང་སྟུག་བསྔལ་མི་འདོད་པས་ཞེས་པ་དང་འབྲེལ་བའི་ཕྱིར་རང་དགའ་བ་སྟེ་བསམས་པས་འགྲུབ་ན་ཞེས་པའི་དོན་དུ་སྣང་ངོ་། །དེ་དག་གིས་ནི་ལས་དང་པོ་པའི་ཆོས་ཟབ་མོ་ལ་ངེས་པར་སེམས་པའི་བཟོད་པ་བསྟན་གྱི་འཕགས་པ་རྣམས་ཀྱི་དེ་ནི་བསམ་གྱིས་མི་ཁྱབ་པ་ཞིག་སྟེ། **ནམ་མཁའ་མཛོད་ཀྱི་མདོ་ལས།** འདི་དག་བདག་ལ་གཤེ་ཡང་བཟོད་དོ་སྙམ་པ་དེ་ནི་ང་ཡིར་འཛིན་པའི་བཟོད་པའོ། །འདི་དག་གཤེ་བ་བདག་གིས་བཟོད་པར་བྱའོ་སྙམ་པ་དེ་ནི་ངར་འཛིན་པའི་བཟོད་(༤༧༧ན)པའོ། །འདི་དག་ནི་ཡི་གེ་སྟོར་བའོ་སྙམ་པ་དེ་ནི་སྒྲ་དང་སྐད་ཀྱི་བཟོད་པའོ། །འདི་ཡང་སྟོང་པ་བདག་ཀྱང་སྟོང་པའོ་སྙམ་པ་དེ་ནི་ཡིད་ལ་བྱེད་པ་སྦྱོར་བའི་བཟོད་པའོ། །བདག་གིས་བཟོད་པར་བྱའོ་སྙམ་པ་དེ་ནི་རྣམ་པར་རིག་པའི་བཟོད་པ་སྟེ་འདི་རྣམས་ནི་བཟོད་པ་ནམ་མཁའ་དང་མཚུངས་པ་མ་ཡིན་ནོ། །ཞེས་དང་།

འདི་ལྟ་སྟེ་ཚིག་ནམ་མཁའ་དང་མཚུངས་པའི་ཕྱིར་གཤེ་ཡང་སྣང་མི་གཤེ་བ་དང་། ལུས་ནམ་མཁའ་དང་མཚུངས་པའི་ཕྱིར་བརྡེགས་ཀྱང་སྣང་མི་བརྡེག་པ་དང་། སེམས་ནམ་མཁའ་དང་མཚུངས་པའི་ཕྱིར་སྡིགས་ཀྱང་སྣང་མི་སྡིག་པ་དང་། བསམ་པ་ནམ་མཁའ་དང་མཚུངས་པའི་ཕྱིར་ཁྲོས་ཀྱང་སྣང་མི་ཁྲོ་བ་སྟེ། ཆོས་བཞི་པོ་དེ་དག་དང་ལྡན་ན་བཟོད་པ་ནམ་མཁའ་དང་མཚུངས་པ་ཡིན་ནོ། །ཞེས་དང་།

སྟོང་པ་ཉིད་ལ་བཟོད་ཀྱང་ལྟ་བ་གཞིག་པའི་ཕྱིར་མ་ཡིན་པ་དང་། མཚན་མ་མེད་པ་ལ་བཟོད་ཀྱང་མཚན་མ་སེལ་བ་མིན་པ་དང་། སྨོན་པ་མེད་པར་བཟོད་ཀྱང་བྱང་ཆུབ་ཏུ་སྨོན་པ་མེད་པ་མ་ཡིན་པ་དང་། མངོན་པར་འདུ་མི་བྱེད་པ་ལ་བཟོད་ཀྱང་འདུས་བྱས་རྣམ་པར་གཞིག་པའི་ཕྱིར་མ་ཡིན་པ་དང་། སྐྱེ་བ་མེད་པ

ལ་བཟོད་ཀྱང་འདུས་མ་བྱས་ཀྱི་མཚན་ཉིད་ཀྱིས་མ་ཡིན་པ་དང་། འབྱུང་བ་མེད་པ་ལ་བཟོད་ཀྱང་སྐྱེ་བ་དང་གནས་པས་མ་ཡིན་པ་དང་། སེམས་ཅན་མེད་པ་ལ་བཟོད་ཀྱང་དངོས་པོ་རྣམ་པར་གཞིག་པའི་ཕྱིར་མ་ཡིན་པ་དང་། ཇི་ལྟ་བ་བཞིན་དུ་བཟོད་ཀྱང་དུས་རྣམ་པར་གཞིག་པའི་ཕྱིར་མ་ཡིན་པ་སྟེ། བརྒྱད་པོ་འདི་དག་ནི་བྱང་ཆུབ་སེམས་དཔའ་རྣམས་ཀྱི་ཆོས་ལ་ངེས་པར་རྟོག་པའི་བཟོད་པའོ། །ཞེས་སོ། །

གསུམ་པ་གནོད་པ་ལ་ཇི་མི་སྙམ་པའི་བཟོད་པ་སྟོན་པ་ལ། གནོད་བྱེད་སྙིང་རྗེའི་ཡུལ་དུ་བསྟན་པ། ཁྲོ་བའི་རྒྱུ་མཚན་ལ་དཔྱད་པ། རང་ཉིད་ཀྱིས་ཉེས་པར་བསྟན་པ། གནོད་བྱེད་དེ་བདག་ལ་ཕན་འདོགས་ཡིན་ཡང་གནོད་པའི་རྣམ་སྨིན་གྱི་སྡུག་བསྔལ་རང་བཞིན་གྱིས་མྱོང་བར་བསྟན་པའོ། །

དང་པོ་(གནོད་བྱེད་སྙིང་རྗེའི་ཡུལ་དུ་བསྟན་པ་)ནི།

བག་མེད་པས་ནི་བདག་ལ་བདག །
ཚེར་མ་ལ་སོགས་གནོད་པ་བྱེད། །
བུད་མེད་(༢༢༧བ)ལ་སོགས་འཐོབ་བྱའི་ཕྱིར། །
ཟས་ཞིང་ཟས་གཅོད་ལ་སོགས་བྱེད། ༣༥ །
ཁ་ཅིག་འགག་ཅིང་གཡང་སར་མཆོང་། །
དུག་དང་མི་འཕྲོད་ཟ་བ་དང་། །
བསོད་ནམས་མ་ཡིན་སྤྱོད་པ་ཡིས། །
རང་ལ་གནོད་པ་བྱེད་པ་ཡོད། ༣༦ །
གང་ཚེ་ཉོན་མོངས་དབང་གྱུར་བས། །
བདག་སྡུག་ཉིད་ཀྱང་གསོད་བྱེད་པ། །
དེ་ཚེ་དེ་དག་གཞན་ལུས་ལ། །
གནོད་མི་བྱེད་པར་ཇི་ལྟར་འགྱུར། ༣༧ །

ཉོན་མོངས་སྐྱེས་པས་དེ་ལྟ་བུར། །
བདག་གསོད་ལ་སོགས་ཞུགས་པ་ལ། །
སྙིང་རྗེ་བརྒྱ་ལ་མ་སྐྱེས་ཀྱང་། །
ཁྲོ་བར་འགྱུར་བ་ཅིའི་ཐ་ཚིག ༣༨།

ཅེས་གསུངས་ཏེ། **འགྲེལ་ཆེན་ལས།** བག་མེད་པ་ནི་མ་བརྟགས་པའོ། །ཞེས་གསུངས་ཏེ། ཕྱི་རྗེས་གཞན་མ་བལྟས་པར་ཟས་ནོར་རམ་བུད་མེད་སོགས་འཕྲལ་གྱི་བདེ་བ་སྣ་རེའི་ཆེད་དུ་སེམས་ཅན་འདི་དག་མི་བྱ་བ་ཅི་ཡང་མེད་དེ། ཉོན་མོངས་པའི་དབང་དུ་གྱུར་པ་ན་ཤིན་ཏུ་གཅེས་པ་བདག་ཉིད་ཀྱང་བདག་ཉིད་ལ་མཚོན་བརྡེག་པ་དང་། ཤིན་ཏུ་སྡུག་པའི་བུ་སོགས་ཀྱང་གསོད་པ་ཡོད་ན་དེ་དག་གཞན་ལ་གནོད་པ་ཅིས་མི་བྱེད། འདི་ལྟར་སྨྲོན་པ་ལྟ་བུར་གནས་པ་ལ་སུ་ཞིག་ཁྲོ་སྟེ་ཤིན་ཏུ་སྙིང་རྗེའི་ཡུལ་ཁོ་ནའོ། །

གཉིས་པ་(ཁྲོ་བའི་རྒྱུ་མཚན་ལ་དཔྱད་པ་)ནི།

གལ་ཏེ་གཞན་ལ་འཚེ་བྱེད་པ། །
བྱིས་པ་རྣམས་ཀྱི་རང་བཞིན་ན། །
དེ་ལ་ཁྲོ་བ་མི་རིགས་ཏེ། །
སྲེག་པའི་རང་བཞིན་མེ་བཀོན་འདྲ། ༣༩།
འོན་ཏེ་སྐྱོན་དེ་གློ་བུར་བ། །
སེམས་ཅན་རང་བཞིན་ངེས་ན་ཡང་། །
འོ་ནའང་ཁྲོ་བ་མི་རིགས་ཏེ། །
མཁའ་ལ་དུད་འཐུལ་བཀོན་པ་བཞིན། ༤༠།
དབྱུག་པ་ལ་སོགས་དངོས་བཀོལ་ཏེ། །
གལ་ཏེ་འཕེན་པ་ལ་ཁྲོ་ན། །

དེ་ཡང་ཞེ་སྡང་གིས་བྲད་པས། །
ཉེས་ན་ཞེ་སྡང་ལ་ཁྲོ་རིགས། ༧ །

ཞེས་གསུངས་ཏེ། ཁྲོ་བ་ནི་བྱིས་པའི་ཆོས་ཉིད་ཀྱིས་ཡིན་ནོ་ཞེ་ན། མེའི་རང་བཞིན་ཚ་བའི་ཕྱིར་མེ་སྦར་ནས་ཚ་བ་ལ་ཁྲོ་མི་རིགས་པ་ལྟར་བྱིས་པ་བསྙེན་ནས་དེ་ཁྲོ་བ་ལ་ཁྲོ་མི་རིགས་པར་འགྱུར་རོ། །གལ་ཏེ་ཁྲོ་བ་གློ་བུར་བ་ཡིན་ལ་སེམས་ཅན་གྱི་ངོ་བོ་ཉིད་ཀྱིས་མ་ཡིན་ན་ནི(༢༢༢ན)ནམ་མཁའ་ལ་དུད་པ་འཐུལ་བ་ན་ནམ་མཁས་ཉེས་སོ། །ཞེས་བཀོན་པ་ལྟ་བུ་སྟེ། དུ་བས་མིག་ཚ་བར་བྱེད་པ་ནི་དུ་བའི་ཉེས་པ་ཡིན་གྱི་ནམ་མཁའི་ཉེས་པ་མ་ཡིན་ནོ། །དབྱུག་པ་སོགས་བསྐུན་པ་ལ་ཁྲོ་ན་དབྱུག་པ་ལ་ཁྲོ་བར་རིགས་སོ་དེ་སྐྱེས་བུས་བསྐུལ་ནོ་ཞེ་ན། སྐྱེས་བུའང་ཞེ་སྡང་གིས་བྲད་པས་ཞེ་སྡང་ལ་ཁྲོ་བར་རིགས་ལ། དེ་ལྟ་ན་སྐྱེས་བུའི་ཞེ་སྡང་ནི་བདག་གིས་མི་མཐོང་ལ་བདག་རྒྱུད་ཀྱི་ཞེ་སྡང་ནི་བདག་ཉིད་ཀྱིས་མངོན་སུམ་དུ་སྤྱོང་བའི་ཕྱིར་རང་གི་ཞེ་སྡང་ལ་ཁྲོ་བར་རིགས་སོ། །

གསུམ་པ་(རང་ཉིད་ཀྱིས་ཉེས་པར་བསྟན་པ་)ནི།

བདག་གིས་སྔོན་ཆད་སེམས་ཅན་ལ། །
འདི་འདྲ་བ་ཡི་གནོད་པ་བྱས། །
དེ་བས་སེམས་ཅན་འཚེ་བྱེད་པ། །
བདག་ལ་གནོད་པ་འདི་འབྱུང་རིགས། ༨ །
དེ་ཡི་མཚོན་དང་བདག་གི་ལུས། །
གཉིས་ཀ་སྡུག་བསྔལ་རྒྱུ་ཡིན་ཏེ། །
དེས་མཚོན་བདག་གིས་ལུས་ཕྱུང་ན། །
གང་ཞིག་ལ་ནི་ཁྲོ་བར་བྱ། ༩ །
ཤུ་བ་མི་ཡི་གཟུགས་འདྲ་བ། །

རེག་ཏུ་མི་བཟོད་སྡུག་བསྔལ་ཅན། །

སྲིད་སྲོངས་བདག་གིས་བཟུང་གྱུར་ན། །

དེ་ལ་གནོད་པ་སུ་ལ་ཁྲོ། [༤] །

བྱིས་པ་སྡུག་བསྔལ་མི་འདོད་ཅིང་། །

སྡུག་བསྔལ་རྒྱུ་ལ་བརྐམ་པས་ན། །

རང་གི་ཉེས་པས་གནོད་གྱུར་པ། །

གཞན་ལ་བཀོན་དུ་ཅི་ཞིག་ཡོད། [༥] །

དཔེར་ན་དམྱལ་བའི་སྲུང་མ་དང་། །

རལ་གྲི་ལོ་མའི་ནགས་ཚལ་ལྟར། །

རང་གི་ལས་ཀྱིས་འདི་བསྐྱེད་ན། །

གང་ཞིག་ལ་ནི་ཁྲོ་བར་བྱ། [༦] །

ཞེས་གསུངས་ཏེ། དང་པོས་སྔོན་གྱི་ལེ་ལན་ཡིན་པར་བསྟན། དེ་ནས་གཉིས་ཀྱིས་གནོད་བྱའི་ལུས་བཟུང་བས་ཉེས་པར་བསྟན། གཉིས་ཀྱིས་རང་གི་སྡིག་པའི་འབྲས་བུར་བསྟན་པ་སྟེ།

སྔོན་ཡང་བདག་གིས་གཞན་ལ་གནོད་པ་བྱས་པས་རྣམ་སྨིན་གྱི་འབྲས་བུ་ངན་སོང་གི་སྡུག་བསྔལ་མང་དུ་མྱོང་ནས་ད་ལྟ་མྱོང་བ་རྒྱུ་མཐུན་གྱི་འབྲས་བུ་གནོད་པ་འདི་མྱོང་བ་ཡིན་ན། ཡང་ད་ལྟ་ལན་དུ་གནོད་པ་བྱས་ནས་ཕྱིས་རྣམ་སྨིན་གྱི་འབྲས་བུ་དམྱལ་བར་སྐྱེ་ཞིང་མྱོང་བ་རྒྱུ་མཐུན་གྱི་དུས་འདི་བས་ཆེས་ལྷག (༢༢༢བ)པའི་གནོད་པ་ལན་གྲངས་བྱེ་བ་ཕྲག་མང་པོ་མྱོང་བར་བྱེད་དམ་ཅི། དེ་ལྟ་མོད་ཀྱི་རང་གིས་ལུས་རགས་པ་གདོས་བཅས་མི་གཙང་བའི་རང་བཞིན་འདི་བཟུང་བས་གཞན་གྱིས་མཚོན་རྗེས་པར་ཟད་ཀྱི་ནམ་མཁའ་ལྟ་བུ་ཞིག་ན་ནི་སུས་ཀྱང་ཅི་བྱར་ཡང་མེད་པས་འབེན་ལྟ་བུའི་ལུས་ལ་ཁྲོ་བར་རིགས་སོ། །

དེས་ན་སེམས་ཅན་རྣམས་ནི་འཚིག་པར་མི་འདོད་ཀྱང་མེ་ལ་ནན་གྱིས་མཆོང་བའི་ཕྱེ་མ་ལེབ་ལྟ་བུ་སྟེ་སྡུག་བསྔལ་མི་འདོད་ཀྱང་སྡུག་བསྔལ་གྱི་རྒྱུ་སྡིག་པ་ལ་ནན་གྱིས་འཇུག་པ་ཁོ་ན་ཡིན་པས་རང་བྱས་ཀྱི་འབྲས་བུ་སྨིན་པར་ཟད་པ་ངན་སོང་གི་སྡུག་བསྔལ་ལྟ་བུ་སྟེ་རང་གི་ལས་ཀྱིས་བསྐྱེད་པས་གཞན་ལ་ཁྲོར་མེད་དོ། །

བཞི་པ་(གནོད་བྱེད་དེ་བདག་ལ་ཕན་འདོགས་ཡིན་ཡང་གནོད་པའི་རྣམ་སྨིན་གྱི་སྡུག་བསྔལ་རང་བཞིན་གྱིས་སྤྱོང་བར་བསྟན་པ་)ནི།

བདག་གི་ལས་ཀྱིས་བསྐུལ་བྱས་ནས། །
བདག་ལ་གནོད་བྱེད་རྣམས་འབྱུང་སྟེ། །
དེ་ཡིས་སེམས་ཅན་དམྱལ་འདོད་ན། །
བདག་གིས་དེ་དག་མ་བརླག་གམ། ༧ །
འདི་དག་ལ་ནི་རྟེན་བཅས་ནས། །
བཟོད་པས་བདག་སྡིག་མང་དུ་འབྱང་། །
བདག་ལ་བརྟེན་ནས་དེ་དག་ནི། །
ཡུན་རིང་སྡུག་བསྔལ་དམྱལ་བར་འདོང་། ༨ །
བདག་ནི་དེ་ལ་གནོད་བྱེད་ལ། །
དེ་དག་བདག་ལ་ཕན་འདོགས་ན། །
ཕྱིན་ཅི་ལོག་ཏུ་ཅི་ཡི་ཕྱིར། །
མ་རུངས་སེམས་ཁྱོད་ཁྲོ་བར་བྱེད། ༩ །
གལ་ཏེ་བདག་ལ་བསམ་པ་ཡི། །
ཡོན་ཏན་ཡོད་ན་དམྱལ་མི་འགྲོ། །
གལ་ཏེ་བདག་གིས་བདག་བསྲུངས་ན། །

དེ་དག་ལས་འདིར་ཅི་ཞིག་འབྱུང་། ༥༠ །
འོན་ཏེ་ལན་དུ་གནོད་བྱས་ན། །
དེ་དག་བསྲུངས་པར་མ་གྱུར་ལ། །
བདག་གི་སྤྱོད་པའང་ཉམས་པར་འགྱུར། །
དེས་ན་དཀའ་ཐུབ་ཞིག་པར་འགྱུར། ༥༡ །

ཞེས་གསུངས་ཏེ། དང་པོས་མདོར་བསྟན། གཉིས་པས་གསལ་བར་བཤད། གསུམ་པས་ཕན་བཏགས་པ་ལ་ཁྲོ་མི་རིགས་པར་བསྟན། བཞི་པས་རང་སེམས་བསྲུངས་ན་ངན་འགྲོར་མི་འགྲོ་བར་བསྟན། ལྔ་པས་ལན་བྱས་ན་རང་ཉིད་ཉམས་པར་བསྟན་པ་སྟེ།

བདག་རང་གི་ལས་ཀྱིས་ཕ་རོལ་པོ་བསྐུལ་ཏེ་གནོད་པ་བྱས་མོད་(༢༢༣ན)ཀྱང་བྱེད་པ་པོ་ཉིད་ཀྱིས་རྣམ་སྨིན་སྡུག་བསྔལ་མི་བཟད་པ་མྱོང་དགོས་པས་ན་བདག་གིས་གནོད་བྱེད་བརྡུག་པར་བྱས་ཟིན་པས་ལན་ཆེས་ཆེ་བ་བསླན་ཟིན་གྱིས་ལན་གཞན་སླན་པར་མི་བྱ་ལ། གནོད་བྱེད་ལ་བདག་གིས་བཟོད་པ་བསྒོམས་པས་བདག་གི་སྡིག་པ་མང་དུ་འབྱང་ཞིང་དགེ་བ་ཆེར་འཕེལ་བའི་ཕྱིར་བདག་ལ་ཚུར་ཕན་ཆེར་བཏགས་པ་ཡིན་ན་དེ་ལ་ཅིའི་ཕྱིར་ཁྲོ།

གལ་ཏེ་གཞན་ངན་འགྲོར་སྐྱེ་བའི་རྒྱུ་བདག་ལ་རག་ལས་པས་ན་བདག་ཡང་དེར་སྐྱེ་བས་དེའི་ཕྱིར་ཁྲོའོ་ཞེ་ན། བདག་ལ་གཞན་ངན་འགྲོར་སྐྱེ་བར་བྱའོ་སྙམ་པ་མེད་ཅིང་བསམ་པའི་ཡོན་ཏན་བཟོད་པ་ཡོད་ན་བདག་ངན་འགྲོར་ག་ལ་འགྲོ་སྟེ་རྒྱུ་མེད་པའི་ཕྱིར། དེ་ལྟར་བདག་གིས་བདག་བསྲུངས་ན་གནོད་བྱེད་དེ་དག་གིས་བདག་ངན་འགྲོར་སྐྱུར་བར་མི་នུས་ཤིང་སེམས་ལ་ཉེས་པ་ཅི་ཡང་བསྐྱེད་མི་ནུས་སོ། །འོན་ཏེ་ལན་དུ་གནོད་པ་བྱས་ན་བདག་གིས་བདག་མ་བསྲུངས་པ་ཡིན་པས་བདག་གི་བྱང་ཆུབ་སེམས་དཔའི་སྤྱོད་པ་ཉམས་པ་དང་དཀའ་ཐུབ་ཀྱི་དམ་པ་

བཟོད་པ་ཞིག་པར་འགྱུར་བས་ན་བདག་ཉིད་སྲུང་བ་ལ་འབད་པར་བྱའོ། །**དཀའ་འགྲེལ་ཆུང་ངུ་ལས་ནི།** འོན་ཏེ་བདག་ལ་བསམ་པ་ཡི། །ཞེས་པ་འདི་མ་ཁྲོས་པའི་རྟོམ་པ་དགག་པ་ཞེས་བདག་བཟོད་པ་དང་ལྡན་ནོ། །ཞེས་རྟོམ་སེམས་སྐྱེས་ན་འདི་ནི་བདག་ཉིད་བསྲུངས་པར་ཟད་པས་རང་ལ་ཕན་བཏགས་པ་ལ་རྟོམ་སེམས་སྐྱེར་ཅི་ཡོད། །ཅེས་པའི་དོན་ཅན་དུ་བཤད་དོ། །

གཉིས་པ་བརྙས་སོགས་ལ་བཟོད་པར་བྱ་བ་ལ་བཞི། བརྙས་སོགས་ཀྱིས་ལུས་ལ་མི་གནོད་པར་བསྟན། གཞན་སྡང་བ་ཙམ་གྱིས་བདག་ལ་མི་གནོད་པར་བསྟན། རྙེད་པའི་གེགས་བྱེད་པ་ལ་ཁྲོ་མི་རིགས་པར་བསྟན། གཞན་མ་དད་པར་བྱེད་པ་ལའང་ཁྲོ་མི་རིགས་པར་བསྟན་པའོ། །

དང་པོ་(བརྙས་སོགས་ཀྱིས་ལུས་ལ་མི་གནོད་པར་བསྟན་)ནི།

ཡིད་ནི་ལུས་ཅན་མ་ཡིན་པས། །
སུས་ཀྱང་གང་དུའང་གཞོམ་མི་ནུས། །
ལུས་ལ་མངོན་པར་ཞེན་པས་ན། །(༢༢༣བ)
ལུས་ནི་སྡུག་བསྔལ་དག་གིས་གནོད། ༥༢ །
བརྙས་དང་ཚིག་རྩུབ་སྨྲ་བ་དང་། །
མི་སྙན་པ་ཡི་ཚིག་དེ་ཡིས། །
ལུས་ལ་གནོད་པར་མི་འགྱུར་ན། །
སེམས་ཁྱོད་ཅི་ཕྱིར་རབ་ཏུ་ཁྲོ། ༥༣ །

ཞེས་གསུངས་ཏེ། བརྙས་པ་སྟེ་བཀུར་སྟི་ལས་ཡོག་པར་བྱེད་པ་དང་། ཚིག་རྩུབ་མོ་སྟེ་མི་དགའ་བར་འགྱུར་བ་སྨྲ་བ་དང་། མི་སྙན་པ་སྟེ་གཞན་ལ་བདག་གི་བསྔགས་པ་མ་ཡིན་པ་བརྗོད་པ་རྣམས་ལ་མི་དགའ་བར་མི་རིགས་ཏེ། དེ་དག་ཙམ་གྱིས་བདག་གི་ལུས་ལ་མི་གནོད་ཅིང་སེམས་ནི་སུས་ཀྱང་མི་མཐོང་བས་

གཙོམ་མི་ནུས་པའི་ཕྱིར། དེས་གཞན་དག་བདག་ལ་མི་དགའ་བར་འགྱུར་བས་ཁྲོའོ་ཞེ་ན།

གཉིས་པ་(གཞན་སྣང་བ་ཙམ་གྱིས་བདག་ལ་མི་གནོད་པར་བསྟན་པ་)ནི།

གཞན་དག་བདག་ལ་མི་དགའ་བ། །
དེས་ནི་ཚེ་འདིའམ་ཚེ་གཞན་ལ། །
བདག་ལ་ཟ་བར་མི་བྱེད་ན། །
བདག་ནི་ཅི་ཕྱིར་དེ་མི་འདོད། ༥༤ །

ཅེས་གསུངས་ཏེ། གཞན་མི་དགའ་བ་དེས་ཀྱང་བདག་ལ་ཟ་བར་མི་བྱེད་དེ་མི་དགའ་བ་ནི་ཡིད་མི་བདེ་བའི་རང་བཞིན་ཡིན་པས་སུ་ལ་ལྡན་པ་དེ་སྡུག་བསྔལ་བར་ཟད་དོ། །དེས་བདག་གི་རྙེད་པའི་བར་ཆད་བྱེད་པས་ཁྲོའོ་ཞེ་ན།

གསུམ་པ་(རྙེད་པའི་གེགས་བྱེད་པ་ལ་ཁྲོ་མི་རིགས་པར་བསྟན་པ་)ནི།

རྙེད་པའི་བར་ཆད་བྱེད་པའི་ཕྱིར། །
གལ་ཏེ་འདི་དག་མི་འདོད་ན། །
བདག་གི་རྙེད་པ་འདིར་འདོར་གྱི། །
སྡིག་པ་དག་ནི་བརྟན་པར་གནས། ༥༥ །
བདག་ཉིད་དེ་རིང་ཤི་ཡང་སླའི། །
ལོག་འཚོས་ཡུན་རིང་གསོན་མི་རུང་། །
བདག་ལྟ་ཡུན་རིང་གནས་གྱུར་ཀྱང་། །
འཆི་བའི་སྡུག་བསྔལ་དེ་ཉིད་ཡིན། ༥༦ །
རྨི་ལམ་ལོ་བརྒྱར་བདེ་སྤྱོད་ནས། །
སད་པར་གྱུར་པ་གང་ཡིན་དང་། །
གཞན་ཞིག་ཡུད་ཙམ་བདེ་སྤྱོད་ནས། །

སད་པར་གྱུར་པ་གང་ཡིན་པ། ༥༧ །
སད་པ་དེ་དག་གཉིས་ཀ་ལྟའང་། །
བདེ་བ་དེ་ནི་ཕྱིར་འོང་མེད། །
ཚེ་རིང་ཚེ་ཐུང་གཉིས་ཀ་ཡང་། །
འཆི་བའི་དུས་སུ་དེ་འདྲར་ཟད། ༥༨ །
རྙེད་པ་མང་པོ་ཐོབ་གྱུར་ཏེ། །
ཡུན་རིང་དུས་སུ་བདེ་སྤྱད་ཀྱང་། །
ཆོམ་པོས་ཕྲོགས་པ་ཇི་བཞིན་དུ། །
སྒྲེན་མོ་ལག་པ་སྟོང་པར་འགྲོ། ༥༩ །
གལ་ཏེ་རྙེད་པས་གསོན་གྱུར་ན། །
སྡིག་ཟད་བསོད་ནམས་(༢༢༩ན)བྱ་ཞེ་ན། །
རྙེད་པའི་དོན་དུ་ཁྲོས་གྱུར་ན། །
བསོད་ནམས་ཟད་སྡིག་མི་འགྱུར་རམ། ༦༠ །
གང་གི་དོན་དུ་བདག་གསོན་པ། །
དེ་ཉིད་གལ་ཏེ་ཉམས་གྱུར་ན། །
སྡིག་པ་འབའ་ཞིག་བྱེད་པ་ཡི། །
གསོན་པོ་དེས་ཀོ་ཅི་ཞིག་བྱ། ༦༡ །

ཞེས་གསུངས་ཏེ། གཅིག་གིས་རྙེད་པ་ལ་སྙིང་པོ་མེད་པར་བསྟན། རྐང་པ་གཉིས་ཀྱིས་ལོག་འཚོས་གསོན་པ་བས་ཤི་ན་ལེགས་པར་བསྟན། ཚིགས་བཅད་ཕྱེད་དང་བཞིས་འཆི་བ་ལ་རྙེད་པས་མི་ཕན་པར་བསྟན། ཚིགས་བཅད་ཐ་མ་གཉིས་ཀྱིས་རྙེད་པ་ལ་ཞེན་ན་སྡིག་པ་འཕེལ་བར་བསྟན་ཏོ། །

དེ་ཡང་ལོངས་སྤྱོད་ནི་ཚེ་ཕྱི་མར་རྗེས་སུ་འབྲང་བ་མེད་དེ་སེམས་ཅན་རྣམས་

འཆི་བ་ན་ལུས་ཀྱང་ཤུལ་དུ་བོར་ཏེ་རྣམ་ཤེས་གཅིག་པོར་འགྲོ་ན་རྙེད་པ་གཞན་ཛི་ལྟར་འཁྱེར་དུ་ཡོང་སྟེ་ལས་དགེ་སྡིག་ཁོ་ན་མ་གཏོགས་པ་སྐབས་དེར་གྲོགས་གཞན་ཅི་ཡང་ཡོད་པ་མ་ཡིན་ལ། གསོན་པའི་དུས་རྙེད་པ་སྣ་རེའི་ཆེད་དུ་ཡང་དཀའ་བ་དང་སྡིག་པ་མང་པོས་བསྒྲུབས་མོད་ཀྱང་རྙེད་པ་དེ་འགྲུབ་པར་ཡང་མ་ངེས་ལ། གྲུབ་ཀྱང་གཞན་གྱིས་དབྲོག་པ་སོགས་ཀྱིས་ཞག་གཅིག་ལོངས་སྤྱོད་དུ་ཡོད་པར་ཡང་མ་ངེས་ལ། ལོངས་སྤྱོད་དུ་བྱུང་ཡང་འཆི་བའི་ཚེ་རྙེད་པ་དེ་ཤུལ་དུ་བཞག་ནས་དེའི་ཆེད་དུ་བསགས་པའི་སྡིག་པ་ཁོ་ན་དང་འགྲོགས་ནས་འགྲོ་བར་ཟད་ལ། སྲིད་པའི་བདེ་བ་ཐམས་ཅད་ཀྱང་འཕྲལ་སྐྱིད་ཙམ་དུ་སྣང་ཡང་དེ་མ་ཐག་མི་བདེན་པར་འགགས་ཏེ་ཕྱིས་དེའི་ཚེ་དེ་ལྟར་བྱུང་ངོ་ཞེས་དྲན་པའི་ཡུལ་ཙམ་དུ་ཟད་པས་རྨི་ལམ་ལྟ་བུ་ཁོ་ན་སྟེ། རྨི་ལམ་དུ་བདེ་སྡུག་ཅི་སྐྱིད་ཡང་སད་པ་ན་མི་སྣང་བ་ལྟར་འཁོར་བའི་བདེ་སྡུག་ཚེ་རིང་ཐུང་རྙེད་མ་རྙེད་སོགས་སྣང་བ་ཐམས་ཅད་དེ་འདྲ་བར་ཟད་དེ། ཚོང་པ་ཚོམ་པོས་བཅོམ་པ་ལྟར་འཆི་བདག་གི་ཚོམ་པོས་བཅོམ་པ་ན་མགོན་སྐྱབས་ཀྱི་གོས་མེད་ཅིང་དགེ་བའི་ནོར་མ་ཁྱེར་བའི་སྒྲིན་མོ་ལག་སྟོང་དུ་འགྲོ་བ་ཁོ་ནའོ། །

འོན་ཏེ་སྔར་རྙེད་པ་བསྒྲུབས་ཏེ་རྙེད་པ་དེས་ཕྱིས་དགེ་བ་བྱའོ་ཞེ་ན། རྙེད་པའི་དོན་དུ་ཁྲོ་བ་སོགས་སྡིག་པ་(༢༢༨བ)བསགས་པ་དེས་བསོད་ནམས་ཟད་པར་འགྱུར་ལ། རྙེད་པ་དེས་བསོད་ནམས་ཀྱི་ལས་མ་བྱས་པའི་སྔར་བདག་འཆི་བར་འགྱུར་མི་འགྱུར་ཡང་གཏོལ་མེད་ལ། བསོད་ནམས་སྔ་མ་དག་ཟད་པར་འགྱུར་བའི་དགེ་བ་ཆུང་དུ་དེས་ཀྱང་ཅི་ཞིག་བྱ་ལ། གྲུ་ནི་ཆུ་བོ་ལས་བརྒལ་བའི་ཆེད་དུ་ཡིན་པ་ལྟར་བྱང་ཆུབ་སེམས་དཔའི་ལུས་ཀྱང་གཞན་དོན་དུ་དགེ་བ་སྒྲུབ་པའི་ཆེད་དུ་བཟུང་བར་ཟད་ལ། གང་གི་ཆེད་དུ་བདག་ཉིད་གསོན་པའི་དགེ་བ་ཉམས་ན་སྡིག་པ་འཕེལ་བའི་གསོན་པས་ཅི་ཞིག་བྱ་སྟེ་ངན་སོང་གི་རྒྱུ་སྒྲུབ་པ་ཁོ་ནར་ཟད་པའི་ཕྱིར་

རོ། །གལ་ཏེ་མི་སྙན་པར་བརྗོད་པ་ལས་གཞན་བདག་ལ་མ་དད་པར་འགྱུར་བས་དེའི་ཕྱིར་ཁྲོའོ་ཞེ་ན།

བཞི་པ་(གཞན་མ་དད་པར་བྱེད་པ་ལའང་ཁྲོ་མི་རིགས་པར་བསྟན་པ་)ནི།

གལ་ཏེ་སེམས་ཅན་དད་མེད་པས། །
མི་སྙན་སྨྲ་ལ་ཁྲོ་ཞེ་ན། །
གཞན་ལ་མི་སྙན་བརྗོད་ལའང་ཁྱོད། །
དེ་བཞིན་ཅི་སྟེ་ཁྲོ་མི་བྱེད། ༨༢ །
མ་དད་གཞན་ལ་རག་ལས་པས། །
དད་པ་མེད་ལ་ཁྱོད་བཟོད་ན། །
ཉོན་མོངས་སྐྱེན་ལ་རག་ལས་པའི། །
མི་སྙན་སྨྲ་ལ་ཅིས་མི་བཟོད། ༨༣ །

ཅེས་གསུངས་ཏེ། དེ་ལྟ་ན་གཞན་གྱིས་གཞན་ལ་མི་སྙན་པར་བརྗོད་པས་ཀྱང་གཞན་ལ་མ་དད་པ་སྐྱེ་བར་མཚུངས་པས་དེ་ལ་ཡང་ཁྲོ་བར་རིགས་སོ། །གལ་ཏེ་གཞན་དམིགས་ཡུལ་དུ་བྱས་ནས་མ་དད་པ་ལ་ཁྲོ་བར་མི་བྱེད་པས་གཞན་ལ་དད་པ་མེད་པ་ལ་ཁྱོད་བཟོད་ན་བདག་ལ་དད་པ་མེད་པ་ལའང་བཟོད་པར་རིགས་ལ། ཞིགས་པར་བརྟགས་ན་བདག་ནི་གང་ནའང་ཡོད་པ་མིན་པས་སུ་ལའང་མི་སྙན་པར་བརྗོད་པ་མེད་ལ། བརྗོད་པ་པོ་ཡང་ཉོན་མོངས་པས་རང་དབང་མེད་པར་བསྒྲུབ་ཏེ་བླ་རྫོལ་ཙམ་དུ་ཟད་ན་ཡང་དག་པར་སུས་ཀྱང་སུ་ལ་དམད་པ་མ་ཡིན་པའི་ཚིག་བྲག་ཆ་ལྟ་བུ་དེ་ལ་ཅིའི་ཕྱིར་མི་བཟོད། ཅེས་པའི་དོན་ནོ། །

ཚིགས་བཅད་ཕྱི་མའི་དོན་ལ། **དཀའ་འགྲེལ་ཆུང་ངུ་ལས་ནི།** གཞན་ལ་དད་པ་ཉམས་པ་ནི་བརྙས་པའི་ཡུལ་གཞན་ལ་དམིགས་ཤིང་གཞན་ལ་རག་ལས་

ནས་བྱུང་བ་ཡིན་གྱི་བདག་ལ་རག་ལས་ནས་བྱུང་བ་མ་ཡིན་པས་དེ་ལ་བཟོད་ན། འོ་ན་བདག་ལ་(༢༢༥ན)བརྙས་སོགས་ཀུང་སྨྲ་བ་པོའི་བསམ་པ་ཉོན་མོངས་པའི་རང་བཞིན་ལས་བྱུང་བ་ཡིན་གྱི་ཁྱོད་ལས་ནི་དོན་དམ་པར་མ་བྱུང་བའི་ཕྱིར་དེ་ལ་ཁྱོད་ཅིས་ཏེ་ཁྲོ་ཞེས་འབྲུ་གཉེར་ཏོ། །**བི་བྷུ་ཏིས་ནི།** གཞན་ལས་ཐོས་ནས་མི་སྙན་པ་སྨྲོག་པ་རྣམས་ལ་ཁྱོད་བཟོད་ཅེ་ན། དེའི་ཚེ་ཉོན་མོངས་པ་འབྱུང་བ་ཉིད་གཞན་ཡིན་ཏེ་དེ་ལ་རག་ལས་པ་ལ་ཁྱོད་ཀྱིས་བཟོད་པར་འོས་ཏེ་རིགས་པ་མཚུངས་སོ། །ཞེས་འཆད་ཅིང་། **དགེ་བའི་ལྷས།** གཞན་གྲགས་པ་མ་ཡིན་པ་བྱེད་པ་དང་པ་མེད་ལ་ཁྱོད་བཅེ་ན་གྲོགས་པོ་ལ་སོགས་པ་ལའོ། །གལ་ཏེ་དེ་ལྟར་ཡིན་ན་ཉོན་མོངས་:སྐྱེས་:(རྐྱེན་)ལ་རག་ལས་པའི་མི་སྙན་སྨྲ་ལ་ཅིས་མི་བཅེ་སྙེ་ཕྱོགས་འདི་ལ་ཡང་རིགས་སོ། །ཞེས་འབྲུ་གཉེར་ཏོ། །

དེ་ལྟར་བདག་ཉིད་ལ་གནོད་པ་བྱེད་པ་ལ་བཟོད་པ་སྒོམ་ཚུལ་བཤད་ནས། གཉིས་པ་བདག་གི་བ་ལ་གནོད་པ་བྱེད་པ་ལ་བཟོད་པ་སྒོམ་ཚུལ་ལ་ཡང་གཉིས་ཏེ། ཆོས་ལ་ངེས་པར་སེམས་པས་སྒོམ་པ་དང་། གནོད་པ་ལ་ཇི་མི་སྙམ་པས་སྒོམ་པ་བཞིའོ། །

དང་པོ་(ཆོས་ལ་ངེས་པར་སེམས་པས་སྒོམ་པ་)ནི།

སྐུ་གཟུགས་མཆོད་རྟེན་དམ་ཆོས་ལ། །
འཇིག་ཞིང་འཇིག་པར་བྱེད་པ་ལའང་། །
བདག་གིས་ཞེ་སྡང་མི་རིགས་ཏེ། །
སངས་རྒྱས་སོགས་ལ་གནོད་མི་མངའ། ༧༩ །
བླ་མ་གཉེན་ལ་སོགས་པ་དང་། །
བཤེས་ལ་གནོད་པ་བྱེད་རྣམས་ལའང་། །
སྔ་མའི་ཚུལ་གྱིས་རྐྱེན་དག་ལས། །

འགྱུར་བར་མཐོང་ནས་ཁྲོ་བ་ཟློག ༧༥ །

ཅེས་གསུངས་ཏེ། གསེར་ལ་སོགས་པ་ལས་དེ་བཞིན་གཤེགས་པའི་སྐུའི་དབྱིབས་ལྷ་བུར་བཅོས་པ་སོགས་ནི་སྐུ་གཟུགས་ཡིན་ལ། ལམ་དང་འབྲས་བུ་མཚོན་པའི་ཕྱིར་དབྱིབས་སུ་བྱས་པ་ནི་མཆོད་རྟེན་ཏེ་བུམ་པ་དང་། ཁང་བུ་ལྷ་བུ་དང་། རྒྱལ་མཚན་ལྟར་གྲགས་པ་བརྒྱད་ལ་སོགས་པའོ། །སྟོན་པས་གསུངས་པའི་དམ་པའི་ཆོས་མིང་ཚིག་ཡི་གེ་རྣམས་ཡུལ་གྲུ་སོ་སོའི་ཡི་གེའི་མཚན་མ་ལཉྪ་ལ་སོགས་པར་བྲིས་ཏེ་གླེགས་བམ་དུ་བྱས་པ་ནི་དམ་ཆོས་ཀྱི་རྟེན་ཡིན་ལ། བསླབ་(༢༢༥བ)པ་གསུམ་ནི་ཉམས་སུ་བླང་བྱའི་དམ་ཆོས་དངོས་ཡིན་ནོ། །

དེ་ལ་སྐུ་གཟུགས་དང་མཆོད་རྟེན་དང་གླེགས་བམ་དེ་དག་གཞིག་པ་དང་ཚུལ་ཁྲིམས་དང་ཏིང་ངེ་འཛིན་དང་ཤེས་རབ་ཀྱི་བར་དུ་གཅོད་ཅིང་སེམས་ཅན་རྣམས་དེ་དག་ལས་ཟློག་ཏུ་འཇུག་པ་ནི་བསྟན་པ་གཞིག་པ་ཞེས་བྱ་ཞིང་བསྟན་པ་ལ་མ་གུས་པས་དམད་ཅིང་ཞེ་སྡང་བར་བྱེད་པ་སོགས་དེ་དག་ལ་ཁྲོ་བར་རིགས་སོ་ཞེ་ན།

དེ་ཡང་སྙིང་རྗེ་དང་ལྡན་པས་དེ་ལས་ཟློག་པར་བྱ་བ་ཡིན་གྱི་ཞེ་སྡང་བའི་གནས་ནི་མ་ཡིན་ཏེ་ཤིན་ཏུ་སྙིང་རྗེའི་ཞིང་ཡིན་པའི་ཕྱིར་དང་། དཀོན་མཆོག་དེ་དག་ལ་ནི་གནོད་པ་མི་མངའ་བའི་ཕྱིར། དེ་བཞིན་དུ་མཁན་པོ་དང་སློབ་དཔོན་དང་ཕ་མ་དང་རིགས་ཀྱི་རྒན་རབས་སོགས་བླ་མའི་གནས་རྣམས་དང་གཉེན་བཤེས་སོགས་ལ་གནོད་བྱེད་ལ་ཡང་། མཁྲིས་པ་ལ་སོགས་སྡུག་བསྔལ་གྱི། །འབྱུང་གནས་ཆེ་ལ་མི་ཁྲོ་བར། །སེམས་ཡོད་རྣམས་ལ་ཅིས་ཏེ་ཁྲོ། །དེ་དག་ཀུན་ཡང་རྐྱེན་གྱིས་བསྐུལ། །སོགས་དང་། དེ་བས་དགྲའམ་མཛའ་ཡང་རུང་། །མི་རིགས་བྱེད་པ་མཐོང་གྱུར་ན། །འདི་འདྲའི་རྐྱེན་ལས་གྱུར་ཏོ་ཞེས། །དེ་ལྟར་སེམས་ཏེ་བདེ་བར་གནོས། །ཞེས་སོགས་དང་། དེ་དག་ཉིད་ཀྱི་ལས་སུ་ལྟ་བ་སོགས་སྔར་བསྟན་པ་

རྣམས་ཀྱི་ཚུལ་གྱིས་རྣམ་པར་བརྟགས་ཏེ་ཁྲོ་བ་ བཟློག་པར་བྱའོ། །འདིར་**བི་སྭ་ཏི་སོགས་ནི།** ཉེས་པ་ཇི་སྙེད་ཐམས་ཅད་དང་། །སྡིག་པ་རྣམ་པ་སྣ་ཚོགས་པ། །དེ་ཀུན་རྐྱེན་གྱི་སྟོབས་ལས་བྱུང་། །རང་དབང་ཡོད་པ་མ་ཡིན་ནོ། །ཞེས་པ་ཕོ་ན་ལ་སྔ་མའི་ཚུལ་གྱིས་ཞེས་པ་སྣེག་པར་བྱེད་དོ། །

གཉིས་པ་(གནོད་པ་ལ་ཇི་མི་སྙམ་པས་སྒོམ་པ་བཞི་)ལ་ཡང་། སེམས་ཡོད་ལ་བཀར་ཏེ་ཁྲོ་བར་མི་རིགས་པ་དང་། སྐྱོན་ཅན་ཁྱད་མེད་དུ་འགྱུར་བ་དང་། རང་གིས་ཉེས་པར་བརྟག་པ་དང་། འབྲས་བུ་ཡིད་ལ་བྱ་བ་གསུམ་བསྟན་པའོ། །

དང་པོ་(སེམས་ཡོད་ལ་བཀར་ཏེ་ཁྲོ་བར་མི་རིགས་པ་)ནི།

ལུས་ཅན་རྣམས་ལ་སེམས་ཡོད་དང་། །
སེམས་མེད་གཉིས་ཀས་(༢༢༤ན)གནོད་བྱས་ན། །
སེམས་ཡོད་ཅིས་ཏེ་བཀར་ཏེ་བགོ་ན། །
དེ་བས་གནོད་པ་བཟོད་པར་གྱིས། ༤༨ །

ཞེས་གསུངས་ཏེ། འགྲོ་བ་འདི་དག་ལ་སེམས་ཡོད་པའི་དགྲས་གནོད་པ་བྱེད་པ་ལྟར་སེམས་མེད་པའི་འབྱུང་བ་དང་རླུང་མཁྲིས་བད་ཀན་སོགས་ཀྱིས་ཀྱང་གནོད་པ་བྱེད་པར་ཁྱད་མེད་ན་ཅིའི་ཕྱིར་བེམ་པོ་དེ་དག་ལ་ཁྲོ་བར་མི་བྱེད་ལ། སེམས་ལྡན་ཕོ་ན་ཟུར་དུ་བཀར་ནས་ཁྲོ་བར་བྱེད་པ་འདི་ཅིའི་ཐ་ཚིག་ཅེས་པ་སྟེ། **དཀའ་འགྲེལ་ཆུང་དུ་ལས་ནི།** འདི་ལ། ཁྲོ་བའི་མཚན་མ་མ་གྲུབ་པ། ཞེས་བསྟན་ཏོ། །**བི་སྭ་ཏིས།** སེམས་ཅན་གྱིས་བྱས་པ་ནི་ལག་པ་དང་རྐང་པས་གང་བྱས་པའོ། །ཞེས་འབྲུ་གཉེར་ཀྱང་པཎྜི་ཏ་ལ་འོས་པའི་བཤད་པར་མ་མཐོང་སྟེ་རྐང་ལག་སེམས་ཅན་མ་ཡིན་པའི་ཕྱིར།

གཉིས་པ་(སྐྱོན་ཅན་ཁྱད་མེད་དུ་འགྱུར་བ་)ནི།

ལ་ལ་རྨོངས་པས་ཉེས་པ་བྱེད། །

ལ་ལ་རྫོངས་ཏེ་ཁྲོས་གྱུར་ན། །
དེ་ལ་སྐྱོན་མེད་གང་གིས་བྱ། །
སྐྱོན་དང་བཅས་དེ་གང་ཞིག་ཡིན། [༤༧] །

ཞེས་གསུངས་ཏེ། ལ་ལ་ཞེས་བྱ་བ་ནི་གང་ཡང་རུང་བའི་དོན་ཏེ་སེམས་ཅན་ཁ་ཅིག་གིས་ཁྲོས་ཤིང་ཁ་ཅིག་གིས་དེའི་ལན་བྱས་ན་དེ་གཉིས་ཁྱད་མེད་པར་འགྱུར་ཏེ། དེའི་ཚེ་དེ་གཉིས་ལས་སུ་སྐྱོན་དང་བཅས་པ་དང་སུ་སྐྱོན་མེད་པའི་ཁྱད་པར་འགའ་ཡང་མི་རྙེད་དོ། །དེས་ན་བདག་ཉིད་སྐྱོན་མེད་པ་དང་ཡོན་ཏན་དང་ལྡན་པར་འདོད་པ་དེས་བཟོད་པ་ཁོ་ན་ལ་གནས་པར་བྱའོ། །

གསུམ་པ་(རང་གིས་ཉེས་པར་བརྟག་པ་)ནི།

གང་གིས་གཞན་དག་གནོད་བྱེད་པའི། །
ལས་དེ་སྔོན་ཆད་ཅི་ཕྱིར་བྱས། །
ཐམས་ཅད་ལས་ལ་རག་ལས་ན། །
བདག་གིས་དེ་ལ་ཅི་སྟེ་བཀོན། [༤༨] །
དེ་ལྟར་མཐོང་ནས་ཅི་ནས་ཀྱང་། །
ཐམས་ཅད་ཕན་ཚུན་བྱམས་སེམས་སུ། །
འགྱུར་བ་དེ་ལྟར་བདག་གིས་ནི། །
བསོད་ནམས་དག་ལ་བསྒྲིམས་ཏེ་བྱ། [༤༩] །

ཞེས་གསུངས་ཏེ། གཉེན་བཤེས་ལ་སོགས་པ་གནོད་བྱ་གང་དག་དེ་ཉིད་ཀྱིས་སྔོན་ཚེ་རབས་གཞན་དང་གཞན་དག་གམ་འདི་ཉིད་དུ་ཡང་གཞན་དག་ལ་རྡེག་པ་དང་(༢༢༤བ)མི་སྙན་པ་བརྗོད་པ་སོགས་ཀྱི་ལས་བྱས་ཏེ། དེའི་འབྲས་བུས་གཞན་དག་གིས་གནོད་པ་བྱེད་པར་ཟད་ན་སྡུག་བསྔལ་འདི་ལྟ་བུ་སྐྱེད་པར་བྱེད་པའི་ལས་དེ་འདྲ་བ་ཞིག་ཅིའི་ཕྱིར་བྱས་ཞེས་འགྱོད་པ་སྐྱེད་པའོ། །དེ་ལྟར་བདེ་སྡུག

ཐམས་ཅད་རང་གི་ལས་ལ་རག་ལས་པ་ཡིན་ན་ལས་ལ་མི་ཁྲོ་བར་གནོད་བྱེད་ལ་ཅིའི་ཕྱིར་ཁྲོ། ཞེས་པའོ། །

གལ་ཏེ་ལས་ལ་ཁྲོའོ་ཞེ་ན། དེ་ནི་མཐོང་བྱ་མིན་པས་དམིགས་པར་མི་ནུས་ལ་ཁྲོས་པས་དེ་གཞོམ་ཡང་མི་ནུས་པའི་ཕྱིར་ཁྲོས་པ་དོན་མེད་ལ་ཉེས་པར་བྱས་པའི་ལས་དེ་ནི་འཁྲུད་པས་བཤགས་ཤིང་ཕྱིན་ཆད་བསྡམ་པར་བྱ་བ་ལ་དགོད་པ་ཁོ་ན་ཡིན་ནོ། །

དེ་ལྟར་ཁྲོ་བའི་ཉེས་དམིགས་དང་བཟོད་པའི་ཕན་ཡོན་མཐོང་བས་རྟག་ཏུ་ཁྲོ་བའི་སྐབས་མི་འབྱེད་ཅིང་བྱམས་པ་ལ་གནས་པས་བདག་མཐོང་བ་ཙམ་ཡང་བྱམས་པ་དང་ལྡན་པར་འགྱུར་བ་འཕགས་པ་བྱམས་པ་སྟོན་དགེ་སློང་བློ་གྲོས་བརྟན་པར་གྱུར་པ་ན་སློ་གང་གི་ཐེམ་པ་ལ་ཞབས་བཞག་པ་ཙམ་གྱིས་ཁྱིམ་དེའི་སེམས་ཅན་ཐམས་ཅད་ལ་བྱམས་པའི་ཏིང་ངེ་འཛིན་སྐྱེ་བར་འགྱུར་བ་དེ་ལྟ་བུར་བདག་གིས་ཀྱང་བསླབ་པར་བྱའོ། །

བཞི་པ་(འབྲས་བུ་ཡིད་ལ་བྱ་བ་གསུམ་བསྟན་པ་)ལ་ཡང་། བསོད་ནམས་མི་ཉམས་པ། སྡུག་བསྔལ་ལས་ལྡོག་པ། དོན་འགྲུབ་པ་སྟེ་གསུམ་མོ། །

དང་པོ་(བསོད་ནམས་མི་ཉམས་པ་)ནི།

དཔེར་ན་ཁྱིམ་ཚིག་གྱུར་པའི་མེ། །
ཁྱིམ་གཞན་ཞིག་ཏུ་སོང་ནས་ནི། །
རྩྭ་སོགས་གང་ལ་མཆེད་བྱེད་པ། །
དེ་ནི་ཕྱུང་སྟེ་དོར་བ་ཡིན། ༧༠ །
དེ་བཞིན་གང་ལ་སེམས་ཆགས་ནས། །
ཞེ་སྡང་མེ་ནི་མཆེད་གྱུར་པ། །
བསོད་ནམས་འཚིག་པར་དོགས་པ་ཡིས། །

དེ་ནི་དེ་ཡི་མོད་ལ་དོར། [༧༡] །

ཞེས་གསུངས་ཏེ། ཁྲིམ་མེས་ཚིག་པ་ན་བུད་ཤིང་བསྣུན་པར་བྱ་བ་མ་ཡིན་གྱི་ཡོ་བྱད་འཚིག་པར་དོགས་པས་གང་ལ་མཆེད་པའི་རྩྭ་སོགས་དོར་ཞིང་ས་དང་ཆུས་དགབ་པར་བྱ་བ་ཡིན་པ་དེ་བཞིན་དུ། རྒྱུད་ལ་ཞེ་སྡང་གི་མེ་འབར་བ་ན་ཡང་ང་བདེན་གྱི་ཡུས་བསྣུན་པར་མི་བྱ་ལ། བསོད་ནམས་འཚིག་པར་དོགས་པས་ཞེ་སྡང་སྐྱེས་མ་ཐག་ཏུ་རིག་པར་བྱས་ལ་དང་དུ་མི་(༢༢༧ན)བླང་བར་འདོར་ཞིང་བྱམས་སོགས་ཀྱི་སས་དགབ་ཅིང་དེ་བོ་ན་ཉིད་ཤེས་པའི་ཆུས་བསད་པར་བྱའོ། །

གཉིས་པ་(སྡུག་བསྔལ་ལས་ལྡོག་པ་)ནི།

གསོད་པའི་མི་ཞིག་ལག་བཅད་དེ། །

གལ་ཏེ་ཐར་ན་ཅིས་མ་ལེགས། །

གལ་ཏེ་མི་ཡི་སྡུག་བསྔལ་གྱིས། །

དམྱལ་བ་བྲལ་ན་ཅིས་མ་ལེགས། [༧༢] །

ད་ལྟའི་སྡུག་བསྔལ་འདི་ཙམ་ལའང་། །

བདག་གིས་བཟོད་པར་མི་ནུས་ན། །

དེས་ན་དམྱལ་བའི་སྡུག་བསྔལ་རྒྱུ། །

ཁྲོ་བ་ཅིས་ཏེ་ཟློག་མི་བྱེད། [༧༣] །

ཅེས་གསུངས་ཏེ། རྒྱལ་པོའི་ཁྲིམས་ཆེན་པོས་བསད་པར་བྱ་བ་ཞིག་ལག་པ་ཙམ་བཅད་ནས་ཐར་བར་གྱུར་ན་ཆེས་ལེགས་པར་བྱེད་པ་བཞིན་དུ་ད་ལྟའི་མིའི་སྡུག་བསྔལ་འདི་ཙམ་ཞིག་གིས་ཕྱིས་ངན་སོང་གི་སྡུག་བསྔལ་ཡུན་རིང་མྱོང་བར་འགྱུར་བ་རྣམས་བྲལ་བར་གྱུར་ན་ཅིའི་ཕྱིར་མ་ལེགས་ཏེ། ཐེག་ཆེན་གྱི་མདོ་དུ་མར་འཇིག་རྟེན་གྱི་ཁམས་གཞན་གྱི་དེ་བཞིན་གཤེགས་པ་རྣམས་ཀྱིས་ཞིང་འདིའི་བསྟགས་པ་བརྗོད་པ་ན། སངས་རྒྱས་ཀྱི་ཞིང་དག་པ་རྣམས་སུ་བསྐལ་པ་མཐའ་

ཡས་པར་ཕ་རོལ་ཏུ་ཕྱིན་པ་བཅུ་ལ་སྤྱོད་པ་བས་འཇིག་རྟེན་གྱི་ཁམས་མི་མཇེད་དེར་སྟ་དྲོ་གཅིག་བྱམས་པ་ལ་གནས་པ་ཆེས་བསོད་ནམས་ཆུད་དུ་བྱུང་ལ། བསྐལ་པ་དུ་མར་ངན་སོང་གི་གནས་སྐྱོང་འགྱུར་རྣམས་ཀྱང་སྟ་དྲོ་གཅིག་ཀླད་པ་ན་བས་བྱང་བར་བྱེད་དོ། །ཞེས་བྱུང་ཞིང་། **རྡོ་རྗེ་གཅོད་པར།** ཤེས་རབ་ཀྱི་ཕ་རོལ་ཏུ་ཕྱིན་པ་ལ་སྤྱོད་པའི་བྱང་ཆུབ་སེམས་དཔའ་དེ་ནི་མནར་བར་འགྱུར། ཤིན་ཏུ་མནར་བར་འགྱུར་ཏེ། དེ་ནི་ཚེ་རབས་ཕྱི་མའི་རྣམ་སྨིན་ངན་པ་ཐམས་ཅད་ཚེ་འདིར་འདྲེན་པའི་སླད་དུའོ། །ཞེས་གསུངས་པ་ལྟར། ད་ལྟའི་སྡུག་བསྔལ་ཕྲ་མོས་ཀྱང་རྣམ་སྨིན་ཆེན་པོ་རྣམས་ཀྱང་སྦྱོང་བར་བྱེད་པའི་ཕྱིར་རོ། །

གསུམ་པ་(དོན་འགྲུབ་པ་)ནི།

འདོད་པའི་དོན་དུ་སྲེག་ལ་སོགས། །
དམྱལ་བ་སྟོང་ཕྲག་སྨྱོང་གྱུར་ཀྱང་། །
བདག་གིས་རང་གི་དོན་དང་ནི། །
གཞན་གྱི་དོན་ཡང་མ་བྱས་སོ། ༧༤ །
འདི་ནི་དེ་ཙམ་གནོད་མིན་ལ། །
དོན་ཆེན་དག་ཀྱང་འགྲུབ་འགྱུར་པས། །
འགྲོ་བའི་གནོད་སེལ་སྡུག་(༢༢༧བ)བསྔལ་ལ། །
དགའ་བ་འབའ་ཞིག་འདིར་བྱ་རིགས། ༧༥ །

ཞེས་གསུངས་ཏེ། ཐོག་མ་མེད་པ་ནས་རྙེད་བཀུར་ལ་སོགས་པ་འདོད་པ་ངན་ངོན་སྣ་རེའི་ཆེད་དུ་ཡང་མི་བྱ་བ་མེད་པའི་སྡིག་པའི་ལས་བྱས་ཏེ། དེའི་འབྲས་བུས་དམྱལ་བའི་སྡུག་བསྔལ་བགྲང་དུ་མེད་པ་མྱོང་མོད་ཀྱི་རང་སྡུག་བསྔལ་བ་ཁོ་ན་ཙམ་ལས་རང་གཞན་སུ་ལ་ཡང་མ་ཕན་ནོ། །ད་ལྟའི་སྡུག་བསྔལ་དང་བརྙས་སོགས་འདི་ནི་དམྱལ་བའི་སྡུག་བསྔལ་ཙམ་གྱི་གནོད་པ་ཡང་མིན་པས་བཟོད་

པར་ཡང་སྲ་ཞིང་བཟོད་པར་བྱས་ན་དོན་ཆེན་པོ་བླ་ན་མེད་པའི་བྱང་ཆུབ་ཀྱི་བར་དུ་ཡང་འགྲུབ་པར་འགྱུར་བས་ན། བཟོད་པའི་རྐྱེན་དུ་གྱུར་པའི་སྡུག་བསྔལ་དང་བརྙས་སོགས་ལ་བདག་གིས་རྙེད་པའི་མཆོག་རྙེད་པ་ལྟར་དགའ་བ་བོ་ན་བྱ་བར་རིགས་སོ། །

དེ་ལྟར་བདག་དང་བདག་གི་བ་ལ་གནོད་པ་ལ་བཟོད་པ་བསྟན་ནས། གསུམ་པ་དགྲ་ལ་ཞེགས་པ་བྱེད་པ་ལ་བཟོད་པ་སྒོམ་ཚུལ་གསུམ་ནི། དགྲ་ལ་བསྟོད་གྲགས་བྱུང་བ་ལ་མི་བཟོད་པ་སྤང་བ་གཉིས། དགྲ་ལ་བདེ་བ་སྒྲུབ་པ་ལ་མི་བཟོད་པ་སྤང་བ། དགྲ་ལ་རྙེད་པ་སྒྲུབ་པ་ལ་མི་བཟོད་པ་སྤང་བ་གཉིས་སོ། །དང་པོ་(དགྲ་ལ་བསྟོད་གྲགས་བྱུང་བ་ལ་མི་བཟོད་པ་སྤང་བ་)ལའང་གཉིས་ལས།

དང་པོ་རང་གིས་གཞན་ལ་བསྟོད་ན་བདེ་བ་འཐོབ་པར་བསྟན་པ་ནི།

གཞན་གྱིས་ཡོན་ཏན་ལྡན་བསྟོད་ནས། །
གལ་ཏེ་དགའ་བའི་བདེ་འཐོབ་ན། །
ཡིད་ཁྱོད་ཀྱང་ནི་དེ་བསྟོད་ནས། །
ཅི་ཕྱིར་དེ་ལྟར་དགའ་མི་བྱེད། ༧༦ །
ཁྱོད་ཀྱི་དགའ་བའི་བདེ་བ་འདི། །
བདེ་འབྱུང་ཁ་ན་མ་ཐོ་མེད། །
ཡོན་ཏན་ལྡན་པ་རྣམས་ཀྱིས་གནང་། །
གཞན་སྡུད་པ་ཡི་མཆོག་ཀྱང་ཡིན། ༧༧ །ཞེས་པ་དང་།

གཉིས་པ་གཞན་གྱི་ཡོན་ཏན་ལ་བསྟོད་པ་མི་བཟོད་ན་བདག་ཉིད་ལ་སྡུག་བསྔལ་འབྱུང་བར་བསྟན་པ་ནི།

གཞན་ཡང་དེ་ལྟར་བདེ་འགྱུར་ཞེས། །
གལ་ཏེ་ཁྱོད་བདེ་འདི་མི་འདོད། །

སླ་ཟན་བྱིན་སོགས་སྤྱངས་པའི་ཕྱིར། །
མཐོང་དང་མ་མཐོང་ཉམས་པར་འགྱུར། ༧༨ །
རང་གི་ཡོན་ཏན་བརྗོད་པའི་ཚེ། །
གཞན་ལའང་(༢༢༨ན)བདེ་བ་འདོད་པར་བྱེད། །
གཞན་གྱི་ཡོན་ཏན་བརྗོད་པའི་ཚེ། །
རང་ལའང་བདེ་བ་འདོད་མི་བྱེད། ༧༩ །

ཅེས་གསུངས་ཏེ། དེ་ཡང་བདག་གིས་མི་མཇའ་བ་དགྲར་བཟུང་བ་ཡོན་ཏན་དང་ལྡན་པ་ཞིག་ལ་སྐྱེ་བོ་ཡོན་ཏན་ཤེས་པ་གཞན་ཞིག་གིས་དེའི་ཡོན་ཏན་ཇི་ལྟ་བས་བསྟོད་པ་ན་བསྟོད་ཡུལ་དེ་དགའ་བའི་བདེ་བ་འཐོབ་ཅིང་དེ་གཉིས་མཇའ་བོར་འགྱུར་རོ། །

དེ་ལ་སེམས་ཁྱོད་ཁྲོ་བར་མི་རིགས་ཏེ་ཁྲོ་བས་ནི་ཁྲོ་བ་པོ་སྡུག་བསྔལ་བ་ཁོ་ནར་ཟད་པས་ན་ཁྲོ་བར་མི་བྱ་བར་ཡིད་ཁྱོད་ཉིད་ཀྱང་དགྲ་བོ་ཡོན་ཏན་དང་ལྡན་པ་དེའི་ཡོན་ཏན་ཚུལ་བཞིན་བསྟོད་པར་གྱིས་ཤིག་དང་། དེས་རང་གི་ཁྲོ་བའི་མེ་ཞི་ཞིང་དགྲ་བོ་དེ་ཡང་དགའ་བ་འཐོབ་པས་བདག་དང་མཇའ་བོར་འགྱུར་བས་ན་ཅིའི་ཕྱིར་གཉི་ག་དགའ་བ་དེ་ཅིས་མི་བྱེད། དེ་ལྟར་བྱས་པས་ཁྱོད་ཀྱི་རྒྱུད་ལ་ཐོབ་པའི་དགའ་བདེ་འདི་ནི་བདེ་བ་མང་དུ་འབྱུང་བའི་གནས་ཀྱང་ཡིན་ལ། ཁ་ན་མ་ཐོ་བ་མེད་པའི་བདེ་བ་ཡང་ཡིན་ཏེ་ཡོན་ཏན་དང་ལྡན་པའི་སངས་རྒྱས་རྣམས་ཀྱིས་ཀྱང་ཁྲོ་བ་ཞི་བ་ལས་བྱུང་བའི་བདེ་བ་འདི་ནི་བསྔེན་པར་གནང་ལ་འདིས་ཕ་རོལ་གྱི་ཁྲོ་བ་ཡང་ཞི་བར་བྱེད་པའི་ཕྱིར་སེམས་ཅན་གཞན་ཆོས་ཀྱིས་སྡུད་པའི་མཆོག་ཏུའང་འདི་འགྱུར་བ་ཡིན་ནོ། །

དེ་ལྟར་གཞན་དང་ཡང་གི་སྒྲས་རང་ཡང་སྟེ་གཉི་ག་དེ་ལྟ་བུར་རྩོད་པ་མེད་ཅིང་ཁོན་ཞི་བའི་བདེ་བ་འཐོབ་པར་འགྱུར་རོ། །ཞེས་བསྟན་ཡང་ད་དུང་སེམས་

ཁྱོད་དགྲའི་ཡིད་བདེ་ཞིང་རང་ཡང་ཁྲོ་བ་ཞི་བས་བདེ་བ་འདི་མི་འདོད་ན་ནི་སྔར་སེམས་ཁྱོད་ཀྱི་རྗེན་དུ་གྱུར་པའི་ལུས་འདི་ལ་དག་པའི་དོན་དུ་ཟས་གོས་ཀྱི་གླ་རྔན་ཙམ་བྱིན་ནས་གསོས་མོད་ཀྱི་སེམས་ཁྱོད་དེ་ལྟར་མ་རུངས་པར་བྱེད་ན། ད་ནི་ཁྱོད་ཆད་པ་བྱ་བའི་འོས་ཡིན་པའི་ཕྱིར་ཁྱོད་གང་ལ་བསྟེན་པའི་ལུས་འདི་ལ་གླ་རྔན་གྱི་ཟས་གོས་མི་སྟེར་བས་ན་མཐོང་བའི་ཆོས་འདི་ལ་ཡང་སེམས་ཁྱོད་བཀྲེས་སྐོམ་དང་འཁྱགས་པས་སྡུག་བསྔལ་བར་འགྱུར་ལ། མ་མཐོང་བའི་ཆོས་ཚེ་ཕྱི་མ་ལ་ནི་སེམས་ཁྱོད་ཞེ་སྡང་(༤༤༥བ)གི་འབྲས་བུས་དམྱལ་བར་སྐྱེས་ཏེ་སྡུག་བསྔལ་མི་བཟད་པ་མྱོང་བའི་ཕྱིར་སེམས་ཁྱོད་འདི་ཕྱི་ཐམས་ཅད་དུ་ཉམས་པར་འགྱུར་རོ། །ཞེས་འཛིགས་པའི་གནས་བསྟན་ཏོ། །

དེ་ལྟ་མོད་ཀྱི་གཞན་ཞིག་གིས་རང་ཉིད་ཀྱི་ཡོན་ཏན་བརྗོད་པ་ན་ནི་སེམས་ཁྱོད་དགའ་ཞིང་མགུ་བས་བདག་གི་ཡོན་ཏན་ལ་བསྟོད་པ་པོ་བདེ་བར་གྱུར་ཅིག་སྙམ་ནས་གཞན་ལ་ཡང་བདེ་བ་འདོད་པར་བྱེད་ལ། སྐྱེ་བོ་གཞན་གྱིས་དགྲ་ལ་སོགས་པ་གཞན་གྱི་ཡོན་ཏན་བརྗོད་པ་ན་ནི་གཞན་ལ་བསྟོད་པ་དེ་མི་བཟོད་པས་སེམས་ཁྱོད་ཁྲོ་ཞིང་འཁྲུག་པས་འཕྲལ་དུ་སྡུག་བསྔལ་བ་དང་། ཕྱི་མར་དེའི་འབྲས་བུས་དམྱལ་བར་འཕེན་པའི་ཕྱིར་ན་རང་ལའང་བདེ་བ་འདོད་པར་མི་བྱེད་པ་འདི་ཅིའི་ཐ་ཚིག་ཅེས་རང་ཉིད་ལ་ཁྲེལ་བའི་ཚིག་གོ། །འདིར་འགྲེལ་པ་ཕལ་ཆེར་ན། བསྟོད་པས་གཞན་དགའ་བ་ལྟར་ཡིད་ཁྱོད་ཀྱང་དེ་བསྟོད་ནས་དགའ་བར་ཅིས་མི་བྱེད། ཅེས་དང་། བྲན་གཡོག་ལ་གླ་རྔན་སྦྱངས་ན་བདེ་བ་མེད་པ་ལྟར་བདེ་བའི་རྒྱུ་ལས་ཉམས་སོ། །ཞེས་འབྲུ་གཉེར་མོད་ཀྱང་འདི་ལྟར་མ་བཤད་ན་ད་དུང་རྒྱུ་མཚན་གཞན་ཡོང་ན་གནས་པས་དོན་དཔྱིས་ཕྱིན་གོ་བར་མི་ནུས་སོ། །

གཉིས་པ་(དགྲ་ལ་བདེ་བ་སྒྲུབ་པ་ལ་མི་བཟོད་པ་སྤང་བ་)ནི།

སེམས་ཅན་ཐམས་ཅད་བདེར་འདོད་པས། །

བྱང་ཆུབ་ཏུ་ནི་སེམས་བསྐྱེད་ནས། །
སེམས་ཅན་རང་གིས་བདེ་བཞེད་ན། །
དེ་ཀོ་ཅི་སྟེ་ཁྲོ་བར་བྱེད། ༡༠ །

ཅེས་གསུངས་ཏེ། དགྲ་བོ་བདེ་བ་ན་སེམས་ཁྱོད་ཞེ་སྡང་བར་མི་རིགས་ཏེ་ཁྱོད་ཀྱིས་སྔར་སེམས་ཅན་བདེ་བར་འདོད་པས་བྱང་ཆུབ་ཏུ་ནི་སེམས་བསྐྱེད་པ་ཡིན་ན་དེ་སེམས་ཅན་དགྲ་བོ་སོ་རང་གིས་བདེ་བ་རྙེད་པ་ལ་སེམས་ལ། ཁྱོད་ཀྱའི་ཞེས་པོས་ནས་ཅིའི་ཕྱིར་ཁྲོ་བར་བྱེད་དེ་དགྲ་བོ་དེ་སེམས་ཅན་གྱི་ནང་དུ་མ་འདུས་སམ་ཞེས་རང་ཉིད་ལ་དྲི་བའོ། །

གསུམ་པ་(དགྲ་ལ་རྙེད་པ་སྒྲུབ་པ་ལ་མི་བཟོད་པ་སྤང་བ་)ལ་ཡང་གཉིས་ལས།

ཚོགས་བཅད་སྔ་མའི་དོན་རྒྱུ་མཚན་གྱིས་བསྟན་པ་ནི།

འཇིག་རྟེན་གསུམ་མཆོད་འཚང་རྒྱ་བར། །
སེམས་ཅན་རྣམས་ནི་འདོད་ཅ་ན། །
རྙེད་བཀུར་ངན་ངོན་ཙམ་མཐོང་ན། །(༢༢༥ན)
ཅི་ཕྱིར་དེ་ལ་གདུང་བར་བྱེད། ༡༡ །
གསོ་བྱ་གང་ཞིག་ཁྱོད་གསོ་བ། །
ཁྱོད་ཉིད་ཀྱིས་ནི་སྦྱིན་བྱ་དེ། །
གཉེན་གྱིས་འཚོ་བ་རྙེད་གྱུར་ན། །
དགར་མི་འགྱུར་བར་སླར་ཁྲོའམ། ༡༢ །
དེ་ཅི་འགྲོ་ལ་མི་འདོད་ན། །
དེ་ལ་བྱང་ཆུབ་འདོད་གང་ཡིན། །
གང་ཞིག་གཞན་འབྱོར་ཁྲོ་དེ་ལ། །
བྱང་ཆུབ་སེམས་ནི་ག་ལ་ཡོད། ༡༣ །

ཅེས་གསུངས་ཏེ། དང་པོས་སངས་རྒྱས་སྦྱིན་པར་འདོད་ན་རྙེད་བཀུར་ལ་སེར་སྣ་བྱེད་པ་མི་རིགས་པར་བསྟན། གཉིས་པས་བདག་གིས་གསོ་བར་བྱ་དགོས་ན་རང་གིས་འཚོ་བ་རྙེད་པ་ལ་ཁྲོ་མི་རིགས་པར་བསྟན། ཐ་མས་དོན་བསྡུས་པའོ། །

གཉིས་པ་གཞན་ལ་མ་བྱིན་ཀྱང་སྦྱིན་བདག་གི་ཁྱིམ་ན་གནས་པའི་ཡོ་བྱད་ཀྱིས་བདག་ལ་མི་ཕན་པར་བསྟན་པ་ནི།

གལ་ཏེ་དེས་དེ་ལས་རྙེད་དམ། །
སྦྱིན་བདག་ཁྱིམ་དུ་གནས་གྱུར་ཀྱང་། །
ཀུན་ཏུའང་དེ་ཁྱོད་ལ་མེད་ན། །
བྱིན་མ་བྱིན་ཙང་དེས་ཅི་བྱ། ༤༤ །
བསོད་ནམས་དང་ནི་དད་པའམ། །
རང་གི་ཡོན་ཏན་ཅི་ཕྱིར་འདོར། །
རྙེད་པར་འགྱུར་བ་མི་འཛིན་ལ། །
གང་ཞིག་ཁྲོ་བར་མི་བྱེད་སྨྲོས། ༤༥ །
ཁྱོད་ནི་རང་གིས་སྡིག་བྱས་ལ། །
སྐྱུ་ངན་མེད་པར་མ་ཟད་ཀྱི། །
བསོད་ནམས་བྱས་པ་གཞན་དག་དང་། །
ལྷན་ཅིག་འགྲན་པར་བྱེད་འདོད་དམ། ༤༦ །

ཞེས་གསུངས་ཏེ། དང་པོས་དངོས་དང་། གཉིས་པས་ཁྲོ་ན་རང་ཉིད་ལ་ཁྲོ་བར་རིགས་པ་དང་། གསུམ་པས་བསོད་ནམས་ལྡན་པ་ལ་འགྲན་མི་རིགས་པར་བསྟན་ཏོ། །

དེ་ཡང་བདག་གིས་སེམས་ཅན་རྣམས་སངས་རྒྱས་ལ་དགོད་པར་ཁས་བླངས་ཀྱི་བདེ་བ་གཞན་ལ་མ་ཡིན་ནོ་ཞེ་ན། དེ་ཉིད་ཀྱི་ཕྱིར་སངས་རྒྱས་ཀྱང་སྐྱེར་བར་

ཁས་བླངས་ནས་འཕྲུལ་གྱི་རྙེད་བཀུར་ངན་ངོན་ཙམ་ཞིག་ཕོ་རང་ཉིད་ཀྱིས་རྙེད་ན་དེ་ལ་ཅིའི་ཕྱིར་ཁྲོ། ཅིའི་ཕྱིར་རྙེད་བཀུར་ངན་ངོན་དུ་བརྗོད་ཅེ་ན། ལྷ་དང་ཀླུ་དང་མིའམ་ཅི་ལ་སོགས་པའི་འཚོ་བ་ནི་རང་བཞིན་གྱིས་གྲུབ་པའི་བདུད་རྩི་རོ་བཅུ་པ་གཙང་ཞིང་དག་པ་དང་བདུད་རྩིའི་འབྲས་བུ་(༢༤༥བ)ཁྱད་པར་ཅན་དང་དཔག་བསམ་གྱི་ཤིང་ལས་བྱུང་བའི་གོས་རྒྱལ་བ་ལས་བྱུང་བ་མ་ཡིན་པ་སྲབ་ཅིང་འཇམ་པ་དུས་དང་མཐུན་པའི་རེག་བྱ་ཅན་ཡིན་ལ། དེ་དག་ལ་བལྟོས་ཏེ་མིའི་འཚོ་བ་ནི་ཡ་ང་ཞིང་མི་གཙང་བ་སྐྱེ་མང་ཞིག་ནི་སྡིག་ཆགས་ལ་གནོད་པ་བྱས་པ་ལས་བྱུང་བ་ཤ་ཁྲག་ལ་སོགས་པ་འཇིགས་སུ་རུང་བའི་གནས་ཡིན་ལ། འོ་མ་དང་མར་ལ་སོགས་པ་ཡང་སྡིག་ཆགས་ཀྱི་དྲི་མའི་ཁམས་འདུས་པའི་སྙིང་པོར་ཟད་ལ། འབྲུ་རྣམས་ཀྱང་མི་གཙང་བའི་ལྷན་ལྷིན་པོ་ནས་བསྐྱེད་པ་མི་རྣམས་ཀྱིས་རྩོལ་བ་ཆེན་པོས་ཞུབ་མ་དང་ཕྲལ་ཞིང་སླར་རྗོད་འཐག་ཏུ་བྱས་པ་སོགས་རེ་རེའང་རྩོལ་བ་མཐའ་ཡས་པས་བསྒྲུབས་པར་ཟད་པའི་ཕྱིར་དང་གོས་ཀྱང་སྲིད་བུ་ཕྲ་མོ་ནས་བཀལ་ཞིང་ཐགས་དང་ཆགས་སུ་བྱས་པ་སོགས་དཀའ་བ་མཐའ་ཡས་པས་བསྒྲུབས་མོད་ཀྱང་རང་བཞིན་གྱིས་གྲུབ་པ་དེ་དག་གི་ཆར་ཡང་ཉེ་བ་མ་ཡིན་པའི་ཕྱིར་རོ། །**འདིར་འགྲེལ་ཆེན་ལས་ནི།** འཇིག་རྟེན་གསུམ་མཆོད་འཚང་རྒྱ་བར། །སེམས་ཅན་རྣམས་འདོད་ལོ་ཞེ་ན། །ཞེས་གཞུང་བཏོན་ནས་ཁྱོད་རྙེད་བཀུར་ངན་ངོན་ལ་ཕྲག་དོག་འདི་འདྲ་ན་ཁྱོད་ཀྱི་སངས་རྒྱས་སྨིན་པ་དེའང་ཅི་འདྲའམ། ཞེས་ལོའི་སྐབས་མ་མགུ་བར་སྟོན་པར་བཤད་དོ། །

དེས་ན་བྱང་ཆུབ་སེམས་དཔས་སེམས་ཅན་ཐམས་ཅད་བདེ་བ་ཐམས་ཅད་ལ་དགོད་པར་བྱ་བར་ཐམས་ཅད་ཀྱི་ཕ་མ་ལྟར་ཁས་བླངས་པ་ཡིན་པས་འགྲོ་བ་འདི་དག་བྱང་ཆུབ་སེམས་དཔའ་བདག་རང་གིས་གསོ་དགོས་པ་ཡང་ཡིན་ན་ཁོང་རང་སོ་སོས་འཚོ་བ་རྙེད་པ་ལ་ཅིའི་ཕྱིར་ཁྲོ། དེས་ན་བུས་རྙེད་པ་ཁྱད་པར་ཅན་

ཐོབ་ན་ཕ་མ་ཆེས་དགའ་བ་ལྟར་སེམས་ཅན་རྣམས་སྙེད་བཀུར་དང་ལྡན་པ་ན་བྱང་ཆུབ་སེམས་དཔའ་ཤིན་ཏུ་དགའ་བར་རིགས་པའི་དོན་ཏེ། སེམས་ཅན་རང་གིས་སྙེད་པའི་སྙེད་པ་དང་བཀུར་སྟི་ཙམ་ཡང་བདག་གི་བློས་མ་ཐོངས་ཤིང་སེར་སྣ་བྱེད་ན་བདེ་བ་ཐམས་ཅད་ཀྱི་མཐར་ཐུག་བྱང་ཆུབ་སྒྲིབ་པར་ལྟ་ག་ལ་བྱེད། དེས་ན་གཞན་འབྱོར་བས་ཡིད་མི་བདེ་(༢༣༠ན)ཞིང་ཁྲོ་བ་དེ་ལ་ནི་ཉན་ཐོས་ཀྱི་དགེ་སློང་གི་ཆོས་ཀྱང་མེད་ན་བྱང་ཆུབ་ཀྱི་སེམས་ལྟ་ག་ལ་ཡོད་པའི་དོན་ནོ། །གལ་ཏེ་དེས་བདག་གི་སྦྱིན་བདག་ལས་སྙེད་པ་བླངས་པས་བདག་གི་སྙེད་པ་ཆུང་ངུར་བྱས་སོ་ཞེ་ན། དེ་ལ་བྱིན་ནམ་མ་བྱིན་ཡང་རུང་སྟེ་སྦྱིན་བདག་གི་ཁྱིམ་ན་གནས་པ་དེ་ནི་ཁྱོད་དབང་བ་མ་ཡིན་ན་ཁྱི་ལྟར་རང་མི་དབང་བའི་བདོག་པ་བསྲུངས་ནས་ཅི་ཞིག་བྱ། དེ་ལྟ་མོད་ཀྱི་ཆོས་བཞིན་གྱི་སྙེད་པ་རྣམས་ནི་རང་གི་ཕྲག་དོག་མེད་པའི་བློ་དང་བསོད་ནམས་དང་དད་པ་དང་བྱམས་པ་ལ་སོགས་པའི་རྒྱུ་ལས་འབྱུང་བ་ཡིན་ན་སྙེད་པ་ལ་ཞེན་པས་སྙེད་པའི་རྒྱུ་རང་གི་ཡོན་ཏན་དེ་དག་འདོར་བ་ནི་ཆེས་མི་རིགས་པས་གལ་ཏེ་སྙེད་པ་ལ་ཞེན་ནས་ཁྲོ་ན་སྙེད་པའི་རྒྱུ་ཡོན་ཏན་འདོར་བའི་རང་གི་སེམས་འདི་ལ་ཁྲོ་བར་རིགས་སོ། །དེས་ན་རང་གིས་ཁྲོ་བའི་སྡིག་པ་བསྐྱེད་པ་ལ་མྱ་ངན་མེད་ཀྱི་སྟེང་དུ་བསོད་ནམས་དང་ལྡན་པ་གཞན་དག་ལ་འགྲན་པར་བྱེད་པ་ནི་ཆེས་མི་རིགས་ཏེ། བསོད་ནམས་ཆེན་པོ་ཅན་རྣམས་ལ་འགྲན་སེམས་སུ་བྱེད་པ་ནི་ཕྱེ་མ་ལེབ་མར་མེ་ལ་འགྲན་པ་ལྟར་རང་གི་དགེ་བ་ཟད་པར་བྱེད་པའི་ཕྱིར་རོ། །

བམ་པོ་གཉིས་པ་ཞེས་བྱ་བ་ནི། ད་ལྟ་སྤྱོད་འཇུག་གི་བོད་དཔེ་མཐོང་བ་རྣམས་ན་གཞུང་གི་ཐོག་མར་བམ་པོ་དང་པོ་ཞེས་པ་མི་སྣང་ཡང་། འདིར་བམ་པོ་གཉིས་པ་བཤད་པའི་ཕྱིར་ངེས་པར་འཐོབ་སྟེ། དེ་ཡང་རྒྱའི་ཆུན་པོ་ལ་ཕོན་དང་བམ་པོར་བརྗོད་པ་ལྟར་གཞུང་ལ་ལྷག་ཆད་སྣང་བའི་ཕྱིར་བོད་དུ་བསྒྱུར་དུས་

ལོ་པཎ་གྱིས་བམ་མཚམས་བཀོད་པ་ཡིན་ལ། བམ་པོ་ཆེ་ཚད་ཤློ་ཀ་ལྔ་བརྒྱ་དང་། འབྲིང་སྟོང་གི་སུམ་ཆ་དང་། ཐ་མ་ཤློ་ཀ་ཉི་ཤུ་རྩ་ལྔ་ལ་བཞག་པ་ལས་འདིར་ཤློ་ཀ་སྟོང་ལ་བམ་པོ་གཉིས་སུ་བྱས་པའི་ཕྱིར་བམ་ཚད་ཆེ་བ་ཡིན་ལ། འདི་ཡན་གྱིས་བམ་པོ་དང་པོ་རྫོགས་ནས་འདི་ནས་བམ་པོ་གཉིས་པ་འཆད་པ་ནི་ཞེས་བྱ་བའི་དོན་ནོ། །

དྲུག་པ་(༢༣༠བ)འདོད་པའི་གེགས་བྱེད་པ་ལ་བཟོད་པ་སྒོམ་པ་ལ། དགྲ་ལ་གནོད་པའི་གེགས་བྱེད་པ་ལ་བཟོད་པར་བསྟན་པ་དང་། བདག་དང་བདག་གི་ཕྱོགས་ལ་ལེགས་པ་འགྲུབ་པའི་བར་ཆད་བྱེད་པ་ལ་བཟོད་པར་བསྟན་པའོ། །

དང་པོ་(དགྲ་ལ་གནོད་པའི་གེགས་བྱེད་པ་ལ་བཟོད་པར་བསྟན་པ་)ནི།

གལ་ཏེ་དགྲ་ཞིག་མི་དགའ་ནའང་། །
དེ་ལ་ཁྱོད་དགར་ཅི་ཞིག་ཡོད། །
ཁྱོད་ཀྱི་ཡིད་སྨོན་ཙམ་གྱིས་ནི། །
དེ་ལ་གནོད་པའི་རྒྱུར་མི་འགྱུར། ༤༧ །
ཁྱོད་ཀྱི་འདོད་པ་སྡུག་བསྔལ་དེ། །
གྲུབ་ནའང་ཁྱོད་དགར་ཅི་ཞིག་ཡོད། །
གལ་ཏེ་འཚེངས་པར་འགྱུར་ཞེ་ན། །
དེ་ལས་ཕུང་བའང་གཞན་ཅི་ཡོད། ༤༨ །
ཉོན་མོངས་ཉ་པས་བཏབ་པ་ཡི། །
མཆིལ་བ་འདི་ནི་མི་བཟད་གཟེ། །
དེས་བཟུང་སེམས་དམྱལ་བུམ་པར་ཡང་། །
དམྱལ་བའི་བསྲུང་མས་བདག་འཚེད་ངེས། ༤༩ །

ཞེས་གསུངས་ཏེ། དགྲ་བོ་ལ་གནོད་པ་བྱུང་ན་དེ་མི་དགའ་ཞིང་སྡུག་བསྔལ་

བར་འགྱུར་བ་དེ་ལ་ཡང་སེམས་ཁྱོད་དགའ་བར་མི་རིགས་ཏེ་ངན་སོང་བ་རྣམས་ཀྱིས་སྡུག་བསྔལ་སྤྱོད་བས་ལྷ་མི་ལ་མི་ཕན་པ་ལྟར་དགྲ་སྡུག་བསྔལ་བས་ཁྱོད་ཀྱི་ལུས་སེམས་གང་ལ་ཡང་མི་ཕན་པའི་ཕྱིར། གལ་ཏེ་དགྲ་ལ་སྡུག་བསྔལ་མ་བྱུང་ན་ནི་སེམས་ཁྱོད་ཀྱིས་དགྲ་བོ་སྡུག་བསྔལ་ན་ཅི་མ་ཉུང་སྙམ་པའི་བློ་ཡིད་སྨོན་ཙམ་དེས་ནི་དགྲ་ལ་གནོད་པར་མི་འགྱུར་གྱི་རང་ཉིད་ཀྱི་ཡིད་མི་བདེ་བར་ཟད་དོ། །གལ་ཏེ་དགྲ་ལ་སྡུག་བསྔལ་དེ་གྲུབ་ན་ཡང་ཁྱོད་དགའ་བར་བྱར་ཅི་ཡོད་དེ་བཤད་མ་ཐག་པའི་བདག་ལ་མི་ཕན་པ་ཉིད་ཀྱི་ཕྱིར།

གལ་ཏེ་སེམས་ཀྱི་འདོད་པ་གྲུབ་པས་འཚེངས་སོ་ཞེ་ན། གཞན་སྡུག་བསྔལ་བས་རང་དགའ་བ་སྐྱེ་ན་དེ་ལས་ཕྱུང་བ་གཞན་ཅི་ཡོད་དེ་བློ་དེ་འཛིན་པ་ནི་བྱང་སེམས་ལྟ་ཅི་སྨོས་ཉན་ཐོས་པར་ཡང་ག་ལ་རུང་། གཞན་ལ་གནོད་པར་སེམས་པའི་ཉོན་མོངས་པ་ཉ་པ་ལྟ་བུས་བཏབ་པའི་སྡིག་པའི་མཆིལ་པ་སྐྱེ་ཉ་འདྲེན་པའི་ལྕགས་ཀྱུ་ཟས་ཅན་དང་འདྲ་བ་ཤིན་ཏུ་རྣོ་ཞིང་གཟེ་བ་གང་ལ་བཏབ་ན་འཆོར་མི་སྲིད་པ་འདིས་སེམས་ཉ་ལྟར་ཚུལ་བཞིན་མ་ཡིན་པ་ཡིད་(༢༣༧ན)ལ་བྱེད་པའི་ཆུ་བོའི་ནང་ན་ཀུན་ནས་འཁྲི་བ་ཁྱོད་བཟུང་སྟེ་དམྱལ་བ་ཆེན་པོའི་བུམ་པར་ཁྲི་ཆུ་ཁོལ་མའི་ནང་དུ་འཚེད་པར་གདོན་མི་ཟ་བས་ན་ད་ལྟ་ནས་དེའི་རྒྱུ་གཞན་གནོད་ཀྱི་བསམ་སྦྱོར་ཐོང་ཞིག་པའོ། །

འདི་ལ་**དགའ་འགྲེལ་དུ།** ཡུལ་གྱིས་རང་ལ་མི་ཕན་པ་དང་ཡུལ་ཅན་གྱིས་གཞན་ལ་མི་གནོད་པ་དང་ཡུལ་ཅན་གྱིས་རང་ལ་གནོད་པ་ཞེས་གསུམ་དུ་ཕྱེ་ནས་ཚང་པ་གཉིས་རེ་དང་ཚིགས་བཅད་གཅིག་གིས་བསྟན་པར་བཤད་དོ། །**དགེ་བའི་ལྷས་ནི།** གལ་ཏེ་འཚེངས་པར་འགྱུར་ཞེ་ན། །དེ་ལྟར་བདེ་བའམ་གཞན་ཡང་ཉུང་། །དེ་ལས་ཕྱུང་བ་གཞན་ཅི་ཡོད། །དེའི་སྡུག་བསྔལ་ཡོད་ན་བདེ་བའམ་དོན་གཞན་དུ་འགྱུར་ན་ངེས་པར་དོན་མེད་པ་ཆེན་པོར་འགྱུར་རོ་ཞེས་པའི་ཐ

ཚིག་གོ། །ཅིའི་ཕྱིར་ཞེ་ན། ཉོན་མོངས་ཞེས་བྱ་བ་ལ་སོགས་སྨོས་ཏེ་ཞེས་གཞུང་ཚིག་རྐང་པ་གཅིག་ལྷག་པོར་བཤད་དོ། །

གཉིས་པ་(བདག་དང་བདག་གི་ཕྱོགས་ལ་ཞིགས་པ་འགྲུབ་པའི་བར་ཆད་བྱེད་པ་ལ་བཟོད་པར་བསྟན་པ་)ལ་ཡང་། འཇིག་རྟེན་གྱི་ཆོས་ཀྱི་གེགས་བྱེད་པ་ལ་སྒོམ་པ་དང་། བསོད་ནམས་ཀྱི་གེགས་བྱེད་པ་ལ་སྒོམ་པའོ། །དང་པོ་(འཇིག་རྟེན་གྱི་ཆོས་ཀྱི་གེགས་བྱེད་པ་ལ་སྒོམ་པ་)ལ་ཡང་། བདག་གི་བསྟོད་གྲགས་འཇིག་པ་ལ་གནོད་པར་མི་ལྟ་བ་དང་། བསྟོད་གྲགས་འགོག་པ་ནི་ཕན་འདོགས་ཀྱི་དམ་པར་བསྟན་པའོ། །

དང་པོ་(བདག་གི་བསྟོད་གྲགས་འཇིག་པ་ལ་གནོད་པར་མི་ལྟ་བ་)ནི།

བསྟོད་དང་གྲགས་དང་རིམ་འགྲོ་ནི། །
བསོད་ནམས་མི་འགྱུར་ཚེར་མི་འགྱུར། །
བདག་སྟོབས་མི་འགྱུར་ནད་མེད་མིན། །
ལུས་བདེ་བར་ཡང་མི་འགྱུར་རོ། ༩༠ །
བདག་ནི་རང་དོན་ཤེས་གྱུར་ན། །
དེ་ལ་རང་དོན་ཅི་ཞིག་ཡོད། །
ཡིད་བདེ་འབའ་ཞིག་འདོད་ན་ནི། །
རྒྱན་སོགས་ཆང་ཡང་བསྟེན་དགོས་སོ། ༩༡ །
གྲགས་པའི་ཕྱིར་ནི་ནོར་ཤོར་ཞིང་། །
བདག་ཉིད་ཀྱང་ནི་གསོད་བྱེད་ན། །
ཚིག་འབྲུ་རྣམས་ཀྱིས་ཅི་ཞིག་བྱ། །
ཤི་ནས་དེས་ཀོ་སུ་ལ་བདེ། ༩༢ །
བྱེ་མའི་ཁང་བུ་ཟིབ་གྱུར་ན། །
བྱིས་པ་རྣམས་ནི་ག་ཆད་ངུ། །

དེ་བཞིན་བསྟོད་དང་གྲགས་ཉམས་ན། །
རང་གི་སེམས་ནི་བྱིས་པ་བཞིན། ༩༣ །
དེ་ཞིག་སྒྲ་ལ་སེམས་མེད་ཕྱིར། །(༢༣༧བ)
བདག་ལ་བསྟོད་སེམས་ཡོད་མི་སྲིད། །
བདག་ལ་གཞན་དགའ་ཞེས་གྲག་པ། །
དེ་ནི་དགའ་བའི་རྒྱུ་ཡིན་གྲང་། ༩༤ །
གཞན་ནམ་ཡང་ན་བདག་ལའང་རུང་། །
གཞན་དགས་བདག་ལ་ཅི་ཞིག་ཕན། །
དགའ་བདེ་དེ་ནི་དེ་ཉིད་ཀྱི། །
བདག་གིས་དེ་ལས་ཤས་མི་འཐོབ། ༩༥ །
དེ་བདེ་བ་ཡིས་བདག་བདེ་ན། །
ཀུན་ལའང་དེ་བཞིན་བྱ་དགོས་ན། །
ཇི་ལྟར་གཞན་ལ་དགའ་བ་ཡིས། །
བདེ་བར་གྱུར་ན་བདག་མི་བདེ། ༩༦ །
དེ་བས་བདག་ནི་བསྟོད་དོ་ཞེས། །
རང་གིས་དགའ་བ་སྐྱེ་འགྱུར་བ། །
དེ་ཡང་དེ་ལྟར་མི་འཐད་པས། །
བྱིས་པའི་སྤྱོད་པ་ཁོ་ནར་ཟད། ༩༧ །

ཅེས་གསུངས་ཏེ། དང་པོ་གཉིས་ཀྱིས་བསྟོད་སོགས་ནི་བདག་གི་བདེ་བའི་རྒྱུ་མ་ཡིན་པར་བསྟན། དེ་ནས་གཉིས་ཀྱིས་བསྟོད་གྲགས་ལ་ཆགས་པའི་ཉེས་པ་བསྟན། དེ་ནས་ཚིགས་བཅད་གསུམ་གྱིས་རྣམ་པར་བརྟགས་ཏེ་བསྟོད་གྲགས་ལ་ཆགས་བྱ་མ་ཡིན་པར་བསྟན། ཐ་མས་དོན་བསྡུས་པའོ། །

དེ་ཡང་གལ་ཏེ་བསྟོད་པའམ་གྲགས་པ་བསྔགས་པ་ན་དེས་བདག་གི་ནད་ཞི་བའམ་ཚེ་འཕེལ་བའམ་བསོད་ནམས་རྒྱས་པ་ཞིག་ཏུ་འགྱུར་ན་སྐྱེ་བོ་གཉུག་མར་གནས་པ་རྣམས་ལ་ཡང་བདག་གི་ཡོ་བྱད་ཅི་བདོག་པ་བྱིན་ཏེ་བསྟོད་གྲགས་སྒྲོག་ཏུ་འཇུག་པར་འོས་མོད་ཀྱང་བསྟོད་གྲགས་དེས་ནི་བདག་ལ་ཕན་པ་ཅིར་ཡང་མི་འགྱུར་རོ། །དེ་ལྟ་མོད་ཀྱི་སེམས་ཁྱོད་ནི་སུ་ཡང་མ་ཡིན་པ་ཞིག་ལ་རང་དུ་ཞེན་ཞིང་འདི་ཁོ་ན་ཕུན་སུམ་ཚོགས་པའི་དོན་སྒྲུབ་པར་འདོད་ན་ཅི་བསྟོད་གྲགས་ཚིག་ཙམ་པ་དེ་ལས་ཁྱོད་ཀྱི་རང་དོན་ཅི་ཞིག་འགྲུབ། གལ་ཏེ་ཚིག་ཙམ་པ་དེ་ལ་ཆགས་ན་སྒྲ་ཙམ་ལ་ཡང་ཅིའི་ཕྱིར་མི་ཆགས་ཏེ། དེ་ལྟ་ན་ཆུ་སྒྲ་དང་རླུང་སྒྲ་ལ་ཡང་ཁྱོད་ཆགས་པར་གྱིས་ཤིག་པའོ། །

གལ་ཏེ་ལུས་ལ་བདེ་བ་སོགས་མི་འབྱུང་ཡང་བསྟོད་གྲགས་དེས་བདག་གི་ཡིད་བདེ་བར་འགྱུར་རོ་ཞེ་ན། མཐར་ཉེས་པ་བསྐྱེད་པའི་འཁྲུལ་གྱི་ཡིད་བདེ་བ་ཙམ་ཁོ་ན་སྒྲུབ་ན་ཚེ་ཡོ་དང་མིག་མང་དང་རྗེའུ་(༢༣༢ན)འགྲིག་སོགས་རྒྱན་པོ་འཁྱེད་པ་དང་ཆང་དང་གཟུགས་ཚོང་གི་ཁྱིམ་དུ་རྒྱུ་བ་ཡང་བསྟེན་བྱར་ཐལ་ལོ། །དུག་ཀྱང་ཟ་རིགས་པར་འགྱུར་ཏེ་འཁྲུལ་དུ་མངར་བའི་ཕྱིར།

དེས་ན་བསྟོད་གྲགས་ཀྱིས་ཡིད་བདེ་བར་འཛིན་པ་ནི་སེམས་ཁྱོད་རང་གི་ཕྱིན་ཅི་ལོག་གོམས་པས་སྣང་བར་ཟད་ཀྱི་བྱུང་མ་ཐག་ཏུ་འགགས་པའི་སྒྲ་དེས་ནི་བྱ་བ་ཅི་ཡང་བྱས་པ་མེད་དོ། །དེ་ལྟ་མོད་ཀྱི་བསྟོད་གྲགས་ནི་ཉེས་པའི་འབྱུང་ཁུངས་ཡིན་ཏེ་བསྟོད་གྲགས་སྙམ་པོ་དེ་འདོད་པས་གཞན་དང་འགྲན་པའི་ཕྱིར་ལོངས་སྤྱོད་ཐམས་ཅད་གནས་མིན་དུ་གཏོད་པར་བྱེད་པ་དང་། དཔའ་ཞིང་རྩལ་ཕོད་དོ་ཞེས་པའི་མིང་འདོད་པས་གཡུལ་དུ་ཞུགས་ཏེ་འཆི་བར་འགྱུར་བ་དང་། ཡང་ན་གཞན་བསད་དེ་གཉིས་ཀའང་ཞེ་སྡང་གིས་མཚམས་སྦྱོར་བས་དམྱལ་བར་འདོང་དགོས་ལ། དེ་ལྟར་བསྟོད་གྲགས་ལ་བརྟེན་ནས་ཚེ་འདིར་ལོངས་སྤྱོད་དང་

བྲལ་ནས་ཤི་ཞིང་ཕྱི་མར་ངན་སོང་དུ་ལྟུང་བར་བྱེད་ན་དེ་ལྟ་བུའི་བསྟོད་གྲགས་དེས་སེམས་ཁྱོད་ཅི་ཞིག་བྱ་ཞེས་སོམས་ཤིག་པའོ། །

དེས་ན་བྱེ་མའི་ཁང་བུ་རྡིབ་པ་ན་བྱིས་པ་དག་ག་ཆད་པར་དུ་ཞིང་འགྲེ་ལྡོག་པ་ལྟར་བསྟོད་གྲགས་བྱེ་མའི་ཁང་བུ་ལྟར་སྙིང་པོ་མེད་པར་མ་ཤེས་པས་སེམས་བྱིས་པ་ལྟ་བུའང་ག་ཆད་པར་དུ་བ་ལྟར་ཟད་དོ། །དེ་ལྟ་མོད་ཀྱི་རེ་ཞིག་བརྟག་པར་བྱ་སྟེ་བསྟོད་གྲགས་དེ་ནི་མིང་ཚིག་ཡི་གེ་ཚོགས་པའི་སྒྲ་ཙམ་དུ་ཟད་དེ། དཔེར་ན། སྐྱེས་བུ་ཁྱོད་མཛེས་སོ། །ཞེས་བྱ་བ་འདི་གཞན་ཞིག་གིས་བདག་ལ་བརྗོད་པས་བསྟོད་པ་དང་། དེ་བཞིན་དུ་མས་བརྒྱུད་ནས་བསྒྲགས་པ་ནི་གྲགས་པར་འཛོག་ལ། དེའི་ཚེ་སྐྱེས་བུ་སོགས་ཀྱི་ས་ཡིག་དང་ཀ་ཡིག་དང་ཡ་བཏགས་དང་སྲོག་གི་ཨེ་དང་ས་ཡིག་དང་བ་ཡིག་དང་སྲོག་གི་ཞུ་སོགས་རེ་རེ་ཞིང་ཡི་གེ་ཐ་དད་པ་རེ་སྟེ་དེ་ལྟར་ཕྱེ་ན་ཡི་གེ་རེ་རེ་བ་དེ་དག་གིས་ཅི་ཡང་བརྗོད་པ་མེད་དོ། །

དེ་དག་ཚོགས་པ་ལས་སྐྱེས་བུ་དང་ཁྱོད་དང་མཛེས་པ་ཞེས་སོགས་ནི་མིང་རེ་རེ་བ་སྟེ་དེ་དག་ཀྱང་མིང་བསྒྲིགས་པར་ཟད་ཀྱི་དོན་གྱི་ཁྱད་པར་འགའ་ཡང་མ་(༢༣༢བ)བསྟན་ཏེ། དཔེར་ན། ཀ་ཁ་ག་ང་། ཞེས་པས་དོན་གྱི་ཁྱད་པར་ཅི་ཡང་མ་བསྟན་པ་བཞིན་ནོ། །གལ་ཏེ་མིང་འདུས་པས་དོན་གྱི་ཁྱད་པར་བསྟན་པའི་ཚིག་ཡིན་ནོ་སྙམ་ན། འདི་ནི་རང་གི་བློས་འདིས་འདི་བརྗོད་དོ་སྙམ་དུ་སྒྲོ་བཏགས་ནས་ཞེན་པར་ཟད་ཀྱི་ཞེན་པའི་དུས་དེ་ཉིད་ན་ཡང་མིང་ཚིག་ཡི་གེའི་སྒྲ་དེས་ནི་ཅི་ཡང་བརྗོད་པ་མེད་དེ་ཇི་ལྟར་རླུང་གི་སྒྲས་ཅི་ཡང་མ་བརྗོད་པ་བཞིན་ཏེ་སྒྲ་ཐམས་ཅད་ནི་དེ་ལྟ་བུ་ཡོ་ནའོ། །

དེས་ན་ཡང་དག་པར་ན་བསྟོད་པ་དང་གྲགས་པའི་སྒྲ་ཞིག་ཀྱང་མེད་ལ། གལ་ཏེ་སྒྲ་ཙམ་འདི་ཡོ་ན་བསྟོད་གྲགས་ཡིན་ནོ་ཞེ་ན། སྒྲ་དེ་ལ་ནི་བསྟོད་པའི་སེམས་མེད་པས་བྲག་ཆ་ལྟར་ཟད་པའི་ཕྱིར་དེ་བས་ཀྱང་དགའ་བར་མི་རིགས་

སོ། །ཡང་དེ་ལ་བརྟེན་ནས་བདག་ལ་གཞན་དག་དགའ་འོ་ཞེས་རང་གིས་གོ་བར་འགྱུར་བས་འདི་ཙམ་ཞིག་ལ་བདག་དགའ་འོ་ཞེ་ན། བདག་གཞན་སུ་ལ་ཡང་རུང་གཞན་དགའ་བ་ཙམ་དེས་ཅི་ཕན་ཏེ་དགའ་བ་དེ་ནི་དགའ་བ་པོ་པོ་རང་གི་སེམས་ཡིན་པས་པོ་རང་བདེ་བར་ཟད་ཀྱི་པོའི་བདེ་བ་དེ་ལས་བདག་གིས་ཅུང་ཟད་ཀྱི་ཤས་ཀྱང་མི་འཐོབ་བོ། །

གལ་ཏེ་དེ་བདེ་བས་བདག་གི་ཡིད་བདེའོ་ཞེ་ན། ལེགས་ཏེ་སེམས་ཁྱོད་ཀྱིས་སེམས་ཅན་ཐམས་ཅད་ལ་དེ་ལྟར་ཁྱོས་ཤིག །གལ་ཏེ་གཞན་ལ་བསྟོད་གྲགས་བྱུང་བས་དེ་དགའ་བར་འགྱུར་དུ་འོང་ངོ་ཞེས་སེམས་ཁྱོད་ཡིད་མི་བདེ་ན་ནི་ཁྱོད་ཀྱིས་དེ་བདེ་བ་ཡིས་བདག་བདེའོ་ཞེས་སྨྲས་པ་དེ་བརྫུན་པར་འགྱུར་རོ། །རྒྱུ་མཚན་དེ་རྣམས་ཀྱིས་རྣམ་པར་བརྟགས་པ་ན་སྙིང་པོ་མེད་པའི་བསྟོད་གྲགས་ལ་ཆགས་པ་ནི་ངོ་ཚ་བའི་གནས་བྱིས་པ་ཤེད་མ་བྱེ་བའི་སྤྱོད་པ་པོ་ནར་ཟད་དོ་ཞེས་བདག་གིས་ཀྱང་ཤེས་པར་འགྱུར་རོ། **།དགེ་བའི་ལྷས་ནི།** བདག་གིས་དེ་ལས་ཤས་མི་འཐོབ། །བདེ་བ་ནི་ནང་གི་ཡིན་པའི་ཕྱིར་དང་། གཟུགས་ཅན་མ་ཡིན་པ་ཉིད་ཀྱིས་བགོ་བར་བྱ་བ་མ་ཡིན་པ་ཉིད་ཀྱི་ཕྱིར་རོ། །ཞེས་བཀྲལ་ཏོ། །

གཉིས་པ་(བསྟོད་གྲགས་འགོག་པ་ནི་ཕན་འདོགས་ཀྱི་དམ་པར་བསྟན་པ་)ལ་ཡང་། ངན་སོང་ལས་སྲུང་བ་དང་། ཐར་པའི་གྲོགས་སུ་བསྟན་པ་གཉིས་ལས།

དང་པོ་(ངན་སོང་ལས་སྲུང་བ་)ནི། (༢༢༣ན)

བསྟོད་སོགས་དག་ནི་གཡེང་བར་བྱེད། །
དེས་ནི་སྐྱོ་བའང་འཇིག་པར་བྱེད། །
ཡོན་ཏན་ལྡན་ལ་ཕྲག་དོག་དང་། །
ཕུན་སུམ་ཚོགས་པའང་འཇིག་པར་བྱེད། (༩)
དེ་ཕྱིར་བདག་གི་བསྟོད་སོགས་ནི། །

གཞིག་ཕྱིར་གང་དག་ཉེར་གནས་པ། །
དེ་དག་བདག་ནི་ངན་སོང་དུ། །
ལྟུང་བ་སྲུང་ཕྱིར་ཞུགས་མིན་ནམ། ༩༩ །ཞེས་པའོ། །

གཉིས་པ་(ཐར་པའི་གྲོགས་སུ་བསྟན་པ་)ནི།

བདག་ནི་གྲོལ་བ་དོན་གཉེར་ལ། །
ཉེད་དང་བཀུར་སྟིས་འཆིང་མི་དགོས། །
གང་དག་བདག་བཅིངས་གྲོལ་བྱེད་པ། །
དེ་ལ་བདག་ནི་ཇི་ལྟར་ཁྲོ། ༡༠༠ །
བདག་ནི་སྡུག་བསྔལ་འཇུག་འདོད་ལ། །
སངས་རྒྱས་ཀྱིས་ནི་བྱིན་བརླབས་བཞིན། །
མི་གཏོང་སྒོ་འཕར་ཉིད་གྱུར་པ། །
དེ་ལ་བདག་ནི་ཇི་ལྟར་ཁྲོ། ༡༠༡ །

ཞེས་གསུངས་ཏེ། དེ་ཡང་བསྟོད་གྲགས་ལ་དགའ་བ་ན་དེས་སེམས་གཡོ་ཞིང་ཏིང་ངེ་འཛིན་དང་བྲལ་བར་བྱེད། རྒྱུད་ང་རྒྱལ་བས་དྲེགས་ཏེ་སྐྱོ་བའི་བློ་འཇིག །གཞན་ཡོན་ཏན་དང་ལྡན་པར་མཐོང་ན་ཕྲག་དོག་དང་འགྲན་སེམས་སྐྱེ་ཞིང་ཡོན་ཏན་དང་མི་ལྡན་པ་ལ་བརྙས་ཤིང་ཁྱད་དུ་གསོད། དེ་དག་ལ་བརྟེན་ནས་འཐབ་རྩོད་དང་སྡིག་པ་འཕེལ་བས་འདི་ཕྱིའི་ཕུན་ཚོགས་ཞིག་སྟེ་ངན་སོང་དུ་འགྲོའོ། །

དེས་ན་སུ་ཞིག་བདག་གི་བསྟོད་པ་དང་གྲགས་པ་སོགས་འགོག་ཅིང་མི་སྙན་པ་སྒྲུབ་པར་བྱེད་པ་དེ་ནི་བདག་གི་དགེ་བའི་གྲོགས་དམ་པ་ཡིན་ཏེ། ཉེད་གྲགས་ལ་ཞེན་པས་སྡིག་པ་བསགས་ཏེ་བདག་ངན་སོང་དུ་འདོང་བར་ཕྱོགས་པ་ལས་སྲུང་བར་བྱེད་པ་ཡིན་པའི་ཕྱིར་ཏེ། བདག་གཡང་དུ་ལྟུང་ལ་ཁད་པ་ན་གཞན་ཞིག

གིས་བཟུང་བ་ལྟ་བུ་ཡིན་ནོ། །དེ་ལྟ་མོད་ཀྱི་བདག་ནི་དང་པོར་རབ་ཏུ་བྱུང་བ་དང་བྱང་ཆུབ་ཏུ་སེམས་བསྐྱེད་པ་ཉིད་ནས་རྣམ་པར་གྲོལ་བའི་བྱང་ཆུབ་དོན་དུ་གཉེར་བ་ཡིན་གྱི་དེ་སྒྲུབ་པའི་གེགས་ནི་རྙེད་བཀུར་གྱི་འཆིང་བ་ཁོ་ན་ཆེ་སྟེ། **འོད་སྲུང་གི་མདོར།** ལྟ་གྱུར་འཆིང་དང་རྙེད་དང་བཀུར་སྟི་དང་། །གྲགས་པའི་འཆིང་བ་རབ་ཏུ་བྱུང་བ་ཡི། །འཆིང་བ་དམ་ཞེས་འཕགས་པ་རྣམས་ཀྱིས་གསུངས། །དེ་དག་རྟག་ཏུ་རབ་ཏུ་(২৩৩ব)བྱུང་བས་སྤང་། །ཞེས་དང་། གཞན་ཡང་མདོ་རྣམས་ལས། འདུ་འཛིའི་ཉེས་དམིགས་རྒྱས་པར་བསྟན་པའི་ཕྱིར་ན། བདག་ལ་རྙེད་བཀུར་གྱི་འཆིང་བས་ཅི་བྱ་སྟེ་ཐག་རིང་པོར་སྤྱུར་དུ་འགྲོ་བར་འདོད་པའི་སྐྱེས་བུ་ཡན་ལག་ལྕུགས་སྒྲོག་གིས་བསྡམས་པ་དོན་དུ་མི་གཉེར་བ་ལྟར་རོ། །

དེས་ན་བདག་བྱང་ཆུབ་ཀྱི་ལམ་དུ་མྱུར་བར་འགྲོ་བ་ལ་ཆོ་འདི་དོན་གཉེར་གྱི་འདམ་དུ་བྱིང་ཞིང་རྙེད་བཀུར་གྱི་ཞགས་པས་བཅིངས་པ་ལས་འགྲོལ་བར་བྱེད་པ་དེ་ལྟ་བུ་ལ་ཅིས་ཁྲོ་སྟེ། གྲོགས་དང་བཤེས་ཀྱི་དམ་པ་ཡིན་པའི་ཕྱིར་ཏེ། ནད་སེལ་བ་ལ་སྨན་པ་བཞིན་ནོ། །དེ་ལྟར་བདག་སྡུག་བསྔལ་གྱི་རྒྱ་ལས་ལྷོག་པ་ངན་སོང་གི་སྒོ་གཅོད་པའི་སྒོ་གླེགས་ལྟ་བུར་གྱུར་པ་དེ་ལ་ནི་ཅིས་ཁྲོ་སྟེ་སངས་རྒྱས་ཀྱི་བྱིན་རླབས་ཁོ་ན་ཡིན་ཏེ་འདིས་བདག་ལ་དགེ་བའི་བཤེས་གཉེན་གྱི་བྱ་བ་བྱས་པའི་ཕྱིར་རོ། །

གཉིས་པ་བསོད་ནམས་ཀྱི་གེགས་བྱེད་པ་ལ་བཟོད་པར་བསྟན་པ་ལ་ཡང་། ཁྲོ་བ་ཁོ་ན་བསོད་ནམས་ཀྱི་གེགས་སུ་བསྟན། གནོད་བྱེད་གེགས་མ་ཡིན་པར་བསྟན། དེ་གུས་པའི་ཡུལ་དུ་བསྟན་པ་དང་གསུམ་ལས།

དང་པོ་(ཁྲོ་བ་ཁོ་ན་བསོད་ནམས་ཀྱི་གེགས་སུ་བསྟན་)ནི།

འདི་ནི་བསོད་ནམས་གེགས་བྱེད་ཅེས། །
དེ་ལའང་ཁྲོ་བ་རིགས་མིན་ཏེ། །

བཟོད་མཆུངས་དཀའ་ཐུབ་ཡོད་མིན་ནོ། །
བདག་ནི་དེ་ལ་མི་གནས་སམ། ༢༠༢ །
གལ་ཏེ་བདག་ནི་རང་སྐྱོན་གྱིས། །
འདི་ལ་བཟོད་པར་མི་བྱེད་ན། །
བསོད་ནམས་རྒྱུ་ནི་ཉེར་གནས་པ། །
འདི་ལ་བདག་གེགས་བྱས་པར་ཟད། ༧༠༣ །ཅེས་པ་དང་།

གཉིས་པ་(གནོད་བྱེད་གེགས་མ་ཡིན་པར་བསྟན་པ་)ནི།

གང་ཞིག་གང་མེད་མི་འབྱུང་ལ། །
གང་ཞིག་ཡོད་ན་ཡོད་འགྱུར་བ། །
དེ་ཉིད་དེ་ཡི་རྒྱུ་ཡིན་ན། །
ཇི་ལྟར་དེ་ལ་གེགས་ཞེས་བྱ། ༧༠༤ །
དུས་སུ་ཕྱིན་པའི་སློང་མོ་བས། །
སྦྱིན་པའི་གེགས་བྱས་ཡོད་མ་ཡིན། །
རབ་ཏུ་འབྱིན་པར་བྱེད་གྱུར་པ། །
རབ་བྱུང་གེགས་ཞེས་བྱར་མི་རུང་། ༧༠༥ །

ཞེས་པས་བསྟན་ཏེ། དེ་ཡང་གནོད་བྱེད་འདིས་བདག་གི་བསོད་ནམས་ཀྱི་ལས་དགེ་བའི་བར་ཆད་བྱས་པས་ཁྲོའོ་ཞེ་ན། དེ་ལ་ཡང་ཁྲོ་བར་མི་རིགས་ཏེ་(༢༣༨ན)འདིས་གེགས་མ་བྱས་པས་སྦྱིན་པ་ལྟ་བུའི་དགེ་བ་ཕྲ་མོ་ཞིག་འགྲུབ་པར་ཟད་ལ། འདིའི་གནོད་པ་ལ་བཟོད་པ་བསྒོམས་པས་ནི་དེ་བས་ཆེས་ལྷག་པའི་དགེ་བ་འགྲུབ་སྟེ་བཟོད་པ་དང་མཚུངས་པའི་དཀའ་ཐུབ་ནི་གཞན་མེད་པའི་ཕྱིར།

དེས་ན་དགེ་བ་ཆུང་ངུའི་ཚབ་ཏུ་ཆེན་པོ་བསྒྲུབས་ཆོག་པ་འདི་ལ་བདག་ཅིའི་ཕྱིར་མི་གནས། དེ་ལྟ་མོད་ཀྱི་བདག་ནི་རང་གི་སྐྱོན་ཞེ་སྡང་གི་དབང་དུ་གྱུར་ཏེ་

དགེ་བ་ཆེན་པོ་བཟོད་པ་ལ་གནས་པར་མི་བྱེད་ན་ནི་རང་ཉིད་ཀྱིས་རང་གི་དགེ་བའི་གེགས་བྱས་པར་ཟད་པས་རང་ཉིད་ལ་ཁྲོ་རིགས་པར་འགྱུར་རོ། །

དེས་ན་གང་ཞིག་གནོད་བྱེད་མེད་ན་བཟོད་པ་གང་མེད་ལ་གནོད་བྱེད་ཡོད་ན་བཟོད་པ་གང་ཡོད་པར་འགྱུར་བའི་ཕྱིར། གནོད་བྱེད་དེ་ཉིད་ནི་བཟོད་པའི་དངོས་རྒྱུའམ་དངོས་ཀྱི་རྐྱེན་གྱུང་པོ་ཡིན་ན་ཇི་ལྟར་ན་གནོད་བྱེད་དེ་ལ་དགེ་བའི་གེགས་སོ་ཞེས་བྱར་ཅི་ཞིག་རུང་སྟེ། དཔེར་ན། དུས་སུ་ཕྱིན་པའི་སློང་མོ་བས་སྦྱིན་པའི་གེགས་བྱས་པ་ཡོད་པ་མ་ཡིན་ལ། རབ་ཏུ་འབྱིན་པར་བྱེད་པར་གྱུར་པ་མཁན་པོ་སོགས་ལ་རབ་བྱུང་གི་གེགས་ཞེས་བྱར་མི་རུང་བ་བཞིན་ནོ། །

གསུམ་པ་གུས་པའི་ཡུལ་དུ་བསྟན་པ་ལ་གཉིས། བཟོད་པའི་གྲོགས་ཡིན་པའི་ཕྱིར་གུས་པར་བྱ་བ་དང་། སྟོན་པའི་ཐུགས་དགོངས་རྫོགས་པའི་ཕྱིར་གུས་པར་བྱ་བའོ། །དང་པོ་(བཟོད་པའི་གྲོགས་ཡིན་པའི་ཕྱིར་གུས་པར་བྱ་བ་)ལ་གསུམ། ཕན་འདོགས་ཆེ་བར་བསྟན་པ། ཕ་རོལ་གྱི་སྡང་སེམས་མེད་ན་བཟོད་པ་མི་འབྱུང་བར་བསྟན་པ། སྟོན་པ་དང་འདྲ་བར་བསྟན་པའོ། །

དང་པོ་(ཕན་འདོགས་ཆེ་བར་བསྟན་པ་)ནི།

འཇིག་རྟེན་ན་ནི་སློང་བ་མོད། །
གནོད་པ་བྱེད་པ་དཀོན་པ་སྟེ། །
འདི་ལྟར་ཕར་གནོད་མ་བྱས་ན། །
འགའ་ཡང་ཚུར་གནོད་མི་བྱེད་དོ། ༡༠༦ །
དེ་བས་ངལ་བས་མ་སྒྲུབས་པའི། །
ཁྱིམ་དུ་གཏེར་ནི་བྱུང་བ་ལྟར། །
བྱང་ཆུབ་སྤྱོད་པའི་གྲོགས་གྱུར་པས། །
བདག་གིས་དགྲ་ལ་དགའ་བར་བྱ། ༡༠༧ །

འདི་དང་བདག་གིས་བསྒྲུབས་པས་ན། །
དེའི་ཕྱིར་བཟོད་པའི་འབྲས་བུ་ནི། །
འདི་ལ་ཐོག་མར་བདེར་འོས་ཏེ། །
འདི་ལྟར་དེ་ནི་བཟོད་པའི་རྒྱུ། ༡༠༨ །ཞེས་པ་དང་།

གཉིས་(༢༢༨ཁ)པ་(ཕ་རོལ་གྱི་སྡང་སེམས་མེད་ན་བཟོད་པ་མི་འབྱུང་བར་བསྟན་པ་)ནི།

གལ་ཏེ་བཟོད་སྒྲུབ་བསམ་མེད་པས། །
དགྲ་འདི་མཆོད་བྱ་མིན་ཞེ་ན། །
གྲུབ་པ་ཡི་ནི་རྒྱུར་རུང་བ། །
དམ་པའི་ཆོས་ཀྱང་ཅིས་ཏེ་མཆོད། ༡༠༩ །
གལ་ཏེ་དགྲ་འདི་གནོད་བྱ་ཡི། །
བསམ་ཡོད་མཆོད་བྱ་མིན་ཞེ་ན། །
སྨན་པ་བཞིན་དུ་ཕན་བརྩོན་ན། །
བདག་གི་བཟོད་པ་ཇི་ལྟར་འགྲུབ། ༡༡༠ །
དེ་བས་རབ་ཏུ་སྡང་སེམས་ལ། །
བརྟེན་ནས་བཟོད་པ་སྐྱེ་བས་ན། །
དེ་ཉིད་བཟོད་པའི་རྒྱུ་ཡིན་པས། །
དམ་པའི་ཆོས་བཞིན་མཆོད་པར་འོས། ༡༡༡ །

ཞེས་པས་བསྟན་ཏེ། དེ་ཡང་འཇིག་རྟེན་གྱི་ཁམས་དག་པ་རྣམས་ན་སེམས་ཅན་དབུལ་པོ་དང་མི་དགེ་བ་སྤྱོད་པ་དང་གནོད་པ་བྱེད་པ་སོགས་མེད་པས་སྦྱིན་པ་དང་ཚུལ་ཁྲིམས་དང་བཟོད་པ་ཡང་ཡུལ་མེད་པའི་ཕྱིར་གསལ་བར་མི་འབྱུང་ལ། མི་འཇེད་ཀྱི་ཁམས་འདི་ནི་རྣམ་པ་མ་དག་པ་ལྟར་སྣང་ཡང་དེ་རྣམས་ཡོད་པས་སྦྱིན་ཚུལ་བཟོད་གསུམ་བྱར་ཡོད་ཅིང་དེའི་ཕྱིར་འཇིག་རྟེན་གྱི་ཁམས་གཞན་

ཏུ་བསྐལ་པར་བྱང་ཆུབ་སེམས་དཔའི་སྤྱོད་པ་སྤྱད་པ་ལས་འདིར་སྔ་དྲོ་གཅིག་བྱམས་པ་ལ་གནས་པ་ཙམ་ཡང་ཆེས་ཕན་ཡོན་ཆེ་བར་གསུངས་པ་ཡིན་ལ། ཕར་ཕྱིན་གྱི་ཡུལ་དེ་དག་གི་ནང་ནས་ཀྱང་སྦྱིན་པའི་ཡུལ་སློང་མོ་པ་ནི་ཤིན་ཏུ་མོད་དེ་རྒྱུ་དེས་སྦྱིན་པ་ནི་ཆེས་འབྱུང་བར་སླའོ། །

དེའི་ཤུགས་ཀྱིས་བསྟན་པ་ཚུལ་ཁྲིམས་ཀྱི་རྐྱེན་མི་དགེ་བའི་ཡུལ་ཡང་ཤིན་ཏུ་མང་ལ་སློང་མོ་པ་ལས་ཀྱང་འབྱུང་ཉེ་བའི་ཕྱིར་དེ་སྤོང་བའི་ཚུལ་ཁྲིམས་ཀྱང་འབྱུང་བར་སླ་ལ། དེ་དག་ལ་བལྟོས་ཏེ་བཟོད་པའི་ཡུལ་བདག་ལ་གནོད་པ་བྱེད་པ་ནི་ཤིན་ཏུ་དཀོན་ཏེ་འདི་ལྟར་སེམས་ཅན་དུད་འགྲོའི་སྐྱེ་གནས་ཅན་སྟག་དང་སེང་གེ་དང་དོམ་དང་དྲེད་ལ་སོགས་པ་ཡང་མིས་ཕར་གནོད་པ་མ་བྱས་ཀྱི་བར་དུ་མི་ལ་ཕྱོལ་ཞིང་འཁྲོས་པར་ཟད་ཀྱི་ཚུར་གནོད་པ་མི་བྱེད་དོ། །གལ་ཏེ་ཕར་གནོད་པ་བྱས་ཏེ་མཚོན་ལ་སོགས་ཀྱིས་ཟུག་པའམ་འཛིན་པའི་ཐབས་ས་མདའ་ལ་སོགས་པ་བྱས་པར་ཤེས་ན་ནི་སླར་རྒོལ་བར་བྱེད་ལ། ལམ་དོག་པོར་མི་དང་གདོང་ཐུག་ཏུ་ཕྲད་ཏེ་འཁྲོས་སུ་མ་ཉེད་(༢༣༥ན)ན་རང་འཇིགས་ཤིང་སྐྲག་པས་མ་བཟོད་དེ་གྱུ་ཚོམས་སུ་རྒོལ་བར་ཟད་དོ། །དུད་འགྲོའི་ཆོས་ཉིད་ཀྱང་དེ་ལྟ་བུ་ཡིན་ན་བསམ་ཤེས་སུ་འདོད་པའི་མི་ལྟ་ག་ལ་སྨོས་ཏེ་སྐྱེ་བོ་ཐ་ཆད་རེ་ཙམ་མ་གཏོགས་པ་ནི་ཕར་གནོད་པ་མ་བྱས་ན་ཚུར་འགའ་ཡང་གནོད་པ་མི་བྱེད་དོ། །

དེ་བས་ན་གནོད་པ་བྱེད་པ་ནི་ཆེས་དཀོན་ན་བདག་ཉིད་ཀྱིས་ཉེས་སམ་མ་ཉེས་ཀྱང་ཙང་སྐེ་ངལ་བས་སྒྲུབ་པའི་དཀའ་བ་མེད་པར་ཁྱིམ་ནང་དུ་རིན་པོ་ཆེའི་གཏེར་བྱུང་བ་ལྟར་བྱང་ཆུབ་ཀྱི་སྤྱོད་པ་མཆོག་བཟོད་པའི་གྲོགས་གནོད་བྱེད་བྱུང་བ་འདི་ནི་ཆེས་དགའ་བར་རིགས་ཏེ་ཁྱིམ་ནང་དུ་གསེར་ཐོན་ཡང་ཤི་ཕན་ཆད་རྗེས་སུ་མི་འབྲང་ལ། འདི་ལ་བདག་གིས་བཟོད་པར་བྱས་པ་དེ་ནི་ཚེ་རབས་ཐམས་ཅད་དུ་སུས་ཀྱང་དབྲོག་ཏུ་མེད་ཅིང་འདི་ལས་དེ་བཞིན་གཤེགས་པའི་སྐུ་ཛམྦུའི་

གསེར་གྱི་མདོག་ཅན་ཉི་མ་བྱེ་བའི་འོད་འབར་བ་ལྷམ་མེ་ལྷན་ནེ་ལྷང་ངེར་འདུག་པ་ལྟ་བས་ཚོག་མི་ཤེས་པ་དེ་འཐོབ་པའི་ཕྱིར་རོ། །

བོད་འགྲེལ་ཁ་ཅིག་ན་བྱང་ཆུབ་སེམས་དཔའ་རྣམས་ནི་ཕར་གནོད་པ་མ་བྱས་ན་ཚུར་གནོད་པ་མི་བྱེད་པས་ཞེས་བྲིས་སྣང་བ་ནི་སྙིང་པོས་དབེན་ཏེ་འཇིག་རྟེན་ན་ནི་ཞེས་པའི་ཤུགས་ཀྱིས་འཇིག་རྟེན་ན་ནི་ཕར་གནོད་པ་མ་བྱས་པར་ཚུར་གནོད་པ་བྱེད་པ་དཀོན་ན་ཞེས་རྣམ་གྲངས་སྦྱོར་བསྟན་པ་ཡིན་གྱི་བྱང་ཆུབ་སེམས་དཔའ་ལ་སྦྱར་བྱ་ག་ལ་ཡིན། བྱང་ཆུབ་སེམས་དཔའ་ནི་གཤེ་ཡང་སླར་མི་གཤེ་བ་སོགས་དང་ལྡན་དགོས་ཏེ་ཉན་ཐོས་ཀྱི་དགེ་སྦྱོང་གི་ཆོས་ཀྱང་དེ་ཡིན་ན་རྒྱལ་བའི་སྲས་ལྟ་ཅི་སྨོས། དེས་ན་གནོད་བྱེད་འདིས་བཟོད་པའི་ཡུལ་བྱས་ལ་བདག་གིས་སྒོམ་པ་པོ་བྱས་ཏེ་གཉིས་ག་ཚོགས་པས་བཟོད་པ་གྲུབ་པའི་ཕྱིར་བཟོད་པ་འདི་ནི་གནོད་བྱེད་འདི་དང་བདག་གིས་བསྒྲུབས་པས་ན་དེའི་ཕྱིར་བཟོད་པའི་འབྲས་བུ་ནི་གནོད་བྱེད་འདི་ལ་ཐོག་མར་བདར་ཞིང་སྟབ་པར་འོས་ཏེ་འདི་ལྟར་དེ་ནི་བཟོད་པའི་རྒྱུ་གྱུར་པོ་ཡིན་པའི་ཕྱིར་རོ། །

འོ་ན་བཟོད་པའི་འབྲས་བུ་(༢༣༥བ)ཐོག་མར་གནོད་བྱེད་ཀྱིས་འཐོབ་བམ་ཞེ་ན། ལས་ནི་བྱེད་པ་པོ་ཉིད་ཀྱིས་ཟིན་པའི་ཕུང་ཁམས་ལ་རྣམ་པར་སྨིན་པའི་ཕྱིར་ཐོག་མར་བཟོད་པ་སྒོམ་པ་པོ་འཚང་རྒྱ་ཞིང་དེའི་འོག་ཏུ་བཟོད་ཡུལ་གྱིས་ཕན་བདེ་གྲུབ་པ་ནི་མི་འགལ་ཏེ། རྒྱལ་པོ་བྱམས་པའི་སྟོབས་ཉིད་སངས་རྒྱས་ནས་འཁོར་གྱི་ཐོག་མར་གནོད་བྱེད་ཀྱི་གནོད་སྦྱིན་ལྔ་པོ་ལྔ་སྡེར་གྱུར་པ་ལ་དམ་བཅའ་དང་སྨོན་ལམ་གྱི་དབང་གིས་བདུད་རྩི་ཐོག་མར་སྩལ་བ་བཞིན་ནོ། །གལ་ཏེ་དགྲ་འདི་ནི་ཁྲོ་བས་གནོད་པ་བྱེད་པར་ཟད་ཀྱི་འདི་ལ་བཟོད་པ་སྒྲུབ་པའི་གྲོགས་བྱའོ་བསམ་པ་མེད་པས་ན་འདི་ལ་བདག་གིས་མཆོད་པ་དང་དགའ་བར་མི་རིགས་སོ་ཞེ་ན། འོ་ན་བྱང་ཆུབ་འགྲུབ་པའི་རྒྱུར་གྱུར་པའི་དམ་ཆོས་ཀྱང་མཆོད་བྱ་མིན་པར་

འགྱུར་ཏེ་འདི་ལ་ཕན་གདགས་པར་བྱའོ་བསམ་པའི་བསམ་པ་མེད་པའི་ཕྱིར། དེ་བཞིན་དུ་སངས་རྒྱས་ལའང་མཚུངས་ཏེ་འདུ་ཤེས་ཀྱི་རྒྱུ་བ་མི་མངའ་བའི་ཕྱིར། དེ་བཞིན་དུ་མཆོད་རྟེན་དང་སྐུ་གཟུགས་སོགས་ལའང་རིགས་པ་མཚུངས་པར་འཐོབ་བོ། །གལ་ཏེ་དགྲ་འདི་ནི་བདག་ལ་གནོད་པར་བྱ་བའི་བསམ་པ་ཡོད་པས་མཆོད་པར་བྱ་བ་མིན་ནོ་ཞེ་ན། དེའི་ཕྱིར་བདག་གི་བཟོད་པའི་གྲོགས་ཡིན་གྱི་ནད་གསོ་བའི་སྨན་པ་དང་མཛའ་བོའམ་ཕ་མ་ལྟར་བྱམས་ཤིང་ཕན་པ་འབའ་ཞིག་བྱེད་ན་དེ་ལ་བཟོད་པ་སྒོམ་མི་དགོས་པའི་ཕྱིར་དེ་ལས་བདག་གི་བཟོད་པ་ཅིའི་ཕྱིར་འགྲུབ།

དེས་ན་ཕ་རོལ་གྱི་རབ་ཏུ་ཞེ་སྡང་བའི་སེམས་ལ་བརྟེན་ནས་སེམས་ཅན་མ་སྲུངས་པ་དག་བདག་རྒྱུད་ལ་ཁྲོ་བ་སྐྱེ་ལ་དེའི་ཚེ་བྱང་ཆུབ་སེམས་དཔས་བདག་རྒྱུད་ཀྱི་ཁྲོ་བ་དང་དུ་མི་བླང་བར་གཉེན་པོས་བཅོམ་སྟེ་ཕ་རོལ་གྱིས་ཇི་ལྟར་བྱས་ཀྱང་གླང་པོ་ཆེ་ལ་ཚེར་མ་ཟུག་པའམ་རི་རབ་རླུང་གིས་མི་བསྐྱུལ་བ་ལྟར་སེམས་གཡོ་བ་མེད་པར་སྲན་ཚུགས་པས་ཇི་ལྟར་བྱས་ཀྱང་ཇི་མི་སྙམ་པར་བཟོད་པ་ནི་བཟོད་པ་སྟེ། དེས་ན་ཕ་རོལ་གྱི་སྡང་སེམས་དེ་ཁོ་ན་བདག་གི་བཟོད་པའི་རྒྱུ་ཡིན་པས་ན་གནོད་བྱེད་དེ་ནི་དམ་པའི་ཆོས་དང་(༢༣༨ན)དཀོན་མཆོག་གཞན་ལྟར་བདག་ལ་དྲིན་ཆེ་ཞིང་མཆོད་པར་བྱ་བ་ཁོ་ན་ཡིན་ནོ། །

གསུམ་པ་(སྟོན་པ་དང་འདྲ་བ་དེ་བསྟན་པ་)ནི།

དེ་ཕྱིར་སེམས་ཅན་ཞིང་དང་ནི། །
རྒྱལ་བའི་ཞིང་ཞེས་ཐུབ་པས་གསུངས། །
འདི་དག་མགུ་བྱས་མང་པོ་ཞིག །
འདི་ལྟར་ཕུན་སུམ་ཕ་རོལ་ཕྱིན། ༡༡༢ །
སེམས་ཅན་རྣམས་དང་རྒྱལ་བ་ལས། །

སངས་རྒྱས་ཆོས་འགྲུབ་འདྲ་བ་ལས། །
རྒྱལ་ལ་གུས་བྱེད་དེ་བཞིན་དུ། །
སེམས་ཅན་ལ་མིན་ཅི་ཡི་ཚུལ། ༡༡༣ །
བསམ་པའི་ཡོན་ཏན་རང་གིས་མིན། །
འབྲས་བུ་ལས་ཡིན་དེ་མཚུངས་པར། །
སེམས་ཅན་རྣམས་ལའང་ཡོན་ཏན་ཡོད། །
དེ་ཕྱིར་དེ་དག་མཉམ་པ་ཡིན། ༡༡༤ །
བྱམས་སེམས་ལྡན་ལ་མཆོད་པ་གང་། །
དེ་ནི་སེམས་ཅན་ཆེ་བ་ཉིད། །
སངས་རྒྱས་དད་པའི་བསོད་ནམས་གང་། །
དེ་ཡང་སངས་རྒྱས་ཆེ་བ་ཉིད། ༡༡༥ །
སངས་རྒྱས་ཆོས་འགྲུབ་ཆ་ཡོད་པ། །
དེས་ན་དེ་དག་མཉམ་པར་འདོད། །
ཡོན་ཏན་རྒྱ་མཚོ་མཐའ་ཡས་པའི། །
སངས་རྒྱས་རྣམས་དང་འགའ་མི་མཉམ། ༡༡༦ །
ཡོན་ཏན་མཆོག་ཚོགས་གཅིག་པུ་ཡི། །
ཡོན་ཏན་ཤས་ཙམ་འགའ་ཞིག་ལ། །
སྣང་ནའང་དེ་ལ་མཆོད་དོན་དུ། །
ཁམས་གསུམ་ཕུལ་ཡང་ཆུང་བར་འགྱུར། ༡༡༧ །
སངས་རྒྱས་ཆོས་མཆོག་སྐྱེ་བའི་ཤས། །
སེམས་ཅན་རྣམས་ལའང་ཡོད་པས་ན། །
འདི་ཙམ་དག་གི་ཆ་བསྟུན་ནས། །

སེམས་ཅན་མཆོད་པར་རིགས་པར་འགྱུར། ༡༡༨ །

ཞེས་གསུངས་ཏེ། དེ་ཡང་ཞིང་ས་གཤིན་པོ་ལ་བརྟེན་ནས་ལོ་ཏོག་སྐྱེ་བ་ལྟར་བྱང་ཆུབ་སེམས་དཔའ་རྣམས་ཀྱི་དགེ་བའི་ལོ་ཏོག་སྨིལ་བའི་ཞིང་ཡང་གཉིས་སུ་ངེས་ཏེ་སེམས་ཅན་གྱི་ཞིང་ལས་སྦྱིན་པ་དང་ཚུལ་ཁྲིམས་དང་བཟོད་པ་དང་བྱམས་སོགས་ཀྱི་ལོ་ཏོག་སྨིལ་བ་དང་། སངས་རྒྱས་ཀྱི་ཞིང་ལས་དད་པ་དང་ལྷག་པའི་བསམ་པ་དང་སྨོན་སོགས་ཀྱི་ལོ་ཏོག་བསྐྲུན་ཞིང་། མདོར་ན་གཉིས་ཀ་ལས་བྱང་ཆུབ་ཀྱི་སེམས་ཀྱི་ལོ་ཏོག་འབྲས་བུ་ཡོངས་སུ་འབྱོར་བ་སེམས་ཅན་ཐམས་ཅད་ཀྱི་གསོས་གཅིག་པུར་(༢༣༨བ)གྱུར་པ་འདི་སྨིལ་བར་བྱེད་དོ། །

དེས་ན་ཞིང་རྣམ་པ་གཉིས་ཡིན་ཏེ། **སྨོན་ལམ་དག་པའི་མདོ་ལས།** ངས་སྔོན་སེམས་ཅན་ཞིང་རྣམས་དང་། །ཐུབ་པའི་ཞིང་ལ་བརྟེན་ནས་ནི། །སངས་རྒྱས་ཆོས་རྣམས་མཐའ་ཡས་པའི། །ལོ་ཏོག་ཕུན་སུམ་ཚོགས་པ་ཐོབ། །ཅེས་གསུངས་ཤིང་། ཆོས་ཡང་དག་པར་སྡུད་པའི་མདོ་ལས་ཀྱང་གསུངས་པའི་ཕྱིར་རོ། །འདིར་དགེ་བའི་ལྷས་ན་ཡམས་གཉིས་བཤད་པའི་བཤད་པ་སྦྲ་མ་ཤོས་ལས། སེམས་ཅན་ནི་རྒྱལ་བའི་ཞིང་སྟེ་སྐྱེ་བའི་གནས་ཡིན་ནོ། །སེམས་ཅན་ཞིང་ནི་དེ་སྔོན་དུ་སོང་བ་ཅན་གྱི་རྒྱལ་བ་རྣམས་ཏེ་སེམས་ཅན་རྣམས་ཀྱི་འབྲས་བུའི་ས་གཞིར་ཐུབ་པས་གསུངས་སོ། །ཞེས་བཤད་པ་ལ་ནི་གཉི་ག་རྒྱལ་བའི་ཞིང་གཅིག་པོ་ནར་ཐལ་བའི་སྐྱོན་སྣང་ངོ་། །ཞེས་པ་ཞར་བྱུང་ངོ་། །

རིགས་པས་ཀྱང་གྲུབ་སྟེ་སེམས་ཅན་འདི་དག་གནས་སྐབས་དང་མཐར་ཐུག་གི་མགུ་བར་བྱས་པ་ལས་སྔོན་ཡང་མང་པོ་ཞིག་འདི་ལྟར་ཕ་རོལ་ཏུ་ཕྱིན་པ་ཕུན་སུམ་ཚོགས་པ་ཐམས་ཅད་དང་ལྡན་པའི་བྱང་ཆུབ་ཐོབ་པའི་ཕྱིར་ཏེ། བྱིས་པས་རང་དོན་བྱས་པ་དང་། །ཐུབ་པས་གཞན་གྱི་དོན་མཛད་པ། །འདི་གཉིས་ཀྱི་ནི་ཁྱད་པར་ལྟོས། །ཞེས་བྱ་བས་འདིར་ཡང་འཆད་དོ། །དེས་ན་སེམས་ཅན་རྣམས་མགུ་

བར་བྱས་པ་དང་སངས་རྒྱས་མཉེས་པར་བྱས་པ་གཉིས་བདག་ཉིད་སངས་རྒྱས་ཀྱི་ཆོས་མི་སློབ་པའི་གོ་འཕང་འགྲུབ་པའི་རྒྱུར་མཚུངས་པ་ལས་སངས་རྒྱས་ལ་གུས་པར་བྱེད་ལ། སེམས་ཅན་ལ་དེ་ལྟར་མི་བྱེད་པ་ཅིའི་ཐ་ཚིག་ཅེས་རང་ཉིད་ལ་དྲི་བའི་སྒོ་ནས་མི་བཟོད་པའི་བློ་ཆར་གཅོད་པའོ། །འོ་ན་སེམས་ཅན་དང་སངས་རྒྱས་ཡོན་ཏན་མཚུངས་པར་ཐལ་ལོ་ཞེ་ན། དེ་གཉིས་བསམ་པའི་ཡོན་ཏན་རང་གི་སྒོ་ནས་མཉམ་པར་བཞག་པ་མིན་ཏེ་སངས་རྒྱས་ལ་སྟོབས་སོགས་ཀྱི་ཡོན་ཏན་མངོན་དུ་གྱུར་ཅིང་སེམས་ཅན་ལ་དེ་ས་བོན་གྱི་ཚུལ་དུ་གནས་ཀྱི་མངོན་དུ་མ་གྱུར་པའི་ཕྱིར། དེས་ན་བྱང་ཆུབ་ཀྱི་སེམས་ཀྱིས་ཟིན་པས་སེམས་ཅན་ལ་སྦྱིན་སོགས་(༢༢༧ན)དང་སངས་རྒྱས་ལ་མཆོད་པ་གཉིས་འབྲས་བུ་སངས་རྒྱས་འཐོབ་པར་མཉམ་པའི་ཕྱིར་རེ་ཞིག་ཞིང་དེ་གཉིས་མཚུངས་པར་བསྟན་པ་ཡིན་ནོ། །

དེས་ན་སེམས་ཅན་རྣམས་ལའང་ཡོན་ཏན་ཡོད་དེ་ཁམས་རང་བཞིན་གྱིས་རྣམ་པར་དག་ལ་སྟོབས་སོགས་འཐོབ་རུང་དུ་ཡོད་ཅིང་བྱང་ཆུབ་སེམས་དཔའ་རྣམས་ལ་མཆོད་པ་བྱས་ན་ཕན་ཡོན་གཞལ་དུ་མེད་པ་འཐོབ་པ་དང་། དེ་ལྟ་མིན་ཡང་ཕ་མ་དང་ཆོས་སྨྲ་བ་དང་མཁན་སློབ་སོགས་བདག་ལ་བྱམས་པའི་སེམས་དང་ལྡན་པ་ལ་མཆོད་པས་ཕན་ཡོན་ཆེས་ཆེ་བ་དང་ཐ་ན་དུད་འགྲོར་གྱུར་པ་ལ་སྦྱིན་པ་ཁམ་གཅིག་ཙམ་སྩལ་བའི་དགེ་བའང་རྒྱ་ཆེར་བསྟན་པས་ན་སེམས་ཅན་རྣམས་ཀྱང་ཆེ་བའི་བདག་ཉིད་དང་ལྡན་པར་གྲུབ་པའི་ཕྱིར། ཇི་ལྟར་ན་སངས་རྒྱས་ལ་སྣང་ཅིག་ཙམ་དད་པ་དང་ཐ་ན་བྱེ་མ་སྤྱིམ་པ་གང་གིས་མཆོད་པས་ཀྱང་འཛམ་གླིང་གི་རྒྱལ་པོ་མྱ་ངན་མེད་ཀྱི་དཔལ་ཐོབ་པ་དང་། སྲན་མ་འབྲུ་བཞི་ལྷུང་བཟེད་དུ་ལྷུང་ཞིང་གཅིག་ཕྱིར་ཡར་བ་ལས་གླིང་བཞི་བརྒྱ་བྱིན་གྱི་སྣན་ཕྱེད་དང་བཅས་པ་དབང་བ་ང་ལས་ནུའི་གོ་འཕང་ཐོབ་པ་དེ་ཡང་སངས་རྒྱས་ཀྱི་ཆེ་བ་ཡིན་པ་བཞིན་ནོ། །

དེས་ན་སེམས་ཅན་ནི་གང་གི་ཆེད་དུ་བྱ་བའི་ཡུལ་ཡིན་ལ། སངས་རྒྱས་ནི་གང་འཐོབ་པར་བྱ་བའི་འབྲས་བུ་ཡིན་ཞིང་དེ་གཉིས་ཚོགས་པའི་བྱང་ཆུབ་ཀྱི་སེམས་ནི་སངས་རྒྱས་ཀྱི་ཐབས་སམ་རྒྱུ་དངོས་ཡིན་ལ། སེམས་ཅན་ལ་བརྟེན་ནས་ཕར་ཕྱིན་དྲུག་རྫོགས་དགོས་པའི་ཕྱིར་གཉིས་ཀ་ལས་སངས་རྒྱས་ཀྱི་ཆོས་འགྲུབ་པའི་ཆ་ཤས་ཡོད་པ་དེས་ན་ཞིང་དེ་དག་མཉམ་པར་བརྗོད་པ་ཡིན་ནོ། །

འོ་ན་ཞིང་དེ་གཉིས་ཁྱད་པར་གཏན་མེད་དམ་ཞེ་ན། རང་གི་བློ་སྦྱོང་བའི་ཆ་ནས་དེ་ལྟར་ཡིན་མོད། ཡོན་ཏན་གྱི་ཆ་ནས་ཁྱད་པར་མཐའ་ཡས་ཏེ། དེ་ལྟ་མོད་ཀྱི་ས་རྡུལ་དང་། །རྒྱ་མཚོ་བ་ལང་རྨིག་རྗེས་ཀྱི། །ཁྱད་པར་གང་ཡིན་སངས་རྒྱས་དང་། །བྱང་ཆུབ་སེམས་དཔའི་ཁྱད་དེ་ཉིད། །ཅེས་སངས་རྒྱས་དང་ས་(༢༣༧བ)བཅུ་རྒྱུན་མཐའི་བྱང་སེམས་ཀྱི་ཁྱད་པར་ཡང་ས་ཆེན་པོ་དང་རྡུལ་ཕྲ་རབ་རྒྱ་མཚོ་དང་རྨིག་རྗེས་ཆུས་གང་བ་ཉི་མ་དང་མེ་ཁྱེར་གྱི་ཁྱད་པར་ཙམ་ཡོད་པར་གསུངས་ན་བྱིས་པ་རྣམས་དང་ལྟ་ཅི་སྨོས་ཏེ། དེས་ན། ཡོན་ཏན་རྒྱ་མཚོ་མཐའ་ཡས་པའི། །སངས་རྒྱས་རྣམས་དང་འགའ་མི་མཉམ། །ཞེས་བྱའོ། །གལ་ཏེ་སྐྱེ་བོ་འགའ་ཞིག་ལ་ཡང་ཉུང་སྟེ་སངས་རྒྱས་ཀྱི་ཡོན་ཏན་ལས་གངྒཱ་ཀླུང་གི་བྱེ་མ་སྙེད་ཀྱི་བྱེ་མའི་འབྲུ་གཅིག་གི་བྱེ་བའི་ཆ་ཙམ་ཞིག་ཡོད་པར་མཐོང་ན་ཡང་དེ་ལ་ཁམས་གསུམ་པོ་ཕུལ་ཡང་དེ་ཙམ་གྱིས་མཆོད་པ་བྱས་པར་མི་འགྱུར་ཏེ་ཡོན་ཆུང་བར་ཟད་དོ། །དེ་ལྟར་ཡོན་ཏན་གྱི་ཆ་ནས་ནམ་མཁའ་དང་རྫ་མཆོག་གི་བུ་གའི་ཁྱད་པར་ཙམ་ཡིན་དུ་ཟིན་ཡང་སངས་རྒྱས་སྒྲུབ་པའི་ཚེ་ནི་ལམ་གྱི་ཕྱེད་སེམས་ཅན་ཁོ་ན་ལ་རག་ལས་པས་ན་སངས་རྒྱས་ཀྱི་ཆོས་ཀྱི་མཆོག་སྐྱེ་བའི་ཆ་ཤས་སེམས་ཅན་རྣམས་ལའང་ཡོད་པས་འདི་ཙམ་གྱི་ཆ་དང་བསྟུན་པ་རྒྱུ་མཚན་དུ་བྱས་ནས་སེམས་ཅན་རྣམས་ཀྱང་མཆོད་པར་རིགས་པར་འགྱུར་བ་ཡིན་ནོ། །

གཉིས་པ་(སྟོན་པའི་ཐུགས་དགོངས་རྫོགས་པའི་ཕྱིར་གུས་པར་བྱ་བ་)ནི།

གཞན་ཡང་གཡོ་མེད་གཉེན་གྱུར་ཅིང་། །
ཕན་པ་དཔག་མེད་མཛད་རྣམས་ལ། །
སེམས་ཅན་མགུ་བྱ་མ་གཏོགས་པར། །
གཞན་གང་ཞིག་གིས་ལན་ལོན་འགྱུར། ༡༡༩ །
གང་ཕྱིར་སྐུ་གཏོང་མནར་མེད་འཇུག་པ་ལ། །
དེ་ལ་ཕན་བཏགས་ལན་ལོན་འགྱུར་བས་ན། །
དེ་བས་འདི་དག་གནོད་ཆེན་བྱེད་ན་ཡང་། །
ཐམས་ཅད་བཟང་པོ་ཞིག་ཏུ་སྤྱོད་པར་བྱ། ༡༢༠ །
རེ་ཞིག་བདག་གི་རྗེར་གྱུར་ཉིད་ཀྱང་ནི། །
གང་ཕྱིར་རང་གི་སྐུ་ལའང་མི་གཟིགས་པ། །
དེ་ལ་རྨོངས་པ་བདག་གིས་ཇི་ལྟར་ན། །
ང་རྒྱལ་བྱ་ཞིང་བྲན་གྱི་དངོས་མི་བྱ། ༡༢༡ །
གང་དག་བདེ་བས་ཐུབ་རྣམས་མཉེས་འགྱུར་ཞིང་། །
གང་ལ་གནོད་ན་མི་དགྱེས་འབྱུང་འགྱུར་ལ། །
དེ་དག་བདེ་བྱས་ཐུབ་དབང་ཀུན་མཆོད་ཅིང་། །
དེ་ལ་གནོད་བྱས་ཐུབ་ལ་གནོད་པ་བྱས། ༡༢༢ །
ཇི་ལྟར་ལུས་ལ་ཀུན་ནས་མེ་འབར་ན། །(༢༢༤ན)
འདོད་པ་ཀུན་གྱིས་ཡིད་བདེར་མི་འགྱུར་བ། །
དེ་བཞིན་སེམས་ཅན་གནོད་པ་བྱས་ན་ཡང་། །
ཐུགས་རྗེ་ཆེ་རྣམས་དགྱེས་པའི་ཐབས་མེད་དོ། ༡༢༣ །
དེ་བས་བདག་གིས་འགྲོ་ལ་གནོད་བྱས་པས། །
ཐུགས་རྗེ་ཆེ་ཀུན་མི་དགྱེས་གྱུར་པ་གང་། །

སྡིག་དེ་དེ་རིང་སོ་སོར་བཤགས་བགྱི་ཡིས། །
མི་དགྱེས་གང་ལགས་དེ་ཀུན་བཟོད་པར་གསོལ། ༧༢༤ །
དེ་བཞིན་གཤེགས་རྣམས་དགྱེས་པར་བགྱི་སླད་དུ། །
དེང་ནས་བཟུང་སྟེ་འཇིག་རྟེན་བྲན་དུ་མཆི། །
འགྲོ་མང་རྡོག་པས་བདག་གི་སྤྱིར་འཆོག་གམ། །
འགུམས་ཀྱང་མི་ཁྲོ་འཇིག་རྟེན་མགོན་དགྱེས་མཛོད། ༧༢༥ །
འགྲོ་བ་འདི་ཀུན་ཐུགས་རྗེའི་བདག་ཅན་དེས། །
བདག་ཏུ་མཛད་པ་འདི་ལ་ཐེ་ཚོམ་མེད། །
སེམས་ཅན་ངོ་བོར་མཐོང་བ་འདི་དག་ཉིད། །
མགོན་ཏེ་བདག་ཉིད་ཅི་ཕྱིར་གུས་མི་བྱེད། ༧༢༦ །

ཅེས་གསུངས་ཏེ། དེ་ཡང་དང་པོ་གཉིས་ཀྱིས་སེམས་ཅན་མགུ་བས་སྟོན་པའི་དྲིན་ལན་ལོན་པར་བསྟན། གཅིག་གིས་སྟོན་པའི་རྗེས་སུ་འཇུག་ན་དེ་ལྟར་བྱ་དགོས་པར་བསྟན། དེ་ནས་གཉིས་ཀྱིས་སེམས་ཅན་ལ་གནོད་པ་བྱས་ན་སངས་རྒྱས་བྱང་སེམས་རྣམས་མི་དགྱེས་པར་བསྟན། དེ་ནས་གཅིག་གིས་དེའི་ཉེས་པ་རྣམས་བཤགས་ཤིང་། གཅིག་གིས་ཕྱིན་ཆད་སྡོམ་པའི་དམ་བཅའ་བར་བསྟན། ཐ་མས་སེམས་ཅན་འདི་དག་ཀྱང་ངོ་བོ་ཉིད་ཀྱིས་སངས་རྒྱས་སུ་བསྟན་པ་ཡིན་ནོ། །

དེ་ལ་གཞན་ཡང་ཞེས་བྱ་བ་ནི་སྔར་བསྟན་པ་དེ་དག་ཏུ་མ་ཟད་སེམས་ཅན་མགུ་བར་བྱ་དགོས་པའི་རྒྱུ་མཚན་གཞན་ཡང་ཡོད་དེ་ཞེས་བྱ་བའི་དོན་ནོ། །དེ་གང་ཞེ་ན། ནམ་དུ་ཡང་གཡོ་དང་སྒྱུ་མེད་པར་སེམས་ཅན་ཐམས་ཅད་ལ་མ་འདྲིས་པའི་གཉེན་དུ་གྱུར་པ་ཕན་པ་དང་བདེ་བ་དཔག་ཏུ་མེད་པ་མཛད་པ་པོ་རྫོགས་པའི་སངས་རྒྱས་དང་བྱང་ཆུབ་སེམས་དཔའ་རྣམས་ལ་ནི་སེམས་ཅན་མགུ་བྱ་མ་གཏོགས་པ་གཞན་གང་ཞིག་གིས་ལན་ལོན་པར་འགྱུར་ཏེ། འཕགས་པ་ཤཱ་

རིའི་བུ་དང་འཆར་ཁ་ལ་སོགས་པ་(༢༣༨བ)ཉན་ཐོས་ཆེན་པོ་དག་ཀྱང་དགྲ་བཅོམ་པ་ཐོབ་པ་ན་བཅོམ་ལྡན་འདས་ཀྱིས་བདག་ལ་བཀའ་དྲིན་ཆེར་མཛད་ན། བདག་གིས་དྲིན་ལན་ཅི་ལྟ་བུ་ཞིག་གིས་སླན་པར་བྱ་སྙམ་པ་ན་བཅོམ་ལྡན་འདས་ནི་སེམས་ཅན་གདུལ་བ་ཁོ་ནར་ཟད་དེ་སེམས་ཅན་ལ་ཕན་པ་མ་གཏོགས་སྟོན་པ་ལ་གཞན་གྱིས་དྲིན་ལན་སླན་པར་མི་ནུས་ཀྱི་བདག་གིས་ཀྱང་སྟོན་པའི་དགོངས་པ་རྫོགས་པར་བྱའོ། །ཞེས་བསམས་ཏེ་རྣག་གི་ལུས་ཀྱིས་མི་སྐྱོ་བར་གཞན་དོན་སྤྱོད་པར་བཤད་ན་ཐེག་པ་ཆེན་པོར་ལྟ་ཅི་སྨོས་པའི་ཕྱིར་རོ། །

དེས་ན་བདག་ཅག་གི་སྟོན་པ་ཤཱཀྱའི་དབང་པོ་དེ་ཉིད་ཀྱང་ཐོན་སློབ་པའི་ལམ་སྤྱོད་པའི་ཚེ་སེམས་ཅན་གཅིག་གི་སྲོག་གི་ཆེད་དུ་ཡང་བདག་གི་སྐུ་ལུས་འཇིག་རྟེན་ན་གཅེས་ཤིང་འཕངས་པ་ལ་ཡང་རྡུལ་ཙམ་གྱི་བསྙོས་པ་མེད་པར་སྐུ་ལུས་གཏོང་ཞིང་སེམས་ཅན་རེ་རེའི་ཆེད་དུ་ཡང་མཐར་མེད་པར་ཡང་འཇུག་པར་མཛད་དེ། སྟག་མོའི་ཆེད་དུ་ལུས་བཏང་བ་དང་། ཕུག་རོན་རང་གི་ཤས་བླུས་པ་དང་། དམྱལ་བར་ཡང་ལྕགས་ཀྱི་ཤིང་རྟ་འདྲེན་པའི་གྲུད་དུ་གྱུར་པའི་ཚེ་ཐྲོ་བོ་སྟོབས་ཆུང་བའི་སྐལ་བ་ཡང་རང་གིས་བཞེས་པའི་ཕྱིར་ཏེ། དེ་ལྟ་བུས་རང་གི་བདེ་བ་ཐམས་ཅད་ཁྲད་དུ་བསད་དེ། སེམས་ཅན་ཁོ་ནའི་ཕན་བདེ་སྒྲུབ་པར་མཛད་པས་ན་སེམས་ཅན་དེ་དག་ལ་ཕན་བཏགས་ན་བདག་གི་རྗེ་བོ་རྫོགས་པའི་སངས་རྒྱས་དེ་ལ་དྲིན་ལན་སླན་པ་དང་ལོན་པར་འགྱུར་ཞིང་སངས་རྒྱས་དེ་དག་མཉེས་པའི་ཐབས་ནི་སེམས་ཅན་ལ་ཕན་པ་ལས་གཞན་མེད་པའི་ཕྱིར་སེམས་ཅན་འདི་དག་བདག་ལ་གནོད་པ་ཆེར་བྱེད་དུ་ཟིན་ཡང་བདག་གིས་གནོད་ལན་བྱ་བ་ལྟ་ཅིས་སྨོས་ཏེ་ཐ་ན་སྐད་ཅིག་ཙམ་གྱིས་གནོད་སེམས་དང་ཁྲོ་བ་ཡང་མི་བྱ་བར་དེ་དག་གིས་ཅི་བྱས་པ་ཐམས་ཅད་ཀྱང་བཟང་གུ་སྐྱེ་ལེགས་པ་འབབ་ཞིག་ཏུ་བལྟ་བར་བྱའོ། །

མདོར་ན་བདག་གི་རྗེ་བོ་ནི་སངས་རྒྱས་ཡིན་ལ་དེས་ཀྱང་རྗེ་བོ་ལྟར་གཟིགས་པ་ནི་སེམས་ཅན་རྣམས་ཡིན་ཏེ། **དགེ་བསྙེན་ཞི་བའི་གོ་ཆས།** (༢༣༡ན)རི་བོ་ཏ་ལར་ཕྱིན་པའི་ཚེ་སྒྲོལ་མ་དང་ཁྲོ་གཉེར་ཅན་གྱིས་གདམས་པ་ན་ཁྱོད་ཀྱིས་སེམས་ཅན་སུ་ལའང་ངན་སེམས་མ་སྐྱེད་ཅིག །དེ་ཅིའི་ཕྱིར་ཞེ་ན། ཇོ་བོའི་ཡང་ཇོ་བོ་ནི་སེམས་ཅན་རྣམས་ཁོ་ན་ཡིན་នོ། །ཞེས་དང་། ཐུགས་རྗེ་ཆེ་ཞེས་གང་གྲགས་པ། །སྙིང་རྗེ་ཆེན་པོ་དེ་ལ་བྱ། །ཞེས་བསྟན་པའི་ཕྱིར་རོ། །དེས་ན་བདག་གི་རྗེ་བོ་ཡང་གང་གི་ཆེད་དུ་རང་གི་སྐུ་ལའང་མི་གཟིགས་པར་ཕན་པ་མཛད་པའི་ཡུལ་དེ་ལ་བདག་གིས་ཇི་ལྟར་ང་རྒྱལ་གྱིས་གནས་པར་བྱ་སྟེ་བྲན་དང་གོ་རེ་ལོང་མི་བྱེད་པ་འདི་ཅིའི་ཐ་ཚིག །དེས་ན་སེམས་ཅན་གང་དག་བདེ་བས་ཐུབ་རྣམས་མཉེས་པར་འགྱུར་ཞིང་གང་གིས་སེམས་ཅན་གང་དག་ལ་གནོད་པ་བྱས་ན་དེ་ལ་ཐུབ་རྣམས་མི་དགྱེས་པར་འགྱུར་ལ། དེའི་ཕྱིར་སེམས་ཅན་དེ་དག་ལ་ཕན་བཏགས་ན་སངས་རྒྱས་ཐམས་ཅད་མཆོད་པར་འགྱུར་ལ། དེ་ལ་གནོད་པ་བྱས་ན་སངས་རྒྱས་ཐམས་ཅད་ལ་གནོད་པ་བྱས་པར་འགྱུར་རོ། །

འདིར། དེ་དག་བདེ་བས་ཐུབ་དབང་ཀུན་དགྱེས་ཤིང་། །ཞེས་པ་ཁོ་ན་གཞུང་དག་ན་སྣང་ཞིང་། བོད་འགྲེལ་དག་ན་ཡང་འབྲུ་དེ་ལྟར་གཉེར་ལ། རྒྱ་འགྲེལ་རྣམས་སུ་དོན་ཟུ་ཕྱི་བསྒོམས་པའི་དོན་གྱི་འབྲུ་ཙམ་ལས་གསལ་བར་མི་སྣང་ཡང་། གང་དག་བདེ་བས་ཐུབ་རྣམས་མཉེས་འགྱུར་ཞིང་། །ཞེས་པ་དང་། དེ་དག་བདེ་བས་ཐུབ་དབང་ཀུན་དགྱེས་ཤིང་། །ཞེས་པ་ཚིགས་བཅད་གཅིག་ཁོ་ནའི་ནང་དུ་ཚིག་དོན་གཉིས་ཀ་ཏ་ཙང་བཀློས་ཆོས་པར་འགྱུར་ལ། སྤྱིར་གཞུང་འདི་ཐུགས་སྙིང་རྗེ་ཆེན་པོ་ཁོ་ནས་དྲངས་པའི་མཐུས་རྩོམ་པའི་ངལ་བ་མེད་པར་དོ་ཧའི་ཚུལ་དུ་གསུངས་པས་འགལ་ཀློས་སོགས་ལ་མ་གཟིགས་མོད་ཀྱང་འབད་རྩོལ་ལ་མི་ལྟོས་པ་ཉིད་ཀྱི་ཕྱིར་ཚིག་འབྲུ་བཟང་པོ་ཉམས་དང་རྒྱན་དུ་མའི་འགྱུར་བ་ཅན་རང་

བཞིན་གྱིས་འབྱུང་བ་ཆོས་ཉིད་ཡིན་པས་བསྟན་བཅོས་འདི་ལྟ་བུའི་ཚིག་དོན་གྱི་ཉམས་ནི་གང་དུ་ཡང་རྙེད་པར་དཀའ་བས་འདི་ཙམ་དུ་ཟློས་པ་(༢༣༨བ)འབྱུང་མི་སྲིད་པས་འགྱུར་གྱི་སྐྱོན་ཞིག་ཏུ་ཟད་ལ། ཕྱི་མའི་ཚིག་གི་ནུས་པ་ལ་བརྟགས་ན་ཡང་། དེ་དག་བདེ་བྱས་ཐུབ་དབང་ཀུན་མཆོད་ཅིང་། །དེ་ལ་གནོད་བྱས་ཐུབ་ལ་གནོད་པ་བྱས། །ཞེས་པ་འདིར་འཐོབ་པར་སྣང་ངོ་། །

དེ་ལྟ་མོད་ཀྱི་སངས་རྒྱས་ལ་མཉེས་མ་མཉེས་ཡོད་ན་དེ་ལ་ཆགས་སྡང་ཡང་ཡོད་པར་འགྱུར་རོ་ཞེ་ན། སངས་རྒྱས་རང་གི་ངོ་བོ་ཉིད་ཀྱིས་ཕུང་པོ་ལྔ་གནས་ཡོངས་སུ་གྱུར་པས་འདུ་ཤེས་དང་འདུ་བྱེད་དང་རྣམ་པར་ཤེས་པའི་རྒྱུ་བ་མི་མངའ་ཞིང་བདག་དང་གཞན་དུ་གཟིགས་པ་མེད་པས་ནམ་མཁའ་ལྟར་ཀུན་ནས་དག་པའི་ཕྱིར་མཉེས་པ་དང་མ་མཉེས་པ་ག་ལ་ཡོད་ཀྱང་གཞན་ངོར་གདུལ་བྱའི་དབང་དུ་བྱས་ཏེ་གཟུགས་ཀྱི་སྐུ་ནི་བདག་ལ་བསྟོད་པ་སོགས་ལ་ཆགས་པ་དང་སྨད་པ་སོགས་ལ་སྡང་བ་ནི་མི་མངའ་སྟེ། ཐམ་ཟེ་བ་ར་དྭ་ཛས་མི་སྙན་པའི་ཚིག་ལྔ་བརྒྱས་དཔྱོས་(སྤྱོས་)ཀྱང་བ་སྤུ་ཙམ་ཡང་གཡོ་བ་མི་མངའ་བའི་ཕྱིར་དང་། སེར་སྐྱ་བཅོམ་པའི་ཚེ་ཕྲིན་ལས་མཐུན་པར་སྟོན་པས་དབུ་བསྙུན་པར་བསྟན་གྱི་ཐ་ན་ཐུགས་ཡང་མ་མཛད་ལ། མོྃདྒལ་གྱི་བུས་བདག་གིས་འཕགས་སྐྱེས་པོ་དང་མ་ལ་གནོད་འཇིག་རྟེན་གྱི་ཁམས་གཞན་དུ་བཞག་པར་བགྱིའོ། །ཞེས་དང་། གྲོང་ཁྱེར་སེར་སྐྱ་ལྕགས་ཀྱི་ར་བས་བསྐོར་བར་བགྱིའོ། །ཞེས་ཞུས་ཀྱང་འདི་ནི་ཤཱཀྱ་རྣམས་ཉིད་ཀྱིས་སྨྱོང་བར་ངེས་པའི་ལས་སོ། །ཞེས་གསུངས་ནས་མ་གནང་བའི་ཕྱིར་རོ། །

འོན་ཀྱང་སེམས་ཅན་དག་ཆོས་ཡང་དག་པ་ལ་ཞུགས་པ་ན་མཉེས་པ་དང་དེ་ལས་ལོག་པ་ན་མི་མཉེས་པར་སྟོན་པ་ནི་ཡོད་དེ། ཆོས་ཀྱི་རྣམ་གྲངས་ཁྱད་པར་ཅན་ཞུས་པ་དང་རྟོགས་པ་ཁྱད་པར་ཅན་སྐྱེས་པས་ཆེད་དུ་བརྗོད་པ་སོགས་ལ་ལེགས་སོ་ལེགས་སོ་ཞེས་དགྱེས་པའི་ཚིག་སྤྱོལ་བ་དང་། བསླབ་པ་དང་འགལ་བ་

ལ་ངས་འདོད་པ་དག་ནི་རྣམ་པར་སྨད་ན་སྐྱེས་བུ་གཏི་མུག་ཅན་ཁྱོད་ཀྱིས་དེ་ལས་འགལ་བར་བྱས་སོ་ཞེས་ཚར་གཅོད་པ་དང་། མ་འོངས་པ་ལ་(༢༩༠ན)དགོངས་ཏེ་ཡང་གང་རྟག་པ་དང་ཆད་པར་སྨྲ་བ་ནི་ངའི་ཉན་ཐོས་མ་ཡིན་ལ་ང་ཡང་དེ་ཡི་སྟོན་པ་མ་ཡིན་ནོ། །ཞེས་གསུངས་པའི་ཕྱིར་རོ། །

དེས་ན་སེམས་ཅན་ལ་གནོད་པ་བྱས་ན་མཆོག་གི་སྤྲུལ་པའི་སྐུར་བཞེངས་པའི་སངས་རྒྱས་རྣམས་མི་དགྱེས་པར་འགྱུར་ལ། བྱང་ཆུབ་སེམས་དཔའ་ཆེན་པོ་རྣམས་ནི་ཤིན་ཏུ་མི་མཉེས་པས་མྱ་ངན་དུ་མཛད་དེ། བ་རི་ལོ་ཙྪ་བ་ཪྩེ་རྗེ་གདན་ན་བཞུགས་དུས་རྗེ་ལམ་དུ་ཐུགས་རྗེ་ཆེན་པོ་སྤྱན་ཆབ་འཁྲིན་པ་ལན་གཉིས་སུ་མཐོང་ནས་རྒྱ་ཞུས་པས་ངའི་བུ་མང་འོར་ལོ་ཙྪ་བའི་གསེར་ཞོ་དོ་སྐྱོལ་པ་ལོ་ཙྪ་བས་བཀྲུས་ནས་ང་ཞེང་འདུག་པ་ལ་མ་བཟོད་པ་ཡིན་གསུངས་ནས་བ་རི་བས་བཙལ་བས་མང་འོར་ལོ་ཙྪ་བ་ང་ཞེང་བླ་མ་རྣལ་འབྱོར་པ་ཞིག་ལ་དབང་བསྐུར་ཞུ་བའི་ཡོ་བྱད་ཚོལ་དུ་བོད་ལ་ཕྱིན་དཀའ་བ་ཆེན་པོས་བཙལ་བས་གསེར་ཞོ་དོ་བརྙེད་པ་སྟོར། ད་དབང་བསྐུར་མི་ཐོབ་ཟེར་ནས་སྡུག་བསྔལ་ཆེ་བར་འདུག་པས་བ་རི་ལོ་ཙྪ་བས་གསེར་ཞོ་བཞི་བྱིན་པས་ཤིན་ཏུ་དགའ། ཡང་སྣ་ག་རྗའི་རྒྱལ་པོས་བཙོན་བརྒྱ་ཕྲག་གཅིག་བཟུང་ནས་གསོད་པར་འདུག་པས་མ་བཟོད་པ་ཡིན་གསུང་བ་ལ་བ་རི་བས་གསེར་སྲང་རེ་རེས་བླུ་བར་བྱས་པས་རྒྱལ་པོས་མ་སྟེར། རེ་རེ་ལ་གསེར་སྲང་བཅུ་རེ་དགོས་ཟེར་ནས་དེས་བླུས་ནས་བཏང་ངོ་། །ཞེས་དོན་ཞགས་ཀྱི་ལོ་རྒྱུས་ལས་བྱུང་བའི་ཕྱིར་རོ། །

དེས་ན་མི་ཞིག་ལུས་ལ་མེ་འབར་བ་ན་དེ་མ་ཞིའི་བར་ཅིས་ཀྱང་བདེ་བར་མི་འགྱུར་བ་བཞིན་དུ་སེམས་ཅན་ལ་གནོད་པ་བྱས་ན་སངས་རྒྱས་བྱང་སེམས་རྣམས་དགྱེས་པའི་ཐབས་མེད་དོ། །ཞེས་དཔེས་བསྟན་པར་མཛད་ལ། དཔེ་གཞན་ཡང་ཡོད་དེ་བུ་གཅིག་པོ་གསད་ནས་མ་དེ་ལ་ཕན་པ་ཅི་བྱས་ཀྱང་མགུ་བར་མི་འགྱུར་

བ་བཞིན་ནོ། །

དེས་ན་བདག་གིས་སྔོན་སེམས་ཅན་ལ་གནོད་པ་བྱས་པས་སངས་རྒྱས་དང་བྱང་ཆུབ་སེམས་དཔའ་རྣམས་མི་མཉེས་པར་གྱུར་པ་དེ་ཐམས་ཅད་འགྱོད་པས(༩༥༠བ)བཤགས་ཤིང་བཟོད་པར་གསོལ་ནས། ད་ཕྱིན་ཆད་སངས་རྒྱས་དགྱེས་པར་བྱ་བའི་སླད་དུ་སེམས་ཅན་རྣམས་ཀྱིས་བདག་གི་སྤྱི་བོར་རྡོག་པས་འཆོག་གམ་འགུམ་པ་སྟེ་གསོད་པར་བྱེད་དམ་ཇི་ལྟར་བྱེད་དུ་ཟིན་ཡང་བདག་གིས་དེ་ཐམས་ཅད་ལ་ཁྲོ་བ་སྐད་ཅིག་ཀྱང་མི་སྐྱེད་པར་བཟོད་པར་བྱ་ཞིང་འཇིག་རྟེན་ཀུན་གྱི་མྱན་ལྟ་བུར་ཁས་བླང་བར་བགྱིའོ་ཞེས་དམ་འཆའ་བའོ། །

དེ་ལྟ་མོད་ཀྱི་སེམས་ཅན་འདི་དག་སངས་རྒྱས་རྣམས་ཀྱིས་བདག་གིར་མཛད་པ་ཙམ་དུ་མ་ཟད་རང་ཅག་མ་དག་པའི་ངོར་སེམས་ཅན་དུ་སྣང་བ་འདི་དག་ཕོ་ན་བདག་ཅག་གིས་ཡིན་ཚུལ་མ་མཐོང་བར་ཟད་ཀྱི་ངོ་བོ་ཉིད་ཀྱིས་ནི་སངས་རྒྱས་ལས་གཞན་མ་ཡིན་ཏེ་སྔོན་དང་ད་ལྟར་གྱི་སངས་རྒྱས་ཐམས་ཅད་ཀྱང་འདི་ལྟ་བུ་ཕོ་ན་ལས་བྱུང་བའི་ཕྱིར་དང་། གཟོད་ནས་རྣམ་པར་དག་པའི་ཁམས་ཀྱི་རང་བཞིན་ལ་ཐ་དད་པ་མ་མཐོང་བའི་ཕྱིར་རོ། །

འདིར་བོད་འགྲེལ་ཁ་ཅིག་ན། དེ་བཞིན་ཉིད་བདག་དག་པའི་བདག །ཅེས་པ་ལྟར་དེ་བཞིན་ཉིད་རང་བཞིན་གྱིས་དག་པའི་བདག་ཉིད་དུ་གཅིག་པར་དགོངས་པར་མཛད་པ་འདི་ལ་ཐེ་ཚོམ་མེད་དོ། །ཅེས་དང་། ཀུན་རྫོབ་ཏུ་སེམས་ཅན་དུ་སྣང་བ་འདི་དག་ཉིད་དོན་དམ་པར་སངས་རྒྱས་ཡིན་ནོ། །ཞེས་སྣང་མོད་ཀྱང་དེ་བཞིན་ཉིད་བདག་དག་པའི་བདག་ནི་བདག་དམ་པ་སོགས་བཤད་པའི་སྐབས་ཡིན་ལ། འདི་ནི་སེམས་ཅན་འདི་རྣམས་ཐུགས་རྗེ་ཅན་དེས་བདག་གིར་མཛད་པ་འདི་ལ་ཐེ་ཚོམ་མེད་ཅེས་པ་ཡིན་ཏེ་བྱང་ཆུབ་སེམས་དཔའ་དོན་གྲུབ་སྐྱིད་མོས་ཚལ་དུ་རྩེ་བ་ན་ལྷས་བྱིན་གྱིས་ངང་པ་ཞིག་ལ་མདའ་བསྣུན་ཏེ་བྱང་ཆུབ་སེམས་

དཔའི་པང་དུ་ལྷུང་བ་ན་དེའི་མདའ་ཕྲུང་སྟེ་སླན་ཕྱུགས་པས་སོས་ནས་བྱང་ཆུབ་སེམས་དཔའི་ཕྱི་བཞིན་དུ་རྟག་པར་འབྲེང་ངོ་། །ལྷས་བྱིན་གྱིས་ངང་པ་དེ་ངས་བཟུང་བ་ཡིན་གྱིས་བྱིན་ཞིག་ཅེས་སྨྲིང་བ་ན་བྱང་ཆུབ་སེམས་དཔས་ངས་སེམས་བསྐྱེད་མ་ཐག་ཏུ་སེམས་ཅན་ཐམས་ཅད་བདག་གིར་(༢༥༧ན)བཟུང་བ་ཡིན་ནོ། །ཞེས་གསུངས་པ་ལྟ་བུའོ། །ཀུན་རྫོབ་ཏུ་སེམས་ཅན་དུ་སྣང་བ་དོན་དམ་པར་སངས་རྒྱས་ག་ལ་ཡིན་ཏེ་ཀུན་རྫོབ་ཏུ་མིག་རྒྱུར་སྣང་བ་དོན་དམ་པར་ཆུ་མ་ཡིན་པའི་ཕྱིར་དང་། ཀུན་རྫོབ་ཏུ་སེམས་ཅན་དུ་སྣང་བ་ནི་ཀུན་རྫོབ་དེའི་ཚེའང་འཁྲུལ་པ་ཁོ་ན་ཡིན་པའི་ཕྱིར་རོ་ཞེས་པ་ནི་ཞར་ལ་དཔྱད་པའོ། །དེ་ལྟར་བཟོད་པ་ཉམས་སུ་བླང་བ་བཤད་ཟིན་ནས།

གཉིས་པ་འབྲས་བུ་ཡིད་ལ་བྱ་བ་ལ་བཞི། མདོར་བསྟན་པ། དཔེས་རྒྱས་པར་བཤད་པ། དཔེ་ལས་ཁྱད་པར་དུ་འཕགས་ཚུལ་བཤད་པ། འབྲས་བུ་དངོས་བཤད་པའོ། །

དང་པོ་(མདོར་བསྟན་པ་)ནི།

འདི་ཉིད་དེ་བཞིན་གཤེགས་པ་མཉེས་བྱེད་ཡིན། །
རང་དོན་ཡང་དག་སྒྲུབ་པའང་འདི་ཉིད་དེ། །
འཇིག་རྟེན་སྡུག་བསྔལ་སེལ་བ་འདི་ཉིད་དོ། །
དེ་ལྟར་བདག་གིས་རྟག་ཏུ་དེ་ཉིད་བྱ། ༡༢༧ །ཞེས་པ་དང་།

གཉིས་པ་(དཔེས་རྒྱས་པར་བཤད་པ་)ནི།

དཔེར་ན་རྒྱལ་པོའི་མི་འགའ་ཞིག །
སྐྱེ་བོ་མང་ལ་གནོད་བྱེད་ཀྱང་། །
སྐྱེ་བོ་མིག་རྒྱང་རིང་པོ་དག །
ནུས་ཀྱང་ཕྱིར་གནོད་མི་བྱེད་དེ། ༡༢༨ །

འདི་ལྟར་དེ་གཅིག་མ་ཡིན་གྱི། །
རྒྱལ་པོའི་མཐུ་སྟོབས་དེ་ཡི་དཔུང་། །
དེ་བཞིན་གནོད་བྱེད་ཉམ་ཆུང་བ། །
འགའ་ཡང་ཁྱད་དུ་བསད་མི་བྱ། ༡༢༩ །
འདི་ལྟར་དམྱལ་བའི་སྲུང་མ་དང་། །
ཐུགས་རྗེ་ལྡན་རྣམས་དེ་ཡི་དཔུང་། །
དེ་ལྟར་དམངས་ཀྱིས་རྒྱལ་གཏུམ་བཞིན། །
སེམས་ཅན་རྣམས་ནི་མགུ་བར་བྱ། ༡༣༠ །ཞེས་པ་དང་།

གསུམ་པ་(དཔེ་ལས་ཁྱད་པར་དུ་འཕགས་ཚུལ་བཤད་པ་)ནི།

རྒྱལ་པོ་ལྟ་ཞིག་ཁྲོས་ན་ཡང་། །
སེམས་ཅན་མི་མགུ་བྱས་པ་ཡིས། །
མྱོང་བར་འགྱུར་བ་གང་ཡིན་པ། །
དམྱལ་བའི་གནོད་པ་དེས་བྱེད་དམ། ༡༣༡ །
རྒྱལ་པོ་ལྟ་ཞིག་མགུ་ན་ཡང་། །
སེམས་ཅན་མགུ་བར་བྱས་པ་ཡིས། །
འཐོབ་པར་འགྱུར་བ་གང་ཡིན་པ། །
སངས་རྒྱས་ཉིད་སྦྱིན་མི་སྲིད་དོ། ༡༣༢ །

ཞེས་པས་བསྟན་ཏེ། དེ་ཡང་འདི་ཉིད་དེ་བཞིན་གཤེགས་པ་མཉེས་བྱེད་ཡིན་ཏེ། སེམས་ཅན་མགུ་བྱ་མ་གཏོགས་པ། །(༢༥༧བ)གཞན་གང་ཞིག་གིས་ལན་ལོན་འགྱུར། །ཞེས་བཤད་ཟིན་པའི་ཕྱིར། རང་དོན་ཡང་དག་སྒྲུབ་པའང་འདི་ཉིད་དེ། །ཕྱིས་པས་རང་དོན་བྱས་པ་དང་། །ཞེས་སོགས་ཀྱིས་རྣམ་པར་བཤད་པའི་ཕྱིར། འཇིག་རྟེན་སྡུག་བསྔལ་སེལ་བའང་འདི་ཉིད་དེ། །བདག་པས་གཞན་གཅེས་ཀྱི་

བྱང་ཆུབ་ཀྱི་སེམས་ནི་སངས་རྒྱས་ཀྱི་རྒྱུ་གྱུང་པོ་ཡིན་ལ། དེ་ཡོད་ན་རྫོགས་པའི་སངས་རྒྱས་འཐོབ་ལ་སངས་རྒྱས་འཇིག་རྟེན་དུ་བྱུང་ན་སེམས་ཅན་གྱི་ཕན་བདེ་ཐམས་ཅད་འབྱུང་བའི་ཕྱིར་ཏེ། ཉི་མའི་དཀྱིལ་འཁོར་གང་ཚེ་འོད་ཀྱི་དྲ་བ་འཕྱེད། །དེ་ཚེ་སེམས་ཅན་ལས་བྱེད་བརྩོན་པ་དེ་བཞིན་དུ། །མཁས་པའི་ཤེས་ཕྱིར་འཇིག་རྟེན་བྱང་ཆུབ་སེམས་བྱུང་ན། །ཡེ་ཤེས་ཀྱིས་ནི་སེམས་ཅན་ཡོན་ཏན་ཆོས་དང་ལྡན། །དཔེར་ན་མ་དྲོས་གནས་པའི་ཀླུ་བདག་མེད་གྱུར་ན། །ཛམྦུའི་གླིང་འདིར་ཆུ་ཀླུང་འབབ་པར་ག་ལ་འགྱུར། །ཞེས་སོགས་དཔེ་དང་བཅས་ཏེ་རྒྱས་པར་བསྟན་པའི་ཕྱིར། དེས་ན། དེ་ལྟར་རྟག་ཏུ་བདག་གིས་དེ་ཉིད་བྱ། །ཞེས། འགྲུམས་ཀྱང་མི་ཁྲོ་ཞེས་སོགས་ཀྱི་དམ་བཅའ་སླར་ཡང་བརྟན་པོར་བཟུང་བ་ཡིན་ནོ། །

དེ་རིགས་ཏེ་དཔེར་ན་རྒྱལ་པོས་མངགས་པའི་མི་གཅིག་པོ་ཞིག་གིས་མང་པོ་ལ་གནོད་པ་བྱེད་ཀྱང་སྐྱེ་བོ་མིག་རྒྱང་རིང་པ་ཕྱི་རྗེས་རིང་དུ་ལྟ་བ་དག་མི་གཅིག་པོ་དེ་ཐུབ་པར་སླ་མོད་ཀྱང་དེ་ལ་གནོད་པ་མི་བྱེད་དེ་རྒྱལ་པོ་དཔུང་དང་བཅས་པ་དེའི་ཕྱོགས་ཡིན་པའི་ཕྱིར། དེ་བཞིན་དུ་སྐྱེ་བ་ཕྱི་མ་ནས་ཕྱི་མ་དཔག་ཏུ་མེད་པར་ཕྱི་རྗེས་རིང་དུ་ལྟ་བའི་སྐྱེ་བོ་མིག་རྒྱང་རིང་པོ་རྣམས་གནོད་བྱེད་ཉམ་ཆུང་ཡང་བརྙས་པར་མི་བྱེད་དེ། འདི་ལྟར་དཀོན་མཆོག་ཐམས་ཅད་དང་དམྱལ་སྲུང་ལ་སོགས་པ་རྣམས་དེའི་ཕྱོགས་ཡིན་པའི་ཕྱིར་ཏེ་རྣམ་པར་གནག་པའི་ལས་ཆུང་ངུས་ཀྱང་འབྲས་བུ་མི་བཟད་པ་བསྐྱེད་པ་ནི་དགྲ་བཅོམ་པ་ལ་སྤྲེའུ་ལྟར་ཡང་རྩལ་ཆེའོ་ཞེས་བྱས་པས་ངན་འགྲོ་དུ་མ་མྱོང་ཞིང་ཚེ་རབས་བརྒྱ་སྟོང་(༢༨༢ན)ཕྲག་ཏུ་མར་སྤྲེའུར་གྱུར་པ་སོགས་མདོ་སྡེ་ལས་བརྒྱ་པ་སོགས་ལས་བསྟན་ཏོ། །

དེའི་ཕྱིར་རྒྱལ་པོ་གཏུམ་པོ་གཟུ་ལུམས་ཅན་ནི་ཅིས་ཀྱང་མགུ་བར་དཀའ་ཞིང་རྒྱུ་མེད་དུ་གནོད་པ་བྱེད་མོད་ཀྱི་དེའི་འབངས་ན་གནས་པ་རྣམས་ཀྱིས་ཅི་ནས་ཀྱང་དེའི་སེམས་སྲུང་དགོས་པ་བཞིན་དུ་བདག་ཅག་དཀོན་མཆོག་ལ་སྐྱབས་

སྲུ་འཛིན་པ་རྣམས་ཀྱིས་ཀྱང་དཀོན་མཆོག་གི་སྲས་ལྷ་བུའི་སེམས་ཅན་རྣམས་མགུ་བར་བྱའི་གནོད་པར་མི་བྱའོ། །དེ་ལྟ་མོད་ཀྱི་རྒྱལ་པོ་ནི་ཤིན་ཏུ་ཁྲོས་ཀྱང་ནོར་དབྲོག་པ་དང་གསོད་པར་ཟད་ཀྱི་དམྱལ་བར་སྐྱུར་མི་ནུས་ལ་སེམས་ཅན་ལ་གནོད་པ་ལས་ནི་ངན་སོང་གི་སྡུག་བསྔལ་མུ་མཐའ་མེད་པ་ཐམས་ཅད་འབྱུང་ངོ་། །ཡང་རྒྱལ་པོ་ནི་ཤིན་ཏུ་མགུ་ནའང་རྒྱལ་སྲིད་ཀྱི་ཕྱིད་སྦྱིན་པར་ཟད་ཀྱི་ཕྱི་མའི་བདེ་བ་སྦྱིན་པར་མི་ནུས་ལ། སེམས་ཅན་ལ་ཕན་པ་ལས་ནི་གནས་སྐབས་དང་མཐར་ཐུག་གི་བདེ་བ་སངས་རྒྱས་ཉིད་ཀྱི་བར་དུ་ཐམས་ཅད་སྦྱིན་པར་བྱེད་དོ། །

བཞི་པ་(འབྲས་བུ་དངོས་བཤད་པ་)ནི།

སེམས་ཅན་མགུ་ལས་བྱུང་བ་ཡིས། །
མ་འོངས་སངས་རྒྱས་འགྲུབ་ལྟ་ཞོག །
ཚེ་འདི་ཉིད་ལ་དཔལ་ཆེ་དང་། །
གྲགས་དང་སྐྱིད་འགྱུར་ཅིས་མ་མཐོང་། ༡༣༣ །
འཁོར་ཚེ་བཟོད་པས་མཛེས་སོགས་དང་། །
ནད་མེད་པ་དང་གྲགས་པ་ཡིས། །
ཤིན་ཏུ་ཡུན་རིང་འཚོ་བ་དང་། །
འཁོར་ལོས་བསྒྱུར་བའི་བདེ་རྒྱས་འཐོབ། ༡༣༤ །

ཅེས་གསུངས་ཏེ། དེ་ཡང་། སེམས་ཅན་མགུ་ལས་བྱུང་བ་ཡིས། །མ་འོངས་སངས་རྒྱས་འགྲུབ་ཅེས་པས་ནི་མཐར་ཐུག་གི་འབྲས་བུ་དང་། ལྟ་ཞོག །ཚེ་འདི་ཉིད་ལ་དཔལ་ཆེ་དང་། །གྲགས་དང་སྐྱིད་འགྱུར་ཅིས་མ་མཐོང་། །ཞེས་པས་ནི་མཐོང་ཆོས་ཀྱི་འབྲས་བུ་དང་། འཁོར་ཚེ་བཟོད་པས་ཞེས་སོགས་ཀྱིས་མ་མཐོང་བའི་ཆོས་ཀྱིས་འབྲས་བུ་བསྟན་ཏོ། །

དེ་ཡང་སེམས་ཅན་ལ་ཕན་བདེར་བྱས་པའི་མཐར་ཐུག་གི་དངོས་འབྲས་ནི་

རྫོགས་པའི་སངས་རྒྱས་ཡིན་ལ། (༢༧༢བ)མཐར་ཐུག་ལྷ་ཞིག་མཐོང་བའི་ཚོས་ལ་ཡང་མང་པོས་བཀུར་བའི་རྒྱལ་པོས་ཞིང་ཆ་མཉམ་དུ་བགོས་ཤིང་ཞིང་ལེགས་པར་བསྲུངས་པས་སྐྱེ་བོ་ཀུན་གྱིས་རྒྱལ་པོར་བཀུར་ཏེ་བསྐལ་པ་བཟང་པོ་འདི་ལ་རྒྱལ་པོའི་ཐོག་མར་གྱུར་པ་བཞིན་ནོ། །མ་མཐོང་བའི་ཚོས་ཚེ་རབས་གཞན་དག་ལ་ཡང་གཟུགས་མཛེས་ཤིང་ལྷ་ན་སྡུག་པ་དང་ནད་མེད་ཅིང་སྙན་པར་གྲགས་པ་དང་ཚེ་རིང་ཞིང་འཁོར་ཕུན་སུམ་ཚོགས་པ་དང་འཁོར་ལོས་བསྒྱུར་བའི་རྒྱལ་སྲིད་ལ་སོགས་པ་རྒྱ་ཆེར་འཐོབ་པར་འགྱུར་རོ། །

བྱང་ཆུབ་སེམས་དཔའི་སྤྱོད་པ་ལ་འཇུག་པ་ལས། བཟོད་པ་བསྟན་པ་ཞེས་བྱ་བ་སྟེ་ལེའུ་དྲུག་པ་རྣམ་པར་ཕྱེ་བའོ།། །།

༄༅། །སྤྱོད་འཇུག་རྣམ་བཤད་ཐེག་ཆེན་ཆོས་ཀྱི་རྒྱ་མཚོའི་ས་བཅད།

ལེའུ་དང་པོ། བྱང་ཆུབ་སེམས་ཀྱི་ཕན་ཡོན་བསྟན་པ།

ལེའུ་གཉིས་པ། སྡིག་པ་བཤགས་པ།

ལེའུ་གསུམ་པ། བྱང་ཆུབ་ཀྱི་སེམས་ཡོངས་སུ་བཟུང་བ།

ལེའུ་བཞི་པ། བག་ཡོད་པ་བསྟན་པ།

ལེའུ་ལྔ་པ། ཤེས་བཞིན་སྲུང་བ།

ལེའུ་དྲུག་པ། བཟོད་པ་བསྟན་པ།

༄། །སྤྱོད་འཇུག་རྣམ་བཤད་ཐེག་ཆེན་ཆོས་ཀྱི་རྒྱ་མཚོ། སྟོད་ཆ། སྨད་ཆ།

མཛད་པ་པོ།	དཔའ་བོ་གཙུག་ལག་ཕྲེང་བ།
བསྡུ་སྒྲིག་པ།	མ་ཏྲ་ཤྲཱི་གསུང་རབ་གླིང་།
རྩོམ་སྒྲིག་འགན་འཁུར་བ།	པ་སངས་དབང་ཆེན།
པར་འདེབས་འགན་འཁུར་བ།	ལྷ་མོ་ཆོས་སྒྲོན།
དཔེ་སྐྲུན་འགྲེམས་སྤེལ་ཚན་པ།	བོད་ལྗོངས་མི་དམངས་དཔེ་སྐྲུན་ཁང་། (ལྷ་ས་གླིང་སྐོར་བྱང་ལམ་སྒོ་ཨང་20པ།)
པར་འདེབས་ཚན་པ།	ཁྲིང་ཏུའུ་ཏུང་ཅང་པར་འདེབས་ཚད་ཡོད་ཀུང་སི།
དེབ་ཚད།	787×1092 1/16
པར་ཤོག	70
ཡིག་གྲངས།	ཁྲི་70
པར་གཞི།	2021ལོའི་ཟླ་8པར་པར་གཞི་1བསྒྲིགས།
པར་ཐེངས།	2021ལོའི་ཟླ་8པར་པར་ཐེངས་1བཏབ།
པར་གྲངས།	01-2,500
དཔེ་རྟགས།	ISBN978-7-223-06824-6
རིན་གོང་།	སྒོར་188.00(དཀྱུས་མ།) སྒོར་300.00(སྤུས་ལེགས།)